执行实务丛书

法院执行办案规范集成

The Collection of Court Execution Legal Documents

法律应用编选组

法律出版社
LAW PRESS·CHINA

图书在版编目(CIP)数据

法院执行办案规范集成／法律应用编选组编. —北京：法律出版社，2016.5
(执行实务丛书)
ISBN 978-7-5118-9438-0

Ⅰ.①法… Ⅱ.①法… Ⅲ.①法院—执行(法律)—规范—汇编—中国 Ⅳ.①D926.2

中国版本图书馆CIP数据核字(2016)第087678号

法院执行办案规范集成
法律应用编选组 编

编辑统筹 法律应用出版第二分社
策划编辑 冯雨春
责任编辑 李沂蔚
装帧设计 李 瞻

出版 法律出版社
总发行 中国法律图书有限公司
经销 新华书店
印刷 三河市龙大印装有限公司
责任印制 吕亚莉

开本 710毫米×1000毫米 1/16
印张 82
字数 1395千
版本 2016年5月第1版
印次 2016年5月第1次印刷

法律出版社／北京市丰台区莲花池西里7号(100073)
电子邮件／info@ lawpress. com. cn
网址／www. lawpress. com. cn
销售热线／010-63939792/9779
咨询电话／010-63939796

中国法律图书有限公司／北京市丰台区莲花池西里7号(100073)
全国各地中法图分、子公司电话：
第一法律书店／010-63939781/9782
重庆公司／023-65382816/2908
北京分公司／010-62534456
西安分公司／029-85388843
上海公司／021-62071010/1636
深圳公司／0755-83072995

书号：ISBN 978-7-5118-9438-0
定价：180.00元
(如有缺页或倒装，中国法律图书有限公司负责退换)

出版说明

拉丁法谚有云,“执行乃法律之终局及果实。”由此可见,执行工作是人民法院工作中的一项重要内容,它是实现生效裁判文书确定的权利义务、保障当事人合法权利、树立司法权威、维护法律尊严的重要内容和手段。现阶段,我国还没有出台专门的有关强制执行的法律,有关执行的法律规定,散见于民事诉讼法以及相关司法解释中,未成体系。不可否认,执行难仍然是困扰人民法院执行工作的难点问题,也是人民群众关注的热点和焦点问题。如何破解这一难题,已成为当前法治建设和司法改革应当直面的重要课题。

本书立足人民法院执行工作实际需要,由具有丰富的执行工作实践经验的法官组织编选和审定。全书共分七编四十一章:第一编综合(执行工作基本规范、执行机构与执行管辖、委托执行、协助执行和执行争议的协调、妨害执行的强制措施、执行监督、送达、执行工作纪律与行为规范);第二编执行程序(执行的申请与受理、执行当事人的变更和追加、执行担保与暂缓执行、执行和解、执行中止、终结与结案、执行异议);第三编具体执行措施(综合,对现金、存款、收入的执行,对股权、证券、期货账户资金的执行,对到期债权的执行,对动产、不动产的执行,交付财产和完成行为的执行);第四编保全执行(财产保全);第五编各类案件的执行(仲裁案件的执行、公证案件的执行、破产案件的执行、支付令的执行、具有给付内容的刑事裁判文书的执行、行政案件的执行、国家赔偿案件的执行、海事案件的执行、涉军案件的执行);第六编涉外、涉港澳台执行程序(港澳地区仲裁裁决的执行和台湾地区民事判决、仲裁裁决、调解书的认可与执行,对外国判决、仲裁裁决的承认与执行);第七编地方关于执行的相关规定(北京市、天津市、内蒙古自治区、上海市、江苏省、浙江省、广东省、云南省、重庆市、福建省)。

本书收录的现行有效法律文件来源于:(1)有关执行工作的法律、法规、规章及文件;(2)有关执行工作的司法解释及司法政策性文件;(3)最高人民法院有关执行案件的批复、答复、函;(4)有关执行工作的行政解释性文件、政策规范性文件等;(5)最高人民法院公报案例、指导案例。值得一提的是,本书不仅收录了全国性法律文件,还收录了地方关于执行的相关规定,方便读者查阅参考。

希望本书能够为对广大民事案件执行领域中法律工作者,包括法官、律师、学者乃至当事人提供参考和方便,提高执行效率,不断推动人民法院执行工作的规范化建设,推进人民法院执行工作再上新台阶。

编　者

2016 年 5 月

简　　目

目 录

第一编 综 合

第二章　执行机构与执行管辖

第三章　委托执行、协助执行和执行争议的协调

第四章　妨害执行的强制措施

第五章　执行监督

第六章　送达

第七章　执行工作纪律与行为规范

第二编　执行程序

第八章　执行的申请与受理

第九章　执行当事人的变更和追加

第十章　执行担保与暂缓执行

◎法律

◎行政法规

◎司法解释

◎司法文件

◎请示答复

第十一章　执行和解

◎请示答复

第十二章　执行中止、终结与结案

◎司法解释

第十三章　执行异议

第三编　具体执行措施

第十四章　综合

第十七章　对到期债权的执行

第十八章　对动产、不动产的执行

第四编　保全执行

第二十章　财产保全

第五编　各类案件的执行

第二十一章　仲裁案件的执行

第二十六章　行政案件的执行

第三十三章　天津市

第三十四章　内蒙古自治区

第三十五章　上海市

第三十六章　江苏省

第三十七章　浙江省

第三十八章　广东省

第三十九章　云南省

第四十章　重庆市

第四十一章　福建省

第一编　综　合

第一章　执行工作基本规范

◎法律

中华人民共和国民事诉讼法

- 1991 年 4 月 9 日第七届全国人民代表大会第四次会议通过
- 根据 2007 年 10 月 28 日第十届全国人民代表大会常务委员会第三十次会议《关于修改〈中华人民共和国民事诉讼法〉的决定》第一次修正
- 根据 2012 年 8 月 31 日第十一届全国人民代表大会常务委员会第二十八次会议《关于修改〈中华人民共和国民事诉讼法〉的决定》第二次修正

目　录

第一编　总　　则

第一章　任务、适用范围和基本原则

第一条　【立法依据】①中华人民共和国民事诉讼法以宪法为根据，结合我国民事审判工作的经验和实际情况制定。

第二条　【立法任务】中华人民共和国民事诉讼法的任务，是保护当事人行使诉讼权利，保证人民法院查明事实，分清是非，正确适用法律，及时审理民事案件，确认民事权利义务关系，制裁民事违法行为，保护当事人的合法权益，教育公民自觉遵守法律，维护社会秩序、经济秩序，保障社会主义建设事业顺利进行。

第三条　【适用范围】人民法院受理公民之间、法人之间、其他组织之间以及他们相互之间因财产关系和人身关系提起的民事诉讼，适用本法的规定。

第四条　【空间效力】凡在中华人民共和国领域内进行民事诉讼，必须遵守本法。

第五条　【涉外民诉同等原则、对等原则】外国人、无国籍人、外国企业和组织在人民法院起诉、应诉，同中华人民共和国公民、法人和其他组织有同等的诉讼权利义务。

外国法院对中华人民共和国公民、法人和其他组织的民事诉讼权利加以限制的，中华人民共和国人民法院对该国公民、企业和组织的民事诉讼权利，实行对等原则。

第六条　【审判权】民事案件的审判权由人民法院行使。

人民法院依照法律规定对民事案件独立进行审判，不受行政机关、社会团体和个人的干涉。

第七条　【审理原则】人民法院审理民事案件，必须以事实为根据，以法律为准绳。

第八条　【诉讼权利平等原则】民事诉讼当事人有平等的诉讼权利。人民法院审理民事案件，应当保障和便利当事人行使诉讼权利，对当事人在适用法律上一律平等。

第九条　【调解原则】人民法院审理民事案件，应当根据自愿和合法的原则进行调解；调解不成的，应当及时判决。

第十条　【审判制度】人民法院审理民事案件，依照法律规定实行合议、回避、公开审判和两审终审制度。

第十一条　【语言文字】各民族公民都有用本民族语言、文字进行民事诉讼的权利。

在少数民族聚居或者多民族共同居住的地区，人民法院应当用当地民族通用的语言、文字进行审理和发布法律文书。

人民法院应当对不通晓当地民族通用的语言、文字的诉讼参与人提供翻译。

第十二条　【辩论权】人民法院审理民事案件时，当事人有权进行辩论。

第十三条　【诚实信用原则、当事人处分原则】民事诉讼应当遵循诚实信用原则。

当事人有权在法律规定的范围内处分自己的民事权利和诉讼权利。

第十四条　【法律监督权】人民检察院有权对民事诉讼实行法律监督。

第十五条　【支持起诉】机关、社会团体、企业事业单位对损害国家、集体或者个人民事权益的行为，可以支持受损害的单位或者个人向人民法院起诉。

第十六条　【变通规定】民族自治地方的人民代表大会根据宪法和本法的原则，结合当地民族的具体情况，可以制定变通或者补充的规定。自治区的规定，报全国人民代表大会常务委员会批准。自治州、自治县的规定，报省或者自治区的人民代表大会常务委员会批准，并报全国人民代表大会常务委员会备案。

第二章　管　　辖

第一节　级别管辖

第十七条　【基层法院管辖】基层人民法院管辖第一审民事案件，但本法另有规定的除外。

第十八条　【中级法院管辖】中级人民法院

---

①　条文主旨为编者所加，下同。

管辖下列第一审民事案件：

（一）重大涉外案件；

（二）在本辖区有重大影响的案件；

（三）最高人民法院确定由中级人民法院管辖的案件。

第十九条 【高级法院管辖】高级人民法院管辖在本辖区有重大影响的第一审民事案件。

第二十条 【最高法院管辖】最高人民法院管辖下列第一审民事案件：

（一）在全国有重大影响的案件；

（二）认为应当由本院审理的案件。

第二节 地域管辖

第二十一条 【一般地域管辖】对公民提起的民事诉讼，由被告住所地人民法院管辖；被告住所地与经常居住地不一致的，由经常居住地人民法院管辖。

对法人或者其他组织提起的民事诉讼，由被告住所地人民法院管辖。

同一诉讼的几个被告住所地、经常居住地在两个以上人民法院辖区的，各该人民法院都有管辖权。

第二十二条 【特别规定】下列民事诉讼，由原告住所地人民法院管辖；原告住所地与经常居住地不一致的，由原告经常居住地人民法院管辖：

（一）对不在中华人民共和国领域内居住的人提起的有关身份关系的诉讼；

（二）对下落不明或者宣告失踪的人提起的有关身份关系的诉讼；

（三）对被采取强制性教育措施的人提起的诉讼；

（四）对被监禁的人提起的诉讼。

第二十三条 【合同纠纷管辖】因合同纠纷提起的诉讼，由被告住所地或者合同履行地人民法院管辖。

第二十四条 【保险合同纠纷管辖】因保险合同纠纷提起的诉讼，由被告住所地或者保险标的物所在地人民法院管辖。

第二十五条 【票据纠纷管辖】因票据纠纷提起的诉讼，由票据支付地或者被告住所地人民法院管辖。

第二十六条 【公司诉讼管辖】因公司设立、确认股东资格、分配利润、解散等纠纷提起的诉讼，由公司住所地人民法院管辖。

第二十七条 【运输合同纠纷管辖】因铁路、公路、水上、航空运输和联合运输合同纠纷提起的诉讼，由运输始发地、目的地或者被告住所地人民法院管辖。

第二十八条 【侵权纠纷管辖】因侵权行为提起的诉讼，由侵权行为地或者被告住所地人民法院管辖。

第二十九条 【交通事故管辖】因铁路、公路、水上和航空事故请求损害赔偿提起的诉讼，由事故发生地或者车辆、船舶最先到达地、航空器最先降落地或者被告住所地人民法院管辖。

第三十条 【海损事故管辖】因船舶碰撞或者其他海事损害事故请求损害赔偿提起的诉讼，由碰撞发生地、碰撞船舶最先到达地、加害船舶被扣留地或者被告住所地人民法院管辖。

第三十一条 【海难救助费用管辖】因海难救助费用提起的诉讼，由救助地或者被救助船舶最先到达地人民法院管辖。

第三十二条 【共同海损管辖】因共同海损提起的诉讼，由船舶最先到达地、共同海损理算地或者航程终止地的人民法院管辖。

第三十三条 【专属管辖】下列案件，由本条规定的人民法院专属管辖：

（一）因不动产纠纷提起的诉讼，由不动产所在地人民法院管辖；

（二）因港口作业中发生纠纷提起的诉讼，由港口所在地人民法院管辖；

（三）因继承遗产纠纷提起的诉讼，由被继承人死亡时住所地或者主要遗产所在地人民法院管辖。

第三十四条 【协议管辖】合同或者其他财产权益纠纷的当事人可以书面协议选择被告住所地、合同履行地、合同签订地、原告住所地、标的物所在地等与争议有实际联系的地点的人民法院管辖，但不得违反本法对级别管辖和专属管辖的规定。

第三十五条 【共同管辖】两个以上人民法院都有管辖权的诉讼，原告可以向其中一个人民法院起诉；原告向两个以上有管辖权的人民法院起诉的，由最先立案的人民法院管辖。

第三节 移送管辖和指定管辖

第三十六条 【移送管辖】人民法院发现受理的案件不属于本院管辖的，应当移送有管辖权的人民法院，受移送的人民法院应当受理。受移送的人民法院认为受移送的案件依照规定不属于本院管辖的，应当报请上级人民法院指定管辖，不得再自行移送。

第三十七条 【指定管辖】有管辖权的人民法院由于特殊原因，不能行使管辖权的，由上级人民法院指定管辖。

人民法院之间因管辖权发生争议，由争议双方协商解决；协商解决不了的，报请它们的共同上级人民法院指定管辖。

第三十八条 【管辖权转移】上级人民法院有权审理下级人民法院管辖的第一审民事案件；确有必要将本院管辖的第一审民事案件交下级人民法院审理的，应当报请其上级人民法院批准。

下级人民法院对它所管辖的第一审民事案件，认为需要由上级人民法院审理的，可以报请上级人民法院审理。

第三章 审判组织

第三十九条 【一审审判组织】人民法院审理第一审民事案件，由审判员、陪审员共同组成合议庭或者由审判员组成合议庭。合议庭的成员人数，必须是单数。

适用简易程序审理的民事案件，由审判员一人独任审理。

陪审员在执行陪审职务时，与审判员有同等的权利义务。

第四十条 【二审、重审、再审审判组织】人民法院审理第二审民事案件，由审判员组成合议庭。合议庭的成员人数，必须是单数。

发回重审的案件，原审人民法院应当按照第一审程序另行组成合议庭。

审理再审案件，原来是第一审的，按照第一审程序另行组成合议庭；原来是第二审的或者是上级人民法院提审的，按照第二审程序另行组成合议庭。

第四十一条 【审判长】合议庭的审判长由院长或者庭长指定审判员一人担任；院长或者庭长参加审判的，由院长或者庭长担任。

第四十二条 【评议原则】合议庭评议案件，实行少数服从多数的原则。评议应当制作笔录，由合议庭成员签名。评议中的不同意见，必须如实记入笔录。

第四十三条 【依法办案】审判人员应当依法秉公办案。

审判人员不得接受当事人及其诉讼代理人请客送礼。

审判人员有贪污受贿，徇私舞弊，枉法裁判行为的，应当追究法律责任；构成犯罪的，依法追究刑事责任。

第四章 回　　避

第四十四条 【回避情形】审判人员有下列情形之一的，应当自行回避，当事人有权用口头或者书面方式申请他们回避：

（一）是本案当事人或者当事人、诉讼代理人近亲属的；

（二）与本案有利害关系的；

（三）与本案当事人、诉讼代理人有其他关系，可能影响对案件公正审理的。

审判人员接受当事人、诉讼代理人请客送礼，或者违反规定会见当事人、诉讼代理人的，当事人有权要求他们回避。

审判人员有前款规定的行为的，应当依法追究法律责任。

前三款规定，适用于书记员、翻译人员、鉴定人、勘验人。

第四十五条 【回避申请】当事人提出回避申请，应当说明理由，在案件开始审理时提出；回避事由在案件开始审理后知道的，也可以在法庭辩论终结前提出。

被申请回避的人员在人民法院作出是否回避的决定前，应当暂停参与本案的工作，但案件需要采取紧急措施的除外。

第四十六条 【回避决定权人】院长担任审判长时的回避，由审判委员会决定；审判人员的回避，由院长决定；其他人员的回避，由审判长决定。

第四十七条 【回避申请决定程序】人民法院对当事人提出的回避申请，应当在申请提出的三日内，以口头或者书面形式作出决定。申请人对决定不服的，可以在接到决定时申请复议一次。复议期间，被申请回避的人员，不停止参与本案的工作。人民法院对复议申请，应当在三日内作出复议决定，并通知复议申请人。

第五章 诉讼参加人

第一节 当 事 人

第四十八条 【诉讼当事人】公民、法人和其他组织可以作为民事诉讼的当事人。

法人由其法定代表人进行诉讼。其他组织由其主要负责人进行诉讼。

第四十九条 【诉讼权利义务】当事人有权委托代理人，提出回避申请，收集、提供证据，进行辩论，请求调解，提起上诉，申请执行。

当事人可以查阅本案有关材料，并可以复制本案有关材料和法律文书。查阅、复制本案有关材料的范围和办法由最高人民法院规定。

当事人必须依法行使诉讼权利，遵守诉讼秩序，履行发生法律效力的判决书、裁定书和调解书。

第五十条 【和解】双方当事人可以自行和解。

第五十一条 【诉讼请求、反诉】原告可以放弃或者变更诉讼请求。被告可以承认或者反驳诉讼请求，有权提起反诉。

第五十二条 【共同诉讼】当事人一方或者双方为二人以上，其诉讼标的是共同的，或者诉讼标的是同一种类、人民法院认为可以合并审理并经当事人同意的，为共同诉讼。

共同诉讼的一方当事人对诉讼标的有共同权利义务的，其中一人的诉讼行为经其他共同诉讼人承认，对其他共同诉讼人发生效力；对诉讼标的没有共同权利义务的，其中一人的诉讼行为对其他共同诉讼人不发生效力。

第五十三条 【人数确定的代表人诉讼】当事人一方人数众多的共同诉讼，可以由当事人推选代表人进行诉讼。代表人的诉讼行为对其所代表的当事人发生效力，但代表人变更、放弃诉讼请求或者承认对方当事人的诉讼请求，进行和解，必须经被代表的当事人同意。

第五十四条 【人数不确定的代表人诉讼】诉讼标的是同一种类、当事人一方人数众多在起诉时人数尚未确定的，人民法院可以发出公告，说明案件情况和诉讼请求，通知权利人在一定期间向人民法院登记。

向人民法院登记的权利人可以推选代表人进行诉讼；推选不出代表人的，人民法院可以与参加登记的权利人商定代表人。

代表人的诉讼行为对其所代表的当事人发生效力，但代表人变更、放弃诉讼请求或者承认对方当事人的诉讼请求，进行和解，必须经被代表的当事人同意。

人民法院作出的判决、裁定，对参加登记的全体权利人发生效力。未参加登记的权利人在诉讼时效期间提起诉讼的，适用该判决、裁定。

第五十五条 【民事公益诉讼】对污染环境、侵害众多消费者合法权益等损害社会公共利益的行为，法律规定的机关和有关组织可以向人民法院提起诉讼。

第五十六条 【诉讼第三人、第三人撤销之诉】对当事人双方的诉讼标的，第三人认为有独立请求权的，有权提起诉讼。

对当事人双方的诉讼标的，第三人虽然没有独立请求权，但案件处理结果同他有法律上的利害关系的，可以申请参加诉讼，或者由人民法院通知他参加诉讼。人民法院判决承担民事责任的第三人，有当事人的诉讼权利义务。

前两款规定的第三人，因不能归责于本人的事由未参加诉讼，但有证据证明发生法律效力的判决、裁定、调解书的部分或者全部内容错误，损害其民事权益的，可以自知道或者应当知道其民事权益受到损害之日起六个月内，向作出该判决、裁定、调解书的人民法院提起诉讼。人民法院经审理，诉讼请求成立的，应当改变或者撤销原判决、裁定、调解书；诉讼请求不成立的，驳回诉讼请求。

第二节　诉讼代理人

第五十七条　【法定代理人】无诉讼行为能力人由他的监护人作为法定代理人代为诉讼。法定代理人之间互相推诿代理责任的，由人民法院指定其中一人代为诉讼。

第五十八条　【委托代理人】当事人、法定代理人可以委托一至二人作为诉讼代理人。

下列人员可以被委托为诉讼代理人：

（一）律师、基层法律服务工作者；

（二）当事人的近亲属或者工作人员；

（三）当事人所在社区、单位以及有关社会团体推荐的公民。

第五十九条　【委托程序】委托他人代为诉讼，必须向人民法院提交由委托人签名或者盖章的授权委托书。

授权委托书必须记明委托事项和权限。诉讼代理人代为承认、放弃、变更诉讼请求，进行和解，提起反诉或者上诉，必须有委托人的特别授权。

侨居在国外的中华人民共和国公民从国外寄交或者托交的授权委托书，必须经中华人民共和国驻该国的使领馆证明；没有使领馆的，由与中华人民共和国有外交关系的第三国驻该国的使领馆证明，再转由中华人民共和国驻该第三国使领馆证明，或者由当地的爱国华侨团体证明。

第六十条　【代理权变更、解除】诉讼代理人的权限如果变更或者解除，当事人应当书面告知人民法院，并由人民法院通知对方当事人。

第六十一条　【诉讼代理人权利】代理诉讼的律师和其他诉讼代理人有权调查收集证据，可以查阅本案有关材料。查阅本案有关材料的范围和办法由最高人民法院规定。

第六十二条　【离婚诉讼代理】离婚案件有诉讼代理人的，本人除不能表达意思的以外，仍应出庭；确因特殊情况无法出庭的，必须向人民法院提交书面意见。

第六章　证　　据

第六十三条　【证据种类】证据包括：

（一）当事人的陈述；

（二）书证；

（三）物证；

（四）视听资料；

（五）电子数据；

（六）证人证言；

（七）鉴定意见；

（八）勘验笔录。

证据必须查证属实，才能作为认定事实的根据。

第六十四条　【举证责任】当事人对自己提出的主张，有责任提供证据。

当事人及其诉讼代理人因客观原因不能自行收集的证据，或者人民法院认为审理案件需要的证据，人民法院应当调查收集。

人民法院应当按照法定程序，全面地、客观地审查核实证据。

第六十五条　【及时提供证据义务】当事人对自己提出的主张应当及时提供证据。

人民法院根据当事人的主张和案件审理情况，确定当事人应当提供的证据及其期限。当事人在该期限内提供证据确有困难的，可以向人民法院申请延长期限，人民法院根据当事人的申请适当延长。当事人逾期提供证据的，人民法院应当责令其说明理由；拒不说明理由或者理由不成立的，人民法院根据不同情形可以不予采纳该证据，或者采纳该证据但予以训诫、罚款。

第六十六条 【**证据收据**】人民法院收到当事人提交的证据材料，应当出具收据，写明证据名称、页数、份数、原件或者复印件以及收到时间等，并由经办人员签名或者盖章。

第六十七条 【**人民法院调查取证**】人民法院有权向有关单位和个人调查取证，有关单位和个人不得拒绝。

人民法院对有关单位和个人提出的证明文书，应当辨别真伪，审查确定其效力。

第六十八条 【**法庭质证**】证据应当在法庭上出示，并由当事人互相质证。对涉及国家秘密、商业秘密和个人隐私的证据应当保密，需要在法庭出示的，不得在公开开庭时出示。

第六十九条 【**公证证据效力**】经过法定程序公证证明的法律事实和文书，人民法院应当作为认定事实的根据，但有相反证据足以推翻公证证明的除外。

第七十条 【**书证、物证**】书证应当提交原件。物证应当提交原物。提交原件或者原物确有困难的，可以提交复制品、照片、副本、节录本。

提交外文书证，必须附有中文译本。

第七十一条 【**视听资料**】人民法院对视听资料，应当辨别真伪，并结合本案的其他证据，审查确定能否作为认定事实的根据。

第七十二条 【**证人义务、资格**】凡是知道案件情况的单位和个人，都有义务出庭作证。有关单位的负责人应当支持证人作证。

不能正确表达意思的人，不能作证。

第七十三条 【**证人出庭作证**】经人民法院通知，证人应当出庭作证。有下列情形之一的，经人民法院许可，可以通过书面证言、视听传输技术或者视听资料等方式作证：

（一）因健康原因不能出庭的；

（二）因路途遥远，交通不便不能出庭的；

（三）因自然灾害等不可抗力不能出庭的；

（四）其他有正当理由不能出庭的。

第七十四条 【**证人出庭费用负担**】证人因履行出庭作证义务而支出的交通、住宿、就餐等必要费用以及误工损失，由败诉一方当事人负担。当事人申请证人作证的，由该当事人先行垫付；当事人没有申请，人民法院通知证人作证的，由人民法院先行垫付。

第七十五条 【**当事人陈述**】人民法院对当事人的陈述，应当结合本案的其他证据，审查确定能否作为认定事实的根据。

当事人拒绝陈述的，不影响人民法院根据证据认定案件事实。

第七十六条 【**鉴定程序启动**】当事人可以就查明事实的专门性问题向人民法院申请鉴定。当事人申请鉴定的，由双方当事人协商确定具备资格的鉴定人；协商不成的，由人民法院指定。

当事人未申请鉴定，人民法院对专门性问题认为需要鉴定的，应当委托具备资格的鉴定人进行鉴定。

第七十七条 【**鉴定人权利义务**】鉴定人有权了解进行鉴定所需要的案件材料，必要时可以询问当事人、证人。

鉴定人应当提出书面鉴定意见，在鉴定书上签名或者盖章。

第七十八条 【**鉴定人出庭作证**】当事人对鉴定意见有异议或者人民法院认为鉴定人有必要出庭的，鉴定人应当出庭作证。经人民法院通知，鉴定人拒不出庭作证的，鉴定意见不得作为认定事实的根据；支付鉴定费用的当事人可以要求返还鉴定费用。

第七十九条 【**专家证人出庭**】当事人可以申请人民法院通知有专门知识的人出庭，

就鉴定人作出的鉴定意见或者专业问题提出意见。

第八十条 【勘验笔录】勘验物证或者现场，勘验人必须出示人民法院的证件，并邀请当地基层组织或者当事人所在单位派人参加。当事人或者当事人的成年家属应当到场，拒不到场的，不影响勘验的进行。

有关单位和个人根据人民法院的通知，有义务保护现场，协助勘验工作。

勘验人应当将勘验情况和结果制作笔录，由勘验人、当事人和被邀参加人签名或者盖章。

第八十一条 【证据保全】在证据可能灭失或者以后难以取得的情况下，当事人可以在诉讼过程中向人民法院申请保全证据，人民法院也可以主动采取保全措施。

因情况紧急，在证据可能灭失或者以后难以取得的情况下，利害关系人可以在提起诉讼或者申请仲裁前向证据所在地、被申请人住所地或者对案件有管辖权的人民法院申请保全证据。

证据保全的其他程序，参照适用本法第九章保全的有关规定。

第七章 期间、送达

第一节 期　　间

第八十二条 【期间种类、计算】期间包括法定期间和人民法院指定的期间。

期间以时、日、月、年计算。期间开始的时和日，不计算在期间内。

期间届满的最后一日是节假日的，以节假日后的第一日为期间届满的日期。

期间不包括在途时间，诉讼文书在期满前交邮的，不算过期。

第八十三条 【期间顺延】当事人因不可抗拒的事由或者其他正当理由耽误期限的，在障碍消除后的十日内，可以申请顺延期限，是否准许，由人民法院决定。

第二节 送　　达

第八十四条 【送达回证】送达诉讼文书必须有送达回证，由受送达人在送达回证上记明收到日期，签名或者盖章。

受送达人在送达回证上的签收日期为送达日期。

第八十五条 【直接送达】送达诉讼文书，应当直接送交受送达人。受送达人是公民的，本人不在交他的同住成年家属签收；受送达人是法人或者其他组织的，应当由法人的法定代表人、其他组织的主要负责人或者该法人、组织负责收件的人签收；受送达人有诉讼代理人的，可以送交其代理人签收；受送达人已向人民法院指定代收人的，送交代收人签收。

受送达人的同住成年家属，法人或者其他组织的负责收件的人，诉讼代理人或者代收人在送达回证上签收的日期为送达日期。

第八十六条 【留置送达】受送达人或者他的同住成年家属拒绝接收诉讼文书的，送达人可以邀请有关基层组织或者所在单位的代表到场，说明情况，在送达回证上记明拒收事由和日期，由送达人、见证人签名或者盖章，把诉讼文书留在受送达人的住所；也可以把诉讼文书留在受送达人的住所，并采用拍照、录像等方式记录送达过程，即视为送达。

第八十七条 【简易送达】经受送达人同意，人民法院可以采用传真、电子邮件等能够确认其收悉的方式送达诉讼文书，但判决书、裁定书、调解书除外。

采用前款方式送达的，以传真、电子邮件等到达受送达人特定系统的日期为送达日期。

第八十八条 【委托送达、邮寄送达】直接送达诉讼文书有困难的，可以委托其他人民法院代为送达，或者邮寄送达。邮寄送达的，以回执上注明的收件日期为送达日期。

第八十九条 【转交送达之一】受送达人是军人的，通过其所在部队团以上单位的政治机关转交。

第九十条 【转交送达之二】受送达人被监

禁的，通过其所在监所转交。

受送达人被采取强制性教育措施的，通过其所在强制性教育机构转交。

第九十一条　【转交送达日期】代为转交的机关、单位收到诉讼文书后，必须立即交受送达人签收，以在送达回证上的签收日期，为送达日期。

第九十二条　【公告送达】受送达人下落不明，或者用本节规定的其他方式无法送达的，公告送达。自发出公告之日起，经过六十日，即视为送达。

公告送达，应当在案卷中记明原因和经过。

第八章　调　　解

第九十三条　【调解原则】人民法院审理民事案件，根据当事人自愿的原则，在事实清楚的基础上，分清是非，进行调解。

第九十四条　【调解组织形式】人民法院进行调解，可以由审判员一人主持，也可以由合议庭主持，并尽可能就地进行。

人民法院进行调解，可以用简便方式通知当事人、证人到庭。

第九十五条　【协助调解】人民法院进行调解，可以邀请有关单位和个人协助。被邀请的单位和个人，应当协助人民法院进行调解。

第九十六条　【调解协议】调解达成协议，必须双方自愿，不得强迫。调解协议的内容不得违反法律规定。

第九十七条　【调解书】调解达成协议，人民法院应当制作调解书。调解书应当写明诉讼请求、案件的事实和调解结果。

调解书由审判人员、书记员署名，加盖人民法院印章，送达双方当事人。

调解书经双方当事人签收后，即具有法律效力。

第九十八条　【不制作调解书的情形】下列案件调解达成协议，人民法院可以不制作调解书：

（一）调解和好的离婚案件；

（二）调解维持收养关系的案件；

（三）能够即时履行的案件；

（四）其他不需要制作调解书的案件。

对不需要制作调解书的协议，应当记入笔录，由双方当事人、审判人员、书记员签名或者盖章后，即具有法律效力。

第九十九条　【调解失败】调解未达成协议或者调解书送达前一方反悔的，人民法院应当及时判决。

第九章　保全和先予执行

第一百条　【诉讼中保全】人民法院对于可能因当事人一方的行为或者其他原因，使判决难以执行或者造成当事人其他损害的案件，根据对方当事人的申请，可以裁定对其财产进行保全、责令其作出一定行为或者禁止其作出一定行为；当事人没有提出申请的，人民法院在必要时也可以裁定采取保全措施。

人民法院采取保全措施，可以责令申请人提供担保，申请人不提供担保的，裁定驳回申请。

人民法院接受申请后，对情况紧急的，必须在四十八小时内作出裁定；裁定采取保全措施的，应当立即开始执行。

第一百零一条　【诉前保全】利害关系人因情况紧急，不立即申请保全将会使其合法权益受到难以弥补的损害的，可以在提起诉讼或者申请仲裁前向被保全财产所在地、被申请人住所地或者对案件有管辖权的人民法院申请采取保全措施。申请人应当提供担保，不提供担保的，裁定驳回申请。

人民法院接受申请后，必须在四十八小时内作出裁定；裁定采取保全措施的，应当立即开始执行。

申请人在人民法院采取保全措施后三十日内不依法提起诉讼或者申请仲裁的，人民法院应当解除保全。

第一百零二条　【保全范围】保全限于请求的范围，或者与本案有关的财物。

第一百零三条 【财产保全措施】财产保全采取查封、扣押、冻结或者法律规定的其他方法。人民法院保全财产后，应当立即通知被保全财产的人。

财产已被查封、冻结的，不得重复查封、冻结。

第一百零四条 【保全解除】财产纠纷案件，被申请人提供担保的，人民法院应当裁定解除保全。

第一百零五条 【保全错误补救】申请有错误的，申请人应当赔偿被申请人因保全所遭受的损失。

第一百零六条 【先予执行】人民法院对下列案件，根据当事人的申请，可以裁定先予执行：

（一）追索赡养费、扶养费、抚育费、抚恤金、医疗费用的；

（二）追索劳动报酬的；

（三）因情况紧急需要先予执行的。

第一百零七条 【先予执行条件】人民法院裁定先予执行的，应当符合下列条件：

（一）当事人之间权利义务关系明确，不先予执行将严重影响申请人的生活或者生产经营的；

（二）被申请人有履行能力。

人民法院可以责令申请人提供担保，申请人不提供担保的，驳回申请。申请人败诉的，应当赔偿被申请人因先予执行遭受的财产损失。

第一百零八条 【复议】当事人对保全或者先予执行的裁定不服的，可以申请复议一次。复议期间不停止裁定的执行。

第十章 对妨害民事诉讼的强制措施

第一百零九条 【拘传】人民法院对必须到庭的被告，经两次传票传唤，无正当理由拒不到庭的，可以拘传。

第一百一十条 【对妨害法庭秩序的强制措施】诉讼参与人和其他人应当遵守法庭规则。

人民法院对违反法庭规则的人，可以予以训诫，责令退出法庭或者予以罚款、拘留。

人民法院对哄闹、冲击法庭，侮辱、诽谤、威胁、殴打审判人员，严重扰乱法庭秩序的人，依法追究刑事责任；情节较轻的，予以罚款、拘留。

第一百一十一条 【对某些妨害诉讼行为的强制措施】诉讼参与人或者其他人有下列行为之一的，人民法院可以根据情节轻重予以罚款、拘留；构成犯罪的，依法追究刑事责任：

（一）伪造、毁灭重要证据，妨碍人民法院审理案件的；

（二）以暴力、威胁、贿买方法阻止证人作证或者指使、贿买、胁迫他人作伪证的；

（三）隐藏、转移、变卖、毁损已被查封、扣押的财产，或者已被清点并责令其保管的财产，转移已被冻结的财产的；

（四）对司法工作人员、诉讼参加人、证人、翻译人员、鉴定人、勘验人、协助执行的人，进行侮辱、诽谤、诬陷、殴打或者打击报复的；

（五）以暴力、威胁或者其他方法阻碍司法工作人员执行职务的；

（六）拒不履行人民法院已经发生法律效力的判决、裁定的。

人民法院对有前款规定的行为之一的单位，可以对其主要负责人或者直接责任人员予以罚款、拘留；构成犯罪的，依法追究刑事责任。

第一百一十二条 【对虚假诉讼、调解行为的司法处罚】当事人之间恶意串通，企图通过诉讼、调解等方式侵害他人合法权益的，人民法院应当驳回其请求，并根据情节轻重予以罚款、拘留；构成犯罪的，依法追究刑事责任。

第一百一十三条 【对恶意串通逃避执行行为的司法处罚】被执行人与他人恶意串通，通过诉讼、仲裁、调解等方式逃避履行法律文书确定的义务的,人民法院应当根据情节轻重予以罚款、拘留;构成犯罪的,依法追究刑事责任。

第一百一十四条 **【不协助调查、执行的强制措施】**有义务协助调查、执行的单位有下列行为之一的,人民法院除责令其履行协助义务外,并可以予以罚款:

(一)有关单位拒绝或者妨碍人民法院调查取证的;

(二)有关单位接到人民法院协助执行通知书后,拒不协助查询、扣押、冻结、划拨、变价财产的;

(三)有关单位接到人民法院协助执行通知书后,拒不协助扣留被执行人的收入、办理有关财产权证照转移手续、转交有关票证、证照或者其他财产的;

(四)其他拒绝协助执行的。

人民法院对有前款规定的行为之一的单位,可以对其主要负责人或者直接责任人员予以罚款;对仍不履行协助义务的,可以予以拘留;并可以向监察机关或者有关机关提出予以纪律处分的司法建议。

第一百一十五条 **【罚款、拘留】**对个人的罚款金额,为人民币十万元以下。对单位的罚款金额,为人民币五万元以上一百万元以下。

拘留的期限,为十五日以下。

被拘留的人,由人民法院交公安机关看管。在拘留期间,被拘留人承认并改正错误的,人民法院可以决定提前解除拘留。

第一百一十六条 **【拘传、罚款、拘留程序】**拘传、罚款、拘留必须经院长批准。

拘传应当发拘传票。

罚款、拘留应当用决定书。对决定不服的,可以向上一级人民法院申请复议一次。复议期间不停止执行。

第一百一十七条 **【强制措施决定权】**采取对妨害民事诉讼的强制措施必须由人民法院决定。任何单位和个人采取非法拘禁他人或者非法私自扣押他人财产追索债务的,应当依法追究刑事责任,或者予以拘留、罚款。

第十一章 诉讼费用

第一百一十八条 **【诉讼费用的交纳】**当事人进行民事诉讼,应当按照规定交纳案件受理费。财产案件除交纳案件受理费外,并按照规定交纳其他诉讼费用。

当事人交纳诉讼费用确有困难的,可以按照规定向人民法院申请缓交、减交或者免交。

收取诉讼费用的办法另行制定。

第二编 审判程序

第十二章 第一审普通程序

第一节 起诉和受理

第一百一十九条 **【起诉条件】**起诉必须符合下列条件:

(一)原告是与本案有直接利害关系的公民、法人和其他组织;

(二)有明确的被告;

(三)有具体的诉讼请求和事实、理由;

(四)属于人民法院受理民事诉讼的范围和受诉人民法院管辖。

第一百二十条 **【起诉方式】**起诉应当向人民法院递交起诉状,并按照被告人数提出副本。

书写起诉状确有困难的,可以口头起诉,由人民法院记入笔录,并告知对方当事人。

第一百二十一条 **【起诉状】**起诉状应当记明下列事项:

(一)原告的姓名、性别、年龄、民族、职业、工作单位、住所、联系方式,法人或者其他组织的名称、住所和法定代表人或者主要负责人的姓名、职务、联系方式;

(二)被告的姓名、性别、工作单位、住所等信息,法人或者其他组织的名称、住所等信息;

(三)诉讼请求和所根据的事实与理由;

(四)证据和证据来源,证人姓名和

住所。

第一百二十二条 【先行调解】当事人起诉到人民法院的民事纠纷，适宜调解的，先行调解，但当事人拒绝调解的除外。

第一百二十三条 【立案期限】人民法院应当保障当事人依照法律规定享有的起诉权利。对符合本法第一百一十九条的起诉，必须受理。符合起诉条件的，应当在七日内立案，并通知当事人；不符合起诉条件的，应当在七日内作出裁定书，不予受理；原告对裁定不服的，可以提起上诉。

第一百二十四条 【审查起诉】人民法院对下列起诉，分别情形，予以处理：

（一）依照行政诉讼法的规定，属于行政诉讼受案范围的，告知原告提起行政诉讼；

（二）依照法律规定，双方当事人达成书面仲裁协议申请仲裁、不得向人民法院起诉的，告知原告向仲裁机构申请仲裁；

（三）依照法律规定，应当由其他机关处理的争议，告知原告向有关机关申请解决；

（四）对不属于本院管辖的案件，告知原告向有管辖权的人民法院起诉；

（五）对判决、裁定、调解书已经发生法律效力的案件，当事人又起诉的，告知原告申请再审，但人民法院准许撤诉的裁定除外；

（六）依照法律规定，在一定期限内不得起诉的案件，在不得起诉的期限内起诉的，不予受理；

（七）判决不准离婚和调解和好的离婚案件，判决、调解维持收养关系的案件，没有新情况、新理由，原告在六个月内又起诉的，不予受理。

第二节　审理前的准备

第一百二十五条 【答辩状提出】人民法院应当在立案之日起五日内将起诉状副本发送被告，被告应当在收到之日起十五日内提出答辩状。答辩状应当记明被告的姓名、性别、年龄、民族、职业、工作单位、住所、联系方式；法人或者其他组织的名称、住所和法定代表人或者主要负责人的姓名、职务、联系方式。人民法院应当在收到答辩状之日起五日内将答辩状副本发送原告。

被告不提出答辩状的，不影响人民法院审理。

第一百二十六条 【权利义务告知】人民法院对决定受理的案件，应当在受理案件通知书和应诉通知书中向当事人告知有关的诉讼权利义务，或者口头告知。

第一百二十七条 【管辖权异议、应诉管辖】人民法院受理案件后，当事人对管辖权有异议的，应当在提交答辩状期间提出。人民法院对当事人提出的异议，应当审查。异议成立的，裁定将案件移送有管辖权的人民法院；异议不成立的，裁定驳回。

当事人未提出管辖异议，并应诉答辩的，视为受诉人民法院有管辖权，但违反级别管辖和专属管辖规定的除外。

第一百二十八条 【告知合议庭组成】合议庭组成人员确定后，应当在三日内告知当事人。

第一百二十九条 【审核取证】审判人员必须认真审核诉讼材料，调查收集必要的证据。

第一百三十条 【法院调查程序】人民法院派出人员进行调查时，应当向被调查人出示证件。

调查笔录经被调查人校阅后，由被调查人、调查人签名或者盖章。

第一百三十一条 【委托调查】人民法院在必要时可以委托外地人民法院调查。

委托调查，必须提出明确的项目和要求。受委托人民法院可以主动补充调查。

受委托人民法院收到委托书后，应当在三十日内完成调查。因故不能完成的，应当在上述期限内函告委托人民法院。

第一百三十二条 【当事人追加】必须共同进行诉讼的当事人没有参加诉讼的，人民法院应当通知其参加诉讼。

第一百三十三条 **【开庭准备程序】**人民法院对受理的案件,分别情形,予以处理:

（一）当事人没有争议,符合督促程序规定条件的,可以转入督促程序;

（二）开庭前可以调解的,采取调解方式及时解决纠纷;

（三）根据案件情况,确定适用简易程序或者普通程序;

（四）需要开庭审理的,通过要求当事人交换证据等方式,明确争议焦点。

第三节 开庭审理

第一百三十四条 **【审理方式】**人民法院审理民事案件,除涉及国家秘密、个人隐私或者法律另有规定的以外,应当公开进行。

离婚案件,涉及商业秘密的案件,当事人申请不公开审理的,可以不公开审理。

第一百三十五条 **【巡回审理】**人民法院审理民事案件,根据需要进行巡回审理,就地办案。

第一百三十六条 **【开庭通知及公告】**人民法院审理民事案件,应当在开庭三日前通知当事人和其他诉讼参与人。公开审理的,应当公告当事人姓名、案由和开庭的时间、地点。

第一百三十七条 **【庭前准备】**开庭审理前,书记员应当查明当事人和其他诉讼参与人是否到庭,宣布法庭纪律。

开庭审理时,由审判长核对当事人,宣布案由,宣布审判人员、书记员名单,告知当事人有关的诉讼权利义务,询问当事人是否提出回避申请。

第一百三十八条 **【法庭调查顺序】**法庭调查按照下列顺序进行:

（一）当事人陈述;

（二）告知证人的权利义务,证人作证,宣读未到庭的证人证言;

（三）出示书证、物证、视听资料和电子数据;

（四）宣读鉴定意见;

（五）宣读勘验笔录。

第一百三十九条 **【当事人庭审权利】**当事人在法庭上可以提出新的证据。

当事人经法庭许可,可以向证人、鉴定人、勘验人发问。

当事人要求重新进行调查、鉴定或者勘验的,是否准许,由人民法院决定。

第一百四十条 **【诉的合并】**原告增加诉讼请求,被告提出反诉,第三人提出与本案有关的诉讼请求,可以合并审理。

第一百四十一条 **【法庭辩论】**法庭辩论按照下列顺序进行:

（一）原告及其诉讼代理人发言;

（二）被告及其诉讼代理人答辩;

（三）第三人及其诉讼代理人发言或者答辩;

（四）互相辩论。

法庭辩论终结,由审判长按照原告、被告、第三人的先后顺序征询各方最后意见。

第一百四十二条 **【法庭辩论后的调解】**法庭辩论终结,应当依法作出判决。判决前能够调解的,还可以进行调解,调解不成的,应当及时判决。

第一百四十三条 **【按撤诉处理】**原告经传票传唤,无正当理由拒不到庭的,或者未经法庭许可中途退庭的,可以按撤诉处理;被告反诉的,可以缺席判决。

第一百四十四条 **【缺席判决】**被告经传票传唤,无正当理由拒不到庭的,或者未经法庭许可中途退庭的,可以缺席判决。

第一百四十五条 **【撤诉】**宣判前,原告申请撤诉的,是否准许,由人民法院裁定。

人民法院裁定不准许撤诉的,原告经传票传唤,无正当理由拒不到庭的,可以缺席判决。

第一百四十六条 **【延期审理】**有下列情形之一的,可以延期开庭审理:

（一）必须到庭的当事人和其他诉讼参与人有正当理由没有到庭的;

（二）当事人临时提出回避申请的;

（三）需要通知新的证人到庭,调取新

的证据，重新鉴定、勘验，或者需要补充调查的；

（四）其他应当延期的情形。

第一百四十七条　【法庭笔录】书记员应当将法庭审理的全部活动记入笔录，由审判人员和书记员签名。

法庭笔录应当当庭宣读，也可以告知当事人和其他诉讼参与人当庭或者在五日内阅读。当事人和其他诉讼参与人认为对自己的陈述记录有遗漏或者差错的，有权申请补正。如果不予补正，应当将申请记录在案。

法庭笔录由当事人和其他诉讼参与人签名或者盖章。拒绝签名盖章的，记明情况附卷。

第一百四十八条　【宣判】人民法院对公开审理或者不公开审理的案件，一律公开宣告判决。

当庭宣判的，应当在十日内发送判决书；定期宣判的，宣判后立即发给判决书。

宣告判决时，必须告知当事人上诉权利、上诉期限和上诉的法院。

宣告离婚判决，必须告知当事人在判决发生法律效力前不得另行结婚。

第一百四十九条　【审限】人民法院适用普通程序审理的案件，应当在立案之日起六个月内审结。有特殊情况需要延长的，由本院院长批准，可以延长六个月；还需要延长的，报请上级人民法院批准。

第四节　诉讼中止和终结

第一百五十条　【中止诉讼】有下列情形之一的，中止诉讼：

（一）一方当事人死亡，需要等待继承人表明是否参加诉讼的；

（二）一方当事人丧失诉讼行为能力，尚未确定法定代理人的；

（三）作为一方当事人的法人或者其他组织终止，尚未确定权利义务承受人的；

（四）一方当事人因不可抗拒的事由，不能参加诉讼的；

（五）本案必须以另一案的审理结果为依据，而另一案尚未审结的；

（六）其他应当中止诉讼的情形。

中止诉讼的原因消除后，恢复诉讼。

第一百五十一条　【终结诉讼】有下列情形之一的，终结诉讼：

（一）原告死亡，没有继承人，或者继承人放弃诉讼权利的；

（二）被告死亡，没有遗产，也没有应当承担义务的人的；

（三）离婚案件一方当事人死亡的；

（四）追索赡养费、扶养费、抚育费以及解除收养关系案件的一方当事人死亡的。

第五节　判决和裁定

第一百五十二条　【判决书】判决书应当写明判决结果和作出该判决的理由。判决书内容包括：

（一）案由、诉讼请求、争议的事实和理由；

（二）判决认定的事实和理由、适用的法律和理由；

（三）判决结果和诉讼费用的负担；

（四）上诉期间和上诉的法院。

判决书由审判人员、书记员署名，加盖人民法院印章。

第一百五十三条　【先行判决】人民法院审理案件，其中一部分事实已经清楚，可以就该部分先行判决。

第一百五十四条　【裁定】裁定适用于下列范围：

（一）不予受理；

（二）对管辖权有异议的；

（三）驳回起诉；

（四）保全和先予执行；

（五）准许或者不准许撤诉；

（六）中止或者终结诉讼；

（七）补正判决书中的笔误；

（八）中止或者终结执行；

（九）撤销或者不予执行仲裁裁决；

（十）不予执行公证机关赋予强制执

行效力的债权文书；

（十一）其他需要裁定解决的事项。

对前款第一项至第三项裁定，可以上诉。

裁定书应当写明裁定结果和作出该裁定的理由。裁定书由审判人员、书记员署名，加盖人民法院印章。口头裁定的，记入笔录。

第一百五十五条　【生效裁判】最高人民法院的判决、裁定，以及依法不准上诉或者超过上诉期没有上诉的判决、裁定，是发生法律效力的判决、裁定。

第一百五十六条　【裁判文书公开】公众可以查阅发生法律效力的判决书、裁定书，但涉及国家秘密、商业秘密和个人隐私的内容除外。

第十三章　简 易 程 序

第一百五十七条　【适用范围】基层人民法院和它派出的法庭审理事实清楚、权利义务关系明确、争议不大的简单的民事案件，适用本章规定。

基层人民法院和它派出的法庭审理前款规定以外的民事案件，当事人双方也可以约定适用简易程序。

第一百五十八条　【起诉方式】对简单的民事案件，原告可以口头起诉。

当事人双方可以同时到基层人民法院或者它派出的法庭，请求解决纠纷。基层人民法院或者它派出的法庭可以当即审理，也可以另定日期审理。

第一百五十九条　【简便方式传唤、送达和审理】基层人民法院和它派出的法庭审理简单的民事案件，可以用简便方式传唤当事人和证人、送达诉讼文书、审理案件，但应当保障当事人陈述意见的权利。

第一百六十条　【审理方式】简单的民事案件由审判员一人独任审理，并不受本法第一百三十六条、第一百三十八条、第一百四十一条规定的限制。

第一百六十一条　【审理期限】人民法院适用简易程序审理案件，应当在立案之日起三个月内审结。

第一百六十二条　【小额诉讼程序】基层人民法院和它派出的法庭审理符合本法第一百五十七条第一款规定的简单的民事案件，标的额为各省、自治区、直辖市上年度就业人员年平均工资百分之三十以下的，实行一审终审。

第一百六十三条　【简易程序转普通程序】人民法院在审理过程中，发现案件不宜适用简易程序的，裁定转为普通程序。

第十四章　第二审程序

第一百六十四条　【上诉】当事人不服地方人民法院第一审判决的，有权在判决书送达之日起十五日内向上一级人民法院提起上诉。

当事人不服地方人民法院第一审裁定的，有权在裁定书送达之日起十日内向上一级人民法院提起上诉。

第一百六十五条　【上诉状】上诉应当递交上诉状。上诉状的内容，应当包括当事人的姓名，法人的名称及其法定代表人的姓名或者其他组织的名称及其主要负责人的姓名；原审人民法院名称、案件的编号和案由；上诉的请求和理由。

第一百六十六条　【上诉方式】上诉状应当通过原审人民法院提出，并按照对方当事人或者代表人的人数提出副本。

当事人直接向第二审人民法院上诉的，第二审人民法院应当在五日内将上诉状移交原审人民法院。

第一百六十七条　【受理上诉】原审人民法院收到上诉状，应当在五日内将上诉状副本送达对方当事人，对方当事人在收到之日起十五日内提出答辩状。人民法院应当在收到答辩状之日起五日内将副本送达上诉人。对方当事人不提出答辩状的，不影响人民法院审理。

原审人民法院收到上诉状、答辩状，应当在五日内连同全部案卷和证据，报送第二审人民法院。

第一百六十八条　【审查范围】第二审人民法院应当对上诉请求的有关事实和适用法律进行审查。

第一百六十九条　【二审审理方式】第二审人民法院对上诉案件，应当组成合议庭，开庭审理。经过阅卷、调查和询问当事人，对没有提出新的事实、证据或者理由，合议庭认为不需要开庭审理的，可以不开庭审理。

第二审人民法院审理上诉案件，可以在本院进行，也可以到案件发生地或者原审人民法院所在地进行。

第一百七十条　【二审裁判】第二审人民法院对上诉案件，经过审理，按照下列情形，分别处理：

（一）原判决、裁定认定事实清楚，适用法律正确的，以判决、裁定方式驳回上诉，维持原判决、裁定；

（二）原判决、裁定认定事实错误或者适用法律错误的，以判决、裁定方式依法改判、撤销或者变更；

（三）原判决认定基本事实不清的，裁定撤销原判决，发回原审人民法院重审，或者查清事实后改判；

（四）原判决遗漏当事人或者违法缺席判决等严重违反法定程序的，裁定撤销原判决，发回原审人民法院重审。

原审人民法院对发回重审的案件作出判决后，当事人提起上诉的，第二审人民法院不得再次发回重审。

第一百七十一条　【裁定上诉处理】第二审人民法院对不服第一审人民法院裁定的上诉案件的处理，一律使用裁定。

第一百七十二条　【二审调解】第二审人民法院审理上诉案件，可以进行调解。调解达成协议，应当制作调解书，由审判人员、书记员署名，加盖人民法院印章。调解书送达后，原审人民法院的判决即视为撤销。

第一百七十三条　【撤回上诉】第二审人民法院判决宣告前，上诉人申请撤回上诉的，是否准许，由第二审人民法院裁定。

第一百七十四条　【二审适用程序】第二审人民法院审理上诉案件，除依照本章规定外，适用第一审普通程序。

第一百七十五条　【二审裁判效力】第二审人民法院的判决、裁定，是终审的判决、裁定。

第一百七十六条　【二审审限】人民法院审理对判决的上诉案件，应当在第二审立案之日起三个月内审结。有特殊情况需要延长的，由本院院长批准。

人民法院审理对裁定的上诉案件，应当在第二审立案之日起三十日内作出终审裁定。

第十五章　特别程序

第一节　一般规定

第一百七十七条　【适用范围】人民法院审理选民资格案件、宣告失踪或者宣告死亡案件、认定公民无民事行为能力或者限制民事行为能力案件、认定财产无主案件、确认调解协议案件和实现担保物权案件，适用本章规定。本章没有规定的，适用本法和其他法律的有关规定。

第一百七十八条　【审级及审判组织】依照本章程序审理的案件，实行一审终审。选民资格案件或者重大、疑难的案件，由审判员组成合议庭审理；其他案件由审判员一人独任审理。

第一百七十九条　【特别程序转化】人民法院在依照本章程序审理案件的过程中，发现本案属于民事权益争议的，应当裁定终结特别程序，并告知利害关系人可以另行起诉。

第一百八十条　【审限】人民法院适用特别程序审理的案件，应当在立案之日起三十日内或者公告期满后三十日内审结。有特殊情况需要延长的，由本院院长批准。但审理选民资格的案件除外。

第二节　选民资格案件

第一百八十一条　【起诉与受理】公民不服

选举委员会对选民资格的申诉所作的处理决定，可以在选举日的五日以前向选区所在地基层人民法院起诉。

第一百八十二条 【审限与判决】人民法院受理选民资格案件后，必须在选举日前审结。

审理时，起诉人、选举委员会的代表和有关公民必须参加。

人民法院的判决书，应当在选举日前送达选举委员会和起诉人，并通知有关公民。

第三节 宣告失踪、宣告死亡案件

第一百八十三条 【宣告失踪】公民下落不明满二年，利害关系人申请宣告其失踪的，向下落不明人住所地基层人民法院提出。

申请书应当写明失踪的事实、时间和请求，并附有公安机关或者其他有关机关关于该公民下落不明的书面证明。

第一百八十四条 【宣告死亡】公民下落不明满四年，或者因意外事故下落不明满二年，或者因意外事故下落不明，经有关机关证明该公民不可能生存，利害关系人申请宣告其死亡的，向下落不明人住所地基层人民法院提出。

申请书应当写明下落不明的事实、时间和请求，并附有公安机关或者其他有关机关关于该公民下落不明的书面证明。

第一百八十五条 【公告与判决】人民法院受理宣告失踪、宣告死亡案件后，应当发出寻找下落不明人的公告。宣告失踪的公告期间为三个月，宣告死亡的公告期间为一年。因意外事故下落不明，经有关机关证明该公民不可能生存的，宣告死亡的公告期间为三个月。

公告期间届满，人民法院应当根据被宣告失踪、宣告死亡的事实是否得到确认，作出宣告失踪、宣告死亡的判决或者驳回申请的判决。

第一百八十六条 【判决撤销】被宣告失踪、宣告死亡的公民重新出现，经本人或者利害关系人申请，人民法院应当作出新判决，撤销原判决。

第四节 认定公民无民事行为能力、限制民事行为能力案件

第一百八十七条 【管辖与申请】申请认定公民无民事行为能力或者限制民事行为能力，由其近亲属或者其他利害关系人向该公民住所地基层人民法院提出。

申请书应当写明该公民无民事行为能力或者限制民事行为能力的事实和根据。

第一百八十八条 【医学鉴定】人民法院受理申请后，必要时应当对被请求认定为无民事行为能力或者限制民事行为能力的公民进行鉴定。申请人已提供鉴定意见的，应当对鉴定意见进行审查。

第一百八十九条 【代理人、审理与判决】人民法院审理认定公民无民事行为能力或者限制民事行为能力的案件，应当由该公民的近亲属为代理人，但申请人除外。近亲属互相推诿的，由人民法院指定其中一人为代理人。该公民健康情况许可的，还应当询问本人的意见。

人民法院经审理认定申请有事实根据的，判决该公民为无民事行为能力或者限制民事行为能力人；认定申请没有事实根据的，应当判决予以驳回。

第一百九十条 【判决撤销】人民法院根据被认定为无民事行为能力人、限制民事行为能力人或者他的监护人的申请，证实该公民无民事行为能力或者限制民事行为能力的原因已经消除的，应当作出新判决，撤销原判决。

第五节 认定财产无主案件

第一百九十一条 【管辖与申请书】申请认定财产无主，由公民、法人或者其他组织向财产所在地基层人民法院提出。

申请书应当写明财产的种类、数量以及要求认定财产无主的根据。

第一百九十二条 【公告与判决】人民法院

受理申请后，经审查核实，应当发出财产认领公告。公告满一年无人认领的，判决认定财产无主，收归国家或者集体所有。

第一百九十三条　【撤销判决】判决认定财产无主后，原财产所有人或者继承人出现，在民法通则规定的诉讼时效期间可以对财产提出请求，人民法院审查属实后，应当作出新判决，撤销原判决。

第六节　确认调解协议案件

第一百九十四条　【申请与管辖】申请司法确认调解协议，由双方当事人依照人民调解法等法律，自调解协议生效之日起三十日内，共同向调解组织所在地基层人民法院提出。

第一百九十五条　【裁定与执行】人民法院受理申请后，经审查，符合法律规定的，裁定调解协议有效，一方当事人拒绝履行或者未全部履行的，对方当事人可以向人民法院申请执行；不符合法律规定的，裁定驳回申请，当事人可以通过调解方式变更原调解协议或者达成新的调解协议，也可以向人民法院提起诉讼。

第七节　实现担保物权案件

第一百九十六条　【申请与管辖】申请实现担保物权，由担保物权人以及其他有权请求实现担保物权的人依照物权法等法律，向担保财产所在地或者担保物权登记地基层人民法院提出。

第一百九十七条　【裁定与执行】人民法院受理申请后，经审查，符合法律规定的，裁定拍卖、变卖担保财产，当事人依据该裁定可以向人民法院申请执行；不符合法律规定的，裁定驳回申请，当事人可以向人民法院提起诉讼。

第十六章　审判监督程序

第一百九十八条　【法院依职权提起再审】各级人民法院院长对本院已经发生法律效力的判决、裁定、调解书，发现确有错误，认为需要再审的，应当提交审判委员会讨论决定。

最高人民法院对地方各级人民法院已经发生法律效力的判决、裁定、调解书，上级人民法院对下级人民法院已经发生法律效力的判决、裁定、调解书，发现确有错误的，有权提审或者指令下级人民法院再审。

第一百九十九条　【当事人申请再审】当事人对已经发生法律效力的判决、裁定，认为有错误的，可以向上一级人民法院申请再审；当事人一方人数众多或者当事人双方为公民的案件，也可以向原审人民法院申请再审。当事人申请再审的，不停止判决、裁定的执行。

第二百条　【申请再审的条件】当事人的申请符合下列情形之一的，人民法院应当再审：

（一）有新的证据，足以推翻原判决、裁定的；

（二）原判决、裁定认定的基本事实缺乏证据证明的；

（三）原判决、裁定认定事实的主要证据是伪造的；

（四）原判决、裁定认定事实的主要证据未经质证的；

（五）对审理案件需要的主要证据，当事人因客观原因不能自行收集，书面申请人民法院调查收集，人民法院未调查收集的；

（六）原判决、裁定适用法律确有错误的；

（七）审判组织的组成不合法或者依法应当回避的审判人员没有回避的；

（八）无诉讼行为能力人未经法定代理人代为诉讼或者应当参加诉讼的当事人，因不能归责于本人或者其诉讼代理人的事由，未参加诉讼的；

（九）违反法律规定，剥夺当事人辩论权利的；

（十）未经传票传唤，缺席判决的；

（十一）原判决、裁定遗漏或者超出诉

讼请求的;

(十二)据以作出原判决、裁定的法律文书被撤销或者变更的;

(十三)审判人员审理该案件时有贪污受贿,徇私舞弊,枉法裁判行为的。

第二百零一条　【对调解书申请再审】当事人对已经发生法律效力的调解书,提出证据证明调解违反自愿原则或者调解协议的内容违反法律的,可以申请再审。经人民法院审查属实的,应当再审。

第二百零二条　【离婚判决、调解不得再审】当事人对已经发生法律效力的解除婚姻关系的判决、调解书,不得申请再审。

第二百零三条　【当事人申请再审程序】当事人申请再审的,应当提交再审申请书等材料。人民法院应当自收到再审申请书之日起五日内将再审申请书副本发送对方当事人。对方当事人应当自收到再审申请书副本之日起十五日内提交书面意见;不提交书面意见的,不影响人民法院审查。人民法院可以要求申请人和对方当事人补充有关材料,询问有关事项。

第二百零四条　【再审申请的审查与再审案件的审级】人民法院应当自收到再审申请书之日起三个月内审查,符合本法规定的,裁定再审;不符合本法规定的,裁定驳回申请。有特殊情况需要延长的,由本院院长批准。

因当事人申请裁定再审的案件由中级人民法院以上的人民法院审理,但当事人依照本法第一百九十九条的规定选择向基层人民法院申请再审的除外。最高人民法院、高级人民法院裁定再审的案件,由本院再审或者交其他人民法院再审,也可以交原审人民法院再审。

第二百零五条　【当事人申请再审期限】当事人申请再审,应当在判决、裁定发生法律效力后六个月内提出;有本法第二百条第一项、第三项、第十二项、第十三项规定情形的,自知道或者应当知道之日起六个月内提出。

第二百零六条　【中止执行及例外】按照审判监督程序决定再审的案件,裁定中止原判决、裁定、调解书的执行,但追索赡养费、扶养费、抚育费、抚恤金、医疗费用、劳动报酬等案件,可以不中止执行。

第二百零七条　【再审审理程序】人民法院按照审判监督程序再审的案件,发生法律效力的判决、裁定是由第一审法院作出的,按照第一审程序审理,所作的判决、裁定,当事人可以上诉;发生法律效力的判决、裁定是由第二审法院作出的,按照第二审程序审理,所作的判决、裁定,是发生法律效力的判决、裁定;上级人民法院按照审判监督程序提审的,按照第二审程序审理,所作的判决、裁定是发生法律效力的判决、裁定。

人民法院审理再审案件,应当另行组成合议庭。

第二百零八条　【检察院提出抗诉或者检察建议】最高人民检察院对各级人民法院已经发生法律效力的判决、裁定,上级人民检察院对下级人民法院已经发生法律效力的判决、裁定,发现有本法第二百条规定情形之一的,或者发现调解书损害国家利益、社会公共利益的,应当提出抗诉。

地方各级人民检察院对同级人民法院已经发生法律效力的判决、裁定,发现有本法第二百条规定情形之一的,或者发现调解书损害国家利益、社会公共利益的,可以向同级人民法院提出检察建议,并报上级人民检察院备案;也可以提请上级人民检察院向同级人民法院提出抗诉。

各级人民检察院对审判监督程序以外的其他审判程序中审判人员的违法行为,有权向同级人民法院提出检察建议。

第二百零九条　【当事人申请检察建议或者抗诉】有下列情形之一的,当事人可以向人民检察院申请检察建议或者抗诉:

(一)人民法院驳回再审申请的;

(二)人民法院逾期未对再审申请作出裁定的;

（三）再审判决、裁定有明显错误的。

人民检察院对当事人的申请应当在三个月内进行审查，作出提出或者不予提出检察建议或者抗诉的决定。当事人不得再次向人民检察院申请检察建议或者抗诉。

第二百一十条 【检察院的调查权】人民检察院因履行法律监督职责提出检察建议或者抗诉的需要，可以向当事人或者案外人调查核实有关情况。

第二百一十一条 【抗诉案件的审理】人民检察院提出抗诉的案件，接受抗诉的人民法院应当自收到抗诉书之日起三十日内作出再审的裁定；有本法第二百条第一项至第五项规定情形之一的，可以交下一级人民法院再审，但经该下一级人民法院再审的除外。

第二百一十二条 【抗诉书】人民检察院决定对人民法院的判决、裁定、调解书提出抗诉的，应当制作抗诉书。

第二百一十三条 【检察员出庭】人民检察院提出抗诉的案件，人民法院再审时，应当通知人民检察院派员出席法庭。

第十七章　督 促 程 序

第二百一十四条 【支付令申请】债权人请求债务人给付金钱、有价证券，符合下列条件的，可以向有管辖权的基层人民法院申请支付令：

（一）债权人与债务人没有其他债务纠纷的；

（二）支付令能够送达债务人的。

申请书应当写明请求给付金钱或者有价证券的数量和所根据的事实、证据。

第二百一十五条 【受理】债权人提出申请后，人民法院应当在五日内通知债权人是否受理。

第二百一十六条 【支付令的审理、异议和执行】人民法院受理申请后，经审查债权人提供的事实、证据，对债权债务关系明确、合法的，应当在受理之日起十五日内向债务人发出支付令；申请不成立的，裁定予以驳回。

债务人应当自收到支付令之日起十五日内清偿债务，或者向人民法院提出书面异议。

债务人在前款规定的期间不提出异议又不履行支付令的，债权人可以向人民法院申请执行。

第二百一十七条 【终结督促程序】人民法院收到债务人提出的书面异议后，经审查，异议成立的，应当裁定终结督促程序，支付令自行失效。

支付令失效的，转入诉讼程序，但申请支付令的一方当事人不同意提起诉讼的除外。

第十八章　公示催告程序

第二百一十八条 【适用范围】按照规定可以背书转让的票据持有人，因票据被盗、遗失或者灭失，可以向票据支付地的基层人民法院申请公示催告。依照法律规定可以申请公示催告的其他事项，适用本章规定。

申请人应当向人民法院递交申请书，写明票面金额、发票人、持票人、背书人等票据主要内容和申请的理由、事实。

第二百一十九条 【公告及期限】人民法院决定受理申请，应当同时通知支付人停止支付，并在三日内发出公告，催促利害关系人申报权利。公示催告的期间，由人民法院根据情况决定，但不得少于六十日。

第二百二十条 【停止支付】支付人收到人民法院停止支付的通知，应当停止支付，至公示催告程序终结。

公示催告期间，转让票据权利的行为无效。

第二百二十一条 【申报票据权利】利害关系人应当在公示催告期间向人民法院申报。

人民法院收到利害关系人的申报后，应当裁定终结公示催告程序，并通知申请人和支付人。

申请人或者申报人可以向人民法院起诉。

第二百二十二条 【公示催告判决】没有人申报的，人民法院应当根据申请人的申请，作出判决，宣告票据无效。判决应当公告，并通知支付人。自判决公告之日起，申请人有权向支付人请求支付。

第二百二十三条 【利害关系人起诉】利害关系人因正当理由不能在判决前向人民法院申报的，自知道或者应当知道判决公告之日起一年内，可以向作出判决的人民法院起诉。

第三编 执行程序

第十九章 一般规定

第二百二十四条 【执行根据、管辖】发生法律效力的民事判决、裁定，以及刑事判决、裁定中的财产部分，由第一审人民法院或者与第一审人民法院同级的被执行的财产所在地人民法院执行。

法律规定由人民法院执行的其他法律文书，由被执行人住所地或者被执行的财产所在地人民法院执行。

第二百二十五条 【对违法执行行为的异议】当事人、利害关系人认为执行行为违反法律规定的，可以向负责执行的人民法院提出书面异议。当事人、利害关系人提出书面异议的，人民法院应当自收到书面异议之日起十五日内审查，理由成立的，裁定撤销或者改正；理由不成立的，裁定驳回。当事人、利害关系人对裁定不服的，可以自裁定送达之日起十日内向上一级人民法院申请复议。

第二百二十六条 【变更执行法院】人民法院自收到申请执行书之日起超过六个月未执行的，申请执行人可以向上一级人民法院申请执行。上一级人民法院经审查，可以责令原人民法院在一定期限内执行，也可以决定由本院执行或者指令其他人民法院执行。

第二百二十七条 【案外人异议】执行过程中，案外人对执行标的提出书面异议的，人民法院应当自收到书面异议之日起十五日内审查，理由成立的，裁定中止对该标的的执行；理由不成立的，裁定驳回。案外人、当事人对裁定不服，认为原判决、裁定错误的，依照审判监督程序办理；与原判决、裁定无关的，可以自裁定送达之日起十五日内向人民法院提起诉讼。

第二百二十八条 【执行机构、程序】执行工作由执行员进行。

采取强制执行措施时，执行员应当出示证件。执行完毕后，应当将执行情况制作笔录，由在场的有关人员签名或者盖章。

人民法院根据需要可以设立执行机构。

第二百二十九条 【委托执行】被执行人或者被执行的财产在外地的，可以委托当地人民法院代为执行。受委托人民法院收到委托函件后，必须在十五日内开始执行，不得拒绝。执行完毕后，应当将执行结果及时函复委托人民法院；在三十日内如果还未执行完毕，也应当将执行情况函告委托人民法院。

受委托人民法院自收到委托函件之日起十五日内不执行的，委托人民法院可以请求受委托人民法院的上级人民法院指令受委托人民法院执行。

第二百三十条 【执行和解】在执行中，双方当事人自行和解达成协议的，执行员应当将协议内容记入笔录，由双方当事人签名或者盖章。

申请执行人因受欺诈、胁迫与被执行人达成和解协议，或者当事人不履行和解协议的，人民法院可以根据当事人的申请，恢复对原生效法律文书的执行。

第二百三十一条 【执行担保】在执行中，被执行人向人民法院提供担保，并经申请执行人同意的，人民法院可以决定暂缓执行及暂缓执行的期限。被执行人逾期仍不履行的，人民法院有权执行被执行人的担保财产或者担保人的财产。

第二百三十二条 【执行承担】作为被执行人的公民死亡的，以其遗产偿还债务。作为被执行人的法人或者其他组织终止的，由其权利义务承受人履行义务。

第二百三十三条 【执行回转】执行完毕后，据以执行的判决、裁定和其他法律文书确有错误，被人民法院撤销的，对已被执行的财产，人民法院应当作出裁定，责令取得财产的人返还；拒不返还的，强制执行。

第二百三十四条 【调解书执行】人民法院制作的调解书的执行，适用本编的规定。

第二百三十五条 【民事执行法律监督】人民检察院有权对民事执行活动实行法律监督。

第二十章 执行的申请和移送

第二百三十六条 【申请执行和移送执行】发生法律效力的民事判决、裁定，当事人必须履行。一方拒绝履行的，对方当事人可以向人民法院申请执行，也可以由审判员移送执行员执行。

调解书和其他应当由人民法院执行的法律文书，当事人必须履行。一方拒绝履行的，对方当事人可以向人民法院申请执行。

第二百三十七条 【仲裁裁决执行】对依法设立的仲裁机构的裁决，一方当事人不履行的，对方当事人可以向有管辖权的人民法院申请执行。受申请的人民法院应当执行。

被申请人提出证据证明仲裁裁决有下列情形之一的，经人民法院组成合议庭审查核实，裁定不予执行：

（一）当事人在合同中没有订有仲裁条款或者事后没有达成书面仲裁协议的；

（二）裁决的事项不属于仲裁协议的范围或者仲裁机构无权仲裁的；

（三）仲裁庭的组成或者仲裁的程序违反法定程序的；

（四）裁决所根据的证据是伪造的；

（五）对方当事人向仲裁机构隐瞒了足以影响公正裁决的证据的；

（六）仲裁员在仲裁该案时有贪污受贿，徇私舞弊，枉法裁决行为的。

人民法院认定执行该裁决违背社会公共利益的，裁定不予执行。

裁定书应当送达双方当事人和仲裁机构。

仲裁裁决被人民法院裁定不予执行的，当事人可以根据双方达成的书面仲裁协议重新申请仲裁，也可以向人民法院起诉。

第二百三十八条 【公证债权文书执行】对公证机关依法赋予强制执行效力的债权文书，一方当事人不履行的，对方当事人可以向有管辖权的人民法院申请执行，受申请的人民法院应当执行。

公证债权文书确有错误的，人民法院裁定不予执行，并将裁定书送达双方当事人和公证机关。

第二百三十九条 【申请执行期间】申请执行的期间为二年。申请执行时效的中止、中断，适用法律有关诉讼时效中止、中断的规定。

前款规定的期间，从法律文书规定履行期间的最后一日起计算；法律文书规定分期履行的，从规定的每次履行期间的最后一日起计算；法律文书未规定履行期间的，从法律文书生效之日起计算。

第二百四十条 【执行通知】执行员接到申请执行书或者移交执行书，应当向被执行人发出执行通知，并可以立即采取强制执行措施。

第二十一章 执行措施

第二百四十一条 【被执行人报告义务】被执行人未按执行通知履行法律文书确定的义务，应当报告当前以及收到执行通知之日前一年的财产情况。被执行人拒绝报告或者虚假报告的，人民法院可以根据情节轻重对被执行人或者其法定代理人、有关单位的主要负责人或者直接责任人员予以罚款、拘留。

第二百四十二条 【查询、扣押、冻结、划拨、变价金融资产】被执行人未按执行通知履行法律文书确定的义务，人民法院有权向有关单位查询被执行人的存款、债券、股票、基金份额等财产情况。人民法院有权根据不同情形扣押、冻结、划拨、变价被执行人的财产。人民法院查询、扣押、冻结、划拨、变价的财产不得超出被执行人应当履行义务的范围。

人民法院决定扣押、冻结、划拨、变价财产，应当作出裁定，并发出协助执行通知书，有关单位必须办理。

第二百四十三条 【扣留、提取收入】被执行人未按执行通知履行法律文书确定的义务，人民法院有权扣留、提取被执行人应当履行义务部分的收入。但应当保留被执行人及其所扶养家属的生活必需费用。

人民法院扣留、提取收入时，应当作出裁定，并发出协助执行通知书，被执行人所在单位、银行、信用合作社和其他有储蓄业务的单位必须办理。

第二百四十四条 【查封、扣押、冻结、拍卖、变卖被执行人财产】被执行人未按执行通知履行法律文书确定的义务，人民法院有权查封、扣押、冻结、拍卖、变卖被执行人应当履行义务部分的财产。但应当保留被执行人及其所扶养家属的生活必需品。

采取前款措施，人民法院应当作出裁定。

第二百四十五条 【查封、扣押财产程序】人民法院查封、扣押财产时，被执行人是公民的，应当通知被执行人或者他的成年家属到场；被执行人是法人或者其他组织的，应当通知其法定代表人或者主要负责人到场。拒不到场的，不影响执行。被执行人是公民的，其工作单位或者财产所在地的基层组织应当派人参加。

对被查封、扣押的财产，执行员必须造具清单，由在场人签名或者盖章后，交被执行人一份。被执行人是公民的，也可以交他的成年家属一份。

第二百四十六条 【查封财产保管】被查封的财产，执行员可以指定被执行人负责保管。因被执行人的过错造成的损失，由被执行人承担。

第二百四十七条 【拍卖、变卖财产】财产被查封、扣押后，执行员应当责令被执行人在指定期间履行法律文书确定的义务。被执行人逾期不履行的，人民法院应当拍卖被查封、扣押的财产；不适于拍卖或者当事人双方同意不进行拍卖的，人民法院可以委托有关单位变卖或者自行变卖。国家禁止自由买卖的物品，交有关单位按照国家规定的价格收购。

第二百四十八条 【搜查被执行人财产】被执行人不履行法律文书确定的义务，并隐匿财产的，人民法院有权发出搜查令，对被执行人及其住所或者财产隐匿地进行搜查。

采取前款措施，由院长签发搜查令。

第二百四十九条 【指定交付】法律文书指定交付的财物或者票证，由执行员传唤双方当事人当面交付，或者由执行员转交，并由被交付人签收。

有关单位持有该项财物或者票证的，应当根据人民法院的协助执行通知书转交，并由被交付人签收。

有关公民持有该项财物或者票证的，人民法院通知其交出。拒不交出的，强制执行。

第二百五十条 【强制迁出】强制迁出房屋或者强制退出土地，由院长签发公告，责令被执行人在指定期间履行。被执行人逾期不履行的，由执行员强制执行。

强制执行时，被执行人是公民的，应当通知被执行人或者他的成年家属到场；被执行人是法人或者其他组织的，应当通知其法定代表人或者主要负责人到场。拒不到场的，不影响执行。被执行人是公民的，其工作单位或者房屋、土地所在地的基层组织应当派人参加。执行员应当将强制执行情况记入笔录，由在场人签名或者盖章。

强制迁出房屋被搬出的财物，由人民法院派人运至指定处所，交给被执行人。被执行人是公民的，也可以交给他的成年家属。因拒绝接收而造成的损失，由被执行人承担。

第二百五十一条　【财产权证照转移】在执行中，需要办理有关财产权证照转移手续的，人民法院可以向有关单位发出协助执行通知书，有关单位必须办理。

第二百五十二条　【对行为执行】对判决、裁定和其他法律文书指定的行为，被执行人未按执行通知履行的，人民法院可以强制执行或者委托有关单位或者其他人完成，费用由被执行人承担。

第二百五十三条　【迟延履行】被执行人未按判决、裁定和其他法律文书指定的期间履行给付金钱义务的，应当加倍支付迟延履行期间的债务利息。被执行人未按判决、裁定和其他法律文书指定的期间履行其他义务的，应当支付迟延履行金。

第二百五十四条　【继续履行】人民法院采取本法第二百四十二条、第二百四十三条、第二百四十四条规定的执行措施后，被执行人仍不能偿还债务的，应当继续履行义务。债权人发现被执行人有其他财产的，可以随时请求人民法院执行。

第二百五十五条　【对被执行人的限制措施】被执行人不履行法律文书确定的义务的，人民法院可以对其采取或者通知有关单位协助采取限制出境，在征信系统记录、通过媒体公布不履行义务信息以及法律规定的其他措施。

第二十二章　执行中止和终结

第二百五十六条　【执行中止】有下列情形之一的，人民法院应当裁定中止执行：

（一）申请人表示可以延期执行的；

（二）案外人对执行标的提出确有理由的异议的；

（三）作为一方当事人的公民死亡，需要等待继承人继承权利或者承担义务的；

（四）作为一方当事人的法人或者其他组织终止，尚未确定权利义务承受人的；

（五）人民法院认为应当中止执行的其他情形。

中止的情形消失后，恢复执行。

第二百五十七条　【执行终结】有下列情形之一的，人民法院裁定终结执行：

（一）申请人撤销申请的；

（二）据以执行的法律文书被撤销的；

（三）作为被执行人的公民死亡，无遗产可供执行，又无义务承担人的；

（四）追索赡养费、扶养费、抚育费案件的权利人死亡的；

（五）作为被执行人的公民因生活困难无力偿还借款，无收入来源，又丧失劳动能力的；

（六）人民法院认为应当终结执行的其他情形。

第二百五十八条　【中止、终结裁定效力】中止和终结执行的裁定，送达当事人后立即生效。

第四编　涉外民事诉讼程序的特别规定

第二十三章　一 般 原 则

第二百五十九条　【适用本国法】在中华人民共和国领域内进行涉外民事诉讼，适用本编规定。本编没有规定的，适用本法其他有关规定。

第二百六十条　【国际条约优先】中华人民共和国缔结或者参加的国际条约同本法有不同规定的，适用该国际条约的规定，但中华人民共和国声明保留的条款除外。

第二百六十一条　【外交特权与豁免】对享有外交特权与豁免的外国人、外国组织或者国际组织提起的民事诉讼，应当依照中华人民共和国有关法律和中华人民共和国缔结或者参加的国际条约的规定办理。

第二百六十二条 【语言文字】人民法院审理涉外民事案件，应当使用中华人民共和国通用的语言、文字。当事人要求提供翻译的，可以提供，费用由当事人承担。

第二百六十三条 【中国律师代理】外国人、无国籍人、外国企业和组织在人民法院起诉、应诉，需要委托律师代理诉讼的，必须委托中华人民共和国的律师。

第二百六十四条 【公证和认证】在中华人民共和国领域内没有住所的外国人、无国籍人、外国企业和组织委托中华人民共和国律师或者其他人代理诉讼，从中华人民共和国领域外寄交或者托交的授权委托书，应当经所在国公证机关证明，并经中华人民共和国驻该国使领馆认证，或者履行中华人民共和国与该所在国订立的有关条约中规定的证明手续后，才具有效力。

第二十四章 管　　辖

第二百六十五条 【特殊地域管辖】因合同纠纷或者其他财产权益纠纷，对在中华人民共和国领域内没有住所的被告提起的诉讼，如果合同在中华人民共和国领域内签订或者履行，或者诉讼标的物在中华人民共和国领域内，或者被告在中华人民共和国领域内有可供扣押的财产，或者被告在中华人民共和国领域内设有代表机构，可以由合同签订地、合同履行地、诉讼标的物所在地、可供扣押财产所在地、侵权行为地或者代表机构住所地人民法院管辖。

第二百六十六条 【专属管辖】因在中华人民共和国履行中外合资经营企业合同、中外合作经营企业合同、中外合作勘探开发自然资源合同发生纠纷提起的诉讼，由中华人民共和国人民法院管辖。

第二十五章 送达、期间

第二百六十七条 【送达方式】人民法院对在中华人民共和国领域内没有住所的当事人送达诉讼文书，可以采用下列方式：

（一）依照受送达人所在国与中华人民共和国缔结或者共同参加的国际条约中规定的方式送达；

（二）通过外交途径送达；

（三）对具有中华人民共和国国籍的受送达人，可以委托中华人民共和国驻受送达人所在国的使领馆代为送达；

（四）向受送达人委托的有权代其接受送达的诉讼代理人送达；

（五）向受送达人在中华人民共和国领域内设立的代表机构或者有权接受送达的分支机构、业务代办人送达；

（六）受送达人所在国的法律允许邮寄送达的，可以邮寄送达，自邮寄之日起满三个月，送达回证没有退回，但根据各种情况足以认定已经送达的，期间届满之日视为送达；

（七）采用传真、电子邮件等能够确认受送达人收悉的方式送达；

（八）不能用上述方式送达的，公告送达，自公告之日起满三个月，即视为送达。

第二百六十八条 【答辩期间】被告在中华人民共和国领域内没有住所的，人民法院应当将起诉状副本送达被告，并通知被告在收到起诉状副本后三十日内提出答辩状。被告申请延期的，是否准许，由人民法院决定。

第二百六十九条 【上诉期间】在中华人民共和国领域内没有住所的当事人，不服第一审人民法院判决、裁定的，有权在判决书、裁定书送达之日起三十日内提起上诉。被上诉人在收到上诉状副本后，应当在三十日内提出答辩状。当事人不能在法定期间提起上诉或者提出答辩状，申请延期的，是否准许，由人民法院决定。

第二百七十条 【审理期限】人民法院审理涉外民事案件的期间，不受本法第一百四十九条、第一百七十六条规定的限制。

第二十六章 仲　　裁

第二百七十一条 【涉外仲裁与诉讼关系】

涉外经济贸易、运输和海事中发生的纠纷，当事人在合同中订有仲裁条款或者事后达成书面仲裁协议，提交中华人民共和国涉外仲裁机构或者其他仲裁机构仲裁的，当事人不得向人民法院起诉。

当事人在合同中没有订有仲裁条款或者事后没有达成书面仲裁协议的，可以向人民法院起诉。

第二百七十二条 【涉外仲裁保全】当事人申请采取保全的，中华人民共和国的涉外仲裁机构应当将当事人的申请，提交被申请人住所地或者财产所在地的中级人民法院裁定。

第二百七十三条 【涉外仲裁效力】经中华人民共和国涉外仲裁机构裁决的，当事人不得向人民法院起诉。一方当事人不履行仲裁裁决的，对方当事人可以向被申请人住所地或者财产所在地的中级人民法院申请执行。

第二百七十四条 【涉外仲裁裁决不予执行】对中华人民共和国涉外仲裁机构作出的裁决，被申请人提出证据证明仲裁裁决有下列情形之一的，经人民法院组成合议庭审查核实，裁定不予执行：

（一）当事人在合同中没有订有仲裁条款或者事后没有达成书面仲裁协议的；

（二）被申请人没有得到指定仲裁员或者进行仲裁程序的通知，或者由于其他不属于被申请人负责的原因未能陈述意见的；

（三）仲裁庭的组成或者仲裁的程序与仲裁规则不符的；

（四）裁决的事项不属于仲裁协议的范围或者仲裁机构无权仲裁的。

人民法院认定执行该裁决违背社会公共利益的，裁定不予执行。

第二百七十五条 【救济途径】仲裁裁决被人民法院裁定不予执行的，当事人可以根据双方达成的书面仲裁协议重新申请仲裁，也可以向人民法院起诉。

第二十七章 司法协助

第二百七十六条 【协助原则】根据中华人民共和国缔结或者参加的国际条约，或者按照互惠原则，人民法院和外国法院可以相互请求，代为送达文书、调查取证以及进行其他诉讼行为。

外国法院请求协助的事项有损于中华人民共和国的主权、安全或者社会公共利益的，人民法院不予执行。

第二百七十七条 【协助途径】请求和提供司法协助，应当依照中华人民共和国缔结或者参加的国际条约所规定的途径进行；没有条约关系的，通过外交途径进行。

外国驻中华人民共和国的使领馆可以向该国公民送达文书和调查取证，但不得违反中华人民共和国的法律，并不得采取强制措施。

除前款规定的情况外，未经中华人民共和国主管机关准许，任何外国机关或者个人不得在中华人民共和国领域内送达文书、调查取证。

第二百七十八条 【文字要求】外国法院请求人民法院提供司法协助的请求书及其所附文件，应当附有中文译本或者国际条约规定的其他文字文本。

人民法院请求外国法院提供司法协助的请求书及其所附文件，应当附有该国文字译本或者国际条约规定的其他文字文本。

第二百七十九条 【协助程序】人民法院提供司法协助，依照中华人民共和国法律规定的程序进行。外国法院请求采用特殊方式的，也可以按照其请求的特殊方式进行，但请求采用的特殊方式不得违反中华人民共和国法律。

第二百八十条 【申请外国法院承认和执行】人民法院作出的发生法律效力的判决、裁定，如果被执行人或者其财产不在中华人民共和国领域内，当事人请求执行的，可以由当事人直接向有管辖权的外国法院申请承认和执行，也可以由人民法院依照中华人民共和国缔结或者参加的国际条约的规定，或者按照互惠原则，请求外国法院承认和执行。

中华人民共和国涉外仲裁机构作出的发生法律效力的仲裁裁决，当事人请求执行的，如果被执行人或者其财产不在中华人民共和国领域内，应当由当事人直接向有管辖权的外国法院申请承认和执行。

第二百八十一条　【提出申请对外国法院裁判的承认和执行】外国法院作出的发生法律效力的判决、裁定，需要中华人民共和国人民法院承认和执行的，可以由当事人直接向中华人民共和国有管辖权的中级人民法院申请承认和执行，也可以由外国法院依照该国与中华人民共和国缔结或者参加的国际条约的规定，或者按照互惠原则，请求人民法院承认和执行。

第二百八十二条　【审查对外国法院裁判的承认执行的申请】人民法院对申请或者请求承认和执行的外国法院作出的发生法律效力的判决、裁定，依照中华人民共和国缔结或者参加的国际条约，或者按照互惠原则进行审查后，认为不违反中华人民共和国法律的基本原则或者国家主权、安全、社会公共利益的，裁定承认其效力，需要执行的，发出执行令，依照本法的有关规定执行。违反中华人民共和国法律的基本原则或者国家主权、安全、社会公共利益的，不予承认和执行。

第二百八十三条　【外国仲裁裁决的承认和执行】国外仲裁机构的裁决，需要中华人民共和国人民法院承认和执行的，应当由当事人直接向被执行人住所地或者其财产所在地的中级人民法院申请，人民法院应当依照中华人民共和国缔结或者参加的国际条约，或者按照互惠原则办理。

第二百八十四条　【施行日期】本法自公布之日起施行，《中华人民共和国民事诉讼法（试行）》同时废止。

◎司法解释

最高人民法院关于适用《中华人民共和国民事诉讼法》的解释

- 2015年1月30日
- 法释〔2015〕5号

目　　录

2012年8月31日，第十一届全国人民代表大会常务委员会第二十八次会议审议通过了《关于修改〈中华人民共和国民事诉讼法〉的决定》。根据修改后的民事诉讼法，结合人民法院民事审判和执行工作实际，制定本解释。

一、管　　辖

第一条　民事诉讼法第十八条第一项规定的重大涉外案件，包括争议标的额大的案件、案情复杂的案件，或者一方当事人人数众多等具有重大影响的案件。

第二条　专利纠纷案件由知识产权法院、最高人民法院确定的中级人民法院和基层人民法院管辖。

海事、海商案件由海事法院管辖。

第三条　公民的住所地是指公民的户籍所在地，法人或者其他组织的住所地是指法人或者其他组织的主要办事机构所在地。

法人或者其他组织的主要办事机构所在地不能确定的，法人或者其他组织的注册地或者登记地为住所地。

第四条　公民的经常居住地是指公民离开住所地至起诉时已连续居住一年以上的地方，但公民住院就医的地方除外。

第五条　对没有办事机构的个人合伙、合伙型联营体提起的诉讼，由被告注册登记地人民法院管辖。没有注册登记，几个被告又不在同一辖区的，被告住所地的人民法院都有管辖权。

第六条　被告被注销户籍的，依照民事诉讼法第二十二条规定确定管辖；原告、被告均被注销户籍的，由被告居住地人民法院管辖。

第七条　当事人的户籍迁出后尚未落户，有经常居住地的，由该地人民法院管辖；没有经常居住地的，由其原户籍所在地人民法院管辖。

第八条　双方当事人都被监禁或者被采取强制性教育措施的，由被告原住所地人民法院管辖。被告被监禁或者被采取强制性教育措施一年以上的，由被告被监禁地或者被采取强制性教育措施地人民法院管辖。

第九条　追索赡养费、抚育费、扶养费案件的几个被告住所地不在同一辖区的，可以由原告住所地人民法院管辖。

第十条　不服指定监护或者变更监护关系的案件，可以由被监护人住所地人民法院管辖。

第十一条　双方当事人均为军人或者军队单位的民事案件由军事法院管辖。

第十二条　夫妻一方离开住所地超过一年，另一方起诉离婚的案件，可以由原告住所地人民法院管辖。

夫妻双方离开住所地超过一年，一方起诉离婚的案件，由被告经常居住地人民法院管辖；没有经常居住地的，由原告起诉时被告居住地人民法院管辖。

第十三条　在国内结婚并定居国外的华侨，如定居国法院以离婚诉讼须由婚姻缔结地法院管辖为由不予受理，当事人向人民法院提出离婚诉讼的，由婚姻缔结地或者一方在国内的最后居住地人民法院管辖。

第十四条　在国外结婚并定居国外的华侨，如定居国法院以离婚诉讼须由国籍所属国法院管辖为由不予受理，当事人向人民法院提出离婚诉讼的，由一方原住所地或者在国内的最后居住地人民法院管辖。

第十五条　中国公民一方居住在国外，一方居住在国内，不论哪一方向人民法院提起离婚诉讼，国内一方住所地人民法院都有权管辖。国外一方在居住国法院起诉，国内一方向人民法院起诉的，受诉人民法院有权管辖。

第十六条　中国公民双方在国外但未定居，一方向人民法院起诉离婚的，应由原告或者被告原住所地人民法院管辖。

第十七条　已经离婚的中国公民，双方均定居国外，仅就国内财产分割提起诉讼的，由主要财产所在地人民法院管辖。

第十八条　合同约定履行地点的，以约定的履行地点为合同履行地。

合同对履行地点没有约定或者约定不明确，争议标的为给付货币的，接收货币一方所在地为合同履行地；交付不动产的，不动产所在地为合同履行地；其他标的，履行义务一方所在地为合同履行地。即时结清的合同,交易行为地为合同履行地。

合同没有实际履行,当事人双方住所地都不在合同约定的履行地的,由被告住所地人民法院管辖。

第十九条 财产租赁合同、融资租赁合同以租赁物使用地为合同履行地。合同对履行地有约定的,从其约定。

第二十条 以信息网络方式订立的买卖合同,通过信息网络交付标的的,以买受人住所地为合同履行地;通过其他方式交付标的的,收货地为合同履行地。合同对履行地有约定的,从其约定。

第二十一条 因财产保险合同纠纷提起的诉讼,如果保险标的物是运输工具或者运输中的货物,可以由运输工具登记注册地、运输目的地、保险事故发生地人民法院管辖。

因人身保险合同纠纷提起的诉讼,可以由被保险人住所地人民法院管辖。

第二十二条 因股东名册记载、请求变更公司登记、股东知情权、公司决议、公司合并、公司分立、公司减资、公司增资等纠纷提起的诉讼,依照民事诉讼法第二十六条规定确定管辖。

第二十三条 债权人申请支付令,适用民事诉讼法第二十一条规定,由债务人住所地基层人民法院管辖。

第二十四条 民事诉讼法第二十八条规定的侵权行为地,包括侵权行为实施地、侵权结果发生地。

第二十五条 信息网络侵权行为实施地包括实施被诉侵权行为的计算机等信息设备所在地,侵权结果发生地包括被侵权人住所地。

第二十六条 因产品、服务质量不合格造成他人财产、人身损害提起的诉讼,产品制造地、产品销售地、服务提供地、侵权行为地和被告住所地人民法院都有管辖权。

第二十七条 当事人申请诉前保全后没有在法定期间起诉或者申请仲裁,给被申请人、利害关系人造成损失引起的诉讼,由采取保全措施的人民法院管辖。

当事人申请诉前保全后在法定期间内起诉或者申请仲裁,被申请人、利害关系人因保全受到损失提起的诉讼,由受理起诉的人民法院或者采取保全措施的人民法院管辖。

第二十八条 民事诉讼法第三十三条第一项规定的不动产纠纷是指因不动产的权利确认、分割、相邻关系等引起的物权纠纷。

农村土地承包经营合同纠纷、房屋租赁合同纠纷、建设工程施工合同纠纷、政策性房屋买卖合同纠纷,按照不动产纠纷确定管辖。

不动产已登记的,以不动产登记簿记载的所在地为不动产所在地;不动产未登记的,以不动产实际所在地为不动产所在地。

第二十九条 民事诉讼法第三十四条规定的书面协议,包括书面合同中的协议管辖条款或者诉讼前以书面形式达成的选择管辖的协议。

第三十条 根据管辖协议,起诉时能够确定管辖法院的,从其约定;不能确定的,依照民事诉讼法的相关规定确定管辖。

管辖协议约定两个以上与争议有实际联系的地点的人民法院管辖,原告可以向其中一个人民法院起诉。

第三十一条 经营者使用格式条款与消费者订立管辖协议,未采取合理方式提请消费者注意,消费者主张管辖协议无效的,人民法院应予支持。

第三十二条 管辖协议约定由一方当事人住所地人民法院管辖,协议签订后当事人住所地变更的,由签订管辖协议时的住所地人民法院管辖,但当事人另有约定的除外。

第三十三条 合同转让的,合同的管辖协议对合同受让人有效,但转让时受让人不知道有管辖协议,或者转让协议另有约定且原合同相对人同意的除外。

第三十四条 当事人因同居或者在解除婚姻、收养关系后发生财产争议,约定管辖的，可以适用民事诉讼法第三十四条规定确定管辖。

第三十五条 当事人在答辩期间届满后未应诉答辩，人民法院在一审开庭前，发现案件不属于本院管辖的，应当裁定移送有管辖权的人民法院。

第三十六条 两个以上人民法院都有管辖权的诉讼，先立案的人民法院不得将案件移送给另一个有管辖权的人民法院。人民法院在立案前发现其他有管辖权的人民法院已先立案的，不得重复立案；立案后发现其他有管辖权的人民法院已先立案的，裁定将案件移送给先立案的人民法院。

第三十七条 案件受理后，受诉人民法院的管辖权不受当事人住所地、经常居住地变更的影响。

第三十八条 有管辖权的人民法院受理案件后，不得以行政区域变更为由，将案件移送给变更后有管辖权的人民法院。判决后的上诉案件和依审判监督程序提审的案件，由原审人民法院的上级人民法院进行审判；上级人民法院指令再审、发回重审的案件，由原审人民法院再审或者重审。

第三十九条 人民法院对管辖异议审查后确定有管辖权的，不因当事人提起反诉、增加或者变更诉讼请求等改变管辖，但违反级别管辖、专属管辖规定的除外。

人民法院发回重审或者按第一审程序再审的案件，当事人提出管辖异议的，人民法院不予审查。

第四十条 依照民事诉讼法第三十七条第二款规定，发生管辖权争议的两个人民法院因协商不成报请它们的共同上级人民法院指定管辖时，双方为同属一个地、市辖区的基层人民法院的，由该地、市的中级人民法院及时指定管辖；同属一个省、自治区、直辖市的两个人民法院的，由该省、自治区、直辖市的高级人民法院及时指定管辖；双方为跨省、自治区、直辖市的人民法院，高级人民法院协商不成的，由最高人民法院及时指定管辖。

依照前款规定报请上级人民法院指定管辖时，应当逐级进行。

第四十一条 人民法院依照民事诉讼法第三十七条第二款规定指定管辖的，应当作出裁定。

对报请上级人民法院指定管辖的案件，下级人民法院应当中止审理。指定管辖裁定作出前，下级人民法院对案件作出判决、裁定的，上级人民法院应当在裁定指定管辖的同时，一并撤销下级人民法院的判决、裁定。

第四十二条 下列第一审民事案件，人民法院依照民事诉讼法第三十八条第一款规定，可以在开庭前交下级人民法院审理：

（一）破产程序中有关债务人的诉讼案件；

（二）当事人人数众多且不方便诉讼的案件；

（三）最高人民法院确定的其他类型案件。

人民法院交下级人民法院审理前，应当报请其上级人民法院批准。上级人民法院批准后，人民法院应当裁定将案件交下级人民法院审理。

二、回　　避

第四十三条 审判人员有下列情形之一的，应当自行回避，当事人有权申请其回避：

（一）是本案当事人或者当事人近亲属的；

（二）本人或者其近亲属与本案有利害关系的；

（三）担任过本案的证人、鉴定人、辩护人、诉讼代理人、翻译人员的；

（四）是本案诉讼代理人近亲属的；

（五）本人或者其近亲属持有本案非上市公司当事人的股份或者股权的；

（六）与本案当事人或者诉讼代理人有其他利害关系，可能影响公正审理的。

第四十四条 审判人员有下列情形之一的，当事人有权申请其回避：

（一）接受本案当事人及其受托人宴请，或者参加由其支付费用的活动的；

（二）索取、接受本案当事人及其受托人财物或者其他利益的；

（三）违反规定会见本案当事人、诉讼代理人的；

（四）为本案当事人推荐、介绍诉讼代理人，或者为律师、其他人员介绍代理本案的；

（五）向本案当事人及其受托人借用款物的；

（六）有其他不正当行为，可能影响公正审理的。

第四十五条　在一个审判程序中参与过本案审判工作的审判人员，不得再参与该案其他程序的审判。

发回重审的案件，在一审法院作出裁判后又进入第二审程序的，原第二审程序中合议庭组成人员不受前款规定的限制。

第四十六条　审判人员有应当回避的情形，没有自行回避，当事人也没有申请其回避的，由院长或者审判委员会决定其回避。

第四十七条　人民法院应当依法告知当事人对合议庭组成人员、独任审判员和书记员等人员有申请回避的权利。

第四十八条　民事诉讼法第四十四条所称的审判人员，包括参与本案审理的人民法院院长、副院长、审判委员会委员、庭长、副庭长、审判员、助理审判员和人民陪审员。

第四十九条　书记员和执行员适用审判人员回避的有关规定。

三、诉讼参加人

第五十条　法人的法定代表人以依法登记的为准，但法律另有规定的除外。依法不需要办理登记的法人，以其正职负责人为法定代表人；没有正职负责人的，以其主持工作的副职负责人为法定代表人。

法定代表人已经变更，但未完成登记，变更后的法定代表人要求代表法人参加诉讼的，人民法院可以准许。

其他组织，以其主要负责人为代表人。

第五十一条　在诉讼中，法人的法定代表人变更的，由新的法定代表人继续进行诉讼，并应向人民法院提交新的法定代表人身份证明书。原法定代表人进行的诉讼行为有效。

前款规定，适用于其他组织参加的诉讼。

第五十二条　民事诉讼法第四十八条规定的其他组织是指合法成立、有一定的组织机构和财产，但又不具备法人资格的组织，包括：

（一）依法登记领取营业执照的个人独资企业；

（二）依法登记领取营业执照的合伙企业；

（三）依法登记领取我国营业执照的中外合作经营企业、外资企业；

（四）依法成立的社会团体的分支机构、代表机构；

（五）依法设立并领取营业执照的法人的分支机构；

（六）依法设立并领取营业执照的商业银行、政策性银行和非银行金融机构的分支机构；

（七）经依法登记领取营业执照的乡镇企业、街道企业；

（八）其他符合本条规定条件的组织。

第五十三条　法人非依法设立的分支机构，或者虽依法设立，但没有领取营业执照的分支机构，以设立该分支机构的法人为当事人。

第五十四条　以挂靠形式从事民事活动，当事人请求由挂靠人和被挂靠人依法承担民事责任的，该挂靠人和被挂靠人为共同诉讼人。

第五十五条　在诉讼中，一方当事人死亡，需要等待继承人表明是否参加诉讼的，裁定中止诉讼。人民法院应当及时通知继承人作为当事人承担诉讼，被继承人已经进行的诉讼行为对承担诉讼的继承人有效。

第五十六条 法人或者其他组织的工作人员执行工作任务造成他人损害的，该法人或者其他组织为当事人。

第五十七条 提供劳务一方因劳务造成他人损害，受害人提起诉讼的，以接受劳务一方为被告。

第五十八条 在劳务派遣期间，被派遣的工作人员因执行工作任务造成他人损害的，以接受劳务派遣的用工单位为当事人。当事人主张劳务派遣单位承担责任的，该劳务派遣单位为共同被告。

第五十九条 在诉讼中，个体工商户以营业执照上登记的经营者为当事人。有字号的，以营业执照上登记的字号为当事人，但应同时注明该字号经营者的基本信息。

营业执照上登记的经营者与实际经营者不一致的，以登记的经营者和实际经营者为共同诉讼人。

第六十条 在诉讼中，未依法登记领取营业执照的个人合伙的全体合伙人为共同诉讼人。个人合伙有依法核准登记的字号的，应在法律文书中注明登记的字号。全体合伙人可以推选代表人；被推选的代表人，应由全体合伙人出具推选书。

第六十一条 当事人之间的纠纷经人民调解委员会调解达成协议后，一方当事人不履行调解协议，另一方当事人向人民法院提起诉讼的，应以对方当事人为被告。

第六十二条 下列情形，以行为人为当事人：

（一）法人或者其他组织应登记而未登记，行为人即以该法人或者其他组织名义进行民事活动的；

（二）行为人没有代理权、超越代理权或者代理权终止后以被代理人名义进行民事活动的，但相对人有理由相信行为人有代理权的除外；

（三）法人或者其他组织依法终止后，行为人仍以其名义进行民事活动的。

第六十三条 企业法人合并的，因合并前的民事活动发生的纠纷，以合并后的企业为当事人；企业法人分立的，因分立前的民事活动发生的纠纷，以分立后的企业为共同诉讼人。

第六十四条 企业法人解散的，依法清算并注销前，以该企业法人为当事人；未依法清算即被注销的，以该企业法人的股东、发起人或者出资人为当事人。

第六十五条 借用业务介绍信、合同专用章、盖章的空白合同书或者银行账户的，出借单位和借用人为共同诉讼人。

第六十六条 因保证合同纠纷提起的诉讼，债权人向保证人和被保证人一并主张权利的，人民法院应当将保证人和被保证人列为共同被告。保证合同约定为一般保证，债权人仅起诉保证人的，人民法院应当通知被保证人作为共同被告参加诉讼；债权人仅起诉被保证人的，可以只列被保证人为被告。

第六十七条 无民事行为能力人、限制民事行为能力人造成他人损害的，无民事行为能力人、限制民事行为能力人和其监护人为共同被告。

第六十八条 村民委员会或者村民小组与他人发生民事纠纷的，村民委员会或者有独立财产的村民小组为当事人。

第六十九条 对侵害死者遗体、遗骨以及姓名、肖像、名誉、荣誉、隐私等行为提起诉讼的，死者的近亲属为当事人。

第七十条 在继承遗产的诉讼中，部分继承人起诉的，人民法院应通知其他继承人作为共同原告参加诉讼；被通知的继承人不愿意参加诉讼又未明确表示放弃实体权利的，人民法院仍应将其列为共同原告。

第七十一条 原告起诉被代理人和代理人，要求承担连带责任的，被代理人和代理人为共同被告。

第七十二条 共有财产权受到他人侵害，部分共有权人起诉的，其他共有权人为共同诉讼人。

第七十三条 必须共同进行诉讼的当事人没有参加诉讼的，人民法院应当依照民事诉讼法第一百三十二条的规定，通知其参加；

当事人也可以向人民法院申请追加。人民法院对当事人提出的申请，应当进行审查，申请理由不成立的，裁定驳回；申请理由成立的，书面通知被追加的当事人参加诉讼。

第七十四条 人民法院追加共同诉讼的当事人时，应当通知其他当事人。应当追加的原告，已明确表示放弃实体权利的，可不予追加；既不愿意参加诉讼，又不放弃实体权利的，仍应追加为共同原告，其不参加诉讼，不影响人民法院对案件的审理和依法作出判决。

第七十五条 民事诉讼法第五十三条、第五十四条和第一百九十九条规定的人数众多，一般指十人以上。

第七十六条 依照民事诉讼法第五十三条规定，当事人一方人数众多在起诉时确定的，可以由全体当事人推选共同的代表人，也可以由部分当事人推选自己的代表人；推选不出代表人的当事人，在必要的共同诉讼中可以自己参加诉讼，在普通的共同诉讼中可以另行起诉。

第七十七条 根据民事诉讼法第五十四条规定，当事人一方人数众多在起诉时不确定的，由当事人推选代表人。当事人推选不出的，可以由人民法院提出人选与当事人协商；协商不成的，也可以由人民法院在起诉的当事人中指定代表人。

第七十八条 民事诉讼法第五十三条和第五十四条规定的代表人为二至五人，每位代表人可以委托一至二人作为诉讼代理人。

第七十九条 依照民事诉讼法第五十四条规定受理的案件，人民法院可以发出公告，通知权利人向人民法院登记。公告期间根据案件的具体情况确定，但不得少于三十日。

第八十条 根据民事诉讼法第五十四条规定向人民法院登记的权利人，应当证明其与对方当事人的法律关系和所受到的损害。证明不了的，不予登记，权利人可以另行起诉。人民法院的裁判在登记的范围内执行。未参加登记的权利人提起诉讼，人民法院认定其请求成立的，裁定适用人民法院已作出的判决、裁定。

第八十一条 根据民事诉讼法第五十六条的规定，有独立请求权的第三人有权向人民法院提出诉讼请求和事实、理由，成为当事人；无独立请求权的第三人，可以申请或者由人民法院通知参加诉讼。

第一审程序中未参加诉讼的第三人，申请参加第二审程序的，人民法院可以准许。

第八十二条 在一审诉讼中，无独立请求权的第三人无权提出管辖异议，无权放弃、变更诉讼请求或者申请撤诉，被判决承担民事责任的，有权提起上诉。

第八十三条 在诉讼中，无民事行为能力人、限制民事行为能力人的监护人是他的法定代理人。事先没有确定监护人的，可以由有监护资格的人协商确定；协商不成的，由人民法院在他们之中指定诉讼中的法定代理人。当事人没有民法通则第十六条第一款、第二款或者第十七条第一款规定的监护人的，可以指定该法第十六条第四款或者第十七条第三款规定的有关组织担任诉讼中的法定代理人。

第八十四条 无民事行为能力人、限制民事行为能力人以及其他依法不能作为诉讼代理人的，当事人不得委托其作为诉讼代理人。

第八十五条 根据民事诉讼法第五十八条第二款第二项规定，与当事人有夫妻、直系血亲、三代以内旁系血亲、近姻亲关系以及其他有抚养、赡养关系的亲属，可以当事人近亲属的名义作为诉讼代理人。

第八十六条 根据民事诉讼法第五十八条第二款第二项规定，与当事人有合法劳动人事关系的职工，可以当事人工作人员的名义作为诉讼代理人。

第八十七条 根据民事诉讼法第五十八条第二款第三项规定，有关社会团体推荐公民担任诉讼代理人的，应当符合下列条件：

（一）社会团体属于依法登记设立或者依法免予登记设立的非营利性法人

组织；

（二）被代理人属于该社会团体的成员，或者当事人一方住所地位于该社会团体的活动地域；

（三）代理事务属于该社会团体章程载明的业务范围；

（四）被推荐的公民是该社会团体的负责人或者与该社会团体有合法劳动人事关系的工作人员。

专利代理人经中华全国专利代理人协会推荐，可以在专利纠纷案件中担任诉讼代理人。

第八十八条 诉讼代理人除根据民事诉讼法第五十九条规定提交授权委托书外，还应当按照下列规定向人民法院提交相关材料：

（一）律师应当提交律师执业证、律师事务所证明材料；

（二）基层法律服务工作者应当提交法律服务工作者执业证、基层法律服务所出具的介绍信以及当事人一方位于本辖区内的证明材料；

（三）当事人的近亲属应当提交身份证件和与委托人有近亲属关系的证明材料；

（四）当事人的工作人员应当提交身份证件和与当事人有合法劳动人事关系的证明材料；

（五）当事人所在社区、单位推荐的公民应当提交身份证件、推荐材料和当事人属于该社区、单位的证明材料；

（六）有关社会团体推荐的公民应当提交身份证件和符合本解释第八十七条规定条件的证明材料。

第八十九条 当事人向人民法院提交的授权委托书，应当在开庭审理前送交人民法院。授权委托书仅写"全权代理"而无具体授权的，诉讼代理人无权代为承认、放弃、变更诉讼请求，进行和解，提出反诉或者提起上诉。

适用简易程序审理的案件，双方当事人同时到庭并径行开庭审理的，可以当场口头委托诉讼代理人，由人民法院记入笔录。

四、证　据

第九十条 当事人对自己提出的诉讼请求所依据的事实或者反驳对方诉讼请求所依据的事实，应当提供证据加以证明，但法律另有规定的除外。

在作出判决前，当事人未能提供证据或者证据不足以证明其事实主张的，由负有举证证明责任的当事人承担不利的后果。

第九十一条 人民法院应当依照下列原则确定举证证明责任的承担，但法律另有规定的除外：

（一）主张法律关系存在的当事人，应当对产生该法律关系的基本事实承担举证证明责任；

（二）主张法律关系变更、消灭或者权利受到妨害的当事人，应当对该法律关系变更、消灭或者权利受到妨害的基本事实承担举证证明责任。

第九十二条 一方当事人在法庭审理中，或者在起诉状、答辩状、代理词等书面材料中，对于己不利的事实明确表示承认的，另一方当事人无需举证证明。

对于涉及身份关系、国家利益、社会公共利益等应当由人民法院依职权调查的事实，不适用前款自认的规定。

自认的事实与查明的事实不符的，人民法院不予确认。

第九十三条 下列事实，当事人无须举证证明：

（一）自然规律以及定理、定律；

（二）众所周知的事实；

（三）根据法律规定推定的事实；

（四）根据已知的事实和日常生活经验法则推定出的另一事实；

（五）已为人民法院发生法律效力的裁判所确认的事实；

(六)已为仲裁机构生效裁决所确认的事实;

(七)已为有效公证文书所证明的事实。

前款第二项至第四项规定的事实,当事人有相反证据足以反驳的除外;第五项至第七项规定的事实,当事人有相反证据足以推翻的除外。

第九十四条 民事诉讼法第六十四条第二款规定的当事人及其诉讼代理人因客观原因不能自行收集的证据包括:

(一)证据由国家有关部门保存,当事人及其诉讼代理人无权查阅调取的;

(二)涉及国家秘密、商业秘密或者个人隐私的;

(三)当事人及其诉讼代理人因客观原因不能自行收集的其他证据。

当事人及其诉讼代理人因客观原因不能自行收集的证据,可以在举证期限届满前书面申请人民法院调查收集。

第九十五条 当事人申请调查收集的证据,与待证事实无关联、对证明待证事实无意义或者其他无调查收集必要的,人民法院不予准许。

第九十六条 民事诉讼法第六十四条第二款规定的人民法院认为审理案件需要的证据包括:

(一)涉及可能损害国家利益、社会公共利益的;

(二)涉及身份关系的;

(三)涉及民事诉讼法第五十五条规定诉讼的;

(四)当事人有恶意串通损害他人合法权益可能的;

(五)涉及依职权追加当事人、中止诉讼、终结诉讼、回避等程序性事项的。

除前款规定外,人民法院调查收集证据,应当依照当事人的申请进行。

第九十七条 人民法院调查收集证据,应当由两人以上共同进行。调查材料要由调查人、被调查人、记录人签名、捺印或者盖章。

第九十八条 当事人根据民事诉讼法第八十一条第一款规定申请证据保全的,可以在举证期限届满前书面提出。

证据保全可能对他人造成损失的,人民法院应当责令申请人提供相应的担保。

第九十九条 人民法院应当在审理前的准备阶段确定当事人的举证期限。举证期限可以由当事人协商,并经人民法院准许。

人民法院确定举证期限,第一审普通程序案件不得少于十五日,当事人提供新的证据的第二审案件不得少于十日。

举证期限届满后,当事人对已经提供的证据,申请提供反驳证据或者对证据来源、形式等方面的瑕疵进行补正的,人民法院可以酌情再次确定举证期限,该期限不受前款规定的限制。

第一百条 当事人申请延长举证期限的,应当在举证期限届满前向人民法院提出书面申请。

申请理由成立的,人民法院应当准许,适当延长举证期限,并通知其他当事人。延长的举证期限适用于其他当事人。

申请理由不成立的,人民法院不予准许,并通知申请人。

第一百零一条 当事人逾期提供证据的,人民法院应当责令其说明理由,必要时可以要求其提供相应的证据。

当事人因客观原因逾期提供证据,或者对方当事人对逾期提供证据未提出异议的,视为未逾期。

第一百零二条 当事人因故意或者重大过失逾期提供的证据,人民法院不予采纳。但该证据与案件基本事实有关的,人民法院应当采纳,并依照民事诉讼法第六十五条、第一百一十五条第一款的规定予以训诫、罚款。

当事人非因故意或者重大过失逾期提供的证据,人民法院应当采纳,并对当事人予以训诫。

当事人一方要求另一方赔偿因逾期提供证据致使其增加的交通、住宿、就餐、误工、证人出庭作证等必要费用的，人民法院可予支持。

第一百零三条 证据应当在法庭上出示，由当事人互相质证。未经当事人质证的证据，不得作为认定案件事实的根据。

当事人在审理前的准备阶段认可的证据，经审判人员在庭审中说明后，视为质证过的证据。

涉及国家秘密、商业秘密、个人隐私或者法律规定应当保密的证据，不得公开质证。

第一百零四条 人民法院应当组织当事人围绕证据的真实性、合法性以及与待证事实的关联性进行质证，并针对证据有无证明力和证明力大小进行说明和辩论。

能够反映案件真实情况、与待证事实相关联、来源和形式符合法律规定的证据，应当作为认定案件事实的根据。

第一百零五条 人民法院应当按照法定程序，全面、客观地审核证据，依照法律规定，运用逻辑推理和日常生活经验法则，对证据有无证明力和证明力大小进行判断，并公开判断的理由和结果。

第一百零六条 对以严重侵害他人合法权益、违反法律禁止性规定或者严重违背公序良俗的方法形成或者获取的证据，不得作为认定案件事实的根据。

第一百零七条 在诉讼中，当事人为达成调解协议或者和解协议作出妥协而认可的事实，不得在后续的诉讼中作为对其不利的根据，但法律另有规定或者当事人均同意的除外。

第一百零八条 对负有举证证明责任的当事人提供的证据，人民法院经审查并结合相关事实，确信待证事实的存在具有高度可能性的，应当认定该事实存在。

对一方当事人为反驳负有举证证明责任的当事人所主张事实而提供的证据，人民法院经审查并结合相关事实，认为待证事实真伪不明的，应当认定该事实不存在。

法律对于待证事实所应达到的证明标准另有规定的，从其规定。

第一百零九条 当事人对欺诈、胁迫、恶意串通事实的证明，以及对口头遗嘱或者赠与事实的证明，人民法院确信该待证事实存在的可能性能够排除合理怀疑的，应当认定该事实存在。

第一百一十条 人民法院认为有必要的，可以要求当事人本人到庭，就案件有关事实接受询问。在询问当事人之前，可以要求其签署保证书。

保证书应当载明据实陈述、如有虚假陈述愿意接受处罚等内容。当事人应当在保证书上签名或者捺印。

负有举证证明责任的当事人拒绝到庭、拒绝接受询问或者拒绝签署保证书，待证事实又欠缺其他证据证明的，人民法院对其主张的事实不予认定。

第一百一十一条 民事诉讼法第七十条规定的提交书证原件确有困难，包括下列情形：

（一）书证原件遗失、灭失或者毁损的；

（二）原件在对方当事人控制之下，经合法通知提交而拒不提交的；

（三）原件在他人控制之下，而其有权不提交的；

（四）原件因篇幅或者体积过大而不便提交的；

（五）承担举证证明责任的当事人通过申请人民法院调查收集或者其他方式无法获得书证原件的。

前款规定情形，人民法院应当结合其他证据和案件具体情况，审查判断书证复制品等能否作为认定案件事实的根据。

第一百一十二条 书证在对方当事人控制之下的，承担举证证明责任的当事人可以在举证期限届满前书面申请人民法院责令对方当事人提交。

申请理由成立的，人民法院应当责令对方当事人提交，因提交书证所产生的费用，由申请人负担。对方当事人无正当理由拒不提交的，人民法院可以认定申请人所主张的书证内容为真实。

第一百一十三条 持有书证的当事人以妨碍对方当事人使用为目的，毁灭有关书证或者实施其他致使书证不能使用行为的，人民法院可以依照民事诉讼法第一百一十一条规定，对其处以罚款、拘留。

第一百一十四条 国家机关或者其他依法具有社会管理职能的组织，在其职权范围内制作的文书所记载的事项推定为真实，但有相反证据足以推翻的除外。必要时，人民法院可以要求制作文书的机关或者组织对文书的真实性予以说明。

第一百一十五条 单位向人民法院提出的证明材料，应当由单位负责人及制作证明材料的人员签名或者盖章，并加盖单位印章。人民法院就单位出具的证明材料，可以向单位及制作证明材料的人员进行调查核实。必要时，可以要求制作证明材料的人员出庭作证。

单位及制作证明材料的人员拒绝人民法院调查核实，或者制作证明材料的人员无正当理由拒绝出庭作证的，该证明材料不得作为认定案件事实的根据。

第一百一十六条 视听资料包括录音资料和影像资料。

电子数据是指通过电子邮件、电子数据交换、网上聊天记录、博客、微博客、手机短信、电子签名、域名等形成或者存储在电子介质中的信息。

存储在电子介质中的录音资料和影像资料，适用电子数据的规定。

第一百一十七条 当事人申请证人出庭作证的，应当在举证期限届满前提出。

符合本解释第九十六条第一款规定情形的，人民法院可以依职权通知证人出庭作证。

未经人民法院通知，证人不得出庭作证，但双方当事人同意并经人民法院准许的除外。

第一百一十八条 民事诉讼法第七十四条规定的证人因履行出庭作证义务而支出的交通、住宿、就餐等必要费用，按照机关事业单位工作人员差旅费用和补贴标准计算；误工损失按照国家上年度职工日平均工资标准计算。

人民法院准许证人出庭作证申请的，应当通知申请人预缴证人出庭作证费用。

第一百一十九条 人民法院在证人出庭作证前应当告知其如实作证的义务以及作伪证的法律后果，并责令其签署保证书，但无民事行为能力人和限制民事行为能力人除外。

证人签署保证书适用本解释关于当事人签署保证书的规定。

第一百二十条 证人拒绝签署保证书的，不得作证，并自行承担相关费用。

第一百二十一条 当事人申请鉴定，可以在举证期限届满前提出。申请鉴定的事项与待证事实无关联，或者对证明待证事实无意义的，人民法院不予准许。

人民法院准许当事人鉴定申请的，应当组织双方当事人协商确定具备相应资格的鉴定人。当事人协商不成的，由人民法院指定。

符合依职权调查收集证据条件的，人民法院应当依职权委托鉴定，在询问当事人的意见后，指定具备相应资格的鉴定人。

第一百二十二条 当事人可以依照民事诉讼法第七十九条的规定，在举证期限届满前申请一至二名具有专门知识的人出庭，代表当事人对鉴定意见进行质证，或者对案件事实所涉及的专业问题提出意见。

具有专门知识的人在法庭上就专业问题提出的意见，视为当事人的陈述。

人民法院准许当事人申请的，相关费用由提出申请的当事人负担。

第一百二十三条 人民法院可以对出庭的具有专门知识的人进行询问。经法庭准许，当事人可以对出庭的具有专门知识的人进行询问，当事人各自申请的具有专门知识的人可以就案件中的有关问题进行对质。

具有专门知识的人不得参与专业问题

之外的法庭审理活动。

第一百二十四条 人民法院认为有必要的，可以根据当事人的申请或者依职权对物证或者现场进行勘验。勘验时应当保护他人的隐私和尊严。

人民法院可以要求鉴定人参与勘验。必要时，可以要求鉴定人在勘验中进行鉴定。

五、期间和送达

第一百二十五条 依照民事诉讼法第八十二条第二款规定，民事诉讼中以时起算的期间从次时起算；以日、月、年计算的期间从次日起算。

第一百二十六条 民事诉讼法第一百二十三条规定的立案期限，因起诉状内容欠缺通知原告补正的，从补正后交人民法院的次日起算。由上级人民法院转交下级人民法院立案的案件，从受诉人民法院收到起诉状的次日起算。

第一百二十七条 民事诉讼法第五十六条第三款、第二百零五条以及本解释第三百七十四条、第三百八十四条、第四百零一条、第四百二十二条、第四百二十三条规定的六个月，民事诉讼法第二百二十三条规定的一年，为不变期间，不适用诉讼时效中止、中断、延长的规定。

第一百二十八条 再审案件按照第一审程序或者第二审程序审理的，适用民事诉讼法第一百四十九条、第一百七十六条规定的审限。审限自再审立案的次日起算。

第一百二十九条 对申请再审案件，人民法院应当自受理之日起三个月内审查完毕，但公告期间、当事人和解期间等不计入审查期限。有特殊情况需要延长的，由本院院长批准。

第一百三十条 向法人或者其他组织送达诉讼文书，应当由法人的法定代表人、该组织的主要负责人或者办公室、收发室、值班室等负责收件的人签收或者盖章，拒绝签收或者盖章的，适用留置送达。

民事诉讼法第八十六条规定的有关基层组织和所在单位的代表，可以是受送达人住所地的居民委员会、村民委员会的工作人员以及受送达人所在单位的工作人员。

第一百三十一条 人民法院直接送达诉讼文书的，可以通知当事人到人民法院领取。当事人到达人民法院，拒绝签署送达回证的，视为送达。审判人员、书记员应当在送达回证上注明送达情况并签名。

人民法院可以在当事人住所地以外向当事人直接送达诉讼文书。当事人拒绝签署送达回证的，采用拍照、录像等方式记录送达过程即视为送达。审判人员、书记员应当在送达回证上注明送达情况并签名。

第一百三十二条 受送达人有诉讼代理人的，人民法院既可以向受送达人送达，也可以向其诉讼代理人送达。受送达人指定诉讼代理人为代收人的，向诉讼代理人送达时，适用留置送达。

第一百三十三条 调解书应当直接送达当事人本人，不适用留置送达。当事人本人因故不能签收的，可由其指定的代收人签收。

第一百三十四条 依照民事诉讼法第八十八条规定，委托其他人民法院代为送达的，委托法院应当出具委托函，并附需要送达的诉讼文书和送达回证，以受送达人在送达回证上签收的日期为送达日期。

委托送达的，受委托人民法院应当自收到委托函及相关诉讼文书之日起十日内代为送达。

第一百三十五条 电子送达可以采用传真、电子邮件、移动通信等即时收悉的特定系统作为送达媒介。

民事诉讼法第八十七条第二款规定的到达受送达人特定系统的日期，为人民法院对应系统显示发送成功的日期，但受送达人证明到达其特定系统的日期与人民法院对应系统显示发送成功的日期不一致的，以受送达人证明到达其特定系统的日期为准。

第一百三十六条 受送达人同意采用电子方式送达的，应当在送达地址确认书中予以确认。

第一百三十七条 当事人在提起上诉、申请再审、申请执行时未书面变更送达地址的，其在第一审程序中确认的送达地址可以作为第二审程序、审判监督程序、执行程序的送达地址。

第一百三十八条 公告送达可以在法院的公告栏和受送达人住所地张贴公告，也可以在报纸、信息网络等媒体上刊登公告，发出公告日期以最后张贴或者刊登的日期为准。对公告送达方式有特殊要求的，应当按要求的方式进行。公告期满，即视为送达。

人民法院在受送达人住所地张贴公告的，应当采取拍照、录像等方式记录张贴过程。

第一百三十九条 公告送达应当说明公告送达的原因；公告送达起诉状或者上诉状副本的，应当说明起诉或者上诉要点，受送达人答辩期限及逾期不答辩的法律后果；公告送达传票，应当说明出庭的时间和地点及逾期不出庭的法律后果；公告送达判决书、裁定书的，应当说明裁判主要内容，当事人有权上诉的，还应当说明上诉权利、上诉期限和上诉的人民法院。

第一百四十条 适用简易程序的案件，不适用公告送达。

第一百四十一条 人民法院在定期宣判时，当事人拒不签收判决书、裁定书的，应视为送达，并在宣判笔录中记明。

六、调　　解

第一百四十二条 人民法院受理案件后，经审查，认为法律关系明确、事实清楚，在征得当事人双方同意后，可以径行调解。

第一百四十三条 适用特别程序、督促程序、公示催告程序的案件，婚姻等身份关系确认案件以及其他根据案件性质不能进行调解的案件，不得调解。

第一百四十四条 人民法院审理民事案件，发现当事人之间恶意串通，企图通过和解、调解方式侵害他人合法权益的，应当依照民事诉讼法第一百一十二条的规定处理。

第一百四十五条 人民法院审理民事案件，应当根据自愿、合法的原则进行调解。当事人一方或者双方坚持不愿调解的，应当及时裁判。

人民法院审理离婚案件，应当进行调解，但不应久调不决。

第一百四十六条 人民法院审理民事案件，调解过程不公开，但当事人同意公开的除外。

调解协议内容不公开，但为保护国家利益、社会公共利益、他人合法权益，人民法院认为确有必要公开的除外。

主持调解以及参与调解的人员，对调解过程以及调解过程中获悉的国家秘密、商业秘密、个人隐私和其他不宜公开的信息，应当保守秘密，但为保护国家利益、社会公共利益、他人合法权益的除外。

第一百四十七条 人民法院调解案件时，当事人不能出庭的，经其特别授权，可由其委托代理人参加调解，达成的调解协议，可由委托代理人签名。

离婚案件当事人确因特殊情况无法出庭参加调解的，除本人不能表达意志的以外，应当出具书面意见。

第一百四十八条 当事人自行和解或者调解达成协议后，请求人民法院按照和解协议或者调解协议的内容制作判决书的，人民法院不予准许。

无民事行为能力人的离婚案件，由其法定代理人进行诉讼。法定代理人与对方达成协议要求发给判决书的，可根据协议内容制作判决书。

第一百四十九条 调解书需经当事人签收后才发生法律效力的，应当以最后收到调解书的当事人签收的日期为调解书生效日期。

第一百五十条 人民法院调解民事案件，需由无独立请求权的第三人承担责任的，应当经其同意。该第三人在调解书送达前反悔的，人民法院应当及时裁判。

第一百五十一条 根据民事诉讼法第九十八条第一款第四项规定，当事人各方同意在调解协议上签名或者盖章后即发生法律效力的，经人民法院审查确认后，应当记入笔录或者将调解协议附卷，并由当事人、审判人员、书记员签名或者盖章后即具有法律效力。

前款规定情形，当事人请求制作调解书的，人民法院审查确认后可以制作调解书送交当事人。当事人拒收调解书的，不影响调解协议的效力。

七、保全和先予执行

第一百五十二条 人民法院依照民事诉讼法第一百条、第一百零一条规定，在采取诉前保全、诉讼保全措施时，责令利害关系人或者当事人提供担保的，应当书面通知。

利害关系人申请诉前保全的，应当提供担保。申请诉前财产保全的，应当提供相当于请求保全数额的担保；情况特殊的，人民法院可以酌情处理。申请诉前行为保全的，担保的数额由人民法院根据案件的具体情况决定。

在诉讼中，人民法院依申请或者依职权采取保全措施的，应当根据案件的具体情况，决定当事人是否应当提供担保以及担保的数额。

第一百五十三条 人民法院对季节性商品、鲜活、易腐烂变质以及其他不宜长期保存的物品采取保全措施时，可以责令当事人及时处理，由人民法院保存价款；必要时，人民法院可予以变卖，保存价款。

第一百五十四条 人民法院在财产保全中采取查封、扣押、冻结财产措施时，应当妥善保管被查封、扣押、冻结的财产。不宜由人民法院保管的，人民法院可以指定被保全人负责保管；不宜由被保全人保管的，可以委托他人或者申请保全人保管。

查封、扣押、冻结担保物权人占有的担保财产，一般由担保物权人保管；由人民法院保管的，质权、留置权不因采取保全措施而消灭。

第一百五十五条 由人民法院指定被保全人保管的财产，如果继续使用对该财产的价值无重大影响，可以允许被保全人继续使用；由人民法院保管或者委托他人、申请保全人保管的财产，人民法院和其他保管人不得使用。

第一百五十六条 人民法院采取财产保全的方法和措施，依照执行程序相关规定办理。

第一百五十七条 人民法院对抵押物、质押物、留置物可以采取财产保全措施，但不影响抵押权人、质权人、留置权人的优先受偿权。

第一百五十八条 人民法院对债务人到期应得的收益，可以采取财产保全措施，限制其支取，通知有关单位协助执行。

第一百五十九条 债务人的财产不能满足保全请求，但对他人有到期债权的，人民法院可以依债权人的申请裁定该他人不得对本案债务人清偿。该他人要求偿付的，由人民法院提存财物或者价款。

第一百六十条 当事人向采取诉前保全措施以外的其他有管辖权的人民法院起诉的，采取诉前保全措施的人民法院应当将保全手续移送受理案件的人民法院。诉前保全的裁定视为受移送人民法院作出的裁定。

第一百六十一条 对当事人不服一审判决提起上诉的案件，在第二审人民法院接到报送的案件之前，当事人有转移、隐匿、出卖或者毁损财产等行为，必须采取保全措施的，由第一审人民法院依当事人申请或者依职权采取。第一审人民法院的保全裁定，应当及时报送第二审人民法院。

第一百六十二条 第二审人民法院裁定对第一审人民法院采取的保全措施予以续保或者采取新的保全措施的，可以自行实施，也可以委托第一审人民法院实施。

再审人民法院裁定对原保全措施予以

续保或者采取新的保全措施的，可以自行实施，也可以委托原审人民法院或者执行法院实施。

第一百六十三条 法律文书生效后，进入执行程序前，债权人因对方当事人转移财产等紧急情况，不申请保全将可能导致生效法律文书不能执行或者难以执行的，可以向执行法院申请采取保全措施。债权人在法律文书指定的履行期间届满后五日内不申请执行的，人民法院应当解除保全。

第一百六十四条 对申请保全人或者他人提供的担保财产，人民法院应当依法办理查封、扣押、冻结等手续。

第一百六十五条 人民法院裁定采取保全措施后，除作出保全裁定的人民法院自行解除或者其上级人民法院决定解除外，在保全期限内，任何单位不得解除保全措施。

第一百六十六条 裁定采取保全措施后，有下列情形之一的，人民法院应当作出解除保全裁定：

（一）保全错误的；

（二）申请人撤回保全申请的；

（三）申请人的起诉或者诉讼请求被生效裁判驳回的；

（四）人民法院认为应当解除保全的其他情形。

解除以登记方式实施的保全措施的，应当向登记机关发出协助执行通知书。

第一百六十七条 财产保全的被保全人提供其他等值担保财产且有利于执行的，人民法院可以裁定变更保全标的物为被保全人提供的担保财产。

第一百六十八条 保全裁定未经人民法院依法撤销或者解除，进入执行程序后，自动转为执行中的查封、扣押、冻结措施，期限连续计算，执行法院无需重新制作裁定书，但查封、扣押、冻结期限届满的除外。

第一百六十九条 民事诉讼法规定的先予执行，人民法院应当在受理案件后终审判决作出前采取。先予执行应当限于当事人诉讼请求的范围，并以当事人的生活、生产经营的急需为限。

第一百七十条 民事诉讼法第一百零六条第三项规定的情况紧急，包括：

（一）需要立即停止侵害、排除妨碍的；

（二）需要立即制止某项行为的；

（三）追索恢复生产、经营急需的保险理赔费的；

（四）需要立即返还社会保险金、社会救助资金的；

（五）不立即返还款项，将严重影响权利人生活和生产经营的。

第一百七十一条 当事人对保全或者先予执行裁定不服的，可以自收到裁定书之日起五日内向作出裁定的人民法院申请复议。人民法院应当在收到复议申请后十日内审查。裁定正确的，驳回当事人的申请；裁定不当的，变更或者撤销原裁定。

第一百七十二条 利害关系人对保全或者先予执行的裁定不服申请复议的，由作出裁定的人民法院依照民事诉讼法第一百零八条规定处理。

第一百七十三条 人民法院先予执行后，根据发生法律效力的判决，申请人应当返还因先予执行所取得的利益的，适用民事诉讼法第二百三十三条的规定。

八、对妨害民事诉讼的强制措施

第一百七十四条 民事诉讼法第一百零九条规定的必须到庭的被告，是指负有赡养、抚育、扶养义务和不到庭就无法查清案情的被告。

人民法院对必须到庭才能查清案件基本事实的原告，经两次传票传唤，无正当理由拒不到庭的，可以拘传。

第一百七十五条 拘传必须用拘传票，并直接送达被拘传人；在拘传前，应当向被拘传人说明拒不到庭的后果，经批评教育仍拒不到庭的，可以拘传其到庭。

第一百七十六条 诉讼参与人或者其他人有下列行为之一的，人民法院可以适用民事诉讼法第一百一十条规定处理：

（一）未经准许进行录音、录像、摄影的；

（二）未经准许以移动通信等方式现场传播审判活动的；

（三）其他扰乱法庭秩序，妨害审判活动进行的。

有前款规定情形的，人民法院可以暂扣诉讼参与人或者其他人进行录音、录像、摄影、传播审判活动的器材，并责令其删除有关内容；拒不删除的，人民法院可以采取必要手段强制删除。

第一百七十七条 训诫、责令退出法庭由合议庭或者独任审判员决定。训诫的内容、被责令退出法庭者的违法事实应当记入庭审笔录。

第一百七十八条 人民法院依照民事诉讼法第一百一十条至第一百一十四条的规定采取拘留措施的，应经院长批准，作出拘留决定书，由司法警察将被拘留人送交当地公安机关看管。

第一百七十九条 被拘留人不在本辖区的，作出拘留决定的人民法院应当派员到被拘留人所在地的人民法院，请该院协助执行，受委托的人民法院应当及时派员协助执行。被拘留人申请复议或者在拘留期间承认并改正错误，需要提前解除拘留的，受委托人民法院应当向委托人民法院转达或者提出建议，由委托人民法院审查决定。

第一百八十条 人民法院对被拘留人采取拘留措施后，应当在二十四小时内通知其家属；确实无法按时通知或者通知不到的，应当记录在案。

第一百八十一条 因哄闹、冲击法庭，用暴力、威胁等方法抗拒执行公务等紧急情况，必须立即采取拘留措施的，可在拘留后，立即报告院长补办批准手续。院长认为拘留不当的，应当解除拘留。

第一百八十二条 被拘留人在拘留期间认错悔改的，可以责令其具结悔过，提前解除拘留。提前解除拘留，应报经院长批准，并作出提前解除拘留决定书，交负责看管的公安机关执行。

第一百八十三条 民事诉讼法第一百一十条至第一百一十三条规定的罚款、拘留可以单独适用，也可以合并适用。

第一百八十四条 对同一妨害民事诉讼行为的罚款、拘留不得连续适用。发生新的妨害民事诉讼行为的，人民法院可以重新予以罚款、拘留。

第一百八十五条 被罚款、拘留的人不服罚款、拘留决定申请复议的，应当自收到决定书之日起三日内提出。上级人民法院应当在收到复议申请后五日内作出决定，并将复议结果通知下级人民法院和当事人。

第一百八十六条 上级人民法院复议时认为强制措施不当的，应当制作决定书，撤销或者变更下级人民法院作出的拘留、罚款决定。情况紧急的，可以在口头通知后三日内发出决定书。

第一百八十七条 民事诉讼法第一百一十一条第一款第五项规定的以暴力、威胁或者其他方法阻碍司法工作人员执行职务的行为，包括：

（一）在人民法院哄闹、滞留，不听从司法工作人员劝阻的；

（二）故意毁损、抢夺人民法院法律文书、查封标志的；

（三）哄闹、冲击执行公务现场，围困、扣押执行或者协助执行公务人员的；

（四）毁损、抢夺、扣留案件材料、执行公务车辆、其他执行公务器械、执行公务人员服装和执行公务证件的；

（五）以暴力、威胁或者其他方法阻碍司法工作人员查询、查封、扣押、冻结、划拨、拍卖、变卖财产的；

（六）以暴力、威胁或者其他方法阻碍司法工作人员执行职务的其他行为。

第一百八十八条 民事诉讼法第一百一十一条第一款第六项规定的拒不履行人民法院已经发生法律效力的判决、裁定的行为，包括：

（一）在法律文书发生法律效力后隐藏、转移、变卖、毁损财产或者无偿转让财产、以明显不合理的价格交易财产、放弃到期债权、无偿为他人提供担保等，致使人民法院无法执行的；

（二）隐藏、转移、毁损或者未经人民法院允许处分已向人民法院提供担保的财产的；

（三）违反人民法院限制高消费令进行消费的；

（四）有履行能力而拒不按照人民法院执行通知履行生效法律文书确定的义务的；

（五）有义务协助执行的个人接到人民法院协助执行通知书后，拒不协助执行的。

第一百八十九条　诉讼参与人或者其他人有下列行为之一的，人民法院可以适用民事诉讼法第一百一十一条的规定处理：

（一）冒充他人提起诉讼或者参加诉讼的；

（二）证人签署保证书后作虚假证言，妨碍人民法院审理案件的；

（三）伪造、隐藏、毁灭或者拒绝交出有关被执行人履行能力的重要证据，妨碍人民法院查明被执行人财产状况的；

（四）擅自解冻已被人民法院冻结的财产的；

（五）接到人民法院协助执行通知书后，给当事人通风报信，协助其转移、隐匿财产的。

第一百九十条　民事诉讼法第一百一十二条规定的他人合法权益，包括案外人的合法权益、国家利益、社会公共利益。

第三人根据民事诉讼法第五十六条第三款规定提起撤销之诉，经审查，原案当事人之间恶意串通进行虚假诉讼的，适用民事诉讼法第一百一十二条规定处理。

第一百九十一条　单位有民事诉讼法第一百一十二条或者第一百一十三条规定行为的，人民法院应当对该单位进行罚款，并可以对其主要负责人或者直接责任人员予以罚款、拘留；构成犯罪的，依法追究刑事责任。

第一百九十二条　有关单位接到人民法院协助执行通知书后，有下列行为之一的，人民法院可以适用民事诉讼法第一百一十四条规定处理：

（一）允许被执行人高消费的；

（二）允许被执行人出境的；

（三）拒不停止办理有关财产权证照转移手续、权属变更登记、规划审批等手续的；

（四）以需要内部请示、内部审批，有内部规定等为由拖延办理的。

第一百九十三条　人民法院对个人或者单位采取罚款措施时，应当根据其实施妨害民事诉讼行为的性质、情节、后果，当地的经济发展水平，以及诉讼标的额等因素，在民事诉讼法第一百一十五条第一款规定的限额内确定相应的罚款金额。

九、诉 讼 费 用

第一百九十四条　依照民事诉讼法第五十四条审理的案件不预交案件受理费，结案后按照诉讼标的额由败诉方交纳。

第一百九十五条　支付令失效后转入诉讼程序的，债权人应当按照《诉讼费用交纳办法》补交案件受理费。

支付令被撤销后，债权人另行起诉的，按照《诉讼费用交纳办法》交纳诉讼费用。

第一百九十六条　人民法院改变原判决、裁定、调解结果的，应当在裁判文书中对原审诉讼费用的负担一并作出处理。

第一百九十七条　诉讼标的物是证券的，按照证券交易规则并根据当事人起诉之日前最后一个交易日的收盘价、当日的市场价或者其载明的金额计算诉讼标的金额。

第一百九十八条　诉讼标的物是房屋、土地、林木、车辆、船舶、文物等特定物或者知识产权，起诉时价值难以确定的，人民法院应当向原告释明主张过高或者过低的诉讼风险，以原告主张的价值确定诉讼标的金额。

第一百九十九条 适用简易程序审理的案件转为普通程序的，原告自接到人民法院交纳诉讼费用通知之日起七日内补交案件受理费。

原告无正当理由未按期足额补交的，按撤诉处理，已经收取的诉讼费用退还一半。

第二百条 破产程序中有关债务人的民事诉讼案件，按照财产案件标准交纳诉讼费，但劳动争议案件除外。

第二百零一条 既有财产性诉讼请求，又有非财产性诉讼请求的，按照财产性诉讼请求的标准交纳诉讼费。

有多个财产性诉讼请求的，合并计算交纳诉讼费；诉讼请求中有多个非财产性诉讼请求的，按一件交纳诉讼费。

第二百零二条 原告、被告、第三人分别上诉的，按照上诉请求分别预交二审案件受理费。

同一方多人共同上诉的，只预交一份二审案件受理费；分别上诉的，按照上诉请求分别预交二审案件受理费。

第二百零三条 承担连带责任的当事人败诉的，应当共同负担诉讼费用。

第二百零四条 实现担保物权案件，人民法院裁定拍卖、变卖担保财产的，申请费由债务人、担保人负担；人民法院裁定驳回申请的，申请费由申请人负担。

申请人另行起诉的，其已经交纳的申请费可以从案件受理费中扣除。

第二百零五条 拍卖、变卖担保财产的裁定作出后，人民法院强制执行的，按照执行金额收取执行申请费。

第二百零六条 人民法院决定减半收取案件受理费的，只能减半一次。

第二百零七条 判决生效后，胜诉方预交但不应负担的诉讼费用，人民法院应当退还，由败诉方向人民法院交纳，但胜诉方自愿承担或者同意败诉方直接向其支付的除外。

当事人拒不交纳诉讼费用的，人民法院可以强制执行。

十、第一审普通程序

第二百零八条 人民法院接到当事人提交的民事起诉状时，对符合民事诉讼法第一百一十九条的规定，且不属于第一百二十四条规定情形的，应当登记立案；对当场不能判定是否符合起诉条件的，应当接收起诉材料，并出具注明收到日期的书面凭证。

需要补充必要相关材料的，人民法院应当及时告知当事人。在补齐相关材料后，应当在七日内决定是否立案。

立案后发现不符合起诉条件或者属于民事诉讼法第一百二十四条规定情形的，裁定驳回起诉。

第二百零九条 原告提供被告的姓名或者名称、住所等信息具体明确，足以使被告与他人相区别的，可以认定为有明确的被告。

起诉状列写被告信息不足以认定明确的被告的，人民法院可以告知原告补正。原告补正后仍不能确定明确的被告的，人民法院裁定不予受理。

第二百一十条 原告在起诉状中有谩骂和人身攻击之辞的，人民法院应当告知其修改后提起诉讼。

第二百一十一条 对本院没有管辖权的案件，告知原告向有管辖权的人民法院起诉；原告坚持起诉的，裁定不予受理；立案后发现本院没有管辖权的，应当将案件移送有管辖权的人民法院。

第二百一十二条 裁定不予受理、驳回起诉的案件，原告再次起诉，符合起诉条件且不属于民事诉讼法第一百二十四条规定情形的，人民法院应予受理。

第二百一十三条 原告应当预交而未预交案件受理费，人民法院应当通知其预交，通知后仍不预交或者申请减、缓、免未获批准而仍不预交的，裁定按撤诉处理。

第二百一十四条 原告撤诉或者人民法院按撤诉处理后，原告以同一诉讼请求再次起诉的，人民法院应予受理。

原告撤诉或者按撤诉处理的离婚案件，没有新情况、新理由，六个月内又起诉的，比照民事诉讼法第一百二十四条第七项的规定不予受理。

第二百一十五条 依照民事诉讼法第一百二十四条第二项的规定，当事人在书面合同中订有仲裁条款，或者在发生纠纷后达成书面仲裁协议，一方向人民法院起诉的，人民法院应当告知原告向仲裁机构申请仲裁，其坚持起诉的，裁定不予受理，但仲裁条款或者仲裁协议不成立、无效、失效、内容不明确无法执行的除外。

第二百一十六条 在人民法院首次开庭前，被告以有书面仲裁协议为由对受理民事案件提出异议的，人民法院应当进行审查。

经审查符合下列情形之一的，人民法院应当裁定驳回起诉：

（一）仲裁机构或者人民法院已经确认仲裁协议有效的；

（二）当事人没有在仲裁庭首次开庭前对仲裁协议的效力提出异议的；

（三）仲裁协议符合仲裁法第十六条规定且不具有仲裁法第十七条规定情形的。

第二百一十七条 夫妻一方下落不明，另一方诉至人民法院，只要求离婚，不申请宣告下落不明人失踪或者死亡的案件，人民法院应当受理，对下落不明人公告送达诉讼文书。

第二百一十八条 赡养费、扶养费、抚育费案件，裁判发生法律效力后，因新情况、新理由，一方当事人再行起诉要求增加或者减少费用的，人民法院应作为新案受理。

第二百一十九条 当事人超过诉讼时效期间起诉的，人民法院应予受理。受理后对方当事人提出诉讼时效抗辩，人民法院经审理认为抗辩事由成立的，判决驳回原告的诉讼请求。

第二百二十条 民事诉讼法第六十八条、第一百三十四条、第一百五十六条规定的商业秘密，是指生产工艺、配方、贸易联系、购销渠道等当事人不愿公开的技术秘密、商业情报及信息。

第二百二十一条 基于同一事实发生的纠纷，当事人分别向同一人民法院起诉的，人民法院可以合并审理。

第二百二十二条 原告在起诉状中直接列写第三人的，视为其申请人民法院追加该第三人参加诉讼。是否通知第三人参加诉讼，由人民法院审查决定。

第二百二十三条 当事人在提交答辩状期间提出管辖异议，又针对起诉状的内容进行答辩的，人民法院应当依照民事诉讼法第一百二十七条第一款的规定，对管辖异议进行审查。

当事人未提出管辖异议，就案件实体内容进行答辩、陈述或者反诉的，可以认定为民事诉讼法第一百二十七条第二款规定的应诉答辩。

第二百二十四条 依照民事诉讼法第一百三十三条第四项规定，人民法院可以在答辩期届满后，通过组织证据交换、召集庭前会议等方式，作好审理前的准备。

第二百二十五条 根据案件具体情况，庭前会议可以包括下列内容：

（一）明确原告的诉讼请求和被告的答辩意见；

（二）审查处理当事人增加、变更诉讼请求的申请和提出的反诉，以及第三人提出的与本案有关的诉讼请求；

（三）根据当事人的申请决定调查收集证据，委托鉴定，要求当事人提供证据，进行勘验，进行证据保全；

（四）组织交换证据；

（五）归纳争议焦点；

（六）进行调解。

第二百二十六条 人民法院应当根据当事人的诉讼请求、答辩意见以及证据交换的情况，归纳争议焦点，并就归纳的争议焦点征求当事人的意见。

第二百二十七条 人民法院适用普通程序审

理案件，应当在开庭三日前用传票传唤当事人。对诉讼代理人、证人、鉴定人、勘验人、翻译人员应当用通知书通知其到庭。当事人或者其他诉讼参与人在外地的，应当留有必要的在途时间。

第二百二十八条 法庭审理应当围绕当事人争议的事实、证据和法律适用等焦点问题进行。

第二百二十九条 当事人在庭审中对其在审理前的准备阶段认可的事实和证据提出不同意见的，人民法院应当责令其说明理由。必要时，可以责令其提供相应证据。人民法院应当结合当事人的诉讼能力、证据和案件的具体情况进行审查。理由成立的，可以列入争议焦点进行审理。

第二百三十条 人民法院根据案件具体情况并征得当事人同意，可以将法庭调查和法庭辩论合并进行。

第二百三十一条 当事人在法庭上提出新的证据的，人民法院应当依照民事诉讼法第六十五条第二款规定和本解释相关规定处理。

第二百三十二条 在案件受理后，法庭辩论结束前，原告增加诉讼请求，被告提出反诉，第三人提出与本案有关的诉讼请求，可以合并审理的，人民法院应当合并审理。

第二百三十三条 反诉的当事人应当限于本诉的当事人的范围。

反诉与本诉的诉讼请求基于相同法律关系、诉讼请求之间具有因果关系，或者反诉与本诉的诉讼请求基于相同事实的，人民法院应当合并审理。

反诉应由其他人民法院专属管辖，或者与本诉的诉讼标的及诉讼请求所依据的事实、理由无关联的，裁定不予受理，告知另行起诉。

第二百三十四条 无民事行为能力人的离婚诉讼，当事人的法定代理人应当到庭；法定代理人不能到庭的，人民法院应当在查清事实的基础上，依法作出判决。

第二百三十五条 无民事行为能力的当事人的法定代理人，经传票传唤无正当理由拒不到庭，属于原告方的，比照民事诉讼法第一百四十三条的规定，按撤诉处理；属于被告方的，比照民事诉讼法第一百四十四条的规定，缺席判决。必要时，人民法院可以拘传其到庭。

第二百三十六条 有独立请求权的第三人经人民法院传票传唤，无正当理由拒不到庭的，或者未经法庭许可中途退庭的，比照民事诉讼法第一百四十三条的规定，按撤诉处理。

第二百三十七条 有独立请求权的第三人参加诉讼后，原告申请撤诉，人民法院在准许原告撤诉后，有独立请求权的第三人作为另案原告，原案原告、被告作为另案被告，诉讼继续进行。

第二百三十八条 当事人申请撤诉或者依法可以按撤诉处理的案件，如果当事人有违反法律的行为需要依法处理的，人民法院可以不准许撤诉或者不按撤诉处理。

法庭辩论终结后原告申请撤诉，被告不同意的，人民法院可以不予准许。

第二百三十九条 人民法院准许本诉原告撤诉的，应当对反诉继续审理；被告申请撤回反诉的，人民法院应予准许。

第二百四十条 无独立请求权的第三人经人民法院传票传唤，无正当理由拒不到庭，或者未经法庭许可中途退庭的，不影响案件的审理。

第二百四十一条 被告经传票传唤无正当理由拒不到庭，或者未经法庭许可中途退庭的，人民法院应当按期开庭或者继续开庭审理，对到庭的当事人诉讼请求、双方的诉辩理由以及已经提交的证据及其他诉讼材料进行审理后，可以依法缺席判决。

第二百四十二条 一审宣判后，原审人民法院发现判决有错误，当事人在上诉期内提出上诉的，原审人民法院可以提出原判决有错误的意见，报送第二审人民法院，由第二审人民法院按照第二审程序进行审理；当事人不上诉的，按照审判监督程序处理。

第二百四十三条 民事诉讼法第一百四十九条规定的审限，是指从立案之日起至裁判宣告、调解书送达之日止的期间，但公告期间、鉴定期间、双方当事人和解期间、审理当事人提出的管辖异议以及处理人民法院之间的管辖争议期间不应计算在内。

第二百四十四条 可以上诉的判决书、裁定书不能同时送达双方当事人的，上诉期从各自收到判决书、裁定书之日计算。

第二百四十五条 民事诉讼法第一百五十四条第一款第七项规定的笔误是指法律文书误写、误算，诉讼费用漏写、误算和其他笔误。

第二百四十六条 裁定中止诉讼的原因消除，恢复诉讼程序时，不必撤销原裁定，从人民法院通知或者准许当事人双方继续进行诉讼时起，中止诉讼的裁定即失去效力。

第二百四十七条 当事人就已经提起诉讼的事项在诉讼过程中或者裁判生效后再次起诉，同时符合下列条件的，构成重复起诉：

（一）后诉与前诉的当事人相同；

（二）后诉与前诉的诉讼标的相同；

（三）后诉与前诉的诉讼请求相同，或者后诉的诉讼请求实质上否定前诉裁判结果。

当事人重复起诉的，裁定不予受理；已经受理的，裁定驳回起诉，但法律、司法解释另有规定的除外。

第二百四十八条 裁判发生法律效力后，发生新的事实，当事人再次提起诉讼的，人民法院应当依法受理。

第二百四十九条 在诉讼中，争议的民事权利义务转移的，不影响当事人的诉讼主体资格和诉讼地位。人民法院作出的发生法律效力的判决、裁定对受让人具有拘束力。

受让人申请以无独立请求权的第三人身份参加诉讼的，人民法院可予准许。受让人申请替代当事人承担诉讼的，人民法院可以根据案件的具体情况决定是否准许；不予准许的，可以追加其为无独立请求权的第三人。

第二百五十条 依照本解释第二百四十九条规定，人民法院准许受让人替代当事人承担诉讼的，裁定变更当事人。

变更当事人后，诉讼程序以受让人为当事人继续进行，原当事人应当退出诉讼。原当事人已经完成的诉讼行为对受让人具有拘束力。

第二百五十一条 二审裁定撤销一审判决发回重审的案件，当事人申请变更、增加诉讼请求或者提出反诉，第三人提出与本案有关的诉讼请求的，依照民事诉讼法第一百四十条规定处理。

第二百五十二条 再审裁定撤销原判决、裁定发回重审的案件，当事人申请变更、增加诉讼请求或者提出反诉，符合下列情形之一的，人民法院应当准许：

（一）原审未合法传唤缺席判决，影响当事人行使诉讼权利的；

（二）追加新的诉讼当事人的；

（三）诉讼标的物灭失或者发生变化致使原诉讼请求无法实现的；

（四）当事人申请变更、增加的诉讼请求或者提出的反诉，无法通过另诉解决的。

第二百五十三条 当庭宣判的案件，除当事人当庭要求邮寄发送裁判文书的外，人民法院应当告知当事人或者诉讼代理人领取裁判文书的时间和地点以及逾期不领取的法律后果。上述情况，应当记入笔录。

第二百五十四条 公民、法人或者其他组织申请查阅发生法律效力的判决书、裁定书的，应当向作出该生效裁判的人民法院提出。申请应当以书面形式提出，并提供具体的案号或者当事人姓名、名称。

第二百五十五条 对于查阅判决书、裁定书的申请，人民法院根据下列情形分别处理：

（一）判决书、裁定书已经通过信息网络向社会公开的，应当引导申请人自行查阅；

（二）判决书、裁定书未通过信息网络向社会公开，且申请符合要求的，应当及时提供便捷的查阅服务；

（三）判决书、裁定书尚未发生法律效力，或者已失去法律效力的，不提供查阅并告知申请人；

（四）发生法律效力的判决书、裁定书不是本院作出的，应当告知申请人向作出生效裁判的人民法院申请查阅；

（五）申请查阅的内容涉及国家秘密、商业秘密、个人隐私的，不予准许并告知申请人。

十一、简 易 程 序

第二百五十六条 民事诉讼法第一百五十七条规定的简单民事案件中的事实清楚，是指当事人对争议的事实陈述基本一致，并能提供相应的证据，无须人民法院调查收集证据即可查明事实；权利义务关系明确是指能明确区分谁是责任的承担者，谁是权利的享有者；争议不大是指当事人对案件的是非、责任承担以及诉讼标的争执无原则分歧。

第二百五十七条 下列案件，不适用简易程序：

（一）起诉时被告下落不明的；

（二）发回重审的；

（三）当事人一方人数众多的；

（四）适用审判监督程序的；

（五）涉及国家利益、社会公共利益的；

（六）第三人起诉请求改变或者撤销生效判决、裁定、调解书的；

（七）其他不宜适用简易程序的案件。

第二百五十八条 适用简易程序审理的案件，审理期限到期后，双方当事人同意继续适用简易程序的，由本院院长批准，可以延长审理期限。延长后的审理期限累计不得超过六个月。

人民法院发现案情复杂，需要转为普通程序审理的，应当在审理期限届满前作出裁定并将合议庭组成人员及相关事项书面通知双方当事人。

案件转为普通程序审理的，审理期限自人民法院立案之日计算。

第二百五十九条 当事人双方可就开庭方式向人民法院提出申请，由人民法院决定是否准许。经当事人双方同意，可以采用视听传输技术等方式开庭。

第二百六十条 已经按照普通程序审理的案件，在开庭后不得转为简易程序审理。

第二百六十一条 适用简易程序审理案件，人民法院可以采取捎口信、电话、短信、传真、电子邮件等简便方式传唤双方当事人、通知证人和送达裁判文书以外的诉讼文书。

以简便方式送达的开庭通知，未经当事人确认或者没有其他证据证明当事人已经收到的，人民法院不得缺席判决。

适用简易程序审理案件，由审判员独任审判，书记员担任记录。

第二百六十二条 人民法庭制作的判决书、裁定书、调解书，必须加盖基层人民法院印章，不得用人民法庭的印章代替基层人民法院的印章。

第二百六十三条 适用简易程序审理案件，卷宗中应当具备以下材料：

（一）起诉状或者口头起诉笔录；

（二）答辩状或者口头答辩笔录；

（三）当事人身份证明材料；

（四）委托他人代理诉讼的授权委托书或者口头委托笔录；

（五）证据；

（六）询问当事人笔录；

（七）审理（包括调解）笔录；

（八）判决书、裁定书、调解书或者调解协议；

（九）送达和宣判笔录；

（十）执行情况；

（十一）诉讼费收据；

（十二）适用民事诉讼法第一百六十二条规定审理的，有关程序适用的书面告知。

第二百六十四条 当事人双方根据民事诉讼法第一百五十七条第二款规定约定适用简

易程序的，应当在开庭前提出。口头提出的，记入笔录，由双方当事人签名或者捺印确认。

本解释第二百五十七条规定的案件，当事人约定适用简易程序的，人民法院不予准许。

第二百六十五条 原告口头起诉的，人民法院应当将当事人的姓名、性别、工作单位、住所、联系方式等基本信息，诉讼请求，事实及理由等准确记入笔录，由原告核对无误后签名或者捺印。对当事人提交的证据材料，应当出具收据。

第二百六十六条 适用简易程序案件的举证期限由人民法院确定，也可以由当事人协商一致并经人民法院准许，但不得超过十五日。被告要求书面答辩的，人民法院可在征得其同意的基础上，合理确定答辩期间。

人民法院应当将举证期限和开庭日期告知双方当事人，并向当事人说明逾期举证以及拒不到庭的法律后果，由双方当事人在笔录和开庭传票的送达回证上签名或者捺印。

当事人双方均表示不需要举证期限、答辩期间的，人民法院可以立即开庭审理或者确定开庭日期。

第二百六十七条 适用简易程序审理案件，可以简便方式进行审理前的准备。

第二百六十八条 对没有委托律师、基层法律服务工作者代理诉讼的当事人，人民法院在庭审过程中可以对回避、自认、举证证明责任等相关内容向其作必要的解释或者说明，并在庭审过程中适当提示当事人正确行使诉讼权利、履行诉讼义务。

第二百六十九条 当事人就案件适用简易程序提出异议，人民法院经审查，异议成立的，裁定转为普通程序；异议不成立的，口头告知当事人，并记入笔录。

转为普通程序的，人民法院应当将合议庭组成人员及相关事项以书面形式通知双方当事人。

转为普通程序前，双方当事人已确认的事实，可以不再进行举证、质证。

第二百七十条 适用简易程序审理的案件，有下列情形之一的，人民法院在制作判决书、裁定书、调解书时，对认定事实或者裁判理由部分可以适当简化：

（一）当事人达成调解协议并需要制作民事调解书的；

（二）一方当事人明确表示承认对方全部或者部分诉讼请求的；

（三）涉及商业秘密、个人隐私的案件，当事人一方要求简化裁判文书中的相关内容，人民法院认为理由正当的；

（四）当事人双方同意简化的。

十二、简易程序中的小额诉讼

第二百七十一条 人民法院审理小额诉讼案件，适用民事诉讼法第一百六十二条的规定，实行一审终审。

第二百七十二条 民事诉讼法第一百六十二条规定的各省、自治区、直辖市上年度就业人员年平均工资，是指已经公布的各省、自治区、直辖市上一年度就业人员年平均工资。在上一年度就业人员年平均工资公布前，以已经公布的最近年度就业人员年平均工资为准。

第二百七十三条 海事法院可以审理海事、海商小额诉讼案件。案件标的额应当以实际受理案件的海事法院或者其派出法庭所在的省、自治区、直辖市上年度就业人员年平均工资百分之三十为限。

第二百七十四条 下列金钱给付的案件，适用小额诉讼程序审理：

（一）买卖合同、借款合同、租赁合同纠纷；

（二）身份关系清楚，仅在给付的数额、时间、方式上存在争议的赡养费、抚育费、扶养费纠纷；

（三）责任明确，仅在给付的数额、时间、方式上存在争议的交通事故损害赔偿和其他人身损害赔偿纠纷；

（四）供用水、电、气、热力合同纠纷；

（五）银行卡纠纷；

（六）劳动关系清楚，仅在劳动报酬、工伤医疗费、经济补偿金或者赔偿金给付数额、时间、方式上存在争议的劳动合同纠纷；

（七）劳务关系清楚，仅在劳务报酬给付数额、时间、方式上存在争议的劳务合同纠纷；

（八）物业、电信等服务合同纠纷；

（九）其他金钱给付纠纷。

第二百七十五条 下列案件，不适用小额诉讼程序审理：

（一）人身关系、财产确权纠纷；

（二）涉外民事纠纷；

（三）知识产权纠纷；

（四）需要评估、鉴定或者对诉前评估、鉴定结果有异议的纠纷；

（五）其他不宜适用一审终审的纠纷。

第二百七十六条 人民法院受理小额诉讼案件，应当向当事人告知该类案件的审判组织、一审终审、审理期限、诉讼费用交纳标准等相关事项。

第二百七十七条 小额诉讼案件的举证期限由人民法院确定，也可以由当事人协商一致并经人民法院准许，但一般不超过七日。

被告要求书面答辩的，人民法院可以在征得其同意的基础上合理确定答辩期间，但最长不得超过十五日。

当事人到庭后表示不需要举证期限和答辩期间的，人民法院可立即开庭审理。

第二百七十八条 当事人对小额诉讼案件提出管辖异议的，人民法院应当作出裁定。裁定一经作出即生效。

第二百七十九条 人民法院受理小额诉讼案件后，发现起诉不符合民事诉讼法第一百一十九条规定的起诉条件的，裁定驳回起诉。裁定一经作出即生效。

第二百八十条 因当事人申请增加或者变更诉讼请求、提出反诉、追加当事人等，致使案件不符合小额诉讼案件条件的，应当适用简易程序的其他规定审理。

前款规定案件，应当适用普通程序审理的，裁定转为普通程序。

适用简易程序的其他规定或者普通程序审理前，双方当事人已确认的事实，可以不再进行举证、质证。

第二百八十一条 当事人对按照小额诉讼案件审理有异议的，应当在开庭前提出。人民法院经审查，异议成立的，适用简易程序的其他规定审理；异议不成立的，告知当事人，并记入笔录。

第二百八十二条 小额诉讼案件的裁判文书可以简化，主要记载当事人基本信息、诉讼请求、裁判主文等内容。

第二百八十三条 人民法院审理小额诉讼案件，本解释没有规定的，适用简易程序的其他规定。

十三、公益诉讼

第二百八十四条 环境保护法、消费者权益保护法等法律规定的机关和有关组织对污染环境、侵害众多消费者合法权益等损害社会公共利益的行为，根据民事诉讼法第五十五条规定提起公益诉讼，符合下列条件的，人民法院应当受理：

（一）有明确的被告；

（二）有具体的诉讼请求；

（三）有社会公共利益受到损害的初步证据；

（四）属于人民法院受理民事诉讼的范围和受诉人民法院管辖。

第二百八十五条 公益诉讼案件由侵权行为地或者被告住所地中级人民法院管辖，但法律、司法解释另有规定的除外。

因污染海洋环境提起的公益诉讼，由污染发生地、损害结果地或者采取预防污染措施地海事法院管辖。

对同一侵权行为分别向两个以上人民法院提起公益诉讼的，由最先立案的人民法院管辖，必要时由它们的共同上级人民法院指定管辖。

第二百八十六条 人民法院受理公益诉讼案件后，应当在十日内书面告知相关行政主管部门。

第二百八十七条 人民法院受理公益诉讼案件后，依法可以提起诉讼的其他机关和有关组织，可以在开庭前向人民法院申请参加诉讼。人民法院准许参加诉讼的，列为共同原告。

第二百八十八条 人民法院受理公益诉讼案件，不影响同一侵权行为的受害人根据民事诉讼法第一百一十九条规定提起诉讼。

第二百八十九条 对公益诉讼案件，当事人可以和解，人民法院可以调解。

当事人达成和解或者调解协议后，人民法院应当将和解或者调解协议进行公告。公告期间不得少于三十日。

公告期满后，人民法院经审查，和解或者调解协议不违反社会公共利益的，应当出具调解书；和解或者调解协议违反社会公共利益的，不予出具调解书，继续对案件进行审理并依法作出裁判。

第二百九十条 公益诉讼案件的原告在法庭辩论终结后申请撤诉的，人民法院不予准许。

第二百九十一条 公益诉讼案件的裁判发生法律效力后，其他依法具有原告资格的机关和有关组织就同一侵权行为另行提起公益诉讼的，人民法院裁定不予受理，但法律、司法解释另有规定的除外。

十四、第三人撤销之诉

第二百九十二条 第三人对已经发生法律效力的判决、裁定、调解书提起撤销之诉的，应当自知道或者应当知道其民事权益受到损害之日起六个月内，向作出生效判决、裁定、调解书的人民法院提出，并应当提供存在下列情形的证据材料：

（一）因不能归责于本人的事由未参加诉讼；

（二）发生法律效力的判决、裁定、调解书的全部或者部分内容错误；

（三）发生法律效力的判决、裁定、调解书内容错误损害其民事权益。

第二百九十三条 人民法院应当在收到起诉状和证据材料之日起五日内送交对方当事人，对方当事人可以自收到起诉状之日起十日内提出书面意见。

人民法院应当对第三人提交的起诉状、证据材料以及对方当事人的书面意见进行审查。必要时，可以询问双方当事人。

经审查，符合起诉条件的，人民法院应当在收到起诉状之日起三十日内立案。不符合起诉条件的，应当在收到起诉状之日起三十日内裁定不予受理。

第二百九十四条 人民法院对第三人撤销之诉案件，应当组成合议庭开庭审理。

第二百九十五条 民事诉讼法第五十六条第三款规定的因不能归责于本人的事由未参加诉讼，是指没有被列为生效判决、裁定、调解书当事人，且无过错或者无明显过错的情形。包括：

（一）不知道诉讼而未参加的；

（二）申请参加未获准许的；

（三）知道诉讼，但因客观原因无法参加的；

（四）因其他不能归责于本人的事由未参加诉讼的。

第二百九十六条 民事诉讼法第五十六条第三款规定的判决、裁定、调解书的部分或者全部内容，是指判决、裁定的主文，调解书中处理当事人民事权利义务的结果。

第二百九十七条 对下列情形提起第三人撤销之诉的，人民法院不予受理：

（一）适用特别程序、督促程序、公示催告程序、破产程序等非讼程序处理的案件；

（二）婚姻无效、撤销或者解除婚姻关系等判决、裁定、调解书中涉及身份关系的内容；

（三）民事诉讼法第五十四条规定的未参加登记的权利人对代表人诉讼案件的生效裁判；

（四）民事诉讼法第五十五条规定的损害社会公共利益行为的受害人对公益诉讼案件的生效裁判。

第二百九十八条 第三人提起撤销之诉，人民法院应当将该第三人列为原告，生效判决、裁定、调解书的当事人列为被告，但生效判决、裁定、调解书中没有承担责任的无独立请求权的第三人列为第三人。

第二百九十九条 受理第三人撤销之诉案件后，原告提供相应担保，请求中止执行的，人民法院可以准许。

第三百条 对第三人撤销或者部分撤销发生法律效力的判决、裁定、调解书内容的请求，人民法院经审理，按下列情形分别处理：

（一）请求成立且确认其民事权利的主张全部或部分成立的，改变原判决、裁定、调解书内容的错误部分；

（二）请求成立，但确认其全部或部分民事权利的主张不成立，或者未提出确认其民事权利请求的，撤销原判决、裁定、调解书内容的错误部分；

（三）请求不成立的，驳回诉讼请求。

对前款规定裁判不服的，当事人可以上诉。

原判决、裁定、调解书的内容未改变或者未撤销的部分继续有效。

第三百零一条 第三人撤销之诉案件审理期间，人民法院对生效判决、裁定、调解书裁定再审的，受理第三人撤销之诉的人民法院应当裁定将第三人的诉讼请求并入再审程序。但有证据证明原审当事人之间恶意串通损害第三人合法权益的，人民法院应当先行审理第三人撤销之诉案件，裁定中止再审诉讼。

第三百零二条 第三人诉讼请求并入再审程序审理的，按照下列情形分别处理：

（一）按照第一审程序审理的，人民法院应当对第三人的诉讼请求一并审理，所作的判决可以上诉；

（二）按照第二审程序审理的，人民法院可以调解，调解达不成协议的，应当裁定撤销原判决、裁定、调解书，发回一审法院重审，重审时应当列明第三人。

第三百零三条 第三人提起撤销之诉后，未中止生效判决、裁定、调解书执行的，执行法院对第三人依照民事诉讼法第二百二十七条规定提出的执行异议，应予审查。第三人不服驳回执行异议裁定，申请对原判决、裁定、调解书再审的，人民法院不予受理。

案外人对人民法院驳回其执行异议裁定不服，认为原判决、裁定、调解书内容错误损害其合法权益的，应当根据民事诉讼法第二百二十七条规定申请再审，提起第三人撤销之诉的，人民法院不予受理。

十五、执行异议之诉

第三百零四条 根据民事诉讼法第二百二十七条规定，案外人、当事人对执行异议裁定不服，自裁定送达之日起十五日内向人民法院提起执行异议之诉的，由执行法院管辖。

第三百零五条 案外人提起执行异议之诉，除符合民事诉讼法第一百一十九条规定外，还应当具备下列条件：

（一）案外人的执行异议申请已经被人民法院裁定驳回；

（二）有明确的排除对执行标的执行的诉讼请求，且诉讼请求与原判决、裁定无关；

（三）自执行异议裁定送达之日起十五日内提起。

人民法院应当在收到起诉状之日起十五日内决定是否立案。

第三百零六条 申请执行人提起执行异议之诉，除符合民事诉讼法第一百一十九条规定外，还应当具备下列条件：

（一）依案外人执行异议申请，人民法院裁定中止执行；

（二）有明确的对执行标的继续执行的诉讼请求，且诉讼请求与原判决、裁定无关；

（三）自执行异议裁定送达之日起十五日内提起。

人民法院应当在收到起诉状之日起十五日内决定是否立案。

第三百零七条 案外人提起执行异议之诉的，以申请执行人为被告。被执行人反对案外人异议的，被执行人为共同被告；被执行人不反对案外人异议的，可以列被执行人为第三人。

第三百零八条 申请执行人提起执行异议之诉的，以案外人为被告。被执行人反对申请执行人主张的，以案外人和被执行人为共同被告；被执行人不反对申请执行人主张的，可以列被执行人为第三人。

第三百零九条 申请执行人对中止执行裁定未提起执行异议之诉，被执行人提起执行异议之诉的，人民法院告知其另行起诉。

第三百一十条 人民法院审理执行异议之诉案件，适用普通程序。

第三百一十一条 案外人或者申请执行人提起执行异议之诉的，案外人应当就其对执行标的享有足以排除强制执行的民事权益承担举证证明责任。

第三百一十二条 对案外人提起的执行异议之诉，人民法院经审理，按照下列情形分别处理：

（一）案外人就执行标的享有足以排除强制执行的民事权益的，判决不得执行该执行标的；

（二）案外人就执行标的不享有足以排除强制执行的民事权益的，判决驳回诉讼请求。

案外人同时提出确认其权利的诉讼请求的，人民法院可以在判决中一并作出裁判。

第三百一十三条 对申请执行人提起的执行异议之诉，人民法院经审理，按照下列情形分别处理：

（一）案外人就执行标的不享有足以排除强制执行的民事权益的，判决准许执行该执行标的；

（二）案外人就执行标的享有足以排除强制执行的民事权益的，判决驳回诉讼请求。

第三百一十四条 对案外人执行异议之诉，人民法院判决不得对执行标的执行的，执行异议裁定失效。

对申请执行人执行异议之诉，人民法院判决准许对该执行标的执行的，执行异议裁定失效，执行法院可以根据申请执行人的申请或者依职权恢复执行。

第三百一十五条 案外人执行异议之诉审理期间，人民法院不得对执行标的进行处分。申请执行人请求人民法院继续执行并提供相应担保的，人民法院可以准许。

被执行人与案外人恶意串通，通过执行异议、执行异议之诉妨害执行的，人民法院应当依照民事诉讼法第一百一十三条规定处理。申请执行人因此受到损害的，可以提起诉讼要求被执行人、案外人赔偿。

第三百一十六条 人民法院对执行标的裁定中止执行后，申请执行人在法律规定的期间内未提起执行异议之诉的，人民法院应当自起诉期限届满之日起七日内解除对该执行标的采取的执行措施。

十六、第二审程序

第三百一十七条 双方当事人和第三人都提起上诉的，均列为上诉人。人民法院可以依职权确定第二审程序中当事人的诉讼地位。

第三百一十八条 民事诉讼法第一百六十六条、第一百六十七条规定的对方当事人包括被上诉人和原审其他当事人。

第三百一十九条 必要共同诉讼人的一人或者部分人提起上诉的，按下列情形分别处理：

（一）上诉仅对与对方当事人之间权利义务分担有意见，不涉及其他共同诉讼人利益的，对方当事人为被上诉人，未上诉的同一方当事人依原审诉讼地位列明；

（二）上诉仅对共同诉讼人之间权利义务分担有意见，不涉及对方当事人利益的，未上诉的同一方当事人为被上诉人，对方当事人依原审诉讼地位列明；

（三）上诉对双方当事人之间以及共同诉讼人之间权利义务承担有意见的，未提起上诉的其他当事人均为被上诉人。

第三百二十条 一审宣判时或者判决书、裁定书送达时，当事人口头表示上诉的，人民法院应告知其必须在法定上诉期间内递交上诉状。未在法定上诉期间内递交上诉状的，视为未提起上诉。虽递交上诉状，但未在指定的期限内交纳上诉费的，按自动撤回上诉处理。

第三百二十一条 无民事行为能力人、限制民事行为能力人的法定代理人，可以代理当事人提起上诉。

第三百二十二条 上诉案件的当事人死亡或者终止的，人民法院依法通知其权利义务承继者参加诉讼。

需要终结诉讼的，适用民事诉讼法第一百五十一条规定。

第三百二十三条 第二审人民法院应当围绕当事人的上诉请求进行审理。

当事人没有提出请求的，不予审理，但一审判决违反法律禁止性规定，或者损害国家利益、社会公共利益、他人合法权益的除外。

第三百二十四条 开庭审理的上诉案件，第二审人民法院可以依照民事诉讼法第一百三十三条第四项规定进行审理前的准备。

第三百二十五条 下列情形，可以认定为民事诉讼法第一百七十条第一款第四项规定的严重违反法定程序：

（一）审判组织的组成不合法的；

（二）应当回避的审判人员未回避的；

（三）无诉讼行为能力人未经法定代理人代为诉讼的；

（四）违法剥夺当事人辩论权利的。

第三百二十六条 对当事人在第一审程序中已经提出的诉讼请求，原审人民法院未作审理、判决的，第二审人民法院可以根据当事人自愿的原则进行调解；调解不成的，发回重审。

第三百二十七条 必须参加诉讼的当事人或者有独立请求权的第三人，在第一审程序中未参加诉讼，第二审人民法院可以根据当事人自愿的原则予以调解；调解不成的，发回重审。

第三百二十八条 在第二审程序中，原审原告增加独立的诉讼请求或者原审被告提出反诉的，第二审人民法院可以根据当事人自愿的原则就新增加的诉讼请求或者反诉进行调解；调解不成的，告知当事人另行起诉。

双方当事人同意由第二审人民法院一并审理的，第二审人民法院可以一并裁判。

第三百二十九条 一审判决不准离婚的案件，上诉后，第二审人民法院认为应当判决离婚的，可以根据当事人自愿的原则，与子女抚养、财产问题一并调解；调解不成的，发回重审。

双方当事人同意由第二审人民法院一并审理的，第二审人民法院可以一并裁判。

第三百三十条 人民法院依照第二审程序审理案件，认为依法不应由人民法院受理的，可以由第二审人民法院直接裁定撤销原裁判，驳回起诉。

第三百三十一条 人民法院依照第二审程序审理案件，认为第一审人民法院受理案件违反专属管辖规定的，应当裁定撤销原裁判并移送有管辖权的人民法院。

第三百三十二条 第二审人民法院查明第一审人民法院作出的不予受理裁定有错误的，应当在撤销原裁定的同时，指令第一审人民法院立案受理；查明第一审人民法院作出的驳回起诉裁定有错误的，应当在撤销原裁定的同时，指令第一审人民法院审理。

第三百三十三条 第二审人民法院对下列上诉案件，依照民事诉讼法第一百六十九条规定可以不开庭审理：

（一）不服不予受理、管辖权异议和驳回起诉裁定的；

（二）当事人提出的上诉请求明显不能成立的；

（三）原判决、裁定认定事实清楚，但适用法律错误的；

（四）原判决严重违反法定程序，需要发回重审的。

第三百三十四条 原判决、裁定认定事实或者适用法律虽有瑕疵，但裁判结果正确的，第二审人民法院可以在判决、裁定中纠正瑕疵后，依照民事诉讼法第一百七十条第一款第一项规定予以维持。

第三百三十五条 民事诉讼法第一百七十条第一款第三项规定的基本事实，是指用以确定当事人主体资格、案件性质、民事权利义务等对原判决、裁定的结果有实质性影响的事实。

第三百三十六条 在第二审程序中，作为当事人的法人或者其他组织分立的，人民法院可以直接将分立后的法人或者其他组织列为共同诉讼人；合并的，将合并后的法人或者其他组织列为当事人。

第三百三十七条 在第二审程序中，当事人申请撤回上诉，人民法院经审查认为一审判决确有错误，或者当事人之间恶意串通损害国家利益、社会公共利益、他人合法权益的，不应准许。

第三百三十八条 在第二审程序中，原审原告申请撤回起诉，经其他当事人同意，且不损害国家利益、社会公共利益、他人合法权益的，人民法院可以准许。准许撤诉的，应当一并裁定撤销一审裁判。

原审原告在第二审程序中撤回起诉后重复起诉的，人民法院不予受理。

第三百三十九条 当事人在第二审程序中达成和解协议的，人民法院可以根据当事人的请求，对双方达成的和解协议进行审查并制作调解书送达当事人；因和解而申请撤诉，经审查符合撤诉条件的，人民法院应予准许。

第三百四十条 第二审人民法院宣告判决可以自行宣判，也可以委托原审人民法院或者当事人所在地人民法院代行宣判。

第三百四十一条 人民法院审理对裁定的上诉案件，应当在第二审立案之日起三十日内作出终审裁定。有特殊情况需要延长审限的，由本院院长批准。

第三百四十二条 当事人在第一审程序中实施的诉讼行为，在第二审程序中对该当事人仍具有拘束力。

当事人推翻其在第一审程序中实施的诉讼行为时，人民法院应当责令其说明理由。理由不成立的，不予支持。

十七、特别程序

第三百四十三条 宣告失踪或者宣告死亡案件，人民法院可以根据申请人的请求，清理下落不明人的财产，并指定案件审理期间的财产管理人。公告期满后，人民法院判决宣告失踪的，应当同时依照民法通则第二十一条第一款的规定指定失踪人的财产代管人。

第三百四十四条 失踪人的财产代管人经人民法院指定后，代管人申请变更代管的，比照民事诉讼法特别程序的有关规定进行审理。申请理由成立的，裁定撤销申请人的代管人身份，同时另行指定财产代管人；申请理由不成立的，裁定驳回申请。

失踪人的其他利害关系人申请变更代管的，人民法院应当告知其以原指定的代管人为被告起诉，并按普通程序进行审理。

第三百四十五条 人民法院判决宣告公民失踪后，利害关系人向人民法院申请宣告失踪人死亡，自失踪之日起满四年的，人民法院应当受理，宣告失踪的判决即是该公民失踪的证明，审理中仍应依照民事诉讼法第一百八十五条规定进行公告。

第三百四十六条 符合法律规定的多个利害关系人提出宣告失踪、宣告死亡申请的，列为共同申请人。

第三百四十七条 寻找下落不明人的公告应

当记载下列内容：

（一）被申请人应当在规定期间内向受理法院申报其具体地址及其联系方式。否则，被申请人将被宣告失踪、宣告死亡；

（二）凡知悉被申请人生存现状的人，应当在公告期间内将其所知道情况向受理法院报告。

第三百四十八条 人民法院受理宣告失踪、宣告死亡案件后，作出判决前，申请人撤回申请的，人民法院应当裁定终结案件，但其他符合法律规定的利害关系人加入程序要求继续审理的除外。

第三百四十九条 在诉讼中，当事人的利害关系人提出该当事人患有精神病，要求宣告该当事人无民事行为能力或者限制民事行为能力的，应由利害关系人向人民法院提出申请，由受诉人民法院按照特别程序立案审理，原诉讼中止。

第三百五十条 认定财产无主案件，公告期间有人对财产提出请求的，人民法院应当裁定终结特别程序，告知申请人另行起诉，适用普通程序审理。

第三百五十一条 被指定的监护人不服指定，应当自接到通知之日起三十日内向人民法院提出异议。经审理，认为指定并无不当的，裁定驳回异议；指定不当的，判决撤销指定，同时另行指定监护人。判决书应当送达异议人、原指定单位及判决指定的监护人。

第三百五十二条 申请认定公民无民事行为能力或者限制民事行为能力的案件，被申请人没有近亲属的，人民法院可以指定其他亲属为代理人。被申请人没有亲属的，人民法院可以指定经被申请人所在单位或者住所地的居民委员会、村民委员会同意，且愿意担任代理人的关系密切的朋友为代理人。

没有前款规定的代理人的，由被申请人所在单位或者住所地的居民委员会、村民委员会或者民政部门担任代理人。

代理人可以是一人，也可以是同一顺序中的两人。

第三百五十三条 申请司法确认调解协议的，双方当事人应当本人或者由符合民事诉讼法第五十八条规定的代理人向调解组织所在地基层人民法院或者人民法庭提出申请。

第三百五十四条 两个以上调解组织参与调解的，各调解组织所在地基层人民法院均有管辖权。

双方当事人可以共同向其中一个调解组织所在地基层人民法院提出申请；双方当事人共同向两个以上调解组织所在地基层人民法院提出申请的，由最先立案的人民法院管辖。

第三百五十五条 当事人申请司法确认调解协议，可以采用书面形式或者口头形式。当事人口头申请的，人民法院应当记入笔录，并由当事人签名、捺印或者盖章。

第三百五十六条 当事人申请司法确认调解协议，应当向人民法院提交调解协议、调解组织主持调解的证明，以及与调解协议相关的财产权利证明等材料，并提供双方当事人的身份、住所、联系方式等基本信息。

当事人未提交上述材料的，人民法院应当要求当事人限期补交。

第三百五十七条 当事人申请司法确认调解协议，有下列情形之一的，人民法院裁定不予受理：

（一）不属于人民法院受理范围的；

（二）不属于收到申请的人民法院管辖的；

（三）申请确认婚姻关系、亲子关系、收养关系等身份关系无效、有效或者解除的；

（四）涉及适用其他特别程序、公示催告程序、破产程序审理的；

（五）调解协议内容涉及物权、知识产权确权的。

人民法院受理申请后，发现有上述不予受理情形的，应当裁定驳回当事人的申请。

第三百五十八条 人民法院审查相关情况时,应当通知双方当事人共同到场对案件进行核实。

人民法院经审查,认为当事人的陈述或者提供的证明材料不充分、不完备或者有疑义的,可以要求当事人限期补充陈述或者补充证明材料。必要时,人民法院可以向调解组织核实有关情况。

第三百五十九条 确认调解协议的裁定作出前,当事人撤回申请的,人民法院可以裁定准许。

当事人无正当理由未在限期内补充陈述、补充证明材料或者拒不接受询问的,人民法院可以按撤回申请处理。

第三百六十条 经审查,调解协议有下列情形之一的,人民法院应当裁定驳回申请:

(一)违反法律强制性规定的;

(二)损害国家利益、社会公共利益、他人合法权益的;

(三)违背公序良俗的;

(四)违反自愿原则的;

(五)内容不明确的;

(六)其他不能进行司法确认的情形。

第三百六十一条 民事诉讼法第一百九十六条规定的担保物权人,包括抵押权人、质权人、留置权人;其他有权请求实现担保物权的人,包括抵押人、出质人、财产被留置的债务人或者所有权人等。

第三百六十二条 实现票据、仓单、提单等有权利凭证的权利质权案件,可以由权利凭证持有人住所地人民法院管辖;无权利凭证的权利质权,由出质登记地人民法院管辖。

第三百六十三条 实现担保物权案件属于海事法院等专门人民法院管辖的,由专门人民法院管辖。

第三百六十四条 同一债权的担保物有多个且所在地不同,申请人分别向有管辖权的人民法院申请实现担保物权的,人民法院应当依法受理。

第三百六十五条 依照物权法第一百七十六条的规定,被担保的债权既有物的担保又有人的担保,当事人对实现担保物权的顺序有约定,实现担保物权的申请违反该约定的,人民法院裁定不予受理;没有约定或者约定不明的,人民法院应当受理。

第三百六十六条 同一财产上设立多个担保物权,登记在先的担保物权尚未实现的,不影响后顺位的担保物权人向人民法院申请实现担保物权。

第三百六十七条 申请实现担保物权,应当提交下列材料:

(一)申请书。申请书应当记明申请人、被申请人的姓名或者名称、联系方式等基本信息,具体的请求和事实、理由;

(二)证明担保物权存在的材料,包括主合同、担保合同、抵押登记证明或者他项权利证书,权利质权的权利凭证或者质权出质登记证明等;

(三)证明实现担保物权条件成就的材料;

(四)担保财产现状的说明;

(五)人民法院认为需要提交的其他材料。

第三百六十八条 人民法院受理申请后,应当在五日内向被申请人送达申请书副本、异议权利告知书等文书。

被申请人有异议的,应当在收到人民法院通知后的五日内向人民法院提出,同时说明理由并提供相应的证据材料。

第三百六十九条 实现担保物权案件可以由审判员一人独任审查。担保财产标的额超过基层人民法院管辖范围的,应当组成合议庭进行审查。

第三百七十条 人民法院审查实现担保物权案件,可以询问申请人、被申请人、利害关系人,必要时可以依职权调查相关事实。

第三百七十一条 人民法院应当就主合同的效力、期限、履行情况,担保物权是否有效设立、担保财产的范围、被担保的债权范围、被担保的债权是否已届清偿期等担保物权实现的条件,以及是否损害他人合法权益等内容进行审查。

被申请人或者利害关系人提出异议的，人民法院应当一并审查。

第三百七十二条 人民法院审查后，按下列情形分别处理：

（一）当事人对实现担保物权无实质性争议且实现担保物权条件成就的，裁定准许拍卖、变卖担保财产；

（二）当事人对实现担保物权有部分实质性争议的，可以就无争议部分裁定准许拍卖、变卖担保财产；

（三）当事人对实现担保物权有实质性争议的，裁定驳回申请，并告知申请人向人民法院提起诉讼。

第三百七十三条 人民法院受理申请后，申请人对担保财产提出保全申请的，可以按照民事诉讼法关于诉讼保全的规定办理。

第三百七十四条 适用特别程序作出的判决、裁定，当事人、利害关系人认为有错误的，可以向作出该判决、裁定的人民法院提出异议。人民法院经审查，异议成立或者部分成立的，作出新的判决、裁定撤销或者改变原判决、裁定；异议不成立的，裁定驳回。

对人民法院作出的确认调解协议、准许实现担保物权的裁定，当事人有异议的，应当自收到裁定之日起十五日内提出；利害关系人有异议的，自知道或者应当知道其民事权益受到侵害之日起六个月内提出。

十八、审判监督程序

第三百七十五条 当事人死亡或者终止的，其权利义务承继者可以根据民事诉讼法第一百九十九条、第二百零一条的规定申请再审。

判决、调解书生效后，当事人将判决、调解书确认的债权转让，债权受让人对该判决、调解书不服申请再审的，人民法院不予受理。

第三百七十六条 民事诉讼法第一百九十九条规定的人数众多的一方当事人，包括公民、法人和其他组织。

民事诉讼法第一百九十九条规定的当事人双方为公民的案件，是指原告和被告均为公民的案件。

第三百七十七条 当事人申请再审，应当提交下列材料：

（一）再审申请书，并按照被申请人和原审其他当事人的人数提交副本；

（二）再审申请人是自然人的，应当提交身份证明；再审申请人是法人或者其他组织的，应当提交营业执照、组织机构代码证书、法定代表人或者主要负责人身份证明书。委托他人代为申请的，应当提交授权委托书和代理人身份证明；

（三）原审判决书、裁定书、调解书；

（四）反映案件基本事实的主要证据及其他材料。

前款第二项、第三项、第四项规定的材料可以是与原件核对无异的复印件。

第三百七十八条 再审申请书应当记明下列事项：

（一）再审申请人与被申请人及原审其他当事人的基本信息；

（二）原审人民法院的名称，原审裁判文书案号；

（三）具体的再审请求；

（四）申请再审的法定情形及具体事实、理由。

再审申请书应当明确申请再审的人民法院，并由再审申请人签名、捺印或者盖章。

第三百七十九条 当事人一方人数众多或者当事人双方为公民的案件，当事人分别向原审人民法院和上一级人民法院申请再审且不能协商一致的，由原审人民法院受理。

第三百八十条 适用特别程序、督促程序、公示催告程序、破产程序等非讼程序审理的案件，当事人不得申请再审。

第三百八十一条 当事人认为发生法律效力的不予受理、驳回起诉的裁定错误的，可以申请再审。

第三百八十二条 当事人就离婚案件中的财产分割问题申请再审，如涉及判决中已分割的财产，人民法院应当依照民事诉讼法第二百条的规定进行审查，符合再审条件的，应当裁定再审；如涉及判决中未作处理的夫妻共同财产，应当告知当事人另行起诉。

第三百八十三条 当事人申请再审，有下列情形之一的，人民法院不予受理：

（一）再审申请被驳回后再次提出申请的；

（二）对再审判决、裁定提出申请的；

（三）在人民检察院对当事人的申请作出不予提出再审检察建议或者抗诉决定后又提出申请的。

前款第一项、第二项规定情形，人民法院应当告知当事人可以向人民检察院申请再审检察建议或者抗诉，但因人民检察院提出再审检察建议或者抗诉而再审作出的判决、裁定除外。

第三百八十四条 当事人对已经发生法律效力的调解书申请再审，应当在调解书发生法律效力后六个月内提出。

第三百八十五条 人民法院应当自收到符合条件的再审申请书等材料之日起五日内向再审申请人发送受理通知书，并向被申请人及原审其他当事人发送应诉通知书、再审申请书副本等材料。

第三百八十六条 人民法院受理申请再审案件后，应当依照民事诉讼法第二百条、第二百零一条、第二百零四条等规定，对当事人主张的再审事由进行审查。

第三百八十七条 再审申请人提供的新的证据，能够证明原判决、裁定认定基本事实或者裁判结果错误的，应当认定为民事诉讼法第二百条第一项规定的情形。

对于符合前款规定的证据，人民法院应当责令再审申请人说明其逾期提供该证据的理由；拒不说明理由或者理由不成立的，依照民事诉讼法第六十五条第二款和本解释第一百零二条的规定处理。

第三百八十八条 再审申请人证明其提交的新的证据符合下列情形之一的，可以认定逾期提供证据的理由成立：

（一）在原审庭审结束前已经存在，因客观原因于庭审结束后才发现的；

（二）在原审庭审结束前已经发现，但因客观原因无法取得或者在规定的期限内不能提供的；

（三）在原审庭审结束后形成，无法据此另行提起诉讼的。

再审申请人提交的证据在原审中已经提供，原审人民法院未组织质证且未作为裁判根据的，视为逾期提供证据的理由成立，但原审人民法院依照民事诉讼法第六十五条规定不予采纳的除外。

第三百八十九条 当事人对原判决、裁定认定事实的主要证据在原审中拒绝发表质证意见或者质证中未对证据发表质证意见的，不属于民事诉讼法第二百条第四项规定的未经质证的情形。

第三百九十条 有下列情形之一，导致判决、裁定结果错误的，应当认定为民事诉讼法第二百条第六项规定的原判决、裁定适用法律确有错误：

（一）适用的法律与案件性质明显不符的；

（二）确定民事责任明显违背当事人约定或者法律规定的；

（三）适用已经失效或者尚未施行的法律的；

（四）违反法律溯及力规定的；

（五）违反法律适用规则的；

（六）明显违背立法原意的。

第三百九十一条 原审开庭过程中有下列情形之一的，应当认定为民事诉讼法第二百条第九项规定的剥夺当事人辩论权利：

（一）不允许当事人发表辩论意见的；

（二）应当开庭审理而未开庭审理的；

（三）违反法律规定送达起诉状副本或者上诉状副本，致使当事人无法行使辩论权利的；

（四）违法剥夺当事人辩论权利的其他情形。

第三百九十二条 民事诉讼法第二百条第十一项规定的诉讼请求，包括一审诉讼请求、二审上诉请求，但当事人未对一审判决、裁定遗漏或者超出诉讼请求提起上诉的除外。

第三百九十三条 民事诉讼法第二百条第十二项规定的法律文书包括：

（一）发生法律效力的判决书、裁定书、调解书；

（二）发生法律效力的仲裁裁决书；

（三）具有强制执行效力的公证债权文书。

第三百九十四条 民事诉讼法第二百条第十三项规定的审判人员审理该案件时有贪污受贿、徇私舞弊、枉法裁判行为，是指已经由生效刑事法律文书或者纪律处分决定所确认的行为。

第三百九十五条 当事人主张的再审事由成立，且符合民事诉讼法和本解释规定的申请再审条件的，人民法院应当裁定再审。

当事人主张的再审事由不成立，或者当事人申请再审超过法定申请再审期限、超出法定再审事由范围等不符合民事诉讼法和本解释规定的申请再审条件的，人民法院应当裁定驳回再审申请。

第三百九十六条 人民法院对已经发生法律效力的判决、裁定、调解书依法决定再审，依照民事诉讼法第二百零六条规定，需要中止执行的，应当在再审裁定中同时写明中止原判决、裁定、调解书的执行；情况紧急的，可以将中止执行裁定口头通知负责执行的人民法院，并在通知后十日内发出裁定书。

第三百九十七条 人民法院根据审查案件的需要决定是否询问当事人。新的证据可能推翻原判决、裁定的，人民法院应当询问当事人。

第三百九十八条 审查再审申请期间，被申请人及原审其他当事人依法提出再审申请的，人民法院应当将其列为再审申请人，对其再审事由一并审查，审查期限重新计算。经审查，其中一方再审申请人主张的再审事由成立的，应当裁定再审。各方再审申请人主张的再审事由均不成立的，一并裁定驳回再审申请。

第三百九十九条 审查再审申请期间，再审申请人申请人民法院委托鉴定、勘验的，人民法院不予准许。

第四百条 审查再审申请期间，再审申请人撤回再审申请的，是否准许，由人民法院裁定。

再审申请人经传票传唤，无正当理由拒不接受询问的，可以按撤回再审申请处理。

第四百零一条 人民法院准许撤回再审申请或者按撤回再审申请处理后，再审申请人再次申请再审的，不予受理，但有民事诉讼法第二百条第一项、第三项、第十二项、第十三项规定情形，自知道或者应当知道之日起六个月内提出的除外。

第四百零二条 再审申请审查期间，有下列情形之一的，裁定终结审查：

（一）再审申请人死亡或者终止，无权利义务承继者或者权利义务承继者声明放弃再审申请的；

（二）在给付之诉中，负有给付义务的被申请人死亡或者终止，无可供执行的财产，也没有应当承担义务的人的；

（三）当事人达成和解协议且已履行完毕的，但当事人在和解协议中声明不放弃申请再审权利的除外；

（四）他人未经授权以当事人名义申请再审的；

（五）原审或者上一级人民法院已经裁定再审的；

（六）有本解释第三百八十三条第一款规定情形的。

第四百零三条 人民法院审理再审案件应当组成合议庭开庭审理，但按照第二审程序审理，有特殊情况或者双方当事人已经通过其他方式充分表达意见，且书面同意不开庭审理的除外。

符合缺席判决条件的，可以缺席判决。

第四百零四条 人民法院开庭审理再审案件，应当按照下列情形分别进行：

（一）因当事人申请再审的，先由再审申请人陈述再审请求及理由，后由被申请人答辩、其他原审当事人发表意见；

（二）因抗诉再审的，先由抗诉机关宣读抗诉书，再由申请抗诉的当事人陈述，后由被申请人答辩、其他原审当事人发表意见；

（三）人民法院依职权再审，有申诉人的，先由申诉人陈述再审请求及理由，后由被申诉人答辩、其他原审当事人发表意见；

（四）人民法院依职权再审，没有申诉人的，先由原审原告或者原审上诉人陈述，后由原审其他当事人发表意见。

对前款第一项至第三项规定的情形，人民法院应当要求当事人明确其再审请求。

第四百零五条 人民法院审理再审案件应当围绕再审请求进行。当事人的再审请求超出原审诉讼请求的，不予审理；符合另案诉讼条件的，告知当事人可以另行起诉。

被申请人及原审其他当事人在庭审辩论结束前提出的再审请求，符合民事诉讼法第二百零五条规定的，人民法院应当一并审理。

人民法院经再审，发现已经发生法律效力的判决、裁定损害国家利益、社会公共利益、他人合法权益的，应当一并审理。

第四百零六条 再审审理期间，有下列情形之一的，可以裁定终结再审程序：

（一）再审申请人在再审期间撤回再审请求，人民法院准许的；

（二）再审申请人经传票传唤，无正当理由拒不到庭的，或者未经法庭许可中途退庭，按撤回再审请求处理的；

（三）人民检察院撤回抗诉的；

（四）有本解释第四百零二条第一项至第四项规定情形的。

因人民检察院提出抗诉裁定再审的案件，申请抗诉的当事人有前款规定的情形，且不损害国家利益、社会公共利益或者他人合法权益的，人民法院应当裁定终结再审程序。

再审程序终结后，人民法院裁定中止执行的原生效判决自动恢复执行。

第四百零七条 人民法院经再审审理认为，原判决、裁定认定事实清楚、适用法律正确的，应予维持；原判决、裁定认定事实、适用法律虽有瑕疵，但裁判结果正确的，应当在再审判决、裁定中纠正瑕疵后予以维持。

原判决、裁定认定事实、适用法律错误，导致裁判结果错误的，应当依法改判、撤销或者变更。

第四百零八条 按照第二审程序再审的案件，人民法院经审理认为不符合民事诉讼法规定的起诉条件或者符合民事诉讼法第一百二十四条规定不予受理情形的，应当裁定撤销一、二审判决，驳回起诉。

第四百零九条 人民法院对调解书裁定再审后，按照下列情形分别处理：

（一）当事人提出的调解违反自愿原则的事由不成立，且调解书的内容不违反法律强制性规定的，裁定驳回再审申请；

（二）人民检察院抗诉或者再审检察建议所主张的损害国家利益、社会公共利益的理由不成立的，裁定终结再审程序。

前款规定情形，人民法院裁定中止执行的调解书需要继续执行的，自动恢复执行。

第四百一十条 一审原告在再审审理程序中申请撤回起诉，经其他当事人同意，且不损害国家利益、社会公共利益、他人合法权益的，人民法院可以准许。裁定准许撤诉的，应当一并撤销原判决。

一审原告在再审审理程序中撤回起诉后重复起诉的，人民法院不予受理。

第四百一十一条 当事人提交新的证据致使

再审改判，因再审申请人或者申请检察监督当事人的过错未能在原审程序中及时举证，被申请人等当事人请求补偿其增加的交通、住宿、就餐、误工等必要费用的，人民法院应予支持。

第四百一十二条 部分当事人到庭并达成调解协议，其他当事人未作出书面表示的，人民法院应当在判决中对该事实作出表述；调解协议内容不违反法律规定，且不损害其他当事人合法权益的，可以在判决主文中予以确认。

第四百一十三条 人民检察院依法对损害国家利益、社会公共利益的发生法律效力的判决、裁定、调解书提出抗诉，或者经人民检察院检察委员会讨论决定提出再审检察建议的，人民法院应予受理。

第四百一十四条 人民检察院对已经发生法律效力的判决以及不予受理、驳回起诉的裁定依法提出抗诉的，人民法院应予受理，但适用特别程序、督促程序、公示催告程序、破产程序以及解除婚姻关系的判决、裁定等不适用审判监督程序的判决、裁定除外。

第四百一十五条 人民检察院依照民事诉讼法第二百零九条第一款第三项规定对有明显错误的再审判决、裁定提出抗诉或者再审检察建议的，人民法院应予受理。

第四百一十六条 地方各级人民检察院依当事人的申请对生效判决、裁定向同级人民法院提出再审检察建议，符合下列条件的，应予受理：

（一）再审检察建议书和原审当事人申请书及相关证据材料已经提交；

（二）建议再审的对象为依照民事诉讼法和本解释规定可以进行再审的判决、裁定；

（三）再审检察建议书列明该判决、裁定有民事诉讼法第二百零八条第二款规定情形；

（四）符合民事诉讼法第二百零九条第一款第一项、第二项规定情形；

（五）再审检察建议经该人民检察院检察委员会讨论决定。

不符合前款规定的，人民法院可以建议人民检察院予以补正或者撤回；不予补正或者撤回的，应当函告人民检察院不予受理。

第四百一十七条 人民检察院依当事人的申请对生效判决、裁定提出抗诉，符合下列条件的，人民法院应当在三十日内裁定再审：

（一）抗诉书和原审当事人申请书及相关证据材料已经提交；

（二）抗诉对象为依照民事诉讼法和本解释规定可以进行再审的判决、裁定；

（三）抗诉书列明该判决、裁定有民事诉讼法第二百零八条第一款规定情形；

（四）符合民事诉讼法第二百零九条第一款第一项、第二项规定情形。

不符合前款规定的，人民法院可以建议人民检察院予以补正或者撤回；不予补正或者撤回的，人民法院可以裁定不予受理。

第四百一十八条 当事人的再审申请被上级人民法院裁定驳回后，人民检察院对原判决、裁定、调解书提出抗诉，抗诉事由符合民事诉讼法第二百条第一项至第五项规定情形之一的，受理抗诉的人民法院可以交由下一级人民法院再审。

第四百一十九条 人民法院收到再审检察建议后，应当组成合议庭，在三个月内进行审查，发现原判决、裁定、调解书确有错误，需要再审的，依照民事诉讼法第一百九十八条规定裁定再审，并通知当事人；经审查，决定不予再审的，应当书面回复人民检察院。

第四百二十条 人民法院审理因人民检察院抗诉或者检察建议裁定再审的案件，不受此前已经作出的驳回当事人再审申请裁定的影响。

第四百二十一条 人民法院开庭审理抗诉案件，应当在开庭三日前通知人民检察院、当事人和其他诉讼参与人。同级人民检察院或者提出抗诉的人民检察院应当派员出庭。

人民检察院因履行法律监督职责向当事人或者案外人调查核实的情况，应当向法庭提交并予以说明，由双方当事人进行质证。

第四百二十二条 必须共同进行诉讼的当事人因不能归责于本人或者其诉讼代理人的事由未参加诉讼的，可以根据民事诉讼法第二百条第八项规定，自知道或者应当知道之日起六个月内申请再审，但符合本解释第四百二十三条规定情形的除外。

人民法院因前款规定的当事人申请而裁定再审，按照第一审程序再审的，应当追加其为当事人，作出新的判决、裁定；按照第二审程序再审，经调解不能达成协议的，应当撤销原判决、裁定，发回重审，重审时应追加其为当事人。

第四百二十三条 根据民事诉讼法第二百二十七条规定，案外人对驳回其执行异议的裁定不服，认为原判决、裁定、调解书内容错误损害其民事权益的，可以自执行异议裁定送达之日起六个月内，向作出原判决、裁定、调解书的人民法院申请再审。

第四百二十四条 根据民事诉讼法第二百二十七条规定，人民法院裁定再审后，案外人属于必要的共同诉讼当事人的，依照本解释第四百二十二条第二款规定处理。

案外人不是必要的共同诉讼当事人的，人民法院仅审理原判决、裁定、调解书对其民事权益造成损害的内容。经审理，再审请求成立的，撤销或者改变原判决、裁定、调解书；再审请求不成立的，维持原判决、裁定、调解书。

第四百二十五条 本解释第三百四十条规定适用于审判监督程序。

第四百二十六条 对小额诉讼案件的判决、裁定，当事人以民事诉讼法第二百条规定的事由向原审人民法院申请再审的，人民法院应当受理。申请再审事由成立的，应当裁定再审，组成合议庭进行审理。作出的再审判决、裁定，当事人不得上诉。

当事人以不应按小额诉讼案件审理为由向原审人民法院申请再审的，人民法院应当受理。理由成立的，应当裁定再审，组成合议庭审理。作出的再审判决、裁定，当事人可以上诉。

十九、督 促 程 序

第四百二十七条 两个以上人民法院都有管辖权的，债权人可以向其中一个基层人民法院申请支付令。

债权人向两个以上有管辖权的基层人民法院申请支付令的，由最先立案的人民法院管辖。

第四百二十八条 人民法院收到债权人的支付令申请书后，认为申请书不符合要求的，可以通知债权人限期补正。人民法院应当自收到补正材料之日起五日内通知债权人是否受理。

第四百二十九条 债权人申请支付令，符合下列条件的，基层人民法院应当受理，并在收到支付令申请书后五日内通知债权人：

（一）请求给付金钱或者汇票、本票、支票、股票、债券、国库券、可转让的存款单等有价证券；

（二）请求给付的金钱或者有价证券已到期且数额确定，并写明了请求所根据的事实、证据；

（三）债权人没有对待给付义务；

（四）债务人在我国境内且未下落不明；

（五）支付令能够送达债务人；

（六）收到申请书的人民法院有管辖权；

（七）债权人未向人民法院申请诉前保全。

不符合前款规定的，人民法院应当在收到支付令申请书后五日内通知债权人不予受理。

基层人民法院受理申请支付令案件，不受债权金额的限制。

第四百三十条 人民法院受理申请后，由审判员一人进行审查。经审查，有下列情形之一的，裁定驳回申请：

（一）申请人不具备当事人资格的；

（二）给付金钱或者有价证券的证明文件没有约定逾期给付利息或者违约金、赔偿金，债权人坚持要求给付利息或者违约金、赔偿金的；

（三）要求给付的金钱或者有价证券属于违法所得的；

（四）要求给付的金钱或者有价证券尚未到期或者数额不确定的。

人民法院受理支付令申请后，发现不符合本解释规定的受理条件的，应当在受理之日起十五日内裁定驳回申请。

第四百三十一条 向债务人本人送达支付令，债务人拒绝接收的，人民法院可以留置送达。

第四百三十二条 有下列情形之一的，人民法院应当裁定终结督促程序，已发出支付令的，支付令自行失效：

（一）人民法院受理支付令申请后，债权人就同一债权债务关系又提起诉讼的；

（二）人民法院发出支付令之日起三十日内无法送达债务人的；

（三）债务人收到支付令前，债权人撤回申请的。

第四百三十三条 债务人在收到支付令后，未在法定期间提出书面异议，而向其他人民法院起诉的，不影响支付令的效力。

债务人超过法定期间提出异议的，视为未提出异议。

第四百三十四条 债权人基于同一债权债务关系，在同一支付令申请中向债务人提出多项支付请求，债务人仅就其中一项或者几项请求提出异议的，不影响其他各项请求的效力。

第四百三十五条 债权人基于同一债权债务关系，就可分之债向多个债务人提出支付请求，多个债务人中的一人或者几人提出异议的，不影响其他请求的效力。

第四百三十六条 对设有担保的债务的主债务人发出的支付令，对担保人没有拘束力。

债权人就担保关系单独提起诉讼的，支付令自人民法院受理案件之日起失效。

第四百三十七条 经形式审查，债务人提出的书面异议有下列情形之一的，应当认定异议成立，裁定终结督促程序，支付令自行失效：

（一）本解释规定的不予受理申请情形的；

（二）本解释规定的裁定驳回申请情形的；

（三）本解释规定的应当裁定终结督促程序情形的；

（四）人民法院对是否符合发出支付令条件产生合理怀疑的。

第四百三十八条 债务人对债务本身没有异议，只是提出缺乏清偿能力、延缓债务清偿期限、变更债务清偿方式等异议的，不影响支付令的效力。

人民法院经审查认为异议不成立的，裁定驳回。

债务人的口头异议无效。

第四百三十九条 人民法院作出终结督促程序或者驳回异议裁定前，债务人请求撤回异议的，应当裁定准许。

债务人对撤回异议反悔的，人民法院不予支持。

第四百四十条 支付令失效后，申请支付令的一方当事人不同意提起诉讼的，应当自收到终结督促程序裁定之日起七日内向受理申请的人民法院提出。

申请支付令的一方当事人不同意提起诉讼的，不影响其向其他有管辖权的人民法院提起诉讼。

第四百四十一条 支付令失效后，申请支付令的一方当事人自收到终结督促程序裁定之日起七日内未向受理申请的人民法院表明不同意提起诉讼的，视为向受理申请的人民法院起诉。

债权人提出支付令申请的时间，即为

向人民法院起诉的时间。

第四百四十二条 债权人向人民法院申请执行支付令的期间，适用民事诉讼法第二百三十九条的规定。

第四百四十三条 人民法院院长发现本院已经发生法律效力的支付令确有错误，认为需要撤销的，应当提交本院审判委员会讨论决定后，裁定撤销支付令，驳回债权人的申请。

二十、公示催告程序

第四百四十四条 民事诉讼法第二百一十八条规定的票据持有人，是指票据被盗、遗失或者灭失前的最后持有人。

第四百四十五条 人民法院收到公示催告的申请后，应当立即审查，并决定是否受理。经审查认为符合受理条件的，通知予以受理，并同时通知支付人停止支付；认为不符合受理条件的，七日内裁定驳回申请。

第四百四十六条 因票据丧失，申请公示催告的，人民法院应结合票据存根、丧失票据的复印件、出票人关于签发票据的证明、申请人合法取得票据的证明、银行挂失止付通知书、报案证明等证据，决定是否受理。

第四百四十七条 人民法院依照民事诉讼法第二百一十九条规定发出的受理申请的公告，应当写明下列内容：

（一）公示催告申请人的姓名或者名称；

（二）票据的种类、号码、票面金额、出票人、背书人、持票人、付款期限等事项以及其他可以申请公示催告的权利凭证的种类、号码、权利范围、权利人、义务人、行权日期等事项；

（三）申报权利的期间；

（四）在公示催告期间转让票据等权利凭证，利害关系人不申报的法律后果。

第四百四十八条 公告应当在有关报纸或者其他媒体上刊登，并于同日公布于人民法院公告栏内。人民法院所在地有证券交易所的，还应当同日在该交易所公布。

第四百四十九条 公告期间不得少于六十日，且公示催告期间届满日不得早于票据付款日后十五日。

第四百五十条 在申报期届满后、判决作出之前，利害关系人申报权利的，应当适用民事诉讼法第二百二十一条第二款、第三款规定处理。

第四百五十一条 利害关系人申报权利，人民法院应当通知其向法院出示票据，并通知公示催告申请人在指定的期间查看该票据。公示催告申请人申请公示催告的票据与利害关系人出示的票据不一致的，应当裁定驳回利害关系人的申报。

第四百五十二条 在申报权利的期间无人申报权利，或者申报被驳回的，申请人应当自公示催告期间届满之日起一个月内申请作出判决。逾期不申请判决的，终结公示催告程序。

裁定终结公示催告程序的，应当通知申请人和支付人。

第四百五十三条 判决公告之日起，公示催告申请人有权依据判决向付款人请求付款。

付款人拒绝付款，申请人向人民法院起诉，符合民事诉讼法第一百一十九条规定的起诉条件的，人民法院应予受理。

第四百五十四条 适用公示催告程序审理案件，可由审判员一人独任审理；判决宣告票据无效的，应当组成合议庭审理。

第四百五十五条 公示催告申请人撤回申请，应在公示催告前提出；公示催告期间申请撤回的，人民法院可以径行裁定终结公示催告程序。

第四百五十六条 人民法院依照民事诉讼法第二百二十条规定通知支付人停止支付，应当符合有关财产保全的规定。支付人收到停止支付通知后拒不止付的，除可依照民事诉讼法第一百一十一条、第一百一十四条规定采取强制措施外，在判决后，支付人仍应承担付款义务。

第四百五十七条 人民法院依照民事诉讼法

第二百二十一条规定终结公示催告程序后,公示催告申请人或者申报人向人民法院提起诉讼,因票据权利纠纷提起的,由票据支付地或者被告住所地人民法院管辖;因非票据权利纠纷提起的,由被告住所地人民法院管辖。

第四百五十八条 依照民事诉讼法第二百二十一条规定制作的终结公示催告程序的裁定书,由审判员、书记员署名,加盖人民法院印章。

第四百五十九条 依照民事诉讼法第二百二十三条的规定,利害关系人向人民法院起诉的,人民法院可按票据纠纷适用普通程序审理。

第四百六十条 民事诉讼法第二百二十三条规定的正当理由,包括:

(一)因发生意外事件或者不可抗力致使利害关系人无法知道公告事实的;

(二)利害关系人因被限制人身自由而无法知道公告事实,或者虽然知道公告事实,但无法自己或者委托他人代为申报权利的;

(三)不属于法定申请公示催告情形的;

(四)未予公告或者未按法定方式公告的;

(五)其他导致利害关系人在判决作出前未能向人民法院申报权利的客观事由。

第四百六十一条 根据民事诉讼法第二百二十三条的规定,利害关系人请求人民法院撤销除权判决的,应当将申请人列为被告。

利害关系人仅诉请确认其为合法持票人的,人民法院应当在裁判文书中写明,确认利害关系人为票据权利人的判决作出后,除权判决即被撤销。

二十一、执 行 程 序

第四百六十二条 发生法律效力的实现担保物权裁定、确认调解协议裁定、支付令,由作出裁定、支付令的人民法院或者与其同级的被执行财产所在地的人民法院执行。

认定财产无主的判决,由作出判决的人民法院将无主财产收归国家或者集体所有。

第四百六十三条 当事人申请人民法院执行的生效法律文书应当具备下列条件:

(一)权利义务主体明确;

(二)给付内容明确。

法律文书确定继续履行合同的,应当明确继续履行的具体内容。

第四百六十四条 根据民事诉讼法第二百二十七条规定,案外人对执行标的提出异议的,应当在该执行标的执行程序终结前提出。

第四百六十五条 案外人对执行标的提出的异议,经审查,按照下列情形分别处理:

(一)案外人对执行标的不享有足以排除强制执行的权益的,裁定驳回其异议;

(二)案外人对执行标的享有足以排除强制执行的权益的,裁定中止执行。

驳回案外人执行异议裁定送达案外人之日起十五日内,人民法院不得对执行标的进行处分。

第四百六十六条 申请执行人与被执行人达成和解协议后请求中止执行或者撤回执行申请的,人民法院可以裁定中止执行或者终结执行。

第四百六十七条 一方当事人不履行或者不完全履行在执行中双方自愿达成的和解协议,对方当事人申请执行原生效法律文书的,人民法院应当恢复执行,但和解协议已履行的部分应当扣除。和解协议已经履行完毕的,人民法院不予恢复执行。

第四百六十八条 申请恢复执行原生效法律文书,适用民事诉讼法第二百三十九条申请执行期间的规定。申请执行期间因达成执行中的和解协议而中断,其期间自和解协议约定履行期限的最后一日起重新计算。

第四百六十九条 人民法院依照民事诉讼法第二百三十一条规定决定暂缓执行的,如果担保是有期限的，暂缓执行的期限应当与担保期限一致，但最长不得超过一年。被执行人或者担保人对担保的财产在暂缓执行期间有转移、隐藏、变卖、毁损等行为的，人民法院可以恢复强制执行。

第四百七十条 根据民事诉讼法第二百三十一条规定向人民法院提供执行担保的，可以由被执行人或者他人提供财产担保，也可以由他人提供保证。担保人应当具有代为履行或者代为承担赔偿责任的能力。

他人提供执行保证的，应当向执行法院出具保证书，并将保证书副本送交申请执行人。被执行人或者他人提供财产担保的，应当参照物权法、担保法的有关规定办理相应手续。

第四百七十一条 被执行人在人民法院决定暂缓执行的期限届满后仍不履行义务的，人民法院可以直接执行担保财产，或者裁定执行担保人的财产，但执行担保人的财产以担保人应当履行义务部分的财产为限。

第四百七十二条 依照民事诉讼法第二百三十二条规定，执行中作为被执行人的法人或者其他组织分立、合并的，人民法院可以裁定变更后的法人或者其他组织为被执行人；被注销的，如果依照有关实体法的规定有权利义务承受人的，可以裁定该权利义务承受人为被执行人。

第四百七十三条 其他组织在执行中不能履行法律文书确定的义务的，人民法院可以裁定执行对该其他组织依法承担义务的法人或者公民个人的财产。

第四百七十四条 在执行中，作为被执行人的法人或者其他组织名称变更的，人民法院可以裁定变更后的法人或者其他组织为被执行人。

第四百七十五条 作为被执行人的公民死亡，其遗产继承人没有放弃继承的，人民法院可以裁定变更被执行人，由该继承人在遗产的范围内偿还债务。继承人放弃继承的，人民法院可以直接执行被执行人的遗产。

第四百七十六条 法律规定由人民法院执行的其他法律文书执行完毕后，该法律文书被有关机关或者组织依法撤销的，经当事人申请，适用民事诉讼法第二百三十三条规定。

第四百七十七条 仲裁机构裁决的事项，部分有民事诉讼法第二百三十七条第二款、第三款规定情形的，人民法院应当裁定对该部分不予执行。

应当不予执行部分与其他部分不可分的，人民法院应当裁定不予执行仲裁裁决。

第四百七十八条 依照民事诉讼法第二百三十七条第二款、第三款规定，人民法院裁定不予执行仲裁裁决后，当事人对该裁定提出执行异议或者复议的，人民法院不予受理。当事人可以就该民事纠纷重新达成书面仲裁协议申请仲裁，也可以向人民法院起诉。

第四百七十九条 在执行中，被执行人通过仲裁程序将人民法院查封、扣押、冻结的财产确权或者分割给案外人的，不影响人民法院执行程序的进行。

案外人不服的，可以根据民事诉讼法第二百二十七条规定提出异议。

第四百八十条 有下列情形之一的，可以认定为民事诉讼法第二百三十八条第二款规定的公证债权文书确有错误：

（一）公证债权文书属于不得赋予强制执行效力的债权文书的；

（二）被执行人一方未亲自或者未委托代理人到场公证等严重违反法律规定的公证程序的；

（三）公证债权文书的内容与事实不符或者违反法律强制性规定的；

（四）公证债权文书未载明被执行人不履行义务或者不完全履行义务时同意接受强制执行的。

人民法院认定执行该公证债权文书违背社会公共利益的，裁定不予执行。

公证债权文书被裁定不予执行后，当

事人、公证事项的利害关系人可以就债权争议提起诉讼。

第四百八十一条 当事人请求不予执行仲裁裁决或者公证债权文书的，应当在执行终结前向执行法院提出。

第四百八十二条 人民法院应当在收到申请执行书或者移交执行书后十日内发出执行通知。

执行通知中除应责令被执行人履行法律文书确定的义务外，还应通知其承担民事诉讼法第二百五十三条规定的迟延履行利息或者迟延履行金。

第四百八十三条 申请执行人超过申请执行时效期间向人民法院申请强制执行的，人民法院应予受理。被执行人对申请执行时效期间提出异议，人民法院经审查异议成立的，裁定不予执行。

被执行人履行全部或者部分义务后，又以不知道申请执行时效期间届满为由请求执行回转的，人民法院不予支持。

第四百八十四条 对必须接受调查询问的被执行人、被执行人的法定代表人、负责人或者实际控制人，经依法传唤无正当理由拒不到场的，人民法院可以拘传其到场。

人民法院应当及时对被拘传人进行调查询问，调查询问的时间不得超过八小时；情况复杂，依法可能采取拘留措施的，调查询问的时间不得超过二十四小时。

人民法院在本辖区以外采取拘传措施时，可以将被拘传人拘传到当地人民法院，当地人民法院应予协助。

第四百八十五条 人民法院有权查询被执行人的身份信息与财产信息，掌握相关信息的单位和个人必须按照协助执行通知书办理。

第四百八十六条 对被执行的财产，人民法院非经查封、扣押、冻结不得处分。对银行存款等各类可以直接扣划的财产，人民法院的扣划裁定同时具有冻结的法律效力。

第四百八十七条 人民法院冻结被执行人的银行存款的期限不得超过一年，查封、扣押动产的期限不得超过两年，查封不动产、冻结其他财产权的期限不得超过三年。

申请执行人申请延长期限的，人民法院应当在查封、扣押、冻结期限届满前办理续行查封、扣押、冻结手续，续行期限不得超过前款规定的期限。

人民法院也可以依职权办理续行查封、扣押、冻结手续。

第四百八十八条 依照民事诉讼法第二百四十七条规定，人民法院在执行中需要拍卖被执行人财产的，可以由人民法院自行组织拍卖，也可以交由具备相应资质的拍卖机构拍卖。

交拍卖机构拍卖的，人民法院应当对拍卖活动进行监督。

第四百八十九条 拍卖评估需要对现场进行检查、勘验的，人民法院应当责令被执行人、协助义务人予以配合。被执行人、协助义务人不予配合的，人民法院可以强制进行。

第四百九十条 人民法院在执行中需要变卖被执行人财产的，可以交有关单位变卖，也可以由人民法院直接变卖。

对变卖的财产，人民法院或者其工作人员不得买受。

第四百九十一条 经申请执行人和被执行人同意，且不损害其他债权人合法权益和社会公共利益的，人民法院可以不经拍卖、变卖，直接将被执行人的财产作价交申请执行人抵偿债务。对剩余债务，被执行人应当继续清偿。

第四百九十二条 被执行人的财产无法拍卖或者变卖的，经申请执行人同意，且不损害其他债权人合法权益和社会公共利益的，人民法院可以将该项财产作价后交付申请执行人抵偿债务，或者交付申请执行人管理；申请执行人拒绝接收或者管理的，退回被执行人。

第四百九十三条 拍卖成交或者依法定程序裁定以物抵债的，标的物所有权自拍卖成交裁定或者抵债裁定送达买受人或者接受抵债物的债权人时转移。

第四百九十四条 执行标的物为特定物的，应当执行原物。原物确已毁损或者灭失的，经双方当事人同意，可以折价赔偿。

双方当事人对折价赔偿不能协商一致的，人民法院应当终结执行程序。申请执行人可以另行起诉。

第四百九十五条 他人持有法律文书指定交付的财物或者票证，人民法院依照民事诉讼法第二百四十九条第二款、第三款规定发出协助执行通知后，拒不转交的，可以强制执行，并可依照民事诉讼法第一百一十四条、第一百一十五条规定处理。

他人持有期间财物或者票证毁损、灭失的，参照本解释第四百九十四条规定处理。

他人主张合法持有财物或者票证的，可以根据民事诉讼法第二百二十七条规定提出执行异议。

第四百九十六条 在执行中，被执行人隐匿财产、会计账簿等资料的，人民法院除可依照民事诉讼法第一百一十一条第一款第六项规定对其处理外，还应责令被执行人交出隐匿的财产、会计账簿等资料。被执行人拒不交出的，人民法院可以采取搜查措施。

第四百九十七条 搜查人员应当按规定着装并出示搜查令和工作证件。

第四百九十八条 人民法院搜查时禁止无关人员进入搜查现场；搜查对象是公民的，应当通知被执行人或者他的成年家属以及基层组织派员到场；搜查对象是法人或者其他组织的，应当通知法定代表人或者主要负责人到场。拒不到场的，不影响搜查。

搜查妇女身体，应当由女执行人员进行。

第四百九十九条 搜查中发现应当依法采取查封、扣押措施的财产，依照民事诉讼法第二百四十五条第二款和第二百四十七条规定办理。

第五百条 搜查应当制作搜查笔录，由搜查人员、被搜查人及其他在场人签名、捺印或者盖章。拒绝签名、捺印或者盖章的，应当记入搜查笔录。

第五百零一条 人民法院执行被执行人对他人的到期债权，可以作出冻结债权的裁定，并通知该他人向申请执行人履行。

该他人对到期债权有异议，申请执行人请求对异议部分强制执行的，人民法院不予支持。利害关系人对到期债权有异议的，人民法院应当按照民事诉讼法第二百二十七条规定处理。

对生效法律文书确定的到期债权，该他人予以否认的，人民法院不予支持。

第五百零二条 人民法院在执行中需要办理房产证、土地证、林权证、专利证书、商标证书、车船执照等有关财产权证照转移手续的，可以依照民事诉讼法第二百五十一条规定办理。

第五百零三条 被执行人不履行生效法律文书确定的行为义务，该义务可由他人完成的，人民法院可以选定代履行人；法律、行政法规对履行该行为义务有资格限制的，应当从有资格的人中选定。必要时，可以通过招标的方式确定代履行人。

申请执行人可以在符合条件的人中推荐代履行人，也可以申请自己代为履行，是否准许，由人民法院决定。

第五百零四条 代履行费用的数额由人民法院根据案件具体情况确定，并由被执行人在指定期限内预先支付。被执行人未预付的，人民法院可以对该费用强制执行。

代履行结束后，被执行人可以查阅、复制费用清单以及主要凭证。

第五百零五条 被执行人不履行法律文书指定的行为，且该项行为只能由被执行人完成的，人民法院可以依照民事诉讼法第一百一十一条第一款第六项规定处理。

被执行人在人民法院确定的履行期间内仍不履行的，人民法院可以依照民事诉讼法第一百一十一条第一款第六项规定再次处理。

第五百零六条 被执行人迟延履行的，迟延履行期间的利息或者迟延履行金自判决、裁定和其他法律文书指定的履行期间届满之日起计算。

第五百零七条 被执行人未按判决、裁定和其他法律文书指定的期间履行非金钱给付义务的，无论是否已给申请执行人造成损失，都应当支付迟延履行金。已经造成损失的，双倍补偿申请执行人已经受到的损失；没有造成损失的，迟延履行金可以由人民法院根据具体案件情况决定。

第五百零八条 被执行人为公民或者其他组织，在执行程序开始后，被执行人的其他已经取得执行依据的债权人发现被执行人的财产不能清偿所有债权的，可以向人民法院申请参与分配。

对人民法院查封、扣押、冻结的财产有优先权、担保物权的债权人，可以直接申请参与分配，主张优先受偿权。

第五百零九条 申请参与分配，申请人应当提交申请书。申请书应当写明参与分配和被执行人不能清偿所有债权的事实、理由，并附有执行依据。

参与分配申请应当在执行程序开始后，被执行人的财产执行终结前提出。

第五百一十条 参与分配执行中，执行所得价款扣除执行费用，并清偿应当优先受偿的债权后，对于普通债权，原则上按照其占全部申请参与分配债权数额的比例受偿。清偿后的剩余债务，被执行人应当继续清偿。债权人发现被执行人有其他财产的，可以随时请求人民法院执行。

第五百一十一条 多个债权人对执行财产申请参与分配的，执行法院应当制作财产分配方案，并送达各债权人和被执行人。债权人或者被执行人对分配方案有异议的，应当自收到分配方案之日起十五日内向执行法院提出书面异议。

第五百一十二条 债权人或者被执行人对分配方案提出书面异议的，执行法院应当通知未提出异议的债权人、被执行人。

未提出异议的债权人、被执行人自收到通知之日起十五日内未提出反对意见的，执行法院依异议人的意见对分配方案审查修正后进行分配；提出反对意见的，应当通知异议人。异议人可以自收到通知之日起十五日内，以提出反对意见的债权人、被执行人为被告，向执行法院提起诉讼；异议人逾期未提起诉讼的，执行法院按照原分配方案进行分配。

诉讼期间进行分配的，执行法院应当提存与争议债权数额相应的款项。

第五百一十三条 在执行中，作为被执行人的企业法人符合企业破产法第二条第一款规定情形的，执行法院经申请执行人之一或者被执行人同意，应当裁定中止对该被执行人的执行，将执行案件相关材料移送被执行人住所地人民法院。

第五百一十四条 被执行人住所地人民法院应当自收到执行案件相关材料之日起三十日内，将是否受理破产案件的裁定告知执行法院。不予受理的，应当将相关案件材料退回执行法院。

第五百一十五条 被执行人住所地人民法院裁定受理破产案件的，执行法院应当解除对被执行人财产的保全措施。被执行人住所地人民法院裁定宣告被执行人破产的，执行法院应当裁定终结对该被执行人的执行。

被执行人住所地人民法院不受理破产案件的，执行法院应当恢复执行。

第五百一十六条 当事人不同意移送破产或者被执行人住所地人民法院不受理破产案件的，执行法院就执行变价所得财产，在扣除执行费用及清偿优先受偿的债权后，对于普通债权，按照财产保全和执行中查封、扣押、冻结财产的先后顺序清偿。

第五百一十七条 债权人根据民事诉讼法第二百五十四条规定请求人民法院继续执行的，不受民事诉讼法第二百三十九条规定申请执行时效期间的限制。

第五百一十八条 被执行人不履行法律文书

确定的义务的，人民法院除对被执行人予以处罚外，还可以根据情节将其纳入失信被执行人名单，将被执行人不履行或者不完全履行义务的信息向其所在单位、征信机构以及其他相关机构通报。

第五百一十九条 经过财产调查未发现可供执行的财产，在申请执行人签字确认或者执行法院组成合议庭审查核实并经院长批准后，可以裁定终结本次执行程序。

依照前款规定终结执行后，申请执行人发现被执行人有可供执行财产的，可以再次申请执行。再次申请不受申请执行时效期间的限制。

第五百二十条 因撤销申请而终结执行后，当事人在民事诉讼法第二百三十九条规定的申请执行时效期间内再次申请执行的，人民法院应当受理。

第五百二十一条 在执行终结六个月内，被执行人或者其他人对已执行的标的有妨害行为的，人民法院可以依申请排除妨害，并可以依照民事诉讼法第一百一十一条规定进行处罚。因妨害行为给执行债权人或者其他人造成损失的，受害人可以另行起诉。

二十二、涉外民事诉讼程序的特别规定

第五百二十二条 有下列情形之一，人民法院可以认定为涉外民事案件：

（一）当事人一方或者双方是外国人、无国籍人、外国企业或者组织的；

（二）当事人一方或者双方的经常居所地在中华人民共和国领域外的；

（三）标的物在中华人民共和国领域外的；

（四）产生、变更或者消灭民事关系的法律事实发生在中华人民共和国领域外的；

（五）可以认定为涉外民事案件的其他情形。

第五百二十三条 外国人参加诉讼，应当向人民法院提交护照等用以证明自己身份的证件。

外国企业或者组织参加诉讼，向人民法院提交的身份证明文件，应当经所在国公证机关公证，并经中华人民共和国驻该国使领馆认证，或者履行中华人民共和国与该所在国订立的有关条约中规定的证明手续。

代表外国企业或者组织参加诉讼的人，应当向人民法院提交其有权作为代表人参加诉讼的证明，该证明应当经所在国公证机关公证，并经中华人民共和国驻该国使领馆认证，或者履行中华人民共和国与该所在国订立的有关条约中规定的证明手续。

本条所称的“所在国”，是指外国企业或者组织的设立登记地国，也可以是办理了营业登记手续的第三国。

第五百二十四条 依照民事诉讼法第二百六十四条以及本解释第五百二十三条规定，需要办理公证、认证手续，而外国当事人所在国与中华人民共和国没有建立外交关系的，可以经该国公证机关公证，经与中华人民共和国有外交关系的第三国驻该国使领馆认证，再转由中华人民共和国驻该第三国使领馆认证。

第五百二十五条 外国人、外国企业或者组织的代表人在人民法院法官的见证下签署授权委托书，委托代理人进行民事诉讼的，人民法院应予认可。

第五百二十六条 外国人、外国企业或者组织的代表人在中华人民共和国境内签署授权委托书，委托代理人进行民事诉讼，经中华人民共和国公证机构公证的，人民法院应予认可。

第五百二十七条 当事人向人民法院提交的书面材料是外文的，应当同时向人民法院提交中文翻译件。

当事人对中文翻译件有异议的，应当共同委托翻译机构提供翻译文本；当事人对翻译机构的选择不能达成一致的，由人民法院确定。

第五百二十八条 涉外民事诉讼中的外籍当事人,可以委托本国人为诉讼代理人,也可以委托本国律师以非律师身份担任诉讼代理人;外国驻华使领馆官员,受本国公民的委托,可以以个人名义担任诉讼代理人,但在诉讼中不享有外交或者领事特权和豁免。

第五百二十九条 涉外民事诉讼中,外国驻华使领馆授权其本馆官员,在作为当事人的本国国民不在中华人民共和国领域内的情况下,可以以外交代表身份为其本国国民在中华人民共和国聘请中华人民共和国律师或者中华人民共和国公民代理民事诉讼。

第五百三十条 涉外民事诉讼中,经调解双方达成协议,应当制发调解书。当事人要求发给判决书的,可以依协议的内容制作判决书送达当事人。

第五百三十一条 涉外合同或者其他财产权益纠纷的当事人,可以书面协议选择被告住所地、合同履行地、合同签订地、原告住所地、标的物所在地、侵权行为地等与争议有实际联系地点的外国法院管辖。

根据民事诉讼法第三十三条和第二百六十六条规定,属于中华人民共和国法院专属管辖的案件,当事人不得协议选择外国法院管辖,但协议选择仲裁的除外。

第五百三十二条 涉外民事案件同时符合下列情形的,人民法院可以裁定驳回原告的起诉,告知其向更方便的外国法院提起诉讼:

(一)被告提出案件应由更方便外国法院管辖的请求,或者提出管辖异议;

(二)当事人之间不存在选择中华人民共和国法院管辖的协议;

(三)案件不属于中华人民共和国法院专属管辖;

(四)案件不涉及中华人民共和国国家、公民、法人或者其他组织的利益;

(五)案件争议的主要事实不是发生在中华人民共和国境内,且案件不适用中华人民共和国法律,人民法院审理案件在认定事实和适用法律方面存在重大困难;

(六)外国法院对案件享有管辖权,且审理该案件更加方便。

第五百三十三条 中华人民共和国法院和外国法院都有管辖权的案件,一方当事人向外国法院起诉,而另一方当事人向中华人民共和国法院起诉的,人民法院可予受理。判决后,外国法院申请或者当事人请求人民法院承认和执行外国法院对本案作出的判决、裁定的,不予准许;但双方共同缔结或者参加的国际条约另有规定的除外。

外国法院判决、裁定已经被人民法院承认,当事人就同一争议向人民法院起诉的,人民法院不予受理。

第五百三十四条 对在中华人民共和国领域内没有住所的当事人,经用公告方式送达诉讼文书,公告期满不应诉,人民法院缺席判决后,仍应当将裁判文书依照民事诉讼法第二百六十七条第八项规定公告送达。自公告送达裁判文书满三个月之日起,经过三十日的上诉期当事人没有上诉的,一审判决即发生法律效力。

第五百三十五条 外国人或者外国企业、组织的代表人、主要负责人在中华人民共和国领域内的,人民法院可以向该自然人或者外国企业、组织的代表人、主要负责人送达。

外国企业、组织的主要负责人包括该企业、组织的董事、监事、高级管理人员等。

第五百三十六条 受送达人所在国允许邮寄送达的,人民法院可以邮寄送达。

邮寄送达时应当附有送达回证。受送达人未在送达回证上签收但在邮件回执上签收的,视为送达,签收日期为送达日期。

自邮寄之日起满三个月,如果未收到送达的证明文件,且根据各种情况不足以认定已经送达的,视为不能用邮寄方式送达。

第五百三十七条 人民法院一审时采取公告方式向当事人送达诉讼文书的,二审时可径行采取公告方式向其送达诉讼文书，但人民法院能够采取公告方式之外的其他方式送达的除外。

第五百三十八条 不服第一审人民法院判决、裁定的上诉期，对在中华人民共和国领域内有住所的当事人，适用民事诉讼法第一百六十四条规定的期限；对在中华人民共和国领域内没有住所的当事人，适用民事诉讼法第二百六十九条规定的期限。当事人的上诉期均已届满没有上诉的，第一审人民法院的判决、裁定即发生法律效力。

第五百三十九条 人民法院对涉外民事案件的当事人申请再审进行审查的期间，不受民事诉讼法第二百零四条规定的限制。

第五百四十条 申请人向人民法院申请执行中华人民共和国涉外仲裁机构的裁决，应当提出书面申请，并附裁决书正本。如申请人为外国当事人，其申请书应当用中文文本提出。

第五百四十一条 人民法院强制执行涉外仲裁机构的仲裁裁决时，被执行人以有民事诉讼法第二百七十四条第一款规定的情形为由提出抗辩的，人民法院应当对被执行人的抗辩进行审查，并根据审查结果裁定执行或者不予执行。

第五百四十二条 依照民事诉讼法第二百七十二条规定，中华人民共和国涉外仲裁机构将当事人的保全申请提交人民法院裁定的，人民法院可以进行审查，裁定是否进行保全。裁定保全的，应当责令申请人提供担保，申请人不提供担保的，裁定驳回申请。

当事人申请证据保全，人民法院经审查认为无需提供担保的，申请人可以不提供担保。

第五百四十三条 申请人向人民法院申请承认和执行外国法院作出的发生法律效力的判决、裁定，应当提交申请书，并附外国法院作出的发生法律效力的判决、裁定正本或者经证明无误的副本以及中文译本。外国法院判决、裁定为缺席判决、裁定的，申请人应当同时提交该外国法院已经合法传唤的证明文件，但判决、裁定已经对此予以明确说明的除外。

中华人民共和国缔结或者参加的国际条约对提交文件有规定的，按照规定办理。

第五百四十四条 当事人向中华人民共和国有管辖权的中级人民法院申请承认和执行外国法院作出的发生法律效力的判决、裁定的，如果该法院所在国与中华人民共和国没有缔结或者共同参加国际条约，也没有互惠关系的，裁定驳回申请，但当事人向人民法院申请承认外国法院作出的发生法律效力的离婚判决的除外。

承认和执行申请被裁定驳回的，当事人可以向人民法院起诉。

第五百四十五条 对临时仲裁庭在中华人民共和国领域外作出的仲裁裁决，一方当事人向人民法院申请承认和执行的，人民法院应当依照民事诉讼法第二百八十三条规定处理。

第五百四十六条 对外国法院作出的发生法律效力的判决、裁定或者外国仲裁裁决，需要中华人民共和国法院执行的，当事人应当先向人民法院申请承认。人民法院经审查，裁定承认后，再根据民事诉讼法第三编的规定予以执行。

当事人仅申请承认而未同时申请执行的，人民法院仅对应否承认进行审查并作出裁定。

第五百四十七条 当事人申请承认和执行外国法院作出的发生法律效力的判决、裁定或者外国仲裁裁决的期间，适用民事诉讼法第二百三十九条的规定。

当事人仅申请承认而未同时申请执行的，申请执行的期间自人民法院对承认申请作出的裁定生效之日起重新计算。

第五百四十八条 承认和执行外国法院作出的发生法律效力的判决、裁定或者外国仲裁裁决的案件，人民法院应当组成合议庭进行审查。

人民法院应当将申请书送达被申请

人。被申请人可以陈述意见。

人民法院经审查作出的裁定，一经送达即发生法律效力。

第五百四十九条 与中华人民共和国没有司法协助条约又无互惠关系的国家的法院，未通过外交途径，直接请求人民法院提供司法协助的，人民法院应予退回，并说明理由。

第五百五十条 当事人在中华人民共和国领域外使用中华人民共和国法院的判决书、裁定书，要求中华人民共和国法院证明其法律效力的，或者外国法院要求中华人民共和国法院证明判决书、裁定书的法律效力的，作出判决、裁定的中华人民共和国法院，可以本法院的名义出具证明。

第五百五十一条 人民法院审理涉及香港、澳门特别行政区和台湾地区的民事诉讼案件，可以参照适用涉外民事诉讼程序的特别规定。

二十三、附　　则

第五百五十二条 本解释公布施行后，最高人民法院于1992年7月14日发布的《关于适用〈中华人民共和国民事诉讼法〉若干问题的意见》同时废止；最高人民法院以前发布的司法解释与本解释不一致的，不再适用。

最高人民法院关于人民法院执行工作若干问题的规定（试行）

- 1998年7月8日
- 法释〔1998〕15号

为了保证在执行程序中正确适用法律，及时有效地执行生效法律文书，维护当事人的合法权益，根据《中华人民共和国民事诉讼法》（以下简称民事诉讼法）等有关法律的规定，结合人民法院执行工作的实践经验，现对人民法院执行工作若干问题作如下规定。

一、执行机构及其职责

1. 人民法院根据需要，依据有关法律的规定，设立执行机构，专门负责执行工作。

2. 执行机构负责执行下列生效法律文书：

（1）人民法院民事、行政判决、裁定、调解书，民事制裁决定、支付令，以及刑事附带民事判决、裁定、调解书；

（2）依法应由人民法院执行的行政处罚决定、行政处理决定；

（3）我国仲裁机构作出的仲裁裁决和调解书；人民法院依据《中华人民共和国仲裁法》有关规定作出的财产保全和证据保全裁定；

（4）公证机关依法赋予强制执行效力的关于追偿债款、物品的债权文书；

（5）经人民法院裁定承认其效力的外国法院作出的判决、裁定，以及国外仲裁机构作出的仲裁裁决；

（6）法律规定由人民法院执行的其他法律文书。

3. 人民法院在审理民事、行政案件中作出的财产保全和先予执行裁定，由审理案件的审判庭负责执行。

4. 人民法庭审结的案件，由人民法庭负责执行。其中复杂、疑难或被执行人不在本法院辖区的案件，由执行机构负责执行。

5. 执行程序中重大事项的办理，应由三名以上执行员讨论，并报经院长批准。

6. 依据民事诉讼法第二百一十三条或第二百五十八条的规定对仲裁裁决是否有不予执行事由进行审查的，应组成合议庭进行。

7. 执行机构应配备必要的交通工具、通讯设备、音像设备和警械用具等，以保障及时有效地履行职责。

8. 执行人员执行公务时，应向有关人员出示工作证和执行公务证，并按规定着装。必要时应由司法警察参加。

执行公务证由最高人民法院统一制发。

9. 上级人民法院执行机构负责本院对下级人民法院执行工作的监督、指导和协调。

二、执 行 管 辖

10. 仲裁机构作出的国内仲裁裁决、公证机关依法赋予强制执行效力的公证债权文书,由被执行人住所地或被执行的财产所在地人民法院执行。

前款案件的级别管辖,参照各地法院受理诉讼案件的级别管辖的规定确定。

11. 在国内仲裁过程中,当事人申请财产保全,经仲裁机构提交人民法院的,由被申请人住所地或被申请保全的财产所在地的基层人民法院裁定并执行;申请证据保全的,由证据所在地的基层人民法院裁定并执行。

12. 在涉外仲裁过程中,当事人申请财产保全,经仲裁机构提交人民法院的,由被申请人住所地或被申请保全的财产所在地的中级人民法院裁定并执行;申请证据保全的,由证据所在地的中级人民法院裁定并执行。

13. 专利管理机关依法作出的处理决定和处罚决定,由被执行人住所地或财产所在地的省、自治区、直辖市有权受理专利纠纷案件的中级人民法院执行。

14. 国务院各部门、各省、自治区、直辖市人民政府和海关依照法律、法规作出的处理决定和处罚决定,由被执行人住所地或财产所在地的中级人民法院执行。

15. 两个以上人民法院都有管辖权的,当事人可以向其中一个人民法院申请执行;当事人向两个以上人民法院申请执行的,由最先立案的人民法院管辖。

16. 人民法院之间因执行管辖权发生争议的,由双方协商解决;协商不成的,报请双方共同的上级人民法院指定管辖。

17. 基层人民法院和中级人民法院管辖的执行案件,因特殊情况需要由上级人民法院执行的,可以报请上级人民法院执行。

三、执行的申请和移送

18. 人民法院受理执行案件应当符合下列条件:

(1)申请或移送执行的法律文书已经生效;

(2)申请执行人是生效法律文书确定的权利人或其继承人、权利承受人;

(3)申请执行人在法定期限内提出申请;

(4)申请执行的法律文书有给付内容,且执行标的和被执行人明确;

(5)义务人在生效法律文书确定的期限内未履行义务;

(6)属于受申请执行的人民法院管辖。

人民法院对符合上述条件的申请,应当在七日内予以立案;不符合上述条件之一的,应当在七日内裁定不予受理。

19. 生效法律文书的执行,一般应当由当事人依法提出申请。

发生法律效力的具有给付赡养费、扶养费、抚育费内容的法律文书、民事制裁决定书,以及刑事附带民事判决、裁定、调解书,由审判庭移送执行机构执行。

20. 申请执行,应向人民法院提交下列文件和证件:

(1)申请执行书。申请执行书中应当写明申请执行的理由、事项、执行标的,以及申请执行人所了解的被执行人的财产状况。

申请执行人书写申请执行书确有困难的,可以口头提出申请。人民法院接待人员对口头申请应当制作笔录,由申请执行人签字或盖章。

外国一方当事人申请执行的,应当提交中文申请执行书。当事人所在国与我国缔结或共同参加的司法协助条约有特别规定的,按照条约规定办理。

(2)生效法律文书副本。

(3)申请执行人的身份证明。公民个人申请的,应当出示居民身份证;法人申请的,应当提交法人营业执照副本和法定代表人身份证明;其他组织申请的,应当提交营业执照副本和主要负责人身份证明。

(4)继承人或权利承受人申请执行的,应当提交继承或承受权利的证明文件。

(5)其他应当提交的文件或证件。

21. 申请执行仲裁机构的仲裁裁决,应当向人民法院提交有仲裁条款的合同书或仲裁协议书。

申请执行国外仲裁机构的仲裁裁决的,应当提交经我国驻外使领馆认证或我国公证机关公证的仲裁裁决书中文本。

22. 申请执行人可以委托代理人代为申请执行。委托代理的,应当向人民法院提交经委托人签字或盖章的授权委托书,写明委托事项和代理人的权限。

委托代理人代为放弃、变更民事权利,或代为进行执行和解,或代为收取执行款项的,应当有委托人的特别授权。

23. 申请人民法院强制执行,应当按照人民法院诉讼收费办法的规定缴纳申请执行的费用。

四、执行前的准备和对被执行人财产状况的查明

24. 人民法院决定受理执行案件后,应当在三日内向被执行人发出执行通知书,责令其在指定的期间内履行生效法律文书确定的义务,并承担民事诉讼法第二百二十九条规定的迟延履行期间的债务利息或迟延履行金。

25. 执行通知书的送达,适用民事诉讼法关于送达的规定。

26. 被执行人未按执行通知书指定的期间履行生效法律文书确定的义务的,应当及时采取执行措施。

在执行通知书指定的期限内,被执行人转移、隐匿、变卖、毁损财产的,应当立即采取执行措施。

人民法院采取执行措施,应当制作裁定书,送达被执行人。

27. 人民法院执行非诉讼生效法律文书,必要时可向制作生效法律文书的机构调取卷宗材料。

28. 申请执行人应当向人民法院提供其所了解的被执行人的财产状况或线索。被执行人必须如实向人民法院报告其财产状况。

人民法院在执行中有权向被执行人、有关机关、社会团体、企业事业单位或公民个人,调查了解被执行人的财产状况,对调查所需的材料可以进行复制、抄录或拍照,但应当依法保密。

29. 为查明被执行人的财产状况和履行义务的能力,可以传唤被执行人或被执行人的法定代表人或负责人到人民法院接受询问。

30. 被执行人拒绝按人民法院的要求提供其有关财产状况的证据材料的,人民法院可以按照民事诉讼法第二百二十四条的规定进行搜查。

31. 人民法院依法搜查时,对被执行人可能存放隐匿的财物及有关证据材料的处所、箱柜等,经责令被执行人开启而拒不配合的,可以强制开启。

五、金钱给付的执行

32. 查询、冻结、划拨被执行人在银行(含其分理处、营业所和储蓄所)、非银行金融机构、其他有储蓄业务的单位(以下简称金融机构)的存款,依照中国人民银行、最高人民法院、最高人民检察院、公安部《关于查询、冻结、扣划企业事业单位、机关、团体银行存款的通知》的规定办理。

33. 金融机构擅自解冻被人民法院冻结的款项,致冻结款项被转移的,人民法院有权

责令其限期追回已转移的款项。在限期内未能追回的,应当裁定该金融机构在转移的款项范围内以自己的财产向申请执行人承担责任。

34. 被执行人为金融机构的,对其交存在人民银行的存款准备金和备付金不得冻结和扣划,但对其在本机构、其他金融机构的存款,及其在人民银行的其他存款可以冻结、划拨,并可对被执行人的其他财产采取执行措施,但不得查封其营业场所。

35. 作为被执行人的公民,其收入转为储蓄存款的,应当责令其交出存单。拒不交出的,人民法院应当作出提取其存款的裁定,向金融机构发出协助执行通知书,并附生效法律文书,由金融机构提取被执行人的存款交人民法院或存入人民法院指定的账户。

36. 被执行人在有关单位的收入尚未支取的,人民法院应当作出裁定,向该单位发出协助执行通知书,由其协助扣留或提取。

37. 有关单位收到人民法院协助执行被执行人收入的通知后,擅自向被执行人或其他人支付的,人民法院有权责令其限期追回;逾期未追回的,应当裁定其在支付的数额内向申请执行人承担责任。

38. 被执行人无金钱给付能力的,人民法院有权裁定对被执行人的其他财产采取查封、扣押措施。裁定书应送达被执行人。

采取前款措施需有关单位协助的,应当向有关单位发出协助执行通知书,连同裁定书副本一并送达有关单位。

39. 查封、扣押财产的价值应当与被执行人履行债务的价值相当。

40. 人民法院对被执行人所有的其他人享有抵押权、质押权或留置权的财产,可以采取查封、扣押措施。财产拍卖、变卖后所得价款,应当在抵押权人、质押权人或留置权人优先受偿后,其余额部分用于清偿申请执行人的债权。

41. 对动产的查封,应当采取加贴封条的方式。不便加贴封条的,应当张贴公告。

对有产权证照的动产或不动产的查封,应当向有关管理机关发出协助执行通知书,要求其不得办理查封财产的转移过户手续,同时可以责令被执行人将有关财产权证照交人民法院保管。必要时也可以采取加贴封条或张贴公告的方法查封。

既未向有关管理机关发出协助执行通知书,也未采取加贴封条或张贴公告的办法查封的,不得对抗其他人民法院的查封。

42. 被查封的财产,可以指令由被执行人负责保管。如继续使用被查封的财产对其价值无重大影响,可以允许被执行人继续使用。因被执行人保管或使用的过错造成的损失,由被执行人承担。

43. 被扣押的财产,人民法院可以自行保管,也可以委托其他单位或个人保管。对扣押的财产,保管人不得使用。

44. 被执行人或其他人擅自处分已被查封、扣押、冻结财产的,人民法院有权责令责任人限期追回财产或承担相应的赔偿责任。

45. 被执行人的财产经查封、扣押后,在人民法院指定的期间内履行义务的,人民法院应当及时解除查封、扣押措施。

46. 人民法院对查封、扣押的被执行人财产进行变价时,应当委托拍卖机构进行拍卖。

财产无法委托拍卖、不适于拍卖或当事人双方同意不需要拍卖的,人民法院可以交由有关单位变卖或自行组织变卖。

47. 人民法院对拍卖、变卖被执行人的财产,应当委托依法成立的资产评估机构进行价格评估。

48. 被执行人申请对人民法院查封的财产自行变卖的,人民法院可以准许,但应当监督其按照合理价格在指定的期限内进行，并控制变卖的价款。

49. 拍卖、变卖被执行人的财产成交后，必须即时钱物两清。

委托拍卖、组织变卖被执行人财产所发生的实际费用，从所得价款中优先扣除。所得价款超出执行标的数额和执行费用的部分，应当退还被执行人。

50. 被执行人不履行生效法律文书确定的义务，人民法院有权裁定禁止被执行人转让其专利权、注册商标专用权、著作权（财产权部分）等知识产权。上述权利有登记主管部门的，应当同时向有关部门发出协助执行通知书，要求其不得办理财产权转移手续，必要时可以责令被执行人将产权或使用权证照交人民法院保存。

对前款财产权，可以采取拍卖、变卖等执行措施。

51. 对被执行人从有关企业中应得的已到期的股息或红利等收益，人民法院有权裁定禁止被执行人提取和有关企业向被执行人支付，并要求有关企业直接向申请执行人支付。

对被执行人预期从有关企业中应得的股息或红利等收益，人民法院可以采取冻结措施，禁止到期后被执行人提取和有关企业向被执行人支付。到期后人民法院可从有关企业中提取，并出具提取收据。

52. 对被执行人在其他股份有限公司中持有的股份凭证（股票），人民法院可以扣押，并强制被执行人按照公司法的有关规定转让，也可以直接采取拍卖、变卖的方式进行处分，或直接将股票抵偿给债权人，用于清偿被执行人的债务。

53. 对被执行人在有限责任公司、其他法人企业中的投资权益或股权，人民法院可以采取冻结措施。

冻结投资权益或股权的，应当通知有关企业不得办理被冻结投资权益或股权的转移手续，不得向被执行人支付股息或红利。被冻结的投资权益或股权，被执行人不得自行转让。

54. 被执行人在其独资开办的法人企业中拥有的投资权益被冻结后，人民法院可以直接裁定予以转让，以转让所得清偿其对申请执行人的债务。

对被执行人在有限责任公司中被冻结的投资权益或股权，人民法院可以依据《中华人民共和国公司法》第三十五条、第三十六条的规定，征得全体股东过半数同意后，予以拍卖、变卖或以其他方式转让。不同意转让的股东，应当购买该转让的投资权益或股权，不购买的，视为同意转让，不影响执行。

人民法院也可允许并监督被执行人自行转让其投资权益或股权，将转让所得收益用于清偿对申请执行人的债务。

55. 对被执行人在中外合资、合作经营企业中的投资权益或股权，在征得合资或合作他方的同意和对外经济贸易主管机关的批准后，可以对冻结的投资权益或股权予以转让。

如果被执行人除在中外合资、合作企业中的股权以外别无其他财产可供执行，其他股东又不同意转让的，可以直接强制转让被执行人的股权，但应当保护合资他方的优先购买权。

56. 有关企业收到人民法院发出的协助冻结通知后，擅自向被执行人支付股息或红利，或擅自为被执行人办理已冻结股权的转移手续，造成已转移的财产无法追回的，应当在所支付的股息或红利或转移的股权价值范围内向申请执行人承担责任。

六、交付财产和完成行为的执行

57. 生效法律文书确定被执行人交付特定标的物的，应当执行原物。原物被隐匿或非法转移的，人民法院有权责令其交出。原物确已变质、损坏或灭失的，应当裁定折价赔偿或按标的物的价值强制执行被执行人的其他财产。

58. 有关单位或公民持有法律文书指定交付的财物或票证，在接到人民法院协助执行通知书或通知书后，协同被执行人转移财物或票证的，人民法院有权责令其限期追回；逾期未追回的，应当裁定其承担赔偿责任。

59. 被执行人的财产经拍卖、变卖或裁定以物抵债后，需从现占有人处交付给买受人或申请执行人的，适用民事诉讼法第二百二十五条、第二百二十六条和本规定57条、58条的规定。

60. 被执行人拒不履行生效法律文书中指定的行为的，人民法院可以强制其履行。

对于可以替代履行的行为，可以委托有关单位或他人完成，因完成上述行为发生的费用由被执行人承担。

对于只能由被执行人完成的行为，经教育，被执行人仍拒不履行的，人民法院应当按照妨害执行行为的有关规定处理。

七、被执行人到期债权的执行

61. 被执行人不能清偿债务，但对本案以外的第三人享有到期债权的，人民法院可以依申请执行人或被执行人的申请，向第三人发出履行到期债务的通知（以下简称履行通知）。履行通知必须直接送达第三人。

履行通知应当包含下列内容：

（1）第三人直接向申请执行人履行其对被执行人所负的债务，不得向被执行人清偿；

（2）第三人应当在收到履行通知后的十五日内向申请执行人履行债务；

（3）第三人对履行到期债权有异议的，应当在收到履行通知后的十五日内向执行法院提出；

（4）第三人违背上述义务的法律后果。

62. 第三人对履行通知的异议一般应当以书面形式提出，口头提出的，执行人员应记入笔录，并由第三人签字或盖章。

63. 第三人在履行通知指定的期间内提出异议的，人民法院不得对第三人强制执行，对提出的异议不进行审查。

64. 第三人提出自己无履行能力或其与申请执行人无直接法律关系，不属于本规定所指的异议。

第三人对债务部分承认、部分有异议的，可以对其承认的部分强制执行。

65. 第三人在履行通知指定的期限内没有提出异议，而又不履行的，执行法院有权裁定对其强制执行。此裁定同时送达第三人和被执行人。

66. 被执行人收到人民法院履行通知后，放弃其对第三人的债权或延缓第三人履行期限的行为无效，人民法院仍可在第三人无异议又不履行的情况下予以强制执行。

67. 第三人收到人民法院要求其履行到期债务的通知后，擅自向被执行人履行，造成已向被执行人履行的财产不能追回的，除在已履行的财产范围内与被执行人承担连带清偿责任外，可以追究其妨害执行的责任。

68. 在对第三人作出强制执行裁定后，第三人确无财产可供执行的，不得就第三人对他人享有的到期债权强制执行。

69. 第三人按照人民法院履行通知向申请执行人履行了债务或已被强制执行后，人民法院应当出具有关证明。

八、对案外人异议的处理

70. 案外人对执行标的主张权利的，可以向执行法院提出异议。

案外人异议一般应当以书面形式提出，并提供相应的证据。以书面形式提出确有困难的，可以允许以口头形式提出。

71. 对案外人提出的异议，执行法院应当依照民事诉讼法第二百零四条的规定进行审查。

审查期间可以对财产采取查封、扣押、冻结等保全措施,但不得进行处分。正在实施的处分措施应当停止。

经审查认为案外人的异议理由不成立的,裁定驳回其异议,继续执行。

72. 案外人提出异议的执行标的物是法律文书指定交付的特定物,经审查认为案外人的异议成立的,报经院长批准,裁定对生效法律文书中该项内容中止执行。

73. 执行标的物不属生效法律文书指定交付的特定物,经审查认为案外人的异议成立的,报经院长批准,停止对该标的物的执行。已经采取的执行措施应当裁定立即解除或撤销,并将该标的物交还案外人。

74. 对案外人提出的异议一时难以确定是否成立,案外人已提供确实有效的担保的,可以解除查封、扣押措施。申请执行人提供确实有效的担保的,可以继续执行。因提供担保而解除查封扣押或继续执行有错误,给对方造成损失的,应裁定以担保的财产予以赔偿。

75. 执行上级人民法院的法律文书遇有本规定72 条规定的情形的,或执行的财产是上级人民法院裁定保全的财产时遇有本规定 73 条、74 条规定的情形的,需报经上级人民法院批准。

九、被执行主体的变更和追加

76. 被执行人为无法人资格的私营独资企业,无能力履行法律文书确定的义务的,人民法院可以裁定执行该独资企业业主的其他财产。

77. 被执行人为个人合伙组织或合伙型联营企业,无能力履行生效法律文书确定的义务的,人民法院可以裁定追加该合伙组织的合伙人或参加该联营企业的法人为被执行人。

78. 被执行人为企业法人的分支机构不能清偿债务时,可以裁定企业法人为被执行人。企业法人直接经营管理的财产仍不能清偿债务的,人民法院可以裁定执行该企业法人其他分支机构的财产。

若必须执行已被承包或租赁的企业法人分支机构的财产时,对承包人或承租人投入及应得的收益应依法保护。

79. 被执行人按法定程序分立为两个或多个具有法人资格的企业,分立后存续的企业按照分立协议确定的比例承担债务;不符合法定程序分立的,裁定由分立后存续的企业按照其从被执行企业分得的资产占原企业总资产的比例对申请执行人承担责任。

80. 被执行人无财产清偿债务,如果其开办单位对其开办时投入的注册资金不实或抽逃注册资金,可以裁定变更或追加其开办单位为被执行人,在注册资金不实或抽逃注册资金的范围内,对申请执行人承担责任。

81. 被执行人被撤销、注销或歇业后,上级主管部门或开办单位无偿接受被执行人的财产,致使被执行人无遗留财产清偿债务或遗留财产不足清偿的,可以裁定由上级主管部门或开办单位在所接受的财产范围内承担责任。

82. 被执行人的开办单位已经在注册资金范围内或接受财产的范围内向其他债权人承担了全部责任的,人民法院不得裁定开办单位重复承担责任。

83. 依照民事诉讼法第二百零九条、最高人民法院关于适用民事诉讼法若干问题的意见第 271 条至第 274 条及本规定裁定变更或追加被执行主体的,由执行法院的执行机构办理。

十、执行担保和执行和解

84. 被执行人或其担保人以财产向人民法院提供执行担保的,应当依据《中华人民共和国担保法》的有关规定,按照担保物的种类、性质,将担保物移交执行法院,或依法到有关机关办理登记手续。

85. 人民法院在审理案件期间，保证人为被执行人提供保证，人民法院据此未对被执行人的财产采取保全措施或解除保全措施的，案件审结后如果被执行人无财产可供执行或其财产不足清偿债务时，即使生效法律文书中未确定保证人承担责任，人民法院有权裁定执行保证人在保证责任范围内的财产。

86. 在执行中，双方当事人可以自愿达成和解协议，变更生效法律文书确定的履行义务主体、标的物及其数额、履行期限和履行方式。

和解协议一般应当采取书面形式。执行人员应将和解协议副本附卷。无书面协议的，执行人员应将和解协议的内容记入笔录，并由双方当事人签名或盖章。

87. 当事人之间达成的和解协议合法有效并已履行完毕的，人民法院作执行结案处理。

十一、多个债权人对一个债务人申请执行和参与分配

88. 多份生效法律文书确定金钱给付内容的多个债权人分别对同一被执行人申请执行，各债权人对执行标的物均无担保物权的，按照执行法院采取执行措施的先后顺序受偿。

多个债权人的债权种类不同的，基于所有权和担保物权而享有的债权，优先于金钱债权受偿。有多个担保物权的，按照各担保物权成立的先后顺序清偿。

一份生效法律文书确定金钱给付内容的多个债权人对同一被执行人申请执行，执行的财产不足清偿全部债务的，各债权人对执行标的物均无担保物权的，按照各债权比例受偿。

89. 被执行人为企业法人，其财产不足清偿全部债务的，可告知当事人依法申请被执行人破产。

90. 被执行人为公民或其他组织，其全部或主要财产已被一个人民法院因执行确定金钱给付的生效法律文书而查封、扣押或冻结，无其他财产可供执行或其他财产不足清偿全部债务的，在被执行人的财产被执行完毕前，对该被执行人已经取得金钱债权执行依据的其他债权人可以申请对该被执行人的财产参与分配。

91. 对参与被执行人财产的具体分配，应当由首先查封、扣押或冻结的法院主持进行。

首先查封、扣押、冻结的法院所采取的执行措施如系为执行财产保全裁定，具体分配应当在该院案件审理终结后进行。

92. 债权人申请参与分配的，应当向其原申请执行法院提交参与分配申请书，写明参与分配的理由，并附有执行依据。该执行法院应将参与分配申请书转交给主持分配的法院，并说明执行情况。

93. 对人民法院查封、扣押或冻结的财产有优先权、担保物权的债权人，可以申请参加参与分配程序，主张优先受偿权。

94. 参与分配案件中可供执行的财产，在对享有优先权、担保权的债权人依照法律规定的顺序优先受偿后，按照各个案件债权额的比例进行分配。

95. 被执行人的财产被分配给各债权人后，被执行人对其剩余债务应当继续清偿。债权人发现被执行人有其他财产的，人民法院可以根据债权人的申请继续依法执行。

96. 被执行人为企业法人，未经清理或清算而撤销、注销或歇业，其财产不足清偿全部债务的，应当参照本规定 90 条至 95 条的规定，对各债权人的债权按比例清偿。

十二、对妨害执行行为的强制措施的适用

97. 对必须到人民法院接受询问的被执行人

或被执行人的法定代表人或负责人，经两次传票传唤，无正当理由拒不到场的，人民法院可以对其进行拘传。

98. 对被拘传人的调查询问不得超过二十四小时，调查询问后不得限制被拘传人的人身自由。

99. 在本辖区以外采取拘传措施时，应当将被拘传人拘传到当地法院，当地法院应予以协助。

100. 被执行人或其他人有下列拒不履行生效法律文书或者妨害执行行为之一的，人民法院可以依照民事诉讼法第一百零二条的规定处理：

(1)隐藏、转移、变卖、毁损向人民法院提供执行担保的财产的；

(2)案外人与被执行人恶意串通转移被执行人财产的；

(3)故意撕毁人民法院执行公告、封条的；

(4)伪造、隐藏、毁灭有关被执行人履行能力的重要证据，妨碍人民法院查明被执行人财产状况的；

(5)指使、贿买、胁迫他人对被执行人的财产状况和履行义务的能力问题作伪证的；

(6)妨碍人民法院依法搜查的；

(7)以暴力、威胁或其他方法妨碍或抗拒执行的；

(8)哄闹、冲击执行现场的；

(9)对人民法院执行人员或协助执行人员进行侮辱、诽谤、诬陷、围攻、威胁、殴打或者打击报复的；

(10)毁损、抢夺执行案件材料、执行公务车辆、其他执行器械、执行人员服装和执行公务证件的。

101. 在执行过程中遇有被执行人或其他人拒不履行生效法律文书或者妨害执行情节严重，需要追究刑事责任的，应将有关材料移交有关机关处理。

十三、执行的中止、终结、结案和执行回转

102. 有下列情形之一的，人民法院应当依照民事诉讼法第二百三十二条第一款第五项的规定裁定中止执行：

(1)人民法院已受理以被执行人为债务人的破产申请的；

(2)被执行人确无财产可供执行的；

(3)执行的标的物是其他法院或仲裁机构正在审理的案件争议标的物，需要等待该案件审理完毕确定权属的；

(4)一方当事人申请执行仲裁裁决，另一方当事人申请撤销仲裁裁决的；

(5)仲裁裁决的被申请执行人依据民事诉讼法第二百一十三条第二款的规定向人民法院提出不予执行请求，并提供适当担保的。

103. 按照审判监督程序提审或再审的案件，执行机构根据上级法院或本院作出的中止执行裁定书中止执行。

104. 中止执行的情形消失后，执行法院可以根据当事人的申请或依职权恢复执行。

恢复执行应当书面通知当事人。

105. 在执行中，被执行人被人民法院裁定宣告破产的，执行法院应当依照民事诉讼法第二百三十三条第六项的规定，裁定终结执行。

106. 中止执行和终结执行的裁定书应当写明中止或终结执行的理由和法律依据。

107. 人民法院执行生效法律文书，一般应当在立案之日起六个月内执行结案，但中止执行的期间应当扣除。确有特殊情况需要延长的，由本院院长批准。

108. 执行结案的方式为：

(1)生效法律文书确定的内容全部执行完毕；

(2)裁定终结执行；

(3)裁定不予执行；

(4)当事人之间达成执行和解协议并已履行完毕。

109. 在执行中或执行完毕后，据以执行的法律文书被人民法院或其他有关机关撤销或变更的，原执行机构应当依照民事诉讼法第二百一十条的规定，依当事人申请或依职权，按照新的生效法律文书，作出执行回转的裁定，责令原申请执行人返还已取得的财产及其孳息。拒不返还的，强制执行。

执行回转应重新立案，适用执行程序的有关规定。

110. 执行回转时，已执行的标的物系特定物的，应当退还原物。不能退还原物的，可以折价抵偿。

十四、委托执行、协助执行和执行争议的协调

111. 凡需要委托执行的案件，委托法院应在立案后一个月内办妥委托执行手续。超过此期限委托的，应当经对方法院同意。

112. 委托法院明知被执行人有下列情形的，应当及时依法裁定中止执行或终结执行，不得委托当地法院执行：

(1)无确切住所，长期下落不明，又无财产可供执行的；

(2)有关法院已经受理以被执行人为债务人的破产案件或者已经宣告其破产的。

113. 委托执行一般应在同级人民法院之间进行。经对方法院同意，也可委托上一级的法院执行。

被执行人是军队企业的，可以委托其所在地的军事法院执行。

执行标的物是船舶的，可以委托有关海事法院执行。

114. 委托法院应当向受委托法院出具书面委托函，并附送据以执行的生效法律文书副本原件、立案审批表复印件及有关情况说明，包括财产保全情况、被执行人的财产状况、生效法律文书履行的情况，并注明委托法院地址、联系电话、联系人等。

115. 委托执行案件的实际支出费用，由受托法院向被执行人收取，确有必要的，可以向申请执行人预收。委托法院已经向申请执行人预收费用的，应当将预收的费用转交受托法院。

116. 案件委托执行后，未经受托法院同意，委托法院不得自行执行。

117. 受托法院接到委托后，应当及时将指定的承办人、联系电话、地址等告知委托法院；如发现委托执行的手续、资料不全，应及时要求委托法院补办。但不得据此拒绝接受委托。

118. 受托法院对受托执行的案件应当严格按照民事诉讼法和最高人民法院有关规定执行，有权依法采取强制执行措施和对妨害执行行为的强制措施。

119. 被执行人在受托法院当地有工商登记或户籍登记，但人员下落不明，如有可供执行的财产，可以直接执行其财产。

120. 对执行担保和执行和解的情况以及案外人对非属法律文书指定交付的执行标的物提出的异议，受托法院可以按照有关法律规定处理，并及时通知委托法院。

121. 受托法院在执行中，认为需要变更被执行人的，应当将有关情况函告委托法院，由委托法院依法决定是否作出变更被执行人的裁定。

122. 受托法院认为受托执行的案件应当中止、终结执行的，应提供有关证据材料，函告委托法院作出裁定。受托法院提供的证据材料确实、充分的，委托法院应当及时作出中止或终结执行的裁定。

123. 受托法院认为委托执行的法律文书有错误，如执行可能造成执行回转困难或无法执行回转的，应当首先采取查封、扣押、冻结等保全措施，必要时要将保全款项划到法院帐户，然后函请委托法

院审查。受托法院按照委托法院的审查结果继续执行或停止执行。

124. 人民法院在异地执行时，当地人民法院应当积极配合，协同排除障碍，保证执行人员的人身安全和执行装备、执行标的物不受侵害。

125. 两个或两个以上人民法院在执行相关案件中发生争议的，应当协商解决。协商不成的，逐级报请上级法院，直至报请共同的上级法院协调处理。

执行争议经高级人民法院协商不成的，由有关的高级人民法院书面报请最高人民法院协调处理。

126. 执行中发现两地法院或人民法院与仲裁机构就同一法律关系作出不同裁判内容的法律文书的，各有关法院应当立即停止执行，报请共同的上级法院处理。

127. 上级法院协调处理有关执行争议案件，认为必要时，可以决定将有关款项划到本院指定的帐户。

128. 上级法院协调下级法院之间的执行争议所作出的处理决定，有关法院必须执行。

十五、执 行 监 督

129. 上级人民法院依法监督下级人民法院的执行工作。最高人民法院依法监督地方各级人民法院和专门法院的执行工作。

130. 上级法院发现下级法院在执行中作出的裁定、决定、通知或具体执行行为不当或有错误的，应当及时指令下级法院纠正，并可以通知有关法院暂缓执行。

下级法院收到上级法院的指令后必须立即纠正。如果认为上级法院的指令有错误，可以在收到该指令后五日内请求上级法院复议。

上级法院认为请求复议的理由不成立，而下级法院仍不纠正的，上级法院可直接作出裁定或决定予以纠正，送达有关法院及当事人，并可直接向有关单位发出协助执行通知书。

131. 上级法院发现下级法院执行的非诉讼生效法律文书有不予执行事由，应当依法作出不予执行裁定而不制作的，可以责令下级法院在指定时限内作出裁定，必要时可直接裁定不予执行。

132. 上级法院发现下级法院的执行案件（包括受委托执行的案件）在规定的期限内未能执行结案的，应当作出裁定、决定、通知而不制作的，或应当依法实施具体执行行为而不实施的，应当督促下级法院限期执行，及时作出有关裁定等法律文书，或采取相应措施。

对下级法院长期未能执结的案件，确有必要的，上级法院可以决定由本院执行或与下级法院共同执行，也可以指定本辖区其他法院执行。

133. 上级法院在监督、指导、协调下级法院执行案件中，发现据以执行的生效法律文书确有错误的，应当书面通知下级法院暂缓执行，并按照审判监督程序处理。

134. 上级法院在申诉案件复查期间，决定对生效法律文书暂缓执行的，有关审判庭应当将暂缓执行的通知抄送执行机构。

135. 上级法院通知暂缓执行的，应同时指定暂缓执行的期限。暂缓执行的期限一般不得超过三个月。有特殊情况需要延长的，应报经院长批准，并及时通知下级法院。

暂缓执行的原因消除后，应当及时通知执行法院恢复执行。期满后上级法院未通知继续暂缓执行的，执行法院可以恢复执行。

136. 下级法院不按照上级法院的裁定、决定或通知执行，造成严重后果的，按照有关规定追究有关主管人员和直接责任人员的责任。

十六、附　　则

137. 本规定自公布之日起试行。

本院以前作出的司法解释与本规

定有抵触的，以本规定为准。本规定未尽事宜，按照以前的规定办理。

最高人民法院关于人民法院执行公开的若干规定

- 2006年12月23日
- 法发〔2006〕35号

为进一步规范人民法院执行行为，增强执行工作的透明度，保障当事人的知情权和监督权，进一步加强对执行工作的监督，确保执行公正，根据《中华人民共和国民事诉讼法》和有关司法解释等规定，结合执行工作实际，制定本规定。

第一条 本规定所称的执行公开，是指人民法院将案件执行过程和执行程序予以公开。

第二条 人民法院应当通过通知、公告或者法院网络、新闻媒体等方式，依法公开案件执行各个环节和有关信息，但涉及国家秘密、商业秘密等法律禁止公开的信息除外。

第三条 人民法院应当向社会公开执行案件的立案标准和启动程序。

人民法院对当事人的强制执行申请立案受理后，应当及时将立案的有关情况、当事人在执行程序中的权利和义务以及可能存在的执行风险书面告知当事人；不予立案的，应当制作裁定书送达申请人，裁定书应当载明不予立案的法律依据和理由。

第四条 人民法院应当向社会公开执行费用的收费标准和根据，公开执行费减、缓、免交的基本条件和程序。

第五条 人民法院受理执行案件后，应当及时将案件承办人或合议庭成员及联系方式告知双方当事人。

第六条 人民法院在执行过程中，申请执行人要求了解案件执行进展情况的，执行人员应当如实告知。

第七条 人民法院对申请执行人提供的财产线索进行调查后，应当及时将调查结果告知申请执行人；对依职权调查的被执行人财产状况和被执行人申报的财产状况，应当主动告知申请执行人。

第八条 人民法院采取查封、扣押、冻结、划拨等执行措施的，应当依法制作裁定书送达被执行人，并在实施执行措施后将有关情况及时告知双方当事人，或者以方便当事人查询的方式予以公开。

第九条 人民法院采取拘留、罚款、拘传等强制措施的，应当依法向被采取强制措施的人出示有关手续，并说明对其采取强制措施的理由和法律依据。采取强制措施后，应当将情况告知其他当事人。

采取拘留或罚款措施的，应当在决定书中告知被拘留或者被罚款的人享有向上级人民法院申请复议的权利。

第十条 人民法院拟委托评估、拍卖或者变卖被执行人财产的，应当及时告知双方当事人及其他利害关系人，并严格按照《中华人民共和国民事诉讼法》和最高人民法院《关于人民法院民事执行中拍卖、变卖财产的规定》等有关规定，采取公开的方式选定评估机构和拍卖机构，并依法公开进行拍卖、变卖。

评估结束后，人民法院应当及时向双方当事人及其他利害关系人送达评估报告；拍卖、变卖结束后，应当及时将结果告知双方当事人及其他利害关系人。

第十一条 人民法院在办理参与分配的执行案件时，应当将被执行人财产的处理方案、分配原则和分配方案以及相关法律规定告知申请参与分配的债权人。必要时，应当组织各方当事人举行听证会。

第十二条 人民法院对案外人异议、不予执行的申请以及变更、追加被执行主体等重大执行事项，一般应当公开听证进行审查；案情简单，事实清楚，没有必要听证的，人民法院可以直接审查。审查结果应当依法制作裁定书送达各方当事人。

第十三条 人民法院依职权对案件中止执行的，应当制作裁定书并送达当事人。裁定书应当说明中止执行的理由，并明确援引相应的法律依据。

对已经中止执行的案件,人民法院应当告知当事人中止执行案件的管理制度、申请恢复执行或者人民法院依职权恢复执行的条件和程序。

第十四条 人民法院依职权对据以执行的生效法律文书终结执行的,应当公开听证,但申请执行人没有异议的除外。

终结执行应当制作裁定书并送达双方当事人。裁定书应当充分说明终结执行的理由,并明确援引相应的法律依据。

第十五条 人民法院未能按照最高人民法院《关于人民法院办理执行案件若干期限的规定》中规定的期限完成执行行为的,应当及时向申请执行人说明原因。

第十六条 人民法院对执行过程中形成的各种法律文书和相关材料,除涉及国家秘密、商业秘密等不宜公开的文书材料外,其他一般都应当予以公开。

当事人及其委托代理人申请查阅执行卷宗的,经人民法院许可,可以按照有关规定查阅、抄录、复制执行卷宗正卷中的有关材料。

第十七条 对违反本规定不公开或不及时公开案件执行信息的,视情节轻重,依有关规定追究相应的责任。

第十八条 各高级人民法院在实施本规定过程中,可以根据实际需要制定实施细则。

第十九条 本规定自2007年1月1日起施行。

最高人民法院关于适用《中华人民共和国民事诉讼法》执行程序若干问题的解释

- 2008年11月3日
- 法释〔2008〕13号

为了依法及时有效地执行生效法律文书,维护当事人的合法权益,根据2007年10月修改后的《中华人民共和国民事诉讼法》(以下简称民事诉讼法),结合人民法院执行工作实际,对执行程序中适用法律的若干问题作出如下解释:

第一条 申请执行人向被执行的财产所在地人民法院申请执行的,应当提供该人民法院辖区有可供执行财产的证明材料。

第二条 对两个以上人民法院都有管辖权的执行案件,人民法院在立案前发现其他有管辖权的人民法院已经立案的,不得重复立案。

立案后发现其他有管辖权的人民法院已经立案的,应当撤销案件;已经采取执行措施的,应当将控制的财产交先立案的执行法院处理。

第三条 人民法院受理执行申请后,当事人对管辖权有异议的,应当自收到执行通知书之日起十日内提出。

人民法院对当事人提出的异议,应当审查。异议成立的,应当撤销执行案件,并告知当事人向有管辖权的人民法院申请执行;异议不成立的,裁定驳回。当事人对裁定不服的,可以向上一级人民法院申请复议。

管辖权异议审查和复议期间,不停止执行。

第四条 对人民法院采取财产保全措施的案件,申请执行人向采取保全措施的人民法院以外的其他有管辖权的人民法院申请执行的,采取保全措施的人民法院应当将保全的财产交执行法院处理。

第五条 执行过程中,当事人、利害关系人认为执行法院的执行行为违反法律规定的,可以依照民事诉讼法第二百零二条的规定提出异议。

执行法院审查处理执行异议,应当自收到书面异议之日起十五日内作出裁定。

第六条 当事人、利害关系人依照民事诉讼法第二百零二条规定申请复议的,应当采取书面形式。

第七条 当事人、利害关系人申请复议的书面材料,可以通过执行法院转交,也可以直接向执行法院的上一级人民法院提交。

执行法院收到复议申请后，应当在五日内将复议所需的案卷材料报送上一级人民法院；上一级人民法院收到复议申请后，应当通知执行法院在五日内报送复议所需的案卷材料。

第八条 上一级人民法院对当事人、利害关系人的复议申请，应当组成合议庭进行审查。

第九条 当事人、利害关系人依照民事诉讼法第二百零二条规定申请复议的，上一级人民法院应当自收到复议申请之日起三十日内审查完毕，并作出裁定。有特殊情况需要延长的，经本院院长批准，可以延长，延长的期限不得超过三十日。

第十条 执行异议审查和复议期间，不停止执行。

被执行人、利害关系人提供充分、有效的担保请求停止相应处分措施的，人民法院可以准许；申请执行人提供充分、有效的担保请求继续执行的，应当继续执行。

第十一条 依照民事诉讼法第二百零三条的规定，有下列情形之一的，上一级人民法院可以根据申请执行人的申请，责令执行法院限期执行或者变更执行法院：

（一）债权人申请执行时被执行人有可供执行的财产，执行法院自收到申请执行书之日起超过六个月对该财产未执行完结的；

（二）执行过程中发现被执行人可供执行的财产，执行法院自发现财产之日起超过六个月对该财产未执行完结的；

（三）对法律文书确定的行为义务的执行，执行法院自收到申请执行书之日起超过六个月未依法采取相应执行措施的；

（四）其他有条件执行超过六个月未执行的。

第十二条 上一级人民法院依照民事诉讼法第二百零三条规定责令执行法院限期执行的，应当向其发出督促执行令，并将有关情况书面通知申请执行人。

上一级人民法院决定由本院执行或者指令本辖区其他人民法院执行的，应当作出裁定，送达当事人并通知有关人民法院。

第十三条 上一级人民法院责令执行法院限期执行，执行法院在指定期间内无正当理由仍未执行完结的，上一级人民法院应当裁定由本院执行或者指令本辖区其他人民法院执行。

第十四条 民事诉讼法第二百零三条规定的六个月期间，不应当计算执行中的公告期间、鉴定评估期间、管辖争议处理期间、执行争议协调期间、暂缓执行期间以及中止执行期间。

第十五条 案外人对执行标的主张所有权或者有其他足以阻止执行标的转让、交付的实体权利的，可以依照民事诉讼法第二百零四条的规定，向执行法院提出异议。

第十六条 案外人异议审查期间，人民法院不得对执行标的进行处分。

案外人向人民法院提供充分、有效的担保请求解除对异议标的的查封、扣押、冻结的，人民法院可以准许；申请执行人提供充分、有效的担保请求继续执行的，应当继续执行。

因案外人提供担保解除查封、扣押、冻结有错误，致使该标的无法执行的，人民法院可以直接执行担保财产；申请执行人提供担保请求继续执行有错误，给对方造成损失的，应当予以赔偿。

第十七条 案外人依照民事诉讼法第二百零四条规定提起诉讼，对执行标的主张实体权利，并请求对执行标的停止执行的，应当以申请执行人为被告；被执行人反对案外人对执行标的所主张的实体权利的，应当以申请执行人和被执行人为共同被告。

第十八条 案外人依照民事诉讼法第二百零四条规定提起诉讼的，由执行法院管辖。

第十九条 案外人依照民事诉讼法第二百零四条规定提起诉讼的，执行法院应当依照诉讼程序审理。经审理，理由不成立的，判决驳回其诉讼请求；理由成立的，根据案外人的诉讼请求作出相应的裁判。

第二十条 案外人依照民事诉讼法第二百零四条规定提起诉讼的,诉讼期间,不停止执行。

案外人的诉讼请求确有理由或者提供充分、有效的担保请求停止执行的,可以裁定停止对执行标的进行处分;申请执行人提供充分、有效的担保请求继续执行的,应当继续执行。

案外人请求停止执行、请求解除查封、扣押、冻结或者申请执行人请求继续执行有错误,给对方造成损失的,应当予以赔偿。

第二十一条 申请执行人依照民事诉讼法第二百零四条规定提起诉讼,请求对执行标的许可执行的,应当以案外人为被告;被执行人反对申请执行人请求的,应当以案外人和被执行人为共同被告。

第二十二条 申请执行人依照民事诉讼法第二百零四条规定提起诉讼的,由执行法院管辖。

第二十三条 人民法院依照民事诉讼法第二百零四条规定裁定对异议标的的中止执行后,申请执行人自裁定送达之日起十五日内未提起诉讼的,人民法院应当裁定解除已经采取的执行措施。

第二十四条 申请执行人依照民事诉讼法第二百零四条规定提起诉讼的,执行法院应当依照诉讼程序审理。经审理,理由不成立的,判决驳回其诉讼请求;理由成立的,根据申请执行人的诉讼请求作出相应的裁判。

第二十五条 多个债权人对同一被执行人申请执行或者对执行财产申请参与分配的,执行法院应当制作财产分配方案,并送达各债权人和被执行人。债权人或者被执行人对分配方案有异议的,应当自收到分配方案之日起十五日内向执行法院提出书面异议。

第二十六条 债权人或者被执行人对分配方案提出书面异议的,执行法院应当通知未提出异议的债权人或被执行人。

未提出异议的债权人、被执行人收到通知之日起十五日内未提出反对意见的,执行法院依异议人的意见对分配方案审查修正后进行分配;提出反对意见的,应当通知异议人。异议人可以自收到通知之日起十五日内,以提出反对意见的债权人、被执行人为被告,向执行法院提起诉讼;异议人逾期未提起诉讼的,执行法院依原分配方案进行分配。

诉讼期间进行分配的,执行法院应当将与争议债权数额相应的款项予以提存。

第二十七条 在申请执行时效期间的最后六个月内,因不可抗力或者其他障碍不能行使请求权的,申请执行时效中止。从中止时效的原因消除之日起,申请执行时效期间继续计算。

第二十八条 申请执行时效因申请执行、当事人双方达成和解协议、当事人一方提出履行要求或者同意履行义务而中断。从中断时起,申请执行时效期间重新计算。

第二十九条 生效法律文书规定债务人负有不作为义务的,申请执行时效期间从债务人违反不作为义务之日起计算。

第三十条 执行员依照民事诉讼法第二百一十六条规定立即采取强制执行措施的,可以同时或者自采取强制执行措施之日起三日内发送执行通知书。

第三十一条 人民法院依照民事诉讼法第二百一十七条规定责令被执行人报告财产情况的,应当向其发出报告财产令。报告财产令中应当写明报告财产的范围、报告财产的期间、拒绝报告或者虚假报告的法律后果等内容。

第三十二条 被执行人依照民事诉讼法第二百一十七条的规定,应当书面报告下列财产情况:

(一)收入、银行存款、现金、有价证券;

(二)土地使用权、房屋等不动产;

(三)交通运输工具、机器设备、产品、原材料等动产;

(四)债权、股权、投资权益、基金、知识

产权等财产性权利；

（五）其他应当报告的财产。

被执行人自收到执行通知之日前一年至当前财产发生变动的，应当对该变动情况进行报告。

被执行人在报告财产期间履行全部债务的，人民法院应当裁定终结报告程序。

第三十三条 被执行人报告财产后，其财产情况发生变动，影响申请执行人债权实现的，应当自财产变动之日起十日内向人民法院补充报告。

第三十四条 对被执行人报告的财产情况，申请执行人请求查询的，人民法院应当准许。申请执行人对查询的被执行人财产情况，应当保密。

第三十五条 对被执行人报告的财产情况，执行法院可以依申请执行人的申请或者依职权调查核实。

第三十六条 依照民事诉讼法第二百三十一条规定对被执行人限制出境的，应当由申请执行人向执行法院提出书面申请；必要时，执行法院可以依职权决定。

第三十七条 被执行人为单位的，可以对其法定代表人、主要负责人或者影响债务履行的直接责任人员限制出境。

被执行人为无民事行为能力人或者限制民事行为能力人的，可以对其法定代理人限制出境。

第三十八条 在限制出境期间，被执行人履行法律文书确定的全部债务的，执行法院应当及时解除限制出境措施；被执行人提供充分、有效的担保或者申请执行人同意的，可以解除限制出境措施。

第三十九条 依照民事诉讼法第二百三十一条的规定，执行法院可以依职权或者依申请执行人的申请，将被执行人不履行法律文书确定义务的信息，通过报纸、广播、电视、互联网等媒体公布。

媒体公布的有关费用，由被执行人负担；申请执行人申请在媒体公布的，应当垫付有关费用。

第四十条 本解释施行前本院公布的司法解释与本解释不一致的，以本解释为准。

最高人民法院关于裁判文书引用法律、法规等规范性法律文件的规定

• 2009年10月26日
• 法释〔2009〕14号

为进一步规范裁判文书引用法律、法规等规范性法律文件的工作，提高裁判质量，确保司法统一，维护法律权威，根据《中华人民共和国立法法》等法律规定，制定本规定。

第一条 人民法院的裁判文书应当依法引用相关法律、法规等规范性法律文件作为裁判依据。引用时应当准确完整写明规范性法律文件的名称、条款序号，需要引用具体条文的，应当整条（款、项）引用。

第二条 并列引用多个规范性法律文件的，引用顺序如下：法律及法律解释、行政法规、地方性法规、自治条例或者单行条例、司法解释。同时引用两部以上法律的，应当先引用基本法律，后引用其他法律。引用包括实体法和程序法的，先引用实体法，后引用程序法。

第三条 刑事裁判文书应当引用法律、法律解释或者司法解释。刑事附带民事诉讼裁判文书引用规范性法律文件，同时适用本规定第四条规定。

第四条 民事裁判文书应当引用法律、法律解释或者司法解释。对于应当适用的行政法规、地方性法规或者自治条例和单行条例，可以直接引用。

第五条 行政裁判文书应当引用法律、法律解释、行政法规或者司法解释。对于应当适用的地方性法规、自治条例和单行条例、国务院或者国务院授权的部门公布的行政法规解释或者行政规章，可以直接引用。

第六条 对于本规定第三条、第四条、第五条规定之外的规范性文件，根据审理案件的

需要，经审查认定为合法有效的，可以作为裁判说理的依据。

第七条 人民法院制作裁判文书确需引用的规范性法律文件之间存在冲突，根据立法法等有关法律规定无法选择适用的，应当依法提请有决定权的机关做出裁决，不得自行在裁判文书中认定相关规范性法律文件的效力。

第八条 本院以前发布的司法解释与本规定不一致的，以本规定为准。

最高人民法院关于审判人员在诉讼活动中执行回避制度若干问题的规定

- 2011年6月10日
- 法释〔2011〕12号

为进一步规范审判人员的诉讼回避行为，维护司法公正，根据《中华人民共和国人民法院组织法》、《中华人民共和国法官法》、《中华人民共和国民事诉讼法》、《中华人民共和国刑事诉讼法》、《中华人民共和国行政诉讼法》等法律规定，结合人民法院审判工作实际，制定本规定。

第一条 审判人员具有下列情形之一的，应当自行回避，当事人及其法定代理人有权以口头或者书面形式申请其回避：

（一）是本案的当事人或者与当事人有近亲属关系的；

（二）本人或者其近亲属与本案有利害关系的；

（三）担任过本案的证人、翻译人员、鉴定人、勘验人、诉讼代理人、辩护人的；

（四）与本案的诉讼代理人、辩护人有夫妻、父母、子女或者兄弟姐妹关系的；

（五）与本案当事人之间存在其他利害关系，可能影响案件公正审理的。

本规定所称近亲属，包括与审判人员有夫妻、直系血亲、三代以内旁系血亲及近姻亲关系的亲属。

第二条 当事人及其法定代理人发现审判人员违反规定，具有下列情形之一的，有权申请其回避：

（一）私下会见本案一方当事人及其诉讼代理人、辩护人的；

（二）为本案当事人推荐、介绍诉讼代理人、辩护人，或者为律师、其他人员介绍办理该案件的；

（三）索取、接受本案当事人及其受托人的财物、其他利益，或者要求当事人及其受托人报销费用的；

（四）接受本案当事人及其受托人的宴请，或者参加由其支付费用的各项活动的；

（五）向本案当事人及其受托人借款，借用交通工具、通讯工具或者其他物品，或者索取、接受当事人及其受托人在购买商品、装修住房以及其他方面给予的好处的；

（六）有其他不正当行为，可能影响案件公正审理的。

第三条 凡在一个审判程序中参与过本案审判工作的审判人员，不得再参与该案其他程序的审判。但是，经过第二审程序发回重审的案件，在一审法院作出裁判后又进入第二审程序的，原第二审程序中合议庭组成人员不受本条规定的限制。

第四条 审判人员应当回避，本人没有自行回避，当事人及其法定代理人也没有申请其回避的，院长或者审判委员会应当决定其回避。

第五条 人民法院应当依法告知当事人及其法定代理人有申请回避的权利，以及合议庭组成人员、书记员的姓名、职务等相关信息。

第六条 人民法院依法调解案件，应当告知当事人及其法定代理人有申请回避的权利，以及主持调解工作的审判人员及其他参与调解工作的人员的姓名、职务等相关信息。

第七条 第二审人民法院认为第一审人民法院的审理有违反本规定第一条至第三条规

定的，应当裁定撤销原判，发回原审人民法院重新审判。

第八条 审判人员及法院其他工作人员从人民法院离任后二年内，不得以律师身份担任诉讼代理人或者辩护人。

审判人员及法院其他工作人员从人民法院离任后，不得担任原任职法院所审理案件的诉讼代理人或者辩护人，但是作为当事人的监护人或者近亲属代理诉讼或者进行辩护的除外。

本条所规定的离任，包括退休、调离、解聘、辞职、辞退、开除等离开法院工作岗位的情形。

本条所规定的原任职法院，包括审判人员及法院其他工作人员曾任职的所有法院。

第九条 审判人员及法院其他工作人员的配偶、子女或者父母不得担任其所任职法院审理案件的诉讼代理人或者辩护人。

第十条 人民法院发现诉讼代理人或者辩护人违反本规定第八条、第九条的规定的，应当责令其停止相关诉讼代理或者辩护行为。

第十一条 当事人及其法定代理人、诉讼代理人、辩护人认为审判人员有违反本规定行为的，可以向法院纪检、监察部门或者其他有关部门举报。受理举报的人民法院应当及时处理，并将相关意见反馈给举报人。

第十二条 对明知具有本规定第一条至第三条规定情形不依法自行回避的审判人员，依照《人民法院工作人员处分条例》的规定予以处分。

对明知诉讼代理人、辩护人具有本规定第八条、第九条规定情形之一，未责令其停止相关诉讼代理或者辩护行为的审判人员，依照《人民法院工作人员处分条例》的规定予以处分。

第十三条 本规定所称审判人员，包括各级人民法院院长、副院长、审判委员会委员、庭长、副庭长、审判员和助理审判员。

本规定所称法院其他工作人员，是指审判人员以外的在编工作人员。

第十四条 人民陪审员、书记员和执行员适用审判人员回避的有关规定，但不属于本规定第十三条所规定人员的，不适用本规定第八条、第九条的规定。

第十五条 自本规定施行之日起，最高人民法院《关于审判人员严格执行回避制度的若干规定》(法发〔2000〕5号)即行废止；本规定施行前本院发布的司法解释与本规定不一致的，以本规定为准。

最高人民检察院关于贯彻执行《中华人民共和国民事诉讼法》若干问题的通知

- 2013年1月9日
- 高检发民字〔2013〕1号

各省、自治区、直辖市人民检察院，军事检察院，新疆生产建设兵团人民检察院：

2012年8月31日第十一届全国人民代表大会常务委员会第二十八次会议审议通过的《关于修改〈中华人民共和国民事诉讼法〉的决定》，已于2013年1月1日起施行。为正确适用修改后民事诉讼法，现就有关问题通知如下：

一、人民检察院对于2012年12月31日前受理但尚未审查终结的案件，应当在2013年3月31日前审查终结。

二、当事人在2013年1月1日后向人民检察院申请监督的，人民检察院应当依照修改后民事诉讼法第二百零八条、第二百零九条的规定进行审查，符合上述规定的，应当受理。当事人未向人民法院申请再审，直接向人民检察院申请监督的，人民检察院应当依照第二百零九条第一款的规定不予受理。

三、当事人申请对民事审判程序中审判人员违法行为、民事执行活动进行监督，法律规定当事人可以提出异议、申请复议、提起诉讼，当事人没有按照法律规定行使权利或者人民法院正在处理的，人民检察院不予受理。

四、当事人向人民检察院申请监督，由作出生效判决、裁定、调解书或者正在审理、执行案件的人民法院的同级人民检察院控告检察部门受理。人民检察院受理监督申请时，应当要求当事人提交申请书、相关法律文书、身份证明和相关证据材料。

人民检察院控告检察部门在接收材料后应进行审查，并作出是否受理的决定。符合受理条件的，控告检察部门应当在决定受理之日起三日内向申请人、被申请人送达《受理通知书》。

下级人民检察院向上级人民检察院提请抗诉的，由上级人民检察院案件管理部门受理。

五、人民检察院自2013年1月1日起受理的案件，应当在受理之日起三个月内进行审查，作出提出检察建议、抗诉的决定，或者作出不支持监督申请的决定。

六、人民检察院在受理后经审查，认为申请监督的理由和依据不能成立的，应当作出不支持监督申请的决定并制作决定书送达案件当事人。

七、人民检察院经审查决定提出检察建议或者抗诉，应当制作检察建议书或者抗诉书发送同级人民法院，并将提出检察建议或者抗诉的决定通知案件当事人。

提出再审检察建议应当经本院检察委员会决定，并报上一级人民检察院备案。

人民检察院经审查决定不提出检察建议或者抗诉的，应当制作不支持监督申请的决定书送达案件当事人。

八、人民检察院提请抗诉，应当制作提请抗诉报告书连同案件卷宗报送上一级人民检察院，并将提请抗诉的决定通知案件当事人。

人民检察院经审查决定不提请抗诉的，应当制作不支持监督申请的决定书并送达案件当事人。

九、人民检察院已经作出检察监督决定或者人民法院基于检察监督作出判决、裁定、决定的，当事人再次申请监督，人民检察院不予受理。

人民检察院提出检察建议或者抗诉后，人民法院对检察建议未予采纳或者作出的再审判决、裁定确有错误的，人民检察院可以依据修改后民事诉讼法第二百零八条的规定，依职权进行监督。

本通知自印发之日起执行。各级人民检察院在执行本通知过程中遇到的问题，请及时层报最高人民检察院。

最高人民法院关于公布失信被执行人名单信息的若干规定

- 2013年7月16日
- 法释〔2013〕17号

为促使被执行人自觉履行生效法律文书确定的义务，推进社会信用体系建设，根据《中华人民共和国民事诉讼法》的规定，结合人民法院工作实际，制定本规定。

第一条 被执行人具有履行能力而不履行生效法律文书确定的义务，并具有下列情形之一的，人民法院应当将其纳入失信被执行人名单，依法对其进行信用惩戒：

（一）以伪造证据、暴力、威胁等方法妨碍、抗拒执行的；

（二）以虚假诉讼、虚假仲裁或者以隐匿、转移财产等方法规避执行的；

（三）违反财产报告制度的；

（四）违反限制高消费令的；

（五）被执行人无正当理由拒不履行执行和解协议的；

（六）其他有履行能力而拒不履行生效法律文书确定义务的。

第二条 人民法院向被执行人发出的《执行通知书》中，应当载明有关纳入失信被执行人名单的风险提示内容。

申请执行人认为被执行人存在本规定第一条所列失信行为之一的，可以向人民法院提出申请将该被执行人纳入失信被执行人名单，人民法院经审查后作出决定。人民法院认为被执行人存在本规定第一条所列失信行为之一的，也可以依职权作出将该被执行人纳入失信被执行人名单的决定。

人民法院决定将被执行人纳入失信被执行人名单的，应当制作决定书，决定书自作出之日起生效。决定书应当按照民事诉讼法规定的法律文书送达方式送达当事人。

第三条 被执行人认为将其纳入失信被执行人名单错误的，可以向人民法院申请纠正。被执行人是自然人的，一般应由被执行人本人到人民法院提出并说明理由；被执行人是法人或者其它组织的，一般应由被执行人的法定代表人或者负责人本人到人民法院提出并说明理由。人民法院经审查认为理由成立的，应当作出决定予以纠正。

第四条 记载和公布的失信被执行人名单信息应当包括：

（一）作为被执行人的法人或者其他组织的名称、组织机构代码、法定代表人或者负责人姓名；

（二）作为被执行人的自然人的姓名、性别、年龄、身份证号码；

（三）生效法律文书确定的义务和被执行人的履行情况；

（四）被执行人失信行为的具体情形；

（五）执行依据的制作单位和文号、执行案号、立案时间、执行法院；

（六）人民法院认为应当记载和公布的不涉及国家秘密、商业秘密、个人隐私的其他事项。

第五条 各级人民法院应当将失信被执行人名单信息录入最高人民法院失信被执行人名单库，并通过该名单库统一向社会公布。

各级人民法院可以根据各地实际情况，将失信被执行人名单通过报纸、广播、电视、网络、法院公告栏等其他方式予以公布，并可以采取新闻发布会或者其它方式对本院及辖区法院实施失信被执行人名单制度的情况定期向社会公布。

第六条 人民法院应当将失信被执行人名单信息，向政府相关部门、金融监管机构、金融机构、承担行政职能的事业单位及行业协会等通报，供相关单位依照法律、法规和有关规定，在政府采购、招标投标、行政审批、政府扶持、融资信贷、市场准入、资质认定等方面，对失信被执行人予以信用惩戒。

人民法院应当将失信被执行人名单向征信机构通报，并由征信机构在其征信系统中记录。

失信被执行人是国家工作人员的，人民法院应当将其失信情况通报其所在单位。

失信被执行人是国家机关、国有企业的，人民法院应当将其失信情况通报其上级单位或者主管部门。

第七条 失信被执行人符合下列情形之一的，人民法院应当将其有关信息从失信被执行人名单库中删除：

（一）全部履行了生效法律文书确定义务的；

（二）与申请执行人达成执行和解协议并经申请执行人确认履行完毕的；

（三）人民法院依法裁定终结执行的。

最高人民法院关于审理融资租赁合同纠纷案件适用法律问题的解释

- 2014年2月24日
- 法释〔2014〕3号

为正确审理融资租赁合同纠纷案件，根据《中华人民共和国合同法》、《中华人民共和国物权法》、《中华人民共和国民事诉讼法》等法律的规定，结合审判实践，制定本解释。

一、融资租赁合同的认定及效力

第一条 人民法院应当根据合同法第二百三十七条的规定,结合标的物的性质、价值、租金的构成以及当事人的合同权利和义务,对是否构成融资租赁法律关系作出认定。

对名为融资租赁合同,但实际不构成融资租赁法律关系的,人民法院应按照其实际构成的法律关系处理。

第二条 承租人将其自有物出卖给出租人,再通过融资租赁合同将租赁物从出租人处租回的,人民法院不应仅以承租人和出卖人系同一人为由认定不构成融资租赁法律关系。

第三条 根据法律、行政法规规定,承租人对于租赁物的经营使用应当取得行政许可的,人民法院不应仅以出租人未取得行政许可为由认定融资租赁合同无效。

第四条 融资租赁合同被认定无效,当事人就合同无效情形下租赁物归属有约定的,从其约定;未约定或者约定不明,且当事人协商不成的,租赁物应当返还出租人。但因承租人原因导致合同无效,出租人不要求返还租赁物,或者租赁物正在使用,返还出租人后会显著降低租赁物价值和效用的,人民法院可以判决租赁物所有权归承租人,并根据合同履行情况和租金支付情况,由承租人就租赁物进行折价补偿。

二、合同的履行和租赁物的公示

第五条 出卖人违反合同约定的向承租人交付标的物的义务,承租人因下列情形之一拒绝受领租赁物的,人民法院应予支持:

(一)租赁物严重不符合约定的;

(二)出卖人未在约定的交付期间或者合理期间内交付租赁物,经承租人或者出租人催告,在催告期满后仍未交付的。

承租人拒绝受领租赁物,未及时通知出租人,或者无正当理由拒绝受领租赁物,造成出租人损失,出租人向承租人主张损害赔偿的,人民法院应予支持。

第六条 承租人对出卖人行使索赔权,不影响其履行融资租赁合同项下支付租金的义务,但承租人以依赖出租人的技能确定租赁物或者出租人干预选择租赁物为由,主张减轻或者免除相应租金支付义务的除外。

第七条 承租人占有租赁物期间,租赁物毁损、灭失的风险由承租人承担,出租人要求承租人继续支付租金的,人民法院应予支持。但当事人另有约定或者法律另有规定的除外。

第八条 出租人转让其在融资租赁合同项下的部分或者全部权利,受让方以此为由请求解除或者变更融资租赁合同的,人民法院不予支持。

第九条 承租人或者租赁物的实际使用人,未经出租人同意转让租赁物或者在租赁物上设立其他物权,第三人依据物权法第一百零六条的规定取得租赁物的所有权或者其他物权,出租人主张第三人物权权利不成立的,人民法院不予支持,但有下列情形之一的除外:

(一)出租人已在租赁物的显著位置作出标识,第三人在与承租人交易时知道或者应当知道该物为租赁物的;

(二)出租人授权承租人将租赁物抵押给出租人并在登记机关依法办理抵押权登记的;

(三)第三人与承租人交易时,未按照法律、行政法规、行业或者地区主管部门的规定在相应机构进行融资租赁交易查询的;

(四)出租人有证据证明第三人知道或者应当知道交易标的物为租赁物的其他情形。

第十条 当事人约定租赁期间届满后租赁物归出租人的,因租赁物毁损、灭失或者附合、混同于他物导致承租人不能返还,出租人要求其给予合理补偿的,人民法院应予支持。

三、合同的解除

第十一条 有下列情形之一，出租人或者承租人请求解除融资租赁合同的，人民法院应予支持：

（一）出租人与出卖人订立的买卖合同解除、被确认无效或者被撤销，且双方未能重新订立买卖合同的；

（二）租赁物因不可归责于双方的原因意外毁损、灭失，且不能修复或者确定替代物的；

（三）因出卖人的原因致使融资租赁合同的目的不能实现的。

第十二条 有下列情形之一，出租人请求解除融资租赁合同的，人民法院应予支持：

（一）承租人未经出租人同意，将租赁物转让、转租、抵押、质押、投资入股或者以其他方式处分租赁物的；

（二）承租人未按照合同约定的期限和数额支付租金，符合合同约定的解除条件，经出租人催告后在合理期限内仍不支付的；

（三）合同对于欠付租金解除合同的情形没有明确约定，但承租人欠付租金达到两期以上，或者数额达到全部租金百分之十五以上，经出租人催告后在合理期限内仍不支付的；

（四）承租人违反合同约定，致使合同目的不能实现的其他情形。

第十三条 因出租人的原因致使承租人无法占有、使用租赁物，承租人请求解除融资租赁合同的，人民法院应予支持。

第十四条 当事人在一审诉讼中仅请求解除融资租赁合同，未对租赁物的归属及损失赔偿提出主张的，人民法院可以向当事人进行释明。

第十五条 融资租赁合同因租赁物交付承租人后意外毁损、灭失等不可归责于当事人的原因而解除，出租人要求承租人按照租赁物折旧情况给予补偿的，人民法院应予支持。

第十六条 融资租赁合同因买卖合同被解除、被确认无效或者被撤销而解除，出租人根据融资租赁合同约定，或者以融资租赁合同虽未约定或约定不明，但出卖人及租赁物系由承租人选择为由，主张承租人赔偿相应损失的，人民法院应予支持。

出租人的损失已经在买卖合同被解除、被确认无效或者被撤销时获得赔偿的，应当免除承租人相应的赔偿责任。

四、违 约 责 任

第十七条 出租人有下列情形之一，影响承租人对租赁物的占有和使用，承租人依照合同法第二百四十五条的规定，要求出租人赔偿相应损失的，人民法院应予支持：

（一）无正当理由收回租赁物；

（二）无正当理由妨碍、干扰承租人对租赁物的占有和使用；

（三）因出租人的原因导致第三人对租赁物主张权利；

（四）不当影响承租人对租赁物占有、使用的其他情形。

第十八条 出租人有下列情形之一，导致承租人对出卖人索赔逾期或者索赔失败，承租人要求出租人承担相应责任的，人民法院应予支持：

（一）明知租赁物有质量瑕疵而不告知承租人的；

（二）承租人行使索赔权时，未及时提供必要协助的；

（三）怠于行使融资租赁合同中约定的只能由出租人行使对出卖人的索赔权的；

（四）怠于行使买卖合同中约定的只能由出租人行使对出卖人的索赔权的。

第十九条 租赁物不符合融资租赁合同的约定且出租人实施了下列行为之一，承租人依照合同法第二百四十一条、第二百四十四条的规定，要求出租人承担相应责任的，人民法院应予支持：

（一）出租人在承租人选择出卖人、租

赁物时，对租赁物的选定起决定作用的；

（二）出租人干预或者要求承租人按照出租人意愿选择出卖人或者租赁物的；

（三）出租人擅自变更承租人已经选定的出卖人或者租赁物的。

承租人主张其系依赖出租人的技能确定租赁物或者出租人干预选择租赁物的，对上述事实承担举证责任。

第二十条 承租人逾期履行支付租金义务或者迟延履行其他付款义务，出租人按照融资租赁合同的约定要求承租人支付逾期利息、相应违约金的，人民法院应予支持。

第二十一条 出租人既请求承租人支付合同约定的全部未付租金又请求解除融资租赁合同的，人民法院应告知其依照合同法第二百四十八条的规定作出选择。

出租人请求承租人支付合同约定的全部未付租金，人民法院判决后承租人未予履行，出租人再行起诉请求解除融资租赁合同、收回租赁物的，人民法院应予受理。

第二十二条 出租人依照本解释第十二条的规定请求解除融资租赁合同，同时请求收回租赁物并赔偿损失的，人民法院应予支持。

前款规定的损失赔偿范围为承租人全部未付租金及其他费用与收回租赁物价值的差额。合同约定租赁期间届满后租赁物归出租人所有的，损失赔偿范围还应包括融资租赁合同到期后租赁物的残值。

第二十三条 诉讼期间承租人与出租人对租赁物的价值有争议的，人民法院可以按照融资租赁合同的约定确定租赁物价值；融资租赁合同未约定或者约定不明的，可以参照融资租赁合同约定的租赁物折旧以及合同到期后租赁物的残值确定租赁物价值。

承租人或者出租人认为依前款确定的价值严重偏离租赁物实际价值的，可以请求人民法院委托有资质的机构评估或者拍卖确定。

五、其他规定

第二十四条 出卖人与买受人因买卖合同发生纠纷，或者出租人与承租人因融资租赁合同发生纠纷，当事人仅对其中一个合同关系提起诉讼，人民法院经审查后认为另一合同关系的当事人与案件处理结果有法律上的利害关系的，可以通知其作为第三人参加诉讼。

承租人与租赁物的实际使用人不一致，融资租赁合同当事人未对租赁物的实际使用人提起诉讼，人民法院经审查后认为租赁物的实际使用人与案件处理结果有法律上的利害关系的，可以通知其作为第三人参加诉讼。

承租人基于买卖合同和融资租赁合同直接向出卖人主张受领租赁物、索赔等买卖合同权利的，人民法院应通知出租人作为第三人参加诉讼。

第二十五条 当事人因融资租赁合同租金欠付争议向人民法院请求保护其权利的诉讼时效期间为两年，自租赁期限届满之日起计算。

第二十六条 本解释自 2014 年 3 月 1 日起施行。最高人民法院《关于审理融资租赁合同纠纷案件若干问题的规定》（法发〔1996〕19 号）同时废止。

本解释施行后尚未终审的融资租赁合同纠纷案件，适用本解释；本解释施行前已经终审，当事人申请再审或者按照审判监督程序决定再审的，不适用本解释。

最高人民法院关于审理拒不执行判决、裁定刑事案件适用法律若干问题的解释

- 2015 年 7 月 20 日
- 法释〔2015〕16 号

为依法惩治拒不执行判决、裁定犯罪，确保人民法院判决、裁定依法执行，切实维护当事人合法权益，根据《中华人民共和国刑法》《中华人民共和国刑事诉讼法》《中华人民共和国民事诉讼法》等法律规定，就

审理拒不执行判决、裁定刑事案件适用法律若干问题，解释如下：

第一条 被执行人、协助执行义务人、担保人等负有执行义务的人对人民法院的判决、裁定有能力执行而拒不执行，情节严重的，应当依照刑法第三百一十三条的规定，以拒不执行判决、裁定罪处罚。

第二条 负有执行义务的人有能力执行而实施下列行为之一的，应当认定为全国人民代表大会常务委员会关于刑法第三百一十三条的解释中规定的“其他有能力执行而拒不执行，情节严重的情形”：

（一）具有拒绝报告或者虚假报告财产情况、违反人民法院限制高消费及有关消费令等拒不执行行为，经采取罚款或者拘留等强制措施后仍拒不执行的；

（二）伪造、毁灭有关被执行人履行能力的重要证据，以暴力、威胁、贿买方法阻止他人作证或者指使、贿买、胁迫他人作伪证，妨碍人民法院查明被执行人财产情况，致使判决、裁定无法执行的；

（三）拒不交付法律文书指定交付的财物、票证或者拒不迁出房屋、退出土地，致使判决、裁定无法执行的；

（四）与他人串通，通过虚假诉讼、虚假仲裁、虚假和解等方式妨害执行，致使判决、裁定无法执行的；

（五）以暴力、威胁方法阻碍执行人员进入执行现场或者聚众哄闹、冲击执行现场，致使执行工作无法进行的；

（六）对执行人员进行侮辱、围攻、扣押、殴打，致使执行工作无法进行的；

（七）毁损、抢夺执行案件材料、执行公务车辆和其他执行器械、执行人员服装以及执行公务证件，致使执行工作无法进行的；

（八）拒不执行法院判决、裁定，致使债权人遭受重大损失的。

第三条 申请执行人有证据证明同时具有下列情形，人民法院认为符合刑事诉讼法第二百零四条第三项规定的，以自诉案件立案审理：

（一）负有执行义务的人拒不执行判决、裁定，侵犯了申请执行人的人身、财产权利，应当依法追究刑事责任的；

（二）申请执行人曾经提出控告，而公安机关或者人民检察院对负有执行义务的人不予追究刑事责任的。

第四条 本解释第三条规定的自诉案件，依照刑事诉讼法第二百零六条的规定，自诉人在宣告判决前，可以同被告人自行和解或者撤回自诉。

第五条 拒不执行判决、裁定刑事案件，一般由执行法院所在地人民法院管辖。

第六条 拒不执行判决、裁定的被告人在一审宣告判决前，履行全部或部分执行义务的，可以酌情从宽处罚。

第七条 拒不执行支付赡养费、扶养费、抚育费、抚恤金、医疗费用、劳动报酬等判决、裁定的，可以酌情从重处罚。

第八条 本解释自发布之日起施行。此前发布的司法解释和规范性文件与本解释不一致的，以本解释为准。

◎司法文件

最高人民法院关于高级人民法院统一管理执行工作若干问题的规定

- 2000年1月14日
- 法发〔2000〕3号

为了保障依法公正执行，提高执行工作效率，根据有关规定和执行工作具体情况，现就高级人民法院统一管理执行工作的若干问题规定如下：

一、高级人民法院在最高人民法院的监督和指导下，对本辖区执行工作的整体部署、执行案件的监督和协调、执行力量的调度以及执行装备的使用等，实行统一管理。

地方各级人民法院办理执行案件，应当依照法律规定分级负责。

二、高级人民法院应当根据法律、法规、司法解释和最高人民法院的有关规定，结合本辖区的实际情况制定统一管理执行工作的具体规章制度，确定一定时期内执行工作的目标和重点，组织本辖区内的各级人民法院实施。

三、高级人民法院应当根据最高人民法院的统一部署或本地区的具体情况适时组织集中执行和专项执行活动。

四、高级人民法院在组织集中执行、专项执行或其他重大执行活动中，可以统一调度、使用下级人民法院的执行力量，包括执行人员、司法警察、执行装备等。

五、高级人民法院有权对下级人民法院的违法、错误的执行裁定、执行行为函告下级法院自行纠正或直接下达裁定、决定予以纠正。

六、高级人民法院负责协调处理本辖区内跨中级人民法院辖区的法院与法院之间的执行争议案件。对跨高级人民法院辖区的法院与法院之间的执行争议案件，由争议双方所在地的两地高级人民法院协商处理；协商不成的，按有关规定报请最高人民法院协调处理。

七、对跨高级人民法院辖区的法院与公安、检察等机关之间的执行争议案件，由执行法院所在地的高级人民法院与有关公安、检察等机关所在地的高级人民法院商有关机关协调解决，必要时可报请最高人民法院协调处理。

八、高级人民法院对本院及下级人民法院的执行案件，认为需要指定执行的，可以裁定指定执行。

高级人民法院对最高人民法院函示指定执行的案件，应当裁定指定执行。

九、高级人民法院对下级人民法院的下列案件可以裁定提级执行：

1. 高级人民法院指令下级人民法院限期执结，逾期未执结需要提级执行的；

2. 下级人民法院报请高级人民法院提级执行，高级人民法院认为应当提级执行的；

3. 疑难、重大和复杂的案件，高级人民法院认为应当提级执行的。

高级人民法院对最高人民法院函示提级执行的案件，应当裁定提级执行。

十、高级人民法院应监督本辖区内各级人民法院按有关规定精神配备合格的执行人员，并根据最高人民法院的要求和本辖区的具体情况，制定培训计划，确定培训目标，采取切实有效措施予以落实。

十一、中级人民法院、基层人民法院和专门人民法院执行机构的主要负责人在按干部管理制度和法定程序规定办理任免手续前应征得上一级人民法院的同意。

上级人民法院认为下级人民法院执行机构的主要负责人不称职的，可以建议有关部门予以调整、调离或者免职。

十二、高级人民法院应根据执行工作需要，商财政、计划等有关部门编制本辖区内各级人民法院关于交通工具、通讯设备、警械器具、摄录器材等执行装备和业务经费的计划，确定执行装备的标准和数量，并由本辖区内各级人民法院协同当地政府予以落实。

十三、下级人民法院不执行上级人民法院对执行工作和案件处理作出的决定，上级人民法院应通报批评；情节严重的，可以建议有关部门对有关责任人员予以纪律处分。

十四、中级人民法院、基层人民法院和专门人民法院对执行工作的管理职责由高级人民法院规定。

十五、本规定自颁布之日起执行。

最高人民法院关于在民事审判和执行工作中依法保护金融债权防止国有资产流失问题的通知

- 2005年3月16日
- 法〔2005〕32号

各省、自治区、直辖市高级人民法院，解放

军军事法院，新疆维吾尔自治区高级人民法院生产建设兵团分院：

依法保护金融债权，防止国有资产流失，关系到国家经济安全，已经成为当前我国经济结构调整和金融体制改革过程中的重要问题。随着金融不良债权处置工作进入攻坚阶段和处置难度的加大、处置方式的多元化，人民群众和社会各界对人民法院在审理和执行涉及不良金融债权案件中如何依法保护金融债权，防止国有资产流失提出了更高的要求。为正确审理上述相关纠纷案件，保障金融不良债权处置工作的顺利进行，防止国有资产流失，现通知如下：

一、充分发挥民事审判和执行工作在依法调整社会各种经济关系，维护社会主义市场经济秩序方面的职能作用。在审理和执行涉及金融不良债权案件中要严格执行民事诉讼法、合同法、担保法及本院颁布的《关于审理企业破产案件若干问题的规定》、《关于审理与企业改制相关的民事纠纷案件若干问题的规定》等一系列司法解释，准确理解和把握立法和司法解释的本意，统一司法尺度。

二、各级人民法院和广大法官要增强司法能力，提高司法水平，维护国家法制的统一，摒弃和坚决抵制地方保护主义。审理涉及金融不良债权案件，要坚持办案的法律效果与社会效果的统一，妥善处理国家利益和地方利益的关系，依法保护金融债权和企业职工的合法权益。

三、加强涉及金融不良债权案件的调研工作。随着我国金融体制改革的逐步深入，人民法院在审理和执行涉及金融不良债权案件中会不断遇到新情况和新问题。这些问题政策性强、社会影响大，而有关法律法规又相对滞后。人民法院要在总结经验的基础上加强调查研究，不断提高办案质量和效率。上级人民法院要加强对下级人民法院的监督指导，并开展有针对性的执法检查，发现问题及时纠正。

四、在审理和执行上述案件时，需要对金融不良债权和相关财产进行评估、审计的，要严格依照法律规定委托有相应资质并信誉良好的中介机构进行，要对评估、审计程序和结果进行严格审查。对被执行人的财产进行变价时，要尽可能采取由拍卖机构公开拍卖的方式，最大限度回收金融债权。

五、人民法院在民事审判和执行工作中，如发现金融机构工作人员在处置金融不良债权过程中与受让人、中介机构等恶意串通，故意违规处置金融不良债权，有经济犯罪嫌疑线索的，要及时将犯罪嫌疑线索移送检察机关查处。

六、要加强与金融监管部门、国有资产管理部门的沟通和协调，对辖区内有重大影响和易引起社会关注的案件，处理前应征求上述有关部门的意见，共同做好工作。

七、在执行涉及金融不良债权案件时，要做好处理突发事件的预案，防范少数不法人员煽动、组织不明真相的职工和群众冲击法院和执行现场，围攻法院工作人员和集体到党政机关上访。发生重大突发性事件，要及时向地方党委、人大和上级人民法院报告。

特此通知。

人民法院执行文书立卷归档办法（试行）

- 2006年5月18日
- 法发〔2006〕11号

一、总　　则

第一条　为了加强执行文书的立卷归档工作，根据《中华人民共和国档案法》、《人民法院档案管理办法》等有关规定，结合人民法院执行工作实际，制定本办法。

第二条　本办法所称的执行文书，是指人民法院在案件执行过程中所形成的一切与案件有关的各类文书材料。

第三条　人民法院办理的下列执行案件，纳入立卷归档的范围。

1. 本院直接受理的执行案件；

2. 提级执行、受指定执行的案件；

3. 受托执行的案件；

4. 执行监督、请示、协调的案件；

5. 申请复议的案件；

6. 其他执行案件。

第四条 执行案件由立案庭统一立案，按照案件类型分类编号。

执行案件必须一案一号。一个案件从收案到结案所形成的法律文书、公文、函电等所有司法文书以及执行文书的立卷、归档、保管均使用收案时编定的案号。

中止执行的案件恢复执行后，不得重新立案，应继续使用原案号。

第五条 执行文书材料由承办书记员负责收集、整理立卷，承办执行法官或执行员和部门领导负责检查卷宗质量，并监督承办书记员按期归档。

二、执行文书材料的收集

第六条 执行案件收案后，承办书记员即开始收集有关本案的各种文书材料，着手立卷工作。

第七条 执行文书材料应全面、真实地反映执行的整个过程和具体情况。

第八条 送达法律文书应当有送达回证附卷。

邮寄送达法律文书被退回的，挂号函件收据、附有邮局改退批条的退回邮件信封应当附卷。

公告送达法律文书的，公告的原件和附件、刊登公告的报纸版面或张贴公告的照片应当附卷。

第九条 执行款物的收付材料必须附卷，包括收取执行款物的收据存根；交付、退回款物后当事人开具的收据；划款通知书；法院扣收申请执行费、实际支出费的票据；以物抵债裁定书及抵债物交付过程的材料；双方当事人签订和解协议后交付款物的收据复印件等。

第十条 入卷的执行法律文书，除卷内装订的外，应当随卷各附三份归档，装入卷底袋内备用。其他文书材料，一般只保存一份（有领导人批示的材料除外）。

第十一条 入卷的执行文书材料应当保留原件，未能提供原件的可保存一份复印件，但要注明没有原件的原因。执行人员依职权通过摘录、复制方式取得的与案件有关的证明材料，应注明来源、日期，并由经手人或经办人签名，同时加盖提供单位印章。

第十二条 下列文书材料一般不归档：

1. 没有证明价值的信封、工作材料；

2. 内容相同的重份材料；

3. 法规、条例复制件；

4. 一般的法律文书草稿（未定稿）；

5. 与本案无关的材料。

第十三条 在案件办结以后，执行人员应当认真检查全案的文书材料是否收集齐全，若发现法律文书不完备的，应当及时补齐。

三、执行文书材料的排列

第十四条 执行文书材料的排列顺序应当按照执行程序的进程、形成文书的时间顺序，兼顾文书材料之间的有机联系进行排列。

执行卷宗应当按照利于保密、方便利用的原则，分别立正卷和副卷。无不宜公开内容的案件可以不立副卷。

第十五条 执行案件正卷文书材料排列顺序：

1. 卷宗封面；2. 卷内目录；3. 立案审批表；4. 申请执行书；5. 执行依据；6. 受理案件通知书、举证通知书及送达回执；7. 案件受理费及实际支出费收据；8. 执行通知书、财产申报通知书及送达回执；9. 申请执行人、被执行人身份证明、工商登记资料、法定代表人身份证明及授权委托书、律师事务所函；10. 申请执行人、被执行人、案外人举证材料；11. 询问笔录、调查笔录、听证笔录、执行笔录及人民法院取证材料；12. 采取、解除、撤销强制执行措施（包括查询、查封、冻结、扣划、扣押、评估、拍卖、变卖、搜查、拘传、罚款、拘留等）文书材料；13. 追加、变更执行主体裁定书正本；14. 强制执行裁定书正本;15. 执行和解协议;16. 执行和解协议履行情况的证明材料;17. 以物抵债裁定书及相关材料;18. 中止执行、终结执行、不予执行裁定书及执行凭证;19. 执行款物收取、交付凭证及有关审批材料;20. 延长执行期限的审批表;21. 结案报告、结案审批表;22. 送达回证;23. 备考表;24. 证物袋;25. 卷底。

第十六条 执行监督案件正卷文书材料的排列顺序:

1. 卷宗封面;2. 卷内目录;3. 立案审批表;4. 执行监督申请书;5. 原执行裁定书;6. 当事人身份证明或法定代表人身份证明及授权委托书、律师事务所函;7. 当事人提供的证据材料;8. 听证笔录、调查笔录;9. 督办函;10. 执行法院书面报告;11. 监督结果或有关裁定书;12. 结案报告、结案审批表;13. 送达回证;14. 备考表;15. 证物袋;16. 卷底。

第十七条 执行协调案件文书材料的排列顺序:

1. 卷宗封面;2. 卷内目录;3. 立案审批表;4. 请求协调报告及相关证据材料;5. 协调函;6. 被协调法院的报告及相关证据材料;7. 协调会议记录;8. 承办人审查报告;9. 合议庭评议案件笔录;10. 执行局(庭)研究案件记录及会议纪要;11. 审判委员会研究案件记录及会议纪要;12. 协调意见书;13. 结案报告、结案审批表;14. 备考表;15. 证物袋;16. 卷底。

第十八条 执行请示案件文书材料的排列顺序:

1. 卷宗封面;2. 卷内目录;3. 立案审批表;4. 请示报告及相关证据材料;5. 承办人审查报告;6. 合议庭评议案件笔录;7. 执行局(庭)研究案件笔录及会议纪要;8. 本院审判委员会评议案件笔录及会议纪要;9. 向上级法院的请示或报告;10. 批复意见;11. 结案报告、结案审批表;12. 备考表;13. 证物袋;14. 卷底。

第十九条 执行复议案件正卷文书材料的排列顺序:

1. 卷宗封面;2. 卷内目录;3. 立案审批表;4. 复议申请书;5. 原决定书;6. 复议申请人身份证明、法定代表人身份证明及授权委托书、律师事务所函;7. 复议申请人提供的证据材料;8. 听证笔录、调查笔录;9. 复议决定书;10. 结案报告、结案审批表;11. 送达回证;12. 备考表;13. 证物袋;14. 卷底。

第二十条 各类执行案件副卷文书材料的排列顺序:

1. 卷宗封面;2. 卷内目录;3. 阅卷笔录;4. 执行方案;5. 承办人与有关部门内部交换意见的材料或笔录;6. 有关案件的内部请示与批复;7. 上级法院及有关单位领导人对案件的批示;8. 承办人审查报告;9. 合议庭评议案件笔录;10. 执行局(庭)研究案件记录及会议纪要;11. 审判委员会研究案件记录及会议纪要;12. 法律文书签发件;13. 其他不宜公开的材料;14. 备考表;15. 证物袋;16. 卷底。

四、执行文书的立卷及卷宗装订

第二十一条 人民法院执行文书材料经过系统收集、整理、排列后,逐页编号。页号一律用阿拉伯数字编写,正面书写在右上角,背面书写在左上角,背面无字迹的不编页号。卷宗封面、卷内目录、备考表、证物袋、卷底不编页号。

第二十二条 执行文书材料包括卷皮的书写、签发必须使用碳素墨水、蓝黑墨水或微机打印,如出现文书材料使用红、蓝墨水或铅笔、圆珠笔及易褪色不易长期保管书写工具书写的,要附复印件。需要归档的传真文书材料必须复印,复印件归档,传真件不归档。

第二十三条 卷宗封面必须按项目要求填写齐全,字迹工整、规范、清晰。卷面案号应当与卷内文件案号一致;案件类别栏填写“执行”;案由栏填写执行依据确认的案由;当事人栏应当填写准确、完整,不能缩写、简称或省略；收、结案日期应当与卷内文书记载一致；执行标的栏，应当填写申请执行标的；执行结果栏，应当填写已经执行的金额或其他情况；裁决机关栏，应当填写作出生效法律文书的机关；结案方式栏，按不同情况分别填写自动履行、强制执行、终结执行、执行和解或不予执行等；结案日期栏，应当填写批准报结的日期。

第二十四条 卷内目录应当按文书材料顺序逐项填写。一份文书材料编一个顺序号。

第二十五条 卷内文件目录所在页的编号，除最后一份需填写起止号外，其余只填起号。

第二十六条 卷内备考表，由本卷情况说明、立卷人、检查人、验收人、立卷日期等项目组成。

“本卷情况说明”栏内填写卷内文书缺损、修改、补充、移出、销毁等情况；“立卷人”由立卷人签字；“检查人”由承办执行法官或执行员签字；“验收人”由档案部门接收人签字；“立卷日期”填写立卷完成的日期。

第二十七条 卷宗的装订必须牢固、整齐、美观，便于保管和利用。

每卷的厚度以不超过15毫米为宜，材料过多的，应当按顺序分册装订。每册案卷都从“1”开始编写页号。卷宗装订齐下齐右、三孔一线，长度以180毫米左右为宜，并在卷底装订线结扣处粘贴封条，由立卷人盖章。

第二十八条 卷宗装订前，要对文书材料进行全面检查，材料不完整的要补齐，破损或褪色、字迹扩散的要修补、复制。

卷内材料用纸以A4办公纸为标准。纸张过大的要修剪折叠，纸张过小、订口过窄的要加贴衬纸。

外文及少数民族文字材料应当附上汉语译文。

作为证据查考日期的信封，保留原件，打开展平加贴衬纸。

卷宗内严禁留置金属物。

五、执行卷宗的归档和保管

第二十九条 执行人员应当妥善保管执行卷宗，防止卷宗毁损、遗漏、丢失。

第三十条 承办书记员应当在案件报结后一个月内将执行卷宗装订完毕，并送有关部门或负责人核查是否符合案件归档条件，验收合格的应当立即归档。不合格的，应当及时予以补救。

执行卷宗应当在案件报结后的三个月内完成归档工作。

第三十一条 执行机构应当对执行卷宗的归档情况登记造册，归档案件必须有档案部门的签收手续。

第三十二条 中止执行的案件可以由执行机构统一保管执行卷宗，不得在执行人员处存放。

第三十三条 执行档案的保管期限由档案管理部门按照有关规定确定。

第三十四条 已经归档的卷宗不得抽取材料，确需增添材料的，应当征得档案管理人员同意后，按立卷要求办理。

第三十五条 对违反本办法未及时归档、任意从案卷中抽取文书材料或损毁、遗漏、丢失案卷材料的有关人员，视情节轻重，依有关规定作出相应处理。

六、附　　则

第三十六条 各高级人民法院在实施本办法过程中，可以根据实际需要制定实施细则。

第三十七条 本办法自公布之日起施行。

最高人民法院关于执行工作中正确适用修改后民事诉讼法第202条、第204条规定的通知

• 2008年11月28日
• 法明传〔2008〕1223号

各省、自治区、直辖市高级人民法院，解放军军事法院，新疆维吾尔自治区高级人民

法院生产建设兵团分院：

近期，我院陆续收到当事人直接或通过执行法院向我院申请复议的案件。经审查发现，部分申请复议的案件不符合法律规定。为了保证各级人民法院在执行工作过程中正确适用修改后民事诉讼法第202条、第204条的规定，现通知如下：

一、当事人、利害关系人根据民事诉讼法第202条的规定，提出异议或申请复议，只适用于发生在2008年4月1日后作出的执行行为；对于2008年4月1日前发生的执行行为，当事人、利害关系人可以依法提起申诉，按监督案件处理。

二、案外人对执行标的提出异议的，执行法院应当审查并作出裁定。按民事诉讼法第204条的规定，案外人不服此裁定只能提起诉讼或者按审判监督程序办理。执行法院在针对异议作出的裁定书中赋予案外人、当事人申请复议的权利，无法律依据。

三、当事人、利害关系人认为执行法院的执行行为违法的，应当先提出异议，对执行法院作出的异议裁定不服的才能申请复议。执行法院不得在作出执行行为的裁定书中直接赋予当时人申请复议的权力。

特此通知

中央政法委、最高人民法院关于规范集中清理执行积案结案标准的通知

- 2009年3月19日
- 法发〔2009〕15号

各省、自治区、直辖市党委政法委、新疆生产建设兵团党委政法委，各省、自治区、直辖市高级人民法院、新疆维吾尔自治区高级人民法院兵团分院，解放军总政治部、军事法院：

全国集中清理执行积案活动开展以来，各地人民法院已执结了一大批积案，清积活动取得了阶段性成果。但也存在一些问题：有的地方认识不到位，清积力度不大，执结率不高；有的地方理解慎用强制措施有误区，不敢依法执行，不敢碰硬，导致债权人权益无法实现；有的地方结案标准存在偏差，存在不当中止、不当终结等问题；有的地方基础数据不准确，存在瞒报、漏报甚至弄虚作假的现象；有的地方案件卷宗质量不高，内容缺损。为实现这次集中清理执行积案活动的总体目标，现就进一步规范清理执行积案的结案标准通知如下：

一、坚决依法执结有财产可供执行的案件，切实提高执行到位率。

1. 属于被执行人所有的财产，除法律或司法解释规定的被执行人及其所抚养家属生活所必需的房屋、生活用品、生活费用或其他不得查封、扣押、冻结的财产外，均为可供执行的财产。

2. 执行法院对已查明的被执行人可供执行的财产，应当依法及时采取查封、扣押、冻结等相应的执行措施，并依法采取拍卖、变卖、以物抵债等执行措施。

3. 被执行人下落不明但有财产可供执行的，可以直接对其财产采取执行措施。执行通知书的送达应依照有关法律规定办理。

4. 被执行人可供执行的财产在其他法院或者其他执法机关的控制之下，或该财产上存有权属争议或其他优先权正在审理或审查之中的，应按照法定程序提请上级法院或有关部门协调处理，不得作结案处理。

5. 因协助执行周期或财产变现周期较长、无法在清理积案活动期间执行完毕的案件，执行法院应积极协调有关部门，争取尽快依法执结；在执结之前，不得作结案处理。

6. 因涉及稳定、信访等因素在清理积案活动期间不宜强制执行的案件，执行法院应报请当地清理积案领导小组协调解

决;在执结之前,不得作结案处理。

7. 原统计为有财产可供执行的案件,在清理积案期间经进一步调查属于无财产可供执行的案件,须报上一级法院审查确认。

二、执行法院应依法穷尽财产调查措施,并将调查结果告知申请执行人。只有在积极采取法律赋予的调查手段、穷尽对被执行人财产状况的相关调查措施之后,才可以将有关案件认定为无财产可供执行的案件。

1. 申请执行人不能提供被执行人的财产或财产线索的,执行法院应当要求被执行人进行财产申报。

被执行人进行了财产申报,或者申请执行人提供了被执行人的财产或财产线索的,执行法院必须进行调查核实。调查结果应当告知申请执行人。

如果根据有关线索认定被执行人有履行能力,但无法查到确切财产下落的,执行法院可以根据案件具体情况,采取在征信系统记录、通过媒体公布不履行义务信息等合法措施。

2. 被执行人申报无财产或申请执行人无法提供被执行人财产或财产线索的,执行法院应按照下列情况处理:

(1)被执行人是法人的,应当向有关金融机构查询银行存款,向有关房地产管理部门查询房地产登记,向法人登记机关查询股权,向有关车管部门查询车辆等。

(2)被执行人是自然人的,应当向被执行人所在单位及居住地周边群众调查了解被执行人的财产状况或财产线索,包括被执行人的经济收入来源、被执行人到期债权等。如果根据财产线索判断被执行人有较高收入,应当按照对法人的调查途径进行调查。

3. 作为被执行人的企业法人被撤销、注销、吊销营业执照或者歇业的,在申请执行人提出清算或审计申请并预交相关费用后,执行法院可以责令股东进行清算或者由执行法院委托中介机构进行审计。

4. 需要查找被执行人的案件,执行依据中记载被执行人地址或者联系方式的,必须根据该线索进行查找或联系。无其他适当线索的,被执行人是法人的,应根据登记机关的登记资料查找其负责人;被执行人是自然人的,应到其户籍所在地、住所地(暂住地)向当地公安派出所、居委会、村委会、被执行人的亲属和邻居进行调查。

5. 如果认定被执行人下落不明且无财产可供执行,案卷中必须具备下列材料:

(1)被执行人是法人的,其注册登记情况、法律文书中注明的营业地址现场调查情况或者登记机关的书面证明材料。

(2)被执行人是自然人的,其近亲属、邻居、当地村委会、居委会、公安派出所的调查笔录或者证明材料。

6. 认定被执行人无财产可供执行的,必须将所采取的各种财产调查措施的材料归入案卷。包括工作记录、调查(询问)笔录、谈话笔录、当事人书面确认材料、被查询单位出具的书面查询结果,以及其他能够证明被执行人财产状况和执行法院进行相关调查工作情况的材料。

7. 执行法院应当及时将案件执行情况向申请执行人反馈,反馈情况记录必须归入案卷。

8. 对无财产可供执行的重点案件,应分别按照下列情况办理:

(1)申请执行人属于特困群体,已经设立救助资金的,应当启动特困群体救助程序,给予申请执行人适当救助金;未设立救助资金的,应报请当地清理积案领导小组,协调有关部门给予申请执行人以适当救助。

(2)申请执行人不属于特困群体但坚持要求执行的,应通过说明解释工作,实现当事人息诉息访。

给予申请执行人适当救助资金后,如发现被执行人有可供执行的财产,执行法院应积极采取措施执行。在申请执行人实现债权后,应将救助资金扣回纳入救助资金循环使用。

三、对有财产可供执行的案件，应依法按规定结案；对无财产可供执行的案件，可按下列条件和方式结案。

1. 符合法律或司法解释规定的终结执行情形的，可依法结案。仲裁裁决、公证债权文书被裁定不予执行的，可依法结案。

2. 被执行人可供执行的财产执行完毕后，申请执行人书面表示放弃剩余债权的，可依法结案。

3. 案件执行标的款全部执行到执行款专户，因申请执行人下落不明无法领取或不愿领取，执行法院已依法予以提存的，可以作结案处理。

4. 委托执行的案件，受托法院可以按照新收执行案件办理，委托法院不得作结案处理。待受托法院将案件依法结案后，委托法院的案件一并依法结案。

5. 中止执行的案件，不得作结案处理。

6. 提级执行或指定执行的案件，提级执行的法院或被指定执行的法院应当按照新收执行案件办理，原执行法院可作销案处理，不得作结案处理。

7. 因重复立案移送管辖的案件，原执行法院应作销案处理，不得作结案处理。

8. 无财产可供执行的案件，执行程序在一定期间无法继续进行，且有下列情形之一的，经合议庭评议，可裁定终结本次执行程序后结案：

（1）被执行人确无财产可供执行，申请执行人书面同意人民法院终结本次执行程序的；

（2）因被执行人无财产而中止执行满两年，经查证被执行人确无财产可供执行的；

（3）申请执行人明确表示提供不出被执行人的财产或财产线索，并在人民法院穷尽财产调查措施之后对人民法院认定被执行人无财产可供执行书面表示认可的；

（4）被执行人的财产无法拍卖变卖，或者动产经两次拍卖、不动产或其他财产权经三次拍卖仍然流拍，申请执行人拒绝接受或者依法不能交付其抵债，经人民法院穷尽财产调查措施，被执行人确无其他财产可供执行的；

（5）作为被执行人的企业法人被撤销、注销、吊销营业执照或者歇业后既无财产可供执行，又无义务承受人，也没有能够依法追加变更执行主体的；

（6）经人民法院穷尽财产调查措施，被执行人确无财产可供执行或虽有财产但不宜强制执行，当事人达成分期履行和解协议的；

（7）被执行人确无财产可供执行，申请执行人属于特困群体，执行法院已经给予其适当救助资金的。

9. 裁定终结本次执行程序的，应当符合下列要求：

（1）裁定书中应当载明执行标的总额、已经执行的债权数额和剩余的债权数额，并写明申请执行人在具备执行条件时，可以向有管辖权的人民法院申请执行剩余债权。

（2）执行法院终结本次执行程序，在下达裁定前应当告知申请执行人。申请执行人对终结本次执行程序有异议的，执行法院应当另行派员组织当事人就被执行人是否有财产可供执行进行听证；申请执行人提供被执行人财产线索的，执行法院应当就其提供的线索重新调查核实，发现被执行人有财产可供执行的，应当继续执行。

10. 裁定终结本次执行程序后，如发现被执行人有财产可供执行的，申请执行人可以再次提出执行申请。申请执行人再次提出执行申请不受申请执行期间的限制。

申请执行人申请或者人民法院依职权恢复执行的，应当重新立案。

各地法院对清理积案活动以来已经报结的执行案件要重新进行核查，对不符合本通知要求的已结案件要抓紧整改。清理积案领导小组将适时派出检查组进行检查验收。发现故意弄虚作假、欺上瞒下等情况的，将坚决依照有关规定严肃处理。

最高人民法院关于应对国际金融危机做好当前执行工作的若干意见

- 2009年5月25日
- 法发〔2009〕34号

当前，国际金融危机影响日益加深，世界经济出现衰退迹象，我国经济增速明显放缓，保持经济持续稳定发展的难度明显加大。金融危机的影响已经逐渐反映到司法领域，给人民法院的执行工作带来新的压力和挑战，被执行人履行能力降低，执行和解难度加大，金融纠纷、投资纠纷、劳资纠纷等新类型案件增加，收案大幅上升，资产处置难度加大。在金融危机冲击下，为企业和市场提供司法服务，积极应对宏观经济环境变化引发的新情况、新问题，为保增长、保民生、保稳定"三保"方针的贯彻落实提供司法保障，是当前和今后一段时期人民法院工作的重中之重。现就应对金融危机形势，稳妥执行各类案件，进一步做好执行工作，提出以下意见：

一、指导思想和基本原则

1. 坚持科学发展观，坚持"三个至上"的指导思想，切实增强政治意识、大局意识、责任意识，不断适应"三保"对执行工作提出的新要求，不断解决"三保"面临的新问题，将落实"三保"的方针作为执行工作的重要目标，将有利于实现"三保"的目标作为评价执行工作的重要标准。

2. 坚持依法执行与贯彻国家宏观政策相结合。既要在法律的框架内正确适用法律，又要在国家宏观政策出现新变化，对司法工作提出新需求时，将国家宏观政策精神和要求切实贯彻落实到执行工作中，以顺应社会和国家对司法的总体需求。

3. 坚持区别对待。区别被执行人是故意消极执行、规避执行和抗拒执行还是因经济形势影响造成临时无力履行债务的情况；区别债务是因历史原因造成还是正常市场交易下造成的情况。

4. 坚持和谐执行。既要加大执行力度，切实提高执行效率，尽快实现申请执行人债权，又要讲究执行艺术和方式方法，防止激化矛盾，始终坚持执行工作政治效果、法律效果和社会效果的有机统一。

5. 坚持统筹兼顾。既要依法、充分、及时地保护和实现申请执行人的合法权益，也要妥善平衡各方当事人和相关利害关系人的利益关系，兼顾对被执行人、其他利害关系人的合法权利的保护。

二、服务经济平稳较快发展

6. 对于因资金暂时短缺但仍处于正常生产经营状态、有发展前景的被执行人企业，慎用查封、扣押、冻结等执行措施和罚款、拘留等强制措施，多做执行和解工作，争取申请执行人同意延缓被执行企业的履行期限，以维持企业正常运转，帮助困难企业渡过难关。

7. 对于被执行企业正在使用的厂房、机器设备等主要生产设施，慎用扣押、拍卖和变卖等执行措施。要及时组织当事人协商，争取使申请执行人同意通过生产设施抵押方式给被执行人企业以缓冲时间。确需查封相关生产设施的，可以采取查封措施，但应当允许被执行人使用，并加强对查封资产的监管。

8. 对于被执行人的企业资产进行处置时，综合平衡分割处置和整体处置企业资产的效果，最大限度地减少对企业整体生产经营的影响或者财产价值的贬损。

9. 对于已经控制的被执行企业资产，要选择适当的处置时机和处置方式，最大程度地实现执行财产的价值，避免因仓促、草率执行导致财产处置变现价值与实际价值产生重大悬殊，从而加重被执行人的负担，甚至损害其合法利益。

10. 对于被执行人为国有大中型企业、金融机构、上市公司或国有控股上市公司，对其资产采取强制执行措施可能导致其破产或影响社会稳定的，可主动与其国有资产管理部门、监管部门进行沟通协调，争取其通盘考虑，帮助企业解决债务问题，防止影响企业的平稳和长远发展。

三、服务社会民生持续改善

11. 高度关注中央和地方有关改善民生的决策部署，积极稳妥地处理好重大基础设施建设工程、旧区改造、市政动迁、违章拆除等涉及民生改善和社会发展的执行案件。

12. 对于公司清算、企业破产、裁员欠薪等引发的职工安置保障、劳动争议、讨要工资报酬以及追索赡养费、抚育费、扶养费等案件，进一步完善“绿色通道”，建立快速执行机制，优先执行。

13. 对于职工人数较多的企业，执行时尽量不要影响被执行人企业职工工资的发放以及社保、医保费用的交纳。因此而影响申请执行人职工工资发放和相关费用交纳的，要优先保障申请执行人企业职工利益。

14. 对于农村土地承包经营权纠纷、农村土地承包经营权流转纠纷等执行案件，要及时采取有效措施，依法维护农民权益，保护农业、农村发展。

四、维护社会和谐稳定

15. 建立重点案件排查机制。定期对可能影响社会稳定的案件进行排查，对矛盾有可能激化的案件，做到及时掌握，及时向当地党委、人大报告，及时与政府沟通情况，争取重视和支持，寻求有效的解决措施。

16. 建立异地执行预案机制。对于被执行人跨辖区的案件，必须认真做好执行预案，事先与当地法院取得联系。对于可能发生暴力抗法事件的，要及时发现苗头，妥善处理，把抗拒执行事件消灭在萌芽状态。

17. 建立群体性事件预警机制。对于短期内涉及同一企业的执行案件数量骤增现象及具有示范效应、可能引起批量案件的情况应当引起重视，及时发现“群访”苗头并梳理汇总，向党委政府报送预警信息。

18. 建立汇报沟通协调机制。对于执行工作中发现的影响区域经济发展的突出问题，及时向当地党委、人大报告，及时与政府沟通情况，积极争取党委的领导和政府的支持；对案件执行中需要相关部门做好配合工作的，要主动利用执行联动机制或执行联席会议制度，进行沟通协调，努力为案件执行创造有利条件。

19. 完善执行和解机制。通过多做双方当事人的执行和解与协调工作，既维护申请执行人的合法权益，也妥善关照、处理好被执行人的实际困难，提高执行工作的社会效果；既满足申请执行人的实现债权的执行诉求，又保障被执行人正常经营发展或者正常生活。

五、加大管理力度，强化监督指导

20. 建立业务指导制度。对直接涉及社会稳定、有影响的执行案件，要通过建立业务交流平台、召开业务交流会、发布典型案例等多种形式加强业务指导。

21. 建立系列案件执行统一协调机制。对于众多债权人集中向同一债务企业启动的系列执行案件，受理案件的不同地区、不同审级法院之间以及同一法院的不同部门之间要加强信息沟通，在上级法院的统一协调下执行。

22. 建立专项案件报告制度。下级法院在执行工作中对因金融危机引发的各类涉外、涉港澳台及其他敏感性、重大案件，要及时向上级法院报告。必要时，由上级法院提级执行或集中指定执行。

六、认真开展调查研究，积极做好法律服务

23. 加强对辖区企业状况的调研。通过召开企业及相关部门座谈会、走访企业等多种

形式加强对辖区企业经营状况的调研，与基层社区管理部门保持密切联系，形成共同应对经济危机的联动机制。

24. 加强法律知识的宣传。采取剖析典型案例、提供法律咨询、开展业务培训等多种形式，广泛宣传法律知识，教育和引导各类市场主体增强风险防范意识，努力营造公平有序的社会主义市场经济秩序。

25. 加强法律适用疑难问题的研究。对因金融危机引发的各类执行问题，深入开展前瞻性研究，及时总结经验，提出相应的对策。

26. 加强司法建议工作。及时收集执行实践中遇到的法律适用疑难问题及与金融危机密切相关的新类型、疑难及敏感案件，及时向有关部门提出应对措施和建议，帮助有关部门和企业堵塞管理漏洞。

最高人民法院关于进一步加强和规范执行工作的若干意见

- 2009年7月17日
- 法发〔2009〕43号

近年来，在各级党委领导、人大监督、政府支持下，人民法院不断推进执行体制和机制改革，健全执行工作长效机制，组织开展集中清理执行积案活动，有力保障了人民群众的合法权益，维护了社会公平正义，促进了社会和谐稳定。但是执行难问题并未从根本上得到解决，执行工作规范化水平仍需进一步提高，执行的力度和时效性有待进一步加强。为此，各级人民法院要进一步贯彻落实科学发展观和中央一系列文件精神，以解决执行难为重点，切实改进和完善执行工作体制机制，着力推进执行工作长效机制建设，全面提升执行工作规范化水平。

一、进一步加大执行工作力度

（一）建立执行快速反应机制。要努力提高执行工作的快速反应能力，加强与公安、检察等部门的联系，及时处理执行线索和突发事件。高、中级人民法院应当成立执行指挥中心，组建快速反应力量。有条件的基层人民法院根据工作需要也可以成立执行指挥中心。指挥中心负责人由院长或其授权的副院长担任，执行局长具体负责组织实施。为了便于与纪检、公安、检察等有关部门的协调，统一调用各类司法资源，符合条件的执行局长可任命为党组成员。指挥中心办事机构设在执行局，并开通24小时值班电话。快速反应力量由辖区法院的执行人员、司法警察等人员组成，下设快速反应执行小组，根据指挥中心的指令迅速采取执行行动。

（二）完善立审执协调配合机制。加强立案、审判和执行三个环节的协作配合，形成法院内部解决执行难的合力。立案阶段要加强诉讼指导、法律释明、风险告知和审前和解，尤其是对符合法定条件的案件依法及时采取诉前财产保全措施。审判阶段对符合条件的案件要依法及时采取诉讼保全和先予执行措施；要大力推进诉讼调解，提高调解案件的当庭履行率和自觉履行率；要增强裁判文书的说理性，强化判后答疑制度，促使当事人服判息诉，案结事了；要努力提高裁判文书质量，增强说理性，对双方的权利义务要表述准确、清晰，并充分考虑判项的可执行性。

（三）建立有效的执行信访处理机制。各级人民法院要设立专门的执行申诉处理机构，负责执行申诉信访的审查和督办，在理顺与立案庭等部门职能分工的基础上，探索建立四级法院上下一体的执行信访审查处理机制。上级法院要建立辖区法院执行信访案件挂牌督办制度，在人民法院网上设置专页，逐案登记，加强督办，分类办结后销号。进一步规范执行信访案件的办理流程，畅通民意沟通途径，对重大、复杂信访案件一律实行公开听证。要重视初信初访，从基层抓起，从源头抓起。要加强与有关部门的协作配合，充分发挥党委领导下的信访终结机制的作用。加大信访案件督办力度，落实领导包案制度，开展执行信访情况排名通报。完善执行信访工作的考评机制，信访责任追究和责任倒查机制。

（四）强化执行宣传工作。各级人民法院要加强同党委宣传部门的联系，将执行工作作为法制宣传工作的重要内容，制定执行工作宣传的整体规划，提高全社会的法制意识和风险意识。要与广播、报纸、电视、网络等媒体建立稳定的合作关系，采取召开新闻发布会、专题报道、跟踪报道、现场采访、设置专栏等方式，开展执行法规政策讲解、重大执行活动报道、典型案例通报、被执行人逃避、规避或抗拒执行行为的曝光等宣传活动。要高度重视民意沟通工作，通过进农村、进社区、进企业等多种形式，广泛深入地了解人民群众和社会各界对执行工作的意见和建议，把合理的社情民意转化为改进工作的具体措施，提高执行工作水平。

二、加快执行工作长效机制建设

（一）建立执行工作联席会议制度。各级人民法院要在各级党委的领导下，充分发挥执行工作联席会议制度的作用，组织排查和清理阻碍执行的地方性规定和文件，解决执行工作中遇到的突出困难和法院自身难以解决的问题，督促查处党政部门、领导干部非法干预执行或特殊主体阻碍、抗拒执行的违法违纪行为，协调处理可能影响社会稳定的重大突发事件或暴力抗法事件、重大执行信访案件；组织集中清理执行积案活动，对各类重点执行案件实行挂牌督办；对政府机关、国有企业等特殊主体案件，研究解决办法。重大执行事项经联席会讨论作出决定或形成会议纪要后，交由相关部门负责落实，落实情况纳入综合治理考核范围。

（二）加快执行联动威慑机制建设。各级人民法院要努力争取党委的支持，动员全社会的力量共同解决执行难问题。要在制度上明确与执行工作相关的党政管理部门，包括纪检监察、组织人事、新闻宣传、综合治理、检察、公安、政府法制、财政、民政、发展和改革、司法行政、国土资源管理、住房和城乡建设管理、人民银行、银行业监管、税务、工商行政管理和证券监管等部门在执行工作中的具体职责，积极协助人民法院开展有关工作。要建设好全国法院执行案件信息管理系统，积极参与社会信用体系建设，实现执行案件信息与其他部门信用信息的共享，并通过信用惩戒手段促使债务人自动履行义务。

（三）实施严格的执行工作考评机制。要完善和细化现有的执行工作考核体系，科学设定执行标的到位率、执行申诉率、执行结案率、执行结案合格率、自行履行率等指标，合理分配考核分值，建立规范有效的考核评价机制。考核由各级人民法院在辖区范围内定期、统一进行，考核结果实行公开排位，并建立末位情况分析制、报告制以及责任追究制。实行执行案件质量评查和超期限分析制度，将执行案件的质量和效率纳入质效管理部门的监管范围。各级人民法院要建立执行人员考评机制，建立质效档案，并将其作为考评定级、提职提级、评优评先的重要依据。要规定科学的结案标准，建立严格的无财产案件的程序终结制度，并作结案统计。建立上级法院执行局和本院质效管理部门对执行错案和瑕疵案件的分析和责任倒查制度。上级法院撤销或改变下级法院裁定或决定时，要附带对案件进行责任分析。本院质效管理部门发现执行案件存在问题的，也要进行责任分析。

三、继续推进执行改革

（一）优化执行职权配置。一是进一步完善高级人民法院执行机构统一管理、统一协调的执行工作管理机制，中级人民法院（直辖市除外）对所辖地区执行工作实行统一管理、统一协调。进一步推进“管案、管事、管人”相结合的管理模式。二是实行案件执行重心下移，最高人民法院和高级人民法院作为执行工作统一管理、统一协调的机构，原则上不执行具体案件，案件主要由中级人民法院和基层人民法院执行，也可以指定专门法院执行某些特定案件，以排除不当干预。三是科学界定执行审查权和执行实施权，并分别由不同的内设机构或者人员行使。将财产调查、控制、处分及交付和分配、采取罚款、拘留强制措施等事项交由实施机构办理，对各类执行异议、复议、案外人异议及变更执行法院的申请等事项交由审查机构办理。四是实行科学的执行案件流程管理，打破一个人负责到底的传统执行模式，积极探索建立分段集约执行的工作机制。指定专人负责统一调查、控制和处分被执行财产，以提高执行效率。要实施以节点控制为特征的流程管理制度，充分发挥合议庭和审判长（执行长）联席会议在审查、评议并提出执行方案方面的作用。

（二）统一执行机构设置。各级人民法院统一设立执行局，并统一执行局内设机构及职能。高级人民法院设立复议监督、协调指导、申诉审查以及综合管理机构，中级人民法院和基层人民法院设执行实施、执行审查、申诉审查和综合管理机构。复议监督机构负责执行案件的监督，并办理异议复议、申请变更执行法院和执行监督案件；协调指导机构负责跨辖区委托执行案件和异地执行案件的协调和管理，办理执行请示案件以及负责与同级政府有关部门的协调；申诉审查机构负责执行申诉信访案件的审查和督办等事项；综合管理机构负责辖区执行工作的管理部署、巡视督查、评估考核、起草规范性文件、调研统计等各类综合性事项。

（三）合理确定执行机构与其他部门的职责分工。要理顺执行机构与法院其他相关部门的职责分工，推进执行工作专业化和执行队伍职业化建设。实行严格的归口管理，明确行政非诉案件和行政诉讼案件的执行，财产保全、先予执行、财产刑等统一由执行机构负责实施。加强和规范司法警察参与执行工作。基层人民法院审判监督庭和高、中级人民法院的质效管理部门承担执行工作质量监督、瑕疵案件责任分析等职能。

四、强化执行监督制约机制

各级人民法院要把强化执行监督制约机制作为长效机制建设的重要内容，切实抓紧抓好。一是按照分权制衡的原则对执行权进行科学配置。区分执行审查权和执行实施权，分别由不同的内设机构或者人员行使，使各项权能之间相互制约、相互监督，保证执行权的正当行使。二是对执行实施的重点环节和关键节点进行风险防范。除编制很少的地区外，应当对执行实施权再行分解，总结出重点环节和关键节点，划分为若干阶段，由不同组织或人员负责，加强相互监督和制约，以此强化对执行工作的动态管理，防止执行权的滥用。三是加大上级法院对下级法院的监督力度。认真实施、严格落实修改后的民事诉讼法，通过办理执行异议、执行复议和案外人异议案件，以及上级法院提级执行、指定执行、交叉执行等途径，纠正违法执行和消极执行行为，加强对执行权行使的监督。四是进一步实行执行公开，自觉接受执行各方当事人的监督。建立执行立案阶段发放廉政监督卡或者执行监督卡、送达执行文书时公布或告知举报电话、当事人正当参与执行等制度。要抓好执行公开制度的贯彻落实，利用信息化手段和网络增强执行工作透明度，严禁暗箱操作，切实保障当事人的知情权、参与权、监督权，预防徇私枉法、权钱交易、违法干预办案等问题的发生，确保执行公正。五是拓宽监督渠道，主动接受社会各界对执行工作的监督。完善党委、人大、舆论等各类监督机制，探索人民陪审员和执行监督员参与执行工作的办法和途径，提高执行的公信力。

五、进一步加强执行队伍建设

各级人民法院要高度重视执行队伍建设。要加强对各级人民法院执行局负责人和执行人员的培训，开展执行人员与各业务部门审判人员的定期交流。要突出加强执行队伍廉政建设，逐步在执行机构配备廉政监察员，加大执行中容易产生腐败的重点环节的监督力度；加强对执行人员的职业道德教育、权力观教育和警示教育；规范执行人员与当事人、律师的交往，细化岗位职责，强化工作管理措施，化解廉政风险；建立顺畅的举报、检举、控告渠道和强有力的违法违纪行为的查纠机制，确保“五个严禁”在执行工作中得到全面贯彻。要根据执行工作的实际需要，配齐配强执行人员，确保实现中发〔1999〕11号文件规定的执行人员比例不少于全体干警现有编制总数15%的要求，确保执行人员的文化程度不低于所在法院人员的平均水平。要尽快制定下发《人民法院执行员条例》，对执行员的任职条件、任免程序、工作职责、考核培训等内容作出规定，努力建设一支公正、高效、廉洁、文明的执行队伍。

最高人民法院印发《关于人民法院预防和处理执行突发事件的若干规定》（试行）的通知

- 2009年9月22日
- 法发〔2009〕50号

各省、自治区、直辖市高级人民法院，解放军军事法院，新疆维吾尔自治区高级人民法院生产建设兵团分院：

现将《最高人民法院关于人民法院预防和处理执行突发事件的若干规定》（试行）印发给你们，请结合各地实际，贯彻执行。

最高人民法院关于人民法院预防和处理执行突发事件的若干规定（试行）

为预防和减少执行突发事件的发生，控制、减轻和消除执行突发事件引起的社会危害，规范执行突发事件应急处理工作，保护执行人员及其他人员的人身财产安全，维护社会稳定，根据《中华人民共和国民事诉讼法》、《中华人民共和国突发事件应对法》等有关法律规定，结合执行工作实际，制定本规定。

第一条　本规定所称执行突发事件，是指在执行工作中突然发生，造成或可能危及执行人员及其他人员人身财产安全，严重干扰执行工作秩序，需要采取应急处理措施予以应对的群体上访、当事人自残、群众围堵执行现场、以暴力或暴力相威胁抗拒执行等事件。

第二条　按照危害程度、影响范围等因素，执行突发事件分为特别重大、重大、较大和一般四级。

特别重大的执行突发事件是指严重影响社会稳定、造成人员死亡或3人以上伤残的事件。

除特别重大执行突发事件外，分级标准由各高级人民法院根据辖区实际自行制定。

第三条　高级人民法院应当加强对辖区法院执行突发事件应急处理工作的指导。

执行突发事件的应急处理工作由执行法院或办理法院负责。各级人民法院应当成立由院领导负责的应急处理工作机构，并建立相关工作机制。

异地执行发生突发事件时，发生地法院必须协助执行法院做好现场应急处理工作。

第四条　执行突发事件应对工作实行预防为主、预防与应急处理相结合的原则。执行突发事件应急处理坚持人身安全至上、社会稳定为重的原则。

第五条　各级人民法院应当制定执行突发事件应急处理预案。执行应急处理预案包括组织与指挥、处理原则与程序、预防和化解、应急处理措施、事后调查与报告、装备及人员保障等内容。

第六条　执行突发事件实行事前、事中和事后全程报告制度。执行人员应当及时将有关情况报告本院执行应急处理工作机构。

异地执行发生突发事件的，发生地法院应当及时将有关情况报告当地党委、政府。

第七条 各级人民法院应当定期对执行应急处理人员和执行人员进行执行突发事件应急处理有关知识培训。

第八条 执行人员办理案件时，应当认真研究全案执行策略，讲究执行艺术和执行方法，积极做好执行和解工作，从源头上预防执行突发事件的发生。

第九条 执行人员应当强化程序公正意识，严格按照法定执行程序采取强制执行措施，规范执行行为，防止激化矛盾引发执行突发事件。

第十条 执行人员必须严格遵守执行工作纪律有关规定，廉洁自律，防止诱发执行突发事件。

第十一条 执行人员应当认真做好强制执行准备工作，制定有针对性的执行方案。执行人员在采取强制措施前，应当全面收集并研究被执行人的相关信息，结合执行现场的社会情况，对发生执行突发事件的可能性进行分析，并研究相关应急化解措施。

第十二条 执行人员在执行过程中，发现有执行突发事件苗头，应当及时向执行突发事件应急处理工作机构报告。执行法院必须启动应急处理预案，采取有效措施全力化解执行突发事件危机。

第十三条 异地执行时，执行人员请求当地法院协助的，当地法院必须安排专人负责和协调，并做好应急准备。

第十四条 发生下列情形，必须启动执行突发事件应急处理预案：

（一）涉执上访人员在15人以上的；

（二）涉执上访人员有无理取闹、缠诉领导、冲击机关等严重影响国家机关办公秩序行为的；

（三）涉执上访人员有自残行为的；

（四）当事人及相关人员携带易燃、易爆物品及管制刀具等凶器上访的；

（五）当事人及相关人员聚众围堵，可能导致执行现场失控的；

（六）当事人及相关人员在执行现场使用暴力或以暴力相威胁抗拒执行的；

（七）其他严重影响社会稳定或危害执行人员安全的。

第十五条 执行突发事件发生后，执行人员应当立即报告执行突发事件应急处理工作机构。应急处理工作机构负责人应当迅速启动应急处理机制，采取有效措施防止事态恶性发展。同时协调公安机关及时出警控制现场，并将有关情况报告党委、政府。

第十六条 执行突发事件造成人伤亡或财产损失的，执行应急处理人员应当及时协调公安、卫生、消防等部门组织力量进行抢救，全力减轻损害和减少损失。

第十七条 对继续采取执行措施可能导致现场失控、激发暴力事件、危及人身安全的，执行人员应当立即停止执行措施，及时撤离执行现场。

第十八条 异地执行发生执行突发事件的，执行人员应当在第一时间将有关情况通报发生地法院，发生地法院应当积极协助组织开展应急处理工作。发生地法院必须立即派员赶赴现场，同时报告当地党委和政府，协调公安等有关部门出警控制现场，采取有效措施进行控制，防止事态恶化。

第十九条 执行突发事件发生后，执行法院必须就该事件进行专项调查，形成书面报告材料，在5个工作日内逐级上报至高级人民法院。对特别重大执行突发事件，高级人民法院应当立即组织调查，并在3个工作日内书面报告最高人民法院。

第二十条 执行突发事件调查报告应包括以下内容：

（一）事件发生的时间、地点和经过；

（二）事件后果及人员伤亡、财产损失；

（三）与事件相关的案件；

（四）有关法院采取的预防和处理措施；

（五）事件原因分析及经验、教训总结；

（六）事件责任认定及处理；

（七）其他需要报告的事项。

第二十一条 执行突发事件系由执行人员过错引发，或执行应急处理不当加重事件后果，或事后瞒报、谎报、缓报的，必须按照有关纪律处分办法追究相关人员责任。

第二十二条 对当事人及相关人员在执行突发事件中违法犯罪行为，有关法院应当协调公安、检察和纪检监察等有关部门，依法依纪予以严肃查处。

第二十三条 本规定自2009年10月1日起施行。

最高人民法院关于深入贯彻落实全国政法工作电视电话会议精神的意见

- 2009年12月24日
- 法发〔2009〕59号

为深入贯彻落实全国政法工作电视电话会议精神，大力推进社会矛盾化解、社会管理创新、公正廉洁执法三项重点工作，统筹抓好其他各项工作，实现人民法院工作的新发展，制定本意见。

一、深入学习领会全国政法工作电视电话会议精神，切实增强抓好三项重点工作的自觉性和坚定性

1. 全国政法工作电视电话会议是在我国应对国际金融危机取得明显成效、经济回升向好，但国内外经济环境仍然十分复杂、维护社会稳定面临许多新挑战新考验的形势下召开的一次重要会议。周永康同志的重要讲话深刻分析了当前政法维稳工作面临的严峻形势，明确提出了2010年和今后一个时期的工作任务，为人民法院工作指明了方向。全国各级人民法院都要组织广大干警深入学习领会周永康同志重要讲话精神，进一步增强做好人民法院工作的责任感、使命感和紧迫感。

2. 周永康同志在讲话中特别强调要深入推进社会矛盾化解、社会管理创新、公正廉洁执法三项重点工作，这是深入贯彻落实科学发展观、统筹抓好发展这个硬道理和稳定这个硬任务、促进经济社会协调发展的必然要求，是着力解决影响社会和谐稳定的源头性、根本性、基础性问题，更好地维护重要战略机遇期社会稳定的重大举措，是全面推进政法维稳工作的重要抓手。各级人民法院都要从巩固党的执政地位、维护国家长治久安、保障人民安居乐业、促进经济社会又好又快发展的战略高度，充分认识深入推进三项重点工作的重要性，积极主动、卓有成效地抓好工作落实。

3. 各级人民法院要把深入推进三项重点工作纳入人民法院工作整体部署，纳入执法办案、法院改革、队伍建设等各项工作之中，纳入各级法院领导班子和领导干部绩效考核范围，认真研究提出工作规划和实施意见，把各项目标任务和工作措施分解落实到每个单位、每个干警，确保三项重点工作扎实有效推进。

二、努力做好社会矛盾化解工作，切实维护人民群众根本利益

4. 抓源头，预防、减少社会矛盾。人民法院受理的案件，绝大多数是人民内部矛盾的反映。一方面，要依法妥善审理民间借贷、损害赔偿以及教育、医疗、住房、环境保护、食品药品安全、征地拆迁、劳动争议等案件，加强行政审判、国家赔偿等工作，依法保护人民群众的合法权益，有效化解各类社会矛盾。一方面，要着眼于预防社会矛盾，及时对各类案件可能导致的社会稳定风险进行评估，与有关部门密切配合，妥善化解风险，防止发生损害群众利益的问题。同时，要着眼于方便群众依法维权、及时化解矛盾，认真落实便民利民措施，健

全首问负责、服务承诺、办案公开、文明接待等制度，完善远程立案、巡回审判、预约办案、繁简分流等工作举措，加大对弱势群体的司法救助力度，真正做到司法为了群众、方便群众、服务群众。

5. 清积案，进一步解决涉诉信访和执行难问题。认真贯彻中央关于进一步加强和改进涉法涉诉信访工作的指示，始终把解决实际问题、化解社会矛盾放在首位，落实领导责任和办案责任，落实依法纠错原则，落实领导干部定期接访和上级法院带案下访、巡回接访等制度，落实信访案件终结规定，努力解决信访当事人的合法合理诉求。巩固集中清理执行积案成果，加快清理无财产可供执行的积案，同时从提高审判质量、强化执行管理、完善联动机制入手，进一步提高执行质量和效率，构建综合治理执行难的工作格局。

6. 建机制，加强司法调解和诉调对接工作。坚持“调解优先、调判结合”，在案结事了上下功夫，将调解工作贯穿于立案、审判、执行、申诉、信访等各个环节，全面加强刑事附带民事调解、轻微刑事案件和解、民事案件调解、行政案件协调、执行案件和解等工作，规范调解程序，注重调解质量，提高调解效率，努力从根本上化解矛盾。健全诉讼与非诉相衔接的矛盾纠纷解决机制，加强对人民调解工作的指导，完善诉讼程序与仲裁、行政调解、人民调解等非诉纠纷解决方式的协调配合，主动加强与有关部门的协作，积极推动诉调对接工作发展，齐心协力化解社会矛盾，维护社会稳定。

7. 强基层，充分发挥基层法院和人民法庭化解社会矛盾的前沿阵地作用。基层法院和人民法庭地处基层一线，直接联系群众，熟悉社情民意，要充分发挥这些优势，及时把各类矛盾化解在基层，解决在始发状态，维护基层和谐稳定。上级法院要按照依法监督、审级独立、上下互动的原则，通过检查督办、下发审判指导文件、发布指导性案例、组织业务培训、召开业务研讨会等方式，加强对基层工作的监督指导，配齐配强基层人员力量，使基层法院和人民法庭更好地发挥化解社会矛盾的职能作用。

三、积极参与社会管理创新工作，切实维护良好的社会管理秩序

8. 积极参与特殊人群帮教管理工作。认真贯彻“教育、感化、挽救”方针和“教育为主、惩罚为辅”等司法原则，切实做好少年司法工作，大力推进独立建制的少年案件指定管辖审判庭和少年审判庭建设，确保未成年人合法权益得到切实有效的保护。坚持做好对被判处缓管免人员以及刑释解教人员的跟踪帮教工作，帮助他们改过自新，防止重新犯罪。积极配合有关部门解决刑释解教人员的实际困难。加强和规范监外执行工作，深入推进社区矫正试点工作，充分发挥社区矫正在教育改造罪犯、预防重新犯罪方面的重要作用。

9. 积极参与社会治安重点地区综合治理工作。依托审判工作，从各类案件的审判、执行中，及时发现可能影响社会稳定的苗头性、倾向性问题，依法妥善处理。积极参与对治安混乱地区的矛盾排查化解工作，依法打击“两抢一盗”、涉枪涉爆等严重影响群众安全感的违法犯罪行为，大力推进“平安创建”工作。结合审判、执行工作中发现的问题，积极运用司法建议等方式，及时向有关部门提出加强和改进社会管理的意见建议。

10. 积极参与网络虚拟社会建设管理工作。高度重视信息时代网络技术对社会管理的影响，依法打击利用网络进行的网上诈骗、网上盗窃、传播淫秽色情信息等违法犯罪活动，净化网络空间。密切关注网络舆情，及时回应社会关切。通过召开新闻发布会等方式，主动向新闻媒体介绍人民法院工作特别是一些重大案件审判情况，充分发挥新闻媒体的作用，充分利用网络传播范围广、速度快的优势，大张旗鼓地开展法制宣传活动。

四、深入推进公正廉洁司法,切实提高司法公信力

11.加强学习培训,进一步提高法官的司法能力。深入开展建设学习型法院活动,鼓励法官加强学习,增长才干。创新法官培训方式,着力提高法官化解社会矛盾、做群众工作的能力。大力推进法官教法官、岗位练兵等活动,发挥资深优秀法官的传帮带作用,总结推广审判执行工作中行之有效的方法,使法官水平有提高、经验更丰富。建立法官定期培训制度,使每个法官每年都能接受一定时间的培训。充分发挥国家法官学院各省(自治区、直辖市)分院的作用,从2010年开始对基层法院庭长进行轮训并形成制度。加强少数民族地区双语法官的培养。继续推行法官逐级遴选、上下级法院法官双向挂职锻炼、法官到党政部门挂职学习、新进人员到信访窗口接受锻炼、培养奖励执法办案标兵等做法,切实增强法官的司法能力。

12.加强审判管理,进一步提高办案质量和效率。最高人民法院要加强司法解释工作,及时出台贯彻执行法律的具体意见,指导各级法院细化审判、执行及信访等工作标准,规范司法行为和自由裁量权的行使,统一司法尺度。大力加强审判绩效考评工作,将工作绩效与评先评优、晋级晋职结合起来,形成以工作实绩选人用人的导向。健全案件质量评查制度,狠抓责任落实和过错追究,增强法官的质量效率意识。建立健全科学的调解工作考评机制,将调解案件的自动履行率、申诉信访率纳入考评体系,将案结事了作为重要考核标准。强化执行工作考评,加大执行标的到位率、执行申诉率在考评中的权重,使考核指标全面反映执行工作水平。加强对审判、执行工作的动态分析,强化对审限内结案率的考核,建立健全收结案动态平衡机制。强化院长、庭长的管理职责,明确基层法院审监庭负责案件质量监督管理的职能。加强上级法院对下级法院审判执行工作的考核评价,科学设定考评指标,重点评价司法效果,促进人民法院审判、执行工作整体发展。

13.加强司法公开,推进司法民主。完善司法公开制度,依法公开立案、庭审、执行等各个环节的内容,并通过建立网站、设立开放日、公开征求司法解释意见、逐步实现裁判文书上网等措施,做到阳光司法、透明公开。完善人民陪审员制度,增加陪审员数量,保障陪审员参审权利,加强对陪审员的管理和培训,充分发挥人民陪审员参与审判案件、监督审判活动、联系人民群众的重要作用。完善民意沟通机制,倡导法官进企业、进农村、进学校、进社区,广泛听取人大代表、政协委员、专家学者、新闻媒体、律师和基层群众意见,不断加强和改进工作。

14.加强廉政建设,促进司法廉洁。各级法院领导干部要率先垂范,严格自律,同时坚持从严治院,坚持一岗双责,以更大的决心和力度抓好廉政建设。充分运用正反两方面典型和各种行之有效的方式,坚持不懈地抓好示范教育和警示教育,筑牢拒腐防变的思想道德防线。认真总结近年来反腐败斗争的实践经验,针对容易滋生腐败的重点岗位和环节,进一步健全对权力行使进行监督制约的机制,完善违纪违法责任追究制度,努力实现制度建设与反腐倡廉同步推进。大力推行廉政监察员和司法巡查制度,加强对审判权、执行权的直接、实时监督。完善举报查处机制,以查处“关系案、人情案、金钱案”为重点,坚定不移地落实“五个严禁”。

15.加强人民法院党的建设,发挥党组织的战斗堡垒和党员干部的先锋模范作用。加强思想政治建设,深入开展中国特色社会主义理论体系教育、社会主义法治理念教育、职业道德教育,确保广大党员干部始终坚持“三个至上”,切实做到“四个在心中”。加强基层组织建设,健全组织生活制度,强化党员的党性观念和党员意识,

把最艰巨的任务、最难处理的问题交给党员干警去完成。系统总结各地创造的新鲜经验，大力推进党建工作科学化。认真落实党建工作责任制，完善党建工作考核评价体系，把党中央关于党的建设的各项部署抓到基层、落到实处。

16. 加强作风建设，深化“人民法官为人民”主题实践活动。不断深化对人民法院人民性的理论认同、感情认同、实践认同，进一步增强法官的群众观念，切实解决“权从何来、为谁司法、靠谁司法”的问题，增强对人民群众的感情，使亲民、爱民、为民成为法官的自觉行动。健全联系群众制度，真心听取人民群众的意见，每一个司法裁判、每一项司法政策都要有利于维护人民群众的根本利益。讲究司法礼仪，改善服务态度，弘扬司法文明，树立良好形象。发挥上级机关和各级领导干部的示范作用，以实际行动带领广大法官转变司法作风。加强法院文化建设，以干警喜闻乐见的方式，大力弘扬公正、廉洁、为民的司法核心价值观。

五、坚持统筹兼顾的根本方法，切实抓好服务科学发展与实现自身科学发展的各项工作

17. 统筹做好为经济社会发展服务工作。坚持“为大局服务，为人民司法”工作主题，全面贯彻党中央“五个更加注重”的战略部署，高度重视国际金融危机形势的发展变化，坚持不懈地抓好执法办案这个人民法院的第一要务，依法妥善审理在调结构、扩内需中发生的各类案件，为实现经济平稳较快发展提供有力司法保障。高度重视能动司法，加强政策指导，使各项工作始终符合经济社会发展需要。

18. 统筹做好维护国家安全和社会稳定工作。坚持宽严相济的刑事政策，把握好宽严的重点和幅度，依法严厉打击危害国家安全、扰乱社会治安、侵害群众利益、破坏市场秩序以及贪污贿赂渎职等刑事犯罪活动，加大打黑除恶力度；对具有法定从轻、减轻处罚情节的，依法从宽处理，分化瓦解犯罪；加强刑事被害人救助工作，减少社会不稳定因素。

19. 统筹做好深化法院改革工作。认真贯彻中央关于深化司法体制和工作机制改革的意见，按照《人民法院第三个五年改革纲要（2009—2013）》的部署，以切实解决诉讼难、执行难为重点，努力在优化司法职权配置、落实宽严相济刑事政策、加强法院队伍建设、加强法院经费保障、健全司法为民工作机制等方面取得新进展，确保各项改革取得人民满意的效果。

20. 统筹做好基层基础工作。上级法院党组要加强与地方党委的沟通协商，积极提出下级法院领导班子配备的意见和建议，参与考察工作，严格把好任职资格关，配合地方党委做好干部交流工作，强化干部监督。加强法官职业化建设，推进法院工作人员的分类管理，建立健全激励机制。要把为基层解决实际问题作为重要任务，充分体谅基层工作的难处和基层法官的辛苦，努力争取各方面的支持，切实解决好基层的经费保障、部分法官提前离岗、基层干警职级待遇、少数民族地区法庭设置等问题，为基层工作发展提供有力保障。

21. 统筹推动各级法院的信息化建设。按照“科技强院”的要求，加强信息化基础设施建设，推动硬件和软件的升级完善，提高信息处理能力；加强局域网和广域网建设，充分利用网络开展公文办理、文件传输、信息发布、人事管理、后勤管理等工作，提高办事效率；加强信息技术在审判、执行、信访等工作中的应用，实现对各项工作的全面、动态和实时监控，确保办案质量和效率；加强网络安全建设，保证信息传输和网络服务的真实性、可靠性。

六、强化组织领导，狠抓工作落实，切实推动人民法院工作实现新发展

22. 要始终坚持党的领导，坚定不移地贯彻落实党中央的重大决策部署，紧紧依靠党的领导解决人民法院工作中遇到的困难和问题。要更加自觉地接受人大监督、政协民主监督、检察机关法律监督和社会监督，确保人民法院正确执行法律，依法履行职责。要积极争取各方面的关心支持，加强与有关方面的协调配合，努力营造良好的外部环境。

23. 上级法院要加强对下级法院工作情况的掌握，搞好工作调度，有针对性地加强工作指导；加强督促、检查工作，重点检查下级法院推进三项重点工作、统筹做好其他工作的情况；认真总结各地创造的好经验、好做法，及时宣传推广先进典型及其先进事迹，激励各地法院和广大法官做好工作。

24. 各级人民法院都要按照本意见的要求，结合各自工作实际，在学好会议精神、抓好工作落实上下功夫，认真研究、切实制定深入推进三项重点工作，统筹做好人民法院各项工作的意见和措施，以求真务实的作风，推动人民法院工作全面发展，为促进经济社会又好又快发展作出新的贡献。

最高人民法院关于对配偶子女从事律师职业的法院领导干部和审判执行岗位法官实行任职回避的规定（试行）

- 2011年2月10日
- 法发〔2011〕5号

为维护司法公正和司法廉洁，防止法院领导干部及法官私人利益与公共利益发生冲突，依照《中华人民共和国公务员法》、《中华人民共和国法官法》和《中国共产党党员领导干部廉洁从政若干准则》，制定本规定。

第一条 人民法院领导干部和审判、执行岗位法官，其配偶、子女在其任职法院辖区内从事律师职业的，应当实行任职回避。

本规定所称法院领导干部，是指各级人民法院的领导班子成员及审判委员会专职委员。

本规定所称审判、执行岗位法官，是指各级人民法院未担任院级领导职务的审判委员会委员以及在立案、审判、执行、审判监督、国家赔偿等部门从事审判、执行工作的法官和执行员。

本规定所称从事律师职业，是指开办律师事务所、以律师身份为案件当事人提供诉讼代理或者其他有偿法律服务。

第二条 人民法院在选拔任用干部时，不得将具备任职回避条件的人员作为法院领导干部和审判、执行岗位法官的拟任人选。

第三条 人民法院在补充审判、执行岗位工作人员时，不得补充具备任职回避条件的人员。

人民法院在补充非审判、执行岗位工作人员时，应当向拟补充的人员释明本规定的相关内容。

第四条 在本规定施行前具备任职回避条件的法院领导干部和审判、执行岗位法官，应当自本规定施行之日起六个月内主动提出任职回避申请；相关人民法院应当自本规定施行之日起十二个月内，按照有关程序为其办理职务变动或者岗位调整的手续。

第五条 在本规定施行前不具备任职回避条件，但在本规定施行后具备任职回避条件的法院领导干部和审判、执行岗位法官，应当自任职回避条件具备之日起一个月内主动提出任职回避申请；相关人民法院应当自申请期限届满之日起六个月内，按照有关程序为其办理职务变动或者岗位调整的手续。

第六条 具备任职回避条件的法院领导干部和审判、执行岗位法官在前述规定期限内没有主动提出任职回避申请的，相关人民法院应当自申请期限届满之日起六个月内，按照有关程序免去其所任领导职务或者将其调离审判执行岗位。

第七条 应当实行任职回避的法院领导干部和审判、执行岗位法官的任免权限不在人民法院的，相关人民法院可向具有干部任免权的机关提出为其办理职务调动或者免职手续的建议。

第八条 因配偶、子女从事律师职业而辞去现任职务或者退出审判、执行岗位的法院领导干部和法官，应当尽可能按原职级待遇重新安排工作岗位，但在重新安排工作时，不得违反本规定第二条、第三条的要求。

第九条 具备任职回避条件的法院领导干部及审判、执行岗位法官具有下列情形之一的，应当酌情给予批评教育、组织处理或者纪律处分：

（一）隐瞒配偶、子女从事律师职业情况的；

（二）采取弄虚作假手段规避任职回避的；

（三）拒不服从组织调整或者拒不办理公务交接的；

（四）具有其他违反任职回避规定行为的。

第十条 法院领导干部和审判、执行岗位法官的配偶、子女不在本规定所限地域范围内从事律师职业的，该法院领导干部和审判、执行岗位法官不实行任职回避，但其配偶、子女采取暗中代理等方式在本规定所限地域范围内从事律师职业的，应当责令其辞去领导职务或者将其调离审判、执行岗位；其本人知情的，还应当同时给予其相应的纪律处分。

第十一条 本规定由最高人民法院负责解释。

第十二条 本规定自发布之日起施行。

最高人民法院印发《关于执行权合理配置和科学运行的若干意见》的通知

- 2011年10月19日
- 法发〔2011〕15号

各省、自治区、直辖市高级人民法院，解放军军事法院，新疆维吾尔自治区高级人民法院生产建设兵团分院：

现将《最高人民法院关于执行权合理配置和科学运行的若干意见》印发给你们，请结合工作实际，认真贯彻执行。

最高人民法院关于执行权合理配置和科学运行的若干意见

为了促进执行权的公正、高效、规范、廉洁运行，实现立案、审判、执行等机构之间的协调配合，完善执行工作的统一管理，根据《中华人民共和国民事诉讼法》和有关司法解释的规定，提出以下意见。

一、关于执行权分权和高效运行机制

1. 执行权是人民法院依法采取各类执行措施以及对执行异议、复议、申诉等事项进行审查的权力，包括执行实施权和执行审查权。

2. 地方人民法院执行局应当按照分权运行机制设立和其他业务庭平行的执行实施和执行审查部门，分别行使执行实施权和执行审查权。

3. 执行实施权的范围主要是财产调查、控制、处分、交付和分配以及罚款、拘留措施等实施事项。执行实施权由执行员或者法官行使。

4. 执行审查权的范围主要是审查和处理执行异议、复议、申诉以及决定执行管辖权的移转等审查事项。执行审查权由法官行使。

5. 执行实施事项的处理应当采取审批制，执行审查事项的处理应当采取合议制。

6. 人民法院可以将执行实施程序分为财产查控、财产处置、款物发放等不同阶段并明确时限要求，由不同的执行人员集中办理，互相监督，分权制衡，提高执行工作质量和效率。执行局的综合管理部门应当对分段执行实行节点控制和流程管理。

7. 执行中因情况紧急必须及时采取执行措施的，执行人员经执行指挥中心指令，可依法采取查封、扣押、冻结等财产保全和其他控

制性措施，事后两个工作日内应当及时补办审批手续。

8. 人民法院在执行局内建立执行信访审查处理机制，以有效解决消极执行和不规范执行问题。执行申诉审查部门可以参与涉执行信访案件的接访工作，并应当采取排名通报、挂牌督办等措施促进涉执行信访案件的及时处理。

9. 继续推进全国法院执行案件信息管理系统建设，积极参与社会信用体系建设。执行信息部门应当发挥职能优势，采取多种措施扩大查询范围，实现执行案件所有信息在法院系统内的共享，推进执行案件信息与其他部门信用信息的共享，并通过信用惩戒手段促使债务人自动履行义务。

二、关于执行局与立案、审判等机构之间的分工协作

10. 执行权由人民法院的执行局行使；人民法庭可根据执行局授权执行自审案件，但应接受执行局的管理和业务指导。

11. 办理执行实施、执行异议、执行复议、执行监督、执行协调、执行请示等执行案件和案外人执行异议之诉、申请执行人执行异议之诉、执行分配方案异议之诉、代位析产之诉等涉执行的诉讼案件，由立案机构进行立案审查，并纳入审判和执行案件统一管理体系。

人民法庭经授权执行自审案件，可由其自行办理立案登记手续，并纳入执行案件的统一管理。

12. 案外人执行异议之诉、申请执行人执行异议之诉、执行分配方案异议之诉、代位析产之诉等涉执行的诉讼，由人民法院的审判机构按照民事诉讼程序审理。逐步促进涉执行诉讼审判的专业化，具备条件的人民法院可以设立专门审判机构，对涉执行的诉讼案件集中审理。

案外人、当事人认为据以执行的判决、裁定错误的，由作出生效判决、裁定的原审人民法院或其上级人民法院按照审判监督程序审理。

13. 行政非诉案件、行政诉讼案件的执行申请，由立案机构登记后转行政审判机构进行合法性审查；裁定准予强制执行的，再由立案机构办理执行立案登记后移交执行局执行。

14. 强制清算的实施由执行局负责，强制清算中的实体争议由民事审判机构负责审理。

15. 诉前、申请执行前的财产保全申请由立案机构进行审查并作出裁定；裁定保全的，移交执行局执行。

16. 诉中财产保全、先予执行的申请由相关审判机构审查并作出裁定；裁定财产保全或者先予执行的，移交执行局执行。

17. 当事人、案外人对财产保全、先予执行的裁定不服申请复议的，由作出裁定的立案机构或者审判机构按照民事诉讼法第九十九条的规定进行审查。

当事人、案外人、利害关系人对财产保全、先予执行的实施行为提出异议的，由执行局根据异议事项的性质按照民事诉讼法第二百零二条或者第二百零四条的规定进行审查。

当事人、案外人的异议既指向财产保全、先予执行的裁定，又指向实施行为的，一并由作出裁定的立案机构或者审判机构分别按照民事诉讼法第九十九条和第二百零二条或者第二百零四条的规定审查。

18. 具有执行内容的财产刑和非刑罚制裁措施的执行由执行局负责。

19. 境外法院、仲裁机构作出的生效法律文书的执行申请，由审判机构负责审查；依法裁定准予执行或者发出执行令的，移交执行局执行。

20. 不同法院因执行程序，执行与破产、强制清算、审判等程序之间对执行标的产生争议，经自行协调无法达成一致意见的，由争议法院的共同上级法院执行局中的协调指导部门处理。

21. 执行过程中依法需要变更、追加执行主体

的，由执行局按照法定程序办理；应当通过另诉或者提起再审追加、变更的，由审判机构按照法定程序办理。

22. 委托评估、拍卖、变卖由司法辅助部门负责，对评估、拍卖、变卖所提异议由执行局审查。

23. 被执行人对国内仲裁裁决提出不予执行抗辩的，由执行局审查。

24. 立案、审判机构在办理民商事和附带民事诉讼案件时，应当根据案件实际，就追加诉讼当事人、申请诉前、诉中和申请执行前的财产保全等内容向当事人作必要的释明和告知。

25. 立案、审判机构在办理民商事和附带民事诉讼案件时，除依法缺席判决等无法准确查明当事人身份和地址的情形外，应当在有关法律文书中载明当事人的身份证号码，在卷宗中载明送达地址。

26. 审判机构在审理确权诉讼时，应当查询所要确权的财产权属状况，发现已经被执行局查封、扣押、冻结的，应当中止审理；当事人诉请确权的财产被执行局处置的，应当撤销确权案件；在执行局查封、扣押、冻结后确权的，应当撤销确权判决或者调解书。

27. 对符合法定移送执行条件的法律文书，审判机构应当在法律文书生效后及时移送执行局执行。

三、关于执行工作的统一管理

28. 中级以上人民法院对辖区人民法院的执行工作实行统一管理。下级人民法院拒不服从上级人民法院统一管理的，依照有关规定追究下级人民法院有关责任人的责任。

29. 上级人民法院可以根据本辖区的执行工作情况，组织集中执行和专项执行活动。

30. 对下级人民法院违法、错误的执行裁定、执行行为，上级人民法院有权指令下级人民法院自行纠正或者通过裁定、决定予以纠正。

31. 上级人民法院在组织集中执行、专项执行或其他重大执行活动中，可以统一指挥和调度下级人民法院的执行人员、司法警察和执行装备。

32. 上级人民法院根据执行工作需要，可以商政府有关部门编制辖区内人民法院的执行装备标准和业务经费计划。

33. 上级人民法院有权对下级人民法院的执行工作进行考核，考核结果向下级人民法院通报。

最高人民法院印发《关于在审判执行工作中切实规范自由裁量权行使保障法律统一适用的指导意见》的通知

- 2012年2月28日
- 法发〔2012〕7号

各省、自治区、直辖市高级人民法院，解放军军事法院，新疆维吾尔自治区高级人民法院生产建设兵团分院：

现将最高人民法院《关于在审判执行工作中切实规范自由裁量权行使保障法律统一适用的指导意见》印发给你们，请认真贯彻落实。

关于在审判执行工作中切实规范自由裁量权行使保障法律统一适用的指导意见

中国特色社会主义法律体系如期形成，标志着依法治国基本方略的贯彻实施进入了一个新阶段，人民法院依法履行职责、维护法制统一、建设社会主义法治国家的责任更加重大。我国正处在重要的社会转型期，审判工作中不断出现新情况、新问题；加之，我国地域辽阔、人口众多、民族多样性等诸多因素，造成经济社会发展不平衡。这就要求人民法院在强化法律统一适用的同时，正确运用司法政策，规范行使自由裁量权，充分发挥自由裁量权在保障法律正确实施，维护当事人合法权益，维护司法公正，提升司法公信力等方面的积极作用。现就人民法院在审判执行工作中切实规范自由裁量权行使，保障法律统一适用的若干问题，提出以下指导意见：

一、正确认识自由裁量权。自由裁量权是人民法院在审理案件过程中，根据法律规定和立法精神，秉持正确司法理念，运用科学方法，对案件事实认定、法律适用以及程序处理等问题进行分析和判断，并最终作出依法有据、公平公正、合情合理裁判的权力。

二、自由裁量权的行使条件。人民法院在审理案件过程中，对下列情形依法行使自由裁量权：（一）法律规定由人民法院根据案件具体情况进行裁量的；（二）法律规定由人民法院从几种法定情形中选择其一进行裁量，或者在法定的范围、幅度内进行裁量的；（三）根据案件具体情况需要对法律精神、规则或者条文进行阐释的；（四）根据案件具体情况需要对证据规则进行阐释或者对案件涉及的争议事实进行裁量认定的；（五）根据案件具体情况需要行使自由裁量权的其他情形。

三、自由裁量权的行使原则。（一）合法原则。要严格依据法律规定，遵循法定程序和正确裁判方法，符合法律、法规和司法解释的精神以及基本法理的要求，行使自由裁量权。不能违反法律明确、具体的规定。（二）合理原则。要从维护社会公平正义的价值观出发，充分考虑公共政策、社会主流价值观念、社会发展的阶段性、社会公众的认同度等因素，坚持正确的裁判理念，努力增强行使自由裁量权的确定性和可预测性，确保裁判结果符合社会发展方向。（三）公正原则。要秉持司法良知，恪守职业道德，坚持实体公正与程序公正并重。坚持法律面前人人平等，排除干扰，保持中立，避免偏颇。注重裁量结果与社会公众对公平正义普遍理解的契合性，确保裁判结果符合司法公平正义的要求。（四）审慎原则。要严把案件事实关、程序关和法律适用关，在充分理解法律精神、依法认定案件事实的基础上，审慎衡量、仔细求证，同时注意司法行为的适当性和必要性，努力实现办案的法律效果和社会效果的有机统一。

四、正确运用证据规则。行使自由裁量权，要正确运用证据规则，从保护当事人合法权益、有利查明事实和程序正当的角度，合理分配举证责任，全面、客观、准确认定证据的证明力，严格依证据认定案件事实，努力实现法律事实与客观事实的统一。

五、正确运用法律适用方法。行使自由裁量权，要处理好上位法与下位法、新法与旧法、特别法与一般法的关系，正确选择所应适用的法律；难以确定如何适用法律的，应按照立法法的规定报请有关机关裁决，以维护社会主义法制的统一。对同一事项同一法律存在一般规定和特别规定的，应优先适用特别规定。要正确把握法律、法规和司法解释中除明确列举之外的概括性条款规定，确保适用结果符合立法原意。

六、正确运用法律解释方法。行使自由裁量权，要结合立法宗旨和立法原意、法律原则、国家政策、司法政策等因素，综合运用各种解释方法，对法律条文作出最能实现社会公平正义、最具现实合理性的解释。

七、正确运用利益衡量方法。行使自由裁量权，要综合考量案件所涉各种利益关系，对相互冲突的权利或利益进行权衡与取舍，正确处理好公共利益与个人利益、人身利益与财产利益、生存利益与商业利益的关系，保护合法利益，抑制非法利益，努力实现利益最大化、损害最小化。

八、强化诉讼程序规范。行使自由裁量权，要严格依照程序法的规定，充分保障各方当事人的诉讼权利。要充分尊重当事人的处分权，依法保障当事人的辩论权，对可能影响当事人实体性权利或程序性权利的自由裁量事项，应将其作为案件争议焦点，充分听取当事人的意见；要完善相对独立的量刑程序，将量刑纳入庭审过程；要充分保障当事人的知情权，并根据当事人的要求，向当事人释明行使自由裁量权的依据、考量因素等事项。

九、强化审判组织规范。要进一步强化合议庭审判职责，确保全体成员对案件审理、评议、裁判过程的平等参与，充分发挥自由裁量权行使的集体把关机制。自由裁量权的行使涉及对法律条文的阐释、对不确定概念的理解、对证据规则的把握以及其他可能影响当事人重大实体性权利或程序性权利事项，且有重大争议的，可报请审判委员会讨论决定，确保法律适用的统一。

十、强化裁判文书规范。要加强裁判文书中对案件事实认定理由的论证，使当事人和社会公众知悉法院对证据材料的认定及采信理由。要公开援引和适用的法律条文，并结合案件事实阐明法律适用的理由，充分论述自由裁量结果的正当性和合理性，提高司法裁判的公信力和权威性。

十一、强化审判管理。要加强院长、庭长对审判活动的管理。要将自由裁量权的行使纳入案件质量评查范围，建立健全长效机制，完善评查标准。对自由裁量内容不合法、违反法定程序、结果显失公正以及其他不当行使自由裁量权的情形，要结合审判质量考核的相关规定予以处理；裁判确有错误，符合再审条件的，要按照审判监督程序进行再审。

十二、合理规范审级监督。要正确处理依法改判与维护司法裁判稳定性的关系，不断总结和规范二审、再审纠错原则，努力实现裁判标准的统一。下级人民法院依法正当行使自由裁量权作出的裁判结果，上级人民法院应当依法予以维持；下级人民法院行使自由裁量权明显不当的，上级人民法院可以予以撤销或变更；原审人民法院行使自由裁量权显著不当的，要按照审判监督程序予以撤销或变更。

十三、加强司法解释。最高人民法院要针对审判实践中的新情况、新问题，及时开展有针对性的司法调研。通过司法解释或司法政策，细化立法中的原则性条款和幅度过宽条款，规范选择性条款和授权条款，统一法律适用标准。要进一步提高司法解释和司法政策的质量，及时清理已过时或与新法产生冲突的司法解释，避免引起歧义或规则冲突。

十四、加强案例指导。各级人民法院要及时收集、整理涉及自由裁量权行使的典型案例，逐级上报最高人民法院。最高人民法院在公布的指导性案例中，要有针对性地筛选出在诉讼程序展开、案件事实认定和法律适用中涉及自由裁量事项的案例，对考量因素和裁量标准进行类型化。上级人民法院要及时掌握辖区内自由裁量权的行使情况，不断总结审判经验，提高自由裁量权行使的质量。

十五、不断统一裁判标准。各级人民法院内部对同一类型案件行使自由裁量权的，要严格、准确适用法律、司法解释，参照指导性案例，努力做到类似案件类似处理。下级人民法院对所审理的案件，认为存在需要统一裁量标准的，要书面报告上级人民法院。在案件审理中，发现不同人民法院对同类案件的处理存在明显不同裁量标准的，要及时将情况逐级上报共同的上级人民法院予以协调解决。自由裁量权的行使涉及具有普遍法律适用意义的新型、疑难问题的，要逐级书面报告最高人民法院。

十六、加强法官职业保障。要严格执行宪法、法官法的规定，增强法官职业荣誉感，保障法官正当行使自由裁量权。要大力建设学习型法院，全面提升司法能力。要加强法制宣传，引导社会和公众正确认识自由裁量权在司法审判中的必要性、正当性，不断提高社会公众对依法行使自由裁量权的认同程度。

十七、防止权力滥用。要进一步拓展司法公开的广度和深度，自觉接受人大、政协、检察机关和社会各界的监督。要深入开展廉洁司法教育，建立健全执法过错责任追究和防止利益冲突等制度规定，积极推进人民法院廉政风险防控机制建设，切实加强对自由裁量权行使的监督，对滥用自由裁量权并构成违纪违法的人员，要依据有关法律法规及纪律规定进行严肃处理。

最高人民法院关于进一步做好司法便民利民工作的意见

- 2014年11月20日
- 法〔2014〕293号

各省、自治区、直辖市高级人民法院，解放军军事法院，新疆维吾尔自治区高级人民法院生产建设兵团分院：

为深入贯彻落实党的十八大、十八届三中、四中全会精神，进一步扎实推进党的群众路线教育实践活动，积极回应人民群众对司法工作的新要求和新期待，牢牢把握“司法为民、公正司法”工作主线，现就人民法院进一步做好司法便民利民工作，提出如下意见。

一、统一思想，提高认识，进一步增强做好司法便民利民工作的自觉性

1. 司法便民利民是人民法院努力实现“让人民群众在每一个司法案件中都感受到公平正义”的必然要求，是全面推进依法治国，建设平安中国、法治中国的重要途径。各级人民法院要准确把握我国全面深化改革进程中出现的新情况、新特点，将方便人民群众诉讼作为做好各项工作的出发点和落脚点，扎扎实实为人民群众办实事，更好地满足新时期人民群众的多元司法需求。

2. 司法便民利民是人民法院深入贯彻执行党的群众路线，积极践行司法为民根本宗旨的重要内容。各级人民法院要自觉把做好司法便民利民工作与扎实推进党的群众路线教育实践活动紧密结合起来，时刻摆正与人民群众的关系，准确把握人民群众对法院工作的需求与期待，始终坚持人民司法为人民，切实加强人权司法保障，不断改进司法作风，通过一个个具体鲜活的司法便民利民举措，更好地维护最广大人民群众的根本利益。

3. 司法便民利民是深化司法改革，加快建设公正高效权威的社会主义司法制度的重要环节。各级人民法院要把人民群众是否满意作为衡量司法改革成败的根本标准，把完善和落实司法便民利民举措作为深化司法改革的重要切入点，不断健全保障人民群众参与司法的制度措施，着力构建开放、动态、透明、便民的阳光司法机制，让司法改革成果更多更公平地惠及全体人民群众，不断提高司法公信力。

二、求真务实，加强规范，切实做好司法便民利民工作

4. 积极探索建立健全司法便民利民工作的长效机制。人民法院要在狠抓执法办案第一要务的同时，进一步细化和完善立案、审判、执行和信访等环节的便民利民措施，为人民群众提供热情、便捷、高效的司法服务。

5. 建设好、管理好、运用好诉讼服务平台。深入推进诉讼服务中心的标准化、规范化建设，全面整合诉讼服务功能，优化诉讼服务窗口建设。认真做好诉调对接、立案登记、诉讼风险提示、诉讼材料接转、诉讼费用缴纳、财产保全、案件流程查询、信访接待等各方面的工作，努力为当事人提供“一站式”和“全方位”的诉讼服务。

6. 健全方便立案的新机制。根据人民群众的需求和审判工作的实际需要，积极推进立案登记工作，对人民法院依法应该受理的案件，做到有案必立、有诉必理，切实保障当事人诉权。做好预约立案工作，积极为行动不便的伤病患者、残疾人、老年人、未成年人等提供立案、送达、调解等方面的便民服务，方便当事人诉讼。

7. 依法及时采取保全措施。人民法院应当根

据案件具体情况依法合理确定保全的担保方式和担保数额。对保全实施工作归口管理,暂时没有实行归口管理的人民法院,应积极采取措施方便当事人申请和查询。

8. 健全案件繁简分流机制。充分发挥简易程序、小额诉讼程序、督促程序、刑事和解程序、轻微刑事案件快速审理机制等制度优势,在保证审判质量的前提下,努力降低当事人诉讼成本,减轻当事人诉累。

9. 依法为当事人举证提供帮助。当事人申请人民法院调查取证,符合法律规定条件的,或者人民法院认为有必要调查的证据,人民法院应当及时调查取证;积极探索委托律师调查取证,方便当事人举证。

10. 加强审判流程管理。树立科学均衡结案意识,正确理解、运用均衡结案指标,不能单纯追求均衡结案率而故意拖延结案或者突击结案。强化审判流程公开平台建设,整合各类审判流程信息,为当事人提供全面、全程、及时的审判流程公开服务。实行审限监督制度,严格扣除审限、延长审限的审批,完善案件审限通报制度,及时告知当事人扣除审限、延长审限的理由、期限。

11. 加强案卷移交工作。积极推进诉讼档案电子化工程,做好一审、二审、再审和执行案卷移交工作,明确移交期限,统一移交方式,落实移交责任,缩短移交时间,确保移交顺畅。

12. 依法保障各方诉讼权利。强化诉讼过程中当事人和其他诉讼参与人的知情权、陈述权、辩护辩论权、申请权、申诉权的制度保障。尊重和保障当事人庭审权利,让当事人依法充分表达诉求,完整陈述事实理由。对依法可以由当事人自主或者协商决定的程序事项,尽量让当事人自主或者协商确定。切实保障律师在审判过程中依法履行职责。在保证程序公正的前提下,注意为当事人特别是没有委托律师辩护、代理的当事人参与诉讼提供必要的程序性指导与帮助。

13. 完善案件庭审旁听制度。人民法院对于公开审理的案件,应当依法公告案件名称、开庭时间、法庭编号、旁听席位等开庭信息,方便人民群众旁听案件庭审。人民法院应当定期或者不定期邀请人大代表、政协委员旁听案件庭审。

14. 加强裁判文书释法说理。裁判文书要认真对待、全面回应当事人提出的主张和意见,具体说明法院采纳或者不采纳的理由和法律依据,做到认定事实清楚、适用法律正确。用语要力求规范、简洁、易懂,便于当事人明白理解。

15. 切实解决执行难。积极探索完善有利于保障民生的快速执行、主动执行等机制,以失信被执行人信用监督、威慑、惩戒法律制度和点对点网络查控联动机制为抓手,积极推进反规避执行和反消极执行,依法保障胜诉当事人及时实现权益。综合运用财产申报、限制高消费、限制出境、联合信用惩戒等措施,依法适用强制措施和刑罚威慑机制,促使被执行人主动履行债务,努力提高执行效率。

16. 完善交纳诉讼费用的便民措施。要根据实际情况,设立自动取款机、POS 机等设施,方便当事人交费、退费。当事人到基层人民法院办理诉讼费用的结算和退费确有困难的,有条件的人民法庭可以代为办理。

17. 做好司法救助工作。健全司法救助体系,完善诉讼费缓减免制度和特困群体执行救助制度,依法及时有效落实对加害人无力赔偿、被执行人无财产可供执行等案件的困难受害人以及其他涉诉困难群众的司法救助,不断拓宽司法救助的范围和方式。

18. 做好涉诉信访工作。完善"诉访分离"和案件终结机制,保障当事人依法行使申诉权利。积极开展网上信访、巡回接访、带案下访、远程视频接访等工作,建立健全律师等第三方参与化解涉诉信访的工作机制,及时就地解决涉诉信访问题。把信访纳入法治化轨道,保障合理合法诉求依照法律规定和程序就能得到合理合法的结果。

19. 健全人民法庭基层诉讼服务窗口的职能。坚持和发扬“枫桥经验”,发挥人民法庭在多元化纠纷解决机制中的纽带作用,努力实现矛盾纠纷的就地化解。推进以中心法庭为主、巡回审判点为辅的法庭布局形式,优化人民法庭布局,构建便捷高效的司法服务网络。人民法庭可以依法直接受理和执行案件,并将其直接受理和执行案件的范围通过适当方式在本辖区内公布。

20. 加强巡回审判工作。对于边远地区等交通不便地区,要以方便人民群众诉讼为出发点,尽可能就地立案、就地开庭、就地审理、就地执行;要以便于解决社会矛盾纠纷为出发点,深入到企业、社区等群众集中、纠纷集中的地区进行巡回审判。大力推广车载法庭等巡回审判模式,让“流动的人民法庭”最大限度满足人民群众诉讼的需求。

21. 建立健全特定类型案件的“快立、快调、快审、快执”机制。对于追索工资报酬、工伤赔偿等涉及广大职工和农民工切身利益的案件以及追索赡养费、抚育费、扶养费等案件,应当按照“快立、快调、快审、快执”的原则,尽快受理,适时调解,及时判决、执行。

22. 积极推进和规范调解工作。对双方当事人均有调解意愿且有调解可能的纠纷、家庭与邻里纠纷、法律规定不够明确以及简单处理可能失之公平的纠纷,应当在充分尊重双方当事人意愿的情况下,优先运用调解方式,快速化解矛盾。加强对调解协议的司法确认工作,实现诉讼调解与人民调解、行政调解、行业调解的有效对接,完善调解联动工作体系,健全调处化解矛盾的多元化纠纷解决机制。

23. 不断改进司法作风。要善于运用人民群众听得懂、易接受的语言和方式进行沟通交流,充分尊重公序良俗,坚决克服对诉讼参与人冷硬横推的现象,坚决消除门难进、脸难看、话难听、事难办等不良作风,坚决杜绝任何刁难诉讼参与人的现象。

三、加强领导,切实保障,确保司法便民利民工作取得实效

24. 加强组织领导。各级人民法院要高度重视司法便民利民工作,院党组要把做好司法便民利民工作摆上重要议事日程,主要领导亲自抓,分管领导具体抓,班子成员共同抓,做到措施到位、责任到位、工作到位,切实抓好各项制度、措施的落实。

25. 积极争取各方支持。各级人民法院要积极争取党委、人大、政府和政协对司法便民利民工作的支持,加强与有关部门的沟通协调,为司法便民利民工作在经费等方面提供切实保障。上级人民法院要加强对本辖区内人民法院司法便民利民工作的指导、支持和监督,做到一级抓一级,层层抓落实,使这一工作更加科学规范。

26. 全面加强信息化建设。各级人民法院要以“天平工程”建设为载体,加快审判流程公开、裁判文书公开、执行信息公开三大平台建设,充分发挥现代科技信息手段在司法便民利民方面的作用。因地制宜地推行远程立案、网上立案、网上办案、网上公告、预约办案、电子签章、电子送达、视频提讯等便民措施;通过12368诉讼服务热线、电子触摸屏、微博、微信、手机短信等载体为当事人提供方便快捷的司法服务。

27. 加强便民利民的场所设施建设。各级人民法院要根据实际情况配备当事人、诉讼代理人等诉讼参与人的候审室或者休息室,在法庭所在区域配备必要的物品保管箱、饮水器具、复印机等便民设施;为行动不便的伤病患者、残疾人、老年人等参加

庭审活动提供无障碍设施等便利。

28. 积极听取各方意见建议。各级人民法院要自觉接受同级人大、政协以及社会各界的监督，注重发挥人民陪审员与人民群众沟通的桥梁作用，多渠道收集人民群众的意见建议，畅通民意沟通和反馈机制，勇于纠正工作中的缺点，及时弥补工作中的不足，不断完善司法便民利民制度措施。

29. 大力加强法制宣传。各级人民法院要通过多种方式加强法制宣传，使人民群众在充分了解司法便民利民措施的同时，发挥司法裁判规范、指导、评价、引领社会价值的重要作用，大力弘扬社会主义法治精神，着力推动全民守法。

30. 及时总结先进经验。各地人民法院要加强调查研究，及时总结成熟的经验做法。最高人民法院和各高级人民法院在积极改进和完善自身司法便民利民工作的同时，应当及时总结下级人民法院的典型经验，推进司法便民利民工作不断取得新进展。

◎请示答复

最高人民法院执行工作办公室致辽宁省高级人民法院的复函

•〔2004〕执他字第19号

辽宁省高级人民法院：

你院（2003）辽执监字第157号《关于营口市鲅鱼圈区海星建筑工程公司与营口东方外国语专修学校建筑工程欠款纠纷执行一案的疑请报告》收悉，经研究，答复如下：

同意你院审判委员会少数人意见。判决主文是人民法院就当事人的诉讼请求作出的结论，而判决书中的"本院认为"部分，是人民法院就认定的案件事实和判决理由所作的叙述，其本身并不构成判项的内容。人民法院强制执行只能依据生效判决的主文，而"本院认为"部分不能作为执行依据。但在具体处理上，你院可根据本案的实际情况，依法保护各方当事人的合法权益。

此复。

第二章　执行机构与执行管辖

◎司法解释

最高人民法院关于如何理解《关于适用〈中华人民共和国民事诉讼法〉若干问题的意见》第31条第2款的批复

• 1998年4月17日
• 法释〔1998〕5号

山西省高级人民法院：

你院晋高法〔1996〕148号关于对最高人民法院《关于适用〈中华人民共和国民事诉讼法〉若干问题的意见》第31条第2款如何理解的请示》收悉。经研究，答复如下：

最高人民法院《关于适用〈中华人民共和国民事诉讼法〉若干问题的意见》第31条第2款的规定是指：在人民法院采取诉前财产保全后，申请人起诉的，应当向有管辖权的人民法院提起。采取诉前财产保全的人民法院对该案有管辖权的，应当依法受理；没有管辖权的，应当及时将采取诉前财产保全的全部材料移送有管辖权的受诉人民法院。

此复。

最高人民法院关于高级人民法院统一管理执行工作若干问题的规定

• 2000年1月14日
• 法发〔2000〕3号

为了保障依法公正执行，提高执行工作效率，根据有关规定和执行工作具体情况，现就高级人民法院统一管理执行工作的若干问题规定如下：

一、高级人民法院在最高人民法院的监督和指导下，对本辖区执行工作的整体部署、执行案件的监督和协调、执行力量的调度以及执行装备的使用等，实行统一管理。

地方各级人民法院办理执行案件，应当依照法律规定分级负责。

二、高级人民法院应当根据法律、法规、司法解释和最高人民法院的有关规定，结合本辖区的实际情况制定统一管理执行工作的具体规章制度，确定一定时期内执行工作的目标和重点，组织本辖区内的各级人民法院实施。

三、高级人民法院应当根据最高人民法院的统一部署或本地区的具体情况适时组织集中执行和专项执行活动。

四、高级人民法院在组织集中执行、专项执行或其他重大执行活动中，可以统一调度、使用下级人民法院的执行力量，包括执行人员、司法警察、执行装备等。

五、高级人民法院有权对下级人民法院的违法、错误的执行裁定、执行行为函告下级法院自行纠正或直接下达裁定、决定予以纠正。

六、高级人民法院负责协调处理本辖区内跨中级人民法院辖区的法院与法院之间的执行争议案件。对跨高级人民法院辖区的法院与法院之间的执行争议案件，由争议双方所在地的两地高级人民法院协商处理；协商不成的，按有关规定报请最高人民法院协调处理。

七、对跨高级人民法院辖区的法院与公安、检察等机关之间的执行争议案件，由执行法院所在地的高级人民法院与有关公安、检察等机关所在地的高级人民法院商有关机关协调解决,必要时可报请最高人民法院协调处理。

八、高级人民法院对本院及下级人民法院的执行案件,认为需要指定执行的,可以裁定指定执行。

高级人民法院对最高人民法院函示指定执行的案件,应当裁定指定执行。

九、高级人民法院对下级人民法院的下列案件可以裁定提级执行:

1. 高级人民法院指令下级人民法院限期执结,逾期未执结需要提级执行的;

2. 下级人民法院报请高级人民法院提级执行,高级人民法院认为应当提级执行的;

3. 疑难、重大和复杂的案件,高级人民法院认为应当提级执行的。

高级人民法院对最高人民法院函示提级执行的案件,应当裁定提级执行。

十、高级人民法院应监督本辖区内各级人民法院按有关规定精神配备合格的执行人员,并根据最高人民法院的要求和本辖区的具体情况,制定培训计划,确定培训目标,采取切实有效措施予以落实。

十一、中级人民法院、基层人民法院和专门人民法院执行机构的主要负责人在按干部管理制度和法定程序规定办理任免手续前应征得上一级人民法院的同意。

上级人民法院认为下级人民法院执行机构的主要负责人不称职的,可以建议有关部门予以调整、调离或者免职。

十二、高级人民法院应根据执行工作需要,商财政、计划等有关部门编制本辖区内各级人民法院关于交通工具、通讯设备、警械器具、摄录器材等执行装备和业务经费的计划,确定执行装备的标准和数量,并由本辖区内各级人民法院协同当地政府予以落实。

十三、下级人民法院不执行上级人民法院对执行工作和案件处理作出的决定,上级人民法院应通报批评;情节严重的,可以建议有关部门对有关责任人员予以纪律处分。

十四、中级人民法院、基层人民法院和专门人民法院对执行工作的管理职责由高级人民法院规定。

十五、本规定自颁布之日起执行。

最高人民法院关于新疆生产建设兵团人民法院案件管辖权问题的若干规定

- 2005 年 5 月 24 日
- 法释〔2005〕4 号

根据《全国人民代表大会常务委员会关于新疆维吾尔自治区生产建设兵团设置人民法院和人民检察院的决定》第三条的规定,对新疆生产建设兵团各级人民法院案件管辖权问题规定如下:

第一条 新疆生产建设兵团基层人民法院和中级人民法院分别行使地方基层人民法院和中级人民法院的案件管辖权,管辖兵团范围内的各类案件。

新疆维吾尔自治区高级人民法院生产建设兵团分院管辖原应当由高级人民法院管辖的兵团范围内的第一审案件、上诉案件和其他案件,其判决和裁定是新疆维吾尔自治区高级人民法院的判决和裁定。但兵团各中级人民法院判处死刑(含死缓)的案件的上诉案件以及死刑复核案件由新疆维吾尔自治区高级人民法院管辖。

第二条 兵团人民检察院提起公诉的第一审刑事案件,由兵团人民法院管辖。

兵团人民法院对第一审刑事自诉案件、第二审刑事案件以及再审刑事案件的管辖,适用刑事诉讼法的有关规定。

第三条 兵团人民法院管辖以下民事案件:

(一)垦区范围内发生的案件;

(二)城区内发生的双方当事人均为兵团范围内的公民、法人或者其他组织的案件;

(三)城区内发生的双方当事人一方

为兵团范围内的公民、法人或者其他组织，且被告住所地在兵团工作区、生活区或者管理区内的案件。

对符合协议管辖和专属管辖条件的案件，依照民事诉讼法的有关规定确定管辖权。

第四条 以兵团的行政机关作为被告的行政案件由该行政机关所在地的兵团人民法院管辖，其管辖权限依照行政诉讼法的规定办理。

第五条 兵团人民法院管辖兵团范围内发生的涉外案件。新疆维吾尔自治区高级人民法院生产建设兵团分院根据最高人民法院的有关规定确定管辖涉外案件的兵团法院。

第六条 兵团各级人民法院与新疆维吾尔自治区地方各级人民法院之间因管辖权发生争议的，由争议双方协商解决；协商不成的，报请新疆维吾尔自治区高级人民法院决定管辖。

第七条 新疆维吾尔自治区高级人民法院生产建设兵团分院所管辖第一审案件的上诉法院是最高人民法院。

第八条 对于新疆维吾尔自治区高级人民法院生产建设兵团分院审理再审案件所作出的判决、裁定，新疆维吾尔自治区高级人民法院不再进行再审。

第九条 本规定自发布之日起实施。人民法院关于兵团人民法院案件管辖的其他规定与本规定不一致的，以本规定为准。

最高人民法院关于人民调解协议司法确认程序的若干规定

- 2011年3月23日
- 法释〔2011〕5号

为了规范经人民调解委员会调解达成的民事调解协议的司法确认程序，进一步建立健全诉讼与非诉讼相衔接的矛盾纠纷解决机制，依照《中华人民共和国民事诉讼法》和《中华人民共和国人民调解法》的规定，结合审判实际，制定本规定。

第一条 当事人根据《中华人民共和国人民调解法》第三十三条的规定共同向人民法院申请确认调解协议的，人民法院应当依法受理。

第二条 当事人申请确认调解协议的，由主持调解的人民调解委员会所在地基层人民法院或者它派出的法庭管辖。

人民法院在立案前委派人民调解委员会调解并达成调解协议，当事人申请司法确认的，由委派的人民法院管辖。

第三条 当事人申请确认调解协议，应当向人民法院提交司法确认申请书、调解协议和身份证明、资格证明，以及与调解协议相关的财产权利证明等证明材料，并提供双方当事人的送达地址、电话号码等联系方式。委托他人代为申请的，必须向人民法院提交由委托人签名或者盖章的授权委托书。

第四条 人民法院收到当事人司法确认申请，应当在三日内决定是否受理。人民法院决定受理的，应当编立"调确字"案号，并及时向当事人送达受理通知书。双方当事人同时到法院申请司法确认的，人民法院可以当即受理并作出是否确认的决定。

有下列情形之一的，人民法院不予受理：

（一）不属于人民法院受理民事案件的范围或者不属于接受申请的人民法院管辖的；

（二）确认身份关系的；

（三）确认收养关系的；

（四）确认婚姻关系的。

第五条 人民法院应当自受理司法确认申请之日起十五日内作出是否确认的决定。因特殊情况需要延长的，经本院院长批准，可以延长十日。

在人民法院作出是否确认的决定前，一方或者双方当事人撤回司法确认申请的，人民法院应当准许。

第六条 人民法院受理司法确认申请后，应当指定一名审判人员对调解协议进行审查。人民法院在必要时可以通知双方当事人同时到场，当面询问当事人。当事人应当向人民法院如实陈述申请确认的调解协议的有关情况，保证提交的证明材料真实、合法。人民法院在审查中，认为当事人的陈述或者提供的证明材料不充分、不完备或者有疑义的，可以要求当事人补充陈述或者补充证明材料。当事人无正当理由未按时补充或者拒不接受询问的，可以按撤回司法确认申请处理。

第七条 具有下列情形之一的，人民法院不予确认调解协议效力：

（一）违反法律、行政法规强制性规定的；

（二）侵害国家利益、社会公共利益的；

（三）侵害案外人合法权益的；

（四）损害社会公序良俗的；

（五）内容不明确，无法确认的；

（六）其他不能进行司法确认的情形。

第八条 人民法院经审查认为调解协议符合确认条件的，应当作出确认决定书；决定不予确认调解协议效力的，应当作出不予确认决定书。

第九条 人民法院依法作出确认决定后，一方当事人拒绝履行或者未全部履行的，对方当事人可以向作出确认决定的人民法院申请强制执行。

第十条 案外人认为经人民法院确认的调解协议侵害其合法权益的，可以自知道或者应当知道权益被侵害之日起一年内，向作出确认决定的人民法院申请撤销确认决定。

第十一条 人民法院办理人民调解协议司法确认案件，不收取费用。

第十二条 人民法院可以将调解协议不予确认的情况定期或者不定期通报同级司法行政机关和相关人民调解委员会。

第十三条 经人民法院建立的调解员名册中的调解员调解达成协议后，当事人申请司法确认的，参照本规定办理。人民法院立案后委托他人调解达成的协议的司法确认，按照《最高人民法院关于人民法院民事调解工作若干问题的规定》（法释〔2004〕12号）的有关规定办理。

相关文书样式（略）。

最高人民法院关于铁路运输法院案件管辖范围的若干规定

- 2012年7月17日
- 法释〔2012〕10号

为确定铁路运输法院管理体制改革后的案件管辖范围，根据《中华人民共和国刑事诉讼法》、《中华人民共和国民事诉讼法》，规定如下：

第一条 铁路运输法院受理同级铁路运输检察院依法提起公诉的刑事案件。

下列刑事公诉案件，由犯罪地的铁路运输法院管辖：

（一）车站、货场、运输指挥机构等铁路工作区域发生的犯罪；

（二）针对铁路线路、机车车辆、通讯、电力等铁路设备、设施的犯罪；

（三）铁路运输企业职工在执行职务中发生的犯罪。

在列车上的犯罪，由犯罪发生后该列车最初停靠的车站所在地或者目的地的铁路运输法院管辖；但在国际列车上的犯罪，按照我国与相关国家签订的有关管辖协定确定管辖，没有协定的，由犯罪发生后该列车最初停靠的中国车站所在地或者目的地的铁路运输法院管辖。

第二条 本规定第一条第二、三款范围内发生的刑事自诉案件，自诉人向铁路运输法院提起自诉的，铁路运输法院应当受理。

第三条 下列涉及铁路运输、铁路安全、铁路财产的民事诉讼，由铁路运输法院管辖：

（一）铁路旅客和行李、包裹运输合同

纠纷；

（二）铁路货物运输合同和铁路货物运输保险合同纠纷；

（三）国际铁路联运合同和铁路运输企业作为经营人的多式联运合同纠纷；

（四）代办托运、包装整理、仓储保管、接取送达等铁路运输延伸服务合同纠纷；

（五）铁路运输企业在装卸作业、线路维修等方面发生的委外劳务、承包等合同纠纷；

（六）与铁路及其附属设施的建设施工有关的合同纠纷；

（七）铁路设备、设施的采购、安装、加工承揽、维护、服务等合同纠纷；

（八）铁路行车事故及其他铁路运营事故造成的人身、财产损害赔偿纠纷；

（九）违反铁路安全保护法律、法规，造成铁路线路、机车车辆、安全保障设施及其他财产损害的侵权纠纷；

（十）因铁路建设及铁路运输引起的环境污染侵权纠纷；

（十一）对铁路运输企业财产权属发生争议的纠纷。

第四条 铁路运输基层法院就本规定第一条至第三条所列案件作出的判决、裁定，当事人提起上诉或铁路运输检察院提起抗诉的二审案件，由相应的铁路运输中级法院受理。

第五条 省、自治区、直辖市高级人民法院可以指定辖区内的铁路运输基层法院受理本规定第三条以外的其他第一审民事案件，并指定该铁路运输基层法院驻在地的中级人民法院或铁路运输中级法院受理对此提起上诉的案件。此类案件发生管辖权争议的，由该高级人民法院指定管辖。

省、自治区、直辖市高级人民法院可以指定辖区内的铁路运输中级法院受理对其驻在地基层人民法院一审民事判决、裁定提起上诉的案件。

省、自治区、直辖市高级人民法院对本院及下级人民法院的执行案件，认为需要指定执行的，可以指定辖区内的铁路运输法院执行。

第六条 各高级人民法院指定铁路运输法院受理案件的范围，报最高人民法院批准后实施。

第七条 本院以前作出的有关规定与本规定不一致的，以本规定为准。

本规定施行前，各铁路运输法院依照此前的规定已经受理的案件，不再调整。

最高人民法院关于进一步加强新形势下人民法庭工作的若干意见

- 2014年12月4日
- 法发〔2014〕21号

为深入贯彻落实党的十八大、十八届三中全会、四中全会和《中共中央关于全面深化改革若干重大问题的决定》《中共中央关于全面推进依法治国若干重大问题的决定》精神，切实发挥人民法庭职能作用，推动人民法庭工作不断科学发展，现就进一步加强新形势下人民法庭工作提出如下意见。

一、深刻认识面临的新形势、新任务，准确把握人民法庭的职能定位

1. 正确认识新形势。落实全面深化改革任务要求，推进平安中国、法治中国建设，深化司法体制改革，满足人民群众多元司法需求，促进国家治理体系和治理能力现代化，是当前和今后一个时期人民法院工作面临的新形势。人民法庭作为人民法院“基层的基层”，是深化司法体制改革、全面推进依法治国的重要一环，必将面临更加严峻的考验，遇到更多复杂的问题，承担更加艰巨的任务。

2. 深刻理解新任务。人民法庭要继续充分发挥审判职能作用，积极参与基层社会治理，创新落实便民利民举措，因地制宜做好巡

回审判工作，将依法独立行使审判权与扩大司法民主相结合，努力搭建阳光司法"窗口"，增进人民司法的社会认同，弘扬社会主义核心价值观。各级人民法院要切实优化人民法庭布局，积极稳妥在人民法庭推进司法改革，完善人民法庭的管理和保障机制，加强人民法庭队伍、装备和信息化建设。要不断提升人民法庭司法能力，为实现全面推进依法治国总目标，建设中国特色社会主义法治体系，建设社会主义法治国家，构建社会主义法治秩序，发挥人民法庭的重要作用。

3. 准确把握职能定位。牢牢把握司法为民公正司法工作主线，代表国家依法独立公正行使审判权，是人民法庭的核心职能。依法支持其他国家机关和群众自治组织调处社会矛盾纠纷，依法对人民调解委员会调解民间纠纷进行业务指导，积极参与基层社会治理，是人民法庭的重要职能。

二、始终坚持司法为民，切实发挥人民法庭的审判职能

4. 优化区域布局。认真贯彻落实《最高人民法院关于全面加强人民法庭工作的决定》，坚持"三个面向"和"两便"原则，以"职能明确、布局合理、审判公正、管理规范、队伍过硬、保障有力"为基本要求，综合案件数量、区域面积、人口数量、交通条件、经济社会发展状况，优化人民法庭的区域布局和人员比例。积极推进以中心法庭为主、社区法庭和巡回审判点为辅的法庭布局形式，戒除脱离实际贪大求多的错误观念，避免司法资源浪费和法庭建设、管理、维护困难。

5. 规范设置调整。基层人民法院要随着城市规划调整以及城乡发展一体化进程的逐步推进，慎重稳妥提出人民法庭设置调整方案，逐级上报高级人民法院批准。人民群众有需求，诉讼案件数量多，派驻人员有编制，建设用地能落实，建设资金有保障的，经高级人民法院批准，可增设人民法庭。增设规模较大、影响范围较广、资金人员需求较多的人民法庭设置调整方案，应当层报最高人民法院审查备案。经济社会发达、案件较多的地区，可以结合自身情况，探索专业化审判法庭的设置。

6. 完善立案机制。基层人民法院要根据辖区实际情况，科学构建人民法庭直接立案工作机制，加强对人民法庭立案工作的指导和管理。经济发达、交通便利地区的人民法庭，可以通过基层人民法院统一立案的方式，加强案件流程管理。山区、牧区、林区、边远地区等交通不便地区的人民法庭，要加强和完善人民法庭直接立案工作机制，并通过远程立案等技术手段，着力解决当事人立案难问题。人民法庭具体受案范围由所属基层人民法院确定后，通过一定方式向社会公布。对依法应当受理的案件，要做到有案必立、有诉必理，对确实不应受理的，要向当事人说明理由。

7. 抓好民生审判。按照落实集体所有权、稳定农户承包权、放活土地经营权的总要求，切实依法维护农村土地承包关系和农民土地承包经营权，强化对土地承包经营权的物权保护，依法保障农民对承包地占有、使用、收益、流转及经营权抵押、担保权利。依法妥善审理与民生息息相关领域的纠纷，维护农村留守儿童、留守妇女和留守老年人的合法权益。依法保护生态环境，推进人居环境整治，为科学推进社会主义新农村建设提供司法保障。

8. 加强诉讼服务。推进人民法庭窗口建设，努力为当事人的诉讼活动提供集成式、一站式服务。加强对诉讼当事人的诉讼指导，对诉讼能力不高的当事人提供必要的程序性引导。对当事人举证确实困难或案件审理确实需要的重要证据，应根据当事人申请或依职权，适时主动调查取证。依法选择并适用更为经济的诉讼程序和程序性措施，切实降低当事人的诉讼负担。推动完善法律援助制度，加强司法救助工作力度，切实保证人民群众及时有效获取法

律帮助。

9. 做好巡回审判。正确处理坐堂问案和巡回审判之间的关系，认真落实《关于大力推广巡回审判方便人民群众诉讼的意见》，合理设置巡回办案点与诉讼服务点，提高巡回审判的针对性和实效性。边远民族地区以及其他群众诉讼不便地区，应当确立巡回审判为主的工作机制，继承和弘扬马锡五审判方式，推广车载法庭等巡回审判模式，形成以人民法庭为点、车载流动法庭为线、基层人民法院为面，“点线面”相结合、全覆盖的司法服务网络。经济发达交通便利地区，应将巡回审判的重点放在对社会和谐稳定影响较大，对提高人民群众法治意识、维护社会主义法治秩序和弘扬社会主义道德风尚有重要作用的案件上。

10. 处理好调判关系。充分发挥调解在化解基层民事纠纷中的独特作用，对适宜调解的民事纠纷要依法先行调解。积极总结不同类型案件的特点，在法律规定框架内，恰当借助乡规民约，尊重善良风俗和社情民意，创新调解工作方法，力求从根源上彻底化解矛盾。坚决纠正强迫调解、久调不决等损害当事人合法权益，以及下达强制性调撤指标等违背审判规律的错误做法。大力提高人民法庭裁判文书质量，注重通过正确适用法律、加强释法说理，发挥司法裁判的道德指引功能，彰显规则、维护秩序、弘扬美德。

11. 改进执行工作。对执行工作难度较大、基层人民法院执行不影响当事人合法权益及时实现，以及人员装备难以保障执行工作顺利开展的人民法庭审结案件，原则上由基层人民法院负责执行。对可以当庭执结以及由人民法庭执行更加方便诉讼群众的案件，应当由人民法庭负责执行。有条件的地方，可以探索由所在基层人民法院派驻执行组等方式构建直接执行机制，最大限度地方便群众诉讼，提高执行效率。

12. 完善人民陪审制度。落实人民陪审员倍增计划，结合人民法庭工作特点，扩大基层群众入选比例，扩大参审案件范围。规范人民陪审员参与审理案件的确定方式和流程，认真落实“随机抽取”原则，改变长期驻庭做法。强化人民陪审员岗前和任职培训，提高履职能力。积极探索实行人民陪审员仅参与审理事实认定问题的机制和办法。建立经费保障标准定期调整机制，及时足额发放人民陪审员的交通、误工等补助费用。

三、积极参与基层社会治理，切实发挥人民法庭桥梁纽带和司法保障作用

13. 为其他机构组织化解纠纷提供司法保障。充分发挥人民法庭在“四个治理”中的纽带作用和在多元纠纷解决机制中的示范、保障作用，为提高乡镇、县域治理法治化水平作出积极贡献。主动加强与公安、司法、劳动争议仲裁、农村土地承包仲裁、人民调解委员会等其他基层国家机关、群众自治组织、行业调解组织等的沟通与协作，尊重和支持其依法调处社会矛盾纠纷，积极做好司法确认等诉讼与非诉讼矛盾纠纷解决机制的衔接工作。

14. 对各类调解组织给予引导。按照“不缺位、不越位、不错位”的原则，依法加强对人民调解委员会的业务指导。以审判职能的有效发挥，为人民调解、行政调解和群众自治组织调处化解矛盾纠纷提供法治样本和导向指引。特别注意加强和规范与居民委员会、村民委员会等基层群众组织在化解矛盾纠纷中的联系和沟通，共同维护良好的基层社会秩序。

15. 立足审判职能参与地方治理。人民法庭要灵活运用公众开放日、观摩庭审、以案释法、判后答疑等多种形式，积极开展法治宣传，引导人民群众自觉履行法定义务、社会责任、家庭责任。要通过及时向地方党委、人大报送涉诉矛盾纠纷专项报告，向政府及其他相关部门提出司法建议的方式，参与地方社会治理。不得超越审

判职能参与地方行政、经济事务，以及其他与审判职责无关的会议、接访、宣传等事务。

四、积极稳妥推进司法体制改革，不断完善人民法庭工作机制

16. 开展改革试点。各级人民法院要把人民法庭作为司法改革的“试验田”，按照解放思想、积极推进、求真务实、慎重稳妥的原则，推进改革在人民法庭先行先试。辖区内设有人民法庭的中级人民法院，选择3－5个人民法庭，对适宜在人民法庭开展的改革进行试点，鼓励具备条件地区积极扩大试点范围。试点人民法庭应当至少每半年就试点工作情况向所在基层人民法院作出汇报，并逐级层报汇总至最高人民法院，为全面推进司法体制改革积累经验、创造条件。

17. 落实司法责任制。遵循司法规律，按照权责统一的原则，探索建立主审法官办案责任制，明确法官办案权力和责任，逐步实现裁判文书由主审法官签发。有条件的地方可以探索完善合议庭办案责任制，明确个人意见、履职行为在案件处理结果中的责任。规范人民法庭庭长对审判工作的监督管理权限，做到权责统一明晰、监督规范有序。

18. 优化人员构成。建立编制增补和动态管理机制，确保已增编制80%用于基层和审判一线，根据工作需要及时补充人员。坚持内涵式队伍发展路径，探索根据审判工作量，组建以主审法官为中心的审判团队，配备必要数量的法官助理、书记员等审判辅助人员，以购买服务等方式配强审判辅助力量，解决一些地方因审判人员不足而出现的“一人庭”“二人庭”问题。完善司法人员分类管理制度，稳定审判队伍，提高审判质效。

19. 健全职业保障。推进法官专业职务序列及工资制度改革，逐步提高基层法官职级待遇，实现人民法庭法官职务、职级和法官等级上的适当高配，以及工资福利政策向基层法院和人民法庭的适度倾斜。人民法庭可以先行试行工资加办案补贴、岗位津贴等薪酬确定方式。加强职业风险保障，完善因公牺牲、意外伤害等抚恤救助制度。上级人民法院在探索和推动省以下地方法院人财物统一管理，以及法官延迟退休、返聘等改革时，要注意考虑人民法庭的特点和需求。

20. 完善审判管理。剔除不符合审判规律、不利于人民法庭工作开展和容易产生错误导向的管理考核指标。明确简易案件与疑难复杂案件的分类标准，合理配置审判资源，实现案件繁简分流。探索在小额诉讼和其他适宜的简易案件中，使用表格式、令状式、要素式等简易文书，加快审理进程。探索审判辅助性事务集中专门处理的工作制度，让法官专注于审判。

21. 强化司法公开。全面公开法庭人员信息、管理制度、行为规范、诉讼指南，依法及时公开案件信息、司法依据、诉讼流程、裁判结果，满足当事人知情权，杜绝暗箱操作。在推进“三个平台”建设过程中，注重考虑人民法庭工作特点。积极发挥人民法庭根植基层的特殊优势，在保障司法安全前提下，简化旁听手续，满足人民群众旁听需求；开展司法公开主题活动，主动邀请和组织社会各界代表旁听庭审、参观法庭工作；进一步发挥巡回审判在司法公开、法治宣传方面的独特作用，增强社会对法庭工作的认同。

五、切实加强队伍建设和组织领导，不断提升人民法庭队伍素质和物质装备保障水平

22. 加强党建工作。坚持“支部建在庭上”，实现党的组织和党的工作全覆盖。有3名以上党员的人民法庭应成立党支部，党员不足3名的人民法庭可成立联合党支部。人民法庭党支部的组织关系隶属所在基层人民法院。强化人民法庭党支部的组

织功能,严格党内生活,充分发挥党支部对干警的教育、管理、监督职能,注重运用信息网络、新媒体开展党建工作。

23. 选好法庭庭长。要积极落实人民法庭机构级别和人民法庭庭长职级,优先从具有法庭工作经历的人员中,选派科级以上法官担任人民法庭庭长,直辖市的人民法庭和案件多、任务重的人民法庭,可选派处级法官担任,根据工作需要人民法庭可设副庭长。要优先从具有人民法庭庭长任职经历的人员中选拔基层人民法院领导。

24. 健全定期轮岗和挂职锻炼制度。有序推进人民法庭之间、人民法庭和基层人民法院其他庭室之间的人员交流。人民法庭庭长一般应在任职后三至五年轮岗一次。基层人民法院新招录人员一般应先安排在人民法庭接受锻炼一年以上。基层人民法院选派法官到上级人民法院、发达地区法院学习锻炼,应优先选派人民法庭法官;上级人民法院选调法官,应接收一定比例具有法庭工作经历的法官;上级人民法院选派有培养前途的干部到基层,应优先安排到人民法庭挂职锻炼。

25. 落实党风廉政责任。基层人民法院党组要将人民法庭党风廉政建设纳入主体责任范围,对人民法庭发生的重大违法违纪案件,在对直接责任人进行责任追究的同时,要按照党风廉政建设责任制的规定,对有关法院领导干部进行问责。基层人民法院纪检监察部门,要切实履行监督职责,通过审务督查和专项检查等,及时发现和纠正人民法庭干警在纪律作风方面存在的问题,以“零容忍”态度严肃查办违法违纪案件。人民法庭庭长要认真履行“一岗双责”,在做好审判工作的同时,管好带好队伍,确保人民法庭公正廉洁司法。

26. 加强纪律作风建设。不断强化理想信念教育,引导人民法庭干警牢固树立群众观念,增进群众感情,切实解决群众反映强烈的“六难三案”问题。坚持从严教育、从严管理、从严监督,坚决整治人民法庭工作中的不正之风。依托信息化手段,全面构建符合人民法庭工作特点的廉政风险防控机制,切实加强对人民法庭审判权运行的监督制约,提高司法廉政制度的执行力。要将作风建设摆在突出位置、融入日常工作,以制度确保改进司法作风的规范化、常态化、长效化。

27. 改善法庭管理。健全法庭管理规章制度,注重经常性管理,注意以听取基层群众意见的方式完善考核评价机制。注重树立和宣传人民法庭先进典型,及时对人民法庭优秀干警给予表彰奖励。加强文化体育场所建设,落实休假、疗养制度,定期组织体检,加强对干警的人文关怀和心理疏导,帮助解决工作、学习和生活实际困难。

28. 改进教育培训。定期开展人民法庭庭长轮训,确保人民法庭法官每年接受业务培训时间不少于7天。坚持分级分类培训,充分发挥各级法官培训机构主导作用,积极利用其他培训机构和高等院校培训资源,通过多种方式促进优质教育培训资源向人民法庭延伸倾斜。坚持以需求为导向,紧扣审判实践的培训方向。进一步加大对西部和民族地区培训工作的扶持力度,加强双语法官培养。

29. 抓好基础设施建设。高级人民法院要按照人民法院基础设施建设“十二五”规划要求,合理安排年度建设计划,力争在“十二五”期间全面完成现有人民法庭基础设施建设任务。新建人民法庭应依据《人民法院法庭建设标准》,根据法庭编制人数、年受理案件数等因素合理确定建设规模,严格审核设计方案,并按照《人民法庭统一标识设置规范》要求,安装统一标识。

30. 增强经费保障能力。基层人民法院要根据人民法庭工作任务和装备配备、信息化建设需要,做好人民法庭预算编制工作,及时拨付资金。各高级人民法院要加强对人民法庭经费使用、管理的指导和监督检查。要有计划、分步骤地为人民法庭配备必需的办案办公装备,逐年提高装备配备水平,改善审判工作条件。到2015年,全国人民法庭装备配备均应达到《基层人民法院基本业务装备配备指导标准》要求的水平。

31. 推动信息化建设。高级人民法院要以“天平工程”建设为抓手,围绕人民法庭管理和便民、利民,合理确定人民法庭信息化建设内容和规模,加大投入和经费保障力度。按照最高人民法院《关于全面加强人民法院信息化工作的决定》和《人民法院信息化建设五年规划》要求,东部地区在2014年底前、中部地区在2015年底前、西部地区在2016年底前,人民法庭接入基层人民法院信息网络系统。要确保人民法院信息系统软件、硬件配置满足人民法庭诉讼服务工作的需要,为人民法庭配备必要的信息化办公、办案设备和软件,优化办事流程,提高办事效率和人性化水平。

32. 重视安全管理。要建立健全督查机制,增强安全防范意识,克服松懈麻痹思想和侥幸心理,扎实做好日常安全保卫工作。要按照“必要、充足、及时”要求,原则上为每个人民法庭配备至少一名司法警察,并根据工作需要配备若干名安保人员。完善安检、防爆、监控、液体危险品检测等各类安全防范设施和装备配备,优先改善人民法庭安全防危硬件条件,确保人民法庭“人防、物防、技防”落实到位,严密防范各类重大恶性安全责任事故。

33. 推动理论研究。各级人民法院要立足不同职能定位,为繁荣人民法庭理论研究创造条件,加强与法学教育研究机构进行多种形式交流与协作,凝聚多方力量,探索建立人民法庭理论研究工作机制,深入开展人民法庭理论研究工作。着重研究新形势下人民法庭在中国特色社会主义司法制度中的地位和作用,人民法庭的职能定位和在社会治理中的作用,以及人民法庭如何在推进司法改革进程中开展好司法为民、便民、利民工作等全局性、前瞻性重大课题。以问题为导向,从人民法庭的司法实践中总结提炼理论研究的素材和课题,形成理论研究成果,切实实现成果转化,指导和推动人民法庭工作科学发展。

34. 加强监督指导。各级人民法院党组要切实对人民法庭工作负起领导责任。中级人民法院以上的各级人民法院,应当成立专门的人民法庭指导工作办公室,坚持分类指导原则,增强指导的针对性和实效性。要将监督指导人民法庭工作,作为各级人民法院日常工作的重要内容,完善问题发现、反馈、分析和解决机制,建立重大敏感案件风险评估、预警和化解机制。

◎司法文件

中共中央关于转发《中共最高人民法院党组关于解决人民法院“执行难”问题的报告》的通知

- 1999年7月7日
- 中发〔1999〕11号

各省、自治区、直辖市党委,中央各部委,国家机关各部委党组(党委),军委总政治部,各人民团体党组:

现将《中共最高人民法院党组关于解决人民法院“执行难”问题的报告》转发给你们,请结合本地区、本部门的实际,积极研究人民法院执行工作中出现的新情况、新问题,认真落实解决“执行难”问题的具体措施,以实际行动维护社会主义法制的统一和尊严。

人民法院依法作出的裁判,体现了国家的意志,具有国家法律的权威,当事人应当自动履行,必须接受人民法院的强制执行,具有法定协助执行义务的自然人、法人和其他组织必须协助人民法院执行。任何地方、任何组织、任何个人都不得抗拒、阻碍、干预人民法院的执行工作。从最高人民法院党组的《报告》可以看出，造成人民法院"执行难"的重要原因是地方和部门保护主义。一些地方和部门的领导干部法制观念淡薄，法律意识不强，从本地区、本部门的局部利益出发，以言代法，以权压法，滥用权力，非法干预人民法院的执行工作，这不仅严重地影响了人民法院的司法活动，损害了党政领导干部在广大人民群众中的威信和形象，而且破坏了我国法制的权威和尊严。这必须引起全党特别是党的高级领导干部高度重视。

确保人民法院依法执行生效的法律文书，是贯彻落实党的十五大提出的依法治国、建设社会主义法治国家基本方略的重要内容，是保障社会信用关系和商品交易安全，保证社会主义市场经济正常运行，维护社会稳定不可缺少的重要条件。各级党委、人民政府要切实加强对人民法院执行工作的领导和支持，要站在推进社会主义民主和法制建设进程的战略高度，充分认识解决人民法院"执行难"问题的重要意义，积极支持人民法院依法独立地行使审判权、执行权，排除人民法院在执行工作中遇到的阻力，积极协调处理人民法院在执行工作中遇到的复杂疑难问题，保证执行工作顺利进行。各级纪检监察机关要把反对地方和部门保护主义，维护国家法制的统一和尊严作为一项政治纪律，列为纪检监察工作的重要内容。要对利用职权干扰和阻碍人民法院依法行使职权的行为进行严肃查处，视情节轻重给予党纪、政纪处分；对触犯刑律的，要移送司法机关追究刑事责任。各级党政领导干部要认真学习法律知识，自觉增强法律意识，严格依法办事，不断提高运用法律手段解决改革开放过程中出现的日益复杂的各种社会问题的能力，为保障改革、促进发展、维护社会稳定、加快建设社会主义法治国家的进程发挥积极作用。

中共最高人民法院党组关于解决人民法院"执行难"问题的报告

中共中央：

党的十五大以来，在推进依法治国、建设社会主义法治国家的进程中，全国法院在各级党委领导、人大监督和政府支持下，紧紧围绕党和国家的中心工作，努力克服困难，积极依法执行人民法院的裁判、仲裁机关的裁决、行政机关的决定、公证机关的公证等生效法律文书，为保护当事人的合法权益，维护社会主义市场经济秩序，捍卫社会主义法制的统一和尊严，增强人民群众对依法治国的信心，发挥了司法强制力的作用，取得了良好的经济效益和社会效益。但是，人民法院的执行工作是在相当困难的条件下进行的。被执行人难找，执行财产难寻，协助执行人难求，应执行财产难动等问题不断加剧，以致造成未执行案件大量积压。据统计，截止1998年底，全国法院共积存未执行案件53万余件，标的金额总计人民币1000多亿元。人民法院在个案执行中遇到的抗拒、阻碍、干预执行的问题令人触目惊心：有的肆意撕毁人民法院的查封令、扣押令，擅自处置被执行的财产；有的恶意串通，搞假破产、假抵押，逃避债务；有的将人民法院依法扣押被执行人财产当作"抢劫"案件处理，或者重复查封、扣押、冻结人民法院执行的标的物，划拨人民法院冻结的未项；有的具有法定协助执行义务的单位和个人不配合、不协助，刁难执行，甚至为当事人通风报信，帮助当事人藏匿、转移财产；有的暴力抗拒执行，殴打、围攻、非法关押甚至杀害执行人员等等。"执行难"问题目前已成为困扰人民法院工作的突出问题，在社会上引起了强烈反响，已到了非解决不可的时候。

上述藐视国家法律权威、肆意对抗人

民法院执行的违法犯罪行为的发生，有其深刻的社会原因：第一，地方保护主义和部门保护主义作祟。这是阻碍人民法院执行工作顺利开展的最主要的原因。有的地方和部门对一些企业实行“挂牌保护”，外地法院不得执行，甚至规定本地银行对外地法院冻结的款项不得协助划拨，给人民法院的执行工作设置重重障碍。第二，法制观念淡薄，无视社会主义法制的统一和尊严，滥用权力，以权压法。有的地方和部门竟然越权发文指令当地人民法院不得执行最高人民法院的生效判决。第三，执法不严。有些地方对抗拒执行的违法人员查处不力，甚至对杀害执行人员的凶手袒护包庇，不追究刑事责任。有些不履行协助法院执行的法定义务并造成严重后果的单位和个人也没有被追究相应的责任。另外，人民法院执行力量不足，部份干警素质不高，物质装备较差，不能适应执行工作的需要；有的案件裁判不公、仲裁裁决错误、行政决定失准，给执行工作增加了难度；我国目前尚无强制执行法，在对执行当事人、协助执行人和执行程序的一些环节上缺乏法律约束力等等，也是人民法院“执行难”的重要因素。

大量生效法律文书难以执行，不仅严重损害了当事人的合法权益，损害了人民法院应有的司法权威，影响了党和国家在人民群众中的威信，动摇了人民群众对依法治国、建设社会主义法治国家的信念，而且引发了一些严重的社会问题：一些当事人走投无路，便通过上访寻求出路，影响社会稳定；有些当事人甚至求助于带有“黑社会”性质的流氓恶势力代为索讨债务，绑架、伤害当事人，严重危害了社会治安；更为严重的是，导致了作为市场经济基础的社会信用关系和商品交易安全缺乏保障，阻碍了社会主义市场经济的发展。解决人民法院“执行难”问题，关系到司法公正的实现，关系到维护社会主义法律的统一和尊严，关系到人民群众对党和国家的信任，关系到国家改革、发展、稳定的大局，已成为当前一项紧迫的政治任务，必须动员全党和全社会力量切实加以解决。为此，我们建议：

一、大力加强社会主义法制宣传教育工作，努力营造自觉维护社会主义法制统一和尊严的舆论氛围。各级党委宣传部门和司法行政部门要以党的十五大提出的依法治国、建设社会主义法治国家的基本方略为指导，将自觉履行生效法律文书，支持人民法院执行工作列为当前普法教育的重要内容，集中一段时间，采取行之有效的形式，加大法制宣传教育的力度，努力使人民群众特别是领导干部充分认识到：在社会主义法治国家中，司法所保护的不仅仅是生效法律文书所确定的特定当事人的合法权益，更重要的是维护法治社会有法可依，有法必依，执法必严，违法必究的法律原则。不执行生效法律文书，是对国家法治的挑战，是对司法权威的藐视，为国法所不容。要通过广泛深入的法制宣传教育，在全社会形成生效法律文书必须执行的法律意识，形成以抗拒、阻碍、干预人民法院执行为耻，以服从、协助、支持人民法院执行为荣的舆论氛围。

二、反对地方保护主义，严禁违法干预执行。地方保护主义是人民法院依法执行的严重障碍。各级党委要结合“讲学习、讲政治、讲正气”的教育，旗帜鲜明地反对地方保护主义，组织一次反对地方保护主义的大检查，集中解决破坏国家法制统一，妨碍人民法院执行的问题。对各地区、各部门制定的与法律相悖、给人民法院执行设置障碍的规定或文件应当立即依照有关程序予以撤销；对那些政治觉悟不高，组织纪律观念涣散，有令不行，有禁不止，继续搞地方保护主义，非法干预人民法院执行的部门和个人，坚决依法追究责任；对有的地方党政领导机关以种种借口干预执行，个人批“条子”干扰执行，就个案制发函文阻碍执行等行为，当地纪检监察机关要给予有关负责人和直接责任人以党纪、政纪处分，直到移送司法机关追究法律责任。

人民法院在个案执行中遇有地方保护主义的干扰，应当坚决依法抵制，坚持依法执行，并及时报请当地党委、人大常委会、政府和上级人民法院严肃处理。

三、坚持严肃执法，严禁抗拒执行。人民法院依法执行，要充分运用法律赋予的强制手段，大力发挥国家法律的权威作用。通过责令被执行人定期向执行法院申报财产，对欠债外逃的被执行人及时公告限期执行，对被执行人的财产及时采取查封、冻结、扣押、搜查、划拨、拍卖、变卖等强制执行措施，努力使债权人的合法权益得到实现。被执行人和其他有义务协助执行的机关、单位和个人，不准以暴力、威胁、贿买等方法阻止证人对被执行人的财产状况和履行能力作证，不准指使、贿买、胁迫他人作伪证或者隐藏、毁灭有关证据，不准隐藏、转移、变卖、毁损已被查封、扣押的财产，不准故意撕毁人民法院执行公告、封条，不准妨碍执行法院依法搜查，不准哄闹、冲击执行现场或者侮辱、诽谤、巫陷、围攻执行人员。对违犯者要坚决依法采取罚款、司法拘留等民事强制措施。对有能力执行人民法院的判决、裁定而拒不执行，情节严重的；隐藏、转移、变卖、故意毁损已被查封、扣押、冻结的财产，情节严重的；以暴力、威胁方法阻碍人民法院依法执行的；以及盗窃、抢夺或者毁灭人民法院执行的公文、证件、印章的，要依据刑法的有关规定，坚决追究行为人的刑事责任。

裁判公正是保证顺利执行的前提和基础。人民法院要依法公正裁判案件，务使交付执行的案件事实清楚，证据充分，责任明确，处理得当；对确有错误的生效法律文书，要依照法定程序及时处理和纠正。要加强对执行程序中出现的适用法律问题的司法解释工作。

四、加强协同配合，搞好协助执行。任何负有法定协助执行义务的机关、单位和个人，都应当依法支持、协助人民法院依法执行。人民法院在执行中，需要查询、冻结、划拨被执行人存款的，有关银行和非银行金融机构应当积极协助，不得借故推诿，更不得向被执行人通风报信，帮助被执行人转移存款；需要办理土地、房产、车辆、设备等使用权或产权过户手续的，有关机关和部门应当及时协助，不得拖延不办，阻碍执行。拒不履行协助义务的，应当依法追究其党纪、政纪责任直至法律责任。

公安、检察等机关应当支持、配合人民法院的执行工作。对人民法院已依法采取了强制执行措施的财产，不得重复采取强制措施或者擅自解除执行法院的强制措施。对暴力抗拒执行、冲击执行现场、围攻殴打执行人员、毁坏执行装备等冲突事件，当地公安机关和人民法院应当紧密配合，迅速依法处置。人民法院在执行中，只要“执行公务证”和相关的生效法律文书齐全，任何组织、个人不得阻挠和刁难，并应当协助保护执行人员和被执行财产的安全。有关机关不履行法定职责，酿成严重后果的，应当依法追究有关负责人和直接责任人的法律责任。

五、调整工作布局，切实搞好委托执行。委托执行有利于提高执行工作效率，有利于避免冲突事件的发生，有利于降低执行费用和减轻被执行人的经济负担。各级人民法院应当通力合作，坚决抵制地方保护主义的影响，切实搞好委托执行。被执行人、被执行财产在本省（自治区、直辖市）辖区内、需跨县（市、区）或市（地、州）执行的，除少数特殊情况之外，一律实行委托执行。受托法院应当依法接受委托，及时采取执行措施，加强对受托案件执行工作的领导和管理，建立工作责任制和责任追究制，不得借故拒绝，不得消极应付，久拖不执。受托法院未尽职责的，委托法院应当报告受托法院所在地的党委政法委、纪检监察机关和其上级人民法院，给予有关责任人以党纪、政纪处分。

被执行人、被执行财产在外省（自治区、直辖市）的，亦应以委托执行为主。少数案件确需异地执行的，执行法院应当首先与当地人民法院联系，当地人民法院要积极协助执行，不得消极应付，更不得拒绝协助；对应当司法拘留的人员，要交由当地人民法院办理，当地人民法院不得延误，当地公安机关不得拒绝羁押；发现妨害司法和扰乱公共秩序的犯罪嫌疑人，应当及时移送当地有管辖权的公安机关，有关公安机关应当立即受理，不得借故推诿，放纵犯罪。

六、加强执行队伍建设，改进管理体制，改善物质装备。各级人民法院要继续认真搞好执行队伍整顿，尽快将不适应执行工作的人员调离执行工作岗位；同时确保按不少于全体干警现有编制总数15%的比例配备合格的执行人员。各级人民法院要加强对执行队伍的科学管理，严肃执行纪律，抓紧业务培训，提高执法水平。尽快在全国建成一支政治坚定、清正廉洁、纪律严明、业务精通、作风过硬、训练有素的执行队伍。

要强化执行机构的职能作用，加强执行工作的统一管理和协调。各省（自治区、直辖市）范围内的人民法院执行工作由高级人民法院统一管理和协调，并负责同外省（自治区、直辖市）高级人民法院执行机构协调处理执行争议案件。

执行工作的强制性、机动性、对抗性较强。需要配置必要的物质装备。各级人民法院要对执行车辆、警械、通讯工具等物质装备费用作出预算，报请地方财政部门逐步帮助解决。尽快使人民法院的执行装备适应执行工作的需要。

七、积极依靠党委领导、政府支持和人大监督，确保执行工作顺利进行。人民法院在执行中，遇有需要协调处理的事宜，应当主动报告当地党委，在党委的领导和政府的支持下，使问题得到妥善解决。各级党委、政府要加强对人民法院执行工作的领导和支持，排除人民法院在执行工作中遇到的阻力，支持人民法院依法执行公务，协调处理人民法院在执行工作中遇到的复杂疑难问题，及时处理抗拒、阻碍、干预执行的事件，维护执行秩序，保证执行工作的顺利进行。各级党委政法委要充分发挥职能作用，对政法部门在执行工作中发生的争议或复杂疑难问题加强协调，督促有关部门依法办案。各级人民法院要主动接受同级人大及其常委会的监督。加快执行立法。最高人民法院要抓紧起草强制执行法，尽早提请全国人大常委会审议。在各级党委、政府的领导、支持和人大的监督下，人民法院要采取切实有效的措施，会同公安、检察、司法行政机关及有关部门，共同努力营造一个良好的执法环境，确保执行工作的顺利进行。

以上报告，如无不妥，请批转各地区、各部门贯彻执行。

最高人民法院关于进一步贯彻“调解优先、调判结合”工作原则的若干意见

- 2010年6月7日
- 法发〔2010〕16号

“调解优先、调判结合”工作原则是认真总结人民司法实践经验，深刻分析现阶段形势任务得出的科学结论，是人民司法优良传统的继承和发扬，是人民司法理论和审判制度的发展创新，对于充分发挥人民法院调解工作在化解社会矛盾、维护社会稳定、促进社会和谐中的积极作用，具有十分重要的指导意义。为进一步贯彻该工作原则，特制定本意见。

一、牢固树立调解意识，进一步增强贯彻“调解优先、调判结合”工作原则的自觉性

1. 深刻认识新时期加强人民法院调解工作的

重要性。全面加强调解工作，是继承中华民族优秀文化和发扬人民司法优良传统的必然要求，是发挥中国特色社会主义司法制度政治优势的必然要求，是维护社会和谐稳定的必然要求，是充分发挥人民法院职能作用的必然要求。

我国正处于经济社会发展的重要战略机遇期和社会矛盾凸显期，维护社会和谐稳定的任务艰巨繁重。深入推进社会矛盾化解、社会管理创新、公正廉洁执法三项重点工作，是人民法院在新形势下履行自身历史使命的必然要求，是人民法院积极回应人民群众关切的必然要求，也是当前和今后一个时期人民法院的首要工作任务。“调解优先、调判结合”既是推动矛盾化解的重要原则，也是社会管理创新的重要内容，又是对法官司法能力的考验。深入推进三项重点工作，必须坚决贯彻这一工作原则，不断增强调解意识，积极创新调解机制，努力提高调解能力，着力推动人民调解、行政调解、司法调解“三位一体”大调解工作体系建设，有效化解社会矛盾，真正实现案结事了，为保障经济社会又好又快发展，维护社会和谐稳定，提供更加有力的司法保障和服务。

2. 牢固树立“调解优先”理念。调解是高质量审判，调解是高效益审判，调解能力是高水平司法能力。调解有利于化解社会矛盾，实现案结事了，有利于修复当事人之间的关系，实现和谐。各级法院要深刻认识调解在有效化解矛盾纠纷、促进社会和谐稳定中所具有的独特优势和重要价值，切实转变重裁判、轻调解的观念，把调解作为处理案件的首要选择，自觉主动地运用调解方式处理矛盾纠纷，把调解贯穿于立案、审判和执行的各个环节，贯穿于一审、二审、执行、再审、申诉、信访的全过程，把调解主体从承办法官延伸到合议庭所有成员、庭领导和院领导，把调解、和解和协调案件范围从民事案件逐步扩展到行政案件、刑事自诉案件、轻微刑事案件、刑事附带民事案件、国家赔偿案件和执行案件，建立覆盖全部审判执行领域的立体调解机制。要带着对当事人的真挚感情，怀着为当事人解难题、办实事的愿望去做调解工作。要做到能调则调，不放过诉讼和诉讼前后各个阶段出现的调解可能性，尽可能把握一切调解结案的机会。

3. 准确认识和把握“调解优先、调判结合”工作原则。要紧紧围绕“案结事了”目标，正确处理好调解与裁判这两种审判方式的关系。在处理案件过程中，首先要考虑用调解方式处理；要做到调解与裁判两手都要抓，两手都要硬；不论是调解还是裁判，都必须立足于有效化解矛盾纠纷、促进社会和谐，定分止争，实现法律效果与社会效果的有机统一。要根据每个案件的性质、具体情况和当事人的诉求，科学把握运用调解或者裁判方式处理案件的基础和条件。对于有调解可能的，要尽最大可能促成调解；对于没有调解可能的、法律规定不得调解的案件，要尽快裁判，充分发挥调解与裁判两种手段的作用。既要注意纠正不顾办案效果、草率下判的做法，也要注意纠正片面追求调解率、不顾当事人意愿强迫调解的做法。要努力实现调解结案率和息诉服判率的“两上升”，实现涉诉信访率和强制执行率的“两下降”，推动人民法院调解工作迈上新台阶，实现新发展。

二、完善调解工作制度，抓好点环节，全面推进调解工作

4. 进一步强化民事案件调解工作。各级法院特别是基层法院要把调解作为处理民事案件的首选结案方式和基本工作方法。对依法和依案件性质可以调解的所有民事案件都要首先尝试通过运用调解方式解决，将调解贯穿于民事审判工作的全过程和所有环节。

对《最高人民法院关于适用简易程序审理民事案件的若干规定》第十四条规定的婚姻家庭纠纷、继承纠纷、劳务合同纠

纷、交通事故和工伤事故引起的权利义务关系较为明确的损害赔偿纠纷、宅基地和相邻关系纠纷、合伙协议纠纷、诉讼标的额较小的民事纠纷,在开庭审理时应当先行调解。但是根据案件的性质和当事人的实际情况不能调解或者显然没有调解必要的除外。

要下大力气做好以下民事案件的调解工作:事关民生和群体利益、需要政府和相关部门配合的案件;可能影响社会和谐稳定的群体性案件、集团诉讼案件、破产案件;民间债务、婚姻家庭继承等民事纠纷案件;案情复杂、难以形成证据优势的案件;当事人之间情绪严重对立的案件;相关法律法规没有规定或者规定不明确、适用法律有一定困难的案件;判决后难以执行的案件;社会普遍关注的敏感性案件;当事人情绪激烈、矛盾激化的再审案件、信访案件。

对《最高人民法院关于人民法院民事调解工作若干问题的规定》第二条规定的适用特别程序、督促程序、公示催告程序、破产还债程序的案件,婚姻关系、身份关系确认案件以及其他依案件性质不能进行调解的民事案件,不予调解。

5. 积极探索刑事案件调解、和解工作。要在依法惩罚犯罪的同时,按照宽严相济刑事政策的要求,通过积极有效的调解工作,化解当事人恩怨和对抗情绪,促进社会和谐。

要根据刑事诉讼法有关规定,积极开展刑事自诉案件调解工作,促进双方自行和解。对被告人认罪悔过,愿意赔偿被害人损失,取得被害人谅解,从而达成和解协议的,可以由自诉人撤回起诉,或者对被告人依法从轻或免予刑事处罚。对民间纠纷引发的轻伤害等轻微刑事案件,诉至法院后当事人自行和解的,应当准许并记录在案。也可以在不违反法律规定的前提下,对此类案件尝试做一些促进和解的工作。

对刑事附带民事诉讼案件,要在调解的方法、赔偿方式、调解案件适用时间、期间和审限等方面进行积极探索,把握一切有利于附带民事诉讼调解结案的积极因素,争取达成民事赔偿调解协议,为正确适用法律和执行宽严相济刑事政策创造条件。

6. 着力做好行政案件协调工作。在依法维护和监督行政机关依法行使行政职权的同时,要针对不同案件特点,通过积极有效的协调、和解,妥善化解行政争议。

在不违背法律规定的前提下,除了对行政赔偿案件依法开展调解外,在受理行政机关对平等主体之间的民事争议所作的行政裁决、行政确权等行政案件,行政机关自由裁量权范围内的行政处罚、行政征收、行政补偿和行政合同等行政案件,以及具体行政行为违法或者合法但不具有合理性的行政案件时,应当重点做好案件协调工作。

对一些重大疑难、影响较大的案件,要积极争取党委、人大支持和上级行政机关配合,邀请有关部门共同参与协调。对具体行政行为违法或者合法但不具有合理性的行政案件,要通过协调尽可能促使行政机关在诉讼中自行撤销违法行为,或者自行确认具体行政行为无效,或者重新作出处理决定。

7. 努力做好执行案件和解工作。要进一步改进执行方式,充分运用调解手段和执行措施,积极促成执行和解,有效化解执行难题。

对被执行财产难以发现的,要充分发挥执行联动威慑机制的作用,通过限制高消费措施、被执行人报告财产制度,以及委托律师调查、强制审计、公安机关协查等方式方法,最大限度地发现被执行人的财产,敦促被执行人提出切实可行的还款计划。

对被执行人系危困、改制、拟破产企业的,要协调有关部门和被执行人,综合运用执行担保、以物抵债、债转股等方式，促成双方当事人达成执行和解协议。

8. 进一步做好诉前调解工作。在收到当事人起诉状或者口头起诉之后、正式立案之前，对于未经人民调解、行政调解、行业调解等非诉讼纠纷解决方式调处的案件，要积极引导当事人先行就近、就地选择非诉讼调解组织解决纠纷，力争将矛盾纠纷化解在诉前。

当事人选择非诉讼调解的，应当暂缓立案；当事人不同意选择非诉讼调解的，或者经非诉讼调解未达成协议，坚持起诉的，经审查符合相关诉讼法规定的受理条件的，应当及时立案。

要进一步加强与人民调解组织、行政调解组织以及其他调解组织的协调与配合，有条件的基层法院特别是人民法庭应当设立诉前调解工作室或者“人民调解窗口”，充分发挥诉前调解的案件分流作用。

9. 进一步强化立案调解工作。在案件立案之后、移送审判业务庭之前，要充分利用立案窗口“第一时间接触当事人、第一时间了解案情”的优势，积极引导当事人选择调解方式解决纠纷。

对事实清楚、权利义务关系明确、争议不大的简单民事案件，在立案后应当及时调解；对可能影响社会和谐稳定的群体性案件、集团诉讼案件，敏感性强、社会广泛关注的案件，在立案后也要尽可能调解。对当事人拒绝调解的，无法及时与当事人及其委托代理人取得联系的，或者案情复杂、争议较大的案件，以及法律规定不得调解的案件，应当在立案后及时移送审理。对在调解过程中发现案件涉及国家利益、社会公共利益和第三人利益的，案件需要审计、评估、鉴定的，或者需要人民法院调查取证的，应当终结调解程序，及时移送审理。

立案阶段的调解应当坚持以效率、快捷为原则，避免案件在立案阶段积压。适用简易程序的一审民事案件，立案阶段调解期限原则上不超过立案后10日；适用普通程序的一审民事案件，立案阶段调解期限原则上不超过20日，经双方当事人同意，可以再延长10日。延长的调解期间不计入审限。

10. 积极探索和加强庭前调解工作。在案件移送审判业务庭、开庭审理之前，当事人同意调解的，要及时进行调解。要进一步加强庭前调解组织建设，有条件的人民法院可以探索建立专门的庭前调解组织。要进一步优化审判资源配置，有条件的人民法院可以探索试行法官助理等审判辅助人员开展庭前调解工作，提高调解工作效率，减轻审判人员的工作负担。

11. 继续抓好委托调解和协助调解工作。在案件受理后、裁判作出前，经当事人同意，可以委托有利于案件调解解决的人民调解、行政调解、行业调解等有关组织或者人大代表、政协委员等主持调解，或者邀请有关单位或者技术专家、律师等协助人民法院进行调解。调解人可以由当事人共同选定，也可以经双方当事人同意，由人民法院指定。当事人可以协商确定民事案件委托调解的期限，一般不超过30日。经双方当事人同意，可以顺延调解期间，但最长不超过60日。延长的调解期间不计入审限。人民法院委托调解人调解，应当制作调解移交函，附送主要案件材料，并明确委托调解的注意事项和当事人的相关请求。

12. 大力做好再审案件调解工作。对历时时间长、认识分歧较大的再审案件，当事人情绪激烈、矛盾激化的再审案件，改判和维持效果都不理想的再审案件，要多做调解、协调工作，尽可能促成当事人达成调解、和解协议。对抗诉再审案件，可以邀请检察机关协助人民法院进行调解；对一般再审案件，可以要求原一、二审法院配合进行调解；对处于执行中的再审案件，可以与执行部门协调共同做好调解工作。

13. 扎实做好调解回访工作。对于已经达成调解协议的,各级法院可以通过实地见面访、远程通讯访或者利用基层调解工作网络委托访等形式及时回访,督促当事人履行调解协议。对于相邻权、道路交通事故、劳动争议等多发易发纠纷的案件,应当将诉讼调解向后延伸,实现调解回访与息诉罢访相结合,及时消除不和谐苗头,巩固调解成果,真正实现案结事了。

14. 注重发挥律师和法律援助机构在调解工作中的积极作用。各级法院要积极推动、引导律师和法律援助机构参与或者主持调解、和解,共同做好调解工作。要积极探索,争取当地司法行政部门、律师协会的支持,注意解决律师风险代理收费与调解结案之间的矛盾。要积极推动律师协会建立推荐优秀律师担任调解员的制度,推进律师和法律援助机构参与或者主持调解工作的制度化、规范化。对于在调解工作中成绩突出的律师和法律援助机构,人民法院应当向当地司法行政部门、律师协会提出予以表彰和奖励的建议。

三、规范调解活动,创新调解工作机制,提高调解工作质量

15. 切实贯彻当事人自愿调解原则。要积极引导并为双方当事人达成调解协议提供条件、机会和必要的司法保障。除了法律另有规定的以外,要尊重当事人选择调解或者裁判方式解决纠纷的权利,尊重当事人决定调解开始时机、调解方式方法和调解协议内容的权利。要在各个诉讼环节,针对当事人的文化知识、诉讼能力的不同特点,用通俗易懂的语言,进行释法解疑,充分说明可能存在的诉讼风险,引导当事人在充分认识自身权利义务的基础上,平等自愿地解决纠纷。

16. 切实贯彻合法调解原则。要依法规范调解过程中法官审判权的行使,确保调解程序符合有关法律规定,不得违背当事人自愿去强迫调解,防止以判压调、以拖促调。要及时查明当事人之间的纠纷争执点和利益共同点,准确合理确定当事人利益关系的平衡点,维持双方当事人权利义务基本均衡,确保调解结果的正当性。要认真履行对调解协议审查确认职责,确保调解协议的内容不违反法律规定,不损害国家利益、社会公共利益、第三人利益以及社会公序良俗,正确发挥司法调解的功能,切实维护公平正义。

17. 科学把握当判则判的时机。要在加强调解的同时,切实维护当事人合法权益,注意防止不当调解和片面追求调解率的倾向,不得以牺牲当事人合法权益为代价进行调解。对当事人虚假诉讼或者假借调解拖延诉讼的,应依法及时制止并做出裁判;对一方当事人提出的方案显失公平,勉强调解会纵容违法者、违约方,且使守法者、守约方的合法权益受损的,应依法及时裁判;对调解需要花费的时间精力、投入的成本与解决效果不成正比的,应依法及时裁判;对涉及国家利益或者社会公共利益的案件,具有法律适用指导意义的案件,或者对形成社会规则意识有积极意义的案件,应注意依法及时裁判结案,充分发挥裁判在明辨是非、规范行为、惩恶扬善中的积极作用。

18. 加强对调解工作的监督管理。要充分考虑调解工作的特点,建立健全有利于调解工作科学发展的审判流程管理体系。要落实《最高人民法院关于人民法院民事调解工作若干问题的规定》第四条、第六条关于特定情况下的和解、调解期间不计入审限的规定,合理放宽对调解案件适用时间、期间和审限的限制。当事人愿意进行调解,但审理期限即将届满的,可以由当事人协商确定继续调解的期限,经人民法院审查同意后,由承办法官记录在卷。案件有达成调解协议的可能,当事人不能就继续调解的期限达成一致的,经本院院长批准,可以合理延长调解期限。同时,要

针对各类调解案件在审理流程中不同环节的特点，确定合理的案件流转程序，避免在调判对接、调判转换环节因效率不高而延长案件处置周期；要加强对调解工作的跟踪管理和评查，及时纠正调解工作中存在的问题，着重解决硬调、久调不决等问题，确保调解工作质量。

19. 进一步加强对法官在调解工作中的职业行为约束。各级法院的法官，在调解过程中要注重着装仪表，约束举止言行，保持客观公正，平等保护各方当事人合法权益，不偏袒一方。根据案件的具体情况，法官可以在调解过程中分别做各方当事人的调解工作，但不得违反有关规定，私自单方面会见当事人及其委托的代理人。

20. 进一步规范调解协议督促条款、担保履行条款的适用。在调解过程中，要关注义务履行人的履行能力和履行诚意，在确保调解协议内容具体、明确并具有可执行性的同时，注重引导当事人适用《最高人民法院关于人民法院民事调解工作若干问题的规定》第十条、第十一条规定的督促条款和担保履行条款，提高调解协议的自动履行率。对原告因质疑被告履行调解协议的诚意而不愿调解的案件、争议标的额较大的案件，以及调解协议确定的履行期限较长或者分期履行的案件，可以通过适用督促条款、担保履行条款，促进调解协议的达成，促使义务履行人自动履行调解协议。要注意总结调解经验，制定规范性的表述方式，明确条款的生效条件，防止调解结案后双方当事人对协议条款内容的理解产生歧义。

21. 建立健全类型化调解机制。要不断总结调解经验，努力探索调解规律，建立健全以调解案件分类化、调解法官专业化、调解方法特定化为内容的类型化调解机制，建立相应的调解模式，提高调解同类案件的工作效率和成功率。要根据案件利益诉求、争议焦点的相似性，对道路交通事故损害赔偿纠纷、医疗损害赔偿纠纷、劳动争议等案件试行类型调解模式，实现“调解一案、带动一片”的效果。要根据类型案件的特点，选配具有专业特长、经验丰富的法官调解，鼓励法官加强对类型案件调解理论和方法的梳理和研究，将经过实践检验行之有效的个案调解方法，提升为同类案件的调解技巧，不断丰富调解的形式和手段。

22. 建立健全调解工作激励机制。要修改完善调解工作统计指标体系，完善统计口径，要从统计和考核民事案件调解情况，发展到对诉前、立案、庭前、庭中、庭后、执行、再审、申诉、信访等诸环节的调解案件，以及刑事、行政等各项调解、和解和协调工作进行统计和考核。在考核指标体系方面，在适当考虑办案数量、结案率和改判发回率的同时，突出对办案社会效果的考核，加大调解撤诉率、服判息诉率、申请再审率、申诉率、信访率、强制执行率和调解案件自动履行率等指标的权重。要建立健全能够反映调解工作量和社会效果的量化考核体系和考评方法，作为评价各级法院调解工作成效的标准和法官业绩考评的参考依据，正确引导调解工作方向，提高调解水平。

23. 建立健全调解能力培养长效机制。要及时总结调解工作经验，整理典型案例，加强对调解工作的指导。要把调解能力培养列入法官年度和专门培训计划，要以提高做群众工作的能力为核心，着力加强调解能力建设。要继续推行法官教法官、新进人员到基层和信访窗口接受锻炼等做法，鼓励法官深入社会、深入实践、深入基层，深刻把握社情民意，了解本地风俗习惯，学会运用群众语言，不断贴近人民群众，切实增强调解工作的效果。

24. 建立健全调解保障机制。各级法院要积极争取当地党委和政府的支持，把调解工作经费纳入财政预算。要积极争取中央政法补助专款资金和省级财政配套资金支持，充分发挥专款资金的使用效益，加大对调解工作的经费投入。要在经费、装备和人员编制等方面向基层法院和人民法庭倾斜，加大投入，进一步夯实调解工作基层基础。要争取专项经费支持，为参与调解的特邀调解员、委托调解人提供经费保障，对在调解工作中成绩突出的特邀调解员、委托调解人，要予以表彰和奖励。

四、进一步推动“大调解”工作体系建设，不断完善中国特色纠纷解决机制

25. 坚持在党委领导和政府支持下推进工作体系建设。各级法院要紧紧依靠党委领导，积极争取政府支持，鼓励社会各界参与，充分发挥司法的推动作用，将人民调解、行政调解、司法调解“大调解”工作体系建设纳入推进三项重点工作的整体部署。在坚持三大调解各司其职的前提下，充分发挥司法的引导、保障作用，加强与人民调解、行政调解在程序对接、效力确认、法律指导等方面的协调配合，及时把社会矛盾纠纷化解在基层和萌芽状态，有力促进社会和谐稳定。

26. 推动“大调解”工作网络体系的建立。各级法院要加强与村委会、居委会、工会、共青团、妇联、侨联等组织密切配合，形成化解社会矛盾的合力。要充分利用自身的资源来支持其他调解组织开展工作，有条件的地方可以在基层法院和人民法庭设立人民调解工作室等必要的办公场所，为其他组织调处纠纷提供支持，同时也要注意利用其他社会组织和有关部门的调解资源。可以在处理纠纷比较多的派出所、交警队、妇联、工会等单位设立巡回调解点。要建立以人大代表、政协委员、基层干部、人民陪审员、离退休干部以及社会各界人士组成的覆盖各级、各部门、各行业的特邀调解员、调解志愿者网络库，加强与人民调解、行政调解组织网络的对接，逐步形成资源共享、力量共用、良性互动的“大调解”工作网络体系。

27. 加强在“大调解”工作体系中的沟通协调。各级法院要加强与各级联席会议、人民调解、行政调解以及其他调解组织的联系，及时掌握矛盾纠纷排查情况，紧紧抓住影响社会和谐稳定的源头性、根本性 、基础性问题，充分发挥不同调解组织的职能互补作用，引导不同类型的矛盾纠纷由不同的调解组织解决，相互借力、共谋调处。要依靠党委的领导和“大调解”工作体系，对可能起诉到人民法院的重大案件提前做好工作预案，对已受理的重大或群体性案件，要充分依托“大调解”工作体系协调相关职能部门稳妥处置化解。

28. 加强对人民调解、行政调解的法律指导。各级法院要加强与人民调解、行政调解组织的工作沟通和经验交流，相互学习借鉴好经验、好做法，共同提高调解水平。要积极开展对“大调解”工作中新情况、新问题的分析研究，加强对人民调解、行政调解组织的指导，帮助人民调解、行政调解组织完善工作程序，规范调解行为。要配合司法行政机关等政府职能部门和有关组织，指派审判经验丰富的审判人员采取“以案代训”、“观摩调解”等方式对人民调解员、行政调解人员开展培训。对人民法院变更、撤销或者确认无效的调解协议及其原因，应当以适当方式及时反馈给相关调解组织，并就审理中发现的问题提出意见和建议。

29. 进一步完善调解衔接机制。对经人民调解、行政调解、行业调解或者其他具有调解职能的组织调解达成的协议，需要确认效力的，有管辖权的人民法院应当依法及时审查确认；符合强制执行条件的，人民法院应当依法及时执行。具有债权内容的诉讼外调解协议，经公证机关依法赋予强制执行效力的，债权人可以向被执行人住所地或者被执行的财产所在地人民法院申请执行。

◎请示答复

最高人民法院关于黎川县人民法院对江苏省宜兴市堰头工业联合公司采取诉前财产保全措施执行情况报告的有关问题的复函

• 1992年12月4日
• 法函〔1992〕150号

江西省高级人民法院：

你院赣法明传〔1992〕95号《关于黎川县人民法院对江苏省宜兴市堰头工业联合公司采取诉前财产保全措施执行情况的报告》收悉。经审查，提出以下意见：

一、黎川县人民法院在本案的诉前保全中既不是财产所在地法院，也不是被申请人所在地法院，无权受理诉前保全申请。

二、按法律规定，人民法院作出裁定后应当送达被申请人（法人）的主要营业地或主要办事机构所在地，并经签收后在该地具体执行。而黎川县人民法院在没有送达裁定书的情况下，却在“京杭公路至堰头乡的岔路口”拦下车辆开到江西，这种做法也是错误的。

三、黎川县人民法院在扣押车辆时，将车上的宜兴市人大代表、堰头乡乡长陈汉生一起带往江西，这是侵犯公民人身权利的行为。执行人员即使不知道陈的人大代表身份，也不能采取这种做法。

四、本案是一起借款纠纷，双方在合同中没有约定明确的履行地，因此，应当视接受给付一方的所在地为履行地。黎川县人民法院在本案中既不是履行地法院，也不是被告所在地法院，对本案无管辖权，应将本案交有管辖权的法院受理，已扣押的车辆随案一并移送。同时向宜兴市人大代表陈汉生同志正式道歉。

你院应当督促抚州地区中级人民法院、黎川县人民法院尽快落实以上意见并深刻认识错误。处理结果望书面报告我院。

最高人民法院关于新中地产有限公司诉广东发展银行江门分行借款担保纠纷执行请示案的函复

• 2006年4月18日
• 〔2005〕执他字第26号

广东省高级人民法院：

你院〔2002〕粤高法执字第46—1号《关于新中地产有限公司诉广东发展银行江门分行借款担保纠纷执行案的请示报告》收悉。经研究，答复如下：

同意你院审判委员会少数人意见，该案应当恢复执行。根据本院判决，广东发展银行江门分行（以下简称江门分行）应当对香港回丰有限公司（以下简称回丰公司）不能偿还债务部分的二分之一向新中地产有限公司承担赔偿责任。在当事人就主债务纠纷即新中地产有限公司与回丰公司之间的融资纠纷由香港高等法院审理并作出判决后，在内地与香港之间就判决的承认和执行问题尚未达成一致意见的情况下，香港高等法院的判决不能在内地得到承认和执行。故即使回丰公司在内地拥有股权，但相对于香港高等法院的判决和执行而言，该股权不应属于担保法及其司法解释确定的“可以执行或者方便执行”的财产。因此，在新中地产有限公司提供证据证明回丰公司在香港无财产可供执行，且江门分行亦不能提供相反证据的情况下，从保护债权人利益的角度考虑，应当恢复对本院〔2001〕民四终字第14号民事判决的执行。

以上意见，请遵照执行。

最高人民法院关于四川、新疆两地法院执行四川达钢公司争议协调案的函

- 2009年12月3日
- 〔2009〕执协字第23－1号函

四川省高级人民法院、新疆维吾尔自治区高级人民法院：

四川省高级人民法院（以下简称四川高院）报送的《关于请求协调处理四川同昊科技有限公司申请执行新疆正元节能科技有限公司、第三人四川达州钢铁集团有限公司委托合同纠纷一案的报告》和新疆维吾尔自治区高级人民法院（以下简称新疆高院）报送的《关于涉新疆正元节能科技有限公司执行争议的协调意见》均收悉。我院审查期间也曾组织两院进行协调，但未果。经研究，提出以下处理意见：

新疆高院（2008）新民三终字第22号民事判决认为，在四川达州钢铁集团有限公司（以下简称达钢公司）和新疆正元节能科技有限公司（以下简称正元公司）的技术服务合同纠纷中，达钢公司应向正元公司支付相应的节能款。而正元公司与四川同昊科技有限公司（以下简称同昊公司）的合同则属于另一法律关系，可另案解决，并不影响该案的处理。四川省达州市通川区人民法院（以下简称通川法院）（2008）通川民初字第1018号民事判决正是对正元公司和同昊公司的委托关系作了裁判，同时将达钢公司列为第三人，并认为，依正元公司和同昊公司的委托合同，双方形成委托代理关系，同昊公司应取得上述节能款的收益权，并判令达钢公司直接向同昊公司支付。综上，该笔节能款为两份生效判决共同指向的特定债务，同昊公司应为该笔节能款的最终权利人，达钢公司不应重复该笔付款履行义务。据此，应由通川法院执行该笔节能款。

请你们接此函后，监督执行法院落实我院上述意见。

特此函告。

最高人民法院关于中华乐业有限公司与唐山钢铁集团有限责任公司仲裁裁决执行案的函

- 2010年7月15日
- 〔2010〕执监字第16号函

广东省高级人民法院：

关于唐山钢铁集团有限责任公司执行申诉一案，你院《关于深圳中院执行中华乐业有限公司与唐山钢铁集团有限责任公司仲裁裁决一案的情况报告》收悉。经研究，答复如下：

经核查，唐山钢铁集团有限责任公司作为上市公司，其持有的证券在上市交易前存管于中国证券登记结算有限责任公司深圳分公司，深圳市中级人民法院（以下简称深圳中院）以此认定深圳市为被执行人的财产所在地受理了当事人一方的执行申请。本院认为，证券登记结算机构是为证券交易提供集中登记、存管与结算服务的机构，但证券登记结算机构存管的仅是股权凭证，不能将股权凭证所在地视为股权所在地。由于股权与其发行公司具有最密切的联系，因此，应当将股权的发行公司住所地认定为该类财产所在地。深圳中院将证券登记结算机构所在地认定为上市公司的财产所在地予以立案执行不当。

请你院监督深圳中院依法撤销案件及相关法律文书，并告知申请人依法向有管辖权的人民法院申请执行。同时，鉴于深圳中院对被执行人的股权已采取冻结措施，为防止已冻结财产被转移，请你院监督深圳中院做好已控被执行人财产与新的执行法院的衔接工作，避免申请执行人的权益受到损害。

最高人民法院执行局关于法院能否以公司证券登记结算地为财产所在地获得管辖权问题的复函

- 2010年7月15日
- 〔2010〕执监字第16号

广东省高级人民法院：

关于唐山钢铁集团有限责任公司执行申诉一案，你院《关于深圳中院执行中华乐业有限公司与唐山钢铁集团有限责任公司仲裁裁决一案的情况报告》收悉。经研究，答复如下：

经核查，唐山钢铁集团有限责任公司作为上市公司，其持有的证券在上市交易前存管于中国证券登记结算有限责任公司深圳分公司，深圳市中级人民法院（以下简称深圳中院）以此认定深圳市为被执行人的财产所在地受理了当事人一方的执行申请。本院认为，证券登记结算机构是为证券交易提供集中登记、存管与结算服务的机构，但证券登记结算机构存管的仅是股权凭证，不能将股权凭证所在地视为股权所在地。由于股权与其发行公司具有最密切的联系，因此，应当将股权的发行公司住所地认定为该类财产所在地。深圳中院将证券登记结算机构所在地认定为上市公司的财产所在地予以立案执行不当。

请你院监督深圳中院依法撤销案件及相关法律文书，并告知申请人依法向有管辖权的人民法院申请执行。同时，鉴于深圳中院对被执行人的股权已采取冻结措施，为防止已冻结财产被转移，请你院监督深圳中院做好已控被执行人财产与新的执行法院的衔接工作，避免申请执行人的权益受到损害。

第三章　委托执行、协助执行和执行争议的协调

◎部门规章及文件

公安部关于公安机关不得非法越权干预经济纠纷案件处理的通知

- 1989年3月15日
- 〔89〕公治字30号

各省、自治区、直辖市公安厅、局：

最近发现一些基层公安机关以查处诈骗等经济犯罪案件为名，直接插手干预一些经济纠纷案件的处理，有的甚至强行收审、扣押一方当事人做人质，替另一方逼索款物；有的还按比例从争议金额中提成取利。这是一种严重的违法行为，既干扰经济纠纷案件的依法公正处理，侵犯法人和公民的合法权益，又损害公安机关的形象，必须坚决加以纠正。为此，特作如下通知：

一、必须划清经济犯罪和经济纠纷的界限，严格依法办事。在当前诈骗、投机倒把等经济犯罪日趋严重的情况下，依法查处按管辖分工应由公安机关管辖的经济犯罪案件，这是各级公安机关的重要职责。公安机关应当十分重视严厉打击严重经济犯罪的工作，采取有力措施，集中力量查处大案要案，以保证治理经济环境、整顿经济秩序的顺利进行。工作中，要注意划清经济犯罪和经济纠纷的界限，决不能把经济纠纷当作诈骗等经济犯罪来处理。一时难以划清的，要慎重从事，经过请示报告，研究清楚后再依法恰当处理，切不可轻易采取限制人身自由的强制措施，以致造成被动和难以挽回的后果。

在查处经济犯罪案件的过程中，地区之间要相互配合，协商办事，不允许搞地方保护主义，偏袒本地当事人或擅自冻结款项。

二、严禁非法干预经济纠纷问题的处理。对经济纠纷问题，应由有关企事业及其行政主管部门、仲裁机关和人民法院依法处理，公安机关不要去干预。更不允许以查处诈骗等经济犯罪为名，以收审、扣押人质等非法手段去插手经济纠纷问题。否则，造成严重后果的，要依法追究有关当事人和主管负责人的法律责任。

三、遇有到公安机关投诉的经济纠纷事项，应当告知当事人到有关主管机关去解决，或及时移送有关主管机关处理。

四、禁止用非法手段提成牟利。有关罚没款提成问题，应严格依照财政部、公安部及地方政府财政部门的有关规定处理，不得随意超越职权范围，以查处诈骗罪为名，干预经济纠纷，替当事人追索欠债，从中提成牟利。非法动用强制措施，侵害经济纠纷当事人的合法权益，更是绝对不能允许的。对借机中饱私囊的，要依法严肃处理。

最高人民法院办公厅关于转发国家工商行政管理局《关于立即停止对法院办案取证收费的函》的通知

- 1989年8月14日
- 法办〔1989〕78号

各省、自治区、直辖市高级人民法院，解放军军事法院：

国家工商行政管理局于1989年8月5

日发出了《关于立即停止对法院办案取证收费的函》,现转发给你们,以便工作中参照执行。

附:

国家工商行政管理局关于立即停止对法院办案取证收费的函

(工商政字〔1989〕第170号)

深圳市工商行政管理局:

据最高人民法院反映,你局在法院因办案需要了解被告办理企业登记的情况时,向法院收取咨询费,这种做法不对。按照《刑事诉讼法》和《民事诉讼法》的有关规定,人民法院审理案件,有权向有关国家机关、企事业单位、人民团体和个人收集和调取证据。法院收集、调取证据不同于一般的业务咨询,不得对此搞"有偿服务"。希望你局立即停止这种收费。

公安部关于切实纠正公安机关办理诈骗财物案件中的不正之风的通知

- 1990年11月6日
- 公通字[1990]104号

各省、自治区、直辖市公安厅、局:

近年来,各级公安机关在严厉打击严重经济犯罪的斗争中,加强了对诈骗财物案件的查处,侦破了一大批案件,打击处理了一批犯罪分子,挽回了大量的经济损失。但是,一些基层公安机关在办案中,存在着严重的违法违纪问题。主要表现:一是超越公安机关案件管辖权限,直接插手一般经济纠纷案件。有的公安机关把明显是经济合同纠纷或债务纠纷的案件,立为诈骗案件,为一方当事人追款讨债,不办理法律手续,随意冻结、划拨另一方当事人在银行的款项。有的对法院正在审理或已判决(裁定)的经济纠纷案,也强行插手。个别地方甚至采取强行收审、扣押人质、非法拘禁等手段,逼索款物。二是受地方经济保护主义的影响,有的公安机关到异地办案,不与当地公安机关联系,暗自行动,强行抓人、追赃,甚至有的法律手续不完备,不向当事人出示任何证件,非法拘捕、收审当事人,搜查其住宅,侵犯人权;有的公安机关对外地办案人员到本地依法调查取证、拘捕人犯、追缴赃款赃物不予支持配合,甚至制造种种借口,设置障碍,横加阻挠。有的地方还出现了个别干警为犯罪分子通风报信、纵容群众围攻办案人员、无理审查甚至拘禁办案人员的严重事件。三是超范围、超期限收审,"以收代侦";有的公安机关对不符合收容审查条件的当事人,也采取收审措施,并且任意超期关押四五个月以上,有的甚至达一二年,严重违反收容审查的有关规定。四是只重视追缴赃款赃物,忽视打击犯罪。有的办案单位为了"挽回"损失,将罪该处以罚款的案犯放出去筹措款项,甚至由公安干部陪同唆使案犯继续行骗,骗款还"债";有的公开宣称"还款放人",不再追究其刑事责任,放纵犯罪分子。

上述问题,是公安机关存在的一种严重的行业不正之风,不仅影响正确执法,损害公安机关的形象,而且造成很坏的社会影响,甚至由此引发了一些不安定因素。近来,有些当事人的单位或亲属向公安部和一些省市公安机关打电话、发电报或送书面材料,强烈要求解决扣押"人质"和惩治犯罪问题,有的申请到北京上访、游行。各级公安机关对此应当引起高度重视,立即采取有力措施,切实纠正办理诈骗财物案件中的不正之风。现将有关问题通知如下:

一、端正办案指导思想。打击诈骗财物犯罪是公安机关的重要职责之一,是保护改革开放,稳定国家经济秩序和社会秩序,保障社会主义经济建设的重要措施。各级公安机关在办理诈骗财物案件中,必须认真贯彻“保护人民,打击敌人,惩治犯罪,服务四化”的宗旨和全国人大常委会关于严厉打击严重经济犯罪活动的决定。具体办案中,必须坚持以事实为根据,以法律为准绳,对证据确凿的严重经济犯罪分子,必须依法惩办,坚决纠正不分罪行轻重,一律“退款放人”或“以罚代刑”的错误倾向。

二、正确区分诈骗财物犯罪与经济纠纷的界限,准确定性。公安机关接受报案后,要认真进行研究,并做必要的核查,对确属诈骗犯罪或有重大诈骗犯罪嫌疑的,要及时立案,积极开展侦查调查;对确属一般经济纠纷的,不要作为案件受理,不得进行侦查活动,更不准以任何形式为经济纠纷当事人追款讨债,随意冻结、扣划企业流动资金。

三、严禁滥用收容审查手段。严格执行国务院和公安部关于收容审查范围的规定,对诈骗财物案件中符合收审条件的案犯确需采取收审措施的,要严格审批手续,不得随意扩大收审范围,延长收审时间。要坚决纠正“以收代侦”、“退款放人”的错误做法,不准强行收审经济纠纷一方当事人做“人质”,逼债索款。对外国人中的诈骗犯或重大嫌疑犯不得采用收容审查手段,对外国人需要采取逮捕、拘留或其他限制人身自由措施的,要严格执行公安部一九八七年三月下发的《公安机关办理刑事案件程序规定》中的有关规定。

四、要重证据、重调查研究,严格依法办案。当前,不少诈骗案件与受骗单位当事人的不正之风有牵连,办案中既要认真听取受骗一方介绍情况,又要防止偏听偏信。要依照法律和办案程序开展侦查调查,追缴赃款赃物,不得向受害单位索要办案经费,更不准从追缴的赃款中提成、索款或将赃款赃物挪作他用。

五、公安机关派人到外地执行办案任务,必须同当地公安机关取得联系并在其协助下开展工作,不得回避当地公安机关而单独采取行动。对外地公安机关来本地的办案人员,要积极依法予以协助,对依法执行调查取证、拘捕人犯、追缴赃款赃物任务的不得以任何理由推拖、阻挠。

以上请结合本地实际情况,认真贯彻执行。

公安部关于严禁公安机关插手经济纠纷违法抓人的通知

- 1992 年 4 月 25 日
- 公通字〔1992〕50 号

各省、自治区、直辖市公安厅、局:

1989 年,公安部下发的《关于公安机关不得非法越权干预经济纠纷案件处理的通知》(〔89〕公(治)字 30 号)中严令各地公安机关不得插手经济纠纷案件,更不得从中牟利。大多数地方令行禁止,纠正得力,维护了公安机关依法办事为警清廉的形象。但是近来发现一些地方公安机关在办案中又重犯此类错误。主要表现在:(一)超越公安机关权限,插手合同、债务等经济纠纷案件;(二)乱用收审手段拘禁企业法人代表和有关经办人作“人质”,强行索还款物;(三)到外地抓人追赃不办法律手续,也不通过当地公安机关,搞“绑架式”行动,非法搜查住宅、侵犯公民人身权利;(四)对当事人拷打虐待、逼迫“退赃”和承认“诈骗”;(五)有的公安机关袒护本地犯罪分子,对外地来人正常办案不予配合,以种种借口设置障碍,横加阻扰,不让依法拘留逮捕本地的犯罪分子,不让追赃;(六)对明显的诈骗、投机倒把案件,不认真侦察调查,只追赃罚款,甚至与犯罪分子谈判“私了”,“退款放人”;(七)向受害单位和当事人索取“办案费”,要款要物等。

必须充分认识上述这些问题,既是严重的不正之风,更是严重的违法违纪行为。它严重损害公安机关的形象和声誉,造成很坏的社会影响,引起当事人的不满和愤怨对立情绪，有的甚至引发一些不安定因素。近来，已有些当事人的单位或亲属接连向公安部和一些省、市公安机关打电话，发电报或送控告材料，强烈要求解决扣押“人质”问题和惩治违法违纪的干警，有的甚至申请到北京上访和跨省游行。这些问题已引起有关方面和社会舆论的关注。务请各地公安机关的领导认真重视，采取坚决措施，彻底纠正。

为此，再次重申：

一、各地公安机关承办经济犯罪案件，必须严格执行最高人民法院、最高人民检察院、公安部关于案件管辖的规定。要正确区分诈骗、投机倒把、走私等经济犯罪与经济合同纠纷的界限，准确定性。凡属债务、合同等经济纠纷，公安机关绝对不得介入。

二、严禁滥用收容审查手段。在办理经济犯罪案件中，对于不符合国务院和公安部规定的收审条件的人，不得使用收审手段。对来华的外国人中犯诈骗罪或有重大经济犯罪嫌疑者，应依法采取刑事强制措施，不得采用收容审查手段。

三、坚决杜绝强行抓捕收审经济纠纷当事人作“人质”，逼债索要款物，彻底纠正“以收代侦”、“退款放人”的非法做法。

四、各地公安机关不得以任何借口向报案单位和当事人索要办案经费，不准截留缴获的赃款用作办案经费和其他经费，不允许搞“办案提成”。

五、公安机关派人到外地执行办案任务，要依照规定持完备的法律手续，并同当地公安机关取得联系，在其协助下开展工作，严禁超越管辖区，避开外地公安机关自行抓捕案犯。对外地公安机关来本地办案的，要积极支持，热情配合协助；对依法执行调查取证、拘留逮捕案犯和追缴赃款赃物任务的，不得以任何理由推延阻挠。

以上通知，各地公安机关务必严格遵照执行。对于已经发生的干警严重违法乱纪行为，要坚决严肃处理，情节严重构成犯罪的，要坚决绳之以法；今后违反本通知的，更要从严处理。

请各地将本通知立即报告当地党委和政府，同时转发至县级公安机关。

公安部关于严禁越权干预经济纠纷的通知

- 1995年2月15日
- 公通字〔1995〕13号

各省、自治区、直辖市公安厅、局：

改革开放以来，各级公安机关在保卫经济建设，打击经济犯罪的斗争中，侦破了一大批有影响的重大诈骗案件，惩处了一批诈骗犯罪分子，为国家挽回了巨大的经济损失。为了防止公安机关和民警越权干预经济纠纷，公安部已经三令五申，要求各地公安机关不得干预经济纠纷，切实纠正办理经济案件中的各种违法行为和不正之风。但近来不断发现仍有一些地方公安机关和少数民警有令不行、有禁不止，我行我素，为了本地方或某部门的经济利益而置国家法律和党纪政纪于不顾，越权办案，把不属公安机关管辖的经济纠纷、债务纠纷立为诈骗案件，为一方当事人追款讨债，有的故意混淆经济纠纷与诈骗案件的界限，谋取私利；有的采取违法收审、扣押人质、非法拘禁等手段强行抓人，长期关押，“还款还人”；个别地方竟以已经检察机关批捕来转嫁责任，应付上级公安机关追查，严重侵犯了公民人身权利和合法权益，造成严重后果和极坏的社会影响。对这种严重的违法办案、越权办案的事件，各级公安机关负责同志必须高度重视，坚决查处，要做到对法律负责，坚持维护国家法律的统一和尊严。

今后侦办诈骗案件及办案中采取强制措施，必须严格执行有关法律和公安部有关规定，完善办理案件的程序。加强监督和制约，建立、健全办案协作配合制度，努力提高办案人员的政治素质、执法水平和办案能力。对于继续把经济纠纷当成诈骗案件办理的，上级公安机关应予警告纠正;对不予改正者,要追究主管领导的责任,并通过新闻媒体予以曝光。对因越权干预经济纠纷造成行政或刑事赔偿的,按《国家赔偿法》的规定,应当责令有故意或者重大过失的民警承担部分或者全部赔偿费用。对未经批准,擅自抓人、扣人或以种种借口拒不执行有关法律和规定,拒不执行上级公安机关依法纠正的指令,严重违法违纪的民警,特别是有关领导,要坚决处理,直至撤销职务;情节特别严重、构成犯罪的,要依法追究刑事责任。

铁道部关于协助执行执法机关扣留铁路运输货物的通知

• 1995年6月19日
• 铁运函〔1995〕327号

各铁路局、广铁(集团)公司:

最近以来,不少铁路车站接到有关执法部门因各种原因要求协助执行扣押铁路运输货物的通知,有的因无章可循,车站工作人员无所适从,致使执法机关扣押货物的要求未能得到执行;有的因个别执法人员不了解铁路运输特点,在运输中途站强行扣押货物,影响铁路运输生产;有的还造成运输合同纠纷。为协助执法机关做好这项工作,维护铁路正常运输秩序,现将有关事项通知如下。

一、按照国家法律、法规有物品扣押权的执法机关要求车站协助执行扣押铁路运输货物的,在货物发送前由发站,发送后由到站受理。除继续运输将危及铁路运输安全或对社会造成重大危害等特殊情况(如武器、弹药等),报请铁路分局批准的外,中途站不办理扣押货物事宜。

二、发站或到站接到协助执行扣押通知后,应立即将要求扣押的货物妥善保管。发站应立即通知托运人,到站应立即通知收货人和电告发站转告托运人,限期到车站处理,按规定办理货物交付或取消托运手续,同时由执法机关直接向托运人或收货人办理扣押货物手续;托运人或收货人逾期不来车站处理或通知不着的,执法机关又限期要将扣押货物转移的,凭县级以上执法机关出具的正式法律文书,办理货物移交,并通知发站或到站及托运人和收货人。对同一批货物有几家执法机关同时要求扣押的,应由其上级主管部门协调,按协调部门指示办理。铁路运输货物按法律、法规的规定移交执法机关后,运输合同终止履行。货物扣押期间的保管费用及因扣押产生的其他相关费用按规定核收。

三、中途站接到执法机关要求协助扣押通知的,应告知其在到站办理,并电告到站,以便到站提前做好准备,协助处理。

中国人民银行、国家税务总局联合发布《关于查核、暂停支付、扣缴纳税人、扣缴义务人在金融机构存款的通知》

• 1998年7月6日

一、税务机关查核纳税人、扣缴义务人存款问题

税务机关经县以上税务局(分局)局长批准,凭全国统一格式的检查存款帐户许可证明,有权查核纳税人、扣缴义务人在金融机构的存款帐户;但查核纳税人的储蓄存款时,必须经有关银行县(市)支行或者市分行所属区办事处核对,指定所属储蓄所提供资料。

二、关于暂停支付纳税人存款问题

税务机关需要对纳税人实施暂停支付的税收保全措施时,必须经县以上税务局(分局)局长批准,向纳税人的开户金融机构送达"暂停支付存款通知书"。金融机构接到"暂停支付存款通知书"后应当暂停支付纳税人相当于应纳税款金额的存款。

纳税人在税务机关责令其缴纳应纳

税款的限期内缴纳税款的，税务机关应当向其开户金融机构送达"解除暂停支付存款通知书"，撤销暂停支付的税收保全措施。

三、关于扣缴纳税人、扣缴义务人税款问题

金融机构在收到税务机关"扣缴税款通知书"后，如果纳税人、扣缴义务人在金融机构的存款不足以同时支付税款和金融机构贷款，应先扣缴税款，后扣收贷款。

税务机关通知纳税人、扣缴义务人的开户金融机构扣缴税款时，应当依法送达"扣缴税款通知书"，并附送纳税人逾期未执行的"催缴税款通知书（留存联复印件）"，纳税人、扣缴义务人的开户金融机构应当及时扣缴。

纳税人、扣缴义务人的开户金融机构在"扣缴税款通知书"限定的扣缴税款期限内无法实现扣缴税款的，应当书面通知税务机关，并说明理由，以便税务机关采取其他强制执行措施。

四、关于各单位协调与配合问题

两家以上的执法机关对同一存款要求金融机构协助执行时，金融机构应根据最先收取的协助执行通知书办理。

在协助执行时，如因协助执行通知同时到达或其他情况导致有关执法机关对金融机构应协助执行哪一个机关的协助执行通知产生争议，由争议的机关协商解决或者由其上级机关决定。

税务机关要求纳税人、扣缴义务人的开户金融机构协助执行的程序和手续不合法的，有关金融机构有权拒绝协助执行。出现争议应当由双方上级单位协商解决。税务机关实施税收保全措施和强制执行措施不当，使纳税人的合法利益遭受损失的，税务机关应当承担赔偿责任。

纳税人、扣缴义务人的开户金融机构无故拒绝协助税务机关执行暂停支付、扣缴税款或者查核纳税人、扣缴义务人存款（储蓄）帐户，以及为当事人通风报信、协助其转移、隐匿存款的，应当依法承担责任。

《通知》要求各金融机构和税务机关要认真贯彻执行《通知》规定。

中国人民银行关于发布《金融机构协助查询、冻结、扣划工作管理规定》的通知

- 2002年1月15日
- 银发〔2002〕1号

中国人民银行各分行、营业管理部、省会（首府）城市中心支行，各政策性银行、国有独资商业银行、股份制商业银行、国家邮政储汇局、总行直接监管的财务公司：

为规范金融机构协助有权机关查询、冻结和扣划单位、个人在金融机构存款的行为，现发布《金融机构协助查询、冻结、扣划工作管理规定》，请各金融机构遵照执行。

请人民银行各分行、营业管理部将本通知翻印发至辖内城市商业银行、城乡信用社、财务公司。

金融机构协助查询、冻结、扣划工作管理规定

第一条 为规范金融机构协助有权机关查询、冻结和扣划单位、个人在金融机构存款的行为，根据《中华人民共和国商业银行法》及其他有关法律、行政法规的规定，制定本规定。

第二条 本规定所称"协助查询、冻结、扣划"是指金融机构依法协助有权机关查询、冻结、扣划单位或个人在金融机构存款的行为。

协助查询是指金融机构依照有关法律或行政法规的规定以及有权机关查询的要求，将单位或个人存款的金额、币种以及其他存款信息告知有权机关的行为。

协助冻结是指金融机构依照法律的规定以及有权机关冻结的要求，在一定时期

内禁止单位或个人提取其存款账户内的全部或部分存款的行为。

协助扣划是指金融机构依照法律的规定以及有权机关扣划的要求，将单位或个人存款账户内的全部或部分存款资金划拨到指定账户上的行为。

第三条 本规定所称金融机构是指依法经营存款业务的金融机构（含外资金融机构），包括政策性银行、商业银行、城市和农村信用合作社、财务公司、邮政储蓄机构等。

金融机构协助查询、冻结和扣划存款，应当在存款人开户的营业分支机构具体办理。

第四条 本规定所称有权机关是指依照法律、行政法规的明确规定，有权查询、冻结、扣划单位或个人在金融机构存款的司法机关、行政机关、军事机关及行使行政职能的事业单位（详见附表）。

第五条 协助查询、冻结和扣划工作应当遵循依法合规、不损害客户合法权益的原则。

第六条 金融机构应当依法做好协助工作，建立健全有关规章制度，切实加强协助查询、冻结、扣划的管理工作。

第七条 金融机构应当在其营业机构确定专职部门或专职人员，负责接待要求协助查询、冻结和扣划的有权机关，及时处理协助事宜，并注意保守国家秘密。

第八条 办理协助查询业务时，经办人员应当核实执法人员的工作证件，以及有权机关县团级以上（含，下同）机构签发的协助查询存款通知书。

第九条 办理协助冻结业务时，金融机构经办人员应当核实以下证件和法律文书：

（一）有权机关执法人员的工作证件；

（二）有权机关县团级以上机构签发的协助冻结存款通知书，法律、行政法规规定应当由有权机关主要负责人签字的，应当由主要负责人签字；

（三）人民法院出具的冻结存款裁定书、其他有权机关出具的冻结存款决定书。

第十条 办理协助扣划业务时，金融机构经办人员应当核实以下证件和法律文书；

（一）有权机关执法人员的工作证件；

（二）有权机关县团级以上机构签发的协助扣划存款通知书，法律、行政法规规定应当由有权机关主要负责人签字的，应当由主要负责人签字；

（三）有关生效法律文书或行政机关的有关决定书。

第十一条 金融机构在协助冻结、扣划单位或个人存款时，应当审查以下内容：

（一）“协助冻结、扣划存款通知书”填写的需被冻结或扣划存款的单位或个人开户金融机构名称、户名和账号、大小写金额；

（二）协助冻结或扣划存款通知书上的义务人应与所依据的法律文书上的义务人相同；

（三）协助冻结或扣划存款通知书上的冻结或扣划金额应当是确定的。如发现缺少应附的法律文书，以及法律文书有关内容与“协助冻结、扣划存款通知书”的内容不符，应说明原因，退回“协助冻结、扣划存款通知书”或所附的法律文书。

有权机关对个人存款户不能提供账号的，金融机构应当要求有权机关提供该个人的居民身份证号码或其他足以确定该个人存款账户的情况。

第十二条 金融机构应当按照内控制度的规定建立和完善协助查询、冻结和扣划工作的登记制度。

金融机构在协助有权机关办理查询、冻结和扣划手续时，应对下列情况进行登记：有权机关名称，执法人员姓名和证件号码，金融机构经办人员姓名，被查询、冻结、扣划单位或个人的名称或姓名，协助查询、冻结、扣划的时间和金额，相关法律文书名称及文号，协助结果等。

登记表应当在协助办理查询、冻结、扣

划手续时填写，并由有权机关执法人员和金融机构经办人签字。

金融机构应当妥善保存登记表，并严格保守有关国家秘密。

金融机构协助查询、冻结、扣划存款，涉及内控制度中的核实、授权和审批工作时，应当严格按内控制度及时办理相关手续，不得拖延推诿。

第十三条 金融机构对有权机关办理查询、冻结和扣划手续完备的，应当认真协助办理。在接到协助冻结、扣划存款通知书后，不得再扣划应当协助执行的款项用于收贷收息，不得向被查询、冻结、扣划单位或个人通风报信，帮助隐匿或转移存款。

金融机构在协助有权机关办理完毕查询存款手续后，有权机关要求予以保密的，金融机构应当保守秘密。金融机构在协助有权机关办理完毕冻结、扣划存款手续后，根据业务需要可以通知存款单位或个人。

第十四条 金融机构协助有权机关查询的资料应限于存款资料，包括被查询单位或个人开户、存款情况以及与存款有关的会计凭证、账簿、对账单等资料。对上述资料，金融机构应当如实提供，有权机关根据需要可以抄录、复制、照相，但不得带走原件。

金融机构协助复制存款资料等支付了成本费用的，可以按相关规定收取工本费。

第十五条 有权机关在查询单位存款情况时，只提供被查询单位名称而未提供账号的，金融机构应当根据账户管理档案积极协助查询，没有所查询的账户的，应如实告知有权机关。

第十六条 冻结单位或个人存款的期限最长为6个月，期满后可以续冻。有权机关应在冻结期满前办理续冻手续，逾期未办理续冻手续的，视为自动解除冻结措施。

第十七条 有权机关要求对已被冻结的存款再行冻结的，金融机构不予办理并应当说明情况。

第十八条 在冻结期限内，只有在原作出冻结决定的有权机关作出解冻决定并出具解除冻结存款通知书的情况下，金融机构才能对已经冻结的存款予以解冻。被冻结存款的单位或个人对冻结提出异议的，金融机构应告知其与作出冻结决定的有权机关联系，在存款冻结期限内金融机构不得自行解冻。

第十九条 有权机关在冻结、解冻工作中发生错误，其上级机关直接作出变更决定或裁定的，金融机构接到变更决定书或裁定书后，应当予以办理。

第二十条 金融机构协助扣划时，应当将扣划的存款直接划入有权机关指定的账户。有权机关要求提取现金的，金融机构不予协助。

第二十一条 查询、冻结、扣划存款通知书与解除冻结、扣划存款通知书均应由有权机关执法人员依法送达，金融机构不接受有权机关执法人员以外的人员代为送达的上述通知书。

第二十二条 两个以上有权机关对同一单位或个人的同一笔存款采取冻结或扣划措施时，金融机构应当协助最先送达协助冻结、扣划存款通知书的有权机关办理冻结、扣划手续。

两个以上有权机关对金融机构协助冻结、扣划的具体措施有争议的，金融机构应当按照有关争议机关协商后的意见办理。

第二十三条 本规定由中国人民银行负责解释。

第二十四条 本规定自2002年2月1日起施行。

附表：（略）

最高人民法院办公厅关于印发《关于审理公司登记行政案件若干问题的座谈会纪要》的通知

- 2012年3月7日
- 法办〔2012〕62号

各省、自治区、直辖市高级人民法院，新疆

维吾尔自治区高级人民法院生产建设兵团分院：

现将《关于审理公司登记行政案件若干问题的座谈会纪要》印发给你们，请结合审判工作实际参照执行。执行中遇到问题，请及时报告我院。

关于审理公司登记行政案件若干问题的座谈会纪要

为进一步规范公司登记行政案件的审理，维护正常的市场主体登记管理秩序，保护公司、股东以及利害关系人的合法权益，最高人民法院对公司登记行政案件中存在的有关问题进行了专题调研，并征求了有关部门的意见。2011 年 10 月 15 日，最高人民法院在广东东莞与部分地方法院和相关部门召开座谈会，根据《中华人民共和国行政诉讼法》、《中华人民共和国公司法》等相关法律规定，对审理公司登记行政案件中亟需解决的若干问题如何处理形成共识。现将有关内容纪要如下：

一、以虚假材料获取公司登记的问题

因申请人隐瞒有关情况或者提供虚假材料导致登记错误的，登记机关可以在诉讼中依法予以更正。登记机关依法予以更正且在登记时已尽到审慎审查义务，原告不申请撤诉的，人民法院应当驳回其诉讼请求。原告对错误登记无过错的，应当退还其预交的案件受理费。登记机关拒不更正的，人民法院可以根据具体情况判决撤销登记行为、确认登记行为违法或者判决登记机关履行更正职责。

公司法定代表人、股东等以申请材料不是其本人签字或者盖章为由，请求确认登记行为违法或者撤销登记行为的，人民法院原则上应按照本条第一款规定处理，但能够证明原告此前已明知该情况却未提出异议，并在此基础上从事过相关管理和经营活动的，人民法院对原告的诉讼请求一般不予支持。

因申请人隐瞒有关情况或者提供虚假材料导致登记错误引起行政赔偿诉讼，登记机关与申请人恶意串通的，与申请人承担连带责任；登记机关未尽审慎审查义务的，应当根据其过错程度及其在损害发生中所起作用承担相应的赔偿责任；登记机关已尽审慎审查义务的，不承担赔偿责任。

二、登记机关进一步核实申请材料的问题

登记机关无法确认申请材料中签字或者盖章的真伪，要求申请人进一步提供证据或者相关人员到场确认，申请人在规定期限内未补充证据或者相关人员未到场确认，导致无法核实相关材料真实性，登记机关根据有关规定作出不予登记决定，申请人请求判决登记机关履行登记职责的，人民法院不予支持。

三、公司登记涉及民事法律关系的问题

利害关系人以作为公司登记行为之基础的民事行为无效或者应当撤销为由，对登记行为提起行政诉讼的，人民法院经审查可以作出如下处理：对民事行为的真实性问题，可以根据有效证据在行政诉讼中予以认定；对涉及真实性以外的民事争议，可以告知通过民事诉讼等方式解决。

四、备案行为的受理问题

备案申请人或者备案事项涉及的董事、监事、经理、分公司和清算组等备案关系人，认为登记机关公开的备案信息与申请备案事项内容不一致，要求登记机关予以更正，登记机关拒绝更正或者不予答复，因此提起行政诉讼的，人民法院应予受理。

备案申请人以外的人对登记机关的备案事项与备案申请人之间存在争议，要求登记机关变更备案内容，登记机关不予变更，因此提起行政诉讼的，人民法院不予受理，可以告知通过民事诉讼等方式解决。

五、执行生效裁判和仲裁裁决的问题

对登记机关根据生效裁判、仲裁裁决或者人民法院协助执行通知书确定的内容作出的变更、撤销等登记行为，利害关系人不服提起行政诉讼的，人民法院不予受理，但登记行为与文书内容不一致的除外。

公司登记依据的生效裁判、仲裁裁决被依法撤销，利害关系人申请登记机关重新作出登记行为，登记机关拒绝办理，利害关系人不服提起行政诉讼的，人民法院应予受理。

多份生效裁判、仲裁裁决或者人民法院协助执行通知书涉及同一登记事项且内容相互冲突，登记机关拒绝办理登记，利害关系人提起行政诉讼的，人民法院经审理应当判决驳回原告的诉讼请求，同时建议有关法院或者仲裁机关依法妥善处理。

中国银监会、最高人民检察院、公安部、国家安全部关于印发银行业金融机构协助人民检察院公安机关国家安全机关查询冻结工作规定的通知

- 2014年12月29日
- 银监发〔2014〕53号

各银监局，各省、自治区、直辖市人民检察院、公安厅（局）、国家安全厅（局），新疆生产建设兵团人民检察院、公安局、国家安全局，各政策性银行、国有商业银行、股份制商业银行、金融资产管理公司，邮储银行，银监会直接监管的信托公司、企业集团财务公司、金融租赁公司：

现将银行业金融机构协助人民检察院公安机关国家安全机关查询冻结工作规定印发给你们，请遵照执行。

银行业金融机构协助人民检察院公安机关国家安全机关查询冻结工作规定

第一条 为规范银行业金融机构协助人民检察院、公安机关、国家安全机关查询、冻结单位或个人涉案存款、汇款等财产的行为，保障刑事侦查活动的顺利进行，保护存款人和其他客户的合法权益，根据《中华人民共和国刑事诉讼法》、《中华人民共和国商业银行法》、《中华人民共和国银行业监督管理法》等法律法规，制定本规定。

第二条 本规定所称银行业金融机构是指依法设立的商业银行、农村信用合作社、农村合作银行等吸收公众存款的金融机构以及政策性银行。

第三条 本规定所称“协助查询、冻结”是指银行业金融机构依法协助人民检察院、公安机关、国家安全机关查询、冻结单位或个人在本机构的涉案存款、汇款等财产的行为。

第四条 协助查询、冻结工作应当遵循依法合规、保护存款人和其他客户合法权益的原则。

第五条 银行业金融机构应当建立健全内部制度，完善信息系统，依法做好协助查询、冻结工作。

第六条 银行业金融机构应当在总部，省、自治区、直辖市、计划单列市分行和有条件的地市级分行指定专门受理部门和专人负责，在其他分支机构指定专门受理部门或者专人负责，统一接收和反馈人民检察院、公安机关、国家安全机关查询、冻结要求。

银行业金融机构应当将专门受理部门和专人信息及时报告银行业监督管理机构，并抄送同级人民检察院、公安机关、国家安全机关。上述信息发生变动的，应当及时报告。

第七条 银行业金融机构在接到协助查询、冻结财产法律文书后，应当严格保密，严禁向被查询、冻结的单位、个人或者第三方通风报信，帮助隐匿或者转移财产。

第八条 人民检察院、公安机关、国家安全机关要求银行业金融机构协助查询、冻结或者解除冻结时，应当由两名以上办案人员持有效的本人工作证或人民警察证和加盖

县级以上人民检察院、公安机关、国家安全机关公章的协助查询财产或协助冻结/解除冻结财产法律文书，到银行业金融机构现场办理，但符合本规定第二十六条情形除外。

无法现场办理完毕的，可以由提出协助要求的人民检察院、公安机关、国家安全机关指派至少一名办案人员持有效的本人工作证或人民警察证和单位介绍信到银行业金融机构取回反馈结果。

第九条 银行业金融机构协助人民检察院、公安机关、国家安全机关办理查询、冻结或者解除冻结时，应当对办案人员的工作证或人民警察证以及协助查询财产或协助冻结/解除冻结财产法律文书进行形式审查。银行业金融机构应当留存上述法律文书原件及工作证或人民警察证复印件，并注明用途。银行业金融机构应当妥善保管留存的工作证或人民警察证复印件，不得挪作他用。

第十条 人民检察院、公安机关、国家安全机关需要跨地区办理查询、冻结的，可以按照本规定要求持协助查询财产或协助冻结/解除冻结财产法律文书、有效的本人工作证或人民警察证、办案协作函，与协作地县级以上人民检察院、公安机关、国家安全机关联系，协作地人民检察院、公安机关、国家安全机关应当协助执行。

办案地人民检察院、公安机关、国家安全机关可以通过人民检察院、公安机关、国家安全机关信息化应用系统传输加盖电子签章的办案协作函和相关法律文书，或者将办案协作函和相关法律文书及凭证传真至协作地人民检察院、公安机关、国家安全机关。协作地人民检察院、公安机关、国家安全机关接收后，经审查确认，在传来的协助查询财产或协助冻结/解除冻结财产法律文书上加盖本地人民检察院、公安机关、国家安全机关印章，由两名以上办案人员持有效的本人工作证或人民警察证到银行业金融机构现场办理，银行业金融机构应当予以配合。

第十一条 对于涉案账户较多，办案地人民检察院、公安机关、国家安全机关需要对其集中查询、冻结的，可以分别按照以下程序办理：

人民检察院、公安机关、国家安全机关需要查询、冻结的账户属于同一省、自治区、直辖市的，由办案地人民检察院、公安机关、国家安全机关出具协助查询财产或协助冻结/解除冻结财产法律文书，逐级上报并经省级人民检察院、公安机关、国家安全机关的相关业务部门批准后，由办案地人民检察院、公安机关、国家安全机关指派两名以上办案人员持有效的本人工作证或人民警察证和上述法律文书原件，到有关银行业金融机构的省、自治区、直辖市、计划单列市分行或其授权的分支机构要求办理。

人民检察院、公安机关、国家安全机关需要查询、冻结的账户分属不同省、自治区、直辖市的，由办案地人民检察院、公安机关、国家安全机关出具协助查询财产或协助冻结/解除冻结财产法律文书，逐级上报并经省级人民检察院、公安机关、国家安全机关负责人批准后，由办案地人民检察院、公安机关、国家安全机关指派两名以上办案人员持有效的本人工作证或人民警察证和上述法律文书原件，到有关银行业金融机构总部或其授权的分支机构要求办理。

第十二条 对人民检察院、公安机关、国家安全机关提出的超出查询权限或者属于跨地区查询需求的，有条件的银行业金融机构可以通过内部协作程序，向有权限查询的上级机构或系统内其他分支机构提出协查请求，并通过内部程序反馈查询的人民检察院、公安机关、国家安全机关。

第十三条 协助查询财产法律文书应当提供查询账号、查询内容等信息。

人民检察院、公安机关、国家安全机关无法提供具体账号时，银行业金融机构应当根据人民检察院、公安机关、国家安全机关提供的足以确定该账户的个人身份证件号码或者企业全称、组织机构代码等信息积极协助查询。没有所查询的账户的，银行业金融机构应当如实告知人民检察院、公安机关、国家安全机关，并在查询回执中注明。

第十四条 银行业金融机构协助人民检察院、公安机关、国家安全机关查询的信息仅限于涉案财产信息，包括：被查询单位或者个人开户销户信息，存款余额、交易日期、交易金额、交易方式、交易对手账户及身份等信息，电子银行信息，网银登录日志等信息，POS 机商户、自动机具相关信息等。

人民检察院、公安机关、国家安全机关根据需要可以抄录、复制、照相，并要求银行业金融机构在有关复制材料上加盖证明印章，但一般不得提取原件。人民检察院、公安机关、国家安全机关要求提供电子版查询结果的，银行业金融机构应当在采取必要加密措施的基础上提供，必要时可予以标注和说明。

涉案账户较多，需要批量查询的，人民检察院、公安机关、国家安全机关应当同时提供电子版查询清单。

第十五条 银行业金融机构接到人民检察院、公安机关、国家安全机关协助查询需求后，应当及时办理。能够现场办理完毕的，应当现场办理并反馈。如无法现场办理完毕，对于查询单位或者个人开户销户信息、存款余额信息的，原则上应当在三个工作日以内反馈；对于查询单位或者个人交易日期、交易方式、交易对手账户及身份等信息、电子银行信息、网银登录日志等信息、POS 机商户、自动机具相关信息的，原则上应当在十个工作日以内反馈。

对涉案账户较多，人民检察院、公安机关、国家安全机关办理集中查询的，银行业金融机构总部或有关省、自治区、直辖市、计划单列市分行应当在前款规定的时限内反馈。

因技术条件、不可抗力等客观原因，银行业金融机构无法在规定时限内反馈的，应当向人民检察院、公安机关、国家安全机关说明原因，并采取有效措施尽快反馈。

第十六条 协助冻结财产法律文书应当明确冻结账户名称、冻结账号、冻结数额、冻结期限等要素。

冻结涉案账户的款项数额，应当与涉案金额相当。不得超出涉案金额范围冻结款项。冻结数额应当具体、明确。暂时无法确定具体数额的，人民检察院、公安机关、国家安全机关应当在协助冻结财产法律文书上明确注明“只收不付”。

人民检察院、公安机关、国家安全机关应当明确填写冻结期限起止时间，并应当给银行业金融机构预留必要的工作时间。

第十七条 人民检察院、公安机关、国家安全机关提供手续齐全的，银行业金融机构应当立即办理冻结手续，并在协助冻结财产法律文书回执中注明办理情况。

对涉案账户较多，人民检察院、公安机关、国家安全机关办理集中冻结的，银行业金融机构总部或有关省、自治区、直辖市、计划单列市分行一般应当在二十四小时以内采取冻结措施。

如被冻结账户财产余额低于人民检察院、公安机关、国家安全机关要求数额时，银行业金融机构应当在冻结期内对该账户做“只收不付”处理，直至达到要求的冻结数额。

第十八条 冻结涉案存款、汇款等财产的期限不得超过六个月。

有特殊原因需要延长的，作出原冻结决定的人民检察院、公安机关、国家安全机关应当在冻结期限届满前按照本规定第八条办理续冻手续。每次续冻期限不得超过六个月，续冻没有次数限制。

对于重大、复杂案件，经设区的市一级以上人民检察院、公安机关、国家安全机关负责人批准，冻结涉案存款、汇款等财产的期限可以为一年。需要延长期限的，应当按照原批准权限和程序，在冻结期限届满前办理续冻手续，每次续冻期限最长不得超过一年。

冻结期限届满，未办理续冻手续的，冻结自动解除。

第十九条 被冻结的存款、汇款等财产在冻结期限内如需解冻，应当由作出原冻结决定的人民检察院、公安机关、国家安全机关出具协助解除冻结财产法律文书，由两名以上办案人员持有效的本人工作证或人民警察证和协助解除冻结财产法律文书到银行业金融机构现场办理，但符合本规定第二十六条情形除外。

在冻结期限内银行业金融机构不得自行解除冻结。

第二十条 对已被冻结的涉案存款、汇款等财产，人民检察院、公安机关、国家安全机关不得重复冻结，但可以轮候冻结。冻结解除的，登记在先的轮候冻结自动生效。冻结期限届满前办理续冻的，优先于轮候冻结。

两个以上人民检察院、公安机关、国家安全机关要求对同一单位或个人的同一账户采取冻结措施时，银行业金融机构应当协助最先送达协助冻结财产法律文书且手续完备的人民检察院、公安机关、国家安全机关办理冻结手续。

第二十一条 下列财产和账户不得冻结：

（一）金融机构存款准备金和备付金；

（二）特定非金融机构备付金；

（三）封闭贷款专用账户（在封闭贷款未结清期间）；

（四）商业汇票保证金；

（五）证券投资者保障基金、保险保障基金、存款保险基金、信托业保障基金；

（六）党、团费账户和工会经费集中户；

（七）社会保险基金；

（八）国有企业下岗职工基本生活保障资金；

（九）住房公积金和职工集资建房账户资金；

（十）人民法院开立的执行账户；

（十一）军队、武警部队一类保密单位开设的“特种预算存款”、“特种其他存款”和连队账户的存款；

（十二）金融机构质押给中国人民银行的债券、股票、贷款；

（十三）证券登记结算机构、银行间市场交易组织机构、银行间市场集中清算机构、银行间市场登记托管结算机构、经国务院批准或者同意设立的黄金交易组织机构和结算机构等依法按照业务规则收取并存放于专门清算交收账户内的特定股票、债券、票据、贵金属等有价凭证、资产和资金，以及按照业务规则要求金融机构等登记托管结算参与人、清算参与人、投资者或者发行人提供的、在交收或者清算结算完成之前的保证金、清算基金、回购质押券、价差担保物、履约担保物等担保物，支付机构客户备付金；

（十四）其他法律、行政法规、司法解释、部门规章规定不得冻结的账户和款项。

第二十二条 对金融机构账户、特定非金融机构账户和以证券登记结算机构、银行间市场交易组织机构、银行间市场集中清算机构、银行间市场登记托管结算机构、经国务院批准或者同意设立的黄金交易组织机构和结算机构、支付机构等名义开立的各类专门清算交收账户、保证金账户、清算基金账户、客户备付金账户，不得整体冻结，法律另有规定的除外。

第二十三条 经查明冻结财产确实与案件无关的，人民检察院、公安机关、国家安全机关应当在三日以内按照本规定第十九条的规定及时解除冻结，并书面通知被冻结财产的所有人；因此对被冻结财产的单位或者个人造成损失的，银行业金融机构不承担法律责任，但因银行业金融机构自身操作失误或设备故障造成被冻结财产的单位或者个人损失的除外。

上级人民检察院、公安机关、国家安全

机关认为应当解除冻结措施的，应当责令作出冻结决定的下级人民检察院、公安机关、国家安全机关解除冻结。

第二十四条 银行业金融机构应当按照内部授权审批流程办理协助查询、冻结工作。

银行业金融机构应当对协助查询、冻结工作做好登记记录，妥善保存登记信息。

第二十五条 银行业金融机构在协助人民检察院、公安机关、国家安全机关办理完毕冻结手续后，在存款单位或者个人查询时，应当告知其账户被冻结情况。被冻结款项的单位或者个人对冻结有异议的，银行业金融机构应当告知其与作出冻结决定的人民检察院、公安机关、国家安全机关联系。

第二十六条 人民检察院、公安机关、国家安全机关可以与银行业金融机构建立快速查询、冻结工作机制，办理重大、紧急案件查询、冻结工作。具体办法由银监会会同最高人民检察院、公安部、国家安全部另行制定。

人民检察院、公安机关、国家安全机关可以与银行业金融机构建立电子化专线信息传输机制，查询、冻结（含续冻、解除冻结）需求发送和结果反馈原则上依托银监会及其派出机构与银行业金融机构的金融专网完成。

银监会会同最高人民检察院、公安部、国家安全部制定规范化的电子化信息交互流程，确保各方依法合规使用专线传输数据，保障专线运行和信息传输的安全性。

第二十七条 银行业金融机构接到人民检察院、公安机关、国家安全机关查询、冻结账户要求后，应当立即进行办理；发现存在文书不全、要素欠缺等问题，无法办理协助查询、冻结的，应当及时要求人民检察院、公安机关、国家安全机关采取必要的补正措施；确实无法补正的，银行业金融机构应当在回执上注明原因，退回人民检察院、公安机关、国家安全机关。

银行业金融机构对人民检察院、公安机关、国家安全机关提出的不符合本规定第二十一条、第二十二条的协助冻结要求有权拒绝，同时将相关理由告知办案人员。

银行业金融机构与人民检察院、公安机关、国家安全机关在协助查询、冻结工作中意见不一致的，应当先行办理查询、冻结，并提请银行业监督管理机构的法律部门协调解决。

第二十八条 银行业金融机构在协助人民检察院、公安机关、国家安全机关查询、冻结工作中有下列行为之一的，由银行业监督管理机构责令改正，并责令银行业金融机构对直接负责的主管人员和其他直接责任人员依法给予处分；必要时，予以通报批评；构成犯罪的，依法追究刑事责任：

（一）向被查询、冻结单位、个人或者第三方通风报信，伪造、隐匿、毁灭相关证据材料，帮助隐匿或者转移财产；

（二）擅自转移或解冻已冻结的存款；

（三）故意推诿、拖延，造成应被冻结的财产被转移的；

（四）其他无正当理由拒绝协助配合、造成严重后果的。

第二十九条 人民检察院、公安机关、国家安全机关要求银行业金融机构协助开展相关工作时，应当符合法律、行政法规以及本规定。人民检察院、公安机关、国家安全机关违反法律、行政法规及本规定，强令银行业金融机构开展协助工作，其上级机关应当立即予以纠正；违反相关法律法规规定的，依法追究法律责任。

第三十条 银行业金融机构应当将协助查询、冻结工作纳入考核，建立奖惩机制。

银行业监督管理机构和人民检察院、公安机关、国家安全机关对在协助查询、冻结工作中有突出贡献的银行业金融机构及其工作人员给予表彰。

第三十一条 此前有关银行业金融机构协助人民检察院、公安机关、国家安全机关查询、冻结工作的相关规定与本规定不一致的，以本规定为准。

第三十二条 非银行金融机构协助人民检察

院、公安机关、国家安全机关查询、冻结单位或个人涉案存款、汇款等财产的，适用本规定。

第三十三条 本规定由国务院银行业监督管理机构和最高人民检察院、公安部、国家安全部共同解释。

第三十四条 本规定所称的“以上”、“以内”包括本数。

第三十五条 本规定自2015年1月1日起施行。

◎司法解释

最高人民法院关于人民法院相互办理委托事项的规定

- 1993年9月25日
- 法发〔1993〕26号

全国地方各级人民法院、各级军事法院、各铁路运输中级法院和基层法院、各海事法院：

为了使人民法院相互办理委托事项的工作进一步规范化、制度化，防止推诿扯皮、贻误工作，保证已生效的判决、裁定及其他法律文书及时依法执行，从而提高审判工作的效率，现根据民事诉讼法的有关规定，结合审判工作经验，对人民法院相互办理委托事项，规定如下：

一、人民法院在案件审理和执行过程中，根据需要，可以委托其他人民法院代为调查、送达、宣判和代为执行。

二、被调查人或者被调查的事项在外地的，受理案件的人民法院可以委托当地基层人民法院代为调查。必要时也可以委托当地中级人民法院代为调查。

三、委托外地人民法院代为调查，委托人民法院应当出具委托书，提出明确的调查事项和要求。必要时，应当简要介绍案情或者附具调查提纲。

根据情况需要，受委托人民法院也可以主动作补充调查。

四、委托调查，受委托人民法院应当在收到委托书之日起30日内完成。委托书中对完成委托调查的时间有特殊要求的，应当在要求的期限内完成。因故不能完成的，应当在上述期限内函告委托人民法院，说明情况。

五、人民法院在审理案件过程中，需要勘验现场的，一般不应委托其他人民法院代为调查。

六、受送达人在外地，或者虽在本地但由受理案件的人民法院直接送达有困难的，可以委托送达，由受理案件的人民法院将需要送达的诉讼文书交由受送达人住所地的基层人民法院代为送达。

七、委托送达，委托人民法院应当出具委托书，并附需要送达的诉讼文书和送达回证。委托人民法院对送达诉讼文书有特殊要求的，应当在委托书中说明。

受委托送达的人民法院应当在收到委托书之日起7日内完成，并将送达回证寄回委托人民法院。因故无法送达的，应当在上述期限内函告委托人民法院。

八、受送达人下落不明，或者诉讼文书需要由有关单位转交送达的，受理案件的人民法院不得委托其他人民法院代为送达。

九、接受宣判的当事人在外地的，受理案件的人民法院可以委托当地基层人民法院代为宣判。明知接受宣判的当事人下落不明的，不应委托宣判。

十、委托宣判，委托人民法院应当出具委托书和需要宣判的法律文书。委托人民法院对委托宣判事项有特殊要求的，应当在委托书中说明。

受委托人民法院应当在收到委托书之日起7日内完成，并将宣判情况制作笔录；宣判后，及时将宣判笔录和送达回证寄回委托人民法院。

十一、在执行中，被执行人、被执行的财产在外地的，负责执行的人民法院可以委托当地基层人民法院代为执行。

十二、委托执行，委托人民法院应当出具委托书和生效的法律文书。委托书应当提出明确的执行要求。有关需要说明的事项，应当另附函件。

十三、委托执行，受委托人民法院必须接受，并应当严格按照生效法律文书的规定和委托人民法院的要求执行，不对生效的法律文书进行审查。

十四、受委托人民法院必须在收到委托书和生效法律文书之日起15日内开始执行，并在开始执行后，及时告知委托人民法院。

对债务人履行债务的时间、期限和方式需要变通的，应当征得委托人民法院的同意。

十五、受委托人民法院在办理委托执行过程中，有权依法采取必要的执行措施。

十六、在委托执行中，被执行人和申请人自行和解达成协议的，受委托人民法院应当及时将协议内容告知委托人民法院。

一方当事人不履行和解协议或者翻悔的，对方当事人应当向委托人民法院申请恢复执行，并由委托人民法院通知受委托人民法院。

十七、在委托执行中，被执行人申请提供担保，并经申请执行人同意的，受委托人民法院应当及时函告委托人民法院，由委托人民法院决定是否暂缓执行及暂缓执行的期限。

十八、在委托执行中，案外人对执行标的提出异议的，受委托人民法院应当函告委托人民法院处理。

十九、受委托人民法院遇有需要中止执行或者终结执行的情形，应当及时函告委托人民法院，由委托人民法院作出裁定。受委托人民法院不得自行裁定中止执行或者终结执行。

二十、被执行人的财产不足以清偿所有申请人的债权，受委托人民法院应当在征得委托人民法院的同意后，严格按照规定的清偿顺序执行。

二十一、执行完毕后，受委托人民法院应当将执行结果及时函复委托人民法院；如果在30日内还未执行完毕，也应当将执行情况函告委托人民法院。

二十二、委托人民法院自委托书和生效法律文书发送之日起30日内，没有收到受委托人民法院关于开始执行的通知的，可以请求受委托人民法院的上一级人民法院指令受委托人民法院执行。

受委托人民法院的上一级人民法院在接到委托人民法院的请求后，应当在5日内指令受委托人民法院执行，并将这一情况及时告知委托人民法院。

委托人民法院自向受委托人民法院的上一级人民法院发出指令执行的请求之日起20日内，没有收到该人民法院关于已经指令执行的通知的，可以再行向该人民法院的上级人民法院逐级请求。上级人民法院必须及时指令执行。

二十三、委托执行，受委托人民法院的执行员应当将执行情况制作笔录，在执行完毕后，交由委托人民法院存档备查。

二十四、在委托执行的执行过程中，受委托人民法院发现委托执行的法律文书有错误的，应当及时函请委托人民法院进行审查。在委托人民法院作出答复后，受委托人民法院如有异议，可以向委托人民法院的上一级人民法院反映，但不得停止执行。

二十五、办理委托执行，委托人民法院不应收取执行费，受委托人民法院也不得向委托人民法院收取费用。在执行中实际支出的费用，按照《人民法院诉讼收费办法》收取。

二十六、被执行人、被执行的财产在外地的，根据需要，人民法院可以直接到外地执行；要求当地人民法院协助执行的，当地人民法院应当积极配合，不得推拖、阻挠执行。

二十七、办理委托调查、送达、宣判事项，由人民法院审判庭负责。办理委托执行事项，由人民法院执行庭负责；尚未设立执行庭的，由有关审判庭负责。

二十八、受委托人民法院办理委托事项，应当建立登记制度，登记内容包括：委托人民法院、委托时间、委托事项和办理结果等。

二十九、上级人民法院应当督促下级人民法院及时办理委托事项。受委托人民法院应当向上一级人民法院报告办理委托事项的情况。委托人民法院也可定期或不定期向受委托人民法院的上一级人民法院反映受委托人民法院办理委托事项的情况。

三十、受委托人民法院要把办理委托事项作为考核干部的一项重要内容，纳入岗位责任制，同其他工作一样进行考核和奖惩。

三十一、上级人民法院对下级人民法院不依法办理委托事项，造成重大影响或后果的，应当予以通报批评；情节严重的，追究相应的行政和法律责任。

最高人民法院关于税务机关是否有义务协助人民法院直接划拨退税款问题的批复

- 1996年7月21日
- 法复〔1996〕11号

湖北省高级人民法院：

你院〔1995〕鄂执函字第5号请示收悉。经研究，答复如下：

根据国家税务总局《出口货物退（免）税管理办法》的有关规定，企业出口退税款，在国家税务机关审查批准后，须经特定程序通过银行（国库）办理退库手续退给出口企业。国家税务机关只是企业出口退税的审核、审批机关，并不持有退税款项，故人民法院不能依据民事诉讼法第二百二十五条①的规定，要求税务机关直接划拨被执行人应当得到的退税款项，但可依照民事诉讼法的有关规定，要求税务机关提供被执行人在银行的退税账户、退税数额及退税时间等情况，并依据税务机关提供的被执行人的退税账户，依法通知有关银行对需执行的款项予以冻结或划拨。

最高人民法院关于行政机关根据法院的协助执行通知书实施的行政行为是否属于人民法院行政诉讼受案范围的批复

- 2004年7月13日
- 法释〔2004〕6号

山东省高级人民法院：

你院“关于行政机关根据法院的协助执行通知书实施的行政行为是否属于人民法院行政诉讼受案范围的请示”收悉。经研究，批复如下：

行政机关根据人民法院的协助执行通知书实施的行为，是行政机关必须履行的法定协助义务，不属于人民法院行政诉讼受案范围。但如果当事人认为行政机关在协助执行时扩大了范围或违法采取措施造成其损害，提起行政诉讼的，人民法院应当受理。

最高人民法院关于委托执行若干问题的规定

- 2011年5月3日
- 法释〔2011〕11号

为了规范委托执行工作，维护当事人的合法权益，根据《中华人民共和国民事诉讼法》的规定，结合司法实践，制定本规定。

第一条 执行法院经调查发现被执行人在本辖区内已无财产可供执行，且在其他省、自治区、直辖市内有可供执行财产的，应当将案件委托异地的同级人民法院执行。

执行案件中有三个以上被执行人或者

---

① 根据法释〔2008〕18号修改，对应修改后的《民事诉讼法》第249条。

三处以上被执行财产在本省、自治区、直辖市辖区以外，且分属不同异地的，执行法院根据案件具体情况，报经高级人民法院批准后可以异地执行。

第二条 案件委托执行后，受托法院应当依法立案，委托法院应当在收到受托法院的立案通知书后作委托结案处理。

委托异地法院协助查询、冻结、查封、调查或者送达法律文书等有关事项的，受托法院不作为委托执行案件立案办理，但应当积极予以协助。

第三条 委托执行应当以执行标的物所在地或者执行行为实施地的同级人民法院为受托执行法院。有两处以上财产在异地的，可以委托主要财产所在地的人民法院执行。

被执行人是现役军人或者军事单位的，可以委托对其有管辖权的军事法院执行。

执行标的物是船舶的，可以委托有管辖权的海事法院执行。

第四条 委托执行案件应当由委托法院直接向受托法院办理委托手续，并层报各自所在的高级人民法院备案。

事项委托应当以机要形式送达委托事项的相关手续，不需报高级人民法院备案。

第五条 案件委托执行时，委托法院应当提供下列材料：

（一）委托执行函；

（二）申请执行书和委托执行案件审批表；

（三）据以执行的生效法律文书副本；

（四）有关案件情况的材料或者说明，包括本辖区无财产的调查材料、财产保全情况、被执行人财产状况、生效法律文书的履行情况等；

（五）申请执行人地址、联系电话；

（六）被执行人身份证件或者营业执照复印件、地址、联系电话；

（七）委托法院执行员和联系电话；

（八）其他必要的案件材料等。

第六条 委托执行时，委托法院应当将已经查封、扣押、冻结的被执行人的异地财产，一并移交受托法院处理，并在委托执行函中说明。

委托执行后，委托法院对被执行人财产已经采取查封、扣押、冻结等措施的，视为受托法院的查封、扣押、冻结措施。受托法院需要继续查封、扣押、冻结，持委托执行函和立案通知书办理相关手续。续封续冻时，仍为原委托法院的查封冻结顺序。

查封、扣押、冻结等措施的有效期限在移交受托法院时不足1个月的，委托法院应当先行续封或者续冻，再移交受托法院。

第七条 受托法院收到委托执行函后，应当在7日内予以立案，并及时将立案通知书通过委托法院送达申请执行人，同时将指定的承办人、联系电话等书面告知委托法院。

委托法院收到上述通知书后，应当在7日内书面通知申请执行人案件已经委托执行，并告知申请执行人可以直接与受托法院联系执行相关事宜。

第八条 受托法院如发现委托执行的手续、材料不全，可以要求委托法院补办。委托法院应当在30日内完成补办事项，在上述期限内未完成的，应当作出书面说明。委托法院既不补办又不说明原因的，视为撤回委托，受托法院可以将委托材料退回委托法院。

第九条 受托法院退回委托的，应当层报所在辖区高级人民法院审批。高级人民法院同意退回后，受托法院应当在15日内将有关委托手续和案卷材料退回委托法院，并作出书面说明。

委托执行案件退回后，受托法院已立案的，应当作销案处理。委托法院在案件退回原因消除之后可以再行委托。确因委托不当被退回的，委托法院应当决定撤销委托并恢复案件执行，报所在的高级人民法院备案。

第十条 委托法院在案件委托执行后又发现有可供执行财产的，应当及时告知受托法院。受托法院发现被执行人在受托法院辖区外另有可供执行财产的，可以直接异地执行，一般不再行委托执行。根据情况确需再行委托的，应当按照委托执行案件的程序办理，并通知案件当事人。

第十一条 受托法院未能在6个月内将受托案件执结的，申请执行人有权请求受托法院的上一级人民法院提级执行或者指定执行，上一级人民法院应当立案审查，发现受托法院无正当理由不予执行的，应当限期执行或者作出裁定提级执行或者指定执行。

第十二条 执行法院赴异地执行案件时，应当持有其所在辖区高级人民法院的批准函件，但异地采取财产保全措施和查封、扣押、冻结等非处分性执行措施的除外。

异地执行时，可以根据案件具体情况，请求当地法院协助执行，当地法院应当积极配合，保证执行人员的人身安全和执行装备、执行标的物不受侵害。

第十三条 高级人民法院应当对辖区内委托执行和异地执行工作实行统一管理和协调，履行以下职责：

（一）统一管理跨省、自治区、直辖市辖区的委托和受托执行案件；

（二）指导、检查、监督本辖区内的受托案件的执行情况；

（三）协调本辖区内跨省、自治区、直辖市辖区的委托和受托执行争议案件；

（四）承办需异地执行的有关案件的审批事项；

（五）对下级法院报送的有关委托和受托执行案件中的相关问题提出指导性处理意见；

（六）办理其他涉及委托执行工作的事项。

第十四条 本规定所称的异地是指本省、自治区、直辖市以外的区域。各省、自治区、直辖市内的委托执行，由各高级人民法院参照本规定，结合实际情况，制定具体办法。

第十五条 本规定施行之后，其他有关委托执行的司法解释不再适用。

最高人民法院、国家工商行政管理总局关于加强信息合作规范执行与协助执行的通知

- 2014年10月10日
- 法〔2014〕251号

各省、自治区、直辖市高级人民法院，解放军军事法院，新疆维吾尔自治区高级人民法院生产建设兵团分院；各省、自治区、直辖市工商行政管理局：

按照中央改革工商登记制度的决策部署，根据全国人大常委会、国务院对注册资本登记制度改革涉及的法律、行政法规的修改决定，以及国务院印发的《注册资本登记制度改革方案》《企业信息公示暂行条例》，最高人民法院、国家工商行政管理总局就加强信息合作、规范人民法院执行与工商行政管理机关协助执行等事项通知如下：

一、进一步加强信息合作

1. 各级人民法院与工商行政管理机关通过网络专线、电子政务平台等媒介，将双方业务信息系统对接，建立网络执行查控系统，实现网络化执行与协助执行。

2. 人民法院与工商行政管理机关要积极创造条件，逐步实现人民法院通过企业信用信息公示系统自行公示相关信息。

3. 已建立网络执行查控系统的地区，可以通过该系统办理协助事项。

有关网络执行查控系统要求、电子文书要求、法律效力等规定，按照《最高人民法院关于网络查询、冻结被执行人存款的规定》（法释〔2013〕20号）执行。通过网络冻结、强制转让股权、其他投资权益（原按照法释〔2013〕20号第九、十条等规定执行）的程序，按照本通知要求执行，但协助请求、结果反馈的方式由现场转变为通过网络操作。

4. 未建成网络执行查控系统的地区，

工商行政管理机关有条件的,可以设立专门的司法协助窗口或者指定专门的机构或者人员办理协助执行事务。

5. 各级人民法院与工商行政管理机关通过网络专线、电子政务平台等媒介,建立被执行人、失信被执行人名单、刑事犯罪人员等信息交换机制。工商行政管理机关将其作为加强市场信用监管的信息来源。

二、进一步规范人民法院执行与工商行政管理机关协助执行

6. 人民法院办理案件需要工商行政管理机关协助执行的,工商行政管理机关应当按照人民法院的生效法律文书和协助执行通知书办理协助执行事项。

人民法院要求协助执行的事项,应当属于工商行政管理机关的法定职权范围。

7. 工商行政管理机关协助人民法院办理以下事项:

(1)查询有关主体的设立、变更、注销登记,对外投资,以及受处罚等情况及原始资料(企业信用信息公示系统已经公示的信息除外);

(2)对冻结、解除冻结被执行人股权、其他投资权益进行公示;

(3)因人民法院强制转让被执行人股权,办理有限责任公司股东变更登记;

(4)法律、行政法规规定的其他事项。

8. 工商行政管理机关在企业信用信息公示系统中设置"司法协助"栏目,公开登载人民法院要求协助执行的事项。

人民法院要求工商行政管理机关协助公示时,应当制作协助公示执行信息需求书,随协助执行通知书等法律文书一并送达工商行政管理机关。工商行政管理机关按照协助公示执行信息需求书,发布公示信息。

公示信息应当记载执行法院,执行裁定书及执行通知书文号,被执行人姓名(名称),被冻结或转让的股权、其他投资权益所在市场主体的姓名(名称),股权、其他投资权益数额,受让人,协助执行的时间等内容。

9. 人民法院对股权、其他投资权益进行冻结或者实体处分前,应当查询权属。

人民法院应先通过企业信用信息公示系统查询有关信息。需要进一步获取有关信息的,可以要求工商行政管理机关予以协助。

执行人员到工商行政管理机关查询时,应当出示工作证或者执行公务证,并出具协助查询通知书。协助查询通知书应当载明被查询主体的姓名(名称)、查询内容,并记载执行依据、人民法院经办人员的姓名和电话等内容。

10. 人民法院对从工商行政管理机关业务系统、企业信用信息公示系统以及公司章程中查明属于被执行人名下的股权、其他投资权益,可以冻结。

11. 人民法院冻结股权、其他投资权益时,应当向被执行人及其股权、其他投资权益所在市场主体送达冻结裁定,并要求工商行政管理机关协助公示。

人民法院要求协助公示冻结股权、其他投资权益时,执行人员应当出示工作证或者执行公务证,向被冻结股权、其他投资权益所在市场主体登记的工商行政管理机关送达执行裁定书、协助公示通知书和协助公示执行信息需求书。

协助公示通知书应当载明被执行人姓名(名称),执行依据,被冻结的股权、其他投资权益所在市场主体的姓名(名称),股权、其他投资权益数额,冻结期限,人民法院经办人员的姓名和电话等内容。

工商行政管理机关应当在收到通知后三个工作日内通过企业信用信息公示系统公示。

12. 股权、其他投资权益被冻结的,未经人民法院许可,不得转让,不得设定质押或者其他权利负担。

有限责任公司股东的股权被冻结期间,工商行政管理机关不予办理该股东的变更登记、该股东向公司其他股东转让股权被冻结部分的公司章程备案，以及被冻结部分股权的出质登记。

13. 工商行政管理机关在多家法院要求冻结同一股权、其他投资权益的情况下，应当将所有冻结要求全部公示。

首先送达协助公示通知书的执行法院的冻结为生效冻结。送达在后的冻结为轮候冻结。有效的冻结解除的，轮候的冻结中，送达在先的自动生效。

14. 冻结股权、其他投资权益的期限不得超过两年。申请人申请续行冻结的，人民法院应当在本次冻结期限届满三日前按照本通知第 11 条办理。续冻期限不得超过一年。续行冻结没有次数限制。

有效的冻结期满，人民法院未办理续行冻结的，冻结的效力消灭。按照前款办理了续行冻结的，冻结效力延续，优先于轮候冻结。

15. 人民法院对被执行人股权、其他投资权益等解除冻结的，应当通知当事人，同时通知工商行政管理机关公示。

人民法院通知和工商行政管理机关公示的程序，按照本通知第 11 条办理。

16. 人民法院强制转让被执行人的股权、其他投资权益，完成变价等程序后，应当向受让人、被执行人或者其股权、其他投资权益所在市场主体送达转让裁定，要求工商行政管理机关协助公示并办理有限责任公司股东变更登记。

人民法院要求办理有限责任公司股东变更登记的，执行人员应当出示工作证或者执行公务证，送达生效法律文书副本或者执行裁定书、协助执行通知书、协助公示执行信息需求书、合法受让人的身份或资格证明，到被执行人股权所在有限责任公司登记的工商行政管理机关办理。

法律、行政法规对股东资格、持股比例等有特殊规定的，人民法院要求工商行政管理机关办理有限责任公司股东变更登记前，应当进行审查，并确认该公司股东变更符合公司法第二十四条、第五十八条的规定。

工商行政管理机关收到人民法院上述文书后，应当在三个工作日内直接在业务系统中办理，不需要该有限责任公司另行申请，并及时公示股东变更登记信息。公示后，该股东权利以公示信息确定。

17. 人民法院可以对有关材料查询、摘抄、复制，但不得带走原件。

工商行政管理机关对人民法院复制的书面材料应当核对并加盖印章。人民法院要求提供电子版，工商行政管理机关有条件的，应当提供。

对于工商行政管理机关无法协助的事项，人民法院要求出具书面说明的，工商行政管理机关应当出具。

18. 工商行政管理机关对按人民法院要求协助执行产生的后果，不承担责任。

当事人、案外人对工商行政管理机关协助执行的行为不服，提出异议或者行政复议的，工商行政管理机关不予受理；向人民法院起诉的，人民法院不予受理。

当事人、案外人认为人民法院协助执行要求存在错误的，应当按照民事诉讼法第二百二十五条之规定，向人民法院提出执行异议，人民法院应当受理。

当事人认为工商行政管理机关在协助执行时扩大了范围或者违法采取措施造成其损害，提起行政诉讼的，人民法院应当受理。

19. 人民法院冻结股权、其他投资权益的通知在 2014 年 2 月 28 日之前送达工商行政管理机关、冻结到期日在 2014 年 3 月 1 日以后的，工商行政管理机关应当在 2014 年 11 月 30 日前将冻结信息公示。公示后续行冻结的，按照本通知第 11 条办理。

冻结到期日在 2014 年 3 月 1 日以后、2014 年 11 月 30 日前，人民法院送达了续行冻结通知书的，续行冻结有效。工商行政管理机关还应当在 2014 年 11 月 30 日前公示续行冻结信息。

人民法院对股权、其他投资权益的冻结未设定期限的，工商行政管理机关应当在2014年11月30日前将冻结信息公示。从公示之日起满两年，人民法院未续行冻结的，冻结的效力消灭。

各高级人民法院与各省级工商行政管理局可以根据本通知，结合本地实际，制定贯彻实施办法。对执行本通知的情况和工作中遇到的问题，要及时报告最高人民法院、国家工商行政管理总局。

◎司法文件

最高人民法院办公厅转发邮电部《关于人民法院要求邮电部门协助执行若干问题的批复》的通知

- 1992年12月19日
- 法办发〔1992〕14号

各省、自治区、直辖市高级人民法院、解放军军事法院：

现将邮电部《关于人民法院要求邮电部门协助执行若干问题的批复》（邮部〔1992〕788号文件）转发给你们，请参照执行。

附：

邮电部关于人民法院要求邮电部门协助执行若干问题的批复

（1992年11月26日　邮部〔1992〕788号）

福建省邮电管理局：

你局闽邮（1992）局字716号请示收悉。现批复如下：

一、发生法律效力的民事判决、裁定和刑事判决、裁定中的财产部分，以及法律规定由人民法院执行的其他法律文书，涉及电话、无线移动电话、无线寻呼机的改名、过户事项，人民法院要求邮电部门协助执行的，邮电部门应予协助执行。具体执行时，应由人民法院出具《协助执行通知书》，附相关的法律文书副本经邮电部门审核无误，并由相关用户缴纳应付所需费用后，邮电部门予以办理改名，过户手续。

因协助人民法院执行办理改名、过户有错误的，由人民法院承担责任。

二、对人民法院以督促当事人履行义务为由，要求邮电部门停止提供通信服务的做法，与我国《宪法》第四十条的规定相抵触，邮电部门不予协助执行。

最高人民检察院关于重申严禁检察机关越权办案、违法办案的通知

- 1993年2月16日
- 高检发〔1993〕5号

各省、自治区、直辖市人民检察院，军事检察院：

近几年来，高检院先后下发了《关于不得以检察机关的名义为当地追款讨债的通知》、《关于一些检察机关越权办案参与追款讨债的情况通报》、《关于违法办案情况的通报》、《关于严禁检察机关越权办案插手经济纠纷违法捕人的通知》和《关于检察干警刑讯逼供情况的通报》。这些文件均严令禁止检察机关越权办案、违法办案、插手经济纠纷，滥用强制措施，扣押人质，参与追款讨债；禁止检察干警借办案之机索贿受贿、徇私舞弊、刑讯逼供等违法乱纪行为。从各地的执行情况看，绝大多数检察机关和检察干警能认真贯彻落实这些文件的精神，做到令行禁止。但也有少数的检察院和检察干警，置高检院的三令五申于不顾，有令不行，有禁不止，我行我素，继续进行越权办案、违法办案，并呈上升趋势。其主要表现是：（一）超越案件管辖范围，直接立案侦查诈骗案件，或者立案侦查不属于本地区管辖范围内的贪污贿赂等案

件，或者巧立其他名目，插手经济纠纷案件，用强制措施，将不该逮捕、拘留的人，强行扣押作为人质，为本地区追款讨债。(二)在办案中为犯罪分子通风报信，泄露案情，索贿受贿，徇私舞弊，甚至搞刑讯逼供，致死人命。凡此种种违法现象，严重侵犯了公民的合法权益，破坏了社会秩序和经济秩序，扰乱了司法机关的正常活动，财坏了检察机关的声誉，造成了恶劣的社会影响。

为了坚决杜绝检察机关越权办案、违法办案现象的再度发生，切实履行检察机关法律监督职能，树立社会主义法制的权威，保障改革开放和现代化建设的顺利进行，再次重申：

一、各级检察院的领导必须把严禁越权办案、违法办案的问题，提高到为社会主义市场经济服务，反对地方保护主义，维护社会主义法制，维护检察机关声誉的高度来认识。同时，要从当地实际情况出发，拿出解决这一问题的切实可行的硬措施来，并连同上述高检院的几个有关文件一起向当地党委报告，取得党委的重视和支持。

二、各级检察院要认真贯彻依法建院、从严治检的方针，切实提高检察队伍的政治、业务素质。要加强职业道德、严格执法的教育，严格执行检察人员纪律，坚决克服执法中的地方保护主义，坚持依法办案、文明办案。进一步建立健全各项办案制度和工作制度，强化内部监督制约机制，加强监督检查，从管理制度上防止和解决越权办案、违法办案的问题。

三、强化领导责任制。要切实加强上级检察院对下级检察院的领导，采取有效措施，明确责任，狠抓落实。上级检察院必须从案件备案审查、请示报告、受理控告申诉等方面加强对下级检察院的领导和管理。对于一些地方党委交办的不属于检察机关管辖的案件，必须向党委和政府解释检察机关的职责权限；解释无效的，必须向上级检察机关请示报告；如既不解释又不请示报告而发生问题的，该检察院的主要领导应负完全责任。凡因治检不严、教育不力、不执行制度或姑息迁就，而发生越权办案、违法办案的，要追究主要领导的责任。

四、依法严查严办绝不护短。今后，一经发现越权办案、违法办案的问题，必须依法严查严办，决不允许姑息养奸，迁就护短。对于此类问题，高检院将采取定期或不定期的形式通报全国，发现一起、通报一起；对一些情节恶劣、后果严重的典型案件，高检院还将组织人员直接或参与办理。各级检察院也要有的放矢地采取相应的措施，严格禁止，认真办理此类案件，轻者给予党纪、政纪处分，构成犯罪的，要依法追究刑事责任。

今后如再发生越权办案、违法办案的情况，要及时层报高检院、严格执行一案一报的制度。

接到本通知后，请认真研究贯彻意见，并于1993年3月底前，把贯彻意见和措施报告高检院。

最高人民法院、中国人民银行关于依法规范人民法院执行和金融机构协助执行的通知

- 2000年9月4日
- 法发〔2000〕21号

各省、自治区、直辖市高级人民法院，解放军军事法院，新疆维吾尔自治区高级人民法院生产建设兵团分院，中国人民银行各分行，中国工商银行，中国农业银行，中国银行，中国建设银行及其他金融机构：

为依法保障当事人的合法权益，维护经济秩序，根据《中华人民共和国民事诉讼法》，现就规范人民法院执行和银行（含其分理处、营业所和储蓄所）以及其他办理存款业务的金融机构（以下统称金融机构）协助执行的有关问题通知如下：

一、人民法院查询被执行人在金融机构的存

款时，执行人员应当出示本人工作证和执行公务证，并出具法院协助查询存款通知书。金融机构应当立即协助办理查询事宜，不需办理签字手续，对于查询的情况，由经办人签字确认。对协助执行手续完备拒不协助查询的，按照民事诉讼法第一百零二条规定处理。

人民法院对查询到的被执行人在金融机构的存款，需要冻结的，执行人员应当出示本人工作证和执行公务证，并出具法院冻结裁定书和协助冻结存款通知书。金融机构应当立即协助执行。对协助执行手续完备拒不协助冻结的，按照民事诉讼法第一百零二条规定处理。

人民法院扣划被执行人在金融机构存款的，执行人员应当出示本人工作证和执行公务证，并出具法院扣划裁定书和协助扣划存款通知书，还应当附生效法律文书副本。金融机构应当立即协助执行。对协助执行手续完备拒不协助扣划的，按照民事诉讼法第一百零二条规定处理。

人民法院查询、冻结、扣划被执行人在金融机构的存款时，可以根据工作情况要求存款人开户的营业场所的上级机构责令该营业场所做好协助执行工作，但不得要求该上级机构协助执行。

二、人民法院要求金融机构协助冻结、扣划被执行人的存款时，冻结、扣划裁定和协助执行通知书适用留置送达的规定。

三、对人民法院依法冻结、扣划被执行人在金融机构的存款，金融机构应当立即予以办理，在接到协助执行通知书后，不得再扣划应当协助执行的款项用以收贷收息；不得为被执行人隐匿、转移存款。违反此项规定的，按照民事诉讼法第一百零二条的有关规定处理。

四、金融机构在接到人民法院的协助执行通知书后，向当事人通风报信，致使当事人转移存款的，法院有权责令该金融机构限期追回，逾期未追回的，按照民事诉讼法第一百零二条的规定予以罚款、拘留；构成犯罪的，依法追究刑事责任，并建议有关部门给予行政处分。

五、对人民法院依法向金融机构查询或查阅的有关资料，包括被执行人开户、存款情况以及会计凭证、账簿、有关对账单等资料（含电脑储存资料），金融机构应当及时如实提供并加盖印章；人民法院根据需要可抄录、复制、照相，但应当依法保守秘密。

六、金融机构作为被执行人，执行法院到有关人民银行查询其在人民银行开户、存款情况的，有关人民银行应当协助查询。

七、人民法院在查询被执行人存款情况时，只提供单位账户名称而未提供账号的，开户银行应当根据银发（1997）94 号《关于贯彻落实中共中央政法委〈关于司法机关冻结、扣划银行存款问题的意见〉的通知》第二条的规定，积极协助查询并书面告知。

八、金融机构的分支机构作为被执行人的，执行法院应当向其发出限期履行通知书，期限为 15 日；逾期未自动履行的，依法予以强制执行；对被执行人未能提供可供执行财产的，应当依法裁定逐级变更其上级机构为被执行人，直至其总行、总公司。每次变更前，均应当给予被变更主体 15 日的自动履行期限；逾期未自动履行的，依法予以强制执行。

九、人民法院依法可以对银行承兑汇票保证金采取冻结措施，但不得扣划。如果金融机构已对汇票承兑或者已对外付款，根据金融机构的申请，人民法院应当解除对银行承兑汇票保证金相应部分的冻结措施。银行承兑汇票保证金已丧失保证金功能时，人民法院可以依法采取扣划措施。

十、有关人民法院在执行由两个人民法院或者人民法院与仲裁、公证等有关机构就同一法律关系作出的两份或者多份生效法律文书的过程中，需要金融机构协助执行的，金融机构应当协助最先送达协助执行通知书的法院，予以查询、冻结，但不得扣划。

有关人民法院应当就该两份或多份生效法律文书上报共同上级法院协调解决，金融机构应当按照共同上级法院的最终协调意见办理。

十一、财产保全和先予执行依照上述规定办理。

此前的规定与本通知有抵触的，以本通知为准。

最高人民法院、国土资源部、建设部关于依法规范人民法院执行和国土资源房地产管理部门协助执行若干问题的通知

- 2004年2月10日
- 法发〔2004〕5号

各省、自治区、直辖市高级人民法院，解放军军事法院，新疆维吾尔自治区高级人民法院生产建设兵团分院；各省、自治区、直辖市国土资源厅（国土环境资源厅、国土资源和房屋管理局、房屋土地资源管理局、规划和国土资源局），新疆生产建设兵团国土资源局；各省、自治区建设厅，新疆生产建设兵团建设局，各直辖市房地产管理局：

为保证人民法院生效判决、裁定及其他生效法律文书依法及时执行，保护当事人的合法权益，根据《中华人民共和国民事诉讼法》、《中华人民共和国土地管理法》、《中华人民共和国城市房地产管理法》等有关法律规定，现就规范人民法院执行和国土资源、房地产管理部门协助执行的有关问题通知如下：

一、人民法院在办理案件时，需要国土资源、房地产管理部门协助执行的，国土资源、房地产管理部门应当按照人民法院的生效法律文书和协助执行通知书办理协助执行事项。

国土资源、房地产管理部门依法协助人民法院执行时，除复制有关材料所必需的工本费外，不得向人民法院收取其他费用。登记过户的费用按照国家有关规定收取。

二、人民法院对土地使用权、房屋实施查封或者进行实体处理前，应当向国土资源、房地产管理部门查询该土地、房屋的权属。

人民法院执行人员到国土资源、房地产管理部门查询土地、房屋权属情况时，应当出示本人工作证和执行公务证，并出具协助查询通知书。

人民法院执行人员到国土资源、房地产管理部门办理土地使用权或者房屋查封、预查封登记手续时，应当出示本人工作证和执行公务证，并出具查封、预查封裁定书和协助执行通知书。

三、对人民法院查封或者预查封的土地使用权、房屋，国土资源、房地产管理部门应当及时办理查封或者预查封登记。

国土资源、房地产管理部门在协助人民法院执行土地使用权、房屋时，不对生效法律文书和协助执行通知书进行实体审查。国土资源、房地产管理部门认为人民法院查封、预查封或者处理的土地、房屋权属错误的，可以向人民法院提出审查建议，但不应当停止办理协助执行事项。

四、人民法院在国土资源、房地产管理部门查询并复制或者抄录的书面材料，由土地、房屋权属的登记机构或者其所属的档案室（馆）加盖印章。无法查询或者查询无结果的，国土资源、房地产管理部门应当书面告知人民法院。

五、人民法院查封时，土地、房屋权属的确认以国土资源、房地产管理部门的登记或者出具的权属证明为准。权属证明与权属登记不一致的，以权属登记为准。

在执行人民法院确认土地、房屋权属的生效法律文书时，应当按照人民法院生效法律文书所确认的权利人办理土地、房屋权属变更、转移登记手续。

六、土地使用权和房屋所有权归属同一权利人的，人民法院应当同时查封；土地使用权

和房屋所有权归属不一致的，查封被执行人名下的土地使用权或者房屋。

七、登记在案外人名下的土地使用权、房屋，登记名义人（案外人）书面认可该土地、房屋实际属于被执行人时，执行法院可以采取查封措施。

如果登记名义人否认该土地、房屋属于被执行人，而执行法院、申请执行人认为登记为虚假时，须经当事人另行提起诉讼或者通过其他程序，撤销该登记并登记在被执行人名下之后，才可以采取查封措施。

八、对被执行人因继承、判决或者强制执行取得，但尚未办理过户登记的土地使用权、房屋的查封，执行法院应当向国土资源、房地产管理部门提交被执行人取得财产所依据的继承证明、生效判决书或者执行裁定书及协助执行通知书，由国土资源、房地产管理部门办理过户登记手续后，办理查封登记。

九、对国土资源、房地产管理部门已经受理被执行人转让土地使用权、房屋的过户登记申请，尚未核准登记的，人民法院可以进行查封，已核准登记的，不得进行查封。

十、人民法院对可以分割处分的房屋应当在执行标的额的范围内分割查封，不可分割的房屋可以整体查封。

分割查封的，应当在协助执行通知书中明确查封房屋的具体部位。

十一、人民法院对土地使用权、房屋的查封期限不得超过二年。期限届满可以续封一次，续封时应当重新制作查封裁定书和协助执行通知书，续封的期限不得超过一年。确有特殊情况需要再续封的，应当经过所属高级人民法院批准，且每次再续封的期限不得超过一年。

查封期限届满，人民法院未办理继续查封手续的，查封的效力消灭。

十二、人民法院在案件执行完毕后，对未处理的土地使用权、房屋需要解除查封的，应当及时作出裁定解除查封，并将解除查封裁定书和协助执行通知书送达国土资源、房地产管理部门。

十三、被执行人全部缴纳土地使用权出让金但尚未办理土地使用权登记的，人民法院可以对该土地使用权进行预查封。

十四、被执行人部分缴纳土地使用权出让金但尚未办理土地使用权登记的，对可以分割的土地使用权，按已缴付的土地使用权出让金，由国土资源管理部门确认被执行人的土地使用权，人民法院可以对确认后的土地使用权裁定预查封。对不可以分割的土地使用权，可以全部进行预查封。

被执行人在规定的期限内仍未全部缴纳土地出让金的，在人民政府收回土地使用权的同时，应当将被执行人缴纳的按照有关规定应当退还的土地出让金交由人民法院处理，预查封自动解除。

十五、下列房屋虽未进行房屋所有权登记，人民法院也可以进行预查封：

（一）作为被执行人的房地产开发企业，已办理了商品房预售许可证且尚未出售的房屋；

（二）被执行人购买的已由房地产开发企业办理了房屋权属初始登记的房屋；

（三）被执行人购买的办理了商品房预售合同登记备案手续或者商品房预告登记的房屋。

十六、国土资源、房地产管理部门应当依据人民法院的协助执行通知书和所附的裁定书办理预查封登记。土地、房屋权属在预查封期间登记在被执行人名下的，预查封登记自动转为查封登记，预查封转为正式查封后，查封期限从预查封之日起开始计算。

十七、预查封的期限为二年。期限届满可以续封一次，续封时应当重新制作预查封裁定书和协助执行通知书，预查封的续封期限为一年。确有特殊情况需要再续封的，应当经过所属高级人民法院批准，且每次再续封的期限不得超过一年。

十八、预查封的效力等同于正式查封。预查封期限届满之日，人民法院未办理预查封续封手续的，预查封的效力消灭。

十九、两个以上人民法院对同一宗土地使用权、房屋进行查封的，国土资源、房地产管理部门为首先送达协助执行通知书的人民法院办理查封登记手续后，对后来办理查封登记的人民法院作轮候查封登记，并书面告知该土地使用权、房屋已被其他人民法院查封的事实及查封的有关情况。

二十、轮候查封登记的顺序按照人民法院送达协助执行通知书的时间先后进行排列。查封法院依法解除查封的，排列在先的轮候查封自动转为查封；查封法院对查封的土地使用权、房屋全部处理的，排列在后的轮候查封自动失效；查封法院对查封的土地使用权、房屋部分处理的，对剩余部分，排列在后的轮候查封自动转为查封。

预查封的轮候登记参照第十九条和本条第一款的规定办理。

二十一、已被人民法院查封、预查封并在国土资源、房地产管理部门办理了查封、预查封登记手续的土地使用权、房屋，被执行人隐瞒真实情况，到国土资源、房地产管理部门办理抵押、转让等手续的，人民法院应当依法确认其行为无效，并可视情节轻重，依法追究有关人员的法律责任。国土资源、房地产管理部门应当按照人民法院的生效法律文书撤销不合法的抵押、转让等登记，并注销所颁发的证照。

二十二、国土资源、房地产管理部门对被人民法院依法查封、预查封的土地使用权、房屋，在查封、预查封期间不得办理抵押、转让等权属变更、转移登记手续。

国土资源、房地产管理部门明知土地使用权、房屋已被人民法院查封、预查封，仍然办理抵押、转让等权属变更、转移登记手续的，对有关的国土资源、房地产管理部门和直接责任人可以依照民事诉讼法第一百零二条的规定处理。

二十三、在变价处理土地使用权、房屋时，土地使用权、房屋所有权同时转移；土地使用权与房屋所有权归属不一致的，受让人继受原权利人的合法权利。

二十四、人民法院执行集体土地使用权时，经与国土资源管理部门取得一致意见后，可以裁定予以处理，但应当告知权利受让人到国土资源管理部门办理土地征用和国有土地使用权出让手续，缴纳土地使用权出让金及有关税费。

对处理农村房屋涉及集体土地的，人民法院应当与国土资源管理部门协商一致后再行处理。

二十五、人民法院执行土地使用权时，不得改变原土地用途和出让年限。

二十六、经申请执行人和被执行人协商同意，可以不经拍卖、变卖，直接裁定将被执行人以出让方式取得的国有土地使用权及其地上房屋经评估作价后交由申请执行人抵偿债务，但应当依法向国土资源和房地产管理部门办理土地、房屋权属变更、转移登记手续。

二十七、人民法院制作的土地使用权、房屋所有权转移裁定送达权利受让人时即发生法律效力，人民法院应当明确告知权利受让人及时到国土资源、房地产管理部门申请土地、房屋权属变更、转移登记。

国土资源、房地产管理部门依据生效法律文书进行权属登记时，当事人的土地、房屋权利应当追溯到相关法律文书生效之时。

二十八、人民法院进行财产保全和先予执行时适用本通知。

二十九、本通知下发前已经进行的查封，自本通知实施之日起计算期限。

三十、本通知自2004年3月1日起实施。

最高人民法院关于进一步规范跨省、自治区、直辖市执行案件协调工作的通知

- 2006年9月30日
- 法发〔2006〕285号

各省、自治区、直辖市高级人民法院，解放

军军事法院，新疆维吾尔自治区高级人民法院生产建设兵团分院：

为了充分发挥高级人民法院对执行工作统一管理、统一协调的职能作用，进一步规范跨省、自治区、直辖市（以下简称省）执行案件协调工作，现就有关事项通知如下：

一、跨省执行争议案件需要报请最高人民法院协调处理的，应当在上报前，经过争议各方高级人民法院执行局（庭）负责人之间面对面协商；对重大疑难案件，必要时，应当经过院领导出面协商。

协商应当形成书面记录或者纪要，并经双方签字。

二、相关高级人民法院应当对本辖区法院执行争议案件的事实负责。对于下级法院上报协调的案件，高级人民法院应当对案件事实进行核查，必要时应当采取听证方式进行。

三、高级人民法院报请最高人民法院协调的执行争议案件，必须经过执行局（庭）组织研究，形成处理意见，对下级法院报送的意见不得简单地照抄照转。

四、相关高级人民法院在相互协商跨省执行争议案件过程中，发现本辖区法院的执行行为存在错误的，应当依法纠正。

五、相关高级人民法院之间对处理执行争议的法律适用问题不能达成一致意见的，应当各自经审委会讨论后形成倾向性意见。

六、请求最高人民法院协调跨省执行争议案件的报告，应当经高级人民法院主管院领导审核签发，一式五份。报告应当附相关法律文书和高级人民法院之间的协调记录或纪要，必要时应附案卷。

七、跨省执行争议案件，一方法院提出协商处理请求后，除采取必要的控制财产措施外，未经争议各方法院或者最高人民法院同意，任何一方法院不得处分争议财产。

八、跨省执行争议案件经最高人民法院协调达成一致处理意见的，形成协调纪要。相关高级人民法院应当负责协调意见的落实；协调不成的，由最高人民法院作出处理意见。必要时，最高人民法院可以作出决定或者裁定，并直接向有关部门发出协助执行通知书。

以上通知，请遵照执行。

中央纪律检查委员会、中央组织部等关于印发《关于建立和完善执行联动机制若干问题的意见》的通知

● 2010年7月7日
● 法发〔2010〕15号

为深入贯彻落实中央关于解决执行难问题的指示精神，形成党委领导、人大监督、政府支持、社会各界协作配合的执行工作新格局，建立健全解决执行难问题长效机制，确保生效法律文书得到有效执行，切实维护公民、法人和其他组织的合法权益，维护法律权威和尊严，推进社会诚信体系建设，依据有关法律、政策规定，现就建立和完善执行联动机制提出以下意见。

第一条 纪检监察机关对人民法院移送的在执行工作中发现的党员、行政监察对象妨碍人民法院执行工作和违反规定干预人民法院执行工作的违法违纪线索，应当及时组织核查；必要时，应当立案调查。对于党员、行政监察对象妨碍人民法院执行工作或者违反规定干预人民法院执行工作，以及拒不履行生效法律文书确定义务的，应当依法依纪追究党纪政纪责任。

第二条 组织人事部门应当通过群众信访举报、干部考察考核等多种途径，及时了解和掌握党员、公务员拒不履行生效法律文书以及非法干预、妨害执行等情况，对有上述问题的党员、公务员，通过诫勉谈话、函询等形式，督促其及时改正。对拒不履行生效法律文书、非法干预或妨碍执行的党员、

公务员，按照《中国共产党纪律处分条例》和《行政机关公务员处分条例》等有关规定处理。

第三条 新闻宣传部门应当加强对人民法院执行工作的宣传，教育引导社会各界树立诚信意识，形成自觉履行生效法律文书确定的义务、依法协助人民法院执行的良好风尚；把握正确的舆论导向，增强市场主体的风险意识。配合人民法院建立被执行人公示制度，及时将人民法院委托公布的被执行人名单以及其他干扰、阻碍执行的行为予以曝光。

第四条 综合治理部门应当将当地党委、人大、政府、政协重视和支持人民法院执行工作情况、被执行人特别是特殊主体履行债务情况、有关部门依法协助执行的情况、执行救助基金的落实情况等，纳入社会治安综合治理目标责任考核范围。建立健全基层协助执行网络，充分发挥基层组织的作用，配合人民法院做好执行工作。

第五条 检察机关应当对拒不执行法院判决、裁定以及其他妨害执行构成犯罪的人员，及时依法从严进行追诉；依法查处执行工作中出现的渎职侵权、贪污受贿等职务犯罪案件。

第六条 公安机关应当依法严厉打击拒不执行法院判决、裁定和其他妨害执行的违法犯罪行为；对以暴力、威胁方法妨害或者抗拒执行的行为，在接到人民法院通报后立即出警，依法处置。协助人民法院查询被执行人户籍信息、下落，在履行职责过程中发现人民法院需要拘留、拘传的被执行人的，及时向人民法院通报情况；对人民法院在执行中决定拘留的人员，及时予以收押。协助限制被执行人出境；协助人民法院办理车辆查封、扣押和转移登记等手续；发现被执行人车辆等财产时，及时将有关信息通知负责执行的人民法院。

第七条 政府法制部门应当依法履行备案审查监督职责，加强备案审查工作，对报送备案的规章和有关政府机关发布的具有普遍约束力的行政决定、命令，发现有超越权限、违反上位法规定、违反法定程序、规定不适当等情形，不利于人民法院开展执行工作的，应当依照《法规规章备案条例》等规定予以处理。

第八条 民政部门应当对生活特别困难的申请执行人，按照有关规定及时做好救助工作。

第九条 发展和改革部门应当协助人民法院依法查询被执行人有关工程项目的立项情况及相关资料；对被执行人正在申请办理的投资项目审批、核准和备案手续，协调有关部门和地方，依法协助人民法院停止办理相关手续。

第十条 司法行政部门应当加强法制宣传教育，提高人民群众的法律意识，提高债务人主动履行生效法律文书的自觉性。对各级领导干部加强依法支持人民法院执行工作的观念教育，克服地方和部门保护主义思想。对监狱、劳教单位作为被执行人的案件，督促被执行人及时履行。指导律师、公证人员和基层法律服务工作者做好当事人工作，积极履行生效法律文书确定的义务。监狱、劳教所、强制隔离戒毒所对服刑、劳教人员和强制隔离戒毒人员作为被执行人的案件，积极协助人民法院依法执行。

第十一条 国土资源管理部门应当协助人民法院及时查询有关土地使用权、探矿权、采矿权及相关权属等登记情况，协助人民法院及时办理土地使用权、探矿权、采矿权等的查封、预查封和轮候查封登记，并将有关情况及时告知人民法院。被执行人正在办理土地使用权、采矿权、探矿权等权属变更登记手续的，根据人民法院协助执行通知书的要求，停止办理相关手续。债权人持生效法律文书申请办理土地使用权变更登记的，依法予以办理。

第十二条 住房和城乡建设管理部门应当协助人民法院及时查询有关房屋权属登记、变更、抵押等情况，协助人民法院及时办理房屋查封、预查封和轮候查封及转移登记手续，并将有关情况及时告知人民法院。被执行人正在办理房屋所有权转移登记等手续的，根据人民法院协助执行通知书的要求，停止办理相关手续。轮候查封的人民法院违法要求协助办理房屋登记手续的，依法不予办理。债权人持生效法律文书申请办理房屋转移登记手续的，依法予以办理。协助人民法院查询有关工程项目的规划审批情况，向人民法院提供必要的经批准的规划文件和规划图纸等资料。被执行人正在申请办理涉案项目规划审批手续的，根据人民法院协助执行通知书的要求，停止办理相关手续。将房地产、建筑企业不依法履行生效法律文书义务的情况，记入房地产和建筑市场信用档案，向社会披露有关信息。对拖欠房屋拆迁补偿安置资金的被执行人，依法采取制裁措施。

第十三条 人民银行应当协助人民法院查询人民币银行结算账户管理系统中被执行人的账户信息；将人民法院提供的被执行人不履行法律文书确定义务的情况纳入企业和个人信用信息基础数据库。

第十四条 银行业监管部门应当监督银行业金融机构积极协助人民法院查询被执行人的开户、存款情况，依法及时办理存款的冻结、轮候冻结和扣划等事宜。对金融机构拒不履行生效法律文书、拒不协助人民法院执行的行为，依法追究有关人员的责任。制定金融机构对被执行人申请贷款进行必要限制的规定，要求金融机构发放贷款时应当查询企业和个人信用信息基础数据库，并将被执行人履行生效法律文书确定义务的情况作为审批贷款时的考量因素。对拒不履行生效法律文书义务的被执行人，涉及金融债权的，可以采取不开新户、不发放新贷款、不办理对外支付等制裁措施。

第十五条 证券监管部门应当监督证券登记结算机构、证券、期货经营机构依法协助人民法院查询、冻结、扣划证券和证券交易结算资金。督促作为被执行人的证券公司自觉履行生效裁判文书确定的义务；对证券登记结算机构、证券公司拒不履行生效法律文书确定义务、拒不协助人民法院执行的行为，督促有关部门依法追究有关负责人和直接责任人员的责任。

第十六条 税务机关应当依法协助人民法院调查被执行人的财产情况，提供被执行人的纳税情况等相关信息；根据人民法院协助执行通知书的要求，提供被执行人的退税账户、退税金额及退税时间等情况。被执行人不缴、少缴税款的，请求法院依照法定清偿顺序追缴税款，并按照税款预算级次上缴国库。

第十七条 工商行政管理部门应当协助人民法院查询有关企业的设立、变更、注销登记等情况；依照有关规定，协助人民法院办理被执行人持有的有限责任公司股权的冻结、转让登记手续。对申请注销登记的企业，严格执行清算制度，防止被执行人转移财产，逃避执行。逐步将不依法履行生效法律文书确定义务的被执行人录入企业信用分类监管系统。

第十八条 人民法院应当将执行案件的有关信息及时、全面、准确地录入执行案件信息管理系统，并与有关部门的信息系统实现链接，为执行联动机制的顺利运行提供基础数据信息。

第十九条 人民法院认为有必要对被执行人采取执行联动措施的，应当制作协助执行通知书或司法建议函等法律文书，并送达有关部门。

第二十条 有关部门收到协助执行通知书或司法建议函后，应当在法定职责范围内协助采取执行联动措施。有关协助执行部门不应对生效法律文书和协助执行通知书、司法建议函等进行实体审查。对人民法院请求采取的执行联动措施有异议的，可以向人民法院提出审查建议，但不应当拒绝采取相应措施。

第二十一条 被执行人依法履行了生效法律文书确定的义务或者申请执行人同意解除执行联动措施的，人民法院经审查，认为符合有关规定的，应当解除相应措施。被执行人提供担保请求解除执行联动措施的，由人民法院审查决定。

第二十二条 为保障执行联动机制的建立和有效运行，成立执行联动机制工作领导小组，成员单位有中央纪律检查委员会、中央组织部、中央宣传部、中央政法委员会、中央社会治安综合治理委员会办公室、最高人民法院、最高人民检察院、国家发展和改革委员会、公安部、监察部、民政部、司法部、国土资源部、住房和城乡建设部、中国人民银行、国家税务总局、国家工商行政管理总局、国务院法制办公室、中国银监会、中国证监会等有关部门。领导小组下设办公室，具体负责执行联动机制建立和运行中的组织、协调、督促、指导等工作。

各成员单位确定一名联络员，负责执行联动机制运行中的联络工作。

各地应成立相应的执行联动机制工作领导小组及办公室。

第二十三条 执行联动机制工作领导小组由各级政法委员会牵头，定期、不定期召开会议，通报情况，研究解决执行联动机制运行中出现的问题，确保执行联动机制顺利运行。

第二十四条 有关单位不依照本意见履行职责的，人民法院可以向监察机关或其他有关机关提出相应的司法建议，或者报请执行联动机制领导小组协调解决，或者依照《中华人民共和国民事诉讼法》第一百零三条的规定处理。

第二十五条 为确保本意见贯彻执行，必要时，人民法院可以会同有关部门制定具体的实施细则。

最高人民法院、中国银行业监督管理委员会关于人民法院与银行业金融机构开展网络执行查控和联合信用惩戒工作的意见

- 2014年10月24日
- 法〔2014〕266号

各省、自治区、直辖市高级人民法院，解放军军事法院，新疆维吾尔自治区高级人民法院生产建设兵团分院；各银监局；各政策性银行、国有商业银行、股份制商业银行、邮储银行、各省级农村信用联社：

为维护司法权威，防范金融风险，保障当事人合法权益，推动社会信用体系建设，根据《中华人民共和国民事诉讼法》《中华人民共和国商业银行法》及《关于建立和完善执行联动机制若干问题的意见》等规定，结合工作实际，最高人民法院和中国银行业监督管理委员会就人民法院和银行业金融机构开展网络执行查控和联合信用惩戒工作，提出如下意见：

一、最高人民法院、中国银行业监督管理委员会鼓励和支持各级人民法院与银行业金融机构通过网络信息化方式，开展执行与协助执行、联合对失信被执行人进行信用惩戒等工作。

二、最高人民法院、中国银行业监督管理委员会鼓励和支持银行业金融机构与人民法院建立网络执行查控机制，通过网络查询被执行人存款和其他金融资产信息，办理其他协助事项。

银行业金融机构应当推进电子信息化建设，协助人民法院建立网络执行查控机制。

三、中国银行业监督管理委员会督促指导各银行业金融机构确定专门机构和人员负责网络执行查控工作，及时准确反馈办理结果；鼓励和支持开发批量自动查控功能，实现查询数据的准确和高效。

四、中国银行业监督管理委员会鼓励和支持人民法院与银行业金融机构在完备法律手续、保证资金安全的情况下，逐步通过网络实施查询、冻结、扣划等执行措施。

银行业金融机构尚未与人民法院建立网络执行查控机制，或者协助事项不能通过网络办理的，应当根据法律、司法解释和有关规定，协助人民法院现场办理。

五、中国银行业监督管理委员会鼓励和支持银行业金融机构与人民法院以全国法院执行案件信息系统为基础，建立全国网络执行查控机制。

全国网络执行查控机制建设主要采取两种模式。一是"总对总"联网，即最高人民法院通过中国银行业监督管理委员会金融专网通道与各银行业金融机构总行网络对接。各级人民法院通过最高人民法院网络执行查控系统实施查控。二是"点对点"联网，即高级人民法院通过当地银监局金融专网通道与各银行业金融机构省级分行网络对接。本地人民法院通过高级人民法院执行查控系统实施本地查控，外地法院通过最高人民法院网络中转接入当地高级人民法院执行查控系统实施查控。

各级人民法院与银行业金融机构及其分支机构已协议通过专线或其他网络建立网络查控机制的，可继续按原有模式建设和运行。本意见下发后，采用第二款以外模式建设的，应当经最高人民法院和中国银行业监督管理委员会同意。

六、人民法院与银行业金融机构建立了网络执行查控机制的，通过网络执行查控系统对被执行人存款或其他金融资产采取查控措施，按照《最高人民法院关于网络查询、冻结被执行人存款的规定》（法释〔2013〕20号）执行。

七、各级法院应当加强管理，确保依照法律、法规、司法解释以及金融监管规定，查询和使用被执行人银行账户等信息，确保有关人员严格遵守保密规定。

八、最高人民法院、中国银行业监督管理委员会鼓励和支持银行业金融机构与人民法院建立联合信用惩戒机制。银行业金融机构与人民法院通过网络传输等方式，共享失信被执行人名单及其他执行案件信息；银行业金融机构依照法律、法规规定，在融资信贷等金融服务领域，对失信被执行人等采取限制贷款、限制办理信用卡等措施。

九、上级法院和银行业监管机构应当加强对网络执行查控机制和联合信用惩戒机制建设的监督指导，协调处理两个机制建设和运行中产生的分歧和争议。

建立了合作关系的人民法院、银行业金融机构应当安排专人协调处理两个机制运行中发生的争议。协调无果的，可通过上级法院、银行业监管机构协调解决。

建立了合作关系的人民法院、银行业金融机构应当制定应急预案，配备专门的技术人员处理两个机制运行中的突发事件，保障系统安全。

十、银行业金融机构依法协助人民法院办理网络执行查控措施，当事人或者利害关系人有异议的，银行业金融机构应当告知其根据民事诉讼法第二百二十五条之规定向执行法院提出，但银行业金融机构未按照协助执行通知书办理的除外。

十一、人民法院与银行业金融机构关于协助执行的有关规范性文件与本意见不一致的，以本意见为准。

◎请示答复

最高人民法院经济审判庭关于大庆市中级人民法院、望奎县人民法院对大同市中级人民法院已经实施冻结的银行存款及扣押的财产擅自扣划启封问题的复函

- 1992年11月4日
- 法经〔1992〕169号

山西省高级人民法院、黑龙江省高级人民

法院：

山西省高级人民法院〔1990〕晋法经字第5号请示报告和黑龙江省高级人民法院黑法经字〔1991〕158号报告均已收悉。关于大庆市中级人民法院、望奎县人民法院对大同市中级人民法院已经实施冻结的银行存款及扣押的财产擅自扣划、启封的问题，经研究答复如下：

大同市中级人民法院在审理山西省石油公司大同分公司（下称"大同分公司"）诉黑龙江省大庆市牧工商联合公司炼油厂（下称"炼油厂"，系刘清波个人开办，未经当地工商行政管理局注册登记）购销合同纠纷案中，于1989年10月10日以〔1989〕法经裁字第66号裁定冻结了炼油厂270万元银行存款（该账户实际存款仅有16.1万元）。刘清波为了偿还欠款，以欺诈手段，与吉林省石油公司双辽支公司签订了一份购销500吨柴汽油的合同。10月28日，吉林省石油公司双辽支公司将70万元货款汇入该账户中。对这笔货款，大庆市中级人民法院于11月8日先以便函通知被告开户行不准扣划，1990年1月5日又以〔1989〕经裁字第23号先行给付裁定和〔1990〕执划字第1号扣划存款通知扣划退还给了吉林省石油公司双辽支公司。1990年3月19日，刘清波被招聘为望奎县石油化工厂负责人。5月20日，刘清波擅自以该厂的全部资产作为对大同分公司债务的担保。大同市中级人民法院于1990年6月23日依据刘清波提供的债务担保查封扣押了望奎县石油化工厂的两台油槽车。但这一被查封、扣押物，又被望奎县政府于1990年10月30日擅自解封，退还给了望奎县石油化工厂。望奎县人民法院参与了这项活动。大庆市中级人民法院扣划已经大同市中级人民法院冻结的当事人银行账户上的存款和望奎县人民法院参与当地县政府擅自解封已经大同市中级人民法院查封、扣押的财产尽管有一定原因，刘清波骗取吉林省石油公司双辽支公司的货款及擅自以望奎县石油化工厂的资产为自己债务担保，属于无效行为，不受法律保护，受骗人的合法权益应当依法保护。但在做法上应通过两地法院依法协调处理，由大同市中级人民法院给予解封，当地法院在未征得查封法院同意前自行解封，是违反法律规定的。鉴于本案债务大部分已基本了结，对尚留债务，大庆市中级人民法院和望奎县人民法院应当积极协助大同市中级人民法院执行，并应当注意今后不要再发生类似问题。

此复

最高人民法院研究室关于对有义务协助执行单位拒不协助予以罚款后又拒不执行应如何处理问题的答复

•1993年9月27日

湖南省高级人民法院：

你院湘高法研字〔1993〕第1号《关于对罚款决定书拒不执行应如何处理的请示报告》收悉。经研究，答复如下：

根据《中华人民共和国民事诉讼法》第一百零三条①第一款第（二）项和第二款的规定，人民法院依据生效判决、裁定，通知有关银行协助执行划拨被告在银行的存款，而银行拒不划拨的，人民法院可对该银行或者其主要负责人或者直接责任人员予以罚款，并可向同级政府的监察机关或者有关机关提出给予纪律处分的司法建议。被处罚人拒不履行罚款决定的，人民法院可以根据民事诉讼法第二百三十一条②的规定，予以强制执行。执行中，被处罚人如以暴力、威胁或者其他方法阻碍司法工作人员执行职务的，依照民事诉讼法第一百零二条第一款第（五）项、第二款规定，人民法院可对被处罚人或对有上述行为的被处罚单位的主要负责人或者直接责

---

① 民事诉讼法原第一百零三条现已修改为第一百一十四条。——编者注，下同

② 民事诉讼法原第二百三十一条现已修改为第二百五十二条。

任人员予以罚款、拘留，构成犯罪的，依照刑法第一百五十七条的规定追究刑事责任。

最高人民法院关于三亚市城乡建设土地开发总公司将有关款项缴付给公安机关其是否对债权人承担民事赔偿责任问题的复函

- 1995年12月7日
- 法函〔1995〕156号

上海市高级人民法院：

你院沪高法〔1995〕93号和沪高法〔1995〕122号请示报告收悉。经研究，答复如下：

上海市闵行区人民法院在审理上海南和工业公司（下称南和公司）诉天津万行企业总公司（下称万行公司）购销合同纠纷案时，以万行公司在海南省三亚市城乡建设土地开发总公司（下称三亚开发公司）存有用于房地产开发的900万元款项为由，作出了财产保全的民事裁定，并向三亚开发公司送达了裁定书和协助执行通知书，三亚开发公司亦在送达回证上签字并盖章。但是，闵行区人民法院并未冻结三亚开发公司相应的银行账户存款，也未向有关金融机构送达法律文书。1994年2月26日，山西省太原市公安局经济案件侦查处以“此款为万行公司诈骗款”为由，将万行公司存于三亚开发公司的900万元款项支付给山西铁路局875万元，支付给海南省国际经济与法律事务总公司25万元。1994年5月11日，闵行区人民法院向三亚市河西信用社出具了民事裁定书和协助执行通知书，通知其办理扣划三亚开发公司账户存款400万元并冻结人民币500万元。我们认为，闵行区人民法院在万行公司存于三亚开发公司的900万元款项已被公安机关追缴并支付给其他债权人的情况下，再次扣划并冻结三亚开发公司的款项明显不当，应当依法予以纠正。三亚开发公司对南和公司不应承担民事赔偿责任。

最高人民法院执行工作办公室关于能否委托军事法院执行的复函

- 1997年5月9日
- 法经〔1997〕132号

海南省高级人民法院：

你院给我办的《关于海南赛特实业总公司诉海南琼山钟诚房地产开发公司房屋买卖纠纷一案委托执行的请求报告》收悉。经研究，答复如下：

《中华人民共和国民事诉讼法》第二百一十条规定的可以委托代为执行的当地人民法院，一般是指按照行政区划设置的地方人民法院。凡需要委托执行的，除特殊情况适合由专门法院执行的以外，应当委托地方人民法院代为执行。鉴于军事法院受理试办的经济纠纷案件仅限于双方当事人都是军队内部单位的案件，对涉及地方的经济纠纷案件不能行使审判权和执行权。因此，你院请示的案件不宜委托军事法院执行。

最高人民法院对国家知识产权局《关于如何协助执行法院财产保全裁定的函》的答复意见

- 2000年1月28日
- 〔2000〕法知字第3号函

国家知识产权局：

贵局《关于如何协助执行法院财产保全裁定的函》收悉。经研究，对有关问题的意见如下：

一、专利权作为无形财产，可以作为人民法院财产保全的对象。人民法院对专利权进行财产保全，应当向国家知识产权局送达协助执行通知书，写明要求协助执行的事项，以及对专利权财产保全的期限，并附人民法院作出的裁定书。根据《中华人民共和国民事诉讼法》第九十三条、第一百零三条的规定，贵局有义务协助执行人民法院对专利权财产保全的裁定。

二、贵局来函中提出的具体意见第二条中拟要求人民法院提交“中止程序请求书”似有不妥。依据人民法院依法作出的财产保全民事裁定书和协助执行通知书，贵局即承担了协助执行的义务，在财产保全期间应当确保专利申请权或者专利权的法律状态不发生变更。在此前提下，贵局可以依据专利法和专利审查指南规定的程序，并根据法院要求协助执行的具体事项，自行决定中止有关专利程序。

三、根据最高人民法院关于适用民事诉讼法若干问题意见第102条规定，对出质的专利权也可以采取财产保全措施，但质权人有优先受偿权。至于专利权人与被许可人已经签订的独占实施许可合同，则不影响专利权人的权利状态，也可以采取财产保全。

四、贵局协助人民法院对专利权进行财产保全的期限为六个月，到期可以续延。如到期未续延，该财产保全即自动解除。

以上意见供参考。

最高人民法院关于工商行政管理局以收取查询费为由拒绝人民法院无偿查询企业登记档案人民法院是否应予民事制裁的复函

- 2000年6月29日
- 法函〔2000〕43号

甘肃省高级人民法院：

你院〔1999〕甘经他字第180号《关于工商行政管理局以收取查询费为由拒绝人民法院无偿查询企业登记档案，人民法院是否应予民事制裁的请示》收悉。经研究，答复如下：

你省在请示中反映，张掖地区中级人民法院在审理经济合同纠纷案件中，向张掖市工商行政管理局查明某一企业工商登记情况时，该局依内部规定，以法院未交查询费为由，拒绝履行协助义务，妨碍了人民法院依法调查取证。张掖地区中级人民法院依照《中华人民共和国民事诉讼法》的有关规定，作出了对张掖市工商行政管理局罚款两万元的决定。张掖市工商行政管理局不服，向省高级人民法院提出复议申请。你院就《关于工商行政管理局以收到查询费为由拒绝人民法院无偿查询企业登记档案，人民法院是否应予民事制裁的问题》，向我院请示。我院就此问题征求了国务院法制办公室的意见，经国务院法制办公室与国家工商行政管理局协商，国家工商行政管理局以工商企字〔2000〕第81号《关于修改〈企业登记档案资料查询办法〉第十条的通知》，对工商企字〔1996〕第398号《企业登记档案资料查询办法》进行了修改。第十条第一款改为：“查询、复制企业登记档案资料，查询人应当交纳查询费、复制费。公、检、法、纪检监察、国家安全机关查询档案资料不交费。”

我们认为，张掖地区中级人民法院依照《中华人民共和国民事诉讼法》的有关规定，作出对张掖市工商行政管理局罚款两万元的决定是正确的。但是鉴于国家工商行政管理局已经于2000年4月29日，修改了《企业登记档案资料查询办法》的有关规定，故建议你院撤销张掖地区中级人民法院作出的〔1999〕张中法执法罚字第01号罚款决定书，并及时与甘肃省工商行政管理局做好协调工作。

最高人民法院执行工作办公室关于被执行人拒不申报退税款，税务机关又不协助应如何处理的请示的答复

- 2000年12月19日
- 〔2000〕执他字第33号

天津市高级人民法院：

你院〔1999〕津高法执请字第32号《关于

被执行人拒不申报退税款，税务机关又不协助应如何处理的请示报告》收悉。经研究，答复如下：

根据国家税务总局《出口货物退（免）税管理办法》的有关规定，企业出口退税款，须经出口企业申请，由国家税务机关审查批准后，通过银行办理退税款事项。如果作为被执行人的出口企业拒不办理申报手续及负有协助执行义务的机关拒不协助，可以依照民事诉讼法第102、103条①的有关规定分别追究责任。

此复。

最高人民法院关于湖南省高级人民法院与北京市高级人民法院执行中国机电总公司协调案的复函

- 2001年6月18日
- 〔2001〕执协字第8号

湖南省高级人民法院、北京市高级人民法院：

湖南省高级人民法院〔2000〕湘执请字第10号《关于请求最高法院协调处理湖南省长沙市中级人民法院强制执行中国机电设备总公司相关财产是否应列为破产财产的请示》和〔2001〕湘高法执请字第1号有关该案的《紧急报告》及北京市高级人民法院京高法〔2001〕74号报告均收悉。

经研究，我们认为，鉴于中国机电设备总公司（以下简称机电总公司）对长沙市中级人民法院依法查封的位于北京市宣武区马连道北路1号的机电大厦院内的房产不同意拍卖，而对长沙市中级人民法院提出的将该房产按评估价以物抵债的意见并未反对，故应视为同意以物抵债；由于北京市政府有关部门规定在京房地产不能直接过户给外地单位，因此，本案债权人长沙市商业银行商由长沙市政府驻京联络处接收该案标的物即机电大厦院内的部分房产，应予准许；长沙市中级人民法院据此于2000年7月12日裁定将上述房产过户给长沙市政府驻京联络处，其实质是依法将该标的物变卖给长沙市政府驻京联络处，并无不当，该案至此已执行完毕。而北京市第一中级人民法院2000年8月2日受理破产案件时将上述房产列入破产财产错误，应予纠正。

关于北京市高级人民法院在报告中反映机电总公司将上述房产抵押给中国银行总行的问题，因其未依法到有关房地产管理部门办理抵押登记，故不得对抗人民法院的执行。至于中国汽车贸易总公司对上述房产主张产权的问题，因该房产的产权证在机电总公司名下，根据国务院《企业国有资产产权登记管理办法》有关国有资产管理部门审定的企业国有资产产权登记表、登记证是确认企业产权归属的法律凭证的规定，上述房产只能认定归机电总公司所有。如果中国汽车贸易总公司坚持主张产权，应另行通过诉讼解决。对机电总公司不服原判的问题，应告其可按照审判监督程序提出申诉，但其申诉不影响本案的执行。

最高人民法院执行工作办公室关于山东省菏泽市中级人民法院执行江西省鹰潭市月湖城市信用社赔偿一案的函文

- 2001年9月27日
- 〔2001〕执协字第1号

山东省高级人民法院、江西省高级人民法院：

山东省高级人民法院鲁高法函〔2001〕1号《关于荷泽市中级人民法院执行干警在江西省鹰潭市执行受阻的情况报告》和江西省高级人民法院赣高法明传〔2001〕160号《关于请求协调处理山东省菏泽市中级人民法院执行江西省鹰潭市月湖城市信用社赔偿一案的报告》及山东省高级人民法院〔2001〕鲁法

---

① 民事诉讼法原第一百零二、一百零三条现已修改为第一百一十一、一百一十四条。

执他字(一)第17号《关于山东省菏泽市中级人民法院再次赴江西鹰潭执行案件情况的报告》均收悉。经研究答复如下:

山东巨野国家粮食储备库与山东菏泽地区粮食转运站分别诉江西皓玉面粉有限公司购销小麦欠款纠纷一案,经菏泽中院审理并作出判决,共计判令江西皓玉面粉股份有限公司偿付两原告175.8万余元。两案进入执行程序后,菏泽市中院于2000年9月21日上午对皓玉公司在鹰潭市月湖城市信用社(以下简称月湖信用社)所开设账户上的150余万元存款采取冻结、划拨措施,送达相关法律文书时,该信用社主任拒绝签字办理。执行人员在做工作无效的情况下,依法留置送达了扣划上述款项的法律文书。当日下午,菏泽市中院执行人员再次到该信用社,遭到皓玉公司240余名职工围攻辱骂和殴打,并被非法限制人身自由达23个小时。执行干警在生命健康受到威胁,案件卷宗面临毁失的情况下,被迫写了解除冻结存款的便函。月湖信用社随即协助皓玉公司将冻结款项全部提走。菏泽市中院于2000年10月1日作出责令该信用社在其非法转移款项的范围内以自己的财产向申请执行人承担民事赔偿责任的裁定,并委托鹰潭市中院送达。

我们认为,月湖信用社作为有义务协助人民法院执行的单位,在菏泽中院对冻结的150万元执行款发出扣划通知后,本应立即协助扣划,但该信用社拒不配合,导致在发生暴力抗拒事件后使该项执行款流失;菏泽中院执行人员在生命、卷宗安全受到严重威胁的情况下,被迫写下的解除冻结款项的便函,不是菏泽中院的真实意思表示,不具有法律效力。月湖信用社妨碍执行生效法律文书的行为情节严重,菏泽中院依据最高人民法院《关于人民法院执行工作若干问题的规定(规定)》第37条之规定,裁定月湖信用社在流失财产的范围内对申请执行人承担赔偿责任,于法有据,应予支持。

接函后,请江西高院协助山东法院依法执行。执行中如有新的情况发生,请及时报告我院。

最高人民法院对国家知识产权局《关于征求对协助执行专利申请权财产保全裁定的意见的函》的答复意见

- 2001年10月25日
- 〔2001〕民三函字第1号

国家知识产权局:

贵局《关于征求对协助执行专利申请权财产保全裁定的意见的函》收悉。经研究,对有关问题答复如下:

一、专利申请权属于专利申请人的一项财产权利,可以作为人民法院财产保全的对象。人民法院根据民事诉讼法有关规定采取财产保全措施时,需要对专利申请权进行保全的,应当向国家知识产权局发出协助执行通知书,载明要求保全的专利申请的名称、申请人、申请号、保全期限以及协助执行保全的内容,包括禁止变更著录事项、中止审批程序等,并附人民法院作出的财产保全民事裁定书。

二、对专利申请权的保全期限一次不得超过六个月,自国家知识产权局收到协助执行通知书之日起计算。如果期限届满仍然需要对该专利申请权继续采取保全措施的,人民法院应当在保全期限届满前向国家知识产权局重新发出协助执行通知书,要求继续保全。否则,视为自动解除对该专利申请权的财产保全。

三、贵局收到人民法院发出的对专利申请权采取财产保全措施的协助执行通知书后,应当确保在财产保全期间专利申请权的法律状态不发生改变。因此,应当中止被保全的专利申请的有关程序。同意贵局提出的比照专利法实施细则第八十七条的规定处理的意见。

以上意见供参考。

附：

国家知识产权局关于征求对协助执行专利申请权财产保全裁定的意见的函

（国知发法函字〔2001〕第115号）

最高人民法院：

根据新修订的专利法实施细则第八十七条，人民法院对专利权采取保全措施的，国家知识产权局应当协助执行，中止有关程序。《最高人民法院关于审理专利纠纷案件适用法律问题的若干规定》第十三条就专利权的财产保全作出了具体规定。专利法实施细则和上述司法解释没有明确规定是否对专利申请权采取保全措施并中止有关程序。

近年来，我局曾经接到过一些人民法院对专利申请权采取保全措施的裁定，并中止了被保全的专利申请权的有关程序。新修订的专利法生效后，我局又陆续收到一些人民法院作出的对专利申请权采取保全措施的裁定和协助执行通知书，要求我局协助执行。鉴于现行法规和司法解释都未规定对专利申请权的财产保全，我局无法予以协助执行，故尚未中止有关专利申请权的程序。

经研究我局认为，专利申请权也属于申请人的一种财产权，从采取保全措施、中止有关程序的角度来看，与专利权并无实质的差别；在专利申请被批准后，专利申请权就将转为专利权。允许对申请专利权采取保全措施同样能够起到保证履行判决的作用，有利于判决的右效执行。为避免因无法中止被保全的专利申请权的有关程序，造成人民法院判决的无法履行，我局拟专门发布公告规定，在收到人民法院就专利申请权采取保全措施的裁定和协助执行通知书后，将比照专利法实施细则第八十七条的规定中止被保全的专利申请权的有关程序。

妥否，请复。

最高人民法院关于广东省高级人民法院、湖南省岳阳市中级人民法院就执行深圳市“洪湖大厦”发生争议案的复函

- 2002年10月8日
- 〔2000〕执协字第50号

广东省高级人民法院、湖南省高级人民法院：

广东省高级人民法院〔1996〕粤法经一上字第259号《关于深圳市罗湖区国土局擅自解除人民法院对深圳洪湖大厦的保全措施后，如何协调处理外省法院重复查封问题的请示》和湖南省高级人民法院湘高法执〔2001〕02号《关于请求监督协调湖南省岳阳市中院与广东省高院在执行深圳市洪湖大厦房屋问题上发生争议的报告》均收悉。经研究，答复如下：

一、广东省高级人民法院反映的深圳市罗湖区国土局对该院保全查封的洪湖大厦第4层、第7层、第13层房屋，以该查封已超过《深圳经济特区房地产登记条例》（以下简称《条例》）规定的6个月期限为由，径行予以解封，导致该房产部分被其他法院执行，部分被洪湖公司销售过户给第三人。对此，同意广东省高级人民法院的意见，即依据我院《关于适用〈中华人民共和国民事诉讼法〉若干问题的意见》第109条的规定，人民法院财产保全裁定书的效力，应维持到案件生效判决执行时止。罗湖区国土局依据本市地方法规，将广东省高级人民法院裁定保全查封的财产解封是错误的。地方法规只能在其辖区内发生效力，且不得对抗国家法律、法规和司法解释。罗湖区国土局适用《条例》的规定，对抗法律规定，并扩大了该《条例》的适用范围，应对其行为后果承担民事责任。

二、湖南省岳阳市中级人民法院在审理湖南穗银房地产开发有限公司诉深圳市洪湖实

业有限公司房屋租赁纠纷一案时，于1998年7月10日以〔1998〕岳初字第2号民事裁定书依法查封了洪湖大厦第七层房屋。岳阳市中级人民法院的查封行为，是在该楼层无查封的状态下进行的，且协助执行人深圳市罗湖区国土局受理了该院的查封并为其办理了查封登记手续，符合我院《关于人民法院执行工作若干问题的规定（试行）》第41条的规定，应认定该查封行为合法有效；且在无争议的情况下，于2000年2月2日将执行款项划拨给了债权人，应当予以维持。至于本案在广东、湖南两高院报请本院协调期间，岳阳市中级人民法院于2001年2月14日下达〔1999〕岳中执字第64—1号民事裁定书；确属不妥，但此裁定主要是用于前期执行财产的受让人办理财产过户手续，此执行行为结果与本院协调工作结果并无冲突，无需执行回转，故可予以维持。

三、广东省高级人民法院报告反映，深圳市人大常委会法制委员会于2001年4月10日以深人法函〔2001〕第11号《关于洪湖大厦有关查封问题请示的答复》中仍依据《条例》认为，“未依法办理续封手续的标的物予以径为注销查封的行为合法有效”。对此，请广东省高级人民法院向广东省人大常委会作专题报告，以期依法有效地解决这一问题。同时，请广东省高级人民法院做好相关当事人的工作。

最高人民法院执行工作办公室关于河北省安平县法院与江苏省张家港市法院执行争议案的处理意见

- 2002年11月11日
- 〔2002〕执协字第3号

河北省高级人民法院、江苏省高级人民法院：

河北省高级人民法院〔2001〕冀高法执字第10号《关于安平县法院与江苏张家港市法院执行同一房产发生争议的情况报告》和江苏省高级人民法院〔2001〕苏执他字第132号《关于江苏省张家港市法院执行一房产与河北省安平县法院发生争议的情况报告》均收悉。经研究，答复如下：

一、河北省安平县法院在审理安平县供销合作社联合社（以下简称安平县供销社）与海南省黄金岛联合实业开发公司、第三人张家港黄金岛公司返回投资款纠纷案件时，于1999年12月16日以〔1999〕安经初字第53号民事调解书，将张家港保税区黄金岛经济开发公司（以下简称张家港黄金岛公司）投资开发的、位于张家港保税区的锦帆国际贸易大厦（以下简称锦帆大厦）的第4、5、6层房屋，确权给予安平县供销社。而张家港市法院在执行张家港市东莱建筑工程有限责任公司（以下简称东莱公司）诉张家港黄金岛公司工程纠纷一案的生效判决时，于2001年4月5日以〔2000〕张民执字第1190呈民事裁定书，将锦帆大厦按整体评估价以4474745元抵偿给申请执行人东莱公司抵偿全部债款。本院在协调中查明，张家港市法院在明知锦帆大厦4、5、6层房屋已确权给安平县供销社的情况下，依然裁定将整幢锦帆大厦以物抵债给东莱公司，侵犯了安平县供销社的合法权益，依法应予纠正。

二、据被执行人张家港黄金岛公司向我院反映，该公司对锦帆大厦投资1958万元，而张家港市法院执行案件的标的只有400余万元，却在审理阶段即将锦帆大厦整体保全查封，严重超标的；执行中又未经拍卖、变卖程序将锦帆大厦以447万余元抵债，既未将评估价格通知被执行人，也未征求被执行人的意见，直接裁定以物抵债。经查，此反映的情况属实。张家港市法院的上述执行行为违反了我院《关于适用〈中华人民共和国民事诉讼法〉若干问题的意见》第301条①和《关于人民法院执行工作若干问题的规定(试行)》第39条、第46条的规定,依法应予纠正。

三、请江苏高院接此函后立即指令苏州市中级人民法院裁定撤销张家港市法院〔2000〕张民执字第1190号民事裁定书,由苏州市中级人民法院重新委托法定评估机构对锦帆大厦(扣除安平县法院已确权的第4、5、6层)进行评估并依法予以拍卖。鉴于张家港市法院以物抵债裁定生效后,锦帆大厦被东莱公司委托东莱镇政府以200万元的价格转让给了张家港华润玻璃有限公司,华润玻璃有限公司又对锦帆大厦进行了整体装修,故对华润玻璃有限公司受让后添附的部分费用,苏州市中级人民法院在处理拍卖款时可从中给予华润玻璃有限公司适当补偿。

请江苏高院指导、监督苏州市中级人民法院尽快落实我院的意见,并将结果及时报告我院。

最高人民法院关于中国工商银行运城市分行广场分理处与中国建设银行太原市分行承兑汇票纠纷执行争议案的复函

• 2002年11月19日
• 执监字〔2001〕第26号

山西省高级人民法院:

你院〔2001〕晋法执字第54号《关于申请人中国工商银行运城分行广场办事处解州分理处与被执行人中国建设银行太原市分行承兑汇票纠纷一案执行情况的报告》收悉,经研究,答复如下:

1. 你院〔1998〕晋经监字第2号再审判决为本案最终执行依据,该判决明确判定了中国建设银行太原市分行(以下简称建行太原分行)、中国工商银行运城分行广场办事处解州分理处(现为中国工商银行运城分行城建办事处解州分理处,以下简称工行运城分行)、山西宏宝贸易公司(以下简称宏宝公司)、山西省朔州市物贸中心(以下简称朔州物贸)、山西金丰实业有限公司(以下简称金丰公司)具有返还义务的法律责任,且各方当事人的权利义务明确,各债权人可据以单独申请执行。

2. 依据《民事诉讼法》第二百零七条、二百一十六条、二百一十九条②和《最高人民法院关于人民法院执行工作若干问题的规定(试行)》第十九条之规定,你院〔1998〕晋经监字第2号再审判决生效后,债权人未向法院申请执行的,法院不应依职权进行执行。本案只有朔州物贸、工行运城分行向太原市中级人民法院申请执行,且朔州物贸申请执行宏宝公司后,在太原市中级人民法院主持下,双方已于2000年11月达成执行和解协议并已履行完毕。工行运城分行申请执行建行太原分行后,因后者申诉而至今尚未执行。其他债权人均未申请执行,且已过法定申请执行期限,放弃申请执行的后果只能由其自行承担。建行太原分行未在法定期限内向法院申请强制执行,不能因其债权未予实现而拒绝履行其应向工行运城分行返还款项的义务。

3. 你院〔1997〕晋经终字第102号二审判决生效后,金丰公司于1997年12月14日向太原市中级人民法院申请执行,该院于同年12月22日立案后将冻结在建行太原分行账户上贴现款486.4597万元全部执行给金丰公司。二审判决执行完毕后,你院又以〔1998〕晋经终字第2号再审判决撤销了你院二审判决。本案由于判决的错误而造成执行的错误,根据《民事诉讼

---

① 该条规定已被最高人民法院《关于适用〈中华人民共和国民事诉讼法〉的解释》(法释〔2015〕5号)第四百九十一条所修改,下同。

② 民事诉讼法原第二百零七条现已修改为第二百二十四条;第二百一十六条现已修改为第二百三十六条;第二百一十九条现已修改为第二百三十九条。

法》第二百一十四条①和《最高人民法院关于人民法院执行工作若干问题的规定(试行)》第一百零九条之规定,应依职权对金丰公司依据二审判决获得的款项执行回转,并返还建行太原分行,以维护其合法权益。

4. 请你院按上述意见函复本案有关的执行当事人。

最高人民法院执行工作办公室关于中国工商银行西安市东新街支行对陕西省高级人民法院强制执行2000万元提出异议一案的处理意见

- 2003年5月13日
- 〔2000〕执监字第346-2号

陕西省高级人民法院:

中国工商银行西安市东新街支行(原中国工商银行陕西省分行,以下简称陕西工行)对你院强制执行该行2000万元人民币提出异议一案,本院已审查完毕,作出如下处理意见:

一、基本事实

1996年初,陕西省高级人民法院(以下简称陕西高院)分别审理了西安证券公司诉青海证券有限责任公司、湖北省潜江市城市信用社、海南省证券公司、海南省三亚市国债券经营有限公司、海南省东方八所城市信用社等五起国债回购纠纷案件。1996年8月12日、8月23日,根据原告的诉讼保全申请和五被告的证明,陕西高院分别作出〔1996〕陕经初字第23、24、25、26、31号民事裁定书,保全查封了五被告交存在西安证券交易中心(以下简称西交中心)总面值为1330万元、到期兑现值为1908余万元及利息的国债券。1996年9月至1997年1月,陕西高院对上述五案依法分别作出判决书、调解书,确认五被告应分别退还原告购券款及利息。在此期间,西交中心曾提出对上述国债券享有质押权的异议,经陕西高院审查后认为异议理由不成立并予书面驳回。上述五案进入执行程序后,陕西高院向西交中心发出协助执行通知书,但西交中心以国债券不存在为由拒不协助执行。陕西高院遂以西交中心擅自处分法院冻结财产且在指定的期限内未能追回为由,于1998年6月19日裁定冻结了西交中心在陕西工行营业部273033-38账户上的存款2000万元人民币。后陕西高院裁定扣划上述款项时,发现该账户已于1998年7月10日销户,冻结款项全部流失。因陕西工行擅自解冻行为造成法院冻结款项流失,陕西高院责令陕西工行在限期内追回已转移的款项,并拟强制执行陕西工行已追回的2000万元款项。对此陕西工行向本院提出异议,请求本院监督陕西高院的执行行为。

二、相关法院和当事人的意见和理由

陕西高院认为,西交中心属于不以营利为目的的事业法人,无权以债权债务主体的身份直接进行交易,故其对铺底券(国债券)享有的质押权因其进行国债回购交易行为本身违法而无效。券商欠西交中心的债务只能是佣金和有关费用,如因此以券商交存的铺底券作为质押物应有明确的约定,故西交中心关于对国债券享有质押权的异议不成立。西交中心擅自处分法院冻结的国债券且在限期内未能追回,应承担相应的责任。该院冻结西交中心在陕西工行营业部273033-38账户内的存款合法有效,并未超标的冻结。西交中心在存续期间进行了大量的自营业务,273033-38账户是混合账户,该账户上的资金既包括证券清算资金,也有西交中心的自营资金。该院冻结的2000万元并未超出西交中心的自营资金部分。陕西工行擅自解冻法院冻结账户内的款项,已按照要求追回,应以

---

① 民事诉讼法原第二百一十四条现已修改为第二百三十三条。

该款承担相应的责任。

陕西工行认为,西交中心在该行开立的273033-38账户是证券交易账户,该账户内的资金均是股民保证金,陕西高院冻结该账户违反了最高人民法院的有关司法解释,影响了证券资金结算业务。

三、分析意见

本院认为,陕西高院对五被告人寄存在西交中心的国债实施查封时,除海南省证券公司外,其余四被告人在西交中心均实际存有与查封数额相等的国债券实物。陕西高院未对海南省证券公司的300万元国债券实物是否存在进行核实确有失误,故对该笔300万元国债券的查封效力不予认可。对其余四被告人交存的国债券查封手续完备,程序合法,查封效力应予维持。陕西高院驳回西交中心对国债券享有质押权主张的理由成立,本院予以支持。西交中心作为协助执行人拒不履行协助义务,并擅自处分已被法院查封的国债券,且在限期内不能追回,根据最高人民法院《关于执行工作若干问题的规定(试行)》第四十四条的规定,应承担相应的赔偿责任。陕西高院冻结西交中心的银行存款合法有效。陕西工行所举证据不足以证明273033-38账户为股民保证金账户,亦不足以证明该账户上的资金全部为股民保证金。陕西工行未经人民法院许可,将273033-38账户销户致使该账户内的资金流失,是擅自解冻被人民法院冻结款项的行为,根据最高人民法院《关于执行工作若干问题的规定(试行)》第33条的规定,应在转移款项范围内承担责任。

四、处理结论

陕西工行的异议理由不成立,本院不予支持。接到本函后陕西高院可恢复执行,但应按照有效查封保全的国债券价值重新核对应执行的数额后,在已冻结的2000万元人民币范围内依法执行,并将落实情况于1个月内报告我院。

最高人民法院关于辽宁省沈阳市中级人民法院与北京市第一中级人民法院执行争议案的处理意见

•2004年7月5日

北京市高级人民法院、辽宁省高级人民法院:

北京市高级人民法院《关于再次请求协调我市第一中级人民法院受理的北京北美物产集团诉本溪满族自治县天民集团公司、辽宁省财务开发总公司加工承揽合同纠纷执行一案的报告》和辽宁省高级人民法院《关于最高人民法院访〔2003〕第104号的答复》及相关卷宗收悉。经研究,现答复如下:

经审核查明:沈阳市中级人民法院于1997年7月31日在执行辽宁省财务开发总公司(以下简称财务公司)与辽宁本溪满族自治县天民集团公司(以下简称天民公司)、本溪满族自治县绢纺厂(以下简称绢纺厂)借款合同强制执行公证债权文书一案时,强制执行证书中明确载明:“天民公司和绢纺厂履行债务的期限是1997年8月10日前”。而沈阳市中级人民法院采取强制执行措施时,债务人履行债务的期限尚未届满。1997年7月31日,沈阳市中级人民法院向上述二被执行人下发了执行通知书和查封裁定书,查封存放在辽宁省纺织工业供销公司储运库(以下简称供销公司)的落绵102吨、绢纱72吨,但并未向财产保管单位供销公司送达查封裁定书和协助执行通知书。

1997年8月1日,北京市第一中级人民法院在审理北京北美物产集团诉天民公司、第三人财务公司、第三人辽宁中泰实业发展公司加工承揽合同纠纷一案时,作出查封上述争议财产的诉讼保全裁定。同时,分别向被执行人、协助执行人送达了保全裁定书和协助执行通知书,并制作了查封笔录,张贴了查封封条。1997年8月6日,沈阳市中级人民法院裁定将上述争议财产抵债给申请人财务公司时,明知该财产已被北京市第一中级人民法院查封，仍继续采取强制执行措施。

我们认为，沈阳市中级人民法院在债务人履行期限届满前即对债务人采取强制执行的做法缺乏事实和法律依据。虽然沈阳市中级人民法院作出查封争议财产裁定的时间在先，但因没有向争议财产保管人供销公司送达有关查封裁定书和协助执行通知书等法律文书，对争议财产并未取得实际有效的控制，故沈阳市中级人民法院的查封不能对抗北京市第一中级人民法院合法有效的查封，依法应予以纠正。

鉴于沈阳市中级人民法院在执行公证债权文书一案中存在的错误做法，请辽宁省高级人民法院在监督沈阳市中级人民法院纠错的同时，应积极协助北京市高级人民法院做好下一步的执行工作。

最高人民法院执行工作办公室关于安徽省宿州市埇桥区人民法院与山东省青岛市平度市人民法院执行青岛平度市进出口公司协调一案的答复

• 2006 年 1 月 9 日
• 〔2005〕执协字第 36 号

安徽省高级人民法院、山东省高级人民法院：

你院〔2005〕皖执他字第 016 号《关于单光彩与青岛平度市进出口公司辣椒种植回收合同纠纷一案请求协调的报告》收悉。经研究，答复如下：

人民法院在执行程序中的扣划裁定具有控制财产的效力，可以对抗其他法院后续的执行措施，不因协助义务人的不予协助执行行为而失去其对拟扣划财产的执行力。本案中，安徽省宿州市埇桥区人民法院执行程序合法，其〔2005〕宿埇执字第 236 号扣划裁定先于山东省平度市人民法院的保全裁定生效，因此，被执行人平度市进出口公司在中国银行平度市去行账户上的被冻结款项应由埇桥区人民法院先行执行。

最高人民法院关于广发证券股份有限公司执行异议一案的答复

• 〔2006〕执监字第 115－1 号

广东省高级人民法院：

关于广发证券股份有限公司（下称广发证券）执行异议一案，你院〔2006〕粤高法执督字第 258、271 号之一号报告已收悉。经厂研究，答复如下：

同意你院的审查意见。广州市越秀区人民法院（下称越秀区法院）的扣划裁定先于海南省洋浦经济开发区法院的冻结裁定送达协助义务人。人民法院在执行程序中的扣划裁定具有控制财产的效力，可以对抗其他法院后续的执行措施，不因协助义务人的不予协助行为而失去其对拟扣划财产的约束力。广发证券两营业部在未经在先法院同意的情况下，却协助在后的法院扣划同一笔款项，越秀区法院因此认定广发证券两营业部擅自解冻并无不当，在不能追回有关款项的情况下裁定其承担责任于法有据。

此复。

最高人民法院关于首先查封法院与优先债权执行法院处分查封财产有关问题的批复

• 2016 年 4 月 12 日
• 法释〔2016〕6 号

福建省高级人民法院：

你院《关于解决法院首封处分权与债权人行使优先受偿债权冲突问题的请示》（闽高法〔2015〕261 号）收悉。经研究，批复如下：

一、执行过程中，应当由首先查封、扣押、冻结（以下简称查封）法院负责处分查封财产。但已进入其他法院执行程序的债权对查封财产有顺位在先的担保物权、优先权（该债权以下简称优先债权),自首先查封之日起已超过60日,且首先查封法院就该查封财产尚未发布拍卖公告或者进入变卖程序的,优先债权执行法院可以要求将该查封财产移送执行。

二、优先债权执行法院要求首先查封法院将查封财产移送执行的,应当出具商请移送执行函,并附确认优先债权的生效法律文书及案件情况说明。

首先查封法院应当在收到优先债权执行法院商请移送执行函之日起15日内出具移送执行函,将查封财产移送优先债权执行法院执行,并告知当事人。

移送执行函应当载明将查封财产移送执行及首先查封债权的相关情况等内容。

三、财产移送执行后,优先债权执行法院在处分或继续查封该财产时,可以持首先查封法院移送执行函办理相关手续。

优先债权执行法院对移送的财产变价后,应当按照法律规定的清偿顺序分配,并将相关情况告知首先查封法院。

首先查封债权尚未经生效法律文书确认的,应当按照首先查封债权的清偿顺位,预留相应份额。

四、首先查封法院与优先债权执行法院就移送查封财产发生争议的,可以逐级报请双方共同的上级法院指定该财产的执行法院。

共同的上级法院根据首先查封债权所处的诉讼阶段、查封财产的种类及所在地、各债权数额与查封财产价值之间的关系等案件具体情况,认为由首先查封法院执行更为妥当的,也可以决定由首先查封法院继续执行,但应当督促其在指定期限内处分查封财产。

此复。

附件:1. ××××人民法院商请移送执行函

2. ××××人民法院移送执行函

附件1

××××人民法院
商请移送执行函

(××××)……号

××××人民法院:

……(写明当事人姓名或名称和案由)一案的……(写明生效法律文书名称)已经发生法律效力。由于……[写明本案债权人依法享有顺位在先的担保物权(优先权)和首先查封法院没有及时对查封财产进行处理的情况,以及商请移送执行的理由]。根据《最高人民法院关于首先查封法院与优先债权执行法院处分查封财产有关问题的批复》之规定,请你院在收到本函之日起15日内向我院出具移送执行函,将……(写明具体查封财产)移送我院执行。

附件:1. 据以执行的生效法律文书

2. 有关案件情况说明[内容包括本案债权依法享有顺位在先的担保物权(优先权)的具体情况、案件执行情况、执行员姓名及联系电话、申请执行人地址及联系电话等]

3. 其他必要的案件材料

××××年××月××日
(院印)

本院地址: 邮编:
联系人: 联系电话:

附件2

××××人民法院
移送执行函

(××××)……号

××××人民法院:

你院(××××)……号商请移送执

行函收悉。我院于××××年××月××日对……(写明具体查封财产,以下简称查封财产)予以查封(或者扣押、冻结),鉴于你院(××××)……号执行案件债权人对该查封财产享有顺位在先的担保物权(优先权),现根据《最高人民法院关于首先查封法院与优先债权执行法院处分查封财产有关问题的批复》之规定及你院的来函要求,将上述查封财产移送你院执行,对该财产的续封、解封和变价、分配等后续工作,交由你院办理,我院不再负责。请你院在后续执行程序中,对我院执行案件债权人××作为首先查封债权人所享有的各项权利依法予以保护,并将执行结果及时告知我院。

附件:1. 据以执行的生效法律文书
2. 有关案件情况的材料和说明(内容包括查封财产的查封、调查、异议、评估、处置和剩余债权数额等案件执行情况,执行员姓名及联系电话、申请执行人地址及联系电话等)
3. 其他必要的案件材料

××××年××月××日
(院印)

本院地址:　　　　邮编:
联系人:　　　　联系电话:

第四章　妨害执行的强制措施

◎法律

中华人民共和国刑法(节录)①

- 1979年7月1日第五届全国人民代表大会第二次会议通过
- 1997年3月14日第八届全国人民代表大会第五次会议修订

第一编　总　　则

第一章　刑法的任务、基本原则和适用范围

第一条　【立法目的和根据】②为了惩罚犯罪,保护人民,根据宪法,结合我国同犯罪作斗争的具体经验及实际情况,制定本法。

第二条　【任务】中华人民共和国刑法的任务,是用刑罚同一切犯罪行为作斗争,以保卫国家安全,保卫人民民主专政的政权和社会主义制度,保护国有财产和劳动群众集体所有的财产,保护公民私人所有的财产,保护公民的人身权利、民主权利和其他权利,维护社会秩序、经济秩序,保障社会主义建设事业的顺利进行。

第三条　【罪刑法定原则】法律明文规定为犯罪行为的,依照法律定罪处刑;法律没有明文规定为犯罪行为的,不得定罪处刑。

第四条　【法律面前人人平等原则】对任何人犯罪,在适用法律上一律平等。不允许任何人有超越法律的特权。

第五条　【罪刑相适应原则】刑罚的轻重,应当与犯罪分子所犯罪行和承担的刑事责任相适应。

第六条　【属地管辖权】凡在中华人民共和国领域内犯罪的,除法律有特别规定的以外,都适用本法。

凡在中华人民共和国船舶或者航空器内犯罪的,也适用本法。

犯罪的行为或者结果有一项发生在中华人民共和国领域内的,就认为是在中华人民共和国领域内犯罪。

第七条　【属人管辖权】中华人民共和国公民在中华人民共和国领域外犯本法规定之

---

① 根据1998年12月29日第九届全国人民代表大会常务委员会第六次会议通过的《关于惩治骗购外汇、逃汇和非法买卖外汇犯罪的决定》第一次修正,根据1999年12月25日第九届全国人民代表大会常务委员会第十三次会议通过的《中华人民共和国刑法修正案》第二次修正,根据2001年8月31日第九届全国人民代表大会常务委员会第二十三次会议通过的《中华人民共和国刑法修正案(二)》第三次修正,根据2001年12月29日第九届全国人民代表大会常务委员会第二十五次会议通过的《中华人民共和国刑法修正案(三)》第四次修正,根据2002年12月28日第九届全国人民代表大会常务委员会第三十一次会议通过的《中华人民共和国刑法修正案(四)》第五次修正,根据2005年2月28日第十届全国人民代表大会常务委员会第十四次会议通过的《中华人民共和国刑法修正案(五)》第六次修正,根据2006年6月29日第十届全国人民代表大会常务委员会第二十二次会议通过的《中华人民共和国刑法修正案(六)》第七次修正,根据2009年2月28日第十一届全国人民代表大会常务委员会第七次会议通过的《中华人民共和国刑法修正案(七)》第八次修正,根据2009年8月27日第十一届全国人民代表大会常务委员会第十次会议通过的《关于修改部分法律的决定》第九次修正,根据2011年2月25日第十一届全国人民代表大会常务委员会第十九次会议通过的《中华人民共和国刑法修正案(八)》第十次修正,根据2015年8月29日第十二届全国人民代表大会常务委员会第十六次会议通过的《中华人民共和国刑法修正案(九)》第十一次修正。

② 总则部分条文主旨为编者所加,分则部分条文主旨是根据司法解释的确定罪名所加。

罪的，适用本法，但是按本法规定的最高刑为三年以下有期徒刑的，可以不予追究。

中华人民共和国国家工作人员和军人在中华人民共和国领域外犯本法规定之罪的，适用本法。

第八条 【保护管辖权】外国人在中华人民共和国领域外对中华人民共和国国家或者公民犯罪，而按本法规定的最低刑为三年以上有期徒刑的，可以适用本法，但是按照犯罪地的法律不受处罚的除外。

第九条 【普遍管辖权】对于中华人民共和国缔结或者参加的国际条约所规定的罪行，中华人民共和国在所承担条约义务的范围内行使刑事管辖权的，适用本法。

第十条 【域外刑事判决的消极承认】凡在中华人民共和国领域外犯罪，依照本法应当负刑事责任的，虽然经过外国审判，仍然可以依照本法追究，但是在外国已经受过刑罚处罚的，可以免除或者减轻处罚。

第十一条 【外交代表的刑事豁免】享有外交特权和豁免权的外国人的刑事责任，通过外交途径解决。

第十二条 【溯及力】中华人民共和国成立以后本法施行以前的行为，如果当时的法律不认为是犯罪的，适用当时的法律；如果当时的法律认为是犯罪的，依照本法总则第四章第八节的规定应当追诉的，按照当时的法律追究刑事责任，但是如果本法不认为是犯罪或者处刑较轻的，适用本法。

本法施行以前，依照当时的法律已经作出的生效判决，继续有效。

第二章 犯 罪

第一节 犯罪和刑事责任

第十三条 【犯罪概念】一切危害国家主权、领土完整和安全，分裂国家、颠覆人民民主专政的政权和推翻社会主义制度，破坏社会秩序和经济秩序，侵犯国有财产或者劳动群众集体所有的财产，侵犯公民私人所有的财产，侵犯公民的人身权利、民主权利和其他权利，以及其他危害社会的行为，依照法律应当受刑罚处罚的，都是犯罪，但是情节显著轻微危害不大的，不认为是犯罪。

第十四条 【故意犯罪】明知自己的行为会发生危害社会的结果，并且希望或者放任这种结果发生，因而构成犯罪的，是故意犯罪。

故意犯罪，应当负刑事责任。

第十五条 【过失犯罪】应当预见自己的行为可能发生危害社会的结果，因为疏忽大意而没有预见，或者已经预见而轻信能够避免，以致发生这种结果的，是过失犯罪。

过失犯罪，法律有规定的才负刑事责任。

第十六条 【不可抗力和意外事件】行为在客观上虽然造成了损害结果，但是不是出于故意或者过失，而是由于不能抗拒或者不能预见的原因所引起的，不是犯罪。

第十七条 【刑事责任年龄】已满十六周岁的人犯罪，应当负刑事责任。

已满十四周岁不满十六周岁的人，犯故意杀人、故意伤害致人重伤或者死亡、强奸、抢劫、贩卖毒品、放火、爆炸、投毒罪的，应当负刑事责任。

已满十四周岁不满十八周岁的人犯罪，应当从轻或者减轻处罚。

因不满十六周岁不予刑事处罚的，责令他的家长或者监护人加以管教；在必要的时候，也可以由政府收容教养。

第十七条之一① 【已满七十五周岁的人犯罪的刑事责任】已满七十五周岁的人故意犯罪的，可以从轻或者减轻处罚；过失犯罪的，应当从轻或者减轻处罚。

第十八条 【精神病人与醉酒的人的刑事责任能力】精神病人在不能辨认或者不能控制自己行为的时候造成危害结果，经法定程序鉴定确认的，不负刑事责任，但是应当责令他的家属或者监护人严加看管和医疗；在必要的时候，由政府强制医疗。

---

① 本条根据2011年5月1日施行的《刑法修正案（八）》第1条增加。——编者注，下同

间歇性的精神病人在精神正常的时候犯罪，应当负刑事责任。

尚未完全丧失辨认或者控制自己行为能力的精神病人犯罪的，应当负刑事责任，但是可以从轻或者减轻处罚。

醉酒的人犯罪，应当负刑事责任。

第十九条　【又聋又哑的人或盲人犯罪的刑事责任】又聋又哑的人或者盲人犯罪，可以从轻、减轻或者免除处罚。

第二十条　【正当防卫】为了使国家、公共利益、本人或者他人的人身、财产和其他权利免受正在进行的不法侵害，而采取的制止不法侵害的行为，对不法侵害人造成损害的，属于正当防卫，不负刑事责任。

正当防卫明显超过必要限度造成重大损害的，应当负刑事责任，但是应当减轻或者免除处罚。

对正在进行行凶、杀人、抢劫、强奸、绑架以及其他严重危及人身安全的暴力犯罪，采取防卫行为，造成不法侵害人伤亡的，不属于防卫过当，不负刑事责任。

第二十一条　【紧急避险】为了使国家、公共利益、本人或者他人的人身、财产和其他权利免受正在发生的危险，不得已采取的紧急避险行为，造成损害的，不负刑事责任。

紧急避险超过必要限度造成不应有的损害的，应当负刑事责任，但是应当减轻或者免除处罚。

第一款中关于避免本人危险的规定，不适用于职务上、业务上负有特定责任的人。

第二节　犯罪的预备、未遂和中止

第二十二条　【犯罪预备】为了犯罪，准备工具、制造条件的，是犯罪预备。

对于预备犯，可以比照既遂犯从轻、减轻处罚或者免除处罚。

第二十三条　【犯罪未遂】已经着手实行犯罪，由于犯罪分子意志以外的原因而未得逞的，是犯罪未遂。

对于未遂犯，可以比照既遂犯从轻或者减轻处罚。

第二十四条　【犯罪中止】在犯罪过程中，自动放弃犯罪或者自动有效地防止犯罪结果发生的，是犯罪中止。

对于中止犯，没有造成损害的，应当免除处罚；造成损害的，应当减轻处罚。

第三节　共同犯罪

第二十五条　【共同犯罪概念】共同犯罪是指二人以上共同故意犯罪。

二人以上共同过失犯罪，不以共同犯罪论处；应当负刑事责任的，按照他们所犯的罪分别处罚。

第二十六条　【主犯】组织、领导犯罪集团进行犯罪活动的或者在共同犯罪中起主要作用的，是主犯。

三人以上为共同实施犯罪而组成的较为固定的犯罪组织，是犯罪集团。

对组织、领导犯罪集团的首要分子，按照集团所犯的全部罪行处罚。

对于第三款规定以外的主犯，应当按照其所参与的或者组织、指挥的全部犯罪处罚。

第二十七条　【从犯】在共同犯罪中起次要或者辅助作用的，是从犯。

对于从犯，应当从轻、减轻处罚或者免除处罚。

第二十八条　【胁从犯】对于被胁迫参加犯罪的，应当按照他的犯罪情节减轻处罚或者免除处罚。

第二十九条　【教唆犯】教唆他人犯罪的，应当按照他在共同犯罪中所起的作用处罚。教唆不满十八周岁的人犯罪的，应当从重处罚。

如果被教唆的人没有犯被教唆的罪，对于教唆犯，可以从轻或者减轻处罚。

第四节　单位犯罪

第三十条　【单位负刑事责任的范围】公司、企业、事业单位、机关、团体实施的危害社会的行为，法律规定为单位犯罪的，应当负刑事责任。

第三十一条 【单位犯罪的处罚原则】单位犯罪的，对单位判处罚金，并对其直接负责的主管人员和其他直接责任人员判处刑罚。本法分则和其他法律另有规定的，依照规定。

第三章 刑 罚

第一节 刑罚的种类

第三十二条 【刑罚的分类】刑罚分为主刑和附加刑。

第三十三条 【主刑种类】主刑的种类如下：

（一）管制；

（二）拘役；

（三）有期徒刑；

（四）无期徒刑；

（五）死刑。

第三十四条 【附加刑种类】附加刑的种类如下：

（一）罚金；

（二）剥夺政治权利；

（三）没收财产。

附加刑也可以独立适用。

第三十五条 【驱逐出境】对于犯罪的外国人，可以独立适用或者附加适用驱逐出境。

第三十六条 【民事赔偿责任】由于犯罪行为而使被害人遭受经济损失的，对犯罪分子除依法给予刑事处罚外，并应根据情况判处赔偿经济损失。

承担民事赔偿责任的犯罪分子，同时被判处罚金，其财产不足以全部支付的，或者被判处没收财产的，应当先承担对被害人的民事赔偿责任。

第三十七条 【非刑罚性处置措施】对于犯罪情节轻微不需要判处刑罚的，可以免予刑事处罚，但是可以根据案件的不同情况，予以训诫或者责令具结悔过、赔礼道歉、赔偿损失，或者由主管部门予以行政处罚或者行政处分。

第三十七条之一① 【禁止从事相关职业】因利用职业便利实施犯罪，或者实施违背职业要求的特定义务的犯罪被判处刑罚的，人民法院可以根据犯罪情况和预防再犯罪的需要，禁止其自刑罚执行完毕之日或者假释之日起从事相关职业，期限为三年至五年。

被禁止从事相关职业的人违反人民法院依照前款规定作出的决定的，由公安机关依法给予处罚；情节严重的，依照本法第三百一十三条的规定定罪处罚。

其他法律、行政法规对其从事相关职业另有禁止或者限制性规定的，从其规定。

第二节 管 制

第三十八条② 【管制的期限与执行】管制的期限，为三个月以上二年以下。

判处管制，可以根据犯罪情况，同时禁止犯罪分子在执行期间从事特定活动，进入特定区域、场所，接触特定的人。

对判处管制的犯罪分子，依法实行社区矫正。

违反第二款规定的禁止令的，由公安机关依照《中华人民共和国治安管理处罚法》的规定处罚。

第三十九条 【被管制罪犯的义务与权利】被判处管制的犯罪分子，在执行期间，应当遵守下列规定：

（一）遵守法律、行政法规，服从监督；

（二）未经执行机关批准，不得行使言论、出版、集会、结社、游行、示威自由的权利；

（三）按照执行机关规定报告自己的活动情况；

（四）遵守执行机关关于会客的规定；

（五）离开所居住的市、县或者迁居，应当报经执行机关批准。

对于被判处管制的犯罪分子，在劳动中应当同工同酬。

---

① 本条根据2015年11月1日施行的《刑法修正案（九）》第1条增加。

② 本条根据2011年5月1日施行的《刑法修正案（八）》第2条修改。

第四十条　【管制的解除】被判处管制的犯罪分子，管制期满，执行机关应即向本人和其所在单位或者居住地的群众宣布解除管制。

第四十一条　【管制刑期的计算和折抵】管制的刑期，从判决执行之日起计算；判决执行以前先行羁押的，羁押一日折抵刑期二日。

第三节　拘　　役

第四十二条　【拘役的期限】拘役的期限，为一个月以上六个月以下。

第四十三条　【拘役的执行】被判处拘役的犯罪分子，由公安机关就近执行。

在执行期间，被判处拘役的犯罪分子每月可以回家一天至两天；参加劳动的，可以酌量发给报酬。

第四十四条　【拘役刑期的计算】拘役的刑期，从判决执行之日起计算；判决执行以前先行羁押的，羁押一日折抵刑期一日。

第四节　有期徒刑、无期徒刑

第四十五条　【有期徒刑的期限】有期徒刑的期限，除本法第五十条、第六十九条规定外，为六个月以上十五年以下。

第四十六条　【有期徒刑与无期徒刑的执行】被判处有期徒刑、无期徒刑的犯罪分子，在监狱或者其他执行场所执行；凡有劳动能力的，都应当参加劳动，接受教育和改造。

第四十七条　【有期徒刑刑期的计算】有期徒刑的刑期，从判决执行之日起计算；判决执行以前先行羁押的，羁押一日折抵刑期一日。

第五节　死　　刑

第四十八条　【死刑的适用对象及核准程序】死刑只适用于罪行极其严重的犯罪分子。对于应当判处死刑的犯罪分子，如果不是必须立即执行的，可以判处死刑同时宣告缓期二年执行。

死刑除依法由最高人民法院判决的以外，都应当报请最高人民法院核准。死刑缓期执行的，可以由高级人民法院判决或者核准。

第四十九条①　【死刑适用对象的限制】犯罪的时候不满十八周岁的人和审判的时候怀孕的妇女，不适用死刑。

审判的时候已满七十五周岁的人，不适用死刑，但以特别残忍手段致人死亡的除外。

第五十条②　【死缓变更】判处死刑缓期执行的，在死刑缓期执行期间，如果没有故意犯罪，二年期满以后，减为无期徒刑；如果确有重大立功表现，二年期满以后，减为二十五年有期徒刑；如果故意犯罪，情节恶劣的，报请最高人民法院核准后执行死刑；对于故意犯罪未执行死刑的，死刑缓期执行的期间重新计算，并报最高人民法院备案。

对被判处死刑缓期执行的累犯以及因故意杀人、强奸、抢劫、绑架、放火、爆炸、投放危险物质或者有组织的暴力性犯罪被判处死刑缓期执行的犯罪分子，人民法院根据犯罪情节等情况可以同时决定对其限制减刑。

第五十一条　【死缓执行期间的计算】死刑缓期执行的期间，从判决确定之日起计算。死刑缓期执行减为有期徒刑的刑期，从死刑缓期执行期满之日起计算。

第六节　罚　　金

第五十二条　【罚金的判处】判处罚金，应当根据犯罪情节决定罚金数额。

第五十三条③　【罚金的缴纳】罚金在判决指

---

① 本条第二款根据2011年5月1日施行的《刑法修正案(八)》第3条增加。

② 本条根据2011年5月11日施行的《刑法修正案(八)》第4条第一次修改，第一款根据2015年11月1日施行的《刑法修正案(九)》第2条第二次修改。

③ 本条根据2015年11月1日施行的《刑法修正案(九)》第3条修改。

定的期限内一次或者分期缴纳。期满不缴纳的，强制缴纳。对于不能全部缴纳罚金的，人民法院在任何时候发现被执行人有可以执行的财产，应当随时追缴。

由于遭遇不能抗拒的灾祸等原因缴纳确实有困难的，经人民法院裁定，可以延期缴纳、酌情减少或者免除。

第七节 剥夺政治权利

第五十四条 【剥夺政治权利的内容】剥夺政治权利是剥夺下列权利：

（一）选举权和被选举权；

（二）言论、出版、集会、结社、游行、示威自由的权利；

（三）担任国家机关职务的权利；

（四）担任国有公司、企业、事业单位和人民团体领导职务的权利。

第五十五条 【剥夺政治权利的期限】剥夺政治权利的期限，除本法第五十七条规定外，为一年以上五年以下。

判处管制附加剥夺政治权利的，剥夺政治权利的期限与管制的期限相等，同时执行。

第五十六条 【剥夺政治权利的适用对象】对于危害国家安全的犯罪分子应当附加剥夺政治权利；对于故意杀人、强奸、放火、爆炸、投毒、抢劫等严重破坏社会秩序的犯罪分子，可以附加剥夺政治权利。

独立适用剥夺政治权利的，依照本法分则的规定。

第五十七条 【对死刑、无期徒刑罪犯剥夺政治权利的适用】对于被判处死刑、无期徒刑的犯罪分子，应当剥夺政治权利终身。

在死刑缓期执行减为有期徒刑或者无期徒刑减为有期徒刑的时候，应当把附加剥夺政治权利的期限改为三年以上十年以下。

第五十八条 【剥夺政治权利的刑期计算与执行】附加剥夺政治权利的刑期，从徒刑、拘役执行完毕之日或者从假释之日起计算；剥夺政治权利的效力当然施用于主刑执行期间。

被剥夺政治权利的犯罪分子，在执行期间，应当遵守法律、行政法规和国务院公安部门有关监督管理的规定，服从监督；不得行使本法第五十四条规定的各项权利。

第八节 没收财产

第五十九条 【没收财产的范围】没收财产是没收犯罪分子个人所有财产的一部或者全部。没收全部财产的，应当对犯罪分子个人及其扶养的家属保留必需的生活费用。

在判处没收财产的时候，不得没收属于犯罪分子家属所有或者应有的财产。

第六十条 【以没收的财产偿还债务】没收财产以前犯罪分子所负的正当债务，需要以没收的财产偿还的，经债权人请求，应当偿还。

第四章 刑罚的具体运用

第一节 量刑

第六十一条 【量刑根据】对于犯罪分子决定刑罚的时候，应当根据犯罪的事实、犯罪的性质、情节和对于社会的危害程度，依照本法的有关规定判处。

第六十二条 【从重处罚与从轻处罚】犯罪分子具有本法规定的从重处罚、从轻处罚情节的，应当在法定刑的限度以内判处刑罚。

第六十三条① **【减轻处罚】**犯罪分子具有本法规定的减轻处罚情节的，应当在法定刑以下判处刑罚；本法规定有数个量刑幅度的，应当在法定量刑幅度的下一个量刑幅度内判处刑罚。

犯罪分子虽然不具有本法规定的减轻处罚情节，但是根据案件的特殊情况，经最高人民法院核准，也可以在法定刑以下判处刑罚。

---

① 本条第一款根据 2011 年 5 月 1 日施行的《刑法修正案（八）》第 5 条修改。

第六十四条 【犯罪物品的处理】犯罪分子违法所得的一切财物，应当予以追缴或者责令退赔；对被害人的合法财产，应当及时返还；违禁品和供犯罪所用的本人财物，应当予以没收。没收的财物和罚金，一律上缴国库，不得挪用和自行处理。

第二节 累 犯

第六十五条① **【一般累犯】**被判处有期徒刑以上刑罚的犯罪分子，刑罚执行完毕或者赦免以后，在五年以内再犯应当判处有期徒刑以上刑罚之罪的，是累犯，应当从重处罚，但是过失犯罪和不满十八周岁的人犯罪的除外。

前款规定的期限，对于被假释的犯罪分子，从假释期满之日起计算。

第六十六条② **【特别累犯】**危害国家安全犯罪、恐怖活动犯罪、黑社会性质的组织犯罪的犯罪分子，在刑罚执行完毕或者赦免以后，在任何时候再犯上述任一类罪的，都以累犯论处。

第三节 自首和立功

第六十七条③ **【自首】**犯罪以后自动投案，如实供述自己的罪行的，是自首。对于自首的犯罪分子，可以从轻或者减轻处罚。其中，犯罪较轻的，可以免除处罚。

被采取强制措施的犯罪嫌疑人、被告人和正在服刑的罪犯，如实供述司法机关还未掌握的本人其他罪行的，以自首论。

犯罪嫌疑人虽不具有前两款规定的自首情节，但是如实供述自己罪行的，可以从轻处罚；因其如实供述自己罪行，避免特别严重后果发生的，可以减轻处罚。

第六十八条④ **【立功】**犯罪分子有揭发他人犯罪行为，查证属实的，或者提供重要线索，从而得以侦破其他案件等立功表现的，可以从轻或者减轻处罚；有重大立功表现的，可以减轻或者免除处罚。

~~犯罪后自首又有重大立功表现的，应当减轻或者免除处罚。~~

第四节 数 罪 并 罚

第六十九条⑤ **【判决宣告前一人犯数罪的并罚】**判决宣告以前一人犯数罪的，除判处死刑和无期徒刑的以外，应当在总和刑期以下、数刑中最高刑期以上，酌情决定执行的刑期，但是管制最高不能超过三年，拘役最高不能超过一年，有期徒刑总和刑期不满三十五年的，最高不能超过二十年，总和刑期在三十五年以上的，最高不能超过二十五年。

数罪中有判处有期徒刑和拘役的，执行有期徒刑。数罪中有判处有期徒刑和管制，或者拘役和管制的，有期徒刑、拘役执行完毕后，管制仍须执行。

数罪中有判处附加刑的，附加刑仍须执行，其中附加刑种类相同的，合并执行，种类不同的，分别执行。

第七十条 【判决宣告后发现漏罪的并罚】判决宣告以后，刑罚执行完毕以前，发现被判刑的犯罪分子在判决宣告以前还有其他罪没有判决的，应当对新发现的罪作出判决，把前后两个判决所判处的刑罚，依照本法第六十九条的规定，决定执行的刑罚。已经执行的刑期，应当计算在新判决决定的刑期以内。

第七十一条 【判决宣告后又犯新罪的并罚】判决宣告以后，刑罚执行完毕以前，被判刑的犯罪分子又犯罪的，应当对新犯的罪作出判决，把前罪没有执行的刑罚和后

---

① 本条第一款根据2011年5月1日施行的《刑法修正案(八)》第6条修改。

② 本条根据2011年5月1日施行的《刑法修正案(八)》第7条修改。

③ 本条第三款根据2011年5月1日施行的《刑法修正案(八)》第8条增加。

④ 本条原第二款根据2011年5月1日施行的《刑法修正案(八)》第9条删去。

⑤ 本条根据2011年5月1日施行的《刑法修正案(八)》第10条修改，第二款根据2015年11月1日施行的《刑法修正案(九)》第4条增加，原第二款改为现第三款。

罪所判处的刑罚，依照本法第六十九条的规定，决定执行的刑罚。

第五节　缓　　刑

第七十二条①　**【适用条件】**对于被判处拘役、三年以下有期徒刑的犯罪分子，同时符合下列条件的，可以宣告缓刑，对其中不满十八周岁的人、怀孕的妇女和已满七十五周岁的人，应当宣告缓刑：

（一）犯罪情节较轻；

（二）有悔罪表现；

（三）没有再犯罪的危险；

（四）宣告缓刑对所居住社区没有重大不良影响。

宣告缓刑，可以根据犯罪情况，同时禁止犯罪分子在缓刑考验期限内从事特定活动，进入特定区域、场所，接触特定的人。

被宣告缓刑的犯罪分子，如果被判处附加刑，附加刑仍须执行。

第七十三条　**【考验期限】**拘役的缓刑考验期限为原判刑期以上一年以下，但是不能少于二个月。

有期徒刑的缓刑考验期限为原判刑期以上五年以下，但是不能少于一年。

缓刑考验期限，从判决确定之日起计算。

第七十四条②　**【不适用缓刑的对象】**对于累犯和犯罪集团的首要分子，不适用缓刑。

第七十五条　**【缓刑犯应遵守的规定】**被宣告缓刑的犯罪分子，应当遵守下列规定：

（一）遵守法律、行政法规，服从监督；

（二）按照考察机关的规定报告自己的活动情况；

（三）遵守考察机关关于会客的规定；

（四）离开所居住的市、县或者迁居，应当报经考察机关批准。

第七十六条③　**【缓刑的考察】**对宣告缓刑的犯罪分子，在缓刑考验期限内，依法实行社区矫正，如果没有本法第七十七条规定的情形，缓刑考验期满，原判的刑罚就不再执行，并公开予以宣告。

第七十七条④　**【缓刑的撤销】**被宣告缓刑的犯罪分子，在缓刑考验期限内犯新罪或者发现判决宣告以前还有其他罪没有判决的，应当撤销缓刑，对新犯的罪或者新发现的罪作出判决，把前罪和后罪所判处的刑罚，依照本法第六十九条的规定，决定执行的刑罚。

被宣告缓刑的犯罪分子，在缓刑考验期限内，违反法律、行政法规或者国务院有关部门关于缓刑的监督管理规定，或者违反人民法院判决中的禁止令，情节严重的，应当撤销缓刑，执行原判刑罚。

第六节　减　　刑

第七十八条⑤　**【适用条件与限度】**被判处管制、拘役、有期徒刑、无期徒刑的犯罪分子，在执行期间，如果认真遵守监规，接受教育改造，确有悔改表现的，或者有立功表现的，可以减刑；有下列重大立功表现之一的，应当减刑：

（一）阻止他人重大犯罪活动的；

（二）检举监狱内外重大犯罪活动，经查证属实的；

（三）有发明创造或者重大技术革新的；

（四）在日常生产、生活中舍己救人的；

（五）在抗御自然灾害或者排除重大事故中，有突出表现的；

（六）对国家和社会有其他重大贡献的。

减刑以后实际执行的刑期不能少于下列期限：

---

①　本条根据2011年5月1日施行的《刑法修正案（八）》第11条修改。

②　本条根据2011年5月1日施行的《刑法修正案（八）》第12条修改。

③　本条根据2011年5月1日施行的《刑法修正案（八）》第13条修改。

④　本条第二款根据2011年5月1日施行的《刑法修正案（八）》第14条修改。

⑤　本条第二款根据2011年5月1日施行的《刑法修正案（八）》第15条修改。

（一）判处管制、拘役、有期徒刑的，不能少于原判刑期的二分之一；

（二）判处无期徒刑的，不能少于十三年；

（三）人民法院依照本法第五十条第二款规定限制减刑的死刑缓期执行的犯罪分子，缓期执行期满后依法减为无期徒刑的，不能少于二十五年，缓期执行期满后依法减为二十五年有期徒刑的，不能少于二十年。

第七十九条　【减刑程序】对于犯罪分子的减刑，由执行机关向中级以上人民法院提出减刑建议书。人民法院应当组成合议庭进行审理，对确有悔改或者立功事实的，裁定予以减刑。非经法定程序不得减刑。

第八十条　【无期徒刑减刑的刑期计算】无期徒刑减为有期徒刑的刑期，从裁定减刑之日起计算。

第七节　假　　释

第八十一条[①]　**【适用条件】**被判处有期徒刑的犯罪分子，执行原判刑期二分之一以上，被判处无期徒刑的犯罪分子，实际执行十三年以上，如果认真遵守监规，接受教育改造，确有悔改表现，没有再犯罪的危险的，可以假释。如果有特殊情况，经最高人民法院核准，可以不受上述执行刑期的限制。

对累犯以及因故意杀人、强奸、抢劫、绑架、放火、爆炸、投放危险物质或者有组织的暴力性犯罪被判处十年以上有期徒刑、无期徒刑的犯罪分子，不得假释。

对犯罪分子决定假释时，应当考虑其假释后对所居住社区的影响。

第八十二条　【假释程序】对于犯罪分子的假释，依照本法第七十九条规定的程序进行。非经法定程序不得假释。

第八十三条　【考验期限】有期徒刑的假释考验期限，为没有执行完毕的刑期；无期徒刑的假释考验期限为十年。

假释考验期限，从假释之日起计算。

第八十四条　【假释犯应遵守的规定】被宣告假释的犯罪分子，应当遵守下列规定：

（一）遵守法律、行政法规，服从监督；

（二）按照监督机关的规定报告自己的活动情况；

（三）遵守监督机关关于会客的规定；

（四）离开所居住的市、县或者迁居，应当报经监督机关批准。

第八十五条[②]　**【假释考验】**对假释的犯罪分子，在假释考验期限内，依法实行社区矫正，如果没有本法第八十六条规定的情形，假释考验期满，就认为原判刑罚已经执行完毕，并公开予以宣告。

第八十六条[③]　**【假释的撤销】**被假释的犯罪分子，在假释考验期限内犯新罪，应当撤销假释，依照本法第七十一条的规定实行数罪并罚。

在假释考验期限内，发现被假释的犯罪分子在判决宣告以前还有其他罪没有判决的，应当撤销假释，依照本法第七十条的规定实行数罪并罚。

被假释的犯罪分子，在假释考验期限内，有违反法律、行政法规或者国务院有关部门关于假释的监督管理规定的行为，尚未构成新的犯罪的，应当依照法定程序撤销假释，收监执行未执行完毕的刑罚。

第八节　时　　效

第八十七条　【追诉时效期限】犯罪经过下列期限不再追诉：

（一）法定最高刑为不满五年有期徒刑的，经过五年；

（二）法定最高刑为五年以上不满十年有期徒刑的，经过十年；

（三）法定最高刑为十年以上有期徒刑的，经过十五年；

---

① 本条根据2011年5月1日施行的《刑法修正案（八）》第16条修改。

② 本条根据2011年5月1日施行的《刑法修正案（八）》第17条修改。

③ 本条第三款根据2011年5月1日施行的《刑法修正案（八）》第18条修改。

（四）法定最高刑为无期徒刑、死刑的，经过二十年。如果二十年以后认为必须追诉的，须报请最高人民检察院核准。

第八十八条 【追诉期限的延长】在人民检察院、公安机关、国家安全机关立案侦查或者在人民法院受理案件以后，逃避侦查或者审判的，不受追诉期限的限制。

被害人在追诉期限内提出控告，人民法院、人民检察院、公安机关应当立案而不予立案的，不受追诉期限的限制。

第八十九条 【追诉期限的计算】追诉期限从犯罪之日起计算；犯罪行为有连续或者继续状态的，从犯罪行为终了之日起计算。

在追诉期限以内又犯罪的，前罪追诉的期限从犯后罪之日起计算。

第五章 其他规定

第九十条 【民族自治地方刑法适用的变通】民族自治地方不能全部适用本法规定的，可以由自治区或者省的人民代表大会根据当地民族的政治、经济、文化的特点和本法规定的基本原则，制定变通或者补充的规定，报请全国人民代表大会常务委员会批准施行。

第九十一条 【公共财产的范围】本法所称公共财产，是指下列财产：

（一）国有财产；

（二）劳动群众集体所有的财产；

（三）用于扶贫和其他公益事业的社会捐助或者专项基金的财产。

在国家机关、国有公司、企业、集体企业和人民团体管理、使用或者运输中的私人财产，以公共财产论。

第九十二条 【公民私人所有财产的范围】本法所称公民私人所有的财产，是指下列财产：

（一）公民的合法收入、储蓄、房屋和其他生活资料；

（二）依法归个人、家庭所有的生产资料；

（三）个体户和私营企业的合法财产；

（四）依法归个人所有的股份、股票、债券和其他财产。

第九十三条 【国家工作人员的范围】本法所称国家工作人员，是指国家机关中从事公务的人员。

国有公司、企业、事业单位、人民团体中从事公务的人员和国家机关、国有公司、企业、事业单位委派到非国有公司、企业、事业单位、社会团体从事公务的人员，以及其他依照法律从事公务的人员，以国家工作人员论。

第九十四条 【司法工作人员的范围】本法所称司法工作人员，是指有侦查、检察、审判、监管职责的工作人员。

第九十五条 【重伤的范围】本法所称重伤，是指有下列情形之一的伤害：

（一）使人肢体残废或者毁人容貌的；

（二）使人丧失听觉、视觉或者其他器官机能的；

（三）其他对于人身健康有重大伤害的。

第九十六条 【违反国家规定之含义】本法所称违反国家规定，是指违反全国人民代表大会及其常务委员会制定的法律和决定，国务院制定的行政法规、规定的行政措施、发布的决定和命令。

第九十七条 【首要分子的范围】本法所称首要分子，是指在犯罪集团或者聚众犯罪中起组织、策划、指挥作用的犯罪分子。

第九十八条 【告诉才处理的含义】本法所称告诉才处理，是指被害人告诉才处理。如果被害人因受强制、威吓无法告诉的，人民检察院和被害人的近亲属也可以告诉。

第九十九条 【以上、以下、以内的界定】本法所称以上、以下、以内，包括本数。

第一百条① **【前科报告制度】**依法受过刑事处罚的人，在入伍、就业的时候，应当如实

---

① 本条第二款根据2011年5月1日施行的《刑法修正案（八）》第19条增加。

向有关单位报告自己曾受过刑事处罚，不得隐瞒。

犯罪的时候不满十八周岁被判处五年有期徒刑以下刑罚的人，免除前款规定的报告义务。

第一百零一条 **【总则的效力】**本法总则适用于其他有刑罚规定的法律，但是其他法律有特别规定的除外。

第二编 分 则

……

第六章 妨害社会管理秩序罪

……

第二节 妨害司法罪

第三百零五条 **【伪证罪】**在刑事诉讼中，证人、鉴定人、记录人、翻译人对与案件有重要关系的情节，故意作虚假证明、鉴定、记录、翻译，意图陷害他人或者隐匿罪证的，处三年以下有期徒刑或者拘役；情节严重的，处三年以上七年以下有期徒刑。

第三百零六条 **【辩护人、诉讼代理人毁灭证据、伪造证据、妨害作证罪】**在刑事诉讼中，辩护人、诉讼代理人毁灭、伪造证据，帮助当事人毁灭、伪造证据，威胁、引诱证人违背事实改变证言或者作伪证的，处三年以下有期徒刑或者拘役；情节严重的，处三年以上七年以下有期徒刑。

辩护人、诉讼代理人提供、出示、引用的证人证言或者其他证据失实，不是有意伪造的，不属于伪造证据。

第三百零七条 **【妨害作证罪】**以暴力、威胁、贿买等方法阻止证人作证或者指使他人作伪证的，处三年以下有期徒刑或者拘役；情节严重的，处三年以上七年以下有期徒刑。

【帮助毁灭、伪造证据罪】帮助当事人毁灭、伪造证据，情节严重的，处三年以下有期徒刑或者拘役。

司法工作人员犯前两款罪的，从重处罚。

第三百零七条之一① **【虚假诉讼罪】**以捏造的事实提起民事诉讼，妨害司法秩序或者严重侵害他人合法权益的，处三年以下有期徒刑、拘役或者管制，并处或者单处罚金；情节严重的，处三年以上七年以下有期徒刑，并处罚金。

单位犯前款罪的，对单位判处罚金，并对其直接负责的主管人员和其他直接责任人员，依照前款的规定处罚。

有第一款行为，非法占有他人财产或者逃避合法债务，又构成其他犯罪的，依照处罚较重的规定定罪从重处罚。

司法工作人员利用职权，与他人共同实施前三款行为的，从重处罚；同时构成其他犯罪的，依照处罚较重的规定定罪从重处罚。

第三百零八条 **【打击报复证人罪】**对证人进行打击报复的，处三年以下有期徒刑或者拘役；情节严重的，处三年以上七年以下有期徒刑。

第三百零八条之一② **【泄露不应公开的案件信息罪】**司法工作人员、辩护人、诉讼代理人或者其他诉讼参与人，泄露依法不公开审理的案件中不应当公开的信息，造成信息公开传播或者其他严重后果的，处三年以下有期徒刑、拘役或者管制，并处或者单处罚金。

有前款行为，泄露国家秘密的，依照本法第三百九十八条的规定定罪处罚。

【泄露、报道不应公开的案件信息罪】公开披露、报道第一款规定的案件信息，情节严重的，依照第一款的规定处罚。

单位犯前款罪的，对单位判处罚金，并对其直接负责的主管人员和其他直接责任人员，依照第一款的规定处罚。

---

① 本条根据2015年11月1日施行的《刑法修正案(九)》第35条增加。

② 本条根据2015年11月1日施行的《刑法修正案(九)》第36条增加。

第三百零九条[①] **【扰乱法庭秩序罪】**有下列扰乱法庭秩序情形之一的，处三年以下有期徒刑、拘役、管制或者罚金：

（一）聚众哄闹、冲击法庭的；

（二）殴打司法工作人员或者诉讼参与人的；

（三）侮辱、诽谤、威胁司法工作人员或者诉讼参与人，不听法庭制止，严重扰乱法庭秩序的；

（四）有毁坏法庭设施，抢夺、损毁诉讼文书、证据等扰乱法庭秩序行为，情节严重的。

第三百一十条 **【窝藏、包庇罪】**明知是犯罪的人而为其提供隐藏处所、财物，帮助其逃匿或者作假证明包庇的，处三年以下有期徒刑、拘役或者管制；情节严重的，处三年以上十年以下有期徒刑。

犯前款罪，事前通谋的，以共同犯罪论处。

第三百一十一条[②] **【拒绝提供间谍犯罪、恐怖主义犯罪、极端主义犯罪证据罪】**明知他人有间谍犯罪或者恐怖主义、极端主义犯罪行为，在司法机关向其调查有关情况、收集有关证据时，拒绝提供，情节严重的，处三年以下有期徒刑、拘役或者管制。

第三百一十二条[③] **【掩饰、隐瞒犯罪所得、犯罪所得收益罪】**明知是犯罪所得及其产生的收益而予以窝藏、转移、收购、代为销售或者以其他方法掩饰、隐瞒的，处三年以下有期徒刑、拘役或者管制，并处或者单处罚金；情节严重的，处三年以上七年以下有期徒刑，并处罚金。

单位犯前款罪的，对单位判处罚金，并对其直接负责的主管人员和其他直接责任人员，依照前款的规定处罚。

第三百一十三条[④] **【拒不执行判决、裁定罪】**对人民法院的判决、裁定有能力执行而拒不执行，情节严重的，处三年以下有期徒刑、拘役或者罚金；情节特别严重的，处三年以上七年以下有期徒刑，并处罚金。

单位犯前款罪的，对单位判处罚金，并对其直接负责的主管人员和其他直接责任人员，依照前款的规定处罚。

第三百一十四条 **【非法处置查封、扣押、冻结的财产罪】**隐藏、转移、变卖、故意毁损已被司法机关查封、扣押、冻结的财产，情节严重的，处三年以下有期徒刑、拘役或者罚金。

第三百一十五条 **【破坏监管秩序罪】**依法被关押的罪犯，有下列破坏监管秩序行为之一，情节严重的，处三年以下有期徒刑：

（一）殴打监管人员的；

（二）组织其他被监管人破坏监管秩序的；

（三）聚众闹事，扰乱正常监管秩序的；

（四）殴打、体罚或者指使他人殴打、体罚其他被监管人的。

第三百一十六条 **【脱逃罪】**依法被关押的罪犯、被告人、犯罪嫌疑人脱逃的，处五年以下有期徒刑或者拘役。

【劫夺被押解人员罪】劫夺押解途中的罪犯、被告人、犯罪嫌疑人的，处三年以上七年以下有期徒刑；情节严重的，处七年以上有期徒刑。

第三百一十七条 **【组织越狱罪】**组织越狱的首要分子和积极参加的，处五年以上有期徒刑；其他参加的，处五年以下有期徒刑或者拘役。

【暴动越狱罪；聚众持械劫狱罪】暴动越狱或者聚众持械劫狱的首要分子和积极参加的，处十年以上有期徒刑或者无期徒刑；情节特别严重的，处死刑；其他参加的，处三年以上十年以下有期徒刑。

……

---

① 本条根据2015年11月1日施行的《刑法修正案（九）》第37条修改。

② 本条根据2015年11月1日施行的《刑法修正案（九）》第38条修改。

③ 本条根据2006年6月29日《刑法修正案（六）》第19条修改，第二款根据2009年2月28日《刑法修正案（七）》第10条增加。

④ 本条根据2015年11月1日施行的《刑法修正案（九）》第39条修改。

第三百九十九条[①] **【徇私枉法罪】**司法工作人员徇私枉法、徇情枉法，对明知是无罪的人而使他受追诉、对明知是有罪的人而故意包庇不使他受追诉，或者在刑事审判活动中故意违背事实和法律作枉法裁判的，处五年以下有期徒刑或者拘役；情节严重的，处五年以上十年以下有期徒刑；情节特别严重的，处十年以上有期徒刑。

【民事、行政枉法裁判罪】在民事、行政审判活动中故意违背事实和法律作枉法裁判，情节严重的，处五年以下有期徒刑或者拘役；情节特别严重的，处五年以上十年以下有期徒刑。

【执行判决、裁定失职罪；执行判决、裁定滥用职权罪】在执行判决、裁定活动中，严重不负责任或者滥用职权，不依法采取诉讼保全措施、不履行法定执行职责，或者违法采取诉讼保全措施、强制执行措施，致使当事人或者其他人的利益遭受重大损失的，处五年以下有期徒刑或者拘役；致使当事人或者其他人的利益遭受特别重大损失的，处五年以上十年以下有期徒刑。

司法工作人员收受贿赂，有前三款行为的，同时又构成本法第三百八十五条规定之罪的，依照处罚较重的规定定罪处罚。

第三百九十九条之一[②] **【枉法仲裁罪】**依法承担仲裁职责的人员，在仲裁活动中故意违背事实和法律作枉法裁决，情节严重的，处三年以下有期徒刑或者拘役；情节特别严重的，处三年以上七年以下有期徒刑。

……

全国人民代表大会常务委员会关于《中华人民共和国刑法》第三百一十三条的解释

• 2002年8月29日第九届全国人民代表大会常务委员会第二十九次会议通过

全国人民代表大会常务委员会讨论了刑法第三百一十三条规定的“对人民法院的判决、裁定有能力执行而拒不执行，情节严重”的含义问题，解释如下：

刑法第三百一十三条规定的“人民法院的判决、裁定”，是指人民法院依法作出的具有执行内容并已发生法律效力的判决、裁定。人民法院为依法执行支付令、生效的调解书、仲裁裁决、公证债权文书等所作的裁定属于该条规定的裁定。

下列情形属于刑法第三百一十三条规定的“有能力执行而拒不执行，情节严重”的情形：

（一）被执行人隐藏、转移、故意毁损财产或者无偿转让财产、以明显不合理的低价转让财产，致使判决、裁定无法执行的；

（二）担保人或者被执行人隐藏、转移、故意毁损或者转让已向人民法院提供担保的财产，致使判决、裁定无法执行的；

（三）协助执行义务人接到人民法院协助执行通知书后，拒不协助执行，致使判决、裁定无法执行的；

（四）被执行人、担保人、协助执行义务人与国家机关工作人员通谋，利用国家机关工作人员的职权妨害执行，致使判决、裁定无法执行的；

（五）其他有能力执行而拒不执行，情节严重的情形。

国家机关工作人员有上述第四项行为的，以拒不执行判决、裁定罪的共犯追究刑事责任。国家机关工作人员收受贿赂或者滥用职权，有上述第四项行为的，同时又构成刑法第三百八十五条、第三百九十七条规定之罪的，依照处罚较重的规定定罪处罚。

现予公告。

---

① 本条根据2002年12月28日《刑法修正案（四）》第8条修改。

② 本条根据2006年6月29日《刑法修正案（六）》第20条增加。

◎司法解释

最高人民法院关于第二审人民法院在审理过程中可否对当事人的违法行为径行制裁等问题的批复

- 1990 年 7 月 25 日
- 法经〔1990〕45 号

湖北省高级人民法院：

你院鄂法〔1990〕经呈字第 1 号《关于人民法院在第二审中发现需要对当事人的违法行为予以民事制裁时，应由哪一审法院作出决定等问题的请示报告》收悉。经研究，答复如下：

一、第二审人民法院在审理案件过程中，认为当事人有违法行为应予依法制裁而原审人民法院未予制裁的，可以迳行予以民事制裁。

二、当事人不服人民法院民事制裁决定而向上一级人民法院申请复议的，该上级人民法院无论维持、变更或者撤销原决定，均应制作民事制裁决定书。

三、人民法院复议期间，被制裁人请求撤回复议申请的，经过审查，应当采取通知的形式，准予撤回申请或者驳回其请求。

最高人民法院关于对因妨害民事诉讼被罚款拘留的人不服决定申请复议的期间如何确定问题的批复

- 1993 年 2 月 23 日
- 〔1993〕法民字第 7 号

广东省高级人民法院：

你院“关于对因妨碍民事诉讼被罚款拘留的人不服决定申请复议的期间如何确定问题的请示”收悉。经研究，同意你院意见，即不服人民法院作出的罚款、拘留决定的人，可在接到决定书之次日起 3 日内，向作出决定的人民法院提出书面申请，要求上一级人民法院复议，或直接向上一级人民法院申请复议。对提出书面申请有困难的，可以口头申请。当事人的口头申请，应当记入笔录，由当事人签名或者盖章。

最高人民法院关于修改《最高人民法院关于限制被执行人高消费的若干规定》的决定

- 2015 年 7 月 20 日
- 法释〔2015〕17 号

根据最高人民法院审判委员会第 1657 次会议决定，对《最高人民法院关于限制被执行人高消费的若干规定》作如下修改：

一、将《最高人民法院关于限制被执行人高消费的若干规定》修改为：“《最高人民法院关于限制被执行人高消费及有关消费的若干规定》”。

二、将第一条修改为：“被执行人未按执行通知书指定的期间履行生效法律文书确定的给付义务的，人民法院可以采取限制消费措施，限制其高消费及非生活或者经营必需的有关消费。”

第一条增加第二款：“纳入失信被执行人名单的被执行人，人民法院应当对其采取限制消费措施。”

三、将第二条修改为：“人民法院决定采取限制消费措施时，应当考虑被执行人是否有消极履行、规避执行或者抗拒执行的行为以及被执行人的履行能力等因素。”

四、将第三条第一款修改为：“被执行人为自然人的，被采取限制消费措施后，不得有以下高消费及非生活和工作必需的消费行为：”

第一款第（九）项修改为：“（九）乘坐 G 字头动车组列车全部座位、其他动车组列车一等以上座位等其他非生活和工作必需的消费行为。”

第二款修改为：“被执行人为单位的，被采取限制消费措施后，被执行人及其法定代表人、主要负责人、影响债务履行的直接责任人员、实际控制人不得实施前款规定的行为。因私消费以个人财产实施前款规定行为的，可以向执行法院提出申请。执行法院审查属实的，应予准许。”

五、将第四条修改为：“限制消费措施一般由申请执行人提出书面申请，经人民法院审查决定；必要时人民法院可以依职权决定。”

六、将第五条修改为：“人民法院决定采取限制消费措施的，应当向被执行人发出限制消费令。限制消费令由人民法院院长签发。限制消费令应当载明限制消费的期间、项目、法律后果等内容。”

七、将第六条修改为：“人民法院决定采取限制消费措施的，可以根据案件需要和被执行人的情况向有义务协助调查、执行的单位送达协助执行通知书，也可以在相关媒体上进行公告。”

八、将第七条修改为：“限制消费令的公告费用由被执行人负担；申请执行人申请在媒体公告的，应当垫付公告费用。”

九、将第八条修改为：“被限制消费的被执行人因生活或者经营必需而进行本规定禁止的消费活动的，应当向人民法院提出申请，获批准后方可进行。”

十、将第九条修改为：“在限制消费期间，被执行人提供确实有效的担保或者经申请执行人同意的，人民法院可以解除限制消费令；被执行人履行完毕生效法律文书确定的义务的，人民法院应当在本规定第六条通知或者公告的范围内及时以通知或者公告解除限制消费令。”

十一、将第十条修改为：“人民法院应当设置举报电话或者邮箱，接受申请执行人和社会公众对被限制消费的被执行人违反本规定第三条的举报，并进行审查认定。”

十二、将第十一条第一款修改为：“被执行人违反限制消费令进行消费的行为属于拒不履行人民法院已经发生法律效力的判决、裁定的行为，经查证属实的，依照《中华人民共和国民事诉讼法》第一百一十一条的规定，予以拘留、罚款；情节严重，构成犯罪的，追究其刑事责任。”

第二款修改为：“有关单位在收到人民法院协助执行通知书后，仍允许被执行人进行高消费及非生活或者经营必需的有关消费的，人民法院可以依照《中华人民共和国民事诉讼法》第一百一十四条的规定，追究其法律责任。”

十三、将第十二条删除。

根据本决定，将《最高人民法院关于限制被执行人高消费的若干规定》作相应修改，重新公布。

最高人民法院关于限制被执行人高消费及有关消费的若干规定

（2010年5月17日最高人民法院审判委员会第1487次会议通过　根据2015年7月6日最高人民法院审判委员会第1657次会议通过的《最高人民法院关于修改〈最高人民法院关于限制被执行人高消费的若干规定〉的决定》修正　该修正自2015年7月22日起施行）

为进一步加大执行力度，推动社会信用机制建设，最大限度保护申请执行人和被执行人的合法权益，根据《中华人民共和国民事诉讼法》的有关规定，结合人民法院民事执行工作的实践经验，制定本规定。

第一条　被执行人未按执行通知书指定的期间履行生效法律文书确定的给付义务的，人民法院可以采取限制消费措施，限制其高消费及非生活或者经营必需的有关消费。

纳入失信被执行人名单的被执行人，人民法院应当对其采取限制消费措施。

第二条　人民法院决定采取限制消费措施时，应当考虑被执行人是否有消极履行、规避执行或者抗拒执行的行为以及被执行人的履行能力等因素。

第三条 被执行人为自然人的，被采取限制消费措施后，不得有以下高消费及非生活和工作必需的消费行为：

（一）乘坐交通工具时，选择飞机、列车软卧、轮船二等以上舱位；

（二）在星级以上宾馆、酒店、夜总会、高尔夫球场等场所进行高消费；

（三）购买不动产或者新建、扩建、高档装修房屋；

（四）租赁高档写字楼、宾馆、公寓等场所办公；

（五）购买非经营必需车辆；

（六）旅游、度假；

（七）子女就读高收费私立学校；

（八）支付高额保费购买保险理财产品；

（九）乘坐G字头动车组列车全部座位、其他动车组列车一等以上座位等其他非生活和工作必需的消费行为。

被执行人为单位的，被采取限制消费措施后，被执行人及其法定代表人、主要负责人、影响债务履行的直接责任人员、实际控制人不得实施前款规定的行为。因私消费以个人财产实施前款规定行为的，可以向执行法院提出申请。执行法院审查属实的，应予准许。

第四条 限制消费措施一般由申请执行人提出书面申请，经人民法院审查决定；必要时人民法院可以依职权决定。

第五条 人民法院决定采取限制消费措施的，应当向被执行人发出限制消费令。限制消费令由人民法院院长签发。限制消费令应当载明限制消费的期间、项目、法律后果等内容。

第六条 人民法院决定采取限制消费措施的，可以根据案件需要和被执行人的情况向有义务协助调查、执行的单位送达协助执行通知书，也可以在相关媒体上进行公告。

第七条 限制消费令的公告费用由被执行人负担；申请执行人申请在媒体公告的，应当垫付公告费用。

第八条 被限制消费的被执行人因生活或者经营必需而进行本规定禁止的消费活动的，应当向人民法院提出申请，获批准后方可进行。

第九条 在限制消费期间，被执行人提供确实有效的担保或者经申请执行人同意的，人民法院可以解除限制消费令；被执行人履行完毕生效法律文书确定的义务的，人民法院应当在本规定第六条通知或者公告的范围内及时以通知或者公告解除限制消费令。

第十条 人民法院应当设置举报电话或者邮箱，接受申请执行人和社会公众对被限制消费的被执行人违反本规定第三条的举报，并进行审查认定。

第十一条 被执行人违反限制消费令进行消费的行为属于拒不履行人民法院已经发生法律效力的判决、裁定的行为，经查证属实的，依照《中华人民共和国民事诉讼法》第一百一十一条的规定，予以拘留、罚款；情节严重，构成犯罪的，追究其刑事责任。

有关单位在收到人民法院协助执行通知书后，仍允许被执行人进行高消费及非生活或者经营必需的有关消费的，人民法院可以依照《中华人民共和国民事诉讼法》第一百一十四条的规定，追究其法律责任。

◎司法文件

最高人民法院关于在执行经济纠纷案件中严禁违法拘留人的通知

- 1992年8月29日
- 法发〔1992〕25号

各省、自治区、直辖市高级人民法院，解放军军事法院：

近来，少数人民法院在执行经济纠纷

案件中，不严格依照民事诉讼法的规定办事，以拘留被执行人促使其执行判决的事件时有发生，损害了人民法院严肃执法的形象，必须认真纠正。为此，特重申如下：

一、民事诉讼中的拘留是对妨害民事诉讼的一种强制措施。人民法院在执行中采取这种强制措施，必须十分慎重，只有符合民事诉讼法第一百零二条规定的条件，才可采取拘留措施。

二、人民法院根据民事诉讼法第一百零二条的规定决定采用拘留措施时，应当经院长批准，作出《拘留决定书》，由司法警察将《拘留决定书》连同被拘留人一并送交拘留地的公安机关看管。

三、按照上述规定，各级人民法院对正在执行中的拘留决定，要立即进行一次清查。凡不符合法律规定条件的，法律手续不全的，必须立即放人，并做好善后工作。

四、根据人民法院组织法关于下级人民法院的审判工作受上级人民法院监督的规定，上级人民法院如果发现下级人民法院采取拘留措施不当时，应督促该法院及时予以纠正。

五、对在执行经济纠纷案件的判决中违法拘人的，要严肃查处，并追究有关领导和直接责任人员的责任。

应当指出，发生法律效力的法律文书，必须坚决执行，但执行必须严格依法进行。这两个方面都是维护法律的严肃性。各级人民法院在执行中，要善于从实际情况出发，注意执行的社会效果，提高执法水平，进一步搞好执行工作。

最高人民法院关于坚决纠正和制止以扣押人质方式解决经济纠纷的通知

- 1994年10月28日
- 法〔1994〕130号

各省、自治区、直辖市高级人民法院，解放军军事法院：

中央政法委员会于1994年9月12日发出了《严禁以扣押人质方式解决纠纷的通知》。《通知》指出的受经济利益驱动，越权插手经济纠纷，滥用强制手段，非法扣押人质的现象，在人民法院审理经济纠纷案件以及执行工作中，也时有发生。对此，各高级人民法院、军事法院必须引起高度重视，认真组织干警学习、贯彻中政委《通知》精神，并制订切实可行、有效的措施，坚决纠正和制止非法扣押人质事件的发生。为此，特通知如下：

一、严禁以扣押人质的办法解决和执行经济纠纷案件。在审理和执行经济纠纷案件过程中，非法扣押人质，不仅违背了程序法的规定，破坏了正常的审判、执行秩序，而且严重侵犯了公民的人身自由权，必须坚决禁止。各级法院都要组织广大干警对本院有无非法扣押人质问题进行一次认真检查，一经发现，即要迅速查明情况，并立即放人，处理好善后事宜。各级法院要坚决清除经济利益驱动的影响，打破人情关系网，克服和抵制地方保护主义、部门保护主义，积极查处本院内部扣押人质的案件，对非法扣押人质造成严重后果的，要坚决依法追究有关人员的责任，直至刑事责任。

二、严格执行民事诉讼法及最高人民法院有关司法解释的规定，严禁滥用强制手段解决经济纠纷。审理经济纠纷案件，一定要尊重当事人的诉讼权利，坚持当事人诉讼地位平等的原则。在当事人不到庭应诉的情况下，可以通知其限期答辩、举证，期满仍不答辩的可缺席判决。除有证据证明当事人有民事诉讼法规定的妨害民事诉讼的行为之外，不准对当事人实行拘留，以迫使一方当事人接受另一方当事人的请求或法院的调解方案；更不准非法转为逮捕，追究所谓的刑事责任。对有禁不止者，本院和上级法院必须严肃查处，追究有关人员的责任。

三、要严格法院内的职责分工。一、二审经济纠纷案件必须由经济审判庭和人民法庭严格依法定程序审理，由执行庭依法执行，其他庭、室不得审理或执行经济纠纷案件，更不得采取强制措施。任何个人不得越权插手经济纠纷案件的审理和执行。经济审判力量或执行力量不足的，应当统筹兼顾，抽调人员予以充实、加强。

四、人民法院要与其他政法部门加强关系、协调和配合。人民法院在审判活动中，要严格区分经济纠纷与经济犯罪的界限，确定构成犯罪的，要依法及时、主动移送有关政法部门查处，部分构成犯罪的部分移送，经济纠纷继续审理；全案构成犯罪的，全案移送；在审理或执行经济纠纷案件中，遇到其他政法机关干扰、阻碍的，要依据中央政法委员会政法[1994]31号通知，与有关政法机关进行协商，克服各种阻力，切实维护法律尊严、保护当事人的合法权益；如协商不成，要及时报请同级政法委员会和上级人民法院解决。上级人民法院要坚决支持下级人民法院依法审理和执行经济纠纷案件。

五、各级法院要就中央政法委《关于严禁以扣押人质方式解决经济纠纷的通知》中指出的问题，立即进行一次认真、全面的检查，并将检查处理情况逐级上报。各高级人民法院于今年11月底前报最高人民法院。

最高人民法院关于必须严格控制对被执行人采取拘捕措施的通知

- 1996年10月9日
- 法〔1996〕96号

各省、自治区、直辖市高级人民法院，解放军军事法院：

近年来，各级人民法院坚持严肃执法，克服困难，依法执结了大批案件，为保护当事人的合法权益，维护社会稳定，做出了应有的贡献。但是，最近一个时期，在执行过程中接连发生执行人员或被执行人伤亡等严重事件。为防止类似事件再次发生，做好执行工作，特通知如下：

一、人民法院在执行生效法律文书的过程中，应当依法及时采取各种有效措施，切实保护当事人的合法权益。对采取暴力、胁迫或其他方法妨害或抗拒执行的被执行人及其他人员必须采取拘留措施时，应当严格履行法定手续，并持证、着装进行。执行中，遇有其他执法部门拦截或盘查时，应当主动出示证件并讲明情况，不得强行通过。必要时，要报告当地党委协调解决。

二、对被执行人采取逮捕措施，必须十分慎重。凡被执行人已经提出申诉或申请再审，执行依据的生效法律文书可能有实体处理错误的，或者被执行人确无财产可供执行的，均不得逮捕。对企业的法定代表人实施逮捕可能影响该企业生产秩序和社会稳定的，一般不得逮捕。对人大代表和政协委员采取逮捕措施时，应当严格按照有关法律规定报批或通报。未经批准的，不得逮捕。

三、基层人民法院、中级人民法院在执行中认为被执行人的行为已经构成犯罪，需要作出逮捕决定的，一律逐级报经省、自治区、直辖市高级人民法院审批。

四、高级人民法院批准逮捕后，受案法院应当制作逮捕决定书，交由同级公安机关执行。执行逮捕是公安机关的法定职责，即使公安机关不执行，人民法院也不得自行逮捕，应当及时报告当地党委解决。

五、各高级人民法院自收到本通知之日起至今年年底，对本辖区内各级人民法院自去年以来在执行中采取拘捕措施和对被执行人及有关人员定罪判刑的案件进行一次检查，凡发现错抓错判的，应当坚决纠正，其中造成人员伤亡等严重后果的，必须严肃查处，追究主管人员和直接责任人员的法律责任。检查情况及时书面报告我院。

以上通知，请各高级人民法院立即传达到所辖各级人民法院和专门法院。各级人民法院务必遵照执行。

最高人民法院关于在执行工作中正确处置暴力抗法事件的紧急通知

• 1998 年 8 月 3 日

各省、自治区、直辖市高级人民法院：

一个时期以来，人民法院执行工作中的暴力抗法事件屡屡发生，有的辱骂、威胁、非法拘禁、围攻、殴打、伤害执行人员；有的拦截、毁坏执行车辆，抢夺执行卷宗和被执行的财物；有的聚众哄闹、冲击执行现场，阻挠执行，等等，严重损害了法律的尊严和权威，破坏了执行工作的正常开展。今年六月三日，最高人民法院通报了几起严重暴力抗法事件，但此类事件仍不断发生，且有愈演愈烈之势，为减少或避免暴力抗法事件的发生，特通知如下：

一、坚决维护法律的权威，生效的法律文书必须依法执行，各级人民法院要坚决支持秉公执法的执行干警，妥善处置此类事件，对暴力抗法的有关人员，必须严肃处理，触犯刑律的，要坚决追究刑事责任。

二、树立政治意识、大局意识、责任意识，对于可能引发群众性矛盾激化的案件以及一些敏感案件的执行，要慎之以慎，在当地党委的领导下，在当地人大、政府的支持下，妥善办理。

三、认真做好执行前的准备工作，注意工作方法，讲究执行策略，加强法制宣传，依法执行，文明执行，异地执行时，要及时与当地法院联系，取得协助和支持。杜绝因法院自身原因引发矛盾激化，力求做到严肃执法和社会效果的统一。

四、遇到暴力抗法事件时，要沉着、冷静，及时采取措施，避免矛盾进一步激化，避免执行干警受到伤害；要及时向当地党委、人大、政府和上级法院报告，求得帮助和支持。

五、充分利用新闻媒介，对暴力抗法的典型案件公开曝光，要大力开展多种形式的法制宣传，提高公民的法制观念，改善执法环境，请将本通知迅速传达至所属中级人民法院和基层人民法院。

最高人民法院印发《关于依法制裁规避执行行为的若干意见》的通知

• 2011 年 5 月 27 日
• 法〔2011〕195 号

各省、自治区、直辖市高级人民法院，解放军军事法院，新疆维吾尔自治区高级人民法院生产建设兵团分院：

现将《关于依法制裁规避执行行为的若干意见》印发给你们，请认真贯彻执行。

最高人民法院关于依法制裁规避执行行为的若干意见

为了最大限度地实现生效法律文书确认的债权，提高执行效率，强化执行效果，维护司法权威，现就依法制裁规避执行行为提出以下意见：

一、强化财产报告和财产调查，多渠道查明被执行人财产

1. 严格落实财产报告制度。对于被执行人未按执行通知履行法律文书确定义务的，执行法院应当要求被执行人限期如实报告财产，并告知拒绝报告或者虚假报告的法律后果。对于被执行人暂时无财产可供执行的，可以要求被执行人定期报告。

2. 强化申请执行人提供财产线索的责任。各地法院可以根据案件的实际情况，要求申请执行人提供被执行人的财产状况或者财产线索，并告知不能提供的风险。各地法院也可根据本地的实际情况，探索尝试以调查令、委托调查函等方式赋予代理律师法律规定范围内的财产调查权。

3. 加强人民法院依职权调查财产的力度。各地法院要充分发挥执行联动机制的作用，

完善与金融、房地产管理、国土资源、车辆管理、工商管理等各有关单位的财产查控网络,细化协助配合措施,进一步拓宽财产调查渠道,简化财产调查手续,提高财产调查效率。

4. 适当运用审计方法调查被执行人财产。被执行人未履行法律文书确定的义务,且有转移隐匿处分财产、投资开设分支机构、入股其他企业或者抽逃注册资金等情形的,执行法院可以根据申请执行人的申请委托中介机构对被执行人进行审计。审计费用由申请执行人垫付,被执行人确有转移隐匿处分财产等情形的,实际执行到位后由被执行人承担。

5. 建立财产举报机制。执行法院可以依据申请执行人的悬赏执行申请,向社会发布举报被执行人财产线索的悬赏公告。举报人提供的财产线索经查证属实并实际执行到位的,可按申请执行人承诺的标准或者比例奖励举报人。奖励资金由申请执行人承担。

二、强化财产保全措施,加大对保全财产和担保财产的执行力度

6. 加大对当事人的风险提示。各地法院在立案和审判阶段,要通过法律释明向当事人提示诉讼和执行风险,强化当事人的风险防范意识,引导债权人及时申请财产保全,有效防止债务人在执行程序开始前转移财产。

7. 加大财产保全力度。各地法院要加强立案、审判和执行环节在财产保全方面的协调配合,加大依法进行财产保全的力度,强化审判与执行在财产保全方面的衔接,降低债务人或者被执行人隐匿、转移财产的风险。

8. 对保全财产和担保财产及时采取执行措施。进入执行程序后,各地法院要加大对保全财产和担保财产的执行力度,对当事人、担保人或者第三人提出的异议要及时进行审查,审查期间应当依法对相应财产采取控制性措施,驳回异议后应当加大对相应财产的执行力度。

三、依法防止恶意诉讼,保障民事审判和执行活动有序进行

9. 严格执行关于案外人异议之诉的管辖规定。在执行阶段,案外人对人民法院已经查封、扣押、冻结的财产提起异议之诉的,应当依照《中华人民共和国民事诉讼法》第二百零四条和《最高人民法院关于适用民事诉讼法执行程序若干问题的解释》第十八条的规定,由执行法院受理。

案外人违反上述管辖规定,向执行法院之外的其他法院起诉,其他法院已经受理尚未作出裁判的,应当中止审理或者撤销案件,并告知案外人向作出查封、扣押、冻结裁定的执行法院起诉。

10. 加强对破产案件的监督。执行法院发现被执行人有虚假破产情形的,应当及时向受理破产案件的人民法院提出。申请执行人认为被执行人利用破产逃债的,可以向受理破产案件的人民法院或者其上级人民法院提出异议,受理异议的法院应当依法进行监督。

11. 对于当事人恶意诉讼取得的生效裁判应当依法再审。案外人违反上述管辖规定,向执行法院之外的其他法院起诉,并取得生效裁判文书将已被执行法院查封、扣押、冻结的财产确权或者分割给案外人,或者第三人与被执行人虚构事实取得人民法院生效裁判文书申请参与分配,执行法院认为该生效裁判文书系恶意串通规避执行损害执行债权人利益的,可以向作出该裁判文书的人民法院或者其上级人民法院提出书面建议,有关法院应当依照《中华人民共和国民事诉讼法》和有关司法解释的规定决定再审。

四、完善对被执行人享有债权的保全和执行措施,运用代位权、撤销权诉讼制裁规避执行行为

12. 依法执行已经生效法律文书确认的被执

行人的债权。对于被执行人已经生效法律文书确认的债权，执行法院可以书面通知被执行人在限期内向有管辖权的人民法院申请执行该生效法律文书。限期届满被执行人仍怠于申请执行的，执行法院可以依法强制执行该到期债权。

被执行人已经申请执行的，执行法院可以请求执行该债权的人民法院协助扣留相应的执行款物。

13. 依法保全被执行人的未到期债权。对被执行人的未到期债权，执行法院可以依法冻结，待债权到期后参照到期债权予以执行。第三人仅以该债务未到期为由提出异议的，不影响对该债权的保全。

14. 引导申请执行人依法诉讼。被执行人怠于行使债权对申请执行人造成损害的，执行法院可以告知申请执行人依照《中华人民共和国合同法》第七十三条的规定，向有管辖权的人民法院提起代位权诉讼。

被执行人放弃债权、无偿转让财产或者以明显不合理的低价转让财产，对申请执行人造成损害的，执行法院可以告知申请执行人依照《中华人民共和国合同法》第七十四条的规定向有管辖权的人民法院提起撤销权诉讼。

五、充分运用民事和刑事制裁手段，依法加强对规避执行行为的刑事处罚力度

15. 对规避执行行为加大民事强制措施的适用。被执行人既不履行义务又拒绝报告财产或者进行虚假报告、拒绝交出或者提供虚假财务会计凭证、协助执行义务人拒不协助执行或者妨碍执行、到期债务第三人提出异议后又擅自向被执行人清偿等，给申请执行人造成损失的，应当依法对相关责任人予以罚款、拘留。

16. 对构成犯罪的规避执行行为加大刑事制裁力度。被执行人隐匿财产、虚构债务或者以其他方法隐藏、转移、处分可供执行的财产，拒不交出或者隐匿、销毁、制作虚假财务会计凭证或资产负债表等相关资料，以虚假诉讼或者仲裁手段转移财产、虚构优先债权或者申请参与分配，中介机构提供虚假证明文件或者提供的文件有重大失实，被执行人、担保人、协助义务人有能力执行而拒不执行或者拒不协助执行等，损害申请执行人或其他债权人利益，依照刑法的规定构成犯罪的，应当依法追究行为人的刑事责任。

17. 加强与公安、检察机关的沟通协调。各地法院应当加强与公安、检察机关的协调配合，建立快捷、便利、高效的协作机制，细化拒不执行判决裁定罪和妨害公务罪的适用条件。

18. 充分调查取证。各地法院在执行案件过程中，在行为人存在拒不执行判决裁定或者妨害公务行为的情况下，应当注意收集证据。认为构成犯罪的，应当及时将案件及相关证据材料移送犯罪行为发生地的公安机关立案查处。

19. 抓紧依法审理。对检察机关提起公诉的拒不执行判决裁定或者妨害公务案件，人民法院应当抓紧审理，依法审判，快速结案，加大判后宣传力度，充分发挥刑罚手段的威慑力。

六、依法采取多种措施，有效防范规避执行行为

20. 依法变更追加被执行主体或者告知申请执行人另行起诉。有充分证据证明被执行人通过离婚析产、不依法清算、改制重组、关联交易、财产混同等方式恶意转移财产规避执行的，执行法院可以通过依法变更追加被执行人或者告知申请执行人通过诉讼程序追回被转移的财产。

21. 建立健全征信体系。各地法院应当逐步建立健全与相关部门资源共享的信用平台，有条件的地方可以建立个人和企业信用信息数据库，将被执行人不履行债务的相关信息录入信用平台或者信息数据库，充分

运用其形成的威慑力制裁规避执行行为。

22. 加大宣传力度。各地法院应当充分运用新闻媒体曝光、公开执行等手段,将被执行人因规避执行被制裁或者处罚的典型案例在新闻媒体上予以公布,以维护法律权威,提升公众自觉履行义务的法律意识。

23. 充分运用限制高消费手段。各地法院应当充分运用限制高消费手段,逐步构建与有关单位的协作平台,明确有关单位的监督责任,细化协作方式,完善协助程序。

24. 加强与公安机关的协作查找被执行人。对于因逃避执行而长期下落不明或者变更经营场所的被执行人,各地法院应当积极与公安机关协调,加大查找被执行人的力度。

最高人民法院、最高人民检察院、公安部关于开展集中打击拒不执行判决、裁定等犯罪行为专项行动有关工作的通知

- 2014年11月5日
- 法〔2014〕263号

各省、自治区、直辖市高级人民法院、人民检察院、公安厅(局),新疆维吾尔自治区高级人民法院生产建设兵团分院,新疆生产建设兵团人民检察院、公安局:

长期以来,在人民法院执行工作中,被执行人或相关人员以各种手段抗拒执行、阻碍执行甚至暴力抗法的现象时有发生,为切实保障人民群众合法权益,维护法律尊严,最高人民法院、最高人民检察院、公安部决定自即日起至2015年3月,开展集中打击拒不执行法院判决、裁定等犯罪行为的专项行动。现就有关要求通知如下:

一、各地人民法院应立即着手对相关执行案件情况进行排查,对涉嫌构成拒不执行判决、裁定罪,妨害公务罪,非法处置查封、扣押、冻结财产罪等犯罪的被执行人或相关人员进行甄别,将有关犯罪线索于11月底前向有管辖权的公安机关移送。

二、对人民法院移送的被执行人或相关人员的犯罪线索,公安机关应当及时审查,符合立案条件的,应当在3日内立案,并及时侦查取证、抓捕犯罪嫌疑人;人民检察院对公安机关提请批准逮捕和移送审查起诉的犯罪嫌疑人,符合条件的应依法及时批捕、起诉。公安机关、人民检察院要组织专门力量,加快工作节奏,确保绝大多数符合条件的案件在12月底前移送审查起诉、在2015年1月底前向有管辖权的人民法院提起公诉。

三、人民法院对检察机关起诉的被执行人或相关人员涉嫌拒不执行判决、裁定罪等犯罪案件,要依法及时审判,确保绝大多数案件在2015年3月底前宣判。

四、人民法院认为被执行人或相关人员的妨害执行行为不构成犯罪,但需要司法拘留进行惩戒的,应依法及时采取强制措施。行为人逃匿,需要公安机关协助查找、控制的,有关人民法院应将拘留决定书连同相关材料于11月底前移交至同级公安机关。公安机关应及时发出协查通报,组织力量进行查找,发现行为人的,应当立即进行控制并将其送交被控制地拘留所,通知人民法院办理被拘留人收拘手续。

五、对人民法院依法决定拘留的人员,拘留所应凭人民法院的拘留决定书及时收拘。异地拘留的,作出拘留决定的人民法院可将有关手续先行传真至当地法院,请求当地法院协助办理被拘留人收拘手续,之后再补送拘留决定书原件。

六、各地公安机关、人民检察院和人民法院要加强协调配合,做到既分工负责,又通力协作,形成打击抗拒执行违法犯罪行为的合力。对人民法院移送的犯罪线索,公安机关经审查认为不符合立案条件的,应当在收到人民法院移送的犯罪线索后5日内,将有关书面意见反馈人民法院。人民法院

认为符合立案条件的，提请人民检察院予以监督。人民检察院认为需要立案侦查的，应当要求公安机关说明不立案的理由。人民检察院认为公安机关不立案理由不能成立的，应当通知公安机关立案，公安机关接到通知后应当立案。

七、各级公安机关、人民检察院、人民法院要通过电视、报刊、网络、广播、微博、微信等各种新闻平台，开展广泛深入的系列宣传活动，营造惩治抗拒执行违法犯罪行为的强大舆论氛围，凝聚共识，形成声势，传播正能量。要召开新闻发布会，选择典型案例公开曝光，集中展示打击成果，震慑犯罪，教育群众。

八、执行中遇到情况和问题，请分别报告最高人民法院、最高人民检察院、公安部。

◎请示答复

最高人民法院经济审判庭对上饶市人民法院关于依法拘留郭某的情况报告的有关问题的复函

- 1992年1月7日
- 法经〔1992〕5号

江西省高级人民法院：

你院经济审判庭赣法（经）函〔1991〕5号及转来的《上饶市人民法院关于依法拘留郭琳的情况报告》收悉。经审查，提出以下意见：

一、上饶市人民法院制作的支付令，委托濮阳市中级人民法院送达，濮阳市中级人民法院又移至濮阳市市区人民法院送达。濮阳市市区人民法院经济庭证明，该院是1991年8月3日送达被申请人的。上饶市人民法院所派人员于1991年7月25日向债务人送达支付令后，于8月3日即拘留了债务人的委托代理人、副经理郭某。根据民事诉讼法第一百九十一条①第二款的规定："债务人应当自收到支付令之日起十五日内清偿债务，或者向人民法院提出书面异议。"上饶市人民法院的支付令送达后未满十五日，就将郭某拘禁至上饶市，是违反法律规定的。

二、在《上饶市人民法院关于依法拘留郭琳的情况报告》中，没有提供足够的证据证明郭琳妨害诉讼的行为已达到应当拘留的程度。

鉴于上述情况，上饶市人民法院违反《民事诉讼法》规定剥夺被申请人自动清偿债务或提出书面异议的权利，拘留郭某是错误的，应立即释放。如果债务人对支付令提出异议，应终止督促程序，由债权人向有管辖权的人民法院提起诉讼。请你院迅速责成上饶市人民法院纠正错误，并妥善处理有关事宜。全部情况及处理结果望告。

最高人民法院经济庭关于经济犯罪案件已移送公安机关后原来采取的查封措施应予解除的函

- 1993年6月23日
- 法经〔1993〕121号

海南省高级人民法院：

你院《关于上海电视机一厂就本院对海南南方信托投资公司诉广东中山汇丰工贸集团有限公司借款合同纠纷一案诉前保全财产提出异议情况的报告》收悉。从你院报告看，本案涉嫌经济犯罪，已丛案移送海南省公安厅查处，并将所查封的财产一并移交，但对有关财产的查封措施并未解除。我们认为，人民法院对已经受理的经济纠纷案件，经审查认为确属经济犯罪全案移送公安机关，并将所查封的财产一并移交，且公安机关又对该财产采取查封措施后，原来采取的查封措施

---

① 民事诉讼法原第一百九十一条现已修改为第二百一十六条。

即应解除。因此,请你院收到本函后立即解除你院对储存于广州市对外储运公司的彩色电视机的查封。至于该批彩电是否属于赃物,应否发还上海电视机一厂,应由公安机关查明情况后,依法处理。

最高人民法院关于第二审人民法院发现原审人民法院已生效的民事制裁决定确有错误应如何纠正的复函

- 1994 年 11 月 21 日
- 法经〔1994〕308 号

西藏自治区高级人民法院:

你院藏高法〔1994〕49 号请示收悉。经研究,答复如下:

同意你院审判委员会的意见。第二审人民法院纠正一审人民法院已生效的民事制裁决定,可比照我院 1986 年 4 月 2 日法(研)复〔1986〕14 号批复的精神处理。即:上级人民法院发现下级人民法院已生效的民事制裁决定确有错误时,应及时予以纠正。纠正的方法,可以口头或者书面通知下级人民法院纠正,也可以使用决定书,撤销下级人民法院的决定。

最高人民法院执行工作办公室关于人身可否强制执行问题的复函

- 1999 年 10 月 15 日
- 〔1999〕执他字第 18 号

湖北省高级人民法院:

你院鄂高法〔1998〕107 号《关于刘满枝诉王义松、赖烟煌、陈月娥等解除非法收养关系一案执行中有关问题的请示》报告收悉。经研究,答复如下:

武汉市青山区人民法院〔1996〕青民初字第 101 号民事判决书已经发生法律效力,依法应予执行。但必须注意执行方法,不得强制执行王斌的人身。可通过当地妇联、村委会等组织在做好养父母的说服教育工作的基础上,让生母刘满枝将孩子领回。对非法干预执行的人员,可酌情对其采取强制措施。请福建高院予以协助执行。

最高人民法院执行工作办公室关于湖北安陆市政府反映河南焦作中院“错误裁定”、“错误执行”案及河南高院反映焦作中院在执行安陆市政府时遭到暴力抗法案的复函

- 2002 年 12 月 25 日
- 〔2002〕执监字第 262 号

河南省高级人民法院:

关于湖北省安陆市政府向我院反映焦作市中级人民法院执行湖北三鹏化工股份有限公司一案的有关问题,经研究,现提出如下处理意见:

经核查,焦作市中级人民法院立案执行的依据是河南省修武县公证处(2001)修证经字第 18 号“具有强制执行效力的债权文书公证书”。该公证书认定湖北三鹏化工股份有限公司如不能在约定的期限内履行还款义务,申请人丁慈咪有权向申请人所在地人民法院申请强制执行。

本院认为,关于此类执行管辖问题,《中华人民共和国民事诉讼法》第 207 条第 2 款、最高人民法院《关于适用〈中华人民共和国民事诉讼法〉若干问题的意见》第 256 条和《关于人民法院执行工作若干问题的规定(试行)》第 10 条均已有明确规定,即公证机关依法赋予强制执行效力的公证债权文书,由被执行人住所地或被执行人的财产所在地人民法院执行。据此,当事人无权约定执行管辖,公证机关也无权确认当事人约定执行管辖,焦作市中级人民法院更不能依据当事人的约定予以立案执行。请你院监督焦作市中级人民法院依法撤销案件及相关法律文

书,并告知申请人依法向有管辖权的人民法院申请执行。

最高人民法院执行办公室关于对案外人未协助法院冻结债权应如何处理问题的复函

• 2003年6月14日
• 〔2002〕执他字第19号

江苏省高级人民法院:

你院《关于案外人沛县城镇郝小楼村村委员未协助法院冻结债权应如何处理的请示报告》收悉。经研究,答复如下:

徐州市中级人民法院在诉讼中做出了查封冻结盐城金海岸建筑安装有限公司(下称建筑公司)财产的裁定,并向沛县城镇郝小楼村村委会(下称村委会)发出了冻结建筑公司对村委会的债权的协助执行通知书。当你院〔2001〕苏民终字第154号民事调解书确定建筑公司对村委会的债权时,徐州中院对该债权的冻结尚未逾期,仍然有效,因此村委会不得就该债权向建筑公司支付。如果村委会在收到上述调解书后,擅自向建筑公司支付,致使徐州中院的生效法律文书无法执行,则除可以根据《中华人民共和国民事诉讼法》第一百零二条的规定,对村委会妨害民事诉讼的行为进行处罚外,也可以根据最高人民法院《关于执行工作若干问题的规定(试行)》第四十四条的规定,责令村委会限期追回财产或承担相应的赔偿责任。

附:

《江苏省高级人民法院关于对案外人未协助法院冻结债权应如何处理问题的请示》内容

一、案件的主要事实

徐州市中级人民法院2000年受理了两起与盐城建筑公司有关的案件:

一件是盐城建筑公司与村委会的工程款纠纷案。该案经徐州中院一审,江苏省高院二审于2001年11月23日作出〔2001〕苏民终字第154号民事调解书。调解书内容为:"村委会给付盐城建筑公司工程款16万元,签收调解书时支付1万元,15万元于2001年12月20日前支付。"

另一件是盐城建筑公司与徐州一中百货商店的货款纠纷案。该案由徐州中院于2001年6月25日以〔2000〕徐经初字第94号民事调解书调解结案。该调解书内容为:"盐城建筑公司欠徐州一中百货商店货款103.8万元,违约金40万元,于2001年底前还清。调解书生效后,盐城建筑公司先以其在徐州(村委会)的到期债权偿还,到期债权不能偿还部分,再由盐城建筑公司偿还。"该案在审理过程中,徐州中院作出了查封冻结盐城建筑公司财产的裁定,并于2001年6月1日向村委会发出了冻结盐城建筑公司对村委会的债权的协助执行通知书。该通知书要求村委会协助查封冻结盐城建筑公司在村委会的债权20万元(以判决为准),自即日起不得向盐城建筑公司支付款项,并规定查封期限1年。

2001年11月23日,盐城建筑公司与村委会工程款纠纷案经江苏高院二审调解结案后,盐城建筑公司对村委会的债权到期。徐州中院还没有向村委会发出履行到期债务的通知时,村委会即自动履行了江苏高院调解书确定的还款义务,将被徐州中院冻结的财产,交付给了本案被执行人盐城建筑公司。

2002年1月9日,徐州中院要求村委会向盐城建筑公司追回已支付款项。村委会到期未能追回。2002年1月15日,徐州中院依据最高人民法院《关于人民法院执行工作若干问题的规定(试行)》(简称《执行规定》)第三十七条的规定,作出了〔2001〕徐执字第255号民事裁定书,裁定村委会以自己的财产，在向盐城建筑公司支付金钱数额的范围内向徐州一中百货商店承担赔偿责任。裁定书下达后，村委会提出异议，认为其行为系履行江苏高院的〔2001〕苏民终字第154号民事调解书，不应承担责任。

江苏高院在监督执行盐城建筑公司与徐州一中百货商店的货款纠纷案中，就村委会未协助法院执行冻结债权的行为如何适用法律请示最高人民法院。

二、江苏省高级人民法院的意见

江苏高院有三种意见。

第一种意见认为，根据最高人民法院法释〔1998〕10号《关于对案外人的财产能否进行保全问题的批复》规定："对于债务人的财产不能满足保全请求，但对案外人有到期债权的，人民法院可以依债权人的申请，裁定该案外人不得对债务人清偿。"该裁定的协助执行通知书送达给村委会后，接受协助执行通知书的村委会未协助法院执行，却履行了到期债务，应在其履行的范围内承担赔偿责任。本案应当适用《执行规定》第三十七条"有关单位收到人民法院协助执行被执行人收入的通知后，擅自向被执行人或其他人支付的，人民法院有权责令其限期追回；逾期未追回的，应当裁定其在支付的数额内向申请执行人承担责任"的规定执行。

第二种意见认为，本案不适用《执行规定》第三十七条，而应当适用《中华人民共和国民事诉讼法》（简称《民事诉讼法》）第一百零三条①的规定，对村委会不协助执行的行为进行制裁处理。对于已向债务人履行的到期债权，由于缺少其承担实体义务的法律规定，故不能要求其承担实体义务。

第三种意见认为，村委会是本案被执行人盐城建筑公司的到期债务人，对其不履行到期债务的行为，应当按照《执行规定》第六十一条规定的原则执行。

最高人民法院〔2007〕执他字第9号函文

• 2009年4月16日

新疆维吾尔自治区高级人民法院：

你院《关于新疆建工集团建设工程有限责任公司与新疆宝亨房地产开发有限公司一案中有关问题的请示》收悉。经研究，现对有关法律问题答复如下：

在人民法院已经查封的财产又被仲裁裁决确权给案外人的情况下，执行法院可以依照民事诉讼法第二百一十三条②第三款的规定对仲裁裁决进行审查。如果认定当事人恶意串通进行仲裁裁决损害其他债权人利益，妨害执行秩序，执行法院应当依法将该裁决视为有违背社会公共利益的情形而裁定不予执行。同时，还应将此种行为视为妨害人民法院执行的行为，依法予以制裁。

此复。

最高人民法院关于上海枫丹丽舍房地产开发有限公司申请执行判决确定的继续履行合同义务监督案的函

• 2010年4月29日
• 〔2009〕执监字第217号函

上海市高级人民法院：

关于上海枫丹丽舍房地产开发有限公司（以下简称枫丹公司）申请执行本院（2006）民一终字第57号判决确定的继续履行土地使用权转让合同义务一案，经研究并报审判委员会讨论，现提出如

① 民事诉讼法原第一百零三条现已修改为第一百一十四条。

② 民事诉讼法原第二百一十三条现已修改为第二百三十七条。

下意见：

一、你院在本案执行中未采取法律规定的强制执行措施，(2007)沪高执字第17－3号裁定终结本次执行程序依据的事实与理由不充分，本案应当由你院继续执行。

二、依据判决，本案中上海华夏文化旅游区开发有限公司(以下简称华夏公司)继续履行合同的具体内容，是使涉案土地达到《中华人民共和国城市房地产管理法》规定的过户条件及办理土地使用权的过户手续。你院应当认真核查涉案土地状况，在确保枫丹公司履行相应合同义务的前提下，对已符合《中华人民共和国城市房地产管理法》规定过户条件的地块，应直接裁定将土地使用权移转给枫丹公司，并通知土地管理部门协助办理过户手续；对于不具备法定过户条件的地块，应当用足法律规定的各种强制执行措施，促使华夏公司履行使土地达到法定过户条件的义务。

三、如果本案确实存在法律上或事实上的障碍而不能执行，应当努力促成执行和解。如果和解不成，应当告知当事人可以另行提起诉讼。

◎典型案例

最高人民法院关于九起反规避执行典型案例

- 2011年9月10日
- 最高人民法院公报〔2011〕9号

1. 首都师范大学与中建物业管理公司供用热力合同纠纷执行案

【案情摘要】首都师范大学与中建物业管理公司供用热力合同纠纷一案，北京市海淀区人民法院判决中建物业管理公司给付首都师范大学供暖费2913715.7元以及利息270025.17元。一审判决后，中建物业管理公司提起上诉。北京市第一中级人民法院二审判决驳回上诉，维持原判。

由于中建物业管理公司未履行生效判决确定的义务，首都师范大学向北京市海淀区人民法院申请执行。执行法院要求中建物业管理公司申报财产情况。中建物业管理公司申报了中国工商银行和兴业银行两个银行账户，执行法院对两个账户进行了冻结，仅扣划到9800元。执行法院进一步调查发现，中建物业管理公司在中国建设银行还开立有一个账户，执行法院遂冻结了该账上仅有的存款13289.02元。执行法院要求中建物业管理公司负责人到庭说明为何没有如实申报财产，并要求中建物业管理公司提供3个银行账号的对账单和会计凭证供调查。中建物业管理公司负责人未到庭，且未提供对账单和会计凭证。鉴于此，执行法院对中建物业管理公司的办公场所进行了搜查。通过查阅搜查获取的会计账簿，发现中建物业管理公司以工资、药费、差旅费等名义向中建北配楼招待所支付了大笔费用，累计近百万元。执行法院调取了中建物业管理公司的中国建设银行账户交易记录，显示在执行法院发出执行通知书后，中建物业管理公司仍有多笔大额资金往来。执行法院到中建北配楼招待所的经营场所进行调查，发现招待所条件十分简陋，仅有6名员工，月经营收入为20000至30000元。

经过调查，执行法院掌握了大量确凿的证据，证明中建物业管理公司在收到执行通知书后，未如实申报财产情况，其将经营收入等大笔资金转入中建北配楼招待所的银行账户，以达到转移财产，规避执行的目的。因此，执行法院对中建物业管理公司的负责人采取了拘留措施，并决定对中建物业管理公司的账目进行审计。执行法院采取强制措施后，中建物业管理公司迫于压力，3日内向法院支付了180余万元执行款，并与申请人首都师范大学达成了执行和解协议，并已分期履行完毕。

【典型意义】执行法院严格落实财产报告制度，加大依职权调查财产的力度，适当运用审计方法调查被执行人财产，使得该案得以顺利执结。

2. 张曲与陈适、吴洋英民间借贷纠纷执行案

【案情摘要】张曲与陈适、吴洋英民间借贷纠纷一案，福建省福州市中级人民法院判令陈适偿还张曲188万元及利息；被告吴洋英承担连带清偿责任。一审判决后，陈适、吴洋英提起上诉。福建省高级人民法院二审判决驳回上诉，维持原判。

由于陈适、吴洋英未履行生效判决所确定的义务，张曲向福州市中级人民法院申请强制执行。执行法院决定对诉讼阶段保全查封的吴洋英名下的位于福州市晋安区新店镇福飞北路136号福州新慧嘉苑5号楼一层02号房屋进行强制拍卖。被执行人吴洋英向法院出示了一份其与弟弟签订的关于上述房屋的租赁合同，合同约定每月租金950元，租期15年，租金一次性支付。吴洋英称，她在法院查封前已经将房屋出租给弟弟，并一次收取了租金17万元，其弟弟在签订合同后，又转租给第三人（次承租人）。吴洋英不能出具金融机构的相关转账凭证，证明她一次性收取了17万元租金。对此，吴洋英辩称，她是向弟弟借钱买了房屋，约定用该房屋的租金偿还。申请人张曲向执行法院提交报告，称她曾亲眼看到吴洋英亲自向次承租人收取租金，她认为吴洋英出示的租赁合同系吴洋英姐弟串通伪造而成。执行人员向房屋前后几个承租人调查了解情况，几个承租人证实，每个月租金均由吴洋英收取，租金为每月3000元。执行人员在掌握充分证据后，约谈了吴洋英的弟弟。吴洋英弟弟承认，吴洋英知道房屋被法院查封后，以他的名义将房屋转租给次承租人，转租合同上的签名系吴洋英所签，吴洋英直接向次承租人收取租金。

执行法院认为，查封财产上的租赁关系不影响对查封财产的处置。执行法院决定对查封房屋进行拍卖，并在拍卖公告中告知被执行人有权提出异议。吴洋英没有在规定期限内提出异议。吴洋英的弟弟在法院决定强制拍卖房屋之前，主动退出了租赁、转租的三方租赁合同关系。执行法院依法对房屋进行了评估拍卖。拍卖成交后，原次承租人仍享有租赁权，改向买受人交付租金。

【典型意义】人民法院强化财产保全措施，加大对保全财产的执行力度，使得该案得以顺利执行。

3. 上海金地石化有限公司与上海立宇贸易有限公司侵权损害赔偿纠纷执行案

【案情摘要】上海金地石化有限公司（以下简称金地公司）与上海立宇贸易有限公司（以下简称立宇公司）侵权损害赔偿纠纷一案，上海市高级人民法院作出民事调解书，确认立宇公司支付金地公司880万元；杨丽萍在740万元范围内对立宇公司的支付义务承担连带责任。

立宇公司与杨丽萍未履行调解书约定的付款义务，金地公司向该案一审法院上海市第一中级人民法院申请强制执行。执行法院查明，立宇公司因涉嫌刑事案件，经相关机构鉴定，已无偿债能力；杨丽萍名下原有四套房产，但在原告金地公司提起诉讼前两天，杨丽萍与龚某（杨丽萍之子）签订了3份《上海市房地产买卖合同》，将其名下四套房产中的三套“售与”龚某，随后办理了房产过户手续。

执行立案后，金地公司向上海市闵行区人民法院提起撤销杨丽萍与龚某之间的房地产买卖合同的诉讼，上海市第一中级人民法院遂依法裁定该案中止执行。上海市闵行区人民法院在审理中查明，杨丽萍系立宇公司股东，其在接受公安机关讯问时，明确回答龚某实际未支付房款；龚某在受让房产时年仅二十岁，且一直在国外读书，生活来源需父母供给，并不具备支付房款的能力。法院认为，杨丽萍预见到可能承担责任后，将其房屋产权无偿过户至龚某名下，主观上具有逃避债务的恶意，且事实上致使其清偿债务能力减弱，损害了债权人的利益。因此，判决撤销了杨丽萍、龚某签订的3份《上海市房地产买卖合同》。随后，金地公司申请恢复执行，要求处理已恢复至杨丽萍名下的房产。执行法院恢复执行后，金地公司与杨丽萍达成和解协议，杨丽萍将其名下的一套房产过户至金地公司名下，并补偿金地公司16万元，金地公司放弃其他债权主张。案件执行终结。

【典型意义】被执行人无偿转让财产，对申请执行人造成损害，申请执行人依照《合同法》相关规定向有管辖权的人民法院提起撤销权诉讼，有效地反制规避执行行为。

4. 湖北宏鑫建设工程有限公司、团风县方高坪建筑公司与亿源科大磁性材料有限公司及黄冈中机汽车销售有限公司工程款担保纠纷执行案

【案情摘要】湖北宏鑫建设工程有限公司（下称宏鑫公司）、团风县方高坪建筑公司（下称方高坪建筑公司）与亿源科大磁性材料有限公司（下称亿源公司）、黄冈中机汽车销售有限公司（下称中机公司）工程款担保纠纷执行一案，湖北省黄冈市中级人民法院于2008年3月3日立案执行。亿源公司以其法定代表人丁某为市政协委员的特殊身份及无还款能力为由拒不履行生效判决确定的义务。经执行法院调查，亿源公司在人民银行登记备案的几个银行账户均只有几元到几百元不等的存款，公司不动产已设定抵押，无其他可供执行财产；中机公司早已歇业，无可供执行财产。2008年5月19日，申请执行人向执行法院提供线索，亿源公司有75万元货款从深圳汇回。执行人员随即查询亿源公司在人民银行登记备案的几个银行账户，未发现该笔款项。后执行人员查询到亿源公司于工商银行开立的一账户（该账户未在人民银行备案），查到该笔汇款，但款项已被转走。经调查，该款汇入当天即转入亿源公司会计邓某个人账户。根据上述情况，执行法院认为亿源公司有隐匿资产、规避执行的嫌疑，立即冻结了邓某个人账户上的65万元存款。邓某提出执行异议，称被冻结账户上的款项系亿源公司偿还他的借款，系其个人财产。执行法院依法对异议进行审查，经核对亿源公司和邓某账户，发现自2007年11月至2008年5月，亿源公司账户所有大额资金（共22笔，156.5万元）均于到账当日或次日转入邓某个人账户，邓某个人账户除由公司账户转入的22笔款项外，无其他存款记录。审查过程中，邓某出示一份盖有亿源公司印章、金额为86万元的借条。经对亿源公司会计账目进行调查，没有该笔借款记录。执行法院查明，邓某50多岁，下岗职工，配偶无职业，家庭生活拮据。据此推断邓某与亿源公司的借贷关系不合常理。执行法院要求邓某说明资金来源和给付方式，并告知虚假陈述的法律责任。邓某含糊搪塞，主动要求收回借据。执行法院遂依审查中查明的情况，认定亿源公司为邓某账户款项的实际所有人，依法裁定驳回邓某的异议。邓某签收裁定后，向执行法院提起异议之诉，又于开庭前撤诉。

执行法院以故意隐匿资产、妨碍执行为由，对亿源公司处以罚款，同时积极征得黄冈市政协的同意和支持，对亿源公司法定代表人丁某处以拘留。亿源公司及丁某均未提任何异议、复议或申诉。案件得以顺利执行。

【典型意义】被执行人虚假报告财产，虚构债务隐藏、转移财产，给申请执行人造成损失的，执行法院依法对被执行人及其相关责任人处以罚款、拘留，使得案件得以顺利执结。

5. 广东省惠东县建筑工程总公司与万事达商贸城（惠东）有限公司工程款纠纷执行案

【案情摘要】广东省惠东县建筑工程总公司与万事达商贸城（惠东）有限公司工程款纠纷执行一案，广东省惠东县人民法院于2010年1月13日向被执行人万事达商贸城（惠东）有限公司发出执行通知书及财产申报令，责令被执行人万事达商贸城（惠东）有限公司于同年1月20日支付80万元工程款给申请执行人。被执行人万事达商贸城（惠东）有限公司接到执行通知书后，派人到庭，但未申报公司财产状况，同时表示希望申请执行人在其指定的一家酒店消费30万元了结该案。经执行法院调查，被执行人万事达商贸城（惠东）有限公司为港资企业，法定代表人李幼生系香港居民，公司的银行存款仅有1000多元，登记在公司名下的房地产占地面积共计16357平方米，已在银行办理了抵押登记，且该房地产已被万事达商贸城（惠东）有限公司出租给某酒店，租赁期限为60年，且租金已由被执行人一次性收取，该房产无法处置变现。

因被执行人万事达商贸城（惠东）有限公司法定代表人李幼生系香港居民，执行法院决定对其采取限制出境措施。2010年3月25日晚，正准备在深圳罗湖口岸出境的李幼生被限制出境。随后，执行法院决定对其采取拘留措施。被拘留后，李幼生主动承认了不申报财产和不履行法律文书确定义务的错误。最终，申请执行人广东省惠东县建筑工程总公司与被执行人万事达商贸城（惠东）有限公司达成执行和解协议，被执行人分两期将80万元工程款全部支付给了申请执行人。

【典型意义】由于被执行人不履行法律文书确定的义务，执行法院依法对被执行人法定代表人采取限制出境和拘留措施，在强大的法律威慑力下，被执行人履行了义务，案件得以顺利执结。

6. 周明利拒不执行判决、裁定案

【案情摘要】被告人周明利，男，汉族，1972年4月6日出生于安徽省砀山县，初中文化，农民，捕前暂住于北京市海淀区永丰乡屯佃村。

2007年7月20日，被告人周明利驾驶车牌号为京HQ4771的吉利牌小客车在北京市海淀区太舟坞东路砖瓦厂路口发生交通事故，将行人孙爱龙撞伤。经交通管理部门认定，周明利负事故全部责任。后孙爱龙将周明利诉至北京市海淀区人民法院，北京市海淀区人民法院于2008年6月18日判令周明利赔偿孙爱龙人民币43398.26元。

上述判决生效期间，周明利从安邦财产保险股份有限公司领取事故赔偿款人民币62872.3元，但并未履行对孙爱龙的赔偿义务，而是挪作他用。其在得知孙爱龙申请执行后，又将所有的吉利牌小客车过户到他人名下。2008年8月15日，周明利被传唤至北京市海淀区人民法院后，如实交代了其为逃避执行而转移财产的行为。同日，周明利被北京市海淀区人民法院决定司法拘留，后被移送公安机关。

北京市海淀区人民检察院以周明利涉嫌构成拒不执行判决、裁定罪向北京市海淀区人民法院提起公诉。北京市海淀区人民法院经开庭审理后认为，被告人周明利在对人民法院的判决有执行能力的情况下，采取转移财产的方式拒不执行，情节严重，其行为已构成拒不执行判决、裁定罪。鉴于周明利经电话传唤后主动到案，如实供述了其罪行，属于自首；同时结合其认罪态度较好，受到刑事追究后履行了民事判决确定的赔偿义务，对其可从轻处罚。据此，以拒不执行判决、裁定罪判处被告人周明利有期徒刑八个月。

【典型意义】周明利发生交通事故后，在保险公司领取了专门用于赔付因交通事故造成的第三者经济损失的保险理赔款，未支付给受害人，而是挪作他用，且将车辆过户到案外人名下，造成生效判决无法执行，其拒不执行判决的行为受到了刑罚制裁。该案件的处理，对于当前在交通事故损害赔偿案件中，义务人存在的挪用机动车辆保险赔偿款以及转移、隐匿机动车辆等规避执行行为起到了较好的教育和示范效应，具有一定的典型意义。

7. 李永辉拒不执行判决、裁定案

【案情摘要】被告人李永辉，男，汉族，1964年7月30日出生于新疆维吾尔自治区乌鲁木齐市，大学文化程度，系新疆协和天然物产有限公司法定代表人，捕前住乌鲁木齐市幸福花园32号楼2单元402室。

2007年4月20日，新疆维吾尔自治区博尔塔拉蒙古自治州中级人民法院对原告新疆华冶国际贸易有限公司与被告新疆协和天然物产有限公司、李永辉买卖合同纠纷、代理合同纠纷两案依法作出判决，共判令新疆协和天然物产有限公司偿还新疆华冶国际贸易有限公司货款及利息等900余万元，李永辉个人承担连带清偿责任。判决生效进入执行程序后，博尔塔拉蒙古自治州中级人民法院依法向李永辉送达了执行通知书。李永辉不但不履行义务，反而将博尔塔拉蒙古自治州中级人民法院于2007年4月11日裁定扣押的新A－92691号江淮客车、新AC－3362号富康车以及2007年8月24日扣押的新A67700号桑塔纳轿车转移、隐藏至浙江省杭州市等地，其本人也藏匿于杭州市等地，并停止使用原来的手机号码，致使判决无法执行。

2008年1月，李永辉被博尔塔拉蒙古自治州中级人民法院司法拘留，后被移送公安机关。同年11月，新疆维吾尔自治区博乐市人民检察院以李永辉涉嫌构成拒不执行判决、裁定罪向博乐市人民法院提起公诉。

博乐市人民法院经开庭审理后认为，被告人李永辉无视法院生效判决，有能力履行但拒不执行判决所确定的给付义务，采取转移、隐匿法院扣押的财产和停用手机号码并躲藏到外地的方式，逃避法院强制执行，情节严重，其行为已构成拒不执行判决、裁定罪，据此依法判处其有期徒刑二年六个月。宣判后，李永辉提出上诉。博尔塔拉蒙古自治州中级人民法院审理后认为，原审判决认定事实清楚，证据确实、充分，定性准确，适用法律正确，量刑适当，裁定驳回上诉，维持原判。

【典型意义】被执行人李永辉在执行过程中，隐藏、转移已被查封的财产，致使判决无法执行，依照最高人民法院司法解释规定，属于拒不执行人民法院判决、裁定的行为“情节严重”，依法应当以拒不执行判决、裁定罪追究刑事责任。本案的处理，对于依法打击实践中个别被执行人擅自隐藏、转移、变卖、毁损已被依法查封、扣押或者已被清点并责令其保管的财产等不法行为，具有一定的教育宣传作用。

8. 陈少欢、洪桂成拒不执行判决、裁定案

【案情摘要】被告人陈少欢，女，汉族，1969年2月2日出生，小学文化，农民。被告人洪桂成，男，汉族，1965年12月16日出生，小学文化，居民。二人系夫妻关系，捕前住广东省深圳市宝安区松岗镇洪桥头东三巷15号。

2008年4月3日，福建省建瓯市人民法院对原告建瓯市立伟塑料有限公司与被告深圳市德扬塑胶电木有限公司、陈少欢、洪桂成买卖合同纠纷一案依法作出判决，判令深圳市德扬塑胶电木有限公司向建瓯市立伟塑料有限公司支付货款人民币509250元及违约金，陈少欢、洪桂成个人对上述欠款承担保证责任。

该判决生效后，陈少欢、洪桂成夫妇于2008年5月8日将两人名下位于深圳市宝安区松岗街道塘下涌社区一村新区三巷18号的房产以220万元的价格出售；同年7月，二人又将深圳市德扬塑胶电木有限公司的机器设备以11.5万元的价格出售。二人并未将获得的款项用于履行生效判决所确定的债务，而是将款项转至别处，致使法院判决无法执行。

2009年4月8日，陈少欢被建瓯市公安机关刑拘；同月27日，洪桂成主动投案自首。案发后，二被告人与申请执行人建瓯市立伟塑料有限公司达成和解协议并于同年6月履行完毕。

福建省建瓯市人民检察院以陈少欢、洪桂成涉嫌构成拒不执行判决、裁定罪提起公诉后，建瓯市人民法院经开庭审理认为，被告人陈少欢、洪桂成在法院民事判决已发生法律效力的情况下，为逃避债务，故意将可执行财产予以变卖转移，造成法院判决无法执行，情节严重，其行为均已构成拒不执行判决、裁定罪。鉴于二人在案发后认罪态度好，全部履行了义务，洪桂成还具有自首情节，可分别从轻处罚。据此，以拒不执行判决、裁定罪分别判处陈少欢、洪桂成有期徒刑二年，缓期三年执行和有期徒刑一年六个月，缓期二年执行。

【典型意义】实践中，被执行人为逃避履行生效判决确定的义务，千方百计转移、隐匿财产，其中常见的手法是将名下房产予以变卖、处置，对这种行为必须予以严厉制裁。本案中，被执行人夫妇在判决生效后，出售房屋并转移售房得款，很显然属于有能力执行而拒不执行，依法应当追究刑事责任。而且本案还从另一个角度说明，对于那些涉嫌构成拒不执行判决、裁定罪的被执行人，只要能认清形势，主动投案并积极履行义务，依照宽严相济的刑事政策，可以得到从轻处罚。

9.李勇明与被执行人丁浙良虚假诉讼案

【案情摘要】被告人李勇明，男，汉族，1971年9月22日出生于浙江省嵊州市，初中文化，无业。曾因犯抢劫罪于1994年8月被判处有期徒刑三年六个月，1997年8月刑满释放。

被告人丁浙良，男，汉族，1977年6月28日出生于浙江省嵊州市，初中文化，农民，捕前住嵊州市崇仁镇福坑口村王龙湾60号。

2007年9月，丁浙良因与他人发生经济纠纷，致其位于嵊州市仙湖路877号锦绣嘉园东苑15幢二单元501室的房产被嵊州市人民法院查封。2008年，嵊州市人民法院陆续受理了4件以丁浙良为被执行人的案件，总标的额为140余万元。同年11月，丁浙良被查封的房产被以37万元的价格拍卖。

2006年，丁浙良因经营所需，曾先后向李勇明借款共计10万元。2007年12月，李勇明指使丁浙良与其伪造了一张房屋租赁合同，约定以10万元的价格承租上述房屋，租期为20年，落款时间为该房产被查封之前的2007年6月。2008年2月，李勇明为了多分得债权利益，又指使丁浙良与其伪造了一张由丁浙良向其借款35万元的借条，并于同年3月起诉至嵊州市人民法院，庭审前双方达成还款调解协议，嵊州市人民法院作出(2008)嵊民二初字第592号民事调解书予以确认。

李勇明依据嵊州市人民法院作出的前述民事调解书申请执行，要求参与分配，并以已向丁浙良一次性付清10万元房租为由，要求法院先行退还剩余的房屋租赁费。多名债权人依法受偿丁浙良房产拍卖款项时，对李勇明与被执行人丁浙良之间的借条提出异议。嵊州市人民法院经查发现，李勇明与丁浙良存在虚构债务的虚假诉讼情况，遂于2009年4月29日决定对该案进行再审，并于2009年7月15日作出撤销原民事调解书的判决。其后，嵊州市人民法院将李勇明、丁浙良虚假诉讼涉嫌犯罪的线索，移交公安机关立案侦查。2009年11月12日，李勇明、丁浙良主动向嵊州市公安局投案。

2010年4月9日，嵊州市人民检察院以李勇明、丁浙良分别涉嫌构成妨害作证罪、帮助伪造证据罪提起公诉。嵊州市人民法院经开庭审理后认为，被告人李勇明为多分得债权利益，指使他人伪造借条，向人民法院提起诉讼并申请执行，严重妨害了司法机关正常的诉讼活动，其行为已构成妨害作证罪。被告人丁浙良为使李勇明多分得债权利益，帮助其伪造借条，情节严重，其行为已构成帮助伪造证据罪。鉴于二人犯罪后能自动投案，如实供述自己的罪行，属于自首，均可从轻处罚。据此，以妨害作证罪判处李勇明有期徒刑一年，以帮助伪造证据罪判处丁浙良有期徒刑八个月。

【典型意义】司法实践中，债务人与个别债权人或案外人串通进行虚假诉讼，对债务人名下财产主张权利，侵害其他债权人利益的现象偶有发生，必须坚决依法予以打击。本案债权人李勇明为了多分得债权利益，指使债务人丁浙良与其伪造了一张由丁浙良向其借款35万元的借条，起诉到法院后以民事调解书予以确认，并据此申请参与分配，导致其他债权人受偿数额减少，侵害了他人合法权益。案发后，人民法院根据查明的事实，对李勇明、丁浙良分别以妨害作证罪、帮助伪造证据罪定罪量刑，准确适当。本案的处理给有关当事人能起到一定的警示作用，进行虚假诉讼，情节严重的，将依法追究刑事责任。

第五章 执行监督

◎司法解释

最高人民法院关于如何处理人民检察院提出的暂缓执行建议问题的批复

- 2000年7月10日
- 法释〔2000〕16号

广东省高级人民法院：

你院粤高法民〔1998〕186号《关于检察机关对法院生效民事判决建议暂缓执行是否采纳的请示》收悉。经研究，答复如下：

根据《中华人民共和国民事诉讼法》的规定，人民检察院对人民法院生效民事判决提出暂缓执行的建议没有法律依据。

最高人民法院关于人民检察院对撤销仲裁裁决的民事裁定提起抗诉，人民法院应如何处理问题的批复

- 2000年7月10日
- 法释〔2000〕17号

陕西省高级人民法院：

你院陕高法〔1999〕183号《关于下级法院撤销仲裁裁决的民事裁定确有错误，检察机关抗诉应如何处理的请示》收悉。经研究，答复如下：

检察机关对发生法律效力的撤销仲裁裁决的民事裁定提起抗诉，没有法律依据，人民法院不予受理。依照《中华人民共和国仲裁法》第九条的规定，仲裁裁决被人民法院依法撤销后，当事人可以重新达成仲裁协议申请仲裁，也可以向人民法院提起诉讼。

最高人民法院关于民事损害赔偿案件当事人的再审申请超出原审诉讼请求人民法院是否应当再审问题的批复

- 2002年7月18日
- 法释〔2002〕19号

云南省高级人民法院：

你院云高法〔2001〕8号《关于再审民事案件能否超原判诉讼请求判决的请示》收悉。经研究，答复如下：

根据《中华人民共和国民事诉讼法》第一百七十九条①的规定，民事损害赔偿案件当事人的再审申请超出原审诉讼请求，或者当事人在原审判决、裁定执行终结前，以物价变动等为由向人民法院申请再审的，人民法院应当依法予以驳回。

◎司法文件

最高人民法院、最高人民检察院、公安部关于对冻结、扣划企业事业单位、机关团体在银行、非银行金融机构存款的执法活动加强监督的通知

- 1996年8月13日
- 法〔1996〕83号

各省、自治区、直辖市高级人民法院、人民

---

① 民事诉讼法原第一百七十九条现已修改为第二百条。

检察院、公安厅(局);军事法院、军事检察院:

为了加强执法监督,必要时及时纠正地方人民法院、人民检察院、公安机关关于冻结、扣划有关单位在银行、非银行金融机构存款的错误决定,特通知如下:

一、最高人民法院、最高人民检察院、公安部发现地方各级人民法院、人民检察院、公安机关冻结、解冻、扣划有关单位在银行、非银行金融机构存款有错误时,上级人民法院、人民检察院、公安机关发现下级人民法院、人民检察院、公安机关冻结、解冻、扣划有关单位在银行、非银行金融机构存款有错误时,可以依照法定程序作出决定或者裁定,送达本系统地方各级或下级有关法院、检察院、公安机关限期纠正。有关法院、检察院、公安机关应当立即执行。

二、有关法院、检察院、公安机关认为上级机关的决定或者裁定有错误的,可在收到该决定或者裁定之日起5日以内向作出决定或裁定的人民法院、人民检察院、公安机关请求复议。最高人民法院、最高人民检察院、公安部或上级人民法院、人民检察院、公安机关经审查,认为请求复议的理由不能成立,依法有权直接向有关银行发出法律文书,纠正各自的下级机关所作的错误决定,并通知原作出决定的机关;有关银行、非银行金融机构接到此项法律文书后,应当立即办理,不得延误,不必征得原作出决定机关的同意。

最高人民检察院关于印发《人民检察院民事行政抗诉案件办案规则》的通知

- 2001年9月30日
- 高检发〔2001〕17号

各省、自治区、直辖市人民检察院,军事检察院,新疆生产建设兵团人民检察院:

《人民检察院民事行政抗诉案件办案规则》已于2001年9月30日经最高人民检察院第九届检察委员会第九十七次会议讨论通过,现印发给你们,请遵照执行。

人民检察院民事行政抗诉案件办案规则

第一章 总 则

第一条 为保障人民检察院依法对民事审判活动和行政诉讼活动实行法律监督,根据《中华人民共和国民事诉讼法》、《中华人民共和国行政诉讼法》、《中华人民共和国人民检察院组织法》和其他有关法律,结合检察工作实际,制定本规则。

第二条 人民检察院依法独立行使检察权,通过办理民事、行政抗诉案件,对人民法院的民事审判活动和行政诉讼活动进行法律监督,维护国家利益和社会公共利益,维护司法公正和司法权威,保障国家法律的统一正确实施。

第三条 人民检察院办理民事、行政抗诉案件,应当遵循公开、公正、合法的原则。

第二章 受 理

第四条 人民检察院受理的民事、行政案件,主要有以下来源:

(一)当事人或者其他利害关系人申诉的;

(二)国家权力机关或者其他机关转办的;

(三)上级人民检察院交办的;

(四)人民检察院自行发现的。

第五条 不服人民法院判决、裁定的申诉符合下列条件的,人民检察院应当受理:

(一)人民法院的判决、裁定已经发生法律效力;

(二)有具体的申诉理由和请求。

第六条 有下列情形之一的申诉,人民检察院不予受理:

（一）判决、裁定尚未发生法律效力的；

（二）判决解除婚姻关系或者收养关系的；

（三）人民法院已经裁定再审的；

（四）当事人对人民检察院所作的终止审查或者不抗诉决定不服，再次提出申诉的；

（五）不属于人民检察院主管的其他情形。

第七条 人民检察院控告申诉检察部门受理民事、行政申诉案件。

第八条 当事人向人民检察院提出申诉，应当提交申诉书、人民法院生效的裁判文书，以及证明其申诉主张的证据材料。

第九条 对民事、行政申诉案件，人民检察院控告申诉检察部门应当自受理之日起7日内分别情况作出处理：

（一）不服同级或者下一级人民法院生效民事、行政判决、裁定的，移送本院民事行政检察部门审查处理；

（二）下级人民检察院有抗诉权的，转下级人民检察院审查处理；

（三）依法属于人民法院或者其他机关主管范围的，移送人民法院或者其他机关处理。

第十条 下级人民检察院有抗诉权的案件，上级人民检察院认为案情复杂或者在本辖区有重大影响的，可以直接受理。

第三章 立　　案

第十一条 民事、行政抗诉案件，由有抗诉权或者有提请抗诉权的人民检察院立案。

第十二条 有下列情形之一的，人民检察院应当自受理之日起30日内立案：

（一）原判决、裁定认定事实的主要证据可能不足的；

（二）原判决、裁定适用法律可能错误的；

（三）原审人民法院违反法定程序，可能影响案件正确判决、裁定的；

（四）有证据证明审判人员在审理案件时有贪污受贿、徇私舞弊或者枉法裁判行为的。

第十三条 人民检察院决定立案的民事、行政案件，应当通知申诉人和其他当事人。其他当事人可以在收到《立案通知书》之日起15日内提出书面意见。

人民检察院决定不立案的案件，应当通知申诉人。

第十四条 人民检察院应当在立案以后调（借）阅人民法院审判案卷，并在调（借）阅审判案卷后3个月内审查终结。

第十五条 对需要交办、转办的案件，应当分别制作交办函、转办函，并将有关材料移送下级人民检察院。

对上级人民检察院交办的案件，下级人民检察院应当及时立案审查，并报告审查结果或者审查意见。

对上级人民检察院转办的案件，下级人民检察院自行处理。

第四章 审　　查

第十六条 人民检察院立案以后，应当及时指定检察人员对人民法院的民事审判活动或者行政诉讼活动进行审查。

对不服人民法院生效判决、裁定的案件，应当就民事判决、裁定是否符合《中华人民共和国民事诉讼法》第一百八十五条规定的抗诉条件，行政判决、裁定是否符合《中华人民共和国行政诉讼法》第六十四条规定的抗诉条件进行审查。

第十七条 人民检察院审查民事、行政案件，应当就原审案卷进行审查。非确有必要时，不应进行调查。

第十八条 有下列情形之一的，人民检察院可以进行调查：

（一）当事人及其诉讼代理人由于客观原因不能自行收集的主要证据，向人民法院提供了证据线索，人民法院应予调查未进行调查取证的；

（二）当事人提供的证据互相矛盾，人民法院应予调查取证未进行调查取证的；

（三）审判人员在审理该案时可能有贪污受贿、徇私舞弊或者枉法裁判等违法行为的；

（四）人民法院据以认定事实的主要证据可能是伪证的。

第十九条 人民检察院认为申诉人应当提供证据材料证明其申诉主张的，可以要求申诉人在指定的期限内提交证据材料。申诉人逾期无故不提交证据材料的，视为撤回申诉。

对当事人提供的证据原件，人民检察院应当出具收据。

第二十条 人民检察院的调查活动应当由2名以上检察人员共同进行。

调查材料应当由调查人、被调查人、记录人签名或者盖章。

第二十一条 上级人民检察院办理民事、行政抗诉案件，可以指令下级人民检察院协助调查。

第二十二条 有下列情形之一的，人民检察院应当终止审查：

（一）申诉人撤回申诉，且不损害国家利益和社会公共利益的；

（二）人民法院已经裁定再审的；

（三）当事人自行和解的；

（四）应当终止审查的其他情形。

第二十三条 人民检察院决定终止审查的案件，应当向当事人送达《终止审查决定书》。

第二十四条 民事、行政案件审查终结，应当制作《审查终结报告》，载明：案件来源、当事人基本情况、审查认定的案件事实、诉讼过程、申诉或者提请抗诉的理由、审查意见及法律依据。

第二十五条 对于审查终结的案件，人民检察院应当分别情况作出决定：

（一）原判决、裁定符合法律规定的抗诉条件的，向人民法院提出抗诉；

（二）原判决、裁定不符合法律规定的抗诉条件的，作出不抗诉决定；

（三）符合本规则第八章规定的检察建议条件且确有必要的，向人民法院或者有关单位提出检察建议。

第二十六条 有下列情形之一的，人民检察院应当作出不抗诉决定：

（一）申诉人在原审过程中未尽举证责任的；

（二）现有证据不足以证明原判决、裁定存在错误或者违法的；

（三）足以推翻原判决、裁定的证据属于当事人在诉讼中未提供的新证据的；

（四）原判决、裁定认定事实或者适用法律确有错误，但处理结果对国家利益、社会公共利益和当事人权利义务影响不大的；

（五）原审违反法定程序，但未影响案件正确判决、裁定的；

（六）不符合法律规定的抗诉条件的其他情形。

第二十七条 人民检察院决定不抗诉的案件，应当分别情况作出处理：

（一）直接受理的民事、行政案件，应当制作《不抗诉决定书》，通知当事人；

（二）下级人民检察院提请抗诉的案件，应当制作《不抗诉决定书》，送达提请抗诉的人民检察院。提请抗诉的人民检察院接到《不抗诉决定书》以后，应当通知当事人。

第五章 提请抗诉

第二十八条 地方各级人民检察院对同级人民法院已经发生法律效力的判决、裁定，经审查认为符合抗诉条件的，应当提请上一级人民检察院抗诉。

第二十九条 人民检察院提请抗诉，应当制作《提请抗诉报告书》，并将审判卷宗、检察卷宗报上级人民检察院。

《提请抗诉报告书》应当载明：案件来源、当事人基本情况、基本案情、诉讼过程、当事人申诉理由、提请抗诉理由及法律依据。

第三十条 对下级人民检察院提请抗诉的案件，上级人民检察院应当在3个月内审查终结，并依法作出抗诉或者不抗诉决定。

需要延长审查期限的，由检察长批准。

第六章　抗　　诉

第三十一条　最高人民检察院对各级人民法院的生效民事或行政判决、裁定，上级人民检察院对下级人民法院的生效民事或行政判决、裁定，有权提出抗诉。

第三十二条　人民法院发生法律效力的民事判决、裁定有《中华人民共和国民事诉讼法》第一百八十五条第一款规定情形之一，行政判决、裁定有《中华人民共和国行政诉讼法》第六十四条规定情形的，人民检察院应当抗诉。

第三十三条　有下列情形之一的，人民检察院应当依照《中华人民共和国民事诉讼法》第一百八十五条第一款第（一）项的规定提出抗诉：

（一）原判决、裁定所认定事实没有证据或者没有足够证据支持的；

（二）原判决、裁定对有足够证据支持的事实不予认定的；

（三）原判决、裁定采信了伪证并作为认定事实的主要证据的；

（四）原审当事人及其诉讼代理人由于客观原因不能自行收集的主要证据，人民法院应予调查取证而未进行调查取证，影响原判决、裁定正确认定事实的；

（五）原审当事人提供的证据互相矛盾，人民法院应予调查取证而未进行调查取证，影响原判决、裁定正确认定事实的；

（六）原判决、裁定所采信的鉴定结论的鉴定程序违法或者鉴定人不具备鉴定资格的；

（七）原审法院应当进行鉴定或者勘验而未鉴定、勘验的；

（八）原判决、裁定认定事实的主要证据不足的其他情形。

第三十四条　有下列情形之一的，人民检察院应当依照《中华人民共和国民事诉讼法》第一百八十五条第一款第（二）项的规定提出抗诉：

（一）原判决、裁定错误认定法律关系性质的；

（二）原判决、裁定错误认定民事法律关系主体的；

（三）原判决、裁定确定权利归属、责任承担或者责任划分发生错误的；

（四）原判决遗漏诉讼请求或者超出原告诉讼请求范围判令被告承担责任的；

（五）原判决、裁定对未超过诉讼时效的诉讼请求不予支持，或者对超过诉讼时效的诉讼请求予以支持的；

（六）适用法律错误的其他情形。

第三十五条　有下列情形之一，可能影响正确判决、裁定的，人民检察院应当依照《中华人民共和国民事诉讼法》第一百八十五条第一款第（三）项的规定提出抗诉：

（一）审理案件的审判人员、书记员依法应当回避而未回避的；

（二）应当开庭审理的案件，未经开庭审理即作出判决、裁定的；

（三）适用普通程序审理的案件，当事人未经传票传唤而缺席判决、裁定的；

（四）违反法定程序的其他情形。

第三十六条　审判人员在审理该民事案件时有《中华人民共和国民事诉讼法》第一百八十五条第一款第（四）项规定的贪污受贿、徇私舞弊或者枉法裁判行为的，人民检察院应当提出抗诉。

第三十七条　有下列情形之一的，人民检察院应当依照《中华人民共和国行政诉讼法》第六十四条的规定提出抗诉：

（一）人民法院对依法应予受理的行政案件，裁定不予受理或者驳回起诉的；

（二）人民法院裁定准许当事人撤诉违反法律规定的；

（三）原判决、裁定违反《中华人民共和国立法法》第七十八条至第八十六条的规定适用法律、法规、规章的；

（四）原判决、裁定错误认定具体行政行为的性质、存在或者效力的；

（五）原判决、裁定认定行政事实行为

是否存在、合法发生错误的；

（六）原判决、裁定违反《中华人民共和国行政诉讼法》第三十二条规定的举证责任规则的；

（七）原判决、裁定认定事实的主要证据不足的；

（八）原判决确定权利归属或责任承担违反法律规定的；

（九）人民法院违反法定程序，可能影响案件正确判决、裁定的；

（十）审判人员在审理该案件时有贪污受贿、徇私舞弊或者枉法裁判行为的；

（十一）原判决、裁定违反法律、法规的其他情形。

第三十八条 人民检察院提出抗诉，由检察长批准或者检察委员会决定。

第三十九条 抗诉应当由有抗诉权的人民检察院向同级人民法院提出。

第四十条 人民检察院决定抗诉的案件，应当制作《抗诉书》。《抗诉书》应当载明：案件来源、基本案情、人民法院审理情况及抗诉理由。

《抗诉书》由检察长签发，加盖人民检察院印章。

第四十一条 抗诉书副本应当送达当事人，并报送上一级人民检察院。

第四十二条 人民检察院发现本院抗诉不当的，应当由检察长或者检察委员会决定撤回抗诉。

人民检察院决定撤回抗诉，应当制作《撤回抗诉决定书》，送达同级人民法院，通知当事人，并报送上一级人民检察院。

第四十三条 上级人民检察院发现下级人民检察院抗诉不当的，有权撤销下级人民检察院的抗诉决定。

下级人民检察院接到上级人民检察院的《撤销抗诉决定书》，应当制作《撤回抗诉决定书》，送达同级人民法院，通知当事人，并报送上一级人民检察院。

第七章 出 庭

第四十四条 人民法院开庭审理抗诉案件，人民检察院应当派员出席再审法庭。

受理抗诉的人民法院指令下级人民法院再审的，提出抗诉的人民检察院可以指令再审人民法院的同级人民检察院派员出席再审法庭。

第四十五条 检察人员出席抗诉案件再审法庭的任务是：

（一）宣读抗诉书；

（二）发表出庭意见；

（三）发现庭审活动违法的，向再审法院提出建议。

第四十六条 人民法院就抗诉案件作出再审判决、裁定以后，提出抗诉的人民检察院应当对再审判决、裁定进行审查，并填写《抗诉再审判决（裁定）登记表》。

第八章 检察建议

第四十七条 有下列情形之一的，人民检察院可以向人民法院提出检察建议：

（一）原判决、裁定符合抗诉条件，人民检察院与人民法院协商一致，人民法院同意再审的；

（二）原裁定确有错误，但依法不能启动再审程序予以救济的；

（三）人民法院对抗诉案件再审的庭审活动违反法律规定的；

（四）应当向人民法院提出检察建议的其他情形。

第四十八条 有下列情形之一的，人民检察院可以向有关单位提出检察建议：

（一）有关国家机关或者企业事业单位存在制度隐患的；

（二）有关国家机关工作人员、企业事业单位工作人员严重违背职责，应当追究其纪律责任的；

（三）应当向有关单位提出检察建议的其他情形。

第九章 附 则

第四十九条 人民检察院应当按照《人民检察院法律文书格式（样本）》的要求制作民

事、行政检察文书。

人民检察院立案审查的民事、行政案件，应当按照本规则附件一的要求建立民事、行政检察案卷。

第五十条 人民检察院办理民事、行政抗诉案件，不收取案件受理费，复制费用可以由当事人承担。

第五十一条 本规则自发布之日起施行。最高人民检察院《关于民事审判监督程序抗诉工作暂行规定》、《关于执行行政诉讼法第六十四条的暂行规定》、《人民检察院办理民事行政申诉案件公开审查程序试行规则》同时废止。

最高人民法院关于执行案件督办工作的规定（试行）

- 2006年5月18日
- 法发〔2006〕11号

为了加强和规范上级法院对下级法院执行案件的监督，根据《中华人民共和国民事诉讼法》及有关司法解释的规定，结合人民法院执行工作的实践，制定本规定。

第一条 最高人民法院对地方各级人民法院执行案件进行监督。高级人民法院、中级人民法院对本辖区内人民法院执行案件进行监督。

第二条 当事人反映下级法院有消极执行或者案件长期不能执结，上级法院认为情况属实的，应当督促下级法院及时采取执行措施，或者在指定期限内办结。

第三条 上级法院应当在受理反映下级法院执行问题的申诉后十日内，对符合督办条件的案件制作督办函，并附相关材料函转下级法院。遇有特殊情况，上级法院可要求下级法院立即进行汇报，或派员实地进行督办。

下级法院在接到上级法院的督办函后，应指定专人办理。

第四条 下级法院应当在上级法院指定的期限内，将案件办理情况或者处理意见向督办法院作出书面报告。

第五条 对于上级法院督办的执行案件，被督办法院应当按照上一级法院的要求，及时制作案件督办函，并附案件相关材料函转至执行法院。被督办法院负责在上一级法院限定的期限届满前，将督办案件办理情况书面报告上一级法院，并附相关材料。

第六条 下级法院逾期未报告工作情况或案件处理结果的，上级法院根据情况可以进行催报，也可以直接调卷审查，指定其他法院办理，或者提级执行。

第七条 上级法院收到下级法院的书面报告后，认为下级法院的处理意见不当的，应当提出书面意见函告下级法院。下级法院应当按照上级法院的意见办理。

第八条 下级法院认为上级法院的处理意见错误，可以按照有关规定提请上级法院复议。

对下级法院提请复议的案件，上级法院应当另行组成合议庭进行审查。经审查认为原处理意见错误的，应当纠正；认为原处理意见正确的，应当拟函督促下级法院按照原处理意见办理。

第九条 对于上级法院督办的执行案件，下级法院无正当理由逾期未报告工作情况或案件处理结果，或者拒不落实、消极落实上级法院的处理意见，经上级法院催办后仍未纠正的，上级法院可以在辖区内予以通报，并依据有关规定追究相关法院或者责任人的责任。

第十条 本规定自公布之日起施行。

最高人民法院关于执行款物管理工作的规定（试行）

- 2006年5月18日
- 法发〔2006〕11号

为了加强人民法院执行款物的管理工作，维护当事人的合法权益，根据《中华人民共和国民事诉讼法》及有关司法解释，参照有关财务管理规定，结合执行工作实际，制定本规定。

第一条 本规定所指的执行款物是在执行程序中，依法应当由人民法院经管的财物。

第二条 各级人民法院财务部门应当开设执行款专户，对执行款实行专项管理、专款专付。

执行机构和财务部门应当分工负责，相互配合，相互监督。

第三条 财务部门对执行款的收付进行逐案登记并建立明细账，执行机构应当指定专人负责对执行款的收付情况设立台账，同时对每个案件实行明细记账。案件承办人应当对每个执行案件的执行款往来情况进行登记，并归入案件档案。

第四条 人民法院在强制执行中，执行款可以由被执行人直接交付给申请执行人，也可以从被执行人账户直接划至申请执行人账户。但对于有争议或需再分配的执行款，或因其他情况，人民法院认为确有必要先存入执行款专户的，应当划进执行款专户。

第五条 被执行人直接向法院支付现金或票据的，执行人员应当会同被执行人将现金或者票据交本院财务部门，财务部门应当出具收款凭据。

第六条 执行中确需执行人员直接代收现金或者票据的，应当不少于两名执行人员在场，即时向付款人出具收据，并将收款情况记入笔录并由付款人签名。

收款人应当在回院后一个工作日内移交本院财务部门或将有关款项缴入执行款专户。

第七条 人民法院委托拍卖机构拍卖被执行人财产时，应在拍卖委托书中要求竞买人或买受人将保证金或者拍卖价款直接汇入法院执行款专户。汇款时应注明汇款单位、拍卖机构名称、被执行人名称、案号。

第八条 执行款到账次日，财务部门应当将到账情况告知执行机构，执行机构应当在五日内将收款时间和数额等有关情况告知案件当事人。

第九条 执行款到账后，执行法院应当在一个月内核算执行费用和执行款，并及时通知申请执行人办理取款手续。需要延期划付的，应当在期限届满前书面说明原因并报主管院领导审查批准。

第十条 执行款专户的款项需要支付时，执行人员应当填报有关支付案款审批表并附以下材料，报经执行局长或主管院领导审批后，交由财务部门办理。

（一）生效的法律文书、立案审批表；

（二）款项到账的相关证明；

（三）申请付款人的有效身份证明。委托他人代收的，应当向法院出具特别授权委托书；

（四）已扣缴或应当扣缴的票据或说明。

财务部门支付执行款时，应当按照有关财务管理规定认真审核。

第十一条 人民法院向申请执行人支付执行款前，应当依法扣除未缴的申请执行费和执行中实际支出费用。

第十二条 人民法院向当事人交付执行款时，应当同时收取和审核当事人出具的收款凭据。

第十三条 由人民法院保管的查封、扣押物品应当指定专人负责，妥善保管，任何人不得擅自使用。

第十四条 执行法院解除对财产的查封、扣押、冻结措施后，应当将财产及时返还。

第十五条 案件承办人调离执行机构，在移交案件时，必须同时移交执行款物及相关材料。执行款物交接不清的，不得办理调离手续。

第十六条 严禁使用、截留、挪用、侵吞和私分执行款物。违反者，按有关规定追究责任。

第十七条 各高级人民法院在实施本规定过程中，可以根据实际需要制定实施细则。

第十八条 本规定自公布之日起施行。

最高人民法院关于“五个严禁”的规定

•2009年1月8日

一、严禁接受案件当事人及相关人员的请客送礼；

二、严禁违反规定与律师进行不正当交往；

三、严禁插手过问他人办理的案件；

四、严禁在委托评估、拍卖等活动中徇私舞弊；

五、严禁泄露审判工作秘密。

人民法院工作人员凡违反上述规定，依纪依法追究纪律责任直至刑事责任。从事审判、执行工作的，一律调离审判、执行岗位。

最高人民法院关于在人民法院审判执行部门设立廉政监察员的实施办法（试行）

•2009年2月20日

•法发〔2009〕8号

第一条 为了加强对审判执行工作人员纪律作风状况的日常监督，促进司法廉洁、维护司法公正，根据《中华人民共和国法官法》、《人民法院监察工作条例》等有关规定，制定本办法。

第二条 人民法院应当在审判执行部门设立廉政监察员。廉政监察员一般应当由具有同级正职或者副职非领导职务的资深法官担任，也可以由部门副职领导兼任。

第三条 廉政监察员在所在部门主要负责人和本院监察部门的双重领导下开展工作，以所在部门主要负责人领导为主。

第四条 廉政监察员履行下列职责：

（一）协助所在部门主要负责人分析本部门反腐倡廉工作形势，组织落实反腐倡廉工作任务；

（二）协助所在部门主要负责人对本部门人员遵守和执行法律、法规、纪律以及各项规章制度的情况进行监督检查；

（三）协助所在部门主要负责人了解掌握本部门人员思想动态，对本部门人员进行职业道德、纪律作风和廉洁司法教育；

（四）协助所在部门主要负责人健全完善本部门的廉政制度；

（五）协助本院监察部门受理人民群众对所在部门及其人员纪律作风问题的举报；

（六）向所在部门人员提供廉政指导和廉政咨询，对所在部门人员在纪律作风方面存在的苗头性、倾向性问题及时进行提醒；

（七）完成所在部门主要负责人和本院监察部门交办的其他反腐倡廉工作任务。

第五条 廉政监察员除履行本办法第六条规定的职责外，还可以兼任所在部门党支部书记、政治协理员等职务，兼管本部门的思想政治工作，并享受与所在部门副职同等的工作待遇。

第六条 廉政监察员根据监督工作需要，可以采取下列监督方式：

（一）出席所在部门召开的庭（局）务会议等部门会议；

（二）经所在部门主要负责人或者本院监察部门同意，查阅有关案卷、文件、资料；

（三）协助本院有关部门或者根据所在部门主要负责人的安排组织开展案件评查等工作；

（四）根据所在部门主要负责人或者本院监察部门的安排，听取案件当事人及其他相关人员的意见和反映，向案件当事人及其他相关人员了解情况；

（五）经所在部门主要负责人或者本院监察部门的同意，要求本部门工作人员就有关问题作出解释或者说明；

（六）法律、法规和人民法院规章制度

规定的其他监督方式。

第七条 组织人事部门在审判执行部门考察干部时，应当听取其所在部门廉政监察员的意见。

第八条 廉政监察员应当结合所在部门的实际情况，向所在部门主要负责人或者本院监察部门提出加强廉政建设、改进工作作风的建议。

第九条 廉政监察员发现所在部门存在纪律作风问题时，应当向所在部门主要负责人报告，并提出纠正建议，建议未被采纳时，也可以直接向本院监察部门报告。

廉政监察员认为发现的问题已经涉嫌违纪、需要追究纪律责任时，应当在向所在部门主要负责人报告的同时，及时报告本院监察部门。

第十条 人民法院监察部门根据工作需要，可以调集廉政监察员协助或者参与对违纪案件的初核、调查、审理工作。

第十一条 人民法院监察部门要经常召开廉政监察员会议，对廉政监察员的工作进行部署、指导、检查。组织开展廉政监察员业务培训、工作交流等活动。

第十二条 廉政监察员必须忠于职守，秉公办事，遵纪守法，保守秘密，不得以权谋私，不得滥用职权干预审判组织和审判执行人员依法办案。

廉政监察员滥用职权，或者因不认真履行职责而导致所在部门发生严重违法犯罪问题的，应当按照有关规定追究其责任。

第十三条 廉政监察员的任免、调动、奖惩，应当事先征求监察部门的意见。

专职廉政监察员一般不从本部门产生，同时要不定期进行交流。

第十四条 廉政监察员每年要就本人履行廉政监察员职责的情况向所在部门主要负责人和本院监察部门进行述职。

廉政监察员的年终考评等次，应当在征求本院监察部门的意见后确定。

第十五条 人民法院可以参照本规定，在审判执行部门以外的部门设立廉政监察员。

第十六条 本办法由最高人民法院负责解释。

第十七条 本办法自发布之日起施行。

最高人民法院印发《关于司法公开的六项规定》和《关于人民法院接受新闻媒体舆论监督的若干规定》的通知

- 2009年12月8日
- 法发〔2009〕58号

全国地方各级人民法院、各级军事法院、各铁路运输中级法院和基层法院、各海事法院，新疆生产建设兵团各级法院：

《最高人民法院关于司法公开的六项规定》和《最高人民法院关于人民法院接受新闻媒体舆论监督的若干规定》已经中央批准，现印发给你们，请认真贯彻执行。贯彻执行中的重大事项，请及时报告我院。

最高人民法院关于司法公开的六项规定

为进一步落实公开审判的宪法原则，扩大司法公开范围，拓宽司法公开渠道，保障人民群众对人民法院工作的知情权、参与权、表达权和监督权，维护当事人的合法权益，提高司法民主水平，规范司法行为，促进司法公正，根据有关诉讼法的规定和人民法院的工作实际，按照依法公开、及时公开、全面公开的原则，制定本规定。

一、立案公开

立案阶段的相关信息应当通过便捷、有效的方式向当事人公开。各类案件的立案条件、立案流程、法律文书样式、诉讼费用标准、缓减免交诉讼费程序、当事人重要权利义务、诉讼和执行风险提示以及可选择的诉讼外纠纷解决方式等内容，应当通过适当的形式向社会和当事人公开。人民法院应当及时将案件受理情况通知当事人。对于不予受理的，应当将不予受理裁定书、不予受理再审申请通知书、驳回再审申请裁定书等相关法律文件依法及时送达当事人，并说明理由，告知当事人诉讼权利。

二、庭审公开

建立健全有序开放、有效管理的旁听和报道庭审的规则，消除公众和媒体知情监督的障碍。依法公开审理的案件，旁听人员应当经过安全检查进入法庭旁听。因审判场所等客观因素所限，人民法院可以发放旁听证或者通过庭审视频、直播录播等方式满足公众和媒体了解庭审实况的需要。所有证据应当在法庭上公开，能够当庭认证的，应当当庭认证。除法律、司法解释规定可以不出庭的情形外，人民法院应当通知证人、鉴定人出庭作证。独任审判员、合议庭成员、审判委员会委员的基本情况应当公开，当事人依法有权申请回避。案件延长审限的情况应当告知当事人。人民法院对公开审理或者不公开审理的案件，一律在法庭内或者通过其他公开的方式公开宣告判决。

三、执行公开

执行的依据、标准、规范、程序以及执行全过程应当向社会和当事人公开，但涉及国家秘密、商业秘密、个人隐私等法律禁止公开的信息除外。进一步健全和完善执行信息查询系统，扩大查询范围，为当事人查询执行案件信息提供方便。人民法院采取查封、扣押、冻结、划拨等执行措施后应及时告知双方当事人。人民法院选择鉴定、评估、拍卖等机构的过程和结果向当事人公开。执行款项的收取发放、执行标的物的保管、评估、拍卖、变卖的程序和结果等重点环节和重点事项应当及时告知当事人。执行中的重大进展应当通知当事人和利害关系人。

四、听证公开

人民法院对开庭审理程序之外的涉及当事人或者案外人重大权益的案件实行听证的，应当公开进行。人民法院对申请再审案件、涉法涉诉信访疑难案件、司法赔偿案件、执行异议案件以及对职务犯罪案件和有重大影响案件被告人的减刑、假释案件等，按照有关规定实行公开听证的，应当向社会发布听证公告。听证公开的范围、方式、程序等参照庭审公开的有关规定。

五、文书公开

裁判文书应当充分表述当事人的诉辩意见、证据的采信理由、事实的认定、适用法律的推理与解释过程，做到说理公开。人民法院可以根据法制宣传、法学研究、案例指导、统一裁判标准的需要，集中编印、刊登各类裁判文书。除涉及国家秘密、未成年人犯罪、个人隐私以及其他不适宜公开的案件和调解结案的案件外，人民法院的裁判文书可以在互联网上公开发布。当事人对于在互联网上公开裁判文书提出异议并有正当理由的，人民法院可以决定不在互联网上发布。为保护裁判文书所涉及到的公民、法人和其他组织的正当权利，可以对拟公开发布的裁判文书中的相关信息进行必要的技术处理。人民法院应当注意收集社会各界对裁判文书的意见和建议，作为改进工作的参考。

六、审务公开

人民法院的审判管理工作以及与审判工作有关的其他管理活动应当向社会公开。各级人民法院应当逐步建立和完善互联网站和其他信息公开平台。探索建立各类案件运转流程的网络查询系统，方便当事人及时查询案件进展情况。通过便捷、有效的方式及时向社会公开关于法院工作的方针政策、各种规范性文件和审判指导意见以及非涉密司法统计数据及分析报告，公开重大案件的审判情况、重要研究成果、活动部署等。建立健全过问案件登记、说情干扰警示、监督情况通报等制度，向社会和当事人公开违反规定程序过问案件的情况和人民法院接受监督的情况，切实保护公众的知情监督权和当事人的诉讼权利。

全国各级人民法院要切实解放思想，更新观念，大胆创新，把积极主动地采取公开透明的措施与不折不扣地实现当事人的诉讼权利结合起来，把司法公开的实现程度当作衡量司法民主水平、评价法院工作的重要指标。最高人民法院将进一步研究制定司法公开制度落实情况的考评标准，并将其纳入人民法院工作考评体系，完善司法公开的考核评价机制。上级人民法院要加强对下级人民法院司法公开工作的指导，定期组织专项检查，通报检查结果，完善司法公开的督促检查机制。各级人民法院要加大对司法公开工作在资金、设施、人力、技术方面的投入，建立司法公开的物质保障机制。要疏通渠道，设立平台，认真收集、听取和处理群众关于司法公开制度落实情况的举报投诉或意见建议，建立健全司法公开的情况反馈机制。要细化和分解落实司法公开的职责，明确责任，对于在诉讼过程中违反审判公开原则或者在法院其他工作中违反司法公开相关规定的，要追究相应责任，同时要注意树立先进典型，表彰先进个人和单位，推广先进经验，建立健全司法公开的问责表彰机制。

本规定自公布之日起实施。本院以前发布的相关规定与本规定不一致的，以本规定为准。

最高人民法院关于人民法院接受新闻媒体舆论监督的若干规定

为进一步落实公开审判的宪法原则，规范人民法院接受新闻媒体舆论监督工作，妥善处理法院与媒体的关系，保障公众的知情权、参与权、表达权和监督权，提高司法公信，制定本规定。

第一条 人民法院应当主动接受新闻媒体的舆论监督。对新闻媒体旁听案件庭审、采访报道法院工作、要求提供相关材料的，人民法院应当根据具体情况提供便利。

第二条 对于社会关注的案件和法院工作的重大举措以及按照有关规定应当向社会公开的其他信息，人民法院应当通过新闻发布会、记者招待会、新闻通稿、法院公报、互联网站等形式向新闻媒体及时发布相关信息。

第三条 对于公开审判的案件，新闻媒体记者和公众可以旁听。审判场所座席不足的，应当优先保证媒体和当事人近亲属的需要。有条件的审判法庭根据需要可以在旁听席中设立媒体席。记者旁听庭审应当遵守法庭纪律，未经批准不得录音、录像和摄影。

第四条 对于正在审理的案件，人民法院的审判人员及其他工作人员不得擅自接受新闻媒体的采访。对于已经审结的案件，人民法院可以通过新闻宣传部门协调决定由有关人员接受采访。对于不适宜接受采访的，人民法院可以决定不接受采访并说明理由。

第五条 新闻媒体因报道案件审理情况或者法院其他工作需要申请人民法院提供相关资料的，人民法院可以提供裁判文书复印件、庭审笔录、庭审录音录像、规范性文件、指导意见等。如有必要，也可以为媒体提供其他可以公开的背景资料和情况说明。

第六条 人民法院接受新闻媒体舆论监督的协调工作由各级人民法院的新闻宣传主管部门统一归口管理。新闻宣传主管部门应当为新闻媒体提供新闻报道素材，保证新闻媒体真实、客观地报道人民法院的工作。对于新闻媒体报道人民法院的工作失实时，新闻宣传主管部门负责及时澄清事实，进行回应。

第七条 人民法院应当建立与新闻媒体及其主管部门固定的沟通联络机制，定期或不定期地举办座谈会或研讨会，交流意见，沟通信息。人民法院与新闻媒体可以研究制定共同遵守的行为自律准则。对于新闻媒体反映的人民法院接受舆论监督方面的意见和建议，有关法院应当及时研究处理，改进工作。

第八条 对于新闻媒体报道中反映的人民法院审判工作和其他各项工作中存在的问题，以及反映审判人员和其他工作人员违法违纪行为，人民法院应当及时调查、核实。查证属实的，应当依法采取有效措施进行处理，并及时反馈处理结果。

第九条 人民法院发现新闻媒体在采访报道法院工作时有下列情形之一的，可以向新闻主管部门、新闻记者自律组织或者新闻单位等通报情况并提出建议。违反法律规定的，依法追究相应责任。

（一）损害国家安全和社会公共利益的，泄露国家秘密、商业秘密的；

（二）对正在审理的案件报道严重失实或者恶意进行倾向性报道，损害司法权威、影响公正审判的；

（三）以侮辱、诽谤等方式损害法官名誉，或者损害当事人名誉权等人格权，侵犯诉讼参与人的隐私和安全的；

（四）接受一方当事人请托，歪曲事实，恶意炒作，干扰人民法院审判、执行活动，造成严重不良影响的；

（五）其他严重损害司法权威、影响司法公正的。

第十条 本规定自公布之日起实施。

最高人民法院关于印发《人民法院工作人员处分条例》的通知

- 2009年12月31日
- 法发〔2009〕61号

全国地方各级人民法院、各级军事法院、各铁路运输中级法院和基层法院、各海事法院，新疆生产建设兵团各级法院：

现将《人民法院工作人员处分条例》印发给你们，请认真贯彻执行。执行中有何问题请及时向我院报告。

人民法院工作人员处分条例

第一章 总 则

第一节 目的、依据、原则和适用范围

第一条 为了规范人民法院工作人员行为，促进人民法院工作人员依法履行职责，确保公正、高效、廉洁司法，根据《中华人民共和国公务员法》和《中华人民共和国法官法》，制定本条例。

第二条 人民法院工作人员因违反法律、法规或者本条例规定，应当承担纪律责任的，依照本条例给予处分。

第三条 人民法院工作人员依法履行职务的行为受法律保护。非因法定事由、非经法定程序，不受处分。

第四条 给予人民法院工作人员处分，应当坚持以下原则：

（一）实事求是，客观公正；

（二）纪律面前人人平等；

（三）处分与违纪行为相适应；

（四）惩处与教育相结合。

第五条 人民法院工作人员违纪违法涉嫌犯罪的，应当移送司法机关处理。

第二节 处分的种类和适用

第六条 处分的种类为：警告、记过、记大过、降级、撤职、开除。

第七条 受处分的期间为：

（一）警告，六个月；

（二）记过，十二个月；

（三）记大过，十八个月；

（四）降级、撤职，二十四个月。

第八条 受处分期间不得晋升职务、级别，其中，受记过、记大过、降级、撤职处分的，不得晋升工资档次；受撤职处分的，应当按照规定降低级别。

第九条 受开除处分的，自处分决定生效之日起，解除与人民法院的人事关系，不得再

担任公务员职务。

第十条 同时有两种以上需要给予处分的行为的，应当分别确定其处分种类。应当给予的处分种类不同的，执行其中最重的处分；应当给予撤职以下多个相同种类处分的，执行该处分，并在一个处分期以上、多个处分期之和以下，决定应当执行的处分期。

在受处分期间受到新的处分的，其处分期为原处分期尚未执行的期限与新处分期限之和。

处分期最长不超过四十八个月。

第十一条 二人以上共同违纪违法，需要给予处分的，根据各自应当承担的纪律责任分别给予处分。

人民法院领导班子、有关机构或者审判组织集体作出违纪违法决定或者实施违纪违法行为，依照前款规定处理。

第十二条 有下列情形之一的，应当在本条例分则规定的处分幅度以内从重处分：

（一）在共同违纪违法行为中起主要作用的；

（二）隐匿、伪造、销毁证据的；

（三）串供或者阻止他人揭发检举、提供证据材料的；

（四）包庇同案人员的；

（五）法律、法规和本条例分则中规定的其他从重情节。

第十三条 有下列情形之一的，应当在本条例分则规定的处分幅度以内从轻处分：

（一）主动交待违纪违法行为的；

（二）主动采取措施，有效避免或者挽回损失的；

（三）检举他人重大违纪违法行为，情况属实的；

（四）法律、法规和本条例分则中规定的其他从轻情节。

第十四条 主动交待违纪违法行为，并主动采取措施有效避免或者挽回损失的，应当在本条例分则规定的处分幅度以外降低一个档次给予减轻处分。

应当给予警告处分，又有减轻处分情形的，免予处分。

第十五条 违纪违法行为情节轻微，经过批评教育后改正的，可以免予处分。

第十六条 在人民法院作出处分决定前，已经被依法判处刑罚、罢免、免职或者已经辞去领导职务，依照本条例需要给予处分的，应当根据其违纪违法事实给予处分。

被依法判处刑罚的，一律给予开除处分。

第十七条 人民法院工作人员退休之后违纪违法，或者在任职期间违纪违法、在处分决定作出前已经退休的，不再给予纪律处分；但是，应当给予降级、撤职、开除处分的，应当按照规定相应降低或者取消其享受的待遇。

第十八条 对违纪违法取得的财物和用于违纪违法的财物，应当没收、追缴或者责令退赔。没收、追缴的财物，一律上缴国库。

对违纪违法获得的职务、职称、学历、学位、奖励、资格等，应当建议有关单位、部门按规定予以纠正或者撤销。

第三节 处分的解除、变更和撤销

第十九条 受开除以外处分的，在受处分期间有悔改表现，并且没有再发生违纪违法行为的，处分期满后应当解除处分。

解除处分后，晋升工资档次、级别、职务不再受原处分的影响。但是，解除降级、撤职处分的，不视为恢复原级别、原职务。

第二十条 有下列情形之一的，应当变更或者撤销处分决定：

（一）适用法律、法规或者本条例规定错误的；

（二）对违纪违法行为的事实、情节认定有误的；

（三）处分所依据的违纪违法事实证据不足的；

（四）调查处理违反法定程序，影响案件公正处理的；

（五）作出处分决定超越职权或者滥用职权的；

（六）有其他处分不当情形的。

第二十一条 处分决定被变更，需要调整被处分人员的职务、级别或者工资档次的，应当按照规定予以调整；处分决定被撤销的，应当恢复其级别、工资档次，按照原职务安排相应的职务，并在适当范围内为其恢复名誉。因变更而减轻处分或者被撤销处分人员的工资福利受到损失的，应当予以补偿。

第二章 分 则

第一节 违反政治纪律的行为

第二十二条 散布有损国家声誉的言论，参加旨在反对国家的集会、游行、示威等活动的，给予记大过处分；情节较重的，给予降级或者撤职处分；情节严重的，给予开除处分。

因不明真相被裹挟参加上述活动，经批评教育后确有悔改表现的，可以减轻或者免予处分。

第二十三条 参加非法组织或者参加罢工的，给予记大过处分；情节较重的，给予降级或者撤职处分；情节严重的，给予开除处分。

因不明真相被裹挟参加上述活动，经批评教育后确有悔改表现的，可以减轻或者免予处分。

第二十四条 违反国家的民族宗教政策，造成不良后果的，给予记大过处分；情节较重的，给予降级或者撤职处分；情节严重的，给予开除处分。

因不明真相被裹挟参加上述活动，经批评教育后确有悔改表现的，可以减轻或者免予处分。

第二十五条 在对外交往中损害国家荣誉和利益的，给予记大过处分；情节较重的，给予降级或者撤职处分；情节严重的，给予开除处分。

第二十六条 非法出境，或者违反规定滞留境外不归的，给予记大过处分；情节较重的，给予降级或者撤职处分；情节严重的，给予开除处分。

第二十七条 未经批准获取境外永久居留资格，或者取得外国国籍的，给予记大过处分；情节较重的，给予降级或者撤职处分；情节严重的，给予开除处分。

第二十八条 有其他违反政治纪律行为的，给予警告、记过或者记大过处分；情节较重的，给予降级或者撤职处分；情节严重的，给予开除处分。

第二节 违反办案纪律的行为

第二十九条 违反规定，擅自对应当受理的案件不予受理，或者对不应当受理的案件违法受理的，给予警告、记过或者记大过处分；情节较重的，给予降级或者撤职处分；情节严重的，给予开除处分。

第三十条 违反规定应当回避而不回避，造成不良后果的，给予警告、记过或者记大过处分；情节较重的，给予降级或者撤职处分；情节严重的，给予开除处分。

明知诉讼代理人、辩护人不符合担任代理人、辩护人的规定，仍准许其担任代理人、辩护人，造成不良后果的，给予警告、记过或者记大过处分；情节较重的，给予降级处分；情节严重的，给予撤职处分。

第三十一条 违反规定会见案件当事人及其辩护人、代理人、请托人的，给予警告处分；造成不良后果的，给予记过或者记大过处分。

第三十二条 违反规定为案件当事人推荐、介绍律师或者代理人，或者为律师或者其他人员介绍案件的，给予警告处分；造成不良后果的，给予记过或者记大过处分。

第三十三条 违反规定插手、干预、过问案件，或者为案件当事人通风报信、说情打招呼的，给予警告、记过或者记大过处分；情节较重的，给予降级或者撤职处分；情节严重的，给予开除处分。

第三十四条 依照规定应当调查收集相关证据而故意不予收集，造成不良后果的，给予警告、记过或者记大过处分；情节较重的，给予降级或者撤职处分；情节严重的，给予开除处分。

第三十五条 依照规定应当采取鉴定、勘验、证据保全等措施而故意不采取，造成不良后果的，给予警告、记过或者记大过处分；情节较重的，给予降级或者撤职处分；情节严重的，给予开除处分。

第三十六条 依照规定应当采取财产保全措施或者执行措施而故意不采取，或者依法应当委托有关机构审计、鉴定、评估、拍卖而故意不委托，造成不良后果的，给予警告、记过或者记大过处分；情节较重的，给予降级或者撤职处分；情节严重的，给予开除处分。

第三十七条 违反规定采取或者解除财产保全措施，造成不良后果的，给予警告、记过或者记大过处分；情节较重的，给予降级或者撤职处分；情节严重的，给予开除处分。

第三十八条 故意违反规定选定审计、鉴定、评估、拍卖等中介机构，或者串通、指使相关中介机构在审计、鉴定、评估、拍卖等活动中徇私舞弊、弄虚作假的，给予警告、记过或者记大过处分；情节较重的，给予降级或者撤职处分；情节严重的，给予开除处分。

第三十九条 故意违反规定采取强制措施的，给予警告、记过或者记大过处分；情节较重的，给予降级或者撤职处分；情节严重的，给予开除处分。

第四十条 故意毁弃、篡改、隐匿、伪造、偷换证据或者其他诉讼材料的，给予记大过处分；情节较重的，给予降级或者撤职处分；情节严重的，给予开除处分。

指使、帮助他人作伪证或者阻止他人作证的，给予降级或者撤职处分；情节严重的，给予开除处分。

第四十一条 故意向合议庭、审判委员会隐瞒主要证据、重要情节或者提供虚假情况的，给予警告、记过或者记大过处分；情节较重的，给予降级或者撤职处分；情节严重的，给予开除处分。

第四十二条 故意泄露合议庭、审判委员会评议、讨论案件的具体情况或者其他审判执行工作秘密的，给予记过或者记大过处分；情节较重的，给予降级或者撤职处分；情节严重的，给予开除处分。

第四十三条 故意违背事实和法律枉法裁判的，给予降级或者撤职处分；情节严重的，给予开除处分。

第四十四条 因徇私而违反规定迫使当事人违背真实意愿撤诉、接受调解、达成执行和解协议并损害其利益的，给予警告、记过或者记大过处分；情节较重的，给予降级或者撤职处分；情节严重的，给予开除处分。

第四十五条 故意违反规定采取执行措施，造成案件当事人、案外人或者第三人财产损失的，给予记大过处分；情节较重的，给予降级或者撤职处分；情节严重的，给予开除处分。

第四十六条 故意违反规定对具备执行条件的案件暂缓执行、中止执行、终结执行或者不依法恢复执行，造成不良后果的，给予记大过处分；情节较重的，给予降级或者撤职处分；情节严重的，给予开除处分。

第四十七条 故意违反规定拖延办案的，给予警告、记过或者记大过处分；情节较重的，给予降级或者撤职处分；情节严重的，给予开除处分。

第四十八条 故意拖延或者拒不执行合议庭决议、审判委员会决定以及上级人民法院判决、裁定、决定、命令的，给予警告、记过或者记大过处分；情节较重的，给予降级或者撤职处分；情节严重的，给予开除处分。

第四十九条 私放被羁押人员的，给予记大过处分；情节较重的，给予降级或者撤职处分；情节严重的，给予开除处分。

第五十条 违反规定私自办理案件的，给予警告、记过或者记大过处分；情节较重的，给予降级或者撤职处分；情节严重的，给予开除处分。

内外勾结制造假案的，给予降级、撤职或者开除处分。

第五十一条 伪造诉讼、执行文书，或者故意违背合议庭决议、审判委员会决定制作诉讼、执行文书的，给予记大过处分；情节较重的，给予降级或者撤职处分；情节严重的，给予开除处分。

送达诉讼、执行文书故意不依照规定，造成不良后果的，给予警告、记过或者记大过处分。

第五十二条 违反规定将案卷或者其他诉讼材料借给他人的，给予警告处分；造成不良后果的，给予记过或者记大过处分。

第五十三条 对外地人民法院依法委托的事项拒不办理或者故意拖延办理，造成不良后果的，给予警告、记过或者记大过处分；情节严重的，给予降级或者撤职处分。

阻挠、干扰外地人民法院依法在本地调查取证或者采取相关财产保全措施、执行措施、强制措施的，给予警告、记过或者记大过处分；情节较重的，给予降级或者撤职处分；情节严重的，给予开除处分。

第五十四条 有其他违反办案纪律行为的，给予警告、记过或者记大过处分；情节较重的，给予降级或者撤职处分；情节严重的，给予开除处分。

第三节 违反廉政纪律的行为

第五十五条 利用职务便利，采取侵吞、窃取、骗取等手段非法占有诉讼费、执行款物、罚没款物、案件暂存款、赃款赃物及其孳息等涉案财物或者其他公共财物的，给予记大过处分；情节较重的，给予降级或者撤职处分；情节严重的，给予开除处分。

第五十六条 利用司法职权或者其他职务便利，索取他人财物及其他财产性利益的，或者非法收受他人财物及其他财产性利益，为他人谋取利益的，给予记大过处分；情节较重的，给予降级或者撤职处分；情节严重的，给予开除处分。

利用司法职权或者其他职务便利为他人谋取利益，以低价购买、高价出售、收受干股、合作投资、委托理财、赌博等形式非法收受他人财物，或者以特定关系人“挂名”领取薪酬或者收受财物等形式，非法收受他人财物，或者违反规定收受各种名义的回扣、手续费归个人所有的，依照前款规定处分。

第五十七条 行贿或者介绍贿赂的，给予记过或者记大过处分；情节较重的，给予降级或者撤职处分；情节严重的，给予开除处分。

向审判、执行人员行贿或者介绍贿赂的，依照前款规定从重处分。

第五十八条 挪用诉讼费、执行款物、罚没款物、案件暂存款、赃款赃物及其孳息等涉案财物或者其他公共财物的，给予记过或者记大过处分；情节较重的，给予降级或者撤职处分；情节严重的，给予开除处分。

第五十九条 接受案件当事人、相关中介机构及其委托人的财物、宴请或者其他利益的，给予警告、记过或者记大过处分；情节较重的，给予降级或者撤职处分；情节严重的，给予开除处分。

违反规定向案件当事人、相关中介机构及其委托人借钱、借物的，给予警告、记过或者记大过处分。

第六十条 以单位名义集体截留、使用、私分诉讼费、执行款物、罚没款物、案件暂存款、赃款赃物及其孳息等涉案财物或者其他公共财物的，给予警告、记过或者记大过处分；情节较重的，给予降级或者撤职处分；情节严重的，给予开除处分。

第六十一条 利用司法职权，以单位名义向公民、法人或者其他组织索要赞助或者摊派、收取财物的，给予记过或者记大过处分；情节较重的，给予降级或者撤职处分；情节严重的，给予开除处分。

第六十二条 故意违反规定设置收费项目、扩大收费范围、提高收费标准的，给予警告、记过或者记大过处分；情节较重的，给予降级或者撤职处分；情节严重的，给予开除处分。

第六十三条 违反规定从事或者参与营利性活动，在企业或者其他营利性组织中兼职的，给予记过或者记大过处分；情节较重的，给予降级或者撤职处分；情节严重的，给予开除处分。

第六十四条 利用司法职权或者其他职务便利，为特定关系人谋取不正当利益，或者放任其特定关系人、身边工作人员利用本人职权谋取不正当利益的，给予记过或者记大过处分；情节较重的，给予降级或者撤职处分；情节严重的，给予开除处分。

第六十五条 有其他违反廉政纪律行为的，给予警告、记过或者记大过处分；情节较重的，给予降级或者撤职处分；情节严重的，给予开除处分。

第四节 违反组织人事纪律的行为

第六十六条 违反议事规则，个人或者少数人决定重大事项，或者改变集体作出的重大决定，造成决策错误的，给予警告、记过或者记大过处分；情节较重的，给予降级或者撤职处分；情节严重的，给予开除处分。

第六十七条 故意拖延或者拒不执行上级依法作出的决定、决议的，给予警告、记过或者记大过处分；情节较重的，给予降级或者撤职处分；情节严重的，给予开除处分。

第六十八条 对职责范围内发生的重大事故、事件不按规定报告、处理的，给予记过或者记大过处分；情节较重的，给予降级或者撤职处分；情节严重的，给予开除处分。

第六十九条 对职责范围内发生的违纪违法问题隐瞒不报、压案不查、包庇袒护的，或者对上级交办的违纪违法案件故意拖延或者拒不办理的，给予记大过处分；情节较重的，给予降级或者撤职处分；情节严重的，给予开除处分。

第七十条 压制批评，打击报复，扣压、销毁举报信件，或者向被举报人透露举报情况的，给予记过或者记大过处分；情节较重的，给予降级或者撤职处分；情节严重的，给予开除处分。

第七十一条 在人员录用、招聘、考核、晋升职务、晋升级别、职称评定以及岗位调整等工作中徇私舞弊、弄虚作假的，给予警告、记过或者记大过处分；情节较重的，给予降级或者撤职处分；情节严重的，给予开除处分。

第七十二条 弄虚作假，骗取荣誉，或者谎报学历、学位、职称的，给予警告、记过或者记大过处分；情节较重的，给予降级或者撤职处分；情节严重的，给予开除处分。

第七十三条 拒不执行机关的交流决定，或者在离任、辞职、被辞退时，拒不办理公务交接手续或者拒不接受审计的，给予警告、记过或者记大过处分；情节较重的，给予降级或者撤职处分；情节严重的，给予开除处分。

第七十四条 旷工或者因公外出、请假期满无正当理由逾期不归，造成不良后果的，给予警告、记过或者记大过处分；情节较重的，给予降级或者撤职处分；情节严重的，给予开除处分。

第七十五条 以不正当方式谋求本人或者特定关系人用公款出国，或者擅自延长在国外、境外期限，或者擅自变更路线，造成不良后果的，给予警告、记过或者记大过处分；情节较重的，给予降级或者撤职处分；情节严重的，给予开除处分。

第七十六条 有其他违反组织人事纪律行为的，给予警告、记过或者记大过处分；情节较重的，给予降级或者撤职处分；情节严重的，给予开除处分。

第五节 违反财经纪律的行为

第七十七条 违反规定进行物资采购或者工程项目招投标，造成不良后果的，给予警告、记过或者记大过处分；情节较重的，给予降级或者撤职处分；情节严重的，给予开除处分。

第七十八条 违反规定擅自开设银行账户或者私设“小金库”的，给予警告处分；情节较重的，给予记过或者记大过处分；情节严重的，给予降级或者撤职处分。

第七十九条 伪造、变造、隐匿、毁弃财务账册、会计凭证、财务会计报告的，给予警告、记过或者记大过处分；情节较重的，给予降级或者撤职处分；情节严重的，给予开除处分。

第八十条 违反规定挥霍浪费国家资财的，给予警告处分；情节较重的，给予记过或者记大过处分；情节严重的，给予降级或者撤职处分。

第八十一条 有其他违反财经纪律行为的，给予警告、记过或者记大过处分；情节较重的，给予降级或者撤职处分；情节严重的，给予开除处分。

第六节 失职行为

第八十二条 因过失导致依法应当受理的案件未予受理，或者不应当受理的案件被违法受理，造成不良后果的，给予警告、记过或者记大过处分。

第八十三条 因过失导致错误裁判、错误采取财产保全措施、强制措施、执行措施，或者应当采取财产保全措施、强制措施、执行措施而未采取，造成不良后果的，给予警告、记过或者记大过处分；造成严重后果的，给予降级、撤职或者开除处分。

第八十四条 因过失导致所办案件严重超出规定办理期限，造成严重后果的，给予警告、记过或者记大过处分。

第八十五条 因过失导致被羁押人员脱逃、自伤、自杀或者行凶伤人的，给予记过或者记大过处分；造成严重后果的，给予降级、撤职或者开除处分。

第八十六条 因过失导致诉讼、执行文书内容错误，造成严重后果的，给予警告、记过或者记大过处分。

第八十七条 因过失导致国家秘密、审判执行工作秘密及其他工作秘密、履行职务掌握的商业秘密或者个人隐私被泄露，造成不良后果的，给予警告、记过或者记大过处分；情节较重的，给予降级或者撤职处分；情节严重的，给予开除处分。

第八十八条 因过失导致案卷或者证据材料损毁、丢失的，给予警告、记过或者记大过处分；造成严重后果的，给予降级或者撤职处分。

第八十九条 因过失导致职责范围内发生刑事案件、重大治安案件、重大社会群体性事件或者重大人员伤亡事故的，使公共财产、国家和人民利益遭受重大损失的，给予记过或者记大过处分；情节较重的，给予降级或者撤职处分；情节严重的，给予开除处分。

第九十条 有其他失职行为造成不良后果的，给予警告、记过或者记大过处分；情节较重的，给予降级或者撤职处分；情节严重的，给予开除处分。

第七节 违反管理秩序和社会道德的行为

第九十一条 因工作作风懈怠、工作态度恶劣，造成不良后果的，给予警告、记过或者记大过处分。

第九十二条 故意泄露国家秘密、工作秘密，或者故意泄露因履行职责掌握的商业秘密、个人隐私的，给予记过或者记大过处分；情节较重的，给予降级或者撤职处分；情节严重的，给予开除处分。

第九十三条 弄虚作假，误导、欺骗领导和公众，造成不良后果的，给予警告、记过或者记大过处分；情节较重的，给予降级或者撤职处分；情节严重的，给予开除处分。

第九十四条 因酗酒影响正常工作或者造成其他不良后果的，给予警告、记过或者记大过处分；情节较重的，给予降级、撤职处分；情节严重的，给予开除处分。

第九十五条 违反规定保管、使用枪支、弹药、警械等特殊物品，造成不良后果的，给予警告、记过或者记大过处分；情节较重的，给予降级或者撤职处分；情节严重的，给予开除处分。

第九十六条 违反公务车管理使用规定，发生严重交通事故或者造成其他不良后果的，给予警告、记过或者记大过处分；情节较重的，给予降级或者撤职处分；情节严重的，给予开除处分。

第九十七条 妨碍执行公务或者违反规定干预执行公务的，给予记过或者记大过处分；情节较重的，给予降级或者撤职处分；情节严重的，给予开除处分。

第九十八条 以殴打、辱骂、体罚、非法拘禁或者诽谤、诬告等方式侵犯他人人身权利的，给予记过或者记大过处分；情节较重的，给予降级或者撤职处分；情节严重的，给予开除处分。

体罚、虐待被羁押人员，或者殴打、辱骂诉讼参与人、涉诉上访人的，依照前款规定从重处分。

第九十九条 与他人通奸，造成不良影响的，给予警告、记过或者记大过处分；情节较重的，给予降级或者撤职处分；情节严重的，给予开除处分。

与所承办案件的当事人或者当事人亲属发生不正当两性关系的，依照前款规定从重处分。

第一百条 重婚或者包养情人的，给予撤职或者开除处分。

第一百零一条 拒不承担赡养、抚养、扶养义务，或者虐待、遗弃家庭成员的，给予警告、记过或者记大过处分；情节较重的，给予降级或者撤职处分；情节严重的，给予开除处分。

第一百零二条 吸食、注射毒品或者参与嫖娼、卖淫、色情淫乱活动的，给予撤职或者开除处分。

第一百零三条 参与赌博的，给予警告或者记过处分；情节较重的，给予记大过或者降级处分；情节严重的，给予撤职或者开除处分。

为赌博活动提供场所或者其他便利条件的，给予警告、记过或者记大过处分；情节较重的，给予降级、撤职处分；情节严重的，给予开除处分。

在工作时间赌博的，给予记过、记大过或者降级处分；屡教不改的，给予撤职或者开除处分。

挪用公款赌博的，给予撤职或者开除处分。

第一百零四条 参与迷信活动，造成不良影响的，给予警告、记过或者记大过处分。

组织迷信活动的，给予降级处分；情节较重的，给予撤职处分；情节严重的，给予开除处分。

第一百零五条 违反规定超计划生育的，给予降级处分；情节较重的，给予撤职处分；情节严重的，给予开除处分。

第一百零六条 有其他违反管理秩序和社会道德行为的，给予警告、记过或者记大过处分；情节较重的，给予降级或者撤职处分；情节严重的，给予开除处分。

第三章 附 则

第一百零七条 本条例所称“人民法院工作人员”是指人民法院行政编制内的工作人员。

人民法院事业编制工作人员参照本条例执行。

人民法院聘用人员不适用本条例。

第一百零八条 本条例所称“特定关系人”，是指与人民法院工作人员具有近亲属、情人以及其他共同利益关系的人和关系密切的人。

第一百零九条 本条例所称“以上”、“以下”，包含本数。

第一百一十条 本条例由最高人民法院负责解释。

第一百一十一条 本条例自发布之日起施行。最高人民法院此前颁布的《关于人民法院工作人员纪律处分的若干规定（试行）》、《人民法院审判纪律处分办法（试行）》、《人民法院执行工作纪律处分办法（试行）》、《最高人民法院关于严格执行〈中华人民共和国法官法〉有关惩戒制度若干规定》同时废止。

最高人民法院、最高人民检察院关于在部分地方开展民事执行活动法律监督试点工作的通知

•2011年3月10日
•高检会〔2011〕2号

山西、内蒙古、上海、浙江、福建、江西、山东、湖北、广东、陕西、甘肃、宁夏等省(自治区、直辖市)高级人民法院、人民检察院:

为了贯彻落实中央司法体制和工作机制改革精神,规范人民法院执行行为,支持人民法院依法执行,最高人民法院与最高人民检察院商定,在部分地方开展民事执行活动法律监督的试点工作。现就有关问题通知如下:

一、各试点省、自治区、直辖市高级人民法院、人民检察院可以协商选定适当数量的中级人民法院、基层人民法院以及相应的人民检察院作为试点单位,分别报最高人民法院、最高人民检察院备院。

二、人民检察院可以依当事人、利害关系人的申请,对下列民事执行活动实施法律监督:

(一)人民法院收到执行案款后超过规定期限未将案款支付给申请执行人的,有正当理由的除外;

(二)当事人、利害关系人依据《中华人民共和国民事诉讼法》第二百零二条①之规定向人民法院提出书面异议或者复议申请,人民法院在收到书面异议、复议申请后,无正当理由未在法定期限内作出裁定的;

(三)人民法院自立案之日起超过两年未采取适当执行措施,且无正当理由的;

(四)被执行人提供了足以保障执行的款物,并经申请执行人认可后,人民法院无正当理由仍然执行被执行人其他财产,严重损害当事人合法权益的;

(五)人民法院的执行行为严重损害国家利益、社会公共利益的。

三、人民检察院对符合本通知第二条规定情形的民事执行活动,应当经检察委员会决定并通过提出书面检察建议的方式对同级或者下级人民法院的民事执行活动实施法律监督。

人民法院应当在收到检察建议后一个月内作出处理并将处理情况书面回复人民检察院。

人民检察院对人民法院的回复意见有异议的,可以通过上一级人民检察院向上一级人民法院提出。上一级人民法院认为人民检察院的意见正确的,应当监督下级人民法院及时纠正。

四、当事人或者利害关系人认为人民法院的民事执行活动违法,损害了自己合法权益,直接向人民检察院申诉的,人民检察院应当告知其依照法律规定向人民法院提出异议、申请复议或者申诉。

五、对于国家机关等特殊主体为被执行人的执行案件,人民法院因不当干预难以执行的,人民检察院应当向相关国家机关等提出检察建议。

六、人民检察院对民事执行活动进行法律监督,应当依法履行职责,不得滥用监督权力;检察人员违法行使职权的,应当追究责任人员的纪律和法律责任。

七、人民法院发现检察监督行为违反法律或者检察纪律的,可以向人民检察院提出书面建议。人民检察院应当在收到书面建议后一个月内作出处理并将处理情况书面回复人民法院;人民法院对于人民检察院的回复有异议的,可以通过上一级人民法院向上一级人民检察院提出。上一级人民检察院认为人民法院建议正确的,应当要求下级人民检察院及时纠正。

八、人民检察院对人民法院执行行政判决、裁定、行政赔偿调解和行政决定的活动实施法律监督,其范围和程序参照本通知执行。

九、各试点省、自治区、直辖市高级人民法院、

---

① 民事诉讼法原第二百零二条现已修改为第二百二十五条。

人民检察院应当密切配合，共同研究，加强对试点工作的指导，并及时向最高人民法院、最高人民检察院报告试点工作开展情况，以保证试点工作积极稳妥地开展。

最高人民法院关于人民法院在审判执行活动中主动接受案件当事人监督的若干规定

- 2014年7月15日
- 法发〔2014〕13号

为规范人民法院在审判执行活动中主动接受案件当事人监督的工作，促进公正、高效、廉洁、文明司法，根据《中华人民共和国法官法》，制定本规定。

第一条 人民法院及其案件承办部门和办案人员在审判执行活动中应当严格执行廉政纪律，不断改进司法作风，主动接受案件当事人监督。

第二条 人民法院应当在本院诉讼服务大厅、立案大厅、派出人民法庭等场所公布人民法院的纪律作风规定、举报受理电话和举报受理网址。

第三条 在案件立案、审理程序中，人民法院应当通过适当方式，及时将立案审查结果、诉讼保全及程序变更等关键节点信息主动告知案件当事人。

第四条 在案件执行程序中，人民法院应当通过适当方式，及时将执行立案、变更与追加被执行人、执行措施实施、执行财产查控、执行财产处置、终结本次执行、终结本次执行案件的恢复执行、终结执行等关键节点信息主动告知案件当事人。

第五条 案件当事人需要向人民法院了解办案进度的，人民法院案件承办部门及办案人员应当告知。

第六条 人民法院案件承办部门应当在向案件当事人送达相关案件受理法律文书时，向案件当事人发送廉政监督卡。案件当事人也可以根据需要到人民法院诉讼服务大厅、立案大厅、派出人民法庭直接领取廉政监督卡。

廉政监督卡应当按照最高人民法院规定的格式进行制作。

第七条 案件当事人可以在案件办理期间或者案件办结之后，将填有本人意见的廉政监督卡直接寄交人民法院监察部门。

人民法院监察部门应当对案件当事人反映的廉政监督意见进行统一处置和管理。

第八条 人民法院应当按照本院每年办案总数的一定比例，从当年审结或者执结的案件中随机抽取部分案件进行廉政回访，主动听取案件当事人对办案人员执行纪律作风规定情况的评价意见。

第九条 人民法院除随机抽取案件进行廉政回访外，还应当对当年审结或者执结的下列案件进行廉政回访：

（一）社会广泛关注的案件；

（二）案件当事人反映存在违反廉政作风规定的案件；

（三）其他有必要进行回访的案件。

第十条 廉政回访可以采取约谈回访、上门回访、电话回访、信函回访等方式进行。对案件当事人在回访中反映的意见应当记录在案。

第十一条 廉政回访工作由人民法院监察部门会同案件承办部门共同组织实施。

第十二条 人民法院监察部门对案件当事人在廉政监督卡和廉政回访中提出的意见，应当按照下列方式进行处置：

（一）对提出的批评意见，转案件承办部门查明情况后酌情对被监督人进行批评教育；

（二）对提出的表扬意见，转案件承办部门查明情况后酌情对被监督人进行表扬奖励；

（三）对反映的违纪违法线索，会同案件承办部门廉政监察员进行核查处理；

（四）对反映的办案程序、法律适用及事实认定等方面问题，依照相关规定分别移送案件承办部门、审判监督部门或者审判管理部门处理。

第十三条 人民法院案件承办部门对案件当事人反映的批评意见进行处置后，应当适时向案件当事人反馈处置情况。

人民法院监察部门在对案件当事人反映的违纪违法线索进行处置后，应当适时向案件当事人反馈处置情况。

因案件当事人反映问题不实而给被反映人造成不良影响的，人民法院监察部门和案件承办部门应当通过适当方式为被反映人澄清事实。

第十四条 人民法院监察部门应当定期对案件当事人在廉政监督卡和廉政回访中提出的意见进行梳理分析，并结合分析发现的普遍性问题向本院党组提出进一步改进工作的意见建议。

第十五条 人民法院监察部门应当对本院各部门及其工作人员落实本规定的情况进行检查督促。人民法院政工部门应当将本院各部门及其工作人员落实本规定的情况纳入考核范围。

第十六条 尚未设立监察部门的人民法院，由本院政工部门承担本规定赋予监察部门的各项职责。

第十七条 本规定所称案件当事人，包括刑事案件中的被告人、被害人、自诉人、附带民事诉讼的原告人和被告人；民事、行政案件中的原告、被告及第三人；执行案件中的申请执行人、被执行人、案外人。

受案件当事人的委托，辩护人、诉讼代理人可以代表案件当事人接收、填写廉政监督卡或者接受廉政回访。

第十八条 人民法院在办理死刑复核案件、国家赔偿案件中主动接受案件当事人监督的工作另行规定。

第十九条 各高级人民法院可以依照本规定制定本院及辖区法院主动接受案件当事人监督工作的实施细则。

第二十条 本规定自发布之日起实施，由最高人民法院负责解释。

◎请示答复

最高人民法院关于对执行程序中的裁定的抗诉不予受理的批复

- 1995年8月10日
- 法复〔1995〕5号

广东省高级人民法院：

你院粤高法〔1995〕37号《关于人民法院在执行程序中作出的裁定检察院是否有权抗诉的请示》收悉。经研究，答复如下：

根据《中华人民共和国民事诉讼法》的有关规定，人民法院为了保证已发生法律效力的判决、裁定或者其他法律文书的执行而在执行程序中作出的裁定，不属于抗诉的范围。因此，人民检察院针对人民法院在执行程序中作出的查封财产裁定提出抗诉，于法无据，人民法院不予受理。

最高人民法院关于人民检察院提出抗诉按照审判监督程序再审维持原裁判的民事、经济、行政案件，人民检察院再次提出抗诉应否受理问题的批复

- 1995年10月6日
- 法复〔1995〕7号

四川省高级人民法院：

你院关于人民检察院提出抗诉，人民法院按照审判监督程序再审维持原裁判的民事、经济、行政案件，人民检察院再次提出抗诉，人民法院应否受理的请示收悉。经研究，同意你院第一种意见，即上级人民检察院对下级人民法院已经发生法律效力的民事、经济、行政案件提出抗诉的，无论是同级人民法院再审还是指令下级人民法院再审，凡作出维持原裁判的判决、裁定后，原提出

抗诉的人民检察院再次提出抗诉的，人民法院不予受理；原提出抗诉的人民检察院的上级人民检察院提出抗诉的，人民法院应当受理。

最高人民法院执行工作办公室关于再审判决作出后如何处理原执行裁定的答复函

- 2006年3月13日
- 〔2005〕执他字第25号

辽宁省高级人民法院：

你院《关于本溪钢铁（集团）有限责任公司申请执行无锡梁溪冷轧薄板有限公司一案的疑难请示报告》收悉。经研究，答复如下：

一、关于再审判决生效后，本溪市中级人民法院已给付裁定的抵债标的额再没有超出再审判决所确认标的额的情况下，是否需要依据再审判决重新进行评估的问题。

本院认为，执行裁定发生法律效力后，并不因据以执行的法律文书的撤销而撤销。如果新的执行依据改变了原执行内容，需要执行回转的，则人民法院作出执行回转的裁定；如已执行的标的额没有超出新的执行依据所确定的标的额，则人民法院应继续执行。本案中，本溪市中级人民法院已给付裁定的抵债标的额没有超出再审判决所确认标的额，因此，是否需重新评估，关键看执行程序是否合法。如果执行程序合法，则维持原执行裁定的效力，继续执行，否则应予纠正，重新评估。

二、关于被执行人无锡梁溪冷轧薄板有限公司（以下简称梁溪公司）的投资权益未经当事人同意直接抵债是否合法的问题。

本院认为，本案不存在以物抵债的问题。韩国联合钢铁工业株式会社（以下简称韩方）只是作为合资他方，收购了被执行人梁溪公司的股权，其并不是债权人。本溪市中级人民法院处理梁溪公司在无锡长江薄板有限公司、无锡太平洋镀锌板有限公司各占有的25%股份时，考虑到韩方在两公司分别占有75%的股份，根据最高人民法院《关于人民法院执行工作若干问题的规定（试行）》第五十四条第二款以及第五十五条第二款的规定，同意韩方以评估价格收购上述股权，由于当时的法律和司法解释，均未明确在拍卖过程中保护优先购买权，因此本溪市中级人民法院未经拍卖，在韩方同意收购梁溪公司股权的情况下，直接以评估价格将上述股权转给韩方并不违法。

此外，请你院对中国航天科工集团公司，被执行人梁溪公司反映的评估报告中存在的问题，尤其是对评估程序、评估方法及评估价格过低的问题认真进行核查，如反映属实，可考虑重新评估拍卖，同时依据最高人民法院《关于人民法院民事执行拍卖、变卖财产的规定》第十四条、第十六条的规定保护韩方作为合资他方的优先购买权。

附：

解读《关于再审判决作出后如何处理原执行裁定的请示的答复函》

一、本答复函制作背景

本溪钢铁（集团）有限责任公司（以下简称本钢集团）诉无锡梁溪冷轧薄板有限公司（以下简称梁溪公司）欠款纠纷一案，本溪市中级人民法院于1997年10月31日作出〔1997〕本经初字第221号民事调解书，确认：梁溪公司欠本钢集团货款103565052.22元，于1999年12月31日前全部还清。本案进入执行程序前，被执行人梁溪公司还款1074.8万余元。申请执行人本钢集团于2000年4月3日申请执行。本溪市中级人民法院在执行过程中查明，被执行人梁溪公司以其资产与韩国联合钢铁工业株式会社（以下简称韩方）组成新的合资企业——无锡长江薄板有限公司、无锡太平洋镀锌板有限公司。被执行人梁溪公司在上述两公司中分别占有的25%股份，韩方分别占有75%的股份。2002年11月27日，本溪市中级人民法院在无锡市工商管理局冻结了被执行人梁溪公司在两合资企业中各占有的25%股权。2003年1月，本溪市中级人民法院经抽签选取了评估机构，依法对被执行人在合资企业中各占有的25%股权进行了评估，并对被执行人梁溪公司就评估报告提出的异议召开听证会，评估机构对被执行人梁溪公司的异议进行了解答。2003年12月4日，韩方同意按评估价格5700万元收购了被执行人梁溪公司在两合资企业的25%股权，并将收购款汇入本溪市中级人民法院账户。本溪市中级人民法院于2003年12月9日下达了股权处置的执行裁定书，将被执行人梁溪公司在两合资企业的股权裁定给韩方。同年12月17日，该院向申请执行人和被执行人送达了裁定书，并向协助机关无锡市惠山区外贸局下达变更股权的协助执行通知书。2005年1月11日，本溪市中级人民法院作出〔2004〕本民再初字第8号民事判决书，被执行人梁溪公司不服提出上诉，辽宁省高级人民法院于2005年9月12日下达了再审民事判决书。内容为：(1)撤销本溪市中级人民法院〔2004〕本民再初字第8号民事判决书。(2)上诉人梁溪公司给付被上诉人本钢集团货款6100余万元及相应的利息。

2005年9月22日，本溪市中级人民法院再次下达协助执行通知书，继续办理收购股权的变更手续。被执行人梁溪公司到辽宁省高级人民法院提出异议。同年10月12日，辽宁省高级人民法院要求暂缓办理股权过户手续，并对被执行人梁溪公司提出的异议理由进行审查。

二、辽宁省高级人民法院请示的问题

1. 该院再审判决生效后，本溪市中级人民法院给付裁定的抵债标的额在没有超出再审判决所确认标的额的情况下，是否需要依据再审判决重新进行评估。

2. 被执行人梁溪公司的投资权益未经当事人同意直接抵债是否合法。

三、辽宁省高级人民法院及执行法院的意见

辽宁省高级人民法院多数人意见，依据最高人民法院《关于人民法院执行工作若干问题规定（试行）》第四十六条，对被执行人的财产进行变价的，应当委托拍卖机构进行拍卖。财产无法拍卖或当事人双方同意方可变卖。而本溪市中级人民法院在执行过程中，未经当事人同意直接将被执行人的财产抵债变卖，违反此规定，应重新评估拍卖。少数人意见，韩方已将收购股权款给付本溪市中级人民法院，如重新拍卖，将增加当事人的成本。

本溪市中级人民法院的意见是，在处置股权时本案并未提起再审，且韩方已按给付裁定实际付款收购被执行人的股权，现重新评估的理由并不存在，韩方已实际付款近一年零十个月，应按原裁定办理过户。

四、对本答复函的解读

（一）关于辽宁省高级人民法院再审判决生效后，本溪市中级人民法院已给付裁定的抵债标的额在没有超出再审判决所确认标的额的情况下，是否应撤销原执行裁定，重新评估执行的问题

笔者认为，原生效法律文书被撤销后，原执行裁定并不当然一并撤销。执行裁定发生法律效力后，并不因据以执行的法律文书的撤销而撤销。如果新的执行依据改变了原执行内容，需要执行回转的，则人民法院作出执行回转的裁定；如已执行的标的额没有超出新的执行依据所确定的标的额，则人民法院应继续执行。本案中，本溪市中级人民法院已给付裁定的抵债标的额没有超出再审判决确认标的额，因此，是否需重新评估，关键看执行程序是否合法。如果执行程序合法，则维持原执行裁定的效力，继续执行。否则应予纠正，重新评估。

（二）关于被执行人梁溪公司的投资权益未经当事人同意直接抵债是否合法的问题

笔者认为，此问题本身不准确。因为本案不存在以物抵债的问题，韩方只是作为合资他方，收购了梁溪公司的股权，其并不是债权人。本案探讨的应是本溪市中级人民法院未将被执行人的股权拍卖，直接将股权让韩方收购是否正确的问题。笔者认为，本案处理的梁溪公司在无锡长江薄板有限公司、无锡太平洋镀锌板有限公司分别占有25%的股份，由于韩方在两公司分别占有75%的股份。因此，在处理梁溪公司25%的股份时，应保护韩方的优先购买权。因为最高人民法院《关于人民法院执行工作若干问题的规定（试行）》并未像《关于人民法院民事执行拍卖、变卖财产的规定》明确如何在拍卖过程中保护优先购买权。根据《关于人民法院执行工作若干问题的规定（试行）》第五十四条第二款规定：对被执行人在有限责任公司中被冻结的投资权益或股权，人民法院可以依据《公司法》第三十五条、第三十六条的规定，征得全体股东过半数同意后，予以拍卖、变卖或以其他方式转让。不同意转让的股东，应当购买该转让的投资权益或股权，不购买的，视为同意转让，不影响执行。从该条可以看出，股东购买应是在强制执行之前。因此，本溪市中级人民法院未经拍卖，同意韩方收购股权符合该条的规定。为保护韩方的优先购买权同意其收购股权，不能完全等同于法院将被执行人的财产变卖他人，适用未经拍卖或征求当事人双方同意不得变卖的原则。因此，本溪市中级人民法院未经拍卖，在韩方同意收购梁溪公司股权的情况下，直接以评估价格转给韩方并不违法。

由于本案采取不经拍卖，将股权以评估价格抵给合资他方韩方的方式，如果评估报告存在问题，评估方法和程序不当，评估价格过低，就会损害被执行人梁溪公司的权益。因此，应对此问题认真核查，如确实存在上述问题，应重新评估拍卖，同时依据最高人民法院《关于人民法院民事执行拍卖、变卖财产的规定》第十四条、第十六条的规定保护韩方作为合资他方的优先购买权。

最高人民法院关于适用《人民法院工作人员处分条例》有关问题的答复

- 2010年4月6日
- 法〔2010〕148号

湖南省高级人民法院：

你院《关于如何适用〈人民法院工作人员处分条例〉几个问题的请示》收悉。经研究，答复如下：

一、《人民法院工作人员处分条例》（以下简称《条例》）不溯及既往。《条例》发布前已做出处分决定的案件，如需要进行复议复查，适用当时的规定。尚未做出处分决定的案件，如果行为发生时的规定不认为是违纪，而本《条例》认为是违纪的，依照当时的规定处理；如果行为发生时的规定认为是违纪，依照当时的规定处理，但是如果本《条例》不认为是违纪或者处理较轻的，依照本《条例》处理。

二、人民法院工作人员退休以后因违纪违法应当降低或者取消所享受的待遇的，应由其原所在法院监察部门参照《监察部关于对犯错误的已退休国家公务员追究行政纪律责任若干问题的通知》（监发〔2001〕3号）和《监察部关于对犯错误的已退休国家公务员追究行政纪律责任中如何扣减退休金问题的答复》（监法复〔2004〕1号）的精神，向组织人事部门提出监察建议，并由该部门办理有关手续。

三、原属于上级法院监察部门监察对象的法院领导干部退休以后，因违纪违法需要给予降低或者取消所享受待遇的，由上级法院向退休人员原所在法院提出监察建议，并由该法院组织人事部门办理有关手续。

第六章　送　达

◎司法解释

最高人民法院关于内地与香港特别行政区法院相互委托送达民商事司法文书的安排

•1999年3月29日
•法释〔1999〕9号

根据《中华人民共和国香港特别行政区基本法》第九十五条的规定，经最高人民法院与香港特别行政区代表协商，现就内地与香港特别行政区法院相互委托送达民商事司法文书问题规定如下：

一、内地法院和香港特别行政区法院可以相互委托送达民商事司法文书。

二、双方委托送达司法文书，均须通过各高级人民法院和香港特别行政区高等法院进行。最高人民法院司法文书可以直接委托香港特别行政区高等法院送达。

三、委托方请求送达司法文书，须出具盖有其印章的委托书，并须在委托书中说明委托机关的名称、受送达人的姓名或者名称、详细地址及案件的性质。

委托书应当以中文文本提出。所附司法文书没有中文文本的，应当提供中文译本。以上文件一式两份。受送达人为两人以上的，每人一式两份。

受委托方如果认为委托书与本安排的规定不符，应当通知委托方，并说明对委托书的异议。必要时可以要求委托方补充材料。

四、不论司法文书中确定的出庭日期或者期限是否已过，受委托方均应送达。委托方应当尽量在合理期限内提出委托请求。

受委托方接到委托书后，应当及时完成送达，最迟不得超过自收到委托书之日起两个月。

五、送达司法文书后，内地人民法院应当出具送达回证；香港特别行政区法院应当出具送达证明书。出具送达回证和证明书，应当加盖法院印章。

受委托方无法送达的，应当在送达回证或者证明书上注明妨碍送达的原因、拒收事由和日期，并及时退回委托书及所附全部文书。

六、送达司法文书，应当依照受委托方所在地法律规定的程序进行。

七、受委托方对委托方委托送达的司法文书的内容和后果不负法律责任。

八、委托送达司法文书费用互免。但委托方在委托书中请求以特定送达方式送达所产生的费用，由委托方负担。

九、本安排中的司法文书在内地包括：起诉状副本、上诉状副本、授权委托书、传票、判决书、调解书、裁定书、决定书、通知书、证明书、送达回证；在香港特别行政区包括：起诉状副本、上诉状副本、传票、状词、誓章、判案书、判决书、裁决书、通知书、法庭命令、送达证明。

上述委托送达的司法文书以互换司法文书样本为准。

十、本安排在执行过程中遇有问题和修改，应当通过最高人民法院与香港特别行政区高等法院协商解决。

最高人民法院关于内地与澳门特别行政区法院就民商事案件相互委托送达司法文书和调取证据的安排

• 2001年8月27日
• 法释〔2001〕26号

根据《中华人民共和国澳门特别行政区基本法》第九十三条的规定，最高人民法院与澳门特别行政区代表经协商，现就内地与澳门特别行政区法院就民商事案件相互委托送达司法文书和调取证据问题规定如下：

一、一般规定

第一条 内地人民法院与澳门特别行政区法院就民商事案件（在内地包括劳动争议案件，在澳门特别行政区包括民事劳工案件）相互委托送达司法文书和调取证据，均适用本安排。

第二条 双方相互委托送达司法文书和调取证据，均须通过各高级人民法院和澳门特别行政区终审法院进行。最高人民法院与澳门特别行政区终审法院可以直接相互委托送达和调取证据。

本安排在执行过程中遇有问题，应当通过最高人民法院与澳门特别行政区终审法院协商解决。

第三条 各高级人民法院和澳门特别行政区终审法院相互收到对方法院的委托书后，应当立即将委托书及所附司法文书和相关文件转送根据其本辖区法律规定有权完成该受托事项的法院。

如果受委托方法院认为委托书不符合本安排规定，影响其完成受托事项时，应当及时通知委托方法院，并说明对委托书的异议。必要时可以要求委托方法院补充材料。

第四条 委托书应当以中文文本提出。所附司法文书及其他相关文件没有中文文本的，应当提供中文译本。

第五条 委托方法院应当在合理的期限内提出委托请求，以保证受委托方法院收到委托书后，及时完成受托事项。

受委托方法院应优先处理受托事项。完成受托事项的期限，送达文书最迟不得超过自收到委托书之日起两个月，调取证据最迟不得超过自收到委托书之日起三个月。

第六条 受委托方法院应当根据本辖区法律规定执行受托事项。委托方法院请求按照特殊方式执行委托事项的，如果受委托方法院认为不违反本辖区的法律规定，可以按照其特殊方式执行。

第七条 委托方法院无须支付受委托方法院在送达司法文书或调取证据时发生的费用或税项。但受委托方法院根据其本辖区法律规定，有权在调取证据时，要求委托方法院预付鉴定人、证人、翻译人员的费用，以及因采用委托方法院在委托书中请求以特殊方式送达司法文书或调取证据所产生的费用。

第八条 受委托方法院收到委托书后，不得以其本辖区法律规定对委托方法院审理的该民商事案件享有专属管辖权或不承认对该请求事项提起诉讼的权利为由，不予执行受托事项。

受委托方法院在执行受托事项时，如果该事项不属于法院职权范围，或者内地人民法院认为在内地执行该受托事项将违反其基本法律原则或社会公共利益，或者澳门特别行政区法院认为在澳门特别行政区执行该受托事项将违反其基本法律原则或公共秩序的，可以不予执行，但应当及时向委托方法院书面说明不予执行的原因。

二、司法文书的送达

第九条 委托方法院请求送达司法文书，须出具盖有其印章的委托书，并在委托书中说明委托机关的名称、受送达人的姓名或者名称、详细地址及案件性质。如果执行方法院请求按特殊方式送达或者有特别注意的事项的,应当在委托书中注明。

第十条 委托书及所附司法文书和其他相关文件一式两份,受送达人为两人以上的,每人一式两份。

第十一条 完成司法文书送达事项后,内地人民法院应当出具送达回证;澳门特别行政区法院应当出具送达证明书。出具的送达回证和送达证明书,应当注明送达的方法、地点和日期,及司法文书接收人的身份,并加盖法院印章。

受委托方法院无法送达的,应当在送达回证或者送达证明书上注明妨碍送达的原因、拒收事由和日期,并及时退回委托书及所附全部文件。

第十二条 不论委托方法院司法文书中确定的出庭日期或者期限是否已过,受委托方法院均应送达。

第十三条 受委托方法院对委托方法院委托送达的司法文书和所附相关文件的内容和后果不负法律责任。

第十四条 本安排中的司法文书在内地包括:起诉状副本、上诉状副本、反诉状副本、答辩状副本、授权委托书、传票、判决书、调解书、裁定书、支付令、决定书、通知书、证明书、送达回证以及其他司法文书和所附相关文件;在澳门特别行政区包括:起诉状复本、答辩状复本、反诉状复本、上诉状复本、陈述书、申辩书、声明异议书、反驳书、申请书、撤诉书、认诺书、和解书、财产目录、财产分割表、和解建议书、债权人协议书、传唤书、通知书、法官批示、命令状、法庭许可令状、判决书、合议庭裁判书、送达证明书以及其他司法文书和所附相关文件。

三、调取证据

第十五条 委托方法院请求调取的证据只能是用于与诉讼有关的证据。

第十六条 双方相互委托代为调取证据的委托书应当写明:

(一)委托法院的名称;

(二)当事人及其诉讼代理人的姓名、地址,及其他一切有助于辨别其身份的情况;

(三)委托调取证据的原因,以及委托调取证据的具体事项;

(四)被调查人的姓名、地址,及其他一切有助于辨别其身份的情况,以及需要向其提出的问题;

(五)调取证据需采用的特殊方式;

(六)有助于执行该委托的其他一切情况。

第十七条 代为调取证据的范围包括:代为询问当事人、证人和鉴定人,代为进行鉴定和司法勘验,调取其他与诉讼有关的证据。

第十八条 如委托方法院提出要求,受委托方法院应当将取证的时间、地点通知委托方法院,以便有关当事人及其诉讼代理人能够出席。

第十九条 受委托方法院在执行委托调取证据时,根据委托方法院的请求,可以允许委托方法院派司法人员出席。必要时,经受委托方允许,委托方法院的司法人员可以向证人、鉴定人等发问。

第二十条 受委托方法院完成委托调取证据的事项后,应当向委托方法院书面说明。

如果未能按委托方法院的请求全部或部分完成调取证据事项,受委托方法院应当向委托方法院书面说明妨碍调取证据的原因,并及时退回委托书及所附全部文件。

如果当事人、证人根据受委托方的法律规定,拒绝作证或推辞提供证言时,受委托方法院应当以书面通知委托方法院,并退回委托书及所附全部文件。

第二十一条 受委托方法院可以根据委托方法院的请求,并经证人、鉴定人同意,协助安排其辖区的证人、鉴定人到对方辖区出庭作证。

证人、鉴定人在委托方地域内逗留期间,不得因在其离开受委托方地域之前,在委托方境内所实施的行为或针对他所作的裁决而被刑事起诉、羁押，或者为履行刑罚或者其他处罚而被剥夺财产或者扣留身份证件，或者以任何方式对其人身自由加以限制。

证人、鉴定人完成所需诉讼行为，且可自由离开委托方地域后，在委托方境内逗留超过七天，或者已离开委托方地域又自行返回时，前款所指的豁免即行终止。

证人、鉴定人到委托方法院出庭而导致的费用及补偿，由委托方法院预付。

该条所指出庭作证人员，在澳门特别行政区还包括当事人。

第二十二条 受委托方法院取证时，被调查的当事人、证人、鉴定人等的代理人可以出席。

四、附 则

第二十三条 受委托方法院可以根据委托方法院的请求代为查询并提供本辖区的有关法律。

第二十四条 如果本安排需要修改，应当通过最高人民法院与澳门特别行政区代表协商解决。

第二十五条 本安排自2001年9月15日起生效。

最高人民法院关于向外国公司送达司法文书能否向其驻华代表机构送达并适用留置送达问题的批复

- 2002年6月18日
- 法释〔2002〕15号

北京市高级人民法院：

你院京高法〔2001〕216号《关于对外国公司送达司法文书能否向其驻华代表机构送达并适用留置送达的请示》收悉。经研究，答复如下：

《关于向国外送达民事或商事司法文书和司法外文书公约》（以下简称海牙送达公约）第一条规定："在所有民事或商事案件中，如有须递送司法文书或司法外文书以便向国外送达的情形，均应适用本公约。"根据《中华人民共和国民事诉讼法》（以下简称民事诉讼法）第二百四十五条①的规定，人民法院对在中华人民共和国领域内没有住所的当事人送达诉讼文书，可以依照受送达人所在国与中华人民共和国缔结或者共同参加的国际条约中规定的方式送达；当受送达人在中华人民共和国领域内设有代表机构时，便不再属于海牙送达公约规定的"有须递送司法文书或司法外文书以便向国外送达的情形"。因此，人民法院可以根据民事诉讼法第二百四十五条第（五）项的规定向受送达人在中华人民共和国领域内设立的代表机构送达诉讼文书，而不必根据海牙送达公约向国外送达。

根据民事诉讼法第二百三十五条②的规定，人民法院向外国公司的驻华代表机构送达诉讼文书时，可以适用留置送达的方式。

此复

最高人民法院关于以法院专递方式邮寄送达民事诉讼文书的若干规定

- 2004年9月17日
- 法释〔2004〕13号

为保障和方便双方当事人依法行使诉讼权利，根据《中华人民共和国民事诉讼法》的有关规定，结合民事审判经验和各地的实际情况，制定本规定。

第一条 人民法院直接送达诉讼文书有困难的，可以交由国家邮政机构（以下简称邮政机构）以法院专递方式邮寄送达，但有下列

---

① 民事诉讼法原第二百四十五条现已修改为第二百六十七条。

② 民事诉讼法原第二百三十五条现已修改为第二百五十九条。

情形之一的除外：

（一）受送达人或者其诉讼代理人、受送达人指定的代收人同意在指定的期间内到人民法院接受送达的；

（二）受送达人下落不明的；

（三）法律规定或者我国缔结或者参加的国际条约中约定有特别送达方式的。

第二条 以法院专递方式邮寄送达民事诉讼文书的，其送达与人民法院送达具有同等法律效力。

第三条 当事人起诉或者答辩时应当向人民法院提供或者确认自己准确的送达地址，并填写送达地址确认书。当事人拒绝提供的，人民法院应当告知其拒不提供送达地址的不利后果，并记入笔录。

第四条 送达地址确认书的内容应当包括送达地址的邮政编码、详细地址以及受送达人的联系电话等内容。

当事人要求对送达地址确认书中的内容保密的，人民法院应当为其保密。

当事人在第一审、第二审和执行终结前变更送达地址的，应当及时以书面方式告知人民法院。

第五条 当事人拒绝提供自己的送达地址，经人民法院告知后仍不提供的，自然人以其户籍登记中的住所地或者经常居住地为送达地址；法人或者其他组织以其工商登记或者其他依法登记、备案中的住所地为送达地址。

第六条 邮政机构按照当事人提供或者确认的送达地址送达的，应当在规定的日期内将回执退回人民法院。

邮政机构按照当事人提供或确认的送达地址在五日内投送三次以上未能送达，通过电话或者其他联系方式又无法告知受送达人的，应当将邮件在规定的日期内退回人民法院，并说明退回的理由。

第七条 受送达人指定代收人的，指定代收人的签收视为受送达人本人签收。

邮政机构在受送达人提供或确认的送达地址未能见到受送达人的，可以将邮件交给与受送达人同住的成年家属代收，但代收人是同一案件中另一方当事人的除外。

第八条 受送达人及其代收人应当在邮件回执上签名、盖章或者捺印。

受送达人及其代收人在签收时应当出示其有效身份证件并在回执上填写该证件的号码；受送达人及其代收人拒绝签收的，由邮政机构的投递员记明情况后将邮件退回人民法院。

第九条 有下列情形之一的，即为送达：

（一）受送达人在邮件回执上签名、盖章或者捺印的；

（二）受送达人是无民事行为能力或者限制民事行为能力的自然人，其法定代理人签收的；

（三）受送达人是法人或者其他组织，其法人的法定代表人、该组织的主要负责人或者办公室、收发室、值班室的工作人员签收的；

（四）受送达人的诉讼代理人签收的；

（五）受送达人指定的代收人签收的；

（六）受送达人的同住成年家属签收的。

第十条 签收人是受送达人本人或者是受送达人的法定代表人、主要负责人、法定代理人、诉讼代理人的，签收人应当当场核对邮件内容。签收人发现邮件内容与回执上的文书名称不一致的，应当当场向邮政机构的投递员提出，由投递员在回执上记明情况后将邮件退回人民法院。

签收人是受送达人办公室、收发室和值班室的工作人员或者是与受送达人同住成年家属，受送达人发现邮件内容与回执上的文书名称不一致的，应当在收到邮件后的三日内将该邮件退回人民法院，并以书面方式说明退回的理由。

第十一条 因受送达人自己提供或者确认的送达地址不准确、拒不提供送达地址、送达地址变更未及时告知人民法院、受送达人本人或者受送达人指定的代收人拒绝签收,导致诉讼文书未能被受送达人实际接收的,文书退回之日视为送达之日。

受送达人能够证明自己在诉讼文书送达的过程中没有过错的,不适用前款规定。

第十二条 本规定自2005年1月1日起实施。

我院以前的司法解释与本规定不一致的,以本规定为准。

最高人民法院关于依据原告起诉时提供的被告住址无法送达应如何处理问题的批复

- 2004年11月25日
- 法释〔2004〕17号

近来,一些高级人民法院就人民法院依据民事案件的原告起诉时提供的被告住址无法送达应如何处理问题请示我院。为了正确适用法律,保障当事人行使诉讼权利,根据《中华人民共和国民事诉讼法》的有关规定,批复如下:

人民法院依据原告起诉时所提供的被告住址无法直接送达或者留置送达,应当要求原告补充材料。原告因客观原因不能补充或者依据原告补充的材料仍不能确定被告住址的,人民法院应当依法向被告公告送达诉讼文书。人民法院不得仅以原告不能提供真实、准确的被告住址为由裁定驳回起诉或者裁定终结诉讼。

因有关部门不准许当事人自行查询其他当事人的住址信息,原告向人民法院申请查询的,人民法院应当依原告的申请予以查询。

最高人民法院关于涉外民事或商事案件司法文书送达问题若干规定

- 2006年8月10日
- 法释〔2006〕5号

为规范涉外民事或商事案件司法文书送达,根据《中华人民共和国民事诉讼法》(以下简称民事诉讼法)的规定,结合审判实践,制定本规定。

第一条 人民法院审理涉外民事或商事案件时,向在中华人民共和国领域内没有住所的受送达人送达司法文书,适用本规定。

第二条 本规定所称司法文书,是指起诉状副本、上诉状副本、反诉状副本、答辩状副本、传票、判决书、调解书、裁定书、支付令、决定书、通知书、证明书、送达回证以及其他司法文书。

第三条 作为受送达人的自然人或者企业、其他组织的法定代表人、主要负责人在中华人民共和国领域内的,人民法院可以向该自然人或者法定代表人、主要负责人送达。

第四条 除受送达人在授权委托书中明确表明其诉讼代理人无权代为接收有关司法文书外,其委托的诉讼代理人为民事诉讼法第二百四十五条第(四)项规定的有权代其接受送达的诉讼代理人,人民法院可以向该诉讼代理人送达。

第五条 人民法院向受送达人送达司法文书,可以送达给其在中华人民共和国领域内设立的代表机构。

受送达人在中华人民共和国领域内有分支机构或者业务代办人的,经该受送达人授权,人民法院可以向其分支机构或者业务代办人送达。

第六条 人民法院向在中华人民共和国领域内没有住所的受送达人送达司法文书时,若该受送达人所在国与中华人民共和国签订有司法协助协定,可以依照司法协助协定规定的方式送达;若该受送达人所在国是《关于向国外送达民事或商事司法文书和司法外文书公约》的成员国,可以依照该公约规定的方式送达。

受送达人所在国与中华人民共和国签订有司法协助协定,且为《关于向国外送达民事或商事司法文书和司法外文书公约》成员国的,人民法院依照司法协助协定的规定办理。

第七条 按照司法协助协定、《关于向国外送达民事或商事司法文书和司法外文书公约》或者外交途径送达司法文书，自我国有关机关将司法文书转递受送达人所在国有关机关之日起满六个月，如果未能收到送达与否的证明文件，且根据各种情况不足以认定已经送达的，视为不能用该种方式送达。

第八条 受送达人所在国允许邮寄送达的，人民法院可以邮寄送达。

邮寄送达时应附有送达回证。受送达人未在送达回证上签收但在邮件回执上签收的，视为送达，签收日期为送达日期。

自邮寄之日起满六个月，如果未能收到送达与否的证明文件，且根据各种情况不足以认定已经送达的，视为不能用邮寄方式送达。

第九条 人民法院依照民事诉讼法第二百四十五条第（七）项规定的公告方式送达时，公告内容应在国内外公开发行的报刊上刊登。

第十条 除本规定上述送达方式外，人民法院可以通过传真、电子邮件等能够确认收悉的其他适当方式向受送达人送达。

第十一条 除公告送达方式外，人民法院可以同时采取多种方式向受送达人进行送达，但应根据最先实现送达的方式确定送达日期。

第十二条 人民法院向受送达人在中华人民共和国领域内的法定代表人、主要负责人、诉讼代理人、代表机构以及有权接受送达的分支机构、业务代办人送达司法文书，可以适用留置送达的方式。

第十三条 受送达人未对人民法院送达的司法文书履行签收手续，但存在以下情形之一的，视为送达：

（一）受送达人书面向人民法院提及了所送达司法文书的内容；

（二）受送达人已经按照所送达司法文书的内容履行；

（三）其他可以视为已经送达的情形。

第十四条 人民法院送达司法文书，根据有关规定需要通过上级人民法院转递的，应附申请转递函。

上级人民法院收到下级人民法院申请转递的司法文书，应在七个工作日内予以转递。

上级人民法院认为下级人民法院申请转递的司法文书不符合有关规定需要补正的，应在七个工作日内退回申请转递的人民法院。

第十五条 人民法院送达司法文书，根据有关规定需要提供翻译件的，应由受理案件的人民法院委托中华人民共和国领域内的翻译机构进行翻译。

翻译件不加盖人民法院印章，但应由翻译机构或翻译人员签名或盖章证明译文与原文一致。

第十六条 本规定自公布之日起施行。

最高人民法院关于涉港澳民商事案件司法文书送达问题若干规定

- 2009年3月9日
- 法释〔2009〕2号

为规范涉及香港特别行政区、澳门特别行政区民商事案件司法文书送达，根据《中华人民共和国民事诉讼法》的规定，结合审判实践，制定本规定。

第一条 人民法院审理涉及香港特别行政区、澳门特别行政区的民商事案件时，向住所地在香港特别行政区、澳门特别行政区的受送达人送达司法文书，适用本规定。

第二条 本规定所称司法文书，是指起诉状副本、上诉状副本、反诉状副本、答辩状副本、传票、判决书、调解书、裁定书、支付令、决定书、通知书、证明书、送达回证等与诉讼相关的文书。

第三条 作为受送达人的自然人或者企业、其他组织的法定代表人、主要负责人在内地的，人民法院可以直接向该自然人或者法定代表人、主要负责人送达。

第四条 除受送达人在授权委托书中明确表明其诉讼代理人无权代为接收有关司法文书外，其委托的诉讼代理人为有权代其接受送达的诉讼代理人，人民法院可以向该诉讼代理人送达。

第五条 受送达人在内地设立有代表机构的，人民法院可以直接向该代表机构送达。

受送达人在内地设立有分支机构或者业务代办人并授权其接受送达的，人民法院可以直接向该分支机构或者业务代办人送达。

第六条 人民法院向在内地没有住所的受送达人送达司法文书，可以按照《最高人民法院关于内地与香港特别行政区法院相互委托送达民商事司法文书的安排》或者《最高人民法院关于内地与澳门特别行政区法院就民商事案件相互委托送达司法文书和调取证据的安排》送达。

按照前款规定方式送达的，自内地的高级人民法院或者最高人民法院将有关司法文书递送香港特别行政区高等法院或者澳门特别行政区终审法院之日起满三个月，如果未能收到送达与否的证明文件且不存在本规定第十二条规定情形的，视为不能适用上述安排中规定的方式送达。

第七条 人民法院向受送达人送达司法文书，可以邮寄送达。

邮寄送达时应附有送达回证。受送达人未在送达回证上签收但在邮件回执上签收的，视为送达，签收日期为送达日期。

自邮寄之日起满三个月，虽未收到送达与否的证明文件，但存在本规定第十二条规定情形的，期间届满之日视为送达。

自邮寄之日起满三个月，如果未能收到送达与否的证明文件，且不存在本规定第十二条规定情形的，视为未送达。

第八条 人民法院可以通过传真、电子邮件等能够确认收悉的其他适当方式向受送达人送达。

第九条 人民法院不能依照本规定上述方式送达的，可以公告送达。公告内容应当在内地和受送达人住所地公开发行的报刊上刊登，自公告之日起满三个月即视为送达。

第十条 除公告送达方式外，人民法院可以同时采取多种法定方式向受送达人送达。

采取多种方式送达的，应当根据最先实现送达的方式确定送达日期。

第十一条 人民法院向在内地的受送达人或者受送达人的法定代表人、主要负责人、诉讼代理人、代表机构以及有权接受送达的分支机构、业务代办人送达司法文书，可以适用留置送达的方式。

第十二条 受送达人未对人民法院送达的司法文书履行签收手续，但存在以下情形之一的，视为送达：

（一）受送达人向人民法院提及了所送达司法文书的内容；

（二）受送达人已经按照所送达司法文书的内容履行；

（三）其他可以确认已经送达的情形。

第十三条 下级人民法院送达司法文书，根据有关规定需要通过上级人民法院转递的，应当附申请转递函。

上级人民法院收到下级人民法院申请转递的司法文书，应当在七个工作日内予以转递。

上级人民法院认为下级人民法院申请转递的司法文书不符合有关规定需要补正的，应当在七个工作日内退回申请转递的人民法院。

最高人民法院关于人民法院办理海峡两岸送达文书和调查取证司法互助案件的规定

• 2011 年 6 月 14 日
• 法释〔2011〕15 号

为落实《海峡两岸共同打击犯罪及司法互助协议》（以下简称协议），进一步推动海峡两岸司法互助业务的开展，确保协议中涉及人民法院有关送达文书和调查取证司法互助工作事项的顺利实施,结合各级人民法院开展海峡两岸司法互助工作实践,制定本规定。

一、总　　则

第一条　人民法院依照协议,办理海峡两岸民事、刑事、行政诉讼案件中的送达文书和调查取证司法互助业务,适用本规定。

第二条　人民法院应当在法定职权范围内办理海峡两岸司法互助业务。

人民法院办理海峡两岸司法互助业务,应当遵循一个中国原则,遵守国家法律的基本原则,不得违反社会公共利益。

二、职责分工

第三条　人民法院和台湾地区业务主管部门通过各自指定的协议联络人,建立办理海峡两岸司法互助业务的直接联络渠道。

第四条　最高人民法院是与台湾地区业务主管部门就海峡两岸司法互助业务进行联络的一级窗口。最高人民法院台湾司法事务办公室主任是最高人民法院指定的协议联络人。

最高人民法院负责:就协议中涉及人民法院的工作事项与台湾地区业务主管部门开展磋商、协调和交流;指导、监督、组织、协调地方各级人民法院办理海峡两岸司法互助业务;就海峡两岸调查取证司法互助业务与台湾地区业务主管部门直接联络,并在必要时具体办理调查取证司法互助案件;及时将本院和台湾地区业务主管部门指定的协议联络人的姓名、联络方式及变动情况等工作信息通报高级人民法院。

第五条　最高人民法院授权高级人民法院就办理海峡两岸送达文书司法互助案件,建立与台湾地区业务主管部门联络的二级窗口。高级人民法院应当指定专人作为经最高人民法院授权的二级联络窗口联络人。

高级人民法院负责:指导、监督、组织、协调本辖区人民法院办理海峡两岸送达文书和调查取证司法互助业务;就办理海峡两岸送达文书司法互助案件与台湾地区业务主管部门直接联络,并在必要时具体办理送达文书和调查取证司法互助案件;登记、统计本辖区人民法院办理的海峡两岸送达文书司法互助案件;定期向最高人民法院报告本辖区人民法院办理海峡两岸送达文书司法互助业务情况;及时将本院联络人的姓名、联络方式及变动情况报告最高人民法院,同时通报台湾地区联络人和下级人民法院。

第六条　中级人民法院和基层人民法院应当指定专人负责海峡两岸司法互助业务。

中级人民法院和基层人民法院负责:具体办理海峡两岸送达文书和调查取证司法互助案件;定期向高级人民法院层报本院办理海峡两岸送达文书司法互助业务情况;及时将本院海峡两岸司法互助业务负责人员的姓名、联络方式及变动情况层报高级人民法院。

三、送达文书司法互助

第七条　人民法院向住所地在台湾地区的当事人送达民事和行政诉讼司法文书,可以采用下列方式:

(一)受送达人居住在大陆的,直接送达。受送达人是自然人,本人不在的,可以交其同住成年家属签收;受送达人是法人或者其他组织的,应当由法人的法定代表人、其他组织的主要负责人或者该法人、其他组织负责收件的人签收。

受送达人不在大陆居住,但送达时在大陆的,可以直接送达。

(二)受送达人在大陆有诉讼代理人的,向诉讼代理人送达。但受送达人在授权委托书中明确表明其诉讼代理人无权代为接收的除外。

(三)受送达人有指定代收人的,向代收人送达。

(四)受送达人在大陆有代表机构、分

支机构、业务代办人的，向其代表机构或者经受送达人明确授权接受送达的分支机构、业务代办人送达。

（五）通过协议确定的海峡两岸司法互助方式，请求台湾地区送达。

（六）受送达人在台湾地区的地址明确的，可以邮寄送达。

（七）有明确的传真号码、电子信箱地址的，可以通过传真、电子邮件方式向受送达人送达。

采用上述方式均不能送达或者台湾地区当事人下落不明的，可以公告送达。

人民法院需要向住所地在台湾地区的当事人送达刑事司法文书，可以通过协议确定的海峡两岸司法互助方式，请求台湾地区送达。

第八条 人民法院协助台湾地区法院送达司法文书，应当采用民事诉讼法、刑事诉讼法、行政诉讼法等法律和相关司法解释规定的送达方式，并应当尽可能采用直接送达方式，但不采用公告送达方式。

第九条 人民法院协助台湾地区送达司法文书，应当充分负责，及时努力送达。

第十条 审理案件的人民法院需要台湾地区协助送达司法文书的，应当填写《〈海峡两岸共同打击犯罪及司法互助协议〉送达文书请求书》附录部分，连同需要送达的司法文书，一式二份，及时送交高级人民法院。

需要台湾地区协助送达的司法文书中有指定开庭日期等类似期限的，一般应当为协助送达程序预留不少于六个月的时间。

第十一条 高级人民法院收到本院或者下级人民法院《〈海峡两岸共同打击犯罪及司法互助协议〉送达文书请求书》附录部分和需要送达的司法文书后，应当在七个工作日内完成审查。经审查认为可以请求台湾地区协助送达的，高级人民法院联络人应当填写《〈海峡两岸共同打击犯罪及司法互助协议〉送达文书请求书》正文部分，连同附录部分和需要送达的司法文书，立即寄送台湾地区联络人；经审查认为欠缺相关材料、内容或者认为不需要请求台湾地区协助送达的，应当立即告知提出请求的人民法院补充相关材料、内容或者在说明理由后将材料退回。

第十二条 台湾地区成功送达并将送达证明材料寄送高级人民法院联络人，或者未能成功送达并将相关材料送还，同时出具理由说明给高级人民法院联络人的，高级人民法院应当在收到之日起七个工作日内，完成审查并转送提出请求的人民法院。经审查认为欠缺相关材料或者内容的，高级人民法院联络人应当立即与台湾地区联络人联络并请求补充相关材料或者内容。

自高级人民法院联络人向台湾地区寄送有关司法文书之日起满四个月，如果未能收到送达证明材料或者说明文件，且根据各种情况不足以认定已经送达的，视为不能按照协议确定的海峡两岸司法互助方式送达。

第十三条 台湾地区请求人民法院协助送达台湾地区法院的司法文书并通过其联络人将请求书和相关司法文书寄送高级人民法院联络人的，高级人民法院应当在七个工作日内完成审查。经审查认为可以协助送达的，应当立即转送有关下级人民法院送达或者由本院送达；经审查认为欠缺相关材料、内容或者认为不宜协助送达的，高级人民法院联络人应当立即向台湾地区联络人说明情况并告知其补充相关材料、内容或者将材料送还。

具体办理送达文书司法互助案件的人民法院应当在收到高级人民法院转送的材料之日起五个工作日内，以"协助台湾地区送达民事（刑事、行政诉讼）司法文书"案由立案，指定专人办理，并应当自立案之日起十五日内完成协助送达，最迟不得超过两个月。

收到台湾地区送达文书请求时，司法文书中指定的开庭日期或者其他期限逾期的，人民法院亦应予以送达，同时高级人民法院联络人应当及时向台湾地区联络人说明情况。

第十四条 具体办理送达文书司法互助案件的人民法院成功送达的，应当由送达人在《〈海峡两岸共同打击犯罪及司法互助协议〉送达回证》上签名或者盖章，并在成功送达之日起七个工作日内将送达回证送交高级人民法院；未能成功送达的，应当由送达人在《〈海峡两岸共同打击犯罪及司法互助协议〉送达回证》上注明未能成功送达的原因并签名或者盖章，在确认不能送达之日起七个工作日内，将该送达回证和未能成功送达的司法文书送交高级人民法院。

高级人民法院应当在收到前款所述送达回证之日起七个工作日内完成审查，由高级人民法院联络人在前述送达回证上签名或者盖章，同时出具《〈海峡两岸共同打击犯罪及司法互助协议〉送达文书回复书》，连同该送达回证和未能成功送达的司法文书，立即寄送台湾地区联络人。

四、调查取证司法互助

第十五条 人民法院办理海峡两岸调查取证司法互助业务，限于与台湾地区法院相互协助调取与诉讼有关的证据，包括取得证言及陈述；提供书证、物证及视听资料；确定关系人所在地或者确认其身份、前科等情况；进行勘验、检查、扣押、鉴定和查询等。

第十六条 人民法院协助台湾地区法院调查取证，应当采用民事诉讼法、刑事诉讼法、行政诉讼法等法律和相关司法解释规定的方式。

在不违反法律和相关规定、不损害社会公共利益、不妨碍正在进行的诉讼程序的前提下，人民法院应当尽力协助调查取证，并尽可能依照台湾地区请求的内容和形式予以协助。

台湾地区调查取证请求书所述的犯罪事实，依照大陆法律规定不认为涉嫌犯罪的，人民法院不予协助，但有重大社会危害并经双方业务主管部门同意予以个案协助的除外。台湾地区请求促使大陆居民至台湾地区作证，但未作出非经大陆主管部门同意不得追诉其进入台湾地区之前任何行为的书面声明的，人民法院可以不予协助。

第十七条 审理案件的人民法院需要台湾地区协助调查取证的，应当填写《〈海峡两岸共同打击犯罪及司法互助协议〉调查取证请求书》附录部分，连同相关材料，一式三份，及时送交高级人民法院。

高级人民法院应当在收到前款所述材料之日起七个工作日内完成初步审查，并将审查意见和《〈海峡两岸共同打击犯罪及司法互助协议〉调查取证请求书》附录部分及相关材料，一式二份，立即转送最高人民法院。

第十八条 最高人民法院收到高级人民法院转送的《〈海峡两岸共同打击犯罪及司法互助协议〉调查取证请求书》附录部分和相关材料以及高级人民法院审查意见后，应当在七个工作日内完成最终审查。经审查认为可以请求台湾地区协助调查取证的，最高人民法院联络人应当填写《〈海峡两岸共同打击犯罪及司法互助协议〉调查取证请求书》正文部分，连同附录部分和相关材料，立即寄送台湾地区联络人；经审查认为欠缺相关材料、内容或者认为不需要请求台湾地区协助调查取证的，应当立即通过高级人民法院告知提出请求的人民法院补充相关材料、内容或者在说明理由后将材料退回。

第十九条 台湾地区成功调查取证并将取得的证据材料寄送最高人民法院联络人，或者未能成功调查取证并将相关材料送还，同时出具理由说明给最高人民法院联络人的，最高人民法院应当在收到之日起七个工作日内完成审查并转送高级人民法院，高级人民法院应当在收到之日起七个工作日内转送提出请求的人民法院。经审查认为欠缺相关材料或者内容的，最高人民法院联络人应当立即与台湾地区联络人联络并请求补充相关材料或者内容。

第二十条 台湾地区请求人民法院协助台湾地区法院调查取证并通过其联络人将请求书和相关材料寄送最高人民法院联络人的，最高人民法院应当在收到之日起七个工作日内完成审查。经审查认为可以协助调查取证的，应当立即转送有关高级人民法院或者由本院办理，高级人民法院应当在收到之日起七个工作日内转送有关下级人民法院办理或者由本院办理；经审查认为欠缺相关材料、内容或者认为不宜协助调查取证的，最高人民法院联络人应当立即向台湾地区联络人说明情况并告知其补充相关材料、内容或者将材料送还。

具体办理调查取证司法互助案件的人民法院应当在收到高级人民法院转送的材料之日起五个工作日内，以"协助台湾地区民事(刑事、行政诉讼)调查取证"案由立案，指定专人办理，并应当自立案之日起一个月内完成协助调查取证，最迟不得超过三个月。因故不能在期限届满前完成的，应当提前函告高级人民法院，并由高级人民法院转报最高人民法院。

第二十一条 具体办理调查取证司法互助案件的人民法院成功调查取证的，应当在完成调查取证之日起七个工作日内将取得的证据材料一式三份，连同台湾地区提供的材料，并在必要时附具情况说明，送交高级人民法院；未能成功调查取证的，应当出具说明函一式三份，连同台湾地区提供的材料，在确认不能成功调查取证之日起七个工作日内送交高级人民法院。

高级人民法院应当在收到前款所述材料之日起七个工作日内完成初步审查，并将审查意见和前述取得的证据材料或者说明函等，一式二份，连同台湾地区提供的材料，立即转送最高人民法院。

最高人民法院应当在收到之日起七个工作日内完成最终审查，由最高人民法院联络人出具《〈海峡两岸共同打击犯罪及司法互助协议〉调查取证回复书》，必要时连同相关材料，立即寄送台湾地区联络人。

证据材料不适宜复制或者难以取得备份的，可不按本条第一款和第二款的规定提供备份材料。

五、附　　则

第二十二条 人民法院对于台湾地区请求协助所提供的和执行请求所取得的相关资料应当予以保密。但依据请求目的使用的除外。

第二十三条 人民法院应当依据请求书载明的目的使用台湾地区协助提供的资料。但最高人民法院和台湾地区业务主管部门另有商定的除外。

第二十四条 对于依照协议和本规定从台湾地区获得的证据和司法文书等材料，不需要办理公证、认证等形式证明。

第二十五条 人民法院办理海峡两岸司法互助业务，应当使用统一、规范的文书样式。

第二十六条 对于执行台湾地区的请求所发生的费用，由有关人民法院负担。但下列费用应当由台湾地区业务主管部门负责支付：

(一)鉴定费用；

(二)翻译费用和誊写费用；

(三)为台湾地区提供协助的证人和鉴定人，因前往、停留、离开台湾地区所发生的费用；

(四)其他经最高人民法院和台湾地区业务主管部门商定的费用。

第二十七条 人民法院在办理海峡两岸司法互助案件中收到、取得、制作的各种文件和材料，应当以原件或者复制件形式，作为诉讼档案保存。

第二十八条 最高人民法院审理的案件需要请求台湾地区协助送达司法文书和调查取证的，参照本规定由本院自行办理。

专门人民法院办理海峡两岸送达文书和调查取证司法互助业务，参照本规定执行。

第二十九条 办理海峡两岸司法互助案件和

执行本规定的情况,应当纳入对有关人民法院及相关工作人员的工作绩效考核和案件质量评查范围。

第三十条 此前发布的司法解释与本规定不一致的,以本规定为准。

◎司法文件

最高人民法院关于中、日两国之间委托送达法律文书使用送达回证问题的通知

• 1982年10月12日

各省、市、自治区高级人民法院:

外交部领事司与日本驻华大使馆就中、日两国之间委托送达法律文书使用送达回证问题进行商谈后约定:自1982年11月1日起,中、日双方委托对方代为送达法律文书,由受委托一方依照本国法律的有关规定出具送达回证。据此,地方各级人民法院自今年11月1日起,凡需通过外交途径发往日本国的法律文书,经高级人民法院审查后送外交部领事司转递时,可不再附送我人民法院的送达回证,由日方受委托的裁判所出具送达回证;日本国委托我方送达的法律文书,则由我国受委托的人民法院出具送达回证。请即告知下级人民法院照此办理。

特此通知。

最高人民法院、外交部、司法部关于我国法院和外国法院通过外交途径相互委托送达法律文书若干问题的通知

• 1986年8月14日
• 外发〔1986〕47号

全国各有关法院、各驻外使领馆:

目前,在我国与外国没有双边协议的情况下,有关涉外民事、经济等方面诉讼的法律文书,一般按互惠原则通过外交途径送达。过去,由于送达的法律文书不多,没有制定统一的规定。随着我国实行对外开放政策,涉外民事、经济等方面诉讼案件中需要送达的法律文书日益增多,为适应新的形势,针对过去在法律文书送达方面的问题,现根据我国民事诉讼法(试行)的有关规定,对我国法院和外国法院通过外交途径相互委托送达民事、经济等方面诉讼的法律文书的若干问题通知如下:

一、凡已同我国建交国家的法院,通过外交途径委托我国法院向我国公民或法人以及在华的第三国或无国籍当事人送达法律文书,除该国同我国已订有协议的按协议办理外,一般根据互惠原则按下列程序和要求办理:

1. 由该国驻华使馆将法律文书交外交部领事司转递给有关高级人民法院,再由该高级人民法院指定有关中级人民法院送达给当事人。当事人在所附送达回证上签字后,中级人民法院将送达回证退高级人民法院,再通过外交部领事司转退给对方;如未附送达回证,则由有关中级人民法院出具送达证明交有关高级人民法院,再通过外交部领事司转给对方。

2. 委托送达法律文书须用委托书,委托书和所送法律文书须附有中文译本。

3. 法律文书的内容有损我国主权和安全的,予以驳回;如受送达人享有外交特权和豁免,一般不予送达;不属于我国法院职权范围或因地址不明或其他原因不能送达的,由有关高级人民法院提出处理意见或注明妨碍送达的原因,由外交部领事司向对方说明理由,予以退回。

二、外国驻华使、领馆可以直接向其在华的本国国民送达法律文书,但不得损害我国主权和安全,不得采取强制措施。如对方通过外交途径委托我方向其在华的该国国民送达法律文书,亦可按第一条的规定予以送达。

三、对拒绝转递我国法院通过外交途径委托送达法律文书的国家或有特殊限制的国家,我可根据情况采取相应措施。

四、我国法院通过外交途径向国外当事人送达法律文书,应按下列程序和要求办理:

1. 要求送达的法律文书须经省、自治区、直辖市高级人民法院审查,由外交部领事司负责转递。

2. 须准确注明受送达人姓名、性别、年龄、国籍及其在国外的详细外文地址,并将该案的基本情况函告外交部领事司,以便转递。

3. 须附有送达委托书。如对方法院名称不明,可委托当事人所在地区主管法院。委托书和所送法律文书还须附有该国文字或该国同意使用的第三国文字译本。如该国对委托书及法律文书有公证、认证等特殊要求,将由外交部领事司逐案通知。

五、我国法院向在外国领域内的中国籍当事人送达法律文书,如该国允许我使、领馆直接送达,可委托我驻该国使、领馆送达。此类法律文书可不必附有外文译本。

六、我国法院和外国法院通过外交途径相互委托送达法律文书的收费,一般按对等原则办理。外国法院支付我国法院代为送达法律文书的费用,由外交部领事司转交有关高级人民法院;我国法院支付外国法院代为送达法律文书的费用,由有关高级人民法院交外交部领事司转递。但应委托一方要求用特殊方式送达法律文书所引起的费用,由委托一方负担。

七、中、日(本)双方法院委托对方法院代为送达法律文书,除按上述有关原则办理外,还应依照最高人民法院一九八二年十月十二日《关于中、日两国之间委托送达法律文书使用送达回证问题的通知》办理。

八、我国法院和外国法院通过外交途径相互委托代为调查或取证,参照以上有关规定办理。

本通知自发出之日起实行,执行中有何问题,请报有关单位。

最高人民法院、外交部、司法部关于执行《关于向国外送达民事或商事司法文书和司法外文书公约》有关程序的通知

- 1992年3月4日
- 外发〔1992〕8号

全国各有关法院、各驻外使领馆:

一九九一年三月二日,第七届全国人民代表大会常务委员会第十八次会议决定批准我国加入一九六五年十一月十五日订于海牙的《关于向国外送达民事或商事司法文书和司法外文书公约》(以下简称《公约》),并指定司法部为中央机关和有权接收外国通过领事途径转递的文书的机关。该公约已自一九九二年一月一日起对我国生效。现就执行该公约的有关程序通知如下:

一、凡公约成员国驻华使、领馆转送该国法院或其他机关请求我国送达的民事或商事司法文书,应直接送交司法部,由司法部转递给最高人民法院,再由最高人民法院交有关人民法院送达给当事人。送达证明由有关人民法院交最高人民法院退司法部,再由司法部送交该国驻华使、领馆。

二、凡公约成员国有权送交文书的主管当局或司法助理人员直接送交司法部请求我国送达的民事或商事司法文书,由司法部转递给最高人民法院,再由最高人民法院交有关人民法院送达给当事人。送达证明由有关人民法院交最高人民法院退司法部,再由司法部送交该国主管当局或司法助理人员。

三、对公约成员国驻华使、领馆直接向其在华的本国公民送达民事或商事司法文书,如不违反我国法律,可不表示异议。

四、我国法院若请求公约成员国向该国公民或第三国公民或无国籍人送达民事或商事司法文书,有关中级人民法院或专门人民法院应将请求书和所送司法文书送有关高

级人民法院转最高人民法院，由最高人民法院送司法部转送给该国指定的中央机关；必要时，也可由最高人民法院送我国驻该国使馆转送给该国指定的中央机关。

五、我国法院欲向在公约成员国的中国公民送达民事或商事司法文书，可委托我国驻该国的使、领馆代为送达。委托书和所送司法文书应由有关中级人民法院或专门人民法院送有关高级人民法院转最高人民法院，由最高人民法院径送或经司法部转送我国驻该国使、领馆送达给当事人。送达证明按原途径退有关法院。

六、非公约成员国通过外交途径委托我国法院送达的司法文书按最高人民法院、外资部、司法部一九八六年八月十四日联名颁发的外发〔1986〕47 号《关于我国法院和外国法院通过外交途径相互委托送达法律文书若干问题的通知》办理。公约成员国在特殊情况下通过外交途径请求我国法院送达的司法文书，也按上述文件办理。

七、我国与公约成员国签订有司法协助协定的，按协定的规定办理。

八、执行公约中需同公约成员国交涉的事项由外交部办理。

九、执行公约的其他事项由司法部商有关部门办理。

司法部、最高人民法院、外交部关于印发《关于执行海牙送达公约的实施办法》的通知

• 1992 年 10 月 19 日
• 司发通〔1992〕093 号

有关人民法院、驻外使领馆、司法厅（局）：

1992 年 3 月 4 日，我们发出了《关于执行〈关于向国外送达民事或商事司法文书和司法外文书公约〉有关程序的通知》。现将根据该通知制定的《关于执行海牙送达公约的实施办法》印发给你们，请遵照执行。

附：

关于执行海牙送达公约的实施办法

为了正确、及时、有效地按照《关于向国外送达民事或商事司法文书和司法外文书公约》（下称《公约》）向在《公约》成员国的当事人送达文书和执行成员国提出的送达请求，根据最高人民法院、外交部和司法部“外发〔1992〕8 号”《关于执行〈关于向国外送达民事或商事司法文书和司法外文书公约〉有关程序的通知》（下称《通知》），制定本实施办法。

一、司法部收到国外的请求书后，对于有中文译本的文书，应于五日内转给最高人民法院；对于用英文或法文写成，或者附有英文或法文译本的文书，应于七日内转给最高人民法院；对于不符合《公约》规定的文书，司法部将予以退回或要求请求方补充、修正材料。

二、最高人民法院应于五日内将文书转给送达执行地高级人民法院；高级人民法院收文后，应于三日内转有关的中级人民法院或者专门人民法院；中级人民法院或者专门人民法院收文后，应于十日内完成送达，并将送达回证尽快交最高人民法院转司法部。

三、执行送达的法院不管文书中确定的出庭日期或期限是否已过，均应送达。如受送达人拒收，应在送达回证上注明。

四、对于国外按《公约》提交的未附中文译本而附英、法文译本的文书，法院仍应予以送达。除双边条约中规定英、法文译本为可接受文字者外，受送达人有权以未附中文译本为由拒收。凡当事人拒收的，送达法院应在送达回证上注明。

五、司法部接到送达回证后，按《公约》的要求填写证明书，并将其转回国外请求方。

六、司法部在转递国外文书时，应说明收到请求书的日期、被送达的文书是否附有中文译本、出庭日期是否已过等情况。

七、我国法院需要向在公约成员国居住的该国公民、第三国公民、无国籍人送达文书时，应将文书及相应文字的译本各一式三份（无需致外国法院的送达委托书及空白送达回证）按《通知》规定的途径送最高人民法院转司法部。译文应由译者签名或翻译单位盖章证明无误。

八、司法部收到最高人民法院转来向国外送达的文书后，应按《公约》附录中的格式制作请求书、被送达文书概要和空白证明书，与文书一并送交被请求国的中央机关；必要时，也可由最高人民法院将文书通过我国驻该国的使馆转交该国指定的机关。

九、我国法院如果需要通过我驻公约成员国的使领馆向居住在该国的中国公民送达文书，应将被送达的文书、致使领馆的送达委托书及空白送达回证按《通知》规定的途径转最高人民法院，由最高人民法院径送或经司法部转送我驻该国使领馆送达当事人。

十、司法部将国内文书转往公约成员国中央机关两个半月后，如果未收到证明书，将发函催办；请求法院如果直接收到国外寄回的证明书，应尽快通报最高人民法院告知司法部。

十一、本办法中的“文书”兼指司法文书和司法外文书。

十二、本办法自下发之日起施行。

最高人民法院关于内地与香港特别行政区法院相互委托送达民商事司法文书的安排

- 1999年3月29日
- 法释〔1999〕9号

根据《中华人民共和国香港特别行政区基本法》第九十五条的规定，经最高人民法院与香港特别行政区代表协商，现就内地与香港特别行政区法院相互委托送达民商事司法文书问题规定如下：

一、内地法院和香港特别行政区法院可以相互委托送达民商事司法文书。

二、双方委托送达司法文书，均须通过各高级人民法院和香港特别行政区高等法院进行。最高人民法院司法文书可以直接委托香港特别行政区高等法院送达。

三、委托方请求送达司法文书，须出具盖有其印章的委托书，并须在委托书中说明委托机关的名称、受送达人的姓名或者名称、详细地址及案件的性质。

委托书应当以中文文本提出。所附司法文书没有中文文本的，应当提供中文译本。以上文件一式两份。受送达人为两人以上的，每人一式两份。

受委托方如果认为委托书与本安排的规定不符，应当通知委托方，并说明对委托书的异议。必要时可以要求委托方补充材料。

四、不论司法文书中确定的出庭日期或者期限是否已过，受委托方均应送达。委托方应当尽量在合理期限内提出委托请求。

受委托方接到委托书后，应当及时完成送达，最迟不得超过自收到委托书之日起两个月。

五、送达司法文书后，内地人民法院应当出具送达回证；香港特别行政区法院应当出具送达证明书。出具送达回证和证明书，应当加盖法院印章。

受委托方无法送达的，应当在送达回证或者证明书上注明妨碍送达的原因、拒收事由和日期，并及时退回委托书及所附全部文书。

六、送达司法文书，应当依照受委托方所在地法律规定的程序进行。

七、受委托方对委托方委托送达的司法文书的内容和后果不负法律责任。

八、委托送达司法文书费用互免。但委托方在委托书中请求以特定送达方式送达所产生的费用，由委托方负担。

九、本安排中的司法文书在内地包括：起诉状副本、上诉状副本、授权委托书、传票、判决书、调解书、裁定书、决定书、通知书、证明书、送达回证；在香港特别行政区包括：起诉状副本、上诉状副本、传票、状词、誓章、判案书、判决书、裁决书、通知书、法庭命令、送达证明。

上述委托送达的司法文书以互换司法文书样本为准。

十、本安排在执行过程中遇有问题和修改，应当通过最高人民法院与香港特别行政区高等法院协商解决。

最高人民法院实施《关于以法院专递方式邮寄送达民事诉讼文书的若干规定》的通知

- 2004年11月8日
- 法〔2004〕241号

各省、自治区、直辖市高级人民法院，解放军军事法院，新疆维吾尔自治区高级人民法院生产建设兵团分院：

为保障和便于当事人依法行使诉讼权利，保证民事诉讼活动的正常进行，最高人民法院审判委员会第1324次会议讨论通过了《关于以法院专递方式邮寄送达民事诉讼文书的若干规定》（以下简称《规定》），该《规定》将于2005年1月1日起正式实施。为了使各级法院更好地贯彻执行这一司法解释，经与国家邮政局协商，现将执行《规定》中应当注意的几个问题通知如下：

一、各高级人民法院应当根据《规定》的内容与省级邮政管理机关共同制定执行细则。在本《规定》实施前已经开展“法院专递”业务的，应当检查和修改相关制度中的内容，保证《规定》在全国范围内得到统一的贯彻实施。

二、各高级人民法院可以根据本辖区内经济发展的水平与各省邮政管理机关协商决定“法院专递”的资费标准。在确定收费标准时，应当充分考虑同城与异地、城市与乡村等综合因素，切实考虑农村和城市中特困群体的实际困难，合理确定“法院专递”的资费标准。

三、各高级人民法院可以根据本辖区内法院的办公经费状况确定“法院专递”费用的负担方式。办公经费确实无力负担的，可以依照《人民法院诉讼收费办法》第十九条第三款的规定由当事人负担，但根据《〈人民法院诉讼收费办法〉补充规定》第四条第二款具备司法救助条件的当事人可以例外。

四、各级人民法院应当建立统一的“法院专递业务管理办公室”，负责本院“法院专递”的收发业务。

五、邮政机构的工作人员在送达民事诉讼文书过程中遇到受送达人拒绝接收，并请求当地基层人民法院或者人民法庭予以协助的，当地基层人民法院或者人民法庭应当给予协助。

六、各高级人民法院应当采取灵活多样的方式，抓紧培训立案和民事审判业务部门的法官，力求准确。全面地掌握《规定》的内容，为2005年1月1日《规定》的正式实施做好准备。

七、在学习和贯彻《规定》过程中发现的问题，请及时报告最高人民法院，以便进一步修改、完善。

以上通知，请遵照执行。

◎请示答复

最高人民法院关于向居住在外国的我国公民送达司法文书问题的复函

- 1993年11月19日

外交部领事司：

你司转来的我国驻纽约总领事馆“关于向我国公民和华人送达司法文书事的请示”收悉。经研究，现答复如下：

一、关于我国人民法院向海牙送达公约成员

国送达民、商事司汉文书的程序问题，最高人民法院、外交部、司法部外发〔1992〕8号《关于执行〈关于向国外送达民事或商事司法文书和司法外文书公约〉有关程序的通知》和司发通〔1992〕093号《关于印发〈关于执行海牙送达公约〉的实施办法的通知》中已有明确规定，即我国法院若请求公约成员国向该国公民或第三国公民或无国籍人送达民事或商事司法文书，有关中级人民法院或专门人民法院应将请求书和所送司法文书送有关高级人民法院转最高人民法院，由最高人民法院送司法部转送给该国指定的中央机关；必要时也可由最高人民法院送我国驻该国使馆转送给该国指定的中央机关。我国法院向在公约成员国的中国公民送达民事或商事司法文书，可委托我国驻该国的使、领馆代为送达。委托书和所送司法文书应由有关中级人民法院或专门人民法院送有关高级人民法院转最高人民法院，由最高人民法院径送或经司法部转送我国驻该国使领馆送达给当事人。送达证明按原途径退委托法院。

二、接到我国法院委托送达司法文书的使、领馆发现委托法院有违反规定的送达程序或者司法文书的格式不规范、地址不详细等情况以致不能完成送达时，应备函说明原因，将司法文书及时退回原委托法院。

三、一方或双方居住在外国的中国公民就同一案件，不论其起诉案由如何，分别向我国法院和外国法院起诉，我国法院已经受理，或者正在审理，或者已经判决的案件，不发生人民法院承认和执行外国法院判决的问题。在我国领域内，我国法院发生法律效力的判决，或者我国法院裁定承认的外国法院判决，对当事人具有拘束力。

四、关于我驻纽约总领事馆请示函所提司法文书邮寄给当事人后，当事人未及时退回送达回证，应如何回复原委托法院问题，我们意见仍按外交部领事司领五函〔1991〕12号《关于送达司法文书若干问题的说明》第三、四、五的规定办理。对使、领馆在驻在国通过邮寄方式送达的诉讼文书，经过一定时间（由使领馆根据具体情况掌握，如一个月内），送达回证、回执等没有退回，但根据各种情况足以认定已经送达的，可以将情况写明函复委托法院，由委托法院依法确定送达日期。

第七章　执行工作纪律与行为规范

◎司法文件

最高人民法院关于重新印发《中华人民共和国法官职业道德基本准则》的通知

- 2010年12月6日
- 法发〔2010〕53号

各省、自治区、直辖市高级人民法院，解放军军事法院，新疆维吾尔自治区高级人民法院生产建设兵团分院：

现将修订后的《中华人民共和国法官职业道德基本准则》重新印发，请认真贯彻执行。

附：

中华人民共和国法官职业道德基本准则

第一章　总　　则

第一条　为加强法官职业道德建设，保证法官正确履行法律赋予的职责，根据《中华人民共和国法官法》和其他相关规定，制定本准则。

第二条　法官职业道德的核心是公正、廉洁、为民。基本要求是忠诚司法事业、保证司法公正、确保司法廉洁、坚持司法为民、维护司法形象。

第三条　法官应当自觉遵守法官职业道德，在本职工作和业外活动中严格要求自己，维护人民法院形象和司法公信力。

第二章　忠诚司法事业

第四条　牢固树立社会主义法治理念，忠于党、忠于国家、忠于人民、忠于法律，做中国特色社会主义事业建设者和捍卫者。

第五条　坚持和维护中国特色社会主义司法制度，认真贯彻落实依法治国基本方略，尊崇和信仰法律，模范遵守法律，严格执行法律，自觉维护法律的权威和尊严。

第六条　热爱司法事业，珍惜法官荣誉，坚持职业操守，恪守法官良知，牢固树立司法核心价值观，以维护社会公平正义为己任，认真履行法官职责。

第七条　维护国家利益，遵守政治纪律，保守国家秘密和审判工作秘密，不从事或参与有损国家利益和司法权威的活动，不发表有损国家利益和司法权威的言论。

第三章　保证司法公正

第八条　坚持和维护人民法院依法独立行使审判权的原则，客观公正审理案件，在审判活动中独立思考、自主判断，敢于坚持原则，不受任何行政机关、社会团体和个人的干涉，不受权势、人情等因素的影响。

第九条　坚持以事实为根据，以法律为准绳，努力查明案件事实，准确把握法律精神，正确适用法律，合理行使裁量权，避免主观臆断、超越职权、滥用职权，确保案件裁判结果公平公正。

第十条　牢固树立程序意识，坚持实体公正与程序公正并重，严格按照法定程序执法办案，充分保障当事人和其他诉讼参与人的诉讼权利，避免执法办案中的随意行为。

第十一条　严格遵守法定办案时限，提高审判执行效率，及时化解纠纷，注重节约司法资源,杜绝玩忽职守、拖延办案等行为。

第十二条 认真贯彻司法公开原则,尊重人民群众的知情权,自觉接受法律监督和社会监督,同时避免司法审判受到外界的不当影响。

第十三条 自觉遵守司法回避制度,审理案件保持中立公正的立场,平等对待当事人和其他诉讼参与人,不偏袒或歧视任何一方当事人,不私自单独会见当事人及其代理人、辩护人。

第十四条 尊重其他法官对审判职权的依法行使,除履行工作职责或者通过正当程序外,不过问、不干预、不评论其他法官正在审理的案件。

第四章 确保司法廉洁

第十五条 树立正确的权力观、地位观、利益观,坚持自重、自省、自警、自励,坚守廉洁底线,依法正确行使审判权、执行权,杜绝以权谋私、贪赃枉法行为。

第十六条 严格遵守廉洁司法规定,不接受案件当事人及相关人员的请客送礼,不利用职务便利或者法官身份谋取不正当利益,不违反规定与当事人或者其他诉讼参与人进行不正当交往,不在执法办案中徇私舞弊。

第十七条 不从事或者参与营利性的经营活动,不在企业及其他营利性组织中兼任法律顾问等职务,不就未决案件或者再审案件给当事人及其他诉讼参与人提供咨询意见。

第十八条 妥善处理个人和家庭事务,不利用法官身份寻求特殊利益。按规定如实报告个人有关事项,教育督促家庭成员不利用法官的职权、地位谋取不正当利益。

第五章 坚持司法为民

第十九条 牢固树立以人为本、司法为民的理念,强化群众观念,重视群众诉求,关注群众感受,自觉维护人民群众的合法权益。

第二十条 注重发挥司法的能动作用,积极寻求有利于案结事了的纠纷解决办法,努力实现法律效果与社会效果的统一。

第二十一条 认真执行司法便民规定,努力为当事人和其他诉讼参与人提供必要的诉讼便利,尽可能降低其诉讼成本。

第二十二条 尊重当事人和其他诉讼参与人的人格尊严,避免盛气凌人、“冷硬横推”等不良作风;尊重律师,依法保障律师参与诉讼活动的权利。

第六章 维护司法形象

第二十三条 坚持学习,精研业务,忠于职守,秉公办案,惩恶扬善,弘扬正义,保持昂扬的精神状态和良好的职业操守。

第二十四条 坚持文明司法,遵守司法礼仪,在履行职责过程中行为规范、着装得体、语言文明、态度平和,保持良好的职业修养和司法作风。

第二十五条 加强自身修养,培育高尚道德操守和健康生活情趣,杜绝与法官职业形象不相称、与法官职业道德相违背的不良嗜好和行为,遵守社会公德和家庭美德,维护良好的个人声誉。

第二十六条 法官退休后应当遵守国家相关规定,不利用自己的原有身份和便利条件过问、干预执法办案,避免因个人不当言行对法官职业形象造成不良影响。

第七章 附 则

第二十七条 人民陪审员依法履行审判职责期间,应当遵守本准则。人民法院其他工作人员参照执行本准则。

第二十八条 各级人民法院负责督促实施本准则,对于违反本准则的行为,视情节后果予以诫勉谈话、批评通报;情节严重构成违纪违法的,依照相关纪律和法律规定予以严肃处理。

第二十九条 本准则由最高人民法院负责解释。

第三十条 本准则自发布之日起施行。最高人民法院2001年10月18日发布的《中华人民共和国法官职业道德基本准则》同时废止。

最高人民法院关于印发《法官行为规范》的通知

•2010年12月6日
•法发〔2010〕54号

各省、自治区、直辖市高级人民法院，解放军军事法院，新疆维吾尔自治区高级人民法院生产建设兵团分院：

现将《法官行为规范》印发给你们，请认真贯彻执行。最高人民法院2005年11月4日发布的《法官行为规范（试行）》同时废止。

附：

法官行为规范（节录）

为大力弘扬“公正、廉洁、为民”的司法核心价值观，规范法官基本行为，树立良好的司法职业形象，根据《中华人民共和国法官法》和《中华人民共和国公务员法》等法律，制定本规范。

一、一般规定

第一条 忠诚坚定。坚持党的事业至上、人民利益至上、宪法法律至上，在思想上和行动上与党中央保持一致，不得有违背党和国家基本政策以及社会主义司法制度的言行。

第二条 公正司法。坚持以事实为根据、以法律为准绳，平等对待各方当事人，确保实体公正、程序公正和形象公正，努力实现办案法律效果和社会效果的有机统一，不得滥用职权、枉法裁判。

第三条 高效办案。树立效率意识，科学合理安排工作，在法定期限内及时履行职责，努力提高办案效率，不得无故拖延、贻误工作、浪费司法资源。

第四条 清正廉洁。遵守各项廉政规定，不得利用法官职务和身份谋取不正当利益，不得为当事人介绍代理人、辩护人以及中介机构，不得为律师、其他人员介绍案源或者给予其他不当协助。

第五条 一心为民。落实司法为民的各项规定和要求，做到听民声、察民情、知民意，坚持能动司法，树立服务意识，做好诉讼指导、风险提示、法律释明等便民服务，避免“冷硬横推”等不良作风。

第六条 严守纪律。遵守各项纪律规定，不得泄露在审判工作中获取的国家秘密、商业秘密、个人隐私等，不得过问、干预和影响他人正在审理的案件，不得随意发表有损生效裁判严肃性和权威性的言论。

第七条 敬业奉献。热爱人民司法事业，增强职业使命感和荣誉感，加强业务学习，提高司法能力，恪尽职守，任劳任怨，无私奉献，不得麻痹懈怠、玩忽职守。

第八条 加强修养。坚持学习，不断提高自身素质；遵守司法礼仪，执行着装规定，言语文明，举止得体，不得浓妆艳抹，不得佩带与法官身份不相称的饰物，不得参加有损司法职业形象的活动。

……

六、执　　行

第五十五条 基本要求

（一）依法及时有效执行，确保生效法律文书的严肃性和权威性，维护当事人的合法权益；

（二）坚持文明执行，严格依法采取执行措施，坚决避免不作为和乱作为；

（二）讲求方式方法，注重执行的法律效果和社会效果。

第五十六条 被执行人以特别授权为由要求执行人员找其代理人协商执行事宜

（一）应当从有利于执行考虑，决定是否与被执行人的代理人联系；

（二）确有必要与被执行人本人联系的，应当告知被执行人有义务配合法院执行工作，不得推托。

第五十七条 申请执行人来电或者来访查询案件执行情况

（一）认真做好记录，及时说明执行进展情况；

（二）申请执行人要求查阅有关案卷材料的，应当准许，但法律规定应予保密的除外。

第五十八条 有关当事人要求退还材料原件

应当在核对当事人提交的副本后将原件退还，并由该当事人签字或者盖章后归档备查。

第五十九条 被执行财产的查找

（一）申请执行人向法院提供被执行财产线索的，应当及时进行调查，依法采取相应的执行措施，并将有关情况告知申请执行人；

（二）应当积极依职权查找被执行人财产，并及时依法采取相应执行措施。

第六十条 执行当事人请求和解

（一）及时将和解请求向对方当事人转达，并以适当方式客观说明执行的难度和风险，促成执行当事人达成和解；

（二）当事人拒绝和解的，应当继续依法执行；

（三）申请执行人和被执行人达成和解的，应当制作书面和解协议并归档，或者将口头达成的和解协议内容记入笔录，并由双方当事人签字或者盖章。

第六十一条 执行中的暂缓、中止、终结

（一）严格依照法定条件和程序采取暂缓、中止、终结执行措施；

（二）告知申请执行人暂缓、中止、终结执行所依据的事实和相关法律规定，并耐心做好解释工作；

（三）告知申请执行人暂缓、中止执行后恢复执行的条件和程序；

（四）暂缓、中止、终结执行确有错误的，应当及时依法纠正。

第六十二条 被执行人对受委托法院执行管辖提出异议

（一）审查案件是否符合委托执行条件，不符合条件的，及时向领导汇报，采取适当方式纠正；

（二）符合委托执行条件的，告知被执行人受委托法院受理执行的依据并依法执行。

第六十三条 案外人对执行提出异议

（一）要求案外人提供有关异议的证据材料，并及时进行审查；

（二）根据具体情况，可以对执行财产采取限制性措施，暂不处分；

（三）异议成立的，采取适当方式纠正；异议不成立的，依法予以驳回。

第六十四条 对被执行人财产采取查封、扣押、冻结、拍卖、变卖等措施

（一）严格依照规定办理手续，不得超标的、超金额查封、扣押、冻结被执行人财产；

（二）对采取措施的财产要认真制作清单，记录好种类、数量，并由当事人签字或者盖章予以确认；

（三）严格按照拍卖、变卖的有关规定，依法委托评估、拍卖机构，不得损害当事人合法利益。

第六十五条 执行款的收取

（一）执行款应当直接划入执行款专用账户；

（二）被执行人即时交付现金或者票据的，应当会同被执行人将现金或者票据交法院财务部门，并及时向被执行人出具收据；

（三）异地执行、搜查扣押、小额标的执行或者因情况紧急确需执行人员直接代收现金或者票据的，应当即时向交款人出具收据，并及时移交法院财务部门；

（四）严禁违规向申请执行人和被执行人收取费用。

第六十六条 执行款的划付

（一）应当在规定期限内办理执行费用和执行款的结算手续，并及时通知申请执行人办理取款手续；

（二）需要延期划付的，应当在期限届满前书面说明原因，并报有关领导审查批准；

（三）申请执行人委托或者指定他人代为收款的，应当审查其委托手续是否齐全、有效，并要求收款人出具合法有效的收款凭证。

第六十七条 被执行人以生效法律文书在实体或者程序上存在错误而不履行

（一）生效法律文书确有错误的，告知当事人可以依法按照审判监督程序申请再审或者申请有关法院补正，并及时向领导报告；

（二）生效法律文书没有错误的，要及时做好解释工作并继续执行。

第六十八条 有关部门和人员不协助执行

（一）应当告知其相关法律规定，做好说服教育工作；

（二）仍拒不协助的，依法采取有关强制措施。

……

八、业 外 活 动

第八十条 基本要求

（一）遵守社会公德，遵纪守法；

（二）加强修养，严格自律；

（三）约束业外言行，杜绝与法官形象不相称的、可能影响公正履行职责的不良嗜好和行为，自觉维护法官形象。

第八十一条 受邀请参加座谈、研讨活动

（一）对与案件有利害关系的机关、企事业单位、律师事务所、中介机构等的邀请应当谢绝；

（二）对与案件无利害关系的党、政、军机关、学术团体、群众组织的邀请，经向单位请示获准后方可参加。

第八十二条 受邀请参加各类社团组织或者联谊活动

（一）确需参加在各级民政部门登记注册的社团组织的，及时报告并由所在法院按照法官管理权限审批；

（二）不参加营利性社团组织；

（三）不接受有违清正廉洁要求的吃请、礼品和礼金。

第八十三条 从事写作、授课等活动

（一）在不影响审判工作的前提下，可以利用业余时间从事写作、授课等活动；

（二）在写作、授课过程中，应当避免对具体案件和有关当事人进行评论，不披露或者使用在工作中获得的国家秘密、商业秘密、个人隐私及其他非公开信息；

（三）对于参加司法职务外活动获得的合法报酬，应当依法纳税。

第八十四条 接受新闻媒体与法院工作有关的采访

（一）接受新闻媒体采访必须经组织安排或者批准；

（二）在接受采访时，不发表有损司法公正的言论，不对正在审理中的案件和有关当事人进行评论，不披露在工作中获得的国家秘密、商业秘密、个人隐私及其他非公开信息。

第八十五条 本人或者亲友与他人发生矛盾

（一）保持冷静、克制，通过正当、合法途径解决；

（二）不得利用法官身份寻求特殊照顾，不得妨碍有关部门对问题的解决。

第八十六条 本人及家庭成员遇到纠纷需通过诉讼方式解决

（一）对本人的案件或者以直系亲属代理人身份参加的案件，应当依照有关法律规定，平等地参与诉讼；

（二）在诉讼过程中不以法官身份获取特殊照顾，不利用职权收集所需证据；

（三）对非直系亲属的其他家庭成员的诉讼案件，一般应当让其自行委托诉讼代理人，法官本人不宜作为诉讼代理人参与诉讼。

第八十七条 出入社交场所注意事项

（一）参加社交活动要自觉维护法官形象；

（二）严禁乘警车、穿制服出入营业性娱乐场所。

第八十八条 家人或者朋友约请参与封建迷信活动

（一）不得参加邪教组织或者参与封建迷信活动；

（二）向家人和朋友宣传科学，引导他们相信科学、反对封建迷信；

（三）对利用封建迷信活动违法犯罪的，应当立即向有关组织和公安部门反映。

第八十九条 因私出国（境）探亲、旅游

（一）如实向组织申报所去的国家、地区及返回的时间，经组织同意后方可出行；

（二）准时返回工作岗位；

（三）遵守当地法律，尊重当地民风民俗和宗教习惯；

（四）注意个人形象，维护国家尊严。

九、监督和惩戒

第九十条 各级人民法院要严格要求并督促本院法官遵守本规范，具体由各级法院的政治部门和纪检监察部门负责。

第九十一条 上级人民法院指导、监督下级人民法院对本规范的贯彻执行，最高人民法院指导和监督地方各级人民法院对本规范的贯彻执行。

第九十二条 地方各级人民法院应当结合本院实际，研究制定具体的实施细则或实施办法，切实加强本规范的培训与考核。

第九十三条 各级人民法院广大法官要自觉遵守和执行本规范，对违反本规范的人员，情节较轻且没有危害后果的，进行诫勉谈话和批评教育；构成违纪的，根据人民法院有关纪律处分的规定进行处理；构成违法的，根据法律规定严肃处理。

十、附　　则

第九十四条 人民陪审员以及人民法院其他工作人员参照本规范执行，法官退休后应当参照本规范有关要求约束言行。

第九十五条 本规范由最高人民法院负责解释。

第九十六条 本规范自发布之日起施行，最高人民法院2005年11月4日发布的《法官行为规范（试行）》同时废止。

最高人民法院关于人民法院落实廉政准则防止利益冲突的若干规定

- 2012年2月27日
- 法发〔2012〕6号

第一条 为进一步规范人民法院工作人员的行为，促进人民法院工作人员公正廉洁执法，根据《中华人民共和国法官法》，并参照《中国共产党党员领导干部廉洁从政若干准则》，制定本规定。

第二条 人民法院工作人员不得接受可能影响公正执行公务的礼金、礼品、宴请以及旅游、健身、娱乐等活动安排。

违反本条规定的，依照《人民法院工作人员处分条例》第五十九条的规定处理。

第三条 人民法院工作人员不得从事下列营利性活动：

（一）本人独资或者与他人合资、合股经办商业或者其他企业；

（二）以他人名义入股经办企业；

（三）以承包、租赁、受聘等方式从事经营活动；

（四）违反规定拥有非上市公司（企业）的股份或者证券；

（五）本人或者与他人合伙在国（境）外注册公司或者投资入股；

（六）以本人或者他人名义从事以营利为目的的民间借贷活动；

（七）以本人或者他人名义从事可能与公共利益发生冲突的其他营利性活动。

违反本条规定的，依照《人民法院工作人员处分条例》第六十三条的规定处理。

第四条 人民法院工作人员不得为他人的经济活动提供担保。

违反本条规定的，依照《人民法院工作人员处分条例》第六十五条的规定处理。

第五条 人民法院工作人员不得利用职权和职务上的影响，买卖股票或者认股权证；不得利用在办案工作中获取的内幕信息，直接或者间接买卖股票和证券投资基金，或者向他人提出买卖股票和证券投资基金的建议。

违反本条规定的，依照《人民法院工作人员处分条例》第六十三条的规定处理。

第六条 人民法院工作人员在审理相关案件时，以本人或者他人名义持有与所审理案件相关的上市公司股票的，应主动申请回避。

违反本条规定的，依照《人民法院工作人员处分条例》第三十条的规定处理。

第七条 人民法院工作人员不得违反规定在律师事务所、中介机构及其他经济实体、社会团体中兼职，不得违反规定从事为案件当事人或者其他市场主体提供信息、介绍业务、开展咨询等有偿中介活动。违反本条规定的，依照《人民法院工作人员处分条例》第六十三条的规定处理。

第八条 人民法院工作人员在离职或者退休后的规定年限内，不得具有下列行为：

（一）接受与本人原所办案件和其他业务相关的企业、律师事务所、中介机构的聘任；

（二）担任原任职法院所办案件的诉讼代理人或者辩护人；

（三）以律师身份担任诉讼代理人、辩护人。

违反本条规定的，分别依照《人民法院工作人员处分条例》第十七条、第三十条、第六十三条的规定处理。

第九条 人民法院工作人员不得利用职权和职务上的影响，指使他人提拔本人的配偶、子女及其配偶、以及其他特定关系人。

违反本条规定的，依照《人民法院工作人员处分条例》第七十一条的规定处理。

第十条 人民法院工作人员不得利用职权和职务上的影响，为本人的配偶、子女及其配偶、以及其他特定关系人支付、报销学习、培训、旅游等费用。

违反本条规定的，分别依照《人民法院工作人员处分条例》第五十五条、第五十九条、第六十四条的规定处理。

第十一条 人民法院工作人员不得利用职权和职务上的影响，为本人的配偶、子女及其配偶、以及其他特定关系人出国（境）定居、留学、探亲等向他人索取资助，或者让他人支付、报销上述费用。

违反本条规定的，分别依照《人民法院工作人员处分条例》第五十六条、第六十四条的规定处理。

第十二条 人民法院工作人员不得利用职权和职务上的影响妨碍有关机关对涉及本人的配偶、子女及其配偶、以及其他特定关系人案件的调查处理。

违反本条规定的，依照《人民法院工作人员处分条例》第九十七条的规定处理。

第十三条 人民法院工作人员不得利用职权和职务上的影响进行下列活动：

（一）放任本人的配偶、子女及其配偶、以及其他特定关系人收受案件当事人及其亲属、代理人、辩护人、执行中介机构人员以及其他关系人的财物；

（二）为本人的配偶、子女及其配偶、以及其他特定关系人经商、办企业提供便利条件；

（三）放任本人的配偶、子女及其配偶、以及其他特定关系人以本人名义谋取私利。

违反本条规定的，分别依照《人民法院工作人员处分条例》第五十六条、第六十三条、第六十四条的规定处理。

第十四条 人民法院领导干部和审判执行岗位法官不得违反规定放任配偶、子女在其任职辖区内开办律师事务所、为案件当事人提供诉讼代理或者其他有偿法律服务。

违反本条规定的，依照《人民法院工作人员处分条例》第六十五条的规定处理。

第十五条 人民法院领导干部和综合行政岗位人员不得放任配偶、子女在其职权和业务范围内从事可能与公共利益发生冲突的经商、办企业、有偿中介服务等活动。

违反本条规定的,依照《人民法院工作人员处分条例》第六十五条的规定处理。

第十六条 人民法院工作人员不得违反规定干预和插手市场经济活动,从中收受财物或者为本人的配偶、子女及其配偶、以及其他特定关系人谋取利益。

违反本条规定的,分别依照《人民法院工作人员处分条例》第五十六条、第六十四条的规定处理。

第十七条 人民法院工作人员不得违反规定干扰妨碍有关机关对建设工程招投标、经营性土地使用权出让、房地产开发与经营等市场经济活动进行正常监管和案件查处。

违反本条规定的,依照《人民法院工作人员处分条例》第九十七条的规定处理。

第十八条 人民法院工作人员违反本规定,能够及时主动纠正的,可以从宽处理。对其中情节较轻的,可以免予处分,但应当给予批评教育;对其中情节较重的,可以从轻或者减轻处分,必要时也可以给予相应的组织处理。

人民法院工作人员违反本规定,需要接受行政处罚或者涉嫌犯罪的,应当依法移送有关机关处理。

第十九条 人民法院工作人员违反规定所获取的经济利益应当予以收缴;违反本规定所获取的其他利益应当依照法律或者有关规定予以纠正或者撤销。

第二十条 本规定所称"人民法院工作人员",是指各级人民法院行政编制和事业编制内的工作人员。

本规定所称"人民法院领导干部",是指各级人民法院的领导班子成员及审判委员会专职委员。

本规定所称"审判、执行岗位法官",是指各级人民法院未担任院级领导职务的审判委员会委员以及在立案、审判、执行、审判监督、国家赔偿等部门从事审判、执行工作的法官和执行员。

本规定所称"综合行政岗位人员",是指在各级人民法院内设部门从事综合行政管理、司法辅助业务的人民法院工作人员。

第二十一条 本规定所称"其他特定关系人",是指人民法院工作人员配偶、子女及其配偶之外的其他近亲属和具有密切关系的人。

第二十二条 最高人民法院此前颁布的有关规定与本规定不一致的,以本规定为准。

第二十三条 本规定由最高人民法院负责解释。

第二十四条 本规定自发布之日起施行。

最高人民法院关于全面推进人民法院廉政风险防控机制建设的指导意见

•2012 年 5 月 3 日
•法〔2012〕122 号

为全面推进人民法院廉政风险防控机制建设,进一步规范和深化人民法院的廉政风险防控工作,根据中央纪委《关于加强廉政风险防控的指导意见》,结合人民法院工作实际,现提出如下指导意见。

一、指导思想、工作原则和总体目标

1. 指导思想。要以邓小平理论和"三个代表"重要思想为指导,深入贯彻落实科学发展观,按照"在坚决惩治腐败的同时,更加注重治本、更加注重预防、更加注重制度建设"的要求,以制约和监督司法权运行为核心,以岗位风险防控为基础,以加强制度建设为重点,以现代信息技术为支撑,全面构建权责清晰、流程规范、风险明确、监控有力、制度管用、预警及时、处置得当的廉政风险防控机制,不断提高人民法院反腐倡廉建设的科学化、制度化和规范化水平。

2. 工作原则。要坚持围绕中心,使廉政风险防控工作与人民法院的执法办案工作紧密结合,将廉政风险防控工作融入到各部门的业务工作和管理流程之中，实现廉政风险防控工作与人民法院审判业务、队伍建设和行政管理工作的相互促进、协调发展；要坚持法院特色，使廉政风险防控工作符合司法规律、符合法院实际，具有较强的针对性和操作性；要坚持系统治理，用系统的思维、统筹的观念、科学的方法推进工作，拓展从源头上防治腐败工作领域；要坚持改革创新，尊重基层法院和广大干警的首创精神，勇于实践，探索惩治和预防腐败的新思路、新办法、新途径；要坚持因地制宜，针对不同地区、不同部门、不同岗位的特点，合理确定工作目标、任务、方法、步骤，加强分类指导，实行分类管理，循序渐进、积极稳妥地推进工作。

3. 工作目标。要以腐败问题易发多发的工作岗位和工作环节为重点，全面构建覆盖各级人民法院及所有内设部门和事业单位的廉政风险防控机制，并在充分实践的基础上，确保防控机制结构合理并运行顺畅，相关制度配套完善并执行有力，预防腐败成效明显并不断提高。

二、工作步骤

4. 摸清职权底数。要按照职权法定、权责一致的要求，对人民法院依法享有的各类职权进行分项梳理，编制职权目录，明确各部门、各岗位的职权名称、主要内容、行使主体和法律依据等，并在此基础上，针对每一项职权，绘制权力运行流程图，优化运行流程，明确办理主体、条件、程序、期限和监督方式等，实现权力运行公开化、岗位职责明确化、工作流程标准化。

5. 排查廉政风险。要通过自我查找、群众评议、专家建议、领导提示、案例分析、组织审定等方式，重点查找各部门、各岗位在权力行使、制度机制、外部环境以及干警思想道德等方面存在的廉政风险。在权力行使方面，要重点查找由于权力过于集中、运行程序不规范和自由裁量幅度过大，可能造成权力滥用的风险；在制度机制方面，要重点查找由于规章制度不健全、监督制约机制不完善，可能导致权力失控的风险；在外部环境方面，要重点查找由于利益诱惑、人情干扰以及其他非正常因素的影响，可能导致司法不公的风险；在干警思想道德方面，要重点查找由于理想信念不坚定、工作作风不扎实和职业道德不牢固，可能诱发行为失范的风险。

6. 评定风险等级。要根据权力的重要程度、自由裁量权的大小、腐败现象发生的概率及其危害程度等因素，按照“高”、“中”、“低”三个等级评定风险等级，并对不同等级的廉政风险实行分级管理、分级负责、责任到人。

7. 制定防控措施。要根据法律法规、职责权限、工作标准和廉政要求，对查找出来的廉政风险，制定具体管用、切实可行的防控措施，并绘制廉政风险防控工作示意图。属于权力行使方面的，要建立健全权力运行程序规定，探索分权、控权的有效办法，规范权力行使；属于制度机制方面的，要按照建立健全惩治与预防腐败体系的要求，深入推进司法体制和工作机制改革，不断完善反腐倡廉制度体系，切实抓好已有制度的落实；属于外部环境方面的，要通过深入推进司法公开，全面加强内外监督，努力构建抵御外部干扰的“隔离墙”；属于干警思想道德方面的，要通过开展经常性的党性党风党纪教育、职业道德教育、职业纪律教育，增强广大干警风险防范意识，提高廉洁司法和廉洁从政的自觉性。

8. 实施预警处置。要针对腐败现象易发多发的工作岗位和工作环节，通过司法巡查、审务督察、审判监督、案件评查、信访接待、舆情分析等工作，全面收集廉政风险信息，对可能引发腐败的苗头性、倾向性问题进行风险预警，综合运用风险提示、诫勉谈话、责令纠错等方式进行及时处置。

9. 坚持动态管理。要结合社会发展、法律调整、职能变化以及人民群众对人民法院反腐倡廉建设的新要求，及时对廉政风险内容、等级和防控措施进行评估和调整，不断完善廉政风险防控的工作机制，不断增强廉政风险防控的工作实效。

三、工作要求

10. 加强组织领导。各级人民法院要把廉政风险防控机制建设与加强机关党的建设、落实党风廉政建设责任制结合起来，各级人民法院党组及内设部门的主要负责人要对本单位和本部门的廉政风险防控工作负总责，带头抓好自身和管辖范围内的廉政风险防控工作。各级人民法院的纪检监察部门和廉政监察员要主动承担起组织协调和督促检查任务，积极推动廉政风险防控工作的落实。

11. 确保全员参与。各级人民法院要动员全体干警广泛参与廉政风险防控机制构建活动，切实做到不留死角，同时要将查找廉政风险、制定防控措施的过程作为每个部门、每位干警自我教育、自我警示并加强自我约束的过程，促使广大干警牢固树立"忠诚、为民、公正、廉洁"的政法干警核心价值观，进一步增强广大干警抵御干扰、拒腐防变和公正司法的能力。

12. 突出防控重点。各级人民法院要在全面防控廉政风险的基础上，重点加强对法院领导干部、审判执行岗位及人、财、物管理岗位的廉政风险防控工作。在刑事审判活动中要重点加强对从轻处罚、减轻处罚、免除处罚、发回重审、再审改判等环节的风险防控；在民商事和行政审判活动中要重点加强对立案审查、财产保全、调解和解、发回重审、指令再审、上级提审等环节的风险防控；在执行活动中要重点加强对委托评估、拍卖、变卖以及执行财产分割等环节的风险防控；在人事行政管理活动中要加强对干部任用、资产管理、财务报销、物资采购、工程建设等环节的风险防控。

13. 完善制度机制。各级人民法院要针对权力运行的"关节点"、内部管理的"薄弱点"、问题易发的"风险点"，全面建立事前预防、事中监控、事后惩治的风险防控制度体系，切实做到用制度管权、按制度办事、靠制度管人。同时要对人民法院的各项职权进行科学配置，建立健全决定权、执行权、监督权既相互制约又相互协调的权力结构和运行机制。确保审判裁决权、裁判执行权、办案监督权、干部任用权、资金管理权等重要职权的正确行使，严防权力暗箱操作和权力寻租。

14. 加强科技防控。各级人民法院要把现代信息技术手段融入廉政风险防控的制度设计和管理流程之中，建立健全对权力运行进行实时监控的信息管理平台，逐步做到权力运行网上公开、权力行使网上监控、廉政风险网上预警、举报投诉网上受理，不断提高廉政风险防控工作的科技化水平。

15. 务求取得实效。各级人民法院要力戒形式主义，确保本单位的廉政风险防控机制建设取得实效。要将廉政风险防控机制建设的情况纳入对党风廉政建设责任制以及惩治和预防腐败体系建设的检查考核之中，并将检查考核结果作为领导干部评价和任免的重要依据。要以年度为周期，采取自我检查、上级抽查、社会评议等方式，定期对廉政风险防控工作的成效进行检查评估，确保廉政风险防控机制建设扎实推进并取得实效。

最高人民法院关于印发《人民法院有关部门配合监察部门核查违纪违法线索暂行办法》的通知

- 2009年11月24日
- 法发〔2009〕56号

第一条 为健全人民法院有关部门与监察部门相互配合的工作机制，促进审判监督与纪律监督的有机结合，根据《人民法院监察工作条例》，制定本办法。

第二条 监察部门对违纪违法线索实行统一管理。人民法院有关部门及工作人员收到的违纪违法线索材料，应当交由监察部门统一处理。

有关部门在案件立案、审理、执行及案件再审、案件复查、案件评查等工作中发现的违纪违法线索，应当经部门领导签字后出具线索移送函，连同相关线索材料一并移送监察部门处理。

第三条 监察部门对收到的违纪违法线索，可以抽调有关部门的人员参与监察部门的核查，也可以交由本院有关部门协助核查。

参加核查工作的人员，应该保守秘密、注意方式方法，减少对审判执行工作和法院工作人员的不良影响。

第四条 监察部门将违纪违法线索交由有关部门协助核查时，应当经监察部门负责人批准；需要抽调有关部门人员参与核查的，应当经院领导批准。

第五条 有关部门收到监察部门交由本部门协助核查的违纪违法线索后，原则上应当交由廉政监察员牵头办理，尚未配备廉政监察员的部门，可以由部门主要负责人指定专人牵头办理；有关部门收到监察部门商请参与核查的通知后，应当按监察部门的要求指定廉政监察员或者其他人员予以配合。

有关部门在开展核查工作时，核查人员不得少于二人。

第六条 有关部门配合核查的违纪违法线索涉及已结案件的，核查人员可以要求所涉案件的办案人员就相关问题作出解释和说明；可以向线索举报人、案件当事人及其他知情人员了解情况；可以在报经本部门或者监察部门负责人批准后调阅案件卷宗。

第七条 有关部门配合核查的违纪违法线索涉及正在办理的案件的，核查人员可以要求所涉案件的办案人员就相关问题作出解释和说明；可以向线索举报人了解情况；可以在报经本部门或者监察部门负责人批准后查阅案件案卷、向案件当事人及其他知情人员了解情况。

第八条 有关部门对监察部门交由本部门核查的违纪违法线索进行核查后，应当写出核查报告，连同有关材料及本部门主要负责人意见报送监察部门审核。监察部门审核后，分别做出如下处理：

（一）已经涉嫌违纪，可能给予纪律处分的，应当决定立案调查或者进一步核查。

（二）违纪行为轻微，不需要给予纪律处分的，可以建议对被核查人员进行诫勉谈话；对其中需要进行组织处理的，可以向具有干部管理权限的组织人事部门提出书面建议。

（三）不构成违纪，但存在工作态度、工作作风方面问题的，可以建议对被核查人员进行提醒谈话或者批评教育。

（四）举报内容失实的，应当终结核查程序，并采取适当方式在一定范围内为被核查人员澄清事实、消除影响。

第九条 有关部门对监察部门交由本部门核查的违纪违法线索进行核查后，认为涉及的案件需要进行复查或者按照审判监督程序处理的，应当在征得监察部门同意后，转相关部门依法处理。

第十条 有关部门对监察部门交由本部门核查的违纪违法线索进行核查后，应当就如何答复信访举报人的问题向纪检监察部门提出书面建议意见，并共同做好答复信访举报人的工作。

第十一条 监察部门转交有关部门处理的申请再审类、申诉类、批评建议类信访材料，应当由部门主要负责人阅批处理，并将处理结果直接回复信访人。监察部门要求反馈处理结果的，有关部门应当将处理结果及本部门主要负责人的意见书面反馈监察部门。

第十二条 各部门应当对反映本部门问题的信访举报材料进行分析，从中发现带有苗头性、倾向性的问题，及时研究提出改进工作的措施并抄报监察部门。

第十三条 对违纪违法线索材料隐瞒不报或者违规泄露线索材料内容的，应当追究有关责任人的纪律责任。

第十四条 本办法由最高人民法院负责解释。

第十五条 本办法自发布之日起施行。

第二编　执行程序

第八章　执行的申请与受理

◎行政法规

诉讼费用交纳办法

- 2006年12月19日国务院令第481号公布
- 自2007年4月1日起施行

第一章　总　　则

第一条　根据《中华人民共和国民事诉讼法》(以下简称民事诉讼法)和《中华人民共和国行政诉讼法》(以下简称行政诉讼法)的有关规定,制定本办法。

第二条　当事人进行民事诉讼、行政诉讼,应当依照本办法交纳诉讼费用。

本办法规定可以不交纳或者免予交纳诉讼费用的除外。

第三条　在诉讼过程中不得违反本办法规定的范围和标准向当事人收取费用。

第四条　国家对交纳诉讼费用确有困难的当事人提供司法救助,保障其依法行使诉讼权利,维护其合法权益。

第五条　外国人、无国籍人、外国企业或者组织在人民法院进行诉讼,适用本办法。

外国法院对中华人民共和国公民、法人或者其他组织,与其本国公民、法人或者其他组织在诉讼费用交纳上实行差别对待的,按照对等原则处理。

第二章　诉讼费用交纳范围

第六条　当事人应当向人民法院交纳的诉讼费用包括:

(一)案件受理费;

(二)申请费;

(三)证人、鉴定人、翻译人员、理算人员在人民法院指定日期出庭发生的交通费、住宿费、生活费和误工补贴。

第七条　案件受理费包括:

(一)第一审案件受理费;

(二)第二审案件受理费;

(三)再审案件中,依照本办法规定需要交纳的案件受理费。

第八条　下列案件不交纳案件受理费:

(一)依照民事诉讼法规定的特别程序审理的案件;

(二)裁定不予受理、驳回起诉、驳回上诉的案件;

(三)对不予受理、驳回起诉和管辖权异议裁定不服,提起上诉的案件;

(四)行政赔偿案件。

第九条　根据民事诉讼法和行政诉讼法规定的审判监督程序审理的案件,当事人不交纳案件受理费。但是,下列情形除外:

(一)当事人有新的证据,足以推翻原判决、裁定,向人民法院申请再审,人民法院经审查决定再审的案件;

(二)当事人对人民法院第一审判决或者裁定未提出上诉,第一审判决、裁定或者调解书发生法律效力后又申请再审,人民法院经审查决定再审的案件。

第十条　当事人依法向人民法院申请下列事项,应当交纳申请费:

(一)申请执行人民法院发生法律效力的判决、裁定、调解书,仲裁机构依法作出的裁决和调解书,公证机构依法赋予强制执行效力的债权文书;

（二）申请保全措施；

（三）申请支付令；

（四）申请公示催告；

（五）申请撤销仲裁裁决或者认定仲裁协议效力；

（六）申请破产；

（七）申请海事强制令、共同海损理算、设立海事赔偿责任限制基金、海事债权登记、船舶优先权催告；

（八）申请承认和执行外国法院判决、裁定和国外仲裁机构裁决。

第十一条 证人、鉴定人、翻译人员、理算人员在人民法院指定日期出庭发生的交通费、住宿费、生活费和误工补贴，由人民法院按照国家规定标准代为收取。

当事人复制案件卷宗材料和法律文书应当按实际成本向人民法院交纳工本费。

第十二条 诉讼过程中因鉴定、公告、勘验、翻译、评估、拍卖、变卖、仓储、保管、运输、船舶监管等发生的依法应当由当事人负担的费用，人民法院根据谁主张、谁负担的原则，决定由当事人直接支付给有关机构或者单位，人民法院不得代收代付。

人民法院依照民事诉讼法第十一条第三款规定提供当地民族通用语言、文字翻译的，不收取费用。

第三章 诉讼费用交纳标准

第十三条 案件受理费分别按照下列标准交纳：

（一）财产案件根据诉讼请求的金额或者价额，按照下列比例分段累计交纳：

1. 不超过1万元的，每件交纳50元；

2. 超过1万元至10万元的部分，按照2.5%交纳；

3. 超过10万元至20万元的部分，按照2%交纳；

4. 超过20万元至50万元的部分，按照1.5%交纳；

5. 超过50万元至100万元的部分，按照1%交纳；

6. 超过100万元至200万元的部分，按照0.9%交纳；

7. 超过200万元至500万元的部分，按照0.8%交纳；

8. 超过500万元至1000万元的部分，按照0.7%交纳；

9. 超过1000万元至2000万元的部分，按照0.6%交纳；

10. 超过2000万元的部分，按照0.5%交纳。

（二）非财产案件按照下列标准交纳：

1. 离婚案件每件交纳50元至300元。涉及财产分割，财产总额不超过20万元的，不另行交纳；超过20万元的部分，按照0.5%交纳。

2. 侵害姓名权、名称权、肖像权、名誉权、荣誉权以及其他人格权的案件，每件交纳100元至500元。涉及损害赔偿，赔偿金额不超过5万元的，不另行交纳；超过5万元至10万元的部分，按照1%交纳；超过10万元的部分，按照0.5%交纳。

3. 其他非财产案件每件交纳50元至100元。

（三）知识产权民事案件，没有争议金额或者价额的，每件交纳500元至1000元；有争议金额或者价额的，按照财产案件的标准交纳。

（四）劳动争议案件每件交纳10元。

（五）行政案件按照下列标准交纳：

1. 商标、专利、海事行政案件每件交纳100元；

2. 其他行政案件每件交纳50元。

（六）当事人提出案件管辖权异议，异议不成立的，每件交纳50元至100元。

省、自治区、直辖市人民政府可以结合本地实际情况在本条第（二）项、第（三）项、第（六）项规定的幅度内制定具体交纳标准。

第十四条 申请费分别按照下列标准交纳：

（一）依法向人民法院申请执行人民法院发生法律效力的判决、裁定、调解书，仲裁机构依法作出的裁决和调解书，公证机关依法赋予强制执行效力的债权文书，申请承认和执行外国法院判决、裁定以及国外仲裁机构裁决的，按照下列标准交纳：

1. 没有执行金额或者价额的，每件交纳50元至500元。

2. 执行金额或者价额不超过1万元的，每件交纳50元；超过1万元至50万元的部分，按照1.5%交纳；超过50万元至500万元的部分，按照1%交纳；超过500万元至1000万元的部分，按照0.5%交纳；超过1000万元的部分，按照0.1%交纳。

3. 符合民事诉讼法第五十五条第四款规定，未参加登记的权利人向人民法院提起诉讼的，按照本项规定的标准交纳申请费，不再交纳案件受理费。

（二）申请保全措施的，根据实际保全的财产数额按照下列标准交纳：

财产数额不超过1000元或者不涉及财产数额的，每件交纳30元；超过1000元至10万元的部分，按照1%交纳；超过10万元的部分，按照0.5%交纳。但是，当事人申请保全措施交纳的费用最多不超过5000元。

（三）依法申请支付令的，比照财产案件受理费标准的1/3交纳。

（四）依法申请公示催告的，每件交纳100元。

（五）申请撤销仲裁裁决或者认定仲裁协议效力的，每件交纳400元。

（六）破产案件依据破产财产总额计算，按照财产案件受理费标准减半交纳，但是，最高不超过30万元。

（七）海事案件的申请费按照下列标准交纳：

1. 申请设立海事赔偿责任限制基金的，每件交纳1000元至1万元；

2. 申请海事强制令的，每件交纳1000元至5000元；

3. 申请船舶优先权催告的，每件交纳1000元至5000元；

4. 申请海事债权登记的，每件交纳1000元；

5. 申请共同海损理算的，每件交纳1000元。

第十五条 以调解方式结案或者当事人申请撤诉的，减半交纳案件受理费。

第十六条 适用简易程序审理的案件减半交纳案件受理费。

第十七条 对财产案件提起上诉的，按照不服一审判决部分的上诉请求数额交纳案件受理费。

第十八条 被告提起反诉、有独立请求权的第三人提出与本案有关的诉讼请求，人民法院决定合并审理的，分别减半交纳案件受理费。

第十九条 依照本办法第九条规定需要交纳案件受理费的再审案件，按照不服原判决部分的再审请求数额交纳案件受理费。

第四章 诉讼费用的交纳和退还

第二十条 案件受理费由原告、有独立请求权的第三人、上诉人预交。被告提起反诉，依照本办法规定需要交纳案件受理费的，由被告预交。追索劳动报酬的案件可以不预交案件受理费。

申请费由申请人预交。但是，本办法第十条第（一）项、第（六）项规定的申请费不由申请人预交，执行申请费执行后交纳，破产申请费清算后交纳。

本办法第十一条规定的费用，待实际发生后交纳。

第二十一条 当事人在诉讼中变更诉讼请求数额，案件受理费依照下列规定处理：

（一）当事人增加诉讼请求数额的，按照增加后的诉讼请求数额计算补交；

（二）当事人在法庭调查终结前提出减少诉讼请求数额的，按照减少后的诉讼请求数额计算退还。

第二十二条 原告自接到人民法院交纳诉讼

费用通知次日起7日内交纳案件受理费；反诉案件由提起反诉的当事人自提起反诉次日起7日内交纳案件受理费。

上诉案件的案件受理费由上诉人向人民法院提交上诉状时预交。双方当事人都提起上诉的，分别预交。上诉人在上诉期内未预交诉讼费用的，人民法院应当通知其在7日内预交。

申请费由申请人在提出申请时或者在人民法院指定的期限内预交。

当事人逾期不交纳诉讼费用又未提出司法救助申请，或者申请司法救助未获批准，在人民法院指定期限内仍未交纳诉讼费用的，由人民法院依照有关规定处理。

第二十三条 依照本办法第九条规定需要交纳案件受理费的再审案件，由申请再审的当事人预交。双方当事人都申请再审的，分别预交。

第二十四条 依照民事诉讼法第三十六条、第三十七条、第三十八条、第三十九条规定移送、移交的案件，原受理人民法院应当将当事人预交的诉讼费用随案移交接收案件的人民法院。

第二十五条 人民法院审理民事案件过程中发现涉嫌刑事犯罪并将案件移送有关部门处理的，当事人交纳的案件受理费予以退还；移送后民事案件需要继续审理的，当事人已交纳的案件受理费不予退还。

第二十六条 中止诉讼、中止执行的案件，已交纳的案件受理费、申请费不予退还。中止诉讼、中止执行的原因消除，恢复诉讼、执行的，不再交纳案件受理费、申请费。

第二十七条 第二审人民法院决定将案件发回重审的，应当退还上诉人已交纳的第二审案件受理费。

第一审人民法院裁定不予受理或者驳回起诉的，应当退还当事人已交纳的案件受理费；当事人对第一审人民法院不予受理、驳回起诉的裁定提起上诉，第二审人民法院维持第一审人民法院作出的裁定的，第一审人民法院应当退还当事人已交纳的案件受理费。

第二十八条 依照民事诉讼法第一百三十七条规定终结诉讼的案件，依照本办法规定已交纳的案件受理费不予退还。

第五章 诉讼费用的负担

第二十九条 诉讼费用由败诉方负担，胜诉方自愿承担的除外。

部分胜诉、部分败诉的，人民法院根据案件的具体情况决定当事人各自负担的诉讼费用数额。

共同诉讼当事人败诉的，人民法院根据其对诉讼标的的利害关系，决定当事人各自负担的诉讼费用数额。

第三十条 第二审人民法院改变第一审人民法院作出的判决、裁定的，应当相应变更第一审人民法院对诉讼费用负担的决定。

第三十一条 经人民法院调解达成协议的案件，诉讼费用的负担由双方当事人协商解决；协商不成的，由人民法院决定。

第三十二条 依照本办法第九条第（一）项、第（二）项的规定应当交纳案件受理费的再审案件，诉讼费用由申请再审的当事人负担；双方当事人都申请再审的，诉讼费用依照本办法第二十九条的规定负担。原审诉讼费用的负担由人民法院根据诉讼费用负担原则重新确定。

第三十三条 离婚案件诉讼费用的负担由双方当事人协商解决；协商不成的，由人民法院决定。

第三十四条 民事案件的原告或者上诉人申请撤诉，人民法院裁定准许的，案件受理费由原告或者上诉人负担。

行政案件的被告改变或者撤销具体行政行为，原告申请撤诉，人民法院裁定准许的，案件受理费由被告负担。

第三十五条 当事人在法庭调查终结后提出减少诉讼请求数额的，减少请求数额部分的案件受理费由变更诉讼请求的当事人负担。

第三十六条 债务人对督促程序未提出异议的，申请费由债务人负担。债务人对督促程序提出异议致使督促程序终结的，申请费由申请人负担；申请人另行起诉的，可以将申请费列入诉讼请求。

第三十七条 公示催告的申请费由申请人负担。

第三十八条 本办法第十条第（一）项、第（八）项规定的申请费由被执行人负担。

执行中当事人达成和解协议的，申请费的负担由双方当事人协商解决；协商不成的，由人民法院决定。

本办法第十条第（二）项规定的申请费由申请人负担，申请人提起诉讼的，可以将该申请费列入诉讼请求。

本办法第十条第（五）项规定的申请费，由人民法院依照本办法第二十九条规定决定申请费的负担。

第三十九条 海事案件中的有关诉讼费用依照下列规定负担：

（一）诉前申请海事请求保全、海事强制令的，申请费由申请人负担；申请人就有关海事请求提起诉讼的，可将上述费用列入诉讼请求；

（二）诉前申请海事证据保全的，申请费由申请人负担；

（三）诉讼中拍卖、变卖被扣押船舶、船载货物、船用燃油、船用物料发生的合理费用，由申请人预付，从拍卖、变卖价款中先行扣除，退还申请人；

（四）申请设立海事赔偿责任限制基金、申请债权登记与受偿、申请船舶优先权催告案件的申请费，由申请人负担；

（五）设立海事赔偿责任限制基金、船舶优先权催告程序中的公告费用由申请人负担。

第四十条 当事人因自身原因未能在举证期限内举证，在二审或者再审期间提出新的证据致使诉讼费用增加的，增加的诉讼费用由该当事人负担。

第四十一条 依照特别程序审理案件的公告费，由起诉人或者申请人负担。

第四十二条 依法向人民法院申请破产的，诉讼费用依照有关法律规定从破产财产中拨付。

第四十三条 当事人不得单独对人民法院关于诉讼费用的决定提起上诉。

当事人单独对人民法院关于诉讼费用的决定有异议的，可以向作出决定的人民法院院长申请复核。复核决定应当自收到当事人申请之日起15日内作出。

当事人对人民法院决定诉讼费用的计算有异议的，可以向作出决定的人民法院请求复核。计算确有错误的，作出决定的人民法院应当予以更正。

第六章 司法救助

第四十四条 当事人交纳诉讼费用确有困难的，可以依照本办法向人民法院申请缓交、减交或者免交诉讼费用的司法救助。

诉讼费用的免交只适用于自然人。

第四十五条 当事人申请司法救助，符合下列情形之一的，人民法院应当准予免交诉讼费用：

（一）残疾人无固定生活来源的；

（二）追索赡养费、扶养费、抚育费、抚恤金的；

（三）最低生活保障对象、农村特困定期救济对象、农村五保供养对象或者领取失业保险金人员，无其他收入的；

（四）因见义勇为或者为保护社会公共利益致使自身合法权益受到损害，本人或者其近亲属请求赔偿或者补偿的；

（五）确实需要免交的其他情形。

第四十六条 当事人申请司法救助，符合下列情形之一的，人民法院应当准予减交诉讼费用：

（一）因自然灾害等不可抗力造成生活困难，正在接受社会救济，或者家庭生产经营难以为继的；

（二）属于国家规定的优抚、安置对象的；

（三）社会福利机构和救助管理站；

（四）确实需要减交的其他情形。

人民法院准予减交诉讼费用的，减交比例不得低于30%。

第四十七条 当事人申请司法救助，符合下列情形之一的，人民法院应当准予缓交诉讼费用：

（一）追索社会保险金、经济补偿金的；

（二）海上事故、交通事故、医疗事故、工伤事故、产品质量事故或者其他人身伤害事故的受害人请求赔偿的；

（三）正在接受有关部门法律援助的；

（四）确实需要缓交的其他情形。

第四十八条 当事人申请司法救助，应当在起诉或者上诉时提交书面申请、足以证明其确有经济困难的证明材料以及其他相关证明材料。

因生活困难或者追索基本生活费用申请免交、减交诉讼费用的，还应当提供本人及其家庭经济状况符合当地民政、劳动保障等部门规定的公民经济困难标准的证明。

人民法院对当事人的司法救助申请不予批准的，应当向当事人书面说明理由。

第四十九条 当事人申请缓交诉讼费用经审查符合本办法第四十七条规定的，人民法院应当在决定立案之前作出准予缓交的决定。

第五十条 人民法院对一方当事人提供司法救助，对方当事人败诉的，诉讼费用由对方当事人负担；对方当事人胜诉的，可以视申请司法救助的当事人的经济状况决定其减交、免交诉讼费用。

第五十一条 人民法院准予当事人减交、免交诉讼费用的，应当在法律文书中载明。

第七章 诉讼费用的管理和监督

第五十二条 诉讼费用的交纳和收取制度应当公示。人民法院收取诉讼费用按照其财务隶属关系使用国务院财政部门或者省级人民政府财政部门印制的财政票据。案件受理费、申请费全额上缴财政，纳入预算，实行收支两条线管理。

人民法院收取诉讼费用应当向当事人开具缴费凭证，当事人持缴费凭证到指定代理银行交费。依法应当向当事人退费的，人民法院应当按照国家有关规定办理。诉讼费用缴库和退费的具体办法由国务院财政部门商最高人民法院另行制定。

在边远、水上、交通不便地区，基层巡回法庭当场审理案件，当事人提出向指定代理银行交纳诉讼费用确有困难的，基层巡回法庭可以当场收取诉讼费用，并向当事人出具省级人民政府财政部门印制的财政票据；不出具省级人民政府财政部门印制的财政票据的，当事人有权拒绝交纳。

第五十三条 案件审结后，人民法院应当将诉讼费用的详细清单和当事人应当负担的数额书面通知当事人，同时在判决书、裁定书或者调解书中写明当事人各方应当负担的数额。

需要向当事人退还诉讼费用的，人民法院应当自法律文书生效之日起15日内退还有关当事人。

第五十四条 价格主管部门、财政部门按照收费管理的职责分工，对诉讼费用进行管理和监督；对违反本办法规定的乱收费行为，依照法律、法规和国务院相关规定予以查处。

第八章 附 则

第五十五条 诉讼费用以人民币为计算单位。以外币为计算单位的，依照人民法院决定受理案件之日国家公布的汇率换算成人民币计算交纳；上诉案件和申请再审案件的诉讼费用，按照第一审人民法院决定受理案件之日国家公布的汇率换算。

第五十六条 本办法自2007年4月1日起施行。

◎司法解释

最高人民法院关于民事诉讼委托代理人在执行程序中的代理权限问题的批复

- 1997 年 1 月 23 日
- 法复〔1997〕1 号

陕西省高级人民法院：

你院陕高法〔1996〕78 号《关于诉讼委托代理人的代理权限是否包括执行程序的请示》收悉。经研究，答复如下：

根据民事诉讼法的规定，当事人在民事诉讼中有权委托代理人。当事人委托代理人时，应当依法向人民法院提交记明委托事项和代理人具体代理权限的授权委托书。如果当事人在授权委托书中没有写明代理人在执行程序中有代理权及具体的代理事项，代理人在执行程序中没有代理权，不能代理当事人直接领取或者处分标的物。

最高人民法院关于超过诉讼时效期间当事人达成的还款协议是否应当受法律保护问题的批复

- 1997 年 4 月 16 日
- 法复〔1997〕4 号

四川省高级人民法院：

你院川高法〔1996〕116 号《关于超过诉讼时效期限达成的还款协议是否应受法律保护的请示》收悉。经研究，答复如下：

根据《中华人民共和国民法通则》第九十条规定的精神，超过诉讼时效期间，当事人双方就原债务达成还款协议的，应当依法予以保护。

最高人民法院关于人民法院立案工作的暂行规定

- 1997 年 4 月 21 日
- 法发〔1997〕7 号

为了切实保护当事人的诉讼权利，加强人民法院的立案工作，根据我国刑事诉讼法、民事诉讼法、行政诉讼法等有关法律，结合审判实践经验，对人民法院的立案工作作如下规定。

第一条 人民法院的立案工作遵循便利人民群众诉讼，便利人民法院审判的原则。

第二条 上级人民法院对下级人民法院的立案工作进行监督和指导。

基层人民法院对人民法庭的立案工作进行检查和指导。

第三条 人民法院立案工作的任务，是保障当事人依法行使诉讼权利，保证人民法院正确、及时审理案件。

第四条 人民法院对当事人提起的诉讼依法进行审查，符合受理条件的应当及时立案。

第五条 人民法院实行立案与审判分开的原则。

第六条 人民法院的立案工作由专门机构负责，可以设在告诉申诉审判庭内；不设告诉申诉审判庭的，可以单独设立。

第七条 立案工作的范围

（一）审查民事、经济纠纷、行政案件的起诉，决定立案或者裁定不予受理；审查刑事自诉案件的起诉，决定立案或者裁定驳回；对刑事公诉案件进行立案登记。

（二）对下级人民法院移送的刑事、民事、经济纠纷、行政上诉案件和人民检察院对第一审刑事判决、裁定提出的抗诉案件进行立案登记。

（三）对本院决定再审、上级人民法院指令再审和人民检察院按照审判监督程序提出抗诉的案件进行立案登记。

（四）负责应由人民法院依法受理的

其他案件的立案工作。

（五）计算并通知原告、上诉人预交案件受理费。

第八条 人民法院收到当事人的起诉，应当依照法律和司法解释规定的案件受理条件进行审查：

（一）起诉人应当具备法律规定的主体资格；

（二）应当有明确的被告；

（三）有具体的诉讼请求和事实根据；

（四）属于人民法院受理案件的范围和受诉人民法院管辖。

提起刑事自诉、刑事附带民事诉讼的，还应当符合《最高人民法院关于执行〈中华人民共和国刑事诉讼法〉若干问题的解释（试行）》中关于受理条件的规定。

第九条 人民法院审查立案中，发现原告或者自诉人证明其诉讼请求的主要证据不具备的，应当及时通知其补充证据。收到诉状的时间，从当事人补交有关证据材料之日起开始计算。

第十条 人民法院收到诉状和有关证据，应当进行登记，并向原告或者自诉人出具收据。收据中应当注明证据名称、原件或复制件、收到时间、份数和页数，由负责审查起诉的审判人员和原告、自诉人签名或者盖章。对于不予立案或者原告、自诉人在立案前撤回起诉的，应当将起诉材料退还，并由当事人签收。

第十一条 对经审查不符合法定受理条件，原告坚持起诉的，应当裁定不予受理；自诉人坚持起诉的，应当裁定驳回。

第十二条 不予受理和驳回起诉的裁定书由负责审查起诉的审判人员制作，报庭长或者院长审批。裁定书由负责审查起诉的审判员、书记员署名，加盖人民法院印章。

第十三条 经审查认为起诉符合受理条件的，根据案件的不同情况，由负责审查起诉的审判人员决定立案或者报庭长审批。重大疑难案件报院长审批或者经审判委员会讨论决定。

第十四条 起诉经审查决定立案后，应当编立案号，填写立案登记表，计算案件受理费，向原告或者自诉人发出案件受理通知书，并书面通知原告预交案件受理费。

第十五条 决定立案后，立案机构应当在2日内将案件移送有关审判庭审理，并办理移交手续，注明移交日期。经审查决定受理或立案登记的日期为立案日期。

第十六条 刑事自诉案件应当在收到自诉状、口头告诉第二日起15日内决定立案或者裁定驳回起诉；民事、经济纠纷案件应当在收到起诉状、口头告诉之日起7日内决定立案或者裁定不予受理；行政案件应当在收到起诉状之日起7日内决定立案或者裁定不予受理。

第十七条 审判庭对立案机构移送的案件认为不属本庭职责范围的，应当及时提出，报院长决定。

第十八条 人民法庭经审查认为符合受理条件的起诉，报庭长批准立案；当事人直接向基层人民法院起诉的，基层人民法院应当审查受理。

人民法庭决定立案后，应当将当事人的姓名、单位、案由、简要案情报基层人民法院统一编立案号。

对符合受理条件的起诉人民法庭不予立案的，基层人民法院应当决定立案，交由人民法庭审理。

第十九条 对当事人不服一审判决、裁定提出上诉的案件，第一审人民法院应当及时办妥送达上诉状副本等有关手续，将案卷材料连同二审案件诉讼费缴费凭证等一并移送第二审人民法院。

第二十条 第二审人民法院立案机构收到第一审人民法院移送的上诉材料及一审案件卷宗材料，应当查对以下内容：

（一）上诉状、一审裁判文书齐全；一审卷宗数应与案件移送函标明的数量相符。

（二）上诉人递交上诉状的时间在法定上诉期限以内；虽然超过法定上诉期限，

但提交了因不可抗拒的事由或者具有其他正当理由申请顺延上诉期限的书面材料。

（三）附有上诉案件受理费单据或者上诉人关于缓、减、免交上诉费用的申请。

对卷宗、材料不齐备的，应当及时通知第一审人民法院补充。

第二十一条 第二审人民法院立案机构经查对有关材料无误的，应当填写立案登记表，编立案号，向当事人发送案件受理通知书和上诉案件应诉通知书，并将案卷材料于立案登记的第二日移交有关审判庭。

第二十二条 对当事人提出的申诉或者再审申请，认为符合受理条件的，应当登记后立卷审查。

第二十三条 对具有以下情形的再审案件，应当移送有关审判庭审理：

（一）经审查认为申诉或者再审申请符合法律规定的条件，并报经院长批准再审的；

（二）本院院长提交审判委员会讨论决定再审的；

（三）上级人民法院指令再审的；

（四）人民检察院提出抗诉的。

第二十四条 执行案件的立案工作可参照本规定执行。

第二十五条 各高级人民法院、解放军军事法院可以根据本规定制定实施细则，并报最高人民法院备案。

以前有关立案工作的规定与本规定不一致的，以本规定为准。

最高人民法院关于承认和执行外国仲裁裁决收费及审查期限问题的规定

- 1998年11月14日
- 法释〔1998〕28号

为正确执行我国加入的联合国《承认及执行外国仲裁裁决公约》（以下称纽约公约），现对人民法院依照纽约公约规定，承认和执行外国仲裁裁决收费及审查期限问题作出如下规定：

一、人民法院受理当事人申请承认外国仲裁裁决的，预收人民币500元。

二、人民法院受理当事人申请承认和执行外国仲裁裁决的，应按照《人民法院诉讼收费办法》有关规定，依申请执行的金额或标的价额预收执行费。如人民法院最终决定仅承认而不予执行外国仲裁裁决时，在扣除本规定第一条所列费用后，其余退还申请人。

三、人民法院受理当事人申请承认和执行外国仲裁裁决，不得对承认和执行分别两次收费。对所预收费用的负担，按照《人民法院诉讼收费办法》有关规定执行。

四、当事人依照纽约公约第四条规定的条件申请承认和执行外国仲裁裁决，受理申请的人民法院决定予以承认和执行的，应在受理申请之日起2个月内作出裁定，如无特殊情况，应在裁定后6个月内执行完毕；决定不予承认和执行的，须按最高人民法院法发〔1995〕18号《关于人民法院处理与涉外仲裁及外国仲裁事项有关问题的通知》的有关规定，在受理申请之日起2个月内上报最高人民法院。

最高人民法院关于对经济确有困难的当事人提供司法救助的规定

- 2005年4月5日
- 法发〔2005〕6号

第一条 为了使经济确有困难的当事人能够依法行使诉讼权利，维护其合法权益，根据《中华人民共和国民事诉讼法》、《中华人民共和国行政诉讼法》和《人民法院诉讼收费办法》，制定本规定。

第二条 本规定所称司法救助，是指人民法院对于当事人为维护自己的合法权益，向人民法院提起民事、行政诉讼，但经济确有困难的，实行诉讼费用的缓交、减交、免交。

第三条 当事人符合本规定第二条并具有下列情形之一的，可以向人民法院申请司法救助：

（一）追索赡养费、扶养费、抚育费、抚恤金的；

（二）孤寡老人、孤儿和农村“五保户”；

（三）没有固定生活来源的残疾人、患有严重疾病的人；

（四）国家规定的优抚、安置对象；

（五）追索社会保险金、劳动报酬和经济补偿金的；

（六）交通事故、医疗事故、工伤事故、产品质量事故或者其他人身伤害事故的受害人，请求赔偿的；

（七）因见义勇为或为保护社会公共利益致使自己合法权益受到损害，本人或者近亲属请求赔偿或经济补偿的；

（八）进城务工人员追索劳动报酬或其他合法权益受到侵害而请求赔偿的；

（九）正在享受城市居民最低生活保障、农村特困户救济或者领取失业保险金，无其他收入的；

（十）因自然灾害等不可抗力造成生活困难，正在接受社会救济，或者家庭生产经营难以为继的；

（十一）起诉行政机关违法要求农民履行义务的；

（十二）正在接受有关部门法律援助的；

（十三）当事人为社会福利机构、敬老院、优抚医院、精神病院、SOS 儿童村、社会救助站、特殊教育机构等社会公共福利单位的；

（十四）其他情形确实需要司法救助的。

第四条 当事人请求人民法院提供司法救助，应在起诉或上诉时提交书面申请和足以证明其确有经济困难的证明材料。其中因生活困难或者追索基本生活费用申请司法救助的，应当提供本人及其家庭经济状况符合当地民政、劳动和社会保障等部门规定的公民经济困难标准的证明。

第五条 人民法院对当事人司法救助的请求，经审查符合本规定第三条所列情形的，立案时应准许当事人缓交诉讼费用。

第六条 人民法院决定对一方当事人司法救助，对方当事人败诉的，诉讼费用由对方当事人交纳；拒不交纳的强制执行。

对方当事人胜诉的，可视申请司法救助当事人的经济状况决定其减交、免交诉讼费用。决定减交诉讼费用的，减交比例不得低于 30%。符合本规定第三条第二项、第九项规定情形的，应免交诉讼费用。

第七条 对当事人请求缓交诉讼费用的，由承办案件的审判人员或合议庭提出意见，报庭长审批；对当事人请求减交、免交诉讼费用的，由承办案件的审判人员或合议庭提出意见，经庭长审核同意后，报院长审批。

第八条 人民法院决定对当事人减交、免交诉讼费用的，应在法律文书中列明。

第九条 当事人骗取司法救助的，人民法院应当责令其补交诉讼费用；拒不补交的，以妨害诉讼行为论处。

第十条 本规定自公布之日起施行。

最高人民法院关于审理民事案件适用诉讼时效制度若干问题的规定

- 2008 年 8 月 21 日
- 法释〔2008〕11 号

为正确适用法律关于诉讼时效制度的规定，保护当事人的合法权益，依照《中华人民共和国民法通则》、《中华人民共和国物权法》、《中华人民共和国合同法》、《中华人民共和国民事诉讼法》等法律的规定，结合审判实践，制定本规定。

第一条 当事人可以对债权请求权提出诉讼

时效抗辩,但对下列债权请求权提出诉讼时效抗辩的,人民法院不予支持:

(一)支付存款本金及利息请求权;

(二)兑付国债、金融债券以及向不特定对象发行的企业债券本息请求权;

(三)基于投资关系产生的缴付出资请求权;

(四)其他依法不适用诉讼时效规定的债权请求权。

第二条 当事人违反法律规定,约定延长或者缩短诉讼时效期间、预先放弃诉讼时效利益的,人民法院不予认可。

第三条 当事人未提出诉讼时效抗辩,人民法院不应对诉讼时效问题进行释明及主动适用诉讼时效的规定进行裁判。

第四条 当事人在一审期间未提出诉讼时效抗辩,在二审期间提出的,人民法院不予支持,但其基于新的证据能够证明对方当事人的请求权已过诉讼时效期间的情形除外。

当事人未按照前款规定提出诉讼时效抗辩,以诉讼时效期间届满为由申请再审或者提出再审抗辩的,人民法院不予支持。

第五条 当事人约定同一债务分期履行的,诉讼时效期间从最后一期履行期限届满之日起计算。

第六条 未约定履行期限的合同,依照合同法第六十一条、第六十二条的规定,可以确定履行期限的,诉讼时效期间从履行期限届满之日起计算;不能确定履行期限的,诉讼时效期间从债权人要求债务人履行义务的宽限期届满之日起计算,但债务人在债权人第一次向其主张权利之时明确表示不履行义务的,诉讼时效期间从债务人明确表示不履行义务之日起计算。

第七条 享有撤销权的当事人一方请求撤销合同的,应适用合同法第五十五条关于一年除斥期间的规定。

对方当事人对撤销合同请求权提出诉讼时效抗辩的,人民法院不予支持。

合同被撤销,返还财产、赔偿损失请求权的诉讼时效期间从合同被撤销之日起计算。

第八条 返还不当得利请求权的诉讼时效期间,从当事人一方知道或者应当知道不当得利事实及对方当事人之日起计算。

第九条 管理人因无因管理行为产生的给付必要管理费用、赔偿损失请求权的诉讼时效期间,从无因管理行为结束并且管理人知道或者应当知道本人之日起计算。

本人因不当无因管理行为产生的赔偿损失请求权的诉讼时效期间,从其知道或者应当知道管理人及损害事实之日起计算。

第十条 具有下列情形之一的,应当认定为民法通则第一百四十条规定的“当事人一方提出要求”,产生诉讼时效中断的效力:

(一)当事人一方直接向对方当事人送交主张权利文书,对方当事人在文书上签字、盖章或者虽未签字、盖章但能够以其他方式证明该文书到达对方当事人的;

(二)当事人一方以发送信件或者数据电文方式主张权利,信件或者数据电文到达或者应当到达对方当事人的;

(三)当事人一方为金融机构,依照法律规定或者当事人约定从对方当事人账户中扣收欠款本息的;

(四)当事人一方下落不明,对方当事人在国家级或者下落不明的当事人一方住所地的省级有影响的媒体上刊登具有主张权利内容的公告的,但法律和司法解释另有特别规定的,适用其规定。

前款第(一)项情形中,对方当事人为法人或者其他组织的,签收人可以是其法定代表人、主要负责人、负责收发信件的部门或者被授权主体;对方当事人为自然人的,签收人可以是自然人本人、同住的具有完全行为能力的亲属或者被授权主体。

第十一条 权利人对同一债权中的部分债权主张权利,诉讼时效中断的效力及于剩余债权,但权利人明确表示放弃剩余债权的情形除外。

第十二条 当事人一方向人民法院提交起诉

状或者口头起诉的，诉讼时效从提交起诉状或者口头起诉之日起中断。

第十三条 下列事项之一，人民法院应当认定与提起诉讼具有同等诉讼时效中断的效力：

（一）申请仲裁；

（二）申请支付令；

（三）申请破产、申报破产债权；

（四）为主张权利而申请宣告义务人失踪或死亡；

（五）申请诉前财产保全、诉前临时禁令等诉前措施；

（六）申请强制执行；

（七）申请追加当事人或者被通知参加诉讼；

（八）在诉讼中主张抵销；

（九）其他与提起诉讼具有同等诉讼时效中断效力的事项。

第十四条 权利人向人民调解委员会以及其他依法有权解决相关民事纠纷的国家机关、事业单位、社会团体等社会组织提出保护相应民事权利的请求，诉讼时效从提出请求之日起中断。

第十五条 权利人向公安机关、人民检察院、人民法院报案或者控告，请求保护其民事权利的，诉讼时效从其报案或者控告之日起中断。

上述机关决定不立案、撤销案件、不起诉的，诉讼时效期间从权利人知道或者应当知道不立案、撤销案件或者不起诉之日起重新计算；刑事案件进入审理阶段，诉讼时效期间从刑事裁判文书生效之日起重新计算。

第十六条 义务人作出分期履行、部分履行、提供担保、请求延期履行、制定清偿债务计划等承诺或者行为的，应当认定为民法通则第一百四十条规定的当事人一方"同意履行义务。"

第十七条 对于连带债权人中的一人发生诉讼时效中断效力的事由，应当认定对其他连带债权人也发生诉讼时效中断的效力。

对于连带债务人中的一人发生诉讼时效中断效力的事由，应当认定对其他连带债务人也发生诉讼时效中断的效力。

第十八条 债权人提起代位权诉讼的，应当认定对债权人的债权和债务人的债权均发生诉讼时效中断的效力。

第十九条 债权转让的，应当认定诉讼时效从债权转让通知到达债务人之日起中断。

债务承担情形下，构成原债务人对债务承认的，应当认定诉讼时效从债务承担意思表示到达债权人之日起中断。

第二十条 有下列情形之一的，应当认定为民法通则第一百三十九条规定的"其他障碍"，诉讼时效中止：

（一）权利被侵害的无民事行为能力人、限制民事行为能力人没有法定代理人，或者法定代理人死亡、丧失代理权、丧失行为能力；

（二）继承开始后未确定继承人或者遗产管理人；

（三）权利人被义务人或者其他人控制无法主张权利；

（四）其他导致权利人不能主张权利的客观情形。

第二十一条 主债务诉讼时效期间届满，保证人享有主债务人的诉讼时效抗辩权。

保证人未主张前述诉讼时效抗辩权，承担保证责任后向主债务人行使追偿权的，人民法院不予支持，但主债务人同意给付的情形除外。

第二十二条 诉讼时效期间届满，当事人一方向对方当事人作出同意履行义务的意思表示或者自愿履行义务后，又以诉讼时效期间届满为由进行抗辩的，人民法院不予支持。

第二十三条 本规定施行后，案件尚在一审或者二审阶段的，适用本规定；本规定施行前已经终审的案件，人民法院进行再审时，不适用本规定。

第二十四条 本规定施行前本院作出的有关司法解释与本规定相抵触的，以本规定为准。

◎司法文件

最高人民法院关于全国法院立案工作座谈会纪要

- 1999年9月8日
- 法〔1999〕186号

各省、自治区、直辖市高级人民法院，解放军军事法院，新疆维吾尔自治区高级人民法院生产建设兵团分院：

全国法院立案工作座谈会于1999年8月23日至26日在吉林省延吉市召开。各省、自治区、直辖市高级人民法院，解放军军事法院，新疆维吾尔自治区高级人民法院生产建设兵团分院分管立案工作的院领导、主管立案工作的庭长及会上介绍立案工作经验的中级人民法院、基层人民法院的代表共计100人，参加了座谈会。

最高人民法院副院长沈德咏出席会议并讲话，最高人民法院告诉申诉审判庭庭长纪敏主持会议。

会议以邓小平理论为指导，总结交流立案工作的情况与经验；研究部署当前和今后一个时期的立案工作；贯彻落实不久前在上海召开的全国高级法院院长座谈会关于积极推进人民法院改革的精神，探索深化、发展立案工作的新路子，实现立案工作跨世纪的新发展。会议达到预期目的。现纪要如下：

一、会议充分肯定了各级法院立案工作所取得的显著成绩与经验。自1997年最高人民法院制定下发《立案工作的暂行规定》(以下简称暂行规定)以来，特别是1998年7月全国高级法院院长座谈会上，肖扬院长明确提出年内全部实行“三个分立”，坚决纠正三个不分的做法以后，在各级法院领导和立案干部的共同努力下，立审分立的落实摆上议事日程，立案工作切实得到了改进和加强，工作局面有了很大的改观，为服务大局、维护司法公正作出了积极的贡献。主要表现：(一)不断加深对立审分立的认识，全面推行立审分立，各级法院普遍设立了立案机构，立审分立的格局已经形成。据今年6月份对全国31个省、自治区、直辖市3424个法院的统计，已有3315个法院成立了立案机构，实现了全部或部分的立审分立，占96.82%。(二)严格依法立案。群众告状难的问题基本上得以解决。(三)依据暂行规定与实践经验，明确了职责，完善了制度，使立案工作步入专业化、规范化的法制化轨道。(四)把做好立案工作与人民法院的文明建设结合起来，提高了效率，转变了作风，人民群众更加满意。(五)积累了一些好的做法与经验。与会代表从提高认识，加强领导；健全机构，配备干部；严肃执法，依法立案；明确职责，规范制度；锐意改革，大胆探索诸方面总结交流了立案工作的经验。会议交流的7个高级法院、7个中级法院、4个基层法院的经验材料，受到与会代表的肯定和好评。

二、会议分析了当前立案工作的形势，明确了当前和今后一个时期立案工作的总体目标和基本要求。

会议认为，我国正处在世纪之交的重要历史关头，改革已进入攻坚阶段，发展正处于关键时期。由于社会关系变化，利益格局调整，社会矛盾交织，起诉到法院的各类案件大幅度上升，人民法院的立案工作和整个审判工作一样，面临着前所未有的复杂局面。人民法院的管理体制和审判工作机制，也受到了严峻的挑战。面对困难与机遇同在，改革与发展并存的形势，如何抓住机遇，加快发展，适应形势的需要，把人民法院的立案工作以崭新的面貌推向二十一世纪，这是亟待我们深入思考和认真解决的问题。

会议确定，当前和今后一个时期人民法院立案工作的总体目标和基本要求是：以邓小平理论为指导，认真贯彻落实党的十五大精神，坚持党的基本路线和依法治国的基本方略，以确保司法公正为核心，积极探索和深化立案工作的改革。健全机构，统一职责，完善制度，规范管理，在全面实施立审分立、贯彻落实暂行规定的基础上，逐步建立起公开、公正、高效、规范、有序的立案工作机制和审判管理模式。努力提高工作效率和执法水平，为改革、发展、稳定服务，为把建设有中国特色社会主义事业全面推向二十一世纪，提供可靠的司法保障。

讨论中，大家对深化法院立案工作改革取得了共识，一致认为改革是推动法院工作发展的强大动力。近几年法院的立案工作，所以发展较快，取得了很大的成绩，一个重要的原因在于狠抓了立案工作的改革，推行了立审分立的审判管理机制。今后的立案工作要发展，要开创立案工作的新局面，还必须坚持和完善立审分立制度，必须深化立案工作的改革。要立足当前，考虑长远，要把全面实行立审分立作为近期立案工作改革的重点，在1999年底前限期完成。关于立案工作改革的长远考虑，大家认为，这次座谈会上印发的上海市高级人民法院、上海市第一中级人民法院、吉林省延边自治州中级人民法院、陕西铜川市中级人民法院、辽宁辽阳市中级人民法院、山东寿光市人民法院、河南省西华县人民法院实施审判流程管理的做法和经验，给我们很好的启示和借鉴。他们突破立案工作的传统模式，由立案机构对立案审查、文书送达、庭前准备、排期开庭、审限跟踪、结案归档等程序性工作，实施全面管理。这种赋予立案机构流程管理职能的做法，在我国是一个创新，是对法院立案工作和审判方式改革的深化和发展。《人民法院五年改革纲要》已对建立科学的案件审理流程管理制度作了明文规定，各级法院应结合各自的实际，制定具体的改革步骤与方案，通过试点取得经验，逐步推行，积极稳妥地落实这一改革举措，以保证案件审理的公正、高效。

三、为适应形势发展的需要，确保人民法院立案工作总体目标与要求的实现，会议就今后工作，尤其对立案工作中遇到的亟待解决的一些问题进行了探讨，并提出以下意见：

（一）统一立案机构的职责范围，全面实施立审分立的原则。

会议针对一些法院立案机构职责范围不清，立审分立落实不到位的实际情况，特就立案机构的主要职责及全面落实立审分立，坚决纠正立审不分做法的问题，进行了研究并重申如下意见：

1. 全面落实立审分立，坚决纠正立审不分的做法。会议认为，全面实行立审分立，建立立案与审理互相分立、相互制约又有机结合的诉讼运行机制，是人民法院为了确保司法公正，完善我国审判制度而推出的一项重要改革举措。各级人民法院都应按暂行规定及《人民法院五年改革纲要》的规定与要求，建立健全专门的立案机构，保证立案机构能够完全承担起暂行规定所要求的审查受理各类案件的任务，全面实施立审分立，坚决纠正立审不分的做法。会议要求，目前尚未全面实行立审分立的法院，一定要在今年年底前限期完成立审分立的任务。已经完成立审分立任务的法院，应进一步完善制度，充实业务骨干，保证工作正常有效地进行。

2. 统一立案机构的职责范围，全面发挥立案机构的职能作用。会议认为，根据刑诉法、民诉法、行政诉讼法和最高法院司法解释的规定，结合立案工作的实际，按照立审分立的要求，立案机构应承担以下主要职责：

（1）审查民事、经济纠纷、行政案件的起诉，决定立案或者裁定不予受理；审查刑事自诉案件的起诉，决定立案或者裁定驳回；审查执行案件的申请，决定是否立案或裁定不予受理；对刑事公诉案件进行立案登记。

(2)对上诉案件、抗诉案件进行立案登记。审理不服下级法院不予受理、管辖异议的上诉案件。

(3)审查申诉、申请再审,符合受理条件的,应当立卷审查,并决定是否裁定再审立案,对审委会讨论决定再审、上级法院指令再审和人民检察院按照审判监督程序提出抗诉的案件进行立案登记。

(4)负责应由本院依法受理的其他案件的立案工作。

(5)根据当事人申请,依法进行诉前财产、诉前证据保全。

(6)依法处理公民、法人和其他组织提出的管辖异议和下级法院的管辖权争议案件。对下级法院应当受理而不受理的告诉案件,指定下级法院受理。

(7)核算当事人预交诉讼费用,办理缓、减、免诉讼费的审批或报批手续。

(8)对本院各类案件的审限进行跟踪督办,并定期向有关领导与部门通报。

(9)办理上级机关和本院领导交办案件的登记、编号、程序上的审查处理和督办,并回报或转报结果。

(10)处理告诉申诉来信来访,解答法律咨询,做好上访老户工作。

(11)监督、指导下级法院的立案工作。基层法院检查指导人民法庭的立案工作。

以上意见,各级法院在确定各自立案机构的职责范围时应参照执行。

(二)建立健全机构,调整充实立案干部队伍。

会议认为,立案机构的设置,各级法院可根据实际情况自行决定,凡条件允许的,应当争取单独设置,设在告诉申诉审判庭内的,立案人员也应相对固定。凡单独设置立案机构的,名称统一为××人民法院立案庭,设在告申庭内的,名称统一为××人民法院立案室,并对外公开挂牌。立案机构的人力一定要与所承担的任务相适应,要选调一批政治、业务素质高,会做群众工作,作风过硬,年富力强的业务骨干充实立案干部队伍。保证立案机构能够完全承担起立案工作暂行规定所要求的审查受理各类案件的任务。

(三)抓好基层法院的立案工作,实现人民法庭立案规范化。

全国法院80%以上的案件是基层法院受理的,因而,基层法院的立案工作在整个法院立案工作中具有特别重要的地位和作用,会议认为,各级法院的领导应注重抓基层,这是深化人民法院立案工作改革的基础。

抓好基层法院的立案工作,重点抓好人民法庭的立案工作。暂行规定从两便原则出发,赋予法庭立案权,采取专人审查,庭长批准,基层人民法院立案机构指导,统一编立案号的变通做法。实践证明,这种做法既坚持了立审分立的原则,又考虑了法庭立案的特殊性,是统一立案的原则性与灵活性的统一,是两便原则的生动体现。会议强调,各地在落实去年全国人民法庭工作会议精神和贯彻实施《关于人民法庭若干问题的规定》过程中,在抓好人民法庭设置规范化的同时,要抓好法庭立案工作的规范化,两者要同步进行。人民法庭设置的适度规模化,使法庭的人、财、物配置更合理,更便于立审分立原则的实施。在抓教育、抓认识的同时,着重从建章立制、加强管理、规范做法上入手,落实专职立案人员,落实立案人员责任,落实立案制度,落实接待时间,落实立案监督制约机制。从而保障程序上的公开和公正,促使人民法庭的立案工作及审判管理日趋专业化、规范化、科学化。

(四)对暂行规定第二十二条、第二十三条的理解与执行问题。

会议认为,暂行规定第二十二条和第二十三条的规定是明确的,对申诉和申请再审的立卷复查由立案机构负责,再审案件的审判由审判监督机构负责。如不是第二十三条规定的四种情况,就不应移送审监庭,应由立案庭立卷复查。对其中第一种情况，经审查，没有道理的，应由立案庭口头或书面驳回。经审查，可能有错，符合再审立案条件的，再审裁定立案后转审监庭审理。对其中第二、三、四种情况，应由立案庭登记立案后转审监庭审理。这样分层次地审查处理，既把再审的立案与审理分开了，充分体现了再审案件的立审分立原则，同时也加大了审判监督工作的力度，有利提高再审案件的质量。中级以上法院的立案、审监机构都应采取这种做法。基层法院一般是立案任务繁重，审监任务不大，故基层法院的立案机构，对申诉、申请再审案件可只进行程序性审查，是否再审立案的决定及再审的审理可都交审监机构去办理。各级法院的立案、审监机构还应强调分工协作，协同处理好申诉老户的工作。会议认为，还有许多具体问题需要细化，比如：对上级法院发函要结果的案件、当地党委、人大、政府、政协等单位领导交办的案件的审查处理及两个庭如何分工更合理的问题，还需进一步调查研究。

关于申诉复查的操作执行问题，会议充分肯定了申诉复查听证制度的做法。会议认为该做法体现了申诉复查的平等原则，增加了复查的透明度，实践中取得了积极的审判效果与社会效果。会议要求有条件的法院，应积极试行推广。试行推广时，应体现听证的简便、快捷、实用的特性，不对案件全面审查，抓住争议焦点，开门见山，直奔主题，听证目的是确定原判是否有错，是依法驳回，还是调卷审查或再审立案。切忌把复查听证与再审开庭相混淆。听证的组织形式还是组成合议庭为好。

会议指出，今年是我国历史上具有重要意义的一年。做好当前的各项工作，将为我们实现跨世纪发展的宏伟目标打下坚实的基础。希望身处审判工作前沿的广大立案干部在以江泽民同志为核心的党中央领导下，高举邓小平理论伟大旗帜，进一步振奋精神，扎实工作，开拓进取，积极深化立案工作改革，为实现依法治国，建设社会主义法治国家作出新的、更大的贡献！

最高人民法院办公厅关于就外国执行民商事文书送达收费事项的通知

- 2003年7月29日
- 法办〔2003〕242号

各省、自治区、直辖市高级人民法院：

自2003年6月1日，美国由一私人送达公司PROCESS FORWARDING INTERNATIONAL（PFI）代为行使《海牙送达公约》美国中央机关的部分职能，为期五年，并就每件向其国民送达请求收取执行费用。我国与新加坡根据中新司法协助双边条约规定的途径办理司法协助事宜以来，新方根据中新条约第10条的规定已对我国请求向其国民送达事宜，要求执行送达后支付执行费用。加拿大根据《海牙送达公约》的规定声明向请求提供司法协助的国家进行收费。实践中亦已实际对我国请求向其国民送达事宜进行收费。现将上述三个国家有关支付送达费用的具体要求通知如下：

一、向美国支付送达执行费用的具体要求：

支付时间：预付

支付方式：汇票

支付金额：89美元（2003年），91美元（2004年），93美元（2005年），95美元（2007年）

汇票收款人：美国“PROCESS FORWARDING INTERNATIONAL”

二、向新加坡支付送达执行费用的具体要求：

支付时间：执行后支付

支付方式：汇票

支付金额：根据送达情况收取费用数额不等（由20新元到130新元或更高）。

汇票收款人：“The Registrar, Supreme

Court，Singapore”。

三、向加拿大支付送达费用的具体要求：

支付时间：预付

支付方式：汇票

支付金额：50 加元

汇票收款人：根据下列不同的省填写不同的名称：

Alberta：Provincial Treasurer of Alberta

British Columbia：Minister of Finance of British Columbia

Prince Edward Island：Provincial Treasurer of Prince Edward Island

Manitoba：Minister of Finance of Manitoba

New Brunswick：Minister of Finance of New Brunswick

Nova Scotia：Minister of Finance of Nova Scotia

Ontario：Treasurer of Ontario

Quebec：Ministre des Finances du Québec

Saskatchewan：Department of Justice of Saskatchewan – Sheriff Services

Newfoundland：Newfoundland Exchequer Account

Yukon Territorial：Treasurer of the Government of Yukon

Northwest Territories：Government of the Northwest Territories

Nunavut：Government of Nunavut

请各高级法院有关部门照此办理。对美国、加拿大的送达，将汇票连同送达文书一并送最高人民法院外事局转递。对新加坡的送达，在文书送达后，按新方确定的送达费用支付，汇票经最高人民法院外事局转递。

请求送达的当事人可根据我院转发国家外汇管理局（法〔2003〕73 号）的通知，到当地外汇管理部门申购所需外汇，办理有关汇票。

◎请示答复

最高人民法院关于判决中已确定承担连带责任的一方向其他连带责任人追偿数额的可直接执行问题的复函

- 1996 年 3 月 20 日
- 经他〔1996〕4 号

陕西省高级人民法院：

你院陕高法〔1995〕93 号请示收悉。经研究，答复如下：

基本同意你院报告中的第二种意见。我院法经〔1992〕121 号复函所指的追偿程序，针对的是判决后连带责任人依照判决代主债务人偿还了债务或承担的连带责任超过自己应承担的份额的情况。而你院请示案件所涉及的生效判决所确认的中国机电设备西北公司应承担的连带责任已在判决前履行完毕，判决主文中已判定该公司向其他连带责任人追偿的数额，判决内容是明确的，可执行的。据此，你院可根据生效判决和该公司的申请立案执行，不必再作裁定。

最高人民法院执行工作办公室关于权利人逾期申请执行保证人不应予以执行立案的答复

- 2000 年 12 月 21 日
- 〔2000〕执他字第 18 号

广东省高级人民法院：

你院粤高法〔2000〕27 号《关于是否受理深圳蛇口社会保险公司申请强制执行京光（广州）房地产实业有限公司一案的请示》，收悉。经研究，答复如下：

同意你院审委会倾向性意见。鉴于深圳蛇口社会保险公司没有在法定申请执行期限内，向人民法院申请强制执行保证人京光（广州)房地产实业有限公司的财产,应视为对该项权利的放弃。深圳蛇口社会保险公司逾期申请强制执行京光(广州)房地产实业有限公司的财产,已丧失了法定立案条件,人民法院不应予以执行立案。

此复

最高人民法院关于当事人对人民法院生效法律文书所确定的给付事项超过申请执行期限后又重新就其中的部分给付内容达成新的协议的应否立案的批复

- 2002年1月30日
- 〔2001〕民立他字第34号

四川省高级人民法院:

你院报送的川高法〔2001〕144号《关于当事人对人民法院生效法律文书所确定的给付事项超过申请执行期限后又重新就其中的部分给付内容达成新的协议的应否立案的请示》收悉。经研究,同意你院审判委员会多数人意见。当事人就人民法院生效裁判文书所确定的给付事项超过执行期限后又重新达成协议的,应当视为当事人之间形成了新的民事法律关系,当事人就该新协议向人民法院提起诉讼的,只要符合《民事诉讼法》立案受理的有关规定的,人民法院应当受理。

最高人民法院执行工作办公室关于如何确定判决书送达日期和申请执行期限起算时间问题的复函

- 2002年7月19日
- 〔2002〕执他字第9号

海南省高级人民法院:

你院《关于如何确定判决书送达日期和申请执行期限起算时间的请示报告》收悉。经研究,答复如下:

同意你院审判委员会的第二种意见。根据《中华人民共和国民事诉讼法》第七十八条①、最高人民法院《关于适用〈中华人民共和国民事诉讼法〉若干问题的意见》第83条②之规定,海南华能租赁有限公司(以下简称华能公司)的诉讼代理人明向阳签收诉讼文书,属于一般授权,不需要华能公司的特别授权。你院于1998年10月28日所实施的送达行为符合上述法律规定,应为有效。但你院未依照最高人民法院、最高人民检察院、公安部、司法部《关于律师参加诉讼的几项具体规定的联合通知》向代理律师送达诉讼文书副本,应以适当形式予以补正。你院于2001年4月9日给华能公司送达判决书为第二次送达,不影响1998年10月28日送达的效力。华能公司的申请执行期限应从1998年10月28日起算,本案已超过法定的申请执行期限,应不予立案执行。

此复

最高人民法院对能否以判决主文或判决理由作为执行依据的请示致辽宁省高级人民法院的复函

- 〔2004〕执他字第19号

辽宁省高级人民法院:

你院〔2003〕辽执监字第157号《关于营口鲅鱼圈区海星建筑工程公司与营口东方外国语专修学校建筑工程欠款纠纷执行一案的疑请报告》收悉。经研究,答复如下:

同意你院审判委员会少数人意见。判决主文是人民法院就当事人的诉讼请求作出的结论,而判决书中的“本院认为”部分,是人民法院就认定的案件事实和判决理由所作的叙述,其本身并不构成判项的内容。人民法

---

① 原民事诉讼法第七十八条,现行民事诉讼法修改为第八十五条。

② 该条已被最高人民法院《关于适用〈中华人民共和国民事诉讼法〉的解释》法释(〔2015〕5号)第一百三十二条所替代,条文内容不变。

院强制执行只能依据生效判决的主文，而“本院认为”部分不能作为执行依据。但在具体处理上，你院可根据本案的实际情况，依法保护各方当事人的合法权益。

此复

最高人民法院执行工作办公室关于向人民法院申请执行没有给付内容的确认判决应裁定不予受理问题的答复

- 2004年11月22日
- 〔2004〕执他字第5号

内蒙古自治区高级人民法院：

你院内高法〔2004〕18号请示的《关于内蒙古天富房地产股份有限公司与内蒙古达康医疗保健品总公司、内蒙古自治区医院保健分院执行一案的请示报告》收悉。经研究，答复如下：

我院〔2002〕民一终字第23号民事判决书是确认判决，没有给付内容，根据我院《关于人民法院执行工作若干问题的规定（试行）》第18条第1款第（4）项的规定，本案不符合人民法院受理执行案件的条件，你院应裁定不予受理。

最高人民法院关于生效法律文书未确定履行期限能否依当事人约定的履行期限受理执行的复函

- 2005年6月29日
- 〔2004〕执他字第23号

山西省高级人民法院：

你院《生效法律文书未确定履行期限能否依当事人约定的履行期限受理执行的请示》收悉，经研究，答复如下：

一、关于法律文书生效后，当事人在自动履行期间内达成和解协议，申请执行期限是否可以延长的问题，现行法律及司法解释没有明确规定。

二、从本案的实际情况看，当事人是在一审法院审判法官的主持下多次达成和解协议，这是造成债权人未能在法律文书生效后及时向人民法院申请强制执行的主要原因。为充分保护债权人的合法权益，本案可参照最高人民法院《关于适用〈中华人民共和国民事诉讼法〉若干问题的意见》第267条规定的精神，作为个案的特殊情况妥善处理。

最高人民法院执行工作办公室关于对最高人民法院〔2003〕民二终字第111号民事判决立案执行中有关法律适用问题的请示的答复

- 2005年8月9日
- 〔2005〕执他字第13－1号

四川省高级人民法院：

你院〔2004〕川执字第1号《关于对最高人民法院〔2003〕民二终字第111号民事判决立案执行中有关法律适用问题的请示》收悉。经研究，答复如下：

一、经征询我院民二庭，因四川通信服务公司承担保证责任后是否有权向债务人追偿与本院审理的借款担保合同纠纷系不同的法律关系，所以最高人民法院〔2003〕民二终字第111号民事判决没有明确保证人四川通信服务公司的追偿权。

二、对已进入执行程序的案件，经审查后认定不符合最高人民法院《关于人民法院执行工作若干问题的规定（试行）》第18条规定的立案条件的，人民法院应当裁定驳回执行申请。至于由执行机构还是立案机构采制作裁定书，可由受理案件的人民法院自行决定。

此复

第九章　执行当事人的变更和追加

◎法律

中华人民共和国
乡镇企业法（节录）

•1996年10月29日

……

第二条　【定义】本法所称乡镇企业，是指农村集体经济组织或者农民投资为主，在乡镇（包括所辖村）举办的承担支援农业义务的各类企业。

前款所称投资为主，是指农村集体经济组织或者农民投资超过50%，或者虽不足50%，但能起到控股或者实际支配作用。

乡镇企业符合企业法人条件的，依法取得企业法人资格。

……

第十一条　【核算】乡镇企业依法实行独立核算，自主经营，自负盈亏。

具有企业法人资格的乡镇企业，依法享有法人财产权。

……

中华人民共和国
个人独资企业法（节录）

•1999年8月30日

……

第二条　【定义】本法所称个人独资企业，是指依照本法在中国境内设立，由一个自然人投资，财产为投资人个人所有，投资人以其个人财产对企业债务承担无限责任的经营实体。

……

第二十五条　【禁止摊派】任何单位和个人不得违反法律、行政法规的规定，以任何方式强制个人独资企业提供财力、物力、人力；对于违法强制提供财力、物力、人力的行为，个人独资企业有权拒绝。

第二十六条　【解散情形】个人独资企业有下列情形之一时，应当解散：

（一）投资人决定解散；

（二）投资人死亡或者被宣告死亡，无继承人或者继承人决定放弃继承；

（三）被依法吊销营业执照；

（四）法律、行政法规规定的其他情形。

第二十七条　【解散程序】个人独资企业解散，由投资人自行清算或者由债权人申请人民法院指定清算人进行清算。

投资人自行清算的，应当在清算前15日内书面通知债权人，无法通知的，应当予以公告。债权人应当在接到通知之日起30日内，未接到通知的应当在公告之日起60日内，向投资人申报其债权。

第二十八条　【解散后的责任】个人独资企业解散后，原投资人对个人独资企业存续期间的债务仍应承担偿还责任，但债权人在5年内未向债务人提出偿债请求的，该责任消灭。

第二十九条　【债务清偿】个人独资企业解散的，财产应当按照下列顺序清偿：

（一）所欠职工工资和社会保险费用；

（二）所欠税款；

（三）其他债务。

第三十条　【清算期内的禁止行为】清算期间，个人独资企业不得开展与清算目的无关的经营活动。在按前条规定清偿债务前,投资人不得转移、隐匿财产。

第三十一条 **【个人其他财产清偿】**个人独资企业财产不足以清偿债务的,投资人应当以其个人的其他财产予以清偿。

……

第三十六条 **【不开业或停业责任】**个人独资企业成立后无正当理由超过6个月未开业的,或者开业后自行停业连续6个月以上的,吊销营业执照。

第三十七条 **【未登记或变更登记责任】**违反本法规定,未领取营业执照,以个人独资企业名义从事经营活动的,责令停止经营活动,处以3000元以下的罚款。

个人独资企业登记事项发生变更时,未按本法规定办理有关变更登记的,责令限期办理变更登记;逾期不办理的,处以2000元以下的罚款。

第三十八条 **【管理人责任】**投资人委托或者聘用的人员管理个人独资企业事务时违反双方订立的合同,给投资人造成损害的,承担民事赔偿责任。

第三十九条 **【企业侵犯职工利益责任】**个人独资企业违反本法规定,侵犯职工合法权益,未保障职工劳动安全,不缴纳社会保险费用的,按照有关法律、行政法规予以处罚,并追究有关责任人员的责任。

第四十条 **【管理人侵犯财产责任】**投资人委托或者聘用的人员违反本法第二十条规定,侵犯个人独资企业财产权益的,责令退还侵占的财产;给企业造成损失的,依法承担赔偿责任;有违法所得的,没收违法所得;构成犯罪的,依法追究刑事责任。

第四十一条 **【摊派责任】**违反法律、行政法规的规定强制个人独资企业提供财力、物力、人力的,按照有关法律、行政法规予以处罚,并追究有关责任人员的责任。

第四十二条 **【企业逃避债务责任】**个人独资企业及其投资人在清算前或清算期间隐匿或转移财产,逃避债务的,依法追回其财产,并按照有关规定予以处罚;构成犯罪的,依法追究刑事责任。

第四十三条 **【责任顺序】**投资人违反本法规定,应当承担民事赔偿责任和缴纳罚款、罚金,其财产不足以支付的,或者被判处没收财产的,应当先承担民事赔偿责任。

……

中华人民共和国
合伙企业法(节录)

- 2006年8月27日
- 中华人民共和国主席令第55号

……

第二条 **【调整范围】**本法所称合伙企业,是指自然人、法人和其他组织依照本法在中国境内设立的普通合伙企业和有限合伙企业。

普通合伙企业由普通合伙人组成,合伙人对合伙企业债务承担无限连带责任。本法对普通合伙人承担责任的形式有特别规定的,从其规定。

有限合伙企业由普通合伙人和有限合伙人组成,普通合伙人对合伙企业债务承担无限连带责任,有限合伙人以其认缴的出资额为限对合伙企业债务承担责任。

……

第八条 **【合伙企业及其合伙人的合法财产及其权益受法律保护】**合伙企业及其合伙人的合法财产及其权益受法律保护。

第九条 **【申请设立应提交的文件】**申请设立合伙企业,应当向企业登记机关提交登记申请书、合伙协议书、合伙人身份证明等文件。

合伙企业的经营范围中有属于法律、行政法规规定在登记前须经批准的项目的,该项经营业务应当依法经过批准,并在登记时提交批准文件。

……

第十六条 **【出资方式】**合伙人可以用货币、实物、知识产权、土地使用权或者其他财产权利出资,也可以用劳务出资。

合伙人以实物、知识产权、土地使用权或者其他财产权利出资,需要评估作价的,可以由全体合伙人协商确定,也可以由全体合伙人委托法定评估机构评估。

合伙人以劳务出资的,其评估办法由全体合伙人协商确定,并在合伙协议中载明。

第十七条 【出资义务的履行】合伙人应当按照合伙协议约定的出资方式、数额和缴付期限,履行出资义务。

以非货币财产出资的,依照法律、行政法规的规定,需要办理财产权转移手续的,应当依法办理。

……

第二十条 【合伙企业财产构成】合伙人的出资、以合伙企业名义取得的收益和依法取得的其他财产,均为合伙企业的财产。

第二十一条 【在合伙企业清算前不得请求分割合伙企业财产】合伙人在合伙企业清算前,不得请求分割合伙企业的财产;但是,本法另有规定的除外。

合伙人在合伙企业清算前私自转移或者处分合伙企业财产的,合伙企业不得以此对抗善意第三人。

第二十二条 【转让合伙企业中的财产份额】除合伙协议另有约定外,合伙人向合伙人以外的人转让其在合伙企业中的全部或者部分财产份额时,须经其他合伙人一致同意。

合伙人之间转让在合伙企业中的全部或者部分财产份额时,应当通知其他合伙人。

第二十三条 【优先购买权】合伙人向合伙人以外的人转让其在合伙企业中的财产份额的,在同等条件下,其他合伙人有优先购买权;但是,合伙协议另有约定的除外。

第二十四条 【受让人成为合伙人】合伙人以外的人依法受让合伙人在合伙企业中的财产份额的,经修改合伙协议即成为合伙企业的合伙人,依照本法和修改后的合伙协议享有权利,履行义务。

第二十五条 【以合伙企业财产份额出质】合伙人以其在合伙企业中的财产份额出质的,须经其他合伙人一致同意;未经其他合伙人一致同意,其行为无效,由此给善意第三人造成损失的,由行为人依法承担赔偿责任。

……

第三十一条 【须经全体合伙人一致同意的事项】除合伙协议另有约定外,合伙企业的下列事项应当经全体合伙人一致同意:

(一)改变合伙企业的名称;

(二)改变合伙企业的经营范围、主要经营场所的地点;

(三)处分合伙企业的不动产;

(四)转让或者处分合伙企业的知识产权和其他财产权利;

(五)以合伙企业名义为他人提供担保;

(六)聘任合伙人以外的人担任合伙企业的经营管理人员。

……

第三十三条 【利润分配和亏损分担】合伙企业的利润分配、亏损分担,按照合伙协议的约定办理;合伙协议未约定或者约定不明确的,由合伙人协商决定;协商不成的,由合伙人按照实缴出资比例分配、分担;无法确定出资比例的,由合伙人平均分配、分担。

合伙协议不得约定将全部利润分配给部分合伙人或者由部分合伙人承担全部亏损。

第三十四条 【增加或减少对合伙企业的出资】合伙人按照合伙协议的约定或者经全体合伙人决定,可以增加或者减少对合伙企业的出资。

……

第三十八条 【合伙企业对其债务先以其全部财产进行清偿】合伙企业对其债务,应先以其全部财产进行清偿。

第三十九条 【无限连带责任】合伙企业不

能清偿到期债务的，合伙人承担无限连带责任。

第四十条　【追偿权】合伙人由于承担无限连带责任，清偿数额超过本法第三十三条第一款规定的其亏损分担比例的，有权向其他合伙人追偿。

第四十一条　【相关债权人抵销权和代位权的限制】合伙人发生与合伙企业无关的债务，相关债权人不得以其债权抵销其对合伙企业的债务；也不得代位行使合伙人在合伙企业中的权利。

第四十二条　【以合伙企业中的财产份额偿还债务】合伙人的自有财产不足清偿其与合伙企业无关的债务的，该合伙人可以以其从合伙企业中分取的收益用于清偿；债权人也可以依法请求人民法院强制执行该合伙人在合伙企业中的财产份额用于清偿。

人民法院强制执行合伙人的财产份额时，应当通知全体合伙人，其他合伙人有优先购买权；其他合伙人未购买，又不同意将该财产份额转让给他人的，依照本法第五十一条的规定为该合伙人办理退伙结算，或者办理削减该合伙人相应财产份额的结算。

……

第五十三条　【退伙人对退伙前企业债务的责任】退伙人对基于其退伙前的原因发生的合伙企业债务，承担无限连带责任。

第五十四条　【退伙时分担亏损】合伙人退伙时，合伙企业财产少于合伙企业债务的，退伙人应当依照本法第三十三条第一款的规定分担亏损。

……

第五十七条　【责任形式】一个合伙人或者数个合伙人在执业活动中因故意或者重大过失造成合伙企业债务的，应当承担无限责任或者无限连带责任，其他合伙人以其在合伙企业中的财产份额为限承担责任。

合伙人在执业活动中非因故意或者重大过失造成的合伙企业债务以及合伙企业的其他债务，由全体合伙人承担无限连带责任。

第五十八条　【合伙人过错的赔偿责任】合伙人执业活动中因故意或者重大过失造成的合伙企业债务，以合伙企业财产对外承担责任后，该合伙人应当按照合伙协议的约定对给合伙企业造成的损失承担赔偿责任。

……

第七十四条　【有限合伙人以合伙企业中的财产份额偿还债务】有限合伙人的自有财产不足清偿其与合伙企业无关的债务的，该合伙人可以以其从有限合伙企业中分取的收益用于清偿；债权人也可以依法请求人民法院强制执行该合伙人在有限合伙企业中的财产份额用于清偿。

人民法院强制执行有限合伙人的财产份额时，应当通知全体合伙人。在同等条件下，其他合伙人有优先购买权。

……

第七十七条　【新入伙有限合伙人的责任】新入伙的有限合伙人对入伙前有限合伙企业的债务，以其认缴的出资额为限承担责任。

第七十八条　【有限合伙人当然退伙】有限合伙人有本法第四十八条第一款第一项、第三项至第五项所列情形之一的，当然退伙。

第七十九条　【有限合伙人丧失民事行为能力时不得被退伙】作为有限合伙人的自然人在有限合伙企业存续期间丧失民事行为能力的，其他合伙人不得因此要求其退伙。

第八十条　【有限合伙人死亡或者终止时的资格继受】作为有限合伙人的自然人死亡、被依法宣告死亡或者作为有限合伙人的法人及其他组织终止时，其继承人或者权利承受人可以依法取得该有限合伙人在有限合伙企业中的资格。

第八十一条　【有限合伙人退伙后的责任承担】有限合伙人退伙后，对基于其退伙前的原因发生的有限合伙企业债务，以其退伙时从有限合伙企业中取回的财产承担责任。

第八十二条　【合伙人类型转变】除合伙协议另有约定外，普通合伙人转变为有限合伙人,或者有限合伙人转变为普通合伙人,应当经全体合伙人一致同意。

第八十三条　【有限合伙人转变为普通合伙人的债务责任承担】有限合伙人转变为普通合伙人的,对其作为有限合伙人期间有限合伙企业发生的债务承担无限连带责任。

第八十四条　【普通合伙人转变为有限合伙人的债务责任承担】普通合伙人转变为有限合伙人的,对其作为普通合伙人期间合伙企业发生的债务承担无限连带责任。

第八十五条　【解散的情形】合伙企业有下列情形之一的,应当解散:

(一)合伙期限届满,合伙人决定不再经营;

(二)合伙协议约定的解散事由出现;

(三)全体合伙人决定解散;

(四)合伙人已不具备法定人数满三十天;

(五)合伙协议约定的合伙目的已经实现或者无法实现;

(六)依法被吊销营业执照、责令关闭或者被撤销;

(七)法律、行政法规规定的其他原因。

第八十六条　【清算】合伙企业解散,应当由清算人进行清算。

清算人由全体合伙人担任;经全体合伙人过半数同意,可以自合伙企业解散事由出现后十五日内指定一个或者数个合伙人,或者委托第三人,担任清算人。

自合伙企业解散事由出现之日起十五日内未确定清算人的,合伙人或者其他利害关系人可以申请人民法院指定清算人。

第八十七条　【清算人在清算期间所执行的事务】清算人在清算期间执行下列事务:

(一)清理合伙企业财产,分别编制资产负债表和财产清单;

(二)处理与清算有关的合伙企业未了结事务;

(三)清缴所欠税款;

(四)清理债权、债务;

(五)处理合伙企业清偿债务后的剩余财产;

(六)代表合伙企业参加诉讼或者仲裁活动。

第八十八条　【债权申报】清算人自被确定之日起十日内将合伙企业解散事项通知债权人,并于六十日内在报纸上公告。债权人应当自接到通知书之日起三十日内,未接到通知书的自公告之日起四十五日内,向清算人申报债权。

债权人申报债权,应当说明债权的有关事项,并提供证明材料。清算人应当对债权进行登记。

清算期间,合伙企业存续,但不得开展与清算无关的经营活动。

第八十九条　【清偿顺序】合伙企业财产在支付清算费用和职工工资、社会保险费用、法定补偿金以及缴纳所欠税款、清偿债务后的剩余财产,依照本法第三十三条第一款的规定进行分配。

……

中华人民共和国公司法

- 1993年12月29日第八届全国人民代表大会常务委员会第五次会议通过
- 根据1999年12月25日第九届全国人民代表大会常务委员会第十三次会议《关于修改〈中华人民共和国公司法〉的决定》第一次修正
- 根据2004年8月28日第十届全国人民代表大会常务委员会第十一次会议《关于修改〈中华人民共和国公司法〉的决定》第二次修正
- 2005年10月27日第十届全国人民代表大会常务委员会第十八次会议修订
- 根据2013年12月28日第十二届全国人民代表大会常务委员会第六次会议《关于修改〈中华人民共和国海洋环境保护法〉等七部法律的决定》第三次修正

目　　录

第一章　总　　则

第一条　【立法目的】为了规范公司的组织和行为，保护公司、股东和债权人的合法权益，维护社会经济秩序，促进社会主义市场经济的发展，制定本法。

第二条　【调整对象】本法所称公司是指依照本法在中国境内设立的有限责任公司和股份有限公司。

第三条　【公司的界定】公司是企业法人，有独立的法人财产，享有法人财产权。公司以其全部财产对公司的债务承担责任。

有限责任公司的股东以其认缴的出资额为限对公司承担责任；股份有限公司的股东以其认购的股份为限对公司承担责任。

第四条　【股东权利】公司股东依法享有资产收益、参与重大决策和选择管理者等权利。

第五条　【合法经营和合法权益受保护】公司从事经营活动，必须遵守法律、行政法规，遵守社会公德、商业道德，诚实守信，接受政府和社会公众的监督，承担社会责任。

公司的合法权益受法律保护，不受侵犯。

第六条　【公司设立的准则主义】设立公司，应当依法向公司登记机关申请设立登记。符合本法规定的设立条件的，由公司登记机关分别登记为有限责任公司或者股份有限公司；不符合本法规定的设立条件的，不得登记为有限责任公司或者股份有限公司。

法律、行政法规规定设立公司必须报经批准的，应当在公司登记前依法办理批准手续。

公众可以向公司登记机关申请查询公司登记事项，公司登记机关应当提供查询服务。

第七条　【公司营业执照】依法设立的公司，由公司登记机关发给公司营业执照。公司营业执照签发日期为公司成立日期。

公司营业执照应当载明公司的名称、住所、注册资本、经营范围、法定代表人姓名等事项。

公司营业执照记载的事项发生变更的，公司应当依法办理变更登记，由公司登记机关换发营业执照。

第八条　【公司的名称】依照本法设立的有限责任公司，必须在公司名称中标明有限责任公司或者有限公司字样。

依照本法设立的股份有限公司，必须在公司名称中标明股份有限公司或者股份公司字样。

第九条　【公司形式变更的准则主义与债权债务承继】有限责任公司变更为股份有限公司，应当符合本法规定的股份有限公司的条件。股份有限公司变更为有限责任公司，应当符合本法规定的有限责任公司的条件。

有限责任公司变更为股份有限公司的，或者股份有限公司变更为有限责任公司的，公司变更前的债权、债务由变更后的公司承继。

第十条　【公司的住所】公司以其主要办事机构所在地为住所。

第十一条　【公司的章程】设立公司必须依法制定公司章程。公司章程对公司、股东、董事、监事、高级管理人员具有约束力。

第十二条　【公司的经营范围】公司的经营范围由公司章程规定，并依法登记。公司可以修改公司章程，改变经营范围，但是应当办理变更登记。

公司的经营范围中属于法律、行政法规规定须经批准的项目，应当依法经过批准。

第十三条　【公司法定代表人】公司法定代表人依照公司章程的规定，由董事长、执行董事或者经理担任，并依法登记。公司法定代表人变更，应当办理变更登记。

第十四条　【分公司与子公司】公司可以设立分公司。设立分公司，应当向公司登记机关申请登记，领取营业执照。分公司不具有法人资格，其民事责任由公司承担。

公司可以设立子公司，子公司具有法人资格，依法独立承担民事责任。

第十五条　【公司的转投资及其限制】公司可以向其他企业投资；但是，除法律另有规定外，不得成为对所投资企业的债务承担连带责任的出资人。

第十六条　【公司转投资及提供担保的程序规定】公司向其他企业投资或者为他人提供担保，依照公司章程的规定，由董事会或者股东会、股东大会决议；公司章程对投资或者担保的总额及单项投资或者担保的数额有限额规定的，不得超过规定的限额。

公司为公司股东或者实际控制人提供担保的，必须经股东会或者股东大会决议。

前款规定的股东或者受前款规定的实际控制人支配的股东，不得参加前款规定事项的表决。该项表决由出席会议的其他股东所持表决权的过半数通过。

第十七条　【公司的劳动保护等义务】公司必须保护职工的合法权益，依法与职工签订劳动合同，参加社会保险，加强劳动保护，实现安全生产。

公司应当采用多种形式，加强公司职工的职业教育和岗位培训，提高职工素质。

第十八条　【公司的工会及民主管理】公司职工依照《中华人民共和国工会法》组织工会，开展工会活动，维护职工合法权益。公司应当为本公司工会提供必要的活动条件。公司工会代表职工就职工的劳动报酬、工作时间、福利、保险和劳动安全卫生等事项依法与公司签订集体合同。

公司依照宪法和有关法律的规定，通过职工代表大会或者其他形式，实行民主管理。

公司研究决定改制以及经营方面的重大问题、制定重要的规章制度时，应当听取公司工会的意见，并通过职工代表大会或者其他形式听取职工的意见和建议。

第十九条　【公司中的中国共产党组织】在公司中，根据中国共产党章程的规定，设立中国共产党的组织，开展党的活动。公司应当为党组织的活动提供必要条件。

第二十条　【股东滥用权利的责任】公司股东应当遵守法律、行政法规和公司章程，依法行使股东权利，不得滥用股东权利损害公司或者其他股东的利益；不得滥用公司法人独立地位和股东有限责任损害公司债权人的利益。

公司股东滥用股东权利给公司或者其他股东造成损失的，应当依法承担赔偿责任。

公司股东滥用公司法人独立地位和股东有限责任，逃避债务，严重损害公司债权人利益的，应当对公司债务承担连带责任。

第二十一条　【禁止关联行为】公司的控股股东、实际控制人、董事、监事、高级管理人员不得利用其关联关系损害公司利益。

违反前款规定，给公司造成损失的，应

当承担赔偿责任。

第二十二条 【无效决议及其法律后果】公司股东会或者股东大会、董事会的决议内容违反法律、行政法规的无效。

股东会或者股东大会、董事会的会议召集程序、表决方式违反法律、行政法规或者公司章程，或者决议内容违反公司章程的，股东可以自决议作出之日起六十日内，请求人民法院撤销。

股东依照前款规定提起诉讼的，人民法院可以应公司的请求，要求股东提供相应担保。

公司根据股东会或者股东大会、董事会决议已办理变更登记的，人民法院宣告该决议无效或者撤销该决议后，公司应当向公司登记机关申请撤销变更登记。

第二章 有限责任公司的设立和组织机构

第一节 设 立

第二十三条 【有限责任公司的设立条件】设立有限责任公司，应当具备下列条件：

（一）股东符合法定人数；

（二）有符合公司章程规定的全体股东认缴的出资额；

（三）股东共同制定公司章程；

（四）有公司名称，建立符合有限责任公司要求的组织机构；

（五）有公司住所。

第二十四条 【有限责任公司的股东人数限制】有限责任公司由五十个以下股东出资设立。

第二十五条 【有限责任公司章程的法定事项】有限责任公司章程应当载明下列事项：

（一）公司名称和住所；

（二）公司经营范围；

（三）公司注册资本；

（四）股东的姓名或者名称；

（五）股东的出资方式、出资额和出资时间；

（六）公司的机构及其产生办法、职权、议事规则；

（七）公司法定代表人；

（八）股东会会议认为需要规定的其他事项。

股东应当在公司章程上签名、盖章。

第二十六条 【有限责任公司的注册资本】有限责任公司的注册资本为在公司登记机关登记的全体股东认缴的出资额。

法律、行政法规以及国务院决定对有限责任公司注册资本实缴、注册资本最低限额另有规定的，从其规定。

第二十七条 【股东出资方式、出资评估】股东可以用货币出资，也可以用实物、知识产权、土地使用权等可以用货币估价并可以依法转让的非货币财产作价出资；但是，法律、行政法规规定不得作为出资的财产除外。

对作为出资的非货币财产应当评估作价，核实财产，不得高估或者低估作价。法律、行政法规对评估作价有规定的，从其规定。

第二十八条 【股东出资义务的履行和出资违约】股东应当按期足额缴纳公司章程中规定的各自所认缴的出资额。股东以货币出资的，应当将货币出资足额存入有限责任公司在银行开设的账户；以非货币财产出资的，应当依法办理其财产权的转移手续。

股东不按照前款规定缴纳出资的，除应当向公司足额缴纳外，还应当向已按期足额缴纳出资的股东承担违约责任。

第二十九条 【有限责任公司的设立登记】股东认足公司章程规定的出资后，由全体股东指定的代表或者共同委托的代理人向公司登记机关报送公司登记申请书、公司章程等文件，申请设立登记。

第三十条 【非货币财产出资违约责任】有限责任公司成立后，发现作为设立公司出资的非货币财产的实际价额显著低于公司章程所定价额的，应当由交付该出资的股东补足其差额；公司设立时的其他股东承担连带责任。

第三十一条 【股东出资证明书】有限责任公司成立后，应当向股东签发出资证明书。

出资证明书应当载明下列事项：

（一）公司名称；

（二）公司成立日期；

（三）公司注册资本；

（四）股东的姓名或者名称、缴纳的出资额和出资日期；

（五）出资证明书的编号和核发日期。

出资证明书由公司盖章。

第三十二条 【股东名册】有限责任公司应当置备股东名册，记载下列事项：

（一）股东的姓名或者名称及住所；

（二）股东的出资额；

（三）出资证明书编号。

记载于股东名册的股东，可以依股东名册主张行使股东权利。

公司应当将股东的姓名或者名称向公司登记机关登记；登记事项发生变更的，应当办理变更登记。未经登记或者变更登记的，不得对抗第三人。

第三十三条 【股东的查阅权】股东有权查阅、复制公司章程、股东会会议记录、董事会会议决议、监事会会议决议和财务会计报告。

股东可以要求查阅公司会计账簿。股东要求查阅公司会计账簿的，应当向公司提出书面请求，说明目的。公司有合理根据认为股东查阅会计账簿有不正当目的，可能损害公司合法利益的，可以拒绝提供查阅，并应当自股东提出书面请求之日起十五日内书面答复股东并说明理由。公司拒绝提供查阅的，股东可以请求人民法院要求公司提供查阅。

第三十四条 【股东分红权和优先认购权】股东按照实缴的出资比例分取红利；公司新增资本时，股东有权优先按照实缴的出资比例认缴出资。但是，全体股东约定不按照出资比例分取红利或者不按照出资比例优先认缴出资的除外。

第三十五条 【股东不得抽回出资】公司成立后，股东不得抽逃出资。

第二节 组织机构

第三十六条 【股东会】有限责任公司股东会由全体股东组成。股东会是公司的权力机构，依照本法行使职权。

第三十七条 【股东会的职权】股东会行使下列职权：

（一）决定公司的经营方针和投资计划；

（二）选举和更换非由职工代表担任的董事、监事，决定有关董事、监事的报酬事项；

（三）审议批准董事会的报告；

（四）审议批准监事会或者监事的报告；

（五）审议批准公司的年度财务预算方案、决算方案；

（六）审议批准公司的利润分配方案和弥补亏损方案；

（七）对公司增加或者减少注册资本作出决议；

（八）对发行公司债券作出决议；

（九）对公司合并、分立、解散、清算或者变更公司形式作出决议；

（十）修改公司章程；

（十一）公司章程规定的其他职权。

对前款所列事项股东以书面形式一致表示同意的，可以不召开股东会会议，直接作出决定，并由全体股东在决定文件上签名、盖章。

第三十八条 【股东会的首次会议】首次股东会会议由出资最多的股东召集和主持，依照本法规定行使职权。

第三十九条 【股东会的会议制度】股东会会议分为定期会议和临时会议。

定期会议应当依照公司章程的规定按时召开。代表十分之一以上表决权的股东，三分之一以上的董事，监事会或者不设监事会的公司的监事提议召开临时会议的，应当召开临时会议。

第四十条 【股东会会议的召集与组织】有限责任公司设立董事会的，股东会会议由董事会召集，董事长主持；董事长不能履行职务或者不履行职务的，由副董事长主持；副董事长不能履行职务或者不履行职务的，由半数以上董事共同推举一名董事主持。

有限责任公司不设董事会的，股东会会议由执行董事召集和主持。

董事会或者执行董事不能履行或者不履行召集股东会会议职责的，由监事会或者不设监事会的公司的监事召集和主持；监事会或者监事不召集和主持的，代表十分之一以上表决权的股东可以自行召集和主持。

第四十一条 【股东会会议的通知期限和会议记录】召开股东会会议，应当于会议召开十五日前通知全体股东；但是，公司章程另有规定或者全体股东另有约定的除外。

股东会应当对所议事项的决定作成会议记录，出席会议的股东应当在会议记录上签名。

第四十二条 【股东的表决权】股东会会议由股东按照出资比例行使表决权；但是，公司章程另有规定的除外。

第四十三条 【股东会的议事方式和表决程序】股东会的议事方式和表决程序，除本法有规定的外，由公司章程规定。

股东会会议作出修改公司章程、增加或者减少注册资本的决议，以及公司合并、分立、解散或者变更公司形式的决议，必须经代表三分之二以上表决权的股东通过。

第四十四条 【董事会及其成员构成及董事长法律地位】有限责任公司设董事会，其成员为三人至十三人；但是，本法第五十条另有规定的除外。

两个以上的国有企业或者两个以上的其他国有投资主体投资设立的有限责任公司，其董事会成员中应当有公司职工代表；其他有限责任公司董事会成员中可以有公司职工代表。董事会中的职工代表由公司职工通过职工代表大会、职工大会或者其他形式民主选举产生。

董事会设董事长一人，可以设副董事长。董事长、副董事长的产生办法由公司章程规定。

第四十五条 【董事的任职期限】董事任期由公司章程规定，但每届任期不得超过三年。董事任期届满，连选可以连任。

董事任期届满未及时改选，或者董事在任期内辞职导致董事会成员低于法定人数的，在改选出的董事就任前，原董事仍应当依照法律、行政法规和公司章程的规定，履行董事职务。

第四十六条 【董事会的职权】董事会对股东会负责，行使下列职权：

（一）召集股东会会议，并向股东会报告工作；

（二）执行股东会的决议；

（三）决定公司的经营计划和投资方案；

（四）制订公司的年度财务预算方案、决算方案；

（五）制订公司的利润分配方案和弥补亏损方案；

（六）制订公司增加或者减少注册资本以及发行公司债券的方案；

（七）制订公司合并、分立、解散或者变更公司形式的方案；

（八）决定公司内部管理机构的设置；

（九）决定聘任或者解聘公司经理及其报酬事项，并根据经理的提名决定聘任或者解聘公司副经理、财务负责人及其报酬事项；

（十）制定公司的基本管理制度；

（十一）公司章程规定的其他职权。

第四十七条 【董事会会议的召集和主持】董事会会议由董事长召集和主持；董事长不能履行职务或者不履行职务的，由副董事长召集和主持；副董事长不能履行职务或者不履行职务的，由半数以上董事共同推举一名董事召集和主持。

第四十八条 【董事会的议事方式和表决程序】董事会的议事方式和表决程序，除本法有规定的外，由公司章程规定。

董事会应当对所议事项的决定作成会议记录，出席会议的董事应当在会议记录上签名。

董事会决议的表决，实行一人一票。

第四十九条 【经理的职权】有限责任公司可以设经理，由董事会决定聘任或者解聘。经理对董事会负责，行使下列职权：

（一）主持公司的生产经营管理工作，组织实施董事会决议；

（二）组织实施公司年度经营计划和投资方案；

（三）拟订公司内部管理机构设置方案；

（四）拟订公司的基本管理制度；

（五）制定公司的具体规章；

（六）提请聘任或者解聘公司副经理、财务负责人；

（七）决定聘任或者解聘除应由董事会决定聘任或者解聘以外的负责管理人员；

（八）董事会授予的其他职权。

公司章程对经理职权另有规定的，从其规定。

经理列席董事会会议。

第五十条 【执行董事】股东人数较少或者规模较小的有限责任公司，可以设一名执行董事，不设董事会。执行董事可以兼任公司经理。

执行董事的职权由公司章程规定。

第五十一条 【监事会和监事】有限责任公司设监事会，其成员不得少于三人。股东人数较少或者规模较小的有限责任公司，可以设一至二名监事，不设监事会。

监事会应当包括股东代表和适当比例的公司职工代表，其中职工代表的比例不得低于三分之一，具体比例由公司章程规定。监事会中的职工代表由公司职工通过职工代表大会、职工大会或者其他形式民主选举产生。

监事会设主席一人，由全体监事过半数选举产生。监事会主席召集和主持监事会会议；监事会主席不能履行职务或者不履行职务的，由半数以上监事共同推举一名监事召集和主持监事会会议。

董事、高级管理人员不得兼任监事。

第五十二条 【监事的任职期限】监事的任期每届为三年。监事任期届满，连选可以连任。

监事任期届满未及时改选，或者监事在任期内辞职导致监事会成员低于法定人数的，在改选出的监事就任前，原监事仍应当依照法律、行政法规和公司章程的规定，履行监事职务。

第五十三条 【监事会或监事的一般职权】监事会、不设监事会的公司的监事行使下列职权：

（一）检查公司财务；

（二）对董事、高级管理人员执行公司职务的行为进行监督，对违反法律、行政法规、公司章程或者股东会决议的董事、高级管理人员提出罢免的建议；

（三）当董事、高级管理人员的行为损害公司的利益时，要求董事、高级管理人员予以纠正；

（四）提议召开临时股东会会议，在董事会不履行本法规定的召集和主持股东会会议职责时召集和主持股东会会议；

（五）向股东会会议提出提案；

（六）依照本法第一百五十一条的规定，对董事、高级管理人员提起诉讼；

（七）公司章程规定的其他职权。

第五十四条 【监事的质询建议权与调查权】监事可以列席董事会会议，并对董事会决议事项提出质询或者建议。

监事会、不设监事会的公司的监事发现公司经营情况异常，可以进行调查；必要时，可以聘请会计师事务所等协助其工作，费用由公司承担。

第五十五条 【监事会会议】监事会每年度至少召开一次会议，监事可以提议召开临时监事会会议。

监事会的议事方式和表决程序，除本法有规定的外，由公司章程规定。

监事会决议应当经半数以上监事通过。

监事会应当对所议事项的决定作成会议记录，出席会议的监事应当在会议记录上签名。

第五十六条 【监事行使职权的费用承担】监事会、不设监事会的公司的监事行使职权所必需的费用，由公司承担。

第三节 一人有限责任公司的特别规定

第五十七条 【一人有限责任公司的定义、设立、组织机构】一人有限责任公司的设立和组织机构，适用本节规定；本节没有规定的，适用本章第一节、第二节的规定。

本法所称一人有限责任公司，是指只有一个自然人股东或者一个法人股东的有限责任公司。

第五十八条 【一人有限责任公司的投资限制】一个自然人只能投资设立一个一人有限责任公司。该一人有限责任公司不能投资设立新的一人有限责任公司。

第五十九条 【公司登记与营业执照中的投资者身份注明】一人有限责任公司应当在公司登记中注明自然人独资或者法人独资，并在公司营业执照中载明。

第六十条 【一人有限责任公司的章程】一人有限责任公司章程由股东制定。

第六十一条 【股东决定重大事项的书面形式要求】一人有限责任公司不设股东会。股东作出本法第三十七条第一款所列决定时，应当采用书面形式，并由股东签名后置备于公司。

第六十二条 【年度审计】一人有限责任公司应当在每一会计年度终了时编制财务会计报告，并经会计师事务所审计。

第六十三条 【股东对公司债务的连带责任】一人有限责任公司的股东不能证明公司财产独立于股东自己的财产的，应当对公司债务承担连带责任。

第四节 国有独资公司的特别规定

第六十四条 【国有独资公司的定义】国有独资公司的设立和组织机构，适用本节规定；本节没有规定的，适用本章第一节、第二节的规定。

本法所称国有独资公司，是指国家单独出资、由国务院或者地方人民政府授权本级人民政府国有资产监督管理机构履行出资人职责的有限责任公司。

第六十五条 【国有独资公司章程的制定或批准】国有独资公司章程由国有资产监督管理机构制定，或者由董事会制订报国有资产监督管理机构批准。

第六十六条 【国有独资公司重大事项的决定】国有独资公司不设股东会，由国有资产监督管理机构行使股东会职权。国有资产监督管理机构可以授权公司董事会行使股东会的部分职权，决定公司的重大事项，但公司的合并、分立、解散、增加或者减少注册资本和发行公司债券，必须由国有资产监督管理机构决定；其中，重要的国有独资公司合并、分立、解散、申请破产的，应当由国有资产监督管理机构审核后，报本级人民政府批准。

前款所称重要的国有独资公司，按照国务院的规定确定。

第六十七条 【国有独资公司的董事会】国有独资公司设董事会，依照本法第四十六条、第六十六条的规定行使职权。董事每届任期不得超过三年。董事会成员中应当有公司职工代表。

董事会成员由国有资产监督管理机构委派；但是，董事会成员中的职工代表由公司职工代表大会选举产生。

董事会设董事长一人，可以设副董事

长。董事长、副董事长由国有资产监督管理机构从董事会成员中指定。

第六十八条　【国有独资公司经理】国有独资公司设经理，由董事会聘任或者解聘。经理依照本法第四十九条规定行使职权。

经国有资产监督管理机构同意，董事会成员可以兼任经理。

第六十九条　【高级职员的兼职禁止】国有独资公司的董事长、副董事长、董事、高级管理人员，未经国有资产监督管理机构同意，不得在其他有限责任公司、股份有限公司或者其他经济组织兼职。

第七十条　【国有独资公司的监事会】国有独资公司监事会成员不得少于五人，其中职工代表的比例不得低于三分之一，具体比例由公司章程规定。

监事会成员由国有资产监督管理机构委派；但是，监事会成员中的职工代表由公司职工代表大会选举产生。监事会主席由国有资产监督管理机构从监事会成员中指定。

监事会行使本法第五十三条第（一）项至第（三）项规定的职权和国务院规定的其他职权。

第三章　有限责任公司的股权转让

第七十一条　【股权转让的一般规定】有限责任公司的股东之间可以相互转让其全部或者部分股权。

股东向股东以外的人转让股权，应当经其他股东过半数同意。股东应就其股权转让事项书面通知其他股东征求同意，其他股东自接到书面通知之日起满三十日未答复的，视为同意转让。其他股东半数以上不同意转让的，不同意的股东应当购买该转让的股权；不购买的，视为同意转让。

经股东同意转让的股权，在同等条件下，其他股东有优先购买权。两个以上股东主张行使优先购买权的，协商确定各自的购买比例；协商不成的，按照转让时各自的出资比例行使优先购买权。

公司章程对股权转让另有规定的，从其规定。

第七十二条　【强制执行程序下的股权转让】人民法院依照法律规定的强制执行程序转让股东的股权时，应当通知公司及全体股东，其他股东在同等条件下有优先购买权。其他股东自人民法院通知之日起满二十日不行使优先购买权的，视为放弃优先购买权。

第七十三条　【股权转让对出资证明书、公司章程和股东名册的影响】依照本法第七十一条、第七十二条转让股权后，公司应当注销原股东的出资证明书，向新股东签发出资证明书，并相应修改公司章程和股东名册中有关股东及其出资额的记载。对公司章程的该项修改不需再由股东会表决。

第七十四条　【异议股东请求公司收购股权的情形】有下列情形之一的，对股东会该项决议投反对票的股东可以请求公司按照合理的价格收购其股权：

（一）公司连续五年不向股东分配利润，而公司该五年连续盈利，并且符合本法规定的分配利润条件的；

（二）公司合并、分立、转让主要财产的；

（三）公司章程规定的营业期限届满或者章程规定的其他解散事由出现，股东会会议通过决议修改章程使公司存续的。

自股东会会议决议通过之日起六十日内，股东与公司不能达成股权收购协议的，股东可以自股东会会议决议通过之日起九十日内向人民法院提起诉讼。

第七十五条　【股东资格的继承】自然人股东死亡后，其合法继承人可以继承股东资格；但是，公司章程另有规定的除外。

第四章　股份有限公司的设立和组织机构

第一节　设　　立

第七十六条　【设立条件】设立股份有限公司，应当具备下列条件：

（一）发起人符合法定人数；

（二）有符合公司章程规定的全体发起人认购的股本总额或者募集的实收股本总额；

（三）股份发行、筹办事项符合法律规定；

（四）发起人制订公司章程，采用募集方式设立的经创立大会通过；

（五）有公司名称，建立符合股份有限公司要求的组织机构；

（六）有公司住所。

第七十七条　【设立方式】股份有限公司的设立，可以采取发起设立或者募集设立的方式。

发起设立，是指由发起人认购公司应发行的全部股份而设立公司。

募集设立，是指由发起人认购公司应发行股份的一部分，其余股份向社会公开募集或者向特定对象募集而设立公司。

第七十八条　【设立发起人的限制】设立股份有限公司，应当有二人以上二百人以下为发起人，其中须有半数以上的发起人在中国境内有住所。

第七十九条　【发起人筹办公司的义务】股份有限公司发起人承担公司筹办事务。

发起人应当签订发起人协议，明确各自在公司设立过程中的权利和义务。

第八十条　【注册资本的限定】股份有限公司采取发起设立方式设立的，注册资本为在公司登记机关登记的全体发起人认购的股本总额。在发起人认购的股份缴足前，不得向他人募集股份。

股份有限公司采取募集方式设立的，注册资本为在公司登记机关登记的实收股本总额。

法律、行政法规以及国务院决定对股份有限公司注册资本实缴、注册资本最低限额另有规定的，从其规定。

第八十一条　【股份有限公司章程的法定事项】股份有限公司章程应当载明下列事项：

（一）公司名称和住所；

（二）公司经营范围；

（三）公司设立方式；

（四）公司股份总数、每股金额和注册资本；

（五）发起人的姓名或者名称、认购的股份数、出资方式和出资时间；

（六）董事会的组成、职权和议事规则；

（七）公司法定代表人；

（八）监事会的组成、职权和议事规则；

（九）公司利润分配办法；

（十）公司的解散事由与清算办法；

（十一）公司的通知和公告办法；

（十二）股东大会会议认为需要规定的其他事项。

第八十二条　【发起人的出资方式要求】发起人的出资方式，适用本法第二十七条的规定。

第八十三条　【发起人出资义务的履行、出资违约及设立登记申请】以发起设立方式设立股份有限公司的，发起人应当书面认足公司章程规定其认购的股份，并按照公司章程规定缴纳出资。以非货币财产出资的，应当依法办理其财产权的转移手续。

发起人不依照前款规定缴纳出资的，应当按照发起人协议承担违约责任。

发起人认足公司章程规定的出资后，应当选举董事会和监事会，由董事会向公司登记机关报送公司章程以及法律、行政法规规定的其他文件，申请设立登记。

第八十四条　【对募集设立发起人认购股份的要求】以募集设立方式设立股份有限公司的，发起人认购的股份不得少于公司股份总数的百分之三十五；但是，法律、行政法规另有规定的，从其规定。

第八十五条　【募集股份公告和认股书内容】发起人向社会公开募集股份，必须公告招股说明书，并制作认股书。认股书应当载明本法第八十六条所列事项，由认股人填写认购股数、金额、住所，并签名、盖章。

认股人按照所认购股数缴纳股款。

第八十六条　【招股说明书的主要内容】招股说明书应当附有发起人制订的公司章程，并载明下列事项：

（一）发起人认购的股份数；

（二）每股的票面金额和发行价格；

（三）无记名股票的发行总数；

（四）募集资金的用途；

（五）认股人的权利、义务；

（六）本次募股的起止期限及逾期未募足时认股人可以撤回所认股份的说明。

第八十七条　【发起人向社会募集股份的方式】发起人向社会公开募集股份，应当由依法设立的证券公司承销，签订承销协议。

第八十八条　【缴纳股款方式】发起人向社会公开募集股份，应当同银行签订代收股款协议。

代收股款的银行应当按照协议代收和保存股款，向缴纳股款的认股人出具收款单据，并负有向有关部门出具收款证明的义务。

第八十九条　【发起人召开公司创立大会的义务】发行股份的股款缴足后，必须经依法设立的验资机构验资并出具证明。发起人应当自股款缴足之日起三十日内主持召开公司创立大会。创立大会由发起人、认股人组成。

发行的股份超过招股说明书规定的截止期限尚未募足的，或者发行股份的股款缴足后，发起人在三十日内未召开创立大会的，认股人可以按照所缴股款并加算银行同期存款利息，要求发起人返还。

第九十条　【创立大会的召集职权和表决程序】发起人应当在创立大会召开十五日前将会议日期通知各认股人或者予以公告。创立大会应有代表股份总数过半数的发起人、认股人出席，方可举行。

创立大会行使下列职权：

（一）审议发起人关于公司筹办情况的报告；

（二）通过公司章程；

（三）选举董事会成员；

（四）选举监事会成员；

（五）对公司的设立费用进行审核；

（六）对发起人用于抵作股款的财产的作价进行审核；

（七）发生不可抗力或者经营条件发生重大变化直接影响公司设立的，可以作出不设立公司的决议。

创立大会对前款所列事项作出决议，必须经出席会议的认股人所持表决权过半数通过。

第九十一条　【股本抽回的限制】发起人、认股人缴纳股款或者交付抵作股款的出资后，除未按期募足股份、发起人未按期召开创立大会或者创立大会决议不设立公司的情形外，不得抽回其股本。

第九十二条　【申请设立登记文件】董事会应于创立大会结束后三十日内，向公司登记机关报送下列文件，申请设立登记：

（一）公司登记申请书；

（二）创立大会的会议记录；

（三）公司章程；

（四）验资证明；

（五）法定代表人、董事、监事的任职文件及其身份证明；

（六）发起人的法人资格证明或者自然人身份证明；

（七）公司住所证明。

以募集方式设立股份有限公司公开发行股票的，还应当向公司登记机关报送国务院证券监督管理机构的核准文件。

第九十三条　【发起人的出资补缴责任】股份有限公司成立后，发起人未按照公司章程的规定缴足出资的，应当补缴；其他发起人承担连带责任。

股份有限公司成立后，发现作为设立公司出资的非货币财产的实际价额显著低于公司章程所定价额的，应当由交付该出资的发起人补足其差额；其他发起人承担连带责任。

第九十四条　【公司设立过程中的发起人责

任】股份有限公司的发起人应当承担下列责任：

（一）公司不能成立时，对设立行为所产生的债务和费用负连带责任；

（二）公司不能成立时，对认股人已缴纳的股款，负返还股款并加算银行同期存款利息的连带责任；

（三）在公司设立过程中，由于发起人的过失致使公司利益受到损害的，应当对公司承担赔偿责任。

第九十五条　【有限责任公司变更为股份有限公司的资产额要求及募股要求】有限责任公司变更为股份有限公司时，折合的实收股本总额不得高于公司净资产额。有限责任公司变更为股份有限公司，为增加资本公开发行股份时，应当依法办理。

第九十六条　【重要资料的置备】股份有限公司应当将公司章程、股东名册、公司债券存根、股东大会会议记录、董事会会议记录、监事会会议记录、财务会计报告置备于本公司。

第九十七条　【股东的查阅权与建议质询权】股东有权查阅公司章程、股东名册、公司债券存根、股东大会会议记录、董事会会议决议、监事会会议决议、财务会计报告，对公司的经营提出建议或者质询。

第二节　股 东 大 会

第九十八条　【股东大会的地位与组成】股份有限公司股东大会由全体股东组成。股东大会是公司的权力机构，依照本法行使职权。

第九十九条　【股东大会的职权】本法第三十七条第一款关于有限责任公司股东会职权的规定，适用于股份有限公司股东大会。

第一百条　【股东大会及临时股东大会的召开】股东大会应当每年召开一次年会。有下列情形之一的，应当在两个月内召开临时股东大会：

（一）董事人数不足本法规定人数或者公司章程所定人数的三分之二时；

（二）公司未弥补的亏损达实收股本总额三分之一时；

（三）单独或者合计持有公司百分之十以上股份的股东请求时；

（四）董事会认为必要时；

（五）监事会提议召开时；

（六）公司章程规定的其他情形。

第一百零一条　【股东大会的召集】股东大会会议由董事会召集，董事长主持；董事长不能履行职务或者不履行职务的，由副董事长主持；副董事长不能履行职务或者不履行职务的，由半数以上董事共同推举一名董事主持。

董事会不能履行或者不履行召集股东大会会议职责的，监事会应当及时召集和主持；监事会不召集和主持的，连续九十日以上单独或者合计持有公司百分之十以上股份的股东可以自行召集和主持。

第一百零二条　【股东大会的通知期限、临时议案和股票交存制度】召开股东大会会议，应当将会议召开的时间、地点和审议的事项于会议召开二十日前通知各股东；临时股东大会应当于会议召开十五日前通知各股东；发行无记名股票的，应当于会议召开三十日前公告会议召开的时间、地点和审议事项。

单独或者合计持有公司百分之三以上股份的股东，可以在股东大会召开十日前提出临时提案并书面提交董事会；董事会应当在收到提案后二日内通知其他股东，并将该临时提案提交股东大会审议。临时提案的内容应当属于股东大会职权范围，并有明确议题和具体决议事项。

股东大会不得对前两款通知中未列明的事项作出决议。

无记名股票持有人出席股东大会会议的，应当于会议召开五日前至股东大会闭会时将股票交存于公司。

第一百零三条　【表决权与股东大会议事规则】股东出席股东大会会议，所持每一股份有一表决权。但是，公司持有的本公司股份没有表决权。

股东大会作出决议，必须经出席会议的股东所持表决权过半数通过。但是，股东大会作出修改公司章程、增加或者减少注册资本的决议，以及公司合并、分立、解散或者变更公司形式的决议，必须经出席会议的股东所持表决权的三分之二以上通过。

第一百零四条　【股东大会的法定召集及表决事项】本法和公司章程规定公司转让、受让重大资产或者对外提供担保等事项必须经股东大会作出决议的，董事会应当及时召集股东大会会议，由股东大会就上述事项进行表决。

第一百零五条　【累积投票制】股东大会选举董事、监事，可以依照公司章程的规定或者股东大会的决议，实行累积投票制。

本法所称累积投票制，是指股东大会选举董事或者监事时，每一股份拥有与应选董事或者监事人数相同的表决权，股东拥有的表决权可以集中使用。

第一百零六条　【表决权的代理行使】股东可以委托代理人出席股东大会会议，代理人应当向公司提交股东授权委托书，并在授权范围内行使表决权。

第一百零七条　【股东大会的会议记录】股东大会应当对所议事项的决定作成会议记录，主持人、出席会议的董事应当在会议记录上签名。会议记录应当与出席股东的签名册及代理出席的委托书一并保存。

第三节　董事会、经理

第一百零八条　【董事会设立及其职权】股份有限公司设董事会，其成员为五人至十九人。

董事会成员中可以有公司职工代表。董事会中的职工代表由公司职工通过职工代表大会、职工大会或者其他形式民主选举产生。

本法第四十五条关于有限责任公司董事任期的规定，适用于股份有限公司董事。

本法第四十六条关于有限责任公司董事会职权的规定，适用于股份有限公司董事会。

第一百零九条　【董事会的组成】董事会设董事长一人，可以设副董事长。董事长和副董事长由董事会以全体董事的过半数选举产生。

董事长召集和主持董事会会议，检查董事会决议的实施情况。副董事长协助董事长工作，董事长不能履行职务或者不履行职务的，由副董事长履行职务；副董事长不能履行职务或者不履行职务的，由半数以上董事共同推举一名董事履行职务。

第一百一十条　【董事会的召开】董事会每年度至少召开两次会议，每次会议应当于会议召开十日前通知全体董事和监事。

代表十分之一以上表决权的股东、三分之一以上董事或者监事会，可以提议召开董事会临时会议。董事长应当自接到提议后十日内，召集和主持董事会会议。

董事会召开临时会议，可以另定召集董事会的通知方式和通知时限。

第一百一十一条　【董事会的议事规则】董事会会议应有过半数的董事出席方可举行。董事会作出决议，必须经全体董事的过半数通过。

董事会决议的表决，实行一人一票。

第一百一十二条　【董事会的出席与代理出席、会议记录与责任承担】董事会会议，应由董事本人出席；董事因故不能出席，可以书面委托其他董事代为出席，委托书中应载明授权范围。

董事会应当对会议所议事项的决定作成会议记录，出席会议的董事应当在会议记录上签名。

董事应当对董事会的决议承担责任。董事会的决议违反法律、行政法规或者公司章程、股东大会决议，致使公司遭受严重损失的，参与决议的董事对公司负赔偿责任。但经证明在表决时曾表明异议并记载于会议记录的，该董事可以免除责任。

第一百一十三条 【经理及其职权】股份有限公司设经理，由董事会决定聘任或者解聘。

本法第四十九条关于有限责任公司经理职权的规定，适用于股份有限公司经理。

第一百一十四条 【董事会成员兼任经理】公司董事会可以决定由董事会成员兼任经理。

第一百一十五条 【禁止向高级职员提供借款】公司不得直接或者通过子公司向董事、监事、高级管理人员提供借款。

第一百一十六条 【定期披露高级职员报酬】公司应当定期向股东披露董事、监事、高级管理人员从公司获得报酬的情况。

第四节 监 事 会

第一百一十七条 【监事会的设立与组成】股份有限公司设监事会，其成员不得少于三人。

监事会应当包括股东代表和适当比例的公司职工代表，其中职工代表的比例不得低于三分之一，具体比例由公司章程规定。监事会中的职工代表由公司职工通过职工代表大会、职工大会或者其他形式民主选举产生。

监事会设主席一人，可以设副主席。监事会主席和副主席由全体监事过半数选举产生。监事会主席召集和主持监事会会议；监事会主席不能履行职务或者不履行职务的，由监事会副主席召集和主持监事会会议；监事会副主席不能履行职务或者不履行职务的，由半数以上监事共同推举一名监事召集和主持监事会会议。

董事、高级管理人员不得兼任监事。

本法第五十二条关于有限责任公司监事任期的规定，适用于股份有限公司监事。

第一百一十八条 【监事会的职权】本法第五十三条、第五十四条关于有限责任公司监事会职权的规定，适用于股份有限公司监事会。

监事会行使职权所必需的费用，由公司承担。

第一百一十九条 【监事会的会议制度】监事会每六个月至少召开一次会议。监事可以提议召开临时监事会会议。

监事会的议事方式和表决程序，除本法有规定的外，由公司章程规定。

监事会决议应当经半数以上监事通过。

监事会应当对所议事项的决定作成会议记录，出席会议的监事应当在会议记录上签名。

第五节 上市公司组织机构的特别规定

第一百二十条 【上市公司的定义】本法所称上市公司，是指其股票在证券交易所上市交易的股份有限公司。

第一百二十一条 【重大资产买卖与重要担保的议事规则】上市公司在一年内购买、出售重大资产或者担保金额超过公司资产总额百分之三十的，应当由股东大会作出决议，并经出席会议的股东所持表决权的三分之二以上通过。

第一百二十二条 【独立董事的设立】上市公司设独立董事，具体办法由国务院规定。

第一百二十三条 【董事会秘书的设立及其职权】上市公司设董事会秘书，负责公司股东大会和董事会会议的筹备、文件保管以及公司股东资料的管理，办理信息披露事务等事宜。

第一百二十四条 【关联关系董事回避与相关事项议事规则】上市公司董事与董事会会议决议事项所涉及的企业有关联关系的，不得对该项决议行使表决权，也不得代理其他董事行使表决权。该董事会会议由过半数的无关联关系董事出席即可举行，董事会会议所作决议须经无关联关系董事过半数通过。出席董事会的无关联关系董事人数不足三人的，应将该事项提交上市公司股东大会审议。

第五章　股份有限公司的股份发行和转让

第一节　股份发行

第一百二十五条　【股份有限公司的股份及其形式】股份有限公司的资本划分为股份，每一股的金额相等。

公司的股份采取股票的形式。股票是公司签发的证明股东所持股份的凭证。

第一百二十六条　【股份有限公司股份发行的原则】股份的发行，实行公平、公正的原则，同种类的每一股份应当具有同等权利。

同次发行的同种类股票，每股的发行条件和价格应当相同；任何单位或者个人所认购的股份，每股应当支付相同价额。

第一百二十七条　【股票发行的价格】股票发行价格可以按票面金额，也可以超过票面金额，但不得低于票面金额。

第一百二十八条　【股票形式与应载明的事项】股票采用纸面形式或者国务院证券监督管理机构规定的其他形式。

股票应当载明下列主要事项：

（一）公司名称；

（二）公司成立日期；

（三）股票种类、票面金额及代表的股份数；

（四）股票的编号。

股票由法定代表人签名，公司盖章。

发起人的股票，应当标明发起人股票字样。

第一百二十九条　【股票种类】公司发行的股票，可以为记名股票，也可以为无记名股票。

公司向发起人、法人发行的股票，应当为记名股票，并应当记载该发起人、法人的名称或者姓名，不得另立户名或者以代表人姓名记名。

第一百三十条　【股东名册的置备及内容】公司发行记名股票的，应当置备股东名册，记载下列事项：

（一）股东的姓名或者名称及住所；

（二）各股东所持股份数；

（三）各股东所持股票的编号；

（四）各股东取得股份的日期。

发行无记名股票的，公司应当记载其股票数量、编号及发行日期。

第一百三十一条　【其他种类股票】国务院可以对公司发行本法规定以外的其他种类的股份，另行作出规定。

第一百三十二条　【向股东交付股票的时间】股份有限公司成立后，即向股东正式交付股票。公司成立前不得向股东交付股票。

第一百三十三条　【发行新股的决议事项】公司发行新股，股东大会应当对下列事项作出决议：

（一）新股种类及数额；

（二）新股发行价格；

（三）新股发行的起止日期；

（四）向原有股东发行新股的种类及数额。

第一百三十四条　【新股发行公告、募股方式及缴纳股款方式】公司经国务院证券监督管理机构核准公开发行新股时，必须公告新股招股说明书和财务会计报告，并制作认股书。

本法第八十七条、第八十八条的规定适用于公司公开发行新股。

第一百三十五条　【新股作价方案的确定】公司发行新股，可以根据公司经营情况和财务状况，确定其作价方案。

第一百三十六条　【新股募足后的变更登记及公告】公司发行新股募足股款后，必须向公司登记机关办理变更登记，并公告。

第二节　股份转让

第一百三十七条　【股份可依法转让】股东持有的股份可以依法转让。

第一百三十八条　【转让股份的场所】股东转让其股份，应当在依法设立的证券交易场所进行或者按照国务院规定的其他方式进行。

第一百三十九条　【记名股票的转让】记名股票，由股东以背书方式或者法律、行政法规规定的其他方式转让；转让后由公司将受让人的姓名或者名称及住所记载于股东名册。

股东大会召开前二十日内或者公司决定分配股利的基准日前五日内，不得进行前款规定的股东名册的变更登记。但是，法律对上市公司股东名册变更登记另有规定的，从其规定。

第一百四十条　【无记名股票的转让】无记名股票的转让，由股东将该股票交付给受让人后即发生转让的效力。

第一百四十一条　【转让本公司股份的限制】发起人持有的本公司股份，自公司成立之日起一年内不得转让。公司公开发行股份前已发行的股份，自公司股票在证券交易所上市交易之日起一年内不得转让。

公司董事、监事、高级管理人员应当向公司申报所持有的本公司的股份及其变动情况，在任职期间每年转让的股份不得超过其所持有本公司股份总数的百分之二十五；所持本公司股份自公司股票上市交易之日起一年内不得转让。上述人员离职后半年内，不得转让其所持有的本公司股份。公司章程可以对公司董事、监事、高级管理人员转让其所持有的本公司股份作出其他限制性规定。

第一百四十二条　【禁止收购本公司股份及其例外】公司不得收购本公司股份。但是，有下列情形之一的除外：

（一）减少公司注册资本；

（二）与持有本公司股份的其他公司合并；

（三）将股份奖励给本公司职工；

（四）股东因对股东大会作出的公司合并、分立决议持异议，要求公司收购其股份的。

公司因前款第（一）项至第（三）项的原因收购本公司股份的，应当经股东大会决议。公司依照前款规定收购本公司股份后，属于第（一）项情形的，应当自收购之日起十日内注销；属于第（二）项、第（四）项情形的，应当在六个月内转让或者注销。

公司依照第一款第（三）项规定收购的本公司股份，不得超过本公司已发行股份总额的百分之五；用于收购的资金应当从公司的税后利润中支出；所收购的股份应当在一年内转让给职工。

公司不得接受本公司的股票作为质押权的标的。

第一百四十三条　【公示催告程序】记名股票被盗、遗失或者灭失，股东可以依照《中华人民共和国民事诉讼法》规定的公示催告程序，请求人民法院宣告该股票失效。人民法院宣告该股票失效后，股东可以向公司申请补发股票。

第一百四十四条　【上市公司的股票交易】上市公司的股票，依照有关法律、行政法规及证券交易所交易规则上市交易。

第一百四十五条　【上市公司的信息披露公开制度】上市公司必须依照法律、行政法规的规定，公开其财务状况、经营情况及重大诉讼，在每会计年度内半年公布一次财务会计报告。

第六章　公司董事、监事、高级管理人员的资格和义务

第一百四十六条　【不得担任高级职员的情形】有下列情形之一的，不得担任公司的董事、监事、高级管理人员：

（一）无民事行为能力或者限制民事行为能力；

（二）因贪污、贿赂、侵占财产、挪用财产或者破坏社会主义市场经济秩序，被判处刑罚，执行期满未逾五年，或者因犯罪被剥夺政治权利，执行期满未逾五年；

（三）担任破产清算的公司、企业的董事或者厂长、经理，对该公司、企业的破产负有个人责任的，自该公司、企业破产清算完结之日起未逾三年；

（四）担任因违法被吊销营业执照、责

令关闭的公司、企业的法定代表人,并负有个人责任的,自该公司、企业被吊销营业执照之日起未逾三年;

(五)个人所负数额较大的债务到期未清偿。

公司违反前款规定选举、委派董事、监事或者聘任高级管理人员的,该选举、委派或者聘任无效。

董事、监事、高级管理人员在任职期间出现本条第一款所列情形的,公司应当解除其职务。

第一百四十七条　【高级职员的一般义务】董事、监事、高级管理人员应当遵守法律、行政法规和公司章程,对公司负有忠实义务和勤勉义务。

董事、监事、高级管理人员不得利用职权收受贿赂或者其他非法收入,不得侵占公司的财产。

第一百四十八条　【高级职员的禁止行为】董事、高级管理人员不得有下列行为:

(一)挪用公司资金;

(二)将公司资金以其个人名义或者以其他个人名义开立账户存储;

(三)违反公司章程的规定,未经股东会、股东大会或者董事会同意,将公司资金借贷给他人或者以公司财产为他人提供担保;

(四)违反公司章程的规定或者未经股东会、股东大会同意,与本公司订立合同或者进行交易;

(五)未经股东会或者股东大会同意,利用职务便利为自己或者他人谋取属于公司的商业机会,自营或者为他人经营与所任职公司同类的业务;

(六)接受他人与公司交易的佣金归为己有;

(七)擅自披露公司秘密;

(八)违反对公司忠实义务的其他行为。

董事、高级管理人员违反前款规定所得的收入应当归公司所有。

第一百四十九条　【高级职员对公司的赔偿责任】董事、监事、高级管理人员执行公司职务时违反法律、行政法规或者公司章程的规定,给公司造成损失的,应当承担赔偿责任。

第一百五十条　【高级职员对股东会及监事会行使知情权的配合】股东会或者股东大会要求董事、监事、高级管理人员列席会议的,董事、监事、高级管理人员应当列席并接受股东的质询。

董事、高级管理人员应当如实向监事会或者不设监事会的有限责任公司的监事提供有关情况和资料,不得妨碍监事会或者监事行使职权。

第一百五十一条　【股东维护公司利益的起诉权】董事、高级管理人员有本法第一百四十九条规定的情形的,有限责任公司的股东、股份有限公司连续一百八十日以上单独或者合计持有公司百分之一以上股份的股东,可以书面请求监事会或者不设监事会的有限责任公司的监事向人民法院提起诉讼;监事有本法第一百四十九条规定的情形的,前述股东可以书面请求董事会或者不设董事会的有限责任公司的执行董事向人民法院提起诉讼。

监事会、不设监事会的有限责任公司的监事,或者董事会、执行董事收到前款规定的股东书面请求后拒绝提起诉讼,或者自收到请求之日起三十日内未提起诉讼,或者情况紧急、不立即提起诉讼将会使公司利益受到难以弥补的损害的,前款规定的股东有权为了公司的利益以自己的名义直接向人民法院提起诉讼。

他人侵犯公司合法权益,给公司造成损失的,本条第一款规定的股东可以依照前两款的规定向人民法院提起诉讼。

第一百五十二条　【股东与监事维护个人利益的起诉权】董事、高级管理人员违反法律、行政法规或者公司章程的规定,损害股东利益的,股东可以向人民法院提起诉讼。

第七章 公司债券

第一百五十三条 【公司债券的定义及发行条件】本法所称公司债券，是指公司依照法定程序发行、约定在一定期限还本付息的有价证券。

公司发行公司债券应当符合《中华人民共和国证券法》规定的发行条件。

第一百五十四条 【公司债券募集的核准和公告】发行公司债券的申请经国务院授权的部门核准后，应当公告公司债券募集办法。

公司债券募集办法中应当载明下列主要事项：

（一）公司名称；

（二）债券募集资金的用途；

（三）债券总额和债券的票面金额；

（四）债券利率的确定方式；

（五）还本付息的期限和方式；

（六）债券担保情况；

（七）债券的发行价格、发行的起止日期；

（八）公司净资产额；

（九）已发行的尚未到期的公司债券总额；

（十）公司债券的承销机构。

第一百五十五条 【公司债券票面必须载明的事项】公司以实物券方式发行公司债券的，必须在债券上载明公司名称、债券票面金额、利率、偿还期限等事项，并由法定代表人签名，公司盖章。

第一百五十六条 【债券的种类】公司债券，可以为记名债券，也可以为无记名债券。

第一百五十七条 【债券存根簿的置备及其应载明的事项】公司发行公司债券应当置备公司债券存根簿。

发行记名公司债券的，应当在公司债券存根簿上载明下列事项：

（一）债券持有人的姓名或者名称及住所；

（二）债券持有人取得债券的日期及债券的编号；

（三）债券总额，债券的票面金额、利率、还本付息的期限和方式；

（四）债券的发行日期。

发行无记名公司债券的，应当在公司债券存根簿上载明债券总额、利率、偿还期限和方式、发行日期及债券的编号。

第一百五十八条 【债券登记结算机构的制度要求】记名公司债券的登记结算机构应当建立债券登记、存管、付息、兑付等相关制度。

第一百五十九条 【公司债券的转让场所与转让价格】公司债券可以转让，转让价格由转让人与受让人约定。

公司债券在证券交易所上市交易的，按照证券交易所的交易规则转让。

第一百六十条 【公司债券的转让方式】记名公司债券，由债券持有人以背书方式或者法律、行政法规规定的其他方式转让；转让后由公司将受让人的姓名或者名称及住所记载于公司债券存根簿。

无记名公司债券的转让，由债券持有人将该债券交付给受让人后即发生转让的效力。

第一百六十一条 【可转换债券的发行及载明事项】上市公司经股东大会决议可以发行可转换为股票的公司债券，并在公司债券募集办法中规定具体的转换办法。上市公司发行可转换为股票的公司债券，应当报国务院证券监督管理机构核准。

发行可转换为股票的公司债券，应当在债券上标明可转换公司债券字样，并在公司债券存根簿上载明可转换公司债券的数额。

第一百六十二条 【可转换债券的转换】发行可转换为股票的公司债券的，公司应当按照其转换办法向债券持有人换发股票，但债券持有人对转换股票或者不转换股票有选择权。

第八章 公司财务、会计

**第一百六十三条 【公司财务、会计制度的建立】公司应当依照法律、行政法规和国务院财政部门的规定建立本公司的财务、会计制度。

第一百六十四条　【财务会计报告的制作和年审制】公司应当在每一会计年度终了时编制财务会计报告，并依法经会计师事务所审计。

财务会计报告应当依照法律、行政法规和国务院财政部门的规定制作。

第一百六十五条　【财务会计报告送交股东及公告】有限责任公司应当依照公司章程规定的期限将财务会计报告送交各股东。

股份有限公司的财务会计报告应当在召开股东大会年会的二十日前置备于本公司，供股东查阅；公开发行股票的股份有限公司必须公告其财务会计报告。

第一百六十六条　【公司税后利润的分配】公司分配当年税后利润时，应当提取利润的百分之十列入公司法定公积金。公司法定公积金累计额为公司注册资本的百分之五十以上的，可以不再提取。

公司的法定公积金不足以弥补以前年度亏损的，在依照前款规定提取法定公积金之前，应当先用当年利润弥补亏损。

公司从税后利润中提取法定公积金后，经股东会或者股东大会决议，还可以从税后利润中提取任意公积金。

公司弥补亏损和提取公积金后所余税后利润，有限责任公司依照本法第三十四条的规定分配；股份有限公司按照股东持有的股份比例分配，但股份有限公司章程规定不按持股比例分配的除外。

股东会、股东大会或者董事会违反前款规定，在公司弥补亏损和提取法定公积金之前向股东分配利润的，股东必须将违反规定分配的利润退还公司。

公司持有的本公司股份不得分配利润。

第一百六十七条　【资本公积金】股份有限公司以超过股票票面金额的发行价格发行股份所得的溢价款以及国务院财政部门规定列入资本公积金的其他收入，应当列为公司资本公积金。

第一百六十八条　【公积金的用途及限制】公司的公积金用于弥补公司的亏损、扩大公司生产经营或者转为增加公司资本。但是，资本公积金不得用于弥补公司的亏损。

法定公积金转为资本时，所留存的该项公积金不得少于转增前公司注册资本的百分之二十五。

第一百六十九条　【公司对会计师事务所的聘用及解聘】公司聘用、解聘承办公司审计业务的会计师事务所，依照公司章程的规定，由股东会、股东大会或者董事会决定。

公司股东会、股东大会或者董事会就解聘会计师事务所进行表决时，应当允许会计师事务所陈述意见。

第一百七十条　【公司对会计师事务所的诚实义务】公司应当向聘用的会计师事务所提供真实、完整的会计凭证、会计账簿、财务会计报告及其他会计资料，不得拒绝、隐匿、谎报。

第一百七十一条　【禁止另立账簿及开立个人账户】公司除法定的会计账簿外，不得另立会计账簿。

对公司资产，不得以任何个人名义开立账户存储。

第九章　公司合并、分立、增资、减资

第一百七十二条　【公司合并的种类】公司合并可以采取吸收合并或者新设合并。

一个公司吸收其他公司为吸收合并，被吸收的公司解散。两个以上公司合并设立一个新的公司为新设合并，合并各方解散。

第一百七十三条　【公司合并程序和债权人异议权】公司合并，应当由合并各方签订合并协议，并编制资产负债表及财产清单。公司应当自作出合并决议之日起十日内通知债权人，并于三十日内在报纸上公告。债权人自接到通知书之日起三十日内，未接到通知书的自公告之日起四十五日内，

可以要求公司清偿债务或者提供相应的担保。

第一百七十四条　【公司合并的债权债务承继】公司合并时，合并各方的债权、债务，应当由合并后存续的公司或者新设的公司承继。

第一百七十五条　【公司分立的通知义务】公司分立，其财产作相应的分割。

公司分立，应当编制资产负债表及财产清单。公司应当自作出分立决议之日起十日内通知债权人，并于三十日内在报纸上公告。

第一百七十六条　【公司分立的债务承继】公司分立前的债务由分立后的公司承担连带责任。但是，公司在分立前与债权人就债务清偿达成的书面协议另有约定的除外。

第一百七十七条　【减少注册资本的程序要求】公司需要减少注册资本时，必须编制资产负债表及财产清单。

公司应当自作出减少注册资本决议之日起十日内通知债权人，并于三十日内在报纸上公告。债权人自接到通知书之日起三十日内，未接到通知书的自公告之日起四十五日内，有权要求公司清偿债务或者提供相应的担保。

第一百七十八条　【增加注册资本的规定】有限责任公司增加注册资本时，股东认缴新增资本的出资，依照本法设立有限责任公司缴纳出资的有关规定执行。

股份有限公司为增加注册资本发行新股时，股东认购新股，依照本法设立股份有限公司缴纳股款的有关规定执行。

第一百七十九条　【公司合并、分立、增资、减资的登记要求】公司合并或者分立，登记事项发生变更的，应当依法向公司登记机关办理变更登记；公司解散的，应当依法办理公司注销登记；设立新公司的，应当依法办理公司设立登记。

公司增加或者减少注册资本，应当依法向公司登记机关办理变更登记。

第十章　公司解散和清算

第一百八十条　【公司解散的原因】公司因下列原因解散：

（一）公司章程规定的营业期限届满或者公司章程规定的其他解散事由出现；

（二）股东会或者股东大会决议解散；

（三）因公司合并或者分立需要解散；

（四）依法被吊销营业执照、责令关闭或者被撤销；

（五）人民法院依照本法第一百八十二条的规定予以解散。

第一百八十一条　【为使公司存续而修改章程的议事规则】公司有本法第一百八十条第（一）项情形的，可以通过修改公司章程而存续。

依照前款规定修改公司章程，有限责任公司须经持有三分之二以上表决权的股东通过，股份有限公司须经出席股东大会会议的股东所持表决权的三分之二以上通过。

第一百八十二条　【股东请求法院解散公司的情形】公司经营管理发生严重困难，继续存续会使股东利益受到重大损失，通过其他途径不能解决的，持有公司全部股东表决权百分之十以上的股东，可以请求人民法院解散公司。

第一百八十三条　【清算组的成立与组成】公司因本法第一百八十条第（一）项、第（二）项、第（四）项、第（五）项规定而解散的，应当在解散事由出现之日起十五日内成立清算组，开始清算。有限责任公司的清算组由股东组成，股份有限公司的清算组由董事或者股东大会确定的人员组成。逾期不成立清算组进行清算的，债权人可以申请人民法院指定有关人员组成清算组进行清算。人民法院应当受理该申请，并及时组织清算组进行清算。

第一百八十四条　【清算组的职权】清算组在清算期间行使下列职权：

（一）清理公司财产，分别编制资产负

债表和财产清单；

（二）通知、公告债权人；

（三）处理与清算有关的公司未了结的业务；

（四）清缴所欠税款以及清算过程中产生的税款；

（五）清理债权、债务；

（六）处理公司清偿债务后的剩余财产；

（七）代表公司参与民事诉讼活动。

第一百八十五条　【清算期间的债权申报】清算组应当自成立之日起十日内通知债权人，并于六十日内在报纸上公告。债权人应当自接到通知书之日起三十日内，未接到通知书的自公告之日起四十五日内，向清算组申报其债权。

债权人申报债权，应当说明债权的有关事项，并提供证明材料。清算组应当对债权进行登记。

在申报债权期间，清算组不得对债权人进行清偿。

第一百八十六条　【清算方案的制定与公司财产的处理】清算组在清理公司财产、编制资产负债表和财产清单后，应当制定清算方案，并报股东会、股东大会或者人民法院确认。

公司财产在分别支付清算费用、职工的工资、社会保险费用和法定补偿金，缴纳所欠税款，清偿公司债务后的剩余财产，有限责任公司按照股东的出资比例分配，股份有限公司按照股东持有的股份比例分配。

清算期间，公司存续，但不得开展与清算无关的经营活动。公司财产在未依照前款规定清偿前，不得分配给股东。

第一百八十七条　【宣告破产】清算组在清理公司财产、编制资产负债表和财产清单后，发现公司财产不足清偿债务的，应当依法向人民法院申请宣告破产。

公司经人民法院裁定宣告破产后，清算组应当将清算事务移交给人民法院。

第一百八十八条　【清算报告的报送及公司注销登记】公司清算结束后，清算组应当制作清算报告，报股东会、股东大会或者人民法院确认，并报送公司登记机关，申请注销公司登记，公告公司终止。

第一百八十九条　【清算组成员的义务】清算组成员应当忠于职守，依法履行清算义务。

清算组成员不得利用职权收受贿赂或者其他非法收入，不得侵占公司财产。

清算组成员因故意或者重大过失给公司或者债权人造成损失的，应当承担赔偿责任。

第一百九十条　【破产清算的法律依据】公司被依法宣告破产的，依照有关企业破产的法律实施破产清算。

第十一章　外国公司的分支机构

第一百九十一条　【外国公司的定义】本法所称外国公司是指依照外国法律在中国境外设立的公司。

第一百九十二条　【外国公司分支机构的设立申请及审批】外国公司在中国境内设立分支机构，必须向中国主管机关提出申请，并提交其公司章程、所属国的公司登记证书等有关文件，经批准后，向公司登记机关依法办理登记，领取营业执照。

外国公司分支机构的审批办法由国务院另行规定。

第一百九十三条　【外国公司分支机构的设立及资金要求】外国公司在中国境内设立分支机构，必须在中国境内指定负责该分支机构的代表人或者代理人，并向该分支机构拨付与其所从事的经营活动相适应的资金。

对外国公司分支机构的经营资金需要规定最低限额的，由国务院另行规定。

第一百九十四条　【外国公司分支机构的名称要求及章程置备】外国公司的分支机构应当在其名称中标明该外国公司的国籍及责任形式。

外国公司的分支机构应当在本机构中置备该外国公司章程。

第一百九十五条 【外国公司分支机构不具有中国法人资格】外国公司在中国境内设立的分支机构不具有中国法人资格。

外国公司对其分支机构在中国境内进行经营活动承担民事责任。

第一百九十六条 【外国公司分支机构的合法经营义务及合法权益的保护】经批准设立的外国公司分支机构，在中国境内从事业务活动，必须遵守中国的法律，不得损害中国的社会公共利益，其合法权益受中国法律保护。

第一百九十七条 【外国公司撤销分支机构的条件】外国公司撤销其在中国境内的分支机构时，必须依法清偿债务，依照本法有关公司清算程序的规定进行清算。未清偿债务之前，不得将其分支机构的财产移至中国境外。

第十二章 法律责任

第一百九十八条 【公司登记违法的法律责任】违反本法规定，虚报注册资本、提交虚假材料或者采取其他欺诈手段隐瞒重要事实取得公司登记的，由公司登记机关责令改正，对虚报注册资本的公司，处以虚报注册资本金额百分之五以上百分之十五以下的罚款；对提交虚假材料或者采取其他欺诈手段隐瞒重要事实的公司，处以五万元以上五十万元以下的罚款；情节严重的，撤销公司登记或者吊销营业执照。

第一百九十九条 【公司的发起人、股东出资违法的法律责任】公司的发起人、股东虚假出资，未交付或者未按期交付作为出资的货币或者非货币财产的，由公司登记机关责令改正，处以虚假出资金额百分之五以上百分之十五以下的罚款。

第二百条 【公司的发起人、股东抽逃出资的法律责任】公司的发起人、股东在公司成立后，抽逃其出资的，由公司登记机关责令改正，处以所抽逃出资金额百分之五以上百分之十五以下的罚款。

第二百零一条 【公司另立会计账簿的法律责任】公司违反本法规定，在法定的会计账簿以外另立会计账簿的，由县级以上人民政府财政部门责令改正，处以五万元以上五十万元以下的罚款。

第二百零二条 【提交财务会计报告违法的法律责任】公司在依法向有关主管部门提供的财务会计报告等材料上作虚假记载或者隐瞒重要事实的，由有关主管部门对直接负责的主管人员和其他直接责任人员处以三万元以上三十万元以下的罚款。

第二百零三条 【违法提取法定公积金的法律责任】公司不依照本法规定提取法定公积金的，由县级以上人民政府财政部门责令如数补足应当提取的金额，可以对公司处以二十万元以下的罚款。

第二百零四条 【公司在合并、分立、减少注册资本和清算中的违法行为及其法律责任】公司在合并、分立、减少注册资本或者进行清算时，不依照本法规定通知或者公告债权人的，由公司登记机关责令改正，对公司处以一万元以上十万元以下的罚款。

公司在进行清算时，隐匿财产，对资产负债表或者财产清单作虚假记载或者在未清偿债务前分配公司财产的，由公司登记机关责令改正，对公司处以隐匿财产或者未清偿债务前分配公司财产金额百分之五以上百分之十以下的罚款；对直接负责的主管人员和其他直接责任人员处以一万元以上十万元以下的罚款。

第二百零五条 【公司在清算期间违法经营的法律责任】公司在清算期间开展与清算无关的经营活动的，由公司登记机关予以警告，没收违法所得。

第二百零六条 【清算组及其成立对其违法行为的法律责任】清算组不依照本法规定向公司登记机关报送清算报告，或者报送清算报告隐瞒重要事实或者有重大遗漏的，由公司登记机关责令改正。

清算组成员利用职权徇私舞弊、谋取

非法收入或者侵占公司财产的，由公司登记机关责令退还公司财产，没收违法所得，并可以处以违法所得一倍以上五倍以下的罚款。

第二百零七条 【资产评估、验资或验证机构对其违法行为的法律责任】承担资产评估、验资或者验证的机构提供虚假材料的，由公司登记机关没收违法所得，处以违法所得一倍以上五倍以下的罚款，并可以由有关主管部门依法责令该机构停业、吊销直接责任人员的资格证书，吊销营业执照。

承担资产评估、验资或者验证的机构因过失提供有重大遗漏的报告的，由公司登记机关责令改正，情节较重的，处以所得收入一倍以上五倍以下的罚款，并可以由有关主管部门依法责令该机构停业、吊销直接责任人员的资格证书，吊销营业执照。

承担资产评估、验资或者验证的机构因其出具的评估结果、验资或者验证证明不实，给公司债权人造成损失的，除能够证明自己没有过错的外，在其评估或者证明不实的金额范围内承担赔偿责任。

第二百零八条 【登记机关违法行为的法律责任】公司登记机关对不符合本法规定条件的登记申请予以登记，或者对符合本法规定条件的登记申请不予登记的，对直接负责的主管人员和其他直接责任人员，依法给予行政处分。

第二百零九条 【登记机关上级部门违法行为的法律责任】公司登记机关的上级部门强令公司登记机关对不符合本法规定条件的登记申请予以登记，或者对符合本法规定条件的登记申请不予登记的，或者对违法登记进行包庇的，对直接负责的主管人员和其他直接责任人员依法给予行政处分。

第二百一十条 【假冒公司的违法行为及其法律责任】未依法登记为有限责任公司或者股份有限公司，而冒用有限责任公司或者股份有限公司名义的，或者未依法登记为有限责任公司或者股份有限公司的分公司，而冒用有限责任公司或者股份有限公司的分公司名义的，由公司登记机关责令改正或者予以取缔，可以并处十万元以下的罚款。

第二百一十一条 【不当停业及不依法办理变更登记的法律责任】公司成立后无正当理由超过六个月未开业的，或者开业后自行停业连续六个月以上的，可以由公司登记机关吊销营业执照。

公司登记事项发生变更时，未依照本法规定办理有关变更登记的，由公司登记机关责令限期登记；逾期不登记的，处以一万元以上十万元以下的罚款。

第二百一十二条 【外国公司擅自在中国境内设立分支机构的法律责任】外国公司违反本法规定，擅自在中国境内设立分支机构的，由公司登记机关责令改正或者关闭，可以并处五万元以上二十万元以下的罚款。

第二百一十三条 【危害国家安全与社会公共利益的法律责任】利用公司名义从事危害国家安全、社会公共利益的严重违法行为的，吊销营业执照。

第二百一十四条 【民事赔偿优先原则】公司违反本法规定，应当承担民事赔偿责任和缴纳罚款、罚金的，其财产不足以支付时，先承担民事赔偿责任。

第二百一十五条 【刑事责任的追究】违反本法规定，构成犯罪的，依法追究刑事责任。

第十三章 附 则

第二百一十六条 【本法所涉相关用语的含义】本法下列用语的含义：

（一）高级管理人员，是指公司的经理、副经理、财务负责人，上市公司董事会秘书和公司章程规定的其他人员。

（二）控股股东，是指其出资额占有限责任公司资本总额百分之五十以上或者其持有的股份占股份有限公司股本总额百分之五十以上的股东；出资额或者持有股份的比例虽然不足百分之五十，但依其出资额或者持有的股份所享有的表决权已足以对股东会、股东大会的决议产生重大影响的股东。

（三）实际控制人，是指虽不是公司的股东，但通过投资关系、协议或者其他安排，能够实际支配公司行为的人。

（四）关联关系，是指公司控股股东、实际控制人、董事、监事、高级管理人员与其直接或者间接控制的企业之间的关系，以及可能导致公司利益转移的其他关系。但是，国家控股的企业之间不仅因为同受国家控股而具有关联关系。

第二百一十七条　【本法在外商投资领域的适用及例外】外商投资的有限责任公司和股份有限公司适用本法；有关外商投资的法律另有规定的，适用其规定。

第二百一十八条　【生效施行日期】本法自2006年1月1日起施行。

◎司法解释

最高人民法院关于作为保证人的合伙组织被撤销后，自行公告限期清理债权债务的，债权人在诉讼时效期间内有权要求合伙人承担保证责任问题的批复

• 1988年10月18日
• 法（经）复〔1988〕46号

贵州省高级人民法院：

你院黔法〔1988〕经请字第2号请示报告收悉。经研究，答复如下：

兴义县联营辉瑞贸易公司作为邓国强的保证人，对于邓国强未按合同给付租金，应当向中国工商银行兴义县支行承担连带清偿责任。辉瑞公司在被工商行政管理机关撤销后，张贴公告，限期清结债权债务，并声明过期不负责，这对债权人并无法律上的约束力。中国工商银行兴义支行在民法通则规定的诉讼时效期间内，有权要求辉瑞贸易公司承担保证责任。鉴于辉瑞贸易公司实际上是合伙组织，被撤销后，应由合伙人以自己的财产承担连带保证责任。

此复

最高人民法院关于企业开办的其他企业被撤销或者歇业后民事责任承担问题的批复

• 1994年3月30日
• 法复〔1994〕4号

广东省高级人民法院：

你院《关于审理企业开办的其他企业被撤并后的经济纠纷案件是否适用国发〔1990〕68号文规定的请示》收悉。经研究，答复如下：

一、企业开办的其他企业被撤销、歇业或者依照《中华人民共和国企业法人登记管理条例》第二十二条规定视同歇业后，其民事责任承担问题应根据下列不同情况分别处理：

1. 企业开办的其他企业领取了企业法人营业执照并在实际上具备企业法人条件的，根据《中华人民共和国民法通则》第四十八条的规定，应当以其经营管理或者所有的财产独立承担民事责任。

2. 企业开办的其他企业已经领取了企业法人营业执照，其实际投入的自有资金虽与注册资金不符，但达到了《中华人民共和国企业法人登记管理条例实施细则》第十五条第（七）项或者其他有关法规规定的数额，并且具备了企业法人其他条件的，应当认定其具备法人资格，以其财产独立承担民事责任。但如果该企业被撤销或者歇业后，其财产不足以清偿债务的，开办企业应当在该企业实际投入的自有资金与注

册资金差额范围内承担民事责任。

3. 企业开办的其他企业虽然领取了企业法人营业执照，但实际没有投入自有资金，或者投入的自有资金达不到《中华人民共和国企业法人登记管理条例实施细则》第十五条第（七）项或其他有关法规规定的数额，或者不具备企业法人其他条件的，应当认定其不具备法人资格，其民事责任由开办该企业的企业法人承担。

二、人民法院在审理案件中，对虽然领取了企业法人营业执照，但实际上并不具备企业法人资格的企业，应当依据已查明的事实，提请核准登记该企业为法人的工商行政管理部门吊销其企业法人营业执照。工商行政管理部门不予吊销的，人民法院对该企业的法人资格可不予认定。

三、从本批复公布之日起，本院法（研）复〔1987〕33 号《关于行政单位或企业开办的企业倒闭后债务由谁承担》的批复第二条中关于如果企业开办的分支机构是公司，不论是否具备独立法人资格，可以根据国发〔1985〕102 号通知处理的规定和法（经）发〔1991〕10 号通知第六条的规定，即行废止。

最高人民法院关于对注册资金投入未达到法规规定最低限额的企业法人签订的经济合同效力如何确认问题的批复

- 1997 年 2 月 25 日
- 法复〔1997〕2 号

江苏省高级人民法院：

你院（1996）苏经请字第 4 号《关于对注册资金投入未达到法规规定最低限额的企业法人签订的经济合同效力如何确认问题的请示》收悉。经研究，答复如下：

企业法人注册资金投入未达到法规规定的最低限额，在对外承担民事责任时，应根据本院 1994 年 3 月 30 日法复〔1994〕4 号《关于企业开办的其他企业被撤销或者歇业后民事责任承担问题的批复》第一条第三项的规定处理，即其民事责任由开办该企业的企业法人承担。为了稳定经济秩序，保护权利人的合法权益，对这类企业法人被依法吊销《企业法人营业执照》之前签订的经济合同，不宜因其注册资金投入未达到法规规定的最低限额而确认为无效。

最高人民法院关于城市街道办事处是否应当独立承担民事责任的批复

- 1997 年 7 月 14 日
- 法释〔1997〕1 号

四川省高级人民法院：

你院《关于城市街道办事处能否独立承担民事责任的请示》（川高法〔1996〕117 号）收悉。经研究，答复如下：

街道办事处开办的企业具有法人资格的，街道办事处只在收取管理费范围内承担民事责任；其开办的企业不具有法人资格的，应先由企业承担相应的民事责任，不足部分由街道办事处在企业注册资金范围内独立承担。街道办事处财产不足以承担时，不能由设立该街道办事处的市或区人民政府承担民事责任。街道办事处进行自身民事活动产生纠纷的，应当独自承担民事责任。

此复

最高人民法院关于审理军队、武警部队、政法机关移交、撤销企业和与党政机关脱钩企业相关纠纷案件若干问题的规定

- 2001 年 3 月 20 日
- 法释〔2001〕8 号

为依法准确审理军队、武警部队、政法

机关移交、撤销企业和与党政机关脱钩的企业所发生的债务纠纷案件和破产案件，根据《中华人民共和国民法通则》、《中华人民共和国公司法》、《中华人民共和国民事诉讼法》、《中华人民共和国企业破产法（试行）》的有关规定，作如下规定：

一、移交、撤销、脱钩企业债务纠纷的处理

第一条 军队、武警部队、政法机关和党政机关开办的企业（以下简称被开办企业）具备法人条件并领取了企业法人营业执照的，根据《中华人民共和国民法通则》第四十八条的规定，应当以其经营管理或者所有的财产独立承担民事责任。

第二条 被开办企业领取了企业法人营业执照，虽然实际投入的资金与注册资金不符，但已达到了《中华人民共和国企业法人登记管理条例实施细则》第十五条第（七）项规定数额的，应当认定其具备法人资格，开办单位应当在该企业实际投入资金与注册资金的差额范围内承担民事责任。

第三条 被开办企业虽然领取了企业法人营业执照，但投入的资金未达到《中华人民共和国企业法人登记管理条例实施细则》第十五条第（七）项规定数额的，或者不具备企业法人其他条件的，应当认定其不具备法人资格，其民事责任由开办单位承担。

第四条 开办单位向被开办企业收取资金或实物的，应当在所收取的资金和实物的范围内对其开办企业的债务承担民事责任。

第五条 开办单位抽逃、转移资金或者隐匿财产以逃避被开办企业债务的，应当将所抽逃、转移的资金或者隐匿的财产退回，用以清偿被开办企业的债务。

第六条 开办单位为被开办企业的注册资金提供担保的，应当在其承诺担保的范围内承担民事责任。

第七条 开办单位或其主管部门在被开办企业撤销时，向工商行政管理机关出具证明文件，自愿对被开办企业的债务承担责任的，应当按照承诺在其接受财产范围内对被开办企业的债务承担民事责任。

第八条 军队开办的企业无偿移交地方的，应当由接受单位承担开办单位的民事责任。

第九条 两个以上单位共同开办企业的，作为共同诉讼人，并按照各自出资比例或者盈余分配的比例承担相应的民事责任。

第十条 开办单位已经在被开办企业注册资金不实的范围内承担了民事责任的，应视为开办单位的注册资金已经足额到位，不再继续承担注册资金不实的责任。

二、移交、撤销、脱钩企业破产案件的处理

第十一条 被开办企业或者债权人向人民法院申请破产的，不论开办单位的注册资金是否足额到位，人民法院均应当受理。

第十二条 被开办企业被宣告破产的，开办单位对其没有投足的注册资金、收取的资金和实物、转移的资金或者隐匿的财产，都应当由清算组负责收回。

第十三条 被开办企业向社会或者向企业内部职工集资未清偿的，在破产财产分配时，应当按照《中华人民共和国企业破产法（试行）》第三十七条第二款第一项的规定予以清偿。

第十四条 移交、撤销、脱钩的企业的开办单位和移交后的接受单位，都应当作为破产清算组成员，参加破产清算工作。

三、财产保全和执行

第十五条 人民法院在审理有关移交、撤销、脱钩的企业的案件时，认定开办单位应当承担民事责任的，不得对开办单位的国库款、军费、财政经费账户、办公用房、车辆等其他办公必需品采取查封、扣押、冻结、拍卖等保全和执行措施。

第十六条 人民法院在执行涉及开办单位承担民事责任的生效判决时，只能用开办单位财政资金以外的自有资金清偿债务。如

果开办单位没有财政资金以外自有资金的，应当依法裁定终结执行。

四、适 用 范 围

第十七条 本规定仅适用于审理此次军队、武警部队、政法机关移交、撤销企业和与党政机关脱钩的企业所发生的债务纠纷案件和破产案件。

最高人民法院关于审理与企业改制相关的民事纠纷案件若干问题的规定

- 2003年1月3日
- 法释〔2003〕1号

为了正确审理与企业改制相关的民事纠纷案件，根据《中华人民共和国民法通则》、《中华人民共和国公司法》、《中华人民共和国全民所有制工业企业法》、《中华人民共和国合同法》、《中华人民共和国民事诉讼法》等法律、法规的规定，结合审判实践，制定本规定。

一、案 件 受 理

第一条 人民法院受理以下平等民事主体间在企业产权制度改造中发生的民事纠纷案件：

（一）企业公司制改造中发生的民事纠纷；

（二）企业股份合作制改造中发生的民事纠纷；

（三）企业分立中发生的民事纠纷；

（四）企业债权转股权纠纷；

（五）企业出售合同纠纷；

（六）企业兼并合同纠纷；

（七）与企业改制相关的其他民事纠纷。

第二条 当事人起诉符合本规定第一条所列情形，并符合民事诉讼法第一百零八条规定的起诉条件的，人民法院应当予以受理。

第三条 政府主管部门在对企业国有资产进行行政性调整、划转过程中发生的纠纷，当事人向人民法院提起民事诉讼的，人民法院不予受理。

二、企业公司制改造

第四条 国有企业依公司法整体改造为国有独资有限责任公司的，原企业的债务，由改造后的有限责任公司承担。

第五条 企业通过增资扩股或者转让部分产权，实现他人对企业的参股，将企业整体改造为有限责任公司或者股份有限公司的，原企业债务由改造后的新设公司承担。

第六条 企业以其部分财产和相应债务与他人组建新公司，对所转移的债务债权人认可的，由新组建的公司承担民事责任；对所转移的债务未通知债权人或者虽通知债权人，而债权人不予认可的，由原企业承担民事责任。原企业无力偿还债务，债权人就此向新设公司主张债权的，新设公司在所接收的财产范围内与原企业承担连带民事责任。

第七条 企业以其优质财产与他人组建新公司，而将债务留在原企业，债权人以新设公司和原企业作为共同被告提起诉讼主张债权的，新设公司应当在所接收的财产范围内与原企业共同承担连带责任。

三、企业股份合作制改造

第八条 由企业职工买断企业产权，将原企业改造为股份合作制的，原企业的债务，由改造后的股份合作制企业承担。

第九条 企业向其职工转让部分产权，由企业与职工共同组建股份合作制企业的，原企业的债务由改造后的股份合作制企业承担。

第十条 企业通过其职工投资增资扩股，将原企业改造为股份合作制企业的，原企业的债务由改造后的股份合作制企业承担。

第十一条 企业在进行股份合作制改造时，参照公司法的有关规定，公告通知了债权人。企业股份合作制改造后，债权人就原企业资产管理人（出资人）隐瞒或者遗漏的债务起诉股份合作制企业的，如债权人在公告期间内申报过该债权，股份合作制企业在承担民事责任后，可再向原企业资产管理人（出资人）追偿。如债权人在公告期内未申报过该债权，则股份合作制企业不承担民事责任，人民法院可告知债权人另行起诉原企业资产管理人（出资人）。

四、企 业 分 立

第十二条 债权人向分立后的企业主张债权，企业分立时对原企业的债务承担有约定，并经债权人认可的，按照当事人的约定处理；企业分立时对原企业债务承担没有约定或者约定不明，或者虽然有约定但债权人不予认可的，分立后的企业应当承担连带责任。

第十三条 分立的企业在承担连带责任后，各分立的企业间对原企业债务承担有约定的，按照约定处理；没有约定或者约定不明的，根据企业分立时的资产比例分担。

五、企业债权转股权

第十四条 债权人与债务人自愿达成债权转股权协议，且不违反法律和行政法规强制性规定的，人民法院在审理相关的民事纠纷案件中，应当确认债权转股权协议有效。

政策性债权转股权，按照国务院有关部门的规定处理。

第十五条 债务人以隐瞒企业资产或者虚列企业资产为手段，骗取债权人与其签订债权转股权协议，债权人在法定期间内行使撤销权的，人民法院应当予以支持。

债权转股权协议被撤销后，债权人有权要求债务人清偿债务。

第十六条 部分债权人进行债权转股权的行为，不影响其他债权人向债务人主张债权。

六、国有小型企业出售

第十七条 以协议转让形式出售企业，企业出售合同未经有审批权的地方人民政府或其授权的职能部门审批的，人民法院在审理相关的民事纠纷案件时，应当确认该企业出售合同不生效。

第十八条 企业出售中，当事人双方恶意串通，损害国家利益的，人民法院在审理相关的民事纠纷案件时，应当确认该企业出售行为无效。

第十九条 企业出售中，出卖人实施的行为具有合同法第五十四条规定的情形，买受人在法定期限内行使撤销权的，人民法院应当予以支持。

第二十条 企业出售合同约定的履行期限届满，一方当事人拒不履行合同，或者未完全履行合同义务，致使合同目的不能实现，对方当事人要求解除合同并要求赔偿损失的，人民法院应当予以支持。

第二十一条 企业出售合同约定的履行期限届满，一方当事人未完全履行合同义务，对方当事人要求继续履行合同并要求赔偿损失的，人民法院应当予以支持。双方当事人均未完全履行合同义务的，应当根据当事人的过错，确定各自应当承担的民事责任。

第二十二条 企业出售时，出卖人对所售企业的资产负债状况、损益状况等重大事项未履行如实告知义务，影响企业出售价格，买受人就此向人民法院起诉主张补偿的，人民法院应当予以支持。

第二十三条 企业出售合同被确认无效或者被撤销的，企业售出后买受人经营企业期间发生的经营盈亏，由买受人享有或者承担。

第二十四条 企业售出后，买受人将所购企业资产纳入本企业或者将所购企业变更为所属分支机构的，所购企业的债务，由买受人承担。但买卖双方另有约定，并经债权人认可的除外。

第二十五条 企业售出后，买受人将所购企业资产作价入股与他人重新组建新公司，所购企业法人予以注销的，对所购企业出售前的债务，买受人应当以其所有财产，包括在新组建公司中的股权承担民事责任。

第二十六条 企业售出后，买受人将所购企业重新注册为新的企业法人，所购企业法人被注销的，所购企业出售前的债务，应当由新注册的企业法人承担。但买卖双方另有约定，并经债权人认可的除外。

第二十七条 企业售出后，应当办理而未办理企业法人注销登记，债权人起诉该企业的，人民法院应当根据企业资产转让后的具体情况，告知债权人追加责任主体，并判令责任主体承担民事责任。

第二十八条 出售企业时，参照公司法的有关规定，出卖人公告通知了债权人。企业售出后，债权人就出卖人隐瞒或者遗漏的原企业债务起诉买受人的，如债权人在公告期内申报过该债权，买受人在承担民事责任后，可再行向出卖人追偿。如债权人在公告期内未申报过该债权，则买受人不承担民事责任。人民法院可告知债权人另行起诉出卖人。

第二十九条 出售企业的行为具有合同法第七十四条规定的情形，债权人在法定期限内行使撤销权的，人民法院应当予以支持。

七、企业兼并

第三十条 企业兼并协议自当事人签字盖章之日起生效。需经政府主管部门批准的，兼并协议自批准之日起生效；未经批准的，企业兼并协议不生效。但当事人在一审法庭辩论终结前补办报批手续的，人民法院应当确认该兼并协议有效。

第三十一条 企业吸收合并后，被兼并企业的债务应当由兼并方承担。

第三十二条 企业进行吸收合并时，参照公司法的有关规定，公告通知了债权人。企业吸收合并后，债权人就被兼并企业原资产管理人(出资人)隐瞒或者遗漏的企业债务起诉兼并方的，如债权人在公告期内申报过该笔债权，兼并方在承担民事责任后，可再行向被兼并企业原资产管理人(出资人)追偿。如债权人在公告期间内未申报过该笔债权，则兼并方不承担民事责任。人民法院可告知债权人另行起诉被兼并企业原资产管理人(出资人)。

第三十三条 企业新设合并后，被兼并企业的债务由新设合并后的企业法人承担。

第三十四条 企业吸收合并或新设合并后，被兼并企业应当办理而未办理工商注销登记，债权人起诉被兼并企业的，人民法院应当根据企业兼并后的具体情况，告知债权人追加责任主体，并判令责任主体承担民事责任。

第三十五条 以收购方式实现对企业控股的，被控股企业的债务，仍由其自行承担。但因控股企业抽逃资金、逃避债务，致被控股企业无力偿还债务的，被控股企业的债务则由控股企业承担。

八、附　　则

第三十六条 本规定自2003年2月1日起施行。在本规定施行前，本院制定的有关企业改制方面的司法解释与本规定相抵触的，不再适用。

◎司法文件

最高人民法院中国人民银行关于依法规范人民法院执行和金融机构协助执行的通知

- 2000年9月4日
- 法发〔2000〕21号

各省、自治区、直辖市高级人民法院，解放军军事法院，新疆维吾尔自治区高级人民法院生产建设兵团分院，中国人民银行各分行，中国工商银行，中国农业银行，中国银行，中国建设银行及其他金融机构：

为依法保障当事人的合法权益，维护经济秩序，根据《中华人民共和国民事诉讼法》，现就规范人民法院执行和银行(含其

分理处、营业所和储蓄所)以及其他办理存款业务的金融机构(以下统称金融机构)协助执行的有关问题通知如下:

一、人民法院查询被执行人在金融机构的存款时,执行人员应当出示本人工作证和执行公务证,并出具法院协助查询存款通知书。金融机构应当立即协助办理查询事宜,不需办理签字手续,对于查询的情况,由经办人签字确认。对协助执行手续完备拒不协助查询的,按照民事诉讼法第一百零二条规定处理。

人民法院对查询到的被执行人在金融机构的存款,需要冻结的,执行人员应当出示本人工作证和执行公务证,并出具法院冻结裁定书和协助冻结存款通知书。金融机构应当立即协助执行。对协助执行手续完备拒不协助冻结的,按照民事诉讼法第一百零二条规定处理。

人民法院扣划被执行人在金融机构存款的,执行人员应当出示本人工作证和执行公务证,并出具法院扣划裁定书和协助扣划存款通知书,还应当附生效法律文书副本。金融机构应当立即协助执行。对协助执行手续完备拒不协助扣划的,按照民事诉讼法第一百零二条规定处理。

人民法院查询、冻结、扣划被执行人在金融机构的存款时,可以根据工作情况要求存款人开户的营业场所的上级机构责令该营业场所做好协助执行工作,但不得要求该上级机构协助执行。

二、人民法院要求金融机构协助冻结、扣划被执行人的存款时,冻结、扣划裁定和协助执行通知书适用留置送达的规定。

三、对人民法院依法冻结、扣划被执行人在金融机构的存款,金融机构应当立即予以办理,在接到协助执行通知书后,不得再扣划应当协助执行的款项用以收贷收息;不得为被执行人隐匿、转移存款。违反此项规定的,按照民事诉讼法第一百零二条的有关规定处理。

四、金融机构在接到人民法院的协助执行通知书后,向当事人通风报信,致使当事人转移存款的,法院有权责令该金融机构限期追回,逾期未追回的,按照民事诉讼法第一百零二条的规定予以罚款、拘留;构成犯罪的,依法追究刑事责任,并建议有关部门给予行政处分。

五、对人民法院依法向金融机构查询或查阅的有关资料,包括被执行人开户、存款情况以及会计凭证、账簿、有关对账单等资料(含电脑储存资料),金融机构应当及时如实提供并加盖印章;人民法院根据需要可抄录、复制、照相,但应当依法保守秘密。

六、金融机构作为被执行人,执行法院到有关人民银行查询其在人民银行开户、存款情况的,有关人民银行应当协助查询。

七、人民法院在查询被执行人存款情况时,只提供单位账户名称而未提供账号的,开户银行应当根据银发(1997)94号《关于贯彻落实中共中央政法委〈关于司法机关冻结、扣划银行存款问题的意见〉的通知》第二条的规定,积极协助查询并书面告知。

八、金融机构的分支机构作为被执行人的,执行法院应当向其发出限期履行通知书,期限为15日;逾期未自动履行的,依法予以强制执行;对被执行人未能提供可供执行财产的,应当依法裁定逐级变更其上级机构为被执行人,直至其总行、总公司。每次变更前,均应当给予被变更主体15日的自动履行期限;逾期未自动履行的,依法予以强制执行。

九、人民法院依法可以对银行承兑汇票保证金采取冻结措施,但不得扣划。如果金融机构已对汇票承兑或者已对外付款,根据金融机构的申请,人民法院应当解除对银行承兑汇票保证金相应部分的冻结措施。银行承兑汇票保证金已丧失保证金功能时,人民法院可以依法采取扣划措施。

十、有关人民法院在执行由两个人民法院或者人民法院与仲裁、公证等有关机构就同一法律关系作出的两份或者多份生效法律文书的过程中,需要金融机构协助执行的,金融机构应当协助最先送达协助执行通知书的法院，予以查询、冻结，但不得扣划。有关人民法院应当就该两份或多份生效法律文书上报共同上级法院协调解决，金融机构应当按照共同上级法院的最终协调意见办理。

十一、财产保全和先予执行依照上述规定办理。

此前的规定与本通知有抵触的，以本通知为准。

最高人民法院关于金融资产管理公司收购、处置银行不良资产有关问题的补充通知

• 2005 年 5 月 30 日
• 法〔2005〕62 号

各省、自治区、直辖市高级人民法院，新疆维吾尔自治区高级人民法院生产建设兵团分院：

为了深化金融改革，规范金融秩序，本院先后下发了《关于审理金融资产管理公司收购、管理、处置国有银行不良贷款形成的资产的案件适用法律若干问题的规定》、《关于贯彻执行最高人民法院“十二条”司法解释有关问题的函的答复》和《关于国有金融资产管理公司处置国有商业银行不良资产案件交纳诉讼费用的通知》。最近，根据国务院关于国有独资商业银行股份制改革的总体部署，中国信达资产管理公司收购了中国银行、中国建设银行和交通银行剥离的不良资产。为了维护金融资产安全，降低不良资产处置成本，现将审理金融资产管理公司在收购、处置不良资产发生的纠纷案件的有关问题补充通知如下：

一、国有商业银行（包括国有控股银行）向金融资产管理公司转让不良贷款，或者金融资产管理公司受让不良贷款后，通过债权转让方式处置不良资产的，可以适用本院发布的上述规定。

二、国有商业银行（包括国有控股银行）向金融资产管理公司转让不良贷款，或者金融资产管理公司收购、处置不良贷款的，担保债权同时转让，无须征得担保人的同意，担保人仍应在原担保范围内对受让人继续承担担保责任。担保合同中关于合同变更需经担保人同意的约定，对债权人转让债权没有约束力。

三、金融资产管理公司转让、处置已经涉及诉讼、执行或者破产等程序的不良债权时，人民法院应当根据债权转让协议和转让人或者受让人的申请，裁定变更诉讼或者执行主体。

◎请示答复

最高人民法院关于行政性公司开办的企业倒闭后是否承担连带清偿责任问题的复函

• 1990 年 10 月 8 日
• 法（经）函〔1990〕71 号

江苏省高级人民法院：

你院 1990 年 6 月 19 日苏法〔经〕请字第 2 号《关于鹿城区工业公司是否对原轻工业公司供销经理部的债务承担责任的请示》收悉。经研究，答复如下：

据你院报告所述，原温州市鹿城区轻工业公司属企业型公司，其下属企业供销经理部不属于党政机关办企业，因此，不适用中共中央、国务院中发〔1986〕6 号文的规定。如果供销经理部实际上具备法人资格，其成立时原轻工业公司又没有审核不当的行为，只能以其停业时的财产清偿债务；如果供销经理部实际上不具备法人资格，或其成立时轻工业公司确有审核不当的行为，轻工业公司依据国务院发〔1985〕102 号文件所应当承担的审核不当的过错责任应由其并入的工业公司承担。

附：

江苏省高级人民法院关于行政性公司开办的企业倒闭后是否承担连带清偿责任的请示

（1990年6月19日　苏法（经）请字第2号）

最高人民法院：

江苏省如东县麻纺厂诉浙江省温州市鹿城区工业公司无效购销合同纠纷一案，经江苏省南通市中级人民法院初审，江苏省高级人民法院二审终结。

一、基本案情

1986年5月9日，江苏省如东县麻纺厂与浙江省鹿城区轻工业公司供销经理部（以下称供销经理部）签订了一份沙包袋购销合同，如东县麻纺厂发给对方沙包袋332500条，计货款262012.5元，另供给麻纱30.74吨，计货款67816.87元，供销经理部除已付85000元外，还欠如东麻纺厂货款及其利息计388514.54元。麻纺厂还有452230条沙包袋积压在库，难找买主，造成经济损失173785.45元，供销经理部应承担121649.82元。以上供销经理部合计应付给如东麻纺厂425164.36元。

供销经理部1984年7月18日经工商部门核准登记，系独立核算单位。鹿城区轻工业公司是供销经理部的主管部门。鹿城区轻工业公司于1984年4月2日经工商部门核准登记，领取营业执照，系独立核算单位，1986年4月清理整顿时，该公司由原来的企业型公司变更为行政管理型公司，下属有63个企业。1986年8月23日，经温州市鹿城区编委同意，撤销鹿城区轻工业公司，由原来的轻工业公司、机械五金公司、电器仪表公司合并组成一个新的单位，该单位对内称：鹿城区工业局工业管理办公室，对外称：鹿城区工业公司。该公司未领取营业执照，系行政管理型公司。

供销经理部1984年7月开业时领取的是临时营业执照，到1986年5月9日临时营业执照期满后，工商局没有核发新的营业执照，也未办理注销手段。供销经理部的债权债务由鹿城区工业公司负责清理。

二、一、二审法院处理情况

一审法院审理时认为：供销经理部临时营业执照已于1986年5月9日废止，不具有法人资格，责任应由鹿城区工业公司承担。二审法院审理时认为：供销经理部的临时营业执照到期后，工商局未发新照，且停业1年以上，应视为歇业，法人资格实际已经消亡，鹿城区工业公司作为被告参加诉讼是正确的。但供销经理部系独立法人，应独立承担民事责任，鹿城区工业公司不负连带责任。二审法院判决下达后，江苏省南通市中级人民法院在案件执行时又对我院判决提出异议，向我院报告认为，供销经理部的主管部门原鹿城区轻工业公司及合并后的鹿城区工业公司都是行政管理型公司，根据最高人民法院法（研）复〔87〕33号批复，鹿城区工业公司应负连带清偿责任，要求变更被执行主体，即供销经理部不能清偿的债务应由鹿城区工业公司负责清偿。

鹿城区工业公司是否对原轻工业公司供销经理部的债务承担连带清偿责任，我院审判委员会有两种意见：一、温州鹿城区工业公司是全民事业编制，主管全区直属工业企业，且代替区政府向企业收管理费，属行政管理部门，这样的单位开办的企业关闭后，根据最高人民法院法（研）复〔87〕33号批复，主管部门应承担连带清偿责任；二、温州市鹿城区工业公司是行政性公司，但不属于党政机关及其所属序列的事业单位，法（研）复〔87〕33号批复不适用本案，主管部门不承担连带清偿责任。审判委员会倾向于第一种意见，哪种意见正确及如何处理，我院意见不一致，特请示你院。请批复。

最高人民法院经济审判庭关于在执行程序中被执行人资不抵债人民法院能否直接裁定被执行人的申报单位对被执行人的债务承担连带责任问题的电话答复

• 1990 年 12 月 31 日

西藏自治区高级人民法院:

你院 1990 年 11 月 8 日的请示报告收悉。关于在执行程序中,被执行人(公司)资不抵债,人民法院能否直接裁定被执行人(公司)的申报单位对被执行人的债务承担连带责任的问题,经研究,答复如下:

本院法(经)复〔1987〕42 号批复已对这个问题作过答复。你院请示的西藏自治区对外贸易综合服务公司与尼泊尔籍商人索朗羊毛换购呢子合同纠纷案进入执行程序后,该服务公司资不抵债,如根据规定和事实其申报单位确应对该服务公司的债务承担责任,则应按本院法(经)复〔1987〕42 号批复办理。国务院已于 1990 年 12 月 12 日发出《国务院关于在清理整顿公司中被撤并公司债权债务清偿问题的通知》(国发〔1990〕68 号)。现在处理本案中的有关问题,应适用这个通知的规定。

最高人民法院经济审判庭关于青海人民剧院开办的分支企业停办后是否对分支企业的债务承担责任问题的复函

• 1991 年 1 月 23 日
• 法经〔1991〕9 号

青海省高级人民法院:

你院〔91〕青法经字第 1 号《关于青海人民剧院开办的分支企业"艺青商行"停办后,青海人民剧院是否作为诉讼主体对外承担责任的请示》收悉。经研究,答复如下:

西宁艺青商行是由青海人民剧院向工商行政管理部门申请开办的。经青海省审计局审计认为:艺青商行以欺骗手段取得工商银行验资和工商局核准的营业执照的合法手续,实际上是一个既无资金和固定工作人员,又无经营场地的企业。现在艺青商行已经倒闭,因此应将青海人民剧院列为被告,由艺青商行的财产清偿债务,不足清偿的,由青海人民剧院在注册资金不实的范围内,对艺青商行的债务承担责任。

附一:

青海省高级人民法院关于青海人民剧院开办的分支企业"艺青商行"停办后,青海人民剧院是否作为诉讼主体对外承担责任的请示

(1991 年 1 月 4 日 〔1991〕青法经字第 1 号)

最高人民法院:

我省西宁市中级人民法院受理的西安市妇女儿童用品商店诉青海人民剧院购销合同拖欠货款纠纷上诉一案,经其审判委员会讨论,对确定由青海人民剧院作为被告承担对外债务,还是追加艺青商行为共同被告承担连带责任问题认识不一致,请示我院。我院经审判委员会讨论认为应将青海人民剧院列为被告,由艺青商行的财产清偿,不足清偿的,由青海人民剧院负清偿责任。

附:案情报告

附二:

青海省高级人民法院案情报告

1988 年 3 月 17 日,青海人民剧院向青海省文化厅呈报了申请开办经营《艺青商行》

的报告，称“依据文化部和厅里关于开展以文养文，以商养文等多种文化经营活动的意见，根据具体情况经院研究决定在剧院扩大经营项目，开办《艺青商行》，该行的性质为“集体所有制，自筹资金，自主经营，自负盈亏”。同年3月20日，青海省文化厅批复：根据文化部、财政部、国家工商局计字〔87〕第94号关于《颁发文化事业单位有偿服务和经营活动的暂行办法》的通知精神，同意开办艺青商行（属集体所有制性质）开展以商补文业务。4月19日，青海人民剧院艺青商行向西宁市工商行政管理局申请企业开业，登记表经核准载明：申请企业名称：西宁艺青商行；地址：西宁市西大街19号；单独核算，经济性质为全民；批准机关，青海省文化厅；经营范围：百货、烟酒、日杂、家用电子产品；生产经营方式：批零兼营。生产经营场地250m^2，营业100m^2，仓储150m^2，从业人员15人，管理人员1人，银行验资青海人民剧院拨款5万元，房屋合计5万元。5月20日。工商局发给艺青商行营业执照。

1988年6月，青海人民剧院经理兼艺青商行经理李玉珠将艺青商行承包给西宁家俱工业公司停薪留职人员高志林，合同规定：承包期为2年，高志林向剧院第1年上缴承包费2.5万元，第2年上缴3万元。如经营亏损由承包人负责。同年11月20日艺青商行为供方与西安妇女儿童用品商店为需方签订了一份1000条毛毯的购销合同，单价184元，总金额184000元。合同签订后，西安市妇女儿童用品商店汇款186000元，艺青商行供给西安市妇女儿童用品商店毛毯680条，按合同约定价值114080元，尚欠60880元，既未供货，也未退款。1989年3月初，艺青商行被青海省审计局进行审计，艺青商行停止经营活动，。审计局认为：艺青商行以欺骗手段取得工商银行验资和工商局核准的营业执照的合法手续，实际上是一个既无自有资金和固定工作人员、又无经营场地的企业，而是不择手段对部分紧俏商品进行倒卖活动。审计局将艺青商行承包人高志林的违法经营情况移送城中区人民检察院专案审查，同年3月13日高志林被刑事拘留，艺青商行财产也被追缴后发还有关单位。高志林因行贿罪判处有期徒刑。工商局认为，艺青商行不具备法人资格，是人民剧院的一个分支机构。该商行现已无管理人员、无财产、无经营场地，工商局虽未注销，但名存实亡。

1989年10月，西安市妇女儿童用品商店向西宁市城中区人民法院起诉，要求青海人民剧院偿还货款。原审法院经审理，判决人民剧院承担全部清偿责任。宣判后，青海人民剧院不服向西宁市中级人民法院上诉。上诉称：艺青商行虽以人民剧院名义向省文化厅写申请经批准后开办的，人民剧院没有为艺青商行筹错过一分钱，所以与人民剧院无关。人民剧院原经理李玉珠利用他当时占据的法定代表人的合法身份，未经院务会讨论，私自向省文化厅写报告要求成立“艺青商行”，批准后亦未向院内任何一人传达，院内亦无一人参与其经营活动。这只能说明商行是李玉珠个人办的，责任应由其个人承担。

二审法院在审理本案中，关于由谁作为诉令主体承担责任问题两种意见：(1)青海人民剧院和艺青商行应列为本案共同被告；艺青商行负清偿责任，青海人民剧院承担连带责任；(2)青海人民剧院对债务承担全部清偿责任。

我院经审查认为，原人民剧院经理李玉珠的行为是代表人民剧院的行为，而不是他个人的行为，人民剧院称开办的“艺青商行”是李玉珠的个人商店理由不足。根据国发〔1986〕6号文件“行政单位（包括党政机关及其所属序列的事业单位）开办的企业、公司停办后，应由直接批准的业务主管部门负责清理，企业、公司所负债务先由企业、公司的财产清偿，不足部分由直接批准开办企业的业务主管部门或由公司的呈报单位负责清偿”的规定，“艺青商行”营业执照虽未注销，但已停办，应将人民剧院列为本案被告清理债务，先由“艺青商行”的财产清偿债务，不足清偿的，由人民剧院负责清偿。

最高人民法院关于企业法人无力偿还债务时可否执行其分支机构财产问题的复函

• 1991年4月2日
• 法(经)函〔1991〕38号

辽宁省高级人民法院：

你院〔1990〕经执字第20号"关于企业法人无力偿还债务时，可否执行其分支机构财产的请示报告"收悉。经研究，答复如下：

据来文看，本案被执行人本溪化工塑料总厂（下称"总厂"）的管理体制、经营方式，在案件执行期间与案件审理期间相比，尽管发生了很大变化，但总厂与其分支机构的关系及各自的性质并未改变，总厂的经营活动仍由其分支机构的经营行为具体体现，分支机构经营管理的财产仍是总厂经营管理的财产或者属总厂所有的财产，仍为总厂对外承担民事责任的物质基础。因此，在总厂经济体制改革后，不应视其为无偿付能力。鉴于本案的具体情况，对总厂的债务，同意你院的意见，第二审法院可以裁定由总厂的分支机构负责偿还。

附：

辽宁省高级人民法院关于企业法人无力偿还债务时可否执行其分支机构财产的请示报告

（1991年1月19日　〔1990〕经执字第20号）

最高人民法院：

原告沈阳化轻材料联营公司分别诉被告本溪市明山区印刷厂五交化商店、被告中国人民解放军9832电石厂及被告刘常和第三人本溪化工塑料总厂购销合同质量纠纷两起案件，业经辽宁省高级人民法院作出（1990）经上字第46号、47号终审判决，第三人本溪化工塑料总厂应当返还给原告沈阳化轻材料联营公司总计53万元货款及其银行利息。在执行期间发现，被执行人本溪化工塑料总厂虽系企业法人，但其注册资金，从业人员、经营厂地，均由不具备法人资格的两个分支机构——草河口化工厂、塑料厂经营管理。案件审理期间，分支机构对总厂实行报账制，生产、经营、核算、管理统一由总厂负责。案件执行期间，根据市政府的规定，该企业管理体制发生变化。本溪化工塑料总厂其企业法人的性质不变，下设的两个分支机构——草河口化工厂、塑料厂仍不具备法人资格。但是，总厂给其分厂以充分的权力。两个分厂各自在银行立账开户，独立核算、自主经营（不享有流动资金贷款权）。本溪化工塑料总厂除仅保留所欠银行贷款2300万元的账户外，其办公地点管理人员，领导机构全部与其分支机构草河口化工厂合在一起，一套班子，行使两级管理职能。本溪化工塑料总厂既无资金，又无资产，不具有偿还债务能力。但其分支机构，既有资产，又有资金，具有代偿能力。

经我们研究认为：企业法人的分支机构是企业法人的组成部分。不管企业内部的管理体制、经营方式如何，分支机构既然享有经营企业法人的资产，运用企业法人的借贷资金，就有义务偿还企业法人所欠的债务。

因此，在该案执行中，已查明本溪化工塑料总厂无偿还能力的事实后，应当由第二审法院（或原合议庭）直接裁定其分支机构偿还。

上述意见妥否，请尽快批示。

最高人民法院经济审判庭关于济南市历城区人武部是否应为其开办的木制品厂承担责任问题的电话答复

• 1991年10月10日

山东省高级人民法院：

你院鲁法（经）发第〔1991〕94号《关于如何理解和执行国务院国发〔1990〕68号文件的请示报告》收悉。按照最高人民法院的规定,请示报告有几种不同意见时,应提出倾向性意见,你们报告中未提出倾向性意见。另外,木制品厂成立后,是否实行独立核算、自主经营,人武部与其有何权利义务关系,是否从中收取钱财,这些情况报告中都不清楚。

按照国务院国发〔1990〕68号文件的规定,党政机关及其所属编制序列的事业单位开办的企业实际不具备法人资格,如未实行独立核算、自主经营,开办单位又未从中收取钱财,开办单位可在注册资金不实的范围内承担责任。

附:

山东省高级人民法院关于如何理解和执行国务院国发〔1990〕68号文件的请示报告

(1991年9月13日　鲁法(经)发第〔1991〕94号)

最高人民法院:

我省济南市中级人民法院在审理济南市历城区人武部(下称"人武部")诉省基建物资配套承包供应公司(下称"配套公司")购销木材合同货款纠纷上诉一案中,因对国务院国发〔1990〕68号文件的理解和适用意见不一致,无法对本案作出处理。现将基本案情和意见分歧报告如下:

一、基本情况:

1988年3月8日、4月4日,人武部开办的木制品厂与配套公司签订了两份购销木材合同。合同规定:由木制品厂供木材3500m³,总货款为224.5万元,预付货款16万元,交货地点分别在潍坊和滕县,运输费由配套公司承担。合同签订后,配套公司于同年3月9日、4月4日两次预付货款16万元。同年7月,木制品厂供给配套公司木材104.68m³,因材质差,配套公司拒收。木制品厂将货处理后,付给配套公司货款88393.76元。同年8月,木制品厂为购木材又从配套公司借支货款8万元。后因木材未购到,合同无法履行,经双方协商终止合同,由木制品厂退回配套公司预付款151606.24元,但木制品厂仅于1989年9月30日退款1万元。余款未退还。后木制品厂在清理整顿公司中被撤销,配套公司多次向人武部催要货款无果,诉到济南市槐荫区人民法院。

经查,1988年1月,人武部为木制品厂申请登记开业,不具备独立法人资格。1989年12月,由该人武部申请将木制品厂注销,债权债务由人武部处理。槐荫区法院认为,配套公司与木制品厂签订的两份购销合同有效,木制品厂已被工商部门注销,其债权债务由人武部负责清偿。配套公司考虑到人武部属国家机关,要求不再追究其违约责任和其他损失。判决人武部付给配套公司货款141606.24元。宣判后,人武部不服,以"我部未给木制品厂投资分文,也没收取该厂的钱和物,该厂撤销后,所有债权未追回,按国务院68号文件规定,我部只承担为该厂注册资金担保的4万元的责任,其余应由木制品厂的财产承担"为由,上诉到济南市中级人民法院。

二、意见分歧:

在研究本案的处理意见时,对如何理解和适用国务院国发〔1990〕68号文件时产生了两种不同的意见:

第一种意见认为,国务院的68号文件只针对党政机关开办的具有独立法人资格的公司、企业所作出的规定。该木制品厂工商登记不具备法人资格,实际上也不具备法人资格。所以,木制品厂被撤销后,其所欠债务,按民法通则有关规定,应由具有法人资格的开办单位即人武部承担。

第二种意见认为,国务院68号文件中的第四条规定,应理解为既包括党政机关举办的具有独立法人资格的公司、企业,也包括不具备独立法人资格的公司、企业。因此,该木制品厂的对外债务,人武部仅在担保注册资金范围内承担有限连带责任。

以上两种意见报告你院,请批复。

最高人民法院关于金光股份有限公司的主管部门是否应承担清偿责任问题的复函

- 1991年12月9日
- 法(经)函〔1991〕146号

宁夏回族自治区高级人民法院：

你院[1991]宁经请字第2号《关于金光股份有限公司的主管部门是否应承担清偿责任的请示报告》及《关于强制执行金光公司南洋大厦B座3层574平方米房产的请示报告》收悉。经研究，答复如下：

一、金光股份有限公司是由深圳市装饰工程工业总公司申请，经深圳市人民政府批准成立的。市政府批文规定：公司为股份有限公司，注册资金为60万元人民币，发行股票6千股，其中国家股占40%，由装饰工程工业总公司出资；集体、国外和港澳股份占30%；私人股份30%，由装饰工程工业总公司职工购买。1987年2月24日经深圳市工商局批准，核发了营业执照。经你院调查核实，金光股份有限公司实有资产58.56万元，其中深圳市装饰工程工业总公司以固定资产办公楼房139.87平方米折抵股金25.1786万元人民币投入，超过了市政府规定的认购比例。综上所述，金光股份有限公司具有企业法人资格，深圳市装饰工程工业总公司已按规定认购了相应的股份，不应再对金光股份公司的债务承担清偿责任。

二、你院在审理经济纠纷案件中，如果发现金光股份有限公司的有关人员有犯罪行为，应按两院一部法(研)发〔1985〕27号和法(研)发〔1987〕7号通知的规定，将有关犯罪线索移送公安或检察机关处理。

三、对金光股份有限公司南洋大厦B座3层574平方米房产的强制执行，应严格按照民事诉讼法的规定进行。根据本案情况，即使具有民事诉讼法第一百零二条第一款(六)项之行为，也不需要对有关人员采取拘留措施。执行前还应与深圳市中级人民法院进行联系，取得他们的支持和协助。

四、审理中如查明金光公司将合作资金挪用，其他单位或个人非法占用该项资金，可责令非法占用者退还非法占用的资金以偿还债权人。

附：

宁夏回族自治区高级人民法院关于金光股份有限公司的主管部门是否应承担清偿责任的请示报告

(〔1991〕宁经请字第2号)

最高人民法院：

我院受理的辽宁省国际信托投资公司(简称投资公司)、辽宁省对外经济发展公司(简称发展公司)诉深圳市金光企业股份有限公司(简称金光公司)合作经营羊绒纠纷一案，于1990年12月18日审结。判决被告金光公司返还两原告合作资金12321764.8元，除已执行4306342元，尚欠8015422.8元，金光公司已无可供执行的财产。

金光公司是1986年8月由深圳市装饰工程工业总公司申报，深圳市政府于1986年12月1日批准成立的。市政府批文规定：公司为股份有限公司，注册资金60万元人民币，发行股票6000股，其中国家股占40%(2400股)，由装饰工程公司出资，集体、国外和港澳股东占30%(1800股)，私人股份30%(1800股)，由装饰工程工业总公司职工购买。按股份分配盈利和承担亏损。批文下达后金光公司于1987年2月24日向深圳市工商局申请登记成立。公司董事长、总经理由装饰工程工业总公司总经理林光舜兼任，经济性质为集体股份企业，公司会计师、工程师、会计员、出纳员、秘书均由装饰工程工业总公司派自己的在职人员兼任。在装饰工程工业总公司领取工资,资金由装饰工程工业总公司以固定资产办公楼房 139.87m^2(计价 1800 元/m^2)折抵股金 251766 元,集体投资 5 万元,外商投资 3.52 万元,装饰工程工业总公司职工个人投资 24.86 万元,合计资产 58.56 万元。公司下设业务部、贸易部、电子经销部等,在经营中,金光公司又聘用了许多闲散人员担任公司的副总经理,业务部经理及业务员等职。成立时在册人员有 60 名,截至 1990 年 12 月份金光公司只剩 12 人,其中国家职工 8 人,均系装饰公司正式在册人员,其他系临时聘用人员,金光公司本身没有人事编制。1987 年 7 月,金光公司与辽宁省投资公司、发展公司签订了合作经营羊绒项目合同后,金光公司即派聘用的业务部副经理胡松到宁夏实施合作项目,两原告根据被告项目负责人胡松指定的帐户,先后将 1150 万元人民币汇入宁夏银川,由胡松具体支配使用。由于在加工羊绒的过程中掺杂使假,造成羊绒质量低劣,无法售出,直接损失达 453 万余元人民币,另外还将大量合作资金挪用偿还了金光公司的外债,外借、开支,直接金额达 487 万余元人民币。该纠纷发生后,被告金光公司已负债累累,处于瘫痪状态,便采取推脱拖延的办法撒手不管,原聘用的人员也逃之夭夭。在我院审理过程中,公司董事会决定停业整顿,只留一个总经理(已任命装饰公司下属的装饰材料供应公司经理),其余人员回装饰总公司上班。鉴于被告金光公司的现状,执行工作已无法进行,现根据有关法律、政策的规定,经我院审判委员会研究如下:

一、大多数同志认为:应先由金光公司负责清理,不足部分,裁定由金光公司的主管开办单位装饰工程工业总公司承担债务清偿责任。理由是:1. 金光公司是由装饰工业工程总公司申请开办成立的;2. 金光公司董事长、总经理自始至终均由装饰工程工业总公司总经理兼任,公司主要工作人员由装饰工程工业总公司委派自己的在册工作人员兼任。金光公司本身没有人事编制及人事权,实际上金光公司与装饰工程工业总公司是一套人马两块牌子。当问题出现后,国家正式职工回装饰公司上班,聘用人员自行流散,只留下一个总经理,还任命为装饰工程工业总公司下属的装饰材料供应公司经理,兼管应付金光公司的门面;3. 市政府批准成立公司的批文及公司章程均规定:"公司实行股份制,盈利按股份分配,亏损按股份承担。"依照《民法通则》第三十五条或第五十二条规定,各股东对债务承担连带责任,金光公司的股份中,装饰工程工业总公司是最大的股东,投入股占 40%,装饰工程工业总公司的职工私人股占 30%,因此,装饰工程工业总公司既是开办单位、主管单位,又是主要股东,应承担连带清偿责任;4. 金光公司在清理整顿公司中没有撤并,不适用按国发〔1990〕68 号文件规定处理。

综上所述,我们认为:金光公司实际是装饰工程工业总公司的分支机构,依据国发〔1985〕102 号文件第二条关于"呈报单位和各级人民政府,各有关部门,要对成立公司认真进行审核,因审核不当,造成严重后果的,要承担经济法律责任"的规定和最高人民法院法(研)〔1987〕42 号批复第二条:"企业单位开办的分支机构,企业倒闭后,如果企业开办的分支机构是公司,无论是否具备独立法人资格,可以根据国发〔1985〕102 号通知办理"。可以裁定由主管开办单位装饰工程工业总公司承担清偿责任。

二、有的同志认为,国发〔1990〕68 号文件第一条规定:"……凡在实际上具备了民法通则第三十七条、第四十一条规定的法人条件,并且与开办公司的党政机关脱钩的,一律以公司经营管理或所有的财产承担债务清偿责任。最高人民法院法(经)发〔1991〕10 号文件第六条规定:"受理企业开办的企业被撤并后的经济纠纷案件,适用该通知第一条的规定。"装饰工程工业总公司不存在国发〔1990〕68 号文件第三条“应在收取资金和实物的限度内”、第四条“在注册资金范围内”承担清偿责任的情形和第五条“资金一律不得抽回”的问题，应裁定终止执行，待营业执照注销后裁定终结执行。但不太把握的是：1. 金光公司至今营业执照依然存在，只是停业整顿，并未在清理整顿公司中被撤并，是否适用国发〔1990〕68 号文件规定。2. 金光公司仅有 60 万元的注册资产，只是本案涉及的两份合同，就收取原告资金 1150 万元，违法经营（无经营羊绒的营业范围，加工羊绒过程中掺杂使假）胡乱开支，导致严重亏损，巨额欠款。申请开办的主管部门不承担责任，有关人员得不到应有的处理，终结执行既损害了原告的合法利益，又不符合民法通则第一百零八条债务应当清偿的规定。

三、金光公司与两原告的合作项目，具体由金光公司业务部实施，公司的正副经理都参与了该项活动，但经济帐目只有业务部副经理胡松经办，两原告汇入的 1150 万元人民币，完全由胡松支配使用，公司里没有帐，也不提供情况。我院在审理中，通过银行查明了款的去向，胡松用合作资金还金光公司债务 100 多万元，及其它买房、建厂等开支，共计挪用款 487 万元。这一大笔款正常情况下，应由公司及上级主管单位来查。为此，我院审结此案时，曾发出司法建议，建议有关部门查处。但从目前了解的情况看，我院的建议没有引起有关部门的重视。金光公司只剩下经理一人还另被任用，主管开办单位装饰工程工业总公司认为与己无关，推脱不管，鉴于这种情况，我们拟将逃跑的经办人员胡松收审，根据款的去向追索，又没有这方面的法律依据。继续向金光公司追款，肯定无结果，国家的损失无法追回。可否在查清确系胡松或其他单位、个人非法占用该项资金后，直接裁定由非法占有者用自己的财产偿还。

以上报告妥否，特报请你院批示。

最高人民法院关于审理合伙型联营体和个人合伙对外债务纠纷案件应否一并确定合伙内部各方的债务份额的复函

- 1992 年 3 月 18 日
- 法函〔1992〕34 号

广西壮族自治区高级人民法院：

你院〔1991〕桂法（经）字第 23 号《关于审理合伙联营体和个人合伙对外债务纠纷应否一并确定合伙内部各方的债务份额的请示报告》收悉。经研究，答复如下：

合伙型联营体和个人合伙的财产能够清偿联营或合伙债务的，应当以合伙型联营体或个人合伙的财产清偿。

合伙型联营体、个人合伙无财产清偿或者其财产不足清偿联营，合伙债务的，应当由联营成员或合伙人承担责任。根据《中华人民共和国民法通则》的规定，除法律另有规定的外，合伙人对合伙的债务承担连带责任；合伙型联营各方，依照法律的规定或者协议约定负连带责任的，承担连带责任。如果联营体成员之间、合伙人之间权利义务关系明确，联营体各成员、各合伙人承担债务的份额容易确定，各联营体成员、合伙人之间争议不大的，为简化诉讼程序，可以在审理合伙型联营体、个人合伙对外债务纠纷案件时一并确定联营、合伙各方承担债务的份额，但应在裁判文书中指明合伙型联营各方、各合伙人之间承担连带责任。如果联营各方、合伙人之间对如何承担责任争议较大，将联营体、合伙组织对外债务纠纷与联营、合伙纠纷一并处理不利于案件及时审结的，可以分开审理。如果依照法律的规定或者协议的约定，合伙型联营各方对联营债务不负连带责任的，在审理合伙型联营体对外债务纠纷案件时，必须确定联营各方应当承担清偿债务的份额。

最高人民法院关于能否扣划被执行单位投资开办的企业法人的资金偿还被执行单位债务问题的复函

• 1992年4月29日
• 法(经)函〔1991〕94号

广东省高级人民法院：

你院1990年7月2日《关于执行深圳市儿童福利中心诉中国农村能源协会一案的情况报告》及8月27日转来的深圳市中级人民法院《关于能否扣划被执行人的投资款以偿还债务的请示报告》均收悉。经研究，答复如下：

在深圳市儿童福利中心诉中国农村能源协会一案中，被执行人应当是发生法律效力的民事判决中的义务承担人，即中国农村能源协会。强制执行的财产只能是被执行人所有或能够处分的财产。被执行人投资兴办的企业既经注册登记为企业法人，则其投资已成为该企业法人的注册资金，属于该企业法人经营管理的财产，作为投资人的被执行人已无权随意处分。即使可以用投资款偿还投资人的债务，也只能依法转让股权或以所得收益偿还，而不能直接扣划。因此，深圳中院以正大科技贸易总公司是中国农村能源协会投资兴办的为由，扣划正大科技贸易总公司的存款，冻结广东鸿大国际科技中心的账户，用以偿还中国农村能源协会的债务是不妥当的。

最高人民法院关于被执行人以其全部资产作股本与外方成立合资企业的应当如何执行问题的复函

• 1992年9月7日
• 法函〔1992〕114号

湖南省高级人民法院：

你院湘高法经〔1992〕1号请示报告收悉。经研究，答复如下：

鉴于被执行人于1990年12月31日与浙江省绍兴县轻工业公司、美国桦品企业有限公司合资成立浙江钻石制衣厂有限公司，业经注册登记，该公司领取了中华人民共和国企业法人营业执照，具有法人资格，故不宜直接执行该公司的财产。为有利于改革开放，可将被执行人绍兴县第二衬衫厂在合资企业中享有的部分股权（相当于应当偿还的债务），在征得合资对方同意后予以转让，转让时合资对方享有优先受让权；合资对方不同意转让股权的，可分期分批执行被执行人从合资企业分得的红利及其他收益。必要时可以裁定采取保全措施，限制被执行人支取到期应得的部分或全部收益，同时通知（附裁定书副本）有关单位协助执行。

此复。

最高人民法院经济审判庭关于河南省伊川县电业局不服郴州地区中级人民法院〔1992〕经上字第72号民事判决提出申诉有关问题的复函

• 1993年3月19日
• 法经〔1993〕39号

河南省高级人民法院：

河南省伊川县电业局不服郴州地区中级人民法院〔1992〕经上字第72号民事判决，向我院申诉并请求中止执行。

伊川县电业局于1989年2月24日开办了洛阳市伊川电业铁合金厂（简称“铁合金厂”），并向工商行政管理机关办理了企业法人营业执照。该厂因与郴州坳上冶炼厂（简称“冶炼厂”）发生购销合同纠纷被诉至郴县法院。案经郴州中院二审，认定铁合金厂于1989年11月停产，1990年、1991年均未办理年检换证手续，应视同歇业，工商行政管理机关应收缴其法人营业执照，故该厂已不具备法人资格，于1992年10月18日判决由伊川县电业局承担铁合金厂的债务清偿责任。

经审查该案判决书和伊川县电业局提供的材料，我们认为，该案存的以下问题，请予考虑：

1. 根据民法通则第四十八条和国务院国发〔1990〕68号文件的规定，具有法人资格的企业应以国家授予其经营管理或其自有的财产承担债务清偿责任。企业是否以其经营管理或者所有的财产承担有限责任，应以其存续期间是否具有法人资格为依据，而不能以企业终止后法人资格消灭为由要求由其上级开办单位为它承担债务清偿责任。开办单位是否承担债务清偿责任，应以国发〔1990〕68号文件规定的条件判定。而本案判决书没有明确是否存在这种条件。

2. 即使存在上级主管部门承担债务清偿责任的条件，也应先以终止的企业法人所有的财产承担责任，不足清偿的部分，由上级主管部门在一定范围内承担清偿责任。本案判决没有明确铁合金厂现有财产状况。

3. 伊川县电业局提出铁合金厂一直以法人资格对外进行业务活动，并提供了1992年8、9月份与其他单位签订的几份合同和铁路货运单据复印件。如此情况属实，则郴州中院1992年10月18日判决认定铁合金厂停产歇业缺乏事实根据。

4. 如果铁合金厂确曾歇业后又恢复营业，在工商行政管理机关未注销其法人营业执照的情况下，应视为该企业继续存在或在原有资产基础上的恢复，其原有债务仍应由其承担或首先承担责任。

现将伊川县电业局的申诉和要求中止执行的材料转给你院，请你院对该案进行复查，在复查期间对伊川县电业局以暂缓执行为宜。

最高人民法院关于个人或合伙开办信用社撤销或无力支付储户存款其成立批准机关是否承担责任问题的复函

- 1993年6月21日
- 法经〔1993〕123号

河南省高级人民法院：

你院（1992）豫法经字第14号“关于个人或合伙开办信用社撤销或无力支付储户存款其成立批准机关是否承担责任的请示报告”收悉。经研究，答复如下：

根据《中华人民共和国银行管理暂行条例》第二十八条的规定，个人不得设立银行或其他金融机构，不得经营金融业务。因此，各级人民银行无权批准设立个人或合伙性质的信用社或其他金融机构，只能批准成立集体所有制性质的合作金融组织，并以集体经济自有的财产承担民事责任。对已经开办的个人和合伙金融机构，根据国务院的规定必须清理和撤销。在清理和撤销过程中，当事人诉至法院的，根据《民法通则》规定的过错原则，有关的人民银行审核不实的应当承担民事责任。你院请示中的人民银行南阳市支行在“南阳市商业信用社”成立申请表上署了“情况属实，同意上报”的审核意见，尔后，又向南阳市工商局出具了“此有南阳市商业信用社已在我行存有股金10.01万元”的证明。如果人民银行南阳市支行证明的情况属实，该行不应承担民事责任，只将信用社在该行所存的股金退回信用社参与清偿。如果该行证明的情况不实，应当承担审核不实的责任，以该行的自有资金10万元参与“南阳市商业信用社”的清偿。

最高人民法院关于开办单位欠付企业的注册资金应用以承担企业债务的函

• 1993 年 11 月 13 日
• 经他〔1993〕22 号

浙江省高级人民法院：

你院浙高法执字（1993）16 号关于乐清县二轻供销公司诉煤炭部华盛水文地质勘察工程公司（以下简称“华盛公司”）购销合同纠纷一案的执行问题的报告收悉。现答复如下：

《中华人民共和国民法通则》第四十八条规定的国家授予企业法人经营管理并用以承担责任的财产，既包括国家已授予企业且已由企业经营管理的财产，也包括国家在开办企业时应当投入而一直欠付企业的资金。在企业现有财产不足清偿债务的情况下，开办单位欠付的注册资金应用以偿还企业债务。因此，你院在执行中查明华盛公司的注册资金如确实未投足，在华盛公司不能清偿债务的情况下，可以裁定其开办单位中国煤田地质总局水文局对注册资金不实部分承担责任。河北省邯郸市两级人民法院必须依法协助浙江省有关人民法院执行。

最高人民法院执行工作办公室关于认定开办单位对企业注册资金是否投足问题的函

• 1995 年 10 月 19 日
• 法经〔1995〕274 号

北京市高级人民法院：

据厦门信达贸易进出口公司（下称厦门公司）反映：北京市中级法院于 1994 年 11 月以〔1994〕中法调字第 132 号调解书审结了北京亿兴实业发展总公司（下称亿兴公司）、北京市海天粮油机械电子技术公司（下称海天公司）、中国农业机械化科学研究院（下称研究院）诉厦门信达进出口贸易公司北京贸易部（下称北京贸易部）欠款纠纷一案，确定由北京贸易部分别偿还亿兴公司借款 30 万元，赔偿损失 3 万元；偿还海天公司 20 万元，赔偿损失 2 万元；偿还研究院 40 万元，赔偿损失 4 万元。调解书生效后，北京贸易部未能履行还款义务。北京市中级法院在执行中于今年 4 月 20 日，以厦门公司在申请开办北京贸易部时注册资金不实为由，裁定由厦门公司在 100 万元注册资金范围内对北京贸易部所欠三原告的债务承担清偿责任。厦门公司认为北京市中院此裁定不符合事实，因该公司对北京贸易部的 100 万元注册资金已全部投足：1992 年 12 月 18 日汇付开办费 16 万元；1993 年 10 月汇付投资款 17 万元；同年 10 月 16 日又按北京贸易部的意见将投资款 875,580.48 元直接汇给该部的债权人抵付债款。北京市中院在没有给该公司送达执行通知及裁定的情况下，就对该公司采取强制措施，冻结了该公司银行账户存款，查封了该公司总经理办公室及财务账册等，既违反了法律规定，也严重影响了该公司的正常经营活动。

我院认为：上述反映的情况如属实，则厦门公司已根据北京贸易部的要求，以其他形式投足了注册资金 100 万元，北京市中级法院裁定让厦门公司对北京贸易部所欠债务承担责任失当。现将有关证据材料转去，请你院认真核查处理，并将结果报告我院。

最高人民法院关于国务院国发〔1990〕68 号通知下发后党政机关开办的公司无力偿还生效法律文书所确定的债务时是否适用该 68 号通知的复函

• 1996 年 6 月 3 日
• 法函〔1996〕95 号

四川省高级人民法院：

你院川法明传〔1996〕124 号电传请示报

告收悉。经研究,现答复如下:

国务院国发〔1990〕68号通知第七条规定:"党政机关及所属编制序列的事业单位,对所属被撤销公司的债务,按本通知要求必须承担责任的,只能用预算外资金承担。"然而,被执行人四川省彭州协友经济发展公司,是在国务院国发〔1990〕68号通知下达两年多后由四川省彭州市政协申请开办成立的,既不属文件规定的清理整顿的对象,也不是被撤销的公司,不符合68号通知规定的适用条件。因此,四川省彭州市政协作为公司开办单位,因注册资金不实而承担的生效法律文书所确定的连带清偿责任,不应适用国务院国发〔1990〕68号通知。

最高人民法院关于中国人民保险公司营口市支公司的债务可否由中国人民保险公司承担的函

- 1996年8月19日
- 〔1996〕经他字第21号

辽宁省高级人民法院:

你院1996年6月18日《关于中国人民保险公司分支机构没有履行能力能否执行中国人民保险公司问题的请示》一文收悉。经研究答复如下:

中国人民保险公司营口市支公司不能履行你院〔1995〕辽民初字第47号民事调解书确定的义务,又无财产可供执行,即其已不能单独承担民事责任。依据我国《保险法》第七十九条第二款关于"保险公司分支机构不具有法人资格,其民事责任由保险公司承担"的规定,你院可在执行程序中裁定变更中国人民保险公司为该案的被执行主体,即同意你院的请示意见。

此复。

最高人民法院关于领取营业执照的证券公司营业部是否具有民事诉讼主体资格的复函

- 1997年8月22日
- 法函〔1997〕98号

上海市高级人民法院:

你院〔1997〕沪高经他字第4号请示收悉。经研究,答复如下:

证券公司营业部是经中国人民银行或其授权的分支机构依据《中华人民共和国银行法》的有关规定批准设立,专营证券交易等业务的机构。其领有《经营金融业务许可证》和《营业执照》,具有一定的运营资金和在核准的经营范围内开展证券交易等业务的行为能力。根据最高人民法院《关于适用〈中华人民共和国民事诉讼法〉若干问题的意见》第40条第(5)项之规定,证券公司营业部可以作为民事诉讼当事人。

最高人民法院关于开办单位对企业注册资金不实承担责任范围问题的复函

- 1997年12月1日
- 经他〔1997〕30号

北京市高级人民法院、江苏省高级人民法院:

关于北京市第二中级人民法院和江苏省张家港市人民法院重复执行国家计委产业经济与技术经济研究所(下称计委所)对下属企业债务承担注册资金30万元的责任一事,我院于1997年2月24日以法经〔1997〕14号函,要求你们两院对有关案件进行复查并暂缓执行。最近,计委所又向我院反映:北京市宣武区法院在执行北京建化金属材料公司诉北京万兴技术经济开发咨询公司(以下简称万兴公司)购销合同纠纷一案的生效判决中,也裁定由计委所承担注册资金30万元不实的责任。

根据投资者对其开办的法人企业债务承担有限责任的原则,计委所对万兴公司的全部债务承担责任应以其未投入的注册资金30万元为限,各有关债权人应在此范围内按其债权数额所占比例受偿。现请你们两院互相通报前次案件复查核实情况,由北京市高级人民法院主持,处理万兴公司的各债权人受偿分配及执行事宜。

最高人民法院执行工作办公室关于执行程序中可否以注册资金未达法定数额为由裁定企业不具备法人资格问题的函

• 1997年12月16日
• 〔1997〕法经字第389号

江苏省高级人民法院:

黑龙江省五常市邮电局对你院〔1996〕苏法执字第43—12号民事裁定书不服,向我院申诉称:该局于1993年2月组建了五常市邮电实业开发公司(以下简称邮电公司),注册资金20万元,工商局核发了企业法人营业执照。1995年6月,邮电公司因与他人进行购销活动产生纠纷诉至你院。你院经审理于1996年1月10日作出〔1995〕苏经初字第50号民事判决书。你院在执行此判决时,以邮电公司的注册资金未达到《中华人民共和国企业法人登记条例实施细则》第十五条第七项规定的数额为由,于1997年6月26日裁定邮电公司不具备法人资格,其应承担的向债权人返还定金200万元、赔偿损失400万元的义务,由其开办单位五常市邮电局承担。该局认为邮电公司具有法人资格,应独立承担民事责任,请求撤销你院〔1996〕苏法执字第43—12号民事裁定书。

我院认为,你院在执行生效判决过程中,以被执行人注册资金未达到《中华人民共和国企业法人登记条例实施细则》第十五条第七项规定的数额为由,裁定变更被执行主体的做法无法律依据。现将有关材料随函转去,请你院认真核查,如情况属实,应纠正错误,撤销你院〔1996〕苏法执字第43—12号裁定书,并将结果报告我院。

最高人民法院关于国防科工委司令部管理局对深圳市中级人民法院执行深圳南丰工贸公司提出异议案的复函

• 1998年11月12日
• 〔1998〕执他字第15号

广东省高级人民法院:

你院〔1997〕粤高法执监字第47号关于海南电子集团公司申请执行深圳南丰工贸公司财产一案的报告收悉,经研究,答复如下:

一、根据你院及深圳市中级人民法院的报告,在该案审理期间,被执行人深圳南丰工贸公司以服从命令,无条件将其物业转为军产为由致函深圳市规划国土局,将已被深圳市中级人民法院查封的位于深圳市园岭新村91栋208、506、406号房产,熙龙大厦6楼F、G、H座房产,11栋E、D座房产,房地产大厦17楼C座房产过户到其上级主管部门国防科工委机关生产办公室(现为管理局)名下。同时,被执行人深圳市南丰工贸公司在清理整顿军产中已被撤销。根据本院《关于人民法院执行工作若干问题的规定(试行)》第81条规定,上级主管部门应在其接受的财产范围内承担责任。又鉴于该财产是上级主管部门接收的财产,因此,深圳市中级人民法院裁定拍卖该房产以执行该案的生效判决,其效力应予维持。

二、该案诉讼中深圳市中级人民法院对该争议财产的房产依法作出了财产保全裁定予以查封,但被执行人在该案诉讼期间将该查封的财产转移给其上级主管部门,对此应适用我院《关于适用〈中华人民共和国民事诉讼法〉若干问题的意见》第109条的规定,而不能适用与我院司法解释相抵触的《深圳经济特区房地产登记条例》第21条的规定,国防科工委司令部管理局的异议理由不能成立。

三、请你院通知深圳市中级人民法院,恢复办理该财产拍卖后的过户登记手续,依法执结此案。

最高人民法院关于企业法人营业执照被吊销后,其民事诉讼地位如何确定的复函

- 2000年1月29日
- 法经〔2000〕24号

辽宁省高级人民法院:

你院《关于企业法人营业执照被吊销后,其民事诉讼地位如何确定的请示》收悉。经研究,答复如下:

吊销企业法人营业执照,是工商行政管理机关依据国家工商行政法规对违法的企业法人作出的一种行政处罚。企业法人被吊销营业执照后,应当依法进行清算,清算程序结束并办理工商注销登记后,该企业法人才归于消灭。因此,企业法人被吊销营业执照后至被注销登记前,该企业法人仍应视为存续,可以自己的名义进行诉讼活动。如果该企业法人组成人员下落不明,无法通知参加诉讼,债权人以被吊销营业执照企业的开办单位为被告起诉的,人民法院也应予以准许。该开办单位对被吊销营业执照的企业法人,如果不存在投资不足或者转移资产逃避债务情形的,仅应作为企业清算人参加诉讼,承担清算责任。你院请示中涉及的问题,可参照上述精神办理。

此复

最高人民法院执行工作办公室关于追加村委会为被执行人后可以执行各村民小组的财产等有关问题的答复

- 2000年12月21日
- 〔2000〕执他字第28号

山东省高级人民法院:

你院〔1999〕鲁高法执字第127号《关于山东省济南第一纺织厂与四川省成都市成华区联合毛麻纤维厂购销棉纱欠款纠纷一案执行情况的请示报告》收悉。经研究,答复如下:

根据你院的报告,被执行人成都市成华区联合毛麻纤维厂的开办单位成都市成华区联合村村委会应投入的52.5万元注册资金未能到位,故其应在注册资金不实的范围内承担责任;而村民小组不具备法人地位,各村民小组的财产是村委会法人的财产,因此,追加村委会为被执行人后,可执行各村民小组的财产。

但是,根据成都市成华区联合村村民委员会的反映,此案所涉的注册资金已经到位;又根据该村的村民小组反映,被冻结的款项有应发给五保户的生活、医疗费用。

本院认为:在适用法律上同意你院的意见,投资者在注册资金不实的范围内承担责任,各村民小组不是独立法人,其财产可作为村委会的财产予以执行;在认定事实上因你院的报告情况与被执行人反映的情况不符,请你院监督执行法院认真核查后,根据实际情况依法妥善处理(五保户的生活费、医疗费不应执行)。

最高人民法院执行工作办公室关于执行仲裁机构裁决书、调解书过程中发现被执行人撤销,应由执行机构还是由原仲裁机构变更义务承担人的请示的答复

- 2000年12月25日
- 〔2000〕执他字第32号

天津市高级人民法院:

你院〔1999〕津高法执请字第33号《关于执行仲裁机构裁决书、调解书过程中,发现被执行人撤销,应由执行机构还是由原仲裁机构变更义务承担人的请示报告》收悉。经研究,答复如下:

根据我院1998年7月18日颁布施行的《关于人民法院执行工作若干问题的规定(试行)》第83条的规定,所有生效法律文书,凡是在执行程序中发生的需要变更或追

加被执行主体的，均由执行法院的执行机构裁定。该《规定》第137条第二款还明确规定，此前作出的司法解释与本规定有抵触的，以本规定为准。请照此办理。

此复

最高人民法院执行工作办公室关于在执行程序中不可以企业注册资金不实为由而否认其法人资格等问题的答复

- 2001年6月28日
- 〔2001〕执他字第12号

江西省高级人民法院：

你院〔2001〕赣高法执指字第8号请示报告收悉。经研究，答复如下：

人民法院在执行程序中，对企业法人资格的问题，应当以工商局行政管理机关所作的企业登记为准，不可以企业注册资金不实为由而否认其法人资格。如果能够认定被执行人注册资金不实，其开办单位江西农业大学印刷厂应在注册资金不实的范围内承担责任；如果江西农业大学印刷厂注册资金不实，其开办单位江西农业大学应在注册资金不实的范围内承担责任。

最高人民法院关于对帮助他人设立注册资金虚假的公司应当如何承担民事责任的请示的答复

- 2001年9月13日
- 〔2001〕民二他字第4号

上海市高级人民法院：

你院〔2000〕沪高经他字第23号关于帮助他人设立注册资金虚假的公司应当如何承担民事责任的请示收悉。经研究，答复如下：

一、上海鞍福物资贸易有限公司（以下简称鞍福公司）成立时，借用上海砖桥贸易城有限公司（以下简称砖桥贸易城）的资金登记注册，虽然该资金在鞍福公司成立后即被抽回，但鞍福公司并未被撤销，其民事主体资格仍然存在，可以作为诉讼当事人。如果确认鞍福公司应当承担责任，可以判决并未实际出资的设立人承担连带清偿责任。

二、砖桥贸易城的不当行为，虽然没有直接给当事人造成损害后果，但由于其行为，使得鞍福公司得以成立，并从事与之实际履行能力不相适用的交易活动，给他人造成不应有的损害后果。因此，砖桥贸易城是有过错的。砖桥贸易城应在鞍福公司注册资金不实的范围内承担补充赔偿责任。

此复

最高人民法院关于金融机构为企业出具不实或者虚假验资报告资金证明如何承担民事责任问题的通知

- 2002年2月9日
- 法〔2002〕21号

各省、自治区、直辖市高级人民法院，新疆维吾尔自治区高级人民法院生产建设兵团分院：

近年来，我院陆续发布了一些关于验资单位承担民事责任的司法解释，对各级人民法院正确理解和适用民法通则、注册会计师法，及时审理关于验资单位因不实或者虚假验资承担民事责任的相关案件，起到了积极作用。但是，也有一些法院对有关司法解释的理解存在偏差。为正确执行我院的司法解释，规范金融机构不实或者虚假验资案件的审理和执行，现就有关问题通知如下：

一、出资人未出资或者未足额出资，但金融机构为企业提供不实、虚假的验资报告或者资金证明，相关当事人使用该报告或者证明，与该企业进行经济往来而受到损失的，应当由该企业承担民事责任。对于该企业财产不足以清偿债务的，由出资人在出资不实或者虚假资金额范围内承担责任。

二、对前项所述情况，企业、出资人的财产依法强制执行后仍不能清偿债务的，由金融机构在验资不实部分或者虚假资金证明金额范围内，根据过错大小承担责任，此种民事责任不属于担保责任。

三、未经审理，不得将金融机构追加为被执行人。

四、企业登记时出资人未足额出资但后来补足的，或者债权人索赔所依据的合同无效的，免除验资金融机构的赔偿责任。

五、注册会计师事务所不实或虚假验资民事责任案件的审理和执行中出现类似问题的，参照本通知办理。

最高人民法院执行工作办公室关于中国少年先锋队江苏省工作委员会是否具备独立法人资格问题的复函

- 2002年3月22日
- 〔2002〕执他字第5号

江苏省高级人民法院：

你院苏高法〔1999〕38号《关于中国少年先锋队江苏省工作委员会是否具备独立法人资格的请示》收悉。经研究，答复如下：

原则上同意你院的倾向性意见。中国少年先锋队江苏省工作委员会没有独立的财产和经费来源，编制也在共青团江苏委员会，其自身并不具有独立承担民事责任的能力，不具备法人资格。

最高人民法院执行工作办公室关于被执行企业产权转让其上级主管部门应否承担责任问题的复函

- 2003年6月2日
- 〔2002〕执他字第26号

湖北省高级人民法院：

你院《关于请求迅速排除深圳市地方保护主义对开发区法院执行案件违法阻挠的紧急报告》及开发区法院《关于申请执行人中国农业银行武汉市江城支行与被执行人深圳经济协作发展公司（以下简称经协公司）信用证担保纠纷一案被执行人开办人未依法履行出资义务的补充报告》均已收悉。经审查，提出如下处理意见：

一、深圳市国有资产管理办公室（以下简称国资办）作为国有资产管理部门，批准、授权将原企业性质为全民所有制的经协公司有偿转让，并不违反法律规定。经协公司已经深圳市工商行政管理部门办理了变更登记，其法人更名为深圳市国泰联合广场投资有限公司（以下简称国泰公司），即其法人的主体资格并未终止。你院及开发区法院认定经协公司被撤销，没有事实依据。开发区法院（2002）武开法执字第95－3号民事裁定书以国资办授权转让经协公司为由，适用《民事诉讼法》第213条的规定，裁定国资办承担责任没有法律依据，属适用法律错误，应予纠正。

二、关于国资办应否承担经协公司注册资金不实的责任，请你院注意以下问题：1.经协公司的注册资金是否不实？2.经协公司的权利义务承受人的注册资金是否到位？3.如经协公司的注册资金不实的情况属实，谁应承担此注册资金不实的责任？

请你院认真研究，依法自行妥善处理。

此复

最高人民法院执行工作办公室关于恢复执行北京正合坊企划有限公司诉北京万通股份有限公司、北京星辰投资咨询公司房产中介合同的报告

- 2003年6月5日
- 〔2002〕执监字第81号

北京市高级人民法院：

你院《关于恢复执行北京正合坊企划

有限公司诉北京万通股份有限公司、北京星辰投资咨询公司房产中介合同的报告》收悉。经研究,答复如下:

一、本案诉讼程序中,北京正合坊企划有限公司具备民事主体资格,我院〔1997〕民终字第135号民事判决并无不当,应予执行。在执行程序中,虽然北京正合坊企划有限公司被工商部门撤销设立登记,但不影响其在此前所进行的正常交易活动,更不能以此否定二审判决的效力。故对北京万通实业股份有限公司和北京星辰投资咨询公司申诉的北京正合坊企划有限公司自始不具备法人资格的理由不予支持。

二、北京正合坊企划有限公司被撤销设立登记,即丧失了作为市场主体进行经营活动的权利,也失去了对本案的判决申请执行的主体资格。但是,公司法人人格并不因被工商行政管理机关吊销营业执照当然终止,其法人资格必须经清算后才可终止。因此,根据《公司法》第一百九十一条的规定,本案应当对北京正合坊企划有限公司进行清算,由原股东组成的清算组作为其法人机关代表行使权利。

最高人民法院执行工作办公室关于河北省工商联、河北省总商会申诉案的复函

- 2003年6月6日
- 〔2003〕执他字第3号

天津市高级人民法院:

你院《关于对被执行人河北省工商联(又称河北省总商会)欠款案执行情况的报告》收悉。经研究,答复如下:

一、各级工商联是党领导下的具有统战性质的人民团体。其与挂靠企业脱钩时,是按照中央文件的要求执行的。因此人民法院在执行与其脱钩企业的案件时,也应比照适用最高人民法院法释(2001)8号《关于审理军队、武警部队、政法机关移交、撤销企业和与党政机关脱钩企业相关纠纷案件若干问题的规定》。根据该司法解释第十五条、第十六条的规定:开办单位应当承担民事责任的,人民法院不得对开办单位的国库款、财政经费账户、办公用房、车辆等其他办公必需品采取查封、扣押、冻结、拍卖、变卖等执行措施。开办单位只能用其财政资金以外的自有资金清偿债务。如果开办单位没有财政资金以外自有资金的,应当依法裁定终结执行。请你院监督南开区人民法院在执行河北省工商联时,严格按照上述规定执行。

二、河北省工商联和河北省总商会是两个独立的法人单位。河北省工商联是党委领导下的具有统战性质的人民团体,列入省编委编制序列,为财政预算拨款单位。而河北省总商会是在省民政厅单独注册的社团法人,经费由会员的会费构成。南开区人民法院将河北省工商联与河北省总商会视为同一个单位,将河北省总商会列为被执行人并扣划其银行存款是错误的,你院应监督该院立即纠正。

你院将督办结果报告我院。

最高人民法院执行工作办公室关于原县级贵港市升格为地级贵港市后如何追加原县级贵港市人民政府因开办单位注册资金不实责任问题的答复

- 2003年7月4日
- 〔2003〕执他字第18号

广西壮族自治区高级人民法院:

你院《关于原县级贵港市升格为地级贵港市后如何追加原县级贵港市人民政府因开办单位注册资金不实责任问题的请示报告》收悉,经研究,答复如下:

同意你院审判委员会的第一种意见。根据国务院国函〔1995〕96号函的批复,现地级贵港市政府是在原县级贵港市政府的基础上升格而来的,应是原县级贵港市政府的权利

义务继受主体。原县级贵港市政府作为被执行人贵港市经济技术开发总公司的开办单位，对其开办时投入的注册资金不实，根据我院《关于人民法院执行工作若干问题的规定（试行）》第80条之规定，应在注册资金不实的范围内对申请执行人承担责任。因原县级贵港市政府已升格为现地级贵港市政府，故应由现地级贵港市政府承担原县级贵港市政府作为开办单位应承担的责任。如现地级贵港市政府对此提出异议应负相应的举证责任，并由你院依法进行审查处理。

此复

最高人民法院执行工作办公室关于股份有限公司转让其正在被执行的独资开办的企业能否追加该股份有限公司为被执行人问题的复函

- 2003年7月30日
- 〔2002〕执他字第2号

广西壮族自治区高级人民法院：

你院桂高法〔2001〕294号《关于股份有限公司转让其正在被执行的独资开办的企业能否追加该股份有限公司为被执行人的请示，收悉，经研究，答复如下：

一、中国四川国际合作股份有限公司（以下简称四川公司）转让北海中川国际房地产开发公司（以下简称北海公司）的股权，收取受让人支付的对价款不属抽逃北海公司的注册资金，即不能以抽逃资金为由追加四川公司为广西城乡房地产开发北海公司申请执行北海公司一案的被执行人。

二、四川公司转让北海公司股权的行为，是依据《公司法》的规定合法转让的行为。因该转让既不改变北海公司的独立法人地位；也未造成北海公司资产的减少；且四川公司转让北海公司而获益的1000万元，是四川公司通过转让股权获得的对价款，该对价款也不是四川公司在北海公司获得的投资权益或投资收益；至于四川公司与北海公司的并表财务报告等，并不表明四川公司对北海公司的债权债务有继受关系或者属法人格滥用行为。因此，北海市中级人民法院追加四川公司为被执行人没有事实依据和法律依据。

最高人民法院对《商务部关于请确认〈关于审理与企业改制相关的民事纠纷案件若干问题的规定〉是否适用于外商投资的函》的复函

- 2003年10月20日
- 〔2003〕民二外复第13号

中华人民共和国商务部：

你部于2003年9月12日发给本院的商法函〔2003〕33号《关于请确认〈关于审理与企业改制相关的民事纠纷案件若干问题的规定〉是否适用于外商投资的函》收悉。经研究，答复如下：

中国企业与外国企业合资、合作的行为，以及外资企业在中国的投资行为，虽然涉及到企业主体、企业资产及股东的变化，但他们不属于国有企业改制范畴，且有专门的法律、法规调整，因此，外商投资行为不受上述司法解释的调整。

此复。

附：

商务部关于请确认《关于审理与企业改制相关的民事纠纷案件若干问题的规定》是否适用于外商投资的函

（2003年9月12日　商法函〔2003〕33号）

最高人民法院：

2002年12月3日最高人民法院审判委

员会第1259次会议通过、自2003年2月1日起施行的《关于审理与企业改制相关的民事纠纷案件若干问题的规定》颁布后，外国投资者对于该司法解释关于企业公司制改制后债务承担问题所确定的有关规则表示关注，担心该司法解释如果适用于外商投资，将会影响外资参与国内企业改组的顺利进行。为了创造更好的投资环境，进一步吸引外国投资，请贵院就该司法解释是否适用于外商投资的问题予以说明并函复。

特此函达

最高人民法院关于甘肃省高级人民法院就在诉讼时效期间债权人依法将主债权转让给第三人保证人是否继续承担保证责任等问题请示的答复

• 2003年10月20日
• 〔2003〕民二他字第39号

甘肃省高级人民法院：

你院甘高法〔2003〕176号请示收悉。经研究，答复如下：

一、在诉讼时效时期，凡符合《中华人民共和国合同法》第八十一条和《中华人民共和国担保法》第二十二条规定的，债权人将主债权转让给第三人，保证债权作为从权利一并转移，保证人在原保证担保的范围内继续承担保证责任。

二、按照《关于适用〈中华人民共和国担保法〉若干问题的解释》第三十六条第一款的规定，主债务诉讼时效中断，连带保证债务诉讼时效不因主债务诉讼时效中断而中断。按照上述解释第三十四条第二款的规定，连带责任保证的债权人在保证期间内要求保证人承担保证责任的，自该要求之日起开始计算连带保证债务的诉讼时效。《最高人民法院对〈关于贯彻执行最高人民法院“十二条”司法解释有关问题的函〉的答复》是答复四家资产管理公司的，其目的是为了最大限度地保全国有资产。因此，债权人对保证人有公告催收行为的，人民法院应比照适用《最高人民法院关于审理涉及金融资产公司收购、管理、处置国有银行不良贷款形成的资产的案件适用法律若干问题的规定》第十条的规定，认定债权人对保证债务的诉讼时效中断。

此复

最高人民法院执行工作办公室关于股东因公司设立后的增资瑕疵应否对公司债权人承担责任问题的复函

• 2003年12月11日
• 〔2003〕执他字第33号

江苏省高级人民法院：

你院〔2002〕苏执监字第171号《关于南通开发区富马物资公司申请执行深圳龙岗电影城实业有限公司一案的请示报告》收悉，经研究，答复如下：

我们认为，公司增加注册资金是扩张经营规模、增强责任能力的行为，原股东约定按照原出资比例承担增资责任，与公司设立时的初始出资是没有区别的。公司股东若有增资瑕疵，应承担与公司设立时的出资瑕疵相同的责任。但是，公司设立后增资与公司设立时出资的不同之处在于，股东履行交付资产的时间不同。正因为这种时间上的差异，导致交易人（公司债权人）对于公司责任能力的预期是不同的。股东按照其承诺履行出资或增资的义务是相对于社会的一种法定的资本充实义务，股东出资或增资的责任应与公司债权人基于公司的注册资金对其责任能力产生的判断相对应。本案中，南通开发区富马物资公司（以下简称富马公司）与深圳龙岗电影城实业有限公司（以下简称龙岗电影城）的交易发生在龙岗电影城变更注册资金之前，富马公司对于龙岗电影城责任能力的判断应以其当时的注册资金500万元为依据，而龙岗电影城能否偿还富马公司的债务与此后龙岗电影城股东深圳长城（惠华）实业企业集团（以下简称惠华集团）增加注册资金是否到位并无直接的因果关系。惠华集团的增资瑕疵行为仅对龙岗电影城增资注册之后的交易人（公司债权人）承担相应的责任，富马公司在龙岗电影城增资前与之交易所产生的债权，不能要求此后增资行为瑕疵的惠华集团承担责任。

此复。

最高人民法院执行工作办公室关于权利人被吊销营业执照后诉讼主体资格和申请执行主体资格有关问题的答复

- 2004年4月8日
- 〔2003〕执他字第16号

天津市高级人民法院：

你院《关于迈柯恒公司和旭帝公司与南开建行存款纠纷两案有关执行问题的请示》收悉。经研究，答复如下：

一、关于天津开发区迈柯恒工贸有限公司（以下简称迈柯恒公司）和天津市旭帝商贸有限公司（以下简称旭帝公司）主体资格问题，我院认为，迈柯恒公司和旭帝公司提交给二审法院和一审法院的企业法人营业执照及法定代表人身份证明书在企业名称、地址、法定代表人、企业类型、注册资金上均是一致的，其在二审诉讼期间未作其他说明。并且在二审诉讼期间，上诉人中国建设银行天津市南开支行对迈柯恒公司和旭帝公司的主体资格问题也未提出异议。故我院〔2001〕民二终字第126号和〔2001〕民二终字第127号判决书确认的诉讼主体与参加一审诉讼的主体是一致的。

二、关于迈柯恒公司作为权利人被吊销法人营业执照后，最高人民法院仍以原名称作出判决的问题，我院认为，企业被吊销营业执照，在未经依法清算并办理注销登记前其法人资格并不当然终止，仍可以自己的名义参加诉讼。故我院二审仍以迈柯恒公司的名称作出判决并无不可。

三、关于迈柯恒公司是否具备申请执行人资格的问题，我院认为，被吊销营业执照的迈柯恒公司在审判程序中是诉讼主体，也可以作为执行程序中的申请人。如果该公司成立了清算组（包括公司股东组成的清算组），由清算组代表迈柯恒公司申请执行。

此复

最高人民法院关于临沂市罗庄区人民政府应否对罗庄街道办事处的债务承担责任问题请示的答复

- 2004年7月8日
- 〔2004〕执他字第15号

山东省高级人民法院：

你院《关于临沂市罗庄区人民政府应否对罗庄街道办事处的债务承担责任问题的请示》收悉。经研究，答复如下：

同意你院审判委员会少数人意见，根据山东省人民政府鲁政函民字〔2000〕36号批复，“以原罗庄镇的行政区域设立罗庄街道办事处。办事处机关驻原罗庄镇人民政府驻地。”鉴于罗庄街道办事处设立的区域及机关驻地与原罗庄镇政府完全一致，且罗庄区人民政府在《关于设立罗庄、傅庄、盛庄、汤庄街道办事处的请示》报告中亦明确表示，新设立的街道办事处“财政体制执行原财政体制，原镇政府的债权债务由设立后的相应办事处承担”，我们认为，新设立的街道办事处与原镇政府在行政区域和财产上具有承继关系，此案可参照我院法释〔1997〕1号批复的精神，由新设立的街道办事处承担原镇政府的债务。

此复

最高人民法院关于采取民事强制措施不得逐级变更由行为人的上级机构承担责任的通知

•2004年7月9日
•法〔2004〕127号

各省、自治区、直辖市高级人民法院，解放军军事法院，新疆维吾尔自治区高级人民法院生产建设兵团分院：

近一个时期，一些地方法院在执行银行和非银行金融机构（以下简称金融机构）作为被执行人或者协助执行人的案件中，在依法对该金融机构采取民事强制措施，作出罚款或者司法拘留决定后，又逐级对其上级金融机构直至总行、总公司采取民事强制措施，再次作出罚款或者司法拘留决定，造成不良影响。为纠正这一错误，特通知如下：

一、人民法院在执行程序中，对作为协助执行人的金融机构采取民事强制措施，应当严格依法决定，不得逐级变更由其上级金融机构负责。依据我院与中国人民银行于2000年9月4日会签下发的法发〔2000〕21号即《关于依法规范人民法院执行和金融机构协助执行的通知》第八条的规定，执行金融机构时逐级变更其上级金融机构为被执行人须具备五个条件：其一，该金融机构须为被执行人，其债务已由生效法律文书确认；其二，该金融机构收到执行法院对其限期十五日内履行偿债义务的通知；其三，该金融机构逾期未能自动履行偿债义务，并经过执行法院的强制执行；其四，该金融机构未能向执行法院提供其可供执行的财产；其五，该金融机构的上级金融机构对其负有民事连带清偿责任。金融机构作为协助执行人因其妨害执行行为而被采取民事强制措施，不同于金融机构为被执行人的情况，因此，司法处罚责任应由其自行承担；逐级变更由其上级金融机构承担此责任，属适用法律错误。

二、在执行程序中，经依法逐级变更由上级金融机构为被执行人的，如该上级金融机构在履行此项偿债义务时有妨害执行行为，可以对该上级金融机构采取民事强制措施。但人民法院应当严格按照前述通知第八条的规定，及时向该上级金融机构发出允许其于十五日内自动履行偿债义务的通知，在其自动履行的期限内，不得对其采取民事强制措施。

三、采取民事强制措施应当坚持过错责任原则。金融机构的行为基于其主观上的故意并构成妨害执行的，才可以对其采取民事强制措施；其中构成犯罪的，也可以通过法定程序追究其刑事责任。这种民事强制措施和刑事惩罚手段只适用于有故意过错的金融机构行为人，以充分体现国家法律对违法行为的惩罚性。

四、金融机构对执行法院的民事强制措施即罚款和司法拘留的决定书不服的，可以依据《民事诉讼法》第105条①的规定，向上一级法院申请复议；当事人向执行法院提出复议申请的，执行法院应当立即报送上一级法院，不得扣押或者延误转交；上一级法院受理复议申请后，应当及时审查处理；执行法院在上一级法院审查复议申请期间，可以继续执行处罚决定，但经上一级法院决定撤销处罚决定的，执行法院应当立即照办。

以上通知，希望各级人民法院认真贯彻执行。执行过程中有什么情况和问题，应当及时层报我院执行工作办公室。

最高人民法院对湖北省高级人民法院《关于在执行程序中能否将被执行人享有到期债权的第三人的开办单位裁定追加为被执行主体的请示》的答复

•2005年1月25日
•〔2004〕执他字第28号

湖北省高级人民法院：

你院鄂高法〔2004〕470号《关于在执行

---

① 民事诉讼法原第一百零五条现已修改为第一百一十六条。

程序中能否将被执行人享有到期债权的第三人的开办单位裁定追加为被执行主体的请示》一案收悉。经研究,答复如下:

同意你院第二种意见。我们认为,人民法院在执行程序中不得裁定追加被执行人享有到期债权的第三人的开办单位,因该第三人的法律地位不同于被执行人,其本身不是案件的当事人,裁定追加第三人的开办单位于法无据。且本案中,黄石市中级人民法院于2003年8月15日裁定追加第三人长岭黄河集团有限公司时,该公司已根据陕西省人民政府的决定实施资产分离,分离后原长岭黄河集团有限公司更名为陕西长岭集团有限公司,故黄石市中级人民法院裁定追加长岭黄河集团有限公司缺乏事实依据。因此,上述裁定依法应予纠正。

此复

最高人民法院关于机关法人作为被执行人在执行程序中变更问题的复函

- 2005年8月3日
- 法函〔2005〕65号

青海省高级人民法院:

你院2005年3月22日的请示收函。经研究,答复如下:

鉴于在执行过程中,被执行人在机构改革中被撤销,其上级主管部门无偿接受了被执行人的财产,致使被执行人无遗留财产清偿债务,按照《最高人民法院关于适用〈中华人民共和国民事诉讼法〉若干问题的意见》(法发〔92〕22号)第271条和《最高人民法院关于人民法院执行工作若干问题的规定(试行)》(法释〔1998〕15号)第81条的规定,可以裁定变更本案的被执行人主体为被执行人的上级主管部门,由其在所接受财产价值的范围内承担民事责任。

最高人民法院执行工作办公室关于能否追加被执行人开办单位的开办单位为被执行人问题的复函

- 2006年2月6日
- 〔2006〕执他字第7号

新疆维吾尔自治区高级人民法院:

你院(2004)新执监字第227号《关于能否两次适用〈关于人民法院执行工作若干问题的规定(试行)〉第八十条追加开办单位的开办单位为被执行人的请示》收悉。经研究,答复如下:

同意你院第二种意见。我院《关于人民法院执行工作若干问题的规定(试行)》(下称《执行规定》)第八十条明确规定:"被执行人无财产清偿债务,如果其开办单位对其开办时投入的注册资金不实或抽逃注册资金,可以裁定变更或追加其开办单位为被执行人,在注册资金不实或抽逃注册资金的范围内,对申请执行人承担责任。"按照上述规定,人民法院只能追加被执行人的开办单位在其开办时投入的注册资金不实或抽逃注册资金时对申请执行人承担相应的责任,并无其他弹性规定。因此,追加被执行人开办单位的开办单位为被执行人无法律依据,对《执行规定》第八十条不能作扩大适用。

最高人民法院关于西钢集团执行申诉一案的复函

- 2006年9月12日

江西省高级人民法院:

你院赣高法报〔2006〕3号、4号、20号报告收悉。经研究并征求我院有关庭室意见,现答复如下:

由于赣州市章贡区农村信用合作联合社(以下简称赣州农信社)、赣州市商业银行

（以下简称赣州商行）与昆仑证券有限责任公司（以下简称昆仑证券）的债权债务关系发生在西宁特殊钢铁（集团）有限公司（以下简称西钢集团）和青海省企业技术创新投资管理有限责任公司（以下简称青海创投）对昆仑证券增资扩股之前，因此赣州市中级人民法院（以下简称赣州中院）直接追加西钢集团和青海创投为被执行人不符合法律规定，应予纠正。

此外，在我院〔2005〕497号明传通知对涉昆仑证券案件实行“三暂缓”的情况下，如果只对赣州农信社和赣州商行与西钢集团和青海创投案强制执行，将损害其他债权人的合法权益，故赣州中院执行西钢集团和青海创投违反了我院上述明传通知精神。

请你院监督纠正赣州中院的执行错误，并将处理结果于10月底前报告我院。

最高人民法院关于执行程序中被执行人无偿转让抵押财产人民法院应如何处理的答复

• 2006年10月27日
• 〔2005〕执他字第13号

山东省高级人民法院：

你院《关于执行程序中被执行人无偿转让抵押财产人民法院应如何处理的请示》收悉。经研究，答复如下：

作为执行标的物的抵押财产在执行程序中被转让的，如果抵押财产已经依法办理了抵押登记，则不论转让行为是有偿还是无偿，也不论是否通知了抵押权人，只要抵押权人没有放弃抵押权，人民法院均可以直接对该抵押物进行执行。因此，你院可以直接对被执行人已经设定抵押的财产采取执行措施，必要时，可以将抵押财产的现登记名义人列为被执行人。

此复

最高人民法院关于案外人香港广俊有限公司（下称广俊公司）执行异议一案处理问题的答复

• 2007年3月8日
• 〔1998〕执他字第2-4号

广东省高级人民法院：

关于案外人香港广俊有限公司（下称广俊公司）执行异议一案，你院〔2004〕粤高法执监字第67号报告已收悉。经研究，答复如下：

原则同意你院审判委员会多数人意见。即广州中院否认广俊公司的独立法人资格无事实和法律依据，强制执行广俊公司的具体房产不当，应予纠正。

现案外人广俊公司与债权人广州发展集团有限公司（下称广发集团）在本院主持下已经达成执行和解协议。按照和解协议的有关条款，广发集团已经向本院提交了撤销相关执行裁定书的申请，请求将已执行过户的北京建成大厦房产执行回转，并准许该公司将此案涉及的全部债权及权益转让给广俊公司。本院认为，和解协议系双方在本院主持下自愿达成，且相关内容与本院及你院多数人意见是一致的，故已予确认。请你院接到本函后监督广州市中级人民法院立即撤销相关执行裁定书。

此复

最高人民法院关于人民法院在执行程序中能否将已参加过诉讼，但生效裁判未判决其承担实体义务的当事人追加或变更为被执行人的问题的答复

• 2007年6月20日
• 〔2007〕执他字第5号

青海省高级人民法院：

你院〔2006〕青执他字第1号《关于青海

省储备物资管理局二五一处与中国建设银行李家峡支行、原建行李家峡支行劳动服务公司、原李家峡加油站借欠油料款纠纷一案的请示报告》收悉。经研究,现答复如下:

对已参加过诉讼、但生效裁判未判决其承担实体义务的当事人,人民法院在执行程序中如需追加或变更该当事人为被执行人,除非追加或变更该当事人为被执行人的事实和理由,已在诉讼过程中经审判部门审查并予以否定,否则,并不受生效裁判未判决该当事人承担实体义务的限制。根据现行法律和司法解释,人民法院有权依据相关法律规定,直接在执行程序中作出追加或变更该当事人为被执行人的裁定。

基于以上答复意见,请你院自行依法妥善处理本案。

此复

最高人民法院关于信达公司政策性托管银泰公司是否为其债务承担责任问题请示一案的复函

- 2008 年 6 月 27 日
- 〔2007〕执他字第 6 号

海南省高级人民法院:

你院《关于信达公司政策性托管银泰公司应如何承担相应法律责任的请示》收悉。经研究,答复如下:

鉴于本案中中国信达资产管理公司是否接受了海南银泰置业有限责任公司的财产,是基于托管、清理接受(代为管理、处置)的财产,还是非法侵占海南银泰置业有限责任公司法人财产等事实,仅凭执行听证程序,不利于保护当事人的合法权益,故海南中级人民法院在执行程序中直接追加中国信达资产管理公司为被执行人不当。可以告知海南明海投资公司、海南日森置业公司,如果认为中国信达资产管理公司在托管期间损害了其合法权益,可以通过诉讼程序解决。

此复

最高人民法院关于判决确定的金融不良债权多次转让人民法院能否裁定变更申请执行主体请示的答复

- 2009 年 6 月 16 日
- 〔2009〕执他字第 1 号

湖北省高级人民法院:

你院鄂高法〔2009〕21 号请示收悉。经研究,答复如下:

最高人民法院《关于人民法院执行若干问题的规定(试行)》,已经对申请执行人的资格以明确。其中第 18 条第一款规定"人民法院受理执行案件应当符合下列条件:……(2)申请执行人是生效法律文书确定的权利人或继承人、权利承受人。"该条中的"权利承受人",包含通过债权转让的方式承受债权的人。依法从金融资产管理公司受让债权的受让人将债权再行转让给其他普遍受让人的,执行法院可以依据上述规定,依债权转让协议以及受让人或者转让人的申请,裁定变更申请执行主体。

最高人民法院《关于金融资产管理公司收购、处置银行不良资产有关问题的补充通知》第三条虽只就金融资产管理公司转让金融不良债权环节可以变更申请执行主体作了专门规定,但并未排除普通受让人再行转让给其他普通受让人时变更申请执行主体。此种情况下裁定变更申请执行主体,也符合该通知及其他相关文件中关于支持金融不良债权处置工作的司法政策,但对普通受让人不能适用诉讼费用减半收取和公告通知债务人等专门适用金融资产管理公司处置不良债权的特殊政策规定。

最高人民法院关于广东、江西两地法院执行东莞市虎门镇解放路55号粤信花艺海滨花园房产争议案答复函

•〔2009〕执协字第3－1号

江西省高级人民法院：

你院赣高法执〔2009〕9号《关于江西省鹰潭市中级人民法院与广东省东莞市中级人民法院执行争议案的协调处理意见》收悉。经研究，答复如下：

一、江西省鹰潭市中级人民法院（以下简称鹰潭市中院）2008年2月4日再次拍卖争议房产时，广东省东莞市中级人民法院（以下简称东莞市中院）已经就争议房产的所有权问题于2007年8月28日作出了确权判决，判令争议房产的所有权归属案外人刘超群所有。鹰潭市中院在明知争议房产已经确权归属刘超群的情况下，不应再次拍卖争议房产。

二、关于蔡建伟欠鹰潭市大江实业有限公司（以下简称大江公司）530万元欠款问题。经审查，一是该笔欠款与争议房产的购房款无关。东莞市中院的相关判决已经查明争议房产的购房款系刘超群直接向开发商东莞粤信花艺海滨花园开发有限公司通过银行转账方式支付，与蔡建伟的欠款没有直接法律关系。二是鹰潭市中院认为蔡建伟欠大江公司的530万元系因其代理关系产生的，该认定并未被相关判决确认。蔡建伟和梁青受刘超群委托以受托人名义购买房屋，以及530万元系蔡建伟购房过程中发生的费用等事实，虽已被两地法院相关判决认定，但蔡建伟给付大江公司补偿款，是否也系受刘超群委托，并无相关证据。故鹰潭市中院裁定蔡建伟欠大江公司的欠款由刘超群承担缺乏事实和法律依据。

综上，据两地法院的生效判决和现有证据，鹰潭市中院的执行错误，请你院依法监督该院对已执行的争议房产执行回转，或将拍卖款项返还给刘超群。

特此函复。

第十章　执行担保与暂缓执行

◎法律

中华人民共和国担保法（节录）

• 1995年6月30日

第一章　总　　则

第一条　【立法宗旨】为促进资金融通和商品流通，保障债权的实现，发展社会主义市场经济，制定本法。

第二条　【本法适用范围与担保方式】在借贷、买卖、货物运输、加工承揽等经济活动中，债权人需要以担保方式保障其债权实现的，可以依照本法规定设定担保。

本法规定的担保方式为保证、抵押、质押、留置和定金。

第三条　【担保基本原则】担保活动应当遵循平等、自愿、公平、诚实信用的原则。

第四条　【反担保】第三人为债务人向债权人提供担保时，可以要求债务人提供反担保。

反担保适用本法担保的规定。

第五条　【担保合同无效及其法律后果】担保合同是主合同的从合同，主合同无效，担保合同无效。担保合同另有约定的，按照约定。

担保合同被确认无效后，债务人、担保人、债权人有过错的，应当根据其过错各自承担相应的民事责任。

第二章　保　　证

第一节　保证和保证人

第六条　【保证的定义】本法所称保证，是指保证人和债权人约定，当债务人不履行债务时，保证人按照约定履行债务或者承担责任的行为。

第七条　【保证人资格】具有代为清偿债务能力的法人、其他组织或者公民，可以作保证人。

第八条　【国家机关作为保证人的限制】国家机关不得为保证人，但经国务院批准为使用外国政府或者国际经济组织贷款进行转贷的除外。

第九条　【公益法人作为保证人的禁止】学校、幼儿园、医院等以公益为目的的事业单位、社会团体不得为保证人。

第十条　【企业法人分支机构、职能部门作为保证人的禁止与例外】企业法人的分支机构、职能部门不得为保证人。

企业法人的分支机构有法人书面授权的，可以在授权范围内提供保证。

第十一条　【强令提供担保的禁止】任何单位和个人不得强令银行等金融机构或者企业为他人提供保证；银行等金融机构或者企业对强令其为他人提供保证的行为，有权拒绝。

第十二条　【共同保证】同一债务有两个以上保证人的，保证人应当按照保证合同约定的保证份额，承担保证责任。没有约定保证份额的，保证人承担连带责任，债权人可以要求任何一个保证人承担全部保证责任，保证人都负有担保全部债权实现的义务。已经承担保证责任的保证人，有权向债务人追偿，或者要求承担连带责任的其他保证人清偿其应当承担的份额。

第二节　保证合同和保证方式

第十三条　【保证合同的形式】保证人与债权人应当以书面形式订立保证合同。

第十四条 【最高额保证合同】保证人与债权人可以就单个主合同分别订立保证合同，也可以协议在最高债权额限度内就一定期间连续发生的借款合同或者某项商品交易合同订立一个保证合同。

第十五条 【保证合同的内容】保证合同应当包括以下内容：

（一）被保证的主债权种类、数额；

（二）债务人履行债务的期限；

（三）保证的方式；

（四）保证担保的范围；

（五）保证的期间；

（六）双方认为需要约定的其他事项。

保证合同不完全具备前款规定内容的，可以补正。

第十六条 【保证的方式】保证的方式有：

（一）一般保证；

（二）连带责任保证。

第十七条 【一般保证及先诉抗辩权】当事人在保证合同中约定，债务人不能履行债务时，由保证人承担保证责任的，为一般保证。

一般保证的保证人在主合同纠纷未经审判或者仲裁，并就债务人财产依法强制执行仍不能履行债务前，对债权人可以拒绝承担保证责任。

有下列情形之一的，保证人不得行使前款规定的权利：

（一）债务人住所变更，致使债权人要求其履行债务发生重大困难的；

（二）人民法院受理债务人破产案件，中止执行程序的；

（三）保证人以书面形式放弃前款规定的权利的。

第十八条 【连带责任保证】当事人在保证合同中约定保证人与债务人对债务承担连带责任的，为连带责任保证。

连带责任保证的债务人在主合同规定的债务履行期届满没有履行债务的，债权人可以要求债务人履行债务，也可以要求保证人在其保证范围内承担保证责任。

第十九条 【保证方式的推定】当事人对保证方式没有约定或者约定不明确的，按照连带责任保证承担保证责任。

第二十条 【保证人的抗辩权】一般保证和连带责任保证的保证人享有债务人的抗辩权。债务人放弃对债务的抗辩权的，保证人仍有权抗辩。

抗辩权是指债权人行使债权时，债务人根据法定事由，对抗债权人行使请求权的权利。

第三节 保证责任

第二十一条 【保证范围】保证担保的范围包括主债权及利息、违约金、损害赔偿金和实现债权的费用。保证合同另有约定的，按照约定。

当事人对保证担保的范围没有约定或者约定不明确的，保证人应当对全部债务承担责任。

第二十二条 【债权让与对保证责任的影响】保证期间，债权人依法将主债权转让给第三人的，保证人在原保证担保的范围内继续承担保证责任。保证合同另有约定的，按照约定。

第二十三条 【债务承担对保证责任的影响】保证期间，债权人许可债务人转让债务的，应当取得保证人书面同意，保证人对未经其同意转让的债务，不再承担保证责任。

第二十四条 【债的变更对保证责任的影响】债权人与债务人协议变更主合同的，应当取得保证人书面同意，未经保证人书面同意的，保证人不再承担保证责任。保证合同另有约定的，按照约定。

第二十五条 【一般保证的保证期间】一般保证的保证人与债权人未约定保证期间的，保证期间为主债务履行期届满之日起6个月。

在合同约定的保证期间和前款规定的保证期间，债权人未对债务人提起诉讼或者申请仲裁的，保证人免除保证责任；债权人已提起诉讼或者申请仲裁的，保证期间适用诉讼时效中断的规定。

第二十六条 【连带责任的保证期间】连带责任保证的保证人与债权人未约定保证期间的，债权人有权自主债务履行期届满之日起6个月内要求保证人承担保证责任。

在合同约定的保证期间和前款规定的保证期间，债权人未要求保证人承担保证责任的，保证人免除保证责任。

第二十七条 【最高额保证的保证期间】保证人依照本法第十四条规定就连续发生的债权作保证，未约定保证期间的，保证人可以随时书面通知债权人终止保证合同，但保证人对于通知到债权人前所发生的债权，承担保证责任。

第二十八条 【保证担保与物的担保竞合的处理】同一债权既有保证又有物的担保的，保证人对物的担保以外的债权承担保证责任。

债权人放弃物的担保的，保证人在债权人放弃权利的范围内免除保证责任。

第二十九条 【分支机构订立的无效保证合同的处理】企业法人的分支机构未经法人书面授权或者超出授权范围与债权人订立保证合同的，该合同无效或者超出授权范围的部分无效，债权人和企业法人有过错的，应当根据其过错各自承担相应的民事责任；债权人无过错的，由企业法人承担民事责任。

第三十条 【保证责任的免除】有下列情形之一的，保证人不承担民事责任：

（一）主合同当事人双方串通，骗取保证人提供保证的；

（二）主合同债权人采取欺诈、胁迫等手段，使保证人在违背真实意思的情况下提供保证的。

第三十一条 【保证人的追偿权】保证人承担保证责任后，有权向债务人追偿。

第三十二条 【保证人追偿权的代位行使】人民法院受理债务人破产案件后，债权人未申报债权的，保证人可以参加破产财产分配，预先行使追偿权。

……

中华人民共和国物权法（节录）

• 2007年3月16日

……

第四编 担 保 物 权

第十五章 一 般 规 定

第一百七十条 【担保物权】担保物权人在债务人不履行到期债务或者发生当事人约定的实现担保物权的情形，依法享有就担保财产优先受偿的权利，但法律另有规定的除外。

第一百七十一条 【担保物权适用范围、反担保】债权人在借贷、买卖等民事活动中，为保障实现其债权，需要担保的，可以依照本法和其他法律的规定设立担保物权。

第三人为债务人向债权人提供担保的，可以要求债务人提供反担保。反担保适用本法和其他法律的规定。

第一百七十二条 【担保合同】设立担保物权，应当依照本法和其他法律的规定订立担保合同。担保合同是主债权债务合同的从合同。主债权债务合同无效，担保合同无效，但法律另有规定的除外。

担保合同被确认无效后，债务人、担保人、债权人有过错的，应当根据其过错各自承担相应的民事责任。

第一百七十三条 【担保范围】担保物权的担保范围包括主债权及其利息、违约金、损害赔偿金、保管担保财产和实现担保物权的费用。当事人另有约定的，按照约定。

第一百七十四条 【担保物上的代位性】担

保期间，担保财产毁损、灭失或者被征收等，担保物权人可以就获得的保险金、赔偿金或者补偿金等优先受偿。被担保债权的履行期未届满的，也可以提存该保险金、赔偿金或者补偿金等。

第一百七十五条 【未经担保人同意的债务转移】第三人提供担保，未经其书面同意，债权人允许债务人转移全部或者部分债务的，担保人不再承担相应的担保责任。

第一百七十六条 【物的担保与人的担保之关系】被担保的债权既有物的担保又有人的担保的，债务人不履行到期债务或者发生当事人约定的实现担保物权的情形，债权人应当按照约定实现债权；没有约定或者约定不明确，债务人自己提供物的担保的，债权人应当先就该物的担保实现债权；第三人提供物的担保的，债权人可以就物的担保实现债权，也可以要求保证人承担保证责任。提供担保的第三人承担担保责任后，有权向债务人追偿。

第一百七十七条 【担保物权消灭的情形】有下列情形之一的，担保物权消灭：

（一）主债权消灭；

（二）担保物权实现；

（三）债权人放弃担保物权；

（四）法律规定担保物权消灭的其他情形。

第一百七十八条 【担保法与物权法效力衔接】担保法与本法的规定不一致的，适用本法。

第十六章 抵 押 权

第一节 一般抵押权

第一百七十九条 【抵押权】为担保债务的履行，债务人或者第三人不转移财产的占有，将该财产抵押给债权人的，债务人不履行到期债务或者发生当事人约定的实现抵押权的情形，债权人有权就该财产优先受偿。

前款规定的债务人或者第三人为抵押人，债权人为抵押权人，提供担保的财产为抵押财产。

第一百八十条 【抵押财产的范围】债务人或者第三人有权处分的下列财产可以抵押：

（一）建筑物和其他土地附着物；

（二）建设用地使用权；

（三）以招标、拍卖、公开协商等方式取得的荒地等土地承包经营权；

（四）生产设备、原材料、半成品、产品；

（五）正在建造的建筑物、船舶、航空器；

（六）交通运输工具；

（七）法律、行政法规未禁止抵押的其他财产。

抵押人可以将前款所列财产一并抵押。

第一百八十一条 【浮动抵押】经当事人书面协议，企业、个体工商户、农业生产经营者可以将现有的以及将有的生产设备、原材料、半成品、产品抵押，债务人不履行到期债务或者发生当事人约定的实现抵押权的情形，债权人有权就实现抵押权时的动产优先受偿。

第一百八十二条 【建筑物及建设用地使用权一并抵押】以建筑物抵押的，该建筑物占用范围内的建设用地使用权一并抵押。以建设用地使用权抵押的，该土地上的建筑物一并抵押。

抵押人未依照前款规定一并抵押的，未抵押的财产视为一并抵押。

第一百八十三条 【乡镇、村企业的建筑物和建设用地使用权抵押】乡镇、村企业的建设用地使用权不得单独抵押。以乡镇、村企业的厂房等建筑物抵押的，其占用范围内的建设用地使用权一并抵押。

第一百八十四条 【不得抵押的财产】下列财产不得抵押：

（一）土地所有权；

（二）耕地、宅基地、自留地、自留山等集体所有的土地使用权，但法律规定可以抵押的除外；

（三）学校、幼儿园、医院等以公益为目的的事业单位、社会团体的教育设施、医疗卫生设施和其他社会公益设施；

（四）所有权、使用权不明或者有争议的财产；

（五）依法被查封、扣押、监管的财产；

（六）法律、行政法规规定不得抵押的其他财产。

第一百八十五条 【抵押合同】设立抵押权，当事人应当采取书面形式订立抵押合同。

抵押合同一般包括下列条款：

（一）被担保债权的种类和数额；

（二）债务人履行债务的期限；

（三）抵押财产的名称、数量、质量、状况、所在地、所有权归属或者使用权归属；

（四）担保的范围。

第一百八十六条 【禁止流押】抵押权人在债务履行期届满前，不得与抵押人约定债务人不履行到期债务时抵押财产归债权人所有。

第一百八十七条 【不动产抵押】以本法第一百八十条第一款第一项至第三项规定的财产或者第五项规定的正在建造的建筑物抵押的，应当办理抵押登记。抵押权自登记时设立。

第一百八十八条 【动产抵押】以本法第一百八十条第一款第四项、第六项规定的财产或者第五项规定的正在建造的船舶、航空器抵押的，抵押权自抵押合同生效时设立；未经登记，不得对抗善意第三人。

第一百八十九条 【动产浮动抵押登记】企业、个体工商户、农业生产经营者以本法第一百八十一条规定的动产抵押的，应当向抵押人住所地的工商行政管理部门办理登记。抵押权自抵押合同生效时设立；未经登记，不得对抗善意第三人。

依照本法第一百八十一条规定抵押的，不得对抗正常经营活动中已支付合理价款并取得抵押财产的买受人。

第一百九十条 【抵押权和租赁的关系】订立抵押合同前抵押财产已出租的，原租赁关系不受该抵押权的影响。抵押权设立后抵押财产出租的，该租赁关系不得对抗已登记的抵押权。

第一百九十一条 【抵押财产转让】抵押期间，抵押人经抵押权人同意转让抵押财产的，应当将转让所得的价款向抵押权人提前清偿债务或者提存。转让的价款超过债权数额的部分归抵押人所有，不足部分由债务人清偿。

抵押期间，抵押人未经抵押权人同意，不得转让抵押财产，但受让人代为清偿债务消灭抵押权的除外。

第一百九十二条 【抵押权不得单独转让或为其他债权担保】抵押权不得与债权分离而单独转让或者作为其他债权的担保。债权转让的，担保该债权的抵押权一并转让，但法律另有规定或者当事人另有约定的除外。

第一百九十三条 【抵押财产价值保全】抵押人的行为足以使抵押财产价值减少的，抵押权人有权要求抵押人停止其行为。抵押财产价值减少的，抵押权人有权要求恢复抵押财产的价值，或者提供与减少的价值相应的担保。抵押人不恢复抵押财产的价值也不提供担保的，抵押权人有权要求债务人提前清偿债务。

第一百九十四条 【抵押权、抵押权顺位的放弃及抵押权变更】抵押权人可以放弃抵押权或者抵押权的顺位。抵押权人与抵押人可以协议变更抵押权顺位以及被担保的债权数额等内容，但抵押权的变更，未经其他抵押权人书面同意，不得对其他抵押权人产生不利影响。

债务人以自己的财产设定抵押，抵押权人放弃该抵押权、抵押权顺位或者变更抵押权的，其他担保人在抵押权人丧失优先受偿权益的范围内免除担保责任，但其他担保人承诺仍然提供担保的除外。

第一百九十五条 【抵押权的实现】债务人

不履行到期债务或者发生当事人约定的实现抵押权的情形，抵押权人可以与抵押人协议以抵押财产折价或者以拍卖、变卖该抵押财产所得的价款优先受偿。协议损害其他债权人利益的，其他债权人可以在知道或者应当知道撤销事由之日起一年内请求人民法院撤销该协议。

抵押权人与抵押人未就抵押权实现方式达成协议的，抵押权人可以请求人民法院拍卖、变卖抵押财产。

抵押财产折价或者变卖的，应当参照市场价格。

第一百九十六条 【浮动抵押财产确定】依照本法第一百八十一条规定设定抵押的，抵押财产自下列情形之一发生时确定：

（一）债务履行期届满，债权未实现；

（二）抵押人被宣告破产或者被撤销；

（三）当事人约定的实现抵押权的情形；

（四）严重影响债权实现的其他情形。

第一百九十七条 【抵押物孳息】债务人不履行到期债务或者发生当事人约定的实现抵押权的情形，致使抵押财产被人民法院依法扣押的，自扣押之日起抵押权人有权收取该抵押财产的天然孳息或者法定孳息，但抵押权人未通知应当清偿法定孳息的义务人的除外。

前款规定的孳息应当先充抵收取孳息的费用。

第一百九十八条 【抵押财产变现价款超过或不足债权数额】抵押财产折价或者拍卖、变卖后，其价款超过债权数额的部分归抵押人所有，不足部分由债务人清偿。

第一百九十九条 【同一物上的抵押权受偿顺序】同一财产向两个以上债权人抵押的，拍卖、变卖抵押财产所得的价款依照下列规定清偿：

（一）抵押权已登记的，按照登记的先后顺序清偿；顺序相同的，按照债权比例清偿；

（二）抵押权已登记的先于未登记的受偿；

（三）抵押权未登记的，按照债权比例清偿。

第二百条 【建设用地使用权抵押的特别规定】建设用地使用权抵押后，该土地上新增的建筑物不属于抵押财产。该建设用地使用权实现抵押权时，应当将该土地上新增的建筑物与建设用地使用权一并处分，但新增建筑物所得的价款，抵押权人无权优先受偿。

第二百零一条 【土地承包经营权或者乡镇、村企业的建设用地使用权抵押特别规定】依照本法第一百八十条第一款第三项规定的土地承包经营权抵押的，或者依照本法第一百八十三条规定以乡镇、村企业的厂房等建筑物占用范围内的建设用地使用权一并抵押的，实现抵押权后，未经法定程序，不得改变土地所有权的性质和土地用途。

第二百零二条 【抵押权行使期间】抵押权人应当在主债权诉讼时效期间行使抵押权；未行使的，人民法院不予保护。

第二节 最高额抵押权

第二百零三条 【最高额抵押的概念】为担保债务的履行，债务人或者第三人对一定期间内将要连续发生的债权提供担保财产的，债务人不履行到期债务或者发生当事人约定的实现抵押权的情形，抵押权人有权在最高债权额限度内就该担保财产优先受偿。

最高额抵押权设立前已经存在的债权，经当事人同意，可以转入最高额抵押担保的债权范围。

第二百零四条 【主债权及最高额抵押权转让】最高额抵押担保的债权确定前，部分债权转让的，最高额抵押权不得转让，但当事人另有约定的除外。

第二百零五条 【协议变更】最高额抵押担保的债权确定前，抵押权人与抵押人可以通过协议变更债权确定的期间、债权范围以及最高债权额，但变更的内容不得对其他抵押权人产生不利影响。

第二百零六条 【债权确定】有下列情形之一的，抵押权人的债权确定：

(一)约定的债权确定期间届满；

(二)没有约定债权确定期间或者约定不明确，抵押权人或者抵押人自最高额抵押权设立之日起满二年后请求确定债权；

(三)新的债权不可能发生；

(四)抵押财产被查封、扣押；

(五)债务人、抵押人被宣告破产或者被撤销；

(六)法律规定债权确定的其他情形。

第二百零七条 【最高额抵押适用依据】最高额抵押权除适用本节规定外，适用本章第一节一般抵押权的规定。

第十七章 质 权

第一节 动产质权

第二百零八条 【动产质押】为担保债务的履行，债务人或者第三人将其动产出质给债权人占有的，债务人不履行到期债务或者发生当事人约定的实现质权的情形，债权人有权就该动产优先受偿。

前款规定的债务人或者第三人为出质人，债权人为质权人，交付的动产为质押财产。

第二百零九条 【不得出质的动产】法律、行政法规禁止转让的动产不得出质。

第二百一十条 【质押合同】设立质权，当事人应当采取书面形式订立质权合同。

质权合同一般包括下列条款：

(一)被担保债权的种类和数额；

(二)债务人履行债务的期限；

(三)质押财产的名称、数量、质量、状况；

(四)担保的范围；

(五)质押财产交付的时间。

第二百一十一条 【禁止流质】质权人在债务履行期届满前，不得与出质人约定债务人不履行到期债务时质押财产归债权人所有。

第二百一十二条 【交付生效】质权自出质人交付质押财产时设立。

第二百一十三条 【质物的孳息】质权人有权收取质押财产的孳息，但合同另有约定的除外。

前款规定的孳息应当先充抵收取孳息的费用。

第二百一十四条 【质物使用、处分的限制】质权人在质权存续期间，未经出质人同意，擅自使用、处分质押财产，给出质人造成损害的，应当承担赔偿责任。

第二百一十五条 【质权人的保管义务】质权人负有妥善保管质押财产的义务；因保管不善致使质押财产毁损、灭失的，应当承担赔偿责任。

质权人的行为可能使质押财产毁损、灭失的，出质人可以要求质权人将质押财产提存，或者要求提前清偿债务并返还质押财产。

第二百一十六条 【质物保全】因不能归责于质权人的事由可能使质押财产毁损或者价值明显减少，足以危害质权人权利的，质权人有权要求出质人提供相应的担保；出质人不提供的，质权人可以拍卖、变卖质押财产，并与出质人通过协议将拍卖、变卖所得的价款提前清偿债务或者提存。

第二百一十七条 【转质】质权人在质权存续期间，未经出质人同意转质，造成质押财产毁损、灭失的，应当向出质人承担赔偿责任。

第二百一十八条 【质权放弃】质权人可以放弃质权。债务人以自己的财产出质，质权人放弃该质权的，其他担保人在质权人丧失优先受偿权益的范围内免除担保责任，但其他担保人承诺仍然提供担保的除外。

第二百一十九条 【质物返还、质权实现】债务人履行债务或者出质人提前清偿所担保的债权的，质权人应当返还质押财产。

债务人不履行到期债务或者发生当事人约定的实现质权的情形，质权人可以与出质人协议以质押财产折价，也可以就拍卖、变卖质押财产所得的价款优先受偿。

质押财产折价或者变卖的，应当参照市场价格。

第二百二十条 【出质人请求及时行使质权】出质人可以请求质权人在债务履行期届满后及时行使质权；质权人不行使的，出质人可以请求人民法院拍卖、变卖质押财产。

出质人请求质权人及时行使质权，因质权人怠于行使权利造成损害的，由质权人承担赔偿责任。

第二百二十一条 【质物变现价款超出或不足债权数额】质押财产折价或者拍卖、变卖后，其价款超过债权数额的部分归出质人所有，不足部分由债务人清偿。

第二百二十二条 【最高额质权】出质人与质权人可以协议设立最高额质权。

最高额质权除适用本节有关规定外，参照本法第十六章第二节最高额抵押权的规定。

第二节 权利质权

第二百二十三条 【可以出质的权利范围】债务人或者第三人有权处分的下列权利可以出质：

（一）汇票、支票、本票；

（二）债券、存款单；

（三）仓单、提单；

（四）可以转让的基金份额、股权；

（五）可以转让的注册商标专用权、专利权、著作权等知识产权中的财产权；

（六）应收账款；

（七）法律、行政法规规定可以出质的其他财产权利。

第二百二十四条 【以票据权利等出质的权利质权的设立】以汇票、支票、本票、债券、存款单、仓单、提单出质的，当事人应当订立书面合同。质权自权利凭证交付质权人时设立；没有权利凭证的，质权自有关部门办理出质登记时设立。

第二百二十五条 【以票据权利等出质的权利质权的实现】汇票、支票、本票、债券、存款单、仓单、提单的兑现日期或者提货日期先于主债权到期的，质权人可以兑现或者提货，并与出质人协议将兑现的价款或者提取的货物提前清偿债务或者提存。

第二百二十六条 【以基金份额、股权出质的权利质权】以基金份额、股权出质的，当事人应当订立书面合同。以基金份额、证券登记结算机构登记的股权出质的，质权自证券登记结算机构办理出质登记时设立；以其他股权出质的，质权自工商行政管理部门办理出质登记时设立。

基金份额、股权出质后，不得转让，但经出质人与质权人协商同意的除外。出质人转让基金份额、股权所得的价款，应当向质权人提前清偿债务或者提存。

第二百二十七条 【以知识产权出质的权利质权】以注册商标专用权、专利权、著作权等知识产权中的财产权出质的，当事人应当订立书面合同。质权自有关主管部门办理出质登记时设立。

知识产权中的财产权出质后，出质人不得转让或者许可他人使用，但经出质人与质权人协商同意的除外。出质人转让或者许可他人使用出质的知识产权中的财产权所得的价款，应当向质权人提前清偿债务或者提存。

第二百二十八条 【以应收账款出质的权利质权】以应收账款出质的，当事人应当订立书面合同。质权自信贷征信机构办理出质登记时设立。

应收账款出质后，不得转让，但经出质人与质权人协商同意的除外。出质人转让应收账款所得的价款，应当向质权人提前清偿债务或者提存。

第二百二十九条 【权利质权的适用依据】权利质权除适用本节规定外，适用本章第一节动产质权的规定。

第十八章 留 置 权

第二百三十条 【留置权】债务人不履行到期债务,债权人可以留置已经合法占有的债务人的动产,并有权就该动产优先受偿。

前款规定的债权人为留置权人,占有的动产为留置财产。

第二百三十一条 【可留置的动产】债权人留置的动产,应当与债权属于同一法律关系,但企业之间留置的除外。

第二百三十二条 【不得留置的动产】法律规定或者当事人约定不得留置的动产,不得留置。

第二百三十三条 【可分物的留置】留置财产为可分物的,留置财产的价值应当相当于债务的金额。

第二百三十四条 【留置权人的保管义务】留置权人负有妥善保管留置财产的义务;因保管不善致使留置财产毁损、灭失的,应当承担赔偿责任。

第二百三十五条 【留置物的孳息】留置权人有权收取留置财产的孳息。

前款规定的孳息应当先充抵收取孳息的费用。

第二百三十六条 【留置权的实现】留置权人与债务人应当约定留置财产后的债务履行期间;没有约定或者约定不明确的,留置权人应当给债务人两个月以上履行债务的期间,但鲜活易腐等不易保管的动产除外。债务人逾期未履行的,留置权人可以与债务人协议以留置财产折价,也可以就拍卖、变卖留置财产所得的价款优先受偿。

留置财产折价或者变卖的,应当参照市场价格。

第二百三十七条 【债务人请求行使留置权】债务人可以请求留置权人在债务履行期届满后行使留置权;留置权人不行使的,债务人可以请求人民法院拍卖、变卖留置财产。

第二百三十八条 【留置物变现价款超出或不足债权数额】留置财产折价或者拍卖、变卖后,其价款超过债权数额的部分归债务人所有,不足部分由债务人清偿。

第二百三十九条 【留置权优先】同一动产上已设立抵押权或者质权,该动产又被留置的,留置权人优先受偿。

第二百四十条 【留置权消灭】留置权人对留置财产丧失占有或者留置权人接受债务人另行提供担保的,留置权消灭。

……

◎行政法规

国务院办公厅关于严禁行政机关为经济活动提供担保的通知

- 1993年2月23日
- 国办发〔1993〕11号

各省、自治区、直辖市人民政府,国务院各部委、各直属机构:

近年来,在国内企事业单位借贷活动日益增多的同时,一些单位要求行政机关对这类经济活动提供担保,并承担相应的经济责任。虽然国务院有关部门曾多次发出通知,要求各级行政机关不得为国内企事业单位间的经济活动提供担保,但这种情况仍时有发生。为切实纠正这一问题,经国务院批准,现作如下通知:

一、要充分认识行政机关为经济活动提供担保的危害性。行政机关不具备代偿债务的能力,如承担连带责任,只能扣划机关的工资和业务经费,否则便会引起大量的经济纠纷,甚至形成呆账、死账,影响正常的经济活动和经济秩序,不利于社会主义市场经济体制的建立。对此,各级行政机关必须引起足够的重视。

二、今后各级行政机关一律不得为国内企事业单位间的经济活动提供担保,已经提供担保的,要立即采取有效措施加以纠正。

三、要进一步增强法制观念。对违反规定自

行为企事业单位间经济活动提供担保的行政机关,要追究批准人的责任。对因提供担保而引起合同纠纷,造成经济损失的,要对提供担保的行政机关领导人和直接责任人员给予处罚,情节严重的,要依法追究其刑事责任。

◎司法解释

最高人民法院关于审理经济合同纠纷案件有关保证的若干问题的规定

- 1994 年 4 月 15 日
- 法发〔1994〕8 号

根据《中华人民共和国民法通则》和《中华人民共和国经济合同法》的有关规定,结合审判实践经验,对审理经济合同纠纷案件有关保证问题作如下规定:

一、保证合同成立的认定

1. 保证人与债权人就保证问题依法达成书面协议的,保证合同成立。

2. 保证人以书面形式向债权人表示,当被保证人不履行债务时,由其代为履行或者承担连带责任并为债权人接受的,保证合同成立。

3. 保证人在债权人与被保证人签订的订有保证条款的主合同上,以保证人的身份签字或者盖章;或者主合同中虽没有保证条款,但保证人在主合同上以保证人的身份签字或者盖章的,视为保证合同成立。

二、有效保证合同保证人的责任

4. 保证合同依法成立后,被保证人不履行债务的,保证人应当按照保证合同约定的范围、方式和期限承担保证责任。

5. 保证合同明确约定保证人承担代为履行责任的,经债权人请求被保证人履行合同,被保证人拒不履行时,债权人可请求保证人履行。保证人不能代为履行合同,且强制执行被保证人的财产仍不足以清偿其债务的,由保证人承担赔偿责任。

6. 保证合同明确约定保证人承担连带责任的,当被保证人到期不履行合同时,债权人既可向被保证人求偿,也可直接向保证人求偿。

7. 保证合同没有约定保证人承担何种保证责任,或者约定不明确的,视为保证人承担赔偿责任。当被保证人不履行合同时,债权人应当首先请求被保证人清偿债务。强制执行被保证人的财产仍不足以清偿其债务的,由保证人承担赔偿责任。

8. 保证合同对保证范围有明确约定的,保证人在约定的保证范围内承担责任;保证合同没有约定保证范围或者对保证范围约定不明确的,保证人应当对被保证人的全部债务承担保证责任。

9. 向债权人保证监督支付专款专用的,作出该项保证的人,在履行了监督支付专款专用义务后,不再承担责任。未尽监督义务造成资金流失的,应对流失的资金承担连带责任。

10. 保证合同中约定有保证责任期限的,保证人在约定的保证责任期限内承担保证责任。债权人在保证责任期限内未向保证人主张权利的,保证人不再承担保证责任。

11. 保证合同中没有约定保证责任期限或者约定不明确的,保证人应当在被保证人承担责任的期限内承担保证责任。保证人如果在主合同履行期限届满后,书面要求债权人向被保证人为诉讼上的请求,而债权人在收到保证人的书面请求后 1 个月内未行使诉讼请求权的,保证人不再承担保证责任。

12. 债权人与被保证人未经保证人同意,变更主合同履行期限的,如保证合同中约定有保证责任期限,保证人仍在原保证责任期限内承担保证责任;如保证合同中未约定保证责任期限,保证人仍在被保证人原承担责任的期限内承担保证责任。

债权人与被保证人未经保证人同意,

在主合同履行期限内变更合同其他内容而使被保证人债务增加的，保证人对增加的债务不承担保证责任。

13. 债权人在保证责任期限内，将债权转移给他人，并通知保证人的，保证人应向债权受让人承担保证责任。

14. 被保证人经债权人同意在保证责任期限内，将债务转移给他人，未经保证人同意的，保证人不再承担保证责任，但保证人追认的除外。

15. 债权人在保证责任期限内，无正当理由拒绝被保证人履行债务的，保证人不再承担保证责任；债权人放弃抵押权的，保证人就放弃抵押权的部分不再承担保证责任。但保证人同意继续承担保证责任的除外。

16. 依照法律规定或者当事人约定，免除被保证人部分或者全部债务的，保证人相应的保证责任得以免除。

三、无效保证合同的认定及保证人的责任

17. 法人的分支机构未经法人同意，为他人提供保证的，保证合同无效，保证人不承担保证责任，但应当根据其过错大小，承担相应的赔偿责任。法人的分支机构管理的财产不足以承担赔偿责任的，由法人承担。

金融部门的分支机构提供保证的，如无其他导致保证合同无效的因素，保证人应当承担保证责任。

18. 法人的内部职能部门未经法人同意，为他人提供保证的，保证合同无效，保证人不承担保证责任，但应当根据其过错大小，由法人承担相应的赔偿责任。

19. 主合同债权人一方或者双方当事人采取欺诈、胁迫等手段，或者恶意串通，使保证人在违背真实意思情况下提供保证的，保证合同无效，保证人不承担责任。

20. 主合同无效，保证合同也无效，保证人不承担保证责任。但保证人知道或者应当知道主合同无效而仍然为之提供保证的，主合同被确认无效后，保证人与被保证人承担连带赔偿责任。

四、在诉讼中为当事人提供的保证

21. 人民法院在案件审理过程中，决定对财产采取保全措施时，保证人为申请人或者被申请人提供保证的，在案件审理终结后，如果被保证人无财产可供执行或者其财产不足以清偿债务时，人民法院可以直接裁定执行保证人在其保证范围内的财产。

22. 在案件执行过程中，为被执行人提供保证的，被执行人逾期无财产可供执行或者其财产不足以清偿债务时，人民法院可以直接裁定执行保证人在其保证范围内的财产。

五、被保证人破产后保证人的责任

23. 被保证人被宣告破产的，债权人参加破产程序受偿后，对受偿不足的部分，保证人仍应承担保证责任。

24. 人民法院已审理终结的设有保证的合同纠纷案件，在执行终结前被保证人被宣告破产的，债权人可以生效法律文书确认的债权数额作为破产债权申报；债务已部分偿还的，以未偿还的部分作为债权申报。对经破产程序未受清偿的部分，保证人仍应承担保证责任。

25. 保证人代被保证人偿还债务后，尚未从被保证人处获偿被保证人即宣告破产的，保证人可以其代为清偿的数额作为破产债权申报。

26. 被保证人被宣告破产，债权人不申报债权的，在确认保证人的责任时，应当扣除债权人可以在破产程序中得到清偿的部分。

六、保证合同的诉讼时效

27. 保证合同约定有保证责任期限的，债权人应当在保证责任期限届满前向保证人主张权利。保证人拒绝承担保证责任的，债权人向人民法院请求保护其权利的诉讼时效期间，适用民法通则的有关诉讼时效的规定。

28. 保证合同约定有保证责任期限，但

在保证责任期限内,债权人仅向被保证人主张权利而未向保证人主张权利的,主债务诉讼时效中断,保证债务的诉讼时效不中断。

29. 保证合同未约定保证责任期限的,主债务的诉讼时效中断,保证债务的诉讼时效亦中断。

30. 依照《中华人民共和国民法通则》第一百三十九条的规定,主债务诉讼时效中止的,保证债务的诉讼时效同时中止。

七、其他

31. 本院以前关于保证问题的司法解释与本规定不一致的,以本规定为准,但已审结的案件,不得适用本规定进行再审。

最高人民法院关于审理票据纠纷案件若干问题的规定

• 2000年11月14日
• 法释〔2000〕32号

为了正确适用《中华人民共和国票据法》(以下简称票据法),公正、及时审理票据纠纷案件,保护票据当事人的合法权益,维护金融秩序和金融安全,根据票据法及其他有关法律的规定,结合审判实践,现对人民法院审理票据纠纷案件的若干问题规定如下:

一、受理和管辖

第一条 因行使票据权利或者票据法上的非票据权利而引起的纠纷,人民法院应当依法受理。

第二条 依照票据法第十条的规定,票据债务人(即出票人)以在票据未转让时的基础关系违法、双方不具有真实的交易关系和债权债务关系、持票人应付对价而未付对价为由,要求返还票据而提起诉讼的,人民法院应当依法受理。

第三条 依照票据法第三十六条的规定,票据被拒绝承兑、被拒绝付款或者汇票、支票超过提示付款期限后,票据持有人背书转让的,被背书人以背书人为被告行使追索权而提起诉讼的,人民法院应当依法受理。

第四条 持票人不先行使付款请求权而先行使追索权遭拒绝提起诉讼的,人民法院不予受理。除有票据法第六十一条第二款和本规定第三条所列情形外,持票人只能在首先向付款人行使付款请求权而得不到付款时,才可以行使追索权。

第五条 付款请求权是持票人享有的第一顺序权利,追索权是持票人享有的第二顺序权利,即汇票到期被拒绝付款或者具有票据法第六十一条第二款所列情形的,持票人请求背书人、出票人以及汇票的其他债务人支付票据法第七十条第一款所列金额和费用的权利。

第六条 因票据权利纠纷提起的诉讼,依法由票据支付地或者被告住所地人民法院管辖。

票据支付地是指票据上载明的付款地,票据上未载明付款地的,汇票付款人或者代理付款人的营业场所、住所或者经常居住地,本票出票人的营业场所,支票付款人或者代理付款人的营业场所所在地为票据付款地。代理付款人即付款人的委托代理人,是指根据付款人的委托代为支付票据金额的银行、信用合作社等金融机构。

第七条 因非票据权利纠纷提起的诉讼,依法由被告住所地人民法院管辖。

二、票 据 保 全

第八条 人民法院在审理、执行票据纠纷案件时,对具有下列情形之一的票据,经当事人申请并提供担保,可以依法采取保全措施或者执行措施:

(一)不履行约定义务,与票据债务人有直接债权债务关系的票据当事人所持有的票据;

(二)持票人恶意取得的票据;

(三)应付对价而未付对价的持票人持有的票据;

（四）记载有“不得转让”字样而用于贴现的票据；

（五）记载有“不得转让”字样而用于质押的票据；

（六）法律或者司法解释规定有其他情形的票据。

三、举证责任

第九条 票据诉讼的举证责任由提出主张的一方当事人承担。

依照票据法第四条第二款、第十条、第十二条、第二十一条的规定，向人民法院提起诉讼的持票人有责任提供诉争票据。该票据的出票、承兑、交付、背书转让涉嫌欺诈、偷盗、胁迫、恐吓、暴力等非法行为的，持票人对持票的合法性应当负责举证。

第十条 票据债务人依照票据法第十三条的规定，对与其有直接债权债务关系的持票人提出抗辩，人民法院合并审理票据关系和基础关系的，持票人应当提供相应的证据证明已经履行了约定义务。

第十一条 付款人或者承兑人被人民法院依法宣告破产的，持票人因行使追索权而向人民法院提起诉讼时，应当向受理法院提供人民法院依法作出的宣告破产裁定书或者能够证明付款人或者承兑人破产的其他证据。

第十二条 在票据诉讼中，负有举证责任的票据当事人应当在一审人民法院法庭辩论结束以前提供证据。因客观原因不能在上述举证期限以内提供的，应当在举证期限届满以前向人民法院申请延期。延长的期限由人民法院根据案件的具体情况决定。

票据当事人在一审人民法院审理期间隐匿票据、故意有证不举，应当承担相应的诉讼后果。

四、票据权利及抗辩

第十三条 票据法第十七条第一款第（一）、（二）项规定的持票人对票据的出票人和承兑人的权利，包括付款请求权和追索权。

第十四条 票据债务人以票据法第十条、第二十一条的规定为由，对业经背书转让票据的持票人进行抗辩的，人民法院不予支持。

第十五条 票据债务人依照票据法第十二条、第十三条的规定，对持票人提出下列抗辩的，人民法院应予支持：

（一）与票据债务人有直接债权债务关系并且不履行约定义务的；

（二）以欺诈、偷盗或者胁迫等非法手段取得票据，或者明知有前列情形，出于恶意取得票据的；

（三）明知票据债务人与出票人或者与持票人的前手之间存在抗辩事由而取得票据的；

（四）因重大过失取得票据的；

（五）其他依法不得享有票据权利的。

第十六条 票据债务人依照票据法第九条、第十七条、第十八条、第二十二条和第三十一条的规定，对持票人提出下列抗辩的，人民法院应予支持：

（一）欠缺法定必要记载事项或者不符合法定格式的；

（二）超过票据权利时效的；

（三）人民法院作出的除权判决已经发生法律效力的；

（四）以背书方式取得但背书不连续的；

（五）其他依法不得享有票据权利的。

第十七条 票据出票人或者背书人被宣告破产的，而付款人或者承兑人不知其事实而付款或者承兑，因此所产生的追索权可以登记为破产债权，付款人或者承兑人为债权人。

第十八条 票据法第十七条第一款第（三）、（四）项规定的持票人对前手的追索权，不包括对票据出票人的追索权。

第十九条 票据法第四十条第二款和第六十五条规定的持票人丧失对其前手的追索权，不包括对票据出票人的追索权。

第二十条 票据法第十七条规定的票据权利

时效发生中断的，只对发生时效中断事由的当事人有效。

第二十一条 票据法第六十六条第一款规定的书面通知是否逾期，以持票人或者其前手发出书面通知之日为准；以信函通知的，以信函投寄邮戳记载之日为准。

第二十二条 票据法第七十条、第七十一条所称中国人民银行规定的利率，是指中国人民银行规定的企业同期流动资金贷款利率。

第二十三条 代理付款人在人民法院公示催告公告发布以前按照规定程序善意付款后，承兑人或者付款人以已经公示催告为由拒付代理付款人已经垫付的款项的，人民法院不予支持。

五、失票救济

第二十四条 票据丧失后，失票人直接向人民法院申请公示催告或者提起诉讼的，人民法院应当依法受理。

第二十五条 出票人已经签章的授权补记的支票丧失后，失票人依法向人民法院申请公示催告的，人民法院应当依法受理。

第二十六条 票据法第十五条第三款规定的可以申请公示催告的失票人，是指按照规定可以背书转让的票据在丧失票据占有以前的最后合法持票人。

第二十七条 出票人已经签章但未记载代理付款人的银行汇票丧失后，失票人依法向付款人即出票银行所在地人民法院申请公示催告的，人民法院应当依法受理。

第二十八条 超过付款提示期限的票据丧失以后，失票人申请公示催告的，人民法院应当依法受理。

第二十九条 失票人通知票据付款人挂失止付后三日内向人民法院申请公示催告的，公示催告申请书应当载明下列内容：

（一）票面金额；

（二）出票人、持票人、背书人；

（三）申请的理由、事实；

（四）通知票据付款人或者代理付款人挂失止付的时间；

（五）付款人或者代理付款人的名称、通信地址、电话号码等。

第三十条 人民法院决定受理公示催告申请，应当同时通知付款人及代理付款人停止支付，并自立案之日起三日内发出公告。

第三十一条 付款人或者代理付款人收到人民法院发出的止付通知，应当立即停止支付，直至公示催告程序终结。非经发出止付通知的人民法院许可擅自解付的，不得免除票据责任。

第三十二条 人民法院决定受理公示催告申请后发布的公告应当在全国性的报刊上登载。

第三十三条 依照《中华人民共和国民事诉讼法》（以下简称民事诉讼法）第一百九十六条①的规定，公示催告的期间，国内票据自公告发布之日起六十日，涉外票据可根据具体情况适当延长，但最长不得超过九十日。

第三十四条 依照民事诉讼法第一百九十七条②第二款的规定，在公示催告期间，以公示催告的票据质押、贴现，因质押、贴现而接受该票据的持票人主张票据权利的，人民法院不予支持，但公示催告期间届满以后人民法院作出除权判决以前取得该票据的除外。

第三十五条 票据丧失后，失票人在票据权利时效届满以前请求出票人补发票据，或者请求债务人付款，在提供相应担保的情况下因债务人拒绝付款或者出票人拒绝补发票据提起诉讼的，由被告住所地或者票据支付地人民法院管辖。

第三十六条 失票人因请求出票人补发票据或者请求债务人付款遭到拒绝而向人民法院提起诉讼的，被告为与失票人具有票据债权债务关系的出票人、拒绝付款的票据

---

① 民事诉讼法原第一百九十六条现已修改为第二百一十九条。

② 民事诉讼法原第一百九十七条现已修改为第二百二十条。

付款人或者承兑人。

第三十七条 失票人为行使票据所有权，向非法持有票据人请求返还票据的，人民法院应当依法受理。

第三十八条 失票人向人民法院提起诉讼的，除向人民法院说明曾经持有票据及丧失票据的情形外，还应当提供担保。担保的数额相当于票据载明的金额。

第三十九条 对于伪报票据丧失的当事人，人民法院在查明事实，裁定终结公示催告或者诉讼程序后，可以参照民事诉讼法第一百零二条的规定，追究伪报人的法律责任。

六、票 据 效 力

第四十条 依照票据法第一百零九条以及经国务院批准的《票据管理实施办法》的规定，票据当事人使用的不是中国人民银行规定的统一格式票据的，按照《票据管理实施办法》的规定认定，但在中国境外签发的票据除外。

第四十一条 票据出票人在票据上的签章上不符合票据法以及下述规定的，该签章不具有票据法上的效力：

（一）商业汇票上的出票人的签章，为该法人或者该单位的财务专用章或者公章加其法定代表人、单位负责人或者其授权的代理人的签名或者盖章；

（二）银行汇票上的出票人的签章和银行承兑汇票的承兑人的签章，为该银行汇票专用章加其法定代表人或者其授权的代理人的签名或者盖章；

（三）银行本票上的出票人的签章，为该银行的本票专用章加其法定代表人或者其授权的代理人的签名或者盖章；

（四）支票上的出票人的签章，出票人为单位的，为与该单位在银行预留签章一致的财务专用章或者公章加其法定代表人或者其授权的代理人的签名或者盖章；出票人为个人的，为与该个人在银行预留签章一致的签名或者盖章。

第四十二条 银行汇票、银行本票的出票人以及银行承兑汇票的承兑人在票据上未加盖规定的专用章而加盖该银行的公章，支票的出票人在票据上未加盖与该单位在银行预留签章一致的财务专用章而加盖该出票人公章的，签章人应当承担票据责任。

第四十三条 依照票据法第九条以及《票据管理实施办法》的规定，票据金额的中文大写与数码不一致，或者票据载明的金额、出票日期或者签发日期、收款人名称更改，或者违反规定加盖银行部门印章代替专用章，付款人或者代理付款人对此类票据付款的，应当承担责任。

第四十四条 因更改银行汇票的实际结算金额引起纠纷而提起诉讼，当事人请求认定汇票效力的，人民法院应当认定该银行汇票无效。

第四十五条 空白授权票据的持票人行使票据权利时未对票据必须记载事项补充完全，因付款人或者代理付款人拒绝接收该票据而提起诉讼的，人民法院不予支持。

第四十六条 票据的背书人、承兑人、保证人在票据上的签章不符合票据法以及《票据管理实施办法》规定的，或者无民事行为能力人、限制民事行为能力人在票据上签章的，其签章无效，但不影响人民法院对票据上其他签章效力的认定。

七、票 据 背 书

第四十七条 因票据质权人以质押票据再行背书质押或者背书转让引起纠纷而提起诉讼的，人民法院应当认定背书行为无效。

第四十八条 依照票据法第二十七条的规定，票据的出票人在票据上记载“不得转让”字样，票据持有人背书转让的，背书行为无效。背书转让后的受让人不得享有票据权利，票据的出票人、承兑人对受让人不承担票据责任。

第四十九条 依照票据法第二十七条和第三十条的规定，背书人未记载被背书人名称即将票据交付他人的，持票人在票据被背书人栏内记载自己的名称与背书人记载具有同等法律效力。

第五十条 依照票据法第三十一条的规定，连续背书的第一背书人应当是在票据上记载的收款人，最后的票据持有人应当是最后一次背书的被背书人。

第五十一条 依照票据法第三十四条和第三十五条的规定，背书人在票据上记载“不得转让”、“委托收款”、“质押”字样，其后手再背书转让、委托收款或者质押的，原背书人对后手的被背书人不承担票据责任，但不影响出票人、承兑人以及原背书人之前手的票据责任。

第五十二条 依照票据法第五十七条第二款的规定，贷款人恶意或者有重大过失从事票据质押贷款的，人民法院应当认定质押行为无效。

第五十三条 依照票据法第二十七条的规定，出票人在票据上记载“不得转让”字样，其后手以此票据进行贴现、质押的，通过贴现、质押取得票据的持票人主张票据权利的，人民法院不予支持。

第五十四条 依照票据法第三十四条和第三十五条的规定，背书人在票据上记载“不得转让”字样，其后手以此票据进行贴现、质押的，原背书人对后手的被背书人不承担票据责任。

第五十五条 依照票据法第三十五条第二款的规定，以汇票设定质押时，出质人在汇票上只记载了“质押”字样未在票据上签章的，或者出质人未在汇票、粘单上记载“质押”字样而另行签订质押合同、质押条款的，不构成票据质押。

第五十六条 商业汇票的持票人向其非开户银行申请贴现，与向自己开立存款账户的银行申请贴现具有同等法律效力。但是，持票人有恶意或者与贴现银行恶意串通的除外。

第五十七条 违反规定区域出票，背书转让银行汇票，或者违反票据管理规定跨越票据交换区域出票、背书转让银行本票、支票的，不影响出票人、背书人依法应当承担的票据责任。

第五十八条 依照票据法第三十六条的规定，票据被拒绝承兑、被拒绝付款或者超过提示付款期限，票据持有人背书转让的，背书人应当承担票据责任。

第五十九条 承兑人或者付款人依照票据法第五十三条第二款的规定对逾期提示付款的持票人付款与按照规定的期限付款具有同等法律效力。

八、票据保证

第六十条 国家机关、以公益为目的的事业单位、社会团体、企业法人的分支机构和职能部门作为票据保证人的，票据保证无效，但经国务院批准为使用外国政府或者国际经济组织贷款进行转贷，国家机关提供票据保证的，以及企业法人的分支机构在法人书面授权范围内提供票据保证的除外。

第六十一条 票据保证无效的，票据的保证人应当承担与其过错相应的民事责任。

第六十二条 保证人未在票据或者粘单上记载“保证”字样而另行签订保证合同或者保证条款的，不属于票据保证，人民法院应当适用《中华人民共和国担保法》的有关规定。

九、法律适用

第六十三条 人民法院审理票据纠纷案件，适用票据法的规定；票据法没有规定的，适用《中华人民共和国民法通则》、《中华人民共和国合同法》、《中华人民共和国担保法》等民商事法律以及国务院制定的行政法规。

中国人民银行制定并公布施行的有关行政规章与法律、行政法规不抵触的，可以参照适用。

第六十四条 票据当事人因对金融行政管理部门的具体行政行为不服提起诉讼的，适用《中华人民共和国行政处罚法》、票据法以及《票据管理实施办法》等有关票据管理的规定。

中国人民银行制定并公布施行的有关行政规章与法律、行政法规不抵触的，可以参照适用。

第六十五条 人民法院对票据法施行以前已经作出终审裁决的票据纠纷案件进行再审，不适用票据法。

十、法律责任

第六十六条 具有下列情形之一的票据，未经背书转让的，票据债务人不承担票据责任；已经背书转让的，票据无效不影响其他真实签章的效力：

（一）出票人签章不真实的；

（二）出票人为无民事行为能力人的；

（三）出票人为限制民事行为能力人的。

第六十七条 依照票据法第十四条、第一百零三条、第一百零四条的规定，伪造、变造票据者除应当依法承担刑事、行政责任外，给他人造成损失的，还应当承担民事赔偿责任。被伪造签章者不承担票据责任。

第六十八条 对票据未记载事项或者未完全记载事项作补充记载，补充事项超出授权范围的，出票人对补充后的票据应当承担票据责任。给他人造成损失的，出票人还应当承担相应的民事责任。

第六十九条 付款人或者代理付款人未能识别出伪造、变造的票据或者身份证件而错误付款，属于票据法第五十七条规定的“重大过失”，给持票人造成损失的，应当依法承担民事责任。付款人或者代理付款人承担责任后有权向伪造者、变造者依法追偿。

持票人有过错的，也应当承担相应的民事责任。

第七十条 付款人及其代理付款人有下列情形之一的，应当自行承担责任：

（一）未依照票据法第五十七条的规定对提示付款人的合法身份证明或者有效证件以及汇票背书的连续性履行审查义务而错误付款的；

（二）公示催告期间对公示催告的票据付款的；

（三）收到人民法院的止付通知后付款的；

（四）其他以恶意或者重大过失付款的。

第七十一条 票据法第六十三条所称“其他有关证明”是指：

（一）人民法院出具的宣告承兑人、付款人失踪或者死亡的证明、法律文书；

（二）公安机关出具的承兑人、付款人逃匿或者下落不明的证明；

（三）医院或者有关单位出具的承兑人、付款人死亡的证明；

（四）公证机构出具的具有拒绝证明效力的文书。

第七十二条 当事人因申请票据保全错误而给他人造成损失的，应当依法承担民事责任。

第七十三条 因出票人签发空头支票、与其预留本名的签名式样或者印鉴不符的支票给他人造成损失的，支票的出票人和背书人应当依法承担民事责任。

第七十四条 人民法院在审理票据纠纷案件时，发现与本案有牵连但不属同一法律关系的票据欺诈犯罪嫌疑线索的，应当及时将犯罪嫌疑线索提供给有关公安机关，但票据纠纷案件不应因此而中止审理。

第七十五条 依照票据法第一百零五条的规定，由于金融机构工作人员在票据业务中玩忽职守，对违反票据法规定的票据予以承兑、付款、贴现或者保证，给当事人造成损失的，由该金融机构与直接责任人员依法承担连带责任。

第七十六条 依照票据法第一百零七条的规定，由于出票人制作票据，或者其他票据债务人未按照法定条件在票据上签章，给他人造成损失的，除应当按照所记载事项承担票据责任外，还应当承担相应的民事责任。

持票人明知或者应当知道前款情形而接受的，可以适当减轻出票人或者票据债务人的责任。

最高人民法院关于适用《中华人民共和国担保法》若干问题的解释

•2000年12月8日
•法释〔2000〕44号

为了正确适用《中华人民共和国担保法》(以下简称担保法),结合审判实践经验,对人民法院审理担保纠纷案件适用法律问题作出如下解释。

一、关于总则部分的解释

第一条 当事人对由民事关系产生的债权,在不违反法律、法规强制性规定的情况下,以担保法规定的方式设定担保的,可以认定为有效。

第二条 反担保人可以是债务人,也可以是债务人之外的其他人。

反担保方式可以是债务人提供的抵押或者质押,也可以是其他人提供的保证、抵押或者质押。

第三条 国家机关和以公益为目的的事业单位、社会团体违反法律规定提供担保的,担保合同无效。因此给债权人造成损失的,应当根据担保法第五条第二款的规定处理。

第四条 董事、经理违反《中华人民共和国公司法》第六十条的规定,以公司资产为本公司的股东或者其他个人债务提供担保的,担保合同无效。除债权人知道或者应当知道的外,债务人、担保人应当对债权人的损失承担连带赔偿责任。

第五条 以法律、法规禁止流通的财产或者不可转让的财产设定担保的,担保合同无效。

以法律、法规限制流通的财产设定担保的,在实现债权时,人民法院应当按照有关法律、法规的规定对该财产进行处理。

第六条 有下列情形之一的,对外担保合同无效:

(一)未经国家有关主管部门批准或者登记对外担保的;

(二)未经国家有关主管部门批准或者登记,为境外机构向境内债权人提供担保的;

(三)为外商投资企业注册资本、外商投资企业中的外方投资部分的对外债务提供担保的;

(四)无权经营外汇担保业务的金融机构、无外汇收入的非金融性质的企业法人提供外汇担保的;

(五)主合同变更或者债权人将对外担保合同项下的权利转让,未经担保人同意和国家有关主管部门批准的,担保人不再承担担保责任。但法律、法规另有规定的除外。

第七条 主合同有效而担保合同无效,债权人无过错的,担保人与债务人对主合同债权人的经济损失,承担连带赔偿责任;债权人、担保人有过错的,担保人承担民事责任的部分,不应超过债务人不能清偿部分的二分之一。

第八条 主合同无效而导致担保合同无效,担保人无过错的,担保人不承担民事责任;担保人有过错的,担保人承担民事责任的部分,不应超过债务人不能清偿部分的三分之一。

第九条 担保人因无效担保合同向债权人承担赔偿责任后,可以向债务人追偿,或者在承担赔偿责任的范围内,要求有过错的反担保人承担赔偿责任。

担保人可以根据承担赔偿责任的事实对债务人或者反担保人另行提起诉讼。

第十条 主合同解除后,担保人对债务人应当承担的民事责任仍应承担担保责任。但是,担保合同另有约定的除外。

第十一条 法人或者其他组织的法定代表人、负责人超越权限订立的担保合同,除相对人知道或者应当知道其超越权限的以外,该代表行为有效。

第十二条 当事人约定的或者登记部门要求登记的担保期间,对担保物权的存续不具有法律约束力。

担保物权所担保的债权的诉讼时效结束后,担保权人在诉讼时效结束后的二年内行使担保物权的,人民法院应当予以支持。

二、关于保证部分的解释

第十三条 保证合同中约定保证人代为履行非金钱债务的,如果保证人不能实际代为履行,对债权人因此造成的损失,保证人应当承担赔偿责任。

第十四条 不具有完全代偿能力的法人、其他组织或者自然人,以保证人身份订立保证合同后,又以自己没有代偿能力要求免除保证责任的,人民法院不予支持。

第十五条 担保法第七条规定的其他组织主要包括:

(一)依法登记领取营业执照的独资企业、合伙企业;

(二)依法登记领取营业执照的联营企业;

(三)依法登记领取营业执照的中外合作经营企业;

(四)经民政部门核准登记的社会团体;

(五)经核准登记领取营业执照的乡镇、街道、村办企业。

第十六条 从事经营活动的事业单位、社会团体为保证人的,如无其他导致保证合同无效的情况,其所签定的保证合同应当认定为有效。

第十七条 企业法人的分支机构未经法人书面授权提供保证的,保证合同无效。因此给债权人造成损失的,应当根据担保法第五条第二款的规定处理。

企业法人的分支机构经法人书面授权提供保证的,如果法人的书面授权范围不明,法人的分支机构应当对保证合同约定的全部债务承担保证责任。

企业法人的分支机构经营管理的财产不足以承担保证责任的,由企业法人承担民事责任。

企业法人的分支机构提供的保证无效后应当承担赔偿责任的,由分支机构经营管理的财产承担。企业法人有过错的,按照担保法第二十九条的规定处理。

第十八条 企业法人的职能部门提供保证的,保证合同无效。债权人知道或者应当知道保证人为企业法人的职能部门的,因此造成的损失由债权人自行承担。

债权人不知保证人为企业法人的职能部门,因此造成的损失,可以参照担保法第五条第二款的规定和第二十九条的规定处理。

第十九条 两个以上保证人对同一债务同时或者分别提供保证时,各保证人与债权人没有约定保证份额的,应当认定为连带共同保证。

连带共同保证的保证人以其相互之间约定各自承担的份额对抗债权人的,人民法院不予支持。

第二十条 连带共同保证的债务人在主合同规定的债务履行期届满没有履行债务的,债权人可以要求债务人履行债务,也可以要求任何一个保证人承担全部保证责任。

连带共同保证的保证人承担保证责任后,向债务人不能追偿的部分,由各连带保证人按其内部约定的比例分担。没有约定的,平均分担。

第二十一条 按份共同保证的保证人按照保证合同约定的保证份额承担保证责任后,在其履行保证责任的范围内对债务人行使追偿权。

第二十二条 第三人单方以书面形式向债权人出具担保书,债权人接受且未提出异议的,保证合同成立。

主合同中虽然没有保证条款,但是,保证人在主合同上以保证人的身份签字或者盖章的,保证合同成立。

第二十三条 最高额保证合同的不特定债权

确定后，保证人应当对在最高债权额限度内就一定期间连续发生的债权余额承担保证责任。

第二十四条 一般保证的保证人在主债权履行期间届满后，向债权人提供了债务人可供执行财产的真实情况的，债权人放弃或者怠于行使权利致使该财产不能被执行，保证人可以请求人民法院在其提供可供执行财产的实际价值范围内免除保证责任。

第二十五条 担保法第十七条第三款第（一）项规定的债权人要求债务人履行债务发生的重大困难情形，包括债务人下落不明、移居境外，且无财产可供执行。

第二十六条 第三人向债权人保证监督支付专款专用的，在履行了监督支付专款专用的义务后，不再承担责任。未尽监督义务造成资金流失的，应当对流失的资金承担补充赔偿责任。

第二十七条 保证人对债务人的注册资金提供保证的，债务人的实际投资与注册资金不符，或者抽逃转移注册资金的，保证人在注册资金不足或者抽逃转移注册资金的范围内承担连带保证责任。

第二十八条 保证期间，债权人依法将主债权转让给第三人的，保证债权同时转让，保证人在原保证担保的范围内对受让人承担保证责任。但是保证人与债权人事先约定仅对特定的债权人承担保证责任或者禁止债权转让的，保证人不再承担保证责任。

第二十九条 保证期间，债权人许可债务人转让部分债务未经保证人书面同意的，保证人对未经其同意转让部分的债务，不再承担保证责任。但是，保证人仍应当对未转让部分的债务承担保证责任。

第三十条 保证期间，债权人与债务人对主合同数量、价款、币种、利率等内容作了变动，未经保证人同意的，如果减轻债务人的债务的，保证人仍应当对变更后的合同承担保证责任；如果加重债务人的债务的，保证人对加重的部分不承担保证责任。

债权人与债务人对主合同履行期限作了变动，未经保证人书面同意的，保证期间为原合同约定的或者法律规定的期间。

债权人与债务人协议变动主合同内容，但并未实际履行的，保证人仍应当承担保证责任。

第三十一条 保证期间不因任何事由发生中断、中止、延长的法律后果。

第三十二条 保证合同约定的保证期间早于或者等于主债务履行期限的，视为没有约定，保证期间为主债务履行期届满之日起六个月。

保证合同约定保证人承担保证责任直至主债务本息还清时为止等类似内容的，视为约定不明，保证期间为主债务履行期届满之日起二年。

第三十三条 主合同对主债务履行期限没有约定或者约定不明的，保证期间自债权人要求债务人履行义务的宽限期届满之日起计算。

第三十四条 一般保证的债权人在保证期间届满前对债务人提起诉讼或者申请仲裁的，从判决或者仲裁裁决生效之日起，开始计算保证合同的诉讼时效。

连带责任保证的债权人在保证期间届满前要求保证人承担保证责任的，从债权人要求保证人承担保证责任之日起，开始计算保证合同的诉讼时效。

第三十五条 保证人对已经超过诉讼时效期间的债务承担保证责任或者提供保证的，又以超过诉讼时效为由抗辩的，人民法院不予支持。

第三十六条 一般保证中，主债务诉讼时效中断，保证债务诉讼时效中断；连带责任保证中，主债务诉讼时效中断，保证债务诉讼时效不中断。

一般保证和连带责任保证中，主债务诉讼时效中止的，保证债务的诉讼时效同时中止。

第三十七条 最高额保证合同对保证期间没有约定或者约定不明的，如最高额保证合同约定有保证人清偿债务期限的，保证期间为清偿期限届满之日起六个月。没有约定债务清偿期限的，保证期间自最高额保证终止之日或自债权人收到保证人终止保证合同的书面通知到达之日起六个月。

第三十八条 同一债权既有保证又有第三人提供物的担保的，债权人可以请求保证人或者物的担保人承担担保责任。当事人对保证担保的范围或者物的担保的范围没有约定或者约定不明的，承担了担保责任的担保人，可以向债务人追偿，也可以要求其他担保人清偿其应当分担的份额。

同一债权既有保证又有物的担保的，物的担保合同被确认无效或者被撤销，或者担保物因不可抗力的原因灭失而没有代位物的，保证人仍应当按合同的约定或者法律的规定承担保证责任。

债权人在主合同履行期届满后怠于行使担保物权，致使担保物的价值减少或者毁损、灭失的，视为债权人放弃部分或者全部物的担保。保证人在债权人放弃权利的范围内减轻或者免除保证责任。

第三十九条 主合同当事人双方协议以新贷偿还旧贷，除保证人知道或者应当知道的外，保证人不承担民事责任。

新贷与旧贷系同一保证人的，不适用前款的规定。

第四十条 主合同债务人采取欺诈、胁迫等手段，使保证人在违背真实意思的情况下提供保证的，债权人知道或者应当知道欺诈、胁迫事实的，按照担保法第三十条的规定处理。

第四十一条 债务人与保证人共同欺骗债权人，订立主合同和保证合同的，债权人可以请求人民法院予以撤销。因此给债权人造成损失的，由保证人与债务人承担连带赔偿责任。

第四十二条 人民法院判决保证人承担保证责任或者赔偿责任的，应当在判决书主文中明确保证人享有担保法第三十一条规定的权利。判决书中未予明确追偿权的，保证人只能按照承担责任的事实，另行提起诉讼。

保证人对债务人行使追偿权的诉讼时效，自保证人向债权人承担责任之日起开始计算。

第四十三条 保证人自行履行保证责任时，其实际清偿额大于主债权范围的，保证人只能在主债权范围内对债务人行使追偿权。

第四十四条 保证期间，人民法院受理债务人破产案件的，债权人既可以向人民法院申报债权，也可以向保证人主张权利。

债权人申报债权后在破产程序中未受清偿的部分，保证人仍应当承担保证责任。债权人要求保证人承担保证责任的，应当在破产程序终结后六个月内提出。

第四十五条 债权人知道或者应当知道债务人破产，既未申报债权也未通知保证人，致使保证人不能预先行使追偿权的，保证人在该债权在破产程序中可能受偿的范围内免除保证责任。

第四十六条 人民法院受理债务人破产案件后，债权人未申报债权的，各连带共同保证的保证人应当作为一个主体申报债权，预先行使追偿权。

三、关于抵押部分的解释

第四十七条 以依法获准尚未建造的或者正在建造中的房屋或者其他建筑物抵押的，当事人办理了抵押物登记，人民法院可以认定抵押有效。

第四十八条 以法定程序确认为违法、违章的建筑物抵押的，抵押无效。

第四十九条 以尚未办理权属证书的财产抵押的，在第一审法庭辩论终结前能够提供权利证书或者补办登记手续的，可以认定抵押有效。

当事人未办理抵押物登记手续的，不得对抗第三人。

第五十条 以担保法第三十四条第一款所列财产一并抵押的，抵押财产的范围应当以登记的财产为准。抵押财产的价值在抵押权实现时予以确定。

第五十一条 抵押人所担保的债权超出其抵押物价值的，超出的部分不具有优先受偿的效力。

第五十二条 当事人以农作物和与其尚未分离的土地使用权同时抵押的，土地使用权部分的抵押无效。

第五十三条 学校、幼儿园、医院等以公益为目的的事业单位、社会团体，以其教育设施、医疗卫生设施和其他社会公益设施以外的财产为自身债务设定抵押的，人民法院可以认定抵押有效。

第五十四条 按份共有人以其共有财产中享有的份额设定抵押的，抵押有效。

共同共有人以其共有财产设定抵押，未经其他共有人的同意，抵押无效。但是，其他共有人知道或者应当知道而未提出异议的视为同意，抵押有效。

第五十五条 已经设定抵押的财产被采取查封、扣押等财产保全或者执行措施的，不影响抵押权的效力。

第五十六条 抵押合同对被担保的主债权种类、抵押财产没有约定或者约定不明，根据主合同和抵押合同不能补正或者无法推定的，抵押不成立。

法律规定登记生效的抵押合同签订后，抵押人违背诚实信用原则拒绝办理抵押登记致使债权人受到损失的，抵押人应当承担赔偿责任。

第五十七条 当事人在抵押合同中约定，债务履行期届满抵押权人未受清偿时，抵押物的所有权转移为债权人所有的内容无效。该内容的无效不影响抵押合同其他部分内容的效力。

债务履行期届满后抵押权人未受清偿时，抵押权人和抵押人可以协议以抵押物折价取得抵押物。但是，损害顺序在后的担保物权人和其他债权人利益的，人民法院可以适用合同法第七十四条、第七十五条的有关规定。

第五十八条 当事人同一天在不同的法定登记部门办理抵押物登记的，视为顺序相同。

因登记部门的原因致使抵押物进行连续登记的，抵押物第一次登记的日期，视为抵押登记的日期，并依此确定抵押权的顺序。

第五十九条 当事人办理抵押物登记手续时，因登记部门的原因致使其无法办理抵押物登记，抵押人向债权人交付权利凭证的，可以认定债权人对该财产有优先受偿权。但是，未办理抵押物登记的，不得对抗第三人。

第六十条 以担保法第四十二条第（二）项规定的不动产抵押的，县级以上地方人民政府对登记部门未作规定，当事人在土地管理部门或者房产管理部门办理了抵押物登记手续，人民法院可以确认其登记的效力。

第六十一条 抵押物登记记载的内容与抵押合同约定的内容不一致的，以登记记载的内容为准。

第六十二条 抵押物因附合、混合或者加工使抵押物的所有权为第三人所有的，抵押权的效力及于补偿金；抵押物所有人为附合物、混合物或者加工物的所有人的，抵押权的效力及于附合物、混合物或者加工物；第三人与抵押物所有人为附合物、混合物或者加工物的共有人的，抵押权的效力及于抵押人对共有物享有的份额。

第六十三条 抵押权设定前为抵押物的从物的，抵押权的效力及于抵押物的从物。但是，抵押物与其从物为两个以上的人分别所有时，抵押权的效力不及于抵押物的从物。

第六十四条 债务履行期届满，债务人不履行债务致使抵押物被人民法院依法扣押的，自扣押之日起抵押权人收取的由抵押物分离的天然孳息和法定孳息，按照下列顺序清偿：

（一）收取孳息的费用；

（二）主债权的利息；

（三）主债权。

第六十五条 抵押人将已出租的财产抵押的，抵押权实现后，租赁合同在有效期内对抵押物的受让人继续有效。

第六十六条 抵押人将已抵押的财产出租的，抵押权实现后，租赁合同对受让人不具有约束力。

抵押人将已抵押的财产出租时，如果抵押人未书面告知承租人该财产已抵押的，抵押人对出租抵押物造成承租人的损失承担赔偿责任；如果抵押人已书面告知承租人该财产已抵押的，抵押权实现造成承租人的损失，由承租人自己承担。

第六十七条 抵押权存续期间，抵押人转让抵押物未通知抵押权人或者未告知受让人的，如果抵押物已经登记的，抵押权人仍可以行使抵押权；取得抵押物所有权的受让人，可以代替债务人清偿其全部债务，使抵押权消灭。受让人清偿债务后可以向抵押人追偿。

如果抵押物未经登记的，抵押权不得对抗受让人，因此给抵押权人造成损失的，由抵押人承担赔偿责任。

第六十八条 抵押物依法被继承或者赠与的，抵押权不受影响。

第六十九条 债务人有多个普通债权人的，在清偿债务时，债务人与其中一个债权人恶意串通，将其全部或者部分财产抵押给该债权人，因此丧失了履行其他债务的能力，损害了其他债权人的合法权益，受损害的其他债权人可以请求人民法院撤销该抵押行为。

第七十条 抵押人的行为足以使抵押物价值减少的，抵押权人请求抵押人恢复原状或提供担保遭到拒绝时，抵押权人可以请求债务人履行债务，也可以请求提前行使抵押权。

第七十一条 主债权未受全部清偿的，抵押权人可以就抵押物的全部行使其抵押权。

抵押物被分割或者部分转让的，抵押权人可以就分割或者转让后的抵押物行使抵押权。

第七十二条 主债权被分割或者部分转让的，各债权人可以就其享有的债权份额行使抵押权。

主债务被分割或者部分转让的，抵押人仍以其抵押物担保数个债务人履行债务。但是，第三人提供抵押的，债权人许可债务人转让债务未经抵押人书面同意的，抵押人对未经其同意转让的债务，不再承担担保责任。

第七十三条 抵押物折价或者拍卖、变卖该抵押物的价款低于抵押权设定时约定价值的，应当按照抵押物实现的价值进行清偿。不足清偿的剩余部分，由债务人清偿。

第七十四条 抵押物折价或者拍卖、变卖所得的价款，当事人没有约定的，按下列顺序清偿：

（一）实现抵押权的费用；

（二）主债权的利息；

（三）主债权。

第七十五条 同一债权有两个以上抵押人的，债权人放弃债务人提供的抵押担保的，其他抵押人可以请求人民法院减轻或者免除其应当承担的担保责任。

同一债权有两个以上抵押人的，当事人对其提供的抵押财产所担保的债权份额或者顺序没有约定或者约定不明的，抵押权人可以就其中任一或者各个财产行使抵押权。

抵押人承担担保责任后，可以向债务人追偿，也可以要求其他抵押人清偿其应当承担的份额。

第七十六条 同一动产向两个以上债权人抵押的，当事人未办理抵押物登记，实现抵押权时，各抵押权人按照债权比例受偿。

第七十七条 同一财产向两个以上债权人抵押的，顺序在先的抵押权与该财产的所有权归属一人时，该财产的所有权人可以以其抵押权对抗顺序在后的抵押权。

第七十八条 同一财产向两个以上债权人抵押的，顺序在后的抵押权所担保的债权先到期的，抵押权人只能就抵押物价值超出顺序在先的抵押担保债权的部分受偿。

顺序在先的抵押权所担保的债权先到期的，抵押权实现后的剩余价款应予提存，留待清偿顺序在后的抵押担保债权。

第七十九条 同一财产法定登记的抵押权与质权并存时，抵押权人优先于质权人受偿。

同一财产抵押权与留置权并存时，留置权人优先于抵押权人受偿。

第八十条 在抵押物灭失、毁损或者被征用的情况下，抵押权人可以就该抵押物的保险金、赔偿金或者补偿金优先受偿。

抵押物灭失、毁损或者被征用的情况下，抵押权所担保的债权未届清偿期的，抵押权人可以请求人民法院对保险金、赔偿金或补偿金等采取保全措施。

第八十一条 最高额抵押权所担保的债权范围，不包括抵押物因财产保全或者执行程序被查封后或债务人、抵押人破产后发生的债权。

第八十二条 当事人对最高额抵押合同的最高限额、最高额抵押期间进行变更，以其变更对抗顺序在后的抵押权人的，人民法院不予支持。

第八十三条 最高额抵押权所担保的不特定债权，在特定后，债权已届清偿期的，最高额抵押权人可以根据普通抵押权的规定行使其抵押权。

抵押权人实现最高额抵押权时，如果实际发生的债权余额高于最高限额的，以最高限额为限，超过部分不具有优先受偿的效力；如果实际发生的债权余额低于最高限额的，以实际发生的债权余额为限对抵押物优先受偿。

四、关于质押部分的解释

（一）动产质押

第八十四条 出质人以其不具有所有权但合法占有的动产出质的，不知出质人无处分权的质权人行使质权后，因此给动产所有人造成损失的，由出质人承担赔偿责任。

第八十五条 债务人或者第三人将其金钱以特户、封金、保证金等形式特定化后，移交债权人占有作为债权的担保，债务人不履行债务时，债权人可以以该金钱优先受偿。

第八十六条 债务人或者第三人未按质押合同约定的时间移交质物的，因此给质权人造成损失的，出质人应当根据其过错承担赔偿责任。

第八十七条 出质人代质权人占有质物的，质押合同不生效；质权人将质物返还于出质人后，以其质权对抗第三人的，人民法院不予支持。

因不可归责于质权人的事由而丧失对质物的占有，质权人可以向不当占有人请求停止侵害、恢复原状、返还质物。

第八十八条 出质人以间接占有的财产出质的，质押合同自书面通知送达占有人时视为移交。占有人收到出质通知后，仍接受出质人的指示处分出质财产的，该行为无效。

第八十九条 质押合同中对质押的财产约定不明，或者约定的出质财产与实际移交的财产不一致的，以实际交付占有的财产为准。

第九十条 质物有隐蔽瑕疵造成质权人其他财产损害的，应由出质人承担赔偿责任。但是，质权人在质物移交时明知质物有瑕疵而予以接受的除外。

第九十一条 动产质权的效力及于质物的从物。但是，从物未随同质物移交质权人占有的，质权的效力不及于从物。

第九十二条 按照担保法第六十九条的规定将质物提存的，质物提存费用由质权人负担；出质人提前清偿债权的，应当扣除未到期部分的利息。

第九十三条 质权人在质权存续期间，未经出质人同意，擅自使用、出租、处分质物，因此给出质人造成损失的，由质权人承担赔偿责任。

第九十四条 质权人在质权存续期间，为担保自己的债务，经出质人同意，以其所占有的质物为第三人设定质权的，应当在原质权所担保的债权范围之内，超过的部分不具有优先受偿的效力。转质权的效力优于原质权。

质权人在质权存续期间，未经出质人同意，为担保自己的债务，在其所占有的质物上为第三人设定质权的无效。质权人对因转质而发生的损害承担赔偿责任。

第九十五条 债务履行期届满质权人未受清偿的，质权人可以继续留置质物，并以质物的全部行使权利。出质人清偿所担保的债权后，质权人应当返还质物。

债务履行期届满，出质人请求质权人及时行使权利，而质权人怠于行使权利致使质物价格下跌的，由此造成的损失，质权人应当承担赔偿责任。

第九十六条 本解释第五十七条、第六十二条、第六十四条、第七十一条、第七十二条、第七十三条、第七十四条、第八十条之规定，适用于动产质押。

(二)权 利 质 押

第九十七条 以公路桥梁、公路隧道或者公路渡口等不动产收益权出质的，按照担保法第七十五条第(四)项的规定处理。

第九十八条 以汇票、支票、本票出质，出质人与质权人没有背书记载“质押”字样，以票据出质对抗善意第三人的，人民法院不予支持。

第九十九条 以公司债券出质的，出质人与质权人没有背书记载“质押”字样，以债券出质对抗公司和第三人的，人民法院不予支持。

第一百条 以存款单出质的，签发银行核押后又受理挂失并造成存款流失的，应当承担民事责任。

第一百零一条 以票据、债券、存款单、仓单、提单出质的，质权人再转让或者质押的无效。

第一百零二条 以载明兑现或者提货日期的汇票、支票、本票、债券、存款单、仓单、提单出质的，其兑现或者提货日期后于债务履行期的，质权人只能在兑现或者提货日期届满时兑现款项或者提取货物。

第一百零三条 以股份有限公司的股份出质的，适用《中华人民共和国公司法》有关股份转让的规定。

以上市公司的股份出质的，质押合同自股份出质向证券登记机构办理出质登记之日起生效。

以非上市公司的股份出质的，质押合同自股份出质记载于股东名册之日起生效。

第一百零四条 以依法可以转让的股份、股票出质的，质权的效力及于股份、股票的法定孳息。

第一百零五条 以依法可以转让的商标专用权，专利权、著作权中的财产权出质的，出质人未经质权人同意而转让或者许可他人使用已出质权利的，应当认定为无效。因此给质权人或者第三人造成损失的，由出质人承担民事责任。

第一百零六条 质权人向出质人、出质债权的债务人行使质权时，出质人、出质债权的债务人拒绝的，质权人可以起诉出质人和出质债权的债务人，也可以单独起诉出质债权的债务人。

五、关于留置部分的解释

第一百零七条 当事人在合同中约定排除留置权，债务履行期届满，债权人行使留置权的，人民法院不予支持。

第一百零八条 债权人合法占有债务人交付的动产时，不知债务人无处分该动产的权利，债权人可以按照担保法第八十二条的规定行使留置权。

第一百零九条 债权人的债权已届清偿期，债权人对动产的占有与其债权的发生有牵连关系，债权人可以留置其所占有的动产。

第一百一十条 留置权人在债权未受全部清偿前，留置物为不可分物的，留置权人可以就其留置物的全部行使留置权。

第一百一十一条 债权人行使留置权与其承担的义务或者合同的特殊约定相抵触的，

人民法院不予支持。

第一百一十二条 债权人的债权未届清偿期,其交付占有标的物的义务已届履行期的,不能行使留置权。但是,债权人能够证明债务人无支付能力的除外。

第一百一十三条 债权人未按担保法第八十七条规定的期限通知债务人履行义务,直接变价处分留置物的,应当对此造成的损失承担赔偿责任。债权人与债务人按照担保法第八十七条的规定在合同中约定宽限期的,债权人可以不经通知,直接行使留置权。

第一百一十四条 本解释第六十四条、第八十条、第八十七条、第九十一条、第九十三条的规定,适用于留置。

六、关于定金部分的解释

第一百一十五条 当事人约定以交付定金作为订立主合同担保的,给付定金的一方拒绝订立主合同的,无权要求返还定金;收受定金的一方拒绝订立合同的,应当双倍返还定金。

第一百一十六条 当事人约定以交付定金作为主合同成立或者生效要件的,给付定金的一方未支付定金,但主合同已经履行或者已经履行主要部分的,不影响主合同的成立或者生效。

第一百一十七条 定金交付后,交付定金的一方可以按照合同的约定以丧失定金为代价而解除主合同,收受定金的一方可以双倍返还定金为代价而解除主合同。对解除主合同后责任的处理,适用《中华人民共和国合同法》的规定。

第一百一十八条 当事人交付留置金、担保金、保证金、订约金、押金或者订金等,但没有约定定金性质的,当事人主张定金权利的,人民法院不予支持。

第一百一十九条 实际交付的定金数额多于或者少于约定数额,视为变更定金合同;收受定金一方提出异议并拒绝接受定金的,定金合同不生效。

第一百二十条 因当事人一方迟延履行或者其他违约行为,致使合同目的不能实现,可以适用定金罚则。但法律另有规定或者当事人另有约定的除外。

当事人一方不完全履行合同的,应当按照未履行部分所占合同约定内容的比例,适用定金罚则。

第一百二十一条 当事人约定的定金数额超过主合同标的额百分之二十的,超过的部分,人民法院不予支持。

第一百二十二条 因不可抗力、意外事件致使主合同不能履行的,不适用定金罚则。因合同关系以外第三人的过错,致使主合同不能履行的,适用定金罚则。受定金处罚的一方当事人,可以依法向第三人追偿。

七、关于其他问题的解释

第一百二十三条 同一债权上数个担保物权并存时,债权人放弃债务人提供的物的担保的,其他担保人在其放弃权利的范围内减轻或者免除担保责任。

第一百二十四条 企业法人的分支机构为他人提供保证的,人民法院在审理保证纠纷案件中可以将该企业法人作为共同被告参加诉讼。但是商业银行、保险公司的分支机构提供保证的除外。

第一百二十五条 一般保证的债权人向债务人和保证人一并提起诉讼的,人民法院可以将债务人和保证人列为共同被告参加诉讼。但是,应当在判决书中明确在对债务人财产依法强制执行后仍不能履行债务时,由保证人承担保证责任。

第一百二十六条 连带责任保证的债权人可以将债务人或者保证人作为被告提起诉讼,也可以将债务人和保证人作为共同被告提起诉讼。

第一百二十七条 债务人对债权人提起诉讼,债权人提起反诉的,保证人可以作为第三人参加诉讼。

第一百二十八条 债权人向人民法院请求行使担保物权时,债务人和担保人应当作为共同被告参加诉讼。

同一债权既有保证又有物的担保的，当事人发生纠纷提起诉讼的，债务人与保证人、抵押人或者出质人可以作为共同被告参加诉讼。

第一百二十九条 主合同和担保合同发生纠纷提起诉讼的，应当根据主合同确定案件管辖。担保人承担连带责任的担保合同发生纠纷，债权人向担保人主张权利的，应当由担保人住所地的法院管辖。

主合同和担保合同选择管辖的法院不一致的，应当根据主合同确定案件管辖。

第一百三十条 在主合同纠纷案件中，对担保合同未经审判，人民法院不应当依据对主合同当事人所作出的判决或者裁定，直接执行担保人的财产。

第一百三十一条 本解释所称"不能清偿"指对债务人的存款、现金、有价证券、成品、半成品、原材料、交通工具等可以执行的动产和其他方便执行的财产执行完毕后，债务仍未能得到清偿的状态。

第一百三十二条 在案件审理或者执行程序中，当事人提供财产担保的，人民法院应当对该财产的权属证书予以扣押，同时向有关部门发出协助执行通知书，要求其在规定的时间内不予办理担保财产的转移手续。

第一百三十三条 担保法施行以前发生的担保行为，适用担保行为发生时的法律、法规和有关司法解释。

担保法施行以后因担保行为发生的纠纷案件，在本解释公布施行前已经终审，当事人申请再审或者按审判监督程序决定再审的，不适用本解释。

担保法施行以后因担保行为发生的纠纷案件，在本解释公布施行后尚在一审或二审阶段的，适用担保法和本解释。

第一百三十四条 最高人民法院在担保法施行以前作出的有关担保问题的司法解释，与担保法和本解释相抵触的，不再适用。

◎司法文件

最高人民法院印发《关于正确适用暂缓执行措施若干问题的规定》的通知

- 2002 年 9 月 28 日
- 法发〔2002〕16 号

各省、自治区、直辖市高级人民法院，解放军军事法院，新疆维吾尔自治区高级人民法院生产建设兵团分院：

最高人民法院《关于正确适用暂缓执行措施若干问题的规定》已于 2002 年 9 月 24 日第 1244 次审判委员会讨论通过，现印发给你们，望认真学习，贯彻执行。

最高人民法院关于正确适用暂缓执行措施若干问题的规定

为了在执行程序中正确适用暂缓执行措施，维护当事人及其他利害关系人的合法权益，根据《中华人民共和国民事诉讼法》和其他有关法律的规定，结合司法实践，制定本规定。

第一条 执行程序开始后，人民法院因法定事由，可以决定对某一项或者某几项执行措施在规定的期限内暂缓实施。

执行程序开始后，除法定事由外，人民法院不得决定暂缓执行。

第二条 暂缓执行由执行法院或者其上级人民法院作出决定，由执行机构统一办理。

人民法院决定暂缓执行的，应当制作暂缓执行决定书，并及时送达当事人。

第三条 有下列情形之一的，经当事人或者其他利害关系人申请，人民法院可以决定暂缓执行：

（一）执行措施或者执行程序违反法律规定的；

（二）执行标的物存在权属争议的；

（三）被执行人对申请执行人享有抵

销权的。

第四条 人民法院根据本规定第三条决定暂缓执行的,应当同时责令申请暂缓执行的当事人或者其他利害关系人在指定的期限内提供相应的担保。

被执行人或者其他利害关系人提供担保申请暂缓执行,申请执行人提供担保要求继续执行的,执行法院可以继续执行。

第五条 当事人或者其他利害关系人提供财产担保的,应当出具评估机构对担保财产价值的评估证明。

评估机构出具虚假证明给当事人造成损失的,当事人可以对担保人、评估机构另行提起损害赔偿诉讼。

第六条 人民法院在收到暂缓执行申请后,应当在十五日内作出决定,并在作出决定后五日内将决定书发送当事人或者其他利害关系人。

第七条 有下列情形之一的,人民法院可以依职权决定暂缓执行:

(一)上级人民法院已经受理执行争议案件并正在处理的;

(二)人民法院发现据以执行的生效法律文书确有错误,并正在按照审判监督程序进行审查的。

人民法院依照前款规定决定暂缓执行的,一般应由申请执行人或者被执行人提供相应的担保。

第八条 依照本规定第七条第一款第(一)项决定暂缓执行的,由上级人民法院作出决定。依照本规定第七条第一款第(二)项决定暂缓执行的,审判机构应当向本院执行机构发出暂缓执行建议书,执行机构收到建议书后,应当办理暂缓相关执行措施的手续。

第九条 在执行过程中,执行人员发现据以执行的判决、裁定、调解书和支付令确有错误的,应当依照最高人民法院《关于适用〈中华人民共和国民事诉讼法〉若干问题的意见》第258条的规定处理。

在审查处理期间,执行机构可以报经院长决定对执行标的暂缓采取处分性措施,并通知当事人。

第十条 暂缓执行的期间不得超过三个月。因特殊事由需要延长的,可以适当延长,延长的期限不得超过三个月。

暂缓执行的期限从执行法院作出暂缓执行决定之日起计算。暂缓执行的决定由上级人民法院作出的,从执行法院收到暂缓执行决定之日起计算。

第十一条 人民法院对暂缓执行的案件,应当组成合议庭对是否暂缓执行进行审查,必要时应当听取当事人或者其他利害关系人的意见。

第十二条 上级人民法院发现执行法院对不符合暂缓执行条件的案件决定暂缓执行,或者对符合暂缓执行条件的案件未予暂缓执行的,应当作出决定予以纠正。执行法院收到该决定后,应当遵照执行。

第十三条 暂缓执行期限届满后,人民法院应当立即恢复执行。

暂缓执行期限届满前,据以决定暂缓执行的事由消灭的,如果该暂缓执行的决定是由执行法院作出的,执行法院应当立即作出恢复执行的决定;如果该暂缓执行的决定是由执行法院的上级人民法院作出的,执行法院应当将该暂缓执行事由消灭的情况及时报告上级人民法院,该上级人民法院应当在收到报告后十日内审查核实并作出恢复执行的决定。

第十四条 本规定自公布之日起施行。本规定施行后,其他司法解释与本规定不一致的,适用本规定。

◎请示答复

最高人民法院执行工作办公室关于执行担保问题的函

- 1996年12月11日
- 法经〔1996〕423号

山东省高级人民法院:

北京大中商贸公司致函我院,反映烟台

经济技术开发区法院违法办案的情况。信中称:北京大中商贸公司已提供一辆本田轿车和朝集建〔95〕字第087628、087631、087632三栋别墅作为抵押,承担担保责任。但烟台经济技术开发区法院不执行这些担保财产,而继续对本公司其他财产采取执行措施,侵犯了其合法权益。

经审查,我们认为,北京大中商贸公司反映的情况基本属实。其所提供的担保合法有效,且超出担保债务价值。在此情况下,烟台经济技术开发区法院应执行担保财产,而不应再对被执行人和担保人的其他财产采取执行措施。

现将此案有关材料转去,请你院监督烟台经济技术开发区法院纠正错误,依法执行此案,并将处理结果书面报告我院。

最高人民法院执行办公室关于暂缓执行期间如何计算迟延履行期间的债务利息的请示的答复(节录)

- 2006年12月1日
- 〔2005〕执监字第59－1号函

山东省高级人民法院:

根据你院《关于执行华和国际租赁有限公司与中国建设银行费县支行融资租赁合同担保纠纷一案的情况汇报》,现就有关的法律适用问题提出如下意见:

关于暂缓执行期间是否计算双倍贷款利息的问题,按照《民事诉讼法》第二百三十二条①的规定,被执行人未按判决履行的,即应当加倍支付迟延履行期间的债务利息。暂缓执行并未改变被执行人未按判决履行的状态,而且此案暂缓执行是因被执行人申诉,为被执行人的利益而采取的。在申诉复查期间暂缓执行已经保护了被执行人的利益,申诉被驳回的,被执行人应当承担未按判决履行的不利后果。

最高人民法院关于判决书主文已经判明担保人承担担保责任后有权向被担保人追偿,该追偿权是否须另行诉讼问题请示的答复

- 2009年5月8日
- 〔2009〕执他字第4号

四川省高级人民法院:

你院〔2008〕川执监字第34号《关于成都达义物业有限责任公司申请执行西藏华西药业集团有限责任公司借款合同纠纷一案的请示》收悉。经研究,答复如下:

原则同意你院倾向性意见中无须另行诉讼的意见。即对人民法院的生效判决已经确定担保人承担担保责任后,可向主债务人行使追偿权的案件,担保人无须另行诉讼,可以直接向人民法院申请执行。但行使追偿权的范围应当限定在抵押担保责任范围内。

---

① 民事诉讼法原第二百三十二条现已修改为第二百五十三条。

第十一章　执行和解

◎请示答复

最高人民法院关于当事人在执行中达成和解协议且已履行完毕的不应恢复执行的函

•1995年2月5日
•经他〔1995〕2号

广东省高级人民法院：

关于广州市国营新合企业公司（以下简称“新合公司”）与深圳市蛇口区对外经济发展公司（以下简称“蛇口外经公司”）购销电冰箱合同纠纷一案的执行问题，本院经济庭曾于1994年1月6日要求你院查处，并报结果，但至今未收到你院有关处理情况的报告。新合公司清算组又多次向我院要求纠正广州市东山区法院的错误执行做法。

经审查当事人提供的材料，我院认为：新合公司与蛇口外经公司于1989年12月8日达成的以空调器抵债的和解协议已经履行完毕。蛇口外经公司提出空调器质量不合格证据不足，否认和解协议已履行完毕缺乏依据，广州市东山区法院不应恢复执行〔1989〕东法经字第231号民事判决，请你院通知广州市东山区法院终结执行。蛇口外经公司对空调器质量的异议，可由广州中院对该公司向天河区法院起诉的空调器质量纠纷一案通过审判监督程序处理。

最高人民法院执行工作办公室关于和解协议已经履行完毕的不应再恢复执行原生效法律文书问题的函

•1996年1月9日
•法经〔1996〕19号

陕西省高级人民法院、江苏省高级人民法院：

你们两院关于陕西省八一铜矿（下称八一铜矿）诉江苏省靖江市无机化工厂（下称化工厂）、江苏省靖江市有色金属精炼厂（下称精炼厂）、江苏省中外合资扬州惠柱冶化有限公司（下称惠柱公司）购销合同货款纠纷一案执行争议问题的来函收悉。经研究答复如下：

八一铜矿诉化工厂、精炼厂、惠柱公司购销合同货款纠纷一案，陕西省汉中地区中级法院作出〔1994〕汉中法经终判字第48号民事判决。一审法院宁强县法院在执行该判决的过程中，于1994年11月23日，在江苏省靖江市法院的协助下，促成八一铜矿与惠柱公司双方达成了执行和解协议。该协议约定：惠柱公司以价值35万元的铜管抵付货款，一次结清；以1.26万元现金支付八一铜矿预交的诉讼费；此和解协议履行完毕，〔1994〕汉中法经终判字第48号民事判决书不再执行，如一方在和解执行中反悔，按法律规定处理；本协议限定于双方签约当日内履行；双方代表签字生效。

查此执行和解协议系双方当事人在平等、自愿的条件下，自主处分权力和承诺义务，共同协商达成的。意思表示真实，所列条款协商一致，执行和解协议是合法有效的。

此和解协议于签订的当日下午履行完毕，应视为该协议执行终结。

该和解协议履行完毕时过一日，八一铜矿反悔，向宁强县法院申请恢复执行原判决。依据《关于适用〈中华人民共和国民事诉讼法〉若干问题的意见》第266条规定，宁强县法院应予驳回申请，不予恢复执行原判决。但该院却裁定确认已履行完毕的执行和解协议无效，恢复执行原判决；并继而扣押了惠柱公司的一辆丰田大霸王子弹头面包车，扣划了该公司账户存款3.4万元，严重违反法律规定。宁强县法院对此的辩解理由不能成立。应依法撤销宁强县法院的〔1994〕宁法经初字第28号民事裁定书；该院扣押处理的丰田大霸王子弹头面包车应返还惠柱公司；扬州市郊区法院应将其查封八一铜矿35万元铜管予以解封，交由八一铜矿。

上述意见，请两省高级人民法院互相配合，监督执行，并于2个月内报告处理结果。

最高人民法院执行办公室关于如何处理因当事人达成和解协议致使逾期申请执行问题的复函

- 1999年4月21日
- 〔1999〕执他字第10号

广东省高级人民法院：

你院〔1997〕粤高法执请字第36号《关于深圳华达化工有限公司申请执行深圳东部实业有限公司一案申请执行期限如何认定问题的请示报告》收悉。经研究，答复如下：

《民事诉讼法》第二百一十九条规定，申请执行的期限，双方或者一方当事人是公民的为1年，双方是法人或者其他组织的为6个月。申请执行人未在法定期限内申请执行，便丧失了请求法院强制执行保护其合法权益的权利。双方当事人于判决生效后达成还款协议，并不能引起法定申请执行期限的更改。本案的债权人超过法定期限申请执行，深圳市中级人民法院仍立案执行无法律依据。深圳华达化工有限公司的债权成为自然债，可自行向债务人索取，也可以深圳东部实业有限公司不履行还款协议为由向有管辖权的人民法院提起诉讼。

附：

《广东省高级人民法院关于如何处理因当事人达成和解协议致使逾期申请执行问题的请示》内容

一、案件的主要事实

华达公司诉东部公司买卖房屋合同纠纷一案，深圳中院房产庭于1995年8月24日作出〔1995〕深中法房初字第066号民事判决书，判决东部公司在判决生效后15天以内返还华达公司1629万元本金及利息。判决送达后，双方于1995年9月11日自愿达成一份履行第066号判决的《还款协议书》，该协议主要约定：(1)东部公司向华达公司返还购房款本息18467067元（利息计至1995年8月25日）；(2)分期还款，至1996年12月31日前还清；(3)若东部公司不按期付款，华达公司请求法院强制执行；(4)本协议报深圳中院备案。此后，东部公司在判决生效后6个月内偿还了部分欠款，剩余部分未按还款协议书的约定付款。华达公司遂于1996年9月26日向深圳中院申请强制执行。深圳中院于1996年10月14日立案执行。东部公司即向深圳中院提出异议，认为根据《民事诉讼法》第二百一十九条的规定，此案申请执行期限已过，应视为华达公司已放弃申请强制执行的权利，深圳中院受理华达公司的执行申请错误，应予撤销。

二、深圳中院的意见

深圳中院认为，其对该案立案执行于法有据。理由有三：(1)第066号判决下达后，当事人达成还款协议，约定了还款日期、数量，并约定东部公司如不按期付款，华达公司可以申请法院强制执行，并将该协议报请深圳中院备案。该协议实际上是当事人的和解协议，即有条件地变更了生效判决所确定的还款时间和数量，并交法院备案。从主观上讲，当事人双方均表示自愿分期履行判决，权利人华达公司没有放弃申请强制执行的权利，这与《民事诉讼法》第二百一十九条的立法宗旨是不相符的，即不能将未在法定申请执行期限内提出执行申请就理解为是放弃了申请执行的权利。故不能简单地适用《民事诉讼法》第二百一十九条的规定。(2)当事人之间的还款协议是真实的意思表示。被执行人东部公司在开始阶段(即在6个月的申请执行期限内)按双方签订的还款协议偿付了部分款项，事实上构成了华达公司申请执行的障碍，后来东部公司不再按约定付款，对华达公司来说，限制其申请执行的障碍已经消失。根据《民事诉讼法》第七十六条的规定，华达公司有正当理由申请顺延申请执行期限，华达公司的申请执行和深圳中院的受理申请应当视为当事人申请顺延期限和法院准许顺延。这与《民事诉讼法》第七十六条规定的精神是一致的。(3)被执行人东部公司在主观上具有以还款协议拖延时间，从而达到逃避法院强制执行、逃避对华达公司的债务的目的。还款协议签订后，前期按协议履行了部分还款义务，诱使华达公司未在6个月内申请执行，之后就不再按照还款协议付款。东部公司的上述行为明属规避法律的行为，法院不能支持。

三、广东高院的意见

广东高院认为，华达公司申请执行东部公司已经超过法定期限，法院不应立案执行。理由是：(1)本案判决生效时间是1995年9月8日，双方当事人都是法人，根据《民事诉讼法》第二百一十九条的规定，申请执行期限为6个月，华达公司应当在1996年3月23日前申请执行。实际上华达公司于1996年9月26日才向深圳中院申请执行，明显超过法定的申请执行期限。(2)华达公司与东部公司签订的还款协议书不是在法院立案执行后达成的。根据《民事诉讼法》第二百一十一条的规定，只有案件进入执行程序后，在执行中双方当事人自行和解达成的协议，才能引起申请执行期限中止的法律后果。(3)根据《民事诉讼法》第七十六条关于期限顺延的规定及传统理论，即属不可抗力的事由出现或有其他正当理由(如当事人突患重病住院、身受伤残等情况)，期限可以顺延，而本案中华达公司不能举证有上述可以顺延期限的情形。(4)华达公司虽然在还款协议中声明保留向法院申请强制执行的权利，但此种约定只是当事人之间的意思表示，没有法律约束力。如果支持或者允许当事人的这种做法，一则使《民事诉讼法》第二百一十九条的规定失去立法意义；二则致使法院可能因当事人的私下约定而长时间无法了结案件。(5)从东部公司举证的情况看，其不能按时履行还款协议书的原因是市场因素造成的，房地产卖不出去。尽管如此，东部公司也一直在逐月偿还华达公司的债务，只是数额上不能依约履行，并非是拒绝履行还款或者故意规避法律。

最高人民法院执行工作办公室关于山东远东国际贸易公司诉青岛鸿荣金海湾房地产有限公司一案执行和解问题请示案致山东省高级人民法院的复函

- 2003年12月1日
- (2003)执他字第4号

山东省高级人民法院：

你院《关于在人民法院判决、裁定、调解结案后，至申请执行前，当事人之间又达成了新的“协议”，如何认定其效力的请示》收悉。经研究，答复如下：

当事人之间在执行前达成的和解协议，具有民事合同的效力。但协议本身并不当然影响债权人申请强制执行的权利。债权人在法定的申请执行期限内申请执行的，人民法院应当受理。

但你院请示的案件中，负有担保责任的被执行人提出，因债权人远东国际贸易有限公司与主债务人等四方达成和解协议（简称四方协议），并且在其向人民法院申请解除保全查封时，明确表示调解书中确定的债务已经全部履行完毕，因此本案不能强制执行。鉴于我国目前尚无债务人异议之诉制度，执行法院应当在实际开始执行前对此予以审查核实。如果四方协议确实已经履行了，则说明原调解书确定的债务已经消灭，不能再以该调解书为依据强制执行；否则可以强制执行。

审查中应注意：债权人自己向法院所作的关于债务已经履行完毕的明确表示，应视为债务得到履行的确定性证据。此后其主张债务没有履行，必须提供充分的相反证据证明。同时，因按照四方协议，抵债的股票直接转让给最终债权人中融国际投资有限公司，因此关于该协议是否得到履行，应从该公司取得相关证明。

第十二章　执行中止、终结与结案

◎司法解释

最高人民法院关于对人民法院终结执行行为提出执行异议期限问题的批复

• 2016 年 2 月 14 日
• 法释〔2016〕3 号

湖北省高级人民法院：

你院《关于咸宁市广泰置业有限公司与咸宁市枫丹置业有限公司房地产开发经营合同纠纷案的请示》（鄂高法〔2015〕295 号）收悉。经研究，批复如下：

当事人、利害关系人依照民事诉讼法第二百二十五条规定对终结执行行为提出异议的，应当自收到终结执行法律文书之日起六十日内提出；未收到法律文书的，应当自知道或者应当知道人民法院终结执行之日起六十日内提出。批复发布前终结执行的，自批复发布之日起六十日内提出。超出该期限提出执行异议的，人民法院不予受理。

此复。

最高人民法院关于严格执行案件审理期限制度的若干规定

• 2000 年 9 月 22 日
• 法释〔2000〕29 号

为提高诉讼效率，确保司法公正，根据刑事诉讼法、民事诉讼法、行政诉讼法和海事诉讼特别程序法的有关规定，现就人民法院执行案件审理期限制度的有关问题规定如下：

一、各类案件的审理、执行期限

第一条　适用普通程序审理的第一审刑事公诉案件、被告人被羁押的第一审刑事自诉案件和第二审刑事公诉、刑事自诉案件的期限为一个月，至迟不得超过一个半月；附带民事诉讼案件的审理期限，经本院院长批准，可以延长两个月。有刑事诉讼法第一百二十六条规定情形之一的，经省、自治区、直辖市高级人民法院批准或者决定，审理期限可以再延长一个月；最高人民法院受理的刑事上诉、刑事抗诉案件，经最高人民法院决定，审理期限可以再延长一个月。

适用普通程序审理的被告人未被羁押的第一审刑事自诉案件，期限为六个月；有特殊情况需要延长的，经本院院长批准，可以延长三个月。

适用简易程序审理的刑事案件，审理期限为二十日。

第二条　适用普通程序审理的第一审民事案件，期限为六个月；有特殊情况需要延长的，经本院院长批准，可以延长六个月，还需延长的，报请上一级人民法院批准，可以再延长三个月。

适用简易程序审理的民事案件，期限为三个月。

适用特别程序审理的民事案件，期限为三十日；有特殊情况需要延长的，经本院院长批准，可以延长三十日，但审理选民资格案件必须在选举日前审结。

审理第一审船舶碰撞、共同海损案件的期限为一年；有特殊情况需要延长的，经本院院长批准，可以延长六个月。

审理对民事判决的上诉案件，审理期

限为三个月;有特殊情况需要延长的,经本院院长批准,可以延长三个月。

审理对民事裁定的上诉案件,审理期限为三十日。

对罚款、拘留民事决定不服申请复议的,审理期限为五日。

审理涉外民事案件,根据民事诉讼法第二百四十八条的规定,不受上述案件审理期限的限制。

审理涉港、澳、台的民事案件的期限,参照审理涉外民事案件的规定办理。

第三条 审理第一审行政案件的期限为三个月;有特殊情况需要延长的,经高级人民法院批准可以延长三个月。高级人民法院审理第一审案件需要延长期限的,由最高人民法院批准,可以延长三个月。

审理行政上诉案件的期限为两个月;有特殊情况需要延长的,由高级人民法院批准,可以延长两个月。高级人民法院审理的第二审案件需要延长期限的,由最高人民法院批准,可以延长两个月。

第四条 按照审判监督程序重新审理的刑事案件的期限为三个月;需要延长期限的,经本院院长批准,可以延长三个月。

裁定再审的民事、行政案件,根据再审适用的不同程序,分别执行第一审或第二审审理期限的规定。

第五条 执行案件应当在立案之日起六个月内执结,非诉执行案件应当在立案之日起三个月内执结;有特殊情况需要延长的,经本院院长批准,可以延长三个月,还需延长的,层报高级人民法院备案。

委托执行的案件,委托的人民法院应当在立案后一个月内办理完委托执行手续,受委托的人民法院应当在收到委托函件后三十日内执行完毕。未执行完毕,应当在期限届满后十五日内将执行情况函告委托人民法院。

刑事案件没收财产刑应当即时执行。

刑事案件罚金刑,应当在判决、裁定发生法律效力后三个月内执行完毕,至迟不超过六个月。

二、立案、结案时间及审理期限的计算

第六条 第一审人民法院收到起诉书(状)或者执行申请书后,经审查认为符合受理条件的应当在七日内立案;收到自诉人自诉状或者口头告诉的,经审查认为符合自诉案件受理条件的应当在十五日内立案。

改变管辖的刑事、民事、行政案件,应当在收到案卷材料后的三日内立案。

第二审人民法院应当在收到第一审人民法院移送的上(抗)诉材料及案卷材料后的五日内立案。

发回重审或指令再审的案件,应当在收到发回重审或指令再审裁定及案卷材料后的次日内立案。

按照审判监督程序重新审判的案件,应当在作出提审、再审裁定(决定)的次日立案。

第七条 立案机构应当在决定立案的三日内将案卷材料移送审判庭。

第八条 案件的审理期限从立案次日起计算。

由简易程序转为普通程序审理的第一审刑事案件的期限,从决定转为普通程序次日起计算;由简易程序转为普通程序审理的第一审民事案件的期限,从立案次日起连续计算。

第九条 下列期间不计入审理、执行期限:

(一)刑事案件对被告人作精神病鉴定的期间;

(二)刑事案件因另行委托、指定辩护人,法院决定延期审理的,自案件宣布延期审理之日起至第十日止准备辩护的时间;

(三)公诉人发现案件需要补充侦查,提出延期审理建议后,合议庭同意延期审理的期间;

(四)刑事案件二审期间,检察院查阅案卷超过七日后的时间;

(五)因当事人、诉讼代理人、辩护人

申请通知新的证人到庭、调取新的证据、申请重新鉴定或者勘验，法院决定延期审理一个月之内的期间；

（六）民事、行政案件公告、鉴定的期间；

（七）审理当事人提出的管辖权异议和处理法院之间的管辖争议的期间；

（八）民事、行政、执行案件由有关专业机构进行审计、评估、资产清理的期间；

（九）中止诉讼（审理）或执行至恢复诉讼（审理）或执行的期间；

（十）当事人达成执行和解或者提供执行担保后，执行法院决定暂缓执行的期间；

（十一）上级人民法院通知暂缓执行的期间；

（十二）执行中拍卖、变卖被查封、扣押财产的期间。

第十条 人民法院判决书宣判、裁定书宣告或者调解书送达最后一名当事人的日期为结案时间。如需委托宣判、送达的，委托宣判、送达的人民法院应当在审限届满前将判决书、裁定书、调解书送达受托人民法院。受托人民法院应当在收到委托书后七日内送达。

人民法院判决书宣判、裁定书宣告或者调解书送达有下列情形之一的，结案时间遵守以下规定：

（一）留置送达的，以裁判文书留在受送达人的住所日为结案时间；

（二）公告送达的，以公告刊登之日为结案时间；

（三）邮寄送达的，以交邮日期为结案时间；

（四）通过有关单位转交送达的，以送达回证上当事人签收的日期为结案时间。

三、案件延长审理期限的报批

第十一条 刑事公诉案件、被告人被羁押的自诉案件，需要延长审理期限的，应当在审理期限届满七日以前，向高级人民法院提出申请；被告人未被羁押的刑事自诉案件，需要延长审理期限的，应当在审理期限届满十日前向本院院长提出申请。

第十二条 民事案件应当在审理期限届满十日前向本院院长提出申请；还需延长的，应当在审理期限届满十日前向上一级人民法院提出申请。

第十三条 行政案件应当在审理期限届满十日前向高级人民法院或者最高人民法院提出申请。

第十四条 对于下级人民法院申请延长办案期限的报告，上级人民法院应当在审理期限届满三日前作出决定，并通知提出申请延长审理期限的人民法院。

需要本院院长批准延长办案期限的，院长应当在审限届满前批准或者决定。

四、上诉、抗诉二审案件的移送期限

第十五条 被告人、自诉人、附带民事诉讼的原告人和被告人通过第一审人民法院提出上诉的刑事案件，第一审人民法院应当在上诉期限届满后三日内将上诉状连同案卷、证据移送第二审人民法院。被告人、自诉人、附带民事诉讼的原告人和被告人直接向上级人民法院提出上诉的刑事案件，第一审人民法院应当在接到第二审人民法院移交的上诉状后三日内将案卷、证据移送上一级人民法院。

第十六条 人民检察院抗诉的刑事二审案件，第一审人民法院应当在上诉、抗诉期届满后三日内将抗诉书连同案卷、证据移送第二审人民法院。

第十七条 当事人提出上诉的二审民事、行政案件，第一审人民法院收到上诉状，应当在五日内将上诉状副本送达对方当事人。人民法院收到答辩状，应当在五日内将副本送达上诉人。

人民法院受理人民检察院抗诉的民事、行政案件的移送期限，比照前款规定办理。

第十八条 第二审人民法院立案时发现上诉

案件材料不齐全的，应当在两日内通知第一审人民法院。第一审人民法院应当在接到第二审人民法院的通知后五日内补齐。

第十九条 下级人民法院接到上级人民法院调卷通知后，应当在五日内将全部案卷和证据移送，至迟不超过十日。

五、对案件审理期限的监督、检查

第二十条 各级人民法院应当将审理案件期限情况作为审判管理的重要内容，加强对案件审理期限的管理、监督和检查。

第二十一条 各级人民法院应当建立审理期限届满前的催办制度。

第二十二条 各级人民法院应当建立案件审理期限定期通报制度。对违反诉讼法规定，超过审理期限或者违反本规定的情况进行通报。

第二十三条 审判人员故意拖延办案，或者因过失延误办案，造成严重后果的，依照《人民法院审判纪律处分办法（试行）》第五十九条的规定予以处分。

审判人员故意拖延移送案件材料，或者接受委托送达后，故意拖延不予送达的，参照《人民法院审判纪律处分办法（试行）》第五十九条的规定予以处分。

第二十四条 本规定发布前有关审理期限规定与本规定不一致的，以本规定为准。

最高人民法院关于人民法院办理执行案件若干期限的规定

- 2006年12月23日
- 法发〔2006〕35号

为确保及时、高效、公正办理执行案件，依据《中华人民共和国民事诉讼法》和有关司法解释的规定，结合执行工作实际，制定本规定。

第一条 被执行人有财产可供执行的案件，一般应当在立案之日起6个月内执结；非诉执行案件一般应当在立案之日起3个月内执结。

有特殊情况须延长执行期限的，应当报请本院院长或副院长批准。

申请延长执行期限的，应当在期限届满前5日内提出。

第二条 人民法院应当在立案后7日内确定承办人。

第三条 承办人收到案件材料后，经审查认为情况紧急、需立即采取执行措施的，经批准后可立即采取相应的执行措施。

第四条 承办人应当在收到案件材料后3日内向被执行人发出执行通知书，通知被执行人按照有关规定申报财产，责令被执行人履行生效法律文书确定的义务。

被执行人在指定的履行期间内有转移、隐匿、变卖、毁损财产等情形的，人民法院在获悉后应当立即采取控制性执行措施。

第五条 承办人应当在收到案件材料后3日内通知申请执行人提供被执行人财产状况或财产线索。

第六条 申请执行人提供了明确、具体的财产状况或财产线索的，承办人应当在申请执行人提供财产状况或财产线索后5日内进行查证、核实。情况紧急的，应当立即予以核查。

申请执行人无法提供被执行人财产状况或财产线索，或者提供财产状况或财产线索确有困难，需人民法院进行调查的，承办人应当在申请执行人提出调查申请后10日内启动调查程序。

根据案件具体情况，承办人一般应当在1个月内完成对被执行人收入、银行存款、有价证券、不动产、车辆、机器设备、知识产权、对外投资权益及收益、到期债权等资产状况的调查。

第七条 执行中采取评估、拍卖措施的，承办人应当在10日内完成评估、拍卖机构的遴选。

第八条 执行中涉及不动产、特定动产及其他财产需办理过户登记手续的，承办人应当在5日内向有关登记机关送达协助执行通知书。

第九条 对执行异议的审查,承办人应当在收到异议材料及执行案卷后15日内提出审查处理意见。

第十条 对执行异议的审查需进行听证的,合议庭应当在决定听证后10日内组织异议人、申请执行人、被执行人及其他利害关系人进行听证。

承办人应当在听证结束后5日内提出审查处理意见。

第十一条 对执行异议的审查,人民法院一般应当在1个月内办理完毕。

需延长期限的,承办人应当在期限届满前3日内提出申请。

第十二条 执行措施的实施及执行法律文书的制作需报经审批的,相关负责人应当在7日内完成审批程序。

第十三条 下列期间不计入办案期限:

1. 公告送达执行法律文书的期间;

2. 暂缓执行的期间;

3. 中止执行的期间;

4. 就法律适用问题向上级法院请示的期间;

5. 与其他法院发生执行争议报请共同的上级法院协调处理的期间。

第十四条 法律或司法解释对办理期限有明确规定的,按照法律或司法解释规定执行。

第十五条 本规定自2007年1月1日起施行。

◎司法文件

最高人民法院关于中银信托投资公司作为被执行人的案件应中止执行的通知

- 1996年9月28日
- 法〔1995〕209号

各省、自治区、直辖市高级人民法院,解放军军事法院:

鉴于中国人民银行已决定对中银信托投资公司进行接管,凡涉及中银信托投资公司作为被执行人的案件,在接管、清理期间,有关执行法院应根据《中华人民共和国民事诉讼法》第二百三十四条①第一款第(五)项之规定,对生效的法律文书,裁定中止执行。请各高级法院、军事法院接通知后,立即告知所辖中级法院、基层法院及专门法院按本通知认真执行。

附件:

中国人民银行关于延长对中银信托投资公司作为被执行人的案件中止执行期限的函

(银函〔1996〕364号)

最高人民法院:

我行接管中银信托投资公司的工作得到了贵院的大力协助和配合,特别是贵院1995年12月21日发布的《关于中银信托投资公司作为被执行人的案件应中止执行的通知》(法〔1995〕209号),为我行接管工作创造了良好的条件,有力地支持和保证了接管工作的顺利进行。

在一年的接管中,我行对如何妥善处理中银信托投资公司的问题,做了大量工作。目前,中银信托投资公司已由广东发展银行收购,双方于1996年9月24日签订了收购协议。

按照预定计划,我行对中银信托投资公司的接管工作将于1996年10月5日结束。但广东发展银行收购中银信托投资公司后,首先面临的是对其债权债务及财务状况的清理,在尚未清理前,难以在短期内调集几十亿资金兑付提款。在这种情况下,如果判决已生效的债务立即由广东发展银行清偿,收购工作将难以进行,也会影响广东发展银

---

① 民事诉讼法原第二百三十四条现已修改为第二百五十六条。

行自身的到期债务的支付,可能会造成支付困难,从而导致收购工作的失败,其后果不仅损害广东发展银行的利益,还会引起连锁反应,导致金融秩序的混乱,甚至在社会上引起动荡。

为此,我行意见:在我行宣布对中银信托投资公司结束接管后,贵院发布的法〔1995〕209号文能继续执行,延长对中银信托投资公司作为被执行人案件的中止执行期限三个月,自1996年10月6日至1997年1月5日。

◎请示答复

最高人民法院执行办公室关于已执行完毕的案件被执行人又恢复到执行前的状况应如何处理问题的复函

- 2001年1月2日
- 〔2000〕执他字第34号

天津市高级人民法院:

你院〔1999〕津高法执请字第31号《关于已执行完毕的案件,被执行人又恢复执行前状况,应如何处理的请示》收悉。经研究,答复如下:

被执行人或者其他人对人民法院已执行的标的又恢复执行前的状况,虽属新发生的侵权事实,但是与已经生效法律文书认定的侵权事实并无区别,如果申请执行人另行起诉,人民法院将会作出与已经生效法律文书完全相同的裁判。这样,不仅增加了申请执行人的讼累,同时也增加了人民法院的审判负担。因此,被执行人或者其他人在人民法院执行完毕后对已执行的标的又恢复到执行前状况的,应当认定为对已执行标的的妨害行为,依照《最高人民法院关于适用〈中华人民共和国民事诉讼法〉若干问题的意见》第三百零三条的规定对其作出拘留、罚款,直至追究刑事责任的处理。对申请执行人要求排除妨害的,人民法院应当继续按照原生效法律文书执行。至于被执行人或者其他人实施同样妨害行为的次数,只能作为认定妨害行为情节轻重的依据,并不涉及诉讼时效问题,不能据以要求申请执行人另行起诉;如果妨害行为给申请执行人或者其他人造成新的损失,受害人可以另行起诉。

最高人民法院执行工作办公室关于石油工业出版社申请执行回转一案的复函

- 2002年9月12日
- 〔2002〕执监字第103-1号

湖南省高级人民法院:

你院〔2002〕湘高法执函字第16号《关于石油工业出版社申请执行回转一案有关问题的请示报告》收悉。经研究,答复如下:

同意你院对本案的第一种处理意见,即不应将深圳凯利集团公司(以下简称凯利公司)列为本执行回转案的被执行人。理由如下:

一、按照《民事诉讼法》第二百一十四条①和《关于人民法院执行工作若干问题的规定(试行)》第109条规定,"原申请执行人",是指原执行案件中的申请执行人,才能作为执行回转案中的被执行人。在本案中,原申请执行人是湖南利达国际贸易长沙物资公司(以下简称利达公司),凯利公司并非该案的当事人,故将凯利公司列为执行回转案中的被执行人没有事实和法律依据。

二、凯利公司取得的248万元,是在利达公司对其欠债的情况下,依据长沙市中级人民法院〔1997〕长中经初字第124号民事调解书,通过执行程序取得的,而且不论

① 民事诉讼法原第二百一十四条现已修改为第二百三十三条。

利达公司与北京城市合作银行和平里支行、石油工业出版社纠纷案是否按撤诉处理，均不能否定凯利公司对利达公司的债权。

三、利达公司在长沙市中级人民法院〔1997〕长中经初字第124号民事调解书中，明确表示其将用从石油工业出版社执行回的款项清偿其对凯利公司的债务。

四、利达公司与凯利公司的债权债务关系同石油工业出版社与利达公司的债权债务关系是两种不同的法律关系，不能混淆，单独处理前者的债权债务并无不妥。

最高人民法院执行工作办公室关于在执行中当事人双方达成执行和解协议后申请执行人反悔能否恢复原判决执行的请示的答复

- 2003年11月18日
- 〔2001〕执他字第24号

湖南省高级人民法院：

你院湘高法函〔2001〕187号《关于在执行中当事人双方达成执行和解协议后，申请执行人反悔，能否恢复原判决执行的请示》收悉，经研究，答复如下：

同意你院第二种意见。根据《中华人民共和国民事诉讼法》第二百一十一条①第二款和最高人民法院《关于适用〈中华人民共和国民事诉讼法〉若干问题的意见》第266条②的规定，执行和解协议达成后，在一方当事人反悔的情况下，人民法院恢复对原生效法律文书执行的前提条件是，对方当事人的申请。因为，执行中的和解协议是双方当事人在法院主持下自愿达成的，该和解协议是双方当事人对自身权利义务的处分，体现了民法中的契约自由和意思自治的原则。一旦达成和解协议并履行，即变更了原生效法律文书的内容。虽然现行法律和司法解释规定了双方当事人都有反悔的权利，但恢复执行原生效法律文书并不是必然的，而是要有“对方当事人”的申请，否则不能恢复执行。本案中，因“对方”为被执行人，在其履行执行和解协议，并不申请执行原生效法律文书的情况下，不得恢复执行原判决。

此复

最高人民法院执行工作办公室关于武汉市奥迪音响有限公司与武汉置兴公司货款纠纷执行一案的请示的答复

- 2005年5月26日
- 〔2005〕执他字第7号

湖北省高级人民法院：

你院鄂高法〔2005〕6号《关于武汉市奥迪音响有限公司与武汉置兴公司货款纠纷执行一案的请示》收悉。经研究，答复如下：

一、在执行阶段，武汉奥迪音响有限公司（下称奥迪公司）与武汉置兴公司（下称置兴公司）、王建军自愿达成的和解协议，只要不违反法律规定，人民法院应予支持。武昌区人民法院裁定将置兴公司位于江汉路46号使用面积为120平方米的房屋使用权收益抵付奥迪公司货款，并无不当。

二、武昌区人民法院将该房屋使用权年限裁定为长期是错误的。奥迪公司取得的使用期限，在双方未作特别约定的情况下，应在置兴公司原有使用权期限内，以债务全部清偿为限。武昌区法院该项裁定内容应依法撤销。

三、奥迪公司取得房屋承租使用权应包括承租使用经营权及收益权。奥迪公司合法取

---

① 民事诉讼法原第二百一十一条现已修改为第二百三十条。

② 第二百六十六条已被最高人民法院《关于适用〈中华人民共和国民事诉讼法〉的解释》（法释〔2015〕5号）第四百六十七条所替代。

得了房屋承租使用权，依法就享有对该房屋的占有、使用、收益权利。

四、鉴于本案存在上述第二项所述的错误，执行法院应在保证本案申请执行人的权益得到实现的前提下，依法妥善处理。

此复

最高人民法院执行工作办公室关于破产和解后以破产债务人为被执行人的案件能否继续执行的答复

•2007年3月9日
•法（执）明传〔2007〕10号

湖南省高级人民法院：

关于黑龙江省牡丹江市中级人民法院受理黑龙江圣方科技股份有限公司（简称圣方科技公司）破产案件后，你院继续执行中科软件集团有限公司（简称中科软件公司）诉圣方科技公司一案问题，我院曾向你院发出支（执）明传〔2006〕48号明传，要求你院撤销执行裁定。后你院又报来《关于执行黑龙江圣方科技股份有限公司欠款纠纷一案的情况汇报》，认为应当继续执行。并请求我院进行协调。经研究，答复如下：

牡丹江中院破产案件终结，是因为债权人会议通过了和解协议并执行完毕，债务人圣方科技公司按照和解协议规定的条件清偿了债务，破产原因消除。经破产法院裁定认可的和解协议，对债务人和全体债权人均有约束力。中科软件公司参加了破产程序，依法应当受该和解协议的约束。破产和解是债务人破产再生程序，和解协议执行完毕后，其法人资格仍存续，但不再承担和解协议规定以外的债务的清偿责任。对此，当时法律虽无明文规定，但参照新企业破产法，应作此理解。此种情况下圣方科技公司未被宣告破产，并保留主体资格，这一点不能成为你院恢复执行的理由。在牡丹江中院裁定终结破产程序后，你院应当裁定对圣方科技公司执行终结。

对于中科软件公司权益的保护问题。首先，依和解协议中科软件公司应当受偿的款项，据反映现由长沙中院为执行以中科软件公司为债务人的案件，而予以冻结。如该款项解冻，则可通过破产清算组领取。其次，终结对圣方科技公司的执行，并不妨碍其按照你院判决第二项，对于同案中另外二被告质押给中科软件公司的共1.8亿元股权行使优先受偿权。至于中科软件公司对牡丹江中院在破产程序中涉及其权益处理的异议，应当通过对破产裁定的申请或其他适当途径解决，而不应由你院再启动执行程序解决。

最高人民法院关于当事人对迟延履行和解协议的争议应当另诉解决的复函

•2005年6月24日
•〔2005〕执监字第24－1号

四川省高级人民法院：

关于云南川龙翔实业有限责任公司（下称龙翔公司）申请执行四川省烟草公司资阳分公司简阳卷烟营销管理中心（下称烟草公司）债务纠纷一案，你院以〔2004〕川执请字第1号答复资阳市中级人民法院，认为龙翔公司申请恢复执行并无不当。烟草公司不服你院的答复，向我院提出申诉。

我院经调卷审查认为，根据我国民事诉讼法和我院司法解释的有关规定，执行和解协议已履行完毕的人民法院不予恢复执行。本案执行和解协议的履行尽管存在瑕疵，但和解协议确已履行完毕，人民法院应不予恢复执行。至于当事人对延迟履行和解协议的争议，不属执行程序处理，应由当事人另诉解决。请你院按此意见妥善处理该案。

最高人民法院执行局关于恒丰银行与达隆公司借款合同纠纷执行一案中有关法律问题的请示的答复

• 2011年5月27日
• 〔2011〕执他字第2号

山东省高级人民法院：

你院〔2010〕鲁执复字第41号《关于恒丰银行与达隆公司借款合同纠纷执行一案中有关法律问题的请示》收悉。经研究，现提出以下处理意见：

烟台市中级人民法院（以下简称烟台中院）的终结执行裁定因未送达被执行人，并未发生法律效力。烟台中院继续执行于法有据。但达隆公司总经理被送押期间，达隆公司公章、营业执照被查封扣押期间和另案错误执行期间的利息损失均非恒丰银行的过错造成，达隆公司依法应当承担迟延履行期间的给债权人造成的利息损失，对此问题，达隆公司可另行主张权利。

另，烟台中院扣划的2850万元款项中包括烟台经济技术开发区人民法院（以下简称烟台开发区法院）裁定保全的款项，因烟台开发区法院的案件尚未作出判决，直接予以扣划错误，应当立即返还其促使的账户中。

此复

第十三章 执行异议

◎司法解释

最高人民法院关于对案外人的财产能否进行保全问题的批复

• 1998年5月19日
• 法释〔1998〕10号

湖北省高级人民法院：

你院鄂高法〔1996〕191号《关于对案外人的财产能否进行诉讼财产保全的请示》收悉。经研究，答复如下：

最高人民法院法发〔1994〕29号《关于在经济审判工作中严格执行〈中华人民共和国民事诉讼法〉的若干规定》第14条的规定与最高人民法院法发〔1992〕22号《关于适用〈中华人民共和国民事诉讼法〉若干问题的意见》第105条的规定精神是一致的，均应当严格执行。

对于债务人的财产不能满足保全请求，但对案外人有到期债权的，人民法院可以依债权人的申请裁定该案外人不得对债务人清偿。该案外人对其到期债务没有异议并要求偿付的，由人民法院提存财物或价款。但是，人民法院不应对其财产采取保全措施。

最高人民法院关于人民法院办理执行异议和复议案件若干问题的规定

• 2015年5月5日
• 法释〔2015〕10号

为了规范人民法院办理执行异议和复议案件，维护当事人、利害关系人和案外人的合法权益，根据民事诉讼法等法律规定，结合人民法院执行工作实际，制定本规定。

第一条 异议人提出执行异议或者复议申请人申请复议，应当向人民法院提交申请书。申请书应当载明具体的异议或者复议请求、事实、理由等内容，并附下列材料：

（一）异议人或者复议申请人的身份证明；

（二）相关证据材料；

（三）送达地址和联系方式。

第二条 执行异议符合民事诉讼法第二百二十五条或者第二百二十七条规定条件的，人民法院应当在三日内立案，并在立案后三日内通知异议人和相关当事人。不符合受理条件的，裁定不予受理；立案后发现不符合受理条件的，裁定驳回申请。

执行异议申请材料不齐备的，人民法院应当一次性告知异议人在三日内补足，逾期未补足的，不予受理。

异议人对不予受理或者驳回申请裁定不服的，可以自裁定送达之日起十日内向上一级人民法院申请复议。上一级人民法院审查后认为符合受理条件的，应当裁定撤销原裁定，指令执行法院立案或者对执行异议进行审查。

第三条 执行法院收到执行异议后三日内既不立案又不作出不予受理裁定，或者受理后无正当理由超过法定期限不作出异议裁定的，异议人可以向上一级人民法院提出异议。上一级人民法院审查后认为理由成立的，应当指令执行法院在三日内立案或者在十五日内作出异议裁定。

第四条 执行案件被指定执行、提级执行、委托执行后，当事人、利害关系人对原执行法院的执行行为提出异议的，由提出异议时负责该案件执行的人民法院审查处理；受指定或者受委托的人民法院是原执行法院的下级人民法院的，仍由原执行法院审查处理。

执行案件被指定执行、提级执行、委托执行后，案外人对原执行法院的执行标的提出异议的，参照前款规定处理。

第五条 有下列情形之一的，当事人以外的公民、法人和其他组织，可以作为利害关系人提出执行行为异议：

（一）认为人民法院的执行行为违法，妨碍其轮候查封、扣押、冻结的债权受偿的；

（二）认为人民法院的拍卖措施违法，妨碍其参与公平竞价的；

（三）认为人民法院的拍卖、变卖或者以物抵债措施违法，侵害其对执行标的的优先购买权的；

（四）认为人民法院要求协助执行的事项超出其协助范围或者违反法律规定的；

（五）认为其他合法权益受到人民法院违法执行行为侵害的。

第六条 当事人、利害关系人依照民事诉讼法第二百二十五条规定提出异议的，应当在执行程序终结之前提出，但对终结执行措施提出异议的除外。

案外人依照民事诉讼法第二百二十七条规定提出异议的，应当在异议指向的执行标的执行终结之前提出；执行标的由当事人受让的，应当在执行程序终结之前提出。

第七条 当事人、利害关系人认为执行过程中或者执行保全、先予执行裁定过程中的下列行为违法提出异议的，人民法院应当依照民事诉讼法第二百二十五条规定进行审查：

（一）查封、扣押、冻结、拍卖、变卖、以物抵债、暂缓执行、中止执行、终结执行等执行措施；

（二）执行的期间、顺序等应当遵守的法定程序；

（三）人民法院作出的侵害当事人、利害关系人合法权益的其他行为。

被执行人以债权消灭、丧失强制执行效力等执行依据生效之后的实体事由提出排除执行异议的，人民法院应当参照民事诉讼法第二百二十五条规定进行审查。

除本规定第十九条规定的情形外，被执行人以执行依据生效之前的实体事由提出排除执行异议的，人民法院应当告知其依法申请再审或者通过其他程序解决。

第八条 案外人基于实体权利既对执行标的提出排除执行异议又作为利害关系人提出执行行为异议的，人民法院应当依照民事诉讼法第二百二十七条规定进行审查。

案外人既基于实体权利对执行标的提出排除执行异议又作为利害关系人提出与实体权利无关的执行行为异议的，人民法院应当分别依照民事诉讼法第二百二十七条和第二百二十五条规定进行审查。

第九条 被限制出境的人认为对其限制出境错误的，可以自收到限制出境决定之日起十日内向上一级人民法院申请复议。上一级人民法院应当自收到复议申请之日起十五日内作出决定。复议期间，不停止原决定的执行。

第十条 当事人不服驳回不予执行公证债权文书申请的裁定的，可以自收到裁定之日起十日内向上一级人民法院申请复议。上一级人民法院应当自收到复议申请之日起三十日内审查，理由成立的，裁定撤销原裁定，不予执行该公证债权文书；理由不成立的，裁定驳回复议申请。复议期间，不停止执行。

第十一条 人民法院审查执行异议或者复议案件，应当依法组成合议庭。

指令重新审查的执行异议案件，应当另行组成合议庭。

办理执行实施案件的人员不得参与相关执行异议和复议案件的审查。

第十二条 人民法院对执行异议和复议案件实行书面审查。案情复杂、争议较大的,应当进行听证。

第十三条 执行异议、复议案件审查期间,异议人、复议申请人申请撤回异议、复议申请的,是否准许由人民法院裁定。

第十四条 异议人或者复议申请人经合法传唤,无正当理由拒不参加听证,或者未经法庭许可中途退出听证,致使人民法院无法查清相关事实的,由其自行承担不利后果。

第十五条 当事人、利害关系人对同一执行行为有多个异议事由,但未在异议审查过程中一并提出,撤回异议或者被裁定驳回异议后,再次就该执行行为提出异议的,人民法院不予受理。

案外人撤回异议或者被裁定驳回异议后,再次就同一执行标的提出异议的,人民法院不予受理。

第十六条 人民法院依照民事诉讼法第二百二十五条规定作出裁定时,应当告知相关权利人申请复议的权利和期限。

人民法院依照民事诉讼法第二百二十七条规定作出裁定时,应当告知相关权利人提起执行异议之诉的权利和期限。

人民法院作出其他裁定和决定时,法律、司法解释规定了相关权利人申请复议的权利和期限的,应当进行告知。

第十七条 人民法院对执行行为异议,应当按照下列情形,分别处理:

(一)异议不成立的,裁定驳回异议;

(二)异议成立的,裁定撤销相关执行行为;

(三)异议部分成立的,裁定变更相关执行行为;

(四)异议成立或者部分成立,但执行行为无撤销、变更内容的,裁定异议成立或者相应部分异议成立。

第十八条 执行过程中,第三人因书面承诺自愿代被执行人偿还债务而被追加为被执行人后,无正当理由反悔并提出异议的,人民法院不予支持。

第十九条 当事人互负到期债务,被执行人请求抵销,请求抵销的债务符合下列情形的,除依照法律规定或者按照债务性质不得抵销的以外,人民法院应予支持:

(一)已经生效法律文书确定或者经申请执行人认可;

(二)与被执行人所负债务的标的物种类、品质相同。

第二十条 金钱债权执行中,符合下列情形之一,被执行人以执行标的系本人及所扶养家属维持生活必需的居住房屋为由提出异议的,人民法院不予支持:

(一)对被执行人有扶养义务的人名下有其他能够维持生活必需的居住房屋的;

(二)执行依据生效后,被执行人为逃避债务转让其名下其他房屋的;

(三)申请执行人按照当地廉租住房保障面积标准为被执行人及所扶养家属提供居住房屋,或者同意参照当地房屋租赁市场平均租金标准从该房屋的变价款中扣除五至八年租金的。

执行依据确定被执行人交付居住的房屋,自执行通知送达之日起,已经给予三个月的宽限期,被执行人以该房屋系本人及所扶养家属维持生活的必需品为由提出异议的,人民法院不予支持。

第二十一条 当事人、利害关系人提出异议请求撤销拍卖,符合下列情形之一的,人民法院应予支持:

(一)竞买人之间、竞买人与拍卖机构之间恶意串通,损害当事人或者其他竞买人利益的;

(二)买受人不具备法律规定的竞买资格的;

(三)违法限制竞买人参加竞买或者对不同的竞买人规定不同竞买条件的;

(四)未按照法律、司法解释的规定对拍卖标的物进行公告的;

(五)其他严重违反拍卖程序且损害当事人或者竞买人利益的情形。

当事人、利害关系人请求撤销变卖的，参照前款规定处理。

第二十二条 公证债权文书对主债务和担保债务同时赋予强制执行效力的，人民法院应予执行；仅对主债务赋予强制执行效力未涉及担保债务的，对担保债务的执行申请不予受理；仅对担保债务赋予强制执行效力未涉及主债务的，对主债务的执行申请不予受理。

人民法院受理担保债务的执行申请后，被执行人仅以担保合同不属于赋予强制执行效力的公证债权文书范围为由申请不予执行的，不予支持。

第二十三条 上一级人民法院对不服异议裁定的复议申请审查后，应当按照下列情形，分别处理：

（一）异议裁定认定事实清楚，适用法律正确，结果应予维持的，裁定驳回复议申请，维持异议裁定；

（二）异议裁定认定事实错误，或者适用法律错误，结果应予纠正的，裁定撤销或者变更异议裁定；

（三）异议裁定认定基本事实不清、证据不足的，裁定撤销异议裁定，发回作出裁定的人民法院重新审查，或者查清事实后作出相应裁定；

（四）异议裁定遗漏异议请求或者存在其他严重违反法定程序的情形，裁定撤销异议裁定，发回作出裁定的人民法院重新审查；

（五）异议裁定对应当适用民事诉讼法第二百二十七条规定审查处理的异议，错误适用民事诉讼法第二百二十五条规定审查处理的，裁定撤销异议裁定，发回作出裁定的人民法院重新作出裁定。

除依照本条第一款第三、四、五项发回重新审查或者重新作出裁定的情形外，裁定撤销或者变更异议裁定且执行行为可撤销、变更的，应当同时撤销或者变更该裁定维持的执行行为。

人民法院对发回重新审查的案件作出裁定后，当事人、利害关系人申请复议的，上一级人民法院复议后不得再次发回重新审查。

第二十四条 对案外人提出的排除执行异议，人民法院应当审查下列内容：

（一）案外人是否系权利人；

（二）该权利的合法性与真实性；

（三）该权利能否排除执行。

第二十五条 对案外人的异议，人民法院应当按照下列标准判断其是否系权利人：

（一）已登记的不动产，按照不动产登记簿判断；未登记的建筑物、构筑物及其附属设施，按照土地使用权登记簿、建设工程规划许可、施工许可等相关证据判断；

（二）已登记的机动车、船舶、航空器等特定动产，按照相关管理部门的登记判断；未登记的特定动产和其他动产，按照实际占有情况判断；

（三）银行存款和存管在金融机构的有价证券，按照金融机构和登记结算机构登记的账户名称判断；有价证券由具备合法经营资质的托管机构名义持有的，按照该机构登记的实际投资人账户名称判断；

（四）股权按照工商行政管理机关的登记和企业信用信息公示系统公示的信息判断；

（五）其他财产和权利，有登记的，按照登记机构的登记判断；无登记的，按照合同等证明财产权属或者权利人的证据判断。

案外人依据另案生效法律文书提出排除执行异议，该法律文书认定的执行标的权利人与依照前款规定得出的判断不一致的，依照本规定第二十六条规定处理。

第二十六条 金钱债权执行中，案外人依据执行标的被查封、扣押、冻结前作出的另案生效法律文书提出排除执行异议，人民法院应当按照下列情形，分别处理：

（一）该法律文书系就案外人与被执行人之间的权属纠纷以及租赁、借用、保管等不以转移财产权属为目的的合同纠纷，判决、裁决执行标的归属于案外人或者向其返还执行标的且其权利能够排除执行的，应予支持。

（二）该法律文书系就案外人与被执行人之间除前项所列合同之外的债权纠纷，判决、裁决执行标的归属于案外人或者向其交付、返还执行标的的，不予支持。

（三）该法律文书系案外人受让执行标的的拍卖、变卖成交裁定或者以物抵债裁定且其权利能够排除执行的，应予支持。

金钱债权执行中，案外人依据执行标的被查封、扣押、冻结后作出的另案生效法律文书提出排除执行异议的，人民法院不予支持。

非金钱债权执行中，案外人依据另案生效法律文书提出排除执行异议，该法律文书对执行标的权属作出不同认定的，人民法院应当告知案外人依法申请再审或者通过其他程序解决。

申请执行人或者案外人不服人民法院依照本条第一、二款规定作出的裁定，可以依照民事诉讼法第二百二十七条规定提起执行异议之诉。

第二十七条 申请执行人对执行标的依法享有对抗案外人的担保物权等优先受偿权，人民法院对案外人提出的排除执行异议不予支持，但法律、司法解释另有规定的除外。

第二十八条 金钱债权执行中，买受人对登记在被执行人名下的不动产提出异议，符合下列情形且其权利能够排除执行的，人民法院应予支持：

（一）在人民法院查封之前已签订合法有效的书面买卖合同；

（二）在人民法院查封之前已合法占有该不动产；

（三）已支付全部价款，或者已按照合同约定支付部分价款且将剩余价款按照人民法院的要求交付执行；

（四）非因买受人自身原因未办理过户登记。

第二十九条 金钱债权执行中，买受人对登记在被执行的房地产开发企业名下的商品房提出异议，符合下列情形且其权利能够排除执行的，人民法院应予支持：

（一）在人民法院查封之前已签订合法有效的书面买卖合同；

（二）所购商品房系用于居住且买受人名下无其他用于居住的房屋；

（三）已支付的价款超过合同约定总价款的百分之五十。

第三十条 金钱债权执行中，对被查封的办理了受让物权预告登记的不动产，受让人提出停止处分异议的，人民法院应予支持；符合物权登记条件，受让人提出排除执行异议的，应予支持。

第三十一条 承租人请求在租赁期内阻止向受让人移交占有被执行的不动产，在人民法院查封之前已签订合法有效的书面租赁合同并占有使用该不动产的，人民法院应予支持。

承租人与被执行人恶意串通，以明显不合理的低价承租被执行的不动产或者伪造交付租金证据的，对其提出的阻止移交占有的请求，人民法院不予支持。

第三十二条 本规定施行后尚未审查终结的执行异议和复议案件，适用本规定。本规定施行前已经审查终结的执行异议和复议案件，人民法院依法提起执行监督程序的，不适用本规定。

◎司法文件

最高人民法院办公厅关于切实保障执行当事人及案外人异议权的通知

- 2014年5月9日
- 法办〔2014〕62号

各省、自治区、直辖市高级人民法院，解放军军事法院，新疆维吾尔自治区高级人民法院生产建设兵团分院：

2007年民事诉讼法修正案实施之后，

各级人民法院在执行案件压力大、任务重的情况下,办理了大量的执行异议和复议案件,有效维护了执行当事人及案外人的合法权益。但是,我院在处理人民群众来信来访的过程中,也发现在个别地方法院,仍然不同程度地存在忽视甚至漠视执行当事人及案外人异议权的一些问题:有的法院对执行当事人及案外人提出的异议不受理、不立案;有的法院受理异议后,无正当理由不按照法定的异议期限作出异议裁定;有的法院违背法定程序,对异议裁定一裁终局,剥夺异议当事人通过执行复议和异议之诉再行救济的权利。

出现上述问题,既有执行案件数量大幅增加、执行机构人手不够、法律规定不够完善等客观方面的原因,也有个别执行人员司法为民意识不强、素质不高等主观方面的原因。执行当事人及案外人异议权行使渠道不畅,将使当事人对执行程序的公正性存在疑问,对强制执行产生抵触情绪,在一定程度上加剧"执行难";另一方面,也会使部分群众对人民法院的执行工作产生负面评价,降低司法公信力。因此,必须采取切实有力的措施加以解决。现就有关事项通知如下:

一、高度重视执行当事人异议权的保障。执行异议制度是2007年民事诉讼法修正案所建立的一项救济制度,它对于规范执行程序,维护执行当事人及案外人的合法权利和利益,防止执行权滥用和"执行乱"具有重要意义。各级人民法院要认真组织学习领会民事诉讼法的规定,纠正"提异议就会妨碍执行"的错误认识,克服"怕麻烦"的思想,真正把法律赋予执行当事人及案外人的这项救济权利在司法实践中落到实处。同时,还要注意把政治素质高、业务素质强、作风扎实的法官充实到执行异议审查机构中来,为执行当事人及案外人的异议审查提供人员保障。

二、严格依法受理和审查执行异议。对于符合法律规定条件的执行异议和复议、异议之诉案件,各级人民法院必须及时受理并办理正式立案手续,受理后必须及时审查、及时作出异议、复议裁定或者异议之诉判决。依法应当再审、另诉或者通过其他程序解决的,应当及时向异议当事人进行释明,引导当事人申请再审、另诉或者通过其他程序解决。上级人民法院应当恪尽监督职责,对于执行当事人及案外人反映下级人民法院存在拒不受理异议或者受理异议后久拖不决的,应当责令下级人民法院依法及时受理和审查异议,必要时,可以指定异地人民法院受理和审查执行异议。

三、提高执行异议案件审查的质量。对于受理的执行异议案件,一要注意正确区分不同性质的异议,严守法定程序,确保认定事实清楚,适用法律正确,处理得当;二要注意提高法律文书质量,做到格式规范,逻辑清晰,说理透彻,依据充分;三要注意公开透明,该听证的要及时组织公开听证,确保当事人的知情权和程序参与权。

四、开展专项检查和抽查活动。各高级人民法院要结合最高人民法院安排的各项专项活动,对辖区内各级人民法院保障执行当事人及案外人异议权的情况进行检查,对检查中发现的问题应当及时提出意见、建议并报告我院。我院将结合群众来信来访适时进行抽查。本通知下发之后,对于人民群众反映相关法院存在前述问题的案例,我院一经查实,将在全国法院范围内予以通报批评;情节严重的,要依法依纪严肃处理。

◎请示答复

最高人民法院关于案外人对执行标的提出异议问题的复函

- 1992年5月5日
- 法函〔1992〕59号

贵州省高级人民法院:

从你院报送的材料看,遵义市北关贸易

经营部(需方)与老河口市两个粮管所(供方)签订的购销粮食合同,明确约定在遵义市南站交货,运费由供方负担,货到站需方先付总货款的50%。供方将货物托运后,又派人与需方的合同签订人一道到遵义市收款交货,提货单由供方携带,待收到需方先付50%的货款后,再交提货单给需方提货。以上事实表明该合同是有约定附加条件的。需方在未按约履行附加条件又未取得提货单的情况下,故意避开已到遵义市的供方派员,将货物提出变卖抵债,应当视为非法占有处分了他人的合法财产。

因其他案件,执行法院根据已生效法律文书,监控执行了遵义市北关贸易经营部非法占有处分的他人的合法财产,直接损害了案外人的合法权益,应当立即予以执行回转,并依法做好善后工作。

最高人民法院关于长顺县法院划拨所有权尚未转移给被执行人的款项问题的函

- 1997年1月13日
- 经监〔1997〕17号

贵州省高级人民法院:

大连华兴实业总公司向我院反映,长顺县法院违法划拨其存款,请求我院依法纠正长顺县法院的错误。

经查,大连华兴实业总公司与贵州省长顺县化工原料厂于1996年6月5日签订了购销130吨锑锭的合同,并于6月11日在长顺县公证处作了公证。依据该合同,大连华兴实业总公司将237.9万元汇入长顺县建设银行以长顺县化工原料厂的执照所建的账户上。大连华兴实业总公司与长顺县化工原料厂的有关人员在长顺县建设银行办理了预留印鉴手续,以共同监管该笔资金。根据合同约定,待大连华兴实业总公司完全取得长顺县化工厂提供的该批货物品质、重量、数量证书及出口商品检验换证凭单并确认达到合同的技术标准后,一次性付清全部货款。之后,长顺县化工原料厂没有履行该合同。当年6月12日至6月19日,长顺县法院以长顺县化工原料厂欠他人款项为由,先后七次将该笔存款中的1,985,426.80元划走。

我院认为:根据《中华人民共和国民法通则》第七十二条的规定,大连华兴实业总公司的237.9万元虽然汇入以长顺县化工原料厂的执照的所建的账户上,但因有预留印鉴手续,该笔款项的所有权尚未转移,仍归大连华兴实业总公司所有。长顺县法院以长顺县化工原料厂欠他人款项为由,划走大连华兴实业总公司的资金1,985,426.80元,侵犯了大连华兴实业总公司的合法权益。

现将有关材料转去,请你院监督长顺县法院立即将上述划走的1,985,426.80元款项退还大连华兴实业总公司,并将结果报告我院。

最高人民法院关于白俄罗斯协阿尔公司执行异议问题的复函

- 1997年1月20日
- 〔1997〕经他字第3号

吉林省高级人民法院:

你院〔1995〕吉高法经监字第4号《关于白俄罗斯协阿尔公司申请执行异议一案的请示》收悉。根据你院所报案卷材料,经研究,答复如下:

同意你院审判委员会关于白俄罗斯协阿尔公司所提执行异议成立的意见。关于以何种程序处理29台别拉兹货车问题,我院认为应撤销原各执行法院在执行中就该批货车所作出的扣押、变卖等裁定书,将该批货车返还给案外人白俄罗斯协阿尔公司。但该公司应承担该批货车进口时,俄白俄汽车修配实业有限公司所实际垫付的费用。

最高人民法院关于处理案外人异议问题的函

- 1998年1月4日
- 〔1998〕经他字第1号

天津市高级人民法院：

香港旭展有限公司向本院反映：天津市第二中级法院在执行该公司与山西省海外贸易公司购销生铁纠纷仲裁案时，驳回了案外人山西省粮油总公司天津金良科工贸实业公司对财产保全裁定的异议，5个月后又受理了该案外人与所持异议主张相同的诉讼请求，此案现正由你院审理。对此，该公司认为：天津市第二中级法院停止执行和受理案外人诉讼，在程序上违法，损害了该公司的合法权益，请求本院对此案予以审查并纠正错误。

本院经审查认为：天津市第二中级法院在执行生效仲裁裁决过程中，已依法驳回了案外人对该院财产保全裁定的异议，此后再受理此“异议之诉”并作出〔1997〕二中经一初字第74号民事判决，没有法律依据；且该院在其制作的法律文书仍发生法律效力的情况下，又用普通程序予以审理，与法相悖。为此，特通知你院：

一、依法撤销天津市第二中级法院〔1997〕二中经一初字第74号民事判决，驳回起诉。

二、监督天津市第二中级法院依法执行本案仲裁裁决书，妥善处理相关事宜，并将执行结果报告本院。

最高人民法院关于石狮德辉开发建设有限公司对江苏省高级人民法院执行异议案的复函

- 2000年9月22日
- 〔2000〕执监字第304号

江苏省高级人民法院：

你院〔1998〕苏法执字第9号《关于执行第兰人石狮市德辉开发建设有限公司（以下简称德辉公司）有关情况的报告》收悉，经研究，答复如下：

你院在执行江苏省针棉织品进出口（集团）公司（以下简称针棉公司）诉中国天衡国际贸易合作公司（以下简称天衡公司等）四被告融资合同纠纷一案生效判决的过程中，针棉公司以被执行人天衡公司对德辉公司享有到期债权，且经本院〔1997〕民终字第38号民事判决书确认为由向你院提出申请，请求执行天衡公司的此笔到期债权。你院即依据本院《关于适用〈中华人民共和国民事诉讼法〉若干问题的意见》第300条（以下简称“第300条”）的规定，向德辉公司发出执行通知书，此后又作出〔1998〕苏执字第9号民事裁定书裁定德辉公司将应偿还给天衡公司的5359万元人民币直接支付给针棉公司，并查封了德辉公司部分土地及建筑物。对此，德辉公司向你院提出异议向本院申诉，请求本院监督处理。

本院认为，法院判决的债权不适用“第300条”的规定。“第300条”规定的到期债权是指未经法院判决的债权，如果把经法院判决的债权视为“第300条”规定的到期债权去执行，就会使当事人的申请执行权、执行和解权和法院的执行管辖权及执行实施权发生冲突。因此，你院依据“第300条”的规定执行德辉公司的财产属于适用法律错误，应当予以纠正。

本院〔1997〕民终字第38号民事判决书判决德辉公司应返还天衡公司垫资款及利息等。由于被执行人天衡公司怠于行使该判决书确定的其对德辉公司享有的债权，未向执行法院福建省高级人民法院申请执行，损害了债权人针棉公司的利益，故针棉公司可代位向福建省高级人民法院申请执行天衡公司对德辉公司享有的债权。代位申请执行的标的范围以针棉公司对天衡公司的债权为限，并不得超过天衡公司对德辉公司享有的债权数额。代位申请执行的期限与《中华人民共和国民事诉讼法》第二百一十九条①规定的申请执行期限一致。

鉴于针棉公司已在法定的期限内向江苏省高级人民法院提出了执行天衡公司对德辉公司的债权的请求，而且江苏省高级人民法院已采取了执行措施，故该案作为特殊情况可视为针棉公司已在法定期限内提出了代位申请执行的请求。请你院将本案有关对德辉公司财产的查封手续移送福建省高级人民法院，由该院依法执行本院〔1997〕民终字第38号民事判决书，以偿还天衡公司欠付针棉公司的债务。

最高人民法院执行工作办公室关于异议人深圳市天华电力投资有限公司申诉案的复函

- 2002年8月21日
- 〔2000〕执监字第68－2号

湖南省高级人民法院：

你院〔2000〕湘高法执函字第29号《关于请求准许我院尽快执行被执行人深圳市尊荣集团有限公司为逃避债务而非法转移到深圳市天华电力投资有限公司的紧急报告》收悉，经研究，答复如下：

1. 你院报告中称，深圳市天华电力投资有限公司（以下简称天华电力公司）是深圳市尊荣集团有限公司（以下简称尊荣公司）为转移资产、逃避债务而非法分立的企业，执行天华公司的财产实际上就是执行尊荣公司的财产。对此，本院认为，企业法人的设立是否合法，应依据企业法人设立的有关法律规定并通过诉讼程序加以解决。在执行阶段，执行机构直接认定企业法人资格无效，无法律依据。你院在执行阶段以尊荣公司逃避债务为由，直接执行天华电力公司财产的行为错误，应立即解除对天华电力公司持有的陕西精密合金股份有限公司国有法人股7415万股的冻结措施。

2. 你院报告中称，尊荣公司将其持有的原深圳市尊能电力投资有限公司股权的80%予以转让，但受让方至今未按合同支付对价，转让方也从未收到该项股权的转让款，具有明显的欺诈性质。本院认为，该股权转让经过了公证并经深圳市工商行政管理局核准，转让行为在形式上已经完成。至于转让股权的对价款是否支付的问题，是一种新的债权债务关系，应通过实体审判程序予以解决。你院在执行程序中由执行机构认定当事人之间股权转让行为无效的做法缺乏法律依据，应予纠正。

3. 你院报告中称，在你院以到期债权名义执行珠海天华集团公司和欧亚集团（陕西）公司时，两公司均提出了执行异议，致使你院无法继续执行。本院认为，既然两公司提出了异议，按照《最高人民法院关于人民法院执行工作若干问题的规定（试行）》第63条的规定就不得再对第三人强制执行，应告知债权人可以依法通过代位诉讼予以解决。

综上所述，我们认为本院执监字第68－1号函文正确，应遵照执行。请你院抓紧予以落实。

最高人民法院关于深圳市华旅汽车运输公司出租车牌照持有人对深圳市中级人民法院执行异议案的复函

- 2001年10月30日
- 〔2001〕执监字第232号

广东省高级人民法院：

你院〔2001〕粤高法执监字第188号《关于深圳中院执行华旅汽车运输公司一案的复查报告》收悉。经研究，同意你院的复查意见，现具体答复如下：

一、《最高人民法院关于适用〈中华人民共和国民事诉讼法〉若干问题的意见》第108、

---

① 民事诉讼法原第二百一十九条现已修改为第二百三十九条。

109条规定，诉讼中的财产保全裁定的效力一般应维持到生效的法律文书执行时止；在财产保全期内，任何单位均不得擅自解除保全措施。《最高人民法院关于人民法院执行工作若干问题的规定（试行）》第44条规定，“被执行人或其他人擅自处分已被查封、扣押、冻结财产的，人民法院有权责令责任人限期追回财产或承担相应的赔偿责任。”本案被执行人深圳市华旅汽车运输公司在诉讼保全期间内将人民法院已经查封的142块出租车营运牌照作为合同标的物以每块28万元至45万元不等的价格融资租赁给他人的行为无效。执行法院有权责令被执行人深圳市华旅汽车运输公司限期追回查封标的物（出租车营运牌照）或直接执行该标的物。

二、《最高人民法院关于人民法院执行工作若干问题的规定（试行）》第86条第1款规定：“在执行程序中，双方当事人可以自愿达成执行和解协议，变更生效法律文书确定的履行义务主体、标的物及其数额、履行期限和履行方式。”依据本规定，执行和解协议的有效要件之一是双方当事人出于自愿并就协议内容的意思表示一致。而本案的各申请执行人于2001年4月29日、5月9日（拍卖前一日）两次向执行法院明确表示不同意和解并要求执行法院依法对查封标的物进行拍卖，表明本案申请执行人与被执行人之间并没有达成有效的执行和解协议。申诉人（牌照持有人）要求按所谓的和解协议执行，没有事实根据，不予支持。

三、《最高人民法院关于人民法院执行工作若干问题的规定（试行）》第47条规定：“人民法院对拍卖、变卖被执行人的财产应当委托依法成立的资产评估机构进行价格评估。”据此规定，评估程序应当是人民法院拍卖、变卖被执行人财产的必经程序。本案执行法院曾于1999年12月委托深圳市国颂资产评估有限公司对华旅公司所有的100个出租车营运牌照（产权证编号为：03151—03250）的权益进行评估，评估公司于同年12月16日出具《关于法院委托评估的资产评估结果报告书》。评估报告书确认：每个出租车营运牌照权益价值的评估值为45.49万元；建议拍卖保留价为40.941万元/个。评估公司出具的《评估过程说明》第5条第6项注明：本次评估报告在市场价格无较大波动情况下的有效期为半年，若超过此期限或市场价格发生较大波动时，需重新评估。后因双方当事人磋商执行和解，此次拍卖没有进行。2001年5月10日，深圳市中级法院在没有进行重新评估的情况下，合议庭决定该批出租车营运牌照的拍卖保留价为70万元/个，委托广东机电深圳拍卖行进行拍卖。我们认为，在第一次评估报告已经过期并自动失效的情况下，深圳市中级法院未经重新评估，执行合议庭合议确定拍卖保留价并委托拍卖的行为违反法定程序。鉴于该批出租车营运牌照的拍定价格大幅度高于原评估价格且已经公开拍卖完毕，可予以维持。但为维护程序公正和保证拍卖物的价格真实，应由深圳市中级法院另行指定评估机构按拍卖时的市场行情再行评估一次，如重新评估的价格未超过原拍卖价，则维持拍卖结果；如超过原拍卖价，则重新拍卖。

鉴于本案的执行涉及群体利益，故请你院接函后即督促深圳市中级法院制定详细工作方案，积极、稳妥地做好申诉人息诉工作，以维护社会稳定。

最高人民法院执行工作办公室关于案外人李福胜异议一案的复函

- 2001年11月26日
- 〔2000〕执监字第226－1号

新疆维吾尔自治区高级人民法院：

关于案外人李福胜异议一案，本院现已审查完毕，经研究，提出处理意见如下：

你院在执行本院〔1997〕经终字第147号

民事判决时,于1999年6月25日追加刘晓军为被执行人,而刘晓军将其所购买的长安花园A-20-G房屋通过深圳市长城房地产发展公司(以下简称长城公司)转让给李福胜,时间是在1998年7月。同年10月15日,深圳市人民政府向李福胜核发了房地产证。你院以刘晓军与李福胜恶意串通,逃避债务为由,强制执行李福胜名下的房产,证据并不充分。而李福胜向本院提供了如下证据:1.刘晓军同意将其购买的长安花园A-20-G号房屋转让给李福胜;2.李福胜支付购房尾款60987元给长城公司,刘晓军先前支付的房款723172元,李福胜以现金和存折支付给李晓军;1998年7月16日,李福胜从存折上取款53万元,同一天,刘晓军储蓄开户存款53万元;3.刘晓军2000年6月8日出具证明:1998年7月16日将上述房屋转让给李福胜,并收受63万元的转让费;4.长城公司于1998年7月22日为李福胜开具的购买上述房屋的转让(销售)房地产收入发票,金额为784159.00元;5.长城公司与李福胜签订的上述房屋买卖合同(13443号);6.1998年10月15日,深圳市政府为李福胜核发的《房地产证》。这些证据足以证明李福胜对该房屋拥有所有权,本院予以认可。故你院强制执行李福胜名下的房屋是错误的,应当依法纠正。如申请执行人对李福胜名下的房屋权属有异议,认为刘晓军与李福胜之间转让房屋的行为侵犯其合法权益,可通过诉讼程序解决。

你院应将纠正执行错误的情况报告我院。

最高人民法院执行工作办工室关于中奥(珠海)塑料包装有限公司执行申诉一案的复函

- 2002年1月17日
- 〔2001〕执监字第80号

广东省高级人民法院:

你院〔1999〕粤高法执督字第57号函收悉,经研究,答复如下:

一、珠海王子实业有限公司在执行程序中提供的汇率结算协议书,未经实体判决认定,在执行程序中不能采信。债务人应按生效判决之判定以美元给付债权人。若给付美元不能的,应按实际给付之日的国家外汇牌价汇率予以折算成人民币给付。

二、珠海市中级人民法院根据珠海市人民政府的协调安排意见,裁定由中奥(珠海)塑料包装有限公司承担11套职工住房转让款及租金,缺乏法律依据,且改变了〔1996〕粤高法审监经字第4号民事判决的内容,应予纠正。

三、中奥公司将其位于珠海市拱北夏湾二路排洪沟北侧的10,853平方米土地及地上附着物5878平方米建筑物抵押给中国银行珠海分行的抵押登记时间是1999年12月26日,而此时依〔1998〕珠法执字第62-1号民事裁定书,珠海王子实业有限公司尚欠中奥(珠海)塑料包装有限公司3,493,025.13元人民币,故不能认定中奥(珠海)塑料包装有限公司为逃避债务恶意抵押。珠海市中级人民法院在执行程序中裁定登记机关的抵押登记行为失当,应予纠正。

请你院按照上述意见予以办理。

最高人民法院关于阳江波士发时装厂对广州市中级人民法院执行异议案的复函

- 2002年3月6日
- 〔1999〕执监字第167-1号

广东省高级人民法院:

你院〔1996〕粤高法执监字第66-2号《关于阳江波士发时装厂来信反映广州中院违反执行程序低价处理其股权权益问题的审查情况报告》收悉,经研究,答复如下:

阳光波士发时装厂(以下简称波士发)与中国农村发展信托投资公司广东办事处证

券交易营业部(以下简称中农信)证券承销兑付纠纷一案,广东省高级人民法院经二审于1996年8月29日作出判决,由债务人波士发在判决生效后10日内向中农信交付债券本金1000万元及利息。波士发逾期未履行义务,中农信申请执行。

在执行过程中,广州市中级人民法院将被执行人波士发在其与第三人广东省信托房地产开发公司广州开发区公司(以下简称广信托)合作开发广州芳村花地湾项目中投入的1200万元定金按照投资权益裁定作价1392万元以物抵债给中农信。波士发对此裁定不服,以如下理由向本院提出申诉:(一)涉案财产未经拍卖就裁定以物抵债,违反法定程序,应予纠正;(二)执行法院委托的评估是在未通知被执行人,没有得到被执行人地产资料的情况下所作的评估,该评估与其他评估机构的评估价相差10位左右,显失公平;(三)涉案房地产为被执行人与第三人共有,在未经审判确定双方权益的情况下,执行法院在执行中裁定确定被执行人与第三人的具体权益,于法不符。

本院经审查认为:在被执行人波士发没有财产可供执行时,执行法院可以执行其投资权益。但是,波士发与广信托之间就涉案房地产的开发合作仅有合作开发协议,没有成立开发该项目的公司或者其他形式的合作开发房地产的企业,尚无投资权益依附的民事主体,且波士发在履约之初交付定金后,双方是否继续履行合作协议,是否形成投资权益,该定金应如何处理,以及该合作协议的效力如何,出现的民事责任是违约责任还是过错责任等问题,应当通过诉讼等途径解决。广州市中级人民法院在执行程序中认定波士发支付的1200万元定金为投资权益,并裁定予以抵债1392万元,不符合法律规定,应予纠正。请你院督促执行法院纠正执行错误,撤销〔1996〕穗中法经执字第367号裁定。

此复

最高人民法院执行工作办公室关于福建省上杭鸿阳矿山工程有限公司执行异议监督案的复函

•2004年3月8日
•〔2003〕执监字第146-1号

山西省高级人民法院:

你院(2003)晋执函字第34号《关于追加福建省上杭鸿阳矿山工程有限公司为被执行主体的情况报告》收悉。经研究,现答复如下:

原则同意你院意见。根据你院报告,本案中,福建省上杭鸿阳矿山工程有限公司(以下简称鸿阳公司)已根据三方协议承受了你院调解书确定的债务,债权人已接受其履行并无异议,该公司已经取得了原债务人的地位,因其没有完全履行而追加其为被执行人,是可以成立的。即使按照鸿阳公司提出的"被执行人享有对鸿阳公司的到期债权,鸿阳公司是第三人"的说法,因其在执行过程中已认可并已经履行了部分债务,故不能再提出异议。

请你院根据上述精神答复鸿阳公司,并妥善执行该案。

最高人民法院执行工作办公室〔2005〕执监字第217号函

•2006年3月16日

山东省高级人民法院:

你院2005年12月27日和2006年3月6日《关于申请执行人德州富达玻璃钢制品有限公司与被执行人长春绿新大市场加工承揽合同纠纷一案执行情况的报告》收悉。经研究,提出以下意见:

长春市绿园区西新镇政府不是本案的被执行人,与本案被执行人长春绿新大市场无任何法律关系,在此情况下,德州市中级人民法院裁定冻结、扣划西新镇政府财政所款项属执行错误，依法应予纠正。德州中院在冻结西新镇政府款项后，对农业银行长春西新分理处的处罚不当，亦应依法予以纠正。至于西新镇政府依据吉林省、长春市有关文件收取土地出让金的做法是否违法，非执行程序审查的范围，应通过其他途径解决。

最高人民法院执行局关于云南齐宝酒店申请复议案的复函

- 2008年12月16日
- 〔2008〕执复字第2号

云南省高级人民法院：

云南齐宝酒店（以下简称齐宝酒店）不服你院〔2006〕云高执字第25－2号民事裁定向我院提起复议一案，我院已经审查完毕。经研究，提出如下处理意见：

本案中，齐宝酒店对执行标的物上享有租赁权的主张一旦被确认，按照我院《关于人民法院民事执行中拍卖、变卖财产的规定》第三十一条的规定，该租赁权负担应当由买受人承受，最终会导致执行法院无法将所拍卖房产向买受人交付占有。齐宝酒店所提起的异议从性质上应为实体异议。因此，齐宝酒店对于你院驳回其实体权利异议的裁定不服，根据《中华人民共和国民事诉讼法》第二百零四条之规定应当向执行法院提起异议之诉，或者按审判监督程序处理，而不能向我院提起复议。你院〔2006〕云高执字第25－2号民事裁定错误将齐宝酒店的实体异议视为程序异议，并根据《中华人民共和国民事诉讼法》第二百零二条①之规定赋予其向我院提起复议的权利，属于适用法律错误。

综上，请你院自行撤销〔2006〕云高执字第25－2号民事裁定，对齐宝酒店的异议依法重新作出新的民事裁定。

最高人民法院关于东方资产管理公司西安办事处与西安市雁塔区农村信用社执行异议案的处理意见函

- 2010年6月10日
- 〔2010〕执监字第88号

陕西省高级人民法院：

东方资产管理公司西安办事处（以下简称东方公司）因与西安市雁塔区农村信用合作联社开发区分社（以下简称雁塔信用社）执行异议一案，不服你院〔2010〕陕执复字第2、3、4、5、13、14号执行裁定到我院申诉，经调卷审查，现对该案提出如下处理意见：

一、本案中雁塔信用社对西安市中级人民法院（以下简称西安中院）查封的涉案不运道主张所有权，按照《最高人民法院关于适用〈中华人民共和国民事诉讼法〉执行程序若干问题的解释》第十五条的规定，只要案外人所提异议指向的对象是执行标的物，且异议所依据的基础权利是所有权或者其他足以阻止执行标的物转让、交付的实体权利的，就构成实体异议。执行法院应当按照民事诉讼法第二百零四条的规定进行审查。执行当事人或者案外人对审查结果不服的，只能提起许可执行之诉或者案外人异议之诉进行救济，而不能向上一级人民法院提起复议。至于案外人所主张的实体权利是不是确定，则属于证据审查和认定问题。你院及西安中院错误将雁塔信用社的实体异议作为程序异议并按照民事诉讼法第二百零二条的规定进行审查，属于适用法律错误。请你院尽快撤销你院及西安中院的相关裁定，发回西安中院重新审查。

---

① 民事诉讼法原第二百零二条现已修改为第二百二十五条。

二、我院在调阅本案相关执行卷宗中发现，雁塔区人民法院2005年11月30日作出的〔2005〕雁公执字第21－1号以物抵债裁定存在以下问题：1.雁塔信用社申请执行现代农业发展中心（以下简称现代农业）一案的执行标的额高达11320万元，雁塔区人民法院对该案行使管辖权的法律依据是什么？2.上述以物抵债裁定作出时，涉及现代农业为债务人的还有多笔债权在雁塔区人民法院申请执行，该抵债裁定是否通知其他债权人并经其同意？是否剥夺了其他债权人参与分配的机会？3.雁塔信用社与现代农业在西安市房地产交易管理中心登记的《房地产抵押合同》表明，约定的借款期限为2002年12月4日至2005年12月4日，而两单位在2004年3月和4月签订以物抵债协议时债务履行期限尚未届满，关于以物抵债的约定是否构成《最高人民法院关于适用〈中华人民共和国担保法〉若干问题的解释》第五十七条规定的“流质条款”？请你院围绕上述问题对该以物抵债裁定进行审查并作出妥善处理。

三、请你院责成西安中院立即对争议的涉案不动产重新采取查封措施，根据异议审查结果并视当事人是否提起诉讼依法决定最终是否解除查封。以上意见，请遵照执行。

◎指导案例

国泰君安证券股份有限公司海口滨海大道（天福酒店）证券营业部申请错误执行赔偿案

•2014年12月25日

关键词

国家赔偿　司法赔偿　错误执行　执行回转

裁判要点

1.赔偿请求人以人民法院具有《中华人民共和国国家赔偿法》第三十八条规定的违法侵权情形为由申请国家赔偿的，人民法院应就赔偿请求人诉称的司法行为是否违法，以及是否应当承担国家赔偿责任一并予以审查。

2.人民法院审理执行异议案件，因原执行行为所依据的当事人执行和解协议侵犯案外人合法权益，对原执行行为裁定予以撤销，并将被执行财产回复至执行之前状态的，该撤销裁定及执行回转行为不属于《中华人民共和国国家赔偿法》第三十八条规定的执行错误。

相关法条

《中华人民共和国国家赔偿法》第三十八条

基本案情

赔偿请求人国泰君安证券股份有限公司海口滨海大道（天福酒店）证券营业部（以下简称国泰海口营业部）申请称：海南省高级人民法院（以下简称海南高院）在未依法对原生效判决以及该院（1999）琼高法执字第9－10、9－11、9－12、9－13号裁定（以下分别简称9－10、9－11、9－12、9－13号裁定）进行再审的情况下，作出（1999）琼高法执字第9－16号裁定（以下简称9－16号裁定），并据此执行回转，撤销原9－11、9－12、9－13号裁定，造成国泰海口营业部已合法取得的房产丧失，应予确认违法，并予以国家赔偿。

海南高院答辩称：该院9－16号裁定仅是纠正此前执行裁定的错误，并未改变原执行依据，无须经过审判监督程序。该院9－16号裁定及其执行回转行为，系在审查案外人执行异议成立的基础上，使争议房产回复至执行案件开始时的产权状态，该行为与国泰海口营业部经判决确定的债权，及其尚不明确的损失主张之间没有因果关系。国泰海口营业部赔偿请求不能成立，应予驳回。

法院经审理查明：1998年9月21日，海南高院就国泰海口营业部诉海南国际租赁有限公司（以下简称海南租赁公司）证券回购纠纷一案作出(1998)琼经初字第8号民事判决,判决海南租赁公司向国泰海口营业部支付证券回购款本金3620万元和该款截止到1997年11月30日的利息16362296元;海南租赁公司向国泰海口营业部支付证券回购款本金3620万元的利息,计息方法为:从1997年12月1日起至付清之日止按年息18%计付。

1998年12月,国泰海口营业部申请海南高院执行该判决。海南高院受理后,向海南租赁公司发出执行通知书并查明该公司无财产可供执行。海南租赁公司提出其对第三人海南中标物业发展有限公司(以下简称中标公司)享有到期债权。中标公司对此亦予以认可,并表示愿意以景瑞大厦部分房产直接抵偿给国泰海口营业部,以偿还其欠海南租赁公司的部分债务。海南高院遂于2000年6月13日作出9-10号裁定,查封景瑞大厦的部分房产,并于当日予以公告。同年6月29日,国泰海口营业部、海南租赁公司和中标公司共同签订《执行和解书》,约定海南租赁公司、中标公司以中标公司所有的景瑞大厦部分房产抵偿国泰海口营业部的债务。据此,海南高院于6月30日作出9-11号裁定,对和解协议予以认可。

在办理过户手续过程中,案外人海南发展银行清算组(以下简称海发行清算组)和海南创仁房地产有限公司(以下简称创仁公司)以海南高院9-11号裁定抵债的房产属其所有,该裁定损害其合法权益为由提出执行异议。海南高院审查后分别作出9-12号、9-13号裁定,驳回异议。2002年3月14日,国泰海口营业部依照9-11号裁定将上述抵债房产的产权办理变更登记至自己名下,并缴纳相关税费。海发行清算组、创仁公司申诉后,海南高院经再次审查认为:9-11号裁定将原金通城市信用社(后并入海南发展银行)向中标公司购买并已支付大部分价款的房产当作中标公司房产抵债给国泰海口营业部,损害了海发行清算组的利益,确属不当,海发行清算组的异议理由成立,创仁公司异议主张应通过诉讼程序解决。据此海南高院于2003年7月31日作出9-16号裁定,裁定撤销9-11号、9-12号、9-13号裁定,将原裁定抵债房产回转过户至执行前状态。

2004年12月18日,海口市中级人民法院(以下简称海口中院)对以海发行清算组为原告、中标公司为被告、创仁公司为第三人的房屋确权纠纷一案作出(2003)海中法民再字第37号民事判决,确认原抵债房产分属创仁公司和海发行清算组所有。该判决已发生法律效力。2005年6月,国泰海口营业部向海口市地方税务局申请退税,海口市地方税务局将契税退还国泰海口营业部。2006年8月4日,海南高院作出9-18号民事裁定,以海南租赁公司已被裁定破产还债,海南租赁公司清算组请求终结执行的理由成立为由,裁定终结(1998)琼经初字第8号民事判决的执行。

(1998)琼经初字第8号民事判决所涉债权,至2004年7月经协议转让给国泰君安投资管理股份有限公司(以下简称国泰投资公司)。2005年11月29日,海南租赁公司向海口中院申请破产清算。破产案件审理中,国泰投资公司向海南租赁公司管理人申报了包含(1998)琼经初字第8号民事判决确定债权在内的相关债权。2009年3月31日,海口中院作出(2005)海中法破字第4-350号民事裁定,裁定终结破产清算程序,国泰投资公司债权未获得清偿。

2010年12月27日,国泰海口营业部以海南高院9-16号裁定及其行为违法,并应予返还9-11号裁定抵债房产或赔偿相关损失为由向该院申请国家赔偿。2011年7月4日,海南高院作出(2011)琼法赔字第1号赔偿决定,决定对国泰海口营业部的赔偿申请不予赔偿。国泰海口营业部对该决定不服,向最高人民法院赔偿委员会申请作出赔偿决定。

裁判结果

最高人民法院赔偿委员会于2012年3月23日作出(2011)法委赔字第3号国家赔

偿决定:维持海南省高级人民法院(2011)琼法赔字第1号赔偿决定。

裁判理由

最高人民法院认为:被执行人海南租赁公司没有清偿债务能力,因其对第三人中标公司享有到期债权,中标公司对此未提出异议并认可履行债务,中标公司隐瞒其与案外人已签订售房合同并收取大部分房款的事实,与国泰海口营业部及海南租赁公司三方达成《执行和解书》。海南高院据此作出9－11号裁定。但上述执行和解协议侵犯了案外人的合法权益,国泰海口营业部据此取得的争议房产产权不应受到法律保护。海南高院9－16号裁定系在执行程序中对案外人提出的执行异议审查成立的基础上,对原9－11号裁定予以撤销,将已被执行的争议房产回复至执行前状态。该裁定及其执行回转行为不违反法律规定,且经生效的海口中院(2003)海中法民再字第37号民事判决所认定的内容予以印证,其实体处理并无不当。国泰海口营业部债权未得以实现的实质在于海南租赁公司没有清偿债务的能力,国泰海口营业部及其债权受让人虽经破产债权申报,仍无法获得清偿,该债权未能实现与海南高院9－16号裁定及其执行行为之间无法律上的因果联系。因此,海南高院9－16号裁定及其执行回转行为,不属于《中华人民共和国国家赔偿法》及相关司法解释规定的执行错误情形。

◎公报案例

广东龙正投资发展有限公司与广东景茂拍卖行有限公司委托拍卖执行复议案

- 最高人民法院审判委员会讨论通过
- 2014年12月18日发布

关键词

民事诉讼　执行复议　委托拍卖　恶意串通　拍卖无效

裁判要点

拍卖行与买受人有关联关系,拍卖行为存在以下情形,损害与标的物相关权利人合法权益的,人民法院可以视为拍卖行与买受人恶意串通,依法裁定该拍卖无效:(1)拍卖过程中没有其他无关联关系的竞买人参与竞买,或者虽有其他竞买人参与竞买,但未进行充分竞价的;(2)拍卖标的物的评估价明显低于实际价格,仍以该评估价成交的。

相关法条

《中华人民共和国民法通则》第五十八条

《中华人民共和国拍卖法》第六十五条

基本案情

广州白云荔发实业公司(以下简称荔发公司)与广州广丰房产建设有限公司(以下简称广丰公司)、广州银丰房地产有限公司(以下简称银丰公司)、广州金汇房产建设有限公司(以下简称金汇公司)非法借贷纠纷一案,广东省高级人民法院(以下简称广东高院)于1997年5月20日作出(1996)粤法经一初字第4号民事判决,判令广丰公司、银丰公司共同清偿荔发公司借款160647776.07元及利息,金汇公司承担连带赔偿责任。

广东高院在执行前述判决过程中,于1998年2月11日裁定查封了广丰公司名下的广丰大厦未售出部分,面积18851.86m^2。次日,委托广东景茂拍卖行有限公司(以下简称景茂拍卖行)进行拍卖。同年6月,该院委托的广东粤财房地产评估所出具评估报告,结论为:广丰大厦该部分物业在1998年6月12日的拍卖价格为102493594元。后该案因故暂停处置。

2001年初,广东高院重新启动处置程序,于同年4月4日委托景茂拍卖行对广丰大厦整栋进行拍卖。同年11月初,广东高院在报纸上刊登拟拍卖整栋广丰大厦的公告,要求涉及广丰大厦的所有权利人或购房业主,于2001年11月30日前向景茂拍卖行申报权利和登记,待广东高院处理。根据公告要求,向景茂拍卖行申报的权利有申请交付广丰大厦预售房屋、回迁房屋和申请返还购房款、工程款、银行借款等,金额高达15亿多元,其中,购房人缴纳的购房款逾2亿元。

2003年8月26日,广东高院委托广东财兴资产评估有限公司(即原广东粤财房地产评估所)对广丰大厦整栋进行评估。同年9月10日,该所出具评估报告,结论为:整栋广丰大厦(用地面积3009m^2,建筑面积34840m^2)市值为3445万元,建议拍卖保留价为市值的70%即2412万元。同年10月17日,景茂拍卖行以2412万元将广丰大厦整栋拍卖给广东龙正投资发展有限公司(以下简称龙正公司)。广东高院于同年10月28日作出(1997)粤高法执字第7号民事裁定,确认将广丰大厦整栋以2412万元转给龙正公司所有。2004年1月5日,该院向广州市国土房管部门发出协助执行通知书,要求将广丰大厦整栋产权过户给买受人龙正公司,并声明原广丰大厦的所有权利人,包括购房人、受让人、抵押权人、被拆迁人或拆迁户等的权益,由该院依法处理。龙正公司取得广丰大厦后,在原主体框架结构基础上继续投入资金进行续建,续建完成后更名为"时代国际大厦"。

2011年6月2日,广东高院根据有关部门的意见对该案复查后,作出(1997)粤高法执字第7-1号执行裁定,认定景茂拍卖行和买受人龙正公司的股东系亲属,存在关联关系。广丰大厦两次评估价格差额巨大,第一次评估了广丰大厦约一半面积的房产,第二次评估了该大厦整栋房产,但第二次评估价格仅为第一次评估价格的35%,即使考虑市场变化因素,其价格变化也明显不正常。根据景茂拍卖行报告,拍卖时有三个竞买人参加竞买,另外两个竞买人均未举牌竞价,龙正公司因而一次举牌即以起拍价2412万元竞买成功。但经该院协调有关司法机关无法找到该二人,后书面通知景茂拍卖行提供该二人的竞买资料,景茂拍卖行未能按要求提供;景茂拍卖行也未按照《拍卖监督管理暂行办法》第四条"拍卖企业举办拍卖活动,应当于拍卖日前七天内到拍卖活动所在地工商行政管理局备案,……拍卖企业应当在拍卖活动结束后7天内,将竞买人名单、身份证明复印件送拍卖活动所在地工商行政管理局备案"的规定,向工商管理部门备案。现有证据不能证实另外两个竞买人参加了竞买。综上,可以认定拍卖人景茂拍卖行和竞买人龙正公司在拍卖广丰大厦中存在恶意串通行为,导致广丰大厦拍卖不能公平竞价、损害了购房人和其他债权人的利益。根据《中华人民共和国民法通则》(以下简称《民法通则》)第五十八条、《中华人民共和国拍卖法》(以下简称《拍卖法》)第六十五条的规定,裁定拍卖无效,撤销该院2003年10月28日作出的(1997)粤高法执字第7号民事裁定。对此,买受人龙正公司和景茂拍卖行分别向广东高院提出异议。

龙正公司和景茂拍卖行异议被驳回后,又向最高人民法院申请复议。主要复议理由为:对广丰大厦前后两次评估的价值相差巨大的原因存在合理性,评估结果与拍卖行和买受人无关;拍卖保留价也是根据当时实际情况决定的,拍卖成交价是当时市场客观因素造成的;景茂拍卖行不能提供另外两名竞买人的资料,不违反《拍卖法》第五十四条第二款关于"拍卖资料保管期限自委托拍卖合同终止之日起计算,不得少于五年"的规定;拍卖广丰大厦的拍卖过程公开、合法,拍卖前曾四次在报纸上刊出拍卖公告,法律没有禁止拍卖行股东亲属的公司参与竞买。故不存在拍卖行与买受人恶意串通、损害购房人和其他债权人利益的事实。广东高院推定竞买人与拍卖行存在恶意串通行为是错误的。

裁判结果

广东高院于2011年10月9日作出(2011)粤高法执异字第1号执行裁定:维持(1997)粤高法执字第7-1号执行裁定意见,驳回异议。裁定送达后,龙正公司和景茂拍卖行向最高人民法院申请复议。最高人民法院于2012年6月15日作出(2012)执复字第

6号执行裁定：驳回龙正公司和景茂拍卖行的复议请求。

裁判理由

最高人民法院认为：受人民法院委托进行的拍卖属于司法强制拍卖，其与公民、法人和其他组织自行委托拍卖机构进行的拍卖不同，人民法院有权对拍卖程序及拍卖结果的合法性进行审查。因此，即使拍卖已经成交，人民法院发现其所委托的拍卖行为违法，仍可以根据《民法通则》第五十八条、《拍卖法》第六十五条等法律规定，对在拍卖过程中恶意串通，导致拍卖不能公平竞价、损害他人合法权益的，裁定该拍卖无效。

买受人在拍卖过程中与拍卖机构是否存在恶意串通，应从拍卖过程、拍卖结果等方面综合考察。如果买受人与拍卖机构存在关联关系，拍卖过程没有进行充分竞价，而买受人和拍卖机构明知标的物评估价和成交价明显过低，仍以该低价成交，损害标的物相关权利人合法权益的，可以认定双方存在恶意串通。

本案中，在景茂拍卖行与买受人之间因股东的亲属关系而存在关联关系的情况下，除非能够证明拍卖过程中有其他无关联关系的竞买人参与竞买，且进行了充分的竞价，否则可以推定景茂拍卖行与买受人之间存在串通。该竞价充分的举证责任应由景茂拍卖行和与其有关联关系的买受人承担。2003年拍卖结束后，景茂拍卖行给广东高院的拍卖报告中指出，还有另外两个自然人参加竞买，现场没有举牌竞价，拍卖中仅一次叫价即以保留价成交，并无竞价。而买受人龙正公司和景茂拍卖行不能提供其他两个竞买人的情况。经审核，其复议中提供的向工商管理部门备案的材料中，并无另外两个竞买人参加竞买的资料。拍卖资料经过了保存期，不是其不能提供竞买人情况的理由。据此，不能认定有其他竞买人参加了竞买，可以认定景茂拍卖行与买受人龙正公司之间存在串通行为。

鉴于本案拍卖系直接以评估机构确定的市场价的70%之保留价成交的，故评估价是否合理对于拍卖结果是否公正合理有直接关系。之前对一半房产的评估价已达一亿多元，但是本次对全部房产的评估价格却只有原来一半房产评估价格的35%。拍卖行明知价格过低，却通过亲属来购买房产，未经多轮竞价，严重侵犯了他人的利益。拍卖整个楼的价格与评估部分房产时的价格相差悬殊，拍卖行和买受人的解释不能让人信服，可以认定两者间存在恶意串通。同时，与广丰大厦相关的权利有申请交付广丰大厦预售房屋、回迁房屋和申请返还购房款、工程款、银行借款等，总额达15亿多元，仅购房人登记所交购房款即超过2亿元。而本案拍卖价款仅为2412万元，对于没有优先受偿权的本案申请执行人毫无利益可言，明显属于无益拍卖。鉴于景茂拍卖行负责接受与广丰大厦相关的权利的申报工作，且买受人与其存在关联关系，可认定景茂拍卖行与买受人对上述问题也应属明知。因此，对于此案拍卖导致与广丰大厦相关的权利人的权益受侵害，景茂拍卖行与买受人龙正公司之间构成恶意串通。

综上，广东高院认定拍卖人景茂拍卖行和买受人龙正公司在拍卖广丰大厦中存在恶意串通行为，导致广丰大厦拍卖不能公平竞价、损害了购房人和其他债权人的利益，是正确的。故(1997)粤高法执字第7-1号及(2011)粤高法执异字第1号执行裁定并无不当，景茂拍卖行与龙正公司申请复议的理由不能成立。

西部信托有限公司申请执行复议案

裁判摘要

案外人基于对执行标的物主张实体权利而提出异议，以排除对该执行标的物之强制执行的，属于案外人异议，不管该案外人主张实体权利的依据是否涉及其他法院的相关生效法律文书，均应当适用《中华人民共和国民事诉讼法》第二百二十七条规定处理，以保护案外人和当事人通过诉讼途径寻求实体救济的合法权利。

中华人民共和国
最高人民法院执行裁定书

(2013)执复字第11号

申请复议人(申请执行人):西部信托有限公司。

法定代表人:徐朝晖,该公司董事长。

案外人:陕西交通物业有限责任公司。

法定代表人:杨小朋,该公司总经理。

被执行人:陕西宏华房地产开发公司。

法定代表人:王丽,该公司经理。

被执行人:中国航空器材进出口总公司西北公司。

法定代表人:谭克坚,该公司总经理。

被执行人:陕西省交通职工技协服务部。

法定代表人:熊秋水,该服务部经理。

申请复议人西部信托有限公司(以下简称西部信托公司)不服陕西省高级人民法院(2012)陕执异字第5号执行裁定,向本院申请复议,本院受理后,依法组成合议庭进行审查,现已审查终结。

陕西省高级人民法院(以下简称陕西高院)依据已经发生法律效力的最高人民法院(2005)民二终字第31号民事判决书,在执行申请执行人西部信托公司与陕西宏华房地产开发公司、中国航空器材进出口总公司西北公司、陕西省交通职工技协服务部(以下简称交通技协)借款担保纠纷案过程中,根据申请执行人西部信托公司提供的财产线索,于2012年1月18日作出(2011)陕执恢字第16-4号执行裁定,查封了西安市高新路8号西安科技(丽华)大厦第12层建筑面积为1278.5平方米、第6层建筑面积为115.83平方米的房产(以下简称案涉房产)。案外人陕西交通物业有限责任公司(以下简称交通物业公司)提出异议,要求解除对案涉房产的查封,称:2004年6月,西安市中级人民法院(以下简称西安中院)作出(2001)西经执字第120-2号民事裁定,将案涉房产作价688.851378万元,以物抵债给该案申请执行人交通技协。后交通技协又将案涉房产转让给陕西道路科工贸有限公司(以下简称道科贸公司),西安中院作出(2001)西经执字第120-3号协助执行通知书,要求西安市国土资源和房屋管理局高新分局将案涉房产直接过户至道科贸公司名下。道科贸公司营业执照被吊销后,陕西省交通运输厅作为道科贸公司的控股单位收回了案涉房产,并将其交由交通物业公司占有、经营。因此,案涉房产现已由交通物业公司合法取得,不再属交通技协所有,陕西高院的查封措施不当,应予撤销。

陕西高院经审查,认为交通物业公司的异议理由成立,作出(2012)陕执异字第5号执行裁定,依照修改前《中华人民共和国民事诉讼法》第二百零二条之规定,裁定如下:交通物业公司异议成立。如不服该裁定,可在该裁定送达之日起十日内向最高人民法院申请复议。

西部信托公司向本院申请复议称:道科贸公司虽被吊销营业执照,但未进行清算并办理工商注销登记,其企业法人主体仍然存续,交通物业公司不是案涉房产的所有权人,也不具有提出执行异议的主体资格。陕西高院(2012)陕执异字第5号执行裁定错误,请求本院撤销。

本院认为:案外人基于对执行标的物主张实体权利而提出异议,以排除对该执行标的物之强制执行的,属于案外人异议,不管其主张实体权利的依据是否涉及其他法院的相关生效法律文书,均应当适用《中华人民共和国民事诉讼法》第二百二十七条(即原第二百零四条)规定处理,以保护案外人和当事人通过诉讼途径寻求实体救济的合法权利。本案中,案外人交通物业公司以西安中院作出的有关民事裁定和协助执行通知书等为依据,主张自己已合法取得案涉房产,陕西高院不应再将其作为交通技协财产予以执行,显系以主张实体权利的方式寻求排除强制执行，属于案外人异议，应依照《中华人民共和国民事诉讼法》第二百二十七条（即原第二百零四条）进行审查及作出异议裁定。因本案案外人异议与作为执行依据的最高人民法院（2005）民二终字第31号民事判决书无关，案外人、当事人对异议裁定不服的，应当通过向执行法院提起诉讼解决。陕西高院（2012）陕执异字第5号执行裁定适用了修改前《中华人民共和国民事诉讼法》第二百零二条的规定，赋予案外人、当事人向上级法院申请复议的权利，属于适用程序法律错误。参照《中华人民共和国民事诉讼法》第一百七十条第一款第（四）项之规定，裁定如下：

1. 撤销陕西省高级人民法院（2012）陕执异字第5号执行裁定。

2. 发回陕西省高级人民法院依据《中华人民共和国民事诉讼法》第二百二十七条之规定重新审查并作出裁定。

本裁定为终审裁定。

审　判　长　黄金龙
审　判　员　范向阳
代理审判员　杨　春
二〇一三年八月八日
书　记　员　魏　丹

香港信诺投资有限公司申请执行复议案

裁判摘要

一、案外人对执行标的提出主张权属的异议，应当根据民事诉讼法第二百二十七条规定的程序进行审查，案外人、当事人对执行裁定不服，应当通过诉讼程序进行救济。不能将案外人作为利害关系人，适用民事诉讼法第二百二十五条规定的程序进行审查并赋予当事人申请复议的权利，否则即属适用法律错误，违反法定程序，应予纠正。

二、案外人所提的程序异议如果与其对执行标的权属主张之异议并无联系，则可在符合条件的情况下以利害关系人的身份适用民事诉讼法第二百二十五条规定的程序进行审查，与实体争议分别处理；如果案外人所提出的程序异议与实体异议关系密切，直接或间接地针对同一执行标的权属问题，在其同时提出实体异议的情况下，应当合并适用民事诉讼法第二百二十七条规定的程序进行审查，以减轻当事人的诉累。

三、被执行人单独提出的异议，应当按照民事诉讼法第二百二十五条规定的程序进行审查。但如果被执行人所提异议实质是支持案外人对执行标的实体权利的主张，则对被执行人所提出的异议不应当单独审查，而应当在对案外人所提异议进行审查的过程中一并解决。

申请复议人（申请执行人）：香港信诺投资有限公司。

法定代表人：祖力，该公司执行董事。

被执行人：山东省畜产进出口公司。

法定代表人：李兆兴，该公司总经理。

案外人：山东省商务厅（原山东省对外经济贸易合作厅）。

申请复议人香港信诺投资有限公司不服山东省高级人民法院（2002）鲁执（恢）字第3号执行裁定，向本院申请复议。本院受理后，依法组成合议庭进行审查，现已审查终结。

执行法院山东省高级人民法院（以下简称山东高院）查明，中国东方资产管理公司青岛办事处（以下简称东方青岛办）与山东省畜产进出口公司（以下简称畜产公司）借款合同纠纷一案由青岛市中级人民法院（以下简称青岛中院）受理，审理期间，青岛中院于2001年5月21日作出（2001）青知字第52-1号财产保全裁定，查封了畜产公司所有的位于青岛市太平路51号山东国际贸易大厦第17-21层房产。2001年5月25日，畜产公司提出管辖异议及查封异议后，该案移送山东高院审理。2001年9月12日，山东省对外经济贸易合作厅向山东高院提出财产保全异议，山东高院于2001年10月17日作出（2001）鲁经初字第16-1号民事裁定书，认为山东国际贸易大厦由于土地、消防等原因至今未办理产权证明，所有用房单位只有使用权，在该大厦建设过程中，畜产公司实际出资8261300元人民币用于大厦建设，该公司现使用大厦十七层的1709、1711、1712、1713房间办公，总面积422平方米。山东省对外经济贸易合作厅所提异议部分有理，遂裁定：一、解除青岛中院对山东国际贸易大厦17－21层房产的查封；二、查封畜产公司使用的山东国际贸易大厦17层的1709、1711、1712、1713四间办公室（合计面积422平方米）。

2001年11月9日，山东高院作出（2001）鲁经初字第16号民事判决书，判令畜产公司偿还东方青岛办借款本金5000万元。判决生效后，因畜产公司未依法履行义务，东方青岛办于2002年1月10日向山东高院申请强制执行。执行过程中，香港信诺投资有限公司（以下简称信诺公司）于2006年7月21日从东方青岛办名下受让了本案债权，并向山东高院申请变更其为申请执行人，同时请求山东高院查封畜产公司所有的山东国际贸易大厦第17层的四间办公室。山东高院审查后依法变更信诺公司为本案的申请执行人，同时对山东国际贸易大厦第17层的房产采取了查封措施。2006年9月20日，信诺公司又向山东高院提出申请，请求查封畜产公司所有的山东国际贸易大厦第17－21层全部房产。同年9月25日山东高院作出（2002）鲁执字第3－4号民事裁定书对山东国际贸易大厦第17－21层房产进行了预查封（该房产无任何产权证）。

2011年9月20日，山东高院作出（2002）鲁执（恢）字第3－3号执行裁定，继续预查封畜产公司所有的位于青岛市太平路51号山东国际贸易大厦第17－21层的全部房产。查封期限为1年，自2011年9月25日起至2012年9月24日止。2012年9月18日，山东高院作出（2002）鲁执（恢）字第3－4号执行裁定，继续预查封畜产公司所有的位于青岛市太平路51号山东国际贸易大厦第17－21层的全部房产。查封期限为1年，自2012年9月25日起至2013年9月24日止。畜产公司和山东省商务厅不服，分别向山东高院提出书面异议，称山东高院依法解除对山东国际贸易大厦17－21层房产的查封后，在没有证据的情况下又进行预查封，显属不当；山东国际贸易大厦17－21层产权归山东省对外经济贸易合作厅（即山东省商务厅前身）所有，对该房产的查封应予解除。

山东高院另查明，山东国际贸易大厦系1990年6月经山东省人民政府、山东省计委批准，由当时的山东省外贸局直属八家驻青岛公司联合建设的营业办公楼，原山东省外贸局专门组建大厦筹建机构，即山东国际贸易大厦管理公司，统一筹措资金，统一对大厦建设进行管理。根据当时的分配方案，畜产公司分得该大厦的第17－21层。经查，畜产公司共投入资金8261300元。

1992年10月26日，山东省外贸局召开了山东外贸营业用房联建领导小组会议，会议确定了大厦的分配方案和成立大厦管委会，下设大厦管理公司，具体负责大厦的管理工作。会议第四项指出，大厦工程1992年底需开支17100万元，要求欠缴投资款的单位于1992年底交齐，逾期不交，视为自动放弃，原分配的楼层由大厦筹建处变卖取得建楼资金。同时，会议强调由于建设工期拖长、原材料涨价的因素，大厦建设要继续追加投资，对确无筹借能力、效益不好，银行不予贷款的单位，由外贸局委托山东省外贸总公司统贷6000万元，并要求用款单位于1992年11月10日前与山东省外贸总公司签订用款协议，否则原分配的楼层另行处理。

会后，畜产公司既没有交齐投资，也没有同山东省外贸总公司签订用款协议。1994年7月25日，山东省外经贸委召开主任办公会议，会议第二项指出山东国际贸易大厦建设已基本完工，原筹建领导小组确定的事项依然有效，任何个人不得随意改变，会议强调目前仍有单位欠款（包括畜产公司），限期于1994年8月10日前将欠款交齐。会后，畜产公司仍未将欠款交齐。1998年5月山东省外经贸委主任办公会议决定最后一次通知催缴建房款，于1998年5月底交齐，逾期不交，产权归垫付单位所有。1998年6月8日，山东省外经贸委以正式文件通知："因大厦建设时间跨度较大，部分省属专业外经贸公司投资权责不明或投资不到位等原因，大厦的产权归山东省外经贸委所有。"

山东高院审查认为，一、涉案房产虽然没有办理房产证，但从该房产的形成过程来看，山东省外经贸委对房产的分配有最终的决定权。根据山东省政府、山东省计委批示文件，山东国际贸易大厦是由山东省外经贸委下属的畜产公司等八家单位组建。当时的分配方案为畜产公司分得第17－21层，但畜产公司投入826万元后无后续资金投入，在多次催缴后，亦未付清欠款。1998年6月，山东省外经贸委下文将畜产公司应分得的17－21层房产改为第17层的四间房产，由此可以认定畜产公司仅分得上述四间房产。且畜产公司在此之后亦未提出任何异议，应视为对此分配方案的认可。二、本案的原申请执行人东方青岛办在收到山东高院(2001)鲁经初字第16－1号民事裁定书后并未提出异议。2005年其在出售本案债权前进行的资产评估也明确了畜产公司在山东国际贸易大厦仅有四间房产，应当视为东方青岛办对被执行人畜产公司全部资产范围的认可。信诺公司是本案的债权受让人，其在受让债权后一方面对受让债权的数额享有权利，另一方面其在行使债权时还应当受原申请执行人权能范围的限制，即在原申请执行人已认可被执行人畜产公司资产范围的情况下，信诺公司在受让债权后仅能在原权利人认可的资产范围内行使权利。其对山东国际贸易大厦17－21层房产主张权利超出了其权利范围，不应予以支持。

山东高院认为异议人的异议理由成立，应当予以支持。遂于2012年11月29日作出(2002)鲁执(恢)字第3号执行裁定，依照《中华人民共和国民事诉讼法》(2007年修订)第二百零二条、最高人民法院《关于适用〈中华人民共和国民事诉讼法〉执行程序若干问题的解释》第五条之规定，裁定撤销山东高院(2002)鲁执(恢)字第3－3号执行裁定书，解除对山东国际贸易大厦第17－21层房产(1709、1711、1712、1713四间房产除外)的查封。2012年12月6日信诺公司向山东高院提出异议，认为(2002)鲁执(恢)字第3号执行裁定书存在重大问题，无法理解山东高院的真实意思，要求山东高院予以明确。2012年12月14日，山东高院又裁定将山东高院(2002)鲁执(恢)字第3号执行裁定书主文补正为："撤销本院(2002)鲁执(恢)字第3－4号执行裁定书，并解除对山东国际贸易大厦第17－21层房产(1709、1711、1712、1713四间房产除外)的查封"。

信诺公司不服上述裁定向本院申请复议，请求撤销山东高院(2002)鲁执(恢)字第3号执行裁定，依法对畜产公司所有的位于青岛市太平路51号的山东国际贸易大厦第17－21层房产予以预查封并拍卖，由山东省商务厅对信诺公司因其异议导致的损失，在涉案房产价值范围内承担赔偿责任。其主要理由为：第一，该裁定存在两处明显文书错误：所撤销的执行裁定书文号与本案无关，或者根本不存在。本案的异议人为山东省商务厅，而非畜产公司。第二，裁定适用法律错误，不应当适用《中华人民共和国民事诉讼法》(2007年修订)第二百零二条，应当适用第二百零四条。第三，原审法院认定事实错误，缺乏证据支持。山东省商务厅没有提供任何证据证明将畜产公司应分得的第17－21层房产改为第17层的四间房产。东方青岛办曾向原审法院请求调查取证，对涉案房产所有权作出合法认定。第四，原审法院结论错误。涉案房产应为畜产公司所有，山东省商务厅不是涉案房产的所有人。山东省人民政府(90)鲁政函14号文已经决定了八个联建单位的产权，山东省商务厅后来的文件不能对抗这个文件。山东省商务厅与畜产公司在合建大厦上处于同等地位，没有权力把畜产公司的房产归于自己名下，不能根据山东省商务厅下发的(1998)181号文件认定涉案房产的所有权人。没有证据证明畜产公司的集资建房款没有足额到位,即使畜产公司欠交建房款,也不能将其所有权转移给垫资单位,涉案房产是由畜产公司无偿提供给他人使用的。按照谁出资谁受益的原则,畜产公司享有所有权的房产也远远不止四间房产的价值,以东方青岛办在转让债权前的评估报告的内容为依据,认定畜产公司仅享有四间房产的产权是错误的。第五,原审法院撤销对涉案房产的查封,严重损害了申请人的合法权益。

本院认为,本案复议审查的焦点问题是畜产公司与山东省商务厅不服山东高院执行裁定,以相同的理由分别向山东高院提出书面异议的审查程序问题。

关于山东省商务厅所提异议的审查程序问题。案外人山东省商务厅提出异议主张法院解除查封的主要理由为其所提异议的第二项,即山东国际贸易大厦第17-21层房屋产权为其享有,因此法院不能将其作为畜产公司的财产进行查封。该项异议是对执行标的权属的主张,根据《中华人民共和国民事诉讼法》第二百二十七条之规定,“执行过程中,案外人对执行标的提出书面异议的,人民法院应当自收到书面异议之日起十五日内审查,理由成立的,裁定中止对该标的的执行;理由不成立的,裁定驳回。案外人、当事人对裁定不服,认为原判决、裁定错误的,依照审判监督程序办理;与原判决、裁定无关的,可以自裁定送达之日起十五日内向人民法院提起诉讼”。执行法院山东高院将山东省商务厅作为利害关系人,适用《中华人民共和国民事诉讼法》(2007年修订)第二百零二条及最高人民法院《关于适用〈中华人民共和国民事诉讼法〉执行程序若干问题的解释》第五条之规定进行审查并赋予当事人申请复议的权利,显属适用法律错误,违反法定程序,应予纠正。而山东省商务厅提出的第一项异议,即山东高院依法解除对山东国际贸易大厦17-21层房产的查封后,在没有证据的情况下又进行预查封显属不当,虽然是关于执行程序问题提出的异议,但该项异议究其实质还是基于山东省商务厅对山东国际贸易大厦第17-21层房产享有所有权的实体权利主张而来。本案中山东省商务厅所提出的两项异议均直接或间接地针对同一执行标的的权属问题,具有密切联系,分别适用不同的审查程序徒增当事人诉累。因此,山东省商务厅所提第一项异议也应当适用前述《中华人民共和国民事诉讼法》第二百二十七条规定的程序进行审查。

关于畜产公司所提异议的审查程序问题。《中华人民共和国民事诉讼法》第二百二十五条规定:“当事人、利害关系人认为执行行为违反法律规定的,可以向负责执行的人民法院提出书面异议。当事人、利害关系人提出书面异议的,人民法院应当自收到书面异议之日起十五日内审查,理由成立的,裁定撤销或者改正;理由不成立的,裁定驳回。当事人、利害关系人对裁定不服的,可以自裁定送达之日起十日内向上一级人民法院申请复议。”被执行人畜产公司因认为执行行为违反法律规定所提出的异议,本可以按照《中华人民共和国民事诉讼法》第二百二十五条规定的程序审查。但是,本案中畜产公司所提异议实质是同意案外人山东省商务厅对执行标的享有所有权的主张,如对畜产公司与山东省商务厅内容相同的异议分别适用不同的程序进行审查,造成救济途径迥异,侵害了当事人的程序利益;况且在案外人山东省商务厅已经提出异议主张实体权利的情况下,被执行人畜产公司所提异议不具有实益,因此对畜产公司所提出的异议不应当单独审查,而应当在对山东省商务厅所提异议进行审查的过程中一并解决。

综上,原审裁定适用法律错误,违反法定程序。本院参照《中华人民共和国民事诉讼法》第一百七十条第一款第(四)项之规定,裁定如下:

一、撤销山东省高级人民法院(2002)鲁执(恢)字第3号执行裁定。

二、本案发回山东省高级人民法院重新审查处理。

本裁定送达后立即生效。

华镇名与孙海涛、吉林市轩宇房地产开发有限责任公司申请执行人执行异议纠纷案

裁判摘要

根据最高人民法院《关于民事诉讼证据的若干规定》第六十四条的规定，审判人员应当依照法定程序，全面、客观地审核证据，依据法律的规定，遵循法官职业道德，运用逻辑推理和日常生活经验，对证据有无证明力和证明力大小独立进行判断，并公开判断的理由和结果。

最高人民法院民事裁定书

((2013)民申字第675号)

再审申请人(一审被告、二审上诉人)：孙海涛。

委托代理人：王冬梅，吉林明达伟业律师事务所律师。

被申请人(一审原告、二审被上诉人)：华镇名(曾用名华艳铭)。

委托代理人：王文军，吉林北国律师事务所律师。

被申请人(一审被告)：吉林市轩宇房地产开发有限责任公司。

法定代表人：池铁吉，该公司董事长。

再审申请人孙海涛因与被申请人华镇名、吉林市轩宇房地产开发有限责任公司(以下简称轩宇公司)申请执行人执行异议之诉纠纷一案，不服吉林省高级人民法院(2012)吉民一终字第13号民事判决，向本院提出再审申请。本院依法组成合议庭对本案进行了审查，现已审查终结。

再审申请人孙海涛再审申请称：(一)原判决认定许可执行，但没有执行标的确属被执行人轩宇公司这一基本事实的证据。华镇名只不过是在诉讼阶段对孙海涛占有的网点申请了诉讼财产保全。(二)孙海涛对讼争网点依法占有，应准用物权法占有保护条款，而非民事诉讼保全和执行条款，依法不得强制执行。华镇名对轩宇公司享有的是债权。孙海涛与轩宇公司于2006年3月2日签订商品房买卖合同，当日支付全部价款后，2006年底就进户，开始占有使用网点。(三)原判决适用法律错误。原判决认定孙海涛对讼争网点没有占有，是机械的理解，仅仅凭保全时那个时点孙海涛不在讼争网点就认定其没有占有是在开法律玩笑。(四)原判决混淆法律关系。一审时查保全措施，二审时审判重点放在孙海涛是否善意取得上，就是不审华镇名能否具有对抗孙海涛的权利，是否可继续执行。孙海涛作为消费者依法对讼争网点享有的是一种居住的优先权，只要查明其没有与轩宇公司串通损害轩宇公司的债权人即华镇名的合法利益，即应支持其抗辩，驳回华镇名许可执行讼争网点的诉讼请求。孙海涛依据《中华人民共和国民事诉讼法》第二百条第二项、第六项的规定申请再审。

被申请人华镇名答辩称，孙海涛的再审申请理由不能成立，请求予以驳回。

本院审查查明和确认以下事实：孙海涛与轩宇公司签订的商品房买卖合同，在合同双方当事人一栏，买受人写明是孙海涛，还写明了身份证号码，但地址和联系电话一栏空白；第三条，所购商品房的基本情况载明，“买受人购买的商品房(以下简称商品房，其房屋平面图见本合同附件一，房号以附件一上表示为准)为本合同第一条规定的项目中的第3[幢][座]20号网点东数第6个号房”，建筑面积25.11平方米；第四条，计价方式与价款写明，每平方米4200元，总金额105462元；第五条，面积确认及面积差异处理，空白；第六条，付款方式及期限，空白；第七条，买受人逾期付款的违约责任，空白；第八条，支付期限约定，出卖人应当将具备下列条件，并符合本合同约定的商品房交付买受人使用：1. 该

商品房经验收合格。2. 该商品房经综合验收合格。3. 该商品房经分期综合验收合格。4. 该商品房取得商品住宅交付使用批准文件。空白;第九条,出卖人逾期交房的违约责任,空白;第十条,规划、设计变更的约定,空白;第十一条,交接载明,商品房达到交付使用条件后,出卖人应当书面通知买受人办理交付手续。双方进行验收交接时,出卖人应当出示本合同第八条规定的证明文件,并签署房屋交接单。出卖人不出示证明文件或出示证明文件不齐全,买受人有权拒绝交接,由此产生的延期交房责任由出卖人承担。空白;第十二条载明,出卖人保证销售的商品房没有产权纠纷和债权债务纠纷。因出卖人原因,造成商品房不能办理产权登记或发生债权债务纠纷的,由出卖人承担全部责任。空白;第十三条,出卖人关于装饰、设备标准承诺的违约责任,空白;第十四条,出卖人关于基础设施、公共配套建筑正常运行的承诺,空白;第十五条关于产权登记的约定,空白;第十六条,保修责任,空白;第十九条,双方争议是通过仲裁还是诉讼解决,空白;第二十二条,本合同连同附件一式多少份,空白。在合同尾部,买受人签字栏写明孙海涛。本院询问时孙海涛陈述,该签字是其妻代签。买受人栏年月日,空白。

孙海涛举出的证明其已经全部支付网点价款的收据上的大小写数额不一致。小写的数额是合同金额“105462”元,大写的数额是“壹拾万零伍仟”,后面没有“肆佰陆拾贰元整”;收据上的财会主管、记账、出纳、审核、经办栏等皆为空白;收据上的落款年月日前皆为空白;收据上轩宇公司的公章没有盖在左下角的“单位盖章”处,而是盖在收据的中部偏右处。

2011年3月15日上午一审庭审时,孙海涛陈述,2006年3月2日,其妻代表其在商品房买卖合同上签字后,当场交完全款,轩宇公司就将网点钥匙交给了孙海涛本人。“我交了钱,就给我钥匙了。”

2013年8月16日上午本院在吉林省吉林市中级人民法院询问孙海涛和华镇名。当问及“钥匙是交给你爱人了还是交给你了”时,孙海涛陈述:“交给我爱人了。”

二审正卷第17页第三张照片显示,讼争网点门上贴有吉林省吉林市中级人民法院查封讼争网点的民事裁定书,拍摄时间是2007年10月12日14时44分27秒。

本院认为,本案再审审查涉及如下问题:

一、关于人民法院对讼争网点采取查封措施时,孙海涛是否已经占有了讼争网点的问题

根据一、二审法院查明的事实,2007年10月10日,华镇名与轩宇公司因合同纠纷诉至法院。次日,华镇名申请诉讼财产保全。同日,吉林省吉林市中级人民法院作出(2007)吉中民一初字第75－3号民事裁定书,查封了轩宇公司开发的坐落于吉林市江畔名苑小区3号楼20号网点(东数6号网点)在内的23套住宅、8套网点、12套车库。

2007年10月12日,吉林省吉林市中级人民法院法官在对吉林市江畔名苑小区进行现场查封时,对该小区当时的物业管理公司吉林市天赐物业管理有限公司经理董胜强和江畔名苑小区建筑单位现场看管人员徐孟和进行了询问,经该两人证实:至2007年10月12日,吉林市江畔名苑小区3号楼有24户与轩宇公司办理了入户手续,涉案3号楼20号网点(东数6号网点)未进户。

2009年9月23日,吉林省吉林市中级人民法院作出(2007)吉中民一初字第75－5号民事裁定,对上述房屋继续查封。2010年2月5日,吉林省吉林市中级人民法院作出(2007)吉中民一初字第75号民事判决,判令轩宇公司给付华镇名837 210元及利息损失。判决生效后,华镇名向吉林省吉林市中级人民法院申请强制执行。案件进入执行程序后,孙海涛以讼争网点为其购买为由提出异议。

上述事实,不仅有华镇名的诉讼财产保全申请书、吉林省吉林市中级人民法院的民事裁定书、该院法官的询问笔录等作为证据证明,而且还有2007年10月12日14时44

分27秒对讼争网点拍摄的照片为证,足以证明。孙海涛对此予以否认,但没有提供任何证据加以证明,本院不予采信。

孙海涛在本院开庭询问时陈述,其在与轩宇公司签订合同的当天即2006年3月2日,轩宇公司就将钥匙交给其妻。经查一审庭审笔录,其陈述是轩宇公司将钥匙交给了他本人。对钥匙究竟是交给他本人,还是其妻,孙海涛的陈述前后矛盾。讼争网点所在建筑在2006年3月并未竣工验收,水、电、气都没有通,该楼到现在为止也没有商品房预售许可证明。考虑到一般情况下交钥匙时都必须预交水、电、气等费用,且是办理了入户手续后才由物业公司将钥匙交给住户,而孙海涛签合同当天拿到钥匙的陈述不仅不符合常理,而且其陈述自相矛盾,对房屋钥匙交给谁这样的重大行为,如果真的是当天交了,孙海涛应当记得非常清楚。根据商品房买卖合同第十一条的约定,双方进行验收交接时,要签署房屋交接单,但孙海涛并没有提供交付钥匙的任何证据。孙海涛的代理人王冬梅律师在二审的代理词中写到:“2006年年底被告轩宇向上诉人交了钥匙”。综合考虑以上因素,本院确信2006年3月2日轩宇公司并没有将讼争网点的钥匙交给孙海涛或者其妻。由于孙海涛关于轩宇公司在签合同的当天交付钥匙的主张不能成立,而讼争网点在2007年10月12日前无人办理入户手续,本院认定,2007年10月12日吉林省吉林市中级人民法院查封讼争网点时,孙海涛夫妇并没有讼争网点的钥匙。孙海涛再审申请时提出其在2006年底进入讼争网点,其证据是其在2006年3月2日拿到了讼争网点的钥匙。由于该证据不能成立,因此孙海涛提出的这一主张就缺乏依据,本院不予支持。可见,孙海涛关于2007年10月12日吉林省吉林市中级人民法院查封讼争网点时,其已经占有讼争网点的主张不能成立。据此,孙海涛再审申请提出的前三个理由均不能成立。前三个理由成立的前提是2007年10月12日人民法院查封讼争网点时,孙海涛已经占有讼争网点。但是,孙海涛并没有在2007年10月12日对讼争网点依法占有,因此,其提出本案应准用物权法占有保护条款,而非民事诉讼保全和执行条款,依法不得强制执行的观点明显不能成立。孙海涛再审申请时主张,原判决适用法律错误。原判决认定孙海涛对讼争网点没有占有,是机械的理解,仅仅凭保全时那个时点孙海涛不在讼争网点就认定其没有占有是在开法律玩笑。依据上述论述,该理由也明显不能成立。此外,2006年10月12日人民法院对讼争网点进行现场查封时,如果孙海涛已经占有该网点,那么孙海涛就应当提出异议。但孙海涛并没有提出异议。孙海涛的抗辩理由是其已经对外出租。对此,本院表示怀疑。因该网点所在楼房并未竣工,水、电、气皆没通,谁会承租?承租了承租人就会使用,那么讼争小区当时的物业管理公司就应当知晓,该小区当时的建筑单位现场看管人员徐孟和也应当清楚。但物业公司经理董胜强和徐孟和却证实,讼争网点当时无人进户。退一万步说,即使出租理由成立,因为承租方承租了就是为了使用,而现场查封状态也会保留一段时间,所以承租方就应当知道讼争网点已被查封的事实。知道后承租方就应当找孙海涛交涉,孙海涛也应当知道被查封的事实,然后提出异议。但孙海涛并没有提出异议。因此,孙海涛的这一抗辩理由不能成立。上述论述同时也能说明孙海涛关于其在2006年底进入讼争网点的主张不能成立。2009年9月23日人民法院继续查封讼争网点时,如果孙海涛当时已经占有该网点,那么孙海涛就应当提出异议。但孙海涛当时也没有提出异议。直到华镇名要求执行债务人轩宇公司的财产,案件进入执行程序后,孙海涛才以讼争网点为其购买为由提出异议。这也是补强本院认定的重要理由。

二、关于孙海涛是否在2006年3月2日已经支付讼争网点的全部价款,其是否享有“居住的优先权”的问题

孙海涛在再审申请时提出,其作为消费

者依法对讼争网点享有的是一种居住的优先权，只要查明其没有与轩宇公司串通损害轩宇公司的债权人即华镇名的合法利益，即应支持其抗辩，驳回华镇名许可执行讼争网点的诉讼请求。本院认为，该申请理由不能成立。原因在于：

（一）孙海涛没有在2006年3月2日支付讼争网点的价款105462元。孙海涛一审期间没有提供这方面的证据。二审期间，其提交了两份新证据：证据一、现金支票存根5份，证明孙海涛一共在银行提了20万元现金，并且在3月2日向轩宇公司一次支付；证据二、注册资本实收明细表和企业法人营业执照，用于印证证据一。华镇名质证称：1.两份证据不属于新证据。2.不能体现钱款的用途。3.支票的主体是公司，应该认定为公司行为而不是孙海涛的行为。4.取款时间均发生在2006年2月份，和交款的时间间隔过长。本院认为，华镇名对此抗辩是成立的。理由在于：

第一，本院询问时，孙海涛陈述是“先交钱，后签合同”，明显违背常理。一般人购买网点这样的不动产哪有合同都没签，就先支付价款的。本案合同价款105462元，如果不签合同，这个有整有零的合同价款是如何计算出来的？

第二，孙海涛与轩宇公司签订的商品房买卖合同本身疑点也很多。首先，孙海涛陈述合同尾部的“孙海涛”三个字是其妻代签的。孙海涛解释其理由是“因为我之前住院，身体不好”，“我写字难看”。在本院询问“对方知道你们是夫妻关系吗”，孙海涛回答：“知道”。上述回答，令人生疑。对于一个具有完全民事行为能力的人，对于签约时在现场的人，仅需在签约时写下自己的名字和签字时间，身体不好、写字难看能够成为孙海涛让其妻代签字的正当理由吗？此外，如果轩宇公司知道孙海涛和其妻是夫妻关系，那用其妻的名义购买网点也行，何必多此一举，用孙海涛的名义呢?！正常情况下轩宇公司应该让在场的合同的对方当事人孙海涛本人签字。只有在极其罕见的特殊情况下，轩宇公司才会让在场的孙海涛的妻子代签字，且此时必须复印结婚证作为证据。如果不知道他们两人的关系，如果要证明，那要出示结婚证并复印，与其这样麻烦，还不如孙海涛自己在合同上签字，因为签字只是吹灰之力的事情。可见，孙海涛关于其妻代签字的陈述违背日常生活经验。其次，合同尾部“孙海涛”签字下面没有写明年月日，不符合签订合同时签字后马上书写年月日的一般签字习惯，也与日常生活经验相悖。再次，合同的很多重要内容空白，如：1.付款方式及期限；2.买受人逾期付款的违约责任；3.出卖人应当将具备何种条件的网点交付买受人使用，如该网点经验收合格，等等；4.双方如何交接网点。出卖人不出示证明文件或出示证明文件不齐全，买受人是否有权拒绝交接；5.出卖人逾期交房的违约责任；6.关于产权登记的约定。最后，合同第三条约定，涉案房屋平面图见本合同附件一，房号以附件一上表示为准。但该合同并没有“附件一”。

第三，支票的主体不是孙海涛，而是公司。该款的所有权属于公司，而不属于孙海涛。孙海涛并没有举出其从该公司借款的证据。

第四，用支票提取现金的时间是2月5日、6日、7日、9日、10日，金额共计20万元，但孙海涛陈述支付讼争网点价款的时间是3月2日，期间相差20多天。也就是说，孙海涛将20万元现金放在家里有20多天时间，明显不合常理。这是因为，难道20多天前孙海涛就和轩宇公司协商好了要在3月2日购买讼争网点？如果这样的话，为什么不在3月2日当天或者前几天开出支票取现？或者将支票直接背书给轩宇公司？如果20多天前没有协商好，那么孙海涛举出的证据的证明力就非常弱，不符合日常生活经验，根据最高人民法院《关于民事诉讼证据的若干规定》第六十四条关于“审判人员应当依照法定程序，全面、客观地审核证据，依据法律的规定，遵循法官职业道德，运用逻辑推理和日常生活经验，对证据有无证明力和证明力大小独立进行判断,并公开判断的理由和结果”的规定,仅此证据不能让本院确信这些现金是用来支付讼争网点的价款的。

第五,轩宇公司没有出具正式发票,而是临时收据。轩宇公司并没有所售网点的商品房预售许可证明,自然人一次支付10余万元从这样的公司购买不动产,属于重大行为,风险自然很大。面对风险很大的行为,孙海涛本应采取必要的防范措施,但其不防范,不要求轩宇公司开具正式发票,令人生疑,因为临时收据可以不入账,是临时用的,而正式发票必须入账,是正式的,也有据可查。

第六,更为重要的是,收据本身也漏洞百出。1. 大小写数额不一致。小写的数额是合同金额“105462”元,但大写的数额却是“壹拾万零伍仟”,后面没有“肆佰陆拾贰元整”。对此明显的不一致,作为具有完全民事行为能力人的孙海涛为什么不要求轩宇公司重写呢? 2. 财会主管、记账、出纳、审核、经办栏等皆为空白。为什么收款单位上述人员没有一个人签字呢? 特别是经办人应当签字。孙海涛对此为什么不提出来呢? 这明显不符合收款单位的工作人员书写收据的通常做法;3. 落款年月日前皆为空白。这也与收款单位的工作人员书写收据的通常做法不符;4. 公章并没有盖在左下角的“单位盖章”处,而是盖在收据的中部偏右处。

第七,鉴于轩宇公司承认收到该款的收据本身漏洞百出,该证据系孤证,没有任何入账记录佐证,且轩宇公司与华镇名具有利害关系,本院不能确信轩宇公司确实收到该款。根据最高人民法院《关于民事诉讼证据的若干规定》第八条关于“诉讼过程中,一方当事人对另一方当事人陈述的案件事实明确表示承认的,另一方当事人无需举证。但涉及身份关系的案件除外”的规定,自认的效果仅适用于诉讼的相互对立的双方当事人之间,而不能适用于第三人。换言之,第三人不受该自认的约束。本案中,原告是华镇名,被告是孙海涛和轩宇公司。孙海涛和轩宇公司在本案中不仅不是相互对立的一方,而且其诉讼目的一致,就是阻止华镇名对讼争网点的强制执行,故轩宇公司对于孙海涛交付其网点价款的自认,对华镇名没有约束力。因此,仅有轩宇公司的自认,而没有轩宇公司其他证据如入账记录佐证,加之自认的孤证不是正式发票,而是收据,收据本身也漏洞百出,本院不能确信轩宇公司收到该款。

第八,因为孙海涛关于轩宇公司交付钥匙的陈述虚假,而其所举出的收据本身因存在多处不符合日常生活经验的地方,不能让本院形成其在2006年3月2日已经支付价款的内心确信,所以其关于支付合同价款的陈述,虚假的可能性很大。

根据最高人民法院《关于民事诉讼证据的若干规定》第六十四条的规定,综合考虑以上八点因素,本院认定,孙海涛在2006年3月2日并没有向轩宇公司交付105462元网点价款。

(二)如前所述,2007年10月12日查封时,孙海涛并没有占有讼争网点,既然没有占有,其就不享有所谓的“居住的优先权”,更何况网点并不是用于居住。加之孙海涛也没有在2007年10月12日查封前交付网点价款,那么孙海涛现在对讼争网点的占有就不是善意占有,而属于恶意占有。本院这样认定,还有许多证据印证,如孙海涛陈述“先交钱,后签合同”、在孙海涛在场的情况下其在合同上的签名却由其妻代签、合同尾部“孙海涛”签字下面没有写明年月日、合同的很多重要内容空白、取款时间和付款时间相隔过长、收据本身漏洞百出、孙海涛关于房屋钥匙交给谁的陈述相互矛盾,等等。

相反,华镇名申请查封的行为是善意的,合法的。华镇名是轩宇公司的债权人,在轩宇公司不主动履行债务的情况下,其对属于轩宇公司的讼争网点申请查封,请求强制执行,符合法律规定。人民法院查封时查明没有人对该网点占有,现在也查明孙海涛在查封前并没有将网点的价款交付轩宇公司,故华镇名的查封申请合法,人民法院的查封合法,因此,孙海涛的恶意占有不能对抗华镇名的查封申请,不能对抗人民法院的强制执行。换言之,轩宇公司的债权人华镇名有权对讼争网点申请查封,并请求强制执行。

三、关于在轩宇公司没有商品房预售许可证明的情况下,孙海涛与其签订商品房买卖合同的后果的问题

需要特别指出的是,在轩宇公司没有商品房预售许可证明的情况下(一直到现在都没有),孙海涛与轩宇公司签订了一份疑点重重的商品房买卖合同,根据城市房地产管理法第四十五条第一款第(四)项关于商品房预售,应当"向县级以上人民政府房产管理部门办理预售登记,取得商品房预售许可证明"的规定和最高人民法院《关于审理商品房买卖合同纠纷案件适用法律若干问题的解释》第二条关于"出卖人未取得商品房预售许可证明,与买受人订立的商品房预售合同,应当认定无效,但是在起诉前取得商品房预售许可证明的,可以认定有效"的规定,该合同无效。由于无效合同自始无效、违法,法律对其进行的是否定评价,因此孙海涛与轩宇公司签订的合同不受法律保护,该合同的风险也只能由孙海涛自行承担。换言之,如果轩宇公司没有债务,或者自己主动偿还债务,不涉及其债权人申请人民法院强制执行的问题,那么孙海涛现在占有的网点就是安全的,不会被强制执行。但是,一旦轩宇公司与其债权人发生纠纷,一旦出现本案这样的情况,孙海涛现在占有的网点也可能得不到法律保护。因此,孙海涛遵守法律规定十分重要。假设孙海涛和轩宇公司遵守法律的规定,在轩宇公司具有商品房预售许可证明的情况下双方才签订商品房买卖合同,之后,将该合同办理备案登记,这样,人民法院查封时就能知道涉案房屋是否已经出售。如果知道已经出售,人民法院就会继续审查孙海涛是否支付部分或者全部价款,是否实际占有,孙海涛对未办理过户登记手续是否有过错等情况决定是否查封。这样孙海涛的合法权益就会得到保护。但实际情况却是,孙海涛和轩宇公司双方都不遵守法律的规定,在轩宇公司没有商品房预售许可证明的情况下双方还签订商品房买卖合同,导致合同无法办理登记备案,因此才会出现人民法院查封讼争网点时无法知道该网点是否已经由轩宇公司出售的情况,对此后果,只能由孙海涛和轩宇公司承担,而不能由申请查封人华镇名承担。可见,本案的根源在于孙海涛不守法上。对此,孙海涛本人难辞其咎,由其承担败诉的后果,是其自己一手造成的。

四、关于网点的所有权属于轩宇公司是否有证据证明和一、二审法院是否混淆法律关系的问题

孙海涛申请再审时主张,原判决认定准许执行,但没有执行标的确属被执行人轩宇公司这一基本事实的证据。该理由显然不成立,因为讼争网点占用土地的使用权属于轩宇公司,而讼争网点并没有登记为其他人所有,根据房随地走的确定物权归属的一般原则,应当认为该网点的所有权属于轩宇公司。

孙海涛在再审申请时还主张,原判决混淆法律关系。一审时查保全措施,二审时审判重点放在孙海涛是否善意取得上,就是不审华镇名能否具有对抗孙海涛的权利,是否可继续执行。该理由不能成立。一审法院认为,"华镇名对轩宇公司所享有的债权,经人民法院的生效裁判文书确认,合法有效。轩宇公司不能履行判决确定的还款义务,债权人华镇名申请执行轩宇公司的房产来抵偿债务,亦符合法律规定。本案被告孙海涛所举证据不足以证明其与轩宇公司之间的商品房买卖合同在本院对讼争房屋进行查封时已经实际履行,亦不能证明在本院进行查封时其已经实际占有讼争房屋,其所主张的轩宇公司在2006年3月2日已经将讼争房屋及钥匙交付给其使用的事实因不能提供充分证据予以证明本院不予支持。"一审法院的上述两点理由,就是在论证华镇名有权对讼争房屋进行查封,申请强制执行,其结果就是表明华镇名的权利能够对抗孙海涛的权利。二审法院认为,"孙海涛在轩宇公司未取得商品房预售许可证的情况下购买本案诉争房屋,并且

未能向法庭提供购买房屋的正规发票，其作为完全民事行为能力人，在购买房屋这一价值较大的商品时，没有尽到其相应的注意义务，双方买卖房屋的行为存在较大瑕疵。而且，孙海涛一、二审期间所提交的证据，均不足以证明其实际占有了诉争房屋，其提出的同时购买多套房屋的事实，并不能导致其对本案诉争房屋享有了相关权利。因此，孙海涛提供的证据，并不能证明其享有足以阻止本案诉争房屋转让、交付的相关实体权利，孙海涛的上诉主张，证据不足，本院不予支持。”从二审法院的说理看，其要论述的是华镇名的权利能够对抗孙海涛，华镇名有权对讼争房屋进行查封，申请强制执行。因此，孙海涛的此点再审申请理由不能成立。

综上，孙海涛的再审申请理由不符合《中华人民共和国民事诉讼法》第二百条第二项、第六项规定的情形。依照《中华人民共和国民事诉讼法》第二百零四条第一款之规定，裁定如下：

驳回孙海涛的再审申请。

审 判 长　杨永清
审 判 员　汪国献
代理审判员　杨　卓
二〇一三年十月十八日
书 记 员　张茜娟
书 记 员　卫如(代)

第三编　具体执行措施

第十四章　综　　合

◎司法文件

最高人民法院关于印发《全国法院执行案件信息管理系统运行管理办法(试行)》的通知

- 2006 年 11 月 29 日
- 法发〔2006〕32 号

各省、自治区、直辖市高级人民法院,解放军军事法院,新疆维吾尔自治区高级人民法院生产建设兵团分院:

为建设好全国法院执行案件信息管理系统,构建国家执行威慑机制,切实解决执行难问题,我们制定了《全国法院执行案件信息管理系统运行管理办法(试行)》,现印发你们,请认真贯彻执行。

在贯彻执行中遇到的新情况、新问题,请及时报告我院。

全国法院执行案件信息管理系统运行管理办法(试行)

为建立运行高效、管理到位、数据权威的全国法院执行案件信息管理系统,构建促使债务人自动履行法律义务的国家执行威慑机制,切实解决执行难问题,制定本办法。

第一条　最高人民法院负责组建全国法院执行案件信息数据库,承担全国执行案件信息管理系统的研究开发、运行维护、综合运用等工作。

地方各级人民法院负责本院执行案件信息数据的采集、使用和管理。

第二条　全国法院执行案件信息数据库对内用于人民法院对执行案件的管理,对外用于人民法院与其他国家职能部门进行信息共享,并以适当方式供社会查询。

第三条　高级人民法院应当充分利用本系统加强对本辖区法院执行工作的统一管理。各级人民法院应当定期对本系统执行案件信息的采集、使用与管理等情况进行考评,全面利用本系统加强对本院执行工作的考核、执行案件的监督管理与统计分析等工作。

第四条　未经高级人民法院同意,中级人民法院、基层人民法院不得擅自将本系统的执行案件综合信息数据提供其他单位或个人复制、使用。未经最高人民法院同意,高级人民法院不得擅自将本系统中本辖区的执行案件综合信息数据提供其他单位或个人复制、使用。

第五条　各级人民法院应当成立执行案件信息管理领导小组和工作机构。领导小组负责协调、解决本院及辖区法院在本系统运行中遇到的人员、资金、设备等方面的问题。工作机构承担人员培训、数据采集、日常管理与使用等工作。

第六条　各级人民法院应当定期对本系统的使用人员进行培训,为本系统足额配备运行快捷的计算机设备,并为人员培训和设备配置提供专项的资金保障。

第七条　各级人民法院应当对本系统在案件信息采集、使用和安全保障等方面工作制定相应的管理制度和操作规程,并报上一级人民法院备案。

第八条 各级人民法院应当设全国法院执行案件信息管理系统管理员(以下简称系统管理员)。系统管理员一般由执行局(庭)领导担任。系统管理员由本院执行案件信息管理领导小组确定后,应在5日内报上一级人民法院备案。

第九条 系统管理员的权限由本系统自动设定。其他使用人员的操作权限经本院执行案件信息管理领导小组研究决定后由系统管理员操作分配。本系统使用人员只能在其权限内进行操作,不得越权使用,不得泄露密码。

第十条 系统管理员应当在本院执行案件有关信息录入后5日内对数据的全面性、及时性、准确性进行核查。

第十一条 执行案件流程信息一般由案件承办人员自行录入。录入的案件信息确有错误的,应报经有关领导批准后由系统管理员进行修改,系统建立修改日志对修改情况予以记载。系统管理员不得录入执行案件信息。

第十二条 执行法院应当将所有负责执行的案件录入本系统。

执行法院应当在执行程序中的有关法律文书形成或其他执行行为完成后5日内录入本系统。

录入人员应保证录入信息的准确,要与案卷记载情况保持一致,不得录入虚假信息。

第十三条 执行法院有下列情形的,通过适当方式予以批评:

(一)未将执行案件信息全面、及时、准确地录入本系统的;

(二)擅自将本系统综合信息数据提供其他单位或个人复制、使用的;

(三)本院用户密码泄露的;

(四)泄露本系统案件综合信息的;

(五)其他违反有关规定的。

第十四条 人民法院执行人员或其他工作人员有下列情形的,通过适当方式予以批评;后果严重的,将予以行政处分;涉嫌犯罪的,移交有关机关依法处理:

(一)未按要求将执行案件信息全面、及时、准确地录入本系统的;

(二)擅自将本系统数据提供其他单位或个人复制、使用的;

(三)盗用、泄露本系统密码的;

(四)泄露本系统案件信息的;

(五)其他违反有关规定的。

第十五条 本办法由最高人民法院负责解释。各高级人民法院应结合本辖区实际情况,制定辖区法院运行管理实施细则,并报最高人民法院备案。

第十六条 本办法自2007年1月1日起试行。

最高人民法院印发《关于审理涉及金融不良债权转让案件工作座谈会纪要》的通知

- 2009年3月30日
- 法发〔2009〕19号

各省、自治区、直辖市高级人民法院,解放军军事法院,新疆维吾尔自治区高级人民法院生产建设兵团分院:

为认真落实中央关于研究解决金融不良债权转让过程中国有资产流失问题的精神,统一思想,明确任务,依法公正妥善地审理涉及金融不良债权转让案件,防止国有资产流失,保障金融不良债权处置工作的顺利进行,维护和促进社会和谐稳定,维护社会公共利益和相关当事人的合法权益,最高人民法院商有关部门形成了《关于审理涉及金融不良债权转让案件工作座谈会纪要》,现印发给你们,请结合审判工作实际,遵照执行。

各高级人民法院,特别是不良债权转让纠纷案件数量较多、标的额较大、影响较大地区的高级人民法院,要加强对有关案件审判、执行工作的调研指导,发现新情况、新问题的,应当及时报告最高人民法院。

最高人民法院关于审理涉及金融不良债权转让案件工作座谈会纪要

为了认真落实中央关于研究解决金融不良债权转让过程中国有资产流失问题的精神。统一思想，明确任务，依法妥善公正地审理涉及金融不良债权转让案件，防止国有资产流失，保障金融不良债权处置工作的顺利进行，维护和促进社会和谐稳定，最高人民法院邀请全国人大常委会法制工作委员会、中共中央政法委员会、国务院法制办公室、财政部、国务院国有资产监督管理委员会、中国银行业监督管理委员会、中国人民银行和审计署等单位，于2008年10月14日在海南省海口市召开了全国法院审理金融不良债权转让案件工作座谈会。各省、自治区、直辖市高级人民法院和解放军军事法院以及新疆维吾尔自治区高级人民法院生产建设兵团分院主管民商审判工作的副院长、相关审判庭的负责同志参加了座谈会。与会同志通过认真讨论，就关于审理涉及金融不良债权转让案件的主要问题取得了一致的看法。现纪要如下：

一、关于审理此类案件应遵循的原则

会议认为，此类案件事关金融不良资产处置工作的顺利进行，事关国有资产保护，事关职工利益保障和社会稳定。因此，人民法院必须高度重视此类案件，并在审理中注意坚持以下原则：

（一）坚持保障国家经济安全原则。民商事审判工作是国家维护经济秩序、防范和化解市场风险、维护国家经济安全的重要手段。全国法院必须服从和服务于国家对整个国民经济稳定和国有资产安全的监控，从中央政策精神的目的出发，以民商事法律、法规的基本精神为依托，本着规范金融市场、防范金融风险、维护金融稳定、保障经济安全的宗旨，依法公正妥善地审理此类纠纷案件，确保国家经济秩序稳定和国有资产安全。

（二）坚持维护企业和社会稳定原则。金融不良资产的处置，涉及企业重大经济利益。全国法院要进一步强化政治意识、大局意识、责任意识和保障意识，从维护国家改革、发展和稳定的大局出发，依法公正妥善地审理好此类纠纷案件，切实防止可能引发的群体性、突发性和恶性事件，切实做到“化解矛盾、理顺关系、安定人心、维护秩序”。

（三）坚持依法公正和妥善合理的原则。人民法院在审理此类案件中，要将法律条文规则的适用与中央政策精神的实现相结合，将坚持民商法的意思自治、平等保护等理念与国家经济政策、金融市场监管和社会影响等因素相结合，正确处理好保护国有资产、保障金融不良资产处置工作顺利进行、维护企业和社会稳定的“关系”，做到统筹兼顾、妥善合理，确保依法公正与妥善合理的统一，确保审判的法律效果和社会效果统一。

（四）坚持调解优先、调判结合的原则。为了避免矛盾激化，维护社会稳定，平衡各方利益，人民法院在诉讼中应当向当事人充分说明国家的政策精神，澄清当事人对法律和政策的模糊认识。坚持调解优先，积极引导各方当事人本着互谅互让的精神进行协商，尽最大可能采用调解的方式解决纠纷。如果当事人不能达成和解，人民法院要根据相关法律法规以及本座谈会纪要（以下简称《纪要》）进行妥善公正的审理。

二、关于案件的受理

会议认为，为确保此类案件得到公正妥善的处理，凡符合民事诉讼法规定的受理条件及《纪要》有关规定精神涉及的此类案件，人民法院应予受理。不良债权已经剥离至金融资产管理公司又被转让给受让人后，国有企业债务人知道或者应当知道不良债权已经转让而仍向原国有银行清偿的，不得对抗受让人对其提起的追索之诉，国有企业债务人在对受让人清偿后向原国有银行提起返还不当得利之诉的，人民法院应予受理；国有企业债务人不知道不良债权已经转让而向原国有银行清偿的，可以对抗受让人对其提起的追索之诉，受让人向国有银行提起返还不当得利之诉的，人民法院应予受理。

受让人在对国有企业债务人的追索诉讼中，主张追加原国有银行为第三人的，人民法院不予支持；在《纪要》发布前已经终审或者根据《纪要》做出终审的，当事人根据《纪要》认为生效裁判存在错误而申请再审的，人民法院不予支持。

案件存在下列情形之一的，人民法院不予受理：

（一）金融资产管理公司与国有银行就政策性金融资产转让协议发生纠纷起诉到人民法院的；

（二）债权人向国家政策性关闭破产的国有企业债务人主张清偿债务的；

（三）债权人向已列入经国务院批准的全国企业政策性关闭破产总体规划并拟实施关闭破产的国有企业债务人主张清偿债务的；

（四）《纪要》发布前，受让人与国有企业债务人之间的债权债务关系已经履行完毕，优先购买权人或国有企业债务人提起不良债权转让合同无效诉讼的；

（五）受让人自金融资产管理公司受让不良债权后，以不良债权存在瑕疵为由起诉原国有银行的；

（六）国有银行或金融资产管理公司转让享受天然林资源保护工程政策的国有森工企业不良债权而引发受让人向森工企业主张债权的（具体详见《天然林资源保护区森工企业金融机构债务免除申请表》名录）；

（七）在不良债权转让合同无效之诉中，国有企业债务人不能提供相应担保或者优先购买权人放弃优先购买权的。

三、关于债权转让生效条件的法律适用和自行约定的效力

会议认为，不良债权成立在合同法施行之前，转让于合同法施行之后的，该债权转让对债务人生效的条件应适用合同法第八十条第一款的规定。

金融资产管理公司受让不良债权后，自行与债务人约定或重新约定诉讼管辖的，如不违反法律规定，人民法院应当认定该约定有效。金融资产管理公司在不良债权转让合同中订有禁止转售、禁止向国有银行、各级人民政府、国家机构等追偿、禁止转让给特定第三人等要求受让人放弃部分权利条款的，人民法院应认定该条款有效。国有银行向金融资产管理公司转让不良债权，或者金融资产管理公司收购、处置不良债权的，担保债权同时转让，无须征得担保人的同意，担保人仍应在原担保范围内对受让人继续承担担保责任。担保合同中关于合同变更需经担保人同意或者禁止转让主债权的约定，对主债权和担保权利转让没有约束力。

四、关于地方政府等的优先购买权

会议认为，为了防止在通过债权转让方式处置不良债权过程中发生国有资产流失，相关地方人民政府或者代表本级人民政府履行出资人职责的机构、部门或者持有国有企业债务人国有资本的集团公司可以对不良债权行使优先购买权。

金融资产管理公司向非国有金融机构法人转让不良债权的处置方案、交易条件以及处置程序、方式确定后，单笔（单户）转让不良债权的，金融资产管理公司应当通知国有企业债务人注册登记地的优先购买权人。以整体“资产包”的形式转让不良债权的，如资产包中主要债务人注册登记地属同一辖区，应当通知该辖区的优先购买权人；如资产包中主要债务人注册登记地属不同辖区，应当通知主要债务人共同的上级行政区域的优先购买权人。

按照确定的处置方案、交易条件以及处置程序、方式，上述优先购买权人在同等条件下享有优先购买权。优先购买权人收到通知后明确表示不予购买或者在收到通

知之日起三十日内未就是否行使优先购买权做出书面答复，或者未在公告确定的拍卖、招标日之前做出书面答复或者未按拍卖公告、招标公告的规定时间和条件参加竞拍、竞标的，视为放弃优先购买权。

金融资产管理公司在《纪要》发布之前已经完成不良债权转让，上述优先购买权人主张行使优先购买权的，人民法院不予支持。

债务人主张优先购买不良债权的，人民法院不予支持。

五、关于国有企业的诉权及相关诉讼程序

会议认为，为避免当事人滥用诉权，在受让人向国有企业债务人主张债权的诉讼中，国有企业债务人以不良债权转让行为损害国有资产等为由，提出不良债权转让合同无效抗辩的，人民法院应告知其向同一人民法院另行提起不良债权转让合同无效的诉讼；国有企业债务人不另行起诉的，人民法院对其抗辩不予支持。国有企业债务人另行提起不良债权转让合同无效诉讼的，人民法院应中止审理受让人向国有企业债务人主张债权的诉讼，在不良债权转让合同无效诉讼被受理后，两案合并审理。国有企业债务人在二审期间另行提起不良债权转让合同无效诉讼的，人民法院应中止审理受让人向国有企业债务人主张债权的诉讼，在不良债权转让合同无效诉讼被受理且做出一审裁判后再行审理。

国有企业债务人提出的不良债权转让合同无效诉讼被受理后，对于受让人的债权系直接从金融资产管理公司处受让的，人民法院应当将金融资产管理公司和受让人列为案件当事人；如果受让人的债权系金融资产管理公司转让给其他受让人后，因该受让人再次转让或多次转让而取得的，人民法院应当将金融资产管理公司和该转让人以及后手受让人列为案件当事人。

六、关于不良债权转让合同无效和可撤销事由的认定

会议认为，在审理不良债权转让合同效力的诉讼中，人民法院应当根据合同法和《金融资产管理公司条例》等法律法规，并参照国家相关政策规定，重点审查不良债权的可转让性、受让人的适格性以及转让程序的公正性和合法性。金融资产管理公司转让不良债权存在下列情形的，人民法院应当认定转让合同损害国家利益或社会公共利益或者违反法律、行政法规强制性规定而无效。

（一）债务人或者担保人为国家机关的；

（二）被有关国家机关依法认定为涉及国防、军工等国家安全和敏感信息的以及其他依法禁止转让或限制转让情形的；

（三）与受让人恶意串通转让不良债权的；

（四）转让不良债权公告违反《金融资产管理公司资产处置公告管理办法（修订）》规定，对依照公开、公平、公正和竞争、择优原则处置不良资产造成实质性影响的；

（五）实际转让的资产包与转让前公告的资产包内容严重不符，且不符合《金融资产管理公司资产处置公告管理办法（修订）》规定的；

（六）根据有关规定应经合法、独立的评估机构评估，但未经评估的；或者金融资产管理公司与评估机构、评估机构与债务人、金融资产管理公司和债务人、以及三方之间恶意串通，低估、漏估不良债权的；

（七）根据有关规定应当采取公开招标、拍卖等方式处置，但未公开招标、拍卖的；或者公开招标中的投标人少于三家（不含三家）的；或者以拍卖方式转让不良债权时，未公开选择有资质的拍卖中介机构的；或者未依照《中华人民共和国拍卖法》的规定进行拍卖的；

（八）根据有关规定应当向行政主管部门办理相关报批或者备案、登记手续而未办理，且在一审法庭辩论终结前仍未能办理的；

（九）受让人为国家公务员、金融监管机构工作人员、政法干警、金融资产管理公司工作人员、国有企业债务人管理人员、参与资产处置工作的律师、会计师、评估师等中介机构等关联人或者上述关联人参与的非金融机构法人的；

（十）受让人与参与不良债权转让的金融资产管理公司工作人员、国有企业债务人或者受托资产评估机构负责人员等有直系亲属关系的；

（十一）存在其他损害国家利益或社会公共利益的转让情形的。

在金融资产管理公司转让不良债权后，国有企业债务人有证据证明不良债权根本不存在或者已经全部或部分归还而主张撤销不良债权转让合同的，人民法院应当撤销或者部分撤销不良债权转让合同；不良债权转让合同被撤销或者部分撤销后，受让人可以请求金融资产管理公司承担相应的缔约过失责任。

七、关于不良债权转让无效合同的处理

会议认为，人民法院认定金融不良债权转让合同无效后，对于受让人直接从金融资产管理公司受让不良债权的，人民法院应当判决金融资产管理公司与受让人之间的债权转让合同无效；受让人通过再次转让而取得债权的，人民法院应当判决金融资产管理公司与转让人、转让人与后手受让人之间的系列债权转让合同无效。债权转让合同被认定无效后，人民法院应当按照合同法的相关规定处理；受让人要求转让人赔偿损失，赔偿损失数额应以受让人实际支付的价金之利息损失为限。相关不良债权的诉讼时效自金融不良债权转让合同被认定无效之日起重新计算。

金融资产管理公司以整体“资产包”的形式转让不良债权中出现单笔或者数笔债权无效情形、或者单笔或数笔不良债权的债务人为非国有企业，受让人请求认定合同全部无效的，人民法院应当判令金融资产管理公司与转让人之间的资产包债权转让合同无效；受让人请求认定已履行或已清结部分有效的，人民法院应当认定尚未履行或尚未清结部分无效，并判令受让人将尚未履行部分或尚未清结部分返还给金融资产管理公司，金融资产管理公司不再向受让人返还相应价金。

八、关于举证责任分配和相关证据的审查

会议认为，人民法院在审查不良债权转让合同效力时，要加强对不良债权转让合同、转让标的、转让程序、以及相关证据的审查，尤其是对受让人权利范围、受让人身份合法性以及证据真实性的审查。不良债权转让合同中经常存在诸多限制受让人权利范围的条款，人民法院应当要求受让人向法庭披露不良债权转让合同以证明其权利合法性和权利范围。受让人不予提供的，人民法院应当责令其提供；受让人拒不提供的，应当承担举证不能的法律后果。人民法院在对受让人身份的合法性以及是否存在恶意串通等方面存在合理怀疑时，应当根据最高人民法院《关于民事诉讼证据的若干规定》及时合理地分配举证责任；但人民法院不得仅以不良债权出让价格与资产账面额之间的差额幅度作为引起怀疑的证据，而应当综合判断。对当事人伪造或变造借款合同、担保合同、借款借据、修改缔约时间和债务人还贷时间以及产生诉讼时效中断证据等情形的，人民法院应当严格依据相关法律规定予以制裁。

九、关于受让人收取利息的问题

会议认为，受让人向国有企业债务人主张利息的计算基数应以原借款合同本金为准；受让人向国有企业债务人主张不良债权受让日之后发生的利息的，人民法院不予支持。但不良债权转让合同被认定无效的，出让人在向受让人返还受让款本金的同时，应当按照中国人民银行规定的同期定期存款利率支付利息。

十、关于诉讼或执行主体的变更

会议认为，金融资产管理公司转让已经涉及诉讼、执行或者破产等程序的不良

债权的，人民法院应当根据债权转让合同以及受让人或者转让人的申请，裁定变更诉讼主体或者执行主体。在不良债权转让合同被认定无效后，金融资产管理公司请求变更受让人为金融资产管理公司以通过诉讼继续追索国有企业债务人的，人民法院应予支持。人民法院裁判金融不良债权转让合同无效后当事人履行相互返还义务时，应从不良债权最终受让人开始逐一与前手相互返还，直至完成第一受让人与金融资产管理公司的相互返还。后手受让人直接对金融资产管理公司主张不良债权转让合同无效并请求赔偿的，人民法院不予支持。

十一、关于既有规定的适用

会议认为，国有银行向金融资产管理公司转让不良债权，或者金融资产管理公司受让不良债权后，通过债权转让方式处置不良资产的，可以适用最高人民法院《关于审理金融资产管理公司收购、管理、处置国有银行不良贷款形成的资产的案件适用法律若干问题的规定》、《关于贯彻执行最高人民法院“十二条”司法解释有关问题的函的答复》、《关于金融资产管理公司收购、管理、处置银行不良资产有关问题的补充通知》和《关于国有金融资产管理公司处置国有商业银行不良资产案件交纳诉讼费用的通知》。受让人受让不良债权后再行转让的，不适用上述规定，但受让人为相关地方人民政府或者代表本级人民政府履行出资人职责的机构、部门或者持有国有企业债务人国有资本的集团公司除外。

国有银行或者金融资产管理公司根据《关于贯彻执行最高人民法院“十二条”司法解释有关问题的函的答复》的规定，在全国或省级有影响的报纸上发布有催收内容的债权转让通知或公告的，该公告或通知之日应为诉讼时效的实际中断日，新的诉讼时效应自此起算。上述公告或者通知对保证合同诉讼时效发生同等效力。

十二、关于《纪要》的适用范围

会议认为，在《纪要》中，国有银行包括国有独资商业银行、国有控股商业银行以及国有政策性银行；金融资产管理公司包括华融、长城、东方和信达等金融资产管理公司和资产管理公司通过组建或参股等方式成立的资产处置联合体。国有企业债务人包括国有独资和国有控股的企业法人。受让人是指非金融资产管理公司法人、自然人。不良债权转让包括金融资产管理公司政策性和商业性不良债权的转让。政策性不良债权是指1999年、2000年上述四家金融资产管理公司在国家统一安排下通过再贷款或者财政担保的商业票据形式支付收购成本从中国银行、中国农业银行、中国建设银行、中国工商银行以及国家开发银行收购的不良债权；商业性不良债权是指2004年至2005年上述四家金融资产管理公司在政府主管部门主导下从交通银行、中国银行、中国建设银行和中国工商银行收购的不良债权。

《纪要》的内容和精神仅适用于在《纪要》发布之后尚在一审或者二审阶段的涉及最初转让方为国有银行、金融资产管理公司通过债权转让方式处置不良资产形成的相关案件。人民法院依照审判监督程序决定再审的案件，不适用《纪要》。

会议还认为，鉴于此类纠纷案件具有较强政策性，人民法院在案件审理过程中，遇到难度大、涉及面广或者涉及社会稳定的案件，要紧紧依靠党委领导，自觉接受人大监督，必要时也可以请示上级人民法院。在不良债权处置工作中发现违规现象的，要及时与财政、金融监管部门联系或者向金融监管部门提出司法建议；对存在经济犯罪嫌疑、发现犯罪线索的，要及时向有关侦查机关移送案件或者案件线索。上级人民法院要加强审理此类纠纷案件的监督指导，及时总结审判经验，发布案件指导，依法妥善公正地审理好此类案件。

最高人民法院关于全国法院被执行人信息查询平台信息异议处理的若干规定

• 2009 年 3 月 30 日
• 法〔2009〕129 号

为确保公民、法人和其他组织通过全国法院被执行人信息查询平台查获信息的真实准确,保障执行案件有关当事人的信息异议权利,规范人民法院信息异议处理工作,特制定本规定。

第一条 全国法院被执行人信息查询平台是最高人民法院集中全国法院录入的执行案件信息数据后,通过最高人民法院网站统一向社会提供被执行人信息查询的网络平台。

第二条 全国法院被执行人信息查询平台提供的社会查询案件范围和信息内容,由最高人民法院确定。

第三条 全国法院被执行人信息查询平台的信息数据由执行法院通过全国法院执行案件信息管理系统录入。信息数据的准确性由执行案件承办人员负责。信息数据必须与案卷记载一致。

第四条 当事人对全国法院被执行人信息查询平台提供的信息内容有异议的,应及时向执行法院书面提出,并附相关证明材料。

信息异议包括没有录入有关信息的异议、信息内容不准确的异议、信息发布不及时的异议。

第五条 执行法院应在接到书面异议后 3 日内予以审查核对,异议成立的,应当在 2 日内对相关信息予以补录或更正。

执行法院必须在接到书面异议后 7 日内将处理结果答复异议人。

第六条 执行法院对信息异议逾期未作处理,或对处理结果不服的,异议人可以向上一级人民法院书面请求复核,并附相关证明材料。

第七条 复核法院应在接到复核申请后 2 日内将复核申请函转执行法院,执行法院必须在 2 日内书面报告复核情况。执行法院不同意复核申请的,复核报告需附相关案卷材料。必要时,复核法院可调卷复核。

复核请求成立的,复核法院应责成执行法院在 2 日内对相关信息予以补录或更正。

复核法院必须在接到复核申请后 7 日内将处理结果答复复核申请人。

第八条 本规定由最高人民法院负责解释。各高级人民法院应结合本辖区工作实际制定实施细则,并报最高人民法院备案。

第九条 本规定自 2009 年 3 月 30 日起施行。

最高人民法院关于做好“全国组织机构代码共享平台”查询使用工作的通知

• 2009 年 5 月 11 日
• 法〔2009〕163 号

各省、自治区、直辖市高级人民法院,新疆维吾尔自治区高级人民法院生产建设兵团分院:

为推进人民法院执行工作和执行联动威慑机制建设,经与国家质量监督检验检疫总局协商,决定从今年六月起在各级人民法院执行工作中使用“全国组织机构代码共享平台”(以下简称共享平台)进行相关信息的查询。为做好本项工作,现就有关事项通知如下:

一、共享平台是国家质量监督检验检疫总局基于全国组织机构代码信息数据库开发的信息查询系统。各级人民法院要充分利用共享平台,在案件执行中查询被执行人财产线索信息,在执行案件信息管理工作中查询、录入或核对当事人组织机构代码信息。

各级人民法院有关机构和个人不得将通过共享平台查询的信息用于案件执行工作以外的其他用途。

二、各级人民法院查询使用时对共享平台中当事人的信息内容确有疑问的,要将疑问信息通过共享平台的信息反馈功能进行反馈，以便各级组织机构代码管理机构核对更正。

三、最高人民法院负责全国法院对共享平台的使用和管理。

各级人民法院应设专人负责共享平台的密钥管理和查询操作，其他人员未经允许不得擅自使用共享平台查询信息。

密钥损毁或遗失的，应及时向最高人民法院报告情况并申请新的密钥。下级人民法院撤销的，上一级法院应及时将密钥收回送交最高人民法院。

四、各级人民法院在查询使用共享平台时，应当遵守有关数据信息保密的规定，不得泄露当事人相关信息。违规泄露当事人相关信息造成严重后果的，要根据有关规定追究相关人员责任。

五、最高人民法院负责各高级人民法院使用共享平台的培训工作。各高级人民法院负责辖区法院使用共享平台的培训工作，及时汇总辖区法院查询使用共享平台中遇到的问题并报告最高人民法院。

各级人民法院要积极主动与本地同级质量技术监督部门组织机构代码管理机构联系，请他们在系统安装、操作培训和查询使用等方面予以帮助支持。

最高人民法院关于严禁在对外委托鉴定、评估、审计、拍卖等活动中收取中介机构佣金的通知

• 2009年10月28日
• 法〔2009〕368号

各省、自治区、直辖市高级人民法院，新疆维吾尔自治区高级人民法院生产建设兵团分院：

今年10月23日，《中国青年报》及中青在线刊登报道《台州法院执行案件与拍卖行四六分成》，随后该报道被多家网站转载。该报道反映了个别法院曾经存在违规收取中介机构佣金的问题。为此，各级人民法院务必高度重视，切实加强对委托鉴定、评估、审计、拍卖等工作的管理。现将有关要求重申如下：

一、各级人民法院要严格对外委托的工作程序和制度，人民法院对外委托鉴定、评估、审计、拍卖等工作必须由法院司法技术辅助工作机构按有关规定统一办理。审判、执行等业务部门不得擅自进行对外委托工作，严禁法院任何部门以任何理由向中介机构收取佣金，并应当尽可能降低当事人的诉讼成本。

二、各级人民法院要对近年来受理的委托鉴定、评估、审计、拍卖案件有重点地进行清理和评查。对执行评估拍卖以及涉及的财务账目进行核查；对是否依法委托、是否收取中介机构佣金等问题进行全面检查，对执行或拍卖程序有瑕疵的，要依法及时纠正。

三、上级法院要切实加强对下级法院监督指导的力度，特别是要发挥纪检监察部门在对外委托鉴定、评估、审计、拍卖等工作中的监督职能，对发现的涉及违纪违法问题，要依照有关规定严肃查处。

请各高级人民法院将本通知立即转发至辖区内各级人民法院遵照执行。

◎请求答复

最高人民法院执行工作办公室关于天津市第二中级人民法院与天津海事法院执行同一被执行人财产发生争议可否参照最高人民法院执行工作规定第90条处理的请示的答复

• 2003年11月8日
• 〔2003〕执他字第17号

天津市高级人民法院：

你院津高法〔2003〕101号《关于我市第

二中级人民法院与天津海事法院执行同一被执行人财产发生争议可否参照最高人民法院执行工作规定第90条处理的请示》收悉。经研究,答复如下:

根据你院请示报告反映的情况,在此争议案中,天津市第二中级人民法院采取执行措施在先,因此,根据最高人民法院《关于人民法院执行工作若干问题的规定(试行)》第88条第一款的规定,应由天津市第二中级人民法院的执行案件申请人樊忠成先予受偿。鉴于被执行人香港松星贸易公司不属"公民或其他组织",天津海事法院执行案件申请人天津天马拆船工程有限公司不可依据最高人民法院《关于人民法院执行工作若干问题的规定(试行)》第90条的规定申请参与分配。但在执行中,两案债权人若与被执行人达成和解协议,应当准许。

此复

最高人民法院执行工作办公室关于原执行裁定被撤销后能否对第三人从债权人处买卖的财产进行回转的请示的答复

- 2007年9月10日
- 〔2007〕执他字第2号

辽宁省高级人民法院:

你院《关于申请执行人中国工商银行铁岭市清河支行西丰分理处与被执行人西丰百货公司第三商店借款合同纠纷一案的请示报告》收悉。经研究,答复如下:

依照我院《关于人民法院执行工作若干问题的规定(试行)》第109条、第110条的规定,如果涉案执行财产已经被第三人合法取得,执行回转应当由原宴请执行人折价抵偿。至于涉案执行财产的原所有人是否申请国家赔偿,可告知其自行按照国家有关法律规定办理。

此复

◎典型案例

最高人民法院公布五起"失信被执行人"典型案例

最高人民法院19日下午召开新闻发布会,向社会通报《最高人民法院关于公布失信被执行人名单信息的若干规定》,同时公布张海峰等三人与郑州龙腾混凝土有限公司劳务合同纠纷执行案,郑州一建商品混凝土有限公司申请执行河南国建建设工程有限公司买卖合同纠纷执行案,青州市农村信用合作联社与青州市汇丰建筑安装有限公司金融借款合同纠纷执行案,李某与上海松东百味佳餐饮经营管理有限公司买卖合同纠纷执行案,浙江某建设公司所涉40余起合同纠纷执行案等五起执行案例。这五起案例,均系各地法院近年来在实践中利用"公布失信被执行人名单信息"手段而顺利执结,对于正确理解和适用《最高人民法院关于公布失信被执行人名单信息的若干规定》,具有很强的示范和借鉴意义。

案例1

张海峰等三人与郑州龙腾混凝土有限公司劳务合同纠纷执行案

(一)基本案情

张海峰等三名进城务工人员申请执行郑州龙腾混凝土有限公司(以下简称郑州龙腾公司)劳务合同纠纷一案,河南省荥阳市人民法院判令郑州龙腾公司支付张海峰等三人劳务工资22万元及利息。

由于郑州龙腾公司未履行生效判决所确定的义务,张海峰等三人向荥阳市人民法院申请强制执行。执行法院经多次查询郑州龙腾公司银行账户,账户均无存款;同时查明郑州龙腾公司经营场所、机器设备系租赁他人,不能强制执行。之后,执行法院多次传唤郑州龙腾公司法定代表人，其表示企业现经营困难，没有能力支付工资，案件一度陷入困局。执行法院调查发现该公司仍在正常经营，但经采取多种强制执行措施仍未取得明显成效后，执行法院将案件有关情况逐级上报河南省高级人民法院（以下简称河南高院）。河南高院执行局决定依法将其列入失信被执行人名单，并在河南高院政务网、新浪网、《大河报》、《河南商报》等网络和报刊上进行公开发布，同时向建委、国土、房管、工商、税务等部门和银行等金融机构进行了通报，使其在贷款融资、工商注册、减免税、购置土地、房产等方面受到限制，压缩其经营发展空间，对其进行信用惩戒，敦促其履行法律义务。

失信被执行人名单发布后，郑州龙腾公司迫于舆论和失信被执行人名单的威慑，担心今后没有生意可做，遂积极配合法院工作，将全部案件款主动交付执行法院，这起涉及农民工工资案件得以顺利执结，申请执行人对此表示满意。

（二）典型意义

执行法院严格按照河南高院《关于建立失信被执行人名单的若干意见（试行）》的相关规定，将长期不履行生效法律文书义务的被执行人列入失信被执行人名单，在网络和报刊上进行公开发布，同时以公告的形式向相关联动单位通报，使其在贷款融资、工商注册、减免税、购置土地、房产等方面受到限制，压缩其经营发展空间，对其进行信用惩戒，敦促其履行法律义务。

案例2

郑州一建商品混凝土有限公司申请执行河南国建建设工程有限公司买卖合同纠纷执行案

（一）基本案情

郑州一建商品混凝土有限公司（以下简称郑州一建公司）申请执行河南国建建设工程有限公司（以下简称河南国建公司）买卖合同纠纷一案，郑州市惠济区人民法院（以下简称惠济区法院）判决河南国建公司支付郑州一建公司货款210013.85元及12226元的违约金等实际费用。

河南国建公司没有按照判决内容履行法律义务，郑州一建公司向惠济区法院申请强制执行。

执行立案后，惠济区法院向河南国建公司送达了执行通知书和申报财产令，限其三日内自动履行义务，河南国建公司未按执行通知书履行义务，也未向执行法院申报财产。经执行法院调查，河南国建公司无银行存款等可供执行的财产，但该公司仍在正常经营。执行人员到河南国建公司位于金水区的办公场所进行现场执行，双方当事人因利息数额等问题发生争执打斗，场面一度失控。经执行法院耐心做工作，河南国建公司支付部分案件款，后经多次传唤拒不到庭，且随后变更公司办公地址逃避执行。

2013年5月，河南高院将河南国建公司列为失信被执行人，并在河南高院政务网等相关网络及报刊上进行公开发布，同时向工商、税务等部门和银行等金融机构进行了通报，使其在贷款融资、工商注册等方面受到限制。河南国建公司在申请贷款遭银行拒绝后，又在报纸和网站上看到该公司的一系列不诚信披露信息，迫于舆论和经营的双重压力，主动找到惠济区法院将所欠款项主动履行完毕，双方当事人达成和解协议，一度争吵甚至动手的双方当事人握手言和。

（二）典型意义

执行法院通过在网络和报刊上公布失信被执行人名单，同时向相关联动单位及时移送，使其在贷款融资、房产等方面受到限制，对被执行人的生产经营活动产生了重大影响。失信被执行人名单制度融联动机制、失信信息共享等制度的作用于一体，具有强大的威慑力和影响力，在案件执行上发挥着积极的作用。

案例3

青州市农村信用合作联社与青州市汇丰建筑安装有限公司金融借款合同纠纷执行案

（一）基本案情

山东省青州市农村信用合作联社（以下简称青州农信社）与青州市汇丰建筑安装有限公司（以下简称青州汇丰公司）及其他三公司金融借款合同纠纷一案，青州市人民法院（以下简称青州市法院）经调解结案，其中青州汇丰公司对借款本金100万元及利息承担连带清偿责任。后因该案的借款人、保证人均未按期履行义务，青州农信社申请强制执行。

法院立案执行后，除向各被执行人送达了执行通知书、报告财产令等法律文书外，还向其送达了"诚信诉讼提示书"、"诚信诉讼承诺书"等。法院执行中发现，青州汇丰公司因未履行生效法律文书确定的义务，被依法强制执行的案件还有两起。在上述三案执行过程中，该公司拒不申报财产等失信行为均被进行了采集，并录入至青州市法院诉讼诚信信息库，其失信等级被评定为"严重失信"。

执行法院根据青州汇丰公司涉案多起、均未履行，且已达到"严重失信"的情况，向包括青州市工商行政管理局等在内的多家诉讼诚信体系联动部门进行了披露，工商局将这一信息录入至该企业的电子档案。2012年8月份，该公司到工商局欲进行股权变更，但工商局经过查询该公司的企业电子档案，发现该公司存在因未履行法律义务失信的不良信息，遂告知该公司暂不能为其办理；并告知其应先行到法院履行相关手续，法院同意后方可办理。

该公司终于引起重视，随后对于近几年涉案的履行情况进行了认真排查，并对另两起自身为直接义务人的案件积极履行完毕。后该公司向法院提出申请，请求青州市法院撤销该公司在青州市工商行政管理局的不良信息记录。青州市法院受理后，经审查，发现该公司承担直接还款责任的案件确已履行完毕，但在青州农信社申请执行的案件中，该公司承担的是连带清偿责任，而该案的主债务人并未履行完毕法律义务，因此青州汇丰公司所负的连带清偿责任并未免除。青州市法院将该情况告知青州汇丰公司，责令其督促主债务人尽快履行法律义务，否则其失信不良记录不会被撤销。

（二）典型意义

执行法院将被执行人的失信信息披露后，联动单位青州市工商局将该信息录入，该公司的股权变更登记等将受限制，无法获得投标资格，国土、房地产管理部门也将停止办理产权转移、权属变更等手续。本案被执行人涉案多起，在履行法律义务时存在拖延情况。法院诉讼诚信体系运行之后，该公司认识到了问题的严重性，主动联系执行法院并及时将本公司作为直接债务人的两起案件履行完毕。

案例4

李某与上海松东百味佳餐饮经营管理有限公司买卖合同纠纷执行案

（一）基本案情

李某与上海松东百味佳餐饮经营管理有限公司（以下简称百味佳餐饮公司）买卖合同纠纷一案，上海市松江区人民法院（以下简称松江区法院）判决百味佳餐饮公司给付李某货款90100元。

判决生效后，百味佳餐饮公司未履行生效判决所确定的义务，李某向松江区法院申请执行。执行法院向百味佳餐饮公司送达执行通知，该公司法定代表人郝某到法院声称公司经营困难，希望法院暂缓执行。执行法院通过上海法院协助执行网络对百味佳餐饮公司的财产状况进行了调查，未发现有价值的财产线索。但在实地走访时，执行法院发现该公司宾客满座，生意火爆，法官随机走访了几名客人，他们都表示是在网上团购的套餐，价廉物美。执行法院随即封存了该公司的账册，并进行了更深入调查，发现该餐饮公司在上海市松江区小有名气，其最大的业务量来自于网上团购，占到其全部业务量的80%左右。

执行法院为敦促百味佳餐饮公司履行义务，结合其经营特点，根据《中华人民共和国民事诉讼法》第二百五十五条可以通过媒体公布被执行人不履行义务信息的规定，依法在上海法院互联网“阳光执行”平台、上海市松江区的《松江报》等媒体上将其未履行法院判决的失信行为予以曝光，并在该公司几个连锁门店的显著位置张贴其未履行生效判决的公告，让其目标客户——网民知悉其失信行为。一开始，百味佳餐饮公司对执行法院曝光其未履行义务的失信行为并不在意。但其后不到半个月，该公司多次致电执行法院，表示认识到不履行义务的错误，但确实一时难以全额支付所欠债务，将争取与申请执行人李某协商还款事宜，请求撤销曝光其失信行为的措施。经调查，自从执行法院对百味佳餐饮公司未履行法院判决的行为通过网络、报纸、公告等形式予以曝光后，该消息迅速传播，导致该公司业务量直线下降。对于百味佳餐饮公司提出的撤销曝光其失信行为的请求，执行法院告知其在未履行判决所确定的义务之前，撤销不诚信信息于法无据，不予支持。慑于曝光失信行为的威力，百味佳餐饮公司与申请执行人李某达成了执行和解协议，约定还款方案，通过分期履行的方式将全部钱款支付给了申请执行人李某，执行法院也依法撤销了对百味佳餐饮公司所采取的曝光措施，案件得以顺利执结。

（二）典型意义

执行法院抓住商家重视商业信誉的特点，通过互联网、报刊、公告等途径对其未履行法院判决的行为予以曝光，促使被执行人通过与申请执行人达成执行和解协议的途径履行生效判决所确定的义务，使得案件得以顺利执结。

案例5

浙江某建设公司所涉40余起合同纠纷执行案

（一）基本案情

2007至2009年间，被执行人浙江某建设公司在浙江省杭州、台州、湖州、金华、舟山等地法院有40余件案件未履行，涉及标的金额共计2600多万元。这些案件的案由包括买卖合同纠纷、建设工程承包合同纠纷、承揽合同纠纷、租赁合同纠纷等。

在执行过程中，被执行人认为这些纠纷引起的债务应由各地的项目经营部或项目经理个人承担，项目经营部与公司总部之间财务独立，公司总部不应承担履行义务，因而态度消极，对调查财产等很少配合。2009年3月，浙江省高级人民法院（以下简称浙江高院）执行局与浙江省信用中心建立了联建共享省公共联合征信平台的工作机制，浙江高院通过全省法院执行案件管理系统将全省各级法院所有超过3个月未实际执结的案件信息提取出来，包括被执行人姓名（单位名称、法定代表人姓名）、身份证号码（组织机构代码）、住址、未履行金额、案号、执行法院等信息，分别形成个人和单位未履行生效裁判失信信息数据库，交省信用中心导入省联合公共征信平台，在信用浙江网上予以公开，供社会各界开放查询，并应用于金融、招投标和政府监管等领域，促进信用联防奖惩机制的形成。该建筑公司的上述40余起案件均在公布之列，形成40多条失信记录。

根据浙江省在重点建设工程招投标领域应用企业信用报告的有关规定，建筑施工企业参与重点工程招投标都必须提供由信用评级机构作出的企业信用报告，对信用等级没有达到一定条件的，取消投标资格。而根据此项规定，只要在信用浙江网上有两条失信记录的，企业的信用评级就会下调，丧失投标资格。

执行失信信息被公布之后，该被执行人在建筑企业资质评定和工程招投标上受到严重影响。为改善自身信用情况，从2010年2月份起，该被执行人主动到各执行法院寻求履行办法，通过督促项目部负责人积极筹款履行义务、余额由公司总部划拨资金垫付等办法，到年底全部履行了债务。不仅如此，该公司还从中总结汲取教训，采取措施加强风险管控，取得了涉诉纠纷逐年下降的良好效果。

（二）典型意义

法院通过与信用中心联建共享公共联合征信平台，形成失信信息数据库，在网上予以公开，供社会各界开放查询。本案中，被执行人因失信信息被公布导致其信用评级较低，在建筑企业资质评定和工程招投标上受到严重影响。为改善自身信用状况，被执行人主动履行了清偿义务。

最高人民法院发布失信被执行人名单制度典型案例

案例1

张某与河南某食品工业有限公司买卖合同纠纷执行案

（一）基本案情

张某与河南某食品工业有限公司买卖合同纠纷一案，河南省辉县市人民法院判令河南某食品工业有限公司偿还张某94万余元及利息。

后本案指定新乡市牧野区人民法院执行。执行法院向被执行人送达执行通知书和报告财产令后，当事人双方达成和解协议，但被执行人于2013年1月30日偿还20万元后，便以各种理由拖延履行。执行法院多次劝说被执行人法定代表人继续履行和解协议，被执行人于2013年5月20日偿还5000元，此后未再继续履行义务。

《最高人民法院关于公布失信被执行人名单信息的若干规定》施行后，执行法院于2013年10月9日作出决定书，将河南某食品工业有限公司纳入失信被执行人名单，并录入最高人民法院失信被执行人名单库统一对外公布。被执行人迫于舆论压力，为避免对其商业信誉造成更为严重的影响，遂于2013年10月15日向申请执行人偿还了8万元现金和一辆汽车。鉴于一次性履行全部义务确有较大困难，被执行人主动与申请执行人达成和解协议，每月偿还5万元，直至全部清偿。

（二）典型意义

面向全社会统一公布失信被执行人名单信息，通过公开曝光的方式将被执行人的失信情况公之于众，减损了失信被执行人的名誉，迫使其为了恢复名誉而积极履行法律文书确定的义务，达到了促进执行的目的，取得了良好的社会效果。本案被执行人为恢复其商业信誉，主动向申请执行人履行了部分义务，虽然一次性履行全部义务存在困难，但其通过与申请执行人达成和解协议等方式，积极承担了责任和义务。

案例2

郭红某与郭淑某人身损害赔偿纠纷执行案

（一）基本案情

郭红某诉郭淑某人身损害赔偿纠纷一案，河南省洛阳市中级人民法院判令被告郭淑某赔偿郭红某医疗费、住院伙食补助费、营养费、护理费、误工费、残疾赔偿金、精神损害抚慰金等共计8万余元。

由于郭淑某拒绝履行生效判决所确定的给付义务，郭红某于2012年1月1日向洛阳市涧西区人民法院申请执行。执行法院立案后，除向被执行人送达了执行通知书、报告财产令等法律文书外，还向其送达了风险提示书、诚信诉讼承诺书等，但被执行人始终不履行义务。执行法院多次查询被执行人的银行账户，均无财产可供执行。被执行人名下有房产一套，但出于保障被执行人生活需要，执行法院未能采取强制措施。由于被执行人无其他财产可供执行，案件执行一度陷入困境。

全国法院失信被执行人名单信息公布与查询平台于2013年10月24日面向社会开通。通过该平台，全国各级人民法院录入的失信被执行人及相关信息可以对外公布，郭淑某也在名单之列。郭淑某感觉到了舆论的压力和信用惩戒的风险，主动找到执行法官表示愿意配合执行。此外，执行法院通过刚刚成立的涧西区网络化执行联动指挥中心，与辖区工商、税务、房管、国土、银行等多家单位形成了执行联动，迅速查到郭淑某另有一套房产被隐匿。得知此信息后，执行法官立即依法查封了该套房产并告知郭淑某尽早履行法定义务。后郭淑某积极配合法院工作，将全部款项主动交至执行法院。

（二）典型意义

本案体现了人民法院执行信息化建设和执行联动机制建设的成果。失信被执行人名单信息的公布，有力震慑了失信行为，打击了各种妨碍、抗拒执行以及规避执行的行为。执行指挥中心为执行联动搭建了平台，通过发挥网络化的执行联动效应，人民法院能够及时获取被执行人的相关财产信息，促使被执行人履行义务，保障案件顺利执结。

案例3

北京某汽车装饰中心等50余人与北京某汽车制造有限公司系列执行案

（一）基本案情

自2000年起至今，北京某汽车制造有限公司作为被执行人在北京市丰台区人民法院有大批执行案件，未执行到位标的额高达4000余万元。

执行过程中，执行法院查封了被执行人北京某汽车制造有限公司的生产线和其他财产，但因被执行人未尽到保管责任，造成部分查封财产毁损灭失。经北京市价格认证中心鉴定，被查封财产已失去变现条件。之后，执行法院多方查找，均未发现被执行人名下有任何可供执行的银行存款、车辆、房产等财产。被执行人法定代表人长期下落不明，拒不到庭报告财产。众多申请执行人对此十分不满。

失信被执行人名单制度出台后，申请人之一北京某汽车装饰中心向执行法院提出申请，要求将被执行人纳入失信被执行人名单。执行法院经过审查，以被执行人违反财产报告制度为由，决定将其纳入失信被执行人名单，并通过《京华时报》、《北京青年报》、《北京晨报》、《法制晚报》、《新京报》、《北京晚报》进行了曝光。之后，北京电视台《都市晚高峰》、《法治进行时》、北京广播电台《北京新闻》、中国法院网、北京法院网等媒体也进行了报道，人民网、新华网、光明网、凤凰网等几十家网站纷纷转载。被执行人看到相关报道后，迫于失信被执行人名单的威慑和舆论压力，主动与执行法院联系，并派代理律师到法院核实其未履行案款数额，表示会尽快通过多种方式履行义务，以消除不良影响。同时，申请执行人通过媒体看到公布失信被执行人信息后，专程向执行法院寄去感谢信，对执行法院的工作表示了理解。

（二）典型意义

执行法院将失信被执行人名单信息录入最高人民法院失信被执行人名单库，统一向社会公布，并同时通过报纸、广播、电视、网络等其他方式予以公布。被执行人作为企业，迫于社会压力，为维护其在经济交往中的名声，主动向执行法院表示尽快履行义务，失信被执行人名单制度的信用惩戒功能得以有效发挥。

案例4

郑彦某与郑庆某买卖合同纠纷执行案

（一）基本案情

郑彦某与郑庆某买卖合同纠纷一案，生效调解书确认郑庆某于2012年7月19日即调解协议签订之日给付郑彦某10000元，余款23930元于2012年12月31日全部付清。

然而，郑庆某除签订调解协议时给付的10000元外，余款23930元并未按协议如期履行。2013年4月22日，郑彦某向河北省枣强县人民法院申请执行。该案进入执行程序后，执行法院依法向被执行人送达了执行通知书、报告财产令，但被执行人既未履行调解书确定的义务，也未向执行法院报告财产，更不依传票传唤到庭接受调查。执行法院将被执行人在枣强县农村信用合作联社的存款2400元予以强制扣划，此外再未发现被执行人名下有可供执行的财产。后经执行法院查明，被执行人曾向某客户出售过一批兔皮。为此，执行法院决定以被执行人拒不报告财产、有履行能力而拒不履行生效法律文书确定的义务为由对被执行人予以司法拘留。

后执行法院在调查中了解到，由于皮毛市场行情看好，为把生意做大，被执行人正在办理银行贷款和公司注册登记手续。针对上述情况，执行法院向枣强县各金融机构、工商管理部门等送达了《枣强县人民法院不予办理失信被执行人申请事项建议书》，建议有关机构和部门在该案未执行结案前不为被执行人办理贷款业务和公司登记等事项。2013年8月20日，被执行人郑庆某来到执行法院，称因自己的失信行为，银行不同意向其发放贷款，工商部门也已停止为其办理公司注册登记。被执行人表示愿意主动履行民事调解书确定的义务，请求人民法院将其从失信被执行人名单中删除。同年8月22日，当事人双方达成和解协议，郑庆某一次性给付郑彦某货款20000元（含执行法院自信用社强制扣划部分），余款郑彦某自愿放弃。此案最终顺利结案。

（二）典型意义

向有关单位定向通报失信被执行人名单信息，由受通报单位在政府采购、招标投标、行政审批、政府扶持、融资信贷、市场准入、资质认定等方面对失信被执行人施以信用惩戒，是失信被执行人名单制度发挥功能和效果的一个重要渠道。本案被执行人正是由于在贷款、开办公司等方面受到了限制，导致无法开展经营活动，社会生存空间被挤压，于是主动向执行法院履行了义务。

案例5

李某与杨某借款合同纠纷执行案

（一）基本案情

李某与杨某借款合同纠纷一案，经云南省昆明市五华区人民法院判决，李某偿还杨某借款1340547元本金及利息。

判决生效后，李某一直未能主动履行法律文书所确定的义务，杨某遂于2013年9月5日向云南省昆明市五华区人民法院申请强制执行。执行过程中，执行法院依法查封、冻结了被执行人李某名下的房产、股权，并告知其如不及时履行生效法律文书所确定的义务，执行法院将严格按照《最高人民法院关于公布失信被执行人名单信息的若干规定》，将其纳入失信被执行人名单，一旦对外公布，将对被执行人的出行、信贷、经营活动及家庭生活等各方面产生重大影响。得知这一法律后果，正在办理出国签证的被执行人李某为避免对其日后出国、出境造成不利影响，遂于国庆节期间四处筹措资金，国庆假期结束当日便主动找到执行法院，全部履行了生效法律文书确定的义务。

（二）典型意义

本案中，执行法院在依法采取查封、冻结等强制措施的同时，向被执行人告知了纳入失信被执行人名单的风险，使其感受到来自日常生活、商业往来等各方面的压力，最终促使被执行人主动履行了生效法律文书确定的义务，失信被执行人名单制度的威慑作用得以有效发挥，彰显了司法权威。

人民法院保障民生典型案例之七：南平市总工会与南平博基房地产开发有限公司房屋拆迁安置补偿纠纷执行案

（一）基本案情

南平市总工会与南平博基房地产开发有限公司房屋拆迁安置补偿纠纷一案，福建省南平市延平区人民法院作出（2011）南民终字第412号民事判决：1. 南平博基房地产开发有限公司于判决生效之日起十日内将南平市府前路36号延府豪庭2号楼五楼（原南平财富广场2、3、4号楼裙楼的五层）整层房产交付给南平市总工会。2. 南平博基房地产开发有限公司于判决生效之日起十日内支付给南平市总工会逾期安置补偿费2887026元。3. 驳回南平市总工会的其他诉讼请求。

判决生效后，南平博基房地产开发有限公司未按期履行生效法律文书确定的还款义务，南平市总工会于2011年11月1日向延平区法院申请强制执行，该院于同日立案执行。

（二）执行情况

案件立案执行后，延平区法院向被执行人南平博基房地产开发有限公司发出了执行通知书，后冻结了被执行人南平博基房地产开发有限公司的银行的账户及名下部分房产。执行法院组织双方当事人就房产交付及逾期安置补偿费进行协商。但是，被执行人南平博基房地产开发有限公司已将延府豪庭2号楼五楼200多平方米安排给延平区四鹤街道延福社区居委会作为社区办公用房，延福社区居委会经装修后搬入该场所办公，其认为社区办公用房是依规取得，不愿搬离。基于此种原因。应交付给南平市总工会的200多平方米房屋无法交付，案件执行陷入困境。

此后，执行法院多次组织双方当事人协商，并依法对被执行人南平博基房地产开发有限公司采取了查封财产、冻结账户、罚款50万元以及邀请人大代表、政协委员、群众代表、媒体公开对被执行人拒不履行生效法律义务的行为进行评议等一系列措施，但仍无效果。

2013年10月，《最高人民法院关于公布失信被执行人名单信息的若干规定》实施后，执行法院根据该规定将被执行人南平博基房地产开发有限公司列入首批失信被执行人名单，在全国范围内进行公示。该公司面临社会不予认同，参与招投标项目难度加大，银行信用降低，金融部门对其贷款不予支持等后果。在强大的信用惩戒威慑下，该公司立即将执行标的物1870.2平方米房产全部交付申请人南平市总工会，并另外提供装修好的办公场所交付延福社区居委会办公。三方当事人于2013年11月25日自愿达成执行和解协议，纠纷得以化解。

（三）典型意义

执行法院将被执行人的失信信息录入最高人民法院失信被执行人名单库，统一向社会公布，同时，向有关单位定向通报失信被执行人名单信息，由受通报单位在政府采购、招标投标、行政审批、政府扶持、融资信贷、市场准入、资质认定等方面对失信被执行人施以信用惩戒。失信被执行人名单信息的公布及运用，致使被执行人迫于各方面压力，为恢复其在经济交往中的名声，确保企业经营不受影响，主动向执行法院履行生效法律文书确定的义务，达到了促进执行的目的，取得了良好的社会效果，失信被执行人名单制度的信用惩戒功能得以有效发挥。

第十五章　对现金、存款、收入的执行

◎行政法规

国务院关于加强预算外资金管理的决定

• 1996 年 7 月 6 日
• 国发〔1996〕29 号

各省、自治区、直辖市人民政府，国务院各部委、各直属机构：

改革开放以来，预算外资金增长较快，对经济建设和社会事业发展起到了一定的积极作用。但是，近几年来有的地方违反《中华人民共和国预算法》和国务院的有关规定，擅自将财政预算资金通过各种非法手段转为预算外资金，有些部门和单位擅自设立基金或收费项目，导致国家财政收入流失，预算外资金不断膨胀。同时，由于管理制度不健全，预算外资金的使用脱离财政管理和各级人大监督，乱支滥用现象十分严重。这些问题不仅造成了国家财政资金分散和政府公共分配秩序混乱，而且加剧了固定资产投资和消费基金膨胀，助长了不正之风和腐败现象的发生。根据中共中央十四届五中全会精神，现就进一步加强预算外资金管理作出如下决定：

一、严格执行《中华人民共和国预算法》，禁止将预算资金转移到预算外

各级人民政府要严格按照《中华人民共和国预算法》和财政法规的要求，切实加强对财政预算资金和预算外资金的管理，完善对财政资金的监督检查制度。任何地区、部门和单位都不得隐瞒财政收入，将财政预算资金转为预算外资金。财政部门要严格按照“控制规模、限定投向、健全制度、加强监督”的原则，加强财政周转金管理。各部门、各单位未经财政部门批准，不得擅自将财政拨款转为有偿使用，更不得设置帐外帐和“小金库”。财政部门尤其不能设置“小金库”。

二、将部分预算外资金纳入财政预算管理

各地区、各部门要认真贯彻《中共中央办公厅、国务院公办厅关于转发财政部〈关于对行政性收费、罚没收入实行预算管理的规定〉的通知》（中办发〔1993〕1 号）精神，将财政部已经规定的 83 项行政性收费项目纳入财政预算。

从 1996 年起将养路费、车辆购置附加费、铁路建设基金、电力建设基金、三峡工程建设基金、新菜地开发基金、公路建设基金、民航基础设施建设基金、农村教育事业附加费、邮电附加、港口建设费、市话初装基金、民航机场管理建设费等 13 项数额较大的政府性基金（收费）纳入财政预算管理。基金（收费）收入要按现行体制及时上缴中央金库或地方金库，使用由主管部门报出计划，财政部门按规定拨付，属于基本建设用途的，由财政部门按计划部门批准的项目计划安排支出，实行收支两条线管理，加强财政、审计监督。基金（收费）收支在预算上单独编列反映，按规定专款专用，不得挪作他用，也不能平衡预算。具体管理办法由财政部会同有关部门制定。

地方财政部门按国家规定收取的各项税费附加，从 1996 年起统一纳入地方财政预算，作为地方财政的固定收入，不再作为预算外资金管理。

今后要积极创造条件，将应当纳入财政预算管理的预算外资金逐步纳入财政预算管理。

三、预算外资金管理范围

预算外资金,是指国家机关、事业单位和社会团体为履行或代行行政职能,依据国家法律、法规和具有法律效力的规章而收取、提取和安排使用的未纳入国家预算管理的各种财政性资金。其范围主要包括:法律、法规规定的行政事业性收费、基金和附加收入等;国务院或省级人民政府及其财政、计划(物价)部门审批的行政事业性收费;国务院以及财政部审批建立的基金、附加收入等;主管部门从所属单位集中的上缴资金;用于乡镇政府开支的乡自筹和乡统筹资金;其他未纳入预算管理的财政性资金。

社会保障基金在国家财政建立社会保障预算制度以前,先按预算外资金管理制度进行管理,专款专用,加强财政、审计监督。

按照《企业财务通则》和《企业会计准则》的规定,国有企业税后留用资金不再作为预算外资金管理。事业单位和社会团体通过市场取得的不体现政府职能的经营、服务性收入,不作为预算外资金管理,收入可不上缴财政专户,但必须依法纳税,并纳入单位财务收支计划,实行收支统一核算。

四、加强收费、基金管理,严格按照预算外资金规模收取或提取

预算外资金必须依照法律、法规和有法律效力的规章制度所规定的项目、范围、标准和程序执行。

行政事业性收费要严格执行中央、省两级审批的管理制度。收费项目按隶属关系分别报国务院和省、自治区、直辖市人民政府的计划(物价)会同财政部门批准,重要的收费项目和标准制定及调整应报请国务院或省级人民政府批准。省、自治区、直辖市人民政府批准的行政事业性收费项目和收费标准报财政部、国家计委备案。省、自治区、直辖市以下各级人民政府(包括计划单列市)及其部门无权审批设立行政事业性收费项目或调整收费标准。行政性收费中的管理性收费、资源性收费、全国性的证照收费和公共事业费,以及涉及中央和其他地区的地方性收费,实行中央一级审批。国家法律、法规中已明确的收费,具体征收管理办法的制定和修改由财政部、国家计委会同有关部门负责。地方性法规已明确的收费,具体征收管理办法的制定和修改由省级财政、计划(物价)部门会同有关部门负责。未按规定报经批准的或不符合审批规定的各种行政事业性收费,都属乱收费行为,必须停止执行。财政部,国家计委要会同有关部门抓紧起草《行政性收费管理条例》,报国务院审批发布。

征收政府性基金必须严格按国务院规定统一报财政部审批,重要的报国务院审批。基金立项的申请和批准要以国家法律、法规和中共中央、国务院有关文件规定为依据,否则一律不予立项。地方无权批准设立基金项目,也不得以行政事业性收费的名义变相批准设立基金项目。对地方已经设立的基金项目,必须按照《国务院办公厅转发财政部、审计署、监察部对各种基金进行清理登记意见的通知》(国办发〔1995〕25号)的规定进行清理登记,由财政部负责审查处理,重要的报国务院审批。

财政部门要建立健全行政事业性收费和政府性基金的票据管理与监督制度。各部门和各单位在执收时,必须按隶属关系使用中央和省级财政部门统一印制或监制的票据。

五、预算外资金要上缴财政专户,实行收支两条线管理

预算外资金是国家财政性资金,不是部门和单位自有资金,必须纳入财政管理。财政专户,支出由同级财政按预算外资金收支计划和单位财务收支计划统筹安排,从财政专户中拨付,实行收支两条线管理。

对部门和单位的预算外资金收支按不同性质实行分类管理。国家机关和受政府

委托的部门、单位统一收取和使用的专项用于公共工程和社会公共事业的基金、收费，以及以政府信誉强制建立的社会保障基金等，收入全额缴入同级财政专户，支出按计划和规定用途专款专用，不得挪作他用，收支结余可结转下年度专项使用；各部门和各单位的其他预算外资金，收入缴入同级财政专户，支出由财政结合预算外资金，经财政部门核定收支计划后，可按确定的比例或按收支结余的数额定期缴入同级财政专户。

预算外资金结余，除专项资金按规定结转下年度专项使用的以外，财政部门经同级政府批准可按隶属关系统筹调剂使用。

有预算外收支活动的部门和单位经财政部门批准可在指定银行开设预算外资金支出帐户，确有必要的，也可再设一个收入过渡性收户。未经财政部门审核同意，银行不得为部门和单位开设预算外资金帐户。

部门和单位上缴财政专户的预算外资金，必须按财政部门规定的时间及时缴入财政部门在银行开设的预算外资金专户，不得拖欠、截留和坐收坐支。逾期未缴的，由银行从单位资金帐户中直接划入财政专户。

六、加强预算外资金收支计划管理

财政部门要建立预算外资金预决算管理制度。各部门、各单位要按规定编制预算外资金收支计划和单位财务收支计划，并及时报送同级财政部门，对预算内拨款和预算外收入统一核算，统一管理。财政部门要在认真审核单位预算外资金收支计划和单位财务收支计划的基础上，编制本级预算外资金收支计划，报经同级人民政府批准后组织实施。年度终了，财政部门要审批单位的预算外资金收支决算，编制本级预算外资金收支决算，并报同级政府审批，在此基础上，编制包括预算内、外收支的综合财政计划。

七、严格预算外资金支出管理，严禁违反规定乱支挪用

各部门、各单位要严格按国家规定和经财政部门核定的预算外资金收支计划和单位财务收支计划使用预算外资金。专项用于公共工程、公共事业的基金和收费，以及其他专项资金，要按计划和规定用途专款专用，由财政部门审核后分期拨付资金；用于工资、奖金、补贴、津贴和福利等方面的支出，必须严格执行财政部门核定的项目、范围和标准；用于固定资产投资的支出，要按国家规定立项，纳入国家固定资产投资计划，并按计划部门确定的国家投资计划和工程进度分期拨付；用于购买专项控制商品方面的支出，要报财政部门审查同意后，按国家有关规定办理控购审批手续。严禁将预算外资金转交非财务机构管理、帐外设帐、私设“小金库”和公款私存；严禁用预算外资金搞房地产等计划外投资，从事股票、期货等交易活动以及各种形式的高消费。

财政部门要认真履行职责，建立健全各项管理制度，积极做好各项服务工作，及时拨付预算外资金，切实加强对预算外资金的管理。

八、建立健全监督检查与处罚制度

各级人民政府要接受同级人民代表大会对预算外资金使用情况的监督。各级财政部门要加强对预算外资金收入和支出的管理，建立健全各项收费、基金的稽查制度，并会同人民银行共同做好预算外资金帐户的开设和管理工作。各级计划（物价）部门要按照收费管理的职责分工，认真做好收费标准的审核工作，严肃查处各种乱收费行为，各级审计、监察部门要根据国家政策和宏观管理的要求，与财政部门协调配合，对同级各部门和下级政府预算外资金的财务管理进行监督检查，促进资金的合理使用。

对违反预算外资金管理规定者，要依照国家法律、法规予以处罚：

对隐瞒财政预算收入，将预算资金转为预算外的，要将违反规定的收入全部上缴上一级财政。同时，要追究有关部门和本级政府领导人的责任，依据情节轻重给予处分直至撤销其职务。

对违反国家规定擅自设立行政事业性收费、基金项目或扩大范围、提高标准的，违法金额一律没收上缴财政。同时追究有关领导的责任，依据情节轻重给予处分直至撤销其职务。

对用预算外资金私设"小金库"、搞房地产等计划外投资，从事股票、期货交易和不按规定要求开设预算外资金帐户等违反规定的活动，以及滥发资金和实物的，除责令追回资金上缴同级财政外，还要依照有关规定予以处罚，并依据情节轻重给予当事人和有关领导处分。

对擅自将财政预算拨款挪作他用或转为有偿使用的，其资金一律追回上缴上一级财政，并相应核减以后年度的财政预算拨款，同时给予有关责任人相应的处分。

财政、计划（物价）、银行等部门工作人员在预算外资金管理工作中要忠于职守，秉公办事。对玩忽职守的由所在单位或上级主管部门给予行政处分。

以上违反规定者，情节严重构成犯罪的，要称移送司法机关依法追究刑事责任。

九、各级政府必须重视和加强预算外资金的管理

加强预算外资金管理是当前和今后一个时期各级人民政府的一项重要任务。各级人民政府要根据本决定精神，按照《国务院批转财政部等部门关于清理检查预算外资金意见的通知》（国发〔1996〕12 号）要求，立即组织力量对预算外资金认真进行清理整顿，属于国家规定应纳入预算管理的资金，要坚决按规定执行。对不符合国家规定设立的收费和基金项目一律取消。今后国家原则上不再出台新的基金。各级人民政府要把预算外资金管理列入重要议事日程，定期听取有关预算外资金管理情况的汇报，及时解决管理中出现的问题，协调好政府有关部门之间的工作关系，统一认识，密切配合，共同做好预算外资金的管理工作。各级人民政府要按本决定的要求，认真部署，尽快落实。各地区、各部门要在 1996 年底前加强预算外资金管理的情况上报国务院，现时抄送财政部。

本决定自发布之日起实行。凡与本决定不一致的政策和规定，一律以本决定为准。

◎部门规章及文件

预算外资金管理实施办法

- 1996 年 11 月 18 日
- 财综字〔1996〕104 号

第一章　总　　则

第一条　根据《国务院关于加强预算外资金管理的决定》（国发〔1996〕29 号）的要求，特制定本实施办法。

第二条　预算外资金，是指国家机关（即国家权力机关、国家行政机关、审判机关和检察机关，下同）、事业单位、社会团体、具有行政管理职能的企业主管部门（集团）和政府委托的其他机构（以下简称"部门和单位"），为履行或代行政府职能，依据国家法律法规和具有法律效力的规章而收取、提取、募集和安排使用，未纳入财政预算管理的各种财政性资金。

事业单位和社会团体通过市场取得的不体现政府职能的经营、服务性收入，不属于预算外资金，必须依法纳税，并纳入单位财务收支计划，实行统一核算。

第三条　预算外资金是国家财政性资金，由财政部门建立统一财政专户，实行收支两条线管理。预算外资金收入上缴同级财政专户，支出由同级财政部门按预算外资金收支计划，从财政专户中拨付。

第四条 部门和单位在收取行政事业性收费和基金时，应按隶属关系使用中央和省级财政部门印制或监制的票据，严格按照财政部有关行政事业性收费票据管理的规定执行。

第五条 本办法适用于有预算外资金收支活动的所有部门和单位。

在国家财政建立社会保障预算制度以前，社会保障基金先按预算外资金管理制度进行管理，具体办法另行制定。

第二章 管理体制

第六条 财政部门是预算外资金管理的职能部门，依照部门和单位的财政隶属关系，实行统一领导、分级管理，按预算外资金的用途分类进行核算。

第七条 财政部负责管理与财政部直接发生预算缴拨款关系的国家机关、事业单位、社会团体（以上均含直属单位，下同）和企业主管部门（集团）预算外资金的收取、安排和使用，并对预算外资金收支计划和决算进行审批。

第八条 地方财政部门负责管理与本级政府财政部门直接发生预算缴拨款关系的各级地方国家机关、事业单位、社会团体和企业主管部门预算外资金的收取、安排和使用，并对预算外资金收支计划和决算进行审批。

第九条 各级财政部门要按预算级次对本级各部门和单位的预算外资金实行统一的财政专户，建立健全收支两条线管理制度，并对预算外资金收支活动进行管理监督。

第十条 财政部驻各地财政监察专员办事机构对所在地的中央单位预算外奖金的收入来源、上缴中央财政专户、使用范围等情况进行监督管理。

第十一条 各部门和单位的行政事业性收费要严格执行中央、省两级审批制度；政府性基金按国务院规定统一报财政部审批，重要的报国务院审批。

第三章 资金来源

第十二条 预算外资金包括以下未纳入财政预算管理的财政性资金：

（一）根据国家法律、法规和具有法律效力的规章收取、提取的各种行政事业性收费、基金（资金、附加收入）和凭借政府职权等筹集的资金等。

（二）按照国务院和省、自治区、直辖市人民政府及其财政和计划（物价）部门共同审批的项目和标准，收取和提取的各种行政事业性收费收入。

（三）按照国务院或财政部审批的项目和标准向企事业单位和个人征收、募集或以政府信誉建立的具有特定用途的各种基金（资金、附加收入）。

（四）主管部门按照国家规定从所属企事业单位和社会团体集中管理费及其他资金。

主管部门是指独立核算的企业、事业单位和社会团体的行政主管机构（含各级代行政府管理职能的总公司和行业性组织）。

（五）用于乡（镇）政府开支的乡自筹资金和乡统筹资金。乡自筹资金和乡统筹资金是指乡（镇）政府按照国家政策规定筹集的、由乡（镇）政府用于本乡（镇）经济建设、事业发展、公共福利等方面的资金。主要包括乡（镇）企业上缴的利润、事业单位上缴的收入和向个人筹集的乡统筹费等。

（六）其他未纳入财政预算管理的财政性资金。主要包括以政府名义获得的各种捐赠资金，财政拨款有偿使用回收资金中未纳入财政预算管理的部分，国家行政机关派住境外机构的非经营性收入，财政专户利息等。

第十三条 部门和单位要严格按照国家法律、法规和规章所规定的范围和标准，收取和提取预算外资金。任何部门和单位不得违反国家有关规定擅自设立收费、基金项目、随意调整范围和标准。

第十四条 部门和单位的预算外资金收入，必须由本部门和本单位的财务部门集中管理，按规定向财政部门或上级主管部门缴付，不得坐收坐支，私设“小金库”。

第四章 财政专户

第十五条 财政专户是财政部门在银行设立的预算外专门帐户，用于对预算外资金收支进行统一核算和集中管理。财政专户分为中央财政专户和地方财政专户，分别办理中央和地方预算外资金的收缴和拨付。

第十六条 部门和单位经财政部门批准，可在指定银行设立一个预算外资金收入过渡帐户。收入过渡帐户只能发生预算外资金收入上缴款项。由部门和单位按照财政部门的有关规定及时将收入过渡帐户中的资金足额上缴财政专户。逾期未缴的，由银行从部门和单位的收入过渡帐户中直接划入财政专户。

第十七条 部门和单位只能在一定银行设立一个预算外资金支出帐户。支出帐户只能接纳财政部门从财政专户中拨付的预算外资金支出款项，由部门和单位按规定用途使用。

第十八条 专项用于公共工程和社会公共事业发展的基金、收费，以及通过政府信誉建立的社会保障基金等结余可结转财政专户下年专项使用。

财政专户中的其他预算外资金结余，经同级政府批准，财政部门可按隶属关系统筹调剂使用。

第十九条 财政部门要加强财政专户管理，建立财政专户管理办法，完善预算外资金财务会计核算制度。部门和单位提出用款申请后，财政部门根据年度预算外资金收支计划、预算外资金收入上缴财政专户情况，及时核拨资金，保证其正常用款。

第五章 资金使用

第二十条 部门和单位的预算外资金，必须按照国家规定合理使用，并将预算外资金的各项支出用途在有关财务报表中反映说明。

第二十一条 具有专项用途的预算外资金要专款专用，财政部门不得用于平衡预算；用于经费支出方面的预算外资金，使用范围应严格按照财政部门的有关规定执行。超出使用范围的，须经财政部门批准。

第二十二条 部门和单位用预算外资金发放工资、奖金、津、补贴以及用于福利等方面的支出，必须按财政部门规定的项目、标准和范围执行。

第二十三条 部门和单位用预算外资金安排基本建设投资，要先经财政部门审查其资金来源，然后按国家规定程序纳入基本建设投资计划，并按计划部门确定的投资计划和工程进度，由财政部门从财政专户分期拨付资金。

第二十四条 部门和单位用预算外资金购买专项控制商品，要报经财政部门审查同意后，按国家有关规定办理控购审批手续。

第二十五条 对专项用于公共工程、公共事业的基金和收费以及其他专项预算外资金，部门和单位要按计划和规定用途提出申请，经财政部门审核后，从财政专户中分期拨付资金。

第二十六条 乡（镇）自筹和统筹资金在使用时，要按规定专款专用，经乡（镇）政府审批后，由财政部门按计划从财政专户核拨。

第二十七条 部门和单位要严格按照财政部门的规定使用预算外资金，严禁将预算外资金转作部门和单位“小金库”或公款私存，更不得用预算外资金搞计划外投资、炒股票、炒房地产、进行期货交易以及投资入股等违法乱纪活动。

第六章 收支计划

第二十八条 财政部门要建立健全预算外资金收支计划管理制度，加强预算外资金收支管理，合理调控资金使用方向，统筹动用好预算内外综合财力，提高财政性资金的整体使用效益。

第二十九条 部门和单位应当按照财政部门的规定编制预算外资金收支计划和单位财务收支计划。在预算外资金收支计划中，具有专项用途的预算外资金收支要单独编列。支出计划应以收入计划为基础，防止收支脱节，少收多支或套取资金等作法。

第三十条 基层单位根据本单位预算外资金收入规模和支出需要，按财政部门规定时间编制下年度单位预算外资金收支计划，并报送主管部门，没有主管部门的单位直接报送同级财政部门。

第三十一条 主管部门在审核汇总所属各单位预算外资金收支计划的基础上，编制本部门年度预算外资金收支计划，并在规定时间内报同级财政部门核批。

第三十二条 财政部门要根据部门和单位的预算内资金和其他资金的安排，按照经费定额和开支标准，对主管部门上报的预算外资金收支计划进行审批。审批后的预算外资金收支计划作为年度预算外资金缴拨和考核的依据。

第三十三条 财政部门在审批各部门和单位预算外资金收支计划后，汇总编制本级年度预算外资金收支计划，并报上一级财政部门备案。

第三十四条 部门和单位的预算外资金收支计划经财政部门批准后，一般不作调整。在年度执行中，因国家政策调整以及机构、人员发生较大变化等，需要对收支计划进行修订时，须报财政部门批准。

第七章 决 算

第三十五条 预算外资金会计决算由部门和单位在年度终了后按照财政部门的要求编制。会计决算必须符合财务会计制度规定，内容完整、数字准确、报送及时。

第三十六条 主管部门对所属各单位预算外会计决算审批汇总后，编制本部门的会计决算，并在规定的期限内报同级财政部门审批。

各级财政部门要审批本级各部门和各单位的预算外资金会计决算，对不符合法律、法规和财务会计制度规定，应及时纠正并予以调整。

第三十七条 中央级部门和单位的年度预算外资金会计决算，由中央各主管部门汇总编制并报财务部审批。各级地方财政部门汇总编制本级年度预算外资金会计决算。经同级人民政府审定后，逐级报送上级财政部门备案。全国预算外资金收支决算由财政部负责汇总并报国务院备案。

第三十八条 财政部门在汇总编制预算外资金会计决算时，要附有详细说明，正确反映预算外资金的收支结果，认真总结分析预算外资金管理中的经验和问题，并提出需要改进的措施。

第八章 监督与处罚

第三十九条 部门和单位要加强预算外资金的管理与监督，完善本部门和本单位预算外资金管理及核算制度，健全内部监督约束机制，定期对预算外资金的收取、使用和帐户管理等方面的工作进行检查。

第四十条 部门和单位应当接受同级或上级财政、计划(物价)、金融、审计、监察等有关部门的监督检查，按要求如实提供有关资料，执行有部门提出的检查处理决定。

第四十一条 各级财政部门要加强对部门和单位预算外资金收入和支出和管理，建立健全各项收费、基金的稽查制度，认真检查部门和单位执行预算外资金收支计划的情况，定期向同级人民政府汇报预算外资金管理的有关情况，接受同级人民代表大会的监督。

第四十二条 各级财政、计划(物价)、金融、审计、监察等部门要根据国家政策和具体管理的要求，按照各自的职能分工，对各部门和各单位预算外资金收支活动进行检查和审计。

第四十三条 各部门和各单位预算外资金管

理要严格执行国家有关规定,凡有下列行为之一的,均按违反财经纪律或违法行为进行处罚。

(一)隐瞒财政预算收入,将预算资金转为预算外资金;

(二)预算外资金收入不按规定及时、足额上缴财政专户,坐收坐支;

(三)擅自设立收费、基金项目,扩大征收范围,提高征收标准;

(四)不按规定使用中央或省级财政部门统一印制或监制的收费票据;

(五)瞒报预算外资金收入、转移资金,未经财政部门批准擅自设立预算外资金帐户和私设"小金库"、公款私存,搞计划外投资、炒股票、炒房地产、进行期货交易、投资入股以及滥发奖金、津贴和补贴;

(六)基本建设投资、购置专控商品等不符合规定的预算外资金支出;

(七)不按规定时间和要求编报预算外资金收支计划和决算;

(八)不按要求接受财政、审计、监察等部门监督检查;

(九)其他违反国家规定的行为。

第四十四条 财政、审计、监察部门要按照国家有关规定,对出现第四十三条行为之一的部门和单位予以处罚。

(一)属于第一、二款的,要将违反规定的收入全部上缴上一级财政。同时,追究有关人员和领导的责任,依据情节轻重给予行政处分直至撤销其职务;

(二)属于第三、四、五款的,违纪金额一律追回并上缴同级财政,并依照有关规定予以罚款,同时,还要追究有关人员和领导的责任,并依据情节轻重给予处分直至撤销其职务;

(三)属于第六、七、八款的,要相应核减以后年度的财政预算拨款或预算外资金支出,同时给有关责任人相应的处分;

(四)属于第九款的,要对单位财务人及领导给予通报批评,责令限期改正。

第四十五条 对违反本规定情节严重、构成犯罪的,由司法机关依法追究责任人的刑事责任。

第九章 附　　则

第四十六条 本办法由财政部负责解释。

第四十七条 本办法自发布之日起实施。凡与本办法不一致的有关预算资金管理规定,一律以本办法为准。

客户交易结算资金管理办法

- 2001 年 5 月 16 日
- 中国证券监督管理委员会令第 3 号

第一章 总　　则

第一条 为规范证券交易结算资金的管理,保护投资者利益,根据《中华人民共和国证券法》(以下简称《证券法》),制定本办法。

第二条 客户交易结算资金必须全额存入具有从事证券交易结算资金存管业务资格的商业银行,单独立户管理。严禁挪用客户交易结算资金。

第三条 从事证券交易结算资金存管业务的商业银行、证券登记结算公司(以下简称结算公司)依照本办法对客户交易结算资金、清算备付金的定向划转实行监督。

第四条 中国证券监督管理委员会(以下简称证监会)依照本办法对证券公司、结算公司和商业银行的证券交易结算资金存管业务活动进行监督管理。

第二章 账 户 管 理

第五条 证券公司及其证券营业部必须将客户交易结算资金全额存放于客户交易结算资金专用存款账户和清算备付金账户。

结算公司必须将证券公司存入的清算备付金全额存入清算备付金专用存款账户。

第六条 证券公司根据业务需要可在多家存管银行存放客户交易结算资金,但必须确定一家存管银行为主办存管银行。

第七条 证券公司应当在存管银行开立客户交易结算资金专用存款账户，在主办存管银行开立自有资金专用存款账户。

证券公司下属证券营业部应当在证券公司所确定的存管银行设在当地的分支机构开立客户交易结算资金专用存款账户。

结算公司应当在结算银行开立清算备付金专用存款账户、自有资金专用存款账户、验资专户。

第八条 证券公司在同一家存管银行只能开立一个客户交易结算资金专用存款账户，在主办存管银行只能开立一个自有资金专用存款账户。

一个证券营业部只能在同一家存管银行设在当地的分支机构开立一个客户交易结算资金专用存款账户。

结算公司在同一家结算银行只能开立一个清算备付金专用存款账户和一个自有资金专用存款账户，一个验资专户。

第九条 证券公司及其证券营业部开立的客户交易结算资金专用存款账户，证券公司开立的自有资金专用存款账户，结算公司开立的清算备付金专用存款账户、自有资金专用存款账户、验资专户，应在开立后3个工作日内向证监会报备，在获得账户备案回执之前，不得使用。

第十条 证券公司获得证监会的账户备案回执后，应当通知其存管银行及结算公司。

结算公司在获得证监会账户备案回执后，应当通知结算银行及证券公司。

第十一条 证券公司不再使用的客户交易结算资金专用存款账户，应当在向证监会报备后注销，并同时通知有关存管银行、结算公司。

结算公司不再使用的清算备付金专用存款账户、验资专户，应当在向证监会报备后注销，并同时通知有关证券公司、存管银行。

证券公司、结算公司不再使用的自有资金专用存款账户，应当在向证监会报备后注销。其中证券公司注销自有资金专用存款账户的，应通知结算公司；结算公司注销自有资金专用存款账户的，应通知结算银行。

第十二条 证券公司、证券营业部出现迁址、终止营业等情形，应当及时注销不再使用的客户交易结算资金专用存款账户、自有资金专用存款账户。

第十三条 客户交易结算资金专用存款账户、清算备付金专用存款账户、自有资金专用存款账户发生变更的，视同注销旧户，开设新户。

第三章 资金划拨与监督

第十四条 综合类证券公司必须将客户交易结算资金和其证券自营资金分开办理，其业务人员、财务账户均应分开，不得混合操作。

第十五条 存管银行、结算公司在确认证券公司申请划款的账户已经在证监会备案，自有资金专用存款账户的使用符合本办法要求后，方可将资金划入该账户。

结算银行在确认结算公司申请划款的账户已经在证监会备案、自有资金专用存款账户的使用符合本法规定后，方可将资金划入该账户。

第十六条 客户交易结算资金只能在客户交易结算资金专用存款账户和清算备付金账户之间划转，但客户提款、证券公司将收取客户的费用转入自有资金专用存款账户等业务除外。

第十七条 综合类证券公司向客户收取佣金等费用、以自有资金补充清算备付金，应当集中通过清算备付金账户和自有资金专用存款账户划拨。

经纪类证券公司向客户收取佣金等费用，应当从一个固定的客户交易结算资金专用存款账户集中向证券公司自有资金账户划拨。

结算公司向证券公司收取手续费等费用，应当从清算备付金专用存款账户向结算公司自有资金专用存款账户划拨。

第十八条 通过证券交易所发行有价证券时，验资专户里的申购资金必须通过清算备付金账户进行划拨。

证券公司承销非上市证券从客户处所筹集的资金，应当通过证券公司在主办存管银行的客户交易结算资金专用存款账户划拨给发行人。

第十九条 证券公司自营证券账户应当向证监会和结算公司备案，结算公司应当根据证券公司备案的自营证券账户、经纪证券账户的净交收额及资金存取变动情况，定期计算每个交易日清算备付金账户中每家证券公司自营资金、经纪资金的余额，并保留有关记录。

结算公司如果发现证券公司有大量挪用客户交易结算资金情况，要及时向证监会报告。

第二十条 证券公司应当按月向证监会报告客户交易结算资金账面余额。同时，抄送结算公司。

结算公司应当按月向证监会报告各证券公司清算备付金中的经纪资金、自营资金及所收到证券公司清算备付金以及验资专户申购资金的账面余额。

存管银行应当按月向证监会报告所辖客户交易结算资金专用存款账户余额。

结算银行应当按月向证监会报告所辖清算备付金专用存款账户、验资专户余额。

证监会根据监管需要，可以调整上述报告周期。

第二十一条 证券公司、结算公司、存管银行、结算银行根据证监会要求或遇到客户交易结算资金专用存款账户、清算备付金专用存款账户、验资专户出现重大异常情况时，应当及时向证监会报告。

第二十二条 证券公司应当对客户交易结算资金集中统一管理。

证券公司下属证券营业部收到的客户交易结算资金，除留足日常备付的部分外，应当交由证券公司管理。

第二十三条 客户交易结算资金只能用于客户的证券交易结算和客户提款。

证券公司和结算公司不得以客户交易结算资金、清算备付金为他人提供担保。

第二十四条 存管银行、结算银行、结算公司及其工作人员应当对证券交易结算资金的情况保密。

存管银行、结算银行和结算公司有权拒绝任何单位或个人的查询，但法律、法规另有规定以及证监会、开户证券公司和结算公司根据预定的程序所作的查询除外。

第四章 从事客户交易结算资金存管业务的商业银行

第二十五条 从事客户交易结算资金存管业务的商业银行应当符合下列条件：

（一）经中国人民银行认定具有足够的抗风险能力和良好的经营业绩的商业银行；

（二）具有及时、安全、高效的资金汇划系统，能够保证本行系统内证券交易结算资金汇划在两小时内到账；

（三）有健全的证券交易结算资金存管业务操作办法和规程，有相应的业务部门和人员；

（四）能够按证监会规定的格式和时间报送证券交易结算资金账户的有关资料；

（五）符合证监会认定的其他条件。

第二十六条 符合前款规定的商业银行，可以向证监会申请从事客户交易结算资金存管业务资格，经证监会核准后，领取《从事证券交易结算资金存管业务资格证书》，并报中国人民银行备案。

第二十七条 从事客户交易结算资金存管业务的商业银行，按业务对象分为存管银行和结算银行。

第二十八条 证券公司与其确定的存管银行、主办存管银行，结算公司与其确定的结算银行应当签定有关资金存管及代理结算业务的合同，明确双方的权利和义务，并报证监会备案。

第二十九条 存管银行、结算银行应当为证券交易结算资金清算提供快捷、安全、准确的结算服务。

第五章　罚　　则

第三十条　证券公司、证券营业部有下列行为之一的，责令限期改正，给予通报批评、公开批评，单处或者并处警告、3万元以下罚款：

（一）未按本办法制定客户交易结算资金操作办法和规程；

（二）违规开立客户交易结算资金专用存款账户、自有资金专用存款账户；

（三）未在规定时间内向证监会报备存管银行、客户交易结算资金专用存款账户、自有资金专用存款账户；

（四）未及时注销不再使用的客户交易结算资金专用存款账户、自有资金专用存款账户；

（五）未按期向证监会报告客户交易结算资金账面余额；

（六）其他违反本办法的行为。

对有前款规定行为的有关责任人员，给予通报批评、公开批评，单处或者并处警告、3万元以下罚款。

第三十一条　证券公司、证券营业部有下列行为之一的，责令限期改正，给予通报批评、公开批评，单处或者并处警告、3万元以下罚款，情节严重的，按照《证券法》第一百九十三条处罚：

（一）以伪造、变造证监会账户备案回执等欺骗手段，取得存管银行或者结算公司资金划拨许可；

（二）违反本办法，在客户交易结算资金专用存款账户、清算备付金账户之外存放客户交易结算资金；

（三）以客户交易结算资金为他人提供担保；

（四）其他违反本办法的行为。

对有前款规定行为的有关责任人员，给予通报批评、公开批评，单处或者并处警告、3万元以下罚款，情节严重的，按照《证券法》第一百九十三条处罚。

第三十二条　结算公司有下列行为之一的，责令限期改正，给予通报批评、公开批评，单处或者并处警告、3万元以下罚款：

（一）违反本办法，未能对客户交易结算资金划拨进行有效监督；

（二）违规开立清算备付金专用存款账户或者自有资金专用存款账户；

（三）未在规定时间内向证监会报备结算银行、清算备付金专用存款账户、自有资金专用存款账户、验资专户；

（四）未及时注销不再使用的清算专户、自有资金专用存款账户；

（五）未按期向证监会报告有关清算备付金账户及验资专户的账面余额；

（六）其他违反本办法的行为。

对有前款规定行为的有关责任人员，给予通报批评、公开批评，单处或者并处警告、3万元以下罚款。

第三十三条　结算公司有下列行为之一的，责令限期改正，给予通报批评、公开批评，单处或者并处警告、3万元以下罚款，情节严重的，按照《证券法》第一百九十三条处罚：

（一）违反本办法，在清算备付金专用存款账户外存放清算备付金；

（二）以清算备付金为他人提供担保；

（三）违反本办法第十八条第一款的规定；

（四）其他违反本办法的行为。

对有前款规定行为的有关责任人员，给予通报批评、公开批评，单处或者并处警告、3万元以下罚款，情节严重的，按照《证券法》第一百九十三条处罚。

第三十四条　存管银行或其分支机构、结算银行有下列行为之一的，责令限期改正，给予通报批评、公开批评，单处或者并处警告、3万元以下罚款，情节严重的，取消从事证券交易结算资金存管业务资格。

（一）违反本办法，未能对客户交易结算资金划拨进行有效监督；

（二）未按照本办法规定，向证监会报

送客户交易结算资金专用存款账户、清算备付金专用存款账户和验资专户的有关资料；

（三）其他违反本办法的行为。

对有前款规定行为的有关责任人员，给予通报批评、公开批评，单处或者并处警告、3 万元以下罚款。

第三十五条 证券公司、结算公司、存管银行、结算银行违反本办法第二十一条规定，不向证监会及时报告的，予以通报批评、公开批评，单处或者并处警告、3 万元以下罚款。

第三十六条 存管银行、结算公司工作人员泄露证券交易结算资金秘密的，按有关法律、法规、规章进行处罚。

第六章 附 则

第三十七条 释义：

（一）证券交易结算资金，是客户交易结算资金、证券公司自营资金、其他用于证券交易资金的统称。

（二）客户交易结算资金，包括客户为保证足额交收而存入的资金，出售有价证券所得到的所有款项（减去经纪佣金和其他正当费用），持有证券所获得的股息、现金股利、债券利息，上述资金获得的利息，以及证监会认定的其他资金。

（三）从事客户交易结算资金存管业务的商业银行，指符合本办法规定并经证监会批准，办理证券交易结算资金存取、划转并履行监督职能的商业银行。

（四）存管银行，指证券公司在具有证券交易结算资金存管业务资格的商业银行中确定的，存放其客户交易结算资金的商业银行。

（五）主办存管银行，指证券公司在存管银行范围内确定的，通过其办理证券交易法人结算业务的商业银行。

（六）结算银行，指结算公司在具有证券交易结算资金存管业务资格的商业银行中确定的，办理证券交易结算资金结算业务的商业银行。

（七）客户交易结算资金专用存款账户，指证券公司及其证券营业部在存管银行开立的，用于存放客户交易结算资金及办理结算划款的专用账户。

（八）清算备付金专用存款账户，指结算公司在结算银行开立的，用于存放证券公司清算备付金的账户。

（九）证券公司的自有资金专用存款账户，指证券公司开立的，按照本办法规定划拨其自有资金或者接受从客户交易结算资金专用存款账户所收取款项的账户。

（十）结算公司的自有资金专用存款账户，指结算公司开立的，按照本办法规定划拨其自有资金或者接受从清算备付金专用存款账户所收取款项的账户。

（十一）验资专户，指结算公司设立的用于新股发行时申购资金验资的专用存款账户。

第三十八条 证券公司应当按照本办法制定客户交易结算资金操作办法和规程，报证监会备案。

第三十九条 证券公司开展资产管理业务接受客户存入的委托资金，在本办法中视同客户交易结算资金进行管理。

第四十条 信托投资公司证券业务客户交易结算资金的管理参照本办法执行。

第四十一条 境内上市外资股客户交易结算资金管理办法，另行制定。

第四十二条 本办法自 2002 年 1 月 1 日起施行。

中国人民银行关于对金融机构在中国人民银行的存款采取强制措施有关问题的通知

• 1996 年 4 月 19 日
• 银发〔1996〕148 号

为保障人民银行金融监管工作顺利进行，根据中央政法委政法办转〔1995〕24 号文，现就司法机关（包括公安、检察、法院，以下同）对金融机构在人民银行的存款能否采取强制措施及有关问题通知如下：

一、根据《中华人民共和国中国人民银行法》第二十二条和《中华人民共和国商业银行法》第三十二条的规定，金融机构向中国人民银行交存存款准备金和备付金，是中央银行实施宏观调控及对金融机构实施监督管理的重要手段。存款准备金和备付金不同于客户在金融机构的存款。民事诉讼法规定的冻结、划拨被执行人的存款不包括金融机构依法向人民银行交存的存款准备金和备付金。因此，司法机关不能冻结、划拨金融机构向人民银行交存的存款准备金和备付金。

二、金融机构因涉及有关案件需要给付款项时，应当予以自动履行，维护金融机构的信和形象。金融机构如认为司法机关的处理决定不当，应及时通过法律手段维护金融机构合法利益，保障金融机构信贷资产安全，但不得拖延履行司法机关的处理决定。

三、今后如发生司法机关要求人民银行分支机构协助冻结、划拨金融机构在人民银行存款的，人民银行分支机构应向司法机关的执法人员耐心地做好宣传、解释工作，并请司法机关的执法人员向其上级机关请示。

中国人民银行关于贯彻落实中共中央政法委关于司法机关冻结、扣划银行存款问题的意见的通知

• 1997年3月24日
• 银发〔1997〕94号

最近，中共中央政法委员会《关于司法机关冻结、扣划银行存款问题的意见》（政法办转〔1997〕2号文，以下简称《意见》）已发至最高人民法院、最高人民检察院、公安部、全国人大法工委、中国人民银行、国务院法制局。《意见》就执行中国人民银行、公安部、最高人民法院、最高人民检察院联合下发的《关于查询、冻结、扣划企业事业单位、机关、团体银行存款的通知》（银发〔1993〕356号，以下简称356号文）和最高人民法院、最高人民检查院和公安部联合下发的《关于对冻结、扣划企事业单位、机关团体在银行、非银行金融机构存款的执法活动加强监督的通知》（法〔1996〕83号），以及金融机构应积极协助司法机关的执法工作，提出了具体要求。为认真贯彻落实《意见》的精神，并依法积极协助司法机关的执行活动，现将有关问题通知如下：

一、1993年12月11日下发的银发〔1993〕356号文规定，人民检察院和公安机关可以扣划单位的银行存款。但1996年3月17日第八届全国人民代表大会第四次会议修改的《中华人民共和国刑事诉讼法》（以下简称《刑事诉讼法》）只规定人民检察院和公安机关可以查询、冻结犯罪嫌疑人的存款，而未规定人民检察院和公安机关可扣划犯罪嫌疑存款。对此，应按《刑事诉讼法》的规定执行。

二、对司法机关只提供单位帐户名称而未提供帐号，要求金融机构协助查询的，金融机构应根据帐户管理档案积极协助查询。如查明帐户管理档案中没有所查询的帐户，金融机构应如实告知司法机关。

三、根据《中华人民共和国中国人民银行法》的规定，中国人民银行及其分支机构不办理金融机构对企事业单位所开展的业务。因此，对司法机关向人民银行查询有关企事业单位存款情况的，人民银行应做好耐心细致的解释工作，并协调有关金融机构积极配合司法机关的执行活动。

中国人民银行关于金融机构在人民银行准备金存款科目下账户内资金性质有关问题的通知

• 1999年9月11日
• 银发〔1999〕315号

中国人民银行各分行、营业管理部、各商业银行：

现将存款准备金制度改革后，金融机

构在人民银行准备金存款科目下账户内资金性质以及金融机构履行生效法律文书中的有关问题通知如下：

一、根据中国人民银行《关于改革存款准备金制度的通知》（银发〔1998〕118号）的规定，原金融机构在人民银行的存款准备金和备付金合二为一，统称为准备金存款。会计科目由原存款准备金和备付金科目合并为一个准备金存款科目，该科目下账户中的资金均为存款准备金。其中法人金融机构在人民银行准备金科目下账户中的存款，8%的部分为法定存款准备金，8%以外的部分为系统内资金清算和日常支付的款项，属于超额准备金，其功能相当于存款准备金制度改革前的备付金；金融机构分支机构在人民银行准备金科目下账户中的存款是金融机构分支机构用于领缴现金、资金调拨、资金清算和日常收付的款项，也属于超额存款准备金，其功能也相当于存款准备金制度改革前的备付金。

二、存款准备金（包括法定存款准备金和超额准备金），即存款准备金制度改革前的存款准备金和备付金，是中央银行实施宏观调控、金融监督管理和维护清算纪律的重要手段，具有法定用途，根据中央政法委政法办转（1997）2号、人民银行银发〔1996〕148号和最高人民法院法释（1998）15号文件规定，司法机关不得冻结和划拨。今后，如遇司法机关冻结划拨金融机构在人民银行的准备金存款，人民银行各有关分、支行必须严格执行上述文件规定，主动向司法人员出示文件规定、并做好解释工作。

三、为维护法律的严肃性，各金融机构被判决或裁定需给付款项的，应当自觉主动履行生效法律文书。对金融机构的分支机构作为被执行人无力承担履行责任的，实行逐级履行制，由其上级机构承担履行责任，逐级履行直至总行（部）。金融机构如认为司法机关判决或裁定不当，应及时通过法律手段，维护自身的合法权益，而不得以此为由拖延对生效法律文书的履行。

建设部、国家发展和改革委员会、财政部、劳动和社会保障部、中国人民银行、中国银行业监督管理委员会、中国保险监督管理委员会、最高人民法院关于贯彻《国务院办公厅关于切实解决建设领域拖欠工程款问题的通知》的实施意见

- 2004年1月3日
- 建市〔2004〕1号

各省、自治区、直辖市人民政府：

为认真贯彻落实《国务院办公厅关于切实解决建设领域拖欠工程款问题的通知》（国办发〔2003〕94号），从源头上解决建设领域拖欠工程款以及拖欠农民工工资问题，经国务院同意，提出如下实施意见，请贯彻实施。

一、对政府投资工程项目拖欠的工程款，当地政府要在本级财政用于建设的资金中（包括预算内资金、土地出让收入、城市基础设施配套费、各种政策性收费等）做出还款安排，在三年内解决拖欠工程款问题。对解决拖欠工程款不力的地区，国家在中央投资项目和国家补助资金的安排上采取相应的限制措施。

二、严格工程建设项目立项和建设程序的审批，对没有资金来源或资金不落实的项目，业主有拖欠工程款记录、在申请立项和办理规划、施工许可时仍未结清的项目，不得批准立项及办理规划、施工许可。

三、地方政府投资的建设项目，要充分考虑本地区的财政能力。国家在安排建设项目投资补助时，要充分考虑地方的配套能力。地方政府已经承诺的配套资金，必须落实。

四、已纳入国库集中支付改革的部门，以及列入政府集中采购的项目，应由财政直接支付的资金，财政部门要直接支付。有关部

门和单位负责人要严格按照国库集中支付、政府采购相关法律法规的规定,及时办理资金支付,确保工程款按规定程序及时、足额支付到中标的建筑业企业和设备、材料供应等单位。

五、地方各级政府要按照国务院有关规定,积极推行国库集中支付制度和政府采购制度改革。实施国库集中支付改革起步早的地区,进一步扩大改革范围,切实加大对政府投资工程实行财政直接支付的力度。其他地区也要进一步加快改革的步伐。加强对建设项目贷款用途的监控,实行专款专用。

六、房地产管理部门要建立房地产企业和有关投资人的信用记录,对不按合同支付工程款的企业和投资人,房地产管理部门要将其违规情况及时提供给有关部门,并给予公开曝光。

七、金融系统要加强对房地产开发企业的信用审查,将不按合同支付工程款的企业和投资人列为信用不良单位,减少其授信额度或不予授信。

八、积极推行工程担保制度,包括业主工程款支付担保、建筑业企业履约和分包工程款担保、劳动者工资支付担保等。当前重点是要求不按合同支付工程款的企业和投资人提供业主工程款支付担保,从源头上防止新的拖欠发生。鼓励建设单位投保建筑工程险、安装工程险和建筑商履约责任险。

九、要研究建立解决拖欠农民工工资问题的长效机制。建立健全企业工资支付监控制度,及时发现和解决拖欠劳动者工资问题。建立包括企业工资支付信用制度在内的企业劳动保障诚信制度,促使企业诚实守信,依法支付劳动者工资。充分发挥协调劳动关系三方机制作用,有关各方共同采取措施解决拖欠农民工工资问题。

金融系统应加快工程款结算速度,确保支付农民工工资的现金供应。

十、加强劳动保障监察执法,及时查处拖欠农民工工资的违法行为。加大对使用农民工的用人单位劳动合同签订和工资支付的监督检查,畅通举报投诉渠道,发现问题,及时处理。要严厉打击拖欠和克扣农民工工资的违法行为。对于侵害农民工合法权益的用人单位,无论是否与农民工签订了劳动合同,劳动保障部门应及时予以处理。对拖欠农民工工资的用人单位,责令其及时补发。

十一、建筑业企业必须按合同及时支付分包工程款,采取有效措施,保证农民工工资及时兑付。对不按合同支付分包工程款的建筑业企业,在企业资质年检时予以通报,并给予相应处理。

十二、认真贯彻实施《劳动法》,提高用人单位和劳动者特别是广大农民工的法律意识。用人单位要自觉遵守劳动保障法律法规,与劳动者签订劳动合同,按时足额支付劳动者工资。

十三、建立农民工法律援助制度,为农民工提供解决拖欠工资的法律援助。

十四、人民法院受理的拖欠工程款案件,特别是拖欠农民工工资的案件,应当根据《民事诉讼法》和相关司法解释的规定,及时立案,不能适用民事简易程序的,要组成合议庭,依法及时审结;符合司法救助条件的,要及时作出减、免、缓交诉讼费的决定;要加大执行力度,最大限度地保证裁判文书的执行,切实保证农民工的权益。

◎司法解释

最高人民法院关于军队单位作为经济纠纷案件的当事人可否对其银行账户上的存款采取诉讼保全和军队费用能否强行划拨偿还债务问题的批复

- 1990年10月9日
- 法(经)复〔1990〕15号

河北省高级人民法院、江苏省高级人民法院:

(87)冀发请字第5号《关于军队单位作为经济纠纷案件的当事人可否对其银行账户上的存款采取诉讼保全的请示》和苏法经(1987)51号《关于军队费用能否强行划拨偿还债务的请示》均已收悉。经研究,现答复如下:

一、最高人民法院和中国人民银行《关于查询、冻结和扣划企事业单位、机关、团体的银行存款的通知》,同样适用于军队系统的企事业单位。

二、按照中国人民银行、中国工商银行、中国农业银行、中国人民解放军总后勤部(1985)财字第110号通知印发的《军队单位在银行开设账户和存款的管理办法》中"军队工厂(矿)、农场、马场、军人服务部、省军区以上单位实行企业经营的招待所(含经总部、军区、军兵种批准实行企业经营的军以下单位招待所)和企业的上级财务主管部门等单位,开设'特种企业存款'有息存款"的规定,军队从事生产经营活动应当以此账户结算。因此,在经济纠纷诉讼中,人民法院根据对方当事人申请或者依职权有权对军队的"特种企业存款"账户的存款采取诉讼保全措施,并可依照民事诉讼法(试行)第一百七十九条的规定,对该账户的存款采取执行措施。

三、人民法院在审理经济纠纷案件过程中,如果发现军队机关或所属单位以不准用于从事经营性业务往来结算的账户从事经营性业务往来结算和经营性借贷或者担保等违反国家政策、法律的,人民法院有权依法对其账户动用的资金采取诉讼保全措施和执行措施。军队一方当事人的上级领导机关,应当协助人民法院共同查清其账户的情况,依法予以冻结或者扣划。

此复

最高人民法院关于人民法院依法有权查询、冻结和扣划邮政储蓄存款问题的批复①

- 1996年2月29日
- 法复〔1996〕1号

福建省高级人民法院:

你院闽高法〔1995〕118号《关于人民法院查询、冻结邮政存款的请示》收悉。经研究,答复如下:

依照《中华人民共和国民事诉讼法》第六十五条的规定,人民法院有权向包括邮政企业的有关单位调查取证,有关单位不得拒绝。

《中华人民共和国民事诉讼法》第一百零三条②、第二百一十八条③和第二百一十九条④中的"其他有储蓄业务的单位",包括办理邮政储蓄业务的邮政企业。人民法院为财产保全、先予执行或者执行已经发生法律效力的法律文书,有权查询、冻结、扣划邮政企业办理的邮政储蓄存款;有关的邮政企业依法应当协助人民法院查询、冻结和扣划。

最高人民法院关于对企业借贷合同借款方逾期不归还借款的应如何处理问题的批复

- 1996年9月23日
- 法复〔1996〕15号

四川省高级人民法院:

你院川高法〔1995〕223号《关于企业拆

---

① 根据法释〔2008〕18号第四十二条调整。

② 民事诉讼法原第一百零三条现已修改为第一百一十四条。

③ 民事诉讼法原第二百一十八条现已修改为第二百四十二条。

④ 民事诉讼法原第二百一十九条现已修改为第二百四十三条。

借合同期限届满后借款方不归还本金是否计算逾期利息及如何判决的请示》收悉。经研究，答复如下：

企业借贷合同违反有关金融法规，属无效合同。对于合同期限届满后，借款方逾期不归还本金，当事人起诉到人民法院的，人民法院除应按照最高人民法院法（经）发〔1990〕27号《关于审理联营合同纠纷案件若干问题的解答》第四条第二项的有关规定判决外，对自双方当事人约定的还款期满之日起，至法院判决确定借款人返还本金期满期间内的利息，应当收缴，该利息按借贷双方原约定的利率计算，如果双方当事人对借款利息未约定，按同期银行贷款利率计算。借款人未按判决确定的期限归还本金的，应当依照《中华人民共和国民事诉讼法》第二百二十九条①的规定加倍支付迟延履行期间的利息。

最高人民法院关于产业工会、基层工会是否具备社团法人资格和工会经费集中户可否冻结划拨问题的批复

- 1997年5月16日
- 法复〔1997〕6号

各省、自治区、直辖市高级人民法院，解放军军事法院：

山东等省高级人民法院就审判工作中如何认定产业工会、基层工会的社团法人资格和对工会财产、经费查封、扣押、冻结、划拨的问题，向我院请示。经研究，批复如下：

一、根据《中华人民共和国工会法》（以下简称工会法）的规定，产业工会社团法人资格的取得是由工会法直接规定的，依法不需要办理法人登记。基层工会只要符合《中华人民共和国民法通则》（以下简称民法通则）、工会法和《中国工会章程》规定的条件，报上一级工会批准成立，即具有社团法人资格。人民法院在审理案件中，应当严格按照法律规定的社团法人条件，审查基层工会社团法人的法律地位。产业工会、具有社团法人资格的基层工会与建立工会的企业法人是各自独立的法人主体。企业或企业工会对外发生的经济纠纷，各自承担民事责任。上级工会对基层工会是否具备法律规定的社团法人的条件审查不严或不实，应当承担与其过错相应的民事责任。

二、确定产业工会或者基层工会兴办企业的法人资格，原则上以工商登记为准；其上级工会依据有关规定进行审批是必经程序，人民法院不应以此为由冻结、划拨上级工会的经费并替欠债企业清偿债务。产业工会或基层工会投资兴办的具备法人资格的企业，如果投资不足或者抽逃资金的，应当补足投资或者在注册资金不实的范围内承担责任；如果投资全部到位，又无抽逃资金的行为，当企业负债时，应当以企业所有的或者经营管理的财产承担有限责任。

三、根据工会法的规定，工会经费包括工会会员缴纳的会费，建立工会组织的企业事业单位、机关按每月全部职工工资总额的百分之二的比例向工会拨交的经费，以及工会所属的企业、事业单位上缴的收入和人民政府的补助等。工会经费要按比例逐月向地方各级总工会和全国总工会拨交。工会的经费一经拨交，所有权随之转移。在银行独立开列的“工会经费集中户”，与企业经营资金无关，专门用于工会经费的集中与分配，不能在此账户开支费用或挪用、转移资金。因此，人民法院在审理案件中，不应将工会经费视为所在企业的财产，在企业欠债的情况下，不应冻结、划拨工会经费及“工会经费集中户”的款项。

此复。

---

① 根据法释〔2008〕18号第四十六条调整。

最高人民法院关于人民法院能否对信用证开证保证金采取冻结和扣划措施问题的规定

• 1997年9月3日
• 法释〔1997〕4号

信用证开证保证金属于有进出口经营权的企业向银行申请对国外(境外)方开立信用证而备付的具有担保支付性质的资金。为了严肃执法和保护当事人的合法权益,现就有关冻结、扣划信用证开证保证金的问题规定如下:

一、人民法院在审理或执行案件时,依法可以对信用证开证保证金采取冻结措施,但不得扣划。如果当事人认为人民法院冻结和扣划的某项资金属于信用证开证保证金的,应当提供有关证据予以证明。人民法院审查后,可按以下原则处理:对于确系信用证开证保证金的,不得采取扣划措施;如果开证银行履行了对外支付义务,根据该银行的申请,人民法院应当立即解除对信用证开证保证金相应部分的冻结措施;如果申请开证人提供的开证保证金是外汇,当事人又举证证明信用证的受益人提供的单据与信用证条款相符时,人民法院应当立即解除冻结措施。

二、如果银行因信用证无效、过期,或者因单证不符而拒付信用证款项并且免除了对外支付义务,以及在正常付出了信用证款项并从信用证开证保证金中扣除相应款额后尚有剩余,即在信用证开证保证金帐户存款已丧失保证金功能的情况下,人民法院可以依法采取扣划措施。

三、人民法院对于为逃避债务而提供虚假证据证明属信用证开证保证金的单位和个人,应当依照民事诉讼法的有关规定严肃处理。

最高人民法院关于审理存单纠纷案件的若干规定

• 1997年12月11日
• 法释〔1997〕8号

为正确审理存单纠纷案件,根据《中华人民共和国民法通则》、《中华人民共和国经济合同法》、《中华人民共和国担保法》的有关规定和在总结审判经验的基础上,制定本规定。

第一条 存单纠纷案件的范围

(一)存单持有人以存单为重要证据向人民法院提起诉讼的纠纷案件;

(二)当事人以进账单、对账单、存款合同等凭证为主要证据向人民法院提起诉讼的纠纷案件;

(三)金融机构向人民法院起诉要求确认存单、进账单、对账单、存款合同等凭证无效的纠纷案件;

(四)以存单为表现形式的借贷纠纷案件。

第二条 存单纠纷案件的案由

人民法院可将本规定第一条 所列案件,一律以存单纠纷为案由。实体审理时应以存单纠纷案件中真实法律关系为基础依法处理。

第三条 存单纠纷案件的受理与中止

存单纠纷案件当事人向人民法院提起诉讼,人民法院应当依照《中华人民共和国民事诉讼法》第一百零八条的规定予以审查,符合规定的,均应受理。

人民法院在受理存单纠纷案件后,如发现犯罪线索,应将犯罪线索及时书面告知公安或检察机关。如案件当事人因伪造、变造、虚开存单或涉嫌诈骗,有关国家机关已立案侦查,存单纠纷案件确须待刑事案件结案后才能审理的,人民法院应当中止审理。对于追究有关当事人的刑事责任不影响对存单纠纷案件审理的,人民法院应对存单纠纷案件有关当事人是否承担民事责任以及承担民事责任的大小依法及时进行认定和处理。

第四条 存单纠纷案件的管辖

依照《中华人民共和国民事诉讼法》第二十四条的规定，存单纠纷案件由被告住所地人民法院或出具存单、进账单、对账单或与当事人签订存款合同的金融机构住所地人民法院管辖。住所地与经常居住地不一致的，由经常居住地人民法院管辖。

第五条 对一般存单纠纷案件的认定和处理

（一）认定

当事人以存单或进账单、对账单、存款合同等凭证为主要证据向人民法院提起诉讼的存单纠纷案件和金融机构向人民法院提起的确认存单或进账单、对账单、存款合同等凭证无效的存单纠纷案件，为一般存单纠纷案件。

（二）处理

人民法院在审理一般存单纠纷案件中，除应审查存单、进账单、对账单、存款合同等凭证的真实性外，还应审查持有人与金融机构间存款关系的真实性，并以存单、进账单、对账单、存款合同等凭证的真实性以及存款关系的真实性为依据，作出正确处理。

1. 持有人以上述真实凭证为证据提起诉讼的，金融机构应当对持有人与金融机构间是否存在存款关系负举证责任。如金融机构有充分证据证明持有人未向金融机构交付上述凭证所记载的款项的，人民法院应当认定持有人与金融机构间不存在存款关系，并判决驳回原告的诉讼请求。

2. 持有人以上述真实凭证为证据提起诉讼的，如金融机构不能提供证明存款关系不真实的证据，或仅以金融机构底单的记载内容与上述凭证记载内容不符为由进行抗辩的，人民法院应认定持有人与金融机构间存款关系成立，金融机构应当承担兑付款项的义务。

3. 持有人以在样式、印鉴、记载事项上有别于真实凭证，但无充分证据证明系伪造或变造的瑕疵凭证提起诉讼的，持有人应对瑕疵凭证的取得提供合理的陈述。如持有人对瑕疵凭证的取得提供了合理陈述，而金融机构否认存款关系存在的，金融机构应当对持有人与金融机构间是否存在存款关系负举证责任。如金融机构有充分证据证明持有人未向金融机构交付上述凭证所记载的款项的，人民法院应当认定持有人与金融机构间不存在存款关系，判决驳回原告的诉讼请求；如金融机构不能提供证明存款关系不真实的证据，或仅以金融机构底单的记载内容与上述凭证记载内容不符为由进行抗辩的，人民法院应认定持有人与金融机构间存款关系成立，金融机构应当承担兑付款项的义务。

4. 存单纠纷案件的审理中，如有充足证据证明存单、进账单、对账单、存款合同等凭证系伪造、变造，人民法院应在查明案件事实的基础上，依法确认上述凭证无效，并可驳回持上述凭证起诉的原告的诉讼请求或根据实际存款数额进行判决。如有本规定第三条中止审理情形的，人民法院应当中止审理。

第六条 对以存单为表现形式的借贷纠纷案件的认定和处理

（一）认定

在出资人直接将款项交与用资人使用，或通过金融机构将款项交与用资人使用，金融机构向出资人出具存单或进账单、对账单或与出资人签订存款合同，出资人从用资人或从金融机构取得或约定取得高额利差的行为中发生的存单纠纷案件，为以存单为表现形式的借贷纠纷案件。但符合本规定第七条所列委托贷款和信托贷款的除外。

（二）处理

以存单为表现形式的借贷，属于违法借贷，出资人收取的高额利差应充抵本金，出资人、金融机构与用资人因参与违法借贷均应当承担相应的民事责任。可分以下几种情况处理：

1. 出资人将款项或票据（以下统称资金）交付给金融机构，金融机构给出资人出具存单或进账单、对账单或与出资人签订存款合同，并将资金自行转给用资人的，金融机构与用资人对偿还出资人本金及利息承担连带责任；利息按人民银行同期存款利率计算至给付之日。

2. 出资人未将资金交付给金融机构，而是依照金融机构的指定将资金直接转给用资人，金融机构给出资人出具存单或进账单、对账单或与出资人签订存款合同的，首先由用资人偿还出资人本金及利息，金融机构对用资人不能偿还出资人本金及利息部分承担补充赔偿责任；利息按人民银行同期存款利率计算至给付之日。

3. 出资人将资金交付给金融机构，金融机构给出资人出具存单或进账单、对账单或与出资人签订存款合同，出资人再指定金融机构将资金转给用资人的，首先由用资人返还出资人本金和法定利息。金融机构因其帮助违法借贷的过错，应当对用资人不能偿还出资人本金部分承担赔偿责任，但不超过不能偿还本金部分的40%。

4. 出资人未将资金交付给金融机构，而是自行将资金直接转给用资人，金融机构给出资人出具存单或进账单、对账单或与出资人签订存款合同的，首先由用资人返还出资人本金和法定利息。金融机构因其帮助违法借贷的过错，应当对用资人不能偿还出资人本金部分承担赔偿责任，但不超过不能偿还本金部分的20%。

本条中所称交付，指出资人向金融机构转移现金的占有或出资人向金融机构交付注明出资人或金融机构（包括金融机构的下属部门）为收款人的票据。出资人向金融机构交付有资金数额但未注明收款人的票据的，亦属于本条中所称交付。

如以存单为表现形式的借贷行为确已发生，即使金融机构向出资人出具的存单、进账单、对账单或与出资人签订的存款合同存在虚假、瑕疵，或金融机构工作人员超越权限出具上述凭证等情形，不影响人民法院按以上规定对案件进行处理。

（三）当事人的确定

出资人起诉金融机构的，人民法院应通知用资人作为第三人参加诉讼；出资人起诉用资人的，人民法院应通知金融机构作为第三人参加诉讼；公款私存的，人民法院在查明款项的真实所有人基础上，应通知款项的真实所有人为权利人参加诉讼，与存单记载的个人为共同诉讼人。该个人申请退出诉讼的，人民法院可予准许。

第七条　对存单纠纷案件中存在的委托贷款关系和信托贷款关系的认定和纠纷的处理

（一）认定

存单纠纷案件中，出资人与金融机构、用资人之间按有关委托贷款的要求签订有委托贷款协议的，人民法院应认定出资人与金融机构间成立委托贷款关系。金融机构向出资人出具的存单或进账单、对账单或与出资人签订的存款合同，均不影响金融机构与出资人间委托贷款关系的成立。出资人与金融机构间签订委托贷款协议后，由金融机构自行确定用资人，人民法院应认定出资人与金融机构间成立信托贷款关系。

委托贷款协议和信托贷款协议应当用书面形式。口头委托贷款或信托贷款，当事人无异议的，人民法院可予以认定；有其他证据能够证明金融机构与出资人之间确系委托贷款或信托贷款关系的，人民法院亦予以认定。

（二）处理

构成委托贷款的，金融机构出具的存单或进账单、对账单或与出资人签订的存款合同不作为存款关系的证明，借款方不能偿还贷款的风险应当由委托人承担。如有证据证明金融机构出具上述凭证是对委托贷款进行担保的，金融机构对偿还贷款承担连带担保责任。委托贷款中约定的利率超过人民银行规定的部分无效。构成信托贷款的，按人民银行有关信托贷款的规定处理。

第八条 对存单质押的认定和处理

存单可以质押。存单持有人以伪造、变造的虚假存单质押的,质押合同无效。接受虚假存单质押的当事人如以该存单质押为由起诉金融机构,要求兑付存款优先受偿的,人民法院应当判决驳回其诉讼请求,并告知其可另案起诉出质人。

存单持有人以金融机构开具的、未有实际存款或与实际存款不符的存单进行质押,以骗取或占用他人财产的,该质押关系无效。接受存单质押的人起诉的,该存单持有人与开具存单的金融机构为共同被告。利用存单骗取或占用他人财产的存单持有人对侵犯他人财产权承担赔偿责任,开具存单的金融机构因其过错致他人财产权受损,对所造成的损失承担连带赔偿责任。接受存单质押的人在审查存单的真实性上有重大过失的,开具存单的金融机构仅对所造成的损失承担补充赔偿责任。明知存单虚假而接受存单质押的,开具存单的金融机构不承担民事赔偿责任。

以金融机构核押的存单出质的,即便存单系伪造、变造、虚开,质押合同均为有效,金融机构应当依法向质权人兑付存单所记载的款项。

第九条 其他

在存单纠纷案件的审理中,有关当事人如有违法行为,依法应给予民事制裁的,人民法院可依法对有关当事人实施民事制裁。案件审理中发现的犯罪线索,人民法院应及时书面告知公安或检察机关,并将有关材料及时移送公安或检察机关。

最高人民法院关于验资单位对多个案件债权人损失应如何承担责任的批复

- 1997 年 12 月 31 日
- 法释〔1997〕10 号

四川省高级人民法院:

你院《关于验资单位对多个案件债权人损失应如何承担责任的请示》(川高法〔1997〕77 号)收悉。经研究,答复如下:

金融机构、会计师事务所为公司出具不实的验资报告或者虚假的资金证明,公司资不抵债的,该验资单位应当对公司债务在验资报告不实部分或者虚假资金证明金额以内,承担民事赔偿责任。

验资单位对一个或多个债权人在验资不实部分之内承担的责任累计已经达到其应当承担责任部分限额的,对于公司其他债权人则不再承担赔偿责任。

对于多个债权人同时要求受偿的,验资单位应当在其出具的被验资单位不实的注册资金、证明金额内,就其应当承担责任的部分按比例分别承担赔偿责任。

此复

最高人民法院关于对被执行人存在银行的凭证式国库券可否采取执行措施问题的批复①

- 1998 年 2 月 10 日
- 法释〔1998〕2 号

北京市高级人民法院:

你院《关于对被执行人在银行的凭证式记名国库券可否采取冻结、扣划强制措施的请示》(京高法〔1997〕194 号)收悉。经研究,答复如下:

被执行人存在银行的凭证式国库券是由被执行人交银行管理的到期偿还本息的有价证券,在性质上与银行的定期储蓄存款相似,属于被执行人的财产。依照《中华人民共和国民事诉讼法》第二百一十八条规定的精神,人民法院有权冻结、划拨被执行人存在银行的凭证式国库券。有关银行应当按照人民法院的协助执行通知书将本息划归执行申请人。

此复。

---

① 根据法释〔2008〕18 号第四十八条调整。

最高人民法院关于如何确认公民与企业之间借贷行为效力问题的批复

- 1999年2月9日
- 法释〔1999〕3号

黑龙江省高级人民法院：

你院黑高法〔1998〕192号《关于公民与企业之间借贷合同效力如何确认的请示》收悉。经研究，答复如下：

公民与非金融企业（以下简称企业）之间的借贷属于民间借贷。只要双方当事人意思表示真实即可认定有效。但是，具有下列情形之一的，应当认定无效：

（一）企业以借贷名义向职工非法集资；

（二）企业以借贷名义非法向社会集资；

（三）企业以借贷名义向社会公众发放贷款；

（四）其他违反法律、行政法规的行为。

借贷利率超过银行同期同类贷款利率四倍的，按照最高人民法院法（民）发〔1991〕21号《关于人民法院审理借贷案件的若干意见》的有关规定办理。

此复

最高人民法院关于超过诉讼时效期间借款人在催款通知单上签字或者盖章的法律效力问题的批复

- 1999年2月11日
- 法释〔1999〕7号

河北省高级人民法院：

你院〔1998〕冀经一请字第38号《关于超过诉讼时效期间信用社向借款人发出的“催收到期贷款通知单”是否受法律保护的请示》收悉。经研究，答复如下：

根据《中华人民共和国民法通则》第四条、第九十条规定的精神，对于超过诉讼时效期间，信用社向借款人发出催收到期贷款通知单，债务人在该通知单上签字或者盖章的，应当视为对原债务的重新确认，该债权债务关系应受法律保护。

此复

最高人民法院关于逾期付款违约金应当按照何种标准计算问题的批复

- 1999年1月29日最高人民法院审判委员会第1042次会议通过、1999年2月12日公布、自1999年2月16日起施行（法释〔1999〕8号）
- 根据2000年11月13日最高人民法院审判委员会第1137次会议通过、2000年11月15日公布的《关于修改〈最高人民法院关于逾期付款违约金应当按照何种标准计算问题的批复〉的批复》（法释〔2000〕34号）修正

广东省高级人民法院：

你院〔1998〕粤法经一行字第17号《关于逾期贷款如何计算利息问题的请示》收悉。经研究，答复如下：

对于合同当事人没有约定逾期付款违约金标准的，人民法院可以参照中国人民银行规定的金融机构计收逾期贷款利息的标准计算逾期付款违约金。中国人民银行调整金融机构计收逾期贷款利息的标准时，人民法院可以相应调整计算逾期付款违约金的计算标准。

本批复公布后，人民法院尚未审结的案件中有关计算逾期付款违约金的问题，按照本批复办理。本批复公布前，已经按我院1996年5月16日作出的法复〔1996〕7号《关于逾期付款违约金应当依据何种标准计算问题的批复》审结的案件不再变动。

此复

最高人民法院关于建设工程价款优先受偿权问题的批复

• 2002 年 6 月 20 日
• 法释〔2002〕16 号

上海市高级人民法院：

你院沪高法〔2001〕14 号《关于合同法第 286 条理解与适用问题的请示》收悉。经研究，答复如下：

一、人民法院在审理房地产纠纷案件和办理执行案件中，应当依照《中华人民共和国合同法》第二百八十六条的规定，认定建筑工程的承包人的优先受偿权优于抵押权和其他债权。

二、消费者交付购买商品房的全部或者大部分款项后，承包人就该商品房享有的工程价款优先受偿权不得对抗买受人。

三、建筑工程价款包括承包人为建设工程应当支付的工作人员报酬、材料款等实际支出的费用，不包括承包人因发包人违约所造成的损失。

四、建设工程承包人行使优先权的期限为六个月，自建设工程竣工之日或者建设工程合同约定的竣工之日起计算。

五、本批复第一条至第三条自公布之日起施行，第四条自公布之日起六个月后施行。

此复

最高人民法院关于在执行工作中如何计算迟延履行期间的债务利息等问题的批复

• 2009 年 5 月 11 日
• 法释〔2009〕6 号

四川省高级人民法院：

你院《关于执行工作几个适用法律问题的请示》（川高法〔2007〕390 号）收悉。经研究，批复如下：

一、人民法院根据《中华人民共和国民事诉讼法》第二百二十九条计算"迟延履行期间的债务利息"时，应当按照中国人民银行规定的同期贷款基准利率计算。

二、执行款不足以偿付全部债务的，应当根据并还原则按比例清偿法律文书确定的金钱债务与迟延履行期间的债务利息，但当事人在执行和解中对清偿顺序另有约定的除外。

此复。

附：

具体计算方法

（1）执行款 = 清偿的法律文书确定的金钱债务 + 清偿的迟延履行期间的债务利息。

（2）清偿的迟延履行期间的债务利息 = 清偿的法律文书确定的金钱债务 × 同期贷款基准利率 ×2 × 迟延履行期间。

最高人民法院关于网络查询、冻结被执行人存款的规定

• 2013 年 8 月 29 日
• 法释〔2013〕20 号

为规范人民法院办理执行案件过程中通过网络查询、冻结被执行人存款及其他财产的行为，进一步提高执行效率，根据《中华人民共和国民事诉讼法》的规定，结合人民法院工作实际，制定本规定。

第一条 人民法院与金融机构已建立网络执行查控机制的，可以通过网络实施查询、冻结被执行人存款等措施。

网络执行查控机制的建立和运行应当具备以下条件：

（一）已建立网络执行查控系统，具有通过网络执行查控系统发送、传输、反馈查控信息的功能；

（二）授权特定的人员办理网络执行查控业务；

（三）具有符合安全规范的电子印章系统；

（四）已采取足以保障查控系统和信息安全的措施。

第二条 人民法院实施网络执行查控措施，应当事前统一向相应金融机构报备有权通过网络采取执行查控措施的特定执行人员的相关公务证件。办理具体业务时，不再另行向相应金融机构提供执行人员的相关公务证件。

人民法院办理网络执行查控业务的特定执行人员发生变更的，应当及时向相应金融机构报备人员变更信息及相关公务证件。

第三条 人民法院通过网络查询被执行人存款时，应当向金融机构传输电子协助查询存款通知书。多案集中查询的，可以附汇总的案件查询清单。

对查询到的被执行人存款需要冻结或者续行冻结的，人民法院应当及时向金融机构传输电子冻结裁定书和协助冻结存款通知书。

对冻结的被执行人存款需要解除冻结的，人民法院应当及时向金融机构传输电子解除冻结裁定书和协助解除冻结存款通知书。

第四条 人民法院向金融机构传输的法律文书，应当加盖电子印章。

作为协助执行人的金融机构完成查询、冻结等事项后，应当及时通过网络向人民法院回复加盖电子印章的查询、冻结等结果。

人民法院出具的电子法律文书、金融机构出具的电子查询、冻结等结果，与纸质法律文书及反馈结果具有同等效力。

第五条 人民法院通过网络查询、冻结、续冻、解冻被执行人存款，与执行人员赴金融机构营业场所查询、冻结、续冻、解冻被执行人存款具有同等效力。

第六条 金融机构认为人民法院通过网络执行查控系统采取的查控措施违反相关法律、行政法规规定的，应当向人民法院书面提出异议。人民法院应当在15日内审查完毕并书面回复。

第七条 人民法院应当依据法律、行政法规规定及相应操作规范使用网络执行查控系统和查控信息，确保信息安全。

人民法院办理执行案件过程中，不得泄露通过网络执行查控系统取得的查控信息，也不得用于执行案件以外的目的。

人民法院办理执行案件过程中，不得对被执行人以外的非执行义务主体采取网络查控措施。

第八条 人民法院工作人员违反第七条规定的，应当按照《人民法院工作人员处分条例》给予纪律处分；情节严重构成犯罪的，应当依法追究刑事责任。

第九条 人民法院具备相应网络扣划技术条件，并与金融机构协商一致的，可以通过网络执行查控系统采取扣划被执行人存款措施。

第十条 人民法院与工商行政管理、证券监管、土地房产管理等协助执行单位已建立网络执行查控机制，通过网络执行查控系统对被执行人股权、股票、证券账户资金、房地产等其他财产采取查控措施的，参照本规定执行。

最高人民法院关于执行程序中计算迟延履行期间的债务利息适用法律若干问题的解释

- 2014年7月7日
- 法释〔2014〕8号

为规范执行程序中迟延履行期间债务利息的计算，根据《中华人民共和国民事诉讼法》的规定，结合司法实践，制定本解释。

第一条 根据民事诉讼法第二百五十三条规定加倍计算之后的迟延履行期间的债务利息，包括迟延履行期间的一般债务利息和加倍部分债务利息。

迟延履行期间的一般债务利息，根据生效法律文书确定的方法计算；生效法律文书未确定给付该利息的，不予计算。

加倍部分债务利息的计算方法为：加倍部分债务利息=债务人尚未清偿的生效法律文书确定的除一般债务利息之外的金钱债务×日万分之一点七五×迟延履行期间。

第二条 加倍部分债务利息自生效法律文书确定的履行期间届满之日起计算；生效法律文书确定分期履行的，自每次履行期间届满之日起计算；生效法律文书未确定履行期间的，自法律文书生效之日起计算。

第三条 加倍部分债务利息计算至被执行人履行完毕之日；被执行人分次履行的，相应部分的加倍部分债务利息计算至每次履行完毕之日。

人民法院划拨、提取被执行人的存款、收入、股息、红利等财产的，相应部分的加倍部分债务利息计算至划拨、提取之日；人民法院对被执行人财产拍卖、变卖或者以物抵债的，计算至成交裁定或者抵债裁定生效之日；人民法院对被执行人财产通过其他方式变价的，计算至财产变价完成之日。

非因被执行人的申请，对生效法律文书审查而中止或者暂缓执行的期间及再审中止执行的期间，不计算加倍部分债务利息。

第四条 被执行人的财产不足以清偿全部债务的，应当先清偿生效法律文书确定的金钱债务，再清偿加倍部分债务利息，但当事人对清偿顺序另有约定的除外。

第五条 生效法律文书确定给付外币的，执行时以该种外币按日万分之一点七五计算加倍部分债务利息，但申请执行人主张以人民币计算的，人民法院应予准许。

以人民币计算加倍部分债务利息的，应当先将生效法律文书确定的外币折算或者套算为人民币后再进行计算。

外币折算或者套算为人民币的，按照加倍部分债务利息起算之日的中国外汇交易中心或者中国人民银行授权机构公布的人民币对该外币的中间价折合成人民币计算；中国外汇交易中心或者中国人民银行授权机构未公布汇率中间价的外币，按照该日境内银行人民币对该外币的中间价折算成人民币，或者该外币在境内银行、国际外汇市场对美元汇率，与人民币对美元汇率中间价进行套算。

第六条 执行回转程序中，原申请执行人迟延履行金钱给付义务的，应当按照本解释的规定承担加倍部分债务利息。

第七条 本解释施行时尚未执行完毕部分的金钱债务，本解释施行前的迟延履行期间债务利息按照之前的规定计算；施行后的迟延履行期间债务利息按照本解释计算。

本解释施行前本院发布的司法解释与本解释不一致的，以本解释为准。

最高人民法院关于审理民间借贷案件适用法律若干问题的规定

- 2015年8月6日
- 法释〔2015〕18号

为正确审理民间借贷纠纷案件，根据《中华人民共和国民法通则》《中华人民共和国物权法》《中华人民共和国担保法》《中华人民共和国合同法》《中华人民共和国民事诉讼法》《中华人民共和国刑事诉讼法》等相关法律之规定，结合审判实践，制定本规定。

第一条 本规定所称的民间借贷，是指自然人、法人、其他组织之间及其相互之间进行资金融通的行为。

经金融监管部门批准设立的从事贷款业务的金融机构及其分支机构，因发放贷款等相关金融业务引发的纠纷，不适用本规定。

第二条 出借人向人民法院起诉时，应当提供借据、收据、欠条等债权凭证以及其他能够证明借贷法律关系存在的证据。

当事人持有的借据、收据、欠条等债权凭证没有载明债权人，持有债权凭证的当事人提起民间借贷诉讼的，人民法院应予受理。被告对原告的债权人资格提出有事实依据的抗辩，人民法院经审理认为原告不具有债权人资格的，裁定驳回起诉。

第三条 借贷双方就合同履行地未约定或者约定不明确，事后未达成补充协议，按照合同有关条款或者交易习惯仍不能确定的，以接受货币一方所在地为合同履行地。

第四条 保证人为借款人提供连带责任保证，出借人仅起诉借款人的，人民法院可以不追加保证人为共同被告；出借人仅起诉保证人的，人民法院可以追加借款人为共同被告。

保证人为借款人提供一般保证，出借人仅起诉保证人的，人民法院应当追加借款人为共同被告；出借人仅起诉借款人的，人民法院可以不追加保证人为共同被告。

第五条 人民法院立案后，发现民间借贷行为本身涉嫌非法集资犯罪的，应当裁定驳回起诉，并将涉嫌非法集资犯罪的线索、材料移送公安或者检察机关。

公安或者检察机关不予立案，或者立案侦查后撤销案件，或者检察机关作出不起诉决定，或者经人民法院生效判决认定不构成非法集资犯罪，当事人又以同一事实向人民法院提起诉讼的，人民法院应予受理。

第六条 人民法院立案后，发现与民间借贷纠纷案件虽有关联但不是同一事实的涉嫌非法集资等犯罪的线索、材料的，人民法院应当继续审理民间借贷纠纷案件，并将涉嫌非法集资等犯罪的线索、材料移送公安或者检察机关。

第七条 民间借贷的基本案件事实必须以刑事案件审理结果为依据，而该刑事案件尚未审结的，人民法院应当裁定中止诉讼。

第八条 借款人涉嫌犯罪或者生效判决认定其有罪，出借人起诉请求担保人承担民事责任的，人民法院应予受理。

第九条 具有下列情形之一，可以视为具备合同法第二百一十条关于自然人之间借款合同的生效要件：

（一）以现金支付的，自借款人收到借款时；

（二）以银行转账、网上电子汇款或者通过网络贷款平台等形式支付的，自资金到达借款人账户时；

（三）以票据交付的，自借款人依法取得票据权利时；

（四）出借人将特定资金账户支配权授权给借款人的，自借款人取得对该账户实际支配权时；

（五）出借人以与借款人约定的其他方式提供借款并实际履行完成时。

第十条 除自然人之间的借款合同外，当事人主张民间借贷合同自合同成立时生效的，人民法院应予支持，但当事人另有约定或者法律、行政法规另有规定的除外。

第十一条 法人之间、其他组织之间以及它们相互之间为生产、经营需要订立的民间借贷合同，除存在合同法第五十二条、本规定第十四条规定的情形外，当事人主张民间借贷合同有效的，人民法院应予支持。

第十二条 法人或者其他组织在本单位内部通过借款形式向职工筹集资金，用于本单位生产、经营，且不存在合同法第五十二条、本规定第十四条规定的情形，当事人主张民间借贷合同有效的，人民法院应予支持。

第十三条 借款人或者出借人的借贷行为涉嫌犯罪，或者已经生效的判决认定构成犯罪，当事人提起民事诉讼的，民间借贷合同并不当然无效。人民法院应当根据合同法第五十二条、本规定第十四条之规定，认定民间借贷合同的效力。

担保人以借款人或者出借人的借贷行为涉嫌犯罪或者已经生效的判决认定构成犯罪为由，主张不承担民事责任的，人民法院应当依据民间借贷合同与担保合同的效力、当事人的过错程度，依法确定担保人的民事责任。

第十四条 具有下列情形之一，人民法院应当认定民间借贷合同无效：

（一）套取金融机构信贷资金又高利转贷给借款人，且借款人事先知道或者应当知道的；

（二）以向其他企业借贷或者向本单位职工集资取得的资金又转贷给借款人牟利，且借款人事先知道或者应当知道的；

（三）出借人事先知道或者应当知道借款人借款用于违法犯罪活动仍然提供借款的；

（四）违背社会公序良俗的；

（五）其他违反法律、行政法规效力性强制性规定的。

第十五条 原告以借据、收据、欠条等债权凭证为依据提起民间借贷诉讼，被告依据基础法律关系提出抗辩或者反诉，并提供证据证明债权纠纷非民间借贷行为引起的，人民法院应当依据查明的案件事实，按照基础法律关系审理。

当事人通过调解、和解或者清算达成的债权债务协议，不适用前款规定。

第十六条 原告仅依据借据、收据、欠条等债权凭证提起民间借贷诉讼，被告抗辩已经偿还借款，被告应当对其主张提供证据证明。被告提供相应证据证明其主张后，原告仍应就借贷关系的成立承担举证证明责任。

被告抗辩借贷行为尚未实际发生并能作出合理说明，人民法院应当结合借贷金额、款项交付、当事人的经济能力、当地或者当事人之间的交易方式、交易习惯、当事人财产变动情况以及证人证言等事实和因素，综合判断查证借贷事实是否发生。

第十七条 原告仅依据金融机构的转账凭证提起民间借贷诉讼，被告抗辩转账系偿还双方之前借款或其他债务，被告应当对其主张提供证据证明。被告提供相应证据证明其主张后，原告仍应就借贷关系的成立承担举证证明责任。

第十八条 根据《关于适用〈中华人民共和国民事诉讼法〉的解释》第一百七十四条第二款之规定，负有举证证明责任的原告无正当理由拒不到庭，经审查现有证据无法确认借贷行为、借贷金额、支付方式等案件主要事实，人民法院对其主张的事实不予认定。

第十九条 人民法院审理民间借贷纠纷案件时发现有下列情形，应当严格审查借贷发生的原因、时间、地点、款项来源、交付方式、款项流向以及借贷双方的关系、经济状况等事实，综合判断是否属于虚假民事诉讼：

（一）出借人明显不具备出借能力；

（二）出借人起诉所依据的事实和理由明显不符合常理；

（三）出借人不能提交债权凭证或者提交的债权凭证存在伪造的可能；

（四）当事人双方在一定期间内多次参加民间借贷诉讼；

（五）当事人一方或者双方无正当理由拒不到庭参加诉讼，委托代理人对借贷事实陈述不清或者陈述前后矛盾；

（六）当事人双方对借贷事实的发生没有任何争议或者诉辩明显不符合常理；

（七）借款人的配偶或合伙人、案外人的其他债权人提出有事实依据的异议；

（八）当事人在其他纠纷中存在低价转让财产的情形；

（九）当事人不正当放弃权利；

（十）其他可能存在虚假民间借贷诉讼的情形。

第二十条 经查明属于虚假民间借贷诉讼，原告申请撤诉的，人民法院不予准许，并应当根据民事诉讼法第一百一十二条之规定，判决驳回其请求。

诉讼参与人或者其他人恶意制造、参与虚假诉讼，人民法院应当依照民事诉讼法第一百一十一条、第一百一十二条和第一百一十三条之规定，依法予以罚款、拘留；构成犯罪的，应当移送有管辖权的司法机关追究刑事责任。

单位恶意制造、参与虚假诉讼的，人民法院应当对该单位进行罚款，并可以对其主要负责人或者直接责任人员予以罚款、拘留；构成犯罪的，应当移送有管辖权的司法机关追究刑事责任。

第二十一条 他人在借据、收据、欠条等债权凭证或者借款合同上签字或者盖章，但未表明其保证人身份或者承担保证责任，或者通过其他事实不能推定其为保证人，出借人请求其承担保证责任的，人民法院不予支持。

第二十二条 借贷双方通过网络贷款平台形成借贷关系，网络贷款平台的提供者仅提供媒介服务，当事人请求其承担担保责任的，人民法院不予支持。

网络贷款平台的提供者通过网页、广告或者其他媒介明示或者有其他证据证明其为借贷提供担保，出借人请求网络贷款平台的提供者承担担保责任的，人民法院应予支持。

第二十三条 企业法定代表人或负责人以企业名义与出借人签订民间借贷合同，出借人、企业或者其股东能够证明所借款项用于企业法定代表人或负责人个人使用，出借人请求将企业法定代表人或负责人列为共同被告或者第三人的，人民法院应予准许。

企业法定代表人或负责人以个人名义与出借人签订民间借贷合同，所借款项用于企业生产经营，出借人请求企业与个人共同承担责任的，人民法院应予支持。

第二十四条 当事人以签订买卖合同作为民间借贷合同的担保，借款到期后借款人不能还款，出借人请求履行买卖合同的，人民法院应当按照民间借贷法律关系审理，并向当事人释明变更诉讼请求。当事人拒绝变更的，人民法院裁定驳回起诉。

按照民间借贷法律关系审理作出的判决生效后，借款人不履行生效判决确定的金钱债务，出借人可以申请拍卖买卖合同标的物，以偿还债务。就拍卖所得的价款与应偿还借款本息之间的差额，借款人或者出借人有权主张返还或补偿。

第二十五条 借贷双方没有约定利息，出借人主张支付借期内利息的，人民法院不予支持。

自然人之间借贷对利息约定不明，出借人主张支付利息的，人民法院不予支持。除自然人之间借贷的外，借贷双方对借贷利息约定不明，出借人主张利息的，人民法院应当结合民间借贷合同的内容，并根据当地或者当事人的交易方式、交易习惯、市场利率等因素确定利息。

第二十六条 借贷双方约定的利率未超过年利率24%，出借人请求借款人按照约定的利率支付利息的，人民法院应予支持。

借贷双方约定的利率超过年利率36%，超过部分的利息约定无效。借款人请求出借人返还已支付的超过年利率36%部分的利息的，人民法院应予支持。

第二十七条 借据、收据、欠条等债权凭证载明的借款金额，一般认定为本金。预先在本金中扣除利息的，人民法院应当将实际出借的金额认定为本金。

第二十八条 借贷双方对前期借款本息结算后将利息计入后期借款本金并重新出具债权凭证，如果前期利率没有超过年利率24%，重新出具的债权凭证载明的金额可认定为后期借款本金；超过部分的利息不能计入后期借款本金。约定的利率超过年利率24%，当事人主张超过部分的利息不能计入后期借款本金的，人民法院应予支持。

按前款计算,借款人在借款期间届满后应当支付的本息之和,不能超过最初借款本金与以最初借款本金为基数,以年利率24%计算的整个借款期间的利息之和。出借人请求借款人支付超过部分的,人民法院不予支持。

第二十九条 借贷双方对逾期利率有约定的,从其约定,但以不超过年利率24%为限。

未约定逾期利率或者约定不明的,人民法院可以区分不同情况处理:

(一)既未约定借期内的利率,也未约定逾期利率,出借人主张借款人自逾期还款之日起按照年利率6%支付资金占用期间利息的,人民法院应予支持;

(二)约定了借期内的利率但未约定逾期利率,出借人主张借款人自逾期还款之日起按照借期内的利率支付资金占用期间利息的,人民法院应予支持。

第三十条 出借人与借款人既约定了逾期利率,又约定了违约金或者其他费用,出借人可以选择主张逾期利息、违约金或者其他费用,也可以一并主张,但总计超过年利率24%的部分,人民法院不予支持。

第三十一条 没有约定利息但借款人自愿支付,或者超过约定的利率自愿支付利息或违约金,且没有损害国家、集体和第三人利益,借款人又以不当得利为由要求出借人返还的,人民法院不予支持,但借款人要求返还超过年利率36%部分的利息除外。

第三十二条 借款人可以提前偿还借款,但当事人另有约定的除外。

借款人提前偿还借款并主张按照实际借款期间计算利息的,人民法院应予支持。

第三十三条 本规定公布施行后,最高人民法院于1991年8月13日发布的《关于人民法院审理借贷案件的若干意见》同时废止;最高人民法院以前发布的司法解释与本规定不一致的,不再适用。

◎司法文件

中国人民银行、最高人民法院、最高人民检察院、公安部、司法部关于查询、停止支付和没收个人在银行的存款以及存款人死亡后的存款过户或支付手续的联合通知

- 1980年11月22日
- 〔1980〕银储字第18号

各省、市、自治区高级人民法院、人民检察院、公安厅、司法厅、中国人民银行各省、市、自治区分行:

根据《中华人民共和国宪法》第九条规定:国家保护公民的合法收入、储蓄、房屋和其他生活资料的所有权。个人将合法收入存入银行的存款,归个人所有,不得侵犯;银行实行存款自愿,取款自由,为储户保密的原则。银行工作人员对储户的存款情况,应严守秘密,不得泄露,违反者视其情节轻重追究责任。

为了加强社会主义法制,依法保护公民储蓄,对法院、检察院、公安部门向银行查询、要求停止支付和没收个人在银行的存款以及存款人死亡后的存款过户或支付手续问题,现作如下规定:

一、关于查询、停止支付和没收个人存款

(一)人民法院、人民检察院和公安机关因侦查、起诉、审理案件,需要向银行查询与案件直接有关的个人存款时,必须向银行提出县级和县级以上法院、检察院或公安机关正式查询公函,并提供存款人的有关线索,如存款人的姓名、存款日期、金额等情况;经银行县、市支行或市分行区办一级核对,指定所属储蓄所提供资料。查询单位不能径自到储蓄所查阅账册;对银行提供的存款情况,应保守秘密。

(二)人民法院、人民检察院和公安机

关在侦查、审理案件中,发现当事人存款与案件直接有关,要求停止支付存款时,必须向银行提出县级或县级以上人民法院、人民检察院或公安机关的正式通知,经银行县、市支行或市分行区办一级核对后,通知所属储蓄所办理暂停支付手续。

停止支付的期限最长不超过6个月,逾期自动撤销。有特殊原因需要延长的,应重新办理停止支付手续。

如存款户在停止支付期间因生活必需而需要提取用款时,银行应及时主动与要求停止支付的单位联系,并根据实际情况,具体处理。

(三)人民法院判决没收罪犯储蓄存款时,银行依据人民法院判决书办理。人民法院判处民事案件中有关储蓄存款的处理,执行时应由当事人交出存款单(折),银行、储蓄所凭存款单(折)办理;如当事人拒不交出存款单(折),须强制执行时,由人民法院通知人民银行,人民银行凭判决书或裁定书,由县、市支行或市分行区办一级核对后办理,当事人的原存款单(折)作废,将判决书或裁定书收入档案保存。

(四)查询、暂停支付华侨储蓄存款时,公安机关由地(市)以上的公安厅(局)处理依照上述手续办理;人民法院、人民检察院由对案件有法定管辖权的法院、检察院依照上述规定手续办理。

(五)为了严密制度、手续,特制定有关查询、停止支付个人储蓄存款的几种文书格式,随文附发。使用这些法律文书时,应统一编号,妥善保管。

二、关于存款人死亡后的存款过户或支付手续

存款人死亡后的存款提取、过户手续问题涉及的内容比较复杂,应慎重处理。

(一)存款人死亡后,合法继承人为证明自己的身份和有权提取该项存款,应向当地公证处(尚未设立公证处的地方向县、市人民法院,下同)申请办理继承权证明书,银行凭此办理过户或支付手续。如该项存款的继承权发生争执时,应由人民法院判处。银行凭人民法院的判决书、裁定书或调解书办理过户或支付手续。

(二)在国外的华侨、中国血统外籍人和港澳同胞在国内银行的存款或委托银行代为保管的存款,原存款人死亡,如其合法继承人在国内者,凭原存款人的死亡证(或其他可以证明存款人确实死亡的证明)向当地公证处申请办理继承权证明书,银行凭此办理存款的过户或支付手续。

(三)在我国定居的外侨(包括无国籍者)在我国银行的存款,其存款过户或提取手续,与我国公民存款处理手续相同,应按照上述规定办理。与我国订有双边领事协定的外国侨民应按协定的具体规定办理。

(四)继承人在国外者,可凭原存款人的死亡证明和经我驻在该国使、领馆认证的亲属证明,向我公证机关申请办理继承权证明书,银行凭此办理存款的过户或支付手续。

继承人所在国如系禁汇国家,按上述规定办理有困难时,可由当地侨团、友好社团和爱国侨领、友好人士提供证明,并由我驻所在国使、领馆认证后,向我公安机关申请办理继承权证明书,银行再凭此办理过户或支付手续。

继承人所在国如未建交,应根据特殊情况,特殊办理。

居住国外的继承人继承在我国内银行的存款,能否汇出国外,应按我国外汇管理条例的有关规定办理。

(五)存款人死亡后,无法定继承人又无遗嘱的,经公证部门的证明,暂按财政部规定:全民所有制企业、事业、国家机关、群众团体的职工存款,上缴财政部门入库收归国有。集体所有制企、事业单位的职工,可转归集体所有。此项上缴国库或转归集体所有的存款都不计利息。

以上各项希研究执行,望将执行中的问题及时反映。

过去有关查询、停止支付和没收个人

在银行的存款以及存款人死亡后的存款的过户或支付手续如与此规定相抵触时，以此文件为准。

附：查询、停止支付储蓄存款的几种文书格式（略）

中国人民银行、最高人民法院、最高人民检察院、公安部关于查询、冻结、扣划企业事业单位、机关、团体银行存款的通知

- 1993年12月11日
- 银发〔1993〕356号

中国人民银行各省、自治区、直辖市分行，计划单列市分行；中国工商银行，中国农业银行，中国银行，中国人民建设银行、交通银行；各省、自治区、直辖市高级人民法院、人民检察院、公安厅（局）；军事法院、军事检察院：

为维护社会经济秩序，保证司法部门严格执法，保障有关当事人的合法权益，根据国家有关法律、法规的规定，现就人民法院、人民检察院、公安机关在办理案件中需要通过银行查询、冻结、扣划企事业单位、机关、团体银行存款的问题通知如下：

人民法院因审理或执行案件，人民检察院、公安机关因查处经济违法犯罪案件，需要向银行查询企业事业单位、机关、团体与案件有关的银行存款或查阅有关的会计凭证、帐簿等资料时，银行应积极配合。查询人必须出示本人工作证或执行公务证和出具县级（含）以上人民法院、人民检察院、公安局签发的“协助查询存款通知书”，由银行行长或其他负责人（包括城市分理处、农村营业所和城乡信用社主任。下同）签字后并指定银行有关业务部门凭此提供情况和资料，并派专人接待。查询人对原件不得借走，需要的资料可以抄录、复制或照相，并经银行盖章。人民法院、人民检察院、公安机关对银行提供的情况和资料，应当依法保守秘密。

人民法院因审理或执行案件，人民检察院、公安机关因查处经济犯罪案件，需要冻结企业事业单位、机关、团体与案件直接有关的一定数额的银行存款，必须出具县级（含）以上人民法院、人民检察院、公安局签发的“协助冻结存款通知书”及本人工作证或执行公务证，经银行行长（主任）签字后，银行应当立即凭此并按照应冻结资金的性质，冻结当日单位银行帐户上的同额存款（只能原帐户冻结，不能转户）。如遇被冻结单位银行帐户的存款不足冻结数额时，银行应在六个月的冻结期内冻结该单位银行帐户可以冻结的存款，直至达到需要冻结的数额。

银行在受理冻结单位存款时，应审查“协助冻结存款通知书”填写的被冻结单位开户银行名称、户名和帐号、大小写金额，发现不符的，应说明原因，退回“通知书”。

被冻结的款项在冻结期限内如需解冻，应以作出冻结决定的人民法院、人民检察院、公安机关签发的“解除冻结存款通知书”为凭，银行不得自行解冻。

冻结单位存款的期限不超过六个月。有特殊原因需要延长的，人民法院、人民检察院、公安机关应当在冻结期满前办理继续冻结手续。每次续冻期限最长不超过六个月。逾期不办理继续冻结手续的，视为自动撤销冻结。

人民法院、人民检察院、公安机关冻结单位银行存款发生失误，应及时予以纠正，并向被冻结银行存款的单位作出解释。

被冻结的款项，不属于赃款的，冻结期间应计付利息，在扣划时其利息应付给债权单位；属于赃款的，冻结期间不计付利息，如冻结有误，解除冻结时应补计冻结期间利息。

人民法院审理或执行案件，人民检察院、公安机关对查处的经济犯罪案件作出免于起诉、不予起诉、撤销案件和结案处理的决定，在执行时，需要银行协助扣划企业事业单位、机关、团体的银行存款，必须出具县级（含）以上人民法院、人民检察院、公安局签发的“协助扣划存款通知书”（附人民法院发生法律效力的判决书、裁定书、调解书、支付令、制

裁决定的副本或行政机关的行政处罚决定书副本,人民检察院的免予起诉决定书、不起诉决定书、撤销案件决定书的副本,公安机关的处理决定书、刑事案件立案报告表的副本)及本人工作证或执行公务证,银行应当凭此立即扣划单位有关存款。

银行受理扣划单位存款时,应审查"协助扣划存款通知书"填写的被执行单位的开户银行名称、户名和帐号、大小写金额,如发现不符,或缺少应附的法律文书副本,以及法律文书副本有关内容与"通知书"的内容不符,应说明原因,退回"通知书"和所附的法律文书副本。

为使银行扣划单位存款得以顺利进行,人民法院、人民检察院、公安机关在需要银行协助扣划单位存款时,应向银行全面了解被执行单位的支付能力,银行应如实提供情况。人民法院、人民检察院、公安机关在充分掌握情况之后,实事求是地确定应予执行的期限,对于立即执行确有困难的,可以确定缓解或分期执行。在确定的执行期限内,被执行单位没有正当理由逾期不执行的,银行在接到"协助扣划存款通知"后,只要被执行单位银行帐户有款可付,应当立即扣划,不得延误。当日无款或不足扣划的,银行应及时通知人民法院、人民检察院、公安机关,待单位帐上有款时,尽快予以扣划。

扣划的款项,属于归还银行贷款的,应直接划给贷款银行,用于归还贷款;属于给付债权单位的款项,应直接划给债权单位;属于给付多个债权单位的款项,需要从多处扣划被转移的款项待结案归还或给付的,可暂扣划至办案单位在银行开立的机关团体一般存款科目赃款暂收户或代扣款户(不计付利息)。待追缴工作结束后,依法分割返还或给付;属于上缴国家的款项,应直接扣划上缴国库。

作出查询、冻结、扣划决定的人民法院、人民检察院、公安机关与协助执行的银行不在同一辖区的,可以直接到协助执行的银行办理查询、冻结、扣划单位存款,不受辖区范围的限制。

军队、武警部队一类保密单位开设的"特种预算存款"、"特种其他存款"和连队帐户的存款,原则上不采取冻结或扣划等项诉讼保全措施。但军队、武警部队的其余存款可以冻结和扣划。

人民法院因审理经济纠纷案件或经济犯罪案件,人民检察院、公安机关因查处经济违法犯罪案件,需要执行专业银行、其他银行和非银行金融机构在人民银行的款项,应通知被执行的银行和非银行金融机构自动履行。

两家以上的人民法院、人民检察院、公安机关对同一存款冻结、扣划时,银行应根据最先收取的协助执行通知书办理冻结和扣划。在协助执行时,如对具体执行哪一个机关的冻结、扣划通知有争议,由争议的机关协商解决或者由其上级机关决定。

人民法院、人民检察院、公安机关、银行要依法行使职权和履行协助义务、积极配合。遇有问题或人民法院、人民检察院、公安机关与协助执行的银行意见不一致时,不应拘留银行人员,而应提请双方的上级部门共同协商解决。银行人员违反有关法律规定,无故拒绝协助执行、擅自转移或解冻已冻结的存款,为当事人通风报信、协助其转移、隐匿财产的,应依法承担责任。

以上各项规定,请认真贯彻执行。

过去的规定与本文有抵触的,以本规定为准。

最高人民法院关于严禁冻结或划拨国有企业下岗职工基本生活保障资金的通知

- 1999年11月24日
- 法〔1999〕228号

各省、自治区、直辖市高级人民法院,新疆维吾尔自治区高级人民法院生产建设兵团分院:

据悉,最近一些地方人民法院在审理或执行经济纠纷案件中,冻结并划拨国有企业下岗职工基本生活保障资金，导致下岗职工基本生活无法保障，影响了社会稳定。为杜绝此类事件发生，特通知如下：

国有企业下岗职工基本生活保障资金是采取企业、社会、财政各承担三分之一的办法筹集的，由企业再就业服务中心设立专户管理，专项用于保障下岗职工基本生活，具有专项资金的性质，不得挪作他用，不能与企业的其他财产等同对待。各地人民法院在审理和执行经济纠纷案件时，不得将该项存于企业再就业服务中心的专项资金作为企业财产处置，不得冻结或划拨该项资金用以抵偿企业债务。

各地人民法院应对已审结和执行完毕的经济纠纷案件做一下清理，凡发现违反上述规定的，应当及时依法予以纠正。

最高人民法院关于执行《封闭贷款管理暂行办法》和《外经贸企业封闭贷款管理暂行办法》中应注意的几个问题的通知

• 2000年1月10日
• 法发〔2000〕4号

各省、自治区、直辖市高级人民法院，新疆维吾尔自治区高级人民法院生产建设兵团分院：

1999年7月26日，中国人民银行、国家经贸委、国家计委、财政部和国家税务总局联合下发了《封闭贷款管理暂行办法》（银发〔1999〕261号），同年8月5日中国人民银行、国家计委、财政部、外经贸部和国家税务总局又联合下发了《外经贸企业封闭贷款管理暂行办法》（银发〔1999〕285号）。封闭贷款是商业银行根据国家政策向特定企业发放的具有特定用途的贷款，为保证这项工作的顺利进行，使封闭贷款达到预期目的，现将有关问题通知如下：

一、人民法院审理民事经济纠纷案件，不得对债务人的封闭贷款结算专户采取财产保全措施或者先予执行。

二、人民法院在执行案件时，不得执行被执行人的封闭贷款结算专户中的款项。

三、如果有证据证明债务人为逃避债务将其他款项打入封闭贷款结算专户的，人民法院可以仅就所打入的款项采取执行措施。

四、如果债权人从债务人的封闭贷款结算专户中扣取了老的贷款和欠息，或者扣收老的欠税及各种费用，债务人起诉的，人民法院应当受理，并按照《封闭贷款管理暂行办法》第十四条的规定处理。债务人属于外经贸企业的，则按照《外经贸企业封闭贷款管理暂行办法》第二十一条的规定处理。

执行中有何问题，请及时向我院报告。

最高人民法院关于在审理和执行民事、经济纠纷案件时不得查封、冻结和扣划社会保险基金的通知

• 2000年2月18日
• 法〔2000〕19号

各省、自治区、直辖市高级人民法院，新疆维吾尔自治区高级人民法院生产建设兵团分院：

近一个时期，少数法院在审理和执行社会保险机构原下属企业（现已全部脱勾）与其他企业、单位的经济纠纷案件时，查封社会保险机构开设的社会保险基金账户，影响了社会保险基金的正常发放，不利于社会的稳定。为杜绝此类情况的发生，特通知如下：

社会保险基金是由社会保险机构代参保人员管理，并最终由参保人员享用的公共基金，不属于社会保险机构所有。社会保险机构对该项基金设立专户管理，专款专用，专项用于保障企业退休职工、失业人员的基本生活需要，属专项资金，不得挪作他用。因此，各地人民法院在审理和执行民事、经济纠纷案件时，不得查封、冻结或扣划社会保险基金；不得用社会保险基金偿还社会保险机构

及其原下属企业的债务。

各地人民法院如发现有违反上述规定的，应当及时依法予以纠正。

最高人民法院关于对粮棉油政策性收购资金形成的粮棉油不宜采取财产保全措施和执行措施的通知

• 2000年11月16日
• 法〔2000〕164号

各省、自治区、直辖市高级人民法院，解放军军事法院，新疆维吾尔自治区高级人民法院生产建设兵团分院：

根据国务院国发〔1998〕15号《关于进一步深化粮食流通体制改革的决定》和国发〔1998〕42号《关于深化棉花流通体制改革的决定》以及《粮食收购条例》等有关法规和规范性文件的规定，人民法院在保全和执行国有粮棉油购销企业从事粮棉油政策性收购以外业务所形成的案件时，除继续执行我院法函〔1997〕97号《关于对粮棉油政策性收购资金是否可以采取财产保全措施问题的复函》外，对中国农业发展银行提供的粮棉油收购资金及由该项资金形成的库存的粮棉油不宜采取财产保全措施和执行措施。

最高人民法院关于执行旅行社质量保证金问题的通知

• 2001年1月8日
• 法〔2001〕1号

各省、自治区、直辖市高级人民法院、新疆维吾尔自治区高级人民法院生产建设兵团分院：

人民法院在执行涉及旅行社的案件时，遇有下列情形而旅行社不承担或无力承担赔偿责任的，可以执行旅行社质量保证金：

(1)旅行社因自身过错未达到合同约定的服务质量标准而造成旅游者的经济权益损失；

(2)旅行社的服务未达到国家或行业规定的标准而造成旅游者的经济权益损失；

(3)旅行社破产后造成旅游者预交旅行费损失；

(4)人民法院判决、裁定及其他生效法律文书认定的旅行社损害旅游者合法权益的情形。

除上述情形之外，不得执行旅行社质量保证金。同时，执行涉及旅行社的经济赔偿案件时，不得从旅游行政部门行政经费账户上划转行政经费资金。

特此通知。

最高人民法院关于严禁随意止付信用证项下款项的通知

• 2003年7月16日
• 法〔2003〕103号

各省、自治区、直辖市高级人民法院，各受理涉外商事案件的中级人民法院及各海事法院：

今年以来，国际钢材市场价格大幅下跌。受其影响，我国国内部分钢材产品价格也呈下降趋势。进口成本与内销差价的急剧缩小直接影响了钢材进口商的商业利益。一些进口商遂要求银行寻找单据理由对外拒付，或者寻找一些非常牵强的所谓“欺诈”理由申请法院止付信用证项下款项。一些法院随意裁定止付所涉信用证项下的款项，已经对外造成了不良影响。为了维护我国法院和我国银行的国际形象，现通知如下：

1. 严格坚持信用证独立性原则。信用证是独立于基础交易的单据交易，只要受益人所提交的单据表面上符合信用证的要求，开证行就负有在规定的期限内付款的义务。信用证交易与基础交易属于两个不同的法律关系，一般情况下不得因为基础交易发生纠纷而裁定止付开证行所开立信用证项下的款项。

2.严格坚持信用证欺诈例外原则适用的条件。只有在有充分的证据证明信用证项下存在欺诈,且银行在合理的时间内尚未对外付款的情况下,人民法院才可以根据开证申请人的请求,并在其提供担保的情况下裁定止付信用证项下款项。但如果信用证已经承兑并转让或者信用证已经议付,仍不得裁定止付。

各级人民法院应当对止付信用证项下款项高度重视,严禁在不符合条件的情况下随意裁定止付有关信用证项下款项,已经作出错误止付裁定的,相关人民法院应当立即予以纠正。

特此通知。

最高人民法院关于集中清理拖欠工程款和农民工工资案件的紧急通知

- 2004年12月21日
- 法〔2004〕259号

各省、自治区、直辖市高级人民法院,解放军军事法院,新疆维吾尔自治区高级人民法院生产建设兵团分院:

解决建设领域拖欠工程款和农民工工资问题,关系到人民群众的切身利益,关系到国民经济的健康发展和社会稳定。对此,党中央高度重视,国务院也建立了部际工作联席会议制度,并于2004年8月23日召开了全国清理拖欠工程款和农民工工资电视电话会议,10月29日下发了国办发〔2004〕78号《关于进一步解决建设领域拖欠工程款问题意见的通知》,明确要求各级政府应当在三年内完成清欠建设领域拖欠工程款的任务,对2003年年底前拖欠的农民工工资,要在2005年春节前清偿,并由省级人民政府负责统筹协调解决。11月29日,解决建设领域拖欠工程款部际工作协商会议又下发了建市电〔2004〕57号《关于抓紧做好农民工工资偿付工作的通知》。各级人民法院要抓住这一机遇,按照司法为民的要求,高度重视解决建设领域拖欠工程款和农民工工资问题,切实做好涉及工程款和农民工工资案件的执行工作。为此,紧急通知如下:

一、各级人民法院应当充分借助各级人民政府为解决拖欠工程款和农民工工资问题所建立的工作机制,及时与当地政府及有关部门进行沟通、协调,并将人民法院受理的建设领域拖欠工程款和农民工工资的执行案件通报给相关的人民政府和部门,争取政府和有关部门的协助、支持和配合,使这类案件得到更加及时、有效的执行。

二、各级人民法院应当将2004年12月20日以前未执结的拖欠工程款和农民工工资案件,按照中央政府预算拨款工程项目、地方各级政府投资工程项目和企业投资开发工程项目分类统计,逐级上报到所属的高级人民法院。属于中央投资项目的拖欠工程款执行案件,由各高级人民法院汇总后于今年12月30日前报告最高人民法院执行工作办公室。

三、对于地方政府投资项目需转由地方各级政府负责清理和协助执行的拖欠工程款和农民工工资执行案件,各高级人民法院要尽快制订适合本辖区实际情况的工作方案,统一组织实施,并将转由地方各级政府负责清理和协助执行的案件列表通报给省级人民政府。

四、在清理拖欠工程款和农民工工资执行案件的过程中,各级人民法院要分别不同情况,迅速处理:对于中央政府投资项目拖欠的工程款,由最高人民法院统一转国务院有关部门,由其负责清理并协助人民法院于2005年3月底前执结;对于各级地方政府投资建设项目拖欠的工程款,由执行法院分别转有关地方政府,由其负责清理并协助人民法院于2005年年底前执结;对于企业投资开发工程项目拖欠的工程款,各级人民法院应当借助各级人民政府解决拖欠工程款的工作机制,加大执行力度,最迟于2006年年底前全部执结。

五、在清理拖欠工程款和农民工工资案件的过程中，对于依法提起诉讼的案件，人民法院应当尽快立案，尽快审结；依法申请人民法院强制执行的，人民法院应当及时办理，尽快执结；需要转由地方人民政府负责清理和协助执行的，应按照本通知第三条的要求处理。

六、对国有或者国有控股企业投资项目形成的合同结清拖欠工程款的公证书，债务人应按经公证的结清工程款合同的约定履行义务。其中公证机关赋予强制执行效力，并经债权人申请执行的，人民法院应予受理，并在执行中及时转由政府的项目主管部门，由其监督落实经过公证的还款计划或者协助人民法院执行。

七、凡转由各级人民政府负责清理和协助执行或解决的案件，执行法院应当及时书面通知执行当事人，并定期向相关人民政府和部门了解清偿进展情况，及时协调这类案件在清偿过程中遇到的困难和问题，确保清偿工作落到实处。必要时，执行法院应当依职权直接予以执行。

八、在集中执行拖欠工程款和农民工工资案件的过程中，对于有履行能力而拒不履行、恶意拖欠工程款和农民工工资的有关单位和个人，应当依法给予制裁。必要时，可以借助新闻媒体的舆论监督作用，在媒体上公布债务人名单。

九、对于转由地方各级人民政府负责清理和协助执行的拖欠工程款和农民工工资执行案件，地方政府在规定的期限内未予清理和协助执行的，执行法院应当及时将有关情况层报省级高级人民法院。省级高级人民法院应当及时将有关情况反馈给省级人民政府。

十、各级人民法院在清理拖欠工程款和农民工工资案件工作中，要紧紧依靠党委领导、人大监督和政府支持；要加强调查研究，及时发现问题，总结经验，采取措施，推进清欠和执行工作的深入开展；要注重作好群众工作，力避矛盾激化，切实维护社会稳定。工作进展情况及遇到的问题，应及时报告最高人民法院。

特此通知。

附：

一、国务院办公厅国办发〔2004〕78号《国务院办公厅转发建设部等部门关于进一步解决建设领域拖欠工程款问题意见的通知》（略）

二、解决建设领域拖欠工程款部际工作协商会议建市电〔2004〕57号《关于抓紧做好农民工工资偿付工作的通知》（略）

最高人民法院关于强制执行中不应将企业党组织的党费作为企业财产予以冻结或划拨的通知

- 2005年11月22日
- 法〔2005〕209号

各省、自治区、直辖市高级人民法院，解放军军事法院，新疆维吾尔自治区高级人民法院生产建设兵团分院：

据悉，近一个时期，少数法院在强制执行过程中，将企业党组织的党费账户予以冻结，影响了企业党组织的正常工作。为避免此类情况发生，特通知如下：

企业党组织的党费是企业每个党员按月工资比例向党组织交纳的用于党组织活动的经费。党费由党委组织部门代党委统一管理，单立账户，专款专用，不属于企业的责任财产。因此，在企业作为被执行人时，人民法院不得冻结或划拨该企业党组织的党费，不得用党费偿还该企业的债务。执行中，如果申请执行人提供证据证明企业的资金存入党费账户，并申请人民法院对该项资金予以执行的，人民法院可以对该项资金先行冻结；被执行人提供充分证据证明该项资金属于党费的，人民法院应当解除冻结。

各级人民法院发现执行案件过程中有违反上述规定情形的，应当及时依法纠正。

最高人民法院、中国人民银行关于人民法院查询和人民银行协助查询被执行人人民币银行结算账户开户银行名称的联合通知

• 2010年7月14日
• 法发〔2010〕27号

各省、自治区、直辖市高级人民法院，解放军军事法院，新疆维吾尔自治区高级人民法院生产建设兵团分院，中国人民银行上海总部，各分行、营业管理部、省会（首府）城市中心支行，深圳市中心支行：

为维护债权人合法权益和国家司法权威，根据《中华人民共和国民事诉讼法》、《中华人民共和国中国人民银行法》等法律，现就人民法院通过人民币银行结算账户管理系统查询被执行人银行结算账户开户银行名称的有关事项通知如下：

一、人民法院查询对象限于生效法律文书所确定的被执行人，包括法人、其他组织和自然人。

二、人民法院需要查询被执行人银行结算账户开户银行名称的，人民银行上海总部，被执行人注册地（身份证发证机关所在地）所在省（自治区、直辖市）人民银行各分行、营业管理部、省会（首府）城市中心支行及深圳市中心支行应当予以查询。

三、人民法院查询被执行人结算账户开户银行名称的，由被执行人注册地（身份证发证机关所在地）所在省（自治区、直辖市）高级人民法院（另含深圳市中级人民法院）统一集中批量办理。

四、高级人民法院（另含深圳市中级人民法院）审核汇总有关查询申请后，应当就协助查询被执行人名称（姓名、身份证号码）、注册地（身份证发证机关所在地）、执行法院、执行案号等事项填写《协助查询书》，加盖高级人民法院（另含深圳市中级人民法院）公章后于每周一上午（节假日顺延）安排专人向所在地人民银行上述机构送交《协助查询书》（并附协助查询书的电子版光盘）。

五、人民银行上述机构接到高级人民法院（另含深圳市中级人民法院）送达的《协助查询书》后，应当核查《协助查询书》的要素是否完备。经核查无误后，在5个工作日内通过人民币银行结算账户管理系统查询被执行人的银行结算账户开户行名称，根据查询结果如实填写《协助查询答复书》，并加盖人民银行公章或协助查询专用章。经核查《协助查询书》要素不完备的，人民银行上述机构不予查询，并及时通知相关人民法院。

六、被执行人的人民币银行结算账户开户银行名称由银行业金融机构向人民银行报备，人民银行只对银行业金融机构报备的被执行人的人民币银行结算账户开户银行名称进行汇总，不负责审查真实性和准确性。

七、人民法院应当依法使用人民银行上述机构提供的被执行人银行结算账户开户银行名称信息，为当事人保守秘密。

人民银行上述机构以及工作人员在协助查询过程中应当保守查询密码，不得向查询当事人及其关联人泄漏与查询有关的信息。

八、人民银行上述机构因按本通知协助人民法院查询被执行人银行结算账户开户银行名称而被起诉的，人民法院应不予受理。

九、人民法院对人民银行上述机构及工作人员执行本通知规定，或依法执行公务的行为，不应采取强制措施。如发生争议，高级人民法院（另含深圳市中级人民法院）与人民银行上述机构应当协商解决；协商不成的，应及时报请最高人民法院和中国人民银行处理。

十、本通知自下发之日起正式实施，原下发的最高人民法院、中国人民银行《关于在全国清理执行积案期间人民法院查询法人被执行人人民币银行结算账户开户银行名称的通知》（法发〔2009〕5号）同时废止。

最高人民法院关于人民法院为防范化解金融风险和推进金融改革发展提供司法保障的指导意见

•2012年2月10日
•法发〔2012〕3号

一、制裁金融违法犯罪，积极防范化解金融风险

金融风险突发性强、涉及面广、危害性大，积极防范化解金融风险是金融工作的生命线。各级人民法院必须充分认识当前国际金融局势的复杂性以及国内金融领域的突出问题和潜在风险，通过审判工作严厉打击金融犯罪活动，制裁金融违法行为，防范化解金融风险，保障国家金融改革发展任务的顺利进行。

1. 依法惩治金融犯罪活动。各级人民法院要充分发挥刑事审判职能，依法惩治金融领域的犯罪行为。要依法审理贷款、票据、信用证、信用卡、有价证券、保险合同方面的金融诈骗案件，加大对操纵市场、欺诈上市、内幕交易、虚假披露等行为的刑事打击力度，切实维护金融秩序。要通过对非法集资案件的审判，依法惩治集资诈骗、非法吸收或变相吸收公众存款、传销等经济犯罪行为，以及插手民间借贷金融活动的黑社会性质组织犯罪及其他暴力性犯罪，维护金融秩序和人民群众的财产安全。要依法审判洗钱、伪造货币、贩运伪造的货币，逃汇套汇、伪造变造金融凭证等刑事案件，努力挽回经济损失。

2. 依法制裁金融违法行为。各级人民法院在审理金融民商事纠纷案件中，要注意其中的高利贷、非法集资、非法借贷拆借、非法外汇买卖、非法典当、非法发行证券等金融违法行为，发现犯罪线索的，依法及时移送有关侦查机关。对于可能影响社会稳定的金融纠纷案件，要及时与政府和有关部门沟通协调，积极配合做好处理突发事件的预案，防范少数不法人员煽动、组织群体性和突发性事件而引发新的社会矛盾。

3. 支持清理整顿交易场所。各级人民法院要根据国务院《关于清理整顿各类交易场所切实防范金融风险的决定》（国发〔2011〕38号）精神，高度重视各类交易场所违法交易活动中蕴藏的金融风险，对于“清理整顿各类交易场所部际联席会议”所提出的工作部署和政策界限，要予以充分尊重，积极支持政府部门推进清理整顿交易场所和规范金融市场秩序的工作。要审慎受理和审理相关纠纷案件，防范系统性和区域性金融风险，维护社会稳定。

4. 切实防范系统金融风险。各级人民法院要妥善审理因民间借贷、企业资金链断裂、中小企业倒闭、证券市场操纵和虚假披露等引发的纠纷案件，发现有引发全局性、系统性风险可能的，及时向公安、检察、金融监管、工商等部门通报情况。要正确适用司法强制措施，与政府相关部门一道统筹协调相关案件的处理，防止金融风险扩散蔓延。要加强对融资性担保公司、典当行、小额贷款公司、理财咨询公司等市场主体融资交易的调研和妥善审理相关纠纷案件，规范融资担保和典当等融资行为，切实防范融资担保风险向金融风险的转化。要依法审理地方政府举债融资活动中出现的违规担保纠纷，依法规范借贷和担保各方行为，避免财政金融风险传递波及。要加强与银行、证券、保险等金融监管部门的协调配合，确有必要时，可建立相应的金融风险防范协同联动机制。

二、依法规范金融秩序，推动金融市场协调发展

金融市场的稳定运行和健康发展，直接关涉金融秩序和社会政治的稳定。各级人民法院要通过切实有效地开展好各类金融案件的审判工作，促进多层次金融市场体系建设，维护金融市场秩序，推动金融市

场全面协调发展。

5. 保障信贷市场规范健康发展。各级人民法院要根据最高人民法院《关于依法妥善审理民间借贷纠纷案件,促进经济发展维护社会稳定的通知》的精神,妥善审理民间借贷等金融案件,保障民间借贷对正视金融的积极补充作用。要依法认定民间借贷合同的效力,保护合法的民间借贷法律关系,提高资金使用效率,推动中小微企业“融资难、融资贵”问题的解决。要依法保护合法的借贷利息,遏制民间融资中的高利贷化和投机化倾向,规范和引导民间融资健康发展。要高度重视和妥善审理涉及地下钱庄纠纷案件,严厉制裁地下钱庄违法行为,遏制资金游离于金融监管之外,维护安全稳定的信贷市场秩序。

6. 保障证券期货市场稳定发展。各级人民法院要从保护证券期货市场投资人合法权益、维护市场公开公平公正的交易秩序出发,积极研究和妥善审理因证券机构、上市公司、投资机构内幕交易、操纵市场、欺诈上市、虚假披露等违法违规行为引发的民商事纠纷案件,消除危害我国证券期货市场秩序和社会稳定的严重隐患。要妥善审理公司股票债券交易纠纷、国债交易纠纷、企业债券发行纠纷、证券代销和包销协议纠纷、证券回购合同纠纷、期货纠纷、上市公司收购纠纷等,保障证券期货等交易的安全进行。

7. 依法保障保险市场健康发展。各级人民法院要妥善审理因销售误导和理赔等引发的保险纠纷案件,规范保险市场秩序,推动保险服务水平的提高。要在保险合同纠纷案件审理中,注意协调依法保护投保人利益和平等保护市场各类主体、尊重保险的精算基础和保护特定被保险人利益、维护安全交易秩序和尊重便捷保险交易规则、防范道德风险和鼓励保险产品创新等多种关系,要积极支持保险行业协会等调处各类保险纠纷,维护保险业对经济社会发展的“助推器”和“稳定器”功能,促进保险业的健康持续发展。

8. 促进金融中介机构规范发展。各级人民法院在金融纠纷案件审理过程中,发现中介机构存在不实披露或不合理估价等违法违规情形的,应当及时向金融监管部门通报相关情况,提高中介机构信息披露的透明度,加大会计机构对复杂金融产品信息的披露,强化中介机构对金融产品的合理估价。要妥善审理违法违规提供金融中介服务的纠纷案件,正确认定投资咨询机构、保荐机构、信用评级机构、保险公估机构、财务顾问、会计师事务所、律师事务所等中介机构的民事责任,努力推动各类投资中介机构规范健康发展。

9. 完善金融企业市场退出机制。各级人民法院要妥善审理金融企业的重整和破产案件,规范金融企业和投资者的行为,建立合理的金融企业市场退出机制,维护金融市场稳健运行,夯实金融市场规范发展的基础,为金融企业破产立法奠定扎实的实证基础。要以优化证券市场优胜劣汰机制为导向,根据国家关于稳步推进上市公司退市制度改革的部署,加强对上市公司破产案件的受理和审理的调研工作,不断提高审判能力,最大限度地保障投资者合法权益,保障上市公司破产重整过程规范有序,促进证券市场法制环境的不断优化。

三、依法保障金融债权,努力维护国家金融安全

金融安全关乎国家安全和社会和谐稳定。保障金融债权的实现程度,是衡量金融安全水平的重要因素。各级人民法院要自觉服从和服务于国家经济发展的大局,依法支持金融监管机构有效行使管理职能,担负起保护金融债权、维护国家金融安全的职责。

10. 妥善审理金融不良债权案件。金融不良债权的处置事关国家利益和金融改革,各级人民法院要继续按照《关于审理涉及金融资产管理公司收购、管理、处置国有

银行不良贷款形成的案件适用法律若干问题的规定》和《关于审理涉及金融不良债权转让案件工作座谈会纪要》等司法解释和司法政策的规定和精神审理相关案件，保障国家金融债权顺利清收，防止追偿诉讼成为少数违法者牟取暴利的工具，依法维护国有资产安全。

11. 依法制裁逃废金融债务行为。在审理金融纠纷案件中，要坚持标准，认真把关，坚决依法制止那些企图通过诉讼逃债、消债等规避法律的行为。对弄虚作假、乘机逃废债务的，要严格追究当事人和相关责任人的法律责任，维护信贷秩序和金融安全。针对一些企业改制、破产活动中所存在的“假改制，真逃债”、“假破产、真逃债”的现象，各级人民法院要在党委的领导下，密切配合各级政府部门，采取一系列积极有效的措施，依法加大对“逃废金融债务”行为的制裁，协同构筑“金融安全区”，最大限度地保障国有金融债权。

12. 继续加大金融案件执行力度。各级人民法院要在最高人民法院的指导和部署下，继续通过集中时间、集中力量、统一调度、强化力度等多种方式，有计划地开展金融案件专项执行活动。在必要时，要在各级党委领导下，各级政府支持下，通过执行联动机制，加大金融案件的执行力度，确保金融案件的顺利执行。要妥善运用诸如以资产使用权抵债、资产抵债返租、企业整体承包经营、债权转股权以及托管等执行方式，努力解决难以执行的金融纠纷案件。

四、依法保障金融改革，积极推进金融自主创新

随着金融改革的日益深入和金融创新的不断发展，金融改革和创新业务引发的纠纷案件显著增多，呈现出案件类型多样化、法律关系复杂化、利益主体多元化等特点。人民法院要妥善处理鼓励金融改革创新和防范化解金融风险之间的关系，依法保护各类金融主体的合法权益。

13. 妥善审理金融创新涉诉案件，推动金融产品创新。各级人民法院要关注和有效应对金融创新业务涉诉问题，加强对固股权出质、浮动抵押、保理、“银证通”清算、抵押贷款资产证券化信托、黄金期货交易委托理财、代客境外理财产品（QDII）、外汇贷款利率、货币掉期合约、外汇汇率锁定合约、信用证议付、独立保函等引发的新型案件的调研，上级人民法院要及时总结审判经验，加强对下级人民法院的审判指导。人民法院在审查金融创新产品合法性时，对于法律、行政法规没有规定或者规定不明确的，应当遵循商事交易的特点、理念和惯例，坚持维护社会公共利益原则，充分听取金融监管机构的意见，不宜以法律法规没有明确规定为由，简单否定金融创新成果的合法性，为金融创新活动提供必要的成长空间。

14. 妥善审理金融知识产权案件，保障金融自主创新。随着金融机构在金融创新领域中投入的不断加大，知识产权已经成为有效提升银行竞争力的重要手段。各级人民法院要加强对金融业务电子化和网络化进程中基础性金融技术知识产权的司法保护，加大对商业银行、保险公司、证券公司自主开放的软件和数据库的保护力度。要加强对知识产权担保、信托、保险、证券化等新情况、新问题的调研。在案件审理中注意金融法律和知识产权法律适用的衔接与协调，要通过对金融知识产权案件审理，切实保护金融知识产权人的合法权益，激励和保护金融创新，维护金融业公平竞争秩序。

15. 依法妥善运用各种司法措施，保护金融信息安全。各级人民法院要从防范系统性金融风险和保障国家金融安全的高度，认识依法保护金融信息安全的重要性和紧迫性，妥善运用各种司法措施，保障国家金融网络安全和金融信息安全。要依法打击攻击金融网络、盗取金融信息、危害金融安全的违法犯罪行为，依法审理金融电子化产品运用中引发的侵害金融债权纠纷案件，保护金融债权人合法的财产和信息安全，维护国家金融网络安全和信息安全。

五、深化能动司法理念，全面提升金融审判水平

化解金融纠纷的创新性和前沿性，要求人民法院必须大力开展调查研究，发挥司法建议功能，延伸能动司法效果，构建专业审判机制，拓展金融解纷资源，不断提高金融审判水平。

16. 发挥司法建议功能，延伸能动司法效果。各级人民法院要关注金融纠纷的市场和法律风险，加强各种信息的搜集、分析、研判，充分发挥司法建议的预警作用。要通过对审理案件过程中发现的问题，有针对性地提出对策建议，有效帮助金融机构完善产品设计。要通过行政审判，探索符合金融领域规律的审查标准和方式，促进政府依法行政和有效防范化解金融风险。要充分发挥金融商事审判的延伸服务功能，对金融机构自身管理方面存在的缺陷，要及时发现，及时反馈，为金融监管部门和金融机构查堵漏洞、防范风险提出司法建议。

17. 加强监督指导工作，回应金融案件审判需求。各级人民法院要在审判工作中密切关注因金融改革和创新而出现的各种新情况和新问题，深入开展前瞻性市井研究，及时总结审判经验。要发挥指导性案例以及其他典型案件的规范指引作用，通过多种信息披露形式展示指导性案例和其他典型案例的处理模式和思路，引导金融市场主体预防避免类似金融纠纷。最高人民法院将加紧制定物法担保物权、保险法、融资租赁、证券市场虚假陈述、质押式国债回购、票据贴现回购、国家资本金、银行卡、以及利息裁判标准等方面的司法解释和指导意见，以有效回应金融审判实践的需求。

18. 构建专业审判机制，拓展金融解纷资源。各级人民法院要积极培育和利用专业资源，探索构建高效的专业审判模式。要大力培养专家型法官，加强与专业研究机构、高校的合作与资源共享，努力打造金融专家法官队伍。要针对金融案件专业性强的特点，积极借助外部智力资源，建立专家咨询、专家研讨机制，努力提高金融案件审判的专业化水平。要尝试专家陪审机制，通过聘请金融法律专家作为专家陪审员，充分发挥金融专业人士在专业性强、案件类型新、社会影响大的金融案件审判中的作用。

19. 探索集中审理制度，完善统一协调机制。对于众多债权人向同一金融机构集中提起的系列诉讼案件、金融机构破产案件、集团诉讼案件、群体性案件等，可能引发区域性或系统性金融风险和存在影响社会和谐稳定因素的特殊类型民商事金融案件，相关的不同地区、不同审级法院之间应加强信息沟通，在上级法院的统一指导下探索集中受理、诉讼保全、集中协调、集中审理、集中判决、协调执行，以防范金融风险扩散，避免各地法院针对同一金融机构的同类案件出现裁判标准不统一，以及针对同一金融机构的多个案件在执行中出现矛盾和冲突的现象，依法平等保护各地债权人的合法权益。

20. 加强司法宣传工作，发挥审判导向作用。各级人民法院要加强金融法制宣传工作，及时通过召开新闻发布会、组织专题或系列报道等多种形式，教育和引导各类金融主体增强依法经营和风险防范意识，倡导守法诚信的金融市场风尚，努力营造公平规范有序的金融市场交易秩序。

我国金融发展已经处于一个新的历史起点，人民法院为防范化解金融风险和推进金融改革发展提供司法保障的范围之广阔，任务之艰巨，将大大超过以往任何时期。各级人民法院要把中央经济工作会议和第四次全国金融工作会议的精神，切实贯彻到金融案件的审判和执行实践中，进行一步增强大局意识和风险意识，坚持“为大局服务，为人民司法”工作主题，践行社会主义法治理念，充分发挥审判职能作用，共同为防范化解金融风险，维护金融秩序稳定，推动金融市场协调发展，保障金融改革创新，保障国家金融安全做出新的更大的贡献。

最高人民检察院关于印发《人民检察院刑事诉讼涉案财物管理规定》的通知

•2015年3月6日

各省、自治区、直辖市人民检察院，军事检察院，新疆生产建设兵团人民检察院：

《人民检察院刑事诉讼涉案财物管理规定》已经2014年11月19日最高人民检察院第十二届检察委员会第二十九次会议通过，现印发你们，请认真贯彻执行。

人民检察院刑事诉讼涉案财物管理规定

第一章 总　　则

第一条 为了贯彻落实中央关于规范刑事诉讼涉案财物处置工作的要求，进一步规范人民检察院刑事诉讼涉案财物管理工作，提高司法水平和办案质量，保护公民、法人和其他组织的合法权益，根据刑法、刑事诉讼法、《人民检察院刑事诉讼规则（试行）》，结合检察工作实际，制定本规定。

第二条 本规定所称人民检察院刑事诉讼涉案财物，是指人民检察院在刑事诉讼过程中查封、扣押、冻结的与案件有关的财物及其孳息以及从其他办案机关接收的财物及其孳息，包括犯罪嫌疑人的违法所得及其孳息、供犯罪所用的财物、非法持有的违禁品以及其他与案件有关的财物及其孳息。

第三条 违法所得的一切财物，应当予以追缴或者责令退赔。对被害人的合法财产，应当依照有关规定返还。违禁品和供犯罪所用的财物，应当予以查封、扣押、冻结，并依法处理。

第四条 人民检察院查封、扣押、冻结、保管、处理涉案财物，必须严格依照刑事诉讼法、《人民检察院刑事诉讼规则（试行）》以及其他相关规定进行。不得查封、扣押、冻结与案件无关的财物。凡查封、扣押、冻结的财物，都应当及时进行审查；经查明确实与案件无关的，应当在三日内予以解除、退还，并通知有关当事人。

严禁以虚假立案或者其他非法方式采取查封、扣押、冻结措施。对涉案单位违规的账外资金但与案件无关的，不得查封、扣押、冻结，可以通知有关主管机关或者其上级单位处理。

查封、扣押、冻结涉案财物，应当为犯罪嫌疑人、被告人及其所扶养的亲属保留必需的生活费用和物品，减少对涉案单位正常办公、生产、经营等活动的影响。

第五条 严禁在立案之前查封、扣押、冻结财物。立案之前发现涉嫌犯罪的财物，符合立案条件的，应当及时立案，并采取查封、扣押、冻结措施，以保全证据和防止涉案财物转移、损毁。

个人或者单位在立案之前向人民检察院自首时携带涉案财物的，人民检察院可以根据管辖规定先行接收，并向自首人开具接收凭证，根据立案和侦查情况决定是否查封、扣押、冻结。

人民检察院查封、扣押、冻结涉案财物后，应当对案件及时进行侦查，不得在无法定理由情况下撤销案件或者停止对案件的侦查。

第六条 犯罪嫌疑人到案后，其亲友受犯罪嫌疑人委托或者主动代为向检察机关退还或者赔偿涉案财物的，参照《人民检察院刑事诉讼规则（试行）》关于查封、扣押、冻结的相关程序办理。符合相关条件的，人民检察院应当开具查封、扣押、冻结决定书，并由检察人员、代为退还或者赔偿的人员和有关规定要求的其他人员在清单上签名或者盖章。

代为退还或者赔偿的人员应当在清单上注明系受犯罪嫌疑人委托或者主动代为犯罪嫌疑人退还或者赔偿。

第七条 人民检察院实行查封、扣押、冻结、处理涉案财物与保管涉案财物相分离的原则,办案部门与案件管理、计划财务装备等部门分工负责、互相配合、互相制约。侦查监督、公诉、控告检察、刑事申诉检察等部门依照刑事诉讼法和其他相关规定对办案部门查封、扣押、冻结、保管、处理涉案财物等活动进行监督。

办案部门负责对涉案财物依法进行查封、扣押、冻结、处理,并对依照本规定第十条第二款、第十二条不移送案件管理部门或者不存入唯一合规账户的涉案财物进行管理;案件管理部门负责对办案部门和其他办案机关移送的涉案物品进行保管,并依照有关规定对查封、扣押、冻结、处理涉案财物工作进行监督管理;计划财务装备部门负责对存入唯一合规账户的扣押款项进行管理。

人民检察院监察部门依照有关规定对查封、扣押、冻结、保管、处理涉案财物工作进行监督。

第八条 人民检察院查封、扣押、冻结、处理涉案财物,应当使用最高人民检察院统一制定的法律文书,填写必须规范、完整。禁止使用不符合规定的文书查封、扣押、冻结、处理涉案财物。

第九条 查封、扣押、冻结、保管、处理涉及国家秘密、商业秘密、个人隐私的财物,应当严格遵守有关保密规定。

第二章 涉案财物的移送与接收

第十条 人民检察院办案部门查封、扣押、冻结涉案财物及其孳息后,应当及时按照下列情形分别办理,至迟不得超过三日,法律和有关规定另有规定的除外:

(一)将扣押的款项存入唯一合规账户;

(二)将扣押的物品和相关权利证书、支付凭证以及具有一定特征能够证明案情的现金等,送案件管理部门入库保管;

(三)将查封、扣押、冻结涉案财物的清单和扣押款项存入唯一合规账户的存款凭证等,送案件管理部门登记;案件管理部门应当对存款凭证复印保存,并将原件送计划财务装备部门。

扣押的款项或者物品因特殊原因不能按时存入唯一合规账户或者送案件管理部门保管的,经检察长批准,可以由办案部门暂时保管,在原因消除后及时存入或者移交,但应当将扣押清单和相关权利证书、支付凭证等依照本条第一款规定的期限送案件管理部门登记、保管。

第十一条 案件管理部门接收人民检察院办案部门移送的涉案财物或者清单时,应当审查是否符合下列要求:

(一)有立案决定书和相应的查封、扣押、冻结法律文书以及查封、扣押清单,并填写规范、完整,符合相关要求;

(二)移送的财物与清单相符;

(三)移送的扣押物品清单,已经依照《人民检察院刑事诉讼规则(试行)》有关扣押的规定注明扣押财物的主要特征;

(四)移送的外币、金银珠宝、文物、名贵字画以及其他不易辨别真伪的贵重物品,已经依照《人民检察院刑事诉讼规则(试行)》有关扣押的规定予以密封,检察人员、见证人和被扣押物品持有人在密封材料上签名或者盖章,经过鉴定的,附有鉴定意见复印件;

(五)移送的存折、信用卡、有价证券等支付凭证和具有一定特征能够证明案情的现金,已经依照《人民检察院刑事诉讼规则(试行)》有关扣押的规定予以密封,注明特征、编号、种类、面值、张数、金额等,检察人员、见证人和被扣押物品持有人在密封材料上签名或者盖章;

(六)移送的查封清单,已经依照《人民检察院刑事诉讼规则(试行)》有关查封的规定注明相关财物的详细地址和相关特征，检察人员、见证人和持有人签名或者盖章，注明已经拍照或者录像及其权利证书是否已被扣押，注明财物被查封后由办案部门保管或者交持有人或者其近亲属保管，注明查封决定书副本已送达相关的财物登记、管理部门等。

第十二条 人民检察院办案部门查封、扣押的下列涉案财物不移送案件管理部门保管，由办案部门拍照或者录像后妥善管理或者及时按照有关规定处理：

（一）查封的不动产和置于该不动产上不宜移动的设施等财物，以及涉案的车辆、船舶、航空器和大型机械、设备等财物，及时依照《人民检察院刑事诉讼规则（试行）》有关查封、扣押的规定扣押相关权利证书，将查封决定书副本送达有关登记、管理部门，并告知其在查封期间禁止办理抵押、转让、出售等权属关系变更、转移登记手续；

（二）珍贵文物、珍贵动物及其制品、珍稀植物及其制品，按照国家有关规定移送主管机关；

（三）毒品、淫秽物品等违禁品，及时移送有关主管机关，或者根据办案需要严格封存，不得擅自使用或者扩散；

（四）爆炸性、易燃性、放射性、毒害性、腐蚀性等危险品，及时移送有关部门或者根据办案需要委托有关主管机关妥善保管；

（五）易损毁、灭失、变质等不宜长期保存的物品，易贬值的汽车、船艇等物品，经权利人同意或者申请，并经检察长批准，可以及时委托有关部门先行变卖、拍卖，所得款项存入唯一合规账户。先行变卖、拍卖应当做到公开、公平。

人民检察院办案部门依照前款规定不将涉案财物移送案件管理部门保管的，应当将查封、扣押清单以及相关权利证书、支付凭证等依照本规定第十条第一款的规定送案件管理部门登记、保管。

第十三条 人民检察院案件管理部门接收其他办案机关随案移送的涉案财物的，参照本规定第十一条、第十二条的规定进行审查和办理。

对移送的物品、权利证书、支付凭证以及具备一定特征能够证明案情的现金，案件管理部门审查后认为符合要求的，予以接收并入库保管。对移送的涉案款项，由其他办案机关存入检察机关指定的唯一合规账户，案件管理部门对转账凭证进行登记并联系计划财务装备部门进行核对。其他办案机关直接移送现金的，案件管理部门可以告知其存入指定的唯一合规账户，也可以联系计划财务装备部门清点、接收并及时存入唯一合规账户。计划财务装备部门应当在收到款项后三日以内将收款凭证复印件送案件管理部门登记。

对于其他办案机关移送审查起诉时随案移送的有关实物，案件管理部门经商公诉部门后，认为属于不宜移送的，可以依照刑事诉讼法第二百三十四条第一款、第二款的规定，只接收清单、照片或者其他证明文件。必要时，人民检察院案件管理部门可以会同公诉部门与其他办案机关相关部门进行沟通协商，确定不随案移送的实物。

第十四条 案件管理部门应当指定专门人员，负责有关涉案财物的接收、管理和相关信息录入工作。

第十五条 案件管理部门接收密封的涉案财物，一般不进行拆封。移送部门或者案件管理部门认为有必要拆封的，由移送人员和接收人员共同启封、检查、重新密封，并对全过程进行录像。根据《人民检察院刑事诉讼规则（试行）》有关扣押的规定应当予以密封的涉案财物，启封、检查、重新密封时应当依照规定有见证人、持有人或者单位负责人等在场并签名或者盖章。

第十六条 案件管理部门对于接收的涉案财物、清单及其他相关材料，认为符合条件的，应当及时在移送清单上签字并制作入库清单，办理入库手续。认为不符合条件的，应当将原因告知移送单位，由移送单位及时补送相关材料，或者按照有关规定进行补正或者作出合理解释。

第三章　涉案财物的保管

第十七条　人民检察院对于查封、扣押、冻结的涉案财物及其孳息，应当如实登记，妥善保管。

第十八条　人民检察院计划财务装备部门对扣押款项及其孳息应当逐案设立明细账，严格收付手续。

计划财务装备部门应当定期对唯一合规账户的资金情况进行检查，确保账实相符。

第十九条　案件管理部门对收到的物品应当建账设卡，一案一账，一物一卡（码）。对于贵重物品和细小物品，根据物品种类实行分袋、分件、分箱设卡和保管。

案件管理部门应当定期对涉案物品进行检查，确保账实相符。

第二十条　涉案物品专用保管场所应当符合下列防火、防盗、防潮、防尘等要求：

（一）安装防盗门窗、铁柜和报警器、监视器；

（二）配备必要的储物格、箱、袋等设备设施；

（三）配备必要的除湿、调温、密封、防霉变、防腐烂等设备设施；

（四）配备必要的计量、鉴定、辨认等设备设施；

（五）需要存放电子存储介质类物品的，应当配备防磁柜；

（六）其他必要的设备设施。

第二十一条　人民检察院办案部门人员需要查看、临时调用涉案财物的，应当经办案部门负责人批准；需要移送、处理涉案财物的，应当经检察长批准。案件管理部门对于审批手续齐全的，应当办理查看、出库手续并认真登记。

对于密封的涉案财物，在查看、出库、归还时需要拆封的，应当遵守本规定第十五条的要求。

第四章　涉案财物的处理

第二十二条　对于查封、扣押、冻结的涉案财物及其孳息，除按照有关规定返还被害人或者经查明确实与案件无关的以外，不得在诉讼程序终结之前上缴国库或者作其他处理。法律和有关规定另有规定的除外。

在诉讼过程中，对权属明确的被害人合法财产，凡返还不损害其他被害人或者利害关系人的利益、不影响诉讼正常进行的，人民检察院应当依法及时返还。权属有争议的，应当在决定撤销案件、不起诉或者由人民法院判决时一并处理。

在扣押、冻结期间，权利人申请出售被扣押、冻结的债券、股票、基金份额等财产的，以及扣押、冻结的汇票、本票、支票的有效期即将届满的，人民检察院办案部门应当依照《人民检察院刑事诉讼规则（试行）》的有关规定及时办理。

第二十三条　人民检察院作出撤销案件决定、不起诉决定或者收到人民法院作出的生效判决、裁定后，应当在三十日以内对涉案财物作出处理。情况特殊的，经检察长批准，可以延长三十日。

前款规定的对涉案财物的处理工作，人民检察院决定撤销案件的，由侦查部门负责办理；人民检察院决定不起诉或者人民法院作出判决、裁定的案件，由公诉部门负责办理；对人民检察院直接立案侦查的案件，公诉部门可以要求侦查部门协助配合。

人民检察院按照本规定第五条第二款的规定先行接收涉案财物，如果决定不予立案的，侦查部门应当按照本条第一款规定的期限对先行接收的财物作出处理。

第二十四条　处理由案件管理部门保管的涉案财物，办案部门应当持经检察长批准的相关文书或者报告，到案件管理部门办理出库手续；处理存入唯一合规账户的涉案款项，办案部门应当持经检察长批准的相关文书或者报告，经案件管理部门办理出库手续后，到计划财务装备部门办理提现或者转账手续。案件管理部门或者计划财务装备部门对于符合审批手续的，应当及时办理。

对于依照本规定第十条第二款、第十二条的规定未移交案件管理部门保管或者未存入唯一合规账户的涉案财物，办案部门应当依照本规定第二十三条规定的期限报经检察长批准后及时作出处理。

第二十五条 对涉案财物，应当严格依照有关规定，区分不同情形，及时作出相应处理：

（一）因犯罪嫌疑人死亡而撤销案件、决定不起诉，依照刑法规定应当追缴其违法所得及其他涉案财产的，应当按照《人民检察院刑事诉讼规则（试行）》有关犯罪嫌疑人逃匿、死亡案件违法所得的没收程序的规定办理；对于不需要追缴的涉案财物，应当依照本规定第二十三条规定的期限及时返还犯罪嫌疑人、被不起诉人的合法继承人；

（二）因其他原因撤销案件、决定不起诉，对于查封、扣押、冻结的犯罪嫌疑人违法所得及其他涉案财产需要没收的，应当依照《人民检察院刑事诉讼规则（试行）》有关撤销案件时处理犯罪嫌疑人违法所得的规定提出检察建议或者依照刑事诉讼法第一百七十三条第三款的规定提出检察意见，移送有关主管机关处理；未认定为需要没收并移送有关主管机关处理的涉案财物，应当依照本规定第二十三条规定的期限及时返还犯罪嫌疑人、被不起诉人；

（三）提起公诉的案件，在人民法院作出生效判决、裁定后，对于冻结在金融机构的涉案财产，由人民法院通知该金融机构上缴国库；对于查封、扣押且依法未随案移送人民法院的涉案财物，人民检察院根据人民法院的判决、裁定上缴国库；

（四）人民检察院侦查部门移送审查起诉的案件，起诉意见书中未认定为与犯罪有关的涉案财物；提起公诉的案件，起诉书中未认定或者起诉书认定但人民法院生效判决、裁定中未认定为与犯罪有关的涉案财物，应当依照本条第二项的规定移送有关主管机关处理或者及时返还犯罪嫌疑人、被不起诉人、被告人；

（五）对于需要返还被害人的查封、扣押、冻结涉案财物，应当按照有关规定予以返还。

人民检察院应当加强与人民法院、公安机关、国家安全机关的协调配合，共同研究解决涉案财物处理工作中遇到的突出问题，确保司法工作顺利进行，切实保障当事人合法权益。

第二十六条 对于应当返还被害人的查封、扣押、冻结涉案财物，无人认领的，应当公告通知。公告满六个月无人认领的，依法上缴国库。上缴国库后有人认领，经查证属实的，人民检察院应当向人民政府财政部门申请退库予以返还。原物已经拍卖、变卖的，应当退回价款。

第二十七条 对于贪污、挪用公款等侵犯国有资产犯罪案件中查封、扣押、冻结的涉案财物，除人民法院判决上缴国库的以外，应当归还原单位或者原单位的权利义务继受单位。犯罪金额已经作为损失核销或者原单位已不存在且无权利义务继受单位的，应当上缴国库。

第二十八条 查封、扣押、冻结的涉案财物应当依法上缴国库或者返还有关单位和个人的，如果有孳息，应当一并上缴或者返还。

第五章 涉案财物工作监督

第二十九条 人民检察院监察部门应当对本院和下级人民检察院的涉案财物工作进行检查或者专项督察，每年至少一次，并将结果在本辖区范围内予以通报。发现违纪违法问题的，应当依照有关规定作出处理。

第三十条 人民检察院案件管理部门可以通过受案审查、流程监控、案件质量评查、检察业务考评等途径，对本院和下级人民检察院的涉案财物工作进行监督管理。发现违法违规问题的，应当依照有关规定督促相关部门依法及时处理。

第三十一条 案件管理部门在涉案财物管理工作中，发现办案部门或者办案人员有下列情形之一的，可以进行口头提示；对于违规情节较重的，应当发送案件流程监控通知书；认为需要追究纪律或者法律责任的，应当移送本院监察部门处理或者向检察长报告：

（一）查封、扣押、冻结的涉案财物与清单存在不一致，不能作出合理解释或者说明的；

（二）查封、扣押、冻结涉案财物时，未按照有关规定进行密封、签名或者盖章，影响案件办理的；

（三）查封、扣押、冻结涉案财物后，未及时存入唯一合规账户、办理入库保管手续，或者未及时向案件管理部门登记，不能作出合理解释或者说明的；

（四）在立案之前采取查封、扣押、冻结措施的，或者未依照有关规定开具法律文书而采取查封、扣押、冻结措施的；

（五）对明知与案件无关的财物采取查封、扣押、冻结措施的，或者对经查明确实与案件无关的财物仍不解除查封、扣押、冻结或者不予退还的，或者应当将被查封、扣押、冻结的财物返还被害人而不返还的；

（六）违反有关规定，在诉讼程序依法终结之前将涉案财物上缴国库或者作其他处理的；

（七）在诉讼程序依法终结之后，未按照有关规定及时、依法处理涉案财物，经督促后仍不及时、依法处理的；

（八）因不负责任造成查封、扣押、冻结的涉案财物丢失、损毁或者泄密的；

（九）贪污、挪用、截留、私分、调换、违反规定使用查封、扣押、冻结的涉案财物的；

（十）其他违反法律和有关规定的情形。

人民检察院办案部门收到案件管理部门的流程监控通知书后，应当在十日以内将核查情况书面回复案件管理部门。

人民检察院侦查监督、公诉、控告检察、刑事申诉检察等部门发现本院办案部门有本条第一款规定的情形的，应当依照刑事诉讼法和其他相关规定履行监督职责。案件管理部门发现办案部门有上述情形，认为有必要的，可以根据案件办理所处的诉讼环节，告知侦查监督、公诉、控告检察或者刑事申诉检察等部门。

第三十二条 人民检察院查封、扣押、冻结、保管、处理涉案财物，应当按照有关规定做好信息查询和公开工作，并为当事人和其他诉讼参与人行使权利提供保障和便利。善意第三人等案外人与涉案财物处理存在利害关系的，人民检察院办案部门应当告知其相关诉讼权利。

当事人及其法定代理人和辩护人、诉讼代理人、利害关系人对人民检察院的查封、扣押、冻结不服或者对人民检察院撤销案件决定、不起诉决定中关于涉案财物的处理部分不服的，可以依照刑事诉讼法和《人民检察院刑事诉讼规则（试行）》的有关规定提出申诉或者控告；人民检察院控告检察部门对申诉或者控告应当依照有关规定及时受理和审查办理并反馈处理结果。人民检察院提起公诉的案件，被告人、自诉人、附带民事诉讼的原告人和被告人对涉案财物处理决定不服的，可以依照有关规定就财物处理部分提出上诉，被害人或者其他利害关系人可以依照有关规定请求人民检察院抗诉。

第三十三条 人民检察院刑事申诉检察部门在办理国家赔偿案件过程中，可以向办案部门调查核实相关查封、扣押、冻结等行为是否合法。国家赔偿决定对相关涉案财物作出处理的，有关办案部门应当及时执行。

第三十四条 人民检察院查封、扣押、冻结、保管、处理涉案财物，应当接受人民监督员的监督。

第三十五条 人民检察院及其工作人员在查封、扣押、冻结、保管、处理涉案财物工作中违反相关规定的，应当追究纪律责任；构成犯罪的，应当依法追究刑事责任；导致国家赔偿的，应当依法向有关责任人员追偿。

第六章 附 则

第三十六条 对涉案财物的保管、鉴定、估价、公告等支付的费用，列入人民检察院办案(业务)经费，不得向当事人收取。

第三十七条 本规定所称犯罪嫌疑人、被告人、被害人，包括自然人、单位。

第三十八条 本规定所称有关主管机关，是指对犯罪嫌疑人违反法律、法规的行为以及对有关违禁品、危险品具有行政管理、行政处罚、行政处分权限的机关和纪检监察部门。

第三十九条 本规定由最高人民检察院解释。

第四十条 本规定自公布之日起施行。最高人民检察院2010年5月9日公布的《人民检察院扣押、冻结涉案款物工作规定》同时废止。

◎请示答复

最高人民法院关于高原生活补助费能否作为夫妻共同财产继承的批复

- 1983年9月3日
- 〔1983〕民他字第22号

青海省高级人民法院：

你院六日十六日〔1983〕青法研字第36号关于退休费能否作为家庭共同财产来继承的请示报告收阅。经研究，原则上同意你院意见。即肖桂兰的住房补助费应为夫妻双方共有，属于其夫赵泰部分，可由其合法继承人继承，高原生活补助费不属共同财产，应归肖个人所有。

此复

最高人民法院关于保险金能否作为被保险人遗产的批复

- 1988年3月24日
- 〔1987〕民他字第52号

河北省高级人民法院：

你院冀法民〔1987〕1号请示报告收悉。据报告称：栾城县南焦村个体三轮摩托车司机孙文兴于1986年5月26日运送货主张新国及其货物(锡锭)时，在京广铁路窦妪道口与火车相撞，致孙文兴、张新国双亡，三轮摩托车毁损。这次事故应由孙文兴负责。孙文兴生前在本县保险公司除投保了车损险(保险金为3500元)外，还投保了人身意外伤害险(保险金为5000元)，并指定了受益人。现托运人张新国之妻梁聚芬向栾城县人民法院起诉，要求承运人孙文兴之妻郭香荣给予赔偿。

经征求有关部门的意见，现将你院请示关于人身保险金能否作为被保险人的遗产进行赔偿的问题，答复如下：

一、根据我国保险法规有关条文规定的精神，人身保险金能否列入被保险人的遗产，取决于被保险人是否指定了受益人。指定了受益人的，被保险人死亡后，其人身保险金应付给受益人；未指定受益人的，被保险人死亡后，其人身保险金应作为遗产处理，可以用来清偿债务或者赔偿。

二、财产保险与人身保险不同。财产保险不存在指定受益人的问题。因而，财产保险金属于被保险人的遗产。孙文兴投保的车损险是财产保险，属于他的遗产，可以用来清偿债务或者赔偿。

在处理本案时，应本着上述原则，适当注意保护债权人的利益，合情合理解决。

最高人民法院关于银行擅自划拨法院已冻结的款项如何处理问题的复函

• 1989年3月26日
• 法(经)函〔1989〕10号

江西省高级人民法院:

你院赣法经〔1986〕第03号关于对银行擅自划拨已冻结款项如何处理的请示收悉,经研究答复如下:

根据民事诉讼法(试行)第一百六十四条和最高人民法院、中国人民银行《关于查询、冻结和扣划企业事业单位、机关、团体的银行存款的联合通知》的规定,银行有义务协助人民法院冻结企业事业单位、机关、团体的银行存款;已被冻结款项的解冻,应以人民法院的通知为凭,银行不得自行解冻,只有超过六个月冻结期限,法院未办理继续冻结手续的才视为自动撤销冻结。南宁市常乐贸易公司的银行存款于1985年6月27日被法院依法冻结。据你院来文所述,九江市中级人民法院的执行人员于1985年12月18日到工商银行南宁市支行民生路信用部要求划拨被冻结的款项时,该款已被民生路信用部扣划抵还其贷款。民生路信用部的行为,显属违反民事诉讼法(试行)和最高人民法院、中国人民银行联合通知的规定,应责成信用部将款追回并可依据民事诉讼法(试行)第七十七条的规定对直接人员追究责任。

最高人民法院关于银行扣款侵权问题的复函

• 1990年2月23日
• 法(经)函〔1990〕8号

云南省高级人民法院:

你院经请字〔1989〕第2号《关于银行利用收贷名义,从其开办公司的债务人在银行开设的账户内强制划款应如何处理的请示报告》收悉。经研究,我院认为:

银行不应当为某一公司讨债而强行扣划债务人在银行的存款。中国工商银行北京市分行海淀区办事处假借收贷名义,要求中国银行昆明分行为其所开办的北京市海淀区工商银行银海服务公司,从云南富滇实业开发公司在中国银行昆明分行开设的账户内强行划款,归还北京市海淀区工商银行银海服务公司,属于侵权行为。

最高人民法院经济审判庭关于松花江地区中院和双城市法院在云南省昆明市执行受阻有关问题的复函

• 1991年8月7日
• 法经〔1991〕字第87号

中国人民银行条法司、中国农业银行:

我庭接到黑龙江省高级法院黑法执字〔1991〕88号《关于松花江地区中院和双城市法院在云南省昆明市执行受阻的请示报告》,反映黑龙江省双城市农村粮油购销总站诉昆明市西山区养殖场购销合同拖欠货款纠纷一案,经双城市法院和松花江地区中院两审终审,判决由昆明市农行西山区支行承担给付双城市农村粮油购销总站的货款及利息的担保责任。判决书生效后,被执行人未自动履行义务,双城市法院到昆明市执行,划拨法院冻结的西山区支行在昆明市人民银行的0242账户的存款72万元。西山区支行拒绝执行,并提出西山区支行的担保不成立,法院冻结的0242账户上的资金不属该行财产,不能执行划拨。双城市法院认为判决无误,0242账户不属存款准备金,应该划拨。为此,我们听了双城市法院和西山区支行的情况反映,审阅了双方提供的有关证据材料,经研究认为:

一、从案件的事实看,西山区支行的分机构西山黑林铺营业所(以下简称营业所)为本购销合同的货款作了担保。合同签订前,营业所主任莫昆宁同志支持西山区养殖场与双城市购销总站签订购销玉米、豆饼合同。合同签订后,莫收到双方当事人签订的合同书,对合同的"付款记录"栏内注明"有昆明市西山区黑林铺营业所信保"的字样未提出反对意见;庭审中也承认营业所给西山养殖场作了信誉担保。在合同履行期内,又两次以营业所名义发信函、电报催双城购销总站发货,表明"已为西山区养殖场备足千吨玉米、豆饼货款,货到昆明签收后方能托收承付","请见此书后速发货等"。但双城购销总站迟迟未发货。过了合同期后,西山养殖场一再电催双城购销总站"仍按原合同履行",该站即给需方发货,本来这属于双方当事人延期履行合同,未经营业所认可,营业所对此不应承担担保责任。但当货到昆明市后,营业所主任莫昆宁同志到现场查看货物,在无款贷给西山区养殖场付该货款的情况下,莫又于1988年3月23日主持双方当事人达成了还款协议。该协议规定全部货款于1989年6月底还清。由营业所负责。该营业所虽未在协议上加盖公章,但莫作为营业所的主任,在此协议上签了字。营业所与双方当事人又签订了还款协议是担保的继续,应确认其负担保责任。营业所不具备法人资格,以自己的名义为西山养殖场担保,应认定担保无效。但依照民法通则六十一条和八十九条及经济合同法第十五条的规定,专业银行、信用社若作为经济合同当事人一方的保证人,在被保证人不履行合同义务时,应当根据我院法(研)复〔1988〕17号批复二、三项和我院贯彻执行民法通则若干问题意见(试行)第107条之规定,营业所无偿付能力,由它的上级西山区支行承担清偿债务责任。

二、关于银行应承担债务清偿责任时用什么资金支付的问题。黑龙江省高院认为备付金在没有进入清偿程序前属于西山支行可供执行的财产,而且法律法规包括银行内部文件都没有规定0242账户不能执行。银行系统认为0242账户是银行间结算所用账户,不能执行。我庭提出以下两个方案征求你们意见:

1. 在不影响银行间结算的前提下,分期分批(也应限在一定时间内)动用0242账户内的资金予以执行。

2. 用西山区支行或昆明市支行的全部自有资金(包括全部利润留成和预算外自有资金收入),承担清偿责任。如果全部自有资金太少,需相当长时间才能清偿,则在自有资金偿付之外,再动用0242账户内部分资金予以清偿。

以上意见,请你们予以考虑,并提出妥善解决方案,协助我们执行此案。

最高人民法院关于金融机构不履行其义务是否应当承担责任问题的复函

- 1991年10月23日
- 法(经)函〔1991〕131号

江苏省高级人民法院:

你院苏法经上字〔1991〕第21号请示报告收悉。经研究,答复如下:

据你院报告称:江苏省盐城市生产资料公司与深圳市上博联合企业公司在签订购销化肥合同时,曾经要求上博公司提供担保。当上博公司的开户银行深圳发展银行发展大厦支行站前分理处向盐城市生产资料公司的开户行盐城市工商银行具函,证明上博公司"完全可以承担你们的业务项目",并承诺"你行款到我行后,由我行负责专款专用,并监督使用"后,盐城市生产资料公司才在合同上加盖了公章。汇票开出后,盐城市生产资料公司又派人向深圳发展银行站前分理处了解上博公司的情况,站前分理处主任承认该函为分理处所出，并表示对函的内容负责，盐城市生产资料公司才将盐城市工商银行开出的汇票交给上博公司，上博公司在入账时曾告知分理处负责人，该汇票系购买化肥款。据此，我们认为：深圳发展银行站前分理处虽未向盐城市生产资料公司作出担保合同履行或者承担连带责任的意思表示，但深圳发展银行站前分理处承诺对盐城市工商银行的汇款负责监督专款专用后，并未履行自己的义务，致使款到8日内被挪作他用。根据《民法通则》第一百零六条第一款关于"公民、法人违反合同或者不履行其他义务时，应当承担民事责任"的规定，深圳发展银行站前分理处应当承担与其过错相适应的责任。

最高人民法院经济审判庭关于广东省江门市富田农工商经理部诉海南省海南宁赣贸易公司购销合同一案中法院可否冻结银行承兑汇票问题的复函

• 1992年3月24日
• 法经〔1992〕42号

广东省高级人民法院：

你院〔1991〕粤法经请字第5号《关于法院可否冻结银行承兑汇票问题的请示》收悉。经研究，答复如下：

你院请示中的持票人海南机设信托投资股份（集团）有限公司经海南宁赣贸易公司背书，并且给付对价后取得编号为×18421208的银行承兑汇票，根据《银行结算办法》有关银行承兑汇票的规定和中国人民银行银发〔1991〕258号《关于加强商业汇票管理的通知》第六条的规定，有权持票要求承兑银行兑付，法院不得冻结该汇票。另外，持票人海南机设信托投资股份（集团）有限公司的前手海南宁赣贸易公司经背书转让了票据权利，现已无权将汇票返还签发银行。承兑银行应向承兑申请人追回欠款。富田经理部可以合同纠纷向宁赣公司追回欠款。

最高人民法院关于被执行人未按民事调解书指定期间履行给付金钱的义务是否应当支付延期履行的债务利息问题的复函

• 1992年5月4日
• 法函〔1992〕58号

广东省高级人民法院：

你院粤高法执请〔1992〕1号《关于被执行人未按民事调解书指定期间履行给付金钱的义务，是否应当支付延期履行的债务利息的请示》收悉。经研究，答复如下：

《中华人民共和国民事诉讼法》第二百三十二条①规定："被执行人未按判决、裁定和其他法律文书指定的期间履行给付金钱义务的，应当加倍支付迟延履行期间的债务利息。"在此所指的"其他法律文书"，包括人民法院的民事调解书在内。由于你院请示中据以执行的民事调解书已于民事诉讼法施行之前发生法律效力，根据当时的司法解释规定，被执行人虽应当支付迟延履行期间的债务利息，但可以不予加倍支付。

最高人民法院关于对遗失金融债券可否按"公示催告"程序办理的复函

• 1992年5月8日
• 法函〔1992〕60号

中国银行：

你行中银综〔1992〕59号《关于对遗失债券有关法律问题的请示》收悉。经研究，答复

---

① 民事诉讼法原第二百三十二条现已修改为第二百五十三条。

如下：

我国民事诉讼法第一百九十三条①规定："按照规定可以背书转让的票据持有人，因票据被盗、遗失或者灭失，可以向票据支付地的基层人民法院申请公示催告。依照法律规定可以申请公示催告的其他事项，适用本章规定。"这里的票据是指汇票、本票和支票。你行发行的金融债券不属于以上几种票据，也不属于"依照法律规定可以申请公示催告的其他事项"。而且你行在"发行通知"中明确规定，此种金融债券"不计名、不挂失，可以转让和抵押"。因此，对你行发行的金融债券不能适用公示催告程序。

最高人民法院经济审判庭关于生效判决的连带责任人代偿债务后应以何种诉讼程序向债务人追偿问题的复函

- 1992年7月29日
- 法经〔1992〕121号

吉林省高级人民法院：

你院经济审判庭吉高法经请字〔1992〕1号《关于在执行生效判决时，连带责任人代偿债务后，应依何种诉讼程序向债务人追偿问题的请示》收悉。经研究，答复如下：

根据生效的法律文书，连带责任人代主债务人偿还了债务，或者连带责任人对外承担的责任超过了自己应承担的份额的，可以向原审人民法院请求行使追偿权。原审人民法院应当裁定主债务人或其他连带责任人偿还。此裁定不允许上诉，但可复议一次。如果生效法律文书中，对各连带责任人应承担的份额没有确定的，连带责任人对外偿还债务后向其他连带责任人行使追偿权的，应当向人民法院另行起诉。

最高人民法院经济庭关于对军队适用预算外资金执行的函

- 1993年3月11日
- 法经〔1993〕33号

河南省高级人民法院：

你院《关于南宁市军分区拒不执行〔1990〕新中法经判字第12号判决问题的请示报告》收悉。经研究，现答复如下：

南宁市军分区（简称"军分区"）收到河南省辉县市农机公司（简称"农机公司"）的60万元货款的根据，一是农机公司与军分区知青综合商店（简称"知青店"）之间购销合同中关于货款汇入军分区营建办账号的约定，二是知青店经理王刚在履行合同过程中的安排。而知青店为农机公司汇来的合同项下的全部款项138万元（包括汇入军分区账号上的60万元）出具了收条。因此，在知青店存续期间，军分区在这笔60万元款项问题上与农机公司并无直接的权利义务关系，没有义务直接向农机公司返还。只是在知青店撤销以后，新乡市中级人民法院根据有关文件判决由其承担知青店对农机公司的返还货款的责任。军分区承担责任仍然应当适用国发〔1990〕68号文件第7条规定的精神，根据最高人民法院法（经）发〔1991〕10号通知第3条，对南宁市军分区应依68号文件第7条的规定执行。

最高人民法院关于可否执行当事人邮政储蓄存款的复函

- 1993年3月19日
- 法经〔1993〕37号

江苏省高级人民法院：

你院苏高法研〔1993〕2号请示报告收

---

① 民事诉讼法原第一百九十三条现已修改为第二百一十八条。

悉。经研究答复如下：

根据民事诉讼法第二百二十一条①的规定，“被执行人未按执行通知履行法律文书确定的义务，人民法院有权向银行、信用合作社和其他储蓄业务的单位查询被执行人的存款情况，有权冻结、划拨被执行人的存款”。按照最高人民法院关于适用《中华人民共和国民事诉讼法》若干问题的意见，②该邮电支局既对外开办储蓄业务，如东县人民法院即可以依法直接查询、冻结和扣划被执行人在邮电支局的定期储蓄存款。人民法院在决定冻结划拨被执行人储蓄存款时应当作出裁定，并发出协助执行通知书。

最高人民法院关于执行宁波经济技术开发区就业管理服务处问题的函

• 1993 年 4 月 13 日
• 经他〔1993〕9 号

浙江省高级人民法院：

你院〔1992〕浙法经上字 91—91 号报告收悉。经研究，我院认为：

1. 你院〔1991〕浙法经上字 91 号民事判决书确定的第一债务人是宁波经济技术开发区家用电器厂（简称“家电厂”），宁波市经济技术开发区就业管理服务处（简称“服务处”）是承担保证责任的第二债务人。因此应首先执行家电厂的财产，在该厂财产不足清偿债务时，才宜执行服务处的财产。

2. 据开发区管委会及服务处称，已划拨到你院账上的 55 万元劳力安置补助费，是经与被征地单位的群众协商一致，由服务处代管并按实际需要的进度发放的总安置费的一部分。如此情况属实，该项费用属专门用于被征地人员安置的特定费用，不应用于清偿服务处的债务，以免影响发放被征地的待业人员和老年人急需的生活补助费、医疗费、丧葬费等，以利保障被征地人员的基本生活需要，维护社会安定。

现将当事人的有关申诉材料转去，请你院依法妥善处理。结果望告。

最高人民法院关于在审理经济合同纠纷案件中发现一方当事人利用签订经济合同进行诈骗的，人民法院可否直接追缴被骗钱物问题的复函

• 1994 年 3 月 26 日
• 法函〔1994〕16 号

四川省高级人民法院：

你院川高法〔1994〕1 号请示收悉。经研究，答复如下：

根据最高人民法院、最高人民检察院、公安部法（研）发〔1987〕7 号《关于在审理经济纠纷案件中发现经济犯罪必须及时移送的通知》第三条的规定，人民法院在审理经济合同纠纷案件的过程中，发现一方当事人利用签订经济合同进行诈骗的案件，应将有关材料移送有管辖权的公安机关处理，不宜直接追缴该笔财物。但为了防止财物流失，避免造成难以挽回的损失，人民法院可同时对犯罪嫌疑人占有的所骗财物先行采取财产保全措施。对犯罪嫌疑人已将所骗财物转让给第三人，且第三人是善意有偿取得该财物的，人民法院则不宜对第三人采取财产保全措施。

---

① 民事诉讼法原第二百二十一条现已修改为第二百四十二条。

② 该意见已经被最高人民法院《关于适用〈中华人民共和国民事诉讼法〉的解释》（法释〔2015〕5 号）废止。

最高人民法院关于冻结单位银行存款六个月期限如何计算起止时间问题的复函

• 1995 年 1 月 16 日
• 法经〔1995〕16 号

江西省高级人民法院：

你院《关于冻结单位银行存款六个月期限如何计算起止时间的请示》收悉。经研究，答复如下：

根据《中华人民共和国民事诉讼法》第七十五条第二款的规定，期间开始的时和日，不计算在期间内。宜春地区中级人民法院 1994 年 4 月 18 日冻结某企业的银行存款，冻结期限 6 个月应从 1994 年 4 月 19 日起算，到同年 10 月 18 日当天银行停止营业时止。冻结的效力则应从 1994 年 4 月 18 日冻结手续办结之时开始。

最高人民法院执行工作办公室法经〔1995〕118 号函

• 1995 年 4 月 18 日

辽宁省高级人民法院：

哈尔滨工程大学向我院反映，抚顺市中级人民法院在执行该院〔1994〕抚经初字第 115 号民事判决书（被执行人为哈尔滨工程大学）过程中，将该被执行人在中国工商银行哈尔滨市大直支行××××××××××—××帐户上的国防科研经费冻结 210 万元，扣划 110 万元。

经查，哈尔滨工程大学是承担国家国防科技预研重点项目和国防科技重点实验室建设项目的单位。根据中国工商银行、国防科工委《关于办理国防科研试制费委托拨款工作有关问题的通知》的规定，该校在中国工商银行哈尔滨市大直支行××××××××××—××帐户的存款，应属国防科工委拨付给其为完成上述项目的国家预算内拨款，不能挪作他用。请你院尽快核实，如抚顺市中级人民法院冻结和扣划的款项确属上述性质，应立即解除冻结，停止扣划，以确保国防科研重点项目工作的正常进行。

最高人民法院关于企业相互借贷的合同出借方尚未取得约定利息人民法院应当如何裁决问题的解答

• 1996 年 3 月 25 日
• 法复〔1996〕2 号

各省、自治区、直辖市高级人民法院，解放军军事法院：

《最高人民法院关于审理联营合同纠纷案件若干问题的解答》〈法（经）发〔1990〕27 号〉于 1990 年 11 月 12 日下发以后，一些高级人民法院先后就如何执行该解答第四个问题第（二）条向我院请示，现解答如下：

对企业之间相互借贷的出借方或者名为联营、实为借贷的出资方尚未取得的约定利息，人民法院应当依法向借款方收缴。

最高人民法院关于对企业住房基金执行问题的复函

• 1996 年 7 月 9 日
• 经他〔1996〕17 号

湖北省高级人民法院：

你院〔1996〕浙高法执字第 9 号请示报告收悉。经研究，现答复如下：

《中华人民共和国民法通则》第 48 条规定："全民所有制企业法人以国家授予它经营管理的财产承担民事责任……"临海市化肥厂将属其经管的房产出售给本厂职工，所得 28 万元款项仍属国营企业经营管理的财产。至于作为"住房基金"，仅仅是临海市化肥厂对这笔财产的一种用途，并不能改变这笔财产是国家授予其经营管理的性质，因此，可以用于承担民事责任。

鉴于临海市化肥厂已将售房款用作“住房基金”，直接涉及企业职工的切身利益，因此，执行此案时一定要慎重。在确无其他可供执行财产的情况下，应在切实做好有关方面工作的基础上予以执行。

最高人民法院关于法院冻结财产的户名与账号不符银行能否自行解冻的请示的答复

- 1997年1月20日
- 法经〔1997〕32号

江西省高级人民法院：

你院赣高法研〔1996〕6号请示收悉，经研究，答复如下：

人民法院根据当事人申请，对财产采取冻结措施，是我国民事诉讼法赋与人民法院的职权，其他单位、组织和个人均不得加以妨碍。人民法院在完成对财产冻结手续后，银行如发现被冻结的户名与账号不符时，应主动向法院提出存在的问题，由法院更正，而不能自行解冻；如因自行解冻不当造成损失，应视其过错程度承担相应的法律责任。

最高人民法院执行工作办公室关于企业职工建房集资款不属企业所得问题的函

- 1997年1月27日
- 法经〔1997〕12号

湖北省高级人民法院：

陕西建光机器厂给我院来函反映：你省荆沙市沙市区人民法院在执行荆沙市中级法院〔1996〕荆经终字第175号生效判决时，将所有权不属于该厂的职工建房集资款60万元人民币予以冻结。为此，该厂向沙市区人民法院提出异议，沙市区人民法院则以此款是职工预购房款，属该厂所有为由，驳回其异议。

经审查，陕西建光机器厂为解决本厂职工住房困难，于1995年12月15日以集资修建职工成本价住房方案为题下发了〔1995〕180号文件，该文件明确了集资对象、条件及方式。经上报市房改办公室获批后，该厂按市房改办批复的要求，将上述职工个人集资款存入指定银行的专项账户。上列事实清楚，证据充分。国务院住房制度改革领导小组办公室还专就此事致函我办，明确指出：“此款其性质属于职工个人的，不应视为企业的其他资金。”请你院接到此函后，通知并监督荆沙市沙市区人民法院立即将此款解冻。

最高人民法院关于对粮棉油政策性收购资金是否可以采取财产保全措施问题的复函

- 1997年8月14日
- 法函〔1997〕97号

山东省高级人民法院：

你院鲁法经〔1997〕33号《关于对粮棉油政策性收购资金专户是否可以采取财产保全措施问题的请示》收悉。经研究，答复如下：

同意你院请示的倾向性意见。粮棉油政策性收购资金是用于国家和地方专项储备的粮食、棉花、油料的收购、储备、调销资金和国家定购粮食、棉花收购资金。包括各级财政开支的直接用于粮棉油收购环节的价格补贴款、银行粮棉油政策性收购货款和粮棉油政策性收购企业的粮棉油调销回笼款。该资金只能用于粮棉油收购及相关费用支出。人民法院在审理涉及到政策性粮棉油收购业务之外的经济纠纷案件中，不宜对粮棉油政策性收购企业在中国农业发展银行及其代理行或经人民银行当地分行批准的其他金融机构开立账上的这类资金采取财产保全措施，以保证这类资金专款专用，促进农业的发展。

最高人民法院执行工作办公室关于股民保证金不宜作为证券公司财产执行的函

- 1997年9月5日
- 法经〔1997〕300号

江苏省高级人民法院：

据全国证券回购债务清欠办公室和江西证券公司反映，盐城市中级人民法院在执行该院〔1995〕盐法经初字第84号、85号民事判决书过程中，于今年7月31日扣划了被执行人江西省证券公司上海业务部在工商银行上海市分行营业部开设的深圳股票交易资金清算户上的资金1426万元，该账户上的资金全部为客户保证金，此资金的划拨，影响了股民进行股票交易和提出存款，影响到社会的安定团结。

我院认为，证券机构代理股民买卖股票的资金即股民保证金，其所有权属于股民。证券经营机构必须通过保证金账户保证股民经营的正常清算支付。证券经营机构在银行开立的证券经营资金结算账户，是股民保证金账户的存在形式，人民法院在执行以证券经营机构为被执行人的案件时，可以通过冻结证券商自营账户上的资金、股票、国库券以及其自有财产的办法解决，不宜冻结、扣划证券经营机构在其证券经营资金结算账户上的存款。

最高人民法院执行工作办公室关于股民保证金属于股民所有问题的函

- 1997年9月10日
- 法经〔1997〕297号

北京市高级人民法院：

海南港澳国际信托投资有限公司向我院反映：北京市第一中级法院在执行该院〔1996〕一中经初字第1106号民事判决书时，分别于1997年8月20日和8月21日冻结了该公司在花旗银行上海分行和渣打银行深圳分行开设的B股股票交易账户项下的资金。该两账户是经有关机关批准而开立的B股股票交易账户，其项下的资金是境外股民存入该账户的股票交易保证金，其所有权属境外股民所有。由于北京一中院的冻结，致使股票交易受阻，股民权益受损，境外股民欲在十五大期间进京上访。为此，请求我院监督纠错。

我们认为，B股股票交易账户上的股民保证金，其所有权为股民所有，不属被执行人的财产。现将当事人反映材料转去，如情况属实，请你院立即通知北京市第一中级法院务必在本月15日前解除冻结，并报告结果。

最高人民法院关于劳动行政部门作出责令用人单位支付劳动者工资报酬、经济补偿和赔偿金的劳动监察指令书是否属于可申请法院强制执行的具体行政行为的答复

- 1998年5月17日
- 〔1998〕法行字第1号

广东省高级人民法院：

你院《关于如何处理〈劳动监察指令书〉问题的请示》收悉。经研究，原则同意你院意见，即：劳动行政部门作出责令用人单位支付劳动者工资报酬、经济补偿和赔偿金的劳动监察指令书，不属于可申请人民法院强制执行的具体行政行为，人民法院对此类案件不予受理。劳动行政部门作出责令用人单位支付劳动者工资报酬、经济补偿和赔偿金的行政处理决定书，当事人既不履行又不申请复议或者起诉的，劳动行政部门可以依法申请人民法院强制执行。

最高人民法院关于人民法院能否提取投保人在保险公司所投的第三人责任险应得的保险赔偿款问题的复函

- 2000年7月13日
- 〔2000〕执他字第15号

江苏省高级人民法院：

你院〔1999〕苏法执他字第15号《关于人民法院能否提取投保人在保险公司所投的第三人责任险应得的保险赔偿款的请示》收悉。经研究，答复如下：

人民法院受理此类申请执行案件，如投保人不履行义务时，人民法院可以依据债权人（或受益人）的申请向保险公司发出协助执行通知书，由保险公司依照有关规定理赔，并给付申请执行人；申请执行人对保险公司理赔数额有异议的，可通过诉讼予以解决；如保险公司无正当理由拒绝理赔的，人民法院可依法予以强制执行。

最高人民法院执行工作办公室对甘肃高院《关于能否强制执行金昌市东区管委会有关财产的请示》的复函

- 2001年4月19日
- 〔2001〕执他字第10号

甘肃省高级人民法院：

你院甘高法〔1999〕07号《关于能否强制执行金昌市东区管委会有关财产的请示》收悉。经研究，答复如下：

我们认为，预算内资金和预算外资金均属国家财政性资金，其用途国家有严格规定，不能用来承担连带经济责任。金昌市东区管委会属行政性单位，人民法院在执行涉及行政性单位承担连带责任的生效法律文书时，只能用该行政单位财政资金以外的自有资金清偿债务。为了保证行政单位正常的履行职能，不得对行政单位的办公用房、车辆等其他办公必需品采取执行措施。

此复。

最高人民法院研究室关于执行程序中能否扣划离退休人员离休金退休金清偿其债务问题的答复

- 2002年1月30日
- 法研〔2002〕13号

天津市高级人民法院：

你院津高法〔2001〕28号《关于劳动保障部门应依法协助人民法院扣划被执行人工资收入的请示》收悉。经研究，答复如下：

为公平保护债权人和离退休债务人的合法权益，根据《民法通则》和《民事诉讼法》的有关规定，在离退休人员的其他可供执行的财产或者收入不足偿还其债务的情况下，人民法院可以要求其离退休金发放单位或者社会保障机构协助扣划其离休金或退休金，用以偿还该离退休人员的债务。上述单位或者机构应当予以协助。

人民法院在执行时应当为离退休人员留出必要的生活费用。生活费用标准可参照当地的有关标准确定。

附：

《天津市高级人民法院关于执行程序中能否扣划离退休人员离休金退休金清偿其债务问题的请示》内容

一、案件主要事实

人民法院在办理离退休人员为被执行人的执行案件过程中，需要查封、冻结和扣划被执行人的离休金、退休金时，经常遇到劳动社会保障机构不协助人民法院执行的问题。天津市高级法院针对这一问题,向本院请示。本院执行办会同研究室就该问题进行了研究,并以法研〔2002〕13 号文作了答复。天津市高级法院提出上述问题,是基于以下背景:

近几年,离退休人员工资发放方式改由政府的劳动社会保障机构的基金管理中心统一发放,协助法院执行离退休人员离休金、退休金的义务从原来的离退休人员的工作单位转为劳动社会保障机构。人民法院对以离退休人员为被执行人的案件,因对其离休金、退休金不能有效控制,案件无法得到及时执行。申请执行人对此反映强烈,纷纷要求人民法院依法保护其合法权益。而劳动社会保障机构认为离退休人员按国家规定享受养老待遇,任何单位不得扣发和代扣,劳动社会保障机构不能作为人民法院的协助执行人,以直接扣划离退休人员离休金、退休金的形式协助人民法院执行离退休人员的债务。为此,劳动和社会保障部就关于能否扣划离退休人员养老金抵偿债务问题,致函最高人民法院,建议尽快解决这一问题。

劳动和社会保障部办公厅致最高人民法院办公厅《关于请明确能否扣划离退休人员养老金抵偿债务的函》的主要内容为:近日,我部收到新疆生产建设兵团劳动局《关于养老金能否抵偿债务等问题的请示》,具体内容是:兵团农四师物资公司退休人员姜某,因爱人董某欠他人贷款未还,法院判决董某偿还,姜某承担连带责任。执行中,法院将姜某的养老金抵扣贷款,保留 152 元的基本生活费,并要求姜某单位协助执行。为此,兵团劳动局请示,人民法院在处理涉及离退休人员的经济纠纷案时,能否判决扣发离退休人员养老金;社会保险经办机构是否有义务协助代扣养老金。

我部认为,离退休人员按国家规定享受养老待遇,按时足额领取养老金是法律赋予的权利。养老金是离退休人员的"活命钱",离退休人员能否按时足额领取养老金直接关系到离退休人员的合法权益和社会稳定,任何单位不得扣发和代扣。社会保险经办机构不能作为人民法院的协助执行机构,以直接扣发养老金的形式协助人民法院执行离退休人员的债务。

最高人民法院《关于在审理和执行经济纠纷案件时不得查封、冻结和扣划社会保障基金的通知》规定,法院在审理和执行民事、经济纠纷案件时,不得查封、冻结或扣划社会保险基金;不得用社会保险基金偿还社会保险机构及其下属企业的债务。建议你厅参照该《通知》精神,对离退休人员养老金能否抵偿债务问题尽快予以明确。

二、天津市高级人民法院的意见

天津市劳动社会保障局也向天津市高级法院提供了劳动和社会保障部的函文。针对此种情况,天津市高级法院认为:所有公民在法律面前都是平等的,对人民法院生效判决确定的义务必须履行,不能只享受权利不承担义务。离退休人员的离休金、退休金是其固定合法收入,与《最高人民法院关于在审理和执行经济纠纷案件时不得查封、冻结和扣划社会保障基金的通知》(法〔2000〕19 号)中所提到的社会保障基金的性质是不同的。对于作为被执行人的离退休人员,在无其他财产可供执行时,人民法院有权依照《民事诉讼法》第二百二十二条和《最高人民法院关于人民法院执行工作若干问题的规定(试行)》第三十六条的规定,要求作为离退休人员统一发放机构的社会保障基金管理中心,依法协助人民法院冻结、扣划被执行人的合法收入即离休金、退休金。当然,离退休人员作为一个特殊群体,人民法院在冻结、扣划其离休金、退休金时,应当参照当地的基本养老金保障标准,留出必要的生活费用,再确定适当的冻结、扣划数额。劳动和社会保障机构拒不履行协助执行义务的,人民法院可以根据《民事诉讼法》第一百零三条的规定予以处罚，以维护法律的严肃性，保护当事人的合法权益。

最高人民法院执行工作办公室关于广西北海市中级人民法院与太原市尖草坪区人民法院因工程款能否优先执行争议协调案的复函

• 2003 年 9 月 24 日
• 〔2003〕执协字第 6 号

广西自治区高级人民法院、山西省高级人民法院：

广西高院（2001）桂法执协字第 16—2 号《关于请求最高人民法院对北海市中级人民法院与山西省太原市尖草坪区人民法院执行争议进行协调的报告》和山西高院（2003）晋法执函字第 12 号《关于与广西高院就我省尖草坪区法院与北海市中院执行案件问题进行协调的情况报告》均收悉。经研究，现答复如下：

一、北海市中级人民法院（1996）北民初字第 95 号民事判决作出时，《中华人民共和国合同法》（以下简称《合同法》）尚未颁布。根据法不溯及既往的原则，北海市中院判决的相关案件只能适用当时的《中华人民共和国经济合同法》和《建筑安装工程承包合同条例》的有关规定，而不能适用《合同法》第 286 条的规定。

二、鉴于太原市尖草坪区法院先于北海市中院对华新实业集团坐落于北海市华新苑、华馨小区商品住宅楼四栋及 70 亩土地和两套涉案住宅采取了诉讼保全措施，如果华新实业集团确已歇业，其财产又不足清偿全部债务，根据我院《关于人民法院执行工作若干问题的规定（试行）》第 91 条、第 92 条、第 96 条的规定，北海市中院执行案件的债权人可以在太原市尖草坪区法院执行财产时申请参与分配。

最高人民法院执行工作办公室关于人民法院在执行过程中裁定将被执行人的经营权归申请执行人所有是否合法的请示的答复

• 2004 年 3 月 24 日
• 〔2004〕执他字第 26 号

福建省高级人民法院：

你院闽高法〔2004〕213 号《关于人民法院在执行过程中裁定将被执行人的经营权归申请执行人所有是否合法的请示》收悉。经研究，答复如下：

我们认为，经营权不属于物权的范畴，执行经营权既涉及到主体资格的问题，也涉及到原经营权人是否同意的问题。因此，在目前法律没有明确规定的情况下，人民法院不能依职权执行经营权。

最高人民法院执行工作办公室关于多份生效法律文书确定金钱给付内容的多个债权人分别对同一被执行人申请人民法院强制执行，该被执行人的财产不足以清偿全部债务时，如何适用法律问题的请示的答复

• 2004 年 9 月 17 日
• 〔2004〕执他字第 20 号

安徽省高级人民法院：

你院〔2004〕皖执监字第 44 号《关于多份生效法律文书确定金钱给付内容的多个债权人分别对同一被执行人申请人民法院强制执行，该被执行人的财产不足以清偿全部债务时，如何适用法律问题的请示》收悉，经研究，答复如下：

同意你院审判委员会的第二种意见。根据最高人民法院《关于人民法院执行工作若

干问题的规定(试行)》第 90 条的规定,被执行人为公民或其他组织,其全部或主要财产已被一个人民法院因执行确定金钱给付的生效法律文书而查封、扣押或冻结,无其他财产可供执行或其他财产不足清偿全部债务的,在被执行人的财产被执行完毕前,对该被执行人已经取得金钱债权执行依据的其他债权人可以申请对该被执行人的财产参与分配。本案的被执行人江景春是公民,且其财产不足清偿全部债务,应适用上述规定处理。

此复

最高人民法院关于空难死亡赔偿金能否作为遗产处理的复函

- 2005 年 3 月 22 日
- 〔2004〕民一他字第 26 号

广东省高级人民法院:

你院粤高法民一请字〔2004〕1 号《关于死亡赔偿金能否作为遗产处理的请示》收悉。经研究,答复如下:

空难死亡赔偿金是基于死者死亡对死者近亲属所支付的赔偿。获得空难死亡赔偿的权利人是死者近亲属,而非死者。故空难死亡赔偿金不宜认定为遗产。

以上意见,供参考。

国家税务总局关于人民法院强制执行被执行人财产有关税收问题的复函

- 2005 年 9 月 12 日
- 国税函〔2005〕869 号

最高人民法院:

你院《关于人民法院依法强制执行拍卖、变卖被执行人财产后,税务部门能否直接向人民法院征收营业税的征求意见稿》(〔2005〕执他字第 12 号)收悉。经研究,函复如下:

一、人民法院的强制执行活动属司法活动,不具有经营性质,不属于应税行为,税务部门不能向人民法院的强制执行活动征税。

二、无论拍卖、变卖财产的行为是纳税人的自主行为,还是人民法院实施的强制执行活动,对拍卖、变卖财产的全部收入,纳税人均应依法申报缴纳税款。

三、税收具有优先权。《中华人民共和国税收征收管理法》第四十五条规定,税务机关征收税款,税收优先于无担保债权,法律另有规定的除外;纳税人欠缴的税款发生在纳税人以其财产设定抵押、质押或者纳税人的财产被留置之前的,税收应当先于抵押权、质权、留置权执行。

四、鉴于人民法院实际控制纳税人因强制执行活动而被拍卖、变卖财产的收入,根据《中华人民共和国税收征收管理法》第五条的规定,人民法院应当协助税务机关依法优先从该收入中征收税款。

最高人民法院关于公路建设单位对公路收费权是否享有建设工程价款优先受偿权以及建设工程价款优先权是否优先于质权的请示的答复

- 2006 年 6 月 14 日
- 〔2005〕执他字第 31 号

江西省高级人民法院:

你院《关于公路建设单位对公路收费权是否享有建设工程价款优先受偿权以及建设工程价款优先权是否优先于质权的请示》收悉。经研究,答复如下:

原则同意你院审委会多数人的意见。《合同法》第 286 条规定的建设工程的折价或者拍卖虽原则上指工程所有权的转让,但对收费公路这类特殊工程的可转让的经营权,也应适用。因此,申请执行人作为公路施工单位,有权通过对被执行人享有的公路工程经营权的执行优先受偿。车辆通行收费权是公路经营权中的主要内容，执行中可以转让收费权或者直接从所收费中提取款项。施工单位的优先受偿权应及于该收费权，可以从提取的款项中优先受偿。根据《担保法》及最高人民法院有关司法解释的精神，工程款优先受偿权应优先于异议人就公路收费权设定的质押权。

最高人民法院关于能否要求社保机构协助冻结、扣划被执行人的养老金问题的复函

- 2014年6月26日
- 〔2014〕执他字第22号

浙江省高级人民法院：

你院浙高法〔2014〕29号《关于请求商人力资源和社会保障部废止劳社厅函〔2002〕27号复函的报告》收悉。经研究，提出如下意见：

一、被执行人应得的养老金应当视为被执行人在第三人处的固定收入，属于其责任财产的范围，依照《中华人民共和国民事诉讼法》第二百四十三条之规定，人民法院有权冻结、扣划。但是，在冻结、扣划前，应当预留被执行人及其所抚养家属必须的生活费用。

二、《中华人民共和国民事诉讼法》第二百四十二条规定："人民法院决定扣押、冻结、划拨、变价财产，应当作出裁定，并发出协助执行通知书，有关单位必须办理。"本院《关于人民法院执行工作若干问题的规定（试行）》第36条也规定："被执行人在有关单位的收入尚未支取的，人民法院应当作出裁定，向该单位发出协助执行通知书，由其协助扣留或提取"。依照前述规定，社会保障机构作为养老金发放机构，有义务协助人民法院冻结、扣划被执行人应得的养老金。

三、在执行被执行人的养老金时，应当注意向社会保障机构做好解释工作，讲清法律规定的精神，取得理解和支持。如其仍拒绝协助的，可以依法制裁。

此复

第十六章　对股权、证券、期货账户资金的执行

◎法律

中华人民共和国证券法

- 1998年12月29日第九届全国人民代表大会常务委员会第六次会议通过
- 根据2004年8月28日第十届全国人民代表大会常务委员会第十一次会议《关于修改〈中华人民共和国证券法〉的决定》第一次修正
- 2005年10月27日第十届全国人民代表大会常务委员会第十八次会议修订
- 根据2013年6月29日第十二届全国人民代表大会常务委员会第三次会议《关于修改〈中华人民共和国文物保护法〉等十二部法律的决定》第二次修正
- 根据2014年8月31日第十二届全国人民代表大会常务委员会第十次会议《关于修改〈中华人民共和国保险法〉等五部法律的决定》第三次修正

目　　录

第一章　总　　则

第一条　**【立法宗旨】**为了规范证券发行和交易行为，保护投资者的合法权益，维护社会经济秩序和社会公共利益，促进社会主义市场经济的发展，制定本法。

第二条　**【法律适用】**在中华人民共和国境内，股票、公司债券和国务院依法认定的其他证券的发行和交易，适用本法；本法未规定的，适用《中华人民共和国公司法》和其他法律、行政法规的规定。

政府债券、证券投资基金份额的上市交易，适用本法；其他法律、行政法规另有规定的，适用其规定。

证券衍生品种发行、交易的管理办法，由国务院依照本法的原则规定。

第三条　**【公开、公平、公正原则】**证券的发行、交易活动，必须实行公开、公平、公正的原则。

第四条　**【自愿、有偿、诚实信用原则】**证券发行、交易活动的当事人具有平等的法律地位，应当遵守自愿、有偿、诚实信用的原则。

第五条　**【守法原则】**证券的发行、交易活动，必须遵守法律、行政法规；禁止欺诈、内幕交易和操纵证券市场的行为。

第六条　**【分业经营管理】**证券业和银行业、信托业、保险业实行分业经营、分业管理，证券公司与银行、信托、保险业务机构分别设立。国家另有规定的除外。

第七条　**【监督管理机构】**国务院证券监督管理机构依法对全国证券市场实行集中统一监督管理。

国务院证券监督管理机构根据需要可

以设立派出机构，按照授权履行监督管理职责。

第八条 【**自律性管理**】在国家对证券发行、交易活动实行集中统一监督管理的前提下，依法设立证券业协会，实行自律性管理。

第九条 【**审计监督**】国家审计机关依法对证券交易所、证券公司、证券登记结算机构、证券监督管理机构进行审计监督。

第二章 证券发行

第十条 【**公开发行证券条件**】公开发行证券，必须符合法律、行政法规规定的条件，并依法报经国务院证券监督管理机构或者国务院授权的部门核准；未经依法核准，任何单位和个人不得公开发行证券。

有下列情形之一的，为公开发行：

（一）向不特定对象发行证券的；

（二）向特定对象发行证券累计超过二百人的；

（三）法律、行政法规规定的其他发行行为。

非公开发行证券，不得采用广告、公开劝诱和变相公开方式。

第十一条 【**保荐人**】发行人申请公开发行股票、可转换为股票的公司债券，依法采取承销方式的，或者公开发行法律、行政法规规定实行保荐制度的其他证券的，应当聘请具有保荐资格的机构担任保荐人。

保荐人应当遵守业务规则和行业规范，诚实守信，勤勉尽责，对发行人的申请文件和信息披露资料进行审慎核查，督导发行人规范运作。

保荐人的资格及其管理办法由国务院证券监督管理机构规定。

第十二条 【**募股申请**】设立股份有限公司公开发行股票，应当符合《中华人民共和国公司法》规定的条件和经国务院批准的国务院证券监督管理机构规定的其他条件，向国务院证券监督管理机构报送募股申请和下列文件：

（一）公司章程；

（二）发起人协议；

（三）发起人姓名或者名称，发起人认购的股份数、出资种类及验资证明；

（四）招股说明书；

（五）代收股款银行的名称及地址；

（六）承销机构名称及有关的协议。

依照本法规定聘请保荐人的，还应当报送保荐人出具的发行保荐书。

法律、行政法规规定设立公司必须报经批准的，还应当提交相应的批准文件。

第十三条 【**公开发行新股条件**】公司公开发行新股，应当符合下列条件：

（一）具备健全且运行良好的组织机构；

（二）具有持续盈利能力，财务状况良好；

（三）最近三年财务会计文件无虚假记载，无其他重大违法行为；

（四）经国务院批准的国务院证券监督管理机构规定的其他条件。

上市公司非公开发行新股，应当符合经国务院批准的国务院证券监督管理机构规定的条件，并报国务院证券监督管理机构核准。

第十四条 【**发行新股需报送的文件**】公司公开发行新股，应当向国务院证券监督管理机构报送募股申请和下列文件：

（一）公司营业执照；

（二）公司章程；

（三）股东大会决议；

（四）招股说明书；

（五）财务会计报告；

（六）代收股款银行的名称及地址；

（七）承销机构名称及有关的协议。

依照本法规定聘请保荐人的，还应当报送保荐人出具的发行保荐书。

第十五条 【**募集资金**】公司对公开发行股票所募集资金，必须按照招股说明书所列资金用途使用。改变招股说明书所列资金用途，必须经股东大会作出决议。擅自改变用途而未作纠正的，或者未经股东大会认可的，不得公开发行新股。

第十六条　【发行公司债券条件】公开发行公司债券，应当符合下列条件：

（一）股份有限公司的净资产不低于人民币三千万元，有限责任公司的净资产不低于人民币六千万元；

（二）累计债券余额不超过公司净资产的百分之四十；

（三）最近三年平均可分配利润足以支付公司债券一年的利息；

（四）筹集的资金投向符合国家产业政策；

（五）债券的利率不超过国务院限定的利率水平；

（六）国务院规定的其他条件。

公开发行公司债券筹集的资金，必须用于核准的用途，不得用于弥补亏损和非生产性支出。

上市公司发行可转换为股票的公司债券，除应当符合第一款规定的条件外，还应当符合本法关于公开发行股票的条件，并报国务院证券监督管理机构核准。

第十七条　【公开发行公司债券报送文件】申请公开发行公司债券，应当向国务院授权的部门或者国务院证券监督管理机构报送下列文件：

（一）公司营业执照；

（二）公司章程；

（三）公司债券募集办法；

（四）资产评估报告和验资报告；

（五）国务院授权的部门或者国务院证券监督管理机构规定的其他文件。

依照本法规定聘请保荐人的，还应当报送保荐人出具的发行保荐书。

第十八条　【再次公开发行公司债券的禁止条件】有下列情形之一的，不得再次公开发行公司债券：

（一）前一次公开发行的公司债券尚未募足；

（二）对已公开发行的公司债券或者其他债务有违约或者延迟支付本息的事实，仍处于继续状态；

（三）违反本法规定，改变公开发行公司债券所募资金的用途。

第十九条　【申请文件的格式和报送方式】发行人依法申请核准发行证券所报送的申请文件的格式、报送方式，由依法负责核准的机构或者部门规定。

第二十条　【申请文件真实、准确、完整】发行人向国务院证券监督管理机构或者国务院授权的部门报送的证券发行申请文件，必须真实、准确、完整。

为证券发行出具有关文件的证券服务机构和人员，必须严格履行法定职责，保证其所出具文件的真实性、准确性和完整性。

第二十一条　【预先披露】发行人申请首次公开发行股票的，在提交申请文件后，应当按照国务院证券监督管理机构的规定预先披露有关申请文件。

第二十二条　【发行审核委员会】国务院证券监督管理机构设发行审核委员会，依法审核股票发行申请。

发行审核委员会由国务院证券监督管理机构的专业人员和所聘请的该机构外的有关专家组成，以投票方式对股票发行申请进行表决，提出审核意见。

发行审核委员会的具体组成办法、组成人员任期、工作程序，由国务院证券监督管理机构规定。

第二十三条　【核准股票发行申请】国务院证券监督管理机构依照法定条件负责核准股票发行申请。核准程序应当公开，依法接受监督。

参与审核和核准股票发行申请的人员，不得与发行申请人有利害关系，不得直接或者间接接受发行申请人的馈赠，不得持有所核准的发行申请的股票，不得私下与发行申请人进行接触。

国务院授权的部门对公司债券发行申请的核准，参照前两款的规定执行。

第二十四条　【股票发行核准】国务院证券

监督管理机构或者国务院授权的部门应当自受理证券发行申请文件之日起三个月内,依照法定条件和法定程序作出予以核准或者不予核准的决定,发行人根据要求补充、修改发行申请文件的时间不计算在内;不予核准的,应当说明理由。

第二十五条 【证券发行公告】证券发行申请经核准,发行人应当依照法律、行政法规的规定,在证券公开发行前,公告公开发行募集文件,并将该文件置备于指定场所供公众查阅。

发行证券的信息依法公开前,任何知情人不得公开或者泄露该信息。

发行人不得在公告公开发行募集文件前发行证券。

第二十六条 【法律责任】国务院证券监督管理机构或者国务院授权的部门对已作出的核准证券发行的决定,发现不符合法定条件或者法定程序,尚未发行证券的,应当予以撤销,停止发行。已经发行尚未上市的,撤销发行核准决定,发行人应当按照发行价并加算银行同期存款利息返还证券持有人;保荐人应当与发行人承担连带责任,但是能够证明自己没有过错的除外;发行人的控股股东、实际控制人有过错的,应当与发行人承担连带责任。

第二十七条 【责任承担】股票依法发行后,发行人经营与收益的变化,由发行人自行负责;由此变化引致的投资风险,由投资者自行负责。

第二十八条 【证券承销】发行人向不特定对象发行的证券,法律、行政法规规定应当由证券公司承销的,发行人应当同证券公司签订承销协议。证券承销业务采取代销或者包销方式。

证券代销是指证券公司代发行人发售证券,在承销期结束时,将未售出的证券全部退还给发行人的承销方式。

证券包销是指证券公司将发行人的证券按照协议全部购入或者在承销期结束时将售后剩余证券全部自行购入的承销方式。

第二十九条 【发行人权利】公开发行证券的发行人有权依法自主选择承销的证券公司。证券公司不得以不正当竞争手段招揽证券承销业务。

第三十条 【包销协议载明事项】证券公司承销证券,应当同发行人签订代销或者包销协议,载明下列事项:

(一)当事人的名称、住所及法定代表人姓名;

(二)代销、包销证券的种类、数量、金额及发行价格;

(三)代销、包销的期限及起止日期;

(四)代销、包销的付款方式及日期;

(五)代销、包销的费用和结算办法;

(六)违约责任;

(七)国务院证券监督管理机构规定的其他事项。

第三十一条 【文件检查】证券公司承销证券,应当对公开发行募集文件的真实性、准确性、完整性进行核查;发现有虚假记载、误导性陈述或者重大遗漏的,不得进行销售活动;已经销售的,必须立即停止销售活动,并采取纠正措施。

第三十二条 【承销团承销】向不特定对象发行的证券票面总值超过人民币五千万元的,应当由承销团承销。承销团应当由主承销和参与承销的证券公司组成。

第三十三条 【代销、包销最长期限】证券的代销、包销期限最长不得超过九十日。

证券公司在代销、包销期内,对所代销、包销的证券应当保证先行出售给认购人,证券公司不得为本公司预留所代销的证券和预先购入并留存所包销的证券。

第三十四条 【溢价发行】股票发行采取溢价发行的,其发行价格由发行人与承销的证券公司协商确定。

第三十五条 【发行失败】股票发行采用代销方式,代销期限届满,向投资者出售的股票数量未达到拟公开发行股票数量百分之七十的,为发行失败。发行人应当按照发行价并加算银行同期存款利息返还股票认购人。

第三十六条　【备案制】公开发行股票，代销、包销期限届满，发行人应当在规定的期限内将股票发行情况报国务院证券监督管理机构备案。

第三章　证券交易

第一节　一般规定

第三十七条　【依法买卖证券】证券交易当事人依法买卖的证券，必须是依法发行并交付的证券。

非依法发行的证券，不得买卖。

第三十八条　【转让期限】依法发行的股票、公司债券及其他证券，法律对其转让期限有限制性规定的，在限定的期限内不得买卖。

第三十九条　【交易场所】依法公开发行的股票、公司债券及其他证券，应当在依法设立的证券交易所上市交易或者在国务院批准的其他证券交易场所转让。

第四十条　【上市交易方式】证券在证券交易所上市交易，应当采用公开的集中交易方式或者国务院证券监督管理机构批准的其他方式。

第四十一条　【买卖形式】证券交易当事人买卖的证券可以采用纸面形式或者国务院证券监督管理机构规定的其他形式。

第四十二条　【交易方式】证券交易以现货和国务院规定的其他方式进行交易。

第四十三条　【从业人员职责】证券交易所、证券公司和证券登记结算机构的从业人员、证券监督管理机构的工作人员以及法律、行政法规禁止参与股票交易的其他人员，在任期或者法定限期内，不得直接或者以化名、借他人名义持有、买卖股票，也不得收受他人赠送的股票。

任何人在成为前款所列人员时，其原已持有的股票，必须依法转让。

第四十四条　【账户保密】证券交易所、证券公司、证券登记结算机构必须依法为客户开立的账户保密。

第四十五条　【买卖禁止】为股票发行出具审计报告、资产评估报告或者法律意见书等文件的证券服务机构和人员，在该股票承销期内和期满后六个月内，不得买卖该种股票。

除前款规定外，为上市公司出具审计报告、资产评估报告或者法律意见书等文件的证券服务机构和人员，自接受上市公司委托之日起至上述文件公开后五日内，不得买卖该种股票。

第四十六条　【证券交易的收费】证券交易的收费必须合理，并公开收费项目、收费标准和收费办法。

证券交易的收费项目、收费标准和管理办法由国务院有关主管部门统一规定。

第四十七条　【股票买卖】上市公司董事、监事、高级管理人员、持有上市公司股份百分之五以上的股东，将其持有的该公司的股票在买入后六个月内卖出，或者在卖出后六个月内又买入，由此所得收益归该公司所有，公司董事会应当收回其所得收益。但是，证券公司因包销购入售后剩余股票而持有百分之五以上股份的，卖出该股票不受六个月时间限制。

公司董事会不按照前款规定执行的，股东有权要求董事会在三十日内执行。公司董事会未在上述期限内执行的，股东有权为了公司的利益以自己的名义直接向人民法院提起诉讼。

公司董事会不按照第一款的规定执行的，负有责任的董事依法承担连带责任。

第二节　证券上市

第四十八条　【上市交易申请】申请证券上市交易，应当向证券交易所提出申请，由证券交易所依法审核同意，并由双方签订上市协议。

证券交易所根据国务院授权的部门的决定安排政府债券上市交易。

第四十九条　【保荐人】申请股票、可转换为股票的公司债券或者法律、行政法规规定实行保荐制度的其他证券上市交易，应当聘请具有保荐资格的机构担任保荐人。

本法第十一条第二款、第三款的规定适用于上市保荐人。

第五十条　【上市申请条件】股份有限公司申请股票上市，应当符合下列条件：

（一）股票经国务院证券监督管理机构核准已公开发行；

（二）公司股本总额不少于人民币三千万元；

（三）公开发行的股份达到公司股份总数的百分之二十五以上；公司股本总额超过人民币四亿元的，公开发行股份的比例为百分之十以上；

（四）公司最近三年无重大违法行为，财务会计报告无虚假记载。

证券交易所可以规定高于前款规定的上市条件，并报国务院证券监督管理机构批准。

第五十一条　【股票上市交易】国家鼓励符合产业政策并符合上市条件的公司股票上市交易。

第五十二条　【上市申报文件】申请股票上市交易，应当向证券交易所报送下列文件：

（一）上市报告书；

（二）申请股票上市的股东大会决议；

（三）公司章程；

（四）公司营业执照；

（五）依法经会计师事务所审计的公司最近三年的财务会计报告；

（六）法律意见书和上市保荐书；

（七）最近一次的招股说明书；

（八）证券交易所上市规则规定的其他文件。

第五十三条　【上市公告】股票上市交易申请经证券交易所审核同意后，签订上市协议的公司应当在规定的期限内公告股票上市的有关文件，并将该文件置备于指定场所供公众查阅。

第五十四条　【公告事项】签订上市协议的公司除公告前条规定的文件外，还应当公告下列事项：

（一）股票获准在证券交易所交易的日期；

（二）持有公司股份最多的前十名股东的名单和持股数额；

（三）公司的实际控制人；

（四）董事、监事、高级管理人员的姓名及其持有本公司股票和债券的情况。

第五十五条　【股票的暂停上市】上市公司有下列情形之一的，由证券交易所决定暂停其股票上市交易：

（一）公司股本总额、股权分布等发生变化不再具备上市条件；

（二）公司不按照规定公开其财务状况，或者对财务会计报告作虚假记载，可能误导投资者；

（三）公司有重大违法行为；

（四）公司最近三年连续亏损；

（五）证券交易所上市规则规定的其他情形。

第五十六条　【股票的终止上市】上市公司有下列情形之一的，由证券交易所决定终止其股票上市交易：

（一）公司股本总额、股权分布等发生变化不再具备上市条件，在证券交易所规定的期限内仍不能达到上市条件；

（二）公司不按照规定公开其财务状况，或者对财务会计报告作虚假记载，且拒绝纠正；

（三）公司最近三年连续亏损，在其后一个年度内未能恢复盈利；

（四）公司解散或者被宣告破产；

（五）证券交易所上市规则规定的其他情形。

第五十七条　【债券上市条件】公司申请公司债券上市交易，应当符合下列条件：

（一）公司债券的期限为一年以上；

（二）公司债券实际发行额不少于人民币五千万元；

（三）公司申请债券上市时仍符合法

定的公司债券发行条件。

第五十八条　【债券上市报送的文件】申请公司债券上市交易，应当向证券交易所报送下列文件：

（一）上市报告书；

（二）申请公司债券上市的董事会决议；

（三）公司章程；

（四）公司营业执照；

（五）公司债券募集办法；

（六）公司债券的实际发行数额；

（七）证券交易所上市规则规定的其他文件。

申请可转换为股票的公司债券上市交易，还应当报送保荐人出具的上市保荐书。

第五十九条　【债券上市文件公告】公司债券上市交易申请经证券交易所审核同意后，签订上市协议的公司应当在规定的期限内公告公司债券上市文件及有关文件，并将其申请文件置备于指定场所供公众查阅。

第六十条　【债券的暂停上市】公司债券上市交易后，公司有下列情形之一的，由证券交易所决定暂停其公司债券上市交易：

（一）公司有重大违法行为；

（二）公司情况发生重大变化不符合公司债券上市条件；

（三）发行公司债券所募集的资金不按照核准的用途使用；

（四）未按照公司债券募集办法履行义务；

（五）公司最近二年连续亏损。

第六十一条　【债券的终止上市】公司有前条第（一）项、第（四）项所列情形之一经查实后果严重的，或者有前条第（二）项、第（三）项、第（五）项所列情形之一，在限期内未能消除的，由证券交易所决定终止其公司债券上市交易。

公司解散或者被宣告破产的，由证券交易所终止其公司债券上市交易。

第六十二条　【复核申请】对证券交易所作出的不予上市、暂停上市、终止上市决定不服的，可以向证券交易所设立的复核机构申请复核。

第三节　持续信息公开

第六十三条　【真实披露义务】发行人、上市公司依法披露的信息，必须真实、准确、完整，不得有虚假记载、误导性陈述或者重大遗漏。

第六十四条　【公开发行公告】经国务院证券监督管理机构核准依法公开发行股票，或者经国务院授权的部门核准依法公开发行公司债券，应当公告招股说明书、公司债券募集办法。依法公开发行新股或者公司债券的，还应当公告财务会计报告。

第六十五条　【中期报告】上市公司和公司债券上市交易的公司，应当在每一会计年度的上半年结束之日起二个月内，向国务院证券监督管理机构和证券交易所报送记载以下内容的中期报告，并予公告：

（一）公司财务会计报告和经营情况；

（二）涉及公司的重大诉讼事项；

（三）已发行的股票、公司债券变动情况；

（四）提交股东大会审议的重要事项；

（五）国务院证券监督管理机构规定的其他事项。

第六十六条　【年度报告】上市公司和公司债券上市交易的公司，应当在每一会计年度结束之日起四个月内，向国务院证券监督管理机构和证券交易所报送记载以下内容的年度报告，并予公告：

（一）公司概况；

（二）公司财务会计报告和经营情况；

（三）董事、监事、高级管理人员简介及其持股情况；

（四）已发行的股票、公司债券情况，包括持有公司股份最多的前十名股东的名单和持股数额；

（五）公司的实际控制人；

（六）国务院证券监督管理机构规定

的其他事项。

第六十七条 【临时报告制度】发生可能对上市公司股票交易价格产生较大影响的重大事件，投资者尚未得知时，上市公司应当立即将有关该重大事件的情况向国务院证券监督管理机构和证券交易所报送临时报告，并予公告，说明事件的起因、目前的状态和可能产生的法律后果。

下列情况为前款所称重大事件：

（一）公司的经营方针和经营范围的重大变化；

（二）公司的重大投资行为和重大的购置财产的决定；

（三）公司订立重要合同，可能对公司的资产、负债、权益和经营成果产生重要影响；

（四）公司发生重大债务和未能清偿到期重大债务的违约情况；

（五）公司发生重大亏损或者重大损失；

（六）公司生产经营的外部条件发生的重大变化；

（七）公司的董事、三分之一以上监事或者经理发生变动；

（八）持有公司百分之五以上股份的股东或者实际控制人，其持有股份或者控制公司的情况发生较大变化；

（九）公司减资、合并、分立、解散及申请破产的决定；

（十）涉及公司的重大诉讼，股东大会、董事会决议被依法撤销或者宣告无效；

（十一）公司涉嫌犯罪被司法机关立案调查，公司董事、监事、高级管理人员涉嫌犯罪被司法机关采取强制措施；

（十二）国务院证券监督管理机构规定的其他事项。

第六十八条 【公司领导签署报告意见】上市公司董事、高级管理人员应当对公司定期报告签署书面确认意见。

上市公司监事会应当对董事会编制的公司定期报告进行审核并提出书面审核意见。

上市公司董事、监事、高级管理人员应当保证上市公司所披露的信息真实、准确、完整。

第六十九条 【违反信息披露义务的法律责任】发行人、上市公司公告的招股说明书、公司债券募集办法、财务会计报告、上市报告文件、年度报告、中期报告、临时报告以及其他信息披露资料，有虚假记载、误导性陈述或者重大遗漏，致使投资者在证券交易中遭受损失的，发行人、上市公司应当承担赔偿责任；发行人、上市公司的董事、监事、高级管理人员和其他直接责任人员以及保荐人、承销的证券公司，应当与发行人、上市公司承担连带赔偿责任，但是能够证明自己没有过错的除外；发行人、上市公司的控股股东、实际控制人有过错的，应当与发行人、上市公司承担连带赔偿责任。

第七十条 【信息披露方式】依法必须披露的信息，应当在国务院证券监督管理机构指定的媒体发布，同时将其置备于公司住所、证券交易所，供社会公众查阅。

第七十一条 【对信息披露的监督】国务院证券监督管理机构对上市公司年度报告、中期报告、临时报告以及公告的情况进行监督，对上市公司分派或者配售新股的情况进行监督，对上市公司控股股东和信息披露义务人的行为进行监督。

证券监督管理机构、证券交易所、保荐人、承销的证券公司及有关人员，对公司依照法律、行政法规规定必须作出的公告，在公告前不得泄露其内容。

第七十二条 【暂停、终止上市的公告、备案】证券交易所决定暂停或者终止证券上市交易的，应当及时公告，并报国务院证券监督管理机构备案。

第四节 禁止的交易行为

第七十三条 【内幕交易的禁止】禁止证券交易内幕信息的知情人和非法获取内幕信息的人利用内幕信息从事证券交易活动。

第七十四条　【知情人】证券交易内幕信息的知情人包括：

（一）发行人的董事、监事、高级管理人员；

（二）持有公司百分之五以上股份的股东及其董事、监事、高级管理人员，公司的实际控制人及其董事、监事、高级管理人员；

（三）发行人控股的公司及其董事、监事、高级管理人员；

（四）由于所任公司职务可以获取公司有关内幕信息的人员；

（五）证券监督管理机构工作人员以及由于法定职责对证券的发行、交易进行管理的其他人员；

（六）保荐人、承销的证券公司、证券交易所、证券登记结算机构、证券服务机构的有关人员；

（七）国务院证券监督管理机构规定的其他人。

第七十五条　【内幕信息】证券交易活动中，涉及公司的经营、财务或者对该公司证券的市场价格有重大影响的尚未公开的信息，为内幕信息。

下列信息皆属内幕信息：

（一）本法第六十七条第二款所列重大事件；

（二）公司分配股利或者增资的计划；

（三）公司股权结构的重大变化；

（四）公司债务担保的重大变更；

（五）公司营业用主要资产的抵押、出售或者报废一次超过该资产的百分之三十；

（六）公司的董事、监事、高级管理人员的行为可能依法承担重大损害赔偿责任；

（七）上市公司收购的有关方案；

（八）国务院证券监督管理机构认定的对证券交易价格有显著影响的其他重要信息。

第七十六条　【禁止利用内幕信息】证券交易内幕信息的知情人和非法获取内幕信息的人，在内幕信息公开前，不得买卖该公司的证券，或者泄露该信息，或者建议他人买卖该证券。

持有或者通过协议、其他安排与他人共同持有公司百分之五以上股份的自然人、法人、其他组织收购上市公司的股份，本法另有规定的，适用其规定。

内幕交易行为给投资者造成损失的，行为人应当依法承担赔偿责任。

第七十七条　【禁止操纵证券市场】禁止任何人以下列手段操纵证券市场：

（一）单独或者通过合谋，集中资金优势、持股优势或者利用信息优势联合或者连续买卖，操纵证券交易价格或者证券交易量；

（二）与他人串通，以事先约定的时间、价格和方式相互进行证券交易，影响证券交易价格或者证券交易量；

（三）在自己实际控制的账户之间进行证券交易，影响证券交易价格或者证券交易量；

（四）以其他手段操纵证券市场。

操纵证券市场行为给投资者造成损失的，行为人应当依法承担赔偿责任。

第七十八条　【禁止编造、传播虚假信息】禁止国家工作人员、传播媒介从业人员和有关人员编造、传播虚假信息，扰乱证券市场。

禁止证券交易所、证券公司、证券登记结算机构、证券服务机构及其从业人员，证券业协会、证券监督管理机构及其工作人员，在证券交易活动中作出虚假陈述或者信息误导。

各种传播媒介传播证券市场信息必须真实、客观，禁止误导。

第七十九条　【禁止欺诈行为】禁止证券公司及其从业人员从事下列损害客户利益的欺诈行为：

（一）违背客户的委托为其买卖证券；

（二）不在规定时间内向客户提供交

易的书面确认文件；

（三）挪用客户所委托买卖的证券或者客户账户上的资金；

（四）未经客户的委托，擅自为客户买卖证券，或者假借客户的名义买卖证券；

（五）为牟取佣金收入，诱使客户进行不必要的证券买卖；

（六）利用传播媒介或者通过其他方式提供、传播虚假或者误导投资者的信息；

（七）其他违背客户真实意思表示，损害客户利益的行为。

欺诈客户行为给客户造成损失的，行为人应当依法承担赔偿责任。

第八十条 【禁止法人从事证券交易】禁止法人非法利用他人账户从事证券交易；禁止法人出借自己或者他人的证券账户。

第八十一条 【禁止违规资金入市】依法拓宽资金入市渠道，禁止资金违规流入股市。

第八十二条 【禁止挪用公款买卖证券】禁止任何人挪用公款买卖证券。

第八十三条 【国有或国有控股企业买卖股票】国有企业和国有资产控股的企业买卖上市交易的股票，必须遵守国家有关规定。

第八十四条 【报告禁止交易行为】证券交易所、证券公司、证券登记结算机构、证券服务机构及其从业人员对证券交易中发现的禁止的交易行为，应当及时向证券监督管理机构报告。

第四章　上市公司的收购

第八十五条 【收购方式】投资者可以采取要约收购、协议收购及其他合法方式收购上市公司。

第八十六条 【书面报告和公告】通过证券交易所的证券交易，投资者持有或者通过协议、其他安排与他人共同持有一个上市公司已发行的股份达到百分之五时，应当在该事实发生之日起三日内，向国务院证券监督管理机构、证券交易所作出书面报告，通知该上市公司，并予公告；在上述期限内，不得再行买卖该上市公司的股票。

投资者持有或者通过协议、其他安排与他人共同持有一个上市公司已发行的股份达到百分之五后，其所持该上市公司已发行的股份比例每增加或者减少百分之五，应当依照前款规定进行报告和公告。在报告期限内和作出报告、公告后二日内，不得再行买卖该上市公司的股票。

第八十七条 【报告、公告内容】依照前条规定所作的书面报告和公告，应当包括下列内容：

（一）持股人的名称、住所；

（二）持有的股票的名称、数额；

（三）持股达到法定比例或者持股增减变化达到法定比例的日期。

第八十八条 【收购要约】通过证券交易所的证券交易，投资者持有或者通过协议、其他安排与他人共同持有一个上市公司已发行的股份达到百分之三十时，继续进行收购的，应当依法向该上市公司所有股东发出收购上市公司全部或者部分股份的要约。

收购上市公司部分股份的收购要约应当约定，被收购公司股东承诺出售的股份数额超过预定收购的股份数额的，收购人按比例进行收购。

第八十九条 【收购报告书的内容】依照前条规定发出收购要约，收购人必须公告上市公司收购报告书，并载明下列事项：

（一）收购人的名称、住所；

（二）收购人关于收购的决定；

（三）被收购的上市公司名称；

（四）收购目的；

（五）收购股份的详细名称和预定收购的股份数额；

（六）收购期限、收购价格；

（七）收购所需资金额及资金保证；

（八）公告上市公司收购报告书时持有被收购公司股份数占该公司已发行的股份总数的比例。

第九十条 【收购期限】收购要约约定的收购期限不得少于三十日，并不得超过六十日。

第九十一条 【**撤销禁止**】在收购要约确定的承诺期限内，收购人不得撤销其收购要约。收购人需要变更收购要约的，必须及时公告，载明具体变更事项。

第九十二条 【**适用条件**】收购要约提出的各项收购条件，适用于被收购公司的所有股东。

第九十三条 【**要约收购的限制**】采取要约收购方式的，收购人在收购期限内，不得卖出被收购公司的股票，也不得采取要约规定以外的形式和超出要约的条件买入被收购公司的股票。

第九十四条 【**协议收购**】采取协议收购方式的，收购人可以依照法律、行政法规的规定同被收购公司的股东以协议方式进行股份转让。

以协议方式收购上市公司时，达成协议后，收购人必须在三日内将该收购协议向国务院证券监督管理机构及证券交易所作出书面报告，并予公告。

在公告前不得履行收购协议。

第九十五条 【**临时托管**】采取协议收购方式的，协议双方可以临时委托证券登记结算机构保管协议转让的股票，并将资金存放于指定的银行。

第九十六条 【**收购要约**】采取协议收购方式的，收购人收购或者通过协议、其他安排与他人共同收购一个上市公司已发行的股份达到百分之三十时，继续进行收购的，应当向该上市公司所有股东发出收购上市公司全部或者部分股份的要约。但是，经国务院证券监督管理机构免除发出要约的除外。

收购人依照前款规定以要约方式收购上市公司股份，应当遵守本法第八十九条至第九十三条的规定。

第九十七条 【**终止上市**】收购期限届满，被收购公司股权分布不符合上市条件的，该上市公司的股票应当由证券交易所依法终止上市交易；其余仍持有被收购公司股票的股东，有权向收购人以收购要约的同等条件出售其股票，收购人应当收购。

收购行为完成后，被收购公司不再具备股份有限公司条件的，应当依法变更企业形式。

第九十八条 【**股票转让禁止**】在上市公司收购中，收购人持有的被收购的上市公司的股票，在收购行为完成后的十二个月内不得转让。

第九十九条 【**公司收购的股票后果**】收购行为完成后，收购人与被收购公司合并，并将该公司解散的，被解散公司的原有股票由收购人依法更换。

第一百条 【**收购报告和公告**】收购行为完成后，收购人应当在十五日内将收购情况报告国务院证券监督管理机构和证券交易所，并予公告。

第一百零一条 【**收购办法**】收购上市公司中由国家授权投资的机构持有的股份，应当按照国务院的规定，经有关主管部门批准。

国务院证券监督管理机构应当依照本法的原则制定上市公司收购的具体办法。

第五章 证券交易所

第一百零二条 【**定义**】证券交易所是为证券集中交易提供场所和设施，组织和监督证券交易，实行自律管理的法人。

证券交易所的设立和解散，由国务院决定。

第一百零三条 【**章程制定**】设立证券交易所必须制定章程。

证券交易所章程的制定和修改，必须经国务院证券监督管理机构批准。

第一百零四条 【**名称要求**】证券交易所必须在其名称中标明证券交易所字样。其他任何单位或者个人不得使用证券交易所或者近似的名称。

第一百零五条 【**费用支配**】证券交易所可以自行支配的各项费用收入，应当首先用于保证其证券交易场所和设施的正常运行并逐步改善。

实行会员制的证券交易所的财产积累归会员所有，其权益由会员共同享有，在其存续期间，不得将其财产积累分配给会员。

第一百零六条 【**理事会**】证券交易所设理事会。

第一百零七条 【**总经理**】证券交易所设总经理一人，由国务院证券监督管理机构任免。

第一百零八条 【**负责人的任职禁止性要求**】有《中华人民共和国公司法》第一百四十六条规定的情形或者下列情形之一的，不得担任证券交易所的负责人：

（一）因违法行为或者违纪行为被解除职务的证券交易所、证券登记结算机构的负责人或者证券公司的董事、监事、高级管理人员，自被解除职务之日起未逾五年；

（二）因违法行为或者违纪行为被撤销资格的律师、注册会计师或者投资咨询机构、财务顾问机构、资信评级机构、资产评估机构、验证机构的专业人员，自被撤销资格之日起未逾五年。

第一百零九条 【**从业人员的禁止性要求**】因违法行为或者违纪行为被开除的证券交易所、证券登记结算机构、证券服务机构、证券公司的从业人员和被开除的国家机关工作人员，不得招聘为证券交易所的从业人员。

第一百一十条 【**会员资格**】进入证券交易所参与集中交易的，必须是证券交易所的会员。

第一百一十一条 【**委托交易方式**】投资者应当与证券公司签订证券交易委托协议，并在证券公司开立证券交易账户，以书面、电话以及其他方式，委托该证券公司代其买卖证券。

第一百一十二条 【**交易申报和清算**】证券公司根据投资者的委托，按照证券交易规则提出交易申报，参与证券交易所场内的集中交易，并根据成交结果承担相应的清算交收责任；证券登记结算机构根据成交结果，按照清算交收规则，与证券公司进行证券和资金的清算交收，并为证券公司客户办理证券的登记过户手续。

第一百一十三条 【**即时行情的公布**】证券交易所应当为组织公平的集中交易提供保障，公布证券交易即时行情，并按交易日制作证券市场行情表，予以公布。

未经证券交易所许可，任何单位和个人不得发布证券交易即时行情。

第一百一十四条 【**技术性停牌和临时停市**】因突发性事件而影响证券交易的正常进行时，证券交易所可以采取技术性停牌的措施；因不可抗力的突发性事件或者为维护证券交易的正常秩序，证券交易所可以决定临时停市。

证券交易所采取技术性停牌或者决定临时停市，必须及时报告国务院证券监督管理机构。

第一百一十五条 【**监控报告**】证券交易所对证券交易实行实时监控，并按照国务院证券监督管理机构的要求，对异常的交易情况提出报告。

证券交易所应当对上市公司及相关信息披露义务人披露信息进行监督，督促其依法及时、准确地披露信息。

证券交易所根据需要，可以对出现重大异常交易情况的证券账户限制交易，并报国务院证券监督管理机构备案。

第一百一十六条 【**风险基金**】证券交易所应当从其收取的交易费用和会员费、席位费中提取一定比例的金额设立风险基金。风险基金由证券交易所理事会管理。

风险基金提取的具体比例和使用办法，由国务院证券监督管理机构会同国务院财政部门规定。

第一百一十七条 【**不得擅用风险基金**】证券交易所应当将收存的风险基金存入开户银行专门账户，不得擅自使用。

第一百一十八条 【**规则报批**】证券交易所依照证券法律、行政法规制定上市规则、交易规则、会员管理规则和其他有关规则，并报国务院证券监督管理机构批准。

第一百一十九条　【回避原则】证券交易所的负责人和其他从业人员在执行与证券交易有关的职务时，与其本人或者其亲属有利害关系的，应当回避。

第一百二十条　【交易结果的保护】按照依法制定的交易规则进行的交易，不得改变其交易结果。对交易中违规交易者应负的民事责任不得免除；在违规交易中所获利益，依照有关规定处理。

第一百二十一条　【违规处罚】在证券交易所内从事证券交易的人员，违反证券交易所有关交易规则的，由证券交易所给予纪律处分；对情节严重的，撤销其资格，禁止其入场进行证券交易。

第六章　证 券 公 司

第一百二十二条　【设立审批】设立证券公司，必须经国务院证券监督管理机构审查批准。未经国务院证券监督管理机构批准，任何单位和个人不得经营证券业务。

第一百二十三条　【定义】本法所称证券公司是指依照《中华人民共和国公司法》和本法规定设立的经营证券业务的有限责任公司或者股份有限公司。

第一百二十四条　【设立条件】设立证券公司，应当具备下列条件：

（一）有符合法律、行政法规规定的公司章程；

（二）主要股东具有持续盈利能力，信誉良好，最近三年无重大违法违规记录，净资产不低于人民币二亿元；

（三）有符合本法规定的注册资本；

（四）董事、监事、高级管理人员具备任职资格，从业人员具有证券从业资格；

（五）有完善的风险管理与内部控制制度；

（六）有合格的经营场所和业务设施；

（七）法律、行政法规规定的和经国务院批准的国务院证券监督管理机构规定的其他条件。

第一百二十五条　【业务范围】经国务院证券监督管理机构批准，证券公司可以经营下列部分或者全部业务：

（一）证券经纪；

（二）证券投资咨询；

（三）与证券交易、证券投资活动有关的财务顾问；

（四）证券承销与保荐；

（五）证券自营；

（六）证券资产管理；

（七）其他证券业务。

第一百二十六条　【名称规定】证券公司必须在其名称中标明证券有限责任公司或者证券股份有限公司字样。

第一百二十七条　【最低注册资本】证券公司经营本法第一百二十五条第（一）项至第（三）项业务的，注册资本最低限额为人民币五千万元；经营第（四）项至第（七）项业务之一的，注册资本最低限额为人民币一亿元；经营第（四）项至第（七）项业务中两项以上的，注册资本最低限额为人民币五亿元。证券公司的注册资本应当是实缴资本。

国务院证券监督管理机构根据审慎监管原则和各项业务的风险程度，可以调整注册资本最低限额，但不得少于前款规定的限额。

第一百二十八条　【申请受理】国务院证券监督管理机构应当自受理证券公司设立申请之日起六个月内，依照法定条件和法定程序并根据审慎监管原则进行审查，作出批准或者不予批准的决定，并通知申请人；不予批准的，应当说明理由。

证券公司设立申请获得批准的，申请人应当在规定的期限内向公司登记机关申请设立登记，领取营业执照。

证券公司应当自领取营业执照之日起十五日内，向国务院证券监督管理机构申请经营证券业务许可证。未取得经营证券业务许可证，证券公司不得经营证券业务。

第一百二十九条　【变更批准】证券公司设

立、收购或者撤销分支机构,变更业务范围,增加注册资本且股权结构发生重大调整,减少注册资本,变更持有百分之五以上股权的股东、实际控制人,变更公司章程中的重要条款,合并、分立、停业、解散、破产,必须经国务院证券监督管理机构批准。

证券公司在境外设立、收购或者参股证券经营机构,必须经国务院证券监督管理机构批准。

第一百三十条　【风险控制指标】国务院证券监督管理机构应当对证券公司的净资本,净资本与负债的比例,净资本与净资产的比例,净资本与自营、承销、资产管理等业务规模的比例,负债与净资产的比例,以及流动资产与流动负债的比例等风险控制指标作出规定。

证券公司不得为其股东或者股东的关联人提供融资或者担保。

第一百三十一条　【任职资格】证券公司的董事、监事、高级管理人员,应当正直诚实,品行良好,熟悉证券法律、行政法规,具有履行职责所需的经营管理能力,并在任职前取得国务院证券监督管理机构核准的任职资格。

有《中华人民共和国公司法》第一百四十六条规定的情形或者下列情形之一的,不得担任证券公司的董事、监事、高级管理人员:

(一)因违法行为或者违纪行为被解除职务的证券交易所、证券登记结算机构的负责人或者证券公司的董事、监事、高级管理人员,自被解除职务之日起未逾五年;

(二)因违法行为或者违纪行为被撤销资格的律师、注册会计师或者投资咨询机构、财务顾问机构、资信评级机构、资产评估机构、验证机构的专业人员,自被撤销资格之日起未逾五年。

第一百三十二条　【招聘的限制条件】因违法行为或者违纪行为被开除的证券交易所、证券登记结算机构、证券服务机构、证券公司的从业人员和被开除的国家机关工作人员,不得招聘为证券公司的从业人员。

第一百三十三条　【兼职禁止】国家机关工作人员和法律、行政法规规定的禁止在公司中兼职的其他人员,不得在证券公司中兼任职务。

第一百三十四条　【证券投资者保护基金】国家设立证券投资者保护基金。证券投资者保护基金由证券公司缴纳的资金及其他依法筹集的资金组成,其筹集、管理和使用的具体办法由国务院规定。

第一百三十五条　【交易风险准备金】证券公司从每年的税后利润中提取交易风险准备金,用于弥补证券交易的损失,其提取的具体比例由国务院证券监督管理机构规定。

第一百三十六条　【内部控制制度】证券公司应当建立健全内部控制制度,采取有效隔离措施,防范公司与客户之间、不同客户之间的利益冲突。

证券公司必须将其证券经纪业务、证券承销业务、证券自营业务和证券资产管理业务分开办理,不得混合操作。

第一百三十七条　【自营业务】证券公司的自营业务必须以自己的名义进行,不得假借他人名义或者以个人名义进行。

证券公司的自营业务必须使用自有资金和依法筹集的资金。

证券公司不得将其自营账户借给他人使用。

第一百三十八条　【自主经营权】证券公司依法享有自主经营的权利,其合法经营不受干涉。

第一百三十九条　【交易结算资金】证券公司客户的交易结算资金应当存放在商业银行,以每个客户的名义单独立户管理。具体办法和实施步骤由国务院规定。

证券公司不得将客户的交易结算资金和证券归入其自有财产。禁止任何单位或者个人以任何形式挪用客户的交易结算资金和证券。证券公司破产或者清算时,客户的交易结算资金和证券不属于其破产财产或者清算财产。非因客户本身的债务或者法律规定的其他情形，不得查封、冻结、扣划或者强制执行客户的交易结算资金和证券。

第一百四十条 【证券买卖委托书】证券公司办理经纪业务，应当置备统一制定的证券买卖委托书，供委托人使用。采取其他委托方式的，必须作出委托记录。

客户的证券买卖委托，不论是否成交，其委托记录应当按照规定的期限，保存于证券公司。

第一百四十一条 【证券代理买卖】证券公司接受证券买卖的委托，应当根据委托书载明的证券名称、买卖数量、出价方式、价格幅度等，按照交易规则代理买卖证券，如实进行交易记录；买卖成交后，应当按照规定制作买卖成交报告单交付客户。

证券交易中确认交易行为及其交易结果的对账单必须真实，并由交易经办人员以外的审核人员逐笔审核，保证账面证券余额与实际持有的证券相一致。

第一百四十二条 【融资融券服务】证券公司为客户买卖证券提供融资融券服务，应当按照国务院的规定并经国务院证券监督管理机构批准。

第一百四十三条 【全权委托禁止】证券公司办理经纪业务，不得接受客户的全权委托而决定证券买卖、选择证券种类、决定买卖数量或者买卖价格。

第一百四十四条 【承诺禁止】证券公司不得以任何方式对客户证券买卖的收益或者赔偿证券买卖的损失作出承诺。

第一百四十五条 【私下接受委托禁止】证券公司及其从业人员不得未经过其依法设立的营业场所私下接受客户委托买卖证券。

第一百四十六条 【职务行为责任承担】证券公司的从业人员在证券交易活动中，执行所属的证券公司的指令或者利用职务违反交易规则的，由所属的证券公司承担全部责任。

第一百四十七条 【资料保存】证券公司应当妥善保存客户开户资料、委托记录、交易记录和与内部管理、业务经营有关的各项资料，任何人不得隐匿、伪造、篡改或者毁损。上述资料的保存期限不得少于二十年。

第一百四十八条 【信息、资料报送要求】证券公司应当按照规定向国务院证券监督管理机构报送业务、财务等经营管理信息和资料。国务院证券监督管理机构有权要求证券公司及其股东、实际控制人在指定的期限内提供有关信息、资料。

证券公司及其股东、实际控制人向国务院证券监督管理机构报送或者提供的信息、资料，必须真实、准确、完整。

第一百四十九条 【审计评估】国务院证券监督管理机构认为有必要时，可以委托会计师事务所、资产评估机构对证券公司的财务状况、内部控制状况、资产价值进行审计或者评估。具体办法由国务院证券监督管理机构会同有关主管部门制定。

第一百五十条 【违规处罚措施】证券公司的净资本或者其他风险控制指标不符合规定的，国务院证券监督管理机构应当责令其限期改正；逾期未改正，或者其行为严重危及该证券公司的稳健运行、损害客户合法权益的，国务院证券监督管理机构可以区别情形，对其采取下列措施：

（一）限制业务活动，责令暂停部分业务，停止批准新业务；

（二）停止批准增设、收购营业性分支机构；

（三）限制分配红利，限制向董事、监事、高级管理人员支付报酬、提供福利；

（四）限制转让财产或者在财产上设定其他权利；

（五）责令更换董事、监事、高级管理人员或者限制其权利；

（六）责令控股股东转让股权或者限制有关股东行使股东权利；

（七）撤销有关业务许可。

证券公司整改后，应当向国务院证券监督管理机构提交报告。国务院证券监督管理机构经验收，符合有关风险控制指标的，应当自验收完毕之日起三日内解除对其采取的前款规定的有关措施。

第一百五十一条　【对虚假、抽逃出资的处罚】证券公司的股东有虚假出资、抽逃出资行为的，国务院证券监督管理机构应当责令其限期改正，并可责令其转让所持证券公司的股权。

在前款规定的股东按照要求改正违法行为、转让所持证券公司的股权前，国务院证券监督管理机构可以限制其股东权利。

第一百五十二条　【领导责任承担】证券公司的董事、监事、高级管理人员未能勤勉尽责，致使证券公司存在重大违法违规行为或者重大风险的，国务院证券监督管理机构可以撤销其任职资格，并责令公司予以更换。

第一百五十三条　【公司责任承担】证券公司违法经营或者出现重大风险，严重危害证券市场秩序、损害投资者利益的，国务院证券监督管理机构可以对该证券公司采取责令停业整顿、指定其他机构托管、接管或者撤销等监管措施。

第一百五十四条　【对直接责任人的措施】在证券公司被责令停业整顿、被依法指定托管、接管或者清算期间，或者出现重大风险时，经国务院证券监督管理机构批准，可以对该证券公司直接负责的董事、监事、高级管理人员和其他直接责任人员采取以下措施：

（一）通知出境管理机关依法阻止其出境；

（二）申请司法机关禁止其转移、转让或者以其他方式处分财产，或者在财产上设定其他权利。

第七章　证券登记结算机构

第一百五十五条　【定义和设立批准】证券登记结算机构是为证券交易提供集中登记、存管与结算服务，不以营利为目的的法人。

设立证券登记结算机构必须经国务院证券监督管理机构批准。

第一百五十六条　【设立条件】设立证券登记结算机构，应当具备下列条件：

（一）自有资金不少于人民币二亿元；

（二）具有证券登记、存管和结算服务所必须的场所和设施；

（三）主要管理人员和从业人员必须具有证券从业资格；

（四）国务院证券监督管理机构规定的其他条件。

证券登记结算机构的名称中应当标明证券登记结算字样。

第一百五十七条　【职能】证券登记结算机构履行下列职能：

（一）证券账户、结算账户的设立；

（二）证券的存管和过户；

（三）证券持有人名册登记；

（四）证券交易所上市证券交易的清算和交收；

（五）受发行人的委托派发证券权益；

（六）办理与上述业务有关的查询；

（七）国务院证券监督管理机构批准的其他业务。

第一百五十八条　【运营方式和章程、业务规则的报批】证券登记结算采取全国集中统一的运营方式。

证券登记结算机构章程、业务规则应当依法制定，并经国务院证券监督管理机构批准。

第一百五十九条　【证券的存管】证券持有人持有的证券，在上市交易时，应当全部存管在证券登记结算机构。

证券登记结算机构不得挪用客户的证券。

第一百六十条　【义务】证券登记结算机构应当向证券发行人提供证券持有人名册及其有关资料。

证券登记结算机构应当根据证券登记

结算的结果，确认证券持有人持有证券的事实，提供证券持有人登记资料。

证券登记结算机构应当保证证券持有人名册和登记过户记录真实、准确、完整，不得隐匿、伪造、篡改或者毁损。

第一百六十一条　【保障措施】证券登记结算机构应当采取下列措施保证业务的正常进行：

（一）具有必备的服务设备和完善的数据安全保护措施；

（二）建立完善的业务、财务和安全防范等管理制度；

（三）建立完善的风险管理系统。

第一百六十二条　【文件资料保存】证券登记结算机构应当妥善保存登记、存管和结算的原始凭证及有关文件和资料。其保存期限不得少于二十年。

第一百六十三条　【结算风险基金】证券登记结算机构应当设立证券结算风险基金，用于垫付或者弥补因违约交收、技术故障、操作失误、不可抗力造成的证券登记结算机构的损失。

证券结算风险基金从证券登记结算机构的业务收入和收益中提取，并可以由结算参与人按照证券交易业务量的一定比例缴纳。

证券结算风险基金的筹集、管理办法，由国务院证券监督管理机构会同国务院财政部门规定。

第一百六十四条　【基金保管】证券结算风险基金应当存入指定银行的专门账户，实行专项管理。

证券登记结算机构以证券结算风险基金赔偿后，应当向有关责任人追偿。

第一百六十五条　【解散】证券登记结算机构申请解散，应当经国务院证券监督管理机构批准。

第一百六十六条　【证券账户的设立】投资者委托证券公司进行证券交易，应当申请开立证券账户。证券登记结算机构应当按照规定以投资者本人的名义为投资者开立证券账户。

投资者申请开立账户，必须持有证明中国公民身份或者中国法人资格的合法证件。国家另有规定的除外。

第一百六十七条　【交收义务】证券登记结算机构为证券交易提供净额结算服务时，应当要求结算参与人按照货银对付的原则，足额交付证券和资金，并提供交收担保。

在交收完成之前，任何人不得动用用于交收的证券、资金和担保物。

结算参与人未按时履行交收义务的，证券登记结算机构有权按照业务规则处理前款所述财产。

第一百六十八条　【清算】证券登记结算机构按照业务规则收取的各类结算资金和证券，必须存放于专门的清算交收账户，只能按业务规则用于已成交的证券交易的清算交收，不得被强制执行。

第八章　证券服务机构

第一百六十九条　【业务批准】投资咨询机构、财务顾问机构、资信评级机构、资产评估机构、会计师事务所从事证券服务业务，必须经国务院证券监督管理机构和有关主管部门批准。

投资咨询机构、财务顾问机构、资信评级机构、资产评估机构、会计师事务所从事证券服务业务的审批管理办法，由国务院证券监督管理机构和有关主管部门制定。

第一百七十条　【从业资格】投资咨询机构、财务顾问机构、资信评级机构从事证券服务业务的人员，必须具备证券专业知识和从事证券业务或者证券服务业务二年以上经验。认定其证券从业资格的标准和管理办法，由国务院证券监督管理机构制定。

第一百七十一条　【禁止行为】投资咨询机构及其从业人员从事证券服务业务不得有下列行为：

（一）代理委托人从事证券投资；

（二）与委托人约定分享证券投资收

益或者分担证券投资损失；

（三）买卖本咨询机构提供服务的上市公司股票；

（四）利用传播媒介或者通过其他方式提供、传播虚假或者误导投资者的信息；

（五）法律、行政法规禁止的其他行为。

有前款所列行为之一，给投资者造成损失的，依法承担赔偿责任。

第一百七十二条　【服务费用】从事证券服务业务的投资咨询机构和资信评级机构，应当按照国务院有关主管部门规定的标准或者收费办法收取服务费用。

第一百七十三条　【文件出具义务】证券服务机构为证券的发行、上市、交易等证券业务活动制作、出具审计报告、资产评估报告、财务顾问报告、资信评级报告或者法律意见书等文件，应当勤勉尽责，对所依据的文件资料内容的真实性、准确性、完整性进行核查和验证。其制作、出具的文件有虚假记载、误导性陈述或者重大遗漏，给他人造成损失的，应当与发行人、上市公司承担连带赔偿责任，但是能够证明自己没有过错的除外。

第九章　证券业协会

第一百七十四条　【性质】证券业协会是证券业的自律性组织，是社会团体法人。

证券公司应当加入证券业协会。

证券业协会的权力机构为全体会员组成的会员大会。

第一百七十五条　【协会章程】证券业协会章程由会员大会制定，并报国务院证券监督管理机构备案。

第一百七十六条　【职责履行】证券业协会履行下列职责：

（一）教育和组织会员遵守证券法律、行政法规；

（二）依法维护会员的合法权益，向证券监督管理机构反映会员的建议和要求；

（三）收集整理证券信息，为会员提供服务；

（四）制定会员应遵守的规则，组织会员单位的从业人员的业务培训，开展会员间的业务交流；

（五）对会员之间、会员与客户之间发生的证券业务纠纷进行调解；

（六）组织会员就证券业的发展、运作及有关内容进行研究；

（七）监督、检查会员行为，对违反法律、行政法规或者协会章程的，按照规定给予纪律处分；

（八）证券业协会章程规定的其他职责。

第一百七十七条　【理事会】证券业协会设理事会。理事会成员依章程的规定由选举产生。

第十章　证券监督管理机构

第一百七十八条　【设立目的】国务院证券监督管理机构依法对证券市场实行监督管理，维护证券市场秩序，保障其合法运行。

第一百七十九条　【职责】国务院证券监督管理机构在对证券市场实施监督管理中履行下列职责：

（一）依法制定有关证券市场监督管理的规章、规则，并依法行使审批或者核准权；

（二）依法对证券的发行、上市、交易、登记、存管、结算，进行监督管理；

（三）依法对证券发行人、上市公司、证券公司、证券投资基金管理公司、证券服务机构、证券交易所、证券登记结算机构的证券业务活动，进行监督管理；

（四）依法制定从事证券业务人员的资格标准和行为准则，并监督实施；

（五）依法监督检查证券发行、上市和交易的信息公开情况；

（六）依法对证券业协会的活动进行指导和监督；

（七）依法对违反证券市场监督管理法律、行政法规的行为进行查处；

（八）法律、行政法规规定的其他职责。

国务院证券监督管理机构可以和其他国家或者地区的证券监督管理机构建立监督管理合作机制，实施跨境监督管理。

第一百八十条　【权力】国务院证券监督管理机构依法履行职责，有权采取下列措施：

（一）对证券发行人、上市公司、证券公司、证券投资基金管理公司、证券服务机构、证券交易所、证券登记结算机构进行现场检查；

（二）进入涉嫌违法行为发生场所调查取证；

（三）询问当事人和与被调查事件有关的单位和个人，要求其对与被调查事件有关的事项作出说明；

（四）查阅、复制与被调查事件有关的财产权登记、通讯记录等资料；

（五）查阅、复制当事人和与被调查事件有关的单位和个人的证券交易记录、登记过户记录、财务会计资料及其他相关文件和资料；对可能被转移、隐匿或者毁损的文件和资料，可以予以封存；

（六）查询当事人和与被调查事件有关的单位和个人的资金账户、证券账户和银行账户；对有证据证明已经或者可能转移或者隐匿违法资金、证券等涉案财产或者隐匿、伪造、毁损重要证据的，经国务院证券监督管理机构主要负责人批准，可以冻结或者查封；

（七）在调查操纵证券市场、内幕交易等重大证券违法行为时，经国务院证券监督管理机构主要负责人批准，可以限制被调查事件当事人的证券买卖，但限制的期限不得超过十五个交易日；案情复杂的，可以延长十五个交易日。

第一百八十一条　【监督程序】国务院证券监督管理机构依法履行职责，进行监督检查或者调查，其监督检查、调查的人员不得少于二人，并应当出示合法证件和监督检查、调查通知书。监督检查、调查的人员少于二人或者未出示合法证件和监督检查、调查通知书的，被检查、调查的单位有权拒绝。

第一百八十二条　【职责履行】国务院证券监督管理机构工作人员必须忠于职守，依法办事，公正廉洁，不得利用职务便利牟取不正当利益，不得泄露所知悉的有关单位和个人的商业秘密。

第一百八十三条　【协助义务】国务院证券监督管理机构依法履行职责，被检查、调查的单位和个人应当配合，如实提供有关文件和资料，不得拒绝、阻碍和隐瞒。

第一百八十四条　【制度公开】国务院证券监督管理机构依法制定的规章、规则和监督管理工作制度应当公开。

国务院证券监督管理机构依据调查结果，对证券违法行为作出的处罚决定，应当公开。

第一百八十五条　【信息共享机制】国务院证券监督管理机构应当与国务院其他金融监督管理机构建立监督管理信息共享机制。

国务院证券监督管理机构依法履行职责，进行监督检查或者调查时，有关部门应当予以配合。

第一百八十六条　【涉嫌犯罪的移送】国务院证券监督管理机构依法履行职责，发现证券违法行为涉嫌犯罪的，应当将案件移送司法机关处理。

第一百八十七条　【任职禁止】国务院证券监督管理机构的人员不得在被监管的机构中任职。

第十一章　法律责任

第一百八十八条　【擅自发行证券责任】未经法定机关核准，擅自公开或者变相公开发行证券的，责令停止发行，退还所募资金并加算银行同期存款利息，处以非法所募资金金额百分之一以上百分之五以下的罚款；对擅自公开或者变相公开发行证券设立的公司，由依法履行监督管理职责的机构或者部门会同县级以上地方人民政府予以取缔。对直接负责的主管人员和其他直接责任人员给予警告，并处以三万元以上三十万元以下的罚款。

第一百八十九条 【骗取发行核准的责任】 发行人不符合发行条件，以欺骗手段骗取发行核准，尚未发行证券的，处以三十万元以上六十万元以下的罚款；已经发行证券的，处以非法所募资金金额百分之一以上百分之五以下的罚款。对直接负责的主管人员和其他直接责任人员处以三万元以上三十万元以下的罚款。

发行人的控股股东、实际控制人指使从事前款违法行为的，依照前款的规定处罚。

第一百九十条 【承销或者代理买卖未经核准的证券的责任】 证券公司承销或者代理买卖未经核准擅自公开发行的证券的，责令停止承销或者代理买卖，没收违法所得，并处以违法所得一倍以上五倍以下的罚款；没有违法所得或者违法所得不足三十万元的，处以三十万元以上六十万元以下的罚款。给投资者造成损失的，应当与发行人承担连带赔偿责任。对直接负责的主管人员和其他直接责任人员给予警告，撤销任职资格或者证券从业资格，并处以三万元以上三十万元以下的罚款。

第一百九十一条 【证券公司违反承销业务规定的责任】 证券公司承销证券，有下列行为之一的，责令改正，给予警告，没收违法所得，可以并处三十万元以上六十万元以下的罚款；情节严重的，暂停或者撤销相关业务许可。给其他证券承销机构或者投资者造成损失的，依法承担赔偿责任。对直接负责的主管人员和其他直接责任人员给予警告，可以并处三万元以上三十万元以下的罚款；情节严重的，撤销任职资格或者证券从业资格：

（一）进行虚假的或者误导投资者的广告或者其他宣传推介活动；

（二）以不正当竞争手段招揽承销业务；

（三）其他违反证券承销业务规定的行为。

第一百九十二条 【保荐人责任】 保荐人出具有虚假记载、误导性陈述或者重大遗漏的保荐书，或者不履行其他法定职责的，责令改正，给予警告，没收业务收入，并处以业务收入一倍以上五倍以下的罚款；情节严重的，暂停或者撤销相关业务许可。对直接负责的主管人员和其他直接责任人员给予警告，并处以三万元以上三十万元以下的罚款；情节严重的，撤销任职资格或者证券从业资格。

第一百九十三条 【违反披露义务的处罚】 发行人、上市公司或者其他信息披露义务人未按照规定披露信息，或者所披露的信息有虚假记载、误导性陈述或者重大遗漏的，责令改正，给予警告，并处以三十万元以上六十万元以下的罚款。对直接负责的主管人员和其他直接责任人员给予警告，并处以三万元以上三十万元以下的罚款。

发行人、上市公司或者其他信息披露义务人未按照规定报送有关报告，或者报送的报告有虚假记载、误导性陈述或者重大遗漏的，责令改正，给予警告，并处以三十万元以上六十万元以下的罚款。对直接负责的主管人员和其他直接责任人员给予警告，并处以三万元以上三十万元以下的罚款。

发行人、上市公司或者其他信息披露义务人的控股股东、实际控制人指使从事前两款违法行为的，依照前两款的规定处罚。

第一百九十四条 【擅自改变募集资金用途的处罚】 发行人、上市公司擅自改变公开发行证券所募集资金的用途的，责令改正，对直接负责的主管人员和其他直接责任人员给予警告，并处以三万元以上三十万元以下的罚款。

发行人、上市公司的控股股东、实际控制人指使从事前款违法行为的，给予警告，并处以三十万元以上六十万元以下的罚款。对直接负责的主管人员和其他直接责任人员依照前款的规定处罚。

第一百九十五条　【高管人员违法买卖证券的处罚】上市公司的董事、监事、高级管理人员、持有上市公司股份百分之五以上的股东，违反本法第四十七条的规定买卖本公司股票的，给予警告，可以并处三万元以上十万元以下的罚款。

第一百九十六条　【非法开设证交场的处罚】非法开设证券交易场所的，由县级以上人民政府予以取缔，没收违法所得，并处以违法所得一倍以上五倍以下的罚款；没有违法所得或者违法所得不足十万元的，处以十万元以上五十万元以下的罚款。对直接负责的主管人员和其他直接责任人员给予警告，并处以三万元以上三十万元以下的罚款。

第一百九十七条　【擅自设立证券公司的处罚】未经批准，擅自设立证券公司或者非法经营证券业务的，由证券监督管理机构予以取缔，没收违法所得，并处以违法所得一倍以上五倍以下的罚款；没有违法所得或者违法所得不足三十万元的，处以三十万元以上六十万元以下的罚款。对直接负责的主管人员和其他直接责任人员给予警告，并处以三万元以上三十万元以下的罚款。

第一百九十八条　【违法聘任证券从业人员的处罚】违反本法规定，聘任不具有任职资格、证券从业资格的人员的，由证券监督管理机构责令改正，给予警告，可以并处十万元以上三十万元以下的罚款；对直接负责的主管人员给予警告，可以并处三万元以上十万元以下的罚款。

第一百九十九条　【非法持有股票的处罚】法律、行政法规规定禁止参与股票交易的人员，直接或者以化名、借他人名义持有、买卖股票的，责令依法处理非法持有的股票，没收违法所得，并处以买卖股票等值以下的罚款；属于国家工作人员的，还应当依法给予行政处分。

第二百条　【故意提供虚假资料的处罚】证券交易所、证券公司、证券登记结算机构、证券服务机构的从业人员或者证券业协会的工作人员，故意提供虚假资料，隐匿、伪造、篡改或者毁损交易记录，诱骗投资者买卖证券的，撤销证券从业资格，并处以三万元以上十万元以下的罚款；属于国家工作人员的，还应当依法给予行政处分。

第二百零一条　【中介机构从业人员违法买卖股票的处罚】为股票的发行、上市、交易出具审计报告、资产评估报告或者法律意见书等文件的证券服务机构和人员，违反本法第四十五条的规定买卖股票的，责令依法处理非法持有的股票，没收违法所得，并处以买卖股票等值以下的罚款。

第二百零二条　【非法获取内幕信息的处罚】证券交易内幕信息的知情人或者非法获取内幕信息的人，在涉及证券的发行、交易或者其他对证券的价格有重大影响的信息公开前，买卖该证券，或者泄露该信息，或者建议他人买卖该证券的，责令依法处理非法持有的证券，没收违法所得，并处以违法所得一倍以上五倍以下的罚款；没有违法所得或者违法所得不足三万元的，处以三万元以上六十万元以下的罚款。单位从事内幕交易的，还应当对直接负责的主管人员和其他直接责任人员给予警告，并处以三万元以上三十万元以下的罚款。证券监督管理机构工作人员进行内幕交易的，从重处罚。

第二百零三条　【非法操纵证券市场的处罚】违反本法规定，操纵证券市场的，责令依法处理非法持有的证券，没收违法所得，并处以违法所得一倍以上五倍以下的罚款；没有违法所得或者违法所得不足三十万元的，处以三十万元以上三百万元以下的罚款。单位操纵证券市场的，还应当对直接负责的主管人员和其他直接责任人员给予警告，并处以十万元以上六十万元以下的罚款。

第二百零四条　【在限制转让期限内买卖证券的处罚】违反法律规定，在限制转让期限内买卖证券的,责令改正,给予警告,并处以买卖证券等值以下的罚款。对直接负责的主管人员和其他直接责任人员给予警告,并处以三万元以上三十万元以下的罚款。

第二百零五条　【违法融资融券的处罚】证券公司违反本法规定,为客户买卖证券提供融资融券的,没收违法所得,暂停或者撤销相关业务许可,并处以非法融资融券等值以下的罚款。对直接负责的主管人员和其他直接责任人员给予警告,撤销任职资格或者证券从业资格,并处以三万元以上三十万元以下的罚款。

第二百零六条　【扰乱证券市场的处罚】违反本法第七十八条第一款、第三款的规定,扰乱证券市场的,由证券监督管理机构责令改正,没收违法所得,并处以违法所得一倍以上五倍以下的罚款;没有违法所得或者违法所得不足三万元的,处以三万元以上二十万元以下的罚款。

第二百零七条　【虚假陈述的处罚】违反本法第七十八条第二款的规定,在证券交易活动中作出虚假陈述或者信息误导的,责令改正,处以三万元以上二十万元以下的罚款;属于国家工作人员的,还应当依法给予行政处分。

第二百零八条　【法人以他人名义买卖证券的处罚】违反本法规定,法人以他人名义设立账户或者利用他人账户买卖证券的,责令改正,没收违法所得,并处以违法所得一倍以上五倍以下的罚款;没有违法所得或者违法所得不足三万元的,处以三万元以上三十万元以下的罚款。对直接负责的主管人员和其他直接责任人员给予警告,并处以三万元以上十万元以下的罚款。

证券公司为前款规定的违法行为提供自己或者他人的证券交易账户的,除依照前款的规定处罚外,还应当撤销直接负责的主管人员和其他直接责任人员的任职资格或者证券从业资格。

第二百零九条　【非法从事证券自营业务的处罚】证券公司违反本法规定,假借他人名义或者以个人名义从事证券自营业务的,责令改正,没收违法所得,并处以违法所得一倍以上五倍以下的罚款;没有违法所得或者违法所得不足三十万元的,处以三十万元以上六十万元以下的罚款;情节严重的,暂停或者撤销证券自营业务许可。对直接负责的主管人员和其他直接责任人员给予警告,撤销任职资格或者证券从业资格,并处以三万元以上十万元以下的罚款。

第二百一十条　【违背客户的委托买卖证券、办理交易的处罚】证券公司违背客户的委托买卖证券、办理交易事项,或者违背客户真实意思表示,办理交易以外的其他事项的,责令改正,处以一万元以上十万元以下的罚款。给客户造成损失的,依法承担赔偿责任。

第二百一十一条　【挪用客户资金或者证券的处罚】证券公司、证券登记结算机构挪用客户的资金或者证券,或者未经客户的委托,擅自为客户买卖证券的,责令改正,没收违法所得,并处以违法所得一倍以上五倍以下的罚款;没有违法所得或者违法所得不足十万元的,处以十万元以上六十万元以下的罚款;情节严重的,责令关闭或者撤销相关业务许可。对直接负责的主管人员和其他直接责任人员给予警告,撤销任职资格或者证券从业资格,并处以三万元以上三十万元以下的罚款。

第二百一十二条　【经纪业务违规行为责任】证券公司办理经纪业务,接受客户的全权委托买卖证券的,或者证券公司对客户买卖证券的收益或者赔偿证券买卖的损失作出承诺的,责令改正,没收违法所得,并处以五万元以上二十万元以下的罚款,可以暂停或者撤销相关业务许可。对直接负责的主管人员和其他直接责任人员给予警告,并处以三万元以上十万元以下的罚款,可以撤销任职资格或者证券从业资格。

第二百一十三条　【收购人违规责任】收购人未按照本法规定履行上市公司收购的公

告、发出收购要约等义务的，责令改正，给予警告，并处以十万元以上三十万元以下的罚款；在改正前，收购人对其收购或者通过协议、其他安排与他人共同收购的股份不得行使表决权。对直接负责的主管人员和其他直接责任人员给予警告，并处以三万元以上三十万元以下的罚款。

第二百一十四条　【损害被收购公司及其股东合法权益的处罚】收购人或者收购人的控股股东，利用上市公司收购，损害被收购公司及其股东的合法权益的，责令改正，给予警告；情节严重的，并处以十万元以上六十万元以下的罚款。给被收购公司及其股东造成损失的，依法承担赔偿责任。对直接负责的主管人员和其他直接责任人员给予警告，并处以三万元以上三十万元以下的罚款。

第二百一十五条　【私下接受委托买卖证券的处罚】证券公司及其从业人员违反本法规定，私下接受客户委托买卖证券的，责令改正，给予警告，没收违法所得，并处以违法所得一倍以上五倍以下的罚款；没有违法所得或者违法所得不足十万元的，处以十万元以上三十万元以下的罚款。

第二百一十六条　【违规经营非上市证券交易的处罚】证券公司违反规定，未经批准经营非上市证券的交易的，责令改正，没收违法所得，并处以违法所得一倍以上五倍以下的罚款。

第二百一十七条　【不正常营业的处罚】证券公司成立后，无正当理由超过三个月未开始营业的，或者开业后自行停业连续三个月以上的，由公司登记机关吊销其公司营业执照。

第二百一十八条　【擅自设立分支机构和经营机构的处罚】证券公司违反本法第一百二十九条的规定，擅自设立、收购、撤销分支机构，或者合并、分立、停业、解散、破产，或者在境外设立、收购、参股证券经营机构的，责令改正，没收违法所得，并处以违法所得一倍以上五倍以下的罚款；没有违法所得或者违法所得不足十万元的，处以十万元以上六十万元以下的罚款。对直接负责的主管人员给予警告，并处以三万元以上十万元以下的罚款。

证券公司违反本法第一百二十九条的规定，擅自变更有关事项的，责令改正，并处以十万元以上三十万元以下的罚款。对直接负责的主管人员给予警告，并处以五万元以下的罚款。

第二百一十九条　【超出业务许可范围经营证券业务的处罚】证券公司违反本法规定，超出业务许可范围经营证券业务的，责令改正，没收违法所得，并处以违法所得一倍以上五倍以下的罚款；没有违法所得或者违法所得不足三十万元的，处以三十万元以上六十万元以下罚款；情节严重的，责令关闭。对直接负责的主管人员和其他直接责任人员给予警告，撤销任职资格或者证券从业资格，并处以三万元以上十万元以下的罚款。

第二百二十条　【混合业务操作的处罚】证券公司对其证券经纪业务、证券承销业务、证券自营业务、证券资产管理业务，不依法分开办理，混合操作的，责令改正，没收违法所得，并处以三十万元以上六十万元以下的罚款；情节严重的，撤销相关业务许可。对直接负责的主管人员和其他直接责任人员给予警告，并处以三万元以上十万元以下的罚款；情节严重的，撤销任职资格或者证券从业资格。

第二百二十一条　【骗取证券业务许可的法律责任】提交虚假证明文件或者采取其他欺诈手段隐瞒重要事实骗取证券业务许可的，或者证券公司在证券交易中有严重违法行为，不再具备经营资格的，由证券监督管理机构撤销证券业务许可。

第二百二十二条　【欺诈责任】证券公司或者其股东、实际控制人违反规定，拒不向证券监督管理机构报送或者提供经营管理信息和资料，或者报送、提供的经营管理信息和资料有虚假记载、误导性陈述或者重大遗漏的，责令改正，给予警告，并处以三万元以上三十万元以下的罚款，可以暂停或者撤销证券公司相关业务许可。对直接负责的主管人员和其他直接责任人员，给予警告，并处以三万元以下的罚款，可以撤销任职资格或者证券从业资格。

证券公司为其股东或者股东的关联人提供融资或者担保的，责令改正，给予警告，并处以十万元以上三十万元以下的罚款。对直接负责的主管人员和其他直接责任人员，处以三万元以上十万元以下的罚款。股东有过错的，在按照要求改正前，国务院证券监督管理机构可以限制其股东权利；拒不改正的，可以责令其转让所持证券公司股权。

第二百二十三条　【证券服务机构的失职责任】证券服务机构未勤勉尽责，所制作、出具的文件有虚假记载、误导性陈述或者重大遗漏的，责令改正，没收业务收入，暂停或者撤销证券服务业务许可，并处以业务收入一倍以上五倍以下的罚款。对直接负责的主管人员和其他直接责任人员给予警告，撤销证券从业资格，并处以三万元以上十万元以下的罚款。

第二百二十四条　【违规发行、承销公司债券的责任】违反本法规定，发行、承销公司债券的，由国务院授权的部门依照本法有关规定予以处罚。

第二百二十五条　【资料保管不善的责任】上市公司、证券公司、证券交易所、证券登记结算机构、证券服务机构，未按照有关规定保存有关文件和资料的，责令改正，给予警告，并处以三万元以上三十万元以下的罚款；隐匿、伪造、篡改或者毁损有关文件和资料的，给予警告，并处以三十万元以上六十万元以下的罚款。

第二百二十六条　【擅自设立证券登记结算机构的责任】未经国务院证券监督管理机构批准，擅自设立证券登记结算机构的，由证券监督管理机构予以取缔，没收违法所得，并处以违法所得一倍以上五倍以下的罚款。

投资咨询机构、财务顾问机构、资信评级机构、资产评估机构、会计师事务所未经批准，擅自从事证券服务业务的，责令改正，没收违法所得，并处以违法所得一倍以上五倍以下的罚款。

证券登记结算机构、证券服务机构违反本法规定或者依法制定的业务规则的，由证券监督管理机构责令改正，没收违法所得，并处以违法所得一倍以上五倍以下的罚款；没有违法所得或者违法所得不足十万元的，处以十万元以上三十万元以下的罚款；情节严重的，责令关闭或者撤销证券服务业务许可。

第二百二十七条　【行政处罚情形】国务院证券监督管理机构或者国务院授权的部门有下列情形之一的，对直接负责的主管人员和其他直接责任人员，依法给予行政处分：

（一）对不符合本法规定的发行证券、设立证券公司等申请予以核准、批准的；

（二）违反规定采取本法第一百八十条规定的现场检查、调查取证、查询、冻结或者查封等措施的；

（三）违反规定对有关机构和人员实施行政处罚的；

（四）其他不依法履行职责的行为。

第二百二十八条　【监管失职的责任】证券监督管理机构的工作人员和发行审核委员会的组成人员，不履行本法规定的职责，滥用职权、玩忽职守，利用职务便利牟取不正当利益，或者泄露所知悉的有关单位和个人的商业秘密的，依法追究法律责任。

第二百二十九条　【违法核准上市责任】证券交易所对不符合本法规定条件的证券上市申请予以审核同意的，给予警告，没收业务收入，并处以业务收入一倍以上五倍以下的罚款。对直接负责的主管人员和其他直接责任人员给予警告，并处以三万元以上三十万元以下的罚款。

第二百三十条　【阻碍监管的治安处罚】拒

绝、阻碍证券监督管理机构及其工作人员依法行使监督检查、调查职权未使用暴力、威胁方法的，依法给予治安管理处罚。

第二百三十一条　【刑事责任】违反本法规定，构成犯罪的，依法追究刑事责任。

第二百三十二条　【民事赔偿责任】违反本法规定，应当承担民事赔偿责任和缴纳罚款、罚金，其财产不足以同时支付时，先承担民事赔偿责任。

第二百三十三条　【市场禁入制度】违反法律、行政法规或者国务院证券监督管理机构的有关规定，情节严重的，国务院证券监督管理机构可以对有关责任人员采取证券市场禁入的措施。

前款所称证券市场禁入，是指在一定期限内直至终身不得从事证券业务或者不得担任上市公司董事、监事、高级管理人员的制度。

第二百三十四条　【罚款上缴国库】依照本法收缴的罚款和没收的违法所得，全部上缴国库。

第二百三十五条　【不服处罚决定的救济】当事人对证券监督管理机构或者国务院授权的部门的处罚决定不服的，可以依法申请行政复议，或者依法直接向人民法院提起诉讼。

第十二章　附　　则

第二百三十六条　【与旧法的衔接】本法施行前依照行政法规已批准在证券交易所上市交易的证券继续依法进行交易。

本法施行前依照行政法规和国务院金融行政管理部门的规定经批准设立的证券经营机构，不完全符合本法规定的，应当在规定的限期内达到本法规定的要求。具体实施办法，由国务院另行规定。

第二百三十七条　【审核费用】发行人申请核准公开发行股票、公司债券，应当按照规定缴纳审核费用。

第二百三十八条　【境外上市交易】境内企业直接或者间接到境外发行证券或者将其证券在境外上市交易，必须经国务院证券监督管理机构依照国务院的规定批准。

第二百三十九条　【外币交易】境内公司股票以外币认购和交易的，具体办法由国务院另行规定。

第二百四十条　【施行日期】本法自2006年1月1日起施行。

◎部门规章及文件

外商投资企业投资者股权变更的若干规定

• 1997年5月28日

第一条　为促进外商投资企业的健康发展，保护投资各方的合法权益，维护社会经济秩序，根据《中华人民共和国公司法》、《中华人民共和国中外合资经营企业法》、《中华人民共和国中外合作经营企业法》、《中华人民共和国外资企业法》及其他有关法律、法规，制定本规定。

第二条　本规定所称的外商投资企业投资者股权变更，是指依照中国法律在中国境内设立的中外合资经营企业、中外合作经营企业、外资企业（以下统称为企业）的投资者或其在企业的出资（包括提供合作条件）份额（以下称为股权）发生变化。包括但不限于下列主要原因导致外商投资企业投资者股权变更：

（一）企业投资者之间协议转让股权；

（二）企业投资者经其他各方投资者同意向其关联企业或其他受让人转让股权；

（三）企业投资者协议调整企业注册资本导致变更各方投资者股权；

（四）企业投资者经其他各方投资者同意将其股权质押给债权人，质权人或受益人依照法律规定和合同约定取得该投资者股权；

（五）企业投资者破产、解散、被撤销、

被吊销或死亡,其继承人、债权人或其他受益人依法取得该投资者股权;

(六)企业投资者合并或者分立,其合并或分立后的承继者依法承继原投资者股权;

(七)企业投资者不履行企业合同、章程规定的出资义务,经原审批机关批准,更换投资者或变更股权。

第三条 企业投资者股权变更应遵守中国有关法律、法规,并按照本规定经审批机关批准和登记机关变更登记。未经审批机关批准的股权变更无效。

第四条 企业投资者股权变更必须符合中国法律、法规对投资者资格的规定和产业政策要求。

依照《外商投资产业指导目录》,不允许外商独资经营的产业,股权变更不得导致外国投资者持有企业的全部股权;因股权变更而使企业变成外资企业的,还必须符合《中华人民共和国外资企业法实施细则》(以下简称《外资细则》)所规定的设立外资企业的条件。

需由国有资产占控股或主导地位的产业,股权变更不得导致外国投资者或非中国国有企业占控股或主导地位。

第五条 除非外方投资者向中国投资者转让其全部股权,企业投资者股权变更不得导致外方投资者的投资比例低于企业注册资本的25%。

第六条 经企业其他投资者同意,缴付出资的投资者可以依据《中华人民共和国担保法》(以下简称《担保法》)的有关规定,通过签订质押合同并经审批机关批准将其已缴付出资部分形成的股权质押给质权人。投资者不得质押未缴付出资部分的股权。投资者不得将其股权质押给本企业。

在质押期间,出质投资者作为企业投资者的身份不变,未经出质投资者和企业其他投资者同意,质权人不得转让出质股权;未经质权人同意,出质投资者不得将已出质的股权转让或再质押。

出质投资者与质权人的权利、义务及质押合同的内容,适用有关法律、法规和本规定的有关规定。

第七条 企业投资者股权变更的审批机关为批准设立该企业的审批机关,如果中外合资、合作企业中方投资者的股权变更而使企业变成外资企业,且该企业从事《外资细则》第五条所规定的限制设立外资企业的行业,则该企业中方投资者的股权变更必须经中华人民共和国对外贸易经济合作部(以下简称外经贸部)批准。

企业因增加注册资本而使投资者股权发生变化并且导致其投资总额已超过原审批机关的审批权限的,则企业投资者的股权变更应按照审批权限和有关规定报上级审批机关审批。

企业投资者股权变更的登记机关为原登记机关,经外经贸部批准的股权变更,由国家工商行政管理局或其委托的原登记机关办理变更登记。

第八条 以国有资产投资的中方投资者股权变更时,必须经有关国有资产评估机构对需变更的股权进行价值评估,并经国有资产管理部门确认。经确认的评估结果应作为变更股权的作价依据。

第九条 由于本规定第二条(一)、(二)项原因需要变更股权的,企业应向审批机关报送下列文件:

(一)投资者股权变更申请书;

(二)企业原合同、章程及其修改协议;

(三)企业批准证书和营业执照复印件;

(四)企业董事会关于投资者股权变更的决议;

(五)企业投资者股权变更后的董事会成员名单;

(六)转让方与受让方签订的并经其他投资者签字或以其他书面方式认可的股权转让协议;

(七)审批机关要求报送的其他文件。

第十条 股权转让协议应包括以下主要内容：

（一）转让方与受让方的名称、住所、法定代表人的姓名、职务、国籍；

（二）转让股权的份额及其价格；

（三）转让股权交割期限及方式；

（四）受让方根据企业合同、章程所享有的权利和承担的义务；

（五）违约责任；

（六）适用法律及争议的解决；

（七）协议的生效与终止；

（八）订立协议的时间、地点。

第十一条 由于本规定第二条（三）项原因需要变更股权的，应符合外经贸部和国家工商行政管理局的有关专项规定，企业除报送第九条（一）、（二）、（三）、（四）、（五）项规定的文件外，还应向审批机关报送企业投资者签订的股权变更协议。

第十二条 企业投资者与质权人签订股权质押合同后，应将下列文件报送批准设立该企业的审批机关审查：

（一）企业董事会及其他投资者关于同意出质投资者将其股权质押的决议；

（二）出质投资者与质权人签订的质押合同；

（三）出质投资者的出资证明书；

（四）由中国注册的会计师及其所在事务所为企业出具的验资报告。

审批机关应自接到前款规定的全部文件之日起30日内决定批准或不批准。

企业应在获得审批机关同意其投资者出质股权的批复后30日内，持有关批复文件向原登记机关办理备案。

未按本条规定办理审批和备案的质押行为无效。

第十三条 依照《担保法》的规定，出质股权转移为质权人或其他受益人所有的，企业除应向审批机关报送第九条（一）、（二）、（三）、（五）项规定的文件外，还应同时报送质权人或其他受益人获得原投资者股权的有效证明文件。审批机关根据上述文件和本规定第十二条所述文件以及有关法律、法规的规定进行审核。

第十四条 由于本规定第二条（五）、（六）项原因需要变更股权的，企业除报送第九条（一）、（二）、（三）、（五）项规定的文件外，还应向审批机关报送股权获得人获得原投资者股权的有效证明文件。

由于本规定第二条（五）、（六）项的规定导致企业投资者变更的，如果企业其他投资者不同意继续经营，可向原审批机关申请终止原企业合同、章程。原企业合同、章程终止后，股权获得人有权参加清算委员会并分配清算后的企业剩余财产；如果股权获得人不同意继续经营，经企业其他投资者一致同意，可依照本规定将其股权转让给企业其他投资者或第三人。

第十五条 由于本规定第二条（七）项原因需要更换投资者或变更股权的，守约方投资者有权单方面向审批机关申请变更。守约方投资者除报送第九条（一）、（二）、（三）、（五）项规定的文件外，还应向审批机关报送下列文件：

（一）由中国注册的会计师及其所在事务所为企业出具的验资报告；

（二）守约方催告违约方缴付或缴清出资的证明文件。

如有新投资者参股，还应向审批机关报送新投资者的合法开业证明和资信证明。违约方已经按照企业原合同、章程规定缴付部分出资的，还应向审批机关报送企业对违约方的部分出资进行清理的有关文件。

第十六条 以国有资产投资的中方投资者股权变更的，企业还必须向审批机关报送下列文件：

（一）中方投资者的主管部门对该企业投资者股权变更签署的意见；

（二）国有资产评估机构对需变更的股权出具的资产评估报告；

（三）国有资产管理部门对上述资产评估报告出具的确认书。

第十七条 审批机关应自接到规定报送的全部文件之日起30日内决定批准或不批准。

企业应自审批机关批准企业投资者股权变更之日起30日内到审批机关办理外商投资企业批准证书变更手续。

中方投资者获得企业全部股权的，自审批机关批准企业投资者股权变更之日起30日内，须向审批机关缴销外商投资企业批准证书。审批机关自撤销外商投资企业批准证书之日起15日内，向企业原登记机关发出撤销外商投资企业批准证书的通知。

第十八条 企业应自变更或缴销外商投资企业批准证书之日起30日内，依照《中华人民共和国企业法人登记管理条例》和《中华人民共和国公司登记管理条例》等有关规定，向登记机关申请变更登记，未按照本规定到登记机关办理变更登记的，登记机关依照有关规定予以处罚。

第十九条 企业申请股权变更登记时，应向登记机关提交报送审批机关的有关文件、审批机关的批准文件以及登记机关要求提交的其他文件。

由于本规定第二条（七）项原因需要更换投资者或变更股权登记的，除应向登记机关提交本规定第十五条规定的文件外，还应提交企业新董事会成员任职文件及其身份证明和新董事会决议。

因企业投资者股权变更而使中方投资者获得企业全部股权的，在申请变更登记时，企业应按拟变更的企业类型的设立登记要求向登记机关提交有关文件。经登记机关核准后，缴销《中华人民共和国企业法人营业执照》，换发《企业法人营业执照》。

第二十条 股权转让协议和修改企业原合同、章程协议自核发变更外商投资企业批准证书之日起生效。协议生效后，企业投资者按照修改后的企业合同、章程规定享有有关权利并承担有关义务。

第二十一条 除法律、法规另有规定外，外商投资股份有限公司非上市股份的转让，参照本规定执行。

第二十二条 香港、澳门、台湾地区的公司、企业和其他经济组织或者个人在中国其他地区投资举办的企业投资者股权变更，参照本规定办理。

第二十三条 本规定自发布之日起施行。

财政部关于上市公司国有股被人民法院冻结拍卖有关问题的通知

- 2001年11月2日
- 财企〔2001〕656号

国务院有关部委，各省、自治区、直辖市、计划单列市财政厅（局），上海市、深圳市国有资产管理办公室，中央管理企业，中国人民解放军总后勤部，新疆生产建设兵团财务局，上海证券交易所，深圳证券交易所：

为进一步完善国有股权管理工作，提高国有股东授权代表单位的风险防范意识，切实加强国有股权的监管，维护债权人和其他当事人的合法权益，现就上市公司国有股被人民法院冻结、拍卖的有关问题通知如下：

一、国有股东授权代表单位应当依法行使股东权利，履行国家规定的职责，建立健全内部资金管理制度，明确资金调度的权限和程序，控制负债规模并改善债务结构，注意防范财务风险。

国有股东授权代表单位确需通过国有股质押融资时，应当建立严格的审核程序和责任追究制度，并对质押贷款项目进行周密的可行性论证，用于质押的国有股数量不得超过其所持该上市公司国有股总额的50%。

国有股东授权代表单位确需对外提供担保时，应当遵守《中华人民共和国担保法》的规定，充分考虑被担保单位的资信和偿债能力，并按内部管理制度规定的程序、权限审议决定。

二、国有股东授权代表单位所持国有股被人民法院司法冻结的，应当在接到人民法院冻结其所持国有股通知之日起5个工作日内，将该国有股被冻结的情况报财政部备案，并通知上市公司。国有股东授权代表单位属地方管理的，同时抄报省级财政机关。

国有股东授权代表单位对冻结裁定持有异议的，应当及时向作出冻结裁定的人民法院申请复议；人民法院依法作出解除冻结裁定后，国有股东授权代表单位应当在收到有关法律文书之日起5个工作日内，将该国有股解冻情况报财政部备案，并通知上市公司。国有股东授权代表单位属地方管理的，同时抄报省级财政机关。

三、国有股东授权代表单位所持国有股被冻结后，应当在规定的期限内提供方便执行的其他财产，其他财产包括银行存款、现金、成品和半成品、原材料和交通工具等，其他财产不足以清偿债务的，由人民法院执行股权拍卖。

四、拍卖人受托拍卖国有股，应当于拍卖日前10天在国务院证券监督管理部门指定披露上市公司信息的报刊上刊登上市公司国有股拍卖公告。

拍卖公告包括但不限于以下内容：拍卖人、拍卖时间、地点、上市公司名称、代码、所属行业、主营业务、近3年业绩、前10名股东持股情况、原持股单位、被拍卖的国有股数量、占总股本的比例、竞买人应具备的资格、参与竞买应具备的手续。

五、国有股拍卖必须确定保留价。当事人应当委托具有证券从业资格的评估机构对拟拍卖的国有股进行评估，并按评估结果确定保留价。

评估结果确定后，评估机构应当在股权拍卖前将评估结果报财政部备案。国有股东授权代表单位属地方管理的，同时抄报省级财政机关。

六、对国有股拍卖的保留价，有关当事人或知情人应当严格保密。第一次拍卖竞买人的最高应价未达到保留价时，应当继续拍卖，每次拍卖的保留价应当不低于前次保留价的90%。第三次拍卖最高应价仍未达到保留价时，该应价不发生效力，拍卖机构应当中止国有股的拍卖。

七、竞买人应当具备法律、行政法规规定的受让国有股的条件。

八、拍卖成交后，国有股东授权代表单位应当在接到人民法院关于其所持国有股拍卖结果通知之日起5个工作日内，将该国有股被拍卖情况报财政部备案，并通知上市公司。国有股东授权代表单位属地方管理的，同时抄报省级财政机关。

九、国有股拍卖后，买受人持拍卖机构出具的成交证明以及买受人的工商营业执照、公司章程等证明买受人身份性质的法律文件，按照《最高人民法院关于冻结、拍卖上市公司国有股和社会法人股若干问题的规定》，向原国有股东授权代表单位主管财政机关提出股权性质界定申请，并经界定后向证券登记结算公司办理股权过户手续。

十、国有股东授权代表单位应当切实维护国有股权益，若发现有关当事人或知情人泄露拍卖保留价，或有关当事人与竞买人、债权人恶意串通等违法行为，应当及时请求人民法院中止拍卖，并依法追究有关责任人的责任。

若因国有股东授权代表单位过失，使国有股权益遭受损失的，主管财政机关给予通报批评，并依法追究相关责任。

十一、本通知自印发之日起施行。

中国证券监督管理委员会关于协助司法机关冻结流通证券有关问题的通知

•2005年11月14日

各证券公司：

为了进一步做好协助司法机关依法冻

结被执行人所有的已完成清算交收后的流通证券的工作，根据相关法律、最高人民法院通知以及证券市场业务规则，并报经中国证券监督管理委员会核准，现就有关事项通知如下：

一、司法机关依法要求冻结确属被执行人所有的流通证券的，由托管该证券的证券公司协助办理。

司法机关要求登记结算公司直接冻结确属被执行人所有的流通证券的，登记结算公司书面向司法机关明确声明（见附件）拟冻结的证券可能已在托管该证券的证券公司被卖出、若与其他司法机关发生重复冻结则本次冻结无效等操作风险，司法机关签署认可该声明后登记结算公司协助办理。

流通证券的冻结结果以登记结算公司实施的冻结登记结果为准。

二、证券公司、登记结算公司同日（指“交易日”，下同）分别接到不同司法机关要求协助冻结同一被执行标的的，证券公司接到的冻结要求顺序在先。

证券公司同日接到不同司法机关要求协助冻结同一被执行标的的，或者登记结算公司同日接到不同司法机关要求协助冻结同一被执行标的的，先送达者顺序在先。

证券公司、登记结算公司对已经冻结生效的流通证券依法不得协助实施重复冻结。

司法机关要求对已经冻结的流通证券实施轮候冻结的，证券公司、登记结算公司均可依法协助办理。若两家以上司法机关对同一被执行标的要求轮候冻结的，参照本条前述确定冻结先后顺序的规定区分轮候冻结的先后顺序。

三、证券公司受理司法机关协助办理流通证券冻结的法律文书后，应当立即核查相应证券是否已经被冻结或卖出，对未被冻结且未卖出的相应证券应当于最近的交易时刻前立即进行交易冻结，即锁定相应证券以限制卖出。

证券公司办理该项交易冻结后，必须于办理当日日间将交易冻结数据按规定数据格式发送登记结算公司，进行冻结登记。登记结算公司于交收日日终，根据证券公司发送的交易冻结数据在相应证券账户中进行冻结登记。已进行冻结登记的流通证券，未依规解冻前不能被卖出。

四、登记结算公司受理司法机关协助办理流通证券冻结的法律文书后，于交收日日终对冻结登记数据进行核查，并视核查结果实施或不实施冻结。

若冻结登记数据核查结果表明该被执行标的尚未被其他司法机关冻结的，登记结算公司即在相应证券账户中实施冻结登记。登记结算公司实施冻结登记的数据，于下一个交易日前发送证券公司。

若冻结登记数据核查结果表明该被执行标的已经被其他司法机关冻结（含交收日及交收日之前由证券公司协助办理的冻结、交收日之前由登记结算公司协助办理的冻结）的，登记结算公司不实施重复冻结。

登记结算公司实施冻结的结果于交收日的次日后书面通知司法机关。

五、司法机关需要对本机关已经冻结的流通证券解除冻结时，由协助办理冻结的证券公司或者协助办理冻结的登记结算公司协助办理解冻。

证券公司协助办理流通证券的解冻手续时，应当于办理当日日间将申请解冻数据按规定数据格式发送登记结算公司，登记结算公司于当日日终在相应证券账户中解除冻结登记，相应证券可于次日起卖出。

登记结算公司协助办理流通证券的解冻手续时，于受理当日日终在相应证券账户中解除冻结登记，相应证券可于次日起卖出。

六、证券公司、登记结算公司之间必须建立协助司法机关办理流通证券冻结（含解冻）

的数据交换机制，相互之间应当按照规定真实、准确、完整、及时地交换冻结、解冻数据。

因证券公司向登记结算公司发送数据有误或延误而造成登记结算公司实施重复冻结、冻结无效等情形的，由此引起的相应法律责任由该证券公司承担。

因登记结算公司向证券公司发送数据有误或延误而造成证券公司实施重复冻结、冻结无效等情形的，由此引起的相应法律责任由登记结算公司承担。

七、对已做回购质押的债券和已提交登记结算公司作为交收担保品的证券，根据最高人民法院《关于冻结、扣划证券或期货交易所、证券登记结算机构、证券经营或期货经纪机构清算账户资金等问题的通知》（法发〔1997〕27 号）第三条、《关于冻结、扣划证券交易结算资金有关问题的通知》（法〔2004〕239 号）第四条和证券市场有关业务规则的规定，不予冻结。

八、司法机关要求冻结已冻结的流通证券产生的孳息的，由执行冻结流通证券的义务主体负责协助。通过登记结算公司派发尚未发放到证券公司属于被执行人的孳息，由登记结算公司协助办理冻结；通过证券公司派发属于被执行人的孳息，由证券公司协助办理冻结。

九、对本通知实施之前证券公司已经办理并仍处于冻结状态的流通证券司法冻结的情况，请各有关证券公司以总部为单位，按照登记结算公司要求的时间将冻结数据报送登记结算公司，登记结算公司汇总后报送证监会。具体报送时间另行通知。

十、其他证券经营机构托管的流通证券的冻结，比照上述关于证券公司托管的流通证券冻结的规定办理。

十一、本通知适用于在登记结算公司登记的流通股票、债券、封闭式基金等流通证券的协助司法冻结业务。

十二、本通知自 2006 年 3 月 1 日起实施。

中国证券监督管理委员会关于协助司法机关冻结流通证券有关问题的补充通知

• 2006 年 2 月 24 日

各证券公司：

为支持上市公司股权分置改革，确保未来上海、深圳证券交易所跨市场市值配售股份（上海证券代码为 609 × × ×、深圳证券代码为 003 × × ×，以下统称“跨市场配售股份”）跨市场转登记工作的顺利进行，现就本公司《关于协助司法机关冻结流通证券有关问题的通知》（中国结算发字〔2005〕184 号）执行中有关跨市场配售股份的司法冻结事项补充通知如下：

一、跨市场配售股份的司法冻结由托管该股份的证券公司协助办理。证券公司协助办理跨市场配售股份司法冻结、进行交易控制后，暂不向登记结算公司申报跨市场配售股份的司法冻结数据。该部分股份司法冻结数据的处理，按照登记结算公司有关跨市场转登记业务的相关规定办理。跨市场转登记业务的相关规定另行通知。

二、其它证券经营机构办理跨市场配售股份的司法冻结，比照上述规定执行。

中国证券监督管理委员会冻结、查封实施办法

• 2005 年 12 月 30 日中国证券监督管理委员会令第 28 号公布
• 根据 2011 年 5 月 23 日中国证券监督管理委员会《关于修改〈中国证券监督管理委员会冻结、查封实施办法〉的决定》修订

第一条 为了保护投资者和当事人的合法权益，及时有效查处证券违法行为，规范冻结、查封工作，维护市场秩序，根据《中华人民共和国证券法》及相关法律法规，制定本

办法。

第二条 中国证券监督管理委员会及其派出机构依法履行职责,有权冻结、查封涉案当事人的违法资金、证券等涉案财产或者重要证据。

第三条 冻结、查封违法资金、证券等涉案财产或者重要证据,必须依照本办法规定的程序提交申请,经法律部门审查,报中国证券监督管理委员会主要负责人批准,制作决定书、通知书,由执法人员实施。

第四条 中国证券监督管理委员会案件调查部门、案件审理部门及派出机构在对证券违法案件进行调查、审理或者执行时,发现存在下列情形之一的,可以申请冻结、查封:

(一)已经转移、隐匿违法资金、证券等涉案财产的;

(二)可能转移、隐匿违法资金、证券等涉案财产的;

(三)已经隐匿、伪造、毁损重要证据的;

(四)可能隐匿、伪造、毁损重要证据的;

(五)其他需要及时冻结、查封的情形。

第五条 有下列情形之一的,视为可能转移或者隐匿违法资金、证券等涉案财产:

(一)涉案当事人本人开立的资金账户、证券账户和银行账户或由其实际控制的资金账户、证券账户和银行账户,以及与其有关联的资金账户、证券账户和银行账户中存放的违法资金、证券,部分已经被转移或者隐匿的;

(二)被举报的违法资金、证券等涉案财产已经或者将要被转移、隐匿并提供具体的转移或者隐匿线索的;

(三)通过与他人签订合同等形式,拟将违法资金、证券等涉案财产作为合同标的物或者以偿还贷款、支付合同价款等名义转移占有的;

(四)当事人因涉嫌严重违法而被立案调查,且其涉案场所、账户或者人员已经被执法部门调查的;

(五)其他有证据证明有转移或者隐匿违法资金、证券等涉案财产迹象的。

第六条 有下列特征之一的,视为重要证据:

(一)对案件调查有重大影响的;

(二)对案件定性有关键作用的;

(三)不可替代或者具有唯一性的;

(四)其他重要证据。

第七条 中国证券监督管理委员会案件调查部门、案件审理部门及派出机构需要实施冻结、查封时,应当提交申请,经部门或者派出机构主要负责人批准,交法律部门审查。业务监管部门在履行监管职责中发现需要采取冻结、查封措施的,应当及时通报案件调查部门实施冻结、查封。

第八条 冻结、查封申请书应当载明下列事项:

(一)被冻结、查封当事人姓名或者名称、地址等基本情况;

(二)申请冻结、查封的具体事项,包括涉案财产或者重要证据的名称、代码、数量、金额、地址等;

(三)主要违法事实与申请冻结、查封的理由;

(四)其他需要说明的事项。

第九条 负责审查的法律部门应当及时处理冻结、查封申请,出具审核意见,并制作冻结、查封决定书,报中国证券监督管理委员会主要负责人批准。

第十条 冻结、查封决定书应当载明下列事项:

(一)被冻结、查封当事人姓名或者名称、地址等基本情况;

(二)冻结、查封的理由和依据;

(三)冻结、查封财产或者证据的名称、数量和期限;

(四)申请行政复议的途径;

(五)中国证券监督管理委员会公章和日期。

第十一条 申请书、决定书经批准后,由申请部门负责实施。实施冻结、查封的部门应当制作冻结通知书或者查封通知书，通知书应当载明下列事项：

（一）协助冻结、查封的单位名称；

（二）冻结、查封的法律依据；

（三）冻结、查封的财产或者证据所在机构的名称或者地址；

（四）冻结、查封的财产或者证据的名称、数额等；

（五）冻结、查封的起止时间；

（六）其他需要说明的事项；

（七）中国证券监督管理委员会公章和日期。

第十二条 实施冻结，应当依照有关规定，向协助执行部门出示冻结决定书，送达冻结通知书，并在实施冻结后及时向当事人送达冻结决定书。当事人应当将被冻结情况告知其控制的涉案财产的名义持有人。

第十三条 实施查封，应当依照有关规定向当事人送达查封决定书。需要有关部门协助的，还应当向协助执行部门送达查封通知书。

实施查封后，应当制作现场笔录和查封清单。查封清单一式两份，由当事人和实施部门分别保存。

第十四条 冻结或者查封应当由两名以上执法人员实施。

执法人员在实施冻结或者查封时应当出示有效证件。

第十五条 现场笔录应当载明下列事项：

（一）冻结、查封的时间、地点；

（二）实施冻结、查封的单位和个人；

（三）被冻结、查封的单位和个人；

（四）协助冻结、查封的单位和个人；

（五）冻结、查封的具体事项，包括涉案财产或者重要证据的名称、代码、数量、金额、地址等；

（六）当事人的陈述和申辩；

（七）其他应当载明的事项。

现场笔录和清单由当事人、见证人和执法人员签名或者盖章，当事人不在现场或者当事人、见证人拒绝签名或者盖章的，应当在笔录中予以注明。

第十六条 查封可以采取下列方式：

（一）查封动产的，应当在该动产上加贴封条或者采取其他足以公示查封的适当方式；

（二）查封已登记的不动产、特定动产及其他财产权的，应当张贴封条或者公告，并通知有关登记机关办理查封登记手续；

（三）查封未登记的不动产、特定动产及其他财产权的，应当张贴封条或者公告，并告知法定权属登记机关；

（四）查封重要证据的，应当加贴封条或者采取其他足以公示查封的适当方式；

（五）其他合法的方式。

第十七条 冻结、查封的期限为6个月。因特殊原因需要延长的，应当在冻结、查封期满前10日内办理继续冻结、查封手续。每次继续冻结、查封期限最长不超过6个月。

逾期未办理继续冻结、查封手续的，视为自动撤销冻结、查封。

第十八条 冻结证券，其金额应当以冻结实施日前一交易日收市后的市值计算。

冻结证券时，中国证券监督管理委员会及其派出机构可以明确被冻结的证券是否限制卖出。

限制证券卖出的，由证券公司或者证券登记结算机构协助执行冻结。冻结期间，证券持有人可以提出出售部分或者全部被冻结证券的请求，经申请部门审查认为确有必要的，可以解除卖出限制，并监督证券持有人依法出售，同时将所得资金转入相关资金账户予以冻结。

不限制证券卖出的，由证券公司等控制资金账户的单位协助执行冻结。冻结期间，证券持有人可以依法出售部分或者全部被冻结的证券，同时将所得资金转入相关资金账户予以冻结。

证券公司协助执行冻结的，应当于当日将冻结信息发送证券登记结算机构。

证券被冻结后，不得进行转托管或转

指定，不得设定抵押、质押等权利，不得进行非交易过户，不得进行重复冻结。

第十九条 有下列情形之一的，经中国证券监督管理委员会主要负责人批准，应当及时解除冻结、查封措施：

（一）已经完成调查、处罚的；

（二）经查证，确实与案件无关的；

（三）当事人提供相应担保的；

（四）其他应当及时解除冻结、查封的情形。

第二十条 冻结、查封财产的数额应当与违法行为的情节或者行政处罚决定的金额相适应。

第二十一条 案件调查结束后，当事人的违法行为涉嫌犯罪需要移送公安机关的，应当将冻结、查封的证据、材料一并移送。

第二十二条 当事人逾期不履行处罚决定的，中国证券监督管理委员会可以依法申请人民法院强制执行冻结、查封的涉案财产。

第二十三条 解除冻结、查封参照实施冻结、查封程序办理。

第二十四条 当事人对冻结、查封决定不服的，可以依法向中国证券监督管理委员会申请行政复议。

行政复议期间，冻结、查封措施不停止执行，但是有下列情形之一的，可以停止执行：

（一）实施部门认为需要停止执行并批准的；

（二）当事人申请停止执行并批准的；

（三）法律、法规规定应当停止执行的。

第二十五条 未按规定程序实施冻结、查封，给当事人的合法财产造成重大损失的，依法给予赔偿；对直接负责的主管人员和直接责任人员给予行政处分；构成犯罪的，依法追究刑事责任。

第二十六条 当事人和协助执行单位拒绝、阻碍中国证券监督管理委员会执法人员实施冻结、查封措施，未使用暴力、威胁方法的，依法给予治安管理处罚；构成犯罪的，依法追究刑事责任。

第二十七条 本办法由中国证券监督管理委员会负责解释。

第二十八条 本办法自2006年1月1日起施行。

◎司法解释

最高人民法院关于冻结、拍卖上市公司国有股和社会法人股若干问题的规定

• 2001年9月21日
• 法释〔2001〕28号

为了保护债权人以及其他当事人的合法权益，维护证券市场的正常交易秩序，根据《中华人民共和国证券法》、《中华人民共和国公司法》、《中华人民共和国民事诉讼法》，参照《中华人民共和国拍卖法》等法律的有关规定，对人民法院在财产保全和执行过程中，冻结、拍卖上市公司国有股和社会法人股（以下均简称股权）等有关问题，作如下规定：

第一条 人民法院在审理民事纠纷案件过程中，对股权采取冻结、评估、拍卖和办理股权过户等财产保全和执行措施，适用本规定。

第二条 本规定所指上市公司国有股，包括国家股和国有法人股。国家股指有权代表国家投资的机构或部门向股份有限公司出资或依据法定程序取得的股份；国有法人股指国有法人单位，包括国有资产比例超过50%的国有控股企业，以其依法占有的法人资产向股份有限公司出资形成或者依据法定程序取得的股份。

本规定所指社会法人股是指非国有法人资产投资于上市公司形成的股份。

第三条 人民法院对股权采取冻结、拍卖措施时，被保全人和被执行人应当是股权的

持有人或者所有权人。被冻结、拍卖股权的上市公司非依据法定程序确定为案件当事人或者被执行人，人民法院不得对其采取保全或执行措施。

第四条 人民法院在审理案件过程中，股权持有人或者所有权人作为债务人，如有偿还能力的，人民法院一般不应对其股权采取冻结保全措施。

人民法院已对股权采取冻结保全措施的，股权持有人、所有权人或者第三人提供了有效担保，人民法院经审查符合法律规定的，可以解除对股权的冻结。

第五条 人民法院裁定冻结或者解除冻结股权，除应当将法律文书送达负有协助执行义务的单位以外，还应当在作出冻结或者解除冻结裁定后7日内，将法律文书送达股权持有人或者所有权人并书面通知上市公司。

人民法院裁定拍卖上市公司股权，应当于委托拍卖之前将法律文书送达股权持有人或者所有权人并书面通知上市公司。

被冻结或者拍卖股权的当事人是国有股份持有人的，人民法院在向该国有股份持有人送达冻结或者拍卖裁定时，应当告其于5日内报主管财政部门备案。

第六条 冻结股权的期限不超过1年。如申请人需要延长期限的，人民法院应当根据申请，在冻结期限届满前办理续冻手续，每次续冻期限不超过6个月。逾期不办理续冻手续的，视为自动撤销冻结。

第七条 人民法院采取保全措施，所冻结的股权价值不得超过股权持有人或者所有权人的债务总额。股权价值应当按照上市公司最近期报表每股资产净值计算。

股权冻结的效力及于股权产生的股息以及红利、红股等孳息，但股权持有人或者所有权人仍可享有因上市公司增发、配售新股而产生的权利。

第八条 人民法院采取强制执行措施时，如果股权持有人或者所有权人在限期内提供了方便执行的其他财产，应当首先执行其他财产。其他财产不足以清偿债务的，方可执行股权。

本规定所称可供方便执行的其他财产，是指存款、现金、成品和半成品、原材料、交通工具等。

人民法院执行股权，必须进行拍卖。

股权的持有人或者所有权人以股权向债权人质押的，人民法院执行时也应当通过拍卖方式进行，不得直接将股权执行给债权人。

第九条 拍卖股权之前，人民法院应当委托具有证券从业资格的资产评估机构对股权价值进行评估。资产评估机构由债权人和债务人协商选定。不能达成一致意见的，由人民法院召集债权人和债务人提出候选评估机构，以抽签方式决定。

第十条 人民法院委托资产评估机构评估时，应当要求资产评估机构严格依照国家规定的标准、程序和方法对股权价值进行评估，并说明其应当对所作出的评估报告依法承担相应责任。

人民法院还应当要求上市公司向接受人民法院委托的资产评估机构如实提供有关情况和资料；要求资产评估机构对上市公司提供的情况和资料保守秘密。

第十一条 人民法院收到资产评估机构作出的评估报告后，须将评估报告分别送达债权人和债务人以及上市公司。债权人和债务人以及上市公司对评估报告有异议的，应当在收到评估报告后7日内书面提出。人民法院应当将异议书交资产评估机构，要求该机构在10日之内作出说明或者补正。

第十二条 对股权拍卖，人民法院应当委托依法成立的拍卖机构进行。拍卖机构的选定，参照本规定第九条规定的方法进行。

第十三条 股权拍卖保留价，应当按照评估值确定。

第一次拍卖最高应价未达到保留价时，应当继续进行拍卖，每次拍卖的保留价应当不低于前次保留价的90%。经三次拍卖仍不能成交时，人民法院应当将所拍卖的股权按第三次拍卖的保留价折价抵偿给债权人。

人民法院可以在每次拍卖未成交后主持调解，将所拍卖的股权参照该次拍卖保留价折价抵偿给债权人。

第十四条 拍卖股权，人民法院应当委托拍卖机构于拍卖日前10天，在《中国证券报》、《证券时报》或者《上海证券报》上进行公告。

第十五条 国有股权竞买人应当具备依法受让国有股权的条件。

第十六条 股权拍卖过程中，竞买人已经持有的该上市公司股份数额和其竞买的股份数额累计不得超过该上市公司已经发行股份数额的30%。如竞买人累计持有该上市公司股份数额已达到30%仍参与竞买的，须依照《中华人民共和国证券法》的相关规定办理，在此期间应当中止拍卖程序。

第十七条 拍卖成交后，人民法院应当向证券交易市场和证券登记结算公司出具协助执行通知书，由买受人持拍卖机构出具的成交证明和财政主管部门对股权性质的界定等有关文件，向证券交易市场和证券登记结算公司办理股权变更登记。

◎司法文件

最高人民法院关于冻结、划拨证券或期货交易所、证券登记结算机构、证券经营或期货经纪机构清算账户资金等问题的通知

- 1997年12月2日
- 法发〔1997〕27号

各省、自治区、直辖市高级人民法院，解放军军事法院：

为了维护证券、期货市场的正常交易秩序，现对人民法院在财产保全或执行生效法律文书过程中，冻结、划拨证券或期货交易所、证券登记结算机构、证券经营或期货经纪机构清算账户清算资金等问题，作如下通知：

一、证券交易所、证券登记结算机构及其异地清算代理机构开设的清算账户上的资金，是证券经营机构缴存的自营及其所代理的投资者的证券交易清算资金。当证券经营机构为债务人，人民法院确需冻结、划拨其交易清算资金时，应冻结、划拨其自营账户中的资金；如证券经营机构未开设自营账户而进行自营业务的，依法可以冻结其在证券交易所、证券登记结算机构及其异地清算代理机构清算账户上的清算资金，但暂时不得划拨。如果证券经营机构在法院规定的合理期限内举证证明被冻结的上述清算账户中的资金是其他投资者的，应当对投资者的资金解除冻结。否则，人民法院可以划拨已冻结的资金。

证券经营机构清算账户上的资金是投资者为进行证券交易缴存的清算备付金。当投资者为债务人时，人民法院对证券经营机构清算账户中该投资者的相应部分资金依法可以冻结、划拨。

人民法院冻结、划拨期货交易所清算账户上期货经纪机构的清算资金及期货经纪机构清算账户上投资者的清算备付金（亦称保证金），适用上述规定。

二、证券经营机构的交易席位系该机构向证券交易所申购的用以参加交易的权利，是一种无形财产。人民法院对证券经营机构的交易席位进行财产保全或执行时，应依法裁定其不得自行转让该交易席位，但不能停止该交易席位的使用。人民法院认为需要转让该交易席位时，按交易所的有关规定应转让给有资格受让席位的法人。

人民法院对期货交易所、期货经纪机构的交易席位采取财产保全或执行措施，适用上述规定。

三、证券经营机构在证券交易所、证券登记结算机构的债券实物代保管处托管的债券，是其自营或代销的其他投资者的债券。当

证券经营机构或投资者为债务人时，人民法院如需冻结、提取托管的债券，应当通过证券交易所查明该债务人托管的债券是否已作回购质押，对未作回购质押，而且确属债务人所有的托管债券可以依法冻结、提取。

四、交易保证金是证券经营机构向证券交易所缴存的用以防范交易风险的资金，该资金由证券交易所专项存储，人民法院不应冻结、划拨交易保证金。但在该资金失去保证金作用的情况下，人民法院可以依法予以冻结、划拨。

最高人民法院关于贯彻最高人民法院法发〔1997〕27号通知应注意的几个问题的紧急通知

- 1998年7月22日
- 法明传〔1998〕213号

各省、自治区、直辖市高级人民法院、解放军军事法院：

最高人民法院法发〔1997〕27号《关于冻结、划拨证券或期货交易所、证券登记结算机构、证券经营或期货经纪机构清算帐户资金等问题的通知》（以下简称27号通知）下发后，多数法院执行是好的，但少数法院未能严格执行，有的地区甚至发生影响社会稳定的问题。为保障金融和社会秩序的稳定，现就有关贯彻27号通知中应注意的几个问题通知如下：

一、对证券经营机构、期货经纪机构为债务人的案件，在保全或执行其财产时，首先要指令该证券经营机构、期货经纪机构提供可供执行的不动产或其他财产。经查明该证券经营机构、期货经纪机构确有可供执行的不动产或其他财产的，人民法院应当先执行该财产。

二、如无上述可供执行的财产，需要执行证券经营机构或期货经纪机构清算资金时，必须严格按27号通知第一条的有关规定冻结、划拨其自营帐户中的资金。

三、对未开设自营帐户而进行自营业务的证券经营机构、期货经纪机构，需采取冻结其在证券或期货交易所、证券登记结算机构或异地清算代理机构清算帐户内的清算资金措施时，必须十分慎重。只能依法在债务人承担的债务数额范围内予以冻结。同时，依据27号通知第一条的有关规定，必须保障证券经营机构、期货经纪机构的举证权利，如有证据证明上述帐户中的资金是其他投资者的，必须对其他投资者的资金及时解除冻结。

四、在执行27号通知时，如遇有影响金融和社会秩序安定的情况时，应当及时采取暂缓或中止执行措施。

特此通知

最高人民法院关于冻结、扣划证券交易结算资金有关问题的通知

- 2004年11月9日
- 法〔2004〕239号

各省、自治区、直辖市高级人民法院，解放军军事法院，新疆维吾尔自治区高级人民法院生产建设兵团分院：

为了保障金融安全和社会稳定，维护证券市场正常交易结算秩序，保护当事人的合法权益，保障人民法院依法执行，经商中国证券监督管理委员会，现就人民法院冻结、扣划证券交易结算资金有关问题通知如下：

一、人民法院办理涉及证券交易结算资金的案件，应当根据资金的不同性质区别对待。证券交易结算资金，包括客户交易结算资金和证券公司从事自营证券业务的自有资金。证券公司将客户交易结算资金全额存放于客户交易结算资金专用存款账户和结算备付金账户，将自营证券业务的自有资

金存放于自有资金专用存款账户，而上述账户均应报中国证券监督管理委员会备案。因此，对证券市场主体为被执行人的案件，要区别处理：

当证券公司为被执行人时，人民法院可以冻结、扣划该证券公司开设的自有资金存款账户中的资金，但不得冻结、扣划该证券公司开设的客户交易结算资金专用存款账户中的资金。

当客户为被执行人时，人民法院可以冻结、扣划该客户在证券公司营业部开设的资金账户中的资金，证券公司应当协助执行。但对于证券公司在存管银行开设的客户交易结算资金专用存款账户中属于所有客户共有的资金，人民法院不得冻结、扣划。

二、人民法院冻结、扣划证券结算备付金时，应当正确界定证券结算备付金与自营结算备付金。证券结算备付金是证券公司从客户交易结算资金、自营证券业务的自有资金中缴存于中国证券登记结算有限责任公司（以下简称登记结算公司）的结算备用资金，专用于证券交易成交后的清算，具有结算履约担保作用。登记结算公司对每个证券公司缴存的结算备付金分别设立客户结算备付金账户和自营结算备付金账户进行账务管理，并依照经中国证券监督管理委员会批准的规则确定结算备付金最低限额。因此，对证券公司缴存在登记结算公司的客户结算备付金，人民法院不得冻结、扣划。

当证券公司为被执行人时，人民法院可以向登记结算公司查询确认该证券公司缴存的自营结算备付金余额；对其最低限额以外的自营结算备付金，人民法院可以冻结、扣划，登记结算公司应当协助执行。

三、人民法院不得冻结、扣划新股发行验资专用账户中的资金。登记结算公司在结算银行开设的新股发行验资专用账户，专门用于证券市场的新股发行业务中的资金存放、调拨，并按照中国证券监督管理委员会批准的规则开立、使用、备案和管理，故人民法院不得冻结、扣划该专用账户中的资金。

四、人民法院在执行中应当正确处理清算交收程序与执行财产顺序的关系。当证券公司或者客户为被执行人时，人民法院可以冻结属于该被执行人的已完成清算交收后的证券或者资金，并以书面形式责令其在7日内提供可供执行的其他财产。被执行人提供了其他可供执行的财产的，人民法院应当先执行该财产；逾期不提供或者提供的财产不足清偿债务的，人民法院可以执行上述已经冻结的证券或者资金。

对被执行人的证券交易成交后进入清算交收期间的证券或者资金，以及被执行人为履行清算交收义务交付给登记结算公司但尚未清算的证券或者资金，人民法院不得冻结、扣划。

五、人民法院对被执行人证券账户内的流通证券采取执行措施时，应当查明该流通证券确属被执行人所有。

人民法院执行流通证券，可以指令被执行人所在的证券公司营业部在30个交易日内通过证券交易将该证券卖出，并将变卖所得价款直接划付到人民法院指定的账户。

六、人民法院在冻结、扣划证券交易结算资金的过程中，对于当事人或者协助执行人对相关资金是否属客户交易结算资金、结算备付金提出异议的，应当认真审查；必要时，可以提交中国证券监督管理委员会作出审查认定后，依法处理。

七、人民法院在证券交易、结算场所采取保全或者执行措施时，不得影响证券交易、结算业务的正常秩序。

八、本通知自发布之日起执行。发布前最高人民法院的其他规定与本通知的规定不一致的，以本通知为准。

特此通知。

最高人民法院、最高人民检察院、公安部、中国证券监督管理委员会《关于查询、冻结、扣划证券和证券交易结算资金有关问题》的通知

• 2008年1月10日

各省、自治区、直辖市高级人民法院、人民检察院、公安厅(局)、证监局,解放军军事法院、军事检察院,新疆维吾尔自治区高级人民法院生产建设兵团分院,新疆生产建设兵团人民检察院、公安局:

为维护正常的证券交易结算秩序,保护公民、法人和其他组织的合法权益,保障执法机关依法执行公务,根据《中华人民共和国刑事诉讼法》、《中华人民共和国民事诉讼法》、《中华人民共和国证券法》等法律以及司法解释的规定,现就人民法院、人民检察院、公安机关查询、冻结、扣划证券和证券交易结算资金的有关问题通知如下:

一、人民法院、人民检察院、公安机关在办理案件过程中,按照法定权限需要通过证券登记结算机构或者证券公司查询、冻结、扣划证券和证券交易结算资金的,证券登记结算机构或者证券公司应当依法予以协助。

二、人民法院要求证券登记结算机构或者证券公司协助查询、冻结、扣划证券和证券交易结算资金,人民检察院、公安机关要求证券登记结算机构或者证券公司协助查询、冻结证券和证券交易结算资金时,有关执法人员应当依法出具相关证件和有效法律文书。

执法人员证件齐全、手续完备的,证券登记结算机构或者证券公司应当签收有关法律文书并协助办理有关事项。

拒绝签收人民法院生效法律文书的,可以留置送达。

三、人民法院、人民检察院、公安机关可以依法向证券登记结算机构查询客户和证券公司的证券账户、证券交收账户和资金交收账户内已完成清算交收程序的余额、余额变动、开户资料等内容。

人民法院、人民检察院、公安机关可以依法向证券公司查询客户的证券账户和资金账户、证券交收账户和资金交收账户内的余额、余额变动、证券及资金流向、开户资料等内容。

查询自然人账户的,应当提供自然人姓名和身份证件号码;查询法人账户的,应当提供法人名称和营业执照或者法人注册登记证书号码。

证券登记结算机构或者证券公司应当出具书面查询结果并加盖业务专用章。查询机关对查询结果有疑问时,证券登记结算机构、证券公司在必要时应当进行书面解释并加盖业务专用章。

四、人民法院、人民检察院、公安机关按照法定权限冻结、扣划相关证券、资金时,应当明确拟冻结、扣划证券、资金所在的账户名称、账户号码、冻结期限,所冻结、扣划证券的名称、数量或者资金的数额。扣划时,还应当明确拟划入的账户名称、账号。

冻结证券和交易结算资金时,应当明确冻结的范围是否及于孳息。

本通知规定的以证券登记结算机构名义建立的各类专门清算交收账户不得整体冻结。

五、证券登记结算机构依法按照业务规则收取并存放于专门清算交收账户内的下列证券,不得冻结、扣划:

(一)证券登记结算机构设立的证券集中交收账户、专用清偿账户、专用处置账户内的证券;

(二)证券公司在证券登记结算机构开设的客户证券交收账户、自营证券交收账户和证券处置账户内的证券。

六、证券登记结算机构依法按照业务规则收取并存放于专门清算交收账户内的下列资

金，不得冻结、扣划：

（一）证券登记结算机构设立的资金集中交收账户、专用清偿账户内的资金；

（二）证券登记结算机构依法收取的证券结算风险基金和结算互保金；

（三）证券登记结算机构在银行开设的结算备付金专用存款账户和新股发行验资专户内的资金，以及证券登记结算机构为新股发行网下申购配售对象开立的网下申购资金账户内的资金；

（四）证券公司在证券登记结算机构开设的客户资金交收账户内的资金；

（五）证券公司在证券登记结算机构开设的自营资金交收账户内最低限额自营结算备付金及根据成交结果确定的应付资金。

七、证券登记结算机构依法按照业务规则要求证券公司等结算参与人、投资者或者发行人提供的回购质押券、价差担保物、行权担保物、履约担保物等担保物，在交收完成之前，不得冻结、扣划。

八、证券公司在银行开立的自营资金账户内的资金可以冻结、扣划。

九、在证券公司托管的证券的冻结、扣划，既可以在托管的证券公司办理，也可以在证券登记结算机构办理。不同的执法机关同一交易日分别在证券公司、证券登记结算机构对同一笔证券办理冻结、扣划手续的，证券公司协助办理的为在先冻结、扣划。

冻结、扣划未在证券公司或者其他托管机构托管的证券或者证券公司自营证券的，由证券登记结算机构协助办理。

十、证券登记结算机构受理冻结、扣划要求后，应当在受理日对应的交收日交收程序完成后根据交收结果协助冻结、扣划。

证券公司受理冻结、扣划要求后，应当立即停止证券交易，冻结时已经下单但尚未撮合成功的应当采取撤单措施。冻结后，根据成交结果确定的用于交收的应付证券和应付资金可以进行正常交收。在交收程序完成后，对于剩余部分可以扣划。同时，证券公司应当根据成交结果计算出同等数额的应收资金或者应收证券交由执法机关冻结或者扣划。

十一、已被人民法院、人民检察院、公安机关冻结的证券或证券交易结算资金，其他人民法院、人民检察院、公安机关或者同一机关因不同案件可以进行轮候冻结。冻结解除的，登记在先的轮候冻结自动生效。

轮候冻结生效后，协助冻结的证券登记结算机构或者证券公司应当书面通知做出该轮候冻结的机关。

十二、冻结证券的期限不得超过二年，冻结交易结算资金的期限不得超过六个月。

需要延长冻结期限的，应当在冻结期限届满前办理续行冻结手续，每次续行冻结的期限不得超过前款规定的期限。

十三、不同的人民法院、人民检察院、公安机关对同一笔证券或者交易结算资金要求冻结、扣划或者轮候冻结时，证券登记结算机构或者证券公司应当按照送达协助冻结、扣划通知书的先后顺序办理协助事项。

十四、要求冻结、扣划的人民法院、人民检察院、公安机关之间，因冻结、扣划事项发生争议的，要求冻结、扣划的机关应当自行协商解决。协商不成的，由其共同上级机关决定；没有共同上级机关的，由其各自的上级机关协商解决。

在争议解决之前，协助冻结的证券登记结算机构或者证券公司应当按照争议机关所送达法律文书载明的最大标的范围对争议标的进行控制。

十五、依法应当予以协助而拒绝协助，或者向当事人通风报信，或者与当事人通谋转移、隐匿财产的，对有关的证券登记结算机构或者证券公司和直接责任人应当依法进行制裁。

十六、以前规定与本通知规定内容不一致的，以本通知为准。

十七、本通知中所规定的证券登记结算机构，是指中国证券登记结算有限责任公司及其分公司。

十八、本通知自2008年3月1日起实施。

最高人民法院关于依法审理和执行被风险处置证券公司相关案件的通知

- 2009年5月26日
- 法发〔2009〕35号

各省、自治区、直辖市高级人民法院，解放军军事法院，新疆维吾尔自治区高级人民法院生产建设兵团分院：

为维护证券市场和社会的稳定，依法审理和执行被风险处置证券公司的相关案件，现就有关问题通知如下：

一、为统一、规范证券公司风险处置中个人债权的处理，保持证券市场运行的连续性和稳定性，中国人民银行、财政部、中国银行业监督管理委员会、中国证券监督管理委员会联合制定发布了《个人债权及客户证券交易结算资金收购意见》。国家对个人债权和客户交易结算资金的收购，是国家有关行政部门和金融监管机构采取的特殊行政手段。相关债权是否属于应当收购的个人债权或者客户交易结算资金范畴，系由中国人民银行、金融监管机构以及依据《个人债权及客户证券交易结算资金收购意见》成立的甄别确认小组予以确认的，不属人民法院审理的范畴。因此，有关当事人因上述执行机关在风险处置过程中甄别确认其债权不属于国家收购范围的个人债权或者客户证券交易结算资金，向人民法院提起诉讼，请求确认其债权应纳入国家收购范围的，人民法院不予受理。国家收购范围之外的债权，有关权利人可以在相关证券公司进入破产程序后向人民法院申报。

二、托管是相关监管部门对高风险证券公司的证券经纪业务等涉及公众客户的业务采取的行政措施，托管机构仅对被托管证券公司的经纪业务行使经营管理权，不因托管而承继被托管证券公司的债务。因此，有关权利人仅以托管为由向人民法院提起诉讼，请求判令托管机构承担被托管证券公司债务的，人民法院不予受理。

三、处置证券类资产是行政处置过程中的一个重要环节，行政清算组依照法律、行政法规及国家相关政策，对证券类资产采取市场交易方式予以处置，在合理估价的基础上转让证券类资产，受让人支付相应的对价。因此，证券公司的债权人向人民法院提起诉讼，请求判令买受人承担证券公司债务偿还责任的，人民法院对其诉讼请求不予支持。

四、破产程序作为司法权介入的特殊偿债程序，是在债务人财产不足以清偿债务的情况下，以法定的程序和方法，为所有债权人创造获得公平受偿的条件和机会，以使所有债权人共同享有利益、共同分担损失。鉴此，根据企业破产法第十九条的规定，人民法院受理证券公司的破产申请后，有关证券公司财产的保全措施应当解除，执行程序应当中止。具体如下：

1. 人民法院受理破产申请后，已对证券公司有关财产采取了保全措施，包括执行程序中的查封、冻结、扣押措施的人民法院应当解除相应措施。人民法院解除有关证券公司财产的保全措施时，应当及时通知破产案件管理人并将有关财产移交管理人接管，管理人可以向受理破产案件的人民法院申请保全。

2. 人民法院受理破产申请后，已经受理有关证券公司执行案件的人民法院，对证券公司财产尚未执行或者尚未执行完毕的程序应当中止执行。当事人在破产申请受理后向有关法院申请对证券公司财产强制执行的，有关法院对其申请不予受理，并告知其依法向破产案件管理人申报债权。破产申请受理后人民法院未中止执行的，对于已经执行了的证券公司财产，执行法院应当依法执行回转，并交由管理人作为破产财产统一分配。

3. 管理人接管证券公司财产、调查证券公司财产状况后，发现有关法院仍然对证券公司财产进行保全或者继续执行，向采取保全措施或执行措施的人民法院提出申请的，有关人民法院应当依法及时解除保全或中止执行。

4. 受理破产申请的人民法院在破产宣告前裁定驳回申请人的破产申请，并终结证券公司破产程序的，应当在作出终结破产程序的裁定前，告知管理人通知原对证券公司财产采取保全措施的人民法院恢复原有的保全措施，有轮候保全的，以原采取保全措施的时间确定轮候顺位。对恢复受理证券公司为被执行人的执行案件，适用申请执行时效中断的规定。

五、证券公司进入破产程序后，人民法院作出的刑事附带民事赔偿或者涉及追缴赃款赃物的判决应当中止执行，由相关权利人在破产程序中以申报债权等方式行使权利；刑事判决中罚金、没收财产等处罚，应当在破产程序债权人获得全额清偿后的剩余财产中执行。

六、要进一步严格贯彻最高人民法院、最高人民检察院、公安部、中国证监会《关于查询、冻结、扣划证券和证券交易结算资金有关问题的通知》（法发〔2008〕4号），依法执行有关证券和证券交易结算资金。

各高级人民法院要及时组织辖区内法院有关部门认真学习和贯彻落实本通知精神，并依法监督下级法院严格执行，对未按照上述规定审理和执行有关案件的，上并追究相关人员的责任。

最高人民法院印发《关于审理公司强制清算案件工作座谈会纪要》的通知

- 2009年11月4日
- 法发〔2009〕52号

各省、自治区、直辖市高级人民法院，解放军军事法院，新疆维吾尔自治区高级人民法院生产建设兵团分院：

现将最高人民法院《关于审理公司强制清算案件工作座谈会纪要》印发给你们，请结合审判工作实际，遵照执行。

最高人民法院关于审理公司强制清算案件工作座谈会纪要

当前，因受国际金融危机和世界经济衰退影响，公司经营困难引发的公司强制清算案件大幅度增加。《中华人民共和国公司法》和《最高人民法院关于适用〈中华人民共和国公司法〉若干问题的规定（二）》（以下简称公司法司法解释二）对于公司强制清算案件审理中的有关问题已作出规定，但鉴于该类案件非讼程序的特点和目前清算程序规范的不完善，有必要进一步明确该类案件审理原则，细化有关程序和实体规定，更好地规范公司退出市场行为，维护市场运行秩序，依法妥善审理公司强制清算案件，维护和促进经济社会和谐稳定。为此，最高人民法院在广泛调研的基础上，于2009年9月15日至16日在浙江省绍兴市召开了全国部分法院审理公司强制清算案件工作座谈会。与会同志通过认真讨论，就有关审理公司强制清算案件中涉及的主要问题达成了共识。现纪要如下：

一、关于审理公司强制清算案件应当遵循的原则

1. 会议认为，公司作为现代企业的主要类型，在参与市场竞争时，不仅要严格遵循市场准入规则，也要严格遵循市场退出规则。公司强制清算作为公司退出市场机制的重要途径之一，是公司法律制度的重要组成部分。人民法院在审理此类案件时，应坚持以下原则：

第一，坚持清算程序公正原则。公司强制清算的目的在于有序结束公司存续期间的各种商事关系，合理调整众多法律主体的利益，维护正常的经济秩序。人民法院审理公司强制清算案件，应当严格依照法定程序进行，坚持在程序正义的基础上实现清算结果的公正。

第二，坚持清算效率原则。提高社会经济的整体效率，是公司强制清算制度追求的目标之一，要严格而不失快捷地使已经出现解散事由的公司退出市场，将其可能给各方利益主体造成的损失降至最低。人民法院审理强制清算案件，要严格按照法律规定及时有效地完成清算，保障债权人、股东等利害关系人的利益及时得到实现，避免因长期拖延清算给相关利害关系人造成不必要的损失，保障社会资源的有效利用。

第三，坚持利益均衡保护原则。公司强制清算中应当以维护公司各方主体利益平衡为原则，实现公司退出环节中的公平公正。人民法院在审理公司强制清算案件时，既要充分保护债权人利益，又要兼顾职工利益、股东利益和社会利益，妥善处理各方利益冲突，实现法律效果和社会效果的有机统一。

二、关于强制清算案件的管辖

2. 对于公司强制清算案件的管辖应当分别从地域管辖和级别管辖两个角度确定。地域管辖法院应为公司住所地的人民法院，即公司主要办事机构所在地法院；公司主要办事机构所在地不明确、存在争议的，由公司注册登记地人民法院管辖。级别管辖应当按照公司登记机关的级别予以确定，即基层人民法院管辖县、县级市或者区的公司登记机关核准登记公司的公司强制清算案件；中级人民法院管辖地区、地级市以上的公司登记机关核准登记公司的公司强制清算案件。存在特殊原因的，也可参照适用《中华人民共和国企业破产法》第四条、《中华人民共和国民事诉讼法》第三十七条和第三十九条的规定，确定公司强制清算案件的审理法院。

三、关于强制清算案件的案号管理

3. 人民法院立案庭收到申请人提交的对公司进行强制清算的申请后，应当及时以“（××××）××法×清（预）字第×号”立案。立案庭立案后，应当将申请人提交的申请等有关材料移交审理强制清算案件的审判庭审查，并由审判庭依法作出是否受理强制清算申请的裁定。

4. 审判庭裁定不予受理强制清算申请的，裁定生效后，公司强制清算案件应当以“（××××）××法×清（预）字第×号”结案。审判庭裁定受理强制清算申请的，立案庭应当以“（××××）××法×清（算）字第×号”立案。

5. 审判庭裁定受理强制清算申请后，在审理强制清算案件中制作的民事裁定书、决定书等，应当在“（××××）××法×清（算）字第×号”后依次编号，如“（××××）××法×清（算）字第×－1号民事裁定书”、“（××××）××法×清（算）字第×－2号民事裁定书”等，或者“（××××）××法×清（算）字第×－1号决定书”、“（××××）××法×清（算）字第×－2号决定书”等。

四、关于强制清算案件的审判组织

6. 因公司强制清算案件在案件性质上类似于企业破产案件，因此强制清算案件应当由负责审理企业破产案件的审判庭审理。有条件的人民法院，可由专门的审判庭或者指定专门的合议庭审理公司强制清算案件和企业破产案件。公司强制清算案件应当组成合议庭进行审理。

五、关于强制清算的申请

7. 公司债权人或者股东向人民法院申请强制清算应当提交清算申请书。申请书应当载明申请人、被申请人的基本情况和申请的事实和理由。同时，申请人应当向人民法院提交被申请人已经发生解散事由以及申请人对被申请人享有债权或者股权的有关证据。公司解散后已经自行成立清算组进行清算，但债权人或者股东以其故意拖延清算，或者存在其他违法清算可能严重损害债权人或者股东利益为由，申请人民法院强制清算的，申请人还应当向人民法院提交公司故意拖延清算，或者存在其他违法清算行为可能严重损害其利益的相应证据材料。

8. 申请人提交的材料需要更正、补充的，人民法院应当责令申请人于七日内予以更正、补充。申请人由于客观原因无法按时更正、补充的，应当向人民法院予以书面说明并提出延期申请，由人民法院决定是否延长期限。

六、关于对强制清算申请的审查

9. 审理强制清算案件的审判庭审查决定是否受理强制清算申请时，一般应当召开听证会。对于事实清楚、法律关系明确、证据确实充分的案件，经书面通知被申请人，其对书面审查方式无异议的，也可决定不召开听证会，而采用书面方式进行审查。

10. 人民法院决定召开听证会的，应当于听证会召开五日前通知申请人、被申请人，并送达相关申请材料。公司股东、实际控制人等利害关系人申请参加听证的，人民法院应予准许。听证会中，人民法院应当组织有关利害关系人对申请人是否具备申请资格、被申请人是否已经发生解散事由、强制清算申请是否符合法律规定等内容进行听证。因补充证据等原因需要再次召开听证会的，应在补充期限届满后十日内进行。

11. 人民法院决定不召开听证会的，应当及时通知申请人和被申请人，并向被申请人送达有关申请材料，同时告知被申请人若对申请人的申请有异议，应当自收到人民法院通知之日起七日内向人民法院书面提出。

七、关于对强制清算申请的受理

12. 人民法院应当在听证会召开之日或者自异议期满之日起十日内，依法作出是否受理强制清算申请的裁定。

13. 被申请人就申请人对其是否享有债权或者股权，或者对被申请人是否发生解散事由提出异议的，人民法院对申请人提出的强制清算申请应不予受理。申请人可就有关争议单独提起诉讼或者仲裁予以确认后，另行向人民法院提起强制清算申请。但对上述异议事项已有生效法律文书予以确认，以及发生被吊销企业法人营业执照、责令关闭或者被撤销等解散事由有明确、充分证据的除外。

14. 申请人提供被申请人自行清算中故意拖延清算，或者存在其他违法清算可能严重损害债权人或者股东利益的相应证据材料后，被申请人未能举出相反证据的，人民法院对申请人提出的强制清算申请应予受理。债权人申请强制清算，被申请人的主要财产、账册、重要文件等灭失，或者被申请人人员下落不明，导致无法清算的，人民法院不得以此为由不予受理。

15. 人民法院受理强制清算申请后，经审查发现强制清算申请不符合法律规定的，可以裁定驳回强制清算申请。

16. 人民法院裁定不予受理或者驳回受理申请，申请人不服的，可以向上一级人民法院提起上诉。

八、关于强制清算申请的撤回

17. 人民法院裁定受理公司强制清算申请前，申请人请求撤回其申请的，人民法院应予准许。

18. 公司因公司章程规定的营业期限届满或者公司章程规定的其他解散事由出现，或者股东会、股东大会决议自愿解散的，人民法院受理强制清算申请后，清算组对股东进行剩余财产分配前，申请人以公司修改章程，或者股东会、股东大会决议公司继续存续为由，请求撤回强制清算申请的，人民法院应予准许。

19. 公司因依法被吊销营业执照、责令关闭或者被撤销，或者被人民法院判决强制解散的，人民法院受理强制清算申请后，清算组对股东进行剩余财产分配前，申请人向人民法院申请撤回强制清算申请的，人民法院应不予准许。但申请人有证据证明相关行政决定被撤销，或者人民法院作出解散公司判决后当事人又达成公司存续和解协议的除外。

九、关于强制清算案件的申请费

20. 参照《诉讼费用交纳办法》第十条、第十四条、第二十条和第四十二条关于企业破产案件申请费的有关规定，公司强制清算案件的申请费以强制清算财产总额为基数，按照财产案件受理费标准减半计算，人民法院受理强制清算申请后从被申请人财产中优先拨付。因财产不足以清偿全部债务，强制清算程序依法转入破产清算程序的，不再另行计收破产案件申请费；按照上述标准计收的强制清算案件申请费超过30万元的，超过部分不再收取，已经收取的，应予退还。

21. 人民法院裁定受理强制清算申请前，申请人请求撤回申请，人民法院准许的，强制清算案件的申请费不再从被申请人财产中予以拨付；人民法院受理强制清算申请后，申请人请求撤回申请，人民法院准许的，已经从被申请人财产中优先拨付的强制清算案件申请费不予退回。

十、关于强制清算清算组的指定

22. 人民法院受理强制清算案件后，应当及时指定清算组成员。公司股东、董事、监事、高级管理人员能够而且愿意参加清算的，人民法院可优先考虑指定上述人员组成清算组；上述人员不能、不愿进行清算，或者由其负责清算不利于清算依法进行的，人民法院可以指定《人民法院中介机构管理人名册》和《人民法院个人管理人名册》中的中介机构或者个人组成清算组；人民法院也可根据实际需要，指定公司股东、董事、监事、高级管理人员，与管理人名册中的中介机构或者个人共同组成清算组。人民法院指定管理人名册中的中介机构或者个人组成清算组，或者担任清算组成员的，应当参照适用《最高人民法院关于审理企业破产案件指定管理人的规定》。

23. 强制清算清算组成员的人数应当为单数。人民法院指定清算组成员的同时，应当根据清算组成员的推选，或者依职权，指定清算组负责人。清算组负责人代行清算中公司诉讼代表人职权。清算组成员未依法履行职责的，人民法院应当依据利害关系人的申请，或者依职权及时予以更换。

十一、关于强制清算清算组成员的报酬

24. 公司股东、实际控制人或者股份有限公司的董事担任清算组成员的，不计付报酬。上述人员以外的有限责任公司的董事、监事、高级管理人员，股份有限公司的监事、高级管理人员担任清算组成员的，可以按照其上一年度的平均工资标准计付报酬。

25. 中介机构或者个人担任清算组成员的，其报酬由中介机构或者个人与公司协商确定；协商不成的，由人民法院参照《最高人民法院关于审理企业破产案件确定管理人报酬的规定》确定。

十二、关于强制清算清算组的议事机制

26. 公司强制清算中的清算组因清算事务发生争议的，应当参照公司法第一百一十二条的规定，经全体清算组成员过半数决议通过。与争议事项有直接利害关系的清算组成员可以发表意见，但不得参与投票；因利害关系人回避表决无法形成多数意见的，清算组可以请求人民法院作出决定。与争议事项有直接利害关系的清算组成员未回避表决形成决定的，债权人或者清算组其他成员可以参照公司法第二十二条的规定，自决定作出之日起六十日内，请求人民法院予以撤销。

十三、关于强制清算中的财产保全

27. 人民法院受理强制清算申请后，公司财产存在被隐匿、转移、毁损等可能影响依法清算情形的，人民法院可依清算组或者申请人的申请，对公司财产采取相应的保全措施。

十四、关于无法清算案件的审理

28. 对于被申请人主要财产、账册、重要文件等灭失，或者被申请人人员下落不明的强制清算案件，经向被申请人的股东、董事等直接责任人员释明或采取罚款等民事制裁措施后，仍然无法清算或者无法全面清算，对于尚有部分财产，且依据现有账册、重要文件等，可以进行部分清偿的，应当参照企业破产法的规定，对现有财产进行公平清偿后，以无法全面清算为由终结强制清算程序；对于没有任何财产、账册、重要文件，被申请人人员下落不明的，应当以无法清算为由终结强制清算程序。

29. 债权人申请强制清算，人民法院以无法清算或者无法全面清算为由裁定终结强制清算程序的，应当在终结裁定中载明，债权人可以另行依据公司法司法解释二第十八条的规定，要求被申请人的股东、董事、实际控制人等清算义务人对其债务承担偿还责任。股东申请强制清算，人民法院以无法清算或者无法全面清算为由作出终结强制清算程序的，应当在终结裁定中载明，股东可以向控股股东等实际控制公司的主体主张有关权利。

十五、关于强制清算案件衍生诉讼的审理

30. 人民法院受理强制清算申请前已经开始，人民法院受理强制清算申请时尚未审结的有关被强制清算公司的民事诉讼，由原受理法院继续审理，但应依法将原法定代表人变更为清算组负责人。

31. 人民法院受理强制清算申请后，就强制清算公司的权利义务产生争议的，应当向受理强制清算申请的人民法院提起诉讼，并由清算组负责人代表清算中公司参加诉讼活动。受理强制清算申请的人民法院对此类案件，可以适用民事诉讼法第三十七条和第三十九条的规定确定审理法院。上述案件在受理法院内部各审判庭之间按照业务分工进行审理。人民法院受理强制清算申请后，就强制清算公司的权利义务产生争议，当事人双方就产生争议约定有明确有效的仲裁条款的，应当按照约定通过仲裁方式解决。

十六、关于强制清算和破产清算的衔接

32. 公司强制清算中，清算组在清理公司财产、编制资产负债表和财产清单时，发现公司财产不足清偿债务的，除依据公司法司法解释二第十七条的规定，通过与债权人协商制作有关债务清偿方案并清偿债务的外，应依据公司法第一百八十八条和企业破产法第七条第三款的规定向人民法院申请宣告破产。

33. 公司强制清算中，有关权利人依据企业破产法第二条和第七条的规定向人民法院另行提起破产申请的，人民法院应当依法进行审查。权利人的破产申请符合企业破产法规定的，人民法院应当依法裁定予以受理。人民法院裁定受理破产申请后，应当裁定终结强制清算程序。

34. 公司强制清算转入破产清算后，原强制清算中的清算组由《人民法院中介机构管理人名册》和《人民法院个人管理人名册》中的中介机构或者个人组成或者参加的，除该中介机构或者个人存在与本案有利害关系等不宜担任管理人或者管理人成员的情形外，人民法院可根据企业破产法及其司法解释的规定，指定该中介机构或者个人作为破产案件的管理人，或者吸收该中介机构作为新成立的清算组管理人的成员。上述中介机构或者个人在公司强制清算和破产清算中取得的报酬总额，不应超过按照企业破产计付的管理人或者管理人成员的报酬。

35. 上述中介机构或者个人不宜担任破产清算中的管理人或者管理人的成员的，人民法院应当根据企业破产法和有关司法解释的规定，及时指定管理人。原强制清算中的清算组应当及时将清算事务及有关材料等移交给管理人。公司强制清算中已经完成的清算事项，如无违反企业破产法或者有关司法解释的情形的，在破产清算程序中应承认其效力。

十七、关于强制清算程序的终结

36. 公司依法清算结束，清算组制作清算报告并报人民法院确认后，人民法院应当裁定终结清算程序。公司登记机关依清算组的申请注销公司登记后，公司终止。

37. 公司因公司章程规定的营业期限

届满或者公司章程规定的其他解散事由出现,或者股东会、股东大会决议自愿解散的,人民法院受理债权人提出的强制清算申请后,对股东进行剩余财产分配前,公司修改章程、或者股东会、股东大会决议公司继续存续,申请人在其个人债权及他人债权均得到全额清偿后,未撤回申请的,人民法院可以根据被申请人的请求裁定终结强制清算程序,强制清算程序终结后,公司可以继续存续。

十八、关于强制清算案件中的法律文书

38. 审理强制清算的审判庭审理该类案件时,对于受理、不受理强制清算申请、驳回申请人的申请、允许或者驳回申请人撤回申请、采取保全措施、确认清算方案、确认清算终结报告、终结强制清算程序的,应当制作民事裁定书。对于指定或者变更清算组成员、确定清算组成员报酬、延长清算期限、制裁妨碍清算行为的,应当制作决定书。对于其他所涉有关法律文书的制作,可参照企业破产清算中人民法院的法律文书样式。

十九、关于强制清算程序中对破产清算程序的准用

39. 鉴于公司强制清算与破产清算在具体程序操作上的相似性,就公司法、公司法司法解释二,以及本会议纪要未予涉及的情形,如清算中公司的有关人员未依法妥善保管其占有和管理的财产、印章和账簿、文书资料,清算组未及时接管清算中公司的财产、印章和账簿、文书,清算中公司拒不向人民法院提交或者提交不真实的财产状况说明、债务清册、债权清册、有关财务会计报告以及职工工资的支付情况和社会保险费用的缴纳情况,清算中公司拒不向清算组移交财产、印章和账簿、文书等资料,或者伪造、销毁有关财产证据材料而使财产状况不明,股东未缴足出资、抽逃出资,以及公司董事、监事、高级管理人员非法侵占公司财产等,可参照企业破产法及其司法解释的有关规定处理。

二十、关于审理公司强制清算案件中应当注意的问题

40. 鉴于此类案件属于新类型案件,且涉及的法律关系复杂、利益主体众多,人民法院在审理难度大、涉及面广、牵涉社会稳定的重大疑难清算案件时,要在严格依法的前提下,紧紧依靠党委领导和政府支持,充分发挥地方政府建立的各项机制,有效做好维护社会稳定的工作。同时,对于审判实践中发现的新情况、新问题,要及时逐级上报。上级人民法院要加强对此类案件的监督指导,注重深入调查研究,及时总结审判经验,确保依法妥善审理好此类案件。

最高人民法院关于部分人民法院冻结、扣划被风险处置证券公司客户证券交易结算资金有关问题的通知

- 2010年6月22日
- 民二他字〔2010〕第21号

北京市、上海市、江苏省、山东省、湖北省、福建省高级人民法院:

近日,中国证券监督管理委员会致函我院称,因部分人民法院前期冻结、扣划的客户证券交易结算资金未能及时解冻或退回,导致相应客户证券交易结算资金缺口难以弥补,影响被处置证券公司行政清理工作,请求我院协调有关人民法院解冻或退回客户证券交易结算资金。经研究,现就有关问题通知如下:

一、关于涉及客户证券交易结算资金的冻结与扣划事项,应严格按照《中华人民共和国证券法》、《最高人民法院关于冻结、扣划证券交易结算资金有关问题的通知》(法〔2004〕239号)、《最高人民法院、最高人民检察院、公安部、中国证券监督管理委员会关于查询、冻结、扣划证券和证券交易结算资金有关问题的通知》(法发〔2008〕4号)、《最高人民法院关于依法审理和执行被风险处置证券公司相关案件的通知》(法发〔2009〕35

号)的相关规定进行。人民法院在保全、执行措施中违反上述规定冻结、扣划客户证券交易结算资金的,应坚决予以纠正。

二、在证券公司行政处置过程中,按照国家有关政策弥补客户证券交易结算资金缺口是中国证券投资者保护基金有限责任公司(以下简称保护基金公司)的重要职责,被风险处置证券公司的客户证券交易结算资金专用存款账户、结算备付金账户内资金均属于证券交易结算资金,保护基金公司对被风险处置证券公司因违法冻结、扣划的客户证券交易结算资金予以垫付弥补后,取得相应的代位权,其就此主张权利的,人民法院应予支持。被冻结、扣划的客户证券交易结算资金已经解冻并转入管理人帐户的,经保护基金公司申请,相关破产案件审理法院应当监督管理人退回保护基金公司专用账户;仍处于冻结状态的,由保护基金公司向相关保全法院申请解冻,保全法院应将解冻资金返还保护基金公司专用账户;已经扣划的,由保护基金公司向相关执行法院申请执行回转,执行法院应将退回资金划入保护基金公司专用账户。此外,被冻结、扣划客户证券交易结算资金对应缺口尚未弥补的,由相关行政清理组申请保全或者执行法院解冻或退回。

请各高级法院督促辖区内相关法院遵照执行。

特此通知。

◎请示答复

最高人民法院关于被执行人以其全部资产作股本与外方成立合资企业的应当如何执行问题的复函

- 1992 年 9 月 7 日
- 法函〔1992〕114 号

湖南省高级人民法院:

你院湘高法经〔1992〕1 号请示报告收悉。经研究,答复如下:

鉴于被执行人于 1990 年 12 月 31 日与浙江省绍兴县轻工业公司、美国桦品企业有限公司合资成立浙江钻石制衣厂有限公司,业经注册登记,该公司领取了中华人民共和国企业法人营业执照,具有法人资格,故不宜直接执行该公司的财产。为有利于改革开放,可将被执行人绍兴县第二衬衫厂在合资企业中享有的部分股权(相当于应当偿还的债务),在征得合资对方同意后予以转让,转让时合资对方享有优先受让权;合资对方不同意转让股权的,可分期分批执行被执行人从合资企业分得的红利及其他收益。必要时可以裁定采取保全措施,限制被执行人支取到期应得的部分或全部收益,同时通知(附裁定书副本)有关单位协助执行。

最高人民法院关于对中外合资企业股份执行问题的复函

- 1998 年 8 月 26 日
- 〔1998〕执他字第 1 号

宁夏回族自治区高级人民法院:

你院〔1998〕宁法执字第 05 号《关于中外合资企业外商股份能否执行及如何办理转股手续的请示报告》收悉,经研究答复如下:

根据我院《关于人民法院执行工作若干问题的规定(试行)》第五十五条规定,中外合资企业的外商股份可以作为执行标的,依法转让。你院将被执行人香港太嘉勋发有限公司在天津温泉大酒店有限公司中的 30% 股份执行转让给申请执行人中国包装进出口宁夏公司,并无不当,应依据有关规定办结相关手续,其中需要天津市对外经济贸易委员会协助执行的事宜,你院应主动联系,请其按你院协助执行通知书依法处理。

最高人民法院执行工作办公室关于执行股份有限公司发起人股份问题的复函

• 2000年1月10日
• 〔2000〕执他字第1号

福建省高级人民法院：

你院报我办的〔1998〕闽经初执字第19号请示收悉。经研究，答复如下：

同意你院的意见。《公司法》第一百四十七条中关于发起人股份在3年内不得转让的规定，是对公司创办者自主转让其股权的限制，其目的是为防止发起人借设立公司投机牟利，损害其他股东的利益。人民法院强制执行不存在这一问题。被执行人持有发起人股份的有关公司和部门应当协助人民法院办理转让股份的变更登记手续。为保护债权人的利益，该股份转让的时间应从人民法院向有关单位送达转让股份的裁定书和协助执行通知书之日起算。该股份受让人应当继受发起人的地位，承担发起人的责任。

最高人民法院执行工作办公室关于中国重型汽车集团公司股权执行案的复函

• 2001年4月13日
• 〔2001〕执协字第16号

上海市、安徽省、四川省、陕西省、新疆维吾尔自治区、天津市、北京市、福建省高级人民法院：

近日，联合证券有限责任公司（以下简称联合公司）向我院反映，有多家法院冻结了中国重型汽车集团公司（以下简称重汽公司）所持其公司的股权，冻结股权的数额已超出重汽公司所有的份额，影响了其正常的经营活动，请求本院协调处理。

经查，联合公司反映的情况属实。重汽公司只拥有联合公司8000万股股权，价值9220.8万元人民币，1998年12月至2000年7月，上海二中院、安徽高院、四川眉山中院、陕西西安中院、新疆高院、天津一中院、北京二中院等7家法院在执行以重汽公司为债务人的生效判决过程中，却先后裁定冻结了联合公司的股权共12334万股，超出被执行人拥有的股权份额。按照《最高人民法院关于人民法院执行工作若干问题的规定（试行）》第88条的规定，本案各债权人对执行标的物均无担保物权，应当按照执行法院采取执行措施的先后顺序受偿。在采取执行措施的时间顺序上，各家法院均无争议，依次为上海二中院、安徽高院、四川眉山中院、陕西西安中院、新疆高院、天津一中院、北京二中院。但天津一中院、北京二中院提出，上海二中院和四川眉山中院虽然在先向联合公司送达了冻结股权的相关法律文书，但没有在工商机关办理登记手续，应视其冻结措施无效，不能对抗在后既向联合公司送达了相关法律文书，又在工商机关办理了登记手续的法院所采取的冻结措施。

我们认为，根据《最高人民法院关于人民法院执行工作若干问题的规定（试行）》第53条的规定，人民法院冻结被执行人在有限责任公司、其他法人企业的投资权益或股权的，只要依法向相关有限责任公司、其他法人企业送达了冻结被执行人投资权益或股权的法律文书，即为合法有效。因此，本案中上海二十院、四川眉山中院实施的冻结重汽公司股权的措施是合法有效的。天津一中院、北京二中院关于既向联合公司送达冻结股权的法律文书，又到工商管理机关进行登记才发生冻结效力的主张，并无法律规定，故不能否定上海二中院、四川眉山中院冻结股权的效力。天津一中院、北京二中院冻结股权的措施，实际上是在重汽公司已无股权可供执行的情况下进行的，当属无效，应当解除。两院可依法执行被执行人的其他财产。

此外，厦门中院关于重汽公司不承担有关民事责任的判决已经发生法律效力，应当解除该院在审判过程中对重汽公司股权冻结的保全措施。接此函后，请天津、北京、福建省高级人民法院监督所辖相关法院立即解除对重汽公司的股权冻结措施，以保证本案执行工作的顺利进行。

最高人民法院执行工作办公室关于深圳金安集团公司和深圳市鹏金安实业发展有限公司执行申诉案的复函

●2001年11月23日
●〔2001〕执监字第188号

广东省高级人民法院：

关于深圳金安集团公司（以下简称金安公司）、深圳市鹏金安实业发展有限公司（以下简称鹏金安公司）申诉一案，本院现已审查完毕，经研究，提出处理意见如下：

一、关于金安公司是否全面履行你院〔1999〕粤高法审监民再字第7、8号民事调解书所确定的义务问题，经查金安公司向本院提供的证据材料，虽能证明其曾向深圳市龙岗区国土局申报过要求转让相关土地给广东建邦集团有限公司（以下简称建邦集团），但国土局已以"资金不落实"、"与龙东村非农建设用地有冲突，不同意选址"为由，退回金安公司有关办文资料。因土地转让存有瑕疵，建邦公司的权利无法实现，所以不能认定金安公司已全面履行了民事调解书所确定的义务。

二、关于本案的执行依据问题

根据《最高人民法院关于适用中华人民共和国民事诉讼法若干问题的意见》第201条的规定，你院〔1999〕粤高法审监民再字第7、8号民事调解书发生法律效力后，原生效判决即〔1997〕深中法房初字第75号民事判决和〔1998〕粤法民终字第28号民事判决即已被撤销，故你院据两份判决作出〔2001〕粤高法执指字第5号民事裁定，指令广州铁路运输中级人民法院执行原判决错误，而应依法执行〔1999〕粤高法审监民再字第7、8号民事调解书所确定的金安公司应承担的债务。

三、关于执行深圳市金来顺饮食有限公司、深圳市京来顺饮食有限公司和深圳市东来顺饮食有限公司的问题

请你院监督执行法院进一步核实此三公司的注册资本投入和鹏金安公司受让深圳市金来顺饮食有限公司和深圳市京来顺饮食有限公司各90%股权的情况，如三公司确系金安公司全部或部分投资，现有其他股东全部或部分为名义股东，可依据《最高人民法院关于人民法院执行工作若干问题的规定（试行）》第53条、第54条的规定，执行金安公司在三公司享有的投资权益。但不应在执行程序中直接裁定否定三公司的法人资格。

最高人民法院执行工作办公室关于如何执行投资权益的请示的答复

●2001年12月11日
●〔2000〕执他字第20号

北京市高级人民法院：

你院京高法发〔2000〕291号函《关于如何执行投资权益的请示》收悉。经研究，现答复如下：

基本同意你院第一种意见。即使是对被执行人在其独资开办的法人企业的投资权益的执行，也不能无视该法人企业作为市场主体的独立性，将其财产径行作为被执行人的财产予以执行。在该投资权益有可分配的收益时，可用以清偿申请人的债权，否则，只能对该投资权益进行变价，以变价款清偿申请人的债权。此外，在经当事人双方同意或者在拍卖、变卖不成，债权人愿意接受该投资权益冲抵债务的情况下，可以以该投资权益抵债。至于如何防范在对被执行人的投资权益执行的过程中，被执行人利用其对投资开办的法人企业的控制转移财产。导致该投资权益价值贬损的问题，现实情况较为复杂，可根据具体情况采取相应的防范措施。

最高人民法院执行工作办公室关于执行股权转让金涉及相关法律问题的请示的答复

- 2001年12月27日
- 〔2001〕执他字第8号

辽宁省高级人民法院：

你院《关于执行股权转让金涉及相关法律问题的请示报告》收悉。经研究，答复如下：

执行机构在执行程序中，不可以裁定公司不具备法人资格。本案龙博大厦有限公司经过注册登记并领取了企业法人营业执照，是具有法人资格的合资公司。对被执行人在该公司的股权的执行，应按照执行股权的程序执行。鉴于该公司的另一股东金氏物业公司已明确表示不购买被执行人的股权，可将被执行人的股权对外转让，将转让金执行给本案申请执行人。

此复

最高人民法院执行工作办公室关于如何对被执行人在另一家公司所拥有的股份进行变现执行的请示的答复

- 2002年9月20日
- 〔2002〕执他字第12号

江西省高级人民法院：

你院赣高法报〔2002〕27号《关于如何对被执行人在另一家公司所拥有的股份进行变现执行的请示》收悉。经研究，答复如下：

据你院的请示，你院在执行江西省赣州市第一城市信用社申请执行海南省海口市双海经济发展公司和香港琼运实业有限公司一案中，已于1998年9月裁定将香港琼运实业有限公司在南京金港房地产开发有限公司的股权转让给江西省赣州市第一城市信用社。就本案股权的执行而言，你院已执行终结。如果你院〔1998〕赣高法执字第02－10号裁定存在可撤销的事由，则可予以撤销后再行强制转让该股权。在维持原执行裁定的前提下，你院拟再对该股权“进行强制转让”，并要“对金港大厦剩余的全部房产进行评估、拍卖”，此一则将对同一标的重复执行，二则将执行股东所在的公司的财产，显系错误，不得实施。本案强制转让股权后，申请执行人在金港公司享有的股东权益因其他股东的阻碍不能实现，是股东之间的纠纷，你院应告知申请执行人可通过诉讼另行解决。

最高人民法院执行工作办公室关于攀枝花市国债服务部与重庆市涪陵财政国债服务部证券回购纠纷执行请示案的复函

- 2003年6月9日
- 〔2003〕执他字第7号

四川省高级人民法院：

你院〔2001〕川执督字第100号《关于攀枝花市国债服务部申请执行重庆市涪陵财政国债服务部证券回购纠纷案件的请示报告》收悉。经研究，答复如下：

同意你院第一种意见。

根据《公司法》第四条第二款规定：“公司享有由股东投资形成的全部法人财产权，依法享有民事权利，承担民事责任。”因此，具有独立法人资格的重庆市涪陵国有资产经营公司（以下简称经营公司）对其持有的“长丰通信”国家股股票享有全部的财产权。被执行人重庆涪陵区财政局虽然投资开办了经营公司，并占有其100%的股权，但其无权直接支配经营公司的资产，其权力只能通过处分其股权或者收取投资权益来实现。因此,执行法院只能执行涪陵区财政局在经营公司的股权或投资权益,而不能直接执行经营公司所有的股票。

最高人民法院关于涉外股权质押未经登记在执行中质押权人是否享有优先受偿权问题的复函

- 2003 年 10 月 9 日
- 〔2003〕执他字第 6 号

江苏省高级人民法院:

你院(2002)苏执监字第 114 号报告收悉,经研究,答复如下:

同意你院审判委员会第一种意见。(香港)越信隆财务有限公司(以下简称越信隆)与香港千帆投资有限公司(以下简称香港千帆)于 1995 年 7 月 13 日签订的《抵押契约》所涉及的质押物,是香港千帆在南京千帆房地产开发有限公司(以下简称南京千帆)持有的 65% 股权。虽然我国法律对涉外动产物权的法律适用没有明确的规定,但根据《民法通则》第 142 条第 3 款规定的精神,本案可参照世界各国目前普遍采用的物之所在地法原则。因南京千帆系在中华人民共和国注册成立的有限责任公司,故该公司股权的质押是否有效,应根据中华人民共和国的法律法规来认定。上述《抵押契约》订立时,《中华人民共和国担保法》已经全国人大常委会通过并颁布,且于 1995 年 10 月 1 日实施。《担保法》实施后,越信隆应当按照该法第 78 条第 3 款的规定,将香港千帆在南京千帆持有的 65% 股权在内地办理股份出质记载手续,但越信隆未办理股份出质登记。因此,其抵押权不具有对抗第三人的效力。鉴于香港千帆所持南京千帆 65% 股权已经南京有关行政主管部门批准转让,非经法定程序不得撤销。

此复

最高人民法院执行工作办公室关于抵押人未经抵押权人同意将抵押物投资入股后抵押权人与公司债权人对该物谁享有优先受偿权问题的复函

- 2004 年 2 月 20 日
- 〔2003〕执他字第 19 号

天津市高级人民法院:

你院〔2002〕津高执监字第 013 号《关于天津市华农进出口公司案外人异议案件的请示报告》收悉,经研究,答复如下:

同意你院报告的第一种意见。中国银行天津市分行与天津市友谊毛纺厂于 1991 年 11 月 6 日签订抵押合同并办理了公证,且经你院(1996)高经初字第 89 号民事调解书确认,中国银行天津市分行对天津市友谊毛纺厂用于抵押的厂房、机器、设备等抵押物继续享有抵押权。故中国银行天津市分行应享有对抵押物的优先受偿权。

最高人民法院执行工作办公室关于上市公司发起人股份质押合同及红利抵债协议效力问题请示案的复函

- 2004 年 4 月 15 日
- 〔2002〕执他字第 22 号

江苏省高级人民法院:

你院《关于上市公司发起人以其持有的法人股在法定不得转让期内设质押担保在可转让时清偿期届满的债权其质押合同效力如何确认等两个问题的请示报告》收悉。经研究,答复如下:

一、关于本案发起人股份质押合同效力的问题,基本同意你院的第二种意见。《公司法》第 147 条规定对发起人股份转让的期间限制，应当理解为是对股权实际转让的时间的限制，而不是对达成股权转让协议的时间的限制。本案质押的股份不得转让期截止到2002年3月3日，而质押权行使期至2005年9月25日才可开始，在质押权人有权行使质押权时，该质押的股份已经没有转让期间的限制，因此不应以该股份在设定质押时依法尚不得转让为由确认质押合同无效。

二、关于本案中三方当事人达成的以股份所产生的红利抵债的协议（简称三方抵债协议），我们认为：首先，该协议性质上属于三方当事人之间的连环债务的协议抵消关系。在协议抵消的情况下，抵消的条件、标的物、范围，均由当事人自主约定。《合同法》第100条关于双方当事人协议抵消的规定，并不排除本案中三方当事人协议抵消的做法。其次，该协议属于预定抵消合同。根据这种合同，当事人之间将来发生可以抵消的债务时，无须另行作出抵消的意思表示，而当然发生抵消债务的效果。这种协议并不违反法律的强制性规定，应予以认可。本案中吴江工艺织造厂（以下简称织造厂）在中国服装股份有限公司（以下简称服装公司）中的预期红利收益处于不确定状态，符合这种预定抵消合同的特点。

三、关于股份质押协议与三方抵债协议的关系问题，因本案股份质押权的行使附有期限，故质押的效力只能及于质押权行使期到来（即2005年9月25日）之后该股份产生的红利，质押权人中国银行吴江支行（以下简称吴江支行）不能对此前的红利行使质押权。因此，对于织造厂于2001年6月9日从服装公司分得的该期红利，吴江支行不能以股份质押合同有效而对抗服装公司依据三方抵债协议所为的抵消。

四、织造厂在服装公司的红利一旦产生，按照三方抵债协议的约定，服装公司给付织造厂的红利即时自动抵消面料厂对服装公司的债务，不需要实际支付。因此，在宜兴市人民法院向服装公司送达协助执行通知时，被执行人织造厂在服装公司的红利债权已经消灭，不再有可供执行的债权。宜兴市人民法院从服装公司划拨红利的执行是错误的，应予纠正。

对天津市高级人民法院的答复函

- 2005年6月25日
- 〔2005〕执他字第6号

天津市高级人民法院：

你院(2004)执他字第7号《关于请求协调解决上市国有法人股股票变更问题的请示》收悉。经研究，答复如下：

关于上市公司国有法人股股权转让和性质界定的有关事宜，2004年2月1日财政部《企业国有产权转让管理暂行办法》、2001年11月2日财政部《关于上市公司国有股权被人民法院冻结拍卖有关问题的通知》和2000年5月19日财政部《关于股份有限公司国有股权管理工作有关问题的通知》等规范性文件有明确规定。按照上述文件的规定，对企业国有产权的转让必须经过有关机关的行政审批。因此，在没有明文规定的情况下，对企业国有产权的变动，人民法院的执行程序不能替代前述规范性文件要求的行政审批程序。你院请示的问题应按有关规定的要求办理。

最高人民法院执行工作办公室致陕西省高级人民法院的复函

- 2005年8月23日
- 〔2005〕执他字第10号

陕西省高级人民法院：

你院就如何适用《最高人民法院关于冻结、拍卖上市公司国有股和社会法人股若干问题的规定》第八条第三款的问题向我院请示。经研究，答复如下：

《最高人民法院关于冻结、拍卖上市公司国有股和社会法人股若干问题的规定》第八条第三款明确规定，人民法院执行股权，必须进行拍卖。你院应严格按照该规定执行。

最高人民法院〔2006〕执他字第19号函

●2007年2月6日

四川省高级人民法院：

你院〔2006〕川执请字第8号有关适用法律问题的请示收悉，经研究答复如下：

行政托管是国家证券监督管理部门对于严重违法违规经营，危害证券市场稳定，损害投资者和债权人合法权益的证券公司所采取的一种行政处理措施，是一种行政管理行为。国家证券监督管理部门对托管人、被托管人、托管事项等相关问题所作出的《托管公告》是行政管理行为的一部分。行政托管决定及《托管公告》发布，都属于行政管理的范畴。人民法院依法实施的执行行为，不论该执行行为是在《托管公告》发布之前或之后实施的，均不受其影响。

我院关于"三暂缓"通知中明文规定，通知自发布之日起施行，故该通知不适用其施行之前已执行完毕的案件。

◎地方规范性文件

中国证券登记结算有限责任公司深圳分公司协助冻结流通证券业务指引

●2006年1月19日

一、证券公司申报上传

（一）证券公司应当按本公司规定的申报内容（见附件1）、数据接口（见《深圳证券交易所数据接口规范 Ver4.36》），将所受理的协助冻结、续冻、解冻、轮候冻结和解除轮候冻结流通证券数据，通过D—COM/IST系统以文件方式进行申报。

（二）证券公司申报冻结证券的范围包括A股、B股、基金等托管在证券公司处的证券品种，但不包括国债、企业债券。

（三）证券公司受理执法机关协助办理流通证券冻结的法律文书后，应当立即核查相应证券是否已经被冻结或卖出，对未被冻结且未卖出的相应证券应当于最近的交易时刻前立即进行交易冻结，即锁定相应证券以限制卖出。

（四）已司法冻结的证券，不得重复申报司法冻结。

已司法冻结的证券，可以申报轮候冻结。轮候冻结数量应当小于等于轮候冻结申报日之前已生效的冻结数量。

（五）证券公司同一交易日内对受理的所有申请必须申报处理序号，处理序号当日有效且不能重复。重复申报的处理序号无效。

处理序号是指证券公司在同一交易日内对受理的所有申请按受理时间先后从小到大排成的序号，证券公司在申报数据时需要申报该序号，结算公司按序号从小到大的顺序进行冻结或轮候冻结等业务的登记处理。

（六）证券公司申报续冻、解冻时，需要申报结算公司反馈的冻结序号。申报解除轮候冻结的，需要申报轮候序号。

冻结序号是指结算公司对每一笔已生效的冻结生成一个序号，并在返回证券公司的回报数据中提供该序号，今后证券公司申报解冻、续冻时，需要同时申报该序号作为区别每一笔生效冻结的要素之一。部分解冻时，仍在冻结状态的证券及相应派生权益的冻结序号不变。

轮候序号是指证券公司将每一笔轮候冻结要求申报结算公司并登记成功后，结算公司在返回证券公司的回报数据中会提供该笔轮候冻结的序号，证券公司今后申报解除轮候冻结时，需要同时申报该序号。

(七)证券公司申报时,应当分别申报相应的类型,如申报冻结的,申报类型为"冻结",申报续冻的,申报类型为"续冻",以此类推。

(八)证券公司申报冻结的执法机关名称,应当录入执法机关全称(以公章为准),并录入相应类型编号(录入格式见《深圳证券交易所数据接口规范 Ver4.36》)。

(九)协助冻结期限,法院为初次冻结不超过2年,每次续冻不超过1年。初次冻结期限自申报之日起计算。

证监会及其派出机构的冻结期限为初次冻结6个月,每次续冻不超过6个月。

公安机关、检察院等其他有权机关的冻结,协助冻结的期限建议比照法院的冻结期限。

(十)冻结期限应当录入冻结起始日和截止日,冻结起始日为申报之日。

续冻期限只需录入续冻截止日,但每次续冻截止日与原冻结(或前次续冻)截止日的期间应当符台法律规定的续冻期限。

对于法院首次冻结期限2年或续冻期限1年的,以及证监会冻结期限6个月的,冻结到期日或续冻到期日应当为相应年份对应月的前一日。如,自2006年1月12日起或自2006年3月1日起冻结期限为两年的,起止日处理为:(1)2006年1月12日至2008年1月11日;(2)2006年3月1日至2008年2月28日(或29日—闰年)。法院续冻一年,或证监会冻结6个月的,起止日处理同上。

轮候冻结期限为执法机关文书中的预设期限,文书表述应为自冻结生效之日起"两年"或"一年"、"半年"等(录入格式见《深圳证券交易所数据接口规范 Ver4.36》)。起止日处理同上。

(十一)证券公司协助执法机关冻结、轮候冻结流通证券时,应当要求执法机关对冻结期间(轮候冻结的,指将来冻结实现后的冻结期间)产生的红股(含转增股)、配股(即申报内容中"联冻深度")等是否一并冻结做出明确要求。证券公司根据执法机关的要求,按照相应格式录入申报(录入格式见《深圳证券交易所数据接口规范 Ver4.36》)。

(十二)证券公司可以对已冻结的证券申报部分解冻。对于轮候冻结,不能申报部分解除轮候冻结。

证券公司申报对原冻结的股份全部解冻时,应当包括红股(含转增股)、配股等的全部解冻。

(十三)执法机关续冻、解冻、解除轮候冻结的,应当由原受理冻结、轮候冻结的证券公司营业部受理司法文书,并申报相应数据。

执法机关解冻并要求处理(包括强制过户、强制卖出等)解冻的股份时,证券公司不得申报解冻。证券公司在审核相关法律文书确认后,由执法机关携法律文书及证券公司出具的审核意见(具体格式样见附件4),到登记公司办理解冻手续。

证券公司需留存审核的相关法律文书复印件。

(十四)轮候机关已轮候上部分股份的,如仍有可供轮候的在冻结股份,该轮候机关未满足部分继续轮候。

被轮候冻结的股份因原冻结法院强制处理后股份不足时,原轮候冻结变更为对剩余冻结股数的轮候。被轮候的股份因原冻结法院强制处理后没有可供轮候的冻结股份时,结算公司取消所有的轮候冻结登记。

(十五)对于因执法机关解冻并强制处理的股份(如卖出、过户等),结算公司将该笔解冻并强制处理股份等信息于解冻当日日终反馈相应的证券公司,证券公司不得受理该笔股份的轮候冻结和新冻结业务。

二、结算公司的数据接收、登记和反馈

(一)证券公司申报数据的登记和反馈

1. 证券公司将受理的司法冻结、续冻、

解冻及轮候冻结、解除轮候冻结数据申报结算公司登记后，结算公司将相关处理结果于当日日终反馈相应的证券公司。

2. 证券公司申报的轮候冻结，待冻结实现后，结算公司将相应的冻结数据及原轮候序号等处理结果于生效日日终反馈相应的证券公司。

3. 证券公司申报的冻结，如在冻结期间有对红股（含转增股）、配股的冻结，结算公司将该冻结数据于冻结生效日日终反馈相应的证券公司。

（二）结算公司受理的相关数据反馈

1. 结算公司受理的司法冻结、续冻、解冻及轮候冻结、解除轮候冻结，在生效后，结算公司将相应的冻结序号、解冻信息等处理结果于当日日终反馈相应的证券公司。

2. 结算公司受理的轮候冻结，待冻结实现后，结算公司将相应的冻结数据等处理结果于生效日日终反馈相应的证券公司。

3. 结算公司受理的冻结，如在冻结期间有对红股（含转增股）、配股的冻结，结算公司将该冻结数据于冻结生效日日终反馈相应的证券公司。

（三）以下情况，结算公司对证券公司申报的数据在进行相应调整后，仍做登记处理，除此之外，不做登记处理：

1. 对于申报的冻结、续冻期限超期的（包括轮候冻结预设期限），系统扣除超期部分后，按法律规定的最长期限进行冻结、续冻登记。

2. 对于冻结数量大于交收后申报席位相应证券可冻结数量的，系统对最大可冻结数量进行冻结登记。

3. 对于轮候冻结数量大于受理轮候要求时申报席位相应证券已冻结数量的，系统在已冻结数量范围内进行轮候冻结登记。

（四）对于证券公司申报格式或内容错误的，结算公司不做登记处理，于当日日终将错误原因反馈相应的证券公司。

（五）证券公司应当根据结算公司反馈的处理结果，如实际冻结数量、轮候冻结登记数量、冻结期限等，要求执法机关修正协助执行文书等法律文书的相关内容，并在送达回证或回执上注明处理结果再予签收。

三、注意事项

（一）结算公司的预检查

对于每个交易日14:00之前证券公司申报的数据，结算公司于14:00对申报的数据进行预检查，并反馈检查结果。证券公司根据反馈情况可对14:00之前申报的数据进行修改，并于15:00前重新申报。结算公司以15:00收到的申报数据为准。

（二）证券公司受理司法机关冻结流通证券业务时，应当要求司法机关按照本文附件2所列文书格式中包含的相关内容书写《协助执行通知书》。

（三）除法院外的其他有权机关（包括公安机关、检察院、证监会等）要求对流通证券实施轮候冻结的，也可以协助实施。

（四）轮候冻结不进行轮候指向操作。

轮候指向指该笔轮候是否针对某一笔特定的冻结，即只有当该笔冻结解冻时，轮候才能生效。如果没有轮候指向，则在申报轮候冻结之前的任意一笔符合条件的冻结解冻后，轮候都可以生效。

（五）证券公司在协助轮候冻结时，应当要求执法机关在协助执行文书上载明将来冻结实现后的冻结期限，即预设冻结期限。预设冻结期限在法律文书中的表述方式为“自冻结生效之日起两年、一年、半年（或其他期限）等”。

（六）对于轮候冻结，将来冻结实现后，证券公司需将冻结情况（包括冻结数量、期限等）书面通知执法机关，并留存通知回执。通知书格式见附件3《协助执行轮候冻结情况表》。

对于已冻结的股份分批分期解冻，轮候冻结分批分期实现冻结的，只对首次实现冻结情况书面通知执法机关。

（七）证券公司同一交易日受理申报了某笔证券解冻，然后又受理了上述该笔证券的冻结，则该笔冻结必须按轮候冻结的方式进行申报。

（八）执法机关要求冻结流通证券产生的股息的，由证券公司协助直接办理，不再向结算公司申报。

（九）流通证券冻结期间，证券公司不得办理所属账户内被冻结证券的转托管。

（十）所有冻结涉及的证券账户，允许挂失补办，并不影响冻结的效力，但只能补办原账户号。

（十一）托管银行等其他证券经营机构托管的流通证券的冻结，比照上述关于证券公司托管的流通证券冻结的规定办理。

四、业务咨询及联络电话

业务咨询：0755－25938030 0755－25938032

技术咨询：0755－25946080

五、本指引自2006年3月1日起实施。

附件：（略）

中国证券登记结算有限责任公司深圳分公司关于做好协助冻结流通证券和深市投资者开设证券账户同时开通网上查询服务的技术准备工作的通知

•2006年1月19日

各证券公司，各开户代理机构：

为配合协助冻结流通证券和深市投资者开设证券账户同时开通网上查询服务两项业务的推出，中国结算深圳分公司对《深圳证券交易所数据接口规范 Ver 4.35》进行了调整。现将有关事项公告如下：

一、股份结算接口规范相关调整

1. 股份结算信息库 SJSGF. dbf

增加业务类别7A，用于发送当日流通股冻结回报。

增加业务类别7B，用于发送当日流通股解冻回报。

增加业务类别7C，用于发送当日流通股续冻回报。

增加业务类别7D，用于发送当日流通股冻结轮候回报。

增加业务类别7E，用于发送当日流通股冻结轮候解除回报。

增加业务类别B1，用于发送当日交收锁定数量。目前涉及LOF赎回及权证业务。

进一步明确了业务类别B2的业务类别含义，从原来表示“冻结总股数”调整为“流通股冻结与交收锁定的总股数”。修改前，券商可通过SJSDZ中的股份余额减去业务类别为B2的冻结总股数（GFQRGS）和业务类别为B6的保管股数，即可得到可交易的数量；修订后，券商仍然可以继续沿用以上计算方法。修改前，券商根据业务类别为B2的记录中GFWTGS对账当天的冻结股数，修改后，业务类别为B2的记录中GFWTGS为0，无任何意义，券商应该根据每日返回的业务类别为7A的记录对账当天的冻结股数。

为了配合券商深刻理解要约收购业务中要约收购结束时的数据接口，增加了“要约收购结束当日的结算数据说明”。

二、开户登记接口规范

1. 开户委托库 SJSKW. dbf

增加业务类别18，表示申请开通网络服务。

2. 开户回报库 SJSKB. dbf

增加业务类别18，表示开通网络服务的回报结果。

三、新增加参与人接口规范

新增部分的接口规范描述的是结算参与人与中国结算通过D－COM系统（含IST终端）完成数据交换的接口库。目前仅限于券商法人与结算公司之间，使用文件交换方式完成。

各券商以法人为单位收集数据委托，汇总后形成申请库（SJSSQ. dbf），以文件方式上传至结算公司，结算公司定时接收并检查申请库，检查结果通过确认库反馈给法人。该确认库仅作为结算公司对结算参与人申请数据的收到确认，只对申请数据进行合法性检查，最终的业务处理结果将通过股份结算接口规范及资金结算接口规范中的相关接口库返回给各券商营业部。

在结算公司规定的数据接收截止时间前，如果参与人多次发送申请数据，结算公司以最后一次发送的数据为准。

1. 申请库 SJSSQ. dbf

增加业务类别 7A、7B、7C、7D 和 7E，分别表示冻结报盘、冻结解冻报盘、冻结续冻报盘、轮候冻结报盘和轮候冻结解除报盘。其他详细说明请参见数据接口。

2. 确认库 SJSQR. dbf

增加的业务类别同申请库。其他详细说明请参见数据接口。

四、请从深交所网站之“技术专栏”（http://www. szse. cn/main/rules/Catalog_1045. aspx）和中国结算网站之“通知公告－深圳分公司”（http://www. chinaclear. cn/main/03/0301/030103/030103_1. html）下载《TS－0406－001 深圳证券交易所数据接口规范（Ver4. 36）》。

五、对于协助冻结流通证券业务，请从中国结算网站之“通知公告－公司总部”下载《关于协助司法机关冻结流通证券有关问题的通知》（中国结算发字〔2005〕184 号）（http://www. chinaclear. cn/main/03/0301/030101/1132104972130. doc），从“通知公告－深圳分公司”下载《协助冻结流通证券业务指引》。

六、对于深市投资者开设证券账户同时开通网上查询服务业务，请从中国结算网站之“通知公告－深圳分公司”下载《深市投资者开设证券账户同时开通网上查询服务业务方案（测试用稿）》。

七、请各证券公司、开户代理机构根据相关业务说明和数据接口规范，于 2006 年 2 月 17 日前做好相关技术准备工作。中国结算深圳分公司计划于 2006 年 2 月 18 日至 2 月 26 日期间择机组织联网测试，测试事宜另行通知。

八、技术咨询电话：（0755）25946080

特此通知。

中国证券登记结算有限责任公司上海分公司协助冻结流通证券业务指引

• 2015 年 6 月 8 日

一、受理对象

法院、检察院、公安等国家有权机关。

二、受理事项

流通证券的冻结、续冻、解冻、轮候冻结、轮候期限修改、解除轮候冻结。

三、证券公司申报上传、查询、撤销

1. 证券公司应当按中国证券登记结算有限责任公司上海分公司（以下简称中国结算上海分公司）规定的数据接口（详见《登记结算数据接口规范（结算参与人版）》），将交易日所受理的协助冻结流通证券数据，于当日 15 时之前，通过 PROP 系统进行申报上传或撤销。

2. 证券公司的申报方式包括单笔录入和批量上传。单笔录入采取确认复核方式。批量上传时，如存在部分申报数据不规范，则该部分数据申报失败。

3. 证券公司通过 PROP 系统，可以查询单个或批量证券账户的包括司法冻结、质押登记等在内的冻结/轮候冻结信息，并应当根据查询结果进行冻结或轮候冻结申报。已被冻结的证券，不得重复申报证券冻结，已被司法冻结的证券，可以申报证券轮候冻结。

4. 证券公司申报时，应当根据相应类型分别申报，如申报冻结的，申报类型为

“冻结”，申报续冻的，申报类型为“续冻”，以此类推。

5. 当日申报成功的，除续冻、轮候期限修改、解除轮候冻结外，证券公司可以凭反馈的受理编号申报撤销。

6. 证券公司申报上传：

（一）申报冻结/轮候冻结

A. 证券公司申报冻结/轮候冻结的范围包括A股无限售流通股、基金、债券等托管在证券公司处的流通证券，但不包括：非登记在证券账户中的企业债券，限售流通股，国家股、法人股等非流通股份。

B. 证券公司受理司法冻结时，应当即时查询投资者持有的证券数量，立即停止证券交易，冻结时已经下单但尚未搓合成功的应当采取撤单措施；对未被冻结且未卖出的相应证券应当于最近的交易时点前立即进行交易冻结，即锁定相应证券以限制卖出。

C. 证券公司应当准确录入执法机关的名称。

D. 协助冻结期限：首次冻结不超过相关法律法规及司法解释规定期限，自受理申报之日起计算。

证券公司应当准确录入协助冻结期限：申报冻结时应当录入申请日期和冻结到期日。申请日期指执法机关文书上载明的该笔冻结的起始日期，冻结到期日指执法机关文书上载明的该笔冻结的终止日期，到期日终系统自动解冻。如到期日为节假日的，在节假日后的第一个交易日日终自动解冻。

协助轮候冻结时，轮候冻结期限为执法机关文书中的预设冻结期限，自转为正式冻结之日起计算不超过相关法律法规及司法解释规定期限。证券公司在录入轮候冻结期限时，应当按照实际月份数量进行输入操作（如一年的则“冻结到期”字段输为12、二年的输为24、三年的输为36，但文书还是应当写成预设冻结期限为一年或二年或三年等）。

E. 证券公司协助执法机关冻结/轮候冻结流通证券时，应当要求执法机关对是否冻结/轮候冻结派生权益以及包括何种派生权益作出明确要求并在协助执行文书等法律文书上予以注明；并按照执法机关的要求在申报冻结/轮候冻结时，选择包含相应的派生权益。派生权益类别包括送股、红利、兑息。

F. 对于申报证券轮候冻结的，轮候冻结数量应当小于等于已被司法冻结数量。

（二）申报续冻、解冻/解除轮候冻结

A. 执法机关要求续冻、解冻、解除轮候冻结的，应当由原协助冻结、轮候冻结的证券公司受理，并申报相应数据。

B. 申报续冻时，冻结期限只需录入冻结到期日。

协助续冻期限：不超过相关法律法规及司法解释规定期限，自原冻结（或前次续冻）到期日之次日起计算，证券公司应当在到期日之前及时申报续冻。

C. 证券公司对于已冻结/轮候冻结登记的证券，可以申报全部解冻或者部分解冻。对冻结时包括派生权益的，全部解冻时包括对冻结期间所产生派生权益的全部解冻，证券公司不需要对派生权益部分再申报作全部解冻；部分解冻时如执法机关要求对冻结期间所产生派生权益作解冻的，证券公司应当对相应派生权益申报作解冻。

D. 证券公司申报解冻、续冻、解除轮候冻结时，应当输入冻结编号作为确认标志。部分解冻登记成功后，仍被冻结的剩余证券及其相应派生权益的冻结编号与原冻结编号一致，保持不变。

四、中国结算上海分公司的数据接收、登记、反馈

1. 对于证券公司申报的协助冻结流通证券数据，登记结算系统实时检查数据合法性，如符合要求，系统实时反馈受理成功信息；如不符合要求，系统实时反馈受理失败信息。

2. 申报当日日终，登记结算系统对已受理的申报数据再次检查数据合法性，并进行冻结登记处理，冻结登记成功的证券下一个交易日不能通过交易系统卖出。

3. 申报当日日终，登记结算系统通过业务回报文件，向证券公司反馈当日申报信息的处理结果。如果成功，则业务回报文件相应记录的结果代码为“0000”，结果信息为“处理成功”，并告知实际冻结数量和该笔冻结/轮候冻结的冻结编号等；如果失败，业务回报文件相应记录的结果代码为错误代码，结果信息为具体的失败原因。

4. 证券公司应当根据中国结算上海分公司反馈的处理结果和实际冻结数量等，要求执法机关修正协助执行文书等法律文书的相关内容，并在送达回执上注明处理结果和实际冻结数量等再予提供。

五、关于轮候冻结

1. 轮候冻结不进行轮候指向操作。即轮候冻结不针对之前一笔特定的司法冻结，如果之前任意一笔符合条件的司法冻结解冻后，轮候冻结都可以自动生效。当原冻结到期自动解冻或者提前解冻未做进一步处理（扣划）时，系统为首家轮候进行冻结。首家轮候需求满足并有剩余的情况下为下一家轮候进行冻结；首家轮候需求尚未满足的数量则继续轮候。

2. 证券公司在协助轮候冻结时，应当要求执法机关在协助执行文书上载明预设冻结期限（冻结期限为×年/月，自转为正式冻结之日起计算）。轮候冻结生效转为正式冻结，冻结到期日为转为正式冻结之日起加上预设冻结期限后的日期。假设一笔轮候冻结预设冻结期限为二年（“冻结到期”字段输为24），2008年3月1日生效转为正式冻结，则正式冻结的冻结到期日为2010年3月1日。

3. 证券公司申报成功的轮候冻结，全部或部分生效当日日终，登记结算系统通过通知信息文件，向证券公司反馈轮候冻结生效情况。证券公司根据该反馈结果，应当及时书面通知做出轮候冻结的执法机关。

4. 轮候冻结全部或部分生效转为正式冻结的，不再沿用原轮候冻结的冻结编号，对应的新冻结编号为“SX＊＊＊”（其中＊＊＊是随机产生的一个不重复的序号）、执法机关名称为“原轮候冻结的申请单位（执法机关名称）+原轮候冻结的冻结编号”。剩余尚未生效的轮侯冻结部分，所对应的执法机关名称、冻结编号不变。

轮候冻结全部或部分生效的，证券公司对于已生效成为正式冻结的部分，申报续冻、解冻时，应当按照“SX＊＊＊”冻结编号进行申报。

5. 轮候冻结分期生效成为多笔正式冻结的，其冻结到期日按照各自转为正式冻结之日起分别计算。

6. 轮候冻结已有部分生效、证券公司申报全部解冻的，应当首先申报解除尚未生效的轮侯冻结部分（申报类型为轮候解冻），然后再申报解除已生效冻结部分（申报类型为解冻）。

7. 对于原轮候冻结数据（即有具体的轮侯登记及冻结到期日）申报轮候期限修改的方式。

对于原轮候冻结数据（即有具体的轮候登记及冻结到期日），执法机关要求修改轮候冻结期限的，证券公司应当首先要求执法机关在协助执行文书上载明预设冻结期限；其次，按照“轮候期限修改”申报类型进行申报，将原具体的轮候登记及冻结到期日（年月日）调整为按照预设冻结期限的实际月份数量进行输入。

对于原轮候冻结数据（即有具体的轮候登记及冻结到期日），证券公司未进行“轮候期限修改”申报的，则到期日终自动解冻，如到期日为节假日的，在节假日后的第一交易日日终自动解冻。

六、协助执行司法文书的保管

证券公司应妥善保存收取的协助执行司法文书原件及相关材料。

如有司法机关要求查询的，证券公司应配合提供。

七、注意事项

1. 对于已在中国结算上海分公司办理质押登记/质押保全（指执法机关对于已办理质押登记的证券进行冻结的强制措施）的证券，执法机关要求冻结/轮侯冻结的，由中国结算上海分公司直接受理，证券公司不能申报冻结/轮侯冻结。

2. 流通证券冻结/轮候冻结期间，证券公司不得办理所属账户的撤销指定交易。

3. 当日账户办理指定交易，当日即可申报证券冻结/轮侯冻结；

当日回购登记撤消处理成功的账户，当日即可申报账户内国债冻结/轮侯冻结。

4. 证券公司同一交易日受理申报了某笔证券解冻、然后又受理了上述该笔证券的冻结，则该笔冻结必须按轮侯冻结的方式进行申报。同一交易日受理申报了某笔证券冻结，则必须在下一个交易日该笔证券冻结登记后才能申报轮侯冻结。

5. 证券公司不受理并不能申报账户冻结/轮侯冻结。

6. 对于执法机关要求协助冻结债券的，如当日是该债券兑息登记日，则证券公司应当于日终直接对产生的债券利息资金协助冻结；

如当日是该债券兑付登记日，则证券公司应当于日终直接对产生的债券兑付资金协助冻结。

7. 凡是需要通过交易系统申报的，包括买入卖出、买断式回购到期履约、ETF申购赎回、债转股、股票质押式回购等，登记结算系统当日进行优先处理。

8. 投资者挂失补办证券账户的，如该账户已被冻结或账户中存在被司法冻结的证券，证券公司补办的账户号应当与原证券账户号保持一致。

9. 执法机关对于已冻结的股份进行处置时（包括强制卖出、强制过户），可先将冻结的股份扣划至申请人账户或指定账户，再进行处理。

八、其它证券经营机构托管的流通证券的冻结，比照上述关于证券公司托管的流通证券冻结的规定办理。

九、业务咨询及联络电话

业务咨询：021－68870164

技术咨询：021－68870351

十、本指引于2015年6月8日修订实施。中国结算上海分公司以前下发文件中，与本业务指引内容有不一致的，执行本指引。

第十七章　对到期债权的执行

◎法律

中华人民共和国合同法（节录）

• 1999年3月15日

……

第五章　合同的变更和转让

第七十七条　【合同变更的条件】当事人协商一致，可以变更合同。

法律、行政法规规定变更合同应当办理批准、登记等手续的，依照其规定。

第七十八条　【合同变更内容不明的处理】当事人对合同变更的内容约定不明确的，推定为未变更。

第七十九条　【债权让与】债权人可以将合同的权利全部或者部分转让给第三人，但有下列情形之一的除外：

（一）根据合同性质不得转让；

（二）按照当事人约定不得转让；

（三）依照法律规定不得转让。

第八十条　【债权让与的通知义务】债权人转让权利的，应当通知债务人。未经通知，该转让对债务人不发生效力。

债权人转让权利的通知不得撤销，但经受让人同意的除外。

第八十一条　【从权利的转移】债权人转让权利的，受让人取得与债权有关的从权利，但该从权利专属于债权人自身的除外。

第八十二条　【债务人的抗辩权】债务人接到债权转让通知后，债务人对让与人的抗辩，可以向受让人主张。

第八十三条　【债权让与中的抵销权】债务人接到债权转让通知时，债务人对让与人享有债权，并且债务人的债权先于转让的债权到期或者同时到期的，债务人可以向受让人主张抵销。

第八十四条　【债务承担】债务人将合同的义务全部或者部分转移给第三人的，应当经债权人同意。

第八十五条　【承担人的抗辩】债务人转移义务的，新债务人可以主张原债务人对债权人的抗辩。

第八十六条　【从债的转移】债务人转移义务的，新债务人应当承担与主债务有关的从债务，但该从债务专属于原债务人自身的除外。

第八十七条　【合同转让形式要件】法律、行政法规规定转让权利或者转移义务应当办理批准、登记等手续的，依照其规定。

第八十八条　【概括转让】当事人一方经对方同意，可以将自己在合同中的权利和义务一并转让给第三人。

第八十九条　【概括转让的效力】权利和义务一并转让的，适用本法第七十九条、第八十一条至第八十三条、第八十五条至第八十七条的规定。

第九十条　【新当事人的概括承受】当事人订立合同后合并的，由合并后的法人或者其他组织行使合同权利，履行合同义务。当事人订立合同后分立的，除债权人和债务人另有约定的以外，由分立的法人或者其他组织对合同的权利和义务享有连带债权，承担连带债务。

……

◎司法解释

最高人民法院关于适用《中华人民共和国合同法》若干问题的解释(一)

- 1999年12月19日
- 法释〔1999〕19号

为了正确审理合同纠纷案件,根据《中华人民共和国合同法》(以下简称合同法)的规定,对人民法院适用合同法的有关问题作出如下解释:

一、法律适用范围

第一条 合同法实施以后成立的合同发生纠纷起诉到人民法院的,适用合同法的规定;合同法实施以前成立的合同发生纠纷起诉到人民法院的,除本解释另有规定的以外,适用当时的法律规定,当时没有法律规定的,可以适用合同法的有关规定。

第二条 合同成立于合同法实施之前,但合同约定的履行期限跨越合同法实施之日或者履行期限在合同法实施之后,因履行合同发生的纠纷,适用合同法第四章的有关规定。

第三条 人民法院确认合同效力时,对合同法实施以前成立的合同,适用当时的法律合同无效而适用合同法合同有效的,则适用合同法。

第四条 合同法实施以后,人民法院确认合同无效,应当以全国人大及其常委会制定的法律和国务院制定的行政法规为依据,不得以地方性法规、行政规章为依据。

第五条 人民法院对合同法实施以前已经作出终审裁决的案件进行再审,不适用合同法。

二、诉讼时效

第六条 技术合同争议当事人的权利受到侵害的事实发生在合同法实施之前,自当事人知道或者应当知道其权利受到侵害之日起至合同法实施之日超过一年的,人民法院不予保护;尚未超过一年的,其提起诉讼的时效期间为二年。

第七条 技术进出口合同争议当事人的权利受到侵害的事实发生在合同法实施之前,自当事人知道或者应当知道其权利受到侵害之日起至合同法施行之日超过二年的,人民法院不予保护;尚未超过二年的,其提起诉讼的时效期间为四年。

第八条 合同法第五十五条规定的“一年”、第七十五条和第一百零四条第二款规定的“五年”为不变期间,不适用诉讼时效中止、中断或者延长的规定。

三、合同效力

第九条 依照合同法第四十四条第二款的规定,法律、行政法规规定合同应当办理批准手续,或者办理批准、登记等手续才生效,在一审法庭辩论终结前当事人仍未办理批准手续的,或者仍未办理批准、登记等手续的,人民法院应当认定该合同未生效;法律、行政法规规定合同应当办理登记手续,但未规定登记后生效的,当事人未办理登记手续不影响合同的效力,合同标的物所有权及其他物权不能转移。

合同法第七十七条第二款、第八十七条、第九十六条第二款所列合同变更、转让、解除等情形,依照前款规定处理。

第十条 当事人超越经营范围订立合同,人民法院不因此认定合同无效。但违反国家限制经营、特许经营以及法律、行政法规禁止经营规定的除外。

四、代位权

第十一条 债权人依照合同法第七十三条的规定提起代位权诉讼,应当符合下列条件:

(一)债权人对债务人的债权合法;

(二)债务人怠于行使其到期债权,对债权人造成损害;

(三)债务人的债权已到期;

（四）债务人的债权不是专属于债务人自身的债权。

第十二条 合同法第七十三条第一款规定的专属于债务人自身的债权，是指基于扶养关系、抚养关系、赡养关系、继承关系产生的给付请求权和劳动报酬、退休金、养老金、抚恤金、安置费、人寿保险、人身伤害赔偿请求权等权利。

第十三条 合同法第七十三条规定的“债务人怠于行使其到期债权，对债权人造成损害的”，是指债务人不履行其对债权人的到期债务，又不以诉讼方式或者仲裁方式向其债务人主张其享有的具有金钱给付内容的到期债权，致使债权人的到期债权未能实现。

次债务人（即债务人的债务人）不认为债务人有怠于行使其到期债权情况的，应当承担举证责任。

第十四条 债权人依照合同法第七十三条的规定提起代位权诉讼的，由被告住所地人民法院管辖。

第十五条 债权人向人民法院起诉债务人以后，又向同一人民法院对次债务人提起代位权诉讼，符合本解释第十三条的规定和《中华人民共和国民事诉讼法》第一百零八条规定的起诉条件的，应当立案受理；不符合本解释第十三条规定的，告知债权人向次债务人住所地人民法院另行起诉。

受理代位权诉讼的人民法院在债权人起诉债务人的诉讼裁决发生法律效力以前，应当依照《中华人民共和国民事诉讼法》第一百三十六条第（五）项的规定中止代位权诉讼。

第十六条 债权人以次债务人为被告向人民法院提起代位权诉讼，未将债务人列为第三人的，人民法院可以追加债务人为第三人。

两个或者两个以上债权人以同一次债务人为被告提起代位权诉讼的，人民法院可以合并审理。

第十七条 在代位权诉讼中，债权人请求人民法院对次债务人的财产采取保全措施的，应当提供相应的财产担保。

第十八条 在代位权诉讼中，次债务人对债务人的抗辩，可以向债权人主张。

债务人在代位权诉讼中对债权人的债权提出异议，经审查异议成立的，人民法院应当裁定驳回债权人的起诉。

第十九条 在代位权诉讼中，债权人胜诉的，诉讼费由次债务人负担，从实现的债权中优先支付。

第二十条 债权人向次债务人提起的代位权诉讼经人民法院审理后认定代位权成立的，由次债务人向债权人履行清偿义务，债权人与债务人、债务人与次债务人之间相应的债权债务关系即予消灭。

第二十一条 在代位权诉讼中，债权人行使代位权的请求数额超过债务人所负债务额或者超过次债务人对债务人所负债务额的，对超出部分人民法院不予支持。

第二十二条 债务人在代位权诉讼中，对超过债权人代位请求数额的债权部分起诉次债务人的，人民法院应当告知其向有管辖权的人民法院另行起诉。

债务人的起诉符合法定条件的，人民法院应当受理；受理债务人起诉的人民法院在代位权诉讼裁决发生法律效力以前，应当依法中止。

五、撤 销 权

第二十三条 债权人依照合同法第七十四条的规定提起撤销权诉讼的，由被告住所地人民法院管辖。

第二十四条 债权人依照合同法第七十四条的规定提起撤销权诉讼时只以债务人为被告，未将受益人或者受让人列为第三人的，人民法院可以追加该受益人或者受让人为第三人。

第二十五条 债权人依照合同法第七十四条的规定提起撤销权诉讼，请求人民法院撤销债务人放弃债权或转让财产的行为，人民法院应当就债权人主张的部分进行审理，依法撤销的，该行为自始无效。

两个或者两个以上债权人以同一债务人为被告，就同一标的提起撤销权诉讼的，人民法院可以合并审理。

第二十六条 债权人行使撤销权所支付的律师代理费、差旅费等必要费用，由债务人负担；第三人有过错的，应当适当分担。

六、合同转让中的第三人

第二十七条 债权人转让合同权利后，债务人与受让人之间因履行合同发生纠纷诉至人民法院，债务人对债权人的权利提出抗辩的，可以将债权人列为第三人。

第二十八条 经债权人同意，债务人转移合同义务后，受让人与债权人之间因履行合同发生纠纷诉至人民法院，受让人就债务人对债权人的权利提出抗辩的，可以将债务人列为第三人。

第二十九条 合同当事人一方经对方同意将其在合同中的权利义务一并转让给受让人，对方与受让人因履行合同发生纠纷诉至人民法院，对方就合同权利义务提出抗辩的，可以将出让方列为第三人。

七、请求权竞合

第三十条 债权人依照合同法第一百二十二条的规定向人民法院起诉时作出选择后，在一审开庭以前又变更诉讼请求的，人民法院应当准许。对方当事人提出管辖权异议，经审查异议成立的，人民法院应当驳回起诉。

最高人民法院关于适用《中华人民共和国合同法》若干问题的解释(二)

- 2009年4月24日
- 法释〔2009〕5号

为了正确审理合同纠纷案件，根据《中华人民共和国合同法》的规定，对人民法院适用合同法的有关问题作出如下解释：

一、合同的订立

第一条 当事人对合同是否成立存在争议，人民法院能够确定当事人名称或者姓名、标的和数量的，一般应当认定合同成立。但法律另有规定或者当事人另有约定的除外。

对合同欠缺的前款规定以外的其他内容，当事人达不成协议的，人民法院依照合同法第六十一条、第六十二条、第一百二十五条等有关规定予以确定。

第二条 当事人未以书面形式或者口头形式订立合同，但从双方从事的民事行为能够推定双方有订立合同意愿的，人民法院可以认定是以合同法第十条第一款中的“其他形式”订立的合同。但法律另有规定的除外。

第三条 悬赏人以公开方式声明对完成一定行为的人支付报酬，完成特定行为的人请求悬赏人支付报酬的，人民法院依法予以支持。但悬赏有合同法第五十二条规定情形的除外。

第四条 采用书面形式订立合同，合同约定的签订地与实际签字或者盖章地点不符的，人民法院应当认定约定的签订地为合同签订地；合同没有约定签订地，双方当事人签字或者盖章不在同一地点的，人民法院应当认定最后签字或者盖章的地点为合同签订地。

第五条 当事人采用合同书形式订立合同的，应当签字或者盖章。当事人在合同书上摁手印的，人民法院应当认定其具有与签字或者盖章同等的法律效力。

第六条 提供格式条款的一方对格式条款中免除或者限制其责任的内容，在合同订立时采用足以引起对方注意的文字、符号、字体等特别标识，并按照对方的要求对该格式条款予以说明的，人民法院应当认定符合合同法第三十九条所称“采取合理的方式”。

提供格式条款一方对已尽合理提示及说明义务承担举证责任。

第七条 下列情形，不违反法律、行政法规强制性规定的，人民法院可以认定为合同法所称“交易习惯”：

（一）在交易行为当地或者某一领域、某一行业通常采用并为交易对方订立合同时所知道或者应当知道的做法；

（二）当事人双方经常使用的习惯做法。

对于交易习惯，由提出主张的一方当事人承担举证责任。

第八条 依照法律、行政法规的规定经批准或者登记才能生效的合同成立后，有义务办理申请批准或者申请登记等手续的一方当事人未按照法律规定或者合同约定办理申请批准或者未申请登记的，属于合同法第四十二条第（三）项规定的“其他违背诚实信用原则的行为”，人民法院可以根据案件的具体情况和相对人的请求，判决相对人自己办理有关手续；对方当事人对由此产生的费用和给相对人造成的实际损失，应当承担损害赔偿责任。

二、合同的效力

第九条 提供格式条款的一方当事人违反合同法第三十九条第一款关于提示和说明义务的规定，导致对方没有注意免除或者限制其责任的条款，对方当事人申请撤销该格式条款的，人民法院应当支持。

第十条 提供格式条款的一方当事人违反合同法第三十九条第一款的规定，并具有合同法第四十条规定的情形之一的，人民法院应当认定该格式条款无效。

第十一条 根据合同法第四十七条、第四十八条的规定，追认的意思表示自到达相对人时生效，合同自订立时起生效。

第十二条 无权代理人以被代理人的名义订立合同，被代理人已经开始履行合同义务的，视为对合同的追认。

第十三条 被代理人依照合同法第四十九条的规定承担有效代理行为所产生的责任后，可以向无权代理人追偿因代理行为而遭受的损失。

第十四条 合同法第五十二条第（五）项规定的“强制性规定”，是指效力性强制性规定。

第十五条 出卖人就同一标的物订立多重买卖合同，合同均不具有合同法第五十二条规定的无效情形，买受人因不能按照合同约定取得标的物所有权，请求追究出卖人违约责任的，人民法院应予支持。

三、合同的履行

第十六条 人民法院根据具体案情可以将合同法第六十四条、第六十五条规定的第三人列为无独立请求权的第三人，但不得依职权将其列为该合同诉讼案件的被告或者有独立请求权的第三人。

第十七条 债权人以境外当事人为被告提起的代位权诉讼，人民法院根据《中华人民共和国民事诉讼法》第二百四十一条的规定确定管辖。

第十八条 债务人放弃其未到期的债权或者放弃债权担保，或者恶意延长到期债权的履行期，对债权人造成损害，债权人依照合同法第七十四条的规定提起撤销权诉讼的，人民法院应当支持。

第十九条 对于合同法第七十四条规定的“明显不合理的低价”，人民法院应当以交易当地一般经营者的判断，并参考交易当时交易地的物价部门指导价或者市场交易价，结合其他相关因素综合考虑予以确认。

转让价格达不到交易时交易地的指导价或者市场交易价百分之七十的，一般可以视为明显不合理的低价；对转让价格高于当地指导价或者市场交易价百分之三十的，一般可以视为明显不合理的高价。

债务人以明显不合理的高价收购他人财产，人民法院可以根据债权人的申请，参照合同法第七十四条的规定予以撤销。

第二十条 债务人的给付不足以清偿其对同

一债权人所负的数笔相同种类的全部债务，应当优先抵充已到期的债务；几项债务均到期的，优先抵充对债权人缺乏担保或者担保数额最少的债务；担保数额相同的，优先抵充债务负担较重的债务；负担相同的，按照债务到期的先后顺序抵充；到期时间相同的，按比例抵充。但是，债权人与债务人对清偿的债务或者清偿抵充顺序有约定的除外。

第二十一条 债务人除主债务之外还应当支付利息和费用，当其给付不足以清偿全部债务时，并且当事人没有约定的，人民法院应当按照下列顺序抵充：

（一）实现债权的有关费用；

（二）利息；

（三）主债务。

四、合同的权利义务终止

第二十二条 当事人一方违反合同法第九十二条规定的义务，给对方当事人造成损失，对方当事人请求赔偿实际损失的，人民法院应当支持。

第二十三条 对于依照合同法第九十九条的规定可以抵销的到期债权，当事人约定不得抵销的，人民法院可以认定该约定有效。

第二十四条 当事人对合同法第九十六条、第九十九条规定的合同解除或者债务抵销虽有异议，但在约定的异议期限届满后才提出异议并向人民法院起诉的，人民法院不予支持；当事人没有约定异议期间，在解除合同或者债务抵销通知到达之日起三个月以后才向人民法院起诉的，人民法院不予支持。

第二十五条 依照合同法第一百零一条的规定，债务人将合同标的物或者标的物拍卖、变卖所得价款交付提存部门时，人民法院应当认定提存成立。

提存成立的，视为债务人在其提存范围内已经履行债务。

第二十六条 合同成立以后客观情况发生了当事人在订立合同时无法预见的、非不可抗力造成的不属于商业风险的重大变化，继续履行合同对于一方当事人明显不公平或者不能实现合同目的，当事人请求人民法院变更或者解除合同的，人民法院应当根据公平原则，并结合案件的实际情况确定是否变更或者解除。

五、违约责任

第二十七条 当事人通过反诉或者抗辩的方式，请求人民法院依照合同法第一百一十四条第二款的规定调整违约金的，人民法院应予支持。

第二十八条 当事人依照合同法第一百一十四条第二款的规定，请求人民法院增加违约金的，增加后的违约金数额以不超过实际损失额为限。增加违约金以后，当事人又请求对方赔偿损失的，人民法院不予支持。

第二十九条 当事人主张约定的违约金过高请求予以适当减少的，人民法院应当以实际损失为基础，兼顾合同的履行情况、当事人的过错程度以及预期利益等综合因素，根据公平原则和诚实信用原则予以衡量，并作出裁决。

当事人约定的违约金超过造成损失的百分之三十的，一般可以认定为合同法第一百一十四条第二款规定的“过分高于造成的损失”。

六、附　　则

第三十条 合同法施行后成立的合同发生纠纷的案件，本解释施行后尚未终审的，适用本解释；本解释施行前已经终审，当事人申请再审或者按照审判监督程序决定再审的，不适用本解释。

最高人民法院关于审理买卖合同纠纷案件适用法律问题的解释

- 2012年5月10日
- 法释〔2012〕8号

为正确审理买卖合同纠纷案件，根据

《中华人民共和国民法通则》、《中华人民共和国合同法》、《中华人民共和国物权法》、《中华人民共和国民事诉讼法》等法律的规定，结合审判实践，制定本解释。

一、买卖合同的成立及效力

第一条 当事人之间没有书面合同，一方以送货单、收货单、结算单、发票等主张存在买卖合同关系的，人民法院应当结合当事人之间的交易方式、交易习惯以及其他相关证据，对买卖合同是否成立作出认定。

对账确认函、债权确认书等函件、凭证没有记载债权人名称，买卖合同当事人一方以此证明存在买卖合同关系的，人民法院应予支持，但有相反证据足以推翻的除外。

第二条 当事人签订认购书、订购书、预订书、意向书、备忘录等预约合同，约定在将来一定期限内订立买卖合同，一方不履行订立买卖合同的义务，对方请求其承担预约合同违约责任或者要求解除预约合同并主张损害赔偿的，人民法院应予支持。

第三条 当事人一方以出卖人在缔约时对标的物没有所有权或者处分权为由主张合同无效的，人民法院不予支持。

出卖人因未取得所有权或者处分权致使标的物所有权不能转移，买受人要求出卖人承担违约责任或者要求解除合同并主张损害赔偿的，人民法院应予支持。

第四条 人民法院在按照合同法的规定认定电子交易合同的成立及效力的同时，还应当适用电子签名法的相关规定。

二、标的物交付和所有权转移

第五条 标的物为无需以有形载体交付的电子信息产品，当事人对交付方式约定不明确，且依照合同法第六十一条的规定仍不能确定的，买受人收到约定的电子信息产品或者权利凭证即为交付。

第六条 根据合同法第一百六十二条的规定，买受人拒绝接收多交部分标的物的，可以代为保管多交部分标的物。买受人主张出卖人负担代为保管期间的合理费用的，人民法院应予支持。

买受人主张出卖人承担代为保管期间非因买受人故意或者重大过失造成的损失的，人民法院应予支持。

第七条 合同法第一百三十六条规定的“提取标的物单证以外的有关单证和资料”，主要应当包括保险单、保修单、普通发票、增值税专用发票、产品合格证、质量保证书、质量鉴定书、品质检验证书、产品进出口检疫书、原产地证明书、使用说明书、装箱单等。

第八条 出卖人仅以增值税专用发票及税款抵扣资料证明其已履行交付标的物义务，买受人不认可的，出卖人应当提供其他证据证明交付标的物的事实。

合同约定或者当事人之间习惯以普通发票作为付款凭证，买受人以普通发票证明已经履行付款义务的，人民法院应予支持，但有相反证据足以推翻的除外。

第九条 出卖人就同一普通动产订立多重买卖合同，在买卖合同均有效的情况下，买受人均要求实际履行合同的，应当按照以下情形分别处理：

（一）先行受领交付的买受人请求确认所有权已经转移的，人民法院应予支持；

（二）均未受领交付，先行支付价款的买受人请求出卖人履行交付标的物等合同义务的，人民法院应予支持；

（三）均未受领交付，也未支付价款，依法成立在先合同的买受人请求出卖人履行交付标的物等合同义务的，人民法院应予支持。

第十条 出卖人就同一船舶、航空器、机动车等特殊动产订立多重买卖合同，在买卖合同均有效的情况下，买受人均要求实际履行合同的，应当按照以下情形分别处理：

（一）先行受领交付的买受人请求出卖人履行办理所有权转移登记手续等合同义务的，人民法院应予支持；

（二）均未受领交付，先行办理所有权转移登记手续的买受人请求出卖人履行交付标的物等合同义务的，人民法院应予支持；

（三）均未受领交付，也未办理所有权转移登记手续，依法成立在先合同的买受人请求出卖人履行交付标的物和办理所有权转移登记手续等合同义务的，人民法院应予支持；

（四）出卖人将标的物交付给买受人之一，又为其他买受人办理所有权转移登记，已受领交付的买受人请求将标的物所有权登记在自己名下的，人民法院应予支持。

三、标的物风险负担

第十一条 合同法第一百四十一条第二款第（一）项规定的“标的物需要运输的”，是指标的物由出卖人负责办理托运，承运人系独立于买卖合同当事人之外的运输业者的情形。标的物毁损、灭失的风险负担，按照合同法第一百四十五条的规定处理。

第十二条 出卖人根据合同约定将标的物运送至买受人指定地点并交付给承运人后，标的物毁损、灭失的风险由买受人负担，但当事人另有约定的除外。

第十三条 出卖人出卖交由承运人运输的在途标的物，在合同成立时知道或者应当知道标的物已经毁损、灭失却未告知买受人，买受人主张出卖人负担标的物毁损、灭失的风险的，人民法院应予支持。

第十四条 当事人对风险负担没有约定，标的物为种类物，出卖人未以装运单据、加盖标记、通知买受人等可识别的方式清楚地将标的物特定于买卖合同，买受人主张不负担标的物毁损、灭失的风险的，人民法院应予支持。

四、标的物检验

第十五条 当事人对标的物的检验期间未作约定，买受人签收的送货单、确认单等载明标的物数量、型号、规格的，人民法院应当根据合同法第一百五十七条的规定，认定买受人已对数量和外观瑕疵进行了检验，但有相反证据足以推翻的除外。

第十六条 出卖人依照买受人的指示向第三人交付标的物，出卖人和买受人之间约定的检验标准与买受人和第三人之间约定的检验标准不一致的，人民法院应当根据合同法第六十四条的规定，以出卖人和买受人之间约定的检验标准为标的物的检验标准。

第十七条 人民法院具体认定合同法第一百五十八条第二款规定的“合理期间”时，应当综合当事人之间的交易性质、交易目的、交易方式、交易习惯、标的物的种类、数量、性质、安装和使用情况、瑕疵的性质、买受人应尽的合理注意义务、检验方法和难易程度、买受人或者检验人所处的具体环境、自身技能以及其他合理因素，依据诚实信用原则进行判断。

合同法第一百五十八条第二款规定的“两年”是最长的合理期间。该期间为不变期间，不适用诉讼时效中止、中断或者延长的规定。

第十八条 约定的检验期间过短，依照标的物的性质和交易习惯，买受人在检验期间内难以完成全面检验的，人民法院应当认定该期间为买受人对外观瑕疵提出异议的期间，并根据本解释第十七条第一款的规定确定买受人对隐蔽瑕疵提出异议的合理期间。

约定的检验期间或者质量保证期间短于法律、行政法规规定的检验期间或者质量保证期间的，人民法院应当以法律、行政法规规定的检验期间或者质量保证期间为准。

第十九条 买受人在合理期间内提出异议，出卖人以买受人已经支付价款、确认欠款数额、使用标的物等为由，主张买受人放弃异议的，人民法院不予支持，但当事人另有约定的除外。

第二十条 合同法第一百五十八条规定的检验期间、合理期间、两年期间经过后，买受人主张标的物的数量或者质量不符合约定的，人民法院不予支持。

出卖人自愿承担违约责任后，又以上述期间经过为由翻悔的，人民法院不予支持。

五、违约责任

第二十一条 买受人依约保留部分价款作为质量保证金，出卖人在质量保证期间未及时解决质量问题而影响标的物的价值或者使用效果，出卖人主张支付该部分价款的，人民法院不予支持。

第二十二条 买受人在检验期间、质量保证期间、合理期间内提出质量异议，出卖人未按要求予以修理或者因情况紧急，买受人自行或者通过第三人修理标的物后，主张出卖人负担因此发生的合理费用的，人民法院应予支持。

第二十三条 标的物质量不符合约定，买受人依照合同法第一百一十一条的规定要求减少价款的，人民法院应予支持。当事人主张以符合约定的标的物和实际交付的标的物按交付时的市场价值计算差价的，人民法院应予支持。

价款已经支付，买受人主张返还减价后多出部分价款的，人民法院应予支持。

第二十四条 买卖合同对付款期限作出的变更，不影响当事人关于逾期付款违约金的约定，但该违约金的起算点应当随之变更。

买卖合同约定逾期付款违约金，买受人以出卖人接受价款时未主张逾期付款违约金为由拒绝支付该违约金的，人民法院不予支持。

买卖合同约定逾期付款违约金，但对账单、还款协议等未涉及逾期付款责任，出卖人根据对账单、还款协议等主张欠款时请求买受人依约支付逾期付款违约金的，人民法院应予支持，但对账单、还款协议等明确载有本金及逾期付款利息数额或者已经变更买卖合同中关于本金、利息等约定内容的除外。

买卖合同没有约定逾期付款违约金或者该违约金的计算方法，出卖人以买受人违约为由主张赔偿逾期付款损失的，人民法院可以中国人民银行同期同类人民币贷款基准利率为基础，参照逾期罚息利率标准计算。

第二十五条 出卖人没有履行或者不当履行从给付义务，致使买受人不能实现合同目的，买受人主张解除合同的，人民法院应当根据合同法第九十四条第(四)项的规定，予以支持。

第二十六条 买卖合同因违约而解除后，守约方主张继续适用违约金条款的，人民法院应予支持；但约定的违约金过分高于造成的损失的，人民法院可以参照合同法第一百一十四条第二款的规定处理。

第二十七条 买卖合同当事人一方以对方违约为由主张支付违约金，对方以合同不成立、合同未生效、合同无效或者不构成违约等为由进行免责抗辩而未主张调整过高的违约金的，人民法院应当就法院若不支持免责抗辩，当事人是否需要主张调整违约金进行释明。

一审法院认为免责抗辩成立且未予释明，二审法院认为应当判决支付违约金的，可以直接释明并改判。

第二十八条 买卖合同约定的定金不足以弥补一方违约造成的损失，对方请求赔偿超过定金部分的损失的，人民法院可以并处，但定金和损失赔偿的数额总和不应高于因违约造成的损失。

第二十九条 买卖合同当事人一方违约造成对方损失，对方主张赔偿可得利益损失的，人民法院应当根据当事人的主张，依据合同法第一百一十三条、第一百一十九条、本解释第三十条、第三十一条等规定进行认定。

第三十条 买卖合同当事人一方违约造成对方损失，对方对损失的发生也有过错，违约方主张扣减相应的损失赔偿额的，人民法院应予支持。

第三十一条 买卖合同当事人一方因对方违

约而获有利益,违约方主张从损失赔偿额中扣除该部分利益的,人民法院应予支持。

第三十二条 合同约定减轻或者免除出卖人对标的物的瑕疵担保责任,但出卖人故意或者因重大过失不告知买受人标的物的瑕疵,出卖人主张依约减轻或者免除瑕疵担保责任的,人民法院不予支持。

第三十三条 买受人在缔约时知道或者应当知道标的物质量存在瑕疵,主张出卖人承担瑕疵担保责任的,人民法院不予支持,但买受人在缔约时不知道该瑕疵会导致标的物的基本效用显著降低的除外。

六、所有权保留

第三十四条 买卖合同当事人主张合同法第一百三十四条关于标的物所有权保留的规定适用于不动产的,人民法院不予支持。

第三十五条 当事人约定所有权保留,在标的物所有权转移前,买受人有下列情形之一,对出卖人造成损害,出卖人主张取回标的物的,人民法院应予支持:

(一)未按约定支付价款的;

(二)未按约定完成特定条件的;

(三)将标的物出卖、出质或者作出其他不当处分的。

取回的标的物价值显著减少,出卖人要求买受人赔偿损失的,人民法院应予支持。

第三十六条 买受人已经支付标的物总价款的百分之七十五以上,出卖人主张取回标的物的,人民法院不予支持。

在本解释第三十五条第一款第(三)项情形下,第三人依据物权法第一百零六条的规定已经善意取得标的物所有权或者其他物权,出卖人主张取回标的物的,人民法院不予支持。

第三十七条 出卖人取回标的物后,买受人在双方约定的或者出卖人指定的回赎期间内,消除出卖人取回标的物的事由,主张回赎标的物的,人民法院应予支持。

买受人在回赎期间内没有回赎标的物的,出卖人可以另行出卖标的物。

出卖人另行出卖标的物的,出卖所得价款依次扣除取回和保管费用、再交易费用、利息、未清偿的价金后仍有剩余的,应返还原买受人;如有不足,出卖人要求原买受人清偿的,人民法院应予支持,但原买受人有证据证明出卖人另行出卖的价格明显低于市场价格的除外。

七、特种买卖

第三十八条 合同法第一百六十七条第一款规定的"分期付款",系指买受人将应付的总价款在一定期间内至少分三次向出卖人支付。

分期付款买卖合同的约定违反合同法第一百六十七条第一款的规定,损害买受人利益,买受人主张该约定无效的,人民法院应予支持。

第三十九条 分期付款买卖合同约定出卖人在解除合同时可以扣留已受领价金,出卖人扣留的金额超过标的物使用费以及标的物受损赔偿额,买受人请求返还超过部分的,人民法院应予支持。

当事人对标的物的使用费没有约定的,人民法院可以参照当地同类标的物的租金标准确定。

第四十条 合同约定的样品质量与文字说明不一致且发生纠纷时当事人不能达成合意,样品封存后外观和内在品质没有发生变化的,人民法院应当以样品为准;外观和内在品质发生变化,或者当事人对是否发生变化有争议而又无法查明的,人民法院应当以文字说明为准。

第四十一条 试用买卖的买受人在试用期内已经支付一部分价款的,人民法院应当认定买受人同意购买,但合同另有约定的除外。

在试用期内,买受人对标的物实施了出卖、出租、设定担保物权等非试用行为的,人民法院应当认定买受人同意购买。

第四十二条 买卖合同存在下列约定内容之一的,不属于试用买卖。买受人主张属于

试用买卖的,人民法院不予支持:

(一)约定标的物经过试用或者检验符合一定要求时,买受人应当购买标的物;

(二)约定第三人经试验对标的物认可时,买受人应当购买标的物;

(三)约定买受人在一定期间内可以调换标的物;

(四)约定买受人在一定期间内可以退还标的物。

第四十三条 试用买卖的当事人没有约定使用费或者约定不明确,出卖人主张买受人支付使用费的,人民法院不予支持。

八、其 他 问 题

第四十四条 出卖人履行交付义务后诉请买受人支付价款,买受人以出卖人违约在先为由提出异议的,人民法院应当按照下列情况分别处理:

(一)买受人拒绝支付违约金、拒绝赔偿损失或者主张出卖人应当采取减少价款等补救措施的,属于提出抗辩;

(二)买受人主张出卖人应支付违约金、赔偿损失或者要求解除合同的,应当提起反诉。

第四十五条 法律或者行政法规对债权转让、股权转让等权利转让合同有规定的,依照其规定;没有规定的,人民法院可以根据合同法第一百二十四条和第一百七十四条的规定,参照适用买卖合同的有关规定。

权利转让或者其他有偿合同参照适用买卖合同的有关规定的,人民法院应当首先引用合同法第一百七十四条的规定,再引用买卖合同的有关规定。

第四十六条 本解释施行前本院发布的有关购销合同、销售合同等有偿转移标的物所有权的合同的规定,与本解释抵触的,自本解释施行之日起不再适用。

本解释施行后尚未终审的买卖合同纠纷案件,适用本解释;本解释施行前已经终审,当事人申请再审或者按照审判监督程序决定再审的,不适用本解释。

◎请示答复

最高人民法院执行工作办公室关于第三债务人异议问题的函

• 1997 年 3 月 4 日

• 法经〔1997〕16 号

内蒙古自治区高级人民法院:

北京帝都商贸发展公司向我院反映:赤峰市红山区法院在执行〔1996〕赤公证字 380 号公证书中,根据最高人民法院《关于适用〈中华人民共和国民事诉讼法〉若干问题的意见》(以下简称《适用意见》)第三百条的规定,向该公司发出通知书,要求该公司就其所欠被执行人赤峰市第一造纸厂的债务 186363.92 元本金和利息向申请执行人赤峰市基本建设投资公司履行,同时采取了冻结该公司银行存款的措施。该公司否认通知书中所述的债权债务关系,提出了异议。但赤峰市红山区法院的冻结措施仍未解除。

我们认为:按照我院《适用意见》第三百条的规定向第三人发出履行债务通知后,如第三人就其与被执行人之间的债权债务关系提出了否定的异议,即不应对第三人采取强制执行措施。现将有关材料转你院,请认真核查。如所反映赤峰市红山区法院采取冻结措施的情况属实,应依法纠正。请将处理结果报告我院。

最高人民法院执行工作办公室关于适用民事诉讼法若干问题的意见第三百条问题的函

• 1997 年 5 月 13 日

• 法经〔1997〕133 号

新疆维吾尔自治区高级人民法院:

大连华益科技发展公司向我院反映:乌鲁木齐市东山区法院在执行该院〔1995〕东经字第 214 号民事判决时,根据乌鲁木齐市惠东城市信用社(以下简称信用社)的申请,以〔1996〕乌东法执字第16号民事裁定由被执行人新疆华龙工程开发有限公司(以下简称华龙公司)的到期债权义务人大连经济技术开发区富华运输公司(以下简称富华公司)向信用社直接履行欠款及利息993,736.40元,又根据被执行人华龙公司的申请,以〔1997〕东执字第37号民事裁定由富华公司的到期债权义务人大连华益科技发展公司(以下简称华益公司)向华龙公司履行义务,并扣划华益公司银行存款8万元。

根据最高法院《关于适用〈中华人民共和国民事诉讼法〉若干问题的意见》第三百条规定,信用社申请对被执行人华龙公司到期债权义务人富华公司履行债务符合法律规定,执行法院据以通知富华公司向信用社履行债务正确;被执行人华龙公司再申请执行富华公司的到期债权义务人华益公司履行债务没有法律依据,执行法院据此申请的执行为错误。

现将华益公司的反映材料转去,请你院认真审查,如反映情况属实,立即纠正执行错误,并将处处结果报告我院。

最高人民法院执行工作办公室关于在被执行人已支付第三人款项后,可否执行第三人的相应财产的函

- 1998年7月23日
- 法经〔1998〕299号

广东省高级人民法院:

你院〔1997〕粤高法执字第46-2号《关于汕头市中院执行惠阳市惠达公司欠款一案的情况报告》收悉。经研究,答复如下:

根据最高人民法院《关于适用〈中华人民共和国民事诉讼法〉若干问题的意见》第三百条规定,强制执行到期债权必须以第三人对该债权债务关系没有异议,且又在通知规定的期限内不履行为前提条件。本案第三人惠阳市源兴实业有限公司已提出异议,故不应对其强制执行。汕头市中级人民法院在执行程序中裁定由第三人惠阳市源兴实业有限公司将其所得1080万元土地款直接退给申请执行人并以此裁定为执行依据进一步裁定查封、拍卖第三人财产,不符合法律规定。但是,鉴于该案被执行人惠州市大亚湾惠达工贸公司确已支付给第三人1080万元,并约定在购置的16040平方米土地使用权中占有53%的权益,第三人对此并无异议,且协助有关部门办理了有关手续,以及被执行人已名存实亡,对此权益无人主张的实际情况,执行法院可在执行中对相关的土地使用权依法妥处,以保护申请执行人的合法权益;对确属第三人的财产的查封应予解除。

最高人民法院关于北京华油石油公司申请执行辽宁营口华油实业公司对第三人沈阳龙源石油化工有限公司到期债权案的复函

- 2001年6月19日
- 〔2000〕执他字第19号

内蒙古自治区高级人民法院:

你院〔2000〕内高法执请字第1号关于乌盟电业局物资供应公司、北京华油公司申请执行辽宁省营口华油实业公司、辽宁省营口市油品加工厂联营购销合同纠纷一案的请示报告收悉。经研究,答复如下:

根据执行法院乌兰察布盟中级人民法院补充提供的材料,该案所执行的辽宁营口市华油实业公司(以下简称营口华油)对第三人沈阳龙源石油化工有限公司(以下简称沈阳龙源)的到期债权是经营口仲裁委仲裁确认的,且营口华油已经向营口中院申请执行。乌盟中院在执行前已经与营口中院沟通,故乌盟中院可以直接执行该债权。同样因为该债权已经仲裁确认,第三人沈阳龙源无权对该债权的存在与否提出实质上的异议,因此是否对其事先通知,并不能影响执行结果。

沈阳龙源与营口华油之间虽然签订了还款协议,但由于该协议没有明确的还款期限,故可以依法认定营口华油可以随时请求其履行,执行法院可以随时根据营口华油的申请恢复对仲裁调解书的执行。因此,执行中已经扣划的款项不应退还给沈阳龙源,但应将执行结果告知营口中院,以便及时扣减营口华油对沈阳龙源的可执行债权的数额。至于有关案外人提出的执行异议,应由执行法院依法审查。

最高人民法院关于深圳市发展银行与赛格(香港)有限公司、深圳赛格集团财务公司代位权纠纷一案的请示的复函

- 2005年9月16日
- 〔2005〕民四他字第31号

广东省高级人民法院:

你院〔2005〕粤高法民四他字第16号"关于上诉人深圳发展银行与被上诉人赛格(香港)有限公司、深圳赛格集团财务公司代位权纠纷一案的请示"收悉。经研究,答复如下:

根据本院《关于审判工作请示问题的通知》的规定,下级法院只能就审判案件如何具体应用法律的问题向本院请示。对于你院请示的"本案应如何认定赛格财务与香港赛格之间的权利义务关系的性质"的问题,你院应在查明相关协议签订、履行等事实的基础上,自行作出认定。

对于你院请示报告中阐述少数意见时提出的问题即代位权的范畴可否从仅限于债权扩张到所有权?本院认为,根据目前的法律规定和司法解释,债权人仅可以向人民法院请求以自己名义代位行使债务人具有金钱给付内容的到期债权,且该债权不能是专属于债务人自身的,代位权的范畴不能从债权扩张到所有权。

综上,你院应自行在查明赛格财务与香港赛格之间权利义务关系性质的基础上,结合现行的法律规定和司法解释,对深圳发展银行能否向香港赛格行使代位权作出判决。

最高人民法院执行工作办公室关于执行第三人所欠被执行人到期租金有关问题的答复

- 2005年10月26日
- 〔2005〕执他字第11号

山东省高级人民法院:

你院〔2001〕鲁法提执监字第7号《关于申请人高法胜与被执行人泰安市楼德化肥厂拖欠工程款纠纷执行一案适用法律问题的请示》收悉。经研究,答复如下:

本案中,若你院能够确认第三人泰安双丰化肥有限公司既没有支付到期的租金也没有在规定的期限内提出异议,即可根据我院《关于人民法院执行工作若干问题的规定(试行)》第65条的规定,对其强制执行。但你院在处理本案时应注意以下两个问题:一是你院的执行与新泰市人民法院保全裁定冲突的问题;二是第三人泰安双丰化肥有限公司在2005年1月25日向你院提交的证据审核的问题。请你院认真审查上述问题并依法妥善处理。

此复

◎指导案例

中投信用担保有限公司与海通证券股份有限公司等证券权益纠纷执行复议案

(最高人民法院审判委员会讨论通过
2014年12月18日发布)

关键词:民事诉讼　执行复议　到期债权　协助履行

裁判要点

被执行人在收到执行法院执行通知之前,收到另案执行法院要求其向申请执行人的债权人直接清偿已经法院生效法律文书确认的债务的通知,并清偿债务的,执行法院不能将该部分已清偿债务纳入执行范围。

相关法条

《中华人民共和国民事诉讼法》第二百二十四条第一款

基本案情

中投信用担保有限公司(以下简称中投公司)与海通证券股份有限公司(以下简称海通证券)、海通证券股份有限公司福州广达路证券营业部(以下简称海通证券营业部)证券权益纠纷一案,福建省高级人民法院(以下简称福建高院)于2009年6月11日作出(2009)闽民初字第3号民事调解书,已经发生法律效力。中投公司于2009年6月25日向福建高院申请执行。福建高院于同年7月3日立案执行,并于当月15日向被执行人海通证券营业部、海通证券发出(2009)闽执行字第99号执行通知书,责令其履行法律文书确定的义务。

被执行人海通证券及海通证券营业部不服福建高院(2009)闽执行字第99号执行通知书,向该院提出书面异议。异议称:被执行人已于2009年6月12日根据北京市东城区人民法院(以下简称北京东城法院)的履行到期债务通知书,向中投公司的执行债权人潘鼎履行其对中投公司所负的到期债务11222761.55元,该款汇入了北京东城法院账户;上海市第二中级人民法院(以下简称上海二中院)为执行上海中维资产管理有限公司与中投公司纠纷案,向其发出协助执行通知书,并于2009年6月22日扣划了海通证券的银行存款8777238.45元。以上共计向中投公司的债权人支付了2000万元,故其与中投公司之间已经不存在未履行(2009)闽民初字第3号民事调解书确定的付款义务的事实,福建高院向其发出的执行通知书应当撤销。为此,福建高院作出(2009)闽执异字第1号裁定书,认定被执行人异议成立,撤销(2009)闽执行字第99号执行通知书。申请执行人中投公司不服,向最高人民法院提出了复议申请。申请执行人的主要理由是:北京东城法院的履行到期债务通知书和上海二中院的协助执行通知书,均违反了最高人民法院给江苏省高级人民法院的(2000)执监字第304号关于法院判决的债权不适用《关于适用〈中华人民共和国民事诉讼法〉若干问题的意见》第300条规定(以下简称意见第300条)的复函精神,福建高院的裁定错误。

裁判结果

最高人民法院于2010年4月13日作出(2010)执复字第2号执行裁定,驳回中投信用担保有限公司的复议请求,维持福建高院(2009)闽执异字第1号裁定。

裁判理由

最高人民法院认为:最高人民法院(2000)执监字第304号复函是针对个案的答复,不具有普遍效力。随着民事诉讼法关于执行管辖权的调整,该函中基于执行只能由一审法院管辖,认为经法院判决确定的到期债权不适用意见第300条的观点已不再具有合理性。对此问题正确的解释应当是:对经法院判决(或调解书,以下通称判决)确定的债权,也可以由非判决法院按照意见第300条规定的程序执行。因该到期债权已经法院判决确定,故第三人(被执行人的债务人)不能提出债权不存在的异议(否认生效判决的定论)。本案中,北京东城法院和上海二中院正是按照上述精神对福建高院(2009)闽民初字第3号民事调解书确定的债权进行执行的。被执行人海通证券无权对生效调解书确定的债权提出异议,不能对抗上海二中院强制扣划行为,其自动按照北京东城法院的通知要求履行,也是合法的。

被执行人海通证券营业部、海通证券收到有关法院通知的时间及其协助有关法院执行,是在福建高院向其发出执行通知之前。在其协助有关法院执行后,其因(2009)闽民初字第3号民事调解书而对于申请执行人中投公司负有的2000万元债务已经消灭，被执行人有权请求福建高院不得再依据该调解书强制执行。

综上，福建高院（2009）闽执异字第1号裁定书认定事实清楚，适用法律正确。故驳回中投公司的复议请求，维持福建高院（2009）闽执异字第1号裁定。

第十八章　对动产、不动产的执行

◎法律

中华人民共和国拍卖法

- 1996年7月5日第八届全国人民代表大会常务委员会第二十次会议通过
- 根据2004年8月28日第十届全国人民代表大会常务委员会第十一次会议《关于修改〈中华人民共和国拍卖法〉的决定》第一次修正
- 根据2015年4月24日第十二届全国人民代表大会常务委员会第十四次会议《关于修改〈中华人民共和国电力法〉等六部法律的决定》第二次修正

目　　录

第一章　总　　则

第一条　【立法目的】为了规范拍卖行为，维护拍卖秩序，保护拍卖活动各方当事人的合法权益，制定本法。

第二条　【适用范围】本法适用于中华人民共和国境内拍卖企业进行的拍卖活动。

第三条　【拍卖的定义】拍卖是指以公开竞价的形式，将特定物品或者财产权利转让给最高应价者的买卖方式。

第四条　【拍卖原则】拍卖活动应当遵守有关法律、行政法规，遵循公开、公平、公正、诚实信用的原则。

第五条　【拍卖业的管理】国务院负责管理拍卖业的部门对全国拍卖业实施监督管理。

省、自治区、直辖市的人民政府和设区的市的人民政府负责管理拍卖业的部门对本行政区域内的拍卖业实施监督管理。

第二章　拍 卖 标 的

第六条　【拍卖标的的范围】拍卖标的应当是委托人所有或者依法可以处分的物品或者财产权利。

第七条　【拍卖标的的禁止】法律、行政法规禁止买卖的物品或者财产权利，不得作为拍卖标的。

第八条　【特殊标的的审批、鉴定、许可】依照法律或者按照国务院规定需经审批才能转让的物品或者财产权利，在拍卖前，应当依法办理审批手续。

委托拍卖的文物，在拍卖前，应当经拍卖人住所地的文物行政管理部门依法鉴定、许可。

第九条　【特殊标的的拍卖人指定】国家行政机关依法没收的物品，充抵税款、罚款的物品和其他物品，按照国务院规定应当委托拍卖的，由财产所在地的省、自治区、直辖市的人民政府和设区的市的人民政府指定的拍卖人进行拍卖。

拍卖由人民法院依法没收的物品，充抵罚金、罚款的物品以及无法返还的追回物品，适用前款规定。

第三章　拍卖当事人

第一节　拍　卖　人

第十条　【拍卖人定义】拍卖人是指依照本法和《中华人民共和国公司法》设立的从事拍卖活动的企业法人。

第十一条　【拍卖企业的设立】企业取得从事拍卖业务的许可必须经所在地的省、自治区、直辖市人民政府负责管理拍卖业的部门审核批准。拍卖企业可以在设区的市设立。

第十二条　【企业申请取得从事拍卖业务许可的条件】企业申请取得从事拍卖业务的许可，应当具备下列条件：

（一）有一百万元人民币以上的注册资本；

（二）有自己的名称、组织机构、住所和章程；

（三）有与从事拍卖业务相适应的拍卖师和其他工作人员；

（四）有符合本法和其他有关法律规定的拍卖业务规则；

（五）符合国务院有关拍卖业发展的规定；

（六）法律、行政法规规定的其他条件。

第十三条　【经营文物的拍卖企业的特别条件】拍卖企业经营文物拍卖的，应当有一千万元人民币以上的注册资本，有具有文物拍卖专业知识的人员。

第十四条　【拍卖师】拍卖活动应当由拍卖师主持。

第十五条　【拍卖师的条件】拍卖师应当具备下列条件：

（一）具有高等院校专科以上学历和拍卖专业知识；

（二）在拍卖企业工作两年以上；

（三）品行良好。

被开除公职或者吊销拍卖师资格证书未满五年的，或者因故意犯罪受过刑事处罚的，不得担任拍卖师。

第十六条　【拍卖师资格】拍卖师资格考核，由拍卖行业协会统一组织。经考核合格的，由拍卖行业协会发给拍卖师资格证书。

第十七条　【拍卖行业协会】拍卖行业协会是依法成立的社会团体法人，是拍卖业的自律性组织。拍卖行业协会依照本法并根据章程，对拍卖企业和拍卖师进行监督。

第十八条　【拍卖标的瑕疵告知义务】拍卖人有权要求委托人说明拍卖标的的来源和瑕疵。

拍卖人应当向竞买人说明拍卖标的的瑕疵。

第十九条　【拍卖物的保管义务】拍卖人对委托人交付拍卖的物品负有保管义务。

第二十条　【亲自拍卖义务】拍卖人接受委托后，未经委托人同意，不得委托其他拍卖人拍卖。

第二十一条　【保密义务】委托人、买受人要求对其身份保密的，拍卖人应当为其保密。

第二十二条　【竞买禁止】拍卖人及其工作人员不得以竞买人的身份参与自己组织的拍卖活动，并不得委托他人代为竞买。

第二十三条　【自己物品、财产权利的拍卖禁止】拍卖人不得在自己组织的拍卖活动中拍卖自己的物品或者财产权利。

第二十四条　【交付价款及移交标的义务】拍卖成交后，拍卖人应当按照约定向委托人交付拍卖标的的价款，并按照约定将拍卖标的移交给买受人。

第二节　委　托　人

第二十五条　【委托人定义】委托人是指委托拍卖人拍卖物品或者财产权利的公民、法人或者其他组织。

第二十六条　【委托手续的办理】委托人可以自行办理委托拍卖手续，也可以由其代理人代为办理委托拍卖手续。

第二十七条　【拍卖委托人的瑕疵告知义务】委托人应当向拍卖人说明拍卖标的的

来源和瑕疵。

第二十八条 【拍卖标的的保留价】委托人有权确定拍卖标的的保留价并要求拍卖人保密。

拍卖国有资产，依照法律或者按照国务院规定需要评估的，应当经依法设立的评估机构评估，并根据评估结果确定拍卖标的的保留价。

第二十九条 【拍卖标的的撤回】委托人在拍卖开始前可以撤回拍卖标的。委托人撤回拍卖标的的，应当向拍卖人支付约定的费用；未作约定的，应当向拍卖人支付为拍卖支出的合理费用。

第三十条 【委托人的竞买禁止】委托人不得参与竞买，也不得委托他人代为竞买。

第三十一条 【委托人的标的移交义务】按照约定由委托人移交拍卖标的的，拍卖成交后，委托人应当将拍卖标的移交给买受人。

第三节 竞买人

第三十二条 【竞买人定义】竞买人是指参加竞购拍卖标的的公民、法人或者其他组织。

第三十三条 【竞买人的条件】法律、行政法规对拍卖标的的买卖条件有规定的，竞买人应当具备规定的条件。

第三十四条 【竞买的参加】竞买人可以自行参加竞买，也可以委托其代理人参加竞买。

第三十五条 【竞买人权利】竞买人有权了解拍卖标的的瑕疵，有权查验拍卖标的和查阅有关拍卖资料。

第三十六条 【应价】竞买人一经应价，不得撤回，当其他竞买人有更高应价时，其应价即丧失约束力。

第三十七条 【恶意串通、损害他人利益的禁止】竞买人之间、竞买人与拍卖人之间不得恶意串通，损害他人利益。

第四节 买受人

第三十八条 【买受人定义】买受人是指以最高应价购得拍卖标的的竞买人。

第三十九条 【买受人义务】买受人应当按照约定支付拍卖标的的价款，未按照约定支付价款的，应当承担违约责任，或者由拍卖人征得委托人的同意，将拍卖标的再行拍卖。

拍卖标的再行拍卖的，原买受人应当支付第一次拍卖中本人及委托人应当支付的佣金。再行拍卖的价款低于原拍卖价款的，原买受人应当补足差额。

第四十条 【买受人权利】买受人未能按照约定取得拍卖标的的，有权要求拍卖人或者委托人承担违约责任。

买受人未按照约定受领拍卖标的的，应当支付由此产生的保管费用。

第四章 拍卖程序

第一节 拍卖委托

第四十一条 【委托人及拍卖标的的证明】委托人委托拍卖物品或者财产权利，应当提供身份证明和拍卖人要求提供的拍卖标的的所有权证明或者依法可以处分拍卖标的的证明及其他资料。

第四十二条 【拍卖人的核实义务及拍卖合同形式】拍卖人应当对委托人提供的有关文件、资料进行核实。拍卖人接受委托的，应当与委托人签订书面委托拍卖合同。

第四十三条 【拍卖标的的鉴定】拍卖人认为需要对拍卖标的进行鉴定的，可以进行鉴定。

鉴定结论与委托拍卖合同载明的拍卖标的的状况不相符的，拍卖人有权要求变更或者解除合同。

第四十四条 【委托拍卖合同主要条款】委托拍卖合同应当载明以下事项：

（一）委托人、拍卖人的姓名或者名称、住所；

（二）拍卖标的的名称、规格、数量、质量；

（三）委托人提出的保留价；

（四）拍卖的时间、地点；

（五）拍卖标的交付或者转移的时间、方式；

（六）佣金及其支付的方式、期限；

（七）价款的支付方式、期限；

（八）违约责任；

（九）双方约定的其他事项。

第二节　拍卖公告与展示

第四十五条　【拍卖公告】拍卖人应当于拍卖日七日前发布拍卖公告。

第四十六条　【拍卖公告载明事项】拍卖公告应当载明下列事项：

（一）拍卖的时间、地点；

（二）拍卖标的；

（三）拍卖标的展示时间、地点；

（四）参与竞买应当办理的手续；

（五）需要公告的其他事项。

第四十七条　【拍卖公告的发布】拍卖公告应当通过报纸或者其他新闻媒介发布。

第四十八条　【拍卖标的的展示】拍卖人应当在拍卖前展示拍卖标的，并提供查看拍卖标的的条件及有关资料。

拍卖标的的展示时间不得少于两日。

第三节　拍卖的实施

第四十九条　【规则及注意事项的宣布】拍卖师应当于拍卖前宣布拍卖规则和注意事项。

第五十条　【有无保留价的拍卖】拍卖标的无保留价的，拍卖师应当在拍卖前予以说明。

拍卖标的有保留价的，竞买人的最高应价未达到保留价时，该应价不发生效力，拍卖师应当停止拍卖标的的拍卖。

第五十一条　【拍卖成交】竞买人的最高应价经拍卖师落槌或者以其他公开表示买定的方式确认后，拍卖成交。

第五十二条　【成交确认书】拍卖成交后，买受人和拍卖人应当签署成交确认书。

第五十三条　【拍卖笔录】拍卖人进行拍卖时，应当制作拍卖笔录。拍卖笔录应当由拍卖师、记录人签名；拍卖成交的，还应当由买受人签名。

第五十四条　【拍卖资料的保管】拍卖人应当妥善保管有关业务经营活动的完整账簿、拍卖笔录和其他有关资料。

前款规定的账簿、拍卖笔录和其他有关资料的保管期限，自委托拍卖合同终止之日起计算，不得少于五年。

第五十五条　【拍卖标的的转移手续】拍卖标的需要依法办理证照变更、产权过户手续的，委托人、买受人应当持拍卖人出具的成交证明和有关材料，向有关行政管理机关办理手续。

第四节　佣　　金

第五十六条　【拍卖的佣金及费用】委托人、买受人可以与拍卖人约定佣金的比例。

委托人、买受人与拍卖人对佣金比例未作约定，拍卖成交的，拍卖人可以向委托人、买受人各收取不超过拍卖成交价百分之五的佣金。收取佣金的比例按照同拍卖成交价成反比的原则确定。

拍卖未成交的，拍卖人可以向委托人收取约定的费用；未作约定的，可以向委托人收取为拍卖支出的合理费用。

第五十七条　【佣金比例】拍卖本法第九条规定的物品成交的，拍卖人可以向买受人收取不超过拍卖成交价百分之五的佣金。收取佣金的比例按照同拍卖成交价成反比的原则确定。

拍卖未成交的，适用本法第五十六条第三款的规定。

第五章　法律责任

第五十八条　【无权处分的责任】委托人违反本法第六条的规定，委托拍卖其没有所有权或者依法不得处分的物品或者财产权利的，应当依法承担责任。拍卖人明知委托人对拍卖的物品或者财产权利没有所有权或者依法不得处分的，应当承担连带责任。

第五十九条　【对应拍卖物擅自处理的责任】国家机关违反本法第九条的规定，将应当委托财产所在地的省、自治区、直辖市的人民政府或者设区的市的人民政府指定的拍卖人拍卖的物品擅自处理的，对负有直接责任的主管人员和其他直接责任人员依法给予行政处分，给国家造成损失的，还应当承担赔偿责任。

第六十条　【未经许可从事拍卖业务的责任】违反本法第十一条的规定，未经许可从事拍卖业务的，由工商行政管理部门予以取缔，没收违法所得，并可以处违法所得一倍以上五倍以下的罚款。

第六十一条　【拍卖物的瑕疵担保责任】拍卖人、委托人违反本法第十八条第二款、第二十七条的规定，未说明拍卖标的的瑕疵，给买受人造成损害的，买受人有权向拍卖人要求赔偿；属于委托人责任的，拍卖人有权向委托人追偿。

拍卖人、委托人在拍卖前声明不能保证拍卖标的的真伪或者品质的，不承担瑕疵担保责任。

因拍卖标的存在瑕疵未声明的，请求赔偿的诉讼时效期间为一年，自当事人知道或者应当知道权利受到损害之日起计算。

因拍卖标的存在缺陷造成人身、财产损害请求赔偿的诉讼时效期间，适用《中华人民共和国产品质量法》和其他法律的有关规定。

第六十二条　【违反竞买禁止规定的责任】拍卖人及其工作人员违反本法第二十二条的规定，参与竞买或者委托他人代为竞买的，由工商行政管理部门对拍卖人给予警告，可以处拍卖佣金一倍以上五倍以下的罚款；情节严重的，吊销营业执照。

第六十三条　【拍卖自己物品及财产权利的责任】违反本法第二十三条的规定，拍卖人在自己组织的拍卖活动中拍卖自己的物品或者财产权利的，由工商行政管理部门没收拍卖所得。

第六十四条　【违反委托人竞买禁止的责任】违反本法第三十条的规定，委托人参与竞买或者委托他人代为竞买的，工商行政管理部门可以对委托人处拍卖成交价百分之三十以下的罚款。

第六十五条　【恶意串通致人损害的责任】违反本法第三十七条的规定，竞买人之间、竞买人与拍卖人之间恶意串通，给他人造成损害的，拍卖无效，应当依法承担赔偿责任。由工商行政管理部门对参与恶意串通的竞买人处最高应价百分之十以上百分之三十以下的罚款；对参与恶意串通的拍卖人处最高应价百分之十以上百分之五十以下的罚款。

第六十六条　【违反佣金比例的责任】违反本法第四章第四节关于佣金比例的规定收取佣金的，拍卖人应当将超收部分返还委托人、买受人。物价管理部门可以对拍卖人处拍卖佣金一倍以上五倍以下的罚款。

第六章　附　　则

第六十七条　【拍卖法的对外适用】外国人、外国企业和组织在中华人民共和国境内委托拍卖或者参加竞买的，适用本法。

第六十八条　【生效日期】本法自 1997 年 1 月 1 日起施行。

中华人民共和国土地管理法

- 1986 年 6 月 25 日第六届全国人民代表大会常务委员会第十六次会议通过
- 根据 1988 年 12 月 29 日第七届全国人民代表大会常务委员会第五次会议《关于修改〈中华人民共和国土地管理法〉的决定》第一次修正
- 1998 年 8 月 29 日第九届全国人民代表大会常务委员会第四次会议修订
- 根据 2004 年 8 月 28 日第十届全国人民代表大会常务委员会第十一次会议《关于修改〈中华人民共和国土地管理法〉的决定》第二次修正

目　　录

第一章　总　　则

第一条　【立法宗旨】为了加强土地管理,维护土地的社会主义公有制,保护、开发土地资源,合理利用土地,切实保护耕地,促进社会经济的可持续发展,根据宪法,制定本法。

第二条　【基本土地制度】中华人民共和国实行土地的社会主义公有制,即全民所有制和劳动群众集体所有制。

全民所有,即国家所有土地的所有权由国务院代表国家行使。

任何单位和个人不得侵占、买卖或者以其他形式非法转让土地。土地使用权可以依法转让。

国家为了公共利益的需要,可以依法对土地实行征收或者征用并给予补偿。

国家依法实行国有土地有偿使用制度。但是,国家在法律规定的范围内划拨国有土地使用权的除外。

第三条　【土地基本国策】十分珍惜、合理利用土地和切实保护耕地是我国的基本国策。各级人民政府应当采取措施,全面规划,严格管理,保护、开发土地资源,制止非法占用土地的行为。

第四条　【土地用途管制制度】国家实行土地用途管制制度。

国家编制土地利用总体规划,规定土地用途,将土地分为农用地、建设用地和未利用地。严格限制农用地转为建设用地,控制建设用地总量,对耕地实行特殊保护。

前款所称农用地是指直接用于农业生产的土地,包括耕地、林地、草地、农田水利用地、养殖水面等;建设用地是指建造建筑物、构筑物的土地,包括城乡住宅和公共设施用地、工矿用地、交通水利设施用地、旅游用地、军事设施用地等;未利用地是指农用地和建设用地以外的土地。

使用土地的单位和个人必须严格按照土地利用总体规划确定的用途使用土地。

第五条　【土地管理机构设置】国务院土地行政主管部门统一负责全国土地的管理和监督工作。

县级以上地方人民政府土地行政主管部门的设置及其职责,由省、自治区、直辖市人民政府根据国务院有关规定确定。

第六条　【守法义务与检举、控告权】任何单位和个人都有遵守土地管理法律、法规的义务,并有权对违反土地管理法律、法规的行为提出检举和控告。

第七条　【奖励措施】在保护和开发土地资源、合理利用土地以及进行有关的科学研究等方面成绩显著的单位和个人,由人民政府给予奖励。

第二章　土地的所有权和使用权

第八条　【土地所有权归属】城市市区的土地属于国家所有。

农村和城市郊区的土地,除由法律规定属于国家所有的以外,属于农民集体所有;宅基地和自留地、自留山,属于农民集体所有。

第九条　【土地使用权】国有土地和农民集体所有的土地,可以依法确定给单位或者个人使用。使用土地的单位和个人,有保护、管理和合理利用土地的义务。

第十条　【集体所有土地的经营和管理】农民集体所有的土地依法属于村农民集体所有的,由村集体经济组织或者村民委员会经营、管理;已经分别属于村内两个以上农村集体经济组织的农民集体所有的,由村内各该农村集体经济组织或者村民小组经营、管理;已经属于乡(镇)农民集体所有的,由乡(镇)农村集体经济组织经营、管理。

第十一条 【土地登记发证制度】农民集体所有的土地,由县级人民政府登记造册,核发证书,确认所有权。

农民集体所有的土地依法用于非农业建设的,由县级人民政府登记造册,核发证书,确认建设用地使用权。

单位和个人依法使用的国有土地,由县级以上人民政府登记造册,核发证书,确认使用权;其中,中央国家机关使用的国有土地的具体登记发证机关,由国务院确定。

确认林地、草原的所有权或者使用权,确认水面、滩涂的养殖使用权,分别依照《中华人民共和国森林法》、《中华人民共和国草原法》和《中华人民共和国渔业法》的有关规定办理。

第十二条 【土地变更登记】依法改变土地权属和用途的,应当办理土地变更登记手续。

第十三条 【土地登记的效力】依法登记的土地的所有权和使用权受法律保护,任何单位和个人不得侵犯。

第十四条 【农民集体所有土地承包经营权】农民集体所有的土地由本集体经济组织的成员承包经营,从事种植业、林业、畜牧业、渔业生产。土地承包经营期限为30年。发包方和承包方应当订立承包合同,约定双方的权利和义务。承包经营土地的农民有保护和按照承包合同约定的用途合理利用土地的义务。农民的土地承包经营权受法律保护。

在土地承包经营期限内,对个别承包经营者之间承包的土地进行适当调整的,必须经村民会议2/3以上成员或者2/3以上村民代表的同意,并报乡(镇)人民政府和县级人民政府农业行政主管部门批准。

第十五条 【国有土地承包经营权】国有土地可以由单位或者个人承包经营,从事种植业、林业、畜牧业、渔业生产。农民集体所有的土地,可以由本集体经济组织以外的单位或者个人承包经营,从事种植业、林业、畜牧业、渔业生产。发包方和承包方应当订立承包合同,约定双方的权利和义务。土地承包经营的期限由承包合同约定。承包经营土地的单位和个人,有保护和按照承包合同约定的用途合理利用土地的义务。

农民集体所有的土地由本集体经济组织以外的单位或者个人承包经营的,必须经村民会议2/3以上成员或者2/3以上村民代表的同意,并报乡(镇)人民政府批准。

第十六条 【土地权属争议的处理】土地所有权和使用权争议,由当事人协商解决;协商不成的,由人民政府处理。

单位之间的争议,由县级以上人民政府处理;个人之间、个人与单位之间的争议,由乡级人民政府或者县级以上人民政府处理。

当事人对有关人民政府的处理决定不服的,可以自接到处理决定通知之日起30日内,向人民法院起诉。

在土地所有权和使用权争议解决前,任何一方不得改变土地利用现状。

第三章 土地利用总体规划

第十七条 【编制依据和规划期限】各级人民政府应当依据国民经济和社会发展规划、国土整治和资源环境保护的要求、土地供给能力以及各项建设对土地的需求,组织编制土地利用总体规划。

土地利用总体规划的规划期限由国务院规定。

第十八条 【规划权限】下级土地利用总体规划应当依据上一级土地利用总体规划编制。

地方各级人民政府编制的土地利用总体规划中的建设用地总量不得超过上一级土地利用总体规划确定的控制指标,耕地保有量不得低于上一级土地利用总体规划确定的控制指标。

省、自治区、直辖市人民政府编制的土地利用总体规划,应当确保本行政区域内耕地总量不减少。

第十九条 【编制原则】土地利用总体规划按照下列原则编制：

（一）严格保护基本农田，控制非农业建设占用农用地；

（二）提高土地利用率；

（三）统筹安排各类、各区域用地；

（四）保护和改善生态环境，保障土地的可持续利用；

（五）占用耕地与开发复垦耕地相平衡。

第二十条 【编制要求】县级土地利用总体规划应当划分土地利用区，明确土地用途。

乡（镇）土地利用总体规划应当划分土地利用区，根据土地使用条件，确定每一块土地的用途，并予以公告。

第二十一条 【土地利用总体规划的审批】土地利用总体规划实行分级审批。

省、自治区、直辖市的土地利用总体规划，报国务院批准。

省、自治区人民政府所在地的市、人口在100万以上的城市以及国务院指定的城市的土地利用总体规划，经省、自治区人民政府审查同意后，报国务院批准。

本条第二款、第三款规定以外的土地利用总体规划，逐级上报省、自治区、直辖市人民政府批准；其中，乡（镇）土地利用总体规划可以由省级人民政府授权的设区的市、自治州人民政府批准。

土地利用总体规划一经批准，必须严格执行。

第二十二条 【土地利用总体规划与城市总体规划、村庄和集镇规划之间的关系】城市建设用地规模应当符合国家规定的标准，充分利用现有建设用地，不占或者尽量少占农用地。

城市总体规划、村庄和集镇规划，应当与土地利用总体规划相衔接，城市总体规划、村庄和集镇规划中建设用地规模不得超过土地利用总体规划确定的城市和村庄、集镇建设用地规模。

在城市规划区内、村庄和集镇规划区内，城市和村庄、集镇建设用地应当符合城市规划、村庄和集镇规划。

第二十三条 【土地利用总体规划与江河、湖泊综合治理和开发利用规划之间的关系】江河、湖泊综合治理和开发利用规划，应当与土地利用总体规划相衔接。在江河、湖泊、水库的管理和保护范围以及蓄洪滞洪区内，土地利用应当符合江河、湖泊综合治理和开发利用规划，符合河道、湖泊行洪、蓄洪和输水的要求。

第二十四条 【土地利用计划管理】各级人民政府应当加强土地利用计划管理，实行建设用地总量控制。

土地利用年度计划，根据国民经济和社会发展计划、国家产业政策、土地利用总体规划以及建设用地和土地利用的实际状况编制。土地利用年度计划的编制审批程序与土地利用总体规划的编制审批程序相同，一经审批下达，必须严格执行。

第二十五条 【土地利用年度计划执行情况报告】省、自治区、直辖市人民政府应当将土地利用年度计划的执行情况列为国民经济和社会发展计划执行情况的内容，向同级人民代表大会报告。

第二十六条 【土地利用总体规划的修改】经批准的土地利用总体规划的修改，须经原批准机关批准；未经批准，不得改变土地利用总体规划确定的土地用途。

经国务院批准的大型能源、交通、水利等基础设施建设用地，需要改变土地利用总体规划的，根据国务院的批准文件修改土地利用总体规划。

经省、自治区、直辖市人民政府批准的能源、交通、水利等基础设施建设用地，需要改变土地利用总体规划的，属于省级人民政府土地利用总体规划批准权限内的，根据省级人民政府的批准文件修改土地利用总体规划。

第二十七条 【土地调查】国家建立土地调查制度。

县级以上人民政府土地行政主管部门

会同同级有关部门进行土地调查。土地所有者或者使用者应当配合调查,并提供有关资料。

第二十八条　【土地分等评级】县级以上人民政府土地行政主管部门会同同级有关部门根据土地调查成果、规划土地用途和国家制定的统一标准,评定土地等级。

第二十九条　【土地统计】国家建立土地统计制度。

县级以上人民政府土地行政主管部门和同级统计部门共同制定统计调查方案,依法进行土地统计,定期发布土地统计资料。土地所有者或者使用者应当提供有关资料,不得虚报、瞒报、拒报、迟报。

土地行政主管部门和统计部门共同发布的土地面积统计资料是各级人民政府编制土地利用总体规划的依据。

第三十条　【土地利用动态监测】国家建立全国土地管理信息系统,对土地利用状况进行动态监测。

第四章　耕地保护

第三十一条　【耕地占用补偿】国家保护耕地,严格控制耕地转为非耕地。

国家实行占用耕地补偿制度。非农业建设经批准占用耕地的,按照"占多少,垦多少"的原则,由占用耕地的单位负责开垦与所占用耕地的数量和质量相当的耕地;没有条件开垦或者开垦的耕地不符合要求的,应当按照省、自治区、直辖市的规定缴纳耕地开垦费,专款用于开垦新的耕地。

省、自治区、直辖市人民政府应当制定开垦耕地计划,监督占用耕地的单位按照计划开垦耕地或者按照计划组织开垦耕地,并进行验收。

第三十二条　【建设占用耕地的耕作层利用】县级以上地方人民政府可以要求占用耕地的单位将所占用耕地耕作层的土壤用于新开垦耕地、劣质地或者其他耕地的土壤改良。

第三十三条　【耕地总量动态平衡】省、自治区、直辖市人民政府应当严格执行土地利用总体规划和土地利用年度计划,采取措施,确保本行政区域内耕地总量不减少;耕地总量减少的,由国务院责令在规定期限内组织开垦与所减少耕地的数量与质量相当的耕地,并由国务院土地行政主管部门会同农业行政主管部门验收。个别省、直辖市确因土地后备资源匮乏,新增建设用地后,新开垦耕地的数量不足以补偿所占用耕地的数量的,必须报经国务院批准减免本行政区域内开垦耕地的数量,进行易地开垦。

第三十四条　【基本农田保护制度】国家实行基本农田保护制度。下列耕地应当根据土地利用总体规划划入基本农田保护区,严格管理:

(一)经国务院有关主管部门或者县级以上地方人民政府批准确定的粮、棉、油生产基地内的耕地;

(二)有良好的水利与水土保持设施的耕地,正在实施改造计划以及可以改造的中、低产田;

(三)蔬菜生产基地;

(四)农业科研、教学试验田;

(五)国务院规定应当划入基本农田保护区的其他耕地。

各省、自治区、直辖市划定的基本农田应当占本行政区域内耕地的80%以上。

基本农田保护区以乡(镇)为单位进行划区定界,由县级人民政府土地行政主管部门会同同级农业行政主管部门组织实施。

第三十五条　【土壤改良与提高地力】各级人民政府应当采取措施,维护排灌工程设施,改良土壤,提高地力,防止土地荒漠化、盐渍化、水土流失和污染土地。

第三十六条　【节约使用土地】非农业建设必须节约使用土地,可以利用荒地的,不得占用耕地;可以利用劣地的,不得占用好地。

禁止占用耕地建窑、建坟或者擅自在

耕地上建房、挖砂、采石、采矿、取土等。

禁止占用基本农田发展林果业和挖塘养鱼。

第三十七条　【闲置、荒芜土地的处理】禁止任何单位和个人闲置、荒芜耕地。已经办理审批手续的非农业建设占用耕地，1 年内不用而又可以耕种并收获的，应当由原耕种该幅耕地的集体或者个人恢复耕种，也可以由用地单位组织耕种；1 年以上未动工建设的，应当按照省、自治区、直辖市的规定缴纳闲置费；连续 2 年未使用的，经原批准机关批准，由县级以上人民政府无偿收回用地单位的土地使用权；该幅土地原为农民集体所有的，应当交由原农村集体经济组织恢复耕种。

在城市规划区范围内，以出让方式取得土地使用权进行房地产开发的闲置土地，依照《中华人民共和国城市房地产管理法》的有关规定办理。

承包经营耕地的单位或者个人连续 2 年弃耕抛荒的，原发包单位应当终止承包合同，收回发包的耕地。

第三十八条　【开发未利用土地】国家鼓励单位和个人按照土地利用总体规划，在保护和改善生态环境、防止水土流失和土地荒漠化的前提下，开发未利用的土地；适宜开发为农用地的，应当优先开发成农用地。

国家依法保护开发者的合法权益。

第三十九条　【开垦未利用土地】开垦未利用的土地，必须经过科学论证和评估，在土地利用总体规划划定的可开垦的区域内，经依法批准后进行。禁止毁坏森林、草原开垦耕地，禁止围湖造田和侵占江河滩地。

根据土地利用总体规划，对破坏生态环境开垦、围垦的土地，有计划有步骤地退耕还林、还牧、还湖。

第四十条　【开发未确定使用权的国有荒山、荒地、荒滩】开发未确定使用权的国有荒山、荒地、荒滩从事种植业、林业、畜牧业、渔业生产的，经县级以上人民政府依法批准，可以确定给开发单位或者个人长期使用。

第四十一条　【土地整理】国家鼓励土地整理。县、乡（镇）人民政府应当组织农村集体经济组织，按照土地利用总体规划，对田、水、路、林、村综合整治，提高耕地质量，增加有效耕地面积，改善农业生产条件和生态环境。

地方各级人民政府应当采取措施，改造中、低产田，整治闲散地和废弃地。

第四十二条　【土地复垦】因挖损、塌陷、压占等造成土地破坏，用地单位和个人应当按照国家有关规定负责复垦；没有条件复垦或者复垦不符合要求的，应当缴纳土地复垦费，专项用于土地复垦。复垦的土地应当优先用于农业。

第五章　建设用地

第四十三条　【建设用地的申请】任何单位和个人进行建设，需要使用土地的，必须依法申请使用国有土地；但是，兴办乡镇企业和村民建设住宅经依法批准使用本集体经济组织农民集体所有的土地的，或者乡（镇）村公共设施和公益事业建设经依法批准使用农民集体所有的土地的除外。

前款所称依法申请使用的国有土地包括国家所有的土地和国家征收的原属于农民集体所有的土地。

第四十四条　【农用地转用审批】建设占用土地，涉及农用地转为建设用地的，应当办理农用地转用审批手续。

省、自治区、直辖市人民政府批准的道路、管线工程和大型基础设施建设项目、国务院批准的建设项目占用土地，涉及农用地转为建设用地的，由国务院批准。

在土地利用总体规划确定的城市和村庄、集镇建设用地规模范围内，为实施该规划而将农用地转为建设用地的，按土地利用年度计划分批次由原批准土地利用总体规划的机关批准。在已批准的农用地转用范围内，具体建设项目用地可以由市、县人民政府批准。

本条第二款、第三款规定以外的建设项目占用土地，涉及农用地转为建设用地的，由省、自治区、直辖市人民政府批准。

第四十五条　【土地征收审批】征收下列土地的，由国务院批准：

（一）基本农田；

（二）基本农田以外的耕地超过35公顷的；

（三）其他土地超过70公顷的。

征收前款规定以外的土地的，由省、自治区、直辖市人民政府批准，并报国务院备案。

征收农用地的，应当依照本法第四十四条的规定先行办理农用地转用审批。其中，经国务院批准农用地转用的，同时办理征地审批手续，不再另行办理征地审批；经省、自治区、直辖市人民政府在征地批准权限内批准农用地转用的，同时办理征地审批手续，不再另行办理征地审批，超过征地批准权限的，应当依照本条第一款的规定另行办理征地审批。

第四十六条　【征地方案的实施】国家征收土地的，依照法定程序批准后，由县级以上地方人民政府予以公告并组织实施。

被征收土地的所有权人、使用权人应当在公告规定期限内，持土地权属证书到当地人民政府土地行政主管部门办理征地补偿登记。

第四十七条　【征地补偿】征收土地的，按照被征收土地的原用途给予补偿。

征收耕地的补偿费用包括土地补偿费、安置补助费以及地上附着物和青苗的补偿费。征收耕地的土地补偿费，为该耕地被征收前3年平均年产值的6至10倍。征收耕地的安置补助费，按照需要安置的农业人口数计算。需要安置的农业人口数，按照被征收的耕地数量除以征地前被征收单位平均每人占有耕地的数量计算。每一个需要安置的农业人口的安置补助费标准，为该耕地被征收前3年平均年产值的4至6倍。但是，每公顷被征收耕地的安置补助费，最高不得超过被征收前3年平均年产值的15倍。

征收其他土地的土地补偿费和安置补助费标准，由省、自治区、直辖市参照征收耕地的土地补偿费和安置补助费的标准规定。

被征收土地上的附着物和青苗的补偿标准，由省、自治区、直辖市规定。

征收城市郊区的菜地，用地单位应当按照国家有关规定缴纳新菜地开发建设基金。

依照本条第二款的规定支付土地补偿费和安置补助费，尚不能使需要安置的农民保持原有生活水平的，经省、自治区、直辖市人民政府批准，可以增加安置补助费。但是，土地补偿费和安置补助费的总和不得超过土地被征收前3年平均年产值的30倍。

国务院根据社会、经济发展水平，在特殊情况下，可以提高征收耕地的土地补偿费和安置补助费的标准。

第四十八条　【征地补偿安置方案公告】征地补偿安置方案确定后，有关地方人民政府应当公告，并听取被征地的农村集体经济组织和农民的意见。

第四十九条　【征地补偿费用的监督和管理】被征地的农村集体经济组织应当将征收土地的补偿费用的收支状况向本集体经济组织的成员公布，接受监督。

禁止侵占、挪用被征收土地单位的征地补偿费用和其他有关费用。

第五十条　【农村剩余劳动力的安置】地方各级人民政府应当支持被征地的农村集体经济组织和农民从事开发经营，兴办企业。

第五十一条　【大中型水利水电工程建设征地补偿和移民安置】大中型水利、水电工程建设征收土地的补偿费标准和移民安置办法，由国务院另行规定。

第五十二条　【建设项目可行性研究审查】建设项目可行性研究论证时，土地行政主管部门可以根据土地利用总体规划、土地利用年度计划和建设用地标准，对建设用地有关事项进行审查，并提出意见。

第五十三条 【建设用地的审批】经批准的建设项目需要使用国有建设用地的，建设单位应当持法律、行政法规规定的有关文件，向有批准权的县级以上人民政府土地行政主管部门提出建设用地申请，经土地行政主管部门审查，报本级人民政府批准。

第五十四条 【建设用地使用权的取得方式】建设单位使用国有土地，应当以出让等有偿使用方式取得；但是，下列建设用地，经县级以上人民政府依法批准，可以以划拨方式取得：

（一）国家机关用地和军事用地；

（二）城市基础设施用地和公益事业用地；

（三）国家重点扶持的能源、交通、水利等基础设施用地；

（四）法律、行政法规规定的其他用地。

第五十五条 【土地有偿使用费的缴纳和使用】以出让等有偿使用方式取得国有土地使用权的建设单位，按照国务院规定的标准和办法，缴纳土地使用权出让金等土地有偿使用费和其他费用后，方可使用土地。

自本法施行之日起，新增建设用地的土地有偿使用费，30%上缴中央财政，70%留给有关地方人民政府，都专项用于耕地开发。

第五十六条 【土地用途的变更】建设单位使用国有土地的，应当按照土地使用权出让等有偿使用合同的约定或者土地使用权划拨批准文件的规定使用土地；确需改变该幅土地建设用途的，应当经有关人民政府土地行政主管部门同意，报原批准用地的人民政府批准。其中，在城市规划区内改变土地用途的，在报批前，应当先经有关城市规划行政主管部门同意。

第五十七条 【临时用地】建设项目施工和地质勘查需要临时使用国有土地或者农民集体所有的土地的，由县级以上人民政府土地行政主管部门批准。其中，在城市规划区内的临时用地，在报批前，应当先经有关城市规划行政主管部门同意。土地使用者应当根据土地权属，与有关土地行政主管部门或者农村集体经济组织、村民委员会签订临时使用土地合同，并按照合同的约定支付临时使用土地补偿费。

临时使用土地的使用者应当按照临时使用土地合同约定的用途使用土地，并不得修建永久性建筑物。

临时使用土地期限一般不超过2年。

第五十八条 【国有土地使用权的收回】有下列情形之一的，由有关人民政府土地行政主管部门报经原批准用地的人民政府或者有批准权的人民政府批准，可以收回国有土地使用权：

（一）为公共利益需要使用土地的；

（二）为实施城市规划进行旧城区改建，需要调整使用土地的；

（三）土地出让等有偿使用合同约定的使用期限届满，土地使用者未申请续期或者申请续期未获批准的；

（四）因单位撤销、迁移等原因，停止使用原划拨的国有土地的；

（五）公路、铁路、机场、矿场等经核准报废的。

依照前款第（一）项、第（二）项的规定收回国有土地使用权的，对土地使用权人应当给予适当补偿。

第五十九条 【乡、村建设用地的范围和审批】乡镇企业、乡（镇）村公共设施、公益事业、农村村民住宅等乡（镇）村建设，应当按照村庄和集镇规划，合理布局，综合开发，配套建设；建设用地，应当符合乡（镇）土地利用总体规划和土地利用年度计划，并依照本法第四十四条、第六十条、第六十一条、第六十二条的规定办理审批手续。

第六十条 【乡村企业建设用地审批】农村集体经济组织使用乡（镇）土地利用总体规划确定的建设用地兴办企业或者与其他单位、个人以土地使用权入股、联营等形式共同举办企业的，应当持有关批准文件，向县级以上地方人民政府土地行政主管部门提出申请，按照省、自治区、直辖市规定的批准权限，由县级以上地方人民政府批准；其中，涉及占用农用地的，依照本法第四十四条的规定办理审批手续。

按照前款规定兴办企业的建设用地，必须严格控制。省、自治区、直辖市可以按照乡镇企业的不同行业和经营规模，分别规定用地标准。

第六十一条　【乡村公共设施、公益事业建设用地审批】乡（镇）村公共设施、公益事业建设，需要使用土地的，经乡（镇）人民政府审核，向县级以上地方人民政府土地行政主管部门提出申请，按照省、自治区、直辖市规定的批准权限，由县级以上地方人民政府批准；其中，涉及占用农用地的，依照本法第四十四条的规定办理审批手续。

第六十二条　【农村村民住宅用地审批】农村村民一户只能拥有一处宅基地，其宅基地的面积不得超过省、自治区、直辖市规定的标准。

农村村民建住宅，应当符合乡（镇）土地利用总体规划，并尽量使用原有的宅基地和村内空闲地。

农村村民住宅用地，经乡（镇）人民政府审核，由县级人民政府批准；其中，涉及占用农用地的，依照本法第四十四条的规定办理审批手续。

农村村民出卖、出租住房后，再申请宅基地的，不予批准。

第六十三条　【集体土地使用权的流转】农民集体所有的土地的使用权不得出让、转让或者出租用于非农业建设；但是，符合土地利用总体规划并依法取得建设用地的企业，因破产、兼并等情形致使土地使用权依法发生转移的除外。

第六十四条　【不符合土地利用总体规划确定的用途的建筑物、构筑物的处理】在土地利用总体规划制定前已建的不符合土地利用总体规划确定的用途的建筑物、构筑物，不得重建、扩建。

第六十五条　【收回集体土地使用权的情形】有下列情形之一的，农村集体经济组织报经原批准用地的人民政府批准，可以收回土地使用权：

（一）为乡（镇）村公共设施和公益事业建设，需要使用土地的；

（二）不按照批准的用途使用土地的；

（三）因撤销、迁移等原因而停止使用土地的。

依照前款第（一）项规定收回农民集体所有的土地的，对土地使用权人应当给予适当补偿。

第六章　监督检查

第六十六条　【土地监督检查机关和人员】县级以上人民政府土地行政主管部门对违反土地管理法律、法规的行为进行监督检查。

土地管理监督检查人员应当熟悉土地管理法律、法规，忠于职守、秉公执法。

第六十七条　【监督检查措施】县级以上人民政府土地行政主管部门履行监督检查职责时，有权采取下列措施：

（一）要求被检查的单位或者个人提供有关土地权利的文件和资料，进行查阅或者予以复制；

（二）要求被检查的单位或者个人就有关土地权利的问题作出说明；

（三）进入被检查单位或者个人非法占用的土地现场进行勘测；

（四）责令非法占用土地的单位或者个人停止违反土地管理法律、法规的行为。

第六十八条　【出示监督检查证件】土地管理监督检查人员履行职责，需要进入现场进行勘测、要求有关单位或者个人提供文件、资料和作出说明的，应当出示土地管理监督检查证件。

第六十九条　【有关单位和个人对土地监督检查的配合义务】有关单位和个人对县级以上人民政府土地行政主管部门就土地违

法行为进行的监督检查应当支持与配合，并提供工作方便，不得拒绝与阻碍土地管理监督检查人员依法执行职务。

第七十条　【行政处分】县级以上人民政府土地行政主管部门在监督检查工作中发现国家工作人员的违法行为，依法应当给予行政处分的，应当依法予以处理；自己无权处理的，应当向同级或者上级人民政府的行政监察机关提出行政处分建议书，有关行政监察机关应当依法予以处理。

第七十一条　【案件的移送与土地行政处罚】县级以上人民政府土地行政主管部门在监督检查工作中发现土地违法行为构成犯罪的，应当将案件移送有关机关，依法追究刑事责任；尚不构成犯罪的，应当依法给予行政处罚。

第七十二条　【土地行政主管部门不履行行政处罚职责的处理】依照本法规定应当给予行政处罚，而有关土地行政主管部门不给予行政处罚的，上级人民政府土地行政主管部门有权责令有关土地行政主管部门作出行政处罚决定或者直接给予行政处罚，并给予有关土地行政主管部门的负责人行政处分。

第七章　法律责任

第七十三条　【买卖或者以其他形式非法转让土地的法律责任】买卖或者以其他形式非法转让土地的，由县级以上人民政府土地行政主管部门没收违法所得；对违反土地利用总体规划擅自将农用地改为建设用地的，限期拆除在非法转让的土地上新建的建筑物和其他设施，恢复土地原状，对符合土地利用总体规划的，没收在非法转让的土地上新建的建筑物和其他设施；可以并处罚款；对直接负责的主管人员和其他直接责任人员，依法给予行政处分；构成犯罪的，依法追究刑事责任。

第七十四条　【破坏耕地的法律责任】违反本法规定，占用耕地建窑、建坟或者擅自在耕地上建房、挖砂、采石、采矿、取土等，破坏种植条件的，或者因开发土地造成土地荒漠化、盐渍化的，由县级以上人民政府土地行政主管部门责令限期改正或者治理，可以并处罚款；构成犯罪的，依法追究刑事责任。

第七十五条　【拒不履行复垦义务的法律责任】违反本法规定，拒不履行土地复垦义务的，由县级以上人民政府土地行政主管部门责令限期改正；逾期不改正的，责令缴纳复垦费，专项用于土地复垦，可以处以罚款。

第七十六条　【非法占用土地行为的法律责任】未经批准或者采取欺骗手段骗取批准，非法占用土地的，由县级以上人民政府土地行政主管部门责令退还非法占用的土地，对违反土地利用总体规划擅自将农用地改为建设用地的，限期拆除在非法占用的土地上新建的建筑物和其他设施，恢复土地原状，对符合土地利用总体规划的，没收在非法占用的土地上新建的建筑物和其他设施，可以并处罚款；对非法占用土地单位的直接负责的主管人员和其他直接责任人员，依法给予行政处分；构成犯罪的，依法追究刑事责任。

超过批准的数量占用土地，多占的土地以非法占用土地论处。

第七十七条　【农村村民非法占用土地建住宅的法律责任】农村村民未经批准或者采取欺骗手段骗取批准，非法占用土地建住宅的，由县级以上人民政府土地行政主管部门责令退还非法占用的土地，限期拆除在非法占用的土地上新建的房屋。

超过省、自治区、直辖市规定的标准，多占的土地以非法占用土地论处。

第七十八条　【非法批地的法律责任】无权批准征收、使用土地的单位或者个人非法批准占用土地的，超越批准权限非法批准占用土地的，不按照土地利用总体规划确定的用途批准用地的，或者违反法律规定的程序批准占用、征收土地的，其批准文件无效，对非法批准征收、使用土地的直接负责的主管人员和其他直接责任人员，依法给予行政处分；构成犯罪的，依法追究刑事责任。非法批准、使用的土地应当收回，有关当事人拒不归还的，以非法占用土地论处。

非法批准征收、使用土地，对当事人造成损失的，依法应当承担赔偿责任。

第七十九条　【非法侵占、挪用征地补偿费的法律责任】侵占、挪用被征收土地单位的征地补偿费用和其他有关费用，构成犯罪的，依法追究刑事责任；尚不构成犯罪的，依法给予行政处分。

第八十条　【拒不交还土地的法律责任】依法收回国有土地使用权当事人拒不交出土地的，临时使用土地期满拒不归还的，或者不按照批准的用途使用国有土地的，由县级以上人民政府土地行政主管部门责令交还土地，处以罚款。

第八十一条　【擅自将农民集体所有的土地的使用权出让、转让或者出租用于非农业建设的法律责任】擅自将农民集体所有的土地的使用权出让、转让或者出租用于非农业建设的，由县级以上人民政府土地行政主管部门责令限期改正，没收违法所得，并处罚款。

第八十二条　【不依法办理土地变更登记的法律责任】不依照本法规定办理土地变更登记的，由县级以上人民政府土地行政主管部门责令其限期办理。

第八十三条　【责令限期拆除的行政处罚的执行】依照本法规定，责令限期拆除在非法占用的土地上新建的建筑物和其他设施的，建设单位或者个人必须立即停止施工，自行拆除；对继续施工的，作出处罚决定的机关有权制止。建设单位或者个人对责令限期拆除的行政处罚决定不服的，可以在接到责令限期拆除决定之日起15日内，向人民法院起诉；期满不起诉又不自行拆除的，由作出处罚决定的机关依法申请人民法院强制执行，费用由违法者承担。

第八十四条　【土地行政主管部门工作人员玩忽职守、滥用职权、徇私舞弊的法律责任】土地行政主管部门的工作人员玩忽职守、滥用职权、徇私舞弊，构成犯罪的，依法追究刑事责任；尚不构成犯罪的，依法给予行政处分。

第八章　附　　则

第八十五条　【三资企业使用土地的法律适用】中外合资经营企业、中外合作经营企业、外资企业使用土地的，适用本法；法律另有规定的，从其规定。

第八十六条　【施行时间】本法自1999年1月1日起施行。

中华人民共和国物权法（节录）

•2007年3月16日

……

第九条　【不动产物权登记生效及例外】不动产物权的设立、变更、转让和消灭，经依法登记，发生效力；未经登记，不发生效力，但法律另有规定的除外。

依法属于国家所有的自然资源，所有权可以不登记。

第十条　【登记机构及统一登记制度】不动产登记，由不动产所在地的登记机构办理。

国家对不动产实行统一登记制度。统一登记的范围、登记机构和登记办法，由法律、行政法规规定。

第十一条　【登记申请材料】当事人申请登记，应当根据不同登记事项提供权属证明和不动产界址、面积等必要材料。

第十二条　【登记机构的职责】登记机构应当履行下列职责：

（一）查验申请人提供的权属证明和其他必要材料；

（二）就有关登记事项询问申请人；

（三）如实、及时登记有关事项；

（四）法律、行政法规规定的其他职责。

申请登记的不动产的有关情况需要进一步证明的，登记机构可以要求申请人补充材料，必要时可以实地查看。

第十三条 【登记机构禁止从事的行为】登记机构不得有下列行为：

（一）要求对不动产进行评估；

（二）以年检等名义进行重复登记；

（三）超出登记职责范围的其他行为。

第十四条 【不动产物权登记生效的时间】不动产物权的设立、变更、转让和消灭，依照法律规定应当登记的，自记载于不动产登记簿时发生效力。

第十五条 【合同效力与物权效力区分】当事人之间订立有关设立、变更、转让和消灭不动产物权的合同，除法律另有规定或者合同另有约定外，自合同成立时生效；未办理物权登记的，不影响合同效力。

第十六条 【不动产登记簿】不动产登记簿是物权归属和内容的根据。

不动产登记簿由登记机构管理。

第十七条 【不动产登记簿与权属证书关系】不动产权属证书是权利人享有该不动产物权的证明。不动产权属证书记载的事项，应当与不动产登记簿一致；记载不一致的，除有证据证明不动产登记簿确有错误外，以不动产登记簿为准。

第十八条 【查询、复制登记资料】权利人、利害关系人可以申请查询、复制登记资料，登记机构应当提供。

第十九条 【更正登记、异议登记】权利人、利害关系人认为不动产登记簿记载的事项错误的，可以申请更正登记。不动产登记簿记载的权利人书面同意更正或者有证据证明登记确有错误的，登记机构应当予以更正。

不动产登记簿记载的权利人不同意更正的，利害关系人可以申请异议登记。登记机构予以异议登记的，申请人在异议登记之日起十五日内不起诉，异议登记失效。异议登记不当，造成权利人损害的，权利人可以向申请人请求损害赔偿。

第二十条 【预告登记】当事人签订买卖房屋或者其他不动产物权的协议，为保障将来实现物权，按照约定可以向登记机构申请预告登记。预告登记后，未经预告登记的权利人同意，处分该不动产的，不发生物权效力。

预告登记后，债权消灭或者自能够进行不动产登记之日起三个月内未申请登记的，预告登记失效。

第二十一条 【登记错误的责任】当事人提供虚假材料申请登记，给他人造成损害的，应当承担赔偿责任。

因登记错误，给他人造成损害的，登记机构应当承担赔偿责任。登记机构赔偿后，可以向造成登记错误的人追偿。

第二十二条 【登记费用】不动产登记费按件收取，不得按照不动产的面积、体积或者价款的比例收取。具体收费标准由国务院有关部门会同价格主管部门规定。

第二节 动产交付

第二十三条 【动产物权交付生效】动产物权的设立和转让，自交付时发生效力，但法律另有规定的除外。

第二十四条 【特定动产物权的登记】船舶、航空器和机动车等物权的设立、变更、转让和消灭，未经登记，不得对抗善意第三人。

第二十五条 【简易交付】动产物权设立和转让前，权利人已经依法占有该动产的，物权自法律行为生效时发生效力。

第二十六条 【指示交付】动产物权设立和转让前，第三人依法占有该动产的，负有交付义务的人可以通过转让请求第三人返还原物的权利代替交付。

第二十七条 【占有改定】动产物权转让时，双方又约定由出让人继续占有该动产的，物权自该约定生效时发生效力。

第三节 其他规定

第二十八条 【法律文书、征收导致的物权变

动】因人民法院、仲裁委员会的法律文书或者人民政府的征收决定等，导致物权设立、变更、转让或者消灭的，自法律文书或者人民政府的征收决定等生效时发生效力。

第二十九条　【继承、受遗赠取得物权】因继承或者受遗赠取得物权的，自继承或者受遗赠开始时发生效力。

第三十条　【合法的事实行为导致物权变动】因合法建造、拆除房屋等事实行为设立或者消灭物权的，自事实行为成就时发生效力。

第三十一条　【处分非依法律行为取得的不动产】依照本法第二十八条至第三十条规定享有不动产物权的，处分该物权时，依照法律规定需要办理登记的，未经登记，不发生物权效力。

第三章　物权的保护

第三十二条　【物权保护的途径】物权受到侵害的，权利人可以通过和解、调解、仲裁、诉讼等途径解决。

第三十三条　【物权确认请求权】因物权的归属、内容发生争议的，利害关系人可以请求确认权利。

第三十四条　【返还原物请求权】无权占有不动产或者动产的，权利人可以请求返还原物。

第三十五条　【排除妨害、消除危险请求权】妨害物权或者可能妨害物权的，权利人可以请求排除妨害或者消除危险。

第三十六条　【修理、重作、更换、恢复原状请求权】造成不动产或者动产毁损的，权利人可以请求修理、重作、更换或者恢复原状。

第三十七条　【损害赔偿请求权】侵害物权，造成权利人损害的，权利人可以请求损害赔偿，也可以请求承担其他民事责任。

第三十八条　【请求权的适用、行政及刑事责任】本章规定的物权保护方式，可以单独适用，也可以根据权利被侵害的情形合并适用。

侵害物权，除承担民事责任外，违反行政管理规定的，依法承担行政责任；构成犯罪的，依法追究刑事责任。

……

中华人民共和国城市房地产管理法

- 1994年7月5日第八届全国人民代表大会常务委员会第八次会议通过
- 根据2007年8月30日第十届全国人民代表大会常务委员会第二十九次会议《关于修改〈中华人民共和国城市房地产管理法〉的决定》第一次修正
- 根据2009年8月27日第十一届全国人民代表大会常务委员会第十次会议《关于修改部分法律的决定》第二次修正

目　　录

第一章　总　　则

第一条　【立法目的】为了加强对城市房地产的管理，维护房地产市场秩序，保障房地产权利人的合法权益，促进房地产业的健康发展，制定本法。

第二条　【适用范围及概念解释】在中华人民共和国城市规划区国有土地（以下简称国有土地）范围内取得房地产开发用地的

土地使用权，从事房地产开发、房地产交易，实施房地产管理，应当遵守本法。

本法所称房屋，是指土地上的房屋等建筑物及构筑物。

本法所称房地产开发，是指在依据本法取得国有土地使用权的土地上进行基础设施、房屋建设的行为。

本法所称房地产交易，包括房地产转让、房地产抵押和房屋租赁。

第三条 【土地使用制度及例外】国家依法实行国有土地有偿、有限期使用制度。但是，国家在本法规定的范围内划拨国有土地使用权的除外。

第四条 【发展目标】国家根据社会、经济发展水平，扶持发展居民住宅建设，逐步改善居民的居住条件。

第五条 【权利人的权利和义务】房地产权利人应当遵守法律和行政法规，依法纳税。房地产权利人的合法权益受法律保护，任何单位和个人不得侵犯。

第六条 【征收补偿】为了公共利益的需要，国家可以征收国有土地上单位和个人的房屋，并依法给予拆迁补偿，维护被征收人的合法权益；征收个人住宅的，还应当保障被征收人的居住条件。具体办法由国务院规定。

第七条 【房地产管理机构】国务院建设行政主管部门、土地管理部门依照国务院规定的职权划分，各司其职，密切配合，管理全国房地产工作。

县级以上地方人民政府房产管理、土地管理部门的机构设置及其职权由省、自治区、直辖市人民政府确定。

第二章 房地产开发用地

第一节 土地使用权出让

第八条 【土地使用权出让】土地使用权出让，是指国家将国有土地使用权(以下简称土地使用权)在一定年限内出让给土地使用者，由土地使用者向国家支付土地使用权出让金的行为。

第九条 【有偿出让】城市规划区内的集体所有的土地，经依法征收转为国有土地后，该幅国有土地的使用权方可有偿出让。

第十条 【出让条件】土地使用权出让，必须符合土地利用总体规划、城市规划和年度建设用地计划。

第十一条 【出让报批】县级以上地方人民政府出让土地使用权用于房地产开发的，须根据省级以上人民政府下达的控制指标拟订年度出让土地使用权总面积方案，按照国务院规定，报国务院或者省级人民政府批准。

第十二条 【出让步骤】土地使用权出让，由市、县人民政府有计划、有步骤地进行。出让的每幅地块、用途、年限和其他条件，由市、县人民政府土地管理部门会同城市规划、建设、房产管理部门共同拟定方案，按照国务院规定，报经有批准权的人民政府批准后，由市、县人民政府土地管理部门实施。

直辖市的县人民政府及其有关部门行使前款规定的权限，由直辖市人民政府规定。

第十三条 【出让方式】土地使用权出让，可以采取拍卖、招标或者双方协议的方式。

商业、旅游、娱乐和豪华住宅用地，有条件的，必须采取拍卖、招标方式；没有条件，不能采取拍卖、招标方式的，可以采取双方协议的方式。

采取双方协议方式出让土地使用权的出让金不得低于按国家规定所确定的最低价。

第十四条 【年限规定】土地使用权出让最高年限由国务院规定。

第十五条 【出让合同签订】土地使用权出让，应当签订书面出让合同。

土地使用权出让合同由市、县人民政府土地管理部门与土地使用者签订。

第十六条 【出让金支付】土地使用者必须按照出让合同约定，支付土地使用权出让金；未按照出让合同约定支付土地使用权出让金的,土地管理部门有权解除合同,并可以请求违约赔偿。

第十七条 【出让土地的提供】土地使用者按照出让合同约定支付土地使用权出让金的,市、县人民政府土地管理部门必须按照出让合同约定,提供出让的土地;未按照出让合同约定提供出让的土地的,土地使用者有权解除合同,由土地管理部门返还土地使用权出让金,土地使用者并可以请求违约赔偿。

第十八条 【用途改变】土地使用者需要改变土地使用权出让合同约定的土地用途的,必须取得出让方和市、县人民政府城市规划行政主管部门的同意,签订土地使用权出让合同变更协议或者重新签订土地使用权出让合同,相应调整土地使用权出让金。

第十九条 【出让金使用】土地使用权出让金应当全部上缴财政,列入预算,用于城市基础设施建设和土地开发。土地使用权出让金上缴和使用的具体办法由国务院规定。

第二十条 【土地使用权的收回】国家对土地使用者依法取得的土地使用权,在出让合同约定的使用年限届满前不收回;在特殊情况下,根据社会公共利益的需要,可以依照法律程序提前收回,并根据土地使用者使用土地的实际年限和开发土地的实际情况给予相应的补偿。

第二十一条 【使用权终止】土地使用权因土地灭失而终止。

第二十二条 【使用权续延】土地使用权出让合同约定的使用年限届满,土地使用者需要继续使用土地的,应当至迟于届满前一年申请续期,除根据社会公共利益需要收回该幅土地的,应当予以批准。经批准准予续期的,应当重新签订土地使用权出让合同,依照规定支付土地使用权出让金。

土地使用权出让合同约定的使用年限届满,土地使用者未申请续期或者虽申请续期但依照前款规定未获批准的,土地使用权由国家无偿收回。

第二节 土地使用权划拨

第二十三条 【使用权划拨】土地使用权划拨,是指县级以上人民政府依法批准,在土地使用者缴纳补偿、安置等费用后将该幅土地交付其使用,或者将土地使用权无偿交付给土地使用者使用的行为。

依照本法规定以划拨方式取得土地使用权的,除法律、行政法规另有规定外,没有使用期限的限制。

第二十四条 【划拨土地类别】下列建设用地的土地使用权,确属必需的,可以由县级以上人民政府依法批准划拨:

(一)国家机关用地和军事用地;

(二)城市基础设施用地和公益事业用地;

(三)国家重点扶持的能源、交通、水利等项目用地;

(四)法律、行政法规规定的其他用地。

第三章 房地产开发

第二十五条 【开发原则和总体规划】房地产开发必须严格执行城市规划,按照经济效益、社会效益、环境效益相统一的原则,实行全面规划、合理布局、综合开发、配套建设。

第二十六条 【出让开发条件】以出让方式取得土地使用权进行房地产开发的,必须按照土地使用权出让合同约定的土地用途、动工开发期限开发土地。超过出让合同约定的动工开发日期满一年未动工开发的,可以征收相当于土地使用权出让金百分之二十以下的土地闲置费;满二年未动工开发的,可以无偿收回土地使用权;但是,因不可抗力或者政府、政府有关部门的行为或者动工开发必需的前期工作造成动工开发迟延的除外。

第二十七条 【项目总体要求】房地产开发项目的设计、施工,必须符合国家的有关标准和规范。

房地产开发项目竣工，经验收合格后，方可交付使用。

第二十八条 【土地使用权处置】依法取得的土地使用权，可以依照本法和有关法律、行政法规的规定，作价入股，合资、合作开发经营房地产。

第二十九条 【国家扶持】国家采取税收等方面的优惠措施鼓励和扶持房地产开发企业开发建设居民住宅。

第三十条 【企业设立】房地产开发企业是以营利为目的，从事房地产开发和经营的企业。设立房地产开发企业，应当具备下列条件：

（一）有自己的名称和组织机构；

（二）有固定的经营场所；

（三）有符合国务院规定的注册资本；

（四）有足够的专业技术人员；

（五）法律、行政法规规定的其他条件。

设立房地产开发企业，应当向工商行政管理部门申请设立登记。工商行政管理部门对符合本法规定条件的，应当予以登记，发给营业执照；对不符合本法规定条件的，不予登记。

设立有限责任公司、股份有限公司，从事房地产开发经营的，还应当执行公司法的有关规定。

房地产开发企业在领取营业执照后的一个月内，应当到登记机关所在地的县级以上地方人民政府规定的部门备案。

第三十一条 【注册资本和投资额】房地产开发企业的注册资本与投资总额的比例应当符合国家有关规定。

房地产开发企业分期开发房地产的，分期投资额应当与项目规模相适应，并按照土地使用权出让合同的约定，按期投入资金，用于项目建设。

第四章 房地产交易

第一节 一般规定

第三十二条 【房屋、土地所有权随转】房地产转让、抵押时，房屋的所有权和该房屋占用范围内的土地使用权同时转让、抵押。

第三十三条 【地价确定】基准地价、标定地价和各类房屋的重置价格应当定期确定并公布。具体办法由国务院规定。

第三十四条 【价格评估】国家实行房地产价格评估制度。

房地产价格评估，应当遵循公正、公平、公开的原则，按照国家规定的技术标准和评估程序，以基准地价、标定地价和各类房屋的重置价格为基础，参照当地的市场价格进行评估。

第三十五条 【价格申报】国家实行房地产成交价格申报制度。

房地产权利人转让房地产，应当向县级以上地方人民政府规定的部门如实申报成交价，不得瞒报或者作不实的申报。

第三十六条 【权属登记】房地产转让、抵押，当事人应当依照本法第五章的规定办理权属登记。

第二节 房地产转让

第三十七条 【房地产转让】房地产转让，是指房地产权利人通过买卖、赠与或者其他合法方式将其房地产转移给他人的行为。

第三十八条 【禁止转让的房地产】下列房地产，不得转让：

（一）以出让方式取得土地使用权的，不符合本法第三十九条规定的条件的；

（二）司法机关和行政机关依法裁定、决定查封或者以其他形式限制房地产权利的；

（三）依法收回土地使用权的；

（四）共有房地产，未经其他共有人书面同意的；

（五）权属有争议的；

（六）未依法登记领取权属证书的；

（七）法律、行政法规规定禁止转让的其他情形。

第三十九条 【出让转让条件】以出让方式取得土地使用权的，转让房地产时，应当符合下列条件：

（一）按照出让合同约定已经支付全部土地使用权出让金，并取得土地使用权证书；

（二）按照出让合同约定进行投资开发，属于房屋建设工程的，完成开发投资总额的百分之二十五以上，属于成片开发土地的，形成工业用地或者其他建设用地条件。

转让房地产时房屋已经建成的，还应当持有房屋所有权证书。

第四十条　【划拨转让报批】以划拨方式取得土地使用权的，转让房地产时，应当按照国务院规定，报有批准权的人民政府审批。有批准权的人民政府准予转让的，应当由受让方办理土地使用权出让手续，并依照国家有关规定缴纳土地使用权出让金。

以划拨方式取得土地使用权的，转让房地产报批时，有批准权的人民政府按照国务院规定决定可以不办理土地使用权出让手续的，转让方应当按照国务院规定将转让房地产所获收益中的土地收益上缴国家或者作其他处理。

第四十一条　【转让合同】房地产转让，应当签订书面转让合同，合同中应当载明土地使用权取得的方式。

第四十二条　【合同权利义务转移】房地产转让时，土地使用权出让合同载明的权利、义务随之转移。

第四十三条　【出让转让使用权年限】以出让方式取得土地使用权的，转让房地产后，其土地使用权的使用年限为原土地使用权出让合同约定的使用年限减去原土地使用者已经使用年限后的剩余年限。

第四十四条　【出让转让土地用途改变】以出让方式取得土地使用权的，转让房地产后，受让人改变原土地使用权出让合同约定的土地用途的，必须取得原出让方和市、县人民政府城市规划行政主管部门的同意，签订土地使用权出让合同变更协议或者重新签订土地使用权出让合同，相应调整土地使用权出让金。

第四十五条　【商品房预售条件】商品房预售，应当符合下列条件：

（一）已交付全部土地使用权出让金，取得土地使用权证书；

（二）持有建设工程规划许可证；

（三）按提供预售的商品房计算，投入开发建设的资金达到工程建设总投资的百分之二十五以上，并已经确定施工进度和竣工交付日期；

（四）向县级以上人民政府房产管理部门办理预售登记，取得商品房预售许可证明。

商品房预售人应当按照国家有关规定将预售合同报县级以上人民政府房产管理部门和土地管理部门登记备案。

商品房预售所得款项，必须用于有关的工程建设。

第四十六条　【预售再转让规定】商品房预售的，商品房预购人将购买的未竣工的预售商品房再行转让的问题，由国务院规定。

第三节　房地产抵押

第四十七条　【房地产抵押】房地产抵押，是指抵押人以其合法的房地产以不转移占有的方式向抵押权人提供债务履行担保的行为。债务人不履行债务时，抵押权人有权依法以抵押的房地产拍卖所得的价款优先受偿。

第四十八条　【抵押权设定】依法取得的房屋所有权连同该房屋占用范围内的土地使用权，可以设定抵押权。

以出让方式取得的土地使用权，可以设定抵押权。

第四十九条　【抵押办理凭证】房地产抵押，应当凭土地使用权证书、房屋所有权证书办理。

第五十条　【抵押合同】房地产抵押，抵押人和抵押权人应当签订书面抵押合同。

第五十一条　【抵押权人优先受偿限制】设定房地产抵押权的土地使用权是以划拨方式取得的，依法拍卖该房地产后，应当从拍卖所得的价款中缴纳相当于应缴纳的土地使用权出让金的款额后，抵押权人方可优先受偿。

第五十二条 【新增房屋处理】房地产抵押合同签订后，土地上新增的房屋不属于抵押财产。需要拍卖该抵押的房地产时，可以依法将土地上新增的房屋与抵押财产一同拍卖，但对拍卖新增房屋所得，抵押权人无权优先受偿。

第四节 房屋租赁

第五十三条 【房屋租赁】房屋租赁，是指房屋所有权人作为出租人将其房屋出租给承租人使用，由承租人向出租人支付租金的行为。

第五十四条 【租赁合同的签订与备案】房屋租赁，出租人和承租人应当签订书面租赁合同，约定租赁期限、租赁用途、租赁价格、修缮责任等条款，以及双方的其他权利和义务，并向房产管理部门登记备案。

第五十五条 【住房租赁】住宅用房的租赁，应当执行国家和房屋所在城市人民政府规定的租赁政策。租用房屋从事生产、经营活动的，由租赁双方协商议定租金和其他租赁条款。

第五十六条 【土地收益上缴】以营利为目的，房屋所有权人将以划拨方式取得使用权的国有土地上建成的房屋出租的，应当将租金中所含土地收益上缴国家。具体办法由国务院规定。

第五节 中介服务机构

第五十七条 【中介机构类别】房地产中介服务机构包括房地产咨询机构、房地产价格评估机构、房地产经纪机构等。

第五十八条 【中介机构条件】房地产中介服务机构应当具备下列条件：

（一）有自己的名称和组织机构；

（二）有固定的服务场所；

（三）有必要的财产和经费；

（四）有足够数量的专业人员；

（五）法律、行政法规规定的其他条件。

设立房地产中介服务机构，应当向工商行政管理部门申请设立登记，领取营业执照后，方可开业。

第五十九条 【价格评估资格认证】国家实行房地产价格评估人员资格认证制度。

第五章 房地产权属登记管理

第六十条 【登记发证制度】国家实行土地使用权和房屋所有权登记发证制度。

第六十一条 【使用权登记申请与权证颁发】以出让或者划拨方式取得土地使用权，应当向县级以上地方人民政府土地管理部门申请登记，经县级以上地方人民政府土地管理部门核实，由同级人民政府颁发土地使用权证书。

在依法取得的房地产开发用地上建成房屋的，应当凭土地使用权证书向县级以上地方人民政府房产管理部门申请登记，由县级以上地方人民政府房产管理部门核实并颁发房屋所有权证书。

房地产转让或者变更时，应当向县级以上地方人民政府房产管理部门申请房产变更登记，并凭变更后的房屋所有权证书向同级人民政府土地管理部门申请土地使用权变更登记，经同级人民政府土地管理部门核实，由同级人民政府更换或者更改土地使用权证书。

法律另有规定的，依照有关法律的规定办理。

第六十二条 【抵押登记】房地产抵押时，应当向县级以上地方人民政府规定的部门办理抵押登记。

因处分抵押房地产而取得土地使用权和房屋所有权的，应当依照本章规定办理过户登记。

第六十三条 【产权证书的颁发】经省、自治区、直辖市人民政府确定，县级以上地方人民政府由一个部门统一负责房产管理和土地管理工作的，可以制作、颁发统一的房地产权证书，依照本法第六十一条的规定，将房屋的所有权和该房屋占用范围内的土地使用权的确认和变更,分别载入房地产权证书。

第六章　法律责任

第六十四条　【非法出让使用权处罚】违反本法第十一条、第十二条的规定,擅自批准出让或者擅自出让土地使用权用于房地产开发的,由上级机关或者所在单位给予有关责任人员行政处分。

第六十五条　【未取得营业执照从事房地产开发的处罚】违反本法第三十条的规定,未取得营业执照擅自从事房地产开发业务的,由县级以上人民政府工商行政管理部门责令停止房地产开发业务活动,没收违法所得,可以并处罚款。

第六十六条　【违法转让土地使用权的处罚】违反本法第三十九条第一款的规定转让土地使用权的,由县级以上人民政府土地管理部门没收违法所得,可以并处罚款。

第六十七条　【违法转让房地产的处罚】违反本法第四十条第一款的规定转让房地产的,由县级以上人民政府土地管理部门责令缴纳土地使用权出让金,没收违法所得,可以并处罚款。

第六十八条　【违法预售商品房的处罚】违反本法第四十五条第一款的规定预售商品房的,由县级以上人民政府房产管理部门责令停止预售活动,没收违法所得,可以并处罚款。

第六十九条　【未取得营业执照从事房地产中介的处罚】违反本法第五十八条的规定,未取得营业执照擅自从事房地产中介服务业务的,由县级以上人民政府工商行政管理部门责令停止房地产中介服务业务活动,没收违法所得,可以并处罚款。

第七十条　【非法收费处理】没有法律、法规的依据,向房地产开发企业收费的,上级机关应当责令退回所收取的钱款;情节严重的,由上级机关或者所在单位给予直接责任人员行政处分。

第七十一条　【渎职、行贿、索贿处罚】房产管理部门、土地管理部门工作人员玩忽职守、滥用职权,构成犯罪的,依法追究刑事责任;不构成犯罪的,给予行政处分。

房产管理部门、土地管理部门工作人员利用职务上的便利,索取他人财物,或者非法收受他人财物为他人谋取利益,构成犯罪的,依法追究刑事责任;不构成犯罪的,给予行政处分。

第七章　附　　则

第七十二条　【适用范围】在城市规划区外的国有土地范围内取得房地产开发用地的土地使用权,从事房地产开发、交易活动以及实施房地产管理,参照本法执行。

第七十三条　【生效日期】本法自1995年1月1日起施行。

中华人民共和国建筑法

- 1997年11月1日第八届全国人民代表大会常务委员会第二十八次会议通过
- 根据2011年4月22日第十一届全国人民代表大会常务委员会第二十次会议《关于修改〈中华人民共和国建筑法〉的决定》修正

目　　录

第一章 总 则

第一条 【立法目的】为了加强对建筑活动的监督管理，维护建筑市场秩序，保证建筑工程的质量和安全，促进建筑业健康发展，制定本法。

第二条 【适用范围】在中华人民共和国境内从事建筑活动，实施对建筑活动的监督管理，应当遵守本法。

本法所称建筑活动，是指各类房屋建筑及其附属设施的建造和与其配套的线路、管道、设备的安装活动。

第三条 【建筑活动要求】建筑活动应当确保建筑工程质量和安全，符合国家的建筑工程安全标准。

第四条 【国家扶持】国家扶持建筑业的发展，支持建筑科学技术研究，提高房屋建筑设计水平，鼓励节约能源和保护环境，提倡采用先进技术、先进设备、先进工艺、新型建筑材料和现代管理方式。

第五条 【从业要求】从事建筑活动应当遵守法律、法规，不得损害社会公共利益和他人的合法权益。

任何单位和个人都不得妨碍和阻挠依法进行的建筑活动。

第六条 【管理部门】国务院建设行政主管部门对全国的建筑活动实施统一监督管理。

第二章 建筑许可

第一节 建筑工程施工许可

第七条 【许可证的领取】建筑工程开工前，建设单位应当按照国家有关规定向工程所在地县级以上人民政府建设行政主管部门申请领取施工许可证；但是，国务院建设行政主管部门确定的限额以下的小型工程除外。

按照国务院规定的权限和程序批准开工报告的建筑工程，不再领取施工许可证。

第八条 【申领条件】申请领取施工许可证，应当具备下列条件：

（一）已经办理该建筑工程用地批准手续；

（二）在城市规划区的建筑工程，已经取得规划许可证；

（三）需要拆迁的，其拆迁进度符合施工要求；

（四）已经确定建筑施工企业；

（五）有满足施工需要的施工图纸及技术资料；

（六）有保证工程质量和安全的具体措施；

（七）建设资金已经落实；

（八）法律、行政法规规定的其他条件。

建设行政主管部门应当自收到申请之日起十五日内，对符合条件的申请颁发施工许可证。

第九条 【开工期限】建设单位应当自领取施工许可证之日起三个月内开工。因故不能按期开工的，应当向发证机关申请延期；延期以两次为限，每次不超过三个月。既不开工又不申请延期或者超过延期时限的，施工许可证自行废止。

第十条 【施工中止与恢复】在建的建筑工程因故中止施工的，建设单位应当自中止施工之日起一个月内，向发证机关报告，并按照规定做好建筑工程的维护管理工作。

建筑工程恢复施工时，应当向发证机关报告；中止施工满一年的工程恢复施工前，建设单位应当报发证机关核验施工许可证。

第十一条 【不能按期施工处理】按照国务院有关规定批准开工报告的建筑工程，因故不能按期开工或者中止施工的，应当及时向批准机关报告情况。因故不能按期开工超过六个月的，应当重新办理开工报告的批准手续。

第二节 从业资格

第十二条 【从业条件】从事建筑活动的建筑施工企业、勘察单位、设计单位和工程监

理单位,应当具备下列条件:

(一)有符合国家规定的注册资本;

(二)有与其从事的建筑活动相适应的具有法定执业资格的专业技术人员;

(三)有从事相关建筑活动所应有的技术装备;

(四)法律、行政法规规定的其他条件。

第十三条 【资质等级】从事建筑活动的建筑施工企业、勘察单位、设计单位和工程监理单位,按照其拥有的注册资本、专业技术人员、技术装备和已完成的建筑工程业绩等资质条件,划分为不同的资质等级,经资质审查合格,取得相应等级的资质证书后,方可在其资质等级许可的范围内从事建筑活动。

第十四条 【执业资格的取得】从事建筑活动的专业技术人员,应当依法取得相应的执业资格证书,并在执业资格证书许可的范围内从事建筑活动。

第三章 建筑工程发包与承包

第一节 一般规定

第十五条 【承包合同】建筑工程的发包单位与承包单位应当依法订立书面合同,明确双方的权利和义务。

发包单位和承包单位应当全面履行合同约定的义务。不按照合同约定履行义务的,依法承担违约责任。

第十六条 【活动原则】建筑工程发包与承包的招标投标活动,应当遵循公开、公正、平等竞争的原则,择优选择承包单位。

建筑工程的招标投标,本法没有规定的,适用有关招标投标法律的规定。

第十七条 【禁止行贿、索贿】发包单位及其工作人员在建筑工程发包中不得收受贿赂、回扣或者索取其他好处。

承包单位及其工作人员不得利用向发包单位及其工作人员行贿、提供回扣或者给予其他好处等不正当手段承揽工程。

第十八条 【造价约定】建筑工程造价应当按照国家有关规定,由发包单位与承包单位在合同中约定。公开招标发包的,其造价的约定,须遵守招标投标法律的规定。

发包单位应当按照合同的约定,及时拨付工程款项。

第二节 发包

第十九条 【发包方式】建筑工程依法实行招标发包,对不适于招标发包的可以直接发包。

第二十条 【公开招标、开标方式】建筑工程实行公开招标的,发包单位应当依照法定程序和方式,发布招标公告,提供载有招标工程的主要技术要求、主要的合同条款、评标的标准和方法以及开标、评标、定标的程序等内容的招标文件。

开标应当在招标文件规定的时间、地点公开进行。开标后应当按照招标文件规定的评标标准和程序对标书进行评价、比较,在具备相应资质条件的投标者中,择优选定中标者。

第二十一条 【招标组织和监督】建筑工程招标的开标、评标、定标由建设单位依法组织实施,并接受有关行政主管部门的监督。

第二十二条 【发包约束】建筑工程实行招标发包的,发包单位应当将建筑工程发包给依法中标的承包单位。建筑工程实行直接发包的,发包单位应当将建筑工程发包给具有相应资质条件的承包单位。

第二十三条 【禁止限定发包】政府及其所属部门不得滥用行政权力,限定发包单位将招标发包的建筑工程发包给指定的承包单位。

第二十四条 【总承包原则】提倡对建筑工程实行总承包,禁止将建筑工程肢解发包。

建筑工程的发包单位可以将建筑工程的勘察、设计、施工、设备采购一并发包给一个工程总承包单位,也可以将建筑工程勘察、设计、施工、设备采购的一项或者多项发包给一个工程总承包单位;但是,不得将应当由一个承包单位完成的建筑工程肢解成若干部分发包给几个承包单位。

第二十五条 【建筑材料采购】按照合同约定，建筑材料、建筑构配件和设备由工程承包单位采购的，发包单位不得指定承包单位购入用于工程的建筑材料、建筑构配件和设备或者指定生产厂、供应商。

第三节 承 包

第二十六条 【资质等级许可】承包建筑工程的单位应当持有依法取得的资质证书，并在其资质等级许可的业务范围内承揽工程。

禁止建筑施工企业超越本企业资质等级许可的业务范围或者以任何形式用其他建筑施工企业的名义承揽工程。禁止建筑施工企业以任何形式允许其他单位或者个人使用本企业的资质证书、营业执照，以本企业的名义承揽工程。

第二十七条 【共同承包】大型建筑工程或者结构复杂的建筑工程，可以由两个以上的承包单位联合共同承包。共同承包的各方对承包合同的履行承担连带责任。

两个以上不同资质等级的单位实行联合共同承包的，应当按照资质等级低的单位的业务许可范围承揽工程。

第二十八条 【禁止转包、分包】禁止承包单位将其承包的全部建筑工程转包给他人，禁止承包单位将其承包的全部建筑工程肢解以后以分包的名义分别转包给他人。

第二十九条 【分包认可和责任制】建筑工程总承包单位可以将承包工程中的部分工程发包给具有相应资质条件的分包单位；但是，除总承包合同中约定的分包外，必须经建设单位认可。施工总承包的，建筑工程主体结构的施工必须由总承包单位自行完成。

建筑工程总承包单位按照总承包合同的约定对建设单位负责；分包单位按照分包合同的约定对总承包单位负责。总承包单位和分包单位就分包工程对建设单位承担连带责任。

禁止总承包单位将工程分包给不具备相应资质条件的单位。禁止分包单位将其承包的工程再分包。

第四章 建筑工程监理

第三十条 【监理制度推行】国家推行建筑工程监理制度。

国务院可以规定实行强制监理的建筑工程的范围。

第三十一条 【监理委托】实行监理的建筑工程，由建设单位委托具有相应资质条件的工程监理单位监理。建设单位与其委托的工程监理单位应当订立书面委托监理合同。

第三十二条 【监理监督】建筑工程监理应当依照法律、行政法规及有关的技术标准、设计文件和建筑工程承包合同，对承包单位在施工质量、建设工期和建设资金使用等方面，代表建设单位实施监督。

工程监理人员认为工程施工不符合工程设计要求、施工技术标准和合同约定的，有权要求建筑施工企业改正。

工程监理人员发现工程设计不符合建筑工程质量标准或者合同约定的质量要求的，应当报告建设单位要求设计单位改正。

第三十三条 【监理事项通知】实施建筑工程监理前，建设单位应当将委托的工程监理单位、监理的内容及监理权限，书面通知被监理的建筑施工企业。

第三十四条 【监理范围与职责】工程监理单位应当在其资质等级许可的监理范围内，承担工程监理业务。

工程监理单位应当根据建设单位的委托，客观、公正地执行监理任务。

工程监理单位与被监理工程的承包单位以及建筑材料、建筑构配件和设备供应单位不得有隶属关系或者其他利害关系。

工程监理单位不得转让工程监理业务。

第三十五条 【违约责任】工程监理单位不按照委托监理合同的约定履行监理义务，对应当监督检查的项目不检查或者不按照规定检查,给建设单位造成损失的,应当承担相应的赔偿责任。

工程监理单位与承包单位串通,为承包单位谋取非法利益,给建设单位造成损失的,应当与承包单位承担连带赔偿责任。

第五章 建筑安全生产管理

第三十六条 【管理方针、目标】建筑工程安全生产管理必须坚持安全第一、预防为主的方针,建立健全安全生产的责任制度和群防群治制度。

第三十七条 【工程设计要求】建筑工程设计应当符合按照国家规定制定的建筑安全规程和技术规范,保证工程的安全性能。

第三十八条 【安全措施编制】建筑施工企业在编制施工组织设计时,应当根据建筑工程的特点制定相应的安全技术措施;对专业性较强的工程项目,应当编制专项安全施工组织设计,并采取安全技术措施。

第三十九条 【现场安全防范】建筑施工企业应当在施工现场采取维护安全、防范危险、预防火灾等措施;有条件的,应当对施工现场实行封闭管理。

施工现场对毗邻的建筑物、构筑物和特殊作业环境可能造成损害的,建筑施工企业应当采取安全防护措施。

第四十条 【地下管线保护】建设单位应当向建筑施工企业提供与施工现场相关的地下管线资料,建筑施工企业应当采取措施加以保护。

第四十一条 【污染控制】建筑施工企业应当遵守有关环境保护和安全生产的法律、法规的规定,采取控制和处理施工现场的各种粉尘、废气、废水、固体废物以及噪声、振动对环境的污染和危害的措施。

第四十二条 【须审批事项】有下列情形之一的,建设单位应当按照国家有关规定办理申请批准手续:

(一)需要临时占用规划批准范围以外场地的;

(二)可能损坏道路、管线、电力、邮电通讯等公共设施的;

(三)需要临时停水、停电、中断道路交通的;

(四)需要进行爆破作业的;

(五)法律、法规规定需要办理报批手续的其他情形。

第四十三条 【安全生产管理部门】建设行政主管部门负责建筑安全生产的管理,并依法接受劳动行政主管部门对建筑安全生产的指导和监督。

第四十四条 【施工企业安全责任】建筑施工企业必须依法加强对建筑安全生产的管理,执行安全生产责任制度,采取有效措施,防止伤亡和其他安全生产事故的发生。

建筑施工企业的法定代表人对本企业的安全生产负责。

第四十五条 【现场安全责任单位】施工现场安全由建筑施工企业负责。实行施工总承包的,由总承包单位负责。分包单位向总承包单位负责,服从总承包单位对施工现场的安全生产管理。

第四十六条 【安全生产教育培训】建筑施工企业应当建立健全劳动安全生产教育培训制度,加强对职工安全生产的教育培训;未经安全生产教育培训的人员,不得上岗作业。

第四十七条 【施工安全保障】建筑施工企业和作业人员在施工过程中,应当遵守有关安全生产的法律、法规和建筑行业安全规章、规程,不得违章指挥或者违章作业。作业人员有权对影响人身健康的作业程序和作业条件提出改进意见,有权获得安全生产所需的防护用品。作业人员对危及生命安全和人身健康的行为有权提出批评、检举和控告。

第四十八条 【企业承保】建筑施工企业应当依法为职工参加工伤保险缴纳工伤保险费。鼓励企业为从事危险作业的职工办理意外伤害保险,支付保险费。

第四十九条 【变动设计方案】涉及建筑主体和承重结构变动的装修工程,建设单位应当在施工前委托原设计单位或者具有相应资质条件的设计单位提出设计方案；没有设计方案的，不得施工。

第五十条　【房屋拆除安全】房屋拆除应当由具备保证安全条件的建筑施工单位承担，由建筑施工单位负责人对安全负责。

第五十一条　【事故应急处理】施工中发生事故时，建筑施工企业应当采取紧急措施减少人员伤亡和事故损失，并按照国家有关规定及时向有关部门报告。

第六章　建筑工程质量管理

第五十二条　【工程质量管理】建筑工程勘察、设计、施工的质量必须符合国家有关建筑工程安全标准的要求，具体管理办法由国务院规定。

有关建筑工程安全的国家标准不能适应确保建筑安全的要求时，应当及时修订。

第五十三条　【质量体系认证】国家对从事建筑活动的单位推行质量体系认证制度。从事建筑活动的单位根据自愿原则可以向国务院产品质量监督管理部门或者国务院产品质量监督管理部门授权的部门认可的认证机构申请质量体系认证。经认证合格的，由认证机构颁发质量体系认证证书。

第五十四条　【工程质量保证】建设单位不得以任何理由，要求建筑设计单位或者建筑施工企业在工程设计或者施工作业中，违反法律、行政法规和建筑工程质量、安全标准，降低工程质量。

建筑设计单位和建筑施工企业对建设单位违反前款规定提出的降低工程质量的要求，应当予以拒绝。

第五十五条　【工程质量责任制】建筑工程实行总承包的，工程质量由工程总承包单位负责，总承包单位将建筑工程分包给其他单位的，应当对分包工程的质量与分包单位承担连带责任。分包单位应当接受总承包单位的质量管理。

第五十六条　【工程勘察、设计职责】建筑工程的勘察、设计单位必须对其勘察、设计的质量负责。勘察、设计文件应当符合有关法律、行政法规的规定和建筑工程质量、安全标准、建筑工程勘察、设计技术规范以及合同的约定。设计文件选用的建筑材料、建筑构配件和设备，应当注明其规格、型号、性能等技术指标，其质量要求必须符合国家规定的标准。

第五十七条　【建筑材料供给】建筑设计单位对设计文件选用的建筑材料、建筑构配件和设备，不得指定生产厂、供应商。

第五十八条　【施工质量责任制】建筑施工企业对工程的施工质量负责。

建筑施工企业必须按照工程设计图纸和施工技术标准施工，不得偷工减料。工程设计的修改由原设计单位负责，建筑施工企业不得擅自修改工程设计。

第五十九条　【建筑材料设备检验】建筑施工企业必须按照工程设计要求、施工技术标准和合同的约定，对建筑材料、建筑构配件和设备进行检验，不合格的不得使用。

第六十条　【地基和主体结构质量保证】建筑物在合理使用寿命内，必须确保地基基础工程和主体结构的质量。

建筑工程竣工时，屋顶、墙面不得留有渗漏、开裂等质量缺陷；对已发现的质量缺陷，建筑施工企业应当修复。

第六十一条　【工程验收】交付竣工验收的建筑工程，必须符合规定的建筑工程质量标准，有完整的工程技术经济资料和经签署的工程保修书，并具备国家规定的其他竣工条件。

建筑工程竣工经验收合格后，方可交付使用；未经验收或者验收不合格的，不得交付使用。

第六十二条　【工程质量保修】建筑工程实行质量保修制度。

建筑工程的保修范围应当包括地基基础工程、主体结构工程、屋面防水工程和其他土建工程，以及电气管线、上下水管线的安装工程，供热、供冷系统工程等项目；保修的期限应当按照保证建筑物合理寿命年限内正常使用,维护使用者合法权益的原则确定。具体的保修范围和最低保修期限由国务院规定。

第六十三条　【质量投诉】任何单位和个人对建筑工程的质量事故、质量缺陷都有权向建设行政主管部门或者其他有关部门进行检举、控告、投诉。

第七章　法律责任

第六十四条　【擅自施工处罚】违反本法规定,未取得施工许可证或者开工报告未经批准擅自施工的,责令改正,对不符合开工条件的责令停止施工,可以处以罚款。

第六十五条　【非法发包、承揽处罚】发包单位将工程发包给不具有相应资质条件的承包单位的,或者违反本法规定将建筑工程肢解发包的,责令改正,处以罚款。

超越本单位资质等级承揽工程的,责令停止违法行为,处以罚款,可以责令停业整顿,降低资质等级;情节严重的,吊销资质证书;有违法所得的,予以没收。

未取得资质证书承揽工程的,予以取缔,并处罚款;有违法所得的,予以没收。

以欺骗手段取得资质证书的,吊销资质证书,处以罚款;构成犯罪的,依法追究刑事责任。

第六十六条　【非法转让承揽工程处罚】建筑施工企业转让、出借资质证书或者以其他方式允许他人以本企业的名义承揽工程的,责令改正,没收违法所得,并处罚款,可以责令停业整顿,降低资质等级;情节严重的,吊销资质证书。对因该项承揽工程不符合规定的质量标准造成的损失,建筑施工企业与使用本企业名义的单位或者个人承担连带赔偿责任。

第六十七条　【转包处罚】承包单位将承包的工程转包的,或者违反本法规定进行分包的,责令改正,没收违法所得,并处罚款,可以责令停业整顿,降低资质等级;情节严重的,吊销资质证书。

承包单位有前款规定的违法行为的,对因转包工程或者违法分包的工程不符合规定的质量标准造成的损失,与接受转包或者分包的单位承担连带赔偿责任。

第六十八条　【行贿、索贿刑事责任】在工程发包与承包中索贿、受贿、行贿,构成犯罪的,依法追究刑事责任;不构成犯罪的,分别处以罚款,没收贿赂的财物,对直接负责的主管人员和其他直接责任人员给予处分。

对在工程承包中行贿的承包单位,除依照前款规定处罚外,可以责令停业整顿,降低资质等级或者吊销资质证书。

第六十九条　【非法监理处罚】工程监理单位与建设单位或者建筑施工企业串通,弄虚作假、降低工程质量的,责令改正,处以罚款,降低资质等级或者吊销资质证书;有违法所得的,予以没收;造成损失的,承担连带赔偿责任;构成犯罪的,依法追究刑事责任。

工程监理单位转让监理业务的,责令改正,没收违法所得,可以责令停业整顿,降低资质等级;情节严重的,吊销资质证书。

第七十条　【擅自变动施工处罚】违反本法规定,涉及建筑主体或者承重结构变动的装修工程擅自施工的,责令改正,处以罚款;造成损失的,承担赔偿责任;构成犯罪的,依法追究刑事责任。

第七十一条　【安全事故处罚】建筑施工企业违反本法规定,对建筑安全事故隐患不采取措施予以消除的,责令改正,可以处以罚款;情节严重的,责令停业整顿,降低资质等级或者吊销资质证书;构成犯罪的,依法追究刑事责任。

建筑施工企业的管理人员违章指挥、强令职工冒险作业,因而发生重大伤亡事故或者造成其他严重后果的,依法追究刑事责任。

第七十二条　【质量降低处罚】建设单位违反本法规定,要求建筑设计单位或者建筑施工企业违反建筑工程质量、安全标准,降低工程质量的，责令改正，可以处以罚款；构成犯罪的，依法追究刑事责任。

第七十三条 **【非法设计处罚】**建筑设计单位不按照建筑工程质量、安全标准进行设计的，责令改正，处以罚款；造成工程质量事故的，责令停业整顿，降低资质等级或者吊销资质证书，没收违法所得，并处罚款；造成损失的，承担赔偿责任；构成犯罪的，依法追究刑事责任。

第七十四条 **【非法施工处罚】**建筑施工企业在施工中偷工减料的，使用不合格的建筑材料、建筑构配件和设备的，或者有其他不按照工程设计图纸或者施工技术标准施工的行为的，责令改正，处以罚款；情节严重的，责令停业整顿，降低资质等级或者吊销资质证书；造成建筑工程质量不符合规定的质量标准的，负责返工、修理，并赔偿因此造成的损失；构成犯罪的，依法追究刑事责任。

第七十五条 **【不保修处罚及赔偿】**建筑施工企业违反本法规定，不履行保修义务或者拖延履行保修义务的，责令改正，可以处以罚款，并对在保修期内因屋顶、墙面渗漏、开裂等质量缺陷造成的损失，承担赔偿责任。

第七十六条 **【行政处罚机关】**本法规定的责令停业整顿、降低资质等级和吊销资质证书的行政处罚，由颁发资质证书的机关决定；其他行政处罚，由建设行政主管部门或者有关部门依照法律和国务院规定的职权范围决定。

依照本法规定被吊销资质证书的，由工商行政管理部门吊销其营业执照。

第七十七条 **【非法颁证处罚】**违反本法规定，对不具备相应资质等级条件的单位颁发该等级资质证书的，由其上级机关责令收回所发的资质证书，对直接负责的主管人员和其他直接责任人员给予行政处分；构成犯罪的，依法追究刑事责任。

第七十八条 **【限包处罚】**政府及其所属部门的工作人员违反本法规定，限定发包单位将招标发包的工程发包给指定的承包单位的，由上级机关责令改正；构成犯罪的，依法追究刑事责任。

第七十九条 **【非法颁证、验收处罚】**负责颁发建筑工程施工许可证的部门及其工作人员对不符合施工条件的建筑工程颁发施工许可证的，负责工程质量监督检查或者竣工验收的部门及其工作人员对不合格的建筑工程出具质量合格文件或者按合格工程验收的，由上级机关责令改正，对责任人员给予行政处分；构成犯罪的，依法追究刑事责任；造成损失的，由该部门承担相应的赔偿责任。

第八十条 **【损害赔偿】**在建筑物的合理使用寿命内，因建筑工程质量不合格受到损害的，有权向责任者要求赔偿。

第八章　附　　则

第八十一条 **【适用范围补充】**本法关于施工许可、建筑施工企业资质审查和建筑工程发包、承包、禁止转包，以及建筑工程监理、建筑工程安全和质量管理的规定，适用于其他专业建筑工程的建筑活动，具体办法由国务院规定。

第八十二条 **【监管收费】**建设行政主管部门和其他有关部门在对建筑活动实施监督管理中，除按照国务院有关规定收取费用外，不得收取其他费用。

第八十三条 **【适用范围特别规定】**省、自治区、直辖市人民政府确定的小型房屋建筑工程的建筑活动，参照本法执行。

依法核定作为文物保护的纪念建筑物和古建筑等的修缮，依照文物保护的有关法律规定执行。

抢险救灾及其他临时性房屋建筑和农民自建低层住宅的建筑活动，不适用本法。

第八十四条 **【军用工程特别规定】**军用房屋建筑工程建筑活动的具体管理办法，由国务院、中央军事委员会依据本法制定。

第八十五条 **【生效日期】**本法自 1998 年 3 月 1 日起施行。

◎行政法规及文件

拍卖管理办法

- 2004年12月2日
- 商务部令第24号

第一章 总 则

第一条 为规范拍卖行为,维护拍卖秩序,推动拍卖业的对外开放,促进拍卖业健康发展,根据《中华人民共和国拍卖法》(以下简称《拍卖法》)和有关外商投资的法律、行政法规和规章,制定本办法。

第二条 本办法适用于中华人民共和国境内拍卖企业进行的拍卖活动。

各种经营性拍卖活动,应当由依法设立的拍卖企业进行。

第三条 本办法所称拍卖企业,是指依法在中国境内设立的从事经营性拍卖活动的有限责任公司或者股份有限公司。

第四条 商务部是拍卖行业主管部门,对全国拍卖业实施监督管理。

省、自治区、直辖市人民政府(以下简称省级)和设区的市人民政府(以下简称市级)商务主管部门对本行政区域内的拍卖业实施监督管理。

第五条 拍卖企业从事拍卖活动,应当遵守《拍卖法》及其他有关法律、行政法规、规章的规定,遵循公开、公平、公正、诚实信用的原则。

第二章 拍卖企业的设立、变更和终止

第六条 申请设立拍卖企业的投资者应有良好的信誉,无违反中国法律、行政法规、规章的行为。

第七条 设立拍卖企业,应当具备下列条件:

(一)有一百万元人民币以上的注册资本;

(二)有自己的名称、组织机构和章程;

(三)有固定的办公场所;

(四)有三名以上取得拍卖业从业资格的人员,其中至少有一名是拍卖师;并有与主营业务密切联系的行业从业资格的专职或兼职人员;

(五)有符合有关法律、行政法规及本办法规定的拍卖业务规则;

(六)符合商务主管部门有关拍卖行业发展规划。

第八条 申请设立拍卖企业,应当提交下列材料:

(一)申请书;

(二)公司章程、拍卖业务规则;

(三)工商行政管理机关核发的《企业名称预先核准通知书》;

(四)拟任法定代表人简历和有效身份证明;

(五)拟聘任的拍卖师执业资格证书及从业人员的相关资质证明;

(六)固定办公场所产权证明或租用合同。

第九条 拍卖企业从事文物拍卖的,应当遵循有关文物拍卖的法律、行政法规的规定。

国家行政机关依法没收的物品,充抵税款、罚款的物品、人民法院依法没收的物品,充抵罚金、罚款的物品以及无法返还的追回物品和其他特殊国有资产等标的的拍卖应由具有相应拍卖资格的拍卖企业承担,具体资格条件由省级商务主管部门会同有关部门依据规范管理、择优选用的原则制定,并报商务部备案。

第十条 拍卖企业的名称应当符合企业名称登记管理的有关规定。拍卖企业名称中的行业表述应当标明“拍卖”字样。

第十一条 拍卖企业申请设立分公司,应当符合下列条件:

(一)符合拍卖业发展规划;

(二)年检合格;

(三)企业的注册资本不少于五百万元人民币且全部缴清,拍卖企业对每个分公司,需拨付不少于一百万元人民币的资

金或实物；

（四）分公司应有两名以上取得拍卖业从业资格的人员，并有与主营业务密切联系的行业从业资格的专职或兼职人员；

（五）有固定的办公场所；

（六）经营拍卖业务三年以上，最近两年连续盈利，其上年拍卖成交额超过五千万元人民币；或者上年拍卖成交额超过二亿元人民币。

第十二条 拍卖企业设立分公司，申请人需要提交下列材料：

（一）拟设立分公司的申请报告；

（二）企业法人营业执照副本（复印件）；

（三）最近两年经会计师事务所审计的年度财务会计报表；

（四）拟任分公司负责人简历及有效身份证明；

（五）拟聘任的拍卖师执业资格证书及从业人员的相关资质证明；

（六）固定办公场所的产权证明或租用合同。

第十三条 设立拍卖企业及分公司，按照下列程序办理：

申请设立拍卖企业及分公司，应当先经企业或分公司所在地市级商务主管部门审查后，报省级商务主管部门核准并颁发拍卖经营批准证书。申请人持拍卖经营批准证书向所在地工商行政管理机关办理登记手续。

省级商务主管部门对拍卖企业及分公司的设立许可可以采取听证方式。

拍卖经营批准证书由商务部统一印制。

第十四条 拍卖企业向工商行政管理机关申请变更注册登记项目前，应当先报省级商务主管部门核准，并由其换发拍卖经营批准证书。

第十五条 拍卖企业及分公司自领取拍卖经营批准证书之日起，六个月内未领取营业执照，其拍卖经营批准证书自动失效。

拍卖企业及分公司成立后六个月未开业，或开业后连续六个月无正当理由未举办拍卖会或没有营业纳税证明的，由有关部门依法吊销其营业执照，商务主管部门收回拍卖经营批准证书。

第十六条 拍卖企业根据章程规定事由、股东会决议或其他事由解散的；或者因违反法律、行政法规及本办法规定被责令关闭的；或者因不能清偿到期债务，被依法宣告破产的，由有关部门依法注销。

第三章 外商投资拍卖企业的设立、变更和终止

第十七条 外商投资拍卖企业可以从事经营性拍卖活动，法律、行政法规另有规定的除外。

第十八条 鼓励具有较强的经济实力、先进的拍卖技术和经营管理经验、广泛的国际拍卖营销网络的外国投资者设立外商投资拍卖企业。

第十九条 设立外商投资拍卖企业除应符合本办法第七条的规定外还应当符合下列条件：

（一）符合外商投资企业注册资本和投资总额的有关规定；

（二）外商投资拍卖企业的经营期限一般不超过三十年，在中西部设立外商投资拍卖企业的经营期限一般不超过四十年。

第二十条 已批准设立的外商投资拍卖企业申请设立分公司的，除符合本办法第十一条外，还应按时参加外商投资企业联合年检并年检合格。

第二十一条 设立外商投资拍卖企业，申请人除提交本办法第八条规定的材料外，还应提交下列材料：

（一）合同、章程（外资拍卖企业只报送章程）及其附件等；

（二）投资各方的银行资信证明、登记注册证明（复印件）；

（三）投资各方经会计师事务所审计

的最近一年的审计报告；

（四）中国投资者拟投入到中外合资、合作拍卖企业的国有资产的评估报告；

（五）拟设立外商投资拍卖企业董事会成员名单及投资各方董事委派书。

外商投资拍卖企业设立分公司，申请人除提交本办法第十二条规定的材料外，还应提交企业验资报告。

第二十二条 设立外商投资拍卖企业及分公司，按照下列程序办理：

申请人应向商务部报送第二十条规定的申请材料。商务部应自收到全部申请材料之日起在规定时间内作出是否批准的决定，对于批准设立的，颁发外商投资企业批准证书和拍卖经营批准证书，对于不批准的，应说明原因。

申请人应当自收到外商投资企业批准证书和拍卖经营批准证书之日起一个月内，向所在地工商行政管理机关办理登记手续。

商务部对外商投资拍卖企业及分公司的设立许可可以采取听证方式。

第二十三条 外商投资拍卖企业向工商行政管理机关申请变更注册登记项目前，应当报商务部核准，并换发拍卖经营批准证书和外商投资企业批准证书。

第二十四条 外商投资拍卖企业及分公司成立后六个月未开业，或开业后连续六个月无正当理由未举办拍卖会或没有营业纳税证明的，由有关部门依法吊销其营业执照，商务部收回拍卖经营批准证书。

第二十五条 外商投资拍卖企业根据章程规定事由、股东会或董事会决议或其他事由解散的；或者因违反法律、行政法规及本办法规定被责令关闭的；或者因不能清偿到期债务，被依法宣告破产的，由有关部门依法注销。

第四章 拍卖从业人员及拍卖活动

第二十六条 国家对拍卖专业技术人员实行执业资格制度，获得拍卖师执业资格证书的人员，经注册后，方可主持拍卖活动。

本办法所称拍卖师是指经全国统一考试合格，取得人事部、商务部联合用印的，由中国拍卖行业协会颁发的《中华人民共和国拍卖师执业资格证书》，并经注册登记的人员。

第二十七条 拍卖师只能在一个拍卖企业注册执业且不得以其拍卖师个人身份在其他拍卖企业兼职；

拍卖师不得将《中华人民共和国拍卖师执业资格证书》借予他人或其他单位使用。

第二十八条 拍卖师可以变更执业注册单位。拍卖师变更执业注册单位的，应当向中国拍卖行业协会办理注册变更手续。

中国拍卖行业协会应将拍卖师注册登记及变更情况每月定期报商务部备案。

第二十九条 下列物品或者财产权利禁止拍卖：

（一）法律、法规禁止买卖的；

（二）所有权或者处分权有争议，未经司法、行政机关确权的；

（三）尚未办结海关手续的海关监管货物。

第三十条 拍卖企业应当依法开展拍卖活动，不得有下列行为：

（一）出租、擅自转让拍卖经营权；

（二）对拍卖标的进行虚假宣传，给买受人造成经济损失；

（三）雇佣未依法注册的拍卖师或其他人员充任拍卖师主持拍卖活动的；

（四）采用恶意降低佣金比例或低于拍卖活动成本收取佣金，甚至不收取佣金（义拍除外）或给予委托人回扣等手段进行不正当竞争的；

（五）其他违反法律法规的行为。

第三十一条 拍卖企业发现拍卖标的中有公安机关通报协查物品或赃物，应当立即向所在地公安机关报告。

第三十二条 竞买人委托他人代理竞买的，应当出具授权委托书和竞买人、代理人的身份证明复印件。

授权委托书应载明代理人的姓名或者名称、代理事项、代理权限和期间。

第三十三条 拍卖实施前，拍卖企业与委托人应当就拍卖未成交的有关事宜或因委托人中止或终止拍卖所造成损失的赔偿责任等事项达成书面协议。

第三十四条 对委托人送交的拍卖物品，拍卖企业应当由专人负责，妥善保管，建立拍卖品保管、值班和交接班制度，并采取必要的安全防范措施。

第三十五条 拍卖企业举办拍卖活动，应当根据拍卖标的物的属性及拍卖的性质，按照《拍卖法》及相关法律、行政法规规定的日期进行公告。公告应当发布在拍卖标的所在地以及拍卖会举行地商务主管部门指定的发行量较大的报纸或其他有同等影响的媒体。

第三十六条 拍卖企业应当在拍卖会前展示拍卖标的，为竞买人提供查看拍卖标的的条件并向竞买人提供有关资料。

展示时间应不少于两日，鲜活物品或其他不易保存的物品除外。

第三十七条 拍卖企业有权查明或者要求委托人书面说明拍卖标的的来源和瑕疵。

拍卖企业应当向竞买人说明其知道或者应当知道的拍卖标的的瑕疵。

第三十八条 法律、行政法规和规章对拍卖标的受让人有特别规定的，拍卖企业应当将标的拍卖给符合法律、行政法规和规章要求的竞买人。

拍卖标的是依照法律、行政法规和规章规定需要行政许可的经营资格且依法可以转让的，委托人应在拍卖前应当征得行政许可机关的同意。

第三十九条 拍卖企业可以在拍卖会现场设立委托竞买席，并在拍卖会开始时对全体竞买人作出说明。

第四十条 有下列情形之一的，应当中止拍卖：

（一）没有竞买人参加拍卖的；

（二）第三人对拍卖标的所有权或处分权有争议并当场提供有效证明的；

（三）委托人在拍卖会前以正当理由书面通知拍卖企业中止拍卖的；

（四）发生意外事件致使拍卖活动暂时不能进行的；

（五）出现其他依法应当中止的情形的。

中止拍卖由拍卖企业宣布。中止拍卖的事由消失后，应恢复拍卖。

第四十一条 有下列情形之一的，应当终止拍卖：

（一）人民法院、仲裁机构或者有关行政机关认定委托人对拍卖标的无处分权并书面通知拍卖企业的；

（二）拍卖标的被认定为赃物的；

（三）发生不可抗力或意外事件致使拍卖活动无法进行的；

（四）拍卖标的在拍卖前毁损、灭失的；

（五）委托人在拍卖会前书面通知拍卖企业终止拍卖的；

（六）出现其他依法应当终止的情形的。

终止拍卖由拍卖企业宣布。拍卖终止后，委托人要求继续进行拍卖的，应当重新办理拍卖手续。

第四十二条 外商投资拍卖企业与内资拍卖企业联合在中华人民共和国境内举办拍卖会的，其拍卖标的应符合法律、行政法规及本办法的有关规定。

第五章 监督管理

第四十三条 商务部组织制定有关拍卖行业规章、政策，指导各地制定拍卖行业发展规划，依法建立拍卖业监督核查、行业统计和信用管理制度；负责拍卖行业利用外资的促进与管理；对拍卖行业自律组织进行业务指导。

第四十四条 省级商务主管部门负责制定和实施本地区拍卖行业发展规划，并将规划报商务部备案。

省级商务主管部门应建立本地区拍卖企业和从业人员的监督核查和行业统计及信用管理制度；负责设立拍卖企业和分公司的审核许可；管理与指导本地区的拍卖行业自律组织。

省级商务主管部门应当创造条件，建立与拍卖企业、其他有关行政机关计算机档案系统互联网络，对拍卖经营活动监督检查的情况和处理结果应当予以记录。每年度应当出具对拍卖企业的监督核查意见。对核查不合格的拍卖企业，应当责令限期整改，并将核查情况通报有关部门。

第四十五条 拍卖行业协会依法并根据章程，对拍卖企业和拍卖师进行监督。拍卖行业协会应当制定拍卖行业规范，加强行业自律管理，协调会员企业与政府有关部门及会员企业之间的关系，为会员企业提供服务，维护会员企业的合法权益。

中国拍卖行业协会在商务部的指导下，具体实施全国拍卖企业信用管理制度和组织拍卖师考试、考核和资格认定工作。

第六章 法律责任

第四十六条 未经许可从事经营性拍卖活动的企业，应依照国家有关规定予以取缔。

第四十七条 拍卖师违反本办法第二十六条、第二十七条规定或有向监管部门隐瞒情况、提供虚假材料等其他违规行为的，省级商务主管部门可将其违规事实及处理建议通告中国拍卖行业协会，中国拍卖行业协会应依照有关规定对违规拍卖师进行处理，并将处理结果在十个工作日内书面抄送拍卖师执业地省级商务主管部门和行业协会。

第四十八条 拍卖企业违反本办法第二十九条规定，对买受人造成损失的，拍卖企业应当给予赔偿；属于委托人责任的，拍卖企业有权向委托人追偿。

第四十九条 拍卖企业违反第三十条第（一）项，由省级商务主管部门责令其改正，并处三万元以下罚款。

第五十条 拍卖企业违反本办法第三十条第（三）项的规定，由省级商务主管部门视情节轻重予以警告，并处以非法所得额一倍以上的罚款，但最高不超过三万元；没有非法所得的，处以一万元以下的罚款。造成委托人和买受人损失的，拍卖企业应当依法给予赔偿。

第五十一条 拍卖企业违反本办法第三十条第（二）项、第（四）项规定的，由有关行政机关依法进行处罚。

第五十二条 拍卖企业违反本办法第三十五条、第三十六条规定，拍卖前违规进行公告或展示的，由省级商务主管部门视情节轻重予以警告，责令改正，延期拍卖或处以一万元以下罚款。

第五十三条 拍卖企业、委托人违反本办法第三十七条规定，未说明拍卖标的的瑕疵，给买受人造成损害的，买受人有权要求拍卖企业给予赔偿；属于委托人责任的，拍卖企业有权向委托人追偿。

拍卖企业、委托人在拍卖前声明不能保证拍卖标的真伪或者品质的，不承担瑕疵担保责任（以下简称免责声明）。但是拍卖企业、委托人明确知道或应当知道拍卖标的有瑕疵时，免责声明无效。

第五十四条 拍卖成交后，委托人没有协助买受人依法办理证照变更、产权过户手续，造成买受人或拍卖企业损失的，委托人应当依法给予赔偿。

委托人提出中止或者终止拍卖，给拍卖企业或者竞买人造成损失的，应当依法给予赔偿。

第五十五条 有下列情形之一的，省级商务主管部门或商务部可以撤销有关拍卖企业及分公司设立的许可决定：

（一）工作人员滥用职权、玩忽职守作出准予设立决定的；

（二）违反《拍卖法》和本办法规定的

设立条件作出准予设立决定的；

（三）超越法定职权作出准予设立决定的。

第五十六条 商务主管部门以及行业协会的工作人员在工作中滥用职权、徇私舞弊、玩忽职守、索贿受贿的，对负有责任的主管人员和直接责任人员依法给予行政处分；构成犯罪的，依法追究刑事责任。

第五十七条 商务主管部门工作人员对在执行公务中获知的有关拍卖企业、委托人、竞买人、买受人要求保密的内容，应当按保密规定为其保密，造成泄密的，按有关规定处理。拍卖企业认为向管理机关报送的材料有保密内容的，应注明“保密”字样并密封。

第七章 附 则

第五十八条 农产品批发市场、机动车交易市场等商品交易市场引入拍卖方式及利用互联网经营拍卖业务的管理，原则上参照本办法执行，具体办法另行制定。

第五十九条 国有独资拍卖企业应按照国家有关规定进行改制。

第六十条 本办法由商务部负责解释。

第六十一条 本办法自 2005 年 1 月 1 日起施行。

抵税财物拍卖、变卖试行办法

• 2005 年 5 月 24 日
• 国家税务总局令第 12 号

第一章 总 则

第一条 为规范税收强制执行中抵税财物的拍卖、变卖行为，保障国家税收收入，保护纳税人合法权益，根据《中华人民共和国税收征收管理法》及其实施细则和有关法律法规规定，制定本办法。

第二条 税务机关拍卖、变卖抵税财物，以拍卖、变卖所得抵缴税款、滞纳金的行为，适用本办法。

拍卖是指税务机关将抵税财物依法委托拍卖机构，以公开竞价的形式，将特定财物转让给最高应价者的买卖方式。

变卖是指税务机关将抵税财物委托商业企业代为销售、责令纳税人限期处理或由税务机关变价处理的买卖方式。

抵税财物，是指被税务机关依法实施税收强制执行而扣押、查封或者按照规定应强制执行的已设置纳税担保物权的商品、货物、其他财产或者财产权利。

被执行人是指从事生产经营的纳税人、扣缴义务人或者纳税担保人等税务行政相对人。

第三条 拍卖或者变卖抵税财物应依法进行，并遵循公开、公正、公平、效率的原则。

第四条 有下列情形之一的，税务机关依法进行拍卖、变卖：

（一）采取税收保全措施后，限期期满仍未缴纳税款的；

（二）设置纳税担保后，限期期满仍未缴纳所担保的税款的；

（三）逾期不按规定履行税务处理决定的；

（四）逾期不按规定履行复议决定的；

（五）逾期不按规定履行税务行政处罚决定的；

（六）其他经责令限期缴纳，逾期仍未缴纳税款的。

对前款（三）至（六）项情形进行强制执行时，在拍卖、变卖之前（或同时）进行扣押、查封，办理扣押、查封手续。

第五条 税务机关按照拍卖优先的原则确定抵税财物拍卖、变卖的顺序：

（一）委托依法成立的拍卖机构拍卖；

（二）无法委托拍卖或者不适于拍卖的，可以委托当地商业企业代为销售，或者责令被执行人限期处理；

（三）无法委托商业企业销售，被执行人也无法处理的，由税务机关变价处理。

国家禁止自由买卖的商品、货物、其他

财产,应当交由有关单位按照国家规定的价格收购。

第六条 税务机关拍卖变卖抵税财物时按下列程序进行:

(一)制作拍卖(变卖)抵税财物决定书,经县以上税务局(分局)局长批准后,对被执行人下达拍卖(变卖)抵税财物决定书。

依照法律法规规定需要经过审批才能转让的物品或财产权利,在拍卖、变卖前,应当依法办理审批手续。

(二)查实需要拍卖或者变卖的商品、货物或者其他财产。在拍卖或者变卖前,应当审查所扣押商品、货物、财产专用收据和所查封商品、货物、财产清单,查实被执行人与抵税财物的权利关系,核对盘点需要拍卖或者变卖的商品、货物或者其他财产是否与收据或清单一致。

(三)按照本办法规定的顺序和程序,委托拍卖、变卖,填写拍卖(变卖)财产清单,与拍卖机构签订委托拍卖合同,与受委托的商业企业签订委托变卖合同,对被执行人下达税务事项通知书,并按规定结算价款。

(四)以拍卖、变卖所得支付应由被执行人依法承担的扣押、查封、保管以及拍卖、变卖过程中的费用。

(五)拍卖、变卖所得支付有关费用后抵缴未缴的税款、滞纳金,并按规定抵缴罚款。

(六)拍卖、变卖所得支付扣押、查封、保管、拍卖、变卖等费用并抵缴税款、滞纳金后,剩余部分应当在 3 个工作日内退还被执行人。

(七)税务机关应当通知被执行人将拍卖、变卖全部收入计入当期销售收入额并在当期申报缴纳各种应纳税款。

拍卖、变卖所得不足抵缴税款、滞纳金的,税务机关应当继续追缴。

第七条 拍卖、变卖抵税财物,由县以上税务局(分局)组织进行。变卖鲜活、易腐烂变质或者易失效的商品、货物时,经县以上税务局(分局)局长批准,可由县以下税务机关进行。

第八条 拍卖、变卖抵税财物进行时,应当通知被执行人到场;被执行人未到场的,不影响执行。

第九条 税务机关及其工作人员不得参与被拍卖或者变卖商品、货物或者其他财产的竞买或收购,也不得委托他人为其竞买或收购。

第二章 拍 卖

第十条 拍卖由财产所在地的省、自治区、直辖市的人民政府和设区的市的人民政府指定的拍卖机构进行拍卖。

第十一条 抵税财物除有市场价或其价格依照通常方法可以确定的外,应当委托依法设立并具有相应资质的评估鉴定机构进行质量鉴定和价格评估,并将鉴定、评估结果通知被执行人。

拍卖抵税财物应当确定保留价,由税务机关与被执行人协商确定,协商不成的,由税务机关参照市场价、出厂价或者评估价确定。

第十二条 委托拍卖的文物,在拍卖前,应当经文物行政管理部门依法鉴定、许可。

第十三条 被执行人应当向税务机关说明商品、货物或其他财产的瑕疵,税务机关应当向拍卖机构说明拍卖标的的来源和了解到的瑕疵。

第十四条 拍卖机构接受委托后,未经委托拍卖的税务机关同意,不得委托其他拍卖机构拍卖。

第十五条 税务机关应当在作出拍卖决定后 10 日内委托拍卖。

第十六条 税务机关应当向拍卖机构提供下列材料:

(一)税务机关单位证明及委托拍卖的授权委托书;

(二)拍卖(变卖)抵税财物决定书;

(三)拍卖(变卖)财产清单;

（四）抵税财物质量鉴定与价格评估结果；

（五）与拍卖活动有关的其他资料。

第十七条 税务机关应当与拍卖机构签订书面委托拍卖合同。委托拍卖合同应载明以下内容：

（一）税务机关及拍卖机构的名称、住所、法定代表人姓名；

（二）拍卖标的的名称、规格、数量、质量、存放地或者坐落地、新旧程度或者使用年限等；

（三）拍卖的时间、地点，拍卖标的的交付或转移的时间、方式，拍卖公告的方式及其费用的承担；

（四）拍卖价款结算方式及价款给付期限；

（五）佣金标准及其支付的方式、期限；

（六）违约责任；

（七）双方约定的其他事项。

第十八条 拍卖一次流拍后，税务机关经与被执行人协商同意，可以将抵税财物进行变卖；被执行人不同意变卖的，应当进行第二次拍卖。不动产和文物应当进行第二次拍卖。

第二次拍卖仍然流拍的，税务机关应当将抵税财物进行变卖，以抵缴税款、滞纳金或罚款。

经过流拍再次拍卖的，保留价应当不低于前次拍卖保留价的2/3。

第十九条 税务机关可以自行办理委托拍卖手续，也可以由其上级税务机关代为办理拍卖手续。

第三章 变 卖

第二十条 下列抵税财物为无法委托拍卖或者不适于拍卖，可以交由当地商业企业代为销售或责令被执行人限期处理，进行变卖：

（一）鲜活、易腐烂变质或者易失效的商品、货物；

（二）经拍卖程序一次或二次流拍的抵税财物；

（三）拍卖机构不接受拍卖的抵税财物。

第二十一条 变卖抵税财物的价格，应当参照同类商品的市场价、出厂价遵循公平、合理、合法的原则确定。税务机关应当与被执行人协商是否需要请评估机构进行价格评估，被执行人认为需要的，税务机关应当委托评估机构进行评估，按照评估价确定变卖价格。

对有政府定价的商品、货物或者其他财产，由政府价格主管部门，按照定价权限和范围确定价格。对实行政府指导价的商品、货物或者其他财产，按照定价权限和范围规定的基准价及其浮动幅度确定。

经拍卖流拍的抵税财物，其变卖价格应当不低于最后一次拍卖保留价的2/3。

第二十二条 委托商业企业变卖的，受委托的商业企业要经县以上税务机关确认，并与商业企业签订委托变卖合同，按本办法第二十一条规定的核价方式约定变卖价格。委托变卖合同应载明下列内容：

（一）税务机关及商业企业的名称、地址、法定代表人姓名；

（二）变卖商品、货物或其他财产的名称、规格、数量、质量、存放地或坐落地、新旧程度或使用年限等；

（三）变卖商品、货物或其他财产的时间、地点及其费用的承担；

（四）变卖价款结算方式及价款给付期限；

（五）违约责任；

（六）双方约定的其他事项。

第二十三条 抵税财物委托商业企业代为销售15日后，无法实现销售的，税务机关应当第二次核定价格，由商业企业继续销售，第二次核定的价格应当不低于首次核定价格的2/3。

第二十四条 无法委托商业企业销售，被执行人也无法处理的,税务机关应当进行变价处理。

有下列情形之一的,属于无法委托商业企业代为销售:

(一)税务机关与两家(含两家)以上商业企业联系协商,不能达成委托销售的;

(二)经税务机关在新闻媒体上征求代售单位,自征求公告发出之日起10日内无应征单位或个人,或应征之后未达成代售协议的;

(三)已达成代售协议的商业企业在经第二次核定价格15日内仍无法售出税务机关委托代售的商品、货物或其他财产的。

被执行人无法处理,包括拒绝处理、逾期不处理等情形。

第二十五条 税务机关变价处理时,按照本办法第二十一条规定的原则以不低于前两种变卖方式定价的2/3确定价格。

税务机关实施变卖前,应当在办税服务厅、税务机关网站或当地新闻媒体上公告,说明变卖财物的名称、规格、数量、质量、新旧程度或使用年限、变卖价格、变卖时间等事项;登出公告10日后实施变卖。

税务机关实施变卖10日后仍没有实现变卖的,税务机关可以重新核定价格,再次发布变卖公告,组织变卖。再次核定的价格不得低于首次定价的2/3。

经过二次定价变卖仍未实现变卖的,以市场可接受的价格进行变卖。

第四章 税款的实现和费用的支付

第二十六条 以拍卖、变卖收入抵缴未缴的税款、滞纳金和支付相关费用时按照下列顺序进行:

(一)拍卖、变卖费用。由被执行人承担拍卖变卖所发生的费用,包括扣押、查封活动中和拍卖或者变卖活动中发生的依法应由被执行人承担的费用,具体为:保管费、仓储费、运杂费、评估费、鉴定费、拍卖公告费、支付给变卖企业的手续费以及其他依法应由被执行人承担的费用。

拍卖物品的买受人未按照约定领受拍卖物品的,由买受人支付自应领受拍卖财物之日起的保管费用。

(二)未缴的税款、滞纳金。

(三)罚款。下列情况可以用拍卖、变卖收入抵缴罚款:

1. 被执行人主动用拍卖、变卖收入抵缴罚款的;

2. 对价值超过应纳税额且不可分割的商品、货物或者其他财产进行整体扣押、查封、拍卖,以拍卖收入抵缴未缴的税款、滞纳金时,连同罚款一并抵缴;

3. 从事生产经营的被执行人对税务机关的处罚决定逾期不申请行政复议也不向人民法院起诉、又不履行的,作出处罚决定的税务机关可以强制执行,抵缴罚款。

第二十七条 拍卖或者变卖实现后,税务机关在结算并收取价款后3个工作日内,办理税款、滞纳金或者罚款的入库手续。

第二十八条 拍卖或者变卖收入抵缴税款、滞纳金、罚款后有余额的,税务机关应当自办理入库手续之日起3个工作日内退还被执行人,并通知被执行人将拍卖、变卖全部收入记入当期销售收入额并在当期申报缴纳各种税款。

第二十九条 拍卖变卖结束后,税务机关制作拍卖、变卖结果通知书,拍卖、变卖扣押、查封的商品、货物、财产清单一式两份,一份税务机关留存,一份交被执行人。

第三十条 被执行人在拍卖、变卖成交前缴清了税款、滞纳金的,税务机关应当终止拍卖或者变卖活动,税务机关将商品、货物或其他财产退还被执行人,扣押、查封、保管以及拍卖或者变卖已经产生的费用由被执行人承担。

被执行人拒不承担上述相关费用的,继续进行拍卖或者变卖,以拍卖、变卖收入扣除被执行人应承担的扣押、查封、保管、拍卖或者变卖费用后,剩余部分税务机关在3个工作日内返还被执行人。

第三十一条 对抵税财物经鉴定、评估为不能或不适于进行拍卖、变卖的，税务机关应当终止拍卖、变卖，并将抵税财物返还被执行人。

对抵税财物经拍卖、变卖程序而无法完成拍卖、变卖实现变价抵税的，税务机关应当将抵税财物返还被执行人。

抵税财物无法或不能返还被执行人的，税务机关应当经专门鉴定机构或公证部门鉴定或公证，报废抵税财物。

被执行人应缴纳的税款、滞纳金和应支付的费用，由税务机关采取其他措施继续追缴。

第五章 法律责任

第三十二条 拍卖、变卖过程中，严禁向被执行人摊派、索取任何不合法费用。税务人员在拍卖、变卖过程中，向被执行人摊派、索取不合法费用的，依法给予行政处分；税务机关及其工作人员参与被拍卖或者变卖商品、货物或者其他财产的竞买或收购，或者委托他人竞买或收购，依法给予行政处分。

第三十三条 税务人员有不依法对抵税财物进行拍卖或者变卖，或者擅自将应该拍卖的改为变卖的，在变卖过程中擅自将应该委托商业企业变卖、责令被执行人自行处理的由税务机关直接变价处理的行为，依法给予行政处分；给被执行人造成损失的，由批准拍卖或者变卖的税务机关赔偿其直接损失。

税务机关可向直接责任人追偿部分或全部直接损失。对有故意或重大过失的责任人员依法给予行政处分。

第三十四条 因税务机关违法对扣押、查封的商品、货物、或者其他财产造成损失的，由造成损失的税务机关负责赔偿直接损失，并可向直接责任人追偿部分或全部直接损失。

第三十五条 受税务机关委托的拍卖机构或商业企业违反拍卖合同或变卖合同的约定进行拍卖或变卖的，依照合同的约定承担违约责任；合同无约定的，依照法律的规定承担违约责任；其行为构成违法的，依法承担法律责任。

第三十六条 抵税财物在被查封、扣押前，已经设置担保物权而被执行人隐瞒的，或者有瑕疵、质量问题而被执行人隐瞒的，由被执行人承担扣押、查封、拍卖、变卖活动产生的费用，并依法承担法律责任。

第六章 附 则

第三十七条 税务机关追缴从事生产经营的纳税人骗取国家出口退税的，适用本办法规定。

第三十八条 税收强制执行拍卖、变卖文书由国家税务总局统一制定。

第三十九条 本办法自2005年7月1日起施行。

附件：1. 拍卖/变卖抵税财物决定书（略）
2. 拍卖/变卖结果通知书（略）
3. 拍卖/变卖商品、货物或者其他财产清单（略）
4. 返还商品、货物或者其他财产通知书（略）
5. 返还商品、货物或者其他财产清单（略）

国务院关于公物处理实行公开拍卖的通知

- 1992年8月30日
- 国办发〔48〕号

各省、自治区、直辖市人民政府，国务院各部委、各直属机构：

建国以来，我国对罚没物品和追回赃物的处理，一直沿用国营商业部门作价收购的方式。随着商品经济的发展和加强廉政建设的需要，近几年，一些省市对处理的公物实行公开拍卖，作了大胆尝试，收到了较好的效果。但在实践中也遇到了一些具体问题，主要是：原有的罚没物品和公物处理规定没有相应修改，一些部门仍通过各自的渠道处理；公物和罚没物品拍卖的数量和范围较小，不能充分发挥拍卖制度应有的作用。为进一步加强廉政建设，管好国家财产，减少财政流失，国务院决定改革现行的公物处理办法，逐步建立和完善公物处理的公开拍卖制度。现将有关事项通知如下：

一、逐步建立和完善公物处理的公开拍卖制度。处理的公物必须是国家法律、法规允许流通的商品，具体是指执法机关罚没物品、依法不返还的追回赃物，邮政、运输等部门获得的无主货物，国家机关、社会团体和国营企事业单位按有关规定需要处理的物品及其他方面需要变卖的公物。公开拍卖首先要从罚没物品做起，执法机关依法罚没物品，经法律判决裁定生效后可进行拍卖的，必须委托当地政府指定的拍卖行通过公开拍卖的方式拍卖，不得交由其他商业渠道作价收购，更不允许执法机关在本系统内部作价处理。其中，大宗商品、重要生产资料以及专营、专卖商品，可采取招标或定向拍卖方式，首先拍卖给有该类商品经营权的企业；粮、油和鲜活商品，应委托当地农副产品批发市场或集贸市场就地拍卖。罚没物品中的违禁品和假冒商品，仍按国家现行规定交由专管部门处理，不得使其流入市场。文物和抵押贷款的抵押物拍卖办法，另行规定。

机场、码头、车站、邮政等单位的无主货物，行政事业单位需要处理的物品，原则上也要按上述规定实行公开拍卖。

二、健全财务上缴制度，实行收支“两条线”。罚没物品拍卖后所得收入，由委托拍卖的执法机关及时、足额上缴财政，不得挪用或截留。罚没收入上缴财政和执法机关办案费用问题，按国务院和财政部的有关规定执行。

三、有计划地建立拍卖行。各地政府要根据需要和可能，在一些公物处理量较大的城市建立规模适当、人员精干的拍卖行，承办公物处理的拍卖业务；在已建立拍卖行的城市，当地政府应指定一家国营拍卖行承办公物处理的拍卖专业。拍卖行是服务性的法人企业，由地主政府指定的部门审批，工商行政管理部门注册登记，按特种行业进行管理。拍卖行是委托方和购买方的中介人，为买卖双方提供服务，按成交额收取一定比例的手续费（手续费标准由地方政府核定）。拍卖行的收入来源只限于拍卖手续费和与拍卖直接有关的其他合法收入，拍卖行实行自负盈亏，国家不予补贴。为使拍卖行能够做到收支平衡，各城市的拍卖行除承办公物处理拍卖外，可在地方政府的指导下，开展其他物品的拍卖业务，充分发挥公开拍卖制度在发展商品经济中的作用。凡通过拍卖行拍卖的企业国有固定资产，应当依照国家的有关规定进行评估，确定拍卖底价。

公物处理量较少的城市或地区，可不专设拍卖行，由当地政府指定单位，在有关方面的监督下，按拍卖程序承办公物处理的公开拍卖业务。

四、加强领导，精心组织。公物处理实行公开拍卖制度是我国公物处理制度的重大改革，各级政府要切实加强领导，认真组织实施，及时总结经验，不断完善这项改革。各有产部门要抓紧修改现行公物处理规定，制定有关拍卖法规，互相配合、通力协作，共同把这件事情办好。为了保证拍卖活动的顺利进行，在国家发布有关拍卖法规之前，各省、自治区、直辖市可先行制定地方性规章，规范拍卖行为和拍卖程序，切实管好拍卖行和公物拍卖业务，防止营私舞弊。监察、审计等部门要对执行本通知的情况进行监督检查。国家体改委要重点抓好几个点，总结经验，搞好协调。

◎部门规范性文件

国家发展和改革委员会、最高人民法院、最高人民检察院等关于扣押追缴没收及收缴财物价格鉴定管理的补充通知

• 2008 年 6 月 4 日
• 发改厅〔2008〕1392 号

各省、自治区、直辖市发展改革委、物价局、高级人民法院、人民检察院、公安厅(局)、财政厅(局),解放军军事法院、军事检察院,新疆自治区高级人民法院生产建设兵团分院、新疆生产建设兵团发展改革委:

为了进一步规范扣押、追缴、没收及收缴财物价格鉴定管理工作,现就相关事项补充通知如下:

一、各级政府价格部门设立的价格鉴证机构为国家机关指定的涉案财物价格鉴定的机构,名称统一为"价格认证中心"。原国家计委、最高人民法院、最高人民检察院、公安部制定的《扣押、追缴、没收物品估价管理办法》(计办[1997]808 号)中涉及的"价格事务所"相应更改为"价格认证中心"。

二、各司法、行政执法机关在办理各自管辖刑事案件中,涉及价格不明或者价格有争议、需要对涉案财物或标的进行价格鉴定的,办案机关应委托同级政府价格部门设立的价格鉴定机构进行价格鉴定。

政府价格部门设立的价格鉴定机构可以接受办案机关的委托,对非刑事案件中涉案财物或标的进行价格鉴定。

三、各级政府价格主管部门设立的价格鉴证机构从事国家机关委托的刑事案件涉案财物价格鉴定不收费,该项鉴定费用由同级财政部门根据价格认证中心业务量大小,核定专项经费拨款或补贴。

特此通知。

◎司法解释

最高人民法院关于债务人有多个债权人将其全部财产抵押给其中一个债权人是否有效问题的批复

• 1994 年 3 月 26 日
• 法复〔1994〕2 号

山东省高级人民法院:

你院鲁高法〔1992〕70 号请示收悉。关于债务人有多个债权人,将其全部财产抵押给一个债权人是否有效的问题,经研究,答复如下:

在债务人有多个债权人的情况下,债务人将其全部财产抵押给其中一个债权人,因而使该债务人丧失了履行其它债务的能力,侵犯了其他债权人的合法权益,根据《中华人民共和国民法通则》第四条、第五条的规定,应当认定该抵押协议无效。

此复。

最高人民法院关于人民法院扣押铁路运输货物若干问题的规定

• 1997 年 4 月 22 日
• 法发〔1997〕8 号

根据《中华人民共和国民事诉讼法》等有关法律的规定,现就人民法院扣押铁路运输货物问题作如下规定:

一、人民法院依法可以裁定扣押铁路运输货物。铁路运输企业依法应当予以协助。

二、当事人申请人民法院扣押铁路运输货物,应当提供担保,申请人不提供担保的,驳回申请。申请人的申请应当写明:要求扣押货物的发货站、到货站,托运人、收货人的名称,货物的品名、数量、货票号码等。

三、人民法院扣押铁路运输货物,应当制作

裁定书并附协助执行通知书。协助执行通知书中应当载明:扣押货物的发货站、到货站,托运人、收货人的名称,货物的品名、数量和货票号码。在货物发送前扣押的,人民法院应当将裁定书副本和协助执行通知书送达始发地的铁路运输企业由其协助执行;在货物发送后扣押的,应当将裁定书副本和协助执行通知书送达目的地或最近中转编组站的铁路运输企业由其协助执行。

人民法院一般不应在中途站、中转站扣押铁路运输货物。必要时,在不影响铁路正常运输秩序、不损害其他公民法人的合法权益的情况下,可在最近中转编组站或有条件的车站扣押。

人民法院裁定扣押国际铁路联运货物,应当通知铁路运输企业、海关、边防、商检等有关部门协助执行。属于进口货物的,人民法院应当向我国进口国(边)境站、到货站或有关部门送达裁定书副本和协助执行通知书;属于出口货物的,在货物发送前应当向发货站或有关部门送达,在货物发送后未出我国国(边)境前,应当向我国出境站或有关部门送达。

四、经人民法院裁定扣押的铁路运输货物,该铁路运输企业与托运人之间签订的铁路运输合同中涉及被扣押货物部分合同终止履行的,铁路运输企业不承担责任。因扣押货物造成的损失,由有关责任人承担。

因申请人申请扣押错误所造成的损失,由申请人承担赔偿责任。

五、铁路运输企业及有关部门因协助执行扣押货物而产生的装卸、保管、检验、监护等费用,由有关责任人承担,但应先由申请人垫付。申请人不是责任人的,可以再向责任人追偿。

六、扣押后的进出口货物,因尚未办结海关手续,人民法院在对此类货物作出最终处理决定前,应当先责令有关当事人补交关税并办理海关其他手续。

最高人民法院关于能否将国有土地使用权折价抵偿给抵押权人问题的批复

• 1998 年 9 月 3 日
• 法释〔1998〕25 号

四川省高级人民法院:

你院川高法〔1998〕19 号《关于能否将国有土地使用权以国土部门认定的价格抵偿给抵押权人的请示》收悉。经研究,答复如下:

在依法以国有土地使用权作抵押的担保纠纷案件中,债务履行期届满抵押权人未受清偿的,可以通过拍卖的方式将土地使用权变现。如果无法变现,债务人又没有其他可供清偿的财产时,应当对国有土地使用权依法评估。人民法院可以参考政府土地管理部门确认的地价评估结果将土地使用权折价,经抵押权人同意,将折价后的土地使用权抵偿给抵押权人,土地使用权由抵押权人享有。

最高人民法院关于人民法院民事执行中查封、扣押、冻结财产的规定

• 2004 年 11 月 4 日
• 法释〔2004〕15 号

为了进一步规范民事执行中的查封、扣押、冻结措施,维护当事人的合法权益,根据《中华人民共和国民事诉讼法》等法律的规定,结合人民法院民事执行工作的实践经验,制定本规定。

第一条 人民法院查封、扣押、冻结被执行人的动产、不动产及其他财产权,应当作出裁定,并送达被执行人和申请执行人。

采取查封、扣押、冻结措施需要有关单位或者个人协助的,人民法院应当制作协助执行通知书,连同裁定书副本一并送达协助执行人。查封、扣押、冻结裁定书和协

助执行通知书送达时发生法律效力。

第二条 人民法院可以查封、扣押、冻结被执行人占有的动产、登记在被执行人名下的不动产、特定动产及其他财产权。

未登记的建筑物和土地使用权，依据土地使用权的审批文件和其他相关证据确定权属。

对于第三人占有的动产或者登记在第三人名下的不动产、特定动产及其他财产权，第三人书面确认该财产属于被执行人的，人民法院可以查封、扣押、冻结。

第三条 作为执行依据的法律文书生效后至申请执行前，债权人可以向有执行管辖权的人民法院申请保全债务人的财产。人民法院可以参照民事诉讼法第九十二条的规定作出保全裁定，保全裁定应当立即执行。

第四条 诉讼前、诉讼中及仲裁中采取财产保全措施的，进入执行程序后，自动转为执行中的查封、扣押、冻结措施，并适用本规定第二十九条关于查封、扣押、冻结期限的规定。

第五条 人民法院对被执行人下列的财产不得查封、扣押、冻结：

（一）被执行人及其所扶养家属生活所必需的衣服、家具、炊具、餐具及其他家庭生活必需的物品；

（二）被执行人及其所扶养家属所必需的生活费用。当地有最低生活保障标准的，必需的生活费用依照该标准确定；

（三）被执行人及其所扶养家属完成义务教育所必需的物品；

（四）未公开的发明或者未发表的著作；

（五）被执行人及其所扶养家属用于身体缺陷所必需的辅助工具、医疗物品；

（六）被执行人所得的勋章及其他荣誉表彰的物品；

（七）根据《中华人民共和国缔结条约程序法》，以中华人民共和国、中华人民共和国政府或者中华人民共和国政府部门名义同外国、国际组织缔结的条约、协定和其他具有条约、协定性质的文件中规定免于查封、扣押、冻结的财产；

（八）法律或者司法解释规定的其他不得查封、扣押、冻结的财产。

第六条 对被执行人及其所扶养家属生活所必需的居住房屋，人民法院可以查封，但不得拍卖、变卖或者抵债。

第七条 对于超过被执行人及其所扶养家属生活所必需的房屋和生活用品，人民法院根据申请执行人的申请，在保障被执行人及其所扶养家属最低生活标准所必需的居住房屋和普通生活必需品后，可予以执行。

第八条 查封、扣押动产的，人民法院可以直接控制该项财产。人民法院将查封、扣押的动产交付其他人控制的，应当在该动产上加贴封条或者采取其他足以公示查封、扣押的适当方式。

第九条 查封不动产的，人民法院应当张贴封条或者公告，并可以提取保存有关财产权证照。

查封、扣押、冻结已登记的不动产、特定动产及其他财产权，应当通知有关登记机关办理登记手续。未办理登记手续的，不得对抗其他已经办理了登记手续的查封、扣押、冻结行为。

第十条 查封尚未进行权属登记的建筑物时，人民法院应当通知其管理人或者该建筑物的实际占有人，并在显著位置张贴公告。

第十一条 扣押尚未进行权属登记的机动车辆时，人民法院应当在扣押清单上记载该机动车辆的发动机编号。该车辆在扣押期间权利人要求办理权属登记手续的，人民法院应当准许并及时办理相应的扣押登记手续。

第十二条 查封、扣押的财产不宜由人民法院保管的，人民法院可以指定被执行人负责保管；不宜由被执行人保管的，可以委托第三人或者申请执行人保管。

由人民法院指定被执行人保管的财产，如果继续使用对该财产的价值无重大影响,可以允许被执行人继续使用;由人民法院保管或者委托第三人、申请执行人保管的,保管人不得使用。

第十三条 查封、扣押、冻结担保物权人占有的担保财产,一般应当指定该担保物权人作为保管人;该财产由人民法院保管的,质权、留置权不因转移占有而消灭。

第十四条 对被执行人与其他人共有的财产,人民法院可以查封、扣押、冻结,并及时通知共有人。

共有人协议分割共有财产,并经债权人认可的,人民法院可以认定有效。查封、扣押、冻结的效力及于协议分割后被执行人享有份额内的财产;对其他共有人享有份额内的财产的查封、扣押、冻结,人民法院应当裁定予以解除。

共有人提起析产诉讼或者申请执行人代位提起析产诉讼的,人民法院应当准许。诉讼期间中止对该财产的执行。

第十五条 对第三人为被执行人的利益占有的被执行人的财产,人民法院可以查封、扣押、冻结;该财产被指定给第三人继续保管的,第三人不得将其交付给被执行人。

对第三人为自己的利益依法占有的被执行人的财产,人民法院可以查封、扣押、冻结,第三人可以继续占有和使用该财产,但不得将其交付给被执行人。

第三人无偿借用被执行人的财产的,不受前款规定的限制。

第十六条 被执行人将其财产出卖给第三人,第三人已经支付部分价款并实际占有该财产,但根据合同约定被执行人保留所有权的,人民法院可以查封、扣押、冻结;第三人要求继续履行合同的,应当由第三人在合理期限内向人民法院交付全部余款后,裁定解除查封、扣押、冻结。

第十七条 被执行人将其所有的需要办理过户登记的财产出卖给第三人,第三人已经支付部分或者全部价款并实际占有该财产,但尚未办理产权过户登记手续的,人民法院可以查封、扣押、冻结;第三人已经支付全部价款并实际占有,但未办理过户登记手续的,如果第三人对此没有过错,人民法院不得查封、扣押、冻结。

第十八条 被执行人购买第三人的财产,已经支付部分价款并实际占有该财产,但第三人依合同约定保留所有权,申请执行人已向第三人支付剩余价款或者第三人书面同意剩余价款从该财产变价款中优先支付的,人民法院可以查封、扣押、冻结。

第三人依法解除合同的,人民法院应当准许,已经采取的查封、扣押、冻结措施应当解除,但人民法院可以依据申请执行人的申请,执行被执行人因支付价款而形成的对该第三人的债权。

第十九条 被执行人购买需要办理过户登记的第三人的财产,已经支付部分或者全部价款并实际占有该财产,虽未办理产权过户登记手续,但申请执行人已向第三人支付剩余价款或者第三人同意剩余价款从该财产变价款中优先支付的,人民法院可以查封、扣押、冻结。

第二十条 查封、扣押、冻结被执行人的财产时,执行人员应当制作笔录,载明下列内容:

(一)执行措施开始及完成的时间;

(二)财产的所在地、种类、数量;

(三)财产的保管人;

(四)其他应当记明的事项。

执行人员及保管人应当在笔录上签名,有民事诉讼法第二百二十一条①规定的人员到场的,到场人员也应当在笔录上签名。

第二十一条 查封、扣押、冻结被执行人的财产,以其价额足以清偿法律文书确定的债权额及执行费用为限,不得明显超标的额查封、扣押、冻结。

发现超标的额查封、扣押、冻结的,人民法院应当根据被执行人的申请或者依职权,及时解除对超标的额部分财产的查封、扣押、冻结,但该财产为不可分物且被执行

---

① 根据法释〔2008〕18 号第七十四条调整。

人无其他可供执行的财产或者其他财产不足以清偿债务的除外。

第二十二条 查封、扣押的效力及于查封、扣押物的从物和天然孳息。

第二十三条 查封地上建筑物的效力及于该地上建筑物使用范围内的土地使用权，查封土地使用权的效力及于地上建筑物，但土地使用权与地上建筑物的所有权分属被执行人与他人的除外。

地上建筑物和土地使用权的登记机关不是同一机关的，应当分别办理查封登记。

第二十四条 查封、扣押、冻结的财产灭失或者毁损的，查封、扣押、冻结的效力及于该财产的替代物、赔偿款。人民法院应当及时作出查封、扣押、冻结该替代物、赔偿款的裁定。

第二十五条 查封、扣押、冻结协助执行通知书在送达登记机关时，登记机关已经受理被执行人转让不动产、特定动产及其他财产的过户登记申请，尚未核准登记的，应当协助人民法院执行。人民法院不得对登记机关已经核准登记的被执行人已转让的财产实施查封、扣押、冻结措施。

查封、扣押、冻结协助执行通知书在送达登记机关时，其他人民法院已向该登记机关送达了过户登记协助执行通知书的，应当优先办理过户登记。

第二十六条 被执行人就已经查封、扣押、冻结的财产所作的移转、设定权利负担或者其他有碍执行的行为，不得对抗申请执行人。

第三人未经人民法院准许占有查封、扣押、冻结的财产或者实施其他有碍执行的行为的，人民法院可以依据申请执行人的申请或者依职权解除其占有或者排除其妨害。

人民法院的查封、扣押、冻结没有公示的，其效力不得对抗善意第三人。

第二十七条 人民法院查封、扣押被执行人设定最高额抵押权的抵押物的，应当通知抵押权人。抵押权人受抵押担保的债权数额自收到人民法院通知时起不再增加。

人民法院虽然没有通知抵押权人，但有证据证明抵押权人知道查封、扣押事实的，受抵押担保的债权数额从其知道该事实时起不再增加。

第二十八条 对已被人民法院查封、扣押、冻结的财产，其他人民法院可以进行轮候查封、扣押、冻结。查封、扣押、冻结解除的，登记在先的轮候查封、扣押、冻结即自动生效。

其他人民法院对已登记的财产进行轮候查封、扣押、冻结的，应当通知有关登记机关协助进行轮候登记，实施查封、扣押、冻结的人民法院应当允许其他人民法院查阅有关文书和记录。

其他人民法院对没有登记的财产进行轮候查封、扣押、冻结的，应当制作笔录，并经实施查封、扣押、冻结的人民法院执行人员及被执行人签字，或者书面通知实施查封、扣押、冻结的人民法院。

第二十九条 人民法院冻结被执行人的银行存款及其他资金的期限不得超过六个月，查封、扣押动产的期限不得超过一年，查封不动产、冻结其他财产权的期限不得超过二年。法律、司法解释另有规定的除外。

申请执行人申请延长期限的，人民法院应当在查封、扣押、冻结期限届满前办理续行查封、扣押、冻结手续，续行期限不得超过前款规定期限的二分之一。

第三十条 查封、扣押、冻结期限届满，人民法院未办理延期手续的，查封、扣押、冻结的效力消灭。

查封、扣押、冻结的财产已经被执行拍卖、变卖或者抵债的，查封、扣押、冻结的效力消灭。

第三十一条 有下列情形之一的，人民法院应当作出解除查封、扣押、冻结裁定，并送达申请执行人、被执行人或者案外人：

（一）查封、扣押、冻结案外人财产的；

（二）申请执行人撤回执行申请或者放弃债权的；

（三）查封、扣押、冻结的财产流拍或者变卖不成，申请执行人和其他执行债权人又不同意接受抵债的；

（四）债务已经清偿的；

（五）被执行人提供担保且申请执行人同意解除查封、扣押、冻结的；

（六）人民法院认为应当解除查封、扣押、冻结的其他情形。

解除以登记方式实施的查封、扣押、冻结的，应当向登记机关发出协助执行通知书。

第三十二条 财产保全裁定和先予执行裁定的执行适用本规定。

第三十三条 本规定自2005年1月1日起施行。施行前本院公布的司法解释与本规定不一致的，以本规定为准。

最高人民法院关于人民法院民事执行中拍卖、变卖财产的规定

• 2004年11月15日
• 法释〔2004〕16号

为了进一步规范民事执行中的拍卖、变卖措施，维护当事人的合法权益，根据《中华人民共和国民事诉讼法》等法律的规定，结合人民法院民事执行工作的实践经验，制定本规定。

第一条 在执行程序中，被执行人的财产被查封、扣押、冻结后，人民法院应当及时进行拍卖、变卖或者采取其他执行措施。

第二条 人民法院对查封、扣押、冻结的财产进行变价处理时，应当首先采取拍卖的方式，但法律、司法解释另有规定的除外。

第三条 人民法院拍卖被执行人财产，应当委托具有相应资质的拍卖机构进行，并对拍卖机构的拍卖进行监督，但法律、司法解释另有规定的除外。

第四条 对拟拍卖的财产，人民法院应当委托具有相应资质的评估机构进行价格评估。对于财产价值较低或者价格依照通常方法容易确定的，可以不进行评估。

当事人双方及其他执行债权人申请不进行评估的，人民法院应当准许。

对被执行人的股权进行评估时，人民法院可以责令有关企业提供会计报表等资料；有关企业拒不提供的，可以强制提取。

第五条 评估机构由当事人协商一致后经人民法院审查确定；协商不成的，从负责执行的人民法院或者被执行人财产所在地的人民法院确定的评估机构名册中，采取随机的方式确定；当事人双方申请通过公开招标方式确定评估机构的，人民法院应当准许。

第六条 人民法院收到评估机构作出的评估报告后，应当在五日内将评估报告发送当事人及其他利害关系人。当事人或者其他利害关系人对评估报告有异议的，可以在收到评估报告后十日内以书面形式向人民法院提出。

当事人或者其他利害关系人有证据证明评估机构、评估人员不具备相应的评估资质或者评估程序严重违法而申请重新评估的，人民法院应当准许。

第七条 拍卖机构由当事人协商一致后经人民法院审查确定；协商不成的，从负责执行的人民法院或者被执行人财产所在地的人民法院确定的拍卖机构名册中，采取随机的方式确定；当事人双方申请通过公开招标方式确定拍卖机构的，人民法院应当准许。

第八条 拍卖应当确定保留价。

拍卖保留价由人民法院参照评估价确定；未作评估的，参照市价确定，并应当征询有关当事人的意见。

人民法院确定的保留价，第一次拍卖时，不得低于评估价或者市价的百分之八十；如果出现流拍，再行拍卖时，可以酌情降低保留价，但每次降低的数额不得超过前次保留价的百分之二十。

第九条 保留价确定后，依据本次拍卖保留

价计算，拍卖所得价款在清偿优先债权和强制执行费用后无剩余可能的，应当在实施拍卖前将有关情况通知申请执行人。申请执行人于收到通知后五日内申请继续拍卖的，人民法院应当准许，但应当重新确定保留价；重新确定的保留价应当大于该优先债权及强制执行费用的总额。

依照前款规定流拍的，拍卖费用由申请执行人负担。

第十条 执行人员应当对拍卖财产的权属状况、占有使用情况等进行必要的调查，制作拍卖财产现状的调查笔录或者收集其他有关资料。

第十一条 拍卖应当先期公告。

拍卖动产的，应当在拍卖七日前公告；拍卖不动产或者其他财产权的，应当在拍卖十五日前公告。

第十二条 拍卖公告的范围及媒体由当事人双方协商确定；协商不成的，由人民法院确定。拍卖财产具有专业属性的，应当同时在专业性报纸上进行公告。

当事人申请在其他新闻媒体上公告或者要求扩大公告范围的，应当准许，但该部分的公告费用由其自行承担。

第十三条 拍卖不动产、其他财产权或者价值较高的动产的，竞买人应当于拍卖前向人民法院预交保证金。申请执行人参加竞买的，可以不预交保证金。保证金的数额由人民法院确定，但不得低于评估价或者市价的百分之五。

应当预交保证金而未交纳的，不得参加竞买。拍卖成交后，买受人预交的保证金充抵价款，其他竞买人预交的保证金应当在三日内退还；拍卖未成交的，保证金应当于三日内退还竞买人。

第十四条 人民法院应当在拍卖五日前以书面或者其他能够确认收悉的适当方式，通知当事人和已知的担保物权人、优先购买权人或者其他优先权人于拍卖日到场。

优先购买权人经通知未到场的，视为放弃优先购买权。

第十五条 法律、行政法规对买受人的资格或者条件有特殊规定的，竞买人应当具备规定的资格或者条件。

申请执行人、被执行人可以参加竞买。

第十六条 拍卖过程中，有最高应价时，优先购买权人可以表示以该最高价买受，如无更高应价，则拍归优先购买权人；如有更高应价，而优先购买权人不作表示的，则拍归该应价最高的竞买人。

顺序相同的多个优先购买权人同时表示买受的，以抽签方式决定买受人。

第十七条 拍卖多项财产时，其中部分财产卖得的价款足以清偿债务和支付被执行人应当负担的费用的，对剩余的财产应当停止拍卖，但被执行人同意全部拍卖的除外。

第十八条 拍卖的多项财产在使用上不可分，或者分别拍卖可能严重减损其价值的，应当合并拍卖。

第十九条 拍卖时无人竞买或者竞买人的最高应价低于保留价，到场的申请执行人或者其他执行债权人申请或者同意以该次拍卖所定的保留价接受拍卖财产的，应当将该财产交其抵债。

有两个以上执行债权人申请以拍卖财产抵债的，由法定受偿顺位在先的债权人优先承受；受偿顺位相同的，以抽签方式决定承受人。承受人应受清偿的债权额低于抵债财产的价额的，人民法院应当责令其在指定的期间内补交差额。

第二十条 在拍卖开始前，有下列情形之一的，人民法院应当撤回拍卖委托：

（一）据以执行的生效法律文书被撤销的；

（二）申请执行人及其他执行债权人撤回执行申请的；

（三）被执行人全部履行了法律文书确定的金钱债务的；

（四）当事人达成了执行和解协议，不需要拍卖财产的；

（五）案外人对拍卖财产提出确有理由的异议的；

（六）拍卖机构与竞买人恶意串通的；

（七）其他应当撤回拍卖委托的情形。

第二十一条 人民法院委托拍卖后，遇有依法应当暂缓执行或者中止执行的情形的，应当决定暂缓执行或者裁定中止执行，并及时通知拍卖机构和当事人。拍卖机构收到通知后，应当立即停止拍卖，并通知竞买人。

暂缓执行期限届满或者中止执行的事由消失后，需要继续拍卖的，人民法院应当在十五日内通知拍卖机构恢复拍卖。

第二十二条 被执行人在拍卖日之前向人民法院提交足额金钱清偿债务，要求停止拍卖的，人民法院应当准许，但被执行人应当负担因拍卖支出的必要费用。

第二十三条 拍卖成交或者以流拍的财产抵债的，人民法院应当作出裁定，并于价款或者需要补交的差价全额交付后十日内，送达买受人或者承受人。

第二十四条 拍卖成交后，买受人应当在拍卖公告确定的期限或者人民法院指定的期限内将价款交付到人民法院或者汇入人民法院指定的账户。

第二十五条 拍卖成交或者以流拍的财产抵债后，买受人逾期未支付价款或者承受人逾期未补交差价而使拍卖、抵债的目的难以实现的，人民法院可以裁定重新拍卖。重新拍卖时，原买受人不得参加竞买。

重新拍卖的价款低于原拍卖价款造成的差价、费用损失及原拍卖中的佣金，由原买受人承担。人民法院可以直接从其预交的保证金中扣除。扣除后保证金有剩余的，应当退还原买受人；保证金数额不足的，可以责令原买受人补交；拒不补交的，强制执行。

第二十六条 拍卖时无人竞买或者竞买人的最高应价低于保留价，到场的申请执行人或者其他执行债权人不申请以该次拍卖所定的保留价抵债的，应当在六十日内再行拍卖。

第二十七条 对于第二次拍卖仍流拍的动产，人民法院可以依照本规定第十九条的规定将其作价交申请执行人或者其他执行债权人抵债。申请执行人或者其他执行债权人拒绝接受或者依法不能交付其抵债的，人民法院应当解除查封、扣押，并将该动产退还被执行人。

第二十八条 对于第二次拍卖仍流拍的不动产或者其他财产权，人民法院可以依照本规定第十九条的规定将其作价交申请执行人或者其他执行债权人抵债。申请执行人或者其他执行债权人拒绝接受或者依法不能交付其抵债的，应当在六十日内进行第三次拍卖。

第三次拍卖流拍且申请执行人或者其他执行债权人拒绝接受或者依法不能接受该不动产或者其他财产权抵债的，人民法院应当于第三次拍卖终结之日起七日内发出变卖公告。自公告之日起六十日内没有买受人愿意以第三次拍卖的保留价买受该财产，且申请执行人、其他执行债权人仍不表示接受该财产抵债的，应当解除查封、冻结，将该财产退还被执行人，但对该财产可以采取其他执行措施的除外。

第二十九条 动产拍卖成交或者抵债后，其所有权自该动产交付时起转移给买受人或者承受人。

不动产、有登记的特定动产或者其他财产权拍卖成交或者抵债后，该不动产、特定动产的所有权、其他财产权自拍卖成交或者抵债裁定送达买受人或者承受人时起转移。

第三十条 人民法院裁定拍卖成交或者以流拍的财产抵债后，除有依法不能移交的情形外，应当于裁定送达后十五日内，将拍卖的财产移交买受人或者承受人。被执行人或者第三人占有拍卖财产应当移交而拒不移交的，强制执行。

第三十一条 拍卖财产上原有的担保物权及其他优先受偿权，因拍卖而消灭，拍卖所得价款，应当优先清偿担保物权人及其他优先受偿权人的债权，但当事人另有约定的除外。

拍卖财产上原有的租赁权及其他用益物权,不因拍卖而消灭,但该权利继续存在于拍卖财产上,对在先的担保物权或者其他优先受偿权的实现有影响的,人民法院应当依法将其除去后进行拍卖。

第三十二条 拍卖成交的,拍卖机构可以按照下列比例向买受人收取佣金:

拍卖成交价200万元以下的,收取佣金的比例不得超过5%;超过200万元至1000万元的部分,不得超过3%;超过1000万元至5000万元的部分,不得超过2%;超过5000万元至1亿元的部分,不得超过1%;超过1亿元的部分,不得超过0.5%。

采取公开招标方式确定拍卖机构的,按照中标方案确定的数额收取佣金。

拍卖未成交或者非因拍卖机构的原因撤回拍卖委托的,拍卖机构为本次拍卖已经支出的合理费用,应当由被执行人负担。

第三十三条 在执行程序中拍卖上市公司国有股和社会法人股的,适用最高人民法院《关于冻结、拍卖上市公司国有股和社会法人股若干问题的规定》。

第三十四条 对查封、扣押、冻结的财产,当事人双方及有关权利人同意变卖的,可以变卖。

金银及其制品、当地市场有公开交易价格的动产、易腐烂变质的物品、季节性商品、保管困难或者保管费用过高的物品,人民法院可以决定变卖。

第三十五条 当事人双方及有关权利人对变卖财产的价格有约定的,按照其约定价格变卖;无约定价格但有市价的,变卖价格不得低于市价;无市价但价值较大、价格不易确定的,应当委托评估机构进行评估,并按照评估价格进行变卖。

按照评估价格变卖不成的,可以降低价格变卖,但最低的变卖价不得低于评估价的二分之一。

变卖的财产无人应买的,适用本规定第十九条的规定将该财产交申请执行人或者其他执行债权人抵债;申请执行人或者其他执行债权人拒绝接受或者依法不能交付其抵债的,人民法院应当解除查封、扣押,并将该财产退还被执行人。

第三十六条 本规定自2005年1月1日起施行。施行前本院公布的司法解释与本规定不一致的,以本规定为准。

最高人民法院关于人民法院执行设定抵押的房屋的规定

- 2005年12月14日
- 法释〔2005〕14号

根据《中华人民共和国民事诉讼法》等法律的规定,结合人民法院民事执行工作的实践,对人民法院根据抵押权人的申请,执行设定抵押的房屋的问题规定如下:

第一条 对于被执行人所有的已经依法设定抵押的房屋,人民法院可以查封,并可以根据抵押权人的申请,依法拍卖、变卖或者抵债。

第二条 人民法院对已经依法设定抵押的被执行人及其所扶养家属居住的房屋,在裁定拍卖、变卖或者抵债后,应当给予被执行人六个月的宽限期。在此期限内,被执行人应当主动腾空房屋,人民法院不得强制被执行人及其所扶养家属迁出该房屋。

第三条 上述宽限期届满后,被执行人仍未迁出的,人民法院可以作出强制迁出裁定,并按照民事诉讼法第二百二十六条①的规定执行。

强制迁出时,被执行人无法自行解决居住问题的,经人民法院审查属实,可以由申请执行人为被执行人及其所扶养家属提供临时住房。

第四条 申请执行人提供的临时住房,其房屋品质、地段可以不同于被执行人原住房,面积参照建设部、财政部、民政部、国土资源部和国家税务总局联合发布的《城镇最

---

① 根据法释〔2008〕18号第七十六条调整。

低收入家属廉租住房管理办法》所规定的人均廉租住房面积标准确定。

第五条 申请执行人提供的临时住房，应当计收租金。租金标准由申请执行人和被执行人双方协商确定；协商不成的，由人民法院参照当地同类房屋租金标准确定，当地无同类房屋租金标准可以参照的，参照当地房屋租赁市场平均租金标准确定。

已经产生的租金，可以从房屋拍卖或者变卖价款中优先扣除。

第六条 被执行人属于低保对象且无法自行解决居住问题的，人民法院不应强制迁出。

第七条 本规定自2005年12月21日起施行。施行前本院已公布的司法解释与本规定不一致的，以本规定为准。

最高人民法院关于查封法院全部处分标的物后轮候查封的效力问题的批复

• 2007年9月11日
• 法函〔2007〕第100号

北京市高级人民法院：

你院《关于查封法院全部处分标的物后，轮候查封的效力问题的请示》（京高法〔2007〕208号）收悉。经研究，答复如下：

根据《最高人民法院关于人民法院民事执行中查封、扣押、冻结财产的规定》（法释〔2004〕15号）第二十八条第一款的规定，轮候查封、扣押、冻结自在先的查封、扣押、冻结解除时自动生效，故人民法院对已查封、扣押、冻结的全部财产进行处分后，该财产上的轮候查封自始未产生查封、扣押、冻结的效力。同时，根据上述司法解释第三十条的规定，人民法院对已查封、扣押、冻结的财产进行拍卖、变卖或抵债的，原查封、扣押、冻结的效力消灭，人民法院无需先行解除该财产上的查封、扣押、冻结，可直接进行处分，有关单位应当协助办理有关财产权证照转移手续。

最高人民法院关于人民法院委托评估、拍卖和变卖工作的若干规定

• 2009年11月12日
• 法释〔2009〕16号

为规范人民法院委托评估、拍卖和变卖工作，保障当事人的合法权益，维护司法公正，根据《中华人民共和国民事诉讼法》等有关法律的规定，结合人民法院委托评估、拍卖和变卖工作实际，制定本规定。

第一条 人民法院司法技术管理部门负责本院的委托评估、拍卖和流拍财产的变卖工作，依法对委托评估、拍卖机构的评估、拍卖活动进行监督。

第二条 根据工作需要，下级人民法院可将评估、拍卖和变卖工作报请上级人民法院办理。

第三条 人民法院需要对异地的财产进行评估或拍卖时，可以委托财产所在地人民法院办理。

第四条 人民法院按照公开、公平、择优的原则编制人民法院委托评估、拍卖机构名册。

人民法院编制委托评估、拍卖机构名册，应当先期公告，明确入册机构的条件和评审程序等事项。

第五条 人民法院在编制委托评估、拍卖机构名册时，由司法技术管理部门、审判部门、执行部门组成评审委员会，必要时可邀请评估、拍卖行业的专家参加评审。

第六条 评审委员会对申请加入人民法院委托评估、拍卖名册的机构，应当从资质等级、职业信誉、经营业绩、执业人员情况等方面进行审查、打分，按分数高低经过初审、公示、复审后确定进入名册的机构，并对名册进行动态管理。

第七条 人民法院选择评估、拍卖机构，应当在人民法院委托评估、拍卖机构名册内采

取公开随机的方式选定。

第八条 人民法院选择评估、拍卖机构，应当通知审判、执行人员到场，视情况可邀请社会有关人员到场监督。

第九条 人民法院选择评估、拍卖机构，应当提前通知各方当事人到场；当事人不到场的，人民法院可将选择机构的情况，以书面形式送达当事人。

第十条 评估、拍卖机构选定后，人民法院应当向选定的机构出具委托书，委托书中应当载明本次委托的要求和工作完成的期限等事项。

第十一条 评估、拍卖机构接受人民法院的委托后，在规定期限内无正当理由不能完成委托事项的，人民法院应当解除委托，重新选择机构，并对其暂停备选资格或从委托评估、拍卖机构名册内除名。

第十二条 评估机构在工作中需要对现场进行勘验的，人民法院应当提前通知审判、执行人员和当事人到场。当事人不到场的，不影响勘验的进行，但应当有见证人见证。评估机构勘验现场，应当制作现场勘验笔录。

勘验现场人员、当事人或见证人应当在勘验笔录上签字或盖章确认。

第十三条 拍卖财产经过评估的，评估价即为第一次拍卖的保留价；未作评估的，保留价由人民法院参照市价确定，并应当征询有关当事人的意见。

第十四条 审判、执行部门未经司法技术管理部门同意擅自委托评估、拍卖，或对流拍财产进行变卖的，按照有关纪律规定追究责任。

第十五条 人民法院司法技术管理部门，在组织评审委员会审查评估、拍卖入册机构，或选择评估、拍卖机构，或对流拍财产进行变卖时，应当通知本院纪检监察部门。纪检监察部门可视情况派员参加。

第十六条 施行前本院公布的司法解释与本规定不一致的，以本规定为准。

最高人民法院关于人民法院委托评估、拍卖工作的若干规定

- 2011年9月7日
- 法释〔2011〕21号

为进一步规范人民法院委托评估、拍卖工作，促进审判执行工作公正、廉洁、高效，维护当事人的合法权益，根据《中华人民共和国民事诉讼法》等有关法律规定，结合人民法院工作实际，制定本规定。

第一条 人民法院司法辅助部门负责统一管理和协调司法委托评估、拍卖工作。

第二条 取得政府管理部门行政许可并达到一定资质等级的评估、拍卖机构，可以自愿报名参加人民法院委托的评估、拍卖活动。

人民法院不再编制委托评估、拍卖机构名册。

第三条 人民法院采用随机方式确定评估、拍卖机构。高级人民法院或者中级人民法院可以根据本地实际情况统一实施对外委托。

第四条 人民法院委托的拍卖活动应在有关管理部门确定的统一交易场所或网络平台上进行，另有规定的除外。

第五条 受委托的拍卖机构应通过管理部门的信息平台发布拍卖信息，公示评估、拍卖结果。

第六条 涉国有资产的司法委托拍卖由省级以上国有产权交易机构实施，拍卖机构负责拍卖环节相关工作，并依照相关监管部门制定的实施细则进行。

第七条 《中华人民共和国证券法》规定应当在证券交易所上市交易或转让的证券资产的司法委托拍卖，通过证券交易所实施，拍卖机构负责拍卖环节相关工作；其他证券类资产的司法委托拍卖由拍卖机构实施，并依照相关监管部门制定的实施细则进行。

第八条 人民法院对其委托的评估、拍卖活

动实行监督。出现下列情形之一，影响评估、拍卖结果，侵害当事人合法利益的，人民法院将不再委托其从事委托评估、拍卖工作。涉及违反法律法规的，依据有关规定处理：

（1）评估结果明显失实；

（2）拍卖过程中弄虚作假、存在瑕疵；

（3）随机选定后无正当理由不能按时完成评估拍卖工作；

（4）其他有关情形。

第九条 各高级人民法院可参照本规定，结合各地实际情况，制定实施细则，报最高人民法院备案。

第十条 本规定自2012年1月1日起施行。此前的司法解释和有关规定，与本规定相抵触的，以本规定为准。

最高人民法院关于审理涉及农村土地承包经营纠纷调解仲裁案件适用法律若干问题的解释

- 2014年1月9日
- 法释〔2014〕1号

为正确审理涉及农村土地承包经营纠纷调解仲裁案件，根据《中华人民共和国农村土地承包法》《中华人民共和国农村土地承包经营纠纷调解仲裁法》《中华人民共和国民事诉讼法》等法律的规定，结合民事审判实践，就审理涉及农村土地承包经营纠纷调解仲裁案件适用法律的若干问题，制定本解释。

第一条 农村土地承包仲裁委员会根据农村土地承包经营纠纷调解仲裁法第十八条规定，以超过申请仲裁的时效期间为由驳回申请后，当事人就同一纠纷提起诉讼的，人民法院应予受理。

第二条 当事人在收到农村土地承包仲裁委员会作出的裁决书之日起三十日后或者签收农村土地承包仲裁委员会作出的调解书后，就同一纠纷向人民法院提起诉讼的，裁定不予受理；已经受理的，裁定驳回起诉。

第三条 当事人在收到农村土地承包仲裁委员会作出的裁决书之日起三十日内，向人民法院提起诉讼，请求撤销仲裁裁决的，人民法院应当告知当事人就原纠纷提起诉讼。

第四条 农村土地承包仲裁委员会依法向人民法院提交当事人财产保全申请的，申请财产保全的当事人为申请人。

农村土地承包仲裁委员会应当提交下列材料：

（一）财产保全申请书；

（二）农村土地承包仲裁委员会发出的受理案件通知书；

（三）申请人的身份证明；

（四）申请保全财产的具体情况。

人民法院采取保全措施，可以责令申请人提供担保，申请人不提供担保的，裁定驳回申请。

第五条 人民法院对农村土地承包仲裁委员会提交的财产保全申请材料，应当进行审查。符合前条规定的，应予受理；申请材料不齐全或不符合规定的，人民法院应当告知农村土地承包仲裁委员会需要补齐的内容。

人民法院决定受理的，应当于三日内向当事人送达受理通知书并告知农村土地承包仲裁委员会。

第六条 人民法院受理财产保全申请后，应当在十日内作出裁定。因特殊情况需要延长的，经本院院长批准，可以延长五日。

人民法院接受申请后，对情况紧急的，必须在四十八小时内作出裁定；裁定采取保全措施的，应当立即开始执行。

第七条 农村土地承包经营纠纷仲裁中采取的财产保全措施，在申请保全的当事人依法提起诉讼后，自动转为诉讼中的财产保全措施，并适用《最高人民法院关于人民法院民事执行中查封、扣押、冻结财产的规定》第二十九条关于查封、扣押、冻结期限的规定。

第八条 农村土地承包仲裁委员会依法向人民法院提交当事人证据保全申请的，应当提供下列材料：

（一）证据保全申请书；

（二）农村土地承包仲裁委员会发出的受理案件通知书；

（三）申请人的身份证明；

（四）申请保全证据的具体情况。

对证据保全的具体程序事项，适用本解释第五、六、七条关于财产保全的规定。

第九条 农村土地承包仲裁委员会作出先行裁定后，一方当事人依法向被执行人住所地或者被执行的财产所在地基层人民法院申请执行的，人民法院应予受理和执行。

申请执行先行裁定的，应当提供以下材料：

（一）申请执行书；

（二）农村土地承包仲裁委员会作出的先行裁定书；

（三）申请执行人的身份证明；

（四）申请执行人提供的担保情况；

（五）其他应当提交的文件或证件。

第十条 当事人根据农村土地承包经营纠纷调解仲裁法第四十九条规定，向人民法院申请执行调解书、裁决书，符合《最高人民法院关于人民法院执行工作若干问题的规定（试行）》第十八条规定条件的，人民法院应予受理和执行。

第十一条 当事人因不服农村土地承包仲裁委员会作出的仲裁裁决向人民法院提起诉讼的，起诉期从其收到裁决书的次日起计算。

第十二条 本解释施行后，人民法院尚未审结的一审、二审案件适用本解释规定。本解释施行前已经作出生效裁判的案件，本解释施行后依法再审的，不适用本解释规定。

最高人民法院关于适用《中华人民共和国物权法》若干问题的解释（一）

•2016年2月23日

•法释〔2016〕5号

为正确审理物权纠纷案件，根据《中华人民共和国物权法》的相关规定，结合民事审判实践，制定本解释。

第一条 因不动产物权的归属，以及作为不动产物权登记基础的买卖、赠与、抵押等产生争议，当事人提起民事诉讼的，应当依法受理。当事人已经在行政诉讼中申请一并解决上述民事争议，且人民法院一并审理的除外。

第二条 当事人有证据证明不动产登记簿的记载与真实权利状态不符、其为该不动产物权的真实权利人，请求确认其享有物权的，应予支持。

第三条 异议登记因物权法第十九条第二款规定的事由失效后，当事人提起民事诉讼，请求确认物权归属的，应当依法受理。异议登记失效不影响人民法院对案件的实体审理。

第四条 未经预告登记的权利人同意，转移不动产所有权，或者设定建设用地使用权、地役权、抵押权等其他物权的，应当依照物权法第二十条第一款的规定，认定其不发生物权效力。

第五条 买卖不动产物权的协议被认定无效、被撤销、被解除，或者预告登记的权利人放弃债权的，应当认定为物权法第二十条第二款所称的"债权消灭"。

第六条 转让人转移船舶、航空器和机动车等所有权，受让人已经支付对价并取得占有，虽未经登记，但转让人的债权人主张其为物权法第二十四条所称的"善意第三人"的，不予支持，法律另有规定的除外。

第七条 人民法院、仲裁委员会在分割共有不动产或者动产等案件中作出并依法生效的改变原有物权关系的判决书、裁决书、调解书，以及人民法院在执行程序中作出的拍卖成交裁定书、以物抵债裁定书，应当认定为物权法第二十八条所称导致物权设立、变更、转让或者消灭的人民法院、仲裁委员会的法律文书。

第八条 依照物权法第二十八条至第三十条规定享有物权，但尚未完成动产交付或者不动产登记的物权人，根据物权法第三十四条至第三十七条的规定，请求保护其物权的，应予支持。

第九条 共有份额的权利主体因继承、遗赠等原因发生变化时，其他按份共有人主张优先购买的，不予支持，但按份共有人之间另有约定的除外。

第十条 物权法第一百零一条所称的“同等条件”，应当综合共有份额的转让价格、价款履行方式及期限等因素确定。

第十一条 优先购买权的行使期间，按份共有人之间有约定的，按照约定处理；没有约定或者约定不明的，按照下列情形确定：

（一）转让人向其他按份共有人发出的包含同等条件内容的通知中载明行使期间的，以该期间为准；

（二）通知中未载明行使期间，或者载明的期间短于通知送达之日起十五日的，为十五日；

（三）转让人未通知的，为其他按份共有人知道或者应当知道最终确定的同等条件之日起十五日；

（四）转让人未通知，且无法确定其他按份共有人知道或者应当知道最终确定的同等条件的，为共有份额权属转移之日起六个月。

第十二条 按份共有人向共有人之外的人转让其份额，其他按份共有人根据法律、司法解释规定，请求按照同等条件购买该共有份额的，应予支持。

其他按份共有人的请求具有下列情形之一的，不予支持：

（一）未在本解释第十一条规定的期间内主张优先购买，或者虽主张优先购买，但提出减少转让价款、增加转让人负担等实质性变更要求；

（二）以其优先购买权受到侵害为由，仅请求撤销共有份额转让合同或者认定该合同无效。

第十三条 按份共有人之间转让共有份额，其他按份共有人主张根据物权法第一百零一条规定优先购买的，不予支持，但按份共有人之间另有约定的除外。

第十四条 两个以上按份共有人主张优先购买且协商不成时，请求按照转让时各自份额比例行使优先购买权的，应予支持。

第十五条 受让人受让不动产或者动产时，不知道转让人无处分权，且无重大过失的，应当认定受让人为善意。

真实权利人主张受让人不构成善意的，应当承担举证证明责任。

第十六条 具有下列情形之一的，应当认定不动产受让人知道转让人无处分权：

（一）登记簿上存在有效的异议登记；

（二）预告登记有效期内，未经预告登记的权利人同意；

（三）登记簿上已经记载司法机关或者行政机关依法裁定、决定查封或者以其他形式限制不动产权利的有关事项；

（四）受让人知道登记簿上记载的权利主体错误；

（五）受让人知道他人已经依法享有不动产物权。

真实权利人有证据证明不动产受让人应当知道转让人无处分权的，应当认定受让人具有重大过失。

第十七条 受让人受让动产时，交易的对象、场所或者时机等不符合交易习惯的，应当认定受让人具有重大过失。

第十八条 物权法第一百零六条第一款第一项所称的“受让人受让该不动产或者动产

时”，是指依法完成不动产物权转移登记或者动产交付之时。

当事人以物权法第二十五条规定的方式交付动产的，转让动产法律行为生效时为动产交付之时；当事人以物权法第二十六条规定的方式交付动产的，转让人与受让人之间有关转让返还原物请求权的协议生效时为动产交付之时。

法律对不动产、动产物权的设立另有规定的，应当按照法律规定的时间认定权利人是否为善意。

第十九条 物权法第一百零六条第一款第二项所称“合理的价格”，应当根据转让标的物的性质、数量以及付款方式等具体情况，参考转让时交易地市场价格以及交易习惯等因素综合认定。

第二十条 转让人将物权法第二十四条规定的船舶、航空器和机动车等交付给受让人的，应当认定符合物权法第一百零六条第一款第三项规定的善意取得的条件。

第二十一条 具有下列情形之一，受让人主张根据物权法第一百零六条规定取得所有权的，不予支持：

（一）转让合同因违反合同法第五十二条规定被认定无效；

（二）转让合同因受让人存在欺诈、胁迫或者乘人之危等法定事由被撤销。

第二十二条 本解释自2016年3月1日起施行。

本解释施行后人民法院新受理的一审案件，适用本解释。

本解释施行前人民法院已经受理、施行后尚未审结的一审、二审案件，以及本解释施行前已经终审、施行后当事人申请再审或者按照审判监督程序决定再审的案件，不适用本解释。

◎司法文件

最高人民法院关于不得对中国人民银行及其分支机构的办公楼、运钞车、营业场所等进行查封的通知

- 1999年3月4日
- 法〔1999〕28号

各省、自治区、直辖市高级人民法院，解放军军事法院，新疆维吾尔自治区高级人民法院生产建设兵团分院：

近年来，一些地方发生中国人民银行分支机构因行使金融监管权而被列为被告的案件，有的受案法院查封了人民银行的办公楼（内有金库）、运钞车、营业场所，影响了人民银行金融监管工作的正常进行。为防止和杜绝类似事件的发生，特就有关问题通知如下：

中国人民银行是依法行使国家金融行政管理职权的国家机关，根据《中国人民银行法》和《非法金融机构和非法金融活动取缔办法》的规定，对金融业实施监督管理，行使撤销、关闭金融机构，取缔非法金融机构等行政职权。因此，被撤销、关闭的金融机构或被取缔的非法金融机构自身所负的民事责任不应当由行使监督管理职权的中国人民银行承担，更不应以此为由查封中国人民银行及其分支机构的办公楼、运钞车和营业场所。各级人民法院在审理、执行当事人一方为被撤销、关闭的金融机构或被取缔的非法金融机构的经济纠纷案件中，如发现上述问题，应当及时依法予以纠正。

对确应由中国人民银行及其分支机构承担民事责任的案件，人民法院亦不宜采取查封其办公楼、运钞车、营业场所的措施。中国人民银行及其分支机构应当自觉履行已生效的法律文书，逾期不履行的，人民法院在查明事实的基础上，可以依法执行其其他财产。

最高人民法院关于实施最高人民法院《关于人民法院委托评估、拍卖工作的若干规定》有关问题的通知

- 2012年2月6日
- 法〔2012〕30号

各省、自治区、直辖市高级人民法院，新疆维吾尔自治区高级人民法院生产建设兵团分院：

最高人民法院《关于人民法院委托评估、拍卖工作的若干规定》（以下简称《规定》）已由最高人民法院审判委员会第1492次会议通过，并于2012年1月1日起实施。为保证《规定》的顺利实施，现就有关问题通知如下：

一、各省、自治区、直辖市高级人民法院可以根据司法委托评估、拍卖财产的价值和拍卖标的的实际情况，确定参加司法委托评估、拍卖活动机构的资质等级范围。未开展资质等级评定的评估行业，人民法院可以会同当地行业主管部门或评估行业协会，确定参加人民法院评估活动机构的资质条件。

二、拍卖机构的资质等级，指由中国拍卖行业协会根据《拍卖企业的等级评估与等级划分》评定的拍卖机构资质等级。

评估机构的资质等级，指由国家有关评估行业主管部门或评估行业协会评定的评估机构资质等级。

三、符合资质等级标准的评估、拍卖机构，每年年末向所在地区的高级或中级人民法院提出申请，作为下一年度人民法院委托评估、拍卖入选机构，履行相应的责任和义务。

四、各级人民法院对外委托拍卖案件，均须在“人民法院诉讼资产网”上发布拍卖公告，公示评估、拍卖相关信息和结果，法律法规另有规定不需向社会公开的除外。

五、司法委托拍卖标的为国有及国有控股企业的资产及其权益，人民法院委托拍卖机构后，通过省级以上国有产权交易机构的国有产权产易平台依照相关法律法规和司法解释进行拍卖，法律法规另有规定的除外。

六、司法委托拍卖标的为在证券交易所或国务院批准的其他证券交易场所交易、转让的证券，包括股票、国债、公司债券、封闭式基金等证券类资产，人民法院通过证券公司委托证券交易所或国务院批准的其他证券交易场所，由其设立的司法拍卖机构依照相关法律法规、司法解释和交易规则进行拍卖。

七、通过产权交易机构等交易场所或网络平台进行司法委托拍卖所产生的费用在拍卖佣金中扣除。

八、对从事司法委托评估、拍卖活动的机构及责任人未尽责任义务、违规违法操作、存在严重瑕疵，影响评估、拍卖结果的，人民法院可以根据其情节暂停或取消其司法评估、拍卖资格，对违反法律法规的依法处理。

九、最高人民法院负责对各地人民法院实施《规定》的情况进行监督指导。

请各级人民法院将实施《规定》的过程中遇到的问题和情况及时逐级报告我院。

最高人民法院印发《关于加强和规范人民法院网络司法拍卖工作的意见》的通知

- 2015年12月24日
- 法〔2015〕384号

各省、自治区、直辖市高级人民法院，解放军军事法院，新疆维吾尔自治区高级人民法院生产建设兵团分院：

《最高人民法院关于加强和规范人民法院网络司法拍卖工作的意见》经最高人民法

院2015年第11次院长办公会讨论通过，现予印发，请认真贯彻执行。

最高人民法院关于加强和规范人民法院网络司法拍卖工作的意见

为贯彻落实《最高人民法院关于全面深化人民法院改革的意见》，适应互联网信息技术发展新形势，实现依法、公开、公平、便民的司法拍卖工作目标，根据《中华人民共和国民事诉讼法》、最高人民法院相关司法解释和有关文件规定，制定本意见。

一、各级人民法院要高度重视网络司法拍卖工作。网络司法拍卖工作是人民法院依照法律规定，在互联网平台上公开拍卖诉讼资产的司法行为，是执行工作的重要组成部分。加强和规范人民法院网络司法拍卖工作，是公开司法、司法为民的本质要求，是保障当事人合法权益、实现诉讼资产价值最大化的有效途径，是全面深化人民法院改革的重要内容，是提高人民法院司法公信力的重要举措，要切实抓紧抓好。

二、进一步明确职责，实行归口管理。网络司法拍卖工作坚持执行与拍卖相分离的原则，最高人民法院司法行政装备管理局司法辅助工作办公室负责指导全国法院网络司法拍卖工作。地方各级人民法院司法技术辅助工作部门负责网络司法拍卖工作。

三、坚持公开透明，接受各方面监督。各级人民法院必须在人民法院诉讼资产网以及各地法院选择的网络交易平台上发布拍卖公告、随机选择机构结果和成交结果等信息，公开司法拍卖信息。

四、严格依法办事，方便人民群众和审判工作。人民法院开展司法拍卖应全面推行网上拍卖方式，各高级人民法院结合当地实际，选择具有信息发布、网上报名、网上竞价、网上结算等功能且运作规范、安全可靠、服务优质的网络平台开展网络司法拍卖。选定的网络平台必须链接人民法院诉讼资产网，实现信息与资源共享。对不宜在网上拍卖或不具备条件的，可以采取现场拍卖方式。

五、完善、规范委托拍卖和法院自主拍卖行为。人民法院开展网络司法拍卖原则上应将拍卖事物委托给符合要求的专业拍卖机构进行，选择拍卖机构一律采取公开随机方式。有条件的法院或不适宜委托拍卖的诉讼资产，可由法院在网络平台上自主拍卖。各高级人民法院应根据相关规定，降低司法拍卖佣金和拍卖成本。采取委托拍卖方式的，司法拍卖成本由买受人以拍卖佣金方式承担。人民法院自主拍卖诉讼资产的，成本由法院承担。

六、加强监督监察，确保司法廉洁。人民法院在开展网络司法拍卖过程中，要严格执行法律法规司及司法解释，健全各项规章制度，加强对网络平台流程环节的监管，强化对法院工作人员、拍卖机构的监管，严防串标等违规行为，确保网络拍卖资产、资金、信息的安全。

本意见自2016年1月1日起执行。各高级人民法院根据本意见，结合当地实际，制定实施细则，并报最高人民法院备案。

◎请示答复

最高人民法院关于产权人生前已处分的房屋死后不宜认定为遗产的批复

- 1987年6月24日
- 〔1987〕民他字第31号

贵州省高级人民法院：

你院《关于陶冶与邓秀芳财产继承一案的请示报告》收悉。据报告称，陶庭柱、陶齐氏夫妇生育一子（陶国祥）二女（陶冶，另一女早亡)，陶庭柱于1924年死亡，遗有祖遗房屋三间。陶齐氏于1941年将三间房屋过户在儿子陶国祥名下并交了该房产权状。解放后该房产权仍由陶国祥登记，并管理使用达四十余年，直至1968年陶齐氏死亡时，双方均未提出异议，1983年陶国祥死亡后，陶冶以房屋系父母遗产为由要求继承。一、二审判决认定陶冶无权继承此房，你院裁定将此案发回安顺地区中级法院再审，并向我院请示。

我们研究认为，此案讼争房屋虽系祖遗产，但陶齐氏已将产权状交与陶国祥，并在两次产权登记和私房改造中，均确定由陶国祥长期管理使用，陶冶在陶齐氏生前从未提出异议。据此应当认为该房产权早已转归陶国祥夫妻共有。陶国祥死后的遗产，依法应由邓秀芳及其子女继承。陶冶无权要求继承。

最高人民法院关于法院扣押的财产被转卖应否追索问题的复函

- 1993年8月16日
- 经他〔1993〕19号

内蒙古自治区高级人民法院：

你院内高法(1993)20号关于开鲁县法院扣押的拖拉机是否应追究的请示收悉。现答复如下：

鉴于对开鲁县人民法院在扣押张洪杰的拖拉机时手续不够完备，而根据你院报送的材料尚难以断定建材厂知道拖拉机已被扣押，以后建材厂又实际占有并出资对拖拉机进行了修理，因此，同意你院提出的不再追索拖拉机，而由建材厂一次性给付小街基供销社五千余元，由张洪杰赔偿建材厂所受损失及承担执行费用的处理意见。

关于执行过程中发生冲突及伤害问题，请你院根据查明的事实依法妥善处理。

最高人民法院关于山西省太原市中级人民法院执行深圳市罗湖对外经济发展公司房产问题的复函

- 1996年5月26日
- 法函〔1996〕89号

山西省高级人民法院、广东省高级人民法院：

山西省高级人民法院晋高法执字(1994)第65号和广东省高级人民法院粤高法经一行字(1995)第66号报告均已收悉。经研究，答复如下：

1994年4月20日山西省太原市中级人民法院对山西省物资贸易中心诉深圳市罗湖对外经济发展公司购销合同纠纷案做出判决，双方当事人均未上诉。同年7月21日太原市中级人民法院开始执行。10月7日，该院裁定将深圳市罗湖对外经济发展公司座落在深圳市莲塘第一工业小区135栋总建筑面积为6326平方米的六层厂房以物抵债给山西省物资贸易中心。11月4日双方当事人在太原市、深圳市中级人民法院的监督下，对该厂房进行了交接。因该厂房所在地莲塘工业区属深圳市土地未清理区域，所以深圳市规划国土局暂不办理房地产证。同年12月8日深圳市人民政府给山西省物资贸易中心发了产权代用证。本院认为，虽然深圳市中级人民法院于1994年11月3日受理了罗湖对外经济发展公司申请破产案，但是考虑到上述实际情况，应认定山西省太原市中级人民法院已执行完毕，以物抵债的厂房所有权已经转移。深圳市中级人民法院不应再将该厂房作为破产财产处理。如果该房产的价值超过山西省物资贸易中心所享有的债权，超过部分可作为破产财产。

最高人民法院关于转卖人民法院查封房屋行为无效问题的复函

• 1997 年 4 月 7 日
• 经他字第 8 号

北京市高级人民法院：

你院京高法〔1996〕385 号《关于查封房屋因未告知房管部门被出卖应如何执行的请示》收悉，经研究，答复如下：

北京市第二中级人民法院在审理广州市海珠区南华西物资公司诉北京亚运特需供应公司购销合同纠纷一案中，依法作出的〔1994〕中法调字第 23 号民事裁定书虽未抄告房管部门，但已送达当事人，根据《中华人民共和国民事诉讼法》第一百四十一条规定，诉前保全的裁定是不准上诉的裁定，依该裁定书保全查封被告的房产，属合法有效。北京亚运特需供应公司在此后擅自将其已被查封的房产转卖给北京沃克曼贸易开发有限责任公司的行为是违法的，所订立的房屋买卖合同系无效合同。北京市高级人民法院〔1995〕高经终字第 11 号民事判决书确定该案保全查封的房产为执行的标的物是正确的。北京亚运特需供应公司在其未能履行生效判决书所确定的还债义务时，以拍卖或变卖本案保全查封的房产的价款偿还债务，于法有据。至于北京沃克曼开发有限责任公司是否为善意第三人及其利益的保护等问题，可通过诉讼另案解决。

最高人民法院关于人民法院查封的财产被转卖是否保护善意取得人利益问题的复函

• 1999 年 11 月 17 日
• 〔1999〕执他字第 21 号

河北省高级人民法院：

你院《关于被执行人转卖法院查封财产第三人善意取得是否应予保护的请示》收悉。经研究，答复如下：

人民法院依法查封的财产被转卖的，对买受人原则上不适用善意取得制度。但鉴于所请示的案件中，有关法院在执行本案时，对液化气铁路罐车的查封手续不够完备，因此在处理时对申请执行人和买受人的利益均应给予照顾，具体可对罐车或其变价款在申请执行人和买受人之间进行公平合理分配。

最高人民法院就新疆高院《关于执行我院(1999)新经初字第 10 号民事判决书而义务协助单位持不同意见要求协调的报告》的复函

• 2000 年 9 月 4 日
• 〔2000〕执协字第 34 号

新疆维吾尔自治区高级人民法院：

你院(1999)新执字第 35—2 号《关于执行我院(1999)新经初字第 10 号民事判决书而义务协助单位持不同意见要求协调的报告》收悉。经研究，答复如下：

北京三峡兴业商贸公司三门峡分公司(以下简称兴业公司)向中国农业银行河南省三门峡市湖滨区支行营业部(以下简称湖滨支行)申请办理银行承兑汇票，以张朝钧在湖滨支行的人民币 240 万元存款作担保，并将存单交给湖滨支行作质押，取得湖滨支行开出的金额为人民币 240 万元的银行承兑汇票。中国农业银行杭州市西湖支行(以下简称西湖支行)依据此银行承兑汇票依法办理了贴现手续，支付了对价款，同时成为此银行汇票的合法持票人；在该汇票到期日，承兑行湖滨支行应无条件向西湖支行支付此笔票据款项。依据《担保法》的有关规定，湖滨支行对张朝钧出质的人民币 240 万元存单享有质权。故你院(1999)新执字第 35—1 号民事裁定书裁定扣划湖滨支行享有质权的存款人民币 240 万元及相应利息、裁定“终止执行”西湖支行合法持有的 VIV03784522 号银行承兑汇票是错误的。请你院在接到此件后，十日内撤销(1999)新执字第35—1号民事裁定书。

最高人民法院关于执行案件中车辆登记单位与实际出资购买人不一致应如何处理问题的复函

- 2000年11月21日
- 〔2000〕执他字第25号

上海市高级人民法院：

你院沪高法〔1999〕321号《关于执行案件车辆登记单位与实际出资购买人不一致应如何处理的请示》收悉。经研究，答复如下：

本案被执行人即登记名义人上海福久快餐有限公司对其名下的三辆机动车并不主张所有权；其与第三人上海人工半岛建设发展有限公司签订的协议书与承诺书意思表示真实，并无转移财产之嫌；且第三人出具的购买该三辆车的财务凭证、银行账册明细表、缴纳养路费和税费的凭证，证明第三人为实际出资人，独自对该三辆机动车享有占有、使用、收益和处分权。因此，对本案的三辆机动车不应确定登记名义人为车主，而应当依据公平、等价有偿原则，确定归第三人所有。故请你院监督执行法院对该三辆机动车予以解封。

最高人民法院执行工作办公室关于执行案件中所涉房产在另案中已取得执行依据并有抵押权的债权人主张优先受偿的情况下能否分割执行的问题

- 2001年4月30日
- 〔2001〕执他字第6号

湖北省高级人民法院：

你院〔2000〕鄂执呈字第60号请示报告收悉。经研究，现答复如下：

关于你院执行最高人民法院〔1996〕经终字第270号民事判决一案所涉的房产，在已取得执行依据并有抵押权的债权人主张优先受偿的情况下能否分割执行的问题，我们认为，鉴于该房产是被执行人唯一可供执行的财产，且经多次拍卖不成，为公平保护抵押权人、申请执行人、债务人的合法权益，你院可以在申请执行人同意以物抵债的情况下，将该房产按照最后拍卖未成交的底价750万元折价，在申请执行人与抵押权人之间分割执行。折价后的房产应优先扣除有抵押权的债权额部分，剩余部分抵偿给本案债权人。对有抵押权的债权额的核定等事项，应当听取该债权人与被执行人及其执行法院的意见。

最高人民法院关于人民法院在强制执行程序中处分被执行人国有资产适用法律问题的请示报告的复函

- 2001年12月27日
- 〔2001〕执他字第13号

陕西省高级人民法院：

你院(2000)陕执请字第09号《关于人民法院在强制执行程序中处分被执行人国有资产适用问题的请示报告》收悉。经研究，答复如下：

国务院发布的《国有资产评估管理办法》(国务院91号令)关于国有资产评估中申请立项及审核确认的规定，确定了对国有资产占用单位在自主交易中进行评估的程序，其委托评估的主体是国有资产的占有企业，在特殊情况下可由国有资产管理部门委托评估。该《办法》对人民法院在执行程序中委托评估作为被执行人的国有企业的资产，并无相应的规定。人民法院在执行中委托评估也无须参照适用该《办法》，而应根据《最高人民法院关于人民法院执行工作若干问题的规定(试行)》第47条的规定办理，即由人民法院自行委托依法成立的资产评估机构进行；对评估机构的评估结论，应由执行法院独立审核确认并据以确定拍卖、变卖的底价。因此,只要执行法院委托了依法成立的评估机构进行评估,并据以判断认为核评估结论不存在重大错误,该评估程序和结果就是合法有效的。故石泉县人民法院在执行中委托评估的执行行为合法,应予以维持。

最高人民法院执行工作办公室关于超过抵押登记期限的房地产被查封处理后原抵押权人是否有权优先受偿的请示的答复

- 2002年7月10日
- 〔2000〕执他字第10号

湖南省高级人民法院:

你院〔2000〕湘高法执请字第4号《关于超过抵押登记期限的房地产被查封处理后,原抵押权人是否有权优先受偿的请示》收悉。经研究,答复如下:

依据《中华人民共和国担保法》第52条规定:"抵押权与其担保的债权同时存在,债权消灭的,抵押权也消灭。"抵押期限对抵押权的存续不具有法律约束力,抵押权不因当事人约定的或者登记部门要求登记的期限经过而消灭。本案中交通银行深圳分行发展大厦支行对金田大厦第九层三、四、五号房产设定的抵押权仍然有效。汨罗法院对该房产拍卖所得价款应当由抵押权人优先受偿。深圳市规划国土局罗湖分局应当根据汨罗法院协助执行通知书的要求协助执行。

此复

最高人民法院关于破产企业国有划拨土地使用权应否列入破产财产等问题的批复

- 2003年4月16日
- 法释〔2003〕6号

湖北省高级人民法院:

你院鄂高法〔2002〕158号《关于破产企业国有划拨土地使用权应否列入破产财产以及有关抵押效力认定等问题的请示》收悉。经研究,答复如下:

一、根据《中华人民共和国土地管理法》第五十八条第一款第(四)项及《城镇国有土地使用权出让和转让暂行条例》第四十七条的规定,破产企业以划拨方式取得的国有土地使用权不属于破产财产,在企业破产时,有关人民政府可以予以收回,并依法处置。纳入国家兼并破产计划的国有企业,其依法取得的国有土地使用权,应依据国务院有关文件规定办理。

二、企业对其以划拨方式取得的国有土地使用权无处分权,以该土地使用权为标的物设定抵押,除依法办理抵押登记手续外,还应经具有审批权限的人民政府或土地行政管理部门批准。否则,应认定抵押无效。如果企业对以划拨方式取得的国有土地使用权设定抵押时,履行了法定的审批手续,并依法办理了抵押登记,应认定抵押有效。根据《中华人民共和国城市房地产管理法》第五十条和《中华人民共和国担保法》第五十六条的规定,抵押权人只有在以抵押标的物折价或拍卖、变卖所得价款缴纳相当于土地使用权出让金的款项后,对剩余部分方可享有优先受偿权。但纳入国家兼并破产计划的国有企业,其用以划拨方式取得的国有土地使用权设定抵押的,应依据国务院有关文件规定办理。

三、国有企业以关键设备、成套设备、厂房设定抵押的效力问题,应依据法释〔2002〕14号《关于国有工业企业以机器设备等财产为抵押物与债权人签订的抵押合同的法律效力问题的批复》办理。

国有企业以建筑物设定抵押的效力问题,应区分两种情况处理:如果建筑物附着于以划拨方式取得的国有土地使用权之上,将该建筑物与土地使用权一并设定抵押的,对土地使用权的抵押需履行法定的审批手续,否则,应认定抵押无效;如果建筑物附着于以出让、转让方式取得的国有土地使用权之上，将该建筑物与土地使用权一并设定抵押的，即使未经有关主管部门批准，亦应认定抵押有效。

本批复自公布之日起施行，正在审理或者尚未审理的案件，适用本批复，但对提起再审的判决、裁定已经发生法律效力的案件除外。

此复

最高人民法院执行工作办公室关于诸城兴贸玉米开发有限公司申请执行国营青岛味精厂案中有关财产评估、变卖等问题的复函

- 2003年8月5日
- 〔2002〕执他字第14号

山东省高级人民法院：

你院鲁高法函〔2002〕41号《关于案件执行中涉及有关财产评估、变卖等问题的请示报告》收悉。经研究，答复如下：

根据你院报告，诸城兴贸玉米开发有限公司申请执行国营青岛味精厂一案中。执行的财产属于无法拍卖的特品。如此情况属实，则可以变卖。评估报告未送达给有关当事人，并不影响依据评估报告确定变卖的价格。被执行人提出评估价格过低的问题，如查证属实，应当对变卖价款进行适当调整，但仍应维持执行法院变卖财产裁定的效力。执行法院撤销此变卖财产裁定的裁定，应予撤销。

鉴于在四方区法院作出变卖财产裁定后，青岛市中级人民法院受理了以被执行人为债务人的破产案件，如果变卖裁定中所涉及的财产的所有权尚未转移给买受人，则应当交由破产程序处理。对于不动产和有登记的特定动产，应当以变卖裁定生效日期为财产权转移日期；对于动产，应当以实际交付给买受人的日期为财产权转移日期。

此复

最高人民法院关于对第三人通过法院变卖程序取得的财产能否执行回转及相关法律问题的请示复函

- 2003年8月5日
- 〔2001〕执他字第22号

山东省高级人民法院：

你院鲁高法函〔2001〕65号《关于对第三人通过法院变卖程序取得的财产能否执行回转及相关法律问题的请示》收悉。经研究，答复如下：

青岛市中级人民法院在执行中，裁定将案外人青岛美达实业股份公司的土地使用权变卖给青岛洁丽日化有限公司，侵犯了青岛美达实业股份公司的合法权益，是错误的。人民法院在执行中依法采取拍卖、变卖措施，是基于国家公权力的行为，具有公信力。买受人通过法院的拍卖、变卖程序取得财产的行为，不同于一般的民间变易行为，对其受让所获得的权益应当予以保护。根据本案的具体情况，买受人已经取得的土地使用权不宜再执行回转。你院可据此尽力促成案外人青岛美达实业股份公司与买受人青岛洁丽日化有限公司和解，妥善处理本案。

在第一次评估报告已经过期并自动失效的情况下据此报告确定拍卖保留价并委托拍卖的行为违反法定程序。

最高人民法院执行工作办公室关于《合同法》生效前承包人的工程款与抵押权的受偿顺序问题的请示的答复

- 2003年9月4日
- 〔2003〕执他字第27号

湖南省高级人民法院：

你院〔2003〕湘法执行他字第05－1号

《关于合同法生效前承包人的工程款与抵押权的受偿顺序问题的请示报告》收悉。经研究,答复如下:

同意你院关于应当按照最高人民法院相关负责人在全国民事审判工作座谈会上的讲话精神处理的倾向性意见及理由。

最高人民法院关于房地产管理机关能否撤销错误的注销抵押登记行为问题的批复

- 2003 年 11 月 17 日
- 法释〔2003〕17 号

广西壮族自治区高级人民法院:

你院《关于首长机电设备贸易(香港)有限公司不服柳州市房产局注销抵押登记、吊销〔1997〕柳房他证字第 0410 号房屋他项权证并要求发还 0410 号房屋他项权证上诉一案的请示》收悉。经研究答复如下:

房地产管理机关可以撤销错误的注销抵押登记行为。

此复

最高人民法院对工商银行福建省厦门市分行对陕西省高级人民法院执行厦门宏都大饭店异议案的复函

- 2004 年 2 月 27 日
- 〔2003〕执监字第 99 号

陕西省高级人民法院:

你院(2000)陕执经字第 04 号《关于宝鸡市怡高工贸有限公司申请执行厦门宏都大饭店债务纠纷一案有关情况的报告》收悉,经研究,答复如下:

中国工商银行厦门市分行(以下简称厦门工行)与厦门普益房地产有限公司(以下简称普益公司)、厦门宏都大饭店(以下简称宏都饭店)系列借款担保纠纷案,厦门市中级人民法院作出(2000)厦经初字第 81 至 90 号、384 号民事判决,均确认:普益公司对其开发的普利花园项目包括宏都饭店使用的该项目 B 幢大楼享有所有权;厦门工行对该项目大部分房产包括你院查封的宏都饭店房产享有抵押权。你院对此也无异议。这即否定了你院的查封效力,因为你院查封的房产并非被执行人宏都饭店的房产,宏都饭店并不享有其正在使用且被你院查封的房产的所有权。

你院查封宏都饭店房产以及驳回厦门工行异议的有关民事裁定书违反了有关法律和司法解释的规定,应依法予以撤销;你院应对查封的房产予以解封,交由厦门市中级人民法院依法执行。

最高人民法院关于转发国土资源部《关于国有划拨土地使用权抵押登记有关问题的通知》的通知

- 2004 年 3 月 23 日
- 法发〔2004〕11 号

各省、自治区、直辖市高级人民法院,解放军军事法院,新疆维吾尔自治区高级人民法院生产建设兵团分院:

国土资源部于 2004 年 1 月 15 日发布了国土资发〔2004〕9 号《关于国有划拨土地使用权抵押登记有关问题的通知》。现将该《通知》转发给你们,在《通知》发布之日起,人民法院尚未审结的涉及国有划拨土地使用权抵押经过有审批权限的土地行政管理部门依法办理抵押登记手续的案件,不以国有划拨土地使用权抵押未经批准而认定抵押无效。已经审结的案件不应依据该《通知》提起再审。

特此通知

最高人民法院关于装修装饰工程款是否享有合同法第二百八十六条规定的优先受偿权的复函

- 2004年12月8日
- 〔2004〕民一他字第14号

福建省高级人民法院：

你院闽高法〔2004〕143号《关于福州市康辉装修工程有限公司与福州天胜房地产开发有限公司、福州绿叶房产代理有限公司装修工程承包合同纠纷一案的请示》收悉。经研究，答复如下：

装修装饰工程属于建设工程，可以适用《中华人民共和国合同法》第二百八十六条关于优先受偿权的规定，但装修装饰工程的发包人不是该建筑物的所有权人或者承包人与该建筑物的所有权人之间没有合同关系的除外。享有优先权的承包人只能在建筑物因装修装饰而增加价值的范围内优先受偿。

最高人民法院执行工作办公室关于被执行人房产的登记名义人以被执行人的房产另案为他人借款提供有效抵押担保执行中应当保护另案抵押权人优先受偿权等有关问题的答复

- 2004年5月10日
- 〔2003〕执他字第2号

甘肃省高级人民法院、北京市高级人民法院：

你们两院关于兰州市中级人民法院执行甘肃省租赁有限公司（简称租赁公司）诉甘肃省新地实业发展集团公司（简称新地公司）案与北京市海淀区人民法院执行北京市农村信用合作社营业部（简称信用社）诉银恒信投资有限公司（简称银恒信公司）及赵永吉案发生争议的有关报告收悉。经研究答复如下：

据北京市海淀区人民法院〔2002〕海民初字第7850号和7消1号两项判决所确认，赵永吉以位于北京市昌平区史各庄乡定福皇庄75号之碧水庄园一期1－1房产（房地产权号为1260010）和1－7房产（房地产权号为1260012）为抵押，分别为银恒信公司于2001年11月8日向信用社所贷的两笔贷款（一笔是200万，另一笔贷款为180万）提供担保，并办理了抵押登记。

经我们审阅案件材料并向登记机关核实，信用社向房屋登记机关出具的“注销证明”，其同意注销的是2000年6月5日签订的借款合同（到期日为2001年10月）及其项下的抵押，注销原抵押登记是为了办理2001年11月签订的新借款合同（到期日为2002年4月）的抵押。登记机关所收回的他项权证也是2000年6月办理的原来的抵押权证书。2001年11月办理的新的抵押并没有注销，他项权证也没有收回。

兰州市中级人民法院在执行中，查明被执行人新地公司将公司财产登记在赵永吉名下，因此将赵永吉追加为被执行人，这一做法虽并无不当，但因登记名义人赵永吉以该房产抵押，且抵押系有效设立，抵押权人信用社仍有权就该抵押房产优先受偿。兰州市中级人民法院2002年7月17日在两院协调期间，做出〔2002〕兰法执字第122－2号裁定，将上述房产抵债给租赁公司，这一做法是错误的，侵害了信用社的优先受偿权，应当予以纠正。如租赁公司能够在合理期限内直接向信用社清偿，可维护该裁定；否则，兰州市中级人民法院应当撤销该裁定。如上述房产的价值在优先清偿信用社债权后没有剩余，应交由北京市海淀区人民法院执行。

请你们两院监督兰州市中级人民法院和北京市海淀区人民法院做好下一步的落实工作。

最高人民法院执行工作办公室关于深圳市苏一建实业有限公司主张工程款优先受偿执行申诉案的复函

• 2005 年 7 月 9 日
• 〔2004〕执监字第 62－1 号

广东省高级人民法院：

你院〔2004〕粤高法执督字第 65 号《关于深圳中院执行瑞京隆房地产开发（深圳）有限公司的情况报告》收悉。经研究，提出以下处理意见：

一、同意你院督促汕尾中院依法抓紧执结深圳市苏一建实业有限公司（以下简称苏一建公司）与瑞京隆房地产开发（深圳）有限公司建设工程合同的铝合金门窗及幕墙工程纠纷一案的意见。

二、关于苏一建公司主张工程款优先受偿问题。鉴于该案合同成立于《合同法》实施之前，当时法律没有规定工程款优先受偿制度，因此，根据我院《关于适用〈中华人民共和国合同法〉若干问题的解释（一）》第一条的规定，当时没有法律规定的，可以适用《合同法》的有关规定。

请你院接此函后，监督深圳中院尽快依法执结此案。

最高人民法院关于企业法人分支机构未经授权以登记在其名下的房地产为他人提供的抵押合同的效力应如何认定问题请示之答复

• 2005 年 11 月 16 日
• 〔2005〕民二他字第 8 号

河南省高级人民法院：

你院《关于企业法人分支机构未经授权以登记在其名下的房地产为他人提供的抵押合同的效力应如何认定问题请示》收悉。经研究，答复如下：

根据我国房地产法律关于登记确权规定之精神，企业法人的分支机构以登记在其名下的房地产为他人债权设定抵押，该抵押设定行为符合担保法规定的抵押权生效条件的，人民法院应当认定有效。

最高人民法院关于同一法院在不同案件中是否可以对同一财产采取轮候查封、扣押、冻结保全措施问题的答复

• 2006 年 1 月 10 日
• 〔2005〕执他字第 24 号

江苏省高级人民法院：

你院《关于同一法院在不同案件中是否可以对同一财产采取轮候查封、扣押、冻结保全措施的请示》收悉。经研究，答复如下：

设立轮候查封、扣押、冻结制度，目的是为了解决多个债权对同一执行标的物受偿的先后顺序问题。因此，根据最高人民法院《关于人民法院民事执行中查封、扣押、冻结财产的规定》第二十八条规定的精神，只档是同一个债权，不论是不是同一个债权人，受理案件的法院是不是同一个法院，都应当允许对已被查封、扣押、冻结的财产进行轮候查封、扣押、冻结；同一法院在不同案件中也可以对同一财产采取轮候查封、扣押、冻结保全措施。

此复

最高人民法院执行工作办公室关于中国工商银行大连市不良资产处置中心执行大连海悦房地产有限公司一案拍卖财产竞买人主张拍卖有效申诉案的请示的答复

• 2006年6月26日
• 〔2006〕执他字第2号

辽宁省高级人民法院：

你院〔2005〕辽执一监字第116号《关于中国工商银行大连市不良资产处置中心执行大连海悦房地产有限公司一案拍卖财产竞买人主张拍卖有效申诉案的请示报告》收悉。经研究，答复如下：

原则同意你院审判委员会多数人的意见。本案执行标的物委托拍卖后，拍卖标的物买受人虽然受某些客观因素影响而未在执行法院指定的期限内交付款项，但在拍卖行将买受人迟延付款的有关情况报告执行法院后，执行法院既没有明确表态，也没有采取其他执行措施，可视为是执行法院对买受人迟延付款的默认。同时，考虑到本案执行标的物两次拍卖流拍以及拍卖标的物买受人已筹措到竞买款等实际情况，根据《关于人民法院民事执行中拍卖、变卖财产的规定》第二十五条规定的精神，为尽快实现债权人的合法权益，对本次司法拍卖的法律效力应予以维持。

此复

最高人民法院关于民事执行中查封、扣押、冻结财产有关期限问题的答复

• 2006年7月11日
• 法函〔2006〕76号

上海市高级人民法院：

你院《关于民事执行续行查封、扣押、冻结财产问题的请示》（沪高法〔2006〕12号）收悉。经研究，答复如下：

同意你院倾向性意见，即《最高人民法院关于人民法院民事执行中查封、扣押、冻结财产的规定》施行前采取的查封、扣押、冻结措施，除了当时法律、司法解释及有关通知对期限问题有专门规定的以外，没有期限限制。但人民法院应当对有关案件尽快处理。

最高人民法院关于竞买人逾期支付价款是否应当重新拍卖的答复

• 〔2006〕执监字第94－1号

福建省高级人民法院：

关于福州市直房地产开发有限公司、福州金源房地产有限公司与福建龙宇房地产有限公司楼盘权益转让合同纠纷执行一案，你院〔2001〕号闽法执申字第36－15、36－16号报告均已收悉。经研究，答复如下：

一、同意你院关于福建国际青年广场开发有限公司（以下简称青广公司）异议不成立的意见。在你院及福州市中级人民法院执行以青广公司为被执行人和执行担保人的多个案件的情况下，你院对青广公司所有的国际青年交流中心综合楼及其土地使用权采取相关执行措施，有利于案件的协调统一解决。但是，你院在没有作出提级执行裁定或未明确多个债权人参与分配情况下组织拍卖，程序上存在瑕疵，应注意完善有关手续。

二、不同意你院关于重新拍卖的意见。最高人民法院《关于人民法院民事执行拍卖、变卖财产的规定》第二十五条规定，是为了促使买受人尽快支付价款、确保债权尽快实现。本案中，买受人福建关兴房地产开发有限公司（下简称关兴公司）虽然逾期支付拍卖价款，但已于2006年5月18日全部付清，不应仅因其延迟付款而认定拍卖目的难以实现，故拍卖效力应予维持。

三、因买受人关兴公司未按照约定支付价款，根据《中华人民共和国拍卖法》第三十九条之规定，应当承担相应的违约责任。

附：

解读《关于竞买人逾期支付价款是否应当重新拍卖的复函》

一、本复函制作背景

A公司申请执行B公司楼盘转让合同纠纷一案，法院在执行中查明，被执行人B公司在某房地产项目上享有2000万元人民币的权益，遂裁定查封了该项目。因该项目涉及多起执行案件均未履行，故由执行法院统一处理，决定拍卖该项目抵债。2005年11月，执行法院经摇号选择拍卖机构并委托拍卖。2005年12月31日，上述标的物由买受人C公司以人民币6200万元竞得。根据《竞买注意事项》和《拍卖成交确认书》，竞买人应在2006年2月28日前付清成交款。同时，作为买受条件之一，C公司与有关方面签订《拆迁补偿协议》，约定于拍卖成交的次日支付拆迁补偿履约保证金500万元。

但是，C公司实际付清成交款的日期为2006年5月18日，支付拆迁补偿履约保证金也拖至6月5日才付讫。执行法院据此认为，竞买人C公司违反了其所签署的《竞买注意事项》和《拍卖成交确认书》，未在约定的时间内付清拍卖价款，故应当重新拍卖。遂作出重新拍卖的民事裁定书和拍卖委托书于6月8日送达给双方当事人以及拍卖行，并于6月16日将买受人C公司已支付的6200万元拍卖款予以退还。

竞买人C公司对此提出申诉称：根据《成交确认书》，该公司应于2006年2月28日前支付全部拍卖款，但由于资金困难，只按期支付了3170万元，但余款3340万元（含拍卖佣金310万元）已于5月18日全部支付，且6月2日也支付了500万元拆迁补偿履约保证金。该公司逾期支付部分拍卖款属实，但并未致使拍卖目的的难以实现，拍卖结果应受保护。

二、执行法院的意见

执行法院认为，买受人C公司不仅违反了拍卖规则注意事项和《拍卖成交确认书》特别规定的及时支付拍卖价款的义务，逾期付款近3个月的时间，而且违反了同样亦作为买受条件特别约定向关系人支付500万元拆迁补偿履约保证金支付期限。依照《拍卖规定》第二十五条的规定，应当重新拍卖。

三、最高人民法院的意见

《拍卖规定》第二十五条之所以规定买受人逾期未支付价款可以重新拍卖，立法本意主要是为了促使买受人尽快支付价款；同时，通过赋予法院可以裁定重新拍卖的权力，使法院能够在拍卖过程中始终处于主动地位，有效控制整个拍卖程序的顺利进行。从而最大限度的降低执行成本，避免拍卖程序过分拖延，防止衍生出新的问题和纠纷，确保生效法律文书确认的债权尽快得到实现。因此，不能简单的认为，只要买受人未如期支付价款，法院即应裁定重新拍卖，而应该考虑哪种处理方式有利于债权尽快得到实现，更有利于降低拍卖成本。

其次从案件的实际情况来看，买受人确实逾期支付了拍卖价款。但截至5月18日，买受人已向执行法院全额支付了拍卖价款和佣金，这应视为执行法院对买受人延期付款行为的默认。买受人支付价款后，拍卖程序本来可以很快结束，债权也可以立即得以实现。如果法院裁定重新拍卖，既增加了拍卖成本，降低了执行效率，同时本可以立即实现的债权还要再次拖延，显然不是一种好的选择。况且，这样做与《拍卖规定》第二十五条的规范本意不相吻合，更与拍卖的根本目的相悖。

但是，买受人逾期支付拍卖价款，违反了约定的按时付款义务，根据《中华人民共和国拍卖法》第三十九条的规定，应当承担相应的违约责任。关于违约责任的确认程序有两种不同的观点：一种意见认为，执行法院作为委托人，在买受人逾期付款的情况下，可以要求竞买人支付延期付款期间的利息，买受人承担违约责任的方式及数额均可以在执行程序中加以确认,便于提高执行效率。另一种意见认为,买受人逾期付款,实际上给被执行人或申请执行人造成了损失,应由受损害的执行当事人提出申请,通过诉讼程序确认。对此问题现无明文规定,应慎重处理。

最高人民法院关于河北峰峰矿区法院与辽宁营口中院执行中煤沈阳公司争议协调案的处理意见函

- 2008 年 4 月 17 日
- 〔2006〕执协字第 15－1 号

河北省高级人民法院、辽宁省高级人民法院:

邯郸市峰峰矿区人民法院(下称矿区法院)与营口市中级人民法院(下称营口中院)、营口市鲅鱼圈区人民法院(下称鲅鱼圈法院)围绕中国煤炭物资沈阳公司(下称煤炭公司)相关房产的执行和审判所产生的争议协调一案,我院已经审查完毕,现提出如下处理意见:

一、矿区法院查封与营口中院轮候查封的位于营口市经济技术开发区三家子街的房产,虽然房产证号不同,但均指向同一幢房产,矿区法院查封在先,且查封面积大于营口中院的轮候查封面积,营口中院的查封依法不能生效。在矿区法院依法于 2005 年 7 月 18 日作出拍卖成交裁定后,依据我院《关于人民法院民事执行中拍卖、变卖财产的规定》第二十九条之规定,上述涉案房产的所有权就依法转移给竞买人徐万龙所有,营口中院不得将已经转移给徐万龙的房产作为煤炭公司的财产予以执行,不得阻拦矿区法院将拍卖成交的房产交付竞买人徐万龙。

二、人民法院的强制拍卖属于公法意义上的拍卖,如果竞买人或者相关利害关系人对强制拍卖的效力存在异议,可以依法向执行法院或者执行法院的上级法院提出,其他任何机构和个人均无权认定。鲅鱼圈法院无权通过民事诉讼程序判定矿区法院的强制拍卖无效。

以上意见,请遵照执行。

最高人民法院关于不动产所有权发生转移的时间如何确定的请示与答复

- 2008 年 10 月 6 日
- 〔2007〕执他字第 19 号

云南省高级人民法院:

你院《关于拍卖、变卖财产规定第二十九条规定不动产所有权发生转移是否包括“变卖方式的情形”的请示报告》收悉。经研究,答复如下:

人民法院在执行过程中依法裁定变卖土地使用权的,对该土地使用权转移时间的确定,适用最高人民法院《关于人民法院民事执行中拍卖、变卖财产的规定》第二十九条第二款和最高人民法院、国土资源部、建设部《关于依法规范人民法院执行和国土资源房地产管理部门协助执行若干问题的通知》(法发〔2004〕5 号)第 27 条的规定。你院请示的陕西弘丰农业生产资料有限公司是否已根据陕西省高级人民法院〔2002〕陕高法执一民字第 025－2 号民事裁定书取得争议土地使用权的问题,应当按照上述规定精神,依法予以确定并妥善处理。

此复

最高人民法院关于如何处理建设工程款债权与请求交付房产的债权冲突问题的复函

- 2008 年 11 月 5 日
- 〔2008〕执他字第 8 号

青海省高级人民法院:

你院《关于青海量具刃具有限责任公司申请执行青海华峰房地产有限公司土地使用

权转让合同纠纷及浙江东阳三建执行异议一案法律适用问题的请示》收悉。经研究，答复如下：

浙江省东阳第三建筑公司（以下简称东阳三建）请求青海华峰房地产有限公司（以下简称华峰公司）支付建筑工程款的权利以及青海量具刃具有限责任公司（以下简称量具公司）请求华峰交付房产的权利均为债权。依据《物权法》第9条、第30条之规定，争议房产仍属于华峰公司所有，应当作为华峰公司的责任财产由有关债权人按照法定的顺序受偿。依据《合同法》第286条和本院《关于建设工程价款优先受偿权问题的批复》第1条之规定，应当对相应的争议房产进行变价，变价款由东阳三建优先受偿。东阳三建受偿后，剩余价款及未变价处理的房产应当交付量具公司。如无法按照执行依据确定的数量和质量执行实物，对量具公司非金钱债权的差额部分，应当依照本院《关于人民法院执行工作若干问题的规定（试行）》第57条之规定，折价后执行华峰公司的其他财产。

最高人民法院关于人民法院能否在执行程序中以被执行人擅自出租查封房产为由认定该租赁合同无效或解除该租赁合同的答复

- 2009年12月22日
- 〔2009〕执他字第7号

山东省高级人民法院

你院《关于被执行人擅自出租已查封的财产执行程序中人民法院排除执行妨害能否认定该合同无效或解除该租赁合同的请示》收悉。经研究，答复如下：

在执行程序中被执行人擅自处分法院的查封物，包括本案中以出租的形式妨害查封效果的行为，执行法院有权以裁定形式直接予以处理。根据最高人民法院《关于人民法院民事执行中查封、扣押、冻结财产的规定》第26条，被执行人擅自处分查封物，与第三人签订租赁合同，并不当然无效，只是不得对抗申请执行人。第三人依据租赁合同占有查封物的，人民法院可以解除其占有，但不应当在裁定中直接宣布租赁合同无效或解除租赁合同，而仅应指出租赁合同不能对抗申请执行人。

最高人民法院关于法院执行程序中能否对案外人财产进行处理的请示的答复

- 〔2010〕执他字第1号

吉林省高级人民法院：

你院《关于法院执行程序中能否对案外人财产进行处理的请示》收悉。经研究，答复如下：

执行程序中案外人无合法依据占有被执行的标的物不动产的，执行法院依法可以强制迁出；案外人拒不迁出，对标的物上的财产，执行法院可以指定他人保管并通知领取；案外人不领取或下落不明的，为避免保管费用过高或财产价值减损，执行法院可以处分该财产，处分所得价款，扣除搬迁、保管及拍卖变卖等相关费用后，保存于执行法院账户，通知该案外人领取。

最高人民法院关于人民法院在执行程序中能否查封被执行人拥有的药品批准文号的请示的答复

- 2010年6月10日
- 〔2010〕执他字第2号

安徽省高级人民法院：

你院〔2009〕皖执复字第0022号《关于人民法院在执行程序中能否查封被执行人拥有的药品批准文号的请示报告》收悉。经研究，答复如下：

原则同意你院第二种少数人意见。药

品批准文号系车窗药品监督管理部门准许企业生产的合法标志，该批准文号受行政许可法的调整，本身不具有财产价值。因此，人民法院在执行中对药品批准文号不应进行查封。

最高人民法院关于房屋与占用范围内的土地使用权欠缺一并处分条件时如何执行的问题的复函

- 2010年6月29日
- 〔2010〕执他字第8号

辽宁省高级人民法院：

你院〔2009〕辽执一复字第3号《关于房屋与占用范围内的土地使用权欠缺一并处分条件的应否单独处分房屋问题的请示》收悉。经研究，现答复如下：

原则同意你院审判委员会多数人意见。根据房随地走，地随房走的原则及《物权法》第一百四十六条、第一百四十七条和我院《关于人民法院民事执行中查封、扣押、冻结财产的规定》第二十三条第一款的规定，人民法院在执行中需要处理房地产时亦应遵循上述原则和规定。本案中，兴城市市政管理处办公楼系1983年建造，由于当时管理不规范等原因致使权利人与房地产管理部门没有办理相应手续，造成土地权属不明。你院可责成执行法院与当地房地产管理部门协调处理，协调处理不成时，应按房地一致原则处置房产。

第十九章　交付财产和完成行为的执行

◎行政法规

中华人民共和国船舶登记条例(节录)

• 1994 年 6 月 2 日
• 国务院令第 155 号

……

第二条　下列船舶应当依照本条例规定进行登记：

(一)在中华人民共和国境内有住所或者主要营业所的中国公民的船舶。

(二)依据中华人民共和国法律设立的主要营业所在中华人民共和国境内的企业法人的船舶。但是，在该法人的注册资本中有外商出资的，中方投资人的出资额不得低于 50%。

(三)中华人民共和国政府公务船舶和事业法人的船舶。

(四)中华人民共和国港务监督机构认为应当登记的其他船舶。

军事船舶、渔业船舶和体育运动船艇的登记依照有关法规的规定办理。

第三条　船舶经依法登记，取得中华人民共和国国籍，方可悬挂中华人民共和国国旗航行；未经登记的，不得悬挂中华人民共和国国旗航行。

……

第五条　船舶所有权的取得、转让和消灭，应当向船舶登记机关登记；未经登记的，不得对抗第三人。

船舶由二个以上的法人或者个人共有的，应当向船舶登记机关登记；未经登记的，不得对抗第三人。

第六条　船舶抵押权、光船租赁权的设定、转移和消灭，应当向船舶登记机关登记；未经登记的，不得对抗第三人。

……

第三十五条　船舶登记项目发生变更时，船舶所有人应当持船舶登记的有关证明文件和变更证明文件，到船籍港船舶登记机关办理变更登记。

第三十六条　船舶变更船籍港时，船舶所有人应当持船舶国籍证书和变更证明文件，到原船籍港船舶登记机关申请办理船籍港变更登记。对经审查符合本条例规定的，原船籍港船舶登记机关应当在船舶国籍证书签证栏内注明，并将船舶有关登记档案转交新船籍港船舶登记机关，船舶所有人再到新船籍港船舶登记机关办理登记。

第三十七条　船舶共有情况发生变更时，船舶所有人应当持船舶所有权登记证书和有关船舶共有情况变更的证明文件，到船籍港船舶登记机关办理有关变更登记。

第三十八条　船舶抵押合同变更时，抵押权人和抵押人应当持船舶所有权登记证书、船舶抵押权登记证书和船舶抵押合同变更的证明文件，到船籍港船舶登记机关办理变更登记。

对经审查符合本条例规定的，船籍港船舶登记机关应当在船舶所有权登记证书和船舶抵押权登记证书以及船舶登记簿上注明船舶抵押合同的变更事项。

第三十九条　船舶所有权发生转移时，原船舶所有人应当持船舶所有权登记证书、船舶国籍证书和其他有关证明文件到船籍港船舶登记机关办理注销登记。

对经审查符合本条例规定的，船籍港

船舶登记机关应当注销该船舶在船舶登记簿上的所有权登记以及与之相关的登记，收回有关登记证书，并向船舶所有人出具相应的船舶登记注销证明书。向境外出售的船舶，船舶登记机关可以根据具体情况出具注销国籍的证明书或者将于重新登记时立即注销国籍的证明书。

第四十条 船舶灭失（含船舶拆解、船舶沉没）和船舶失踪，船舶所有人应当自船舶灭失（含船舶拆解、船舶沉没）或者船舶失踪之日起3个月内持船舶所有权登记证书、船舶国籍证书和有关船舶灭失（含船舶拆解、船舶沉没）、船舶失踪的证明文件，到船籍港船舶登记机关办理注销登记。经审查核实，船籍港船舶登记机关应当注销该船舶在船舶登记簿上的登记，收回有关登记证书，并向船舶所有人出具船舶登记注销证明书。

第四十一条 船舶抵押合同解除，抵押权人和抵押人应当持船舶所有权登记证书、船舶抵押权登记证书和经抵押权人签字的解除抵押合同的文件，到船籍港船舶登记机关办理注销登记。对经审查符合本条例规定的，船籍港船舶登记机关应当注销其在船舶所有权登记证书和船舶登记簿上的抵押登记的记录。

第四十二条 以光船条件出租到境外的船舶，出租人除依照本条例第二十七条规定办理光船租赁登记外，还应当办理船舶国籍的中止或者注销登记。船籍港船舶登记机关应当封存原船舶国籍证书，发给中止或者注销船舶国籍证明书。特殊情况下，船籍港船舶登记机关可以发给将于重新登记时立即中止或者注销船舶国籍的证明书。

第四十三条 光船租赁合同期满或者光船租赁关系终止，出租人应当自光船租赁合同期满或者光船租赁关系终止之日起15日内，持船舶所有权登记证书、光船租赁合同或者终止光船租赁关系的证明文件，到船籍港船舶登记机关办理光船租赁注销登记。

以光船条件出租到境外的船舶，出租人还应当提供承租人所在地船舶登记机关出具的注销船舶国籍证明书或者将于重新登记时立即注销船舶国籍的证明书。

经核准后，船籍港船舶登记机关应当注销其在船舶所有权登记证书和船舶登记簿上的光船租赁登记的记录，并发还原船舶国籍证书。

第四十四条 以光船条件租进的船舶，承租人应当自光船租赁合同期满或者光船租赁关系终止之日起15日内，持光船租赁合同、终止光船租赁关系的证明文件，到船籍港船舶登记机关办理注销登记。

以光船条件从境外租进的船舶，还应当提供临时船舶国籍证书。

经核准后，船籍港船舶登记机关应当注销其在船舶登记簿上的光船租赁登记，收回临时船舶国籍证书，并出具光船租赁登记注销证明书和临时船舶国籍注销证明书。

……

中华人民共和国民用航空器权利登记条例（节录）

• 1997年10月21日
• 国务院令第233号

……

第二条 在中华人民共和国办理民用航空器权利登记，应当遵守本条例。

第三条 国务院民用航空主管部门主管民用航空器权利登记工作，设立民用航空器权利登记簿，统一记载民用航空器权利登记事项。

同一民用航空器的权利登记事项应当记载于同一权利登记簿中。

第四条 办理民用航空器所有权、占有权或者抵押权登记的，民用航空器权利人应当按照国务院民用航空主管部门的规定，分别填写民用航空器所有权、占有权或者抵押权登记申请书，并向国务院民用航空主管部门提交本条例第五条至第七条规定的相应文件。

办理民用航空器优先权登记的，民用航空器优先权的债权人应当自援救或者保管维护工作终了之日起3个月内，按照国务院民用航空主管部门的规定，填写民用航空器优先权登记申请书，并向国务院民用航空主管部门提交足以证明其合法身份的文件和有关债权证明。

第五条 办理民用航空器所有权登记的，民用航空器的所有人应当提交下列文件或者经核对无误的复印件：

（一）民用航空器国籍登记证书；

（二）民用航空器所有权取得的证明文件；

（三）国务院民用航空主管部门要求提交的其他必要的有关文件。

第六条 办理民用航空器占有权登记的，民用航空器的占有人应当提交下列文件或者经核对无误的复印件：

（一）民用航空器国籍登记证书；

（二）民用航空器所有权登记证书或者相应的所有权证明文件；民用航空器设定抵押的，还应当提供有关证明文件；

（三）符合《中华人民共和国民用航空法》第十一条第（二）项或者第（三）项规定的民用航空器买卖合同或者租赁合同；

（四）国务院民用航空主管部门要求提交的其他必要的有关文件。

第七条 办理民用航空器抵押权登记的，民用航空器的抵押权人和抵押人应当提交下列文件或者经核对无误的复印件：

（一）民用航空器国籍登记证书；

（二）民用航空器所有权登记证书或者相应的所有权证明文件；

（三）民用航空器抵押合同；

（四）国务院民用航空主管部门要求提交的其他必要的有关文件。

第八条 就两架以上民用航空器设定一项抵押权或者就同一民用航空器设定两项以上抵押权时，民用航空器的抵押权人和抵押人应当就每一架民用航空器或者每一项抵押权分别办理抵押权登记。

……

第十五条 民用航空器权利登记事项发生变更时，民用航空器权利人应当持有关的民用航空器权利登记证书和变更证明文件，向国务院民用航空主管部门办理变更登记。

民用航空器抵押合同变更时，由抵押权人和抵押人共同向国务院民用航空主管部门办理变更登记。

……

不动产登记暂行条例

- 2014年11月24日
- 国务院令第656号

第一章 总 则

第一条 为整合不动产登记职责，规范登记行为，方便群众申请登记，保护权利人合法权益，根据《中华人民共和国物权法》等法律，制定本条例。

第二条 本条例所称不动产登记，是指不动产登记机构依法将不动产权利归属和其他法定事项记载于不动产登记簿的行为。

本条例所称不动产，是指土地、海域以及房屋、林木等定着物。

第三条 不动产首次登记、变更登记、转移登记、注销登记、更正登记、异议登记、预告登记、查封登记等，适用本条例。

第四条 国家实行不动产统一登记制度。

不动产登记遵循严格管理、稳定连续、方便群众的原则。

不动产权利人已经依法享有的不动产权利，不因登记机构和登记程序的改变而受到影响。

第五条 下列不动产权利，依照本条例的规定办理登记：

（一）集体土地所有权；

（二）房屋等建筑物、构筑物所有权；

（三）森林、林木所有权；

（四）耕地、林地、草地等土地承包经营权；

（五）建设用地使用权；

（六）宅基地使用权；

（七）海域使用权；

（八）地役权；

（九）抵押权；

（十）法律规定需要登记的其他不动产权利。

第六条 国务院国土资源主管部门负责指导、监督全国不动产登记工作。

县级以上地方人民政府应当确定一个部门为本行政区域的不动产登记机构，负责不动产登记工作，并接受上级人民政府不动产登记主管部门的指导、监督。

第七条 不动产登记由不动产所在地的县级人民政府不动产登记机构办理；直辖市、设区的市人民政府可以确定本级不动产登记机构统一办理所属各区的不动产登记。

跨县级行政区域的不动产登记，由所跨县级行政区域的不动产登记机构分别办理。不能分别办理的，由所跨县级行政区域的不动产登记机构协商办理；协商不成的，由共同的上一级人民政府不动产登记主管部门指定办理。

国务院确定的重点国有林区的森林、林木和林地，国务院批准项目用海、用岛，中央国家机关使用的国有土地等不动产登记，由国务院国土资源主管部门会同有关部门规定。

第二章 不动产登记簿

第八条 不动产以不动产单元为基本单位进行登记。不动产单元具有唯一编码。

不动产登记机构应当按照国务院国土资源主管部门的规定设立统一的不动产登记簿。

不动产登记簿应当记载以下事项：

（一）不动产的坐落、界址、空间界限、面积、用途等自然状况；

（二）不动产权利的主体、类型、内容、来源、期限、权利变化等权属状况；

（三）涉及不动产权利限制、提示的事项；

（四）其他相关事项。

第九条 不动产登记簿应当采用电子介质，暂不具备条件的，可以采用纸质介质。不动产登记机构应当明确不动产登记簿唯一、合法的介质形式。

不动产登记簿采用电子介质的，应当定期进行异地备份，并具有唯一、确定的纸质转化形式。

第十条 不动产登记机构应当依法将各类登记事项准确、完整、清晰地记载于不动产登记簿。任何人不得损毁不动产登记簿，除依法予以更正外不得修改登记事项。

第十一条 不动产登记工作人员应当具备与不动产登记工作相适应的专业知识和业务能力。

不动产登记机构应当加强对不动产登记工作人员的管理和专业技术培训。

第十二条 不动产登记机构应当指定专人负责不动产登记簿的保管，并建立健全相应的安全责任制度。

采用纸质介质不动产登记簿的，应当配备必要的防盗、防火、防渍、防有害生物等安全保护设施。

采用电子介质不动产登记簿的，应当配备专门的存储设施，并采取信息网络安全防护措施。

第十三条 不动产登记簿由不动产登记机构永久保存。不动产登记簿损毁、灭失的，不动产登记机构应当依据原有登记资料予以重建。

行政区域变更或者不动产登记机构职能调整的，应当及时将不动产登记簿移交相应的不动产登记机构。

第三章 登记程序

第十四条 因买卖、设定抵押权等申请不动产登记的，应当由当事人双方共同申请。

属于下列情形之一的，可以由当事人单方申请：

（一）尚未登记的不动产首次申请登记的；

（二）继承、接受遗赠取得不动产权利的；

（三）人民法院、仲裁委员会生效的法律文书或者人民政府生效的决定等设立、变更、转让、消灭不动产权利的；

（四）权利人姓名、名称或者自然状况发生变化，申请变更登记的；

（五）不动产灭失或者权利人放弃不动产权利，申请注销登记的；

（六）申请更正登记或者异议登记的；

（七）法律、行政法规规定可以由当事人单方申请的其他情形。

第十五条 当事人或者其代理人应当到不动产登记机构办公场所申请不动产登记。

不动产登记机构将申请登记事项记载于不动产登记簿前，申请人可以撤回登记申请。

第十六条 申请人应当提交下列材料，并对申请材料的真实性负责：

（一）登记申请书；

（二）申请人、代理人身份证明材料、授权委托书；

（三）相关的不动产权属来源证明材料、登记原因证明文件、不动产权属证书；

（四）不动产界址、空间界限、面积等材料；

（五）与他人利害关系的说明材料；

（六）法律、行政法规以及本条例实施细则规定的其他材料。

不动产登记机构应当在办公场所和门户网站公开申请登记所需材料目录和示范文本等信息。

第十七条 不动产登记机构收到不动产登记申请材料，应当分别按照下列情况办理：

（一）属于登记职责范围，申请材料齐全、符合法定形式，或者申请人按照要求提交全部补正申请材料的，应当受理并书面告知申请人；

（二）申请材料存在可以当场更正的错误的，应当告知申请人当场更正，申请人当场更正后，应当受理并书面告知申请人；

（三）申请材料不齐全或者不符合法定形式的，应当当场书面告知申请人不予受理并一次性告知需要补正的全部内容；

（四）申请登记的不动产不属于本机构登记范围的，应当当场书面告知申请人不予受理并告知申请人向有登记权的机构申请。

不动产登记机构未当场书面告知申请人不予受理的，视为受理。

第十八条 不动产登记机构受理不动产登记申请的，应当按照下列要求进行查验：

（一）不动产界址、空间界限、面积等材料与申请登记的不动产状况是否一致；

（二）有关证明材料、文件与申请登记的内容是否一致；

（三）登记申请是否违反法律、行政法规规定。

第十九条 属于下列情形之一的，不动产登记机构可以对申请登记的不动产进行实地查看：

（一）房屋等建筑物、构筑物所有权首次登记；

（二）在建建筑物抵押权登记；

（三）因不动产灭失导致的注销登记；

（四）不动产登记机构认为需要实地查看的其他情形。

对可能存在权属争议，或者可能涉及他人利害关系的登记申请，不动产登记机构可以向申请人、利害关系人或者有关单位进行调查。

不动产登记机构进行实地查看或者调查时，申请人、被调查人应当予以配合。

第二十条 不动产登记机构应当自受理登记

申请之日起30个工作日内办结不动产登记手续，法律另有规定的除外。

第二十一条 登记事项自记载于不动产登记簿时完成登记。

不动产登记机构完成登记，应当依法向申请人核发不动产权属证书或者登记证明。

第二十二条 登记申请有下列情形之一的，不动产登记机构应当不予登记，并书面告知申请人：

（一）违反法律、行政法规规定的；

（二）存在尚未解决的权属争议的；

（三）申请登记的不动产权利超过规定期限的；

（四）法律、行政法规规定不予登记的其他情形。

第四章 登记信息共享与保护

第二十三条 国务院国土资源主管部门应当会同有关部门建立统一的不动产登记信息管理基础平台。

各级不动产登记机构登记的信息应当纳入统一的不动产登记信息管理基础平台，确保国家、省、市、县四级登记信息的实时共享。

第二十四条 不动产登记有关信息与住房城乡建设、农业、林业、海洋等部门审批信息、交易信息等应当实时互通共享。

不动产登记机构能够通过实时互通共享取得的信息，不得要求不动产登记申请人重复提交。

第二十五条 国土资源、公安、民政、财政、税务、工商、金融、审计、统计等部门应当加强不动产登记有关信息互通共享。

第二十六条 不动产登记机构、不动产登记信息共享单位及其工作人员应当对不动产登记信息保密；涉及国家秘密的不动产登记信息，应当依法采取必要的安全保密措施。

第二十七条 权利人、利害关系人可以依法查询、复制不动产登记资料，不动产登记机构应当提供。

有关国家机关可以依照法律、行政法规的规定查询、复制与调查处理事项有关的不动产登记资料。

第二十八条 查询不动产登记资料的单位、个人应当向不动产登记机构说明查询目的，不得将查询获得的不动产登记资料用于其他目的；未经权利人同意，不得泄露查询获得的不动产登记资料。

第五章 法律责任

第二十九条 不动产登记机构登记错误给他人造成损害，或者当事人提供虚假材料申请登记给他人造成损害的，依照《中华人民共和国物权法》的规定承担赔偿责任。

第三十条 不动产登记机构工作人员进行虚假登记，损毁、伪造不动产登记簿，擅自修改登记事项，或者有其他滥用职权、玩忽职守行为的，依法给予处分；给他人造成损害的，依法承担赔偿责任；构成犯罪的，依法追究刑事责任。

第三十一条 伪造、变造不动产权属证书、不动产登记证明，或者买卖、使用伪造、变造的不动产权属证书、不动产登记证明的，由不动产登记机构或者公安机关依法予以收缴；有违法所得的，没收违法所得；给他人造成损害的，依法承担赔偿责任；构成违反治安管理行为的，依法给予治安管理处罚；构成犯罪的，依法追究刑事责任。

第三十二条 不动产登记机构、不动产登记信息共享单位及其工作人员，查询不动产登记资料的单位或者个人违反国家规定，泄露不动产登记资料、登记信息，或者利用不动产登记资料、登记信息进行不正当活动，给他人造成损害的，依法承担赔偿责任；对有关责任人员依法给予处分；有关责任人员构成犯罪的，依法追究刑事责任。

第六章 附 则

第三十三条 本条例施行前依法颁发的各类不动产权属证书和制作的不动产登记簿继

续有效。

不动产统一登记过渡期内，农村土地承包经营权的登记按照国家有关规定执行。

第三十四条 本条例实施细则由国务院国土资源主管部门会同有关部门制定。

第三十五条 本条例自2015年3月1日起施行。本条例施行前公布的行政法规有关不动产登记的规定与本条例规定不一致的，以本条例规定为准。

◎部门规章及文件

中华人民共和国民用航空器权利登记条例实施办法（节录）

- 1999年9月1日
- 民航总局令第87号

……

第十六条 民用航空器权利登记事项发生变更时，民用航空器权利人应当持有关的民用航空器权利登记证书以及变更证明文件，向登记部门办理权利变更登记，并应当根据具体情况分别填写符合本办法附件规定格式的以下权利登记变更申请书：

（一）《民用航空器所有权登记变更申请书》；

（二）《民用航空器占有权登记变更申请书》；

（三）《民用航空器抵押权登记变更申请书》；

（四）《民用航空器优先权登记变更申请书》。

第十七条 民用航空器权利人的权利变更登记申请经登记部门依法审查合格后，由登记部门在有关权利登记证书上和民用航空器权利登记簿上注明变更事项，不颁发新的权利登记证书。

第十八条 民用航空器权利人依照《条例》规定办理注销登记时，应当持有关的民用航空器权利登记证书以及证明文件，向登记部门办理权利注销登记，并应当根据具体情况分别填写符合本办法附件规定格式的以下权利登记注销申请书：

（一）《民用航空器所有权登记注销申请书》；

（二）《民用航空器占有权登记注销申请书》；

（三）《民用航空器抵押权登记注销申请书》；

（四）《民用航空器优先权登记注销申请书》。

第十九条 民用航空器权利人的权利登记注销申请经登记部门依法审查合格后，由登记部门收回并注销其有关权利登记证书，并根据《条例》第十八条规定向民用航空器权利人分别颁发以下相应的权利登记注销证书：

（一）《民用航空器所有权登记注销证书》；

（二）《民用航空器占有权登记注销证书》；

（三）《民用航空器抵押权登记注销证书》；

（四）《民用航空器优先权登记注销证书》。

第二十条 有关权利登记的生效日期和时间为登记部门收到有关权利登记申请书原件的日期和时间。但是，收到有关权利登记申请书原件的日期和时间先于设定权利的日期和时间的，应当以设定权利的日期和时间为权利登记的生效日期和时间。变更或者注销权利登记时同样适用上述规定。

第二十一条 民用航空器权利的利害关系人对民用航空器权利登记持有异议，或者认为民用航空器权利人应当办理变更登记或者注销登记而未办理的，可以凭人民法院的生效判决、裁定或者仲裁机构的生效裁决，向登记部门办理有关权利登记、变更登记或者注销登记。该判决、裁定或者裁决是由外国法院或者仲裁机构作出的，应当依法先经中华人民共和国的人民法院确认。此种登记的其他有关事项，分别适用《条例》和本办法中的有关规定。

……

土地登记办法（节录）

- 2007年12月30日
- 国土资源部令第40号

……

第二条 本办法所称土地登记，是指将国有土地使用权、集体土地所有权、集体土地使用权和土地抵押权、地役权以及依照法律法规规定需要登记的其他土地权利记载于土地登记簿公示的行为。

前款规定的国有土地使用权，包括国有建设用地使用权和国有农用地使用权；集体土地使用权，包括集体建设用地使用权、宅基地使用权和集体农用地使用权（不含土地承包经营权）。

第三条 土地登记实行属地登记原则。

申请人应当依照本办法向土地所在地的县级以上人民政府国土资源行政主管部门提出土地登记申请，依法报县级以上人民政府登记造册，核发土地权利证书。但土地抵押权、地役权由县级以上人民政府国土资源行政主管部门登记，核发土地他项权利证明书。

跨县级行政区域使用的土地，应当报土地所跨区域各县级以上人民政府分别办理土地登记。

在京中央国家机关使用的土地，按照《在京中央国家机关用地土地登记办法》的规定执行。

……

第五条 土地以宗地为单位进行登记。

宗地是指土地权属界线封闭的地块或者空间。

第六条 土地登记应当依照申请进行，但法律、法规和本办法另有规定的除外。

第七条 土地登记应当由当事人共同申请，但有下列情形之一的，可以单方申请：

（一）土地总登记；

（二）国有土地使用权、集体土地所有权、集体土地使用权的初始登记；

（三）因继承或者遗赠取得土地权利的登记；

（四）因人民政府已经发生法律效力的土地权属争议处理决定而取得土地权利的登记；

（五）因人民法院、仲裁机构已经发生法律效力的法律文书而取得土地权利的登记；

（六）更正登记或者异议登记；

（七）名称、地址或者用途变更登记；

（八）土地权利证书的补发或者换发；

（九）其他依照规定可以由当事人单方申请的情形。

第八条 两个以上土地使用权人共同使用一宗土地的，可以分别申请土地登记。

第九条 申请人申请土地登记，应当根据不同的登记事项提交下列材料：

（一）土地登记申请书；

（二）申请人身份证明材料；

（三）土地权属来源证明；

（四）地籍调查表、宗地图及宗地界址坐标；

（五）地上附着物权属证明；

（六）法律法规规定的完税或者减免税凭证；

（七）本办法规定的其他证明材料。

前款第（四）项规定的地籍调查表、宗地图及宗地界址坐标，可以委托有资质的专业技术单位进行地籍调查获得。

申请人申请土地登记，应当如实向国土资源行政主管部门提交有关材料和反映真实情况，并对申请材料实质内容的真实性负责。

……

第三十八条 本办法所称变更登记，是指因土地权利人发生改变，或者因土地权利人姓名或者名称、地址和土地用途等内容发生变更而进行的登记。

第三十九条 依法以出让、国有土地租赁、作价出资或者入股方式取得的国有建设用地使用权转让的，当事人应当持原国有土地使用证和土地权利发生转移的相关证明材料，申请国有建设用地使用权变更登记。

第四十条 因依法买卖、交换、赠与地上建筑物、构筑物及其附属设施涉及建设用地使用权转移的，当事人应当持原土地权利证书、变更后的房屋所有权证书及土地使用权发生转移的相关证明材料，申请建设用地使用权变更登记。涉及划拨土地使用权转移的，当事人还应当提供有批准权人民政府的批准文件。

第四十一条 因法人或者其他组织合并、分立、兼并、破产等原因致使土地使用权发生转移的，当事人应当持相关协议及有关部门的批准文件、原土地权利证书等相关证明材料，申请土地使用权变更登记。

第四十二条 因处分抵押财产而取得土地使用权的，当事人应当在抵押财产处分后，持相关证明文件，申请土地使用权变更登记。

第四十三条 土地使用权抵押期间，土地使用权依法发生转让的，当事人应当持抵押权人同意转让的书面证明、转让合同及其他相关证明材料，申请土地使用权变更登记。

已经抵押的土地使用权转让后，当事人应当持土地权利证书和他项权利证明书，办理土地抵押权变更登记。

第四十四条 经依法登记的土地抵押权因主债权被转让而转让的，主债权的转让人和受让人可以持原土地他项权利证明书、转让协议、已经通知债务人的证明等相关证明材料，申请土地抵押权变更登记。

第四十五条 因人民法院、仲裁机构生效的法律文书或者因继承、受遗赠取得土地使用权，当事人申请登记的，应当持生效的法律文书或者死亡证明、遗嘱等相关证明材料，申请土地使用权变更登记。

权利人在办理登记之前先行转让该土地使用权或者设定土地抵押权的，应当依照本办法先将土地权利申请登记到其名下后，再申请办理土地权利变更登记。

第四十六条 已经设定地役权的土地使用权转移后，当事人申请登记的，供役地权利人和需役地权利人应当持变更后的地役权合同及土地权利证书等相关证明材料，申请办理地役权变更登记。

第四十七条 土地权利人姓名或名称、地址发生变化的，当事人应当持原土地权利证书等相关证明材料，申请姓名或者名称、地址变更登记。

第四十八条 土地的用途发生变更的，当事人应当持有关批准文件和原土地权利证书，申请土地用途变更登记。

土地用途变更依法需要补交土地出让价款的，当事人还应当提交已补交土地出让价款的缴纳凭证。

第六章 注销登记

第四十九条 本办法所称注销登记，是指因土地权利的消灭等而进行的登记。

第五十条 有下列情形之一的，可直接办理注销登记：

（一）依法收回的国有土地；

（二）依法征收的农民集体土地；

（三）因人民法院、仲裁机构的生效法律文书致使原土地权利消灭，当事人未办理注销登记的。

第五十一条 因自然灾害等原因造成土地权利消灭的，原土地权利人应当持原土地权利证书及相关证明材料，申请注销登记。

第五十二条 非住宅国有建设用地使用权期限届满，国有建设用地使用权人未申请续期或者申请续期未获批准的，当事人应当在期限届满前十五日内，持原土地权利证书，申请注销登记。

第五十三条 已经登记的土地抵押权、地役权终止的，当事人应当在该土地抵押权、地役权终止之日起十五日内，持相关证明文件，申请土地抵押权、地役权注销登记。

第五十四条 当事人未按照本办法第五十一条、第五十二条和第五十三条的规定申请注销登记的，国土资源行政主管部门应当责令当事人限期办理；逾期不办理的，进行注销公告，公告期满后可直接办理注销登记。

第五十五条 土地抵押期限届满，当事人未申请土地使用权抵押注销登记的，除设定抵押权的土地使用权期限届满外，国土资源行政主管部门不得直接注销土地使用权抵押登记。

第五十六条 土地登记注销后，土地权利证书应当收回；确实无法收回的，应当在土地登记簿上注明，并经公告后废止。

第七章 其他登记

第五十七条 本办法所称其他登记，包括更正登记、异议登记、预告登记和查封登记。

第五十八条 国土资源行政主管部门发现土地登记簿记载的事项确有错误的，应当报经人民政府批准后进行更正登记，并书面通知当事人在规定期限内办理更换或者注销原土地权利证书的手续。当事人逾期不办理的，国土资源行政主管部门报经人民政府批准并公告后，原土地权利证书废止。

更正登记涉及土地权利归属的，应当对更正登记结果进行公告。

第五十九条 土地权利人认为土地登记簿记载的事项错误的，可以持原土地权利证书和证明登记错误的相关材料，申请更正登记。

利害关系人认为土地登记簿记载的事项错误的，可以持土地权利人书面同意更正的证明文件，申请更正登记。

第六十条 土地登记簿记载的权利人不同意更正的，利害关系人可以申请异议登记。

对符合异议登记条件的，国土资源行政主管部门应当将相关事项记载于土地登记簿，并向申请人颁发异议登记证明，同时书面通知土地登记簿记载的土地权利人。

异议登记期间，未经异议登记权利人同意，不得办理土地权利的变更登记或者设定土地抵押权。

第六十一条 有下列情形之一的，异议登记申请人或者土地登记簿记载的土地权利人可以持相关材料申请注销异议登记：

（一）异议登记申请人在异议登记之日起十五日内没有起诉的；

（二）人民法院对异议登记申请人的起诉不予受理的；

（三）人民法院对异议登记申请人的诉讼请求不予支持的。

异议登记失效后，原申请人就同一事项再次申请异议登记的，国土资源行政主管部门不予受理。

第六十二条 当事人签订土地权利转让的协议后，可以按照约定持转让协议申请预告登记。

对符合预告登记条件的，国土资源行政主管部门应当将相关事项记载于土地登记簿，并向申请人颁发预告登记证明。

预告登记后，债权消灭或者自能够进行土地登记之日起三个月内当事人未申请土地登记的，预告登记失效。

预告登记期间，未经预告登记权利人同意，不得办理土地权利的变更登记或者土地抵押权、地役权登记。

第六十三条 国土资源行政主管部门应当根据人民法院提供的查封裁定书和协助执行通知书，报经人民政府批准后将查封或者预查封的情况在土地登记簿上加以记载。

第六十四条 国土资源行政主管部门在协助人民法院执行土地使用权时，不对生效法律文书和协助执行通知书进行实体审查。国土资源行政主管部门认为人民法院的查封、预查封裁定书或者其他生效法律文书错误的，可以向人民法院提出审查建议，但不得停止办理协助执行事项。

第六十五条 对被执行人因继承、判决或者强制执行取得，但尚未办理变更登记的土地使用权的查封，国土资源行政主管部门依照执行查封的人民法院提交的被执行人取得财产所依据的继承证明、生效判决书或者执行裁定书及协助执行通知书等，先办理变更登记手续后，再行办理查封登记。

第六十六条 土地使用权在预查封期间登记在被执行人名下的，预查封登记自动转为查封登记。

第六十七条 两个以上人民法院对同一宗土地进行查封的，国土资源行政主管部门应当为先送达协助执行通知书的人民法院办理查封登记手续，对后送达协助执行通知书的人民法院办理轮候查封登记，并书面告知其该土地使用权已被其他人民法院查封的事实及查封的有关情况。

轮候查封登记的顺序按照人民法院送达协助执行通知书的时间先后进行排列。查封法院依法解除查封的，排列在先的轮候查封自动转为查封；查封法院对查封的土地使用权全部处理的，排列在后的轮候查封自动失效；查封法院对查封的土地使用权部分处理的，对剩余部分，排列在后的轮候查封自动转为查封。

预查封的轮候登记参照本条第一款和第二款的规定办理。

第六十八条 查封、预查封期限届满或者人民法院解除查封的，查封、预查封登记失效，国土资源行政主管部门应当注销查封、预查封登记。

第六十九条 对被人民法院依法查封、预查封的土地使用权，在查封、预查封期间，不得办理土地权利的变更登记或者土地抵押权、地役权登记。

第八章 土地权利保护

第七十条 依法登记的国有土地使用权、集体土地所有权、集体土地使用权和土地抵押权、地役权受法律保护，任何单位和个人不得侵犯。

第七十一条 县级以上人民政府国土资源行政主管部门应当加强土地登记结果的信息系统和数据库建设，实现国家和地方土地登记结果的信息共享和异地查询。

第七十二条 国家实行土地登记资料公开查询制度。土地权利人、利害关系人可以申请查询土地登记资料，国土资源行政主管部门应当提供。

土地登记资料的公开查询，依照《土地登记资料公开查询办法》的规定执行。

……

房屋登记办法(节录)

- 2008年2月15日
- 建设部令第168号

……

第二条 本办法所称房屋登记，是指房屋登记机构依法将房屋权利和其他应当记载的事项在房屋登记簿上予以记载的行为。

……

第七条 办理房屋登记，一般依照下列程序进行：

(一)申请；

(二)受理；

(三)审核；

(四)记载于登记簿；

(五)发证。

房屋登记机构认为必要时，可以就登记事项进行公告。

第八条 办理房屋登记，应当遵循房屋所有权和房屋占用范围内的土地使用权权利主体一致的原则。

……

第十条 房屋应当按照基本单元进行登记。房屋基本单元是指有固定界限、可以独立使用并且有明确、唯一的编号(幢号、室号等)的房屋或者特定空间。

国有土地范围内成套住房，以套为基本单元进行登记；非成套住房，以房屋的幢、层、间等有固定界限的部分为基本单元进行登记。集体土地范围内村民住房，以宅基地上独立建筑为基本单元进行登记；在共有宅基地上建造的村民住房，以套、间等有固定界限的部分为基本单元进行登记。

非住房以房屋的幢、层、套、间等有固定界限的部分为基本单元进行登记。

第十一条 申请房屋登记，申请人应当向房屋所在地的房屋登记机构提出申请，并提交申请登记材料。

申请登记材料应当提供原件。不能提供原件的，应当提交经有关机关确认与原件一致的复印件。

申请人应当对申请登记材料的真实性、合法性、有效性负责，不得隐瞒真实情况或者提供虚假材料申请房屋登记。

第十二条 申请房屋登记，应当由有关当事人双方共同申请，但本办法另有规定的除外。

有下列情形之一，申请房屋登记的，可以由当事人单方申请：

（一）因合法建造房屋取得房屋权利；

（二）因人民法院、仲裁委员会的生效法律文书取得房屋权利；

（三）因继承、受遗赠取得房屋权利；

（四）有本办法所列变更登记情形之一；

（五）房屋灭失；

（六）权利人放弃房屋权利；

（七）法律、法规规定的其他情形。

第十三条 共有房屋，应当由共有人共同申请登记。

共有房屋所有权变更登记，可以由相关的共有人申请，但因共有性质或者共有人份额变更申请房屋登记的，应当由共有人共同申请。

……

第三十二条 发生下列情形之一的，当事人应当在有关法律文件生效或者事实发生后申请房屋所有权转移登记：

（一）买卖；

（二）互换；

（三）赠与；

（四）继承、受遗赠；

（五）房屋分割、合并，导致所有权发生转移的；

（六）以房屋出资入股；

（七）法人或者其他组织分立、合并，导致房屋所有权发生转移的；

（八）法律、法规规定的其他情形。

第三十三条 申请房屋所有权转移登记，应当提交下列材料：

（一）登记申请书；

（二）申请人身份证明；

（三）房屋所有权证书或者房地产权证书；

（四）证明房屋所有权发生转移的材料；

（五）其他必要材料。

前款第（四）项材料，可以是买卖合同、互换合同、赠与合同、受遗赠证明、继承证明、分割协议、合并协议、人民法院或者仲裁委员会生效的法律文书，或者其他证明房屋所有权发生转移的材料。

第三十四条 抵押期间，抵押人转让抵押房屋的所有权，申请房屋所有权转移登记的，除提供本办法第三十三条规定材料外，还应当提交抵押权人的身份证明、抵押权人同意抵押房屋转让的书面文件、他项权利证书。

第三十五条 因人民法院或者仲裁委员会生效的法律文书、合法建造房屋、继承或者受遗赠取得房屋所有权，权利人转让该房屋所有权或者以该房屋设定抵押权时，应当将房屋登记到权利人名下后，再办理房屋所有权转移登记或者房屋抵押权设立登记。

因人民法院或者仲裁委员会生效的法律文书取得房屋所有权，人民法院协助执行通知书要求房屋登记机构予以登记的，房屋登记机构应当予以办理。房屋登记机构予以登记的，应当在房屋登记簿上记载基于人民法院或者仲裁委员会生效的法律文书予以登记的事实。

……

最高人民法院关于转发住房和城乡建设部《关于无证房产依据协助执行文书办理产权登记有关问题的函》的通知

- 2012年6月15日
- 法〔2012〕151号

各省、自治区、直辖市高级人民法院，解放军军事法院，新疆维吾尔自治区高级人民法院生产建设兵团分院：

现将住房和城乡建设部《关于无证房产依据协助执行文书办理产权登记有关问题的函》（建法函〔2012〕102号）转发你们，请参照执行，并在执行中注意如下问题：

一、各级人民法院在执行程序中，既要依法履行强制执行职责，又要尊重房屋登记机构依法享有的行政权力；既要保证执行工作的顺利开展，也要防止“违法建筑”等不符合法律、行政法规规定的房屋通过协助执行行为合法化。

二、执行程序中处置未办理初始登记的房屋时，具备初始登记条件的，执行法院处置后可以依法向房屋登记机构发出《协助执行通知书》；暂时不具备初始登记条件的，执行法院处置后可以向房屋登记机构发出《协助执行通知书》，并载明待房屋买受人或承受人完善相关手续具备初始登记条件后，由房屋登记机构按照《协助执行通知书》予以登记；不具备初始登记条件的，原则上进行“现状处置”，即处置前披露房屋不具备初始登记条件的现状，买受人或承受人按照房屋的权利现状取得房屋，后续的产权登记事项由买受人或承受人自行负责。

三、执行法院向房屋登记机构发出《协助执行通知书》，房屋登记机构认为不具备初始登记条件并作出书面说明的，执行法院应在30日内依照法律和有关规定，参照行政规章，对其说明理由进行审查。理由成立的，撤销或变更《协助执行通知书》并书面通知房屋登记机构；理由不成立的，书面通知房屋登记机构限期按《协助执行通知书》办理。

特此通知。

机动车登记规定

- 2008年5月27日公安部令第102号发布
- 根据2012年9月12日《公安部关于修改〈机动车登记规定〉的决定》修正

目　录

第一章　总　　则

第一条　根据《中华人民共和国道路交通安全法》及其实施条例的规定，制定本规定。

第二条　本规定由公安机关交通管理部门负责实施。

省级公安机关交通管理部门负责本省（自治区、直辖市）机动车登记工作的指导、检查和监督。直辖市公安机关交通管理部门车辆管理所、设区的市或者相当于同级的公安机关交通管理部门车辆管理所负责办理本行政辖区内机动车登记业务。

县级公安机关交通管理部门车辆管理所可以办理本行政辖区内摩托车、三轮汽车、低速载货汽车登记业务。条件具备的，可以办理除进口机动车、危险化学品运输车、校车、中型以上载客汽车以外的其他机动车登记业务。具体业务范围和办理条件由省级公安机关交通管理部门确定。

警用车辆登记业务按照有关规定办理。

第三条 车辆管理所办理机动车登记，应当遵循公开、公正、便民的原则。

车辆管理所在受理机动车登记申请时，对申请材料齐全并符合法律、行政法规和本规定的，应当在规定的时限内办结。对申请材料不齐全或者其他不符合法定形式的，应当一次告知申请人需要补正的全部内容。对不符合规定的，应当书面告知不予受理、登记的理由。

车辆管理所应当将法律、行政法规和本规定的有关机动车登记的事项、条件、依据、程序、期限以及收费标准、需要提交的全部材料的目录和申请表示范文本等在办理登记的场所公示。

省级、设区的市或者相当于同级的公安机关交通管理部门应当在互联网上建立主页，发布信息，便于群众查阅机动车登记的有关规定，下载、使用有关表格。

第四条 车辆管理所应当使用计算机登记系统办理机动车登记，并建立数据库。不使用计算机登记系统登记的，登记无效。

计算机登记系统的数据库标准和登记软件全国统一。数据库能够完整、准确记录登记内容，记录办理过程和经办人员信息，并能够实时将有关登记内容传送到全国公安交通管理信息系统。计算机登记系统应当与交通违法信息系统和交通事故信息系统实行联网。

第二章　登　　记

第一节　注 册 登 记

第五条 初次申领机动车号牌、行驶证的，机动车所有人应当向住所地的车辆管理所申请注册登记。

第六条 机动车所有人应当到机动车安全技术检验机构对机动车进行安全技术检验，取得机动车安全技术检验合格证明后申请注册登记。但经海关进口的机动车和国务院机动车产品主管部门认定免予安全技术检验的机动车除外。

免予安全技术检验的机动车有下列情形之一的，应当进行安全技术检验：

（一）国产机动车出厂后两年内未申请注册登记的；

（二）经海关进口的机动车进口后两年内未申请注册登记的；

（三）申请注册登记前发生交通事故的。

专用校车办理注册登记前，应当按照专用校车国家安全技术标准进行安全技术检验。

第七条 申请注册登记的，机动车所有人应当填写申请表，交验机动车，并提交以下证明、凭证：

（一）机动车所有人的身份证明；

（二）购车发票等机动车来历证明；

（三）机动车整车出厂合格证明或者进口机动车进口凭证；

（四）车辆购置税完税证明或者免税凭证；

（五）机动车交通事故责任强制保险凭证；

（六）车船税纳税或者免税证明；

（七）法律、行政法规规定应当在机动车注册登记时提交的其他证明、凭证。

不属于经海关进口的机动车和国务院机动车产品主管部门规定免予安全技术检验的机动车，还应当提交机动车安全技术检验合格证明。

车辆管理所应当自受理申请之日起二日内，确认机动车，核对车辆识别代号拓印膜，审查提交的证明、凭证，核发机动车登记证书、号牌、行驶证和检验合格标志。

第八条 车辆管理所办理消防车、救护车、工程救险车注册登记时，应当对车辆的使用性质、标志图案、标志灯具和警报器进行审查。

车辆管理所办理全挂汽车列车和半挂汽车列车注册登记时，应当对牵引车和挂车分别核发机动车登记证书、号牌和行驶证。

第九条 有下列情形之一的，不予办理注册登记：

（一）机动车所有人提交的证明、凭证无效的；

（二）机动车来历证明被涂改或者机动车来历证明记载的机动车所有人与身份证明不符的；

（三）机动车所有人提交的证明、凭证与机动车不符的；

（四）机动车未经国务院机动车产品主管部门许可生产或者未经国家进口机动车主管部门许可进口的；

（五）机动车的有关技术数据与国务院机动车产品主管部门公告的数据不符的；

（六）机动车的型号、发动机号码、车辆识别代号或者有关技术数据不符合国家安全技术标准的；

（七）机动车达到国家规定的强制报废标准的；

（八）机动车被人民法院、人民检察院、行政执法部门依法查封、扣押的；

（九）机动车属于被盗抢的；

（十）其他不符合法律、行政法规规定的情形。

第二节　变更登记

第十条 已注册登记的机动车有下列情形之一的，机动车所有人应当向登记地车辆管理所申请变更登记：

（一）改变车身颜色的；

（二）更换发动机的；

（三）更换车身或者车架的；

（四）因质量问题更换整车的；

（五）营运机动车改为非营运机动车或者非营运机动车改为营运机动车等使用性质改变的；

（六）机动车所有人的住所迁出或者迁入车辆管理所管辖区域的。

机动车所有人为两人以上，需要将登记的所有人姓名变更为其他所有人姓名的，可以向登记地车辆管理所申请变更登记。

属于本条第一款第（一）项、第（二）项和第（三）项规定的变更事项的，机动车所有人应当在变更后十日内向车辆管理所申请变更登记；属于本条第一款第（六）项规定的变更事项的，机动车所有人申请转出前，应当将涉及该车的道路交通安全违法行为和交通事故处理完毕。

第十一条 申请变更登记的，机动车所有人应当填写申请表，交验机动车，并提交以下证明、凭证：

（一）机动车所有人的身份证明；

（二）机动车登记证书；

（三）机动车行驶证；

（四）属于更换发动机、车身或者车架的，还应当提交机动车安全技术检验合格证明；

（五）属于因质量问题更换整车的，还应当提交机动车安全技术检验合格证明，但经海关进口的机动车和国务院机动车产品主管部门认定免予安全技术检验的机动车除外。

车辆管理所应当自受理之日起一日内，确认机动车，审查提交的证明、凭证，在机动车登记证书上签注变更事项，收回行驶证，重新核发行驶证。

车辆管理所办理本规定第十条第一款第（三）项、第（四）项和第（六）项规定的变更登记事项的，应当核对车辆识别代号拓印膜。

第十二条 车辆管理所办理机动车变更登记时，需要改变机动车号牌号码的，收回号牌、行驶证，确定新的机动车号牌号码，重新核发号牌、行驶证和检验合格标志。

第十三条 机动车所有人的住所迁出车辆管理所管辖区域的，车辆管理所应当自受理之日起三日内，在机动车登记证书上签注变更事项，收回号牌、行驶证，核发有效期为三十日的临时行驶车号牌，将机动车档案交机动车所有人。机动车所有人应当在临时行驶车号牌的有效期限内到住所地车辆管理所申请机动车转入。

申请机动车转入的，机动车所有人应当填写申请表，提交身份证明、机动车登记证书、机动车档案，并交验机动车。机动车在转入时已超过检验有效期的，应当在转入地进行安全技术检验并提交机动车安全技术检验合格证明和交通事故责任强制保险凭证。车辆管理所应当自受理之日起三日内，确认机动车，核对车辆识别代号拓印膜，审查相关证明、凭证和机动车档案，在机动车登记证书上签注转入信息，核发号牌、行驶证和检验合格标志。

第十四条 机动车所有人为两人以上，需要将登记的所有人姓名变更为其他所有人姓名的，应当提交机动车登记证书、行驶证、变更前和变更后机动车所有人的身份证明和共同所有的公证证明，但属于夫妻双方共同所有的，可以提供《结婚证》或者证明夫妻关系的《居民户口簿》。

变更后机动车所有人的住所在车辆管理所管辖区域内的，车辆管理所按照本规定第十一条第二款的规定办理变更登记。变更后机动车所有人的住所不在车辆管理所管辖区域内的，迁出地和迁入地车辆管理所按照本规定第十三条的规定办理变更登记。

第十五条 有下列情形之一的，不予办理变更登记：

（一）改变机动车的品牌、型号和发动机型号的，但经国务院机动车产品主管部门许可选装的发动机除外；

（二）改变已登记的机动车外形和有关技术数据的，但法律、法规和国家强制性标准另有规定的除外；

（三）有本规定第九条第（一）项、第（七）项、第（八）项、第（九）项规定情形的。

第十六条 有下列情形之一，在不影响安全和识别号牌的情况下，机动车所有人不需要办理变更登记：

（一）小型、微型载客汽车加装前后防撞装置；

（二）货运机动车加装防风罩、水箱、工具箱、备胎架等；

（三）增加机动车车内装饰。

第十七条 已注册登记的机动车，机动车所有人住所在车辆管理所管辖区域内迁移或者机动车所有人姓名（单位名称）、联系方式变更的，应当向登记地车辆管理所备案。

（一）机动车所有人住所在车辆管理所管辖区域内迁移、机动车所有人姓名（单位名称）变更的，机动车所有人应当提交身份证明、机动车登记证书、行驶证和相关变更证明。车辆管理所应当自受理之日起一日内，在机动车登记证书上签注备案事项，重新核发行驶证。

（二）机动车所有人联系方式变更的，机动车所有人应当提交身份证明和行驶证。车辆管理所应当自受理之日起一日内办理备案。

机动车所有人的身份证明名称或者号码变更的，可以向登记地车辆管理所申请备案。机动车所有人应当提交身份证明、机动车登记证书。车辆管理所应当自受理之日起一日内，在机动车登记证书上签注备案事项。

发动机号码、车辆识别代号因磨损、锈蚀、事故等原因辨认不清或者损坏的，可以向登记地车辆管理所申请备案。机动车所有人应当提交身份证明、机动车登记证书、行驶证。车辆管理所应当自受理之日起一日内，在发动机、车身或者车架上打刻原发动机号码或者原车辆识别代号，在机动车登记证书上签注备案事项。

第三节　转移登记

第十八条 已注册登记的机动车所有权发生

转移的，现机动车所有人应当自机动车交付之日起三十日内向登记地车辆管理所申请转移登记。

机动车所有人申请转移登记前，应当将涉及该车的道路交通安全违法行为和交通事故处理完毕。

第十九条 申请转移登记的，现机动车所有人应当填写申请表，交验机动车，并提交以下证明、凭证：

（一）现机动车所有人的身份证明；

（二）机动车所有权转移的证明、凭证；

（三）机动车登记证书；

（四）机动车行驶证；

（五）属于海关监管的机动车，还应当提交《中华人民共和国海关监管车辆解除监管证明书》或者海关批准的转让证明；

（六）属于超过检验有效期的机动车，还应当提交机动车安全技术检验合格证明和交通事故责任强制保险凭证。

现机动车所有人住所在车辆管理所管辖区域内的，车辆管理所应当自受理申请之日起一日内，确认机动车，核对车辆识别代号拓印膜，审查提交的证明、凭证，收回号牌、行驶证，确定新的机动车号牌号码，在机动车登记证书上签注转移事项，重新核发号牌、行驶证和检验合格标志。

现机动车所有人住所不在车辆管理所管辖区域内的，车辆管理所应当按照本规定第十三条的规定办理。

第二十条 有下列情形之一的，不予办理转移登记：

（一）机动车与该车档案记载内容不一致的；

（二）属于海关监管的机动车，海关未解除监管或者批准转让的；

（三）机动车在抵押登记、质押备案期间的；

（四）有本规定第九条第（一）项、第（二）项、第（七）项、第（八）项、第（九）项规定情形的。

第二十一条 被人民法院、人民检察院和行政执法部门依法没收并拍卖，或者被仲裁机构依法仲裁裁决，或者被人民法院调解、裁定、判决机动车所有权转移时，原机动车所有人未向现机动车所有人提供机动车登记证书、号牌或者行驶证的，现机动车所有人在办理转移登记时，应当提交人民法院出具的未得到机动车登记证书、号牌或者行驶证的《协助执行通知书》，或者人民检察院、行政执法部门出具的未得到机动车登记证书、号牌或者行驶证的证明。车辆管理所应当公告原机动车登记证书、号牌或者行驶证作废，并在办理转移登记的同时，补发机动车登记证书。

第四节　抵押登记

第二十二条 机动车所有人将机动车作为抵押物抵押的，应当向登记地车辆管理所申请抵押登记；抵押权消灭的，应当向登记地车辆管理所申请解除抵押登记。

第二十三条 申请抵押登记的，机动车所有人应当填写申请表，由机动车所有人和抵押权人共同申请，并提交下列证明、凭证：

（一）机动车所有人和抵押权人的身份证明；

（二）机动车登记证书；

（三）机动车所有人和抵押权人依法订立的主合同和抵押合同。

车辆管理所应当自受理之日起一日内，审查提交的证明、凭证，在机动车登记证书上签注抵押登记的内容和日期。

第二十四条 申请解除抵押登记的，机动车所有人应当填写申请表，由机动车所有人和抵押权人共同申请，并提交下列证明、凭证：

（一）机动车所有人和抵押权人的身份证明；

（二）机动车登记证书。

人民法院调解、裁定、判决解除抵押的，机动车所有人或者抵押权人应当填写申请表，提交机动车登记证书、人民法院出具的已经生效的《调解书》、《裁定书》或者《判决书》,以及相应的《协助执行通知书》。

车辆管理所应当自受理之日起一日内,审查提交的证明、凭证,在机动车登记证书上签注解除抵押登记的内容和日期。

第二十五条 机动车抵押登记日期、解除抵押登记日期可以供公众查询。

第二十六条 有本规定第九条第(一)项、第(七)项、第(八)项、第(九)项或者第二十条第(二)项规定情形之一的,不予办理抵押登记。对机动车所有人提交的证明、凭证无效,或者机动车被人民法院、人民检察院、行政执法部门依法查封、扣押的,不予办理解除抵押登记。

第五节 注销登记

第二十七条 已达到国家强制报废标准的机动车,机动车所有人向机动车回收企业交售机动车时,应当填写申请表,提交机动车登记证书、号牌和行驶证。机动车回收企业应当确认机动车并解体,向机动车所有人出具《报废机动车回收证明》。报废的校车、大型客、货车及其他营运车辆应当在车辆管理所的监督下解体。

机动车回收企业应当在机动车解体后七日内将申请表、机动车登记证书、号牌、行驶证和《报废机动车回收证明》副本提交车辆管理所,申请注销登记。

车辆管理所应当自受理之日起一日内,审查提交的证明、凭证,收回机动车登记证书、号牌、行驶证,出具注销证明。

第二十八条 除本规定第二十七条规定的情形外,机动车有下列情形之一的,机动车所有人应当向登记地车辆管理所申请注销登记:

(一)机动车灭失的;

(二)机动车因故不在我国境内使用的;

(三)因质量问题退车的。

已注册登记的机动车有下列情形之一的,登记地车辆管理所应当办理注销登记:

(一)机动车登记被依法撤销的;

(二)达到国家强制报废标准的机动车被依法收缴并强制报废的。

属于本条第一款第(二)项和第(三)项规定情形之一的,机动车所有人申请注销登记前,应当将涉及该车的道路交通安全违法行为和交通事故处理完毕。

第二十九条 属于本规定第二十八条第一款规定的情形,机动车所有人申请注销登记的,应当填写申请表,并提交以下证明、凭证:

(一)机动车登记证书;

(二)机动车行驶证;

(三)属于机动车灭失的,还应当提交机动车所有人的身份证明和机动车灭失证明;

(四)属于机动车因故不在我国境内使用的,还应当提交机动车所有人的身份证明和出境证明,其中属于海关监管的机动车,还应当提交海关出具的《中华人民共和国海关监管车辆进(出)境领(销)牌照通知书》;

(五)属于因质量问题退车的,还应当提交机动车所有人的身份证明和机动车制造厂或者经销商出具的退车证明。

车辆管理所应当自受理之日起一日内,审查提交的证明、凭证,收回机动车登记证书、号牌、行驶证,出具注销证明。

第三十条 因车辆损坏无法驶回登记地的,机动车所有人可以向车辆所在地机动车回收企业交售报废机动车。交售机动车时应当填写申请表,提交机动车登记证书、号牌和行驶证。机动车回收企业应当确认机动车并解体,向机动车所有人出具《报废机动车回收证明》。报废的校车、大型客、货车及其他营运车辆应当在报废地车辆管理所的监督下解体。

机动车回收企业应当在机动车解体后七日内将申请表、机动车登记证书、号牌、行驶证和《报废机动车回收证明》副本提交报废地车辆管理所,申请注销登记。

报废地车辆管理所应当自受理之日起一日内,审查提交的证明、凭证,收回机动车登记证书、号牌、行驶证,并通过计算机登记系统将机动车报废信息传递给登记地车辆管理所。

登记地车辆管理所应当自接到机动车报废信息之日起一日内办理注销登记,并出具注销证明。

第三十一条 已注册登记的机动车有下列情形之一的,车辆管理所应当公告机动车登记证书、号牌、行驶证作废:

(一)达到国家强制报废标准,机动车所有人逾期不办理注销登记的;

(二)机动车登记被依法撤销后,未收缴机动车登记证书、号牌、行驶证的;

(三)达到国家强制报废标准的机动车被依法收缴并强制报废的;

(四)机动车所有人办理注销登记时未交回机动车登记证书、号牌、行驶证的。

第三十二条 有本规定第九条第(一)项、第(八)项、第(九)项或者第二十条第(一)项、第(三)项规定情形之一的,不予办理注销登记。

第六节 校车标牌核发

第三十三条 学校或者校车服务提供者申请校车使用许可,应当按照《校车安全管理条例》向县级或者设区的市级人民政府教育行政部门提出申请。公安机关交通管理部门收到教育行政部门送来的征求意见材料后,应当在一日内通知申请人交验机动车。

第三十四条 县级或者设区的市级公安机关交通管理部门应当自申请人交验机动车之日起二日内确认机动车,查验校车标志灯、停车指示标志、卫星定位装置以及逃生锤、干粉灭火器、急救箱等安全设备,审核行驶线路、开行时间和停靠站点。属于专用校车的,还应当查验校车外观标识。审查以下证明、凭证:

(一)机动车所有人的身份证明;

(二)机动车行驶证;

(三)校车安全技术检验合格证明;

(四)包括行驶线路、开行时间和停靠站点的校车运行方案;

(五)校车驾驶人的机动车驾驶证。

公安机关交通管理部门应当自收到教育行政部门征求意见材料之日起三日内向教育行政部门回复意见,但申请人未按规定交验机动车的除外。

第三十五条 学校或者校车服务提供者按照《校车安全管理条例》取得校车使用许可后,应当向县级或者设区的市级公安机关交通管理部门领取校车标牌。领取时应当填写表格,并提交以下证明、凭证:

(一)机动车所有人的身份证明;

(二)校车驾驶人的机动车驾驶证;

(三)机动车行驶证;

(四)县级或者设区的市级人民政府批准的校车使用许可;

(五)县级或者设区的市级人民政府批准的包括行驶线路、开行时间和停靠站点的校车运行方案。

公安机关交通管理部门应当在收到领取表之日起三日内核发校车标牌。对属于专用校车的,应当核对行驶证上记载的校车类型和核载人数;对不属于专用校车的,应当在行驶证副页上签注校车类型和核载人数。

第三十六条 校车标牌应当记载本车的号牌号码、机动车所有人、驾驶人、行驶线路、开行时间、停靠站点、发牌单位、有效期限等信息。校车标牌分前后两块,分别放置于前风窗玻璃右下角和后风窗玻璃适当位置。

校车标牌有效期的截止日期与校车安全技术检验有效期的截止日期一致,但不得超过校车使用许可有效期。

第三十七条 专用校车应当自注册登记之日起每半年进行一次安全技术检验,非专用校车应当自取得校车标牌后每半年进行一次安全技术检验。

学校或者校车服务提供者应当在校车检验有效期满前一个月内向公安机关交通管理部门申请检验合格标志。

公安机关交通管理部门应当自受理之日起一日内，确认机动车，审查提交的证明、凭证，核发检验合格标志，换发校车标牌。

第三十八条 已取得校车标牌的机动车达到报废标准或者不再作为校车使用的，学校或者校车服务提供者应当拆除校车标志灯、停车指示标志，消除校车外观标识，并将校车标牌交回核发的公安机关交通管理部门。

专用校车不得改变使用性质。

校车使用许可被吊销、注销或者撤销的，学校或者校车服务提供者应当拆除校车标志灯、停车指示标志，消除校车外观标识，并将校车标牌交回核发的公安机关交通管理部门。

第三十九条 校车行驶线路、开行时间、停靠站点或者车辆、所有人、驾驶人发生变化的，经县级或者设区的市级人民政府批准后，应当按照本规定重新领取校车标牌。

第四十条 公安机关交通管理部门应当每月将校车标牌的发放、变更、收回等信息报本级人民政府备案，并通报教育行政部门。

学校或者校车服务提供者应当自取得校车标牌之日起，每月查询校车道路交通安全违法行为记录，及时到公安机关交通管理部门接受处理。核发校车标牌的公安机关交通管理部门应当每月汇总辖区内校车道路交通安全违法和交通事故等情况，通知学校或者校车服务提供者，并通报教育行政部门。

第四十一条 校车标牌灭失、丢失或者损毁的，学校或者校车服务提供者应当向核发标牌的公安机关交通管理部门申请补领或者换领。申请时，应当提交机动车所有人的身份证明及机动车行驶证。公安机关交通管理部门应当自受理之日起三日内审核，补发或者换发校车标牌。

第三章 其他规定

第四十二条 申请办理机动车质押备案或者解除质押备案的，由机动车所有人和典当行共同申请，机动车所有人应当填写申请表，并提交以下证明、凭证：

（一）机动车所有人和典当行的身份证明；

（二）机动车登记证书。

车辆管理所应当自受理之日起一日内，审查提交的证明、凭证，在机动车登记证书上签注质押备案或者解除质押备案的内容和日期。

有本规定第九条第（一）项、第（七）项、第（八）项、第（九）项规定情形之一的，不予办理质押备案。对机动车所有人提交的证明、凭证无效，或者机动车被人民法院、人民检察院、行政执法部门依法查封、扣押的，不予办理解除质押备案。

第四十三条 机动车登记证书灭失、丢失或者损毁的，机动车所有人应当向登记地车辆管理所申请补领、换领。申请时，机动车所有人应当填写申请表并提交身份证明，属于补领机动车登记证书的，还应当交验机动车。车辆管理所应当自受理之日起一日内，确认机动车，审查提交的证明、凭证，补发、换发机动车登记证书。

启用机动车登记证书前已注册登记的机动车未申领机动车登记证书的，机动车所有人可以向登记地车辆管理所申领机动车登记证书。但属于机动车所有人申请变更、转移或者抵押登记的，应当在申请前向车辆管理所申领机动车登记证书。申请时，机动车所有人应当填写申请表，交验机动车并提交身份证明。车辆管理所应当自受理之日起五日内，确认机动车，核对车辆识别代号拓印膜，审查提交的证明、凭证，核发机动车登记证书。

第四十四条 机动车号牌、行驶证灭失、丢失或者损毁的，机动车所有人应当向登记地车辆管理所申请补领、换领。申请时，机动车所有人应当填写申请表并提交身份证明。

车辆管理所应当审查提交的证明、凭证，收回未灭失、丢失或者损毁的号牌、行驶证，自受理之日起一日内补发、换发行驶证，自受理之日起十五日内补发、换发号牌，原机动车号牌号码不变。

补发、换发号牌期间应当核发有效期不超过十五日的临时行驶车号牌。

第四十五条 机动车具有下列情形之一，需要临时上道路行驶的，机动车所有人应当向车辆管理所申领临时行驶车号牌：

（一）未销售的；

（二）购买、调拨、赠予等方式获得机动车后尚未注册登记的；

（三）进行科研、定型试验的；

（四）因轴荷、总质量、外廓尺寸超出国家标准不予办理注册登记的特型机动车。

第四十六条 机动车所有人申领临时行驶车号牌应当提交以下证明、凭证：

（一）机动车所有人的身份证明；

（二）机动车交通事故责任强制保险凭证；

（三）属于本规定第四十五条第（一）项、第（四）项规定情形的，还应当提交机动车整车出厂合格证明或者进口机动车进口凭证；

（四）属于本规定第四十五条第（二）项规定情形的，还应当提交机动车来历证明，以及机动车整车出厂合格证明或者进口机动车进口凭证；

（五）属于本规定第四十五条第（三）项规定情形的，还应当提交书面申请和机动车安全技术检验合格证明。

车辆管理所应当自受理之日起一日内，审查提交的证明、凭证，属于本规定第四十五条第（一）项、第（二）项规定情形，需要在本行政辖区内临时行驶的，核发有效期不超过十五日的临时行驶车号牌；需要跨行政辖区临时行驶的，核发有效期不超过三十日的临时行驶车号牌。属于本规定第四十五条第（三）项、第（四）项规定情形的，核发有效期不超过九十日的临时行驶车号牌。

因号牌制作的原因，无法在规定时限内核发号牌的，车辆管理所应当核发有效期不超过十五日的临时行驶车号牌。

对具有本规定第四十五条第（一）项、第（二）项规定情形之一，机动车所有人需要多次申领临时行驶车号牌的，车辆管理所核发临时行驶车号牌不得超过三次。

第四十七条 机动车所有人发现登记内容有错误的，应当及时要求车辆管理所更正。车辆管理所应当自受理之日起五日内予以确认。确属登记错误的，在机动车登记证书上更正相关内容，换发行驶证。需要改变机动车号牌号码的，应当收回号牌、行驶证，确定新的机动车号牌号码，重新核发号牌、行驶证和检验合格标志。

第四十八条 已注册登记的机动车被盗抢的，车辆管理所应当根据刑侦部门提供的情况，在计算机登记系统内记录，停止办理该车的各项登记和业务。被盗抢机动车发还后，车辆管理所应当恢复办理该车的各项登记和业务。

机动车在被盗抢期间，发动机号码、车辆识别代号或者车身颜色被改变的，车辆管理所应当凭有关技术鉴定证明办理变更备案。

第四十九条 机动车所有人可以在机动车检验有效期满前三个月内向登记地车辆管理所申请检验合格标志。

申请前，机动车所有人应当将涉及该车的道路交通安全违法行为和交通事故处理完毕。申请时，机动车所有人应当填写申请表并提交行驶证、机动车交通事故责任强制保险凭证、车船税纳税或者免税证明、机动车安全技术检验合格证明。

车辆管理所应当自受理之日起一日内，确认机动车，审查提交的证明、凭证，核发检验合格标志。

第五十条 除大型载客汽车、校车以外的机动车因故不能在登记地检验的，机动车所有人可以向登记地车辆管理所申请委托核发检验合格标志。申请前，机动车所有人应当将涉及机动车的道路交通安全违法行为和交通事故处理完毕。申请时，应当提交机动车登记证书或者行驶证。

车辆管理所应当自受理之日起一日内，出具核发检验合格标志的委托书。

机动车在检验地检验合格后，机动车所有人应当按照本规定第四十九条第二款的规定向被委托地车辆管理所申请检验合格标志，并提交核发检验合格标志的委托书。被委托地车辆管理所应当自受理之日起一日内，按照本规定第四十九条第三款的规定核发检验合格标志。

营运货车长期在登记以外的地区从事道路运输的，机动车所有人向营运地车辆管理所备案登记一年后，可以在营运地直接进行安全技术检验，并向营运地车辆管理所申请检验合格标志。

第五十一条 机动车检验合格标志灭失、丢失或者损毁的，机动车所有人应当持行驶证向机动车登记地或者检验合格标志核发地车辆管理所申请补领或者换领。车辆管理所应当自受理之日起一日内补发或者换发。

第五十二条 办理机动车转移登记或者注销登记后，原机动车所有人申请办理新购机动车注册登记时，可以向车辆管理所申请使用原机动车号牌号码。

申请使用原机动车号牌号码应当符合下列条件：

（一）在办理转移登记或者注销登记后六个月内提出申请；

（二）机动车所有人拥有原机动车三年以上；

（三）涉及原机动车的道路交通安全违法行为和交通事故处理完毕。

第五十三条 确定机动车号牌号码采用计算机自动选取和由机动车所有人按照机动车号牌标准规定自行编排的方式。

第五十四条 机动车所有人可以委托代理人代理申请各项机动车登记和业务，但申请补领机动车登记证书的除外。对机动车所有人因死亡、出境、重病、伤残或者不可抗力等原因不能到场申请补领机动车登记证书的，可以凭相关证明委托代理人代理申领。

代理人申请机动车登记和业务时，应当提交代理人的身份证明和机动车所有人的书面委托。

第五十五条 机动车所有人或者代理人申请机动车登记和业务，应当如实向车辆管理所提交规定的材料和反映真实情况，并对其申请材料实质内容的真实性负责。

第四章 法律责任

第五十六条 有下列情形之一的，由公安机关交通管理部门处警告或者二百元以下罚款：

（一）重型、中型载货汽车及其挂车的车身或者车厢后部未按照规定喷涂放大的牌号或者放大的牌号不清晰的；

（二）机动车喷涂、粘贴标识或者车身广告，影响安全驾驶的；

（三）载货汽车、挂车未按照规定安装侧面及后下部防护装置、粘贴车身反光标识的；

（四）机动车未按照规定期限进行安全技术检验的；

（五）改变车身颜色、更换发动机、车身或者车架，未按照本规定第十条规定的时限办理变更登记的；

（六）机动车所有权转移后，现机动车所有人未按照本规定第十八条规定的时限办理转移登记的；

（七）机动车所有人办理变更登记、转移登记，机动车档案转出登记地车辆管理所后，未按照本规定第十三条规定的时限到住所地车辆管理所申请机动车转入的。

第五十七条 除本规定第十条和第十六条规

定的情形外，擅自改变机动车外形和已登记的有关技术数据的，由公安机关交通管理部门责令恢复原状，并处警告或者五百元以下罚款。

第五十八条 以欺骗、贿赂等不正当手段取得机动车登记的，由公安机关交通管理部门收缴机动车登记证书、号牌、行驶证，撤销机动车登记；申请人在三年内不得申请机动车登记。对涉嫌走私、盗抢的机动车，移交有关部门处理。

以欺骗、贿赂等不正当手段办理补、换领机动车登记证书、号牌、行驶证和检验合格标志等业务的，由公安机关交通管理部门处警告或者二百元以下罚款。

第五十九条 省、自治区、直辖市公安厅、局可以根据本地区的实际情况，在本规定的处罚幅度范围内，制定具体的执行标准。

对本规定的道路交通安全违法行为的处理程序按照《道路交通安全违法行为处理程序规定》执行。

第六十条 交通警察违反规定为被盗抢、走私、非法拼（组）装、达到国家强制报废标准的机动车办理登记的，按照国家有关规定给予处分，经教育不改又不宜给予开除处分的，按照《公安机关组织管理条例》规定予以辞退；对聘用人员予以解聘。构成犯罪的，依法追究刑事责任。

第六十一条 交通警察有下列情形之一的，按照国家有关规定给予处分；对聘用人员予以解聘。构成犯罪的，依法追究刑事责任：

（一）不按照规定确认机动车和审查证明、凭证的；

（二）故意刁难，拖延或者拒绝办理机动车登记的；

（三）违反本规定增加机动车登记条件或者提交的证明、凭证的；

（四）违反本规定第五十三条的规定，采用其他方式确定机动车号牌号码的；

（五）违反规定跨行政辖区办理机动车登记和业务的；

（六）超越职权进入计算机登记系统办理机动车登记和业务，或者不按规定使用机动车登记系统办理登记和业务的；

（七）向他人泄漏、传播计算机登记系统密码，造成系统数据被篡改、丢失或者破坏的；

（八）利用职务上的便利索取、收受他人财物或者谋取其他利益的；

（九）强令车辆管理所违反本规定办理机动车登记的。

第六十二条 公安机关交通管理部门有本规定第六十条、第六十一条所列行为之一的，按照国家有关规定对直接负责的主管人员和其他直接责任人员给予相应的处分。

公安机关交通管理部门及其工作人员有本规定第六十条、第六十一条所列行为之一，给当事人造成损失的，应当依法承担赔偿责任。

第五章　附　　则

第六十三条 机动车登记证书、号牌、行驶证、检验合格标志的种类、式样，以及各类登记表格式样等由公安部制定。机动车登记证书由公安部统一印制。

机动车登记证书、号牌、行驶证、检验合格标志的制作应当符合有关标准。

第六十四条 本规定下列用语的含义：

（一）进口机动车是指：

1. 经国家限定口岸海关进口的汽车；
2. 经各口岸海关进口的其他机动车；
3. 海关监管的机动车；
4. 国家授权的执法部门没收的走私、无合法进口证明和利用进口关键件非法拼（组）装的机动车。

（二）进口机动车的进口凭证是指：

1. 进口汽车的进口凭证，是国家限定口岸海关签发的《货物进口证明书》；
2. 其他进口机动车的进口凭证，是各口岸海关签发的《货物进口证明书》；
3. 海关监管的机动车的进口凭证，是监管地海关出具的《中华人民共和国海关

监管车辆进(出)境领(销)牌照通知书》;

4. 国家授权的执法部门没收的走私、无进口证明和利用进口关键件非法拼(组)装的机动车的进口凭证,是该部门签发的《没收走私汽车、摩托车证明书》。

(三)机动车所有人是指拥有机动车的个人或者单位。

1. 个人是指我国内地的居民和军人(含武警)以及香港、澳门特别行政区、台湾地区居民、华侨和外国人;

2. 单位是指机关、企业、事业单位和社会团体以及外国驻华使馆、领馆和外国驻华办事机构、国际组织驻华代表机构。

(四)身份证明是指:

1. 机关、企业、事业单位、社会团体的身份证明,是该单位的《组织机构代码证书》、加盖单位公章的委托书和被委托人的身份证明。机动车所有人为单位的内设机构,本身不具备领取《组织机构代码证书》条件的,可以使用上级单位的《组织机构代码证书》作为机动车所有人的身份证明。上述单位已注销、撤销或者破产,其机动车需要办理变更登记、转移登记、解除抵押登记、注销登记、解除质押备案、申领机动车登记证书和补、换领机动车登记证书、号牌、行驶证的,已注销的企业的身份证明,是工商行政管理部门出具的注销证明。已撤销的机关、事业单位、社会团体的身份证明,是其上级主管机关出具的有关证明。已破产的企业的身份证明,是依法成立的财产清算机构出具的有关证明;

2. 外国驻华使馆、领馆和外国驻华办事机构、国际组织驻华代表机构的身份证明,是该使馆、领馆或者该办事机构、代表机构出具的证明;

3. 居民的身份证明,是《居民身份证》或者《临时居民身份证》。在暂住地居住的内地居民,其身份证明是《居民身份证》或者《临时居民身份证》,以及公安机关核发的居住、暂住证明;

4. 军人(含武警)的身份证明,是《居民身份证》或者《临时居民身份证》。在未办理《居民身份证》前,是指军队有关部门核发的《军官证》、《文职干部证》、《士兵证》、《离休证》、《退休证》等有效军人身份证件,以及其所在的团级以上单位出具的本人住所证明;

5. 香港、澳门特别行政区居民的身份证明,是其入境时所持有的《港澳居民来往内地通行证》或者《港澳同胞回乡证》、香港、澳门特别行政区《居民身份证》和公安机关核发的居住、暂住证明;

6. 台湾地区居民的身份证明,是其所持有的有效期六个月以上的公安机关核发的《台湾居民来往大陆通行证》或者外交部核发的《中华人民共和国旅行证》和公安机关核发的居住、暂住证明;

7. 华侨的身份证明,是《中华人民共和国护照》和公安机关核发的居住、暂住证明;

8. 外国人的身份证明,是其入境时所持有的护照或者其他旅行证件、居(停)留期为六个月以上的有效签证或者居留许可,以及公安机关出具的住宿登记证明;

9. 外国驻华使馆、领馆人员、国际组织驻华代表机构人员的身份证明,是外交部核发的有效身份证件。

(五)住所是指:

1. 单位的住所为其主要办事机构所在地的地址;

2. 个人的住所为其身份证明记载的地址。在暂住地居住的内地居民的住所是公安机关核发的居住、暂住证明记载的地址。

(六)机动车来历证明是指:

1. 在国内购买的机动车,其来历证明是全国统一的机动车销售发票或者二手车交易发票。在国外购买的机动车,其来历证明是该车销售单位开具的销售发票及其翻译文本,但海关监管的机动车不需提供来历证明;

2. 人民法院调解、裁定或者判决转移

的机动车，其来历证明是人民法院出具的已经生效的《调解书》、《裁定书》或者《判决书》，以及相应的《协助执行通知书》；

3. 仲裁机构仲裁裁决转移的机动车，其来历证明是《仲裁裁决书》和人民法院出具的《协助执行通知书》；

4. 继承、赠予、中奖、协议离婚和协议抵偿债务的机动车，其来历证明是继承、赠予、中奖、协议离婚、协议抵偿债务的相关文书和公证机关出具的《公证书》；

5. 资产重组或者资产整体买卖中包含的机动车，其来历证明是资产主管部门的批准文件；

6. 机关、企业、事业单位和社会团体统一采购并调拨到下属单位未注册登记的机动车，其来历证明是全国统一的机动车销售发票和该部门出具的调拨证明；

7. 机关、企业、事业单位和社会团体已注册登记并调拨到下属单位的机动车，其来历证明是该单位出具的调拨证明。被上级单位调回或者调拨到其他下属单位的机动车，其来历证明是上级单位出具的调拨证明；

8. 经公安机关破案发还的被盗抢且已向原机动车所有人理赔完毕的机动车，其来历证明是《权益转让证明书》。

（七）机动车整车出厂合格证明是指：

1. 机动车整车厂生产的汽车、摩托车、挂车，其出厂合格证明是该厂出具的《机动车整车出厂合格证》；

2. 使用国产或者进口底盘改装的机动车，其出厂合格证明是机动车底盘生产厂出具的《机动车底盘出厂合格证》或者进口机动车底盘的进口凭证和机动车改装厂出具的《机动车整车出厂合格证》；

3. 使用国产或者进口整车改装的机动车，其出厂合格证明是机动车生产厂出具的《机动车整车出厂合格证》或者进口机动车的进口凭证和机动车改装厂出具的《机动车整车出厂合格证》；

4. 人民法院、人民检察院或者行政执法机关依法扣留、没收并拍卖的未注册登记的国产机动车，未能提供出厂合格证明的，可以凭人民法院、人民检察院或者行政执法机关出具的证明替代。

（八）机动车灭失证明是指：

1. 因自然灾害造成机动车灭失的证明是，自然灾害发生地的街道、乡、镇以上政府部门出具的机动车因自然灾害造成灭失的证明；

2. 因失火造成机动车灭失的证明是，火灾发生地的县级以上公安机关消防部门出具的机动车因失火造成灭失的证明；

3. 因交通事故造成机动车灭失的证明是，交通事故发生地的县级以上公安机关交通管理部门出具的机动车因交通事故造成灭失的证明。

（九）本规定所称“一日”、“二日”、“三日”、“五日”、“七日”、“十日”、“十五日”，是指工作日，不包括节假日。

临时行驶车号牌的最长有效期“十五日”、“三十日”、“九十日”，包括工作日和节假日。

本规定所称以下、以上、以内，包括本数。

第六十五条 本规定自2008年10月1日起施行。2004年4月30日公安部发布的《机动车登记规定》（公安部令第72号）同时废止。本规定实施前公安部发布的其他规定与本规定不一致的，以本规定为准。

不动产登记暂行条例实施细则

- 2016年1月1日
- 国土资源部令第63号

第一章 总 则

第一条 为规范不动产登记行为，细化不动产统一登记制度，方便人民群众办理不动产登记，保护权利人合法权益，根据《不动产登记暂行条例》（以下简称《条例》），制定本实施细则。

第二条 不动产登记应当依照当事人的申请进行，但法律、行政法规以及本实施细则另有规定的除外。

房屋等建筑物、构筑物和森林、林木等定着物应当与其所依附的土地、海域一并登记，保持权利主体一致。

第三条 不动产登记机构依照《条例》第七条第二款的规定，协商办理或者接受指定办理跨县级行政区域不动产登记的，应当在登记完毕后将不动产登记簿记载的不动产权利人以及不动产坐落、界址、面积、用途、权利类型等登记结果告知不动产所跨区域的其他不动产登记机构。

第四条 国务院确定的重点国有林区的森林、林木和林地，由国土资源部受理并会同有关部门办理，依法向权利人核发不动产权属证书。

国务院批准的项目用海、用岛的登记，由国土资源部受理，依法向权利人核发不动产权属证书。

中央国家机关使用的国有土地等不动产登记，依照国土资源部《在京中央国家机关用地土地登记办法》等规定办理。

第二章 不动产登记簿

第五条 《条例》第八条规定的不动产单元，是指权属界线封闭且具有独立使用价值的空间。

没有房屋等建筑物、构筑物以及森林、林木定着物的，以土地、海域权属界线封闭的空间为不动产单元。

有房屋等建筑物、构筑物以及森林、林木定着物的，以该房屋等建筑物、构筑物以及森林、林木定着物与土地、海域权属界线封闭的空间为不动产单元。

前款所称房屋，包括独立成幢、权属界线封闭的空间，以及区分套、层、间等可以独立使用、权属界线封闭的空间。

第六条 不动产登记簿以宗地或者宗海为单位编成，一宗地或者一宗海范围内的全部不动产单元编入一个不动产登记簿。

第七条 不动产登记机构应当配备专门的不动产登记电子存储设施，采取信息网络安全防护措施，保证电子数据安全。

任何单位和个人不得擅自复制或者篡改不动产登记簿信息。

第八条 承担不动产登记审核、登簿的不动产登记工作人员应当熟悉相关法律法规，具备与其岗位相适应的不动产登记等方面的专业知识。

国土资源部会同有关部门组织开展对承担不动产登记审核、登簿的不动产登记工作人员的考核培训。

第三章 登记程序

第九条 申请不动产登记的，申请人应当填写登记申请书，并提交身份证明以及相关申请材料。

申请材料应当提供原件。因特殊情况不能提供原件的，可以提供复印件，复印件应当与原件保持一致。

第十条 处分共有不动产申请登记的，应当经占份额三分之二以上的按份共有人或者全体共同共有人共同申请，但共有人另有约定的除外。

按份共有人转让其享有的不动产份额，应当与受让人共同申请转移登记。

建筑区划内依法属于全体业主共有的不动产申请登记，依照本实施细则第三十六条的规定办理。

第十一条 无民事行为能力人、限制民事行为能力人申请不动产登记的，应当由其监护人代为申请。

监护人代为申请登记的，应当提供监护人与被监护人的身份证或者户口簿、有关监护关系等材料；因处分不动产而申请登记的，还应当提供为被监护人利益的书面保证。

父母之外的监护人处分未成年人不动产的，有关监护关系材料可以是人民法院指定监护的法律文书、经过公证的对被监护人享有监护权的材料或者其他材料。

第十二条 当事人可以委托他人代为申请不动产登记。

代理申请不动产登记的，代理人应当向不动产登记机构提供被代理人签字或者盖章的授权委托书。

自然人处分不动产，委托代理人申请登记的，应当与代理人共同到不动产登记机构现场签订授权委托书，但授权委托书经公证的除外。

境外申请人委托他人办理处分不动产登记的，其授权委托书应当按照国家有关规定办理认证或者公证。

第十三条 申请登记的事项记载于不动产登记簿前，全体申请人提出撤回登记申请的，登记机构应当将登记申请书以及相关材料退还申请人。

第十四条 因继承、受遗赠取得不动产，当事人申请登记的，应当提交死亡证明材料、遗嘱或者全部法定继承人关于不动产分配的协议以及与被继承人的亲属关系材料等，也可以提交经公证的材料或者生效的法律文书。

第十五条 不动产登记机构受理不动产登记申请后，还应当对下列内容进行查验：

（一）申请人、委托代理人身份证明材料以及授权委托书与申请主体是否一致；

（二）权属来源材料或者登记原因文件与申请登记的内容是否一致；

（三）不动产界址、空间界限、面积等权籍调查成果是否完备，权属是否清楚、界址是否清晰、面积是否准确；

（四）法律、行政法规规定的完税或者缴费凭证是否齐全。

第十六条 不动产登记机构进行实地查看，重点查看下列情况：

（一）房屋等建筑物、构筑物所有权首次登记，查看房屋坐落及其建造完成等情况；

（二）在建建筑物抵押权登记，查看抵押的在建建筑物坐落及其建造等情况；

（三）因不动产灭失导致的注销登记，查看不动产灭失等情况。

第十七条 有下列情形之一的，不动产登记机构应当在登记事项记载于登记簿前进行公告，但涉及国家秘密的除外：

（一）政府组织的集体土地所有权登记；

（二）宅基地使用权及房屋所有权，集体建设用地使用权及建筑物、构筑物所有权，土地承包经营权等不动产权利的首次登记；

（三）依职权更正登记；

（四）依职权注销登记；

（五）法律、行政法规规定的其他情形。

公告应当在不动产登记机构门户网站以及不动产所在地等指定场所进行，公告期不少于 15 个工作日。公告所需时间不计算在登记办理期限内。公告期满无异议或者异议不成立的，应当及时记载于不动产登记簿。

第十八条 不动产登记公告的主要内容包括：

（一）拟予登记的不动产权利人的姓名或者名称；

（二）拟予登记的不动产坐落、面积、用途、权利类型等；

（三）提出异议的期限、方式和受理机构；

（四）需要公告的其他事项。

第十九条 当事人可以持人民法院、仲裁委员会的生效法律文书或者人民政府的生效决定单方申请不动产登记。

有下列情形之一的，不动产登记机构直接办理不动产登记：

（一）人民法院持生效法律文书和协助执行通知书要求不动产登记机构办理登记的；

（二）人民检察院、公安机关依据法律规定持协助查封通知书要求办理查封登记的；

（三）人民政府依法做出征收或者收回不动产权利决定生效后，要求不动产登记机构办理注销登记的；

（四）法律、行政法规规定的其他情形。

不动产登记机构认为登记事项存在异议的，应当依法向有关机关提出审查建议。

第二十条 不动产登记机构应当根据不动产登记簿，填写并核发不动产权属证书或者不动产登记证明。

除办理抵押权登记、地役权登记和预告登记、异议登记，向申请人核发不动产登记证明外，不动产登记机构应当依法向权利人核发不动产权属证书。

不动产权属证书和不动产登记证明，应当加盖不动产登记机构登记专用章。

不动产权属证书和不动产登记证明样式，由国土资源部统一规定。

第二十一条 申请共有不动产登记的，不动产登记机构向全体共有人合并发放一本不动产权属证书；共有人申请分别持证的，可以为共有人分别发放不动产权属证书。

共有不动产权属证书应当注明共有情况，并列明全体共有人。

第二十二条 不动产权属证书或者不动产登记证明污损、破损的，当事人可以向不动产登记机构申请换发。符合换发条件的，不动产登记机构应当予以换发，并收回原不动产权属证书或者不动产登记证明。

不动产权属证书或者不动产登记证明遗失、灭失，不动产权利人申请补发的，由不动产登记机构在其门户网站上刊发不动产权利人的遗失、灭失声明15个工作日后，予以补发。

不动产登记机构补发不动产权属证书或者不动产登记证明的，应当将补发不动产权属证书或者不动产登记证明的事项记载于不动产登记簿，并在不动产权属证书或者不动产登记证明上注明“补发”字样。

第二十三条 因不动产权利灭失等情形，不动产登记机构需要收回不动产权属证书或者不动产登记证明的，应当在不动产登记簿上将收回不动产权属证书或者不动产登记证明的事项予以注明；确实无法收回的，应当在不动产登记机构门户网站或者当地公开发行的报刊上公告作废。

第四章 不动产权利登记

第一节 一般规定

第二十四条 不动产首次登记，是指不动产权利第一次登记。

未办理不动产首次登记的，不得办理不动产其他类型登记，但法律、行政法规另有规定的除外。

第二十五条 市、县人民政府可以根据情况对本行政区域内未登记的不动产，组织开展集体土地所有权、宅基地使用权、集体建设用地使用权、土地承包经营权的首次登记。

依照前款规定办理首次登记所需的权属来源、调查等登记材料，由人民政府有关部门组织获取。

第二十六条 下列情形之一的，不动产权利人可以向不动产登记机构申请变更登记：

（一）权利人的姓名、名称、身份证明类型或者身份证明号码发生变更的；

（二）不动产的坐落、界址、用途、面积等状况变更的；

（三）不动产权利期限、来源等状况发生变化的；

（四）同一权利人分割或者合并不动产的；

（五）抵押担保的范围、主债权数额、债务履行期限、抵押权顺位发生变化的；

（六）最高额抵押担保的债权范围、最高债权额、债权确定期间等发生变化的；

（七）地役权的利用目的、方法等发生变化的；

（八）共有性质发生变更的；

（九）法律、行政法规规定的其他不涉及不动产权利转移的变更情形。

第二十七条 因下列情形导致不动产权利转

移的,当事人可以向不动产登记机构申请转移登记:

(一)买卖、互换、赠与不动产的;

(二)以不动产作价出资(入股)的;

(三)法人或者其他组织因合并、分立等原因致使不动产权利发生转移的;

(四)不动产分割、合并导致权利发生转移的;

(五)继承、受遗赠导致权利发生转移的;

(六)共有人增加或者减少以及共有不动产份额变化的;

(七)因人民法院、仲裁委员会的生效法律文书导致不动产权利发生转移的;

(八)因主债权转移引起不动产抵押权转移的;

(九)因需役地不动产权利转移引起地役权转移的;

(十)法律、行政法规规定的其他不动产权利转移情形。

第二十八条 有下列情形之一的,当事人可以申请办理注销登记:

(一)不动产灭失的;

(二)权利人放弃不动产权利的;

(三)不动产被依法没收、征收或者收回的;

(四)人民法院、仲裁委员会的生效法律文书导致不动产权利消灭的;

(五)法律、行政法规规定的其他情形。

不动产上已经设立抵押权、地役权或者已经办理预告登记,所有权人、使用权人因放弃权利申请注销登记的,申请人应当提供抵押权人、地役权人、预告登记权利人同意的书面材料。

第二节 集体土地所有权登记

第二十九条 集体土地所有权登记,依照下列规定提出申请:

(一)土地属于村农民集体所有的,由村集体经济组织代为申请,没有集体经济组织的,由村民委员会代为申请;

(二)土地分别属于村内两个以上农民集体所有的,由村内各集体经济组织代为申请,没有集体经济组织的,由村民小组代为申请;

(三)土地属于乡(镇)农民集体所有的,由乡(镇)集体经济组织代为申请。

第三十条 申请集体土地所有权首次登记的,应当提交下列材料:

(一)土地权属来源材料;

(二)权籍调查表、宗地图以及宗地界址点坐标;

(三)其他必要材料。

第三十一条 农民集体因互换、土地调整等原因导致集体土地所有权转移,申请集体土地所有权转移登记的,应当提交下列材料:

(一)不动产权属证书;

(二)互换、调整协议等集体土地所有权转移的材料;

(三)本集体经济组织三分之二以上成员或者三分之二以上村民代表同意的材料;

(四)其他必要材料。

第三十二条 申请集体土地所有权变更、注销登记的,应当提交下列材料:

(一)不动产权属证书;

(二)集体土地所有权变更、消灭的材料;

(三)其他必要材料。

第三节 国有建设用地使用权及房屋所有权登记

第三十三条 依法取得国有建设用地使用权,可以单独申请国有建设用地使用权登记。

依法利用国有建设用地建造房屋的,可以申请国有建设用地使用权及房屋所有权登记。

第三十四条 申请国有建设用地使用权首次登记,应当提交下列材料:

（一）土地权属来源材料；

（二）权籍调查表、宗地图以及宗地界址点坐标；

（三）土地出让价款、土地租金、相关税费等缴纳凭证；

（四）其他必要材料。

前款规定的土地权属来源材料，根据权利取得方式的不同，包括国有建设用地划拨决定书、国有建设用地使用权出让合同、国有建设用地使用权租赁合同以及国有建设用地使用权作价出资（入股）、授权经营批准文件。

申请在地上或者地下单独设立国有建设用地使用权登记的，按照本条规定办理。

第三十五条 申请国有建设用地使用权及房屋所有权首次登记的，应当提交下列材料：

（一）不动产权属证书或者土地权属来源材料；

（二）建设工程符合规划的材料；

（三）房屋已经竣工的材料；

（四）房地产调查或者测绘报告；

（五）相关税费缴纳凭证；

（六）其他必要材料。

第三十六条 办理房屋所有权首次登记时，申请人应当将建筑区划内依法属于业主共有的道路、绿地、其他公共场所、公用设施和物业服务用房及其占用范围内的建设用地使用权一并申请登记为业主共有。业主转让房屋所有权的，其对共有部分享有的权利依法一并转让。

第三十七条 申请国有建设用地使用权及房屋所有权变更登记的，应当根据不同情况，提交下列材料：

（一）不动产权属证书；

（二）发生变更的材料；

（三）有批准权的人民政府或者主管部门的批准文件；

（四）国有建设用地使用权出让合同或者补充协议；

（五）国有建设用地使用权出让价款、税费等缴纳凭证；

（六）其他必要材料。

第三十八条 申请国有建设用地使用权及房屋所有权转移登记的，应当根据不同情况，提交下列材料：

（一）不动产权属证书；

（二）买卖、互换、赠与合同；

（三）继承或者受遗赠的材料；

（四）分割、合并协议；

（五）人民法院或者仲裁委员会生效的法律文书；

（六）有批准权的人民政府或者主管部门的批准文件；

（七）相关税费缴纳凭证；

（八）其他必要材料。

不动产买卖合同依法应当备案的，申请人申请登记时须提交经备案的买卖合同。

第三十九条 具有独立利用价值的特定空间以及码头、油库等其他建筑物、构筑物所有权的登记，按照本实施细则中房屋所有权登记有关规定办理。

第四节　宅基地使用权及房屋所有权登记

第四十条 依法取得宅基地使用权，可以单独申请宅基地使用权登记。

依法利用宅基地建造住房及其附属设施的，可以申请宅基地使用权及房屋所有权登记。

第四十一条 申请宅基地使用权及房屋所有权首次登记的，应当根据不同情况，提交下列材料：

（一）申请人身份证和户口簿；

（二）不动产权属证书或者有批准权的人民政府批准用地的文件等权属来源材料；

（三）房屋符合规划或者建设的相关材料；

（四）权籍调查表、宗地图、房屋平面图以及宗地界址点坐标等有关不动产界址、面积等材料；

（五）其他必要材料。

第四十二条 因依法继承、分家析产、集体经济组织内部互换房屋等导致宅基地使用权及房屋所有权发生转移申请登记的，申请人应当根据不同情况，提交下列材料：

（一）不动产权属证书或者其他权属来源材料；

（二）依法继承的材料；

（三）分家析产的协议或者材料；

（四）集体经济组织内部互换房屋的协议；

（五）其他必要材料。

第四十三条 申请宅基地等集体土地上的建筑物区分所有权登记的，参照国有建设用地使用权及建筑物区分所有权的规定办理登记。

第五节 集体建设用地使用权及建筑物、构筑物所有权登记

第四十四条 依法取得集体建设用地使用权，可以单独申请集体建设用地使用权登记。

依法利用集体建设用地兴办企业，建设公共设施，从事公益事业等的，可以申请集体建设用地使用权及地上建筑物、构筑物所有权登记。

第四十五条 申请集体建设用地使用权及建筑物、构筑物所有权首次登记的，申请人应当根据不同情况，提交下列材料：

（一）有批准权的人民政府批准用地的文件等土地权属来源材料；

（二）建设工程符合规划的材料；

（三）权籍调查表、宗地图、房屋平面图以及宗地界址点坐标等有关不动产界址、面积等材料；

（四）建设工程已竣工的材料；

（五）其他必要材料。

集体建设用地使用权首次登记完成后，申请人申请建筑物、构筑物所有权首次登记的，应当提交享有集体建设用地使用权的不动产权属证书。

第四十六条 申请集体建设用地使用权及建筑物、构筑物所有权变更登记、转移登记、注销登记的，申请人应当根据不同情况，提交下列材料：

（一）不动产权属证书；

（二）集体建设用地使用权及建筑物、构筑物所有权变更、转移、消灭的材料；

（三）其他必要材料。

因企业兼并、破产等原因致使集体建设用地使用权及建筑物、构筑物所有权发生转移的，申请人应当持相关协议及有关部门的批准文件等相关材料，申请不动产转移登记。

第六节 土地承包经营权登记

第四十七条 承包农民集体所有的耕地、林地、草地、水域、滩涂以及荒山、荒沟、荒丘、荒滩等农用地，或者国家所有依法由农民集体使用的农用地从事种植业、林业、畜牧业、渔业等农业生产的，可以申请土地承包经营权登记；地上有森林、林木的，应当在申请土地承包经营权登记时一并申请登记。

第四十八条 依法以承包方式在土地上从事种植业或者养殖业生产活动的，可以申请土地承包经营权的首次登记。

以家庭承包方式取得的土地承包经营权的首次登记，由发包方持土地承包经营合同等材料申请。

以招标、拍卖、公开协商等方式承包农村土地的，由承包方持土地承包经营合同申请土地承包经营权首次登记。

第四十九条 已经登记的土地承包经营权有下列情形之一的，承包方应当持原不动产权属证书以及其他证实发生变更事实的材料，申请土地承包经营权变更登记：

（一）权利人的姓名或者名称等事项发生变化的；

（二）承包土地的坐落、名称、面积发生变化的；

（三）承包期限依法变更的；

（四）承包期限届满，土地承包经营权人按照国家有关规定继续承包的；

（五）退耕还林、退耕还湖、退耕还草导致土地用途改变的；

（六）森林、林木的种类等发生变化的；

（七）法律、行政法规规定的其他情形。

第五十条 已经登记的土地承包经营权发生下列情形之一的，当事人双方应当持互换协议、转让合同等材料，申请土地承包经营权的转移登记：

（一）互换；

（二）转让；

（三）因家庭关系、婚姻关系变化等原因导致土地承包经营权分割或者合并的；

（四）依法导致土地承包经营权转移的其他情形。

以家庭承包方式取得的土地承包经营权，采取转让方式流转的，还应当提供发包方同意的材料。

第五十一条 已经登记的土地承包经营权发生下列情形之一的，承包方应当持不动产权属证书、证实灭失的材料等，申请注销登记：

（一）承包经营的土地灭失的；

（二）承包经营的土地被依法转为建设用地的；

（三）承包经营权人丧失承包经营资格或者放弃承包经营权的；

（四）法律、行政法规规定的其他情形。

第五十二条 以承包经营以外的合法方式使用国有农用地的国有农场、草场，以及使用国家所有的水域、滩涂等农用地进行农业生产，申请国有农用地的使用权登记的，参照本实施细则有关规定办理。

国有农场、草场申请国有未利用地登记的，依照前款规定办理。

第五十三条 国有林地使用权登记，应当提交有批准权的人民政府或者主管部门的批准文件，地上森林、林木一并登记。

第七节 海域使用权登记

第五十四条 依法取得海域使用权，可以单独申请海域使用权登记。

依法使用海域，在海域上建造建筑物、构筑物的，应当申请海域使用权及建筑物、构筑物所有权登记。

申请无居民海岛登记的，参照海域使用权登记有关规定办理。

第五十五条 申请海域使用权首次登记的，应当提交下列材料：

（一）项目用海批准文件或者海域使用权出让合同；

（二）宗海图以及界址点坐标；

（三）海域使用金缴纳或者减免凭证；

（四）其他必要材料。

第五十六条 有下列情形之一的，申请人应当持不动产权属证书、海域使用权变更的文件等材料，申请海域使用权变更登记：

（一）海域使用权人姓名或者名称改变的；

（二）海域坐落、名称发生变化的；

（三）改变海域使用位置、面积或者期限的；

（四）海域使用权续期的；

（五）共有性质变更的；

（六）法律、行政法规规定的其他情形。

第五十七条 有下列情形之一的，申请人可以申请海域使用权转移登记：

（一）因企业合并、分立或者与他人合资、合作经营、作价入股导致海域使用权转移的；

（二）依法转让、赠与、继承、受遗赠海域使用权的；

（三）因人民法院、仲裁委员会生效法律文书导致海域使用权转移的；

（四）法律、行政法规规定的其他情形。

第五十八条 申请海域使用权转移登记的，

申请人应当提交下列材料：

（一）不动产权属证书；

（二）海域使用权转让合同、继承材料、生效法律文书等材料；

（三）转让批准取得的海域使用权，应当提交原批准用海的海洋行政主管部门批准转让的文件；

（四）依法需要补交海域使用金的，应当提交海域使用金缴纳的凭证；

（五）其他必要材料。

第五十九条 申请海域使用权注销登记的，申请人应当提交下列材料：

（一）原不动产权属证书；

（二）海域使用权消灭的材料；

（三）其他必要材料。

因围填海造地等导致海域灭失的，申请人应当在围填海造地等工程竣工后，依照本实施细则规定申请国有土地使用权登记，并办理海域使用权注销登记。

第八节 地役权登记

第六十条 按照约定设定地役权，当事人可以持需役地和供役地的不动产权属证书、地役权合同以及其他必要文件，申请地役权首次登记。

第六十一条 经依法登记的地役权发生下列情形之一的，当事人应当持地役权合同、不动产登记证明和证实变更的材料等必要材料，申请地役权变更登记：

（一）地役权当事人的姓名或者名称等发生变化；

（二）共有性质变更的；

（三）需役地或者供役地自然状况发生变化；

（四）地役权内容变更的；

（五）法律、行政法规规定的其他情形。

供役地分割转让办理登记，转让部分涉及地役权的，应当由受让人与地役权人一并申请地役权变更登记。

第六十二条 已经登记的地役权因土地承包经营权、建设用地使用权转让发生转移的，当事人应当持不动产登记证明、地役权转移合同等必要材料，申请地役权转移登记。

申请需役地转移登记的，或者需役地分割转让，转让部分涉及已登记的地役权的，当事人应当一并申请地役权转移登记，但当事人另有约定的除外。当事人拒绝一并申请地役权转移登记的，应当出具书面材料。不动产登记机构办理转移登记时，应当同时办理地役权注销登记。

第六十三条 已经登记的地役权，有下列情形之一的，当事人可以持不动产登记证明、证实地役权发生消灭的材料等必要材料，申请地役权注销登记：

（一）地役权期限届满；

（二）供役地、需役地归于同一人；

（三）供役地或者需役地灭失；

（四）人民法院、仲裁委员会的生效法律文书导致地役权消灭；

（五）依法解除地役权合同；

（六）其他导致地役权消灭的事由。

第六十四条 地役权登记，不动产登记机构应当将登记事项分别记载于需役地和供役地登记簿。

供役地、需役地分属不同不动产登记机构管辖的，当事人应当向供役地所在地的不动产登记机构申请地役权登记。供役地所在地不动产登记机构完成登记后，应当将相关事项通知需役地所在地不动产登记机构，并由其记载于需役地登记簿。

地役权设立后，办理首次登记前发生变更、转移的，当事人应当提交相关材料，就已经变更或者转移的地役权，直接申请首次登记。

第九节 抵押权登记

第六十五条 对下列财产进行抵押的，可以申请办理不动产抵押登记：

（一）建设用地使用权；

（二）建筑物和其他土地附着物；

（三）海域使用权；

（四）以招标、拍卖、公开协商等方式取得的荒地等土地承包经营权；

（五）正在建造的建筑物；

（六）法律、行政法规未禁止抵押的其他不动产。

以建设用地使用权、海域使用权抵押的，该土地、海域上的建筑物、构筑物一并抵押；以建筑物、构筑物抵押的，该建筑物、构筑物占用范围内的建设用地使用权、海域使用权一并抵押。

第六十六条 自然人、法人或者其他组织为保障其债权的实现，依法以不动产设定抵押的，可以由当事人持不动产权属证书、抵押合同与主债权合同等必要材料，共同申请办理抵押登记。

抵押合同可以是单独订立的书面合同，也可以是主债权合同中的抵押条款。

第六十七条 同一不动产上设立多个抵押权的，不动产登记机构应当按照受理时间的先后顺序依次办理登记，并记载于不动产登记簿。当事人对抵押权顺位另有约定的，从其规定办理登记。

第六十八条 有下列情形之一的，当事人应当持不动产权属证书、不动产登记证明、抵押权变更等必要材料，申请抵押权变更登记：

（一）抵押人、抵押权人的姓名或者名称变更的；

（二）被担保的主债权数额变更的；

（三）债务履行期限变更的；

（四）抵押权顺位变更的；

（五）法律、行政法规规定的其他情形。

因被担保债权主债权的种类及数额、担保范围、债务履行期限、抵押权顺位发生变更申请抵押权变更登记时，如果该抵押权的变更将对其他抵押权人产生不利影响的，还应当提交其他抵押权人书面同意的材料与身份证或者户口簿等材料。

第六十九条 因主债权转让导致抵押权转让的，当事人可以持不动产权属证书、不动产登记证明、被担保主债权的转让协议、债权人已经通知债务人的材料等相关材料，申请抵押权的转移登记。

第七十条 有下列情形之一的，当事人可以持不动产登记证明、抵押权消灭的材料等必要材料，申请抵押权注销登记：

（一）主债权消灭；

（二）抵押权已经实现；

（三）抵押权人放弃抵押权；

（四）法律、行政法规规定抵押权消灭的其他情形。

第七十一条 设立最高额抵押权的，当事人应当持不动产权属证书、最高额抵押合同与一定期间内将要连续发生的债权的合同或者其他登记原因材料等必要材料，申请最高额抵押权首次登记。

当事人申请最高额抵押权首次登记时，同意将最高额抵押权设立前已经存在的债权转入最高额抵押担保的债权范围的，还应当提交已存在债权的合同以及当事人同意将该债权纳入最高额抵押权担保范围的书面材料。

第七十二条 有下列情形之一的，当事人应当持不动产登记证明、最高额抵押权发生变更的材料等必要材料，申请最高额抵押权变更登记：

（一）抵押人、抵押权人的姓名或者名称变更的；

（二）债权范围变更的；

（三）最高债权额变更的；

（四）债权确定的期间变更的；

（五）抵押权顺位变更的；

（六）法律、行政法规规定的其他情形。

因最高债权额、债权范围、债务履行期限、债权确定的期间发生变更申请最高额抵押权变更登记时，如果该变更将对其他抵押权人产生不利影响的，当事人还应当提交其他抵押权人的书面同意文件与身份证或者户口簿等。

第七十三条 当发生导致最高额抵押权担保

的债权被确定的事由，从而使最高额抵押权转变为一般抵押权时，当事人应当持不动产登记证明、最高额抵押权担保的债权已确定的材料等必要材料，申请办理确定最高额抵押权的登记。

第七十四条 最高额抵押权发生转移的，应当持不动产登记证明、部分债权转移的材料、当事人约定最高额抵押权随同部分债权的转让而转移的材料等必要材料，申请办理最高额抵押权转移登记。

债权人转让部分债权，当事人约定最高额抵押权随同部分债权的转让而转移的，应当分别申请下列登记：

（一）当事人约定原抵押权人与受让人共同享有最高额抵押权的，应当申请最高额抵押权的转移登记；

（二）当事人约定受让人享有一般抵押权、原抵押权人就扣减已转移的债权数额后继续享有最高额抵押权的，应当申请一般抵押权的首次登记以及最高额抵押权的变更登记；

（三）当事人约定原抵押权人不再享有最高额抵押权的，应当一并申请最高额抵押权确定登记以及一般抵押权转移登记。

最高额抵押权担保的债权确定前，债权人转让部分债权的，除当事人另有约定外，不动产登记机构不得办理最高额抵押权转移登记。

第七十五条 以建设用地使用权以及全部或者部分在建建筑物设定抵押的，应当一并申请建设用地使用权以及在建建筑物抵押权的首次登记。

当事人申请在建建筑物抵押权首次登记时，抵押财产不包括已经办理预告登记的预购商品房和已经办理预售备案的商品房。

前款规定的在建建筑物，是指正在建造、尚未办理所有权首次登记的房屋等建筑物。

第七十六条 申请在建建筑物抵押权首次登记的，当事人应当提交下列材料：

（一）抵押合同与主债权合同；

（二）享有建设用地使用权的不动产权属证书；

（三）建设工程规划许可证；

（四）其他必要材料。

第七十七条 在建建筑物抵押权变更、转移或者消灭的，当事人应当提交下列材料，申请变更登记、转移登记、注销登记：

（一）不动产登记证明；

（二）在建建筑物抵押权发生变更、转移或者消灭的材料；

（三）其他必要材料。

在建建筑物竣工，办理建筑物所有权首次登记时，当事人应当申请将在建建筑物抵押权登记转为建筑物抵押权登记。

第七十八条 申请预购商品房抵押登记，应当提交下列材料：

（一）抵押合同与主债权合同；

（二）预购商品房预告登记材料；

（三）其他必要材料。

预购商品房办理房屋所有权登记后，当事人应当申请将预购商品房抵押预告登记转为商品房抵押权首次登记。

第五章 其他登记

第一节 更正登记

第七十九条 权利人、利害关系人认为不动产登记簿记载的事项有错误，可以申请更正登记。

权利人申请更正登记的，应当提交下列材料：

（一）不动产权属证书；

（二）证实登记确有错误的材料；

（三）其他必要材料。

利害关系人申请更正登记的，应当提交利害关系材料、证实不动产登记簿记载错误的材料以及其他必要材料。

第八十条 不动产权利人或者利害关系人申请更正登记，不动产登记机构认为不动产登记簿记载确有错误的，应当予以更正；但在错误登记之后已经办理了涉及不动产权利处分的登记、预告登记和查封登记的除外。

不动产权属证书或者不动产登记证明填制错误以及不动产登记机构在办理更正登记中，需要更正不动产权属证书或者不动产登记证明内容的，应当书面通知权利人换发，并把换发不动产权属证书或者不动产登记证明的事项记载于登记簿。

不动产登记簿记载无误的，不动产登记机构不予更正，并书面通知申请人。

第八十一条 不动产登记机构发现不动产登记簿记载的事项错误，应当通知当事人在30个工作日内办理更正登记。当事人逾期不办理的，不动产登记机构应当在公告15个工作日后，依法予以更正；但在错误登记之后已经办理了涉及不动产权利处分的登记、预告登记和查封登记的除外。

第二节 异议登记

第八十二条 利害关系人认为不动产登记簿记载的事项错误，权利人不同意更正的，利害关系人可以申请异议登记。

利害关系人申请异议登记的，应当提交下列材料：

（一）证实对登记的不动产权利有利害关系的材料；

（二）证实不动产登记簿记载的事项错误的材料；

（三）其他必要材料。

第八十三条 不动产登记机构受理异议登记申请的，应当将异议事项记载于不动产登记簿，并向申请人出具异议登记证明。

异议登记申请人应当在异议登记之日起15日内，提交人民法院受理通知书、仲裁委员会受理通知书等提起诉讼、申请仲裁的材料；逾期不提交的，异议登记失效。

异议登记失效后，申请人就同一事项以同一理由再次申请异议登记的，不动产登记机构不予受理。

第八十四条 异议登记期间，不动产登记簿上记载的权利人以及第三人因处分权利申请登记的，不动产登记机构应当书面告知申请人该权利已经存在异议登记的有关事项。申请人申请继续办理的，应当予以办理，但申请人应当提供知悉异议登记存在并自担风险的书面承诺。

第三节 预告登记

第八十五条 有下列情形之一的，当事人可以按照约定申请不动产预告登记：

（一）商品房等不动产预售的；

（二）不动产买卖、抵押的；

（三）以预购商品房设定抵押权的；

（四）法律、行政法规规定的其他情形。

预告登记生效期间，未经预告登记的权利人书面同意，处分该不动产权利申请登记的，不动产登记机构应当不予办理。

预告登记后，债权未消灭且自能够进行相应的不动产登记之日起3个月内，当事人申请不动产登记的，不动产登记机构应当按照预告登记事项办理相应的登记。

第八十六条 申请预购商品房的预告登记，应当提交下列材料：

（一）已备案的商品房预售合同；

（二）当事人关于预告登记的约定；

（三）其他必要材料。

预售人和预购人订立商品房买卖合同后，预售人未按照约定与预购人申请预告登记，预购人可以单方申请预告登记。

预购人单方申请预购商品房预告登记，预售人与预购人在商品房预售合同中对预告登记附有条件和期限的，预购人应当提交相应材料。

申请预告登记的商品房已经办理在建建筑物抵押权首次登记的，当事人应当一并申请在建建筑物抵押权注销登记，并提交不动产权属转移材料、不动产登记证明。不动产登记机构应当先办理在建建筑物抵押权注销登记，再办理预告登记。

第八十七条 申请不动产转移预告登记的，

当事人应当提交下列材料：

（一）不动产转让合同；

（二）转让方的不动产权属证书；

（三）当事人关于预告登记的约定；

（四）其他必要材料。

第八十八条 抵押不动产，申请预告登记的，当事人应当提交下列材料：

（一）抵押合同与主债权合同；

（二）不动产权属证书；

（三）当事人关于预告登记的约定；

（四）其他必要材料。

第八十九条 预告登记未到期，有下列情形之一的，当事人可以持不动产登记证明、债权消灭或者权利人放弃预告登记的材料，以及法律、行政法规规定的其他必要材料申请注销预告登记：

（一）预告登记的权利人放弃预告登记的；

（二）债权消灭的；

（三）法律、行政法规规定的其他情形。

第四节 查封登记

第九十条 人民法院要求不动产登记机构办理查封登记的，应当提交下列材料：

（一）人民法院工作人员的工作证；

（二）协助执行通知书；

（三）其他必要材料。

第九十一条 两个以上人民法院查封同一不动产的，不动产登记机构应当为先送达协助执行通知书的人民法院办理查封登记，对后送达协助执行通知书的人民法院办理轮候查封登记。

轮候查封登记的顺序按照人民法院协助执行通知书送达不动产登记机构的时间先后进行排列。

第九十二条 查封期间，人民法院解除查封的，不动产登记机构应当及时根据人民法院协助执行通知书注销查封登记。

不动产查封期限届满，人民法院未续封的，查封登记失效。

第九十三条 人民检察院等其他国家有权机关依法要求不动产登记机构办理查封登记的，参照本节规定办理。

第六章 不动产登记资料的查询、保护和利用

第九十四条 不动产登记资料包括：

（一）不动产登记簿等不动产登记结果；

（二）不动产登记原始资料，包括不动产登记申请书、申请人身份材料、不动产权属来源、登记原因、不动产权籍调查成果等材料以及不动产登记机构审核材料。

不动产登记资料由不动产登记机构管理。不动产登记机构应当建立不动产登记资料管理制度以及信息安全保密制度，建设符合不动产登记资料安全保护标准的不动产登记资料存放场所。

不动产登记资料中属于归档范围的，按照相关法律、行政法规的规定进行归档管理，具体办法由国土资源部会同国家档案主管部门另行制定。

第九十五条 不动产登记机构应当加强不动产登记信息化建设，按照统一的不动产登记信息管理基础平台建设要求和技术标准，做好数据整合、系统建设和信息服务等工作，加强不动产登记信息产品开发和技术创新，提高不动产登记的社会综合效益。

各级不动产登记机构应当采取措施保障不动产登记信息安全。任何单位和个人不得泄露不动产登记信息。

第九十六条 不动产登记机构、不动产交易机构建立不动产登记信息与交易信息互联共享机制，确保不动产登记与交易有序衔接。

不动产交易机构应当将不动产交易信息及时提供给不动产登记机构。不动产登记机构完成登记后，应当将登记信息及时提供给不动产交易机构。

第九十七条 国家实行不动产登记资料依法查询制度。

权利人、利害关系人按照《条例》第二十七条规定依法查询、复制不动产登记资料的，应当到具体办理不动产登记的不动产登记机构申请。

权利人可以查询、复制其不动产登记资料。

因不动产交易、继承、诉讼等涉及的利害关系人可以查询、复制不动产自然状况、权利人及其不动产查封、抵押、预告登记、异议登记等状况。

人民法院、人民检察院、国家安全机关、监察机关等可以依法查询、复制与调查和处理事项有关的不动产登记资料。

其他有关国家机关执行公务依法查询、复制不动产登记资料的，依照本条规定办理。

涉及国家秘密的不动产登记资料的查询，按照保守国家秘密法的有关规定执行。

第九十八条 权利人、利害关系人申请查询、复制不动产登记资料应当提交下列材料：

（一）查询申请书；

（二）查询目的的说明；

（三）申请人的身份材料；

（四）利害关系人查询的，提交证实存在利害关系的材料。

权利人、利害关系人委托他人代为查询的，还应当提交代理人的身份证明材料、授权委托书。权利人查询其不动产登记资料无需提供查询目的的说明。

有关国家机关查询的，应当提供本单位出具的协助查询材料、工作人员的工作证。

第九十九条 有下列情形之一的，不动产登记机构不予查询，并书面告知理由：

（一）申请查询的不动产不属于不动产登记机构管辖范围的；

（二）查询人提交的申请材料不符合规定的；

（三）申请查询的主体或者查询事项不符合规定的；

（四）申请查询的目的不合法的；

（五）法律、行政法规规定的其他情形。

第一百条 对符合本实施细则规定的查询申请，不动产登记机构应当当场提供查询；因情况特殊，不能当场提供查询的，应当在5个工作日内提供查询。

第一百零一条 查询人查询不动产登记资料，应当在不动产登记机构设定的场所进行。

不动产登记原始资料不得带离设定的场所。

查询人在查询时应当保持不动产登记资料的完好，严禁遗失、拆散、调换、抽取、污损登记资料，也不得损坏查询设备。

第一百零二条 查询人可以查阅、抄录不动产登记资料。查询人要求复制不动产登记资料的，不动产登记机构应当提供复制。

查询人要求出具查询结果证明的，不动产登记机构应当出具查询结果证明。查询结果证明应注明查询目的及日期，并加盖不动产登记机构查询专用章。

第七章 法律责任

第一百零三条 不动产登记机构工作人员违反本实施细则规定，有下列行为之一，依法给予处分；构成犯罪的，依法追究刑事责任：

（一）对符合登记条件的登记申请不予登记，对不符合登记条件的登记申请予以登记；

（二）擅自复制、篡改、毁损、伪造不动产登记簿；

（三）泄露不动产登记资料、登记信息；

（四）无正当理由拒绝申请人查询、复制登记资料；

（五）强制要求权利人更换新的权属证书。

第一百零四条 当事人违反本实施细则规定，有下列行为之一，构成违反治安管理行为的，依法给予治安管理处罚；给他人造成损失的，依法承担赔偿责任；构成犯罪的，依法追究刑事责任：

（一）采用提供虚假材料等欺骗手段申请登记；

（二）采用欺骗手段申请查询、复制登记资料；

（三）违反国家规定，泄露不动产登记资料、登记信息；

（四）查询人遗失、拆散、调换、抽取、污损登记资料的；

（五）擅自将不动产登记资料带离查询场所、损坏查询设备的。

第八章　附　　则

第一百零五条　本实施细则施行前，依法核发的各类不动产权属证书继续有效。不动产权利未发生变更、转移的，不动产登记机构不得强制要求不动产权利人更换不动产权属证书。

不动产登记过渡期内，农业部会同国土资源部等部门负责指导农村土地承包经营权的统一登记工作，按照农业部有关规定办理耕地的土地承包经营权登记。不动产登记过渡期后，由国土资源部负责指导农村土地承包经营权登记工作。

第一百零六条　不动产信托依法需要登记的，由国土资源部会同有关部门另行规定。

第一百零七条　军队不动产登记，其申请材料经军队不动产主管部门审核后，按照本实施细则规定办理。

第一百零八条　本实施细则自公布之日起施行。

◎司法解释

最高人民法院关于审理房屋登记案件若干问题的规定

- 2010年11月5日
- 法释〔2010〕15号

为正确审理房屋登记案件，根据《中华人民共和国物权法》、《中华人民共和国城市房地产管理法》、《中华人民共和国行政诉讼法》等有关法律规定，结合行政审判实际，制定本规定。

第一条　公民、法人或者其他组织对房屋登记机构的房屋登记行为以及与查询、复制登记资料等事项相关的行政行为或者相应的不作为不服，提起行政诉讼的，人民法院应当依法受理。

第二条　房屋登记机构根据人民法院、仲裁委员会的法律文书或者有权机关的协助执行通知书以及人民政府的征收决定办理的房屋登记行为，公民、法人或者其他组织不服提起行政诉讼的，人民法院不予受理，但公民、法人或者其他组织认为登记与有关文书内容不一致的除外。

房屋登记机构作出未改变登记内容的换发、补发权属证书、登记证明或者更新登记簿的行为，公民、法人或者其他组织不服提起行政诉讼的，人民法院不予受理。

房屋登记机构在行政诉讼法施行前作出的房屋登记行为，公民、法人或者其他组织不服提起行政诉讼的，人民法院不予受理。

第三条　公民、法人或者其他组织对房屋登记行为不服提起行政诉讼的，不受下列情形的影响：

（一）房屋灭失；

（二）房屋登记行为已被登记机构改变；

（三）生效法律文书将房屋权属证书、房屋登记簿或者房屋登记证明作为定案证据采用。

第四条　房屋登记机构为债务人办理房屋转移登记，债权人不服提起诉讼，符合下列情形之一的，人民法院应当依法受理：

（一）以房屋为标的物的债权已办理预告登记的；

（二）债权人为抵押权人且房屋转让未经其同意的；

（三）人民法院依债权人申请对房屋采取强制执行措施并已通知房屋登记机构的；

（四）房屋登记机构工作人员与债务

人恶意串通的。

第五条 同一房屋多次转移登记，原房屋权利人、原利害关系人对首次转移登记行为提起行政诉讼的，人民法院应当依法受理。

原房屋权利人、原利害关系人对首次转移登记行为及后续转移登记行为一并提起行政诉讼的，人民法院应当依法受理；人民法院判决驳回原告就在先转移登记行为提出的诉讼请求，或者因保护善意第三人确认在先房屋登记行为违法的，应当裁定驳回原告对后续转移登记行为的起诉。

原房屋权利人、原利害关系人未就首次转移登记行为提起行政诉讼，对后续转移登记行为提起行政诉讼的，人民法院不予受理。

第六条 人民法院受理房屋登记行政案件后，应当通知没有起诉的下列利害关系人作为第三人参加行政诉讼：

（一）房屋登记簿上载明的权利人；

（二）被诉异议登记、更正登记、预告登记的权利人；

（三）人民法院能够确认的其他利害关系人。

第七条 房屋登记行政案件由房屋所在地人民法院管辖，但有下列情形之一的也可由被告所在地人民法院管辖：

（一）请求房屋登记机构履行房屋转移登记、查询、复制登记资料等职责的；

（二）对房屋登记机构收缴房产证行为提起行政诉讼的；

（三）对行政复议改变房屋登记行为提起行政诉讼的。

第八条 当事人以作为房屋登记行为基础的买卖、共有、赠与、抵押、婚姻、继承等民事法律关系无效或者应当撤销为由，对房屋登记行为提起行政诉讼的，人民法院应当告知当事人先行解决民事争议，民事争议处理期间不计算在行政诉讼起诉期限内；已经受理的，裁定中止诉讼。

第九条 被告对被诉房屋登记行为的合法性负举证责任。被告保管证据原件的，应当在法庭上出示。被告不保管原件的，应当提交与原件核对一致的复印件、复制件并作出说明。当事人对被告提交的上述证据提出异议的，应当提供相应的证据。

第十条 被诉房屋登记行为合法的，人民法院应当判决驳回原告的诉讼请求。

第十一条 被诉房屋登记行为涉及多个权利主体或者房屋可分，其中部分主体或者房屋的登记违法应予撤销的，可以判决部分撤销。

被诉房屋登记行为违法，但该行为已被登记机构改变的，判决确认被诉行为违法。

被诉房屋登记行为违法，但判决撤销将给公共利益造成重大损失或者房屋已为第三人善意取得的，判决确认被诉行为违法，不撤销登记行为。

第十二条 申请人提供虚假材料办理房屋登记，给原告造成损害，房屋登记机构未尽合理审慎职责的，应当根据其过错程度及其在损害发生中所起作用承担相应的赔偿责任。

第十三条 房屋登记机构工作人员与第三人恶意串通违法登记，侵犯原告合法权益的，房屋登记机构与第三人承担连带赔偿责任。

第十四条 最高人民法院以前所作的相关的司法解释，凡与本规定不一致的，以本规定为准。

农村集体土地上的房屋登记行政案件参照本规定。

◎请示答复

最高人民法院关于季素梅、张勇诉泰兴县人民医院（第三人马兆霞、生炳林）确认血亲关系一案执行问题的电话答复

• 1989年3月21日

江苏省高级人民法院：

你院关于季素梅、张勇诉泰兴县人民医院

确认血亲关系一案执行问题的请示报告收悉。经研究，同意你院审判委员会意见。即根据医院发生的错换手牌的事实以及血液足印鉴定结论，可以认定季素梅现抚养的孩子是马兆霞的，而马兆霞现抚养之子不是马兆霞的，所以马兆霞应当将她抚养的孩子交出来。如果马兆霞不交出孩子，对其拒不交出孩子的行为，则可以按照民事诉讼法第七十七条①的规定采取强制措施。如果有刑法一百五十七条②规定的行为，也可适用一百五十七条的规定。但要充分做好当地党政等有关部门的工作，取得他们的支持，以防矛盾激化。

国家土地管理局关于人民法院裁定转移土地使用权问题对最高人民法院经〔1997〕18号函的复函

- 1997年8月18日
- 〔1997〕国土函字第96号

最高人民法院：

你院法经（1997）18号函收悉。经研究，现复函如下：

一、以出让、转让方式取得的国有土地使用权属当事人自有财产，人民法院对土地使用权（包括以土地为载体的各种权利、义务）转移的裁定，应作为土地权属转移的合法依据，土地管理部门应根据法院的裁定，及时进行变更土地登记。但人民法院在裁定中应明确告知当事人三十日内到人民政府土地管理部门申请办理变更土地登记。并将裁定或判决内容以有效法律文书形式及时通知土地管理部门。

二、土地管理部门在对裁定的土地办理变更登记手续时，其权利取得的时间，应以人民法院裁定的权利取得时间为依据。对不申请办理变更登记或逾期申请的，其土地权利不受法律保护，涉及的土地按违法用地处理。

三、为维护人民法院判决裁定和土地登记的严肃性，凡当事人在规定时间内申请办理变更登记手续的，土地管理部门应以法院裁定或判决时间先后为序确认土地权利。

四、对通过划拨方式取得的土地使用权，由于不属于当事人的自有财产，不能作为当事人财产进行裁定。但在裁定转移地上建筑物、附着物涉及有关土地使用权时，在与当地土地管理部门取得一致意见后，可裁定随地上物同时转移。

凡属于裁定中改变土地用途及使用条件的，需征得土地管理部门同意，补交出让金的，应在裁定中明确，经办理出让手续，方可取得土地使用权。

五、对尚未确定土地权属的土地，应先依据《土地管理法》第十三条规定处理后，人民法院再行裁定。

公安部交通管理局关于人民法院判决的机动车办理转籍过户登记有关问题的答复

- 1999年6月28日
- 公交管〔1999〕146号

内蒙古自治区公安厅交警总队：

你总队《关于法院判决车辆转籍问题的请示》（内公交明传〔1999〕66号）收悉。经研究，现答复如下：

人民法院判决（裁定、调解）财产所有权转移的机动车在办理转籍过户登记时，对车辆及其档案符合转籍过户有关规定，而原车主拒不在《机动车变更、过户、改装、停驶、复驶、报废审批申请表》上签字或盖章的，车辆管理所应当告知新车主，依据《中华人民共和国民事诉讼法》第二百三十条规定，新车主可以到判决（裁定、调解）的人民法院申请出具

---

① 民事诉讼法原第七十七条现已修改为第一百一十一条。

② 刑法原第一百五十七条现已修改为第二百七十七条。

《协助执行通知书》。车辆管理所应当凭人民法院出具的《协助执行通知书》和新车主提供的判决(裁定、调解)书,直接办理转籍过户登记手续。属于进口机动车的,应当按照进口车转籍过户有关规定履行审批程序。判决(裁定、调解)书复印件和《协助执行通知书》原件存入车辆档案。转出地车管所办理转籍过户登记后,应当以书面形式告知原车主。

最高人民法院执行工作办公室关于判决交付的特定物灭失后如何折价问题的复函

• 2000 年 12 月 25 日
• 〔2000〕执他字第 31 号

山东省高级人民法院:

你院鲁高法函〔1999〕78 号《关于判决交付的特定标的物灭失后如何折价问题的请示》收悉。经研究,答复如下:

山东省聊城地区中级人民法院〔1993〕聊中法民终字第 166 号民事判决,系判决交付可替代的种类物的执行案件而不是判决交付特定物的执行案件。如被执行人有该种类物,执行法院直接执行即可;如被执行人无该种类物,应发出履行通知书要求被执行人依判决购买该种类物偿还债务;被执行人拒不购买交付的,执行法院可以该种类物的现时市场价格及运费确定其债务数额,命被执行人预行交付;拒不交付的,可裁定强制执行被执行人的其他财产。

鉴于本案的特殊情况,可就执行标的问题征求申请执行人意见,或鉴于本案的特殊情况,可就执行标的问题征求申请执行人意见,或按上述关于执行可替代物的有关原则办理;或直接裁定转入金钱代偿执行。对本案的迟延履行金,应当按照《最高人民法院关于适用〈中华人民共和国民事诉讼法〉若干问题的意见》第 295 条的规定办理。

附:

《山东省高级人民法院关于判决交付的特定物灭失后如何折价问题的请示》内容

一、案件主要事实

山东省高级人民法院就山东省茌平县人民法院执行的申请执行人茌平县茌平镇西关村民委员会与被执行人王长城偿还物品案件,判决确定交付的特定物已经灭失,如何折价赔偿的问题,向我院请示。

1987 年春,王长城向茌平县茌平镇西关村民委员会(以下简称村委会)借用直径 6.5MM 钢筋 5 捆,共 7.5 吨,用以建房,事后未偿还。1992 年 11 月 27 日,村委会诉至法院。1993 年 6 月 11 日,聊城中院终审判决"限王长城于本判决生效后 30 日内偿还西关村委直径 6.5MM 的钢筋 7.5 吨"。因王长城未自动履行判决,村委会向法院申请执行。法院在执行中发现,近些年来钢筋价格上下浮动很大。同规格的钢筋在 1988 年为 1700 元/吨,二审判决时为 3700 元/吨,截至 1999 年 7 月,每吨为 2000 余元。

二、山东高院意见

山东高院有四种意见。

第一种意见,判决确定交付特定标的物的,应当执行原物。原物灭失的,依照最高人民法院关于适用民法通则若干问题的意见第一百二十六条的规定,可以按照或者适当高于归还时市场零售价格折价给付。本案中,二审判决确定的交付时间即是应归还之时。故应按终审判决确定交付的时间届满时的市场零售价格折价赔偿。

第二种意见,在执行程序中,判决确定交付的特定物已经灭失,被执行人不能履行交付财产的义务,人民法院应裁定其按执行时的价格折价赔偿,并责令其按照《最高人民法院关于适用民事诉讼法若干问题意见》第二百九十五条的规定,支付迟延履行金。即已经给申请执行人造成损失的,双倍补偿申请执行人已经受到的损失，没有造成损失的，由人民法院根据具体案件情况决定。

第三种意见，王长城与村委会之间形成的是债务关系，王长城不能归还借用物时，应按借用时的市场价格作价付款，并支付相应利息。因双方没有约定归还时间，该利息应从村委会提起诉讼之日起算。故本案应按借用时的市场零售价格作价赔偿。

第四种意见，基于对债权人的充分保护，本案执行应按照其中的最高价格折价赔偿。

山东高院倾向于第一种意见。

最高人民法院关于连环购车未办理过户手续原车主是否对机动车发生交通事故致人损害承担责任的复函

- 2001年12月31日
- 〔2001〕民一他字第32号

江苏省高级人民法院：

你院《关于连环购车未办理过户手续，原车主是否对机动车发生交通事故致人损害承担责任的请示》收悉，经研究认为：连环购车未办理过户手续，因车辆已交付，原车主即不能支配该车的运营，也不能从该车的运营中获得利益，故原车主不应对机动车发生交通事故致人损害承担责任。但是连环购车未办理过户手续的行为，违反有关行政管理法规的，应受其规定的调整。

最高人民法院执行工作办公室关于四川石油管理局勘察设计研究院与成都广视房地产开发公司拆迁安置合同纠纷一案的复函

- 2002年1月20日
- 〔1999〕执监字第231－2号

四川省高级人民法院：

你院〔1998〕川协字第5－1号和第38－1号《关于四川石油管理局勘察设计研究院与成都广视房地产开发公司拆迁安置合同纠纷一案执行情况的报告》收悉。经研究，答复如下：

你院在执行本院〔1999〕民终字第47号民事判决书过程中，于1999年9月裁定四川石油管理局勘察设计研究院（以下简称石油研究院）申请执行成都广视房地产开发公司（以下简称广视公司）一案中止执行。根据全国人大代表的反映，我办以〔1999〕执监字第231－1号函，要求你院恢复执行。你院报告认为，申请执行人石油研究院提不出可供执行的财产线索，你院依职权也找不到被执行人广视公司有可供执行的财产，故该案尚无恢复执行的条件。

我办认为，本院〔1997〕民终字第47号民事判决书，判决广视公司“将尚未拆迁安置的9户及其他未拆除的房屋予以拆迁安置和拆除”。该拆迁安置和拆除行为，属可替代行为的执行，你院应委托有关单位完成该行为，费用由被执行人承担。为了确保被执行人支付替代完成行为的费用，你院应对广视公司的注册资金是否属实予以调查，若注册资金不实，应追加投资者注册资金不实的责任；同时，你院还应对本案执行中先前执行的拆迁安置款流失情况予以核查，追回流失款项，并对有关责任人员追究相应责任。

鉴于此案系全国人大代表多次反映的案件，请你院充分认识到本案执行的重要性。在接到本函后立即恢复执行，加大执行力度，并在三个月内执行结案。

此复

最高人民法院关于向美琼、熊伟浩、熊萍与张凤霞、张旭、张林录、冯树义执行遗嘱代理合同纠纷一案的请示的复函

- 2003年1月29日
- 〔2002〕民一他字第14号

陕西省高级人民法院：

你院《关于向美琼、熊伟浩、熊萍与张凤

霞、张旭、张林录、冯树义执行遗嘱代理合同纠纷一案的请示报告》收悉。经研究认为,目前,《中华人民共和国民法通则》、《中华人民共和国继承法》对遗嘱执行人的法律地位、遗嘱执行人的权利义务均未作出相应的规定。只要法律无禁止性规定,民事主体的处分自己私权利行为就不应当受到限制。张凤霞作为熊毅武指定的遗嘱执行人,在遗嘱人没有明确其执行遗嘱所得报酬的情况下,与继承人熊伟浩、熊萍等人就执行遗嘱相关的事项签订协议,并按照该协议的约定收取遗嘱执行费,不属于《中华人民共和国律师法》第三十四条禁止的律师在同一案件中为双方当事人代理的情况,该协议是否有效,应当依据《中华人民共和国合同法》的规定进行审查。只要协议的签订出于双方当事人的自愿,协议内容是双方当事人真实的意思表示,不违反法律和行政法规的禁止性规定,就应认定为有效。如果熊伟浩、熊萍等人以张凤霞乘人之危,使其在违背真实意思表示的情况下签订协议为由,请求人民法院撤销或者变更该协议,应有明确的诉讼请求并提供相应的证据,否则,人民法院不宜主动对该协议加以变更或者撤销。

附:

《陕西省高级人民法院关于向美琼、熊伟浩、熊萍与张凤霞、张旭、张林录、冯树义执行遗嘱代理合同纠纷一案的请示》内容

陕西省高级人民法院(以下简称陕西高院)就向美琼、熊伟浩、熊萍与张凤霞、张旭、张林录、冯树义执行遗嘱代理合同纠纷一案,向最高人民法院请示。

一、案件的基本事实

1997年6月13日,向美琼等向陕西省宝鸡市中级人民法院(以下简称宝鸡中院)起诉,请求判令:1. 张凤霞返还代理费22.9万元;2. 由张凤霞负责从张金云处追回因无效代理行为所造成的财产流失329万元。

2000年10月26日,宝鸡中院作出〔1997〕宝市中法民初字第07号判决,判令:1. 宝鸡县正达律师事务所张凤霞与熊伟浩、熊萍签订的执行遗嘱协议书无效;2. 张凤霞返还向美琼人民币3万元、返还熊伟浩人民币15万元、返还熊萍人民币2万元。限判决生效后5日内履行,逾期按中国人民银行结算办法承担40‰的滞纳金;3. 驳回向美琼、熊伟浩、熊萍其他诉讼请求。一审案件受理费6870元,由被告张凤霞承担6000元,原告熊萍承担870元。

张凤霞不服一审判决,向陕西高院提起上诉,请求撤销一审判决,认定宝鸡县正达律师事务所与熊萍、熊伟浩分别签订的《协议书》合法有效,张凤霞担任熊毅武遗嘱执行人与熊萍、熊伟浩签订《协议书》不属于"在同一案件中为双方当事人担任代理人"。

二、一审判决情况

向美琼之夫、熊伟浩、熊萍之父熊毅武于1996年10月17日在河南省浚县遭遇车祸后,在西安市红会医院住院治疗期间,邀请张凤霞、孙亚鹏(熊毅武的秘书)、熊伟浩、熊萍之夫吴秋文到病床前,由张凤霞代书立下遗嘱:"我1996年10月17日在河南浚县视察工作时不幸发生车祸,现正在医院治疗恢复阶段,为了答谢张金云(熊毅武同居者)的照顾以及了却我的心愿特写此遗书。一、现金:现有现金壹仟叁佰壹拾陆万元(13160396.73元,暂在吴秋文、张金云处保管),分成四份,熊伟浩、熊萍、张金云、向美琼各一份。向美琼的一份由熊伟浩代为保管,向美琼和熊红共同使用。二、企业:1. 烟台毅武食品有限公司的股份由儿子熊伟浩、女儿熊萍继承,由女婿吴秋文代为参与管理,所取得效益归他们共同所有。2. 梅河口熊毅武食品有限公司由张金云同志代替我管理,执行原合同,因为我

有今天事业上的成功全靠我妻张金云对我的关心、照顾和支持,因而所取得的效益归张金云同志所有。3. 宝鸡毅武食品有限公司、熊毅武北方集团兴平公司由熊伟浩负责管理,张凤霞律师协助,所取得的收益归熊伟浩所有。三、房产:1. 坐落在珠海市平沙的房屋产权归熊伟浩所有。2. 坐落在广州的房产,以及番禺的铺子均归熊萍所有。3. 坐落于梅河口市利丰新村的房产、坐落在阜新的房产以及阜新城中城的门面房产归张金云所有。四、其他:1. 聘请宝鸡县正达律师事务所张凤霞律师做我的私人终身法律顾问,有权代为审查上述各企业账务保护我的合法权益。2. 我指定张凤霞律师作为我的遗嘱执行人。3. 目前由于握笔困难由法律顾问张凤霞执笔书写。4. 我与各公司所签的合同履行期满后凡继续使用商标,要从利润中提取 20%,作为商标使用费(合同另签),企业属谁,由谁得益。5. 此遗嘱一式七份,由遗嘱执行人保管,继续开始由执行人负责实施。见证人:张凤霞(签名),单位:宝鸡县正达律师事务所;见证人:孙亚鹏(签名),单位:熊毅武集团公司;见证亲属:熊伟浩(签名);吴秋文(签名);遗嘱人:熊毅武;代书人:张凤霞;遗书时间:1997 年 2 月 23 日。"此遗嘱经宝鸡市公证处公证。1997 年 2 月 28 日熊毅武逝世。

1997 年 3 月 1 日、4 月 14 日,遗嘱执行人张凤霞分别与熊萍、熊伟浩签订《协议书》,约定:"根据 1997 年 2 月 23 日熊毅武先生生前遗嘱第四项第一条、第二条、第四条规定双方协商签订如下协议:一、乙方(张凤霞)要遵照遗嘱的规定办好各种手续,差费由甲方(熊萍、熊伟浩)负责解决。二、甲方聘请乙方担任法律顾问、财务顾问,维护乙方的合法权益,全权委托乙方对甲方继承权益得到充分兑现。查账按总裁指示办。三、在合同履行期间,甲方遇到有关涉及法律及财务方面的问题乙方帮助解决。四、给乙方的报酬:按原签法律顾问合同执行,由集团办发放。奖金由甲方自行酌定。五、甲方无论是否在此单位任职,乙方均有权代替甲方按协议进行工作。六、律师应收遗嘱分配析产代理费,按国家规定从遗产中扣除。七、此协议有效期 3 年,自协议签订之日起计算有效期。"1997 年 4 月 22 日,张凤霞所在宝鸡县正达律师事务所分别向熊伟浩、向美琼出具了收到 15 万元、3 万元遗嘱析产律师代理费的收款收据。1997 年 4 月 7 日张凤霞在给熊萍的"情况说明"中称:执行遗嘱全部费用已交清。庭审中张凤霞陈述该笔 2 万元现金,个人已收取,未向熊萍打收据。所扣收的 18 万元亦未交正达律师事务所,以上共计 20 万元。1997 年 4 月底,张凤霞按照熊毅武遗嘱将其遗产全部分配完毕。张凤霞在 1997 年 3 月至 4 月期间共领取熊毅武北方集团总裁办公室工资、补贴、顾问费等 3048 元,差旅费亦在该处报销。

1997 年 6 月 13 日,向美琼、熊伟浩、熊红(向美琼长女,精神病患者)、熊萍向宝鸡中院起诉,称张凤霞以遗嘱执行人的身份将熊毅武名下的 329 万元分给所谓熊毅武之"妻"张金云,属非法。宝鸡中院立案后,向张金云、张凤霞发出了应诉通知书,张金云对案件管辖权提出了异议,认为本案不应由宝鸡中院管辖,该院裁定予以驳回,张金云不服,上诉于陕西高院,该院作出〔1997〕陕民终字第 42 号民事裁定,认为向美琼等人诉请确认熊毅武遗嘱无效,既非追还财产纠纷,又非侵权纠纷,而系继承纠纷;向美琼等与张凤霞等人诉请确认熊毅武遗嘱无效,非追还财产纠纷,而是代理费纠纷,遂裁定将继承纠纷移送不动产所在地吉林省高级人民法院处理;向美琼等与张凤霞代理费纠纷由宝鸡中院管辖。

陕西高院〔1997〕陕民终字第 42 号民事裁定生效后,向美琼等人于 1998 年 11 月 20 日向宝鸡中院递交了一份补充诉状,请求:1. 判令张凤霞返还代理费 22.9

万元;2.责令张凤霞负责从张金云处追回因无效代理行为所造成的财产流失329万元。

向美琼、熊伟浩、熊萍于1997年6月19日以宝鸡县正达律师事务所和张凤霞为被告,向宝鸡县人民法院起诉,请求:1.责令张凤霞交还熊毅武私章、身份证;2.判令交还熊毅武遗嘱原件;3.判令被告向原告公开赔礼道歉。宝鸡县人民法院于1997年12月25日作出〔1997〕宝经初字第781号民事判决:由张凤霞将熊毅武私章一枚、身份证一张、遗嘱原件四份返还给熊伟浩等四原告。

三、陕西高院合议庭、审判委员会的意见及请示问题

陕西高院审理本案的合议庭对本案评议后形成两种意见,多数人认为:张凤霞与熊萍、熊伟浩签订的《协议书》有效,理由是:第一,案件是指进入司法诉讼程序的事件,张凤霞虽然是熊毅武的遗嘱执行人,但在继承开始后,熊萍、熊伟浩为了保护其自身利益,与张凤霞签订了《协议书》,属非诉讼法律事务,不属于案件,不适用《律师法》第三十四条的规定。第二,继承开始后,继承人委托遗嘱执行人还是遗嘱执行人以外的人为其办理继承事务,是否收取遗产分配代理费,应由当事人协商确定。本案遗嘱执行人张凤霞与熊萍、熊伟浩自愿约定,收取一定的费用并不侵犯被继承人和其他继承人的权益,符合当事人意思自治原则,目前我国法律和行政法规尚无禁止性规定,按照最高人民法院适用《合同法》解释意见(一)确认合同效力的精神,应为有效。第三,我国《继承法》对遗嘱执行人的法律地位及权利义务未做明确规定,从民法理论上讲,遗嘱执行人的任务就是按遗嘱人的意志执行遗嘱,保护继承人和遗嘱受益人的利益。因此,遗嘱执行人既不是遗嘱人的代理人,也不是遗嘱继承人的代理人,而是依法实现遗嘱人的愿望,保护遗嘱继承人和其他遗嘱受益人的合法权益,使其不受侵犯。梁慧星教授负责的中国民法典研究课题组起草的《中国民法典继承编条文建议草案》第六十条规定:"遗嘱人可以在遗嘱中为遗嘱执行人指定报酬。遗嘱人没有作出上述指定的,遗嘱执行人不得请求报酬。但继承人或者受遗赠人自愿支付报酬的除外。"第四,向美琼、熊伟浩、熊萍是以张凤霞以遗嘱执行人的身份将熊毅武名下的329万元分给熊毅武所谓的妻子张金云为由,而诉请法院依法确认遗嘱部分无效,判令张金云返还非法所得329万元,责令张凤霞退回执行费的。向美琼等人在整个诉讼过程中并未主张张凤霞有欺诈、胁迫或乘人之危的行为和提供相关的证据。合议庭一致认为现有证据无法确定张凤霞的行为已构成"乘人之危"。少数人的观点是:张凤霞与熊伟浩等人签订《协议书》中有关遗产执行代理费的约定部分无效。理由是:第一,张凤霞作为遗嘱见证人、代笔人、执行人,与遗嘱人熊毅武之间是一种委托代理关系。遗嘱没有约定报酬,遗嘱执行人应严格按照遗嘱执行。第二,张凤霞因执行遗嘱的差旅费已在熊毅武公司报销,并领取了法律顾问费、工资等。在熊毅武去世后,又利用实际掌管熊毅武的私人印章、身份证及遗嘱的条件,处于法律上的有利地位,与继承人另行签订协议,收取执行遗嘱代理费,该约定应认定无效。陕西高院审判委员会讨论后未能就此案取得一致意见,故就"被继承人生前立有遗嘱,指定张凤霞为其遗嘱执行人,但未明确遗嘱执行费。被继承人死亡后,遗嘱执行人能否再与继承人签订遗嘱执行合同,并约定遗嘱分配析产代理费"的问题向最高人民法院请示。

最高人民法院执行工作办公室关于第三人无偿占有生效法律文书指定交付的财产应如何处理的答复

• 2006 年 10 月 9 日
•〔2006〕执他字第 14 号

山西省高级人民法院：

你院《关于阳泉市城区法院执行胡满和与柴丽珍离婚一案能否追加被执行人的请示报告》收悉。经研究，答复如下：

如果法院能够认定第三人无偿占有了生效法律文书指定交付的财产，可以依照《中华人民共和国民事诉讼法》第二百二十八条[①]第三款的规定，通知第三人交出。拒不交出的，确有必要时，可将第三人追加为被执行人。

此复

① 民事诉讼法原第二百二十八条现已修改为第二百四十九条。

第四编 保全执行

第二十章 财产保全

◎部门规章

公安机关办理刑事案件适用查封、冻结措施有关规定（节录）

•2013年9月1日
•公通字〔2013〕30号

……

第三十条 对下列账户和款项，不得冻结：

（一）金融机构存款准备金和备付金；

（二）特定非金融机构备付金；

（三）封闭贷款专用账户（在封闭贷款未结清期间）；

（四）商业汇票保证金；

（五）证券投资者保障基金、保险保障基金、存款保险基金；

（六）党、团费账户和工会经费集中户；

（七）社会保险基金；

（八）国有企业下岗职工基本生活保障资金；

（九）住房公积金和职工集资建房账户资金；

（十）人民法院开立的执行账户；

（十一）军队、武警部队一类保密单位开设的"特种预算存款"、"特种其他存款"和连队账户的存款；

（十二）金融机构质押给中国人民银行的债券、股票、贷款；

（十三）证券登记结算机构、银行间市场交易组织机构、银行间市场集中清算机构、银行间市场登记托管结算机构、经国务院批准或者同意设立的黄金交易组织机构和结算机构等依法按照业务规则收取并存放于专门清算交收账户内的特定股票、债券、票据、贵金属等有价凭证、资产和资金，以及按照业务规则要求金融机构等登记托管结算参与人、清算参与人、投资者或者发行人提供的、在交收或者清算结算完成之前的保证金、清算基金、回购质押券、价差担保物、履约担保物等担保物，支付机构客户备付金；

（十四）其他法律、行政法规、司法解释、部门规章规定不得冻结的账户和款项。

……

◎司法解释

最高人民法院关于如何理解《关于适用〈中华人民共和国民事诉讼法〉若干问题的意见》第31条第2款的批复

•1998年4月17日
•法释〔1998〕5号

山西省高级人民法院：

你院晋高法〔1996〕148号关于对《最高人民法院〈关于适用《中华人民共和国民事诉讼法》若干问题的意见〉第31条第2款如何理解的请示》收悉。经研究，答复如下：

最高人民法院《关于适用〈中华人民共和国民事诉讼法〉若干问题的意见》第31条第2款的规定是指：在人民法院采取诉前财产保全后，申请人起诉的，应当向有管辖权的人民法院提起。采取诉前财产保全的人民法院对该案有管辖权的，应当依法受理；没有管辖权的，应当及时将采取诉前财产保全的全部材料移送有管辖权的受诉人民法院。

最高人民法院关于人民法院发现本院作出的诉前保全裁定和在执行程序中作出的裁定确有错误以及人民检察院对人民法院作出的诉前保全裁定提出抗诉人民法院应当如何处理的批复

- 1998年7月30日
- 法释〔1998〕17号

山东省高级人民法院：

你院鲁高法函〔1998〕57号《关于人民法院在执行程序中作出的裁定如发现确有错误应按何种程序纠正的请示》和鲁高法函〔1998〕58号《关于人民法院发现本院作出的诉前保全裁定确有错误或者人民检察院对人民法院作出的诉前保全提出抗诉人民法院应如何处理的请示》收悉。经研究，答复如下：

一、人民法院院长对本院已经发生法律效力的诉前保全裁定和在执行程序中作出的裁定，发现确有错误，认为需要撤销的，应当提交审判委员会讨论决定后，裁定撤销原裁定。

二、人民检察院对人民法院作出的诉前保全裁定提出抗诉，没有法律依据，人民法院应当通知其不予受理。

最高人民法院关于诉前财产保全几个问题的批复

- 1998年11月27日
- 法释〔1998〕29号

湖北省高级人民法院：

你院鄂高法〔1998〕63号《关于采取诉前财产保全几个问题的请示》收悉。经研究，答复如下：

一、人民法院受理当事人诉前财产保全申请后，应当按照诉前财产保全标的金额并参照《中华人民共和国民事诉讼法》关于级别管辖和专属管辖的规定，决定采取诉前财产保全措施。

二、采取财产保全措施的人民法院受理申请人的起诉后，发现所受理的案件不属于本院管辖的，应当将案件和财产保全申请费一并移送有管辖权的人民法院。

案件移送后，诉前财产保全裁定继续有效。

因执行诉前财产保全裁定而实际支出的费用，应由受诉人民法院在申请费中返还给作出诉前财产保全的人民法院。

最高人民法院关于人民法院对注册商标权进行财产保全的解释

- 2001年1月2日
- 法释〔2001〕1号

为了正确实施对注册商标权的财产保全措施，避免重复保全，现就人民法院对注册商标权进行财产保全有关问题解释如下：

第一条 人民法院根据民事诉讼法有关规定采取财产保全措施时，需要对注册商标权进行保全的，应当向国家工商行政管理局商标局（以下简称商标局）发出协助执行通知书，载明要求商标局协助保全的注册商标的名称、注册人、注册证号码、保全期限以及协助执行保全的内容，包括禁止转让、注销注册商标、变更注册事项和办理商标权质押登记等事项。

第二条 对注册商标权保全的期限一次不得超过六个月，自商标局收到协助执行通知书之日起计算。如果仍然需要对该注册商标权继续采取保全措施的，人民法院应当在保全期限届满前向商标局重新发出协助执行通知书，要求继续保全。否则，视为自动解除对该注册商标权的财产保全。

第三条 人民法院对已经进行保全的注册商标权，不得重复进行保全。

最高人民法院关于对诉前停止侵犯专利权行为适用法律问题的若干规定

- 2001年6月7日
- 法释〔2001〕20号

为切实保护专利权人和其他利害关系人的合法权益，根据《中华人民共和国民法通则》、《中华人民共和国专利法》（以下简称专利法）、《中华人民共和国民事诉讼法》（以下简称民事诉讼法）的有关规定，现就有关诉前停止侵犯专利权行为适用法律若干问题规定如下：

第一条 根据专利法第六十一条的规定，专利权人或者利害关系人可以向人民法院提出诉前责令被申请人停止侵犯专利权行为的申请。

提出申请的利害关系人，包括专利实施许可合同的被许可人、专利财产权利的合法继承人等。专利实施许可合同被许可人中，独占实施许可合同的被许可人可以单独向人民法院提出申请；排他实施许可合同的被许可人在专利权人不申请的情况下，可以提出申请。

第二条 诉前责令停止侵犯专利权行为的申请，应当向有专利侵权案件管辖权的人民法院提出。

第三条 专利权人或者利害关系人向人民法院提出申请，应当递交书面申请状；申请状应当载明当事人及其基本情况、申请的具体内容、范围和理由等事项。申请的理由包括有关行为如不及时制止会使申请人合法权益受到难以弥补的损害的具体说明。

第四条 申请人提出申请时，应当提交下列证据：

（一）专利权人应当提交证明其专利权真实有效的文件，包括专利证书、权利要求书、说明书、专利年费交纳凭证。提出的申请涉及实用新型专利的，申请人应当提交国务院专利行政部门出具的检索报告。

（二）利害关系人应当提供有关专利实施许可合同及其在国务院专利行政部门备案的证明材料，未经备案的应当提交专利权人的证明，或者证明其享有权利的其他证据。

排他实施许可合同的被许可人单独提出申请的，应当提交专利权人放弃申请的证明材料。专利财产权利的继承人应当提交已经继承或者正在继承的证据材料。

（三）提交证明被申请人正在实施或者即将实施侵犯其专利权的行为的证据，包括被控侵权产品以及专利技术与被控侵权产品技术特征对比材料等。

第五条 人民法院作出诉前停止侵犯专利权行为的裁定事项，应当限于专利权人或者利害关系人申请的范围。

第六条 申请人提出申请时应当提供担保，申请人不提供担保的，驳回申请。

当事人提供保证、抵押等形式的担保合理、有效的，人民法院应当准予。

人民法院确定担保范围时，应当考虑责令停止有关行为所涉及产品的销售收入，以及合理的仓储、保管等费用；被申请人停止有关行为可能造成的损失，以及人员工资等合理费用支出；其他因素。

第七条 在执行停止有关行为裁定过程中，被申请人可能因采取该项措施造成更大损失的，人民法院可以责令申请人追加相应的担保。申请人不追加担保的，解除有关停止措施。

第八条 停止侵犯专利权行为裁定所采取的措施，不因被申请人提出反担保而解除。

第九条 人民法院接受专利权人或者利害关系人提出责令停止侵犯专利权行为的申请后，经审查符合本规定第四条的，应当在48小时内作出书面裁定；裁定责令被申请人停止侵犯专利权行为的，应当立即开始执行。

人民法院在前述期限内，需要对有关事实进行核对的，可以传唤单方或双方当事人进行询问，然后再及时作出裁定。

人民法院作出诉前责令被申请人停止有关行为的裁定，应当及时通知被申请人，至迟不得超过5日。

第十条 当事人对裁定不服的，可以在收到裁定之日起10日内申请复议一次。复议期间不停止裁定的执行。

第十一条 人民法院对当事人提出的复议申请应当从以下方面进行审查：

（一）被申请人正在实施或即将实施的行为是否构成侵犯专利权；

（二）不采取有关措施，是否会给申请人合法权益造成难以弥补的损害；

（三）申请人提供担保的情况；

（四）责令被申请人停止有关行为是否损害社会公共利益。

第十二条 专利权人或者利害关系人在人民法院采取停止有关行为的措施后15日内不起诉的，人民法院解除裁定采取的措施。

第十三条 申请人不起诉或者申请错误造成被申请人损失的，被申请人可以向有管辖权的人民法院起诉请求申请人赔偿，也可以在专利权人或者利害关系人提起的专利权侵权诉讼中提出损害赔偿的请求，人民法院可以一并处理。

第十四条 停止侵犯专利权行为裁定的效力，一般应维持到终审法律文书生效时止。人民法院也可以根据案情，确定具体期限；期限届满时，根据当事人的请求仍可作出继续停止有关行为的裁定。

第十五条 被申请人违反人民法院责令停止有关行为裁定的，依照民事诉讼法第一百零二条①规定处理。

第十六条 人民法院执行诉前停止侵犯专利权行为的措施时，可以根据当事人的申请，参照民事诉讼法第七十四条②的规定，同时进行证据保全。

人民法院可以根据当事人的申请，依照民事诉讼法第九十二条、第九十三条③的规定进行财产保全。

第十七条 专利权人或者利害关系人向人民法院提起专利侵权诉讼时，同时提出先行停止侵犯专利权行为请求的，人民法院可以先行作出裁定。

第十八条 诉前停止侵犯专利权行为的案件，申请人应当按照《人民法院诉讼收费办法》及其补充规定交纳费用。

最高人民法院关于当事人申请财产保全错误造成案外人损失应否承担赔偿责任问题的解释

- 2005年8月15日
- 法释〔2005〕11号

近来，一些法院就当事人申请财产保全错误造成案外人损失引发的赔偿纠纷案件应如何适用法律问题请示我院。经研究，现解释如下：

根据《中华人民共和国民法通则》第一百零六条、《中华人民共和国民事诉讼法》第九十六条④等法律规定，当事人申请财产保全错误造成案外人损失的，应当依法承担赔偿责任。

---

① 民事诉讼法原第一百零二条现已修改为第一百一十一条。

② 民事诉讼法原第七十四条现已修改为第八十一条。

③ 民事诉讼法原第九十二条现已修改为第一百条；原第九十三条现已修改为第一百零一条。

④ 民事诉讼法原第九十六条现已修改为第一百零五条。

最高人民法院关于审理专利纠纷案件适用法律问题的若干规定

- 2001年6月19日最高人民法院审判委员会第1180次会议通过、2001年6月22日公布、自2001年7月1日起施行(法释〔2001〕21号)
- 根据2013年2月25日最高人民法院审判委员会第1570次会议通过、2013年4月1日公布的《关于修改〈最高人民法院关于审理专利纠纷案件适用法律问题的若干规定〉的决定》(法释〔2013〕9号)第一次修正
- 根据2015年1月19日最高人民法院审判委员会第1641次会议通过、2015年1月29日公布的《关于修改〈最高人民法院关于审理专利纠纷案件适用法律问题的若干规定〉的决定》(法释〔2015〕4号)第二次修正

为了正确审理专利纠纷案件,根据《中华人民共和国民法通则》(以下简称民法通则)、《中华人民共和国专利法》(以下简称专利法)、《中华人民共和国民事诉讼法》和《中华人民共和国行政诉讼法》等法律的规定,作如下规定:

第一条 人民法院受理下列专利纠纷案件:

1. 专利申请权纠纷案件;
2. 专利权权属纠纷案件;
3. 专利权、专利申请权转让合同纠纷案件;
4. 侵犯专利权纠纷案件;
5. 假冒他人专利纠纷案件;
6. 发明专利申请公布后、专利权授予前使用费纠纷案件;
7. 职务发明创造发明人、设计人奖励、报酬纠纷案件;
8. 诉前申请停止侵权、财产保全案件;
9. 发明人、设计人资格纠纷案件;
10. 不服专利复审委员会维持驳回申请复审决定案件;
11. 不服专利复审委员会专利权无效宣告请求决定案件;
12. 不服国务院专利行政部门实施强制许可决定案件;
13. 不服国务院专利行政部门实施强制许可使用费裁决案件;
14. 不服国务院专利行政部门行政复议决定案件;
15. 不服管理专利工作的部门行政决定案件;
16. 其他专利纠纷案件。

第二条 专利纠纷第一审案件,由各省、自治区、直辖市人民政府所在地的中级人民法院和最高人民法院指定的中级人民法院管辖。

最高人民法院根据实际情况,可以指定基层人民法院管辖第一审专利纠纷案件。

第三条 当事人对专利复审委员会于2001年7月1日以后作出的关于实用新型、外观设计专利权撤销请求复审决定不服向人民法院起诉的,人民法院不予受理。

第四条 当事人对专利复审委员会于2001年7月1日以后作出的关于维持驳回实用新型、外观设计专利申请的复审决定,或者关于实用新型、外观设计专利权无效宣告请求的决定不服向人民法院起诉的,人民法院应当受理。

第五条 因侵犯专利权行为提起的诉讼,由侵权行为地或者被告住所地人民法院管辖。

侵权行为地包括:被诉侵犯发明、实用新型专利权的产品的制造、使用、许诺销售、销售、进口等行为的实施地;专利方法使用行为的实施地,依照该专利方法直接获得的产品的使用、许诺销售、销售、进口等行为的实施地;外观设计专利产品的制造、许诺销售、销售、进口等行为的实施地;假冒他人专利的行为实施地。上述侵权行为的侵权结果发生地。

第六条 原告仅对侵权产品制造者提起诉讼,未起诉销售者,侵权产品制造地与销售地不一致的,制造地人民法院有管辖权;以

制造者与销售者为共同被告起诉的，销售地人民法院有管辖权。

销售者是制造者分支机构，原告在销售地起诉侵权产品制造者制造、销售行为的，销售地人民法院有管辖权。

第七条 原告根据 1993 年 1 月 1 日以前提出的专利申请和根据该申请授予的方法发明专利权提起的侵权诉讼，参照本规定第五条、第六条的规定确定管辖。

人民法院在上述案件实体审理中依法适用方法发明专利权不延及产品的规定。

第八条 对申请日在 2009 年 10 月 1 日前（不含该日）的实用新型专利提起侵犯专利权诉讼，原告可以出具由国务院专利行政部门作出的检索报告；对申请日在 2009 年 10 月 1 日以后的实用新型或者外观设计专利提起侵犯专利权诉讼，原告可以出具由国务院专利行政部门作出的专利权评价报告。根据案件审理需要，人民法院可以要求原告提交检索报告或者专利权评价报告。原告无正当理由不提交的，人民法院可以裁定中止诉讼或者判令原告承担可能的不利后果。

侵犯实用新型、外观设计专利权纠纷案件的被告请求中止诉讼的，应当在答辩期内对原告的专利权提出宣告无效的请求。

第九条 人民法院受理的侵犯实用新型、外观设计专利权纠纷案件，被告在答辩期间内请求宣告该项专利权无效的，人民法院应当中止诉讼，但具备下列情形之一的，可以不中止诉讼：

（一）原告出具的检索报告或者专利权评价报告未发现导致实用新型或者外观设计专利权无效的事由的；

（二）被告提供的证据足以证明其使用的技术已经公知的；

（三）被告请求宣告该项专利权无效所提供的证据或者依据的理由明显不充分的；

（四）人民法院认为不应当中止诉讼的其他情形。

第十条 人民法院受理的侵犯实用新型、外观设计专利权纠纷案件，被告在答辩期间届满后请求宣告该项专利权无效的，人民法院不应当中止诉讼，但经审查认为有必要中止诉讼的除外。

第十一条 人民法院受理的侵犯发明专利权纠纷案件或者经专利复审委员会审查维持专利权的侵犯实用新型、外观设计专利权纠纷案件，被告在答辩期间内请求宣告该项专利权无效的，人民法院可以不中止诉讼。

第十二条 人民法院决定中止诉讼，专利权人或者利害关系人请求责令被告停止有关行为或者采取其他制止侵权损害继续扩大的措施，并提供了担保，人民法院经审查符合有关法律规定的，可以在裁定中止诉讼的同时一并作出有关裁定。

第十三条 人民法院对专利权进行财产保全，应当向国务院专利行政部门发出协助执行通知书，载明要求协助执行的事项，以及对专利权保全的期限，并附人民法院作出的裁定书。

对专利权保全的期限一次不得超过六个月，自国务院专利行政部门收到协助执行通知书之日起计算。如果仍然需要对该专利权继续采取保全措施的，人民法院应当在保全期限届满前向国务院专利行政部门另行送达继续保全的协助执行通知书。保全期限届满前未送达的，视为自动解除对该专利权的财产保全。

人民法院对出质的专利权可以采取财产保全措施，质权人的优先受偿权不受保全措施的影响；专利权人与被许可人已经签订的独占实施许可合同，不影响人民法院对该专利权进行财产保全。

人民法院对已经进行保全的专利权，不得重复进行保全。

第十四条 2001 年 7 月 1 日以前利用本单位的物质技术条件所完成的发明创造，单位与发明人或者设计人订有合同，对申请专利的权利和专利权的归属作出约定的，从其约定。

第十五条 人民法院受理的侵犯专利权纠纷案件，涉及权利冲突的，应当保护在先依法享有权利的当事人的合法权益。

第十六条 专利法第二十三条所称的在先取得的合法权利包括：商标权、著作权、企业名称权、肖像权、知名商品特有包装或者装潢使用权等。

第十七条 专利法第五十九条第一款所称的“发明或者实用新型专利权的保护范围以其权利要求的内容为准，说明书及附图可以用于解释权利要求的内容”，是指专利权的保护范围应当以权利要求记载的全部技术特征所确定的范围为准，也包括与该技术特征相等同的特征所确定的范围。

等同特征，是指与所记载的技术特征以基本相同的手段，实现基本相同的功能，达到基本相同的效果，并且本领域普通技术人员在被诉侵权行为发生时无需经过创造性劳动就能够联想到的特征。

第十八条 侵犯专利权行为发生在2001年7月1日以前的，适用修改前专利法的规定确定民事责任；发生在2001年7月1日以后的，适用修改后专利法的规定确定民事责任。

第十九条 假冒他人专利的，人民法院可以依照专利法第六十三条的规定确定其民事责任。管理专利工作的部门未给予行政处罚的，人民法院可以依照民法通则第一百三十四条第三款的规定给予民事制裁，适用民事罚款数额可以参照专利法第六十三条的规定确定。

第二十条 专利法第六十五条规定的权利人因被侵权所受到的实际损失可以根据专利权人的专利产品因侵权所造成销售量减少的总数乘以每件专利产品的合理利润所得之积计算。权利人销售量减少的总数难以确定的，侵权产品在市场上销售的总数乘以每件专利产品的合理利润所得之积可以视为权利人因被侵权所受到的实际损失。

专利法第六十五条规定的侵权人因侵权所获得的利益可以根据该侵权产品在市场上销售的总数乘以每件侵权产品的合理利润所得之积计算。侵权人因侵权所获得的利益一般按照侵权人的营业利润计算，对于完全以侵权为业的侵权人，可以按照销售利润计算。

第二十一条 权利人的损失或者侵权人获得的利益难以确定，有专利许可使用费可以参照的，人民法院可以根据专利权的类型、侵权行为的性质和情节、专利许可的性质、范围、时间等因素，参照该专利许可使用费的倍数合理确定赔偿数额；没有专利许可使用费可以参照或者专利许可使用费明显不合理的，人民法院可以根据专利权的类型、侵权行为的性质和情节等因素，依照专利法第六十五条第二款的规定确定赔偿数额。

第二十二条 权利人主张其为制止侵权行为所支付合理开支的，人民法院可以在专利法第六十五条确定的赔偿数额之外另行计算。

第二十三条 侵犯专利权的诉讼时效为二年，自专利权人或者利害关系人知道或者应当知道侵权行为之日起计算。权利人超过二年起诉的，如果侵权行为在起诉时仍在继续，在该项专利权有效期内，人民法院应当判决被告停止侵权行为，侵权损害赔偿数额应当自权利人向人民法院起诉之日起向前推算二年计算。

第二十四条 专利法第十一条、第六十九条所称的许诺销售，是指以做广告、在商店橱窗中陈列或者在展销会上展出等方式作出销售商品的意思表示。

第二十五条 人民法院受理的侵犯专利权纠纷案件，已经过管理专利工作的部门作出侵权或者不侵权认定的，人民法院仍应当就当事人的诉讼请求进行全面审查。

第二十六条　以前的有关司法解释与本规定不一致的，以本规定为准。

◎司法文件

最高人民法院关于严格执行对证券或者期货交易机构的账号资金采取诉讼保全或者执行措施规定的通知

- 2001年7月17日
- 法〔2001〕98号

各省、自治区、直辖市高级人民法院，解放军军事法院，新疆维吾尔自治区高级人民法院生产建设兵团分院：

最近，国务院证券管理部门和一些地方政府有关部门向我院反映，已列入我院《关于清理整顿信托投资公司中有关问题的通知》公布名单中的信托投资公司和有关证券公司因债务纠纷，其下属一些证券营业部交易结算资金账户被部分法院冻结，投资者交易结算资金被扣划。关于对证券或者期货交易机构的账号、资金采取诉讼保全或者执行措施问题，我院曾下发了《关于冻结、划拨证券或期货交易所证券登记结算机构证券经营或期货经纪机构清算账号资金等问题的通知》（法发〔1997〕27号）和《关于贯彻最高人民法院法发〔1997〕27号通知应注意的几个问题的紧急通知》（法明传〔1998〕213号）。2001年5月28日，针对清理整顿信托投资公司中的有关问题，我院又下发了《最高人民法院关于发布延长部分停业整顿重组和撤销信托投资公司暂缓受理和中止执行期限名单的通知》。各级人民法院应当按照上述通知规定的精神，严格执行。对确属违反上述规定的，应当立即依法纠正。

◎请示答复

最高人民法院关于采取诉前保全措施的法院可否超越其级别管辖权限受理诉前保全申请人提起的诉讼问题的复函

- 1995年3月7日
- 法经〔1995〕64号

山东省高级人民法院：

你院鲁高法函〔1994〕65号请示收悉，经研究，答复如下：

同意你院倾向性意见。本院《关于适用〈中华人民共和国民事诉讼法〉若干问题的意见》第31条第2款虽规定了诉前保全申请人可以向采取诉前保全措施的人民法院提起诉讼，但受理该案件，仍应当符合有关级别管辖的规定。申请人向采取诉前保全措施的人民法院起诉的案件，如果其诉讼标的金额超过了该院级别管辖的权限，则应当告知原告向有管辖权的上级人民法院提起诉讼。

最高人民法院赔偿委员会关于人民法院委托的查封财产保管人擅自动用处分其保管的财产国家不承担赔偿责任的批复

- 1998年3月11日
- 〔1997〕赔他字第8号

西藏自治区高级人民法院：

你院〔1997〕藏高法赔字第01号《关于拉萨市中级人民法院诉前保全措施不当引起的国家赔偿一案应如何处理的请示》收悉。经研究，答复如下：

党兴、唐国君申请诉前财产保全并提供相应价值的担保，拉萨市中级人民法院根据法律规定采取诉前财产保全措施并责令金敬土保管被查封的财产，均符合法律规定。该院得知金敬土擅自处理被查封的财产后，未采取措施予以制止是不对的，但财产无法执行的原因不是人民法院实施了违法行为，而是金敬土违法动用、变卖了人民法院已经查封的财产。依照《国家赔偿法》的有关规定，本案不属于国家赔偿范围。

最高人民法院对国家知识产权局《关于征求对协助执行专利申请权财产保全裁定的意见的函》的答复意见

• 2001 年 10 月 25 日
•〔2001〕民三函字第 1 号

国家知识产权局：

贵局《关于征求对协助执行专利申请权财产保全裁定的意见的函》收悉。经研究，对有关问题答复如下：

一、专利申请权属于专利申请人的一项财产权利，可以作为人民法院财产保全的对象。人民法院根据民事诉讼法有关规定采取财产保全措施时，需要对专利申请权进行保全的，应当向国家知识产权局发出协助执行通知书，载明要求保全的专利申请的名称、申请人、申请号、保全期限以及协助执行保全的内容，包括禁止变更著录事项、中止审批程序等，并附人民法院作出的财产保全民事裁定书。

二、对专利申请权的保全期限一次不得超过六个月，自国家知识产权局收到协助执行通知书之日起计算。如果期限届满仍然需要对该专利申请权继续采取保全措施的，人民法院应当在保全期限届满前向国家知识产权局重新发出协助执行通知书，要求继续保全。否则，视为自动解除对该专利申请权的财产保全。

三、贵局收到人民法院发出的对专利申请权采取财产保全措施的协助执行通知书后，应当确保在财产保全期间专利申请权的法律状态不发生改变。因此，应当中止被保全的专利申请的有关程序。同意贵局提出的比照专利法实施细则第八十七条的规定处理的意见。

以上意见供参考。

附：

国家知识产权局关于征求对协助执行专利申请权财产保全裁定的意见的函

（国知发法函字〔2001〕第 115 号）

最高人民法院：

根据新修订的专利法实施细则第八十七条，人民法院对专利权采取保全措施的，国家知识产权局应当协助执行，中止有关程序。《最高人民法院关于审理专利纠纷案件适用法律问题的若干规定》第十三条就专利权的财产保全作出了具体规定。专利法实施细则和上述司法解释没有明确规定是否对专利申请权采取保全措施并中止有关程序。

近年来，我局曾经接到过一些人民法院对专利申请权采取保全措施的裁定，并中止了被保全的专利申请权的有关程序。新修订的专利法生效后，我局又陆续收到一些人民法院作出的对专利申请权采取保全措施的裁定和协助执行通知书，要求我局协助执行。鉴于现行法规和司法解释都未规定对专利申请权的财产保全，我局无法予以协助执行，故尚未中止有关专利申请权的程序。

经研究我局认为，专利申请权也属于申请人的一种财产权，从采取保全措施、中止有关程序的角度来看，与专利权并无实质的差别；在专利申请被批准后，专利申请权就将转为专利权。允许对申请专利权采取保全措施同样能够起到保证履行判决的作用，有利于判决的右效执行。为避免因无法中止被保全的专利申请权的有关程序，造成人民法院判决的无法履行，我局拟专门发布公告规定，在收到人民法院就专利申请权采取保全措施的裁定和协助执行通知书后，将比照专利法实施细则第八十七条的规定中止被保全的专利申请权的有关程序。

妥否，请复。

最高人民法院民事审判第三庭关于对注册商标专用权进行财产保全和执行等问题的复函

- 2002年1月9日
- 〔2001〕民三函字第3号

国家工商行政管理总局商标局：

你局商标变〔2001〕66号来函收悉。经研究，对该函中所提出的问题答复如下：

一、关于不同法院在同一天对同一注册商标进行保全的协助执行问题

根据《民事诉讼法》和我院有关司法解释的规定，你局在同一天内接到两份以上对同一注册商标进行保全的协助执行通知书时，应当按照收到文书的先后顺序，协助执行在先收到的协助执行通知书；同时收到文书无法确认先后顺序时，可以告知有关法院按照《最高人民法院关于人民法院执行工作若干问题的规定（试行）》第一百二十五条关于"两个或两个以上人民法院在执行相关案件中发生争议的，应当协商解决。协商不成的，逐级报请上级法院，直至报请共同的上级法院协调处理"的规定进行协商以及报请协调处理。在有关法院协商以及报请协调处理期间，你局可以暂不办理协助执行事宜。

二、关于你局在依据法院的生效判决办理权利人变更手续过程中，另一法院要求协助保全注册商标的协助执行问题

《最高人民法院关于人民法院执行工作若干问题的规定（试行）》第八十八条第一款规定，各债权人对执行标的物均无担保物权的，按照执行法院采取执行措施的先后顺序受偿。根据这一规定，对于某一法院依据已经发生法律效力的裁判文书要求你局协助办理注册商标专用权权利人变更等手续后，另一法院对同一注册商标以保全原商标专用权人财产的名义再行保全，又无权利质押情形的，同意你局来函中提出的处理意见，即协助执行在先采取执行措施法院的裁判文书，并将协助执行的情况告知在后采取保全措施的法院。

三、关于法院已经保全注册商标后，另一法院宣告其注册人进入破产程序并要求你局再行协助保全该注册商标的问题

根据《中华人民共和国企业破产法（试行）》第十一条的规定，人民法院受理破产案件后，对债务人财产的其他民事执行程序必须中止。人民法院应当按照这一规定办理相关案件。在具体处理问题上，你局可以告知审理破产案件的法院有关注册商标已被保全的情况，由该法院通知在先采取保全措施的法院自行解除保全措施。你局收到有关解除财产保全措施的通知后，应立即协助执行审理破产案件法院的裁定。你局也可以告知在先采取保全措施的法院有关商标注册人进入破产程序的情况，由其自行决定解除保全措施。

四、关于法院裁决将注册商标作为标的执行时应否适用《商标法实施细则》第二十一条规定的问题

根据《商标法实施细则》第二十一条的规定，转让注册商标专用权的，商标注册人对其在同一种类或者类似商品上注册的相同或者近似的商标，必须一并办理。法院在执行注册商标专用权的过程中，应当根据上述规定的原则，对注册商标及相同或者类似商品上相同和近似的商标一并进行评估、拍卖、变卖等，并在采取执行措施时，裁定将相同或近似注册商标一并予以执行。商标局在接到法院有关转让注册商标的裁定时，如发现无上述内容，可以告知执行法院，由执行法院补充裁定后再协助执行。

来函中所涉及的具体案件，可按照上述意见处理。

最高人民法院关于周龙潭申请确认财产保全和执行程序违法一案的答复

•2007 年 1 月 23 日
•〔2006〕确他字第 6 号

辽宁省高级人民法院：

你院关于周龙潭申请确认财产保全和执行违法案的请示收悉，经研究，答复如下：

你省盘锦市双台子区人民法院在审理周龙潭诉张海军个人合伙纠纷一案的诉讼过程中，未依照最高人民法院《关于适用〈中华人民共和国民事诉讼法〉若干问题的意见》第 101 条①的规定履行财产保全措施；在执行程序中，亦违反了最高人民法院《执行规定》第 41 条第 2 款关于向有关管理机关发出协助执行通知书的规定，且在对土地证的丢失、补办及收回中又存在严重的过失行为。又由于被执行人已无财产可供执行，已经给确认申请人造成了损失。因此，同意你院审判委员会第一种意见，对盘锦市双台子区人民法院的执行行为应当确认违法。

---

① 第一百零一条已被最高人民法院《关于适用〈中华人民共和国民事诉讼法〉的解释》（法释〔2015〕5 号）废止。最高人民法院《关于人民法院民事执行中查封、扣押、冻结财产的规定》第九条规定："查封、扣押、冻结已登记的不动产、特定动产及其他财产权，应当通知有关登记机关办理登记手续。未办理登记手续的，不得对抗其他已经办理了登记手续的查封、扣押、冻结行为。"

第五编　各类案件的执行

第二十一章　仲裁案件的执行

◎法律

中华人民共和国劳动争议调解仲裁法（节录）

• 2007年12月29日
• 中华人民共和国主席令第80号

……

第四十四条　【可以裁决先予执行的案件】 仲裁庭对追索劳动报酬、工伤医疗费、经济补偿或者赔偿金的案件，根据当事人的申请，可以裁决先予执行，移送人民法院执行。

仲裁庭裁决先予执行的，应当符合下列条件：

（一）当事人之间权利义务关系明确；

（二）不先予执行将严重影响申请人的生活。

劳动者申请先予执行的，可以不提供担保。

第四十五条　【作出裁决意见】 裁决应当按照多数仲裁员的意见作出，少数仲裁员的不同意见应当记入笔录。仲裁庭不能形成多数意见时，裁决应当按照首席仲裁员的意见作出。

第四十六条　【裁决书】 裁决书应当载明仲裁请求、争议事实、裁决理由、裁决结果和裁决日期。裁决书由仲裁员签名，加盖劳动争议仲裁委员会印章。对裁决持不同意见的仲裁员，可以签名，也可以不签名。

第四十七条　【一裁终局的案件】 下列劳动争议，除本法另有规定的外，仲裁裁决为终局裁决，裁决书自作出之日起发生法律效力：

（一）追索劳动报酬、工伤医疗费、经济补偿或者赔偿金，不超过当地月最低工资标准十二个月金额的争议；

（二）因执行国家的劳动标准在工作时间、休息休假、社会保险等方面发生的争议。

第四十八条　【劳动者不服一裁终局案件的裁决提起诉讼的期限】 劳动者对本法第四十七条规定的仲裁裁决不服的，可以自收到仲裁裁决书之日起十五日内向人民法院提起诉讼。

第四十九条　【用人单位不服一裁终局案件的裁决可诉请撤销的案件】 用人单位有证据证明本法第四十七条规定的仲裁裁决有下列情形之一，可以自收到仲裁裁决书之日起三十日内向劳动争议仲裁委员会所在地的中级人民法院申请撤销裁决：

（一）适用法律、法规确有错误的；

（二）劳动争议仲裁委员会无管辖权的；

（三）违反法定程序的；

（四）裁决所根据的证据是伪造的；

（五）对方当事人隐瞒了足以影响公正裁决的证据的；

（六）仲裁员在仲裁该案时有索贿受贿、徇私舞弊、枉法裁决行为的。

人民法院经组成合议庭审查核实裁决有前款规定情形之一的，应当裁定撤销。

仲裁裁决被人民法院裁定撤销的，当事人可以自收到裁定书之日起十五日内就该劳动争议事项向人民法院提起诉讼。

第五十条 【其他不服仲裁裁决提起诉讼的期限】当事人对本法第四十七条规定以外的其他劳动争议案件的仲裁裁决不服的，可以自收到仲裁裁决书之日起十五日内向人民法院提起诉讼；期满不起诉的，裁决书发生法律效力。

第五十一条 【生效调解书、裁决书的执行】当事人对发生法律效力的调解书、裁决书，应当依照规定的期限履行。一方当事人逾期不履行的，另一方当事人可以依照民事诉讼法的有关规定向人民法院申请执行。受理申请的人民法院应当依法执行。

……

中华人民共和国仲裁法（节录）

- 1994年8月31日第八届全国人民代表大会常务委员会第九次会议通过
- 2009年8月27日第十一届全国人民代表大会常务委员会第十次会议《关于修改部分法律的决定》修正

……

第五十八条 【申请撤销仲裁裁决的法定情形】当事人提出证据证明裁决有下列情形之一的，可以向仲裁委员会所在地的中级人民法院申请撤销裁决：

（一）没有仲裁协议的；

（二）裁决的事项不属于仲裁协议的范围或者仲裁委员会无权仲裁的；

（三）仲裁庭的组成或者仲裁的程序违反法定程序的；

（四）裁决所根据的证据是伪造的；

（五）对方当事人隐瞒了足以影响公正裁决的证据的；

（六）仲裁员在仲裁该案时有索贿受贿，徇私舞弊，枉法裁决行为的。

人民法院经组成合议庭审查核实裁决有前款规定情形之一的，应当裁定撤销。

人民法院认定该裁决违背社会公共利益的，应当裁定撤销。

第五十九条 【申请撤销仲裁裁决的期限】当事人申请撤销裁决的，应当自收到裁决书之日起6个月内提出。

第六十条 【人民法院对撤销申请的审查与处理】人民法院应当在受理撤销裁决申请之日起两个月内作出撤销裁决或者驳回申请的裁定。

第六十一条 【申请撤销仲裁裁决的后果】人民法院受理撤销裁决的申请后，认为可以由仲裁庭重新仲裁的，通知仲裁庭在一定期限内重新仲裁，并裁定中止撤销程序。仲裁庭拒绝重新仲裁的，人民法院应当裁定恢复撤销程序。

第六章 执　　行

第六十二条 【仲裁裁决的执行】当事人应当履行裁决。一方当事人不履行的，另一方当事人可以依照民事诉讼法的有关规定向人民法院申请执行。受申请的人民法院应当执行。

第六十三条 【仲裁裁决的不予执行】被申请人提出证据证明裁决有民事诉讼法第二百一十三条第二款规定的情形之一的，经人民法院组成合议庭审查核实，裁定不予执行。

第六十四条 【仲裁裁决的执行中止、终结与恢复】一方当事人申请执行裁决，另一方当事人申请撤销裁决的，人民法院应当裁定中止执行。

人民法院裁定撤销裁决的，应当裁定终结执行。撤销裁决的申请被裁定驳回的，人民法院应当裁定恢复执行。

……

◎司法解释

最高人民法院关于适用《中华人民共和国仲裁法》若干问题的解释

- 2006年8月23日
- 法释〔2006〕7号

根据《中华人民共和国仲裁法》和《中华人民共和国民事诉讼法》等法律规定，对人民法院审理涉及仲裁案件适用法律的若干问题作如下解释：

第一条 仲裁法第十六条规定的“其他书面形式”的仲裁协议，包括以合同书、信件和数据电文（包括电报、电传、传真、电子数据交换和电子邮件）等形式达成的请求仲裁的协议。

第二条 当事人概括约定仲裁事项为合同争议的，基于合同成立、效力、变更、转让、履行、违约责任、解释、解除等产生的纠纷都可以认定为仲裁事项。

第三条 仲裁协议约定的仲裁机构名称不准确，但能够确定具体的仲裁机构的，应当认定选定了仲裁机构。

第四条 仲裁协议仅约定纠纷适用的仲裁规则的，视为未约定仲裁机构，但当事人达成补充协议或者按照约定的仲裁规则能够确定仲裁机构的除外。

第五条 仲裁协议约定两个以上仲裁机构的，当事人可以协议选择其中的一个仲裁机构申请仲裁；当事人不能就仲裁机构选择达成一致的，仲裁协议无效。

第六条 仲裁协议约定由某地的仲裁机构仲裁且该地仅有一个仲裁机构的，该仲裁机构视为约定的仲裁机构。该地有两个以上仲裁机构的，当事人可以协议选择其中的一个仲裁机构申请仲裁；当事人不能就仲裁机构选择达成一致的，仲裁协议无效。

第七条 当事人约定争议可以向仲裁机构申请仲裁也可以向人民法院起诉的，仲裁协议无效。但一方向仲裁机构申请仲裁，另一方未在仲裁法第二十条第二款规定期间内提出异议的除外。

第八条 当事人订立仲裁协议后合并、分立的，仲裁协议对其权利义务的继受人有效。

当事人订立仲裁协议后死亡的，仲裁协议对承继其仲裁事项中的权利义务的继承人有效。

前两款规定情形，当事人订立仲裁协议时另有约定的除外。

第九条 债权债务全部或者部分转让的，仲裁协议对受让人有效，但当事人另有约定、在受让债权债务时受让人明确反对或者不知有单独仲裁协议的除外。

第十条 合同成立后未生效或者被撤销的，仲裁协议效力的认定适用仲裁法第十九条第一款的规定。

当事人在订立合同时就争议达成仲裁协议的，合同未成立不影响仲裁协议的效力。

第十一条 合同约定解决争议适用其他合同、文件中的有效仲裁条款的，发生合同争议时，当事人应当按照该仲裁条款提请仲裁。

涉外合同应当适用的有关国际条约中有仲裁规定的，发生合同争议时，当事人应当按照国际条约中的仲裁规定提请仲裁。

第十二条 当事人向人民法院申请确认仲裁协议效力的案件，由仲裁协议约定的仲裁机构所在地的中级人民法院管辖；仲裁协议约定的仲裁机构不明确的，由仲裁协议签订地或者被申请人住所地的中级人民法院管辖。

申请确认涉外仲裁协议效力的案件，由仲裁协议约定的仲裁机构所在地、仲裁协议签订地、申请人或者被申请人住所地的中级人民法院管辖。

涉及海事海商纠纷仲裁协议效力的案件，由仲裁协议约定的仲裁机构所在地、仲裁协议签订地、申请人或者被申请人住所地的海事法院管辖；上述地点没有海事法院的，由就近的海事法院管辖。

第十三条 依照仲裁法第二十条第二款的规定，当事人在仲裁庭首次开庭前没有对仲裁协议的效力提出异议，而后向人民法院申请确认仲裁协议无效的，人民法院不予受理。

仲裁机构对仲裁协议的效力作出决定后，当事人向人民法院申请确认仲裁协议效力或者申请撤销仲裁机构的决定的，人民法院不予受理。

第十四条 仲裁法第二十六条规定的"首次开庭"是指答辩期满后人民法院组织的第一次开庭审理，不包括审前程序中的各项活动。

第十五条 人民法院审理仲裁协议效力确认案件，应当组成合议庭进行审查，并询问当事人。

第十六条 对涉外仲裁协议的效力审查，适用当事人约定的法律；当事人没有约定适用的法律但约定了仲裁地的，适用仲裁地法律；没有约定适用的法律也没有约定仲裁地或者仲裁地约定不明的，适用法院地法律。

第十七条① 当事人以不属于仲裁法第五十八条或者民事诉讼法第二百五十八条规定的事由申请撤销仲裁裁决的，人民法院不予支持。

第十八条 仲裁法第五十八条第一款第一项规定的"没有仲裁协议"是指当事人没有达成仲裁协议。仲裁协议被认定无效或者被撤销的，视为没有仲裁协议。

第十九条 当事人以仲裁裁决事项超出仲裁协议范围为由申请撤销仲裁裁决，经审查属实的，人民法院应当撤销仲裁裁决中的超裁部分。但超裁部分与其他裁决事项不可分的，人民法院应当撤销仲裁裁决。

第二十条 仲裁法第五十八条规定的"违反法定程序"，是指违反仲裁法规定的仲裁程序和当事人选择的仲裁规则可能影响案件正确裁决的情形。

第二十一条 当事人申请撤销国内仲裁裁决的案件属于下列情形之一的，人民法院可以依照仲裁法第六十一条的规定通知仲裁庭在一定期限内重新仲裁：

（一）仲裁裁决所根据的证据是伪造的；

（二）对方当事人隐瞒了足以影响公正裁决的证据的。

人民法院应当在通知中说明要求重新仲裁的具体理由。

第二十二条 仲裁庭在人民法院指定的期限内开始重新仲裁的，人民法院应当裁定终结撤销程序；未开始重新仲裁的，人民法院应当裁定恢复撤销程序。

第二十三条 当事人对重新仲裁裁决不服的，可以在重新仲裁裁决书送达之日起六个月内依据仲裁法第五十八条规定向人民法院申请撤销。

第二十四条 当事人申请撤销仲裁裁决的案件，人民法院应当组成合议庭审理，并询问当事人。

第二十五条 人民法院受理当事人撤销仲裁裁决的申请后，另一方当事人申请执行同一仲裁裁决的，受理执行申请的人民法院应当在受理后裁定中止执行。

第二十六条 当事人向人民法院申请撤销仲裁裁决被驳回后，又在执行程序中以相同理由提出不予执行抗辩的，人民法院不予支持。

第二十七条② 当事人在仲裁程序中未对仲裁协议的效力提出异议，在仲裁裁决作出后以仲裁协议无效为由主张撤销仲裁裁决或者提出不予执行抗辩的，人民法院不予支持。

当事人在仲裁程序中对仲裁协议的效力提出异议，在仲裁裁决作出后又以此为由主张撤销仲裁裁决或者提出不予执行抗辩，经审查符合仲裁法第五十八条或者民事诉讼法第二百一十三条、第二百五十八条规定的，人民法院应予支持。

第二十八条 当事人请求不予执行仲裁调解书或者根据当事人之间的和解协议作出的仲裁裁决书的，人民法院不予支持。

第二十九条 当事人申请执行仲裁裁决案

① 本条根据法释〔2008〕18号第七十九条调整。
② 本条根据法释〔2008〕18号第八十条调整。

件，由被执行人住所地或者被执行的财产所在地的中级人民法院管辖。

第三十条 根据审理撤销、执行仲裁裁决案件的实际需要，人民法院可以要求仲裁机构作出说明或者向相关仲裁机构调阅仲裁案卷。

人民法院在办理涉及仲裁的案件过程中作出的裁定，可以送相关的仲裁机构。

第三十一条 本解释自2006年9月8日起实施。

本院以前发布的司法解释与本解释不一致的，以本解释为准。

最高人民法院关于当事人因对不予执行仲裁裁决的裁定不服而申请再审人民法院不予受理的批复①

• 1996年6月26日
• 法复〔1996〕8号

四川省高级人民法院：

你院川高法〔1995〕198号《关于当事人认为人民法院对仲裁裁决作出的不予执行的裁定有错误而申请再审，人民法院应否受理的请示》收悉。经研究，答复如下：

依照《中华人民共和国民事诉讼法》第二百一十三条②的规定，人民法院对仲裁裁决依法裁定不予执行，当事人不服而申请再审的，没有法律依据，人民法院不予受理。

最高人民法院关于劳动争议仲裁委员会的复议仲裁决定书可否作为执行依据问题的批复

• 1996年7月21日
• 法复〔1996〕10号

河南省高级人民法院：

你院〔1995〕豫法执请字第1号《关于郑劳仲复裁字〔1991〕第1号复议仲裁决定书能否作为执行依据的请示》收悉。经研究，答复如下：

仲裁一裁终局制度，是指仲裁决定一经作出即发生法律效力，当事人没有提请再次裁决的权利，但这并不排除原仲裁机构发现自己作出的裁决有错误进行重新裁决的情况。劳动争议仲裁委员会发现自己作出的仲裁决定书有错误而进行重新仲裁，符合实事求是的原则，不违背一裁终局制度，不应视为违反法定程序。因此对当事人申请执行劳动争议仲裁委员会复议仲裁决定的，应予立案执行。如被执行人提出申辩称该复议仲裁决定书有其他应不予执行的情形，应按照民事诉讼法第二百一十七条③的规定，认真审查，慎重处理。

最高人民法院关于人民法院裁定撤销仲裁裁决或驳回当事人申请后当事人能否上诉问题的批复

• 1997年4月23日
• 法复〔1997〕5号

广西壮族自治区高级人民法院：

你院桂高法〔1996〕144号请求及1997年1月20日补充意见均已收悉。经研究，答复如下：

根据《中华人民共和国民事诉讼法》第一百四十条、第一百四十一条④和《中华人民共和国仲裁法》第九条第二款规定，对人民法院依法作出的撤销仲裁裁决或驳回当事人申

---

① 根据法释〔2008〕18号第四十三条调整。

② 民事诉讼法原第二百一十三条现已修改为第二百三十七条。

③ 民事诉讼法原第二百一十七条现已修改为第二百三十七条。

④ 民事诉讼法原第一百四十条现已修改为第一百五十四条；第一百四十一条现已修改为第一百五十五条。

请的裁定，当事人无权上诉。人民法院依法裁定撤销仲裁裁决的，当事人可以根据双方重新达成的仲裁协议申请仲裁，也可以向人民法院起诉。

最高人民法院关于确认仲裁协议效力几个问题的批复

• 1998 年 10 月 26 日
• 法释〔1998〕27 号

山东省高级人民法院：

你院鲁高法函〔1997〕84 号《关于认定重建仲裁机构前达成的仲裁协议的效力的几个问题的请示》收悉。经研究，答复如下：

一、在《中华人民共和国仲裁法》实施后重新组建仲裁机构前，当事人达成的仲裁协议只约定了仲裁地点，未约定仲裁机构，双方当事人在补充协议中选定了在该地点依法重新组建的仲裁机构的，仲裁协议有效；双方当事人达不成补充协议的，仲裁协议无效。

二、在仲裁法实施后依法重新组建仲裁机构前，当事人在仲裁协议中约定了仲裁机构，一方当事人申请仲裁，另一方当事人向人民法院起诉的，经人民法院审查，按照有关规定能够确定新的仲裁机构的，仲裁协议有效。对当事人的起诉，人民法院不予受理。

三、当事人对仲裁协议的效力有异议，一方当事人申请仲裁机构确认仲裁协议效力，另一方当事人请求人民法院确认仲裁协议无效，如果仲裁机构先于人民法院接受申请并已作出决定，人民法院不予受理；如果仲裁机构接受申请后尚未作出决定，人民法院应予受理，同时通知仲裁机构终止仲裁。

四、一方当事人就合同纠纷或者其他财产权益纠纷申请仲裁，另一方当事人对仲裁协议的效力有异议，请求人民法院确认仲裁协议无效并就合同纠纷或者其他财产权益纠纷起诉的，人民法院受理后应当通知仲裁机构中止仲裁。人民法院依法作出仲裁协议有效或者无效的裁定后，应当将裁定书副本送达仲裁机构，由仲裁机构根据人民法院的裁定恢复仲裁或者撤销仲裁案件。

人民法院依法对仲裁协议作出无效的裁定后，另一方当事人拒不应诉的，人民法院可以缺席判决；原受理仲裁申请的仲裁机构在人民法院确认仲裁协议无效后仍不撤销其仲裁案件的，不影响人民法院对案件的审理。

最高人民法院关于审理当事人申请撤销仲裁裁决案件几个具体问题的批复

• 1998 年 7 月 21 日
• 法释〔1998〕16 号

安徽省高级人民法院：

你院〔1996〕经他字第 26 号《关于在审理一方当事人申请撤销仲裁裁决的案件中几个具体问题应如何解决的请示报告》收悉。经研究，答复如下：

一、原依照有关规定设立的仲裁机构在《中华人民共和国仲裁法》（以下简称仲裁法）实施前受理、实施后审理的案件，原则上应当适用仲裁法的有关规定。鉴于原仲裁机构的体制与仲裁法规定的仲裁机构有所不同，原仲裁机构适用仲裁法某些规定有困难的，如仲裁庭的组成，也可以适用《中华人民共和国经济合同仲裁条例》的有关规定，人民法院在审理有关申请撤销仲裁裁决案件中不应以未适用仲裁法的规定为由，撤销仲裁裁决。

二、一方当事人向人民法院申请撤销仲裁裁决的，人民法院在审理时，应当列对方当事人为被申请人。

三、当事人向人民法院申请撤销仲裁裁决的

案件,应当按照非财产案件收费标准计收案件受理费;该费用由申请人交纳。

最高人民法院关于未被续聘的仲裁员在原参加审理的案件裁决书上签名,人民法院应当执行该仲裁裁决书的批复

- 1998 年 8 月 31 日
- 法释〔1998〕21 号

广东省高级人民法院:

你院〔1996〕粤高法执函字第 5 号《关于未被续聘的仲裁员继续参加审理并作出裁决的案件,人民法院应否立案执行的请示》收悉。经研究,答复如下:

在中国国际经济贸易仲裁委员会深圳分会对深圳东鹏实业有限公司与中国化工建设深圳公司合资经营合同纠纷案件仲裁过程中,陈野被当事人指定为该案的仲裁员时具有合法的仲裁员身份,并参与了开庭审理工作。之后,新的仲裁员名册中没有陈野的名字,说明仲裁机构不再聘任陈野为仲裁员,但这只能约束仲裁机构以后审理的案件,不影响陈野在此前已合法成立的仲裁庭中的案件审理工作。其在该仲裁庭所作的〔94〕深国仲结字第 47 号裁决书上签字有效。深圳市中级人民法院应当根据当事人的申请对该仲裁裁决书予以执行。

最高人民法院关于当事人对人民法院撤销仲裁裁决的裁定不服申请再审人民法院是否受理问题的批复

- 1999 年 2 月 11 日
- 法释〔1999〕6 号

陕西省高级人民法院:

你院陕高法〔1998〕78 号《关于当事人对人民法院撤销仲裁裁决的裁定不服申请再审是否应当受理的请示》收悉。经研究,答复如下:

根据《中华人民共和国仲裁法》第九条规定的精神,当事人对人民法院撤销仲裁裁决的裁定不服申请再审的,人民法院不予受理。

最高人民法院关于人民法院对经劳动争议仲裁裁决的纠纷准予撤诉或驳回起诉后劳动争议仲裁裁决从何时起生效的解释

- 2000 年 7 月 10 日
- 法释〔2000〕18 号

为正确适用法律审理劳动争议案件,对人民法院裁定准予撤诉或驳回起诉后,劳动争议仲裁裁决从何时起生效的问题解释如下:

第一条 当事人不服劳动争议仲裁裁决向人民法院起诉后又申请撤诉,经人民法院审查准予撤诉的,原仲裁裁决自人民法院裁定送达当事人之日起发生法律效力。

第二条 当事人因超过起诉期间而被人民法院裁定驳回起诉的,原仲裁裁决自起诉期间届满之次日起恢复法律效力。

第三条 因仲裁裁决确定的主体资格错误或仲裁裁决事项不属于劳动争议,被人民法院驳回起诉的,原仲裁裁决不发生法律效力。

最高人民法院关于当事人对仲裁协议的效力提出异议由哪一级人民法院管辖问题的批复

- 2000 年 8 月 8 日
- 法释〔2000〕25 号

山东省高级人民法院:

你院鲁高法〔1998〕144 号《关于当事人对仲裁协议的效力有异议应该向何人民法院请求作出裁定以及人民法院如何作出裁定的

请示》收悉。经研究,答复如下:

关于请示的第一个问题,当事人协议选择国内仲裁机构仲裁后,一方对仲裁协议的效力有异议请求人民法院作出裁定的,由该仲裁委员会所在地的中级人民法院管辖。当事人对仲裁委员会没有约定或者约定不明的,由被告所在地的中级人民法院管辖。

关于请示的第二个问题,我院法释〔1998〕27号批复已有明确规定,在此不再答复。

最高人民法院关于审理劳动争议案件适用法律若干问题的解释

• 2001年4月16日
• 法释〔2001〕14号

为正确审理劳动争议案件,根据《中华人民共和国劳动法》(以下简称《劳动法》)和《中华人民共和国民事诉讼法》(以下简称《民事诉讼法》)等相关法律之规定,就适用法律的若干问题,作如下解释。

第一条 劳动者与用人单位之间发生的下列纠纷,属于《劳动法》第二条规定的劳动争议,当事人不服劳动争议仲裁委员会作出的裁决,依法向人民法院起诉的,人民法院应当受理:

(一)劳动者与用人单位在履行劳动合同过程中发生的纠纷;

(二)劳动者与用人单位之间没有订立书面劳动合同,但已形成劳动关系后发生的纠纷;

(三)劳动者退休后,与尚未参加社会保险统筹的原用人单位因追索养老金、医疗费、工伤保险待遇和其他社会保险费而发生的纠纷。

第二条 劳动争议仲裁委员会以当事人申请仲裁的事项不属于劳动争议为由,作出不予受理的书面裁决、决定或者通知,当事人不服,依法向人民法院起诉的,人民法院应当分别情况予以处理:

(一)属于劳动争议案件的,应当受理;

(二)虽不属于劳动争议案件,但属于人民法院主管的其他案件,应当依法受理。

第三条 劳动争议仲裁委员会根据《劳动法》第八十二条之规定,以当事人的仲裁申请超过60日期限为由,作出不予受理的书面裁决、决定或者通知,当事人不服,依法向人民法院起诉的,人民法院应当受理;对确已超过仲裁申请期限,又无不可抗力或者其他正当理由的,依法驳回其诉讼请求。

第四条 劳动争议仲裁委员会以申请仲裁的主体不适格为由,作出不予受理的书面裁决、决定或者通知,当事人不服,依法向人民法院起诉的,经审查,确属主体不适格的,裁定不予受理或者驳回起诉。

第五条 劳动争议仲裁委员会为纠正原仲裁裁决错误重新作出裁决,当事人不服,依法向人民法院起诉的,人民法院应当受理。

第六条 人民法院受理劳动争议案件后,当事人增加诉讼请求的,如该诉讼请求与讼争的劳动争议具有不可分性,应当合并审理;如属独立的劳动争议,应当告知当事人向劳动争议仲裁委员会申请仲裁。

第七条 劳动争议仲裁委员会仲裁的事项不属于人民法院受理的案件范围,当事人不服,依法向人民法院起诉的,裁定不予受理或者驳回起诉。

第八条 劳动争议案件由用人单位所在地或者劳动合同履行地的基层人民法院管辖。

劳动合同履行地不明确的,由用人单位所在地的基层人民法院管辖。

第九条 当事人双方不服劳动争议仲裁委员会作出的同一仲裁裁决,均向同一人民法院起诉的,先起诉的一方当事人为原告,但对双方的诉讼请求,人民法院应当一并作出裁决。

当事人双方就同一仲裁裁决分别向有管辖权的人民法院起诉的,后受理的人民法院应当将案件移送给先受理的人民法院。

第十条 用人单位与其他单位合并的，合并前发生的劳动争议，由合并后的单位为当事人；用人单位分立为若干单位的，其分立前发生的劳动争议，由分立后的实际用人单位为当事人。

用人单位分立为若干单位后，对承受劳动权利义务的单位不明确的，分立后的单位均为当事人。

第十一条 用人单位招用尚未解除劳动合同的劳动者，原用人单位与劳动者发生的劳动争议，可以列新的用人单位为第三人。

原用人单位以新的用人单位侵权为由向人民法院起诉的，可以列劳动者为第三人。

原用人单位以新的用人单位和劳动者共同侵权为由向人民法院起诉的，新的用人单位和劳动者列为共同被告。

第十二条 劳动者在用人单位与其他平等主体之间的承包经营期间，与发包方和承包方双方或者一方发生劳动争议，依法向人民法院起诉的，应当将承包方和发包方作为当事人。

第十三条 因用人单位作出的开除、除名、辞退、解除劳动合同、减少劳动报酬、计算劳动者工作年限等决定而发生的劳动争议，用人单位负举证责任。

第十四条 劳动合同被确认为无效后，用人单位对劳动者付出的劳动，一般可参照本单位同期、同工种、同岗位的工资标准支付劳动报酬。

根据《劳动法》第九十七条之规定，由于用人单位的原因订立的无效合同，给劳动者造成损害的，应当比照违反和解除劳动合同经济补偿金的支付标准，赔偿劳动者因合同无效所造成的经济损失。

第十五条 用人单位有下列情形之一，迫使劳动者提出解除劳动合同的，用人单位应当支付劳动者的劳动报酬和经济补偿，并可支付赔偿金：

（一）以暴力、威胁或者非法限制人身自由的手段强迫劳动的；

（二）未按照劳动合同约定支付劳动报酬或者提供劳动条件的；

（三）克扣或者无故拖欠劳动者工资的；

（四）拒不支付劳动者延长工作时间工资报酬的；

（五）低于当地最低工资标准支付劳动者工资的。

第十六条 劳动合同期满后，劳动者仍在原用人单位工作，原用人单位未表示异议的，视为双方同意以原条件继续履行劳动合同。一方提出终止劳动关系的，人民法院应当支持。

根据《劳动法》第二十条之规定，用人单位应当与劳动者签订无固定期限劳动合同而未签订的，人民法院可以视为双方之间存在无固定期限劳动合同关系，并以原劳动合同确定双方的权利义务关系。

第十七条 劳动争议仲裁委员会作出仲裁裁决后，当事人对裁决中的部分事项不服，依法向人民法院起诉的，劳动争议仲裁裁决不发生法律效力。

第十八条 劳动争议仲裁委员会对多个劳动者的劳动争议作出仲裁裁决后，部分劳动者对仲裁裁决不服，依法向人民法院起诉的，仲裁裁决对提出起诉的劳动者不发生法律效力；对未提出起诉的部分劳动者，发生法律效力，如其申请执行的，人民法院应当受理。

第十九条 用人单位根据《劳动法》第四条之规定，通过民主程序制定的规章制度，不违反国家法律、行政法规及政策规定，并已向劳动者公示的，可以作为人民法院审理劳动争议案件的依据。

第二十条 用人单位对劳动者作出的开除、除名、辞退等处理，或者因其他原因解除劳动合同确有错误的，人民法院可以依法判决予以撤销。

对于追索劳动报酬、养老金、医疗费以及工伤保险待遇、经济补偿金、培训费及其他相关费用等案件，给付数额不当的，人民法院可以予以变更。

第二十一条 当事人申请人民法院执行劳动争议仲裁机构作出的发生法律效力的裁决书、调解书，被申请人提出证据证明劳动争议仲裁裁决书、调解书有下列情形之一，并经审查核实的，人民法院可以根据《民事诉讼法》第二百一十三条①之规定，裁定不予执行：

（一）裁决的事项不属于劳动争议仲裁范围，或者劳动争议仲裁机构无权仲裁的；

（二）适用法律确有错误的；

（三）仲裁员仲裁该案时，有徇私舞弊、枉法裁决行为的；

（四）人民法院认定执行该劳动争议仲裁裁决违背社会公共利益的。

人民法院在不予执行的裁定书中，应当告知当事人在收到裁定书之次日起30日内，可以就该劳动争议事项向人民法院起诉。

最高人民法院关于审理劳动争议案件适用法律若干问题的解释（二）

- 2006年8月14日
- 法释〔2006〕6号

为正确审理劳动争议案件，根据《中华人民共和国劳动法》、《中华人民共和国民事诉讼法》等相关法律规定，结合民事审判实践，对人民法院审理劳动争议案件适用法律的若干问题补充解释如下：

第一条 人民法院审理劳动争议案件，对下列情形，视为劳动法第八十二条规定的“劳动争议发生之日”：

（一）在劳动关系存续期间产生的支付工资争议，用人单位能够证明已经书面通知劳动者拒付工资的，书面通知送达之日为劳动争议发生之日。用人单位不能证明的，劳动者主张权利之日为劳动争议发生之日。

（二）因解除或者终止劳动关系产生的争议，用人单位不能证明劳动者收到解除或者终止劳动关系书面通知时间的，劳动者主张权利之日为劳动争议发生之日。

（三）劳动关系解除或者终止后产生的支付工资、经济补偿金、福利待遇等争议，劳动者能够证明用人单位承诺支付的时间为解除或者终止劳动关系后的具体日期的，用人单位承诺支付之日为劳动争议发生之日。劳动者不能证明的，解除或者终止劳动关系之日为劳动争议发生之日。

第二条 拖欠工资争议，劳动者申请仲裁时劳动关系仍然存续，用人单位以劳动者申请仲裁超过六十日为由主张不再支付的，人民法院不予支持。但用人单位能够证明劳动者已经收到拒付工资的书面通知的除外。

第三条 劳动者以用人单位的工资欠条为证据直接向人民法院起诉，诉讼请求不涉及劳动关系其他争议的，视为拖欠劳动报酬争议，按照普通民事纠纷受理。

第四条 用人单位和劳动者因劳动关系是否已经解除或者终止，以及应否支付解除或终止劳动关系经济补偿金产生的争议，经劳动争议仲裁委员会仲裁后，当事人依法起诉的，人民法院应予受理。

第五条 劳动者与用人单位解除或者终止劳动关系后，请求用人单位返还其收取的劳动合同定金、保证金、抵押金、抵押物产生的争议，或者办理劳动者的人事档案、社会保险关系等移转手续产生的争议，经劳动争议仲裁委员会仲裁后，当事人依法起诉的，人民法院应予受理。

第六条 劳动者因为工伤、职业病，请求用人单位依法承担给予工伤保险待遇的争议，经劳动争议仲裁委员会仲裁后，当事人依法起诉的，人民法院应予受理。

第七条 下列纠纷不属于劳动争议：

（一）劳动者请求社会保险经办机构

---

① 根据法释〔2008〕18号第六十六条调整。

发放社会保险金的纠纷；

（二）劳动者与用人单位因住房制度改革产生的公有住房转让纠纷；

（三）劳动者对劳动能力鉴定委员会的伤残等级鉴定结论或者对职业病诊断鉴定委员会的职业病诊断鉴定结论的异议纠纷；

（四）家庭或者个人与家政服务人员之间的纠纷；

（五）个体工匠与帮工、学徒之间的纠纷；

（六）农村承包经营户与受雇人之间的纠纷。

第八条 当事人不服劳动争议仲裁委员会作出的预先支付劳动者部分工资或者医疗费用的裁决，向人民法院起诉的，人民法院不予受理。

用人单位不履行上述裁决中的给付义务，劳动者依法向人民法院申请强制执行的，人民法院应予受理。

第九条 劳动者与起有字号的个体工商户产生的劳动争议诉讼，人民法院应当以营业执照上登记的字号为当事人，但应同时注明该字号业主的自然情况。

第十条 劳动者因履行劳动力派遣合同产生劳动争议而起诉，以派遣单位为被告；争议内容涉及接受单位的，以派遣单位和接受单位为共同被告。

第十一条 劳动者和用人单位均不服劳动争议仲裁委员会的同一裁决，向同一人民法院起诉的，人民法院应当并案审理，双方当事人互为原告和被告。在诉讼过程中，一方当事人撤诉的，人民法院应当根据另一方当事人的诉讼请求继续审理。

第十二条 当事人能够证明在申请仲裁期间内因不可抗力或者其他客观原因无法申请仲裁的，人民法院应当认定申请仲裁期间中止，从中止的原因消灭之次日起，申请仲裁期间连续计算。

第十三条 当事人能够证明在申请仲裁期间内具有下列情形之一的，人民法院应当认定申请仲裁期间中断：

（一）向对方当事人主张权利；

（二）向有关部门请求权利救济；

（三）对方当事人同意履行义务。

申请仲裁期间中断的，从对方当事人明确拒绝履行义务，或者有关部门作出处理决定或明确表示不予处理时起，申请仲裁期间重新计算。

第十四条 在诉讼过程中，劳动者向人民法院申请采取财产保全措施，人民法院经审查认为申请人经济确有困难，或有证据证明用人单位存在欠薪逃匿可能的，应当减轻或者免除劳动者提供担保的义务，及时采取保全措施。

第十五条 人民法院作出的财产保全裁定中，应当告知当事人在劳动仲裁机构的裁决书或者在人民法院的裁判文书生效后三个月内申请强制执行。逾期不申请的，人民法院应当裁定解除保全措施。

第十六条 用人单位制定的内部规章制度与集体合同或者劳动合同约定的内容不一致，劳动者请求优先适用合同约定的，人民法院应予支持。

第十七条 当事人在劳动争议调解委员会主持下达成的具有劳动权利义务内容的调解协议，具有劳动合同的约束力，可以作为人民法院裁判的根据。

当事人在劳动争议调解委员会主持下仅就劳动报酬争议达成调解协议，用人单位不履行调解协议确定的给付义务，劳动者直接向人民法院起诉的，人民法院可以按照普通民事纠纷受理。

第十八条 本解释自二〇〇六年十月一日起施行。本解释施行前本院颁布的有关司法解释与本解释规定不一致的，以本解释的规定为准。

本解释施行后，人民法院尚未审结的一审、二审案件适用本解释。本解释施行前已经审结的案件，不得适用本解释的规定进行再审。

最高人民法院关于审理劳动争议案件适用法律若干问题的解释(三)

- 2010 年 9 月 13 日
- 法释〔2010〕12 号

为正确审理劳动争议案件,根据《中华人民共和国劳动法》、《中华人民共和国劳动合同法》、《中华人民共和国劳动争议调解仲裁法》、《中华人民共和国民事诉讼法》等相关法律规定,结合民事审判实践,特作如下解释。

第一条 劳动者以用人单位未为其办理社会保险手续,且社会保险经办机构不能补办导致其无法享受社会保险待遇为由,要求用人单位赔偿损失而发生争议的,人民法院应予受理。

第二条 因企业自主进行改制引发的争议,人民法院应予受理。

第三条 劳动者依据劳动合同法第八十五条规定,向人民法院提起诉讼,要求用人单位支付加付赔偿金的,人民法院应予受理。

第四条 劳动者与未办理营业执照、营业执照被吊销或者营业期限届满仍继续经营的用人单位发生争议的,应当将用人单位或者其出资人列为当事人。

第五条 未办理营业执照、营业执照被吊销或者营业期限届满仍继续经营的用人单位,以挂靠等方式借用他人营业执照经营的,应当将用人单位和营业执照出借方列为当事人。

第六条 当事人不服劳动人事争议仲裁委员会作出的仲裁裁决,依法向人民法院提起诉讼,人民法院审查认为仲裁裁决遗漏了必须共同参加仲裁的当事人的,应当依法追加遗漏的人为诉讼当事人。

被追加的当事人应当承担责任的,人民法院应当一并处理。

第七条 用人单位与其招用的已经依法享受养老保险待遇或领取退休金的人员发生用工争议,向人民法院提起诉讼的,人民法院应当按劳务关系处理。

第八条 企业停薪留职人员、未达到法定退休年龄的内退人员、下岗待岗人员以及企业经营性停产放长假人员,因与新的用人单位发生用工争议,依法向人民法院提起诉讼的,人民法院应当按劳动关系处理。

第九条 劳动者主张加班费的,应当就加班事实的存在承担举证责任。但劳动者有证据证明用人单位掌握加班事实存在的证据,用人单位不提供的,由用人单位承担不利后果。

第十条 劳动者与用人单位就解除或者终止劳动合同办理相关手续、支付工资报酬、加班费、经济补偿或者赔偿金等达成的协议,不违反法律、行政法规的强制性规定,且不存在欺诈、胁迫或者乘人之危情形的,应当认定有效。

前款协议存在重大误解或者显失公平情形,当事人请求撤销的,人民法院应予支持。

第十一条 劳动人事争议仲裁委员会作出的调解书已经发生法律效力,一方当事人反悔提起诉讼的,人民法院不予受理;已经受理的,裁定驳回起诉。

第十二条 劳动人事争议仲裁委员会逾期未作出受理决定或仲裁裁决,当事人直接提起诉讼的,人民法院应予受理,但申请仲裁的案件存在下列事由的除外:

(一)移送管辖的;

(二)正在送达或送达延误的;

(三)等待另案诉讼结果、评残结论的;

(四)正在等待劳动人事争议仲裁委员会开庭的;

(五)启动鉴定程序或者委托其他部门调查取证的;

(六)其他正当事由。

当事人以劳动人事争议仲裁委员会逾期未作出仲裁裁决为由提起诉讼的,应当提交劳动人事争议仲裁委员会出具的受理通知书或者其他已接受仲裁申请的凭证或证明。

第十三条 劳动者依据调解仲裁法第四十七条第(一)项规定,追索劳动报酬、工伤医疗费、经济补偿或者赔偿金,如果仲裁裁决涉及数项,每项确定的数额均不超过当地月最低工资标准十二个月金额的,应当按照终局裁决处理。

第十四条 劳动人事争议仲裁委员会作出的同一仲裁裁决同时包含终局裁决事项和非终局裁决事项,当事人不服该仲裁裁决向人民法院提起诉讼的,应当按照非终局裁决处理。

第十五条 劳动者依据调解仲裁法第四十八条规定向基层人民法院提起诉讼,用人单位依据调解仲裁法第四十九条规定向劳动人事争议仲裁委员会所在地的中级人民法院申请撤销仲裁裁决的,中级人民法院应不予受理;已经受理的,应当裁定驳回申请。

被人民法院驳回起诉或者劳动者撤诉的,用人单位可以自收到裁定书之日起三十日内,向劳动人事争议仲裁委员会所在地的中级人民法院申请撤销仲裁裁决。

第十六条 用人单位依照调解仲裁法第四十九条规定向中级人民法院申请撤销仲裁裁决,中级人民法院作出的驳回申请或者撤销仲裁裁决的裁定为终审裁定。

第十七条 劳动者依据劳动合同法第三十条第二款和调解仲裁法第十六条规定向人民法院申请支付令,符合民事诉讼法第十七章督促程序规定的,人民法院应予受理。

依据劳动合同法第三十条第二款规定申请支付令被人民法院裁定终结督促程序后,劳动者就劳动争议事项直接向人民法院起诉的,人民法院应当告知其先向劳动人事争议仲裁委员会申请仲裁。

依据调解仲裁法第十六条规定申请支付令被人民法院裁定终结督促程序后,劳动者依据调解协议直接向人民法院提起诉讼的,人民法院应予受理。

第十八条 劳动人事争议仲裁委员会作出终局裁决,劳动者向人民法院申请执行,用人单位向劳动人事争议仲裁委员会所在地的中级人民法院申请撤销的,人民法院应当裁定中止执行。

用人单位撤回、撤销终局裁决申请或者其申请被驳回的,人民法院应当裁定恢复执行。仲裁裁决被撤销的,人民法院应当裁定终结执行。

用人单位向人民法院申请撤销仲裁裁决被驳回后,又在执行程序中以相同理由提出不予执行抗辩的,人民法院不予支持。

最高人民法院关于审理劳动争议案件适用法律若干问题的解释(四)

- 2013年1月18日
- 法释〔2013〕4号

为正确审理劳动争议案件,根据《中华人民共和国劳动法》《中华人民共和国劳动合同法》《中华人民共和国劳动争议调解仲裁法》《中华人民共和国民事诉讼法》等相关法律规定,结合民事审判实践,就适用法律的若干问题,作如下解释:

第一条 劳动人事争议仲裁委员会以无管辖权为由对劳动争议案件不予受理,当事人提起诉讼的,人民法院按照以下情形分别处理:

(一)经审查认为该劳动人事争议仲裁委员会对案件确无管辖权的,应当告知当事人向有管辖权的劳动人事争议仲裁委员会申请仲裁;

(二)经审查认为该劳动人事争议仲裁委员会有管辖权的,应当告知当事人申请仲裁,并将审查意见书面通知该劳动人事争议仲裁委员会,劳动人事争议仲裁委员会仍不受理,当事人就该劳动争议事项提起诉讼的,应予受理。

第二条 仲裁裁决的类型以仲裁裁决书确定为准。

仲裁裁决书未载明该裁决为终局裁决或非终局裁决，用人单位不服该仲裁裁决向基层人民法院提起诉讼的，应当按照以下情形分别处理：

（一）经审查认为该仲裁裁决为非终局裁决的，基层人民法院应予受理；

（二）经审查认为该仲裁裁决为终局裁决的，基层人民法院不予受理，但应告知用人单位可以自收到不予受理裁定书之日起三十日内向劳动人事争议仲裁委员会所在地的中级人民法院申请撤销该仲裁裁决；已经受理的，裁定驳回起诉。

第三条 中级人民法院审理用人单位申请撤销终局裁决的案件，应当组成合议庭开庭审理。经过阅卷、调查和询问当事人，对没有新的事实、证据或者理由，合议庭认为不需要开庭审理的，可以不开庭审理。

中级人民法院可以组织双方当事人调解。达成调解协议的，可以制作调解书。一方当事人逾期不履行调解协议的，另一方可以申请人民法院强制执行。

第四条 当事人在人民调解委员会主持下仅就给付义务达成的调解协议，双方认为有必要的，可以共同向人民调解委员会所在地的基层人民法院申请司法确认。

第五条 劳动者非因本人原因从原用人单位被安排到新用人单位工作，原用人单位未支付经济补偿，劳动者依照劳动合同法第三十八条规定与新用人单位解除劳动合同，或者新用人单位向劳动者提出解除、终止劳动合同，在计算支付经济补偿或赔偿金的工作年限时，劳动者请求把在原用人单位的工作年限合并计算为新用人单位工作年限的，人民法院应予支持。

用人单位符合下列情形之一的，应当认定属于“劳动者非因本人原因从原用人单位被安排到新用人单位工作”：

（一）劳动者仍在原工作场所、工作岗位工作，劳动合同主体由原用人单位变更为新用人单位；

（二）用人单位以组织委派或任命形式对劳动者进行工作调动；

（三）因用人单位合并、分立等原因导致劳动者工作调动；

（四）用人单位及其关联企业与劳动者轮流订立劳动合同；

（五）其他合理情形。

第六条 当事人在劳动合同或者保密协议中约定了竞业限制，但未约定解除或者终止劳动合同后给予劳动者经济补偿，劳动者履行了竞业限制义务，要求用人单位按照劳动者在劳动合同解除或者终止前十二个月平均工资的30%按月支付经济补偿的，人民法院应予支持。

前款规定的月平均工资的30%低于劳动合同履行地最低工资标准的，按照劳动合同履行地最低工资标准支付。

第七条 当事人在劳动合同或者保密协议中约定了竞业限制和经济补偿，当事人解除劳动合同时，除另有约定外，用人单位要求劳动者履行竞业限制义务，或者劳动者履行了竞业限制义务后要求用人单位支付经济补偿的，人民法院应予支持。

第八条 当事人在劳动合同或者保密协议中约定了竞业限制和经济补偿，劳动合同解除或者终止后，因用人单位的原因导致三个月未支付经济补偿，劳动者请求解除竞业限制约定的，人民法院应予支持。

第九条 在竞业限制期限内，用人单位请求解除竞业限制协议时，人民法院应予支持。

在解除竞业限制协议时，劳动者请求用人单位额外支付劳动者三个月的竞业限制经济补偿的，人民法院应予支持。

第十条 劳动者违反竞业限制约定，向用人单位支付违约金后，用人单位要求劳动者按照约定继续履行竞业限制义务的，人民法院应予支持。

第十一条 变更劳动合同未采用书面形式，但已经实际履行了口头变更的劳动合同超过一个月，且变更后的劳动合同内容不违反法律、行政法规、国家政策以及公序良俗，当事人以未采用书面形式为由主张劳动合同变更无效的，人民法院不予支持。

第十二条 建立了工会组织的用人单位解除劳动合同符合劳动合同法第三十九条、第四十条规定，但未按照劳动合同法第四十三条规定事先通知工会，劳动者以用人单位违法解除劳动合同为由请求用人单位支付赔偿金的，人民法院应予支持，但起诉前用人单位已经补正有关程序的除外。

第十三条 劳动合同法施行后，因用人单位经营期限届满不再继续经营导致劳动合同不能继续履行，劳动者请求用人单位支付经济补偿的，人民法院应予支持。

第十四条 外国人、无国籍人未依法取得就业证件即与中国境内的用人单位签订劳动合同，以及香港特别行政区、澳门特别行政区和台湾地区居民未依法取得就业证件即与内地用人单位签订劳动合同，当事人请求确认与用人单位存在劳动关系的，人民法院不予支持。

持有《外国专家证》并取得《外国专家来华工作许可证》的外国人，与中国境内的用人单位建立用工关系的，可以认定为劳动关系。

第十五条 本解释施行前本院颁布的有关司法解释与本解释抵触的，自本解释施行之日起不再适用。

本解释施行后尚未终审的劳动争议纠纷案件，适用本解释；本解释施行前已经终审，当事人申请再审或者按照审判监督程序决定再审的，不适用本解释。

◎司法文件

最高人民法院关于认真贯彻仲裁法依法执行仲裁裁决的通知①

- 1995 年 10 月 4 日
- 法发〔1995〕21 号

各省、自治区、直辖市高级人民法院：

《中华人民共和国仲裁法》（简称仲裁法）已于 1994 年 8 月 31 日由第八届全国人民代表大会常务委员会第九次会议通过，自今年 9 月 1 日起实施。根据仲裁法第七十九条的规定，国务院和省、自治区人民政府、自治州人民政府以及县级人民政府的工商、城建、科技等部门设立的现有仲裁机构自今年 9 月 1 日起终止，设在直辖市和省、自治区人民政府所在地的市以及其他设区的市现有隶属于行政部门的仲裁机构最迟到明年 9 月 1 日终止。为保证仲裁法的贯彻实施，公正、及时地执行仲裁裁决，特通知如下：

一、各级人民法院于今年 9 月 1 日起，都应当严格执行仲裁法，并依照民事诉讼法、经济合同法和我国加入的 1958 年《承认及执行外国仲裁裁决公约》的规定，认真处理好每一起向人民法院请求作出裁定，申请撤销或者执行的仲裁裁决案件，切实做到严肃执法。

二、根据国办发〔1995〕38 号《关于进一步做好重新组建仲裁机构工作的通知》，现有仲裁机构在依法终止前受理的案件应当自该仲裁机构依法终止之日起 6 个月内作出仲裁裁决。因此，仲裁机构在此期间将当事人的财产保全申请提交人民法院的，人民法院应当依照民事诉讼法的有关规定作出裁决，予以受理或者驳回申请；仲裁机构在此期间按照仲裁程序作出的裁决书、调解书，一方当事人不履行，另一方当事人依照民事诉讼法的有关规定向人民法院申请执行的，受申请的人民法院应当执行。但被申请人提出证据证明裁决有民事诉讼法第二百一十七条第二款和第二百六十条第一款规定的情形之一的，或者当事人提出证据证明裁决有民事诉讼法第二百六十条第一款、仲裁法第五十八条规定的情形之一的，应当分别作出不予执行和撤销裁决的裁定。一方当事人申请执行，另一方当事人申请撤销裁决的，人民法院应当裁定中止执行。

---

① 根据法释〔2008〕18 号第四十一条调整。

最高人民法院关于实施《中华人民共和国仲裁法》几个问题的通知

• 1997年3月26日
• 法发〔1997〕4号

各省、自治区、直辖市高级人民法院：

现就人民法院实施《中华人民共和国仲裁法》（以下简称《仲裁法》）需要明确的几个问题，通知如下：

一、《仲裁法》施行前当事人依法订立的仲裁协议继续有效，有关当事人向人民法院起诉的，人民法院不予受理，应当告知其向依照《仲裁法》组建的仲裁机构申请仲裁。当事人双方书面协议放弃仲裁后，一方向人民法院起诉的，人民法院应当依法受理。

二、在仲裁过程中，当事人申请财产保全的，一般案件由被申请人住所地或者财产所在地的基层人民法院作出裁定；属涉外仲裁案件的，依据《中华人民共和国民事诉讼法》第二百五十六条①的规定，由被申请人住所地或者财产所在地的中级人民法院作出裁定。有关人民法院对仲裁机构提交的财产保全申请应当认真进行审查，符合法律规定的，即应依法作出财产保全的裁定；如认为不符合法律规定的，应依法裁定驳回申请。

三、对依照《仲裁法》组建的仲裁机构所作出的仲裁裁决（包括涉外仲裁裁决），当事人申请执行的，人民法院应当依法受理。

最高人民法院关于不得以裁决书送达超过期限而裁定撤销仲裁裁决的通知

• 1997年4月6日
• 法〔1997〕120号

各省、自治区、直辖市高级人民法院：

据了解，目前一些地区人民法院以仲裁裁决书送达超过规定期限，不符合仲裁程序，违反国务院办公厅国办发〔1995〕38号"关于进一步做好重新组建仲裁机构工作的通知"（简称国办发〔1995〕38号文）规定为由，裁定撤销仲裁裁决。

国办发〔1995〕38号文第三条规定中提到的六个月期限，指的是仲裁机构作出仲裁裁决的期限，不包括送达仲裁裁决的期限。法院以仲裁裁决送达超过六个月规定期限，不符合仲裁程序，违反国办发〔1995〕38号文规定为由，裁定撤销仲裁裁决，既于法律无据，也不利于保护当事人合法权益。因此，各地人民法院凡发现在审判工作中存在上述问题的，应当及时依法予以纠正。

特此通知

最高人民法院关于人民法院撤销涉外仲裁裁决有关事项的通知

• 1998年4月23日
• 法〔1998〕40号

为严格执行《中华人民共和国仲裁法》（以下简称仲裁法）和《中华人民共和国民事诉讼法》（以下简称民事诉讼法），保障诉讼和仲裁活动依法进行，现决定对人民法院撤销我国涉外仲裁裁决建立报告制度，为此，特作如下通知：

一、凡一方当事人按照仲裁法的规定向人民法院申请撤销我国涉外仲裁裁决，如果人民法院经审查认为涉外仲裁裁决具有民事诉讼法第二百六十条第一款规定的情形之一的，在裁定撤销裁决或通知仲裁庭重新仲裁之前，须报请本辖区所属高级人民法院进行审查。如果高级人民法院同意撤销裁决或通知仲裁庭重新仲裁，应将其审查意见报最高人民法院。待最高人民法院答复后，方可裁定撤销裁决或通知仲裁庭重新仲裁。

二、受理申请撤销裁决的人民法院如认为应予撤销裁决或通知仲裁庭重新仲裁的，应在受

---

① 本条根据法释〔2008〕18号第四十五条调整。

理申请后三十日内报其所属的高级人民法院，该高级人民法院如同意撤销裁决或通知仲裁庭重新仲裁的，应在十五日内报最高人民法院，以严格执行仲裁法第六十条的规定。

◎请示答复

最高人民法院关于捷成洋行申请执行中国国际经济贸易仲裁委员会〔97〕贸仲裁字第0256号裁决一案的复函

• 2001年11月23日
• 〔2000〕高执监字第10号

天津市高级人民法院：

你院《关于执行捷成洋行与中化天津进出口公司仲裁案件的审查意见》收悉。本院经研究同意你院对本案的审查意见。本案双方当事人在L53/93/075号合同仲裁条款中没有明确约定仲裁机构，应认定仲裁条款无效。双方委托代理人的往来函件亦不能视为双方对仲裁机构的确认达成补充协议。因此本案符合《中华人民共和国民事诉讼法》第二百一十七条①第二款第（一）项规定的情形，中国国际经济贸易仲裁委员会（97）贸仲裁字第0256号裁决应不予执行。

由于本案系船舶滞期费纠纷，根据《中华人民共和国海事诉讼特别程序法》第十一条的规定，本案应由天津海事法院管辖。

附：

天津市高级人民法院关于执行捷成洋行与中化天津进出口公司仲裁案件的审查意见

（〔2000〕高执监字第10号）

最高人民法院：

关于捷成洋行与中化天津进出口公司（简称中化公司）仲裁一案，根据你院“法发（1995）18号通知”规定，现将我院审查意见报告如下：

一、基本案情

中国国际经济贸易仲裁委员会根据捷成洋行与中化公司之间于1993年7月24日签订的编号为L53/93/075号合同中的仲裁条款及捷成洋行于1996年1月12日向仲裁委员会提交的仲裁申请书受理了上述合同项下的争议仲裁案。

仲裁开庭前，中化公司选择了仲裁员、进行了答辩并至函仲裁委员会对仲裁委员会的管辖权表示异议。理由是，双方签订的仲裁条款（英文）译为：“与本协议有关的一切争议应按照北京国际仲裁法院的国际仲裁章程进行仲裁”与当事人约定不符。争议发生后，双方未能达成有效的仲裁协议，所以仲裁委员会对该案无管辖权。1996年8月26日仲裁庭在北京对该案进行了第一次开庭审理，双方当事人对管辖权问题进行了辩论。仲裁庭根据捷成洋行代理人何贵才律师1994年12月2日致中化公司的函中称：“如对方不履行义务，我方将该争议提请北京中国国际经济贸易仲裁委员会仲裁”。中化公司的代理人王海律师在1994年12月30日的回函中称：“如贵律师的代理人申请仲裁，我的委托人也会进行反诉……”。仲裁庭认为，双方律师的行为均构成对各自委托人的代理行为。根据《仲裁法》第十八条的规定：“仲裁协议对仲裁事项或者仲裁委员会没有约定或者约定不明确的，当事人可以补充协议”。仲裁庭作出了（96）贸仲字第11826号《管辖权决定》，决定仲裁委员会对该案有管辖权。以后的开庭，中化公司未出庭。仲裁庭于1997年6月12日作出裁决：1. 中化公司支付捷成洋行滞期费6758854美元；2. 中化公司支付捷成洋行律师费

① 民事诉讼法原第二百一十七条现已修改为第二百三十七条。

6000美圆及差旅费681116港元;3.仲裁费用人民币3596894元全部由中化公司承担。

裁决后捷成洋行向天津市第二中级人民法院申请执行,二中院审查后认为,双方委托代理人的代理行为不能构成事后当事人达成了补充协议,决定对该裁决不予执行。

二、本院审查意见

1.关于选择仲裁机构问题

从双方当事人订立的仲裁条款上看:"与本协议有关的一切争议应按照北京国际仲裁法院的国际仲裁章程进行仲裁"。此条款虽然反映了双方当事人请求仲裁的意思表示,但是双方没有约定明确的仲裁机构。

2.关于双方代理人之间的来往函件

在提请仲裁前,捷成洋行的代理人至函给中化公司称"本律师希望此纠纷能够通过贵司主动履行义务获得解决,否则,本律师将根据委托人的授权,将贵司与CIMBR IA所签订的CRPL1101及与捷成签订的L53/93/075号合同项下争议提请北京中国国际经济贸易仲裁委员会仲裁"。中化公司的代理人在与其的回函中表示"贵律师在传真中一再强调合同双方的友好合作关系,而我的委托人还是基于这一出发点,而没有向贵律师的委托人就其违约行为明确提出赔偿要求,但这并不意味着我的委托人放弃了要求赔偿的权利。因此,我的委托人在必要时可向仲裁机构申请仲裁,如贵律师的委托人申请仲裁,我的委托人必会进行反诉。虽然如此,我的委托人仍不反对友好协商解决,也希望如此,但必须遵循平等、公平的原则"。从双方的来往函件看,虽然捷成洋行明确选择了仲裁机构,但中化公司并未对捷成洋行选择的仲裁机构进行认可,其回函只是其对以仲裁的方式解决双方争议的认可。因此,双方往来的函件不能认定为双方事后达成了对仲裁机构明确选择的补充协议。根据《仲裁法》第十八条之规定:"仲裁协议对仲裁事项或者仲裁委员会没有约定或者约定不明确的,当事人可以补充协议;达不成补充协议的,仲裁协议无效"。

综上,根据《中华人民共和国民事诉讼法》第二百一十七条第二款第(一)项及《仲裁法》第十八条之规定,本院决定:申请执行人捷成洋行申请强制执行的中国国际经济贸易仲裁委员会(97)贸仲裁字第0256号裁决,不予执行。

以上意见妥否,请批示。

最高人民法院关于海南美虹集团公司申请对仲裁裁决不予执行案的复函

- 2001年3月6日
- 〔2001〕执他字第7号

海南省高级人民法院:

你院(1999)琼高法协执字第25号《关于海南美虹集团公司申请对仲裁裁决不予执行有关问题的请示报告》收悉。经研究,答复如下:

海南美虹物业集团公司(以下简称美虹公司)与海南中机物业经营管理公司(以下简称中机公司)之间虽然没有直接的仲裁协议,但海口交易美食城(以下简称美食城)与美虹公司签订的《转让经营合同》中明确约定《房产租用合同》对美虹公司继续有效,中机公司虽然未在《转让经营合同》上签字或盖章予以认可,但事后就该房产欠交租金问题与美虹公司签订了《抵押协议书》。根据《民法通则》第91条的规定,应认为美食城在《房产租用合同》中的权利义务已概括转让给了美虹公司,《房产租用合同》中的仲裁条款对美虹公司应有拘束力。仲裁条款的约定虽然不够明确,但当时的有关法律对仲裁协议并无特殊要求。仲裁机构受理本案时,仲裁法尚未生效,不应适用《仲裁法》第18条的规定否定该仲裁条款的效力。而且,中机公司申请仲裁后,美虹公司未对仲裁协议的效力问题提出异议，并应诉答辩，仲裁裁决作出后，不应再以仲裁协议无效为由裁定不予执行。仲裁机构的仲裁裁决中并未涉及抵押物的执行问题，《抵押协议书》是否有效不应影响该案的执行。

此外，从案件材料看，美虹公司称曾于1995年12月钟裁裁决下发后向执行法院申请撤销仲裁裁决，但执行法院未予审理；并称本案在评估、拍卖过程中亦存在问题。如当事人反映的问题属实，你院应督促执行法院依法予以纠正。

最高人民法院关于上海市第一中级人民法院驳回上海久事大厦置业有限公司、上海久茂对外贸易公司不予执行仲裁裁决申请案的复函

- 2001年11月20日
- 〔2001〕执他字第15号

上海市高级人民法院：

你院沪高法〔2001〕224号《关于对上海市第一中级人民法院驳回上海久事大厦置业有限公司、上海久茂对外贸易公司不予执行仲裁裁决申请案件的请示报告》收悉。经研究，答复如下；

根据《中华人民共和国仲裁法》第六十五条的规定，涉外仲裁是指对涉外经济贸易、运输和海事中发生的纠纷的仲裁。本案所涉及的合同是涉外合同，是因外国公司破产而使涉外合同的履行发生纠纷，故该纠纷应当属于“涉外经济贸易”中发生的纠纷。本案仲裁的对象、事实及结果均直接涉及外国公司及其权利义务，应属于涉外仲裁案件。因此，本案应依据《中华人民共和国民事诉讼法》第二百六十条①和《中华人民共和国仲裁法》第七十一条的规定，只对程序性问题进行审查，而不应适用《中华人民共和国民事诉讼法》第二百一十七条②的规定对证据和事实认定问题进行审查。

关于上海美特幕墙有限公司提供的外文证据材料中未附中文译本是否违反法定程序的问题。我们认为，虽然《上海仲裁委员会仲裁规则（暂行）》中对外文材料附中文译本有明确要求，但该要求是仲裁庭可以根据实际需要决定的事项。至于当事人是否需要将证据材料的英文翻译成中文，应当由当事人自行决定。当事人在仲裁过程中没有提出需要中文译本，其事后对申请人提出的证据材料进行了逐项整理和辨别，说明当事人自己有能力识别理解外文资料，且本案中只是部分证据材料未附中文译本。我们认为，不能据此认定为本案的仲裁违反法定程序。

综上，我们认为，对上海久事大厦置业有限公司、上海久茂对外贸易公司不予执行仲裁裁决的申请，应依法予以驳回。

最高人民法院关于深圳市广夏文化实业总公司、宁夏伊斯兰国际信托投资公司、深圳兴庆电子公司与密苏尔有限公司仲裁裁决不予执行案的复函

- 2002年4月20日
- 〔2000〕执监字第96－2号

广东省高级人民法院：

深圳市广夏文化实业总公司（以下简称广夏公司）、宁夏伊斯兰国际信托公司（以下简称宁夏公司）、深圳兴庆电子公司与密苏尔有限公司（以下简称密苏尔公司）合资纠纷一案，中国国际经济贸易仲裁委员会于1996年7月30日作出〔96〕贸仲裁字第0271号裁决书。裁决：三申请人于裁决作出之日起60日内向被申请人密苏

---

① 民事诉讼法原第二百六十条现已修改为第二百七十四条。

② 民事诉讼法原第二百一十七条现已修改为第二百三十七条。

尔公司支付160万美元,逾期不付按年息8%计付利息;驳回双方的其他仲裁请求;本案仲裁费20950元由三申请人承担,反请求费及实际费用计145800元由被申请人密苏尔公司承担。同年9月9日,申请人三个公司以该仲裁裁决在程序和实体上存在错误为由向北京市第二中级人民法院申请撤销此裁决书。1997年7月29日,该院以本案中存在申请人三个公司由于其他不属于三个公司负责的原因未能陈述意见的情形,裁定本案中止撤销程序,通知中国国际经济贸易仲裁委员会对本案重新作出裁决。1998年6月30日,该仲裁委重新作出裁决;维持〔96〕贸仲裁字第0271号裁决书的结果;本裁决构成原裁决的一部分。裁决生效后,密苏尔公司向深圳市中级人民法院申请强制执行;三个公司不服,则分别向北京市第二中级人民法院和深圳市中级人民法院申请,请求不予执行并撤销中国国际经济贸易仲裁委员会作出的裁决,被两地法院裁定驳回。深圳市中级人民法院遂裁定查封了三个公司的有关财产。三个公司则向我院提出申诉。

本院经审查认为:〔96〕贸仲裁字第0271号仲裁裁决书原文第26页称"仲裁庭认为,申请人通过不正当的手段获取了不符事实的验资报告,并据此向政府有关部门提出变更股东的要求。政府有关部门作出的上述行政决定乃是申请人侵权行为的结果,决不是孤立的行政行为,申请人不能以行政机关行政行为为理由摆脱其应承担的侵权责任"。该文字表述违反了《民事诉讼法》和《仲裁规则》关于仲裁庭仲裁范围和管辖权限的有关规定,主要有以下两个错误:

一、该仲裁裁决的事项超越了仲裁范围。〔96〕贸仲裁字第0271号裁决书认定了密苏尔公司对合资公司履行了出资义务,实际上否定了深圳市工商行政管理局关于密苏尔公司未按照合营合同规定的期限、金额出资,构成违约的结论;同时也违反了深圳市人民政府关于取消密苏尔公司股东资格的决定。合资公司如果认为股东出资没有到位,可以依据合资公司的章程等有关规定向有关行政管理部门申请更换或取消其股东资格,行政机关经审查后,可以依法作出行政决定。对行政机关依法作出的行政决定的合法性,仲裁庭无权进行裁决。依据《民事诉讼法》第二百六十条第一款第四项之规定,该仲裁庭裁决的事项超越了仲裁范围,系无权仲裁。

二、仲裁裁决内容违反了仲裁规则。《中国国际经济贸易仲裁委员会仲裁规则》第二条规定"中国国际经济贸易仲裁委员会以仲裁的方式,独立、公正地解决产生于国际或涉外的契约性或非契约性的经济贸易等争议"。由此可知,仲裁庭仲裁的案件仅限于契约或非契约性的民商事纠纷案件,对于涉及侵权性质的纠纷案件则无权进行仲裁。本案的仲裁庭在裁决中认定政府等有关部门作出的具体行政行为是申请人三个公司侵权行为的结果,即认定合资公司按照政府等有关部门的批准进行股东更换,是一种侵权行为。因此,裁决申请人三个公司承担因侵权而产生的责任。仲裁庭的上述裁决明显违反了《中国国际经济贸易仲裁委员会仲裁规则》关于裁决案件受理范围的有关规定。

综上所述,申请人三个公司以中国国际经济贸易仲裁委员会〔96〕贸仲裁字第0271号裁决书存在程序错误,向北京市第二中级人民法院和深圳市中级人民法院请求予以撤销和申请不予执行该裁决的异议理由成立,两中院裁定驳回三个公司的申请错误。深圳市中级人民法院应撤销该院作出的〔1998〕深中法经二初字第97号裁定书,同时裁定对中国国际经济贸易仲裁委员会〔96〕贸仲裁字第0271号裁决不予执行,并函复当事人。

请你院收到此函后,立即监督深圳市中级人民法院照此意见执行并报告落实情况。

最高人民法院关于仲裁协议无效是否可以裁定不予执行的处理意见

•2002年6月20日

广东省高级人民法院：

你院(1999)粤高法执监字第65-2号"关于中国农业银行杭州市延安路支行申请执行杭州市经济合同仲裁和会杭裁字(1996)第80号裁决书一案"的报告收悉，经研究，答复如下：

申请人中国农业银行浙江省信托投资公司(现为中国农业银行杭州市延安路支行，以下简称农业银行)与被申请人深圳政华实业公司(以下简称政华公司)、招商银行深圳福田支行(以下简称招商银行)合作投资担保合同纠纷一案，杭州市经济合同仲裁委员会于1996年10月25日作出杭裁字(1996)第80号裁决书裁决：政华公司在裁决生效后十日内归还农业银行借款及利息人民币617万余元，招商银行承担连带偿付责任。在执行该仲裁裁决过程中，被执行人招商银行向深圳市中级人民法院申请不予执行该仲裁裁决。深圳市中级人民法院认为：由于当事人只约定了仲裁地点，未约定仲裁机构，且双方当事人事后又未达成补充协议，故仲裁协议无效，杭州市经济合同仲裁和会无权对本案进行仲裁。因此，以(1997)深中法执字第10-15号民事裁定书裁定不予执行。

本院认为：本案的仲裁协议只约定仲裁地点而没有约定具体的仲裁机构，应当认定无效，但仲裁协议无效并不等于没有仲裁协议。仲裁协议无效的法律后果是不排除人民法院的管辖权，当事人可以选择由法院管辖而排除仲裁管辖，当事人未向法院起诉而选择仲裁应诉的，应视为当事人对仲裁庭管辖权的认可。招商银行在仲裁裁决前未向人民法院起诉，而参加仲裁应诉，应视为其对仲裁庭关于管辖权争议的裁决的认可。本案仲裁庭在裁决驳回管辖权异议后作出的仲裁裁决，在程序上符合仲裁法和民诉法的规定，没有不予执行的法定理由。执行法院不应再对该仲裁协议的效力进行审查。执行法院也不能将"仲裁协议无效"视为"没有仲裁协议"而裁定不予执行。因此，深圳市中级人民法院裁定不予执行错误，本案仲裁裁决应当恢复执行。

请你院监督执行法院按上述意见办理，在两个月内执结此案并报告本院。

此复

最高人民法院关于不予执行中国国际经济贸易仲裁委员会作出的广州总统大酒店有限公司与杨光大仲裁一案请示的复函

•2002年7月22日

•〔2001〕民四他字第41号

广东省高级人民法院：

你院2001年2月12日〔2000〕粤高法执监字第226号《关于不予执行中国国际经济贸易仲裁委员会作出的广州总统大酒店有限公司与杨光大仲裁一案的请示报告》收悉。经本院审判委员会研究，答复如下：

本案涉及不同当事人签订的三份合同，即：广州总统大酒店有限公司于1995年12月17日分别与香港高速货运有限公司、潮粤海鲜楼签订的《租赁总统大酒店潮粤海鲜楼合同》、《总统大酒店、潮粤海鲜楼经营管理协议》，于1996年10月17日与高速货运(FAST CARE CARGO SERVICES)杨光大签订的《总统大酒店与潮粤海鲜楼补充管理协议》。在广州总统大酒店有限公司与香港高速货运有限公司签订的租赁合同中，双方约定将争议"提交中国国际经济贸易仲裁委员会北京分会按照该会的仲裁规则进行仲裁"。鉴于中国国际经济贸易仲裁委员会仅在上海和深圳设有分会，在北京没有分会且各分会均适用与北京总会不同的仲裁规则，因此，该合同约定的仲裁机构实际上并不存在，中国国际经济贸易仲裁委员会北京总会无权依据该款约定仲裁广州总统大酒店有限公司与香港高速货运有限公司或者合同签字人杨光大之间的租赁合同纠纷。在广州总统大酒店有限公司与高速货运（FAST CARE CARGO SERVICES）杨光大签订的补充管理协议中，双方约定将争议“提交中国国际经济贸易仲裁委员会深圳分会依该会仲裁规则进行仲裁”。鉴于补充管理协议的一方当事人为杨光大个人，而提请中国国际经济贸易仲裁委员会深圳分会仲裁的申请人是高速货运（FAST CARE CARGO SERVICES），因此，中国国际经济贸易仲裁委员会深圳分会亦无权仲裁广州总统大酒店有限公司与高速货运（FAST CARE CARGO SERVICES）之间的任何纠纷。依照《中华人民共和国仲裁法》第十六条、第十八条及《中华人民共和国民事诉讼法》第二百六十条①第一款的规定，有关法院对本案所涉中国国际经济贸易仲裁委员会〔2000〕贸仲裁字第0148号裁决书和中国国际经济贸易 仲裁委员会深圳分会〔2000〕深国仲结字第23号裁决书均应当不予执行。

此复

最高人民法院关于中国国际经济贸易仲裁委员会深圳分会作出的〔2001〕深国仲结字第31号裁决是否应予执行的复函

- 2003年5月27日
- 〔2002〕民四他字第39号

重庆市高级人民法院：

你院《关于对中国国际经济贸易仲裁委员会深圳分会作出的〔2001〕深国仲结字第31号裁决应不予执行的报告》收悉。本院经研究认为：

《合资经营重庆台华公司房地产开发有限公司合同书》（以下称合资经营合同）订有股权转让的内容和仲裁条款，鲍扬波、重庆上桥实业总公司和重庆沙坪坝区物资公司均为该合同的当事人，他们之间因股权转让而产生的纠纷应当提交仲裁解决。据此，有关上述三方当事人之间股权转让行为效力的裁决应为有效，可予以执行。

因重庆晨光实业发展（集团）有限责任公司（以下称晨光公司）不是本案合资经营合同的主体，合资经营合同的仲裁条款对其没有约束力，且晨光公司与本案其他几方当事人的股权转让合同中没有订立仲裁条款，事后也未达成仲裁协议，故上述裁决中涉及晨光公司股权转让的内容超出仲裁范围，不应予以执行。

附：

重庆市高级人民法院关于中国国际经济贸易仲裁委员会深圳分会作出的〔2001〕深国仲结字第31号裁决应不予执行的请示

（2002年9月13日
〔2002〕渝高法执督字第72号）

最高人民法院：

鲍扬波（系台商）与第一被申请人重庆上桥实业总公司（以下简称上桥公司）、第二被申请人重庆市沙坪坝区物资公司（以下简称沙区物资公司）、第三被申请人重庆晨光实业发展（集团）有限责任公司（以下简称晨光公司）合营争议一案，中国国际经济贸易仲裁委员会深圳分会（以下简称深仲委）于2001年4月25日作出〔2001〕深国仲结字第31号裁决：（1）确认第二被申请人与第一被申请人之间关于台华公司的股权转让行为无效；（2）确认第一被申请人与第三被申请人之间关于台华公司的股权转让行为无效；（3）自本裁决作出之日起，第三被申请人不得再以台华公司合营方身份履行合营合同，并应退出合营企业，

① 民事诉讼法原第二百六十条现已修改为第二百七十四条。

归还台华公司的经营管理权;(4)台华公司董事长应按合营合同的约定由申请人委派;(5)三被申请人连带补偿申请人为办理而支付的律师费和差旅费共计人民币160000元;(6)驳回申请人的其他仲裁请求;(7)本案仲裁费人民币200000元,由申请人承担10%,即人民币20000元;由第一被申请人承担20%,即人民币40000元;由第二被申请人承担20%,即人民币40000元;由被三被申请人承担50%,即人民币100000元。上述仲裁费已由申请人预交的仲裁费人民币200000元相冲抵,三被申请人应自本裁决作出之日起45日偿还申请人为其垫付的仲裁费。该裁决作出后,鲍扬波于2001年5月22日以上桥公司、沙区物资公司、晨光公司拒不遵照裁决书履行为由向重庆市第一中级人民法院(以下简称一中院)申请执行:(1)第三被申请人应退还基于无效的"股份转让合同"而占有的"台华"公司申请人的资产(注册资金:50%股权,即102.5万美元)及经营管理权,将"台华"公司的资产、印鉴、账簿、财务凭证、档案资料等归还申请人;(2)依《合营合同》约定,由被申请人委派董事长,并由工商行政管理部门进行董事长变更登记;(3)三被申请人连带补偿申请人为办理本案而支付的律师费和差旅费共计人民币160000元;(4)三被申请人承担连带补偿申请人强制执行费等项,一中院于2001年5月28日立案执行。同年6月4日,晨光公司向一中院提出不予执行仲裁裁决的申请,经一中院审查认为其理由成立,并于2001年7月20日报我院审查。

我院审查后于同年11月14日作出〔2001〕渝高法执示字第84号函答复一中院:你院《关于重庆晨光实业发展(集团)有限公司申请不予执行仲裁裁决的审查报告》收悉。经研究认为:合营合同依法成立,对合营各方均具有法律约束力。该合营合同规定了合营各方的权利义务,并订有仲裁条款。虽然晨光公司非订立合营合同的一方当事人,但晨光公司未经有关部门的批准,继受台华公司股份,形式上成为合营一方,故晨光公司应受该合营合同及仲裁条款的约束。综上所述,你院依据《中华人民共和国民事诉讼法》第二百六十条第1项的规定,决定对中国国际经济贸易仲裁委员会深圳分会作出的〔2001〕深国仲结字第31号裁决不予执行的理由不能成立。嗣后,一中院再次对晨光公司的异议进行审查并报我院,认为:一、鲍扬波与晨光公司之间无合同关系,无仲裁协议,鲍扬波等基于合营合同向上桥公司及沙区物资公司提出仲裁,但合营合同中的仲裁条款对晨光公司应无约束力;二、深仲委对鲍扬波申请晨光公司仲裁案无管辖权,深仲委之仲裁裁决应不予执行。

我院对此报告再次进行了认真的审查,现查明,1992年9月20日,鲍扬波与上桥公司、沙区物资公司签订《合资经营重庆台华房地产开发有限公司合同书》,合同约定:合营企业的投资总额和注册资金均为205万美元,其中上桥公司出资82万美元等值的人民币,沙区物资公司出资20.5万美元等值的人民币,鲍扬波出资现汇52.5万美元和50万美元等值的生产设备、运输工具和办公用品;合营一方转让其全部或部分出资金额时,另两方有优先购买权;董事会为合营企业最高权力机构,由三人组成,董事长一名,由鲍扬波委派,副董事长一名,由上桥公司委派;合营公司实行董事会领导下的总经理负责制;总经理、副总经理由董事会聘请;合营期限为10年;合营各方因执行合同而发生争议,可提请中国国际贸易促进会对外经济贸易仲裁委员会(现中国国际经济贸易仲裁委员会)按该会的仲裁程序进行仲裁,此仲裁为终局裁决;若单方提出终止或转让股权和合营条件,应提前3个月提出,待各方协商后,报请原审批机构核准等内容。1992年10月9日,重庆市对外经济贸易委员会对该合营合同和《重庆台华房地产开发有限公司章程》予以批准。1992年10月10日,重庆市人民政府核发了中外合资经营企业批准书。1992年10月23日,重庆台华房地产开发有限公司(以下简称台华公司)在重庆市工商行政管理局进行了注册登记,并领取了企业法人营业执照。因沙区物资公司投资未到位,同年12月30日,重庆市沙坪坝区外经委以沙外经贸〔92〕32号文批复同意物资公司将在台华公司的全部股份20.5万美元转让给上桥实业公司。此次股份转让未报重庆市对外经济贸易委员会批准。1994年3月30日,鲍扬波与吴胜刚签订了《股权转让合同书》,双方约定由鲍扬波将其在台华公司的50%股份转让给吴胜刚,该次股份转让未经重庆市对外经济贸易委员会审批,1994年4月1日,台华公司董事会决定由吴胜刚担任董事长,同年6月14日,台华公司办理了董事长变更登记。

我院又查明,1996年7月23日,吴胜刚(委托鲍扬波)、晨光公司及上桥公司又签订了《台华房地产开发公司股份转让合同》,该合同约定:吴胜刚在台华的50%股份,由晨光公司出资1320万元全部购买,有关款项及手续结清后吴胜刚退出台华公司。台华公司主要资产有:(1)富豪商业广场项目全部用地。(2)富豪商业广场现有整栋产业裙楼依现状。(3)该项目发生的买卖应收款项,以及晨光公司承担台华公司的债务数额。合同还约定协议执行过程中发生争议,由九龙坡区法院为审判机关。次日,晨光公司又与上桥公司签订《房地产股份转让合同》,该合同约定:上桥公司在台华公司的50%股份由晨光公司以1310万元全部购买。有关款项及手续清结后,上桥公司退出该项目。台华公司主要资产有:(1)富豪商业广场项目全部用地。(2)富豪商业广场现在整栋商业裙楼依现状。(3)该项目发生的买卖应收款项。同日,双方还签订《补充协议》,将购买股份金额增加400万元,并约定了支付方式。吴胜刚、晨光公司、上桥公司签订的《台华房地产开发公司股份转让合同》、上桥公司、晨光公司签订的《房地产股份转让合同》及《补充合同》均未约定争议解决机构。

我院还查明,1996年10月20日,吴胜刚以晨光公司拖欠110万元股份转让费未付且晨光公司不具涉外因素、收购合资企业中的全部外资股份行为及程序违法又未经重庆市外经委的批准、该股份转让合同无效为由,向重庆市九龙坡区法院起诉,要求确认其与晨光公司的股份转让合同无效,判决吴胜刚到台华公司担任董事长。该案由一中院审理后。于1999年5月14日作出〔1997〕渝一中经初字第1055号民事判决:一、原告吴胜刚与被告重庆晨光实业发展(集团)有限责任公司签订的股份转让合同无效。二、驳回原告吴胜刚的其他诉讼请求。

我院再查明,2000年3月2日,鲍扬波以上桥公司为第一被申请人、物资公司为第二被申请人、晨光公司为第三被申请人向中国国际经济贸易仲裁委员会深圳分会(以下简称深仲委)提出仲裁申请,要求确认沙区物资公司与上桥公司、上桥公司与晨光公司股份转让无效,要求晨光公司退出合资合同,归还台华公司经营管理权。仲裁中,鲍扬波增加仲裁请求,要求确认鲍扬波为台华公司董事长、并要求三被申请人承担合理费用人民币200000元。2000年5月22日,晨光公司以该司与鲍扬波不是最早合营合同的双方当事人,对合营合同中的仲裁条款不清楚,且与鲍扬波在争议之前或争议发生之后,均没有达成书面仲裁协议等为由,向深仲委提出了管辖权异议。该异议经中国国际经济贸易仲裁委员会(以下简称国仲委)审理认为:(1)规范合营方之间权利义务关系的是合营合同,约束合营企业日常经营管理的是合营企业章程,合营合同和合营企业章程是成立合营企业的前提和基础,任何一方如要成为合营企业的合营方,必须遵守经政府主管部门批准的合营合同和合营企业章程。具体就本案而言,合营合同对争议解决方式的规定非常明确,即提请本仲裁委员会仲裁,该争议解决条款对所有合营企业的合营方均有约束力;(2)第三被申请人已经接受合营企业的股份,成为合营企业事实或形式上的合营方,并具体参与了合营企业的经营管理,在没有特别声明的情况下,其与合营他方之间的权利义务关系,其对合营企业的经营管理只能依据合营合同和合营企业章程的规定,因上述问题而发生争议的解决方式,理所当然应按合营合同的规定执行,即通过仲裁的方式解决;(3)略;(4)略;(5)略。基于上述理由国仲委依照《仲裁规则》第四条的规定,作出如下决定:(1)本仲裁委员会对本案申请人提出的仲裁申请具有管辖权。(2)深圳分会对本案有权受理。之后,深仲委即作出〔2001〕深国仲结字第31号裁决。

根据以上查明情况,我院审判委员会研究认为,鲍扬波、上桥公司、沙区物资公司签订的《合营经营重庆台华公司房地产开发有限公司合同书》明确约定:……合营各方因执行合同而发生争议,可提请中国国际贸易促进委员会对外经济贸易仲裁委员会按该会的仲裁程序进行仲裁,此仲裁为终局裁决。而鲍扬波、上桥公司、沙区物资公司将各自在合资成立的重庆台华房地产开发有限公司的股份先后转让给了晨光公司而产生的纠纷却是股权转让纠纷,且股权转让时及产生争议时均未达成仲裁协议,合营合同的仲裁条款是解决合营争议纠纷而不是解决股权转让争议纠纷,前者效力应不及于后者。《中华人民共和国仲裁法》第四条规定"当事人采用仲裁方式解决纠纷,应当双方自愿达成仲裁协议,没有仲裁协议,一方申请仲裁的,仲裁委员会不予受理"。双方当事人选择仲裁方式解决争议纠纷必须是明示的,排除了默示接受方式。据此,我院审查认为,鲍扬波与晨光公司无仲裁协议,鲍扬波、上桥公司、沙区物资公司三方签订《合资经营重庆台华房地产开发有限公司合同书》中的仲裁条款对晨光公司无约束力,深仲委对鲍扬波与晨光公司之间的争议无管辖权,深仲委〔2001〕深国仲结字第31号裁决应不予执行。我院原作出的〔2001〕渝高法执示第84号函不妥,应予撤销。依照《最高人民法院关于人民法院处理与涉外仲裁及外国仲裁事项的有关问题的通知》(法发〔1995〕18号)的规定,特报钧院审批。

最高人民法院关于山东省房地产开发集团青岛公司请求撤销中国国际经济贸易仲裁委员会〔2000〕贸仲裁字第0333号仲裁裁决案的复函

- 2003年7月8日
- 〔2002〕民四他字第8号

北京市高级人民法院:

你院2002年2月19日京高法(2002)20号《关于山东省房地产开发集团青岛公司请求撤销中国国际经济贸易仲裁委员会(2000)贸仲裁字第0333号仲裁裁决案的请示》收悉。经本院审判委员会讨论,答复如下:

山东省房地产开发集团青岛公司与香港跃龙实业有限公司于1999年5月24日签订的《关于联合解决青岛房天成大房地产开发有限公司股东投资争议的协议书》明确约定,双方同意股东在合资过程中发生的争议,可提交中国国际经济贸易仲裁委员会仲裁。该约定对山东省房地产开发集团青岛公司与香港跃龙实业有限公司具有约束力,仲裁庭依据此约定受理该两公司之间的合资争议并据此做出裁决是有法律依据的。本案仲裁裁决不存在超裁或者其他依法应予撤销的情形,依法应当予以执行。

附:

北京市高级人民法院关于山东省房地产开发集团青岛公司请求撤销中国国际经济贸易仲裁委员会(2000)贸仲裁字第0333号仲裁裁决案的请示

(京高法〔2002〕20号)

最高人民法院:

我市第二中级人民法院立案受理了山

东省房地产开发集团青岛公司申请撤销中国国际经济贸易仲裁委员会(2000)贸仲裁字0333号仲裁裁决一案,拟撤销该仲裁裁决,并向我院请示。经研究,现将该案有关情况报告并请示如下:

一、案件基本事实

1993年2月1日,山东省房地产开发集团青岛公司(下称青岛公司)与跃龙实业有限公司(下称跃龙公司)签订了《中外合资青岛成大房地产开发有限公司合同》,约定:双方在青岛高科技工业园区建立中外合资青岛成大房地产开发有限公司(下称成大公司),合资开发青岛石老人开发区第二号小区内80亩土地。合营公司投资总额为1000万美元,双方出资额为500万美元,以此作为合营公司的注册资本,其中双方各出资250万美元,各占50%。争议解决方式为:"凡因执行本合同所发生的或与本合同有关的一切争议,双方应友好协商解决。如果协商不能解决,应提交当地仲裁机构,根据该仲裁机构的仲裁程序进行仲裁,仲裁是终局的,对双方都有约束力。"1993年6月30日,成大公司登记注册。

1994年9月8日,成大公司与沈阳房天股份有限公司(下称房天公司)签订"股份转让与公司更名协议书",约定,将成大公司全部股权的70%(350万美元)转让给房天公司,其中,青岛公司转让45%,跃龙公司转让25%,将"青岛成大房地产开发有限公司"更名为"青岛房天成大房地产开发有限公司"(下称房天成大公司)。青岛公司、跃龙公司、房天公司均在该协议书上签字。据此,三方签订《中外合资青岛房天成大房地产开发有限公司合同》,争议解决方式为:"凡因执行本合同所发生的或与本合同有关的一切争议,双方应友好协商解决。如果协商不能解决,应向沈阳市人民法院诉讼。根据法律程序进行仲裁,仲裁对双方都有约束力。"青岛公司、跃龙公司、房天公司均在该合同书上签字。1994年12月,青岛市人民政府和国家工商行政管理局分别向房天成大公司颁发了批准证书和营业执照。

1999年5月24日,青岛公司与跃龙公司签订《关于联合解决青岛房天成大房地产开发有限公司股东投资争议的协议书》,约定:由于房天公司违约不能将股本金到位,将影响青岛公司、跃龙公司的利益,青岛公司、跃龙公司经研究,同意共同联合处理房天公司违约事宜,并协议:(1)依法追讨房天公司应付青岛公司225万美元、跃龙公司125万美元股本金及利息;(2)如房天公司无力支付,除要求经济赔偿外,依法解除其在房天成大公司的股东地位和收回所有股权;(3)如收回房天公司股权后,青岛公司与跃龙公司同意按原成大公司股权分配,继续履行双方责任与义务;(4)青岛公司、跃龙公司各方可自行选择委托律师,亦可共同委托律师;(5)双方保证站在同一立场,争取共同合法权益;双方同意此案及股东在合资过程中,能以友好协商方法解决,如确实无法解决,可提交中国国际经济贸易仲裁委员会仲裁解决;(6)在此案解决过程中所发生一切费用,均由青岛公司、跃龙公司各方按具体比例承担。

二、仲裁情况

1999年7月16日,跃龙公司依据《关于联合解决青岛房天成大房地产开发有限公司股东投资争议的协议书》向中国国际经济贸易仲裁委员会提请仲裁。仲裁请求为:(1)青岛公司退还人民币1600万元及相应利息;(2)青岛公司向跃龙公司赔偿未将土地使用权办至原合营公司名下而给跃龙公司带来的利润损失美元150万元;(3)确认青岛公司有完善出资手续、尽快向土地管理机关缴清剩余地款、将土地使用权尽快转移到合营公司名下的义务;(4)青岛公司支付仲裁费、律师费及因本案发生的一切费用。

青岛公司于1999年8月27日向中国国际经济贸易仲裁委员会提出仲裁条款无效的异议申请,理由:跃龙公司提起仲裁的事项与协议书约定的仲裁事项不符,其仲裁请求超出双方约定的仲裁范围。

中国国际经济贸易仲裁委员会认为:本仲裁案是跃龙公司因其与青岛公司在合资经营青岛房天成大房地产开发有限公司的过程中发生纠纷而提起的。原合营合同中的仲裁条款的约定是不明确的。但是,1999年5月24日签订的协议书中的仲裁条款十分明确,不仅表明了发生争议通过仲裁解决的意思,还明确约定了仲裁机构,并且指明仲裁事项为"此案及股东在合资过程中的争议"。上述协议书已经申请人和被申请人签字或盖章,协议书中的仲裁条款当然有效。跃龙公司的仲裁请求是否属于仲裁条款约定的仲裁事项及是否能够得到支持,应由仲裁庭审理案件后决定。青岛公司否认协议书的效力,无法律依据。此外,合同中的仲裁条款是独立于合同的其他条款而存在的,即使合同无效,合同中的仲裁条款仍有效。中国国际经济贸易仲裁委员会于2000年1月5日做出决定:跃龙公司提起仲裁所依据的1999年5月24日的协议书中的仲裁条款有效;仲裁程序应继续进行。

2000年9月15日,中国国际经济贸易仲裁委员会(2000)贸仲裁字第0333号仲裁裁决:一、青岛公司向跃龙公司返还人民币1600万元及自1993年4月18日至实际付款之日止年利率为10%的利息;二、青岛公司有完善出资手续、向土地管理机关缴清剩余地款、将土地使用权尽快转移到合营公司名下的义务;三、仲裁费由双方分担;四、驳回跃龙公司的其他仲裁请求。

上述裁决的合同依据为1993年2月1日跃龙公司与青岛公司签订的《中外合资青岛成大房地产开发有限公司合同》。

跃龙公司在青岛市中级人民法院申请执行该裁决,房天公司提出其作为合资公司的合资方,没有参与仲裁程序,无法行使相关权利,请求法院不予执行该裁决。

三、申请人申请撤销仲裁裁决及被申请人答辩的主要理由

青岛公司于2001年3月9日申请撤销中国国际经济贸易仲裁委员会(2000)贸仲裁字0333号仲裁裁决。其主要理由为:仲裁条款不成立且无效。三方签订的《中外合资青岛房天成大房地产开发有限公司合同》中的仲裁条款为无效条款。而青岛公司与跃龙公司于1999年5月24日签订的《关于联合解决青岛房天成大房地产开发有限公司股东投资争议的协议书》内容是为解决三方在合资中的投资问题而设定的,它依附于三方的合资合同,必须由三方共同签署方能成立,但房天公司未签署。在房天公司没有认可两方协议的情况下,仲裁委仅就青岛公司与跃龙公司两方协议解决三方的矛盾,遗漏了主体。该仲裁显然超出了仲裁协议约定的仲裁事项范围。

跃龙公司答辩的主要理由为:仲裁条款业经双方签署,是双方真实意思表示,该条款依法独立存在,不受两方协议是否有效的影响,且仲裁委已确定该仲裁条款有效;跃龙公司提出仲裁请求所要解决的是跃龙公司与青岛公司在原合营合同中双方合资所发生的争议,根本不涉及房天公司的任何利益,仲裁裁决未将房天公司作为当事人符合法律规定。

四、我院审查意见

本案涉及三个各自独立的合同,每个合同均有独立的解决争议的条款:

1993年2月1日,跃龙公司与青岛公司签订《中外合资青岛成大房地产开发有限公司合同》,合同内容为:双方合资建立成大公司,解决争议的条款为"提交当地仲裁机构,根据该仲裁机构的仲裁程序进行仲裁";

1994年青岛公司、跃龙公司、房天公司签订《中外合资青岛房天成大房地产开发有限公司合同》,合同内容为:将成大公司全部股权的70%(350万美元)转让给房天公司,三方成立房天成大公司。解决争议的条款为"应向沈阳市人民法院诉讼。根据法律程序进行仲裁";

1999年5月24日,青岛公司与跃龙公

司签订《关于联合解决青岛房天成大房地产开发有限公司股东投资争议的协议书》，约定：双方共同联合处理房天公司违约事宜，追讨房天公司应付青岛公司225万美元、跃龙公司125万美元股本金及利息。解决争议的条款为"提交中国国际经济贸易仲裁委员会仲裁解决"。

中国国际经济贸易仲裁委员会依据1999年5月24日青岛公司与跃龙公司签订《关于联合解决青岛房天成大房地产开发有限公司股东投资争议的协议书》中的仲裁条款受理案件，实际审理的是1993年2月1日跃龙公司与青岛公司签订的《中外合资青岛成大房地产开发有限公司合同》执行中的相关争议。依据该合同中仲裁条款的约定，中国国际经济贸易仲裁委员会对因该合同产生的纠纷无管辖权。

综上，中国国际经济贸易仲裁委员会(2000)贸仲裁字第0333号仲裁裁决裁决事项不属于1999年5月24日青岛公司与跃龙公司签订《关于联合解决青岛房天成大房地产开发有限公司股东投资争议的协议书》中的仲裁协议的范围。根据《中华人民共和国仲裁法》第七十条和《中华人民共和国民事诉讼法》第二百六十条第一款第(四)项的规定，拟撤销中国国际经济贸易仲裁委员会(2000)贸仲裁字第0333号仲裁裁决。

妥否，请批示。

最高人民法院执行工作办公室关于广东省高级人民法院请示的交通银行汕头分行与汕头经济特区龙湖乐园发展有限公司申请不予执行仲裁裁决案的复函

- 2003年7月30日
- 〔2003〕执他字第10号

广东省高级人民法院：

你院〔2003〕粤高法47号"关于交通银行汕头分行与汕头经济特区龙湖乐园发展有限公司申请不予执行仲裁裁决一案的请示"收悉。经研究，现答复如下：

我国《合同法》第114条第2款规定："约定的违约金低于造成的损失的，当事人可以请求人民法院或者仲裁机构予以增加；约定的违约金过分高于造成的损失的，当事人可以请求人民法院或者仲裁机构予以适当减少。"违约金由双方当事人自由约定，只要不违反法律规定和不损害第三人合法权益，国家一般不予干涉。国家认为双方当事人约定的违约金过高或者过低的，可以予以调整，但必须是基于一方当事人的请求。在本案中，交通银行汕头分行作为仲裁案件的被申请人和向汕头市中级人民法院申请不予执行仲裁裁决的申请人，始终未就违约金提出异议。依据我国《民法通则》第112条规定，当事人可以在合同中约定赔偿额的计算方法，本仲裁庭对本案违约金的计算和确认的数额并无不当。因此，本仲裁案的裁决不存在《民事诉讼法》第217条第2款第(5)项规定的适用法律确有错误的情形，人民法院应予执行。

此复

最高人民法院执行工作办公室关于澳门大明集团有限公司与广州市东建实业总公司合作开发房地产纠纷仲裁裁决执行案的复函

- 2003年8月5日
- 〔2003〕执他字第9号

广东省高级人民法院：

你院〔2002〕粤高法执监字第119号《关于澳门大明集团有限公司与广州市东建实业总公司合作开发房地产纠纷仲裁执行一案的请示》收悉。经研究，答复如下：

本案双方当事人在合同中有关合作合同的争议提交中国国际经济贸易仲裁委员会仲裁的约定，应当理解为双方选择的仲裁机构为中国国际经济贸易仲裁委员会，仲裁地点为北京。因此，根据澳门大明集团有限公司（简称澳门大明公司）的申请，中国国际经济贸易仲裁委员会有权对该案在北京进行仲裁。至于此前广州市东建实业总公司（简称广州东建公司）将其争议的事项提交中国国际经济贸易仲裁委员会深圳分会在深圳进行仲裁，鉴于双方当事人对仲裁事项无异议，且深圳分会也是中国国际经济贸易仲裁委员会的分支机构，其仲裁在程序上并不违法，即可维持其管辖权的效力，但并不影响在北京进行的仲裁。

因两个仲裁的申请人不同，请求裁决的内容和范围不同，且当事人对同一事项的法律权利不同，因此中国国际经济贸易仲裁委员会受理澳门大明公司的仲裁请求并不违反“一事不再理”的原则。同样，中国国际经济贸易仲裁委员会裁决支持澳门大明公司提出的解除两份协议书和合作合同的请求，与深圳分会裁决驳回广州东建公司提出的解除两份协议书的请求，因当事人各自基于解除协议的理由不同，并不矛盾，不会产生执行冲突。

因此，本案不存在《民事诉讼法》第二百六十条①规定的不予执行的事由，应当对中国国际经济贸易仲裁委员会在北京作出的裁决予以执行。

此复

最高人民法院执行工作办公室关于执行监督程序中裁定不予执行仲裁裁决几个问题请示案的复函

- 2004 年 12 月 24 日
- 〔2004〕执他字第 13 号

广东省高级人民法院：

你院《关于执行监督程序中裁定不予执行仲裁裁决几个问题的请示》收悉。经研究，答复如下：

一、关于审判部门裁定驳回当事人撤销仲裁裁决的申请后，执行部门能否再裁定不予执行的问题。

本院正在起草适用《中华人民共和国仲裁法》司法解释，其中涉及此问题已有意见，请你院待该司法解释生效后，按有关规定办理。

二、关于当事人未向审判部门提出撤销仲裁裁决的申请而在执行阶段申请不予执行的，是否由执行部门审查并依法作出裁定的问题。

《中华人民共和国民事诉讼法》第二百一十七条②规定“被申请人提出证据证明仲裁裁决有下列情形之一的，经人民法院组成合议庭审查核实，裁定不予执行……”。据此，只要是人民法院的审判人员组成的合议庭都符合法律规定。各法院可按照法院内部各部门之间业务分工的规定办理。

三、关于上级法院执行部门是否有权监督下级法院作出的不予执行仲裁裁决裁定，是否适用法复(1996)8 号批复的问题。

本院《关于人民法院执行工作若干问题的规定（试行）》（以下简称《执行规定》）第一百三十条第一款规定：“上级法院发现下级法院在执行中作出的裁定、决定、通知或具体执行行为不当或有错误的，应当及时指令下级法院纠正，并可以通知有关法院暂缓执行”。该条规定赋予了上级法院对下级法院在执行中作出的不当或错误裁定的监督权。上级法院的执行部门代表人民法院行使职权，有权依据《执行规定》第一百三十条监督纠正下级法院作出的不予执行仲裁裁决的裁定。而最高人民法院法复(1996)8 号批复是针对当事人申请再审而言的，并不影响上级法院对下级法院执行工作的监督权。

---

① 民事诉讼法原第二百六十条现已修改为第二百七十四条。

② 民事诉讼法原第二百一十七条现已修改为第二百三十七条。

最高人民法院对新疆维吾尔自治区高级人民法院《关于新疆建工集团建设工程有限责任公司与新疆宝亨房地产开发有限公司一案中有关问题的请示》的复函

- 2009年4月16日
- 〔2007〕执他字第9号函

新疆维吾尔自治区高级人民法院：

你院《关于新疆建工集团建设工程有限责任公司与新疆宝亨房地产开发有限公司一案中有关问题的请示》收悉。经研究，现对有关法律问题答复如下：

在人民法院已经查封的财产又被仲裁裁决确权给案外人的情况下，执行法院可以依照民事诉讼法第二百一十三条①第三款的规定对仲裁裁决进行审查。如果认定当事人恶意串通进行仲裁裁决损害其他债权人利益，妨害执行秩序，执行法院应当依法将该裁决视为有违背社会公共利益的情形而裁定不予执行。同时，还应将此种行为视为妨害人民法院执行的行为，依法予以制裁。

最高人民法院关于拓盈公司与福建五建不予执行仲裁裁决案的复函

- 2010年11月29日
- 〔2010〕执监字第117号函

广东省高级人民法院：

拓盈实业（深圳）有限公司反映深圳市中级人民法院（以下简称深圳中院）违法执行仲裁裁决、福建省第五建筑工程公司深圳分公司要求督促执行两案，本院经调卷审查，现提出如下处理意见：

关于仲裁裁决部分裁项适用法律确有错误如何裁定不予执行的问题，本院认为，应当综合裁决的具体情况和公平原则考虑，如果仲裁裁决的裁项可分，参照《最高人民法院关于适用〈中华人民共和国民事诉讼法〉若干问题的意见》第277条的规定，只应当对适用法律确有错误的部分裁定不予执行，对适用法律正确的部分则应予执行。你院（2006）粤高法执督字第216号函文和（2009）粤高法执监字第72号函文，在仅认定涉案仲裁裁决关于违约金部分的裁项适用法律错误的情况下，要求深圳中院对涉案仲裁裁决裁定全部不予执行不当，应予纠正。深圳中院（2010）深中法执再字第2号民事裁定正确，应予维持。

以上意见，请遵照执行。

◎公报案例

中国银行等五家银行与奥林匹克饭店有限公司仲裁裁决执行案

申请执行人：中国银行、中国银行东京分行、日本樱花银行、日本第一劝业银行香港分行、日本三井信托银行。

被执行人：奥林匹克饭店有限公司。

被执行人奥林匹克饭店有限公司是中国体育服务公司与香港嘉兴（中国）投资有限公司合资设立的法人。该公司为兴建奥林匹克饭店，曾于1987年3月20日与申请执行人中国银行、中国银行东京分行、日本樱花银行、日本第一劝业银行香港分行、日本三井信托银行等5家银行组成的银团签订贷款协议，约定中国银行等5家银行向奥林匹克饭店有限公司发放50亿日元的贷款；同时还签订了“抵押协议”，约定将奥林匹克饭店作为贷款的抵押物以及贷款方提供贷款额度的先决条件之一。中国银行等5家银行已经按照贷款协议的约定履行了全部放款义务，但是

---

① 民事诉讼法原第二百一十三条现已修改为第二百三十七条。

奥林匹克饭店有限公司没有按时偿还到期贷款本息。双方当事人就如何履行"抵押协议"发生争议,因协商未成,中国银行等5家银行遂依据"抵押协议"中的仲裁条款向中国国际经济贸易仲裁委员会申请仲裁。

中国国际经济贸易仲裁委员会裁决:1.申请人中国银行等5家银行与被申请人奥林匹克饭店有限公司于1987年3月20日签订的"抵押协议"有效;2.申请人有权按照有关法律的规定,对协议规定的担保权益实行处分,用处分担保权益所得的款项偿付被申请人截止1994年9月20日应付申请人的款项总计57.18亿余日元和上述金额自1994年9月20日至实际支付日止按申请人与被申请人于1987年3月20日签订的"贷款协议"中所确定的利率支付利息;3.被申请人应付申请人律师费及保全费合计人民币32.99万余元;4.本案仲裁费18.58万余美元和人民币97.15万余元,应由被申请人承担。

仲裁裁决生效后,由于被执行人奥林匹克饭店有限公司未履行裁决内容,申请执行人中国银行等5家银行遂依照《中华人民共和国民事诉讼法》第二百一十七条第一款的规定,向北京市第一中级人民法院申请执行,请求法院准许其接管奥林匹克饭店,实现经仲裁裁决认定的有效"担保权益",以便用处分"担保权益"所得款项偿付被执行人所欠的本金和利息。

北京市第一中级人民法院经审查认为:仲裁裁决中的所谓"处分担保权益",就是要实现抵押物权,因此强制执行的内容应当是将作为抵押物的奥林匹克饭店的动产、不动产全部交付给申请执行人。该院为了在执行中不影响饭店的正常经营,又能顺利地完成饭店财产的清点核实工作,保证饭店移交,决定采用"托管方式"执行。即委托北京六合兴饭店管理公司进驻奥林匹克饭店,在指定期间内完成核查饭店资产的工作,并代为经营管理。

1998年11月18日,北京市第一中级人民法院根据六合兴饭店管理公司的报告,认定核查工作已经完成,遂将奥林匹克饭店的全部资产正式移交给申请执行人中国银行等5家银行。至此,这起标的巨大的申请执行案执行终结。

第二十二章　公证案件的执行

◎法律

中华人民共和国公证法（节录）

- 2005年8月28日第十届全国人民代表大会常务委员会第十七次会议通过
- 根据2015年4月24日第十二届全国人民代表大会常务委员会第十四次会议《关于修改〈中华人民共和国义务教育法〉等五部法律的决定》修正

……

第四章　公证程序

第二十五条　【公证的管辖】自然人、法人或者其他组织申请办理公证，可以向住所地、经常居住地、行为地或者事实发生地的公证机构提出。

申请办理涉及不动产的公证，应当向不动产所在地的公证机构提出；申请办理涉及不动产的委托、声明、赠与、遗嘱的公证，可以适用前款规定。

第二十六条　【委托公证】自然人、法人或者其他组织可以委托他人办理公证，但遗嘱、生存、收养关系等应当由本人办理公证的除外。

第二十七条　【申请公证提交的材料】申请办理公证的当事人应当向公证机构如实说明申请公证事项的有关情况，提供真实、合法、充分的证明材料；提供的证明材料不充分的，公证机构可以要求补充。

公证机构受理公证申请后，应当告知当事人申请公证事项的法律意义和可能产生的法律后果，并将告知内容记录存档。

第二十八条　【公证时审查事项】公证机构办理公证，应当根据不同公证事项的办证规则，分别审查下列事项：

（一）当事人的身份、申请办理该项公证的资格以及相应的权利；

（二）提供的文书内容是否完备，含义是否清晰，签名、印鉴是否齐全；

（三）提供的证明材料是否真实、合法、充分；

（四）申请公证的事项是否真实、合法。

第二十九条　【协助核实义务】公证机构对申请公证的事项以及当事人提供的证明材料，按照有关办证规则需要核实或者对其有疑义的，应当进行核实，或者委托异地公证机构代为核实，有关单位或者个人应当依法予以协助。

第三十条　【出具公证书的期限】公证机构经审查，认为申请提供的证明材料真实、合法、充分，申请公证的事项真实、合法的，应当自受理公证申请之日起十五个工作日内向当事人出具公证书。但是，因不可抗力、补充证明材料或者需要核实有关情况的，所需时间不计算在期限内。

第三十一条　【不予公证的情形】有下列情形之一的，公证机构不予办理公证：

（一）无民事行为能力人或者限制民事行为能力人没有监护人代理申请办理公证的；

（二）当事人与申请公证的事项没有利害关系的；

（三）申请公证的事项属专业技术鉴定、评估事项的；

（四）当事人之间对申请公证的事项有争议的；

（五）当事人虚构、隐瞒事实，或者提供虚假证明材料的；

（六）当事人提供的证明材料不充分

或者拒绝补充证明材料的；

（七）申请公证的事项不真实、不合法的；

（八）申请公证的事项违背社会公德的；

（九）当事人拒绝按照规定支付公证费的。

第三十二条　【公证书的格式】公证书应当按照国务院司法行政部门规定的格式制作，由公证员签名或者加盖签名章并加盖公证机构印章。公证书自出具之日起生效。

公证书应当使用全国通用的文字；在民族自治地方，根据当事人的要求，可以制作当地通用的民族文字文本。

第三十三条　【在外国使用公证书的认证程序】公证书需要在国外使用，使用国要求先认证的，应当经中华人民共和国外交部或者外交部授权的机构和有关国家驻中华人民共和国使（领）馆认证。

第三十四条　【公证费】当事人应当按照规定支付公证费。

对符合法律援助条件的当事人，公证机构应当按照规定减免公证费。

第三十五条　【公证书的立卷归档】公证机构应当将公证文书分类立卷，归档保存。法律、行政法规规定应当公证的事项等重要的公证档案在公证机构保存期满，应当按照规定移交地方档案馆保管。

第五章　公证效力

第三十六条　【经公证文书的证据效力】经公证的民事法律行为、有法律意义的事实和文书，应当作为认定事实的根据，但有相反证据足以推翻该项公证的除外。

第三十七条　【经公证债权文书的效力】对经公证的以给付为内容并载明债务人愿意接受强制执行承诺的债权文书，债务人不履行或者履行不适当的，债权人可以依法向有管辖权的人民法院申请执行。

前款规定的债权文书确有错误的，人民法院裁定不予执行，并将裁定书送达双方当事人和公证机构。

第三十八条　【未经公证的后果】法律、行政法规规定未经公证的事项不具有法律效力的，依照其规定。

第三十九条　【公证书的复查】当事人、公证事项的利害关系人认为公证书有错误的，可以向出具该公证书的公证机构提出复查。公证书的内容违法或者与事实不符的，公证机构应当撤销该公证书并予以公告，该公证书自始无效；公证书有其他错误的，公证机构应当予以更正。

第四十条　【对公证书内容有争议的解决】当事人、公证事项的利害关系人对公证书的内容有争议的，可以就该争议向人民法院提起民事诉讼。

◎部门规章

公证程序规则

- 2006年5月18日
- 司法部令第103号

第一章　总　　则

第一条　为了规范公证程序，保证公证质量，根据《中华人民共和国公证法》（以下简称《公证法》）和有关法律、行政法规的规定，制定本规则。

第二条　公证机构办理公证，应当遵守法律，坚持客观、公正的原则，遵守公证执业规范和执业纪律。

第三条　公证机构依法独立行使公证职能，独立承担民事责任，任何单位、个人不得非法干预，其合法权益不受侵犯。

第四条　公证机构应当根据《公证法》的规定，受理公证申请，办理公证业务，以本公证机构的名义出具公证书。

第五条　公证员受公证机构指派，依照《公证法》和本规则规定的程序办理公证业务，并在出具的公证书上署名。

依照《公证法》和本规则的规定，在办理公证过程中须公证员亲自办理的事务，不得指派公证机构的其他工作人员办理。

第六条 公证机构和公证员办理公证，不得有《公证法》第十三条、第二十三条禁止的行为。

公证机构的其他工作人员以及依据本规则接触到公证业务的相关人员，不得泄露在参与公证业务活动中知悉的国家秘密、商业秘密或者个人隐私。

第七条 公证机构应当建立、健全公证业务管理制度和公证质量管理制度，对公证员的执业行为进行监督。

第八条 司法行政机关依照《公证法》和本规则规定，对公证机构和公证员的执业活动和遵守程序规则的情况进行监督、指导。

公证协会依据章程和行业规范，对公证机构和公证员的执业活动和遵守程序规则的情况进行监督。

第二章 公证当事人

第九条 公证当事人是指与公证事项有利害关系并以自己的名义向公证机构提出公证申请，在公证活动中享有权利和承担义务的自然人、法人或者其他组织。

第十条 无民事行为能力人或者限制民事行为能力人申办公证，应当由其监护人代理。

法人申办公证，应当由其法定代表人代表。

其他组织申办公证，应当由其负责人代表。

第十一条 当事人可以委托他人代理申办公证，但申办遗嘱、遗赠扶养协议、赠与、认领亲子、收养关系、解除收养关系、生存状况、委托、声明、保证及其他与自然人人身有密切关系的公证事项，应当由其本人亲自申办。

公证员、公证机构的其他工作人员不得代理当事人在本公证机构申办公证。

第十二条 居住在香港、澳门、台湾地区的当事人，委托他人代理申办涉及继承、财产权益处分、人身关系变更等重要公证事项的，其授权委托书应当经其居住地的公证人（机构）公证，或者经司法部指定的机构、人员证明。

居住在国外的当事人，委托他人代理申办前款规定的重要公证事项的，其授权委托书应当经其居住地的公证人（机构）、我驻外使（领）馆公证。

第三章 公证执业区域

第十三条 公证执业区域是指由省、自治区、直辖市司法行政机关，根据《公证法》第二十五条和《公证机构执业管理办法》第十条的规定以及当地公证机构设置方案，划定的公证机构受理公证业务的地域范围。

公证机构的执业区域，由省、自治区、直辖市司法行政机关在办理该公证机构设立或者变更审批时予以核定。

公证机构应当在核定的执业区域内受理公证业务。

第十四条 公证事项由当事人住所地、经常居住地、行为地或者事实发生地的公证机构受理。

涉及不动产的公证事项，由不动产所在地的公证机构受理；涉及不动产的委托、声明、赠与、遗嘱的公证事项，可以适用前款规定。

第十五条 二个以上当事人共同申办同一公证事项的，可以共同到行为地、事实发生地或者其中一名当事人住所地、经常居住地的公证机构申办。

第十六条 当事人向二个以上可以受理该公证事项的公证机构提出申请的，由最先受理申请的公证机构办理。

第四章 申请与受理

第十七条 自然人、法人或者其他组织向公证机构申请办理公证，应当填写公证申请表。公证申请表应当载明下列内容：

（一）申请人及其代理人的基本情况；

（二）申请公证的事项及公证书的用途；

（三）申请公证的文书的名称；

（四）提交证明材料的名称、份数及有关证人的姓名、住址、联系方式；

（五）申请的日期；

（六）其他需要说明的情况。

申请人应当在申请表上签名或者盖章，不能签名、盖章的由本人捺指印。

第十八条 自然人、法人或者其他组织申请办理公证，应当提交下列材料：

（一）自然人的身份证明，法人的资格证明及其法定代表人的身份证明，其他组织的资格证明及其负责人的身份证明；

（二）委托他人代为申请的，代理人须提交当事人的授权委托书，法定代理人或者其他代理人须提交有代理权的证明；

（三）申请公证的文书；

（四）申请公证的事项的证明材料，涉及财产关系的须提交有关财产权利证明；

（五）与申请公证的事项有关的其他材料。

第十九条 符合下列条件的申请，公证机构可以受理：

（一）申请人与申请公证的事项有利害关系；

（二）申请人之间对申请公证的事项无争议；

（三）申请公证的事项符合《公证法》第十一条规定的范围；

（四）申请公证的事项符合《公证法》第二十五条的规定和该公证机构在其执业区域内可以受理公证业务的范围。

法律、行政法规规定应当公证的事项，符合前款第一项、第二项、第四项规定条件的，公证机构应当受理。

对不符合本条第一款、第二款规定条件的申请，公证机构不予受理，并通知申请人。对因不符合本条第一款第四项规定不予受理的，应当告知申请人向可以受理该公证事项的公证机构申请。

第二十条 公证机构受理公证申请后，应当向申请人发送受理通知单。申请人或其代理人应当在回执上签收。

第二十一条 公证机构受理公证申请后，应当告知当事人申请公证事项的法律意义和可能产生的法律后果，告知其在办理公证过程中享有的权利、承担的义务。告知内容、告知方式和时间，应当记录归档。

第二十二条 公证机构受理公证申请后，应当按照规定向当事人收取公证费。公证办结后，经核定的公证费与预收数额不一致的，应当办理退还或者补收手续。

对符合法律援助条件的当事人，公证机构应当按照规定减收或者免收公证费。

第二十三条 公证机构受理公证申请后，应当指派承办公证员，并通知当事人。当事人要求该公证员回避，经查属于《公证法》第二十三条第三项规定应当回避情形的，公证机构应当改派其他公证员承办。

第五章 审 查

第二十四条 公证机构受理公证申请后，应当根据不同公证事项的办证规则，分别审查下列事项：

（一）当事人的人数、身份、申请办理该项公证的资格及相应的权利；

（二）当事人的意思表示是否真实；

（三）申请公证的文书的内容是否完备，含义是否清晰，签名、印鉴是否齐全；

（四）提供的证明材料是否真实、合法、充分；

（五）申请公证的事项是否真实、合法。

第二十五条 当事人应当向公证机构如实说明申请公证的事项的有关情况，提交的证明材料应当真实、合法、充分。

公证机构在审查中，对申请公证的事项的真实性、合法性有疑义的，认为当事人的情况说明或者提供的证明材料不充分、不完备或者有疑义的，可以要求当事人作出说明或者补充证明材料。

当事人拒绝说明有关情况或者补充证明材料的,依照本规则第四十八条的规定处理。

第二十六条 公证机构在审查中,对申请公证的事项以及当事人提供的证明材料,按照有关办证规则需要核实或者对其有疑义的,应当进行核实,或者委托异地公证机构代为核实。有关单位或者个人应当依法予以协助。

第二十七条 公证机构可以采用下列方式,核实公证事项的有关情况以及证明材料:

(一)通过询问当事人、公证事项的利害关系人核实;

(二)通过询问证人核实;

(三)向有关单位或者个人了解相关情况或者核实、收集相关书证、物证、视听资料等证明材料;

(四)通过现场勘验核实;

(五)委托专业机构或者专业人员鉴定、检验检测、翻译。

第二十八条 公证机构进行核实,应当遵守有关法律、法规和有关办证规则的规定。

公证机构派员外出核实的,应当由二人进行,但核实、收集书证的除外。特殊情况下只有一人外出核实的,应当有一名见证人在场。

第二十九条 采用询问方式向当事人、公证事项的利害关系人或者有关证人了解、核实公证事项的有关情况以及证明材料的,应当告知被询问人享有的权利、承担的义务及其法律责任。询问的内容应当制作笔录。

询问笔录应当载明:询问日期、地点、询问人、记录人,询问事由,被询问人的基本情况,告知内容、询问谈话内容等。

询问笔录应当交由被询问人核对后签名或者盖章、捺指印。笔录中修改处应当由被询问人盖章或者捺指印认可。

第三十条 在向当事人、公证事项的利害关系人、证人或者有关单位、个人核实或者收集有关公证事项的证明材料时,需要摘抄、复印(复制)有关资料、证明原件、档案材料或者对实物证据照相并作文字描述记载的,摘抄、复印(复制)的材料或者物证照片及文字描述记载应当与原件或者物证相符,并由资料、原件、物证所有人或者档案保管人对摘抄、复印(复制)的材料或者物证照片及文字描述记载核对后签名或者盖章。

第三十一条 采用现场勘验方式核实公证事项及其有关证明材料的,应当制作勘验笔录,由核实人员及见证人签名或者盖章。根据需要,可以采用绘图、照相、录像或者录音等方式对勘验情况或者实物证据予以记载。

第三十二条 需要委托专业机构或者专业人员对申请公证的文书或者公证事项的证明材料进行鉴定、检验检测、翻译的,应当告知当事人由其委托办理,或者征得当事人的同意代为办理。鉴定意见、检验检测结论、翻译材料,应当由相关专业机构及承办鉴定、检验检测、翻译的人员盖章和签名。

委托鉴定、检验检测、翻译所需的费用,由当事人支付。

第三十三条 公证机构委托异地公证机构核实公证事项及其有关证明材料的,应当出具委托核实函,对需要核实的事项及内容提出明确的要求。受委托的公证机构收到委托函后,应当在一个月内完成核实。因故不能完成或者无法核实的,应当在上述期限内函告委托核实的公证机构。

第三十四条 公证机构在审查中,认为申请公证的文书内容不完备、表达不准确的,应当指导当事人补正或者修改。当事人拒绝补正、修改的,应当在工作记录中注明。

应当事人的请求,公证机构可以代为起草、修改申请公证的文书。

第六章 出具公证书

第三十五条 公证机构经审查,认为申请公证的事项符合《公证法》、本规则及有关办证规则规定的,应当自受理之日起十五个工作日内向当事人出具公证书。

因不可抗力、补充证明材料或者需要核实有关情况的,所需时间不计算在前款规定的期限内,并应当及时告知当事人。

第三十六条 民事法律行为的公证,应当符合下列条件:

(一)当事人具有从事该行为的资格和相应的民事行为能力;

(二)当事人的意思表示真实;

(三)该行为的内容和形式合法,不违背社会公德;

(四)《公证法》规定的其他条件。

不同的民事法律行为公证的办证规则有特殊要求的,从其规定。

第三十七条 有法律意义的事实或者文书的公证,应当符合下列条件:

(一)该事实或者文书与当事人有利害关系;

(二)事实或者文书真实无误;

(三)事实或者文书的内容和形式合法,不违背社会公德;

(四)《公证法》规定的其他条件。

不同的有法律意义的事实或者文书公证的办证规则有特殊要求的,从其规定。

第三十八条 文书上的签名、印鉴、日期的公证,其签名、印鉴、日期应当准确、属实;文书的副本、影印本等文本的公证,其文本内容应当与原本相符。

第三十九条 具有强制执行效力的债权文书的公证,应当符合下列条件:

(一)债权文书以给付货币、物品或者有价证券为内容;

(二)债权债务关系明确,债权人和债务人对债权文书有关给付内容无疑义;

(三)债权文书中载明当债务人不履行或者不适当履行义务时,债务人愿意接受强制执行的承诺;

(四)《公证法》规定的其他条件。

第四十条 符合《公证法》、本规则及有关办证规则规定条件的公证事项,由承办公证员拟制公证书,连同被证明的文书、当事人提供的证明材料及核实情况的材料、公证审查意见,报公证机构的负责人或其指定的公证员审批。但按规定不需要审批的公证事项除外。

公证机构的负责人或者被指定负责审批的公证员不得审批自己承办的公证事项。

第四十一条 审批公证事项及拟出具的公证书,应当审核以下内容:

(一)申请公证的事项及其文书是否真实、合法;

(二)公证事项的证明材料是否真实、合法、充分;

(三)办证程序是否符合《公证法》、本规则及有关办证规则的规定;

(四)拟出具的公证书的内容、表述和格式是否符合相关规定。

审批重大、复杂的公证事项,应当在审批前提交公证机构集体讨论。讨论的情况和形成的意见,应当记录归档。

第四十二条 公证书应当按照司法部规定的格式制作。公证书包括以下主要内容:

(一)公证书编号;

(二)当事人及其代理人的基本情况;

(三)公证证词;

(四)承办公证员的签名(签名章)、公证机构印章;

(五)出具日期。

公证证词证明的文书是公证书的组成部分。

有关办证规则对公证书的格式有特殊要求的,从其规定。

第四十三条 制作公证书应当使用全国通用的文字。在民族自治地方,根据当事人的要求,可以同时制作当地通用的民族文字文本。两种文字的文本,具有同等效力。

发往香港、澳门、台湾地区使用的公证书应当使用全国通用的文字。

发往国外使用的公证书应当使用全国通用的文字。根据需要和当事人的要求,公证书可以附外文译文。

第四十四条 公证书自出具之日起生效。

需要审批的公证事项,审批人的批准日期为公证书的出具日期;不需要审批的公证事项,承办公证员的签发日期为公证书的出具日期;现场监督类公证需要现场宣读公证证词的,宣读日期为公证书的出具日期。

第四十五条 公证机构制作的公证书正本,由当事人各方各收执一份,并可以根据当事人的需要制作若干份副本。公证机构留存公证书原本(审批稿、签发稿)和一份正本归档。

第四十六条 公证书出具后,可以由当事人或其代理人到公证机构领取,也可以应当事人的要求由公证机构发送。当事人或其代理人收到公证书应当在回执上签收。

第四十七条 公证书需要办理领事认证的,根据有关规定或者当事人的委托,公证机构可以代为办理公证书认证,所需费用由当事人支付。

第七章 不予办理公证和终止公证

第四十八条 公证事项有下列情形之一的,公证机构应当不予办理公证:

(一)无民事行为能力人或者限制民事行为能力人没有监护人代理申请办理公证的;

(二)当事人与申请公证的事项没有利害关系的;

(三)申请公证的事项属专业技术鉴定、评估事项的;

(四)当事人之间对申请公证的事项有争议的;

(五)当事人虚构、隐瞒事实,或者提供虚假证明材料的;

(六)当事人提供的证明材料不充分又无法补充,或者拒绝补充证明材料的;

(七)申请公证的事项不真实、不合法的;

(八)申请公证的事项违背社会公德的;

(九)当事人拒绝按照规定支付公证费的。

第四十九条 不予办理公证的,由承办公证员写出书面报告,报公证机构负责人审批。不予办理公证的决定应当书面通知当事人或其代理人。

不予办理公证的,公证机构应当根据不予办理的原因及责任,酌情退还部分或者全部收取的公证费。

第五十条 公证事项有下列情形之一的,公证机构应当终止公证:

(一)因当事人的原因致使该公证事项在六个月内不能办结的;

(二)公证书出具前当事人撤回公证申请的;

(三)因申请公证的自然人死亡、法人或者其他组织终止,不能继续办理公证或者继续办理公证已无意义的;

(四)当事人阻挠、妨碍公证机构及承办公证员按规定的程序、期限办理公证的;

(五)其他应当终止的情形。

第五十一条 终止公证的,由承办公证员写出书面报告,报公证机构负责人审批。终止公证的决定应当书面通知当事人或其代理人。

终止公证的,公证机构应当根据终止的原因及责任,酌情退还部分收取的公证费。

第八章 特别规定

第五十二条 公证机构办理招标投标、拍卖、开奖等现场监督类公证,应当由二人共同办理。承办公证员应当依照有关规定,通过事前审查、现场监督,对其真实性、合法性予以证明,现场宣读公证证词,并在宣读后七日内将公证书发送当事人。该公证书自宣读公证证词之日起生效。

办理现场监督类公证,承办公证员发现当事人有弄虚作假、徇私舞弊、违反活动规则、违反国家法律和有关规定行为的,应当即时要求当事人改正;当事人拒不改正的，应当不予办理公证。

第五十三条 公证机构办理遗嘱公证，应当由二人共同办理。承办公证员应当全程亲自办理。

特殊情况下只能由一名公证员办理时，应当请一名见证人在场，见证人应当在询问笔录上签名或者盖章。

第五十四条 公证机构派员外出办理保全证据公证的，由二人共同办理，承办公证员应当亲自外出办理。

办理保全证据公证，承办公证员发现当事人是采用法律、法规禁止的方式取得证据的，应当不予办理公证。

第五十五条 债务人不履行或者不适当履行经公证的具有强制执行效力的债权文书的，公证机构可以根据债权人的申请，依照有关规定出具执行证书。执行证书应当在法律规定的执行期限内出具。

执行证书应当载明申请人、被申请执行人、申请执行标的和申请执行的期限。债务人已经履行的部分，应当在申请执行标的中予以扣除。因债务人不履行或者不适当履行而发生的违约金、滞纳金、利息等，可以应债权人的要求列入申请执行标的。

第五十六条 经公证的事项在履行过程中发生争议的，出具公证书的公证机构可以应当事人的请求进行调解。经调解后当事人达成新的协议并申请公证的，公证机构可以办理公证；调解不成的，公证机构应当告知当事人就该争议依法向人民法院提起民事诉讼或者向仲裁机构申请仲裁。

第九章 公证登记和立卷归档

第五十七条 公证机构办理公证，应当填写公证登记簿，建立分类登记制度。

登记事项包括：公证事项类别、当事人姓名（名称）、代理人（代表人）姓名、受理日期、承办人、审批人（签发人）、结案方式、办结日期、公证书编号等。

公证登记簿按年度建档，应当永久保存。

第五十八条 公证机构在出具公证书后或者作出不予办理公证、终止公证的决定后，应当依照司法部、国家档案局制定的有关公证文书立卷归档和公证档案管理的规定，由承办公证员将公证文书和相关材料，在三个月内完成汇总整理、分类立卷、移交归档。

第五十九条 公证机构受理公证申请后，承办公证员即应当着手立卷的准备工作，开始收集有关的证明材料，整理询问笔录和核实情况的有关材料等。

对不能附卷的证明原件或者实物证据，应当按照规定将其原件复印件（复制件）、物证照片及文字描述记载留存附卷。

第六十条 公证案卷应当根据公证事项的类别、内容，划分为普通卷、密卷，分类归档保存。

公证案卷应当根据公证事项的类别、用途及其证据价值确定保管期限。保管期限分短期、长期、永久三种。

涉及国家秘密、遗嘱的公证事项，列为密卷。立遗嘱人死亡后，遗嘱公证案卷转为普通卷保存。

公证机构内部对公证事项的讨论意见和有关请示、批复等材料，应当装订成副卷，与正卷一起保存。

第十章 公证争议处理

第六十一条 当事人认为公证书有错误的，可以在收到公证书之日起一年内，向出具该公证书的公证机构提出复查。

公证事项的利害关系人认为公证书有错误的，可以自知道或者应当知道该项公证之日起一年内向出具该公证书的公证机构提出复查，但能证明自己不知道的除外。提出复查的期限自公证书出具之日起最长不得超过二十年。

复查申请应当以书面形式提出，载明申请人认为公证书存在的错误及其理由，提出撤销或者更正公证书的具体要求，并提供相关证明材料。

第六十二条 公证机构收到复查申请后，应当指派原承办公证员之外的公证员进行复查。复查结论及处理意见，应当报公证机构的负责人审批。

第六十三条 公证机构进行复查，应当对申请人提出的公证书的错误及其理由进行审查、核实，区别不同情况，按照以下规定予以处理：

（一）公证书的内容合法、正确、办理程序无误的，作出维持公证书的处理决定；

（二）公证书的内容合法、正确，仅证词表述或者格式不当的，应当收回公证书，更正后重新发给当事人；不能收回的，另行出具补正公证书；

（三）公证书的基本内容违法或者与事实不符的，应当作出撤销公证书的处理决定；

（四）公证书的部分内容违法或者与事实不符的，可以出具补正公证书，撤销对违法或者与事实不符部分的证明内容；也可以收回公证书，对违法或者与事实不符的部分进行删除、更正后，重新发给当事人；

（五）公证书的内容合法、正确，但在办理过程中有违反程序规定、缺乏必要手续的情形，应当补办缺漏的程序和手续；无法补办或者严重违反公证程序的，应当撤销公证书。

被撤销的公证书应当收回，并予以公告，该公证书自始无效。

公证机构撤销公证书的，应当报地方公证协会备案。

第六十四条 公证机构应当自收到复查申请之日起三十日内完成复查，作出复查处理决定，发给申请人。需要对公证书作撤销或者更正、补正处理的，应当在作出复查处理决定后十日内完成。复查处理决定及处理后的公证书，应当存入原公证案卷。

公证机构办理复查，因不可抗力、补充证明材料或者需要核实有关情况的，所需时间不计算在前款规定的期限内，但补充证明材料或者需要核实有关情况的，最长不得超过六个月。

第六十五条 公证机构发现出具的公证书的内容及办理程序有本规则第六十三条第二项至第五项规定情形的，应当通知当事人，按照本规则第六十三条的规定予以处理。

第六十六条 公证书被撤销的，所收的公证费按以下规定处理：

（一）因公证机构的过错撤销公证书的，收取的公证费应当全部退还当事人；

（二）因当事人的过错撤销公证书的，收取的公证费不予退还；

（三）因公证机构和当事人双方的过错撤销公证书的，收取的公证费酌情退还。

第六十七条 当事人、公证事项的利害关系人对公证机构作出的撤销或者不予撤销公证书的决定有异议的，可以向地方公证协会投诉。

投诉的处理办法，由中国公证协会制定。

第六十八条 当事人、公证事项的利害关系人对公证书涉及当事人之间或者当事人与公证事项的利害关系人之间实体权利义务的内容有争议的，公证机构应当告知其可以就该争议向人民法院提起民事诉讼。

第六十九条 公证机构及其公证员因过错给当事人、公证事项的利害关系人造成损失的，由公证机构承担相应的赔偿责任；公证机构赔偿后，可以向有故意或者重大过失的公证员追偿。

当事人、公证事项的利害关系人与公证机构因过错责任和赔偿数额发生争议，协商不成的，可以向人民法院提起民事诉讼，也可以申请地方公证协会调解。

第十一章　附　　则

第七十条 有关办证规则对不同的公证事项的办证程序有特殊规定的，从其规定。

第七十一条 公证机构根据《公证法》第十二条规定受理的提存、登记、保管等事务，依照有关专门规定办理；没有专门规定的，参照本规则办理。

第七十二条 公证机构及其公证员在办理公证过程中,有违反《公证法》第四十一条、第四十二条以及本规则规定行为的,由司法行政机关依据《公证法》、《公证机构执业管理办法》、《公证员执业管理办法》给予相应的处罚;有违反公证行业规范行为的,由公证协会给予相应的行业处分。

第七十三条 本规则由司法部解释。

第七十四条 本规则自2006年7月1日起施行。司法部2002年6月18日发布的《公证程序规则》(司法部令第72号)同时废止。

提存公证规则

- 1995年6月2日
- 司法部令第38号

第一条 为维护经济流转秩序,预防和减少债务纠纷,保证提存公证质量,根据《中华人民共和国民法通则》、《中华人民共和国公证暂行条例》及有关规定,制订本规则。

第二条 提存公证是公证处依照法定条件和程序,对债务人或担保人为债权人的利益而交付的债之标的物或担保物(含担保物的替代物)进行寄托、保管,并在条件成就时交付债权人的活动。为履行清偿义务或担保义务而向公证处申请提存的人为提存人。提存之债的债权人为提存受领人。

第三条 以清偿为目的的提存公证具有债的消灭和债之标的物风险责任转移的法律效力。

以担保为目的的提存公证具有保证债务履行和替代其他担保形式的法律效力。

不符合法定条件的提存或提存人取回提存标的的,不具有提存公证的法律效力。

第四条 提存公证由债务履行地的公证处管辖。

以担保为目的的提存公证或在债务履行地申办提存公证有困难的,可由担保人住所地或债务人住所地的公证处管辖。

第五条 债务清偿期限届至,有下列情况之一使债务人无法按时给付的,公证处可以根据债务人申请依法办理提存:

(一)债权人无正当理由拒绝或延迟受领债之标的的;

(二)债权人不在债务履行地又不能到履行地受领的;

(三)债权人不清、地址不详,或失踪、死亡(消灭)其继承人不清,或无行为能力其法定代理人不清的。

第六条 有下列情况之一的,公证处可以根据当事人申请办理提存公证:

(一)债的双方在合同(协议)中约定以提存方式给付的;

(二)为了保护债权人利益,保证人、抵押人或质权人请求将担保物(金)或其替代物提存的。

当事人申办前款所列提存公证,必须列明提存物给付条件,公证处应按提存人所附条件给付提存标的物。

第七条 下列标的物可以提存:

(一)货币;

(二)有价证券、票据、提单、权利证书;

(三)贵重物品;

(四)担保物(金)或其替代物;

(五)其他适宜提存的标的物。

第八条 公证处应当在指定银行设立提存账户,并置备保管有价证券、贵重物品的专用设备或租用银行的保险箱。

第九条 提存申请人应当填写公证申请表,并提交下列材料:

(一)申请人的身份证明;法人应提交法人资格证明和法定代表人身份证明,法定代理人应提交与被代理人关系的证明,委托代理人应提交授权委托书;

(二)合同(协议)、担保书、赠与书、司法文书、行政决定等据以履行义务的依据;

(三)存在本规则第五条或第六条规定情况的有关证明材料;

(四)提存受领人姓名(名称)、地址、

邮编、联系电话等；

（五）提存标的物种类、质量、数量、价值的明细表；

（六）公证员认为应当提交的其他材料。

第十条 符合下列条件的申请，公证处应当受理：

（一）申请人对提存受领人负有清偿或担保义务；

（二）具有本规则第五条或第六条规定的情况；

（三）申请事项属于本公证处管辖；

（四）本规则第九条规定的材料基本齐全。

公证处应在收到申请之日起三日内作出受理或不予受理的决定。不予受理的，公证处应当告知申请人对不予受理不服的复议程序。

第十一条 公证人员应按《公证程序规则（试行）》第二十四条规定制作谈话笔录，记录下列内容：

（一）提存理由和相关事实（如无法给付债的标的物的事由和经过）；

（二）有关提存受领人的详细情况；

（三）提存标的物的详细情况；

（四）提存人所作的特别说明等。

第十二条 公证员应当按《公证程序规则（试行）》第二十三条规定，审查下列内容：

（一）本规则第九条所列材料是否齐全，内容是否属实；

（二）提存人的行为能力和清偿依据；

（三）申请提存之债的真实性、合法性；

（四）请求提存的原因和事实是否属实；

（五）提存标的物与债的标的是否相符，是否适宜提存；

（六）提存标的物是否需要采取特殊的处理或保管措施。

第十三条 符合下列条件的，公证处应当予以提存：

（一）提存人具有行为能力，意思表示真实；

（二）提存之债真实、合法；

（三）符合本规则第五条或第六条以及第七条规定条件；

（四）提存标的与债的标的相符。

提存标的与债的标的不符或在提存时难以判明两者是否相符的，公证处应告知提存人如提存受领人因此原因拒绝受领提存物则不能产生提存的效力。提存人仍要求提存的，公证处可以办理提存公证，并记载上述条件。

不符合前两款规定的，公证处应当拒绝办理提存公证，并告知申请人对拒绝公证不服的复议程序。

第十四条 公证处应当验收提存标的物并登记存档。对不能提交公证处的提存物，公证处应当派公证员到现场实地验收。验收时，提存申请人（或其代理人）应当在场，公证员应制作验收笔录。

验收笔录应当记录验收的时间、地点、方式、参加人员，物品的数量、种类、规格、价值以及存放地点、保管环境等内容。验收笔录应交提存人核对。公证员、提存人及其他参与人员应当在验收笔录上签名。

对难以验收的提存标的物，公证处可予以证据保全，并在公证笔录和公证书中注明。

经验收的提存标的物，公证处应当采用封存、委托代管等必要的保管措施。

对易腐易烂易燃易爆等物品，公证处应当在保全证据后，由债务人拍卖或变卖，提存其价款。

第十五条 对提存的贵重物品、有价证券、不动产或其他物品的价值难以确定的，公证处可以聘请专业机构或人员进行估价。

第十六条 提存货币的，以现金、支票交付公证处的日期或提存款划入公证处提存账户的日期为提存日期。

提存的物品需要验收的，以公证处验收合格的日期为提存日期。

提存的有价证券、提单、权利证书或无需验收的物品，以实际交付公证处的日期为提存日期。

第十七条 公证处应当从提存之日起三日内出具提存公证书。提存之债从提存之日即告清偿。

第十八条 提存人应将提存事实及时通知提存受领人。

以清偿为目的的提存或提存人通知有困难的，公证处应自提存之日起七日内，以书面形式通知提存受领人，告知其领取提存物的时间、期限、地点、方法。

提存受领人不清或下落不明、地址不详无法送达通知的，公证处应自提存之日起六十日内，以公告方式通知。公告应刊登在国家或债权人在国内住所地的法制报刊上，公告应在一个月内在同一报刊刊登三次。

第十九条 公证处有保管提存标的物的权利和义务。公证处应当采取适当的方法妥善保管提存标的，以防毁损、变质或灭失。

对不宜保存的、提存受领人到期不领取或超过保管期限的提存物品，公证处可以拍卖，保存其价款。

第二十条 下列物品的保管期限为六个月：

（一）不适于长期保管或长期保管将损害其价值的；

（二）六个月的保管费用超过物品价值5%的。

第二十一条 从提存之日起，超过二十年无人领取的提存标的物，视为无主财产；公证处应在扣除提存费用后将其余额上缴国库。

第二十二条 提存物在提存期间所产生的孳息归提存受领人所有。提存人取回提存物的，孳息归提存人所有。

提存的存款单、有价证券、奖券需要领息、承兑、领奖的，公证处应当代为承兑或领取，所获得的本金和孳息在不改变用途的前提下，按不损害提存受领人利益的原则处理。无法按原用途使用的，应以货币形式存入提存账户。

定期存款到期的，原则上按原来期限将本金和利息一并转存。股息红利除用于支付有关的费用外，剩余部分应当存入提存专用账户。

提存的不动产或其他物品的收益，除用于维护费用外剩余部分应当存入提存账户。

第二十三条 公证处应当按照当事人约定或法定的条件给付提存标的。本规则第六条第一项规定的以对待给付为条件的提存，在提存受领人未为对待给付之前，公证处不得给付提存标的物。

提存受领人领取提存标的物时，应提供身份证明、提存通知书或公告，以及有关债权的证明，并承担因提存所支出的费用。提存受领人负有对待给付义务的，应提供履行对待给付义务的证明。委托他人代领的，还应提供有效的授权委托书。由其继承人领取的，应当提交继承公证书或其他有效的法律文书。

第二十四条 因债权的转让、抵销等原因需要由第三人领取提存标的物的，该第三人应当提供已取得提存之债债权的有效法律文书。

第二十五条 除当事人另有约定外，提存费用由提存受领人承担。

提存费用包括：提存公证费、公告费、邮电费、保管费、评估鉴定费、代管费、拍卖变卖费、保险费，以及为保管、处理、运输提存标的物所支出的其他费用。

提存受领人未支付提存费用前，公证处有权留置价值相当的提存标的物。

第二十六条 提存人可以凭人民法院生效的判决、裁定或提存之债已经清偿的公证证明取回提存物。

提存受领人以书面形式向公证处表示抛弃提存受领权的，提存人得取回提存物。

提存人取回提存物的，视为未提存。因此产生的费用由提存人承担。提存人未支付提存费用前，公证处有权留置价值相当的提存标的。

第二十七条 公证处不得挪用提存标的。公证处或公证人员挪用提存标的的，除应负相应的赔偿责任外，对直接责任人员要追究行政或刑事责任。

提存期间，提存物毁损灭失的风险责任由提存受领人负担；但因公证处过错造成毁损、灭失的，公证处负有赔偿责任。

公民、法人以不正当手段骗取提存标的的，负有赔偿责任；构成犯罪的，依法追究刑事责任。

公证处未按法定或当事人约定条件给付提存标的给当事人造成损失的，公证处负有连带赔偿责任。

第二十八条 符合法定或当事人约定的给付条件，公证处拒绝给付的，由其主管的司法行政机关责令限期给付；给当事人造成损失的，公证处负有赔偿责任。

根据人民法院、仲裁机构的裁决或司法行政机关决定给付的，由此产生的法律后果由作出决定的机构承担。

第二十九条 司法机关或行政机关因执行公务而申办提存公证的，参照本规则办理。

监护人、遗产管理人为保护被监护人、继承人利益，请求将所监护或管理的财产提存的，参照本规则办理。

遗嘱人或赠与人为保护遗嘱受益人或未成年的受赠人利益，请求将遗嘱所处分的财产或赠与财产提存的，参照本规则办理。

第三十条 外国人、无国籍人在中国境内申办提存公证，适用本规则。

第三十一条 本规则自发布之日起施行。由司法部负责解释。

房屋拆迁证据保全公证细则

- 1993年12月1日
- 司法部令第59号

第一条 为规范城市房屋拆迁证据保全公证活动，根据《中华人民共和国公证暂行条例》、《城市房屋拆迁管理条例》、《公证程序规则（试行）》，制订本细则。

第二条 房屋拆迁证据保全公证是指在房屋拆迁之前，公证机关对房屋及附属物的现状依法采取勘测、拍照或摄像等保全措施，以确保其真实性和证明力的活动。

第三条 本细则适用于《城市房屋拆迁管理条例》规定的拆除依法代管的房屋，代管人是房屋主管部门的；拆除有产权纠纷的房屋，在房屋拆迁主管部门公布的规定期限内纠纷未解决的；拆除设有抵押权的房屋实行产权调换，抵押权人和抵押人在房屋拆迁主管部门公布的规定期限内达不成抵押协议的；以及其他房屋拆迁证据保全的公证事项。

第四条 房屋拆迁证据保全公证，由被拆迁房屋所在地公证处管辖。

第五条 房屋拆迁证据保全公证申请人是拆迁人或被拆迁人，房屋拆迁主管部门也可以作为申请人。上述申请人可以委托他人代为提出公证申请。

第六条 申请人应填写公证申请表，并提交下列材料：

（一）身份证明；申请人为法人的，应提交法人资格和法定代表人的身份证明；被拆迁人为公民个人的，应提交身份证明；

（二）资格证明；拆迁人应提交房屋拆迁主管部门核发的拆迁许可证明；接受拆迁委托的被委托人应提交房屋拆迁资格证书；被拆迁人应提交作为被拆除房屋及其附属物的所有人（包括代管人、国家授权的国有房屋及其附属物的管理人）和被拆除房屋及其附属物的使用人的证明；

（三）拆除有产权纠纷的房屋，提交由县级以上人民政府房屋拆迁主管部门批准的补偿安置方案的证明；

（四）实施强制拆迁的房屋，提交县级以上人民政府作出的限期拆迁的决定或人民法院院长签发的限期拆迁的公告；

（五）公证人员认为应当提交的其他

有关材料。

第七条 符合下列条件的申请，公证处应予受理，并书面通知申请人：

（一）申请人符合本细则第五条的规定；

（二）申请公证事项属于本公证处管辖；

（三）提供本细则第六条所需材料。

不符合前款规定条件的申请，公证处应作出不予受理的决定，通知申请人，并告知对拒绝受理不服的复议程序。

受理或拒绝受理的决定，应在申请人依据本细则规定正式提出申请后的七日内作出。

第八条 公证人员应认真接待申请人，应按《公证程序规则（试行）》第二十四条的规定制作谈话笔录，并着重记录下列内容：

（一）申请证据保全的目的和理由；

（二）申请证据保全的种类、名称、地点和现存状况；

（三）证据保全的方式；

（四）公证人员认为应当记录的其他内容。

申请人也可以提交包含上述内容的书面材料。

第九条 符合证据保全公证条件的，公证处应派两名以上公证人员（其中至少有一名公证员）参与整个证据保全活动。

第十条 办理房屋拆迁证据保全公证，公证员应当客观、全面地记录被拆迁房屋的现场状况，收集、提取有关证据。应该根据被保全对象的不同特点，采取勘测、拍照、摄像等方式进行证据保全。

第十一条 对房屋进行勘测的，应当制作勘测记录，记明勘测时间、地点、测验人、记录人、被保全房屋的产权人、坐落、四至、房屋性质、结构、层次、面积、新旧程度、屋面及地面质地、附属设施以及其他应当记明的事项；能够用图示标明的房屋长度、宽度应当图示；记录应当由勘测人、公证员签名或者盖章；拆迁活动当事人在场的，应请当事人签名或盖章；该当事人拒绝签名或盖章的，公证员应在记录中记明。

第十二条 对房屋进行拍照和摄像的，应当全面反映、记录房屋的全貌。房屋结构、门窗、厨房以及附属设施等，要有单独的图片显示。

第十三条 公证机关对保全事项认为需要勘测的，应当聘请专业技术部门或其他部门中有该项能力的人员进行勘测。

专业技术部门及其勘测人应当提出书面勘测结论，在勘测书上签名或者盖章。其他部门勘测人勘测的，应由勘测人所在单位加盖印章，证明勘测人身份。

第十四条 实施强制拆迁房屋证据保全时，公证机关应通知被拆迁人到场。如其拒不到场，公证员应在笔录中记明。

实施强制拆迁房屋中有物品的，公证员应当组织对所有物品逐一核对、清点、登记，分类造册。并记录上述活动的时间、地点，交两名有完全行为能力的在场人员核对后，由公证员和在场人在记录上签名。被拆迁人拒绝签名的，公证员应在记录中记明。

物品清点登记后，凡不能立即交与被拆迁人接收的，公证员要监督拆迁人将物品存放在其提供的仓库中，并对物品挂签标码，丢失损坏的，仓库保管人应承担赔偿责任。

拆迁人应制作通知书，通知当事人在一定期限内领取物品。逾期不领的，公证处可以接受拆迁人的提存申请，办理提存。

第十五条 公证员对房屋证据保全的活动结束后应出具公证书。公证书应当按照《公证程序规则（试行）》第三十八条的规定及《公证书格式（试行）》第四十八条保全证据公证书格式（之二）制作。公证词应当记明申请保全的理由及时间，公证员审查申请人主体资格及证据情况的内容，采取保全的时间、地点、方法，保全证据所制作的笔录、拍摄的照片、录像带的名称、数量及保存地点。

第十六条 本细则自1994年2月1日起施行。

城市房屋拆迁补偿、安置协议公证细则

- 1992年10月9日
- 司发通〔1992〕098号

第一条 为规范城市房屋拆迁补偿、安置协议公证程序,根据《中华人民共和国民法通则》、《城市私有房屋管理条例》、《城市房屋拆迁管理条例》、《中华人民共和国公证暂行条例》、《公证程序规则(试行)》,制订本细则。

第二条 拆迁补偿、安置协议是拆迁人与被拆迁人为明确拆迁补偿、安置中相互间权利义务关系所订立的协议。

第三条 拆迁补偿、安置协议公证是公证处依法证明当事人签订拆迁补偿、安置协议真实、合法的行为。

第四条 房屋拆迁补偿、安置协议公证的当事人是具有拆迁人和被拆迁人资格的人。

拆迁人是指取得房屋拆迁许可证的建设单位或个人;被拆迁人是指被拆除房屋及其附属物的所有人(包括代管人、国家授权的国有房屋及其附属物的管理人)和被拆除房屋及其附属物的使用人。

第五条 拆迁补偿、安置协议公证,由被拆迁物所在地公证处受理。

第六条 被拆迁物系共同共有或共同使用者,一般应由共有人共同申请,共有人可以委托一人为代理人,申办拆迁补偿、安置协议公证。

第七条 申办拆迁补偿、安置协议公证,申请人应向公证处提交以下证件和材料:

(一)公证申请表;

(二)身份证明;法人应提交法人资格和法定代表人的身份证明;代管人、管理人应提交代管权或管理权资格证明;

(三)代理人应提交本人身份证明的授权委托书或其他代理权资格的证明(含共同共有人的代理),委托行为不在本公证处辖区的,其委托书应经委托行为地的公证处公证;

(四)县以上(含县级)人民政府房屋拆迁主管部门发给的房屋拆迁许可证;房屋拆迁需要变更土地使用权的,还要提交土地使用权证;

(五)被拆迁物的产权和使用权证件、现状及登记表;

(六)补偿、安置协议草稿;

(七)公证人员认为应提交的其他材料。

第八条 符合下列条件的申请,公证处应予受理:

(一)申请人具有拆迁人和被拆迁人资格;

(二)申请人就拆迁补偿、安置达成了协议;

(三)申请人提交了本细则第七条规定的证件和材料;

(四)该公证事项属于本公证处管辖。

对不符合本条规定的申请,公证处应作出不予受理的决定,并通知申请人。

第九条 公证人员与当事人的谈话笔录除按《公证程序规则(试行)》第二十四条规定的内容制作外,还应记明下列内容:

(一)公证人员向当事人讲明的事项:

(1)签订拆迁补偿、安置协议的法律依据;

(2)双方享有的权利和应承担的义务;

(3)不履行义务承担的责任;

(4)双方应注意的事项。

(二)被拆迁物坐落地点和具体拆迁范围(包括:名称、产权人、使用人、产权或使用权的来由、种类、数量、面积、结构、价值及有无争议等);

(三)协议是否是双方自愿签订的及签订的过程;

(四)协议中补偿、安置的依据和条

件，有无争议；

（五）搬迁的具体时间、方法、违约责任和处理办法等；

（六）有无需要说明的问题；

（七）公证人员认为应记明的问题。

第十条 办理拆迁补偿、安置协议公证，要重点审查下列内容：

（一）提交的证件；

（二）当事人的人数、身份、资格和民事行为能力；

（三）被拆行物产权或使用权情况及现状；

（四）协议内容是双方当事人真实意思表示，条款完备，权利义务明确，具体可行，符合《城市房屋拆迁管理条例》及有关法律、法规、规章规定；

（五）公证人员认为应审查的其他问题。

第十一条 符合下列条例，公证处应出具公证书：

（一）拆迁人和被拆迁人主体资格合格；

（二）协议双方意思表示真实；

（三）协议的内容真实，符合法律、法规、规章规定；

（四）办证程序符合规定。

不符合前款规定条件的，应当拒绝公证，并在规定的期限内，将拒绝的理由通知当事人。

第十二条 被拆迁物的原产权人或使用权人变更，未办理产权或使用权过户手续的应依法先办理过户手续，再办理拆迁补偿、安置协议公证。

第十三条 国家征用农业用地发生的房屋拆迁补偿、安置协议公证，参照本细则办理。

第十四条 本细则由司法部负责解释。

第十五条 本细则自1993年1月1日起施行。

附件：（略）

◎司法解释

最高人民法院关于当事人对具有强制执行效力的公证债权文书的内容有争议提起诉讼人民法院是否受理问题的批复

•2008年12月22日
•法释〔2008〕17号

各省、自治区、直辖市高级人民法院，解放军军事法院，新疆维吾尔自治区高级人民法院生产建设兵团分院：

关于当事人对具有强制执行效力的公证债权文书的内容有争议提起诉讼人民法院是否受理的问题，我院陆续收到江苏、重庆等高级人民法院的请示，经研究，批复如下：

根据《中华人民共和国民事诉讼法》第二百一十四条和《中华人民共和国公证法》第三十七条的规定，经公证的以给付为内容并载明债务人愿意接受强制执行承诺的债权文书依法具有强制执行效力。债权人或者债务人对该债权文书的内容有争议直接向人民法院提起民事诉讼的，人民法院不予受理。但公证债权文书确有错误，人民法院裁定不予执行的，当事人、公证事项的利害关系人可以就争议内容向人民法院提起民事诉讼。

最高人民法院关于审理涉及公证活动相关民事案件的若干规定

•2014年5月16日
•法释〔2014〕6号

为正确审理涉及公证活动相关民事案件，维护当事人的合法权益，根据《中华人民共和国民法通则》、《中华人民共和国公证法》、《中华人民共和国侵权责任法》、《中华人民共和国民事诉讼法》等法律的规定，结合审判实践，制定本规定。

第一条 当事人、公证事项的利害关系人依照公证法第四十三条规定向人民法院起诉请求民事赔偿的，应当以公证机构为被告，人民法院应作为侵权责任纠纷案件受理。

第二条 当事人、公证事项的利害关系人起诉请求变更、撤销公证书或者确认公证书无效的，人民法院不予受理，告知其依照公证法第三十九条规定可以向出具公证书的公证机构提出复查。

第三条 当事人、公证事项的利害关系人对公证书所公证的民事权利义务有争议的，可以依照公证法第四十条规定就该争议向人民法院提起民事诉讼。

当事人、公证事项的利害关系人对具有强制执行效力的公证债权文书的民事权利义务有争议直接向人民法院提起民事诉讼的，人民法院依法不予受理。但是，公证债权文书被人民法院裁定不予执行的除外。

第四条 当事人、公证事项的利害关系人提供证据证明公证机构及其公证员在公证活动中具有下列情形之一的，人民法院应当认定公证机构有过错：

（一）为不真实、不合法的事项出具公证书的；

（二）毁损、篡改公证书或者公证档案的；

（三）泄露在执业活动中知悉的商业秘密或者个人隐私的；

（四）违反公证程序、办证规则以及国务院司法行政部门制定的行业规范出具公证书的；

（五）公证机构在公证过程中未尽到充分的审查、核实义务，致使公证书错误或者不真实的；

（六）对存在错误的公证书，经当事人、公证事项的利害关系人申请仍不予纠正或者补正的；

（七）其他违反法律、法规、国务院司法行政部门强制性规定的情形。

第五条 当事人提供虚假证明材料申请公证致使公证书错误造成他人损失的，当事人应当承担赔偿责任。公证机构依法尽到审查、核实义务的，不承担赔偿责任；未依法尽到审查、核实义务的，应当承担与其过错相应的补充赔偿责任；明知公证证明的材料虚假或者与当事人恶意串通的，承担连带赔偿责任。

第六条 当事人、公证事项的利害关系人明知公证机构所出具的公证书不真实、不合法而仍然使用造成自己损失，请求公证机构承担赔偿责任的，人民法院不予支持。

第七条 本规定施行后，涉及公证活动的民事案件尚未终审的，适用本规定；本规定施行前已经终审，当事人申请再审或者按照审判监督程序决定再审的，不适用本规定。

◎司法文件

最高人民法院、司法部关于公证机关赋予强制执行效力的债权文书执行有关问题的联合通知

- 2000年9月1日
- 司法通〔2000〕107号

为了贯彻《中华人民共和国民事诉讼法》、《中华人民共和国公证暂行条例》的有关规定，规范赋予强制执行效力债权文书的公证和执行行为，现就有关问题通知如下：

一、公证机关赋予强制执行效力的债权文书应当具备以下条件：

（一）债权文书具有给付货币、物品、有价证券的内容；

（二）债权债务关系明确，债权人和债务人对债权文书有关给付内容无疑义；

（三）债权文书中载明债务人不履行义务或不完全履行义务时，债务人愿意接受依法强制执行的承诺。

二、公证机关赋予强制执行效力的债权文书的范围：

（一）借款合同、借用合同、无财产担保的租赁合同；

（二）赊欠货物的债权文书；

（三）各种借据、欠单；

（四）还款（物）协议；

（五）以给付赡养费、扶养费、抚育费、学费、赔（补）偿金为内容的协议；

（六）符合赋予强制执行效力条件的其他债权文书。

三、公证机关在办理符合赋予强制执行的条件和范围的合同、协议、借据、欠单等债权文书公证时，应当依法赋予该债权文书具有强制执行效力。

未经公证的符合本通知第二条规定的合同、协议、借据、欠单等债权文书，在履行过程中，债权人申请公证机关赋予强制执行效力的，公证机关必须征求债务人的意见；如债务人同意公证并愿意接受强制执行的，公证机关可以依法赋予该债权文书强制执行效力。

四、债务人不履行或不完全履行公证机关赋予强制执行效力的债权文书的，债权人可以向原公证机关申请执行证书。

五、公证机关签发执行证书应当注意审查以下内容：

（一）不履行或不完全履行的事实确实发生；

（二）债权人履行合同义务的事实和证据，债务人依照债权文书已经部分履行的事实；

（三）债务人对债权文书规定的履行义务有无疑义。

六、公证机关签发执行证书应当注明被执行人、执行标的和申请执行的期限。债务人已经履行的部分，在执行证书中予以扣除。因债务人不履行或不完全履行而发生的违约金、利息、滞纳金等，可以列入执行标的。

七、债权人凭原公证书及执行证书可以向有管辖权的人民法院申请执行。

八、人民法院接到申请执行书，应当依法按规定程序办理。必要时，可以向公证机关调阅公证卷宗，公证机关应当提供。案件执行完毕后，由人民法院在十五日内将公证卷宗附结案通知退回公证机关。

九、最高人民法院、司法部《关于执行〈民事诉讼法（试行）〉中涉及公证条款的几个问题的通知》和《关于已公证的债权文书依法强制执行问题的答复》自本联合通知发布之日起废止。

◎请示答复

最高人民法院执行工作办公室关于不合法的“强制执行公证书”不能作为执行依据问题的函

- 1996年12月10日
- 法经〔1996〕427号

辽宁省高级人民法院：

近日，沈阳飞行船广告有限公司就沈阳市和平区法院执行沈阳市公证处〔1996〕沈证执字第023号“强制执行公证书”一案，向我院申诉称：沈阳市和平区法院据以执行的公证债权文书是在原合同未经公证，后又由沈阳国际投资公司单方申请，未经对方同意的情况下，由沈阳市公证处作出的。该公证文书于法相悖。而且，本公司也没有义务替海外电脑公司清偿债务。沈阳市和平区法院以错误的公证文书为依据扣划本公司款项的执行行为是错误的，应予纠正。

我们认为，本案涉及的这一份公证文书不属于民诉法第二百一十八条①中所称的“赋予强制执行效力的债权文书”，也不符合《公证程序规则（试行）》第三十五条的规定，不能作为执行依据。沈阳飞行船广告有限公司申诉有理，应予支持。现将其申诉材料转去，请你院依法妥善处理，并将处理结果函报我院。

---

① 民事诉讼法原第二百一十八条现已修改为第二百三十八条。

最高人民法院执行工作办公室关于中国银行海南省分行质押股权异议案的复函

- 2003 年 8 月 26 日
- 〔2000〕执监字第 126 号

海南省高级人民法院：

你院(1998)琼高法执字第 26－8 号《关于执行海口管道燃气股份有限公司 750 万股权的报告》收悉，经研究，答复如下：

依据最高法院和司法部于 1985 年 4 月 9 日作出的《关于已公证的债权文书依法强制执行问题的答复》，公证机关能够证明有强制执行效力的，仅限于《中华人民共和国公证暂行条例》第四条第（十）项规定的“追偿债款，物品的文书”；即使此后的司法解释扩大了公证管辖的范围，仍不包括担保协议。海南省第二公证处于 1997 年 11 月 26 日对本案的《抵押协议》作出(97)琼二证字第 1527 号并注明具有强制执行的法律效力的公证书，不符合法律规定。

根据《中华人民共和国民事诉讼法（试行）》第 168 条①的规定，受申请的人民法院发现公证文书确有错误的，不予执行，并通知原公证机关。故你院依据上述 1527 号公证书强制执行担保人海南赛格燃气有限公司显属不妥。

请你院接此函后，依法妥善处理，并将结果径复异议人中国银行海南省分行。

最高人民法院执行工作办公室关于赋予强制执行效力的公证债权文书申请执行期限如何起算问题的函

- 〔2006〕执监字第 56－1 号

贵州省高级人民法院：

关于中国工商银行贵阳市万东支行申请执行贵州豪力房地产开发有限公司、贵州华新房地产开发有限公司借款担保合同纠纷一案，你院〔2006〕黔高执字第 1 号报告收悉。经研究，现就本案涉及的有关法律适用问题答复如下：

根据最高人民法院与司法部《关于公证机关赋予强制执行效力的债权文书执行有关问题的联合通知》（以下简称《联合通知》）的精神，原公证书和执行证书一起构成人民法院强制执行的依据。但该《联合通知》并未明确规定执行证书应在什么期限内出具。虽然司法部《公证程序规则》第五十五条明确了执行证书应当在法律规定的执行期限内出具，但该《公证程序规则》自 2006 年 7 月 1 日施行，对本案不具有溯及力。故在司法部《公证程序规则》施行前，债权人申请执行的期限可理解为从公证机关签发执行证书后起算。

◎公报案例

光大银行北京营业部与仟村百货购物中心、仟村科工贸开发公司公证债权文书执行案

申请执行人：中国光大银行北京营业部。

法定代表人：刘波，该营业部主任。

被执行人：北京仟村百货购物中心。

法定代表人：祁红，该购物中心总经理。

被执行人：北京仟村科工贸开发公司。

法定代表人：王平，该公司总经理。

1996 年 10 月 11 日、11 月 12 日，申请执行人中国光大银行北京营业部（原名中国光大银行北京前门营业部，以下简称营业部）与被执行人北京仟村百货购物中心（以下简称购物中心）签订了两份人民币借款合同，约定营业部向购物中心分别贷款流动资金人民币 2000 万元、1500 万元，并约定了期限和利息。合同还约定：如购物中心不按约还款，自愿接

---

① 民事诉讼法原第一百六十八条现已修改为第二百三十八条。

受司法机关的强制执行。这两份人民币借款合同经北京市公证处审查,出具了公证文书,并依法分别赋予强制执行效力。

1996年11月12日,申请执行人营业部还与被执行人北京仟村科工贸开发公司(原名北京亚细亚达技贸发展公司,以下简称开发公司)签订"房地产抵押合同"及"补充协议"各一份,约定开发公司以其享有土地使用权及房产所有权的仟村商务大楼写字楼第2、5、7层(土地面积465.5平方米,房屋面积6087.5平方米)为抵押物,抵押担保上述两份人民币借款合同项下的借款本金、利息和违约金等费用。合同约定:如被执行人购物中心和开发公司届时不履行还款义务,自愿接受司法机关的强制执行。抵押合同及补充协议经北京市公证处审查,出具了公证文书,并依法赋予强制执行效力。此后,营业部还与开发公司在北京市朝阳区房屋土地管理局办理了不动产抵押登记手续,抵押合同正式生效。

申请执行人营业部在与被执行人购物中心、开发公司分别签订了上述人民币借款合同、不动产抵押合同以后,依约向购物中心贷款3500万元,但是直至1997年9月16日最后还款期限,被执行人购物中心没有履行还本付息的义务,被执行人开发公司也未依约履行担保义务。为此,营业部依照《中华人民共和国民事诉讼法》第二百一十八条第一款的规定,向北京市第二中级人民法院申请强制执行。

北京市第二中级人民法院对申请执行人提交的公证机关依法赋予强制执行效力的债权文书审查后,认为应当执行,遂依照民事诉讼法第二百二十条的规定,向被执行人购物中心和开发公司先后发出执行通知书,责令其在指定的期间内履行公证债权文书确定的义务,又在《北京晚报》等报刊上发布了敦促所有被执行人在1998年9月20日前履行义务的公告。但是两被执行人仍未履行义务。为实现申请人的债权,北京市第二中级人民法院决定强制拍卖开发公司用于抵押担保的房产。

1998年10月31日,北京市第二中级人民法院委托鼎丰国际拍卖有限公司对被执行人开发公司的部分房产公开拍卖,最后以4218万元(高于底价18万元)成交,以拍卖所得清偿了被执行人所欠申请执行人的债务。至此,该案执行完毕。

重庆德艺房地产开发有限公司不服执行裁定复议案

•2011执复字第2号

裁判摘要

人民法院在审查处理不予执行公证债权文书的案件时,应当全面审查公证债权文书的内容是否确有错误,包括审查程序问题和实体问题;实体审查的对象原则上应限定于被赋予强制执行效力的公证债权文书本身,而不涉及公证债权文书形成的基础事实。

申请复议人(被执行人):重庆德艺房地产开发有限公司。

法定代表人:王世德,该公司董事长。

申请执行人:重庆华信资产管理有限公司。

法定代表人:毛怀山,该公司董事长。

被执行人:重庆恒通房地产发展有限公司。

法定代表人:王世德,该公司董事长。

申请复议人重庆德艺房地产开发有限公司(以下简称德艺公司)不服重庆市高级人民法院(以下简称重庆高院)(2010)渝高法执异字33号执行裁定书,向本院申请复议。本院依法组成合议庭进行了审查,现已审查终结。

本院查明:

2003年11月24日,重庆市商业银行和平路支行(以下简称和平路商行)与德艺公司签订了《借款合同》,约定和平路商行向德艺公司提供借款18918万元,用于德艺公司归还旧贷款,借款期限自2003年11月28日至2004年11月28日。2008年3月20日，重庆市国地资产管理有限公司(以下简称国地公司)与德艺公司、重庆恒通房地产开发有限公司(以下简称恒通公司)签订《还款协议》，协议载明：德艺公司于2003年11月28日向和平路商行借款18918万元，该借款由恒通公司以其位于渝中区民权路51号平街3、4、5层商场共计17915.76平方米作为抵押物提供担保，上述债权及债权项下的权利(含抵押权)转让给国地公司，德艺公司、恒通公司对上述债权转让事项无异议。截止2008年3月20日，德艺公司尚欠国地公司人民币18918万元本金和71698624.29元利息，德艺公司自愿于2008年7月31日还清所欠国地公司的债权本金18918万元，利随本清。如德艺公司未按约定期跟清偿全部本息，恒通公司五条件接受人民法院对其抵押物的强制执行。2008年3月24日，国地公司、德艺公司、恒通公司申请对《还款协议》进行公证。同日，重庆市渝中公证处出具了(2008)渝中证字第650号公证书，赋予该《还款协议》以强制执行效力。因德艺公司逾期未履行《还款协议》约定的还款义务，经国地公司申请，重庆市渝中公证处于2008年12月30日出具了(2008)渝中证字第3535号执行证书，国地公司依据上述公证书及执行证书向重庆高院申请执行，该院于2009年1月7日立案执行。后因国地公司将该债权转让，重庆高院依其申请于2009年5月22日变更重庆华信资产管理有限公司为本案申请执行人。

在执行中，被执行人德艺公司于2009年6月18日申请对(2008)渝中证字第3535号执行证书不予执行。2009年10月19日，重庆高院作出(2009)渝高法执异字第81号执行裁定，驳回其申请。2010年8月24日，德艺公司向重庆高院提出执行异议，认为(2009)渝高法执异字第81号执行裁定依据的执行证书确有错误，认定事实不清，请求撤销该裁定，并请求裁定对(2008)渝中证字第3535号执行证书不予执行。

重庆高院审查后作出(2010)渝高法执异字33号裁定。裁定认为：《中华人民共和国民事诉讼法》规定对公证债权文书裁定不予执行的情形是“公证债权文书确有错误”，但对于公证债权文书确有错误包括哪些情形未作具体规定。“确有错误”一般包含所公证的债权文书没有给付内容、债权文书约定的给付内容(数额、期限、方式)不明确或存在争议、债权文书没有明确载明债务人愿意接受强制执行的承诺、债务人与债权人恶意串通损害他人利益、有证据足以推翻公证债权文书、公证程序违法等情形。本案所公证的债权文书是国地公司、德艺公司、恒通公司于2008年3月20日签订的《还款协议》，在该还款协议中，三方当事人对截止2008年3月20日德艺公司欠国地公司的本金和利息的数额进行了确认，该还款协议约定的还款数额、还款期限具体明确，有债务人表明自愿接受强制执行的承诺，无证据证明债务人签订该协议意思表示不真实，因此，该还款协议系三方当事人真实意思表示，且未损害他人利益，公证机构对其真实性、合法性予以确认并赋予其强制执行效力符合法律规定。德艺公司异议称所公证的债权不真实，未提交证据加以证明，不足以认定公证债权文书确有错误。至于还款协议的基础事实《借款合同》是否存在违法高息或者不真实的借款，涉及借款合同效力的认定，该借款合同是否无效、是否可撤销，不属于本案执行审查范围。因此，德艺公司的异议理由不成立，故裁定驳回其异议请求。

德艺公司就(2010)渝高法执异字33号裁定向本院申请复议的理由如下：

(一)重庆高院(2010)渝高法执异字33号裁定对执行证书是否确有错误即债权的真实性、合法性不予审查，属认定事实不清。本案所依据的公证债权文书，明确载明了债权是德艺公司与和平路商行签订的《借款合同》的本金、利息所形成，那么因《借款合同》债权的真实性争议、合法性争议当然应属公证债权文书债权争议的范畴。重庆高院在裁定中列举了审查公证债权文书是否确有错误的几种情形，其中就包括了对债权存在争议的情况。重庆高院在既没有实质审查执行债权是否存在违法收取高息、是否真实、是否合法的事实，也没有审查是否是当事人的真实意思表示的情况下，径直放弃了对债权真实性、合法性应当履行的司法审查，属于认定事实不清。

（二）重庆高院故意回避审查执行债权是否存在违法收取高息、是否合法的事实，剥夺了申请人的司法救济权。第一，申请人向重庆高院提供了大量、翔实的证据证明债权的不合法、不真实，重庆高院只列明被申请人的答辩意见，却未有审查、评析、研判意见；第二，公证债权文书的形成，是因为抵押人恒通公司当时面临资产重组，为取得商业银行在抵押房屋与恒通公司资产重组同步及得到贷款支持的诱迫下形成的，并非申请人、恒通公司真实意思的表示，也不符合民事行为的法律要件；第三，赋予强制执行力的公证债权文书没有诉权，而只被赋予执行异议权，显然是将司法审查置于执行环节，以保证任何被强制执行的债权合法。因此，执行中的审查不仅包括程序审查，而且包括实体审查，否则就剥夺了申请执行人的司法救济权。

本院认为：依照《中华人民共和国民事诉讼法》第二百一十四条以及最高人民法院《关于当事人对具有强制执行效力的公证债权文书的内容有争议提起诉讼人民法院是否受理问题的批复》精神，人民法院在执行程序中，因被执行人提出不予执行抗辩的，应当对公证债权文书的内容是否确有错误进行审查，该审查应当包括公证债权文书的程序和实体问题。重庆高院的裁定内容表明其实际上已对公证债权文书即《还款协议》的内容进行了实体审查，本院确认其审查意见是正确的。至于该院将实体审查的范围限于本案所公证的债权文书《还款协议》，而未涉及《还款协议》的基础事实《借款合同》是否存在违法高息等问题，本院认为，除非涉及明显违背当事人真实意愿以及损害社会公共利益或第三人利益的问题，执行程序中将实体审查的对象限定于被赋予强制执行效力的债权文书本身，是适当的。本案《还款协议》项下的债权源于德艺公司与和平路商行于2003年签订的《借款合同》项下的本金、利息，该合同又是以新贷款偿还1997年至1998年间形成的贷款本金和利息，在《还款协议》签订前以及执行程序开始之前，德艺公司既未向债权人提出异议，也未向国家机关寻求救济，而在2008年与国地公司就欠款的本金和利息的数额在《还款协议》中进行了确认，并明确表示自愿偿还。《还款协议》的内容并不涉及损害社会公共利益或第三人合法权益问题，也无证据表明违背德艺公司和担保人的真实意愿。德艺公司所谓《还款协议》因涉及被“诱迫”而属于非真实意思表示的主张，也无证据证明，应不予支持。而且该《还款协议》系以解决或防止三方当事人之间就欠款及数额等的争执为目的而达成，债务人不得再行就此前的基础法律关系提出主张。因此，重庆高院不对《还款协议》形成之前的《借款合同》实体问题进行审查，并无不当。

综上，重庆高院（2010）渝高法执异字33号裁定驳回德艺公司异议请求的处理意见并无不当。申请复议人的复议理由不成立。依据《中华人民共和国民事诉讼法》第二百零二条①之规定，裁定如下：

驳回重庆德艺房地产开发有限公司的复议请求。

本裁定为终审裁定。

审　判　长　黄金龙
代理审判员　于　泓
代理审判员　司艳丽
二〇一一年六月七日
书　记　员　魏　丹

① 民事诉讼法原第二百零二条现已修改为第二百二十五条。

第二十三章　破产案件的执行

◎法律

中华人民共和国
企业破产法(节录)

- 2006年8月27日第十届全国人民代表大会常务委员会第二十三次会议通过
- 2006年8月27日中华人民共和国主席令第54号公布
- 自2007年6月1日起施行

……

第二章　申请和受理

第一节　申　　请

第七条　【申请主体】债务人有本法第二条规定的情形,可以向人民法院提出重整、和解或者破产清算申请。

债务人不能清偿到期债务,债权人可以向人民法院提出对债务人进行重整或者破产清算的申请。

企业法人已解散但未清算或者未清算完毕,资产不足以清偿债务的,依法负有清算责任的人应当向人民法院申请破产清算。

第八条　【破产申请书与证据】向人民法院提出破产申请,应当提交破产申请书和有关证据。

破产申请书应当载明下列事项:

(一)申请人、被申请人的基本情况;

(二)申请目的;

(三)申请的事实和理由;

(四)人民法院认为应当载明的其他事项。

债务人提出申请的,还应当向人民法院提交财产状况说明、债务清册、债权清册、有关财务会计报告、职工安置预案以及职工工资的支付和社会保险费用的缴纳情况。

第九条　【破产申请的撤回】人民法院受理破产申请前,申请人可以请求撤回申请。

第二节　受　　理

第十条　【破产申请的受理】债权人提出破产申请的,人民法院应当自收到申请之日起五日内通知债务人。债务人对申请有异议的,应当自收到人民法院的通知之日起七日内向人民法院提出。人民法院应当自异议期满之日起十日内裁定是否受理。

除前款规定的情形外,人民法院应当自收到破产申请之日起十五日内裁定是否受理。

有特殊情况需要延长前两款规定的裁定受理期限的,经上一级人民法院批准,可以延长十五日。

第十一条　【裁定受理与债务人提交材料】人民法院受理破产申请的,应当自裁定作出之日起五日内送达申请人。

债权人提出申请的,人民法院应当自裁定作出之日起五日内送达债务人。债务人应当自裁定送达之日起十五日内,向人民法院提交财产状况说明、债务清册、债权清册、有关财务会计报告以及职工工资的支付和社会保险费用的缴纳情况。

第十二条　【裁定不受理与驳回申请】人民法院裁定不受理破产申请的,应当自裁定作出之日起五日内送达申请人并说明理由。申请人对裁定不服的,可以自裁定送达之日起十日内向上一级人民法院提起上诉。

人民法院受理破产申请后至破产宣告前，经审查发现债务人不符合本法第二条规定情形的，可以裁定驳回申请。申请人对裁定不服的，可以自裁定送达之日起十日内向上一级人民法院提起上诉。

第十三条　【指定管理人】人民法院裁定受理破产申请的，应当同时指定管理人。

第十四条　【通知债权人与公告】人民法院应当自裁定受理破产申请之日起二十五日内通知已知债权人，并予以公告。

通知和公告应当载明下列事项：

（一）申请人、被申请人的名称或者姓名；

（二）人民法院受理破产申请的时间；

（三）申报债权的期限、地点和注意事项；

（四）管理人的名称或者姓名及其处理事务的地址；

（五）债务人的债务人或者财产持有人应当向管理人清偿债务或者交付财产的要求；

（六）第一次债权人会议召开的时间和地点；

（七）人民法院认为应当通知和公告的其他事项。

第十五条　【债务人的有关人员的义务】自人民法院受理破产申请的裁定送达债务人之日起至破产程序终结之日，债务人的有关人员承担下列义务：

（一）妥善保管其占有和管理的财产、印章和账簿、文书等资料；

（二）根据人民法院、管理人的要求进行工作，并如实回答询问；

（三）列席债权人会议并如实回答债权人的询问；

（四）未经人民法院许可，不得离开住所地；

（五）不得新任其他企业的董事、监事、高级管理人员。

前款所称有关人员，是指企业的法定代表人；经人民法院决定，可以包括企业的财务管理人员和其他经营管理人员。

第十六条　【债务人个别清偿的无效】人民法院受理破产申请后，债务人对个别债权人的债务清偿无效。

第十七条　【债务人的债务人或者财产持有人的义务】人民法院受理破产申请后，债务人的债务人或者财产持有人应当向管理人清偿债务或者交付财产。

债务人的债务人或者财产持有人故意违反前款规定向债务人清偿债务或者交付财产，使债权人受到损失的，不免除其清偿债务或者交付财产的义务。

第十八条　【破产申请受理前成立的合同的继续履行与解除】人民法院受理破产申请后，管理人对破产申请受理前成立而债务人和对方当事人均未履行完毕的合同有权决定解除或者继续履行，并通知对方当事人。管理人自破产申请受理之日起二个月内未通知对方当事人，或者自收到对方当事人催告之日起三十日内未答复的，视为解除合同。

管理人决定继续履行合同的，对方当事人应当履行；但是，对方当事人有权要求管理人提供担保。管理人不提供担保的，视为解除合同。

第十九条　【保全措施解除与执行程序中止】人民法院受理破产申请后，有关债务人财产的保全措施应当解除，执行程序应当中止。

第二十条　【民事诉讼或仲裁的中止与继续】人民法院受理破产申请后，已经开始而尚未终结的有关债务人的民事诉讼或者仲裁应当中止；在管理人接管债务人的财产后，该诉讼或者仲裁继续进行。

第二十一条　【债务人的民事诉讼的管辖】人民法院受理破产申请后，有关债务人的民事诉讼，只能向受理破产申请的人民法院提起。

第三章　管　理　人

第二十二条　【管理人的指定与更换】管理

人由人民法院指定。

债权人会议认为管理人不能依法、公正执行职务或者有其他不能胜任职务情形的，可以申请人民法院予以更换。

指定管理人和确定管理人报酬的办法，由最高人民法院规定。

第二十三条　【管理人的义务】管理人依照本法规定执行职务，向人民法院报告工作，并接受债权人会议和债权人委员会的监督。

管理人应当列席债权人会议，向债权人会议报告职务执行情况，并回答询问。

第二十四条　【管理人的资格】管理人可以由有关部门、机构的人员组成的清算组或者依法设立的律师事务所、会计师事务所、破产清算事务所等社会中介机构担任。

人民法院根据债务人的实际情况，可以在征询有关社会中介机构的意见后，指定该机构具备相关专业知识并取得执业资格的人员担任管理人。

有下列情形之一的，不得担任管理人：

（一）因故意犯罪受过刑事处罚；

（二）曾被吊销相关专业执业证书；

（三）与本案有利害关系；

（四）人民法院认为不宜担任管理人的其他情形。

个人担任管理人的，应当参加执业责任保险。

第二十五条　【管理人的职责】管理人履行下列职责：

（一）接管债务人的财产、印章和账簿、文书等资料；

（二）调查债务人财产状况，制作财产状况报告；

（三）决定债务人的内部管理事务；

（四）决定债务人的日常开支和其他必要开支；

（五）在第一次债权人会议召开之前，决定继续或者停止债务人的营业；

（六）管理和处分债务人的财产；

（七）代表债务人参加诉讼、仲裁或者其他法律程序；

（八）提议召开债权人会议；

（九）人民法院认为管理人应当履行的其他职责。

本法对管理人的职责另有规定的，适用其规定。

第二十六条　【第一次债权人会议前管理人行为的许可】在第一次债权人会议召开之前，管理人决定继续或者停止债务人的营业或者有本法第六十九条规定行为之一的，应当经人民法院许可。

第二十七条　【管理人的忠实义务】管理人应当勤勉尽责，忠实执行职务。

第二十八条　【管理人聘任工作人员与管理人的报酬】管理人经人民法院许可，可以聘用必要的工作人员。

管理人的报酬由人民法院确定。债权人会议对管理人的报酬有异议的，有权向人民法院提出。

第二十九条　【管理人的辞职】管理人没有正当理由不得辞去职务。管理人辞去职务应当经人民法院许可。

第四章　债务人财产

第三十条　【债务人财产】破产申请受理时属于债务人的全部财产，以及破产申请受理后至破产程序终结前债务人取得的财产，为债务人财产。

第三十一条　【受理破产申请前一年内行为的撤销】人民法院受理破产申请前一年内，涉及债务人财产的下列行为，管理人有权请求人民法院予以撤销：

（一）无偿转让财产的；

（二）以明显不合理的价格进行交易的；

（三）对没有财产担保的债务提供财产担保的；

（四）对未到期的债务提前清偿的；

（五）放弃债权的。

第三十二条　【受理破产申请前六个月内行为的撤销】人民法院受理破产申请前六个

月内，债务人有本法第二条第一款规定的情形，仍对个别债权人进行清偿的，管理人有权请求人民法院予以撤销。但是，个别清偿使债务人财产受益的除外。

第三十三条　【无效行为】涉及债务人财产的下列行为无效：

（一）为逃避债务而隐匿、转移财产的；

（二）虚构债务或者承认不真实的债务的。

第三十四条　【追回因被撤销或无效行为取得的债务人的财产】因本法第三十一条、第三十二条或者第三十三条规定的行为而取得的债务人的财产，管理人有权追回。

第三十五条　【债务人的出资人缴纳出资】人民法院受理破产申请后，债务人的出资人尚未完全履行出资义务的，管理人应当要求该出资人缴纳所认缴的出资，而不受出资期限的限制。

第三十六条　【管理人员非正常收入和财产的追回】债务人的董事、监事和高级管理人员利用职权从企业获取的非正常收入和侵占的企业财产，管理人应当追回。

第三十七条　【管理人取回质物、留置物】人民法院受理破产申请后，管理人可以通过清偿债务或者提供为债权人接受的担保，取回质物、留置物。

前款规定的债务清偿或者替代担保，在质物或者留置物的价值低于被担保的债权额时，以该质物或者留置物当时的市场价值为限。

第三十八条　【权利人财产的取回】人民法院受理破产申请后，债务人占有的不属于债务人的财产，该财产的权利人可以通过管理人取回。但是，本法另有规定的除外。

第三十九条　【在途运输标的物的取回与交付】人民法院受理破产申请时，出卖人已将买卖标的物向作为买受人的债务人发运，债务人尚未收到且未付清全部价款的，出卖人可以取回在运途中的标的物。但是，管理人可以支付全部价款，请求出卖人交付标的物。

第四十条　【抵销权】债权人在破产申请受理前对债务人负有债务的，可以向管理人主张抵销。但是，有下列情形之一的，不得抵销：

（一）债务人的债务人在破产申请受理后取得他人对债务人的债权的；

（二）债权人已知债务人有不能清偿到期债务或者破产申请的事实，对债务人负担债务的；但是，债权人因为法律规定或者有破产申请一年前所发生的原因而负担债务的除外；

（三）债务人的债务人已知债务人有不能清偿到期债务或者破产申请的事实，对债务人取得债权的；但是，债务人的债务人因为法律规定或者有破产申请一年前所发生的原因而取得债权的除外。

第五章　破产费用和共益债务

第四十一条　【破产费用】人民法院受理破产申请后发生的下列费用，为破产费用：

（一）破产案件的诉讼费用；

（二）管理、变价和分配债务人财产的费用；

（三）管理人执行职务的费用、报酬和聘用工作人员的费用。

第四十二条　【共益债务】人民法院受理破产申请后发生的下列债务，为共益债务：

（一）因管理人或者债务人请求对方当事人履行双方均未履行完毕的合同所产生的债务；

（二）债务人财产受无因管理所产生的债务；

（三）因债务人不当得利所产生的债务；

（四）为债务人继续营业而应支付的劳动报酬和社会保险费用以及由此产生的其他债务；

（五）管理人或者相关人员执行职务致人损害所产生的债务；

（六）债务人财产致人损害所产生的债务。

第四十三条　【破产费用和共益债务的清偿】破产费用和共益债务由债务人财产随时清偿。

债务人财产不足以清偿所有破产费用和共益债务的，先行清偿破产费用。

债务人财产不足以清偿所有破产费用或者共益债务的，按照比例清偿。

债务人财产不足以清偿破产费用的，管理人应当提请人民法院终结破产程序。人民法院应当自收到请求之日起十五日内裁定终结破产程序，并予以公告。

第六章　债 权 申 报

第四十四条　【债权人依法定程序行使权利】人民法院受理破产申请时对债务人享有债权的债权人，依照本法规定的程序行使权利。

第四十五条　【债权申报期限】人民法院受理破产申请后，应当确定债权人申报债权的期限。债权申报期限自人民法院发布受理破产申请公告之日起计算，最短不得少于三十日，最长不得超过三个月。

第四十六条　【未到期的债权与附利息的债权的算定】未到期的债权，在破产申请受理时视为到期。

附利息的债权自破产申请受理时起停止计息。

第四十七条　【附条件、附期限债权与未决债权的申报】附条件、附期限的债权和诉讼、仲裁未决的债权，债权人可以申报。

第四十八条　【申报债权的公示与异议】债权人应当在人民法院确定的债权申报期限内向管理人申报债权。

债务人所欠职工的工资和医疗、伤残补助、抚恤费用，所欠的应当划入职工个人账户的基本养老保险、基本医疗保险费用，以及法律、行政法规规定应当支付给职工的补偿金，不必申报，由管理人调查后列出清单并予以公示。职工对清单记载有异议的，可以要求管理人更正；管理人不予更正的，职工可以向人民法院提起诉讼。

第四十九条　【申报债权的书面说明】债权人申报债权时，应当书面说明债权的数额和有无财产担保，并提交有关证据。申报的债权是连带债权的，应当说明。

第五十条　【连带债权人申报债权】连带债权人可以由其中一人代表全体连带债权人申报债权，也可以共同申报债权。

第五十一条　【连带债务人申报债权】债务人的保证人或者其他连带债务人已经代替债务人清偿债务的，以其对债务人的求偿权申报债权。

债务人的保证人或者其他连带债务人尚未代替债务人清偿债务的，以其对债务人的将来求偿权申报债权。但是，债权人已经向管理人申报全部债权的除外。

第五十二条　【连带债务人的债权人申报债权】连带债务人数人被裁定适用本法规定的程序的，其债权人有权就全部债权分别在各破产案件中申报债权。

第五十三条　【解除合同后对方当事人申报债权】管理人或者债务人依照本法规定解除合同的，对方当事人以因合同解除所产生的损害赔偿请求权申报债权。

第五十四条　【受托人申报债权】债务人是委托合同的委托人，被裁定适用本法规定的程序，受托人不知该事实，继续处理委托事务的，受托人以由此产生的请求权申报债权。

第五十五条　【票据付款人申报债权】债务人是票据的出票人，被裁定适用本法规定的程序，该票据的付款人继续付款或者承兑的，付款人以由此产生的请求权申报债权。

第五十六条　【补充申报债权】在人民法院确定的债权申报期限内，债权人未申报债权的，可以在破产财产最后分配前补充申报；但是，此前已进行的分配，不再对其补充分配。为审查和确认补充申报债权的费用，由补充申报人承担。

债权人未依照本法规定申报债权的，不得依照本法规定的程序行使权利。

第五十七条 【债权表】管理人收到债权申报材料后，应当登记造册，对申报的债权进行审查，并编制债权表。

债权表和债权申报材料由管理人保存，供利害关系人查阅。

第五十八条 【债权表的核查、确认与异议】依照本法第五十七条规定编制的债权表，应当提交第一次债权人会议核查。

债务人、债权人对债权表记载的债权无异议的，由人民法院裁定确认。

债务人、债权人对债权表记载的债权有异议的，可以向受理破产申请的人民法院提起诉讼。

第七章 债权人会议

第一节 一般规定

第五十九条 【债权人会议的组成】依法申报债权的债权人为债权人会议的成员，有权参加债权人会议，享有表决权。

债权尚未确定的债权人，除人民法院能够为其行使表决权而临时确定债权额的外，不得行使表决权。

对债务人的特定财产享有担保权的债权人，未放弃优先受偿权利的，对于本法第六十一条第一款第七项、第十项规定的事项不享有表决权。

债权人可以委托代理人出席债权人会议，行使表决权。代理人出席债权人会议，应当向人民法院或者债权人会议主席提交债权人的授权委托书。

债权人会议应当有债务人的职工和工会的代表参加，对有关事项发表意见。

第六十条 【债权人会议主席】债权人会议设主席一人，由人民法院从有表决权的债权人中指定。

债权人会议主席主持债权人会议。

第六十一条 【债权人会议的职权】债权人会议行使下列职权：

（一）核查债权；

（二）申请人民法院更换管理人，审查管理人的费用和报酬；

（三）监督管理人；

（四）选任和更换债权人委员会成员；

（五）决定继续或者停止债务人的营业；

（六）通过重整计划；

（七）通过和解协议；

（八）通过债务人财产的管理方案；

（九）通过破产财产的变价方案；

（十）通过破产财产的分配方案；

（十一）人民法院认为应当由债权人会议行使的其他职权。

债权人会议应当对所议事项的决议作成会议记录。

第六十二条 【债权人会议的召开】第一次债权人会议由人民法院召集，自债权申报期限届满之日起十五日内召开。

以后的债权人会议，在人民法院认为必要时，或者管理人、债权人委员会、占债权总额四分之一以上的债权人向债权人会议主席提议时召开。

第六十三条 【通知债权人】召开债权人会议，管理人应当提前十五日通知已知的债权人。

第六十四条 【债权人会议的决议】债权人会议的决议，由出席会议的有表决权的债权人过半数通过，并且其所代表的债权额占无财产担保债权总额的二分之一以上。但是，本法另有规定的除外。

债权人认为债权人会议的决议违反法律规定，损害其利益的，可以自债权人会议作出决议之日起十五日内，请求人民法院裁定撤销该决议，责令债权人会议依法重新作出决议。

债权人会议的决议，对于全体债权人均有约束力。

第六十五条 【法院裁定事项】本法第六十一条第一款第八项、第九项所列事项，经债权人会议表决未通过的，由人民法院裁定。

本法第六十一条第一款第十项所列事项，经债权人会议二次表决仍未通过的，由人民法院裁定。

对前两款规定的裁定，人民法院可以在债权人会议上宣布或者另行通知债权人。

第六十六条 【债权人申请复议】债权人对人民法院依照本法第六十五条第一款作出的裁定不服的，债权额占无财产担保债权总额二分之一以上的债权人对人民法院依照本法第六十五条第二款作出的裁定不服的，可以自裁定宣布之日或者收到通知之日起十五日内向该人民法院申请复议。复议期间不停止裁定的执行。

第二节 债权人委员会

第六十七条 【债权人委员会的组成】债权人会议可以决定设立债权人委员会。债权人委员会由债权人会议选任的债权人代表和一名债务人的职工代表或者工会代表组成。债权人委员会成员不得超过九人。

债权人委员会成员应当经人民法院书面决定认可。

第六十八条 【债权人委员会的职权】债权人委员会行使下列职权：

（一）监督债务人财产的管理和处分；

（二）监督破产财产分配；

（三）提议召开债权人会议；

（四）债权人会议委托的其他职权。

债权人委员会执行职务时，有权要求管理人、债务人的有关人员对其职权范围内的事务作出说明或者提供有关文件。

管理人、债务人的有关人员违反本法规定拒绝接受监督的，债权人委员会有权就监督事项请求人民法院作出决定；人民法院应当在五日内作出决定。

第六十九条 【管理人行为的告知】管理人实施下列行为，应当及时报告债权人委员会：

（一）涉及土地、房屋等不动产权益的转让；

（二）探矿权、采矿权、知识产权等财产权的转让；

（三）全部库存或者营业的转让；

（四）借款；

（五）设定财产担保；

（六）债权和有价证券的转让；

（七）履行债务人和对方当事人均未履行完毕的合同；

（八）放弃权利；

（九）担保物的取回；

（十）对债权人利益有重大影响的其他财产处分行为。

未设立债权人委员会的，管理人实施前款规定的行为应当及时报告人民法院。

第八章 重　　整

第一节 重整申请和重整期间

第七十条 【重整申请】债务人或者债权人可以依照本法规定，直接向人民法院申请对债务人进行重整。

债权人申请对债务人进行破产清算的，在人民法院受理破产申请后、宣告债务人破产前，债务人或者出资额占债务人注册资本十分之一以上的出资人，可以向人民法院申请重整。

第七十一条 【裁定重整与公告】人民法院经审查认为重整申请符合本法规定的，应当裁定债务人重整，并予以公告。

第七十二条 【重整期间】自人民法院裁定债务人重整之日起至重整程序终止，为重整期间。

第七十三条 【债务人自行管理与营业】在重整期间，经债务人申请，人民法院批准，债务人可以在管理人的监督下自行管理财产和营业事务。

有前款规定情形的，依照本法规定已接管债务人财产和营业事务的管理人应当向债务人移交财产和营业事务，本法规定的管理人的职权由债务人行使。

第七十四条 【管理人管理与营业】管理人负责管理财产和营业事务的，可以聘任债务人的经营管理人员负责营业事务。

第七十五条 【重整期间担保权的行使与借款】在重整期间，对债务人的特定财产享有的担保权暂停行使。但是，担保物有损坏或者价值明显减少的可能，足以危害担保权人权利的，担保权人可以向人民法院请求恢复行使担保权。

在重整期间，债务人或者管理人为继续营业而借款的，可以为该借款设定担保。

第七十六条　【重整期间的取回权】债务人合法占有的他人财产，该财产的权利人在重整期间要求取回的，应当符合事先约定的条件。

第七十七条　【重整期间对出资人收益分配与董事、监事、高级管理人员持股转让的限制】在重整期间，债务人的出资人不得请求投资收益分配。

在重整期间，债务人的董事、监事、高级管理人员不得向第三人转让其持有的债务人的股权。但是，经人民法院同意的除外。

第七十八条　【重整终止与破产宣告】在重整期间，有下列情形之一的，经管理人或者利害关系人请求，人民法院应当裁定终止重整程序，并宣告债务人破产：

（一）债务人的经营状况和财产状况继续恶化，缺乏挽救的可能性；

（二）债务人有欺诈、恶意减少债务人财产或者其他显著不利于债权人的行为；

（三）由于债务人的行为致使管理人无法执行职务。

第二节　重整计划的制定和批准

第七十九条　【重整计划草案的提交期限】债务人或者管理人应当自人民法院裁定债务人重整之日起六个月内，同时向人民法院和债权人会议提交重整计划草案。

前款规定的期限届满，经债务人或者管理人请求，有正当理由的，人民法院可以裁定延期三个月。

债务人或者管理人未按期提出重整计划草案的，人民法院应当裁定终止重整程序，并宣告债务人破产。

第八十条　【重整计划草案的制作主体】债务人自行管理财产和营业事务的，由债务人制作重整计划草案。

管理人负责管理财产和营业事务的，由管理人制作重整计划草案。

第八十一条　【重整计划草案的内容】重整计划草案应当包括下列内容：

（一）债务人的经营方案；

（二）债权分类；

（三）债权调整方案；

（四）债权受偿方案；

（五）重整计划的执行期限；

（六）重整计划执行的监督期限；

（七）有利于债务人重整的其他方案。

第八十二条　【债权分类与重整计划草案分组表决】下列各类债权的债权人参加讨论重整计划草案的债权人会议，依照下列债权分类，分组对重整计划草案进行表决：

（一）对债务人的特定财产享有担保权的债权；

（二）债务人所欠职工的工资和医疗、伤残补助、抚恤费用，所欠的应当划入职工个人账户的基本养老保险、基本医疗保险费用，以及法律、行政法规规定应当支付给职工的补偿金；

（三）债务人所欠税款；

（四）普通债权。

人民法院在必要时可以决定在普通债权组中设小额债权组对重整计划草案进行表决。

第八十三条　【不得减免的费用】重整计划不得规定减免债务人欠缴的本法第八十二条第一款第二项规定以外的社会保险费用；该项费用的债权人不参加重整计划草案的表决。

第八十四条　【重整计划草案的表决】人民法院应当自收到重整计划草案之日起三十日内召开债权人会议，对重整计划草案进行表决。

出席会议的同一表决组的债权人过半数同意重整计划草案，并且其所代表的债权额占该组债权总额的三分之二以上的，即为该组通过重整计划草案。

债务人或者管理人应当向债权人会议就重整计划草案作出说明，并回答询问。

第八十五条　【出资人代表列席会议与出资人组表决】债务人的出资人代表可以列席讨论重整计划草案的债权人会议。

重整计划草案涉及出资人权益调整事项的，应当设出资人组，对该事项进行表决。

第八十六条　【表决通过重整计划与重整程序终止】各表决组均通过重整计划草案时，重整计划即为通过。

自重整计划通过之日起十日内，债务人或者管理人应当向人民法院提出批准重整计划的申请。人民法院经审查认为符合本法规定的，应当自收到申请之日起三十日内裁定批准，终止重整程序，并予以公告。

第八十七条　【裁定批准重整计划与重整程序终止】部分表决组未通过重整计划草案的，债务人或者管理人可以同未通过重整计划草案的表决组协商。该表决组可以在协商后再表决一次。双方协商的结果不得损害其他表决组的利益。

未通过重整计划草案的表决组拒绝再次表决或者再次表决仍未通过重整计划草案，但重整计划草案符合下列条件的，债务人或者管理人可以申请人民法院批准重整计划草案：

（一）按照重整计划草案，本法第八十二条第一款第一项所列债权就该特定财产将获得全额清偿，其因延期清偿所受的损失将得到公平补偿，并且其担保权未受到实质性损害，或者该表决组已经通过重整计划草案；

（二）按照重整计划草案，本法第八十二条第一款第二项、第三项所列债权将获得全额清偿，或者相应表决组已经通过重整计划草案；

（三）按照重整计划草案，普通债权所获得的清偿比例，不低于其在重整计划草案被提请批准时依照破产清算程序所能获得的清偿比例，或者该表决组已经通过重整计划草案；

（四）重整计划草案对出资人权益的调整公平、公正，或者出资人组已经通过重整计划草案；

（五）重整计划草案公平对待同一表决组的成员，并且所规定的债权清偿顺序不违反本法第一百一十三条的规定；

（六）债务人的经营方案具有可行性。

人民法院经审查认为重整计划草案符合前款规定的，应当自收到申请之日起三十日内裁定批准，终止重整程序，并予以公告。

第八十八条　【重整程序的非正常终止】重整计划草案未获得通过且未依照本法第八十七条的规定获得批准，或者已通过的重整计划未获得批准的，人民法院应当裁定终止重整程序，并宣告债务人破产。

第三节　重整计划的执行

第八十九条　【重整计划的执行主体】重整计划由债务人负责执行。

人民法院裁定批准重整计划后，已接管财产和营业事务的管理人应当向债务人移交财产和营业事务。

第九十条　【重整计划执行的监督与报告】自人民法院裁定批准重整计划之日起，在重整计划规定的监督期内，由管理人监督重整计划的执行。

在监督期内，债务人应当向管理人报告重整计划执行情况和债务人财务状况。

第九十一条　【监督报告与监督期限的延长】监督期届满时，管理人应当向人民法院提交监督报告。自监督报告提交之日起，管理人的监督职责终止。

管理人向人民法院提交的监督报告，重整计划的利害关系人有权查阅。

经管理人申请，人民法院可以裁定延长重整计划执行的监督期限。

第九十二条　【重整计划的约束力】经人民

法院裁定批准的重整计划，对债务人和全体债权人均有约束力。

债权人未依照本法规定申报债权的，在重整计划执行期间不得行使权利；在重整计划执行完毕后，可以按照重整计划规定的同类债权的清偿条件行使权利。

债权人对债务人的保证人和其他连带债务人所享有的权利，不受重整计划的影响。

第九十三条　【重整计划的终止】债务人不能执行或者不执行重整计划的，人民法院经管理人或者利害关系人请求，应当裁定终止重整计划的执行，并宣告债务人破产。

人民法院裁定终止重整计划执行的，债权人在重整计划中作出的债权调整的承诺失去效力。债权人因执行重整计划所受的清偿仍然有效，债权未受清偿的部分作为破产债权。

前款规定的债权人，只有在其他同顺位债权人同自己所受的清偿达到同一比例时，才能继续接受分配。

有本条第一款规定情形的，为重整计划的执行提供的担保继续有效。

第九十四条　【重整计划减免的债务不再清偿】按照重整计划减免的债务，自重整计划执行完毕时起，债务人不再承担清偿责任。

第九章　和　　解

第九十五条　【和解申请】债务人可以依照本法规定，直接向人民法院申请和解；也可以在人民法院受理破产申请后、宣告债务人破产前，向人民法院申请和解。

债务人申请和解，应当提出和解协议草案。

第九十六条　【裁定和解】人民法院经审查认为和解申请符合本法规定的，应当裁定和解，予以公告，并召集债权人会议讨论和解协议草案。

对债务人的特定财产享有担保权的权利人，自人民法院裁定和解之日起可以行使权利。

第九十七条　【通过和解协议】债权人会议通过和解协议的决议，由出席会议的有表决权的债权人过半数同意，并且其所代表的债权额占无财产担保债权总额的三分之二以上。

第九十八条　【裁定认可和解协议并终止和解程序】债权人会议通过和解协议的，由人民法院裁定认可，终止和解程序，并予以公告。管理人应当向债务人移交财产和营业事务，并向人民法院提交执行职务的报告。

第九十九条　【和解协议的否决与宣告破产】和解协议草案经债权人会议表决未获得通过，或者已经债权人会议通过的和解协议未获得人民法院认可的，人民法院应当裁定终止和解程序，并宣告债务人破产。

第一百条　【和解协议的约束力】经人民法院裁定认可的和解协议，对债务人和全体和解债权人均有约束力。

和解债权人是指人民法院受理破产申请时对债务人享有无财产担保债权的人。

和解债权人未依照本法规定申报债权的，在和解协议执行期间不得行使权利；在和解协议执行完毕后，可以按照和解协议规定的清偿条件行使权利。

第一百零一条　【和解协议的影响】和解债权人对债务人的保证人和其他连带债务人所享有的权利，不受和解协议的影响。

第一百零二条　【债务人履行和解协议的义务】债务人应当按照和解协议规定的条件清偿债务。

第一百零三条　【和解协议无效与宣告破产】因债务人的欺诈或者其他违法行为而成立的和解协议，人民法院应当裁定无效，并宣告债务人破产。

有前款规定情形的，和解债权人因执行和解协议所受的清偿，在其他债权人所受清偿同等比例的范围内，不予返还。

第一百零四条　【终止执行和解协议与宣告破产】债务人不能执行或者不执行和解协议的，人民法院经和解债权人请求，应当裁定终止和解协议的执行，并宣告债务人破产。

人民法院裁定终止和解协议执行的，和解债权人在和解协议中作出的债权调整的承诺失去效力。和解债权人因执行和解协议所受的清偿仍然有效，和解债权未受清偿的部分作为破产债权。

前款规定的债权人，只有在其他债权人同自己所受的清偿达到同一比例时，才能继续接受分配。

有本条第一款规定情形的，为和解协议的执行提供的担保继续有效。

第一百零五条　【自行和解与破产程序终结】人民法院受理破产申请后，债务人与全体债权人就债权债务的处理自行达成协议的，可以请求人民法院裁定认可，并终结破产程序。

第一百零六条　【和解协议减免债务不再清偿】按照和解协议减免的债务，自和解协议执行完毕时起，债务人不再承担清偿责任。

第十章　破产清算

第一节　破产宣告

第一百零七条　【破产宣告】人民法院依照本法规定宣告债务人破产的，应当自裁定作出之日起五日内送达债务人和管理人，自裁定作出之日起十日内通知已知债权人，并予以公告。

债务人被宣告破产后，债务人称为破产人，债务人财产称为破产财产，人民法院受理破产申请时对债务人享有的债权称为破产债权。

第一百零八条　【破产宣告前的破产程序终结】破产宣告前，有下列情形之一的，人民法院应当裁定终结破产程序，并予以公告：

（一）第三人为债务人提供足额担保或者为债务人清偿全部到期债务的；

（二）债务人已清偿全部到期债务的。

第一百零九条　【别除权】对破产人的特定财产享有担保权的权利人，对该特定财产享有优先受偿的权利。

第一百一十条　【别除权的不完全实现与放弃】享有本法第一百零九条规定权利的债权人行使优先受偿权利未能完全受偿的，其未受偿的债权作为普通债权；放弃优先受偿权利的，其债权作为普通债权。

第二节　变价和分配

第一百一十一条　【破产财产变价方案】管理人应当及时拟订破产财产变价方案，提交债权人会议讨论。

管理人应当按照债权人会议通过的或者人民法院依照本法第六十五条第一款规定裁定的破产财产变价方案，适时变价出售破产财产。

第一百一十二条　【变价出售方式】变价出售破产财产应当通过拍卖进行。但是，债权人会议另有决议的除外。

破产企业可以全部或者部分变价出售。企业变价出售时，可以将其中的无形资产和其他财产单独变价出售。

按照国家规定不能拍卖或者限制转让的财产，应当按照国家规定的方式处理。

第一百一十三条　【破产财产的清偿顺序】破产财产在优先清偿破产费用和共益债务后，依照下列顺序清偿：

（一）破产人所欠职工的工资和医疗、伤残补助、抚恤费用，所欠的应当划入职工个人账户的基本养老保险、基本医疗保险费用，以及法律、行政法规规定应当支付给职工的补偿金；

（二）破产人欠缴的除前项规定以外的社会保险费用和破产人所欠税款；

（三）普通破产债权。

破产财产不足以清偿同一顺序的清偿要求的，按照比例分配。

破产企业的董事、监事和高级管理人员的工资按照该企业职工的平均工资计算。

第一百一十四条　【破产财产的分配方式】破产财产的分配应当以货币分配方式进行。但是，债权人会议另有决议的除外。

第一百一十五条　【破产财产的分配方案】

管理人应当及时拟订破产财产分配方案，提交债权人会议讨论。

破产财产分配方案应当载明下列事项：

（一）参加破产财产分配的债权人名称或者姓名、住所；

（二）参加破产财产分配的债权额；

（三）可供分配的破产财产数额；

（四）破产财产分配的顺序、比例及数额；

（五）实施破产财产分配的方法。

债权人会议通过破产财产分配方案后，由管理人将该方案提请人民法院裁定认可。

第一百一十六条 【破产财产分配方案的执行】破产财产分配方案经人民法院裁定认可后，由管理人执行。

管理人按照破产财产分配方案实施多次分配的，应当公告本次分配的财产额和债权额。管理人实施最后分配的，应当在公告中指明，并载明本法第一百一十七条第二款规定的事项。

第一百一十七条 【附条件债权的分配】对于附生效条件或者解除条件的债权，管理人应当将其分配额提存。

管理人依照前款规定提存的分配额，在最后分配公告日，生效条件未成就或者解除条件成就的，应当分配给其他债权人；在最后分配公告日，生效条件成就或者解除条件未成就的，应当交付给债权人。

第一百一十八条 【未受领的破产财产的分配】债权人未受领的破产财产分配额，管理人应当提存。债权人自最后分配公告之日起满二个月仍不领取的，视为放弃受领分配的权利，管理人或者人民法院应当将提存的分配额分配给其他债权人。

第一百一十九条 【诉讼或仲裁未决债权的分配】破产财产分配时，对于诉讼或者仲裁未决的债权，管理人应当将其分配额提存。自破产程序终结之日起满二年仍不能受领分配的，人民法院应当将提存的分配额分配给其他债权人。

第三节 破产程序的终结

第一百二十条 【破产程序的终结及公告】破产人无财产可供分配的，管理人应当请求人民法院裁定终结破产程序。

管理人在最后分配完结后，应当及时向人民法院提交破产财产分配报告，并提请人民法院裁定终结破产程序。

人民法院应当自收到管理人终结破产程序的请求之日起十五日内作出是否终结破产程序的裁定。裁定终结的，应当予以公告。

第一百二十一条 【破产人的注销登记】管理人应当自破产程序终结之日起十日内，持人民法院终结破产程序的裁定，向破产人的原登记机关办理注销登记。

第一百二十二条 【管理人执行职务的终止】管理人于办理注销登记完毕的次日终止执行职务。但是，存在诉讼或者仲裁未决情况的除外。

第一百二十三条 【破产程序终结后的追加分配】自破产程序依照本法第四十三条第四款或者第一百二十条的规定终结之日起二年内，有下列情形之一的，债权人可以请求人民法院按照破产财产分配方案进行追加分配：

（一）发现有依照本法第三十一条、第三十二条、第三十三条、第三十六条规定应当追回的财产的；

（二）发现破产人有应当供分配的其他财产的。

有前款规定情形，但财产数量不足以支付分配费用的，不再进行追加分配，由人民法院将其上交国库。

第一百二十四条 【对未受偿债权的清偿责任】破产人的保证人和其他连带债务人，在破产程序终结后，对债权人依照破产清算程序未受清偿的债权，依法继续承担清偿责任。

……

◎法规性文件

国务院关于在若干城市试行国有企业破产有关问题的通知

- 1994 年 10 月 25 日
- 国发〔1994〕59 号

各省、自治区、直辖市人民政府，国务院各部委、各直属机构：

为配合在 18 个城市（上海、天津、齐齐哈尔、哈尔滨、长春、沈阳、唐山、太原、青岛、淄博、常州、蚌埠、武汉、株洲、柳州、成都、重庆、宝鸡）进行企业优化资本结构试点工作的开展，建立和完善企业优胜劣汰机制，指导和规范这些城市国有企业（以下简称企业）破产工作，根据《中华人民共和国企业破产法（试行）》（以下简称《破产法》）和其他有关法律、行政法规的规定，现就有关问题通知如下：

一、实施企业破产必须首先安置好破产企业职工

《破产法》第四条规定，“国家通过各种途径妥善安排破产企业职工重新就业，并保障他们重新就业前的基本生活需要，具体办法由国务院另行规定”。据此，各有关城市人民政府要按照本通知，在实施企业破产中，采取各种有效措施，首先妥善安置破产企业职工，保持社会稳定。

二、破产企业土地使用权的处置

企业破产时，企业依法取得的土地使用权，应当以拍卖或者招标方式为主依法转让，转让所得首先用于破产企业职工安置；安置破产企业职工后有剩余的，剩余部分与其他破产财产统一列入破产财产分配方案。

三、破产财产的处置

破产财产处置前，应当由具有法定资格的资产评估机构进行评估，并以评估价值作底价，通过拍卖、招标等方式依法转让。

处置企业土地使用权所得不足以安置破产企业职工的，不足部分应当从处置其他破产财产所得中拨付。

企业在破产前为维持生产经营，向职工筹借的款项，视为破产企业所欠职工工资处理，借款利息按照供款实际使用时间和银行同期存款利率计算。职工在企业破产前作为资本金投资的款项，视为破产财产。

破产企业的职工住房、学校、托幼园（所）、医院等福利性设施，原则上不计入破产财产，由破产企业所在地的市或者市辖区、县的人民政府接收处理，其职工由接收单位安置。但是，没有必要续办并能整体出让的，可以计入破产财产。

四、担保的处理

破产企业作为抵押物的财产，债权人放弃优先受偿权利的，抵押财产计入破产财产；债权人不放弃优先受偿权利的，超过抵押债权的部分计入破产财产。

企业对其同一财产设定 2 个以上抵押权的，企业破产时，抵押权人按照抵押顺序受偿。

一个企业为另一个企业提供担保的，被担保企业破产后，担保企业应当按照担保合同承担担保责任。但是，偿债期限可以由担保企业与被担保企业的债权人协商确定。行政机关为企业提供担保的，应当按照国家有关规定确认担保合同无效。

五、破产企业职工的安置

破产企业所在地的市或者市辖区、县人民政府应当采取转业培训、介绍就业、生产自救、劳务输出等各种措施，妥善安排破产企业职工重新就业，并保障他们在重新就业前的基本生活需要。

政府鼓励破产企业职工自谋职业。对自谋职业的，政府可以根据当地的实际情况，发放一次性安置费，不再保留国有企业职工身份。一次性安置费原则上按照破产企业所在市的企业职工上年平均工资收入的 3 倍发放，具体发放标准由各有关市人民政府规定。

破产企业职工失业期间，依照《国有企业职工待业保险规定》享受失业保险待遇。失业保险期满无法重新就业的职工，符合社会救济条件的，由当地民政部门按照规定发给社会救济金。

破产企业离退休职工的离退休费和医疗费由当地社会养老、医疗保险机构负责管理。破产企业参加养老保险、医疗保险基金社会统筹的，其离退休职工的离退休费、医疗费由当地社会养老、医疗保险机构分别从养老保险、医疗保险基金社会统筹中支付。没有参加养老保险、医疗保险基金社会统筹或者养老保险、医疗保险基金社会统筹不足的，从企业土地使用权出让所得支付；处置土地使用权所得不足以支付的，不足部分从处置其他破产财产所得中拨付。

破产企业中因工致残或者患严重职业病、全部或者大部分丧失劳动能力的职工，作为离退休职工安置。距离退休年龄不足5年的职工，经本人申请，可以提前离退休。

破产企业中的劳动合同制职工的安排，依照《国营企业实行劳动合同制暂行规定》等法律、行政法规的规定办理；临时工的安排，依照《全民所有制企业临时工管理暂行规定》办理。

破产企业职工的安置费用来源不足的，按照企业隶属关系，由破产企业所在地的市或者市辖区、县的人民政府负担。

六、银行因企业破产受到的贷款损失的处理

银行因企业破产受到的贷款本金、利息损失，应当严格按照国家有关规定，经国家有关银行总行批准后，分别在国家核定银行提取的呆账准备金和坏账准备金控制比例内冲销。

七、破产企业的整体接收

人民法院裁定清算组提出的破产财产分配方案后，执行分配方案前，其他企业整体接收破产企业财产、承担分配方案确定清偿的破产企业债务、安置破产企业职工的，可以按照国家有关规定，享受兼并企业的优惠待遇。

八、濒临破产企业的重组

对濒临破产的企业，企业所在地的市或者市辖区、县的人民政府可以采取改组企业管理层、改变企业资产经营形式、引导企业组织结构调整等措施，予以重组。企业所在地的市或者市辖区、县的人民政府认为企业不宜破产的，应当给予资助或者采取其他措施，帮助企业清偿债务。

濒临破产的企业在申请破产前，经拥有2/3以上债权额的债权人同意，并经企业所在地的市或者市辖区、县的人民政府批准，可以将企业效益好的部分同企业分立。分立后的企业，应当按照商定的比例承担原企业的债务。

九、实施企业破产的组织领导

实施企业破产，涉及面广，政策性强，难度很大。有关城市的人民政府要加强对这工作的组织领导，由一名政府负责人牵头，经贸委（经委、计经委）、计委、财委、银行、劳动、审计、税务、国有资产管理、土地、工会等部门和单位参加的工作机构，统一负责组织、协调、解决实施企业破产中遇到的问题，确保这项工作的顺利开展。要根据当地社会的承受能力，制定切实可行的企业破产预案，要采取积极、稳妥的措施，及时处理实施企业破产中的重点、难点问题。要发挥有关社会中介组织在企业破产实施中的作用。实施企业破产中遇到的紧急情况和重大问题，要及时上报。

国务院关于在若干城市试行国有企业兼并破产和职工再就业有关问题的补充通知

• 1997年3月2日

根据《中华人民共和国企业破产法（试行）》（以下简称《破产法》）、《国务院关于在若干城市试行国有企业破产有关问题的通知》(国发〔1994〕59号)的精神和有关规定,企业兼并破产工作已逐步展开,工作是有成绩的。但是,也出现了一些城市和地区违反国发〔1994〕59号文件适用范围实施企业破产的问题。国务院强调:国发〔1994〕59号文件中有关破产方面的政策,只适用于国务院确定的企业"优化资本结构"试点城市(以下简称试点城市,名单见附件)范围内的国有工业企业。非试点城市和地区的国有企业破产,只能按照《破产法》的规定实施,即破产企业财产处置所得,必须用于按比例清偿债务,安置破产企业职工的费用只能从当地政府补贴、民政救济和社会保障等渠道解决。非国有企业的破产,要严格按照《中华人民共和国民事诉讼法》实施。为规范企业破产,鼓励企业兼并,对国有企业富余职工实施再就业工程,促进产业结构调整、企业优化资本结构和转换经营机制,现就试点城市国有企业(以下简称企业)兼并破产和职工再就业有关问题补充通知如下:

一、企业兼并破产和职工再就业工作的组织领导

国家经贸委负责全国企业兼并破产和职工再就业的组织协调工作。为加强对试点城市企业兼并破产和职工再就业工作的组织领导,成立全国企业兼并破产和职工再就业工作领导小组(以下简称全国领导小组),由国家经贸委(组长)、国家体改委、财政部、劳动部、中国人民银行、国家土地局、国家国有资产管理局等部门组成,并邀请全国人大法工委、最高人民法院参加。其主要职责是:负责全国试点城市企业兼并破产和职工再就业工作的组织领导与协调;制订《企业兼并破产和职工再就业工作计划》的编制办法;下达省、自治区、直辖市(以下简称省、区、市)核销呆、坏账准备金的预分配规模;审核省、区、市《企业兼并破产和职工再就业工作计划》;指导省、区、市企业兼并破产和职工再就业工作协调小组(以下简称省、区、市协调小组)的工作;制订《全国企业兼并破产和职工再就业工作计划》并监督执行。全国领导小组的日常工作由国家经贸委负责,有关部门要通力合作,协调一致,重大问题提交国务院国有企业改革工作联席会议讨论决定。

省、区、市成立由经贸委(经委、计经委,下同)为组长,有关部门组成,并邀请省、区、市人大法工委、高级人民法院参加的省、区、市协调小组。其主要职责是:负责本地区试点城市企业兼并破产和职工再就业工作的组织协调;审核试点城市《企业兼并破产和职工再就业工作计划》,制订本省、区、市《企业兼并破产和职工再就业工作计划》。

试点城市成立由市经贸委(组长)、体改委、财政局、中国人民银行和各债权银行分行、劳动局、土地局、国有资产管理局等部门组成,并邀请市人大法工委、人民法院参加的试点城市企业兼并破产和职工再就业工作协调小组(以下简称试点城市协调小组)。其主要职责是:负责企业兼并及进入破产程序前、终结后和职工再就业工作的组织协调;制订本市《企业兼并破产和职工再就业工作计划》;负责制订企业破产预案;组织实施企业兼并和职工再就业工作;监督、查处、纠正不规范的做法。

二、《企业兼并破产和职工再就业工作计划》的制订与审批

各试点城市协调小组要在深入调查研究、充分听取主要债权银行意见的基础上,提出兼并、破产和解困企业名单(中央、省属企业要由主管部门商国家经贸委及地方经贸委后提出),按照下达的核销呆、坏账准备金的预分配规模,制订本市《企业兼并破产和职工再就业工作计划》。各债权银行总行派人或总行授权当地分行参加计划编制,财政部门、银行要对企业兼并破产和职工再就业拟核销的银行呆、坏账准备金进行审核。

试点城市《企业兼并破产和职工再就

业工作计划》每年编制一次。试点城市要在11月底以前将下一年度本市《企业兼并破产和职工再就业工作计划》报省、区协调小组；由省、区协调小组审核汇总后，在12月底以前报全国领导小组。全国领导小组在审核省、区、市《企业兼并破产和职工再就业工作计划》的基础上，统筹研究制订当年《全国企业兼并破产和职工再就业工作计划》，报国务院国有企业改革工作联席会议审议，一般应于2月底以前下达。《全国企业兼并破产和职工再就业工作计划》下达后，由全国领导小组会同有关部门和省、区、市人民政府，对各试点城市计划的执行情况负责检查落实。

各试点城市《企业兼并破产和职工再就业工作计划》批准下达后，在执行中不得突破经过批准的计划规模，需要在计划规模内进行调整的，由省、区、市协调小组审核并汇总后，报全国领导小组审定。

各省、区、市和试点城市协调小组每季度要向全国领导小组报告一次企业兼并破产和职工再就业工作计划执行情况；中国人民银行总行每季度要向国务院国有企业改革工作联席会议报告一次呆、坏账准备金核销情况。

三、企业破产预案的制订

各试点城市要依据《全国企业兼并破产和职工再就业工作计划》，由拟破产企业主管部门负责向试点城市协调小组提供制订企业破产预案所需材料。其主要内容包括：企业概况，会计报表及亏损情况说明，债权、债务状况，资产处置方案，职工安置渠道及费用标准，拟核销呆、坏账准备金数额等。

试点城市协调小组制订企业破产预案后，方可进入破产程序，并报省、区、市协调小组备案。主要债权银行对企业破产预案有异议的，须提请省、区、市协调小组决定，同时将情况报全国领导小组备案。经省、区、市协调小组协调仍不能形成决议的，报全国领导小组决定。

四、资产评估机构资格及破产财产处置

企业破产财产处置前，应由破产清算组委托具有国务院国有资产管理行政主管部门认证的资产评估机构进行评估，并由国有资产管理行政主管部门确认评估结果。其中，涉及以划拨方式取得的土地使用权或涉及改变出让合同条件的土地使用权价格评估的，须由具有土地估价能力的资产评估机构进行评估，并由土地行政主管部门确认评估结果后，并入整体资产评估结果。资产评估及地价评估要努力降低评估费用，不得重复收取评估费用。凡确认有误的，须承担相应的行政和经济责任。

企业破产财产应以评估确认的价格为依据，按国家有关规定确定底价，以拍卖方式为主，依照有关法律、法规转让。转让价格由市场确定。

五、妥善安置破产企业职工

各试点城市人民政府要积极推广上海市实施再就业工程的经验，结合劳动就业、社会保障制度的改革和当地的具体情况，从上到下建立再就业服务中心，积极开拓就业门路，关心破产企业职工生活，妥善安置破产企业职工，保持社会稳定。

安置破产企业职工的费用，从破产企业依法取得的土地使用权转让所得中拨付。破产企业以土地使用权为抵押物的，其转让所得也应首先用于安置职工，不足以支付的，不足部分从处置无抵押财产、抵押财产所得中依次支付。破产企业财产拍卖所得安置职工仍不足的，按照企业隶属关系，由同级人民政府负担。

职工安置费一律拨付到再就业服务中心，统筹使用。安置费标准，原则上按照破产企业所在试点城市的企业职工上年平均工资收入的3倍计算，试点城市人民政府根据当地实际情况从严掌握，不得随意突破。暂时尚未就业的职工，由再就业服务中心发给基本生活费，再就业后即停止拨付。自谋职业的可一次性付给安置费，标

准不高于试点城市的企业职工上年平均工资收入的3倍。

破产企业离退休职工的离退休费和医疗费由当地社会养老、医疗保险机构负责管理。破产企业参加养老保险、医疗保险基金社会统筹的，其离退休费、医疗费由所在试点城市社会养老、医疗保险机构分别从养老保险、医疗保险基金社会统筹中支付。没有参加养老、医疗保险基金社会统筹或者养老保险、医疗保险基金社会统筹不足的，从企业土地使用权出让所得中支付；处置土地使用权所得不足以支付的，不足部分从处置无抵押财产、抵押财产所得中依次支付。

破产企业进入破产程序后，职工的生活费从破产清算费中支付，具体支付办法按照财政部《国有企业试行破产有关财务问题的暂行规定》执行。

破产企业财产处置所得，在支付安置职工的费用后，其剩余部分按照《破产法》的规定，按比例清偿债务。

六、简化呆、坏账核销手续

因实施《全国企业兼并破产和职工再就业工作计划》而形成的银行贷款本金、利息损失需核销呆、坏账准备金的，由各债权银行总行依照《中华人民共和国商业银行法》和有关规定，在国务院确定的用于企业兼并破产和职工再就业工作的银行呆、坏账准备金总规模内审批并核销。具体办法按照《财政部关于修订〈关于国家专业银行建立贷款呆账准备金的暂行规定〉的通知》执行。

要简化银行呆、坏账准备金的核销手续。具体操作办法由中国人民银行总行会同各债权银行总行商国家经贸委、财政部等有关部门提出，经全国领导小组批准，在本通知发布后2个月内下发。

七、破产责任的追究

企业被宣告破产后，政府有关部门应按照《破产法》的有关规定，对企业破产原因和责任进行调查和审计，依据情节轻重严肃处理。对企业破产负有重要责任的法定代表人，不得再担任其他企业的负责人；构成犯罪的，要依法追究刑事责任。对企业破产负有重要责任、情节严重的企业主管部门负责人，也要追究责任。对利用企业破产逃废债务的，一经查实，要依法追究相应责任。对于企业被宣告破产后，企业的组织机构、人员不变，仍在原场地继续生产的，要坚决制止并予以纠正。

八、严格按照有关文件规定规范企业破产

国发〔1994〕59号文件及本通知有关破产方面的政策，适用于试点城市市区内的国有工业企业和试点城市管辖的县（市）内的市属以上（含市属）国有工业企业，不包括试点城市管辖的县（市）属企业。非试点城市和地区以及试点城市的非国有工业企业擅自使用试点城市有关破产法规政策的，要依法予以纠正，由政府有关部门采取善后措施。对因越权超范围使用有关文件政策而形成的银行呆、坏账损失不予核销，该损失由银行在其上缴当地的营业税中抵扣，处理结果报全国领导小组。

只有破产企业真正做到停产关闭（取消法人资格）、土地使用权及企业财产被拍卖变现、职工得到妥善安置的，其银行贷款本金和利息损失，方可按照国发〔1994〕59号文件及本通知的有关规定，从银行提取的呆、坏账准备金中核销。

九、加大鼓励企业兼并的政策力度

国家鼓励优势企业兼并困难企业，兼并企业要全部承担被兼并企业的债务并负责人员安置，不能搞“假破产、真逃债”的“整体接收”或“整体收购”方式。被兼并企业的富余职工也要实行下岗分流，下岗职工进入兼并企业再就业服务中心。兼并企业承担被兼并企业的全部债务，其中银行债务可按《中国人民银行、国家经贸委、财政部关于鼓励和支持18个试点城市优势国有企业兼并困难国有工业生产企业后有关银行贷款及利息处理问题的通知》的有关规定精神,享受免除利息、分年还本的优惠。优势企业(包括国有控股企业)兼并连续3年亏损的企业,经银行核准,可免除被兼并企业原欠贷款利息;被兼并企业原欠贷款本金分5年还清,如5年内还本仍有困难,可给予1至2年的宽限期。在宽限期和计划还款期内,对被兼并企业原贷款本金免息,不能按约定计划还款部分,恢复计息。对免除利息造成的损失,在银行提取的坏账准备金中核销,坏账准备金不足,可用呆账准备金核销。

有关企业兼并政策的适用范围可以扩大到:试点城市内国有内贸、外贸、建筑和安装企业;兼并和被兼并企业有一方属于国务院确定的大中型重点企业或被兼并方属于试点城市的企业。对缺乏兼并条件而又需要进行兼并的企业,须由省、区、市协调小组报全国领导小组审批。

借用外国政府贷款或转贷款,偿还任务尚未落实的企业,不适用此项规定。

十、以产定人,下岗分流,适当减免贷款利息,缓解企业困难

对那些产品有市场、企业经营管理比较好,但债务负担较重,又缺乏兼并破产条件的亏损企业,也要列入《企业兼并破产和职工再就业工作计划》,采取在一定期限内不同程度减免银行贷款利息,实施再就业工程的办法,缓解企业困难。

要把以产定人,富余职工下岗分流作为缓解企业困难的基本做法,把实施再就业工程与缓解企业困难工作紧密结合起来,富余职工下岗后,可进入再就业服务中心,领取基本生活费,通过再就业培训,帮助下岗职工逐步重新就业。

对一些生产经营十分困难、确无支付职工工资能力的企业,按照《中共中央办公厅国务院办公厅关于进一步解决部分企业职工生活困难问题的通知》规定,经当地政府主管机构核定,实行地方财政贴息、企业主管部门调剂一部分资金、银行提供一部分工资性贷款的"三家抬"办法解决职工的基本生活费。

除上述规定外,有关企业破产案件的审理程序、法律适用问题,按照《破产法》、《中华人民共和国担保法》、《中华人民共和国民事诉讼法》和《最高人民法院关于当前人民法院审理企业破产案件应当注意的几个问题的通知》执行。

有关企业兼并破产和职工再就业政策方面的实施细则,各有关部门提出后一律由国务院国有企业改革工作联席会议审定后下发。

附件:

国务院确定的企业"优化资本结构"试点城市名单(共111个)

上海　天津　齐齐哈尔　哈尔滨　长春
沈阳　唐山　太原　青岛　淄博　常州
蚌埠　武汉　株洲　柳州　成都　重庆
宝鸡　北京　石家庄　呼和浩特　大连
南京　杭州　宁波　合肥　福州　厦门
南昌　济南　郑州　长沙　广州　深圳
南宁　海口　贵阳　昆明　西安　兰州
西宁　乌鲁木齐　银川　鞍山　抚顺
本溪　洛阳　吉林　包头　大同　芜湖
黄石　九江　佛山　绵阳　自贡　牡丹江
佳木斯　韶关　湛江　汕头　锦州　丹东
营口　乐山　内江　烟台　潍坊　徐州
无锡　南通　襄樊　十堰　宜昌　安阳
平顶山　开封　邯郸　保定　秦皇岛
铜陵　安庆　滁州　四平　通化　湖州
嘉兴　桂林　梧州　长治　阳泉　赤峰
乌海　湘潭　岳阳　个旧　曲靖　鸡西
伊春　三明　南平　景德镇　新余　咸阳
渭南　天水　白银　六盘水　石河子
拉萨　石嘴山

◎司法解释

最高人民法院关于实行社会保险的企业破产后各种社会保险统筹费用应缴纳至何时的批复

- 1996 年 11 月 22 日
- 法复〔1996〕17 号

四川省高级人民法院：

你院川高法〔1995〕167 号《关于实行社会保险的企业破产后，各种社会保险统筹费用应缴纳至何时的请示》已收悉。经研究，现答复如下：

参加社会保险的企业破产的，欠缴的社会保险统筹费用应当缴纳至人民法院裁定宣告破产之日。

最高人民法院关于对企业法人破产还债程序终结的裁定的抗诉应否受理问题的批复

- 1997 年 7 月 31 日
- 法释〔1997〕2 号

江苏省高级人民法院：

你院（1996）苏申经复字第 16 号《关于对宣告企业法人破产还债程序终结裁定的抗诉应否受理问题的请示》收悉。经研究，答复如下：

检察机关对人民法院作出的企业法人破产还债程序终结的裁定提出抗诉没有法律依据。检察机关对前述裁定提出抗诉的，人民法院应当通知其不予受理。

最高人民法院关于审理军队、武警部队、政法机关移交、撤销企业和与党政机关脱钩企业相关纠纷案件若干问题的规定

- 2001 年 3 月 20 日
- 法释〔2001〕8 号

为依法准确审理军队、武警部队、政法机关移交、撤销企业和与党政机关脱钩的企业所发生的债务纠纷案件和破产案件，根据《中华人民共和国民法通则》、《中华人民共和国公司法》、《中华人民共和国民事诉讼法》、《中华人民共和国企业破产法（试行）》的有关规定，作如下规定：

一、移交、撤销、脱钩企业债务纠纷的处理

第一条 军队、武警部队、政法机关和党政机关开办的企业（以下简称被开办企业）具备法人条件并领取了企业法人营业执照的，根据《中华人民共和国民法通则》第四十八条的规定，应当以其经营管理或者所有的财产独立承担民事责任。

第二条 被开办企业领取了企业法人营业执照，虽然实际投入的资金与注册资金不符，但已达到了《中华人民共和国企业法人登记管理条例实施细则》第十五条第（七）项规定数额的，应当认定其具备法人资格，开办单位应当在该企业实际投入资金与注册资金的差额范围内承担民事责任。

第三条 被开办企业虽然领取了企业法人营业执照，但投入的资金未达到《中华人民共和国企业法人登记管理条例实施细则》第十五条第（七）项规定数额的，或者不具备企业法人其他条件的，应当认定其不具备法人资格，其民事责任由开办单位承担。

第四条 开办单位向被开办企业收取资金或实物的，应当在所收取的资金和实物的范

围内对其开办企业的债务承担民事责任。

第五条 开办单位抽逃、转移资金或者隐匿财产以逃避被开办企业债务的，应当将所抽逃、转移的资金或者隐匿的财产退回，用以清偿被开办企业的债务。

第六条 开办单位为被开办企业的注册资金提供担保的，应当在其承诺担保的范围内承担民事责任。

第七条 开办单位或其主管部门在被开办企业撤销时，向工商行政管理机关出具证明文件，自愿对被开办企业的债务承担责任的，应当按照承诺在其接受财产范围内对被开办企业的债务承担民事责任。

第八条 军队开办的企业无偿移交地方的，应当由接受单位承担开办单位的民事责任。

第九条 两个以上单位共同开办企业的，作为共同诉讼人，并按照各自出资比例或者盈余分配的比例承担相应的民事责任。

第十条 开办单位已经在被开办企业注册资金不实的范围内承担了民事责任的，应视为开办单位的注册资金已经足额到位，不再继续承担注册资金不实的责任。

二、移交、撤销、脱钩企业破产案件的处理

第十一条 被开办企业或者债权人向人民法院申请破产的，不论开办单位的注册资金是否足额到位，人民法院均应当受理。

第十二条 被开办企业被宣告破产的，开办单位对其没有投足的注册资金、收取的资金和实物、转移的资金或者隐匿的财产，都应当由清算组负责收回。

第十三条 被开办企业向社会或者向企业内部职工集资未清偿的，在破产财产分配时，应当按照《中华人民共和国企业破产法（试行）》第三十七条第二款第一项的规定予以清偿。

第十四条 移交、撤销、脱钩的企业的开办单位和移交后的接受单位，都应当作为破产清算组成员，参加破产清算工作。

三、财产保全和执行

第十五条 人民法院在审理有关移交、撤销、脱钩的企业的案件时，认定开办单位应当承担民事责任的，不得对开办单位的国库款、军费、财政经费账户、办公用房、车辆等其他办公必需品采取查封、扣押、冻结、拍卖等保全和执行措施。

第十六条 人民法院在执行涉及开办单位承担民事责任的生效判决时，只能用开办单位财政资金以外的自有资金清偿债务。如果开办单位没有财政资金以外自有资金的，应当依法裁定终结执行。

四、适 用 范 围

第十七条 本规定仅适用于审理此次军队、武警部队、政法机关移交、撤销企业和与党政机关脱钩的企业所发生的债务纠纷案件和破产案件。

最高人民法院关于审理企业破产案件若干问题的规定

- 2002 年 7 月 30 日
- 法释〔2002〕23 号

为正确适用《中华人民共和国企业破产法（试行）》（以下简称企业破产法）、《中华人民共和国民事诉讼法》（以下简称民事诉讼法），规范对企业破产案件的审理，结合人民法院审理企业破产案件的实际情况，特制定以下规定。

一、关于企业破产案件管辖

第一条 企业破产案件由债务人住所地人民法院管辖。债务人住所地指债务人的主要办事机构所在地。债务人无办事机构的，由其注册地人民法院管辖。

第二条 基层人民法院一般管辖县、县级市或者区的工商行政管理机关核准登记企业的破产案件；

中级人民法院一般管辖地区、地级市（含本级）以上的工商行政管理机关核准登记企业的破产案件；

纳入国家计划调整的企业破产案件，由中级人民法院管辖。

第三条 上级人民法院审理下级人民法院管辖的企业破产案件，或者将本院管辖的企业破产案件移交下级人民法院审理，以及下级人民法院需要将自己管辖的企业破产案件交由上级人民法院审理的，依照民事诉讼法第三十九条的规定办理；省、自治区、直辖市范围内因特殊情况需对个别企业破产案件的地域管辖作调整的，须经共同上级人民法院批准。

二、关于破产申请与受理

第四条 申请（被申请）破产的债务人应当具备法人资格，不具备法人资格的企业、个体工商户、合伙组织、农村承包经营户不具备破产主体资格。

第五条 国有企业向人民法院申请破产时，应当提交其上级主管部门同意其破产的文件；其他企业应当提供其开办人或者股东会议决定企业破产的文件。

第六条 债务人申请破产，应当向人民法院提交下列材料：

（一）书面破产申请；

（二）企业主体资格证明；

（三）企业法定代表人与主要负责人名单；

（四）企业职工情况和安置预案；

（五）企业亏损情况的书面说明，并附审计报告；

（六）企业至破产申请日的资产状况明细表，包括有形资产、无形资产和企业投资情况等；

（七）企业在金融机构开设账户的详细情况，包括开户审批材料、账号、资金等；

（八）企业债权情况表，列明企业的债务人名称、住所、债务数额、发生时间和催讨偿还情况；

（九）企业债务情况表，列明企业的债权人名称、住所、债权数额、发生时间；

（十）企业涉及的担保情况；

（十一）企业已发生的诉讼情况；

（十二）人民法院认为应当提交的其他材料。

第七条 债权人申请债务人破产，应当向人民法院提交下列材料：

（一）债权发生的事实与证据；

（二）债权性质、数额、有无担保，并附证据；

（三）债务人不能清偿到期债务的证据。

第八条 债权人申请债务人破产，人民法院可以通知债务人核对以下情况：

（一）债权的真实性；

（二）债权在债务人不能偿还的到期债务中所占的比例；

（三）债务人是否存在不能清偿到期债务的情况。

第九条 债权人申请债务人破产，债务人对债权人的债权提出异议，人民法院认为异议成立的，应当告知债权人先行提起民事诉讼。破产申请不予受理。

第十条 人民法院收到破产申请后，应当在7日内决定是否立案；破产申请人提交的材料需要更正、补充的，人民法院可以责令申请人限期更正、补充。按期更正、补充材料的，人民法院自收到更正补充材料之日起7日内决定是否立案；未按期更正、补充的，视为撤回申请。

人民法院决定受理企业破产案件的，应当制作案件受理通知书，并送达申请人和债务人。通知书作出时间为破产案件受理时间。

第十一条 在人民法院决定受理企业破产案件前，破产申请人可以请求撤回破产申请。

人民法院准许申请人撤回破产申请的，在撤回破产申请之前已经支出的费用由破产申请人承担。

第十二条 人民法院经审查发现有下列情况

的，破产申请不予受理：

（一）债务人有隐匿、转移财产等行为，为了逃避债务而申请破产的；

（二）债权人借破产申请毁损债务人商业信誉，意图损害公平竞争的。

第十三条 人民法院对破产申请不予受理的，应当作出裁定。

破产申请人对不予受理破产申请的裁定不服的，可以在裁定送达之日起 10 日内向上一级人民法院提起上诉。

第十四条 人民法院受理企业破产案件后，发现不符合法律规定的受理条件或者有本规定第十二条所列情形的，应当裁定驳回破产申请。

人民法院受理债务人的破产申请后，发现债务人巨额财产下落不明且不能合理解释财产去向的，应当裁定驳回破产申请。

破产申请人对驳回破产申请的裁定不服的，可以在裁定送达之日起 10 日内向上一级人民法院提起上诉。

第十五条 人民法院决定受理企业破产案件后，应当组成合议庭，并在 10 日内完成下列工作：

（一）将合议庭组成人员情况书面通知破产申请人和被申请人，并在法院公告栏张贴企业破产受理公告。公告内容应当写明：破产申请受理时间、债务人名称，申报债权的期限、地点和逾期未申报债权的法律后果、第一次债权人会议召开的日期、地点；

（二）在债务人企业发布公告，要求保护好企业财产，不得擅自处理企业的账册、文书、资料、印章，不得隐匿、私分、转让、出售企业财产；

（三）通知债务人立即停止清偿债务，非经人民法院许可不得支付任何费用；

（四）通知债务人的开户银行停止债务人的结算活动，并不得扣划债务人款项抵扣债务。但经人民法院依法许可的除外。

第十六条 人民法院受理债权人提出的企业破产案件后，应当通知债务人在 15 日内向人民法院提交有关会计报表、债权债务清册、企业资产清册以及人民法院认为应当提交的资料。

第十七条 人民法院受理企业破产案件后，除应当按照企业破产法第九条的规定通知已知的债权人外，还应当于 30 日内在国家、地方有影响的报纸上刊登公告，公告内容同第十五条第（一）项的规定。

第十八条 人民法院受理企业破产案件后，除可以随即进行破产宣告成立清算组的外，在企业原管理组织不能正常履行管理职责的情况下，可以成立企业监管组。企业监管组成员从企业上级主管部门或者股东会议代表、企业原管理人员、主要债权人中产生，也可以聘请会计师、律师等中介机构参加。企业监管组主要负责处理以下事务：

（一）清点、保管企业财产；

（二）核查企业债权；

（三）为企业利益而进行的必要的经营活动；

（四）支付人民法院许可的必要支出；

（五）人民法院许可的其他工作。

企业监管组向人民法院负责，接受人民法院的指导、监督。

第十九条 人民法院受理企业破产案件后，以债务人为原告的其他民事纠纷案件尚在一审程序的，受诉人民法院应当将案件移送受理破产案件的人民法院；案件已进行到二审程序的，受诉人民法院应当继续审理。

第二十条 人民法院受理企业破产案件后，对债务人财产的其他民事执行程序应当中止。

以债务人为被告的其他债务纠纷案件，根据下列不同情况分别处理：

（一）已经审结但未执行完毕的，应当中止执行，由债权人凭生效的法律文书向受理破产案件的人民法院申报债权。

（二）尚未审结且无其他被告和无独

立请求权的第三人的，应当中止诉讼，由债权人向受理破产案件的人民法院申报债权。在企业被宣告破产后，终结诉讼。

（三）尚未审结并有其他被告或者无独立请求权的第三人的，应当中止诉讼，由债权人向受理破产案件的人民法院申报债权。待破产程序终结后，恢复审理。

（四）债务人系从债务人的债务纠纷案件继续审理。

三、关于债权申报

第二十一条 债权人申报债权应当提交债权证明和合法有效的身份证明；代理申报人应当提交委托人的有效身份证明、授权委托书和债权证明。

申报的债权有财产担保的，应当提交证明财产担保的证据。

第二十二条 人民法院在登记申报的债权时，应当记明债权人名称、住所、开户银行、申报债权数额、申报债权的证据、财产担保情况、申报时间、联系方式以及其他必要的情况。

已经成立清算组的，由清算组进行上述债权登记工作。

第二十三条 连带债务人之一或者数人破产的，债权人可就全部债权向该债务人或者各债务人行使权利，申报债权。债权人未申报债权的，其他连带债务人可就将来可能承担的债务申报债权。

第二十四条 债权人虽未在法定期间申报债权，但有民事诉讼法第七十六条规定情形的，在破产财产分配前可向清算组申报债权。清算组负责审查其申报的债权，并由人民法院审查确定。债权人会议对人民法院同意该债权人参加破产财产分配有异议的，可以向人民法院申请复议。

四、关于破产和解与破产企业整顿

第二十五条 人民法院受理企业破产案件后，在破产程序终结前，债务人可以向人民法院申请和解。人民法院在破产案件审理过程中，可以根据债权人、债务人具体情况向双方提出和解建议。

人民法院作出破产宣告裁定前，债权人会议与债务人达成和解协议并经人民法院裁定认可的，由人民法院发布公告，中止破产程序。

人民法院作出破产宣告裁定后，债权人会议与债务人达成和解协议并经人民法院裁定认可，由人民法院裁定中止执行破产宣告裁定，并公告中止破产程序。

第二十六条 债务人不按和解协议规定的内容清偿全部债务的，相关债权人可以申请人民法院强制执行。

第二十七条 债务人不履行或者不能履行和解协议的，经债权人申请，人民法院应当裁定恢复破产程序。和解协议系在破产宣告前达成的，人民法院应当在裁定恢复破产程序的同时裁定宣告债务人破产。

第二十八条 企业由债权人申请破产的，如被申请破产的企业系国有企业，依照企业破产法第四章的规定，其上级主管部门可以申请对该企业进行整顿。整顿申请应当在债务人被宣告破产前提出。

企业无上级主管部门的，企业股东会议可以通过决议并以股东会议名义申请对企业进行整顿。整顿工作由股东会议指定人员负责。

第二十九条 企业整顿期间，企业的上级主管部门或者负责实施整顿方案的人员应当定期向债权人会议和人民法院报告整顿情况、和解协议执行情况。

第三十条 企业整顿期间，对于债务人财产的执行仍适用企业破产法第十一条的规定。

五、关于破产宣告

第三十一条 企业破产法第三条第一款规定的“不能清偿到期债务”是指：

（一）债务的履行期限已届满；

（二）债务人明显缺乏清偿债务的能力。

债务人停止清偿到期债务并呈连续状态，如无相反证据，可推定为“不能清偿到期债务”。

第三十二条 人民法院受理债务人破产案件后，有下列情形之一的，应当裁定宣告债务人破产：

（一）债务人不能清偿债务且与债权人不能达成和解协议的；

（二）债务人不履行或者不能履行和解协议的；

（三）债务人在整顿期间有企业破产法第二十一条规定情形的；

（四）债务人在整顿期满后有企业破产法第二十二条第二款规定情形的。

宣告债务人破产应当公开进行。由债权人提出破产申请的，破产宣告时应当通知债务人到庭。

第三十三条 债务人自破产宣告之日起停止生产经营活动。为债权人利益确有必要继续生产经营的，须经人民法院许可。

第三十四条 人民法院宣告债务人破产后，应当通知债务人的开户银行，限定其银行账户只能由清算组使用。人民法院通知开户银行时应当附破产宣告裁定书。

第三十五条 人民法院裁定宣告债务人破产后应当发布公告，公告内容包括债务人亏损情况、资产负债状况、破产宣告时间、破产宣告理由和法律依据以及对债务人的财产、账册、文书、资料和印章的保护等内容。

第三十六条 破产宣告后，破产企业的财产在其他民事诉讼程序中被查封、扣押、冻结的，受理破产案件的人民法院应当立即通知采取查封、扣押、冻结措施的人民法院予以解除，并向受理破产案件的人民法院办理移交手续。

第三十七条 企业被宣告破产后，人民法院应当指定必要的留守人员。破产企业的法定代表人、财会、财产保管人员必须留守。

第三十八条 破产宣告后，债权人或者债务人对破产宣告有异议的，可以在人民法院宣告企业破产之日起10日内，向上一级人民法院申诉。上一级人民法院应当组成合议庭进行审理，并在30日内作出裁定。

六、关于债权人会议

第三十九条 债权人会议由申报债权的债权人组成。

债权人会议主席由人民法院在有表决权的债权人中指定。必要时，人民法院可以指定多名债权人会议主席，成立债权人会议主席委员会。

少数债权人拒绝参加债权人会议，不影响会议的召开。但债权人会议不得作出剥夺其对破产财产受偿的机会或者不利于其受偿的决议。

第四十条 第一次债权人会议应当在人民法院受理破产案件公告3个月期满后召开。除债务人的财产不足以支付破产费用，破产程序提前终结外，不得以一般债权的清偿率为零为理由取消债权人会议。

第四十一条 第一次债权人会议由人民法院召集并主持。人民法院除完成本规定第十七条确定的工作外，还应当做好以下准备工作：

（一）拟订第一次债权人会议议程；

（二）向债务人的法定代表人或者负责人发出通知，要求其必须到会；

（三）向债务人的上级主管部门、开办人或者股东会议代表发出通知，要求其派员列席会议；

（四）通知破产清算组成员列席会议；

（五）通知审计、评估人员参加会议；

（六）需要提前准备的其他工作。

第四十二条 债权人会议一般包括以下内容：

（一）宣布债权人会议职权和其他有关事项；

（二）宣布债权人资格审查结果；

（三）指定并宣布债权人会议主席；

（四）安排债务人法定代表人或者负责人接受债权人询问；

（五）由清算组通报债务人的生产经

营、财产、债务情况并作清算工作报告和提出财产处理方案及分配方案；

（六）讨论并审查债权的证明材料、债权的财产担保情况及数额、讨论通过和解协议、审阅清算组的清算报告、讨论通过破产财产的处理方案与分配方案等。讨论内容应当记明笔录。债权人对人民法院或者清算组登记的债权提出异议的，人民法院应当及时审查并作出裁定；

（七）根据讨论情况，依照企业破产法第十六条的规定进行表决。

以上第（五）至（七）项议程内的工作在本次债权人会议上无法完成的，交由下次债权人会议继续进行。

第四十三条 债权人认为债权人会议决议违反法律规定或者侵害其合法权益的，可以在债权人会议作出决议后7日内向人民法院提出，由人民法院依法裁定。

第四十四条 清算组财产分配方案经债权人会议两次讨论未获通过的，由人民法院依法裁定。

对前款裁定，占无财产担保债权总额半数以上债权的债权人有异议的，可以在人民法院作出裁定之日起10日内向上一级人民法院申诉。上一级人民法院应当组成合议庭进行审理，并在30日内作出裁定。

第四十五条 债权人可以委托代理人出席债权人会议，并可以授权代理人行使表决权。代理人应当向人民法院或者债权人会议主席提交授权委托书。

第四十六条 第一次债权人会议后又召开债权人会议的，债权人会议主席应当在发出会议通知前3日报告人民法院，并由会议召集人在开会前15日将会议时间、地点、内容、目的等事项通知债权人。

七、关于清算组

第四十七条 人民法院应当自裁定宣告企业破产之日起15日内成立清算组。

第四十八条 清算组成员可以从破产企业上级主管部门、清算中介机构以及会计、律师中产生，也可以从政府财政、工商管理、计委、经委、审计、税务、物价、劳动、社会保险、土地管理、国有资产管理、人事等部门中指定。人民银行分（支）行可以按照有关规定派人参加清算组。

第四十九条 清算组经人民法院同意可以聘请破产清算机构、律师事务所、会计事务所等中介机构承担一定的破产清算工作。中介机构就清算工作向清算组负责。

第五十条 清算组的主要职责是：

（一）接管破产企业。向破产企业原法定代表人及留守人员接收原登记造册的资产明细表、有形资产清册，接管所有财产、账册、文书档案、印章、证照和有关资料。破产宣告前成立企业监管组的，由企业监管组和企业原法定代表人向清算组进行移交；

（二）清理破产企业财产，编制财产明细表和资产负债表，编制债权债务清册，组织破产财产的评估、拍卖、变现；

（三）回收破产企业的财产，向破产企业的债务人、财产持有人依法行使财产权利；

（四）管理、处分破产财产，决定是否履行合同和在清算范围内进行经营活动。确认别除权、抵销权、取回权；

（五）进行破产财产的委托评估、拍卖及其他变现工作；

（六）依法提出并执行破产财产处理和分配方案；

（七）提交清算报告；

（八）代表破产企业参加诉讼和仲裁活动；

（九）办理企业注销登记等破产终结事宜；

（十）完成人民法院依法指定的其他事项。

第五十一条 清算组对人民法院负责并且报告工作，接受人民法院的监督。人民法院应当及时指导清算组的工作，明确清算组的职权与责任，帮助清算组拟订工作计划，听取清算组汇报工作。

清算组有损害债权人利益的行为或者其他违法行为的，人民法院可以根据债权人的申请或者依职权予以纠正。

人民法院可以根据债权人的申请或者依职权更换不称职的清算组成员。

第五十二条 清算组应当列席债权人会议，接受债权人会议的询问。债权人有权查阅有关资料、询问有关事项；清算组的决定违背债权人利益的，债权人可以申请人民法院裁定撤销该决定。

第五十三条 清算组对破产财产应当及时登记、清理、审计、评估、变价。必要时，可以请求人民法院对破产企业财产进行保全。

第五十四条 清算组应当采取有效措施保护破产企业的财产。债务人的财产权利如不依法登记或者及时行使将丧失权利的，应当及时予以登记或者行使；对易损、易腐、跌价或者保管费用较高的财产应当及时变卖。

八、关于破产债权

第五十五条 下列债权属于破产债权：

（一）破产宣告前发生的无财产担保的债权；

（二）破产宣告前发生的虽有财产担保但是债权人放弃优先受偿的债权；

（三）破产宣告前发生的虽有财产担保但是债权数额超过担保物价值部分的债权；

（四）票据出票人被宣告破产，付款人或者承兑人不知其事实而向持票人付款或者承兑所产生的债权；

（五）清算组解除合同，对方当事人依法或者依照合同约定产生的对债务人可以用货币计算的债权；

（六）债务人的受托人在债务人破产后，为债务人的利益处理委托事务所发生的债权；

（七）债务人发行债券形成的债权；

（八）债务人的保证人代替债务人清偿债务后依法可以向债务人追偿的债权；

（九）债务人的保证人按照《中华人民共和国担保法》第三十二条的规定预先行使追偿权而申报的债权；

（十）债务人为保证人的，在破产宣告前已经被生效的法律文书确定承担的保证责任；

（十一）债务人在破产宣告前因侵权、违约给他人造成财产损失而产生的赔偿责任；

（十二）人民法院认可的其他债权。

以上第（五）项债权以实际损失为计算原则。违约金不作为破产债权，定金不再适用定金罚则。

第五十六条 因企业破产解除劳动合同，劳动者依法或者依据劳动合同对企业享有的补偿金请求权，参照企业破产法第三十七条第二款第（一）项规定的顺序清偿。

第五十七条 债务人所欠非正式职工（含短期劳动工）的劳动报酬，参照企业破产法第三十七条第二款第（一）项规定的顺序清偿。

第五十八条 债务人所欠企业职工集资款，参照企业破产法第三十七条第二款第（一）项规定的顺序清偿。但对违反法律规定的高额利息部分不予保护。

职工向企业的投资，不属于破产债权。

第五十九条 债务人退出联营应当对该联营企业的债务承担责任的，联营企业的债权人对该债务人享有的债权属于破产债权。

第六十条 与债务人互负债权债务的债权人可以向清算组请求行使抵销权，抵销权的行使应当具备以下条件：

（一）债权人的债权已经得到确认；

（二）主张抵销的债权债务均发生在破产宣告之前。

经确认的破产债权可以转让。受让人以受让的债权抵销其所欠债务人债务的，人民法院不予支持。

第六十一条 下列债权不属于破产债权：

（一）行政、司法机关对破产企业的罚款、罚金以及其他有关费用；

（二）人民法院受理破产案件后债务人未支付应付款项的滞纳金，包括债务人未执行生效法律文书应当加倍支付的迟延利息和劳动保险金的滞纳金；

（三）破产宣告后的债务利息；

（四）债权人参加破产程序所支出的费用；

（五）破产企业的股权、股票持有人在股权、股票上的权利；

（六）破产财产分配开始后向清算组申报的债权；

（七）超过诉讼时效的债权；

（八）债务人开办单位对债务人未收取的管理费、承包费。

上述不属于破产债权的权利，人民法院或者清算组也应当对当事人的申报进行登记。

第六十二条 政府无偿拨付给债务人的资金不属于破产债权。但财政、扶贫、科技管理等行政部门通过签订合同，按有偿使用、定期归还原则发放的款项，可以作为破产债权。

第六十三条 债权人对清算组确认或者否认的债权有异议的，可以向清算组提出。债权人对清算组的处理仍有异议的，可以向人民法院提出。人民法院应当在查明事实的基础上依法作出裁决。

九、关于破产财产

第六十四条 破产财产由下列财产构成：

（一）债务人在破产宣告时所有的或者经营管理的全部财产；

（二）债务人在破产宣告后至破产程序终结前取得的财产；

（三）应当由债务人行使的其他财产权利。

第六十五条 债务人与他人共有的物、债权、知识产权等财产或者财产权，应当在破产清算中予以分割，债务人分割所得属于破产财产；不能分割的，应当就其应得部分转让，转让所得属于破产财产。

第六十六条 债务人的开办人注册资金投入不足的，应当由该开办人予以补足，补足部分属于破产财产。

第六十七条 企业破产前受让他人财产并依法取得所有权或者土地使用权的，即便未支付或者未完全支付对价，该财产仍属于破产财产。

第六十八条 债务人的财产被采取民事诉讼执行措施的，在受理破产案件后尚未执行的或者未执行完毕的剩余部分，在该企业被宣告破产后列入破产财产。因错误执行应当执行回转的财产，在执行回转后列入破产财产。

第六十九条 债务人依照法律规定取得代位求偿权的，依该代位求偿权享有的债权属于破产财产。

第七十条 债务人在被宣告破产时未到期的债权视为已到期，属于破产财产，但应当减去未到期的利息。

第七十一条 下列财产不属于破产财产：

（一）债务人基于仓储、保管、加工承揽、委托交易、代销、借用、寄存、租赁等法律关系占有、使用的他人财产；

（二）抵押物、留置物、出质物，但权利人放弃优先受偿权的或者优先偿付被担保债权剩余的部分除外；

（三）担保物灭失后产生的保险金、补偿金、赔偿金等代位物；

（四）依照法律规定存在优先权的财产，但权利人放弃优先受偿权或者优先偿付特定债权剩余的部分除外；

（五）特定物买卖中，尚未转移占有但相对人已完全支付对价的特定物；

（六）尚未办理产权证或者产权过户手续但已向买方交付的财产；

（七）债务人在所有权保留买卖中尚未取得所有权的财产；

（八）所有权专属于国家且不得转让的财产；

（九）破产企业工会所有的财产。

第七十二条 本规定第七十一条第（一）项所列的财产，财产权利人有权取回。

前款财产在破产宣告前已经毁损灭失的，财产权利人仅能以直接损失额为限申报债权；在破产宣告后因清算组的责任毁损灭失的，财产权利人有权获得等值赔偿。

债务人转让上述财产获利的，财产权利人有权要求债务人等值赔偿。

十、关于破产财产的收回、处理和变现

第七十三条 清算组应当向破产企业的债务人和财产持有人发出书面通知，要求债务人和财产持有人于限定的时间向清算组清偿债务或者交付财产。

破产企业的债务人和财产持有人有异议的，应当在收到通知后的7日内提出，由人民法院作出裁定。

破产企业的债务人和财产持有人在收到通知后既不向清算组清偿债务或者交付财产，又没有正当理由不在规定的异议期内提出异议的，由清算组向人民法院提出申请，经人民法院裁定后强制执行。

破产企业在境外的财产，由清算组予以收回。

第七十四条 债务人享有的债权，其诉讼时效自人民法院受理债务人的破产申请之日起，适用《中华人民共和国民法通则》第一百四十条关于诉讼时效中断的规定。债务人与债权人达成和解协议，中止破产程序的，诉讼时效自人民法院中止破产程序裁定之日起重新计算。

第七十五条 经人民法院同意，清算组可以聘用律师或者其他中介机构的人员追收债权。

第七十六条 债务人设立的分支机构和没有法人资格的全资机构的财产，应当一并纳入破产程序进行清理。

第七十七条 债务人在其开办的全资企业中的投资权益应当予以追收。

全资企业资不抵债的，清算组停止追收。

第七十八条 债务人对外投资形成的股权及其收益应当予以追收。对该股权可以出售或者转让，出售、转让所得列入破产财产进行分配。

股权价值为负值的，清算组停止追收。

第七十九条 债务人开办的全资企业，以及由其参股、控股的企业不能清偿到期债务，需要进行破产还债的，应当另行提出破产申请。

第八十条 清算组处理集体所有土地使用权时，应当遵守相关法律规定。未办理土地征用手续的集体所有土地使用权，应当在该集体范围内转让。

第八十一条 破产企业的职工住房，已经签订合同、交付房款，进行房改给个人的，不属于破产财产。未进行房改的，可由清算组向有关部门申请办理房改事项，向职工出售。按照国家规定不具备房改条件，或者职工在房改中不购买住房的，由清算组根据实际情况处理。

第八十二条 债务人的幼儿园、学校、医院等公益福利性设施，按国家有关规定处理，不作为破产财产分配。

第八十三条 处理破产财产前，可以确定有相应评估资质的评估机构对破产财产进行评估，债权人会议、清算组对破产财产的评估结论、评估费用有异议的，参照最高人民法院《关于民事诉讼证据的若干规定》第二十七条的规定处理。

第八十四条 债权人会议对破产财产的市场价格无异议的，经人民法院同意后，可以不进行评估。但是国有资产除外。

第八十五条 破产财产的变现应当以拍卖方式进行。由清算组负责委托有拍卖资格的拍卖机构进行拍卖。

依法不得拍卖或者拍卖所得不足以支付拍卖所需费用的，不进行拍卖。

前款不进行拍卖或者拍卖不成的破产财产，可以在破产分配时进行实物分配或

者作价变卖。债权人对清算组在实物分配或者作价变卖中对破产财产的估价有异议的，可以请求人民法院进行审查。

第八十六条 破产财产中的成套设备，一般应当整体出售。

第八十七条 依法属于限制流通的破产财产，应当由国家指定的部门收购或者按照有关法律规定处理。

十一、关于破产费用

第八十八条 破产费用包括：

（一）破产财产的管理、变卖、分配所需要的费用；

（二）破产案件的受理费；

（三）债权人会议费用；

（四）催收债务所需费用；

（五）为债权人的共同利益而在破产程序中支付的其他费用。

第八十九条 人民法院受理企业破产案件可以按照《人民法院诉讼收费办法补充规定》预收案件受理费。

破产宣告前发生的经人民法院认可的必要支出，从债务人财产中拨付。债务人财产不足以支付的，如系债权人申请破产的，由债权人支付。

第九十条 清算期间职工生活费、医疗费可以从破产财产中优先拨付。

第九十一条 破产费用可随时支付，破产财产不足以支付破产费用的，人民法院根据清算组的申请裁定终结破产程序。

十二、关于破产财产的分配

第九十二条 破产财产分配方案经债权人会议通过后，由清算组负责执行。财产分配可以一次分配，也可以多次分配。

第九十三条 破产财产分配方案应当包括以下内容：

（一）可供破产分配的财产种类、总值，已经变现的财产和未变现的财产；

（二）债权清偿顺序、各顺序的种类与数额，包括破产企业所欠职工工资、劳动保险费用和破产企业所欠税款的数额和计算依据，纳入国家计划调整的企业破产，还应当说明职工安置费的数额和计算依据；

（三）破产债权总额和清偿比例；

（四）破产分配的方式、时间；

（五）对将来能够追回的财产拟进行追加分配的说明。

第九十四条 列入破产财产的债权，可以进行债权分配。债权分配以便于债权人实现债权为原则。

将人民法院已经确认的债权分配给债权人的，由清算组向债权人出具债权分配书，债权人可以凭债权分配书向债务人要求履行。债务人拒不履行的，债权人可以申请人民法院强制执行。

第九十五条 债权人未在指定期限内领取分配的财产的，对该财产可以进行提存或者变卖后提存价款，并由清算组向债权人发出催领通知书。债权人在收到催领通知书一个月后或者在清算组发出催领通知书两个月后，债权人仍未领取的，清算组应当对该部分财产进行追加分配。

十三、关于破产终结

第九十六条 破产财产分配完毕，由清算组向人民法院报告分配情况，并申请人民法院终结破产程序。

人民法院在收到清算组的报告和终结破产程序申请后，认为符合破产程序终结规定的，应当在7日内裁定终结破产程序。

第九十七条 破产程序终结后，由清算组向破产企业原登记机关办理企业注销登记。

破产程序终结后仍有可以追收的破产财产、追加分配等善后事宜需要处理的，经人民法院同意，可以保留清算组或者保留部分清算组成员。

第九十八条 破产程序终结后出现可供分配的财产的，应当追加分配。追加分配的财产，除企业破产法第四十条规定的由人民法院追回的财产外，还包括破产程序中因纠正错误支出收回的款项，因权利被承认追回的财产,债权人放弃的财产和破产程序终结后实现的财产权利等。

第九十九条 破产程序终结后,破产企业的账册、文书等卷宗材料由清算组移交破产企业上级主管机关保存;无上级主管机关的,由破产企业的开办人或者股东保存。

十四、其　他

第一百条 人民法院在审理企业破产案件中,发现破产企业的原法定代表人或者直接责任人员有企业破产法第三十五条所列行为的,应当向有关部门建议,对该法定代表人或者直接责任人员给予行政处分;涉嫌犯罪的,应当将有关材料移送相关国家机关处理。

第一百零一条 破产企业有企业破产法第三十五条所列行为,致使企业财产无法收回,造成实际损失的,清算组可以对破产企业的原法定代表人、直接责任人员提起民事诉讼,要求其承担民事赔偿责任。

第一百零二条 人民法院受理企业破产案件后,发现企业有巨额财产下落不明的,应当将有关涉嫌犯罪的情况和材料,移送相关国家机关处理。

第一百零三条 人民法院可以建议有关部门对破产企业的主要责任人员限制其再行开办企业,在法定期限内禁止其担任公司的董事、监事、经理。

第一百零四条 最高人民法院发现各级人民法院,或者上级人民法院发现下级人民法院在破产程序中作出的裁定确有错误的,应当通知其纠正;不予纠正的,可以裁定指令下级人民法院重新作出裁定。

第一百零五条 纳入国家计划调整的企业破产案件,除适用本规定外,还应当适用国家有关企业破产的相关规定。

第一百零六条 本规定自 2002 年 9 月 1 日起施行。在本规定发布前制定的有关审理企业破产案件的司法解释,与本规定相抵触的,不再适用。

最高人民法院关于审理企业破产案件指定管理人的规定

- 2007 年 4 月 12 日
- 法释〔2007〕8 号

一、管理人名册的编制

第一条 人民法院审理企业破产案件应当指定管理人。除企业破产法和本规定另有规定外,管理人应当从管理人名册中指定。

第二条 高级人民法院应当根据本辖区律师事务所、会计师事务所、破产清算事务所等社会中介机构及专职从业人员数量和企业破产案件数量,确定由本院或者所辖中级人民法院编制管理人名册。

人民法院应当分别编制社会中介机构管理人名册和个人管理人名册。由直辖市以外的高级人民法院编制的管理人名册中,应当注明社会中介机构和个人所属中级人民法院辖区。

第三条 符合企业破产法规定条件的社会中介机构及其具备相关专业知识并取得执业资格的人员,均可申请编入管理人名册。已被编入机构管理人名册的社会中介机构中,具备相关专业知识并取得执业资格的人员,可以申请编入个人管理人名册。

第四条 社会中介机构及个人申请编入管理人名册的,应当向所在地区编制管理人名册的人民法院提出,由该人民法院予以审定。

人民法院不受理异地申请,但异地社会中介机构在本辖区内设立的分支机构提出申请的除外。

第五条 人民法院应当通过本辖区有影响的媒体就编制管理人名册的有关事项进行公告。公告应当包括以下内容:

(一)管理人申报条件;

(二)应当提交的材料;

(三)评定标准、程序;

（四）管理人的职责以及相应的法律责任；

（五）提交申报材料的截止时间；

（六）人民法院认为应当公告的其他事项。

第六条 律师事务所、会计师事务所申请编入管理人名册的，应当提供下列材料：

（一）执业证书、依法批准设立文件或者营业执照；

（二）章程；

（三）本单位专职从业人员名单及其执业资格证书复印件；

（四）业务和业绩材料；

（五）行业自律组织对所提供材料真实性以及有无被行政处罚或者纪律处分情况的证明；

（六）人民法院要求的其他材料。

第七条 破产清算事务所申请编入管理人名册的，应当提供以下材料：

（一）营业执照或者依法批准设立的文件；

（二）本单位专职从业人员的法律或者注册会计师资格证书，或者经营管理经历的证明材料；

（三）业务和业绩材料；

（四）能够独立承担民事责任的证明材料；

（五）行业自律组织对所提供材料真实性以及有无被行政处罚或者纪律处分情况的证明，或者申请人就上述情况所作的真实性声明；

（六）人民法院要求的其他材料。

第八条 个人申请编入管理人名册的，应当提供下列材料：

（一）律师或者注册会计师执业证书复印件以及执业年限证明；

（二）所在社会中介机构同意其担任管理人的函件；

（三）业务专长及相关业绩材料；

（四）执业责任保险证明；

（五）行业自律组织对所提供材料真实性以及有无被行政处罚或者纪律处分情况的证明；

（六）人民法院要求的其他材料。

第九条 社会中介机构及个人具有下列情形之一的，人民法院可以适用企业破产法第二十四条第三款第四项的规定：

（一）因执业、经营中故意或者重大过失行为，受到行政机关、监管机构或者行业自律组织行政处罚或者纪律处分之日起未逾三年；

（二）因涉嫌违法行为正被相关部门调查；

（三）因不适当履行职务或者拒绝接受人民法院指定等原因，被人民法院从管理人名册除名之日起未逾三年；

（四）缺乏担任管理人所应具备的专业能力；

（五）缺乏承担民事责任的能力；

（六）人民法院认为可能影响履行管理人职责的其他情形。

第十条 编制管理人名册的人民法院应当组成专门的评审委员会，决定编入管理人名册的社会中介机构和个人名单。评审委员会成员应不少于七人。

人民法院应当根据本辖区社会中介机构以及社会中介机构中个人的实际情况，结合其执业业绩、能力、专业水准、社会中介机构的规模、办理企业破产案件的经验等因素制定管理人评定标准，由评审委员会根据申报人的具体情况评定其综合分数。

人民法院根据评审委员会评审结果，确定管理人初审名册。

第十一条 人民法院应当将管理人初审名册通过本辖区有影响的媒体进行公示，公示期为十日。

对于针对编入初审名册的社会中介机构和个人提出的异议，人民法院应当进行审查。异议成立、申请人确不宜担任管理人的，人民法院应将该社会中介机构或者个人从管理人初审名册中删除。

第十二条 公示期满后，人民法院应审定管理人名册，并通过全国有影响的媒体公布，同时逐级报最高人民法院备案。

第十三条 人民法院可以根据本辖区的实际情况，分批确定编入管理人名册的社会中介机构及个人。

编制管理人名册的全部资料应当建立档案备查。

第十四条 人民法院可以根据企业破产案件受理情况、管理人履行职务以及管理人资格变化等因素，对管理人名册适时进行调整。新编入管理人名册的社会中介机构和个人应当按照本规定的程序办理。

人民法院发现社会中介机构或者个人有企业破产法第二十四条第三款规定情形的，应当将其从管理人名册中除名。

二、管理人的指定

第十五条 受理企业破产案件的人民法院指定管理人，一般应从本地管理人名册中指定。

对于商业银行、证券公司、保险公司等金融机构以及在全国范围内有重大影响、法律关系复杂、债务人财产分散的企业破产案件，人民法院可以从所在地区高级人民法院编制的管理人名册列明的其他地区管理人或者异地人民法院编制的管理人名册中指定管理人。

第十六条 受理企业破产案件的人民法院，一般应指定管理人名册中的社会中介机构担任管理人。

第十七条 对于事实清楚、债权债务关系简单、债务人财产相对集中的企业破产案件，人民法院可以指定管理人名册中的个人为管理人。

第十八条 企业破产案件有下列情形之一的，人民法院可以指定清算组为管理人：

（一）破产申请受理前，根据有关规定已经成立清算组，人民法院认为符合本规定第十九条的规定；

（二）审理企业破产法第一百三十三条规定的案件；

（三）有关法律规定企业破产时成立清算组；

（四）人民法院认为可以指定清算组为管理人的其他情形。

第十九条 清算组为管理人的，人民法院可以从政府有关部门、编入管理人名册的社会中介机构、金融资产管理公司中指定清算组成员，人民银行及金融监督管理机构可以按照有关法律和行政法规的规定派人参加清算组。

第二十条 人民法院一般应当按照管理人名册所列名单采取轮候、抽签、摇号等随机方式公开指定管理人。

第二十一条 对于商业银行、证券公司、保险公司等金融机构或者在全国范围有重大影响、法律关系复杂、债务人财产分散的企业破产案件，人民法院可以采取公告的方式，邀请编入各地人民法院管理人名册中的社会中介机构参与竞争，从参与竞争的社会中介机构中指定管理人。参与竞争的社会中介机构不得少于三家。

采取竞争方式指定管理人的，人民法院应当组成专门的评审委员会。

评审委员会应当结合案件的特点，综合考量社会中介机构的专业水准、经验、机构规模、初步报价等因素，从参与竞争的社会中介机构中择优指定管理人。被指定为管理人的社会中介机构应经评审委员会成员二分之一以上通过。

采取竞争方式指定管理人的，人民法院应当确定一至两名备选社会中介机构，作为需要更换管理人时的接替人选。

第二十二条 对于经过行政清理、清算的商业银行、证券公司、保险公司等金融机构的破产案件，人民法院除可以按照本规定第十八条第一项的规定指定管理人外，也可以在金融监督管理机构推荐的已编入管理人名册的社会中介机构中指定管理人。

第二十三条 社会中介机构、清算组成员有下列情形之一，可能影响其忠实履行管理人职责的，人民法院可以认定为企业破产法第二十四条第三款第三项规定的利害关系：

（一）与债务人、债权人有未了结的债权债务关系；

（二）在人民法院受理破产申请前三年内，曾为债务人提供相对固定的中介服务；

（三）现在是或者在人民法院受理破产申请前三年内曾经是债务人、债权人的控股股东或者实际控制人；

（四）现在担任或者在人民法院受理破产申请前三年内曾经担任债务人、债权人的财务顾问、法律顾问；

（五）人民法院认为可能影响其忠实履行管理人职责的其他情形。

第二十四条　清算组成员的派出人员、社会中介机构的派出人员、个人管理人有下列情形之一，可能影响其忠实履行管理人职责的，可以认定为企业破产法第二十四条第三款第三项规定的利害关系：

（一）具有本规定第二十三条规定情形；

（二）现在担任或者在人民法院受理破产申请前三年内曾经担任债务人、债权人的董事、监事、高级管理人员；

（三）与债权人或者债务人的控股股东、董事、监事、高级管理人员存在夫妻、直系血亲、三代以内旁系血亲或者近姻亲关系；

（四）人民法院认为可能影响其公正履行管理人职责的其他情形。

第二十五条　在进入指定管理人程序后，社会中介机构或者个人发现与本案有利害关系的，应主动申请回避并向人民法院书面说明情况。人民法院认为社会中介机构或者个人与本案有利害关系的，不应指定该社会中介机构或者个人为本案管理人。

第二十六条　社会中介机构或者个人有重大债务纠纷或者因涉嫌违法行为正被相关部门调查的，人民法院不应指定该社会中介机构或者个人为本案管理人。

第二十七条　人民法院指定管理人应当制作决定书，并向被指定为管理人的社会中介机构或者个人、破产申请人、债务人、债务人的企业登记机关送达。决定书应与受理破产申请的民事裁定书一并公告。

第二十八条　管理人无正当理由，不得拒绝人民法院的指定。

管理人一经指定，不得以任何形式将管理人应当履行的职责全部或者部分转给其他社会中介机构或者个人。

第二十九条　管理人凭指定管理人决定书按照国家有关规定刻制管理人印章，并交人民法院封样备案后启用。

管理人印章只能用于所涉破产事务。管理人根据企业破产法第一百二十二条规定终止执行职务后，应当将管理人印章交公安机关销毁，并将销毁的证明送交人民法院。

第三十条　受理企业破产案件的人民法院应当将指定管理人过程中形成的材料存入企业破产案件卷宗，债权人会议或者债权人委员会有权查阅。

三、管理人的更换

第三十一条　债权人会议根据企业破产法第二十二条第二款的规定申请更换管理人的，应由债权人会议作出决议并向人民法院提出书面申请。

人民法院在收到债权人会议的申请后，应当通知管理人在两日内作出书面说明。

第三十二条　人民法院认为申请理由不成立的，应当自收到管理人书面说明之日起十日内作出驳回申请的决定。

人民法院认为申请更换管理人的理由成立的，应当自收到管理人书面说明之日起十日内作出更换管理人的决定。

第三十三条　社会中介机构管理人有下列情形之一的，人民法院可以根据债权人会议的申请或者依职权迳行决定更换管理人：

（一）执业许可证或者营业执照被吊销或者注销；

（二）出现解散、破产事由或者丧失承担执业责任风险的能力；

（三）与本案有利害关系；

（四）履行职务时，因故意或者重大过失导致债权人利益受到损害；

（五）有本规定第二十六条规定的情形。

清算组成员参照适用前款规定。

第三十四条 个人管理人有下列情形之一的，人民法院可以根据债权人会议的申请或者依职权迳行决定更换管理人：

（一）执业资格被取消、吊销；

（二）与本案有利害关系；

（三）履行职务时，因故意或者重大过失导致债权人利益受到损害；

（四）失踪、死亡或者丧失民事行为能力；

（五）因健康原因无法履行职务；

（六）执业责任保险失效；

（七）有本规定第二十六条规定的情形。

清算组成员的派出人员、社会中介机构的派出人员参照适用前款规定。

第三十五条 管理人无正当理由申请辞去职务的，人民法院不予许可。正当理由的认定，可参照适用本规定第三十三条、第三十四条规定的情形。

第三十六条 人民法院对管理人申请辞去职务未予许可，管理人仍坚持辞去职务并不再履行管理人职责的，人民法院应当决定更换管理人。

第三十七条 人民法院决定更换管理人的，原管理人应当自收到决定书之次日起，在人民法院监督下向新任管理人移交全部资料、财产、营业事务及管理人印章，并及时向新任管理人书面说明工作进展情况。原管理人不能履行上述职责的，新任管理人可以直接接管相关事务。

在破产程序终结前，原管理人应当随时接受新任管理人、债权人会议、人民法院关于其履行管理人职责情况的询问。

第三十八条 人民法院决定更换管理人的，应将决定书送达原管理人、新任管理人、破产申请人、债务人以及债务人的企业登记机关，并予公告。

第三十九条 管理人申请辞去职务未获人民法院许可，但仍坚持辞职并不再履行管理人职责，或者人民法院决定更换管理人后，原管理人拒不向新任管理人移交相关事务，人民法院可以根据企业破产法第一百三十条的规定和具体情况，决定对管理人罚款。对社会中介机构为管理人的罚款5万元至20万元人民币，对个人为管理人的罚款1万元至5万元人民币。

管理人有前款规定行为或者无正当理由拒绝人民法院指定的，编制管理人名册的人民法院可以决定停止其担任管理人一年至三年，或者将其从管理人名册中除名。

第四十条 管理人不服罚款决定的，可以向上一级人民法院申请复议，上级人民法院应在收到复议申请后五日内作出决定，并将复议结果通知下级人民法院和当事人。

最高人民法院关于审理企业破产案件确定管理人报酬的规定

- 2007年4月12日
- 法释〔2007〕9号

为公正、高效审理企业破产案件，规范人民法院确定管理人报酬工作，根据《中华人民共和国企业破产法》的规定，制定本规定。

第一条 管理人履行企业破产法第二十五条规定的职责，有权获得相应报酬。

管理人报酬由审理企业破产案件的人民法院依据本规定确定。

第二条 人民法院应根据债务人最终清偿的财产价值总额，在以下比例限制范围内分

段确定管理人报酬:

(一)不超过一百万元(含本数,下同)的,在12%以下确定;

(二)超过一百万元至五百万元的部分,在10%以下确定;

(三)超过五百万元至一千万元的部分,在8%以下确定;

(四)超过一千万元至五千万元的部分,在6%以下确定;

(五)超过五千万元至一亿元的部分,在3%以下确定;

(六)超过一亿元至五亿元的部分,在1%以下确定;

(七)超过五亿元的部分,在0.5%以下确定。

担保权人优先受偿的担保物价值,不计入前款规定的财产价值总额。

高级人民法院认为有必要的,可以参照上述比例在30%的浮动范围内制定符合当地实际情况的管理人报酬比例限制范围,并通过当地有影响的媒体公告,同时报最高人民法院备案。

第三条 人民法院可以根据破产案件的实际情况,确定管理人分期或者最后一次性收取报酬。

第四条 人民法院受理企业破产申请后,应当对债务人可供清偿的财产价值和管理人的工作量作出预测,初步确定管理人报酬方案。管理人报酬方案应当包括管理人报酬比例和收取时间。

第五条 人民法院采取公开竞争方式指定管理人的,可以根据社会中介机构提出的报价确定管理人报酬方案,但报酬比例不得超出本规定第二条规定的限制范围。

上述报酬方案一般不予调整,但债权人会议异议成立的除外。

第六条 人民法院应当自确定管理人报酬方案之日起三日内,书面通知管理人。

管理人应当在第一次债权人会议上报告管理人报酬方案内容。

第七条 管理人、债权人会议对管理人报酬方案有意见的,可以进行协商。双方就调整管理人报酬方案内容协商一致的,管理人应向人民法院书面提出具体的请求和理由,并附相应的债权人会议决议。

人民法院经审查认为上述请求和理由不违反法律和行政法规强制性规定,且不损害他人合法权益的,应当按照双方协商的结果调整管理人报酬方案。

第八条 人民法院确定管理人报酬方案后,可以根据破产案件和管理人履行职责的实际情况进行调整。

人民法院应当自调整管理人报酬方案之日起三日内,书面通知管理人。管理人应当自收到上述通知之日起三日内,向债权人委员会或者债权人会议主席报告管理人报酬方案调整内容。

第九条 人民法院确定或者调整管理人报酬方案时,应当考虑以下因素:

(一)破产案件的复杂性;

(二)管理人的勤勉程度;

(三)管理人为重整、和解工作做出的实际贡献;

(四)管理人承担的风险和责任;

(五)债务人住所地居民可支配收入及物价水平;

(六)其他影响管理人报酬的情况。

第十条 最终确定的管理人报酬及收取情况,应列入破产财产分配方案。在和解、重整程序中,管理人报酬方案内容应列入和解协议草案或重整计划草案。

第十一条 管理人收取报酬,应当向人民法院提出书面申请。申请书应当包括以下内容:

(一)可供支付报酬的债务人财产情况;

(二)申请收取报酬的时间和数额;

(三)管理人履行职责的情况。

人民法院应当自收到上述申请书之日起十日内,确定支付管理人的报酬数额。

第十二条 管理人报酬从债务人财产中优先支付。

债务人财产不足以支付管理人报酬和管理人执行职务费用的，管理人应当提请人民法院终结破产程序。但债权人、管理人、债务人的出资人或者其他利害关系人愿意垫付上述报酬和费用的，破产程序可以继续进行。

上述垫付款项作为破产费用从债务人财产中向垫付人随时清偿。

第十三条 管理人对担保物的维护、变现、交付等管理工作付出合理劳动的，有权向担保权人收取适当的报酬。管理人与担保权人就上述报酬数额不能协商一致的，人民法院应当参照本规定第二条规定的方法确定，但报酬比例不得超出该条规定限制范围的10%。

第十四条 律师事务所、会计师事务所通过聘请本专业的其他社会中介机构或者人员协助履行管理人职责的，所需费用从其报酬中支付。

破产清算事务所通过聘请其他社会中介机构或者人员协助履行管理人职责的，所需费用从其报酬中支付。

第十五条 清算组中有关政府部门派出的工作人员参与工作的不收取报酬。其他机构或人员的报酬根据其履行职责的情况确定。

第十六条 管理人发生更换的，人民法院应当分别确定更换前后的管理人报酬。其报酬比例总和不得超出本规定第二条规定的限制范围。

第十七条 债权人会议对管理人报酬有异议的，应当向人民法院书面提出具体的请求和理由。异议书应当附有相应的债权人会议决议。

第十八条 人民法院应当自收到债权人会议异议书之日起三日内通知管理人。管理人应当自收到通知之日起三日内作出书面说明。

人民法院认为有必要的，可以举行听证会，听取当事人意见。

人民法院应当自收到债权人会议异议书之日起十日内，就是否调整管理人报酬问题书面通知管理人、债权人委员会或者债权人会议主席。

最高人民法院关于适用《中华人民共和国企业破产法》若干问题的规定(一)

- 2011年9月9日
- 法释〔2011〕22号

为正确适用《中华人民共和国企业破产法》，结合审判实践，就人民法院依法受理企业破产案件适用法律问题作出如下规定。

第一条 债务人不能清偿到期债务并且具有下列情形之一的，人民法院应当认定其具备破产原因：

(一)资产不足以清偿全部债务；

(二)明显缺乏清偿能力。

相关当事人以对债务人的债务负有连带责任的人未丧失清偿能力为由，主张债务人不具备破产原因的，人民法院应不予支持。

第二条 下列情形同时存在的，人民法院应当认定债务人不能清偿到期债务：

(一)债权债务关系依法成立；

(二)债务履行期限已经届满；

(三)债务人未完全清偿债务。

第三条 债务人的资产负债表，或者审计报告、资产评估报告等显示其全部资产不足以偿付全部负债的，人民法院应当认定债务人资产不足以清偿全部债务，但有相反证据足以证明债务人资产能够偿付全部负债的除外。

第四条 债务人账面资产虽大于负债，但存在下列情形之一的，人民法院应当认定其明显缺乏清偿能力：

(一)因资金严重不足或者财产不能变现等原因，无法清偿债务；

(二)法定代表人下落不明且无其他

人员负责管理财产,无法清偿债务;

(三)经人民法院强制执行,无法清偿债务;

(四)长期亏损且经营扭亏困难,无法清偿债务;

(五)导致债务人丧失清偿能力的其他情形。

第五条 企业法人已解散但未清算或者未在合理期限内清算完毕,债权人申请债务人破产清算的,除债务人在法定异议期限内举证证明其未出现破产原因外,人民法院应当受理。

第六条 债权人申请债务人破产的,应当提交债务人不能清偿到期债务的有关证据。债务人对债权人的申请未在法定期限内向人民法院提出异议,或者异议不成立的,人民法院应当依法裁定受理破产申请。

受理破产申请后,人民法院应当责令债务人依法提交其财产状况说明、债务清册、债权清册、财务会计报告等有关材料,债务人拒不提交的,人民法院可以对债务人的直接责任人员采取罚款等强制措施。

第七条 人民法院收到破产申请时,应当向申请人出具收到申请及所附证据的书面凭证。

人民法院收到破产申请后应当及时对申请人的主体资格、债务人的主体资格和破产原因,以及有关材料和证据等进行审查,并依据企业破产法第十条的规定作出是否受理的裁定。

人民法院认为申请人应当补充、补正相关材料的,应当自收到破产申请之日起五日内告知申请人。当事人补充、补正相关材料的期间不计入企业破产法第十条规定的期限。

第八条 破产案件的诉讼费用,应根据企业破产法第四十三条的规定,从债务人财产中拨付。相关当事人以申请人未预先交纳诉讼费用为由,对破产申请提出异议的,人民法院不予支持。

第九条 申请人向人民法院提出破产申请,人民法院未接收其申请,或者未按本规定第七条执行的,申请人可以向上一级人民法院提出破产申请。

上一级人民法院接到破产申请后,应当责令下级法院依法审查并及时作出是否受理的裁定;下级法院仍不作出是否受理裁定的,上一级人民法院可以径行作出裁定。

上一级人民法院裁定受理破产申请的,可以同时指令下级人民法院审理该案件。

最高人民法院关于适用《中华人民共和国企业破产法》若干问题的规定(二)

- 2013年9月5日
- 法释〔2013〕22号

根据《中华人民共和国企业破产法》、《中华人民共和国物权法》、《中华人民共和国合同法》等相关法律,结合审判实践,就人民法院审理企业破产案件中认定债务人财产相关的法律适用问题,制定本规定。

第一条 除债务人所有的货币、实物外,债务人依法享有的可以用货币估价并可以依法转让的债权、股权、知识产权、用益物权等财产和财产权益,人民法院均应认定为债务人财产。

第二条 下列财产不应认定为债务人财产:

(一)债务人基于仓储、保管、承揽、代销、借用、寄存、租赁等合同或者其他法律关系占有、使用的他人财产;

(二)债务人在所有权保留买卖中尚未取得所有权的财产;

(三)所有权专属于国家且不得转让的财产;

(四)其他依照法律、行政法规不属于债务人的财产。

第三条 债务人已依法设定担保物权的特定财产,人民法院应当认定为债务人财产。

对债务人的特定财产在担保物权消灭或者实现担保物权后的剩余部分，在破产程序中可用以清偿破产费用、共益债务和其他破产债权。

第四条 债务人对按份享有所有权的共有财产的相关份额，或者共同享有所有权的共有财产的相应财产权利，以及依法分割共有财产所得部分，人民法院均应认定为债务人财产。

人民法院宣告债务人破产清算，属于共有财产分割的法定事由。人民法院裁定债务人重整或者和解的，共有财产的分割应当依据物权法第九十九条的规定进行；基于重整或者和解的需要必须分割共有财产，管理人请求分割的，人民法院应予准许。

因分割共有财产导致其他共有人损害产生的债务，其他共有人请求作为共益债务清偿的，人民法院应予支持。

第五条 破产申请受理后，有关债务人财产的执行程序未依照企业破产法第十九条的规定中止的，采取执行措施的相关单位应当依法予以纠正。依法执行回转的财产，人民法院应当认定为债务人财产。

第六条 破产申请受理后，对于可能因有关利益相关人的行为或者其他原因，影响破产程序依法进行的，受理破产申请的人民法院可以根据管理人的申请或者依职权，对债务人的全部或者部分财产采取保全措施。

第七条 对债务人财产已采取保全措施的相关单位，在知悉人民法院已裁定受理有关债务人的破产申请后，应当依照企业破产法第十九条的规定及时解除对债务人财产的保全措施。

第八条 人民法院受理破产申请后至破产宣告前裁定驳回破产申请，或者依据企业破产法第一百零八条的规定裁定终结破产程序的，应当及时通知原已采取保全措施并已依法解除保全措施的单位按照原保全顺位恢复相关保全措施。

在已依法解除保全的单位恢复保全措施或者表示不再恢复之前，受理破产申请的人民法院不得解除对债务人财产的保全措施。

第九条 管理人依据企业破产法第三十一条和第三十二条的规定提起诉讼，请求撤销涉及债务人财产的相关行为并由相对人返还债务人财产的，人民法院应予支持。

管理人因过错未依法行使撤销权导致债务人财产不当减损，债权人提起诉讼主张管理人对其损失承担相应赔偿责任的，人民法院应予支持。

第十条 债务人经过行政清理程序转入破产程序的，企业破产法第三十一条和第三十二条规定的可撤销行为的起算点，为行政监管机构作出撤销决定之日。

债务人经过强制清算程序转入破产程序的，企业破产法第三十一条和第三十二条规定的可撤销行为的起算点，为人民法院裁定受理强制清算申请之日。

第十一条 人民法院根据管理人的请求撤销涉及债务人财产的以明显不合理价格进行的交易的，买卖双方应当依法返还从对方获取的财产或者价款。

因撤销该交易，对于债务人应返还受让人已支付价款所产生的债务，受让人请求作为共益债务清偿的，人民法院应予支持。

第十二条 破产申请受理前一年内债务人提前清偿的未到期债务，在破产申请受理前已经到期，管理人请求撤销该清偿行为的，人民法院不予支持。但是，该清偿行为发生在破产申请受理前六个月内且债务人有企业破产法第二条第一款规定情形的除外。

第十三条 破产申请受理后，管理人未依据企业破产法第三十一条的规定请求撤销债务人无偿转让财产、以明显不合理价格交易、放弃债权行为的，债权人依据合同法第七十四条等规定提起诉讼，请求撤销债务人上述行为并将因此追回的财产归入债务人财产的，人民法院应予受理。

相对人以债权人行使撤销权的范围超出债权人的债权抗辩的，人民法院不予支持。

第十四条 债务人对以自有财产设定担保物权的债权进行的个别清偿，管理人依据企业破产法第三十二条的规定请求撤销的，人民法院不予支持。但是，债务清偿时担保财产的价值低于债权额的除外。

第十五条 债务人经诉讼、仲裁、执行程序对债权人进行的个别清偿，管理人依据企业破产法第三十二条的规定请求撤销的，人民法院不予支持。但是，债务人与债权人恶意串通损害其他债权人利益的除外。

第十六条 债务人对债权人进行的以下个别清偿，管理人依据企业破产法第三十二条的规定请求撤销的，人民法院不予支持：

（一）债务人为维系基本生产需要而支付水费、电费等的；

（二）债务人支付劳动报酬、人身损害赔偿金的；

（三）使债务人财产受益的其他个别清偿。

第十七条 管理人依据企业破产法第三十三条的规定提起诉讼，主张被隐匿、转移财产的实际占有人返还债务人财产，或者主张债务人虚构债务或者承认不真实债务的行为无效并返还债务人财产的，人民法院应予支持。

第十八条 管理人代表债务人依据企业破产法第一百二十八条的规定，以债务人的法定代表人和其他直接责任人员对所涉债务人财产的相关行为存在故意或者重大过失，造成债务人财产损失为由提起诉讼，主张上述责任人员承担相应赔偿责任的，人民法院应予支持。

第十九条 债务人对外享有债权的诉讼时效，自人民法院受理破产申请之日起中断。

债务人无正当理由未对其到期债权及时行使权利，导致其对外债权在破产申请受理前一年内超过诉讼时效期间的，人民法院受理破产申请之日起重新计算上述债权的诉讼时效期间。

第二十条 管理人代表债务人提起诉讼，主张出资人向债务人依法缴付未履行的出资或者返还抽逃的出资本息，出资人以认缴出资尚未届至公司章程规定的缴纳期限或者违反出资义务已经超过诉讼时效为由抗辩的，人民法院不予支持。

管理人依据公司法的相关规定代表债务人提起诉讼，主张公司的发起人和负有监督股东履行出资义务的董事、高级管理人员，或者协助抽逃出资的其他股东、董事、高级管理人员、实际控制人等，对股东违反出资义务或者抽逃出资承担相应责任，并将财产归入债务人财产的，人民法院应予支持。

第二十一条 破产申请受理前，债权人就债务人财产提起下列诉讼，破产申请受理时案件尚未审结的，人民法院应当中止审理：

（一）主张次债务人代替债务人直接向其偿还债务的；

（二）主张债务人的出资人、发起人和负有监督股东履行出资义务的董事、高级管理人员，或者协助抽逃出资的其他股东、董事、高级管理人员、实际控制人等直接向其承担出资不实或者抽逃出资责任的；

（三）以债务人的股东与债务人法人人格严重混同为由，主张债务人的股东直接向其偿还债务人对其所负债务的；

（四）其他就债务人财产提起的个别清偿诉讼。

债务人破产宣告后，人民法院应当依照企业破产法第四十四条的规定判决驳回债权人的诉讼请求。但是，债权人一审中变更其诉讼请求为追收的相关财产归入债务人财产的除外。

债务人破产宣告前，人民法院依据企业破产法第十二条或者第一百零八条的规定裁定驳回破产申请或者终结破产程序的，上述中止审理的案件应当依法恢复审理。

第二十二条 破产申请受理前，债权人就债务人财产向人民法院提起本规定第二十一条第一款所列诉讼，人民法院已经作出生效民事判决书或者调解书但尚未执行完毕的，破产申请受理后，相关执行行为应当依据企业破产法第十九条的规定中止，债权人应当依法向管理人申报相关债权。

第二十三条 破产申请受理后，债权人就债务人财产向人民法院提起本规定第二十一条第一款所列诉讼的，人民法院不予受理。

债权人通过债权人会议或者债权人委员会，要求管理人依法向次债务人、债务人的出资人等追收债务人财产，管理人无正当理由拒绝追收，债权人会议依据企业破产法第二十二条的规定，申请人民法院更换管理人的，人民法院应予支持。

管理人不予追收，个别债权人代表全体债权人提起相关诉讼，主张次债务人或者债务人的出资人等向债务人清偿或者返还债务人财产，或者依法申请合并破产的，人民法院应予受理。

第二十四条 债务人有企业破产法第二条第一款规定的情形时，债务人的董事、监事和高级管理人员利用职权获取的以下收入，人民法院应当认定为企业破产法第三十六条规定的非正常收入：

（一）绩效奖金；

（二）普遍拖欠职工工资情况下获取的工资性收入；

（三）其他非正常收入。

债务人的董事、监事和高级管理人员拒不向管理人返还上述债务人财产，管理人主张上述人员予以返还的，人民法院应予支持。

债务人的董事、监事和高级管理人员因返还第一款第（一）项、第（三）项非正常收入形成的债权，可以作为普通破产债权清偿。因返还第一款第（二）项非正常收入形成的债权，依据企业破产法第一百一十三条第三款的规定，按照该企业职工平均工资计算的部分作为拖欠职工工资清偿；高出该企业职工平均工资计算的部分，可以作为普通破产债权清偿。

第二十五条 管理人拟通过清偿债务或者提供担保取回质物、留置物，或者与质权人、留置权人协议以质物、留置物折价清偿债务等方式，进行对债权人利益有重大影响的财产处分行为的，应当及时报告债权人委员会。未设立债权人委员会的，管理人应当及时报告人民法院。

第二十六条 权利人依据企业破产法第三十八条的规定行使取回权，应当在破产财产变价方案或者和解协议、重整计划草案提交债权人会议表决前向管理人提出。权利人在上述期限后主张取回相关财产的，应当承担延迟行使取回权增加的相关费用。

第二十七条 权利人依据企业破产法第三十八条的规定向管理人主张取回相关财产，管理人不予认可，权利人以债务人为被告向人民法院提起诉讼请求行使取回权的，人民法院应予受理。

权利人依据人民法院或者仲裁机关的相关生效法律文书向管理人主张取回所涉争议财产，管理人以生效法律文书错误为由拒绝其行使取回权的，人民法院不予支持。

第二十八条 权利人行使取回权时未依法向管理人支付相关的加工费、保管费、托运费、委托费、代销费等费用，管理人拒绝其取回相关财产的，人民法院应予支持。

第二十九条 对债务人占有的权属不清的鲜活易腐等不易保管的财产或者不及时变现价值将严重贬损的财产，管理人及时变价并提存变价款后，有关权利人就该变价款行使取回权的，人民法院应予支持。

第三十条 债务人占有的他人财产被违法转让给第三人，依据物权法第一百零六条的规定第三人已善意取得财产所有权，原权利人无法取回该财产的，人民法院应当按照以下规定处理：

（一）转让行为发生在破产申请受理前的，原权利人因财产损失形成的债权，作为普通破产债权清偿；

（二）转让行为发生在破产申请受理后的，因管理人或者相关人员执行职务导致原权利人损害产生的债务，作为共益债务清偿。

第三十一条 债务人占有的他人财产被违法转让给第三人，第三人已向债务人支付了转让价款，但依据物权法第一百零六条的规定未取得财产所有权，原权利人依法追回转让财产的，对因第三人已支付对价而产生的债务，人民法院应当按照以下规定处理：

（一）转让行为发生在破产申请受理前的，作为普通破产债权清偿；

（二）转让行为发生在破产申请受理后的，作为共益债务清偿。

第三十二条 债务人占有的他人财产毁损、灭失，因此获得的保险金、赔偿金、代偿物尚未交付给债务人，或者代偿物虽已交付给债务人但能与债务人财产予以区分的，权利人主张取回就此获得的保险金、赔偿金、代偿物的，人民法院应予支持。

保险金、赔偿金已经交付给债务人，或者代偿物已经交付给债务人且不能与债务人财产予以区分的，人民法院应当按照以下规定处理：

（一）财产毁损、灭失发生在破产申请受理前的，权利人因财产损失形成的债权，作为普通破产债权清偿；

（二）财产毁损、灭失发生在破产申请受理后的，因管理人或者相关人员执行职务导致权利人损害产生的债务，作为共益债务清偿。

债务人占有的他人财产毁损、灭失，没有获得相应的保险金、赔偿金、代偿物，或者保险金、赔偿物、代偿物不足以弥补其损失的部分，人民法院应当按照本条第二款的规定处理。

第三十三条 管理人或者相关人员在执行职务过程中，因故意或者重大过失不当转让他人财产或者造成他人财产毁损、灭失，导致他人损害产生的债务作为共益债务，由债务人财产随时清偿不足弥补损失，权利人向管理人或者相关人员主张承担补充赔偿责任的，人民法院应予支持。

上述债务作为共益债务由债务人财产随时清偿后，债权人以管理人或者相关人员执行职务不当导致债务人财产减少给其造成损失为由提起诉讼，主张管理人或者相关人员承担相应赔偿责任的，人民法院应予支持。

第三十四条 买卖合同双方当事人在合同中约定标的物所有权保留，在标的物所有权未依法转移给买受人前，一方当事人破产的，该买卖合同属于双方均未履行完毕的合同，管理人有权依据企业破产法第十八条的规定决定解除或者继续履行合同。

第三十五条 出卖人破产，其管理人决定继续履行所有权保留买卖合同的，买受人应当按照原买卖合同的约定支付价款或者履行其他义务。

买受人未依约支付价款或者履行完毕其他义务，或者将标的物出卖、出质或者作出其他不当处分，给出卖人造成损害，出卖人管理人依法主张取回标的物的，人民法院应予支持。但是，买受人已经支付标的物总价款百分之七十五以上或者第三人善意取得标的物所有权或者其他物权的除外。

因本条第二款规定未能取回标的物，出卖人管理人依法主张买受人继续支付价款、履行完毕其他义务，以及承担相应赔偿责任的，人民法院应予支持。

第三十六条 出卖人破产，其管理人决定解除所有权保留买卖合同，并依据企业破产法第十七条的规定要求买受人向其交付买卖标的物的，人民法院应予支持。

买受人以其不存在未依约支付价款或者履行完毕其他义务，或者将标的物出卖、出质或者作出其他不当处分情形抗辩的，人民法院不予支持。

买受人依法履行合同义务并依据本条第一款将买卖标的物交付出卖人管理人后，买受人已支付价款损失形成的债权作为共益债务清偿。但是，买受人违反合同约定，出卖人管理人主张上述债权作为普通破产债权清偿的，人民法院应予支持。

第三十七条 买受人破产，其管理人决定继续履行所有权保留买卖合同的，原买卖合同中约定的买受人支付价款或者履行其他义务的期限在破产申请受理时视为到期，买受人管理人应当及时向出卖人支付价款或者履行其他义务。

买受人管理人无正当理由未及时支付价款或者履行完毕其他义务，或者将标的物出卖、出质或者作出其他不当处分，给出卖人造成损害，出卖人依据合同法第一百三十四条等规定主张取回标的物的，人民法院应予支持。但是，买受人已支付标的物总价款百分之七十五以上或者第三人善意取得标的物所有权或者其他物权的除外。

因本条第二款规定未能取回标的物，出卖人依法主张买受人继续支付价款、履行完毕其他义务，以及承担相应赔偿责任的，人民法院应予支持。对因买受人未支付价款或者未履行完毕其他义务，以及买受人管理人将标的物出卖、出质或者作出其他不当处分导致出卖人损害产生的债务，出卖人主张作为共益债务清偿的，人民法院应予支持。

第三十八条 买受人破产，其管理人决定解除所有权保留买卖合同，出卖人依据企业破产法第三十八条的规定主张取回买卖标的物的，人民法院应予支持。

出卖人取回买卖标的物，买受人管理人主张出卖人返还已支付价款的，人民法院应予支持。取回的标的物价值明显减少给出卖人造成损失的，出卖人可从买受人已支付价款中优先予以抵扣后，将剩余部分返还给买受人；对买受人已支付价款不足以弥补出卖人标的物价值减损损失形成的债权，出卖人主张作为共益债务清偿的，人民法院应予支持。

第三十九条 出卖人依据企业破产法第三十九条的规定，通过通知承运人或者实际占有人中止运输、返还货物、变更到达地，或者将货物交给其他收货人等方式，对在运途中标的物主张了取回权但未能实现，或者在货物未达管理人前已向管理人主张取回在运途中标的物，在买卖标的物到达管理人后，出卖人向管理人主张取回的，管理人应予准许。

出卖人对在运途中标的物未及时行使取回权，在买卖标的物到达管理人后向管理人行使在运途中标的物取回权的，管理人不应准许。

第四十条 债务人重整期间，权利人要求取回债务人合法占有的权利人的财产，不符合双方事先约定条件的，人民法院不予支持。但是，因管理人或者自行管理的债务人违反约定，可能导致取回物被转让、毁损、灭失或者价值明显减少的除外。

第四十一条 债权人依据企业破产法第四十条的规定行使抵销权，应当向管理人提出抵销主张。

管理人不得主动抵销债务人与债权人的互负债务，但抵销使债务人财产受益的除外。

第四十二条 管理人收到债权人提出的主张债务抵销的通知后，经审查无异议的，抵销自管理人收到通知之日起生效。

管理人对抵销主张有异议的，应当在约定的异议期限内或者自收到主张债务抵销的通知之日起三个月内向人民法院提起诉讼。无正当理由逾期提起的，人民法院不予支持。

人民法院判决驳回管理人提起的抵销无效诉讼请求的，该抵销自管理人收到主张债务抵销的通知之日起生效。

第四十三条 债权人主张抵销,管理人以下列理由提出异议的,人民法院不予支持:

(一)破产申请受理时,债务人对债权人负有的债务尚未到期;

(二)破产申请受理时,债权人对债务人负有的债务尚未到期;

(三)双方互负债务标的物种类、品质不同。

第四十四条 破产申请受理前六个月内,债务人有企业破产法第二条第一款规定的情形,债务人与个别债权人以抵销方式对个别债权人清偿,其抵销的债权债务属于企业破产法第四十条第(二)、(三)项规定的情形之一,管理人在破产申请受理之日起三个月内向人民法院提起诉讼,主张该抵销无效的,人民法院应予支持。

第四十五条 企业破产法第四十条所列不得抵销情形的债权人,主张以其对债务人特定财产享有优先受偿权的债权,与债务人对其不享有优先受偿权的债权抵销,债务人管理人以抵销存在企业破产法第四十条规定的情形提出异议的,人民法院不予支持。但是,用以抵销的债权大于债权人享有优先受偿权财产价值的除外。

第四十六条 债务人的股东主张以下列债务与债务人对其负有的债务抵销,债务人管理人提出异议的,人民法院应予支持:

(一)债务人股东因欠缴债务人的出资或者抽逃出资对债务人所负的债务;

(二)债务人股东滥用股东权利或者关联关系损害公司利益对债务人所负的债务。

第四十七条 人民法院受理破产申请后,当事人提起的有关债务人的民事诉讼案件,应当依据企业破产法第二十一条的规定,由受理破产申请的人民法院管辖。

受理破产申请的人民法院管辖的有关债务人的第一审民事案件,可以依据民事诉讼法第三十八条的规定,由上级人民法院提审,或者报请上级人民法院批准后交下级人民法院审理。

受理破产申请的人民法院,如对有关债务人的海事纠纷、专利纠纷、证券市场因虚假陈述引发的民事赔偿纠纷等案件不能行使管辖权的,可以依据民事诉讼法第三十七条的规定,由上级人民法院指定管辖。

第四十八条 本规定施行前本院发布的有关企业破产的司法解释,与本规定相抵触的,自本规定施行之日起不再适用。

◎司法文件

最高人民法院关于贯彻执行法发〔1997〕2号文件第三条应注意的问题的通知

- 1998年7月31日
- 法函〔1998〕74号

各省、自治区、直辖市高级人民法院,新疆维吾尔自治区高级人民法院生产建设兵团分院:

近来,有的人民法院向我院请示如何适用法发〔1997〕2号《关于当前人民法院审理企业破产案件应当注意的几个问题的通知》第三条中“借用外国政府贷款或转贷款偿还任务尚未落实的国有工业企业,暂不受理其破产申请”的规定问题。经商全国企业兼并破产和职工再就业工作领导小组办公室同意,现就如何适用该条规定的有关问题通知如下,请遵照执行。

《关于当前人民法院审理企业破产案件应当注意的几个问题的通知》第三条解决的是我国政府向世界银行、亚洲开发银行或外国政府贷款,尔后转贷给国有工业企业项目单位的破产申请处置问题。因其属于政府外债,其借入和转贷过程均为政府行为,由政府承担最终还款责任,故不论项目单位是何种性质的企业,在偿还此类贷款任务尚未落实前,人民法院均暂不受理其破产申请,也暂不受理债权人申请其破产的案件。

最高人民法院关于人民法院在审理企业破产和改制案件中切实防止债务人逃废债务的紧急通知

- 2001年8月10日
- 法〔2001〕105号

各省、自治区、直辖市高级人民法院，解放军军事法院，新疆维吾尔自治区高级人民法院生产建设兵团分院：

为了确保在审理企业破产和改制案件时严格适用法律，准确把握政策界限，坚决抵制、排除地方保护主义干扰，有效制止逃废、悬空债务现象，现就人民法院当前审理企业破产和改制案件中应当特别注意的几个问题紧急通知如下：

一、人民法院审理企业破产和改制案件，是运用司法手段维护市场经济秩序、社会信用，促进经济体制改革和经济发展的重要方面，各级人民法院必须以江泽民同志“三个代表”重要思想为指导，提高认识，加强领导，配备政治强、业务精的审判人员积极而慎重地审理好每一件企业破产和改制案件。院领导要亲自过问，审理任务重的法院要组织专门的合议庭。各中、高级人民法院对本辖区内影响较大的案件，要随时了解情况，对于典型案件和重大问题，要及时向上级人民法院报告。

二、上级人民法院要切实加强对下级人民法院审理企业破产案件的监督和指导，对确有错误的宣告企业破产裁定，应当通知其依法纠正，必要时可以指令下级人民法院重新作出裁定。破产宣告后，债权人或债务人有异议的，可以在人民法院宣告企业破产之日起十日内，向上一级人民法院申请复议，上一级人民法院应当在十五日内作出复议决定。

三、人民法院对企业破产案件立案应慎重，经审查破产申请发现有逃废债务迹象，或者“资不抵债”证据不足的，应当责令申请人补充材料，不得盲目立案。发现债务人有巨额财产下落不明且债务人不能合理解释财产去向的，或者先行剥离企业有效资产另组企业，而后申请破产的，应当裁定驳回破产申请。对于内贸、外贸企业的破产申请，应当严格按照国经贸（1996）492号文件的批准程序规定，从严把握，审慎受理。

四、人民法院在审理企业破产案件时，要切实监督和指导清算组认真审查破产企业的财务报表和原始凭证，逐项核实债权、债务，最大限度地保护债权人和其他当事人的合法权益。对破产企业隐匿、私分和无偿转让、压价出售财产，以及违反法律，对未到期债务提前清偿损害其他债权人利益和放弃债权等行为，应当依法确认无效，或者依当事人的申请依法予以撤销，并采取有效措施追回财产，防止国有资产流失。要准确把握政策界限，对未列入《全国企业兼并破产和职工再就业工作计划》的国有工业企业破产，不能适用国务院国发（1994）59号和（1997）10号文件，而应当按照《中华人民共和国企业破产法（试行）》的规定办理，即破产企业财产变现所得必须用于按比例清偿债务，安置破产企业职工的费用只能从当地政府补贴、民政救济和社会保障等渠道予以妥善解决。严格禁止和纠正违反规定，随意“搭车”，损害债权人的合法利益的现象。凡是纳入国家兼并破产计划的国有企业破产案件，在未对破产财产依法清算、处置完毕前，不得裁定终结破产程序。

五、处置破产财产，一般应当采取拍卖的方式，并加强对拍卖程序的监督。要确保拍卖的透明度、公平性，防止拍卖流于形式。要依法确定竞买人的资格，除法律、法规及有关政策有明确规定外，不得任意限定竞买人。所拍卖的破产财产价格，应当以评估确定的价格为依据，按照国家有关规定确定底价，一次拍卖不成的，应当降低底价继续拍卖，仍无法成交的，可经债权人会议讨论通过或者人民法院裁定，以实物作价抵还债务。以实物作价抵还债务的，应当以最后一次拍卖底价作为基本依据，做到公平、公正。防止因不适当地采取实物分配的方式抵还破产债权，而损害债权人的利益。

六、应当严格依据法律及司法解释的规定认真审查并确认破产企业担保的效力。不能仅以担保系政府指令违背了担保人意志，或者以担保人无财产承担担保责任等为由，而确认担保合同无效，更不能在确认担保合同无效后，完全免除担保人的赔偿责任。债务人有多个普通债权人的，债务人与其中一个债权人恶意串通，将其全部或者部分财产抵押给该债权人，因此丧失了履行其他债务的能力，损害了其他债权人的合法权益，受损害的其他债权人请求人民法院撤销该抵押行为的，人民法院应依法予以支持。对于合法有效的抵押，要确保抵押权人优先受偿。

七、人民法院审理涉及企业公司制改造、股份合作制改造、债权转股权、国有小型企业出售、企业兼并及分立等国有企业改制的纠纷案件，应当严格适用法律与国家改制政策。有关法律、行政法规无明文规定的，可适用改制行为发生时国务院有关主管部门的规范性文件；违反法律、行政法规和国务院规定的政策的有关地方性改制文件，不能作为办案依据。

八、人民法院审理国有企业改制案件，凡是改制行为发生时国务院有关主管部门的规范性文件明确规定须履行审批手续，对未履行审批手续，且事后又未补办审批手续的，或者当事人双方恶意串通，损害国家或债权人利益的，应当依法确认有关协议无效；在小型企业出售中，出售方借出售企业逃废债务，受让人知情的，对债权人撤销企业出售合同的主张，应当依法予以支持。

九、人民法院审理国有企业改制案件，应当依法认真处理好改制企业遗留债务的承担问题。对于改制企业遗留债务，当事人之间约定了新的债务承担人、并经债权人同意的，可依当事人的约定；对于虽未经债权人同意，但新的债务承担人有足够能力清偿债务的，可按照实际情况确认由新的债务承担人承担债务；对于仅对改制企业的财产进行了处理，而未处理改制企业债务的，原则上应当由改制变更后的企业在所接受财产的等值范围内承担原企业遗留债务。

十、人民法院审理国有企业改制案件，对企业出售中，卖方隐瞒或遗漏原企业债务的，应当由卖方对所隐瞒或遗漏的债务向原企业的债权人承担责任；对企业股份合作制改造及吸收合并中，被兼并或被改制企业原资产管理人隐瞒或遗漏债务的，应当由被兼并或被改制企业原资产管理人对所隐瞒或遗漏的债务承担民事责任；对借企业分立剥离企业有效资产，以逃避债务的，应当将分立后的企业列为共同被告，并依法确认由其承担连带责任。

请接到本通知后，立即组织有关审判人员学习，抓紧对本辖区法院所审理的案件进行一次认真检查，并制定贯彻执行措施，切实防止在审理企业破产和改制案件中债务人逃废债务的问题。检查、贯彻执行情况，及时报告最高人民法院。

◎请示答复

最高人民法院关于上海啤酒厂破产案中转让“天鹅”注册商标问题的答复

• 1997 年 3 月 11 日

上海市高级人民法院：

我院接国家工商行政管理局商标局转来材料，知悉上海市普陀区人民法院受理的上海啤酒厂破产一案中，债权人交通银行上海分行、中国银行上海市分行、建设银行上海三支行及“天鹅”牌上海啤酒商标的独占使用人上海啤酒有限公司向有关法院和国家工商行政管理局商标局反映：上海啤酒厂有《中华人民共和国企业破产法（试行）》第三十五条第一款第（二）项规定的行为，非正常压价出售“天鹅”等注册商标，要求确认该行为无效；同时反映上海啤酒厂企业破产清算组追认该项转让行为，损害了债权人利益。

经研究认为，如果所反映的情况属实，则有关“天鹅”等注册商标的申请转让，应属无效的民事行为；有关注册商标权应并入破产财产，经评估后依照我院《关于贯彻执行〈中华人民共和国企业破产法〉（试行）若干问题的意见》中的有关规定处理。

请你院监督指导上海市普陀区人民法院处理该注册商标转让的有关事宜，妥善处理有关各方的异议，并将处理结果尽快报告我院知识产权庭。

最高人民法院关于蓬莱京鲁通讯视像设备厂破产还债案有关法律适用问题的复函

- 2003年2月25日
- 〔2001〕民立他字第49号

山东省高级人民法院：

你院〔2001〕鲁法经字8－1号《关于蓬莱京鲁通讯视像设备厂破产还债一案有关问题的请示》收悉。经研究，答复如下：

对于你院所请示问题，最高人民法院1997年3月6日法发〔1997〕2号《关于当前人民法院审理企业破产案件应当注意的几个问题的通知》第十一条和2002年7月8日《关于审理企业破产案件若干问题的规定》第一百零四条均已作出明确规定，上级人民法院发现下级人民法院的裁定确有错误，应当通知其依法纠正；必要时可以裁定指令下级人民法院重新作出裁定。因此，对于已经审理终结的破产案件进行监督、纠正是有法可依的，但在适用时应当严格、谨慎，并应充分考虑该破产案件提起再审的可行性，依法妥善处理。

最高人民法院关于河南省高级人民法院就郑州亚细亚五彩购物广场有限公司破产一案中董桂琴等50家商户能否行使取回权问题请示的答复

- 2003年6月9日
- 〔2003〕民二他字第14号

河南省高级人民法院：

你院〔2003〕豫法民二函字第02号请示收悉。经研究，答复如下：

原则同意你院不支持董桂琴等50家商户行使取回权的第二种意见。董桂琴等50家商户与亚细亚五彩购物广场有限公司（以下简称五彩购物广场）形成了委托收取销售货款的关系，现有证据不能证明五彩购物广场对所收取的货款开立专门账户加以管理，即五彩购物广场代收的货款没有特定化。由于货币作为动产的特殊属性，董桂琴等50家商户对没有特定化的货款不具有所有权关系，在企业破产还债程序中不能行使取回权，可以以普通债权人的身份参与破产财产的分配。望你院并郑州中院做好当事人的工作。

此复

最高人民法院关于对《最高人民法院关于审理企业破产案件若干问题的规定》第五十六条理解的答复

- 2003年9月9日
- 法函〔2003〕46号

劳动和社会保障部：

你部2002年12月15日对我院《关于审理企业破产案件若干问题的规定》（以

下简称《规定》)第五十六条执行中的有关问题征求意见的函收悉,经研究,答复如下:

一、《规定》第五十六条不适用于纳入国家计划调整的企业破产案件,该类企业破产案件适用国务院国发〔1994〕59号《关于在若干城市试行国有企业破产有关问题的通知》和国发〔1997〕10号《关于在若干城市试行国有企业兼并破产和职工再就业有关问题的补充通知》的有关规定。在根据相关规定向破产企业职工发放安置费、经济补偿金后,不再就解除劳动合同补偿金予以补偿。

二、《规定》第五十六条中"依法或者依据劳动合同"的含义是:第一,补偿金的数额应当依据劳动合同的约定,劳动合同中没有约定的,则应依照法律、法规、参照部门规章的相关规定予以补偿。第二,如果劳动合同约定的补偿金或者根据有关规定确定的补偿金额过低或者过高,清算组可以根据有关规定进行调整。调整的标准,应当以破产企业正常生产经营状况下职工十二个月的月平均工资为基数计算补偿金额。第三,清算组调整后,企业的工会、职工个人认为补偿金仍然过低的,可以向受理破产案件的人民法院提出变更申请;债权人会议对清算组确定的职工补偿金有异议的,按《规定》第四十四条规定的程序进行。

最高人民法院执行工作办公室关于确定外资企业清算的裁决执行问题的复函

- 2003年10月10日
- 〔2002〕执他字第11号

广东省高级人民法院:

你院〔2001〕粤高法执监字第288号《关于是否受理澳大利亚庄臣有限公司依仲裁裁决申请执行广州金城房地产股份有限公司一案的请示报告》收悉。经研究,答复如下:

一、根据你院报告反映的情况,未发现本案仲裁裁决存在民事诉讼法第二百六十条规定的不予执行事由。

二、本案仲裁裁决主文(裁决项)要求进行的清算属于给付内容。只是根据现行司法解释和行政法规的规定,人民法院不主管对合营企业的清算,当事人不能自行清算的,由企业审批机关组织特别清算。因裁决主文明确指引清算以理由部分[仲裁庭的意见(三)]确定的原则进行,因此,本案裁决主文应当与理由联系起来理解,理由部分所述内容应当理解为构成裁决主文的一部分,其中关于清算后按比例分配资产的要求,也是给付内容,但具体给付数额需要根据清算结果确定。

三、本案中企业审批机关组织了特别清算。对于清算结果的依法确认问题,同意你院关于仲裁委秘书处无权代表仲裁庭对清算结果进行确认的意见,同时本案中仲裁委秘书处实际上并未真正确认清算结果。但清算委员会的清算报告经过审批机关确认后,在利害关系人没有明确异议的情况下,应当视为是确定的、有效的。该清算的结果使裁决中按比例分配资产的内容在具体分配数额方面得以明确。

四、为了维护生效裁判文书的权威性,维护清算的法律秩序和经济秩序,人民法院应当在适当的条件下,以强制力保障根据法院判决或者仲裁裁决所作的清算的依法进行和清算结果的实现。对本案中已经因清算结果而进一步明确的按比例分配资产的裁决内容,应当予以执行。

五、执行中应当注意,如果利害关系人对清算结果依法提出了异议,并启动了相应的行政或司法程序,执行法院对其争议的财产或其相应的数额应当暂时不予处理。

最高人民法院关于如何理解《最高人民法院关于破产法司法解释》第六十八条的请示的答复

• 2004年12月22日
• 〔2003〕民二他字第52号

河北省高级人民法院：

你院〔2003〕冀民二请字第4号《关于如何理解〈最高人民法院关于破产法司法解释〉第六十八条的请示》收悉。经研究，答复如下：

人民法院受理破产案件前，针对债务人的财产，已经启动了执行程序，但该执行程序在人民法院受理破产案件后仅作出了执行裁定，尚未将财产交付给申请人的，不属于司法解释指的执行完毕的情形，该财产在债务人被宣告破产后应列入破产财产。但应注意以下情况：

一、正在进行的执行程序不仅作出了生效的执行裁定，而且就被执行财产的处理履行了必要的评估拍卖程序，相关人已支付了对价，此时虽未办理变更登记手续，且非该相关人的过错，应视为执行财产已向申请人交付，该执行已完毕，该财产不应列入破产财产；

二、人民法院针对被执行财产采取了相应执行措施，该财产已脱离债务人实际控制，视为已向权利人交付，该执行已完毕，该财产不应列入破产财产。

最高人民法院执行工作办公室致江苏省高级人民法院和天津市高级人民法院的复函

• 〔2005〕执协字第19－1号

江苏省高级人民法院、天津市高级人民法院：

江苏省高级人民法院报送的〔2005〕苏执他字第5号《关于请求协调江阴市人民法院执行案件与天津市高级人民法院破产案件产生争议的报告》和天津市高级人民法院津高法〔2005〕117号《关于天津金铭发展有限公司破产还债一案的紧急报告》及补充报告和有关材料均已收悉。经本院审查研究，提出处理意见如下：

经查明，1993年2月8日，天津市河北区百货公司（以下简称百货公司）与珠海金铭发展公司（以下简称珠海金铭公司）签订《合作协议书》，约定合作项目为中山商厦（现名金铭广场），珠海金铭公司向百货公司交付前期费用补偿后，可独立进行7—30层商品房的工程管理及销售，并约定所得利润在交付有关费用后归珠海金铭公司所有。同年6月，该项目正式开工建设。截至1996年底，该项目在建工程经委托评估价值为2.7亿元人民币。

1995年6月16日，珠海金铭公司与江阴第二纺织厂等债权人分别签订《还款协议》，约定珠海金铭公司应于同年12月底偿还欠款，逾期不付则用其在天津开发的中山商厦商品房按每平方米4000元的价格抵偿债务。该还款协议经江阴市公证处公证。因珠海金铭公司未按协议履行，江阴第二纺织厂等债权人分别向江阴市人民法院起诉。1997年12月12日、12月18日，江阴市人民法院分别作出〔1996〕澄郊民初字第141、142、191号民事判决书，确认上述还款协议合法有效；珠海金铭公司应归还欠款，逾期则以中山公寓A栋13层、14层、B栋13层、14层共计12套商品房按照每平方米4000元的价格抵债，产权归债权人所有；珠海金铭公司应在中山公寓竣工后6个月交房等。

1996年12月3日、1997年1月13日，百货公司分别与天津金铭发展有限公司（以下简称天津金铭公司）、珠海金铭公司签订了基本内容相同的两份《项目转让合同书》，约定百货公司退出该项目，将该项目全部转让给对方独立开发经营，并占有全部股份。天津市河北区政府以北政复〔1997〕5号批复同意百货公司与珠海金铭公司所签订的《项目转让合同书》。

2004年5月27日，天津市高级人民法院受理天津金铭公司破产案，同年8月11日裁定宣告破产。经债权人会议表决同意，清算组委托拍卖机构于2005年1月将金铭广场项目公开拍卖，上海金龙科技投资有限公司以1.98亿元人民币竞买成功。

上述事实，均有两高级人民法院报送的证据材料为证。

经本院协调，江阴市人民法院已将2004年9月9日查封的金铭广场30套商品房解封，天津市高级人民法院同意预留部分拍卖价款，待本院作出最终处理意见后依法处理。

本院认为，珠海金铭公司作为金铭广场的前期开发商，在天津金铭公司未参与金铭广场项目开发之前，依照合同约定有权处分其独立开发销售的部分房产。在金铭广场项目破产之前，珠海金铭公司自愿以其独立开发销售的部分房产抵偿所欠债务，是其真实意思表示，并不违反法律规定，也不损害第三方的利益，且天津金铭公司此后对以房抵债的事实也予以认可。该以房抵债协议经公证机关公证，并经江阴市人民法院判决确认合法有效，12套商品房的产权应自判决生效之日起即视为转移给江阴第二纺织厂等债权人，不属于破产财产。天津市高级人民法院在明知金铭广场部分房产尚有争议的情况下，将金铭广场项目整体拍卖的做法不妥。鉴于金铭广场已经在破产程序中被整体拍卖，故江阴第二纺织厂等债权人可依据判决确定的12套房屋，按照拍卖价格在拍卖预留款中折价受偿。不足清偿债权的部分可向破产清算组申报债权。

最高人民法院关于山西省大同市矿区法院执行案与湖南省株洲市中院破产案冲突请求我院协调的复函

- 2006年8月28日
- 〔2006〕执协字第14－1号

山西省高级人民法院：

你院〔2006〕晋执协字第1－1号《关于我省大同市矿区人民法院在湖南株洲执行受阻要求协调的报告》收悉。经研究，答复如下：

大同市矿区人民法院在执行大同煤矿集团有限责任公司（以下简称大同煤矿）与湖南省株洲市株洲光明玻璃集团有限公司（以下简称株洲光明公司）买卖合同纠纷一案中，于2005年11月22日冻结了被追加为被执行人的株洲市国有资产投资经营有限公司在建设银行株洲市城北支行的存款2000万元，但株洲市中级人民法院已于2005年11月2日受理了以株洲光明公司为申请人的破产还债案。根据民事诉讼法及相关司法解释的有关规定，大同市矿区人民法院应当中止对被执行人株洲光明公司的民事执行程序，同时告知债权人大同煤矿持生效法律文书向受理株洲光明公司破产案件的株洲市中级人民法院申报债权，参与破产企业的财产分配。如果债权人大同煤矿对株洲市中级人民法院宣告株洲光明公司破产有异议，可依法申诉。请你院接此函后，通知执行法院依法办理相关法律手续。

最高人民法院关于执行回转案件的申请执行人在被执行人破产案件中能否得到优先受偿保护的复函

- 2006年12月14日
- 〔2005〕执他字第27号

天津市高级人民法院：

你院《关于执行回转案件的申请执行人

在被执行人破产案件中能否得到优先受偿保护的请示》收悉。经研究,答复如下:

人民法院因原错误判决被撤销而进行执行回转,申请执行人在被执行人破产案件中能否得到优先受偿保护的问题,目前我国法律尚无明确规定。我们认为,因原错误判决而被执行的财产,并非因当事人的自主交易而转移。为此,不应当将当事人请求执行回转的权利作为普通债权对待。在执行回转案件被执行人破产的情况下,可以比照取回权制度,对执行回转案件申请执行人的权利予以优先保护,认定应当执行回转部分的财产数额,不属于破产财产。因此,审理破产案件的法院应当将该部分财产交由执行法院继续执行。

第二十四章　支付令的执行

◎司法解释

最高人民法院关于适用督促程序若干问题的规定

• 2001 年 1 月 8 日
• 法释〔2001〕2 号

为了在审判工作中正确适用督促程序，根据《中华人民共和国民事诉讼法》有关规定，现对适用督促程序处理案件的若干问题规定如下：

第一条　基层人民法院受理债权人依法申请支付令的案件，不受争议金额的限制。

第二条　共同债务人住所地、经常居住地不在同一基层人民法院辖区，各有关人民法院都有管辖权的，债权人可以向其中任何一个基层人民法院申请支付令；债权人向两个以上有管辖权的人民法院申请支付令的，由最先立案的人民法院管辖。

第三条　人民法院收到债权人的书面申请后，认为申请书不符合要求的，人民法院可以通知债权人限期补正。补正期间不计入民事诉讼法第一百九十二条①规定的期限。

第四条　对设有担保的债务案件主债务人发出的支付令，对担保人没有拘束力。债权人就担保关系单独提起诉讼的，支付令自行失效。

第五条　人民法院受理债权人的支付令申请后，经审理，有下列情况之一的，应当裁定驳回申请：

（一）当事人不适格；

（二）给付金钱或者汇票、本票、支票以及股票、债券、国库券、可转让的存款单等有价证券的证明文件没有约定逾期给付利息或者违约金、赔偿金，债权人坚持要求给付利息或者违约金、赔偿金；

（三）债权人要求给付的金钱或者汇票、本票、支票以及股票、债券、国库券、可转让的存款单等有价证券属于违法所得；

（四）债权人申请支付令之前已向人民法院申请诉前保全，或者申请支付令同时又要求诉前保全。

第六条　人民法院受理支付令申请后，债权人就同一债权关系又提起诉讼，或者人民法院发出支付令之日起三十日内无法送达债务人的，应当裁定终结督促程序。

第七条　债务人对债权债务关系没有异议，但对清偿能力、清偿期限、清偿方式等提出不同意见的，不影响支付令的效力。

第八条　债权人基于同一债权债务关系，向债务人提出多项支付请求，债务人仅就其中一项或几项请求提出异议的，不影响其他各项请求的效力。

第九条　债权人基于同一债权债务关系，就可分之债向多个债务人提出支付请求，多个债务人中的一人或几人提出异议的，不影响其他请求的效力。

第十条　人民法院作出终结督促程序前，债务人请求撤回异议的，应当准许。

第十一条　人民法院院长对本院已发生法律效力的支付令，发现确有错误，认为需要撤销的，应当提交审判委员会讨论决定后，裁定撤销支付令，驳回债权人的申请。

第十二条　最高人民法院有关适用督促程序的其他司法解释与本规定不一致的，以本规定为准。

---

①　根据法释〔2008〕18 号调整。

◎请示答复

最高人民法院关于支付令生效后发现确有错误应当如何处理问题的复函

• 1992 年 7 月 13 日
• 法函〔1992〕98 号

山东省高级人民法院：

你院鲁高法函〔1992〕35 号请示收悉。经研究，答复如下：

一、债务人未在法定期间提出书面异议，支付令即发生法律效力，债务人不得申请再审；超过法定期间债务人提出的异议，不影响支付令的效力。

二、人民法院院长对本院已经发生法律效力的支付令，发现确有错误，认为需要撤销的，应当提交审判委员会讨论通过后，裁定撤销原支付令，驳回债权人的申请。

第二十五章　具有给付内容的刑事裁判文书的执行

◎法律

中华人民共和国刑事诉讼法(节录)

- 1979年7月1日第五届全国人民代表大会第二次会议通过
- 根据1996年3月17日第八届全国人民代表大会第四次会议《关于修改〈中华人民共和国刑事诉讼法〉的决定》第一次修正
- 根据2012年3月14日第十一届全国人民代表大会第五次会议《关于修改〈中华人民共和国刑事诉讼法〉的决定》第二次修正

……

第七章　附带民事诉讼

第九十九条　【附带民事诉讼的提起】被害人由于被告人的犯罪行为而遭受物质损失的,在刑事诉讼过程中,有权提起附带民事诉讼。被害人死亡或者丧失行为能力的,被害人的法定代理人、近亲属有权提起附带民事诉讼。

如果是国家财产、集体财产遭受损失的,人民检察院在提起公诉的时候,可以提起附带民事诉讼。

第一百条　【附带民事诉讼中的保全措施】人民法院在必要的时候,可以采取保全措施,查封、扣押或者冻结被告人的财产。附带民事诉讼原告人或者人民检察院可以申请人民法院采取保全措施。人民法院采取保全措施,适用民事诉讼法的有关规定。

第一百零一条　【附带民事诉讼的调解和裁判】人民法院审理附带民事诉讼案件,可以进行调解,或者根据物质损失情况作出判决、裁定。

第一百零二条　【附带民事诉讼一并审判及例外】附带民事诉讼应当同刑事案件一并审判,只有为了防止刑事案件审判的过分迟延,才可以在刑事案件审判后,由同一审判组织继续审理附带民事诉讼。

……

第二百六十条　【罚金的执行】被判处罚金的罪犯,期满不缴纳的,人民法院应当强制缴纳;如果由于遭遇不能抗拒的灾祸缴纳确实有困难的,可以裁定减少或者免除。

第二百六十一条　【没收财产的执行】没收财产的判决,无论附加适用或者独立适用,都由人民法院执行;在必要的时候,可以会同公安机关执行。

……

中华人民共和国刑法(节录)①

- 1979年7月1日第五届全国人民代表大会第二次会议通过
- 1997年3月14日第八届全国人民代表大会第五次会议修订

……

第三十六条　【民事赔偿责任】由于犯罪行为而使被害人遭受经济损失的,对犯罪分子除依法给予刑事处罚外,并应根据情况判处赔偿经济损失。

承担民事赔偿责任的犯罪分子,同时被判处罚金,其财产不足以全部支付的,或者被判处没收财产的,应当先承担对被害人的民事赔偿责任。

第三十七条　【非刑罚性处置措施】对于犯罪情节轻微不需要判处刑罚的,可以免予刑事处罚,但是可以根据案件的不同情况,予以训诫或者责令具结悔过、赔礼道歉、赔偿损失,或者由主管部门予以行政处罚或者行政处分。

……

第六节　罚　　金

第五十二条　【罚金的判处】判处罚金,应当根据犯罪情节决定罚金数额。

第五十三条②　【罚金的缴纳】罚金在判决指定的期限内一次或者分期缴纳。期满不缴纳的,强制缴纳。对于不能全部缴纳罚金的,人民法院在任何时候发现被执行人有可以执行的财产,应当随时追缴。

由于遭遇不能抗拒的灾祸等原因缴纳确实有困难的,经人民法院裁定,可以延期缴纳、酌情减少或者免除。

……

第八节　没收财产

第五十九条　【没收财产的范围】没收财产是没收犯罪分子个人所有财产的一部或者全部。没收全部财产的,应当对犯罪分子个人及其扶养的家属保留必需的生活费用。

在判处没收财产的时候,不得没收属于犯罪分子家属所有或者应有的财产。

第六十条　【以没收的财产偿还债务】没收财产以前犯罪分子所负的正当债务,需要以没收的财产偿还的,经债权人请求,应当偿还。

……

---

① 根据1998年12月29日第九届全国人民代表大会常务委员会第六次会议通过的《关于惩治骗购外汇、逃汇和非法买卖外汇犯罪的决定》第一次修正,根据1999年12月25日第九届全国人民代表大会常务委员会第十三次会议通过的《中华人民共和国刑法修正案》第二次修正,根据2001年8月31日第九届全国人民代表大会常务委员会第二十三次会议通过的《中华人民共和国刑法修正案(二)》第三次修正,根据2001年12月29日第九届全国人民代表大会常务委员会第二十五次会议通过的《中华人民共和国刑法修正案(三)》第四次修正,根据2002年12月28日第九届全国人民代表大会常务委员会第三十一次会议通过的《中华人民共和国刑法修正案(四)》第五次修正,根据2005年2月28日第十届全国人民代表大会常务委员会第十四次会议通过的《中华人民共和国刑法修正案(五)》第六次修正,根据2006年6月29日第十届全国人民代表大会常务委员会第二十二次会议通过的《中华人民共和国刑法修正案(六)》第七次修正,根据2009年2月28日第十一届全国人民代表大会常务委员会第七次会议通过的《中华人民共和国刑法修正案(七)》第八次修正,根据2009年8月27日第十一届全国人民代表大会常务委员会第十次会议通过的《关于修改部分法律的决定》第九次修正,根据2011年2月25日第十一届全国人民代表大会常务委员会第十九次会议通过的《中华人民共和国刑法修正案(八)》第十次修正,根据2015年8月29日第十二届全国人民代表大会常务委员会第十六次会议通过的《中华人民共和国刑法修正案(九)》第十一次修正。

② 本条根据2015年11月1日施行的《刑法修正案(九)》第3条修改。

◎司法解释

最高人民法院关于适用《中华人民共和国刑事诉讼法》的解释(节录)

- 2012年12月20日
- 法释〔2012〕21号

……

第六章 附带民事诉讼

第一百三十八条 被害人因人身权利受到犯罪侵犯或者财物被犯罪分子毁坏而遭受物质损失的，有权在刑事诉讼过程中提起附带民事诉讼；被害人死亡或者丧失行为能力的，其法定代理人、近亲属有权提起附带民事诉讼。

因受到犯罪侵犯，提起附带民事诉讼或者单独提起民事诉讼要求赔偿精神损失的，人民法院不予受理。

第一百三十九条 被告人非法占有、处置被害人财产的，应当依法予以追缴或者责令退赔。被害人提起附带民事诉讼的，人民法院不予受理。追缴、退赔的情况，可以作为量刑情节考虑。

第一百四十条 国家机关工作人员在行使职权时，侵犯他人人身、财产权利构成犯罪，被害人或者其法定代理人、近亲属提起附带民事诉讼的，人民法院不予受理，但应当告知其可以依法申请国家赔偿。

第一百四十一条 人民法院受理刑事案件后，对符合刑事诉讼法第九十九条和本解释第一百三十八条第一款规定的，可以告知被害人或者其法定代理人、近亲属有权提起附带民事诉讼。

有权提起附带民事诉讼的人放弃诉讼权利的，应当准许，并记录在案。

第一百四十二条 国家财产、集体财产遭受损失，受损失的单位未提起附带民事诉讼，人民检察院在提起公诉时提起附带民事诉讼的，人民法院应当受理。

人民检察院提起附带民事诉讼的，应当列为附带民事诉讼原告人。

被告人非法占有、处置国家财产、集体财产的，依照本解释第一百三十九条的规定处理。

第一百四十三条 附带民事诉讼中依法负有赔偿责任的人包括：

（一）刑事被告人以及未被追究刑事责任的其他共同侵害人；

（二）刑事被告人的监护人；

（三）死刑罪犯的遗产继承人；

（四）共同犯罪案件中，案件审结前死亡的被告人的遗产继承人；

（五）对被害人的物质损失依法应当承担赔偿责任的其他单位和个人。

附带民事诉讼被告人的亲友自愿代为赔偿的，应当准许。

第一百四十四条 被害人或者其法定代理人、近亲属仅对部分共同侵害人提起附带民事诉讼的，人民法院应当告知其可以对其他共同侵害人，包括没有被追究刑事责任的共同侵害人，一并提起附带民事诉讼，但共同犯罪案件中同案犯在逃的除外。

被害人或者其法定代理人、近亲属放弃对其他共同侵害人的诉讼权利的，人民法院应当告知其相应法律后果，并在裁判文书中说明其放弃诉讼请求的情况。

第一百四十五条 附带民事诉讼的起诉条件是：

（一）起诉人符合法定条件；

（二）有明确的被告人；

（三）有请求赔偿的具体要求和事实、理由；

（四）属于人民法院受理附带民事诉讼的范围。

第一百四十六条 共同犯罪案件，同案犯在逃的，不应列为附带民事诉讼被告人。逃跑的同案犯到案后，被害人或者其法定代理人、近亲属可以对其提起附带民事诉讼，但已经从其他共同犯罪人处获得足额赔偿的除外。

第一百四十七条 附带民事诉讼应当在刑事案件立案后及时提起。

提起附带民事诉讼应当提交附带民事起诉状。

第一百四十八条 侦查、审查起诉期间，有权提起附带民事诉讼的人提出赔偿要求，经公安机关、人民检察院调解，当事人双方已经达成协议并全部履行，被害人或者其法定代理人、近亲属又提起附带民事诉讼的，人民法院不予受理，但有证据证明调解违反自愿、合法原则的除外。

第一百四十九条 被害人或者其法定代理人、近亲属提起附带民事诉讼的，人民法院应当在七日内决定是否立案。符合刑事诉讼法第九十九条以及本解释有关规定的，应当受理；不符合的，裁定不予受理。

第一百五十条 人民法院受理附带民事诉讼后，应当在五日内将附带民事起诉状副本送达附带民事诉讼被告人及其法定代理人，或者将口头起诉的内容及时通知附带民事诉讼被告人及其法定代理人，并制作笔录。

人民法院送达附带民事起诉状副本时，应当根据刑事案件的审理期限，确定被告人及其法定代理人提交附带民事答辩状的时间。

第一百五十一条 附带民事诉讼当事人对自己提出的主张，有责任提供证据。

第一百五十二条 人民法院对可能因被告人的行为或者其他原因，使附带民事判决难以执行的案件，根据附带民事诉讼原告人的申请，可以裁定采取保全措施，查封、扣押或者冻结被告人的财产；附带民事诉讼原告人未提出申请的，必要时，人民法院也可以采取保全措施。

有权提起附带民事诉讼的人因情况紧急，不立即申请保全将会使其合法权益受到难以弥补的损害的，可以在提起附带民事诉讼前，向被保全财产所在地、被申请人居住地或者对案件有管辖权的人民法院申请采取保全措施。申请人在人民法院受理刑事案件后十五日内未提起附带民事诉讼的，人民法院应当解除保全措施。

人民法院采取保全措施，适用民事诉讼法第一百条至第一百零五条的有关规定，但民事诉讼法第一百零一条第三款的规定除外。

第一百五十三条 人民法院审理附带民事诉讼案件，可以根据自愿、合法的原则进行调解。经调解达成协议的，应当制作调解书。调解书经双方当事人签收后，即具有法律效力。

调解达成协议并即时履行完毕的，可以不制作调解书，但应当制作笔录，经双方当事人、审判人员、书记员签名或者盖章后即发生法律效力。

第一百五十四条 调解未达成协议或者调解书签收前当事人反悔的，附带民事诉讼应当同刑事诉讼一并判决。

第一百五十五条 对附带民事诉讼作出判决，应当根据犯罪行为造成的物质损失，结合案件具体情况，确定被告人应当赔偿的数额。

犯罪行为造成被害人人身损害的，应当赔偿医疗费、护理费、交通费等为治疗和康复支付的合理费用，以及因误工减少的收入。造成被害人残疾的，还应当赔偿残疾生活辅助具费等费用；造成被害人死亡的，还应当赔偿丧葬费等费用。

驾驶机动车致人伤亡或者造成公私财产重大损失，构成犯罪的，依照《中华人民共和国道路交通安全法》第七十六条的规定确定赔偿责任。

附带民事诉讼当事人就民事赔偿问题达成调解、和解协议的，赔偿范围、数额不受第二款、第三款规定的限制。

第一百五十六条 人民检察院提起附带民事诉讼的，人民法院经审理，认为附带民事诉讼被告人依法应当承担赔偿责任的，应当判令附带民事诉讼被告人直接向遭受损失的单位作出赔偿；遭受损失的单位已经终止，有权利义务继受人的，应当判令其向继受人作出赔偿；没有权利义务继受人的，应当判令其向人民检察院交付赔偿款,由人民检察院上缴国库。

第一百五十七条 审理刑事附带民事诉讼案件,人民法院应当结合被告人赔偿被害人物质损失的情况认定其悔罪表现,并在量刑时予以考虑。

第一百五十八条 附带民事诉讼原告人经传唤,无正当理由拒不到庭,或者未经法庭许可中途退庭的,应当按撤诉处理。

刑事被告人以外的附带民事诉讼被告人经传唤,无正当理由拒不到庭,或者未经法庭许可中途退庭的,附带民事部分可以缺席判决。

第一百五十九条 附带民事诉讼应当同刑事案件一并审判,只有为了防止刑事案件审判的过分迟延,才可以在刑事案件审判后,由同一审判组织继续审理附带民事诉讼;同一审判组织的成员确实不能继续参与审判的,可以更换。

第一百六十条 人民法院认定公诉案件被告人的行为不构成犯罪,对已经提起的附带民事诉讼,经调解不能达成协议的,应当一并作出刑事附带民事判决。

人民法院准许人民检察院撤回起诉的公诉案件,对已经提起的附带民事诉讼,可以进行调解;不宜调解或者经调解不能达成协议的,应当裁定驳回起诉,并告知附带民事诉讼原告人可以另行提起民事诉讼。

第一百六十一条 第一审期间未提起附带民事诉讼,在第二审期间提起的,第二审人民法院可以依法进行调解;调解不成的,告知当事人可以在刑事判决、裁定生效后另行提起民事诉讼。

第一百六十二条 人民法院审理附带民事诉讼案件,不收取诉讼费。

第一百六十三条 人民法院审理附带民事诉讼案件,除刑法、刑事诉讼法以及刑事司法解释已有规定的以外,适用民事法律的有关规定。

第一百六十四条 被害人或者其法定代理人、近亲属在刑事诉讼过程中未提起附带民事诉讼,另行提起民事诉讼的,人民法院可以进行调解,或者根据物质损失情况作出判决。

……

第十九章 执行程序

第四节 财产刑和附带民事裁判的执行

第四百三十八条 财产刑和附带民事裁判由第一审人民法院负责裁判执行的机构执行。

第四百三十九条 罚金在判决规定的期限内一次或者分期缴纳。期满无故不缴纳或者未足额缴纳的,人民法院应当强制缴纳。经强制缴纳仍不能全部缴纳的,在任何时候,包括主刑执行完毕后,发现被执行人有可供执行的财产的,应当追缴。

行政机关对被告人就同一事实已经处以罚款的,人民法院判处罚金时应当折抵,扣除行政处罚已执行的部分。

判处没收财产的,判决生效后,应当立即执行。

第四百四十条 执行财产刑和附带民事裁判过程中,案外人对被执行财产提出权属异议的,人民法院应当参照民事诉讼有关执行异议的规定进行审查并作出处理。

第四百四十一条 被判处财产刑,同时又承担附带民事赔偿责任的被执行人,应当先履行民事赔偿责任。

判处财产刑之前被执行人所负正当债务,需要以被执行的财产偿还的,经债权人请求,应当偿还。

第四百四十二条 被执行人或者被执行财产在外地的,可以委托当地人民法院执行。

受托法院在执行财产刑后,应当及时将执行的财产上缴国库。

第四百四十三条 执行财产刑过程中,具有下列情形之一的,人民法院应当裁定中止执行:

(一)执行标的物系人民法院或者仲裁机构正在审理案件的争议标的物,需等

待该案件审理完毕确定权属的;

（二）案外人对执行标的物提出异议的;

（三）应当中止执行的其他情形。

中止执行的原因消除后,应当恢复执行。

第四百四十四条 执行财产刑过程中,具有下列情形之一的,人民法院应当裁定终结执行:

（一）据以执行的判决、裁定被撤销的;

（二）被执行人死亡或者被执行死刑,且无财产可供执行的;

（三）被判处罚金的单位终止,且无财产可供执行的;

（四）依照刑法第五十三条规定免除罚金的;

（五）应当终结执行的其他情形。

裁定终结执行后,发现被执行人的财产有被隐匿、转移等情形的,应当追缴。

第四百四十五条 财产刑全部或者部分被撤销的,已经执行的财产应当全部或者部分返还被执行人;无法返还的,应当依法赔偿。

第四百四十六条 因遭遇不能抗拒的灾祸缴纳罚金确有困难,被执行人申请减少或者免除罚金的,应当提交相关证明材料。人民法院应当在收到申请后一个月内作出裁定。符合法定减免条件的,应当准许;不符合条件的,驳回申请。

第四百四十七条 财产刑和附带民事裁判的执行,本解释没有规定的,参照适用民事执行的有关规定。

……

最高人民法院关于适用财产刑若干问题的规定

- 2000年12月13日
- 法释〔2000〕45号

为正确理解和执行刑法有关财产刑的规定,现就适用财产刑的若干问题规定如下:

第一条 刑法规定“并处”没收财产或者罚金的犯罪,人民法院在对犯罪分子判处主刑的同时,必须依法判处相应的财产刑,刑法规定“可以并处”没收财产或者罚金的犯罪,人民法院应当根据案件具体情况及犯罪分子的财产状况,决定是否适用财产刑。

第二条 人民法院应当根据犯罪情节,如违法所得数额、造成损失的大小等,并综合考虑犯罪分子缴纳罚金的能力,依法判处罚金。刑法没有明确规定罚金数额标准的,罚金的最低数额不能少于1000元。

对未成年人犯罪应当从轻或者减轻判处罚金,但罚金的最低数额不能少于500元。

第三条 依法对犯罪分子所犯数罪分别判处罚金的,应当实行并罚,将所判处的罚金数额相加,执行总和数额。

一人犯数罪依法同时并处罚金和没收财产的,应当合并执行;但并处没收全部财产的,只执行没收财产刑。

第四条 犯罪情节较轻,适用单处罚金不致再危害社会并具有下列情形之一的,可以依法单处罚金:

（一）偶犯或者初犯;

（二）自首或者有立功表现的;

（三）犯罪时不满18周岁的;

（四）犯罪预备、中止或者未遂的;

（五）被胁迫参加犯罪的;

（六）全部退赃并有悔罪表现的;

（七）其他可以依法单处罚金的情形。

第五条 刑法第五十三条规定的“判决指定的期限”应当在判决书中予以确定;“判决指定的期限”应为从判决发生法律效力第2日起最长不超过3个月。

第六条 刑法第五十三条规定的“由于遭遇不能抗拒的灾祸缴纳确实有困难的”,主要是指因遭受火灾、水灾、地震等灾祸而丧失财产;罪犯因重病、伤残等而丧失劳动能力，或者需要罪犯抚养的近亲属患有重病，需支付巨额医药费等，确实没有财产可供执行的情形。

具有刑法第五十三条规定"可以酌情减少或者免除"事由的，由罪犯本人、亲属或者犯罪单位向负责执行的人民法院提出书面申请，并提供相应的证明材料。人民法院审查以后，根据实际情况，裁定减少或者免除应当缴纳的罚金数额。

第七条 刑法第六十条规定的"没收财产以前犯罪分子所负的正当债务"，是指犯罪分子在判决生效前所负他人的合法债务。

第八条 罚金刑的数额应当以人民币为计算单位。

第九条 人民法院认为依法应当判处被告人财产刑的，可以在案件审理过程中，决定扣押或者冻结被告人的财产。

第十条 财产刑由第一审人民法院执行。

犯罪分子的财产在异地的，第一审人民法院可以委托财产所在地人民法院代为执行。

第十一条 自判决指定的期限届满第2日起，人民法院对于没有法定减免事由不缴纳罚金的，应当强制其缴纳。

对于隐藏、转移、变卖、损毁已被扣押、冻结财产情节严重的，依照刑法第三百一十四条的规定追究刑事责任。

最高人民法院关于刑事裁判涉财产部分执行的若干规定

- 2014年10月30日
- 法释〔2014〕13号

为进一步规范刑事裁判涉财产部分的执行，维护当事人合法权益，根据《中华人民共和国刑法》、《中华人民共和国刑事诉讼法》等法律规定，结合人民法院执行工作实际，制定本规定。

第一条 本规定所称刑事裁判涉财产部分的执行，是指发生法律效力的刑事裁判主文确定的下列事项的执行：

（一）罚金、没收财产；

（二）责令退赔；

（三）处置随案移送的赃款赃物；

（四）没收随案移送的供犯罪所用本人财物；

（五）其他应当由人民法院执行的相关事项。

刑事附带民事裁判的执行，适用民事执行的有关规定。

第二条 刑事裁判涉财产部分，由第一审人民法院执行。第一审人民法院可以委托财产所在地的同级人民法院执行。

第三条 人民法院办理刑事裁判涉财产部分执行案件的期限为六个月。有特殊情况需要延长的，经本院院长批准，可以延长。

第四条 人民法院刑事审判中可能判处被告人财产刑、责令退赔的，刑事审判部门应当依法对被告人的财产状况进行调查；发现可能隐匿、转移财产的，应当及时查封、扣押、冻结其相应财产。

第五条 刑事审判或者执行中，对于侦查机关已经采取的查封、扣押、冻结，人民法院应当在期限届满前及时续行查封、扣押、冻结。人民法院续行查封、扣押、冻结的顺位与侦查机关查封、扣押、冻结的顺位相同。

对侦查机关查封、扣押、冻结的财产，人民法院执行中可以直接裁定处置，无需侦查机关出具解除手续，但裁定中应当指明侦查机关查封、扣押、冻结的事实。

第六条 刑事裁判涉财产部分的裁判内容，应当明确、具体。涉案财物或者被害人人数较多，不宜在判决主文中详细列明的，可以概括叙明并另附清单。

判处没收部分财产的，应当明确没收的具体财物或者金额。

判处追缴或者责令退赔的，应当明确追缴或者退赔的金额或财物的名称、数量等相关情况。

第七条 由人民法院执行机构负责执行的刑事裁判涉财产部分，刑事审判部门应当及时移送立案部门审查立案。

移送立案应当提交生效裁判文书及其附件和其他相关材料，并填写《移送执行表》。《移送执行表》应当载明以下内容：

（一）被执行人、被害人的基本信息；

（二）已查明的财产状况或者财产线索；

（三）随案移送的财产和已经处置财产的情况；

（四）查封、扣押、冻结财产的情况；

（五）移送执行的时间；

（六）其他需要说明的情况。

人民法院立案部门经审查，认为属于移送范围且移送材料齐全的，应当在七日内立案，并移送执行机构。

第八条 人民法院可以向刑罚执行机关、社区矫正机构等有关单位调查被执行人的财产状况，并可以根据不同情形要求有关单位协助采取查封、扣押、冻结、划拨等执行措施。

第九条 判处没收财产的，应当执行刑事裁判生效时被执行人合法所有的财产。

执行没收财产或罚金刑，应当参照被扶养人住所地政府公布的上年度当地居民最低生活费标准，保留被执行人及其所扶养家属的生活必需费用。

第十条 对赃款赃物及其收益，人民法院应当一并追缴。

被执行人将赃款赃物投资或者置业，对因此形成的财产及其收益，人民法院应予追缴。

被执行人将赃款赃物与其他合法财产共同投资或者置业，对因此形成的财产中与赃款赃物对应的份额及其收益，人民法院应予追缴。

对于被害人的损失，应当按照刑事裁判认定的实际损失予以发还或者赔偿。

第十一条 被执行人将刑事裁判认定为赃款赃物的涉案财物用于清偿债务、转让或者设置其他权利负担，具有下列情形之一的，人民法院应予追缴：

（一）第三人明知是涉案财物而接受的；

（二）第三人无偿或者以明显低于市场的价格取得涉案财物的；

（三）第三人通过非法债务清偿或者违法犯罪活动取得涉案财物的；

（四）第三人通过其他恶意方式取得涉案财物的。

第三人善意取得涉案财物的，执行程序中不予追缴。作为原所有人的被害人对该涉案财物主张权利的，人民法院应当告知其通过诉讼程序处理。

第十二条 被执行财产需要变价的，人民法院执行机构应当依法采取拍卖、变卖等变价措施。

涉案财物最后一次拍卖未能成交，需要上缴国库的，人民法院应当通知有关财政机关以该次拍卖保留价予以接收；有关财政机关要求继续变价的，可以进行无保留价拍卖。需要退赔被害人的，以该次拍卖保留价以物退赔；被害人不同意以物退赔的，可以进行无保留价拍卖。

第十三条 被执行人在执行中同时承担刑事责任、民事责任，其财产不足以支付的，按照下列顺序执行：

（一）人身损害赔偿中的医疗费用；

（二）退赔被害人的损失；

（三）其他民事债务；

（四）罚金；

（五）没收财产。

债权人对执行标的依法享有优先受偿权，其主张优先受偿的，人民法院应当在前款第（一）项规定的医疗费用受偿后，予以支持。

第十四条 执行过程中，当事人、利害关系人认为执行行为违反法律规定，或者案外人对执行标的主张足以阻止执行的实体权利，向执行法院提出书面异议的，执行法院应当依照民事诉讼法第二百二十五条的规定处理。

人民法院审查案外人异议、复议，应当

公开听证。

第十五条 执行过程中，案外人或被害人认为刑事裁判中对涉案财物是否属于赃款赃物认定错误或者应予认定而未认定，向执行法院提出书面异议，可以通过裁定补正的，执行机构应当将异议材料移送刑事审判部门处理；无法通过裁定补正的，应当告知异议人通过审判监督程序处理。

第十六条 人民法院办理刑事裁判涉财产部分执行案件，刑法、刑事诉讼法及有关司法解释没有相应规定的，参照适用民事执行的有关规定。

第十七条 最高人民法院此前发布的司法解释与本规定不一致的，以本规定为准。

第二十六章　行政案件的执行

◎法律

中华人民共和国行政诉讼法

- 1989年4月4日第七届全国人民代表大会第二次会议通过
- 根据2014年11月1日第十二届全国人民代表大会常务委员会第十一次会议《关于修改〈中华人民共和国行政诉讼法〉的决定》修正

目　　录

第一章　总　　则

第一条　【立法目的】为保证人民法院公正、及时审理行政案件，解决行政争议，保护公民、法人和其他组织的合法权益，监督行政机关依法行使职权，根据宪法，制定本法。

第二条　【诉权】公民、法人或者其他组织认为行政机关和行政机关工作人员的行政行为侵犯其合法权益，有权依照本法向人民法院提起诉讼。

前款所称行政行为，包括法律、法规、规章授权的组织作出的行政行为。

第三条　【行政机关负责人出庭应诉】人民法院应当保障公民、法人和其他组织的起诉权利，对应当受理的行政案件依法受理。

行政机关及其工作人员不得干预、阻碍人民法院受理行政案件。

被诉行政机关负责人应当出庭应诉。不能出庭的，应当委托行政机关相应的工作人员出庭。

第四条　【独立行使审判权】人民法院依法对行政案件独立行使审判权，不受行政机关、社会团体和个人的干涉。

人民法院设行政审判庭，审理行政案件。

第五条　【以事实为根据，以法律为准绳原则】人民法院审理行政案件，以事实为根据，以法律为准绳。

第六条　【合法性审查原则】人民法院审理行政案件，对行政行为是否合法进行审查。

第七条　【合议、回避、公开审判和两审终审原则】人民法院审理行政案件，依法实行合议、回避、公开审判和两审终审制度。

第八条　【法律地位平等原则】当事人在行政诉讼中的法律地位平等。

第九条　【本民族语言文字原则】各民族公民都有用本民族语言、文字进行行政诉讼的权利。

在少数民族聚居或者多民族共同居住的地区，人民法院应当用当地民族通用的语言、文字进行审理和发布法律文书。

人民法院应当对不通晓当地民族通用的语言、文字的诉讼参与人提供翻译。

第十条 **【辩论原则】**当事人在行政诉讼中有权进行辩论。

第十一条 **【法律监督原则】**人民检察院有权对行政诉讼实行法律监督。

第二章 受案范围

第十二条 **【行政诉讼受案范围】**人民法院受理公民、法人或者其他组织提起的下列诉讼:

(一)对行政拘留、暂扣或者吊销许可证和执照、责令停产停业、没收违法所得、没收非法财物、罚款、警告等行政处罚不服的;

(二)对限制人身自由或者对财产的查封、扣押、冻结等行政强制措施和行政强制执行不服的;

(三)申请行政许可,行政机关拒绝或者在法定期限内不予答复,或者对行政机关作出的有关行政许可的其他决定不服的;

(四)对行政机关作出的关于确认土地、矿藏、水流、森林、山岭、草原、荒地、滩涂、海域等自然资源的所有权或者使用权的决定不服的;

(五)对征收、征用决定及其补偿决定不服的;

(六)申请行政机关履行保护人身权、财产权等合法权益的法定职责,行政机关拒绝履行或者不予答复的;

(七)认为行政机关侵犯其经营自主权或者农村土地承包经营权、农村土地经营权的;

(八)认为行政机关滥用行政权力排除或者限制竞争的;

(九)认为行政机关违法集资、摊派费用或者违法要求履行其他义务的;

(十)认为行政机关没有依法支付抚恤金、最低生活保障待遇或者社会保险待遇的;

(十一)认为行政机关不依法履行、未按照约定履行或者违法变更、解除政府特许经营协议、土地房屋征收补偿协议等协议的;

(十二)认为行政机关侵犯其他人身权、财产权等合法权益的。

除前款规定外,人民法院受理法律、法规规定可以提起诉讼的其他行政案件。

第十三条 **【受案范围的排除】**人民法院不受理公民、法人或者其他组织对下列事项提起的诉讼:

(一)国防、外交等国家行为;

(二)行政法规、规章或者行政机关制定、发布的具有普遍约束力的决定、命令;

(三)行政机关对行政机关工作人员的奖惩、任免等决定;

(四)法律规定由行政机关最终裁决的行政行为。

第三章 管 辖

第十四条 **【基层人民法院管辖第一审行政案件】**基层人民法院管辖第一审行政案件。

第十五条 **【中级人民法院管辖的第一审行政案件】**中级人民法院管辖下列第一审行政案件:

(一)对国务院部门或者县级以上地方人民政府所作的行政行为提起诉讼的案件;

(二)海关处理的案件;

(三)本辖区内重大、复杂的案件;

(四)其他法律规定由中级人民法院管辖的案件。

第十六条 **【高级人民法院管辖的第一审行政案件】**高级人民法院管辖本辖区内重大、复杂的第一审行政案件。

第十七条 **【最高人民法院管辖的第一审行政案件】**最高人民法院管辖全国范围内重大、复杂的第一审行政案件。

第十八条 **【一般地域管辖和法院跨行政区域管辖】**行政案件由最初作出行政行为的行政机关所在地人民法院管辖。经复议的案件,也可以由复议机关所在地人民法院管辖。

经最高人民法院批准，高级人民法院可以根据审判工作的实际情况，确定若干人民法院跨行政区域管辖行政案件。

第十九条　【限制人身自由行政案件的管辖】对限制人身自由的行政强制措施不服提起的诉讼，由被告所在地或者原告所在地人民法院管辖。

第二十条　【不动产行政案件的管辖】因不动产提起的行政诉讼，由不动产所在地人民法院管辖。

第二十一条　【选择管辖】两个以上人民法院都有管辖权的案件，原告可以选择其中一个人民法院提起诉讼。原告向两个以上有管辖权的人民法院提起诉讼的，由最先立案的人民法院管辖。

第二十二条　【移送管辖】人民法院发现受理的案件不属于本院管辖的，应当移送有管辖权的人民法院，受移送的人民法院应当受理。受移送的人民法院认为受移送的案件按照规定不属于本院管辖的，应当报请上级人民法院指定管辖，不得再自行移送。

第二十三条　【指定管辖】有管辖权的人民法院由于特殊原因不能行使管辖权的，由上级人民法院指定管辖。

人民法院对管辖权发生争议，由争议双方协商解决。协商不成的，报它们的共同上级人民法院指定管辖。

第二十四条　【管辖权转移】上级人民法院有权审理下级人民法院管辖的第一审行政案件。

下级人民法院对其管辖的第一审行政案件，认为需要由上级人民法院审理或者指定管辖的，可以报请上级人民法院决定。

第四章　诉讼参加人

第二十五条　【原告资格】行政行为的相对人以及其他与行政行为有利害关系的公民、法人或者其他组织，有权提起诉讼。

有权提起诉讼的公民死亡，其近亲属可以提起诉讼。

有权提起诉讼的法人或者其他组织终止，承受其权利的法人或者其他组织可以提起诉讼。

第二十六条　【被告资格】公民、法人或者其他组织直接向人民法院提起诉讼的，作出行政行为的行政机关是被告。

经复议的案件，复议机关决定维持原行政行为的，作出原行政行为的行政机关和复议机关是共同被告；复议机关改变原行政行为的，复议机关是被告。

复议机关在法定期限内未作出复议决定，公民、法人或者其他组织起诉原行政行为的，作出原行政行为的行政机关是被告；起诉复议机关不作为的，复议机关是被告。

两个以上行政机关作出同一行政行为的，共同作出行政行为的行政机关是共同被告。

行政机关委托的组织所作的行政行为，委托的行政机关是被告。

行政机关被撤销或者职权变更的，继续行使其职权的行政机关是被告。

第二十七条　【共同诉讼】当事人一方或者双方为二人以上，因同一行政行为发生的行政案件，或者因同类行政行为发生的行政案件、人民法院认为可以合并审理并经当事人同意的，为共同诉讼。

第二十八条　【代表人诉讼】当事人一方人数众多的共同诉讼，可以由当事人推选代表人进行诉讼。代表人的诉讼行为对其所代表的当事人发生效力，但代表人变更、放弃诉讼请求或者承认对方当事人的诉讼请求，应当经被代表的当事人同意。

第二十九条　【诉讼第三人】公民、法人或者其他组织同被诉行政行为有利害关系但没有提起诉讼，或者同案件处理结果有利害关系的，可以作为第三人申请参加诉讼，或者由人民法院通知参加诉讼。

人民法院判决第三人承担义务或者减损第三人权益的，第三人有权依法提起上诉。

第三十条　【法定代理人】没有诉讼行为能

力的公民，由其法定代理人代为诉讼。法定代理人互相推诿代理责任的，由人民法院指定其中一人代为诉讼。

第三十一条　【委托代理人】当事人、法定代理人，可以委托一至二人作为诉讼代理人。

下列人员可以被委托为诉讼代理人：

（一）律师、基层法律服务工作者；

（二）当事人的近亲属或者工作人员；

（三）当事人所在社区、单位以及有关社会团体推荐的公民。

第三十二条　【当事人及诉讼代理人权利】代理诉讼的律师，有权按照规定查阅、复制本案有关材料，有权向有关组织和公民调查，收集与本案有关的证据。对涉及国家秘密、商业秘密和个人隐私的材料，应当依照法律规定保密。

当事人和其他诉讼代理人有权按照规定查阅、复制本案庭审材料，但涉及国家秘密、商业秘密和个人隐私的内容除外。

第五章　证　　据

第三十三条　【证据种类】证据包括：

（一）书证；

（二）物证；

（三）视听资料；

（四）电子数据；

（五）证人证言；

（六）当事人的陈述；

（七）鉴定意见；

（八）勘验笔录、现场笔录。

以上证据经法庭审查属实，才能作为认定案件事实的根据。

第三十四条　【被告举证责任】被告对作出的行政行为负有举证责任，应当提供作出该行政行为的证据和所依据的规范性文件。

被告不提供或者无正当理由逾期提供证据，视为没有相应证据。但是，被诉行政行为涉及第三人合法权益，第三人提供证据的除外。

第三十五条　【行政机关收集证据的限制】在诉讼过程中，被告及其诉讼代理人不得自行向原告、第三人和证人收集证据。

第三十六条　【被告延期提供证据和补充证据】被告在作出行政行为时已经收集了证据，但因不可抗力等正当事由不能提供的，经人民法院准许，可以延期提供。

原告或者第三人提出了其在行政处理程序中没有提出的理由或者证据的，经人民法院准许，被告可以补充证据。

第三十七条　【原告可以提供证据】原告可以提供证明行政行为违法的证据。原告提供的证据不成立的，不免除被告的举证责任。

第三十八条　【原告举证责任】在起诉被告不履行法定职责的案件中，原告应当提供其向被告提出申请的证据。但有下列情形之一的除外：

（一）被告应当依职权主动履行法定职责的；

（二）原告因正当理由不能提供证据的。

在行政赔偿、补偿的案件中，原告应当对行政行为造成的损害提供证据。因被告的原因导致原告无法举证的，由被告承担举证责任。

第三十九条　【法院要求当事人提供或者补充证据】人民法院有权要求当事人提供或者补充证据。

第四十条　【法院调取证据】人民法院有权向有关行政机关以及其他组织、公民调取证据。但是，不得为证明行政行为的合法性调取被告作出行政行为时未收集的证据。

第四十一条　【申请法院调取证据】与本案有关的下列证据，原告或者第三人不能自行收集的，可以申请人民法院调取：

（一）由国家机关保存而须由人民法院调取的证据；

（二）涉及国家秘密、商业秘密和个人隐私的证据；

（三）确因客观原因不能自行收集的

其他证据。

第四十二条　【证据保全】在证据可能灭失或者以后难以取得的情况下，诉讼参加人可以向人民法院申请保全证据，人民法院也可以主动采取保全措施。

第四十三条　【证据适用规则】证据应当在法庭上出示，并由当事人互相质证。对涉及国家秘密、商业秘密和个人隐私的证据，不得在公开开庭时出示。

人民法院应当按照法定程序，全面、客观地审查核实证据。对未采纳的证据应当在裁判文书中说明理由。

以非法手段取得的证据，不得作为认定案件事实的根据。

第六章　起诉和受理

第四十四条　【行政复议与行政诉讼的关系】对属于人民法院受案范围的行政案件，公民、法人或者其他组织可以先向行政机关申请复议，对复议决定不服的，再向人民法院提起诉讼；也可以直接向人民法院提起诉讼。

法律、法规规定应当先向行政机关申请复议，对复议决定不服再向人民法院提起诉讼的，依照法律、法规的规定。

第四十五条　【经行政复议的起诉期限】公民、法人或者其他组织不服复议决定的，可以在收到复议决定书之日起十五日内向人民法院提起诉讼。复议机关逾期不作决定的，申请人可以在复议期满之日起十五日内向人民法院提起诉讼。法律另有规定的除外。

第四十六条　【起诉期限】公民、法人或者其他组织直接向人民法院提起诉讼的，应当自知道或者应当知道作出行政行为之日起六个月内提出。法律另有规定的除外。

因不动产提起诉讼的案件自行政行为作出之日起超过二十年，其他案件自行政行为作出之日起超过五年提起诉讼的，人民法院不予受理。

第四十七条　【行政机关不履行法定职责的起诉期限】公民、法人或者其他组织申请行政机关履行保护其人身权、财产权等合法权益的法定职责，行政机关在接到申请之日起两个月内不履行的，公民、法人或者其他组织可以向人民法院提起诉讼。法律、法规对行政机关履行职责的期限另有规定的，从其规定。

公民、法人或者其他组织在紧急情况下请求行政机关履行保护其人身权、财产权等合法权益的法定职责，行政机关不履行的，提起诉讼不受前款规定期限的限制。

第四十八条　【起诉期限的扣除和延长】公民、法人或者其他组织因不可抗力或者其他不属于其自身的原因耽误起诉期限的，被耽误的时间不计算在起诉期限内。

公民、法人或者其他组织因前款规定以外的其他特殊情况耽误起诉期限的，在障碍消除后十日内，可以申请延长期限，是否准许由人民法院决定。

第四十九条　【起诉条件】提起诉讼应当符合下列条件：

（一）原告是符合本法第二十五条规定的公民、法人或者其他组织；

（二）有明确的被告；

（三）有具体的诉讼请求和事实根据；

（四）属于人民法院受案范围和受诉人民法院管辖。

第五十条　【起诉方式】起诉应当向人民法院递交起诉状，并按照被告人数提出副本。

书写起诉状确有困难的，可以口头起诉，由人民法院记入笔录，出具注明日期的书面凭证，并告知对方当事人。

第五十一条　【登记立案】人民法院在接到起诉状时对符合本法规定的起诉条件的，应当登记立案。

对当场不能判定是否符合本法规定的起诉条件的，应当接收起诉状，出具注明收到日期的书面凭证，并在七日内决定是否立案。不符合起诉条件的，作出不予立案的裁定。裁定书应当载明不予立案的理由。原告对裁定不服的，可以提起上诉。

起诉状内容欠缺或者有其他错误的，应当给予指导和释明，并一次性告知当事人需要补正的内容。不得未经指导和释明即以起诉不符合条件为由不接收起诉状。

对于不接收起诉状、接收起诉状后不出具书面凭证，以及不一次性告知当事人需要补正的起诉状内容的，当事人可以向上级人民法院投诉，上级人民法院应当责令改正，并对直接负责的主管人员和其他直接责任人员依法给予处分。

第五十二条　【法院不立案的救济】人民法院既不立案，又不作出不予立案裁定的，当事人可以向上一级人民法院起诉。上一级人民法院认为符合起诉条件的，应当立案、审理，也可以指定其他下级人民法院立案、审理。

第五十三条　【规范性文件的附带审查】公民、法人或者其他组织认为行政行为所依据的国务院部门和地方人民政府及其部门制定的规范性文件不合法，在对行政行为提起诉讼时，可以一并请求对该规范性文件进行审查。

前款规定的规范性文件不含规章。

第七章　审理和判决

第一节　一般规定

第五十四条　【公开审理原则】人民法院公开审理行政案件，但涉及国家秘密、个人隐私和法律另有规定的除外。

涉及商业秘密的案件，当事人申请不公开审理的，可以不公开审理。

第五十五条　【回避】当事人认为审判人员与本案有利害关系或者有其他关系可能影响公正审判，有权申请审判人员回避。

审判人员认为自己与本案有利害关系或者有其他关系，应当申请回避。

前两款规定，适用于书记员、翻译人员、鉴定人、勘验人。

院长担任审判长时的回避，由审判委员会决定；审判人员的回避，由院长决定；其他人员的回避，由审判长决定。当事人对决定不服的，可以申请复议一次。

第五十六条　【诉讼不停止执行】诉讼期间，不停止行政行为的执行。但有下列情形之一的，裁定停止执行：

（一）被告认为需要停止执行的；

（二）原告或者利害关系人申请停止执行，人民法院认为该行政行为的执行会造成难以弥补的损失，并且停止执行不损害国家利益、社会公共利益的；

（三）人民法院认为该行政行为的执行会给国家利益、社会公共利益造成重大损害的；

（四）法律、法规规定停止执行的。

当事人对停止执行或者不停止执行的裁定不服的，可以申请复议一次。

第五十七条　【先予执行】人民法院对起诉行政机关没有依法支付抚恤金、最低生活保障金和工伤、医疗社会保险金的案件，权利义务关系明确、不先予执行将严重影响原告生活的，可以根据原告的申请，裁定先予执行。

当事人对先予执行裁定不服的，可以申请复议一次。复议期间不停止裁定的执行。

第五十八条　【拒不到庭或中途退庭的法律后果】经人民法院传票传唤，原告无正当理由拒不到庭，或者未经法庭许可中途退庭的，可以按照撤诉处理；被告无正当理由拒不到庭，或者未经法庭许可中途退庭的，可以缺席判决。

第五十九条　【妨害行政诉讼强制措施】诉讼参与人或者其他人有下列行为之一的，人民法院可以根据情节轻重，予以训诫、责令具结悔过或者处一万元以下的罚款、十五日以下的拘留；构成犯罪的，依法追究刑事责任：

（一）有义务协助调查、执行的人，对人民法院的协助调查决定、协助执行通知书，无故推拖、拒绝或者妨碍调查、执行的；

（二）伪造、隐藏、毁灭证据或者提供虚假证明材料，妨碍人民法院审理案件的；

（三）指使、贿买、胁迫他人作伪证或者威胁、阻止证人作证的；

（四）隐藏、转移、变卖、毁损已被查封、扣押、冻结的财产的；

（五）以欺骗、胁迫等非法手段使原告撤诉的；

（六）以暴力、威胁或者其他方法阻碍人民法院工作人员执行职务，或者以哄闹、冲击法庭等方法扰乱人民法院工作秩序的；

（七）对人民法院审判人员或者其他工作人员、诉讼参与人、协助调查和执行的人员恐吓、侮辱、诽谤、诬陷、殴打、围攻或者打击报复的。

人民法院对有前款规定的行为之一的单位，可以对其主要负责人或者直接责任人员依照前款规定予以罚款、拘留；构成犯罪的，依法追究刑事责任。

罚款、拘留须经人民法院院长批准。当事人不服的，可以向上一级人民法院申请复议一次。复议期间不停止执行。

第六十条 【调解】人民法院审理行政案件，不适用调解。但是，行政赔偿、补偿以及行政机关行使法律、法规规定的自由裁量权的案件可以调解。

调解应当遵循自愿、合法原则，不得损害国家利益、社会公共利益和他人合法权益。

第六十一条 【民事争议和行政争议交叉】在涉及行政许可、登记、征收、征用和行政机关对民事争议所作的裁决的行政诉讼中，当事人申请一并解决相关民事争议的，人民法院可以一并审理。

在行政诉讼中，人民法院认为行政案件的审理需以民事诉讼的裁判为依据的，可以裁定中止行政诉讼。

第六十二条 【撤诉】人民法院对行政案件宣告判决或者裁定前，原告申请撤诉的，或者被告改变其所作的行政行为，原告同意并申请撤诉的，是否准许，由人民法院裁定。

第六十三条 【审理依据】人民法院审理行政案件，以法律和行政法规、地方性法规为依据。地方性法规适用于本行政区域内发生的行政案件。

人民法院审理民族自治地方的行政案件，并以该民族自治地方的自治条例和单行条例为依据。

人民法院审理行政案件，参照规章。

第六十四条 【规范性文件审查和处理】人民法院在审理行政案件中，经审查认为本法第五十三条规定的规范性文件不合法的，不作为认定行政行为合法的依据，并向制定机关提出处理建议。

第六十五条 【裁判文书公开】人民法院应当公开发生法律效力的判决书、裁定书，供公众查阅，但涉及国家秘密、商业秘密和个人隐私的内容除外。

第六十六条 【有关行政机关工作人员和被告的处理】人民法院在审理行政案件中，认为行政机关的主管人员、直接责任人员违法违纪的，应当将有关材料移送监察机关、该行政机关或者其上一级行政机关；认为有犯罪行为的，应当将有关材料移送公安、检察机关。

人民法院对被告经传票传唤无正当理由拒不到庭，或者未经法庭许可中途退庭的，可以将被告拒不到庭或者中途退庭的情况予以公告，并可以向监察机关或者被告的上一级行政机关提出依法给予其主要负责人或者直接责任人员处分的司法建议。

第二节 第一审普通程序

第六十七条 【发送起诉状和提出答辩状】人民法院应当在立案之日起五日内，将起诉状副本发送被告。被告应当在收到起诉状副本之日起十五日内向人民法院提交作出行政行为的证据和所依据的规范性文件，并提出答辩状。人民法院应当在收到答辩状之日起五日内，将答辩状副本发送原告。

被告不提出答辩状的，不影响人民法院审理。

第六十八条　【审判组织形式】人民法院审理行政案件，由审判员组成合议庭，或者由审判员、陪审员组成合议庭。合议庭的成员，应当是三人以上的单数。

第六十九条　【驳回原告诉讼请求判决】行政行为证据确凿，适用法律、法规正确，符合法定程序的，或者原告申请被告履行法定职责或者给付义务理由不成立的，人民法院判决驳回原告的诉讼请求。

第七十条　【撤销判决和重作判决】行政行为有下列情形之一的，人民法院判决撤销或者部分撤销，并可以判决被告重新作出行政行为：

（一）主要证据不足的；

（二）适用法律、法规错误的；

（三）违反法定程序的；

（四）超越职权的；

（五）滥用职权的；

（六）明显不当的。

第七十一条　【重作判决对被告的限制】人民法院判决被告重新作出行政行为的，被告不得以同一的事实和理由作出与原行政行为基本相同的行政行为。

第七十二条　【履行判决】人民法院经过审理，查明被告不履行法定职责的，判决被告在一定期限内履行。

第七十三条　【给付判决】人民法院经过审理，查明被告依法负有给付义务的，判决被告履行给付义务。

第七十四条　【确认违法判决】行政行为有下列情形之一的，人民法院判决确认违法，但不撤销行政行为：

（一）行政行为依法应当撤销，但撤销会给国家利益、社会公共利益造成重大损害的；

（二）行政行为程序轻微违法，但对原告权利不产生实际影响的。

行政行为有下列情形之一，不需要撤销或者判决履行的，人民法院判决确认违法：

（一）行政行为违法，但不具有可撤销内容的；

（二）被告改变原违法行政行为，原告仍要求确认原行政行为违法的；

（三）被告不履行或者拖延履行法定职责，判决履行没有意义的。

第七十五条　【确认无效判决】行政行为有实施主体不具有行政主体资格或者没有依据等重大且明显违法情形，原告申请确认行政行为无效的，人民法院判决确认无效。

第七十六条　【确认违法和无效判决的补充规定】人民法院判决确认违法或者无效的，可以同时判决责令被告采取补救措施；给原告造成损失的，依法判决被告承担赔偿责任。

第七十七条　【变更判决】行政处罚明显不当，或者其他行政行为涉及对款额的确定、认定确有错误的，人民法院可以判决变更。

人民法院判决变更，不得加重原告的义务或者减损原告的权益。但利害关系人同为原告，且诉讼请求相反的除外。

第七十八条　【行政协议履行及补偿判决】被告不依法履行、未按照约定履行或者违法变更、解除本法第十二条第一款第十一项规定的协议的，人民法院判决被告承担继续履行、采取补救措施或者赔偿损失等责任。

被告变更、解除本法第十二条第一款第十一项规定的协议合法，但未依法给予补偿的，人民法院判决给予补偿。

第七十九条　【复议决定和原行政行为一并裁判】复议机关与作出原行政行为的行政机关为共同被告的案件，人民法院应当对复议决定和原行政行为一并作出裁判。

第八十条　【公开宣判】人民法院对公开审理和不公开审理的案件，一律公开宣告判决。

当庭宣判的，应当在十日内发送判决书；定期宣判的，宣判后立即发给判决书。

宣告判决时，必须告知当事人上诉权

利、上诉期限和上诉的人民法院。

第八十一条　【第一审审限】人民法院应当在立案之日起六个月内作出第一审判决。有特殊情况需要延长的，由高级人民法院批准，高级人民法院审理第一审案件需要延长的，由最高人民法院批准。

第三节　简易程序

第八十二条　【简易程序适用情形】人民法院审理下列第一审行政案件，认为事实清楚、权利义务关系明确、争议不大的，可以适用简易程序：

（一）被诉行政行为是依法当场作出的；

（二）案件涉及款额二千元以下的；

（三）属于政府信息公开案件的。

除前款规定以外的第一审行政案件，当事人各方同意适用简易程序的，可以适用简易程序。

发回重审、按照审判监督程序再审的案件不适用简易程序。

第八十三条　【简易程序的审判组织形式和审限】适用简易程序审理的行政案件，由审判员一人独任审理，并应当在立案之日起四十五日内审结。

第八十四条　【简易程序与普通程序的转换】人民法院在审理过程中，发现案件不宜适用简易程序的，裁定转为普通程序。

第四节　第二审程序

第八十五条　【上诉】当事人不服人民法院第一审判决的，有权在判决书送达之日起十五日内向上一级人民法院提起上诉。当事人不服人民法院第一审裁定的，有权在裁定书送达之日起十日内向上一级人民法院提起上诉。逾期不提起上诉的，人民法院的第一审判决或者裁定发生法律效力。

第八十六条　【二审审理方式】人民法院对上诉案件，应当组成合议庭，开庭审理。经过阅卷、调查和询问当事人，对没有提出新的事实、证据或者理由，合议庭认为不需要开庭审理的，也可以不开庭审理。

第八十七条　【二审审查范围】人民法院审理上诉案件，应当对原审人民法院的判决、裁定和被诉行政行为进行全面审查。

第八十八条　【二审审限】人民法院审理上诉案件，应当在收到上诉状之日起三个月内作出终审判决。有特殊情况需要延长的，由高级人民法院批准，高级人民法院审理上诉案件需要延长的，由最高人民法院批准。

第八十九条　【二审裁判】人民法院审理上诉案件，按照下列情形，分别处理：

（一）原判决、裁定认定事实清楚，适用法律、法规正确的，判决或者裁定驳回上诉，维持原判决、裁定；

（二）原判决、裁定认定事实错误或者适用法律、法规错误的，依法改判、撤销或者变更；

（三）原判决认定基本事实不清、证据不足的，发回原审人民法院重审，或者查清事实后改判；

（四）原判决遗漏当事人或者违法缺席判决等严重违反法定程序的，裁定撤销原判决，发回原审人民法院重审。

原审人民法院对发回重审的案件作出判决后，当事人提起上诉的，第二审人民法院不得再次发回重审。

人民法院审理上诉案件，需要改变原审判决的，应当同时对被诉行政行为作出判决。

第五节　审判监督程序

第九十条　【当事人申请再审】当事人对已经发生法律效力的判决、裁定，认为确有错误的，可以向上一级人民法院申请再审，但判决、裁定不停止执行。

第九十一条　【再审事由】当事人的申请符合下列情形之一的，人民法院应当再审：

（一）不予立案或者驳回起诉确有错误的；

（二）有新的证据，足以推翻原判决、裁

定的；

（三）原判决、裁定认定事实的主要证据不足、未经质证或者系伪造的；

（四）原判决、裁定适用法律、法规确有错误的；

（五）违反法律规定的诉讼程序，可能影响公正审判的；

（六）原判决、裁定遗漏诉讼请求的；

（七）据以作出原判决、裁定的法律文书被撤销或者变更的；

（八）审判人员在审理该案件时有贪污受贿、徇私舞弊、枉法裁判行为的。

第九十二条　【人民法院依职权再审】各级人民法院院长对本院已经发生法律效力的判决、裁定，发现有本法第九十一条规定情形之一，或者发现调解违反自愿原则或者调解书内容违法，认为需要再审的，应当提交审判委员会讨论决定。

最高人民法院对地方各级人民法院已经发生法律效力的判决、裁定，上级人民法院对下级人民法院已经发生法律效力的判决、裁定，发现有本法第九十一条规定情形之一，或者发现调解违反自愿原则或者调解书内容违法的，有权提审或者指令下级人民法院再审。

第九十三条　【抗诉和检察建议】最高人民检察院对各级人民法院已经发生法律效力的判决、裁定，上级人民检察院对下级人民法院已经发生法律效力的判决、裁定，发现有本法第九十一条规定情形之一，或者发现调解书损害国家利益、社会公共利益的，应当提出抗诉。

地方各级人民检察院对同级人民法院已经发生法律效力的判决、裁定，发现有本法第九十一条规定情形之一，或者发现调解书损害国家利益、社会公共利益的，可以向同级人民法院提出检察建议，并报上级人民检察院备案；也可以提请上级人民检察院向同级人民法院提出抗诉。

各级人民检察院对审判监督程序以外的其他审判程序中审判人员的违法行为，有权向同级人民法院提出检察建议。

第八章　执　　行

第九十四条　【生效裁判和调解书的执行】当事人必须履行人民法院发生法律效力的判决、裁定、调解书。

第九十五条　【申请强制执行和执行管辖】公民、法人或者其他组织拒绝履行判决、裁定、调解书的，行政机关或者第三人可以向第一审人民法院申请强制执行，或者由行政机关依法强制执行。

第九十六条　【对行政机关拒绝履行的执行措施】行政机关拒绝履行判决、裁定、调解书的，第一审人民法院可以采取下列措施：

（一）对应当归还的罚款或者应当给付的款额，通知银行从该行政机关的账户内划拨；

（二）在规定期限内不履行的，从期满之日起，对该行政机关负责人按日处五十元至一百元的罚款；

（三）将行政机关拒绝履行的情况予以公告；

（四）向监察机关或者该行政机关的上一级行政机关提出司法建议。接受司法建议的机关，根据有关规定进行处理，并将处理情况告知人民法院；

（五）拒不履行判决、裁定、调解书，社会影响恶劣的，可以对该行政机关直接负责的主管人员和其他直接责任人员予以拘留；情节严重，构成犯罪的，依法追究刑事责任。

第九十七条　【非诉执行】公民、法人或者其他组织对行政行为在法定期限内不提起诉讼又不履行的，行政机关可以申请人民法院强制执行，或者依法强制执行。

第九章　涉外行政诉讼

第九十八条　【涉外行政诉讼的法律适用原则】外国人、无国籍人、外国组织在中华人民共和国进行行政诉讼，适用本法。法律另有规定的除外。

第九十九条 【同等与对等原则】外国人、无国籍人、外国组织在中华人民共和国进行行政诉讼,同中华人民共和国公民、组织有同等的诉讼权利和义务。

外国法院对中华人民共和国公民、组织的行政诉讼权利加以限制的,人民法院对该国公民、组织的行政诉讼权利,实行对等原则。

第一百条 【中国律师代理】外国人、无国籍人、外国组织在中华人民共和国进行行政诉讼,委托律师代理诉讼的,应当委托中华人民共和国律师机构的律师。

第十章 附 则

第一百零一条 【适用民事诉讼法规定】人民法院审理行政案件,关于期间、送达、财产保全、开庭审理、调解、中止诉讼、终结诉讼、简易程序、执行等,以及人民检察院对行政案件受理、审理、裁判、执行的监督,本法没有规定的,适用《中华人民共和国民事诉讼法》的相关规定。

第一百零二条 【诉讼费用】人民法院审理行政案件,应当收取诉讼费用。诉讼费用由败诉方承担,双方都有责任的由双方分担。收取诉讼费用的具体办法另行规定。

第一百零三条 【施行日期】本法自1990年10月1日起施行。

中华人民共和国行政许可法

- 2003年8月27日第十届全国人民代表大会常务委员会第四次会议通过
- 2003年8月27日中华人民共和国主席令第7号公布
- 自2004年7月1日起施行

目 录

第一章 总 则

第一条 【立法目的】为了规范行政许可的设定和实施,保护公民、法人和其他组织的合法权益,维护公共利益和社会秩序,保障和监督行政机关有效实施行政管理,根据宪法,制定本法。

第二条 【含义】本法所称行政许可,是指行政机关根据公民、法人或者其他组织的申请,经依法审查,准予其从事特定活动的行为。

第三条 【适用范围】行政许可的设定和实施,适用本法。

有关行政机关对其他机关或者对其直接管理的事业单位的人事、财务、外事等事项的审批,不适用本法。

第四条 【依法设定和实施】设定和实施行政许可,应当依照法定的权限、范围、条件和程序。

第五条 【公开、公平、公正原则】设定和实施行政许可,应当遵循公开、公平、公正的原则。

有关行政许可的规定应当公布;未经公布的,不得作为实施行政许可的依据。行政许可的实施和结果,除涉及国家秘密、商业秘密或者个人隐私的外,应当公开。

符合法定条件、标准的,申请人有依法取得行政许可的平等权利,行政机关不得歧视。

第六条 【便民原则】实施行政许可,应当遵循便民的原则,提高办事效率,提供优质服务。

第七条 **【公民、法人的合法权益】**公民、法人或者其他组织对行政机关实施行政许可,享有陈述权、申辩权;有权依法申请行政复议或者提起行政诉讼;其合法权益因行政机关违法实施行政许可受到损害的,有权依法要求赔偿。

第八条 **【禁止随意更改许可】**公民、法人或者其他组织依法取得的行政许可受法律保护,行政机关不得擅自改变已经生效的行政许可。

行政许可所依据的法律、法规、规章修改或者废止,或者准予行政许可所依据的客观情况发生重大变化的,为了公共利益的需要,行政机关可以依法变更或者撤回已经生效的行政许可。由此给公民、法人或者其他组织造成财产损失的,行政机关应当依法给予补偿。

第九条 **【禁止随意转让许可】**依法取得的行政许可,除法律、法规规定依照法定条件和程序可以转让的外,不得转让。

第十条 **【健全许可监督】**县级以上人民政府应当建立健全对行政机关实施行政许可的监督制度,加强对行政机关实施行政许可的监督检查。

行政机关应当对公民、法人或者其他组织从事行政许可事项的活动实施有效监督。

第二章 行政许可的设定

第十一条 **【设定目的】**设定行政许可,应当遵循经济和社会发展规律,有利于发挥公民、法人或者其他组织的积极性、主动性,维护公共利益和社会秩序,促进经济、社会和生态环境协调发展。

第十二条 **【可设定事项】**下列事项可以设定行政许可:

(一)直接涉及国家安全、公共安全、经济宏观调控、生态环境保护以及直接关系人身健康、生命财产安全等特定活动,需要按照法定条件予以批准的事项;

(二)有限自然资源开发利用、公共资源配置以及直接关系公共利益的特定行业的市场准入等,需要赋予特定权利的事项;

(三)提供公众服务并且直接关系公共利益的职业、行业,需要确定具备特殊信誉、特殊条件或者特殊技能等资格、资质的事项;

(四)直接关系公共安全、人身健康、生命财产安全的重要设备、设施、产品、物品,需要按照技术标准、技术规范,通过检验、检测、检疫等方式进行审定的事项;

(五)企业或者其他组织的设立等,需要确定主体资格的事项;

(六)法律、行政法规规定可以设定行政许可的其他事项。

第十三条 **【可以不设的事项】**本法第十二条所列事项,通过下列方式能够予以规范的,可以不设行政许可:

(一)公民、法人或者其他组织能够自主决定的;

(二)市场竞争机制能够有效调节的;

(三)行业组织或者中介机构能够自律管理的;

(四)行政机关采用事后监督等其他行政管理方式能够解决的。

第十四条 **【法律、行政法规和行政决定设定行政许可权限】**本法第十二条所列事项,法律可以设定行政许可。尚未制定法律的,行政法规可以设定行政许可。

必要时,国务院可以采用发布决定的方式设定行政许可。实施后,除临时性行政许可事项外,国务院应当及时提请全国人民代表大会及其常务委员会制定法律,或者自行制定行政法规。

第十五条 **【地方性法规、地方政府规章设定行政许可权限】**本法第十二条所列事项,尚未制定法律、行政法规的,地方性法规可以设定行政许可;尚未制定法律、行政法规和地方性法规的,因行政管理的需要,确需立即实施行政许可的,省、自治区、直辖市人民政府规章可以设定临时性的行政许可。临时性的行政许可实施满一年需要继续实施的，应当提请本级人民代表大会及其常务委员会制定地方性法规。

地方性法规和省、自治区、直辖市人民政府规章，不得设定应当由国家统一确定的公民、法人或者其他组织的资格、资质的行政许可；不得设定企业或者其他组织的设立登记及其前置性行政许可。其设定的行政许可，不得限制其他地区的个人或者企业到本地区从事生产经营和提供服务，不得限制其他地区的商品进入本地区市场。

第十六条　【对实施行政许可的具体规定】行政法规可以在法律设定的行政许可事项范围内，对实施该行政许可作出具体规定。

地方性法规可以在法律、行政法规设定的行政许可事项范围内，对实施该行政许可作出具体规定。

规章可以在上位法设定的行政许可事项范围内，对实施该行政许可作出具体规定。

法规、规章对实施上位法设定的行政许可作出的具体规定，不得增设行政许可；对行政许可条件作出的具体规定，不得增设违反上位法的其他条件。

第十七条　【禁止越权设定】除本法第十四条、第十五条规定的外，其他规范性文件一律不得设定行政许可。

第十八条　【设定的具体内容】设定行政许可，应当规定行政许可的实施机关、条件、程序、期限。

第十九条　【设定前的意见听取】起草法律草案、法规草案和省、自治区、直辖市人民政府规章草案，拟设定行政许可的，起草单位应当采取听证会、论证会等形式听取意见，并向制定机关说明设定该行政许可的必要性、对经济和社会可能产生的影响以及听取和采纳意见的情况。

第二十条　【设定与实施情况评价】行政许可的设定机关应当定期对其设定的行政许可进行评价；对已设定的行政许可，认为通过本法第十三条所列方式能够解决的，应当对设定该行政许可的规定及时予以修改或者废止。

行政许可的实施机关可以对已设定的行政许可的实施情况及存在的必要性适时进行评价，并将意见报告该行政许可的设定机关。

公民、法人或者其他组织可以向行政许可的设定机关和实施机关就行政许可的设定和实施提出意见和建议。

第二十一条　【有关地区经济事务行政许可的取消】省、自治区、直辖市人民政府对行政法规设定的有关经济事务的行政许可，根据本行政区域经济和社会发展情况，认为通过本法第十三条所列方式能够解决的，报国务院批准后，可以在本行政区域内停止实施该行政许可。

第三章　行政许可的实施机关

第二十二条　【法定职权范围内实施】行政许可由具有行政许可权的行政机关在其法定职权范围内实施。

第二十三条　【法定授权实施】法律、法规授权的具有管理公共事务职能的组织，在法定授权范围内，以自己的名义实施行政许可。被授权的组织适用本法有关行政机关的规定。

第二十四条　【委托实施】行政机关在其法定职权范围内，依照法律、法规、规章的规定，可以委托其他行政机关实施行政许可。委托机关应当将受委托行政机关和受委托实施行政许可的内容予以公告。

委托行政机关对受委托行政机关实施行政许可的行为应当负责监督，并对该行为的后果承担法律责任。

受委托行政机关在委托范围内，以委托行政机关名义实施行政许可；不得再委托其他组织或者个人实施行政许可。

第二十五条　【集中行使许可权】经国务院批准，省、自治区、直辖市人民政府根据精简、统一、效能的原则,可以决定一个行政机关行使有关行政机关的行政许可权。

第二十六条 【统一、联合实施】行政许可需要行政机关内设的多个机构办理的,该行政机关应当确定一个机构统一受理行政许可申请,统一送达行政许可决定。

行政许可依法由地方人民政府两个以上部门分别实施的,本级人民政府可以确定一个部门受理行政许可申请并转告有关部门分别提出意见后统一办理,或者组织有关部门联合办理、集中办理。

第二十七条 【禁止非法实施】行政机关实施行政许可,不得向申请人提出购买指定商品、接受有偿服务等不正当要求。

行政机关工作人员办理行政许可,不得索取或者收受申请人的财物,不得谋取其他利益。

第二十八条 【专业技术组织优先行政机关实施的行为】对直接关系公共安全、人身健康、生命财产安全的设备、设施、产品、物品的检验、检测、检疫,除法律、行政法规规定由行政机关实施的外,应当逐步由符合法定条件的专业技术组织实施。专业技术组织及其有关人员对所实施的检验、检测、检疫结论承担法律责任。

第四章 行政许可的实施程序

第一节 申请与受理

第二十九条 【申请要件】公民、法人或者其他组织从事特定活动,依法需要取得行政许可的,应当向行政机关提出申请。申请书需要采用格式文本的,行政机关应当向申请人提供行政许可申请书格式文本。申请书格式文本中不得包含与申请行政许可事项没有直接关系的内容。

申请人可以委托代理人提出行政许可申请。但是,依法应当由申请人到行政机关办公场所提出行政许可申请的除外。

行政许可申请可以通过信函、电报、电传、传真、电子数据交换和电子邮件等方式提出。

第三十条 【许可公示】行政机关应当将法律、法规、规章规定的有关行政许可的事项、依据、条件、数量、程序、期限以及需要提交的全部材料的目录和申请书示范文本等在办公场所公示。

申请人要求行政机关对公示内容予以说明、解释的,行政机关应当说明、解释,提供准确、可靠的信息。

第三十一条 【申请材料真实】申请人申请行政许可,应当如实向行政机关提交有关材料和反映真实情况,并对其申请材料实质内容的真实性负责。行政机关不得要求申请人提交与其申请的行政许可事项无关的技术资料和其他材料。

第三十二条 【申请处理】行政机关对申请人提出的行政许可申请,应当根据下列情况分别作出处理:

(一)申请事项依法不需要取得行政许可的,应当即时告知申请人不受理;

(二)申请事项依法不属于本行政机关职权范围的,应当即时作出不予受理的决定,并告知申请人向有关行政机关申请;

(三)申请材料存在可以当场更正的错误的,应当允许申请人当场更正;

(四)申请材料不齐全或者不符合法定形式的,应当当场或者在五日内一次告知申请人需要补正的全部内容,逾期不告知的,自收到申请材料之日起即为受理;

(五)申请事项属于本行政机关职权范围,申请材料齐全、符合法定形式,或者申请人按照本行政机关的要求提交全部补正申请材料的,应当受理行政许可申请。

行政机关受理或者不予受理行政许可申请,应当出具加盖本行政机关专用印章和注明日期的书面凭证。

第三十三条 【推行电子政务】行政机关应当建立和完善有关制度,推行电子政务,在行政机关的网站上公布行政许可事项,方便申请人采取数据电文等方式提出行政许可申请;应当与其他行政机关共享有关行政许可信息,提高办事效率。

第二节　审查与决定

第三十四条　【申请材料的审查、核实】行政机关应当对申请人提交的申请材料进行审查。

申请人提交的申请材料齐全、符合法定形式，行政机关能够当场作出决定的，应当当场作出书面的行政许可决定。

根据法定条件和程序，需要对申请材料的实质内容进行核实的，行政机关应当指派两名以上工作人员进行核查。

第三十五条　【下级对上级行政机关直接报送初审】依法应当先经下级行政机关审查后报上级行政机关决定的行政许可，下级行政机关应当在法定期限内将初步审查意见和全部申请材料直接报送上级行政机关。上级行政机关不得要求申请人重复提供申请材料。

第三十六条　【利害关系人意见】行政机关对行政许可申请进行审查时，发现行政许可事项直接关系他人重大利益的，应当告知该利害关系人。申请人、利害关系人有权进行陈述和申辩。行政机关应当听取申请人、利害关系人的意见。

第三十七条　【许可决定期限】行政机关对行政许可申请进行审查后，除当场作出行政许可决定的外，应当在法定期限内按照规定程序作出行政许可决定。

第三十八条　【许可决定的作出】申请人的申请符合法定条件、标准的，行政机关应当依法作出准予行政许可的书面决定。

行政机关依法作出不予行政许可的书面决定的，应当说明理由，并告知申请人享有依法申请行政复议或者提起行政诉讼的权利。

第三十九条　【行政许可证件形式】行政机关作出准予行政许可的决定，需要颁发行政许可证件的，应当向申请人颁发加盖本行政机关印章的下列行政许可证件：

（一）许可证、执照或者其他许可证书；

（二）资格证、资质证或者其他合格证书；

（三）行政机关的批准文件或者证明文件；

（四）法律、法规规定的其他行政许可证件。

行政机关实施检验、检测、检疫的，可以在检验、检测、检疫合格的设备、设施、产品、物品上加贴标签或者加盖检验、检测、检疫印章。

第四十条　【行政许可公开】行政机关作出的准予行政许可决定，应当予以公开，公众有权查阅。

第四十一条　【许可的效力范围】法律、行政法规设定的行政许可，其适用范围没有地域限制的，申请人取得的行政许可在全国范围内有效。

第三节　期　　限

第四十二条　【作出许可决定的期限】除可以当场作出行政许可决定的外，行政机关应当自受理行政许可申请之日起二十日内作出行政许可决定。二十日内不能作出决定的，经本行政机关负责人批准，可以延长十日，并应当将延长期限的理由告知申请人。但是，法律、法规另有规定的，依照其规定。

依照本法第二十六条的规定，行政许可采取统一办理或者联合办理、集中办理的，办理的时间不得超过四十五日；四十五日内不能办结的，经本级人民政府负责人批准，可以延长十五日，并应当将延长期限的理由告知申请人。

第四十三条　【下级行政机关初审期限】依法应当先经下级行政机关审查后报上级行政机关决定的行政许可，下级行政机关应当自其受理行政许可申请之日起二十日内审查完毕。但是，法律、法规另有规定的，依照其规定。

第四十四条　【行政许可证件的颁发、送达期限】行政机关作出准予行政许可的决定，应当自作出决定之日起十日内向申请人颁发、送达行政许可证件，或者加贴标签、加盖检验、检测、检疫印章。

第四十五条　【需排除时限】行政机关作出行政许可决定，依法需要听证、招标、拍卖、检验、检测、检疫、鉴定和专家评审的，所需时间不计算在本节规定的期限内。行政机关应当将所需时间书面告知申请人。

第四节　听　　证

第四十六条　【适用范围】法律、法规、规章规定实施行政许可应当听证的事项，或者行政机关认为需要听证的其他涉及公共利益的重大行政许可事项，行政机关应当向社会公告，并举行听证。

第四十七条　【听证权的告知和听证费用】行政许可直接涉及申请人与他人之间重大利益关系的，行政机关在作出行政许可决定前，应当告知申请人、利害关系人享有要求听证的权利；申请人、利害关系人在被告知听证权利之日起五日内提出听证申请的，行政机关应当在二十日内组织听证。

申请人、利害关系人不承担行政机关组织听证的费用。

第四十八条　【听证程序】听证按照下列程序进行：

（一）行政机关应当于举行听证的七日前将举行听证的时间、地点通知申请人、利害关系人，必要时予以公告；

（二）听证应当公开举行；

（三）行政机关应当指定审查该行政许可申请的工作人员以外的人员为听证主持人，申请人、利害关系人认为主持人与该行政许可事项有直接利害关系的，有权申请回避；

（四）举行听证时，审查该行政许可申请的工作人员应当提供审查意见的证据、理由，申请人、利害关系人可以提出证据，并进行申辩和质证；

（五）听证应当制作笔录，听证笔录应当交听证参加人确认无误后签字或者盖章。

行政机关应当根据听证笔录，作出行政许可决定。

第五节　变更与延续

第四十九条　【变更程序】被许可人要求变更行政许可事项的，应当向作出行政许可决定的行政机关提出申请；符合法定条件、标准的，行政机关应当依法办理变更手续。

第五十条　【许可有效期的延续】被许可人需要延续依法取得的行政许可的有效期的，应当在该行政许可有效期届满三十日前向作出行政许可决定的行政机关提出申请。但是，法律、法规、规章另有规定的，依照其规定。

行政机关应当根据被许可人的申请，在该行政许可有效期届满前作出是否准予延续的决定；逾期未作决定的，视为准予延续。

第六节　特别规定

第五十一条　【特别程序优先适用】实施行政许可的程序，本节有规定的，适用本节规定；本节没有规定的，适用本章其他有关规定。

第五十二条　【国务院实施行政许可的程序】国务院实施行政许可的程序，适用有关法律、行政法规的规定。

第五十三条　【特许许可方式】实施本法第十二条第二项所列事项的行政许可的，行政机关应当通过招标、拍卖等公平竞争的方式作出决定。但是，法律、行政法规另有规定的，依照其规定。

行政机关通过招标、拍卖等方式作出行政许可决定的具体程序，依照有关法律、行政法规的规定。

行政机关按照招标、拍卖程序确定中标人、买受人后，应当作出准予行政许可的决定，并依法向中标人、买受人颁发行政许可证件。

行政机关违反本条规定，不采用招标、拍卖方式，或者违反招标、拍卖程序，损害申请人合法权益的，申请人可以依法申请行政复议或者提起行政诉讼。

第五十四条 【**认可许可**】实施本法第十二条第三项所列事项的行政许可，赋予公民特定资格，依法应当举行国家考试的，行政机关根据考试成绩和其他法定条件作出行政许可决定；赋予法人或者其他组织特定的资格、资质的，行政机关根据申请人的专业人员构成、技术条件、经营业绩和管理水平等的考核结果作出行政许可决定。但是，法律、行政法规另有规定的，依照其规定。

公民特定资格的考试依法由行政机关或者行业组织实施，公开举行。行政机关或者行业组织应当事先公布资格考试的报名条件、报考办法、考试科目以及考试大纲。但是，不得组织强制性的资格考试的考前培训，不得指定教材或者其他助考材料。

第五十五条 【**核准许可**】实施本法第十二条第四项所列事项的行政许可的，应当按照技术标准、技术规范依法进行检验、检测、检疫，行政机关根据检验、检测、检疫的结果作出行政许可决定。

行政机关实施检验、检测、检疫，应当自受理申请之日起五日内指派两名以上工作人员按照技术标准、技术规范进行检验、检测、检疫。不需要对检验、检测、检疫结果作进一步技术分析即可认定设备、设施、产品、物品是否符合技术标准、技术规范的，行政机关应当当场作出行政许可决定。

行政机关根据检验、检测、检疫结果，作出不予行政许可决定的，应当书面说明不予行政许可所依据的技术标准、技术规范。

第五十六条 【**登记许可**】实施本法第十二条第五项所列事项的行政许可，申请人提交的申请材料齐全、符合法定形式的，行政机关应当当场予以登记。需要对申请材料的实质内容进行核实的，行政机关依照本法第三十四条第三款的规定办理。

第五十七条 【**按序许可**】有数量限制的行政许可，两个或者两个以上申请人的申请均符合法定条件、标准的，行政机关应当根据受理行政许可申请的先后顺序作出准予行政许可的决定。但是，法律、行政法规另有规定的，依照其规定。

第五章 行政许可的费用

第五十八条 【**禁止违规收费及经费的财政保障**】行政机关实施行政许可和对行政许可事项进行监督检查，不得收取任何费用。但是，法律、行政法规另有规定的，依照其规定。

行政机关提供行政许可申请书格式文本，不得收费。

行政机关实施行政许可所需经费应当列入本行政机关的预算，由本级财政予以保障，按照批准的预算予以核拨。

第五十九条 【**依法收费并上缴**】行政机关实施行政许可，依照法律、行政法规收取费用的，应当按照公布的法定项目和标准收费；所收取的费用必须全部上缴国库，任何机关或者个人不得以任何形式截留、挪用、私分或者变相私分。财政部门不得以任何形式向行政机关返还或者变相返还实施行政许可所收取的费用。

第六章 监督检查

第六十条 【**上级对下级的监查**】上级行政机关应当加强对下级行政机关实施行政许可的监督检查，及时纠正行政许可实施中的违法行为。

第六十一条 【**对被许可人的监管**】行政机关应当建立健全监督制度，通过核查反映被许可人从事行政许可事项活动情况的有关材料，履行监督责任。

行政机关依法对被许可人从事行政许可事项的活动进行监督检查时，应当将监督检查的情况和处理结果予以记录，由监督检查人员签字后归档。公众有权查阅行政机关监督检查记录。

行政机关应当创造条件，实现与被许可人、其他有关行政机关的计算机档案系统互联，核查被许可人从事行政许可事项活动情况。

第六十二条 【对被许可产品、场所、设备的监管】行政机关可以对被许可人生产经营的产品依法进行抽样检查、检验、检测，对其生产经营场所依法进行实地检查。检查时，行政机关可以依法查阅或者要求被许可人报送有关材料；被许可人应当如实提供有关情况和材料。

行政机关根据法律、行政法规的规定，对直接关系公共安全、人身健康、生命财产安全的重要设备、设施进行定期检验。对检验合格的，行政机关应当发给相应的证明文件。

第六十三条 【违法监督检查】行政机关实施监督检查，不得妨碍被许可人正常的生产经营活动，不得索取或者收受被许可人的财物，不得谋取其他利益。

第六十四条 【对被许可人跨域违法行为的抄告】被许可人在作出行政许可决定的行政机关管辖区域外违法从事行政许可事项活动的，违法行为发生地的行政机关应当依法将被许可人的违法事实、处理结果抄告作出行政许可决定的行政机关。

第六十五条 【举报监督】个人和组织发现违法从事行政许可事项的活动，有权向行政机关举报，行政机关应当及时核实、处理。

第六十六条 【对资源开发、利用被许可人的监管】被许可人未依法履行开发利用自然资源义务或者未依法履行利用公共资源义务的，行政机关应当责令限期改正；被许可人在规定期限内不改正的，行政机关应当依照有关法律、行政法规的规定予以处理。

第六十七条 【对市场准入被许可人的监管】取得直接关系公共利益的特定行业的市场准入行政许可的被许可人，应当按照国家规定的服务标准、资费标准和行政机关依法规定的条件，向用户提供安全、方便、稳定和价格合理的服务，并履行普遍服务的义务；未经作出行政许可决定的行政机关批准，不得擅自停业、歇业。

被许可人不履行前款规定的义务的，行政机关应当责令限期改正，或者依法采取有效措施督促其履行义务。

第六十八条 【对重要设备、设施的自检、监查】对直接关系公共安全、人身健康、生命财产安全的重要设备、设施，行政机关应当督促设计、建造、安装和使用单位建立相应的自检制度。

行政机关在监督检查时，发现直接关系公共安全、人身健康、生命财产安全的重要设备、设施存在安全隐患的，应当责令停止建造、安装和使用，并责令设计、建造、安装和使用单位立即改正。

第六十九条 【对违法行政许可的撤销】有下列情形之一的，作出行政许可决定的行政机关或者其上级行政机关，根据利害关系人的请求或者依据职权，可以撤销行政许可：

（一）行政机关工作人员滥用职权、玩忽职守作出准予行政许可决定的；

（二）超越法定职权作出准予行政许可决定的；

（三）违反法定程序作出准予行政许可决定的；

（四）对不具备申请资格或者不符合法定条件的申请人准予行政许可的；

（五）依法可以撤销行政许可的其他情形。

被许可人以欺骗、贿赂等不正当手段取得行政许可的，应当予以撤销。

依照前两款的规定撤销行政许可，可能对公共利益造成重大损害的，不予撤销。

依照本条第一款的规定撤销行政许可，被许可人的合法权益受到损害的，行政机关应当依法给予赔偿。依照本条第二款的规定撤销行政许可的，被许可人基于行政许可取得的利益不受保护。

第七十条 【行政许可注销】有下列情形之

一的，行政机关应当依法办理有关行政许可的注销手续：

（一）行政许可有效期届满未延续的；

（二）赋予公民特定资格的行政许可，该公民死亡或者丧失行为能力的；

（三）法人或者其他组织依法终止的；

（四）行政许可依法被撤销、撤回，或者行政许可证件依法被吊销的；

（五）因不可抗力导致行政许可事项无法实施的；

（六）法律、法规规定的应当注销行政许可的其他情形。

第七章 法律责任

第七十一条 【违规许可的改正、撤销】违反本法第十七条规定设定的行政许可，有关机关应当责令设定该行政许可的机关改正，或者依法予以撤销。

第七十二条 【行政机关及其工作人员的违规责任】行政机关及其工作人员违反本法的规定，有下列情形之一的，由其上级行政机关或者监察机关责令改正；情节严重的，对直接负责的主管人员和其他直接责任人员依法给予行政处分：

（一）对符合法定条件的行政许可申请不予受理的；

（二）不在办公场所公示依法应当公示的材料的；

（三）在受理、审查、决定行政许可过程中，未向申请人、利害关系人履行法定告知义务的；

（四）申请人提交的申请材料不齐全、不符合法定形式，不一次告知申请人必须补正的全部内容的；

（五）未依法说明不受理行政许可申请或者不予行政许可的理由的；

（六）依法应当举行听证而不举行听证的。

第七十三条 【行政机关工作人员违法收取财物】行政机关工作人员办理行政许可、实施监督检查，索取或者收受他人财物或者谋取其他利益，构成犯罪的，依法追究刑事责任；尚不构成犯罪的，依法给予行政处分。

第七十四条 【行政机关违法实施许可】行政机关实施行政许可，有下列情形之一的，由其上级行政机关或者监察机关责令改正，对直接负责的主管人员和其他直接责任人员依法给予行政处分；构成犯罪的，依法追究刑事责任：

（一）对不符合法定条件的申请人准予行政许可或者超越法定职权作出准予行政许可决定的；

（二）对符合法定条件的申请人不予行政许可或者不在法定期限内作出准予行政许可决定的；

（三）依法应当根据招标、拍卖结果或者考试成绩择优作出准予行政许可决定，未经招标、拍卖或者考试，或者不根据招标、拍卖结果或者考试成绩择优作出准予行政许可决定的。

第七十五条 【行政机关违规收费】行政机关实施行政许可，擅自收费或者不按照法定项目和标准收费的，由其上级行政机关或者监察机关责令退还非法收取的费用；对直接负责的主管人员和其他直接责任人员依法给予行政处分。

截留、挪用、私分或者变相私分实施行政许可依法收取的费用的，予以追缴；对直接负责的主管人员和其他直接责任人员依法给予行政处分；构成犯罪的，依法追究刑事责任。

第七十六条 【损害赔偿责任】行政机关违法实施行政许可，给当事人的合法权益造成损害的，应当依照国家赔偿法的规定给予赔偿。

第七十七条 【行政机关不履行监督或监督不力】行政机关不依法履行监督职责或者监督不力，造成严重后果的，由其上级行政机关或者监察机关责令改正，对直接负责的主管人员和其他直接责任人员依法给予行政处分；构成犯罪的，依法追究刑事责任。

第七十八条　【对有隐瞒情况等行为的申请人的处理】行政许可申请人隐瞒有关情况或者提供虚假材料申请行政许可的，行政机关不予受理或者不予行政许可，并给予警告；行政许可申请属于直接关系公共安全、人身健康、生命财产安全事项的，申请人在一年内不得再次申请该行政许可。

第七十九条　【对以欺骗等手段取得许可的处罚】被许可人以欺骗、贿赂等不正当手段取得行政许可的，行政机关应当依法给予行政处罚；取得的行政许可属于直接关系公共安全、人身健康、生命财产安全事项的，申请人在三年内不得再次申请该行政许可；构成犯罪的，依法追究刑事责任。

第八十条　【对被许可人违法行为的处罚】被许可人有下列行为之一的，行政机关应当依法给予行政处罚；构成犯罪的，依法追究刑事责任：

（一）涂改、倒卖、出租、出借行政许可证件，或者以其他形式非法转让行政许可的；

（二）超越行政许可范围进行活动的；

（三）向负责监督检查的行政机关隐瞒有关情况、提供虚假材料或者拒绝提供反映其活动情况的真实材料的；

（四）法律、法规、规章规定的其他违法行为。

第八十一条　【对未经许可擅自从事相关活动的处罚】公民、法人或者其他组织未经行政许可，擅自从事依法应当取得行政许可的活动的，行政机关应当依法采取措施予以制止，并依法给予行政处罚；构成犯罪的，依法追究刑事责任。

第八章　附　　则

第八十二条　【期限的计算】本法规定的行政机关实施行政许可的期限以工作日计算，不含法定节假日。

第八十三条　【施行日期】本法自 2004 年 7 月 1 日起施行。

本法施行前有关行政许可的规定，制定机关应当依照本法规定予以清理；不符合本法规定的，自本法施行之日起停止执行。

中华人民共和国行政处罚法

- 1996 年 3 月 17 日第八届全国人民代表大会第四次会议通过
- 根据 2009 年 8 月 27 日第十一届全国人民代表大会常务委员会第十次会议《关于修改部分法律的决定》修正

目　　录

第一章　总　　则

第一条　【立法目的】为了规范行政处罚的设定和实施，保障和监督行政机关有效实施行政管理，维护公共利益和社会秩序，保护公民、法人或者其他组织的合法权益，根据宪法，制定本法。

第二条　【适用范围】行政处罚的设定和实施，适用本法。

第三条　【适用对象】公民、法人或者其他组织违反行政管理秩序的行为，应当给予行政处罚的，依照本法由法律、法规或者规章规定，并由行政机关依照本法规定的程序实施。

没有法定依据或者不遵守法定程序

的,行政处罚无效。

第四条 【适用原则】行政处罚遵循公正、公开的原则。

设定和实施行政处罚必须以事实为依据,与违法行为的事实、性质、情节以及社会危害程度相当。

对违法行为给予行政处罚的规定必须公布;未经公布的,不得作为行政处罚的依据。

第五条 【适用目的】实施行政处罚,纠正违法行为,应当坚持处罚与教育相结合,教育公民、法人或者其他组织自觉守法。

第六条 【被处罚者权利】公民、法人或者其他组织对行政机关所给予的行政处罚,享有陈述权、申辩权;对行政处罚不服的,有权依法申请行政复议或者提起行政诉讼。

公民、法人或者其他组织因行政机关违法给予行政处罚受到损害的,有权依法提出赔偿要求。

第七条 【被处罚者承担的其他法律责任】公民、法人或者其他组织因违法受到行政处罚,其违法行为对他人造成损害的,应当依法承担民事责任。

违法行为构成犯罪,应当依法追究刑事责任,不得以行政处罚代替刑事处罚。

第二章 行政处罚的种类和设定

第八条 【处罚的种类】行政处罚的种类:

(一)警告;

(二)罚款;

(三)没收违法所得、没收非法财物;

(四)责令停产停业;

(五)暂扣或者吊销许可证、暂扣或者吊销执照;

(六)行政拘留;

(七)法律、行政法规规定的其他行政处罚。

第九条 【法律对处罚种类的设定】法律可以设定各种行政处罚。

限制人身自由的行政处罚,只能由法律设定。

第十条 【行政法规对处罚种类的设定】行政法规可以设定除限制人身自由以外的行政处罚。

法律对违法行为已经作出行政处罚规定,行政法规需要作出具体规定的,必须在法律规定的给予行政处罚的行为、种类和幅度的范围内规定。

第十一条 【地方性法规对处罚种类的设定】地方性法规可以设定除限制人身自由、吊销企业营业执照以外的行政处罚。

法律、行政法规对违法行为已经作出行政处罚规定,地方性法规需要作出具体规定的,必须在法律、行政法规规定的给予行政处罚的行为、种类和幅度的范围内规定。

第十二条 【国务院部、委的规章对处罚的设定】国务院部、委员会制定的规章可以在法律、行政法规规定的给予行政处罚的行为、种类和幅度的范围内作出具体规定。

尚未制定法律、行政法规的,前款规定的国务院部、委员会制定的规章对违反行政管理秩序的行为,可以设定警告或者一定数量罚款的行政处罚。罚款的限额由国务院规定。

国务院可以授权具有行政处罚权的直属机构依照本条第一款、第二款的规定,规定行政处罚。

第十三条 【省、自治区人民政府及有权的市的规章对处罚的设定】省、自治区、直辖市人民政府和省、自治区人民政府所在地的市人民政府以及经国务院批准的较大的市人民政府制定的规章可以在法律、法规规定的给予行政处罚的行为、种类和幅度的范围内作出具体规定。

尚未制定法律、法规的,前款规定的人民政府制定的规章对违反行政管理秩序的行为,可以设定警告或者一定数量罚款的行政处罚。罚款的限额由省、自治区、直辖市人民代表大会常务委员会规定。

第十四条 【其他规范性文件不得设定行政处罚】除本法第九条、第十条、第十一条、第十二条以及第十三条的规定外，其他规范性文件不得设定行政处罚。

第三章　行政处罚的实施机关

第十五条　【处罚的实施】行政处罚由具有行政处罚权的行政机关在法定职权范围内实施。

第十六条　【处罚的权限】国务院或者经国务院授权的省、自治区、直辖市人民政府可以决定一个行政机关行使有关行政机关的行政处罚权，但限制人身自由的行政处罚权只能由公安机关行使。

第十七条　【授权实施处罚】法律、法规授权的具有管理公共事务职能的组织可以在法定授权范围内实施行政处罚。

第十八条　【委托实施处罚】行政机关依照法律、法规或者规章的规定，可以在其法定权限内委托符合本法第十九条规定条件的组织实施行政处罚。行政机关不得委托其他组织或者个人实施行政处罚。

委托行政机关对受委托的组织实施行政处罚的行为应当负责监督，并对该行为的后果承担法律责任。

受委托组织在委托范围内，以委托行政机关名义实施行政处罚；不得再委托其他任何组织或者个人实施行政处罚。

第十九条　【受托组织的条件】受委托组织必须符合以下条件：

（一）依法成立的管理公共事务的事业组织；

（二）具有熟悉有关法律、法规、规章和业务的工作人员；

（三）对违法行为需要进行技术检查或者技术鉴定的，应当有条件组织进行相应的技术检查或者技术鉴定。

第四章　行政处罚的管辖和适用

第二十条　【处罚的管辖】行政处罚由违法行为发生地的县级以上地方人民政府具有行政处罚权的行政机关管辖。法律、行政法规另有规定的除外。

第二十一条　【指定管辖】对管辖发生争议的，报请共同的上一级行政机关指定管辖。

第二十二条　【构成犯罪案件的移送】违法行为构成犯罪的，行政机关必须将案件移送司法机关，依法追究刑事责任。

第二十三条　【改正违法行为】行政机关实施行政处罚时，应当责令当事人改正或者限期改正违法行为。

第二十四条　【同一行为不得重复处罚】对当事人的同一个违法行为，不得给予两次以上罚款的行政处罚。

第二十五条　【未成年人处罚的限制】不满十四周岁的人有违法行为的，不予行政处罚，责令监护人加以管教；已满十四周岁不满十八周岁的人有违法行为的，从轻或者减轻行政处罚。

第二十六条　【精神病人处罚的限制】精神病人在不能辨认或者不能控制自己行为时有违法行为的，不予行政处罚，但应当责令其监护人严加看管和治疗。间歇性精神病人在精神正常时有违法行为的，应当给予行政处罚。

第二十七条　【从轻、减轻处罚的条件】当事人有下列情形之一的，应当依法从轻或者减轻行政处罚：

（一）主动消除或者减轻违法行为危害后果的；

（二）受他人胁迫有违法行为的；

（三）配合行政机关查处违法行为有立功表现的；

（四）其他依法从轻或者减轻行政处罚的。

违法行为轻微并及时纠正，没有造成危害后果的，不予行政处罚。

第二十八条　【刑罚的折抵】违法行为构成犯罪，人民法院判处拘役或者有期徒刑时，行政机关已经给予当事人行政拘留的，应当依法折抵相应刑期。

违法行为构成犯罪，人民法院判处罚金时，行政机关已经给予当事人罚款的，应当折抵相应罚金。

第二十九条　【处罚的时效】违法行为在二年内未被发现的，不再给予行政处罚。法律另有规定的除外。

前款规定的期限，从违法行为发生之日起计算；违法行为有连续或者继续状态的，从行为终了之日起计算。

第五章　行政处罚的决定

第三十条　【处罚的条件】公民、法人或者其他组织违反行政管理秩序的行为，依法应当给予行政处罚的，行政机关必须查明事实；违法事实不清的，不得给予行政处罚。

第三十一条　【告知义务】行政机关在作出行政处罚决定之前，应当告知当事人作出行政处罚决定的事实、理由及依据，并告知当事人依法享有的权利。

第三十二条　【当事人的申辩、陈述权】当事人有权进行陈述和申辩。行政机关必须充分听取当事人的意见，对当事人提出的事实、理由和证据，应当进行复核；当事人提出的事实、理由或者证据成立的，行政机关应当采纳。

行政机关不得因当事人申辩而加重处罚。

第一节　简 易 程 序

第三十三条　【当场处罚】违法事实确凿并有法定依据，对公民处以五十元以下、对法人或者其他组织处以一千元以下罚款或者警告的行政处罚的，可以当场作出行政处罚决定。当事人应当依照本法第四十六条、第四十七条、第四十八条的规定履行行政处罚决定。

第三十四条　【当场处罚的行政处罚决定书】执法人员当场作出行政处罚决定的，应当向当事人出示执法身份证件，填写预定格式、编有号码的行政处罚决定书。行政处罚决定书应当当场交付当事人。

前款规定的行政处罚决定书应当载明当事人的违法行为、行政处罚依据、罚款数额、时间、地点以及行政机关名称，并由执法人员签名或者盖章。

执法人员当场作出的行政处罚决定，必须报所属行政机关备案。

第三十五条　【不服处罚提起的复议或诉讼】当事人对当场作出的行政处罚决定不服的，可以依法申请行政复议或者提起行政诉讼。

第二节　一 般 程 序

第三十六条　【取证】除本法第三十三条规定的可以当场作出的行政处罚外，行政机关发现公民、法人或者其他组织有依法应当给予行政处罚的行为的，必须全面、客观、公正地调查，收集有关证据；必要时，依照法律、法规的规定，可以进行检查。

第三十七条　【证据的收集】行政机关在调查或者进行检查时，执法人员不得少于两人，并应当向当事人或者有关人员出示证件。当事人或者有关人员应当如实回答询问，并协助调查或者检查，不得阻挠。询问或者检查应当制作笔录。

行政机关在收集证据时，可以采取抽样取证的方法；在证据可能灭失或者以后难以取得的情况下，经行政机关负责人批准，可以先行登记保存，并应当在七日内及时作出处理决定，在此期间，当事人或者有关人员不得销毁或者转移证据。

执法人员与当事人有直接利害关系的，应当回避。

第三十八条　【处罚决定】调查终结，行政机关负责人应当对调查结果进行审查，根据不同情况，分别作出如下决定：

（一）确有应受行政处罚的违法行为的，根据情节轻重及具体情况，作出行政处罚决定；

（二）违法行为轻微，依法可以不予行政处罚的，不予行政处罚；

（三）违法事实不能成立的，不得给予行政处罚；

（四）违法行为已构成犯罪的，移送司法机关。

对情节复杂或者重大违法行为给予较重的行政处罚，行政机关的负责人应当集体讨论决定。

第三十九条　【处罚决定书的内容】行政机关依照本法第三十八条的规定给予行政处罚，应当制作行政处罚决定书。行政处罚决定书应当载明下列事项：

（一）当事人的姓名或者名称、地址；

（二）违反法律、法规或者规章的事实和证据；

（三）行政处罚的种类和依据；

（四）行政处罚的履行方式和期限；

（五）不服行政处罚决定，申请行政复议或者提起行政诉讼的途径和期限；

（六）作出行政处罚决定的行政机关名称和作出决定的日期。

行政处罚决定书必须盖有作出行政处罚决定的行政机关的印章。

第四十条　【送达】行政处罚决定书应当在宣告后当场交付当事人；当事人不在场的，行政机关应当在七日内依照民事诉讼法的有关规定，将行政处罚决定书送达当事人。

第四十一条　【处罚决定不成立条件】行政机关及其执法人员在作出行政处罚决定之前，不依照本法第三十一条、第三十二条的规定向当事人告知给予行政处罚的事实、理由和依据，或者拒绝听取当事人的陈述、申辩，行政处罚决定不能成立；当事人放弃陈述或者申辩权利的除外。

第三节　听 证 程 序

第四十二条　【听证范围及程序】行政机关作出责令停产停业、吊销许可证或者执照、较大数额罚款等行政处罚决定之前，应当告知当事人有要求举行听证的权利；当事人要求听证的，行政机关应当组织听证。当事人不承担行政机关组织听证的费用。听证依照以下程序组织：

（一）当事人要求听证的，应当在行政机关告知后三日内提出；

（二）行政机关应当在听证的七日前，通知当事人举行听证的时间、地点；

（三）除涉及国家秘密、商业秘密或者个人隐私外，听证公开举行；

（四）听证由行政机关指定的非本案调查人员主持；当事人认为主持人与本案有直接利害关系的，有权申请回避；

（五）当事人可以亲自参加听证，也可以委托一至二人代理；

（六）举行听证时，调查人员提出当事人违法的事实、证据和行政处罚建议；当事人进行申辩和质证；

（七）听证应当制作笔录；笔录应当交当事人审核无误后签字或者盖章。

当事人对限制人身自由的行政处罚有异议的，依照治安管理处罚法有关规定执行。

第四十三条　【听证之后的处罚】听证结束后，行政机关依照本法第三十八条的规定，作出决定。

第六章　行政处罚的执行

第四十四条　【当事人有履行处罚的义务】行政处罚决定依法作出后，当事人应当在行政处罚决定的期限内，予以履行。

第四十五条　【申请复议、提起诉讼不中止处罚的执行】当事人对行政处罚决定不服申请行政复议或者提起行政诉讼的，行政处罚不停止执行，法律另有规定的除外。

第四十六条　【罚缴分离原则】作出罚款决定的行政机关应当与收缴罚款的机构分离。

除依照本法第四十七条、第四十八条的规定当场收缴的罚款外，作出行政处罚决定的行政机关及其执法人员不得自行收缴罚款。

当事人应当自收到行政处罚决定书之日起十五日内，到指定的银行缴纳罚款。银行应当收受罚款，并将罚款直接上缴国库。

第四十七条　【当场收缴罚款范围】依照本法第三十三条的规定当场作出行政处罚决

定，有下列情形之一的，执法人员可以当场收缴罚款：

（一）依法给予二十元以下的罚款的；

（二）不当场收缴事后难以执行的。

第四十八条　【边远地区当场收缴罚款】在边远、水上、交通不便地区，行政机关及其执法人员依照本法第三十三条、第三十八条的规定作出罚款决定后，当事人向指定的银行缴纳罚款确有困难，经当事人提出，行政机关及其执法人员可以当场收缴罚款。

第四十九条　【罚款收据】行政机关及其执法人员当场收缴罚款的，必须向当事人出具省、自治区、直辖市财政部门统一制发的罚款收据；不出具财政部门统一制发的罚款收据的，当事人有权拒绝缴纳罚款。

第五十条　【罚款交纳期】执法人员当场收缴的罚款，应当自收缴罚款之日起二日内，交至行政机关；在水上当场收缴的罚款，应当自抵岸之日起二日内交至行政机关；行政机关应当在二日内将罚款缴付指定的银行。

第五十一条　【执行措施】当事人逾期不履行行政处罚决定的，作出行政处罚决定的行政机关可以采取下列措施：

（一）到期不缴纳罚款的，每日按罚款数额的百分之三加处罚款；

（二）根据法律规定，将查封、扣押的财物拍卖或者将冻结的存款划拨抵缴罚款；

（三）申请人民法院强制执行。

第五十二条　【分期缴纳罚款】当事人确有经济困难，需要延期或者分期缴纳罚款的，经当事人申请和行政机关批准，可以暂缓或者分期缴纳。

第五十三条　【没收的非法财物的处理】除依法应当予以销毁的物品外，依法没收的非法财物必须按照国家规定公开拍卖或者按照国家有关规定处理。

罚款、没收违法所得或者没收非法财物拍卖的款项，必须全部上缴国库，任何行政机关或者个人不得以任何形式截留、私分或者变相私分；财政部门不得以任何形式向作出行政处罚决定的行政机关返还罚款、没收的违法所得或者返还没收非法财物的拍卖款项。

第五十四条　【监督检查】行政机关应当建立健全对行政处罚的监督制度。县级以上人民政府应当加强对行政处罚的监督检查。

公民、法人或者其他组织对行政机关作出的行政处罚，有权申诉或者检举；行政机关应当认真审查，发现行政处罚有错误的，应当主动改正。

第七章　法 律 责 任

第五十五条　【上级行政机关的监督】行政机关实施行政处罚，有下列情形之一的，由上级行政机关或者有关部门责令改正，可以对直接负责的主管人员和其他直接责任人员依法给予行政处分：

（一）没有法定的行政处罚依据的；

（二）擅自改变行政处罚种类、幅度的；

（三）违反法定的行政处罚程序的；

（四）违反本法第十八条关于委托处罚的规定的。

第五十六条　【当事人的拒绝处罚权及检举权】行政机关对当事人进行处罚不使用罚款、没收财物单据或者使用非法定部门制发的罚款、没收财物单据的，当事人有权拒绝处罚，并有权予以检举。上级行政机关或者有关部门对使用的非法单据予以收缴销毁，对直接负责的主管人员和其他直接责任人员依法给予行政处分。

第五十七条　【自行收缴罚款的处理】行政机关违反本法第四十六条的规定自行收缴罚款的，财政部门违反本法第五十三条的规定向行政机关返还罚款或者拍卖款项的，由上级行政机关或者有关部门责令改正，对直接负责的主管人员和其他直接责任人员依法给予行政处分。

第五十八条　【私分罚没财物的处理】行政机关将罚款、没收的违法所得或者财物截留、私分或者变相私分的，由财政部门或者有关部门予以追缴，对直接负责的主管人员和其他直接责任人员依法给予行政处分；情节严重构成犯罪的，依法追究刑事责任。

执法人员利用职务上的便利，索取或者收受他人财物、收缴罚款据为己有，构成犯罪的，依法追究刑事责任；情节轻微不构成犯罪的，依法给予行政处分。

第五十九条 【行政机关的赔偿责任及对有关人员的处理】行政机关使用或者损毁扣押的财物，对当事人造成损失的，应当依法予以赔偿，对直接负责的主管人员和其他直接责任人员依法给予行政处分。

第六十条 【违法实行检查或执行措施的赔偿责任】行政机关违法实行检查措施或者执行措施，给公民人身或者财产造成损害、给法人或者其他组织造成损失的，应当依法予以赔偿，对直接负责的主管人员和其他直接责任人员依法给予行政处分；情节严重构成犯罪的，依法追究刑事责任。

第六十一条 【对拒不移交罪犯的有关人员的处理】行政机关为牟取本单位私利，对应当依法移交司法机关追究刑事责任的不移交，以行政处罚代替刑罚，由上级行政机关或者有关部门责令纠正；拒不纠正的，对直接负责的主管人员给予行政处分；徇私舞弊、包庇纵容违法行为的，依照刑法有关规定追究刑事责任。

第六十二条 【执法人员失职承担的责任】执法人员玩忽职守，对应当予以制止和处罚的违法行为不予制止、处罚，致使公民、法人或者其他组织的合法权益、公共利益和社会秩序遭受损害的，对直接负责的主管人员和其他直接责任人员依法给予行政处分；情节严重构成犯罪的，依法追究刑事责任。

第八章 附 则

第六十三条 【国务院制定罚缴分离办法】本法第四十六条罚款决定与罚款收缴分离的规定，由国务院制定具体实施办法。

第六十四条 【生效日期】本法自1996年10月1日起施行。

本法公布前制定的法规和规章关于行政处罚的规定与本法不符合的，应当自本法公布之日起，依照本法规定予以修订，在1997年12月31日前修订完毕。

中华人民共和国行政强制法

- 2011年6月30日第十一届全国人民代表大会常务委员会第二十一次会议通过
- 2011年6月30日中华人民共和国主席令第49号公布
- 自2012年1月1日起施行

目 录

第一章 总 则

第一条 【立法目的】为了规范行政强制的设定和实施，保障和监督行政机关依法履行职责，维护公共利益和社会秩序，保护公民、法人和其他组织的合法权益，根据宪法，制定本法。

第二条 【行政强制】本法所称行政强制，包括行政强制措施和行政强制执行。

行政强制措施，是指行政机关在行政

管理过程中，为制止违法行为、防止证据损毁、避免危害发生、控制危险扩大等情形，依法对公民的人身自由实施暂时性限制，或者对公民、法人或者其他组织的财物实施暂时性控制的行为。

行政强制执行，是指行政机关或者行政机关申请人民法院，对不履行行政决定的公民、法人或者其他组织，依法强制履行义务的行为。

第三条 【适用范围】行政强制的设定和实施，适用本法。

发生或者即将发生自然灾害、事故灾难、公共卫生事件或者社会安全事件等突发事件，行政机关采取应急措施或者临时措施，依照有关法律、行政法规的规定执行。

行政机关采取金融业审慎监管措施、进出境货物强制性技术监控措施，依照有关法律、行政法规的规定执行。

第四条 【合法性原则】行政强制的设定和实施，应当依照法定的权限、范围、条件和程序。

第五条 【适当性原则】行政强制的设定和实施，应当适当。采用非强制手段可以达到行政管理目的的，不得设定和实施行政强制。

第六条 【教育与强制相结合原则】实施行政强制，应当坚持教育与强制相结合。

第七条 【不得利用行政强制权谋取利益】行政机关及其工作人员不得利用行政强制权为单位或者个人谋取利益。

第八条 【正当程序和权利救济】公民、法人或者其他组织对行政机关实施行政强制，享有陈述权、申辩权；有权依法申请行政复议或者提起行政诉讼；因行政机关违法实施行政强制受到损害的，有权依法要求赔偿。

公民、法人或者其他组织因人民法院在强制执行中有违法行为或者扩大强制执行范围受到损害的，有权依法要求赔偿。

第二章 行政强制的种类和设定

第九条 【行政强制措施的种类】行政强制措施的种类：

（一）限制公民人身自由；

（二）查封场所、设施或者财物；

（三）扣押财物；

（四）冻结存款、汇款；

（五）其他行政强制措施。

第十条 【行政强制措施的设定权】行政强制措施由法律设定。

尚未制定法律，且属于国务院行政管理职权事项的，行政法规可以设定除本法第九条第一项、第四项和应当由法律规定的行政强制措施以外的其他行政强制措施。

尚未制定法律、行政法规，且属于地方性事务的，地方性法规可以设定本法第九条第二项、第三项的行政强制措施。

法律、法规以外的其他规范性文件不得设定行政强制措施。

第十一条 【行政法规、地方性法规的规定权】法律对行政强制措施的对象、条件、种类作了规定的，行政法规、地方性法规不得作出扩大规定。

法律中未设定行政强制措施的，行政法规、地方性法规不得设定行政强制措施。但是，法律规定特定事项由行政法规规定具体管理措施的，行政法规可以设定除本法第九条第一项、第四项和应当由法律规定的行政强制措施以外的其他行政强制措施。

第十二条 【行政强制执行的方式】行政强制执行的方式：

（一）加处罚款或者滞纳金；

（二）划拨存款、汇款；

（三）拍卖或者依法处理查封、扣押的场所、设施或者财物；

（四）排除妨碍、恢复原状；

（五）代履行；

（六）其他强制执行方式。

第十三条　【行政强制执行的设定权】行政强制执行由法律设定。

法律没有规定行政机关强制执行的，作出行政决定的行政机关应当申请人民法院强制执行。

第十四条　【设定行政强制应听取意见和说明必要性】起草法律草案、法规草案，拟设定行政强制的，起草单位应当采取听证会、论证会等形式听取意见，并向制定机关说明设定该行政强制的必要性、可能产生的影响以及听取和采纳意见的情况。

第十五条　【已设定行政强制的评价】行政强制的设定机关应当定期对其设定的行政强制进行评价，并对不适当的行政强制及时予以修改或者废止。

行政强制的实施机关可以对已设定的行政强制的实施情况及存在的必要性适时进行评价，并将意见报告该行政强制的设定机关。

公民、法人或者其他组织可以向行政强制的设定机关和实施机关就行政强制的设定和实施提出意见和建议。有关机关应当认真研究论证，并以适当方式予以反馈。

第三章　行政强制措施实施程序

第一节　一般规定

第十六条　【实施行政强制措施的条件】行政机关履行行政管理职责，依照法律、法规的规定，实施行政强制措施。

违法行为情节显著轻微或者没有明显社会危害的，可以不采取行政强制措施。

第十七条　【实施主体】行政强制措施由法律、法规规定的行政机关在法定职权范围内实施。行政强制措施权不得委托。

依据《中华人民共和国行政处罚法》的规定行使相对集中行政处罚权的行政机关，可以实施法律、法规规定的与行政处罚权有关的行政强制措施。

行政强制措施应当由行政机关具备资格的行政执法人员实施，其他人员不得实施。

第十八条　【一般实施程序】行政机关实施行政强制措施应当遵守下列规定：

（一）实施前须向行政机关负责人报告并经批准；

（二）由两名以上行政执法人员实施；

（三）出示执法身份证件；

（四）通知当事人到场；

（五）当场告知当事人采取行政强制措施的理由、依据以及当事人依法享有的权利、救济途径；

（六）听取当事人的陈述和申辩；

（七）制作现场笔录；

（八）现场笔录由当事人和行政执法人员签名或者盖章，当事人拒绝的，在笔录中予以注明；

（九）当事人不到场的，邀请见证人到场，由见证人和行政执法人员在现场笔录上签名或者盖章；

（十）法律、法规规定的其他程序。

第十九条　【即时强制】情况紧急，需要当场实施行政强制措施的，行政执法人员应当在二十四小时内向行政机关负责人报告，并补办批准手续。行政机关负责人认为不应当采取行政强制措施的，应当立即解除。

第二十条　【限制人身自由的程序】依照法律规定实施限制公民人身自由的行政强制措施，除应当履行本法第十八条规定的程序外，还应当遵守下列规定：

（一）当场告知或者实施行政强制措施后立即通知当事人家属实施行政强制措施的行政机关、地点和期限；

（二）在紧急情况下当场实施行政强制措施的，在返回行政机关后，立即向行政机关负责人报告并补办批准手续；

（三）法律规定的其他程序。

实施限制人身自由的行政强制措施不得超过法定期限。实施行政强制措施的目的已经达到或者条件已经消失，应当立即解除。

第二十一条　【涉嫌犯罪应当移送司法机关】违法行为涉嫌犯罪应当移送司法机关

的，行政机关应当将查封、扣押、冻结的财物一并移送，并书面告知当事人。

第二节　查封、扣押

第二十二条　【查封、扣押的实施主体】查封、扣押应当由法律、法规规定的行政机关实施，其他任何行政机关或者组织不得实施。

第二十三条　【查封、扣押的对象】查封、扣押限于涉案的场所、设施或者财物，不得查封、扣押与违法行为无关的场所、设施或者财物；不得查封、扣押公民个人及其所扶养家属的生活必需品。

当事人的场所、设施或者财物已被其他国家机关依法查封的，不得重复查封。

第二十四条　【查封、扣押实施程序】行政机关决定实施查封、扣押的，应当履行本法第十八条规定的程序，制作并当场交付查封、扣押决定书和清单。

查封、扣押决定书应当载明下列事项：

（一）当事人的姓名或者名称、地址；

（二）查封、扣押的理由、依据和期限；

（三）查封、扣押场所、设施或者财物的名称、数量等；

（四）申请行政复议或者提起行政诉讼的途径和期限；

（五）行政机关的名称、印章和日期。

查封、扣押清单一式二份，由当事人和行政机关分别保存。

第二十五条　【查封、扣押的期限和检测费用的承担】查封、扣押的期限不得超过三十日；情况复杂的，经行政机关负责人批准，可以延长，但是延长期限不得超过三十日。法律、行政法规另有规定的除外。

延长查封、扣押的决定应当及时书面告知当事人，并说明理由。

对物品需要进行检测、检验、检疫或者技术鉴定的，查封、扣押的期间不包括检测、检验、检疫或者技术鉴定的期间。检测、检验、检疫或者技术鉴定的期间应当明确，并书面告知当事人。检测、检验、检疫或者技术鉴定的费用由行政机关承担。

第二十六条　【查封、扣押财物的保管】对查封、扣押的场所、设施或者财物，行政机关应当妥善保管，不得使用或者损毁；造成损失的，应当承担赔偿责任。

对查封的场所、设施或者财物，行政机关可以委托第三人保管，第三人不得损毁或者擅自转移、处置。因第三人的原因造成的损失，行政机关先行赔付后，有权向第三人追偿。

因查封、扣押发生的保管费用由行政机关承担。

第二十七条　【查封、扣押财物的处理】行政机关采取查封、扣押措施后，应当及时查清事实，在本法第二十五条规定的期限内作出处理决定。对违法事实清楚，依法应当没收的非法财物予以没收；法律、行政法规规定应当销毁的，依法销毁；应当解除查封、扣押的，作出解除查封、扣押的决定。

第二十八条　【查封、扣押的解除】有下列情形之一的，行政机关应当及时作出解除查封、扣押决定：

（一）当事人没有违法行为；

（二）查封、扣押的场所、设施或者财物与违法行为无关；

（三）行政机关对违法行为已经作出处理决定，不再需要查封、扣押；

（四）查封、扣押期限已经届满；

（五）其他不再需要采取查封、扣押措施的情形。

解除查封、扣押应当立即退还财物；已将鲜活物品或者其他不易保管的财物拍卖或者变卖的，退还拍卖或者变卖所得款项。变卖价格明显低于市场价格，给当事人造成损失的，应当给予补偿。

第三节　冻　　结

第二十九条　【冻结的实施主体与数额】冻结存款、汇款应当由法律规定的行政机关实施，不得委托给其他行政机关或者组织；其他任何行政机关或者组织不得冻结存款、汇款。

冻结存款、汇款的数额应当与违法行为涉及的金额相当;已被其他国家机关依法冻结的,不得重复冻结。

第三十条 **【冻结的程序】**行政机关依照法律规定决定实施冻结存款、汇款的,应当履行本法第十八条第一项、第二项、第三项、第七项规定的程序,并向金融机构交付冻结通知书。

金融机构接到行政机关依法作出的冻结通知书后,应当立即予以冻结,不得拖延,不得在冻结前向当事人泄露信息。

法律规定以外的行政机关或者组织要求冻结当事人存款、汇款的,金融机构应当拒绝。

第三十一条 **【冻结决定书的内容和交付期限】**依照法律规定冻结存款、汇款的,作出决定的行政机关应当在三日内向当事人交付冻结决定书。冻结决定书应当载明下列事项:

(一)当事人的姓名或者名称、地址;

(二)冻结的理由、依据和期限;

(三)冻结的账号和数额;

(四)申请行政复议或者提起行政诉讼的途径和期限;

(五)行政机关的名称、印章和日期。

第三十二条 **【冻结的期限与延长】**自冻结存款、汇款之日起三十日内,行政机关应当作出处理决定或者作出解除冻结决定;情况复杂的,经行政机关负责人批准,可以延长,但是延长期限不得超过三十日。法律另有规定的除外。

延长冻结的决定应当及时书面告知当事人,并说明理由。

第三十三条 **【冻结的解除】**有下列情形之一的,行政机关应当及时作出解除冻结决定:

(一)当事人没有违法行为;

(二)冻结的存款、汇款与违法行为无关;

(三)行政机关对违法行为已经作出处理决定,不再需要冻结;

(四)冻结期限已经届满;

(五)其他不再需要采取冻结措施的情形。

行政机关作出解除冻结决定的,应当及时通知金融机构和当事人。金融机构接到通知后,应当立即解除冻结。

行政机关逾期未作出处理决定或者解除冻结决定的,金融机构应当自冻结期满之日起解除冻结。

第四章 行政机关强制执行程序

第一节 一般规定

第三十四条 **【行政机关强制执行】**行政机关依法作出行政决定后,当事人在行政机关决定的期限内不履行义务的,具有行政强制执行权的行政机关依照本章规定强制执行。

第三十五条 **【催告程序】**行政机关作出强制执行决定前,应当事先催告当事人履行义务。催告应当以书面形式作出,并载明下列事项:

(一)履行义务的期限;

(二)履行义务的方式;

(三)涉及金钱给付的,应当有明确的金额和给付方式;

(四)当事人依法享有的陈述权和申辩权。

第三十六条 **【当事人的陈述权、申辩权】**当事人收到催告书后有权进行陈述和申辩。行政机关应当充分听取当事人的意见,对当事人提出的事实、理由和证据,应当进行记录、复核。当事人提出的事实、理由或者证据成立的,行政机关应当采纳。

第三十七条 **【强制执行决定书】**经催告,当事人逾期仍不履行行政决定,且无正当理由的,行政机关可以作出强制执行决定。

强制执行决定应当以书面形式作出,并载明下列事项:

(一)当事人的姓名或者名称、地址;

(二)强制执行的理由和依据;

（三）强制执行的方式和时间；

（四）申请行政复议或者提起行政诉讼的途径和期限；

（五）行政机关的名称、印章和日期。

在催告期间，对有证据证明有转移或者隐匿财物迹象的，行政机关可以作出立即强制执行决定。

第三十八条　【催告书、强制执行决定书的送达】催告书、行政强制执行决定书应当直接送达当事人。当事人拒绝接收或者无法直接送达当事人的，应当依照《中华人民共和国民事诉讼法》的有关规定送达。

第三十九条　【中止执行】有下列情形之一的，中止执行：

（一）当事人履行行政决定确有困难或者暂无履行能力的；

（二）第三人对执行标的主张权利，确有理由的；

（三）执行可能造成难以弥补的损失，且中止执行不损害公共利益的；

（四）行政机关认为需要中止执行的其他情形。

中止执行的情形消失后，行政机关应当恢复执行。对没有明显社会危害，当事人确无能力履行，中止执行满三年未恢复执行的，行政机关不再执行。

第四十条　【终结执行】有下列情形之一的，终结执行：

（一）公民死亡，无遗产可供执行，又无义务承受人的；

（二）法人或者其他组织终止，无财产可供执行，又无义务承受人的；

（三）执行标的灭失的；

（四）据以执行的行政决定被撤销的；

（五）行政机关认为需要终结执行的其他情形。

第四十一条　【执行回转】在执行中或者执行完毕后，据以执行的行政决定被撤销、变更，或者执行错误的，应当恢复原状或者退还财物；不能恢复原状或者退还财物的，依法给予赔偿。

第四十二条　【执行和解】实施行政强制执行，行政机关可以在不损害公共利益和他人合法权益的情况下，与当事人达成执行协议。执行协议可以约定分阶段履行；当事人采取补救措施的，可以减免加处的罚款或者滞纳金。

执行协议应当履行。当事人不履行执行协议的，行政机关应当恢复强制执行。

第四十三条　【文明执法】行政机关不得在夜间或者法定节假日实施行政强制执行。但是，情况紧急的除外。

行政机关不得对居民生活采取停止供水、供电、供热、供燃气等方式迫使当事人履行相关行政决定。

第四十四条　【违法建筑物、构筑物、设施强制的拆除】对违法的建筑物、构筑物、设施等需要强制拆除的，应当由行政机关予以公告，限期当事人自行拆除。当事人在法定期限内不申请行政复议或者提起行政诉讼，又不拆除的，行政机关可以依法强制拆除。

第二节　金钱给付义务的执行

第四十五条　【加处罚款或者滞纳金】行政机关依法作出金钱给付义务的行政决定，当事人逾期不履行的，行政机关可以依法加处罚款或者滞纳金。加处罚款或者滞纳金的标准应当告知当事人。

加处罚款或者滞纳金的数额不得超出金钱给付义务的数额。

第四十六条　【金钱给付义务的直接强制执行】行政机关依照本法第四十五条规定实施加处罚款或者滞纳金超过三十日，经催告当事人仍不履行的，具有行政强制执行权的行政机关可以强制执行。

行政机关实施强制执行前，需要采取查封、扣押、冻结措施的，依照本法第三章规定办理。

没有行政强制执行权的行政机关应当申请人民法院强制执行。但是，当事人在法定期限内不申请行政复议或者提起行政诉讼,经催告仍不履行的,在实施行政管理过程中已经采取查封、扣押措施的行政机关,可以将查封、扣押的财物依法拍卖抵缴罚款。

第四十七条 【**划拨存款、汇款**】划拨存款、汇款应当由法律规定的行政机关决定,并书面通知金融机构。金融机构接到行政机关依法作出划拨存款、汇款的决定后,应当立即划拨。

法律规定以外的行政机关或者组织要求划拨当事人存款、汇款的,金融机构应当拒绝。

第四十八条 【**委托拍卖**】依法拍卖财物,由行政机关委托拍卖机构依照《中华人民共和国拍卖法》的规定办理。

第四十九条 【**划拨存款、汇款的上缴**】划拨的存款、汇款以及拍卖和依法处理所得的款项应当上缴国库或者划入财政专户。任何行政机关或者个人不得以任何形式截留、私分或者变相私分。

第三节 代 履 行

第五十条 【**代履行**】行政机关依法作出要求当事人履行排除妨碍、恢复原状等义务的行政决定,当事人逾期不履行,经催告仍不履行,其后果已经或者将危害交通安全、造成环境污染或者破坏自然资源的,行政机关可以代履行,或者委托没有利害关系的第三人代履行。

第五十一条 【**代履行的实施程序、费用**】代履行应当遵守下列规定:

(一)代履行前送达决定书,代履行决定书应当载明当事人的姓名或者名称、地址,代履行的理由和依据、方式和时间、标的、费用预算以及代履行人;

(二)代履行三日前,催告当事人履行,当事人履行的,停止代履行;

(三)代履行时,作出决定的行政机关应当派员到场监督;

(四)代履行完毕,行政机关到场监督的工作人员、代履行人和当事人或者见证人应当在执行文书上签名或者盖章。

代履行的费用按照成本合理确定,由当事人承担。但是,法律另有规定的除外。

代履行不得采用暴力、胁迫以及其他非法方式。

第五十二条 【**立即代履行**】需要立即清除道路、河道、航道或者公共场所的遗洒物、障碍物或者污染物,当事人不能清除的,行政机关可以决定立即实施代履行;当事人不在场的,行政机关应当在事后立即通知当事人,并依法作出处理。

第五章 申请人民法院强制执行

第五十三条 【**申请法院强制执行**】当事人在法定期限内不申请行政复议或者提起行政诉讼,又不履行行政决定的,没有行政强制执行权的行政机关可以自期限届满之日起三个月内,依照本章规定申请人民法院强制执行。

第五十四条 【**催告与执行管辖**】行政机关申请人民法院强制执行前,应当催告当事人履行义务。催告书送达十日后当事人仍未履行义务的,行政机关可以向所在地有管辖权的人民法院申请强制执行;执行对象是不动产的,向不动产所在地有管辖权的人民法院申请强制执行。

第五十五条 【**申请强制执行提供的材料**】行政机关向人民法院申请强制执行,应当提供下列材料:

(一)强制执行申请书;

(二)行政决定书及作出决定的事实、理由和依据;

(三)当事人的意见及行政机关催告情况;

(四)申请强制执行标的情况;

(五)法律、行政法规规定的其他材料。

强制执行申请书应当由行政机关负责人签名,加盖行政机关的印章,并注明日期。

第五十六条 【**申请的受理**】人民法院接到

行政机关强制执行的申请，应当在五日内受理。

行政机关对人民法院不予受理的裁定有异议的，可以在十五日内向上一级人民法院申请复议，上一级人民法院应当自收到复议申请之日起十五日内作出是否受理的裁定。

第五十七条　【申请的书面审查】人民法院对行政机关强制执行的申请进行书面审查，对符合本法第五十五条规定，且行政决定具备法定执行效力的，除本法第五十八条规定的情形外，人民法院应当自受理之日起七日内作出执行裁定。

第五十八条　【申请的违法审查】人民法院发现有下列情形之一的，在作出裁定前可以听取被执行人和行政机关的意见：

（一）明显缺乏事实根据的；

（二）明显缺乏法律、法规依据的；

（三）其他明显违法并损害被执行人合法权益的。

人民法院应当自受理之日起三十日内作出是否执行的裁定。裁定不予执行的，应当说明理由，并在五日内将不予执行的裁定送达行政机关。

行政机关对人民法院不予执行的裁定有异议的，可以自收到裁定之日起十五日内向上一级人民法院申请复议，上一级人民法院应当自收到复议申请之日起三十日内作出是否执行的裁定。

第五十九条　【申请法院立即执行】因情况紧急，为保障公共安全，行政机关可以申请人民法院立即执行。经人民法院院长批准，人民法院应当自作出执行裁定之日起五日内执行。

第六十条　【执行费用】行政机关申请人民法院强制执行，不缴纳申请费。强制执行的费用由被执行人承担。

人民法院以划拨、拍卖方式强制执行的，可以在划拨、拍卖后将强制执行的费用扣除。

依法拍卖财物，由人民法院委托拍卖机构依照《中华人民共和国拍卖法》的规定办理。

划拨的存款、汇款以及拍卖和依法处理所得的款项应当上缴国库或者划入财政专户，不得以任何形式截留、私分或者变相私分。

第六章　法律责任

第六十一条　【违法实施行政强制的法律责任】行政机关实施行政强制，有下列情形之一的，由上级行政机关或者有关部门责令改正，对直接负责的主管人员和其他直接责任人员依法给予处分：

（一）没有法律、法规依据的；

（二）改变行政强制对象、条件、方式的；

（三）违反法定程序实施行政强制的；

（四）违反本法规定，在夜间或者法定节假日实施行政强制执行的；

（五）对居民生活采取停止供水、供电、供热、供燃气等方式迫使当事人履行相关行政决定的；

（六）有其他违法实施行政强制情形的。

第六十二条　【违法实施查封、扣押、冻结的法律责任】违反本法规定，行政机关有下列情形之一的，由上级行政机关或者有关部门责令改正，对直接负责的主管人员和其他直接责任人员依法给予处分：

（一）扩大查封、扣押、冻结范围的；

（二）使用或者损毁查封、扣押场所、设施或者财物的；

（三）在查封、扣押法定期间不作出处理决定或者未依法及时解除查封、扣押的；

（四）在冻结存款、汇款法定期间不作出处理决定或者未依法及时解除冻结的。

第六十三条　【截留、私分或变相私分和据为己有的法律责任】行政机关将查封、扣押的财物或者划拨的存款、汇款以及拍卖和依法处理所得的款项，截留、私分或者变相私分的，由财政部门或者有关部门予以追缴；

对直接负责的主管人员和其他直接责任人员依法给予记大过、降级、撤职或者开除的处分。

行政机关工作人员利用职务上的便利，将查封、扣押的场所、设施或者财物据为己有的，由上级行政机关或者有关部门责令改正，依法给予记大过、降级、撤职或者开除的处分。

第六十四条　【利用行政强制权为单位或者个人谋取利益的法律责任】行政机关及其工作人员利用行政强制权为单位或者个人谋取利益的，由上级行政机关或者有关部门责令改正，对直接负责的主管人员和其他直接责任人员依法给予处分。

第六十五条　【金融机构违法冻结、划拨的法律责任】违反本法规定，金融机构有下列行为之一的，由金融业监督管理机构责令改正，对直接负责的主管人员和其他直接责任人员依法给予处分：

（一）在冻结前向当事人泄露信息的；

（二）对应当立即冻结、划拨的存款、汇款不冻结或者不划拨，致使存款、汇款转移的；

（三）将不应当冻结、划拨的存款、汇款予以冻结或者划拨的；

（四）未及时解除冻结存款、汇款的。

第六十六条　【款项未划入规定账户的法律责任】违反本法规定，金融机构将款项划入国库或者财政专户以外的其他账户的，由金融业监督管理机构责令改正，并处以违法划拨款项二倍的罚款；对直接负责的主管人员和其他直接责任人员依法给予处分。

违反本法规定，行政机关、人民法院指令金融机构将款项划入国库或者财政专户以外的其他账户的，对直接负责的主管人员和其他直接责任人员依法给予处分。

第六十七条　【人民法院违法执行的法律责任】人民法院及其工作人员在强制执行中有违法行为或者扩大强制执行范围的，对直接负责的主管人员和其他直接责任人员依法给予处分。

第六十八条　【赔偿责任和刑事责任】违反本法规定，给公民、法人或者其他组织造成损失的，依法给予赔偿。

违反本法规定，构成犯罪的，依法追究刑事责任。

第七章　附　　则

第六十九条　【期限的计算】本法中十日以内期限的规定是指工作日，不含法定节假日。

第七十条　【法律、行政法规授权的具有管理公共事务职能的组织的主体资格】法律、行政法规授权的具有管理公共事务职能的组织在法定授权范围内，以自己的名义实施行政强制，适用本法有关行政机关的规定。

第七十一条　【生效日期】本法自 2012 年 1 月 1 日起施行。

◎行政法规

罚款决定与罚款收缴分离实施办法

- 1997 年 11 月 17 日
- 国务院令第 235 号

第一条　为了实施罚款决定与罚款收缴分离，加强对罚款收缴活动的监督，保证罚款及时上缴国库，根据《中华人民共和国行政处罚法》（以下简称行政处罚法）的规定，制定本办法。

第二条　罚款的收取、缴纳及相关活动，适用本办法。

第三条　作出罚款决定的行政机关应当与收缴罚款的机构分离；但是，依照行政处罚法的规定可以当场收缴罚款的除外。

第四条　罚款必须全部上缴国库，任何行政机关、组织或者个人不得以任何形式截留、私分或者变相私分。

行政机关执法所需经费的拨付，按照国家有关规定执行。

第五条 经中国人民银行批准有代理收付款项业务的商业银行、信用合作社(以下简称代收机构),可以开办代收罚款的业务。

具体代收机构由县级以上地方人民政府组织本级财政部门、中国人民银行当地分支机构和依法具有行政处罚权的行政机关共同研究,统一确定。海关、外汇管理等实行垂直领导的依法具有行政处罚权的行政机关作出罚款决定的,具体代收机构由财政部、中国人民银行会同国务院有关部门确定。依法具有行政处罚权的国务院有关部门作出罚款决定的,具体代收机构由财政部、中国人民银行确定。

代收机构应当具备足够的代收网点,以方便当事人缴纳罚款。

第六条 行政机关应当依照本办法和国家有关规定,同代收机构签订代收罚款协议。

代收罚款协议应当包括下列事项:

(一)行政机关、代收机构名称;

(二)具体代收网点;

(三)代收机构上缴罚款的预算科目、预算级次;

(四)代收机构告知行政机关代收罚款情况的方式、期限;

(五)需要明确的其他事项。

自代收罚款协议签订之日起15日内,行政机关应当将代收罚款协议报上一级行政机关和同级财政部门备案;代收机构应当将代收罚款协议报中国人民银行或者其当地分支机构备案。

第七条 行政机关作出罚款决定的行政处罚决定书应当载明代收机构的名称、地址和当事人应当缴纳罚款的数额、期限等,并明确对当事人逾期缴纳罚款是否加处罚款。

当事人应当按照行政处罚决定书确定的罚款数额、期限,到指定的代收机构缴纳罚款。

第八条 代收机构代收罚款,应当向当事人出具罚款收据。

罚款收据的格式和印制,由财政部规定。

第九条 当事人逾期缴纳罚款,行政处罚决定书明确需要加处罚款的,代收机构应当按照行政处罚决定书加收罚款。

当事人对加收罚款有异议的,应当先缴纳罚款和加收的罚款,再依法向作出行政处罚决定的行政机关申请复议。

第十条 代收机构应当按照代收罚款协议规定的方式、期限,将当事人的姓名或者名称、缴纳罚款的数额、时间等情况书面告知作出行政处罚决定的行政机关。

第十一条 代收机构应当按照行政处罚法和国家有关规定,将代收的罚款直接上缴国库。

第十二条 国库应当按照《中华人民共和国国家金库条例》的规定,定期同财政部门和行政机关对账,以保证收受的罚款和上缴国库的罚款数额一致。

第十三条 代收机构应当在代收网点、营业时间、服务设施、缴款手续等方面为当事人缴纳罚款提供方便。

第十四条 财政部门应当向代收机构支付手续费,具体标准由财政部制定。

第十五条 法律、法规授权的具有管理公共事务职能的组织和依法受委托的组织依法作出的罚款决定与罚款收缴,适用本办法。

第十六条 本办法由财政部会同中国人民银行组织实施。

第十七条 本办法自1998年1月1日起施行。

◎司法解释

最高人民法院关于行政机关对土地争议的处理决定生效后一方不履行另一方不应以民事侵权向法院起诉的批复

- 1991年7月24日
- 〔90〕法民字第2号

河北省高级人民法院:

你省《关于人民政府对土地所有权和使

用权争议做出处理决定后，一方当事人不服而又不向法院起诉，也不执行，期满后对方当事人可否以侵权案向人民法院起诉，以及如何处理的请示报告》收悉。经研究认为：行政机关对土地争议的处理决定生效后，一方当事人不履行的，对方当事人不应以民事侵权案向法院起诉，可向行政机关提出申请执行，该行政机关依照行政诉讼法第六十六条的规定，可以申请人民法院强制执行，或依法强制执行。

最高人民法院关于执行《中华人民共和国行政诉讼法》若干问题的解释（节录）

- 2000年3月8日
- 法释〔2000〕8号

……

七、执　　行

第八十三条　对发生法律效力的行政判决书、行政裁定书、行政赔偿判决书和行政赔偿调解书，负有义务的一方当事人拒绝履行的，对方当事人可以依法申请人民法院强制执行。

第八十四条　申请人是公民的，申请执行生效的行政判决书、行政裁定书、行政赔偿判决书和行政赔偿调解书的期限为1年，申请人是行政机关、法人或者其他组织的为180日。

申请执行的期限从法律文书规定的履行期间最后一日起计算；法律文书中没有规定履行期限的，从该法律文书送达当事人之日起计算。

逾期申请的，除有正当理由外，人民法院不予受理。

第八十五条　发生法律效力的行政判决书、行政裁定书、行政赔偿判决书和行政赔偿调解书，由第一审人民法院执行。

第一审人民法院认为情况特殊需要由第二审人民法院执行的，可以报请第二审人民法院执行；第二审人民法院可以决定由其执行，也可以决定由第一审人民法院执行。

第八十六条　行政机关根据行政诉讼法第六十六条的规定申请执行其具体行政行为，应当具备以下条件：

（一）具体行政行为依法可以由人民法院执行；

（二）具体行政行为已经生效并具有可执行内容；

（三）申请人是作出该具体行政行为的行政机关或者法律、法规、规章授权的组织；

（四）被申请人是该具体行政行为所确定的义务人；

（五）被申请人在具体行政行为确定的期限内或者行政机关另行指定的期限内未履行义务；

（六）申请人在法定期限内提出申请；

（七）被申请执行的行政案件属于受理申请执行的人民法院管辖。

人民法院对符合条件的申请，应当立案受理，并通知申请人；对不符合条件的申请，应当裁定不予受理。

第八十七条　法律、法规没有赋予行政机关强制执行权，行政机关申请人民法院强制执行的，人民法院应当依法受理。

法律、法规规定既可以由行政机关依法强制执行，也可以申请人民法院强制执行，行政机关申请人民法院强制执行的，人民法院可以依法受理。

第八十八条　行政机关申请人民法院强制执行其具体行政行为，应当自被执行人的法定起诉期限届满之日起180日内提出。逾期申请的，除有正当理由外，人民法院不予受理。

第八十九条　行政机关申请人民法院强制执行其具体行政行为，由申请人所在地的基层人民法院受理；执行对象为不动产的，由不动产所在地的基层人民法院受理。

基层人民法院认为执行确有困难的，可以报请上级人民法院执行；上级人民法院可以决定由其执行，也可以决定由下级人民法院执行。

第九十条 行政机关根据法律的授权对平等主体之间民事争议作出裁决后，当事人在法定期限内不起诉又不履行，作出裁决的行政机关在申请执行的期限内未申请人民法院强制执行的，生效具体行政行为确定的权利人或者其继承人、权利承受人在90日内可以申请人民法院强制执行。

享有权利的公民、法人或者其他组织申请人民法院强制执行具体行政行为，参照行政机关申请人民法院强制执行具体行政行为的规定。

第九十一条 行政机关申请人民法院强制执行其具体行政行为，应当提交申请执行书、据以执行的行政法律文书、证明该具体行政行为合法的材料和被执行人财产状况以及其他必须提交的材料。

享有权利的公民、法人或者其他组织申请人民法院强制执行的，人民法院应当向作出裁决的行政机关调取有关材料。

第九十二条 行政机关或者具体行政行为确定的权利人申请人民法院强制执行前，有充分理由认为被执行人可能逃避执行的，可以申请人民法院采取财产保全措施。后者申请强制执行的，应当提供相应的财产担保。

第九十三条 人民法院受理行政机关申请执行其具体行政行为的案件后，应当在30日内由行政审判庭组成合议庭对具体行政行为的合法性进行审查，并就是否准予强制执行作出裁定；需要采取强制执行措施的，由本院负责强制执行非诉行政行为的机构执行。

第九十四条 在诉讼过程中，被告或者具体行政行为确定的权利人申请人民法院强制执行被诉具体行政行为，人民法院不予执行，但不及时执行可能给国家利益、公共利益或者他人合法权益造成不可弥补的损失的，人民法院可以先予执行。后者申请强制执行的，应当提供相应的财产担保。

第九十五条 被申请执行的具体行政行为有下列情形之一的，人民法院应当裁定不准予执行：

（一）明显缺乏事实根据的；

（二）明显缺乏法律依据的；

（三）其他明显违法并损害被执行人合法权益的。

第九十六条 行政机关拒绝履行人民法院生效判决、裁定的，人民法院可以依照行政诉讼法第六十五条第三款的规定处理，并可以参照民事诉讼法第一百零二条①的有关规定，对主要负责人或者直接责任人员予以罚款处罚。

……

最高人民法院关于适用《中华人民共和国行政诉讼法》若干问题的解释

- 2015年4月22日
- 法释〔2015〕9号

为正确适用第十二届全国人民代表大会常务委员会第十一次会议决定修改的《中华人民共和国行政诉讼法》，结合人民法院行政审判工作实际，现就有关条款的适用问题解释如下：

第一条 人民法院对符合起诉条件的案件应当立案，依法保障当事人行使诉讼权利。

对当事人依法提起的诉讼，人民法院应当根据行政诉讼法第五十一条的规定，一律接收起诉状。能够判断符合起诉条件的，应当当场登记立案；当场不能判断是否符合起诉条件的，应当在接收起诉状后七日内决定是否立案；七日内仍不能作出判断的，应当先予立案。

---

① 民事诉讼法原第一百零二条现已修改为第一百一十一条。

起诉状内容或者材料欠缺的，人民法院应当一次性全面告知当事人需要补正的内容、补充的材料及期限。在指定期限内补正并符合起诉条件的，应当登记立案。当事人拒绝补正或者经补正仍不符合起诉条件的，裁定不予立案，并载明不予立案的理由。

当事人对不予立案裁定不服的，可以提起上诉。

第二条 行政诉讼法第四十九条第三项规定的“有具体的诉讼请求”是指：

（一）请求判决撤销或者变更行政行为；

（二）请求判决行政机关履行法定职责或者给付义务；

（三）请求判决确认行政行为违法；

（四）请求判决确认行政行为无效；

（五）请求判决行政机关予以赔偿或者补偿；

（六）请求解决行政协议争议；

（七）请求一并审查规章以下规范性文件；

（八）请求一并解决相关民事争议；

（九）其他诉讼请求。

当事人未能正确表达诉讼请求的，人民法院应当予以释明。

第三条 有下列情形之一，已经立案的，应当裁定驳回起诉：

（一）不符合行政诉讼法第四十九条规定的；

（二）超过法定起诉期限且无正当理由的；

（三）错列被告且拒绝变更的；

（四）未按照法律规定由法定代理人、指定代理人、代表人为诉讼行为的；

（五）未按照法律、法规规定先向行政机关申请复议的；

（六）重复起诉的；

（七）撤回起诉后无正当理由再行起诉的；

（八）行政行为对其合法权益明显不产生实际影响的；

（九）诉讼标的已为生效裁判所羁束的；

（十）不符合其他法定起诉条件的。

人民法院经过阅卷、调查和询问当事人，认为不需要开庭审理的，可以迳行裁定驳回起诉。

第四条 公民、法人或者其他组织依照行政诉讼法第四十七条第一款的规定，对行政机关不履行法定职责提起诉讼的，应当在行政机关履行法定职责期限届满之日起六个月内提出。

第五条 行政诉讼法第三条第三款规定的“行政机关负责人”，包括行政机关的正职和副职负责人。行政机关负责人出庭应诉的，可以另行委托一至二名诉讼代理人。

第六条 行政诉讼法第二十六条第二款规定的“复议机关决定维持原行政行为”，包括复议机关驳回复议申请或者复议请求的情形，但以复议申请不符合受理条件为由驳回的除外。

行政诉讼法第二十六条第二款规定的“复议机关改变原行政行为”，是指复议机关改变原行政行为的处理结果。

第七条 复议机关决定维持原行政行为的，作出原行政行为的行政机关和复议机关是共同被告。原告只起诉作出原行政行为的行政机关或者复议机关的，人民法院应当告知原告追加被告。原告不同意追加的，人民法院应当将另一机关列为共同被告。

第八条 作出原行政行为的行政机关和复议机关为共同被告的，以作出原行政行为的行政机关确定案件的级别管辖。

第九条 复议机关决定维持原行政行为的，人民法院应当在审查原行政行为合法性的同时，一并审查复议程序的合法性。

作出原行政行为的行政机关和复议机关对原行政行为合法性共同承担举证责任，可以由其中一个机关实施举证行为。

复议机关对复议程序的合法性承担举证责任。

第十条 人民法院对原行政行为作出判决的同时,应当对复议决定一并作出相应判决。

人民法院判决撤销原行政行为和复议决定的,可以判决作出原行政行为的行政机关重新作出行政行为。

人民法院判决作出原行政行为的行政机关履行法定职责或者给付义务的,应当同时判决撤销复议决定。

原行政行为合法、复议决定违反法定程序的,应当判决确认复议决定违法,同时判决驳回原告针对原行政行为的诉讼请求。

原行政行为被撤销、确认违法或者无效,给原告造成损失的,应当由作出原行政行为的行政机关承担赔偿责任;因复议程序违法给原告造成损失的,由复议机关承担赔偿责任。

第十一条 行政机关为实现公共利益或者行政管理目标,在法定职责范围内,与公民、法人或者其他组织协商订立的具有行政法上权利义务内容的协议,属于行政诉讼法第十二条第一款第十一项规定的行政协议。

公民、法人或者其他组织就下列行政协议提起行政诉讼的,人民法院应当依法受理:

(一)政府特许经营协议;

(二)土地、房屋等征收征用补偿协议;

(三)其他行政协议。

第十二条 公民、法人或者其他组织对行政机关不依法履行、未按照约定履行协议提起诉讼的,参照民事法律规范关于诉讼时效的规定;对行政机关单方变更、解除协议等行为提起诉讼的,适用行政诉讼法及其司法解释关于起诉期限的规定。

第十三条 对行政协议提起诉讼的案件,适用行政诉讼法及其司法解释的规定确定管辖法院。

第十四条 人民法院审查行政机关是否依法履行、按照约定履行协议或者单方变更、解除协议是否合法,在适用行政法律规范的同时,可以适用不违反行政法和行政诉讼法强制性规定的民事法律规范。

第十五条 原告主张被告不依法履行、未按照约定履行协议或者单方变更、解除协议违法,理由成立的,人民法院可以根据原告的诉讼请求判决确认协议有效、判决被告继续履行协议,并明确继续履行的具体内容;被告无法继续履行或者继续履行已无实际意义的,判决被告采取相应的补救措施;给原告造成损失的,判决被告予以赔偿。

原告请求解除协议或者确认协议无效,理由成立的,判决解除协议或者确认协议无效,并根据合同法等相关法律规定作出处理。

被告因公共利益需要或者其他法定理由单方变更、解除协议,给原告造成损失的,判决被告予以补偿。

第十六条 对行政机关不依法履行、未按照约定履行协议提起诉讼的,诉讼费用准用民事案件交纳标准;对行政机关单方变更、解除协议等行为提起诉讼的,诉讼费用适用行政案件交纳标准。

第十七条 公民、法人或者其他组织请求一并审理行政诉讼法第六十一条规定的相关民事争议,应当在第一审开庭审理前提出;有正当理由的,也可以在法庭调查中提出。

有下列情形之一的,人民法院应当作出不予准许一并审理民事争议的决定,并告知当事人可以依法通过其他渠道主张权利:

(一)法律规定应当由行政机关先行处理的;

(二)违反民事诉讼法专属管辖规定或者协议管辖约定的;

(三)已经申请仲裁或者提起民事诉讼的;

(四)其他不宜一并审理的民事争议。

对不予准许的决定可以申请复议一次。

第十八条 人民法院在行政诉讼中一并审理相关民事争议的，民事争议应当单独立案，由同一审判组织审理。

审理行政机关对民事争议所作裁决的案件，一并审理民事争议的，不另行立案。

第十九条 人民法院一并审理相关民事争议，适用民事法律规范的相关规定，法律另有规定的除外。

当事人在调解中对民事权益的处分，不能作为审查被诉行政行为合法性的根据。

行政争议和民事争议应当分别裁判。当事人仅对行政裁判或者民事裁判提出上诉的，未上诉的裁判在上诉期满后即发生法律效力。第一审人民法院应当将全部案卷一并移送第二审人民法院，由行政审判庭审理。第二审人民法院发现未上诉的生效裁判确有错误的，应当按照审判监督程序再审。

第二十条 公民、法人或者其他组织请求人民法院一并审查行政诉讼法第五十三条规定的规范性文件，应当在第一审开庭审理前提出；有正当理由的，也可以在法庭调查中提出。

第二十一条 规范性文件不合法的，人民法院不作为认定行政行为合法的依据，并在裁判理由中予以阐明。作出生效裁判的人民法院应当向规范性文件的制定机关提出处理建议，并可以抄送制定机关的同级人民政府或者上一级行政机关。

第二十二条 原告请求被告履行法定职责的理由成立，被告违法拒绝履行或者无正当理由逾期不予答复的，人民法院可以根据行政诉讼法第七十二条的规定，判决被告在一定期限内依法履行原告请求的法定职责；尚需被告调查或者裁量的，应当判决被告针对原告的请求重新作出处理。

第二十三条 原告申请被告依法履行支付抚恤金、最低生活保障待遇或者社会保险待遇等给付义务的理由成立，被告依法负有给付义务而拒绝或者拖延履行义务且无正当理由的，人民法院可以根据行政诉讼法第七十三条的规定，判决被告在一定期限内履行相应的给付义务。

第二十四条 当事人向上一级人民法院申请再审，应当在判决、裁定或者调解书发生法律效力后六个月内提出。有下列情形之一的，自知道或者应当知道之日起六个月内提出：

（一）有新的证据，足以推翻原判决、裁定的；

（二）原判决、裁定认定事实的主要证据是伪造的；

（三）据以作出原判决、裁定的法律文书被撤销或者变更的；

（四）审判人员审理该案件时有贪污受贿、徇私舞弊、枉法裁判行为的。

第二十五条 有下列情形之一的，当事人可以向人民检察院申请抗诉或者检察建议：

（一）人民法院驳回再审申请的；

（二）人民法院逾期未对再审申请作出裁定的；

（三）再审判决、裁定有明显错误的。

人民法院基于抗诉或者检察建议作出再审判决、裁定后，当事人申请再审的，人民法院不予立案。

第二十六条 2015年5月1日前起诉期限尚未届满的，适用修改后的行政诉讼法关于起诉期限的规定。

2015年5月1日前尚未审结案件的审理期限，适用修改前的行政诉讼法关于审理期限的规定。依照修改前的行政诉讼法已经完成的程序事项，仍然有效。

对2015年5月1日前发生法律效力的判决、裁定或者行政赔偿调解书不服申请再审，或者人民法院依照审判监督程序再审的，程序性规定适用修改后的行政诉讼法的规定。

第二十七条 最高人民法院以前发布的司法解释与本解释不一致的，以本解释为准。

最高人民法院关于办理申请人民法院强制执行国有土地上房屋征收补偿决定案件若干问题的规定

• 2012年3月26日
• 法释〔2012〕4号

为依法正确办理市、县级人民政府申请人民法院强制执行国有土地上房屋征收补偿决定(以下简称征收补偿决定)案件,维护公共利益,保障被征收房屋所有权人的合法权益,根据《中华人民共和国行政诉讼法》、《中华人民共和国行政强制法》、《国有土地上房屋征收与补偿条例》(以下简称《条例》)等有关法律、行政法规规定,结合审判实际,制定本规定。

第一条 申请人民法院强制执行征收补偿决定案件,由房屋所在地基层人民法院管辖,高级人民法院可以根据本地实际情况决定管辖法院。

第二条 申请机关向人民法院申请强制执行,除提供《条例》第二十八条规定的强制执行申请书及附具材料外,还应当提供下列材料:

(一)征收补偿决定及相关证据和所依据的规范性文件;

(二)征收补偿决定送达凭证、催告情况及房屋被征收人、直接利害关系人的意见;

(三)社会稳定风险评估材料;

(四)申请强制执行的房屋状况;

(五)被执行人的姓名或者名称、住址及与强制执行相关的财产状况等具体情况;

(六)法律、行政法规规定应当提交的其他材料。

强制执行申请书应当由申请机关负责人签名,加盖申请机关印章,并注明日期。

强制执行的申请应当自被执行人的法定起诉期限届满之日起三个月内提出;逾期申请的,除有正当理由外,人民法院不予受理。

第三条 人民法院认为强制执行的申请符合形式要件且材料齐全的,应当在接到申请后五日内立案受理,并通知申请机关;不符合形式要件或者材料不全的应当限期补正,并在最终补正的材料提供后五日内立案受理;不符合形式要件或者逾期无正当理由不补正材料的,裁定不予受理。

申请机关对不予受理的裁定有异议的,可以自收到裁定之日起十五日内向上一级人民法院申请复议,上一级人民法院应当自收到复议申请之日起十五日内作出裁定。

第四条 人民法院应当自立案之日起三十日内作出是否准予执行的裁定;有特殊情况需要延长审查期限的,由高级人民法院批准。

第五条 人民法院在审查期间,可以根据需要调取相关证据、询问当事人、组织听证或者进行现场调查。

第六条 征收补偿决定存在下列情形之一的,人民法院应当裁定不准予执行:

(一)明显缺乏事实根据;

(二)明显缺乏法律、法规依据;

(三)明显不符合公平补偿原则,严重损害被执行人合法权益,或者使被执行人基本生活、生产经营条件没有保障;

(四)明显违反行政目的,严重损害公共利益;

(五)严重违反法定程序或者正当程序;

(六)超越职权;

(七)法律、法规、规章等规定的其他不宜强制执行的情形。

人民法院裁定不准予执行的,应当说明理由,并在五日内将裁定送达申请机关。

第七条 申请机关对不准予执行的裁定有异议的,可以自收到裁定之日起十五日内向上一级人民法院申请复议,上一级人民法院应当自收到复议申请之日起三十日内作出裁定。

第八条 人民法院裁定准予执行的,应当在五日内将裁定送达申请机关和被执行人,并可以根据实际情况建议申请机关依法采取必要措施,保障征收与补偿活动顺利实施。

第九条 人民法院裁定准予执行的,一般由作出征收补偿决定的市、县级人民政府组织实施,也可以由人民法院执行。

第十条 《条例》施行前已依法取得房屋拆迁许可证的项目,人民法院裁定准予执行房屋拆迁裁决的,参照本规定第九条精神办理。

第十一条 最高人民法院以前所作的司法解释与本规定不一致的,按本规定执行。

最高人民法院关于违法的建筑物、构筑物、设施等强制拆除问题的批复

- 2013年3月25日
- 法释〔2013〕5号

北京市高级人民法院:

根据行政强制法和城乡规划法有关规定精神,对涉及违反城乡规划法的违法建筑物、构筑物、设施等的强制拆除,法律已经授予行政机关强制执行权,人民法院不受理行政机关提出的非诉行政执行申请。

◎司法文件

最高人民法院关于办理行政机关申请强制执行案件有关问题的通知

- 1998年8月18日
- 法〔1998〕77号

各省、自治区、直辖市高级人民法院,新疆维吾尔自治区高级人民法院生产建设兵团分院:

关于人民法院办理行政机关申请强制执行其作出的具体行政行为的案件,行政庭与执行庭如何分工的问题,经我院审判委员会讨论,并已正式下发文件(法发〔1996〕12号)。我院《关于人民法院执行工作若干问题的规定(试行)》下发后,一些法院就上述两个文件的关系问题向我院提出询问。现就有关问题重申如下:

一、行政机关申请人民法院强制执行案件由行政审判庭负责审查。经教育,行政行为相对人自动履行的,即可结案。需要强制执行的,由行政审判庭移送执行庭办理。

二、对于申请执行的具体行政行为,人民法院必须认真进行审查,切实履行法律赋予的监督职责,坚决防止和杜绝违法失职现象的发生。因不审查或不认真审查而给被申请人造成损失的,应当追究有关人员的责任。

三、人民法院经审查,确认申请执行的具体行政行为有明显违法问题,侵犯相对人实体合法权益的,裁定不予执行,并向申请机关提出司法建议。

最高人民法院关于坚决防止土地征收、房屋拆迁强制执行引发恶性事件的紧急通知

- 2011年5月6日

近年来,一些地方在土地征收、房屋拆迁强制执行中引发的恶性事件屡屡发生。有的被执行人以自焚、跳楼等自杀、自残方式相对抗,有的以点燃煤气罐、泼洒汽油、投掷石块等方式阻挠执行,有的聚众围攻、冲击执行人员酿成群体性事件,有的法院干警不当使用武器致人死伤等等。前不久,湖南省株洲市又发生一起被执行人在房屋拆迁强制执行中自焚(经抢救无效死亡)的严重事件。上述事件虽属少数或个别,但引起的社会关注度极高,造成的社会影响极为恶劣,其中的教训也极为深刻。为防止和杜绝类似事件再次发生,现就有关问题紧急通知如下:

一、必须高度重视,切实增强紧迫感和危机感。

土地征用、房屋拆迁往往事关人民群众切身利益和社会稳定大局，是社会高度关注的问题，也是矛盾多发的领域。各级人民法院的领导和干警必须站在依法保护人民群众合法权益、维护社会和谐稳定、巩固党的执政地位和国家政权的高度，充分认识做好这项工作的极端重要性，将此作为坚持群众观点、贯彻群众路线的重要载体，以更加严格执法的信念、更加严谨审慎的态度、更加务实细致的方法，依法慎重处理好每一起强制执行案件，坚决反对和抵制以"服务大局"为名、行危害大局之实的一切错误观点和行为，坚决防止因强制执行违法或不当而导致矛盾激化、引发恶性事件。

二、必须严格审查执行依据的合法性。对行政机关申请法院强制执行其征地拆迁具体行政行为的，必须严把立案关、审查关，坚持依法审查原则，不得背离公正、中立立场而迁就违法或不当的行政行为。凡是不符合法定受案条件以及未进行社会稳定风险评估的申请，一律退回申请机关或裁定不予受理；凡是补偿安置不到位或具体行政行为虽然合法但确有明显不合理及不宜执行情形的，不得作出准予执行裁定。

三、必须严格控制诉讼中的先予执行。对涉及征地拆迁申请法院强制执行的案件，凡是被执行人尚未超过法定起诉期限的，一律不得受理；凡是当事人就相关行政行为已经提起诉讼，其他当事人或有关部门申请先予执行的，原则上不得准许，确需先予执行的，必须报上一级法院批准。

四、必须慎用强制手段，确保万无一失。对当事人不执行法院生效裁判或既不起诉又不履行行政行为确定义务的案件，要具体情况具体分析，注意听取当事人和各方面意见，多做协调化解工作，尽力促成当事人自动履行。凡最终决定需要强制执行的案件，务必要做好社会稳定风险评估，针对各种可能发生的情况制定详细工作预案。凡在执行过程中遇到当事人以自杀相威胁等极端行为、可能造成人身伤害等恶性事件的，一般应当停止执行或首先要确保当事人及相关人员的人身安全，并建议政府和有关部门做好协调、维稳工作，确保执行活动安全稳妥依法进行。

五、必须加强上级法院的监督指导。上级法院要切实履行监督指导职责，增强工作协同性，及时发现和纠正下级法院存在的各种问题。下级法院要主动争取上级法院的指导和支持，充分发挥执行工作统一管理的优势。凡涉及征地拆迁的强制执行案件，相关法院在执行前必须报上一级法院审查同意后方可实施。

六、进一步优化执行工作司法环境。鉴于目前有关征地拆迁的具体强制执行模式尚待有关国家机关协商后确定，各级人民法院要紧紧依靠党委领导，争取各方理解和支持。凡涉及征地拆迁需要强制执行的案件，必须事前向地方党委报告，并在党委统一领导、协调和政府的配合下进行。同时，积极探索"裁执分离"即由法院审查、政府组织实施的模式，以更好地发挥党委、政府的政治、资源和手段优势，共同为有效化解矛盾营造良好环境。

七、严格重大信息报告制度。凡在执行中发生影响社会稳定重大事件的，有关法院必须迅速向当地党委和上级法院如实报告有关情况，做到信息准确、反应灵敏。对不具备交付执行条件的案件，凡遇到来自有关方面的压力和不当干扰的，必须及时向上级法院和有关机关报告，坚决防止盲目服从、草率行事、不计后果的情况发生。

八、明确责任，严肃追究违法失职行为。凡是因工作失误、执法不规范或者滥用强制手段、随意动用法院警力实施强制执行导致矛盾激化，造成人员伤亡或财产严重损失等恶性后果以及引发大规模群体性事件，或者对重大信息隐瞒不服、歪曲事实，造成影响社会稳定等负面效果持续扩大的，要严肃追究有关法院领导和直接责任人员的责任，并予以曝光通报。

特此通知。

◎请示答复

最高人民法院关于由省级人民政府确定单独编制城市规划的矿区行政管理部门有权对拆迁纠纷作出处理决定并可向人民法院申请强制执行的复函

• 1989年7月4日
• 〔1989〕民他字第6号

贵州省高级人民法院：

你院黔法〔1989〕民请字第1号关于个体工商户阎兴文、黄祥荣所经营商店被拆除一案处理意见的请示报告收悉。经研究，并征求了建设部和化工部的意见，我们认为：

由省、自治区、直辖市人民政府确定单独编制城市规划的矿区行政管理部门，对拆迁纠纷可以作出处理决定，也可以根据其处理决定申请人民法院强制执行。个体工商户阎兴文和黄祥荣是拆迁户，在他们拒不搬迁的情况下，开阳县人民法院于1984年1月根据有关法律规定精神以及开阳矿务局的申请，强制执行阎、黄搬迁并无不当。至于一些遗留问题，可根据具体情况妥善处理。

以上意见，仅供你院参考。

最高人民法院关于河南省西华县艾岗粮管所申请执行河南省西平县人民政府、西平县城乡建设环境保护局一案如何执行问题的复函

• 1993年3月9日
• 〔1993〕经他3号

河南省高级人民法院：

你院关于如何执行西平县人民政府财产的请示报告收悉。经研究，答复如下：

根据国务院《关于加强预算外资金管理的通知》和财政部有关预算外资金管理的文件规定，地方财政的预算外资金属于地方财政部门按国家规定管理的各项附加收入，应主要用于社会公益，由地方财政部门统一管理，专项安排，专项使用。法院根据生效的判决依法执行时，不能划拨该项资金，应划拨县政府机关的预算外资金。至于本案西平县人民政府是否应当与西平县城乡建设环境保护局共同承担连带责任问题，也应慎重研究，请再酌。

最高人民法院关于对行政侵权赔偿案件执行中有关问题的复函

• 1993年6月16日
• 法函〔1993〕51号

甘肃省高级人民法院：

你院（1993）甘法执请字第002号《关于行政侵权赔偿案件执行中有关问题的请示报告》收悉，经研究，答复如下：

行政机关作出的具体行政行为侵犯公民、法人或者其他组织的合法权益造成损害的，根据《中华人民共和国行政诉讼法》第六十八条的规定，应由作出具体行政行为的行政机关负责赔偿。如果负责赔偿的行政机关暂无执行能力，应当中止执行，待中止的情形消失后，恢复执行。

最高人民法院关于对林业行政机关依法作出具体行政行为申请人民法院强制执行问题的复函

• 1993年12月24日
• 法函〔1993〕91号

林业部：

你部林函策字（1993）308号函收悉，经研究，同意你部所提意见，即：林业主管部门依法作出的具体行政行为，公民、法人或者其

他组织在法定期限内既不起诉又不履行的，林业主管部门依据行政诉讼法第六十六条的规定可以申请人民法院强制执行，人民法院应予受理。

最高人民法院《关于当事人对人民法院强制执行生效具体行政行为的案件提出申诉人民法院应如何受理和处理的请示》的答复

• 1995 年 8 月 22 日
• 法行〔1995〕12 号

吉林省高级人民法院：

你院《关于当事人对人民法院强制执行生效具体行政行为的案件提出申诉人民法院应如何受理和处理的请示》收悉。经研究认为：公民、法人和其他组织认为人民法院强制执行生效的具体行政行为违法，侵犯其合法权益，向人民法院提出申诉，人民法院可以作为申诉进行审查。人民法院的全部执行活动合法，而生效具体行政行为违法的，应转送作出具体行政行为的行政机关依法处理，并通知申诉人同该行政机关直接联系；人民法院采取的强制措施等违法，造成损害的，应依照国家赔偿法的有关规定办理。

最高人民法院关于人民法院是否受理乡政府申请执行农民承担村提留、乡统筹款行政决定案件的复函

• 1998 年 11 月 16 日
• 法函〔1998〕117 号

河南省高级人民法院：

你院豫高法〔1998〕132 号《关于法院能否受理农民拒绝承担村提留、乡统筹费纠纷案件的请示》收悉。经研究，答复如下：

乡政府就农民承担村提留、乡统筹款作出的书面决定，为具体行政行为。相对人在法院期间内既不起诉又不履行的，乡政府可以依法申请人民法院执行，人民法院应予受理。经审查认为上述乡政府的行政行为违反法律、法规、政策或不符合事实的，人民法院应裁定不予执行。

最高人民法院对《关于非诉执行案件中作为被执行人的法人终止，人民法院是否可以直接裁定变更被执行人的请示》的答复

• 2000 年 5 月 29 日
• 法行〔2000〕16 号

山东省高级人民法院：

你院鲁高法函〔1999〕62 号《关于非诉执行案件中作为被执行人的法人终止，人民法院是否可以直接裁定变更被执行人的请示》收悉。经研究，答复如下：

人民法院在办理行政机关申请人民法院强制执行其具体行政行为的案件过程中，作为被执行人的法人出现分立、合并、兼并、合营等情况，原具体行政行为仍应执行的，人民法院应当通知申请机关变更被执行人。对变更后的被执行人，人民法院应当依法进行审查。

最高人民法院对如何执行《关于执行〈中华人民共和国行政诉讼法〉若干问题的解释》第九十二条的请示的答复

• 2000 年 12 月 14 日
• 法行〔2000〕21 号

上海市高级人民法院：

你院沪高法〔2000〕330 号关于如何执行最高人民法院《关于执行〈中华人民共和国

行政诉讼法〉若干问题的解释》第九十二条的请示收悉。经研究,答复如下:

申请人在具体行政行为对外发生法律效力后至申请执行的期限内,依据《最高人民法院关于执行〈中华人民共和国行政诉讼法〉若干问题的解释》第九十二条的规定,可以向人民法院申请采取财产保全措施。

最高人民法院执行工作办公室对甘肃高院《关于能否强制执行金昌市东区管委会有关财产的请示》的复函

- 2001年4月19日
- 〔2001〕执他字第10号

甘肃省高级人民法院:

你院甘高法〔1999〕07号《关于能否强制执行金昌市东区管委会有关财产的请示》收悉。经研究,答复如下:

我们认为,预算内资金和预算外资金均属国家财政性资金,其用途国家有严格规定,不能用来承担连带经济责任。金昌市东区管委会属行政性单位,人民法院在执行涉及行政性单位承担连带责任的生效法律文书时,只能用该行政单位财政资金以外的自有资金清偿债务。为了保证行政单位正常的履行职能,不得对行政单位的办公用房、车辆等其他办公必需品采取执行措施。

此复

全国人民代表大会常务委员会法制工作委员会关于环保部门就环境行政处罚决定申请人民法院强制执行的期限有关问题的答复

- 2001年6月25日
- 法工委复字〔2001〕17号

国家环境保护总局:

你局2001年5月26日来函(环函〔2001〕100号)收悉,现答复如下:

同意国家环保总局的意见。

环境保护法第40条规定,当事人对行政处罚决定不服的,可以在接到处罚通知之日起十五日内,向做出处罚决定的机关的上一级机关申请复议;对复议决定不服的,可以在接到复议决定之日起十五日内,向人民法院起诉。当事人也可以在接到处罚通知之日起十五日内,直接向人民法院起诉。当事人逾期不申请复议、也不向人民法院起诉、又不履行处罚决定的,由做出处罚决定的机关申请人民法院强制执行。行政复议法第9条规定,公民、法人或者其他组织认为具体行政行为侵犯其合法权益的,可以自知道该具体行政行为之日起六十日内提起行政复议申请;但是法律规定的申请期限超过六十日的除外。行政诉讼法第39条规定,当事人直接向法院提起诉讼的期限为三个月,法律另有规定的除外。

根据以上规定,如果当事人自接到环保部门的行政处罚通知之日起,超过十五天未起诉,超过六十日未申请复议,又不履行处罚决定的,做出处罚决定的环保部门即可申请人民法院强制执行。

附件

关于环保部门就环境行政处罚决定申请人民法院强制执行的期限有关问题的函

(国家环境保护总局局函环函〔2001〕100号)

全国人大常委会法制工作委员会:

关于环境行政处罚申请法院强制执行的期限,法律规定之间不尽一致。根据《立法法》第55条关于"全国人民代表大会常务委员会工作机构可以对有关具体问题的法律询问进行研究予以答复的规定,现就环境行政处罚申请法院强制执行的期限问题,请示如下:

《环境保护法》第40条规定，当事人对行政处罚决定不服的，可以在接到处罚通知15日内申请复议，也可以在15日内直接向法院起诉；当事人逾期不申请复议、也不向法院起诉、又不履行处罚决定的，由环保部门申请法院强制执行。根据该法规定，环保部门申请法院强制执行应在处罚通知送达当事人之后15日，当事人不申请复议，也不向法院起诉时提出。

另据《行政复议法》第9条和第42条当事人申请行政复议的期限为60日，法律规定的申请期限超过60日的除外。《行政诉讼法》第39条规定，当事人直接向法院提起诉讼的期限为3个月，法律另有规定的除外。

我局认为，根据以上规定，当事人对环保部门所作行政处罚不服，申请行政复议的期限应为60日，当事人直接向法院提起行政诉讼的期限则应为15日。

如果当事人在接到环保部门的行政处罚通知之日起，超过15日未起诉，超过60日未申请复议，又不履行处罚决定的，作出处罚决定的环保部门即可申请人民法院强制执行。

以上意见妥否，请函复。

环境保护部关于环保部门可以申请人民法院强制执行责令改正决定的复函

- 2010年7月22日
- 环函〔2010〕214号

福建省环境保护厅：

你厅《关于请求解释执行环境行政处罚办法有关问题的请示》（闽环保法〔2010〕6号）收悉。经研究，函复如下：

一、环保部门可以申请人民法院强制执行责令改正决定

《中华人民共和国行政诉讼法》第六十六条规定，公民、法人或者其他组织对具体行政行为在法定期限内不提起诉讼又不履行的，行政机关可以申请人民法院强制执行。《最高人民法院关于执行〈中华人民共和国行政诉讼法〉若干问题的解释》第八十六条－第九十一条对行政机关申请执行其具体行政行为的条件、程序、期限、要求做了具体规定。

责令改正决定属于具体行政行为的一种形式。因此，根据上述法律规定，当事人逾期不申请行政复议、不提起行政诉讼又不履行责令改正决定的，环保部门可以向人民法院申请强制执行，并遵守《最高人民法院关于执行〈中华人民共和国行政诉讼法〉若干问题的解释》规定的有关条件和要求。

二、环保部门作出责令改正决定时，应当告知行政管理相对人依法享有申请行政复议或者提起行政诉讼的权利

《中华人民共和国行政复议法》第六条规定，公民、法人或者其他组织认为行政机关的具体行政行为侵犯其合法权益的，可以申请行政复议。《中华人民共和国行政诉讼法》第十一条规定，人民法院受理公民、法人或者其他组织对具体行政行为不服提起的诉讼。《全面推进依法行政实施纲要》第七条规定，行政机关作出对行政管理相对人、利害关系人不利的行政决定后，应当告知行政管理相对人依法享有申请行政复议或者提起行政诉讼的权利。

责令改正决定属于具体行政行为的一种形式。因此，根据上述规定，环保部门作出责令改正决定时，应当告知行政管理相对人依法享有申请行政复议或者提起行政诉讼的权利。公民、法人或者其他组织认为环保部门作出的责令改正决定侵犯其合法权益的，可以申请行政复议和提起行政诉讼。

三、是“责令停产”还是“责令停止生产”，应当结合违法行为的性质和具体的法律法规规章条款选择适用

《环境行政处罚办法》第十条、第十二

条是对环境法律、行政法规和部门规章规定的行政处罚和责令改正违法行为的主要形式的列举,并不是新的创设性规定。在具体案件的处理中是“责令停产”还是“责令停止生产”,应当结合违法行为的性质,选择适用相应的具体法律法规规章条款。

第二十七章　国家赔偿案件的执行

◎法律

中华人民共和国国家赔偿法

- 1994年5月12日第八届全国人民代表大会常务委员会第七次会议通过
- 根据2010年4月29日第十一届全国人民代表大会常务委员会第十四次会议《关于修改〈中华人民共和国国家赔偿法〉的决定》第一次修正
- 根据2012年10月26日第十一届全国人民代表大会常务委员会第二十九次会议《关于修改〈中华人民共和国国家赔偿法〉的决定》第二次修正

目　　录

第一章　总　　则

第一条　【立法宗旨和依据】为保障公民、法人和其他组织享有依法取得国家赔偿的权利，促进国家机关依法行使职权，根据宪法，制定本法。

第二条　【国家赔偿归责原则及赔偿义务机关】国家机关和国家机关工作人员行使职权，有本法规定的侵犯公民、法人和其他组织合法权益的情形，造成损害的，受害人有依照本法取得国家赔偿的权利。

本法规定的赔偿义务机关，应当依照本法及时履行赔偿义务。

第二章　行 政 赔 偿

第一节　赔 偿 范 围

第三条　【侵犯人身权的行政赔偿范围】行政机关及其工作人员在行使行政职权时有下列侵犯人身权情形之一的，受害人有取得赔偿的权利：

（一）违法拘留或者违法采取限制公民人身自由的行政强制措施的；

（二）非法拘禁或者以其他方法非法剥夺公民人身自由的；

（三）以殴打、虐待等行为或者唆使、放纵他人以殴打、虐待等行为造成公民身体伤害或者死亡的；

（四）违法使用武器、警械造成公民身体伤害或者死亡的；

（五）造成公民身体伤害或者死亡的其他违法行为。

第四条　【侵犯财产权的行政赔偿范围】行政机关及其工作人员在行使行政职权时有下列侵犯财产权情形之一的，受害人有取得赔偿的权利：

（一）违法实施罚款、吊销许可证和执照、责令停产停业、没收财物等行政处罚的；

（二）违法对财产采取查封、扣押、冻结等行政强制措施的；

（三）违法征收、征用财产的；

（四）造成财产损害的其他违法行为。

第五条　【行政侵权中的免责情形】属于下

列情形之一的,国家不承担赔偿责任:

(一)行政机关工作人员与行使职权无关的个人行为;

(二)因公民、法人和其他组织自己的行为致使损害发生的;

(三)法律规定的其他情形。

第二节　赔偿请求人和赔偿义务机关

第六条　【行政赔偿请求人】受害的公民、法人和其他组织有权要求赔偿。

受害的公民死亡,其继承人和其他有扶养关系的亲属有权要求赔偿。

受害的法人或者其他组织终止的,其权利承受人有权要求赔偿。

第七条　【行政赔偿义务机关】行政机关及其工作人员行使行政职权侵犯公民、法人和其他组织的合法权益造成损害的,该行政机关为赔偿义务机关。

两个以上行政机关共同行使行政职权时侵犯公民、法人和其他组织的合法权益造成损害的,共同行使行政职权的行政机关为共同赔偿义务机关。

法律、法规授权的组织在行使授予的行政权力时侵犯公民、法人和其他组织的合法权益造成损害的,被授权的组织为赔偿义务机关。

受行政机关委托的组织或者个人在行使受委托的行政权力时侵犯公民、法人和其他组织的合法权益造成损害的,委托的行政机关为赔偿义务机关。

赔偿义务机关被撤销的,继续行使其职权的行政机关为赔偿义务机关;没有继续行使其职权的行政机关的,撤销该赔偿义务机关的行政机关为赔偿义务机关。

第八条　【经过行政复议的赔偿义务机关】经复议机关复议的,最初造成侵权行为的行政机关为赔偿义务机关,但复议机关的复议决定加重损害的,复议机关对加重的部分履行赔偿义务。

第三节　赔偿程序

第九条　【赔偿请求人要求行政赔偿的途径】赔偿义务机关有本法第三条、第四条规定情形之一的,应当给予赔偿。

赔偿请求人要求赔偿,应当先向赔偿义务机关提出,也可以在申请行政复议或者提起行政诉讼时一并提出。

第十条　【行政赔偿的共同赔偿义务机关】赔偿请求人可以向共同赔偿义务机关中的任何一个赔偿义务机关要求赔偿,该赔偿义务机关应当先予赔偿。

第十一条　【根据损害提出数项赔偿要求】赔偿请求人根据受到的不同损害,可以同时提出数项赔偿要求。

第十二条　【赔偿请求人递交赔偿申请书】要求赔偿应当递交申请书,申请书应当载明下列事项:

(一)受害人的姓名、性别、年龄、工作单位和住所,法人或者其他组织的名称、住所和法定代表人或者主要负责人的姓名、职务;

(二)具体的要求、事实根据和理由;

(三)申请的年、月、日。

赔偿请求人书写申请书确有困难的,可以委托他人代书;也可以口头申请,由赔偿义务机关记入笔录。

赔偿请求人不是受害人本人的,应当说明与受害人的关系,并提供相应证明。

赔偿请求人当面递交申请书的,赔偿义务机关应当当场出具加盖本行政机关专用印章并注明收讫日期的书面凭证。申请材料不齐全的,赔偿义务机关应当当场或者在五日内一次性告知赔偿请求人需要补正的全部内容。

第十三条　【行政赔偿义务机关作出赔偿决定】赔偿义务机关应当自收到申请之日起两个月内,作出是否赔偿的决定。赔偿义务机关作出赔偿决定,应当充分听取赔偿请求人的意见,并可以与赔偿请求人就赔偿方式、赔偿项目和赔偿数额依照本法第四章的规定进行协商。

赔偿义务机关决定赔偿的，应当制作赔偿决定书，并自作出决定之日起十日内送达赔偿请求人。

赔偿义务机关决定不予赔偿的，应当自作出决定之日起十日内书面通知赔偿请求人，并说明不予赔偿的理由。

第十四条　【赔偿请求人向法院提起诉讼】赔偿义务机关在规定期限内未作出是否赔偿的决定，赔偿请求人可以自期限届满之日起三个月内，向人民法院提起诉讼。

赔偿请求人对赔偿的方式、项目、数额有异议的，或者赔偿义务机关作出不予赔偿决定的，赔偿请求人可以自赔偿义务机关作出赔偿或者不予赔偿决定之日起三个月内，向人民法院提起诉讼。

第十五条　【举证责任】人民法院审理行政赔偿案件，赔偿请求人和赔偿义务机关对自己提出的主张，应当提供证据。

赔偿义务机关采取行政拘留或者限制人身自由的强制措施期间，被限制人身自由的人死亡或者丧失行为能力的，赔偿义务机关的行为与被限制人身自由的人的死亡或者丧失行为能力是否存在因果关系，赔偿义务机关应当提供证据。

第十六条　【行政追偿】赔偿义务机关赔偿损失后，应当责令有故意或者重大过失的工作人员或者受委托的组织或者个人承担部分或者全部赔偿费用。

对有故意或者重大过失的责任人员，有关机关应当依法给予处分；构成犯罪的，应当依法追究刑事责任。

第三章　刑事赔偿

第一节　赔偿范围

第十七条　【侵犯人身权的刑事赔偿范围】行使侦查、检察、审判职权的机关以及看守所、监狱管理机关及其工作人员在行使职权时有下列侵犯人身权情形之一的，受害人有取得赔偿的权利：

（一）违反刑事诉讼法的规定对公民采取拘留措施的，或者依照刑事诉讼法规定的条件和程序对公民采取拘留措施，但是拘留时间超过刑事诉讼法规定的时限，其后决定撤销案件、不起诉或者判决宣告无罪终止追究刑事责任的；

（二）对公民采取逮捕措施后，决定撤销案件、不起诉或者判决宣告无罪终止追究刑事责任的；

（三）依照审判监督程序再审改判无罪，原判刑罚已经执行的；

（四）刑讯逼供或者以殴打、虐待等行为或者唆使、放纵他人以殴打、虐待等行为造成公民身体伤害或者死亡的；

（五）违法使用武器、警械造成公民身体伤害或者死亡的。

第十八条　【侵犯财产权的刑事赔偿范围】行使侦查、检察、审判职权的机关以及看守所、监狱管理机关及其工作人员在行使职权时有下列侵犯财产权情形之一的，受害人有取得赔偿的权利：

（一）违法对财产采取查封、扣押、冻结、追缴等措施的；

（二）依照审判监督程序再审改判无罪，原判罚金、没收财产已经执行的。

第十九条　【刑事赔偿免责情形】属于下列情形之一的，国家不承担赔偿责任：

（一）因公民自己故意作虚伪供述，或者伪造其他有罪证据被羁押或者被判处刑罚的；

（二）依照刑法第十七条、第十八条规定不负刑事责任的人被羁押的；

（三）依照刑事诉讼法第十五条、第一百七十三条第二款、第二百七十三条第二款、第二百七十九条规定不追究刑事责任的人被羁押的；

（四）行使侦查、检察、审判职权的机关以及看守所、监狱管理机关的工作人员与行使职权无关的个人行为；

（五）因公民自伤、自残等故意行为致使损害发生的；

（六）法律规定的其他情形。

第二节 赔偿请求人和赔偿义务机关

第二十条 【刑事赔偿请求人】赔偿请求人的确定依照本法第六条的规定。

第二十一条 【刑事赔偿义务机关】行使侦查、检察、审判职权的机关以及看守所、监狱管理机关及其工作人员在行使职权时侵犯公民、法人和其他组织的合法权益造成损害的,该机关为赔偿义务机关。

对公民采取拘留措施,依照本法的规定应当给予国家赔偿的,作出拘留决定的机关为赔偿义务机关。

对公民采取逮捕措施后决定撤销案件、不起诉或者判决宣告无罪的,作出逮捕决定的机关为赔偿义务机关。

再审改判无罪的,作出原生效判决的人民法院为赔偿义务机关。二审改判无罪,以及二审发回重审后作无罪处理的,作出一审有罪判决的人民法院为赔偿义务机关。

第三节 赔偿程序

第二十二条 【刑事赔偿的提出和赔偿义务机关先行处理】赔偿义务机关有本法第十七条、第十八条规定情形之一的,应当给予赔偿。

赔偿请求人要求赔偿,应当先向赔偿义务机关提出。

赔偿请求人提出赔偿请求,适用本法第十一条、第十二条的规定。

第二十三条 【刑事赔偿义务机关赔偿决定的作出】赔偿义务机关应当自收到申请之日起两个月内,作出是否赔偿的决定。赔偿义务机关作出赔偿决定,应当充分听取赔偿请求人的意见,并可以与赔偿请求人就赔偿方式、赔偿项目和赔偿数额依照本法第四章的规定进行协商。

赔偿义务机关决定赔偿的,应当制作赔偿决定书,并自作出决定之日起十日内送达赔偿请求人。

赔偿义务机关决定不予赔偿的,应当自作出决定之日起十日内书面通知赔偿请求人,并说明不予赔偿的理由。

第二十四条 【刑事赔偿复议申请的提出】赔偿义务机关在规定期限内未作出是否赔偿的决定,赔偿请求人可以自期限届满之日起三十日内向赔偿义务机关的上一级机关申请复议。

赔偿请求人对赔偿的方式、项目、数额有异议的,或者赔偿义务机关作出不予赔偿决定的,赔偿请求人可以自赔偿义务机关作出赔偿或者不予赔偿决定之日起三十日内,向赔偿义务机关的上一级机关申请复议。

赔偿义务机关是人民法院的,赔偿请求人可以依照本条规定向其上一级人民法院赔偿委员会申请作出赔偿决定。

第二十五条 【刑事赔偿复议的处理和对复议决定的救济】复议机关应当自收到申请之日起两个月内作出决定。

赔偿请求人不服复议决定的,可以在收到复议决定之日起三十日内向复议机关所在地的同级人民法院赔偿委员会申请作出赔偿决定;复议机关逾期不作决定的,赔偿请求人可以自期限届满之日起三十日内向复议机关所在地的同级人民法院赔偿委员会申请作出赔偿决定。

第二十六条 【举证责任分配】人民法院赔偿委员会处理赔偿请求,赔偿请求人和赔偿义务机关对自己提出的主张,应当提供证据。

被羁押人在羁押期间死亡或者丧失行为能力的,赔偿义务机关的行为与被羁押人的死亡或者丧失行为能力是否存在因果关系,赔偿义务机关应当提供证据。

第二十七条 【赔偿委员会办理案件程序】人民法院赔偿委员会处理赔偿请求,采取书面审查的办法。必要时,可以向有关单位和人员调查情况、收集证据。赔偿请求人与赔偿义务机关对损害事实及因果关系有争议的,赔偿委员会可以听取赔偿请求人和赔偿义务机关的陈述和申辩，并可以进行质证。

第二十八条 【赔偿委员会办理案件期限】人民法院赔偿委员会应当自收到赔偿申请之日起三个月内作出决定；属于疑难、复杂、重大案件的，经本院院长批准，可以延长三个月。

第二十九条 【赔偿委员会的组成】中级以上的人民法院设立赔偿委员会，由人民法院三名以上审判员组成，组成人员的人数应当为单数。

赔偿委员会作赔偿决定，实行少数服从多数的原则。

赔偿委员会作出的赔偿决定，是发生法律效力的决定，必须执行。

第三十条 【赔偿委员会重新审查程序】赔偿请求人或者赔偿义务机关对赔偿委员会作出的决定，认为确有错误的，可以向上一级人民法院赔偿委员会提出申诉。

赔偿委员会作出的赔偿决定生效后，如发现赔偿决定违反本法规定的，经本院院长决定或者上级人民法院指令，赔偿委员会应当在两个月内重新审查并依法作出决定，上一级人民法院赔偿委员会也可以直接审查并作出决定。

最高人民检察院对各级人民法院赔偿委员会作出的决定，上级人民检察院对下级人民法院赔偿委员会作出的决定，发现违反本法规定的，应当向同级人民法院赔偿委员会提出意见，同级人民法院赔偿委员会应当在两个月内重新审查并依法作出决定。

第三十一条 【刑事赔偿的追偿】赔偿义务机关赔偿后，应当向有下列情形之一的工作人员追偿部分或者全部赔偿费用：

（一）有本法第十七条第四项、第五项规定情形的；

（二）在处理案件中有贪污受贿，徇私舞弊，枉法裁判行为的。

对有前款规定情形的责任人员，有关机关应当依法给予处分；构成犯罪的，应当依法追究刑事责任。

第四章　赔偿方式和计算标准

第三十二条 【赔偿方式】国家赔偿以支付赔偿金为主要方式。

能够返还财产或者恢复原状的，予以返还财产或者恢复原状。

第三十三条 【人身自由的国家赔偿标准】侵犯公民人身自由的，每日赔偿金按照国家上年度职工日平均工资计算。

第三十四条 【生命健康权的国家赔偿标准】侵犯公民生命健康权的，赔偿金按照下列规定计算：

（一）造成身体伤害的，应当支付医疗费、护理费，以及赔偿因误工减少的收入。减少的收入每日的赔偿金按照国家上年度职工日平均工资计算，最高额为国家上年度职工年平均工资的五倍；

（二）造成部分或者全部丧失劳动能力的，应当支付医疗费、护理费、残疾生活辅助具费、康复费等因残疾而增加的必要支出和继续治疗所必需的费用，以及残疾赔偿金。残疾赔偿金根据丧失劳动能力的程度，按照国家规定的伤残等级确定，最高不超过国家上年度职工年平均工资的二十倍。造成全部丧失劳动能力的，对其扶养的无劳动能力的人，还应当支付生活费；

（三）造成死亡的，应当支付死亡赔偿金、丧葬费，总额为国家上年度职工年平均工资的二十倍。对死者生前扶养的无劳动能力的人，还应当支付生活费。

前款第二项、第三项规定的生活费的发放标准，参照当地最低生活保障标准执行。被扶养的人是未成年人的，生活费给付至十八周岁止；其他无劳动能力的人，生活费给付至死亡时止。

第三十五条 【精神损害的国家赔偿标准】有本法第三条或者第十七条规定情形之一，致人精神损害的，应当在侵权行为影响的范围内，为受害人消除影响，恢复名誉，赔礼道歉;造成严重后果的,应当支付相应的精神损害抚慰金。

第三十六条 【财产权的国家赔偿标准】侵犯公民、法人和其他组织的财产权造成损害的,按照下列规定处理:

(一)处罚款、罚金、追缴、没收财产或者违法征收、征用财产的,返还财产;

(二)查封、扣押、冻结财产的,解除对财产的查封、扣押、冻结,造成财产损坏或者灭失的,依照本条第三项、第四项的规定赔偿;

(三)应当返还的财产损坏的,能够恢复原状的恢复原状,不能恢复原状的,按照损害程度给付相应的赔偿金;

(四)应当返还的财产灭失的,给付相应的赔偿金;

(五)财产已经拍卖或者变卖的,给付拍卖或者变卖所得的价款;变卖的价款明显低于财产价值的,应当支付相应的赔偿金;

(六)吊销许可证和执照、责令停产停业的,赔偿停产停业期间必要的经常性费用开支;

(七)返还执行的罚款或者罚金、追缴或者没收的金钱,解除冻结的存款或者汇款的,应当支付银行同期存款利息;

(八)对财产权造成其他损害的,按照直接损失给予赔偿。

第三十七条 【国家赔偿费用】赔偿费用列入各级财政预算。

赔偿请求人凭生效的判决书、复议决定书、赔偿决定书或者调解书,向赔偿义务机关申请支付赔偿金。

赔偿义务机关应当自收到支付赔偿金申请之日起七日内,依照预算管理权限向有关的财政部门提出支付申请。财政部门应当自收到支付申请之日起十五日内支付赔偿金。

赔偿费用预算与支付管理的具体办法由国务院规定。

第五章 其他规定

第三十八条 【民事、行政诉讼中的司法赔偿】人民法院在民事诉讼、行政诉讼过程中,违法采取对妨害诉讼的强制措施、保全措施或者对判决、裁定及其他生效法律文书执行错误,造成损害的,赔偿请求人要求赔偿的程序,适用本法刑事赔偿程序的规定。

第三十九条 【国家赔偿请求时效】赔偿请求人请求国家赔偿的时效为两年,自其知道或者应当知道国家机关及其工作人员行使职权时的行为侵犯其人身权、财产权之日起计算,但被羁押等限制人身自由期间不计算在内。在申请行政复议或者提起行政诉讼时一并提出赔偿请求的,适用行政复议法、行政诉讼法有关时效的规定。

赔偿请求人在赔偿请求时效的最后六个月内,因不可抗力或者其他障碍不能行使请求权的,时效中止。从中止时效的原因消除之日起,赔偿请求时效期间继续计算。

第四十条 【对等原则】外国人、外国企业和组织在中华人民共和国领域内要求中华人民共和国国家赔偿的,适用本法。

外国人、外国企业和组织的所属国对中华人民共和国公民、法人和其他组织要求该国国家赔偿的权利不予保护或者限制的,中华人民共和国与该外国人、外国企业和组织的所属国实行对等原则。

第六章 附 则

第四十一条 【不得收费和征税】赔偿请求人要求国家赔偿的,赔偿义务机关、复议机关和人民法院不得向赔偿请求人收取任何费用。

对赔偿请求人取得的赔偿金不予征税。

第四十二条 【施行时间】本法自 1995 年 1 月 1 日起施行。

◎行政法规

国家赔偿费用管理条例

• 2011 年 1 月 17 日
• 国务院令第 589 号

第一条 为了加强国家赔偿费用管理，保障公民、法人和其他组织享有依法取得国家赔偿的权利，促进国家机关依法行使职权，根据《中华人民共和国国家赔偿法》（以下简称国家赔偿法），制定本条例。

第二条 本条例所称国家赔偿费用，是指依照国家赔偿法的规定，应当向赔偿请求人赔偿的费用。

第三条 国家赔偿费用由各级人民政府按照财政管理体制分级负担。

各级人民政府应当根据实际情况，安排一定数额的国家赔偿费用，列入本级年度财政预算。当年需要支付的国家赔偿费用超过本级年度财政预算安排的，应当按照规定及时安排资金。

第四条 国家赔偿费用由各级人民政府财政部门统一管理。

国家赔偿费用的管理应当依法接受监督。

第五条 赔偿请求人申请支付国家赔偿费用的，应当向赔偿义务机关提出书面申请，并提交与申请有关的生效判决书、复议决定书、赔偿决定书或者调解书以及赔偿请求人的身份证明。

赔偿请求人书写申请书确有困难的，可以委托他人代书；也可以口头申请，由赔偿义务机关如实记录，交赔偿请求人核对或者向赔偿请求人宣读，并由赔偿请求人签字确认。

第六条 申请材料真实、有效、完整的，赔偿义务机关收到申请材料即为受理。赔偿义务机关受理申请的，应当书面通知赔偿请求人。

申请材料不完整的，赔偿义务机关应当当场或者在 3 个工作日内一次告知赔偿请求人需要补正的全部材料。赔偿请求人按照赔偿义务机关的要求提交补正材料的，赔偿义务机关收到补正材料即为受理。未告知需要补正材料的，赔偿义务机关收到申请材料即为受理。

申请材料虚假、无效，赔偿义务机关决定不予受理的，应当书面通知赔偿请求人并说明理由。

第七条 赔偿请求人对赔偿义务机关不予受理决定有异议的，可以自收到书面通知之日起 10 日内向赔偿义务机关的上一级机关申请复核。上一级机关应当自收到复核申请之日起 5 个工作日内依法作出决定。

上一级机关认为不予受理决定错误的，应当自作出复核决定之日起 3 个工作日内通知赔偿义务机关受理，并告知赔偿请求人。赔偿义务机关应当在收到通知后立即受理。

上一级机关维持不予受理决定的，应当自作出复核决定之日起 3 个工作日内书面通知赔偿请求人并说明理由。

第八条 赔偿义务机关应当自受理赔偿请求人支付申请之日起 7 日内，依照预算管理权限向有关财政部门提出书面支付申请，并提交下列材料：

（一）赔偿请求人请求支付国家赔偿费用的申请；

（二）生效的判决书、复议决定书、赔偿决定书或者调解书；

（三）赔偿请求人的身份证明。

第九条 财政部门收到赔偿义务机关申请材料后，应当根据下列情况分别作出处理：

（一）申请的国家赔偿费用依照预算管理权限不属于本财政部门支付的，应当在 3 个工作日内退回申请材料并书面通知赔偿义务机关向有管理权限的财政部门申请；

（二）申请材料符合要求的，收到申请即为受理，并书面通知赔偿义务机关；

（三）申请材料不符合要求的，应当在

3个工作日内一次告知赔偿义务机关需要补正的全部材料。赔偿义务机关应当在5个工作日内按照要求提交全部补正材料，财政部门收到补正材料即为受理。

第十条 财政部门应当自受理申请之日起15日内，按照预算和财政国库管理的有关规定支付国家赔偿费用。

财政部门发现赔偿项目、计算标准违反国家赔偿法规定的，应当提交作出赔偿决定的机关或者其上级机关依法处理、追究有关人员的责任。

第十一条 财政部门自支付国家赔偿费用之日起3个工作日内告知赔偿义务机关、赔偿请求人。

第十二条 赔偿义务机关应当依照国家赔偿法第十六条、第三十一条的规定，责令有关工作人员、受委托的组织或者个人承担或者向有关工作人员追偿部分或者全部国家赔偿费用。

赔偿义务机关依照前款规定作出决定后，应当书面通知有关财政部门。

有关工作人员、受委托的组织或者个人应当依照财政收入收缴的规定上缴应当承担或者被追偿的国家赔偿费用。

第十三条 赔偿义务机关、财政部门及其工作人员有下列行为之一，根据《财政违法行为处罚处分条例》的规定处理、处分；构成犯罪的，依法追究刑事责任：

（一）以虚报、冒领等手段骗取国家赔偿费用的；

（二）违反国家赔偿法规定的范围和计算标准实施国家赔偿造成财政资金损失的；

（三）不依法支付国家赔偿费用的；

（四）截留、滞留、挪用、侵占国家赔偿费用的；

（五）未依照规定责令有关工作人员、受委托的组织或者个人承担国家赔偿费用或者向有关工作人员追偿国家赔偿费用的；

（六）未依照规定将应当承担或者被追偿的国家赔偿费用及时上缴财政的。

第十四条 本条例自公布之日起施行。1995年1月25日国务院发布的《国家赔偿费用管理办法》同时废止。

◎部门规章及文件

财政部关于财政部门贯彻实施《中华人民共和国国家赔偿法》若干具体问题的通知

•1995年3月15日

各省、自治区、直辖市、各计划单列市财政厅（局）：

《中华人民共和国国家赔偿法》（以下简称国家赔偿法）已于1995年1月1日起施行。这是我国社会主义法制建设的一件大事，也是我国社会主义民主政治建设的一个重要步骤。根据国务院发布的《国家赔偿费用管理办法》（国务院令第171号）的有关规定和国务院办公厅《关于实施〈中华人民共和国国家赔偿法〉的通知》（国办发〔1994〕106号）的精神，现就财政部门贯彻实施国家赔偿法的若干具体问题通知如下：

一、认真学习国家赔偿法，提高对实施国家赔偿法重要意义的认识

国家赔偿法颁布以后，各级财政部门普遍比较重视，在组织学习、培训方面做了一些工作。但由于国家赔偿制度是一项新的法律制度，财政部门工作人员还不很熟悉，各级财政部门必须从加强社会主义民主和法制建设的高度，充分认识实施国家赔偿法的重要意义，全面理解和掌握国家赔偿法的各项规定，增强严格依法行政的自觉性。同时，还应当看到管好用好国家赔偿费用也是贯彻实施国家赔偿法，严格财政预算管理的重要内容。因此，各级财政部门都要对实施国家赔偿法作出具体部署，狠抓落实，进一步做好国家赔偿法和国家赔偿费用管理办法的学习和培训工作。

财政法制工作机构或财政行政复议应诉机构要在本级财政部门的统一领导下，具体组织本部门的学习、培训工作。

为了促进各地财政部门学习、培训活动的开展，我部准备在今年4月份，举办一期国家赔偿法培训班，组织各省、自治区、直辖市和计划单列市财政厅、局法制机构或行政复议机构负责同志，认真学习国家赔偿法和国家赔偿费用管理办法，并对有关方面的问题进行专题研究。办班的具体事项另行通知。

二、各级财政要把国家赔偿费用列入预算，并切实做好支出管理工作

国家赔偿法第二十九条规定："赔偿费用，列入各级财政预算，具体办法由国务院规定。"国家赔偿费用管理办法第六条规定："国家赔偿费用，列入各级财政预算，由各级财政按照财政管理体制分级负担。各级政府应当根据本地区的实际情况，确定一定数额的国家赔偿费用，列入本级财政预算。国家赔偿费用由各级财政机关负责管理。"为了反映各级政府的国家赔偿费用支出情况，便于监督各级政府部门严格依法办事，在1995年国家预算收支科目的"其他支出类"中增设"270之四""国家赔偿费用支出"一个"款"级科目。各级财政部门要加强对国家赔偿费用支出的管理和监督，既要维护公民、法人和其他组织的合法权益，又要有利于促进国家机关依法行使职权。对于赔偿义务机关提出的拨付国家赔偿费用申请，各级财政部门的法制工作机构或行政复议应诉机构要在本级财政部门的领导下，严格按照国家赔偿费用管理办法的规定，认真进行审核和处理，切实管好用好国家赔偿费用。

三、确定处理赔偿事务的具体工作机构和人员

按照国务院办公厅国办发〔1994〕106号通知的要求，各级财政部门应当确定由本机关的行政复议应诉机构或者法制工作机构具体负责这项工作。各级财政部门的行政复议应诉机构或者法制工作机构，应当认真履行职责，配备必要的人员，正确及时地处理各项赔偿事务。

四、建立健全国家赔偿法和国家赔偿费用管理办法的有关配套制度

根据国家赔偿费用管理办法和国务院办公厅通知的要求，各级财政部门要逐步建立健全国家赔偿法和国家赔偿费用管理办法的有关配套制度。当前，各省、自治区、直辖市财政部门应当尽快协助本级政府制定适合本地区实际情况的国家赔偿费用管理的具体规定。各级财政部门也要从实际出发，对受理、审理赔偿请求的程序，作出赔偿决定的程序，国家赔偿费用的核拨手续和程序，追偿的具体条件和标准，以及追缴被侵占的国家赔偿费用的措施等方面作出明确的规定。

五、通过实施国家赔偿法，把财政法制工作提高到一个新水平

国家赔偿法的实施，对财政法制工作提出了新的更高的要求。各级财政部门要以此为契机，进一步加强财政法制工作。首先，要更加严格地依照法律规定的职权，完善财政规章和规范性文件，对现行的财政规章和规范性文件进行一次全面的清理，该修改的修改，该废止的废止。其次，要规范财政执法行为，提高对依法行政重要性的认识，严肃财政执法，把财政执法活动进一步纳入制度化的轨道。要建立起一支高效、廉洁的财政执法队伍。第三，要加强财政法制监督检查工作，使现行的各项制度真正有效的发挥作用，并在实践中不断加以完善。第四，进一步建立健全财政法制工作机构，选拔、关心和培养财政法制工作人员，充分发挥其在财政法制工作中的作用。

◎司法解释

最高人民法院关于《中华人民共和国国家赔偿法》溯及力和人民法院赔偿委员会受案范围问题的批复

- 1995 年 1 月 29 日
- 法复〔1995〕1 号

各省、自治区、直辖市高级人民法院,解放军军事法院:

《中华人民共和国国家赔偿法》(以下简称《国家赔偿法》)公布和施行以来,一些地方高级人民法院就该法的溯及力和人民法院赔偿委员会受理案件的范围问题请示我院,经研究,现答复如下:

一、根据《国家赔偿法》第三十五条规定,《国家赔偿法》1995 年 1 月 1 日起施行。《国家赔偿法》不溯及既往。即:国家机关及其工作人员行使职权时侵犯公民、法人和其他组织合法权益的行为,发生在 1994 年 12 月 31 日以前的,依照以前的有关规定处理。发生在 1995 年 1 月 1 日以后并经依法确认的,适用《国家赔偿法》予以赔偿。发生在 1994 年 12 月 31 日以前,但持续至 1995 年 1 月 1 日以后,并经依法确认的,属于 1995 年 1 月 1 日以后应予赔偿的部分,适用《国家赔偿法》予以赔偿;属于 1994 年 12 月 31 日以前应予赔偿的部分,适用当时的规定予以赔偿;当时没有规定的,参照《国家赔偿法》的规定予以赔偿。

二、依照《国家赔偿法》的有关规定,人民法院赔偿委员会受理下列案件:

1. 行使侦查、检察、监狱管理职权的机关及其工作人员在行使职权时侵犯公民、法人和其他组织的人身权、财产权,造成损害,经依法确认应予赔偿,赔偿请求人经依法申请赔偿和申请复议,因对复议决定不服或者复议机关逾期不作决定,在法定期间内向复议机关所在地的同级人民法院赔偿委员会申请作出赔偿决定的;

2. 人民法院是赔偿义务机关,赔偿请求人经申请赔偿,因赔偿义务机关逾期不予赔偿或者赔偿请求人对赔偿数额有异议,在法定期间内向赔偿义务机关的上一级人民法院赔偿委员会申请作出赔偿决定的。

最高人民法院关于人民法院执行《中华人民共和国国家赔偿法》几个问题的解释

- 1996 年 5 月 6 日
- 法发〔1996〕15 号

一、根据《中华人民共和国国家赔偿法》(以下简称赔偿法)第十七条第(二)项、第(三)项的规定,依照刑法第十四条、第十五条规定不负刑事责任的人和依照刑事诉讼法第十五条规定不追究刑事责任的人被羁押,国家不承担赔偿责任。但是对起诉后经人民法院判处拘役、有期徒刑、无期徒刑和死刑并已执行的上列人员,有权依法取得赔偿。判决确定前被羁押的日期依法不予赔偿。

二、依照赔偿法第三十一条的规定,人民法院在民事诉讼、行政诉讼过程中,违法采取对妨害诉讼的强制措施、保全措施或者对判决、裁定及其他生效法律文书执行错误,造成损害,具有以下情形之一的,适用刑事赔偿程序予以赔偿:

(一)错误实施司法拘留、罚款的;

(二)实施赔偿法第十五条第(四)项、第(五)项规定行为的;

(三)实施赔偿法第十六条第(一)项规定行为的。

人民法院审理的民事、经济、行政案件发生错判并已执行,依法应当执行回转的,或者当事人申请财产保全、先予执行,申请有错误造成财产损失依法应由申请人赔偿的,国家不承担赔偿责任。

三、公民、法人和其他组织申请人民法院依照赔偿法规定予以赔偿的案件，应当经过依法确认。未经依法确认的，赔偿请求人应当要求有关人民法院予以确认。被要求的人民法院由有关审判庭负责办理依法确认事宜，并应以人民法院的名义答复赔偿请求人。被要求的人民法院不予确认的，赔偿请求人有权申诉。

四、根据赔偿法第二十六条、第二十七条的规定，人民法院判处管制、有期徒刑缓刑、剥夺政治权利等刑罚的人被依法改判无罪的，国家不承担赔偿责任，但是，赔偿请求人在判决生效前被羁押的，依法有权取得赔偿。

五、根据赔偿法第十九条第四款“再审改判无罪的，作出原生效判决的人民法院为赔偿义务机关”的规定，原一审人民法院作出判决后，被告人没有上诉，人民检察院没有抗诉，判决发生法律效力的，原一审人民法院为赔偿义务机关；被告人上诉或者人民检察院抗诉，原二审人民法院维持一审判决或者对一审人民法院判决予以改判的，原二审人民法院为赔偿义务机关。

六、赔偿法第二十六条关于“侵犯公民人身自由的，每日的赔偿金按照国家上年度职工日平均工资计算”中规定的上年度，应为赔偿义务机关、复议机关或者人民法院赔偿委员会作出赔偿决定时的上年度；复议机关或者人民法院赔偿委员会决定维持原赔偿决定的，按作出原赔偿决定时的上年度执行。

国家上年度职工日平均工资数额，应当以职工年平均工资除以全年法定工作日数的方法计算。年平均工资以国家统计局公布的数字为准。

最高人民法院关于审理行政赔偿案件若干问题的规定

- 1997年4月29日
- 法发〔1997〕10号

为正确审理行政赔偿案件，根据《中华人民共和国国家赔偿法》和《中华人民共和国行政诉讼法》的规定，对审理行政赔偿案件的若干问题作以下规定：

一、受案范围

第一条 《中华人民共和国国家赔偿法》第三条、第四条规定的其他违法行为，包括具体行政行为和与行政机关及其工作人员行使行政职权有关的，给公民、法人或者其他组织造成损害的，违反行政职责的行为。

第二条 赔偿请求人对行政机关确认具体行政行为违法但又决定不予赔偿，或者对确定的赔偿数额有异议提起行政赔偿诉讼的，人民法院应予受理。

第三条 赔偿请求人认为行政机关及其工作人员实施了国家赔偿法第三条第（三）、（四）、（五）项和第四条第（四）项规定的非具体行政行为的行为侵犯其人身权、财产权并造成损失，赔偿义务机关拒不确认致害行为违法，赔偿请求人可直接向人民法院提起行政赔偿诉讼。

第四条 公民、法人或者其他组织在提起行政诉讼的同时一并提出行政赔偿请求的，人民法院应一并受理。

赔偿请求人单独提起行政赔偿诉讼，须以赔偿义务机关先行处理为前提。赔偿请求人对赔偿义务机关确定的赔偿数额有异议或者赔偿义务机关逾期不予赔偿，赔偿请求人有权向人民法院提起行政赔偿诉讼。

第五条 法律规定由行政机关最终裁决的具体行政行为，被作出最终裁决的行政机关确认违法，赔偿请求人以赔偿义务机关应当赔偿而不予赔偿或逾期不予赔偿或者对赔偿数额有异议提起行政赔偿诉讼，人民法院应依法受理。

第六条 公民、法人或者其他组织以国防、外交等国家行为或者行政机关制定发布行政法规、规章或者具有普遍约束力的决定、命令侵犯其合法权益造成损害为由，向人民法院提起行政赔偿诉讼的，人民法院不予受理。

二、管　　辖

第七条　公民、法人或者其他组织在提起行政诉讼的同时一并提出行政赔偿请求的，人民法院依照行政诉讼法第十七条、第十八条、第二十条的规定管辖。

第八条　赔偿请求人提起行政赔偿诉讼的请求涉及不动产的，由不动产所在地的人民法院管辖。

第九条　单独提起的行政赔偿诉讼案件由被告住所地的基层人民法院管辖。

中级人民法院管辖下列第一审行政赔偿案件：

（1）被告为海关、专利管理机关的；

（2）被告为国务院各部门或者省、自治区、直辖市人民政府的；

（3）本辖区内其他重大影响和复杂的行政赔偿案件。

高级人民法院管辖本辖区内有重大影响和复杂的第一审行政赔偿案件。

最高人民法院管辖全国范围内有重大影响和复杂的第一审行政赔偿案件。

第十条　赔偿请求人因同一事实对两个以上行政机关提起行政赔偿诉讼的，可以向其中任何一个行政机关住所地的人民法院提起。赔偿请求人向两个以上有管辖权的人民法院提起行政赔偿诉讼的，由最先收到起诉状的人民法院管辖。

第十一条　公民对限制人身自由的行政强制措施不服，或者对行政机关基于同一事实对同一当事人作出限制人身自由和对财产采取强制措施的具体行政行为不服，在提起行政诉讼的同时一并提出行政赔偿请求的，由受理该行政案件的人民法院管辖；单独提起行政赔偿诉讼的，由被告住所地或原告住所地或不动产所在地的人民法院管辖。

第十二条　人民法院发现受理的案件不属于自己管辖，应当移送有管辖权的人民法院；受移送的人民法院不得再行移送。

第十三条　人民法院对管辖权发生争议的，由争议双方协商解决，协商不成的，报请他们的共同上级人民法院指定管辖。如双方为跨省、自治区、直辖市的人民法院，高级人民法院协商不成的，由最高人民法院及时指定管辖。

依前款规定报请上级人民法院指定管辖时，应当逐级进行。

三、诉讼当事人

第十四条　与行政赔偿案件处理结果有法律上的利害关系的其他公民、法人或者其他组织有权作为第三人参加行政赔偿诉讼。

第十五条　受害的公民死亡，其继承人和其他有抚养关系的亲属以及死者生前抚养的无劳动能力的人有权提起行政赔偿诉讼。

第十六条　企业法人或者其他组织被行政机关撤销、变更、兼并、注销，认为经营自主权受到侵害，依法提起行政赔偿诉讼，原企业法人或其他组织，或者对其享有权利的法人或其他组织均具有原告资格。

第十七条　两个以上行政机关共同侵权，赔偿请求人对其中一个或者数个侵权机关提起行政赔偿诉讼，若诉讼请求系可分之诉，被诉的一个或者数个侵权机关为被告；若诉讼请求系不可分之诉，由人民法院依法追加其他侵权机关为共同被告。

第十八条　复议机关的复议决定加重损害的，赔偿请求人只对作出原决定的行政机关提起行政赔偿诉讼，作出原决定的行政机关为被告；赔偿请求人只对复议机关提起行政赔偿诉讼的，复议机关为被告。

第十九条　行政机关依据行政诉讼法第六十六条的规定申请人民法院强制执行具体行政行为，由于据以强制执行的根据错误而发生行政赔偿诉讼的，申请强制执行的行政机关为被告。

第二十条　人民法院审理行政赔偿案件，需要变更被告而原告不同意变更的，裁定驳回起诉。

四、起诉与受理

第二十一条　赔偿请求人单独提起行政赔偿

诉讼,应当符合下列条件:

(1)原告具有请求资格;

(2)有明确的被告;

(3)有具体的赔偿请求和受损害的事实根据;

(4)加害行为为具体行政行为的,该行为已被确认为违法;

(5)赔偿义务机关已先行处理或超过法定期限不予处理;

(6)属于人民法院行政赔偿诉讼的受案范围和受诉人民法院管辖;

(7)符合法律规定的起诉期限。

第二十二条 赔偿请求人单独提起行政赔偿诉讼,可以在向赔偿义务机关递交赔偿申请后的2个月届满之日起3个月内提出。

第二十三条 公民、法人或者其他组织在提起行政诉讼的同时一并提出行政赔偿请求的,其起诉期限按照行政诉讼起诉期限的规定执行。

行政案件的原告可以在提起行政诉讼后至人民法院一审庭审结束前,提出行政赔偿请求。

第二十四条 赔偿义务机关作出赔偿决定时,未告知赔偿请求人的诉权或者起诉期限,致使赔偿请求人逾期向人民法院起诉的,其起诉期限从赔偿请求人实际知道诉权或者起诉期限时计算,但逾期的期间自赔偿请求人收到赔偿决定之日起不得超过1年。

第二十五条 受害的公民死亡,其继承人和有抚养关系的人提起行政赔偿诉讼,应当提供该公民死亡的证明及赔偿请求人与死亡公民之间的关系证明。

第二十六条 当事人先后被采取限制人身自由的行政强制措施和刑事拘留等强制措施,因强制措施被确认为违法而请求赔偿的,人民法院按其行为性质分别适用行政赔偿程序和刑事赔偿程序立案受理。

第二十七条 人民法院接到原告单独提起的行政赔偿起诉状,应当进行审查,并在7日内立案或者作出不予受理的裁定。

人民法院接到行政赔偿起诉状后,在7日内不能确定可否受理的,应当先予受理。审理中发现不符合受理条件的,裁定驳回起诉。

当事人对不予受理或者驳回起诉的裁定不服的,可以在裁定书送达之日起10日内向上一级人民法院提起上诉。

五、审理和判决

第二十八条 当事人在提起行政诉讼的同时一并提出行政赔偿请求,或者因具体行政行为和与行使行政职权有关的其他行为侵权造成损害一并提出行政赔偿请求的,人民法院应当分别立案,根据具体情况可以合并审理,也可以单独审理。

第二十九条 人民法院审理行政赔偿案件,就当事人之间的行政赔偿争议进行审理与裁判。

第三十条 人民法院审理行政赔偿案件在坚持合法、自愿的前提下,可以就赔偿范围、赔偿方式和赔偿数额进行调解。调解成立的,应当制作行政赔偿调解书。

第三十一条 被告在一审判决前同原告达成赔偿协议,原告申请撤诉的,人民法院应当依法予以审查并裁定是否准许。

第三十二条 原告在行政赔偿诉讼中对自己的主张承担举证责任。被告有权提供不予赔偿或者减少赔偿数额方面的证据。

第三十三条 被告的具体行政行为违法但尚未对原告合法权益造成损害的,或者原告的请求没有事实根据或法律根据的,人民法院应当判决驳回原告的赔偿请求。

第三十四条 人民法院对赔偿请求人未经确认程序而直接提起行政赔偿诉讼的案件,在判决时应当对赔偿义务机关致害行为是否违法予以确认。

第三十五条 人民法院对单独提起行政赔偿案件作出判决的法律文书的名称为行政赔偿判决书、行政赔偿裁定书或者行政赔偿调解书。

六、执行与期间

第三十六条 发生法律效力的行政赔偿判决、裁定或调解协议,当事人必须履行。一方拒绝履行的,对方当事人可以向第一审人民法院申请执行。

申请执行的期限,申请人是公民的为1年,申请人是法人或者其他组织的为6个月。

第三十七条 单独受理的第一审行政赔偿案件的审理期限为3个月,第二审为2个月;一并受理行政赔偿请求案件的审理期限与该行政案件的审理期限相同。如因特殊情况不能按期结案,需要延长审限的,应按照行政诉讼法的有关规定报请批准。

七、其　　他

第三十八条 人民法院审理行政赔偿案件,除依照国家赔偿法行政赔偿程序的规定外,对本规定没有规定的,在不与国家赔偿法相抵触的情况下,可以适用行政诉讼的有关规定。

第三十九条 赔偿请求人要求人民法院确认致害行为违法涉及的鉴定、勘验、审计等费用,由申请人预付,最后由败诉方承担。

第四十条 最高人民法院以前所作的有关司法解释与本规定不一致的,按本规定执行。

最高人民法院关于民事、行政诉讼中司法赔偿若干问题的解释

- 2000年9月16日
- 法释〔2000〕27号

根据《中华人民共和国国家赔偿法》(以下简称国家赔偿法)以及有关法律规定,现就审理民事、行政诉讼中司法赔偿案件具体适用法律的若干问题解释如下:

第一条 根据国家赔偿法第三十一条的规定,人民法院在民事、行政诉讼过程中,违法采取对妨害诉讼的强制措施、保全措施或者对判决、裁定及其他生效法律文书执行错误,侵犯公民、法人和其他组织合法权益造成损害的,依法应由国家承担赔偿责任。

第二条 违法采取对妨害诉讼的强制措施,是指下列行为:

(一)对没有实施妨害诉讼行为的人或者没有证据证明实施妨害诉讼的人采取司法拘留、罚款措施的;

(二)超过法律规定期限实施司法拘留的;

(三)对同一妨害诉讼行为重复采取罚款、司法拘留措施的;

(四)超过法律规定金额实施罚款的;

(五)违反法律规定的其他情形。

第三条 违法采取保全措施,是指人民法院依职权采取的下列行为:

(一)依法不应当采取保全措施而采取保全措施或者依法不应当解除保全措施而解除保全措施的;

(二)保全案外人财产的,但案外人对案件当事人负有到期债务的情形除外;

(三)明显超过申请人申请保全数额或者保全范围的;

(四)对查封、扣押的财物不履行监管职责,严重不负责任,造成毁损、灭失的,但依法交由有关单位、个人负责保管的情形除外;

(五)变卖财产未由合法评估机构估价,或者应当拍卖而未依法拍卖,强行将财物变卖给他人的;

(六)违反法律规定的其他情形。

第四条 对判决、裁定及其他生效法律文书执行错误,是指对已经发生法律效力的判决、裁定、民事制裁决定、调解、支付令、仲裁裁决、具有强制执行效力的公证债权文书以及行政处罚、处理决定等执行错误。包括下列行为:

(一)执行尚未发生法律效力的判决、

裁定、民事制裁决定等法律文书的；

（二）违反法律规定先予执行的；

（三）违法执行案外人财产且无法执行回转的；

（四）明显超过申请数额、范围执行且无法执行回转的；

（五）执行过程中，对查封、扣押的财产不履行监管职责，严重不负责任，造成财物毁损、灭失的；

（六）执行过程中，变卖财物未由合法评估机构估价，或者应当拍卖而未依法拍卖，强行将财物变卖给他人的；

（七）违反法律规定的其他情形。

第五条 人民法院及其工作人员在民事、行政诉讼或者执行过程中，以殴打或者唆使他人以殴打等暴力行为，或者违法使用武器、警械，造成公民身体伤害、死亡的，应当比照国家赔偿法第十五条第（四）项、第（五）项规定予以赔偿。

第六条 人民法院及其工作人员在民事、行政诉讼或者执行过程中，具有本解释第二条至第五条规定情形，造成损害的，应当承担直接损失的赔偿责任。

因多种原因造成的损害，只赔偿因违法侵权行为所造成的直接损失。

第七条 根据国家赔偿法第十七条、第三十一条的规定，具有下列情形之一的，国家不承担赔偿责任：

（一）因申请人申请保全有错误造成损害的；

（二）因申请人提供的执行标的物有错误造成损害的；

（三）人民法院工作人员与行使职权无关的个人行为；

（四）属于民事诉讼法第二百一十条①规定情形的；

（五）被保全人、被执行人，或者人民法院依法指定的保管人员违法动用、隐匿、毁损、转移、变卖人民法院已经保全的财产的；

（六）因不可抗力造成损害后果的；

（七）依法不应由国家承担赔偿责任的其他情形。

第八条 申请民事、行政诉讼中司法赔偿的，违法行使职权的行为应当先经依法确认。

申请确认的，应当先向侵权的人民法院提出。

人民法院应自受理确认申请之日起2个月内依照相应程序作出裁决或相关的决定。

申请人对确认裁定或者决定不服或者侵权的人民法院逾期不予确认的，申请人可以向其上一级人民法院申诉。

第九条 未经依法确认直接向人民法院赔偿委员会申请作出赔偿决定的，人民法院赔偿委员会不予受理。

第十条 经依法确认有本解释第二条至第五条规定情形之一的，赔偿请求人可依法向侵权的人民法院提出赔偿申请，人民法院应当受理。人民法院逾期不作决定的，赔偿请求人可以向其上一级人民法院赔偿委员会申请作出赔偿决定。

第十一条 民事、行政诉讼中司法赔偿的赔偿方式主要为支付赔偿金。包括：支付侵犯人身自由权、生命健康权的赔偿金；财产损坏的，赔偿修复所需费用；财产灭失的，按侵权行为发生时当地市场价格予以赔偿；财产已拍卖的，给付拍卖所得的价款；财产已变卖的，按合法评估机构的估价赔偿；造成其他损害的，赔偿直接损失。

能够返还财产或者恢复原状的，予以返还财产或者恢复原状。包括：解除查封、扣押、冻结；返还财产、恢复原状；退还罚款、罚没财物。

第十二条 国家赔偿法第二十八条第（七）项规定的直接损失包括下列情形：

（一）保全、执行过程中造成财物灭失、毁损、霉变、腐烂等损坏的；

（二）违法使用保全、执行的财物造成损坏的；

（三）保全的财产系国家批准的金融

---

① 根据法释〔2008〕18号调整。

机构贷款的，当事人应支付的该贷款借贷状态下的贷款利息。执行上述款项的，贷款本金及当事人应支付的该贷款借贷状态下的贷款利息；

（四）保全、执行造成停产停业的，停产停业期间的职工工资、税金、水电费等必要的经常性费用；

（五）法律规定的其他直接损失。

第十三条 违法采取司法拘留措施的，按国家赔偿法第二十六条规定予以赔偿。

造成受害人名誉权、荣誉权损害的，按照国家赔偿法第三十条规定，在侵权行为影响的范围内，为受害人消除影响、恢复名誉、赔礼道歉。

第十四条 人民法院赔偿委员会在审理侦查、检察、监狱管理机关及其工作人员违法行使职权侵犯公民财产权造成损害的赔偿案件时，可参照本解释的有关规定办理。

最高人民法院关于公安机关不履行法定行政职责是否承担行政赔偿责任问题的批复

- 2001年7月17日
- 法释〔2001〕23号

四川省高级人民法院：

你院川高法〔2000〕198号《关于公安机关不履行法定职责是否承担行政赔偿责任的问题的请示》收悉。经研究，答复如下：

由于公安机关不履行法定行政职责，致使公民、法人和其他组织的合法权益遭受损害的，应当承担行政赔偿责任。在确定赔偿的数额时，应当考虑该不履行法定职责的行为在损害发生过程和结果中所起的作用等因素。

最高人民法院关于行政机关工作人员执行职务致人伤亡构成犯罪的赔偿诉讼程序问题的批复

- 2002年8月23日
- 法释〔2002〕28号

山东省高级人民法院：

你院鲁高法函〔1998〕132号《关于对行政机关工作人员执行职务时致人伤、亡，法院以刑事附带民事判决赔偿损失后，受害人或其亲属能否再提起行政赔偿诉讼的请示》收悉。经研究，答复如下：

一、行政机关工作人员在执行职务中致人伤、亡已构成犯罪，受害人或其亲属提起刑事附带民事赔偿诉讼的，人民法院对民事赔偿诉讼请求不予受理。但应当告知其可以依据《中华人民共和国国家赔偿法》的有关规定向人民法院提起行政赔偿诉讼。

二、本批复公布以前发生的此类案件，人民法院已作刑事附带民事赔偿处理，受害人或其亲属再提起行政赔偿诉讼的，人民法院不予受理。

最高人民法院关于适用《中华人民共和国国家赔偿法》若干问题的解释（一）

- 2011年2月28日
- 法释〔2011〕4号

为正确适用2010年4月29日第十一届全国人民代表大会常务委员会第十四次会议修正的《中华人民共和国国家赔偿法》，对人民法院处理国家赔偿案件中适用国家赔偿法的有关问题解释如下：

第一条 国家机关及其工作人员行使职权侵犯公民、法人和其他组织合法权益的行为发生在2010年12月1日以后，或者发生在2010年12月1日以前、持续至2010年12月1日以后的，适用修正的国家赔偿法。

第二条 国家机关及其工作人员行使职权侵犯公民、法人和其他组织合法权益的行为发生在2010年12月1日以前的，适用修正前的国家赔偿法，但有下列情形之一的，适用修正的国家赔偿法：

（一）2010年12月1日以前已经受理赔偿请求人的赔偿请求但尚未作出生效赔偿决定的；

（二）赔偿请求人在2010年12月1日以后提出赔偿请求的。

第三条 人民法院对2010年12月1日以前已经受理但尚未审结的国家赔偿确认案件，应当继续审理。

第四条 公民、法人和其他组织对行使侦查、检察、审判职权的机关以及看守所、监狱管理机关在2010年12月1日以前作出并已发生法律效力的不予确认职务行为违法的法律文书不服，未依据修正前的国家赔偿法规定提出申诉并经有权机关作出侵权确认结论，直接向人民法院赔偿委员会申请赔偿的，不予受理。

第五条 公民、法人和其他组织对在2010年12月1日以前发生法律效力的赔偿决定不服提出申诉的，人民法院审查处理时适用修正前的国家赔偿法；但是仅就修正的国家赔偿法增加的赔偿项目及标准提出申诉的，人民法院不予受理。

第六条 人民法院审查发现2010年12月1日以前发生法律效力的确认裁定、赔偿决定确有错误应当重新审查处理的，适用修正前的国家赔偿法。

第七条 赔偿请求人认为行使侦查、检察、审判职权的机关以及看守所、监狱管理机关及其工作人员在行使职权时有修正的国家赔偿法第十七条第（一）、（二）、（三）项、第十八条规定情形的，应当在刑事诉讼程序终结后提出赔偿请求，但下列情形除外：

（一）赔偿请求人有证据证明其与尚未终结的刑事案件无关的；

（二）刑事案件被害人依据刑事诉讼法第一百九十八条的规定，以财产未返还或者认为返还的财产受到损害而要求赔偿的。

第八条 赔偿请求人认为人民法院有修正的国家赔偿法第三十八条规定情形的，应当在民事、行政诉讼程序或者执行程序终结后提出赔偿请求，但人民法院已依法撤销对妨害诉讼采取的强制措施的情形除外。

第九条 赔偿请求人或者赔偿义务机关认为人民法院赔偿委员会作出的赔偿决定存在错误，依法向上一级人民法院赔偿委员会提出申诉的，不停止赔偿决定的执行；但人民法院赔偿委员会依据修正的国家赔偿法第三十条的规定决定重新审查的，可以决定中止原赔偿决定的执行。

第十条 人民检察院依据修正的国家赔偿法第三十条第三款的规定，对人民法院赔偿委员会在2010年12月1日以后作出的赔偿决定提出意见的，同级人民法院赔偿委员会应当决定重新审查，并可以决定中止原赔偿决定的执行。

第十一条 本解释自公布之日起施行。

最高人民法院关于人民法院赔偿委员会审理国家赔偿案件程序的规定

- 2011年3月17日
- 法释〔2011〕6号

根据2010年4月29日修正的《中华人民共和国国家赔偿法》（以下简称国家赔偿法），结合国家赔偿工作实际，对人民法院赔偿委员会（以下简称赔偿委员会）审理国家赔偿案件的程序作如下规定：

第一条 赔偿请求人向赔偿委员会申请作出赔偿决定，应当递交赔偿申请书一式四份。赔偿请求人书写申请书确有困难的，可以口头申请。口头提出申请的，人民法院应当填写《申请赔偿登记表》，由赔偿请求人签名或者盖章。

第二条 赔偿请求人向赔偿委员会申请作出赔偿决定,应当提供以下法律文书和证明材料:

(一)赔偿义务机关作出的决定书;

(二)复议机关作出的复议决定书,但赔偿义务机关是人民法院的除外;

(三)赔偿义务机关或者复议机关逾期未作出决定的,应当提供赔偿义务机关对赔偿申请的收讫凭证等相关证明材料;

(四)行使侦查、检察、审判职权的机关在赔偿申请所涉案件的刑事诉讼程序、民事诉讼程序、行政诉讼程序、执行程序中作出的法律文书;

(五)赔偿义务机关职权行为侵犯赔偿请求人合法权益造成损害的证明材料;

(六)证明赔偿申请符合申请条件的其他材料。

第三条 赔偿委员会收到赔偿申请,经审查认为符合申请条件的,应当在七日内立案,并通知赔偿请求人、赔偿义务机关和复议机关;认为不符合申请条件的,应当在七日内决定不予受理;立案后发现不符合申请条件的,决定驳回申请。

前款规定的期限,自赔偿委员会收到赔偿申请之日起计算。申请材料不齐全的,赔偿委员会应当在五日内一次性告知赔偿请求人需要补正的全部内容,收到赔偿申请的时间应当自赔偿委员会收到补正材料之日起计算。

第四条 赔偿委员会应当在立案之日起五日内将赔偿申请书副本或者《申请赔偿登记表》副本送达赔偿义务机关和复议机关。

第五条 赔偿请求人可以委托一至二人作为代理人。律师、提出申请的公民的近亲属、有关的社会团体或者所在单位推荐的人、经赔偿委员会许可的其他公民,都可以被委托为代理人。

赔偿义务机关、复议机关可以委托本机关工作人员一至二人作为代理人。

第六条 赔偿请求人、赔偿义务机关、复议机关委托他人代理,应当向赔偿委员会提交由委托人签名或者盖章的授权委托书。

授权委托书应当载明委托事项和权限。代理人代为承认、放弃、变更赔偿请求,应当有委托人的特别授权。

第七条 赔偿委员会审理赔偿案件,应当指定一名审判员负责具体承办。

负责具体承办赔偿案件的审判员应当查清事实并写出审理报告,提请赔偿委员会讨论决定。

赔偿委员会作赔偿决定,必须有三名以上审判员参加,按照少数服从多数的原则作出决定。

第八条 审判人员有下列情形之一的,应当回避,赔偿请求人和赔偿义务机关有权以书面或者口头方式申请其回避:

(一)是本案赔偿请求人的近亲属;

(二)是本案代理人的近亲属;

(三)与本案有利害关系;

(四)与本案有其他关系,可能影响对案件公正审理的。

前款规定,适用于书记员、翻译人员、鉴定人、勘验人。

第九条 赔偿委员会审理赔偿案件,可以组织赔偿义务机关与赔偿请求人就赔偿方式、赔偿项目和赔偿数额依照国家赔偿法第四章的规定进行协商。

第十条 组织协商应当遵循自愿和合法的原则。赔偿请求人、赔偿义务机关一方或者双方不愿协商,或者协商不成的,赔偿委员会应当及时作出决定。

第十一条 赔偿请求人和赔偿义务机关经协商达成协议的,赔偿委员会审查确认后应当制作国家赔偿决定书。

第十二条 赔偿请求人、赔偿义务机关对自己提出的主张或者反驳对方主张所依据的事实有责任提供证据加以证明。有国家赔偿法第二十六条第二款规定情形的,应当由赔偿义务机关提供证据。

没有证据或者证据不足以证明其事实主张的,由负有举证责任的一方承担不利后果。

第十三条 赔偿义务机关对其职权行为的合法性负有举证责任。

赔偿请求人可以提供证明职权行为违法的证据，但不因此免除赔偿义务机关对其职权行为合法性的举证责任。

第十四条 有下列情形之一的，赔偿委员会可以组织赔偿请求人和赔偿义务机关进行质证：

（一）对侵权事实、损害后果及因果关系争议较大的；

（二）对是否属于国家赔偿法第十九条规定的国家不承担赔偿责任的情形争议较大的；

（三）对赔偿方式、赔偿项目或者赔偿数额争议较大的；

（四）赔偿委员会认为应当质证的其他情形。

第十五条 赔偿委员会认为重大、疑难的案件，应报请院长提交审判委员会讨论决定。审判委员会的决定，赔偿委员会应当执行。

第十六条 赔偿委员会作出决定前，赔偿请求人撤回赔偿申请的，赔偿委员会应当依法审查并作出是否准许的决定。

第十七条 有下列情形之一的，赔偿委员会应当决定中止审理：

（一）赔偿请求人死亡，需要等待其继承人和其他有扶养关系的亲属表明是否参加赔偿案件处理的；

（二）赔偿请求人丧失行为能力，尚未确定法定代理人的；

（三）作为赔偿请求人的法人或者其他组织终止，尚未确定权利义务承受人的；

（四）赔偿请求人因不可抗拒的事由，在法定审限内不能参加赔偿案件处理的；

（五）宣告无罪的案件，人民法院决定再审或者人民检察院按照审判监督程序提出抗诉的；

（六）应当中止审理的其他情形。

中止审理的原因消除后，赔偿委员会应当及时恢复审理，并通知赔偿请求人、赔偿义务机关和复议机关。

第十八条 有下列情形之一的，赔偿委员会应当决定终结审理：

（一）赔偿请求人死亡，没有继承人和其他有扶养关系的亲属或者赔偿请求人的继承人和其他有扶养关系的亲属放弃要求赔偿权利的；

（二）作为赔偿请求人的法人或者其他组织终止后，其权利义务承受人放弃要求赔偿权利的；

（三）赔偿请求人据以申请赔偿的撤销案件决定、不起诉决定或者无罪判决被撤销的；

（四）应当终结审理的其他情形。

第十九条 赔偿委员会审理赔偿案件应当按照下列情形，分别作出决定：

（一）赔偿义务机关的决定或者复议机关的复议决定认定事实清楚，适用法律正确的，依法予以维持；

（二）赔偿义务机关的决定、复议机关的复议决定认定事实清楚，但适用法律错误的，依法重新决定；

（三）赔偿义务机关的决定、复议机关的复议决定认定事实不清、证据不足的，查清事实后依法重新决定；

（四）赔偿义务机关、复议机关逾期未作决定的，查清事实后依法作出决定。

第二十条 赔偿委员会审理赔偿案件作出决定，应当制作国家赔偿决定书，加盖人民法院印章。

第二十一条 国家赔偿决定书应当载明以下事项：

（一）赔偿请求人的基本情况，赔偿义务机关、复议机关的名称及其法定代表人；

（二）赔偿请求人申请事项及理由，赔偿义务机关的决定、复议机关的复议决定情况；

（三）赔偿委员会认定的事实及依据；

（四）决定的理由及法律依据；

（五）决定内容。

第二十二条 赔偿委员会作出的决定应当分

别送达赔偿请求人、赔偿义务机关和复议机关。

第二十三条 人民法院办理本院为赔偿义务机关的国家赔偿案件参照本规定。

第二十四条 自本规定公布之日起,《人民法院赔偿委员会审理赔偿案件程序的暂行规定》即行废止;本规定施行前本院发布的司法解释与本规定不一致的,以本规定为准。

最高人民法院关于人民法院办理自赔案件程序的规定

- 2013年7月26日
- 法释〔2013〕19号

根据《中华人民共和国国家赔偿法》,结合人民法院国家赔偿工作实际,对人民法院办理自赔案件的程序作如下规定:

第一条 本规定所称自赔案件,是指人民法院办理的本院作为赔偿义务机关的国家赔偿案件。

第二条 基层人民法院国家赔偿小组、中级以上人民法院赔偿委员会负责办理本院的自赔案件。

第三条 人民法院对赔偿请求人提出的赔偿申请,根据《最高人民法院关于国家赔偿案件立案工作的规定》予以审查立案。

第四条 人民法院办理自赔案件,应当指定一名审判员承办。

负责承办的审判员应当查清事实并提出处理意见,经国家赔偿小组或者赔偿委员会讨论后,报请院长决定。重大、疑难案件由院长提交院长办公会议讨论决定。

第五条 参与办理自赔案件的审判人员是赔偿请求人或其代理人的近亲属,与本案有利害关系,或者有其他关系,可能影响案件公正办理的,应当主动回避。

赔偿请求人认为参与办理自赔案件的审判人员有前款规定情形的,有权以书面或者口头方式申请其回避。

以上规定,适用于书记员、翻译人员、鉴定人、勘验人。

第六条 赔偿请求人申请回避,应当在人民法院作出赔偿决定前提出。

人民法院应当自赔偿请求人申请回避之日起三日内作出书面决定。赔偿请求人对决定不服的,可以申请复议一次。人民法院对复议申请,应当在三日内做出复议决定,并通知复议申请人。复议期间,被申请回避的人员不停止案件办理工作。

审判人员的回避,由院长决定;其他人员的回避,由国家赔偿小组负责人或者赔偿委员会主任决定。

第七条 人民法院应当全面审查案件,充分听取赔偿请求人的意见。必要时可以调取原审判、执行案卷,可以向原案件承办部门或有关人员调查、核实情况。听取意见、调查核实情况,应当制作笔录。

案件争议较大,或者案情疑难、复杂的,人民法院可以组织赔偿请求人、原案件承办人以及其他相关人员举行听证。听证情况应当制作笔录。

第八条 人民法院可以与赔偿请求人就赔偿方式、赔偿项目和赔偿数额在法律规定的范围内进行协商。协商应当遵循自愿、合法的原则。协商情况应当制作笔录。

经协商达成协议的,人民法院应当制作国家赔偿决定书。协商不成的,人民法院应当依法及时作出决定。

第九条 人民法院作出决定前,赔偿请求人撤回赔偿申请的,人民法院应当准许。

赔偿请求人撤回赔偿申请后,在国家赔偿法第三十九条规定的时效内又申请赔偿,并有证据证明其撤回申请确属违背真实意思表示或者有其他正当理由的,人民法院应予受理。

第十条 有下列情形之一的,人民法院应当决定中止办理:

(一)作为赔偿请求人的公民死亡,需要等待其继承人和其他有扶养关系的亲属表明是否参加赔偿案件处理的;

(二)作为赔偿请求人的公民丧失行

为能力,尚未确定法定代理人的;

(三)作为赔偿请求人的法人或者其他组织终止,尚未确定权利承受人的;

(四)赔偿请求人因不可抗力或者其他障碍,在法定期限内不能参加赔偿案件处理的;

(五)宣告无罪的案件,人民法院决定再审或者人民检察院按照审判监督程序提出抗诉的。

中止办理的原因消除后,人民法院应当及时恢复办理,并通知赔偿请求人。

第十一条 有下列情形之一的,人民法院应当决定终结办理:

(一)作为赔偿请求人的公民死亡,没有继承人和其他有扶养关系的亲属,或者其继承人和其他有扶养关系的亲属放弃要求赔偿权利的;

(二)作为赔偿请求人的法人或者其他组织终止后,其权利承受人放弃要求赔偿权利的;

(三)赔偿请求人据以申请赔偿的撤销案件决定、不起诉决定或者宣告无罪的判决被撤销的。

第十二条 人民法院应当自收到赔偿申请之日起两个月内作出是否赔偿的决定,并制作国家赔偿决定书。

申请人向人民法院申请委托鉴定、评估的,鉴定、评估期间不计入办理期限。

第十三条 国家赔偿决定书应当载明以下事项:

(一)赔偿请求人的基本情况;

(二)申请事项及理由;

(三)决定的事实理由及法律依据;

(四)决定内容;

(五)申请上一级人民法院赔偿委员会作出赔偿决定的期间和上一级人民法院名称。

第十四条 人民法院决定赔偿或不予赔偿的,应当自作出决定之日起十日内将国家赔偿决定书送达赔偿请求人。

第十五条 赔偿请求人依据国家赔偿法第三十七条第二款的规定向人民法院申请支付赔偿金的,应当递交申请书,并提交以下材料:

(一)赔偿请求人的身份证明;

(二)生效的国家赔偿决定书。

赔偿请求人当面递交申请支付材料的,人民法院应当出具收讫凭证。赔偿请求人书写申请书确有困难的,可以口头申请,人民法院应当记入笔录,由赔偿请求人签名、捺印或者盖章。

第十六条 申请支付材料真实、有效、完整的,人民法院应当受理,并书面通知赔偿请求人。人民法院受理后,应当自收到支付申请之日起七日内,依照预算管理权限向有关财政部门提出支付申请。

申请支付材料不完整的,人民法院应当当场或者在三个工作日内一次性告知赔偿请求人需要补正的全部材料。收到支付申请的时间自人民法院收到补正材料之日起计算。

申请支付材料虚假、无效,人民法院决定不予受理的,应当在三个工作日内书面通知赔偿请求人并说明理由。

第十七条 赔偿请求人对人民法院不予受理申请支付的通知有异议的,可以自收到通知之日起十日内向上一级人民法院申请复核。上一级人民法院应当自收到复核申请之日起五个工作日内作出复核决定,并在作出复核决定之日起三个工作日内送达赔偿请求人。

第十八条 财政部门告知人民法院申请支付材料不符合要求的,人民法院应当自接到通知之日起五个工作日内按照要求提交补正材料。

需要赔偿请求人补正材料的,人民法院应当及时通知赔偿请求人。

第十九条 财政部门告知人民法院已支付国家赔偿费用的,人民法院应当及时通知赔偿请求人。

第二十条 本规定自 2013 年 9 月 1 日起施行。

本规定施行前本院发布的司法解释，与本规定不一致的，以本规定为准。

最高人民法院关于人民法院赔偿委员会适用质证程序审理国家赔偿案件的规定

- 2013年12月19日
- 法释〔2013〕27号

为规范人民法院赔偿委员会（以下简称赔偿委员会）适用质证程序审理国家赔偿案件，根据《中华人民共和国国家赔偿法》等有关法律规定，结合国家赔偿工作实际，制定本规定。

第一条 赔偿委员会根据国家赔偿法第二十七条的规定，听取赔偿请求人、赔偿义务机关的陈述和申辩，进行质证的，适用本规定。

第二条 有下列情形之一，经书面审理不能解决的，赔偿委员会可以组织赔偿请求人和赔偿义务机关进行质证：

（一）对侵权事实、损害后果及因果关系有争议的；

（二）对是否属于国家赔偿法第十九条规定的国家不承担赔偿责任的情形有争议的；

（三）对赔偿方式、赔偿项目或者赔偿数额有争议的；

（四）赔偿委员会认为应当质证的其他情形。

第三条 除涉及国家秘密、个人隐私或者法律另有规定的以外，质证应当公开进行。

赔偿请求人或者赔偿义务机关申请不公开质证，对方同意的，赔偿委员会可以不公开质证。

第四条 赔偿请求人和赔偿义务机关在质证活动中的法律地位平等，有权委托代理人，提出回避申请，提供证据，申请查阅、复制本案质证材料，进行陈述、质询、申辩，并应当依法行使质证权利，遵守质证秩序。

第五条 赔偿请求人、赔偿义务机关对其主张的有利于自己的事实负举证责任，但法律、司法解释另有规定的除外。

没有证据或者证据不足以证明其事实主张的，由负有举证责任的一方承担不利后果。

第六条 下列事实需要证明的，由赔偿义务机关负举证责任：

（一）赔偿义务机关行为的合法性；

（二）赔偿义务机关无过错；

（三）因赔偿义务机关过错致使赔偿请求人不能证明的待证事实；

（四）赔偿义务机关行为与被羁押人在羁押期间死亡或者丧失行为能力不存在因果关系。

第七条 下列情形，由赔偿义务机关负举证责任：

（一）属于法定免责情形；

（二）赔偿请求超过法定时效；

（三）具有其他抗辩事由。

第八条 赔偿委员会认为必要时，可以通知复议机关参加质证，由复议机关对其作出复议决定的事实和法律依据进行说明。

第九条 赔偿请求人可以在举证期限内申请赔偿委员会调取下列证据：

（一）由国家有关部门保存，赔偿请求人及其委托代理人无权查阅调取的证据；

（二）涉及国家秘密、商业秘密、个人隐私的证据；

（三）赔偿请求人及其委托代理人因客观原因不能自行收集的其他证据。

赔偿请求人申请赔偿委员会调取证据，应当提供具体线索。

第十条 赔偿委员会有权要求赔偿请求人、赔偿义务机关提供或者补充证据。

涉及国家利益、社会公共利益或者他人合法权益的事实，或者涉及依职权追加质证参加人、中止审理、终结审理、回避等程序性事项的，赔偿委员会可以向有关单位和人员调查情况、收集证据。

第十一条 赔偿请求人、赔偿义务机关应当在收到受理案件通知书之日起十日内提供证据。赔偿请求人、赔偿义务机关确因客观事由不能在该期限内提供证据的，赔偿委员会可以根据其申请适当延长举证期限。

赔偿请求人、赔偿义务机关无正当理由逾期提供证据的，应当承担相应的不利后果。

第十二条 对于证据较多或者疑难复杂的案件，赔偿委员会可以组织赔偿请求人、赔偿义务机关在质证前交换证据，明确争议焦点，并将交换证据的情况记录在卷。

赔偿请求人、赔偿义务机关在证据交换过程中没有争议并记录在卷的证据，经审判员在质证中说明后，可以作为认定案件事实的依据。

第十三条 赔偿委员会应当指定审判员组织质证，并在质证三日前通知赔偿请求人、赔偿义务机关和其他质证参与人。必要时，赔偿委员会可以通知赔偿义务机关实施原职权行为的工作人员或者其他利害关系人到场接受询问。

赔偿委员会决定公开质证的，应当在质证三日前公告案由，赔偿请求人和赔偿义务机关的名称，以及质证的时间、地点。

第十四条 适用质证程序审理国家赔偿案件，未经质证的证据不得作为认定案件事实的依据，但法律、司法解释另有规定的除外。

第十五条 赔偿请求人、赔偿义务机关应围绕证据的关联性、真实性、合法性，针对证据有无证明力以及证明力大小，进行质证。

第十六条 质证开始前，由书记员查明质证参与人是否到场，宣布质证纪律。

质证开始时，由主持质证的审判员核对赔偿请求人、赔偿义务机关，宣布案由，宣布审判员、书记员名单，向赔偿请求人、赔偿义务机关告知质证权利义务以及询问是否申请回避。

第十七条 质证一般按照下列顺序进行：

（一）赔偿请求人、赔偿义务机关分别陈述，复议机关进行说明；

（二）审判员归纳争议焦点；

（三）赔偿请求人、赔偿义务机关分别出示证据，发表意见；

（四）询问参加质证的证人、鉴定人、勘验人；

（五）赔偿请求人、赔偿义务机关就争议的事项进行质询和辩论；

（六）审判员宣布赔偿请求人、赔偿义务机关认识一致的事实和证据；

（七）赔偿请求人、赔偿义务机关最后陈述意见。

第十八条 赔偿委员会根据赔偿请求人申请调取的证据，作为赔偿请求人提供的证据进行质证。

赔偿委员会依照职权调取的证据应当在质证时出示，并就调取该证据的情况予以说明，听取赔偿请求人、赔偿义务机关的意见。

第十九条 赔偿请求人或者赔偿义务机关对对方主张的不利于自己的事实，在质证中明确表示承认的，对方无需举证；既未表示承认也未否认，经审判员询问并释明法律后果后，其仍不作明确表示的，视为对该项事实的承认。

赔偿请求人、赔偿义务机关委托代理人参加质证的，代理人在代理权限范围内的承认视为被代理人的承认，但参加质证的赔偿请求人、赔偿义务机关当场明确表示反对的除外；代理人超出代理权限范围的承认，参加质证的赔偿请求人、赔偿义务机关当场不作否认表示的，视为被代理人的承认。

上述承认违反法律禁止性规定，或者损害国家利益、社会公共利益、他人合法权益的，不发生自认的效力。

第二十条 下列事实无需举证证明：

（一）自然规律以及定理、定律；

（二）众所周知的事实；

（三）根据法律规定推定的事实；

（四）已经依法证明的事实；

（五）根据日常生活经验法则推定的事实。

前款（二）、（三）、（四）、（五）项，赔偿请求人、赔偿义务机关有相反证据否定其真实性的除外。

第二十一条 有证据证明赔偿义务机关持有证据无正当理由拒不提供的，赔偿委员会可以就待证事实作出有利于赔偿请求人的推定。

第二十二条 赔偿委员会应当依据法律规定，遵照法定程序，全面客观地审核证据，运用逻辑推理和日常生活经验，对证据的证明力进行独立、综合的审查判断。

第二十三条 书记员应当将质证的全部活动记入笔录。质证笔录由赔偿请求人、赔偿义务机关和其他质证参与人核对无误或者补正后签名或者盖章。拒绝签名或者盖章的，应当记明情况附卷，由审判员和书记员签名。

具备条件的，赔偿委员会可以对质证活动进行全程同步录音录像。

第二十四条 赔偿请求人、赔偿义务机关经通知无正当理由拒不参加质证或者未经许可中途退出质证的，视为放弃质证，赔偿委员会可以综合全案情况和对方意见认定案件事实。

第二十五条 有下列情形之一的，可以延期质证：

（一）赔偿请求人、赔偿义务机关因不可抗拒的事由不能参加质证的；

（二）赔偿请求人、赔偿义务机关临时提出回避申请，是否回避的决定不能在短时间内作出的；

（三）需要通知新的证人到场，调取新的证据，重新鉴定、勘验，或者补充调查的；

（四）其他应当延期的情形。

第二十六条 本规定自2014年3月1日起施行。

本规定施行前本院发布的司法解释与本规定不一致的，以本规定为准。

最高人民法院关于人民法院赔偿委员会依照《中华人民共和国国家赔偿法》第三十条规定纠正原生效的赔偿委员会决定应如何适用人身自由赔偿标准问题的批复

- 2014年6月30日
- 法释〔2014〕7号

吉林、山东、河南省高级人民法院：

关于人民法院赔偿委员会在赔偿申诉监督程序中如何适用人身自由赔偿标准问题，经研究，批复如下：

人民法院赔偿委员会依照《中华人民共和国国家赔偿法》第三十条规定纠正原生效的赔偿委员会决定时，原决定的错误系漏算部分侵犯人身自由天数的，应在维持原决定支付的人身自由赔偿金的同时，就漏算天数按照重新审查或者直接审查后作出决定时的上年度国家职工日平均工资标准计算相应的人身自由赔偿金；原决定的错误系未支持人身自由赔偿请求的，按照重新审查或者直接审查后作出决定时的上年度国家职工日平均工资标准计算人身自由赔偿金。

◎司法文件

最高人民法院赔偿委员会工作规则

- 1999年4月26日最高人民法院赔偿委员会第7次会议通过
- 2014年12月4日最高人民法院赔偿委员会第21次会议修订

第一条 为了规范赔偿委员会工作，充分发挥其职能作用，根据《中华人民共和国国家赔偿法》和有关法律规定，制定本规则。

第二条 赔偿委员会的职责：

（一）讨论、决定下列国家赔偿案件：

1. 赔偿请求人向本院申请赔偿，应由本院作出决定的案件；

2. 不服本院赔偿委员会的决定，需要重新审查并作出决定的案件；

3. 不服高级人民法院赔偿委员会的决定，向本院申诉，需要直接审查并作出决定的案件；

4. 最高人民检察院向本院提出意见，应当重新审查并作出决定的案件；

5. 请示案件和其他重大、疑难的案件。

（二）讨论国家赔偿司法解释草案。

（三）总结国家赔偿工作经验，监督、指导地方各级法院的国家赔偿工作。

（四）讨论、决定其他有关国家赔偿工作的重大事项。

第三条 赔偿委员会两个月召开一次例会。必要时，经主任提议可随时召开。

赔偿委员会开会应有过半数的委员出席。

第四条 赔偿委员会委员应当按时出席会议。因故不能出席会议的，应当及时向主任请假。

第五条 赔偿委员会会议由主任主持，或者由主任委托副主任主持。

经会议主持人同意，赔偿委员会办公室人员或者其他有关人员可以列席会议。

第六条 赔偿委员会讨论的议题，由主任或者副主任决定。

承办人应当预先做好准备，并于会议一日前将相关材料发送各委员和有关列席人员；开会时，应当根据会议主持人的要求向会议汇报，并负责回答委员提出的问题。

赔偿委员会讨论案件的，承办人应当在会前写出审查报告。合议庭和承办人要对案件事实负责，提出的处理意见应当写明有关的法律根据。

第七条 赔偿委员会实行民主集中制。赔偿委员会讨论的案件，必须获得全体委员半数以上同意方能通过。少数委员的意见可以保留并记录在卷。

第八条 赔偿委员会认为重大、疑难的案件，或者有重大分歧的案件，应当报请主任提交审判委员会讨论决定。

审判委员会的决定，赔偿委员会应当执行。

第九条 赔偿委员会讨论、决定的事项，应当作出会议纪要，经会议主持人审定后附卷备查。

第十条 赔偿委员会办公室负责赔偿委员会的会务工作，负责执行赔偿委员会决定事项。

第十一条 赔偿委员会委员以及其他列席会议的人员，应当遵守保密规定，不得泄露赔偿委员会讨论情况。

第十二条 本规则自通过之日起施行。

最高人民检察院关于印发《人民检察院国家赔偿工作规定》的通知

- 2010年11月22日
- 高检发〔2010〕29号

各省、自治区、直辖市人民检察院，军事检察院，新疆生产建设兵团人民检察院：

《人民检察院国家赔偿工作规定》已经2010年11月11日最高人民检察院第十一届检察委员会第四十六次会议通过，现印发你们，请认真贯彻执行。执行中遇到的问题，请及时报告最高人民检察院。

人民检察院国家赔偿工作规定

目　　录

第一章 总 则

第一条 为了保障公民、法人和其他组织享有依法取得国家赔偿的权利，促进国家机关及其工作人员依法行使职权、公正执法，根据《中华人民共和国国家赔偿法》及有关法律，制定本规定。

第二条 人民检察院通过办理检察机关作为赔偿义务机关的刑事赔偿案件，并对人民法院赔偿委员会决定和行政赔偿诉讼依法履行法律监督职责，保障国家赔偿法的统一正确实施。

第三条 人民检察院国家赔偿工作办公室统一办理检察机关作为赔偿义务机关的刑事赔偿案件、对人民法院赔偿委员会决定提出重新审查意见的案件，以及对人民法院行政赔偿判决、裁定提出抗诉的案件。

人民检察院相关部门应当按照内部分工，协助国家赔偿工作办公室依法办理国家赔偿案件。

第四条 人民检察院国家赔偿工作应当坚持依法、公正、及时的原则。

第五条 上级人民检察院监督、指导下级人民检察院依法办理国家赔偿案件。上级人民检察院在办理国家赔偿案件时，对下级人民检察院作出的相关决定，有权撤销或者变更；发现下级人民检察院已办结的国家赔偿案件确有错误，有权指令下级人民检察院纠正。

赔偿请求人向上级人民检察院反映下级人民检察院在办理国家赔偿案件中存在违法行为的，上级人民检察院应当受理，并依法、及时处理。对依法应予赔偿而拒不赔偿，或者打击报复赔偿请求人的，应当依照有关规定追究相关领导和其他直接责任人员的责任。

第二章 立 案

第六条 赔偿请求人提出赔偿申请的，人民检察院应当受理，并接收下列材料：

（一）刑事赔偿申请书。刑事赔偿申请书应当载明受害人的基本情况，具体要求、事实根据和理由，申请的时间。赔偿请求人书写申请书确有困难的，可以委托他人代书；也可以口头申请。口头提出申请的，应当问明有关情况并制作笔录，由赔偿请求人签名或者盖章。

（二）赔偿请求人和代理人的身份证明材料。赔偿请求人不是受害人本人的，应当要求其说明与受害人的关系，并提供相应证明。赔偿请求人委托他人代理赔偿申请事项的，应当要求其提交授权委托书，以及代理人和被代理人身份证明原件。代理人为律师的，应当同时提供律师执业证及律师事务所介绍函。

（三）证明原案强制措施的法律文书。

（四）证明原案处理情况的法律文书。

（五）证明侵权行为造成损害及其程度的法律文书或者其他材料。

（六）赔偿请求人提供的其他相关材料。

赔偿请求人或者其代理人当面递交申请书或者其他申请材料的，人民检察院应当当场出具加盖本院专用印章并注明收讫日期的《接收赔偿申请材料清单》。申请材料不齐全的，应当当场或者在五日内一次性明确告知赔偿请求人需要补充的全部相关材料。

第七条 人民检察院收到赔偿申请后，国家赔偿工作办公室应当填写《受理赔偿申请登记表》。

第八条 同时符合下列各项条件的赔偿申请，应当立案：

（一）依照国家赔偿法第十七条第一项、第二项规定请求人身自由权赔偿的，已决定撤销案件、不起诉或者判决宣告无罪终止追究刑事责任；依照国家赔偿法第十七条第四项、第五项规定请求生命健康权赔偿的，有伤情、死亡证明；依照国家赔偿法第十八条第一项规定请求财产权赔偿的，刑事诉讼程序已经终结，但已查明该财产确与案件无关的除外；

（二）本院为赔偿义务机关；

（三）赔偿请求人具备国家赔偿法第六条规定的条件；

（四）在国家赔偿法第三十九条规定的请求赔偿时效内；

（五）请求赔偿的材料齐备。

第九条 对符合立案条件的赔偿申请，人民检察院应当立案，并在收到赔偿申请之日起五日内，将《刑事赔偿立案通知书》送达赔偿请求人。

立案应当经部门负责人批准。

第十条 对不符合立案条件的赔偿申请，应当分别下列不同情况予以处理：

（一）尚未决定撤销案件、不起诉或者判决宣告无罪终止追究刑事责任而请求人身自由权赔偿的，没有伤情、死亡证明而请求生命健康权赔偿的，刑事诉讼程序尚未终结而请求财产权赔偿的，告知赔偿请求人不符合立案条件，可在具备立案条件后再申请赔偿；

（二）不属于人民检察院赔偿的，告知赔偿请求人向负有赔偿义务的机关提出；

（三）本院不负有赔偿义务的，告知赔偿请求人向负有赔偿义务的人民检察院提出，或者移送负有赔偿义务的人民检察院，并通知赔偿请求人；

（四）赔偿请求人不具备国家赔偿法第六条规定条件的，告知赔偿请求人；

（五）对赔偿请求已过法定时效的，告知赔偿请求人已经丧失请求赔偿权。

对上列情况，均应当填写《审查刑事赔偿申请通知书》，并说明理由，在收到赔偿申请之日起五日内送达赔偿请求人。

第十一条 当事人、其他直接利害关系人或者其近亲属认为人民检察院扣押、冻结、保管、处理涉案款物侵犯自身合法权益或者有违法情形，向人民检察院投诉，并在刑事诉讼程序终结后又申请刑事赔偿的，尚未办结的投诉程序应当终止，负责办理投诉的部门应当将相关材料移交被请求赔偿的人民检察院国家赔偿工作办公室，依照刑事赔偿程序办理。

第三章 审查决定

第十二条 对已经立案的赔偿案件应当全面审查案件材料，必要时可以调取有关的案卷材料，也可以向原案件承办部门和承办人员等调查、核实有关情况，收集有关证据。原案件承办部门和承办人员应当协助、配合。

第十三条 对请求生命健康权赔偿的案件，人民检察院对是否存在违法侵权行为尚未处理认定的，国家赔偿工作办公室应当在立案后三日内将相关材料移送本院监察部门和渎职侵权检察部门，监察部门和渎职侵权检察部门应当在三十日内提出处理认定意见，移送国家赔偿工作办公室。

第十四条 审查赔偿案件，应当查明以下事项：

（一）是否存在国家赔偿法规定的损害行为和损害结果；

（二）损害是否为检察机关及其工作人员行使职权造成；

（三）侵权的起止时间和造成损害的程度；

（四）是否属于国家赔偿法第十九条规定的国家不承担赔偿责任的情形；

（五）其他需要查明的事项。

第十五条 人民检察院作出赔偿决定，应当充分听取赔偿请求人的意见，并制作笔录。

第十六条 对存在国家赔偿法规定的侵权损害事实，依法应当予以赔偿的，人民检察院可以与赔偿请求人就赔偿方式、赔偿项目和赔偿数额，依照国家赔偿法有关规定进行协商，并制作笔录。

人民检察院与赔偿请求人进行协商，应当坚持自愿、合法原则。禁止胁迫赔偿请求人放弃赔偿申请，禁止违反国家赔偿法规定进行协商。

第十七条 对审查终结的赔偿案件，应当制作赔偿案件审查终结报告，载明原案处理情况、赔偿请求人意见和协商情况，提出是否予以赔偿以及赔偿的方式、项目和数额等具体处理意见，经部门集体讨论、负责人审核后，报检察长决定。重大、复杂案件，由检察长提交检察委员会审议决定。

第十八条 审查赔偿案件，应当根据下列情形分别作出决定：

（一）请求赔偿的侵权事项事实清楚，应当予以赔偿的，依法作出赔偿的决定；

（二）请求赔偿的侵权事项事实不存在，或者不属于国家赔偿范围的，依法作出不予赔偿的决定。

第十九条 办理赔偿案件的人民检察院应当自收到赔偿申请之日起二个月内，作出是否赔偿的决定，制作《刑事赔偿决定书》，并自作出决定之日起十日内送达赔偿请求人。

人民检察院与赔偿请求人协商的，不论协商后是否达成一致意见，均应当制作《刑事赔偿决定书》。

人民检察院决定不予赔偿的，应当在《刑事赔偿决定书》中载明不予赔偿的理由。

第二十条 人民检察院送达刑事赔偿决定书，应当向赔偿请求人说明法律依据和事实证据情况，并告知赔偿请求人如对赔偿决定有异议，可以自收到决定书之日起三十日内向上一级人民检察院申请复议；如对赔偿决定没有异议，要求依照刑事赔偿决定书支付赔偿金的，应当提出支付赔偿金申请。

第四章 复 议

第二十一条 人民检察院在规定期限内未作出赔偿决定的，赔偿请求人可以自期限届满之日起三十日内向上一级人民检察院申请复议。

人民检察院作出不予赔偿决定的，或者赔偿请求人对赔偿的方式、项目、数额有异议的，赔偿请求人可以自收到人民检察院作出的赔偿或者不予赔偿决定之日起三十日内，向上一级人民检察院申请复议。

第二十二条 人民检察院收到复议申请后，应当及时进行审查，分别不同情况作出处理：

（一）对符合法定条件的复议申请，复议机关应当受理；

（二）对超过法定期间提出的，复议机关不予受理；

（三）对申请复议的材料不齐备的，告知赔偿请求人补充有关材料。

第二十三条 复议赔偿案件可以调取有关的案卷材料。对事实不清的，可以要求原承办案件的人民检察院补充调查，也可以自行调查。对损害事实及因果关系、重要证据有争议的，应当听取赔偿请求人和赔偿义务机关的意见。

第二十四条 对审查终结的复议案件，应当制作赔偿复议案件的审查终结报告，提出具体处理意见，经部门集体讨论、负责人审核，报检察长决定。重大、复杂案件，由检察长提交检察委员会审议决定。

第二十五条 复议赔偿案件，应当根据不同情形分别作出决定：

（一）原决定事实清楚，适用法律正确，赔偿方式、项目、数额适当的，予以维持；

（二）原决定认定事实或者适用法律错误的，予以纠正，赔偿方式、项目、数额不当的，予以变更；

（三）赔偿义务机关逾期未作出决定的，依法作出决定。

第二十六条 人民检察院应当自收到复议申请之日起二个月内作出复议决定。

复议决定作出后，应当制作《刑事赔偿复议决定书》，并自作出决定之日起十日内直接送达赔偿义务机关和赔偿请求人。直接送达赔偿请求人有困难的，可以委托其所在地的人民检察院代为送达。

第二十七条 人民检察院送达刑事赔偿复议决定书，应当向赔偿请求人说明法律依据和事实证据情况，并告知赔偿请求人如对赔偿复议决定有异议，可以自收到复议决定之日起三十日内向复议机关所在地的同级人民法院赔偿委员会申请作出赔偿决定;如对赔偿复议决定没有异议,要求依照复议决定书支付赔偿金的,应当提出支付赔偿金申请。

第二十八条 人民检察院复议赔偿案件,实行一次复议制。

第五章 赔偿监督

第二十九条 赔偿请求人或者赔偿义务机关不服人民法院赔偿委员会作出的刑事赔偿决定或者民事、行政诉讼赔偿决定,以及人民法院行政赔偿判决、裁定,向人民检察院申诉的,人民检察院应当受理。

第三十条 最高人民检察院发现各级人民法院赔偿委员会作出的决定,上级人民检察院发现下级人民法院赔偿委员会作出的决定,具有下列情形之一的,应当自本院受理之日起三十日内立案:

(一)有新的证据,可能足以推翻原决定的;

(二)原决定认定事实的主要证据可能不足的;

(三)原决定适用法律可能错误的;

(四)违反程序规定、可能影响案件正确处理的;

(五)有证据证明审判人员在审理该案时有贪污受贿、徇私舞弊、枉法处理行为的。

下级人民检察院发现上级或者同级人民法院赔偿委员会作出的赔偿决定具有上列情形之一的,经检察长批准或者检察委员会审议决定后,层报有监督权的上级人民检察院审查。

第三十一条 人民检察院立案后,应当在五日内将《赔偿监督立案通知书》送达赔偿请求人和赔偿义务机关。

立案应当经部门负责人批准。

人民检察院决定不立案的,应当在五日内将《赔偿监督申请审查结果通知书》送达提出申诉的赔偿请求人或者赔偿义务机关。赔偿请求人或者赔偿义务机关不服的,可以向作出决定的人民检察院或者上一级人民检察院申诉。人民检察院应当在收到申诉之日起十日内予以答复。

第三十二条 对立案审查的案件,应当全面审查申诉材料和全部案卷。

具有下列情形之一的,可以进行补充调查:

(一)赔偿请求人由于客观原因不能自行收集的主要证据,向人民法院赔偿委员会提供了证据线索,人民法院未进行调查取证的;

(二)赔偿请求人和赔偿义务机关提供的证据互相矛盾,人民法院赔偿委员会未进行调查核实的;

(三)据以认定事实的主要证据可能是虚假、伪造的;

(四)审判人员在审理该案时可能有贪污受贿、徇私舞弊、枉法处理行为的。

对前款第一至三项规定情形的调查,由本院国家赔偿工作办公室或者指令下级人民检察院国家赔偿工作办公室进行。对第四项规定情形的调查,应当根据人民检察院内部业务分工,由本院主管部门或者指令下级人民检察院主管部门进行。

第三十三条 对审查终结的赔偿监督案件,应当制作赔偿监督案件审查终结报告,载明案件来源、原案处理情况、申诉理由、审查认定的事实,提出处理意见。经部门集体讨论、负责人审核,报检察长决定。重大、复杂案件,由检察长提交检察委员会讨论决定。

第三十四条 人民检察院审查终结的赔偿监督案件,具有下列情形之一的,应当依照国家赔偿法第三十条第三款的规定,向同级人民法院赔偿委员会提出重新审查意见:

(一)有新的证据,足以推翻原决定的;

(二)原决定认定事实的主要证据不足的;

(三)原决定适用法律错误的;

（四）违反程序规定、影响案件正确处理的；

（五）作出原决定的审判人员在审理该案时有贪污受贿、徇私舞弊、枉法处理行为的。

第三十五条 人民检察院向人民法院赔偿委员会提出重新审查意见的，应当制作《重新审查意见书》，载明案件来源、基本案情以及要求重新审查的理由、法律依据。

第三十六条 《重新审查意见书》副本应当在作出决定后十日内送达赔偿请求人和赔偿义务机关。

人民检察院立案后决定不提出重新审查意见的，应当在作出决定后十日内将《赔偿监督案件审查结果通知书》，送达赔偿请求人和赔偿义务机关。赔偿请求人或者赔偿义务机关不服的，可以向作出决定的人民检察院或者上一级人民检察院申诉。人民检察院应当在收到申诉之日起十日内予以答复。

第三十七条 对赔偿监督案件，人民检察院应当在立案后三个月内审查办结，并依法提出重新审查意见。属于特别重大、复杂的案件，经检察长批准，可以延长二个月。

第三十八条 人民检察院对人民法院行政赔偿判决、裁定提出抗诉，适用《人民检察院民事行政抗诉案件办案规则》等规定。

第六章　执　　行

第三十九条 负有赔偿义务的人民检察院负责赔偿决定的执行。

支付赔偿金的，由国家赔偿工作办公室办理有关事宜；返还财产或者恢复原状的，由国家赔偿工作办公室通知原案件承办部门在二十日内执行，重大、复杂的案件，经检察长批准，可以延长十日。

第四十条 赔偿请求人凭生效的《刑事赔偿决定书》、《刑事赔偿复议决定书》或者《人民法院赔偿委员会决定书》，向负有赔偿义务的人民检察院申请支付赔偿金。

支付赔偿金申请采取书面形式。赔偿请求人书写申请书确有困难的，可以委托他人代书；也可以口头申请，由负有赔偿义务的人民检察院记入笔录，并由赔偿请求人签名或者盖章。

第四十一条 负有赔偿义务的人民检察院应当自收到赔偿请求人支付赔偿金申请之日起七日内，依照预算管理权限向有关的财政部门提出支付申请。向赔偿请求人支付赔偿金，依照国务院制定的国家赔偿费用管理有关规定办理。

第四十二条 对有国家赔偿法第十七条规定的情形之一，致人精神损害的，负有赔偿义务的人民检察院应当在侵权行为影响的范围内，为受害人消除影响，恢复名誉，赔礼道歉；造成严重后果的，应当支付相应的精神损害抚慰金。

第七章　其他规定

第四十三条 人民检察院应当依照国家赔偿法的有关规定参与人民法院赔偿委员会审理工作。

第四十四条 人民检察院在办理外国公民、法人和其他组织请求中华人民共和国国家赔偿的案件时，案件办理机关应当查明赔偿请求人所属国是否对中华人民共和国公民、法人和其他组织要求该国国家赔偿的权利不予保护或者限制。

地方人民检察院需要查明涉外相关情况的，应当逐级层报，统一由最高人民检察院国际合作部门办理。

第四十五条 人民检察院在办理刑事赔偿案件时，发现检察机关原刑事案件处理决定确有错误，影响赔偿请求人依法取得赔偿的，应当由刑事申诉检察部门立案复查，提出审查处理意见，报检察长或者检察委员会决定。刑事复查案件应当在三十日内办结；办理刑事复查案件和刑事赔偿案件的合计时间不得超过法定赔偿办案期限。

人民检察院在办理本院为赔偿义务机关的案件时，改变原决定、可能导致不予赔偿的，应当报请上一级人民检察院批准。

对于犯罪嫌疑人没有违法犯罪行为的,或者犯罪事实并非犯罪嫌疑人所为的案件,人民检察院根据刑事诉讼法第一百四十二条第一款的规定作不起诉处理的,应当在刑事赔偿决定书或者复议决定书中直接说明该案不属于国家免责情形,依法作出予以赔偿的决定。

第四十六条 人民检察院在办理本院为赔偿义务机关的案件时或者作出赔偿决定以后,对于撤销案件、不起诉案件或者人民法院宣告无罪的案件,重新立案侦查、提起公诉、提出抗诉的,应当报请上一级人民检察院批准,正在办理的刑事赔偿案件应当中止办理。经人民法院终审判决有罪的,正在办理的刑事赔偿案件应当终结;已作出赔偿决定的,应当由作出赔偿决定的机关予以撤销,已支付的赔偿金应当追缴。

第四十七条 依照本规定作出的《刑事赔偿决定书》、《刑事赔偿复议决定书》、《重新审查意见书》均应当加盖人民检察院院印,并于十日内报上一级人民检察院备案。

第四十八条 人民检察院赔偿后,根据国家赔偿法第三十一条的规定,应当向有下列情形之一的检察人员追偿部分或者全部赔偿费用:

(一)刑讯逼供或者殴打、虐待等或者唆使、放纵他人殴打、虐待等造成公民身体伤害或者死亡的;

(二)违法使用武器、警械造成公民身体伤害或者死亡的;

(三)在处理案件中有贪污受贿、徇私舞弊、枉法追诉行为的。

对有前款规定情形的责任人员,人民检察院应当依照有关规定给予处分;构成犯罪的,应当依法追究刑事责任。

第四十九条 人民检察院办理国家赔偿案件、开展赔偿监督,不得向赔偿请求人或者赔偿义务机关收取任何费用。

第八章 附 则

第五十条 本规定自2010年12月1日起施行,2000年11月6日最高人民检察院第九届检察委员会第七十三次会议通过的《人民检察院刑事赔偿工作规定》同时废止。

第五十一条 本规定由最高人民检察院负责解释。

◎请示答复

最高人民法院关于受理行政赔偿案件是否收取诉讼费用的答复

- 1995年9月18日
- 法函〔1995〕121号

四川省高级人民法院:

你院川高法〔1995〕123号《关于国家赔偿法实施后行政赔偿案件是否收取诉讼费用的请示》收悉。经研究,答复如下:

根据《中华人民共和国国家赔偿法》第三十四条的规定,人民法院受理行政赔偿案件,不得向当事人收取诉讼费用。

最高人民法院赔偿委员会关于法院工作人员在执行公务中造成他人身体伤害国家应当承担赔偿责任的批复

- 1997年1月31日
- 〔1996〕法赔他字第3号

海南省高级人民法院赔偿委员会:

你院《关于王栋伤害案经济赔偿处理意见的请示》收悉。经研究,答复如下:

王栋作为人民法院工作人员在执行公务时违法使用暴力造成他人身体伤害,依照《中华人民共和国国家赔偿法》第十五条第(四)项和第二十四条的规定,由国家承担赔偿责任。作为赔偿义务机关的人民法院在赔偿损失后,应当根据具体情况向王栋追偿赔偿费用。

最高人民法院赔偿委员会关于人民法院错误执行造成的直接财产损失应当承担国家赔偿责任的批复

- 1998年8月10日
- 〔1998〕赔他字第8号

四川省高级人民法院：

你院川高法〔1998〕60号《关于宋才永请求蒲江县、彭州市法院国家赔偿案有关法律问题的请示》收悉。经研究，答复如下：

一、蒲江县人民法院、彭州市人民法院在宋才永提出执行异议以及成都市农工商公司已表示保全财产不属该公司所有的情况下未严格审查，继续保全并执行，属执行对象错误，应当承担执行错误的主要责任。蒲江县中药材公司、彭州市中药材公司申请保全、执行对象错误，对错误执行应承担次要责任。薄江县中药材公司、彭州市中药材公司与宋才永并无债权债务关系，获得中药材以及变卖的价款缺乏法律依据，应当予以返还。蒲江县人民法院、彭州市人民法院应对错误执行造成的直接损失部分（差价部分、霉变坏损部分）承担国家赔偿责任。

二、对已经被执行的财产估价，应当根据财产的质量、等级、当时当地市场价格等因素综合考虑。宋才永申请赔偿数额，却不能提供相关证据，故不应支持。

三、宋才永虽具有违反工商行政管理法规的行为，但该行为不影响其财产所有权。违反工商行政管理法规的行为应由工商行政管理部门依法查处，不应人为减轻国家赔偿的依据。

此复

最高人民法院赔偿委员会关于人民法院执行对象错误应当对所造成的损失承担国家赔偿责任的批复

- 1998年12月30日
- 〔1998〕赔他字第13号

广西自治区高级人民法院：

你院1998年8月24日《关于广西藤县蒙江少雄船舶修造厂申请国家赔偿案如何适用法律问题的请示报告》收悉。经研究，答复如下：

本案虽然经中、高院审判委员会研究，均认为属错误执行案件，但从现有材料反映，本案未经法定确认程序，应当依法重新确认。在处理本案时应当考虑以下几点：

一、李宗文将尚不属于自己所有的油船壳作为还款保证，导致梧州市万秀区人民法院错误执行并将执行所得为其偿还债务，李宗文应当承担主要责任，应将法院拍卖油船为其还债的部分予以偿还（65万元）；梧州市万秀区人民法院将属于少雄船舶修造厂所有的油船壳作为李宗文的财产予以强制执行，属执行对象错误，应当对李宗文偿还债务之后给少雄船舶修造厂造成的其他直接损失承担赔偿责任（如酌情赔偿少雄船舶修造厂为建造该油船而定购的机器、设备等遭受的损失）。

二、梧州市万秀区人民法院将油船予以变卖的行为，事前有公告，并请物价部门根据实物作价，且高于物价部门作价价格卖出，并无违法。根据《国家赔偿法》第二十八条第（五）项的规定，油船价格应当以拍卖价格为准（65万元）。

此复

最高人民法院赔偿委员会关于违法查封且未尽保管义务造成损害人民法院应当承担国家赔偿责任的批复

- 2002年3月7日
- 〔2001〕赔他字第2号

四川省高级人民法院：

你院2001年2月5日〔2001〕川法委赔请字第01号《关于泸州汽车运输总公司、李平贵申请泸州市中级人民法院违法查封赔偿一案的请示报告》收悉。经研究，答复如下：

同意你院请示报告中的第二种意见。根据《中华人民共和国国家赔偿法》第二十八条第（五）项规定，泸州市中级人民法院违法查封且未尽妥善保管义务造成赔偿请求人的直接损失应以被查封汽车折旧后价值166980元减去该车最终变卖价格6万元的差价计算。

此复

最高人民法院关于公安机关不履行、拖延履行法定职责如何承担行政赔偿责任问题的答复

- 2013年9月22日
- 〔2011〕行他字第24号

甘肃省高级人民法院：

你院《关于张美华等五人诉天水市公安局麦积分局行政赔偿案的请示报告》收悉，经研究，答复如下：

公安机关不履行或者拖延履行保护公民、法人或者其他组织人身权、财产权法定职责，致使公民、法人或者其他组织人身、财产遭受损失的，应当承担相应的行政赔偿责任。

公民、法人或者其他组织人身、财产损失系第三人行为造成的，应当由第三人承担民事侵权赔偿责任；第三人民事赔偿不足、无力承担赔偿责任或者下落不明的，应当根据公安机关不履行、拖延履行法定职责行为在损害发生过程和结果中所起的作用等因素，判决其承担相应的行政赔偿责任。

公安机关承担相应的赔偿责任后，可以向实施侵权行为的第三人追偿。

◎公报案例

江油市城市信用社撤销清算组申请确认四川省高级人民法院执行行为违法案

【裁判摘要】

根据《中华人民共和国国家赔偿法》第三十一条的规定，人民法院对生效民事法律文书执行错误，造成损害的，受害人有权要求赔偿。根据最高人民法院《关于审理人民法院国家赔偿确认案件若干问题的规定（试行）》第十一条的规定，确认执行行为违法要求有职务行为（包括不作为行为）存在、行为具有违法性、有实际损害结果。人民法院在执行过程中，因执行裁定实体处理不当，以补正笔误的方式予以纠正，在程序上虽有瑕疵，但并未给确认申诉人的合法权利造成实际损失，其执行行为应不予确认违法。

最高人民法院裁定书

（2009）确申字第1号

确认申诉人：江油市城市信用社撤销清算组。地址：四川省江油市中坝镇太白大厦二楼。

负责人：胡德兵，该清算组组长。

委托代理人：杨安国，四川联合律师事务所律师。

委托代理人：罗川加，四川凡高律师事务所律师。

确认申诉人江油市城市信用社撤销清算组（以下简称江油信用社清算组）为申请确

认四川省高级人民法院执行行为违法一案，不服四川省高级人民法院(2009)川法确字第1号裁定，向本院提出申诉。本院依法组成合议庭进行了审理，现已审理终结。

江油信用社清算组向原审法院申请违法确认的理由为：1. 四川省高级人民法院以(2000)川执字第2号裁定将被执行人成都市雒蜀房地产开发公司（以下简称雒蜀房地产公司）的土地使用权和房屋全部抵偿给江油市城市信用社（以下简称江油信用社），后未经审判监督程序，径以笔误为由作出(2000)川执字第2-1号民事裁定，变更了上述生效裁定的实体内容，违反了最高人民法院《关于人民法院执行工作若干问题的规定》第88条的规定；2. 四川省高级人民法院作出(2000)川执字第2-2号和2-4号裁定，擅自将已裁定抵偿给江油信用社的财产处置给他人，其行为违法；3. 被执行人财产的评估价值为3103.25万元，四川省高级人民法院拍卖得款仅600万元，拍卖底价未经江油信用社同意。

原审法院查明：江油信用社诉雒蜀房地产公司借款纠纷一案，四川省江油市人民法院于1998年5月27日立案审理，并裁定将雒蜀房地产公司位于成都市天涯石南街的土地使用权、锦江区莲花小区及成华区沙板桥小区的房屋予以查封。后该案依法移送至四川省高级人民法院审理，该院于1999年5月19日作出(1998)川经二初字第70号民事判决，判令雒蜀房地产公司偿还江油信用社借款本金3400万元及利息。判决生效后，四川省高级人民法院根据江油信用社的申请，于1999年11月17日立案执行。2000年3月1日，四川省展望实业公司持四川省公证处(2000)蜀公证字第0593号公证债权文书亦向四川省高级人民法院申请强制执行雒蜀房地产公司382.4万元的欠款。该院于2000年3月9日立案执行。

四川省高级人民法院于2000年3月13日委托四川泰华会计师事务所（后更名为四川通和会计师事务所）对雒蜀房地产公司被查封财产进行评估。该事务所于2000年3月17日作出的评估结论为：天涯石南街7000.04平方米土地使用权估价2741.62万元，沙板桥小区38套房屋估价282.29万元，莲花小区11套房屋估价79.34万元，共计3103.25万元；估价结果使用的限制条件为：尚欠土地出让金165.32万元，预计拆迁费用1950万元，以及两处房产未过户。该评估报告注明有效期为半年，即从2000年2月29日至8月28日。

2000年3月20日，四川省高级人民法院作出(2000)川执字第2号民事裁定，将雒蜀房地产公司天涯石南街7000.04平方米土地使用权、成华区沙板桥小区38套房屋和锦江区莲花小区11套房屋抵偿给江油信用社。同日，该裁定送达江油信用社。2000年4月7日，四川省高级人民法院以补正(2000)川执字第2号民事裁定的笔误为由，作出(2000)川执字第2-1号民事裁定，内容为：(2000)川执字第2号民事裁定书第2页第12行中“商品房”后至“抵偿给申请执行人”前，应添加“待出具评估报告，视其他债权人参与分配情况后，再裁定具体数额”。同日，该裁定送达江油信用社。

2000年8月14日，四川省成都市工商行政管理局向四川省高级人民法院出具书面证明称，雒蜀房地产公司已两年以上未年审，应视为自动歇业。

第一次评估报告逾期失效后，四川省高级人民法院再次委托四川通和会计师事务所于2001年11月15日对雒蜀房地产公司被查封财产进行了评估。评估结论为：天涯石南街7000.04平方米土地使用权估价2787.44万元，沙板桥小区38套房屋估价262.08万元，共计3049.52万元。莲花小区11套房屋未纳入评估范围。估价报告还声明了其使用的限制条件。

2001年11月27日，四川省高级人民法院经征求意见，江油市人民政府确认涉案土地使用权拍卖底价为500万元、房屋拍卖底价为80万元。成都国际商品拍卖中心受四川省高级人民法院委托，两次拍卖土地使用权和房屋均未成交。2002年2月25日,四川省高级人民法院再次与江油市人民政府、中国人民银行江油市支行等协商,江油市人民政府要求继续拍卖,将土地使用权拍卖底价仍定为500万元,将房屋拍卖底价定为100万元。经四川省高级人民法院书面委托,四川翰雅文化珍品拍卖行于2002年3月20日以100万元拍卖成交了沙板桥小区房屋,并于同年4月12日以500万元拍卖成交了天涯石南街土地使用权。四川省高级人民法院于2002年4月25日作出(2000)川执字第2-2号民事裁定,确认沙板桥小区38套房屋由成华区新华房地产开发公司取得;于同年6月13日作出(2000)川执字第2-4号民事裁定,确认天涯石南街7000.04平方米土地使用权由成都市锦江区建设局取得。扣除拍卖佣金及优先支付江油信用社清算组垫付的评估费用后,尚余510万元拍卖款。

四川省高级人民法院按照江油信用社清算组和另一申请执行人四川省展望实业公司的债权比例分配了510万元拍卖款,江油信用社清算组应分得458.44万元。因四川省高级人民法院和绵阳市中级人民法院等受理有以江油信用社为被执行人的多起案件,四川省高级人民法院对该清算组应分得的458.44万元,按其债权人的债权比例进行了分配,分配余款179.94万元支付给了该清算组。2005年3月28日,四川省高级人民法院根据江油信用社清算组的申请,作出(2000)川执字第2-5号民事裁定,终结该案执行并发放债权凭证。

四川省高级人民法院认为:该院在执行江油信用社诉雒蜀房地产公司一案中,四川省展望实业公司持到期公证债权文书也向该院申请强制执行雒蜀房地产公司。该院在未经申请执行人及被执行人协商一致,未公开拍卖,其他债权人已申请参与分配,未载明具体抵偿数额等情况下,以(2000)川执字第2号民事裁定将雒蜀房地产公司土地使用权和房屋抵偿给江油信用社,不符合法律规定。该院(2000)川执字第2-1号民事裁定以笔误为由,对(2000)川执字第2号民事裁定实体内容予以纠正,虽有欠妥,但实体处理正确。江油信用社清算组亦未提供与雒蜀房地产公司自愿达成抵偿协议的证据。因雒蜀房地产公司资不抵债,其多个到期债权人申请执行,四川省高级人民法院依法对该公司财产按其债权人的债权比例进行分配,并无不当。该院多次组织江油市人民政府、中国人民银行江油市支行、江油信用社清算组等协商,确定土地使用权和房屋拍卖底价。依照当时法律规定,拍卖底价无须申请执行人或被执行人同意。因被执行人财产存在权利瑕疵,经两次流拍,第三次拍卖以600万元成交。四川省高级人民法院委托的评估机构和拍卖机构合法,评估和拍卖过程符合法定程序,并无故意贬损被执行人财产价值,进行违法处置的行为。故该院的执行行为并无不当,且未给江油信用社清算组造成直接损失。根据《中华人民共和国国家赔偿法》第三十一条和最高人民法院《关于审理人民法院国家赔偿确认案件若干问题的规定(试行)》第十二条之规定,于2009年7月17日作出(2009)川法确字第1号裁定,对四川省高级人民法院执行雒蜀房地产公司的职权行为不予确认违法。

确认申诉人江油信用社清算组不服原审裁定,向本院提出申诉,请求撤销四川省高级人民法院(2009)川法确字第1号裁定,确认该院作出(2000)川执字第2-1号民事裁定和处置已抵偿给该清算组财产的行为违法。主要申诉理由为:1.四川省高级人民法院作出的(2000)川执字第2-1号民事裁定,以笔误为由变更(2000)川执字第2号民事裁定实体内容的行为违法;2.江油信用社申请财产保全和执行在先,四川省高级人民法院按其与四川省展望实业公司的债权比例分配510万元拍卖款,违反了最高人民法院《关于人民法院执行工作若干问题的规定》第88条的规定;3.四川省高级人民法院对其应分得的458.44万元拍卖款,按其债权人的债权比例进行分配,违反了国务院《金融机构撤销条例》第24条和最高人民法院法〔2002〕252号

《关于审理城市信用社清理整顿期间相关民事案件有关问题的通知》第1条、第3条的规定;4.江油市人民政府确认拍卖底价不能代表该清算组的意见。

江油信用社清算组申诉未对原审查明的事实提出异议。

本院另查明:执行过程中,雒蜀房地产公司法定代表人王顺先下落不明,公司停业,除已被查封的土地使用权和房屋外,无其他财产可供执行。2000年3月28日,四川省展望实业公司就(2000)川执字第2号民事裁定向四川省高级人民法院提出口头异议,要求参与分配;并于同月30日提交了异议书。成都金鑫房地产开发公司于2000年4月21日向四川省高级人民法院提出书面执行异议,主张对莲花小区11套房屋享有所有权,并提供了房屋产权证书等为证;该院确认上述房屋不属于被执行人雒蜀房地产公司所有。四川通和会计师事务所第二次估价报告声明估价结果使用的限制条件为:雒蜀房地产公司尚欠土地出让金165.31826万元、拆迁费用1232.66万元以及房产未过户。2002年3月13日和4月5日,四川翰雅文化珍品拍卖行先后在《成都商报》上刊登了沙板桥小区38套房屋和天涯石南街7000.04平方米土地使用权的拍卖公告。四川省高级人民法院在对江油信用社清算组应分得的458.44万元按其申请参与分配储户的债权比例进行分配过程中,接到最高人民法院下发的法〔2002〕252号通知后,分配余款179.94万元支付给了该清算组。

还查明:江油信用社自1997年底因资不抵债、负责人外逃,发生严重支付危机后,四川省、绵阳市和江油市人民政府全面介入其追贷、支付工作。2000年9月28日,江油信用社经中国人民银行批准停业整顿。2002年4月19日,江油市人民政府发文成立江油市城市信用社撤销工作领导小组和清算工作组。同年5月16日,经四川省人民政府同意和中国人民银行批准,江油信用社被撤销。

本院认为:(一)江油信用社诉雒蜀房地产公司借款纠纷一案,四川省高级人民法院已生效的(1998)川经二初字第70号民事判决判令雒蜀房地产公司偿还江油信用社借款本金3400万元及利息。该案执行过程中,四川省展望实业公司亦持到期公证债权文书申请强制执行雒蜀房地产公司382.4万元的欠款,四川省高级人民法院予以立案执行。在雒蜀房地产公司被查封财产不足以清偿其全部债务,又无其他财产可供执行的情况下,四川省高级人民法院未经申请执行人和被执行人同意,亦未作价,即作出(2000)川执字第2号民事裁定,将被执行人全部财产抵偿给其中一个申请执行人,处理确有不当。后又以补正笔误为由作出(2000)川执字第2-1号民事裁定对原裁定主文进行纠正,程序确有瑕疵。但该裁定的实体处理结果并未给江油信用社清算组的合法权利造成实际损失。(二)最高人民法院《关于人民法院执行工作若干问题的规定》第88条第一款规定各债权人按保全和执行措施先后顺序受偿,前提应为债务人具有完全清偿能力,但因被执行人雒蜀房地产公司已资不抵债和自动歇业,本案应适用该司法解释第96条的规定,由多个债权人按比例分配执行款。(三)江油信用社清算组申诉提出的四川省高级人民法院继续分配其应分得拍卖款违反国务院《金融机构撤销条例》和最高人民法院法〔2002〕252号通知的主张,因江油信用社确属其他多起存单纠纷案件中的被执行人,四川省高级人民法院在接到最高人民法院法〔2002〕252号通知之前继续分配拍卖款的行为未给江油信用社清算组造成损失,也不违反上述条例和通知的规定。(四)江油信用社清算组申诉提出江油市人民政府确认拍卖底价不能代表该清算组意见的理由,经审查,自江油信用社发生负责人外逃、出现严重支付危机后,四川省、绵阳市和江油市人民政府全面介入其追贷、支付工作,委派相关负责人处理该起事件,故此,四川省高级人民法院与江油市人民政府相关负责人数次协商,并根据江油市人民政府确定的拍卖底价委托拍卖土地使用权和房产,其行为并无不当。综上,四川省高级人民法院(2009)川法确字第1号裁定正确，应予维持。确认申诉人江油信用社清算组的申诉理由不能成立，应予驳回。根据《中华人民共和国国家赔偿法》第三十一条、最高人民法院《关于审理人民法院国家赔偿确认案件若干问题的规定(试行)》第十二条、第十七条第二款之规定，裁定如下：

驳回申诉，维持四川省高级人民法院(2009)川法确字第1号裁定。

本裁定送达后即发生法律效力。

审　判　长　胡仕浩
代理审判员　高京雯
代理审判员　梁　清
二〇〇九年十一月二十七日
书　记　员　蔡志文

最高人民法院发布国家赔偿十大典型案例之三：国泰君安证券股份有限公司海口滨海大道(天福酒店)证券营业部申请海南省高级人民法院错误执行国家赔偿案

【裁判摘要】

人民法院在执行程序中，在审查发现原执行行为所依据的当事人执行和解协议因侵犯案外人合法权益而存在重大瑕疵，案外人提出的执行异议成立的基础上，对原执行行为以裁定形式予以撤销，将不属于法律文书指定交付特定物的争议房产，回复至执行之前状态。该裁定及其行为，不属于国家赔偿法以及最高人民法院《关于民事、行政诉讼中司法赔偿若干问题的解释》规定的违法侵权情形。

最高人民法院赔偿委员会
国家赔偿决定书

(2011)法委赔字第3号

赔偿请求人：国泰君安证券股份有限公司海口滨海大道(天福酒店)证券营业部。

负责人：童君扬，该营业部总经理。

委托代理人：闫继传，海南东方国信律师事务所律师。

委托代理人：巫刚，国泰君安投资管理股份有限公司职员。

赔偿义务机关：海南省高级人民法院。

法定代表人：董治良，该院院长。

委托代理人：王志刚，该院干部。

委托代理人：胡春城，该院干部。

赔偿请求人国泰君安证券股份有限公司海口滨海大道(天福酒店)证券营业部(以下简称国泰海口营业部)不服海南省高级人民法院(以下简称海南高院)2011年7月4日作出的(2011)琼法赔字第1号赔偿决定，向本院赔偿委员会申请作出赔偿决定。本院赔偿委员会依法对本案进行了审理，现已审理终结。

国泰海口营业部向本院赔偿委员会提出的请求为：1. 撤销海南高院(2011)琼法赔字第1号赔偿决定；2. 依法确认海南高院(1999)琼高法执字第9－16号民事裁定及其执行行为违法[因2003年9月16日，海南高院作出的(1999)琼高法执字第9－17号民事裁定将该案原以(1999)琼高法执字第13号作出的裁定文号均变更为(1999)琼高法执字第9号，故本决定涉及的原(1999)琼高法执字第13－10、13－11、13－12、13－13、13－16号民事裁定，均统一表述为(1999)琼高法执字第9－10、9－11、9－12、9－13、9－16号民事裁定，并分别简称为9－10、9－11、9－12、9－13、9－16号裁定]；3. 请求返还被违法执行回转的海口市景瑞大厦7049.94平方米的房产及其孳息，并赔偿损失。其主要理由是：

1. 根据民事诉讼法第二百一十条的规定，人民法院已执行完毕的判决、裁定和调解书被依法撤销后，方可进行执行回转。海南高院9－16号裁定作出时，该院琼民一终字第2号民事判决和海口市中级人民法院(以下简称海口中院)(2001)海中法民初字第77号民事判决尚具有法律效力。因此，海南高院在未依法对原生效判决以及该院9－11、9－12、9－13号裁定进行再审的情况下，作出9－16号裁定并据此执行回转，违反法律规定，应予确认违法。

2. 根据《海南省高级人民法院执行工作若干问题的暂行规定》第四条“执行标的物已处理完毕，案外人再对标的物提出异议的，执行法院不再审查，但应告知案外人可按新争议，通过诉讼程序处理”之规定，海南高院9－16号裁定认定案外人异议理由成立，在本案执行标的物已处理完毕的情况下，撤销9－11、9－12、9－13号裁定，将已执行到国泰海口营业部名下的房产予以执行回转的行为，违反该规定。

3. 国泰海口营业部申请海南高院执行已生效的(1998)琼经初字第8号民事判决，至国泰海口营业部依照海南高院9－11号裁定将抵债房产的产权办理变更登记至自己名下并缴纳相关税费后，国泰海口营业部已合法取得该抵债房产的所有权，其物权应受法律保护。而案外人关闭海南发展银行清算组(以下简称海发行清算组)和海南创仁房地产有限公司(以下简称创仁公司)所拥有的普通债权不能对抗该项物权。

4. 根据国家赔偿法第三十八条的规定，海南高院9－16号裁定违法撤销原正确、合法、有效的9－11、9－12、9－13号裁定，造成国泰海口营业部已合法取得的房产丧失，对此应予以国家赔偿。

5. 根据最高人民法院《关于人民法院赔偿委员会审理国家赔偿案件程序的规定》第十三条之规定，请求依法指令海南高院对其作出9－16号裁定的合法性予以举证。

海南高院向本院赔偿委员会答辩认为：1. 国泰海口营业部认为该院9－16号裁定违法及应予赔偿的理由不能成立；2. 该院9－16号裁定，实际上并未以海口中院(2003)海中法民再字第37号民事判决为依据；3. 国泰海口营业部的债权已转让并由国泰君安投资管理股份有限公司(以下简称国泰投资公司)在海南国际租赁有限公司(以下简称海国租公司)破产清算案中申报债权，不应再申请国家赔偿。其主要理由是：

1. 国泰海口营业部认为该院9－16号裁定违法及应予赔偿的理由不能成立。(1)该院9－16号裁定仅是纠正此前执行裁定的错误，并未改变原执行依据，无须经过审判监督程序。(2)国泰海口营业部申请执行的依据是该院(1998)琼经初字第8号判决，该判决确定的证券回购款及利息是其合法债权及申请执行标的。而本案原执行程序所涉及的景瑞大厦的部分房产(以下简称争议房产)，并非国泰海口营业部经判决确定的债权。(3)第三人海南中标物业发展有限公司(以下简称中标公司)向该院提供的争议房产，是其早已转让给原金通城市信用社(该信用社于1997年12月并入海南发展银行，1998年海南发展银行被关闭，其债权债务由海发行清算组负责)的房产。后经海发行清算组多次申诉，该院发现并以9－16号裁定对原执行行为予以纠正。因此，该院9－16号裁定及其执行行为，只是使争议房产回复至执行案件开始时的产权状态，该行为与国泰海口营业部经判决确定的债权，及其尚不明确的损失主张之间没有因果关系。

2. 该院9－16号裁定及其执行行为，并未以海口中院(2003)海中法民再字第37号民事判决为依据，仅是在统一司法原则下的吻合。该院赔偿决定表述中的“理当”二字，不应理解为“依据”。

3. 国泰海口营业部经判决确定的债权，在该院2006年8月4日作出(1999)琼高法执字第9－18号终结执行裁定前，即已转让给国泰投资公司，且国泰投资公司在海国租公司破产清算案中已就该债权依法进行了申报，故国泰海口营业部不应再申请国家赔偿。

本院赔偿委员会经审理查明：

1998年9月21日，海南高院针对该院受理的原告国泰证券有限公司海口营业部(赔偿请求人国泰海口营业部的前身，以下统称为国泰海口营业部)诉被告海国租公司证券回购纠纷一案，作出(1998)琼经初字第8号民事判决。该判决主文如下:1. 海国租公司向国泰海口营业部支付证券回购款本金人民币3620万元和该款截止到1997年11月30日的利息人民币16362296元;2. 海国租公司向国泰海口营业部支付证券回购款本金3620万元的利息,计息方法为:从1997年12月1日起至付清之日止按年息18%计付;3. 驳回国泰海口营业部的其他诉讼请求。

1998年12月,国泰海口营业部申请海南高院执行该判决。海南高院受理该案后,向海国租公司发出执行通知书。经查海国租公司无财产可供执行。海国租公司向海南高院提供其对第三人中标公司享有到期债权的线索。海南高院遂向中标公司送达履行到期债务通知书。中标公司在指定的15日履行期限内未提出异议,且予以认可,并表示愿意以其所有的景瑞大厦部分房产直接抵偿给国泰海口营业部,以偿还其欠被执行人海国租公司的部分债务。海南高院于2000年6月13日作出9-10号裁定,查封中标公司所有的位于景瑞大厦的部分房产,并于当日予以公告。

2000年6月29日,国泰海口营业部、海国租公司和中标公司共同签订《执行和解书》。约定内容如下:1. 海国租公司、中标公司以中标公司所有的位于海口市国贸大道1号景瑞大厦部分房产抵偿国泰海口营业部的债务;2. 抵债房产包括:景瑞大厦写字楼第七层、第八层、第九层、第十七层共计面积4440.61平方米,公寓楼第五层、第六层、第七层、第八层及第九层901号房共计面积2759.45平方米,公寓楼一楼营业厅面积882.36平方米,以上总面积为8082.42平方米;3. 抵债价格为均价每平方米人民币5737元,抵债总额为4636.76万元;4. 本协议经海南高院裁定认可后,抵债房产权归属国泰海口营业部所有,国泰海口营业部办理房产手续时,海国租公司、中标公司负有协助义务。

2000年6月30日,海南高院作出9-11号裁定。该裁定认为:“本院依据已经发生法律效力的海南省高级人民法院(1998)琼经初字第8号民事判决书,于1999年1月18日向被执行人发出执行通知书,责令被执行人于1999年1月23日前履行,但被执行人至今未履行生效法律文书所确定的义务,经查,被执行人无财产可供执行,但其向本院提供对第三人享有到期债权人民币二亿多元的证据材料,据此,本院依照最高人民法院《关于人民法院执行工作若干问题的规定(试行)》第六十一条之规定,于2000年6月14日向第三人送达本院(1999)琼高法执字第13-4号履行到期债务通知书,责令第三人在收到通知之日起15天内向申请执行人履行其对被执行人所负的债务人民币6900万元。第三人在通知指定的15天的期限内未提出异议,且承认欠被执行人二亿多元人民币债务,第三人表示愿意将其位于海口市国贸大道1号景瑞大厦部分房产直接抵偿给申请执行人,以偿还其欠被执行人的部分债务。2000年6月29日,申请执行人、被执行人和第三人三方当事人自愿达成了和解协议。根据此协议,依照《中华人民共和国民事诉讼法》第二百二十一条以及最高人民法院《关于人民法院执行工作若干问题的规定(试行)》第六十五条之规定,裁定如下:一、强制执行被执行人对第三人享有的到期债权人民币6900万元。二、按照申请执行人、被执行人、第三人三方当事人的协议,将第三人海南中标物业发展有限公司位于海口市国贸大道1号(国贸大道与龙昆北路交接口处)海南景瑞大厦(原名海南糖烟酒大厦)下列房产:A座(写字楼)第七层、第八层、第九层,每层面积均为1150.091m^2,第十七层,面积990.34m^2,A座面积共计4440.61m^2;B座(公寓楼):一楼营业厅,面积882.36m^2,第五层.面积625.03m^2,第六层、第七层、第八层,每层面积均为647.02m^2,第九层901房,面积151.22m^2。B座面积共计3599.67m^2。上述房产总面积为8040.28m^2(以房管部门核准的面积为准)。按每平方米均价人民币5766.9元的价格,共计人民币4636.76万元,抵偿给申请执行人国泰君安证券股份有限公司海口滨海大道

(天福酒店)证券营业部。三、解除对上述房产以及B座902、903、904房的查封。"该裁定作出后,鉴于其中部分房产已被其他法院执行的情况,海南高院执行该裁定时实际抵债房产面积为7049.94平方米,每平方米均价人民币5766.90元,抵债金额为40656298元。

在办理过户手续过程中,案外人海发行清算组和创仁公司以海南高院9-11号裁定抵债的房产属其所有,该裁定损害其合法权益为由,向海南高院提出执行异议。海南省人民检察院也向海南高院发出(2001)琼检民行意字第1号检察意见书,认为中标公司、海国租公司在与国泰海口营业部达成的《执行和解书》中,隐瞒真实,将已售于他人的房产用于抵债,属中标公司与海国租公司恶意串通,严重损害了海发行清算组的合法权益,建议海南高院对9-11号裁定进行复查。海南高院经审查,分别于2000年9月6日、2001年5月16日作出9-12号、9-13号裁定,驳回了海发行清算组和创仁公司的异议。2002年3月14日,国泰海口营业部依照海南高院9-11号裁定将上述抵债房产的产权办理变更登记至自己名下,并缴纳相关税费1530647.19元。

海发行清算组、创仁公司不服海南高院9-12号、9-13号裁定,向海南高院申诉。海南高院经复查后于2003年7月31日作出9-16号裁定。该裁定认为:创仁公司作为发展商将景瑞大厦的房产出售给中标公司,中标公司将购得的景瑞大厦房产又部分出售给海南发展银行(原金通城市信用社),海南发展银行(以下简称海发行)已向中标公司支付了购房总款的69%即44830018.96元。根据民法公平原则和结合海南省审理房地产高潮时期商品房预售纠纷案件的审判实践,合同不能履行,买方付了大部分价款,卖方又无力退款的,应按所付价款给付房屋的原则处理。9-11号裁定将海发行向中标公司购买并已付大部分价款的房产当作中标公司房产抵债归国泰海口营业部,损害了海发行的利益,确属不当。海发行清算组的异议理由成立,9-11号、9-13号裁定应予撤销,已执行到国泰海口营业部名下的景瑞大厦房产应予回转。关于创仁公司的异议,由于9-11号裁定应予撤销,9-12号裁定自应随之撤销,创仁公司异议主张需通过诉讼程序解决。因海南高院针对海发行清算组诉中标公司购房确权纠纷一案已发回海口中院重审,故创仁公司可以第三人参加该诉讼,请求一并解决。综上认定,裁定如下:1.撤销9-11号、9-12号、9-13号裁定;2.将产权证已办理至国泰海口营业部名下的位于海口市龙昆北路国贸大道1号景瑞大厦A座(写字楼)七、八、九层,B座(公寓楼)一楼营业厅、五、六、七、八、九层(仅901)面积共计7049.94平方米的房产回转过户至创仁公司名下。

因海南高院9-16号裁定将争议房产回转至创仁公司名下。2005年6月,国泰海口营业部向海口市地方税务局申请退税,海口市地方税务局将契税1219692.25元退还国泰海口营业部。

2006年8月4日,海南高院作出(1999)琼高法执字第9-18号民事裁定,以海国租公司已被裁定破产还债,海国租公司清算组请求终结执行的理由成立为由,裁定该院(1998)琼经初字第8号民事判决终结执行。

另查明:2001年7月9日,海发行清算组就原金通城市信用社向中标公司购房一事向海口中院提起房屋确权之诉。海口中院作出(2001)海中法民初字第77号民事判决,判决售房合同有效并予以解除,由中标公司向海发行清算组返还购房款、利息及违约金。海发行清算组不服提出上诉。海南高院于2002年7月3日作出(2002)琼民一终字2号民事判决,驳回上诉,维持原判。

2003年10月20日,海南高院作出(2003)琼民再终字第29-2号民事裁定,撤销该院(2002)琼民一终字第2号民事判决和海口中院(2001)海中法民初字第77号民事判决,将房屋确权案件发回海口中院重审。海口中院经重审后,针对以海发行清算组为原告，中标公司为被告，创仁公司为第三人的房屋确权纠纷一案，于2004年12月18日作出(2003)海中法民再字第37号民事判决。判决主文如下：1.确认创仁公司享有景瑞大厦A座(写字楼)七、八层全部、九层1085平方米，共3385平方米房屋的所有权；2.确认海发行清算组享有景瑞大厦一楼商场建筑面积882.86平方米、A座(写字楼)第九层65平方米、第十、十五、十六层、B座(公寓楼)第五、六、七、八层、九层901号房屋的所有权。创仁公司在本判决生效之日起三十日内直接将上述房屋交付给海发行清算组，并协助办理房屋产权过户手续；3.驳回海发行清算组的其他诉讼请求。该判决已发生法律效力。

再查明：2001年12月12日，国泰君安证券股份有限公司(以下简称国泰证券公司)与上海国有资产经营有限公司(以下简称上海国资公司)签订了债权转让协议，约定由国泰证券公司将其拥有的，账面值约为31.25亿元的债权，包括债权所附带的利息、违约金、损失赔偿等权利一并转让给上海国资公司。债权转让价格以评估价值为依据，为18亿元。上海国资公司向国泰证券公司支付14亿元，剩余的4亿元记为上海国资公司对国泰证券公司的负债，协议生效的五年内还清。经国泰海口营业部的委托代理人巫刚证实，该转让债权中包含国泰海口营业部因(1998)琼经初字第8号民事判决确定的债权。2004年7月27日，上海国资公司、国泰证券公司以及国泰投资公司三方签订协议，约定由国泰证券公司将原转让给上海国资公司的债权转让给国泰投资公司。

2005年11月29日，海国租公司向海口中院申请破产清算。2006年3月17日，海口中院裁定其破产清算。在海国租公司破产清算过程中，国泰证券公司、国泰证券公司天津赤峰道营业部、国泰投资公司，分别向海国租公司管理人申报了债权，申报金额分别为9598800元、91120元、145091724元。国泰投资公司申报的债权中，包含了其受让的国泰海口营业部因(1998)琼经初字第8号民事判决确定的债权。海口中院针对上述申报的债权分别作出(2005)海中法破字第4-140号、4-156号、4-332号民事裁定，裁定确认国泰证券公司债权为8538080元，国泰证券公司天津赤峰道营业部债权为91120元，国泰投资公司债权为142604197.72元。

根据海国租公司破产财产分配方案显示，海国租公司破产清偿第三顺序的普通破产债权225家，分配金额为零，比例为零。2009年3月31日，海口中院作出(2005)海中法破字第4-350号民事裁定，以破产人海国租公司的破产财产已分配完结，目前已无财产可供分配，依法应终结破产程序为由，裁定终结破产人海国租公司破产清算程序。

2010年12月27日，国泰海口营业部以海南高院错误执行为由向该院申请国家赔偿。2011年7月4日，海南高院作出(2011)琼法赔字第1号赔偿决定。该决定认为：根据国家赔偿法第三十八条的规定，执行行为错误才能要求国家赔偿。本案中，国泰海口营业部提出的三项请求，实际上均是对海南高院9-16号裁定不服，也就是认为9-16号裁定错误。对此，国泰海口营业部只能依法通过申诉途径解决，事实上，国泰海口营业部已就此向最高人民法院提出申诉。其以9-16号裁定错误为由请求赔偿没有法律依据。此外，国泰海口营业部认为9-16号裁定之所以错误，是因为其撤销了海南高院9-11号、9-12号及9-13号裁定，并与海口中院作出的(2001)海中法民初字第77号民事判决和海南高院作出的(2002)琼民一终字第2号民事判决认定的事实相矛盾，且9-11号、9-12号及9-13号裁定均是正确的。海南高院已查明的事实表明，尽管海口中院作出的(2001)海中法民初字第77号民事判决未支持海发行有关将本案所涉部分房产产权确认归其所有的请求，且海南高院作出的(2002)琼民一终字第2号民事判决也维持了该判决。但该两项判决均已经依法再审，被海口中院作出的(2003)海中法民再字第37号民事判决予以撤销，(2003)海中法民再字第37号民事判决并已确认本案所涉房产产权分别归属于创仁公司和海发行,该判决已生效。依据民事诉讼法第二百一十条的规定,执行完毕后,据以执行的判决、裁定和其他法律文书确有错误,被人民法院撤销的,对已被执行的财产,人民法院应当作出裁定,责令取得财产的人返还;拒不返还的,强制执行。据此,海南高院在(2001)海中法民初字第77号民事判决和(2002)琼民一终字第2号民事判决被依法撤销,且(2003)海中法民再字第37号民事判决生效后,理当依法作出执行回转的裁定,将涉案房产予以执行回转。国泰海口营业部主张海南高院执行回转错误没有事实和法律依据。现海国租公司已被裁定破产还债,国泰海口营业部可依法行使权利,主张权益。综上,国泰海口营业部请求海南高院予以国家赔偿的理由不能成立。据此决定,对国泰海口营业部提出的赔偿申请予以驳回,不予赔偿。

上述事实,国泰海口营业部及海南高院均无异议,并有(1998)琼经初字第8号民事判决书,(1999)琼高法执字第9-10号、9-11号、9-12号、9-13号、9-16号、9-17号、9-18号民事裁定书,(2001)琼检民行意字第1号检察意见书,(2003)海中法民再字第37号民事判决书,(2005)海中法破字第4-140号、4-156号、4-332号、4-350号民事裁定书,(2011)琼法赔字第1号赔偿决定书等文书;以及国泰海口营业部、海国租公司、中标公司三方签订的《执行和解书》,国泰证券公司、上海资产公司签订的《债权转让协议》,国泰证券公司、上海资产公司、国泰投资公司签订的《协议书》国泰海口营业部《关于国泰君安证券有限公司债权置换的情况说明》、《关于景瑞大厦抵债房产缴税及退税情况的说明》等材料在案佐证。

本院赔偿委员会认为,本案争议焦点在于海南高院9-16号裁定之性质,国泰海口营业部所称损害结果之实质,以及该结果与海南高院9-16号裁定及其行为之间是否具有因果关系。本院赔偿委员会基于上述事实,认定如下:

1. 海南高院9-16号裁定之性质审查。

海南高院在执行(1998)琼经初字第8号民事判决过程中,根据被执行人海国租公司提供的线索,在第三人中标公司对到期债务予以认可,且隐瞒其与案外人已签订售房合同并收取大部分房款的事实,以及国泰海口营业部、海国租公司及中标公司达成《执行和解书》的情况下,以裁定形式对三方和解协议予以认可,并将争议房产予以执行。嗣后,案外人海发行清算组、创仁公司提出执行异议,经海南高院裁定驳回后对争议房产提出房屋确权之诉,并多次提出执行异议的申诉,海南高院经重新审查,认为海发行清算组、创仁公司提出的执行异议理由成立,作出9-16号裁定,对原执行行为予以纠正,将争议房产回复至执行之前状态。以上执行行为发生在1998年至2003年之间,应当适用1991年《中华人民共和国民事诉讼法》及最高人民法院《关于人民法院执行工作若干问题的规定(试行)》的相关规定。根据1991年《中华人民共和国民事诉讼法》第二百零八条,最高人民法院《关于人民法院执行工作若干问题的规定(试行)》第70条、第73条的规定,海南高院9-16号裁定系在执行程序中对案外人提出的执行异议审查成立的基础上,对原执行裁定予以撤销,将不属于法律文书指定交付特定物的争议房产回复至执行之前状态。1991年《中华人民共和国民事诉讼法》第二百零八条“判决、裁定确有错误”中的判决、裁定,是指作为执行依据的原生效判决或者裁定,不包括执行程序中作出的裁定。海南高院9-16号裁定,未改变原执行依据,无需经过审判监督程序,且该裁定及其行为,亦不属于1991年《中华人民共和国民事诉讼法》第二百一十四条规定的执行回转情形。虽然海南高院在作出9-16号裁定及该院对原房屋确权之诉启动再审程序的前后衔接及具体操作上有所不妥,但综观全案情况,该裁定及其行为不违反1991年《中华人民共和国民事诉讼法》及相关司法解释规定,且经生效的海口中院(2003)海中法民再字第37号民事判决所认定的内容予以印证,其实体处理并无不当。因此,海南高院9-16号裁定及其行为,不属于国家赔偿法及其司法解释规定的违法侵权情形,国泰海口营业部提出的该裁定应予确认违法的理由不成立。

2.国泰海口营业部所称损害结果之实质,以及该结果与海南高院9-16号裁定及其行为之间是否具有因果关系。

海南高院(1998)琼经初字第8号民事判决书判决海国租公司向国泰海口营业部承担的是金钱给付义务,而非争议房产的给付义务。即国泰海口营业部依法享有的债权是证券回购款本金及利息,而非争议房产。对争议房产的执行,是海南高院在认可三方《执行和解书》的情况下,为实现国泰海口营业部的合法债权而采取的具体执行措施。被执行人海国租公司没有清偿债务的能力,因其对第三人中标公司享有到期债权,中标公司对此未提出异议并认可履行该债务,且隐瞒其与案外人已签订售房合同并收取大部分房款的事实,与国泰海口营业部及海国租公司三方达成《执行和解书》,因侵犯案外人合法权益而存在重大瑕疵,海南高院据此作出的9-11号裁定,以及国泰海口营业部据此取得的争议房产产权不应受到法律保护。海南高院9-16号裁定对9-11号裁定予以撤销,将争议房产回复至执行之前状态,该行为亦经生效的海口中院(2003)海中法民再字第37号民事判决所认定的内容予以印证,其实体处理并无不当。因此,国泰海口营业部申请认为其已合法取得争议房产的物权,海南高院9-16号裁定侵犯其合法物权的理由不成立。国泰海口营业部经判决确定的债权未得以实现的实质在于,被执行人海国租公司没有清偿债务的能力,国泰海口营业部及其债权受让人虽经破产债权申报,仍无法获得清偿,第三人中标公司在履行到期债务时存在过错,三方《执行和解书》因侵犯案外人合法权益而存在重大瑕疵,据此作出的原执行行为应予依法纠正。因此,国泰海口营业部经判决确定的债权未得以实现,与海南高院9-16号裁定及其执行行为之间无法律上的因果联系。

综上,海南高院9-16号裁定及其执行行为,不属于国家赔偿法及其司法解释规定的违法侵权情形。国泰海口营业部申请的相关事项及理由,缺乏法律依据,不应予以支持。海南高院(2011)琼法赔字第1号赔偿决定书认定事实清楚,适用法律正确,应予维持。根据《中华人民共和国国家赔偿法》第二十四条第三款、第二十九条、第三十八条,最高人民法院《关于民事、行政诉讼中司法赔偿若干问题的解释》第四条,最高人民法院《关于适用〈中华人民共和国国家赔偿法〉若干问题的解释(一)》第二条,最高人民法院《关于人民法院赔偿委员会审理国家赔偿案件程序的规定》第十九条第(一)项、第二十条之规定,本院赔偿委员会决定如下:

维持海南省高级人民法院(2011)琼法赔字第1号赔偿决定。

本决定为发生法律效力的决定。

第二十八章　海事案件的执行

◎法律

中华人民共和国海商法

- 1992年11月7日第七届全国人民代表大会常务委员会第二十八次会议通过
- 1992年11月7日中华人民共和国主席令第64号公布
- 自1993年7月1日起施行

目　　录

第一章　总　　则

第一条　【立法目的】为了调整海上运输关系、船舶关系，维护当事人各方的合法权益，促进海上运输和经济贸易的发展，制定本法。

第二条　【海上运输界定】本法所称海上运输，是指海上货物运输和海上旅客运输，包括海江之间、江海之间的直达运输。

本法第四章海上货物运输合同的规定，不适用于中华人民共和国港口之间的海上货物运输。

第三条　【船舶界定】本法所称船舶，是指海船和其他海上移动式装置，但是用于军事的、政府公务的船舶和20总吨以下的小型船艇除外。

前款所称船舶，包括船舶属具。

第四条　【业务专属】中华人民共和国港口之间的海上运输和拖航，由悬挂中华人民共和国国旗的船舶经营。但是，法律、行政法规另有规定的除外。

非经国务院交通主管部门批准，外国籍船舶不得经营中华人民共和国港口之间的海上运输和拖航。

第五条　【国旗的悬挂】船舶经依法登记取得中华人民共和国国籍，有权悬挂中华人民共和国国旗航行。

船舶非法悬挂中华人民共和国国旗航行的，由有关机关予以制止，处以罚款。

第六条　【主管机构】海上运输由国务院交通主管部门统一管理，具体办法由国务院交通主管部门制定，报国务院批准后施行。

第二章　船　　舶

第一节　船舶所有权

第七条　【所有权内涵】船舶所有权，是指船舶所有人依法对其船舶享有占有、使用、收益和处分的权利。

第八条　【国有船舶】国家所有的船舶由国家授予具有法人资格的全民所有制企业经营管理的，本法有关船舶所有人的规定适用于该法人。

第九条　【船舶所有权登记】船舶所有权的取得、转让和消灭，应当向船舶登记机关登记；未经登记的，不得对抗第三人。

船舶所有权的转让，应当签订书面合同。

第十条　【共同所有权登记】船舶由两个以上的法人或者个人共有的，应当向船舶登记机关登记；未经登记的，不得对抗第三人。

第二节　船舶抵押权

第十一条　【抵押权的概念】船舶抵押权，是指抵押权人对于抵押人提供的作为债务担保的船舶，在抵押人不履行债务时，可以依法拍卖，从卖得的价款中优先受偿的权利。

第十二条　【抵押权设定】船舶所有人或者船舶所有人授权的人可以设定船舶抵押权。

船舶抵押权的设定，应当签订书面合同。

第十三条　【抵押权登记】设定船舶抵押权，由抵押权人和抵押人共同向船舶登记机关办理抵押权登记；未经登记的，不得对抗第三人。

船舶抵押权登记，包括下列主要项目：

（一）船舶抵押权人和抵押人的姓名或者名称、地址；

（二）被抵押船舶的名称、国籍、船舶所有权证书的颁发机关和证书号码；

（三）所担保的债权数额、利息率、受偿期限。

船舶抵押权的登记状况，允许公众查询。

第十四条　【在建船舶抵押】建造中的船舶可以设定船舶抵押权。

建造中的船舶办理抵押权登记，还应当向船舶登记机关提交船舶建造合同。

第十五条　【抵押船舶保险】除合同另有约定外，抵押人应当对被抵押船舶进行保险；未保险的，抵押权人有权对该船舶进行保险，保险费由抵押人负担。

第十六条　【共有船舶抵押】船舶共有人就共有船舶设定抵押权，应当取得持有三分之二以上份额的共有人的同意，共有人之间另有约定的除外。

船舶共有人设定的抵押权，不因船舶的共有权的分割而受影响。

第十七条　【禁止转让】船舶抵押权设定后，未经抵押权人同意，抵押人不得将被抵押船舶转让给他人。

第十八条　【抵押权转移】抵押权人将被抵押船舶所担保的债权全部或者部分转让他人的，抵押权随之转移。

第十九条　【两个以上抵押权】同一船舶可以设定两个以上抵押权，其顺序以登记的先后为准。

同一船舶设定两个以上抵押权的，抵押权人按照抵押权登记的先后顺序，从船舶拍卖所得价款中依次受偿。同日登记的抵押权，按照同一顺序受偿。

第二十条　【抵押权消灭】被抵押船舶灭失，

抵押权随之消灭。由于船舶灭失得到的保险赔偿,抵押权人有权优先于其他债权人受偿。

第三节　船舶优先权

第二十一条　【优先权的概念】船舶优先权,是指海事请求人依照本法第二十二条的规定,向船舶所有人、光船承租人、船舶经营人提出海事请求,对产生该海事请求的船舶具有优先受偿的权利。

第二十二条　【优先权范围】下列各项海事请求具有船舶优先权:

(一)船长、船员和在船上工作的其他在编人员根据劳动法律、行政法规或者劳动合同所产生的工资、其他劳动报酬、船员遣返费用和社会保险费用的给付请求;

(二)在船舶营运中发生的人身伤亡的赔偿请求;

(三)船舶吨税、引航费、港务费和其他港口规费的缴付请求;

(四)海难救助的救助款项的给付请求;

(五)船舶在营运中因侵权行为产生的财产赔偿请求。

载运2000吨以上的散装货油的船舶,持有有效的证书,证明已经进行油污损害民事责任保险或者具有相应的财务保证的,对其造成的油污损害的赔偿请求,不属于前款第(五)项规定的范围。

第二十三条　【受偿顺序】本法第二十二条第一款所列各项海事请求,依照顺序受偿。但是,第(四)项海事请求,后于第(一)项至第(三)项发生的,应当先于第(一)项至第(三)项受偿。

本法第二十二条第一款第(一)、(二)、(三)、(五)项中有两个以上海事请求的,不分先后,同时受偿;不足受偿的,按照比例受偿。第(四)项中有两个以上海事请求的,后发生的先受偿。

第二十四条　【优先拨付的费用】因行使船舶优先权产生的诉讼费用,保存、拍卖船舶和分配船舶价款产生的费用,以及为海事请求人的共同利益而支付的其他费用,应当从船舶拍卖所得价款中先行拨付。

第二十五条　【留置权、抵押权、优先权的受偿顺序】船舶优先权先于船舶留置权受偿,船舶抵押权后于船舶留置权受偿。

前款所称船舶留置权,是指造船人、修船人在合同另一方未履行合同时,可以留置所占有的船舶,以保证造船费用或者修船费用得以偿还的权利。船舶留置权在造船人、修船人不再占有所造或者所修的船舶时消灭。

第二十六条　【优先权不灭原则】船舶优先权不因船舶所有权的转让而消灭。但是,船舶转让时,船舶优先权自法院应受让人申请予以公告之日起满六十日不行使的除外。

第二十七条　【优先权转移】本法第二十二条规定的海事请求权转移的,其船舶优先权随之转移。

第二十八条　【优先权行使】船舶优先权应当通过法院扣押产生优先权的船舶行使。

第二十九条　【优先权消灭】船舶优先权,除本法第二十六条规定的外,因下列原因之一而消灭:

(一)具有船舶优先权的海事请求,自优先权产生之日起满一年不行使;

(二)船舶经法院强制出售;

(三)船舶灭失。

前款第(一)项的一年期限,不得中止或者中断。

第三十条　【责任限制不受影响】本节规定不影响本法第十一章关于海事赔偿责任限制规定的实施。

第三章　船　　员

第一节　一般规定

第三十一条　【船员的范围】船员,是指包括船长在内的船上一切任职人员。

第三十二条　【适任证书】船长、驾驶员、轮机长、轮机员、电机员、报务员,必须由持有相应适任证书的人担任。

第三十三条 【海员证和有关证书】从事国际航行的船舶的中国籍船员，必须持有中华人民共和国港务监督机构颁发的海员证和有关证书。

第三十四条 【相关法律适用】船员的任用和劳动方面的权利、义务，本法没有规定的，适用有关法律、行政法规的规定。

第二节 船　　长

第三十五条 【船长职责】船长负责船舶的管理和驾驶。

船长在其职权范围内发布的命令，船员、旅客和其他在船人员都必须执行。

船长应当采取必要的措施，保护船舶和在船人员、文件、邮件、货物以及其他财产。

第三十六条 【对违法犯罪人员的处理】为保障在船人员和船舶的安全，船长有权对在船上进行违法、犯罪活动的人采取禁闭或者其他必要措施，并防止其隐匿、毁灭、伪造证据。

船长采取前款措施，应当制作案情报告书，由船长和两名以上在船人员签字，连同人犯送交有关当局处理。

第三十七条 【出生或死亡事件】船长应当将船上发生的出生或者死亡事件记入航海日志，并在两名证人的参加下制作证明书。死亡证明书应当附有死者遗物清单。死者有遗嘱的，船长应当予以证明。死亡证明书和遗嘱由船长负责保管，并送交家属或者有关方面。

第三十八条 【海上事故抢救组织】船舶发生海上事故，危及在船人员和财产的安全时，船长应当组织船员和其他在船人员尽力施救。在船舶的沉没、毁灭不可避免的情况下，船长可以作出弃船决定；但是，除紧急情况外，应当报经船舶所有人同意。

弃船时，船长必须采取一切措施，首先组织旅客安全离船，然后安排船员离船，船长应当最后离船。在离船前，船长应当指挥船员尽力抢救航海日志、机舱日志、油类记录簿、无线电台日志、本航次使用过的海图和文件，以及贵重物品、邮件和现金。

第三十九条 【不解除责任】船长管理船舶和驾驶船舶的责任，不因引航员引领船舶而解除。

第四十条 【代理船长】船长在航行中死亡或者因故不能执行职务时，应当由驾驶员中职务最高的人代理船长职务；在下一个港口开航前，船舶所有人应当指派新船长接任。

第四章 海上货物运输合同

第一节 一 般 规 定

第四十一条 【定义】海上货物运输合同，是指承运人收取运费，负责将托运人托运的货物经海路由一港运至另一港的合同。

第四十二条 【用语含义】本章下列用语的含义：

（一）“承运人”，是指本人或者委托他人以本人名义与托运人订立海上货物运输合同的人。

（二）“实际承运人”，是指接受承运人委托，从事货物运输或者部分运输的人，包括接受转委托从事此项运输的其他人。

（三）“托运人”，是指：

1. 本人或者委托他人以本人名义或者委托他人为本人与承运人订立海上货物运输合同的人；

2. 本人或者委托他人以本人名义或者委托他人为本人将货物交给与海上货物运输合同有关的承运人的人。

（四）“收货人”，是指有权提取货物的人。

（五）“货物”，包括活动物和由托运人提供的用于集装货物的集装箱、货盘或者类似的装运器具。

第四十三条 【合同成立】承运人或者托运人可以要求书面确认海上货物运输合同的成立。但是，航次租船合同应当书面订立。电报、电传和传真具有书面效力。

第四十四条 【合同无效】海上货物运输合同和作为合同凭证的提单或者其他运输单证中的条款，违反本章规定的，无效。此类条款的无效，不影响该合同和提单或者其他运输单证中其他条款的效力。将货物的保险利益转让给承运人的条款或者类似条款，无效。

第四十五条 【增加义务的许可】本法第四十四条的规定不影响承运人在本章规定的承运人责任和义务之外，增加其责任和义务。

第二节 承运人的责任

第四十六条 【责任期间】承运人对集装箱装运的货物的责任期间，是指从装货港接收货物时起至卸货港交付货物时止，货物处于承运人掌管之下的全部期间。承运人对非集装箱装运的货物的责任期间，是指从货物装上船时起至卸下船时止，货物处于承运人掌管之下的全部期间。在承运人的责任期间，货物发生灭失或者损坏，除本节另有规定外，承运人应当负赔偿责任。

前款规定，不影响承运人就非集装箱装运的货物，在装船前和卸船后所承担的责任，达成任何协议。

第四十七条 【船舶适航】承运人在船舶开航前和开航当时，应当谨慎处理，使船舶处于适航状态，妥善配备船员、装备船舶和配备供应品，并使货舱、冷藏舱、冷气舱和其他载货处所适于并能安全收受、载运和保管货物。

第四十八条 【货物的妥善处理】承运人应当妥善地、谨慎地装载、搬移、积载、运输、保管、照料和卸载所运货物。

第四十九条 【合理航线】承运人应当按照约定的或者习惯的或者地理上的航线将货物运往卸货港。

船舶在海上为救助或者企图救助人命或者财产而发生的绕航或者其他合理绕航，不属于违反前款规定的行为。

第五十条 【延迟交付的责任】货物未能在明确约定的时间内，在约定的卸货港交付的，为迟延交付。

除依照本章规定承运人不负赔偿责任的情形外，由于承运人的过失，致使货物因迟延交付而灭失或者损坏的，承运人应当负赔偿责任。

除依照本章规定承运人不负赔偿责任的情形外，由于承运人的过失，致使货物因迟延交付而遭受经济损失的，即使货物没有灭失或者损坏，承运人仍然应当负赔偿责任。

承运人未能在本条第一款规定的时间届满六十日内交付货物，有权对货物灭失提出赔偿请求的人可以认为货物已经灭失。

第五十一条 【承运人免责事由】在责任期间货物发生的灭失或者损坏是由于下列原因之一造成的，承运人不负赔偿责任：

（一）船长、船员、引航员或者承运人的其他受雇人在驾驶船舶或者管理船舶中的过失；

（二）火灾，但是由于承运人本人的过失所造成的除外；

（三）天灾，海上或者其他可航水域的危险或者意外事故；

（四）战争或者武装冲突；

（五）政府或者主管部门的行为、检疫限制或者司法扣押；

（六）罢工、停工或者劳动受到限制；

（七）在海上救助或者企图救助人命或者财产；

（八）托运人、货物所有人或者他们的代理人的行为；

（九）货物的自然特性或者固有缺陷；

（十）货物包装不良或者标志欠缺、不清；

（十一）经谨慎处理仍未发现的船舶潜在缺陷；

（十二）非由于承运人或者承运人的受雇人、代理人的过失造成的其他原因。

承运人依照前款规定免除赔偿责任

的，除第（二）项规定的原因外，应当负举证责任。

第五十二条 【活动物毁损的责任】因运输活动物的固有的特殊风险造成活动物灭失或者损害的，承运人不负赔偿责任。但是，承运人应当证明业已履行托运人关于运输活动物的特别要求，并证明根据实际情况，灭失或者损害是由于此种固有的特殊风险造成的。

第五十三条 【舱面货】承运人在舱面上装载货物，应当同托运人达成协议，或者符合航运惯例，或者符合有关法律、行政法规的规定。

承运人依照前款规定将货物装载在舱面上，对由于此种装载的特殊风险造成的货物灭失或者损坏，不负赔偿责任。

承运人违反本条第一款规定将货物装载在舱面上，致使货物遭受灭失或者损坏的，应当负赔偿责任。

第五十四条 【承运人的责任范围】货物的灭失、损坏或者迟延交付是由于承运人或者承运人的受雇人、代理人的不能免除赔偿责任的原因和其他原因共同造成的，承运人仅在其不能免除赔偿责任的范围内负赔偿责任；但是，承运人对其他原因造成的灭失、损坏或者迟延交付应当负举证责任。

第五十五条 【赔偿额的确定】货物灭失的赔偿额，按照货物的实际价值计算；货物损坏的赔偿额，按照货物受损前后实际价值的差额或者货物的修复费用计算。

货物的实际价值，按照货物装船时的价值加保险费加运费计算。

前款规定的货物实际价值，赔偿时应当减去因货物灭失或者损坏而少付或者免付的有关费用。

第五十六条 【赔偿限额】承运人对货物的灭失或者损坏的赔偿限额，按照货物件数或者其他货运单位数计算，每件或者每个其他货运单位为666.67计算单位，或者按照货物毛重计算，每公斤为2计算单位，以二者中赔偿限额较高的为准。但是，托运人在货物装运前已经申报其性质和价值，并在提单中载明的，或者承运人与托运人已经另行约定高于本条规定的赔偿限额的除外。

货物用集装箱、货盘或者类似装运器具集装的，提单中载明装在此类装运器具中的货物件数或者其他货运单位数，视为前款所指的货物件数或者其他货运单位数；未载明的，每一装运器具视为一件或者一个单位。

装运器具不属于承运人所有或者非由承运人提供的，装运器具本身应当视为一件或者一个单位。

第五十七条 【迟延交付的赔偿限额】承运人对货物因迟延交付造成经济损失的赔偿限额，为所迟延交付的货物的运费数额。货物的灭失或者损坏和迟延交付同时发生的，承运人的赔偿责任限额适用本法第五十六条第一款规定的限额。

第五十八条 【抗辩理由和限制赔偿责任规定的适用】就海上货物运输合同所涉及的货物灭失、损坏或者迟延交付对承运人提起的任何诉讼，不论海事请求人是否合同的一方，也不论是根据合同或者是根据侵权行为提起的，均适用本章关于承运人的抗辩理由和限制赔偿责任的规定。

前款诉讼是对承运人的受雇人或者代理人提起的，经承运人的受雇人或者代理人证明，其行为是在受雇或者受委托的范围之内的，适用前款规定。

第五十九条 【限制赔偿责任适用的例外】经证明，货物的灭失、损坏或者迟延交付是由于承运人的故意或者明知可能造成损失而轻率地作为或者不作为造成的，承运人不得援用本法第五十六条或者第五十七条限制赔偿责任的规定。

经证明，货物的灭失、损坏或者迟延交付是由于承运人的受雇人、代理人的故意或者明知可能造成损失而轻率地作为或者不作为造成的，承运人的受雇人或者代理人不得援用本法第五十六条或者第五十七条限制赔偿责任的规定。

第六十条 【承运人与实际承运人的责任】承运人将货物运输或者部分运输委托给实际承运人履行的,承运人仍然应当依照本章规定对全部运输负责。对实际承运人承担的运输,承运人应当对实际承运人的行为或者实际承运人的受雇人、代理人在受雇或者受委托的范围内的行为负责。

虽有前款规定,在海上运输合同中明确约定合同所包括的特定的部分运输由承运人以外的指定的实际承运人履行的,合同可以同时约定,货物在指定的实际承运人掌管期间发生的灭失、损坏或者迟延交付,承运人不负赔偿责任。

第六十一条 【实际承运人的责任】本章对承运人责任的规定,适用于实际承运人。对实际承运人的受雇人、代理人提起诉讼的,适用本法第五十八条第二款和第五十九条第二款的规定。

第六十二条 【特别协议的适用】承运人承担本章未规定的义务或者放弃本章赋予的权利的任何特别协议,经实际承运人书面明确同意的,对实际承运人发生效力;实际承运人是否同意,不影响此项特别协议对承运人的效力。

第六十三条 【连带责任】承运人与实际承运人都负有赔偿责任的,应当在此项责任范围内负连带责任。

第六十四条 【赔偿总额的限制】就货物的灭失或者损坏分别向承运人、实际承运人以及他们的受雇人、代理人提出赔偿请求的,赔偿总额不超过本法第五十六条规定的限额。

第六十五条 【相互追偿权】本法第六十条至第六十四条的规定,不影响承运人和实际承运人之间相互追偿。

第三节 托运人的责任

第六十六条 【正确申报义务】托运人托运货物,应当妥善包装,并向承运人保证,货物装船时所提供的货物的品名、标志、包数或者件数、重量或者体积的正确性;由于包装不良或者上述资料不正确,对承运人造成损失的,托运人应当负赔偿责任。

承运人依照前款规定享有的受偿权利,不影响其根据货物运输合同对托运人以外的人所承担的责任。

第六十七条 【及时办理手续的义务】托运人应当及时向港口、海关、检疫、检验和其他主管机关办理货物运输所需要的各项手续,并将已办理各项手续的单证送交承运人;因办理各项手续的有关单证送交不及时、不完备或者不正确,使承运人的利益受到损害的,托运人应当负赔偿责任。

第六十八条 【危险货物托运】托运人托运危险货物,应当依照有关海上危险货物运输的规定,妥善包装,作出危险品标志和标签,并将其正式名称和性质以及应当采取的预防危害措施书面通知承运人;托运人未通知或者通知有误的,承运人可以在任何时间、任何地点根据情况需要将货物卸下、销毁或者使之不能为害,而不负赔偿责任。托运人对承运人因运输此类货物所受到的损害,应当负赔偿责任。

承运人知道危险货物的性质并已同意装运的,仍然可以在该项货物对于船舶、人员或者其他货物构成实际危险时,将货物卸下、销毁或者使之不能为害,而不负赔偿责任。但是,本款规定不影响共同海损的分摊。

第六十九条 【运费支付】托运人应当按照约定向承运人支付运费。

托运人与承运人可以约定运费由收货人支付;但是,此项约定应当在运输单证中载明。

第七十条 【托运人的赔偿责任】托运人对承运人、实际承运人所遭受的损失或者船舶所遭受的损坏,不负赔偿责任;但是,此种损失或者损坏是由于托运人或者托运人的受雇人、代理人的过失造成的除外。

托运人的受雇人、代理人对承运人、实际承运人所遭受的损失或者船舶所遭受的损坏,不负赔偿责任;但是,这种损失或者损坏是由于托运人的受雇人、代理人的过失造成的除外。

第四节 运输单证

第七十一条 【提单定义】提单,是指用以证明海上货物运输合同和货物已经由承运人接收或者装船,以及承运人保证据以交付货物的单证。提单中载明的向记名人交付货物,或者按照指示人的指示交付货物,或者向提单持有人交付货物的条款,构成承运人据以交付货物的保证。

第七十二条 【提单签发】货物由承运人接收或者装船后,应托运人的要求,承运人应当签发提单。

提单可以由承运人授权的人签发。提单由载货船舶的船长签发的,视为代表承运人签发。

第七十三条 【提单内容】提单内容,包括下列各项:

(一)货物的品名、标志、包数或者件数、重量或者体积,以及运输危险货物时对危险性质的说明;

(二)承运人的名称和主营业所;

(三)船舶名称;

(四)托运人的名称;

(五)收货人的名称;

(六)装货港和在装货港接收货物的日期;

(七)卸货港;

(八)多式联运提单增列接收货物地点和交付货物地点;

(九)提单的签发日期、地点和份数;

(十)运费的支付;

(十一)承运人或者其代表的签字。

提单缺少前款规定的一项或者几项的,不影响提单的性质;但是,提单应当符合本法第七十一条的规定。

第七十四条 【收货待运提单】货物装船前,承运人已经应托运人的要求签发收货待运提单或者其他单证的,货物装船完毕,托运人可以将收货待运提单或者其他单证退还承运人,以换取已装船提单;承运人也可以在收货待运提单上加注承运船舶的船名和装船日期,加注后的收货待运提单视为已装船提单。

第七十五条 【不清洁提单】承运人或者代其签发提单的人,知道或者有合理的根据怀疑提单记载的货物的品名、标志、包数或者件数、重量或者体积与实际接收的货物不符,在签发已装船提单的情况下怀疑与已装船的货物不符,或者没有适当的方法核对提单记载的,可以在提单上批注,说明不符之处、怀疑的根据或者说明无法核对。

第七十六条 【清洁提单】承运人或者代其签发提单的人未在提单上批注货物表面状况的,视为货物的表面状况良好。

第七十七条 【作为初步证据的提单】除依照本法第七十五条的规定作出保留外,承运人或者代其签发提单的人签发的提单,是承运人已经按照提单所载状况收到货物或者货物已经装船的初步证据;承运人向善意受让提单的包括收货人在内的第三人提出的与提单所载状况不同的证据,不予承认。

第七十八条 【提单效力】承运人同收货人、提单持有人之间的权利、义务关系,依据提单的规定确定。

收货人、提单持有人不承担在装货港发生的滞期费、亏舱费和其他与装货有关的费用,但是提单中明确载明上述费用由收货人、提单持有人承担的除外。

第七十九条 【提单转让】提单的转让,依照下列规定执行:

(一)记名提单:不得转让;

(二)指示提单:经过记名背书或者空白背书转让;

(三)不记名提单:无需背书,即可转让。

第八十条 【提单以外的单证】承运人签发提单以外的单证用以证明收到待运货物的,此项单证即为订立海上货物运输合同和承运人接收该单证中所列货物的初步证据。

承运人签发的此类单证不得转让。

第五节　货物交付

第八十一条　【承运人交货】承运人向收货人交付货物时，收货人未将货物灭失或者损坏的情况书面通知承运人的，此项交付视为承运人已经按照运输单证的记载交付以及货物状况良好的初步证据。

货物灭失或者损坏的情况非显而易见的，在货物交付的次日起连续七日内，集装箱货物交付的次日起连续十五日内，收货人未提交书面通知的，适用前款规定。

货物交付时，收货人已经会同承运人对货物进行联合检查或者检验的，无需就所查明的灭失或者损坏的情况提交书面通知。

第八十二条　【承运人责任免除】承运人自向收货人交付货物的次日起连续六十日内，未收到收货人就货物因迟延交付造成经济损失而提交的书面通知的，不负赔偿责任。

第八十三条　【货物检验】收货人在目的港提取货物前或者承运人在目的港交付货物前，可以要求检验机构对货物状况进行检验；要求检验的一方应当支付检验费用，但是有权向造成货物损失的责任方追偿。

第八十四条　【相互提供便利】承运人和收货人对本法第八十一条和第八十三条规定的检验，应当相互提供合理的便利条件。

第八十五条　【实际承运人交付货物】货物由实际承运人交付的，收货人依照本法第八十一条的规定向实际承运人提交的书面通知，与向承运人提交书面通知具有同等效力；向承运人提交的书面通知，与向实际承运人提交书面通知具有同等效力。

第八十六条　【无人提取货物的费用和风险】在卸货港无人提取货物或者收货人迟延、拒绝提取货物的，船长可以将货物卸在仓库或者其他适当场所，由此产生的费用和风险由收货人承担。

第八十七条　【承运人的留置权】应当向承运人支付的运费、共同海损分摊、滞期费和承运人为货物垫付的必要费用以及应当向承运人支付的其他费用没有付清，又没有提供适当担保的，承运人可以在合理的限度内留置其货物。

第八十八条　【留置权的行使】承运人根据本法第八十七条规定留置的货物，自船舶抵达卸货港的次日起满六十日无人提取的，承运人可以申请法院裁定拍卖；货物易腐烂变质或者货物的保管费用可能超过其价值的，可以申请提前拍卖。

拍卖所得价款，用于清偿保管、拍卖货物的费用和运费以及应当向承运人支付的其他有关费用；不足的金额，承运人有权向托运人追偿；剩余的金额，退还托运人；无法退还、自拍卖之日起满一年又无人领取的，上缴国库。

第六节　合同的解除

第八十九条　【开航前托运人解除合同】船舶在装货港开航前，托运人可以要求解除合同。但是，除合同另有约定外，托运人应当向承运人支付约定运费的一半；货物已经装船的，并应当负担装货、卸货和其他与此有关的费用。

第九十条　【开航前双方解除合同】船舶在装货港开航前，因不可抗力或者其他不能归责于承运人和托运人的原因致使合同不能履行的，双方均可以解除合同，并互相不负赔偿责任。除合同另有约定外，运费已经支付的，承运人应当将运费退还给托运人；货物已经装船的，托运人应当承担装卸费用；已经签发提单的，托运人应当将提单退还承运人。

第九十一条　【邻近港口卸货】因不可抗力或者其他不能归责于承运人和托运人的原因致使船舶不能在合同约定的目的港卸货的，除合同另有约定外，船长有权将货物在目的港邻近的安全港口或者地点卸载，视为已经履行合同。

船长决定将货物卸载的，应当及时通知托运人或者收货人，并考虑托运人或者收货人的利益。

第七节　航次租船合同的特别规定

第九十二条　【航次租船合同的定义】航次租船合同，是指船舶出租人向承租人提供船舶或者船舶的部分舱位，装运约定的货物，从一港运至另一港，由承租人支付约定运费的合同。

第九十三条　【合同内容】航次租船合同的内容，主要包括出租人和承租人的名称、船名、船籍、载货重量、容积、货名、装货港和目的港、受载期限、装卸期限、运费、滞期费、速遣费以及其他有关事项。

第九十四条　【其他条款的适用】本法第四十七条和第四十九条的规定，适用于航次租船合同的出租人。

本章其他有关合同当事人之间的权利、义务的规定，仅在航次租船合同没有约定或者没有不同约定时，适用于航次租船合同的出租人和承租人。

第九十五条　【合同与提单的适用】对按照航次租船合同运输的货物签发的提单，提单持有人不是承租人的，承运人与该提单持有人之间的权利、义务关系适用提单的约定。但是，提单中载明适用航次租船合同条款的，适用该航次租船合同的条款。

第九十六条　【提供船舶的义务】出租人应当提供约定的船舶；经承租人同意，可以更换船舶。但是，提供的船舶或者更换的船舶不符合合同约定的，承租人有权拒绝或者解除合同。

因出租人过失未提供约定的船舶致使承租人遭受损失的，出租人应当负赔偿责任。

第九十七条　【合同解除权】出租人在约定的受载期限内未能提供船舶的，承租人有权解除合同。但是，出租人将船舶延误情况和船舶预期抵达装货港的日期通知承租人的，承租人应当自收到通知时起四十八小时内，将是否解除合同的决定通知出租人。

因出租人过失延误提供船舶致使承租人遭受损失的，出租人应当负赔偿责任。

第九十八条　【滞期费和速遣费的约定】航次租船合同的装货、卸货期限及其计算办法，超过装货、卸货期限后的滞期费和提前完成装货、卸货的速遣费，由双方约定。

第九十九条　【船舶转租权】承租人可以将其租用的船舶转租；转租后，原合同约定的权利和义务不受影响。

第一百条　【提供约定货物的义务】承租人应当提供约定的货物；经出租人同意，可以更换货物。但是，更换的货物对出租人不利的，出租人有权拒绝或者解除合同。

因未提供约定的货物致使出租人遭受损失的，承租人应当负赔偿责任。

第一百零一条　【卸货港】出租人应当在合同约定的卸货港卸货。合同订有承租人选择卸货港条款的，在承租人未按照合同约定及时通知确定的卸货港时，船长可以从约定的选卸港中自行选定一港卸货。承租人未按照合同约定及时通知确定的卸货港，致使出租人遭受损失的，应当负赔偿责任。出租人未按照合同约定，擅自选定港口卸货致使承租人遭受损失的，应当负赔偿责任。

第八节　多式联运合同的特别规定

第一百零二条　【多式联运的定义】本法所称多式联运合同，是指多式联运经营人以两种以上的不同运输方式，其中一种是海上运输方式，负责将货物从接收地运至目的地交付收货人，并收取全程运费的合同。

前款所称多式联运经营人，是指本人或者委托他人以本人名义与托运人订立多式联运合同的人。

第一百零三条　【责任期间】多式联运经营人对多式联运货物的责任期间，自接收货物时起至交付货物时止。

第一百零四条　【多式联运经营人的责任】多式联运经营人负责履行或者组织履行多式联运合同，并对全程运输负责。

多式联运经营人与参加多式联运的各区段承运人，可以就多式联运合同的各区段运输，另以合同约定相互之间的责任。但是，此项合同不得影响多式联运经营人对全程运输所承担的责任。

第一百零五条　【区段损坏的赔偿】货物的灭失或者损坏发生于多式联运的某一运输区段的，多式联运经营人的赔偿责任和责任限额，适用调整该区段运输方式的有关法律规定。

第一百零六条　【责任推定】货物的灭失或者损坏发生的运输区段不能确定的，多式联运经营人应当依照本章关于承运人赔偿责任和责任限额的规定负赔偿责任。

第五章　海上旅客运输合同

第一百零七条　【海上旅客运输合同的定义】海上旅客运输合同，是指承运人以适合运送旅客的船舶经海路将旅客及其行李从一港运送至另一港，由旅客支付票款的合同。

第一百零八条　【用语含义】本章下列用语的含义：

（一）"承运人"，是指本人或者委托他人以本人名义与旅客订立海上旅客运输合同的人。

（二）"实际承运人"，是指接受承运人委托，从事旅客运送或者部分运送的人，包括接受转委托从事此项运送的其他人。

（三）"旅客"，是指根据海上旅客运输合同运送的人；经承运人同意，根据海上货物运输合同，随船护送货物的人，视为旅客。

（四）"行李"，是指根据海上旅客运输合同由承运人载运的任何物品和车辆，但是活动物除外。

（五）"自带行李"，是指旅客自行携带、保管或者放置在客舱中的行李。

第一百零九条　【责任适用】本章关于承运人责任的规定，适用于实际承运人。本章关于承运人的受雇人、代理人责任的规定，适用于实际承运人的受雇人、代理人。

第一百一十条　【旅客客票】旅客客票是海上旅客运输合同成立的凭证。

第一百一十一条　【运送期间】海上旅客运输的运送期间，自旅客登船时起至旅客离船时止。客票票价含接送费用的，运送期间并包括承运人经水路将旅客从岸上接到船上和从船上送到岸上的时间，但是不包括旅客在港站内、码头上或者在港口其他设施内的时间。

旅客的自带行李，运送期间同前款规定。旅客自带行李以外的其他行李，运送期间自旅客将行李交付承运人或者承运人的受雇人、代理人时起至承运人或者承运人的受雇人、代理人交还旅客时止。

第一百一十二条　【无票、越级、超程乘船的责任】旅客无票乘船、越级乘船或者超程乘船，应当按照规定补足票款，承运人可以按照规定加收票款；拒不交付的，船长有权在适当地点令其离船，承运人有权向其追偿。

第一百一十三条　【携带危险品的责任】旅客不得随身携带或者在行李中夹带违禁品或者易燃、易爆、有毒、有腐蚀性、有放射性以及有可能危及船上人身和财产安全的其他危险品。

承运人可以在任何时间、任何地点将旅客违反前款规定随身携带或者在行李中夹带的违禁品、危险品卸下、销毁或者使之不能为害，或者送交有关部门，而不负赔偿责任。

旅客违反本条第一款规定，造成损害的，应当负赔偿责任。

第一百一十四条　【承运人的赔偿责任】在本法第一百一十一条规定的旅客及其行李的运送期间，因承运人或者承运人的受雇人、代理人在受雇或者受委托的范围内的过失引起事故，造成旅客人身伤亡或者行李灭失、损坏的，承运人应当负赔偿责任。

请求人对承运人或者承运人的受雇人、代理人的过失，应当负举证责任；但是，本条第三款和第四款规定的情形除外。

旅客的人身伤亡或者自带行李的灭失、损坏，是由于船舶的沉没、碰撞、搁浅、爆炸、火灾所引起或者是由于船舶的缺陷所引起的，承运人或者承运人的受雇人、代理人除非提出反证，应当视为其有过失。

旅客自带行李以外的其他行李的灭失或者损坏，不论由于何种事故所引起，承运人或者承运人的受雇人、代理人除非提出反证，应当视为其有过失。

第一百一十五条　【承运人责任的免除】经承运人证明，旅客的人身伤亡或者行李的灭失、损坏，是由于旅客本人的过失或者旅客和承运人的共同过失造成的，可以免除或者相应减轻承运人的赔偿责任。

经承运人证明，旅客的人身伤亡或者行李的灭失、损坏，是由于旅客本人的故意造成的，或者旅客的人身伤亡是由于旅客本人健康状况造成的，承运人不负赔偿责任。

第一百一十六条　【贵重物品灭失、损坏的责任】承运人对旅客的货币、金银、珠宝、有价证券或者其他贵重物品所发生的灭失、损坏，不负赔偿责任。

旅客与承运人约定将前款规定的物品交由承运人保管的，承运人应当依照本法第一百一十七条的规定负赔偿责任；双方以书面约定的赔偿限额高于本法第一百一十七条的规定的，承运人应当按照约定的数额负赔偿责任。

第一百一十七条　【赔偿责任限额】除本条第四款规定的情形外，承运人在每次海上旅客运输中的赔偿责任限额，依照下列规定执行：

（一）旅客人身伤亡的，每名旅客不超过46666计算单位；

（二）旅客自带行李灭失或者损坏的，每名旅客不超过833计算单位；

（三）旅客车辆包括该车辆所载行李灭失或者损坏的，每一车辆不超过3333计算单位；

（四）本款第（二）、（三）项以外的旅客其他行李灭失或者损坏的，每名旅客不超过1200计算单位。

承运人和旅客可以约定，承运人对旅客车辆和旅客车辆以外的其他行李损失的免赔额。但是，对每一车辆损失的免赔额不得超过117计算单位，对每名旅客的车辆以外的其他行李损失的免赔额不得超过13计算单位。在计算每一车辆或者每名旅客的车辆以外的其他行李的损失赔偿数额时，应当扣除约定的承运人免赔额。

承运人和旅客可以书面约定高于本条第一款规定的赔偿责任限额。

中华人民共和国港口之间的海上旅客运输，承运人的赔偿责任限额，由国务院交通主管部门制定，报国务院批准后施行。

第一百一十八条　【限制赔偿责任适用的例外】经证明，旅客的人身伤亡或者行李的灭失、损坏，是由于承运人的故意或者明知可能造成损害而轻率地作为或者不作为造成的，承运人不得援用本法第一百一十六条和第一百一十七条限制赔偿责任的规定。

经证明，旅客的人身伤亡或者行李的灭失、损坏，是由于承运人的受雇人、代理人的故意或者明知可能造成损害而轻率地作为或者不作为造成的，承运人的受雇人、代理人不得援用本法第一百一十六条和第一百一十七条限制赔偿责任的规定。

第一百一十九条　【书面通知的提交】行李发生明显损坏的，旅客应当依照下列规定向承运人或者承运人的受雇人、代理人提交书面通知：

（一）自带行李，应当在旅客离船前或者离船时提交；

（二）其他行李，应当在行李交还前或者交还时提交。

行李的损坏不明显，旅客在离船时或者行李交还时难以发现的，以及行李发生灭失的,旅客应当在离船或者行李交还或者应当交还之日起十五日内,向承运人或者承运人的受雇人、代理人提交书面通知。

旅客未依照本条第一、二款规定及时提交书面通知的,除非提出反证,视为已经完整无损地收到行李。

行李交还时,旅客已经会同承运人对行李进行联合检查或者检验的,无需提交书面通知。

第一百二十条 【抗辩理由和赔偿责任限制规定的援用】向承运人的受雇人、代理人提出的赔偿请求,受雇人或者代理人证明其行为是在受雇或者受委托的范围内的,有权援用本法第一百一十五条、第一百一十六条和第一百一十七条的抗辩理由和赔偿责任限制的规定。

第一百二十一条 【承运人的运送责任】承运人将旅客运送或者部分运送委托给实际承运人履行的,仍然应当依照本章规定,对全程运送负责。实际承运人履行运送的,承运人应当对实际承运人的行为或者实际承运人的受雇人、代理人在受雇或者受委托的范围内的行为负责。

第一百二十二条 【特别协议适用】承运人承担本章未规定的义务或者放弃本章赋予的权利的任何特别协议,经实际承运人书面明确同意的,对实际承运人发生效力;实际承运人是否同意,不影响此项特别协议对承运人的效力。

第一百二十三条 【连带责任】承运人与实际承运人均负有赔偿责任的,应当在此项责任限度内负连带责任。

第一百二十四条 【赔偿总额的限制】就旅客的人身伤亡或者行李的灭失、损坏,分别向承运人、实际承运人以及他们的受雇人、代理人提出赔偿请求的,赔偿总额不得超过本法第一百一十七条规定的限额。

第一百二十五条 【相互追偿权】本法第一百二十一条至第一百二十四条的规定,不影响承运人和实际承运人之间相互追偿。

第一百二十六条 【合同无效条款】海上旅客运输合同中含有下列内容之一的条款无效:

(一)免除承运人对旅客应当承担的法定责任;

(二)降低本章规定的承运人责任限额;

(三)对本章规定的举证责任作出相反的约定;

(四)限制旅客提出赔偿请求的权利。

前款规定的合同条款的无效,不影响合同其他条款的效力。

第六章 船舶租用合同

第一节 一般规定

第一百二十七条 【条款的效力】本章关于出租人和承租人之间权利、义务的规定,仅在船舶租用合同没有约定或者没有不同约定时适用。

第一百二十八条 【书面形式】船舶租用合同,包括定期租船合同和光船租赁合同,均应当书面订立。

第二节 定期租船合同

第一百二十九条 【定期租船合同的定义】定期租船合同,是指船舶出租人向承租人提供约定的由出租人配备船员的船舶,由承租人在约定的期间内按照约定的用途使用,并支付租金的合同。

第一百三十条 【合同内容】定期租船合同的内容,主要包括出租人和承租人的名称、船名、船籍、船级、吨位、容积、船速、燃料消耗、航区、用途、租船期间、交船和还船的时间和地点以及条件、租金及其支付,以及其他有关事项。

第一百三十一条 【提供船舶的义务】出租人应当按照合同约定的时间交付船舶。

出租人违反前款规定的,承租人有权解除合同。出租人将船舶延误情况和船舶预期抵达交船港的日期通知承租人的,承租人应当自接到通知时起四十八小时内,将解除合同或者继续租用船舶的决定通知出租人。

因出租人过失延误提供船舶致使承租人遭受损失的，出租人应当负赔偿责任。

第一百三十二条 【船舶适航】出租人交付船舶时，应当做到谨慎处理，使船舶适航。交付的船舶应当适于约定的用途。

出租人违反前款规定的，承租人有权解除合同，并有权要求赔偿因此遭受的损失。

第一百三十三条 【不适航的责任】船舶在租期内不符合约定的适航状态或者其他状态，出租人应当采取可能采取的合理措施，使之尽快恢复。

船舶不符合约定的适航状态或者其他状态而不能正常营运连续满二十四小时的，对因此而损失的营运时间，承租人不付租金，但是上述状态是由承租人造成的除外。

第一百三十四条 【按约定使用船舶的义务】承租人应当保证船舶在约定航区内的安全港口或者地点之间从事约定的海上运输。

承租人违反前款规定的，出租人有权解除合同，并有权要求赔偿因此遭受的损失。

第一百三十五条 【运输货物的约定】承租人应当保证船舶用于运输约定的合法的货物。

承租人将船舶用于运输活动物或者危险货物的，应当事先征得出租人的同意。

承租人违反本条第一款或者第二款的规定致使出租人遭受损失的，应当负赔偿责任。

第一百三十六条 【承租人的指示权】承租人有权就船舶的营运向船长发出指示，但是不得违反定期租船合同的约定。

第一百三十七条 【船舶转租】承租人可以将租用的船舶转租，但是应当将转租的情况及时通知出租人。租用的船舶转租后，原租船合同约定的权利和义务不受影响。

第一百三十八条 【已租船舶所有权的转让】船舶所有人转让已经租出的船舶的所有权，定期租船合同约定的当事人的权利和义务不受影响，但是应当及时通知承租人。船舶所有权转让后，原租船合同由受让人和承租人继续履行。

第一百三十九条 【海难救助报酬的分配】在合同期间，船舶进行海难救助的，承租人有权获得扣除救助费用、损失赔偿、船员应得部分以及其他费用后的救助款项的一半。

第一百四十条 【租金的支付】承租人应当按照合同约定支付租金。承租人未按照合同约定支付租金的，出租人有权解除合同，并有权要求赔偿因此遭受的损失。

第一百四十一条 【出租人的留置权】承租人未向出租人支付租金或者合同约定的其他款项的，出租人对船上属于承租人的货物和财产以及转租船舶的收入有留置权。

第一百四十二条 【船舶交还】承租人向出租人交还船舶时，该船舶应当具有与出租人交船时相同的良好状态，但是船舶本身的自然磨损除外。

船舶未能保持与交船时相同的良好状态的，承租人应当负责修复或者给予赔偿。

第一百四十三条 【还船日期】经合理计算，完成最后航次的日期约为合同约定的还船日期，但可能超过合同约定的还船日期的，承租人有权超期用船以完成该航次。超期期间，承租人应当按照合同约定的租金率支付租金；市场的租金率高于合同约定的租金率的，承租人应当按照市场租金率支付租金。

第三节 光船租赁合同

第一百四十四条 【光船租赁合同的定义】光船租赁合同，是指船舶出租人向承租人提供不配备船员的船舶，在约定的期间内由承租人占有、使用和营运，并向出租人支付租金的合同。

第一百四十五条 【合同内容】光船租赁合同的内容，主要包括出租人和承租人的名称、船名、船籍、船级、吨位、容积、航区、用途、租船期间、交船和还船的时间和地点以及条件、船舶检验、船舶的保养维修、租金及其支付、船舶保险、合同解除的时间和条件,以及其他有关事项。

第一百四十六条　【船舶交付】出租人应当在合同约定的港口或者地点,按照合同约定的时间,向承租人交付船舶以及船舶证书。交船时,出租人应当做到谨慎处理,使船舶适航。交付的船舶应当适于合同约定的用途。

出租人违反前款规定的,承租人有权解除合同,并有权要求赔偿因此遭受的损失。

第一百四十七条　【保养、维修的义务】在光船租赁期间,承租人负责船舶的保养、维修。

第一百四十八条　【船舶保险】在光船租赁期间,承租人应当按照合同约定的船舶价值,以出租人同意的保险方式为船舶进行保险,并负担保险费用。

第一百四十九条　【出租人和承租人的赔偿责任】在光船租赁期间,因承租人对船舶占有、使用和营运的原因使出租人的利益受到影响或者遭受损失的,承租人应当负责消除影响或者赔偿损失。

因船舶所有权争议或者出租人所负的债务致使船舶被扣押的,出租人应当保证承租人的利益不受影响;致使承租人遭受损失的,出租人应当负赔偿责任。

第一百五十条　【船舶转租的限制】在光船租赁期间,未经出租人书面同意,承租人不得转让合同的权利和义务或者以光船租赁的方式将船舶进行转租。

第一百五十一条　【抵押权设定的限制】未经承租人事先书面同意,出租人不得在光船租赁期间对船舶设定抵押权。

出租人违反前款规定,致使承租人遭受损失的,应当负赔偿责任。

第一百五十二条　【租金支付】承租人应当按照合同约定支付租金。承租人未按照合同约定的时间支付租金连续超过七日的,出租人有权解除合同,并有权要求赔偿因此遭受的损失。

船舶发生灭失或者失踪的,租金应当自船舶灭失或者得知其最后消息之日起停止支付,预付租金应当按照比例退还。

第一百五十三条　【其他条款的适用】本法第一百三十四条、第一百三十五条第一款、第一百四十二条和第一百四十三条的规定,适用于光船租赁合同。

第一百五十四条　【所有权归属】订有租购条款的光船租赁合同,承租人按照合同约定向出租人付清租购费时,船舶所有权即归于承租人。

第七章　海上拖航合同

第一百五十五条　【海上拖航合同的定义】海上拖航合同,是指承拖方用拖轮将被拖物经海路从一地拖至另一地,而由被拖方支付拖航费的合同。

本章规定不适用于在港区内对船舶提供的拖轮服务。

第一百五十六条　【合同内容】海上拖航合同应当书面订立。海上拖航合同的内容,主要包括承拖方和被拖方的名称和住所、拖轮和被拖物的名称和主要尺度、拖轮马力、起拖地和目的地、起拖日期、拖航费及其支付方式,以及其他有关事项。

第一百五十七条　【适航、适拖状态】承拖方在起拖前和起拖当时,应当谨慎处理,使拖轮处于适航、适拖状态,妥善配备船员,配置拖航索具和配备供应品以及该航次必备的其他装置、设备。

被拖方在起拖前和起拖当时,应当做好被拖物的拖航准备,谨慎处理,使被拖物处于适拖状态,并向承拖方如实说明被拖物的情况,提供有关检验机构签发的被拖物适合拖航的证书和有关文件。

第一百五十八条　【起拖前的合同解除】起拖前,因不可抗力或者其他不能归责于双方的原因致使合同不能履行的,双方均可以解除合同,并互相不负赔偿责任。除合同另有约定外,拖航费已经支付的,承拖方应当退还给被拖方。

第一百五十九条　【起拖后的合同解除】起拖后,因不可抗力或者其他不能归责于双方的原因致使合同不能继续履行的,双方均可以解除合同,并互相不负赔偿责任。

第一百六十条　【视为已履行合同的行为】因不可抗力或者其他不能归责于双方的原因致使被拖物不能拖至目的地的,除合同另有约定外,承拖方可以在目的地的邻近地点或者拖轮船长选定的安全的港口或者锚泊地,将被拖物移交给被拖方或者其代理人,视为已经履行合同。

第一百六十一条　【留置权】被拖方未按照约定支付拖航费和其他合理费用的,承拖方对被拖物有留置权。

第一百六十二条　【责任分担与免责事由】在海上拖航过程中,承拖方或者被拖方遭受的损失,由一方的过失造成的,有过失的一方应当负赔偿责任;由双方过失造成的,各方按照过失程度的比例负赔偿责任。

虽有前款规定,经承拖方证明,被拖方的损失是由于下列原因之一造成的,承拖方不负赔偿责任:

(一)拖轮船长、船员、引航员或者承拖方的其他受雇人、代理人在驾驶拖轮或者管理拖轮中的过失;

(二)拖轮在海上救助或者企图救助人命或者财产时的过失。

本条规定仅在海上拖航合同没有约定或者没有不同约定时适用。

第一百六十三条　【连带赔偿责任】在海上拖航过程中,由于承拖方或者被拖方的过失,造成第三人人身伤亡或者财产损失的,承拖方和被拖方对第三人负连带赔偿责任。除合同另有约定外,一方连带支付的赔偿超过其应当承担的比例的,对另一方有追偿权。

第一百六十四条　【视为海上货物运输的情形】拖轮所有人拖带其所有的或者经营的驳船载运货物,经海路由一港运至另一港的,视为海上货物运输。

第八章　船舶碰撞

第一百六十五条　【船舶碰撞的定义】船舶碰撞,是指船舶在海上或者与海相通的可航水域发生接触造成损害的事故。

前款所称船舶,包括与本法第三条所指船舶碰撞的任何其他非用于军事的或者政府公务的船艇。

第一百六十六条　【船长责任】船舶发生碰撞,当事船舶的船长在不严重危及本船和船上人员安全的情况下,对于相碰的船舶和船上人员必须尽力施救。

碰撞船舶的船长应当尽可能将其船舶名称、船籍港、出发港和目的港通知对方。

第一百六十七条　【互不赔偿的情形】船舶发生碰撞,是由于不可抗力或者其他不能归责于任何一方的原因或者无法查明的原因造成的,碰撞各方互相不负赔偿责任。

第一百六十八条　【过失原则】船舶发生碰撞,是由于一船的过失造成的,由有过失的船舶负赔偿责任。

第一百六十九条　【互有过失的赔偿】船舶发生碰撞,碰撞的船舶互有过失的,各船按照过失程度的比例负赔偿责任;过失程度相当或者过失程度的比例无法判定的,平均负赔偿责任。

互有过失的船舶,对碰撞造成的船舶以及船上货物和其他财产的损失,依照前款规定的比例负赔偿责任。碰撞造成第三人财产损失的,各船的赔偿责任均不超过其应当承担的比例。

互有过失的船舶,对造成的第三人的人身伤亡,负连带赔偿责任。一船连带支付的赔偿超过本条第一款规定的比例的,有权向其他有过失的船舶追偿。

第一百七十条　【无碰撞发生的适用】船舶因操纵不当或者不遵守航行规章,虽然实际上没有同其他船舶发生碰撞,但是使其他船舶以及船上的人员、货物或者其他财产遭受损失的,适用本章的规定。

第九章　海难救助

第一百七十一条　【适用范围】本章规定适用于在海上或者与海相通的可航水域,对遇险的船舶和其他财产进行的救助。

第一百七十二条　【用语的定义】本章下列用语的含义:

(一)"船舶",是指本法第三条所称的船舶和与其发生救助关系的任何其他非用于军事的或者政府公务的船艇。

(二)"财产",是指非永久地和非有意地依附于岸线的任何财产,包括有风险的运费。

(三)"救助款项",是指依照本章规定,被救助方应当向救助方支付的任何救助报酬、酬金或者补偿。

第一百七十三条　【适用例外】本章规定,不适用于海上已经就位的从事海底矿物资源的勘探、开发或者生产的固定式、浮动式平台和移动式近海钻井装置。

第一百七十四条　【船长义务】船长在不严重危及本船和船上人员安全的情况下,有义务尽力救助海上人命。

第一百七十五条　【救助合同的订立】救助方与被救助方就海难救助达成协议,救助合同成立。

遇险船舶的船长有权代表船舶所有人订立救助合同。遇险船舶的船长或者船舶所有人有权代表船上财产所有人订立救助合同。

第一百七十六条　【救助合同的变更】有下列情形之一,经一方当事人起诉或者双方当事人协议仲裁的,受理争议的法院或者仲裁机构可以判决或者裁决变更救助合同:

(一)合同在不正当的或者危险情况的影响下订立,合同条款显失公平的;

(二)根据合同支付的救助款项明显过高或者过低于实际提供的救助服务的。

第一百七十七条　【救助方的义务】在救助作业过程中,救助方对被救助方负有下列义务:

(一)以应有的谨慎进行救助;

(二)以应有的谨慎防止或者减少环境污染损害;

(三)在合理需要的情况下,寻求其他救助方援助;

(四)当被救助方合理地要求其他救助方参与救助作业时,接受此种要求,但是要求不合理的,原救助方的救助报酬金额不受影响。

第一百七十八条　【被救助方的义务】在救助作业过程中,被救助方对救助方负有下列义务:

(一)与救助方通力合作;

(二)以应有的谨慎防止或者减少环境污染损害;

(三)当获救的船舶或者其他财产已经被送至安全地点时,及时接受救助方提出的合理的移交要求。

第一百七十九条　【救助报酬的获得】救助方对遇险的船舶和其他财产的救助,取得效果的,有权获得救助报酬;救助未取得效果的,除本法第一百八十二条或者其他法律另有规定或者合同另有约定外,无权获得救助款项。

第一百八十条　【救助报酬的确定】确定救助报酬,应当体现对救助作业的鼓励,并综合考虑下列各项因素:

(一)船舶和其他财产的获救的价值;

(二)救助方在防止或者减少环境污染损害方面的技能和努力;

(三)救助方的救助成效;

(四)危险的性质和程度;

(五)救助方在救助船舶、其他财产和人命方面的技能和努力;

(六)救助方所用的时间、支出的费用和遭受的损失;

(七)救助方或者救助设备所冒的责任风险和其他风险;

(八)救助方提供救助服务的及时性;

（九）用于救助作业的船舶和其他设备的可用性和使用情况；

（十）救助设备的备用状况、效能和设备的价值。

救助报酬不得超过船舶和其他财产的获救价值。

第一百八十一条　【获救价值的确定】船舶和其他财产的获救价值，是指船舶和其他财产获救后的估计价值或者实际出卖的收入，扣除有关税款和海关、检疫、检验费用以及进行卸载、保管、估价、出卖而产生的费用后的价值。

前款规定的价值不包括船员的获救的私人物品和旅客的获救的自带行李的价值。

第一百八十二条　【对构成环境污染损害危险的船舶的救助报酬】对构成环境污染损害危险的船舶或者船上货物进行的救助，救助方依照本法第一百八十条规定获得的救助报酬，少于依照本条规定可以得到的特别补偿的，救助方有权依照本条规定，从船舶所有人处获得相当于救助费用的特别补偿。

救助人进行前款规定的救助作业，取得防止或者减少环境污染损害效果的，船舶所有人依照前款规定应当向救助方支付的特别补偿可以另行增加，增加的数额可以达到救助费用的百分之三十。受理争议的法院或者仲裁机构认为适当，并且考虑到本法第一百八十条第一款的规定，可以判决或者裁决进一步增加特别补偿数额；但是，在任何情况下，增加部分不得超过救助费用的百分之一百。

本条所称救助费用，是指救助方在救助作业中直接支付的合理费用以及实际使用救助设备、投入救助人员的合理费用。确定救助费用应当考虑本法第一百八十条第一款第（八）、（九）、（十）项的规定。

在任何情况下，本条规定的全部特别补偿，只有在超过救助方依照本法第一百八十条规定能够获得的救助报酬时，方可支付，支付金额为特别补偿超过救助报酬的差额部分。

由于救助方的过失未能防止或者减少环境污染损害的，可以全部或者部分地剥夺救助方获得特别补偿的权利。

本条规定不影响船舶所有人对其他被救助方的追偿权。

第一百八十三条　【救助报酬的分摊】救助报酬的金额，应当由获救的船舶和其他财产的各所有人，按照船舶和其他各项财产各自的获救价值占全部获救价值的比例承担。

第一百八十四条　【救助报酬争议的解决】参加同一救助作业的各救助方的救助报酬，应当根据本法第一百八十条规定的标准，由各方协商确定；协商不成的，可以提请受理争议的法院判决或者经各方协议提请仲裁机构裁决。

第一百八十五条　【救助人命的救助方有权获得救助款项】在救助作业中救助人命的救助方，对获救人员不得请求酬金，但是有权从救助船舶或者其他财产、防止或者减少环境污染损害的救助方获得的救助款项中，获得合理的份额。

第一百八十六条　【无权获得救助款项的情形】下列救助行为无权获得救助款项：

（一）正常履行拖航合同或者其他服务合同的义务进行救助的，但是提供不属于履行上述义务的特殊劳务除外；

（二）不顾遇险的船舶的船长、船舶所有人或者其他财产所有人明确的和合理的拒绝，仍然进行救助的。

第一百八十七条　【救助款项的取消或减少】由于救助方的过失致使救助作业成为必需或者更加困难的，或者救助方有欺诈或者其他不诚实行为的，应当取消或者减少向救助方支付的救助款项。

第一百八十八条　【被救助方的担保】被救助方在救助作业结束后，应当根据救助方的要求，对救助款项提供满意的担保。

在不影响前款规定的情况下，获救船

舶的船舶所有人应当在获救的货物交还前，尽力使货物的所有人对其应当承担的救助款项提供满意的担保。

在未根据救助人的要求对获救的船舶或者其他财产提供满意的担保以前，未经救助方同意，不得将获救的船舶和其他财产从救助作业完成后最初到达的港口或者地点移走。

第一百八十九条　【先行支付的裁定】受理救助款项请求的法院或者仲裁机构，根据具体情况，在合理的条件下，可以裁定或者裁决被救助方向救助方先行支付适当的金额。

被救助方根据前款规定先行支付金额后，其根据本法第一百八十八条规定提供的担保金额应当相应扣减。

第一百九十条　【强制拍卖的申请及实施】对于获救满九十日的船舶和其他财产，如果被救助方不支付救助款项也不提供满意的担保，救助方可以申请法院裁定强制拍卖；对于无法保管、不易保管或者保管费用可能超过其价值的获救的船舶和其他财产，可以申请提前拍卖。

拍卖所得价款，在扣除保管和拍卖过程中的一切费用后，依照本法规定支付救助款项；剩余的金额，退还被救助方；无法退还、自拍卖之日起满一年又无人认领的，上缴国库；不足的金额，救助方有权向被救助方追偿。

第一百九十一条　【同一船舶所有权人的船舶之间的救助】同一船舶所有人的船舶之间进行的救助，救助方获得救助款项的权利适用本章规定。

第一百九十二条　【国家主管机关的救助作业】国家有关主管机关从事或者控制的救助作业，救助方有权享受本章规定的关于救助作业的权利和补偿。

第十章　共同海损

第一百九十三条　【共同海损的界定】共同海损，是指在同一海上航程中，船舶、货物和其他财产遭遇共同危险，为了共同安全，有意地合理地采取措施所直接造成的特殊牺牲、支付的特殊费用。

无论在航程中或者在航程结束后发生的船舶或者货物因迟延所造成的损失，包括船期损失和行市损失以及其他间接损失，均不得列入共同海损。

第一百九十四条　【列入共同海损的费用】船舶因发生意外、牺牲或者其他特殊情况而损坏时，为了安全完成本航程，驶入避难港口、避难地点或者驶回装货港口、装货地点进行必要的修理，在该港口或者地点额外停留期间所支付的港口费，船员工资、给养，船舶所消耗的燃料、物料，为修理而卸载、储存、重装或者搬移船上货物、燃料、物料以及其他财产所造成的损失、支付的费用，应当列入共同海损。

第一百九十五条　【代替费用】为代替可以列为共同海损的特殊费用而支付的额外费用，可以作为代替费用列入共同海损；但是，列入共同海损的代替费用的金额，不得超过被代替的共同海损的特殊费用。

第一百九十六条　【举证责任】提出共同海损分摊请求的一方应当负举证责任，证明其损失应当列入共同海损。

第一百九十七条　【过失方的分摊权】引起共同海损特殊牺牲、特殊费用的事故，可能是由航程中一方的过失造成的，不影响该方要求分摊共同海损的权利；但是，非过失方或者过失方可以就此项过失提出赔偿请求或者进行抗辩。

第一百九十八条　【共同海损金额的确定】船舶、货物和运费的共同海损牺牲的金额，依照下列规定确定：

（一）船舶共同海损牺牲的金额，按照实际支付的修理费，减除合理的以新换旧的扣减额计算。船舶尚未修理的，按照牺牲造成的合理贬值计算，但是不得超过估计的修理费。

船舶发生实际全损或者修理费用超过修复后的船舶价值的，共同海损牺牲金额按照该船舶在完好状态下的估计价值，减除不属于共同海损损坏的估计的修理费和该船舶受损后的价值的余额计算。

（二）货物共同海损牺牲的金额，货物灭失的，按照货物在装船时的价值加保险费加运费，减除由于牺牲无需支付的运费计算。货物损坏，在就损坏程度达成协议前售出的，按照货物在装船时的价值加保险费加运费，与出售货物净得的差额计算。

（三）运费共同海损牺牲的金额，按照货物遭受牺牲造成的运费的损失金额，减除为取得这笔运费本应支付，但是由于牺牲无需支付的营运费用计算。

第一百九十九条　【共同海损的分摊】共同海损应当由受益方按照各自的分摊价值的比例分摊。

船舶、货物和运费的共同海损分摊价值，分别依照下列规定确定：

（一）船舶共同海损分摊价值，按照船舶在航程终止时的完好价值，减除不属于共同海损的损失金额计算，或者按照船舶在航程终止时的实际价值，加上共同海损牺牲的金额计算。

（二）货物共同海损分摊价值，按照货物在装船时的价值加保险费加运费，减除不属于共同海损的损失金额和承运人承担风险的运费计算。货物在抵达目的港以前售出的，按照出售净得金额，加上共同海损牺牲的金额计算。

旅客的行李和私人物品，不分摊共同海损。

（三）运费分摊价值，按照承运人承担风险并于航程终止时有权收取的运费，减除为取得该项运费而在共同海损事故发生后，为完成本航程所支付的营运费用，加上共同海损牺牲的金额计算。

第二百条　【货物的未报、谎报或低价申报】未申报的货物或者谎报的货物，应当参加共同海损分摊；其遭受的特殊牺牲，不得列入共同海损。

不正当地以低于货物实际价值作为申报价值的，按照实际价值分摊共同海损；在发生共同海损牺牲时，按照申报价值计算牺牲金额。

第二百零一条　【利息和手续费】对共同海损特殊牺牲和垫付的共同海损特殊费用，应当计算利息。对垫付的共同海损特殊费用，除船员工资、给养和船舶消耗的燃料、物料外，应当计算手续费。

第二百零二条　【担保的提供】经利益关系人要求，各分摊方应当提供共同海损担保。

以提供保证金方式进行共同海损担保的，保证金应当交由海损理算师以保管人名义存入银行。

保证金的提供、使用或者退还，不影响各方最终的分摊责任。

第二百零三条　【共同海损理算】共同海损理算，适用合同约定的理算规则；合同未约定的，适用本章的规定。

第十一章　海事赔偿责任限制

第二百零四条　【限制赔偿责任的适用】船舶所有人、救助人，对本法第二百零七条所列海事赔偿请求，可以依照本章规定限制赔偿责任。

前款所称的船舶所有人，包括船舶承租人和船舶经营人。

第二百零五条　【其他人员的援引权】本法第二百零七条所列海事赔偿请求，不是向船舶所有人、救助人本人提出，而是向他们对其行为、过失负有责任的人员提出的，这些人员可以依照本章规定限制赔偿责任。

第二百零六条　【被保险人的权利】被保险人依照本章规定可以限制赔偿责任的，对该海事赔偿请求承担责任的保险人，有权依照本章规定享受相同的赔偿责任限制。

第二百零七条　【责任人的援引权】下列海事赔偿请求，除本法第二百零八条和第二百零九条另有规定外，无论赔偿责任的基础有何不同，责任人均可以依照本章规定限制赔偿责任：

（一）在船上发生的或者与船舶营运、

救助作业直接相关的人身伤亡或者财产的灭失、损坏,包括对港口工程、港池、航道和助航设施造成的损坏,以及由此引起的相应损失的赔偿请求;

(二)海上货物运输因迟延交付或者旅客及其行李运输因迟延到达造成损失的赔偿请求;

(三)与船舶营运或者救助作业直接相关的,侵犯非合同权利的行为造成其他损失的赔偿请求;

(四)责任人以外的其他人,为避免或者减少责任人依照本章规定可以限制赔偿责任的损失而采取措施的赔偿请求,以及因此项措施造成进一步损失的赔偿请求。

前款所列赔偿请求,无论提出的方式有何不同,均可以限制赔偿责任。但是,第(四)项涉及责任人以合同约定支付的报酬,责任人的支付责任不得援用本条赔偿责任限制的规定。

第二百零八条　【适用的例外】本章规定不适用于下列各项:

(一)对救助款项或者共同海损分摊的请求;

(二)中华人民共和国参加的国际油污损害民事责任公约规定的油污损害的赔偿请求;

(三)中华人民共和国参加的国际核能损害责任限制公约规定的核能损害的赔偿请求;

(四)核动力船舶造成的核能损害的赔偿请求;

(五)船舶所有人或者救助人的受雇人提出的赔偿请求,根据调整劳务合同的法律,船舶所有人或者救助人对该类赔偿请求无权限制赔偿责任,或者该项法律作了高于本章规定的赔偿限额的规定。

第二百零九条　【援引禁止】经证明,引起赔偿请求的损失是由于责任人的故意或者明知可能造成损失而轻率地作为或者不作为造成的,责任人无权依照本章规定限制赔偿责任。

第二百一十条　【赔偿限额的计算】除本法第二百一十一条另有规定外,海事赔偿责任限制,依照下列规定计算赔偿限额:

(一)关于人身伤亡的赔偿请求

1. 总吨位300吨至500吨的船舶,赔偿限额为333000计算单位;

2. 总吨位超过500吨的船舶,500吨以下部分适用本项第1目的规定,500吨以上的部分,应当增加下列数额:

501吨至3000吨的部分,每吨增加500计算单位;

3001吨至30000吨的部分,每吨增加333计算单位;

30001吨至70000吨的部分,每吨增加250计算单位;

超过70000吨的部分,每吨增加167计算单位。

(二)关于非人身伤亡的赔偿请求

1. 总吨位300吨至500吨的船舶,赔偿限额为167000计算单位;

2. 总吨位超过500吨的船舶,500吨以下部分适用本项第1目的规定,500吨以上的部分,应当增加下列数额:

501吨至30000吨的部分,每吨增加167计算单位;

30001吨至70000吨的部分,每吨增加125计算单位;

超过70000吨的部分,每吨增加83计算单位。

(三)依照第(一)项规定的限额,不足以支付全部人身伤亡的赔偿请求的,其差额应当与非人身伤亡的赔偿请求并列,从第(二)项数额中按照比例受偿。

(四)在不影响第(三)项关于人身伤亡赔偿请求的情况下,就港口工程、港池、航道和助航设施的损害提出的赔偿请求,应当较第(二)项中的其他赔偿请求优先受偿。

(五)不以船舶进行救助作业或者在被救船舶上进行救助作业的救助人,其责任限额按照总吨位为1500吨的船舶计算。

总吨位不满300吨的船舶,从事中华人民共和国港口之间的运输的船舶,以及从事沿海作业的船舶,其赔偿限额由国务院交通主管部门制定,报国务院批准后施行。

第二百一十一条 【旅客运输的赔偿责任限制】海上旅客运输的旅客人身伤亡赔偿责任限制,按照46666计算单位乘以船舶证书规定的载客定额计算赔偿限额,但是最高不超过25000000计算单位。

中华人民共和国港口之间海上旅客运输的旅客人身伤亡,赔偿限额由国务院交通主管部门制定,报国务院批准后施行。

第二百一十二条 【赔偿总额】本法第二百一十条和第二百一十一条规定的赔偿限额,适用于特定场合发生的事故引起的,向船舶所有人、救助人本人和他们对其行为、过失负有责任的人员提出的请求的总额。

第二百一十三条 【责任限制基金的设立】责任人要求依照本法规定限制赔偿责任的,可以在有管辖权的法院设立责任限制基金。基金数额分别为本法第二百一十条、第二百一十一条规定的限额,加上自责任产生之日起至基金设立之日止的相应利息。

第二百一十四条 【责任限制基金设立的效力】责任人设立责任限制基金后,向责任人提出请求的任何人,不得对责任人的任何财产行使任何权利;已设立责任限制基金的责任人的船舶或者其他财产已经被扣押,或者基金设立人已经提交抵押物的,法院应当及时下令释放或者责令退还。

第二百一十五条 【反请求】享受本章规定的责任限制的人,就同一事故向请求人提出反请求的,双方的请求金额应当相互抵销,本章规定的赔偿限额仅适用于两个请求金额之间的差额。

第十二章 海上保险合同

第一节 一般规定

第二百一十六条 【海上保险合同的定义】海上保险合同,是指保险人按照约定,对被保险人遭受保险事故造成保险标的的损失和产生的责任负责赔偿,而由被保险人支付保险费的合同。

前款所称保险事故,是指保险人与被保险人约定的任何海上事故,包括与海上航行有关的发生于内河或者陆上的事故。

第二百一十七条 【合同内容】海上保险合同的内容,主要包括下列各项:

(一)保险人名称;

(二)被保险人名称;

(三)保险标的;

(四)保险价值;

(五)保险金额;

(六)保险责任和除外责任;

(七)保险期间;

(八)保险费。

第二百一十八条 【保险标的】下列各项可以作为保险标的:

(一)船舶;

(二)货物;

(三)船舶营运收入,包括运费、租金、旅客票款;

(四)货物预期利润;

(五)船员工资和其他报酬;

(六)对第三人的责任;

(七)由于发生保险事故可能受到损失的其他财产和产生的责任、费用。

保险人可以将对前款保险标的的保险进行再保险。除合同另有约定外,原被保险人不得享有再保险的利益。

第二百一十九条 【保险价值】保险标的的保险价值由保险人与被保险人约定。

保险人与被保险人未约定保险价值的,保险价值依照下列规定计算:

(一)船舶的保险价值,是保险责任开始时船舶的价值,包括船壳、机器、设备的价值,以及船上燃料、物料、索具、给养、淡水的价值和保险费的总和;

(二)货物的保险价值,是保险责任开始时货物在起运地的发票价格或者非贸易商品在起运地的实际价值以及运费和保险费的总和；

（三）运费的保险价值，是保险责任开始时承运人应收运费总额和保险费的总和；

（四）其他保险标的的保险价值，是保险责任开始时保险标的的实际价值和保险费的总和。

第二百二十条　【保险金额】保险金额由保险人与被保险人约定。保险金额不得超过保险价值；超过保险价值的，超过部分无效。

第二节　合同的订立、解除和转让

第二百二十一条　【合同订立】被保险人提出保险要求，经保险人同意承保，并就海上保险合同的条款达成协议后，合同成立。保险人应当及时向被保险人签发保险单或者其他保险单证，并在保险单或者其他保险单证中载明当事人双方约定的合同内容。

第二百二十二条　【被保险人的告知义务】合同订立前，被保险人应当将其知道的或者在通常业务中应当知道的有关影响保险人据以确定保险费率或者确定是否同意承保的重要情况，如实告知保险人。

保险人知道或者在通常业务中应当知道的情况，保险人没有询问的，被保险人无需告知。

第二百二十三条　【未告知责任】由于被保险人的故意，未将本法第二百二十二条第一款规定的重要情况如实告知保险人的，保险人有权解除合同，并不退还保险费。合同解除前发生保险事故造成损失的，保险人不负赔偿责任。

不是由于被保险人的故意，未将本法第二百二十二条第一款规定的重要情况如实告知保险人的，保险人有权解除合同或者要求相应增加保险费。保险人解除合同的，对于合同解除前发生保险事故造成的损失，保险人应当负赔偿责任；但是，未告知或者错误告知的重要情况对保险事故的发生有影响的除外。

第二百二十四条　【标的物先于合同损失的责任】订立合同时，被保险人已经知道或者应当知道保险标的已经因发生保险事故而遭受损失的，保险人不负赔偿责任，但是有权收取保险费；保险人已经知道或者应当知道保险标的已经不可能因发生保险事故而遭受损失的，被保险人有权收回已经支付的保险费。

第二百二十五条　【重复保险】被保险人对同一保险标的就同一保险事故向几个保险人重复订立合同，而使该保险标的的保险金额总和超过保险标的的价值的，除合同另有约定外，被保险人可以向任何保险人提出赔偿请求。被保险人获得的赔偿金额总和不得超过保险标的的受损价值。各保险人按照其承保的保险金额同保险金额总和的比例承担赔偿责任。任何一个保险人支付的赔偿金额超过其应当承担的赔偿责任的，有权向未按照其应当承担的赔偿责任支付赔偿金额的保险人追偿。

第二百二十六条　【责任开始前的合同解除权】保险责任开始前，被保险人可以要求解除合同，但是应当向保险人支付手续费，保险人应当退还保险费。

第二百二十七条　【责任开始后的合同解除】除合同另有约定外，保险责任开始后，被保险人和保险人均不得解除合同。

根据合同约定在保险责任开始后可以解除合同的，被保险人要求解除合同，保险人有权收取自保险责任开始之日起至合同解除之日止的保险费，剩余部分予以退还；保险人要求解除合同，应当将自合同解除之日起至保险期间届满之日止的保险费退还被保险人。

第二百二十八条　【合同解除禁止的情形】虽有本法第二百二十七条规定，货物运输和船舶的航次保险，保险责任开始后，被保险人不得要求解除合同。

第二百二十九条　【保险合同转让】海上货

物运输保险合同可以由被保险人背书或者以其他方式转让,合同的权利、义务随之转移。合同转让时尚未支付保险费的,被保险人和合同受让人负连带支付责任。

第二百三十条 【船舶保险合同转让】因船舶转让而转让船舶保险合同的,应当取得保险人同意。未经保险人同意,船舶保险合同从船舶转让时起解除;船舶转让发生在航次之中的,船舶保险合同至航次终了时解除。

合同解除后,保险人应当将自合同解除之日起至保险期间届满之日止的保险费退还被保险人。

第二百三十一条 【预约保险合同】被保险人在一定期间分批装运或者接受货物的,可以与保险人订立预约保险合同。预约保险合同应当由保险人签发预约保险单证加以确认。

第二百三十二条 【保险单证的分别签发】应被保险人要求,保险人应当对依据预约保险合同分批装运的货物分别签发保险单证。

保险人分别签发的保险单证的内容与预约保险单证的内容不一致的,以分别签发的保险单证为准。

第二百三十三条 【通知义务】被保险人知道经预约保险合同保险的货物已经装运或者到达的情况时,应当立即通知保险人。通知的内容包括装运货物的船名、航线、货物价值和保险金额。

第三节 被保险人的义务

第二百三十四条 【保险费支付】除合同另有约定外,被保险人应当在合同订立后立即支付保险费;被保险人支付保险费前,保险人可以拒绝签发保险单证。

第二百三十五条 【违反保证条款时的义务】被保险人违反合同约定的保证条款时,应当立即书面通知保险人。保险人收到通知后,可以解除合同,也可以要求修改承保条件、增加保险费。

第二百三十六条 【被保险人的通知义务】一旦保险事故发生,被保险人应当立即通知保险人,并采取必要的合理措施,防止或者减少损失。被保险人收到保险人发出的有关采取防止或者减少损失的合理措施的特别通知的,应当按照保险人通知的要求处理。

对于被保险人违反前款规定所造成的扩大的损失,保险人不负赔偿责任。

第四节 保险人的责任

第二百三十七条 【保险赔偿的支付】发生保险事故造成损失后,保险人应当及时向被保险人支付保险赔偿。

第二百三十八条 【保险赔偿金确定】保险人赔偿保险事故造成的损失,以保险金额为限。保险金额低于保险价值的,在保险标的发生部分损失时,保险人按照保险金额与保险价值的比例负赔偿责任。

第二百三十九条 【多次损失赔偿】保险标的在保险期间发生几次保险事故所造成的损失,即使损失金额的总和超过保险金额,保险人也应当赔偿。但是,对发生部分损失后未经修复又发生全部损失的,保险人按照全部损失赔偿。

第二百四十条 【另行支付费用】被保险人为防止或者减少根据合同可以得到赔偿的损失而支出的必要的合理费用,为确定保险事故的性质、程度而支出的检验、估价的合理费用,以及为执行保险人的特别通知而支出的费用,应当由保险人在保险标的损失赔偿之外另行支付。

保险人对前款规定的费用的支付,以相当于保险金额的数额为限。

保险金额低于保险价值的,除合同另有约定外,保险人应当按照保险金额与保险价值的比例,支付本条规定的费用。

第二百四十一条 【按比例赔偿原则】保险金额低于共同海损分摊价值的,保险人按照保险金额同分摊价值的比例赔偿共同海损分摊。

第二百四十二条　【故意造成的损失】对于被保险人故意造成的损失，保险人不负赔偿责任。

第二百四十三条　【对货物损失不负责任的情形】除合同另有约定外，因下列原因之一造成货物损失的，保险人不负赔偿责任：

（一）航行迟延、交货迟延或者行市变化；

（二）货物的自然损耗、本身的缺陷和自然特性；

（三）包装不当。

第二百四十四条　【对船舶损失不负责任的情形】除合同另有约定外，因下列原因之一造成保险船舶损失的，保险人不负赔偿责任：

（一）船舶开航时不适航，但是在船舶定期保险中被保险人不知道的除外；

（二）船舶自然磨损或者锈蚀。

运费保险比照适用本条的规定。

第五节　保险标的的损失和委付

第二百四十五条　【实际全损】保险标的发生保险事故后灭失，或者受到严重损坏完全失去原有形体、效用，或者不能再归被保险人所拥有的，为实际全损。

第二百四十六条　【推定全损】船舶发生保险事故后，认为实际全损已经不可避免，或者为避免发生实际全损所需支付的费用超过保险价值的，为推定全损。

货物发生保险事故后，认为实际全损已经不可避免，或者为避免发生实际全损所需支付的费用与继续将货物运抵目的地的费用之和超过保险价值的，为推定全损。

第二百四十七条　【部分损失】不属于实际全损和推定全损的损失，为部分损失。

第二百四十八条　【视为实际全损】船舶在合理时间内未从被获知最后消息的地点抵达目的地，除合同另有约定外，满两个月后仍没有获知其消息的，为船舶失踪。船舶失踪视为实际全损。

第二百四十九条　【委付】保险标的发生推定全损，被保险人要求保险人按照全部损失赔偿的，应当向保险人委付保险标的。保险人可以接受委付，也可以不接受委付，但是应当在合理的时间内将接受委付或者不接受委付的决定通知被保险人。

委付不得附带任何条件。委付一经保险人接受，不得撤回。

第二百五十条　【委付的效力】保险人接受委付的，被保险人对委付财产的全部权利和义务转移给保险人。

第六节　保险赔偿的支付

第二百五十一条　【提供证明和资料的义务】保险事故发生后，保险人向被保险人支付保险赔偿前，可以要求被保险人提供与确认保险事故性质和损失程度有关的证明和资料。

第二百五十二条　【索赔权转移】保险标的发生保险责任范围内的损失是由第三人造成的，被保险人向第三人要求赔偿的权利，自保险人支付赔偿之日起，相应转移给保险人。

被保险人应当向保险人提供必要的文件和其所需要知道的情况，并尽力协助保险人向第三人追偿。

第二百五十三条　【保险赔偿的扣减】被保险人未经保险人同意放弃向第三人要求赔偿的权利，或者由于过失致使保险人不能行使追偿权利的，保险人可以相应扣减保险赔偿。

第二百五十四条　【扣减或退还】保险人支付保险赔偿时，可以从应支付的赔偿额中相应扣减被保险人已经从第三人取得的赔偿。

保险人从第三人取得的赔偿，超过其支付的保险赔偿的，超过部分应当退还给被保险人。

第二百五十五条　【权利的放弃】发生保险事故后，保险人有权放弃对保险标的的权利，全额支付合同约定的保险赔偿，以解除对保险标的的义务。

保险人行使前款规定的权利，应当自收到被保险人有关赔偿损失的通知之日起的七日内通知被保险人；被保险人在收到通知前，为避免或者减少损失而支付的必要的合理费用，仍然应当由保险人偿还。

第二百五十六条　【对保险标的的权利】除本法第二百五十五条的规定外，保险标的发生全损，保险人支付全部保险金额的，取得对保险标的的全部权利；但是，在不足额保险的情况下，保险人按照保险金额与保险价值的比例取得对保险标的的部分权利。

第十三章　时　　效

第二百五十七条　【海上货物运输赔偿时效】就海上货物运输向承运人要求赔偿的请求权，时效期间为一年，自承运人交付或者应当交付货物之日起计算；在时效期间内或者时效期间届满后，被认定为负有责任的人向第三人提起追偿请求的，时效期间为九十日，自追偿请求人解决原赔偿请求之日起或者收到受理对其本人提起诉讼的法院的起诉状副本之日起计算。

有关航次租船合同的请求权，时效期间为二年，自知道或者应当知道权利被侵害之日起计算。

第二百五十八条　【海上旅客运输赔偿时效】就海上旅客运输向承运人要求赔偿的请求权，时效期间为二年，分别依照下列规定计算：

（一）有关旅客人身伤害的请求权，自旅客离船或者应当离船之日起计算；

（二）有关旅客死亡的请求权，发生在运送期间的，自旅客应当离船之日起计算；因运送期间内的伤害而导致旅客离船后死亡的，自旅客死亡之日起计算，但是此期限自离船之日起不得超过三年；

（三）有关行李灭失或者损坏的请求权，自旅客离船或者应当离船之日起计算。

第二百五十九条　【船舶租用合同赔偿时效】有关船舶租用合同的请求权，时效期间为二年，自知道或者应当知道权利被侵害之日起计算。

第二百六十条　【拖航合同赔偿时效】有关海上拖航合同的请求权，时效期间为一年，自知道或者应当知道权利被侵害之日起计算。

第二百六十一条　【船舶碰撞赔偿时效】有关船舶碰撞的请求权，时效期间为二年，自碰撞事故发生之日起计算；本法第一百六十九条第三款规定的追偿请求权，时效期间为一年，自当事人连带支付损害赔偿之日起计算。

第二百六十二条　【海难救助赔偿时效】有关海难救助的请求权，时效期间为二年，自救助作业终止之日起计算。

第二百六十三条　【共同海损分摊时效】有关共同海损分摊的请求权，时效期间为一年，自理算结束之日起计算。

第二百六十四条　【海上保险合同赔偿时效】根据海上保险合同向保险人要求保险赔偿的请求权，时效期间为二年，自保险事故发生之日起计算。

第二百六十五条　【油污损害请求权时效】有关船舶发生油污损害的请求权，时效期间为三年，自损害发生之日起计算；但是，在任何情况下时效期间不得超过从造成损害的事故发生之日起六年。

第二百六十六条　【时效中止】在时效期间的最后六个月内，因不可抗力或者其他障碍不能行使请求权的，时效中止。自中止时效的原因消除之日起，时效期间继续计算。

第二百六十七条　【时效中断】时效因请求人提起诉讼、提交仲裁或者被请求人同意履行义务而中断。但是，请求人撤回起诉、撤回仲裁或者起诉被裁定驳回的，时效不中断。

请求人申请扣船的，时效自申请扣船之日起中断。

自中断时起，时效期间重新计算。

第十四章　涉外关系的法律适用

第二百六十八条　【国际条约、惯例的适用】中华人民共和国缔结或者参加的国际条约同本法有不同规定的，适用国际条约的规定；但是，中华人民共和国声明保留的条款除外。

中华人民共和国法律和中华人民共和国缔结或者参加的国际条约没有规定的，可以适用国际惯例。

第二百六十九条　【法律适用的约定】合同当事人可以选择合同适用的法律，法律另有规定的除外。合同当事人没有选择的，适用与合同有最密切联系的国家的法律。

第二百七十条　【所有权的法律适用】船舶所有权的取得、转让和消灭，适用船旗国法律。

第二百七十一条　【抵押权的法律适用】船舶抵押权适用船旗国法律。

船舶在光船租赁以前或者光船租赁期间，设立船舶抵押权的，适用原船舶登记国的法律。

第二百七十二条　【优先权的法律适用】船舶优先权，适用受理案件的法院所在地法律。

第二百七十三条　【船舶碰撞的法律适用】船舶碰撞的损害赔偿，适用侵权行为地法律。

船舶在公海上发生碰撞的损害赔偿，适用受理案件的法院所在地法律。

同一国籍的船舶，不论碰撞发生于何地，碰撞船舶之间的损害赔偿适用船旗国法律。

第二百七十四条　【共同海损理算的法律适用】共同海损理算，适用理算地法律。

第二百七十五条　【赔偿责任限制的法律适用】海事赔偿责任限制，适用受理案件的法院所在地法律。

第二百七十六条　【不违反公共利益原则】依照本章规定适用外国法律或者国际惯例，不得违背中华人民共和国的社会公共利益。

第十五章　附　　则

第二百七十七条　【计算单位的确定】本法所称计算单位，是指国际货币基金组织规定的特别提款权；其人民币数额为法院判决之日、仲裁机构裁决之日或者当事人协议之日，按照国家外汇主管机关规定的国际货币基金组织的特别提款权对人民币的换算办法计算得出的人民币数额。

第二百七十八条　【生效日期】本法自1993年7月1日起施行。

中华人民共和国
海事诉讼特别程序法

- 1999年12月25日第九届全国人民代表大会常务委员会第十三次会议通过
- 1999年12月25日中华人民共和国主席令第28号公布
- 自2000年7月1日起施行

目　　录

第一章　总　　则

第一条　【立法目的】为维护海事诉讼当事人的诉讼权利，保证人民法院查明事实，分清责任，正确适用法律，及时审理海事案件，制定本法。

第二条　【法律适用】在中华人民共和国领域内进行海事诉讼，适用《中华人民共和国民事诉讼法》和本法。本法有规定的，依照其规定。

第三条　【法律冲突规范】中华人民共和国缔结或者参加的国际条约与《中华人民共和国民事诉讼法》和本法对涉外海事诉讼有不同规定的，适用该国际条约的规定，但中华人民共和国声明保留的条款除外。

第四条　【受案范围】海事法院受理当事人因海事侵权纠纷、海商合同纠纷以及法律规定的其他海事纠纷提起的诉讼。

第五条　【适用主体】海事法院及其所在地的高级人民法院和最高人民法院审理海事案件的，适用本法。

第二章　管　　辖

第六条　【地域管辖】海事诉讼的地域管辖，依照《中华人民共和国民事诉讼法》的有关规定。

下列海事诉讼的地域管辖，依照以下规定：

（一）因海事侵权行为提起的诉讼，除依照《中华人民共和国民事诉讼法》第二十九条至第三十一条的规定以外，还可以由船籍港所在地海事法院管辖；

（二）因海上运输合同纠纷提起的诉讼，除依照《中华人民共和国民事诉讼法》第二十八条的规定以外，还可以由转运港所在地海事法院管辖；

（三）因海船租用合同纠纷提起的诉讼，由交船港、还船港、船籍港所在地、被告住所地海事法院管辖；

（四）因海上保赔合同纠纷提起的诉讼，由保赔标的物所在地、事故发生地、被告住所地海事法院管辖；

（五）因海船的船员劳务合同纠纷提起的诉讼，由原告住所地、合同签订地、船员登船港或者离船港所在地、被告住所地海事法院管辖；

（六）因海事担保纠纷提起的诉讼，由担保物所在地、被告住所地海事法院管辖；因船舶抵押纠纷提起的诉讼，还可以由船籍港所在地海事法院管辖；

（七）因海船的船舶所有权、占有权、使用权、优先权纠纷提起的诉讼，由船舶所在地、船籍港所在地、被告住所地海事法院管辖。

第七条　【专属管辖】下列海事诉讼，由本条规定的海事法院专属管辖：

（一）因沿海港口作业纠纷提起的诉讼，由港口所在地海事法院管辖；

（二）因船舶排放、泄漏、倾倒油类或者其他有害物质，海上生产、作业或者拆船、修船作业造成海域污染损害提起的诉讼，由污染发生地、损害结果地或者采取预防污染措施地海事法院管辖；

（三）因在中华人民共和国领域和有管辖权的海域履行的海洋勘探开发合同纠纷提起的诉讼，由合同履行地海事法院管辖。

第八条　【协议管辖】海事纠纷的当事人都是外国人、无国籍人、外国企业或者组织，当事人书面协议选择中华人民共和国海事法院管辖的，即使与纠纷有实际联系的地点不在中华人民共和国领域内，中华人民共和国海事法院对该纠纷也具有管辖权。

第九条　【无主财产和宣告死亡管辖】当事人申请认定海上财产无主的，向财产所在地海事法院提出；申请因海上事故宣告死亡的，向处理海事事故主管机关所在地或者受理相关海事案件的海事法院提出。

第十条　【管辖权争议】海事法院与地方人民法院之间因管辖权发生争议，由争议双方协商解决；协商解决不了的，报请他们的共同上级人民法院指定管辖。

第十一条　【执行管辖】当事人申请执行海事仲裁裁决，申请承认和执行外国法院判决、裁定以及国外海事仲裁裁决的，向被执行的财产所在地或者被执行人住所地海事法院提出。被执行的财产所在地或者被执行人住所地没有海事法院的，向被执行的财产所在地或者被执行人住所地的中级人民法院提出。

第三章　海事请求保全

第一节　一般规定

第十二条　【请求保全定义】海事请求保全是指海事法院根据海事请求人的申请，为保障其海事请求的实现，对被请求人的财产所采取的强制措施。

第十三条　【请求保全的管辖】当事人在起诉前申请海事请求保全，应当向被保全的财产所在地海事法院提出。

第十四条　【请求保全的协议排除】海事请求保全不受当事人之间关于该海事请求的诉讼管辖协议或者仲裁协议的约束。

第十五条　【申请书内容】海事请求人申请海事请求保全，应当向海事法院提交书面申请。申请书应当载明海事请求事项、申请理由、保全的标的物以及要求提供担保的数额，并附有关证据。

第十六条　【请求的担保】海事法院受理海事请求保全申请，可以责令海事请求人提供担保。海事请求人不提供的，驳回其申请。

第十七条　【申请的裁定】海事法院接受申请后，应当在四十八小时内作出裁定。裁定采取海事请求保全措施的，应当立即执行；对不符合海事请求保全条件的，裁定驳回其申请。

当事人对裁定不服的，可以在收到裁定书之日起五日内申请复议一次。海事法院应当在收到复议申请之日起五日内作出复议决定。复议期间不停止裁定的执行。

利害关系人对海事请求保全提出异议，海事法院经审查，认为理由成立的，应当解除对其财产的保全。

第十八条　【解除保全】被请求人提供担保，或者当事人有正当理由申请解除海事请求保全的，海事法院应当及时解除保全。

海事请求人在本法规定的期间内，未提起诉讼或者未按照仲裁协议申请仲裁的，海事法院应当及时解除保全或者返还担保。

第十九条　【诉讼的提起】海事请求保全执行后，有关海事纠纷未进入诉讼或者仲裁程序的，当事人就该海事请求，可以向采取海事请求保全的海事法院或者其他有管辖权的海事法院提起诉讼，但当事人之间订有诉讼管辖协议或者仲裁协议的除外。

第二十条　【请求保全错误】海事请求人申请海事请求保全错误的，应当赔偿被请求人或者利害关系人因此所遭受的损失。

第二节　船舶的扣押与拍卖

第二十一条　【申请扣押的请求范围】下列海事请求，可以申请扣押船舶：

（一）船舶营运造成的财产灭失或者损坏；

（二）与船舶营运直接有关的人身伤亡；

（三）海难救助；

（四）船舶对环境、海岸或者有关利益方造成的损害或者损害威胁；为预防、减少或者消除此种损害而采取的措施；为此种损害而支付的赔偿；为恢复环境而实际采取或者准备采取的合理措施的费用；第三方因此种损害而蒙受或者可能蒙受的损失；以及与本项所指的性质类似的损害、费用或者损失；

（五）与起浮、清除、回收或者摧毁沉船、残骸、搁浅船、被弃船或者使其无害有关的费用，包括与起浮、清除、回收或者摧毁仍在或者曾在该船上的物件或者使其无害的费用，以及与维护放弃的船舶和维持其船员有关的费用；

（六）船舶的使用或者租用的协议；

（七）货物运输或者旅客运输的协议；

（八）船载货物（包括行李）或者与其有关的灭失或者损坏；

（九）共同海损；

（十）拖航；

（十一）引航；

（十二）为船舶营运、管理、维护、维修提供物资或者服务；

（十三）船舶的建造、改建、修理、改装或者装备；

（十四）港口、运河、码头、港湾以及其他水道规费和费用；

（十五）船员的工资和其他款项，包括应当为船员支付的遣返费和社会保险费；

（十六）为船舶或者船舶所有人支付的费用；

（十七）船舶所有人或者光船承租人应当支付或者他人为其支付的船舶保险费（包括互保会费）；

（十八）船舶所有人或者光船承租人应当支付的或者他人为其支付的与船舶有关的佣金、经纪费或者代理费；

（十九）有关船舶所有权或者占有的纠纷；

（二十）船舶共有人之间有关船舶的使用或者收益的纠纷；

（二十一）船舶抵押权或者同样性质的权利；

（二十二）因船舶买卖合同产生的纠纷。

第二十二条　【扣押除外】非因本法第二十一条规定的海事请求不得申请扣押船舶，但为执行判决、仲裁裁决以及其他法律文书的除外。

第二十三条　【法院扣押】有下列情形之一的，海事法院可以扣押当事船舶：

（一）船舶所有人对海事请求负有责任，并且在实施扣押时是该船的所有人；

（二）船舶的光船承租人对海事请求负有责任，并且在实施扣押时是该船的光船承租人或者所有人；

（三）具有船舶抵押权或者同样性质的权利的海事请求；

（四）有关船舶所有权或者占有的海事请求；

（五）具有船舶优先权的海事请求。

海事法院可以扣押对海事请求负有责任的船舶所有人、光船承租人、定期租船人或者航次租船人在实施扣押时所有的其他船舶，但与船舶所有权或者占有有关的请求除外。

从事军事、政府公务的船舶不得被扣押。

第二十四条　【重复申请扣押】海事请求人不得因同一海事请求申请扣押已被扣押过的船舶，但有下列情形之一的除外：

（一）被请求人未提供充分的担保；

（二）担保人有可能不能全部或者部分履行担保义务；

（三）海事请求人因合理的原因同意释放被扣押的船舶或者返还已提供的担保；或者不能通过合理措施阻止释放被扣押的船舶或者返还已提供的担保。

第二十五条　【未立即查明被申请人的】海事请求人申请扣押当事船舶，不能立即查明被请求人名称的，不影响申请的提出。

第二十六条　【协助执行】海事法院在发布或者解除扣押船舶命令的同时，可以向有关部门发出协助执行通知书，通知书应当载明协助执行的范围和内容，有关部门有义务协助执行。海事法院认为必要，可以直接派员登轮监护。

第二十七条　【限制船舶处分或抵押】海事法院裁定对船舶实施保全后，经海事请求人同意，可以采取限制船舶处分或者抵押等方式允许该船舶继续营运。

第二十八条　【扣押期限】海事请求保全扣押船舶的期限为三十日。

海事请求人在三十日内提起诉讼或者申请仲裁以及在诉讼或者仲裁过程中申请扣押船舶的，扣押船舶不受前款规定期限的限制。

第二十九条　【拍卖申请】船舶扣押期间届满，被请求人不提供担保，而且船舶不宜继续扣押的，海事请求人可以在提起诉讼或者申请仲裁后，向扣押船舶的海事法院申请拍卖船舶。

第三十条　【拍卖申请裁定】海事法院收到拍卖船舶的申请后，应当进行审查，作出准予或者不准予拍卖船舶的裁定。

当事人对裁定不服的，可以在收到裁定书之日起五日内申请复议一次。海事法院应当在收到复议申请之日起五日内作出复议决定。复议期间停止裁定的执行。

第三十一条　【申请终止拍卖】海事请求人提交拍卖船舶申请后，又申请终止拍卖的，是否准许由海事法院裁定。海事法院裁定终止拍卖船舶的，为准备拍卖船舶所发生的费用由海事请求人承担。

第三十二条　【拍卖公告】海事法院裁定拍卖船舶，应当通过报纸或者其他新闻媒体发布公告。拍卖外籍船舶的，应当通过对外发行的报纸或者其他新闻媒体发布公告。

公告包括以下内容：

（一）被拍卖船舶的名称和国籍；

（二）拍卖船舶的理由和依据；

（三）拍卖船舶委员会的组成；

（四）拍卖船舶的时间和地点；

（五）被拍卖船舶的展示时间和地点；

（六）参加竞买应当办理的手续；

（七）办理债权登记事项；

（八）需要公告的其他事项。

拍卖船舶的公告期间不少于三十日。

第三十三条　【拍卖通知】海事法院应当在拍卖船舶三十日前，向被拍卖船舶登记国的登记机关和已知的船舶优先权人、抵押权人和船舶所有人发出通知。

通知内容包括被拍卖船舶的名称、拍卖船舶的时间和地点、拍卖船舶的理由和依据以及债权登记等。

通知方式包括书面方式和能够确认收悉的其他适当方式。

第三十四条　【拍卖船舶委员会】拍卖船舶由拍卖船舶委员会实施。拍卖船舶委员会由海事法院指定的本院执行人员和聘请的拍卖师、验船师三人或者五人组成。

拍卖船舶委员会组织对船舶鉴定、估价；组织和主持拍卖；与竞买人签订拍卖成交确认书；办理船舶移交手续。

拍卖船舶委员会对海事法院负责，受海事法院监督。

第三十五条　【竞买人登记】竞买人应当在规定的期限内向拍卖船舶委员会登记。登记时应当交验本人、企业法定代表人或者其他组织负责人身份证明和委托代理人的授权委托书，并交纳一定数额的买船保证金。

第三十六条　【拍卖展示】拍卖船舶委员会应当在拍卖船舶前，展示被拍卖船舶，并提供察看被拍卖船舶的条件和有关资料。

第三十七条　【价款交付】买受人在签署拍卖成交确认书后，应当立即交付不低于百分之二十的船舶价款，其余价款在成交之日起七日内付清，但拍卖船舶委员会与买受人另有约定的除外。

第三十八条　【船舶移交】买受人付清全部价款后，原船舶所有人应当在指定的期限内于船舶停泊地以船舶现状向买受人移交船舶。拍卖船舶委员会组织和监督船舶的移交，并在船舶移交后与买受人签署船舶移交完毕确认书。

移交船舶完毕，海事法院发布解除扣押船舶命令。

第三十九条　【卖后公告】船舶移交后，海事法院应当通过报纸或者其他新闻媒体发布公告，公布船舶已经公开拍卖并移交给买受人。

第四十条　【过户登记】买受人接收船舶后，应当持拍卖成交确认书和有关材料，向船舶登记机关办理船舶所有权登记手续。原船舶所有人应当向原船舶登记机关办理船舶所有权注销登记。原船舶所有人不办理船舶所有权注销登记的，不影响船舶所有权的转让。

第四十一条 【拍卖无效】竞买人之间恶意串通的，拍卖无效。参与恶意串通的竞买人应当承担拍卖船舶费用并赔偿有关损失。海事法院可以对参与恶意串通的竞买人处最高应价百分之十以上百分之三十以下的罚款。

第四十二条 【拍卖法适用】除本节规定的以外，拍卖适用《中华人民共和国拍卖法》的有关规定。

第四十三条 【执行拍卖】执行程序中拍卖被扣押船舶清偿债务的，可以参照本节有关规定。

第三节 船载货物的扣押与拍卖

第四十四条 【扣押货物申请】海事请求人为保障其海事请求的实现，可以申请扣押船载货物。

申请扣押的船载货物，应当属于被请求人所有。

第四十五条 【扣押数额】海事请求人申请扣押船载货物的价值，应当与其债权数额相当。

第四十六条 【保全扣押期限】海事请求保全扣押船载货物的期限为十五日。

海事请求人在十五日内提起诉讼或者申请仲裁以及在诉讼或者仲裁过程中申请扣押船载货物的，扣押船载货物不受前款规定期限的限制。

第四十七条 【申请拍卖】船载货物扣押期间届满，被请求人不提供担保，而且货物不宜继续扣押的，海事请求人可以在提起诉讼或者申请仲裁后，向扣押船载货物的海事法院申请拍卖货物。

对无法保管、不易保管或者保管费用可能超过其价值的物品，海事请求人可以申请提前拍卖。

第四十八条 【拍卖申请裁决】海事法院收到拍卖船载货物的申请后，应当进行审查，在七日内作出准予或者不准予拍卖船载货物的裁定。

当事人对裁定不服的，可以在收到裁定书之日起五日内申请复议一次。海事法院应当在收到复议申请之日起五日内作出复议决定。复议期间停止裁定的执行。

第四十九条 【拍卖机构】拍卖船载货物由海事法院指定的本院执行人员和聘请的拍卖师组成的拍卖组织实施，或者由海事法院委托的机构实施。

拍卖船载货物，本节没有规定的，参照本章第二节拍卖船舶的有关规定。

第五十条 【申请其他保全】海事请求人对与海事请求有关的船用燃油、船用物料申请海事请求保全，适用本节规定。

第四章 海事强制令

第五十一条 【海事强制令定义】海事强制令是指海事法院根据海事请求人的申请，为使其合法权益免受侵害，责令被请求人作为或者不作为的强制措施。

第五十二条 【受理法院】当事人在起诉前申请海事强制令，应当向海事纠纷发生地海事法院提出。

第五十三条 【管辖协议排除】海事强制令不受当事人之间关于该海事请求的诉讼管辖协议或者仲裁协议的约束。

第五十四条 【申请书要求】海事请求人申请海事强制令，应当向海事法院提交书面申请。申请书应当载明申请理由，并附有关证据。

第五十五条 【强制令担保】海事法院受理海事强制令申请，可以责令海事请求人提供担保。海事请求人不提供的，驳回其申请。

第五十六条 【强制令适用条件】作出海事强制令，应当具备下列条件：

（一）请求人有具体的海事请求；

（二）需要纠正被请求人违反法律规定或者合同约定的行为；

（三）情况紧急，不立即作出海事强制令将造成损害或者使损害扩大。

第五十七条　【强制令裁决】海事法院接受申请后，应当在四十八小时内作出裁定。裁定作出海事强制令的，应当立即执行；对不符合海事强制令条件的，裁定驳回其申请。

第五十八条　【复议和异议】当事人对裁定不服的，可以在收到裁定书之日起五日内申请复议一次。海事法院应当在收到复议申请之日起五日内作出复议决定。复议期间不停止裁定的执行。

利害关系人对海事强制令提出异议，海事法院经审查，认为理由成立的，应当裁定撤销海事强制令。

第五十九条　【拒不执行强制令的责任】被请求人拒不执行海事强制令的，海事法院可以根据情节轻重处以罚款、拘留；构成犯罪的，依法追究刑事责任。

对个人的罚款金额，为一千元以上三万元以下。对单位的罚款金额，为三万元以上十万元以下。

拘留的期限，为十五日以下。

第六十条　【申请错误】海事请求人申请海事强制令错误的，应当赔偿被请求人或者利害关系人因此所遭受的损失。

第六十一条　【强制令执行后的程序】海事强制令执行后，有关海事纠纷未进入诉讼或者仲裁程序的，当事人就该海事请求，可以向作出海事强制令的海事法院或者其他有管辖权的海事法院提起诉讼，但当事人之间订有诉讼管辖协议或者仲裁协议的除外。

第五章　海事证据保全

第六十二条　【海事证据保全定义】海事证据保全是指海事法院根据海事请求人的申请，对有关海事请求的证据予以提取、保存或者封存的强制措施。

第六十三条　【受理法院】当事人在起诉前申请海事证据保全，应当向被保全的证据所在地海事法院提出。

第六十四条　【管辖协议排除】海事证据保全不受当事人之间关于该海事请求的诉讼管辖协议或者仲裁协议的约束。

第六十五条　【申请书】海事请求人申请海事证据保全，应当向海事法院提交书面申请。申请书应当载明请求保全的证据、该证据与海事请求的联系、申请理由。

第六十六条　【保全担保】海事法院受理海事证据保全申请，可以责令海事请求人提供担保。海事请求人不提供的，驳回其申请。

第六十七条　【保全条件】采取海事证据保全，应当具备下列条件：

（一）请求人是海事请求的当事人；

（二）请求保全的证据对该海事请求具有证明作用；

（三）被请求人是与请求保全的证据有关的人；

（四）情况紧急，不立即采取证据保全就会使该海事请求的证据灭失或者难以取得。

第六十八条　【申请裁决】海事法院接受申请后，应当在四十八小时内作出裁定。裁定采取海事证据保全措施的，应当立即执行；对不符合海事证据保全条件的，裁定驳回其申请。

第六十九条　【复议和异议】当事人对裁定不服的，可以在收到裁定书之日起五日内申请复议一次。海事法院应当在收到复议申请之日起五日内作出复议决定。复议期间不停止裁定的执行。被请求人申请复议的理由成立的，应当将保全的证据返还被请求人。

利害关系人对海事证据保全提出异议，海事法院经审查，认为理由成立的，应当裁定撤销海事证据保全；已经执行的，应当将与利害关系人有关的证据返还利害关系人。

第七十条 【保全措施】海事法院进行海事证据保全,根据具体情况,可以对证据予以封存,也可以提取复制件、副本,或者进行拍照、录相,制作节录本、调查笔录等。确有必要的,也可以提取证据原件。

第七十一条 【申请错误】海事请求人申请海事证据保全错误的,应当赔偿被请求人或者利害关系人因此所遭受的损失。

第七十二条 【保全后的程序】海事证据保全后,有关海事纠纷未进入诉讼或者仲裁程序的,当事人就该海事请求,可以向采取证据保全的海事法院或者其他有管辖权的海事法院提起诉讼,但当事人之间订有诉讼管辖协议或者仲裁协议的除外。

第六章 海事担保

第七十三条 【担保范围和方式】海事担保包括本法规定的海事请求保全、海事强制令、海事证据保全等程序中所涉及的担保。

担保的方式为提供现金或者保证、设置抵押或者质押。

第七十四条 【担保的交付】海事请求人的担保应当提交给海事法院;被请求人的担保可以提交给海事法院,也可以提供给海事请求人。

第七十五条 【担保方式、数额决定】海事请求人提供的担保,其方式、数额由海事法院决定。被请求人提供的担保,其方式、数额由海事请求人和被请求人协商;协商不成的,由海事法院决定。

第七十六条 【担保数额】海事请求人要求被请求人就海事请求保全提供担保的数额,应当与其债权数额相当,但不得超过被保全的财产价值。

海事请求人提供担保的数额,应当相当于因其申请可能给被请求人造成的损失。具体数额由海事法院决定。

第七十七条 【申请减少或取消】担保提供后,提供担保的人有正当理由的,可以向海事法院申请减少、变更或者取消该担保。

第七十八条 【损失赔偿】海事请求人请求担保的数额过高,造成被请求人损失的,应当承担赔偿责任。

第七十九条 【其他担保对象适用】设立海事赔偿责任限制基金和先予执行等程序所涉及的担保,可以参照本章规定。

第七章 送　达

第八十条 【送达的法律适用】海事诉讼法律文书的送达,适用《中华人民共和国民事诉讼法》的有关规定,还可以采用下列方式:

(一)向受送达人委托的诉讼代理人送达;

(二)向受送达人在中华人民共和国领域内设立的代表机构、分支机构或者业务代办人送达;

(三)通过能够确认收悉的其他适当方式送达。

有关扣押船舶的法律文书也可以向当事船舶的船长送达。

第八十一条 【留置送达】有义务接受法律文书的人拒绝签收,送达人在送达回证上记明情况,经送达人、见证人签名或者盖章,将法律文书留在其住所或者办公处所的,视为送达。

第八章 审判程序

第一节 审理船舶碰撞案件的规定

第八十二条 【诉前填表】原告在起诉时、被告在答辩时,应当如实填写《海事事故调查表》。

第八十三条 【书状送达】海事法院向当事人送达起诉状或者答辩状时,不附送有关证据材料。

第八十四条 【举证时间】当事人应当在开庭审理前完成举证。当事人完成举证并向海事法院出具完成举证说明书后,可以申请查阅有关船舶碰撞的事实证据材料。

第八十五条 【禁止推翻证据】当事人不能推翻其在《海事事故调查表》中的陈述和已经完成的举证,但有新的证据,并有充分的理由说明该证据不能在举证期间内提交的除外。

第八十六条 **【检验估价机构】**船舶检验、估价应当由国家授权或者其他具有专业资格的机构或者个人承担。非经国家授权或者未取得专业资格的机构或者个人所作的检验或者估价结论，海事法院不予采纳。

第八十七条 **【审限】**海事法院审理船舶碰撞案件，应当在立案后一年内审结。有特殊情况需要延长的，由本院院长批准。

第二节 审理共同海损案件的规定

第八十八条 **【海损理算】**当事人就共同海损的纠纷，可以协议委托理算机构理算，也可以直接向海事法院提起诉讼。海事法院受理未经理算的共同海损纠纷，可以委托理算机构理算。

第八十九条 **【理算报告的采纳】**理算机构作出的共同海损理算报告，当事人没有提出异议的，可以作为分摊责任的依据；当事人提出异议的，由海事法院决定是否采纳。

第九十条 **【非共同海损诉讼】**当事人可以不受因同一海损事故提起的共同海损诉讼程序的影响，就非共同海损损失向责任人提起诉讼。

第九十一条 **【合并审理】**当事人就同一海损事故向受理共同海损案件的海事法院提起非共同海损的诉讼，以及对共同海损分摊向责任人提起追偿诉讼的，海事法院可以合并审理。

第九十二条 **【审限】**海事法院审理共同海损案件，应当在立案后一年内审结。有特殊情况需要延长的，由本院院长批准。

第三节 海上保险人行使代位请求赔偿权利的规定

第九十三条 **【代位请求权】**因第三人造成保险事故，保险人向被保险人支付保险赔偿后，在保险赔偿范围内可以代位行使被保险人对第三人请求赔偿的权利。

第九十四条 **【诉讼提起】**保险人行使代位请求赔偿权利时，被保险人未向造成保险事故的第三人提起诉讼的，保险人应当以自己的名义向该第三人提起诉讼。

第九十五条 **【共同诉讼】**保险人行使代位请求赔偿权利时，被保险人已经向造成保险事故的第三人提起诉讼的，保险人可以向受理该案的法院提出变更当事人的请求，代位行使被保险人对第三人请求赔偿的权利。

被保险人取得的保险赔偿不能弥补第三人造成的全部损失的，保险人和被保险人可以作为共同原告向第三人请求赔偿。

第九十六条 **【代位权起诉条件】**保险人依照本法第九十四条、第九十五条的规定提起诉讼或者申请参加诉讼的，应当向受理该案的海事法院提交保险人支付保险赔偿的凭证，以及参加诉讼应当提交的其他文件。

第九十七条 **【油污损害的被诉人】**对船舶造成油污损害的赔偿请求，受损害人可以向造成油污损害的船舶所有人提出，也可以直接向承担船舶所有人油污损害责任的保险人或者提供财务保证的其他人提出。

油污损害责任的保险人或者提供财务保证的其他人被起诉的，有权要求造成油污损害的船舶所有人参加诉讼。

第四节 简易程序、督促程序和公示催告程序

第九十八条 **【简易程序的适用】**海事法院审理事实清楚、权利义务关系明确、争议不大的简单的海事案件，可以适用《中华人民共和国民事诉讼法》简易程序的规定。

第九十九条 **【支付令适用】**债权人基于海事事由请求债务人给付金钱或者有价证券，符合《中华人民共和国民事诉讼法》有关规定的，可以向有管辖权的海事法院申请支付令。

债务人是外国人、无国籍人、外国企业或者组织，但在中华人民共和国领域内有

住所、代表机构或者分支机构并能够送达支付令的，债权人可以向有管辖权的海事法院申请支付令。

第一百条　【公示催告程序的适用】提单等提货凭证持有人，因提货凭证失控或者灭失，可以向货物所在地海事法院申请公示催告。

第九章　设立海事赔偿责任限制基金程序

第一百零一条　【基金设立】船舶所有人、承租人、经营人、救助人、保险人在发生海事事故后，依法申请责任限制的，可以向海事法院申请设立海事赔偿责任限制基金。

船舶造成油污损害的，船舶所有人及其责任保险人或者提供财务保证的其他人为取得法律规定的责任限制的权利，应当向海事法院设立油污损害的海事赔偿责任限制基金。

设立责任限制基金的申请可以在起诉前或者诉讼中提出，但最迟应当在一审判决作出前提出。

第一百零二条　【受理法院】当事人在起诉前申请设立海事赔偿责任限制基金的，应当向事故发生地、合同履行地或者船舶扣押地海事法院提出。

第一百零三条　【排除协议】设立海事赔偿责任限制基金，不受当事人之间关于诉讼管辖协议或者仲裁协议的约束。

第一百零四条　【申请文件】申请人向海事法院申请设立海事赔偿责任限制基金，应当提交书面申请。申请书应当载明申请设立海事赔偿责任限制基金的数额、理由，以及已知的利害关系人的名称、地址和通讯方法，并附有关证据。

第一百零五条　【受理通知和公告】海事法院受理设立海事赔偿责任限制基金申请后，应当在七日内向已知的利害关系人发出通知，同时通过报纸或者其他新闻媒体发布公告。

通知和公告包括下列内容：

（一）申请人的名称；

（二）申请的事实和理由；

（三）设立海事赔偿责任限制基金事项；

（四）办理债权登记事项；

（五）需要告知的其他事项。

第一百零六条　【异议程序】利害关系人对申请人申请设立海事赔偿责任限制基金有异议的，应当在收到通知之日起七日内或者未收到通知的在公告之日起三十日内，以书面形式向海事法院提出。

海事法院收到利害关系人提出的书面异议后，应当进行审查，在十五日内作出裁定。异议成立的，裁定驳回申请人的申请；异议不成立的，裁定准予申请人设立海事赔偿责任限制基金。

当事人对裁定不服的，可以在收到裁定书之日起七日内提起上诉。第二审人民法院应当在收到上诉状之日起十五日内作出裁定。

第一百零七条　【裁定设立基金】利害关系人在规定的期间内没有提出异议的，海事法院裁定准予申请人设立海事赔偿责任限制基金。

第一百零八条　【基金形式和数额】准予申请人设立海事赔偿责任限制基金的裁定生效后，申请人应当在海事法院设立海事赔偿责任限制基金。

设立海事赔偿责任限制基金可以提供现金，也可以提供经海事法院认可的担保。

海事赔偿责任限制基金的数额，为海事赔偿责任限额和自事故发生之日起至基金设立之日止的利息。以担保方式设立基金的，担保数额为基金数额及其在基金设立期间的利息。

以现金设立基金的，基金到达海事法院指定帐户之日为基金设立之日。以担保设立基金的，海事法院接受担保之日为基金设立之日。

第一百零九条　【设立基金后的程序】设立海事赔偿责任限制基金以后，当事人就有关海事纠纷应当向设立海事赔偿责任限制基金的海事法院提起诉讼,但当事人之间订有诉讼管辖协议或者仲裁协议的除外。

第一百一十条 【申请错误】申请人申请设立海事赔偿责任限制基金错误的,应当赔偿利害关系人因此所遭受的损失。

第十章 债权登记与受偿程序

第一百一十一条 【拍卖债权登记时间】海事法院裁定强制拍卖船舶的公告发布后,债权人应当在公告期间,就与被拍卖船舶有关的债权申请登记。公告期间届满不登记的,视为放弃在本次拍卖船舶价款中受偿的权利。

第一百一十二条 【海事事故债权登记】海事法院受理设立海事赔偿责任限制基金的公告发布后,债权人应当在公告期间就与特定场合发生的海事事故有关的债权申请登记。公告期间届满不登记的,视为放弃债权。

第一百一十三条 【债权证据】债权人向海事法院申请登记债权的,应当提交书面申请,并提供有关债权证据。

债权证据,包括证明债权的具有法律效力的判决书、裁定书、调解书、仲裁裁决书和公证债权文书,以及其他证明具有海事请求的证据材料。

第一百一十四条 【债权证据审查】海事法院应当对债权人的申请进行审查,对提供债权证据的,裁定准予登记;对不提供债权证据的,裁定驳回申请。

第一百一十五条 【债权文书确认】债权人提供证明债权的判决书、裁定书、调解书、仲裁裁决书或者公证债权文书的,海事法院经审查认定上述文书真实合法的,裁定予以确认。

第一百一十六条 【确权诉讼】债权人提供其他海事请求证据的,应当在办理债权登记以后,在受理债权登记的海事法院提起确权诉讼。当事人之间有仲裁协议的,应当及时申请仲裁。

海事法院对确权诉讼作出的判决、裁定具有法律效力,当事人不得提起上诉。

第一百一十七条 【召开债权人会议】海事法院审理并确认债权后,应当向债权人发出债权人会议通知书,组织召开债权人会议。

第一百一十八条 【分配方案】债权人会议可以协商提出船舶价款或者海事赔偿责任限制基金的分配方案,签订受偿协议。

受偿协议经海事法院裁定认可,具有法律效力。

债权人会议协商不成的,由海事法院依照《中华人民共和国海商法》以及其他有关法律规定的受偿顺序,裁定船舶价款或者海事赔偿责任限制基金的分配方案。

第一百一十九条 【受偿顺序】拍卖船舶所得价款及其利息,或者海事赔偿责任限制基金及其利息,应当一并予以分配。

分配船舶价款时,应当由责任人承担的诉讼费用,为保存、拍卖船舶和分配船舶价款产生的费用,以及为债权人的共同利益支付的其他费用,应当从船舶价款中先行拨付。

清偿债务后的余款,应当退还船舶原所有人或者海事赔偿责任限制基金设立人。

第十一章 船舶优先权催告程序

第一百二十条 【催告申请人】船舶转让时,受让人可以向海事法院申请船舶优先权催告,催促船舶优先权人及时主张权利,消灭该船舶附有的船舶优先权。

第一百二十一条 【受理法院】受让人申请船舶优先权催告的,应当向转让船舶交付地或者受让人住所地海事法院提出。

第一百二十二条 【申请文件】申请船舶优先权催告,应当向海事法院提交申请书、船舶转让合同、船舶技术资料等文件。申请书应当载明船舶的名称、申请船舶优先权催告的事实和理由。

第一百二十三条 【对申请裁定】海事法院在收到申请书以及有关文件后，应当进行审查，在七日内作出准予或者不准予申请的裁定。

受让人对裁定不服的，可以申请复议一次。

第一百二十四条 【公告催促】海事法院在准予申请的裁定生效后，应当通过报纸或者其他新闻媒体发布公告，催促船舶优先权人在催告期间主张船舶优先权。

船舶优先权催告期间为六十日。

第一百二十五条 【优先权登记】船舶优先权催告期间，船舶优先权人主张权利的，应当在海事法院办理登记；不主张权利的，视为放弃船舶优先权。

第一百二十六条 【判决】船舶优先权催告期间届满，无人主张船舶优先权的，海事法院应当根据当事人的申请作出判决，宣告该转让船舶不附有船舶优先权。判决内容应当公告。

第十二章 附 则

第一百二十七条 【生效日期】本法自2000年7月1日起施行。

◎行政法规

交通部关于不满300总吨船舶及沿海运输、沿海作业船舶海事赔偿限额的规定

- 1993年11月7日国务院批准
- 1993年11月15日交通部发布
- 自1994年1月1日起施行

第一条 根据《中华人民共和国海商法》第二百一十条规定，制定本规定。

第二条 本规定适用于超过20总吨、不满300总吨的船舶及300总吨以上从事中华人民共和国港口之间货物运输或者沿海作业的船舶。

第三条 除本规定第四条另有规定外，不满300总吨船舶的海事赔偿责任限制，依照下列规定计算赔偿限额：

（一）关于人身伤亡的赔偿请求：

1. 超过20总吨、21总吨以下的船舶，赔偿限额为54000计算单位；

2. 超过21总吨的船舶，超过部分每吨增加1000计算单位。

（二）关于非人身伤亡的赔偿请求：

1. 超过20总吨、21总吨以下的船舶，赔偿限额为27500计算单位；

2. 超过21总吨的船舶，超过部分每吨增加500计算单位。

第四条 从事中华人民共和国港口之间货物运输或者沿海作业的船舶，不满300总吨的，其海事赔偿限额依照本规定第三条规定的赔偿限额的50%计算；300总吨以上的，其海事赔偿限额依照《中华人民共和国海商法》第二百一十条第一款规定的赔偿限额的50%计算。

第五条 同一事故中的当事船舶的海事赔偿限额，有适用《中华人民共和国海商法》第二百一十条或者本规定第三条规定的，其他当事船舶的海事赔偿限额应当同样适用。

第六条 本规定由中华人民共和国交通部负责解释。

第七条 本规定自1994年1月1日起施行。

中华人民共和国港口间海上旅客运输赔偿责任限额规定

- 1993年11月20日国务院批准
- 1993年12月17日交通部发布
- 自1994年1月1日起施行

第一条 根据《中华人民共和国海商法》第一百一十七条、第二百一十一条的规定，制定本规定。

第二条 本规定适用于中华人民共和国港口之间海上旅客运输。

第三条 承运人在每次海上旅客运输中的赔偿责任限额，按照下列规定执行：

（一）旅客人身伤亡的，每名旅客不超过4万元人民币；

（二）旅客自带行李灭失或者损坏的，每名旅客不超过800元人民币；

（三）旅客车辆包括该车辆所载行李灭失或者损坏的，每一车辆不超过3200元人民币；

（四）本款第（二）项、第（三）项以外的旅客其他行李灭失或者损坏的，每千克不超过20元人民币。

承运人和旅客可以书面约定高于本条第一款规定的赔偿责任限额。

第四条 海上旅客运输的旅客人身伤亡赔偿责任限制，按照4万元人民币乘以船舶证书规定的载客定额计算赔偿限额，但是最高不超过2100万元人民币。

第五条 向外籍旅客、华侨和港、澳、台胞旅客给付的赔偿金，可以兑换成该外国或者地区的货币。其汇率按照赔偿金给付之日中华人民共和国外汇管理部门公布的外汇牌价确定。

第六条 本规定由中华人民共和国交通部负责解释。

第七条 本规定自1994年1月1日起施行。

◎行业指导性规定

中国国际贸易促进委员会共同海损理算暂行规则

• 1975年1月1日

为了在平等互利的基础上，正确地进行共同海损理算，以增强各国人民的友好关系，促进国际贸易与海洋运输的发展，中国国际贸易促进委员会制定本暂行规则，并设立海损理算处。

第一条 共同海损的范围

在海上运输中，船舶和货物等遭遇自然灾害、意外事故或其他特殊情况，为了解除共同危险，采取合理措施所引起的下列特殊损失和合理的额外费用，属于共同海损：

一、为了抢救船舶和货物等而造成的船、货等合理损失。

二、船舶驶入避难港的额外费用，在避难港额外停留期间的港口费用，以及事后载有原货物驶出的额外费用。

三、船舶由于驶往避难港而延长航程和在避难港额外停留期间支付的船员工资和给养，以及消耗的燃料和物料的费用。

四、救助费用、抢卸和重装货物等的费用以及其他额外费用。

由于本航程中的意外事故，为了安全地完成航程必须修理时，船舶在修理港合理停留期间必须支付的港口费用、船员工资和给养、消耗的燃料和物料费用，以及由于修理而卸载、重装和移动船上货物等所引起的费用和损失，在当前情况下可列入共同海损。

为了节省原应列入共同海损的费用而支付的费用，可以作为代替费用列入共同海损，这些费用，除经船、货双方同意的以外，不得超过被节省的费用。

除以上三款所列的损失和费用外，其他一切间接损失，包括由于迟延所引起的一切损失和费用，都不属于共同海损。

第二条 共同海损理算的原则

进行共同海损理算的原则是：在调查研究的基础上，明确责任，实事求是、公平合理地处理各项损失和费用的补偿和分摊。

提出共同海损理算要求的一方和其他有关各方，有举证的责任，证明其提出的损失或费用根据本规则的规定可列入共同海损。

对作为共同海损提出理算的案件，如果构成案件的事故确系运输契约一方不能免责的过失所引起，则不进行共同海损理算，但可根据具体情况，通过协商另作适当处理。

第三条 共同海损损失金额的计算

船舶、货物和运费的共同海损损失金额,按照下列标准计算:

一、船舶的损失金额,按照损失部分实际支付的合理修理费用(包括临时性修理费用、合理扣减后的换新费用)计算。如果船舶损失部分尚未进行修理,则按必要修理的合理估计费用计算。燃料、物料等损失按实际价值计算。

二、货物的损失金额,按照损失部分的到岸价格,减除由于损失无需支付的运费。如果遭受损失的残货已经出售,而受损程度无法确定,则按该货物的到岸价格与出售净得金额之间的差额计算。

三、运费的损失,按照货物遭受损失而引起的运费损失金额,减除由于损失无需支付的营运费用计算。

第四条 共同海损的分摊

共同海损的损失和费用,由各受益方根据各自的分摊价值比例分摊。

分摊价值按照下列标准计算:

一、船舶分摊价值,按照船舶在航程终止时的当地完好价值减除不属于共同海损的损失金额计算;或按照船舶在航程终止时的当地实际价值加上共同海损的损失金额计算。

二、货物分摊价值,按照货物的到岸价格,减除不属于共同海损的损失金额和承运人承担风险的运费计算。

未经申报的货物或谎报的货物,应按实际价值参加分摊;如果这些货物遭受损失,不得列入共同海损。

旅客行李和个人物品,除特殊情况外,不参加共同海损分摊。

三、运费分摊价值,按照承运人承担风险并于事后收得的运费,根据共同海损事故发生时尚未完成的航程,作相应比例的扣减,加上列入共同海损的运费损失金额计算。

第五条 利息和手续费

对共同海损的损失和费用,给予年利%7 的利息。利息计算至共同海损理算书编就之日为止。

对垫付的共同海损费用,除船员工资、给养、燃料、物料外,给予2% 的手续费。

第六条 共同海损担保

为了保证分摊共同海损,经有关方的要求,各分摊方应提供共同海损担保。共同海损担保,可以提供可靠的担保函,也可以提供保证金。如果提供保证金,除各有关方另有协议者外,应交由理算处以保管人的名义存入银行。保证金的使用,由理算处决定。保证金的提供、使用或退还,不影响各分摊方的最终分摊责任。

第七条 共同海损时限

为了维护各有关方的利益,尽快完成共同海损案件的理算,各有关方在共同海损事故发生后应及时办理必要的事项,并按照下列期限宣布共同海损和向理算处提供有关材料:

一、宣布共同海损:船舶在海上发生事故,不迟于到达第一个港口后的48 小时;船舶在港内发生事故,不迟于事故发生后的48 小时。

二、提供有关材料:有关共同海损事故和损失的证明材料,在有关方收到后一个月以内,但全部材料不迟于航程结束后一年。

如有特殊情况,在上述期限内向理算处提出理由,经理算处同意,可以适当延长。

如果有关方不按上述规定办理,理算处可以根据情况,不予理算;或根据已有材料进行理算。

第八条 共同海损理算的简化

为了减轻各有关方的负担,提高工作效率,共同海损理算应尽量简化,避免繁琐的手续和计算;理算书应力求简明扼要,便于执行。

对于案情简单的案件,可以作简易理算。

对于共同海损金额较小的案件，经征得主要有关方的同意，可以不进行理算。

◎司法解释

最高人民法院关于审理船舶碰撞和触碰案件财产损害赔偿的规定

- 1995年8月18日
- 法发〔1995〕17号

根据《中华人民共和国民法通则》和《中华人民共和国海商法》的有关规定，结合我国海事审判实践并参照国际惯例，对审理船舶碰撞和触碰案件的财产损害赔偿规定如下：

一、请求人可以请求赔偿对船舶碰撞或者触碰所造成的财产损失，船舶碰撞或者触碰后相继发生的有关费用和损失，对避免或者减少损害而产生的合理费用和损失，以及预期可得利益的损失。

因请求人的过错造成的损失或者使损失扩大的部分，不予赔偿。

二、赔偿应当尽量达到恢复原状，不能恢复原状的折价赔偿。

三、船舶损害赔偿分为全损赔偿和部分损害赔偿。

（一）船舶全损的赔偿包括：

船舶价值损失；

未包括在船舶价值内的船舶上的燃料、物料、备件、供应品，渔船上的捕捞设备、网具、渔具等损失。

船员工资、遣返费及其他合理费用。

（二）船舶部分损害的赔偿包括：合理的船舶临时修理费、永久修理费及辅助费用、维持费用，但应满足下列条件：

船舶应就近修理，除非请求人能证明在其他地方修理更能减少损失和节省费用，或者有其他合理的理由。如果船舶经临时修理可继续营运，请求人有责任进行临时修理；

船舶碰撞部位的修理，同请求人为保证船舶适航，或者因另外事故所进行的修理，或者与船舶例行的检修一起进行时，赔偿仅限于修理本次船舶碰撞的受损部位所需的费用和损失。

（三）船舶损害赔偿还包括：

合理的救助费，沉船的勘查、打捞和清除费用，设置沉船标志费用；

拖航费用，本航次的租金或者运费损失，共同海损分摊；

合理的船期损失；

其他合理的费用。

四、船上财产的损害赔偿包括：

船上财产的灭失或者部分损坏引起的贬值损失；

合理的修复或者处理费用；

合理的财产救助、打捞和清除费用，共同海损分摊；

其他合理费用。

五、船舶触碰造成设施损害的赔偿包括：

设施的全损或者部分损坏修复费用；

设施修复前不能正常使用所产生的合理的收益损失。

六、船舶碰撞或者触碰造成第三人财产损失的，应予赔偿。

七、除赔偿本金外，利息损失也应赔偿。

八、船舶价值损失的计算，以船舶碰撞发生地当时类似船舶的市价确定；碰撞发生地无类似船舶市价的，以船舶船籍港类似船舶的市价确定，或者以其他地区类似船舶市价的平均价确定；没有市价的，以原船舶的造价或者购置价，扣除折旧（折旧率按年4～10%）计算；折旧后没有价值的按残值计算。

船舶被打捞后尚有残值的，船舶价值应扣除残值。

九、船上财产损失的计算：

（一）货物灭失的，按照货物的实际价值，即以货物装船时的价值加运费加请求人已支付的货物保险费计算，扣除可节省的费用；

（二）货物损坏的，以修复所需的费用，或者以货物的实际价值扣除残值和可节省的费用计算；

（三）由于船舶碰撞在约定的时间内迟延交付所产生的损失，按迟延交付货物的实际价值加预期可得利润与到岸时的市价的差价计算，但预期可得利润不得超过货物实际价值的10%；

（四）船上捕捞的鱼货，以实际的鱼货价值计算。鱼货价值参照海事发生时当地市价，扣除可节省的费用；

（五）船上渔具、网具的种类和数量，以本次出海捕捞作业所需量扣减现存量计算，但所需量超过渔政部门规定或者许可的种类和数量的，不予认定；渔具、网具的价值，按原购置价或者原造价扣除折旧费用和残值计算；

（六）旅客行李、物品（包括自带行李）的损失，属本船旅客的损失，依照海商法的规定处理；属他船旅客的损失，可参照旅客运输合同中有关旅客行李灭失或者损坏的赔偿规定处理；

（七）船员个人生活必需品的损失，按实际损失适当予以赔偿；

（八）承运人与旅客书面约定由承运人保管的货币、金银、珠宝、有价证券或者其他贵重物品的损失，依海商法的规定处理；船员、旅客、其他人员个人携带的货币、金银、珠宝、有价证券或者其他贵重物品的损失，不予认定；

（九）船上其他财产的损失，按其实际价值计算。

十、船期损失的计算：

期限：船舶全损的，以找到替代船所需的合理期间为限，但最长不得超过两个月；船舶部分损害的修船期限，以实际修复所需的合理期间为限，其中包括联系、住坞、验船等所需的合理时间；渔业船舶，按上述期限扣除休渔期为限，或者以一个渔汛期为限。

船期损失，一般以船舶碰撞前后各两个航次的平均净盈利计算；无前后各两个航次可参照的，以其他相应航次的平均净盈利计算。

渔船渔汛损失，以该渔船前3年的同期渔汛平均净收益计算，或者以本年内同期同类渔船的平均净收益计算。计算渔汛损失时，应当考虑到碰撞渔船在对船捕渔作业或者围网灯光捕渔作业中的作用等因素。

十一、租金或者运费损失的计算：

碰撞导致期租合同承租人停租或者不付租金的，以停租或者不付租金额，扣除可节省的费用计算。

因货物灭失或者损坏导致到付运费损失的，以尚未收取的运费金额扣除可节省的费用计算。

十二、设施损害赔偿的计算：

期限：以实际停止使用期间扣除常规检修的期间为限；

设施部分损坏或者全损，分别以合理的修复费用或者重新建造的费用，扣除已使用年限的折旧费计算；

设施使用的收益损失，以实际减少的净收益，即按停止使用前三个月的平均净盈利计算；部分使用并有收益的，应当扣减。

十三、利息损失的计算：

船舶价值的损失利息，从船舶损失停止计算之日起至判决或者调解指定的应付之日止；

其他各项损失的利息，从损失发生之日或者费用产生之日起计算至判决或调解指定的应付之日止；

利息按本金性质的同期利率计算。

十四、计算损害赔偿的货币，当事人有约定的，依约定；没有约定的，按以下相关的货币计算；

按船舶营运或者生产经营所使用的货币计算；

船载进、出口货物的价值，按买卖合同或者提单、运单记明的货币计算；

以特别提款权计算损失的，按法院判决或者调解之日的兑换率换算成相应的货币。

十五、本规定不包括对船舶碰撞或者触碰责任的确定,不影响船舶所有人或者承运人依法享受免责和责任限制的权利。

十六、本规定中下列用语的含义:

“船舶”是指所有用作或者能够用作水上运输工具的各类水上船筏,包括非排水船舶和水上飞机。但是用于军事的和政府公务的船舶除外。

“设施”是指人为设置的固定或者可移动的构造物,包括固定平台、浮鼓、码头、堤坝、桥梁、敷设或者架设的电缆、管道等。

“船舶碰撞”是指在海上或者与海相通的可航水域,两艘或者两艘以上的船舶之间发生接触或者没有直接接触,造成财产损害的事故。

“船舶触碰”是指船舶与设施或者障碍物发生接触并造成财产损害的事故。

“船舶全损”是指船舶实际全部损失,或者损坏已达到相当严重的程度,以至于救助、打捞、修理费等费用之和达到或者超过碰撞或者触碰发生前的船舶价值。

“辅助费用”是指为进行修理而产生的合理费用,包括必要的进坞费、清舱除气费、排放油污水处理费、港口使费、引航费、检验费以及修船期间所产生的住坞费、码头费等费用,但不限于上述费用。

“维持费用”是指船舶修理期间,船舶和船员日常消耗的费用,包括燃料、物料、淡水及供应品的消耗和船员工资等。

十七、本规定自发布之日起施行。

最高人民法院关于承运人就海上货物运输向托运人、收货人或提单持有人要求赔偿的请求权时效期间的批复

- 1997年8月5日
- 法释〔1997〕3号

山东省高级人民法院:

你院《关于赔偿请求权时效期间的请示》(鲁法经〔1996〕74号)收悉。经研究,答复如下:

承运人就海上货物运输向托运人、收货人或提单持有人要求赔偿的请求权,在有关法律未予以规定前,比照适用《中华人民共和国海商法》第二百五十七条第一款的规定,时效期间为1年,自权利人知道或者应当知道权利被侵害之日起计算。

最高人民法院关于如何确定沿海、内河货物运输赔偿请求权时效期间问题的批复

- 2001年5月24日
- 法释〔2001〕18号

浙江省高级人民法院:

你院浙高法〔2000〕267号《关于沿海、内河货物运输赔偿请求权诉讼时效期间如何计算的请示》收悉。

经研究,答复如下:

根据《中华人民共和国海商法》第二百五十七条第一款规定的精神,结合审判实践,托运人、收货人就沿海、内河货物运输合同向承运人要求赔偿的请求权,或者承运人就沿海、内河货物运输向托运人、收货人要求赔偿的请求权,时效期间为1年,自承运人交付或者应当交付货物之日起计算。

最高人民法院关于适用《中华人民共和国海事诉讼特别程序法》若干问题的解释

- 2003年1月6日
- 法释〔2003〕3号

为了依法正确审理海事案件,根据《中华人民共和国民事诉讼法》和《中华人民共和国海事诉讼特别程序法》的规定以及海事审判的实践,对人民法院适用海事诉讼特别程序法的若干问题作出如下解释。

一、关 于 管 辖

第一条 在海上或者通海水域发生的与船舶或者运输、生产、作业相关的海事侵权纠纷、海商合同纠纷，以及法律或者相关司法解释规定的其他海事纠纷案件由海事法院及其上级人民法院专门管辖。

第二条 涉外海事侵权纠纷案件和海上运输合同纠纷案件的管辖，适用民事诉讼法第二十四章的规定；民事诉讼法第二十四章没有规定的，适用海事诉讼特别程序法第六条第二款(一)、(二)项的规定和民事诉讼法的其他有关规定。

第三条 海事诉讼特别程序法第六条规定的海船指适合航行于海上或者通海水域的船舶。

第四条 海事诉讼特别程序法第六条第二款(一)项规定的船籍港指被告船舶的船籍港。被告船舶的船籍港不在中华人民共和国领域内，原告船舶的船籍港在中华人民共和国领域内的，由原告船舶的船籍港所在地的海事法院管辖。

第五条 海事诉讼特别程序法第六条第二款(二)项规定的起运港、转运港和到达港指合同约定的或者实际履行的起运港、转运港和到达港。合同约定的起运港、转运港和到达港与实际履行的起运港、转运港和到达港不一致的，以实际履行的地点确定案件管辖。

第六条 海事诉讼特别程序法第六条第二款(四)项的保赔标的物所在地指保赔船舶的所在地。

第七条 海事诉讼特别程序法第六条第二款(七)项规定的船舶所在地指起诉时船舶的停泊地或者船舶被扣押地。

第八条 因船员劳务合同纠纷直接向海事法院提起的诉讼，海事法院应当受理。

第九条 因海难救助费用提起的诉讼，除依照民事诉讼法第三十二条的规定确定管辖外，还可以由被救助的船舶以外的其他获救财产所在地的海事法院管辖。

第十条 与船舶担保或者船舶优先权有关的借款合同纠纷，由被告住所地、合同履行地、船舶的船籍港、船舶所在地的海事法院管辖。

第十一条 海事诉讼特别程序法第七条(三)项规定的有管辖权的海域指中华人民共和国的毗连区、专属经济区、大陆架以及有管辖权的其他海域。

第十二条 海事诉讼特别程序法第七条(三)项规定的合同履行地指合同的实际履行地；合同未实际履行的，为合同约定的履行地。

第十三条 当事人根据海事诉讼特别程序法第十一条的规定申请执行海事仲裁裁决，申请承认和执行国外海事仲裁裁决的，由被执行的财产所在地或者被执行人住所地的海事法院管辖；被执行的财产为船舶的，无论该船舶是否在海事法院管辖区域范围内，均由海事法院管辖。船舶所在地没有海事法院的，由就近的海事法院管辖。

前款所称财产所在地和被执行人住所地是指海事法院行使管辖权的地域。

第十四条 认定海事仲裁协议效力案件，由被申请人住所地、合同履行地或者约定的仲裁机构所在地的海事法院管辖。

第十五条 除海事法院及其上级人民法院外，地方人民法院对当事人提出的船舶保全申请应不予受理；地方人民法院为执行生效法律文书需要扣押和拍卖船舶的，应当委托船籍港所在地或者船舶所在地的海事法院执行。

第十六条 两个以上海事法院都有管辖权的诉讼，原告可以向其中一个海事法院起诉；原告向两个以上有管辖权的海事法院起诉的，由最先立案的海事法院管辖。

第十七条 海事法院之间因管辖权发生争议，由争议双方协商解决；协商解决不了的，报请最高人民法院指定管辖。

二、关于海事请求保全

第十八条 海事诉讼特别程序法第十二条规

定的被请求人的财产包括船舶、船载货物、船用燃油以及船用物料。对其他财产的海事请求保全适用民事诉讼法有关财产保全的规定。

第十九条 海事诉讼特别程序法规定的船载货物指处于承运人掌管之下，尚未装船或者已经装载于船上以及已经卸载的货物。

第二十条 海事诉讼特别程序法第十三条规定的被保全的财产所在地指船舶的所在地或者货物的所在地。当事人在诉讼前对已经卸载但在承运人掌管之下的货物申请海事请求保全，如果货物所在地不在海事法院管辖区域的，可以向卸货港所在地的海事法院提出，也可以向货物所在地的地方人民法院提出。

第二十一条 诉讼或者仲裁前申请海事请求保全适用海事诉讼特别程序法第十四条的规定。外国法院已受理相关海事案件或者有关纠纷已经提交仲裁，但涉案财产在中华人民共和国领域内，当事人向财产所在地的海事法院提出海事请求保全申请的，海事法院应当受理。

第二十二条 利害关系人对海事法院作出的海事请求保全裁定提出异议，经审查认为理由不成立的，应当书面通知利害关系人。

第二十三条 被请求人或者利害关系人依据海事诉讼特别程序法第二十条的规定要求海事请求人赔偿损失，向采取海事请求保全措施的海事法院提起诉讼的，海事法院应当受理。

第二十四条 申请扣押船舶错误造成的损失，包括因船舶被扣押在停泊期间产生的各项维持费用与支出、船舶被扣押造成的船期损失和被申请人为使船舶解除扣押而提供担保所支出的费用。

第二十五条 海事请求保全扣押船舶超过三十日、扣押货物或者其他财产超过十五日，海事请求人未提起诉讼或者未按照仲裁协议申请仲裁的，海事法院应当及时解除保全或者返还担保。

海事请求人未在期限内提起诉讼或者申请仲裁，但海事请求人和被请求人协议进行和解或者协议约定了担保期限的，海事法院可以根据海事请求人的申请，裁定认可该协议。

第二十六条 申请人为申请扣押船舶提供限额担保，在扣押船舶期限届满时，未按照海事法院的通知追加担保的，海事法院可以解除扣押。

第二十七条 海事诉讼特别程序法第十八条第二款、第七十四条规定的提供给海事请求人的担保，除被请求人和海事请求人有约定的外，海事请求人应当返还；海事请求人不返还担保的，该担保至海事请求保全期间届满之次日失效。

第二十八条 船舶被扣押期间产生的各项维持费用和支出，应当作为为债权人共同利益支出的费用，从拍卖船舶的价款中优先拨付。

第二十九条 海事法院根据海事诉讼特别程序法第二十七条的规定准许已经实施保全的船舶继续营运的，一般仅限于航行于国内航线上的船舶完成本航次。

第三十条 申请扣押船舶的海事请求人在提起诉讼或者申请仲裁后，不申请拍卖被扣押船舶的，海事法院可以根据被申请人的申请拍卖船舶。拍卖所得价款由海事法院提存。

第三十一条 海事法院裁定拍卖船舶，应当通过报纸或者其他新闻媒体连续公告三日。

第三十二条 利害关系人请求终止拍卖被扣押船舶的，是否准许，海事法院应当作出裁定；海事法院裁定终止拍卖船舶的，为准备拍卖船舶所发生的费用由利害关系人承担。

第三十三条 拍卖船舶申请人或者利害关系人申请终止拍卖船舶的，应当在公告确定的拍卖船舶日期届满七日前提出。

第三十四条 海事请求人和被请求人应当按照海事法院的要求提供海事诉讼特别程序法第三十三条规定的已知的船舶优先权人、

抵押权人和船舶所有人的有关确切情况。

第三十五条 海事诉讼特别程序法第三十八条规定的船舶现状指船舶展示时的状况。船舶交接时的状况与船舶展示时的状况经评估确有明显差别的，船舶价款应当作适当的扣减，但属于正常损耗或者消耗的燃油不在此限。

第三十六条 海事请求人申请扣押船载货物的价值应当与其请求的债权数额相当，但船载货物为不可分割的财产除外。

第三十七条 拍卖的船舶移交后，海事法院应当及时通知相关的船舶登记机关。

第三十八条 海事请求人申请扣押船用燃油、物料的，除适用海事诉讼特别程序法第五十条的规定外，还可以适用海事诉讼特别程序法第三章第一节的规定。

第三十九条 二十总吨以下小型船艇的扣押和拍卖，可以依照民事诉讼法规定的扣押和拍卖程序进行。

第四十条 申请人依据《中华人民共和国海商法》第八十八条规定申请拍卖留置的货物的，参照海事诉讼特别程序法关于拍卖船载货物的规定执行。

三、关于海事强制令

第四十一条 诉讼或者仲裁前申请海事强制令的，适用海事诉讼特别程序法第五十三条的规定。

外国法院已受理相关海事案件或者有关纠纷已经提交仲裁的，当事人向中华人民共和国的海事法院提出海事强制令申请，并向法院提供可以执行海事强制令的相关证据的，海事法院应当受理。

第四十二条 海事法院根据海事诉讼特别程序法第五十七条规定，准予申请人海事强制令申请的，应当制作民事裁定书并发布海事强制令。

第四十三条 海事强制令由海事法院执行。被申请人、其他相关单位或者个人不履行海事强制令的，海事法院应当依据民事诉讼法的有关规定强制执行。

第四十四条 利害关系人对海事法院作出海事强制令的民事裁定提出异议，海事法院经审查认为理由不成立的，应当书面通知利害关系人。

第四十五条 海事强制令发布后十五日内，被请求人未提出异议，也未就相关的海事纠纷提起诉讼或者申请仲裁的，海事法院可以应申请人的请求，返还其提供的担保。

第四十六条 被请求人依据海事诉讼特别程序法第六十条的规定要求海事请求人赔偿损失的，由发布海事强制令的海事法院受理。

四、关于海事证据保全

第四十七条 诉讼前申请海事证据保全，适用海事诉讼特别程序法第六十四条的规定。

外国法院已受理相关海事案件或者有关纠纷已经提交仲裁，当事人向中华人民共和国的海事法院提出海事证据保全申请，并提供被保全的证据在中华人民共和国领域内的相关证据的，海事法院应当受理。

第四十八条 海事请求人申请海事证据保全，申请书除应当依照海事诉讼特别程序法第六十五条的规定载明相应内容外，还应当载明证据收集、调取的有关线索。

第四十九条 海事请求人在采取海事证据保全的海事法院提起诉讼后，可以申请复制保全的证据材料；相关海事纠纷在中华人民共和国领域内的其他海事法院或者仲裁机构受理的，受诉法院或者仲裁机构应海事请求人的申请可以申请复制保全的证据材料。

第五十条 利害关系人对海事法院作出的海事证据保全裁定提出异议，海事法院经审查认为理由不成立的，应当书面通知利害关系人。

第五十一条 被请求人依据海事诉讼特别程序法第七十一条的规定要求海事请求人赔偿损失的，由采取海事证据保全的海事法院受理。

五、关于海事担保

第五十二条 海事诉讼特别程序法第七十七条规定的正当理由指：

（1）海事请求人请求担保的数额过高；

（2）被请求人已采取其他有效的担保方式；

（3）海事请求人的请求权消灭。

六、关于送达

第五十三条 有关海事强制令、海事证据保全的法律文书可以向当事船舶的船长送达。

第五十四条 应当向被告送达的开庭传票等法律文书，可以向被扣押的被告船舶的船长送达，但船长作为原告的除外。

第五十五条 海事诉讼特别程序法第八十条第一款（三）项规定的其他适当方式包括传真、电子邮件（包括受送达人的专门网址）等送达方式。

通过以上方式送达的，应确认受送达人确已收悉。

七、关于审判程序

第五十六条 海事诉讼特别程序法第八十四条规定的当事人应当在开庭审理前完成举证的内容，包括当事人按照海事诉讼特别程序法第八十二条的规定填写《海事事故调查表》和提交有关船舶碰撞的事实证据材料。

前款规定的证据材料，当事人应当在一审开庭前向海事法院提供。

第五十七条 《海事事故调查表》属于当事人对发生船舶碰撞基本事实的陈述。经对方当事人认可或者经法院查证属实，可以作为认定事实的依据。

第五十八条 有关船舶碰撞的事实证据材料指涉及船舶碰撞的经过、碰撞原因等方面的证据材料。

有关船舶碰撞的事实证据材料，在各方当事人完成举证后进行交换。当事人在完成举证前向法院申请查阅有关船舶碰撞的事实证据材料的，海事法院应予驳回。

第五十九条 海事诉讼特别程序法第八十五条规定的新的证据指非当事人所持有，在开庭前尚未掌握或者不能获得，因而在开庭前不能举证的证据。

第六十条 因船舶碰撞以外的海事海商案件需要进行船舶检验或者估价的，适用海事诉讼特别程序法第八十六条的规定。

第六十一条 依据《中华人民共和国海商法》第一百七十条的规定提起的诉讼和因船舶触碰造成损害提起的诉讼，参照海事诉讼特别程序法关于审理船舶碰撞案件的有关规定审理。

第六十二条 未经理算的共同海损纠纷诉至海事法院的，海事法院应责令当事人自行委托共同海损理算。确有必要由海事法院委托理算的，由当事人提出申请，委托理算的费用由主张共同海损的当事人垫付。

第六十三条 当事人对共同海损理算报告提出异议，经海事法院审查异议成立，需要补充理算或者重新理算的，应当由原委托人通知理算人进行理算。原委托人不通知理算的，海事法院可以通知理算人重新理算，有关费用由异议人垫付；异议人拒绝垫付费用的，视为撤销异议。

第六十四条 因与共同海损纠纷有关的非共同海损损失向责任人提起的诉讼，适用海事诉讼特别程序法第九十二条规定的审限。

第六十五条 保险人依据海事诉讼特别程序法第九十五条规定行使代位请求赔偿权利，应当以自己的名义进行；以他人名义提起诉讼的，海事法院应不予受理或者驳回起诉。

第六十六条 保险人依据海事诉讼特别程序法第九十五条的规定请求变更当事人或者请求作为共同原告参加诉讼的，海事法院应当予以审查并作出是否准予的裁定。当事人对裁定不服的，可以提起上诉。

第六十七条 保险人依据海事诉讼特别程序

法第九十五条的规定参加诉讼的，被保险人依此前进行的诉讼行为所取得的财产保全或者通过扣押取得的担保权益等，在保险人的代位请求赔偿权利范围内对保险人有效。被保险人因自身过错产生的责任，保险人不予承担。

第六十八条 海事诉讼特别程序法第九十六条规定的支付保险赔偿的凭证指赔偿金收据、银行支付单据或者其他支付凭证。仅有被保险人出具的权利转让书但不能出具实际支付证明的，不能作为保险人取得代位请求赔偿权利的事实依据。

第六十九条 海事法院根据油污损害的保险人或者提供财务保证的其他人的请求，可以通知船舶所有人作为无独立请求权的第三人参加诉讼。

第七十条 海事诉讼特别程序法第一百条规定的失控指提单或者其他提货凭证被盗、遗失。

第七十一条 申请人依据海事诉讼特别程序法第一百条的规定向海事法院申请公示催告的，应当递交申请书。申请书应当载明：提单等提货凭证的种类、编号、货物品名、数量、承运人、托运人、收货人、承运船舶名称、航次以及背书情况和申请的理由、事实等。有副本的应当附有单证的副本。

第七十二条 海事法院决定受理公示催告申请的，应当同时通知承运人、承运人的代理人或者货物保管人停止交付货物，并于三日内发出公告，敦促利害关系人申报权利。公示催告的期间由海事法院根据情况决定，但不得少于三十日。

第七十三条 承运人、承运人的代理人或者货物保管人收到海事法院停止交付货物的通知后，应当停止交付，至公示催告程序终结。

第七十四条 公示催告期间，转让提单的行为无效；有关货物的存储保管费用及风险由申请人承担。

第七十五条 公示催告期间，国家重点建设项目待安装、施工、生产的货物，救灾物资，或者货物本身属性不宜长期保管以及季节性货物，在申请人提供充分可靠担保的情况下，海事法院可以依据申请人的申请作出由申请人提取货物的裁定。

承运人、承运人的代理人或者货物保管人收到海事法院准予提取货物的裁定后，应当依据裁定的指令将货物交付给指定的人。

第七十六条 公示催告期间，利害关系人可以向海事法院申报权利。海事法院收到利害关系人的申报后，应当裁定终结公示催告程序，并通知申请人和承运人、承运人的代理人或者货物保管人。

申请人、申报人可以就有关纠纷向海事法院提起诉讼。

第七十七条 公示催告期间无人申报的，海事法院应当根据申请人的申请作出判决，宣告提单或者有关提货凭证无效。判决内容应当公告，并通知承运人、承运人的代理人或者货物保管人。自判决公告之日起，申请人有权请求承运人、承运人的代理人或者货物保管人交付货物。

第七十八条 利害关系人因正当理由不能在公示催告期间向海事法院申报的，自知道或者应当知道判决公告之日起一年内，可以向作出判决的海事法院起诉。

八、关于设立海事赔偿责任限制基金程序

第七十九条 海事诉讼特别程序法第一百零一条规定的船舶所有人指有关船舶证书上载明的船舶所有人。

第八十条 海事事故发生在中华人民共和国领域外的，船舶发生事故后进入中华人民共和国领域内的第一到达港视为海事诉讼特别程序法第一百零二条规定的事故发生地。

第八十一条 当事人在诉讼中申请设立海事赔偿责任限制基金的，应当向受理相关海事纠纷案件的海事法院提出，但当事人之间订有有效诉讼管辖协议或者仲裁协议的除外。

第八十二条 设立海事赔偿责任限制基金应

当通过报纸或者其他新闻媒体连续公告三日。如果涉及的船舶是可以航行于国际航线的，应当通过对外发行的报纸或者其他新闻媒体发布公告。

第八十三条 利害关系人依据海事诉讼特别程序法第一百零六条的规定对申请人设立海事赔偿责任限制基金提出异议的，海事法院应当对设立基金申请人的主体资格、事故所涉及的债权性质和申请设立基金的数额进行审查。

第八十四条 准予申请人设立海事赔偿责任限制基金的裁定生效后，申请人应当在三日内在海事法院设立海事赔偿责任限制基金。申请人逾期未设立基金的，按自动撤回申请处理。

第八十五条 海事诉讼特别程序法第一百零八条规定的担保指中华人民共和国境内的银行或者其他金融机构所出具的担保。

第八十六条 设立海事赔偿责任限制基金后，向基金提出请求的任何人，不得就该项索赔对设立或以其名义设立基金的人的任何其他财产，行使任何权利。

九、关于债权登记与受偿程序

第八十七条 海事诉讼特别程序法第一百一十一条规定的与被拍卖船舶有关的债权指与被拍卖船舶有关的海事债权。

第八十八条 海事诉讼特别程序法第一百一十五条规定的判决书、裁定书、调解书和仲裁裁决书指我国国内的判决书、裁定书、调解书和仲裁裁决书。对于债权人提供的国外的判决书、裁定书、调解书和仲裁裁决书，适用民事诉讼法第二百六十六条①和第二百六十七条②规定的程序审查。

第八十九条 在债权登记前，债权人已向受理债权登记的海事法院以外的海事法院起诉的，受理案件的海事法院应当将案件移送至登记债权的海事法院一并审理，但案件已经进入二审的除外。

第九十条 债权人依据海事诉讼特别程序法第一百一十六条规定向受理债权登记的海事法院提起确权诉讼的，应当在办理债权登记后七日内提起。

第九十一条 海事诉讼特别程序法第一百一十九条第二款规定的三项费用按顺序拨付。

十、关于船舶优先权催告程序

第九十二条 船舶转让合同订立后船舶实际交付前，受让人即可申请船舶优先权催告。

受让人不能提供原船舶证书的，不影响船舶优先权催告申请的提出。

第九十三条 海事诉讼特别程序法第一百二十条规定的受让人指船舶转让中的买方和有买船意向的人，但受让人申请海事法院作出除权判决时，必须提交其已经实际受让船舶的证据。

第九十四条 船舶受让人对不准予船舶优先权催告申请的裁定提出复议的，海事法院应当在七日内作出复议决定。

第九十五条 海事法院准予船舶优先权催告申请的裁定生效后，应当通过报纸或者其他新闻媒体连续公告三日。优先权催告的船舶为可以航行于国际航线的，应当通过对外发行的报纸或者其他新闻媒体发布公告。

第九十六条 利害关系人在船舶优先权催告期间提出优先权主张的，海事法院应当裁定优先权催告程序终结。

十一、其　　他

第九十七条 在中华人民共和国领域内进行海事诉讼，适用海事诉讼特别程序法的规定。海事诉讼特别程序法没有规定的，适用民事诉讼法的有关规定。

第九十八条 本规定自2003年2月1日起实施。

---

① 民事诉讼法原第二百六十六条现已修改为第二百八十二条。

② 民事诉讼法原第二百六十七条现已修改为第二百八十三条。

最高人民法院关于审理船舶碰撞纠纷案件若干问题的规定

• 2008 年 5 月 19 日
• 法释〔2008〕7 号

为正确审理船舶碰撞纠纷案件，依照《中华人民共和国民法通则》、《中华人民共和国民事诉讼法》、《中华人民共和国海商法》、《中华人民共和国海事诉讼特别程序法》等法律，制定本规定。

第一条 本规定所称船舶碰撞，是指海商法第一百六十五条所指的船舶碰撞，不包括内河船舶之间的碰撞。

海商法第一百七十条所指的损害事故，适用本规定。

第二条 审理船舶碰撞纠纷案件，依照海商法第八章的规定确定碰撞船舶的赔偿责任。

第三条 因船舶碰撞导致船舶触碰引起的侵权纠纷，依照海商法第八章的规定确定碰撞船舶的赔偿责任。

非因船舶碰撞导致船舶触碰引起的侵权纠纷，依照民法通则的规定确定触碰船舶的赔偿责任，但不影响海商法第八章之外其他规定的适用。

第四条 船舶碰撞产生的赔偿责任由船舶所有人承担，碰撞船舶在光船租赁期间并经依法登记的，由光船承租人承担。

第五条 因船舶碰撞发生的船上人员的人身伤亡属于海商法第一百六十九条第三款规定的第三人的人身伤亡。

第六条 碰撞船舶互有过失造成船载货物损失，船载货物的权利人对承运货物的本船提起违约赔偿之诉，或者对碰撞船舶一方或者双方提起侵权赔偿之诉的，人民法院应当依法予以受理。

第七条 船载货物的权利人因船舶碰撞造成其货物损失向承运货物的本船提起诉讼的，承运船舶可以依照海商法第一百六十九条第二款的规定主张按照过失程度的比例承担赔偿责任。

前款规定不影响承运人和实际承运人援用海商法第四章关于承运人抗辩理由和限制赔偿责任的规定。

第八条 碰撞船舶船载货物权利人或者第三人向碰撞船舶一方或者双方就货物或其他财产损失提出赔偿请求的，由碰撞船舶方提供证据证明过失程度的比例。无正当理由拒不提供证据的，由碰撞船舶一方承担全部赔偿责任或者由双方承担连带赔偿责任。

前款规定的证据指具有法律效力的判决书、裁定书、调解书和仲裁裁决书。对于碰撞船舶提交的国外的判决书、裁定书、调解书和仲裁裁决书，依照民事诉讼法第二百六十六条①和第二百六十七条②规定的程序审查。

第九条 因起浮、清除、拆毁由船舶碰撞造成的沉没、遇难、搁浅或被弃船舶及船上货物或者使其无害的费用提出的赔偿请求，责任人不能依照海商法第十一章的规定享受海事赔偿责任限制。

第十条 审理船舶碰撞纠纷案件时，人民法院根据当事人的申请进行证据保全取得的或者向有关部门调查收集的证据，应当在当事人完成举证并出具完成举证说明书后出示。

第十一条 船舶碰撞事故发生后，主管机关依法进行调查取得并经过事故当事人和有关人员确认的碰撞事实调查材料，可以作为人民法院认定案件事实的证据，但有相反证据足以推翻的除外。

最高人民法院关于审理海事赔偿责任限制相关纠纷案件的若干规定

• 2010 年 9 月 15 日
• 法释〔2010〕11 号

为正确审理海事赔偿责任限制相关纠

① 民事诉讼法原第二百六十六条现已修改为第二百八十二条。

② 民事诉讼法原第二百六十七条现已修改为第二百八十三条。

纷案件,依照《中华人民共和国海事诉讼特别程序法》、《中华人民共和国海商法》的规定,结合审判实际,制定本规定。

第一条 审理海事赔偿责任限制相关纠纷案件,适用海事诉讼特别程序法、海商法的规定;海事诉讼特别程序法、海商法没有规定的,适用其他相关法律、行政法规的规定。

第二条 同一海事事故中,不同的责任人在起诉前依据海事诉讼特别程序法第一百零二条的规定向不同的海事法院申请设立海事赔偿责任限制基金的,后立案的海事法院应当依照民事诉讼法的规定,将案件移送先立案的海事法院管辖。

第三条 责任人在诉讼中申请设立海事赔偿责任限制基金的,应当向受理相关海事纠纷案件的海事法院提出。

相关海事纠纷由不同海事法院受理,责任人申请设立海事赔偿责任限制基金的,应当依据诉讼管辖协议向最先立案的海事法院提出;当事人之间未订立诉讼管辖协议的,向最先立案的海事法院提出。

第四条 海事赔偿责任限制基金设立后,设立基金的海事法院对海事请求人就与海事事故相关纠纷向责任人提起的诉讼具有管辖权。

海事请求人向其他海事法院提起诉讼的,受理案件的海事法院应当依照民事诉讼法的规定,将案件移送设立海事赔偿责任限制基金的海事法院,但当事人之间订有诉讼管辖协议的除外。

第五条 海事诉讼特别程序法第一百零六条第二款规定的海事法院在十五日内作出裁定的期间,自海事法院受理设立海事赔偿责任限制基金申请的最后一次公告发布之次日起第三十日开始计算。

第六条 海事诉讼特别程序法第一百一十二条规定的申请债权登记期间的届满之日,为海事法院受理设立海事赔偿责任限制基金申请的最后一次公告发布之次日起第六十日。

第七条 债权人申请登记债权,符合有关规定的,海事法院应当在海事赔偿责任限制基金设立后,依照海事诉讼特别程序法第一百一十四条的规定作出裁定;海事赔偿责任限制基金未依法设立的,海事法院应当裁定终结债权登记程序。债权人已经交纳的申请费由申请设立海事赔偿责任限制基金的人负担。

第八条 海事赔偿责任限制基金设立后,海事请求人基于责任人依法不能援引海事赔偿责任限制抗辩的海事赔偿请求,可以对责任人的财产申请保全。

第九条 海事赔偿责任限制基金设立后,海事请求人就同一海事事故产生的属于海商法第二百零七条规定的可以限制赔偿责任的海事赔偿请求,以行使船舶优先权为由申请扣押船舶的,人民法院不予支持。

第十条 债权人提起确权诉讼时,依据海商法第二百零九条的规定主张责任人无权限制赔偿责任的,应当以书面形式提出。案件的审理不适用海事诉讼特别程序法规定的确权诉讼程序,当事人对海事法院作出的判决、裁定可以依法提起上诉。

两个以上债权人主张责任人无权限制赔偿责任的,海事法院可以将相关案件合并审理。

第十一条 债权人依据海事诉讼特别程序法第一百一十六条第一款的规定提起确权诉讼后,需要判定碰撞船舶过失程度比例的,案件的审理不适用海事诉讼特别程序法规定的确权诉讼程序,当事人对海事法院作出的判决、裁定可以依法提起上诉。

第十二条 海商法第二百零四条规定的船舶经营人是指登记的船舶经营人,或者接受船舶所有人委托实际使用和控制船舶并应当承担船舶责任的人,但不包括无船承运业务经营者。

第十三条 责任人未申请设立海事赔偿责任限制基金,不影响其在诉讼中对海商法第二百零七条规定的海事请求提出海事赔偿责任限制抗辩。

第十四条 责任人未提出海事赔偿责任限制

抗辩的，海事法院不应主动适用海商法关于海事赔偿责任限制的规定进行裁判。

第十五条 责任人在一审判决作出前未提出海事赔偿责任限制抗辩，在二审、再审期间提出的，人民法院不予支持。

第十六条 责任人对海商法第二百零七条规定的海事赔偿请求未提出海事赔偿责任限制抗辩，债权人依据有关生效裁判文书或者仲裁裁决书，申请执行责任人海事赔偿责任限制基金以外的财产的，人民法院应予支持，但债权人以上述文书作为债权证据申请登记债权并经海事法院裁定准予的除外。

第十七条 海商法第二百零七条规定的可以限制赔偿责任的海事赔偿请求不包括因沉没、遇难、搁浅或者被弃船舶的起浮、清除、拆毁或者使之无害提起的索赔，或者因船上货物的清除、拆毁或者使之无害提起的索赔。

由于船舶碰撞致使责任人遭受前款规定的索赔，责任人就因此产生的损失向对方船舶追偿时，被请求人主张依据海商法第二百零七条的规定限制赔偿责任的，人民法院应予支持。

第十八条 海商法第二百零九条规定的"责任人"是指海事事故的责任人本人。

第十九条 海事请求人以发生海事事故的船舶不适航为由主张责任人无权限制赔偿责任，但不能证明引起赔偿请求的损失是由于责任人本人的故意或者明知可能造成损失而轻率地作为或者不作为造成的，人民法院不予支持。

第二十条 海事赔偿责任限制基金应当以人民币设立，其数额按法院准予设立基金的裁定生效之日的特别提款权对人民币的换算办法计算。

第二十一条 海商法第二百一十三条规定的利息，自海事事故发生之日起至基金设立之日止，按中国人民银行确定的金融机构同期一年期贷款基准利率计算。

以担保方式设立海事赔偿责任限制基金的，基金设立期间的利息按中国人民银行确定的金融机构同期一年期贷款基准利率计算。

第二十二条 本规定施行前已经终审的案件，人民法院进行再审时，不适用本规定。

第二十三条 本规定施行前本院发布的司法解释与本规定不一致的，以本规定为准。

最高人民法院关于海事法院可否适用小额诉讼程序问题的批复

- 2013年6月19日
- 法释〔2013〕16号

上海市高级人民法院：

你院《关于海事法院适用小额诉讼程序的请示》（沪高法〔2013〕5号）收悉。经研究，批复如下：

2012年修订的《中华人民共和国民事诉讼法》简易程序一章规定了小额诉讼程序，《中华人民共和国海事诉讼特别程序法》第九十八条规定海事法院可以适用简易程序。因此，海事法院可以适用小额诉讼程序审理简单的海事、海商案件。

适用小额诉讼程序的标的额应以实际受理案件的海事法院或其派出法庭所在的省、自治区、直辖市上年度就业人员年平均工资百分之三十为限。

最高人民法院关于海事法院受理案件范围的规定

- 2016年2月24日
- 法释〔2016〕4号

根据《中华人民共和国民事诉讼法》《中华人民共和国海事诉讼特别程序法》《中华人民共和国行政诉讼法》以及我国缔结或者参加的有关国际条约，结合我国海事审判实际，现将海事法院受理案件的范围规定如下：

一、海事侵权纠纷案件

1. 船舶碰撞损害责任纠纷案件，包括浪损等间接碰撞的损害责任纠纷案件；
2. 船舶触碰海上、通海可航水域、港口及其岸上的设施或者其他财产的损害责任纠纷案件，包括船舶触碰码头、防波堤、栈桥、船闸、桥梁、航标、钻井平台等设施的损害责任纠纷案件；
3. 船舶损坏在空中架设或者在海底、通海可航水域敷设的设施或者其他财产的损害责任纠纷案件；
4. 船舶排放、泄漏、倾倒油类、污水或者其他有害物质，造成水域污染或者他船、货物及其他财产损失的损害责任纠纷案件；
5. 船舶的航行或者作业损害捕捞、养殖设施及水产养殖物的责任纠纷案件；
6. 航道中的沉船沉物及其残骸、废弃物，海上或者通海可航水域的临时或者永久性设施、装置，影响船舶航行，造成船舶、货物及其他财产损失和人身损害的责任纠纷案件；
7. 船舶航行、营运、作业等活动侵害他人人身权益的责任纠纷案件；
8. 非法留置或者扣留船舶、船载货物和船舶物料、燃油、备品的责任纠纷案件；
9. 为船舶工程提供的船舶关键部件和专用物品存在缺陷而引起的产品质量责任纠纷案件；
10. 其他海事侵权纠纷案件。

二、海商合同纠纷案件

11. 船舶买卖合同纠纷案件；
12. 船舶工程合同纠纷案件；
13. 船舶关键部件和专用物品的分包施工、委托建造、订制、买卖等合同纠纷案件；
14. 船舶工程经营合同（含挂靠、合伙、承包等形式）纠纷案件；
15. 船舶检验合同纠纷案件；
16. 船舶工程场地租用合同纠纷案件；
17. 船舶经营管理合同（含挂靠、合伙、承包等形式）、航线合作经营合同纠纷案件；
18. 与特定船舶营运相关的物料、燃油、备品供应合同纠纷案件；
19. 船舶代理合同纠纷案件；
20. 船舶引航合同纠纷案件；
21. 船舶抵押合同纠纷案件；
22. 船舶租用合同（含定期租船合同、光船租赁合同等）纠纷案件；
23. 船舶融资租赁合同纠纷案件；
24. 船员劳动合同、劳务合同（含船员劳务派遣协议）项下与船员登船、在船服务、离船遣返相关的报酬给付及人身伤亡赔偿纠纷案件；
25. 海上、通海可航水域货物运输合同纠纷案件，包括含有海运区段的国际多式联运、水陆联运等货物运输合同纠纷案件；
26. 海上、通海可航水域旅客和行李运输合同纠纷案件；
27. 海上、通海可航水域货运代理合同纠纷案件；
28. 海上、通海可航水域运输集装箱租用合同纠纷案件；
29. 海上、通海可航水域运输理货合同纠纷案件；
30. 海上、通海可航水域拖航合同纠纷案件；
31. 轮渡运输合同纠纷案件；
32. 港口货物堆存、保管、仓储合同纠纷案件；
33. 港口货物抵押、质押等担保合同纠纷案件；
34. 港口货物质押监管合同纠纷案件；
35. 海运集装箱仓储、堆存、保管合同纠纷案件；
36. 海运集装箱抵押、质押等担保合同纠纷案件；
37. 海运集装箱融资租赁合同纠纷案件；
38. 港口或者码头租赁合同纠纷案件；
39. 港口或者码头经营管理合同纠纷案件；
40. 海上保险、保赔合同纠纷案件；
41. 以通海可航水域运输船舶及其营运收入、货物及其预期利润、船员工资和其他报酬、对第三人责任等为保险标的的保险合同、保赔合同纠纷案件；

42. 以船舶工程的设备设施以及预期收益、对第三人责任为保险标的的保险合同纠纷案件；

43. 以港口生产经营的设备设施以及预期收益、对第三人责任为保险标的的保险合同纠纷案件；

44. 以海洋渔业、海洋开发利用、海洋工程建设等活动所用的设备设施以及预期收益、对第三人的责任为保险标的的保险合同纠纷案件；

45. 以通海可航水域工程建设所用的设备设施以及预期收益、对第三人的责任为保险标的的保险合同纠纷案件；

46. 港航设备设施融资租赁合同纠纷案件；

47. 港航设备设施抵押、质押等担保合同纠纷案件；

48. 以船舶、海运集装箱、港航设备设施设定担保的借款合同纠纷案件，但当事人仅就借款合同纠纷起诉的案件除外；

49. 为购买、建造、经营特定船舶而发生的借款合同纠纷案件；

50. 为担保海上运输、船舶买卖、船舶工程、港口生产经营相关债权实现而发生的担保、独立保函、信用证等纠纷案件；

51. 与上述第 11 项至第 50 项规定的合同或者行为相关的居间、委托合同纠纷案件；

52. 其他海商合同纠纷案件。

三、海洋及通海可航水域开发利用与环境保护相关纠纷案件

53. 海洋、通海可航水域能源和矿产资源勘探、开发、输送纠纷案件；

54. 海水淡化和综合利用纠纷案件；

55. 海洋、通海可航水域工程建设（含水下疏浚、围海造地、电缆或者管道敷设以及码头、船坞、钻井平台、人工岛、隧道、大桥等建设）纠纷案件；

56. 海岸带开发利用相关纠纷案件；

57. 海洋科学考察相关纠纷案件；

58. 海洋、通海可航水域渔业经营（含捕捞、养殖等）合同纠纷案件；

59. 海洋开发利用设备设施融资租赁合同纠纷案件；

60. 海洋开发利用设备设施抵押、质押等担保合同纠纷案件；

61. 以海洋开发利用设备设施设定担保的借款合同纠纷案件，但当事人仅就借款合同纠纷起诉的案件除外；

62. 为担保海洋及通海可航水域工程建设、海洋开发利用等海上生产经营相关债权实现而发生的担保、独立保函、信用证等纠纷案件；

63. 海域使用权纠纷（含承包、转让、抵押等合同纠纷及相关侵权纠纷）案件，但因申请海域使用权引起的确权纠纷案件除外；

64. 与上述第 53 项至第 63 项规定的合同或者行为相关的居间、委托合同纠纷案件；

65. 污染海洋环境、破坏海洋生态责任纠纷案件；

66. 污染通海可航水域环境、破坏通海可航水域生态责任纠纷案件；

67. 海洋或者通海可航水域开发利用、工程建设引起的其他侵权责任纠纷及相邻关系纠纷案件。

四、其他海事海商纠纷案件

68. 船舶所有权、船舶优先权、船舶留置权、船舶抵押权等船舶物权纠纷案件；

69. 港口货物、海运集装箱及港航设备设施的所有权、留置权、抵押权等物权纠纷案件；

70. 海洋、通海可航水域开发利用设备设施等财产的所有权、留置权、抵押权等物权纠纷案件；

71. 提单转让、质押所引起的纠纷案件；

72. 海难救助纠纷案件；

73. 海上、通海可航水域打捞清除纠纷案件；

74. 共同海损纠纷案件；

75. 港口作业纠纷案件；

76. 海上、通海可航水域财产无因管理纠纷

案件；

77. 海运欺诈纠纷案件；

78. 与航运经纪及航运衍生品交易相关的纠纷案件。

五、海事行政案件

79. 因不服海事行政机关作出的涉及海上、通海可航水域或者港口内的船舶、货物、设备设施、海运集装箱等财产的行政行为而提起的行政诉讼案件；

80. 因不服海事行政机关作出的涉及海上、通海可航水域运输经营及相关辅助性经营、货运代理、船员适任与上船服务等方面资质资格与合法性事项的行政行为而提起的行政诉讼案件；

81. 因不服海事行政机关作出的涉及海洋、通海可航水域开发利用、渔业、环境与生态资源保护等活动的行政行为而提起的行政诉讼案件；

82. 以有关海事行政机关拒绝履行上述第 79 项至第 81 项所涉行政管理职责或者不予答复而提起的行政诉讼案件；

83. 以有关海事行政机关及其工作人员作出上述第 79 项至第 81 项行政行为或者行使相关行政管理职权损害合法权益为由，请求有关行政机关承担国家赔偿责任的案件；

84. 以有关海事行政机关及其工作人员作出上述第 79 项至第 81 项行政行为或者行使相关行政管理职权影响合法权益为由，请求有关行政机关承担国家补偿责任的案件；

85. 有关海事行政机关作出上述第 79 项至第 81 项行政行为而依法申请强制执行的案件。

六、海事特别程序案件

86. 申请认定海事仲裁协议效力的案件；

87. 申请承认、执行外国海事仲裁裁决，申请认可、执行香港特别行政区、澳门特别行政区、台湾地区海事仲裁裁决，申请执行或者撤销国内海事仲裁裁决的案件；

88. 申请承认、执行外国法院海事裁判文书，申请认可、执行香港特别行政区、澳门特别行政区、台湾地区法院海事裁判文书的案件；

89. 申请认定海上、通海可航水域财产无主的案件；

90. 申请无因管理海上、通海可航水域财产的案件；

91. 因海上、通海可航水域活动或者事故申请宣告失踪、宣告死亡的案件；

92. 起诉前就海事纠纷申请扣押船舶、船载货物、船用物料、船用燃油或者申请保全其他财产的案件；

93. 海事请求人申请财产保全错误或者请求担保数额过高引起的责任纠纷案件；

94. 申请海事强制令案件；

95. 申请海事证据保全案件；

96. 因错误申请海事强制令、海事证据保全引起的责任纠纷案件；

97. 就海事纠纷申请支付令案件；

98. 就海事纠纷申请公示催告案件；

99. 申请设立海事赔偿责任限制基金（含油污损害赔偿责任限制基金）案件；

100. 与拍卖船舶或者设立海事赔偿责任限制基金（含油污损害赔偿责任限制基金）相关的债权登记与受偿案件；

101. 与拍卖船舶或者设立海事赔偿责任限制基金（含油污损害赔偿责任限制基金）相关的确权诉讼案件；

102. 申请从油污损害赔偿责任限制基金中代位受偿案件；

103. 船舶优先权催告案件；

104. 就海事纠纷申请司法确认调解协议案件；

105. 申请实现以船舶、船载货物、船用物料、海运集装箱、港航设备设施、海洋开发利用设备设施等财产为担保物的担保物权案件；

106. 地方人民法院为执行生效法律文书委托扣押、拍卖船舶案件；

107. 申请执行海事法院及其上诉审高级人民法院和最高人民法院就海事纠纷作出的生效法律文书案件；

108. 申请执行与海事纠纷有关的公证债权文书案件。

七、其 他 规 定

109. 本规定中的船舶工程系指船舶的建造、修理、改建、拆解等工程及相关的工程监理；本规定中的船舶关键部件和专用物品，系指舱盖板、船壳、龙骨、甲板、救生艇、船用主机、船用辅机、船用钢板、船用油漆等船舶主体结构、重要标志性部件以及专供船舶或者船舶工程使用的设备和材料。

110. 当事人提起的民商事诉讼、行政诉讼包含本规定所涉海事纠纷的，由海事法院受理。

111. 当事人就本规定中有关合同所涉事由引起的纠纷，以侵权等非合同诉由提起诉讼的，由海事法院受理。

112. 法律、司法解释规定或者上级人民法院指定海事法院管辖其他案件的，从其规定或者指定。

113. 本规定自2016年3月1日起施行。最高人民法院于2001年9月11日公布的《关于海事法院受理案件范围的若干规定》（法释〔2001〕27号）同时废止。

114. 最高人民法院以前作出的有关规定与本规定不一致的，以本规定为准。

◎司法文件

全国海事法院院长座谈会纪要

• 2001年7月20日

2001年7月19日至20日，全国海事法院院长在宁波召开审判工作座谈会。最高人民法院副院长万鄂湘参加了座谈会，并作了重要讲话。与会人员一致认为，海事审判是我国司法的对外窗口，我国的海事审判水平稳步提高，已经引起我国航运界、司法界的高度重视，并引起国外越来越多的关注。中国即将加入世贸组织，经济全球化的步伐必将进一步加快。这就要求在海事审判工作中紧紧围绕公正与效率这一主题，更加严格按照法律规定审理各类案件，统一司法。与会同志就目前海事审判中有关案件管辖以及在适用《中华人民共和国海商法》（以下简称海商法）时存在的一些问题进行了研讨，并达成一致意见。现纪要如下：

一、关于管辖

随着我国对外贸易和航运事业的发展，各海事法院的地域管辖范围已不能适应形势发展的需要，最高人民法院将在调查研究的基础上对各海事法院的地域管辖范围作出调整，适当扩大其管辖区域范围，以适应不断发展的形势的需要。

海事法院依照《中华人民共和国海事诉讼特别程序法》的规定对海事案件行使专门管辖权，对共同海损纠纷案件、海上保险合同纠纷案件、海事仲裁裁决的承认和执行案件，连接点在北京的，由天津海事法院行使管辖权。

海事法院应当加强对海事行政案件和海事行政执行案件的司法管辖，有效地保护公民、法人和其他组织的合法权利，维护和监督行政机关依法行使行政职权。

为依法保护船员的具有船舶优先权的合法权益，因船员劳务合同纠纷直接向海事法院提起诉讼的，海事法院应当受理。

二、关于船舶所有权、抵押权未经登记不得对抗第三人的问题

在审理有关海事案件中，涉及船舶所有权或者抵押权未经登记的，应当根据不同情况依法处理：

1. 对根据船舶建造合同、船舶买卖合同、船舶租购合同等合法方式接受船舶，但没有依法进行所有权登记的委托建造方或者买受方，其与合同对方之间的权利义务

关系依据合同约定和法律规定予以保护；但其对合同之外的第三人提出的船舶所有权主张(包括以船舶所有人名义向他人请求船舶损害赔偿等)或者抗辩，法院依法不应支持和保护。

2. 未经船舶所有权登记的船舶买受人不能以其不是船舶登记所有人为由主张免除对他人应当承担的民事责任或者义务，即当该船舶没有其他登记所有人时，买受人应当独立承担船舶对第三人的侵权民事责任和义务；当该船舶有其他登记所有人时，由登记所有人承担对第三人的侵权民事责任和义务。买受人对在接受或掌管该船舶之后发生的对第三人的侵权民事责任亦有过错的，承担连带责任。

3. 对设定船舶抵押权但没有依法进行抵押权登记的抵押权人，可以根据与船舶所有人之间设定的船舶抵押权到期债权，请求拍卖该船舶清偿债务；但是，其提出的针对第三人的抵押权主张或者抗辩，法院依法不应支持和保护，即在其他债权人参加对拍卖船舶所得价款清偿时，未经登记的船舶抵押权不能优先于已登记的船舶抵押权和其他海事债权受偿。

三、关于海上货物运输中承运人的认定及责任

海商法第四十二条规定了海上货物运输中承运人的定义，并规定提单是运输合同的证明。在提单作为惟一运输单证时，若提单没有抬头，除非签发人能证明代签的事实，否则应当以提单签发人作为承运人。

在审理海上货物运输纠纷案件中，要严格依照海商法和《中华人民共和国民法通则》(以下简称民法通则)的规定确定承运人的责任，并准确把握海商法作为特别法与民法通则在法律适用上的关系。在认定承运人倒签、预借提单的事实后，承运人应承担与其违反法律规定的行为有直接因果关系的损害后果。在海上货物运输特别是大宗散装货物的运输纠纷案件中，根据海商法的规定，由于货物本身的质量或者潜在缺陷造成的货损和属于正常范围内的货物减量、耗损或重量误差，承运人不承担赔偿责任。

一般情况下，合法持有正本提单的人向承运人主张无单放货损失赔偿的，应定性为违约纠纷，承运人应当承担与无单放货行为有直接因果关系的损失赔偿责任。

四、关于留置权

沿海内河货物运输中，托运人或者收货人不支付运费、保管费以及其他运输费用的，依照《中华人民共和国合同法》的规定，承运人对相应的运输货物享有留置权，除非当事人之间另有约定；但非中华人民共和国港口之间的海上货物运输，依照海商法的有关规定，应当向承运人支付的运费、共同海损分摊、滞期费和承运人为货物垫付的必要费用以及应当向承运人支付的其他费用没有付清，又没有提供适当担保的，承运人可以在合理的限度内留置债务人所有的货物。审判实践中应当注意不同的法律就留置权的行使所作的不同规定。

留置权的行使要以合法占有为前提。留置标的物在债权人行使留置权前已被法院应其他债权人的申请予以扣押的，或者债权人行使留置权后法院应其他债权人的申请对留置标的物进行扣押，留置权人的权利仍应当依法予以保护。

五、关于诉讼时效

海商法关于诉讼时效的规定是一套完整的制度。海商法与民法通则规定的时效中断的事由是不同的，在审理海事案件中要注意准确理解海商法的规定。在适用海商法审理海事纠纷时，如果债务人仅同意与债权人协商赔偿事宜但未就具体赔偿达成协议的，或者海事请求人撤回诉前海事请求保全申请、海事强制令、海事证据保全申请或者上述申请被海事法院裁定驳回的，不构成时效中断。

海商法中对承运人的时效规定同样适用于实际承运人。

以上意见，供各级法院在海事审判实践中参照执行。

最高人民法院办公厅关于海事行政案件管辖问题的通知

• 2003年8月11日
• 法办〔2003〕253号

各省、自治区、直辖市高级人民法院，新疆维吾尔自治区高级人民法院生产建设兵团分院：

为规范海事行政案件的管辖问题，根据我院审判委员会第1282次会议决定，特通知如下：

一、行政案件、行政赔偿案件和审查行政机关申请执行其具体行政行为的案件仍由各级人民法院行政审判庭审理。海事等专门人民法院不审理行政案件、行政赔偿案件，亦不审查和执行行政机关申请执行其具体行政行为的案件。

二、本通知下发之前，海事法院已经受理的海事行政案件、行政赔偿案件，继续由海事法院审理；海事法院已作出的生效行政判决或者行政裁定的法律效力不受影响。

◎请示答复

最高人民法院关于托运人主张货损货差而拒付运费应否支付滞纳金的答复

• 1992年2月12日
• 法函〔1992〕16号

上海市高级人民法院：

你院〔1990〕沪高经上字第38号请示收悉。经研究答复如下：

一、在水路货物运输合同中，支付运费是托运人的法定义务，该义务不因发生货损货差而消灭。托运人主张的货损货差赔偿可通过索赔解决，若擅自拒付运费则应按法律规定支付滞纳金。

二、托运人主张的货损货差赔偿一经认可，赔偿数额应包括货损货差本额及其利息。

最高人民法院关于"乐平岭"轮货损索赔诉讼时效的复函

• 1992年11月20日
• 交民他字〔92〕第2号

广东省高级人民法院：

你院〔1992〕粤高法经复字第24号《关于"乐平岭"轮货损索赔诉讼时效的请示》收悉。经研究，现答复如下：

就海上货物运输向承运人要求赔偿的请求权时效，为特殊的时效，对此，在我国海商法中作出了特殊的规定。但在该法尚未施行的情况下，可依据《中华人民共和国民法通则》第一百四十二条第三款的规定，适用国际惯例。

目前，国际上的通常做法和《海牙规则》、《海牙－维斯比规则》都规定为一年的时效，我国海运部门在提单条款中规定的时效与国际上的通常做法一致。故同意你院关于海上货物运输合同适用一年诉讼时效的意见。

最高人民法院关于提单持有人向收货人实际取得货物后能否再向承运人主张提单项下货物物权的复函

• 2000年8月11日
• 〔2000〕交他字第1号

福建省高级人民法院：

你院〔1999〕闽经终字第165号关于福建省东海经贸股份有限公司诉韩国双龙船务公司、中国福州外轮代理公司提单纠纷一案的请示收悉。经研究，答复如下：

一、本案提单持有人福建省东海经贸股份有限公司与承运人韩国双龙船务公司形成了提单运输法律关系，应按海上货物运输合同纠纷处理。

二、承运人韩国双龙船务公司负有凭正本提单交付货物的义务。其接受托运人的保函并将货物交付给非提单持有人（贸易合同的买方），侵犯了提单持有人的担保物权，违反我国法律规定和国际航运惯例，本应承担无单放货违约赔偿责任。但是，提单担保物权人福建省东海经贸股份有限公司通过与提货人、托运人签订补充协议重新取得了提单项下货物的占有权，并从中收取了部分款项，致使提单失去了担保物权凭证的效力。故福建省东海贸易股份有限公司丧失了因无单放货向承运人索赔提单项下货款的权利。

最高人民法院关于船东所有的船舶能否因期租人对第三方负有责任而被扣押等问题的复函

- 2001年1月3日
- 〔1998〕交他字1号

上海市高级人民法院：

你院〔1996〕沪高经终字第515号《关于船东所有的船舶能否因期租人对第三方负有责任而被扣押等问题的请示》收悉。经研究，同意你院倾向性意见。现答复如下：

一、根据最高人民法院《关于海事法院诉讼前扣押船舶的规定》第三条第（一）款、第（三）款的规定，海事法院可以扣押对海事请求负有责任的船舶经营人、承租人所有的、经营的或租用的其他船舶。故三善海运株式会社可以申请扣押亚马大益卡埃琳达斯公司期租给亚马大益卡埃劳埃德公司的“阿曼达·格劳列”轮。因该轮关系到所有权归属问题，所以不能变卖。

二、亚马大益卡埃劳埃德公司对“阿曼达·格劳列”轮的扣押负有责任，给船舶所有人亚马大益卡埃琳达斯公司造成的损失应负赔偿责任。其在与亚马达益卡埃琳达斯公司的期租船合同责任期间，提出解除合同的行为应属无效。该行为不影响财产保全的效力。

三、根据2000年7月1日起实施的《中华人民共和国海事诉讼特别程序法》第二十三条的规定，对定期租船人或者航次租船人经营的或租用的船舶不得扣押。该案是发生在《中华人民共和国海事诉讼特别程序法》颁布实施以前，所以应适用最高人民法院《关于海事法院诉讼前扣押船舶的规定》。

附：

上海市高级人民法院关于船东所有的船舶能否因期租人对第三方负有责任而被扣押等问题的请示

（1997年12月28日
〔1996〕沪高经终字第515号）

最高人民法院：

我院在审理上诉人印度尼西亚共和国亚马大益卡埃琳达斯公司与被上诉人韩国三善海运株式会社错误申请扣船损害赔偿纠纷一案过程中，对船东所有的船舶能否因承租人对第三方负有责任而被扣押等问题有不同看法，特向钧院请示如下。

一、基本案情

印尼亚马大益卡埃琳达斯公司（以下简称琳达斯公司）所有的“阿曼达·格劳列”轮自1994年10月起出租给案外人亚马大益卡埃劳埃德公司（以下简称劳埃德公司）18个月。租赁期内，韩国三善海运株式会社（以下简称三善海运）因与劳埃德公司有其他租船合同纠纷，向上海海事法院申请诉前扣押劳埃德公司“所属”的“阿曼达·格劳列”轮，以后转为诉讼保全。船舶实施扣押后，劳埃德公司既不提供担保，又不到庭参加诉讼，还通知船东琳达斯公司中止租船合约。为此，琳达斯公司以船舶所有人的身份要求上海海事法院解除扣押，但未被准许，引起本案纠纷。三善海运提起的租船合同纠纷经上海海事法院审理，最终判决劳埃德公司偿付三善海运租金及船舶滞留损失共达45万美元。本案海事法院认定，“阿曼达，格劳列”轮为琳达斯公司所有，我国现行的扣船规定允许扣押承租人租用的其他船舶，原告请求停止侵权、释放船舶不属本判决处置范围，将另行处理，对原告的诉讼请求判决不予支持。“阿曼达·格劳列”轮已由上海海事法院于1996年10月21日裁定释放，自1995年10月31日起计算，实际扣押期间超过1年。

二、请示的问题

1. 关于船东期租出去的船舶能否扣押的问题，我们有两种意见

一种意见认为，民事诉讼财产保全的范围仅仅限于当事人的请求及与案件有关的财物，钧院1994年12月22日《关于在经济审判工作中严格执行〈民事诉讼法〉的若干规定》第十四条规定，人民法院对于案外人的财产不得采取财产保全措施。由于钧院《关于海事法院诉讼前扣押船舶的规定》允许扣押对海事请求负有责任的“船舶经营人、承租人所有的、经营的或租用的其他船舶”与前述规定不尽一致，在扣船时应特别慎重。《民事诉讼法》之所以规定可以采取财产保全措施，其目的就在于避免发生判决后不能执行或难以执行的情况。钧院《关于海事法院拍卖被扣押船舶清偿债务的规定》明确提出：“被拍卖船舶的所有人必须是被告，且应对该项海事请求确实负有责任”，如果对船舶经营人、承租人所有的、经营的或租用的其他船舶实施扣押，一旦被申请人不提供担保，所扣船舶最终并不能拍卖，这与《民事诉讼法》规定财产保全措施的立法原意不符，对无任何责任的船东利益也是一种损害。《1952年统一海船扣押某些规定的国际公约》规定，申请人对被申请人光船承租的船舶可以实施扣押，登记的船舶所有人的其他船舶不得因该海事请求而被扣押，由此可以认为船东期租出去的船舶不宜因为承租人对第三方负有责任而遭扣押，有关规定似应作出相应修改。

另一种意见认为，船舶的所有权包括了占有、使用、收益、处分等四种权利，这四种权利可以与所有权人相分离。租船合同一经订立，出租人仍然享有或部分享有船舶的占有、收益和处分权，即光船租赁的出租人享有处分权、部分收益权；期租合同的出租人享有处分权、占有权以及部分的收益权。承租人则可获得或部分获得占有、使用、收益权利，即光船租赁的承租人可获得船舶的占有、使用权和部分收益权，期租合同的承租人可获得使用权和部分收益权。为了平等地保护公民和法人的民事权利，制约承租人的经营行为，按照钧院现行的扣押规定，经过严格的司法程序，可以对承租人所有的、经营的、或租用的其他船舶依法扣押。这种扣押实际上是冻结承租人的占有（光船租赁）、使用、收益权，尽管按照现行规定船舶最终不能拍卖，但这对负有责任的承租人来说，其将自负扣船期间的收益损失，还须赔偿出租人由此产生的租金等损失，只有这样才能使承租人正视第三方的海事请求，尽快通过合法途径解决纠纷。《1952年扣船国际公约》我国并未参加，对于我国的司法实践没有约束力。

2. 关于租船合同履行期间船舶被司法扣押，合同能否解除、损失如何赔偿问题

本案“阿曼达·格劳列”轮被扣押后，劳埃德公司自1995年11月7日起停付租金，并函告琳达斯公司：卸货完毕三日内该轮如未能释放即解除合约。这一解除是否有效？我们也有不同意见。

一种意见认为,正常的租船合同履行期间,出租人可以从承租人使用船舶所创造的利益中收取租金,一旦租出的船舶由于某种原因被扣押,承租人因为无法实际使用船舶,其当然可以停付租金,并解除合同。出租人因司法扣押收不到租金,为了自己的利益,根据《海商法》的规定也可以解除合同。租船合同被解除,申请人的扣船就失去了真实依据和作用,其不及时撤销申请,对船舶所有人由此产生的损失需负赔偿责任。

另一种意见认为,因为承租人对船舶扣押负有责任,其提出解除合同的主张实际上就是一种规避法律的行为,解除合同的要求应属无效,由此引起出租人经济损失全部应由承租人负责赔偿。出租人为了自己的利益要求解除合同的,因其不是财产保全的被申请人,无法对抗司法扣押的强制效力,有关损失可以依据租船合同向承租人追偿。

以上问题我们都倾向于第二种意见,认为本案三善海运对劳埃德公司租用的“阿曼达·格劳列”轮依据现行扣船规定可以申请扣押,但最终因船舶所有人琳达斯公司无过错,船舶不能拍卖,只能释放。在租船合同履行期间承租人因对船舶被扣负有责任,应向船东赔偿损失,其单方面的解除行为无效。租船合同履行期终结后,“阿曼达·格劳列”轮不再由劳埃德公司经营,三善海运不撤销扣船申请需承担赔偿责任。

以上意见当否?请及时给予批示。

最高人民法院关于中国上海抽纱进出口公司与中国太平洋保险公司上海分公司海上货物运输保险合同纠纷请示的复函

- 2001年1月3日
- 〔2000〕交他字第8号

上海市高级人民法院:

你院〔2000〕沪高经终字第280号关于《中国抽纱上海进出口公司与中国太平洋保险公司上海分公司海上货物运输保险合同纠纷一案的请示》收悉。经研究,答复如下:

1. 关于无单放货是否属于保险理赔的责任范围问题。我们认为,根据保险条款,保险条款一切险中的“提货不着”险并不是指所有的提货不着。无单放货是承运人违反凭单交货义务的行为,是其自愿承担的一种商业风险,而非货物在海运途中因外来原因所致的风险,不是保险合同约定由保险人应承保的风险;故无单放货不属于保险理赔的责任范围。

2. 关于在承运人和保险人均有赔偿责任的情况下,保险人取得代位求偿权后,向承运人代位求偿的诉讼时效如何计算的问题。我们认为,保险人取得的代位求偿权是被保险人移转的债权,保险人取代被保险人的法律地位后,对承运人享有的权利范围不得超过被保险人;凡承运人得以对抗被保险人而享有的抗辩权同样可以对抗保险人,该抗辩权包括因诉讼时效超过而拒绝赔付的抗辩权。保险人只能在被保险人有权享有的时效期间提起诉讼,即保险人取代被保险人向承运人代位求偿的诉讼时效亦为1年,应自承运人交付或应当交付货物之日起计算。

最高人民法院关于保险船舶发生保险事故后造成第三者船舶沉没而引起的清理航道费用是否属于直接损失的复函

- 2001年2月28日
- 〔2000〕交他字第12号

上海市高级人民法院:

你院〔2000〕沪高经终字第367号《关于保险船舶发生保险事故后造成第三者船舶沉没而引起的清理航道费用是否属直接损失的请示》收悉。经研究同意你院审判委员会的倾向性意见,即根据中国人民银行《沿海、内河船舶保险条款》和《沿海、内河船舶保险条款解释》的有关规定,保险船舶发生保险事故造成第三者船舶沉没而引起的清理航道费用不属于直接损失,亦不属于保险责任。

最高人民法院民事审判第四庭关于北京长城高级润滑油品有限公司申请承认与执行朝鲜民主主义人民共和国和解决定案有关适用法律问题的请示的答复

- 2005年11月23日
- 〔2005〕民四他字第43号

辽宁省高级人民法院:

你院〔2005〕辽民四他字第2号《关于北京长城高级润滑油品有限公司申请承认与执行朝鲜民主主义人民共和国和解决定一案有关适用法律问题的请示》收悉。经研究,答复如下:

我国民事诉讼法第二百六十九条①规定,国外仲裁机构的裁决,需要中华人民共和国人民法院承认和执行的,应当由当事人直接向被执行人住所地或者其财产所在地的中级人民法院申请,人民法院应当依照中华人民共和国缔结或者参加的国际条约,或者按照互惠原则办理。该条所指"财产",应当理解为被执行人在我国领域内拥有的实际可执行的财产,不包括未来可能进入我国境内的财产。本案中,被执行人朝鲜水产物贸易会社和朝鲜水产船舶经营会社的住所地均不在我国,朝鲜水产物贸易会社在我国领域内没有可供执行的财产,朝鲜水产船舶经营会社所有的船舶尚未进入我国领域,也不能认定其在我国领域内有可供执行的财产。"近期将有船舶进入大连港"具有不确定性,在朝鲜水产船舶经营会社所有的船舶进入大连港之前,大连市中级人民法院对本案不具有管辖权。

此复

最高人民法院民事审判第四庭关于广州海事法院拍卖"新双运机13"等船舶后价款分配问题的请示的答复

- 2005年11月24日
- 〔2005〕民四他字第42号

广东省高级人民法院:

你院〔2005〕粤高法民四他字第18号"关于广州海事法院拍卖'新双运机13'等船舶后价款分配问题的请示"报告收悉。经研究,答复如下:

依照我院《关于海事法院受理案件范围的若干问题的规定》,江门市新会区人民法院审理的三件船舶抵押贷款纠纷案件,属于海事法院专门管辖的海事纠纷案件。新会区人民法院违反规定受理海事案件显属不当,应予纠正。鉴于该院已经审结三案,并进入执行程序,对该三案可不进入审判监督程序,但你院应当向该院明确指出其在受理案件程序上的错误。

根据我院《关于适用〈中华人民共和国海事诉讼特别程序法〉若干问题的解释》的规定,地方人民法院为执行生效法律文书对属于被执行人财产的船舶进行扣押、拍卖的,应当委托船籍港所在地或者船舶所在地的海事法院执行,包括对船舶扣押、拍卖以及债权分配,以保护与船舶相关的特殊债权人的利益,新会区人民法院应将三执行案件移送广州海事法院执行。

广州海事法院应当依照《中华人民共和国海事诉讼特别程序法》以及《中华人民共和国海商法》的有关规定,对船舶价款予以清偿。中国银行新会支行作为债权人,可以依据新会区人民法院发生法律效力的判决书确认的债权申请债权登记,参加对船舶价款的

---

① 民事诉讼法原第二百六十九条现已修改为第二百八十三条。

清偿。鉴于中国银行新会支行的债权属于船舶抵押权，且已经向新会区人民法院申请强制执行，新会区人民法院也已经委托广州海事法院扣押、拍卖船舶，在中国银行新会支行没有申请债权登记的情况下，可将该行依据新会区人民法院三份判决确认的债权，在船舶价款中依照法定的顺序予以清偿。

第二十九章　涉军案件的执行

◎司法解释

最高人民法院关于进一步加强人民法院涉军案件审判工作的通知(节录)

- 2010年7月28日
- 法〔2010〕254号

二、建立健全工作机制,规范涉军案件审判工作

2. 建立健全组织机构。按照中央关于加强涉军维权工作长效机制建设的总体要求,建立健全涉军案件审判工作组织机构。各级人民法院可结合审判实际,设立涉军案件审判工作领导小组,由一名院领导任组长,相关业务庭领导为成员,研究解决涉军审判工作中的重大问题,指导涉军审判工作的开展。指定审判管理机构或相关业务庭承担领导小组办公室职责,统一协调管理涉军案件审判工作,负责办理日常事务。相关业务庭应有相对固定的合议庭、独任审判员负责审理涉军案件。受理涉军案件较多的中级、基层人民法院可设立专门合议庭或审判庭。在各级人民法院尤其是基层人民法院,可选任现役军人、退役军人、军属担任陪审员,参与涉军案件审判。

3. 规范审判流程管理。各级人民法院对涉军案件立案、分案、排期、开庭、结案等环节,实施规范化管理。立案时,确定系涉军案件的,应在审判信息管理系统中作出"涉军"记载,分流到涉军案件专门审判组织进行审理。根据涉军案件的特点,制定审判流程管理和案件质量评查工作细则,杜绝超期限审理。建立完善涉军案件专门统计制度,应当及时将涉军案件当事人的基本情况、案由、简要案情等报本院涉军案件审判工作领导小组办公室,做到登记及时、数据准确。

4. 完善军地协调机制。各级人民法院要加强与驻地部队的联系沟通,建立健全军地联席会议、涉军案件信息通报、重大涉军案件督办等制度,研究交流涉军审判事宜。要协调相关军区、人民武装部和军事法院,在涉军案件确认、文书送达、调查取证、诉外协调、诉讼调解、裁判执行等方面,支持配合地方人民法院,共同做好涉军案件审判工作。处理重大疑难涉军案件,要通过当地涉军维权工作领导小组,与涉案部队及时联系,争取部队理解支持。

5. 积极开展司法救助和法律援助。对经济困难的军人军属,请求给付赡养费、抚养费、扶养费、抚恤金、优待金、社会保险金、劳动报酬和经济补偿金、人身损害赔偿等案件,依法决定诉讼费的缓、减、免交。军人军属合法财产权益因不能执行兑现、生活困难的,应积极协调有关部门,给予必要救助。军人军属需要法律援助的,应积极协调有关法律援助机构,及时提供法律援助。

三、抓住重点和关键,破解涉军案件审判工作难题

6. 依法确定涉军案件范围。涉军案件是指人民法院受理的以军队单位和军人军属为一方当事人的刑事、民事、行政等案件。军队单位是指中国人民解放军现役部队和预备役部队、中国人民武装警察部队及其编制内的企业事业单位。军人是指现役军(警)官、文职干部、士兵及具有军籍的学员。军队中的文职人员、非现役工勤人员、在编职工,由军队管理的离退休人员,以及执行军事任务的预备役人员和其他人员,按军人对待。军属是指军人的配偶、子女、父母以及其他与军人有法定扶养关系的亲属。

7. 突出抓好重大案件的审理。各级人民法院要突出重点,集中力量,着力抓好重大涉军案件的审判工作。依法严厉打击非法获取、故意泄露军事秘密、破坏武器装备、军事设施、军事通信、冒充军人招摇撞骗等犯罪,有效维护国防利益和军事安全;依法妥善处理涉及部队战备执勤、演习训练、国防工程建设、军事设施保护、军用土地权属、军事禁区管理等纠纷案件,保障部队正常的战备、训练和工作秩序;依法惩处故意杀害伤害军人军属、诱骗拐卖军属、破坏军婚等案件,切实保障军人军属的合法权益;审慎解决可能导致群体性事件以及因历史遗留问题引发的重大纠纷案件,维护军队的良好声誉。

8. 畅通诉讼绿色通道。涉军案件审判要做到优先立案、优先审结、优先执行,尽快消除因涉军纠纷案件给部队建设带来的消极影响。在立案大厅设立涉军案件立案窗口,引导当事人理性对待诉讼,合理选择纠纷解决方式,提高部队和军人军属依法诉讼的能力。凡符合立案条件的,要做到尽快受理,并及时将诉讼材料移送涉军案件审判组织。依法适用简易程序审理的,要加大审判力度,缩短办案周期。对军队一方当事人确有困难,无法自行收集证据的,人民法院可依职权调取证据。积极开展巡回审判,对于边远艰苦、交通不便的部队,可采取信函、传真等方式立案,借助互联网、视频系统等进行案件审理,为边海防和驻地偏远部队及军人军属提供诉讼便利。

9. 更加深入扎实做好调解工作。涉军案件审判要更加注重调解,切实把调解优先原则贯穿于审判工作全过程。要充分运用诉讼与非诉讼相衔接的纠纷解决机制,努力把涉军纠纷化解在诉讼之前。要在认真做好地方当事人调解工作的同时,通过部队做好军队一方当事人的思想工作,引导军地双方当事人达成共识、消除纷争。重大涉军案件,积极协调人民武装部、团以上部队政治机关,形成合力,共同做好调解工作,最大限度地实现法律效果、社会效果和政治效果的统一。

10. 确保生效裁判的及时执行。切实加强涉军案件执行工作,保障当事人合法权益。在向军队一方当事人送达裁判文书时,要释明有关法律规定,指导其及时申请执行;军队一方为申请执行人的,要加大执行力度,必要时可请上级人民法院提级执行;军队一方为被执行人的,可通过部队组织督促被执行人履行法定义务,必要时可以请部队所在地的军事法院协助执行。

11. 扩大审判效果延伸司法服务。结合涉军案件审判工作,积极扩大办案效果,拓展司法服务领域。选择危害国防利益和军人军属合法权益的典型案例,开展法制宣传教育,增强广大人民群众的国防法制观念。可通过开设涉军纠纷法律咨询热线电话,网站专栏,向部队、军人军属发放"维权服务联系卡",设置驻军部队司法信箱等方式,为部队和军人军属依法维权提供司法服务。积极开展庭审观摩进军营、法律咨询进军营、法律培训进军营等活动,增强官兵依法办事意识和解决涉法涉诉问题的能力。

最高人民法院关于进一步发挥职能作用维护国防利益和军人军属合法权益的意见

- 2014 年 10 月 29 日
- 法〔2014〕271 号

人民法院作为国家司法机关,肩负着为经济社会发展和国家安全提供司法保障的历史重任。近年来,各级人民法院始终把涉军维权工作作为重要政治任务常抓不懈,紧贴部队官兵维权需要,积极履职尽能,不断探索创新,开展了多种形式的司法拥军活动,有力服务和保障了国防和军队建设。为落实中央政法委有关加强维护国防利益和军人军属合法权益工作的精神,进一步发挥人民法院职能作用,加强新形势下涉军维权工作力度,维护国防利益和军人军属合法权益,全面推进人民法院涉军维权工作,结合审判工作实际,提出如下意见:

一、深化思想认识,切实增强做好涉军维权工作的责任感使命感

1. 人民法院要站在党和国家工作全局高度,充分认识涉军维权工作的重要意义。建设强大国防和军队是实现国家长治久安的坚强后盾,是促进经济社会发展的安全保障。侵害国防利益、损害部队战斗力的案件,严重影响部队的安全稳定,危害国防安全和军事斗争准备。依法妥善审理涉军案件,严厉惩处侵害国防利益和军人军属合法权益的违法犯罪活动,优先化解各类涉军纠纷,为国防和军队建设提供司法保障,是人民法院开展涉军维权工作的主要途径,是落实党和国家拥军优属政策法规的实际举措,是服务国家安全稳定大局的重要内容。

2. 各级人民法院和广大干警,要深入学习贯彻党的十八大和十八届二中、三中、四中全会精神和习近平总书记系列重要讲话精神,依法公正及时审理涉军案件,切实维护国防利益和军人军属合法权益,充分发挥司法职能,为促进部队全面建设、提升部队战斗力提供有力司法保障,努力为实现强军目标作出积极贡献。

二、充分发挥人民法院职能作用,依法做好涉军案件审理工作

3. 依法做好涉军案件的受理工作。按照《最高人民法院关于进一步加强人民法院涉军案件审判工作的通知》《最高人民法院、最高人民检察院、公安部、国家安全部、司法部、解放军总政治部关于印发〈办理军队和地方互涉刑事案件规定〉的通知》《最高人民法院关于军事法院管辖民事案件若干问题的规定》等要求,准确确定涉军案件的受理和管辖范围。有需求、有条件的人民法院应在立案大厅设立涉军案件立案窗口,加强诉讼引导。要结合本地区特点,创新司法服务,为军人军属提供必要的诉讼指导,充分保障军人军属的诉讼权利。要通过诉前调解等方式,积极引导当事人理性对待诉讼,合理选择纠纷解决方式,提高部队和军人军属依法解决纠纷的能力。对符合立案条件的,要做到尽快受理,并及时将诉讼材料移送涉军案件审判组织。对边海防和驻地偏远的部队及军人军属,可以通过上门、远程、信函、传真等多种方式立案。

4. 依法对涉军案件当事人实施司法救助和法律援助。对经济确有困难的军人、军属请求给付赡养费、抚养费、抚育费、抚恤金、社会保险金、经济补偿金、人身损害赔偿金等案件,要积极落实司法救助政策,依法准许其免交、减交、缓交诉讼费用。对需要法律援助的军人、军属,要主动协调有关法律援助机构,及时提供法律援助。

5. 依法审理好各类涉军案件。依法严厉打击破坏武器装备、军事设施、军事通信,聚众冲击军事禁区,聚众扰乱军事管理区秩序等侵害国防利益的犯罪,切实维护军事安全;依法严惩冒充军人招摇撞骗,伪造、变造、买卖或者盗窃、抢夺部队公文、证件、印章,非法生产、买卖部队制式服装,伪造、盗窃、买卖或者非法提供、使用武装部队专用标志等涉军造假犯罪,维护军队声誉、形象;依法惩处侵害军人军属人身财产权益的犯罪活动,有效保障军人军属合法权益。依法妥善处理涉及国防工程建设、军事设施保护、军用土地权属、军事禁区管理等涉军民事案件,保障部队正常的战备、训练和工作秩序;依法稳妥处理涉及军人军属的各类民事纠纷，维护好军人军属合法权益；依法审慎解决可能导致群体性事件以及因历史遗留问题引发的重大纠纷案件，维护军队的良好声誉。依法为军队核心产业、军工企业的科学发展提供司法支持，保障优势资源真正依法依规应用于充实核心国防力量。

6. 切实保障诉讼绿色通道畅通。要坚持按照优先立案、优先审结、优先执行的原则，确保涉军案件得到优质高效的审理和执行。对依法适用简易程序、小额诉讼程序审理的案件，要加大审判力度，缩短办案周期；严格执行审限制度，无法定事由不得擅自延长审限；对确因军事需要不能在法定期限内参加诉讼的官兵，依法采取中止诉讼等方式保障其诉讼权利。对涉军案件中涉及损害国防利益的事实和相关程序性事项，人民法院应当依职权主动调查取证；对军队一方当事人确有困难，无法自行收集的证据，人民法院可依职权调取证据。要积极开展巡回审判，结合本地涉军案件的实际和特点，通过建立驻军巡回办案点、开设“假日法庭”、实施远程视频开庭等方式，方便当事人诉讼，及时就地调处涉军纠纷。

7. 深入扎实做好涉军纠纷调解工作。要把维护军政、军民、军地团结作为涉军纠纷案件审判工作重要的价值取向，切实将调解优先原则贯彻于涉军案件审判工作全过程。要坚持预防为主、关口前移，强化涉军矛盾纠纷排查调处工作，充分运用诉讼与非诉讼相衔接的纠纷解决机制，努力把涉军纠纷化解在诉讼之前；要在认真做好地方当事人调解工作的同时，通过部队做好军队一方当事人的思想工作，引导军地双方当事人达成共识、消除纷争；要着眼于纠纷的实质性解决，充分运用军地资源，积极选聘军人、复退转业军人、军属担任人民陪审员、特约调解员等，做好纠纷调处工作，创新调解方式方法；对重大涉军案件，要积极协调人民武装部、团以上部队政治机关等形成合力，共同做好调解工作，最大限度地实现法律效果、社会效果和政治效果的统一；对达成调解协议的案件，要督促和引导当事人按照协议约定自觉履行。

8. 切实加强涉军案件裁判执行工作。人民法院在向军队一方当事人送达生效裁判文书时，应当释明有关法律规定，指导其及时申请执行，督促其及时履行生效裁判确定的义务。在执行中，对军队一方为申请执行人的，应当依法加大执行力度，对执行确有困难的，必要时可及时提请上级人民法院提级执行或者指令其他人民法院执行；对军队一方为被执行人的，可通过部队组织督促被执行人履行法定义务，必要时可以委托部队所在地有管辖权的军事法院执行。有需求、有条件的人民法院，可以通过设立专门的涉军案件执行机构、确定相对固定的执行人员等方式，提高案件执行效率，保障案件执行效果。

9. 加强涉军司法服务。各地人民法院要结合本地区实际，创新和丰富宣传教育的手段载体，选择危害国防利益和军人军属合法权益的典型案例，开展法制宣传教育，增强广大人民群众的国防法制观念，广泛宣传涉军案件审判执行工作的先进事迹、做法经验，不断扩大涉军案件审判执行工作的社会影响，营造拥军优属的社会氛围。要结合部队工作需要和特点，通过积极开展庭审观摩进军营、法律咨询进军营、法律培训进军营等活动，增强官兵依法办事意识和解决涉法涉诉问题的能力，促进部队依法治军。要不断创新司法拥军的内容和形式，通过发送司法建议、开设涉军纠纷法律咨询电话、网站专栏、电子邮箱、微博微信，向部队、军人军属发放“维权服务联系卡”，设置驻军部队司法信箱等方式，为部队和军人军属依法维权提供司法服务。

三、健全完善审判工作机制，努力提高涉军维权工作质量和效果

10. 完善工作机制。各级人民法院要

加强对涉军审判工作的组织领导，完善相关业务庭和各职能部门的沟通协调机制，建立健全研究解决涉军审判重大问题的工作制度。要结合审判工作实际，健全涉军审判工作的组织机构，明确岗位职责，配备政治素养好、业务能力强的审判人员。各级人民法院要定期向上级人民法院书面报告辖区内涉军审判工作情况，重大问题随时报告。针对涉军案件出现的新情况、新问题，要适时开展检查调研，提出针对性的措施办法。规范涉军案件登记管理，完善涉军案件统计制度，提高审判工作效率。

11. 密切军地协作。各级人民法院要坚持依法独立行使审判权与积极服务国防和军队建设相统一、公平公正执法与保护国防利益相统一，把党和国家的拥军优属政策和各项法律规定贯彻落实到审判活动全过程。要重视加强与部队的联系沟通，下级法院因审理案件需要与军队联系沟通存在困难的，应当及时向上级法院报告，由上级法院提供协调和帮助。要认真落实军地联席会议、涉军案件信息通报、重大涉军案件督办等制度，充分听取军事法院、部队有关涉军案件审判工作的意见建议，尊重军事活动的特点规律，合理组织开展审判活动。要加强与部队政治部门、军事法院、省军区系统的协调配合，发挥部队思想政治工作优势，做好当事人思想工作和调解工作，争取对涉军案件审判工作的理解支持。

12. 探索建立和完善涉军案件统计制度。设计科学、运行顺畅的台账及统计制度，是加强涉军案件审判管理和决策分析的前提基础。各级人民法院要在立案、审判、执行等案件审理流程中，加强对涉军案件的管理和统计，适时开展专项司法统计分析，积极探索借助信息网络平台建设，促进涉军案件审判管理的规范化、信息化。

13. 加强工作考评，落实奖惩制度。各级人民法院要把年度综治考评作为推动涉军案件审判工作落实的重要手段，坚持高标准、严要求，搞好组织实施。要加强对涉军案件审判工作的考核评比，发挥考评的激励督导作用，要将涉军案件审判工作情况列入年终考核内容，纳入部门岗位责任目标管理，作为评先创优、选拔使用的重要政治指标。对工作不力造成不良后果的部门和法院，要及时督办问责，适时给予通报批评，情节严重的取消评先评优资格。要适时对涉军案件审判工作成绩突出的单位和个人进行通报表扬，及时依法依纪追究因工作懈怠造成严重后果者的责任。

四、进一步加强组织领导，推动涉军维权工作再上新台阶

14. 搞好统筹和组织协调。各级人民法院要在党委政法委统一领导和支持下，依法履行审判职能，科学统筹审判工作与支持国防和军队建设的关系，自觉将涉军案件审判纳入司法拥军范畴，作为维护国防利益和军人军属合法权益的重要手段。要根据涉军案件特点，科学制定审判流程管理和案件质量工作细则，合理安排涉军案件的立案、分案、排期、开庭、结案等环节，在事关案件审判的全局性、普遍性问题上，及时把关定向。要积极参与和支持各地涉军维权工作领导小组工作，与其他职能部门紧密配合，积极开展跨区域协作，依法妥善处理工作中遇到的困难和问题，保障涉军案件审判工作顺利进行。

15. 全力支持军事法院做好涉军维权工作。近年来，在党中央、中央军委的坚强领导下，军事法院充分发挥职能作用，依法组织开展涉军维权工作，积极回应官兵维权需求。随着官兵法律需求的不断增长，军事法院涉军维权工作任务日益繁重。地方各级人民法院要把支持军事法院开展涉军维权工作作为重要任务，发挥本部门本地区工作优势，在重大疑难案件处理、涉军案件执行、法官学习培训、司法实践锻炼、审判业务交流等方面及时提供支持和帮助。要有序推进军地法院之间内部网络建设，加大设备和技术投入，尽快落实网络互

联互通,实现信息资源共享。要支持军事法院开展国防和军队建设重大涉法问题调查研究,积极提供人才服务、资料互通、法理研究等方面的帮助,合力推动工作发展。

16.强化审判工作物质保障。各级人民法院要从涉军维权工作实际需要出发,按照办公有场所、办案有装备、办事有经费的要求,不断提升物质保障水平。要将经费保障纳入年度预算,建立与工作任务相适应的增长机制,为顺利开展工作创造条件。

第六编　涉外、涉港澳台执行程序

第三十章　港澳地区仲裁裁决的执行和台湾地区民事判决、仲裁裁决、调解书的认可与执行

◎司法解释

最高人民法院关于内地与香港特别行政区相互执行仲裁裁决的安排

• 2000 年 1 月 24 日
• 法释〔2000〕3 号

根据《中华人民共和国香港特别行政区基本法》第九十五条的规定，经最高人民法院与香港特别行政区（以下简称香港特区）政府协商，香港特区法院同意执行内地仲裁机构（名单由国务院法制办公室经国务院港澳事务办公室提供）依据《中华人民共和国仲裁法》所作出的裁决，内地人民法院同意执行在香港特区按香港特区《仲裁条例》所作出的裁决。现就内地与香港特区相互执行仲裁裁决的有关事宜作出如下安排：

一、在内地或者香港特区作出的仲裁裁决，一方当事人不履行仲裁裁决的，另一方当事人可以向被申请人住所地或者财产所在地的有关法院申请执行。

二、上条所述的有关法院，在内地指被申请人住所地或者财产所在地的中级人民法院，在香港特区指香港特区高等法院。

被申请人住所地或者财产所在地在内地不同的中级人民法院辖区内的，申请人可以选择其中一个人民法院申请执行裁决，不得分别向两个或者两个以上人民法院提出申请。

被申请人的住所地或者财产所在地，既在内地又在香港特区的，申请人不得同时分别向两地有关法院提出申请。只有一地法院执行不足以偿还其债务时，才可就不足部分向另一地法院申请执行。两地法院先后执行仲裁裁决的总额，不得超过裁决数额。

三、申请人向有关法院申请执行在内地或者香港特区作出的仲裁裁决的，应当提交以下文书：

（一）执行申请书；

（二）仲裁裁决书；

（三）仲裁协议。

四、执行申请书的内容应当载明下列事项：

（一）申请人为自然人的情况下，该人的姓名、地址；申请人为法人或者其他组织的情况下，该法人或其他组织的名称、地址及法定代表人姓名；

（二）被申请人为自然人的情况下，该人的姓名、地址；被申请人为法人或者其他组织的情况下，该法人或其他组织的名称、地址及法定代表人姓名；

（三）申请人为法人或者其他组织的，应当提交企业注册登记的副本。申请人是外国籍法人或者其他组织的，应当提交相应的公证和认证材料；

（四）申请执行的理由与请求的内容，被申请人的财产所在地及财产状况。

执行申请书应当以中文文本提出，裁

决书或者仲裁协议没有中文文本的,申请人应当提交正式证明的中文译本。

五、申请人向有关法院申请执行内地或者香港特区仲裁裁决的期限依据执行地法律有关时限的规定。

六、有关法院接到申请人申请后,应当按执行地法律程序处理及执行。

七、在内地或者香港特区申请执行的仲裁裁决,被申请人接到通知后,提出证据证明有下列情形之一的,经审查核实,有关法院可裁定不予执行:

(一)仲裁协议当事人依对其适用的法律属于某种无行为能力的情形;或者该项仲裁协议依约定的准据法无效;或者未指明以何种法律为准时,依仲裁裁决地的法律是无效的;

(二)被申请人未接到指派仲裁员的适当通知,或者因他故未能陈述意见的;

(三)裁决所处理的争议不是交付仲裁的标的或者不在仲裁协议条款之内,或者裁决载有关于交付仲裁范围以外事项的决定的;但交付仲裁事项的决定可与未交付仲裁的事项划分时,裁决中关于交付仲裁事项的决定部分应当予以执行;

(四)仲裁庭的组成或者仲裁庭程序与当事人之间的协议不符,或者在有关当事人没有这种协议时与仲裁地的法律不符的;

(五)裁决对当事人尚无约束力,或者业经仲裁地的法院或者按仲裁地的法律撤销或者停止执行的。

有关法院认定依执行地法律,争议事项不能以仲裁解决的,则可不予执行该裁决。

内地法院认定在内地执行该仲裁裁决违反内地社会公共利益,或者香港特区法院决定在香港特区执行该仲裁裁决违反香港特区的公共政策,则可不予执行该裁决。

八、申请人向有关法院申请执行在内地或者香港特区作出的仲裁裁决,应当根据执行地法院有关诉讼收费的办法交纳执行费用。

九、1997 年 7 月 1 日以后申请执行在内地或者香港特区作出的仲裁裁决按本安排执行。

十、对 1997 年 7 月 1 日至本安排生效之日的裁决申请问题,双方同意:

1997 年 7 月 1 日至本安排生效之日因故未能向内地或者香港特区法院申请执行,申请人为法人或者其他组织的,可以在本安排生效后 6 个月内提出;如申请人为自然人的,可以在本安排生效后 1 年内提出。

对于内地或香港特区法院在 1997 年 7 月 1 日至本安排生效之日拒绝受理或者拒绝执行仲裁裁决的案件,应允许当事人重新申请。

十一、本安排在执行过程中遇有问题和修改,应当通过最高人民法院和香港特区政府协商解决。

最高人民法院关于内地与澳门特别行政区关于相互认可和执行民商事判决的安排

- 2006 年 3 月 21 日
- 法释〔2006〕2 号

根据《中华人民共和国澳门特别行政区基本法》第九十三条的规定,最高人民法院与澳门特别行政区经协商,就内地与澳门特别行政区法院相互认可和执行民商事判决事宜,达成如下安排:

第一条 内地与澳门特别行政区民商事案件(在内地包括劳动争议案件,在澳门特别行政区包括劳动民事案件)判决的相互认可和执行,适用本安排。

本安排亦适用于刑事案件中有关民事损害赔偿的判决、裁定。

本安排不适用于行政案件。

第二条 本安排所称“判决”,在内地包括:

判决、裁定、决定、调解书、支付令；在澳门特别行政区包括：裁判、判决、确认和解的裁定、法官的决定或者批示。

本安排所称“被请求方”，指内地或者澳门特别行政区双方中，受理认可和执行判决申请的一方。

第三条 一方法院作出的具有给付内容的生效判决，当事人可以向对方有管辖权的法院申请认可和执行。

没有给付内容，或者不需要执行，但需要通过司法程序予以认可的判决，当事人可以向对方法院单独申请认可，也可以直接以该判决作为证据在对方法院的诉讼程序中使用。

第四条 内地有权受理认可和执行判决申请的法院为被申请人住所地、经常居住地或者财产所在地的中级人民法院。两个或者两个以上中级人民法院均有管辖权的，申请人应当选择向其中一个中级人民法院提出申请。

澳门特别行政区有权受理认可判决申请的法院为中级法院，有权执行的法院为初级法院。

第五条 被申请人在内地和澳门特别行政区均有可供执行财产的，申请人可以向一地法院提出执行申请。

申请人向一地法院提出执行申请的同时，可以向另一地法院申请查封、扣押或者冻结被执行人的财产。待一地法院执行完毕后，可以根据该地法院出具的执行情况证明，就不足部分向另一地法院申请采取处分财产的执行措施。

两地法院执行财产的总额，不得超过依据判决和法律规定所确定的数额。

第六条 请求认可和执行判决的申请书，应当载明下列事项：

（一）申请人或者被申请人为自然人的，应当载明其姓名及住所；为法人或者其他组织的，应当载明其名称及住所，以及其法定代表人或者主要负责人的姓名、职务和住所；

（二）请求认可和执行的判决的案号和判决日期；

（三）请求认可和执行判决的理由、标的，以及该判决在判决作出地法院的执行情况。

第七条 申请书应当附生效判决书副本，或者经作出生效判决的法院盖章的证明书，同时应当附作出生效判决的法院或者有权限机构出具的证明下列事项的相关文件：

（一）传唤属依法作出，但判决书已经证明的除外；

（二）无诉讼行为能力人依法得到代理，但判决书已经证明的除外；

（三）根据判决作出地的法律，判决已经送达当事人，并已生效；

（四）申请人为法人的，应当提供法人营业执照副本或者法人登记证明书；

（五）判决作出地法院发出的执行情况证明。

如被请求方法院认为已充分了解有关事项时，可以免除提交相关文件。

被请求方法院对当事人提供的判决书的真实性有疑问时，可以请求作出生效判决的法院予以确认。

第八条 申请书应当用中文制作。所附司法文书及其相关文件未用中文制作的，应当提供中文译本。其中法院判决书未用中文制作的，应当提供由法院出具的中文译本。

第九条 法院收到申请人请求认可和执行判决的申请后，应当将申请书送达被申请人。

被申请人有权提出答辩。

第十条 被请求方法院应当尽快审查认可和执行的请求，并作出裁定。

第十一条 被请求方法院经审查核实存在下列情形之一的，裁定不予认可：

（一）根据被请求方的法律，判决所确认的事项属被请求方法院专属管辖；

（二）在被请求方法院已存在相同诉讼，该诉讼先于待认可判决的诉讼提起，且被请求方法院具有管辖权；

（三）被请求方法院已认可或者执行被请求方法院以外的法院或仲裁机构就相同诉讼作出的判决或仲裁裁决；

（四）根据判决作出地的法律规定，败诉的当事人未得到合法传唤，或者无诉讼行为能力人未依法得到代理；

（五）根据判决作出地的法律规定，申请认可和执行的判决尚未发生法律效力，或者因再审被裁定中止执行；

（六）在内地认可和执行判决将违反内地法律的基本原则或者社会公共利益；在澳门特别行政区认可和执行判决将违反澳门特别行政区法律的基本原则或者公共秩序。

第十二条 法院就认可和执行判决的请求作出裁定后，应当及时送达。

当事人对认可与否的裁定不服的，在内地可以向上一级人民法院提请复议，在澳门特别行政区可以根据其法律规定提起上诉；对执行中作出的裁定不服的，可以根据被请求方法律的规定，向上级法院寻求救济。

第十三条 经裁定予以认可的判决，与被请求方法院的判决具有同等效力。判决有给付内容的，当事人可以向该方有管辖权的法院申请执行。

第十四条 被请求方法院不能对判决所确认的所有请求予以认可和执行时，可以认可和执行其中的部分请求。

第十五条 法院受理认可和执行判决的申请之前或者之后，可以按照被请求方法律关于财产保全的规定，根据申请人的申请，对被申请人的财产采取保全措施。

第十六条 在被请求方法院受理认可和执行判决的申请期间，或者判决已获认可和执行，当事人再行提起相同诉讼的，被请求方法院不予受理。

第十七条 对于根据本安排第十一条（一）、（四）、（六）项不予认可的判决，申请人不得再行提起认可和执行的申请。但根据被请求方的法律，被请求方法院有管辖权的，当事人可以就相同案件事实向当地法院另行提起诉讼。

本安排第十一条（五）项所指的判决，在不予认可的情形消除后，申请人可以再行提起认可和执行的申请。

第十八条 为适用本安排，由一方有权限公共机构（包括公证员）作成或者公证的文书正本、副本及译本，免除任何认证手续而可以在对方使用。

第十九条 申请人依据本安排申请认可和执行判决，应当根据被请求方法律规定，交纳诉讼费用、执行费用。

申请人在生效判决作出地获准缓交、减交、免交诉讼费用的，在被请求方法院申请认可和执行判决时，应当享有同等待遇。

第二十条 对民商事判决的认可和执行，除本安排有规定的以外，适用被请求方的法律规定。

第二十一条 本安排生效前提出的认可和执行请求，不适用本安排。

两地法院自1999年12月20日以后至本安排生效前作出的判决，当事人未向对方法院申请认可和执行，或者对方法院拒绝受理的，仍可以于本安排生效后提出申请。

澳门特别行政区法院在上述期间内作出的判决，当事人向内地人民法院申请认可和执行的期限，自本安排生效之日起重新计算。

第二十二条 本安排在执行过程中遇有问题或者需要修改，应当由最高人民法院与澳门特别行政区协商解决。

第二十三条 为执行本安排，最高人民法院和澳门特别行政区终审法院应当相互提供相关法律资料。

最高人民法院和澳门特别行政区终审法院每年相互通报执行本安排的情况。

第二十四条 本安排自2006年4月1日起生效。

最高人民法院关于内地与澳门特别行政区相互认可和执行仲裁裁决的安排

• 2007 年 12 月 12 日
• 法释〔2007〕17 号

根据《中华人民共和国澳门特别行政区基本法》第九十三条的规定，经最高人民法院与澳门特别行政区协商，现就内地与澳门特别行政区相互认可和执行仲裁裁决的有关事宜达成如下安排：

第一条 内地人民法院认可和执行澳门特别行政区仲裁机构及仲裁员按照澳门特别行政区仲裁法规在澳门作出的民商事仲裁裁决，澳门特别行政区法院认可和执行内地仲裁机构依据《中华人民共和国仲裁法》在内地作出的民商事仲裁裁决，适用本安排。

本安排没有规定的，适用认可和执行地的程序法律规定。

第二条 在内地或者澳门特别行政区作出的仲裁裁决，一方当事人不履行的，另一方当事人可以向被申请人住所地、经常居住地或者财产所在地的有关法院申请认可和执行。

内地有权受理认可和执行仲裁裁决申请的法院为中级人民法院。两个或者两个以上中级人民法院均有管辖权的，当事人应当选择向其中一个中级人民法院提出申请。

澳门特别行政区有权受理认可仲裁裁决申请的法院为中级法院，有权执行的法院为初级法院。

第三条 被申请人的住所地、经常居住地或者财产所在地分别在内地和澳门特别行政区的，申请人可以向一地法院提出认可和执行申请，也可以分别向两地法院提出申请。

当事人分别向两地法院提出申请的，两地法院都应当依法进行审查。予以认可的，采取查封、扣押或者冻结被执行人财产等执行措施。仲裁地法院应当先进行执行清偿；另一地法院在收到仲裁地法院关于经执行债权未获清偿情况的证明后，可以对申请人未获清偿的部分进行执行清偿。两地法院执行财产的总额，不得超过依据裁决和法律规定所确定的数额。

第四条 申请人向有关法院申请认可和执行仲裁裁决的，应当提交以下文件或者经公证的副本：

（一）申请书；

（二）申请人身份证明；

（三）仲裁协议；

（四）仲裁裁决书或者仲裁调解书。

上述文件没有中文文本的，申请人应当提交经正式证明的中文译本。

第五条 申请书应当包括下列内容：

（一）申请人或者被申请人为自然人的，应当载明其姓名及住所；为法人或者其他组织的，应当载明其名称及住所，以及其法定代表人或者主要负责人的姓名、职务和住所；申请人是外国籍法人或者其他组织的，应当提交相应的公证和认证材料；

（二）请求认可和执行的仲裁裁决书或者仲裁调解书的案号或识别资料和生效日期；

（三）申请认可和执行仲裁裁决的理由及具体请求，以及被申请人财产所在地、财产状况及该仲裁裁决的执行情况。

第六条 申请人向有关法院申请认可和执行内地或者澳门特别行政区仲裁裁决的期限，依据认可和执行地的法律确定。

第七条 对申请认可和执行的仲裁裁决，被申请人提出证据证明有下列情形之一的，经审查核实，有关法院可以裁定不予认可：

（一）仲裁协议一方当事人依对其适用的法律在订立仲裁协议时属于无行为能力的；或者依当事人约定的准据法，或当事人没有约定适用的准据法而依仲裁地法律，该仲裁协议无效的；

（二）被申请人未接到选任仲裁员或者进行仲裁程序的适当通知，或者因他故未能陈述意见的；

（三）裁决所处理的争议不是提交仲裁的争议，或者不在仲裁协议范围之内；或者裁决载有超出当事人提交仲裁范围的事项的决定，但裁决中超出提交仲裁范围的事项的决定与提交仲裁事项的决定可以分开的，裁决中关于提交仲裁事项的决定部分可以予以认可；

（四）仲裁庭的组成或者仲裁程序违反了当事人的约定，或者在当事人没有约定时与仲裁地的法律不符的；

（五）裁决对当事人尚无约束力，或者业经仲裁地的法院撤销或者拒绝执行的。

有关法院认定，依执行地法律，争议事项不能以仲裁解决的，不予认可和执行该裁决。

内地法院认定在内地认可和执行该仲裁裁决违反内地法律的基本原则或者社会公共利益，澳门特别行政区法院认定在澳门特别行政区认可和执行该仲裁裁决违反澳门特别行政区法律的基本原则或者公共秩序，不予认可和执行该裁决。

第八条 申请人依据本安排申请认可和执行仲裁裁决的，应当根据执行地法律的规定，交纳诉讼费用。

第九条 一方当事人向一地法院申请执行仲裁裁决，另一方当事人向另一地法院申请撤销该仲裁裁决，被执行人申请中止执行且提供充分担保的，执行法院应当中止执行。

根据经认可的撤销仲裁裁决的判决、裁定，执行法院应当终结执行程序；撤销仲裁裁决申请被驳回的，执行法院应当恢复执行。

当事人申请中止执行的，应当向执行法院提供其他法院已经受理申请撤销仲裁裁决案件的法律文书。

第十条 受理申请的法院应当尽快审查认可和执行的请求，并作出裁定。

第十一条 法院在受理认可和执行仲裁裁决申请之前或者之后，可以依当事人的申请，按照法院地法律规定，对被申请人的财产采取保全措施。

第十二条 由一方有权限公共机构（包括公证员）作成的文书正本或者经公证的文书副本及译本，在适用本安排时，可以免除认证手续在对方使用。

第十三条 本安排实施前，当事人提出的认可和执行仲裁裁决的请求，不适用本安排。

自1999年12月20日至本安排实施前，澳门特别行政区仲裁机构及仲裁员作出的仲裁裁决，当事人向内地申请认可和执行的期限，自本安排实施之日起算。

第十四条 为执行本安排，最高人民法院和澳门特别行政区终审法院应当相互提供相关法律资料。

最高人民法院和澳门特别行政区终审法院每年相互通报执行本安排的情况。

第十五条 本安排在执行过程中遇有问题或者需要修改的，由最高人民法院和澳门特别行政区协商解决。

第十六条 本安排自2008年1月1日起实施。

最高人民法院关于内地与香港特别行政区法院相互认可和执行当事人协议管辖的民商事案件判决的安排

• 2008年7月3日
• 法释〔2008〕9号

根据《中华人民共和国香港特别行政区基本法》第九十五条的规定，最高人民法院与香港特别行政区政府经协商，现就当事人协议管辖的民商事案件判决的认可和执行问题作出如下安排：

第一条 内地人民法院和香港特别行政区法院在具有书面管辖协议的民商事案件中作出的须支付款项的具有执行力的终审判

决，当事人可以根据本安排向内地人民法院或者香港特别行政区法院申请认可和执行。

第二条 本安排所称“具有执行力的终审判决”：

（一）在内地是指：

1. 最高人民法院的判决；

2. 高级人民法院、中级人民法院以及经授权管辖第一审涉外、涉港澳台民商事案件的基层人民法院（名单附后）依法不准上诉或者已经超过法定期限没有上诉的第一审判决，第二审判决和依照审判监督程序由上一级人民法院提审后作出的生效判决。

（二）在香港特别行政区是指终审法院、高等法院上诉法庭及原讼法庭和区域法院作出的生效判决。

本安排所称判决，在内地包括判决书、裁定书、调解书、支付令；在香港特别行政区包括判决书、命令和诉讼费评定证明书。

当事人向香港特别行政区法院申请认可和执行判决后，内地人民法院对该案件依法再审的，由作出生效判决的上一级人民法院提审。

第三条 本安排所称“书面管辖协议”，是指当事人为解决与特定法律关系有关的已经发生或者可能发生的争议，自本安排生效之日起，以书面形式明确约定内地人民法院或者香港特别行政区法院具有唯一管辖权的协议。

本条所称“特定法律关系”，是指当事人之间的民商事合同，不包括雇佣合同以及自然人因个人消费、家庭事宜或者其他非商业目的而作为协议一方的合同。

本条所称“书面形式”是指合同书、信件和数据电文（包括电报、电传、传真、电子数据交换和电子邮件）等可以有形地表现所载内容、可以调取以备日后查用的形式。

书面管辖协议可以由一份或者多份书面形式组成。

除非合同另有规定，合同中的管辖协议条款独立存在，合同的变更、解除、终止或者无效，不影响管辖协议条款的效力。

第四条 申请认可和执行符合本安排规定的民商事判决，在内地向被申请人住所地、经常居住地或者财产所在地的中级人民法院提出，在香港特别行政区向香港特别行政区高等法院提出。

第五条 被申请人住所地、经常居住地或者财产所在地在内地不同的中级人民法院辖区的，申请人应当选择向其中一个人民法院提出认可和执行的申请，不得分别向两个或者两个以上人民法院提出申请。

被申请人的住所地、经常居住地或者财产所在地，既在内地又在香港特别行政区的，申请人可以同时分别向两地法院提出申请，两地法院分别执行判决的总额，不得超过判决确定的数额。已经部分或者全部执行判决的法院应当根据对方法院的要求提供已执行判决的情况。

第六条 申请人向有关法院申请认可和执行判决的，应当提交以下文件：

（一）请求认可和执行的申请书；

（二）经作出终审判决的法院盖章的判决书副本；

（三）作出终审判决的法院出具的证明书，证明该判决属于本安排第二条所指的终审判决，在判决作出地可以执行；

（四）身份证明材料：

1. 申请人为自然人的，应当提交身份证或者经公证的身份证复印件；

2. 申请人为法人或者其他组织的，应当提交经公证的法人或者其他组织注册登记证书的复印件；

3. 申请人是外国籍法人或者其他组织的，应当提交相应的公证和认证材料。

向内地人民法院提交的文件没有中文文本的，申请人应当提交证明无误的中文译本。

执行地法院对于本条所规定的法院出具的证明书，无需另行要求公证。

第七条 请求认可和执行申请书应当载明下

列事项：

（一）当事人为自然人的，其姓名、住所；当事人为法人或者其他组织的，法人或者其他组织的名称、住所以及法定代表人或者主要负责人的姓名、职务和住所；

（二）申请执行的理由与请求的内容，被申请人的财产所在地以及财产状况；

（三）判决是否在原审法院地申请执行以及已执行的情况。

第八条 申请人申请认可和执行内地人民法院或者香港特别行政区法院判决的程序，依据执行地法律的规定。本安排另有规定的除外。

申请人申请认可和执行的期间为二年。

前款规定的期间，内地判决到香港特别行政区申请执行的，从判决规定履行期间的最后一日起计算，判决规定分期履行的，从规定的每次履行期间的最后一日起计算，判决未规定履行期间的，从判决生效之日起计算；香港特别行政区判决到内地申请执行的，从判决可强制执行之日起计算，该日为判决上注明的判决日期，判决对履行期间另有规定的，从规定的履行期间届满后开始计算。

第九条 对申请认可和执行的判决，原审判决中的债务人提供证据证明有下列情形之一的，受理申请的法院经审查核实，应当裁定不予认可和执行：

（一）根据当事人协议选择的原审法院地的法律，管辖协议属于无效。但选择法院已经判定该管辖协议为有效的除外；

（二）判决已获完全履行；

（三）根据执行地的法律，执行地法院对该案享有专属管辖权；

（四）根据原审法院地的法律，未曾出庭的败诉一方当事人未经合法传唤或者虽经合法传唤但未获依法律规定的答辩时间。但原审法院根据其法律或者有关规定公告送达的，不属于上述情形；

（五）判决是以欺诈方法取得的；

（六）执行地法院就相同诉讼请求作出判决，或者外国、境外地区法院就相同诉讼请求作出判决，或者有关仲裁机构作出仲裁裁决，已经为执行地法院所认可或者执行的。

内地人民法院认为在内地执行香港特别行政区法院判决违反内地社会公共利益，或者香港特别行政区法院认为在香港特别行政区执行内地人民法院判决违反香港特别行政区公共政策的，不予认可和执行。

第十条 对于香港特别行政区法院作出的判决，判决确定的债务人已经提出上诉，或者上诉程序尚未完结的，内地人民法院审查核实后，可以中止认可和执行程序。经上诉，维持全部或者部分原判决的，恢复认可和执行程序；完全改变原判决的，终止认可和执行程序。

内地地方人民法院就已经作出的判决按照审判监督程序作出提审裁定，或者最高人民法院作出提起再审裁定的，香港特别行政区法院审查核实后，可以中止认可和执行程序。再审判决维持全部或者部分原判决的，恢复认可和执行程序；再审判决完全改变原判决的，终止认可和执行程序。

第十一条 根据本安排而获认可的判决与执行地法院的判决效力相同。

第十二条 当事人对认可和执行与否的裁定不服的，在内地可以向上一级人民法院申请复议，在香港特别行政区可以根据其法律规定提出上诉。

第十三条 在法院受理当事人申请认可和执行判决期间，当事人依相同事实再行提起诉讼的，法院不予受理。

已获认可和执行的判决，当事人依相同事实再行提起诉讼的，法院不予受理。

对于根据本安排第九条不予认可和执行的判决，申请人不得再行提起认可和执行的申请，但是可以按照执行地的法律依相同案件事实向执行地法院提起诉讼。

第十四条 法院受理认可和执行判决的申请

之前或者之后，可以按照执行地法律关于财产保全或者禁制资产转移的规定，根据申请人的申请，对被申请人的财产采取保全或强制措施。

第十五条 当事人向有关法院申请执行判决，应当根据执行地有关诉讼收费的法律和规定交纳执行费或者法院费用。

第十六条 内地与香港特别行政区法院相互认可和执行的标的范围，除判决确定的数额外，还包括根据该判决须支付的利息、经法院核定的律师费以及诉讼费，但不包括税收和罚款。

在香港特别行政区诉讼费是指经法官或者司法常务官在诉讼费评定证明书中核定或者命令支付的诉讼费用。

第十七条 内地与香港特别行政区法院自本安排生效之日（含本日）起作出的判决，适用本安排。

第十八条 本安排在执行过程中遇有问题或者需要修改，由最高人民法院和香港特别行政区政府协商解决。

最高人民法院关于涉台民事诉讼文书送达的若干规定

- 2008年4月17日
- 法释〔2008〕4号

为维护涉台民事案件当事人的合法权益，保障涉台民事案件诉讼活动的顺利进行，促进海峡两岸人员往来和交流，根据民事诉讼法的有关规定，制定本规定。

第一条 人民法院审理涉台民事案件向住所地在台湾地区的当事人送达民事诉讼文书，以及人民法院接受台湾地区有关法院的委托代为向住所地在大陆的当事人送达民事诉讼文书，适用本规定。

涉台民事诉讼文书送达事务的处理，应当遵守一个中国原则和法律的基本原则，不违反社会公共利益。

第二条 人民法院送达或者代为送达的民事诉讼文书包括：起诉状副本、上诉状副本、反诉状副本、答辩状副本、授权委托书、传票、判决书、调解书、裁定书、支付令、决定书、通知书、证明书、送达回证以及与民事诉讼有关的其他文书。

第三条 人民法院向住所地在台湾地区的当事人送达民事诉讼文书，可以采用下列方式：

（一）受送达人居住在大陆的，直接送达。受送达人是自然人，本人不在的，可以交其同住成年家属签收；受送达人是法人或者其他组织的，应当由法人的法定代表人、其他组织的主要负责人或者该法人、组织负责收件的人签收；

受送达人不在大陆居住，但送达时在大陆的，可以直接送达；

（二）受送达人在大陆有诉讼代理人的，向诉讼代理人送达。受送达人在授权委托书中明确表明其诉讼代理人无权代为接收的除外；

（三）受送达人有指定代收人的，向代收人送达；

（四）受送达人在大陆有代表机构、分支机构、业务代办人的，向其代表机构或者经受送达人明确授权接受送达的分支机构、业务代办人送达；

（五）受送达人在台湾地区的地址明确的，可以邮寄送达；

（六）有明确的传真号码、电子信箱地址的，可以通过传真、电子邮件方式向受送达人送达；

（七）按照两岸认可的其他途径送达。

采用上述方式不能送达或者台湾地区的当事人下落不明的，公告送达。

第四条 采用本规定第三条第一款第（一）、（二）、（三）、（四）项方式送达的，由受送达人、诉讼代理人或者有权接受送达的人在送达回证上签收或者盖章，即为送达；拒绝签收或者盖章的，可以依法留置送达。

第五条 采用本规定第三条第一款第（五）项方式送达的，应当附有送达回证。受送达人未在送达回证上签收但在邮件回执上签收的,视为送达,签收日期为送达日期。

自邮寄之日起满三个月,如果未能收到送达与否的证明文件,且根据各种情况不足以认定已经送达的,视为未送达。

第六条 采用本规定第三条第一款第(六)项方式送达的,应当注明人民法院的传真号码或者电子信箱地址,并要求受送达人在收到传真件或者电子邮件后及时予以回复。以能够确认受送达人收悉的日期为送达日期。

第七条 采用本规定第三条第一款第(七)项方式送达的,应当由有关的高级人民法院出具盖有本院印章的委托函。委托函应当写明案件各方当事人的姓名或者名称、案由、案号;受送达人姓名或者名称、受送达人的详细地址以及需送达的文书种类。

第八条 采用公告方式送达的,公告内容应当在境内外公开发行的报刊或者权威网站上刊登。

公告送达的,自公告之日起满三个月,即视为送达。

第九条 人民法院按照两岸认可的有关途径代为送达台湾地区法院的民事诉讼文书的,应当有台湾地区有关法院的委托函。

人民法院收到台湾地区有关法院的委托函后,经审查符合条件的,应当在收到委托函之日起两个月内完成送达。

民事诉讼文书中确定的出庭日期或者其他期限逾期的,受委托的人民法院亦应予送达。

第十条 人民法院按照委托函中的受送达人姓名或者名称、地址不能送达的,应当附函写明情况,将委托送达的民事诉讼文书退回。

完成送达的送达回证以及未完成送达的委托材料,可以按照原途径退回。

第十一条 受委托的人民法院对台湾地区有关法院委托送达的民事诉讼文书的内容和后果不负法律责任。

最高人民法院关于审理涉台民商事案件法律适用问题的规定

- 2010年12月27日
- 法释〔2010〕19号

为正确审理涉台民商事案件,准确适用法律,维护当事人的合法权益,根据民法通则、民事诉讼法等有关法律,制定本规定。

第一条 人民法院审理涉台民商事案件,应当适用法律和司法解释的有关规定。

根据法律和司法解释中选择适用法律的规则,确定适用台湾地区民事法律的,人民法院予以适用。

第二条 台湾地区当事人在人民法院参与民事诉讼,与大陆当事人有同等的诉讼权利和义务,其合法权益受法律平等保护。

第三条 根据本规定确定适用有关法律违反国家法律的基本原则或者社会公共利益的,不予适用。

最高人民法院关于认可和执行台湾地区仲裁裁决的规定

- 2015年6月29日
- 法释〔2015〕14号

为保障海峡两岸当事人的合法权益,更好地适应海峡两岸关系和平发展的新形势,根据民事诉讼法、仲裁法等有关法律,总结人民法院涉台审判工作经验,就认可和执行台湾地区仲裁裁决,制定本规定。

第一条 台湾地区仲裁裁决的当事人可以根据本规定,作为申请人向人民法院申请认可和执行台湾地区仲裁裁决。

第二条 本规定所称台湾地区仲裁裁决是指,有关常设仲裁机构及临时仲裁庭在台湾地区按照台湾地区仲裁规定就有关民商事争议作出的仲裁裁决,包括仲裁判断、仲裁和解和仲裁调解。

第三条 申请人同时提出认可和执行台湾地区仲裁裁决申请的,人民法院先按照认可程序进行审查,裁定认可后,由人民法院执行机构执行。

申请人直接申请执行的,人民法院应当告知其一并提交认可申请;坚持不申请认可的,裁定驳回其申请。

第四条 申请认可台湾地区仲裁裁决的案件,由申请人住所地、经常居住地或者被申请人住所地、经常居住地、财产所在地中级人民法院或者专门人民法院受理。

申请人向两个以上有管辖权的人民法院申请认可的,由最先立案的人民法院管辖。

申请人向被申请人财产所在地人民法院申请认可的,应当提供财产存在的相关证据。

第五条 对申请认可台湾地区仲裁裁决的案件,人民法院应当组成合议庭进行审查。

第六条 申请人委托他人代理申请认可台湾地区仲裁裁决的,应当向人民法院提交由委托人签名或者盖章的授权委托书。

台湾地区、香港特别行政区、澳门特别行政区或者外国当事人签名或者盖章的授权委托书应当履行相关的公证、认证或者其他证明手续,但授权委托书在人民法院法官的见证下签署或者经中国大陆公证机关公证证明是在中国大陆签署的除外。

第七条 申请人申请认可台湾地区仲裁裁决,应当提交以下文件或者经证明无误的副本:

(一)申请书;

(二)仲裁协议;

(三)仲裁判断书、仲裁和解书或者仲裁调解书。

申请书应当记明以下事项:

(一)申请人和被申请人姓名、性别、年龄、职业、身份证件号码、住址(申请人或者被申请人为法人或者其他组织的,应当记明法人或者其他组织的名称、地址、法定代表人或者主要负责人姓名、职务)和通讯方式;

(二)申请认可的仲裁判断书、仲裁和解书或者仲裁调解书的案号或者识别资料和生效日期;

(三)请求和理由;

(四)被申请人财产所在地、财产状况及申请认可的仲裁裁决的执行情况;

(五)其他需要说明的情况。

第八条 对于符合本规定第四条和第七条规定条件的申请,人民法院应当在收到申请后七日内立案,并通知申请人和被申请人,同时将申请书送达被申请人;不符合本规定第四条和第七条规定条件的,应当在七日内裁定不予受理,同时说明不予受理的理由;申请人对裁定不服的,可以提起上诉。

第九条 申请人申请认可台湾地区仲裁裁决,应当提供相关证明文件,以证明该仲裁裁决的真实性。

申请人可以申请人民法院通过海峡两岸调查取证司法互助途径查明台湾地区仲裁裁决的真实性;人民法院认为必要时,也可以就有关事项依职权通过海峡两岸司法互助途径向台湾地区请求调查取证。

第十条 人民法院受理认可台湾地区仲裁裁决的申请之前或者之后,可以按照民事诉讼法及相关司法解释的规定,根据申请人的申请,裁定采取保全措施。

第十一条 人民法院受理认可台湾地区仲裁裁决的申请后,当事人就同一争议起诉的,不予受理。

当事人未申请认可,而是就同一争议向人民法院起诉的,亦不予受理,但仲裁协议无效的除外。

第十二条 人民法院受理认可台湾地区仲裁裁决的申请后,作出裁定前,申请人请求撤回申请的,可以裁定准许。

第十三条 人民法院应当尽快审查认可台湾地区仲裁裁决的申请,决定予以认可的,应当在立案之日起两个月内作出裁定;决定不予认可或者驳回申请的,应当在作出决定前按有关规定自立案之日起两个月内上报最高人民法院。

通过海峡两岸司法互助途径送达文书和调查取证的期间,不计入审查期限。

第十四条 对申请认可和执行的仲裁裁决,被申请人提出证据证明有下列情形之一的,经审查核实,人民法院裁定不予认可:

(一)仲裁协议一方当事人依对其适用的法律在订立仲裁协议时属于无行为能力的;或者依当事人约定的准据法,或当事人没有约定适用的准据法而依台湾地区仲裁规定,该仲裁协议无效的;或者当事人之间没有达成书面仲裁协议的,但申请认可台湾地区仲裁调解的除外;

(二)被申请人未接到选任仲裁员或进行仲裁程序的适当通知,或者由于其他不可归责于被申请人的原因而未能陈述意见的;

(三)裁决所处理的争议不是提交仲裁的争议,或者不在仲裁协议范围之内;或者裁决载有超出当事人提交仲裁范围的事项的决定,但裁决中超出提交仲裁范围的事项的决定与提交仲裁事项的决定可以分开的,裁决中关于提交仲裁事项的决定部分可以予以认可;

(四)仲裁庭的组成或者仲裁程序违反当事人的约定,或者在当事人没有约定时与台湾地区仲裁规定不符的;

(五)裁决对当事人尚无约束力,或者业经台湾地区法院撤销或者驳回执行申请的。

依据国家法律,该争议事项不能以仲裁解决的,或者认可该仲裁裁决将违反一个中国原则等国家法律的基本原则或损害社会公共利益的,人民法院应当裁定不予认可。

第十五条 人民法院经审查能够确认台湾地区仲裁裁决真实,而且不具有本规定第十四条所列情形的,裁定认可其效力;不能确认该仲裁裁决真实性的,裁定驳回申请。

裁定驳回申请的案件,申请人再次申请并符合受理条件的,人民法院应予受理。

第十六条 人民法院依据本规定第十四条和第十五条作出的裁定,一经送达即发生法律效力。

第十七条 一方当事人向人民法院申请认可或者执行台湾地区仲裁裁决,另一方当事人向台湾地区法院起诉撤销该仲裁裁决,被申请人申请中止认可或者执行并且提供充分担保的,人民法院应当中止认可或者执行程序。

申请中止认可或者执行的,应当向人民法院提供台湾地区法院已经受理撤销仲裁裁决案件的法律文书。

台湾地区法院撤销该仲裁裁决的,人民法院应当裁定不予认可或者裁定终结执行;台湾地区法院驳回撤销仲裁裁决请求的,人民法院应当恢复认可或者执行程序。

第十八条 对人民法院裁定不予认可的台湾地区仲裁裁决,申请人再次提出申请的,人民法院不予受理。但当事人可以根据双方重新达成的仲裁协议申请仲裁,也可以就同一争议向人民法院起诉。

第十九条 申请人申请认可和执行台湾地区仲裁裁决的期间,适用民事诉讼法第二百三十九条的规定。

申请人仅申请认可而未同时申请执行的,申请执行的期间自人民法院对认可申请作出的裁定生效之日起重新计算。

第二十条 人民法院在办理申请认可和执行台湾地区仲裁裁决案件中所作出的法律文书,应当依法送达案件当事人。

第二十一条 申请认可和执行台湾地区仲裁裁决,应当参照《诉讼费用交纳办法》的规定,交纳相关费用。

第二十二条 本规定自2015年7月1日起施行。

本规定施行前,根据《最高人民法院关于人民法院认可台湾地区有关法院民事判决的规定》(法释〔1998〕11号),人民法院已经受理但尚未审结的申请认可和执行台湾地区仲裁裁决的案件，适用本规定。

最高人民法院关于认可和执行台湾地区法院民事判决的规定

- 2015年6月29日
- 法释〔2015〕13号

为保障海峡两岸当事人的合法权益，更好地适应海峡两岸关系和平发展的新形势，根据民事诉讼法等有关法律，总结人民法院涉台审判工作经验，就认可和执行台湾地区法院民事判决，制定本规定。

第一条 台湾地区法院民事判决的当事人可以根据本规定，作为申请人向人民法院申请认可和执行台湾地区有关法院民事判决。

第二条 本规定所称台湾地区法院民事判决，包括台湾地区法院作出的生效民事判决、裁定、和解笔录、调解笔录、支付命令等。

申请认可台湾地区法院在刑事案件中作出的有关民事损害赔偿的生效判决、裁定、和解笔录的，适用本规定。

申请认可由台湾地区乡镇市调解委员会等出具并经台湾地区法院核定，与台湾地区法院生效民事判决具有同等效力的调解文书的，参照适用本规定。

第三条 申请人同时提出认可和执行台湾地区法院民事判决申请的，人民法院先按照认可程序进行审查，裁定认可后，由人民法院执行机构执行。

申请人直接申请执行的，人民法院应当告知其一并提交认可申请；坚持不申请认可的，裁定驳回其申请。

第四条 申请认可台湾地区法院民事判决的案件，由申请人住所地、经常居住地或者被申请人住所地、经常居住地、财产所在地中级人民法院或者专门人民法院受理。

申请人向两个以上有管辖权的人民法院申请认可的，由最先立案的人民法院管辖。

申请人向被申请人财产所在地人民法院申请认可的，应当提供财产存在的相关证据。

第五条 对申请认可台湾地区法院民事判决的案件，人民法院应当组成合议庭进行审查。

第六条 申请人委托他人代理申请认可台湾地区法院民事判决的，应当向人民法院提交由委托人签名或者盖章的授权委托书。

台湾地区、香港特别行政区、澳门特别行政区或者外国当事人签名或者盖章的授权委托书应当履行相关的公证、认证或者其他证明手续，但授权委托书在人民法院法官的见证下签署或者经中国大陆公证机关公证证明是在中国大陆签署的除外。

第七条 申请人申请认可台湾地区法院民事判决，应当提交申请书，并附有台湾地区有关法院民事判决文书和民事判决确定证明书的正本或者经证明无误的副本。台湾地区法院民事判决为缺席判决的，申请人应当同时提交台湾地区法院已经合法传唤当事人的证明文件，但判决已经对此予以明确说明的除外。

申请书应当记明以下事项：

（一）申请人和被申请人姓名、性别、年龄、职业、身份证件号码、住址（申请人或者被申请人为法人或者其他组织的，应当记明法人或者其他组织的名称、地址、法定代表人或者主要负责人姓名、职务）和通讯方式；

（二）请求和理由；

（三）申请认可的判决的执行情况；

（四）其他需要说明的情况。

第八条 对于符合本规定第四条和第七条规定条件的申请，人民法院应当在收到申请后七日内立案，并通知申请人和被申请人，同时将申请书送达被申请人；不符合本规定第四条和第七条规定条件的，应当在七日内裁定不予受理，同时说明不予受理的理由；申请人对裁定不服的，可以提起上诉。

第九条 申请人申请认可台湾地区法院民事判决，应当提供相关证明文件，以证明该判决真实并且已经生效。

申请人可以申请人民法院通过海峡两岸调查取证司法互助途径查明台湾地区法院民事判决的真实性和是否生效以及当事人得到合法传唤的证明文件；人民法院认为必要时，也可以就有关事项依职权通过海峡两岸司法互助途径向台湾地区请求调查取证。

第十条 人民法院受理认可台湾地区法院民事判决的申请之前或者之后，可以按照民事诉讼法及相关司法解释的规定，根据申请人的申请，裁定采取保全措施。

第十一条 人民法院受理认可台湾地区法院民事判决的申请后，当事人就同一争议起诉的，不予受理。

一方当事人向人民法院起诉后，另一方当事人向人民法院申请认可的，对于认可的申请不予受理。

第十二条 案件虽经台湾地区有关法院判决，但当事人未申请认可，而是就同一争议向人民法院起诉的，应予受理。

第十三条 人民法院受理认可台湾地区法院民事判决的申请后，作出裁定前，申请人请求撤回申请的，可以裁定准许。

第十四条 人民法院受理认可台湾地区法院民事判决的申请后，应当在立案之日起六个月内审结。有特殊情况需要延长的，报请上一级人民法院批准。

通过海峡两岸司法互助途径送达文书和调查取证的期间，不计入审查期限。

第十五条 台湾地区法院民事判决具有下列情形之一的，裁定不予认可：

（一）申请认可的民事判决，是在被申请人缺席又未经合法传唤或者在被申请人无诉讼行为能力又未得到适当代理的情况下作出的；

（二）案件系人民法院专属管辖的；

（三）案件双方当事人订有有效仲裁协议，且无放弃仲裁管辖情形的；

（四）案件系人民法院已作出判决或者中国大陆的仲裁庭已作出仲裁裁决的；

（五）香港特别行政区、澳门特别行政区或者外国的法院已就同一争议作出判决且已为人民法院所认可或者承认的；

（六）台湾地区、香港特别行政区、澳门特别行政区或者外国的仲裁庭已就同一争议作出仲裁裁决且已为人民法院所认可或者承认的。

认可该民事判决将违反一个中国原则等国家法律的基本原则或者损害社会公共利益的，人民法院应当裁定不予认可。

第十六条 人民法院经审查能够确认台湾地区法院民事判决真实并且已经生效，而且不具有本规定第十五条所列情形的，裁定认可其效力；不能确认该民事判决的真实性或者已经生效的，裁定驳回申请人的申请。

裁定驳回申请的案件，申请人再次申请并符合受理条件的，人民法院应予受理。

第十七条 经人民法院裁定认可的台湾地区法院民事判决，与人民法院作出的生效判决具有同等效力。

第十八条 人民法院依据本规定第十五条和第十六条作出的裁定，一经送达即发生法律效力。

当事人对上述裁定不服的，可以自裁定送达之日起十日内向上一级人民法院申请复议。

第十九条 对人民法院裁定不予认可的台湾地区法院民事判决，申请人再次提出申请的，人民法院不予受理，但申请人可以就同一争议向人民法院起诉。

第二十条 申请人申请认可和执行台湾地区法院民事判决的期间，适用民事诉讼法第二百三十九条的规定，但申请认可台湾地区法院有关身份关系的判决除外。

申请人仅申请认可而未同时申请执行的，申请执行的期间自人民法院对认可申请作出的裁定生效之日起重新计算。

第二十一条 人民法院在办理申请认可和执行台湾地区法院民事判决案件中作出的法律文书,应当依法送达案件当事人。

第二十二条 申请认可和执行台湾地区法院民事判决,应当参照《诉讼费用交纳办法》的规定,交纳相关费用。

第二十三条 本规定自2015年7月1日起施行。《最高人民法院关于人民法院认可台湾地区有关法院民事判决的规定》(法释〔1998〕11号)、《最高人民法院关于当事人持台湾地区有关法院民事调解书或者有关机构出具或确认的调解协议书向人民法院申请认可人民法院应否受理的批复》(法释〔1999〕10号)、《最高人民法院关于当事人持台湾地区有关法院支付命令向人民法院申请认可人民法院应否受理的批复》(法释〔2001〕13号)和《最高人民法院关于人民法院认可台湾地区有关法院民事判决的补充规定》(法释〔2009〕4号)同时废止。

◎司法文件

最高人民法院办公厅关于人民法院对台湾海基金会委托送达台湾地区有关法院诉讼文书暂不予接受的通知

• 2002年10月24日
• 法办〔2002〕302号

各省、自治区、直辖市高级人民法院,解放军军事法院,新疆维吾尔自治区高级人民法院生产建设兵团分院:

最近,不少人民法院收到台湾财团法人海峡交流基金会(以下称台湾海基会)的函件,委托送达台湾地区有关法院的诉讼文书。在最高人民法院尚未就两岸法院间相互送达诉讼文书事宜作出规定之前,各地人民法院对收到的台湾海基会的此类函件,一律不予接受,并予以退回。同时请将有关情况报送最高人民法院(研究室)。

最高人民法院关于香港仲裁裁决在内地执行的有关问题的通知

• 2009年12月30日
• 法〔2009〕415号

各省、自治区、直辖市高级人民法院,新疆维吾尔自治区高级人民法院生产建设兵团分院:

近期,有关人民法院或者当事人向我院反映,在香港特别行政区做出的临时仲裁裁决、国际商会仲裁院在香港作出的仲裁裁决,当事人可否依据《关于内地与香港特别行政区相互执行仲裁裁决的安排》(以下简称《安排》)在内地申请执行。为了确保人民法院在办理该类案件中正确适用《安排》,统一执法尺度,现就有关问题通知如下:

当事人向人民法院申请执行在香港特别行政区做出的临时仲裁裁决、国际商会仲裁院等国外仲裁机构在香港特别行政区作出的仲裁裁决的,人民法院应当按照《安排》的规定进行审查。不存在《安排》第七条规定的情形的,该仲裁裁决可以在内地得到执行。

特此通知。

◎请示答复

最高人民法院关于不予执行展裕发展有限公司与福建黎明大酒店有限公司酒店经营管理纠纷一案仲裁裁决的复函

• 2002年11月20日
• 〔2002〕民四他字第26号

福建省高级人民法院:

你院《关于福州市中级人民法院拟裁定

不予执行〔98〕深国仲结字第106号裁决书一案的请示报告》收悉。经研究,同意你院请示的意见。

展裕发展有限公司因与福建黎明大酒店有限公司发生酒店经营管理纠纷提起仲裁后,福建黎明大酒店有限公司在仲裁庭首次开庭前即向中国国际经济贸易仲裁委员会深圳分会提出《对仲裁条款效力的异议》,该分会没有依法对此异议作出决定。首次开庭时,福建黎明大酒店有限公司再次对仲裁条款的效力明确提出书面异议,表明其并未放弃异议的权利,但该分会仍未对此作出决定。仲裁庭继续审理并作出仲裁裁决,其仲裁程序不仅不符合相关仲裁规则,而且明显违法。根据《中华人民共和国民事诉讼法》第二百六十条第一款第三项的规定,对贸仲会〔98〕深国仲结字第106号裁决书不予执行。

附:

福建省高级人民法院关于福州市中级人民法院拟裁定不予执行〔98〕深国仲结字第106号裁决书一案的请示

(2002年6月26日
〔2001〕闽执监字第10号)

最高人民法院:

展裕发展有限公司(香港注册公司,以下简称展裕公司)与福建黎明大酒店有限公司(以下简称黎明公司)仲裁一案,中国国际经济贸易仲裁委员会深圳分会(以下简称深圳仲裁委)于1998年12月30日作出贸仲会〔98〕深国仲结字第106号裁决书。展裕公司于1999年1月3日向福州市中级人民法院申请执行,福州中院于1999年2月1日立案执行。黎明公司于同年2月9日以深圳仲裁委未对其开庭前的仲裁条款异议依法作出决定、违反程序为由,请求法院依法裁定不予执行。

福州中院审查认为,被申请人黎明公司在首次开庭前即对仲裁协议和仲裁条款的存在、效力向深圳仲裁委提出了异议,但深圳仲裁委未依照《中华人民共和国仲裁法》(以下简称《仲裁法》)第二十条、《中国国际经济贸易仲裁委员会仲裁规则》(以下简称《仲裁规则》)第四条的规定对当事人提出的异议作出决定。在程序上违反《仲裁法》和《仲裁规则》的有关规定。据此,依照《中华人民共和国民事诉讼法》第二百六十条①第一款第一、三项的规定,拟对贸仲会〔98〕深国仲结字第106号裁决书裁定不予执行。又依照最高人民法院法发〔1995〕18号《关于人民法院处理与涉外仲裁及外国仲裁事项有关问题的通知》要求,请求我院转呈报你院审批。我院于2001年9月28日立案审查后,于12月10日要求福州中院就有关问题再进行复查,福州中院复查后又于2002年4月19日再次报告我院,请求呈报你院审批。

一、双方当事人意见

黎明公司在仲裁庭首次开庭前先后提出的三次答辩或异议,其中虽大部分属主体适格、合同无效等实体内容,但也有对仲裁条款,特别是11月28日提出的《对仲裁条款效力的异议》中,已经明确对仲裁条款的效力提出了异议。仲裁庭未依照《仲裁法》第二十条的规定作出决定,因此仲裁程序确有瑕疵。对于能否适用《仲裁规则》(适用1995年9月4日修订版)第四十五条(一方当事人知道或者理应知道本《仲裁规则》或仲裁协议中规定的任何条款或情事未被遵守,但仍参加仲裁程序或继续进行仲裁程序而且不对此遵守情况及时明示地提出书面异议的,视为放弃其提出异议的权利)有关放弃异议条款,双方当事人存在不同看法。

展裕公司认为,在深圳仲裁委没有就

---

① 民事诉讼法原第二百六十条现已修改为第二百七十四条。

仲裁条款异议作出书面决定的情况下，黎明公司虽在首次开庭时再次提出了异议，但随后不仅积极参加了第一次开庭，而且在第一次开庭后，仲裁庭根据黎明公司的请求又进行了第二次开庭，其间，黎明公司对实体问题进行了积极的答辩，对有关证据材料进行了质证、认证，没有再对仲裁条款提出异议，应当视为其放弃了异议的权利。此外，黎明公司开庭前的异议，均在裁决书中进行了详细的分析和认定。因此认为应当适用第四十五条放弃异议条款，黎明公司的理由不能成立，法院应当立案执行。

黎明公司认为，深圳仲裁委于1997年12月3日收到黎明公司关于仲裁条款的异议后，在1997年12月5日首次开庭前，没有依照《仲裁法》的有关规定作出决定。在深圳仲裁委违反程序的情况下，黎明公司又于12月5日首次开庭时针对深圳仲裁委对其异议未依法作出书面决定的情形再次明确地提出了异议，此次异议应当认为符合《仲裁规则》第四十五条关于"及时明示地提出书面异议"的要求，故本案不能适用《仲裁规则》第四十五条放弃条款。黎明公司虽然在提出异议后又参加了两次开庭，是迫于深圳仲裁委在违反程序坚持继续开庭的情况下，为维护其自身利益不得而为的行为。由于深圳仲裁委在仲裁过程中程序存在违法，法院应当裁定不予执行。

二、审查情况

（一）黎明公司在首次开庭前三次异议的内容

深圳仲裁委根据展裕公司提交的仲裁申请书于1997年8月13日受理仲裁。黎明公司在首次开庭前分别于1997年9月28日、11月28日、12月5日三次提出答辩或异议，深圳仲裁委分别于1997年9月30日、12月3日、12月5日收到。三次答辩的主要内容：

1. 1997年9月28日《答辩书》主要内容：(1)被诉人主体不能成立。该合同于1995年2月20日签订，甲方为福建黎明大酒店，而福建黎明大酒店有限公司于1995年8月2日批准成立。申请人提交的合同上的"福建黎明大酒店有限公司"公章系申请人偷盖。(2)申请人与福建黎明大酒店签订的合同并未生效，不能作为仲裁依据。依照合同约定该合同应报主管部门批准，而该合同未经批准。

2. 1997年11月28日（深圳分会于1997年12月3日签收）《对仲裁条款效力的异议》内容：(1)由于该合同未经批准而未生效，故仲裁条款也未能成立，不具有法律效力。(2)合同是申请人添改为福建黎明大酒店的。

3. 1997年12月5日即开庭时答辩书的内容：(1)答辩人（黎明公司）主体资格不能成立。(2)答辩人对申请人的主体资格持有异议。(3)对仲裁条款的效力有异议。主要还是其未与申请人签订合同，合同未经批准而未生效。并再次申明"对此答辩人（黎明公司）于本案第一次开庭前，即12月3日向秘书处正式提出书面异议，请求仲裁庭依法予以审查决定"。

（二）黎明公司参加开庭的情况

本案仲裁中先后于1997年12月5日、1998年4月14日开过两次庭。首次开庭后，黎明公司于1997年12月26日向仲裁庭提交了《对申请人香港展裕有限公司所提供书证的意见》，1998年2月4日提交了《关于申请人几点补充意见及证据材料的异议》，1998年4月21日提交了《关于请求延期递交证据材料的申请书》。1998年4月18日和5月20日，黎明公司的委托律师提交了代理词，其中没有再提出仲裁条款的异议，只是进行实体内容的答辩。

（三）裁决书中对黎明公司异议认定的情况

仲裁裁决对黎明公司异议中提出的主体适格、合同的效力等内容进行了分析和认定。对于仲裁条款的效力，仲裁庭认为：

合同未经主管部门审批，未能生效，主要是被申请人（黎明公司）的过错所致。根据《民事诉讼法》和《仲裁法》的有关规定，合同无效并不导致合同中的仲裁条款无效，仲裁条款独立于合同；被申请人（黎明公司）关于管理合同无效，其仲裁条款也随之无效的主张不能成立。

三、处理意见

经研究，我院认为：深圳仲裁委在未依程序对仲裁条款异议作出决定、仍按时开庭的情况下，黎明公司又于首次开庭时再次明确地提出了书面异议，表明黎明公司并未放弃对仲裁条款异议的权利，故不能适用《仲裁规则》第四十五条放弃异议条款。因深圳仲裁委仲裁程序存在违法，拟同意福州中院意见，对该案裁定不予执行。现依照法发〔1995〕18号通知精神，呈报你院审批。同时依照《民事诉讼法若干意见》第三百一十五条的规定，我院已要求福州中院责成福建黎明大酒店有限公司必须提供足额有效的财产担保，以切实维护当事人的合法权益。

附：福州市中级人民法院《关于裁定不予执行中国国际经济贸易仲裁委员〔98〕深国仲结字第106号裁决书的审查报告》；执行卷宗叁卷（略）

最高人民法院关于不予执行中国国际经济贸易仲裁委员会作出的广州总统大酒店有限公司与杨光大仲裁一案请示的复函

- 2002年7月22日
- 〔2001〕民四他字第41号

广东省高级人民法院：

你院2001年2月12日〔2000〕粤高法执监字第226号《关于不予执行中国国际经济贸易仲裁委员会作出的广州总统大酒店有限公司与杨光大仲裁一案的请示报告》收悉。经本院审判委员会研究，答复如下：

本案涉及不同当事人签订的三份合同，即：广州总统大酒店有限公司于1995年12月17日分别与香港高速货运有限公司、潮粤海鲜楼签订的《租赁总统大酒店潮粤海鲜楼合同》、《总统大酒店、潮粤海鲜楼经营管理协议》，于1996年10月17日与高速货运（FAST & CARE CARGO SERVICES）杨光大签订的《总统大酒店与潮粤海鲜楼补充管理协议》。在广州总统大酒店有限公司与香港高速货运有限公司签订的租赁合同中，双方约定将争议“提交中国国际经济贸易仲裁委员会北京分会按照该会的仲裁规则进行仲裁”。鉴于中国国际经济贸易仲裁委员会仅在上海和深圳设有分会，在北京没有分会且各分会均适用与北京总会不同的仲裁规则，因此，该合同约定的仲裁机构实际上并不存在，中国国际经济贸易仲裁委员会北京总会无权依据该款约定仲裁广州总统大酒店有限公司与香港高速货运有限公司或者合同签字人杨光大之间的租赁合同纠纷。在广州总统大酒店有限公司与高速货运（FAST & CARE CARGO SERVICES）杨光大签订的补充管理协议中，双方约定将争议“提交中国国际经济贸易仲裁委员会深圳分会依该会仲裁规则进行仲裁”。鉴于补充管理协议的一方当事人为杨光大个人，而提请中国国际经济贸易仲裁委员会深圳分会仲裁的申请人是高速货运（FAST & CARE CARGO SERVICES），因此，中国国际经济贸易仲裁委员会深圳分会亦无权仲裁广州总统大酒店有限公司与高速货运（FAST & CARE CARGO SERVICES）之间的任何纠纷。依照《中华人民共和国仲裁法》第十六条、第十八条及《中华人民共和国民事诉讼法》第二百六十条①第一款的规定，有关法院对本案所涉中国国际经济贸易仲裁委员会〔2000〕贸仲裁字第0148号裁决书和中国国际经济贸易仲裁委员会深圳分会〔2000〕深国仲结字第23号裁决书均应当不予执行。

---

① 民事诉讼法原第二百六十条现已修改为第二百七十四条。

附：

广东省高级人民法院关于不予执行中国国际经济贸易仲裁委员会作出的广州总统大酒店有限公司与杨光大仲裁一案的请示报告

（2001年2月12日
〔2000〕粤高法执监字第226号）

最高人民法院：

关于高速货运与广州总统大酒店有限公司、广州总统大酒店有限公司与杨光大仲裁执行两案，经中国国际经济贸易仲裁委员会深圳分会和北京总会分别作出裁决后，广州市中级人民法院已对两案立案执行，广州市中级人民法院经审查认为两案所涉合同的签约主体是相同的，补充协议已经对租赁合同的仲裁条款作了变更，北京总会不应依据变更前的仲裁条款受理当事人的申请，且该两份裁决书互相矛盾，无法执行，认为应裁定不予执行北京总会的裁决，并将该两案报我院审查。我院审判委员会对该两执行案进行了讨论，审委会倾向性意见认为，两案当事人先后签订的三份协议实非三份独立的协议，它们是相互关联的，补充协议对租赁合同的仲裁条款作了变更，仲裁地点由北京变更为深圳，因此，北京总会无权受理两案当事人的申请，依照《民事诉讼法》第二百六十条①的规定，对北京总会的裁决应裁定不予执行。

依照钧院法发〔1995〕18号《关于人民法院处理与涉外仲裁及外国仲裁事项有关问题的通知》的规定，现将本案的案情、仲裁情况以及本院对仲裁的审查意见报告钧院，请钧院审查，予以批复。

一、当事人基本情况

深圳分会仲裁案

申请执行人：高速货运。

被执行人：广州总统大酒店有限公司。

北京总会仲裁案

申请执行人：广州总统大酒店有限公司。

被执行人：杨光大。

二、基本案情

（一）涉案三份协议的签订情况

1995年12月17日，广州总统大酒店有限公司（下称总统大酒店）与香港高速货运有限公司签订了一份《租赁总统大酒店潮粤海鲜楼合同》（下称租赁合同），约定：由香港高速货运有限公司（下称乙方）租赁总统大酒店（下称甲方）的场地经营酒店，范围为首层东面由第一排柱到第三排柱中，面积120平方米；第二层及第三层各全层面积约22平方米；第四层东面由第一排柱至第四排柱中，面积约178平方米；以及与上述面积相关的外围部分；上述范围内的所有装修资产及经营配套设备均属乙方拥有并可将其资产自由变更、转移或出售；空调、消防、水、电及其他机电设备属甲方拥有，可无偿提供给乙方使用，但须如实付费，该费用及电话费、柴油费等每月上缴结算一次，如逾期在提出催缴超过15天后仍不缴，甲方有权停止供应；乙方可自行向有关原审机关申领独立营业执照；租赁时间自1995年7月1日始至2016年7月31日止；租金按季度给付，连续拖欠两季度租金按违约处理，甲方有权提出终止合同；甲方不能在本合同有效期间将乙方的经营权利转让与任何单位与个人，如甲方需将酒店股权转让或调整，则甲方需保证乙方的承包权利义务不变；乙方如向另一单位转让或出租承包经营权时，须在转让或出租前两星期通知甲方，须明确授让者或受租者保证变更原来商业用途和经营范围时必须经甲方同意后才能作出变更，甲方在同等条件下具有向乙方提出优先授让的权利；双方发生争议由中国国际经济贸

---

① 民事诉讼法原第二百六十条现已修改为第二百七十四条。

易委员会北京分会进行终局仲裁；双方签订的经营管理协议作为本合同不可分割的一部分。总统大酒店法定代表人刘明道与香港高速货运有限公司法定代表人杨光大均在上面签字确认，但双方当事人均未盖章。

同日，总统大酒店（甲方）与潮粤海鲜楼（乙方）签订一份《总统大酒店、潮粤海鲜酒楼经营管理协议》（下称管理协议），协议约定：甲方按四星级标准管理好酒店的大堂、车场、外围工作及与乙方有相关的公共部分；负责乙方的水电、空调、电话、消防系统的安装和供应；保证乙方及其客房的车辆停放，具体办法以先到先停为原则，特殊情况双方再临时协商；保证乙方在酒店内的必经通道包括电梯等畅通无阻；乙方按本星级标准管理好潮粤海鲜楼；负责支付租赁费；保证好所属公共通道畅通无阻；负责派保安员管理好客户的车辆管理工作；按卫生条例做好营业区及与双方相关的公共区域卫生工作；双方均不得在大堂内拉客，拉客方要罚款1~5千元给另一方作赔偿；乙方在大堂放置水牌、告示牌、宴会指示牌如需预留位置，需经甲方同意予以考虑解决；双方在水、电、空调事项上如需作出维修、调整或其他事项，会影响另一方的，均需提前通知对方以减少损失及干扰；双方的工程人员或搬运人员等进入对方的经营范围时必须遵守对方的有关规定以免造成误会；双方无论大小事情及书信往来均经由双方的总经理办公室处理，以避免下属部门产生矛盾；在重大节日及大型活动方面，双方应互相支持及配合以扩大酒店的影响力；任何一方如遇到水、电、空调、电话、消防等机电设备出现故障而影响另一方时，受影响的一方可即时派了解情况或作出支援。该协议没有约定仲裁条款，也没说明与租赁合同的关系。总统大酒店法定代表人刘明道与潮粤海鲜楼代表杨光大在协议上签字确认，双方亦未盖章。

1996年10月17日，总统大酒店与高速货运（香港注册）杨光大签订了《总统大酒店与潮粤海鲜楼补充管理协议》（下称补充管理协议），约定：双方就总统大酒店与潮粤海鲜楼从开业到现在的一段时间所发生的矛盾及分歧作友好的协商；双方除获得法院批准及授权外，均不得以其他理由影响另一方的水、电、空调、柴油、通讯、消防、电梯及其他公用设施等机电设备的供应或使用；为保证双方的水、电、空调、柴油、通讯、消防、电梯及其他公用设施的正常供应及使用，双方可派员检查与双方本身有关的设施情况，而双方应积极配合操作。为了进一步协调好双方的设备设施的运行，双方每月安排在月末由工程部负责进行协调解决工程上的问题；双方如需进入任何一方作维修或施工时，必须事先获得另一方的同意，要相互支持；双方如遇到合同上的争议时，任何一方均可提交中国国际经济贸易仲裁委员会深圳分会依该会仲裁规则进行仲裁，仲裁期间有争议部分暂时搁置，待得出仲裁结果后执行；本补充协议是租赁总统大酒店潮粤海鲜楼合同的不可分割部分；此前双方所签合同中有与本协议不一致的地方，以本协议为准。总统大酒店法定代表人刘明道与杨光大代表双方签字确认，但双方并未盖章。

（二）仲裁的情况

1. 深圳分会的仲裁

上述合同签订后，高速货运认为总统大酒店未将合同约定的首层场地交付高速货运使用，遂于1997年11月12日向贸促会深圳分会申请仲裁，要求仲裁委裁定总统大酒店将酒店首层东面第一排柱到第三排柱中面积约120平方米左右及其相关外围部分交付其使用，并拆除由其承租的相关的外围的墙体部分商业广告及招牌，赔偿经济损失548800元，同时将酒店西边围墙内给其预留厨房之独立性、永久性通道，将酒店二楼厨房钢架楼梯连同一层部分用地交其使用并按其要求恢复土建，将东西楼梯一层门道恢复原位，并由1997年7月始从租金基数中扣除因堵死二、三、四楼外围致使其经济损失每月37537元，至租赁合同终止，恢复原来通风及空调排气条件，向其支付从1997年10月1日至1998年3月31日止因占用其一楼大堂的外围部分使用费共158760元，并恢复一楼外围原貌交回其使用。

总统大酒店向深圳分会提出异议认为：因双方签订的三份协议均是杨光大以不同的名义签订，故本案的申请人高速货运不具有主体资格。仲裁委员会认为，高速货运作为本案的当事人，主体是适格的，虽然几份协议上的乙方落款名称不完全一致，但根据事实和高速货运代表人杨光大的明示确认，几份协议上的乙方应为本案之申请人高速货运。据此，仲裁委员会深圳分会于1999年2月23日以〔99〕深国仲字第129号中间裁决书确认：被申请人提出的申请人主体问题的理由不能成立。租赁合同、管理协议、补充协议的双方当事人应为本案申请人和被申请人，三份协议是不可分割的整体。因执行该三个合同所发生的有关争议都属于本案仲裁庭的审理范围。

1999年7月21日，被申请人总统大酒店向深圳市中级人民法院起诉要求撤销上述中间裁决。深圳中院经审理认为，按《仲裁法》第七十条、《民事诉讼法》第二百六十条第一款的规定，申请人可以申请撤销的仲裁裁决，从立法意旨来看，指的是最终仲裁裁决，而非中间裁决，中间裁决是否合法，是否符合仲裁规则，应由仲裁委员会作出决定，不属于法院审查的范围。据此，该院于1999年12月17日以〔1999〕深中法经二初字第164号民事裁定书，驳回了被申请人的请求。同时裁定书在"本院查明"部分确认高速货运是杨光大于1987年6月26日注册的无限公司及香港高速货运有限公司是1998年9月9日由创基云石工程有限公司变更而来。

总统大酒店提出异议后，中国国际经济贸易仲裁委员会（北京总会）审查了深圳分会仲裁案的全部材料，认为深圳中院对有关事实的查明实际上确认了香港高速货运有限公司与1998年9月9日在其成立前发生的有关事情无关，即与本案无任何关系，且该公司对其成立前的租赁合同没有作过任何追认的意思表示，因此以"香港高速货运有限公司"为一方主体的主张是不成立的，对同一日订立之管理协议的主体的分析亦复如此。由于补充协议已明确认定其为租赁合同不可分割的一部分，且租赁合同内容与补充合同不一致的，以补充协议为准。因此仲裁委员会深圳分会受理由"高速货运"提出的仲裁请求属于该会的管辖范围，该会审理过程中涉及租赁合同和管理协议也是有依据的。据此北京总会于2000年2月23日以〔2000〕贸仲字第0917号作出《关于〔97〕深国仲受字第110号案主体资格及管辖权的决定》确认：1.仲裁委员会对本案享有管辖权；2.香港高速货运有限公司不是本案的一方当事人，申请人作为本案的当事人，其主体是适格的；3.仲裁庭有权审理申请人提出的涉及租赁合同、管理协议和补充协议内容的全部请求；4.本案仲裁庭应继续审理。

仲裁委深圳分会于2000年3月31日作出〔2000〕深国仲结字第23号裁决书，裁决：一、被申请人应自本裁决作出之日起40内拆除其安装在由申请人经营场地所涉楼层的外围体部分的广告和招牌。二、被申请人应自1997年7月起开始，每月从租金基数中扣除因二期工程给申请人造成的损失人民币37537元，至租赁合同终止。三、被申请人应在90日内将酒店首层东面第一至第三排柱中面积约120平方米左右部分交付申请人使用。四、被申请人应在90日内，将酒店二楼厨房钢架楼梯连同一层部分用地交给申请人使用，并按申请人的要求把土建恢复。并应在酒店西边围墙内给申请人预留厨房之独立性永久性通道。五、被申请人应在40日内，向申请人支付其因办理本案而付出的费用人民币 124750 元。

2. 北京总会的仲裁

在仲裁委员会深圳分会审理上述案件的过程中，广州总统大酒店于 1998 年 11 月 19 日亦以租赁合同为依据，以杨光大和香港高速货运有限公司为被申请人，向中国国际经济贸易仲裁委员会（北京总会）申请仲裁。请求该会裁决：(1) 终止申请人与被申请人之间的《租赁总统大酒店潮粤海鲜楼合同》。(2) 被申请人向申请人支付的租金人民币 5494665.00 元及延期支付的利息人民币 491330.59 元，共计人民币 5985996.59 元。(3) 被申请人向申请人支付空调电费、柴油费、噪音及污水处理费等以及相应的滞纳金共计人民币 2412142.38 元。(4) 拆除设置在酒店三楼外围墙体的广告牌和安装在十楼天台上的排烟系统设施，并恢复原状。(5) 被申请人承担本案的仲裁费、律师费及其他一切合理费用共计人民币 536210.40 元。

在仲裁程序进行的过程中，被申请人之一杨光大以书面形式向北京总会提出了本案的仲裁管辖权异议和将其作为被申请人的主体资格异议。1999 年 8 月 17 日，北京总会作出〔999〕贸仲字第 4338 号《关于 X98375 号房屋租赁合同争议仲裁案仲裁管辖权及被申请人的主体资格决定》，认为：通过表面审查，申请人根据《租赁合同》中的仲裁条款向仲裁委员会提起以香港高速货运有限公司为被申请人的仲裁申请，在管辖权及主体资格方面均没有问题。鉴于香港高速货运有限公司在签订该合同时并未在港依法注册，而杨光大是该合同上代表该公司一方签字的人，故申请人将其列为本案被申请人并无不当。对于杨光大称《租赁合同》中的香港高速货运有限公司实际上应为高速货运，本案的被申请人亦为高速货运的问题，北京总会认为，应由以后组成的仲裁庭予以审理、查明和认定，仲裁委员会根据表面审查，本案的被申请人仍应为香港高速货运有限公司。据此，该委作出如下初步决定：1.《租赁合同》中存在有效的仲裁条款，对本案双方均有约束力。仲裁委北京总会对以总统大酒店为申请人，以香港高速货运有限公司和杨光大为被申请人的 X98375 号仲裁案具有仲裁管辖权。2. 香港高速货运有限公司和杨光大作为本案的被申请人不存在主体资格不适格问题。3. 本案仲裁程序应继续进行。

杨光大又于 1999 年 10 月 22 日书面向仲裁庭提出中止审理的要求。仲裁庭对此于同月 26 日回复称：杨光大要求仲裁庭中止审理本案的理由均不能成立，仲裁庭对此请求不予同意，请双方按仲裁庭原定的时间前来出庭。

北京总会仲裁庭根据仲裁委员会的仲裁管辖权及主体资格决定以及两次开庭查明的事实和双方提交的书面材料，于 2000 年 1 月 6 日作出〔2000〕贸仲字第 0084 号中间裁决：1. 本案的被申请人为杨光大；2. 被申请人应于 2000 年 1 月 31 日前向申请人支付拖欠申请人的租金人民币 3684702 元；3. 被申请人应于本中间裁决规定的期限内向申请人支付上述租金，逾期不支付，本案《租赁合同》应即终止。为此，北京总会亦于 2000 年 3 月 9 日作出〔2000〕贸仲字第 1241 号《关于 X98375 号仲裁案件仲裁管辖权及被申请人主体资格的决定》：1. 仲裁委员会对本案有仲裁管辖权；2. 本案的被申请人为杨光大；3. 本案的仲裁程序应继续进行。

在该仲裁程序进行过程中，杨光大以其不应作为本案被申请人为由，向北京二中院申请撤销仲裁庭作出的〔2000〕贸仲字第 0084 号中间裁决，该院经审理于 2000 年 4 月 30 日以同样的理由作出〔2000〕二中经仲字第 35 号《民事裁定书》裁定驳回了杨光大的申请。

北京总会于 2000 年 5 月 12 日作出〔2000〕贸仲裁字第 0148 号裁决书，裁决：

1. 终止申请人与被申请人之间的《租赁合同》。2. 被申请人应向申请人支付欠付的租金人民币5494665元及延期支付的利息人民币491331.59元,共计人民币5985996.59元。3. 被申请人应向申请人支付空调电费、柴油费、噪音及污水处理费等以及相应的滞纳金共计人民币2412142.38元。4. 被申请人应自负费用拆除在酒店三楼外围墙体的广告牌和安装在十楼天台上的排烟系统设施,并恢复原状。5. 被申请人应补偿申请人为本案支出的律师费等部分合理开支人民币200000元。

三、需要说明的问题

1. 该案件涉及的四个合同均是以法定代表人名义代表签约,并无加盖各方公章。

2. 上述合同所涉法人的有关情况:

(1)高速货运是杨光大于1987年6月26日在香港注册的无限责任公司,为杨光大独资。

(2)香港高速货运有限公司则是1998年9月9日由创基云石工程有限公司变更而来的香港法人,在上述合同签订时,该公司并不存在。

(3)潮粤海鲜楼在协议签订时是总统大酒店的一个分支机构,是连着潮粤海鲜楼的牌照一起租赁经营的,经营发票开始亦由总统大酒店提供。后来双方发生矛盾,总统大酒店不再提供经营发票。1997年4月28日,高速货运与天河竣业公司合资在广州注册成立了广州市潮粤海鲜楼,领取企业法人营业执照,并在此地点继续经营。以后又变更为如意坊饮食有限公司。上述法人的法定代表人均登记为杨光大。

3. 由于双方矛盾一直未能得到解决,高速货运也不再交纳租金及有关费用,总统大酒店则于2月29日对该场地作了封存。

4. 在仲裁委员会北京总会审理该案的过程中,应总统大酒店的申请,广州天河区人民法院于1999年9月2日以〔1999〕天法仲保字第4号民事裁定书裁定查封、冻结、扣押香港高速货运有限公司、杨光大的价值人民币498万元的财产(包括高速货运在总统大酒店二、三楼的所有财产和一部奔驰轿车)。

四、广州中院的执行情况及审查意见

(一)立案执行的情况

1. 仲裁委员会深圳分会于2000年3月31日以〔2000〕深国仲结字第23号裁决书作出仲裁,高速货运于2000年5月30日向广州中院申请执行,广州中院同年6月8日立案执行,执行案号为〔2000〕穗中法外仲执字第5号。仲裁委员会北京总会于2000年5月12日以〔2000〕贸仲裁字0148号裁决书作出仲裁,总统大酒店也依法向广州市天河区人民法院申请执行。广州中院认为此案与已立案执行的〔2000〕深国仲结字第23号案关系密切,且标的较大,故该案由广州中院合并执行。

2. 上述两案合并执行后,广州中院曾让双方当事人调解解决,但未果。总统大酒店表示同意两份裁决同时执行,相互抵扣。高速货运则表示两份裁决结果相互矛盾,无法同时执行,并认为双方已就仲裁条款作了变更,北京总会对此案无管辖权,其裁决无效,故申请不予执行该裁决。

(二)广州中院对上述两案执行的审查意见

广州中院受理了二案后,于9月13日就二案的执行问题请示本院,该院认为:

1. 关于合同的主体问题

北京仲裁委所作的决定和裁决都确认一方主体为总统大酒店有限公司,但对另一方却作了不同的认定,即一时认定为高速货运,一时又认定为香港高速货运有限公司,一时又认定为杨光大,这其中本身就是相互矛盾的。该院认为,虽然几个合同一方的主体表述不完全一致,但从本案的材料来看,转让协议已明确了杨光大是以高速货运的名义来保留对总统大酒店有关场地的承租使用权,补充协议亦是以高速货运的名义签订，实际上亦是高速货运一直在经营使用有关的场地，而且签订租赁合同时香港高速货运有限公司并不存在，事后亦无追认，故本案的另一方当事人应认定为高速货运，而非香港高速货运有限公司。同时，签订上述几个合同时，杨光大是以法定代表人的名义而非个人的名义签订，故深圳仲裁委对案件主体的认定是合理合法的，北京仲裁委认为另一方当事人是杨光大是欠妥的。

2. 裁决的效力问题

几个合同是一个不可分割的整体，从合同的含义和事实都证明了这点，不能断章取义，应该综合解释。对此，北京仲裁委在2000年2月23日所作的关于〔97〕深国仲受字第110号案主体资格及管辖权的决定亦已非常清楚地指出，仲裁庭有权审理申请人提出的涉及租赁合同、管理协议和补充协议等内容的全部条款。这无疑是几个合同一揽子解决的方案。在最后签订的补充协议第6项亦明确了“此前双方所签合同中与本协议不一致的地方，以本协议为准”。而该补充协议第4项亦明确了“甲乙双方如遇到合同上的争议时，任何一方均可提交深圳仲裁委员裁决。”这本身就是对前几份合同中仲裁条款约定的一个变更。而仲裁应以当事人协议的仲裁条款为依据，仲裁条款本身也是独立的，只要约定明确，就不应该发生有效无效的问题，即不受合同效力的影响，在管辖权方面是比较客观全面的，合理合法的，也是站得住脚的。而北京仲裁委的裁决则全然不顾当事人对仲裁条款变更的约定，对后面的两个协议，全然当它不存在，整个裁决书亦没提及，不承认这些事实，且依照《租赁合同》就作了裁决，其裁决是没有法律依据的，也是片面的，况且深圳的仲裁在先，北京本来就不应受理，其受理不仅违背了法律原理和司法原则，也违背了自己原来的决定。其裁决与深圳的裁决也是对立的，即一个要求继续履行合同，一个要求终止合同。这两个裁决是根本无法同时执行的，只能是一个正确的，一个是错误的，即两者只能执行一个，另一个则裁定不予执行。

综上所述，该院认为对〔2000〕贸仲裁字第0148号裁决书不予执行，对〔2000〕深国仲结字第23号裁决书继续予以执行。

五、本院的拟处意见

（一）案经我院审判委员会讨论，倾向同意广州中院的意见，理由是：

1. 本案三份合同实际上并非各自独立的合同，而是为履行同一合同目的的不同组成部分

首先，三份合同的外方签约主体是相同的。虽然三份合同的外方分别以香港高速货运有限公司、潮粤海鲜楼、高速货运（香港注册）的名义签订合同，但都只由杨光大一人签字。租赁合同签订时，香港高速货运有限公司尚未注册成立，实际上是杨光大的个人行为，潮粤海鲜楼在签约当时是总统大酒店的分支机构，杨光大以总统大酒店的分支机构的名义与总统大酒店签订合同，实际上就是杨光大个人的行为，且管理协议与租赁合同是在同一天签订的，故实际上，双方对两合同是同一权利义务关系以及乙方虽以不同名义签约，但主体只有一个是有共识的。高速货运（香港注册）是杨光大个人在香港注册成立的独资无限公司，因此，高速货运与杨光大的利益是一体的，高速货运的行为无疑就是杨光大的行为。在《租赁合同》与《管理协议》履行了10个月后的1996年10月17日，杨光大以高速货运（香港注册）的名义与总统大酒店签订补充协议，所用名称与《租赁合同》与《管理协议》均不同，但双方仍认为该补充协议是租赁合同的不可分割的组成部分，故可以看出，不管以什么名义签约，总统大酒店只认杨光大个人，合同的履行一直是与杨光大联系在一起的。总统大酒店至今并不否定乙方的签约资格。

其次，从协议的权利义务关系看，当事

人虽然用不同的协议名称签订了三份协议,但内容其实是共同的,即解决杨光大承包经营潮粤海鲜楼的权利义务问题。《租赁合同》是解决承包经营的场地问题,而管理合同则是解决承包经营潮粤海鲜楼时与总统大酒店各自在经营管理中的冲突及矛盾协调问题,实际上是为完成租赁合同必须处理的两个方面。从合同的具体条款看,《租赁合同》规定"甲、乙双方签订的经营管理协议作为本合同不可分割的一部分",补充协议在合同内容中规定"本补充协议是租赁总统大酒店潮粤海鲜楼合同的不可分割部分","此前双方所签合同中有与本协议不一致的地方,以本协议为准",因此双方均确认补充协议与租赁合同和管理协议是一个整体。既然是一个整体,如果有相互矛盾的约定,就应以时间在后的为准。

2. 关于仲裁条款问题

(1)《租赁合同》约定提交中国国际经济贸易仲裁委员会北京分会仲裁,但中国国际经济贸易仲裁委员会只在深圳、上海设有分会,在北京的是总会,并无分会,因此,当事人在《租赁合同》约定的仲裁条款是不明确的。(2)《补充协议》约定提交中国国际经济贸易仲裁委员会深圳分会仲裁,同时规定此前双方所签合同中有与本协议不一致的地方,以本协议为准,因此,补充协议已对租赁合同的仲裁条款作了变更,应以补充协议为准。

综上所述,三份合同是不可分割的关联合同,而第三份合同对仲裁管辖已作变更,深圳分会依据第三份合同约定仲裁是有依据的,是合法有效的。北京总会未考虑第三份合同已对仲裁作出变更,依据第一份合同作出仲裁,是不当的,北京总会无权对本案进行仲裁。根据《民事诉讼法》第二百一十七条第二款第2项"裁决的事项不属于仲裁协议的范围或者仲裁机构无权仲裁"的规定,拟同意广州中院请示所提意见,对北京总会所作裁决不予执行,并报最高人民法院审批。

(二)审委会少数人意见认为,仲裁委北京总会和深圳分会有权对二案仲裁,该两案可以合并执行,理由是:

1. 三份合同是独立的合同,约定不同的仲裁地点并无不当

三份合同的签约主体是各不相同的,虽然合同上都由杨光大签字,但签约名义却是不同的,租赁合同的乙方为高速成货运有限公司,虽然签约当时该公司并未注册成立,但这是事后在仲裁审理时才知道的,无证据证明总统大酒店在签约当时就已知道该主体并未成立,总统大酒店希望承租的主体不是杨光大个人而是高速货运有限公司,只是无效合同的后果由杨光大个人承担,故杨光大个人成了仲裁裁决的债务人而已。管理协议的乙方为潮粤海鲜楼,杨光大以其即将承包经营的潮粤海鲜楼的名义与总统大酒店签订协议,而潮粤海鲜楼是总统大酒店的分支机构,并非杨光大个人开办的企业,因此这份合同不是涉外合同,故合同性质与主体均与租赁合同不同。补充管理协议的乙方为高速货运(香港注册),高速货运虽然是杨光大独资成立的无限公司,但其是经过注册成立的,亦是一个与作为自然人的杨光大不同的民事主体,不能将之与杨光大或杨光大开办的其他企业等同。故这三份合同是由不同的民事主体签订的。签订补充管理协议的高速货运(香港注册)与签订租赁合同的香港高速货运有限公司是两个不同的民事主体,前者无权对后者签订的租赁协议进行修改或变更。

2. 约定的两个仲裁地点的效力问题

既然是不同主体签订的合同,因此这三份合同是独立的合同,在不同的合同上约定不同的仲裁地点并无不可。既然是互相独立的合同,就不存在后面的合同变更了前面合同的条款的问题,因此,北京的仲裁没违反《仲裁法》第九条规定,两份仲裁是互为独立的。

3. 关于二份仲裁裁决合并执行是否可行的问题

不仅合同的签约人不一样,且仲裁的申请人与被申请人也是不同的,连请求与仲裁内容都各不相同,因此仲裁裁决内容是不同的,两份前后所作出的仲裁没有存在矛盾或对立的地方。合并执行、相互抵消,尽快执结二案,能体现法院高效、公平,公正执行案件的原则,会取得较好的社会效果。

特此请示,请予批复。

附:本院案卷材料壹宗;广州中院案卷材料贰宗(略)

最高人民法院关于香港享进粮油食品有限公司申请执行香港国际仲裁中心仲裁裁决案的复函

- 2003年11月14日
- 〔2003〕民四他字第9号

安徽省高级人民法院:

你院〔2003〕皖执他字第01号"关于对香港国际仲裁中心仲裁裁决香港享进粮油食品有限公司与安徽粮油食品进出口(集团)公司买卖合同纠纷案不予执行的审查情况报告"收悉。经研究,答复如下:

根据你院所述事实,安徽粮油食品进出口(集团)公司(以下简称安徽粮油公司)系海南高富瑞工贸有限公司(以下简称海南高富瑞公司)的股东。本案所涉合同是海南高富瑞公司总经理张根杰,利用其持有的安徽粮油公司派驻海南高富瑞公司任职人员的相关文件的便利,采取剪取、粘贴、复印、传真等违法手段,盗用安徽粮油公司圆形行政公章,以安徽粮油公司的名义与香港享进粮油食品有限公司(以下简称享进公司)签订的。由于张根杰没有得到安徽粮油公司的明确授权,而是采用违法的手段盗用其印章签订合同,且事后张根杰未告知安徽粮油公司,更未得到追认,根据当事人的属人法即我国内地相应的法律规定,张根杰无权代理安徽粮油公司签订合同,亦即其不具备以安徽粮油公司名义签订合同的行为能力,相应地,其亦不具有以安徽粮油公司名义签订合同中仲裁条款的行为能力。由于本案所涉仲裁协议是张根杰通过欺诈手段签订的,因此,根据本案仲裁地法即香港特别行政区的法律,该仲裁协议也应认定无效。故根据《最高人民法院关于内地与香港特别行政区相互执行仲裁裁决的安排》第七条第一款第(一)项的规定,应不予执行本案仲裁裁决。同意你院的处理意见,但你院不宜以《最高人民法院关于内地与香港特别行政区相互执行仲裁裁决的安排》第七条第三款的规定作为不予执行本案仲裁裁决的法律依据。

最高人民法院关于香港东丰船务有限公司申请执行香港海事仲裁裁决请示的复函

- 2006年6月2日
- 〔2006〕民四他字第12号

辽宁省高级人民法院:

你院〔2005〕辽执一监字第3号《关于大连海事法院报送的〈中国外运沈阳集团公司申请不予执行香港仲裁裁决〉一案的审查报告》收悉。

经研究认为:根据你院请示报告认定的事实,申请执行人香港东丰船务有限公司并未提供相关书面证据证明被执行人中国外运沈阳集团公司接到另行指定仲裁员的适当通知,也无证据证明仲裁庭向被执行人发出仲裁开庭的书面通知。根据最高人民法院《关于内地与香港特别行政区相互执行仲裁裁决的安排》第七条第一款(二)项的规定,对香港东丰船务有限公司提交的香港海事仲裁裁决应裁定不予执行。

此复

最高人民法院关于舟山中海粮油工业有限公司申请不予执行香港国际仲裁中心仲裁裁决一案的请示复函

•2009年3月18日
•〔2009〕民四他字第2号

浙江省高级人民法院：

你院〔2007〕浙执他字第4号《关于舟山中海粮油工业有限公司申请不予执行香港国际仲裁中心仲裁裁决一案的请示报告》收悉，经研究，答复如下：

本案因来宝资源有限公司（以下简称来宝公司）申请执行香港国际仲裁中心所作的仲裁裁决，舟山中海粮油工业有限公司（以下简称中粮公司）提出抗辩不予执行而提起。你院经审查后倾向性意见认为，执行本案仲裁裁决既有损行政命令的权威，又有损社会公众的健康，从而以违反社会公共利益为由，决定不予执行仲裁裁决。

从你院请示报告所陈述的事实可以看出，2004年5月10日，国家质检总局发布〔2004〕322号特急警示通报，决定从即日起暂停来宝公司及其他三家巴西供货商从巴西向我国出口大豆。但该特急警示通报明确提出，已启运在途的大豆，符合进境检验检疫要求的准予入境。本案中，特刀警示通报发出前，案涉货物已经装船，系为启运在途货物。同年6月23日，国家质检总局终止了该进口禁令，恢复来宝公司等供货商向中国出口的资格。来宝公司于同年7月取得了大豆转基因生物安全证书，中粮公司也取得了大豆进口许可证。可见，该批货物符合进境检验检疫要求，不在禁止入境的货物之列。此外，并无证据表明案涉货物会带来严重的安全卫生问题，也不存在有损公众健康的事实。因此，执行香港国际仲裁中心的仲裁裁决并不违反社会公共利益。根据《最高人民法院关于内地与香港特别行政区相互执行仲裁裁决的安排》的规定，香港国际仲裁中心的仲裁裁决应予执行。

此复

最高人民法院关于中国信托商业银行股份有限公司申请认可台湾地区法院支付令案的请示的复函

•2010年12月15日
•〔2010〕民四他字第68号

上海市高级人民法院：

你院〔2010〕沪高民认（台）他字第1号《关于中国信托商业银行股份有限公司申请认可台湾地区法院支付令案的请示报告》收悉。经研究，答复如下：

本案台湾当事人向大陆法院申请认可台湾地区桃园地方法院"（86）年促字第22580号"支付令，根据申请人在《支付命令申请认可书》中陈述的事实，台湾地区有关法院发出的上述支付令于1997年11月11日起具有强制执行的效力。申请人于2010年2月向大陆法院申请认可相关支付令的效力，因此，应适用《最高人民法院关于人民法院认可台湾地区有关法院民事判决的补充规定》确认申请人申请认可的期限。

《最高人民法院关于人民法院认可台湾地区有关法院民事判决的补充规定》第九条规定："申请认可台湾地区有关法院民事判决的，应当在该判决效力确定后二年内提出"。本案当事人申请认可的"（86）年促字第22580号"支付令于1997年11月11日起具有强制执行的效力，在上述期日开始之日起二年内，申请人一直没有向大陆法院申请认可支付令的效力，已经超出了上述规定确定的申请认可的期限，申请人即丧失就本案所涉支付令向大陆法院申请认可的权利。

至于申请人所称其在2009年之前赴大陆投资受到限制、此前未发现被申请人在大陆的财产情况等事由，并不妨碍其调查被申请人在大陆的财产情况并申请人民法院认可相关支付令,其所提出的理由既不属于不可抗拒事由,也不属于其他正当理由。

综上,同意你院的处理意见,应当裁定驳回申请人的申请。

第三十一章　对外国判决、仲裁裁决的承认和执行

◎法律

全国人民代表大会常务委员会关于我国加入《承认及执行外国仲裁裁决公约》的决定

- 1986年12月2日第六届全国人民代表大会常务委员会第十八次会议通过

第六届全国人民代表大会常务委员会第十八次会议决定：中华人民共和国加入《承认及执行外国仲裁裁决公约》，并同时声明：

（一）中华人民共和国只在互惠的基础上对另一缔约国领土内作出的仲裁裁决的承认和执行适用该公约；

（二）中华人民共和国只对根据中华人民共和国法律认定为属于契约性和非契约性商事法律关系所引起的争议适用该公约。

◎司法解释

最高人民法院关于中国公民申请承认外国法院离婚判决程序问题的规定

- 1991年8月13日
- 法(民)〔1991〕21号

第一条　对与我国没有订立司法协助协议的外国法院作出的离婚判决，中国籍当事人可以根据本规定向人民法院申请承认该外国法院的离婚判决。

对与我国有司法协助协议的外国法院作出的离婚判决，按照协议的规定申请承认。

第二条　外国法院离婚判决中的夫妻财产分割、生活费负担、子女抚养方面判决的承认执行，不适用本规定。

第三条　向人民法院申请承认外国法院的离婚判决，申请人应提出书面申请书，并须附有外国法院离婚判决书正本及经证明无误的中文译本。否则，不予受理。

第四条　申请书应记明以下事项：

（一）申请人姓名、性别、年龄、工作单位和住址；

（二）判决由何国法院作出，判结结果、时间；

（三）受传唤及应诉的情况；

（四）申请理由及请求；

（五）其他需要说明的情况。

第五条　申请由申请人住所地中级人民法院受理。申请人住所地与经常居住地不一致的，由经常居住地中级人民法院受理。

申请人不在国内的，由申请人原国内住所地中级人民法院受理。

第六条　人民法院接到申请书，经审查，符合本规定的受理条件的，应当在7日内立案；不符合的，应当在7日内通知申请人不予受理，并说明理由。

第七条　人民法院审查承认外国法院离婚判决的申请，由三名审判员组成合议庭进行，作出的裁定不得上诉。

第八条　人民法院受理申请后，对于外国法院离婚判决书没有指明已生效或生效时间的，应责令申请人提交作出判决的法院出具的判决已生效的证明文件。

第九条　外国法院作出离婚判决的原告为申请人的，人民法院应责令其提交作出判决

的外国法院已合法传唤被告出庭的有关证明文件。

第十条 按照第八条、第九条要求提供的证明文件，应经该外国公证部门公证和我国驻该国使、领馆认证。同时应由申请人提供经证明无误的中文译本。

第十一条 居住在我国境内的外国法院离婚判决的被告为申请人，提交第八条、第十条所要求的证明文件和公证、认证有困难的，如能提交外国法院的应诉通知或出庭传票的，可推定外国法院离婚判决书为真实和已经生效。

第十二条 经审查，外国法院的离婚判决具有下列情形之一的，不予承认：

（一）判决尚未发生法律效力；

（二）作出判决的外国法院对案件没有管辖权；

（三）判决是在被告缺席且未得到合法传唤情况下作出的；

（四）该当事人之间的离婚案件，我国法院正在审理或已作出判决，或者第三国法院对该当事人之间作出的离婚案件判决已为我国法院所承认；

（五）判决违反我国法律的基本原则或者危害我国国家主权、安全和社会公共利益。

第十三条 对外国法院的离婚判决的承认，以裁定方式作出。没有第十二条规定的情形的，裁定承认其法律 效力；具有第十二条规定的情形之一的，裁定驳回申请人的申请。

第十四条 裁定书以“中华人民共和国××中级人民法院”名义作出，由合议庭成员署名，加盖人民法院印章。

第十五条 裁定书一经送达，即发生法律效力。

第十六条 申请承认外国法院的离婚判决，申请人应向人民法院交纳案件受理费人民币100元。

第十七条 申请承认外国法院的离婚判决，委托他人代理的，必须向人民法院提交由委托人签名或盖章的授权委托书。委托人在国外出具的委托书，必须经我国驻该国的使、领馆证明。

第十八条 人民法院受理离婚诉讼后，原告一方变更请求申请承认外国法院离婚判决，或者被告一方另提出承认外国法院离婚判决申请的，其申请均不受理。

第十九条 人民法院受理承认外国法院离婚判决的申请后，对方当事人向人民法院起诉离婚的，人民法院不予受理。

第二十条 当事人之间的婚姻虽经外国法院判决，但未向人民法院申请承认的，不妨碍当事人一方另行向人民法院提出离婚诉讼。

第二十一条 申请人的申请为人民法院受理后，申请人可以撤回申请，人民法院以裁定准予撤回。申请人撤回申请后，不得再提出申请，但可以另向人民法院起诉离婚。

第二十二条 申请人的申请被驳回后，不得再提出申请，但可以另行向人民法院起诉离婚。

最高人民法院关于承认和执行外国仲裁裁决收费及审查期限问题的规定

- 1998年11月14日
- 法释〔1998〕28号

为正确执行我国加入的联合国《承认及执行外国仲裁裁决公约》（以下称纽约公约），现对人民法院依照纽约公约规定，承认和执行外国仲裁裁决收费及审查期限问题作出如下规定：

一、人民法院受理当事人申请承认外国仲裁裁决的，预收人民币500元。

二、人民法院受理当事人申请承认和执行外国仲裁裁决的，应按照《人民法院诉讼收费办法》有关规定，依申请执行的金额或标的价额预收执行费。如人民法院最终决定仅承认而不予执行外国仲裁裁决时，在扣除本规定第一条所列费用后，其余退还申请人。

三、人民法院受理当事人申请承认和执行外国仲裁裁决，不得对承认和执行分别两次收费。对所预收费用的负担，按照《人民法院诉讼收费办法》有关规定执行。

四、当事人依照纽约公约第四条规定的条件申请承认和执行外国仲裁裁决，受理申请的人民法院决定予以承认和执行的，应在受理申请之日起2个月内作出裁定，如无特殊情况，应在裁定后6个月内执行完毕；决定不予承认和执行的，须按最高人民法院法发〔1995〕18号《关于人民法院处理与涉外仲裁及外国仲裁事项有关问题的通知》的有关规定，在受理申请之日起2个月内上报最高人民法院。

最高人民法院关于人民法院受理申请承认外国法院离婚判决案件有关问题的规定

•2000年2月29日
•法释〔2000〕6号

1998年9月17日，我院以法〔1998〕86号通知印发了《关于人民法院受理申请承认外国法院离婚判决案件几个问题的意见》，现根据新的情况，对人民法院受理申请承认外国法院离婚判决案件的有关问题重新作如下规定：

一、中国公民向人民法院申请承认外国法院离婚判决，人民法院不应以其未在国内缔结婚姻关系而拒绝受理；中国公民申请承认外国法院在其缺席情况下作出的离婚判决，应同时向人民法院提交作出该判决的外国法院已合法传唤其出庭的有关证明文件。

二、外国公民向人民法院申请承认外国法院离婚判决，如果其离婚的原配偶是中国公民的，人民法院应予受理；如果其离婚的原配偶是外国公民的，人民法院不予受理，但可告知其直接向婚姻登记机关申请再婚登记。

三、当事人向人民法院申请承认外国法院离婚调解书效力的，人民法院应予受理，并根据《关于中国公民申请承认外国法院离婚判决程序问题的规定》进行审查，作出承认或不予承认的裁定。

自本规定公布之日起，我院法〔1998〕86号通知印发的《关于人民法院受理申请承认外国法院离婚判决案件几个问题的意见》同时废止。

最高人民法院关于当事人申请承认澳大利亚法院出具的离婚证明书人民法院应否受理问题的批复

•2005年7月26日
•法释〔2005〕8号

广东省高级人民法院：

你院报送的粤高法民一他字〔2004〕9号“关于当事人申请承认澳大利亚法院出具的离婚证明书有关问题”的请示收悉。经研究，答复如下：

当事人持澳大利亚法院出具的离婚证明书向人民法院申请承认其效力的，人民法院应予受理，并依照《中华人民共和国民事诉讼法》第二百六十五条①和第二百六十六条②以及最高人民法院《关于中国公民申请承认外国法院离婚判决程序问题的规定》的有关规定进行审查，依法作出承认或者不予承认的裁定。

此复

---

① 民事诉讼法原第二百六十五条现已修改为第二百八十一条。

② 民事诉讼法原第二百六十六条现已修改为第二百八十二条。

最高人民法院关于进一步做好边境地区涉外民商事案件审判工作的指导意见（节录）

• 2010年12月8日
• 法发〔2010〕57号

十、人民法院在审理边境地区涉外民商事纠纷案件的过程中，应当加强对当事人的诉讼指导。对在我国没有住所又没有可供执行的财产的被告提起诉讼，人民法院应当给予原告必要的诉讼指导，充分告知其诉讼风险，特别是无法有效送达的风险和生效判决在我国境内无法执行的风险。

败诉一方当事人在我国境内没有财产或者其财产不足以执行生效判决时，人民法院应当告知胜诉一方当事人可以根据我国与其他国家缔结的民商事司法协助国际条约的相关规定，向可供执行财产所在地国家的法院申请承认和执行我国法院的民商事判决。

◎司法文件

最高人民法院关于执行我国加入的《承认及执行外国仲裁裁决公约》的通知

• 1987年4月10日
• 法（经）发〔1987〕5号

全国地方各高、中级人民法院，各海事法院、铁路运输中级法院：

第六届全国人民代表大会常务委员会第十八次会议于1986年12月2日决定我国加入1958年在纽约通过的《承认及执行外国仲裁裁决公约》（以下简称《1958年纽约公约》），该公约将于1987年4月22日对我国生效。各高、中级人民法院都应立即组织经济、民事审判人员、执行人员以及其他有关人员认真学习这一重要的国际公约，并且切实依照执行。现就执行该公约的几个问题通知如下：

一、根据我国加入该公约时所作的互惠保留声明，我国对在另一缔约国领土作出的仲裁裁决的承认和执行适用该公约。该公约与我国民事诉讼法（试行）有不同规定的，按该公约的规定办理。

对于在非缔约国领土内作出的仲裁裁决，需要我国法院承认和执行的，应按民事诉讼法（试行）第二百零四条的规定办理。

二、根据我国加入该公约时所作的商事保留声明，我国仅对按照我国法律属于契约性和非契约性商事法律关系所引起的争议适用该公约。所谓"契约性和非契约性商事法律关系"，具体的是指由于合同、侵权或者根据有关法律规定而产生的经济上的权利义务关系，例如货物买卖、财产租赁、工程承包、加工承揽、技术转让、合资经营、合作经营、勘探开发自然资源、保险、信贷、劳务、代理、咨询服务和海上、民用航空、铁路、公路的客货运输以及产品责任、环境污染、海上事故和所有权争议等，但不包括外国投资者与东道国政府之间的争端。

三、根据《1958年纽约公约》第四条的规定，申请我国法院承认和执行在另一缔约国领土内作出的仲裁裁决，是由仲裁裁决的一方当事人提出的。对于当事人的申请应由我国下列地点的中级人民法院受理：

（一）被执行人为自然人的，为其户籍所在地或者居所地；

（二）被执行人为法人的，为其主要办事机构所在地；

（三）被执行人在我国无住所、居所或者主要办事机构，但有财产在我国境内的，为其财产所在地。

四、我国有管辖权的人民法院接到一方当事人的申请后，应对申请承认及执行的仲裁裁决进行审查，如果认为不具有《1958年纽约公约》第五条第一、二两项所列的情形，应当裁定承认其效力，并且依照民事诉讼法（试行）规定的程序执行；如果认定具有第五条第二项所列的情形之一的,或者根据被执行人提供的证据证明具有第五条第一项所列的情形之一的,应当裁定驳回申请,拒绝承认及执行。

五、申请我国法院承认及执行的仲裁裁决,仅限于《1958 年纽约公约》对我国生效后在另一缔约国领土内作出的仲裁裁决。该项申请应当在民事诉讼法(试行)第一百六十九条规定的申请执行期限内提出。

附一:

本通知引用的《承认及执行外国仲裁裁决公约》有关条款

第四条一、声请承认及执行之一造,为取得前条所称之承认及执行,应于声请时提具:

(甲)原裁决之正本或其正式副本;

(乙)第二条所称协定之原本或其正式副本。

二、倘前述裁决或协定所用文字非为援引裁决地所在国之正式文字,声请承认及执行裁决之一造应具备各该文件之此项文字译本。译本应由公设或宣誓之翻译员或外交或领事人员认证之。

第五条一、裁决唯有受裁决援用之一造向声请承认及执行地之主管机关提具证据证明有下列情形之一时,始得依该造之请求,拒予承认及执行:

(甲)第二条所称协定之当事人依对其适用之法律有某种无行为能力情形者,或该项协定依当事人作为协定准据之法律系属无效,或未指明以何法律为准时,依裁决地所在国法律系属无效者;

(乙)受裁决援用之一造未接获关于指派仲裁员或仲裁程序之适当通知,或因他故,致未能申辩者;

(丙)裁决所处理之争议非为交付仲裁之标的或不在其条款之列,或裁决载有关于交付仲裁范围以外事项之决定者,但交付仲裁事项之决定可与未交付仲裁之事项划分时,裁决中关于交付仲裁事项之决定部分得予承认及执行;

(丁)仲裁机关之组成或仲裁程序与各造间之协议不符,或无协议而与仲裁地所在国法律不符者;

(戊)裁决对各造尚无拘束力,或业经裁决地所在国或裁决所依据法律之国家之主管机关撤销或停止执行者。

二、倘声请承认及执行地所在国之主管机关认定有下列情形之一,亦得拒不承认及执行仲裁裁决:

(甲)依该国法律,争议事项系不能以仲裁解决者;

(乙)承认或执行裁决有违该国公共政策者。

附二:

本通知引用的《中华人民共和国民事诉讼法(试行)》有关条款

第一百六十九条 申请执行的期限,双方或者一方当事人是个人的为一年;双方是企业事业单位、机关、团体的为六个月。

第二百零四条 中华人民共和国人民法院对外国法院委托执行的已经确定的判决、裁决,应当根据中华人民共和国缔结或者参加的国际条约,或者按照互惠原则进行审查,认为不违反中华人民共和国法律的基本准则或者我国国家、社会利益的,裁定承认其效力,并且依照本法规定的程序执行。否则,应当退回外国法院。

最高人民法院关于执行领事条约中对派遣国船舶实行强制措施时保护条款的通知

- 1994 年 1 月 14 日
- 法〔1994〕2 号

海南省、广东省、福建省、浙江省、湖北省、山东省、天津市、辽宁省高级人民法院、各海事法院：

为了认真执行我国和外国缔结的领事条约中关于对派遣国的船舶采取强制措施，或在其船舶上进行正式调查时，应事先通知领馆，以便在采取行动时领事官员或其代表能到场。如情况紧急，不能事先通知，应在采取上述行动后立即通知，并应领馆官员的请求迅速提供所采取行动的全部情况的规定，特通知如下：

一、诉前扣船是在紧急情况下采取的财产保全措施，执行扣押船舶的海事法院，必须在发布扣船命令的同时，书面通知船籍国驻我国的使、领馆。

二、海事法院裁定拍卖被扣押船舶清偿债务的，必须在发布拍卖船舶公告前，书面通知被告所在国驻我国的使、领馆。

三、海事法院因海事、海商纠纷需要，在缔约国船舶上进行正式调查的，应事先通知船籍国驻我国的使、领馆，如情况紧急，不能事先通知，应在调查之后立即书面通知。

四、各海事法院在采取上述行动时，凡因情况紧急，事后通知船籍国驻我国使领馆的，如该国领事官员请求提供所采取行动的全部情况的，应当迅速提供。

五、上述通知书由海事法院报送其所在省、市高级人民法院审查后，径送外交领事司，再通过领事司负责转给被通知的船舶派遣国驻我国的使、领馆。

六、在送达通知书时，须附有扣押船舶的民事裁定书。或强制拍卖被扣押船舶的民事裁定书和送达回证。

最高人民法院关于终止地方法院与国外地方法院、司法部门司法协助协议的通知

- 1995年1月28日
- 法〔1995〕4号

各省、自治区、直辖市高级人民法院：

近来，发现个别地方法院与国外地方司法机关签订司法协助协议。经我院研究并征求外交部条法司意见，认为：司法协助（包括相互代为送达司法文书、调查取证、承认与执行法院判决等）关系到国家的司法主权。依据《中华人民共和国缔结条约程序法》的有关规定，与外国谈判缔结司法协助协定只能以国家或政府的名义，或者经国家或政府授权的机关对外签署，并须报请国务院审核后，提交全国人大常委会决定批准。据此，地方法院无权与国外签订司法协助协议，已签订的应立即终止执行，并向对方说明情况。

今后各地方法院遇有相邻国家有关地区提出谈判缔结司法协助协定事宜，应及时报告我院，由我院会同有关部门研究处理。

最高人民法院关于人民法院处理与涉外仲裁及外国仲裁事项有关问题的通知

- 1995年8月28日
- 法发〔1995〕18号

各省、自治区、直辖市高级人民法院，解放军军事法院：

为严格执行《中华人民共和国民事诉讼法》以及我国参加的有关国际公约的规定，保障诉讼和仲裁活动依法进行，现决定对人民法院受理具有仲裁协议的涉外经济纠纷案、不予执行涉外仲裁裁决以及拒绝承认和执行外国仲裁裁决等问题建立报告制度。为此，特作如下通知：

一、凡起诉到人民法院的涉外、涉港澳和涉台经济、海事海商纠纷案件，如果当事人在合同中订有仲裁条款或者事后达成仲裁协议，人民法院认为该仲裁条款或者仲裁协议无效、失效或者内容不明确无法执行的，在决定受理一方当事人起诉之前，必须报请本辖区所属高级人民法院进行审查；如果高级人民法院同意受理，应将其审查意见报最高人民法院。在最高人民法院未作答复前，可暂不予受理。

二、凡一方当事人向人民法院申请执行我国

涉外仲裁机构裁决,或者向人民法院申请承认和执行外国仲裁机构的裁决,如果人民法院认为我国涉外仲裁机构裁决具有民事诉讼法第二百六十条①情形之一的,或者申请承认和执行的外国仲裁裁决不符合我国参加的国际公约的规定或者不符合互惠原则的,在裁定不予执行或者拒绝承认和执行之前,必须报请本辖区所属高级人民法院进行审查;如果高级人民法院同意不予执行或者拒绝承认和执行,应将其审查意见报最高人民法院。待最高人民法院答复后,方可裁定不予执行或者拒绝承认和执行。

最高人民法院关于转发外交部、司法部、民政部《关于驻外使、领馆就中国公民申请人民法院承认外国法院离婚判决事进行公证、认证的有关规定》的通知

• 1997 年 7 月 16 日

各省、自治区、直辖市高级人民法院,各中级人民法院:

现将《关于驻外使、领馆就中国公民申请人民法院承认外国法院离婚判决事进行公证、认证的有关规定》转发你们,供在民事审判中参照执行。执行中有何问题,请及时报告我院。

附:

外交部、司法部、民政部关于驻外使、领馆就中国公民申请人民法院承认外国法院离婚判决事进行公证、认证的有关规定

(1997 年 3 月 27 日
外领八函〔1997〕5 号)

各驻外使领馆、团、处:

近年来,随着我公民在国外结婚、离婚人数的增多,涉及中国公民向我人民法院申请承认外国法院离婚判决的案件也越来越多。为维护司法裁判的严肃性,统一、明确做法,方便当事人,经商最高人民法院,现对有关事宜做如下具体规定:

一、婚姻当事人一方为中国公民的外国法院的离婚判决书在国内使用,须经国内中级人民法院对该判决裁定承认后,才能为当事人出具以该外国法院离婚判决为准的婚姻状况公证。

二、婚姻当事人一方为中国公民的外国法院离婚判决书在国外使用:

(一)若居住国可根据外国法院离婚判决书或其他证明材料,为当事人出具婚姻状况证明,不需要我驻该国使、领馆出具以外国法院离婚判决为准的婚姻状况公证,我使、领馆可不予干预,但不干预不等于承认。

(二)若当事人不能在居住国取得婚姻状况证明,需我驻该国使、领馆出具以此判决为准的婚姻状况公证,应先向国内中级人民法院申请对该判决的承认。该判决经裁定承认后,才能为当事人出具有关公证。

三、国内中级人民法院受理当事人的申请时,对外国法院离婚判决书的真伪不能判定,要求当事人对该判决书的真实性进行证明的,当事人可向驻外使、领馆申请公证、认证。外国法院的离婚判决书可经过居住国公证机构公证、外交部或外交部授权机构认证,我使、领馆认证;亦或居住国外交部直接认证,我使、领馆认证。进行上述认证的目的是为判决书的真伪提供证明,不涉及对其内容的承认。

四、当事人不能亲自回国申请承认外国法院的离婚判决,可委托他人代理。驻外使、领馆可为此类委托书办理公证或认证。受理委托书公证应要求当事人亲自申请。

五、当事人或其代理人申请国内中级人民法院对外国法院离婚判决书的裁定承认,必须提供:

(一)外国法院离婚判决书正本及经

---

① 民事诉讼法原第二百六十条现已修改为第二百七十四条。

证明无误的中文译本；

（二）若申请人是离婚判决的原告，作出判决的外国法院出具的被告已被合法传唤出庭或合法传唤出庭文件已送达被告的有关证明文件及经证明无误的中文译文；

（三）若判决书中未指明判决已生效或生效时间的，作出判决的外国法院出具的判决已生效的证明文件及经证明无误的中文译文。

驻外使、领馆应按照公证、认证程序为上述文件办理公证或认证。

六、第五条中所述的“经证明无误的中文译文”，可经如下途径证明：

（一）外国公证机构公证、外交部或外交部授权机构认证及我驻外使、领馆认证；

（二）驻外使、领馆直接公证；

（三）国内公证机关公证。

七、外国法院离婚判决书生效日期与我国法院裁定承认日期不同，离婚后未再婚公证应以外国法院离婚判决书生效日期为准。

八、国内中级人民法院裁定对外国法院离婚判决不予承认的，当事人可到国内原户籍所在地或婚姻缔结地中级人民法院起诉离婚。驻外使领馆可根据国内法院的离婚判决，为当事人出具在国外期间的婚姻状况证明。

九、有关外国法院离婚判决中夫妻财产分割、生活费负担、子女抚养等方面判决承认执行的公证、认证，不适用本规定。

原规定与上述规定不一致的，按此规定办理。上述规定以外的情况，请逐案报请国内。

最高人民法院关于审理和执行涉外民商事案件应当注意的几个问题的通知

- 2000 年 4 月 17 日
- 法〔2000〕51 号

各省、自治区、直辖市高级人民法院：

为了依法及时、公正地处理好涉外民商事案件，促进我国对外经济贸易和招商引资等重大经济活动，适应即将加入世贸组织的新形势，现就审理和执行涉外民商事案件中应当注意的问题通知如下：

一、严格执行涉外民商事案件审查程序，切实保护各方当事人的诉讼权利。各级人民法院要严格遵守《中华人民共和国民事诉讼法》和最高人民法院及其批准的高级人民法院有关案件管辖的规定，对诉至法院的涉外民商事案件认真进行审查。对属于人民法院受理范围、符合级别管辖、地域管辖和专属管辖规定并符合法律规定的起诉条件的，应当在法定期限内及时立案，不得拖延、推诿；对不属于人民法院受理范围的要及时告知当事人采取其他救济方式，不得违法滥用管辖权或无故放弃管辖权。对涉外合同中订有仲裁条款或者当事人事后达成书面仲裁协议的，人民法院不予受理；根据当事人的申请，依照法律规定，拟裁定涉外合同仲裁协议无效的，应先逐级呈报最高人民法院，待最高人民法院答复同意后才可以确认仲裁协议无效。涉外民商事案件法律文书的送达手续必须合法；如用公告方式送达，必须严格按照《中华人民共和国民事诉讼法》第八十四条规定办理，并应当在《人民法院报》或省级以上对外公开发行的报纸上和在受案法院公告栏内同时刊登。

二、严格依照冲突规范适用处理案件的民商事法律，切实做到依法公开、公正、及时、平等地保护国内外当事人的合法权益。各级人民法院审理涉外民商事案件时，要坚持国家主权原则和依法独立审判原则，保证案件处理的程序公正和实体公正。涉外民商事案件除法律另有规定的以外一律公开审理，允许新闻媒体自负其责地进行报道。审理案件必须做到认定事实客观、全面，适用法律准确、适当，实体处理公正、合法，除《中华人民共和国合同法》第一百二十六条第二款规定的三类合同必须适用中国法律外，均应依照有关规定或者当事人约定，准确选用准据法；对我国参加的国际公约，除我国声明保留的条款外，应予优先适用，同时可以参照国际惯例。制作涉外法律文书应文字通畅，逻辑严密，格式规范，说理透彻。

三、严格遵守涉外民商事案件生效法律文书的执行规定，切实维护国家司法权威。各级人民法院在强化执行工作过程中，应从维护国家司法形象和法制尊严的高度认识涉外执行工作的重要性，进一步加强涉外案件的执行，要注意执行方法，提高执行效率，注重执行效果。对涉外仲裁裁决和国外仲裁裁决的审查与执行，要严格依照有关国际公约和《中华人民共和国民事诉讼法》、最高人民法院《关于适用〈中华人民共和国民事诉讼法〉若干问题的意见》、《最高人民法院关于人民法院执行工作若干问题的规定（试行）》中有关涉外执行的规定和最高人民法院（法）经发〔1987〕5号通知、法发〔1995〕18号通知、法释〔1998〕28号规定及法〔1998〕40号通知办理。各级人民法院凡拟适用《中华人民共和国民事诉讼法》第二百六十条和有关国际公约规定，不予执行涉外仲裁裁决、撤销涉外仲裁裁决或拒绝承认和执行外国仲裁机构的裁决的，均应按规定逐级呈报最高人民法院审查，在最高人民法院答复前，不得制发裁定。

四、各级人民法院要加强对国际条约、国际惯例等国际经贸规范的学习，不断提高审理涉外民商事案件的水平。对在适用法律上有重大争议的，应按最高人民法院《关于建立经济纠纷大案要案报告制度的通知》（法经函〔1989〕第4号）执行。审判人员要严格遵守审判纪律，不得私自接待国外当事人或其他有关人员；严格执行回避制度，不得单独接触一方当事人及其关系人；对于涉外案件外国当事人所在国家外交机构代表的正式询问，应由受案法院负责接待，有关情况应及时报告上级法院。

最高人民法院关于印发《第二次全国涉外商事海事审判工作会议纪要》的通知（节录）

- 2005年12月16日
- 法发〔2005〕26号

一、关于案件管辖

6. 当事人申请确认涉外仲裁协议效力的案件，由申请人住所地、被申请人住所地或者仲裁协议签订地有权受理涉外商事案件的中级人民法院管辖；申请执行我国涉外仲裁裁决的案件，由被申请人住所地、财产所在地有权受理涉外商事案件的中级人民法院管辖；申请撤销我国涉外仲裁裁决的案件，由仲裁机构所在地有权受理涉外商事案件的中级人民法院管辖；申请承认与执行外国仲裁裁决的案件，由被申请人住所地或者财产所在地有权受理涉外商事案件的中级人民法院管辖。

六、关于国际商事海事仲裁的司法审查

（一）涉外仲裁协议效力的审查

58. 当事人在合同中约定的适用于解决合同争议的准据法，不能用来确定涉外仲裁条款的效力。当事人在合同中明确约定了仲裁条款效力的准据法的，应当适用当事人明确约定的法律；未约定仲裁条款效力的准据法但约定了仲裁地的，应当适用仲裁地国家或者地区的法律。只有在当事人未约定仲裁条款效力的准据法亦未约定仲裁地或者仲裁地约定不明的情况下，才能适用法院地法即我国法律作为确认仲裁条款效力的准据法。

59. 当事人达成的仲裁协议对仲裁事项或者仲裁机构没有约定或者约定不明，应认定仲裁协议无效，但当事人达成补充协议的除外。

60. 当事人在订立仲裁协议后合并、分立或者死亡的，该仲裁协议对承受仲裁事项所涉权利义务的人具有约束力，但当事人在订立仲裁协议时另有约定的除外。

61. 当事人在订立仲裁协议后转让全部或部分债权债务的,仲裁协议对受让人有效,但当事人另有约定、明确反对或者受让人在受让债权债务时不知有单独仲裁协议的除外。

62. 仲裁协议仅约定纠纷适用的仲裁规则的,视为未约定仲裁机构,但当事人达成补充协议或者按照约定的仲裁规则能够确定仲裁机构的除外。

63. 仲裁协议明确约定两个以上仲裁机构的,当事人可以协议选择其中的一个仲裁机构申请仲裁;当事人无法就仲裁机构达成一致的,仲裁协议无效。

64. 仲裁协议约定由某地的仲裁机构仲裁且该地仅有一个仲裁机构的,该仲裁机构为约定的仲裁机构。该地有两个以上仲裁机构的,当事人可以协议选择其中的一个仲裁机构申请仲裁;当事人无法就仲裁机构达成一致的,仲裁协议无效。

65. 仲裁条款独立于合同中的其他条款。当事人在订立合同时就争议达成仲裁协议的,合同未成立不影响仲裁协议的效力;合同成立后未生效以及生效后变更、解除、终止或者被撤销、被认定无效的,不影响合同中仲裁条款的效力。

66. 仲裁协议应当采用书面形式。是否具有书面形式,按照《中华人民共和国合同法》第十一条的规定办理。当事人在订立的涉外合同中援引适用其他合同、文件中的有效仲裁条款的,是书面形式的仲裁协议。

67. 一方当事人向仲裁机构或者仲裁庭申请仲裁,对方当事人未提出管辖异议且按照仲裁规则的要求指定仲裁员并进行实体答辩的,视为当事人同意接受仲裁。

68. 当事人约定争议可以向仲裁机构申请仲裁也可以向人民法院起诉的,仲裁协议无效。但一方向仲裁机构申请仲裁,另一方未在《中华人民共和国仲裁法》第二十条第二款规定的期间内提出异议的除外。

69. 仲裁协议中约定的仲裁机构名称不准确,但能够确定受理纠纷的具体仲裁机构的,应当认定选定了仲裁机构。

70. 涉外合同应当适用的有关国际条约中有仲裁规定的,发生合同争议时,当事人应当按照国际条约中的仲裁规定提请仲裁。

(二)涉外仲裁裁决的审查

71. 对在我国境内依法成立的仲裁委员会作出的仲裁裁决,人民法院应当根据案件是否具有涉外因素而适用不同的法律条款进行审查。上述仲裁委员会作出的不具有涉外因素的仲裁裁决,按照《中华人民共和国仲裁法》第五章、第六章和《中华人民共和国民事诉讼法》第二百一十七条①的规定审查;上述仲裁委员会作出的具有涉外因素的仲裁裁决,按照《中华人民共和国仲裁法》第七章和《中华人民共和国民事诉讼法》第二十八章的规定进行审查。是否具有涉外因素,应按照《最高人民法院关于贯彻执行〈中华人民共和国民法通则〉若干问题的意见(试行)》第178条的规定确定。

72. 人民法院对在香港特别行政区作出的仲裁裁决或者台湾地区仲裁机构作出的仲裁裁决,应当按照《最高人民法院关于内地与香港特别行政区相互执行仲裁裁决的安排》或《最高人民法院关于人民法院认可台湾地区有关法院民事判决的规定》办理。

73. 涉及执行香港特别行政区、澳门特别行政区、台湾地区仲裁裁决的收费及审查期限问题,参照法释〔1998〕28号《最高人民法院关于承认和执行外国仲裁裁决收费及审查期限问题的规定》办理。

74. 人民法院受理当事人撤销涉外仲裁裁决的申请后,另一方当事人又申请执行同一仲裁裁决的,受理申请执行仲裁裁决案件

① 民事诉讼法原第二百一十七条现已修改为第二百三十七条。

的人民法院应在受理后裁定中止执行。

75. 当事人在仲裁程序中未对仲裁庭的管辖权提出异议，在仲裁裁决作出后以仲裁庭无管辖权为由主张撤销或者提出不予执行抗辩的，人民法院不予支持。

76. 当事人向人民法院申请撤销仲裁裁决被驳回后，又在执行程序中提出不予执行抗辩的，人民法院不予支持。

77. 当事人主张不予执行仲裁调解书或者根据当事人之间的和解协议作出的仲裁裁决书的，人民法院不予支持。

78. 涉外仲裁裁决超出仲裁协议范围的，可以撤销超裁部分的裁决；超裁部分与其他裁项不可分的，应撤销该仲裁裁决。

79. 对存在《中华人民共和国民事诉讼法》第二百六十条①规定情形的涉外仲裁裁决，人民法院可以视情况通知仲裁庭在一定期限内重新仲裁。通知仲裁庭重新仲裁的，应裁定中止撤销程序；仲裁庭在指定的期限内开始重新仲裁的，应裁定终止撤销程序；仲裁庭拒绝重新仲裁或者未在指定的期限内重新仲裁的，应通知或裁定恢复撤销程序。对仲裁庭重新仲裁作出的裁决有异议的，有关当事人可以依法申请撤销。

80. 人民法院根据案件的实际情况，可以向相关仲裁机构调阅案件卷宗或者要求仲裁机构作出说明，人民法院作出的有关裁定也可以抄送相关的仲裁机构。

◎请示答复

最高人民法院关于中国当事人向人民法院申请承认外国法院离婚判决效力问题的批复

- 1990 年 8 月 28 日
- 法(民)复〔1990〕12 号

广东省高级人民法院：

你院《关于当事人申请承认外国法院离婚判决拘束力有关问题的请示》收悉。经研究，我们认为，中国当事人一方持外国法院作出的离婚判决书，向人民法院申请承认其拘束力的，应由中级人民法院受理。经审查，如该外国法院判决不违反我国法律的基本准则或我国国家、社会利益，裁定承认其拘束力，否则，裁定驳回申请。裁定后不得上诉。

最高人民法院关于我国人民法院应否承认和执行日本国法院具有债权债务内容裁判的复函

- 1995 年 6 月 26 日
- 〔1995〕民他字第 17 号

辽宁省高级人民法院：

你院〔1994〕民外字第 72 号请示收悉。关于日本国民五味晃向大连市中级人民法院申请承认和执行日本国横滨地方法院小田原分院具有债权债务内容的判决和熊本地方法院玉名分院所作债权扣押命令及债权转让命令，我国人民法院应否承认和执行问题，经研究认为，我国与日本国之间没有缔结或者参加相互承认和执行法院判决、裁定的国际条约，亦未建立相应的互惠关系。根据《中华人民共和国民事诉讼法》第二百六十八条②的规定，我国人民法院对该日本国法院裁判应不予承认和执行。故同意你们以裁定驳回日本国民五味晃申请的处理意见。至于裁定的理由如何表述，请根据上述精神斟酌考虑。

---

① 民事诉讼法原第二百六十条现已修改为第二百七十四条。

② 民事诉讼法原第二百六十八条现已修改为第二百八十二条。

最高人民法院关于北京市第一中级人民法院不予执行美国制作公司和汤姆·胡莱特公司诉中国妇女旅行社演出合同纠纷仲裁裁决请示的批复

- 1997年12月26日
- 他〔1997〕35号

北京市高级人民法院：

你院京高法〔1996〕239号《关于同意北京市第一中级人民法院不予执行美国制作公司、汤姆·胡莱特公司诉中国妇女旅行社演出合同仲裁裁决请示的请示》收悉。经本院审判委员会讨论决定，现答复如下：

1992年8月28日美国制作公司和汤姆·胡莱特公司因雇佣美国演员来华演出签订"合同与演出协议"。该"合同与演出协议"第2条B款中明确规定："演员们应尽全力遵守中国的规章制度和政策并圆满达到演出的娱乐效果。"同年9月9日该两公司又签订"合同附件"。该"合同附件"第7条第2款中规定："中国有权审查和批准演员演出的各项细节。"美国两公司依据上述合同与协议于1992年12月23日与中国妇女旅行社签订了来华演出的"合同与协议"。约定美国南方派乐队自1993年1月25日到同年2月28日在华演出20至23场。但是，在演出活动中，美方演员违背合同协议约定，不按报经我国文化部审批的演出内容进行演出，演出了不适合我国国情的"重金属歌曲"，违背了我国的社会公共利益，造成了很坏的影响，被我文化部决定停演。由此可见，停演及演出收入减少，是由演出方严重违约造成的。中国国际经济贸易仲裁委员会〔1994〕贸仲字第0015号裁决书无视上述基本事实，是完全错误的。人民法院如果执行该裁决，就会损害我国的社会公共利益。依照《中华人民共和国民事诉讼法》第二百五十八条①第二款的规定，同意你院对该仲裁裁决不予执行的意见。

此复

最高人民法院关于不承认及执行伦敦最终仲裁裁决案的请示的复函

- 2001年9月11日
- 〔2000〕交他字第11号

湖北省高级人民法院：

你院鄂高法(2000)231号关于不承认及执行伦敦最终仲裁裁决案的请示收悉。经研究认为：

一、鉴于本案被申请人中国外运南京公司的所有活动都是通过其经纪人丸红公司进行的，因此应当认定丸红公司是被申请人的代理人，被申请人应当受丸红公司代其签订的租船合同的约束。

二、被申请人签发航次指令的行为是一种履行合同的行为，该行为表明被申请人与申请人之间有租船合同。

三、因为本案租船合同和租船概要中均含有仲裁条款，所以应当认定被申请人与申请人之间存在仲裁协议，本案仲裁裁决不具有不予承认和执行的情形。根据《中华人民共和国民事诉讼法》第269条②和《承认和执行外国仲裁裁决公约》的规定，该仲裁裁决应当得到承认与执行。

最高人民法院关于麦考·奈浦敦有限公司申请承认和执行仲裁裁决一案请示的复函

- 2001年4月23日
- 法民二〔2001〕32号

上海市高级人民法院：

你院〔1999〕沪高执他字第5号函"关于麦考·奈浦敦有限公司申请承认和执行

---

① 民事诉讼法原第二百五十八条现已修改为第二百七十四条。

② 民事诉讼法原第二百六十九条现已修改为第二百八十三条。

仲裁裁决一案的请示”收悉。经研究,答复如下:

一、关于申请人提出的承认及执行申请是否符合立案受理案件的问题。根据我院1987年《关于执行我国加入的〈承认和执行外国仲裁裁决公约〉的通知》第五条的规定,申请承认及执行的期限为6个月,该期限应从法律文书规定的履行期限的最后一日起计算。具体到本案,因裁决书没有关于履行期限的内容,但应给当事人一个合理的履行期限,故从仲裁裁决送达当事人第二日起计算较为合理,而不应从仲裁裁决作出之日起计算申请承认及执行的期限。另外,尽管申请人在有效期内提供的申请材料不完全符合有关规定,但经人民法院通知补充后基本上是符合要求的,人民法院应当立案受理并已受理,故不能以“申请人未在法定期限内提出有效的申请”为由拒绝承认和执行本案所涉仲裁裁决。

二、关于本案所涉仲裁裁决是否存在不予承认和执行的情形的问题。申请人提出的六点理由均不构成《纽约公约》第五条第一款规定的可以据以拒绝承认和执行的几种情形。你院对此点的分析与认定是全面、正确的。申请人提出的“裁决本身存在不予承认和执行的情形”没有事实和法律依据,不能成为拒绝承认及执行本案所涉仲裁裁决的理由。

三、关于你院提出的“本案仲裁裁决因未作初步裁决而违反仲裁地法律”以及“裁决裁定被诉人补偿申诉人律师费,超出当事人交付仲裁范围”的问题。根据《纽约公约》第五条的规定,这类问题属应当事人请求才予审查的情形,人民法院不应依职权提起。而本案当事人始终未提及该问题,故人民法院不能以此为由拒绝承认依执行本案所涉仲裁裁决。

四、关于本案是否适用《纽约公约》的问题。《纽约公约》第一条第一款规定的适用范围有两种情形,一是“仲裁裁决,因自然人或法人间之争议而产生且在声请承认及执行地所在国以外之国家领土内做成者,其承认及执行适用本公约。”你院请示所述案符合此种情形,应当适用《纽约公约》;另一种情形是“本公约对于仲裁裁决经声请承认及执行地所在国认为非内国裁决者,亦适用之。”这里所指的“非内国裁决”是相对“声请承认及执行地所有国”而言的。你院请示所述案并非我国国内裁决,当然应适用《纽约公约》。你院提出的“本案所涉裁决系‘非国内裁决’,尚不能明确是否适用于《纽约公约》”的问题,系对公约有关条款的误解。

综上,本案不存在可以拒绝承认和执行所涉仲裁裁决的理由。上海市中级人民法院应当裁定承认和执行本案所涉瑞士苏黎士商会仲裁庭的仲裁裁决。

最高人民法院关于英国嘉能可有限公司申请承认和执行英国伦敦金属交易所仲裁裁决一案请示的复函

- 2001年4月19日
- 〔2001〕民四他字第2号

重庆市高级人民法院:

你院2000年12月12日〔2000〕渝高法执示字第26号《关于对英国嘉能可有限公司申请承认及执行英国伦敦金属交易所仲裁裁决一案有关问题的请示》收悉。经研究认为:根据联合国《承认及执行外国仲裁裁决公约》第五条第一款(甲)项规定,对合同当事人行为能力的认定,应依照属人主义原则适用我国法院。重庆机械设备进出口公司职员孙健与英国嘉能可有限公司签订合同,孙健在“代表”公司签订本案合同时未经授权且公司也未在该合同上加盖印章,缺乏代理关系成立的形式要件,事后重庆机械设备进出口公司对孙健的上述行为明确表示否认。同时孙健的签约行为也不符合两公司之间以往的习惯做法,不能认定为表见代理。根据《中华人民共和国民法通则》第六十六条第一款和我院《关于适用〈中华人民共和国涉外经济合同法〉若干问题的解答》第三条第一款第四项之规定，孙健不具代理权，其“代表”公司签订的合同应当认定为无效合同，其民事责任不应由重庆机械设备进出口公司承担。同理，孙健“代表”公司签订的仲裁条款亦属无效，其法律后果亦不能及于重庆机械设备进出口公司。本案所涉仲裁裁决，依法应当拒绝承认及执行。

最高人民法院关于明斯克自动线生产联合公司申请承认及执行白俄罗斯共和国最高经济法庭判决一案有关问题的请示的复函

- 2003年3月10日
- 〔2003〕民四他字第4号

北京市高级人民法院：

你院京高法〔2003〕第15号请示报告收悉。经研究，答复如下：

本案涉及对白俄罗斯共和国法院所作判决的承认及执行问题，应根据我国与白俄罗斯签订的《中华人民共和国和白俄罗斯共和国关于民事和刑事司法协助的条约》（以下简称《双边条约》）的有关规定进行审查。根据你院请示报告所述事实，白俄罗斯最高经济法庭是通过邮寄方式向我国被执行人中国机床总公司送达判决书，而我国在加入《关于向国外送达民事或商事司法文书和司法外文书公约》时明确表明不承认外国司法机关通过邮寄途径直接向我国境内当事人送达司法文书，且我国与白俄罗斯共和国签订的《双边条约》中，也没有表明白俄罗斯的司法机关可以通过邮寄方式直接向我国境内当事人送达司法文书，而是规定应该经双方的中央机关联系，通过相互提供司法协助的方式进行。因此，白俄罗斯最高经济法庭通过邮寄方式向我国被执行人送达判决的行为，不具有法律效力，可以认定本案所涉判决并未合法送达给我国相应的当事人。

承认和执行判决的一个必要的前提条件就是判决已经合法送达给相关当事人，由于白俄罗斯最高经济法庭所作判决未通过合法途径送达我国当事人中国机床总公司，依照我国与白俄罗斯共和国签订的《双边条约》第二十一条第（五）项的规定，应不予承认和执行本案所涉判决。

附：

北京市高级人民法院关于明斯克自动线生产联合公司申请承认及执行白俄罗斯共和国最高经济法庭判决一案有关问题的请示

（2003年1月21日　京高法〔2003〕15号）

最高人民法院：

我市第二中级人民法院于2001年10月30日立案受理了白俄罗斯共和国明斯克自动线生产联合公司申请承认及执行白俄罗斯共和国最高经济法庭1999年11月30日第2—4/99号判决一案。现将该案有关情况报告如下：

一、案件基本事实

白俄罗斯共和国最高经济法庭（以下简称白俄罗斯最高经济法庭）于1999年2月2日立案受理白俄罗斯共和国明斯克自动线生产联合公司（以下简称明斯克公司）诉中国机床总公司（以下简称中国机床）合同纠纷一案。同年5月17日，该法庭作出裁决，将原定于6月4日开庭审理的日期推迟到11月30日。并于5月21日依据1993年1月11日在北京签署的《中华人民共和国和白俄罗斯共和国关于民事和刑事司法协助的条约》（以下简称《双边条约》）向我国司法部提出向中国机床送达立案及开庭裁定书、起诉书副本和推迟开庭裁定书的司法协助请求。中国机床在收到司法部按规定程序转送的上述司法文书后，于同年11月18日通过邮寄方式致函白俄罗斯最高经济法庭，申请延期审理。

同年11月30日，白俄罗斯最高经济法庭作出裁定，拒绝中国机床关于延期审理的申请，并对中国机床缺席审理，当庭作出第2—44/99号判决：中国机床赔偿明斯克公司1995年6月25日合同损失21629.11美元；责成中国机床向明斯克公司补供价值503.52美元的物品；向中国机床征收国家规定的诉讼税728.10美元，上缴国库。同日，白俄罗斯最高经济法庭发出关于强制执行判决的“命令”：中国机床赔偿明斯克公司“1995年6月25日合同损失21629.11美元，本命令有效期至2000年5月30日，用于呈送银行或执行法院实施。”

同年12月19日，中国机床收到白俄罗斯最高经济法庭于12月9日以邮寄方式送达的上述判决书及拒绝延期审理的裁定书。

2000年3月17日白俄罗斯最高经济法庭作出补正裁定：2—44/99号判决在计算征收诉讼税额上有误，对中国机床补征诉讼税28.82美元，上缴国库。中国机床否认收到此裁定，我国司法部司法协助外事司证明未收到过白俄罗斯最高经济法庭提出的向中国机床送达该裁定书的请求书。

二、提出承认与执行申请

2000年2月10日，明斯克公司依据《双边条约》通过白俄罗斯最高经济法庭向我市第二中级法院提出申请，请求承认及在中国境内执行白俄罗斯最高经济法庭作出的2—44/99号判决。

2000年4月21日，白俄罗斯最高经济法庭依据《双边条约》向我市第二中级法院提出申请，请求在中国境内执行白俄罗斯最高经济法庭作出的向中国机床追缴诉讼税756.92美元的判决。

三、本案存在的问题

根据《双边条约》第二条规定：“除本条约另有规定外，缔约双方的法院和其他主管机关相互请求和提供民事司法协助，应通过双方各自的中央机关进行联系。”“中央机关，在中华人民共和国方面系指中华人民共和国司法部”。

本案2—44/99号判决系白俄罗斯最高经济法庭以邮寄方式送达中国机床的。现有证据亦无法证明，2000年3月17日白俄罗斯最高经济法庭作出的补正裁定向中国机床进行过送达。

四、请示问题

根据《双边条约》，我国是否认可白俄罗斯最高经济法庭通过邮寄途径直接向我国当事人送达司法文书。

本案2—44/99号判决送达方式，不符合《双边条约》第二条“通过双方各自的中央机关进行联系”的司法协助方式；我国政府于1991年5月3日为加入《关于向国外送达民事或商事司法文书和司法外文书公约》（《海牙公约》）交存的加入书中载明：“反对采用公约第十条所规定的方式在中华人民共和国境内进行送达”，即我国不承认外国司法机关通过邮寄途径直接向我国境内当事人送达司法文书。

综上，本案白俄罗斯最高经济法庭以邮寄方式送达司法文书，既不符合《双边条约》第二条的规定，又与我国对于邮寄送达的立场相悖。如果我国法院不认可白俄罗斯最高经济法庭所采取的邮寄方式送达，则2—44/99号判决尚未送达，可否依据《双边条约》第二十一条“拒绝承认与执行”第（五）项，“承认与执行裁决有损于被请求的缔约一方主权、安全或公共秩序”的规定，对白俄罗斯最高经济法庭的判决不予承认及执行。

请指示。

最高人民法院关于中国公民黄爱京申请承认外国法院离婚确认书受理问题的复函

- 2003年5月12日
- 〔2003〕民立他字第15号

吉林省高级人民法院：

你院吉高法〔2003〕23号《关于中国公民申请承认外国法院离婚确认书的请示》收悉。经研究，答复如下：

对于中国公民黄爱京申请人民法院承认的韩国法院离婚确认书，应视为韩国法院出具的法律文书。当事人向人民法院申请承认该离婚确认书法律效力的案件，人民法院可比照最高人民法院《关于中国公民申请承认外国法院离婚判决程序问题的规定》第一条和《关于人民法院受理申请承认外国法院离婚判决案件有关问题的规定》第三条规定的精神予以受理。

附：

吉林省高级人民法院关于中国公民黄爱京申请承认外国法院离婚确认书受理问题的请示

一、案件主要事实

中国公民黄爱京于1999年10月27日与韩国公民申铉国在韩国登记结婚。2001年7月3日，经韩国水源地方法院平泽支院确认双方离婚，并于2001年7月4日由该院出具了确认书。

2002年10月黄爱京回国后向吉林省延边朝鲜族自治州中级人民法院申请承认该确认书的法律效力。

二、请示的主要问题

吉林省高级人民法院认为，根据最高人民法院《关于中国公民申请承认外国法院离婚判决程序问题的规定》（以下简称《申请承认外国法院离婚判决程序问题的规定》）第一条，中国籍当事人可以根据该规定向人民法院申请承认外国法院的离婚判决；最高人民法院《关于人民法院受理申请承认外国法院离婚判决案件有关问题的规定》（以下简称《申请承认外国法院离婚判决案件有关问题的规定》）第三条规定，当事人向人民法院申请承认外国法院离婚调解书效力的，人民法院应予受理。但在该案中韩国法院下发的是确认书，对待这种情况，法院是否应受理该申请，《申请承认外国法院离婚判决程序问题的规定》中不明确。为此，请示最高人民法院答复。

最高人民法院关于ED&F曼氏（香港）有限公司申请承认和执行伦敦糖业协会仲裁裁决案的复函

- 2003年7月1日
- 〔2003〕民四他字第3号

北京市高级人民法院：

你院2003年1月15日京高法〔2003〕7号《关于对ED&F曼氏（香港）有限公司申请承认与执行伦敦糖业协会第158号仲裁裁决一案的请示》收悉。经本院审判委员会讨论决定，答复如下：

中国糖业酒类集团公司与ED&F曼氏（香港）有限公司于1994年12月14日签订的8008合同明确约定，因该合同引起的一切争议均需提交伦敦糖业协会依照该协会规则进行仲裁。双方当事人就履行8008合同发生争议后，伦敦糖业协会依照双方当事人的上述约定受理有关争议具有法律依据。经审查，伦敦糖业协会在仲裁本案过程中不存在1958年《承认与执行外国仲裁裁决公约》第五条第一款规定的任何情形。双方当事人因履行期货交易合同产生的纠纷，在性质上属于因契约性商事法律关系产生的纠纷，依照我国法律规定可以约定提请仲裁。依照我国有关法律法规的规定，境内企业未经批准不得擅自从事境外期货交易。中国糖业酒类集团公司未经批准擅自从事境外期货交易的行为，依照中国法律无疑应认定为无效。但违反我国法律的强制性规定不能完全等同于违反我国的公共政策。因此，本案亦不存在1958年《承认与执行外国仲裁裁决公约》第五条第二款规定的不可仲裁及承认与执行该判决将违反我国公共政策的情形。依照《中华人民共和国民事诉讼法》第二百六十九条①及1958年《承认与执行外国仲裁裁决公约》第五条之规定，应当承认和执行本案仲裁裁决。

附：

北京市高级人民法院关于对ED & F曼氏(香港)有限公司申请承认及执行伦敦糖业协会第158号仲裁裁决一案的请示

（京高法〔2003〕7号）

最高人民法院：

我市第一中级人民法院于是2002年2月20日立案受理了ED&F曼氏(香港)有限公司申请承认及执行英国伦敦糖业协会于2001年8月6日作出的第158号仲裁裁决一案。经我院审查认为，承认及执行该仲裁裁决，存在违反我国公共政策的情形，拟驳回ED&F曼氏(香港)有限公司的申请，拒绝承认及执行伦敦糖业协会第158号仲裁裁决。现将该案有关情况报告如下：

一、案件基本事实

1994年12月14日，中国糖业酒类集团公司(以下简称中糖集团)与ED&F曼氏(香港)有限公司(以下简称曼氏公司)签订8008合同，约定：曼氏公司向中糖集团销售原糖，销售分为两部分，一部分为7500公吨，5%增/减，卖方选择。交货期为1995年7～9月，付款方式为以美元现金形式在香港议付，买方开立以卖方为受益人的不可撤销的、卖方可以接受的信用证；一部分为10万吨选择权，5%增\减，卖方选择。交货期为1995年10～12月，选择权宣布日期不迟于1995年9月15日，付款方式为买方在选择权宣布后4天内开出信用证。两部分原糖销售价格均为每公吨345美元，C&FFO中国主要港口。对于合同引起的一切争议将依照伦敦糖业协会条款的规定，提交伦敦糖业协会仲裁，合同的执行应遵守伦敦糖业协会条款的规定，无论买卖双方是否是成员或成员代表。

8008合同中的7500公吨部分，中粮公司受中糖集团委托，与曼氏公司签订进口合同，已履行完毕，无争议。

自1995年6月14日～1998年6月29日，中糖集团与曼氏公司就8008合同签订了19个附件，其中1996年4月9日签订的附件6将10万吨原糖的交货期从1996年3～5月推迟至1996年7～9月(此时中糖集团已无进口配额)；1998年7月29日签订的附件19将10万吨原糖的交货期推迟至1998年10月～12月15日。

曼氏公司专门为8008合同在纽约期货市场开立账户，就10万吨原糖进行期货炒作，从中盈利。中糖集团对此明知，并通过收取曼氏公司的补偿款或降低商品价格的形式从中牟利，且有通过委托曼氏公司代理交易，直接参与期货交易的行为。

中糖集团没有按照附件19开出信用证，曼氏公司也没有实际发货。曼氏公司于1999年1月26日给中糖集团发一传真称，终止8008合同。

二、仲裁情况

曼氏公司就8008合同及其附件引发的争端向伦敦糖业协会提起仲裁，要求中糖集团赔偿合同价与市场价之差额，对市

---

① 民事诉讼法原第二百六十九条现已修改为第二百八十三条。

场价的确定方法是"确定在原告供货的那一天或那几天的市场价格的最恰当的标准,应该是10月/11月和12月上半月期货交易价格水准的平均值"。

中糖集团和曼氏公司均参加了全部仲裁程序。

2001年8月6日,伦敦糖业协会作出158号仲裁裁决。裁决:一、中糖集团向曼氏公司支付14162505美元作为违反8008合同的赔偿金及2508533.70美元的利息(计算方法采纳了曼氏公司的主张);二、中糖集团向曼氏公司支付以16671038.70美元为基础,按单价4.5%的年利率支付至付清为止时的利息;三、中糖集团支付伦敦糖业协会与裁决有关的费用156434.00英镑;四、中糖集团向曼氏公司支付按标准基础评估的仲裁费用。

三、当事人的申请与抗辩理由

2002年1月22日,曼氏公司提出了承认与执行伦敦糖业协会做出的第158号仲裁裁决的申请,我市第一中级法院于2002年2月20日立案。

中糖集团于2002年3月1日提出拒绝承认和执行伦敦糖业协会第158号仲裁裁决的申请。其主要理由如下:

1. 依据中国法律,中糖集团在订立合同以及仲裁条款时,不具有缔约行为能力。(1)中糖集团在与曼氏公司订立合同时,虽有经营进出口业务的资格,但在当时中国食糖属特种商品,中糖集团不具有进口食糖的特许外贸经营权,依据中国法律不具有行为能力;中糖集团在取得食糖对外贸易经营权后,不具有进口食糖配额,依据中国法律仍然属于无行为能力。(2)中糖集团与曼氏公司订立的食糖进口合同属于期货交易合同,依据中国法律的规定,中糖集团不具有从事期货交易的行为能力。(3)中糖集团不具有订立仲裁条款的行为能力。就缔约主体资格而言,合同与仲裁条款是不可分割的。(4)中糖集团在仲裁开始后,参加了仲裁,并不意味着其放弃了基于行为能力所提出的任何抗辩,也不能认为法院不得再以行为能力欠缺为由拒绝仲裁裁决的执行。(5)仲裁庭在审理过程中没有对当事人的行为能力问题做出裁决,也不意味着法院无权对该问题做出判定。综上所述,中糖集团作为仲裁协议的当事人,在合同订立时,依据其属人法即中国法的规定,属于无行为能力。

2. 依据我国法律涉案争议事项不可以仲裁方式解决。(1)涉案的中糖集团与曼氏公司于1994年12月14日签订的8008合同及附件是以规避法律为目的,具有欺诈性的期货交易性质的违法合同。(2)8008合同是排除在我国法律认可的期货交易合同关系之外,进而也不属于我国法律认可的契约或非契约性商事关系。综上,根据《承认及执行外国仲裁裁决公约》第五条第二款的规定,对于排除在我国法律认可的契约或非契约性商事关系之外的非法的期货交易合同争议,我国法院依据我国法律应当认定为不可以以仲裁方式解决的争议。

3. 158号仲裁裁决超出了仲裁协议所约定的仲裁范围。中糖集团并没有意识到其承担的是期货交易的风险而不是买卖合同的风险,因此,对于将来可能发生的争议更无从预见。仲裁庭就与买卖合同关系无关的期货交易合同争议所作的仲裁裁决,违背了中糖集团订立仲裁协议时的意思表示,显然超出了涉案仲裁协议约定的仲裁范围。

4. 由于仲裁庭审理案件的严重不公正,中糖集团在伦敦仲裁中未能充分申辩。仲裁庭对中糖集团主张查清的事实不予澄清,对于曼氏公司的欺骗行为不予认定,使中糖集团在伦敦仲裁中未能充分申辩。

5. 158号仲裁裁决所承认的是通过非法期货交易合同取得的非法利益,承认和执行该裁决将与我国公共政策相抵触。(1)8008合同及其附件违反了我国法律禁止进行境外期货投机交易的规定,158号仲裁裁决的结果,认可了双方通过规避中国期货交易管理法律,非法从事境外期货交易取得的非法利益,违反了我国强制性法律的规定。(2)应当依据本国法律的基本原则、基本制度解释各案中公共政策。(3)8008合同是以合法形式掩盖非法目的的期货投机性质的合同,这种期货交易行为违反了我国的强制性法律规定,构成了对我国基本法律制度以及社会公共利益的抵触。对于以合法形式掩盖非法目的取得的非法利益,我国法律应当否定其执行效力。(4)英国上诉法院1998年在Soleimany一案中确定:因非法合同取得的非法利益,英国法院可以依据公共秩序保留原则否定其执行力。该案例所反映的原则,对于我国法院在解释和适用公共政策保留时,具有重要的参考价值。

基于上述事实和理由,中糖集团申请法院依据《纽约公约》第五条第一款(一)、(二)以及第二款(一)、(二)的有关规定和我国其他相关法律的规定,拒绝承认及执行伦敦糖业协会做出的158号仲裁裁决。

曼氏公司的主要抗辩理由:

1. 中糖集团是有合法对外贸易经营权的企业法人,又有签订食糖进口合同的行为能力,因此8008合同合法有效。

2. 中糖集团有签订8008合同仲裁条款的行为能力,理由同上。

3. 8008合同按中国法律属于商事法律关系,可以用仲裁方式解决纠纷。

4. 158号仲裁裁决未超越仲裁协议约定的裁定范围。8008合同规定,由合同产生的一切争议均应移交伦敦糖业协会,按该会的《仲裁规则》仲裁。

5. 仲裁过程中不存在仲裁员不公的情况。伦敦糖业协会的两名成员(并未担任本案仲裁员)是曼氏公司的母公司集团成员这一事实并不影响本案仲裁员对本案独立作出的仲裁结果;中糖集团在仲裁时未对仲裁庭及法律顾问的组成提出任何异议;中糖集团在长达两年半的审理过程中,自始至终能够得以充分申辩;仲裁员在审理时充分考虑了双方当事人的意见和证据并且正确地适用了英国法律。

6. 承认和执行158号仲裁裁决并不与中国的公共政策抵触。根据8008合同的内容,它不是投机性期货合同而是买卖合同,不存在违法问题;执行申请人曾明确拒绝中糖集团要求把8008合同变为期货合同的要求;对实际交货若干次修改不能改变8008合同是一份须实际履行的合同的性质。

四、我院审查意见

1. 中糖集团申请不予承认及执行158号仲裁裁决的理由1~5项均不能成立。

中糖集团作为企业法人具有缔约行为能力。我国法律并无非法期货合同不属于契约性和非契约性商事法律关系的规定。在全部仲裁过程中,中糖集团明确表示对仲裁庭的管辖权和仲裁员无异议。故其所提1~5项理由没有事实依据和法律依据。

2. 承认及执行158号仲裁裁决构成对我国公共政策的违反。

8008合同及其附件的操作过程是利用期货炒作牟取投机利益,该期货交易行为违反了我国法律禁止性规定。158号仲裁裁决认可了双方通过规避中国期货交易管理法规,非法从事境外期货交易取得的非法利益,违反了我国法律强制性的规定,构成了对我国公共政策的违反。

依据《承认及执行外国仲裁裁决公约》第五条第二款乙项,拟驳回曼氏公司的申请,拒绝承认及执行伦敦糖业协会第158号仲裁裁决。

妥否,请指示。

最高人民法院关于美国GMI公司申请承认英国伦敦金属交易所仲裁裁决案的复函

• 2003年11月12日
• 〔2003〕民四他字第12号

安徽省高级人民法院:

你院〔2002〕皖民二他终字第10号《关于

对美国GMI公司申请承认英国伦敦金属交易所仲裁裁决一案的审查意见》收悉，经研究，答复如下：

你院请示报告对于争议的焦点问题归纳准确，对于当事人争议的GMI公司提出申请的期限问题、芜湖冶炼厂称已丧失履行能力裁决不应执行问题、芜湖冶炼厂是否得到指派仲裁员及仲裁程序通知的问题等，请示报告中均依据充分的事实和法律作出了清晰的分析，本院同意你院对上述问题的分析意见。

本案仲裁庭根据美国GMI公司与芜湖冶炼厂签订的买卖合同中的仲裁条款受理案件，就仲裁范围而言，仲裁庭只能对GMI公司与芜湖冶炼厂之间的买卖合同纠纷作出裁决，但其却根据GMI公司的申请，将与GMI公司之间没有仲裁协议的芜湖恒鑫铜业集团有限公司列为仲裁被申请人，对所谓的GMI公司与芜湖冶炼厂及芜湖恒鑫铜业集团有限公司三方之间的纠纷作出了裁决，仲裁庭对GMI公司与芜湖恒鑫铜业集团有限公司之间所谓的买卖合同纠纷所作裁决，显然已经超出了本案仲裁协议的范围。

根据《纽约公约》第5条第1款(丙)项的规定，仲裁事项超出仲裁协议范围的，应不予执行，但如果仲裁庭有权裁决部分与超裁的部分是可分的，则有权裁决的部分是应该承认和执行的。本案中仲裁庭有权裁决部分和超裁部分是明确可以区分的。虽然仲裁庭在裁决书中多次使用“被申请人”的称谓，均未指明是芜湖冶炼厂还是芜湖恒鑫铜业集团有限公司，而从裁决书首部将芜湖冶炼厂和芜湖恒鑫铜业集团有限公司均列为被申请人看，裁决书在没有特别指明的情况下，其被申请人的含义应该既包括芜湖冶炼厂，也包括芜湖恒鑫铜业集团有限公司，但使用这种称谓，并不表明有权裁决部分和超裁部分是不可分的，从最终裁决结果看，有明确裁决芜湖冶炼厂单独承担责任的部分，就该部分裁决而言，仲裁庭有权裁决，而且与超裁部分是可分的，亦不存在其他不应予以承认和执行的情形，因此对于涉及芜湖冶炼厂单独承担责任部分的裁决应予承认和执行。而其他使用“被申请人”这个称谓表明应该承担责任部分的裁决，由于对于芜湖冶炼厂及芜湖恒鑫铜业集团有限公司承担的责任没有明确区分，因此，人民法院对于仲裁庭有权裁决部分和超裁部分亦无法区分，故对于无法区分部分的裁决不应予以承认和执行。

附：

安徽省高级人民法院关于对美国GMI公司申请承认英国伦敦金属交易所仲裁裁决一案的请示(摘要)

(〔2002〕皖民二他终字第10号)

最高人民法院：

美国GMI公司(Gerald Metals Inc)(以下简称GMI公司)申请承认英国伦敦金属交易所仲裁裁决一案，我院经审判委员会讨论，决定呈报钧院审查。现将此案的审查意见报告如下：

一、当事人的基本情况

申请承认人(原仲裁申请人)：GMI公司。住所地，美利坚合众国康州斯坦福市高岭公园街6号，06905号。

法定代表人：Mr. Fabio Calia，高级副总裁。

被申请承认人(原仲裁被申请人)：芜湖冶炼厂。住所地：中华人民共和国安徽省芜湖市四褐山路。

法定代表人：周瑞庭，厂长。

被申请承认人(原仲裁被申请人)：芜湖恒鑫铜业集团有限公司。住所地：中华人民共和国安徽省芜湖市褐山北路。

法定代表人：周瑞庭，董事长。

二、仲裁裁决要点

1. 仲裁协议

在GMI公司与芜湖冶炼厂签订的铜

阴级买卖合同中,双方当事人在第十三条约定了仲裁条款,即“由本合同引起的或本合同项下的任何纠纷应根据《伦敦金属交易所规则条例》在伦敦通过仲裁解决”。

2. 仲裁经过

GMI公司以芜湖冶炼厂未完全交付货物给其造成损失为由,于2001年12月7日向英国伦敦金属交易所仲裁庭提交了仲裁申请书,并于2002年2月20日提出索赔,要求得到5222318.48美元的损失赔偿及相应的利息和费用。芜湖冶炼厂和芜湖恒鑫铜业集团有限公司未提交答辩书,也未出席庭审。

3. 仲裁结果

英国伦敦金属交易所仲裁庭根据英国1996年《仲裁法》以及《伦敦金属交易所规则条例》,于2002年5月23日做出仲裁裁决:“被申请人芜湖冶炼厂应在2002年5月31日英国夏时制下午5时之前向申请人GMI公司支付金额5725613.46美元(伍佰柒拾贰万伍仟陆佰壹拾叁美元零肆拾陆美分),加上自判决之日起至完全付款和最后解决本事项中向仲裁庭提出的所有索赔之日止按6个月的伦敦银行同业折息率加2.5%利率计算的该金额的利息”;并指示仲裁费用8765.06英镑和2500.00英镑保证金由被申请人(未指明芜湖冶炼厂还是芜湖恒鑫铜业集团有限公司,或是包括二者在内)支付,理由为“被申请人(亦未明指)有对索赔发表意见的一切机会,并且有提交答辩书的一切机会。双方当事人之间存在有效合同。申请人付款后被申请人(亦未明指)违约,给申请人造成了损失”。

三、当事人的申请及抗辩理由

芜湖冶炼厂于2003年1月27日向本院递交了对该仲裁裁决不予承认及执行的抗辩请求,其理由是:(1)芜湖冶炼厂在整个仲裁程序中没有得到指派仲裁员、关于仲裁程序的通知,更没有得到替自己申辩的机会,故符合《承认及执行外国仲裁裁决公约》(以下简称《纽约公约》)第5条之1款之(2)项之规定,应予以拒绝承认及执行。(2)伦敦金属交易所仲裁裁决书于2002年5月23日生效,该仲裁裁决的履行期限为2002年5月31日,GMI公司向法院请求承认及执行的日期已超过《民事诉讼法》规定的申请执行期限。(3)芜湖冶炼厂已丧失履行能力,因此,GMI公司向法院请求承认及执行仲裁裁决的申请不应支持。

芜湖恒鑫铜业集团有限公司于2003年1月27日向本院递交了异议书,认为:该公司不是本案的合格的被执行人,请求依法驳回GMI公司将该公司列为被执行人的申请。其理由是:该公司与GMI公司之间没有发生过货物买卖业务、从未发生过货物买卖纠纷、更未参与过仲裁活动。该公司与芜湖冶炼厂没有任何产权或股本关系,GMI公司将该公司列为被执行人没有法律和事实依据,系滥用诉权行为。

GMI公司于2003年2月11日向本院提交抗辩意见称:(1)在承认外国仲裁裁决时,法院只应对外国仲裁裁决进行形式审查,不应涉及案件的实体问题,该部分工作一般在进入执行程序后再进行认定和裁决。对芜湖冶炼厂针对仲裁程序提出的答辩意见,以及财务能力的陈述,无论是否成立,皆应在执行程序中再作认定和裁决。同样,对于芜湖恒鑫铜业集团有限公司提出的关于主体资格的意见,也应在执行程序中再做认定和裁决。在对外国仲裁裁决进行形式审查时,应暂不考虑两个被申请承认人提出的上述意见。(2)根据《中华人民共和国民事诉讼法》第二百一十九条的规定,本案申请承认及执行的期限为6个月,应自裁决规定的履行期限的最后一日,即2002年5月31日起开始计算,截至2002年11月底。GMI公司于2002年11月19日将申请材料交邮,安徽省高级人民法院立案庭于2002年11月25日出具收据,证明收到申请材料,故未超过法定申请期限。

四、审查意见及理由

本案系承认外国仲裁裁决的案件，根据最高人民法院法经（1987）5号《关于执行我国加入的〈承认及执行外国仲裁裁决公约〉的通知》（以下简称《通知》）规定，我院审判委员会审查研究认为：

1. 英国与中国均系《纽约公约》的缔约国，按照《纽约公约》的规定，在缔约国作出的仲裁裁决的一方当事人可以向我国法院提出承认及执行缔约国仲裁裁决的申请。因此，GMI公司向本院提出承认及执行缔约国英国伦敦金属交易所仲裁裁决的申请合法有据。

2. 被申请承认人住所地在安徽省高级人民法院辖区，省法院受理此案符合最高人民法院《通知》第三条以及《安徽省高级人民法院关于涉外民商事案件诉讼管辖若干问题的规定》第二条之规定。

3. 根据最高人民法院《通知》第五条之规定，申请承认及执行的期限为6个月，该期限应从法律文书规定的履行期限的最后一日起计算。本案英国伦敦金属交易所仲裁裁决的履行期限应在2002年5月31日英国夏时制下午5时之前，GMI公司申请承认的日期是2002年11月19日，在申请承认期限内。

4. 对各方当事人抗辩意见的审查：

（1）芜湖冶炼厂提出的“GMI公司向法院请求承认和执行的日期已超过我国《民事诉讼法》规定的申请执行期限”的抗辩不能成立。对此，在审查意见及理由第（三）点中已作说明。

芜湖冶炼厂关于“其已丧失履行能力，因此，GMI公司向法院请求承认及执行仲裁裁决的申请不应支持”的辩解不能成立。是否丧失履行能力并不属于《纽约公约》中应予以拒绝承认的事项，该辩解于法无据，不予采纳。

（2）根据《纽约公约》的规定，申请地国法院在承认及执行外国仲裁裁决时有权对外国仲裁裁决是否存在《纽约公约》第5条第1、2款所规定的不予承认裁决的情形进行审查，因此，GMI公司关于“两被申请承认人就仲裁程序的抗辩意见在承认阶段不予考虑”的观点不能成立。

（3）芜湖冶炼厂提出的“在整个仲裁程序中没有得到指派仲裁员、关于仲裁程序的通知，更没有得到替自己申辩的机会”的抗辩是否成立是本案的关键之一。根据《纽约公约》的规定，芜湖冶炼厂应向法院提出证据证明其上述抗辩主张。在整个审查过程中，芜湖冶炼厂既未提供证据证明有关送达的证据系伪造或具有其他不应予以采信的情形，也未对接收地通信地址或传真号码提出异议，也未曾向法院提出调证、查证申请。根据《最高人民法院关于民事诉讼证据的若干规定》第九条之规定，GMI公司所提供的证据系经有效公证文书所证明，芜湖冶炼厂未提供足够推翻上述事实的相反证据，因此，应确认GMI公司所提供的证据的证明力。根据GMI公司提供的1996年《英国仲裁法》及《伦敦金属交易所规则条例》，有关邮件送达事宜采取投邮原则，经过邮寄后的合理时间，邮件应视为已送达，传真传送结束时文件应视为已送达。既然仲裁协议当事人选择伦敦金属交易所为仲裁机构并约定适用英国法仲裁，就应受1996年《英国仲裁法》、《伦敦金属交易所规则条例》的约束。因此，芜湖冶炼厂上述抗辩不能成立。

（4）芜湖恒鑫铜业集团有限公司是否是本案的适格主体。芜湖恒鑫铜业集团有限公司不是仲裁协议的当事人，但却被仲裁庭列为被申请人，同时裁决书也未说明将芜湖恒鑫铜业集团有限公司列为被申请人的事实和理由，而且GMI公司至今也未提供证据证明芜湖恒鑫铜业集团有限公司与芜湖冶炼厂为同一实体或存在某种关联关系，以至于能够将芜湖冶炼厂与GMI公司交易的行为视为芜湖恒鑫铜业集团有限公司的行为。在裁决书中，除“被申请人芜湖冶炼厂应在2002年5月31日英国夏时制下午5时之前向申请人GMI公司支付金额5725613.46美元(伍佰柒拾贰万伍仟陆佰壹拾叁美元零肆拾陆美分),加上自判决之日起至完全付款和最后解决本事项中向仲裁庭提出的所有索赔之日止按6个月的伦敦银行同业折息率加2.5%利率计算的该金额的利息”表明被申请人为芜湖冶炼厂外,裁决其他处所提到的“被申请人”均未指明是芜湖冶炼厂还是芜湖恒鑫铜业集团有限公司。由于该裁决书将芜湖冶炼厂和芜湖恒鑫铜业集团有限公司同时列为被申请人,义务主体又指代不明,而且,根据GMI公司提供的证据,并非所有仲裁程序上的通知均发往了芜湖恒鑫铜业集团有限公司,可以认定仲裁裁决超越了仲裁协议的范围,违反了《纽约公约》第5条第1款第3项规定,存在不予承认的情形。

鉴于我院拟裁定驳回GMI公司申请,拒绝承认英国伦敦金属交易所仲裁裁决,根据钧院《关于审理和执行涉外民商事案件应当注意的几个问题的通知》(法〔2000〕51号)的规定,现将该案呈报钧院审查,请予答复。

最高人民法院关于不予执行国际商会仲裁院10334/AMW/BWD/TE最终裁决一案的请示的复函

- 2004年7月5日
- 〔2004〕民四他字第6号

山西省高级人民法院:

你院〔2004〕晋法民四请字第1号“关于同意太原中院不予执行国际商会仲裁院10334/AMW/BWD/TE最终裁决一案的报告”收悉。经研究,答复如下:

本案所涉裁决是国际商会仲裁院根据当事人之间达成的仲裁协议及申请作出的一份机构仲裁裁决,由于国际商会仲裁院系在法国设立的仲裁机构,而我国和法国均为《承认及执行外国仲裁裁决公约》的成员国,因此审查本案裁决的承认和执行,应适用该公约的规定,而不应适用《最高人民法院关于内地与香港特别行政区相互承认和执行仲裁裁决的安排》的规定。你院请示报告中所述两点不予承认和执行本案裁决的理由,均不符合《承认及执行外国仲裁裁决公约》的规定,因此你院以该两点理由不予承认和执行本案裁决的意见不能成立。

对于本案中伟贸国际(香港)有限公司是否在申请执行期限内提交了申请这一事实,你院应审查清楚。如其确系在申请执行期限内提交了申请,则即使其提交的材料不完备,你院亦不应直接裁定拒绝承认和执行本案裁决,而应该明确告知当事人,并限定一合理的时间让其补正,如其在限定的合理时间内拒绝补正,则应考虑以其申请不符合立案条件为由驳回其申请。

最高人民法院关于不予执行中国国际经济贸易仲裁委员会〔2004〕中国贸仲京字第0105号裁决的请示的复函

- 2004年11月30日
- 〔2004〕民四他字第40号

宁夏回族自治区高级人民法院:

你院〔2004〕宁高法执他字第1号《关于同意石嘴山中院不予执行中国国际经济贸易仲裁委员会〔2004〕中国贸仲京字第0105号裁决的请示报告》收悉。经研究,答复如下:

本案系一方当事人申请执行我国涉外仲裁裁决案。在另一方当事人提出不予执行的抗辩理由的情况下,人民法院应当根据《中华人民共和国仲裁法》第七十一条和《中华人民共和国民事诉讼法》第二百六十条的规定对所涉仲裁裁决进行审查。

本案中宁夏民族化工集团有限责任公司(以下简称民族化工)提出的不予执行所涉

仲裁裁决的理由主要有两个：一是仲裁程序违法；二是仲裁事项不属于仲裁协议的范围。

关于仲裁程序是否违法的问题。本案仲裁过程中，新加坡永航私人有限公司（以下简称永航公司）、新加坡新川利有限公司（以下简称新川利公司）委托司富韬为两公司的代理人参与仲裁，向仲裁庭出具了经过公证、认证的授权委托书，委托手续合法有效，并不存在仅银川变压器有限公司（以下简称变压器公司）一方参与仲裁的事实。因此，民族化工关于司富韬未获永航公司和新川利公司的授权、仅变压器公司一方参与仲裁、仲裁程序违法的抗辩理由不能成立。对此，同意你院的意见。

关于所涉仲裁裁决是否超裁的问题。本案当事人在《宁夏永川食品有限责任公司转让合同书》（以下简称《转让合同书》）中约定的仲裁条款称："因履行本合同及与本合同有关的事宜发生纠纷，甲乙各方应协商处理。若协商不成，则提请中国国际经济贸易仲裁委员会（北京）仲裁处理，依据该委员会的规则，且仲裁是终局的。"因此，"因履行本合同及与本合同有关的事宜发生纠纷"均属于可交付仲裁的事项。本案中，永航公司、新川利公司、变压器公司以民族化工未履行合同、构成违约为由向中国国际经济贸易仲裁委员会申请仲裁，并提出了具体的请求，仲裁庭围绕《转让合同书》的履行情况认定民族化工构成违约，并根据仲裁申请人的具体请求作出了仲裁裁决。解除合同并支付人民币1241.41万元或交付与人民币1241.41万元等额的财产、支付占用和使用财产费619.49万元等，均是仲裁庭针对仲裁被申请人民族化工的违约行为，并根据仲裁申请人的具体请求作出的实体处理结果，属于在当事人交付仲裁事项的范围内作出的裁决，不能以仲裁裁决对于违约行为的实际处理结果与合同中约定的违约责任不同而认为仲裁裁决超出了仲裁协议的范围。因此，民族化工关于本案所涉仲裁裁决事项不属于仲裁协议范围的观点不能成立。本案仲裁裁决的实体处理结果是否得当，不属于人民法院对涉外仲裁裁决的司法审查范围，这是当事人选择仲裁解决纠纷所应承受的风险。综上，本案所涉仲裁裁决不存在我国法律规定可不予执行的情形，人民法院应予执行。

最高人民法院民事审判第四庭关于柳大熙与长春铁路分局长春医院中外合作经营合同纠纷一案的请示的复函

- 2004年12月14日
- 民四他字〔2004〕第49号

吉林省高级人民法院：

你院〔2004〕吉民三他字第7号《关于柳大熙与长春铁路分局长春医院中外合作经营合同纠纷一案的请示》收悉。经研究，答复如下：

同意你院对本案所涉仲裁条款效力的处理意见。根据你院的请示报告，长春铁路分局长春医院与韩国全州市MORE齿科医院于1999年11月2日签订的中韩合作经营齿科医院合同书第34条约定："在执行本合同时，如发生纠纷，双方应协商友好解决，如协商不成时，由仲裁机关判定"。由于双方当事人没有约定仲裁条款效力的准据法，亦未约定仲裁地，本案应当按照法院地法即中国法来确定该仲裁条款的效力。《中华人民共和国仲裁法》第十八条规定："仲裁协议对仲裁事项或者仲裁委员会没有约定或者约定不明的，当事人可以补充协议；达不成补充协议的，仲裁协议无效"。本案当事人在合作合同中仅约定其纠纷由"仲裁机关判定"，但未同时指明由哪一个仲裁机关，属于对仲裁机构约定不明的情形。现作为当事人一方的柳大熙以长春铁路分局长春医院为被告向人民法院提起诉讼，应当视为双方不能就仲裁机构达成补充协议，因此，依法应认定该合同中的仲裁条款无效，人民法院对本案具有管辖权。

此复

最高人民法院关于对海口中院不予承认和执行瑞典斯德哥尔摩商会仲裁院仲裁裁决请示的复函

•2005年7月13日
•〔2001〕民四他字第12号

海南省高级人民法院：

你院〔2001〕琼经复字第1号《关于对海口中院"瑞典斯德哥尔摩商会仲裁院第060/1999号仲裁裁决述不予承认和执行案"审查意见的请示报告》收悉。经本院审判委员会研究，答复如下：

海南省纺织工业总公司作为国有企业，在未经国家外汇管理部门批准并办理外债登记手续的情况下，对日本三井物产株式会社直接承担债务，违反了我国有关外债审批及登记的法律规定和国家的外汇管理政策。但是，对于行政法规和部门规章中强制性规定的违反，并不当然构成对我国公正政策的违反。你院请示报告中所述的应当拒绝承认和执行本案仲裁裁决的理由依法均不成立，本案仲裁裁决不应以违反公共政策为由拒绝承认和执行。

此复

最高人民法院民事审判第四庭关于天津先达大酒店申请撤销〔2003〕津仲裁字第364号仲裁裁决案请示的答复

•2005年8月11日
•〔2005〕民四他字第26号

天津市高级人民法院：

你院津高法〔2005〕74号"关于天津先达大酒店申请撤销〔2003〕津仲裁字第364号仲裁裁决一案的请示"收悉。经研究，答复如下：

天津仲裁委员会依据天津先达大酒店（以下简称先达大酒店）与大一能量株式会社签订的《协作型联营合同》中的仲裁条款作出〔2003〕津仲裁字第364号仲裁裁决后，先达大酒店以仲裁庭拒绝接受其提供的证据，程序违法；法律关系定性错误；裁决结果危害公共利益等为由申请人民法院撤销该裁决。本案系涉外商事纠纷案件，天津仲裁委员会就该纠纷所作出的裁决属于涉外仲裁裁决。根据《中华人民共和国民事诉讼法》和《中华人民共和国仲裁法》关于涉外仲裁的规定，人民法院对仲裁庭就本案法律关系性质所作的认定和裁决结果无权进行审查。《天津仲裁委员会仲裁规则》没有要求仲裁庭必须接受一方当事人提交的全部证据材料，先达大酒店亦未举证证明被拒绝接受的证据对裁决结果存在任何实质性影响，仲裁庭拒绝接受证据材料本身不能作为仲裁程序违法的理由。根据《中华人民共和国仲裁法》第七十条、《中华人民共和国民事诉讼法》第二百六十条①的规定，本案不存在依法应予撤销的情形，先达大酒店撤销仲裁裁决的申请应当予以驳回。

此复

最高人民法院民事审判第四庭关于对伏尔加—第聂伯航运公司申请执行俄罗斯联邦乌里扬诺夫斯克州仲裁法院裁决处理结果的请示的答复

•2005年9月25日
•〔2005〕民四他字第33号

北京市高级人民法院：

你院京高法〔2005〕138号《关于对伏尔加—第聂伯航运公司申请执行俄罗斯联邦乌里扬诺夫斯克州仲裁法院裁决处理结果的请

---

① 民事诉讼法原第二百六十条现已修改为第二百七十四条。

示》收悉。经研究,答复如下:

该八份裁决均为俄罗斯法院的裁决。对你院请示的第一个问题,我们认为:本案系被申请人 Garment Fashion Corporation(中国)〔服装时装总公司(中国)〕未到庭而缺席做出裁决的案件。根据1993年11月14日生效的《中华人民共和国和俄罗斯联邦关于民事和刑事司法协助的条约》第十七条第二款第(二)项之规定,应当证明未出庭的当事一方已经合法传唤。而俄罗斯联邦乌里扬诺夫斯克州仲裁法院仅证明开庭审理的日期和地点已通过应有的途径通知了被申请人,但未同时指明"应有的途径"具体是什么途径。此种证明是不充分的。此外,该法院亦未证明申请人申请执行的八份裁决已经合法送达给了被申请人。鉴于上述情况,可以认定申请人提出司法协助请求的手续不齐全,但不宜以上述条约第二十条第(五)项之规定拒绝承认与执行。

对你院请示的第二个问题,由于被申请人在国家工商行政管理局和北京市工商行政管理局均未注册,而申请人提供的被申请人的法定地址系客房,不存在长期包租情况,亦从未被被申请人包租过,因此,可以认定被申请人主体不明或者不存在。上述条约第十八条第一款规定,法院裁决的承认与执行,由被请求的缔约一方依照本国法律规定的程序进行,故本案所涉八份裁决应依照我国民事诉讼法规定的程序和条件进行审查。根据我国民事诉讼法第一百零八条①第(二)项、第二百零七条②第二款之规定,本案没有明确的被申请人,亦无证据证明被申请人在我国境内存在任何财产,因此,本案不符合法律规定的受理条件,依法应予退回并明确告知退回理由。至于被申请人在北京以外地区注册成立可能引起的问题,我们认为:如果有事实证明被申请人在我国境内其他地区注册成立或者在其他地区存在财产,说明申请人向北京有关法院申请承认与执行有关裁决不当。在此情形下,申请人可以依法向有管辖权的人民法院申请承认与执行,有关人民法院应依法进行审查,不存在裁定相互矛盾的问题。

对你院请示的第三个问题,我们认为:翻译费用不同于诉讼费用。人民法院在申请人依法缴纳诉讼费用之后,要求其支付人民法院因履行通知职能而发生的翻译费用没有法律依据,该笔费用应由受理案件的人民法院自行承担。

此复

最高人民法院关于是否裁定撤销中国国际经济贸易仲裁委员会华南分会仲裁裁决的请示的复函

- 2006年3月1日
- 〔2005〕民四他字第47号

广东省高级人民法院:

你院〔2005〕粤高法民四他字第22号"关于罗定市供电局申请撤销仲裁裁决一案的请示"收悉。经研究,答复如下:

中国国际经济贸易仲裁委员会华南分会就罗定市供电局与辉恩中国投资有限公司之间的合作合同纠纷作出了〔2005〕中国贸仲深裁字第37号裁决。罗定市供电局以裁决事项超出合作合同仲裁协议范围、仲裁程序违反仲裁规则以及执行裁决违反社会公共利益等为由向深圳市中级人民法院申请撤销该仲裁裁决。因是否接受当事人的变更反请求系仲裁庭有权自行决定的事项,且罗定市供电局作为民事主体参与民事活动应当承担责任,故其有关仲裁程序违反仲裁规则及执行裁决违反社会公共利益的理由依法不能成立。但本案合作合同存在于罗定市供电局与辉恩中国投资有限公司之间,合作合同中的仲裁条款应仅约束该两当事人之间的合作合

① 民事诉讼法原第一百零八条现已修改为第一百一十九条。

② 民事诉讼法原第二百零七条现已修改为第二百三十六条。

同纠纷，仲裁庭无权就辉恩中国投资有限公司与合作公司辉罗力有限公司之间的借贷合同纠纷以及与罗定市供电局之间的借贷担保合同纠纷进行仲裁。由于借贷合同及借贷担保合同约定的仲裁机构为广州仲裁委员会且该委已就借贷担保合同纠纷作出了〔2004〕穗仲案字第1692号仲裁裁决，因此，本案仲裁裁决第一项中有关股东借贷损失的内容，超出了合作合同仲裁条款约定的范围，应认定属于超裁。同意你院的请示意见，本案应撤销仲裁裁决第一项中的股东借贷损失部分。

此复

最高人民法院关于是否承认和执行大韩商事仲裁院仲裁裁决的请示的复函

- 2006年3月3日
- 〔2005〕民四他字第46号

黑龙江省高级人民法院：

你院〔2005〕黑高商外他字第1号《关于(株)TS海码路申请承认并执行大韩商事仲裁院仲裁裁决一案的请示报告》收悉。经研究，答复如下：

大韩商事仲裁院就(株)TS海码路与大庆派派思食品有限公司之间的开发协议和连锁协议纠纷，于2004年10月22日做出了第04113-0004号仲裁裁决。大庆派派思食品有限公司在(株)TS海码路向哈尔滨市中级人民法院申请承认和执行该仲裁裁决后，以仲裁庭未按照《中华人民共和国和大韩民国关于民事和商事司法协助的条约》第4条和第8条的规定向其送达开庭通知书和仲裁裁决书为由主张拒绝承认和执行该仲裁裁决。由于双方当事人在开发协议和连锁协议中明确约定“仲裁适用《大韩商事仲裁院仲裁规则》”，而本案仲裁庭按照该仲裁规则的规定通过邮寄方式向大庆派派思食品有限公司送达了开庭通知书和仲裁裁决书，也有证据证明大庆派派思食品有限公司收到了上述开庭通知书和仲裁裁决书。虽然仲裁庭在送达开庭通知书和仲裁裁决书时未附中文译本，但通过邮寄方式送达以及未附中文译本的做法并不违反韩国仲裁法和《大韩商事仲裁院仲裁规则》的规定。《中华人民共和国和大韩民国关于民事和商事司法协助的条约》中有关“司法协助的联系途径”和“文字”的规定，仅适用于两国司法机关进行司法协助的情形，不适用于仲裁机构或者仲裁庭在仲裁程序中的送达。大庆派派思食品有限公司没有举证证明本案仲裁裁决存在我国参加的《1958年承认执行外国仲裁裁决公约》第5条第1款规定的情形，本案仲裁裁决依法应予承认和执行。

附：

黑龙江省高级人民法院关于(株)TS海码路申请承认并执行大韩商事仲裁院仲裁裁决一案的请示

(2005年10月14日
〔2005〕黑高商外他字第1号)

最高人民法院：

(株)TS海码路申请承认并执行大韩商事仲裁院仲裁裁决一案，哈尔滨市中级法院经审查，拟裁定不予承认大韩民国商事仲裁院第04113-0004号仲裁裁决在中国境内的效力，并报请我院审查。我院在审查中形成两种意见：多数人意见认为，应承认和执行该裁决；少数人意见认为，此案存在拒绝承认和执行的情形，应驳回(株)TS海码路的申请。审判委员会经研究决定将上述两种意见报请钧院请示。现将案件情况报告如下：

一、申请人和被申请人的基本情况

申请人(株)TS海码路。住所地，大韩民国汉城特别市松坡区新川洞7-23。

法定代表人崔相允，代表理事。

被申请人大庆派派思食品有限公司。住所地,黑龙江省大庆市让湖路区西宾路7号(大庆商厦一层)。

法定代表人王江龙,总经理。

二、案件由来和审理经过

申请人(株)TS海码路(以下简称海码路)于2005年4月向哈尔滨市中级法院申请承认并执行大韩商事仲裁院第04113-0004号仲裁裁决,哈尔滨市中级法院经审查认为此案存在可能导致该仲裁裁决不予承认和执行的情形,遂依照《最高人民法院关于人民法院处理与涉外仲裁及外国仲裁事项有关问题的通知》报请我院审查。我院于2005年6月21日受理后,依法组成合议庭进行审查。我院审判委员会对本案也进行了审议。本案现已审查完毕。

三、申请人请求事项及被申请人抗辩理由

申请人海码路称,因大庆派派思食品有限公司(以下简称派派思)未按约定履行支付相关费用的义务,海码路向大韩商事仲裁院提请仲裁,大韩商事仲裁院于2004年10月22日作出第04113-0004号仲裁裁决,该裁决已在大韩民国发生法律效力,且未被提请撤销。大韩民国已于1973年5月9日加入《承认及执行外国仲裁裁决公约》(以下简称《纽约公约》)。综上,向法院申请承认大韩商事仲裁院第04113-0004号仲裁裁决,并裁定由派派思承担与本案相关的案件受理费、执行费及律师代理费。

被申请人派派思称:(1)该仲裁裁决违反仲裁程序,对派派思不能发生法律效力。根据《中华人民共和国和大韩民国关于民事和商事司法协助的条约》第四条,司法协助应当通过各自指定的中央机关直接进行联系,在中华人民共和国为司法部,在大韩民国为法院行政处。而大韩商事仲裁院在仲裁该案时,未按照条约规定方式向派派思送达仲裁开庭通知书和仲裁裁决书等,而是直接邮寄给了派派思,并且又违反该条约第8条关于使用文字的规定,未附有中文译本。因被申请人不懂韩文,并不知道是仲裁院的通知,未予以重视,也就未能按时参加开庭,丧失了陈述理由的机会。(2)因大韩商事仲裁院违反了送达程序和使用文字的规定,未能以适当方式通知派派思,故根据《纽约公约》第5条之规定,对该裁决应拒绝承认和执行。

四、查明的简要事实

查明:2001年8月16日,海码路与派派思签订"PoPeyes"开发协议和连锁协议,由海码路赋予派派思连锁经营的权利,派派思应向海码路支付特许权使用费及开设店铺费用。协议还约定:协议依大韩民国法律解释;与协议相关的问题发生纠纷时可提交仲裁,仲裁员在韩国大韩商社仲裁委员会(The Korean Commercial Arbitration Board,又译为大韩商事仲裁院)挑选,议长由大韩商社仲裁委员会选出。此外,协议中派派思预留的通知地址是:"大庆派派思食品有限公司,中华人民共和国,黑龙江省大庆市让胡路区北方建材城11-3号,总经理王江龙"。协议履行过程中,海码路以派派思未按约定支付相关费用为由向大韩商事仲裁院提请仲裁,大韩商事仲裁院于2004年10月22日作出第04113-0004号仲裁裁决,认定"向派派思送达仲裁申请书后,两次没有出席且未作任何答辩",裁决:(1)派派思支付海码路人民币375342.14元和美金30000元,同时支付对该金额自2004年4月16日起至2004年10月22日止年利率为6%的利息和2004年10月23日起至清偿债务时止年利率20%的迟延利息;(2)确认派派思在与海码路缔结的2001年8月16日的开发合同及连锁合同上不享有权利;(3)仲裁费用由派派思负担。上述仲裁裁决已在大韩民国发生法律效力,且未被提请撤销。

另查明:大韩商事仲裁院分别于2004年7月19日、2004年10月27日通过敦豪快递(DHL)向派派思送达仲裁通知及裁决书,其快递运送单系以英文书写,发件人大韩商事仲裁院，收件人派派思，联系人王江龙，电话459－582－5666，地址是中国黑龙江大庆市萨尔图区友谊大街12号。但该地址不是派派思的营业地址。王江龙在异议申请书中承认收到了快递邮件，但因邮件中材料无中文译本，又不懂韩文，不知道是仲裁院的通知，未参加开庭。

此外，中国与大韩民国均已加入《纽约公约》。中国与大韩民国于2003年7月7日签订了《中华人民共和国和大韩民国关于民事和商事司法协助的条约》，该条约已于2004年2月29日经中国全国人民代表大会常务委员会通过。《大韩民国仲裁法》认可投递方式送达，并以投递的当日视为被投递人已接收，仲裁当事人撤销裁决的申请应当在收到生效的裁决书之日起3个月内提出。

五、哈尔滨市中级人民法院审查意见及理由

哈尔滨市中级法院认为，海码路与派派思之间的纠纷属于因契约性的商事法律关系引起的争议，根据我国法律规定可以用仲裁方式解决。被申请人派派思在该院辖区，依照《最高人民法院关于执行我国加入的〈承认和执行外国仲裁裁决公约〉的通知》及查明的事实，申请人海码路请求承认并执行大韩商事仲裁院仲裁裁决，符合立案受理条件。因被申请人派派思认为存在可能拒绝承认与执行的情形，且该院依职权审查后，确认存在“未协议选定仲裁机构”以及“未按约定地址通知仲裁”的事实，属于拒绝承认与执行的情形。故依照《中华人民共和国民事诉讼法》第二百六十八条①之规定，拟裁定不予承认大韩商事仲裁院第04113－0004号仲裁裁决在中国境内的效力。

六、我院审查意见和理由

我院经审查认为：

1. 中国及大韩民国均已加入《纽约公约》，因此，对于申请承认及执行大韩民国仲裁裁决的事项，应当适用该公约。根据《纽约公约》及最高人民法院的有关规定，申请人海码路请求事项符合人民法院立案受理条件，哈尔滨中级法院对此案有管辖权。

2. 哈尔滨中级法院所称“未协议选定仲裁机构”不能成为拒绝承认并执行本案仲裁裁决的理由。（1）根据《纽约公约》第5条第1项及《最高人民法院关于执行我国加入的〈承认和执行外国仲裁裁决公约〉的通知》第四条规定的精神，此问题应属当事人请求才予以审查的情形，而本案被申请人派派思提出的不应承认裁决的理由中，并未提及此问题，法院不应依职权审查。（2）本案涉及的开发协议及连锁协议中约定双方产生纠纷时“可提交仲裁，仲裁员在韩国大韩商社仲裁委员会挑选，议长由大韩商社仲裁委员会选出”，由此可见，协议中的仲裁条款以及对仲裁机构的选择是明确的，不存在“未协议选定仲裁机构”的情形。

3. 哈尔滨中级法院所称“未按约定地址通知仲裁”也不能成为拒绝承认并执行本案仲裁裁决的理由。（1）本案中被申请人派派思并没有以大韩商事仲裁院“未按约定地址通知仲裁”为由，请求对仲裁裁决不予承认，法院对此不应依职权审查。（2）此案涉及的仲裁事项适用大韩民国仲裁法，而大韩民国仲裁法认可投递送达的效力。由此，虽然大韩商事仲裁院通过敦豪快递（DHL）向派派思送达仲裁通知及裁决的地址与开发协议及连锁协议中预留的地址不同，但该快递并未被退回，而且，派派思法定代表人王江龙也承认收到过快递文件，只是因不懂韩文未予重视。因此，可以认定大韩商事仲裁院已向派派思通知仲裁。

4. 关于此案是否存在拒绝承认并执行仲裁裁决情形的问题。

关于派派思提出的大韩商事仲裁院未按中韩条约规定的方式送达，该裁决不能对其发生法律效力的答辩理由，我院认为，

---

① 民事诉讼法原第二百六十八条现已修改为第二百八十二条。

中韩签订的《中华人民共和国和大韩民国关于民事和商事司法协助的条约》是针对两国之间有关司法领域内需要协助事项所做的规定,不应对仲裁事项产生效力。因此,派派思此项抗辩理由没有法律依据,拟不予采纳。

派派思还提出大韩商事仲裁院未按《纽约公约》对其以适当方式通知,对该裁决应拒绝承认和执行。对此,我院审判委员会经讨论形成以下两种意见:

多数人意见认为,海码路与派派思双方协议已约定依大韩民国法律解释,并选择将争议的事项交由大韩商事仲裁院裁决,因此,仲裁程序应符合仲裁地大韩民国的法律规定。根据《韩国仲裁法》第23条规定,"(1)当事人可以自由约定仲裁程序中使用的一种或几种语言。没有上述的约定,仲裁庭应当决定该语言,否则应使用韩语。(2)除非另有特别约定,上述第一款所述的约定或决定应适用于当事人提交的任何书面文件、庭审中、仲裁庭的裁决书、决定或其他通讯中。(3)仲裁庭如认为必要,可以命令当事人提交的任何书面证据附具第一款所述语言的翻译文本。"因本案双方的协议中没有约定仲裁所使用的语言,大韩商事仲裁院使用韩文通知派派思参加仲裁,并不违反《韩国仲裁法》的规定,该通知是适当的。派派思未参与仲裁,是其作为与韩国企业进行交往的商事主体未尽注意义务,对所送达的材料没有重视造成的。因此,本案不存在《纽约公约》第5条所列情形,对大韩商事仲裁院第04113-0004号仲裁裁决应予承认和执行。

少数人意见认为,虽然本案争议的送达方式符合当事人双方选择的仲裁地大韩民国的法律规定,但如果该国法律与其缔结或参加的国际条约有不同规定的,应适用国际条约。大韩民国已加入《纽约公约》。根据《纽约公约》第5条,仲裁机关对于指派仲裁员或仲裁程序,应以适当方式通知当事人。《纽约公约》中虽然没有详细指明"适当通知"的具体内容,但根据对"适当"及"通知"的文字含义、作用和目的的一般理解,"适当通知"至少应当是该"通知"及其内容能够为被通知人所知道或应当知道:接到的是通知、发出通知者的身份以及通知的内容,从而使被通知人能够判断、选择是否行使权利,进行申辩以及如何行使。本案中作为被通知人的派派思是在中华人民共和国境内的中国法人,大韩商事仲裁院在向中国境内中国公民、法人送达有关通知、裁决等文书时,应当尊重中国的语言习惯,附送中文译本。派派思作为中国法人,在接到以英文书写的快递运送单以及没有中文文本的文件时,不可能一定知道也没有理由应当知道该快递系从何处发出、为何发出、系何内容,同时也没有义务必须知道上述文件内容。因此,大韩商事仲裁院在作出本案仲裁裁决过程中对派派思的通知是不适当的,此案存在拒绝承认并执行仲裁裁决的情形。派派思此项抗辩理由成立,根据《纽约公约》第5条第1项(乙)之规定,应当驳回申请人海码路的申请,拒绝承认和执行大韩商事仲裁院第04113-0004号仲裁裁决。

鉴于以上两种意见分歧较大,特报请钧院审示。

最高人民法院关于玉林市中级人民法院报请对东迅投资有限公司涉外仲裁一案不予执行的请示的复函

- 2006年9月13日
- 〔2006〕民四他字第24号

广西壮族自治区高级人民法院:

你院〔2006〕桂法执复字第2号、〔2006〕桂法执议字第4号《关于玉林市中级人民法院报请对东迅投资有限公司涉外仲裁一案不予执行的请示报告》收悉。经研究,答复如下:

关于你院请示的第一个问题,涉及人民

法院是否应予执行我国仲裁机构作出的涉外仲裁裁决，应当根据《中华人民共和国民事诉讼法》第二百六十条①的规定进行审查。

从本案有关事实看，合作合同中明确约定合作双方为广西玉林市恒通有限公司（以下简称恒通公司）和东迅投资有限公司（以下简称东迅公司）。广西壮族自治区玉林市人民政府（以下简称玉林市政府）作为恒通公司的主管部门，路劲基建有限公司（以下简称路劲公司）作为东迅公司的主管部门，尽管亦在该合作合同上签署，但是合作合同第二章明确约定合作公司的合作双方为恒通公司和东迅公司。因此，玉林市政府和路劲公司均不是合作合同的当事人，合作合同中的仲裁条款不能约束玉林市政府。玉林市政府提供的担保函中没有约定仲裁条款，玉林市政府与东迅公司之间亦未就他们之间的担保纠纷的解决达成仲裁协议。仲裁庭依据合作合同中的仲裁条款受理本案，就涉及玉林市政府的担保纠纷而言，仲裁裁决已经超出了仲裁协议的范围。

综上，根据《中华人民共和国民事诉讼法》第二百六十条第一款第（四）项以及最高人民法院《关于适用〈中华人民共和国民事诉讼法〉若干问题的意见》第二百七十七条②的规定，人民法院应当裁定不予执行涉及玉林市政府部分的仲裁裁决，其余部分应予执行。对此，同意你院的处理意见。

关于你院请示的第二个问题，对于人民法院作出的中止执行的裁定，当事人不能申请复议，因此，你院不应受理东迅公司申请复议一案。

此复

最高人民法院关于宝源贸易公司与余建国买卖合同中仲裁条款的请示的复函

- 2007年11月29日
- 〔2007〕民四他字第38号

福建省高级人民法院：

你院〔2007〕闽民他字第22号《关于宝源贸易公司与余建国买卖合同中仲裁条款的请示》收悉。经研究，答复如下：

宝源贸易公司与余建国之间签订的2006年5月27日合同第八条仅约定争议提交“福建省晋江市仲裁委员会”仲裁，该条款未约定确认仲裁条款效力应适用的法律，亦未约定仲裁地点，根据《最高人民法院关于适用〈中华人民共和国仲裁法〉若干问题的解释》第十六条即“对涉外仲裁协议的效力审查，适用当事人约定的法律；当事人没有约定适用的法律但约定了仲裁地的，适用仲裁地法律；没有约定适用的法律也没有约定仲裁地或者仲裁地约定不明的，适用法院地法律”的规定，本案应适用法院地法律即中华人民共和国法律来审查本案所涉仲裁条款的效力。由于“福建省晋江市仲裁委员会”并不存在，晋江市又没有其他的仲裁机构，当事人之间对此也不能达成补充协议，根据《中华人民共和国仲裁法》第十八条即“仲裁协议对仲裁事项或者仲裁委员会没有约定或者约定不明确的，当事人可以补充协议；达不成补充协议的，仲裁协议无效”的规定，本案所涉仲裁条款应确认无效。

同意你院的审查意见。

此复

---

① 民事诉讼法原第二百六十条现已修改为第二百七十四条，下同。

② 第二百七十七条已被最高人民法院《关于适用〈中华人民共和国民事诉讼法〉的解释》（法释〔2015〕5号）第四百七十七条修改为：“仲裁机构裁决的事项，部分有民事诉讼法第二百三十七条第二款、第三款规定情形的，人民法院应当裁定对该部分不予执行。应当不予执行部分与其他部分不可分的，人民法院应当裁定不予执行仲裁裁决。”

最高人民法院关于马绍尔群岛第一投资公司申请承认和执行英国伦敦临时仲裁庭仲裁裁决案的复函

- 2008年2月27日
- 〔2007〕民四他字第35号

福建省高级人民法院：

你院〔2007〕闽民他字第36号《关于马绍尔群岛第一投资公司申请承认和执行英国伦敦临时仲裁庭仲裁裁决一案的请示》收悉。经研究，同意你院审委会对该案处理意见的结论。

本案是马绍尔群岛第一投资公司申请承认和执行英国伦敦临时仲裁庭仲裁裁决案。我国为《1958年承认和执行外国仲裁裁决公约》（以下简称《纽约公约》）的参加国，应当依照纽约公约的规定审查该裁决是否应当予以承认和执行。

本案仲裁庭虽由3名仲裁员组成，但是仲裁员王生长并未参与仲裁的全过程，没有参与最终仲裁裁决的全部审议。因此，仲裁庭的组成或仲裁程序与当事人之间仲裁协议的约定不符，也与仲裁地英国的法律相违背。根据《纽约公约》第5条第1款第（4）项的规定，该仲裁裁决不应予以承认和执行。

◎公报案例

日本公民五味晃申请中国法院承认和执行日本法院判决案

申请人：五味晃，男，1932年11月8日生，日本籍，住日本国神奈川县伊势原市东大竹698－5号。

委托代理人：刘勇，中华人民共和国辽宁省大连涉外商贸律师事务所律师。

申请人五味晃因与日本国日中物产有限公司（法定代表人宇佐邦夫）借贷纠纷一案，向中华人民共和国辽宁省大连市中级人民法院提出申请，要求承认日本国横滨地方法院小田原分院所作判决和日本国熊本地方法院玉名分院所作债权扣押命令及债权转让命令在中华人民共和国领域内的法律效力，并予执行。

大连市中级人民法院审查了五味晃的申请。查明：申请人五味晃系日本公民，因与日本日中物产有限公司（法定代表人宇佐邦夫）存在借贷纠纷，经日本国横滨地方法院小田原分院判决，由宇佐邦夫及其公司向债权人五味晃偿还借款1.4亿日元。由于宇佐邦夫在本国无力偿还该项借款，日本国熊本地方法院玉名分院又下达扣押令和债权转让命令，追加宇佐邦夫在中国投资的中日合资企业大连发日海产食品有限公司为第三人，要求第三人将宇佐邦夫在该公司的投资款人民币485万元扣押，并转让给五味晃。上述判决及扣押令、债权转让命令经日本国有关法院依据国际海牙送达公约委托我国司法部向大连发日海产食品有限公司送达后，该公司认为日本国有关法院的判决对中国法人不应产生法律效力，故拒绝履行。为此，五味晃向大连市中级人民法院提出申请，要求承认并执行日本国有关法院的判决及扣押令、债权转让命令。

大连市中级人民法院认为：《中华人民共和国民事诉讼法》第二百六十八条规定："人民法院对申请或者请求承认和执行的外国法院作出的发生法律效力的判决、裁定，依照中华人民共和国缔结或者参加的国际条约，或者按照互惠原则进行审查后，认为不违反中华人民共和国法律的基本原则或者国家主权、安全、社会公共利益的，裁定承认其效力，需要执行的，发出执行令，依照本法的规定执行。违反中华人民共和国法律的基本原则或者国家主权、安全、社会公共利益的，不予承认和执行。"我国与日本国之间没有缔结或者参加相互承认和执行法院判决、裁定的国际条约，亦未建立相应的互惠关系。据此，该院于1994年11月5日作出终审裁定:驳回申请人五味晃的请求。

案件受理费人民币200元,由五味晃承担。

◎指导案例

上海金纬机械制造有限公司与瑞士瑞泰克公司仲裁裁决执行复议案

- 最高人民法院审判委员会讨论通过
- 2014年12月18日发布

关键词

民事诉讼　执行复议　涉外仲裁裁决执行管辖　申请执行期间起算

裁判要点

当事人向我国法院申请执行发生法律效力的涉外仲裁裁决,发现被申请执行人或者其财产在我国领域内的,我国法院即对该案具有执行管辖权。当事人申请法院强制执行的时效期间,应当自发现被申请执行人或者其财产在我国领域内之日起算。

相关法条

《中华人民共和国民事诉讼法》第二百三十九条、第二百七十三条

基本案情

上海金纬机械制造有限公司(以下简称金纬公司)与瑞士瑞泰克公司(RETECH Aktiengesellschaft,以下简称瑞泰克公司)买卖合同纠纷一案,由中国国际经济贸易仲裁委员会于2006年9月18日作出仲裁裁决。2007年8月27日,金纬公司向瑞士联邦兰茨堡(Lenzburg)法院(以下简称兰茨堡法院)申请承认和执行该仲裁裁决,并提交了由中国中央翻译社翻译、经上海市外事办公室及瑞士驻上海总领事认证的仲裁裁决书翻译件。同年10月25日,兰茨堡法院以金纬公司所提交的仲裁裁决书翻译件不能满足《承认及执行外国仲裁裁决公约》(以下简称《纽约公约》)第四条第二点关于"译文由公设或宣誓之翻译员或外交或领事人员认证"的规定为由,驳回金纬公司申请。其后,金纬公司又先后两次向兰茨堡法院递交了分别由瑞士当地翻译机构翻译的仲裁裁决书译件和由上海上外翻译公司翻译、上海市外事办公室、瑞士驻上海总领事认证的仲裁裁决书翻译件以申请执行,仍被该法院分别于2009年3月17日和2010年8月31日,以仲裁裁决书翻译文件没有严格意义上符合《纽约公约》第四条第二点的规定为由,驳回申请。

2008年7月30日,金纬公司发现瑞泰克公司有一批机器设备正在上海市浦东新区展览,遂于当日向上海市第一中级人民法院(以下简称上海一中院)申请执行。上海一中院于同日立案执行并查封、扣押了瑞泰克公司参展机器设备。瑞泰克公司遂以金纬公司申请执行已超过《中华人民共和国民事诉讼法》(以下简称《民事诉讼法》)规定的期限为由提出异议,要求上海一中院不受理该案,并解除查封,停止执行。

裁判结果

上海市第一中级人民法院于2008年11月17日作出(2008)沪一中执字第640-1民事裁定,驳回瑞泰克公司的异议。裁定送达后,瑞泰克公司向上海市高级人民法院申请执行复议。2011年12月20日,上海市高级人民法院作出(2009)沪高执复议字第2号执行裁定,驳回复议申请。

裁判理由

法院生效裁判认为:本案争议焦点是我国法院对该案是否具有管辖权以及申请执行期间应当从何时开始起算。

一、关于我国法院的执行管辖权问题

根据《民事诉讼法》的规定,我国涉外仲裁机构作出的仲裁裁决,如果被执行人或者其财产不在中华人民共和国领域内的,应当由当事人直接向有管辖权的外国法院申请承认和执行。鉴于本案所涉仲裁裁决生效时,被执行人瑞泰克公司及其财产均不在我国领域内,因此,人民法院在该仲裁裁决生效当

时,对裁决的执行没有管辖权。

2008年7月30日,金纬公司发现被执行人瑞泰克公司有财产正在上海市参展。此时,被申请执行人瑞泰克公司有财产在中华人民共和国领域内的事实,使我国法院产生了对本案的执行管辖权。申请执行人依据《民事诉讼法》"一方当事人不履行仲裁裁决的,对方当事人可以向被申请人住所地或者财产所在地的中级人民法院申请执行"的规定,基于被执行人不履行仲裁裁决义务的事实,行使民事强制执行请求权,向上海一中院申请执行。这符合我国《民事诉讼法》有关人民法院管辖涉外仲裁裁决执行案件所应当具备的要求,上海一中院对该执行申请有管辖权。

考虑到《纽约公约》规定的原则是,只要仲裁裁决符合公约规定的基本条件,就允许在任何缔约国得到承认和执行。《纽约公约》的目的在于便利仲裁裁决在各缔约国得到顺利执行,因此并不禁止当事人向多个公约成员国申请相关仲裁裁决的承认与执行。被执行人一方可以通过举证已经履行了仲裁裁决义务进行抗辩,向执行地法院提交已经清偿债务数额的证据,这样即可防止被执行人被强制重复履行或者超标的履行的问题。因此,人民法院对该案行使执行管辖权,符合《纽约公约》规定的精神,也不会造成被执行人重复履行生效仲裁裁决义务的问题。

二、关于本案申请执行期间起算问题

依照《民事诉讼法》(2007年修正)第二百一十五条的规定,"申请执行的期间为二年。""前款规定的期间,从法律文书规定履行期间的最后一日起计算;法律文书规定分期履行的,从规定的每次履行期间的最后一日起计算;法律文书未规定履行期间的,从法律文书生效之日起计算。"鉴于我国法律有关申请执行期间起算,是针对生效法律文书作出时,被执行人或者其财产在我国领域内的一般情况作出的规定;而本案的具体情况是,仲裁裁决生效当时,我国法院对该案并没有执行管辖权,当事人依法向外国法院申请承认和执行该裁决而未能得到执行,不存在怠于行使申请执行权的问题;被执行人一直拒绝履行裁决所确定的法律义务;申请执行人在发现被执行人有财产在我国领域内之后,即向人民法院申请执行。考虑到这类情况下,外国被执行人或者其财产何时会再次进入我国领域内,具有较大的不确定性,因此,应当合理确定申请执行期间起算点,才能公平保护申请执行人的合法权益。

鉴于债权人取得有给付内容的生效法律文书后,如债务人未履行生效文书所确定的义务,债权人即可申请法院行使强制执行权,实现其实体法上的请求权,此项权利即为民事强制执行请求权。民事强制执行请求权的存在依赖于实体权利,取得依赖于执行根据,行使依赖于执行管辖权。执行管辖权是民事强制执行请求权的基础和前提。在司法实践中,人民法院的执行管辖权与当事人的民事强制执行请求权不能是抽象或不确定的,而应是具体且可操作的。义务人瑞泰克公司未履行裁决所确定的义务时,权利人金纬公司即拥有了民事强制执行请求权,但是,根据《民事诉讼法》的规定,对于涉外仲裁机构作出的仲裁申请执行,如果被执行人或者其财产不在中华人民共和国领域内,应当由当事人直接向有管辖权的外国法院申请承认和执行。此时,因被执行人或者其财产不在我国领域内,我国法院对该案没有执行管辖权,申请执行人金纬公司并非其主观上不愿或怠于行使权利,而是由于客观上纠纷本身没有产生人民法院执行管辖连接点,导致其无法向人民法院申请执行。人民法院在受理强制执行申请后,应当审查申请是否在法律规定的时效期间内提出。具有执行管辖权是人民法院审查申请执行人相关申请的必要前提,因此应当自执行管辖确定之日,即发现被执行人可供执行财产之日,开始计算申请执行人的申请执行期限。

第七编　地方关于执行的相关规定

第三十二章　北　京　市

北京市高级人民法院关于印发《北京市高级人民法院关于民事执行中评估、拍卖、变卖财产若干问题的规定（试行）》的通知

- 2008 年 2 月 29 日
- 京高法发〔2008〕48 号

市第一、第二中级人民法院，北京铁路运输中级法院；各区、县人民法院，各铁路运输法院：

《北京市高级人民法院关于民事执行中评估、拍卖、变卖财产若干问题的规定（试行）》已经北京市高级人民法院审判委员会讨论通过，现予印发，请认真贯彻执行。执行中有何问题，请及时报告市高级法院执行庭。

特此通知。

北京市高级人民法院关于民事执行中评估、拍卖、变卖财产若干问题的规定（试行）

为规范民事执行中评估、拍卖、变卖财产行为，确保人民法院公正、高效地执行案件，维护当事人和相关权利人的合法权益，根据《中华人民共和国民事诉讼法》、《最高人民法院关于人民法院民事执行中拍卖、变卖财产的规定》等法律、法规和司法解释的有关规定，结合本市法院执行工作实际，制定本规定。

一、总　　则

第一条　民事执行中评估、拍卖和变卖财产，应当严格遵守法律、法规和司法解释的有关规定，遵循公开、公正、公平的原则。

第二条　各级法院对被执行财产的委托评估、拍卖工作实行专门管理。经确定评估、拍卖机构后，应当由专门机构或专管人员统一对外办理相关事务。

第三条　接受人民法院委托的评估、拍卖机构，应当依法公正、高效地办理受托事项，遵守本市法院关于规范评估、拍卖工作的有关规定和制度。

执行法院对受托机构办理评估、拍卖事项的活动依法进行监督，发现评估、拍卖机构违反法律、司法解释和本市法院有关规定的，应当及时指令其纠正或依法作出处理。

第四条　高级法院负责监督全市各级法院的委托评估、拍卖和变卖工作。

高级法院发现下级法院委托评估、拍卖、变卖工作违反法律、法规、司法解释和本市法院有关规定的，应当及时指令其自行纠正；执行法院拒不纠正的，高级法院直接予以纠正。

二、评　　估

第五条　对下列财产，执行法院应当委托依法设立的、具有相应资质的评估机构进行价格评估：

（1）拟强制拍卖、变卖的动产、不动产；

（2）拟强制拍卖、变卖的股权、证券、知识产权；

(3)拟由法院裁定以物抵债的财产;

(4)其他应当评估价格的财产。

第六条 对下列财产,执行法院可以不进行价格评估:

(1)价值2000元以下的财产;

(2)有公开市场价格或者价格依照通常方法能够确定的财产;

(3)当事人双方及其他执行债权人同意不进行评估的。

第七条 执行人员在委托评估之前应当对评估标的的权属状况、占有使用情况等进行必要的调查,制作财产现状的调查笔录,并在委托评估时交予评估机构。

第八条 执行中需对被执行财产进行价格评估的,案件承办人应当填写《委托评估申请表》,报执行机构负责人批准后,与执行依据、财产清单等相关材料一并移交专门机构或专管人员报送高级法院随机确定评估机构。

第九条 受托评估机构确定后,执行法院应当及时向评估机构出具委托书。委托书应包括下列内容:

(1)评估标的的名称、地点等现状情况;

(2)评估目的、评估基准日;

(3)评估期限;

(4)评估费用的计算标准和支付方式;

(5)其他需要明确的内容。

执行法院除出具评估委托书以外,还应当根据委托评估的具体要求,向评估机构提供评估标的物的财产清单、权属资料以及对标的物采取执行措施的法律文书等必要资料。

第十条 评估机构应当对评估标的物进行现场勘查。需对评估标的物进行测绘或鉴定的,应当报请执行法院另行委托具有相应资质的机构进行测绘或鉴定。

评估所需的相关资料应当由当事人提供的,执行法院可以通知当事人提交,当事人不予提交的,强制提取。

第十一条 评估期限一般不得超过2个月。

评估机构接受委托后,应当在委托书指定的期限内完成评估报告,并提交执行法院。因评估事项复杂不能在指定期限内完成评估报告,需要延长评估期限的,应当在期限届满前5个工作日内书面报请执行法院批准。

评估机构无正当理由在指定期限内不能完成评估工作并提交评估报告的,执行法院可以撤回评估委托,另行确定评估机构。

第十二条 评估机构提交的评估报告,应包括下列内容:

(1)委托单位和受托单位名称;

(2)对委托评估的标的物概况,如权属、位置、数量、瑕疵等情况的描述;

(3)评估目的、评估基准日;

(4)关于评估依据、原则、方法以及评估过程的说明;

(5)评估结果、评估报告有效期的起止时间;

(6)评估标的物的权属资料复印件、现状照片、评估委托书复印件、评估机构和评估师的签章及其资质证书的复印件等;

(7)其他应当说明的情况。

第十三条 执行法院收到评估报告后,应审查下列内容:

(1)评估报告的内容是否齐备;

(2)评估报告是否按委托要求作出;

(3)评估报告对评估标的物的描述是否准确、真实;

(4)评估机构及评估人员的资质证书是否与登记相符;

(5)其他依法应当审查的内容。

执行法院经审查发现评估报告有明显错误的,应当要求评估机构作出修正。评估机构拒绝修正的,执行法院可以撤销评估委托,另行委托评估机构。

第十四条 执行法院应当在收到评估报告之日起5日内将评估报告副本发送双方当事人及其他利害关系人。

除涉外案件以外,当事人有确认地址

的,评估报告发送至该地址,没有确认地址的,依照执行依据载明的地址发送。

第十五条 当事人及其他利害关系人对评估报告有异议的,应当在收到评估报告后10日内以书面形式向执行法院提出。执行法院收到异议书后应在3个工作日内转交评估机构,评估机构应在10日内对异议的内容进行复核。

评估机构经复核发现评估报告存在错误的,应当及时作出修正。修正后的评估报告通过执行法院发送双方当事人。

评估机构认为评估报告无错误的,应当做出书面说明。

第十六条 当事人或其他利害关系人提供充分证据证实评估机构或评估人员不具备相应的评估资质、评估程序严重违法而请求重新评估的,执行法院应当准许。

重新评估应当另行确定评估机构。

第十七条 标的物已委托拍卖的,评估报告有效期届满不影响拍卖程序的继续进行。

三、拍　　卖

第十八条 人民法院对查封、扣押、冻结的财产进行变价处理时,应当首先采取拍卖的方式,但法律、司法解释另有规定的除外。

当事人双方及其他执行债权人一致同意以物抵债的,执行法院可以准许。

第十九条 执行中需对被执行财产进行拍卖,案件承办人应填写《委托拍卖申请表》,报执行机构负责人批准后,与执行依据、财产清单等相关材料一并移交专门机构或专管人员报送高级法院随机确定拍卖机构。

第二十条 拍卖机构确定后,执行法院应当在3个工作日内向拍卖机构出具拍卖委托书。委托书包括下列内容:

(1)委托拍卖的标的名称及有关情况;

(2)拍卖期限;

(3)拍卖价款的交付期限和指定帐户;

(4)其他事项。

第二十一条 财产经评估而委托拍卖的,执行人员应当将评估报告及评估前所作的财产调查笔录一并交予拍卖机构。

财产未经评估而委托拍卖的,执行人员在委托拍卖之前应当对拍卖财产的权属状况、占有使用情况等进行必要的调查,制作拍卖财产现状的调查笔录,并在委托拍卖时交予拍卖机构。

第二十二条 拍卖机构发现实际交付拍卖的标的物与委托书及财产调查笔录载明的拍卖标的物不相符的,应当要求执行法院予以修正。

第二十三条 执行法院应当在确定拍卖机构的次日起3个工作日内将所选定的拍卖机构情况告知当事人及其他利害关系人。

当事人及其他利害关系人可直接向拍卖机构了解拍卖时间、地点等事宜,拍卖机构必须如实告知有关情况。

第二十四条 执行法院应当参照拍卖标的的评估价确定拍卖保留价。未经评估的,参照市价确定,并征询有关当事人的意见。

第一次拍卖的保留价不得低于评估价或市场价格的80%,也不得过分高于评估价。

拍卖保留价应当保密,不得向任何单位或个人透露。拍卖标的物评估价为50万元以上的,执行法院应当封存拍卖保留价,在拍卖会开始前移交拍卖机构,并在最高应价确定时拆封公开。

第二十五条 拍卖机构应当在动产拍卖日7日前、不动产拍卖日15日前,分别在执行法院指定媒体的明显位置发布拍卖公告。当事人自愿增加公告媒体并承担相应费用的,执行法院应予允许。

拍卖公告至少应包括以下内容:

(1)委托拍卖的法院名称;

(2)拍卖物的种类、数量以及其他情况;

(3)拍卖的时间及场所;

(4)展示拍卖物的时间、地点;

(5)拍卖物的评估价;

(6)保证金金额及缴纳方式;

(7)拍卖价款的交付期限;

(8)拍卖公司联系方式;

(9)其他需要公告的内容。

拍卖公告应当符合执行法院关于刊载版面、字体的要求,并在发布前送交执行法院审查核准。

拍卖机构应当将拍卖公告及其他相关资料在北京法院网上予以公布。

第二十六条 拍卖机构应当在拍卖前展示拍卖标的物,提供查看标的物的条件和相关资料。展示时间不得少于2日。

第二十七条 拍卖标的物存在瑕疵的,执行法院在委托时应当向拍卖机构说明。

在拍卖会之前,拍卖机构应当以书面形式如实说明拍卖标的物存在的瑕疵。

第二十八条 拍卖不动产、其他财产权或者价值较高的动产,竞买人应当于拍卖之前预交保证金。保证金的数额由执行法院确定,但不得低于评估价或市价的5%。

标的物评估价低于100万元的,执行法院可委托和监督拍卖公司代为收取和退还保证金。拍卖机构应向执行法院提交代为收取保证金的清单,并不得挪用、侵占或扣留保证金。

第二十九条 执行法院应当在拍卖日5日前通知当事人和已知的担保物权人、优先购买权人或者其他优先权人于拍卖日到场。

优先购买权人主张优先购买权的,应当办理竞买登记。

优先购买权人经通知未到场的,视为放弃优先购买权。

第三十条 拍卖机构应当于拍卖日前向执行法院提交已登记的竞买人清单。

参加拍卖会的竞买人不得少于2人。

第三十一条 拍卖标的评估价为50万元以上的,执行法院应当派员到拍卖会现场,监督竞买人身份的核对、成交确认书的签署等。监督拍卖必须制作笔录。

拍卖机构应当对拍卖会全程进行录像,并将录像送交执行法院备案。

第三十二条 拍卖机构应在执行法院指定的拍卖期限内完成拍卖。

拍卖机构在期限内不能完成拍卖的,应当向执行法院书面说明原因。是否继续委托该拍卖公司拍卖,由执行法院决定。

第三十三条 拍卖无论成交与否,拍卖机构均应当向执行法院提交拍卖报告。拍卖报告内容包括:

(1)公告情况;

(2)竞买情况;

(3)拍卖结果;

(4)代为收取和退还保证金的情况。

拍卖成交的,拍卖机构还应提交如下资料:

(1)成交确认书副本;

(2)买受人的基本情况;

(3)执行法院要求提交的其他材料。

第三十四条 拍卖成交后,拍卖机构应当督促买受人按照执行法院确定的期限将拍卖价款直接缴交执行法院或汇入执行法院指定的帐户。执行法院委托拍卖机构代收拍卖保证金的,拍卖机构应于拍卖成交后3个工作日内,将买受人冲抵拍卖款的拍卖保证金转入执行法院指定帐户,同时退还其他竞买人的拍卖保证金。

第三十五条 动产经第一次拍卖未成交的,申请执行人和其他执行债权人可以申请以该保留价接受抵债。无人愿意接受抵债的,应当在60日内再行拍卖。第二次拍卖的保留价不得低于第一次拍卖保留价的80%。

动产经第二次拍卖仍未成交的,执行法院应征询申请执行人或其他执行债权人是否愿意以第二次拍卖的保留价接受抵债。表示接受的,裁定以物抵债。拒绝接受抵债或者依法不能交付抵债的,执行法院应当解除查封、扣押,并将该动产退还被执行人。

第三十六条 不动产和其他财产权经第一次拍卖未成交的,申请执行人和其他执行债权人可以申请以该保留价接受抵债。无人愿意接受抵债的，应当在60日内进行第二次拍卖，第二次拍卖的保留价不得低于第一次拍卖保留价的80%。

不动产和其他财产权经第二次拍卖未成交的，执行法院应征询申请执行人或其他执行债权人是否愿意以第二次拍卖的保留价接受抵债。表示接受的，裁定以物抵债。拒绝接受或者依法不能交付抵债的，应当在60日内进行第三次拍卖。第三次拍卖的保留价，不得低于第二次拍卖保留价的80%。

不动产和其他财产权经第三次拍卖未成交的，执行法院在征询申请执行人和其他执行债权人是否接受抵债的意见后，接受抵债的，裁定以物抵债，拒绝接受或者依法不能交付抵债的，依法予以变卖。

第三十七条 拍卖成交或者以物抵债的，买受人逾期未支付价款或者承受人逾期未补交差价而使拍卖、抵债的目的难以实现的，执行法院可以裁定重新拍卖。但动产经二次拍卖、不动产经三次拍卖仍流拍而以物抵债，承受人未补交差价的除外。

重新拍卖的成交价低于原拍卖价款的，该差价与原拍卖佣金及实际产生的费用，一并由原买受人承担，从原买受人预交的保证金中扣除。扣除保证金有剩余的，应当退还原买受人；保证金数额不足的，可以责令原买受人补交；拒不补交的，强制执行。

因拍卖机构违反法定程序进行拍卖，导致拍卖结果被撤销并裁定重新拍卖的，应当重新确定拍卖机构。

第三十八条 执行案件被依法暂缓执行或中止执行的，执行法院应当暂缓拍卖。暂缓拍卖的事由消失的，执行法院应当在15日内通知拍卖机构恢复拍卖。

第三十九条 拍卖日前有下列情形之一的，执行法院应当撤回拍卖委托：

（1）执行依据被依法撤销的；

（2）申请执行人撤回执行申请的；

（3）被执行人履行了生效法律文书确定的全部债务的；

（4）当事人达成了执行和解协议，不需要拍卖财产的；

（5）案外人就拍卖财产提出的异议经审查认定理由成立的；

（6）拍卖公司与竞买人恶意串通或有其他严重违反法定拍卖程序行为的；

（7）其他应当撤回拍卖委托的情形。

因前款规定的第（2）、（3）、（4）项而撤回拍卖委托的，申请撤回拍卖的当事人必须就需支付给拍卖公司的实际支出的合理费用提供有效担保。

第四十条 当事人、其他执行债权人、买受人、竞买人或其他利害关系人在法院确认拍卖成交的裁定送达之前，提出证据证明拍卖活动具有下列情形之一的，执行法院应当依法组成合议庭进行审查，情况属实的，裁定撤销拍卖结果：

（1）不发布拍卖公告或者拍卖公告严重不符合规定的；

（2）不如实披露拍卖标的瑕疵，可能严重影响拍卖结果公正性的；

（3）采取不正当手段限制竞买人参加竞买，或对竞买人参加竞买实行不同等条件的；

（4）拍卖机构或其工作人员以竞买人身份参与自己组织的拍卖活动或委托他人代为竞买的；

（5）竞买人之间、拍卖机构与竞买人之间恶意串通的。

第四十一条 拍卖成交或者以流拍的财产抵债的，执行法院应当作出裁定，并在价款全额交付之日起10日内送达买受人或承受人。

执行法院裁定拍卖成交或者以流拍的财产抵债后，除有依法不能移交的情形外，应当于裁定送达后15日内将拍卖的财产移交买受人或者承受人。

第四十二条 拍卖佣金和实际支出的合理费用的支付，按照下列方式和标准执行：

（1）拍卖成交的，拍卖机构可以拍卖成交价为基数，按照《北京市高级人民法院关于确定委托拍卖机构的若干规定（试行）》第十九条规定的标准向买受人收取。

（2）当事人申请执行法院撤回拍卖委托的，由提出申请的当事人支付拍卖机构的实际支出的合理费用。

因拍卖机构违法或违反本规定，执行法院撤回拍卖委托或撤销拍卖结果的，拍卖机构不得收取拍卖佣金或实际支出费用。

第四十三条 拍卖中实际支出的合理费用，是指拍卖机构为该次拍卖所实际支出的公告费、展示费和场地费等合理费用。实际支出的合理费用总额一般不得超过拍卖佣金的10%。

拍卖机构主张实际支出的合理费用，应当向执行法院提交书面申请、正式票据及相关依据，由执行法院审核。

四、变　卖

第四十四条 当事人双方一致申请变卖财产的，执行法院征得其他权利人的同意后，可以变卖该财产。

第四十五条 对下列物品，执行法院可以决定变卖：

（1）金银及其制品；

（2）当地市场有公开交易价格的动产；

（3）鲜活、易腐烂变质的物品；

（4）季节性商品；

（5）保管困难或者保管费用过高的物品。

第四十六条 当事人双方及有关权利人对变卖财产的价格有约定的，按照其约定价格变卖；无约定价格但有市价的，变卖价格不得低于市价；无市价但价值较大、价格不易确定的，应当委托评估机构进行评估，并按照评估价格确定变卖价格。

第四十七条 按照评估价格变卖不成的，可以降低价格变卖，但最低的变卖价不得低于评估价的二分之一。

第四十八条 不动产或其他财产权经三次拍卖流拍且申请执行人或者其他执行债权人拒绝接受或者依法不能接受抵债的，执行法院应当于第三次拍卖终结之日起7日内发出变卖公告。

自公告之日起60日内没有买受人愿意以第三次拍卖的保留价买受该财产，且申请执行人、其他执行债权人仍不表示接受该财产抵债的，执行法院可以对该财产采取其他执行措施，以执行所得清偿债务。

标的物无法采取其他执行措施或者采取措施无意义的，经向申请执行人和其他执行债权人说明法律后果，申请执行人和其他执行债权人仍不愿意接受抵债的，执行法院应当解除查封、冻结，将该财产退还被执行人。

第四十九条 多个买受人以不同价格主张对变卖标的物予以买受的，由出价最高者买受。

多个买受人以同样价格主张对变卖标的物予以买受的，由对该标的物享有优先购买权的买受人承受；多个买受人均享有优先购买权的，依优先权的相关法律确定。买受人均对标的物不享有优先购买权的，按照登记先后顺序确定；同时登记的，由执行法院主持抽签决定。

五、附　则

第五十条 执行程序中评估、拍卖机构的选定，依照《北京市高级人民法院关于委托司法鉴定工作的若干规定（试行）》、《北京市高级人民法院关于确定委托拍卖机构的若干规定（试行）》、《北京市高级人民法院关于确定委托拍卖机构的补充规定》等相关规定办理。

第五十一条 本规定自2008年5月1日起实施。本院此前制定实施的规范性文件与本规定相抵触的，以本规定为准；法律、法规和最高人民法院的司法解释有新的规定的，依照新的规定执行。

本规定实施后，《北京市高级人民法院

关于执行中委托评估、拍卖和变卖工作的若干规定(试行)》(京高法发〔2001〕160号)不再适用。

第五十二条 本规定由北京市高级人民法院执行机构负责解释。

北京市高级人民法院关于印发修订后的《北京市法院执行工作规范》的通知(2013年修订)

• 2013年12月18日

市第一、第二、第三中级人民法院,北京铁路运输中级法院;各区、县人民法院,北京铁路运输法院:

《北京市法院执行工作规范》(以下简称《规范》)于2010年印发全市法院执行后,在统一执行工作司法尺度、为执行法官提供办案指南、规范执行行为、强化执行管理等方面发挥了重要作用。鉴于修订后的民事诉讼法已于2013年1月1日施行,近年来一系列有关执行工作的法律、司法解释及规范性文件相继出台和实施,执行工作实践中也出现了一些需要研究和解决的新问题,积累了新的经验,为适应民事诉讼法的修改和执行工作规范化建设的需要,市高级法院对《规范》进行了一次全面修订,已于2013年12月16日经市高级法院审判委员会第30次会议讨论通过,现予印发。

《规范》原有条文612条,修订后共有条文702条。其中,增补183条,删除93条,修改216条。此次修订的内容,自2014年1月1日起执行。2014年1月1日之后受理的执行案件和2014年1月1日之前已受理但未办结的执行案件,按照修订后的《规范》办理。

需要特别注意的是,《规范》属于北京市法院的内部操作规程和管理性规范,不具有对当事人直接适用的效力,不得在执行中直接予以援引,但可根据其指引查找相应的法律及司法解释条文予以援引。

全市各级法院要组织全体执行人员认真学习修订后的《规范》,并在执行工作中予以贯彻落实。市高级法院将适时对各法院贯彻《规范》的情况进行检查,检查结果纳入年度执行工作考评范围。在贯彻《规范》的过程中,遇有问题要认真进行研究总结,形成初步意见后及时报市高级法院执行局。

特此通知

目　录

第一编　执行工作一般规范

第一章　执行管辖

第一条　发生法律效力的民事判决、裁定、调解书,以及刑事判决、裁定中的财产部分,由第一审人民法院或者与第一审人民法院同级的被执行的财产所在地人民法院执行。

发生法律效力的行政判决书、行政裁定书、行政赔偿判决书和行政赔偿调解书,由第一审人民法院执行。第一审人民法院认为情况特殊需要由第二审人民法院执行的,可以报请第二审人民法院执行;第二审人民法院可以决定由其执行,也可以决定由第一审人民法院执行。

法律规定由人民法院执行的其他法律文书,由被执行人住所地或者被执行的财产所在地人民法院执行。

被执行人或者其财产不在中华人民共和国领域内,当事人请求执行的,可以由当事人直接向有管辖权的外国法院申请承认和执行,也可以由人民法院依照中华人民共和国缔结或者参加的国际条约的规定,或者按照互惠原则,请求外国法院承认和执行。

第二条　被执行的财产为不动产的,该不动产的所在地为被执行的财产所在地。

被执行的财产为股权或股份的,该股权或股份的发行公司住所地为被执行的财产所在地。

被执行的财产为商标权、专利权、著作权等知识产权的,该知识产权人的住所地为被执行的财产所在地。

被执行的财产为动产,其所在地不明确或有争议的,被执行人的住所地为被执行的财产所在地。

第三条　申请执行人向被执行的财产所在地人民法院申请执行的,应当提供该人民法院辖区有可供执行财产的证明材料。

第四条　当事人申请执行仲裁裁决,由被执行人住所地或者被执行的财产所在地的中级人民法院执行。

中华人民共和国涉外仲裁机构作出的发生法律效力的仲裁裁决,被执行人或者其财产不在中华人民共和国领域内,当事人请求执行的,应当由当事人直接向有管辖权的外国法院申请承认和执行。

国外仲裁机构的裁决,需要中华人民共和国人民法院承认和执行的,应当由当事人直接向被执行人住所地或者其财产所在地的中级人民法院申请,人民法院应当依照中华人民共和国缔结或者参加的国际条约,或者按照互惠原则办理。当事人申请承认国外仲裁机构作出的裁决的,由人民法院的审判庭进行审查并作出裁定。

当事人申请承认中华人民共和国香港特别行政区、澳门特别行政区仲裁机构作出的裁决的,按照《最高人民法院关于内地与香港特别行政区相互执行仲裁裁决的安排》、《最高人民法院关于内地与澳门特别行政区相互认可和执行仲裁裁决的安排》的有关规定确定管辖的执行法院。

第五条 公证机关依法赋予强制执行效力的公证债权文书，由被执行人住所地或被执行的财产所在地人民法院执行。

前款案件的级别管辖，参照本市各级法院受理诉讼案件的级别管辖的规定确定。

第六条 申请仲裁前或仲裁过程中，当事人申请财产保全的，由被申请人住所地或被申请保全的财产所在地的中级人民法院受理、作出裁定并执行。当事人申请证据保全的，由该证据所在地的基层人民法院受理、作出裁定并执行。

第七条 行政机关申请人民法院强制执行其具体行政行为，由申请人所在地的基层人民法院受理；执行对象为不动产的，由不动产所在地的基层人民法院受理。

基层人民法院认为执行确有困难的，可以报请上级人民法院执行；上级人民法院可以决定由其执行，也可以决定由下级法院执行。

第八条 专利管理机关依法作出的处理决定和处罚决定，由被执行人住所地或财产所在地的省、自治区、直辖市有权受理专利纠纷案件的中级人民法院执行。

第九条 申请人民法院强制执行国有土地上房屋征收补偿决定案件，原则上由房屋所在地基层人民法院管辖。

人民法院裁定准予执行的，一般由作出征收补偿决定的区、县级人民政府组织实施，也可以由人民法院组织实施。

第十条 外国法院作出的发生法律效力的判决、裁定，需要中华人民共和国人民法院承认和执行的，可以由当事人直接向中华人民共和国有管辖权的中级人民法院申请承认和执行，也可以由外国法院依照该国与中华人民共和国缔结或者参加的国际条约的规定，或者按照互惠原则，请求人民法院承认和执行。当事人申请承认外国法院作出的发生法律效力的判决、裁定的，由人民法院的审判庭进行审查并作出裁定。

当事人向中华人民共和国有管辖权的中级人民法院申请承认和执行外国法院作出的发生法律效力的判决、裁定的，如果该法院所在国与中华人民共和国没有缔结或者共同参加国际条约，也没有互惠关系的，当事人可以向人民法院起诉，由有管辖权的人民法院作出判决，予以执行。

第十一条 两个以上人民法院都有管辖权的，当事人可以向其中一个人民法院申请执行；当事人向两个以上人民法院申请执行的，由最先立案的人民法院管辖。

第十二条 对两个以上人民法院都有管辖权的执行案件，人民法院在立案前发现其他有管辖权的人民法院已经立案的，不得重复立案。立案后发现其他有管辖权的人民法院已经立案的，应当撤销案件；已经采取执行措施的，应当将控制的财产交先立案的执行法院处理。

第十三条 本市法院之间因执行管辖权发生争议的，由双方协商解决；协商不成的，报请市高级人民法院指定管辖。

第二章 执行当事人及其代理人

第十四条 申请执行人包括下列主体：

（一）执行申请受理时确定的申请执行人；

（二）执行依据作出后权利人姓名或者名称变更的，变更后的主体；

（三）经执行程序依法变更的申请执行人；

（四）经另案裁判确认的共同权利人或连带权利人；

（五）法律、司法解释规定的其他主体。

第十五条 被执行人包括下列主体：

（一）执行申请受理时确定的义务人；

（二）执行依据作出后义务人姓名或者名称变更的，变更后的主体；

（三）经执行程序依法追加或变更的

被执行人；

（四）经另案裁判确认的共同义务人或连带义务人；

（五）法律、司法解释规定的其他主体。

第十六条 当事人、法定代理人可以委托一至二人作为执行案件的代理人。下列人员可以被委托为执行案件的代理人：

（一）律师、基层法律服务工作者；

（二）当事人的近亲属或者工作人员；

（三）当事人所在社区、单位以及有关社会团体推荐的公民。

第十七条 委托他人代理执行案件的，应当向人民法院提交经委托人签字或盖章的授权委托书，写明委托事项和代理人的权限。

委托代理人代为放弃、变更民事权利，或代为进行执行和解，或代为提出异议及复议，或代为收取执行款物的，应当有委托人的特别授权。

侨居在国外的中华人民共和国公民从国外寄交或者托交的授权委托书，必须经中华人民共和国驻该国的使领馆证明；没有使领馆的，由与中华人民共和国有外交关系的第三国驻该国的使领馆证明，再转由中华人民共和国驻该第三国使领馆证明，或者由当地的爱国华侨团体证明。

人民法院认为确有必要的，可以要求当事人到庭核实委托代理的相关情况，并制作笔录入卷。

第十八条 涉外执行案件 中的外籍当事人，可以委托本国人为代理人，也可以委托本国律师以非律师身份担任代理人 ；需要委托律师作为代理人的，必须委托中华人民共和国的律师。外国驻华使、领馆官员受本国公民的委托，可以以个人名义担任代理人，但在执行过程中不享有外交特权和豁免权。

涉外执行案件中，外国驻华使、领馆授权其本馆官员，在作为当事人的本国国民不在中华人民共和国领域内的情况下，可以以外交代表身份为其本国国民在中华人民共和国聘请中国律师或中国公民代理执行案件。

在中华人民共和国领域内没有住所的外国人、无国籍人、外国企业和组织、国际组织委托中华人民共和国律师或者其他人代理执行，从中华人民共和国领域外寄交或者托交授权委托书，应当经所在国公证机关证明，并经中华人民共和国驻该国使领馆认证，或者履行中华人民共和国与该所在国订立的有关条约中规定的证明手续后，才具有效力。

第三章 执行的申请与受理

第十九条 人民法院执行机构负责执行下列生效法律文书：

（一）人民法院作出的民事、行政判决、裁定、调解书，民事制裁决定、支付令，以及有财产内容的刑事裁判文书；

（二）依法应由人民法院执行的行政处罚决定、行政处理决定；

（三）中华人民共和国仲裁机构作出的仲裁裁决和调解书，人民法院依据《中华人民共和国仲裁法》有关规定作出的财产保全和证据保全裁定；

（四）公证机关依法赋予强制执行效力的关于追偿债款、物品等的公证债权文书；

（五）经人民法院裁定承认其效力的外国法院作出的判决、裁定，以及国外仲裁机构作出的仲裁裁决；

（六）法律、司法解释规定由人民法院执行的其他法律文书。

第二十条 发生法律效力的民事判决、裁定、调解书和其他应当由人民法院执行的法律文书，当事人必须履行。一方拒绝履行的，对方当事人可以向人民法院申请执行。

民事制裁决定书、具有缴纳诉讼费用内容的法律文书 和具有财产内容的刑事裁判文书，由审判庭在法律文书生效后移送执行机构执行。

移送执行应由审判庭填写移送执行

书，说明执行的事项和应注意的问题，连同生效的法律文书一并移送立案部门立案后转交执行机构执行。

第二十一条 人民法院依照《中华人民共和国民事诉讼法》第一百九十五条的规定确认调解协议有效的裁定，一方当事人拒绝履行或者未全部履行的，对方当事人可以向人民法院申请执行。

第二十二条 人民法院依照《中华人民共和国民事诉讼法》第一百九十七条的规定确认拍卖、变卖担保财产的裁定，当事人可以向人民法院申请执行。

第二十三条 被诉具体行政行为具有可执行内容的，人民法院作出驳回原告诉讼请求的判决生效后，行政机关申请执行被诉具体行政行为的，经人民法院行政庭依法审查作出准予执行裁定并明确执行的具体内容的，人民法院应当立案执行。

第二十四条 公民、法人或者其他组织对具体行政行为在法定期限内不提起诉讼又不履行义务，法律、法规没有赋予行政机关强制执行权的，行政机关可以申请人民法院强制执行，人民法院应当依法受理。

人民法院受理行政机关申请执行其具体行政行为的案件后，应当在三十日内由行政审判庭组成合议庭对具体行政行为的合法性进行审查，并就是否准予强制执行作出裁定。裁定准予强制执行的，行政机关可以持准予强制执行裁定及相关材料到人民法院的立案部门办理立案手续；符合条件的，由立案部门立案后移送本院的执行机构强制执行。

第二十五条 行政机关对涉及违反城乡规划法的违法建筑物、构筑物、设施等的强制拆除申请人民法院执行的，人民法院不予受理。

第二十六条 当事人在二审期间达成诉讼外和解协议后撤诉的，一方当事人不履行或不完全履行和解协议的，另一方当事人可以申请人民法院执行一审生效判决。

第二十七条 申请执行时效期间为二年，从法律文书规定履行期间的最后一日起计算；法律文书规定分期履行的，申请执行的期间应当分别起算，从规定的每次履行期间的最后一日起计算。法律文书未规定履行期间的，从法律文书生效之日起计算。

法律文书规定债务人负有不作为义务的，申请执行时效期间从债务人违反不作为义务之日起计算。

当事人受送达的时间不一致的，法律文书生效之日为最后一名当事人受送达之日。

第二十八条 申请人是公民的，申请执行生效的行政判决书、行政裁定书、行政赔偿判决书和行政赔偿调解书的期限为一年，申请人是行政机关、法人或者其他组织的为一百八十日。申请执行的期限从法律文书规定的履行期间最后一日起计算；法律文书中没有规定履行期限的，从该法律文书送达当事人之日起计算。

行政机关申请人民法院强制执行其具体行政行为，应当自被执行人的法定起诉期限届满之日起三个月内提出。

逾期申请的，除有正当理由外，人民法院不予受理。

第二十九条 在申请执行时效期间的最后六个月内，因不可抗力或者其他障碍不能行使请求权的，申请执行时效中止。从中止时效的原因消除之日起，申请执行时效期间继续计算。

第三十条 申请执行时效因申请执行、当事人双方达成和解协议、当事人一方提出履行要求或者同意履行义务而中断。从中断时起，申请执行时效期间重新计算。

法律文书规定分期履行的，前期债权的申请执行不能导致后期债权申请执行时效的中断。

第三十一条 2008 年 4 月 1 日之前申请执行期限届满的执行案件，当事人以未满两年申请执行时效期间为由申请执行的，人民法院不予受理。

2008 年 4 月 1 日之前申请执行期限尚

未届满的执行案件，申请执行时效自法律文书规定履行期间的最后一日或法律文书生效之日起计算二年的期间。

第三十二条 当事人申请执行应当提交下列文件和证件：

（一）申请执行书。申请执行书中应当写明双方当事人的基本情况、申请执行的理由、事项、执行标的，以及申请执行人所了解的被执行人的财产状况。外籍当事人申请执行的，应当提交中文申请执行书。当事人所在国与中华人民共和国缔结或共同参加的司法协助条约有特别规定的，按照条约规定办理。

（二）生效法律文书副本及法律文书生效时间的证明或其他证明材料。

（三）申请执行人的身份证明。公民个人申请的，应当出示居民身份证或军官证等身份证明；法人申请的，应当提交法人营业执照副本、法定代表人身份证明和组织机构代码证书；其他组织申请的，应当提交营业执照副本、主要负责人身份证明和组织机构代码证书。

（四）继承人或权利承受人申请执行的，应当提交继承或承受权利的证明文件。

（五）其他应当提交的文件或证件。

申请执行仲裁机构的仲裁裁决的，应当提交有仲裁条款的合同书或仲裁协议书。

申请执行国外仲裁机构的仲裁裁决的，应当提交经中华人民共和国驻外使领馆认证或中华人民共和国公证机关公证的仲裁裁决书中文本。

申请执行公证债权文书的，应当提交公证书及执行证书。

第三十三条 当事人申请执行应当符合下列条件：

（一）申请执行的法律文书具有给付内容且给付内容具体、明确；

（二）申请执行的法律文书已经生效且该文书确定的义务履行所附条件已成就或所附期限已届满；

（三）申请执行的法律文书具有强制执行效力；

（四）申请执行人是生效法律文书确定的权利人或其继承人、权利承受人；

（五）被执行人明确且适格；

（六）生效法律文书确定的义务未履行或未全部履行；

（七）属于受申请执行的人民法院管辖。

第三十四条 当事人向人民法院申请执行的，立案部门应当按照本规范第三十二条、第三十三条的规定进行审查。对不符合条件的申请，应当在七日内裁定不予受理；对符合条件的申请，应当在七日内予以立案。

第三十五条 当事人申请执行时提交的材料不齐备，立案部门通知其限期补正，补正后予以受理的，申请执行的时间为其第一次提交申请执行书的日期，立案审查期限自立案部门收到补正材料的次日起计算。

第三十六条 当事人向人民法院申请执行后撤回执行申请，且经人民法院准予撤回，再向该人民法院或其他有管辖权的人民法院申请执行，且符合执行案件受理条件的，应予受理。

第三十七条 在人民法院执行完毕后，被执行人或者其他人对已执行的标的有妨害行为的，人民法院应当采取措施排除妨害，并可以依照《中华人民共和国民事诉讼法》第一百一十一条的规定处理。申请执行人或者其他人因妨害行为造成损失的，可以另行起诉。

第四章 财产保全

第三十八条 立案时或立案后，对于可能因当事人一方的行为或者其他原因，使判决难以执行或者造成当事人其他损害的案件，人民法院可以根据对方当事人的申请裁定对其财产进行保全；当事人没有提出申请的，人民法院在必要时也可以裁定采取保全措施。

仲裁程序中，一方当事人因另一方当

事人的行为或者其他原因，可能使仲裁裁决不能执行或者难以执行的，可以申请财产保全。当事人申请财产保全的，仲裁委员会应当将当事人的申请依照《中华人民共和国民事诉讼法》的有关规定提交人民法院。

人民法院依照前两款的规定作出保全裁定前，可以责令申请人提供担保，申请人不提供担保的，裁定驳回申请。

第三十九条 利害关系人因情况紧急，不立即申请保全将会使其合法权益受到难以弥补的损害的，可以在提起诉讼或者申请仲裁前向被保全财产所在地、被申请人住所地或者对案件有管辖权的人民法院申请采取保全措施。申请人应当提供担保，不提供担保的，裁定驳回申请。

第四十条 作为执行依据的法律文书生效后至申请执行前，债权人可以向有执行管辖权的人民法院申请保全债务人的财产。人民法院可以参照《中华人民共和国民事诉讼法》第一百条的规定作出保全裁定，但原则上不要求债权人提供担保。

第四十一条 保全的审查与实施分属不同部门的，保全裁定作出后，应当立即将保全裁定、申请人提供的被申请人的财产线索及当事人联系方式，一并移送保全实施部门。

保全实施部门接受移送材料后，应当对相关材料进行审查。经审查，材料齐备的，予以登记，并按规定及时实施；材料不齐备的，应当通知裁定作出部门补齐。

第四十二条 采取财产保全措施，适用《最高人民法院关于人民法院民事执行中查封、扣押、冻结财产的规定》的相关规定。

保全被申请人有部分财产已被其他法院查封、扣押、冻结的，人民法院应当首先对其他财产采取保全措施；仍不足申请保全数额的，可轮候查封、扣押、冻结已被其他法院查封、扣押、冻结的财产。

第四十三条 查封、扣押、冻结被申请人的财产，应当以申请人请求保全的财产价值数额及相关费用为限，不得明显超出标的额进行保全。

被保全财产上附有抵押、质押或其他优先受偿权的，应当保全的财产价值为享有上述优先权的债权总额与请求保全的价值之和。

被保全财产为不可分物或者其具体价值难以判断的，可以整体查封、扣押、冻结，但被申请人提供了分割依据并能够分别确定价值的，人民法院应当裁定对超出保全数额的财产部分解除查封、扣押、冻结。

第四十四条 人民法院对保全财产采取查封、扣押、冻结措施后，应当妥善保管。对不动产或不宜采取扣押措施的动产采取查封、扣押、冻结措施后，可以责令被申请人对保全财产妥善保管，并告知其保管不善的法律责任。

被申请人下落不明或采取保全措施的财产不宜由被申请人保管的，可以指定申请人或委托第三人保管。因保管发生的实际费用由申请人垫付。

第四十五条 保全措施的期限适用《最高人民法院关于人民法院民事执行中查封、扣押、冻结财产的规定》中关于查封、扣押、冻结期限的规定。

第四十六条 人民法院采取保全措施后，应当立即将采取保全的情况通知被申请人，同时应当向申请人告知以下事项：

（一）保全措施的有效期限及届满日期；

（二）申请人如需申请继续保全，应当在保全措施的有效期限届满十五日前以书面形式提交续行保全申请；

（三）申请人在期限届满前未提出续行保全申请，已采取的保全措施将因未续行保全而解除，由此产生的责任由申请人承担；

（四）接受续行保全申请的机构和联系方式；

（五）续行保全申请应当由本人或代理人向人民法院直接提交。

上述告知内容应当采用书面形式，并

直接送达申请人。告知和送达过程应当记入工作笔录。

第四十七条 保全措施期限即将届满，案件尚未审结或已经审结尚未进入执行程序的，申请人申请继续保全的，原保全部门应当依法及时办理续行查封、扣押、冻结手续。

保全的审查与实施分属不同部门，申请人向保全裁定作出部门递交续行保全申请的，保全裁定作出部门接收申请后应当立即审查并转交保全实施部门。因没有及时转交续行保全申请或未及时办理续行保全事项造成保全标的物转移、灭失的，有关人员应当承担相应责任。

第四十八条 诉讼前、诉讼中、仲裁前及仲裁中采取的财产保全措施，进入执行程序后，自动转为执行中的查封、扣押、冻结措施，其期限连续计算。

第四十九条 财产保全后，申请执行人向采取保全措施的人民法院以外的有管辖权的人民法院申请执行的，采取保全措施的人民法院应当将保全的财产交执行法院处理。

第五十条 当事人对保全裁定不服的，可以申请复议一次，复议期间不停止裁定的执行。复议申请由作出保全裁定的部门组成合议庭进行审查。经审查，认为复议理由不成立的，书面通知驳回当事人的复议申请；认为复议理由成立的，依法及时裁定变更原裁定或报请审判委员会决定撤销原裁定。

第五十一条 保全过程中或保全措施实施完毕后，当事人对保全措施提出异议的，参照《中华人民共和国民事诉讼法》第二百二十五条的规定进行审查。异议、复议审查期间，不停止保全裁定的执行。

案外第三人以保全标的（非指保全裁定指明的保全标的）系其所有为由提出异议，保全申请人为保全提供担保的，对案外第三人的异议暂不予处理，待保全申请人申请执行后在执行程序中再行处理。系执行前保全的，限保全申请人三十日内申请执行，逾期不申请执行的，裁定解除保全；申请执行的，按照《中华人民共和国民事诉讼法》第二百二十七条的规定对案外第三人的异议进行审查处理。

案外第三人以保全裁定指明的保全标的系其所有为由提出异议的，由作出保全裁定的部门进行审查处理。

第五十二条 有下列情形之一，相关当事人提出解除保全申请的，由作出保全裁定的部门受理、审查，并依法及时作出裁定解除保全：

（一）申请人申请解除保全的；

（二）当事人达成和解协议且申请人同意解除保全的；

（三）被申请人履行全部债务的；

（四）其他应当解除保全的情形。

人民法院作出解除保全裁定后，应当及时向申请人、被申请人及有关协助执行人送达裁定书，并及时解除保全措施。

人民法院裁定解除财产保全的，一般应同时裁定解除对申请人提供的担保财产采取的查封、扣押、冻结措施。但被申请人以保全错误为由提出赔偿请求的，不得解除对担保财产的查封、扣押、冻结措施。

第五章 执行担保

第五十三条 在执行中，被执行人向人民法院提供担保，并经申请执行人同意的，人民法院可以决定暂缓执行、解除或变更强制执行措施。

前款规定的执行担保，可以由被执行人或第三人向人民法院提供财产作担保，也可以由第三人提供保证。以财产作担保的，应当向人民法院提交担保书；由第三人保证的，应当向人民法院提交保证书，提供保证的第三人应当具有代为履行或代为承担赔偿责任的能力。

人民法院应当对担保人的主体资格、担保书或保证书等进行审查。

第五十四条 本规范第五十三条第二款中的

担保书或保证书应当载明以下内容：

（一）被担保的债权及数额；

（二）被执行人履行义务的期限；

（三）担保的方式；

（四）作出关于被执行人未在规定期限内履行义务则自愿接受人民法院对担保财产或保证人的财产予以强制执行的意思表示；

（五）作出关于担保成立时自愿接受人民法院对担保财产采取查封、扣押、冻结等控制性措施的意思表示；

（六）需要载明的其他事项。

第五十五条 被执行人或其担保人以财产向人民法院提供执行担保的，人民法院应当根据担保书或保证书的承诺，对担保财产采取查封、扣押、冻结等控制性措施。

第五十六条 被执行人在担保的期限届满后仍不履行义务的，人民法院可以直接执行担保财产，或者裁定执行保证人的财产，但执行的财产以其应当履行义务部分的金额为限。

第五十七条 人民法院在审理案件期间，保证人为被执行人提供保证，人民法院据此未对被执行人的财产采取保全措施或解除保全措施，案件审结后被执行人无财产可供执行或其财产不足清偿债务的，即使生效法律文书中未确定保证人承担责任，人民法院亦有权裁定执行保证人在保证责任范围内的财产。

第六章 执行和解

第五十八条 在执行中，当事人可以自愿达成和解协议，变更生效法律文书确定的履行义务主体、标的物及其数额、履行期限和履行方式等。

第五十九条 和解协议一般应当采取书面形式。执行人员应将和解协议附卷。无书面协议的，执行人员应将和解协议的内容记入笔录，并由双方当事人签名或盖章。

第六十条 执行法院不得裁定或以其他法律文书确认和解协议约定的内容，但和解协议约定的以被法院查封、扣押、冻结的财产抵债的内容除外。

第六十一条 双方当事人经协商一致，可变更和解协议的内容。

当事人变更和解协议内容的，应当向执行法院提交变更后的和解协议，或由执行人员将变更内容记入笔录，双方当事人签名或盖章确认。

第六十二条 当事人或第三人可以约定为和解协议的履行向执行法院提供担保。执行法院可以敦促但不得强制当事人为和解协议的履行提供担保。

为和解协议的履行所提供的担保，参照本规范关于执行担保的规定执行。

第六十三条 被执行人依和解协议的约定全面、适当履行自己义务，申请执行人拒绝受领的，被执行人可以依法向公证机关提存或向执行法院提交。已经提存或提交的，视为其义务已履行完毕。

第六十四条 当事人主张和解协议存在《中华人民共和国合同法》第五十二条规定的情形应为无效，执行实施机构经审查认为情况属实或执行实施机构依职权发现和解协议存在《中华人民共和国合同法》第五十二条规定的情形应为无效的，应当恢复执行原生效法律文书，并告知各方当事人。对此，当事人可以依照《中华人民共和国民事诉讼法》第二百二十五条的规定提出异议。

第六十五条 申请执行人主张其因受欺诈、胁迫与被执行人达成和解协议而申请恢复执行原生效法律文书，执行实施机构经审查认为情况属实的，应当恢复执行原生效法律文书，并告知各方当事人。对此，当事人可以依照《中华人民共和国民事诉讼法》第二百二十五条的规定提出异议。

第六十六条 当事人不履行或不完全履行和解协议，对方当事人申请恢复执行原生效法律文书，执行实施机构经审查认为情况属实的，应当恢复执行原生效法律文书，并告知各方当事人。对此，当事人可以依照

《中华人民共和国民事诉讼法》第二百二十五条的规定提出异议。

第六十七条 依照本规范第六十四条、第六十五条、第六十六条的规定恢复执行原生效法律文书的，和解协议已经履行完毕的部分应当从执行标的额中予以扣除。

当事人对已履行完毕的部分存在争议的，由执行实施机构审查后予以决定。当事人不服的，可以按照《中华人民共和国民事诉讼法》第二百二十五条的规定提出异议。

第六十八条 案外人在和解协议履行完毕之后主张和解协议无效的，可以向执行法院或市高级人民法院反映。经审查，执行法院认为情况属实的，经本院审判委员会研究决定撤销因执行和解作出的执行行为，并恢复执行原生效法律文书；市高级人民法院认为情况属实的，按照执行监督程序办理。认为情况不属实的，执行法院或市高级人民法院应当及时回复案外人。

第六十九条 第三人作出代被执行人履行义务的承诺后，不履行或不完全履行其承诺的，执行法院不得执行第三人的财产，但第三人已向执行法院提供执行担保的除外。

第七章 暂缓执行

第七十条 执行程序开始后，人民法院可以因法定事由决定对某一项或者某几项执行措施在规定的期限内暂缓实施。

执行程序开始后，除法定事由外，人民法院不得决定暂缓执行。

第七十一条 暂缓执行事宜由执行法院或者其上级人民法院的执行实施机构统一办理。

人民法院决定暂缓执行的，应当制作暂缓执行决定书，并及时送达当事人。

当事人认为暂缓执行决定违法的，按照执行监督程序予以处理。

第七十二条 有下列情形之一的，经当事人或者利害关系人申请，执行法院可以决定暂缓执行：

（一）执行标的物存在权属争议的；

（二）被执行人对申请执行人享有抵销权的。

第七十三条 当事人或者利害关系人申请暂缓执行的，应当向执行法院提交暂缓执行申请书。暂缓执行申请书应当写明下列事项：

（一）当事人或者利害关系人的姓名或者名称等基本情况；

（二）请求事项及所依据的事实和理由；

（三）证据和证据来源，证人姓名和住所。

第七十四条 当事人或者利害关系人申请暂缓执行的，执行法院应当在收到申请书之日起十五日内进行审查并作出暂缓执行或不予暂缓执行的决定，作出决定后五日内，将决定书送达当事人或者利害关系人。

第七十五条 执行法院根据本规范第七十二条拟决定暂缓执行的，应当责令申请暂缓执行的当事人或者利害关系人在指定的期限内提供相应的担保。

对提供担保的，执行实施机构应当对担保的财产或者担保人的担保责任能力进行审查。对在指定期限内没有提供担保，或者提供的担保不符合条件的，执行法院不得决定暂缓执行。

第七十六条 当事人或者利害关系人提供财产担保的，应当提交评估机构对担保财产价值的评估证明。

因出具虚假证明给当事人造成损失的，当事人可以对担保人、评估机构另行提起损害赔偿诉讼。

第七十七条 被执行人或者利害关系人提供担保申请暂缓执行，申请执行人提供担保要求继续执行的，执行法院可以继续执行。

第七十八条 有下列情形之一的，人民法院可以依职权决定暂缓执行：

（一）上级人民法院已经受理执行争议案件并正在处理的；

（二）人民法院发现据以执行的生效

法律文书确有错误，并正在按照审判监督程序或其他法定程序进行审查的。

人民法院依照前款规定决定暂缓执行的，一般应由申请执行人或者被执行人提供相应的担保。

第七十九条 依照本规范第七十八条第一款第（一）项决定暂缓执行的，由上级人民法院的执行实施机构作出决定，并及时将暂缓执行决定书送达执行法院的执行实施机构。执行法院的执行实施机构应当在收到后五日内将暂缓执行决定书送达当事人。

第八十条 依照本规范第七十八条第一款第（二）项决定暂缓执行的，由负责审查的法院作出暂缓执行决定。对符合暂缓执行条件的，该法院的审判机构应当向本院的执行实施机构发出暂缓执行建议书，执行实施机构收到建议书后，应当制作暂缓执行决定书。

负责审查的法院是执行法院的，应当在作出暂缓执行决定后五日内将决定书送达当事人。负责审查的法院是执行法院的上级人民法院的，上级人民法院的执行机构应当及时将暂缓执行决定书送达执行法院的执行实施机构，执行法院的执行实施机构应当在收到后五日内将决定书送达当事人。

第八十一条 在执行过程中，执行人员发现据以执行的判决、裁定、调解书和支付令确有错误的，应当依照最高人民法院《关于适用＜中华人民共和国民事诉讼法＞若干问题的意见》第258条的规定处理。在审查处理期间，执行实施机构可以报经院长决定对执行标的暂缓采取处分性措施，并通知当事人。

第八十二条 暂缓执行的期间不得超过三个月。因特殊事由需要延长的，可以适当延长，延长的期限不得超过三个月。

暂缓执行的期限从执行法院作出暂缓执行决定之日起计算。暂缓执行的决定由执行法院的上级人民法院作出的，从执行法院收到暂缓执行决定之日起计算。

第八十三条 人民法院应当组成合议庭对是否暂缓执行进行审查并作出决定，必要时应当听取当事人或者利害关系人的意见。处理结果应当报经主管院长批准。

第八十四条 市高级人民法院发现执行法院或其上一级人民法院对不符合暂缓执行条件的案件决定暂缓执行，或者对符合暂缓执行条件的案件未予暂缓执行的，应当作出决定予以纠正。执行法院收到该决定后，应当遵照执行。

第八十五条 暂缓执行期限届满后，人民法院应当立即恢复执行。

暂缓执行期限届满前，据以决定暂缓执行的事由消灭，该暂缓执行的决定是由执行法院作出的，执行法院应当立即作出恢复执行的决定；该暂缓执行的决定是由执行法院的上级人民法院作出的，执行法院应当将该暂缓执行事由消灭的情况及时报告上级人民法院，该上级人民法院应当在收到报告后十日内审查核实并作出恢复执行的决定。

第八章　中止执行

第八十六条 有下列情形之一的，执行法院应当裁定中止执行：

（一）申请执行人表示可以延期执行的；

（二）作为一方当事人的公民死亡，尚未确定继承人，或者作为一方当事人的法人或其他组织终止，尚未确定权利义务承受人的；

（三）一方当事人申请执行仲裁裁决，另一方当事人申请撤销仲裁裁决的；

（四）仲裁裁决的被申请人依据《中华人民共和国民事诉讼法》第二百三十七条第二款或者第二百七十四条的规定向人民法院提出不予执行请求，并提供适当担保的；

（五）人民法院已受理以被执行人为债务人的破产申请的；

（六）执行的标的物是法院或者仲裁

机构正在审理的案件所争议的标的物，需要等待该案件审理终结确定权属的；

（七）被执行人确无财产可供执行，且不符合终结本次执行程序的条件的。

对符合前款中第（二）项、第（三）项情形的，仅中止处分性执行措施，不影响控制性执行措施的采取。

中止执行情形消失后，申请执行人可以申请恢复执行，或者由执行法院依职权恢复执行。恢复执行应当书面通知当事人。

第八十七条 依据本规范第八十六条第一款第（一）项中止执行的，应有申请执行人出具的同意延期执行的书面材料。

第八十八条 依据本规范第八十六条第一款第（二）项中止执行的，被执行人是公民的，应有医疗机构出具的死亡证明书或户籍管理机关的证明；被执行人是法人或其他组织的，应有法人或其他组织被撤销、注销、协议终止或者存续期限届满等相关书面材料。

第八十九条 依据本规范第八十六条第一款第（七）项中止执行的，应具有本规范第三百五十四条所要求的相关材料。

第九十条 依据本规范第八十六条第一款第（三）项至第（六）项中止执行的，应有与中止执行条件相关的人民法院或仲裁机构作出的相关案件的受理通知书或证明。

第九十一条 中止执行的，应依法制作裁定书，载明中止执行的理由和法律依据，并送达当事人。

第九十二条 中止执行期间，当事人、利害关系人依据《中华人民共和国民事诉讼法》第二百二十五条的规定提出异议，或者案外人依据《中华人民共和国民事诉讼法》第二百二十七条的规定提出异议的，执行法院应当依法进行审查并作出裁定。

第九十三条 中止执行期间，当事人申请变更申请执行人的，执行法院应当依法审查并作出裁定；当事人申请变更或追加被执行人的，执行法院应当区分中止执行的具体情形作出处理。

第九十四条 中止执行期间，需要对执行标的物续行查封、扣押、冻结的，执行法院应当依法及时办理续行查封、扣押、冻结手续。

第九章 迟延履行利息或迟延履行金的计付

第九十五条 迟延履行利息、迟延履行金属于申请执行人的民事权利，其有权予以处分。迟延履行利息、迟延履行金的计付，依法可由当事人协商解决；协商不成的，适用本章规定。

第九十六条 被执行人迟延履行的，迟延履行利息或迟延履行金自执行依据指定的履行期间届满的次日起计算；执行依据未指定履行期间的，迟延履行利息或迟延履行金自执行依据生效之日的次日起计算。执行依据确定分期履行义务的，对每一期的迟延履行利息或迟延履行金分别予以计算。

第九十七条 据以执行的生效法律文书经过再审，再审维持原审结果的，迟延履行利息自原生效法律文书指定的履行期间届满的次日或原生效法律文书生效之日的次日起计算。再审改变原审结果的，因改判而增加的债务部分，其迟延履行利息自再审裁判文书指定的履行期间届满的次日或再审裁判文书生效之日的次日起计算；改判中维持的部分，其迟延履行利息自原生效法律文书指定的履行期间届满的次日或原生效法律文书生效之日的次日起计算。

同一执行依据确定双方当事人互为给付义务，并由同一法院执行，且一方当事人为金钱给付义务，另一方当事人为行为给付义务，若义务履行无先后顺序，双方当事人均迟延履行的，共同的迟延履行期间均不计付迟延履行利息或迟延履行金。一方当事人先履行，另一方当事人后履行的，后履行义务的当事人应当向先履行义务的当事人支付迟延履行利息或迟延履行金，迟延履行利息或迟延履行金自先履行义务当事人履行完毕义务的次日起计算；执行依据就后履行的义务确定了履行期限的，迟延履行利息或迟延履行金自该履行期限届满的次日起计算。

同一执行依据确定双方当事人互为给付义务，并由同一法院执行，且一方当事人为金钱给付义务，另一方当事人为行为给付义务，若义务履行有先后顺序且先义务履行系后义务履行的条件的，负有先履行义务的当事人迟延履行的，应当向对方当事人支付迟延履行利息或迟延履行金，迟延履行利息或迟延履行金自执行依据指定的履行期间届满的次日或执行依据生效之日的次日起计算。负有后履行义务的当事人在负有先履行义务的当事人履行义务之后仍迟延履行的，应当向对方当事人支付迟延履行利息或迟延履行金，迟延履行利息或迟延履行金自先履行义务当事人履行完毕义务的次日起计算；执行依据就后履行的义务确定了履行期限的，迟延履行利息或迟延履行金自该履行期限届满的次日起计算。

执行依据确定双方当事人互为行为给付义务的，参照本条第二款、第三款规定的精神办理。

第九十八条 执行过程中，若执行的财产为货币类财产，计算迟延履行利息截至案款到达执行法院账户之日，但因可归责于被执行人的原因 而未发还案款的除外；若执行的财产为非货币类财产，需对该财产予以拍卖、变卖或以其他方式变价的，计算迟延履行利息截至拍卖、变卖裁定送达买受人之日或以物抵债裁定送达申请执行人之日。

执行中需要进行案款分配的，计算迟延履行利息截至分配方案确定之日。分配方案确定之日，以分配方案最终核准人的核准时间为准。

执行依据生效后、申请执行前，被执行人主动要求履行执行依据确定的给付义务并作出实际履行行为，申请执行人无正当理由拒绝受领的，计算迟延履行利息截至被执行人作出实际履行行为之日。

计算迟延履行金截至行为义务履行完毕之日。

第九十九条 诉讼前、诉讼中已足额保全财产，执行依据生效后未申请执行，被保全的为货币类财产的，不计算迟延履行利息；被保全的为非货币类财产的，计算迟延履行利息截至拍卖、变卖裁定送达买受人之日或以物抵债裁定送达申请执行人之日。被执行人在执行依据生效后向申请执行人表示愿以被保全的财产履行债务并催促申请执行人及时申请执行，申请执行人不及时申请执行的，自被执行人向申请执行人作出催促申请执行的意思表示之日至申请执行之日，不计算迟延履行利息。

诉讼前、诉讼中已保全财产但未足额，执行依据生效后未申请执行的，对已保全财产的债务部分，参照前款的规定计算迟延履行利息。对未保全财产的债务部分，参照本规范第九十八条第一款的规定计算迟延履行利息。

第一百条 迟延履行利息、迟延履行金计付期间的扣除，根据以下情形分别予以确定：

（一）暂缓执行后恢复执行的，暂缓执行期间不计算迟延履行利息或迟延履行金，但因可归责于被执行人的原因 暂缓执行的除外。

（二）因申请执行人申请再审而暂缓执行或中止执行的，暂缓执行或中止执行期间不计算迟延履行利息或迟延履行金。

（三）因被执行人申请再审而暂缓执行或中止执行，其再审请求未被支持的，暂缓执行或中止执行期间计算迟延履行利息或迟延履行金；其再审请求被部分支持的，对维持的部分，暂缓执行或中止执行期间计算迟延履行利息或迟延履行金。

（四）因申请执行人表示可以延期执行而中止执行的，中止执行期间不计算迟延履行利息或迟延履行金。

（五）因作为申请执行人的公民死亡，尚未确定继承人，或者作为申请执行人的法人或其他组织终止，尚未确定权利义务承受人而中止执行的，中止执行期间不计算迟延履行利息或迟延履行金；因作为被执行人的公民死亡，尚未确定继承人，或者作为被执行人的法人或其他组织终止，尚未确定权利义务承受人而中止执行的，中止执行期间计算迟延履行利息或迟延履行金。

（六）因被执行人确无财产而中止执行或终结本次执行程序的，中止执行期间或终结本次执行程序期间计算迟延履行利息。

（七）因被执行人申请撤销仲裁裁决而中止执行，撤销仲裁裁决的申请被驳回的，中止执行期间计算迟延履行利息或迟延履行金。

（八）因被执行人提出不予执行仲裁裁决申请而中止执行，其不予执行申请被驳回的，中止执行期间计算迟延履行利息或迟延履行金。

（九）因被执行人申请自己破产而中止执行，破产申请被驳回后恢复执行的，中止执行期间计算迟延履行利息；因申请执行人申请被执行人破产而中止执行，破产申请被驳回后恢复执行的，中止执行期间不计算迟延履行利息。

（十）当事人达成和解协议后，因被执行人欺诈、胁迫或不履行和解协议导致恢复执行的，和解协议履行期间计算迟延履行利息或迟延履行金。

（十一）被执行人申请不予执行公证债权文书被驳回的，申请不予执行公证债权文书案件的审查期间计算迟延履行利息或迟延履行金。

第一百零一条 被执行财产拍卖成交后，买受人迟延支付拍卖价款但法院未决定重新拍卖的，该迟延支付拍卖价款期间的迟延履行利息由买受人承担。

第一百零二条 迟延履行利息的计算基数包括执行依据确定的主债务本金、利息、违约金（罚息、滞纳金）。案件受理费、申请保全费、评估费、鉴定费、公告费、仲裁费等因诉讼或仲裁所支出的费用，执行依据的主文未确定由一方当事人向另一方当事人支付的，不计入迟延履行利息的计算基数；执行依据的主文确定由一方当事人向另一方当事人支付的，计入迟延履行利息的计算基数。

执行依据确定的为外币给付义务，执行时以人民币给付的，迟延履行利息的基数以被执行人实际履行义务之日该种外币的汇率兑换为人民币的金额计算。

第一百零三条 被执行人迟延履行执行依据确定的金钱给付义务的，应当按照中国人民银行公布的同期贷款基准利率的双倍计算迟延履行利息。对“同期贷款基准利率”，具体把握如下：

（一）根据迟延履行期间的长短确定应当适用的中国人民银行公布的同档贷款基准利率：迟延履行期间不超过6个月的，按照中国人民银行公布的6个月以内（含6个月）档的贷款基准利率计算迟延履行利息；迟延履行期间逾6个月、不超过1年的，按照中国人民银行公布的6个月至1年（含1年）档的贷款基准利率计算迟延履行利息；迟延履行期间逾1年、不超过3年的，按照中国人民银行公布的1至3年（含3年）档的贷款基准利率计算迟延履行利息；迟延履行期间逾3年、不超过5年的，按照中国人民银行公布的3至5年（含5年）档的贷款基准利率计算迟延履行利息；迟延履行期间逾5年的，按照中国人民银行公布的5年以上档的贷款基准利率计算迟延履行利息。

（二）迟延履行期间，中国人民银行公布的同期贷款基准利率发生变化的，根据该利率的变化分段计算迟延履行利息。

（三）迟延履行期间逾1年的，每整年的迟延履行利息按照同期贷款基准利率的年利率计算，剩余期间的迟延履行利息按照同期贷款基准利率的日利率计算。日利率按照同期贷款基准利率的年利率除以365天计算。

由于利率政策变化，中国人民银行不发布同期贷款基准利率的，计算迟延履行利息所依据的利率按照最高人民法院的有关规定办理。

第一百零四条 执行案款不足的，应当先行扣除案件受理费、申请保全费、申请执行费、评估费、鉴定费、公告费、仲裁费等因诉讼或仲裁所支出的费用，剩余部分按照《最高人民法院关于在执行工作中如何计算迟延履行期间的债务利息等问题的批复》规定的本息并还原则办理。

第一百零五条 变更或追加被执行人的，被变更或追加后的被执行人承受或共同承担原被执行人给付迟延履行利息或迟延履行金的义务，法律、司法解释另有规定的除外。

案外人在执行过程中为被执行人提供担保，担保责任的范围包括迟延履行利息或迟延履行金，但另有约定的除外。有约定但约定不明确的，视为没有约定。

第一百零六条 申请执行人主张迟延履行利息的，应当由其提供计算迟延履行利息的方法及结果，被执行人对此没有异议，或者虽有异议但经协商后与申请执行人达成一致的，经执行实施机构审查后予以确认。当事人对迟延履行利息的计算无法达成一致的，由执行实施机构作出书面决定。当事人对该决定可以按照《中华人民共和国民事诉讼法》第二百二十五条的规定提出异议。

第一百零七条 被执行人迟延履行非金钱给付义务，给申请执行人造成损失的，应当双倍补偿申请执行人的损失。申请执行人提出有损失并要求双倍补偿其损失的，其在主张迟延履行金时应当列明所受损失的具体数额，并提供相应证据。

被执行人迟延履行非金钱给付义务，未给申请执行人造成损失或者申请执行人未主张有损失的，应当综合迟延履行的原因、迟延履行期间的长短、迟延履行给申请执行人造成的影响等因素酌定迟延履行金的数额。

申请执行人主张迟延履行金的，应当由其提供计算迟延履行金的方法及结果，被执行人对此没有异议，或者虽有异议但经协商后与申请执行人达成一致的，经执行实施机构审查后予以确认。当事人对迟延履行金的计算无法达成一致的，由执行实施机构作出书面决定。当事人对该决定可以按照《中华人民共和国民事诉讼法》第二百二十五条的规定提出异议。

第一百零八条 申请执行人在执行立案时或执行过程中未明确表示放弃迟延履行利息或迟延履行金的，执行标的额包括迟延履行利息、迟延履行金。执行法院可以根据被执行人可能承担的迟延履行利息或迟延履行金数额，对相应价值的被执行人财产采取控制性措施。

第一百零九条 执行依据生效后申请执行前，债务人已自动履行完毕执行依据确定的债务，债权人以债务人未支付迟延履行利息或迟延履行金为由单独申请执行的，执行法院应予受理。

执行依据确定的债权债务已消灭，迟延履行利息、迟延履行金未执行或未全部执行，但申请执行人认可结案，其又就计付迟延履行利息、迟延履行金另行申请执行的，执行法院不予受理；申请执行人未认可结案，且就计付迟延履行利息、迟延履行金主张继续执行的，执行法院应予执行。

第一百一十条 执行刑事裁判中财产部分的案件、行政非诉案件，不计付迟延履行利息或迟延履行金。

第一百一十一条 根据《最高人民法院关于人民法院民事调解工作若干问题的规定》第十条、第十九条的规定，调解协议约定了一方不履行该协议应当承担的民事责任，且不履行该协议的当事人已承担了该民事责任，对方当事人又要求其给付迟延履行利息或迟延履行金的，执行法院不予支持。

第一百一十二条 当事人对执行法院就迟延履行利息、迟延履行金的计算作出的书面决定提出异议，执行审查机构经审查发现迟延履行利息、迟延履行金的计算确有错误的，可以交由执行实施机构自行纠正，也可以裁定撤销该执行行为，由执行实施机构重新计算。

第十章 强制措施

第一百一十三条 执行程序中，被执行人或其他人有拒不履行生效法律文书或者妨害执行行为的，人民法院根据情节轻重采取拘传、罚款、拘留、限制出境、在征信系统记录、通过媒体公布不履行义务信息以及法律、司法解释规定的其他强制措施。

第一百一十四条 对必须到人民法院接受询问的被执行人或被执行人的法定代表人或负责人，经两次传票传唤，无正当理由拒不到场的，人民法院可以对其进行拘传。

拘传必须经院长批准，并应当发拘传票。

第一百一十五条 对被拘传人的调查询问不得超过二十四小时，调查询问后不得限制被拘传人的人身自由。

第一百一十六条 执行法院在本市辖区以外采取拘传措施时，应当将被拘传人拘传到当地法院，当地法院应予以协助。

第一百一十七条 被执行人或其他人有下列拒不履行生效法律文书或者妨害执行行为之一的，人民法院根据情节轻重予以罚款、拘留：

（一）隐藏、转移、变卖、毁损向人民法院提供执行担保的财产的；

（二）被执行人与案外人恶意串通转移被执行人财产的；

（三）故意撕毁人民法院执行公告、封条的；

（四）伪造、隐藏、毁灭有关被执行人履行能力的重要证据，妨碍人民法院查明被执行人财产状况的；

（五）指使、贿买、胁迫他人对被执行人的财产状况和履行义务的能力问题作伪证的；

（六）妨碍人民法院依法搜查的；

（七）以暴力、威胁或其他方法妨碍或抗拒执行的；

（八）哄闹、冲击执行现场的；

（九）对人民法院执行人员或协助执行人员进行侮辱、诽谤、诬陷、围攻、威胁、殴打或者打击报复的；

（十）毁损、抢夺执行案件材料、执行公务车辆、其他执行器械、执行人员服装和执行公务证件的；

（十一）恶意串通，通过诉讼、仲裁、调解等方式逃避履行法律文书确定的义务的；

（十二）违反限制高消费令的；

（十三）法律、司法解释规定的其他妨害执行的行为。

人民法院对有前款规定的行为之一的单位，可以对其主要负责人或者直接责任人员予以罚款、拘留。

第一百一十八条 有义务协助调查、执行的单位有下列行为之一的，人民法院除责令其履行协助义务外，并可以予以罚款：

（一）有关单位拒绝或者妨碍人民法院调查取证的；

（二）有关单位接到人民法院协助执行通知书后，拒不协助查询、查封、扣押、冻结、划拨、变价财产的；

（三）有关单位接到人民法院协助执行通知书后，拒不协助扣留被执行人的收入、办理有关财产权证照转移手续、转交有关票证、证照或者其他财产的；

（四）有关单位在收到人民法院关于限制被执行人高消费的协助执行通知书后，仍接受被执行人高消费的；

（五）其他拒不协助执行的行为。

人民法院对有前款规定的行为之一的单位，可以对其主要负责人或者直接责任人员予以罚款；对仍不履行协助义务的，可以予以拘留。还可以对该主要负责人或者直接责任人员向监察机关或者有关机关提出予以纪律处分的司法建议。

第一百一十九条 对个人的罚款金额，为人民币十万元以下。对单位的罚款金额，为人民币五万元以上一百万元以下。

第一百二十条 罚款必须经院长批准。

罚款应当用决定书。

第一百二十一条 拘留的期限，为十五日以下，自拘留决定书送达被拘留人之日起计算。拘留当日计算为一日。

第一百二十二条 人民法院在适用拘留措施时，应当收集、保存相应证据。因情况紧急，无法收集、保存相应证据的，应当制作详尽的现场笔录，在场的法院工作人员应当签字；有其他人员在场的，亦可由其签字见证。

第一百二十三条 适用拘留措施，一般应由合议庭进行合议，情况特别紧急的除外。

第一百二十四条 采取拘留措施，应当报请院长批准。

因哄闹、冲击法庭，用暴力、威胁等方法抗拒执行公务等紧急情况，必须立即采取拘留措施的，可立即拘留。在拘留后，应当立即报告院长补办批准手续。院长认为拘留不当的，应当立即解除拘留。

第一百二十五条 采取司法拘留措施应当制作决定书。决定书援引法律条文应当具体到款项，援引的款项应当与被拘留人的违法行为相对应。

拘留决定书应当送达被拘留人。被拘留人拒不签收的，不影响决定书的效力，送达人应当在送达回证上记明情况。

第一百二十六条 人民法院决定采取拘留措施，由司法警察将被拘留人送公安机关看管。

第一百二十七条 人民法院对被拘留人采取司法拘留措施后，应当在二十四小时内通知被拘留人的亲属，告知其拘留原因、关押处所等相关情况。因被拘留人拒不提供其亲属联系方式等原因致使人民法院难以通知其亲属，或者因其他原因确实无法通知其亲属的，应当记入笔录。

第一百二十八条 案件承办人一般应在拘留决定书送达被拘留人之次日起三日内，与被拘留人进行谈话。被拘留人有悔改表示，提出会见案件承办人申请的，案件承办人应及时与被拘留人进行谈话。谈话情况应记入笔录。

第一百二十九条 被拘留人不在本市辖区的，作出拘留决定的人民法院应派员到被拘留人所在地的人民法院，请该院协助执行，将被拘留人送当地公安机关看管。被拘留人申请复议的，经被执行人所在地的人民法院转达后，由作出拘留决定的人民法院的上一级人民法院审查决定；被拘留人在司法拘留期间承认并改正错误需要提前解除司法拘留措施，被拘留人所在地的人民法院向作出拘留决定的人民法院转达或者提出建议的，由作出拘留决定的人民法院审查决定。

第一百三十条 对县级以上人民代表大会的代表，需要依法采取拘留措施的，应当先行报经该级人民代表大会主席团或常务委员会许可。

对乡、民族乡、镇人民代表大会代表采取拘留措施的，应在拘留后立即报告乡、民族乡、镇人民代表大会主席团。

第一百三十一条 对各级中国人民政治协商会议委员会委员，确需依法采取司法拘留措施的，应当向该级中国人民政治协商会议委员会通报。

第一百三十二条 对军人确需采取司法拘留措施的，应当及时通知其所在部队团以上单位的政治机关。

第一百三十三条 本规范第一百一十七条、第一百一十八条规定的罚款、拘留，可以单独适用，也可以合并适用。

第一百三十四条 对同一拒不履行生效法律文书、妨害执行或者拒不履行协助义务的行为，罚款、拘留不得重复适用。但发生了新的上述行为的，人民法院可以另行予以罚款、拘留。

第一百三十五条 对人民法院作出的罚款、拘留决定不服的,可在接到决定书之次日起三日内,向作出决定的人民法院提出书面申请,要求上一级人民法院复议,或直接向上一级人民法院申请复议。提出书面申请有困难的,可以口头申请。当事人的口头申请,应当记入笔录,由当事人签名或者盖章。

复议期间,罚款、拘留决定不停止执行。

上级人民法院应在收到复议申请后五日内作出决定,并将复议结果通知下级法院和当事人。上级人民法院复议时认为强制措施不当,应当制作决定书,撤销或变更下级法院的拘留、罚款决定。情况紧急的,可以在口头通知后三日内发出决定书。

第一百三十六条 被拘留人在司法拘留期间认错悔改的,可以责令其具结悔过;具结悔过后,提前解除司法拘留。具结悔过应采用书面形式,采用书面形式有困难的,可以口头形式。当事人的口头表述,应当记入笔录,由被拘留人签名或者盖章。

提前解除司法拘留,应当报请院长批准,并作出提前解除拘留决定书,交负责看管的公安机关执行。

第一百三十七条 对采取拘留措施的全过程,应当如实、完整地予以记载,相关材料应当入卷归档。

第一百三十八条 人民法院采取司法拘留措施的,应当单独登记造册。

第一百三十九条 违反规定采取司法拘留措施造成严重后果,或者故意违反规定采取司法拘留措施的,给予警告、记过或者记大过处分;情节较重的,给予降级或者撤职处分;情节严重的,给予开除处分。构成犯罪的,依法追究刑事责任。

第一百四十条 被执行人不履行法律文书确定的义务的,人民法院可以对其采取限制出境措施。

被执行人为单位的,可以对其法定代表人、主要负责人或者影响债务履行的直接责任人员限制出境。

被执行人为无民事行为能力人或者限制民事行为能力人的,可以对其法定代理人限制出境。

第一百四十一条 人民法院依照本规范第一百四十条的规定采取限制出境措施的,应当由申请执行人向执行法院提出书面申请;必要时,执行法院可以依职权决定。

限制出境的办理程序,按照《北京市高级人民法院关于办理限制出境工作执行〈北京市对法定不批准出境人员通报备案实施办法〉的若干意见》的相关规定执行。

第一百四十二条 在限制出境期间,被执行人履行法律文书确定的全部债务的,执行法院应当及时解除限制出境措施;被执行人提供充分、有效的担保或者申请执行人同意的,可以解除限制出境措施。

第一百四十三条 被执行人具有履行能力而不履行生效法律文书确定的义务,具有下列情形之一的,人民法院应当将其纳入失信被执行人名单,依法对其进行信用惩戒:

(一)以伪造证据、暴力、威胁等方法妨碍、抗拒执行的;

(二)以虚假诉讼、虚假仲裁或者以隐匿、转移财产等方法规避执行的;

(三)违反财产报告令的;

(四)违反限制高消费令的;

(五)被执行人无正当理由拒不履行执行和解协议的;

(六)其他有履行能力而拒不履行生效法律文书确定义务的。

第一百四十四条 人民法院向被执行人发出的执行通知书中,应当载明有关纳入失信被执行人名单的风险提示内容。

申请执行人认为被执行人存在本规范第一百四十三条所列失信行为之一的,可以申请人民法院将该被执行人纳入失信被执行人名单,人民法院经审查后作出决定。必要时,人民法院也可以依职权作出决定。

人民法院决定将被执行人纳入失信被

执行人名单的，应当制作决定书，决定书自作出之日起生效。决定书应当送达当事人。

第一百四十五条 被执行人认为将其纳入失信被执行人名单错误的，可以向人民法院申请纠正。被执行人是自然人的，一般应由被执行人本人到人民法院提出并说明理由；被执行人是法人或者其它组织的，一般应由被执行人的法定代表人或者负责人本人到人民法院提出并说明理由。人民法院经审查认为理由成立的，应当作出决定予以纠正。

第一百四十六条 记载和公布失信被执行人的信息范围应当包括：

（一）作为被执行人的法人或者其他组织的名称、组织机构代码、法定代表人或者负责人姓名或作为被执行人的自然人的姓名、性别、年龄、身份证号码；

（二）生效法律文书确定的义务和被执行人的履行情况；

（三）被执行人失信行为的具体情形；

（四）执行依据的制作单位和文号、执行案号、立案时间、执行法院；

（五）人民法院认为应当记载和公布的不涉及国家秘密、商业秘密、个人隐私的其他事项。

第一百四十七条 执行法院应当将失信被执行人名单信息录入最高人民法院失信被执行人名单库，并通过该名单库统一向社会公布。

各级人民法院可以根据各地实际情况，将失信被执行人名单通过报纸、广播、电视、网络、法院公告栏等其他方式予以公布，并可以采取新闻发布会或者其它方式对本院及辖区法院实施失信被执行人名单制度的情况定期向社会公布。

媒体公布的有关费用，由被执行人负担；申请执行人申请在媒体公布的，应当垫付有关费用。

第一百四十八条 人民法院应当将失信被执行人名单信息，向政府相关部门、金融监管机构、金融机构、承担行政职能的事业单位及行业协会等通报，供相关单位依照法律、法规和有关规定，在政府采购、招标投标、行政审批、政府扶持、融资信贷、市场准入、资质认定等方面，对失信被执行人予以信用惩戒。

人民法院应当将失信被执行人名单向征信机构通报，并由征信机构在其征信系统中记录。

失信被执行人是国家工作人员的，人民法院应当将其失信情况通报其所在单位。

失信被执行人是国家机关、国有企业的，人民法院应当将其失信情况通报其上级单位或者主管部门。

第一百四十九条 失信被执行人符合下列情形之一的，人民法院应当将其有关信息从失信被执行人名单库中删除：

（一）全部履行了生效法律文书确定义务的；

（二）与申请执行人达成执行和解协议并经申请执行人确认履行完毕的；

（三）依照本规范第三百五十二条的规定裁定终结执行的。

第一百五十条 执行过程中，确需对涉外、涉港澳台人员采取拘传、拘留、限制出境、扣留护照等措施的，应当及时报告市高级人民法院执行局和办公室，并严格按照法定程序办理；有紧急情况的，可先行处理，但处置工作完成后的二小时内应书面报告市高级人民法院执行局和办公室。

第十一章 刑事处罚

第一百五十一条 执行中具有下列情形之一的，按照《中华人民共和国刑法》第二百七十七条的规定追究刑事责任：

（一）聚众哄闹、冲击执行现场，围困、扣押、殴打执行人员，致使执行工作无法进行的；

（二）毁损、抢夺执行案件材料、执行公务车辆和其他执行器械、执行人员服装以及执行公务证件，造成严重后果的；

（三）其他以暴力、威胁方法妨害或者抗拒执行，致使执行工作无法进行的。

第一百五十二条 执行中隐藏、转移、变卖、故意毁损已被人民法院查封、扣押、冻结的财产，按照《中华人民共和国刑法》第三百一十四条的规定，情节严重的，处三年以下有期徒刑、拘役或者罚金。

第一百五十三条 妨害公务罪和非法处置法院控制财产罪的办理程序，按照《中华人民共和国刑事诉讼法》的相关规定执行。

第一百五十四条 按照《中华人民共和国刑法》第三百一十三条等法律及其立法解释的规定，具有下列情形之一的，视为对人民法院的判决、裁定有能力执行而拒不执行情节严重，可依法对拒执人处三年以下有期徒刑、拘役或者罚金：

（一）被执行人隐藏、转移、故意毁损财产或者无偿转让财产、以明显不合理的低价转让财产，致使判决、裁定无法执行的；

（二）担保人或者被执行人隐藏、转移、故意毁损或者转让已向人民法院提供担保的财产，致使判决、裁定无法执行的；

（三）协助执行义务人接到人民法院协助执行通知书后，拒不协助执行，致使判决、裁定无法执行的；

（四）被执行人、担保人、协助执行义务人与国家机关工作人员通谋，利用国家机关工作人员的职权妨害执行，致使判决、裁定无法执行的；

（五）被执行人与他人恶意串通，通过诉讼、仲裁、调解等方式逃避履行法律文书确定的义务，情节严重的；

（六）被执行人违反限制高消费令情节严重的；

（七）其他有能力执行而拒不执行，情节严重的情形。

国家机关工作人员有前款第（四）项行为的，以拒不执行判决、裁定罪的共犯追究刑事责任。国家机关工作人员收受贿赂或者滥用职权，有前款第（四）项行为的，同时又构成《中华人民共和国刑法》第三百八十五条、第三百九十七条规定之罪的，依照处罚较重的规定定罪处罚。

本条第一款规定的"人民法院的判决、裁定"，是指人民法院依法作出的具有执行内容并已发生法律效力的判决、裁定。人民法院为依法执行支付令、生效的调解书、仲裁裁决、公证债权文书等所作的裁定属于该款规定的裁定。

第一百五十五条 拒不执行判决、裁定案件由执行法院所在地的公安机关、检察机关和法院管辖。必要时，市公安局、市人民检察院和市高级人民法院可以指定管辖。

第一百五十六条 人民法院执行机构在执行判决、裁定的过程中，发现拒不执行判决、裁定人实施了本规范第一百五十四条所列行为之一的，可以先行对其予以司法拘留。

司法拘留后，人民法院执行机构认为不需要追究刑事责任的，依照民事强制执行的有关法律规定予以处理；认为需要追究其刑事责任的，应当在司法拘留期限届满前三日内，将拒不执行判决、裁定案件和拒不执行判决、裁定人一并移送公安机关刑事侦查部门。

第一百五十七条 人民法院执行机构向公安机关刑事侦查部门移送拒不执行判决、裁定案件时，应当将拒不执行判决、裁定人的基本情况（姓名、性别、年龄、民族、住址、工作单位及职务等）及其涉嫌犯罪的相关证据材料（据以执行的生效法律文书，强制执行裁定书，拒不履行、拒不协助执行或者非法干预执行的证据等）一并移送。

第十二章　执行费用

第一百五十八条 执行人民法院发生法律效力的判决、裁定、调解书，仲裁机构依法作出的裁决和调解书，公证机关依法赋予强制执行效力的债权文书，承认和执行外国法院判决、裁定以及国外仲裁机构裁决的，

应当按照下列标准收取执行申请费:

（一）没有执行金额或者价额的,每件收取50元至500元。

（二）执行金额或者价额不超过1万元的,每件收取50元;超过1万元至50万元的部分,按照1.5%交纳;超过50万元至500万元的部分,按照1%收取;超过500万元至1000万元的部分,按照0.5%收取;超过1000万元的部分,按照0.1%收取。

执行标的额得以全部执行的,人民法院应当依照前款标准,计算全案的执行申请费金额;部分执行的,人民法院应当以实际执行的标的额为基数计算执行申请费金额。

前两款规定的执行申请费不由申请人预交,由人民法院在执行生效法律文书确定的内容之外直接向被执行人收取。

第一百五十九条 执行中当事人达成和解协议的,执行申请费的负担由双方当事人协商解决;协商不成的,由被执行人负担,以和解协议约定的给付数额为基数进行计算。当事人申请恢复执行原生效法律文书的,收费标准和收费方式按照本规范第一百五十八条的规定执行。

第一百六十条 申请进行鉴定、评估的,由提出申请的一方预交相应的鉴定费、评估费。执行到案款后,该费用从案款中支付。

申请进行检验、审计的,由提出申请的一方预交相应的检验费、审计费。对该费用的承担,由人民法院决定。

第一百六十一条 人民法院办理受托执行案件,适用本规范收取执行费用。

第一百六十二条 人民法院收取执行费用应当向当事人开具缴费凭证。

第一百六十三条 执行费用以人民币为计算单位。以外币为计算单位的,依照人民法院决定受理案件之日 国家公布的汇率换算成人民币计算。

第十三章 执行回转

第一百六十四条 在执行中或执行完毕后,据以执行的法律文书被人民法院或其他有关机关撤销或变更的,原执行法院应当依当事人的申请或依职权按照新的生效法律文书对已被执行的财产予以执行回转。

前款中“新的生效法律文书”是指人民法院或者其他有权机关,针对原据以执行的法律文书所涉纠纷,作出终局性解决的新的生效法律文书。

第一百六十五条 执行法院依当事人申请或依职权决定执行回转的,应当立案。立案后,由执行法院制作执行回转裁定,责令原申请执行人返还已取得的财产及其孳息,并送达双方当事人。原申请执行人拒不履行该裁定确定的义务的,适用执行程序的相关规定予以强制执行。

第十四章 委托执行

第一百六十六条 执行法院经调查发现被执行人在本市辖区内已无财产可供执行,且在其他省、自治区、直辖市内有可供执行财产的,应当将案件委托异地的同级人民法院执行。

被执行的财产在本市辖区内,需跨中级人民法院、基层人民法院辖区执行的案件,原则上不委托执行,也不需要办理异地执行的批准手续。确需委托执行的,报请市高级人民法院指定执行。

第一百六十七条 执行案件中有三个以上被执行人或者三处以上被执行财产在本市辖区以外,且分属不同异地的,执行法院根据案件具体情况,报经市高级人民法院批准后可以异地执行。

第一百六十八条 委托异地法院协助查询、冻结、查封、调查或者送达法律文书等有关事项的,受托法院不作为委托执行案件立案办理,但应当积极予以协助。

事项委托应当以机要形式送达委托事项的相关手续,不需报市高级人民法院备案。

第一百六十九条 委托执行应当以执行标的物所在地或者执行行为实施地的同级人民

法院为受托执行法院。有两处以上财产在异地的，可以委托主要财产所在地的人民法院执行。

被执行人是现役军人或者军事单位的，可以委托对其有管辖权的军事法院执行。

执行标的物是船舶的，可以委托有管辖权的海事法院执行。

第一百七十条 案件委托执行时，委托法院应当提供下列材料：

（一）委托执行函；

（二）申请执行书和委托执行案件审批表；

（三）据以执行的生效法律文书副本；

（四）有关案件情况的材料或者说明，包括本辖区无财产的调查材料、财产保全情况、被执行人财产状况、生效法律文书的履行情况等；

（五）申请执行人地址、联系电话；

（六）被执行人身份证件或者营业执照复印件、地址、联系电话；

（七）委托法院执行员和联系电话；

（八）其他必要的案件材料等。

前款第（四）项中"本辖区无财产的调查材料"，是指执行法院对被执行人在本市辖区内财产状况进行调查后，认定确无财产可供执行的相关材料。该项中的"被执行人财产状况"包括经执行法院核实被执行人在其他省、自治区、直辖市辖区内有可供执行财产。

委托执行案件应当由委托法院直接向受托法院办理委托手续，并层报市高级人民法院备案。

第一百七十一条 受托法院经审查发现委托执行的手续、材料不全的，可以要求委托法院补办。委托法院应当在三十日内完成补办事项，在上述期限内未完成的，应当作出书面说明。委托法院既不补办又不说明原因的，视为撤回委托，受托法院可以将委托材料退回委托法院。

第一百七十二条 受托法院收到委托执行函后，应当在七日内予以审查并作出决定。经审查符合条件的，应当决定予以立案，并及时将立案通知书通过委托法院送达申请执行人，同时将指定的承办人、联系电话等书面告知委托法院。

委托法院收到上述通知书后，应当在七日内书面通知申请执行人案件已经委托执行，并告知申请执行人直接与受托法院联系执行相关事宜。

受托法院经审查发现委托执行不符合本规范第一百六十六条规定的条件的，可以退回委托法院。

第一百七十三条 案件委托执行后，委托法院应当在收到受托法院的立案通知书后作委托结案处理。

第一百七十四条 受托法院按照本规范第一百七十一条、第一百七十二条的规定退回委托的，应当层报市高级人民法院审批。市高级人民法院同意退回后，受托法院应当在15日内将有关委托手续和案卷材料退回委托法院，并作出书面说明。

委托执行案件退回后，受托法院已立案的，应当作销案处理。委托法院在案件退回原因消除之后可以再次委托。确因委托不当被退回的，委托法院应当决定撤销委托并恢复案件执行，报市高级人民法院备案。

第一百七十五条 委托法院在案件委托执行后又发现有可供执行财产的，应当及时告知受托法院。受托法院发现被执行人在受托法院辖区外另有可供执行财产的，可以直接异地执行，一般不得再行委托执行。根据情况确需再行委托的，应当按照委托执行案件的程序办理，并通知案件当事人。

第一百七十六条 情况紧急或者有转移财产可能的，委托法院应当赴异地对财产采取控制性措施后再行办理委托执行手续。委托执行时，委托法院应当将已经查封、扣押、冻结的被执行人的异地财产，一并移交受托法院处理，并在委托执行函中说明。

委托执行后，委托法院对被执行人的

财产已经采取查封、扣押、冻结等措施的，视为受托法院的查封、扣押、冻结措施。受托法院需要继续查封、扣押、冻结，持委托执行函和立案通知书办理相关手续。续封续冻时，仍为原委托法院的查封冻结顺序。

查封、扣押、冻结等措施的有效期限在移交受托法院时不足1个月的，委托法院应当先行续封或者续冻，再移交受托法院。

第一百七十七条 受托法院未能在六个月内将受托案件执结的，申请执行人有权请求受托法院的上一级人民法院提级执行或者指定执行，上一级人民法院应当立案审查，发现受托法院无正当理由未予执行的，应当限期执行或者作出裁定提级执行或者指定执行。

第一百七十八条 执行法院赴异地执行案件时，应当持有其所在辖区高级人民法院的批准函件，但异地采取财产保全措施和查封、扣押、冻结等非处分性执行措施的除外。

异地执行时，可以根据案件具体情况，请求当地法院协助执行，当地法院应当积极配合，保证执行人员的人身安全和执行装备、执行标的物不受侵害。

第一百七十九条 市高级人民法院应当对辖区内委托执行和异地执行工作实行统一管理和协调，履行以下职责：

（一）统一管理本市辖区的委托和受托执行案件；

（二）指导、检查、监督本市辖区内的受托案件的执行情况；

（三）协调本市辖区内的委托和受托执行争议案件；

（四）承办需异地执行的有关案件的审批事项；

（五）对下级法院报送的有关委托和受托执行案件中的相关问题提出指导性处理意见；

（六）办理其他涉及委托执行工作的事项。

第十五章 执行文书及其送达

第一百八十条 执行程序中，根据工作的实际需要，人民法院应当依法制作并送达裁定书、决定书、通知书、公告、委托书等法律文书。

第一百八十一条 裁定书适用于下列范围：

（一）驳回执行申请；

（二）撤销案件；

（三）驳回管辖权异议；

（四）准许撤回执行申请、执行异议或复议申请；

（五）采取或解除查封、扣押、冻结、扣划、拍卖、变卖、提取、扣留等强制执行措施；

（六）确认拍卖、变卖成交及权利转移；

（七）确认以物抵债；

（八）变更申请执行人或变更、追加被执行人；

（九）当事人或利害关系人对执行行为提出的异议成立或不成立；

（十）案外人对执行标的提出的异议成立或不成立；

（十一）到期债权执行程序中强制执行被执行人的债务人的财产；

（十二）强制执行作为执行担保人的第三人的财产；

（十三）协助执行人不履行协助执行义务或擅自解除执行措施导致被执行财产流失或未能追回，追究协助执行人的赔偿责任；

（十四）中止或者终结执行；

（十五）终结本次执行程序；

（十六）执行回转；

（十七）不予执行仲裁裁决；

（十八）不予执行公证债权文书；

（十九）提级执行或指定执行；

（二十）其他需要裁定解决的事项。

裁定书应当依法送达当事人及其他人。

第一百八十二条 决定书适用于下列范围：

（一）罚款；

（二）拘留；

（三）暂缓执行；

（四）公布失信被执行人名单；

（五）其他需要用决定书解决的事项。

第一百八十三条 通知书适用于下列范围：

（一）通知被执行人履行生效法律文书所确定的义务；

（二）通知有关单位或个人协助执行；

（三）通知第三人履行到期债务；

（四）通知有关单位或个人交出财物、票证；

（五）通知当事人及利害关系人有关拍卖事宜；

（六）其他需要用通知书解决的事项。

第一百八十四条 公告适用于下列范围：

（一）查封；

（二）拍卖、变卖；

（三）强制迁出房屋或退出土地；

（四）其他需要用公告解决的事项。

前款第（三）项公告，应当由院长签发。

第一百八十五条 委托书适用于下列范围：

（一）委托其他单位或个人保管被扣押的财产；

（二）委托鉴定；

（三）委托评估；

（四）委托拍卖；

（五）委托执行；

（六）其他需要用委托书解决的事项。

第一百八十六条 裁定书、决定书、通知书、公告、委托书等书函类、决定类法律文书，应当加盖人民法院印章。

第一百八十七条 送达执行文书，一般应当直接送交受送达人。受送达人是公民，本人不在的，交其同住成年家属签收；受送达人是法人或者其他组织的，应当由法人的法定代表人、其他组织的主要负责人或者办公室、收发室、值班室等负责收件的人签收或盖章；受送达人有诉讼代理人的，人民法院既可以向受送达人送达，也可以向其诉讼代理人送达；受送达人已向人民法院指定代收人的，送交代收人签收。

受送达人的同住成年家属、法人或者其他组织的负责收件的人、诉讼代理人或者代收人在送达回证上签收的日期为送达日期。

第一百八十八条 受送达人或者他的同住成年家属拒绝接收执行文书的，送达人可以邀请有关基层组织或者所在单位的代表到场，说明情况，在送达回证上记明拒收事由和日期，由送达人、见证人签名或者盖章，把执行文书留在受送达人的住所；也可以把执行文书留在受送达人的住所，并采用拍照、录像等方式记录送达过程，即视为送达。

有关基层组织或者所在单位的代表及其他见证人不愿在送达回证上签字或盖章的，由送达人在送达回证上记明情况，把送达文书留在受送达人住所，即视为送达。

第一百八十九条 向法人或者其他组织送达执行文书，该法人的法定代表人、该组织的主要负责人或者办公室、收发室、值班室等负责收件的人拒绝签收或者盖章的，适用留置送达。

受送达人指定诉讼代理人为代收人的，向诉讼代理人送达时，适用留置送达。

第一百九十条 执行法院按照本规范第一百八十七条、第一百八十八条、第一百八十九条的规定送达执行文书有困难的，可以委托其他人民法院代为送达。

委托其他人民法院代为送达的，委托法院应当出具委托函，并附需要送达的执行文书和送达回证，以受送达人在送达回证上签收的日期为送达日期。

第一百九十一条 执行法院按照本规范第一百八十七条、第一百八十八条、第一百八十九条、第一百九十条的规定送达执行文书有困难的，可以按照《最高人民法院关于以法院专递方式邮寄送达民事诉讼文书的若干规定》的相关规定邮寄送达。

第一百九十二条 受送达人是军人的，通过其所在部队团以上单位的政治机关转交。

受送达人被监禁的，通过其所在监所转交。

受送达人被采取强制性教育措施的，通过其所在强制性教育机构转交。

代为转交的机关、单位收到执行文书后，必须立即交受送达人签收，以受送达人在送达回证上注明的签收日期为送达日期。

第一百九十三条 法律、司法解释规定必须公告送达的，应当公告送达。自发出公告之日起，经过六十日，即视为送达。

公告送达，可以在人民法院的公告栏、受送达人原住所地张贴公告，也可以在报纸上刊登公告；对公告送达方式有特殊要求的，应按要求的方式进行公告。

公告送达裁定书的，应说明裁判主要内容，属于可以复议的，还应说明申请复议的权利、期限和受理复议申请的人民法院。

公告送达，应当在案卷中记明原因和经过。

第一百九十四条 经受送达人同意，人民法院可以采用传真、电子邮件等能够确认其收悉的方式送达执行文书，但裁定书除外。

第一百九十五条 送达执行文书应当有送达回证，由受送达人在送达回证上记明收到日期，并签名或者盖章。

受送达人在送达回证上的签收日期为送达日期。

第十六章 执行公开

第一百九十六条 人民法院应当依法、及时、如实公开案件执行各个环节和各个方面的信息，但涉及国家机密、商业秘密、个人隐私等法律禁止公开的信息除外。

第一百九十七条 人民法院应当按照《最高人民法院关于推进司法公开三大平台建设的若干意见》的相关规定，通过执行信息公开平台公开执行实施案件的信息，通过审判流程公开平台公开执行审查案件的信息。

人民法院应当按照《最高人民法院关于人民法院在互联网公布裁判文书的规定》的相关规定，在互联网上公布执行审查案件的裁定，但准予撤回异议或申请的裁定、终结审查程序的裁定和发回重新审查的裁定除外。

第一百九十八条 执行案件受理届满一个月后，执行法院应当在十五日内向申请执行人反馈执行进展情况。

执行案件受理后六个月内未结案的，执行法院应当在六个月届满后十五日内向申请执行人反馈执行进展情况。此后每三个月反馈一次执行进展情况。

执行案件受理一个月或六个月届满前，执行法院已在财产调查、财产控制、财产变现等阶段向申请执行人反馈了全部执行进展情况的，可不重复反馈。

第一百九十九条 执行法院向申请执行人反馈执行进展情况，可以采取电话对谈、固定接待日约谈等方式进行。

第二百条 执行法院反馈执行进展情况，应当告知申请执行人已经采取的执行措施及结果、下一步执行计划、需要其参与和配合的事项等内容，并听取其对案件执行的意见和建议。

第二百零一条 执行法院向申请执行人反馈执行进展情况，应当填写《执行进展情况反馈表》或制作笔录入卷归档，并应当将反馈的情况及时、准确地录入执行案件信息管理系统中的执行日志。

第二百零二条 执行法院应当通过“北京法院 APP”移动公共服务平台主动向当事人推送案件执行全过程的相关情况。

第二百零三条 每月第一个、第三个周五上午为全市法院统一的“执行接待日”，由各院执行案件承办人集中接待当事人。对接待及其处理的相关情况，应当制作笔录并入卷。

各级人民法院对接待中反映的问题应当及时研究，明确解决和处理意见。

第二百零四条 人民法院应当通过开通投诉电话、设立投诉信箱等方式,方便当事人对执行工作和执行人员提出意见和建议。

人民法院应当在执行机构设立廉政监察员,负责接待和处理当事人对执行工作和执行人员的举报和投诉。

第二百零五条 人民法院办理执行案件,应当自觉接受各方当事人的监督,并可以邀请申请执行人见证案件执行的过程。

第二百零六条 人民法院根据本规范第一编第十章的相关规定,公布失信被执行人名单。

人民法院可以通过邀请人民陪审员参与对特定类型案件的执行、邀请人民陪审员担任合议庭成员、邀请执行监督员共同接待处理执行信访、组织人大代表、政协委员以及社会公众参与见证执行工作的各类活动等方式,公开案件执行的相关情况。

第二编 执行实施案件办理规范

第一章 执行准备与启动

第二百零七条 执行案件遵循随机原则确定承办人。但出现同一被执行人的系列案件等特殊情况的,由负责分案的人员报请执行机构负责人指定承办人。

第二百零八条 执行实施机构在执行前发现已受理的执行案件不符合本规范第三十三条第一款第(一)项至第(五)项规定的受理条件的,可以裁定驳回执行申请,裁定应当载明当事人在裁定送达之日起十五日内可以依照《中华人民共和国民事诉讼法》第二百二十五条的规定提出异议。当事人逾期未提出异议的 ,裁定发生法律效力。

执行实施机构应当对财产保全情况进行审查核实,并对需要办理续封手续的及时依法办理。

第二百零九条 案件承办人应当在收到执行案件后三个工作日内向被执行人发出执行通知,并可以立即采取强制执行措施。

执行通知应责令被执行人履行执行依据确定的义务及法律规定的义务,并告知其不履行义务的法律后果。

第二百一十条 案件承办人应当确定金钱给付案件的应执行标的额,包括执行依据确定的金钱债务和迟延履行期间的债务利息。非金钱给付案件根据执行依据及实际情况确定具体执行内容。

第二章 财产调查

第二百一十一条 案件承办人根据案件执行的实际需要及时传唤被执行人或者其法定代表人、负责人、直接责任人员等到指定场所接受询问,查明被执行人的财产状况和履行义务的能力。

第二百一十二条 案件承办人应当向被执行人送达报告财产令,责令其报告当前以及收到执行通知之日前一年的财产情况。

报告财产令中应当写明报告财产的范围、期间、拒绝报告或者虚假报告的法律后果等内容。

第二百一十三条 被执行人应当书面报告下列财产情况:

(一)收入、银行存款、现金、有价证券;

(二)土地使用权、房屋等不动产;

(三)交通运输工具、机器设备、产品、原材料等动产;

(四)债权、股权、投资权益、基金、知识产权等财产性权利;

(五)其他应当报告的财产。

被执行人自收到执行通知之日前一年至当前财产发生变动的,应当对该变动情况进行报告。

被执行人在报告财产期间履行全部债务的,执行法院应当终结报告程序。

第二百一十四条 被执行人报告财产后,其财产情况发生变动,影响申请执行人债权实现的,应当自财产变动之日起十日内向执行法院补充报告。

第二百一十五条 对被执行人报告的财产情况,执行法院可以依申请执行人的申请或者依职权调查核实。被执行人拒绝报告或者虚假报告的,执行法院可以根据情节轻重对被执行人或者其法定代表人、有关单位的主要负责人或者直接责任人员予以罚款、拘留。

第二百一十六条 对被执行人报告的财产情况,申请执行人请求查询的,执行法院应当准许。申请执行人对查询的被执行人财产情况应当保密。

第二百一十七条 申请执行人可以向执行法院提供被执行人的财产线索或被执行人的下落情况。

对申请执行人提供的明确、具体的线索、情况,执行法院应当在十个工作日内进行调查、核实和处理。

第二百一十八条 对被执行人的财产状况及身份信息,执行法院一般应当在立案后五个工作日内通过市高级人民法院执行指挥中心进行统一查询。

对被执行人的财产的调查,执行法院一般应当在立案后一个月内完成。

第二百一十九条 执行法院可以通过以下途径对被执行人的财产进行调查:

(一)向金融机构查询被执行人的存款情况,或者在人民银行、信用卡发卡中心、银联公司、企业信用发布查询中心等单位查询被执行人的开户等情况;

(二)向被执行人的工作单位或者社会保险机构查询被执行人的收入或者离休金、退休金情况;

(三)向国土资源、房屋管理等部门查询被执行人的土地使用权、房屋所有权等情况;

(四)向工商、税务等部门查询被执行人的开办单位(股东)、注册资金、纳税、对外投资及经营等情况;

(五)向交通运输及机动车船等管理部门查询被执行人所有的交通工具情况;

(六)向证券登记结算机构、证券公司、基金公司、期货交易所、期货经纪公司等单位查询被执行人的证券、基金、期货持有及交易情况;

(七)向注册商标、专利、著作权等登记管理机构查询被执行人所有的知识产权情况;

(八)向保险机构查询被执行人的投保情况;

(九)向可能掌握被执行人财产线索的其他单位或个人了解被执行人财产状况。

人民法院对调查所需的材料可以进行复制、抄录或拍照,但应当依法保密。法律另有规定的除外。

第二百二十条 被执行人不履行法律文书确定的义务并隐匿财产,或被执行人拒绝按人民法院的要求提供其有关财产状况的证据材料的,人民法院有权发出搜查令,对被执行人及其住所或者财产隐匿地进行搜查。

采取前款措施,由院长签发搜查令。

第二百二十一条 搜查时,搜查人员应当按规定着装并出示搜查令和身份证件。搜查对象是公民的,应通知被执行人或者他的成年家属到场以及通知基层组织派员到场;搜查对象是法人或者其他组织的,应通知法定代表人或者主要负责人到场,有上级主管部门的,也应通知主管部门有关人员到场。拒不到场的,不影响搜查。禁止无关人员进入搜查现场。搜查中发现的财产,依法予以查封、扣押,并制作查封、扣押财产清单,由在场人签字。

搜查女性身体的,应由女性执行人员或法警进行。

人民法院依法搜查时,对可能存放隐匿财物及有关证据材料的封闭场所、箱柜等,可以责令被执行人开启,拒不开启的,可以强制开启。

对存放在金融机构保险箱中的财物、财产凭证及有关证明材料,义务人拒不履行开箱手续的,可通知有关金融机构协助强制开启,有关金融机构应当配合。

第二百二十二条 搜查应制作搜查笔录,由搜查人员、被搜查人及其他在场人签名或盖章。拒绝签名或者盖章的,应在搜查笔录中载明。

对搜查过程，应当根据实际需要进行录像或拍照。录像及照相资料应当入档备查。

第二百二十三条 被执行人不履行义务，申请执行人认为被执行人有隐匿、转移财产、抽逃资金以及其他逃废债务行为的，可以向执行法院申请对被执行人的资产、负债、所有者权益等进行审计调查，是否审计由执行法院根据案件的实际情况决定。

对审计机构的确定应当采用随机方式。

第二百二十四条 被执行人或其法定代表人(主要负责人)下落不明，或者被执行人隐匿、转移财产的，申请执行人可以申请人民法院采取公告悬赏的方式进行查找。

公告悬赏申请必须以书面形式提出，并载明公告形式、公告范围、具体请求、赏金数额或其确定方法等内容。

第二百二十五条 人民法院应当及时对申请执行人的公告悬赏申请进行审查。符合相关条件的，决定发布悬赏公告。

悬赏公告应当载明被执行人的姓名或名称、住所地、尚未履行的债务、赏金数额等情况。

发布悬赏公告的费用由申请执行人承担并预交。

第二百二十六条 赏金的数额或比例由申请执行人确定并承担。

第二百二十七条 悬赏公告发布后，对提供线索的人员，人民法院应当按照提供线索的先后顺序进行登记。

对提供线索的人员的身份及其提供线索的有关情况，人民法院应当保密。

第二百二十八条 对提供真实有效线索，使案件得以全部执行或部分执行的人员，人民法院应当按照悬赏公告的承诺向其颁发赏金。

第二百二十九条 依申请执行人的申请，执行法院可以向其代理律师发出调查令，就被执行人可供执行的财产进行调查。

律师持调查令进行的调查，视同人民法院执行人员的调查。

第二百三十条 申请执行人的委托调查申请应当以书面形式提出。申请书必须载明申领人和持令人的身份情况、申请调查的具体事项、目的及理由等。

申请执行人的代理律师代为申领调查令的，必须有申请执行人的特别授权。

第二百三十一条 对调查令的申请，执行法院经审查认为符合条件的，签发调查令。

调查令应当载明持令人的姓名、调查的具体事项、调查令有效期限等内容。

第二百三十二条 持令人应当按照人民法院的要求正确使用调查令，并确保调查收集的证据和资料真实、完整。

对持令调查中获知的有关信息，申领人、持令人应当保密。

第二百三十三条 调查结束后，持令人应当在七日内将调查结果提交人民法院。

持令人因故未使用调查令的，应当于调查令有效期限届满之日起七日内，将调查令正本及回执缴还人民法院。

第三章　财 产 控 制

第二百三十四条 对查明的被执行人的财产，人民法院应当及时采取查封、扣押、冻结等执行措施。

人民法院查控财产，可以由专门执行人员或执行组集中统一办理。

第二百三十五条 对被执行人占有的动产、登记在被执行人名下的不动产、特定动产及其他财产权，人民法院可以采取查封、扣押、冻结措施。

未登记的建筑物和土地使用权，依据土地使用权的审批文件和其他相关证据确定权属。

对于第三人占有的动产或者登记在第三人名下的不动产、特定动产及其他财产权，第三人书面确认该财产属于被执行人的，人民法院可以查封、扣押、冻结。

第二百三十六条 人民法院对被执行人的下

列财产不得查封、扣押、冻结：

（一）被执行人及其所扶养家属生活所必需的衣服、家具、炊具、餐具等物品；

（二）被执行人及其所扶养家属所必需的生活费用；

（三）被执行人或其所扶养家属完成义务教育所必需的物品；

（四）未公开的发明或者未发表的著作；

（五）被执行人或其所扶养家属用于身体缺陷所必需的辅助工具、医疗物品；

（六）被执行人所得的勋章及其他荣誉表彰的物品；

（七）根据《中华人民共和国缔结条约程序法》，以中华人民共和国、中华人民共和国政府或者中华人民共和国政府部门名义同外国、国际组织缔结的条约、协定和其他具有条约、协定性质的文件中规定免于查封、扣押、冻结的财产；

（八）金融机构的营业场所及其交存在人民银行的存款准备金和备付金；

（九）社会保险机构开设的社会保险基金账户内的社会保险基金；

（十）证券公司为被执行人时，证券公司开设的客户交易结算资金专用存款账户中的资金；客户为被执行人时，证券公司在存管银行开设的客户交易结算资金专用存款账户中属于所有客户共有的资金；

（十一）对被执行人持有的证券交易成交后进入清算交收期间的证券或者资金，以及被执行人为履行清算交收义务交付给登记结算公司但尚未清算的证券或者资金；

（十二）证券登记结算机构设立的证券集中交收账户、专用清偿账户、专用处置账户内的证券；

（十三）证券公司按照业务规则在证券登记结算机构开设的客户证券交收账户、自营证券交收账户和证券处置账户内的证券；

（十四）证券登记结算机构设立的资金集中交收账户、专用清偿账户内的资金；

（十五）证券登记结算机构依法收取的证券结算风险基金和结算互保金；

（十六）证券登记结算机构在银行开设的结算备付金专用存款账户和新股发行验资专户内的资金，以及证券登记结算机构为新股发行网下申购配售对象开立的网下申购资金账户内的资金；

（十七）证券公司在证券登记结算机构开设的客户资金交收账户内的资金；

（十八）证券公司在证券登记结算机构开设的自营资金交收账户内最低限额自营结算备付金及根据成交结果确定的应付资金；

（十九）在交收完成之前，证券登记结算机构依法按照业务规则要求证券公司等结算参与人、投资者或者发行人提供的回购质押券、价差担保物、行权担保物、履约担保物；

（二十）依照《中华人民共和国证券投资基金法》的规定，不得强制执行的基金销售机构、基金销售支付机构、基金份额登记机构账户内的基金销售结算资金、基金份额；

（二十一）期货交易所向会员收取的保证金；

（二十二）国有企业下岗职工基本生活保障资金；

（二十三）依照《中华人民共和国信托法》的规定，不得强制执行的信托财产；

（二十四）法律及司法解释规定的其他不得查封、扣押、冻结的财产。

第二百三十七条 人民法院查封、扣押、冻结被执行人的财产，应当作出裁定并送达被执行人和申请执行人。人民法院采取查封、扣押、冻结措施后，应当将查封、扣押、冻结财产的情况告知被执行人，并应当参照本规范第四十六条的规定告知申请执行人相关事项。

查封、扣押财产时，还应当遵循下列程序：

（一）查封、扣押财产时，被执行人是公民的，应当通知被执行人或者他的成年家属到场；被执行人是法人或者其他组织的，应当通知其法定代表人或者主要负责人到场。拒不到场的，不影响执行；被执行人是公民的，其工作单位或者财产所在地的基层组织应当派人参加。

（二）对被查封、扣押的财产，案件承办人必须清点并造具清单，由在场人签名或者盖章后，交被执行人一份。被执行人是公民的，也可以交他的成年家属一份。在场人拒绝签名或盖章的，记明情况。

（三）制作笔录，并由执行人员、保管人及到场人员签名。笔录应当载明下列内容：执行措施开始及完成的时间，财产的所在地、种类、数量，财产的保管人，其他应当记明的事项。相关人员拒绝在笔录上签名的，记入笔录。

第二百三十八条　采取查封、扣押、冻结措施需要有关单位或者个人协助的，人民法院应当制作协助执行通知书，连同裁定书副本一并送达协助执行人。

有关单位或个人收到协助执行通知书后，未按协助执行通知书的内容履行协助义务，致使查封、扣押、冻结的财产转移、被其他法院查封、扣押、冻结或流失的，人民法院有权责令其限期追回；逾期未追回的，应当裁定其在转移或查封、扣押、冻结的数额内向申请执行人承担责任。

第二百三十九条　查封、扣押一般动产的，人民法院可以直接控制该财产。将查封、扣押的动产交付其他人控制的，应当在该动产上加贴封条或者采取其他足以公示查封、扣押的适当方式。

查封不动产的，人民法院应当张贴封条或者公告，并可以提取保存有关财产权证照。

查封、扣押、冻结已登记的不动产、特定动产或者其他财产权，应当通知有关登记机关办理登记手续。

查封尚未进行权属登记的建筑物时，人民法院应当通知其管理人或者该建筑物的实际占有人，并在显著位置张贴公告。符合办理预查封登记条件的，应当同时在有关登记部门办理预查封登记。

第二百四十条　查封、扣押、冻结被执行人的财产，以其价额足以清偿执行依据确定的债权额及执行费用为限，不得明显超标的额查封、扣押、冻结。

人民法院发现明显超标的额查封、扣押、冻结的，应当根据被执行人的申请或者依职权，及时解除对超标的额部分财产的查封、扣押、冻结，但该财产为不可分物且被执行人无其他可供执行的财产或者其他财产不足以清偿债务的除外。

第二百四十一条　被执行人或第三人就已经查封、扣押、冻结的财产所作的移转、设定权利负担或者其他有碍执行的行为，不得对抗申请执行人。

未经人民法院准许，第三人占有查封、扣押、冻结的财产或者实施其他有碍执行的行为的，人民法院可以依据申请执行人的申请或者依职权解除其占有或者排除其妨害。

人民法院的查封、扣押、冻结没有公示的，其效力不得对抗善意第三人。

第二百四十二条　对有登记的不动产、特定动产或其他财产权，未办理查封、扣押、冻结登记手续的查封、扣押、冻结，不得对抗已经办理了查封、扣押、冻结登记手续的查封、扣押、冻结；不动产、特定动产或其他财产权有两个以上登记机关的，后办理查封、扣押、冻结登记手续的查封、扣押、冻结，不得对抗先办理查封、扣押、冻结登记手续的查封、扣押、冻结。

对没有登记的财产，未在现场张贴封条或公告的查封、扣押、冻结，不得对抗在现场张贴封条或公告的查封、扣押、冻结。

第二百四十三条　查封、扣押、冻结的效力及于查封、扣押、冻结标的物的从物和天然孳息。

查封财产的法定孳息的，人民法院应

当明确载明。

查封地上建筑物的效力及于该地上建筑物使用范围内的土地使用权，查封土地使用权的效力及于地上建筑物，但土地使用权与地上建筑物的所有权分属被执行人和第三人的除外。

地上建筑物和土地使用权的登记机关不是同一机关的，应当分别办理查封登记。

查封、扣押、冻结的财产灭失或者毁损的，查封、扣押、冻结的效力及于该财产的替代物、赔偿款。人民法院应当及时作出查封、扣押、冻结该替代物、赔偿款的裁定。

第二百四十四条 查封、扣押的财产不宜由人民法院保管的，人民法院可以指定被执行人负责保管，因被执行人的过错造成的损失，由被执行人承担；不宜由被执行人保管的，可以委托第三人或者申请执行人保管。

由人民法院指定被执行人保管的财产，如果继续使用对该财产的价值无重大影响，可以允许被执行人继续使用；由人民法院保管或者委托第三人、申请执行人保管的，保管人不得使用。

第二百四十五条 人民法院对被执行人所有的其他人享有抵押权、质押权或留置权的财产，可以采取查封、扣押、冻结措施。财产拍卖、变卖后所得价款，应当在抵押权人、质押权人或留置权人优先受偿后，剩余部分用于清偿申请执行人的债权。

查封、扣押、冻结担保物权人占有的担保财产，一般应当指定该担保物权人作为保管人；该财产由人民法院或指定第三人保管的，质权、留置权不因转移占有而消灭。

第二百四十六条 人民法院查封、扣押、冻结被执行人设定最高额抵押权的抵押财产的，应当通知抵押权人。抵押权人受抵押担保的债权数额自收到人民法院通知时起不再增加。人民法院虽然没有通知抵押权人，但有证据证明抵押权人知道查封、扣押、冻结事实的，受抵押担保的债权数额从其知道该事实时起不再增加。

第二百四十七条 对被执行人与其他人共有的财产，人民法院可以查封、扣押、冻结，并及时通知共有人。

共有人协议分割共有财产，并经债权人认可的，人民法院可以根据协议予以执行。查封、扣押、冻结的效力及于协议分割后被执行人享有份额内的财产；对其他共有人享有份额内的财产的查封、扣押、冻结，人民法院应当裁定予以解除。

共有人提起析产诉讼或者申请执行人代位提起析产诉讼的，人民法院应当准许。诉讼期间中止对该财产采取处分性执行措施。

第二百四十八条 对第三人为被执行人的利益占有的被执行人的财产，人民法院可以查封、扣押、冻结；该财产被指定由第三人继续保管的，第三人不得将其交付给被执行人。

对第三人为自己的利益依法占有的被执行人的财产，人民法院可以查封、扣押、冻结，第三人可以继续占有和使用该财产，但不得将其交付给被执行人。

第三人无偿借用被执行人的财产的，不受前款规定的限制。

第二百四十九条 被执行人将其财产出卖给第三人，第三人已经支付部分价款并实际占有该财产，但根据合同约定被执行人保留所有权的，人民法院可以查封、扣押、冻结；第三人要求继续履行合同的，应当由第三人在合理期限内向人民法院交付全部余款后，裁定解除查封、扣押、冻结。

第二百五十条 被执行人将其所有的需要办理过户登记的财产出卖给第三人，第三人已经支付部分或者全部价款并实际占有该财产，但尚未办理产权过户登记手续的，人民法院可以查封、扣押、冻结；第三人已经支付全部价款并实际占有，但未办理过户登记手续的，如果第三人对此没有过错，人民法院应当解除查封、扣押、冻结。

第二百五十一条 被执行人购买第三人的财

产,已经支付部分价款并实际占有该财产,但第三人依合同约定保留所有权,申请执行人已向第三人支付剩余价款或者第三人书面同意剩余价款从该财产变价款中优先支付的,人民法院可以查封、扣押、冻结。第三人依法解除合同的,人民法院应当准许,已经采取的查封、扣押、冻结措施应当解除,但人民法院可以依据申请执行人的申请,执行被执行人因支付价款而形成的对该第三人的债权。

第二百五十二条 被执行人购买需要办理过户登记的第三人的财产,已经支付部分或者全部价款并实际占有该财产,虽未办理产权过户登记手续,但申请执行人已向第三人支付剩余价款或者第三人同意剩余价款从该财产变价款中优先支付的,人民法院应当查封、扣押、冻结。

第二百五十三条 人民法院冻结被执行人的银行存款及其他资金的期限不得超过六个月,查封、扣押动产的期限不得超过一年,查封不动产、冻结其他财产权的期限不得超过二年。法律、司法解释另有规定的除外。

第二百五十四条 对已被人民法院查封、扣押、冻结的财产,其他人民法院可以进行轮候查封、扣押、冻结。查封、扣押、冻结解除的,登记在先的轮候查封、扣押、冻结即自动生效。

其他人民法院对已登记的财产进行轮候查封、扣押、冻结的,应当通知有关登记机关协助进行轮候登记,实施查封、扣押、冻结的人民法院应当允许其他人民法院查阅有关文书和记录。

其他人民法院对没有登记的财产进行轮候查封、扣押、冻结的,应当制作笔录,并经实施查封、扣押、冻结的人民法院执行人员及被执行人签名,或者书面通知实施查封、扣押、冻结的人民法院。被执行人拒绝签名的,记入笔录。

人民法院对已查封、扣押、冻结的全部财产进行处分后,该财产上的轮候查封、扣押、冻结自始不产生查封、扣押、冻结的效力。

第二百五十五条 财产控制措施完成后,应当书面告知当事人以下事项:

(一)查封、扣押、冻结的起止日期;

(二)申请执行人要求续行查封、扣押、冻结的,至少于查封、扣押、冻结到期之日十五日前提出书面申请;

(三)申请执行人未按照上一项的要求提出采取续行查封、扣押、冻结措施申请的,已采取的查封、扣押、冻结措施将自动解除。

申请执行人申请延长期限的,人民法院应当在查封、扣押、冻结期限届满前办理续行查封、扣押、冻结手续,续行期限不得超过本规范第二百五十三条规定期限的二分之一,法律、司法解释或其他规范性文件另有规定的除外。

第二百五十六条 查封、扣押、冻结期限届满,人民法院未办理延期手续的,查封、扣押、冻结的效力消灭。

查封、扣押、冻结的财产已经被拍卖、变卖或者抵债的,查封、扣押、冻结的效力消灭。

第二百五十七条 有下列情形之一的,人民法院应当及时作出解除查封、扣押、冻结裁定,并送达申请执行人、被执行人:

(一)申请执行人撤回执行申请或者放弃债权的;

(二)债务已经全部清偿的;

(三)被执行人提供担保且申请执行人同意解除查封、扣押、冻结的;

(四)人民法院认为应当解除查封、扣押、冻结的其他情形。

解除以登记方式实施的查封、扣押、冻结的,应当向登记机关发出协助执行通知书并附前款中的裁定。

第二百五十八条 被执行人未履行执行依据确定的给付义务的,人民法院可以限制其高消费。

人民法院决定采取限制高消费措施

时，应当考虑被执行人是否有消极履行、规避执行或者抗拒执行的行为以及被执行人的履行能力等因素。

第二百五十九条 被执行人为自然人的，被限制高消费后，不得有以下以其财产支付费用的行为：

（一）乘坐交通工具时，选择飞机、列车软卧、轮船二等以上舱位；

（二）在星级以上宾馆、酒店、夜总会、高尔夫球场等场所进行高消费；

（三）购买不动产或者新建、扩建、高档装修房屋；

（四）租赁高档写字楼、宾馆、公寓等场所办公；

（五）购买非经营必需车辆；

（六）旅游、度假；

（七）子女就读高收费私立学校；

（八）支付高额保费购买保险理财产品；

（九）其他非生活和工作必需的高消费行为。

被执行人为单位的，被限制高消费后，禁止被执行人及其法定代表人、主要负责人、影响债务履行的直接责任人员以单位财产实施前款规定的行为。

第二百六十条 限制高消费一般由申请执行人提出书面申请，经人民法院审查决定；必要时人民法院可以依职权决定。

第二百六十一条 人民法院决定限制高消费的，应当向被执行人发出限制高消费令。限制高消费令由人民法院院长签发。限制高消费令应当载明限制高消费的期间、项目、法律后果等内容。

第二百六十二条 人民法院根据案件需要和被执行人的情况可以向有义务协助调查、执行的单位送达协助执行通知书，也可以在相关媒体上进行公告。

限制高消费令的公告费用由被执行人负担；申请执行人申请在媒体公告的，应当垫付公告费用。

第二百六十三条 被限制高消费的被执行人因生活或者经营必需而进行本规范第二百五十九条禁止的消费活动的，应当向人民法院提出申请，经批准后方可进行。

第二百六十四条 在限制高消费期间，被执行人提供确实有效的担保或者经申请执行人同意的，人民法院可以解除限制高消费令；被执行人履行完毕生效法律文书确定的义务的，人民法院应当在本规范第二百六十二条通知或者公告的范围内及时以通知或者公告解除限制高消费令，相关费用由被执行人承担。

第二百六十五条 人民法院应当设置举报电话或者邮箱，接受申请执行人和社会公众对被限制高消费的被执行人违反限制高消费令的举报，并进行审查认定。

第四章 财产变价

第二百六十六条 在执行程序中，被执行人的财产被查封、扣押、冻结后，人民法院应当及时进行评估、拍卖、变卖或者采取其他执行措施。

第二百六十七条 人民法院对查封、扣押、冻结的财产进行变价时，应当首先采取拍卖的方式，不适于拍卖或者本案双方当事人及其他执行债权人同意不进行拍卖的，人民法院可以委托有关单位变卖或者自行变卖。

双方当事人及其他执行债权人同意不经拍卖、变卖而直接以查封的财产抵偿债务的，人民法院可以裁定准许，但抵债的价格不得低于评估价或者公开市场价格或依照通常方法确定的价格。

第二百六十八条 人民法院需要对异地的财产进行评估或拍卖的，可以委托财产所在地人民法院办理。

第二百六十九条 对评估、拍卖机构的确定应当采用随机方式。

第二百七十条 人民法院选择评估、拍卖机构，应当提前通知各方当事人到场；当事人不到场的，人民法院应将选择机构的情况以书面形式送达当事人。

第二百七十一条 对下列财产，除本规范另有规定的以外，人民法院应当委托具有相应资质的评估机构进行价格评估：

（一）拟强制拍卖、变卖的财产；

（二）拟由法院裁定以物抵债的财产；

（三）其他应当评估价格的财产。

第二百七十二条 对于财产价值较低或者价格依照通常方法容易确定的下列财产，可以不进行评估：

（一）价值2000元以下的财产；

（二）有公开市场价格或者价格依照通常方法能够确定的财产；

（三）当事人双方及其他执行债权人同意不进行评估的。

第二百七十三条 评估机构确定后，应当在三个工作日内向评估机构出具委托书。委托书应包括下列内容：

（一）评估标的的名称、权属等情况；

（二）评估目的；

（三）评估期限；

（四）评估费用的计算标准和支付方式；

（五）其他需要明确的内容。

除出具评估委托书以外，还应当根据委托评估的具体要求，向评估机构提供评估标的物的财产清单、权属资料，以及对标的物采取执行措施的法律文书等必要资料。

第二百七十四条 执行法院在委托评估之前应当对评估标的的权属状况、占有使用情况等进行必要的调查，制作财产现状的调查笔录，调查笔录在委托评估时交予评估机构。

评估所需的相关资料应当由当事人或相关第三人提供的，人民法院可以通知当事人或第三人提交，当事人或第三人不予提交的，强制提取。对被执行人的股权进行评估时，人民法院可以责令有关企业提供会计报表等资料，有关企业拒不提供的，可以强制提取。

第二百七十五条 评估机构在工作中需要对现场进行勘验的，执行法院应当提前通知当事人到场。当事人不到场的，不影响勘验的进行，但应当有见证人见证。评估机构勘验现场，应当制作现场勘验笔录。勘验现场人员、当事人或见证人应当在勘验笔录上签名或盖章。当事人、见证人拒绝签名或盖章的，记入笔录。

需对评估标的物进行测绘或鉴定的，评估机构应当报请执行法院另行委托具有相应资质的机构进行测绘或鉴定。

第二百七十六条 评估期限一般不得超过二个月。

评估机构接受委托后，应当在委托书指定的期限内完成评估报告，并提交执行法院。因评估事项复杂不能在指定期限内完成评估报告，需要延长评估期限的，应当在期限届满前五日内书面报请执行法院批准。

第二百七十七条 评估机构无正当理由在指定期限内不能完成评估工作并提交评估报告的，人民法院可以解除委托，重新选择评估机构。

第二百七十八条 评估机构提交的评估报告，应包括下列内容：

（一）委托单位和受托单位名称；

（二）对委托评估的标的物概况，如权属、位置、数量、瑕疵等情况的描述；

（三）评估目的、评估基准日；

（四）关于评估依据、原则、方法以及评估过程的说明；

（五）评估结果、评估报告有效期的起止时间；

（六）评估标的物的权属资料复印件、现状照片、评估委托书复印件、评估机构和评估师的签章及其资质证书的复印件等；

（七）其他应当说明的情况。

第二百七十九条 执行法院收到评估报告后，应审查下列内容：

（一）评估报告的内容是否齐备；

（二）评估报告是否按委托要求作出；

（三）评估报告对评估标的物的描述

是否准确、真实；

（四）评估机构及评估人员的资质证书是否与登记相符；

（五）其他依法应当审查的内容。

执行法院经审查发现评估报告有明显错误的，应当要求评估机构作出修正。评估机构拒绝修正的，人民法院可以撤销评估结果，另行委托评估机构。

第二百八十条 执行法院收到评估机构作出的评估报告后，应当在五个工作日内将评估报告副本发送双方当事人及利害关系人。

第二百八十一条 当事人或利害关系人对评估报告有异议的，应当在收到评估报告后十日内以书面形式向执行法院实施机构提出。执行法院实施机构收到异议后，应当根据本规范第二百八十二条的规定进行甄别，并根据甄别结果分别移交执行审查部门审查处理或移交评估机构进行复核。

第二百八十二条 对当事人或利害关系人提出评估机构、评估人员不具备相应的评估资质或者提出评估程序违法的异议，由执行审查机构进行审查并作出裁定。裁定异议成立的，由执行法院决定重新评估。重新评估应当另行确定评估机构。

对评估价格或评估方法等评估报告内容有异议的，执行实施机构应当在收到异议书后三个工作日内转交评估机构进行复核，评估机构应在十日内对完成复核。评估机构经复核发现评估报告存在错误的，应当及时作出修正，修正后的评估报告通过执行法院发送双方当事人；评估机构认为评估报告无错误的，应当做出书面说明，并通过执行法院发送双方当事人。

第二百八十三条 执行法院发现评估机构或评估人员不具备相应的评估资质、评估程序严重违法的，应当决定重新评估。重新评估应当另行确定评估机构。

第二百八十四条 评估报告的有效期按照评估报告载明的期限确定。标的物已委托拍卖的，评估报告有效期届满不影响拍卖程序的继续进行，但拍卖时间过长或市场行情发生重大变化的，应当重新评估，按重新评估的价格进行拍卖。

第二百八十五条 拍卖的财产经过评估的，执行法院应当将评估资料移交负责拍卖的机构或部门。

财产未经评估而委托拍卖的，执行法院应当对拍卖财产的权属状况、占有使用情况等进行必要的调查，制作拍卖财产现状的调查笔录，调查笔录在委托拍卖时交予负责拍卖的机构或部门。

第二百八十六条 在动产拍卖日七日前、不动产或其他财产权拍卖日十五日前，应当分别在媒体的明显位置以正常字体发布拍卖公告。当事人自愿承担相应费用申请增加公告媒体的，执行法院应予允许。拍卖财产具有专业属性的，应当同时在专业性报纸上进行公告。

拍卖公告至少应包括以下内容：

（一）执行法院的名称及联系方式；

（二）拍卖物的种类、数量及其他情况；

（三）拍卖会的时间及场所；

（四）展示拍卖物的时间、地点；

（五）拍卖物的评估价；

（六）保证金金额及缴纳方式；

（七）拍卖价款的交付期限；

（八）委托拍卖的，拍卖公司的名称及联系方式；

（九）其他需要公告的内容。

拍卖公告应当由执行法院根据前两款的规定审查核准后予以发布。

拍卖公告及其他相关资料还应当同时在北京法院网、人民法院诉讼资产网上予以公布。

第二百八十七条 拍卖财产经过评估的，以评估价作为第一次拍卖的保留价；未作评估的，第一次拍卖保留价由执行法院参照市价并征询当事人的意见确定。

流拍后再行拍卖的，可以酌情适当降低保留价，但每次降低的数额不得超过前次保留价的百分之二十。

第二百八十八条 保留价确定后，依据本次拍卖保留价计算，拍卖所得价款在清偿优先债权和强制执行费用后无剩余的，应当将有关情况通知申请执行人。申请执行人于收到通知后五日内申请继续拍卖的，人民法院应当准许，但应当重新确定保留价；重新确定的保留价应当大于该优先债权及强制执行费用的总额。

依照前款规定决定进行拍卖但流拍的，拍卖中支出的合理费用由申请执行人负担。

第二百八十九条 拍卖前应当展示拍卖标的物，提供查看标的物的条件和相关资料。展示时间不得少于二日。

第二百九十条 拍卖标的物存在物理上或权利上瑕疵的，执行法院应当在拍卖会之前以书面形式如实予以说明，或监督拍卖机构以书面形式如实予以说明。执行法院对瑕疵的说明以其已知的为限。

第二百九十一条 执行法院应当在拍卖日五日前以书面或者其他能够确认收悉的适当方式，通知当事人和已知的担保物权人、优先购买权人或者其他优先权人于拍卖日到场。

优先购买权人到场主张优先购买权的，应当预先办理竞买登记。

优先购买权人经通知未到场或虽到场但未预先办理竞买登记的，视为放弃优先购买权。

第二百九十二条 法律、行政法规对买受人的资格或者条件有特殊规定的，竞买人应当具备规定的资格或者条件。

申请执行人、被执行人可以参加竞买。

第二百九十三条 拍卖不动产、其他财产权或者价值较高的动产，竞买人应当于拍卖之前预交保证金。应当预交保证金而未交纳的，不得参加竞买。申请执行人参加竞买的，可以不预交保证金；但申请执行人的债权数额低于保证金数额的，应交纳债权数额和保证金数额的差额部分。

保证金的数额由人民法院确定，但不得低于评估价或市价的5%。

标的物评估价低于100万元的，人民法院可委托和监督拍卖公司代为收取和退还保证金。拍卖机构应向人民法院提交代为收取保证金的清单，并不得挪用、侵占或扣留保证金。

第二百九十四条 拍卖成交后，买受人预交的保证金充抵价款，其他竞买人预交的保证金应在三个工作日内退还；拍卖未成交的，保证金应于三个工作日内退还。

第二百九十五条 拍卖日前已登记的竞买人清单应提交执行法院，执行法院应当对竞买人登记的程序、竞买人的资格等进行审查。

登记的竞买人少于二人的，视为流拍。

第二百九十六条 拍卖过程中，有最高应价时，优先购买权人可以表示以该最高价买受，如无更高应价，则拍归优先购买权人；如有更高应价，而优先购买权人不作买受的表示的，则拍归该应价最高的竞买人。

顺序相同的多个优先购买权人同时表示买受的，以抽签方式决定买受人。

第二百九十七条 拍卖多项财产时，其中部分财产卖得的价款足以清偿债务和支付被执行人应当负担的费用的，对剩余的财产应当停止拍卖，但被执行人同意继续拍卖的除外。

第二百九十八条 拍卖的多项财产在使用上不可分，或者分别拍卖可能严重减损其价值的，应当合并拍卖。

第二百九十九条 拍卖标的评估价为50万元以上的，执行法院应当派员到拍卖会现场，监督竞买人身份的核对、竞拍的过程、成交确认书的签署等。监督拍卖必须制作笔录。

拍卖会现场应当全程录像，录像资料应入档备查。

第三百条 动产经第一次拍卖未成交的，申请执行人和其他执行债权人可以申请以该保留价接受抵债。无人愿意接受抵债的，应当在六十日内再行拍卖。

动产经第二次拍卖仍未成交的，人民法院应征询申请执行人或其他执行债权人是否愿意以第二次拍卖的保留价接受抵债。表示接受的，裁定以物抵债；拒绝接受抵债或者依法不能交付抵债的，人民法院应当解除查封、扣押，并将该动产退还被执行人，但可以采取其他执行措施的除外。

前款中的“其他执行措施”可以包括进行变卖，或者在市场行情发生重大变化时重新启动拍卖程序等措施。

第三百零一条 不动产或其他财产权经第一次拍卖未成交的，申请执行人和其他执行债权人可以申请以该保留价接受抵债。无人愿意接受抵债的，应当在六十日内进行第二次拍卖。

不动产或其他财产权经第二次拍卖未成交的，人民法院应征询申请执行人或其他执行债权人是否愿意以第二次拍卖的保留价接受抵债。表示接受的，裁定以物抵债；拒绝接受或者依法不能交付抵债的，应当在六十日内进行第三次拍卖。

不动产或其他财产权经第三次拍卖未成交的，人民法院应征询申请执行人和其他执行债权人是否接受抵债，接受抵债的，裁定以物抵债；拒绝接受或者依法不能交付抵债的，予以变卖。

第三百零二条 按照本规范第三百条、第三百零一条的规定，有两个以上执行债权人申请以流拍财产抵债的，由法定受偿顺位在先的债权人优先承受；受偿顺位相同的，以抽签方式决定承受人。承受人应受清偿的债权额低于抵债财产的价额的，人民法院应当责令其在指定的期间内补交差额。

第三百零三条 拍卖成交后，买受人应当按照人民法院确定的期限将拍卖价款直接交付人民法院或汇入人民法院指定的账户。

执行法院委托拍卖机构代收拍卖保证金的，拍卖机构应于拍卖成交后三日内，将买受人的拍卖保证金转入人民法院指定账户冲抵拍卖价款，同时退还其他竞买人的拍卖保证金。

第三百零四条 拍卖日之前有下列情形之一的，应当撤回拍卖委托：

（一）执行依据被依法撤销的；

（二）申请执行人撤回执行申请的；

（三）被执行人履行了生效法律文书确定的全部债务的；

（四）当事人达成了执行和解协议，不需要拍卖财产的；

（五）案外人就拍卖财产提出的异议经审查认定理由成立，且申请执行人在裁定送达之日起十五日内不提起诉讼的，或者申请执行人提起诉讼被判决驳回诉讼请求的；

（六）拍卖公司与竞买人恶意串通或有其他严重违反法定拍卖程序行为的；

（七）其他应当撤回拍卖委托的情形。

因前款规定的第（二）、（三）、（四）项而撤回拍卖委托的，申请撤回拍卖的当事人应当就拍卖中实际支出的合理费用的负担提供有效担保。

依照前款规定撤回拍卖委托的，应当经合议庭合议。

第三百零五条 人民法院委托拍卖后，遇有依法应当暂缓执行或者中止执行的情形的，经合议庭合议，应当决定暂缓执行或者裁定中止执行，并及时通知拍卖机构和当事人。拍卖机构收到通知后，应当立即停止拍卖，并通知竞买人。

暂缓执行期限届满或者中止执行的事由消失后，需要继续拍卖的，人民法院应当在十五日内通知拍卖机构恢复拍卖。

第三百零六条 当事人、其他执行债权人、买受人、竞买人或其他利害关系人在法院确认拍卖成交的裁定送达之前，提出证据证明拍卖活动具有下列情形之一的，人民法院应当依法组成合议庭进行审查，情况属实的，裁定撤销拍卖结果：

（一）不发布拍卖公告，或者拍卖公告不符合规定，可能严重影响拍卖结果公正性的；

（二）不如实披露拍卖标的瑕疵，可能严重影响拍卖结果公正性的；

（三）采取不正当手段限制参加竞买，或对参加竞买实行不同等条件的；

（四）拍卖机构或其工作人员参与自己组织的拍卖活动的竞买或委托他人代为竞买的；

（五）竞买人之间、拍卖机构与竞买人之间恶意串通的。

由于拍卖机构的原因，具有前款情形之一而导致拍卖结果被裁定撤销的，应当重新确定拍卖机构。

第三百零七条 拍卖成交或者以物抵债的，买受人逾期未支付价款或者承受人逾期未补交差价而使拍卖、抵债的目的难以实现的，应当重新拍卖，但动产经二次拍卖、不动产经三次拍卖仍流拍而以物抵债，承受人未补交差价的除外。

重新拍卖时，原买受人不得参加竞买。

重新拍卖的成交价低于原拍卖价款的，该差价与原拍卖佣金及实际产生的费用，一并由原买受人承担，从原买受人预交的保证金中扣除。扣除保证金有剩余的，应当退还原买受人；保证金数额不足的，可以责令原买受人补交；拒不补交的，强制执行。

第三百零八条 拍卖成交的，拍卖机构可以成交价为基数按照下列比例向买受人收取佣金：

拍卖成交价200万元以下的，收取佣金的比例不得超过5%；超过200万元至1000万元的部分，不得超过3%；超过1000万元至5000万元的部分，不得超过2%；超过5000万元至1亿元的部分，不得超过1%；超过1亿元的部分，不得超过0.5%。收取佣金最高不得超过400万元。

第三百零九条 拍卖机构实际支出的合理费用的支付，按照下列方式和标准执行：

（一）当事人申请人民法院撤回拍卖委托的，由提出申请的当事人支付拍卖机构实际支出的合理费用；

（二）拍卖流拍后变卖成交，由被执行人支付拍卖机构实际支出的合理费用；

（三）动产经两次拍卖、不动产或其他财产权经三次拍卖均未成交或者非因拍卖机构的原因撤回拍卖委托的，拍卖机构为拍卖已经支出的合理费用，由被执行人负担，但本规范第三百零四条第一款第（一）项、第（四）项的情形除外。

因拍卖机构违法或违反本规范的相关规定，人民法院撤回拍卖委托或撤销拍卖结果的，拍卖机构不得收取实际支出费用，已收取的应予退回；拒不退回的，依法予以强制执行。

第三百一十条 拍卖中实际支出的合理费用，是指拍卖机构为该次拍卖所实际支出的公告费、展示费和场地费等合理费用。实际支出的合理费用总额一般不得超过拍卖佣金的10%。

拍卖机构主张实际支出的合理费用，应当向人民法院提交书面申请、正式票据及相关依据，由人民法院审核后作出决定。

第三百一十一条 对拍卖机构与竞买人签订的竞买合同、拍卖公司与买受人签订的买受合同，执行法院应按照法律、司法解释和本规范的有关规定 进行形式审查。

第三百一十二条 不动产或其他财产权经三次拍卖流拍且申请执行人或者其他执行债权人拒绝接受或者依法不能接受抵债的，人民法院应当对该财产进行变卖。对该财产进行变卖的，应当于第三次拍卖终结之日起七日内发出变卖公告。

自公告之日起六十日内没有买受人愿意以第三次拍卖的保留价或更高价格买受该财产，且申请执行人、其他执行债权人仍不表示接受该财产抵债的，应当解除查封、冻结，将该财产退还被执行人，但对该财产可以采取其他执行措施的除外。

前款中的“其他执行措施”包括再次进行变卖，或者市场行情发生重大变化时重新启动拍卖程序等措施。

自公告之日起六十日内有买受人愿意

以第三次拍卖的保留价买受该财产，可以决定变卖成交。流拍财产的变卖价格不得低于第三次拍卖的保留价。

第三百一十三条 当事人双方一致申请变卖财产的，人民法院在征得其他权利人同意后，可以不经拍卖迳行变卖该财产。

第三百一十四条 对下列物品，人民法院可以依职权决定不经拍卖径行变卖：

（一）金银及其制品；

（二）当地市场有公开交易价格的动产；

（三）鲜活、易腐烂变质的物品；

（四）季节性商品；

（五）保管困难或者保管费用过高的物品。

第三百一十五条 按照本规范第三百一十三条、第三百一十四条的规定进行变卖，当事人双方及其他权利人对变卖财产的价格有约定的，按照其约定价格变卖；无约定价格但有市价的，变卖价格不得低于市价；无市价但价值较大、价格不易确定的，应当委托评估机构进行评估，并按照评估价格确定变卖价格。

按照评估价格变卖不成的，可以降低价格变卖，但最低的变卖价不得低于评估价的二分之一。

国家禁止自由买卖的物品，交有关单位按照国家规定的价格收购。

第三百一十六条 按照本规范第三百一十二条、第三百一十三条、第三百一十四条的规定进行变卖而无人应买的，人民法院应将该财产交申请执行人或者其他执行债权人抵债；申请执行人或者其他执行债权人拒绝接受或者依法不能交付其抵债的，人民法院应当解除查封、扣押，并将该财产退还被执行人，但可以采取其他执行措施的除外。

前款中的其他执行措施可以包括再次进行变卖，或者市场行情发生重大变化时启动或重新启动拍卖程序等措施。

第三百一十七条 按照本规范第三百一十二条、第三百一十三条、第三百一十四条的规定进行变卖，多个买受人以不同价格主张对变卖标的物予以买受的，由出价最高者买受。多个买受人以同样价格主张对变卖标的物予以买受的，由对该标的物享有优先购买权的买受人承受；多个买受人均享有优先购买权的，依法律规定的相关优先权的顺位确定。买受人均对标的物不享有优先购买权的，按照登记先后顺序确定；同时登记的，由人民法院主持抽签决定。

第三百一十八条 拍卖、变卖成交或者以未成交的财产抵债，执行法院经审查认定有效的，应当作出裁定确认拍卖、变卖成交或抵债有效及权利转移，并在价款全额或差价交付之日起十日内向买受人或承受人送达。

第三百一十九条 执行法院应当于本规范第三百一十八条中的裁定送达后十五日内将财产移交买受人或者承受人，依法不能移交的情形除外。被执行人或者第三人占有拍卖财产应当移交而拒不移交的，强制执行。

需要办理财产权证照转移手续的财产，符合变更登记条件的，执行法院应当向有关登记机关送达协助执行通知书，并附前款所述的裁定书。

第三百二十条 动产拍卖、变卖成交或者以物抵债后，其权利自该动产交付时起转移给买受人或者承受人。

不动产、有登记的特定动产或者其他财产权拍卖、变卖成交或者抵债后，该不动产、特定动产的所有权或其他财产权自拍卖、变卖成交裁定或者以物抵债裁定送达买受人或者承受人时起转移。

人民法院对已查封、扣押、冻结的财产进行拍卖、变卖或抵债后，需要办理财产权证照转移手续的，无需先行解除该财产上的查封、扣押、冻结措施，可要求相关协助执行部门直接予以办理。

第三百二十一条 财产上原有的担保物权及其他优先受偿权，因拍卖、变卖、以物抵债而消灭,所得价款应当优先清偿担保物权人及其他优先受偿权人的债权,但当事人另有约定的除外。

财产上原有的租赁权及其他用益物权,不因拍卖、变卖或以物抵债而消灭,但该权利继续存在于财产上,对在先的担保物权或者其他优先受偿权的实现有影响的,人民法院应当依法将其除去后进行拍卖、变卖或以物抵债。

第五章 案款分配、参与分配及案款发还

第三百二十二条 本章中的案款分配,是指根据《最高人民法院关于人民法院执行工作若干问题的规定(试行)》第88条的规定分配案款。

本章中的参与分配,是指根据《最高人民法院关于人民法院执行工作若干问题的规定(试行)》第90条至第95条的规定分配案款。

第三百二十三条 案款分配或参与分配程序中,法院可依各方债权人达成的合意制作分配方案并进行分配;达不成合意的,适用本章的相关规定。

第三百二十四条 多份生效法律文书确定金钱给付内容的多个债权人分别对同一被执行人申请执行,被执行的财产足以清偿全部债务的,按照《最高人民法院关于人民法院执行工作若干问题的规定(试行)》第88条第一款、第二款的规定进行案款分配;被执行的财产不足清偿全部债务的,区分以下情形分别予以处理:

(一)被执行人为自然人或其他组织(指非法人组织)的,按照《最高人民法院关于人民法院执行工作若干问题的规定(试行)》第90条至第95条的规定进行参与分配,法律、司法解释另有规定的除外。

(二)被执行人为企业法人,且符合《最高人民法院关于人民法院执行工作若干问题的规定(试行)》第96条规定条件的,参照《最高人民法院关于人民法院执行工作若干问题的规定(试行)》第90条至第95条的规定进行参与分配;不符合《最高人民法院关于人民法院执行工作若干问题的规定(试行)》第96条规定条件的,依照《最高人民法院关于人民法院执行工作若干问题的规定(试行)》第89条的规定告知当事人依法申请被执行人破产,告知情况记入笔录。当事人申请被执行人破产并被法院受理的,相关执行案件中止执行,被执行人被法院裁定宣告破产的,相关执行案件终结执行;当事人不申请被执行人破产或其破产申请未被法院受理的,按照该《规定》第88条第一款、第二款的规定进行案款分配。

(三)被执行人为机关法人、事业单位法人、社会团体法人等其他法人的,按照《最高人民法院关于人民法院执行工作若干问题的规定(试行)》第88条第一款、第二款的规定进行案款分配。

一份生效法律文书确定金钱给付内容的多个债权人对同一被执行人申请执行,执行的财产不足清偿全部债务,该生效法律文书已确定各债权的受偿顺位或者其中有法律规定的可优先受偿的债权的,按照该生效法律文书确定的顺位或相关法律的规定分配案款;该生效法律文书未确定各债权的受偿顺位且无法律规定的可优先受偿的债权的,根据《最高人民法院关于人民法院执行工作若干问题的规定(试行)》第88条第三款的规定,各债权按比例受偿。

第三百二十五条 《最高人民法院关于人民法院执行工作若干问题的规定(试行)》第96条中的"歇业"是指,根据《中华人民共和国企业法人登记管理条例》第二十二条的规定,企业法人领取营业执照后,满六个月尚未开展经营活动或者停止经营活动满一年。企业法人被吊销营业执照满一年且未注销的,视为该条规定中的"歇业";企业法人被吊销营业执照未满一年,或经登记机关许可暂停营业而处于停止经营状态的,不视为该条规定中的"歇业"。

当事人主张企业法人歇业的，由其提供相应证据予以证明。

第三百二十六条 被执行的企业法人被撤销、注销或歇业，其主管部门、清算组织或其他负有清算责任的主体向登记主管机关或其他有权机关出具了债权债务清理、清算完结的证明，或作出了负责未了结债权债务的承诺的，不适用《最高人民法院关于人民法院执行工作若干问题的规定（试行）》第96条的规定。其主管部门、清算组织或其他负有清算责任的主体出具不实的债权债务清理、清算完结证明办理法人注销登记的，可告知债权人依法另行起诉追究相关责任主体的民事责任；其主管部门、清算组织或其他负有清算责任的主体承诺未了结的债权债务由其负责而未实际履行该承诺的，可告知债权人依照《中华人民共和国民事诉讼法》第二百三十二条的规定申请追加其为被执行人。

第三百二十七条 多份生效法律文书确定金钱给付内容的多个债权人分别对同一被执行人申请执行，各债权人对执行标的物均无担保物权和法律规定的其他优先受偿权的，根据《最高人民法院关于人民法院执行工作若干问题的规定（试行）》第88条第一款的规定，按照执行法院对执行标的物采取查封、扣押、冻结等控制性措施的先后顺序受偿。

第三百二十八条 多份生效法律文书确定金钱给付内容的多个债权人分别对同一被执行人申请执行，其中有债权人对执行标的物享有担保物权或法律规定的其他优先受偿权的，对执行标的物或其变价款，根据《最高人民法院关于人民法院执行工作若干问题的规定（试行）》第88条第一款、第二款的规定，按照以下规则确定各债权的受偿顺位：

（一）对执行标的物享有担保物权的债权优先于普通债权受偿。执行标的物上存在多个担保物权的，按照有关担保物权的法律、司法解释的规定确定其债权的受偿顺位。

（二）执行标的物为建筑物的，建设工程价款中享有优先权的部分优先于基于担保物权的债权受偿。执行标的物为用于生活消费的住房的，对该房屋的变价款，消费者 为购买该房屋所支付的款项优先于建设工程价款受偿。

（三）多个债权中有职工的劳动报酬、经济补偿金、赔偿金、职工基本医疗保险费、失业保险费、基本养老保险费等劳动债权的，对案款分配时本地区上一年度职工平均工资 范围内的工资（劳动报酬）部分，比照建设工程价款优先权的顺位受偿，剩余工资部分作为普通债权受偿；职工的经济补偿金、赔偿金、职工基本医疗保险费、失业保险费、基本养老保险费，全额比照建设工程价款优先受偿权的顺位受偿。被执行人欠缴职工基本医疗保险费、失业保险费、基本养老保险费，该职工尚未取得执行依据的，在分配案款时可为其预留相应数额的款项 。

（四）执行标的物为船舶或民用航空器的，按照《中华人民共和国海商法》、《中华人民共和国民用航空法》等法律及相关司法解释的规定，确定具有船舶优先权、民用航空器优先权的债权与其他债权之间的受偿顺位。

（五）本款前几项中优先于普通债权的债权受偿完毕后，案款有剩余的，各普通债权按照执行法院对执行标的物采取控制性措施的先后顺序受偿。

根据《中华人民共和国民办教育促进法》第五十九条的规定，被执行人为民办学校的，其财产优先清偿应退受教育者学费、杂费及其他费用和应发教职工的工资及应缴纳的社会保险费用，并扣除本规范第三百四十七条所列费用后，剩余案款按照本条第一款的规定予以分配。

第三百二十九条 符合以下条件的，按照《最高人民法院关于人民法院执行工作若干问题的规定（试行）》第90条至第95条的规定进行参与分配程序：

（一）被执行人为自然人 或其他组织。

（二）被执行人的全部财产已被一个法院查封、扣押或冻结，无其他财产可供执行，且全部财产不足清偿全部债务；或者被执行人的主要财产已被其他法院查封、扣押、冻结，其他财产被其他法院查封、扣押、冻结且不足清偿全部债务。

《最高人民法院关于人民法院执行工作若干问题的规定（试行）》第 90 条中的“全部债务”的金额，是指申请参与分配并符合参与分配条件和程序的债权之和。

第三百三十条 有权申请参与分配的主体为已经取得执行依据的民事债权人。

第三百三十一条 申请参与分配的截止日是指主持分配的法院收到申请参与分配的债权人的执行法院转交参与分配申请书的最后日期。

按照《最高人民法院关于人民法院执行工作若干问题的规定（试行）》第 90 条的规定，执行标的物为货币类财产的，案款到达主持分配的法院的账户之日为申请参与分配的截止日；执行标的物为非货币类财产，需对该财产予以拍卖、变卖或以其他方式变价的，拍卖、变卖成交确认裁定送达买受人之日或以物抵债裁定送达承受人之日为申请参与分配的截止日。

前款中的以物抵债裁定应当载明执行标的物折抵的价款数额，但不应载明抵偿的债权数额，抵偿的债权数额待分配方案确定后再予认定。

同一案件中，法院执行多项财产 的，各项财产分别确定申请参与分配的截止日；同一项执行措施控制的财产为可分的多个财产的，以被处置的最后一个财产确定申请参与分配的截止日。

第三百三十二条 对被执行人财产的处置和具体分配，按照《最高人民法院关于人民法院执行工作若干问题的规定（试行）》第 91 条的规定，原则上由首先查封、扣押或冻结的法院主持进行。本市法院之间亦可协商由非首封的法院主持进行；协商不成的，可报请市高级人民法院予以协调。

第三百三十三条 按照《最高人民法院关于人民法院执行工作若干问题的规定（试行）》第 92 条的规定，债权人申请参与分配的，应当向其执行法院提交参与分配申请书，并附执行依据。

执行法院向主持分配的法院转交参与分配申请时，应当提供以下材料：

（一）申请参与分配的债权人提交的参与分配申请书及所附执行依据。参与分配申请书应当写明申请参与分配的理由及法律依据。

（二）该执行法院出具的执行情况说明。执行情况说明的内容应当包括：执行案号，当事人基本情况，应执行标的额，已执行标的额，未受偿标的额，对被执行人财产的调查情况，以及已控制但未处置完毕的被执行人财产及其价值等。

对执行法院转交的参与分配申请及上述其他材料，主持分配的法院应当予以登记。执行法院派人直接转交的，应当由转交人签字确认；以其他方式转交的，应当由主持分配的法院二人或二人以上签字确认。主持分配的法院收到参与分配申请的日期以登记记载的日期为准。该执行法院提供的材料不齐备的，通知其限期补正，并将该情况告知申请参与分配的债权人。逾期未补正的，再次通知其补正，并告知其未在申请参与分配截止日前补正的，不准予该债权人参与分配，且将该情况通知申请参与分配的债权人。

第三百三十四条 主持分配的法院应当对本规范第三百三十三条所列材料进行审查，对不符合参与分配条件和程序的债权人，不准予其参与分配。对符合参与分配条件和程序的债权人，截至申请参与分配的截止日可分配的财产足以清偿全部债务的，适用案款分配程序的相关规定办理；截至申请参与分配的截止日可分配的财产不足清偿全部债务的，视情况分别予以处理：

（一）被执行人的全部财产被主持分配的法院控制的，申请参与分配并符合参与分配条件和程序的债权按照本规范第三百三十六条的规定受偿。

（二）被执行人的主要财产被主持分配的法院控制，申请参与分配并符合参与分配条件和程序的债权人的执行法院未控制被执行人的其他可供执行财产的，其债权按照本规范第三百三十六条的规定受偿；其执行法院控制了被执行人的其他可供执行财产但截至申请参与分配的截止日尚未完成处置的，不准予其在本案中参与分配，但被控制的财产经完成法定的拍卖、变卖程序后仍无法变现的除外。

第三百三十五条　按照《最高人民法院关于人民法院执行工作若干问题的规定（试行）》第93条的规定，对法院查封、扣押、冻结的财产享有担保物权和法律规定的其他优先受偿权的债权人，可以申请参加参与分配程序，主张优先受偿权。该债权人尚未取得执行依据的，主持参与分配的法院告知其应当依照相关法律规定取得执行依据，但在分配案款时为其预留相应款项。被执行人欠缴职工基本医疗保险费、失业保险费、基本养老保险费，该职工尚未取得执行依据的，在分配案款时可为其预留相应数额的款项 。

第三百三十六条　按照《最高人民法院关于人民法院执行工作若干问题的规定（试行）》第94条的规定，享有担保物权和法律规定的其他优先受偿权的债权，其受偿顺位按照本规范第三百二十八条第一款第（一）、（二）、（三）、（四）项的相关规定予以确定。享有担保物权和法律规定的其他优先受偿权的债权受偿完毕后，案款有剩余的，各普通债权按比例受偿。

参与分配程序中，执行标的物为诉讼前、诉讼中、仲裁前或仲裁中依债权人申请所保全的财产，在清偿对该标的物享有担保物权和法律规定的其他优先受偿权的债权后，对该债权人因申请财产保全所支出的成本及其损失，视具体情况优先予以适当补偿。

被执行人为民办学校的，各债权人的债权受偿顺位按照本规范第三百二十八条第二款的规定予以确定。

第三百三十七条　按照《最高人民法院关于人民法院执行工作若干问题的规定（试行）》第95条的规定，被执行的财产被分配给各债权人后，被执行人对其剩余债务应当继续清偿。债权人发现被执行人有其他财产的，人民法院可以根据债权人的申请继续依法执行。

第三百三十八条　案款执行到位后，应当按照本规范第三百四十七条的规定先行扣除相关费用后，剩余部分用于案款分配或参与分配。

根据《中华人民共和国担保法》第五十六条的规定，执行标的物为设定了抵押权的划拨的国有土地使用权的，对该土地使用权的变价款，在依法缴纳相当于应缴纳的土地使用权出让金的款额，并扣除前款所列费用后，剩余款项用于案款分配或参与分配。

第三百三十九条　同一被执行人既有民事债权执行案件，又有行政罚款、司法罚款或者罚金刑、没收财产刑执行案件的，民事债权优先受偿。刑事退赔案件中权利人的权利视为普通债权，可申请在案款分配或参与分配程序中受偿。

第三百四十条　被执行的财产足以清偿全部债务的，各债权人在案款分配程序中受偿的债权数额中包括迟延履行利息或迟延履行金；被执行的财产不足清偿全部债务的，各债权人在案款分配或参与分配程序中受偿的债权数额中不包括迟延履行利息或迟延履行金；执行依据确定的债权清偿完毕后，案款有剩余的，各债权的迟延履行利息或迟延履行金按比例受偿。

第三百四十一条　因被执行人拒不履行生效法律文书中指定的行为，执行法院委托有关单位或他人替代履行的,因替代履行发生的费用可视为普通债权申请在案款分配或参与分配程序中受偿。

第三百四十二条 被执行人的开办单位因增加注册资金不实被追加为被执行人的,对执行到位的注册资金,优先清偿在增加注册资金之后发生的债权;案款有剩余的,用于清偿在增加注册资金之前发生的债权。

前款中发生在增加注册资金之前或之后的债权,是指同一位阶的债权。

第三百四十三条 案款分配或参与分配程序中,应当经合议庭合议后制作书面的财产分配方案,并逐级报执行局局长或主管院长审批。分配方案应当载明可供分配的款项总额、待分配的债权总额、各债权人的基本情况及其债权的性质和数额、分配顺位、各债权的受偿比例及数额、分配的法律依据、提出异议的权利等内容。

第三百四十四条 案款分配或参与分配程序中,债权人或者被执行人对以下事项提出的异议,适用《最高人民法院关于适用〈中华人民共和国民事诉讼法〉执行程序若干问题的解释》第二十五条、第二十六条的规定进行处理:

(一)执行依据确定的债权是否已经履行或部分履行及履行的数额;

(二)执行依据确定的债权是否已经超过申请执行时效期间;

(三)执行依据确定的建设工程价款是否享有优先受偿权及优先受偿的款项范围;

(四)担保物权人以及其他有权请求实现担保物权的人申请执行法院作出的拍卖、变卖担保财产的裁定,该裁定未明确债权数额,该债权数额的多少;

(五)其他应当通过分配方案异议及分配方案异议之诉处理的情形。

分配异议及异议之诉的审查和审理期间,主持分配的法院对争议债权的相应款项可依法予以提存。

第三百四十五条 债权人、被执行人对主持分配的法院在案款分配或参与分配程序中的以下执行行为提出的异议,适用《中华人民共和国民事诉讼法》第二百二十五条的规定进行处理:

(一)是否适用案款分配程序或参与分配程序的决定;

(二)申请参与分配的债权人是否适格的认定;

(三)债权人申请参与分配是否逾期的认定;

(四)分配方案的送达;

(五)其他应当通过执行行为异议处理的情形。

债权人、被执行人对分配方案中分配顺位及分配数额的确定提出异议的,由执行实施机构进行初步审查。经审查,因工作失误或计算错误导致分配顺位及分配数额确定错误的,由执行实施机构依法予以纠正;认为分配顺位及分配数额的确定不存在错误的,适用《最高人民法院关于适用〈中华人民共和国民事诉讼法〉执行程序若干问题的解释》第二十五条、第二十六条的规定进行处理。

第三百四十六条 案款到达人民法院账户后,应当在一个月内办理案款发还审批手续,并通知申请执行人领款,但有下列情形之一的,暂不发还:

(一)需要进行案款分配或参与分配的;

(二)本案申请执行人因在另案有未清偿债务或涉嫌犯罪等原因导致案款被保全或冻结的;

(三)案件被依法中止执行或暂缓执行的;

(四)其他不宜发还的情形。

上述情形消失后,应当立即发还。

第三百四十七条 发还案款时,应当按照法律法规、司法解释及本规范的有关规定先行扣除案件受理费、申请保全费、执行申请费、评估费、鉴定费、公告费、保管费等因诉讼 、仲裁或执行所支出的费用。

第六章 执行实施案件结案

第三百四十八条 执行实施案件的结案方式包括：

（一）执行完毕；

（二）和解；

（三）终结；

（四）驳回（执行）申请；

（五）不予执行；

（六）委托执行；

（七）销案；

（八）其他。

第三百四十九条 执行实施案件以“执行完毕”方式报结，指金钱给付执行案件申请执行金额全部执行到位；或者物的交付、完成指定行为执行案件完成交付或者完成指定的行为，或者虽未完成交付或者未完成指定行为，但被执行人已给予赔偿或给付代履行费用。执行完毕包括：自动履行、强制执行、其他执行完毕。

“自动履行”是指案件立案后，被执行人自动履行了法律文书确定的全部义务，申请执行人认可生效法律文书确定的内容执行完毕的。

“强制执行”是指案件立案后，由执行法院通过采取强制执行措施，使生效法律文书确定的全部内容执行完毕的。

“其他执行完毕”是指生效法律文书确定的内容全部执行完毕，但不属于本条第二款、第三款规定的情形。

第三百五十条 执行实施案件以“和解”方式报结，包括和解并履行完毕、部分执行后申请人放弃剩余债权。

“和解并履行完毕”是指当事人之间达成执行和解协议并已全部履行完毕的。

“部分执行后申请人放弃剩余债权”是指当事人之间达成执行和解协议，部分履行后，申请人放弃剩余债权的。

执行当事人之间达成执行和解协议，同意分期履行的，只有全部履行完毕或部分履行后申请人放弃剩余债权的，才可以以“和解”方式报结。

第三百五十一条 执行实施案件符合本规范第三百五十二条、第三百五十三条规定的要求，以“终结”方式报结，包括其他终结、本次执行程序终结。

第三百五十二条 有下列情形之一的，执行实施机构裁定据以执行的生效法律文书终结执行：

（一）据以执行的法律文书被撤销的；

（二）作为被执行人的公民死亡，无遗产可供执行，又无义务承担人的；

（三）追索赡养费、扶养费、抚育费案件的权利人死亡的；

（四）执行实施机构认为应当终结执行的其他情形。

第三百五十三条 有下列情形之一的，执行实施机构可以裁定本次执行程序终结：

（一）作为被执行人的自然人因生活困难无力清偿债务，无收入来源，又丧失劳动能力的；

（二）被执行人确无财产可供执行，申请执行人书面同意人民法院终结本次执行程序的；

（三）人民法院进行财产调查后，申请执行人明确表示提供不出被执行人的财产或财产线索，并对人民法院认定被执行人确无财产可供执行书面表示认可的；

（四）因被执行人无财产可供执行而中止执行 满两年，经人民法院进行调查被执行人确无财产可供执行的；

（五）被执行的财产无法拍卖变卖，或者动产经两次拍卖、不动产或其他财产权经三次拍卖仍然流拍，申请执行人拒绝接受或者依法不能交付其抵债，且经人民法院进行财产调查，被执行人确无其他财产可供执行的；

（六）作为被执行人的企业法人被撤销、注销、吊销营业执照或者歇业后既无财产可供执行，又无义务承受人，也没有被追加、变更的被执行人或被追加、变更的被执行人亦确无财产可供执行的；

（七）经人民法院进行财产调查，被执行人确无财产可供执行或虽有财产但不宜强制执行，当事人达成分期履行和解协议的；

（八）被执行人确无财产可供执行，申请执行人属于特困群体，执行法院已经给予其司法救助的。

执行实施机构应当依法组成合议庭，就案件是否裁定终结本次执行程序进行合议。

执行实施机构依据本条第一款第（一）、（四）、（五）、（六）、（七）、（八）项规定的情形裁定本次执行程序终结前，应当告知申请执行人对确无财产可供执行的认定可以在指定的期限内提出意见。申请执行人不同意本案确无财产可供执行的，由执行实施机构进行审查。审查中，申请执行人提供明确的被执行人财产线索的，执行实施机构应当就其提供的线索进行调查核实，发现被执行人有财产可供执行的，应当继续执行；申请执行人未提供财产线索或经审查被执行人确无财产可供执行的，可以裁定本次执行程序终结，申请执行人对此提出异议的，不予受理。

本次执行程序终结裁定书应当由主管执行工作的院长签发。

第三百五十四条 本规范第三百五十三条第一款第（三）、（四）、（五）、（七）项中规定的“人民法院进行财产调查”，是指至少完成下列调查事项：

（一）被执行人是法人或其他组织的，应当向有关金融机构查询银行存款，向有关房地产管理部门查询房地产登记，向法人登记机关查询股权，向有关车管部门查询车辆等情况；

（二）被执行人是自然人的，参照本款第（一）项的规定进行财产调查。经调查，确无财产可供执行的，还应当向被执行人所在单位及居住地周边群众调查了解被执行人的财产状况或财产线索，包括被执行人的经济收入来源、被执行人到期债权等。

法律、司法解释关于人民法院进行财产调查有其他规定的，遵照其规定办理。

第三百五十五条 执行实施案件以“驳回（执行）申请”方式结案，是指对已经受理的执行实施案件，执行机构经审查发现不符合《最高人民法院关于人民法院执行工作若干问题的规定（试行）》第18条或本规范第三十三条规定的受理条件而裁定驳回执行申请的。

第三百五十六条 执行实施案件以“不予执行”方式报结，是指案件立案后，被执行人对仲裁裁决或公证债权文书提出不予执行申请，经人民法院执行审查机构审查，裁定不予执行的。

第三百五十七条 执行实施案件以“委托执行”方式结案，是指按照《最高人民法院关于委托执行若干问题的规定》要求办理了委托执行手续，且收到受托法院立案通知书的。

第三百五十八条 执行实施案件以“销案”方式结案，包括：因管辖权异议成立而裁定撤销案件，或者发现其他有管辖权的法院在此之前已经立案，或者本院执行案件被提级执行或指定执行。

执行案件受理后，被执行人提出管辖权异议，经审查异议成立，裁定撤销案件的，应当以“销案”方式报结。

执行案件受理后，发现其他有管辖权的人民法院已经立案的，应当以“销案”方式报结。

案件被上级人民法院裁定提级执行的，原执行法院的案件以“销案”方式中的提级执行报结。

案件被上级人民法院裁定指定由其他法院执行的，原执行法院的案件以“销案”方式中的指定执行报结。

第三百五十九条 有下列情形之一的，执行实施案件以“其他”方式报结：

（一）申请执行人撤回执行申请，执行实施机构裁定准许撤回执行申请的；

（二）依照法律、司法解释的相关规定

可以报结的其他情形。

第三百六十条 被执行人有财产可供执行的案件，一般应当在立案之日起六个月内执结；非诉执行案件一般应当在立案之日起三个月内执结。

申请延长执行期限的，应当在期限届满前五日内提出。

第三百六十一条 下列期间不计入执行期限：

（一）公告送达执行文书的期间；

（二）鉴定、评估期间；

（三）管辖争议处理期间；

（四）暂缓执行的期间；

（五）中止执行的期间；

（六）就法律适用问题向上级人民法院请示的期间；

（七）与其他法院发生执行争议报请共同的上级人民法院协调处理的期间。

第七章 对存款的执行

第三百六十二条 查询被执行人在金融机构存款的，执行人员应当出示本人工作证和执行公务证，并出具协助查询存款通知书。

对人民法院依法向金融机构查询或查阅的有关资料，包括被执行人开户、存款情况以及会计凭证、账簿、有关对账单等资料（含电脑储存资料），金融机构应当及时如实提供并加盖印章；人民法院根据需要可抄录、复制、照相，但应当依法保守秘密。

第三百六十三条 冻结被执行人在金融机构存款的，执行人员应当出示本人工作证和执行公务证，并出具协助冻结存款通知书和裁定书。

第三百六十四条 冻结被执行人在金融机构存款的期限不得超过六个月。申请执行人申请延长期限的，人民法院应当在冻结期限届满前办理续行冻结手续，每次续行冻结期限不得超过三个月。冻结期限届满，人民法院未办理续行冻结手续的，冻结的效力消灭。

第三百六十五条 提前解除冻结被执行人在金融机构存款的，执行人员应当出示本人工作证和执行公务证，并出具提前解除冻结存款通知书。

第三百六十六条 人民法院与金融机构已建立网络执行查控机制的，可以按照《最高人民法院关于网络查询、冻结被执行人存款的规定》的相关规定，通过网络实施查询、冻结被执行人存款等措施。

人民法院通过网络查询、冻结、续冻、解冻被执行人存款，与执行人员赴金融机构营业场所查询、冻结、续冻、解冻被执行人存款具有同等效力。

第三百六十七条 扣划被执行人在金融机构存款的，执行人员应当出示本人工作证和执行公务证，并出具裁定书和协助扣划存款通知书，还应当附生效法律文书副本。

存款应当扣划至人民法院的案款专用账户，不得直接扣划至申请执行人或第三人账户。

第三百六十八条 对被执行人存在银行的凭证式国库券，人民法院有权进行冻结和划拨；对协助执行手续完备的，有关银行应当立即协助执行。

第三百六十九条 军队、武警部队一类保密单位开设的“特种预算存款”、“特种其他存款”和连队账户的存款，原则上不采取冻结或扣划等措施，但该账户存入其他款项的除外；军队、武警部队的其余存款可以冻结和扣划。

被执行人为金融机构的，对其交存在人民银行的存款准备金和备付金不得冻结和扣划，但对其在本机构、其他金融机构的存款，及其在人民银行的其他存款可以冻结、划拨，并可对其他财产采取执行措施，但不得查封其营业场所。

人民法院在执行案件中，不得将工会经费视为所在企业的财产，在企业欠债的情况下，不得冻结、划拨工会经费及“工会经费集中户”的款项，但被执行人将工会经费以外的款项存入“工会经费集中户”的除外。

人民法院在执行案件中，不得冻结或者划拨国有企业下岗职工基本生活保障资金用以清偿企业债务。

人民法院在执行社会保险机构为被执行人的案件中，对社会保险基金账户不得采取冻结、扣划措施，但该账户存入其他款项的除外。

在企业作为被执行人时，人民法院不得冻结或划拨该企业党组织的党费，不得用党费偿还该企业的债务。

被执行人在旅行社质量保证金、承兑汇票保证金、信用证保证金等保证金账户的存款原则上可以冻结，但不得扣划；冻结期间，被执行人动用该账户存款的，需经人民法院批准；保证金任务完成后有余额的，人民法院可以依法采取扣划措施。

第三百七十条 人民法院查询、冻结、扣划被执行人在金融机构存款的，金融机构应当立即协助执行。对协助执行手续完备拒不协助执行的，按照《中华人民共和国民事诉讼法》第一百一十四条规定处理。

第三百七十一条 金融机构擅自解冻被人民法院冻结的款项，致冻结款项被转移的，人民法院有权责令其限期追回。在限期内未能追回的，应当裁定该金融机构在转移的款项范围内以自己的财产向申请执行人承担责任。

第八章 对有限责任公司、非上市股份有限公司股权的执行

第三百七十二条 对被执行人在有限责任公司、其他法人企业中的投资权益或股权，人民法院可以采取冻结措施。

冻结投资权益或股权的，应当通知有关企业不得办理被冻结投资权益或股权的转移手续，不得向被执行人支付股息或红利，并向工商登记管理机关发出不得办理被冻结投资权益或股权变更登记的协助执行通知书。

第三百七十三条 人民法院对冻结的被执行人在有限责任公司中的投资权益或股权进行拍卖时，应当提前通知该公司的其他股东。其他股东可以参加竞买，并在同等条件下享有优先购买权，不参加竞买的视为放弃优先购买权。

被执行人在其独资开办的法人企业中拥有的投资权益被冻结后，人民法院可以直接予以拍卖，以拍卖所得清偿其对申请执行人的债务。

对前两款中的投资权益或股权，人民法院可以允许并监督被执行人自行转让，转让所得用于清偿其对申请执行人的债务；但转让价格不足清偿全部债务的，应征得申请执行人的同意。

对冻结的被执行人在中外合资、合作经营企业中的投资权益或股权，在征得合资或合作他方的同意和对外经济贸易主管机关的批准后，可予以转让。被执行人除在中外合资、合作企业中的投资权益或股权以外别无其他财产可供执行，合资或合作他方又不同意转让的，可以直接强制转让，但应当保护合资或合作他方的优先购买权。

第三百七十四条 对被执行人从有关企业中应得的已到期的股息或红利等收益，人民法院可以裁定禁止被执行人提取和有关企业向被执行人支付，也可以直接从有关企业中提取并出具收据。

对被执行人预期从有关企业中应得的股息或红利等收益，人民法院可以采取冻结措施，禁止到期后被执行人提取和有关企业向被执行人支付；到期后人民法院可从有关企业中提取，并出具收据。

第三百七十五条 有关企业收到人民法院发出的协助冻结通知书后，擅自向被执行人支付股息或红利，或擅自为被执行人办理已冻结股权的转移手续，造成已转移的财产无法追回的，应当在所支付的股息或红利或转移的股权价值范围内向申请执行人承担赔偿责任。

第九章　对证券或证券交易结算资金的执行

第三百七十六条　人民法院需要通过证券登记结算机构或者证券公司查询、冻结、扣划证券或证券交易结算资金的，证券登记结算机构或者证券公司应当依法予以协助。

在证券公司托管的证券的冻结、扣划，既可以在托管的证券公司办理，也可以在证券登记结算机构办理。不同的执法机关同一交易日分别在证券公司、证券登记结算机构对同一笔证券办理冻结扣划手续的，证券公司协助办理的为在先冻结、扣划。

冻结、扣划未在证券公司或者其他托管机构托管的证券或者证券公司自营证券的，由证券登记结算机构协助办理。

第三百七十七条　人民法院可以依法向证券登记结算机构查询客户或证券公司的证券账户、证券交收账户及资金交收账户内已完成清算交收程序的余额、余额变动、开户资料等内容。

人民法院可依法向证券公司查询客户的证券账户和资金账户、证券交收账户和资金交收账户内的余额、余额变动、证券及资金流向、开户资料等内容。

查询自然人账户的，应当提供自然人姓名和身份证件号码；查询法人账户的，应当提供法人名称和营业执照或者法人注册登记证书号码。

证券登记结算机构或者证券公司应当出具书面查询结果并加盖业务专用章。人民法院对查询结果有疑问的，证券登记结算机构、证券公司在必要时应当进行书面解释并加盖业务专用章。

第三百七十八条　人民法院按照法定权限冻结、扣划相关证券、资金时，应当明确冻结、扣划证券、资金所在的账户名称、账户号码、冻结期限，以及所冻结、扣划证券的名称、数量或者资金的数额。扣划时，还应当明确拟划入的账户名称、账号。

冻结证券和交易结算资金时，应当明确冻结的范围是否及于孳息。

以证券登记结算机构名义建立的各类专门清算交收账户不得整体冻结。

第三百七十九条　证券登记结算机构依法按照业务规则收取并存放于专门清算交收账户内的下列证券，不得冻结、扣划：

（一）证券登记结算机构设立的证券集中交收账户、专用清偿账户、专用处置账户内的证券；

（二）证券公司按照业务规则在证券登记结算机构开设的客户证券交收账户、自营证券交收账户和证券处置账户内的证券。

第三百八十条　证券登记结算机构依法按照业务规则收取并存放于专门清算交收账户内的下列资金，不得冻结、扣划：

（一）证券登记结算机构设立的资金集中交收账户、专用清偿账户内的资金；

（二）证券登记结算机构依法收取的证券结算风险基金和结算互保金；

（三）证券登记结算机构在银行开设的结算备付金专用存款账户和新股发行验资专户内的资金，以及证券登记结算机构为新股发行网下申购配售对象开立的网下申购资金账户内的资金；

（四）证券公司在证券登记结算机构开设的客户资金交收账户内的资金；

（五）证券公司在证券登记结算机构开设的自营资金交收账户内最低限额自营结算备付金及根据成交结果确定的应付资金。

第三百八十一条　证券登记结算机构依法按照业务规则要求证券公司等结算参与人、投资者或者发行人提供的回购质押券、价差担保物、行权担保物、履约担保物，在交收完成之前，不得冻结、扣划。

第三百八十二条　证券公司在银行开立的自营资金账户内的资金可以冻结、扣划。

第三百八十三条　证券登记结算机构受理冻结、扣划要求后，应当在受理日对应的交收日交收程序完成后根据交收结果协助冻结、扣划。

证券公司受理冻结、扣划要求后，应当立即停止证券交易，冻结时已经下单但尚未撮合成功的应当采取撤单措施。冻结后，根据成交结果确定的用于交收的应付证券和应付资金可以进行正常交收。在交收程序完成后，对于剩余部分可以扣划。同时，证券公司应当根据成交结果计算出等额的应收资金或者应收证券交由执法机关冻结或者扣划。

第三百八十四条 已被人民法院、人民检察院、公安机关冻结的证券或证券交易结算资金，因不同案件可以进行轮候冻结。冻结解除的，登记在先的轮候冻结自动生效。

轮候冻结生效后，协助冻结的证券登记结算机构或者证券公司应当书面通知作出该轮候冻结的机关。

第三百八十五条 不同的人民法院、人民检察院、公安机关对同一笔证券或者交易结算资金要求冻结、扣划或者轮候冻结时，证券登记结算机构或者证券公司应当按照送达协助冻结、扣划通知书的先后顺序办理协助事项。

第三百八十六条 冻结证券的期限不得超过二年，冻结交易结算资金的期限不得超过六个月。

需要延长冻结期限的，应当在冻结期限届满前办理续行冻结手续，每次续行冻结的期限不得超过前款规定的期限。

第三百八十七条 人民法院裁定冻结或者解除冻结上市公司股权，除应当将法律文书送达负有协助执行义务的单位以外，还应当在作出冻结或者解除冻结裁定后七日内，将法律文书送达被执行人并书面通知上市公司。

被冻结或者拍卖股权的被执行人是国有股份持有人的，人民法院在向被执行人送达冻结或者拍卖裁定时，应当告知其于五日内报主管财政部门备案。

第三百八十八条 上市公司流通股可以通过变卖方式进行变价。人民法院可以委托托管流通股的证券营业部在证券市场进行变卖，或通过大宗交易系统进行变卖，交易费用由被执行人承担。

大宗交易的变卖价格由人民法院参照市场价格予以监控。

经双方当事人同意以股权抵债并对流通股价格确认一致的，可以由人民法院直接扣划该流通股至申请执行人的股票账户以折抵债务，但有其他执行债权人的，应征得其同意后方可抵债。

第三百八十九条 通过大宗交易或扣划方式将流通股处置给特定受让人的，受让人已经持有的该上市公司股份数额和其受让的股份数额累计不得超过该上市公司已经发行股份数额的30%。如受让人累计持有该上市公司股份数额已达到30%的，须依照《中华人民共和国证券法》的相关规定提前办理相关手续。

第三百九十条 被执行人作为发起人持有本公司股份的，人民法院对该股份可以强制进行转让，不受《中华人民共和国公司法》第一百四十二条“发起人持有的本公司股份，自公司成立之日起一年内不得转让”的限制，有关单位应当按照人民法院的裁定书和协助执行通知书办理转让股份的变更登记手续。

第十章 对土地使用权、房屋的执行

第三百九十一条 人民法院对土地使用权、房屋实施查封或者进行实体处理前，应当向国土资源、房地产管理部门查询该房地产的权属、他项权利、有无在先查封等情况。上述单位应当配合人民法院的查询工作，并告知查询结果。

人民法院执行人员到上述单位查询房地产权属情况时，应当出示本人工作证或执行公务证，并出具介绍信或协助查询通知书，写明查询内容。人民法院执行人员查询并复制或者抄录的书面材料，由上述单位或者其所属的档案室（馆）加盖印章。无法查询或查询无结果的，上述单位应当按人民法院的要求告知情况。

人民法院来函查询的，上述单位应当在十日内以书面形式将查询结果告知人民法院。

人民法院与国土资源、房地产管理部门已建立网络执行查控机制的，可以参照《最高人民法院关于网络查询、冻结被执行人存款的规定》的相关规定，通过网络查询房地产的权属情况。人民法院通过网络查询房地产的权属情况，与执行人员赴国土资源、房地产管理部门的办公场所查询房地产权属的情况具有同等效力。

第三百九十二条 人民法院可依申请执行人的申请签发调查令，指定其代理律师查询被执行人的有关房地产情况。

调查令应当载明下列内容：

（一）执行案件的案号、案件当事人的姓名或者名称；

（二）接受调查单位的名称；

（三）持令人姓名、性别、律师执业证证号、所在律师事务所名称；

（四）调查事项；

（五）调查令的有效期限；

（六）填发人、签发人、日期和院印等。

持令人查询有关房地产状况的，必须向国土资源、房地产登记管理部门出示有效的律师执业证，国土资源、房地产登记管理部门应当协助查询调查令载明的事项并在查询结果上加盖印章。

第三百九十三条 人民法院查封时，土地使用权、房屋权属的确认以国土资源、房地产管理部门的登记或者出具的权属证明为准。权属证明与权属登记不一致的，以权属登记为准。

第三百九十四条 人民法院在查封、解封或处分土地使用权、房屋时，应当遵循房地合一的原则。

土地使用权和房屋所有权归属同一权利人的，人民法院应当同时查封；土地使用权和房屋所有权归属不一致的，查封被执行人名下的土地使用权或者房屋。

在变价处理房屋时，房屋所有权和土地使用权同时转移；房屋所有权与土地使用权归属不一致的，受让人继受原权利人的合法权利。

第三百九十五条 人民法院查封和处置房地产，国土资源、房地产登记管理部门应当按照人民法院的协助执行通知书及所附生效法律文书及时办理协助执行事项。

国土资源、房地产登记管理部门对被人民法院依法查封、预查封的房地产，在查封、预查封期间不得办理转移登记、变更登记、抵押登记、预告登记、商品房预售合同登记备案等手续，但经查封法院同意的除外。

国土资源、房地产管理部门依法协助人民法院执行时，除复制有关材料所必需的工本费外，不得向人民法院收取其他费用。登记过户的费用按照国家有关规定收取。

第三百九十六条 协助执行通知书应当载明被执行土地使用权、房产的权利人、权属证书号（包括商品房买卖合同号）、项目名称、座落、部位、面积等，内容清楚、字迹清晰，并载明案号、执行人员姓名及联系方式。

第三百九十七条 人民法院按照国土资源、房地产管理部门的工作分工，分别到相应部门直接送达协助执行文书，或者以法院专递方式邮寄送达协助执行文书，其送达与直接送达具有同等法律效力。

第三百九十八条 国土资源、房地产管理部门在协助人民法院执行土地使用权、房屋时，不对生效法律文书和协助执行通知书进行实体审查。国土资源、房地产管理部门认为人民法院查封、预查封或者处理的土地使用权、房屋权属错误的，可以向人民法院提出审查建议，但不应当停止办理协助执行事项。

国土资源、房地产管理部门认为协助执行通知书内容不清楚的，可以要求人民法院对有关材料或内容予以补正，但不对生效法律文书和协助执行通知书进行实体审查。

第三百九十九条 有下列情况之一的，国土资源、房地产管理部门应当在收到协助执行文书之日起十个工作日内与人民法院联系，书面回函告知或提出审查建议：

（一）被查封的土地使用权、房屋座落、部位或面积难以确认的；

（二）被查封的土地使用权、房屋未登记在被执行人名下的；

（三）有其他难以协助执行的情形的。

回函应当附有相关证明材料，并注明联系人和联系方式。

人民法院应当自收到回函之日起十个工作日内向国土资源、房地产管理部门反馈书面意见。在人民法院没有明确意见之前，国土资源、房地产管理部门应当暂停办理协助执行文书涉及房屋、土地使用权的转移登记、变更登记、抵押登记、预售合同登记备案等事项，且不得将协助执行文书退回人民法院。如被执行人或其他人对该查封有异议的，应当告知其向有关人民法院反映或提出异议。

第四百条 对被执行人因继承、判决或者强制执行取得但尚未办理过户登记的土地使用权、房屋的查封，人民法院应当向国土资源、房地产管理部门提交被执行人取得财产所依据的继承证明、生效判决书或者执行裁定书及协助执行通知书；由国土资源、房地产管理部门将该土地使用权、房屋的权属变更至被执行人名下并办理查封登记后，查封自国土资源、房地产管理部门在送达回证上签收之日起生效。

第四百零一条 对国土资源、房地产管理部门已经受理被执行人转让土地使用权、房屋的过户登记申请，但尚未核准登记的，人民法院可以进行查封；已核准登记的，不得进行查封。

核准登记，以权属登记部门办理权属登记手续时核准人员最后签署意见的日期为准。

第四百零二条 登记在案外人名下的土地使用权、房屋，案外人（登记名义人）书面认可实际属于被执行人的，人民法院可以采取查封措施，查封时应当提交案外人书面确认书的复印件。

登记名义人否认该土地、房屋属于被执行人，而当事人认为登记为虚假的，须经当事人另行提起诉讼或者通过其他程序，撤销该登记并登记在被执行人名下之后，才可以采取查封措施。

第四百零三条 人民法院对被执行人与其他人共有的房地产，可以查封，但应当通知共有人。

共有人协议分割共有房地产，并经债权人认可的，查封的效力及于协议分割后被执行人享有份额内的房地产，对其他共有人的房地产应当裁定解除查封。

需要析产诉讼的，诉讼期间中止对房地产的处分性执行措施。

第四百零四条 人民法院对可以分割处分的房屋、土地使用权应当在执行标的额的范围内分割查封，不可分割的房屋、土地使用权可以整体查封。

分割查封的，应当在协助执行通知书中明确查封房屋、土地使用权的具体部位；房屋有具体的楼层和房号的，应当注明楼层和房号。

第四百零五条 下列未登记在被执行人名下的房屋，人民法院可以进行预查封：

（一）作为被执行人的房地产开发企业，已办理了商品房预售许可证且尚未出售的房屋；

（二）被执行人购买的已由房地产开发企业办理了房屋权属初始登记的房屋；

（三）被执行人购买的办理了商品房预售合同登记备案手续或者商品房预告登记的房屋；

（四）被执行人购买第三人的房屋已经支付部分或者全部价款并实际占有该财产，申请执行人已向第三人支付剩余价款或者第三人同意剩余价款从该财产变价款中优先支付的。

第四百零六条 被执行人全部缴纳土地使用权出让金但尚未办理土地使用权登记的，人民法院可以对该土地使用权进行预查封。

第四百零七条 被执行人部分缴纳土地使用权出让金但尚未办理土地使用权登记的，对可以分割的土地使用权，按已缴付的土地使用权出让金，由国土资源管理部门确认被执行人的土地使用权，人民法院可以对确认后的土地使用权进行预查封；对不可以分割的土地使用权，可以全部进行预查封。

被执行人在规定的期限内仍未全部缴纳土地出让金，人民政府收回土地使用权的，应当将被执行人缴纳的按照有关规定应当退还的土地出让金交由人民法院处理后，预查封自动解除。

第四百零八条 预查封的期限和效力等同于正式查封。

国土资源、房地产管理部门应当依据人民法院的协助执行通知书和所附的裁定书办理预查封登记。预查封期间，可以为被执行人土地使用权、房屋办理权属登记。土地使用权、房屋权属登记在被执行人名下后，预查封登记自动转为查封登记，查封期限从预查封之日起开始计算。

预查封转为正式查封后，国土资源、房地产登记管理机关应及时书面通知人民法院。

第四百零九条 人民法院对土地使用权、房屋的查封和预查封期限不得超过二年。期限届满可以续封一次，续封时应当重新制作查封裁定书和协助执行通知书，续封的期限不得超过一年。确有特殊情况需要再续封的，应当经过市高级人民法院批准，且每次再续封的期限不得超过一年。

期限届满，人民法院未办理继续查封和预查封手续的，查封的效力消灭。

第四百一十条 两个以上人民法院对同一土地使用权、房屋进行查封的，国土资源、房地产管理部门为首先送达协助执行通知书的人民法院办理查封登记手续后，对后来送达协助执行通知书的人民法院作轮候查封登记，并书面告知该土地使用权、房屋已被其他人民法院查封的事实及查封的有关情况。

查封法院未解除查封前，国土资源、房地产管理部门不得为其他法院办理该房地的过户登记手续。

第四百一十一条 轮候查封登记的顺序按照人民法院送达协助执行通知书的时间先后进行排列。查封法院依法解除查封的，第一顺位的轮候查封自动转为查封；查封法院对查封的土地使用权、房屋全部处理的，轮候查封自动失效；查封法院对查封的土地使用权、房屋部分处理的，对剩余部分，第一顺位的轮候查封自动转为查封。

第四百一十二条 对被人民法院依法查封、预查封的土地使用权、房屋，未经人民法院同意的，国土资源、房地产管理部门在查封、预查封期间不得办理抵押、转让等权属变更、转移登记手续。

国土资源、房地产管理部门明知土地使用权、房屋已被人民法院查封、预查封，仍然办理抵押、转让等权属变更、转移登记手续的，对有关的国土资源、房地产管理部门和直接责任人可以依照《中华人民共和国民事诉讼法》第一百一十四条的规定处理。

第四百一十三条 查封划拨的国有土地使用权后，人民法院经与国土资源管理部门取得一致意见，可以裁定予以处理，所得价款应当先行缴纳依法应缴纳的土地使用权出让金。

对设定了抵押权的国有土地使用权，人民法院可以直接变价，所得价款应当先行缴纳依法应缴纳的土地使用权出让金。

第四百一十四条 查封集体土地使用权后，人民法院经与国土资源管理部门取得一致意见，可以裁定予以处理，但应当告知权利受让人到国土资源管理部门办理土地征用和国有土地使用权出让手续，缴纳土地使用权出让金及有关税费。

处理农村房屋涉及集体土地的，人民法院应当与国土资源管理部门协商一致后再行处理。

第四百一十五条 人民法院执行土地使用权时，不得改变原土地用途和出让年限。

第四百一十六条 人民法院处分房地产后，除人民法院已明示买受人或承受人不负责实际交付的以外，被执行人或占用人拒不迁出的，可以强制被执行人迁出房屋或者退出土地。强制迁出或退出的程序按照本规范第四百五十六条的规定办理。

第四百一十七条 对被执行人所有的居住房屋，人民法院可以查封、拍卖、变卖、抵债，但应当保障被执行人及其所扶养家属生活所必需的居住房屋。

前款中的“被执行人及其所扶养家属生活所必需的居住房屋”原则上不超过当地公布的人均最低住房面积标准。

第四百一十八条 人民法院对已经依法设定抵押的被执行人及其所扶养家属居住的房屋，在裁定拍卖、变卖或者抵债后，应当给予被执行人六个月的宽限期。在此期限内，被执行人应当主动腾空房屋，人民法院不得强制被执行人及其所扶养家属迁出该房屋。宽限期届满后，被执行人仍未迁出的，人民法院可以作出强制迁出裁定，并按照本规范第四百五十六条的规定执行。

强制迁出时，被执行人无法自行解决居住问题的，经人民法院审查属实，可以由申请执行人为被执行人及其所扶养家属提供临时住房。申请执行人提供的临时住房，其房屋品质、地段可以不同于被执行人原住房，面积参照建设部、财政部、民政部、国土资源部和国家税务总局联合发布的《城镇最低收入家庭廉租住房管理办法》所规定的人均廉租住房面积标准确定。

申请执行人提供的临时住房，应当计收租金。租金标准由申请执行人和被执行人双方协商确定；协商不成的，由人民法院参照当地同类房屋租金标准确定，当地无同类房屋租金标准可以参照的，参照当地房屋租赁市场平均租金标准确定。已经产生的租金，可以从房屋拍卖或者变卖价款中优先扣除。

被执行人属于低保对象且无法自行解决居住问题的，人民法院不应强制迁出。

第四百一十九条 被查封的土地使用权、房屋经拍卖、变卖或者以物抵债后，人民法院应当作出土地使用权、房屋所有权转移的裁定书，裁定送达权利受让人时即发生法律效力。

国土资源、房地产管理部门依据前款中的裁定进行权属登记时，当事人的土地、房屋权利应当追溯到该裁定生效之时。

第四百二十条 房屋及土地使用权上的原有抵押权及其他优先受偿权，因人民法院拍卖而消灭。法院裁定拍卖成交或者以流拍的房地产抵债后，需要市或区县建委协助办理房屋权属变更、土地使用权转移登记手续的，应当在协助执行通知书上注明解除原有房产、土地使用权的抵押登记，市或区县建委应当依照协助执行通知书注销抵押登记，并协助人民法院办理房屋所有权属转移、土地使用权变更登记手续。

第四百二十一条 执行程序中处置未办理初始登记的房屋时，具备初始登记条件的，执行法院处置后可以依法向房屋登记机构发出协助执行通知书；暂时不具备初始登记条件的，执行法院处置后可以向房屋登记机构发出协助执行通知书，并载明待房屋买受人或承受人完善相关手续具备初始登记条件后，由房屋登记机构按照协助执行通知书予以登记；不具备初始登记条件的，原则上进行“现状处置”，即处置前披露房屋不具备初始登记条件的现状，买受人或承受人按照房屋的权利现状取得房屋，后续的产权登记事项由买受人或承受人自行负责。

执行法院向房屋登记机构发出协助执

行通知书,房屋登记机构认为不具备初始登记条件并作出书面说明的,执行法院应在三十日内依照法律和有关规定,参照行政规章,对其说明理由进行审查。理由成立的,撤销或变更协助执行通知书并书面通知房屋登记机构;理由不成立的,书面通知房屋登记机构限期按协助执行通知书办理。

第四百二十二条 人民法院在案件执行完毕后,对未处理的土地使用权、房屋需要解除查封的,应当在十个工作日内裁定解除查封,并将协助执行通知书及解除查封的裁定书送达国土资源、房地产管理部门。

第十一章 对机动车辆的执行

第四百二十三条 车辆管理部门档案科统一负责接待、协调、办理人民法院执行查封机动车档案、机动车过户等有关工作。

第四百二十四条 执行中人民法院查询机动车的事项可以包括:

(一)机动车车号;

(二)机动车所有人;

(三)机动车的来历凭证;

(四)机动车的其他档案材料。

第四百二十五条 人民法院需查封机动车档案的,应出示工作证,出具协助执行通知书并附相关裁定书。协助执行通知书需写明查封机动车所有人姓名、车牌号码、车身颜色、厂牌型号及法院联系人、联系电话等。

车辆管理部门接到协助执行通知后,应当进行查封登记,暂停办理该机动车过户、转出、变更、抵押、停驶、注销登记等各项登记业务。

第四百二十六条 人民法院需要对车辆进行扣押的,应当在协助执行通知书中特别注明,车辆管理部门可以在车辆注册登记或车辆年检时依据法院协助执行通知书的要求立即通知相关法院。接到车辆管理部门通知后,人民法院执行人员应当立即赶到现场办理有关扣押手续;情况紧急需要验车场所所在辖区法院协助扣押的,相关法院应当做好协助配合工作。

第四百二十七条 执行中需办理机动车过户的,人民法院执行人员应出示工作证,出具协助执行通知书并附相关裁定书。属本市内过户的,应提交现车辆所有人的身份证明;属本市车辆转往外省市的,车辆管理部门要留有协助执行通知书及所附裁定书;属外省、市、自治区车辆转入本市的,人民法院还需提交车辆档案资料、机动车登记证书和本市车辆所有人的身份证明,转入的车辆须符合公安部机动车注册登记的有关规定和北京市环保局对车辆尾气排放的有关规定。

手续齐全的,车辆管理部门应当及时协助办理车辆过户手续。

执行中本市号牌小客车发生所有权转移的,应当按照《〈北京市小客车数量调控暂行规定〉实施细则(2013 年修订)》的相关规定办理转移登记手续。

第四百二十八条 执行中人民法院需要对查封的机动车档案解封的,应出具协助执行通知书,车辆管理部门应当及时协助办理解除查封手续。

第四百二十九条 扣押尚未进行权属登记的机动车辆的,人民法院应当在扣押清单上记载该机动车辆的发动机编号。车辆扣押期间,权利人要求办理权属登记手续的,人民法院应当准许,并及时向车辆管理部门办理相应的查封登记手续。

第十二章 对被执行人的债权或收入的执行

第四百三十条 被执行人不能清偿债务,但对第三人享有到期债权的,人民法院可以依申请执行人或被执行人的申请,向第三人发出履行到期债务的通知 。履行通知必须直接送达第三人。

履行通知应当包含下列内容:

(一)第三人直接向申请执行人履行其对被执行人所负的债务,不得向被执行人清偿;

（二）第三人应当在收到履行通知后的十五日内向申请执行人履行债务；

（三）第三人对履行到期债务有异议的，应当在收到履行通知后的十五日内向人民法院提出；

（四）第三人违背上述义务及故意隐瞒事实真相的法律后果。

第四百三十一条 第三人对履行通知的异议一般应当以书面形式提出，口头提出的，执行人员应记入笔录，并由第三人签字或盖章。

第四百三十二条 第三人在履行通知指定的期间内提出异议的，人民法院不得对第三人强制执行，对提出的异议不进行实质审查。

有充分证据证明第三人提出的异议故意隐瞒事实真相、严重不实的，按照《中华人民共和国民事诉讼法》第一百一十四条规定处理。

第四百三十三条 第三人提出自己无履行能力或其与申请执行人无直接法律关系，不属于本规范所指的异议。

第三人对债务部分承认、部分有异议的，可以对其承认的部分强制执行。

第四百三十四条 第三人在履行通知指定的期限内没有提出异议，又不履行的，人民法院有权裁定对其强制执行。此裁定应当送达第三人和当事人。

第四百三十五条 被执行人收到人民法院履行通知后，放弃其对第三人的债权或延缓第三人履行期限的行为不得对抗申请执行人，人民法院仍可在第三人无异议又不履行的情况下予以强制执行。

第四百三十六条 第三人收到人民法院要求其履行到期债务的通知后，擅自向被执行人履行，造成已向被执行人履行的财产不能追回的，除在已履行的财产范围内与被执行人承担连带清偿责任外，可以追究其妨害执行的法律责任。

第四百三十七条 在对第三人作出强制执行裁定后，第三人确无财产可供执行的，不得就第三人对他人享有的到期债权强制执行。

第四百三十八条 第三人按照人民法院履行通知向申请执行人履行了债务或已被强制执行后，人民法院应当向其出具有关证明。

第四百三十九条 被执行人对第三人的债权已经取得执行依据但未申请强制执行的，人民法院可以直接强制执行该到期债权。第三人对该债务是否存在或债务数额提出异议的，不予受理，亦不影响继续强制执行。但第三人以其已全部或部分履行该债务为由提出异议的，应当予以受理并依法审查。

第四百四十条 被执行人对案外第三人的债权已经申请强制执行的，人民法院可以请求执行该债权的法院协助扣留相应的执行款项。

第四百四十一条 对被执行人的未到期债权，人民法院可以向其债务人发出协助执行通知书予以冻结，责令其债务人不得向被执行人清偿。该债权到期后，执行法院按照执行到期债权的程序办理。

被执行人的债务人向执行法院提出异议否认债务存在的，执行法院对该异议不予审查，直接解除对未到期债权的冻结，并告知其如有充分证据证明其所提异议隐瞒事实真相的，将依照《中华人民共和国民事诉讼法》第一百一十四条规定处理。

被执行人的债务人提出自己无履行能力，或其与申请执行人无直接法律关系，或债务未到期的，不属于前款所指的异议。

第四百四十二条 被执行人未履行执行依据确定的义务，人民法院有权扣留、提取被执行人应当履行义务部分的收入，但应当保留被执行人及其所扶养家属的生活必需费用。

人民法院扣留、提取收入时，应当作出裁定，并发出协助执行通知书，被执行人所在单位、银行、信用合作社和其他有储蓄业务的单位必须办理。

被执行人为离退休人员，其未履行执

行依据确定的义务，在被执行人其他可供执行的财产或者收入不足偿还其债务的情况下，人民法院可以要求其离退休金发放单位或者社会保障机构协助扣划其离休金或退休金，用以偿还该离退休人员的债务，上述单位或者机构应当予以协助。人民法院在执行时应当为离退休人员留出必要的生活费用，生活费用标准可参照当地的有关标准确定。

第四百四十三条　作为被执行人的公民，其收入转为储蓄存款的，应当责令其交出存单。拒不交出的，人民法院应当作出提取其存款的裁定，向金融机构发出协助执行通知书，并附执行依据副本，由金融机构提取被执行人的存款交人民法院或存入人民法院指定的账户。

第四百四十四条　被执行人在有关单位的收入尚未支取的，人民法院应当作出裁定，向该单位发出协助执行通知书，由其协助扣留或提取。

第四百四十五条　有关单位收到人民法院协助执行被执行人收入的通知后，擅自向被执行人或其他人支付的，人民法院有权责令其限期追回；逾期未追回的，应当裁定其在支付的数额内向申请执行人承担责任。

第十三章　对其他财产的执行

第四百四十六条　被执行人不履行生效法律文书确定的义务，人民法院有权裁定冻结被执行人的专利权、注册商标专用权、著作权等知识产权 。上述权利有登记主管部门的，应当同时向有关部门发出协助执行通知书，要求其不得办理财产权转移手续，必要时可以责令被执行人将权属证照交人民法院保存。

对前款财产权，可以采取拍卖、变卖等执行措施。

人民法院在执行注册商标专用权的过程中，对注册商标及相同或者类似商品上相同和近似的商标应当一并予以执行。

第四百四十七条　除海事法院及其上级人民法院外，地方人民法院对当事人提出的船舶保全申请应不予受理。地方人民法院为执行生效法律文书需要扣押和拍卖船舶的，应当委托船籍港所在地或者船舶所在地的海事法院执行。

第四百四十八条　对被执行人（投保人）所投的第三者责任险应得保险赔偿款，被执行人（投保人）不履行义务的，人民法院可以根据申请执行人（受益人）的申请向保险公司发出协助执行通知书及相关裁定书，由保险公司依照有关规定理赔给申请执行人；申请执行人对保险公司理赔数额有异议的，可以通过诉讼解决；保险公司无正当理由拒绝理赔的，人民法院可依法强制执行。

第四百四十九条　对被执行人所投的商业保险，人民法院可以冻结并处分被执行人基于保险合同享有的权益，但不得强制解除该保险合同法律关系。保险公司和被执行人对理赔金额有争议的，对无争议的部分可予执行；对有争议的部分，待争议解决后再决定是否执行。

对被执行人所设的用于缴纳保险费的账户，人民法院可以冻结并扣划该账户内的款项。

第十四章　非金钱债权的执行

第四百五十条　执行依据确定履行行为义务的，按照下列程序处理：

（一）被执行人拒不履行可以替代履行的行为，应当雇佣相关单位或者人员代为履行，代为履行的费用由申请执行人垫付。垫付的费用和迟延履行金应当责令被执行人限期支付。限定期限内拒不支付的，应当裁定执行被执行人的相应财产。

（二）被执行人拒不履行不可替代履行的行为，应当责令被执行人限期支付迟延履行金，并依法对被执行人采取训诫、罚款、拘留等制裁措施。情节严重的，依法追究刑事责任。限定期限内拒不支付迟延履行金或交纳罚款的，应当裁定执行被执行人的相应财产。

第四百五十一条 被执行人拒不履行执行依据确定的交付特定物义务的，应当强制交付该特定物。需要办理过户登记手续的，应当同时向有关机关或者单位送达办理过户登记的协助执行法律手续。

第四百五十二条 执行依据指定交付的财物或者票证，由执行员传唤双方当事人当面交付，或者由执行员转交，并由被交付人签收。

有关单位持有该项财物或者票证的，应当根据人民法院的协助执行通知书转交，并由被交付人签收。

有关公民持有该项财物或者票证的，人民法院通知其交出。拒不交出的，强制执行。

第四百五十三条 执行依据确定被执行人交付特定标的物的，应当执行原物。原物被隐匿或非法转移的，人民法院应当责令其交出。原物确已变质、损坏或灭失的，应当裁定其折价赔偿或按标的物的价值强制执行被执行人的其他财产。

第四百五十四条 执行依据确定交付种类物义务的，应当责令被执行人按照执行依据确定的数量和质量将种类物交付给申请执行人。拒不交付的，强制执行。

第四百五十五条 不能按照执行依据所确定的数量和质量执行种类物的，应当委托估价机构估价。估价结论应当送达当事人。

被执行人对估价结论无异议或者异议不成立的，应当裁定执行被执行人相应价值的财产。

第四百五十六条 强制迁出房屋或者强制退出土地，由院长签发公告，责令被执行人在指定期间履行。被执行人逾期不履行的，由执行员强制执行。

强制执行时，被执行人是公民的，应当通知被执行人或者他的成年家属到场；被执行人是法人或者其他组织的，应当通知其法定代表人或者主要负责人到场。拒不到场的，不影响执行。被执行人是公民的，其工作单位或者房屋、土地所在地的基层组织应当派人参加。执行员应当将强制执行情况记入笔录，由在场人签名或者盖章。

强制迁出房屋被搬出的财物，由人民法院派人运至指定处所，交给被执行人。被执行人是公民的，也可以交给他的成年家属。因拒绝接收而造成的损失，由被执行人承担。

第十五章 刑事财产部分的执行

第四百五十七条 本章所指刑事财产部分的范围包括罚金刑、没收财产刑以及《中华人民共和国刑法》第六十四条所列追缴或退赔违法所得、返还被害人的合法财产、没收违禁品和供犯罪所用的本人财物等。

刑事附带民事赔偿部分的执行不适用本章的规定。

第四百五十八条 刑事财产部分由第一审人民法院执行机构负责执行。

第四百五十九条 第一审人民法院的刑事审判部门应当在本院作出的刑事判决、裁定生效后，或者在收到上级人民法院生效的刑事判决、裁定后，将有关刑事财产部分移送立案部门立案。立案后，由立案部门将案件移送执行机构。

第四百六十条 判处罚金、没收财产或责令退赔的，执行被执行人的合法财产。

判处追缴且明确了具体追缴对象的，应当予以执行。判处追缴数额但未明确具体追缴对象的，视为没有明确、具体的执行内容，不予立案执行；已经立案的，裁定撤销案件或撤销对该部分的执行。

第四百六十一条 对罚金的执行，被执行人在判决、裁定确定的期限内未足额缴纳的，人民法院应当在期满后强制缴纳。

对没收财产刑，人民法院应当在立案后立即执行。

第四百六十二条 执行刑事财产部分时，案外人对被执行财产提出权属异议的，执行机构应参照《中华人民共和国民事诉讼法》第二百二十五条规定的程序处理。

第四百六十三条 被判处罚金或者没收财产，同时又承担刑事附带民事诉讼赔偿责任的被执行人，应当先履行对被害人的民事赔偿责任。

判处财产刑之前被执行人所负正当债务，应当偿还的，经债权人请求，先于财产刑予以偿还。

第四百六十四条 除刑事附带民事赔偿以及应当退赔、返还被害人的财产外，执行的财产应当上缴国库。

第四百六十五条 对刑事财产部分的执行过程中，具有《中华人民共和国民事诉讼法》规定的中止情形的，应当裁定中止执行。

第四百六十六条 对刑事财产部分的执行过程中，具有下列情形之一的，人民法院应当裁定终结执行：

（一）据以执行的刑事判决、裁定被撤销的；

（二）被执行人死亡或者被执行死刑，且无财产可供执行的；

（三）被判处罚金的单位终止，且无财产可供执行的；

（四）依照《中华人民共和国刑法》第五十三条规定免除罚金的；

（五）其他应当终结执行的情形。

人民法院裁定终结执行后，发现被执行人有隐匿、转移财产情形的，应当追缴。

第三编　执行审查案件办理规范

第一章　执行行为异议

第四百六十七条 执行过程中，当事人、利害关系人认为执行法院的执行行为违反法律或司法解释规定的，可以依照《中华人民共和国民事诉讼法》第二百二十五条的规定向执行法院提出异议。

前款规定的当事人指申请执行人和被执行人，包括被追加或者变更的申请执行人和被执行人以及因参与分配进入到执行中的其他债权人。利害关系人指对执行标的享有共有权、优先购买权等权利，或因执行行为可能使其利益受到直接损害的当事人以外的法人、其他组织或自然人。

案件执行完结后，当事人、利害关系人认为执行法院的执行行为违反法律或司法解释规定，可以向执行法院或市高级人民法院反映。执行法院认为情况属实的，可以通过本院审判委员会研究决定予以纠正；市高级人民法院认为情况属实的，可以按照执行监督程序处理。

中止执行、本次执行程序终结不属于本规范所指的执行完结。但对执行机构按照本规范第三百五十二条作出的终结执行裁定，当事人可以依照《中华人民共和国民事诉讼法》第二百二十五条的规定提出执行行为异议。

《中华人民共和国民事诉讼法》第二百二十五条的规定，适用于2008年4月1日以后作出的执行行为。

第四百六十八条 当事人、利害关系人对执行行为提出的异议，应当采取书面形式提出。异议申请书中应当明确其认为违法的具体执行行为及其所违反的具体法律或司法解释规定，并附以下材料：

（一）异议人身份、主体资格证明、授权委托书等材料；

（二）有关执行行为发生的相关证明材料。

利害关系人提出异议的，还应当提交其与执行行为存在直接利害关系的证明材料。

第四百六十九条 执行行为异议案件由执行法院的执行审查机构负责审查。

中级人民法院和高级人民法院审查执行行为异议案件，应当依法组成合议庭。基层人民法院对执行行为异议案件进行审查，可以独任审查。执行实施案件的承办人和实施执行行为的人员不得作为合议庭成员。

第四百七十条 审查执行行为异议案件，一般采用书面审查的方式；必要时可以召开听证会进行审查。

执行审查机构可以通知异议人到庭就

有关问题进行核实，异议人下落不明，或者经传唤或通知拒不到庭的，不影响人民法院进行审查。

第四百七十一条 执行行为异议案件审查过程中，原则上可以不通知异议人之外的其他当事人到庭。

异议内容为超标的查封、执行财产豁免等影响异议人之外的其他当事人权益的，应当通知其他相关当事人到庭。

异议人之外的其他当事人参与审查程序有助于查明案件事实或者化解矛盾的，可以通知其他相关当事人到庭。

异议人之外的其他当事人经通知拒不到庭的，不影响人民法院对异议的审查。

第四百七十二条 执行审查机构在审查执行行为异议案件过程中，需要了解执行行为相关情况的，可以向执行实施机构调卷，执行实施机构应当及时将相关卷宗或卷宗材料移交给执行审查机构。执行审查机构复印后，应当将卷宗或卷宗材料及时退还。

执行卷宗材料未能全面、清楚反映执行行为的，执行审查机构可以要求执行实施机构及案件承办人说明情况。

第四百七十三条 执行行为异议审查期间，不停止执行。

被执行人、利害关系人提供充分、有效的担保请求停止相应处分措施的，人民法院可以准许；申请执行人提供充分、有效的担保请求继续执行的，应当继续执行。

第四百七十四条 人民法院在审查过程中发现第三人按照《中华人民共和国民事诉讼法》第二百二十五条的规定对执行行为提出异议，但其主张的实质内容是对执行标的主张实体权利以对抗执行的，应当告知第三人变更其异议请求的内容和理由，第三人拒不变更的，依照《中华人民共和国民事诉讼法》第二百二十七条的规定处理。

第四百七十五条 执行行为异议案件审查期间，异议人申请撤回异议的，执行法院可以裁定准予撤回。但审查中发现执行行为违法的，应当告知执行实施机构。

第四百七十六条 在审查执行行为异议案件过程中，应当告知当事人针对同一个执行行为的异议有多项事实和理由的，应当一并提出。

经审查，异议理由成立的，裁定撤销或者改正执行行为；理由不成立的，裁定驳回异议。

第四百七十七条 经审查，有下列情形的，执行法院应当裁定撤销执行异议案件：

（一）异议所针对的执行行为尚未发生的；

（二）对同一执行行为，同一当事人或利害关系人再次提出执行行为异议的；

（三）除本规范另有规定的之外，异议人提出异议时，执行实施案件已经执行完结的。

第四百七十八条 当事人或利害关系人提出评估机构、评估人员不具备相应的资质或者提出评估程序违法的异议的，由执行审查机构按照《中华人民共和国民事诉讼法》第二百二十五条的规定进行审查。理由成立的，裁定异议成立；理由不成立的，裁定驳回异议。

第四百七十九条 当事人不服执行实施机构依据本规范第二百零八条第一款作出的驳回执行申请的裁定，根据《中华人民共和国民事诉讼法》第二百二十五条提出异议的，由执行审查机构进行审查。理由成立的，裁定撤销执行实施机构作出的驳回执行申请的裁定；理由不成立的，裁定驳回当事人的异议，驳回执行申请的裁定自驳回当事人的异议的裁定送达之日起生效。

异议审查和复议期间不停止执行。

第四百八十条 对人民法院依据本章规定作出的裁定不服的，当事人、利害关系人可以自裁定送达之日起十日内向上一级人民法院申请复议。

执行异议裁定中应当载明当事人、利害关系人向上一级人民法院申请复议的权利。

第二章　案外人异议

第四百八十一条　执行过程中，案外人对执行标的主张所有权或者有其他足以阻却执行标的转让、交付的实体权利的，可以依照《中华人民共和国民事诉讼法》第二百二十七条的规定，向执行法院提出异议。

前款规定的足以阻却执行的实体权利，具体包括：

（一）所有权，包括单独所有权和共有权；

（二）用益物权，但执行不妨害案外人占有使用的除外；

（三）租赁权，但执行不妨害案外人占有使用的除外；

（四）股权；

（五）法律、司法解释规定的其他实体权利。

有多个异议事由的，应告知案外人一并主张。

第四百八十二条　案外人提出异议的，应当采用书面形式提出。异议申请书中应当写明异议的事项、理由及法律依据，并附以下材料：

（一）案外人身份、主体资格证明、授权委托书等材料；

（二）有关执行标的权属等的相关证明材料。

第四百八十三条　案外人异议案件由执行法院的执行审查机构负责审查。

审查案外人异议案件，应当依法组成合议庭。执行实施案件的承办人和实施执行行为的人员不得作为合议庭成员。

第四百八十四条　审查案外人异议案件，一般应当公开听证；案情简单，事实清楚，没有必要听证的，可以采取书面审查的方式。

第四百八十五条　审查案外人异议，应当通知申请执行人、被执行人参加审查程序。申请执行人、被执行人下落不明，或者经传唤或通知拒不到庭的，不影响审查程序的进行。

案外人下落不明，或者经传唤或通知拒不到庭的，按照撤回异议处理，裁定终结审查程序。

第四百八十六条　执行审查机构在审查案外人异议案件过程中，需要了解争议标的物及执行情况的，可以向执行实施机构调卷，执行实施机构应当及时将相关卷宗或卷宗材料移交给执行审查机构。执行审查机构复印后，应当将卷宗或卷宗材料及时退还。

执行卷宗材料未能全面、清楚反映执行情况的，执行审查机构可以要求执行实施机构及其案件承办人说明情况。

第四百八十七条　对同一执行标的物，同一案外人提出的异议被裁定驳回后，再次提出异议的，不予受理；已经受理的，裁定撤销异议案件。当事人对该裁定不服的，可以向上一级人民法院申请复议。

对同一执行标的物，同一案外人提出的异议被裁定准许撤回异议或裁定终结审查程序 后，再次提出异议的，应当受理并进行审查。

第四百八十八条　在执行非属生效法律文书确定的特定标的物过程中，案外人依据人民法院确权的判决、裁定提出《中华人民共和国民事诉讼法》第二百二十七条规定的异议，该判决、裁定早于查封生效的，裁定支持异议；该判决、裁定晚于查封生效的，裁定驳回异议。

在执行非属生效法律文书确定的特定标的物过程中，案外人依据人民法院、仲裁机构等作出的将执行标的物所有权转移给案外人的法律文书提出《中华人民共和国民事诉讼法》第二百二十七条规定的异议，该法律文书早于查封生效的，裁定支持异议；该法律文书晚于查封生效的，裁定驳回异议。

第四百八十九条　对人民法院轮候查封的标的物，案外人依据《中华人民共和国民事诉讼法》第二百二十七条提出异议的，裁定驳回异议。该裁定为终局裁定。

第四百九十条 法院在执行生效法律文书确定的金钱债权过程中，对房屋实施强制执行，购买该房屋的案外人依据《最高人民法院关于人民法院民事执行中查封、扣押、冻结财产的规定》第十七条的规定，要求停止对该房屋执行的，执行法院应当进行审查。案外人已经支付全部价款并实际占有该房屋，且对未办理房屋过户登记手续没有过错的，对其异议请求，应予支持。

第四百九十一条 《最高人民法院关于人民法院民事执行中查封、扣押、冻结财产的规定》第十七条规定在适用上应作如下理解：

（一）该条中"实际占有"，是指在法院查封之前，该标的物已实际交付给案外人。

（二）该条中"第三人对此没有过错"，是指案外人未办理产权过户登记手续，是由于被执行人不予协助、办理登记存在客观障碍、登记机关迟延登记等案外人意志以外的原因造成的。案外人为规避法律、行政法规的规定或逃避债务，将房屋登记在被执行人名下的，应当认定其具有过错。

第四百九十二条 案外人异议审查期间，人民法院不得对执行标的采取处分性执行措施。

案外人向人民法院提供充分、有效的担保请求解除对异议标的的查封、扣押、冻结的，人民法院可以准许；申请执行人提供充分、有效的担保请求继续执行的，应当继续执行。

因案外人提供担保解除查封、扣押、冻结有错误，致使该标的无法执行的，人民法院可以直接执行担保财产；申请执行人提供担保请求继续执行有错误，给对方造成损失的，应当予以赔偿。

第四百九十三条 经审查，案外人异议理由成立的，裁定中止对该标的的执行；理由不成立的，裁定驳回异议。

第四百九十四条 当事人、案外人对本规范第四百九十三条中的裁定不服，认为与原执行依据无关的，可以自裁定送达之日起十五日内向人民法院提起诉讼；执行依据是人民法院作出的判决、裁定，当事人、案外人认为执行依据错误的，依照审判监督程序办理；执行依据是法院裁判以外的法律文书，当事人、案外人认为执行依据错误的，依照其他法律途径寻求救济。

本规范第四百九十三条中的裁定中应当载明当事人、案外人寻求救济的权利。

第四百九十五条 人民法院依照《中华人民共和国民事诉讼法》第二百二十七条规定裁定对异议标的中止执行后，申请执行人自裁定送达之日起十五日内未提起诉讼的，执行实施机构应当裁定解除对该标的的执行措施。

第四百九十六条 案外人依照《中华人民共和国民事诉讼法》第二百二十七条的规定提起诉讼的，诉讼期间，不停止执行。但审判庭认为"诉讼请求确有理由"的，可以向执行实施机构发出停止处分执行标的的建议书，执行实施机构收到建议书后，应当停止对该标的物的处分行为。

诉讼期间，案外人提供充分、有效的担保请求停止执行的，执行实施机构可以裁定停止对该执行标的物进行处分；申请执行人提供充分、有效的担保请求继续执行的，应当继续执行。

第四百九十七条 依照本规范第四百九十二条、第四百九十六条的规定，案外人请求停止执行、申请执行人请求继续执行有错误，给对方造成损失的，应当在执行完结前提出赔偿损失的请求。对是否造成损失以及赔偿数额由执行实施机构审查并作出决定。当事人对该决定不服的，可以参照《中华人民共和国民事诉讼法》第二百二十五条的规定提出异议，由执行审查机构进行审查。

第四百九十八条 案外人异议之诉判决不得执行该标的物的，由原执行实施机构作出裁定，撤销原执行行为或解除对该标的物的执行措施。标的物或变价款已发还申请执行人的，责令申请执行人退还；拒不退还的，予以强制执行。

第三章 其他异议

第四百九十九条 “执异字”号案件还包括以下类型：

（一）当事人提出的管辖权异议；

（二）被执行人提出债务已经消灭或部分消灭的异议；

（三）其他“执异字”号案件。

第五百条 人民法院受理执行申请后，当事人对管辖权有异议的，应当自收到执行通知书之日起十日内提出。

第五百零一条 当事人提出的管辖权异议，由执行审查机构负责审查。异议理由成立的，应当裁定撤销案件；异议理由不成立的，裁定驳回。裁定撤销案件的，告知当事人在本裁定生效后十五日内向有管辖权的人民法院申请执行；已经采取执行措施的，应当待当事人另行申请执行立案后，将控制的财产交受理该案件的人民法院处理。

当事人对前款中的裁定不服的，可以自裁定送达之日起十日内向上一级人民法院申请复议。

第五百零二条 管辖权异议审查和复议期间，不停止执行。

第五百零三条 执行完结前，债务人（被执行人）提出债务已经消灭或部分消灭的，由执行实施机构向申请执行人予以核实，申请执行人不予认可的，告知债务人参照《中华人民共和国民事诉讼法》第二百二十五条的规定提出异议，该异议由执行审查机构进行审查。。

第五百零四条 对债务人异议案件，应当召开听证会进行审查；审查中应充分听取各方当事人意见，保障各方当事人的陈述、举证、质证和辩论等权利。

第五百零五条 执行审查机构应当对债务人提出的债务已经消灭或者部分消灭 的异议作出实体裁定，当事人不服该裁定的，可以自裁定送达之日起十日内向上一级人民法院申请复议。

第五百零六条 生效的异议或复议裁定确认债务已经消灭或部分消灭的，执行实施机构应当依此确定应执行的标的额。已执行标的额超过应执行标的额的，应当责令申请执行人退回相应案款，拒不退回的，予以强制执行。

第五百零七条 债务人异议案件审查期间，不停止执行。债务人向人民法院提供充分、有效的担保请求中止执行的，人民法院可以准许；申请执行人提供充分、有效的担保请求继续执行的，应当继续执行，但案款发还行为除外。

申请执行人提供担保请求继续执行有错误，给对方造成损失的，应当予以赔偿。

第五百零八条 债务人异议案件审查期限为三个月。

第五百零九条 被执行人认为执行案件不符合本规范第三十三条规定的受理条件，提出异议的，参照《中华人民共和国民事诉讼法》第二百二十五条的规定的程序处理。

被执行人针对执行通知、执行裁定书等提出的异议，实质上是认为执行案件不符合本规范第三十三条规定的受理条件的，参照前款的规定处理。

第五百一十条 对本章所指的其他异议，本章未作特别规定的，参照本规范第三编第一章的相关规定处理。

第四章 变更或追加执行当事人

第五百一十一条 在执行过程中，变更或追加执行当事人的，应当严格按照执行方面法律、司法解释的规定进行；没有明确规定可以变更或追加执行当事人的，不得变更或追加。

审查变更或追加执行当事人的程序，依当事人或者权利人 的申请启动，执行法院原则上不得依职权启动。

第五百一十二条 在执行过程中，申请变更或追加执行当事人的，应当向执行法院提出书面申请。申请书中应当写明申请人和被申请变更或追加的执行当事人的基本情况 、执行案件的案号、执行情况，以及变更

或追加执行当事人的事实、理由、法律依据,并附以下材料:

(一)申请人身份、主体资格证明、授权委托书等材料;

(二)相关证据材料。

没有明确的被申请变更或追加执行当事人的,不予受理;已经受理的,裁定撤销案件。

第五百一十三条 变更或追加执行当事人的案件由执行法院的执行审查机构负责审查,但本规范另有规定的除外。

审查变更或追加执行当事人案件,应当依法组成合议庭,执行实施案件的承办人不得作为合议庭成员。

第五百一十四条 人民法院审查变更或追加执行当事人案件,一般应当公开听证进行审查;案情简单,事实清楚,没有必要听证的,可以采取书面审查的方式。

第五百一十五条 人民法院审查变更或追加执行当事人案件,可以传唤或者通知当事人、权利人和被申请变更或追加的执行当事人到庭就有关问题进行核实,当事人、权利人或被申请变更或追加的执行当事人下落不明,或者经传唤或通知拒不到庭的,按照下列情形分别处理:

(一)权利人以权利承继、债权转让等涉及实体审查的事由申请变更申请执行人,权利人下落不明,或者经传唤或通知拒不到庭的,按照撤回申请处理;其他当事人下落不明,或者经传唤或通知拒不到庭的,不影响人民法院审查。

(二)当事人依据《最高人民法院关于适用〈中华人民共和国民事诉讼法〉若干问题的意见》第272条、第273条或《最高人民法院关于人民法院执行工作若干问题的规定(试行)》第76条、第77条、第78条规定申请变更或追加被执行人,当事人或被申请变更或追加的被执行人下落不明,或者经传唤或通知拒不到庭的,不影响人民法院审查。

(三)当事人依据《最高人民法院关于适用〈中华人民共和国民事诉讼法〉若干问题的意见》第271条、第274条或《最高人民法院关于人民法院执行工作若干问题的规定(试行)》第79条、第80条、第81条规定申请变更或追加被执行人,申请人下落不明,或者经传唤或通知拒不到庭的,按照撤回申请处理;申请人无法提供被申请变更或追加的被执行人的基本信息致使人民法院无法与被申请变更或追加的被执行人取得联系并送达相关材料的,裁定终结审查程序;被执行人下落不明,或者经传唤或通知拒不到庭的,不影响人民法院审查;被申请变更或追加的被执行人经传唤或通知拒不到庭的,申请人提供的证据不足以证明其申请符合变更或追加的法定情形的,裁定驳回其申请,申请人提供的证据足以证明其申请符合变更或追加的法定情形的,裁定变更或追加被执行人。

第五百一十六条 执行审查机构在审查变更或追加执行当事人案件过程中,需要了解被执行人的财产状况和案件执行情况的,可以向执行实施机构调卷,执行实施机构应当及时将相关卷宗或卷宗材料移交给执行审查机构。执行审查机构复印后,应当将卷宗或卷宗材料及时退还。

执行卷宗材料未能全面、清楚反映相关情况的,执行审查机构可以要求执行实施机构或执行案件承办人说明情况。

第五百一十七条 变更或追加执行当事人案件审查期间,当事人或权利人通过诉讼程序请求判令被申请变更或追加的执行当事人承担责任的,执行法院应当停止审查。诉讼案件裁定驳回起诉的,执行法院恢复审查程序;作出生效判决的,执行法院裁定终结审查程序。

诉讼案件判决被申请变更或追加的执行当事人承担责任的,申请执行人可以持该生效判决要求执行法院合并执行,执行法院应予合并执行。

第五百一十八条 变更或追加执行当事人案件审查期间,申请执行人提供合法有效的担保，申请执行法院对被申请变更或者追加的被执行人的财产采取查封、扣押、冻结等控制性措施的，可以参照诉讼保全的有关规定采取控制性措施。但被申请变更或者追加的被执行人提供合法有效担保的，执行法院可以不予采取或解除控制性措施。

变更或追加申请被驳回的，申请执行人应当赔偿被申请变更或追加的被执行人因财产被查封、扣押、冻结所遭受的损失；拒不赔偿的，执行法院予以强制执行。

第五百一十九条 变更或追加执行当事人案件审查期间，申请人撤回申请的，执行法院可以裁定准予撤回。

第五百二十条 对变更或追加执行当事人的申请，经审查理由成立的，裁定予以变更或者追加，并确认其承担责任的范围；理由不成立的，裁定驳回。

第五百二十一条 当事人对人民法院依照本章规定作出的裁定不服，可以在裁定送达之日起十日内向上一级人民法院申请复议。

裁定中应当载明当事人向上一级人民法院申请复议的权利。

第五百二十二条 变更或追加执行当事人案件，应在三个月内审查完毕并作出裁定，有特殊情况需要延长的，报本院主管院长批准。

第五百二十三条 人民法院在审查变更或追加执行当事人案件过程中，应当告知申请人，针对同一个被申请变更或追加执行当事人有多项事实和理由的，应当一并提出。

同一主体以相同理由再次申请变更或追加同一执行当事人的，人民法院不予受理；已经受理的，裁定撤销案件。

第五百二十四条 变更或追加执行当事人案件裁定生效后，发现裁定确有错误的，可以按照《最高人民法院关于人民法院发现本院作出的诉前保全裁定和在执行程序中作出的裁定确有错误以及人民检察院对人民法院作出的诉前保全裁定提出抗诉人民法院应当如何处理的批复》（法释〔1998〕17号）的规定，提交本院审判委员会讨论决定予以撤销，或者由市高级人民法院按照执行监督程序予以处理。

第五百二十五条 在执行中，法律文书确定的债权人、债务人的姓名或者名称变更的，由执行实施机构在相关法律文书中直接予以变更。

第五百二十六条 作为被执行人的公民死亡，其遗产继承人没有放弃继承的，可以裁定变更其遗产继承人为被执行人，由该继承人在其继承的遗产范围内偿还债务。继承人放弃继承的，直接执行被执行人的遗产。

第五百二十七条 其他组织在执行中不能履行法律文书确定的义务的，可以裁定追加对其依法承担义务的法人或者公民为被执行人。

第五百二十八条 被执行人为个人独资企业或私营独资企业，无能力履行法律文书确定的义务的，可以裁定追加该独资企业业主为被执行人，执行该独资企业业主的其他财产。

一人有限责任公司不属于前款规定中的个人独资企业或私营独资企业。

第五百二十九条 被执行人为个人合伙组织或合伙型联营企业，无能力履行生效法律文书确定的义务的，可以裁定追加该合伙组织的合伙人或参加该联营企业的法人为被执行人。

被执行人为有限合伙企业，无能力履行生效法律文书确定的义务的，可以裁定追加该合伙企业的普通合伙人为被执行人，不得裁定追加该合伙企业的有限合伙人为被执行人。

第五百三十条 被执行人为企业法人的分支机构不能清偿债务时，可以裁定追加企业法人为被执行人。企业法人直接经营管理的财产仍不能清偿债务的，执行实施机构可以直接裁定执行该企业法人其他分支机构的财产，不得裁定追加该企业法人其他分支机构为被执行人。

执行已被承包或租赁的企业法人分支机构的财产时，对承包人或承租人投入及应得的收益应依法予以保护。

第五百三十一条 作为被执行人的法人或者其他组织终止，除本规范第五百三十二条、第五百三十三条、第五百三十四条、第五百三十五条规定的情形以外的，可以裁定变更或追加其权利义务承受人为被执行人。

第五百三十二条 执行中，作为被执行人的法人或者其他组织被撤销的，如果依有关实体法的规定有权利义务承受人的，可以裁定变更或追加该权利义务承受人为被执行人。

第五百三十三条 被执行人按法定程序分立为两个或多个具有法人资格的企业，可以裁定变更或追加分立后存续的企业为被执行人，由其承担本案债务的连带清偿责任。

第五百三十四条 被执行人为企业法人，未经清理或清算而撤销、注销或歇业，其财产不足清偿全部债务，其主管部门、清算组织或其他负有清算责任的主体承诺未了结的债权债务由其负责而未实际履行该承诺的，可以裁定该主管部门、清算组织或其他负有清算责任的主体为被执行人。

第五百三十五条 被执行人合并 的，可以裁定变更合并后的企业或其他组织为被执行人。

第五百三十六条 被执行人无财产清偿债务，如果其开办单位或者投资人（股东）对其开办、设立或者增加注册资金时，投入或者增加的注册资金不实或者抽逃注册资金的，可以裁定变更或追加其开办单位或者投资人为被执行人，在注册资金不实或抽逃注册资金的范围内，对申请执行人承担责任。

被执行人的开办单位或投资人在注册资金范围内向其他债权人承担了全部责任的，不得裁定其重复承担责任。

第五百三十七条 被执行人被撤销、注销或歇业后，上级主管部门或开办单位（股东或投资人）无偿接收被执行人的财产，致使被执行人无遗留财产清偿债务或遗留财产不足清偿的，可以裁定变更或追加上级主管部门或开办单位（股东或投资人）为被执行人，在其所接受的财产范围内承担责任。

被执行人的上级主管部门或开办单位（股东或投资人）在无偿接收财产的范围内向其他债权人承担了全部责任的，不得裁定上级主管部门或开办单位（股东或投资人）重复承担责任。

第五百三十八条 在变更或追加上级主管部门或开办单位（股东或投资人）为被执行人的案件过程中，人民法院按照规定完成依职权调查财产的职责后，未发现被执行人有财产可供执行，而且被申请变更或追加的被执行人提供的证据材料不足以证明被执行人有财产可供执行的，可以认定被执行人无财产清偿债务。

存在下列情形之一的，也可以认定被执行人无财产清偿债务：

（一）被执行人仅有的财产是法律和司法解释规定人民法院不得查封、扣押、冻结或拍卖、变卖、抵债的财产的；

（二）被执行人仅有的财产是经二次拍卖流拍且无法交付抵债的动产的；

（三）被执行人仅有的财产是经三次拍卖流拍且无法交付抵债亦无法采取其他执行措施的不动产或者其他财产权的；

（四）被执行人仅有的财产明显不足以清偿全部债务的；

（五）被执行人仅有的财产被执行法院轮候查封、冻结的；

（六）被执行人无财产清偿债务的其他情形。

第五百三十九条 执行依据确定的债务人为夫妻一方的，根据现行法律和司法解释的规定，不得裁定追加被执行人的配偶为被执行人。申请执行人主张执行依据确定的债务为夫妻共同债务，申请追加被执行人的配偶为被执行人的，告知其通过其他程序另行主张。

人民法院查封、扣押、冻结被执行人实际占有或登记在其名下的财产，被执行人的配偶以该财产系自己的个人财产或夫妻共同财产为由提出异议的，按照《中华人民共和国民事诉讼法》第二百二十七条规定处理。

人民法院查封、扣押、冻结登记在被执行人与其配偶共同名下的财产，被执行人的配偶以该财产不是夫妻共同财产而是自己的个人财产为由提出异议的，按照《中华人民共和国民事诉讼法》第二百二十七条规定处理。被执行人的配偶对夫妻共同名下的财产系夫妻共同财产的性质无争议，仅以人民法院不得查封、扣押、冻结共同财产为由提出异议的，按照《中华人民共和国民事诉讼法》第二百二十五条规定处理。

申请执行人以被执行人的配偶实际占有或登记在其名下的财产系夫妻共同财产为由，书面申请查封、扣押、冻结该财产的，人民法院可以查封、扣押、冻结。被执行人的配偶以该财产是自己的个人财产为由提出异议的，按照《中华人民共和国民事诉讼法》第二百二十七条规定处理。

对查封、扣押、冻结的夫妻共同财产，按照《最高人民法院关于人民法院民事执行中查封、扣押、冻结财产的规定》第十四条的规定处理。对夫妻共同财产的执行，针对的是夫妻共同财产的整体，可以不对夫妻共同财产中的单个财产逐一进行分割。执行被执行人在夫妻共同财产中的共有部分，不得超过夫妻共同财产价值总额的一半，但被执行人的配偶同意的除外。

第五百四十条 申请执行人主张执行依据确定的债务为夫妻存续期间的共同债务，申请追加被执行人的前配偶为被执行人的，不得裁定追加，告知其通过其他程序另行主张。

夫妻离婚后，民事判决对财产已经进行分割的，对判决确认给前配偶的财产不得执行；民事调解书确认或双方协议对财产进行分割的，不得对抗法院对被执行人在夫妻共同财产中应享有份额的执行。

夫妻离婚后，对财产没有进行分割的，对夫妻关系存续期间夫妻共同名下的财产及被执行人配偶名下的财产，根据申请执行人的书面申请可予以查封、扣押、冻结。查封、扣押、冻结后，执行法院应当及时通知被执行人的前配偶，并告知其可依法提出异议。

第五百四十一条 申请执行人为自然人，该自然人死亡的，可以裁定变更其继承人为申请执行人。

申请执行人为法人或其他组织，该法人或其他组织主体消亡或组织形式发生变更的，可以裁定变更其权利承受人为申请执行人。权利承受人包括下列主体：

（一）作为申请执行人的法人分立的，分立协议中约定承受该债权的法人；

（二）作为申请执行人的法人与其他人合并的，合并后承受该债权的法人；

（三）作为申请执行人的企业法人依法破产或者被注销的，破产管理人、清算组织或者股东；

（四）作为申请执行人的机关法人被撤销的，继续行使其职权的机关；

（五）作为申请执行人的机关法人被撤销，且其职权无其他部门继续行使的，作出撤销决定的机关；

（六）作为申请执行人的其他组织被撤销的，开办该组织的公民或者法人；

（七）其他因申请执行人的主体消亡或组织形式发生变更而承受其权利的人。

第五百四十二条 债权人依法转让生效法律文书确定的债权的，可以裁定变更或追加其受让人为申请执行人。

债权经多次转让的，执行法院应当对每一次债权转让的协议及程序的真实性、合法性进行审查。对因相关转让协议的当事人不到庭等原因，导致债权转让的协议及程序的真实性和合法性无法查清的，不予变更或追加，或裁定终结审查程序。

金融资产管理公司转让已经处于执行

程序中的不良债权，受让人向执行法院申请变更其为申请执行人的，执行法院应当根据或参照最高人民法院有关通知要求和《最高人民法院关于审理涉及金融不良债权转让案件工作座谈会纪要》有关内容予以审查处理。执行法院应当重点审查不良债权的可转让性和转让范围、受让人的适格性及债权转让协议及其程序的真实性和合法性。对存在违反相关规定的，裁定不予变更或追加。

第五章 不予执行

第五百四十三条 申请执行人申请执行仲裁裁决或公证机关依法赋予强制执行效力的债权文书，人民法院受理执行申请后，被执行人可以向执行法院申请不予执行该仲裁裁决或公证债权文书。

第五百四十四条 被执行人提出不予执行申请的，应当采用书面形式。申请书中应写明不予执行的理由，并附以下材料：

（一）申请人身份、主体资格证明、授权委托书等材料；

（二）申请不予执行的相关证据材料。

第五百四十五条 不予执行案件由执行法院的执行审查机构负责审查。

审查不予执行案件，应当组成合议庭，执行实施案件的承办人不得作为合议庭成员。

第五百四十六条 审查不予执行案件，一般应当公开听证进行审查；案情简单，事实清楚，没有必要听证的，可以采取书面审查的方式。

人民法院进行审查，可以通知当事人到庭就有关问题进行核实，被执行人拒不到庭的，按照撤回申请处理；其他当事人拒不到庭的，不影响人民法院进行审查。

根据案件的实际需要，人民法院可以要求仲裁机构作出说明或者向相关仲裁机构调阅仲裁案卷。

第五百四十七条 人民法院在审查不予执行案件过程中，应当告知被执行人，有多项事实和理由的，应当一并提出。对同一执行依据，同一被执行人再次申请不予执行的，人民法院不予受理，已经受理的，裁定撤销案件。

第五百四十八条 在不予执行仲裁裁决或者公证债权文书案件审查期间，不停止执行。被执行人提供合法有效的担保，可以裁定中止执行。

第五百四十九条 被执行人提出证据证明国内商事仲裁裁决有下列情形之一的，经审查核实，裁定不予执行：

（一）当事人在合同中没有订有仲裁条款或者事后没有达成书面仲裁协议的；

（二）裁决的事项不属于仲裁协议的范围或者仲裁机构无权仲裁的；

（三）仲裁庭的组成或者仲裁的程序违反法定程序的；

（四）裁决所根据的证据是伪造的；

（五）对方当事人向仲裁机构隐瞒了足以影响公正裁决的证据的；

（六）仲裁员在仲裁该案时有贪污受贿，徇私舞弊，枉法裁决行为的。

执行法院认定执行该裁决违背社会公共利益的，裁定不予执行。

前两款中执行法院作出的裁定为终局裁定。

仲裁裁决被人民法院裁定不予执行的，当事人可以根据双方达成的书面仲裁协议重新申请仲裁，也可以向人民法院起诉。

第五百五十条 审查中，人民法院认为订立的仲裁条款或者达成的仲裁协议无效或者已被当事人合意撤销的，属于本规范第五百四十九条第一款第（一）项规定的情形。

第五百五十一条 当事人以仲裁裁决事项超出仲裁协议范围为由申请不予执行仲裁裁决，经审查属实的，人民法院应当裁定不予执行仲裁裁决中的超裁部分；但超裁部分与其他裁决事项不可分的，人民法院应当裁定不予执行仲裁裁决。

第五百五十二条 当事人申请不予执行部分

仲裁裁决事项,经审查属实的,人民法院应当裁定不予执行该部分仲裁裁决事项。但该部分仲裁裁决与其他裁决事项不可分的,人民法院应当裁定不予执行仲裁裁决。

第五百五十三条 本规范第五百四十九条第一款第(三)项规定的"违反法定程序",是指违反《中华人民共和国仲裁法》规定的仲裁程序或当事人选择的仲裁规则,可能影响案件正确裁决的情形。

第五百五十四条 对中华人民共和国涉外仲裁机构作出的涉外裁决,被执行人提出证据证明仲裁裁决有下列情形之一的,经审查核实,裁定不予执行:

(一)当事人在合同中没有订有仲裁条款或者事后没有达成书面仲裁协议的;

(二)被申请人没有得到指定仲裁员或者进行仲裁程序的通知,或者由于其他不属于被申请人负责的原因未能陈述意见的;

(三)仲裁庭的组成或者仲裁的程序与仲裁规则不符的;

(四)裁决的事项不属于仲裁协议的范围或者仲裁机构无权仲裁的。

执行法院认定执行该裁决违背社会公共利益的,裁定不予执行。

执行法院依照前两款的规定拟裁定驳回不予执行申请的,迳行裁定驳回;拟裁定不予执行的,应当按照《最高人民法院关于人民法院处理与涉外仲裁及外国仲裁事项有关问题的通知》的规定办理,并根据上级人民法院的复核意见作出相应裁定 。

前款中执行法院作出的裁定为终局裁定。

仲裁裁决被人民法院依法裁定不予执行的,当事人就该纠纷可以根据双方重新达成的仲裁协议申请仲裁,也可以向人民法院起诉。

第五百五十五条 当事人向人民法院申请撤销商事仲裁裁决被驳回后,又在执行程序中以相同理由提出不予执行抗辩的,不予支持。

当事人在商事仲裁程序中未对仲裁协议的效力提出异议,在仲裁裁决作出后以仲裁协议无效为由提出不予执行抗辩的,不予支持。

当事人在商事仲裁程序中对仲裁协议的效力提出异议,在仲裁裁决作出后又以此为由提出不予执行抗辩,经审查符合《中华人民共和国民事诉讼法》第二百三十七条、第二百七十四条规定的,应予支持。

当事人请求不予执行商事仲裁调解书或者根据当事人之间的和解协议作出的商事仲裁裁决书的,不予支持。

第五百五十六条 当事人向人民法院申请执行香港特别行政区仲裁机构按香港特别行政区《仲裁条例》所作出的裁决,被申请人接到通知后,提出证据证明有下列情形之一的,经审查核实,人民法院裁定不予执行该裁决:

(一)仲裁协议当事人依对其适用的法律属于某种无行为能力的情形;或者该项仲裁协议依约定的准据法无效;或者未指明以何种法律为准时,依仲裁裁决地的法律是无效的;

(二)被申请人未接到指派仲裁员的适当通知,或者因他故未能陈述意见的;

(三)裁决所处理的争议不是交付仲裁的标的或者不在仲裁协议条款之内,或者裁决载有关于交付仲裁范围以外事项的决定的;但交付仲裁事项的决定可与未交付仲裁的事项划分时,裁决中关于交付仲裁事项的决定部分应当予以执行;

(四)仲裁庭的组成或者仲裁庭程序与当事人之间的协议不符,或者在有关当事人没有这种协议时与仲裁地的法律不符的;

(五)裁决对当事人尚无约束力,或者业经仲裁地的法院或者按仲裁地的法律撤销或者停止执行的。

人民法院认定依照内地法律,争议事项不能以仲裁解决的,可以裁定不予执行该裁决。

人民法院认定执行该仲裁裁决违反社会公共利益的，可以裁定不予执行该裁决。

人民法院依照前三款的规定拟裁定驳回不予执行申请的，迳行裁定驳回；拟裁定不予执行的，应当参照《最高人民法院关于人民法院处理与涉外仲裁及外国仲裁事项有关问题的通知》的规定 办理，并根据上级人民法院的复核意见作出相应裁定。

前款中执行法院作出的裁定为终局裁定。

第五百五十七条 申请执行人申请人民法院执行劳动争议仲裁机构作出的发生法律效力的裁决书、调解书，被执行人提出证据证明劳动争议仲裁裁决书、调解书有下列情形之一，并经审查核实的，人民法院裁定不予执行：

（一）裁决的事项不属于劳动争议仲裁范围，或者劳动争议仲裁机构无权仲裁的；

（二）适用法律确有错误的；

（三）仲裁员仲裁该案时，有徇私舞弊、枉法裁决行为的。

人民法院认定执行该劳动争议仲裁裁决违背社会公共利益的，裁定不予执行。

人民法院依照前两款的规定作出的裁定为终局裁定。

人民法院在不予执行裁定书中，应当告知当事人在收到裁定书之次日起三十日内，可以就该劳动争议事项向人民法院起诉。

第五百五十八条 用人单位向人民法院申请撤销劳动仲裁裁决被驳回后，又在执行程序中以相同理由提出不予执行抗辩的，人民法院不予支持。

第五百五十九条 公证债权文书有下列情形之一的，裁定不予执行，并将裁定书送达双方当事人和公证机关 ：

（一）公证债权文书不属于依法可赋予强制执行效力的债权文书的；

（二）公证债权文书当事人未就债务人在其不履行义务或者不完全履行义务时由债权人向人民法院申请强制执行达成合意的；

（三）公证债权文书或执行证书的制作严重违反法定程序的；

（四）公证债权文书或执行证书的内容严重违背事实或者违反法律强制性规定的；

（五）其他确有错误的情形。

当事人对执行法院依照前款规定作出的裁定不服的，可以自裁定送达之日起十日内向上一级人民法院申请复议。

公证债权文书因确有错误被裁定不予执行的，当事人、公证事项的利害关系人可以就争议内容向人民法院提起民事诉讼。

第五百六十条 不予执行案件，应当在三个月内审查完毕并作出裁定，有特殊情况需要延长的，报本院主管院长批准。

第六章 执行复议

第五百六十一条 当事人申请复议应当提交复议申请书，复议申请书应当载明以下内容：

（一）复议申请人、其他当事人的基本情况；

（二）复议请求，明确声明是要求撤销还是变更原裁定；

（三）申请复议的事实及理由。

申请复议的，应当按相对人的人数提交复议申请书副本，但对执行行为异议裁定申请复议的除外。

第五百六十二条 执行法院应当在收到复议申请书后及时将申请复议材料和相关案卷附裁定书三份移送上一级人民法院。

当事人向上一级人民法院提交复议材料的，上一级人民法院应当通知执行法院在五日内报送复议所需材料及案卷。

对申请复议人提交的复议申请书，执行法院应当及时将复议申请书副本送达其他当事人。

第五百六十三条 复议案件由上一级人民法院执行审查机构依法组成合议庭进行

审查。

第五百六十四条 合议庭经过阅卷、调查、询问当事人，认为案件事实清楚，不需要召开听证会的，可以不召开听证会；认为需要召开听证会进行审查的，可以召开听证会。

第五百六十五条 上一级人民法院复议审查原则上不得超出当事人申请复议的事项范围。

对当事人超出申请或异议请求范围之外的复议请求，上一级人民法院不予处理。

当事人提出执行法院审查程序违法的，不属复议审查范围。

第五百六十六条 当事人申请复议，应当提交与争议事实有关的证据。

当事人申请复议所提交的证据，一般应当是在执行法院作出裁定之前已经提交的证据。

当事人提交新的证据，可能推翻原裁定认定的事实的，上一级人民法院应当组织对新的证据进行质证。依照新的证据作出裁定的，裁定书中应当写明新证据提交的时间。

第五百六十七条 复议审查期间，复议申请人撤回复议申请的，上一级人民法院可以裁定准予撤回，执行法院应当按原裁定执行。

当事人向执行法院撤回执行申请的，上一级人民法院应当裁定终结复议案件审查程序。

第五百六十八条 上一级人民法院经审查，对复议案件按照下列情形分别处理：

（一）执行法院裁定认定事实清楚，适用法律正确，复议理由不成立的，裁定驳回复议申请，维持原裁定。

（二）执行法院裁定认定事实错误或者认定事实不清、证据不足，或者适用法律错误，复议理由成立的，裁定撤销或者变更原裁定。

复议案件审查中，上一级人民法院原则上不采取发回重新审查的处理方式。但是执行法院的裁定认定事实不清，上一级人民法院确实无法查清，或者执行审查案件的当事人不具备相应的主体资格或其代理人不具有合法的代理手续 的，可以裁定撤销原裁定并发回执行法院重新审查。

上一级人民法院审查执行行为异议的复议案件，裁定撤销执行法院作出的驳回异议裁定的，应当同时裁定撤销或变更该异议裁定所维持的执行行为。

第五百六十九条 复议案件审查过程中，上一级人民法院认为下级法院将案外人异议当作执行行为异议审查的，可以以原裁定适用法律错误为由，裁定撤销异议裁定，并在裁定中载明执行法院应当按照《中华人民共和国民事诉讼法》第二百二十七条的规定重新审查。

第五百七十条 复议裁定作出后，上一级人民法院应当送达各方当事人，并在复议裁定作出后及时将执行法院的案卷附裁定书退回。

上一级人民法院作出的复议裁定为终审裁定，一经送达立即发生法律效力。

第五百七十一条 对执行法院作出的拘留、罚款决定申请复议的，依照《中华人民共和国民事诉讼法》及司法解释的有关规定办理，不适用本章规定。

第五百七十二条 执行行为异议的复议案件，应当在三十日内审查完毕并作出裁定；审查其余类型复议案件，应当在三个月内审查完毕并作出裁定。有特殊情况需要延长的，应经本院主管院长批准。

第七章 执行督促

第五百七十三条 人民法院自收到申请执行书之日起超过六个月未执行的，申请执行人可以向上一级人民法院申请执行。

申请执行人向执行法院递交申请的，执行法院应当在五个工作日内将该申请移送上一级人民法院。

执行案件已委托外地法院执行，申请执行人向委托法院的上一级人民法院申请变更执行法院的，应当告知其向受托法院的上一级人民法院提起。

本条规定的六个月期间,不计算执行中的公告期间、鉴定评估期间、管辖争议处理期间、执行争议协调期间、暂缓执行期间以及中止执行、本次执行程序终结期间。

第五百七十四条 申请执行人向上一级人民法院申请执行的,应当采用书面形式。申请书应当载明以下内容:

(一)申请执行人的基本情况;

(二)执行法院名称;

(三)执行案件编号或执行依据的文号;

(四)执行案件立案时间;

(五)向上一级人民法院申请执行的事实及理由。

第五百七十五条 执行督促案件由执行法院的上一级人民法院的执行审查机构依法组成合议庭进行审查。

第五百七十六条 上一级人民法院审查执行督促案件,一般采用书面审查方式。合议庭认为有必要的,可以通知申请执行人到庭就有关问题进行核实;申请执行人拒不到庭的,不影响审查。

第五百七十七条 上一级人民法院审查执行督促案件,可以选择以下方式核实案件情况:

(一)将申请执行人的申请及所附材料发送执行法院,要求执行法院在限期内书面报告案件的执行情况;

(二)赴执行法院查阅执行案卷,听取执行法院对执行案件的说明;

(三)向执行法院调取执行案卷,复印相关材料。

执行法院以书面形式报告案情的,报告应加盖本院或执行机构的印章。上一级人民法院查阅执行案卷,应当做好阅卷笔录;调取执行案卷的,应当在五个工作日内将执行案卷退回执行法院。

采取本条第一款所列方式仍难以核实案件情况的,上一级人民法院可以通知执行法院的相关人员汇报案情。

第五百七十八条 执行督促案件审查期间,申请执行人撤回督促执行申请的,上一级人民法院可以裁定准予撤回。

第五百七十九条 执行督促案件审查期间,执行实施案件依法执行完毕的,裁定终结执行督促案件的审查程序。

第五百八十条 依照《中华人民共和国民事诉讼法》第二百二十六条的规定,有下列情形之一的,上一级人民法院可以根据申请执行人的申请,责令执行法院限期执行或者裁定变更执行法院:

(一)债权人申请执行时被执行人有可供执行的财产,执行法院自收到申请执行书之日起超过六个月对该财产未执行完结的;

(二)执行过程中发现被执行人有可供执行的财产,执行法院自发现财产之日起超过六个月对该财产未执行完结的;

(三)对法律文书确定的行为义务的执行,执行法院自收到申请执行书之日起超过六个月未依法采取相应执行措施的;

(四)其他有条件执行超过六个月未执行的。

上一级人民法院经审查,查明执行法院不存在前款规定的情形的,书面通知驳回申请执行人的申请。

第五百八十一条 上一级人民法院责令执行法院限期执行的,应当向其发出督促执行令,并将有关情况书面通知申请执行人。

在限定期间内,当事人又提出变更执行法院申请的,不予受理;已经受理的,裁定撤销案件。

第五百八十二条 上一级人民法院责令执行法院限期执行,执行法院在指定期间内无正当理由仍未执行完结,申请执行人向上一级人民法院申请变更执行法院的,上一级人民法院应裁定提级执行或指定辖区内其他法院执行。

第五百八十三条 中级人民法院在审查执行督促案件过程中裁定提级执行或指令辖区内其他法院执行的,应当于裁定生效后五个工作日内报市高级人民法院备案。

第五百八十四条 执行督促案件，应在六十日内审查完毕并作出裁定，有特殊情况需要延长的，报本院主管院长批准。

第八章 执行听证

第五百八十五条 除涉及国家秘密、商业秘密、个人隐私或者法律、司法解释另有规定不得公开的以外，听证应当公开进行。

各方听证参加人在听证程序中享有平等的权利。

听证应当参照执行《中华人民共和国民事诉讼法》关于回避、合议制度的有关规定。

第五百八十六条 人民法院进行听证，应当组成合议庭，合议庭成员为三人，审判长为主持人。

人民法院听证异议案件，由审判员、陪审员共同组成合议庭或者由审判员组成合议庭。

人民法院听证复议案件，由审判员组成合议庭。

第五百八十七条 听证参加人包括申请执行人、被执行人、利害关系人、案外人以及被申请变更或追加的执行当事人等。

第五百八十八条 听证参加人享有下列权利：

（一）委托代理权；

（二）申请回避权；

（三）陈述、举证、质证和辩论的权利；

（四）查阅、复制本案有关案卷材料的权利；

（五）依法应当享有的其他权利。

第五百八十九条 听证参加人应当履行下列义务：

（一）按时出席听证会的义务；

（二）遵守听证纪律的义务；

（三）依法负有的举证责任；

（四）依法负有的其他义务。

第五百九十条 听证前，合议庭应当认真审核听证材料，并可以根据有关规定调查收集必要的证据。

听证参加人对因客观原因不能自行收集的证据，向人民法院提出申请的，人民法院应当调查收集。

除听证参加人提供的证据或者人民法院依其申请调查收集的证据以外，人民法院认为查明事实尚需其他证据的，可以根据有关规定依职权调查收集。

第五百九十一条 人民法院可以根据案件情况指定举证期限，指定的期限不得超过十五日。

听证参加人在举证期限内提交证据材料确有困难的，应当在举证期限内向人民法院书面申请延期举证，并说明不能按期举证的原因和申请延期举证的期限。经人民法院准许，可以适当延长举证期限。

第五百九十二条 人民法院应当在听证会召开三日前，告知各方听证参加人听证会召开的时间、地点和合议庭组成人员，以及听证参加人的权利和义务。

第五百九十三条 听证会召开前，书记员应当查明听证参加人是否到庭，并宣布听证纪律。

听证时，由审判长核对听证参加人，宣布听证事由和合议庭成员、书记员名单，告知听证参加人有关的权利义务，询问听证参加人是否提出回避申请。

第五百九十四条 听证一般包括调查、辩论和最后陈述等阶段。

调查一般按下列顺序进行：

（一）提出申请、异议或复议的一方陈述其主张以及相关事实、理由；

（二）相对方予以承认或者反驳，陈述相关事实、理由；

（三）举证、质证；

（四）合议庭向听证参加人发问，核实有关情况。

第五百九十五条 对证据的审查和认定，应当依照《中华人民共和国民事诉讼法》、《最高人民法院关于民事诉讼证据的若干规定》等有关规定进行。

第五百九十六条　提出申请、异议或者申请复议的听证参加人无正当理由不出席听证会，或者未经合议庭准许中途退出听证会的，视为自动撤回申请、异议或复议，但本规范另有规定 的除外。

第五百九十七条　听证程序中，听证参加人可以自行和解。

第五百九十八条　有下列情形之一的，人民法院可以决定延期召开听证会：

（一）必须出席听证会的听证参加人有正当理由不能出席的；

（二）听证参加人临时提出回避申请，一时难以决定的；

（三）需要通知新的证人到庭，调取新的证据，或者需要补充调查的；

（四）其他应当延期召开听证会的情形。

第五百九十九条　书记员应当将听证的全部活动记入笔录，听证笔录由合议庭成员、书记员以及各方听证参加人签名。拒绝签名的，记明情况附卷。

听证参加人认为对自己的陈述记录有遗漏或者差错的，有权申请补正。不予补正的，应当将申请记录在案。

第四编　执行工作管理、协调与监督规范

第一章　执行工作统一管理

第六百条　市高级人民法院在最高人民法院的监督和指导下，对本市法院执行工作的整体部署、执行案件的监督和协调、执行力量的调度以及执行装备的使用等，实行统一管理。

第六百零一条　市高级人民法院应当根据法律、法规、司法解释和最高人民法院的有关规定，结合本市法院的实际情况制定统一管理执行工作的具体规章制度，确定一定时期内执行工作的目标和重点，组织本市各级人民法院实施。

第六百零二条　市高级人民法院应当根据最高人民法院的统一部署或本地区的具体情况，适时组织集中执行或专项执行活动。

第六百零三条　市高级人民法院在组织集中执行、专项执行或其他重大执行活动中，可以统一调度、使用下级法院的执行力量，包括执行人员、司法警察、执行装备等。

第六百零四条　市高级人民法院监督本辖区内各级人民法院按有关规定配备合格的执行人员，并根据最高人民法院的要求和本辖区的具体情况，制定培训计划，确定培训目标，采取切实有效措施予以落实。

第六百零五条　中级人民法院、基层人民法院和专门法院执行局的主要负责人在按干部管理制度和法定程序规定办理任免手续前，应征得市高级人民法院的同意。

市高级人民法院认为下级法院执行局的主要负责人不称职的，可以建议予以调整、调离或者免职。

第六百零六条　市高级人民法院根据执行工作需要，可以商政府有关部门编制本辖区内人民法院的执行装备标准及各级人民法院关于交通工具、通讯设备、警械器具、摄录器材等执行装备和业务经费的计划，确定执行装备的标准和数量，并由本辖区内各级人民法院协同当地政府予以落实。

第六百零七条　辖区内人民法院不执行市高级人民法院对执行工作和案件处理作出的决定或拒不服从市高级人民法院统一管理的，市高级人民法院应予通报批评；情节严重的，可以建议对有关责任人员予以纪律处分。

第六百零八条　有执行管辖权的人民法院由于特殊原因，不能行使管辖权的，可以报请上级人民法院指定执行。

本市人民法院之间因执行管辖权发生争议的，由双方协商解决；协商不成的，报请市高级人民法院指定执行。

第六百零九条　有下列情形之一的，市高级人民法院可以根据执行工作的实际需要或依下级法院的提请裁定指定执行：

（一）两个或两个以上法院的执行案件被执行人同一，指定由某一法院执行便

于协调处理的；

（二）同一当事人在一个法院的执行案件中为申请执行人，在另一法院的执行案件中为被执行人，指定由某一法院执行便于债权债务抵销的；

（三）需要将未结执行案件数量过大的法院的部分案件指定由其他法院执行的；

（四）需要将其他法院的执行案件指定由受理执行案件数量过小的法院执行的；

（五）其他需要指定执行的情形。

第六百一十条 有下列情形之一的，市高级人民法院可以根据执行工作的实际需要或依下级法院的提请裁定提级执行：

（一）多个法院的执行案件被执行人同一，提级执行便于协调处理的；

（二）疑难、重大、复杂案件或具有重大影响的案件；

（三）无法定事由超过六个月期限未执结，经市高级人民法院指令限期执结，逾期仍未执结的；

（四）其他需要提级执行的情形。

第六百一十一条 根据实际需要，市高级人民法院可以裁定执行下级法院管辖的案件，也可以将本院管辖的执行案件裁定指定下级法院执行。

第六百一十二条 市高级人民法院对最高人民法院函示指定执行或提级执行的案件，应当裁定指定执行或提级执行。

第六百一十三条 提请指定执行的法院一般应与拟受指定的法院先期协商，但是否指定执行，以市高级人民法院的裁定或决定为准。

第六百一十四条 下级法院提请指定执行、提级执行的，应当提交书面材料。书面材料应当说明案件的基本情况及指定执行、提级执行的理由、依据，并附据以执行的生效法律文书复印件和《指定执行、提级执行案件基本情况表》。

第六百一十五条 市高级人民法院执行局决定是否指定执行、提级执行，应当逐级报请主管院长审查批准。

第六百一十六条 市高级人民法院对提请指定执行、提级执行的案件，决定予以指定执行、提级执行的，应当及时制作裁定书，裁定书中应当说明理由和依据；决定不予指定执行、提级执行的，应当及时通知执行法院。

第六百一十七条 指定执行裁定书应当分别送达原执行法院和接受指定的法院，并由原执行法院在收到裁定书之日起七日内送达案件当事人。

提级执行裁定书应当送达原执行法院，并由原执行法院在收到裁定书之日起七日内送达案件当事人。

第六百一十八条 原执行法院应当在收到指定执行、提级执行裁定书之日起七日内，将案件主要材料（生效法律文书、申请执行书和采取强制执行措施的相关手续等）移送接受指定的法院或提级执行的法院。

第六百一十九条 市高级人民法院负责对全市各中级法院、区县法院和铁路基层法院的执行工作进行单独考核评价。对执行人员的考核，由各法院在市高级人民法院确定的指导原则下自行组织。

第二章 执行款物管理

第六百二十条 各级法院应当开设执行案款专户，并指定专人负责管理专户内的执行款项。

第六百二十一条 执行案款的管理实行执行机构与财务部门分工负责、相互配合、相互监督、相互制约的原则。

案件承办人原则上不得收取被执行人交纳的现金或票据，不得向当事人转交、支付现金或票据。

本章所称的“票据”，是指汇票、本票和支票等。

第六百二十二条 财务部门实行执行案款记帐与票据管理分离的原则。负责记帐的财务人员不得管理执行案款的收、支票据。

第六百二十三条 自执行案款到帐之日起七个工作日内,案件承办人应当将收款时间和数额告知相关案件的申请执行人;自划款之日起七个工作日内,案件承办人应当将划出时间和数额告知被执行人。

第六百二十四条 执行案款的划付由案件承办人报庭长、局长或院长审批。

第六百二十五条 财务部门对每个执行案件执行案款的收付分科目进行登记,对每个执行案件的执行案款往来情况应登记科目明细帐。

执行机构应当指定专人负责对全部执行案款的收付情况设立台帐,在台帐帐薄上每案均设专页,对每个执行案件实行明细记帐;系列执行案件的收款情况应记至各案件的科目之下,在划付后注明款项在各执行案件中的分配情况并作冲减。

第六百二十六条 基层人民法院对所辖人民法庭的执行案款实行统一管理。人民法庭收取的执行案款应当存入所属基层人民法院的执行案款专户,由基层人民法院统一实施财务管理。

第六百二十七条 执行过程中搜查、收取、扣划、拍卖和变卖的款项以及执行担保款项应当直接划进本院开立的执行案款专户。

案款到帐后,财务部门应当在三个工作日内通知执行机构。

第六百二十八条 交款人即时支付现金或票据的,案件承办人应当会同交款人将现金或票据送交本院财务部门。

异地执行、搜查扣押、小额标的执行,或情况紧急,确需案件承办人直接代收现金或票据的,收取现金或票据应当符合以下程序:

(一)应当至少有两名执行人员在场;

(二)应当即时向交款人出具格式收据,收据应当注明在场案件承办人的姓名并将执行公务证交交款人核对,但在紧急情况下,案件承办人可以先行向交款人开具收条,在取得格式收据后应当即时与交款人联系,进行调换;

(三)将收款情况记入笔录并由交款人签名,交款人要求复印该笔录的,应当准许;

(四)收取现金的,应当于二十四小时内移交本院财务部门或将款项汇入本院执行案款专户;收取票据的,应及时 将票据交给本院财务部门。

案件承办人违反(一)至(三)项之其中一项的,交款人有权拒绝交款。

第六百二十九条 在申请执行人和案件承办人在场的情况下,被执行人当场将现金或票据直接交付给申请执行人的,案件承办人应当记录交付情况,并由双方当事人签名确认。交付结束后,案件承办人应当于二个工作日内到执行机构内勤处将交付情况予以登记。

第六百三十条 案件承办人通知被执行人交付执行案款时,应在相关法律文书中告知本院执行案款专户的开户银行、账号、户名(法院全称)。

被执行人委托其他单位或个人代为交款的,代交款人应当在写明汇款单位或个人详细名称、汇款用途的同时,注明案件当事人的名称、案号和案件承办人的姓名,汇款单无法填写上述内容的,应当另附书面说明。

第六百三十一条 执行案款的格式收据由市高级人民法院统一编号印制。各中级人民法院、基层人民法院向市高级人民法院领取,案件承办人向所在执行机构领取,均应当根据编号进行登记。

案件承办人外出执行未使用收据的,必须于回院上班的第一日将收据交回执行机构并进行登记。

第六百三十二条 委托拍卖机构拍卖被执行人财产的,应当在委托拍卖合同中约定,拍卖机构应当通知买受人将拍卖款全额直接汇入法院执行案款专户。汇款应注明汇款单位、拍卖标的名称、拍卖机构名称、被执行人名称、执行案号和案件承办人姓名。

第六百三十三条 对案号、经办人与用途不明的款项，财务部门应当在三个工作日内向汇款银行查询汇款人联系电话并向汇款人询问案号、案件承办人和汇款用途。

第六百三十四条 执行案款汇入专户之日起，财务部门应当在二个工作日内记帐并开具《当事人缴款收据》。第一联为存根；第二联为会计记帐依据；第三联为当事人收据；第四联交案件承办人附卷；第五联为案件提款单 。

交款人通过汇款或转帐缴交执行案款的，财务部门应将《当事人缴款收据》第三、四、五联一并交执行机构，由案件承办人将第三联转交交款人。

第六百三十五条 案件承办人应当自接到财务部门交付的《当事人缴款收据》之日起十日内办理执行费用的结算手续，并于结算完毕之日起十日内通知申请执行人取款，且告知取款手续。

需要等待分配方案的确定、不动产的过户或其他原因不能在十日内划付的，需要延期划付的，案件承办人应在期限届满前书面说明原因，并报庭长或局长审查批准。

庭长或局长批准延期划付的，应当将批准件复印一份交财务部门备案。

第六百三十六条 案件承办人报请批准划付执行案款的，庭长、局长或院长应当审查以下内容：

（一）生效法律文书、立案审批表；

（二）扣划款项裁定书、拍卖或变卖的成交确认书；

（三）财务部门开具的《当事人缴款收据》第五联。

第六百三十七条 有下列情形之一的，庭长、局长或院长除审查本规范第六百三十六条所列内容外，还应分别审查以下内容：

（一）向土地、房屋、税务、车管等行政管理部门支付有关税费的，审查收取税费部门开具的缴税、缴费通知书；

（二）向审计、评估、拍卖机构支付审计费、评估费、拍卖中实际支出费用的，审查审计、评估、拍卖机构开具的缴费通知书、发票或财政部门统一印制的收费收据；

（三）向医疗机构支付医疗费用的，审查医疗机构的催缴通知书或相关证明；

（四）按规定应当支付其他费用的，应当附送的相关证明或通知。

第六百三十八条 申请执行人为法人或其他组织的，划付执行案款可以支票方式向其发放执行案款，亦可以转帐方式将执行案款直接汇入申请执行人提供的、以申请执行人名义开设的银行账户。申请执行人委托（指定）他人代为收款的，执行机构应当审查其委托手续是否齐全、有效。

申请执行人为自然人的，可以以现金形式划付执行案款。

第六百三十九条 申请执行人是香港企业或居民，指定境内企业、律师或自然人代收执行案款，未能在执行法院直接办理委托手续的，应提交由司法部指定的香港律师公证、并经中国法律（香港）服务公司加章转递的特别授权委托书原件。

申请执行人是境外企业、自然人，指定境内企业、律师或自然人代收执行案款，未能在执行法院直接办理委托手续的，应提交由所在国公证机构公证、并经中华人民共和国驻该国使、领馆认证的特别授权委托书原件。

第六百四十条 收款人是法人或其他组织的，收款后应向执行法院出具合法有效的收款收据。

收款人是自然人的，收款后应向执行法院出具本人亲笔签名或有本人指印的收款收据。

收款收据应当存入执行案卷备查。

第六百四十一条 财务部门在执行案款管理中，应当对执行机构划付执行案款手续的合法性进行审查。发现问题的，应及时向执行机构通报。

第六百四十二条 财务部门在办理划款时，应当坚持专款专付的原则，认真审查核对收款案号、付款案号、单位、金额是否吻合。

有下列情况之一的，应当拒绝划款：

（一）未按审批权限批准的；

（二）《当事人缴款收据》第五联字迹不清、填写不完整或有涂改的；

（三）收款案号与付款案号不符的。

如因数案并案执行导致收款案号与付款案号不符的，案件承办人应书面说明理由，附相关法律文书，并经庭长或局长批准。

第六百四十三条 财务部门应当在划付执行案款的次日，将《当事人缴款收据》第五联复印件交案件承办人附卷存档。

第六百四十四条 财务部门应当定期向执行机构通报执行案款帐务情况，在每月的前十个工作日内将上月《执行案款发生金额收付情况表》送执行机构核对。

执行机构也应当定期与财务部门共同核对执行案款收支情况，并针对严重超期发还案件逐案进行核查和研究处理。

第六百四十五条 案件承办人调离执行机构或因工作调整需要移交其所经办的执行案件时，必须同时移交收、付执行款物的单据并出具执行款物收付情况说明。

执行款物收、付情况复杂的，可以在交接时进行审计。

执行款物交接不清的，不能办理调离换岗手续。

第六百四十六条 由人民法院保管的查封、扣押物品应当指定专人负责、妥善保管，任何人不得擅自使用。

第六百四十七条 执行法院解除对财产的查封、扣押、冻结措施后，应当将财产及时退还。

第六百四十八条 本章所称的“执行案款”，是指执行程序中用于清偿申请执行人债权的款项，包括被执行人的现金、人民法院将被执行人财产变现后的款项以及担保人用于执行担保的款项等。

第三章 执行案卷管理

第六百四十九条 各级法院办理的下列执行案件，纳入立卷归档的范围：

（一）本院直接受理、接受委托或接受指定执行的各类执行实施案件；

（二）本院受理的各类执行审查案件；

（三）其他执行案件。

市高级人民法院办理请示答复、协调执行争议和督办信访案件等事项形成的材料，按照行政文书归档办法管理。

第六百五十条 执行案件由立案庭统一立案编号。

执行实施案件使用“执”字号，执行审查案件中的执行复议案件使用“执复”字号。执行审查案件中的其他案件使用“执异”字号。执行督促案件使用“执督”字号。执行监督案件使用“执监”字号。其他执行案件使用“执他”字号。

执行机构实施的诉讼保全类案件不立“执”字案号，由各院本着利于管理的原则处理。

第六百五十一条 执行案卷按照一案一号的原则，单独立卷。

一个案件从收案到结案所形成的法律文书、公文、函电等所有执行文书，立卷归档均使用收案时编定的案号。在同一案件中，需要制作多个裁定或其他法律文书的，在同一案号后按制作的先后顺序标出“-1”、“-2”等。

终结本次执行程序的案件恢复执行后，不得重新立案，由执行机构内部立“执恢”字号统一管理。恢复执行过程中的法律文书继续使用原执行案号。

第六百五十二条 执行案件的卷宗材料应按照保密、方便利用的原则分别归入正卷和副卷。无不宜公开内容的案件可以不立副卷。

第六百五十三条 各类执行文书应当使用A4办公纸，原则上应当打印；特殊情况下需要书写的，应使用钢笔或签字笔。

第六百五十四条 执行案件于收案后开始收集有关文书材料，着手立卷工作。执行过程和执行措施应当详细记载，并将相关笔录和材料入卷。

第六百五十五条 案件承办人应当妥善保管执行卷宗，防止案卷毁损、遗漏、丢失。

第六百五十六条 执行案卷应当做到执行文书制作规范、手续齐备。执行案卷中的文书材料应能全面、真实地反映执行的整个过程和具体情况。谈话笔录应当文字清楚，内容完整、详实。执行中采取查封、扣押、鉴定、评估、拍卖、变卖、拘留、罚款等措施的，应当材料完整。送达法律文书应当有送达回证等送达手续。执行结案应当符合有关规定并有完备的审批手续。

第六百五十七条 执行款物的收付材料应当入卷。包括收取执行款物的收据存根，交付、退回款物后当事人开具的收据，划款通知书，法院扣收执行申请费的票据，以物抵债裁定书及抵债物交付过程的材料，双方当事人签订和解协议后交付款物的收据或复印件等。

第六百五十八条 入卷的执行文书，除卷内装订的外，应当随卷附三份，装入卷内备用。其他文书材料一般只保存一份。

第六百五十九条 各类执行案件的入卷文书材料的排列顺序按照《人民法院执行文书立卷归档办法（试行）》的规定办理。

对没有规定的执行文书材料，按照执行程序的客观进程、形成文书时间的自然顺序，兼顾文件之间的有机联系进行排列。

第六百六十条 执行文书材料经过系统收集、整理、排列后，逐页编号。页号应当用阿拉伯数字编写，编在有文字正面的右上角、背面的左上角；背面无文字的不编页码，卷宗封面、卷内目录、备考表、证物袋、卷底不编号。

第六百六十一条 卷宗封面按规定项目逐项填写齐全，卷宗目录按文书材料顺序填写。字迹工整、规范、清晰。

执行实施类案件卷宗封面应当按照下列要求填写：

（一）卷面案号应与卷内文件案号一致。

（二）案件类别栏填写“执行”。

（三）案由栏填写执行依据确认的案由。

（四）当事人栏应填写准确、完整，不能缩写、简称或省略。

（五）执行标的栏应填写完整。执行标的为金钱给付的，填为“给付金额××元人民币（或美元）”；执行标的为交付特定标的物的，填为“交付（或返还）××（物）”；执行标的为完成特定行为的，直接填写行为内容，如“腾退××房×间”。执行标的有多项的，填写主要项目即可。

（六）执行结果栏应填写已经执行的金额或其他情况。

（七）结案方式栏应按照《北京市高级人民法院关于执行实施案件结案的若干规定（试行）》规定的结案方式填写。

（八）结案日期栏应填写批准报结的日期。

其他各类执行案件卷宗封面根据案件类型和结案情况填写案由和结案方式，并在执行标的和执行结果栏划下斜线。

第六百六十二条 卷内备考表由本卷情况说明、立卷人、检查人、验收人、立卷日期等项目组成。

本卷情况说明栏内填写卷内文书缺损、修改、补充、移出、销毁等情况；立卷人、检查人栏分别由立卷人员和检查人员签字；验收人栏由档案部门接收人签字；立卷日期栏填写立卷完成的日期。

第六百六十三条 案件办结以后，承办人应认真检查全案的文书材料是否收集齐全，如发现法律文书不完备的，应及时补齐或补救。

第六百六十四条 执行案卷应在执行结案后三个月内向档案管理部门移交归档。接收人要逐卷检查验收。卷宗质量不符合要求的，退回执行机构重新整理。

第六百六十五条 随卷归档的录音带、照片等声像档案材料，应按《人民法院声像档案管理办法》的规定办理。

第六百六十六条 已经归档的卷宗不得从卷内抽取材料，确需增添文书材料的，按照档案管理的有关规定办理。

第六百六十七条 执行案件以终结本次执行程序报结、归档后，恢复执行形成的材料，应当收集、整理并装订成册，与原归档卷宗合并保管。档案部门根据并入卷宗的情况，修改原归档信息。

第六百六十八条 执行案卷归档后原则上按照年份、序号单独保管，不再并入原审卷宗。

执行实施案件应当在卷宗封面、卷宗登记簿和检索卡片上注明原审案件号。执行审查案件应当在卷宗封面、卷宗登记簿和检索卡片上注明执行实施案件号。

第六百六十九条 对电子档案的管理，按照电子档案的相关规定办理。

第四章 执行案件信息管理

第六百七十条 “全国法院执行案件信息管理系统”采集的执行案件信息数据，对内用于人民法院对执行案件进行管理，对外用于人民法院与其他国家职能部门进行信息共享，并以适当的方式供当事人和社会公众查询。

各法院应当充分利用“北京法院审判业务管理系统”和“全国法院执行案件信息管理系统”加强对本院执行工作的考核、执行案件的监督管理和统计分析等工作。

第六百七十一条 执行案件相关信息应当在有关法律文书形成或其他执行行为完成后五个工作日内录入“北京法院审判业务管理系统”。

第六百七十二条 执行实施案件的全部执行信息应当录入“北京法院审判业务管理系统”，录入信息应当准确，信息内容与案卷记载情况一致，不得填报虚假信息。案件承办人对执行信息录入的真实性和准确性负责。

第六百七十三条 当事人认为“全国法院执行案件信息管理系统”中执行案件的信息存在错误的，可以向执行法院提出书面的数据异议，案件承办人应在收到异议申请后五日内进行核查。

案件承办人应在核查后三日内告知当事人核查及处理结果。

第六百七十四条 执行法院的当事人向市高级人民法院提出数据异议，或者最高人民法院通知对本辖区有关案件信息进行核查的，市高级人民法院应当及时通知执行法院系统管理员，系统管理员应当立即交案件承办人进行核查，核查应在五个工作日内完成。

执行法院系统管理员应当在接到核查通知的七个工作日内将核查情况书面报告市高级人民法院。

第六百七十五条 对本规范第六百七十三条、第六百七十四条中规定的数据异议，执行法院案件承办人经过核查，发现执行信息录入确有错误的，应当及时进行修改。

经过核查，无法确认当事人异议的信息存在录入错误的，不得按照异议申请人的要求更改数据库中的信息。

第五章 执行争议的协调

第六百七十六条 本市辖区内两个或两个以上人民法院在执行相关案件中发生争议的，应当协商解决。协商不成的，报请市高级人民法院协调处理。

第六百七十七条 本市辖区内的人民法院与外地人民法院在执行相关案件中发生争议的，应当协商解决。协商不成的，应当报请市高级人民法院与外地人民法院所属的高级人民法院协调处理。

第六百七十八条 本市辖区内的人民法院与本市辖区内的公安、检察等机关在执行相关案件中发生争议的，应当协商解决。协商不成的，报请市高级人民法院与市公安局、市人民检察院等协调处理。

第六百七十九条 本市辖区内的人民法院与外地的公安、检察等机关在执行相关案件中发生争议的，应当协商解决。协商不成的，报请市高级人民法院与外地同级的公安、检察等机关协调处理，必要时可报请最高人民法院协调处理。

第六百八十条 执行中发现不同人民法院之间或人民法院与仲裁机构之间就同一法律关系作出不同裁判内容的法律文书的，各有关法院应当立即停止执行，报请市高级人民法院协调处理。

第六百八十一条 市高级人民法院协调处理有关执行争议案件，必要时可以决定将有关款项划到本院指定的账户。

第六百八十二条 市高级人民法院协调执行争议所作出的处理决定或者与相关部门达成的协调意见，有关人民法院必须执行。

第六章 执行工作的监督

第一节 执 行 监 督

第六百八十三条 市高级人民法院依法监督全市各级人民法院的执行工作。

第六百八十四条 执行过程中或执行程序完结后，执行案件的当事人、利害关系人、案外人或其他人认为执行法院的执行行为违法，或者侵害其合法权益的，可以向市高级人民法院反映情况。市高级人民法院可根据其反映的情况，决定是否进行执行监督。

第六百八十五条 当事人、利害关系人、案外人直接向市高级人民法院请求监督，其请求事项符合《中华人民共和国民事诉讼法》第二百二十五条、第二百二十六条、第二百二十七条规定情形的，由执行法院按照相关规定处理；不符合上述规定情形的，由市高级人民法院决定是否启动执行监督程序。

第六百八十六条 市高级人民法院发现下级法院执行行为可能错误或明显不当的，应当进行监督。

第六百八十七条 市高级人民法院经执行监督程序审查，认为下级法院在执行中作出的裁定、决定、通知或具体执行行为不当或有错误的，应当及时指令下级法院限期纠正，并可以通知有关法院暂缓执行。

下级法院收到市高级人民法院的指令后必须立即纠正。如果认为市高级人民法院的指令有错误，可以在收到该指令后五日内请求市高级人民法院复议。市高级人民法院认为请求复议的理由不成立，而下级法院仍不纠正的，市高级人民法院可直接作出裁定或决定予以纠正，送达有关法院及当事人，并可直接向有关单位发出协助执行通知书。

市高级人民法院经执行监督程序审查，认为下级法院在执行中作出的裁定、决定、通知或具体执行行为不存在不当或错误时，应及时答复当事人、利害关系人、案外人及其他人。

第二节 检 察 监 督

第六百八十八条 人民检察院有权对民事执行活动实行法律监督。

人民检察院对民事执行活动实施监督时，应坚持依法监督原则、支持人民法院依法执行原则、化解矛盾原则、有限监督原则。

第六百八十九条 人民检察院可以依当事人、利害关系人的申请，对下列民事执行活动实施法律监督：

（一）人民法院收到执行案款后超过规定期限未将案款支付给申请执行人的，有正当理由的除外；

（二）当事人、利害关系人依据《中华人民共和国民事诉讼法》第二百二十五条之规定向人民法院提出书面异议或者复议申请，人民法院在收到书面异议、复议申请后，无正当理由未在法定期限内作出裁定的；

（三）人民法院自立案之日起超过两年未采取适当执行措施，且无正当理由的；

（四）被执行人提供了足以保障执行的款物，并经申请执行人认可后，人民法院无正当理由仍然执行被执行人其他财产，严重损害当事人合法权益的；

（五）人民法院的执行行为严重损害

国家利益、社会公共利益的。

第六百九十条 当事人或者利害关系人认为人民法院的民事执行活动违法,损害了自己合法权益,直接向人民检察院申诉的,人民检察院应当告知其依照法律规定先向人民法院提出异议、申请复议、反映情况或者提请执行监督。

第六百九十一条 各级人民检察院对确有错误的强制执行措施、执行裁定、严重损害国家利益、社会公共利益的执行行为实施法律监督的,应当在立案后向市人民检察院备案。

第六百九十二条 人民检察院应当采取书面检察建议的方式对同级或者下级人民法院的民事执行活动实施法律监督。

第六百九十三条 人民法院应当在收到检察建议后一个月内作出处理并将处理情况书面回复人民检察院。

第六百九十四条 人民检察院对人民法院的回复意见有异议的,可以通过上一级人民检察院向上一级人民法院提出。上一级人民法院认为人民检察院的意见正确的,应当监督下级人民法院及时纠正。

第六百九十五条 各级人民检察院发出的检察建议应报送市人民检察院备案。各级人民法院收到的检察建议应报送市高级人民法院备案。

第六百九十六条 对于国家机关等特殊主体为被执行人的执行案件,人民法院因不当干预难以执行的,人民检察院应当向相关国家机关等提出检察建议。

第六百九十七条 人民检察院对当事人有和解意愿的案件,可以引导当事人达成和解,当事人签订和解协议后,人民检察院应告知当事人将和解协议提交人民法院。

人民法院经审查认为和解协议符合法律规定的,应及时转化为执行和解。

第六百九十八条 人民检察院对民事执行活动进行法律监督,应当依法履行职责,不得滥用监督权力;检察人员违法行使职权的,应当追究其的纪律和法律责任。

人民法院发现检察监督行为违反法律或者检察纪律的,应及时向人民检察院提出书面建议。人民检察院应当在收到书面建议后一个月内作出处理并将处理情况书面回复人民法院;人民法院对于人民检察院的回复有异议的,可以通过上一级人民法院向上一级人民检察院提出。上一级人民检察院认为人民法院建议正确的,应当要求下级人民检察院及时纠正。

第六百九十九条 人民检察院对人民法院执行行政判决、裁定、行政赔偿调解和行政决定的活动实施法律监督,其范围和程序参照本规范第六百八十九条至第六百九十八条之规定执行。

第五编 附 则

第七百条 本规范自2010年8月1日起执行。

第七百零一条 市高级人民法院以前制定的规范性文件与本规范不一致的,以本规范为准。本规范下发后,市高级人民法院又制定新的规范性文件的,以新的规范性文件为准。法律法规、司法解释有新的规定的,按照其规定办理。

第七百零二条 本规范由市高级人民法院执行局负责解释。

北京市高、中级法院执行局(庭)长座谈会(第二次会议)纪要——关于变更或追加执行当事人若干问题的意见

• 2010年9月17日

为进一步规范变更或追加执行当事人案件的办理程序,统一司法尺度,依法、妥善、公正处理此类案件,切实保护当事人和案外第三人的合法权益,市高级法院执行局于2010年9月1日至2日召开了市高、中级法院执行局(庭)长座谈会第二次会议。与会同志通过认真讨论,就办理变更

或追加执行当事人案件的主要问题取得了基本共识。现纪要如下：

一、变更或追加执行当事人应遵循的原则

会议认为，此类案件事关当事人和案外第三人的合法权利，也关乎执行程序是否合法，因此，各级法院执行机构必须高度重视。在办理中应当坚持以下原则：

（一）事由法定原则。变更或追加执行当事人的，必须有执行方面的程序法律或司法解释的明确规定；执行方面的程序法律或司法解释未作规定的，执行机构不得裁定变更或追加执行当事人。

（二）依申请启动原则。审查变更或追加执行当事人的程序依当事人或案外第三人的申请启动，执行法院原则上不得依职权启动。

（三）事前审查原则。变更或追加执行当事人，原则上应当依程序进行审查后作出裁定，不得未经审查而迳行裁定变更或追加执行当事人。

（四）程序公开原则。变更或追加执行当事人的审查程序应当公开、透明，确保各方当事人参与到审查程序中，进行举证、质证、辩论，充分保障其程序权利。

二、变更或追加执行当事人审查程序的启动

会议认为，当事人或案外第三人申请变更或追加执行当事人的，应当向立案部门提出书面申请。申请书应当载明被申请变更或追加当事人的名称或姓名、住所地等基本情况，以及申请的事由、明确的法律依据和所涉执行案件的案号，并附初步的证据材料。对已经受理的变更或追加申请，经审查，没有明确的被申请变更或追加的主体的，裁定撤销案件。

当事人或案外第三人向执行法院申请变更或追加执行当事人，同时又通过诉讼程序要求被变更或追加的主体承担责任的，执行机构中止对案件的审查。诉讼案件裁定驳回起诉的，执行机构恢复审查程序；判决驳回诉讼请求的，执行机构裁定撤销案件。中、基层法院裁定撤销案件的，应当在裁定中载明当事人或案外第三人可向上一级法院申请复议。

执行法院裁定驳回变更或追加申请后，当事人或案外第三人以同一理由再次提出变更或追加申请，并附有新的关键证据的，执行法院应当受理并依法审查。执行法院裁定变更或追加执行当事人后，被变更或追加的当事人提出变更或追加裁定确认错误，可以按照《最高人民法院关于人民法院发现本院作出的诉前保全裁定和在执行程序中作出的裁定确有错误以及人民检察院对人民法院作出的诉前保全裁定提出抗诉人民法院应当如何处理的批复》（法释〔1998〕17 号）的规定提交本院审判委员会讨论决定，或者按照执行监督程序处理。

三、变更或追加执行当事人案件的审查机构和程序

会议认为，变更或追加执行当事人应当由专门机构审查处理并有完备的程序保障。

除因当事人名称或姓名变更需要变更执行当事人，由执行实施机构直接处理外，变更或追加执行当事人的案件均由执行审查机构办理。

变更或追加执行当事人属于执行中的重大事项，应当组成合议庭进行审查。

变更或追加执行当事人原则上应当进行听证审查。但变更或追加的事实清楚、关系简单的，可不进行听证，通过通知当事人到庭谈话、查阅案卷等方式进行审查。审查后应当作出裁定，并及时送达各方当事人。裁定中应当载明当事人可向上一级法院申请复议。

被申请变更或追加的主体不到庭的，不影响审查程序的进行。经审查，证据充分、符合法定情形的，裁定予以变更或追加；证据不充分或不符合法定情形的，裁定驳回变更或追加申请。

四、变更或追加被执行人的法定情形（事由）

会议认为，根据现行法律和司法解释

的规定，变更或追加被执行人的法定情形如下：

（一）变更被执行人的情形

1. 遗产继承人。依据《最高人民法院关于适用〈中华人民共和国民事诉讼法〉若干问题的意见》（以下简称《民诉法适用意见》）第274条规定，作为被执行人的公民死亡的，以其遗产偿还债务。其遗产继承人没有放弃继承的，可以裁定变更遗产继承人为被执行人，由该继承人在所继承的遗产范围内偿还债务。

2. 分立、合并后的法人企业。依据《民诉法适用意见》第271条规定，执行中作为被执行人的法人或者其他组织分立、合并的，原被执行人不再存续的，可以裁定变更承受其权利义务的法人或者其他组织为被执行人。

3. 法人或者其他组织终止后的权利义务承受人。依据《中华人民共和国民事诉讼法》（以下简称《民事诉讼法》）第二百零九条规定，作为被执行人的法人或者其他组织终止的，由其权利义务承受人履行义务。依据《民诉法适用意见》第271条规定，执行中作为被执行人的法人或者其他组织被撤销的，如果依有关实体法的规定有权利义务承受人的，可以裁定该权利义务承受人为被执行人。

（二）追加被执行人的情形

1. 私营独资企业业主。依据《最高人民法院关于人民法院执行工作若干问题的规定（试行）》（以下简称《执行规定》）第76条规定，被执行人为无法人资格的私营独资企业，无能力履行法律文书确定的义务的，人民法院可以裁定执行该独资企业业主的其他财产。

2. 合伙组织的合伙人或参加该联营企业的法人。依据《执行规定》第77条规定，被执行人为个人合伙组织或合伙型联营企业，无能力履行生效法律文书确定的义务的，人民法院可以裁定追加该合伙组织的合伙人或参加该联营企业的法人为被执行人。被执行人为有限合伙企业，无能力履行生效法律文书确定的义务的，人民法院可以裁定追加该合伙企业的普通合伙人为被执行人，不得裁定追加该合伙企业的有限合伙人为被执行人。

3. 企业法人。依据《执行规定》第78条规定，被执行人为企业法人的分支机构不能清偿债务时，可以裁定追加企业法人为被执行人。企业法人直接经营管理的财产仍不能清偿债务的，执行实施机构可以迳行裁定执行该企业法人其他分支机构的财产。若必须执行已被承包或租赁的企业法人分支机构的财产时，对承包人或承租人投入及应得的收益应依法保护。

4. 分立、合并后的法人企业。依据《民诉法适用意见》第271条规定，执行中作为被执行人的法人或者其他组织分立、合并的，原被执行人依然存续的，可以裁定追加其他承受其权利义务的法人或者其他组织为被执行人。

5. 对其他组织（非法人）依法承担义务的法人或者公民个人。依据《民诉法适用意见》第272条规定，其他组织在执行中不能履行法律文书确定的义务的，人民法院可以裁定执行对该其他组织依法承担义务的法人或者公民个人的财产。

6. 注册资金不实或抽逃注册资金的企业法人的开办单位或股东。依据《执行规定》第80条规定，被执行人无财产清偿债务，如果其开办单位或股东对其开办时投入的注册资金不实或抽逃注册资金，可以裁定变更或追加其开办单位或股东为被执行人，在注册资金不实或抽逃注册资金的范围内，对申请执行人承担责任。

7. 无偿接受被执行人财产的上级主管部门或开办单位（股东）。依据《执行规定》第81条规定，被执行人被撤销、注销或歇业后，上级主管部门或开办单位（股东）无偿接受被执行人的财产，致使被执行人无遗留财产清偿债务或遗留财产不足清偿的，可以裁定由上级主管部门或开办单位

（股东）在所接受的财产范围内承担责任。

需要特别注意的有两点：第一，依据《执行规定》第 82 条的规定，在上述第 6、7 种情形中，被执行人的开办单位（股东）或上级主管部门已经在注册资金范围内或接受财产的范围内向其他债权人承担了全部责任的，人民法院不得裁定开办单位或上级主管部门重复承担责任。第二，被执行人为个人独资企业（通常所称的“一人公司”），无财产清偿债务的，不得依据《中华人民共和国公司法》的相关规定在执行程序中裁定追加其投资人为被执行人。

对上述“变更被执行人的情形”中的第 1 种情形和“追加被执行人的情形”中的第 6、7 种情形，执行审查机构原则上应进行实质审查，不得仅通过形式审查或以表面证据判断即作出裁定。

五、变更申请执行人的法定情形（事由）

根据最高人民法院执行局的指导意见，申请变更申请执行人的法律依据是《执行规定》第 18 条第 1 款第（2）项的规定（“申请执行人是生效法律文书确定的权利人或其继承人、权利承受人”），该规定中所说的“权利承受人”既包括因主体消亡或组织形式发生变更而承继其权利的主体，也包括因债权转让而受让其债权的主体。概括起来，主要有以下几种情形：

（一）基于权利承继发生的申请执行人变更

1. 债权人系自然人的，该自然人死亡或者被宣告失踪的，其权利继受人可申请变更为申请执行人。权利继受人包括继承人、受遗赠人、遗嘱执行人、遗产管理人或者财产代管人。

2. 债权人系法人或其他组织的，可申请变更申请执行人的主体包括：

（1）作为债权人的法人分立的，分立协议中确定继受该债权的新设立法人可申请变更为申请执行人。

（2）作为债权人的法人与其他人合并的，合并后新设立的法人可申请变更为申请执行人。

（3）作为债权人的企业法人依法破产或者被注销的，其清算组织或者负有清算义务的人可申请变更为申请执行人。

（4）作为债权人的机关法人被撤销的，继续行使其权利的机关可申请变更为申请执行人。被撤销机关的职权无其他部门继续行使的，作出撤销决定的机关可申请变更为申请执行人。

（5）作为债权人的其他组织被撤销的，开办该组织的公民或者法人可申请变更为申请执行人。

（6）其他因债权人的主体发生变更而承继其权利的情形。

（二）基于债权转让发生的主体变更

执行程序中，因债权转让，受让人申请变更其为申请执行人的，裁定予以变更。但应当注意以下问题：

1. 债权受让人以债权转让为由申请变更其为申请执行人的，执行法院应当对每一次债权转让的协议及程序的真实性、合法性进行审查。对因相关转让协议的当事人不到庭等原因，导致债权转让的协议及程序的真实性和合法性无法查清的，不予变更。

需要注意的是，金融资产管理公司转让已经处于执行程序中的不良债权，受让人向执行法院申请变更其为申请执行人的，执行法院应当根据最高人民法院有关通知要求和《最高人民法院关于审理涉及金融不良债权转让案件工作座谈会纪要》有关内容予以审查处理。执行法院应当重点审查不良债权的可转让性、受让人的适格性及债权转让协议及其程序的真实性和合法性。对存在违反相关规定的情形的，应不予变更。

2. 变更申请执行人的裁定中，应当载明当事人可向上一级法院申请复议。

3. 当事人或案外第三人主张已生效的变更申请执行人的裁定确有错误的，可以按照《最高人民法院关于人民法院发现本院作出的诉前保全裁定和在执行程序中作出的裁定确有错误以及人民检察院对人民法院作出的诉前保全裁定提出抗诉人民法院应当如何处理的批复》(法释〔1998〕17号)的规定提交本院审判委员会讨论决定,或者按照执行监督程序处理。

对因作为债权人的自然人死亡或被宣告失踪而发生的申请执行人变更和基于债权转让发生的主体变更,执行审查机构原则上应进行实质审查,不得仅通过形式审查或以表面证据判断即作出裁定。

六、变更或追加执行当事人相关的几个问题

(一)申请追加被执行人的配偶或前配偶为被执行人的问题

执行依据确定的债务人为夫妻一方的,根据现行法律和司法解释的规定,执行法院不能裁定追加其配偶为被执行人。执行此类案件按下列方式处理:

1. 申请执行人主张判决确定的债务为夫妻共同债务,申请追加被执行人的配偶为被执行人的,告知其通过其他程序另行主张。

2. 对被执行人名下的财产或者夫妻共同名下的财产,可以查封、扣押、冻结。

被执行人的配偶以被执行人名下的财产为夫妻共同财产为由提出异议的,按照民事诉讼法第二百零四条关于案外人异议的规定处理。

被执行人的配偶对夫妻共同财产的性质无争议,仅以法院不得查封、扣押、冻结共同财产为由提出异议的,按照《民事诉讼法》第二百零二条①关于执行异议的规定处理。

3. 申请执行人以被执行人的配偶实际占有或登记在其名下的财产为夫妻共同财产为由,书面申请查封、扣押、冻结该共同财产的,执行法院可以查封、扣押、冻结。被执行人的配偶以该财产为其个人财产为由提出异议的,按照民事诉讼法第二百零四条关于案外人异议的规定处理。

夫妻离婚后,民事判决或调解书对财产已经进行分割的,或者双方已经协议对财产进行分割的,不能追加被执行人的前配偶为被执行人,也不能执行前配偶实际占有或登记在其名下的财产。夫妻离婚后,对财产没有进行分割的,对夫妻关系存续期间夫妻共同名下的财产及被执行人配偶名下的财产,根据申请执行人的书面申请可予以查封、扣押、冻结。查封、扣押、冻结后,执行法院应当及时通知被执行人的前配偶,并告知其可依法提出异议。

对查封、扣押、冻结的夫妻共同财产,按照《最高人民法院关于人民法院民事执行中查封、扣押、冻结财产的规定》第十四条的规定处理。需要注意的是,对夫妻共同财产的执行,针对的是夫妻共同财产的整体,无需对夫妻共同财产中的单个财产逐一进行分割。可执行的被执行人在夫妻共同财产中的共有部分,不得超过夫妻共同财产价值总额的一半。

(二)关于追加公司股东为被执行人的前提条件

会议认为,根据相关法律和司法解释的规定,在追加公司股东为被执行人的案件中,应当以被执行人无财产清偿债务为前提条件。确认"被执行人无财产清偿债务",应当注意以下几个问题:

1. 执行法院应当按照《北京市高级人民法院关于执行实施案件结案的若干规定(试行)》的有关规定,履行依职权调查财产的职责。按照规定完成依职权调查财产的职责后,仍未发现被执行人有财产可供执行的,可以认定被执行人无财产清偿债务。执行法院不能以申请执行人未提供财产线索为由,不履行依职权调查财产的职责。

2. 被申请追加人主张被执行人有财产清偿债务的,对其主张负有举证责任。

3. 可供执行的财产不包括虽然属于被

① 民事诉讼法原第二百零二条现已修改为第二百二十五条。

执行人所有但法律和司法解释规定人民法院不得查封、扣押、冻结或拍卖、变卖、抵债的财产。

4. 对经二次拍卖流拍且无法交付抵债的动产，以及经三次拍卖流拍且无法交付抵债亦无法采取其他执行措施的不动产或者其他财产权的，可以认定为被执行人无财产可供执行。

5. 执行法院控制的财产明显不足以清偿全部债务，或者执行法院采取的财产控制性措施为轮候查封、冻结的，可视为被执行人无财产可供执行。

（三）执行担保人、协助义务人或其他人、被执行人的到期债务人执行的有关问题

会议认为，在下列情形下，由执行实施机构依据法律、司法解释的有关规定迳行处理，而不按申请或追加执行当事人的程序办理：

1. 在执行程序中执行担保人应当承担担保责任的，可迳行裁定执行担保财产以及担保人的财产。

2. 协助义务人不履行协助义务，或者协助义务人或其他人擅自解除法院已采取的执行措施致使可执行财产转移或灭失，责令其限期追回而未追回的，可迳行裁定协助义务人或其他人承担赔偿责任。

3. 被执行人的到期债务人在履行通知指定的期限内没有提出异议而又不履行的，可迳行裁定对其强制执行。

当事人对以上三种情形下作出的裁定不服的，可以按照《民事诉讼法》第二百零二条的规定提出执行异议。

七、关于本会议纪要的适用

会议认为，《纪要》的内容和精神仅适用于《纪要》下发之后发生的执行行为和异议、复议审查行为。法律、司法解释或最高人民法院关于本《纪要》所涉问题有新的规定或新的指导意见，或者市高级人民法院有新的规定或指导意见的，按照新的规定和意见办理。

北京市高级人民法院关于印发《北京市高级人民法院关于审理执行异议之诉案件适用法律若干问题的指导意见（试行）》的通知

•2011 年 7 月 28 日
•京高法发〔2011〕254 号

市第一、第二中级人民法院，北京铁路运输中级法院；各区、县人民法院，各铁路运输法院：

《北京市高级人民法院关于审理执行异议之诉案件适用法律若干问题的指导意见（试行）》已经市高级人民法院审判委员会第 8 次（总第 277 次）会议于 2011 年 7 月 18 日讨论通过，现予印发，请认真贯彻执行。执行中有何问题，请及时报告市高级人民法院民一庭。

特此通知。

北京市高级人民法院关于审理执行异议之诉案件适用法律若干问题的指导意见（试行）

为规范执行异议之诉案件的审理，保护当事人的合法权益，统一审判标准和裁判尺度，根据《中华人民共和国物权法》、《中华人民共和国民事诉讼法》、《最高人民法院关于适用〈中华人民共和国民事诉讼法〉执行程序若干问题的解释》等相关规定，结合我市民事审判实践，制订本意见。

第一条 执行过程中，案外人或者申请执行人依据《民事诉讼法》第二百零四条①规定向法院提起的下列诉讼，应当作为执行异议之诉案件受理，具体包括：

① 民事诉讼法原第二百零四条现已修改为第二百二十七条。

（一）案外人执行异议之诉：案外人对驳回其异议的执行裁定不服，请求对执行标的物停止执行，而提起的与原判决、裁定、调解书等生效法律文书无关的诉讼；

（二）申请执行人执行异议之诉：申请执行人对法院依案外人异议作出的中止对执行标的物执行的裁定不服，请求对该标的物许可执行而提起的诉讼。

第二条 执行异议之诉案件由执行法院管辖；本市提级执行、指定执行、委托执行的案件，涉及执行异议之诉的，由最终执行的法院管辖；商事案件就级别管辖另有规定的，依照其规定。

法院受理前款案件后，由作出原生效裁判、调解书的民商事审判庭依照诉讼程序审理；执行依据为其他生效法律文书或执行法院并非作出原生效裁判、调解书的一审法院的，应当根据案外人提起执行异议所依据的基础法律关系的性质，由各归口民商事审判庭进行审理。

第三条 法院针对执行标的物的强制执行过程中，案外人以被执行人为被告就执行标的物另行提起确权之诉的，不予受理，已经受理的，应当裁定驳回起诉，并告知其可以依据《民事诉讼法》第二百零四条的规定主张权利。

案外人以被执行人为被告另行提起给付之诉，要求转移执行标的物所有权，该标的物已处于强制执行状态的，法院应当向案外人释明，告知其可以变更诉讼请求主张损害赔偿，经释明其仍坚持不变更的，应当判决驳回其诉讼请求，并在判决理由中写明案外人可待执行标的物解除强制执行状态后再行主张。

违反前两款规定作出的判决书、调解书应当通过审判监督程序依法撤销。

第四条 案外人提起执行异议之诉应当以申请执行人为被告；被执行人反对案外人对执行标的物所主张的实体权利的，应当以申请执行人和被执行人为共同被告。

申请执行人提起执行异议之诉应当以案外人为被告；被执行人反对申请执行人请求的，应当以案外人和被执行人为共同被告。

前两款中，被执行人不反对案外人或者申请执行人请求，案外人或者申请执行人也未将其列为第三人的，法院一般应当将被执行人追加为无独立请求权第三人。

被执行人下落不明，无法对案外人或者申请执行人的请求表明意见的，应将其列为共同被告。

第五条 案外人或者申请执行人对处理案外人异议的执行裁定不服，应当自执行裁定送达之日起十五日内提起诉讼。逾期起诉的，不予受理；已经受理的，应当裁定驳回起诉。

案外人在执行法院针对执行标的物的强制执行程序终结后提起执行异议之诉的，不予受理；已经受理的，应当裁定驳回起诉。

第六条 案外人依据《民事诉讼法》第二百零四条规定提起诉讼的，须主张其对执行标的物享有足以阻止其转让、交付的实体权利，具体包括：

（1）所有权，包括单独所有权和共有权；

（2）用益物权，但执行不妨害案外人占有使用的除外；

（3）租赁权，但执行不妨害案外人占有使用的除外；

（4）股权；

（5）法律、司法解释规定的其他实体权利。

案外人有多个异议事由的，应当一并主张。

第七条 案外人提起执行异议之诉的，诉讼请求应当表述为请求对执行标的物停止执行。

申请执行人提起执行异议之诉的，诉讼请求应当表述为请求对执行标的物许可执行。

当事人诉讼请求不明确的，法院应当予以释明，诉讼请求可以根据案件具体情况予以细化。

第八条 案外人执行异议之诉案件中，案外人同时请求确认其对执行标的物享有实体权利或要求对其主张所依据的相关实体法律关系进行裁判的，一般应当合并处理，被执行人应当作为共同被告参加诉讼。案外人未同时请求确认其对执行标的物享有实体权利的，法院应当予以释明，经释明其仍坚持不增加的，法院不在判决主文中予以宣告，但应当在判决的事实和理由中予以阐明。

第九条 执行异议之诉案件审理中，案外人应当就其对执行标的物享有所有权或者其它足以阻止执行标的物转让、交付的实体权利所依据的事实承担举证责任。被执行人对案外人的权利主张表示承认的，不能免除案外人的举证责任。

第十条 案外人执行异议之诉案件审理中，审判庭认为案外人的诉讼请求确有理由，有必要对执行标的物停止执行，或者案外人提供充分、有效的担保请求停止执行的，应当依据北京市高级人民法院《关于适用〈中华人民共和国民事诉讼法〉执行程序部分及其司法解释若干问题的指导意见（试行）》第二十九条的规定处理。

第十一条 执行异议之诉案件经审理，案外人或者申请执行人理由不成立的，应当判决驳回其诉讼请求；理由成立的，应当根据案外人或者申请执行人的诉讼请求作出相应的判决。

法院审理执行异议之诉案件，对于处理案外人异议的执行裁定不予审查，在判决主文及理由中也不予表述。

第十二条 当事人对执行法院实施的轮候查封行为有异议提起执行异议之诉的，不予受理；已经受理的，应当裁定驳回起诉，并告知其应当针对法院的正式查封行为主张权利。

第十三条 案外人或者申请执行人依据《民事诉讼法》第二百零四条规定提起诉讼，经审查当事人系对执行法院的执行行为是否违反法律规定存在争议的，不予受理；已经受理的，应当裁定驳回起诉，并告知其应当依据《民事诉讼法》第二百零二条的规定主张权利。

第十四条 执行过程中，案外人认为其对作为执行依据的生效判决、裁定、调解书确定的执行标的物享有足以阻止其转让、交付的实体权利，并提出执行异议，执行部门原则上应当裁定驳回案外人的执行异议，案外人不服提起执行异议之诉的，应当裁定驳回起诉，并告知其可以按照审判监督程序申请再审。

第十五条 法院在执行生效法律文书确定的金钱债权过程中，针对特定房屋实施强制执行，购买该房屋的案外人依据《最高人民法院关于人民法院民事执行中查封、扣押、冻结财产的规定》第十七条的规定，要求停止对该房屋执行，经审查案外人已经支付全部房屋价款并实际占有该房屋，且对未办理房屋过户登记手续没有过错的，对其诉讼请求，应予支持；案外人同时要求确认该房屋归其所有的，不予支持，申请执行人要求对该房屋许可执行的，不予支持。

第十六条 《最高人民法院关于人民法院民事执行中查封、扣押、冻结财产的规定》第十七条规定在适用上应作如下理解：

（一）案外人（第三人）应当在法院针对执行标的物的强制执行程序开始前，已经支付全部价款并实际占有该标的物。法院在处理时应当根据当事人提交的买卖合同、付款发票、付款收据、物业服务合同、物业费缴费发票等证据予以综合判断。

（二）“第三人对此没有过错”，是指案外人（第三人）未办理产权过户登记手续是由于被执行人不予协助、办理登记存在客观障碍、登记机关原因等案外人意志以外的原因造成的。案外人为规避法律、行政法规规定或逃避债务，故意将财产登记在被执行人名下的，应当认定其具有过错。

（三）在适用该规定时对案外人与被执行人之间是否存在真实的买卖关系、案外人是否已经支付全部价款并实际居住等事实应当严格审查；在判断案外人是否存在过错时不宜过于严苛；在利益冲突的权衡时，应当在依法的前提下，兼顾购房业主（案外人）的生存利益与银行、企业（申请执行人）之间的经营利益。

第十七条 法院在执行生效法律文书确定的金钱债权过程中，针对特定标的物实施强制执行，案外人依据另案确权判决或形成判决对该执行标的物享有所有权，其据此要求对该标的物停止执行的，一般应予支持；申请执行人要求对该标的物许可执行的，一般不予支持。但案外人依据的另案确权判决属于本意见第三条第一款规定情形的，应当按照该条第三款的规定处理。

申请执行人对作为案外人权利依据的另案确权判决或形成判决申请再审的，法院可以根据案件具体情况决定是否中止诉讼，等待再审的处理结果。

第十八条 法院在执行生效法律文书确定的金钱债权过程中，针对特定标的物实施强制执行，另案给付判决或调解书确认被执行人向案外人转移该执行标的物的所有权，案外人或申请执行人提起执行异议之诉的，应当裁定驳回起诉，并告知当事人可以通过执行程序或审判监督程序解决。

第十九条 法院在执行生效法律文书确定的金钱债权过程中，对登记在被执行人名下的特定房屋实施强制执行，案外人以其与被执行人之间存在借名买房关系，其是房屋实际所有权人为由，要求对该房屋停止执行的，一般不予支持；申请执行人要求对该房屋许可执行的，一般应予支持。

第二十条 执行异议之诉案件审理中，作为执行依据的原判决、裁定、调解书被依法提起再审的，可以裁定中止本案诉讼，等待再审案件的处理结果。

第二十一条 本意见自下发之日起施行。

本意见的具体规定与新颁布的法律、法规和司法解释不一致的，本意见的相关规定不予执行。

北京市高级人民法院关于主动反馈执行进展情况的若干规定

- 2011年10月25日
- 京高法发〔2011〕292号

为贯彻能动司法和司法公开的原则要求，充分保障当事人的知情权、表达权、参与权与监督权，根据《中华人民共和国民事诉讼法》及有关司法解释的规定，结合本市法院执行工作实际，制定本规定。

第一条 执行过程中，除严格依照法律、司法解释及规范性文件的规定向当事人公开执行信息、履行告知义务之外，执行法院应当按照本规定的要求，及时、主动向申请执行人反馈案件执行的进展情况。

第二条 立案执行届满一个月后，执行法院应当在十五日内向申请执行人反馈执行进展情况。

立案执行六个月内未结案的，执行法院应当在六个月届满后十五日内向申请执行人反馈执行进展情况。此后每三个月反馈一次执行进展情况。

立案执行一个月或六个月届满前，执行法院已在财产调查、财产控制、财产变现等阶段向申请执行人反馈了全部执行进展情况的，可不重复反馈。

第三条 执行法院向申请执行人反馈执行进展情况，可以采取电话对谈、固定接待日约谈等方式进行。

第四条 执行法院反馈执行进展情况，应当告知申请执行人已经采取的执行措施及结果、下一步执行计划、需要其参与和配合的事项等内容，并听取其对案件执行的意见和建议。

执行法院可以根据案件实际情况，约请申请执行人见证案件执行的过程。

第五条 执行法院向申请执行人反馈执行进展情况，应当填写《执行进展情况反馈表》或制作笔录入卷归档，并应当将反馈的情况及时、准确地录入执行案件信息管理系统中的执行日志。

第六条 执行案件评查应当将主动反馈执行进展情况作为基本内容之一，评查结果纳入年终考评范围；执行案件涉信访的，应当将主动反馈执行进展情况作为责任倒查的主要内容之一。

第七条 本规定由北京市高级人民法院执行局负责解释。

第八条 全市各级法院可结合本院实际，制定执行本规定的实施细则。

第九条 本规定自下发之日起试行。

北京市高级人民法院关于贯彻执行《最高人民法院关于委托执行若干问题的规定》的实施意见（试行）

•2011 年 10 月 31 日

为加强全市法院委托执行工作的统一管理和监督，进一步规范委托执行工作，根据《中华人民共和国民事诉讼法》、《最高人民法院关于委托执行若干问题的规定》，结合全市法院执行工作实际，制定本意见。

第一条 案件委托异地法院执行，应当完成以下工作：

（一）按照《中央政法委、最高人民法院关于规范集中清理执行积案结案标准的通知》中关于认定无财产可供执行案件的要求，对被执行人在本市辖区内财产状况进行调查后，确无财产可供执行；

（二）经核实，被执行人在其他省、自治区、直辖市内有可供执行财产。

办理委托手续时，委托法院应当将上述财产调查材料一并向受托法院提供。

第二条 情况紧急或者有转移财产可能的，委托法院应当赴异地对财产采取控制性措施后再行办理委托执行手续。

查封、扣押、冻结等措施的有效期限在移交受托法院时不足 1 个月的，委托法院应当先行续封或者续冻，再移交受托法院。

第三条 委托法院在收到受托法院立案通知书后，应当在审判案件管理系统中以“委托执行”方式报结。

第四条 接受委托的案件，执行部门应当在收到委托执行函及有关材料后进行审查，所提供的材料不符合规定的，应当要求委托法院补办。委托法院在 30 日内未完成补办，且不说明原因的，视为撤回委托，由执行部门填写一式两份《北京市法院受托执行案件退回审批表》，上报市高级人民法院进行审批。两份审批表一份存卷，一份存市高级人民法院。

经审查符合受理条件的，执行部门应移送立案部门予以立案；立案后，执行部门应及时将立案通知书通过委托法院送达申请执行人，同时将指定的承办人、联系电话等书面告知委托法院。

审查和立案工作应当在收到委托执行函及相关材料后 7 日内完成。

第五条 案件委托执行情况、受托执行情况、撤销委托情况应当按月报市高级人民法院备案。报备时需填写《北京市法院委托执行案件备案统计表》、《北京市法院受托执行案件备案统计表》、《北京市法院撤销委托执行案件备案统计表》，于每月 25 日前将该月情况进行报备。

第六条 在执行中需到外省、自治区、直辖市采取处分性措施的，应提前十日报市高级人民法院审批，情况紧急的除外。报批时需填写一式两份《北京市法院异地执行案件审批表》，报市高级人民法院审批；两份审批表一份存卷，一份存市高级人民法院。

异地扣划账户资金等简易执行措施的，市高级人民法院直接答复各院；异地办理评估、拍卖、变卖等复杂的执行措施或有不稳定因素的，市高级人民法院在听取各院对案件情况的汇报后，决定是否予以批准。

需要汇报的案件除填写上述审批表外，还应提供案件情况、风险评估及处置预案等书面材料。

第七条 事项委托应当以机要形式直接送达

相关手续，不需报市高级人民法院备案。但应当做好事项委托的统计工作，将委托异地法院办理和接受异地法院委托事项的内容、时间和办理结果进行登记。于每年12月25日前，将该年度事项委托工作数据统一上报市高级人民法院。

第八条 全市各级法院应当指定专人负责委托、受托执行案件的报备、报批、统计等事务性工作。

第九条 被执行的财产在本市辖区内，需跨中级人民法院、基层人民法院辖区执行的案件，原则上不委托执行，也不需要办理异地执行的批准手续。确需委托执行的，报请市高级人民法院指定执行。

第十条 《最高人民法院关于委托执行若干问题的规定》实施前已办理委托或已受托立案的案件，按原来颁行的有关委托执行的规定执行。

第十一条 本意见由北京市高级人民法院执行局负责解释。

第十二条 本意见自下发之日起试行。

北京市高、中级法院执行局（庭）长座谈会（第五次会议）纪要——关于案款分配及参与分配若干问题的意见

• 2013年8月21日

为进一步解决案款分配及参与分配中的疑难问题，统一司法尺度，规范办理程序，切实维护当事人的合法权益，市高、中级法院执行局（庭）长座谈会于2013年8月15日至16日召开了第五次会议。与会同志通过认真讨论，就案款分配及参与分配的若干问题取得了基本共识。现纪要如下：

一、案款分配、参与分配程序的适用范围

1. 本纪要中的案款分配，是指根据《最高人民法院关于人民法院执行工作若干问题的规定（试行）》（以下简称《执行规定》）第88条的规定分配案款。

本纪要中的参与分配，是指根据《执行规定》第90条至第95条的规定分配案款。

2. 多份生效法律文书确定金钱给付内容的多个债权人分别对同一被执行人申请执行，被执行人的财产足以清偿全部债务的，按照《执行规定》第88条第一款、第二款的规定进行案款分配；被执行人的财产不足清偿全部债务的，区分以下情形分别予以处理：

（1）被执行人为自然人或其他组织（指非法人组织），按照《执行规定》第90条至第95条的规定进行参与分配，法律、司法解释另有规定的除外。

（2）被执行人为企业法人，且符合《执行规定》第96条规定条件的，参照《执行规定》第90条至第95条的规定处理；不符合《执行规定》第96条规定条件的，依照《执行规定》第89条的规定告知当事人依法申请被执行人破产，告知情况记入笔录。当事人申请被执行人破产并被法院受理的，相关执行案件中止执行，被执行人被法院裁定宣告破产的，相关执行案件终结执行；当事人不申请被执行人破产或其破产申请未被法院受理的，按照《执行规定》第88条第一款、第二款的规定进行案款分配。

《执行规定》第96条中的“歇业”是指，根据《中华人民共和国企业法人登记管理条例》第二十二条的规定，企业法人领取营业执照后，满六个月尚未开展经营活动或者停止经营活动满一年。企业法人被吊销营业执照满一年且未注销的，视为该条规定中的“歇业”；企业法人被吊销营业执照未满一年，或经登记机关许可暂停营业而处于停止经营状态的，不视为该条规定中的“歇业”。当事人主张企业法人歇业的，由其提供相应证据予以证明。

被执行的企业法人被撤销、注销或歇业，其主管部门、清算组织或其他负有清算责任的主体向登记主管机关或其他有权机关出具了债权债务清理、清算完结的证明或负责清理、清算债权债务的文件的，不适用《执行规定》第96条的规定。其主管部

门、清算组织或其他负有清算责任的主体出具不实的债权债务清理、清算完结证明办理法人注销登记的，可告知债权人依法另行起诉追究相关责任主体的民事责任；其主管部门、清算组织或其他负有清算责任的主体承诺未了结的债权债务由其负责而未实际履行该承诺的，可告知债权人依照《中华人民共和国民事诉讼法》第二百三十二条的规定申请追加其为被执行人。

(3)被执行人为机关法人、事业单位法人、社会团体法人等其他法人的，按照《执行规定》第88条第一款、第二款的规定进行案款分配。

3.一份生效法律文书确定金钱给付内容的多个债权人对同一被执行人申请执行，执行的财产不足清偿全部债务，该生效法律文书已确定各债权的受偿顺位或者其中有法律规定的可优先受偿的债权的，按照该生效法律文书确定的顺位和相关法律的规定分配案款；该生效法律文书未确定各债权的受偿顺位且无法律规定的可优先受偿的债权的，根据《执行规定》第88条第三款的规定，各债权按比例受偿。

二、案款分配程序的具体适用

4.多份生效法律文书确定金钱给付内容的多个债权人分别对同一被执行人申请执行，各债权人对执行标的物均无担保物权和法律规定的其他优先受偿权(即各债权均为普通债权)的，根据《执行规定》第88条第一款的规定，按照执行法院对执行标的物采取控制性措施(如查封、扣押、冻结等)的先后顺序受偿。

5.多份生效法律文书确定金钱给付内容的多个债权人分别对同一被执行人申请执行，其中有债权人对执行标的物享有担保物权或法律规定的其他优先受偿权的，对执行标的物或其变价款，根据《执行规定》第88条第二款的规定，按照以下规则确定各债权的受偿顺位：

(1)对执行标的物享有担保物权的债权优先于普通债权受偿。执行标的物上存在多个担保物权的，按照有关担保物权的法律、司法解释的规定确定其债权的受偿顺位。

(2)执行标的物为建筑物的，建设工程价款中享有优先权的部分优先于基于担保物权的债权受偿。执行标的物为房屋的，对该房屋的变价款，消费者(指符合《中华人民共和国消费者权益保护法》中消费者条件的买受人)为购买该房屋(特指用于生活消费的住房)所支付的款项优先于建设工程价款受偿。

(3)多个债权中有职工工资债权(包括劳动报酬、经济补偿、赔偿金、职工基本医疗保险费、失业保险费、基本养老保险费等)的，对案款分配时本地区上一年度职工平均工资(上一年度职工平均工资未公布的，按照上上年度职工平均工资)范围内的工资部分，比照建设工程价款优先权的顺位受偿，剩余工资部分作为普通债权受偿。被执行人欠缴职工基本医疗保险费、失业保险费、基本养老保险费，该职工尚未取得执行依据的，在分配案款时可为其预留相应数额的款项。

(4)执行标的物为船舶或民用航空器的，按照《中华人民共和国海商法》、《中华人民共和国民用航空法》等法律及相关司法解释的规定，确定船舶优先权、民用航空器优先权的债权与其他债权之间的受偿顺位。

(5)本款前几项中优先于普通债权的债权受偿完毕后，案款有剩余的，各普通债权按照执行法院对执行标的物采取控制性措施的先后顺序受偿。

6.根据《中华人民共和国民办教育促进法》第五十九条的规定，被执行人为民办学校的，其财产优先清偿应退受教育者学费、杂费和其他费用，并扣除本纪要第18条所列费用后，剩余款项用于案款分配。

三、参与分配程序的具体适用

(一)适用参与分配程序的条件

7.同时符合以下三个条件的，按照《执

行规定》第90条至第95条的规定进行参与分配程序：

（1）被执行人为自然人（包括外国人和无国籍人）或其他组织（指非法人组织）。

（2）被执行人的全部财产或主要财产已被一个法院查封、扣押或冻结。

（3）被执行人无其他财产可供执行或其他财产不足清偿全部债务。

《执行规定》第90条中，“全部财产”是指主持分配的法院控制了被执行人的全部财产，被执行人无其他可供执行财产；“全部债务”是指申请参与分配并符合参与分配条件和程序的债权之和（包括迟延履行利息和迟延履行金）。

（二）申请参与分配的债权人主体资格

8. 按照《执行规定》第90条的规定，有权申请参与分配的主体为已经取得执行依据的债权人。

（三）申请参与分配的截止日

9. 申请参与分配的截止日是指主持分配的法院收到申请参与分配的债权人的执行法院转交参与分配申请书的最后日期。

10. 按照《执行规定》第90条的规定，若执行标的物为货币类财产，以案款到达主持分配法院的账户之日作为申请参与分配的截止日；若执行标的物为非货币类财产，需对该财产予以拍卖、变卖或以其他方式变价的，以拍卖、变卖裁定送达买受人之日或以物抵债裁定送达申请执行人之日作为申请参与分配的截止日。

前款中的以物抵债裁定应当载明执行标的物折抵的价款数额，但不应载明折抵的债权数额，待分配方案确定后再作出认定。

同一案件中，法院执行多项财产的，各项财产分别确定申请参与分配的截止日；同一项财产（指同一项执行措施控制的财产）为可分的多个财产的，以被处置的最后一个财产确定申请参与分配的截止日。

（四）主持参与分配的法院

11. 对被执行人财产的处置和具体分配，按照《执行规定》第91条的规定，原则上由首先查封、扣押或冻结的法院主持进行。本市法院之间亦可协商由非首封的法院主持进行；协商不成的，可报请高级法院予以协调。

（五）申请参与分配的程序

12. 按照《执行规定》第92条的规定，债权人申请参与分配的，应当向其执行法院提交参与分配申请书，并附执行依据。该执行法院向主持分配的法院转交参与分配申请时，应当提供以下材料：

（1）申请参与分配的债权人提交的参与分配申请书及所附执行依据。参与分配申请书应当写明申请参与分配的理由及法律依据。

（2）该执行法院出具的执行情况说明。执行情况说明的内容应当包括：执行案号，当事人基本情况，应执行标的额，已执行标的额，未受偿标的额，对被执行人财产的调查情况，以及已控制但未处置完毕的被执行人财产及其价值等。

对该执行法院转交的参与分配申请及上述材料，主持分配的法院应当予以登记。该执行法院派人直接转交的，应当由转交人签字确认；以其他方式转交的，应当由主持分配的法院2人或2人以上签字确认。主持分配的法院收到参与分配申请的日期以登记的日期为准。该执行法院提供的材料不齐备的，通知其限期补正，并将该情况告知申请参与分配的债权人。该执行法院在指定期限内补正材料的，以主持分配的法院第一次收到其转交的参与分配申请的日期作为申请参与分配的日期；逾期未补正的，再次通知其补正，并告知其未在申请参与分配截止日前补正的，不准予该债权人参与分配，并将该情况通知申请参与分配的债权人。

（六）参与分配申请的审查程序

13. 主持分配的法院对上条所列材料

进行审查,对不符合参与分配条件和程序的债权人,不准予其参与分配。对符合参与分配条件和程序的债权人,若截至申请参与分配的截止日可分配的财产足以清偿全部债务的,适用案款分配程序的相关规定办理;若截至申请参与分配的截止日可分配的财产不足清偿全部债务的,视情况分别作出以下处理:

(1)被执行人的全部财产被主持分配的法院控制的,申请参与分配并符合参与分配条件和程序的债权按照本纪要第15条、第16条的规定受偿。

(2)被执行人的主要财产被主持分配的法院控制,申请参与分配并符合参与分配条件和程序的债权人的执行法院未控制被执行人的其他可供执行财产的,其债权按照本纪要第15条、第16条的规定受偿;其执行法院控制了被执行人的其他可供执行财产但截至申请参与分配的截止日尚未完成处置的,不准予其在本案中参与分配,但被控制的财产经完成法定的拍卖、变卖程序后仍无法变现的除外。

(七)申请参加参与分配程序的条件及相关程序

14. 按照《执行规定》第93条的规定,对法院查封、扣押或冻结的财产享有担保物权和法律规定的其他优先受偿权的债权人,可以申请参加参与分配程序,主张优先受偿权。该债权人未取得执行依据,主持参与分配的法院告知其依照相关法律规定取得执行依据,但在分配案款时为其预留相应款项。对被欠缴基本医疗保险费、失业保险费、基本养老保险费的职工,劳动行政主管部门作出要求被执行人补缴上述保险费的文书的,在分配案款时也应为其预留相应款项。

(八)参与分配程序中的债权受偿顺位

15. 按照《执行规定》第94条的规定,享有担保物权和法律规定的其他优先受偿权的债权,其受偿顺位按照本纪要第5条第(1)、(2)、(3)、(4)项的相关规定办理。享有担保物权和法律规定的其他优先受偿权的债权受偿完毕后,案款有剩余的,各普通债权按比例受偿。

参与分配程序中,若执行标的物为诉讼前、诉讼中、仲裁前或仲裁中依债权人申请所保全的财产,在清偿对该标的物享有担保物权和法律规定的其他优先受偿权的债权后,对该债权人因申请财产保全所支出的成本及其损失,视具体情况优先予以适当补偿,但补偿额度不得超过其未受偿债权金额的20%;其剩余债权作为普通债权受偿。

16. 被执行人为民办学校的,各债权人的债权受偿顺位按照本纪要第6条的规定办理。

(九)参与分配后的继续执行

17. 按照《执行规定》第95条的规定,被执行人的财产被分配给各债权人后,被执行人对其剩余债务应当继续清偿。债权人发现被执行人有其他财产的,人民法院可以根据债权人的申请继续依法执行。

四、其他问题

(一)案款分配及参与分配中应先行扣除的款项

18. 案款执行到位后,应当先行扣除案件受理费、申请保全费、申请执行费、评估费、鉴定费、公告费、保管费等因诉讼、仲裁或执行所支出的费用(执行依据确定由一方当事人向另一方当事人支付的除外),剩余部分用于案款分配或参与分配。

19. 根据《中华人民共和国担保法》第五十六条的规定,执行标的物为划拨的国有土地使用权的,对该土地使用权的变价款,在依法缴纳相当于应缴纳的土地使用权出让金的款额,并扣除本纪要第18条所列费用后,剩余款项用于案款分配或参与分配。

(二)民事债权与行政罚款、司法罚款、刑事罚金、没收财产的受偿顺位

20. 同一被执行人既有民事债权执行案件,又有行政罚款、司法罚款或者刑事罚

金、没收财产执行案件的，民事债权优先受偿。刑事退赔案件中权利人的权利视为普通民事债权，可申请参加案款分配或参与分配程序。

（三）迟延履行利息或迟延履行金的受偿

21. 被执行人财产足以清偿全部债务的，各债权人在案款分配程序中受偿的债权数额中包括迟延履行利息或迟延履行金；被执行人财产不足清偿全部债务的，各债权人在案款分配或参与分配程序中受偿的债权数额中不包括迟延履行利息或迟延履行金，执行依据确定的债权清偿完毕后，案款有剩余的，各债权的迟延履行利息或迟延履行金按比例受偿。

（四）替代履行费用的受偿

22. 因被执行人拒不履行生效法律文书中指定的行为，执行法院委托有关单位或他人替代履行的，因替代履行发生的费用可申请参加案款分配或参与分配程序。

（五）被执行人增资前、后发生债权的受偿顺位

23. 被执行人的开办单位因增加注册资金不实被追加为被执行人的，对执行到位的注册资金，优先清偿发生在增加注册资金之后的债权，案款有剩余的，用于清偿发生在增加注册资金之前的债权。发生在增加注册资金前、后的债权，是指同一位阶的债权。

（六）分配方案的制作、审批及内容

24. 案款分配或参与分配程序中，主持分配的法院应当经合议庭合议后制作书面的财产分配方案，并逐级报本院执行局局长或主管院长审批。分配方案应当载明可供分配的款项总额、待分配的债权总额、各债权人的基本情况及其债权的性质和数额、分配顺位、各债权的受偿比例及数额、分配的法律依据、提出异议的权利等内容。

（七）案款分配或参与分配中异议的处理

25. 案款分配或参与分配程序中，债权人或者被执行人提出的以下异议，适用《最高人民法院关于适用〈中华人民共和国民事诉讼法〉执行程序若干问题的解释》第二十五条、第二十六条的规定进行处理：

（1）执行依据确定的债权是否已经履行或部分履行及履行的数额，以及该债权是否已经超过申请执行时效；

（2）执行依据确定的建设工程价款是否享有优先受偿权及优先受偿的款项范围；

（3）担保物权人以及其他有权请求实现担保物权的人申请执行法院作出的拍卖、变卖担保财产的裁定，该裁定未明确债权数额，当事人对分配方案中确定的债权数额提出异议的；

（4）其他应当通过参与分配异议及参与分配异议之诉处理的情形。

参与分配异议及参与分配异议之诉的审查和审理期间，主持分配的法院对争议债权的相应款项可依法予以提存。

26. 债权人、被执行人对主持分配的法院在案款分配或参与分配程序中的以下执行行为提出的异议，适用《中华人民共和国民事诉讼法》第二百二十五条的规定进行处理：

（1）是否适用案款分配程序或参与分配程序的决定；

（2）申请参与分配的债权人是否适合的认定；

（3）债权人申请参与分配是否逾期的认定；

（4）分配方案的送达；

（5）其他应当通过执行行为异议处理的情形。

债权人、被执行人对分配方案中分配顺位及分配数额的确定提出异议的，由执行实施机构进行初步审查。经审查，因法院工作失误或计算错误导致分配顺位及分配数额确定错误的，由执行实施机构依法予以纠正；认为分配顺位及分配数额的确定不存在错误的，适用《最高人民法院关于

适用〈中华人民共和国民事诉讼法〉执行程序若干问题的解释》第二十五条、第二十六条的规定进行处理。

五、本纪要的适用

27. 案款分配或参与分配程序中，法院可依各方债权人达成的合意制作分配方案并进行分配；达不成合意的，适用本纪要的相关规定。

北京市高级人民法院关于印发《北京市法院执行案件办理流程与执行公开指南》的通知

- 2014 年 4 月 18 日
- 京高法发〔2014〕183 号

市第一、第二、第三中级人民法院，北京铁路运输中级法院；各区、县人民法院，北京铁路运输法院：

现将《北京市法院执行案件办理流程与执行公开指南》印发给你们，请认真贯彻落实。执行中有何问题，请及时报告市高级法院执行局。

特此通知。

北京市法院执行案件办理流程与执行公开指南

为规范执行案件办理流程，推进执行信息公开，保障执行工作高效、规范、公开、文明进行，根据《中华人民共和国民事诉讼法》及相关司法解释、《最高人民法院关于推进司法公开三大平台建设的若干意见》和《最高人民法院关于人民法院在互联网公布裁判文书的规定》等规定，结合北京市法院执行工作实际，制定本指南。

第一章　执行准备与启动

第一条　执行案件立案后，遵循随机原则确定承办人。但出现同一被执行人的系列案件等特殊情况的，执行机构负责人可以变更或指定案件承办人。

第二条　案件受理后，应当及时对有无采取财产保全措施及其具体情况进行审查核实，并对需要办理续封手续的及时依法办理。

执行承办人应当对执行案件是否符合法律、司法解释规定的受理条件进行审查，并根据执行依据确定执行内容。

第三条　案件承办人应当在收到执行案件后规定期限内向被执行人发出执行通知，并可以立即采取强制执行措施。

执行通知应责令被执行人履行执行依据确定的义务及法律规定的义务，并告知其不履行义务的法律后果。

第二章　财产调查

第四条　案件承办人根据案件执行的实际需要及时传唤被执行人或者其法定代表人、负责人、直接责任人员等到指定场所接受询问，查明被执行人的财产状况和履行义务的能力。

第五条　案件承办人应当向被执行人送达报告财产令，责令被执行人报告财产情况。

报告财产令中应当写明报告财产的范围、期间、拒绝报告或者虚假报告的法律后果等内容。

对被执行人报告的财产情况，案件承办人可以依申请执行人的申请或者依职权调查核实。

第六条　对被执行人报告的财产情况，申请执行人请求查询的，应当准许。申请执行人对查询的被执行人财产情况应当保密。

第七条　案件承办人应当告知申请执行人向执行法院提供被执行人的财产线索或被执行人的下落情况。

对申请执行人提供的明确、具体的线索、情况，应当及时进行调查、核实和处理。

第八条　对被执行人的财产状况及身份信息，应当通过财产查控系统进行统一查询。

第九条　被执行人不履行法律文书确定的义

务并隐匿财产,或被执行人拒绝按人民法院的要求提供其有关财产状况的证据材料的,人民法院有权发出搜查令,对被执行人及其住所或者财产隐匿地进行搜查。

采取前款措施,由院长签发搜查令。

搜查时,搜查人员应当按规定着装并出示搜查令和身份证件。搜查对象是公民的,应通知被执行人或者他的成年家属到场以及通知基层组织派员到场;搜查对象是法人或者其他组织的,应通知法定代表人或者主要负责人到场,有上级主管部门的,也应通知主管部门有关人员到场。搜查应制作搜查笔录,并且根据实际需要进行录像或拍照。搜查中发现的财产,依法予以查封、扣押,并制作查封、扣押财产清单,由在场人签字。

搜查女性身体的,应由女性执行人员或法警进行。

第十条 依申请执行人的申请,可以向其代理律师发出调查令,就被执行人可供执行的财产进行调查。调查令应当载明持令人的姓名、调查的具体事项、调查令有效期限等内容。

持令人应当按照人民法院的要求正确使用调查令,并确保调查收集的证据和资料真实、完整。调查结束后,持令人应当在七日内将调查结果提交人民法院。持令人因故未使用调查令的,应当于调查令有效期限届满之日起七日内,将调查令正本及回执缴还人民法院。

第十一条 被执行人或其法定代表人(主要负责人)下落不明,或者被执行人隐匿、转移财产的,申请执行人可以申请人民法院采取公告悬赏的方式进行查找。赏金的数额或比例由申请执行人确定并承担。

人民法院应当及时对申请执行人的公告悬赏申请进行审查。符合相关条件的,决定发布悬赏公告。悬赏公告应当载明被执行人的姓名或名称、住所地、尚未履行的债务、赏金数额等情况。

悬赏公告发布后,对提供线索的人员,应当按照提供线索的先后顺序进行登记。对提供真实有效线索,使案件得以全部执行或部分执行的人员,应当按照悬赏公告的承诺向其颁发赏金。

第三章 财产控制

第十二条 对查明的被执行人的财产,应当及时采取查封、扣押、冻结等执行措施。

查控财产可以由专门执行人员或执行组集中统一办理。

第十三条 查封、扣押、冻结被执行人的财产,应当作出裁定并送达被执行人和申请执行人。采取查封、扣押、冻结措施后,应当将查封、扣押、冻结财产的情况告知被执行人。

查封、扣押、冻结被执行人的财产,以其价额足以清偿执行依据确定的债权额及执行费用为限,不得明显超标的额查封、扣押、冻结。但执行的财产为不可分物且被执行人无其他可供执行的财产或者其他财产不足以清偿债务的除外。

第十四条 采取查封、扣押、冻结措施需要有关单位或者个人协助的,应当向协助执行人送达协助执行通知书及裁定书副本。

有关单位或个人收到协助执行通知书后,未按协助执行通知书的内容履行协助义务,致使查封、扣押、冻结的财产转移、被其他机关查封、扣押、冻结或流失的,有权责令其限期追回;逾期未追回的,应当裁定其在转移或查封、扣押、冻结的数额内向申请执行人承担责任。

第十五条 查封、扣押一般动产的,可以直接控制该财产。将查封、扣押的动产交付其他人控制的,应当在该动产上加贴封条或者采取其他足以公示查封、扣押的适当方式。

查封不动产的,应当张贴封条或者公告,并可以提取保存有关财产权证照。

查封、扣押、冻结已登记的不动产、特定动产或其他财产权,应当通知有关登记机关办理登记手续。

查封尚未进行权属登记的建筑物时，应当通知其管理人或者该建筑物的实际占有人，并在显著位置张贴公告。符合办理预查封登记条件的，应当同时在有关登记部门办理预查封登记。

第十六条 查封、扣押财产时，应当遵循以下程序：

（一）被执行人是公民的，应当通知被执行人或者他的成年家属到场；被执行人是法人或者其他组织的，应当通知其法定代表人或者主要负责人到场。拒不到场的，不影响执行。

（二）对被查封、扣押的财产，进行清点并造具清单，由在场人签名或者盖章后，交被执行人一份。被执行人是公民的，也可以交他的成年家属一份。在场人拒绝签名或盖章的，记明情况。

（三）制作笔录，并由执行人员、保管人及到场人员签名。笔录应当载明下列内容：执行措施开始及完成的时间，财产的所在地、种类、数量，财产的保管人，其他应当记明的事项。相关人员拒绝在笔录上签名的，记入笔录。

第十七条 冻结被执行人的银行存款及其他资金的期限不得超过六个月，查封、扣押动产的期限不得超过一年，查封不动产、冻结其他财产权的期限不得超过二年，法律、司法解释另有规定的除外。

第十八条 财产控制措施完成后，应当书面告知当事人以下事项：

（一）查封、扣押、冻结的起止日期；

（二）申请执行人要求续行查封、扣押、冻结的，于执行法院指定期限前提出书面申请；

（三）申请执行人未按照上一项的要求提出采取续行查封、扣押、冻结措施申请的法律后果。

申请执行人申请延长期限的，应当在查封、扣押、冻结期限届满前办理续行查封、扣押、冻结手续，续行期限不得超过上条所述期限的二分之一，法律、司法解释或其他规范性文件另有规定的除外。

第十九条 对已被人民法院查封、扣押、冻结的财产，其他人民法院可以进行轮候查封、扣押、冻结。查封、扣押、冻结解除的，登记在先的轮候查封、扣押、冻结即自动生效。

其他人民法院对已登记的财产进行轮候查封、扣押、冻结的，应当通知有关登记机关协助进行轮候登记，实施查封、扣押、冻结的人民法院应当允许其他人民法院查阅有关文书和记录。

其他人民法院对没有登记的财产进行轮候查封、扣押、冻结的，应当制作笔录，并经实施查封、扣押、冻结的人民法院执行人员及被执行人签名，或者书面通知实施查封、扣押、冻结的人民法院。被执行人拒绝签名的，记入笔录。

第二十条 有下列情形之一的，应当及时作出解除查封、扣押、冻结裁定，并送达申请执行人、被执行人：

（一）申请执行人撤回执行申请或者放弃债权的；

（二）债务已经全部清偿的；

（三）被执行人提供担保且申请执行人同意解除查封、扣押、冻结的；

（四）人民法院认为应当解除查封、扣押、冻结的其他情形。

解除以登记方式实施的查封、扣押、冻结的，应当向登记机关发出协助执行通知书并附前款中的裁定。

第二十一条 被执行人未履行执行依据确定的义务的，人民法院可以依申请或者依职权决定限制其高消费。

人民法院决定限制高消费的，应当向被执行人发出限制高消费令。限制高消费令应当载明限制高消费的期间、项目、法律后果等内容。限制高消费令由人民法院院长签发。

人民法院根据案件需要和被执行人的情况可以向有义务协助调查、执行的单位送达协助执行通知书，也可以在相关媒体上进行公告。

第四章　财产变价

第二十二条　被执行人的财产被查封、扣押、冻结后，对银行存款、证券结算资金、收入等货币形式存在的资产可以依法扣划或者提取。对其他财产，应当责令被执行人在指定期间履行义务，被执行人逾期不履行的，应当及时评估、拍卖、变卖。

第二十三条　对被执行财产的价格评估，应当委托依法设立的、具有相应资质的评估机构进行。

对被执行财产的拍卖、变卖，可以委托拍卖机构进行拍卖或者通过产权交易所的网络交易平台进行，也可以由法院自行拍卖、变卖。

第二十四条　对查封、扣押、冻结的财产进行变价时，应当首先采取拍卖的方式，不适于拍卖或者本案双方当事人及其他执行债权人同意不进行拍卖的，可以委托有关单位变卖或者自行变卖。

双方当事人及其他执行债权人同意不经拍卖、变卖而直接以查封的财产抵偿债务的，可以准许，但法律、司法解释或其他规范性文件另有规定的除外。抵债的价格不得低于评估价或者公开市场价格或依照通常方法确定的价格。

第二十五条　对评估、拍卖机构的选定，应当报送高级法院负责选定司法鉴定和拍卖机构的部门，通过摇号随机确定。

选择评估、拍卖机构，应当提前通知各方当事人到场；当事人不到场的，执行法院应将选择机构的情况以书面形式送达当事人。

第二十六条　案件承办人在委托评估、拍卖之前应当对评估标的的权属状况、占有使用情况等进行必要的调查，制作财产现状的调查笔录，调查笔录在委托评估时交予评估机构。

评估所需的相关资料应当由当事人或相关第三人提供的，可以通知当事人或第三人提交，当事人或第三人不予提交的，强制提取。对被执行人的股权进行评估时，人民法院可以责令有关企业提供会计报表等资料，有关企业拒不提供的，可以强制提取。

第二十七条　评估机构确定后，应当在规定期限内向评估机构出具委托书。委托书应包括下列内容：

（一）评估标的的名称、权属等情况；

（二）评估目的；

（三）评估期限；

（四）评估费用的计算标准和支付方式；

（五）其他需要明确的内容。

除出具评估委托书以外，还应当根据委托评估的具体要求，向评估机构提供评估标的物的财产清单、权属资料，以及对标的物采取执行措施的法律文书等必要资料。

第二十八条　执行法院收到评估机构作出的评估报告后，应当在五个工作日内将评估报告副本发送双方当事人及利害关系人。

第二十九条　当事人或利害关系人对评估报告有异议的，应当在收到评估报告后十日内以书面形式向执行法院提出。执行法院收到异议后，应当进行甄别，分别移交执行审查部门审查处理或移交评估机构进行复核。

对当事人或利害关系人提出评估机构、评估人员不具备相应的评估资质或者提出评估程序违法的异议，交由执行审查机构进行审查并作出裁定。裁定异议成立的，由执行法院决定重新评估。重新评估应当另行确定评估机构。

对评估价格或评估方法等评估报告内容有异议的，在收到异议书后三个工作日内转交评估机构进行复核，评估机构应在规定期限内完成复核。修正后的评估报告或者评估机构作出的书面说明，应发送双方当事人。

第三十条　财产评估完成后，应当及时启动拍卖程序。拍卖机构确定后，案件承办人应当将拍卖财产的评估报告、拍卖财产现状的调查笔录等交予负责拍卖的机构或部门。

第三十一条 在动产拍卖日7日前、不动产或其他财产权拍卖日15日前,应当在媒体的明显位置以正常字体发布拍卖公告。当事人自愿承担相应费用申请增加公告媒体的,应予允许。拍卖财产具有专业属性的,应当同时在专业性报纸上进行公告。

拍卖公告至少应包括以下内容:

(一)执行法院的名称及联系方式;

(二)拍卖物的种类、数量及其他情况;

(三)拍卖会的时间及场所;

(四)展示拍卖物的时间、地点;

(五)拍卖物的评估价;

(六)保证金金额及缴纳方式;

(七)拍卖价款的交付期限;

(八)委托拍卖的,拍卖公司的名称及联系方式;

(九)其他需要公告的内容。

拍卖公告应当由执行法院根据前两款审查核准后予以发布。

拍卖公告及其他相关资料还应当同时在北京法院网、人民法院诉讼资产网上予以公布。

第三十二条 拍卖财产应当确定保留价。

拍卖财产经过评估的,以评估价作为第一次拍卖的保留价;未作评估的,第一次拍卖保留价由执行法院参照市价并征询当事人的意见确定。

流拍后再行拍卖的,可以酌情适当降低保留价,但每次降低的数额不得超过前次保留价的20%。

第三十三条 拍卖前应当展示拍卖标的物,提供查看标的物的条件和相关资料。展示时间不得少于二日。

拍卖标的物存在物理上或权利上瑕疵的,应当在拍卖会之前以书面形式如实予以说明。

第三十四条 执行法院应当在拍卖日五日前以书面或者其他能够确认收悉的适当方式,通知当事人和已知的担保物权人、优先购买权人或者其他优先权人于拍卖日到场。

优先购买权人到场主张优先购买权的,应当预先办理竞买登记。优先购买权人经通知未到场或虽到场但未预先办理竞买登记的,视为放弃优先购买权。

第三十五条 拍卖不动产、其他财产权或者价值较高的动产,竞买人应当于拍卖之前预交保证金。应当预交保证金而未交纳的,不得参加竞买。拍卖成交后,买受人预交的保证金充抵价款,其他竞买人预交的保证金应在三个工作日内退还;拍卖未成交的,保证金应于三个工作日内退还。

保证金的数额由执行法院确定,但不得低于评估价或市价的5%。

第三十六条 拍卖成交后,买受人应当按照人民法院确定的期限将保证金以外的拍卖价款直接交付人民法院或汇入人民法院指定的账户。

买受人逾期未支付价款而使拍卖的目的难以实现的,应当重新拍卖。重新拍卖的成交价低于原拍卖价款的,该差价与原拍卖佣金及实际产生的费用,一并由原买受人承担,从原买受人预交的保证金中扣除。扣除保证金有剩余的,应当退还原买受人;保证金数额不足的,可以责令原买受人补交,拒不补交的,强制执行。

第三十七条 财产经第一次拍卖未成交的,申请执行人和其他执行债权人可以申请以该保留价接受抵债。无人愿意接受抵债的,应当在六十日内再行拍卖。

财产经第二次拍卖仍未成交的,应征询申请执行人或其他执行债权人是否愿意以第二次拍卖的保留价接受抵债。表示接受的,裁定以物抵债;拒绝接受抵债或者依法不能交付抵债的,区分财产类型处理:对动产,应当解除查封、扣押,并将该动产退还被执行人,但可以采取其他执行措施的除外;对不动产或其他财产权,应当在六十日内进行第三次拍卖。

不动产或其他财产权经第三次拍卖未成交的,应征询申请执行人和其他执行债权人是否接受抵债,接受抵债的,裁定以物抵债;拒绝接受或者依法不能交付抵债的,予以变卖。

第三十八条 对流拍财产进行变卖的,应当于第三次拍卖终结之日起七日内发出变卖公告。自公告之日起六十日内没有买受人愿意以第三次拍卖的保留价或更高价格买受该财产,且申请执行人、其他执行债权人仍不表示接受该财产抵债的,应当解除查封、冻结,将该财产退还被执行人,但对该财产可以采取其他执行措施的除外。

自公告之日起六十日内有买受人愿意以第三次拍卖的保留价买受该财产,可以决定变卖成交。流拍财产的变卖价格不得低于第三次拍卖的保留价。

第三十九条 当事人双方一致申请变卖财产的,执行法院在征得其他权利人同意后,可以不经拍卖迳行变卖该财产。

对下列物品,执行法院可以依职权决定不经拍卖径行变卖:

(一)金银及其制品;

(二)当地市场有公开交易价格的动产;

(三)鲜活、易腐烂变质的物品;

(四)季节性商品;

(五)保管困难或者保管费用过高的物品。

当事人双方及其他权利人对变卖财产的价格有约定的,按照其约定价格变卖;无约定价格但有市价的,变卖价格不得低于市价;无市价但价值较大、价格不易确定的,应当委托评估机构进行评估,并按照评估价格确定变卖价格。

按照评估价格变卖不成的,可以降低价格变卖,但最低的变卖价不得低于评估价的二分之一。

第四十条 拍卖、变卖成交或者以未成交的财产抵债,执行法院经审查认定有效的,应当作出裁定确认拍卖、变卖成交或抵债有效及权利转移,并在价款全额或差价交付之日起十日内向买受人或承受人送达。

第四十一条 执行法院应当于成交裁定送达后十五日内将财产移交买受人或者承受人,依法不能移交的情形除外。被执行人或者第三人占有拍卖财产应当移交而拒不移交的,强制执行。

需要办理财产权证照转移手续的财产,符合变更登记条件的,执行法院应当向有关登记机关送达协助执行通知书,并附前款所述的裁定书。

第五章　强制措施

第四十二条 执行程序中,被执行人或其他人有拒不履行生效法律文书或者妨害执行行为的,人民法院根据情节轻重采取拘传、罚款、拘留、限制出境、在征信系统记录、通过媒体公布不履行义务信息以及法律、司法解释规定的其他强制措施。

第四十三条 对必须到人民法院接受询问的被执行人或被执行人的法定代表人或负责人,经两次传票传唤,无正当理由拒不到场的,可以对其进行拘传。

拘传必须经院长批准,并应当发拘传票。

对被拘传人的调查询问不得超过二十四小时,调查询问后不得限制被拘传人的人身自由。

第四十四条 被执行人或其他人有下列拒不履行生效法律文书或者妨害执行行为之一的,人民法院根据情节轻重予以罚款、拘留:

(一)隐藏、转移、变卖、毁损向人民法院提供执行担保的财产的;

(二)被执行人与案外人恶意串通转移被执行人财产的;

(三)故意撕毁人民法院执行公告、封条的;

(四)伪造、隐藏、毁灭有关被执行人

履行能力的重要证据，妨碍人民法院查明被执行人财产状况的；

（五）指使、贿买、胁迫他人对被执行人的财产状况和履行义务的能力问题作伪证的；

（六）妨碍人民法院依法搜查的；

（七）以暴力、威胁或其他方法妨碍或抗拒执行的；

（八）哄闹、冲击执行现场的；

（九）对人民法院执行人员或协助执行人员进行侮辱、诽谤、诬陷、围攻、威胁、殴打或者打击报复的；

（十）毁损、抢夺执行案件材料、执行公务车辆、其他执行器械、执行人员服装和执行公务证件的；

（十一）拒绝报告或虚假报告财产情况的；

（十二）恶意串通，通过诉讼、仲裁、调解等方式逃避履行法律文书确定的义务的；

（十三）违反限制高消费令的；

（十四）法律、司法解释规定的其他妨害执行的行为。

对有前款规定的行为之一的单位，可以对其主要负责人或者直接责任人员予以罚款、拘留。

第四十五条 有义务协助调查、执行的单位有下列行为之一的，人民法院除责令其履行协助义务外，并可以予以罚款：

（一）有关单位拒绝或者妨碍人民法院调查取证的；

（二）有关单位接到人民法院协助执行通知书后，拒不协助查询、查封、扣押、冻结、划拨、变价财产的；

（三）有关单位接到人民法院协助执行通知书后，拒不协助扣留被执行人的收入、办理有关财产权证照转移手续、转交有关票证、证照或者其他财产的；

（四）有关单位在收到人民法院关于限制被执行人高消费的协助执行通知书后，仍接受被执行人高消费的；

（五）其他拒不协助执行的行为。

对有前款规定的行为之一的单位，可以对其主要负责人或者直接责任人员予以罚款；对仍不履行协助义务的，可以予以拘留。还可以对该主要负责人或者直接责任人员向监察机关或者有关机关提出予以纪律处分的司法建议。

第四十六条 对个人的罚款金额，为人民币十万元以下；对单位的罚款金额，为人民币五万元以上一百万元以下。

拘留的期限，为十五日以下，自拘留决定书送达被拘留人之日起计算。拘留当日计算为一日。

罚款和拘留措施，可以单独适用，也可以合并适用。

对同一拒不履行生效法律文书、妨害执行或者拒不履行协助义务的行为，罚款、拘留不得重复适用。但发生了新的上述行为的，可以另行予以罚款、拘留。

第四十七条 罚款、拘留必须经合议庭合议后报经院长批准。因哄闹、冲击法庭，用暴力、威胁等方法抗拒执行公务等紧急情况，必须立即采取拘留措施的，可立即拘留。在拘留后，应当立即报告院长补办批准手续。院长认为拘留不当的，应当立即解除拘留。

罚款、拘留应当用决定书。决定书援引法律条文应当具体到款和项，援引的款项应当与被拘留人的违法行为相对应。

第四十八条 对人民法院作出的罚款、拘留决定不服的，可在接到决定书之次日起三日内，向作出决定的人民法院提出书面申请，要求上一级人民法院复议，或直接向上一级人民法院申请复议。提出书面申请有困难的，可以口头申请。当事人的口头申请，应当记入笔录，由当事人签名或者盖章。

复议期间，罚款、拘留决定不停止执行。

上级人民法院应在收到复议申请后五日内作出决定，并将复议结果通知下级法院和当事人。上级人民法院复议时认为强制措施不当,应当制作决定书,撤销或变更下级法院的拘留、罚款决定。情况紧急的,可以在口头通知后三日内发出决定书。

第四十九条 被执行人不履行法律文书确定的义务的,人民法院可以对其采取限制出境措施。

被执行人为单位的,可以对其法定代表人、主要负责人或者影响债务履行的直接责任人员限制出境。

被执行人为无民事行为能力人或者限制民事行为能力人的,可以对其法定代理人限制出境。

第五十条 被执行人具有履行能力而不履行生效法律文书确定的义务,具有下列情形之一的,执行法院应当将其纳入失信被执行人名单,依法对其进行信用惩戒:

(一)以伪造证据、暴力、威胁等方法妨碍、抗拒执行的;

(二)以虚假诉讼、虚假仲裁或者以隐匿、转移财产等方法规避执行的;

(三)违反财产报告令的;

(四)违反限制高消费令的;

(五)被执行人无正当理由拒不履行执行和解协议的;

(六)其他有履行能力而拒不履行生效法律文书确定义务的。

执行法院决定将被执行人纳入失信被执行人名单的,应当制作决定书,决定书自作出之日起生效。决定书应当送达当事人。

第五十一条 执行法院应当将失信被执行人名单信息,向政府相关部门、金融监管机构、金融机构、承担行政职能的事业单位及行业协会等通报,供相关单位依照法律、法规和有关规定,在政府采购、招标投标、行政审批、政府扶持、融资信贷、市场准入、资质认定等方面,对失信被执行人予以信用惩戒。

执行法院应当将失信被执行人名单向征信机构通报,并由征信机构在其征信系统中记录。

失信被执行人是国家工作人员的,应当将其失信情况通报其所在单位。

失信被执行人是国家机关、国有企业的,应当将其失信情况通报其上级单位或者主管部门。

第六章 案款发还与案款分配、参与分配

第五十二条 案款到达人民法院账户后,应当在一个月内办理案款发还审批手续,并通知申请执行人领款,但有下列情形之一的,暂不发还:

(一)需要进行案款分配或参与分配的;

(二)本案申请执行人因在另案有未清偿债务或涉嫌犯罪等原因导致案款被保全或冻结的;

(三)案件被依法中止执行或暂缓执行的;

(四)法律、司法解释或有关规范规定的其他情形。

上述情形消失后,应当立即发还。

第五十三条 案款执行到位后,应当按照法律法规、司法解释的有关规定先行扣除案件受理费、申请保全费、执行申请费、评估费、鉴定费、公告费、保管费等因诉讼、仲裁或执行所支出的费用。

案件承办人应当自接到财务部门交付的《当事人缴款收据》之日在规定期限内办理执行费用等的结算手续。

第五十四条 对被执行人财产的处置和具体分配,原则上由首先查封、扣押或冻结的法院主持进行。本市法院之间亦可协商由非首封的法院主持进行;协商不成的,可报请市高级人民法院予以协调。

第五十五条 多份生效法律文书确定金钱给付内容的多个债权人分别对同一被执行人申请执行,各债权人对执行标的物均无担保物权和法律规定的其他优先受偿权的,按执行法院对执行标的物采取查封、扣押、

冻结等控制性措施的先后顺序进行案款分配。

被执行人为公民或其他组织，其全部或主要财产已被一个人民法院因执行确定金钱给付的生效法律文书而查封、扣押或冻结，无其他财产可供执行或其他财产不足清偿债务的，适用参与分配程序，对各债权人的债权按比例清偿。

被执行人为企业法人，未经清理或清算而撤销、注销或歇业，其财产不足清偿全部债务的，参照适用参与分配程序。

第五十六条 债权人申请参与分配的，应当向其执行法院提交参与分配申请书，并附执行依据。

执行法院向主持分配的法院转交参与分配申请时，应当提供以下材料：

（一）申请参与分配的债权人提交的参与分配申请书及所附执行依据。参与分配申请书应当写明申请参与分配的理由及法律依据。

（二）该执行法院出具的执行情况说明。执行情况说明的内容应当包括：执行案号，当事人基本情况，应执行标的额，已执行标的额，未受偿标的额，对被执行人财产的调查情况，以及已控制但未处置完毕的被执行人财产及其价值等。

对执行法院转交的参与分配申请等材料，主持分配的法院应当对收到材料日期进行登记。执行法院派人直接转交的，应由转交人签字确认；以其他方式转交的，由主持分配的法院二人或二人以上签字确认。执行法院提供的材料不齐备的，通知其限期补正，并将该情况告知申请参与分配的债权人。逾期未补正的，再次通知其补正，并告知其未在申请参与分配截止日前补正的，不准予该债权人参与分配，且将该情况通知申请参与分配的债权人。

第五十七条 主持分配的法院应当对转交材料进行审查，对不符合参与分配条件和程序的债权人，不准予其参与分配。截至申请参与分配的截止日可分配的财产不足清偿全部债务的，债权人的执行法院未控制被执行人的其他可供执行财产的，债权人申请参与分配并符合参与分配条件和程序的，各普通债权按比例受偿。

第五十八条 对法院查封、扣押、冻结的财产享有担保物权和法律规定的其他优先受偿权的债权人，可以主张优先受偿权。主张优先受偿权的债权人尚未取得执行依据的，主持分配的法院告知其依照相关法律规定取得执行依据，但在分配案款时为其预留相应款项。

第五十九条 案款分配或参与分配程序中，应当经合议庭合议后制作书面的分配方案，并逐级报执行局局长或主管院长审批。分配方案应当载明可供分配的款项总额、待分配的债权总额、各债权人的基本情况及其债权的性质和数额、分配顺位、各债权的受偿比例及数额、分配的法律依据、提出异议的权利等内容。

第六十条 债权人、被执行人对主持分配的法院在案款分配或参与分配程序中的以下执行行为提出的异议，适用《中华人民共和国民事诉讼法》第二百二十五条的规定进行处理：

（一）是否适用案款分配程序或参与分配程序的决定；

（二）申请参与分配的债权人是否适格的认定；

（三）债权人申请参与分配是否逾期的认定；

（四）分配方案的送达；

（五）其他应当通过执行行为异议处理的情形。

债权人、被执行人对分配方案中分配顺位及分配数额的确定提出异议的，由执行实施机构进行初步审查。经审查，因工作失误或计算错误导致分配顺位及分配数额确定错误的，由执行实施机构依法予以纠正；认为分配顺位及分配数额的确定不存在错误的，适用《最高人民法院关于适用〈中华人民共和国民事诉讼法〉执行程序若干问题的解释》第二十五条、第二十六条的规定进行处理。

第六十一条 案款分配或参与分配程序中，债权人或者被执行人对以下事项提出的异议，适用《最高人民法院关于适用〈中华人民共和国民事诉讼法〉执行程序若干问题的解释》第二十五条、第二十六条的规定进行处理：

(一)执行依据确定的债权是否已经履行或部分履行及履行的数额；

(二)执行依据确定的债权是否已经超过申请执行时效期间；

(三)执行依据确定的建设工程价款是否享有优先受偿权及优先受偿的款项范围；

(四)担保物权人以及其他有权请求实现担保物权的人申请执行法院作出的拍卖、变卖担保财产的裁定，该裁定未明确债权数额，该债权数额的多少；

(五)其他应当通过分配方案异议及分配方案异议之诉处理的情形。

分配异议及异议之诉的审查和审理期间，主持分配的法院对争议债权的相应款项可依法予以提存。

第七章 结案、归档与终本案件的管理

第六十二条 被执行人有财产可供执行的案件，一般应当在立案之日起六个月内执结；非诉执行案件一般应当在立案之日起三个月内执结。

申请延长执行期限的，应当在期限届满前五日内提出。

第六十三条 执行程序开始后，因执行标的物存在权属争议或者被执行人对申请执行人享有抵销权的，经当事人或者利害关系人申请，执行法院可以决定暂缓执行。

上级人民法院已经受理执行争议案件并正在处理或者人民法院发现据以执行的生效法律文书确有错误并正在按照审判监督程序或其他法定程序进行审查的，人民法院可以依职权决定暂缓执行。

暂缓执行的期间不得超过三个月。因特殊事由需要延长的，可以适当延长，延长的期限不得超过三个月。

对是否暂缓执行应当组成合议庭进行审查并作出决定，必要时应当听取当事人或者利害关系人的意见。处理结果应当报经主管院长批准。

暂缓执行期限届满后，应当立即恢复执行。

第六十四条 有下列情形之一的，应当裁定中止执行：

(一)申请执行人表示可以延期执行的；

(二)作为一方当事人的公民死亡，尚未确定继承人，或者作为一方当事人的法人或其他组织终止，尚未确定权利义务承受人的；

(三)一方当事人申请执行仲裁裁决，另一方当事人申请撤销仲裁裁决的；

(四)仲裁裁决的被申请人依据《中华人民共和国民事诉讼法》第二百三十七条第二款或者第二百七十四条的规定向人民法院提出不予执行请求，并提供适当担保的；

(五)人民法院已受理以被执行人为债务人的破产申请的；

(六)执行的标的物是法院或者仲裁机构正在审理的案件所争议的标的物，需要等待该案件审理终结确定权属的；

(七)被执行人确无财产可供执行，且不符合终结本次执行程序的条件的。

对符合前款中第(二)项、第(三)项情形的，仅中止处分性执行措施，不影响控制性执行措施的采取。

中止执行情形消失后，可以由申请执行人申请恢复执行，或者依职权恢复执行。恢复执行应当书面通知当事人。

第六十五条 案件承办人在案件执行完毕后，应当办理结案手续，并在结案后规定期限内将结案信息录入案件信息系统。

执行实施案件的结案方式包括：

（一）执行完毕；

（二）和解；

（三）终结；

（四）驳回（执行）申请；

（五）不予执行；

（六）委托执行；

（七）销案；

（八）其他。

第六十六条 结案后，应当整理制作执行案件卷宗并在结案后三个月内将案卷按照规定予以归档。案件归档信息应在申报归档前完成录入工作。

第六十七条 有下列情形之一的，执行实施机构可以裁定本次执行程序终结：

（一）作为被执行人的自然人因生活困难无力清偿债务，无收入来源，又丧失劳动能力的；

（二）被执行人确无财产可供执行，申请执行人书面同意人民法院终结本次执行程序的；

（三）人民法院进行财产调查后，申请执行人明确表示提供不出被执行人的财产或财产线索，并对人民法院认定被执行人确无财产可供执行书面表示认可的；

（四）因被执行人无财产可供执行而中止执行满两年，经人民法院进行调查被执行人确无财产可供执行的；

（五）被执行的财产无法拍卖变卖，或者动产经两次拍卖、不动产或其他财产权经三次拍卖仍然流拍，申请执行人拒绝接受或者依法不能交付其抵债，且经人民法院进行财产调查，被执行人确无其他财产可供执行的；

（六）作为被执行人的企业法人被撤销、注销、吊销营业执照或者歇业后既无财产可供执行，又无义务承受人，也没有被追加、变更的被执行人或被追加、变更的被执行人亦确无财产可供执行的；

（七）经人民法院进行财产调查，被执行人确无财产可供执行或虽有财产但不宜强制执行，当事人达成分期履行和解协议的；

（八）被执行人确无财产可供执行，申请执行人属于特困群体，执行法院已经给予其司法救助的。

第六十八条 执行案件按照前条第（三）、（四）、（五）、（七）项裁定本次执行程序终结的，应当至少完成下列调查事项：

（一）被执行人是法人或其他组织的，应当向有关金融机构查询银行存款，向有关房地产管理部门查询房地产登记，向法人登记机关查询股权，向有关车管部门查询车辆等情况；

（二）被执行人是自然人的，参照本款第（一）项的规定进行财产调查。经调查，确无财产可供执行的，还应当向被执行人所在单位及居住地周边群众调查了解被执行人的财产状况或财产线索，包括被执行人的经济收入来源、被执行人到期债权等。

法律、司法解释关于人民法院进行财产调查有其他规定的，遵照其规定办理。

第六十九条 执行实施机构应当依法组成合议庭，就案件是否裁定终结本次执行程序进行合议。

依据本条第一款第（一）、（四）、（五）、（六）、（七）、（八）项规定的情形裁定本次执行程序终结前，应当告知申请执行人对确无财产可供执行的认定可以在指定的期限内提出意见。申请执行人不同意本案确无财产可供执行的，由执行实施机构进行审查。审查中，申请执行人提供明确的被执行人财产线索的，应当就其提供的线索进行调查核实，发现被执行人有财产可供执行的，应当继续执行；申请执行人未提供财产线索或经审查被执行人确无财产可供执行的，可以裁定本次执行程序终结，申请执行人对此提出异议的，不予受理。

本次执行程序终结裁定书应当由主管执行工作的院长签发。

第七十条 案件按本次执行程序终结后，应当纳入终本程序案件管理系统进行管理。

申请执行人依法申请恢复执行的，对恢复执行情况在该系统进行记载，并实行流程管理。

第八章　执行审查类案件的办理

第七十一条　执行审查案件由立案庭审查立案后，交执行审查机构办理。

执行审查机构审查各类执行审查案件，原执行实施案件的承办人和实施执行行为的人员不得作为合议庭成员。

第七十二条　执行法院受理执行申请后，当事人对管辖权有异议的，应当自收到执行通知书之日起十日内提出。

经审查，异议理由成立的，应当裁定撤销案件；异议理由不成立的，裁定驳回。裁定撤销案件的，告知当事人向有管辖权的人民法院申请执行；已经采取执行措施的，待当事人另行申请执行立案后，将控制的财产交受理该案件的人民法院处理。

第七十三条　执行过程中，当事人、利害关系人认为执行法院的执行行为违反法律或司法解释规定的，可以依照《中华人民共和国民事诉讼法》第二百二十五条的规定向执行法院提出异议。

审查执行行为异议案件，一般采用书面审查的方式；必要时可以召开听证会进行审查。

经审查，异议理由成立的，裁定撤销或者改正执行行为；理由不成立的，裁定驳回异议。

第七十四条　被执行人认为执行案件不符合法律、司法解释规定的受理条件提出异议的，参照《中华人民共和国民事诉讼法》第二百二十五条规定的程序处理。

被执行人针对执行通知、执行裁定书等提出的异议，实质上是认为执行案件不符合受理条件的，按前款处理。

第七十五条　执行完结前，债务人（被执行人）提出债务已经消灭或部分消灭的，由执行实施机构向申请执行人予以核实，申请执行人不予认可的，告知债务人参照《中华人民共和国民事诉讼法》第二百二十五条的规定提出异议，由执行审查机构组成合议庭进行审查。

对债务人异议，应当召开听证会进行审查；审查中应当充分听取各方当事人意见，保障各方当事人的陈述、举证、质证和辩论等权利，并作出实体裁定。

裁定确认债务已经消灭或部分消灭的，执行实施机构应当依此确定应执行的标的额。已执行标的额超过应执行标的额的，应当责令申请执行人退回相应案款，拒不退回的，予以强制执行。

第七十六条　申请执行人申请执行仲裁裁决或公证机关依法赋予强制执行效力的债权文书，执行案件受理后，被执行人以书面形式向执行法院申请不予执行该仲裁裁决或公证债权文书，由执行审查机构组成合议庭进行审查并作出裁定。

审查不予执行申请，一般应当公开听证进行审查；案情简单，事实清楚，没有必要听证的，可以采取书面审查的方式。

第七十七条　执行过程中，当事人或相关权利人提出变更或追加执行当事人的书面申请的，由执行审查机构组成合议庭进行审查并作出裁定。

对变更或追加执行当事人的申请，一般应当公开听证进行审查；案情简单，事实清楚，没有必要听证的，可以采取书面审查的方式。

第七十八条　当事人、利害关系人对执行法院作出的下列裁定不服的，可以自裁定送达之日起十日内向上一级人民法院申请复议。

（一）针对执行管辖权异议作出的裁定；

（二）针对执行行为异议作出的裁定；

（三）针对案件受理异议作出的裁定；

（四）针对债务人提出的债务已经消灭或部分消灭异议作出的裁定；

（五）针对不予执行公证债权文书申请作出的裁定；

（六）针对追加或变更执行当事人申请作出的裁定；

（七）法律、司法解释规定的其他裁定。

执行法院所作裁定中应当载明当事人、利害关系人向上一级人民法院申请复议的权利。

第七十九条 执行法院应当在收到复议申请书后及时将申请复议材料和相关案卷附裁定书三份移送上一级人民法院。

对申请复议人提交的复议申请书，执行法院应当及时将复议申请书副本送达其他当事人。

第八十条 复议案件由上一级人民法院执行审查机构依法组成合议庭进行审查。

合议庭经过阅卷、调查、询问当事人，认为案件事实清楚，不需要召开听证会的，可以不召开听证会；认为需要召开听证会进行审查的，可以召开听证会。

第八十一条 上一级人民法院经审查，对复议案件按照下列情形分别处理：

（一）执行法院裁定认定事实清楚，适用法律正确，复议理由不成立的，裁定驳回复议申请，维持原裁定。

（二）执行法院裁定认定事实错误或者认定事实不清、证据不足，或者适用法律错误，复议理由成立的，裁定撤销或者变更原裁定。

复议案件审查中，上一级人民法院原则上不采取发回重新审查的处理方式。但是执行法院的裁定认定事实不清，可能严重影响当事人的实体权利，或者执行审查案件的当事人不具备相应的主体资格或其代理人不具有合法的代理手续的，可以裁定撤销原裁定并发回执行法院重新审查。

第八十二条 执行过程中，案外人对执行标的主张所有权或者有其他足以阻却执行标的的转让、交付的实体权利的，可以依照《中华人民共和国民事诉讼法》第二百二十七条的规定，向执行法院提出异议。

经审查，案外人异议理由成立的，裁定中止对该标的的执行；理由不成立的，裁定驳回异议。

裁定中应当载明当事人、案外人寻求救济的权利。当事人、案外人对裁定不服，认为与原执行依据无关的，可以自裁定送达之日起十五日内向人民法院提起诉讼；执行依据是人民法院作出的判决、裁定，当事人、案外人认为执行依据错误的，依照审判监督程序办理；执行依据是法院裁判以外的法律文书，当事人、案外人认为执行依据错误的，依照其他法律途径寻求救济。

第八十三条 执行法院自收到申请执行书之日起超过六个月未执行的，申请执行人可以向上一级人民法院申请执行。

执行督促案件由执行法院的上一级人民法院的执行审查机构依法组成合议庭进行审查。

审查执行督促案件，一般采用书面审查方式。合议庭认为有必要的，可以通知申请执行人到庭就有关问题进行核实；申请执行人拒不到庭的，不影响审查。

第八十四条 有下列情形之一的，上一级人民法院可以根据申请执行人的申请，责令执行法院限期执行或者裁定变更执行法院：

（一）债权人申请执行时被执行人有可供执行的财产，执行法院自收到申请执行书之日起超过六个月对该财产未执行完结的；

（二）执行过程中发现被执行人有可供执行的财产，执行法院自发现财产之日起超过六个月对该财产未执行完结的；

（三）对法律文书确定的行为义务的执行，执行法院自收到申请执行书之日起超过六个月未依法采取相应执行措施的；

（四）其他有条件执行超过六个月未执行的。

上一级人民法院经审查，查明执行法院不存在前款规定的情形的，书面通知驳回申请执行人的申请。

第八十五条 上一级人民法院责令执行法院

限期执行，执行法院在指定期间内无正当理由仍未执行完结，申请执行人向上一级人民法院申请变更执行法院的，上一级人民法院应裁定提级执行或指定辖区内其他法院执行。

第九章 执 行 公 开

第八十六条 执行实施案件的信息通过执行信息公开平台公开，执行审查案件的流程信息通过审判流程公开平台公开，执行审查案件的裁定依法在互联网上公布。

第八十七条 北京市法院通过开通执行信息公开平台，依法向当事人公开执行实施案件的信息。当事人及其诉讼代理人可以登录执行信息公开平台查询案件有关信息。

第八十八条 向当事人公开的执行信息包括：执行立案信息、执行人员信息、执行措施信息、执行财产处置信息、强制措施信息、执行款项分配信息、执行裁决信息、暂缓、中止、终结执行信息、结案信息（包括执行标的实际到位情况）等。

第八十九条 人民法院应当向社会公开执行业务规范和执行立案标准、执行收费标准等相关信息。

拍卖、变卖公告和悬赏公告除依照法律或有关规定在报纸及网络媒体上发布外，应当在北京法院审判信息网上发布。

执行法院应当通过北京法院审判信息网公布限制出境被执行人、限制高消费被执行人等信息。

第九十条 执行法院应当将失信被执行人名单信息录入最高人民法院失信被执行人名单库，并通过该名单库统一向社会公布。

执行法院还应当通过北京法院审判信息网公布失信被执行人名单。

第九十一条 执行案件受理届满一个月、六个月（未结案）以及此后的每三个月，执行法院应当于期限届满后十五日内向申请执行人反馈执行进展情况。

执行法院反馈执行进展情况，应当告知申请执行人已经采取的执行措施及结果、下一步执行计划、需要其参与和配合的事项等内容，并听取其对案件执行的意见和建议。

具备条件的，可以通过执行信息公开平台及北京法院 APP 移动平台主动向当事人反馈执行案件进展情况并与当事人进行互动交流。

第九十二条 每月第一个、第三个周五上午为全市法院统一的“执行接待日”，由各院执行案件承办人集中接待当事人。对接待及其处理的相关情况，应当制作笔录并入卷。

各级人民法院对接待中反映的问题应当及时研究，明确解决和处理意见。

第九十三条 执行法院办理执行案件，可以邀请申请执行人见证案件执行的过程。

第九十四条 执行法院应当通过开通专线电话等方式，方便当事人对执行工作和执行人员提出意见和建议。

执行法院应当在执行机构设立廉政监察员，负责接待和处理当事人对执行工作和执行人员的举报和投诉。

第九十五条 执行法院可以通过邀请人民陪审员参与对特定类型案件的执行，邀请人民陪审员担任合议庭成员，邀请监督员共同接待处理执行信访，组织人大代表、政协委员以及社会公众参与见证执行工作的各类活动等方式，公开案件执行的相关情况。

第九十六条 执行审查案件自受理之日起，依法公开案件承办人、合议庭组成人员、案件所处阶段等流程信息。执行审查案件的当事人或代理人，可以通过登陆北京法院审判信息网审判流程公开平台查询所参与案件的进展与动态信息。

第九十七条 执行审查案件的生效裁定书应当依法在互联网公布，但具有以下《最高人民法院关于人民法院在互联网公布裁判文书的规定》第四条规定情形的除外：

（一）涉及国家秘密、个人隐私的；

（二）涉及未成年人违法犯罪的；

（三）其他不宜在互联网上公布的。

第九十八条 执行审查案件承办法官应当在

裁定书生效后七日内，按照《最高人民法院关于人民法院在互联网公布裁判文书的规定》第六条、第七条的规定以及相关规范要求，对需要上网公布的裁定书完成必要的技术处理，提交负责互联网公布裁判文书的部门在中国裁判文书网和北京法院审判信息网公布。

第十章　附　　则

第九十九条　本指南自 2014 年 5 月 1 日起执行。

第一百条　本指南由市高级人民法院执行局负责解释。

北京市高、中级法院执行局(庭)长座谈会(第四次会议)纪要——关于计付迟延履行利息、迟延履行金若干问题的意见

•2014 年

为进一步解决迟延履行利息、迟延履行金计付中的疑难问题，统一司法尺度，规范办理程序，切实保护当事人的合法权益，市高、中级法院执行局(庭)长座谈会于 2012 年 10 月 22 日至 23 日召开了第四次会议。与会同志通过认真讨论，就计付迟延履行利息、迟延履行金的若干问题取得了基本共识。现纪要如下：

一、计付迟延履行利息、迟延履行金的指导思想

迟延履行利息、迟延履行金属于申请执行人的民事权利，其有权予以处分。迟延履行利息、迟延履行金的计付，依法可由当事人协商解决；协商不成的，适用本纪要的相关规定。

二、迟延履行利息、迟延履行金计付期间的确定

(一)计付迟延履行利息、迟延履行金的起算日

被执行人迟延履行的，迟延履行利息或迟延履行金自执行依据指定的履行期间届满的次日起计算；执行依据未指定履行期间的，迟延履行利息或迟延履行金自执行依据生效之日(本会议纪要认为：执行依据系当庭宣判的，以宣判之日为执行依据的生效之日；执行依据系庭后送达的，一般以送达最后一方当事人之日为执行依据的生效之日。)的次日起计算。执行依据确定分期履行义务的，对每一期的迟延履行利息或迟延履行金分别予以计算。

以下为几种特殊情况的特殊处理：

1. 据以执行的生效法律文书经过再审，再审维持原审结果的，迟延履行利息自原生效法律文书指定的履行期间届满的次日或原生效法律文书生效之日的次日起计算。再审改变原审结果的，因改判而增加的债务部分，迟延履行利息自再审裁判文书指定的履行期间届满的次日或再审裁判文书生效之日的次日起计算；改判中维持的部分，迟延履行利息自原生效法律文书指定的履行期间届满的次日或原生效法律文书生效之日的次日起计算。

2. 同一执行依据确定双方当事人互为给付义务，并由同一法院执行，且一方当事人为金钱给付义务，一方当事人为行为给付义务，若义务履行无先后顺序，双方当事人均迟延履行的，共同的迟延履行期间均不计付迟延履行利息或迟延履行金；一方当事人先履行，一方当事人后履行的，后履行义务的一方当事人应当向先履行义务的一方当事人支付迟延履行利息或迟延履行金，迟延履行利息或迟延履行金自先履行义务一方当事人履行完毕义务的次日起计算。

3. 同一执行依据确定双方当事人互为给付义务，并由同一法院执行，且一方当事人为金钱给付义务，一方当事人为行为给付义务，若义务履行有先后顺序且先义务履行系后义务履行的条件的，负有先履行义务的一方当事人迟延履行的，应当向对方当事人支付迟延履行利息或迟延履行

金,迟延履行利息或迟延履行金自执行依据指定的履行期间届满的次日或执行依据生效之日的次日起计算;负有后履行义务的一方当事人在负有先履行义务的一方当事人履行义务之后仍迟延履行的,应当向对方当事人支付迟延履行利息或迟延履行金,迟延履行利息或迟延履行金自先履行义务一方当事人履行完毕义务的次日起计算。

4. 执行依据确定双方当事人互为行为给付义务的,参照上述第 2 款、第 3 款规定的精神办理。

(二)计付迟延履行利息、迟延履行金的截止日

1. 执行过程中,若执行的财产为货币类财产,计算迟延履行利息截至案款到达执行法院账户之日,但因可归责于被执行人的原因(如需要进行案款分配、因可归责于被执行人的原因而暂缓或中止执行等)而未发还案款的除外。

2. 执行过程中,若执行的财产为非货币类财产,需对该财产予以拍卖、变卖或以其他方式变价的,计算迟延履行利息截至拍卖、变卖裁定送达买受人之日或以物抵债裁定送达申请执行人之日。

3. 诉讼前、诉讼中已足额保全财产,执行依据生效后未申请执行的,若被保全的为货币类财产,不计算迟延履行利息。若被保全的为非货币类财产,计算迟延履行利息截至拍卖、变卖裁定送达买受人之日或以物抵债裁定送达申请执行人之日;被执行人在判决生效后向申请执行人表示愿以被保全的财产履行债务并催促申请执行人及时申请执行,申请执行人不及时申请执行的,自被执行人向申请执行人作出催促申请执行的意思表示之日至申请执行之日,不计算迟延履行利息。

4. 诉讼前、诉讼中已保全财产但未足额,执行依据生效后未申请执行的,对已保全财产的债务部分,参照上述第 3 款的规定计算迟延履行利息。对未保全财产的债务部分,参照上述第 1 款、第 2 款的规定计算迟延履行利息。

5. 执行中需要进行案款分配的,计算迟延履行利息截至分配方案确定之日。分配方案确定之日,以分配方案最终核准人的核准时间为准。

6. 执行依据生效后、申请执行前,被执行人主动要求履行执行依据确定的给付义务并作出实际履行行为,有证据表明申请执行人无正当理由拒绝受领的,计算迟延履行利息截至被执行人作出实际履行行为之日。

7. 计算迟延履行金截至行为义务履行完毕之日。

(三)迟延履行利息、迟延履行金计付期间的扣除

1. 暂缓执行后恢复执行的,暂缓执行期间不计算迟延履行利息或迟延履行金,但因可归责于被执行人的原因(如被执行人要求对申请执行人行使抵销权的申请被驳回的)暂缓执行的除外。

2. 因申请执行人申请再审而暂缓执行或中止执行的,暂缓执行或中止执行期间不计算迟延履行利息或迟延履行金。

3. 因被执行人申请再审而暂缓执行或中止执行,其再审请求未被支持的,暂缓执行或中止执行期间计算迟延履行利息或迟延履行金;其再审请求被部分支持的,对维持的部分,暂缓执行或中止执行期间计算迟延履行利息或迟延履行金。

4. 因申请执行人表示可以延期执行而中止执行的,中止执行期间不计算迟延履行利息或迟延履行金。

5. 因作为申请执行人的公民死亡,尚未确定继承人,或者作为申请执行人的法人或其他组织终止,尚未确定权利义务承受人而中止执行的,中止执行期间不计算迟延履行利息或迟延履行金;因作为被执行人的公民死亡,尚未确定继承人,或者作为被执行人的法人或其他组织终止,尚未确定权利义务承受人而中止执行的,中止

执行期间计算迟延履行利息或迟延履行金。

6.因被执行人确无财产而中止执行或终结本次执行程序的,中止执行期间或终结本次执行程序后至债务履行完毕前计算迟延履行利息。

7.因被执行人申请撤销仲裁裁决而中止执行,撤销仲裁裁决的申请被驳回的,中止执行期间计算迟延履行利息或迟延履行金。

8.因被执行人提出不予执行仲裁裁决申请并提供适当担保而中止执行,其不予执行申请被驳回的,中止执行期间计算迟延履行利息或迟延履行金。

9.因被执行人申请自己破产而中止执行,破产申请被驳回后恢复执行的,中止执行期间计算迟延履行利息;因申请执行人申请被执行人破产而中止执行,破产申请被驳回后恢复执行的,中止执行期间不计算迟延履行利息。

10.当事人达成和解协议后,因被执行人不履行和解协议导致恢复执行的,和解协议履行期间计算迟延履行利息或迟延履行金。

11.被执行财产拍卖成交后,买受人迟延支付拍卖价款但法院未决定重新拍卖的,该迟延支付拍卖价款期间的迟延履行利息由买受人承担。

12.被执行人申请不予执行公证债权文书被驳回的,申请不予执行公证债权文书案件的审查期间计算迟延履行利息或迟延履行金。

三、迟延履行利息计算基数的确定

迟延履行利息的计算基数包括执行依据确定的主债务本金、利息、违约金(罚息、滞纳金)。对于案件受理费、申请保全费、评估费、鉴定费、公告费、仲裁费等因诉讼或仲裁所支出的费用,执行依据的主文未确定由一方当事人向另一方当事人支付的,不计算迟延履行利息;执行依据的主文确定由一方当事人向另一方当事人支付的,计算迟延履行利息。

执行依据确定的为外币给付义务,执行时以人民币给付的,迟延履行利息的基数以被执行人实际履行义务之日该种外币的汇率兑换为人民币的金额计算。

四、利率的确定

被执行人迟延履行执行依据确定的金钱给付义务的,应当按照中国人民银行公布的同期贷款基准利率的双倍计算迟延履行利息。对“同期贷款基准利率”,具体把握如下:

(一)根据迟延履行期间的长短确定应当适用的中国人民银行公布的同档贷款基准利率:迟延履行期间不超过6个月的,按照中国人民银行公布的6个月以内(含6个月)档的贷款基准利率计算迟延履行利息;迟延履行期间逾6个月、不超过1年的,按照中国人民银行公布的6个月至1年(含1年)档的贷款基准利率计算迟延履行利息;迟延履行期间逾1年、不超过3年的,按照中国人民银行公布的1至3年(含3年)档的贷款基准利率计算迟延履行利息;迟延履行期间逾3年、不超过5年的,按照中国人民银行公布的3至5年(含5年)档的贷款基准利率计算迟延履行利息;迟延履行期间逾5年的,按照中国人民银行公布的5年以上档的贷款基准利率计算迟延履行利息。

(二)迟延履行期间,中国人民银行公布的同期贷款基准利率发生变化的,根据该利率的变化分段计算迟延履行利息。

(三)迟延履行期间逾1年的,每整年的迟延履行利息按照同期贷款基准利率的年利率计算,剩余期间的迟延履行利息按照同期贷款基准利率的日利率计算。日利率按照同期贷款基准利率的年利率除以365天计算。

五、清偿顺序的确定

执行案款不足的,应当先行扣除案件受理费、申请保全费、申请执行费、评估费、鉴定费、公告费、仲裁费等因诉讼或仲裁所支出的费用（执行依据确定由一方当事人向另一方当事人支付的除外），剩余部分按照《最高人民法院关于在执行工作中如何计算迟延履行期间的债务利息等问题的批复》规定的本息并还原则办理。

六、迟延履行利息、迟延履行金给付义务主体的扩张

变更或追加被执行人的，被变更或追加后的被执行人承受原被执行人给付迟延履行利息或迟延履行金的义务，法律、司法解释另有规定的除外。

案外人在执行过程中为被执行人提供担保，若无特别约定的，担保责任的范围包括迟延履行利息或迟延履行金。

七、确定迟延履行利息的程序

申请执行人主张迟延履行利息的，应当由其提供计算迟延履行利息的方法及结果，被执行人对此没有异议或者虽有异议但经协商后与申请执行人达成一致的，经执行实施机构审查确认后即可认定迟延履行利息的数额。当事人对迟延履行利息的计算无法达成一致的，由执行实施机构作出书面决定。

八、确定迟延履行金的标准和程序

被执行人迟延履行非金钱给付义务，给申请执行人造成损失的，应当双倍补偿申请执行人的损失。申请执行人提出有损失并要求双倍补偿其损失的，其在主张迟延履行金时应当列明所受损失的具体数额，并提供相应证据。

被执行人迟延履行非金钱给付义务，未给申请执行人造成损失或者申请执行人未主张有损失的，应当综合迟延履行的原因、迟延履行期间的长短、迟延履行给申请执行人造成的影响等因素酌定迟延履行金的数额。

申请执行人主张迟延履行金的，应当由其提供计算迟延履行金的方法及结果，被执行人对此没有异议或者虽有异议但经协商后与申请执行人达成一致的，经执行实施机构审查确认后即可认定迟延履行金的数额。当事人对迟延履行金的计算无法达成一致的，由执行实施机构作出书面决定。

九、其他问题

申请执行人在执行立案时或执行过程中未明确表示放弃迟延履行利息或迟延履行金的，执行标的额包括迟延履行利息、迟延履行金。执行法院可以根据被执行人可能要承担的迟延履行利息或迟延履行金数额，对相应价值的被执行人财产采取控制性措施。

执行依据生效后申请执行前，债务人已自动履行完毕执行依据确定的主债务，债权人认为债务人未支付迟延履行利息或迟延履行金而就此单独申请执行的，执行法院应予受理。

执行案件实体性结案后（即执行依据确定的债权债务消灭），但迟延履行利息、迟延履行金未执行或未全部执行，申请执行人认可结案，其再就计付迟延履行利息、迟延履行金单独申请执行的，执行法院不予受理；申请执行人未认可结案，其就计付迟延履行利息、迟延履行金主张继续执行的，执行法院应予执行。

执行财产刑案件、行政非诉案件，不计付迟延履行利息或迟延履行金。

根据《最高人民法院关于人民法院民事调解工作若干问题的规定》第十条、第十九条的规定，调解协议约定了一方不履行该协议应当承担的民事责任，且不履行该协议的当事人已承担了该民事责任，对方当事人又要求其给付迟延履行利息或迟延履行金的，执行法院不予支持。

当事人对执行法院就迟延履行利息、迟延履行金的计算作出的书面决定提出异议，执行审查机构经审查发现迟延履行利息、迟延履行金的计算确有错误的，可以交由执行实施机构自行纠正，也可以裁定撤销该执行行为，由执行实施机构重新计算。

第三十三章 天津市

天津市高级人民法院关于印发《关于处理首封法院与优先权执行法院处分查封财产争议有关问题的解答》的通知

• 2015年12月31日
• 津高法〔2015〕258号

第一、第二中级人民法院，海事法院，各区县人民法院（滨海新区人民法院各审判管理委员会），铁路运输法院，本院相关部门：

为了规范首封法院与抵押权等优先受偿权执行法院处分查封财产产生争议时的协调处理工作，公平保护各方债权人的合法权益、提高执行效率，根据《中华人民共和国民事诉讼法》及相关司法解释，结合我市法院执行工作实践，现就相关问题作出解答。本解答业经天津市高级人民法院于2015年12月30日召开的2015年第43次审判委员会会议讨论通过，全市法院自印发之日起遵照执行，在实践中统一认识、标准和尺度，有效化解矛盾，提高执行效率。本解答与新的法律、行政法规和司法解释等规范性文件不一致时，按照法律、行政法规和司法解释等规范性文件执行。执行过程中如有问题，请及时与高院执行局联系。

特此通知。

关于处理首封法院与优先权执行法院处分查封财产争议有关问题的解答

首封法院是指在诉前、诉中、仲裁前、仲裁中或者法律文书生效后、进入执行程序前对特定财产首先采取财产保全措施，以及在执行中对特定财产首先采取查封、扣押或者冻结等执行措施的法院。优先权执行法院是指对查封财产享有抵押权等优先受偿权的债权进入执行程序后的执行法院。

在首封法院无法启动处分查封财产程序或者消极处分查封财产的情形下，如果优先权执行法院请求处分查封财产，因此产生争议的，依照本解答处理。

一、处分查封财产的原则是什么？

首封法院与优先权执行法院因处分查封财产发生争议的，原则上由首封法院负责对查封财产进行处分。首封法院在案件进入执行程序后，应当及时依法处分查封财产。

二、哪些情形下由优先权执行法院处分查封财产？

（一）优先权执行法院向首封法院请求处分查封财产，符合下列情形的，由优先权执行法院负责对查封财产进行处分：第一，首封债权为一般债权且尚未进入执行程序的；第二，首封债权进入执行程序后，首封法院无正当理由超过两个月未启动处分查封财产程序的；第三，首封债权进入执行程序后，当事人达成执行和解，但和解协议履行期限过长，不符合及时依法处分查封财产原则的。

（二）首封债权进入执行程序后，首封法院认为将查封财产移送优先权执行法院进行处分更为适宜并提出协商请求，优先权执行法院认为可以由其处分的，可以由优先权执行法院负责对查封财产进行处分。

三、首封法院与优先权执行法院之间如何将查封财产移送处分?

优先权执行法院依本解答向首封法院请求处分查封财产的,应当首先函告首封法院,首封法院在收到函件后15日内应当作出回函,将首封案件的执行依据和查封财产具体情况附函说明,并积极配合优先权执行法院启动处分查封财产程序。首封法院与优先权执行法院就查封财产移送处分发生争议的,应当先行协商处理,协商不成的,报请共同的上一级法院协调处理。

首封法院决定由优先权执行法院处分查封财产,向优先权执行法院提出协商请求的,参照上述程序进行。

四、首封法院将查封财产移送优先权执行法院处分的,是否需要征得首封债权人的同意?

首封法院依照本解答第二问第一项列举的情形将查封财产移送优先权执行法院处分的,无需征得首封债权人的同意,但应当向首封债权人告知移送情况。

首封法院依照本解答第二问第二项的情形将查封财产移送优先权执行法院处分的,需先行征得首封债权人的同意。首封债权为工人工资、享有优先权的建设工程款等涉民生执行案件,首封法院考虑处分成本等因素决定将查封财产移送优先权执行法院处分的,除先行征得首封债权人的同意外,还须同优先权执行法院协商制定处置方案。

五、优先权执行法院在处分查封财产时的原则是什么?

优先权执行法院在处分查封财产时,应当根锯公平保护原则,既要根据债权性质公平保护各方债权人的合法权益,也要公平保护被执行人的合法权益、提高执行效率,规范执行行为。

六、首封法院或者优先权执行法院一方系外地法院的,如何处理?

首封法院或优先权执行法院一方系外地法院的,对于查封对产的处分,双方法院可以自行协商。我市法院为优先权执行法院,外地法院为首封法院,我市法院向外地法院协商请求处分查封财产,外地法院未能移送的,若符合本解答所规定的情形,可以书面报请高院执行局进行协调。

第三十四章　内蒙古自治区

内蒙古自治区高级人民法院印发《关于技术咨询和技术审核工作管理规定（试行）》《关于民事执行中委托评估、拍卖和变卖工作实施细则（试行）》和《关于对外委托工作管理规定（修订）》的通知（2015年修订）

•2015年3月20日

全区各中级人民法院、基层人民法院，呼铁运输中级法院和基层法院：

《内蒙古自治区高级人民法院关于技术咨询和技术审核工作管理规定（试行）》、《内蒙古自治区高级人民法院关于民事执行中评估、拍卖和变卖工作实施细则（试行）》和《内蒙古自治区高级人民法院对外委托工作管理规定（修订）》已经内蒙古自治区高级人民法院2014年12月19日第二十七次审判委员会讨论通过，现印发给你们，请在工作中遵照执行。

内蒙古自治区高级人民法院关于技术咨询和技术审核工作管理规定（试行）

目　录

第一章　总　则

第一条　为规范内蒙古自治区各级人民法院司法技术辅助工作中的技术咨询和技术审核工作，根据《中华人民共和国刑事诉讼法》、《中华人民共和国民事诉讼法》、《中华人民共和国行政诉讼法》、《最高人民法院关于地方各级人民法院设立司法技术辅助工作机构的通知》和《最高人民法院技术咨询和技术审核工作管理规定》的规定，结合内蒙古自治区人民法院审判工作中的实际，制定本规定。

第二条　技术咨询是指司法技术人员运用专门知识或者技能对法官提出的专业性问题进行解释或者答复的活动。

技术审核是指司法技术辅助部门应审判、执行部门的要求，对送审案件中的鉴定文书、检验报告、勘验检查笔录、医疗资料、会计资料等技术性证据材料进行审查，并提出审核意见的活动。

第三条　内蒙古自治区高级人民法院负责全区法院技术咨询和技术审核工作的监督、指导。

全区各级法院的司法技术辅助部门负责为本院的审判和执行工作提供技术咨询和技术审核服务。

上级法院司法技术辅助部门同时负责为所辖法院的审判、执行工作提供技术咨询和技术审核服务。

第二章　技术咨询

第四条　审判、执行部门在审理、执行案件时，需要通过咨询解决专业性问题的，可以直接向本院司法技术辅助部门提出咨询申请,司法技术辅助部门安排司法技术人员提供技术咨询。

司法技术辅助部门具有相关专业本科以上学历或专门从事专业工作10年以上的司法技术人员可以接受技术咨询。

接受技术咨询的司法技术人员,应当认真、全面地解答问题,不得推诿或者做出不负责的解答。

司法技术辅助部门的非司法技术人员不得接受技术咨询。

第五条 技术咨询一般采用面谈的方式进行,也可以通过电话、计算机网络、信函等方式进行。采用面谈方式进行的技术咨询,咨询法官制作的谈话笔录应由咨询法官和接受咨询的司法技术人员签名,一式两份应分别留存入卷;采用电话、计算机网络及信函方式进行的咨询,电话记录、电子文稿和信函应留存入卷。

第六条 对咨询的技术问题超出司法技术辅助部门所有技术人员专业范围的,经司法技术辅助部门负责人批准和咨询方同意,由司法技术辅助部门向入选人民法院名册的相关专家进行咨询,咨询程序同前款规定。

第七条 技术咨询一般在5个工作日内完成。出具书面咨询意见的,审判、执行部门应向司法技术辅助部门提交《人民法院技术咨询工作移交表(一)》。由相同专业的2名以上技术人员参加,制作咨询意见书;也可用《人民法院技术咨询工作移交单(二)》替代,经司法技术辅助部门负责人审核后签发,并加盖司法技术辅助部门印章。

第八条 咨询意见书应包括以下内容:

(一)咨询法官姓名、单位、咨询日期、咨询过程、被咨询人等;

(二)法官咨询的问题,司法技术人员解释或者答复的内容。

第九条 咨询意见书仅供法官、合议庭或者审判委员会参考,不作为定案的依据,不对外公开。

第三章 技术审核

第十条 技术审核主要解决具体案件中的鉴定方法、程序、结论、因果关系等问题,适用于以下情形:

(一)当事人提出重新鉴定申请,法官需要明确是否有必要再次启动鉴定程序及启动何种鉴定程序的;

(二)多个鉴定结论不同或有矛盾,法官需要明确如何从科学角度取舍或采信鉴定结论的;

(三)需要说明鉴定结论对送审事项在科学上的证明意义的;

(四)其他需要技术审核的事项。

第十一条 技术审核的主要内容有:

(一)鉴定材料和鉴定对象是否符合鉴定要求,是否具备鉴定条件;

(二)鉴定手段、方法是否科学,鉴定过程是否规范;

(三)鉴定意见及其分析所依据的事实是否客观全面,特征的解释是否合理,适用的标准是否准确,分析说明是否符合逻辑,鉴定结论的推论是否科学规范;

(四)其他应当审核的内容。

第十二条 审判、执行部门向司法技术辅助部门提交的《人民法院技术审核工作移交表》,应当载明简要案情、审核内容及要求、相关案件卷宗、需审核的鉴定文书及相关鉴定材料等情况。移交表应有审判、执行部门负责人的签名,加盖部门印章。

移送上级法院作技术审核的,由审判、执行部门直接移送,并应盖有移送法院的公章。

第十三条 技术审核工作的立案由司法技术辅助部门的内勤人员负责,接收《人民法院技术审核工作移交表》及技术审核材料,进行核查无误后案件编号,报司法技术辅助部门负责人指定承办人。

第十四条 技术审核应由2名以上具有相关专业中级以上职称、或具有相关专业本科以上学历、专门从事专业工作10年以上的技术人员承办,一名为主办人,其余为辅办人。

承办技术人员应当分别独立工作,交叉阅卷、查看审核资料,独立提出审核意见。遇有不同意见并难以统一的,应增加技术人员进行充分讨论,形成一致意见。不能达成一致意见的,应当在审核意见中如实记载每个技术人员的观点。

第十五条 对于超出司法技术辅助部门技术人员专业范围的问题,经审判、执行部门同意和司法技术辅助部门负责人批准,应当组织入选内蒙古自治区法院名册的专家审核。

专家经审核,不能达成一致意见的,应在技术审核意见中如实表述每个专家的观点。

第十六条 技术审核工作一般在10个工作日内完成,重大、疑难、复杂的案件经司法技术辅助部门负责人批准后可以延长5个工作日,并将延长的事由向审判、执行部门说明。

第十七条 技术审核采用书面审核的方式进行,承办技术人员认为确有必要的,经审判、执行部门同意和司法技术辅助部门负责人批准,可以辅以下列审核方式:

(一)勘验现场、检查被鉴定人或查看原鉴定中与案情有关的物品;

(二)询问本案的当事人;

(三)与鉴定人座谈。

上述方式形成的材料,仅供司法技术人员作技术审核时使用,不作为认定案件事实的证据。

第十八条 审核意见书应当包括以下内容之一:

(一)鉴定对象和材料符合要求,鉴定方法科学,程序规范,依据准确,未见不当之处;

(二)鉴定中存在疑问,提出在质证中重点解决的问题,或建议补充鉴定;

(三)鉴定存在严重差错,鉴定意见不能成立,建议重新鉴定;

(四)其他应当出具的审核意见。

第十九条 对于鉴定缺陷、差错的表述应当全面、具体;提出在质证中应当解决的问题,应有质证内容和方法的提示,并说明理由、目的,预测结果;建议补充鉴定或重新鉴定的,应说明补充鉴定或重新鉴定的理由、要求和目的。

第二十条 审核意见书由主办人制作。审核意见书应载明受理日期、委托部门、送审材料、审核事项、审核过程、参与论证人员的专业、姓名、审核人资格等。承办技术人员应在审核意见书上签名,经司法技术辅助部门负责人审核,加盖司法技术辅助部门印章。

第二十一条 审核意见书仅供法官、合议庭或审判委员会参考,不作为定案的依据,不对外公开。

第二十二条 技术审核的卷宗由主办人在结案后30个工作日内装订。订卷顺序为:人民法院技术审核(咨询)移交表、审核材料、阅卷笔录、专家论证笔录、司法技术辅助部门讨论笔录、审核意见书原件、退卷函等。

第四章 专家的选择

第二十三条 技术咨询和技术审核人员在入选内蒙古自治区人民法院名册的专家中选择。

入选内蒙古自治区高级人民法院及各中级人民法院名册的专家在内蒙古辖区内共享。

第二十四条 凡是选择专家进行技术咨询和技术审核的,由司法技术辅助部门按照随机或摇号的方式确定。

第二十五条 技术咨询和技术审核涉及专业在人民法院专家名册中没有符合资质要求的,在征得审判部门同意后,从入选人民法院名册的专业机构中选定具备相应资格的专业人员。

第二十六条 专家费用从人民法院预算费中

支付。

第五章　回　　避

第二十七条　担任技术咨询、审核工作的司法技术人员有下列情形之一的，应当主动回避：

（一）是本案的当事人或者当事人的近亲属；

（二）本人或者其近亲属和本案有利害关系；

（三）本人或者其近亲属担任过本案的证人、鉴定人、勘验人、辩护人、诉讼代理人；

（四）与本案当事人有其他关系，可能影响技术咨询和技术审核结论的；

（五）本人所在中介机构担任本案鉴定工作的。

第六章　监　　管

第二十八条　司法技术辅助部门发现专家有下列情形之一的，可视情形责令纠正、暂停业务、停止业务一年、从入选人民法院专家名册中除名、建议相关行业主管部门给予处罚等。

（一）因经营行为违纪或违法，受到行政处罚的；

（二）无正当理由，拒绝接受技术咨询、审核的；

（三）未按照要求完成技术咨询、审核的；

（四）技术咨询、审核活动不符合相关法律、法规及行业规范要求的；

（五）有其他违纪违法行为的。

对除名的专家，要予以公示，且在三年内不得再次入选人民法院专家名册。

第七章　附　　则

第二十九条　全区各中级人民法院在实施本规定过程中，可以根据本地区实际制定实施细则，并报内蒙古自治区高级人民法院备案。

第三十条　本规定由内蒙古自治区高级人民法院负责解释。

第三十一条　本规定自下发之日起施行。

内蒙古自治区高级人民法院关于民事执行中委托评估、拍卖和变卖工作实施细则（试行）

目　　录

第一章　总　　则

第一条　为进一步规范全区各级法院执行中评估、拍卖和变卖工作，根据《中华人民共和国民事诉讼法》、最高人民法院《关于人民法院民事执行中拍卖、变卖财产的规定》和《关于人民法院委托评估、拍卖工作的若干规定》等有关规定，结合全区法院民事执行工作实际，制定本细则。

第二条 本细则所称的评估、拍卖和变卖工作是指人民法院在民事执行工作中，依职权对涉诉资产进行评估、公开拍卖和变现的司法活动。

第三条 人民法院评估、拍卖和变卖活动应当遵守有关法律、司法解释。遵循公开、公平、公正、诚实信用原则。

第四条 人民法院评估、拍卖和变卖应当遵循委托权与执行实施权相分离的原则，建立分工负责、互相配合、互相制约的内部管理机制。司法技术辅助部门负责统一管理和协调评估、拍卖和变卖工作。凡需要进行评估、拍卖和变卖的案件，应当由人民法院司法技术辅助部门统一实施对外委托。涉及评估基准日、拍卖保留价的确定、评估价值类型的确定、评估及拍卖的撤回与中止等影响当事人相关权利义务的事项由审判执行部门决定。

第五条 内蒙古自治区高级人民法院负责对全区各中级人民法院的评估、拍卖和变卖工作进行监督指导。全区各中级人民法院负责对所辖基层法院的评估、拍卖和变卖工作进行监督指导。在评估、拍卖和变卖工作中遇到重大、疑难复杂问题，应当及时向上一级法院报告或请示。

第六条 对外委托评估、拍卖实行名单制度。取得内蒙古自治区人民政府管理部门行政许可，并达到一定资质等级的评估、拍卖机构每年年末向所在地区高级人民法院或中级人民法院提出申请作为下一年度评估、拍卖入选机构。司法技术辅助部门对入选机构实行动态管理。

第七条 全区各级人民法院根据评估、拍卖财产的价值和拍卖标的的实际情况，确定评估、拍卖机构的资质等级范围。

第八条 全区各级人民法院采用随机或摇号方式确定评估、拍卖机构。

第九条 全区各级人民法院对异地的财产进行评估、拍卖和变卖时，经本院司法技术辅助部门登记备案后，可以委托财产所在地人民法院办理。

第十条 司法技术辅助部门接受审判执行部门移送的评估、拍卖和变卖案件后，应当采取书面或其他能够确认收悉的适当方式（电话、短信、微信、传真、电子邮件等）通知当事人参加选择机构和勘验现场等活动，对下落不明的可以公告形式送达。送达司法拍卖法律文书，实行送达回证制度。

第二章 评 估

第一节 收 案

第十一条 全区各级人民法院司法技术辅助部门负责本院对外委托评估工作，重大、疑难、影响较大的案件经司法技术辅助部门登记备案，可由执行部门委托上一级法院司法技术辅助部门办理。

第十二条 人民法院审判执行部门需要委托评估的，应当制作评估移交表，报部门负责人审批后，移送司法技术辅助部门。

评估移交表应当包含案号、案由、承办人及联系电话、当事人及联系电话、评估标的物权属状况、评估基准日，并附简要案情。

第十三条 司法技术辅助部门由专人负责收案工作，并按以下程序办理：

（一）审查移送手续是否齐全；

（二）审查、核对移送材料是否齐全，是否符合要求；

（三）符合受理条件的案件报司法技术辅助部门负责人签字，司法技术辅助工作部门、审判执行部门各存一份；

（四）进行收案登记。

第十四条 下列材料作为评估移交表的清单，移送司法技术辅助部门：

（一）财产清单及载明评估标的物权属状况的资料；

（二）载明评估标的物名称、型号、规格、数量、范围、地点、建成或购置时间、外观状况、瑕疵情况、占有使用等物质实体状况的材料；

（三）当事人及其代理人和其他利害

关系人的联系方式、身份证明材料、代理人的代理权限；

（四）既往评估报告；

（五）载明评估目的等评估具体要求的材料；

（六）因评估需要，其他应当移送的材料。

第十五条 评估移交表及其清单记载内容不符合法律、法规、司法解释和本规定要求的，司法技术辅助部门应于收到评估移交表之日起2日内通知审判执行部门将材料补齐或作进一步说明。

第十六条 重新委托评估的，移送的相关资料应当包括：

（一）初次评估异议书及提出异议后审判执行部门组织听证会议笔录；

（二）重新评估申请书；

（三）本细则第十五条要求提交的相关资料。

第十七条 司法技术辅助部门负责人指定对外委托案件的主办人和协办人。

主办人负责接收案件，保管评估的卷宗等材料，按照委托要求与协办人办理对外委托评估工作；协办人配合主办人完成工作。

第十八条 主办人接到案件后应于3个工作日内提出初审意见，对不具备委托条件的案件应制作《退卷函》，报司法技术辅助部门负责人审批后，于3个工作日内办理结案手续，将案件材料退回审判执行部门。

第二节 评估机构的选择与委托

第十九条 司法技术辅助部门于收案登记后5个工作日内召集当事人确定评估机构。

当事人不按时到场，也未在规定时间内以书面形式表达意见的，视为放弃选择对外委托机构的权利。

第二十条 全区各级人民法院应当在当年度入选内蒙古自治区人民法院评估机构名单中选定评估机构。入选机构在辖区内共享。

基层人民法院使用入选中级人民法院名单中的评估机构。

第二十一条 选择土地、房地产、资产类评估机构，入选机构名单中不足3家时，可以从相邻盟市法院或高级人民法院名单中备选。

第二十二条 评估所涉专业在人民法院名单中没有符合资质要求的，在征得当事人同意后，司法技术辅助部门采取合议的方式，从社会相关专业中选定自愿接受人民法院委托并具备相应资质的评估机构。

第二十三条 选择评估机构在司法技术辅助部门案件主办人的主持下进行，选择时应当审查到场当事人身份证明，选择结束后，参加人员阅读选择机构的笔录，在笔录上签字确认，选择过程应当录音录像备查。

选择确定评估机构按以下程序进行：

（一）主持人宣布确定评估机构摇号开始；

（二）书记员宣布摇号纪律，告知当事人权利和义务；

（三）主持人介绍委托事项概况和摇号规则；

（四）书记员宣布评估机构名单；

（五）主持人宣布摇号开始，操作员开始实施操作，并宣布摇号结果；

（六）主持人询问当事人有无异议，并由书记员记录在案。

第二十四条 人民法院司法技术辅助部门确定评估机构后应在3日内通知双方当事人及利害关系人，当事人有证据证明确定的评估机构需要回避的，应当在3个工作日内书面向人民法院司法技术辅助部门提出。

当事人提出回避请求，符合回避事由的，人民法院司法技术辅助部门应及时中止对外委托，并重新选定评估机构。

第二十五条 因评估机构原因造成人民法院撤回委托，人民法院应当重新确定评估机构。

第二十六条 人民法院司法技术辅助部门应于确定评估机构之日起3日内向评估机构出具评估委托书，并移送相关材料。

评估委托书应当包括以下内容：

（一）委托法院案件编号、名称、联系人和联系电话，受托评估机构名称；

（二）评估标的物的权属状况和物质实体状况；

（三）评估目的、评估基准日、评估收费方式等具体评估要求；

（四）委托材料清单；

（五）其他需要明确的事项。

第三节 监督与协调

第二十七条 人民法院司法技术辅助部门应当审查受托机构专家的专业、执业资格。如受托机构坚持指派不具有资质的专家从事委托事项的，人民法院司法技术辅助部门应撤回对该机构的委托，重新选择评估机构。

第二十八条 需要现场勘验的，人民法院司法技术辅助部门必须由二人共同到场监督协调，必要时请执行部门派员配合。

第二十九条 评估机构勘验现场，应制作现场勘验笔录并进行录音、录像，勘验现场人员、当事人或见证人应当在现场勘验笔录上签字确认。

任何一方当事人无故不到场的，不影响勘验工作的进行。

第三十条 评估期间需要补充材料的，评估机构应及时通知人民法院司法技术辅助部门依法定程序提供，当事人私自向评估机构或专业人员送交的材料不得作为评估依据。

第三十一条 对重大、疑难案件，评估机构应向人民法院司法技术辅助部门出具报告初稿，人民法院司法技术辅助部门应将报告初稿交执行部门，听取当事人意见，对报告初稿有异议的当事人，应在规定期限内提出证据和书面材料，期限根据案情确定，最长不得超过7个工作日。

对当事人提出的异议及证据材料，评估机构应当认真审查，自主决定是否采纳，并说明理由。需要进行调查询问时，由人民法院司法技术辅助部门主办人与评估机构共同进行，评估机构不得单独对当事人进行调查询问。

第三十二条 接受委托的评估机构，一般应在30个工作日内完成评估工作，疑难、复杂案件应在60个工作日内完成。

评估机构在规定期限内不能完成评估报告，应当于期限届满前5日向委托人民法院书面说明理由并申请延期；未经批准而超期的，委托人民法院可以撤回委托，并通知当事人重新选择评估机构。

对不能按时完成委托的评估机构，人民法院一年内不再委托其评估案件。

第四节 评估报告的审查

第三十三条 人民法院执行部门在收到评估报告后，应当在3日内将评估报告发送当事人或者其他利害关系人。

第三十四条 有证据证明评估机构、评估人员不具备相应的评估资质或者评估程序严重违法违规的，当事人或者其他利害关系人在收到评估报告10日内提出异议，并以书面形式向人民法院申请重新评估的，人民法院应当准许。

当事人或者其他利害关系人未在异议期内对评估报告提出异议的，视为无异议。

第三十五条 人民法院执行部门应于收到当事人或者其他利害关系人的异议申请之日起5日内组织召开听证会，并通知当事人或者其他利害关系人、司法技术辅助部门、评估机构参加听证会。

提出异议的当事人或者其他利害关系人无正当理由不参加听证会，视为其撤回异议。

第三十六条 人民法院审判执行部门应当于听证会结束之日起5日内作出异议是否成立、是否重新评估的决定。

第五节 结 案

第三十七条 评估案件应当以评估机构出具评估报告或者以人民法院终结委托或不予委托的方式结案。

以出具报告形式结案的,人民法院司法技术辅助部门主办人在收到正式报告后2个工作日内制作委托工作结案报告,载明委托部门或单位、委托内容及要求、选择评估机构的方式方法,对其监督情况等事项,报告书经人民法院司法技术辅助部门负责人签发后加盖司法技术辅助部门印章,填写案件移送清单,与委托材料、评估报告等一并送交负责收案的专门人员,由其移送审判执行部门。

第三十八条 具有下列情形之一,影响对外委托评估期限的,应当中止委托:

(一)确因环境因素暂时无法进行现场勘验的;

(二)暂时无法获取必要资料的;

(三)其他情况导致对外委托工作暂时无法进行的。

中止情形消失后、恢复评估程序的,由原评估机构继续评估。

第三十九条 具有下列情形之一的,应当终结委托:

(一)无法获取必要材料的;

(二)委托过程中审判执行部门撤回或调解结案的;

(三)在规定期限内,不缴纳相关费用的;

(四)其他情形使委托事项无法进行的。

委托过程中审判0执行部门决定撤回或调解结案的,应书面通知司法技术辅助部门。

第四十条 中止和终结对外委托的,人民法院司法技术辅助部门应当向评估机构出具书面通知。

第六节 评估费用的收取

第四十一条 评估费数额应结合案件实际情况,以参照行业标准为主,协商为辅的方式收取。

第四十二条 评估费用经评估机构及申请人协商一致并签订协议后,采取预收或一次性收费方式收取。

第四十三条 当事人未按协议约定缴纳全部评估费用的,评估机构可将案件退回委托人民法院,人民法院终结委托程序,并对当事人已预交费用不予退还。

第七节 评估机构违规的处罚

第四十四条 全区各级人民法院发现评估机构在评估活动中有违法违规和违纪行为的,应当及时指出并责令其改正。评估机构拒不改正或情节严重的,委托人民法院应当及时上报自治区高级人民法院处理。

第四十五条 评估机构具有下列情形之一的,从入选人民法院评估机构名单中除名,并向相关部门通报:

(一)以不正当手段取得评估业务的;

(二)评估机构、评估人员不具备相应的评估资质或者评估程序严重违法违规的;

(三)评估结果明显失实的;

(四)无正当理由,拒绝接受委托的;

(五)不书面答复异议、不参加听证会的;

(六)不按规定收取、退还费用的;

(七)评估人员拒不出庭接受当事人质询的;

(八)其他应当除名的情形。

第三章 拍 卖

第一节 司法拍卖的方式

第四十六条 司法拍卖应当在人民法院确定的多功能法庭或网络平台上进行。

第四十七条 内蒙古自治区各级人民法院自行组织拍卖的,应当在网络平台上进行。

第四十八条 机动车、房屋产权明晰且已腾空或容易腾空的房屋(包括异地),其他有意向购买人的标的应在网络平台上拍卖。

第四十九条 内蒙古产权交易中心为内蒙古自治区各级人民法院的第三方交易平台。

全区各级人民法院应当在内蒙古产权交易中心网络平台发布拍卖信息，并依照相关法律法规和司法解释组织实施拍卖。

第五十条 委托拍卖的标的物为国有或国有控股企业资产及其权益的，人民法院委托拍卖机构后，通过内蒙古国有产权交易中心，依照相关法律法规和司法解释组织实施拍卖。

第五十一条 委托拍卖的标的物为矿产资源类的，人民法院应当委托内蒙古自治区国土资源储备交易登记中心，由其依照相关法律法规、司法解释和交易规则进行拍卖。

第二节 收 案

第五十二条 人民法院执行部门需要以拍卖方式处理人民法院查封、扣押财产的，应当制作司法拍卖移交表，报部门负责人审批后，移送司法技术辅助部门。

司法拍卖移交表应当包含案号、案由、承办人、当事人及其联系电话、拍卖标的物范围、权属瑕疵状况、优先购买人情况、保留价、保证金数额、整体或分零拍卖情况，并附简要案情。

第五十三条 人民法院司法技术辅助部门指派专人负责收案工作，并按以下程序办理：

（一）审查移送手续是否齐全；

（二）审查、核对移送材料是否齐全，是否符合要求；

（三）案件移送单由司法辅助工作部门负责人签字，司法技术辅助工作部门、执行部门各存一份备查；

（四）进行收案登记。

第五十四条 下列材料作为司法拍卖移交表的清单，由执行部门移送司法技术辅助部门：

（一）生效裁判文书；

（二）拍卖标的物的有效评估报告；

（三）拍卖标的物权属证明及相关资料；

（四）载明拍卖标的物范围、保留价、保证金数额、拍卖方式（整体或分零）的材料；

（五）载明已知的担保物权人、优先购买权人、利害关系人的基本情况及联系方式；

（六）当事人及其代理人和其他利害关系人的联系方式、身份证明材料、代理人的代理权限；

（七）因拍卖需要，其他应当移送的材料。

第五十五条 司法拍卖移交表及其清单记载内容不符合法律、法规、司法解释和本规定要求的，司法技术辅助部门应于收到司法拍卖移交表之日起2日内通知执行部门将材料补齐。

第五十六条 司法技术辅助部门负责人负责指定对外委托拍卖案件主办人和协办人。主办人负责接收案件，保管拍卖的卷宗等材料，按照委托要求与协办人办理对外委托拍卖工作；协办人配合主办人完成相关工作。

第五十七条 主办人接到案件后应在3个工作日内提出初审意见，对不具备委托条件的案件应制作《退卷函》，由司法技术辅助部门负责人审批后，于3个工作日内办理结案手续，并将案件材料退回执行部门。

第三节 拍卖机构的选择与组织实施

第五十八条 司法技术辅助部门在收案登记后5个工作日内召集当事人确定拍卖机构。

当事人不按时到场，也未在规定时间内以书面形式表达意见的，视为放弃选择拍卖机构的权利。

第五十九条 人民法院应当在当年入选内蒙古自治区人民法院司法拍卖机构名单中选定拍卖机构，入选拍卖机构在辖区内共享。

基层法院使用入选中级法院名单中的

拍卖机构。

第六十条 选定拍卖机构时名单中的拍卖机构不足3家的,可从入选相邻盟市中级人民法院或高级人民法院机构名单中备选。

单案标的在5000万元人民币以上1亿元人民币以下的,在“A”(含A)资质以上的拍卖机构中确定;单案标的在1亿元人民币以上的,人民法院可以将拍卖标的分解进行司法拍卖。

第六十一条 人民法院司法技术辅助部门主办人主持选择拍卖机构,选择时应当审查到场当事人身份证明,选择结束后,参加人员阅读选择机构的笔录,并在笔录上签字确认,选择过程应当全程录音录像。

确定拍卖机构按以下程序进行:

(一)主持人宣布确定拍卖机构摇号开始;

(二)书记员宣布摇号纪律,告知当事人权利和义务;

(三)主持人介绍委托事项概况和摇号规则;

(四)书记员宣布拍卖机构报名名单;

(五)主持人宣布摇号开始,操作员开始实施操作,并宣布摇号结果;

(六)主持人询问当事人有无异议,并由书记员记录在案。

第六十二条 人民法院司法技术辅助部门确定拍卖机构后应在3日内书面通知双方当事人及利害关系人,当事人有证据证明受托拍卖机构存在回避情形的,应当在3个工作日内向人民法院司法技术辅助部门书面提出。

当事人提出回避请求,理由充分的,人民法院司法技术辅助部门应及时中止委托,并重新选定拍卖机构。

第六十三条 人民法院对外委托司法拍卖应当审查机构的资质,对不具有相关资质的,经司法辅助部门负责人批准后撤回对该机构的委托,并重新选择拍卖机构。

第六十四条 人民法院司法技术辅助部门应于确定拍卖机构之日起3日内出具司法拍卖委托书,并向拍卖机构移送相关材料。在网络平台实施拍卖的,同时抄送内蒙古产权交易中心。

(一)拍卖委托书应当包括以下内容:

1. 委托法院案件编号、名称、联系人和联系电话,受托拍卖机构名称;

2. 载明拍卖标的物范围、保证金数额、拍卖方式(整体或分零)的材料;

3. 载明已知的担保物权人、优先购买权人。

(二)移送材料清单

1. 生效裁判文书;

2. 拍卖标的的有效评估报告;

3. 拍卖标的权属证明及相关资料;

4. 载明当事人及其代理人和其他利害关系人的联系方式、身份证明材料、代理人的代理权限材料;

5. 因拍卖需要,其他应当移送的材料。

第六十五条 人民法院执行部门应当在拍卖会召开5日前,以书面或者其他能够确认收悉的适当方式,通知当事人和已知的担保物权人、优先购买权人或者其他优先权人于拍卖日到场。无法通知或者经通知不到场的,不影响拍卖工作的进行。

优先购买权人经通知未到场的,视为放弃优先购买权。

第六十六条 优先购买权人在传统拍卖过程中行使优先购买权,有最高应价时,优先购买权人可以表示以该最高价买受,如无更高应价,则拍归优先购买权人;如有更高应价,而优先购买权人不作表示的,则拍归该应价最高的竞买人。顺序相同的多个优先购买权人同时表示买受的,以随机或摇号方式决定买受人。

在网络平台实施拍卖的,优先购买权人应当参与电子竞价过程,并通过电子竞价交易系统行使优先购买权。

第六十七条 具有以下情形不受评估报告载明的有效期限制:

(一)委托拍卖时评估报告未超过有效期,流拍后再行拍卖的;

（二）拍卖成交后买受人逾期未支付价款或者未补交差价而使拍卖抵债的目的难以实现，人民法院裁定重新拍卖的。

第六十八条 竞买人应当按照拍卖公告的要求向委托人民法院确定的拍卖保证金专用账户交纳保证金。保证金数额不得低于拍卖保留价的5%，不得高于拍卖保留价的20%。

申请执行人参加竞买的，不交纳拍卖保证金。

法律法规对特殊资产的竞买人资格条件有特别要求的，委托人民法院应当要求内蒙古产权交易中心或拍卖机构于拍卖会召开前1日向委托人民法院报告竞买人报名情况，由委托人民法院确认各竞买人是否具备竞买资格。

对竞买人资格提出的异议，由委托人民法院审查确认。

第六十九条 在网络平台实施拍卖时，竞买人仅有一人，并承诺报价不低于保留价的，竞价活动如期举行。

第七十条 拍卖机构在拍卖中负责完成以下工作：

（一）查看拍卖标的物，熟悉拍卖标的物情况；

（二）起草拍卖公告、竞买须知、竞买协议书、拍卖成交确认书等法律文书；

（三）对拍卖标的物进行展示、宣传和招商，接受意向竞买人咨询；

（四）主持拍卖会；

（五）出具拍卖成交报告或拍卖流拍报告；

（六）其他应当由拍卖机构办理的事项。

在网络平台实施拍卖时完成以下相关工作：

（一）由拍卖师主持电子竞价活动。

（二）网上电子竞价活动结束后，拍卖机构与买受人签订《拍卖成交确认书》和相关文件。

（三）拍卖机构应在竞买人报名之前将《拍卖须知》等文件提交内蒙古产权交易中心。

（四）拍卖机构应在网上交易活动结束之日起3个工作日内向委托人民法院提交拍卖报告。

第七十一条 内蒙古产权交易中心在拍卖中完成以下工作：

（一）在本机构网络平台上传拍卖公告；

（二）提供拍卖场地，布置拍卖会场，维持拍卖秩序；

（三）以拍卖机构名义与意向竞买人签订竞买协议，并代为送达《拍卖须知》；

（四）提供电子竞价相关设备及技术服务，确保电子竞价通讯线路畅通，保证电子竞价顺利实施；

（五）经委托人民法院授权，代为办理收取竞买保证金手续；

（六）提供电子竞价报价记录单、出具涉讼资产处置情况证明，并交拍卖机构作为拍卖报告附件；

（七）其他应当由其办理的事项。

第七十二条 竞买人报名时应提交以下资料：

（一）竞买申请书；

（二）竞买人主体资格证明；

1. 自然人应提供合法有效的《居民身份证》及复印件；

2. 法人应提供合法有效的《法人营业执照》、《组织机构代码证》、法定代表人证明、法定代表人的《居民身份证》；

3. 其他组织应提供《营业执照》或其他有效证件；

4. 有委托代理人的，还应提供法律规定的委托代理手续。

（三）拍卖标的物价值在5000万元以上的，应当提供支付拍卖价款能力的证明。

第七十三条 在网络平台实施拍卖的，内蒙古产权交易中心应自收到竞买人资料和保证金到帐之日起3日内向竞买人发送《竞买人资格确认通知书》，并与竞买人签订

《电子竞价协议书》；拒不签订《电子竞价协议书》的，竞买人资格归于消灭。

对不符合条件的竞买人，内蒙古产权交易中心应口头说明理由，并退回报名资料。

第七十四条 拍卖机构及内蒙古产权交易中心应当对竞买人资料的审查情况保密；如有泄露，造成后果的，应当承担相应法律责任。

竞买人的报名资料保密期限从竞买人报名之日起到拍卖活动结束时止。

第七十五条 竞买人要求查看标的物的，由拍卖机构在不同的时间，派出不同的人员，带领不同的竞买人分别查看标的物。

第七十六条 网上交易电子竞价参数应当由拍卖机构确定，并向内蒙古产权交易中心提供书面文件。确定参数前应当与内蒙古产权交易中心协商。

第七十七条 内蒙古产权交易中心负责对交易竞价过程进行全程录音录像，并将录音录像资料交委托人民法院存档保管。

第四节 拍卖公告的发布

第七十八条 拍卖机构自收到司法拍卖委托书之日起3个工作日内按照委托要求，起草拍卖计划和司法拍卖公告，并报委托人民法院审查。确有特殊事由，不能在委托人民法院要求的时限内发布公告的，应当及时报告，由委托人民法院作出是否延期的决定。

在网络平台实施拍卖的，拍卖机构应将拍卖公告抄送内蒙古产权交易中心。

第七十九条 拍卖公告应当包括以下内容：

（一）拍卖的时间、地点；

（二）拍卖标的物保证金数额；

（三）拍卖标的物整体或分零拍卖方式；

（四）拍卖标的物展示的时间、地点；

（五）委托人民法院指定的交纳拍卖保证金的银行账户户名、开户行和帐号；

（六）参与竞买应当办理的手续；

（七）委托人民法院监督电话；

（八）拍卖机构名称；

（九）在网络平台实施拍卖的，写明网络平台机构名称及联系电话；

（十）需要公告的其他事项。

对拍卖保留价低于100万元的未成交标的再次拍卖，不受前款规定的限制，可以仅刊登提示性公告。

非经委托人民法院特别许可，不得在节假日期间发布拍卖公告和召开拍卖会。

第八十条 拍卖机构自人民法院审定司法拍卖公告之日起3日内应在人民法院确定的纸质媒体刊登公告。拍卖动产的，应当在拍卖7日前公告；拍卖不动产或者其他财产权的，应当在拍卖15日前公告。

公告尺寸应不小于6×8平方厘米。

第八十一条 司法拍卖在纸质媒体公告同时，委托人民法院应在“人民法院诉讼资产网”的本院网页上刊登公告。

自治区高级人民法院对全区法院“人民法院诉讼资产网”发布公告工作进行监督管理。

第八十二条 拍卖公告的刊登应当符合以下要求：

（一）拍卖公告应当在标的所在盟市日报或晚报发布；

（二）拍卖标的物具有专业属性的，应当同时在相应专业性报纸上进行公告；

（三）拍卖上市公司国有股和社会法人股的，应当在《中国证券报》、《证券时报》和《上海证券报》中选择1家以上发布；

（四）当事人申请同时在其他新闻媒体上公告或者要求扩大公告范围的，应当准许，但该部分的公告费用由其自行承担。

在报刊上刊登拍卖公告的，应当刊登在报刊明显、醒目的位置，不得刊登于报页中缝或其他不醒目的地方，内容必须合法、真实、客观，不得对拍卖标的物作引人误解的虚假宣传。

第五节　拍卖标的物的推介

第八十三条　拍卖标的物的推介由拍卖机构和内蒙古产权交易中心共同负责。

拍卖标的物的推介工作应有书面记录，记载推介工作方式、方法及实际效果。拍卖活动结束后报委托人民法院备案。

第六节　结　　案

第八十四条　拍卖案件应当以出具成交、流拍报告或者中止、终结委托的方式结案。

第八十五条　拍卖开始前，具有下列情形之一的，应当中止拍卖：

（一）执行部门书面通知暂停拍卖的；

（二）拍卖交易前发现拍卖标的物有重大瑕疵，需要调查核实的；

（三）拍卖中发现有违法违规行为的；

（四）拍卖交易现场发现有"串标"、"围标"、"职业控场"等不当行为的；

（五）委托人民法院认为应当中止拍卖的其他情形。

中止情形消失后，委托人民法院应及时书面通知受托拍卖机构恢复拍卖。

第八十六条　拍卖开始前，具有下列情形之一的，终结拍卖：

（一）执行部门在开始拍卖交易前书面通知撤回委托的；

（二）拍卖机构与竞买人恶意串通的；

（三）受委托机构未在规定期限完成拍卖准备事项的；

（四）委托人民法院认为应当终结拍卖的其他情形。

第八十七条　委托拍卖过程中，人民法院执行部门决定撤回或调解结案的，应书面通知司法技术辅助部门。

第八十八条　中止和终结拍卖的，人民法院司法技术辅助部门应当向评估机构出具书面通知；在网络平台实施拍卖的，通知同时抄送内蒙古产权交易中心。

第八十九条　拍卖成交的，拍卖机构应当场与买受人签订拍卖成交确认书，并于3日内将拍卖成交报告提交委托人民法院司法技术辅助部门。

拍卖成交报告应当包括：接受拍卖委托情况，拍卖公告情况，拍卖宣传招商情况，拍卖过程，拍卖结果，拍卖须知，拍卖笔录，成交确认书，竞买报名情况和涉讼资产处置情况证明等详细情况及相关附件。

电子竞价成交的，内蒙古产权交易中心应当于2日内将竞买报名情况、电子竞价报价记录单和涉讼资产处置情况证明送交拍卖机构，拍卖机构应当于3日内，将拍卖成交报告及以上资料提交人民法院司法技术辅助部门。

第九十条　拍卖未成交的，受托拍卖机构应当自网上交易活动结束之日起3日内向委托人民法院提交拍卖流拍报告。

拍卖流拍报告应当包括：接受拍卖委托情况，拍卖公告情况，拍卖宣传招商情况，拍卖结果，流标原因分析，拍卖须知和竞买报名情况，涉讼资产处置情况证明等内容及相关附件。

第九十一条　人民法院司法技术辅助部门主办人在收到报告后5个工作日内制作委托工作结案报告，载明移送部门或单位、委托内容及要求、选择拍卖机构的方式方法，对其监督情况等事项，报告书由主办人、协办人署名，经司法辅助工作部门负责人签发，与案件移送清单、委托材料、成交或流拍报告等一并送交负责收案的专门人员，由其移送执行部门。

第七节　拍卖的监管

第九十二条　委托人民法院对所委托的拍卖案件行使监管权。监管对象为受托拍卖机构和内蒙古产权交易中心。

第九十三条　委托人民法院监管以下事项：

（一）拍卖机构是否严格履行司法拍卖委托书中规定的义务；

（二）受托拍卖机构与内蒙古产权交易中心相互配合协作是否规范、及时，有无懈怠表现；

（三）受托拍卖机构对外宣传文件有无违法违规内容；

（四）受托拍卖机构和内蒙古产权交易中心在相应载体发布司法拍卖公告是否及时、准确；

（五）内蒙古交易中心对竞买人信息是否严格保密；

（六）受托拍卖机构带领竞买人察看现场时是否遵守本细则规定，采取了保密措施；

（七）内蒙古产权交易中心对拍卖保证金的管理是否规范，退还是否及时；

（八）内蒙古产权交易中心对拍卖价款的电子结算是否规范、及时，是否在规定期间汇入委托人民法院帐户；

（九）接受对受托拍卖机构和产权交易中心的投诉；

（十）委托人民法院认为应当监管的其他事项。

第九十四条　人民法院司法技术辅助部门应当指派工作人员到拍卖会现场监督拍卖，并履行以下职责：

（一）监督拍卖机构和内蒙古产权交易中心的拍卖活动；

（二）拍卖成交的，监督拍卖机构是否及时与买受人签订拍卖成交确认书，并审查拍卖成交确认书是否符合相关规定要求；

（三）监督拍卖中优先购买权人的权利是否得到保障；

（四）对影响拍卖的事项及时作出处理；

（五）对突发事件宣布拍卖会暂停或中止；

（六）其他应当履行的职责。

第九十五条　委托人民法院对监管对象的处理措施：

（一）对于一般的工作失误，责令其纠正，并写出书面检查报委托人民法院，暂停参与委托人民法院的拍卖活动；

（二）对于违反本细则情节严重，继续实施拍卖活动可能造成不良后果的，委托人民法院书面通知拍卖机构，撤回委托，另行确定受托拍卖机构；

（三）对于拒不接受监督的，经内蒙古自治区高级人民法院批准，停止参与内蒙古法院系统司法拍卖活动三年；

（四）对于违反法律和本细则规定已造成严重后果的，查明情况后，经内蒙古自治区高级人民法院批准，取消参与司法拍卖资格，终身不得参与内蒙古辖区内人民法院司法拍卖活动，并通报行业协会。对于涉及违法犯罪的，依法移送有关部门处理；

（五）对于工作责任心较差，不能按时完成委托事项的受托机构，委托人民法院报内蒙古自治区高级人民法院批准后，取消该机构参与下年度入选机构报名资格。

第八节　收费与结算

第九十六条　买受人按法释（2004）16 号《最高人民法院关于人民法院民事执行中拍卖、变卖财产的规定》第三十二条规定支付拍卖佣金。

第九十七条　拍卖成交后，买受人预交的保证金充抵价款，其他竞买人的保证金拍卖机构应当在 3 日内如数退还。

拍卖未成交的，拍卖机构应当将保证金在 3 日内如数退还。

第九十八条　通过网络平台实施的拍卖，拍卖价款由内蒙古产权交易中心负责收取，实行网上电子结算。拍卖价款在 50 万人民币以下的，买受人可以以其他方式支付结算，其他方式结算的，拍卖价款于拍卖成交后 3 日内直接汇入委托人民法院帐户。

第九十九条　内蒙古产权交易中心平台服务费从拍卖佣金中支付。拍卖机构和内蒙古产权交易中心按各自收取的金额，向买受人出具正式发票。

第一百条　收取拍卖佣金和拍卖价款的情况应当向委托人民法院报告，并接受监督。

第四章 变 卖

第一百零一条 对民事执行中不适于拍卖或者经征求双方当事人及有关权利人同意不进行拍卖的，人民法院执行部门应当制作笔录，移送司法技术辅助部门变卖。

人民法院司法技术辅助部门应当选择内蒙古产权交易中心网络平台自行组织实施变卖。

人民法院司法变卖程序参照本细则司法拍卖的相关规定。

司法变卖价为评估价，变卖未成交的，可以进行第二次变卖，但第二次变卖价不能低于评估价的二分之一。

司法变卖公告，由人民法院制作，在纸质媒体公告的同时，并在“人民法院诉讼资产网”本院网页上发布，内蒙古产权交易中心在该网络平台上发布变卖信息。

变卖公告费由申请执行人承担。

司法变卖成交的，内蒙古产权交易中心应当在收到变卖价款后 3 个工作日内将变卖款项汇入委托人民法院指定账户。

内蒙古产权交易中心按照行业规定向买受人收取平台服务费。

第一百零二条 对于司法拍卖流拍的资产决定变卖的，由人民法院执行部门自行变卖。

易腐烂变质的物品、季节性商品和保管困难或者保管费用过高物品的司法拍卖由全区各中级人民法院执行部门根据具体情况自行变卖。

以上两款情形的变卖，公告期为 60 日，在公告期内以先到先得方式取得财产。

前款规定先到先得以购买价款到达人民法院执行部门指定账户先后作为认定先到后到标准。

第五章 评估、拍卖机构名单编制和管理

第一百零三条 内蒙古自治区高级人民法院根据评估、拍卖的实际情况，确定机构的资质等级范围。

第一百零四条 评估、拍卖实行入选机构名单制度，每年进行一次。

第一百零五条 评估、拍卖机构的入选条件，由内蒙古自治区高级人民法院在“人民法院诉讼资产网”内蒙古高级人民法院网页上统一发布。

第一百零六条 凡自愿申请参与人民法院评估、拍卖的机构，应当在“人民法院诉讼资产网”内蒙古高级人民法院网页上注册申请报名。

内蒙古高级人民法院将在网上进行审查、公示、公布入选结果。对于网上报名资料有质疑的，可要求申请评估、拍卖机构提供纸质原件，进行核对审查。

第一百零七条 有下列情形之一的评估、拍卖机构不得申请入选：

（一）有不良记录的，歇业超过半年的；

（二）被人民法院除名未满三年的；

（三）现任法定代表人或负责人涉嫌犯罪，已被采取强制措施的机构；

（四）有违法违规行为的机构；

（五）人民法院认为的其他情形。

第六章 管 辖

第一百零八条 基层人民法院管辖下列对外委托评估、拍卖案件：

（一）本院执行程序中的评估、拍卖案件；

（二）自治区以外同级人民法院委托的评估、拍卖案件；

（三）中级人民法院指定的评估、拍卖案件。

第一百零九条 中级人民法院管辖下列对外委托评估、拍卖案件：

（一）本院执行程序中的评估、拍卖案件；

（二）自治区以外同级人民法院委托的评估、拍卖案件；

（三）高级人民法院指定的评估、拍卖案件。

中级人民法院可以根据本辖区实际情况，统一对外委托评估、拍卖案件。

第一百一十条 高级人民法院管辖下列对外委托评估、拍卖案件：

（一）本院执行程序中的评估、拍卖案件；

（二）自治区以外同级人民法院委托的评估、拍卖案件；

（三）最高人民法院指定的评估、拍卖案件。

第七章 回 避

第一百一十一条 对外委托评估、拍卖和变卖实行回避制度；回避事项，按照民事诉讼法的相关程序办理。

人民法院司法技术辅助部门案件承办人和执行人员有下列情形之一的，应当回避：

（一）是涉诉当事人或者当事人、诉讼代理人的近亲属；

（二）与涉诉案件有利害关系；

（三）与涉诉案件当事人有其他关系，可能影响评估、拍卖和变卖工作公正的。

第一百一十二条 有下列情形之一的，受托机构应当回避：

（一）受托机构系案件当事人或者受托机构的高级管理人员是当事人近亲属的；

（二）受托机构的高级管理人员的近亲属与评估、拍卖案件有利害关系的；

（三）其他可能影响评估、拍卖工作公正的情形。

第一百一十三条 受托机构是否回避由人民法院司法技术辅助部门决定。

第八章 附 则

第一百一十四条 人民法院工作人员在评估、拍卖和变卖活动中具有以下行为的，按照有关规定予以追究：

（一）与受托机构恶意串通，损害他人合法权益的；

（二）接受委托机构或当事人吃请、钱物等不正当利益的；

（三）违反评估、拍卖和变卖程序或故意不作为的；

（四）未按本实施细则规定，擅自以其他方式确定受托评估、拍卖机构的；

（五）有其他违法违规行为的。

构成犯罪的，依法追究刑事责任。

第一百一十五条 在评估、拍卖、变卖工作中，人民法院、第三方交易平台和评估拍卖机构工作人员应当严格遵守评估、拍卖工作中的审判、执行工作秘密，不得泄露相关信息。

第一百一十六条 人民法院在评估、拍卖、变卖工作中，不得向中介机构和当事人收取任何费用。

第一百一十七条 本细则与本院其他规定不一致的，以本细则为准。

第一百一十八条 刑事、行政案件执行中的评估、拍卖和变卖工作参照本细则执行。

第一百一十九条 本细则由内蒙古自治区高级人民法院负责解释。

第一百二十条 本细则自下发之日起施行，2012年11月7日内蒙古自治区高级人民法院公布的《对外委托司法拍卖工作实施细则》同时废止。

内蒙古自治区高级人民法院关于对外委托工作管理规定（修订）

目 录

第一章 总 则

第一条 为进一步规范内蒙古自治区各级人

民法院对外委托鉴定、评估、拍卖等工作，建立公开、公正、公平的工作机制，依法保护当事人的合法权益，确保司法公正和效率，依据《中华人民共和国民事诉讼法》、《中华人民共和国刑事诉讼法》、《中华人民共和国行政诉讼法》、全国人大常委会《关于司法鉴定管理问题的决定》和最高人民法院《对外委托鉴定、评估、拍卖等工作管理规定》等有关规定，结合内蒙古自治区人民法院对外委托工作实际，制定本规定。

第二条 对外委托是指人民法院在审判和执行过程中，依照法律、法规和当事人的申请，委托专业机构进行财务审计、房地产评估、土地评估、资产评估、股权评估、证券评估、工程造价、价格认证、知识产权鉴定、法医鉴定、文痕鉴定、声像资料鉴定、拍卖和指定破产清算人的工作。

第三条 人民法院应加强对外委托工作的管理监督，各中级人民法院应设立独立建制的司法技术辅助工作机构，基层人民法院根据工作需要设相应部门或配备专门的人员负责对外委托工作。

第四条 人民法院对外委托工作实行与审判、执行工作相分离的原则。审判、执行部门在案件审理和执行过程中，凡遇专门性问题需要进行对外委托的，应当移送司法技术辅助部门统一办理，审判、执行部门不得直接对外委托。

第五条 涉及当事人举证时效、鉴定所需证据材料的质证与采信、评估基准日的确定等影响当事人相关权利义务的事项由审判、执行部门决定。

第六条 人民法院对外委托工作应遵守法律、法规，遵循公平、公正、公开、廉洁、高效的原则。

第七条 内蒙古自治区高级人民法院司法技术辅助办公室负责对全区各级法院对外委托工作进行监督与指导。

各级法院司法技术辅助部门负责本院对外委托工作；重大、疑难、复杂案件经分管院领导批准，司法技术辅助部门登记备案，可由审判、执行部门移送上一级人民法院司法技术辅助部门办理。

第八条 人民法院司法技术辅助部门依职责督促专业机构遵守人民法院关于对外委托工作的有关规定，明确所承担的法律责任和风险，并要求专业机构依照行业规定独立、客观、公正地完成对外委托工作。

第二章 专业机构、专家名册的编制与管理

第九条 人民法院专业机构、专家名册遵循自愿申请、条件公开、择优选录、资源共享的原则选录编制。

入册专家根据人民法院的需要，对对外委托案件中的鉴定方法、程序、结论、因果关系等问题提供技术咨询、技术审核。

专业机构、专家名册申报、审核工作每两年进行一次。

第十条 人民法院编制专业机构和专家名册应履行在人民法院诉讼资产网和纸质媒体上发布对外委托专业机构、专家申报审核公告、评审委员会批准、编制名册公告的程序。

第十一条 申请入册的专业机构和专家应具备申报的基本条件。申报的基本条件由内蒙古自治区高级人民法院根据专业机构行业的发展状况、行业管理部门的规定及对外委托的需求确定。

第十二条 申请入册的对外委托专业机构应在公告规定的时间办理申请登记，并提交相关资料及复印件，复印件应当按如下顺序（有变更的变更资料在前、原始资料在后）装订成册，一式二份，并附电子文档：

（一）填写《人民法院对外委托专业机构报名申请表》、《主要技术人员情况表》；

（二）营业执照副本（行政事业单位性质的应提交相应的证明文件）；

（三）行业许可证副本（司法鉴定类别的提交司法行政部门许可证副本、行政事业单位性质的应提交相应的证明文件）；

（四）从业人员资质证书（行业管理的提交本行业执业资质证书、司法鉴定类别的提交司法行政部门资格证书、行政事业单位性质的提交高级或中级职称证书）；

（五）企业等级证书；

（六）机构营业场所及设备简介；

（七）机构近年的经营业绩及纳税情况；

（八）需要提交的其他资料。

第十三条 申请入册的专家应在公告规定的时间办理申请登记，并提交相关资料及复印件，复印件应当按如下顺序（有变更的变更资料在前、原始资料在后）装订成册，一式二份，并附电子文档：

（一）填写《人民法院入册专家申请表》；

（二）单位介绍信或专家推荐信；

（三）专业资格证书原件和复印件；

（四）主要业绩证明及复印件；

（五）其他必要的文件、资料等。

第十四条 司法技术辅助部门对申请入册的专业机构和专家提交的资料进行初审。初审可采取核对原件、网上核查、实地考察、征询行业主管部门或行业协会意见等方式进行。

第十五条 确定入册专业机构和专家工作应由审判部门、执行部门、纪检部门、司法技术辅助部门共同组成评审委员会进行，必要时可邀请行业专家参加评审。

第十六条 评审委员会对申请入册的专业机构应从资质等级、职业信誉、经营业绩、执业人员情况等方面进行审查，经过初审、公示、复审后确定入册的专业机构，并对入册的专业机构实行动态管理。

第十七条 人民法院根据审判、执行工作的需要，确定入册专业机构的数量。一般每类别应控制在3－20家，特殊情况超出范围的应报内蒙古自治区高级人民法院批准。

第十八条 择优选定对外委托专业机构时，应以注册资金数量、注册人员数量、成立时间先后、机构等级、经营业绩等作为择优选定的依据；违纪违法的不良记录作为一票否决的依据。

第十九条 人民法院建立入册专业机构、专家档案管理制度，及时收集相关信息，定期对入册机构、专家进行核查。

第二十条 入册专业机构、专家由内蒙古自治区高级人民法院统一对外公布。入册中级法院的专业机构、专家须报内蒙古自治区高级人民法院批准和备案。

第三章　案件的移送

第二十一条 人民法院审判、执行部门应依照司法技术辅助部门的要求提交相关的材料，协助司法技术辅助部门进行现场勘察、调查取证等。

第二十二条 审判、执行部门需要进行鉴定、评估的，应明确对外委托的类别、要求、标的物权属及数额，并附简要案情，报部门负责人审批后，统一移送司法技术辅助部门办理。

第二十三条 司法技术辅助部门应由专人负责收案工作，并按以下程序办理：

（一）审查移送手续是否齐全；

（二）审查、核对移送材料是否齐全，是否符合要求；

（三）案件移送单报司法辅助工作部门审签，司法技术辅助工作部门、审判、执行部门各存一份备查；

（四）进行收案登记。

对材料有欠缺或内容表述不清楚的，司法技术辅助部门应于收到对外委托移交表之日起2日内通知委托部门将材料补齐或作进一步说明。

第二十四条 当事人对鉴定结论有异议申请重新鉴定，提出证据证明原鉴定存在下列情形之一的，人民法院应予准许：

（一）受理机构或专业人员不具备相关资质的；

（二）程序严重违法的；

（三）鉴定意见或报告明显依据不足的；

（四）经法庭质证不能作为证据使用的。

对有缺陷的鉴定意见或报告，可以通过补充鉴定、重新质证等方式解决的，不予重新鉴定。补充鉴定一般由原受托机构进行。

重新鉴定需提供法庭质证笔录、合议庭评议笔录，并经分管院领导批准后移送司法技术辅助部门。

第二十五条 司法技术辅助部门受理移送案件后，应当指派一名主办人（或督办人），负责组织、协调、监督案件的对外委托工作，涉及现场勘察、送检等具体事项，必须由二人以上共同参与，并全程录音录像。

第二十六条 主办人或督办人接到案件后应在3个工作日内提出初审意见，对不具备委托条件的案件应制作《退卷函》，报司法技术辅助部门负责人审批后，于3个工作日内办理结案手续，并将材料退回案件审判、执行部门。

第四章　专业机构的选择

第二十七条 司法技术辅助部门接受审判、执行部门移送的对外委托案件后，应当采取书面或其他能够确认收悉的有效方式（电话、传真、短信、微信等）通知当事人参加对外委托机构选择，现场勘验等活动。对下落不明的可以公告形式送达。

第二十八条 入册内蒙古自治区高级人民法院及各中级人民法院名册的专业机构在辖区内共享。基层法院使用中级法院名册中的专业机构。

名册中的专业机构仅有1家时，在不违反回避规定的前提下，即为本案的专业机构 。

人民法院委托内蒙古自治区辖区内名册中的专业机构存在困难的，在征得当事人同意后，可就近选择内蒙古自治区辖区外人民法院名册中的专业机构，并报上一级法院司法技术辅助部门登记备案。

对外委托涉及专业在人民法院名册中没有符合资质要求的，在征得当事人同意后，采取3人以上合议的方式，从社会相关专业中选定自愿接受人民法院委托的、具备相应资质的专业机构。

第二十九条 司法技术辅助部门在收到审判部门移送的材料并进行登记审批后，案件主办人（或督办人）应在3－5个工作日内召集当事人确定受托专业机构。

当事人不按时到场，也未在规定时间内以书面形式表达意见的，视为放弃选择机构的权利。

第三十条 除评估、拍卖类案件外，确定受托机构采取双方协商与随机摇号相结合方式，协商不成或经通知一方未到场的，采取随机或摇号方式确定受托专业机构。

第三十一条 人民法院选择对外委托机构在司法技术辅助部门案件主办人（或督办人）的主持下进行，应当审查到场当事人身份证明，选择结束后，阅读选择机构的笔录，参加人员在笔录上签字确认，并全程录音录像备查。

第三十二条 协商选择程序如下：

（一）告知当事人在选择程序中的权利、义务；

（二）向当事人介绍《名册》中相关专业的所有专业机构的情况，当事人听取介绍后协商选择双方认可的专业机构；

（三）当事人协商一致选择名册以外的专业机构的，司法辅助工作部门应对选择的专业机构进行资质、诚信、能力的程序性审查，并告知双方应承担的委托风险；审查中发现专业机构不具备资质或有违法违规行为的，应当要求双方当事人重新选择；发现双方当事人选择专业机构有可能损害国家、集体、第三方利益的，或协商不一致的，应当终止协商选择程序，采用随机法或摇号法选择。

第三十三条 摇号方式确定专业机构按以下程序进行。

（一）主持人宣布确定专业机构摇号开始；

（二）书记员宣布摇号纪律，告知当事人权利和义务；

（三）主持人介绍委托事项概况和摇号规则；

（四）书记员宣布专业机构名单；

（五）主持人宣布摇号开始，操作员开始实施操作，并宣布结果；

（六）主持人询问当事人有无异议，并由书记员记录在案。

第三十四条 受理企业破产案件的各级人民法院，凡需指定管理人的，应当按照《内蒙古自治区法院审理破产案件指定管理人若干问题的实施意见》及《关于调整全区企业破产案件指定管理人工作的通知》要求，统一到自治区高级法院司法技术辅助办公室采取摇号方式、在内蒙古自治区高级人民法院编制的管理人名册中指定，禁止中级法院、基层法院自行指定破产管理人。

破产管理人确定后，内蒙古自治区高级人民法院司法技术辅助办公室应以函的形式告知委托法院（审判部门）。

第三十五条 司法技术辅助部门确定受托专业机构后应在 3 日内通知双方当事人及利害关系人，当事人有证据证明专业机构存在回避情形的，应当在 5 个工作日内向司法技术辅助部门提出。

当事人提出回避要求，理由充分的，司法技术辅助部门应及时中止对外委托，重新选定受托专业机构。

第三十六条 标的物在管辖区域外的，可以使用标的物所在地人民法院名册中的专业机构，并可商请当地人民法院对外委托管理部门协助。

第三十七条 对外委托所涉及的专业，依照法律、法规或部门规章由专门机构进行的，应当依照相关法律规定办理。

第五章 对外委托监督协调

第三十八条 司法技术辅助部门在确定受托专业机构后 3 个工作日内向受托专业机构出具委托书，委托书内容包括：

（一）委托单位、联系人、联系方式；

（二）简要案情；

（三）委托要求；

（四）委托材料清单；

（五）费用的支付方式；

（六）其他需要明确的事项。

第三十九条 对外委托专业机构应在收到委托书之日起 3 个工作日内出具受理通知书，通知内容应包括：

（一）现场勘察、查看标的物的时间、需要到场的人员、出行的方式；

（二）预收经费的数额（附收费依据及法定的收费标准）；

（三）对存在损耗的对外委托，应在通知书中明确，并提出合理的解决办法；

（四）其他必须通知的事项。

第四十条 专业机构勘验现场，应制作现场勘验笔录并进行录音、录像，勘验现场人员、当事人或见证人应当在现场勘验笔录上签字确认。

任何一方当事人无故不到场的，不影响勘验工作的进行。

第四十一条 对外委托专业机构不得与当事人或案件承办法官私下接触，需要补充材料的，应通过司法技术辅助部门依照法律法规提供；当事人私自向专业机构或专业人员送交的材料不得作为鉴定、评估的依据。

第四十二条 接受委托的专业机构，一般应在 30 个工作日内完成鉴定、评估工作；疑难、复杂案件应在 60 个工作日内完成。

预收费交付专业机构之日起，开始计算专业机构工作时限。

受托机构如果在规定期限内不能出具报告或鉴定意见，应当于期限届满前 5 日向委托人民法院书面说明理由并申请延期；未经批准而超期的，委托人民法院可以撤回委托，受托机构收取的鉴定费用应当全额退回。

对不能按时完成委托业务的专业机构，一年内不再向其委托鉴定、评估业务。

第四十三条 对外委托专业机构不履行出庭接受质询义务或拒绝向当事人解答有关问题的，由委托法院依规定处理，并及时向内蒙古自治区高级人民法院报告。

第四十四条 对外委托过程中，有下列情形之一的，应重新确定对外委托专业机构：

（一）受托专业机构拒绝接受委托的；

（二）受托专业机构工作程序不符合相关法律、法规、行业规定的；

（三）以不正当方式取得对外委托业务的；

（四）当事人或有关人员与专业机构恶意串通的；

（五）其他可能影响对外委托工作公正进行的。

第四十五条 重大、疑难案件的鉴定，受托机构应当向人民法院司法技术辅助部门提交初步鉴定意见，司法技术辅助部门应在3个工作日内组织双方当事人、专业机构进行听证，对报告初稿有异议的当事人，应当提出证据和书面材料。

第四十六条 人民法院要求鉴定人出庭的，应在开庭前10日内书面通知司法技术辅助部门，司法技术辅助部门应当通知鉴定人，并协调做好出庭工作。

鉴定人应当依法履行出庭的义务，对拒不出庭作证的，鉴定意见或报告不得作为认定事实的依据；支付鉴定费用的当事人可以请求返还鉴定费用。

第六章 结　　案

第四十七条 对外委托案件应当以出具鉴定、评估报告或者以终结委托或不予委托的方式结案。

以出具报告形式结案的，主办人或督办人在收到正式报告后2个工作日内制作对外委托工作结案报告，载明委托部门或单位、委托内容及要求、选择专业机构的方式方法、对其监督情况等事项，主办人或督办人应对鉴定报告书进行形式要件审查，经司法辅助工作部门负责人签发后加盖司法技术辅助工作部门印章，填写案件移送清单一并送交负责收案的专门人员，由其移送审判部门。

第四十八条 具有下列情形之一的，应中止对外委托：

（一）受检人或受检事物处于不稳定状态，影响对外委托的；

（二）受检人不能在指定的时间、地点接受检查的；

（三）因特殊检验需预约时间或者等待检验结果的；

（四）其他应当中止的情况。

第四十九条 具有下列情形之一的，可终止对外委托：

（一）无法获取必要的对外委托所需材料的；

（二）受检人不配合检验，经做工作仍不配合的；

（三）对外委托过程中撤诉或者调解结案的；

（四）在规定期限，不缴纳相关费用的；

（五）其他情况使对外委托工作无法进行的。

第五十条 需中止或终止对外委托的，由案件审理部门或专业机构向司法技术辅助部门提出，司法技术辅助部门负责办理。

第七章 对外委托费用管理

第五十一条 诉讼过程中，因鉴定、审计、评估等发生的，依法应当由当事人负担并由专业机构收取的费用，按照《诉讼费用交纳办法》执行。拍卖佣金的支付按照最高人民法院《关于人民法院民事执行中拍卖、变卖财产的规定》执行。

第五十二条 鉴定、评估费用数额应结合案件实际情况，以参照行业标准（内蒙古自治区厅委办规定计算收费标准，内蒙古自治区没有收费标准的，统一按照国务院有关部委办颁布的标准）为主，协商为辅的方式收取。

费用收取采取专业机构及申请人协商一致后预收费或一次性收费方式收取,并签订协议。

第五十三条 破产案件管理人报酬按照最高人民法院《关于审理企业破产案件确定管理人报酬的规定》执行。

第五十四条 拍卖款账户按照最高人民法院《关于执行款物管理工作的规定》执行。未经人民法院允许,拍卖机构不得先行划扣任何费用。

第八章 相关责任

第五十五条 人民法院工作人员因徇私舞弊、严重不负责任而影响对外委托工作公正、顺利进行的,依照《人民法院审判人员违法审判责任追究办法(试行)》、《人民法院审判纪律处分办法(试行)》和《人民法院执行工作纪律处分办法(试行)》追究责任。

第五十六条 司法技术辅助部门发现对外委托专业机构有下列情形之一的,可视情形责令纠正、暂停业务、停止业务一年、从入册人民法院的名册中除名,并建议相关行业主管部门给予处罚。

(一)申报材料弄虚作假的;

(二)因经营行为违法或违纪,受到行政处罚的;

(三)向法院工作人员行贿、提供赞助、报销费用等方式进行权钱交易、谋取不正当利益的;

(四)违反诚信原则,不正当竞争的;

(五)无正当理由,拒绝接受委托的;

(六)未按照要求完成被委托事项的;

(七)干扰对对外委托专业机构、专家进行评审和考核的;

(八)中介活动不符合委托要求的;

(九)中介活动不符合相关法律、法规及行业规范要求的;

(十)超过对外委托规定期限未申请延期的;

(十一)鉴定人无故不出庭的;

(十二)有其他违法违纪行为的。

对除名的专业机构和专家,要予以公示,且在三年内不得入册。

第九章 附 则

第五十七条 人民法院司法技术辅助部门应当以一案一卷方式建立对外委托案件卷宗。卷宗的建立、保管、归档、检查等事项按《内蒙古自治区高级人民法院对外委托案件立卷归档管理办法》规定执行。

第五十八条 对外委托案件文书统一按照《内蒙古自治区高级人民法院司法技术辅助工作规范性表格、文书(样式)》执行。

第五十九条 全区各基层人民法院每月初第3个工作日向上级法院司法技术辅助部门上报本院司法技术辅助工作数据表;全区各中级人民法院每月初第5个工作日向内蒙古自治区高院司法技术辅助办公室上报本院及所辖各基层人民法院司法技术辅助工作数据表;内蒙古自治区高级人民法院司法技术办公室在每月初第7个工作日向最高法院上报全区法院司法技术辅助工作数据表。

第六十条 本规定未涉及的有关委托评估、拍卖等事项,按照《内蒙古自治区高级人民法院关于民事执行中委托评估、拍卖和变卖工作实施细则》执行。

第六十一条 全区各中级人民法院在实施本办法过程中,可以根据本地区实际制定实施细则,并报内蒙古自治区高级人民法院备案。

第六十二条 本规定自下发之日起施行,2012年11月7日内蒙古自治区高级人民法院公布的《对外司法委托工作管理规定》同时废止。

第三十五章 上 海 市

上海市高级人民法院关于执行夫妻个人债务及共同债务案件法律适用若干问题的解答

- 2005 年 4 月 20 日
- 沪高法执〔2005〕9 号

为进一步规范夫妻个人债务及共同债务的执行程序，统一法律适用。根据《中华人民共和国民事诉讼法》、《中华人民共和国婚姻法》、最高人民法院《关于人民法院执行工作若干问题的规定》、《关于适用〈中华人民共和国婚姻法〉若干问题的解释（二）》等法律、司法解释的规定，结合本市法院执行工作实际情况，经充分调研并听取了相关审判业务庭的意见，制定本解答。

问题 1：在涉及夫妻个人债务及共同债务案件的执行中，如何界定财产的执行范围？

答：在涉及夫妻个人债务及共同债务案件的执行中，执行机构首先应就债务性质作出判断，再根据债务性质区分确定可予执行的财产范围。对于个人债务的案件，应当执行被执行人的个人财产；对于夫妻共同债务案件，则男女双方均是被执行人，可以执行其夫妻共同财产和各自的个人财产。

问题 2：执行机构如何判断债务性质？

答：执行中，对所涉债务是个人债务还是夫妻共同债务，执行机构首先应依执行依据中的认定作出判断。

执行依据中没有对债务性质作出明确认定，申请执行人未申请追加被执行人配偶（包括原配偶，下同）为被执行人的，按被执行人个人债务处理。

执行依据中没有对债务性质作出明确认定，申请执行人主张按被执行人夫妻共同债务处理，并申请追加被执行人配偶为被执行人的，执行机构应当进行听证审查，并根据下列情形分别作出处理：

（一）应当认定为被执行人个人债务的，作出不予追加决定；

（二）须另行诉讼确定债务性质的，作出不予处理决定；

（三）除应当认定为个人债务和执行中不直接判断债务性质的情形外，可以认定为夫妻共同债务，裁定追加被执行人配偶为被执行人。

问题 3：在执行依据中没有对债务性质作出明确的认定时，哪些情形，执行机构应通过听证审查认定为个人债务？

答：对于执行依据中未明确认定债务性质，申请执行人又提出追加被执行人配偶为被执行人申请的案件，执行机构在听证审查中应当严格依据法律、司法解释的规定对个人债务性质及范围进行认定。

根据《婚姻法》第 19 条、《婚姻法解释（二）》第 24 条的规定，我们认为，具备下列情形之一的，执行中应当认定为被执行人个人债务：

（一）申请执行人认可该债务为被执行人个人债务的；

（二）被执行人或其配偶举证证明该债务形成于被执行人婚姻关系依法解除之后的；

（三）被执行人或其配偶举证证明申请执行人知晓被执行人夫妻间约定财产分别所有的；

（四）被执行人或其配偶举证证明申请执行人与被执行人明确约定该债务为个人债务的。

问题4：在执行依据中没有对债务性质作出明确的认定时，哪些情形，执行机构应当告知申请执行人另行诉讼明确债务性质？

答：实践中，有些被执行人在婚姻存续期间以个人名义形成的负债，虽然形式上不存在《婚姻法解释（二）》第24条但书内容规定的属于个人债务的情形，但存在一些从法理上或情理上宜作为个人债务处理，或者是执行机构在听证审查中，当事人均未充分举证导致债务性质难以判断的情形。对于这些情况，从平衡保护申请执行人债权实现和被执行人配偶合法权益的角度出发，通过申请执行人另行诉讼解决为妥，而不宜在执行程序中直接作出债务性质的判断。此外，对于被执行人个人名义所负的婚前债务，根据《婚姻法解释（二）》第23条规定，原则上为个人债务，但债权人证明该债务利益用于婚后家庭生活的，按共同债务处理。对此，听证审查中可能存在申请执行人就债务利益是否用于被执行人婚后家庭生活，举证不能或举证不足，这种情形同样不宜在执行程序中作债务性质判断，以另行诉讼的方式解决较妥。

综上，我们认为对于具备下列情形之一的案件，申请执行人坚持要求按共同债务处理的，应当告知其另行诉讼明确债务性质：

（一）被执行人或其配偶举证证明申请执行人知晓该债务系被执行人基于赌博、吸毒等不合理支出所负担的；

（二）被执行人配偶举证证明该债务为申请执行人与被执行人恶意串通形成，可能损害其合法权益的；

（三）被执行人或其配偶举证证明该债务形成于被执行人婚姻关系缔结之前，且申请执行人无证据或所举证据不足以证明该债务利益用于被执行人家庭共同生活的；

（四）根据该债务的性质应属于被执行人个人债务的；

（五）其他执行中难以作出债务性质判断的。

问题5：执行依据中没有对债务性质作出明确认定的案件，执行机构告知申请执行人另行诉讼后，如何执行？

答：对执行依据中没有对债务性质作出明确认定，又属于需申请执行人另行诉讼明确债务性质的案件，执行机构在告知申请执行人另行诉讼后，先按被执行人个人债务案件进行处理。已查封、扣押、冻结的被执行人夫妻共同财产，在申请执行人诉讼明确债务性质期间，暂缓分割和处分。

申请执行人另行诉讼，取得被执行人配偶应承担连带清偿责任生效判决后申请执行的，应当与原执行案件并案执行；申请执行人另行诉讼，但生效判决确定被执行人配偶不承担连带清偿责任的，原执行案件按被执行人个人债务案件执行。

问题6：在个人债务案件执行中，执行机构对被执行人的财产应如何采取查封、扣押、冻结等控制性措施？

答：个人债务案件，执行机构仅能执行被执行人的个人财产。夫妻一方为被执行人的，实践中可执行的财产可能呈现出三种形态：一是直接由被执行人占有或登记在其名下的财产；二是由被执行人与其配偶共同占有或登记在双方名下的共同财产；三是属于被执行人夫妻共同财产，但被被执行人配偶单独占有或登记在其名下。对此，我们认为应区分处理：

对于第一种情形，根据动产依占有、不动产依登记的判断所有权归属的基本原则，可直接视为被执行人的个人财产，采取查封、扣押、冻结等控制性措施。

对于第二种情形，其财产权利状况为共同共有，其中包含被执行人应有的份额。根据最高院《关于人民法院民事执行中查封、扣押、冻结财产的规定》第14条的规定，可以采取查封、扣押、冻结等控制性措施并通知被执行人配偶。被执行人在共同财产中所享有的份额由申请执行人与被执行人配偶间协商确定，协商不成的，由被执行人配偶提起析产诉讼或申请执行人代位提起析产诉讼确定。财产份额确定后，应对属于被执行人配偶份额部分裁定解除控制性措施。

对于第三种情形，虽然被执行人配偶单独占有或登记在其名下的财产应视为其个人财产，但是根据《婚姻法》关于婚姻存续期间所取得的财产为夫妻共同所有的法律原则，在申请执行人提供证据证明该财产是在被执行人婚姻关系存续期间所取得的情况下，执行中可以采取查封、扣押或冻结等控制性措施。但，执行机构已查明该财产为其他生效法律文书确定归被执行人配偶所有的除外。执行机构对被执行人配偶单独占有或登记在其名下的财产采取查封、扣押或冻结等控制性措施的，应当同时通知被执行人配偶并告知其自被告知之日起十五日内可以提出执行异议。被执行人配偶逾期未提异议的，执行机构可依法处分被执行人在该财产中所享有的份额。

问题7:在个人债务案件的执行中，对于直接由被执行人占有或登记在其名下的财产、或由被执行人与其配偶共同占有或登记在双方名下的共同财产所采取的控制性措施，被执行人配偶以该财产实际为其所有为由提出异议的，执行机构如何处理?

答:对此，执行机构应当进行异议听证审查，并作出适当的财产权属判断。从合理保护被执行人配偶合法权益出发，我们认为被执行人配偶举证证明下列情形之一的，可认为该财产为其所有，并裁定解除已采取的控制性措施:

(一)执行期间被执行人未离婚，申请执行人知晓该财产为被执行人夫妻间约定归被执行人配偶所有;

(二)被执行人在执行期间或之前已离婚，该财产依离婚时的离婚协议或生效法律文书确定归被执行人原配偶所有。

除上述情形外的，执行机构应驳回其异议。听证审查期间，被执行人配偶另行提起确权诉讼的，应中止听证审查。确权诉讼终结前，暂缓对该财产的处分。

问题8:在个人债务案件的执行中，被执行人配偶对已被采取控制性措施的直接由被执行人占有或登记在其名下的财产，以实际为共同所有为由提出异议的，执行机构如何处理?

答:由于被执行人配偶的异议中隐含了该财产中有部分利益应当归属于被执行人的主张。因此，即便该财产应为共同财产的理由成立，根据共同财产可予查封、扣押、冻结的规定，被执行人配偶的异议尚不足以排除控制性措施的效力。对此，执行机构可以直接告知其于一定期限内另行提起确权诉讼解决。确权诉讼终结前，暂缓对该财产的处分。

问题9:在个人债务案件的执行中，被执行人配偶对已被采取控制性措施的由其占有或登记在其名下的财产，以实际为其所有为由提出异议的，执行机构如何处理?

答:由于对此种形态下的财产采取控制性措施，是基于《婚姻法》的相关原则对动产依占有、不动产依登记的所有权归属推定的一种例外，目的在于防止被执行人减少责任财产、逃避债务。虽然对保护申请执行人合法权益具有一定的作用，但从合理保护被执行人配偶合法权益角度，需要在执行中给予救济。因此，结合《婚姻法》及其司法解释的相关规定，我们认为听证审查中，被执行人配偶提供证据证明下列情形之一的，执行机构应裁定支持其异议:

(一)该财产为被执行人配偶于婚姻关系缔结前购买的;

(二)该财产虽为婚姻关系存续期间取得，但系以被执行人配偶个人财产购买的;

(三)该财产根据申请执行人知晓的被执行人夫妻间财产分别所有的约定，归属为被执行人配偶所有的;

(四)该财产为遗嘱或赠与合同中明确排除被执行人所有，并只归被执行人配偶所有的;

(五)该财产依被执行人离婚时的协议或生效法律文书确定为其配偶所有的;

(六)其他依据法律、司法解释规定可认定该财产为被执行人配偶个人财产的。

听证审查过程中，被执行人配偶另行提起确权诉讼的，听证审查程序应当中止。确权诉讼终结前，暂缓对该财产的处分。

问题10：被执行人在执行期间或之前已离婚的，离婚时的离婚协议或生效法律文书在执行中如何适用？

答：对于被执行人个人债务案件，其离婚时的协议或生效法律文书可对抗申请执行人。申请执行人认为其中财产分割内容不公平的，执行机构应当告知申请执行人另行提起撤销权诉讼，重新分割共同财产后再行处理。对于被执行人夫妻共同债务案件，离婚时的离婚协议、生效法律文书中涉及财产分割或共同债务承担的内容不能对抗申请执行人。

上海市高级人民法院关于印发《关于执行中不动产或其他财产权三次拍卖流拍后进行变卖的实施意见（试行）》的通知

- 2006年4月25日
- 沪高法〔2006〕133号

关于执行中不动产或其他财产权三次拍卖流拍后进行变卖的实施意见（试行）

为统一执行中不动产或其他财产权三次拍卖流拍后依法进行变卖的具体做法，根据《中华人民共和国民事诉讼法》及最高人民法院《关于人民法院民事执行中拍卖、变卖财产的规定》等有关司法解释的规定，结合上海法院执行工作实际，特制定本实施意见。

一、执行中，不动产或其他财产权经三次拍卖流拍的，执行法院应自第三次拍卖流拍的次日起七日内在《人民法院报》和《上海法治报》或《新民晚报》等报刊上刊登变卖公告；需变卖财产具有专业属性的，应当同时在专业性报刊上刊登变卖公告。公告的费用由被执行人承担。变卖成交的，可从变卖财产所得的价款中优先扣除。

二、变卖公告应写明需变卖的不动产或其他财产权的基本信息、变卖原因、变卖价格、变卖期限、申请应买方式、支付应买价款期限、多人应买时的处理方式及执行人员的联系方式等内容。（变卖公告样式见附件一）

三、变卖公告期内，第三人愿意以第三次拍卖保留价买受的，应向执行法院提交书面申请。

多个第三人提交书面申请的，执行法院经评议，按收到书面申请的时间先后顺序确定应买申请顺位。对确定的应买申请顺位，执行法院应作好记录，并告知相应的第三人。

同日内收到多个第三人书面申请的，由执行法院经评议后，通知第三人到场组织抽签确定各自应买申请顺位，抽签结果应载明笔录，并经到场第三人签名。第三人经通知不能到场的，可以委托他人到场代为抽签。第三人经通知无正当理由不到场，又不委托他人到场参加抽签的，视为放弃应买申请。

四、执行法院应在第一顺位应买申请人确定后的3个工作日内，向第一顺位应买申请人发出交款通知（交款通知样式见附件二），要求其在通知送达之日起七日内将钱款全额交至法院账户。

第一顺位应买申请人在该期限内全额交付的，执行法院应作出变卖成交书面裁定（变卖裁定样式见附件三），不必等到变卖公告期届满，并将财产已由第一顺位应买申请人买受的情况，告知已知的在后顺位应买申请人。

第一顺位应买申请人逾期未全额交付的，视为放弃应买申请。执行法院应评议确定后一顺位应买申请人递升为第一顺位应买申请人，并向其发出交款通知。

五、财产拍卖前，经执行法院通知，该不动产、其他财产权的优先购买权人于拍卖时未到场或虽到场但未表示优先购买的，视为放弃优先购买权，变卖公告期间，其申请应买的，执行法院仍应按收到书面申请的时间确定其应买申请顺位。

财产拍卖前，因客观原因确未收悉参加拍卖通知的优先购买权人，在变卖公告期间以第三次拍卖保留价申请应买的，除执行法院已做出变卖成交书面裁定的情形外，执行法院应在收到书面申请后3个工作日内向其发出交款通知。该优先购买权人与执行法院先前已确定的第一顺位应买申请人均在指定交款期限内足额支付钱款的，执行法院应裁定由该优先购买权人变卖成交，先前已确定的第一顺位应买申请人缴付的钱款应及时退还。

六、变卖公告期内变卖成交的，该不动产的所有权、其他财产权自变卖裁定送达买受人时起移转。

七、变卖公告期届满，无第三人申请应买、或最后一个收到交款通知的应买申请人逾期未足额交付钱款，且申请执行人、其他执行债权人仍不表示接受该财产抵债的，执行法院对该财产应按《关于人民法院民事执行中拍卖、变卖财产的规定》第二十八条第二款规定作出处理。

八、对根据本《意见》第七条规定，应予解除查封、冻结的不动产、其他财产权，申请执行人、其他执行债权人申请暂缓解封的，执行法院应区分下列情形作出处理：

（一）申请执行人、其他执行债权人递交其与被执行人、第三人达成的第三人在七日内付款买受该财产的协议的，执行法院经审查评议后可决定暂不解封，并向申请执行人、其他执行债权人、被执行人及第三人告知若第三人届期未履行的，该财产将被依法解除查封、冻结；

（二）申请执行人、其他执行债权人未递交上述协议的，执行法院对该财产应依法解除查封、冻结。

九、本意见自下发之日起试行。

十、本意见由高院执行局负责解释。

上海高级人民法院关于在先查封法院与优先受偿债权执行法院处分查封财产有关问题的解答

• 2014年8月29日

实践中经常出现对特定财产（以下称查封财产）享有优先受偿权的债权（以下称优先受偿债权）进入执行程序后发现此前查封财产已被其他法院（以下称在先查封法院）在诉前、诉中、申请执行前或者仲裁前、仲裁中以及在执行中在先查封、扣押或者冻结（以下称在先查封）的情形，在此情形下往往会产生在先查封法院与优先受偿债权的执行法院、在先查封债权人与优先受偿债权人就查封财产应由哪个法院负责处分等相关问题产生争议。为了公平保护各方债权人的合法权益和提高执行效率，现就相关问题作出如下解答，供实践中参照执行。

1. 在确定查封财产的处分法院时需要考虑哪些原则？

答：第一，方便执行原则，即原则上由财产所在地法院负责处分，避免由查封财产所在地法院以外的执行法院处分查封财产而产生的执行不便；第二，终局执行原则，即原则上由首先进入终局执行的法院负责处分，避免因有关案件尚未进入终局执行而造成的执行迟延；第三，无益拍卖禁止原则，即原则上由优先受偿权在先但查封、扣押或者冻结顺位在后的法院负责处分，避免出现在先查封法院对查封财产进行处分并清偿优先债权和强制执行费用后无剩余可能。第四，公平保护原则，即原则上在根据债权性质公平保护各债权人合法权益的同时也要公平保护被执行人的合法权益，避免优先受偿债权随着迟延履行期间的增加而增加，从而损害其他债权人和被执行人的合法权益。

2. 在确定查封财产的处分法院时需要综合考虑哪些因素？

答：基于上述原则，在确定查封财产的处

分法院时需要综合考虑以下因素:第一,查封财产的种类及其所在地;第二,优先受偿债权与在先查封债权之间的优先顺位;第三,在先查封债权所处的诉讼阶段;第四,在先查封债权的数额、优先受偿债权的数额与查封财产的价值之间的关系。

3. 基于上述原则和综合考虑相关因素后,应当如何确定查封财产的处分法院?

答:在先查封法院与优先受偿债权的执行法院均系上海法院的,原则上应当由已经进入终局执行且享有在先优先受偿权的债权的执行法院负责查封财产的处分。

4. 在上述处理原则之外,哪些情形下应当由在先查封的法院处分查封财产?

答:第一,在先查封的债权即为享有在先优先受偿权的债权,其虽未进入执行程序,但查封财产在依法清偿在先查封的债权以及执行费用等后无剩余的;第二,在先查封债权对查封财产已经进入财产变现程序,且查封财产在依法清偿在先的优先受偿债权以及执行费用后能够全部或者部分清偿在先查封债权的。

5. 优先受偿的债权主要包括哪些种类?

答:优先受偿权的债权主要包括对查封财产依法享有抵押权、质权、留置权等担保物权的债权,依法享有优先受偿权的建设工程款以及依法享有船舶优先权的债权等依法享有优先权的其他债权。

6. 在先查封法院与优先受偿债权的执行法院之间如何办理查封财产的移送处分手续?

答:根据上述原则和情形应当由进入终局执行且享有在先优先受偿权的债权的执行法院处分查封财产的,优先受偿债权的执行法院应当发函给在先查封法院,在先查封法院应当在收到函件后7日内作出回函并将查封财产移送优先受偿债权的执行法院处分。在先查封法院与优先受偿债权的执行法院就移送查封财产产生争议的,应当先行协商处理,协商不成的,报请共同的上级法院协调处理。

7. 在先查封法院将查封财产移送优先受偿债权的执行法院处分的,是否需要征得查封债权人的同意?

答:是否将查封财产移送优先受偿债权的执行法院处分由在先查封法院根据本解答所确定的原则和情形依职权审查作出,无需征得查封债权人的同意,但应当向其告知移送情况并释明将查封财产移送给优先受偿债权的执行法院进行处分的理由。

8. 遇有在先查封的债权进入执行程序且执行当事人达成执行和解协议等情形的,查封财产应否移送优先受偿债权的执行法院处分?

答:根据本解答所确定的原则和情形应当将查封财产移送优先受偿债权的执行法院处分的,不受在先查封执行当事人之间达成执行和解协议、在先查封法院依法裁定暂缓执行或者依法裁定中止执行等情形的影响。

9. 在先查封法院与优先受偿债权的执行法院一方系上海法院以外的外地法院的,应当如何处理?

答:上海法院为在先查封法院且根据本解答所规定的原则和情形应当由优先受偿债权的执行法院处分查封财产的,上海法院应当根据外地法院的函请将查封财产移送其进行处分。上海法院为优先受偿债权的执行法院且根据本解答所规定的原则和情形应当由上海法院处分查封财产的,上海法院应当函请外地法院将查封财产移送上海法院进行处分,外地法院未能移送的,优先受偿债权的执行法院可以书面报请高院执行局进行协调处理。

第三十六章　江　苏　省

江苏省高级人民法院关于严格掌握执行案件中止、终结条件和程序的通知

- 1994 年 5 月 25 日
- 苏高法〔1994〕95 号

全省各级人民法院：

为正确适用《中华人民共和国民事诉讼法》第 234 条、第 235 条和第 236 条的规定，现对中止、终结执行的条件和程序的有关问题作如下通知，供各地试行。试行中有什么意见和问题，请及时报告我院。

一、民诉法 234 条第 5 项规定的情形主要有：

（一）被执行人系法人，因经营性亏损，无力偿还债务，其资产又不宜处理的；

（二）被执行人下落不明，暂无可供执行的财产的；

（三）作为被执行人的公民正在服刑或劳动教养在一年以上，又无可供执行财产的；

（四）被执行人系公民，因特殊情由生活困难，其收入仅能维持当地基本生活需求的；

（五）人民法院对发生法律效力的判决、裁定或调解书作出再审决定的；

（六）案件进入执行程序后，当事人申请再审，法院已立案复查，继续执行可能造成执行回转的；

（七）被执行人已进入破产程序的；

（八）两个以上据已执行的法律文书在执行程序中相互矛盾，需按审判监督程序予以变更的；

二、关于中止程序

（一）需要中止执行程序的案件由执行员提出书面意见，提交合议庭讨论。合议须制作合识笔录；

（二）会议庭合议后，应将合议意见及执行卷宗一并报院长审批；

（三）决定中止执行程序的，应制作裁定书，裁定书应写明中止执行的理由和法律依据；

（四）中止执行裁定书送达申请执行人后立即生效；

（五）中止执行程序的案件满六个月以上，权利人仍不能举证被执行人有财产可供执行；法院经查确未恢复履行能力的，可以作为结案处理；

（六）作为结案处理的中止案件，在年度内权利人申请并提供被执行人确有财产可供执行，经查证情况属实的，恢复执行。跨年度申请的作为新收案件。

三、民诉法第 235 条①第六项规定的情形主要有：

（一）当事人自愿达成执行和解协议的，并即时结清的；

（二）申请人明确表示（书面形式）放弃全部或部分权利，已无需执行的；

（三）被执行人破产程序终结，财产分配完毕，又无连带责任人的；

（四）作为被执行人的企业关闭、歇业一年以上未予年检，既无财产可供执行，又无义务承担人的；

（五）作为被执行人的公民被依法宣告失踪，又无财产可供执行的；

---

① 民事诉讼法原第二百三十五条现已修改为第二百五十七条。

四、关于终结程序：

（一）需终结执行的，由执行员提出书面意见，提交合议庭合议。合议须制作合议笔录；

（二）合议庭合议后，应将合议意见及执行卷宗一并报院长决定，院长认为案件重大的，应提交审判委员会研究决定；

（三）终结案件原经过二审程序的，执行的法院应将终结执行的意见书面报给二审法院，经二审法院同意后，再制作终结执行裁定书；

（四）裁定书须送达双方当事人。

江苏省高级人民法院执行工作细则（试行）

• 2005年7月8日江苏省高级人民法院审判委员会第24次会议讨论通过

一、总则

1. 为统一规范执行工作，建立公开、公正、高效、廉洁、有序的执行工作机制，切实保障当事人的合法权益，根据《中华人民共和国民事诉讼法》、最高人民法院《关于适用〈中华人民共和国民事诉讼法〉若干问题的意见》和《关于人民法院执行工作若干问题的规定（试行）》，结合人民法院执行方式改革的实践经验，特制定本细则。

2. 本细则是全省各级法院组织实施执行工作的操作规程。

3. 全面推行执行案件流程管理机制。依照合法、公开、公正、效率和分权制约原则，根据案件在执行过程中的不同阶段，从立案、执行准备、财产调查、财产保全、财产处分、异议审查、执行期限、结案等各个环节上对执行案件实行流程跟踪管理，明确办理期限，确保生效法律文书得到公正、高效的执行。

4. 执行案件实行立案归口管理。执行案件必须经由各级法院立案庭统一立案后，方可交由执行机构办理。人民法庭办理执行案件的，也必须纳入立案归口管理中。

5. 执行案件重大事项实行合议庭或集体讨论负责制。凡涉及对仲裁裁决或赋予强制执行效力的公正债权文书等执行依据进行审查、制定重点案件执行方案、变更或追加被执行人、发布执行悬赏公告、公示拒不履行债务的被执行人、委托评估、拍卖、以物抵债、债权凭证发放、延期执行、暂缓执行、执行中止、执行终结、执行结案、采取强制措施或重大执行措施、股权转让和拍卖、优先受偿权利的确认、执行异议审查、确定监督协调意见、有关请示的批复等重大事项必须经由合议庭讨论决定。

二、立案

6. 立案庭对申请执行案件、请示案件、监督案件、协调案件、不服强制措施申请复议案件负责审查，符合受理条件的，应在办理立案手续后次日将案件移送执行局。

非诉行政案件申请执行的，立案庭应首先立案交行政庭进行执行依据审查，行政庭对经审查符合执行条件的案件，应及时送立案庭，由立案庭办理立案手续后移送执行局。

7. 立案庭受理执行案件应符合下列条件：

（1）申请或移送执行的法律文书已经生效；

（2）申请执行人是生效法律文书确定的权利人或其继承人、权利继受人；

（3）申请执行人在法定期限内提出申请；

（4）申请执行的法律文书有给付内容，且执行标的和被执行人明确；

（5）义务人在生效法律文书确定的期限内未履行；

（6）属于受申请执行的人民法院管辖。

对于不符合上述条件之一的，应在7日内裁定不予受理；对于符合上述条件的申请应在7日内予以立案，并应在立案审批表上注明申请执行人及被执行人的联系人、联系地址及联系电话和其他联系方式。如有财产保全、缺席判决等特殊情形的必须予以注明。

8. 立案庭对在立案审查中发现的应委托外地法院执行的案件，应移交执行局办理委托执行手续。

9. 生效法律文书的执行，一般应由当事人依法提出申请。

下列案件依法可以不经当事人申请，直接移送执行：

(1)已发生法律效力的具有给付赡养费、抚育费、扶养费内容的法律文书；

(2)已发生法律效力的民事制裁决定书；

(3)已发生法律效力的具有财产执行内容的刑事法律文书。

移送执行应由审判员填写移送执行书，说明执行的事项和应注意的问题，连同生效的法律文书一并移送立案庭立案。

10. 申请执行人向人民法院申请执行，应提交下列材料：

(1)申请执行书。申请执行书中应写明申请执行的理由、事项、执行标的，以及申请执行人所了解的被执行人的财产状况。申请执行人书写申请执行书确有困难的，可以口头提出申请。人民法院接待人员对口头申请应制作笔录，由申请执行人签字或盖章。外国一方当事人申请执行的，应提交中文申请执行书。当事人所在国与我国缔结或共同参加的司法协助条约的，按照条约规定办理。

(2)生效法律文书副本或经核对无误的生效法律文书复印件。

(3)申请执行人的身份证明。公民个人申请的，应出示居民身份证；法人申请的，应提交法人营业执照副本和法定代表人身份证明；其他组织申请的，应提交营业执照副本和主要负责人身份证明。

(4)继承人或权利继受人申请执行的，应提交继承或承受权利的证明文件。

(5)被执行人财产线索和相关证据。

(6)其他应提交的文件或证件。

申请执行仲裁机构的仲裁裁决，还应提交有仲裁条款的合同书或仲裁协议书；申请执行的国外仲裁机构的仲裁裁决的，应提交经我国驻外使领馆认证或我国公证机关公证的仲裁裁决书中文本。

11. 申请执行人可以委托代理人代为申请执行。委托代理的，应向人民法院提交委托人签字或盖章的授权委托书，写明委托事项和代理人的权限。

委托代理人代为放弃、变更民事权利，或代为进行执行和解，或代为收取执行款项的，应有委托人的特别授权。

12. 立案庭应在确定立案之日起 3 日内，向申请执行人发出受理案件通知书。

13. 立案庭对各类执行案件实行期限跟踪管理。

14. 案件经立案庭移送执行局后，内勤应及时对案件进行登记。

三、执行准备与实施

(一)一般规定

15. 执行员在收到执行案件后 3 日内，应向申请执行人发出申请执行人须知、被执行人财产线索情况登记表，向被执行人发出执行通知、被执行人须知、被执行人财产申报通知书及登记表。告知双方当事人权利义务，进行执行指导，提示执行过程中可能引发的有关风险事项，责令限期提供财产线索、申报财产情况。

申请执行人、被执行人应在收到被执行人财产情况登记表、被执行人财产申报通知书后 5 日内向人民法院提供财产线索、申报可供执行的财产。

16. 执行员在接到案件之日起 5 日内，应通过合议或集体讨论，及时制定执行、调查方案，并开始执行。

在执行过程中遇有下列情形之一的，执行员应及时提请合议或集体讨论：

(1)需要评估、拍卖、变卖被查封、扣押、冻结的财产；

(2)其他债权人对执行标的物申请参

与分配；

(3)需延长案件执行期限；

(4)案件报结；

(5)其他需要合议或集体讨论的重大事项。

17. 合议庭合议，执行员应事先制作案情汇报提纲，明确需要讨论决定的问题，并提出承办意见。

18. 申请执行人提供明确、具体的被执行人财产线索情况或被执行人下落情况的，执行员应于7日内及时进行查证、采取相应的执行措施，同时将结果答复申请执行人。

19. 执行员可以视案件具体情况向可能熟悉、了解被执行人财产情况的相关单位或个人发放被执行人财产情况举报表。执行员对接到的举报线索，应于7日内及时进行查证并采取相应的执行措施，同时将结果答复举报人。

对实施举报的单位和个人情况应予保密。

20. 被执行人未按执行通知指定的期间履行生效法律文书确定的义务的，执行员应于30日内完成对被执行人收入、银行存款、有价证券、房地产、车辆、机器设备、债权、知识产权、对外投资及收益等财产的调查，同时分别情况，依法及时采取执行措施。

执行员发现被执行人接到执行通知之后转移、隐匿、变卖、毁损财产的，应立即采取执行措施，并依法制裁有关责任人。

21. 采取执行措施的基本要求是：

(1)必须有相应生效法律文书作为执行依据，并按照法定程序进行。

(2)严格保守执行秘密，严禁向被执行人或协助执行人通风报信。

(3)遇有法定回避情形，执行人员必须依法主动申请回避。

(4)执行措施应迅速、及时和连续进行，非依法定情形不得停止。

(5)采取执行措施应向被执行人发送执行通知。

(6)采取执行措施时，执行人员应向有关人员出示工作证和执行公务证，并按规定着装，必要时应请司法警察进行协助。

(7)执行措施针对的财产范围，应为被执行人的财产且与其应履行的债务价值相当，同时应依法保护被执行人的基本生存权利。

(8)采取执行措施应制作裁定书，并依民事诉讼法的相关规定送达被执行人，必要时还应向有关单位发出协助执行通知书。同时制作笔录，笔录中应载明实施的地点、时间、标的，以及执行当事人、利害关系人、在场人姓名等，并经上述有关人员签名。因情况紧急未能当场制作笔录的，执行完毕后，应及时如实补做有关工作记录。

(9)采取拘留、罚款等强制措施，应严格履行法律规定的手续。

(10)因情况紧急，必须立即采取拘留措施的，可在拘留后立即报告局长提请院长补办批准手续。

(11)严禁故意超标的查封、扣押、冻结、变卖被执行人可分割的财产，不得擅自解除已被查封、扣押、冻结的财产。

(12)不得指使或暗示有关部门、有关人员在评估、拍卖中违反有关规定故意压低或抬高价格。

(13)案件执行完毕，或执行案件双方当事人达成和解，或上级法院经执行监督并下达明确函示，应及时合议并解除对相关财产的查封、扣押、冻结措施。

22. 执行员办理案件应认真填写执行案件工作日志，详细记录案件执行的进程及重大事项，提高执行工作的规范化程度。

23. 执行过程中可根据执行案件的具体情况对部分案件的被执行人进行集中教育，督促被执行人积极、主动地履行义务。

24. 经申请执行人申请、合议或集体讨论决定，并提请局长报请分管院长批准，可以发布执行悬赏公告。

25. 经申请执行人申请、合议或集体讨

论决定或合议庭依职权决定，并提请局长报请分管院长批准，对拒不履行债务的被执行人名单可以向社会进行公示。

26. 经申请执行人申请并经合议或集体讨论决定或合议庭依职权决定，可以对被执行人的财产状况进行审计、评估，以便确定被执行人真实的偿债能力。

申请执行人与被执行人协商一致并经合议或集体讨论决定批准后，申请执行人也可以自行组织对被执行人的财产状况进行审计、评估，但审计、评估报告须经合议庭审查确认。

27. 被执行人的财产经查封、扣押、冻结后，在法院指定期限内不履行法律文书确定义务的，经申请执行人申请并经合议或集体讨论决定或合议庭依职权决定，可以委托具有相关资质的专业机构对查封、扣押的被执行人财产进行评估。

28. 被执行人收到被查封、扣押、冻结财产的评估报告后，仍拒不履行法律文书确定义务的，经申请执行人申请并经合议或集体讨论决定或合议庭依职权决定，可以委托具有相关资质的专业机构对查封、扣押、冻结的被执行人财产进行拍卖。

29. 经当事人双方及有关权利人同意，可以对查封、扣押、冻结的被执行人财产进行变卖。对查封、扣押、冻结的金银及其制品、当地市场有公开交易价格的动产、易腐烂变质的物品、季节性商品、保管困难或者保管费用过高的物品，经合议或集体讨论决定，可以直接进行变卖。

被执行人对法院查封、扣押、冻结的财产申请自行变卖的，经申请执行人同意并经合议或集体讨论决定可予准许，但应监督其按照合理的价格在指定期限内完成变卖，并对变卖的价款加以控制。

30. 执行员必须严格遵守执行款物交接管理的有关规定，实行一案一账，确保做到收付有据、手续凭证齐全。

31. 规范采取强制措施的决定程序，杜绝错用、滥用强制措施行为。

32. 依申请执行人申请并经合议或集体讨论决定，可以向符合条件的案件申请执行人发放债权凭证。

（二）案件查询与说明

33. 执行案件的双方当事人或利害关系人及委托代理人，可以电话、信函、来人等方式向执行法院查询案件执行的所有相关情况，执行法院应及时接待并按要求作出相关说明或提供有关材料。但案件涉及下列情况，当事人不得查询：

（1）所查询的事项涉及国家秘密或法院工作秘密的；

（2）所查询的事项涉及他人隐私或商业秘密的；

（3）执行法院认为依法不能进行查询的其他事项。

34. 申请执行人及其委托代理人可以向执行法院就下列情况进行查询：

（1）作为被执行人的自然人死亡的财产继承情况；

（2）作为被执行人的法人或者其他组织终止的工商登记等有关证明材料；

（3）立案执行三个月后仍无法找到被执行人和可供执行财产的，执行法院采取执行措施的情况；

（4）追索赡养费、抚育费、扶养费案件被执行人死亡的有关单位证明材料；

（5）作为被执行人的自然人因生活困难无力偿还债务，无收入来源又丧失劳动能力的相关证明材料；

（6）被执行人已经歇业两年以上，虽未被工商行政管理机关吊销营业执照或进行注销登记，但已名存实亡，经调查又确无财产可供执行的，执行法院采取执行措施的情况；

（7）有关单位出具的被执行人在境外、且两年以上无下落的证明材料；

（8）人民法院已经受理以被执行人为债务人的破产申请的有关法律文书；

（9）一方当事人申请执行仲裁裁决，因另一方当事人申请撤销仲裁裁决而中止执

行的,法院受理申请撤销仲裁裁决案件的相关材料;

(10)仲裁裁决的被申请执行人依据民事诉讼法第二百一十七条第二款的规定向人民法院提出不予执行请求并提供适当担保,执行法院决定中止执行的,被执行人不予执行请求及提供担保的相关材料;

(11)人民法院决定再审,执行法院决定案件中止执行的法律文书材料;

(12)被执行人或第三人提供相应担保,执行法院决定案件暂缓执行的相关材料和担保材料;

(13)被执行人无金钱给付的能力,可供执行的财产无法拍卖、变卖,申请执行人又不愿以物抵债,致使案件暂时无法继续执行等情况及相关证明材料;

(14)需要对被执行人的财产采取评估、拍卖等措施的,当事人双方对评估、拍卖机构的选择协商不一致的,有关评估、拍卖机构的成立、资质及选择确定等情况;

(15)被执行人可供执行的财产已全部用于担保或被其他执法机关查封、冻结,致使案件暂时无法执行的情况及相关法律文书材料;

(16)决定延长案件执行期限情况或扣除案件执行期限情况;

(17)被执行人履行的执行款物给付情况;

(18)案件委托执行的,受托法院的立案情况、联系方式;

(19)其他认为可以向执行法院查询的事项。

35. 被执行人及其委托代理人可以向执行法院就下列情况进行查询:

(1)申请执行人申请法院强制执行的管辖和期限;

(2)执行标的额的计算情况;

(3)已履行款物的给付情况;

(4)评估、拍卖机构的成立、资质及选择确定等情况;

(5)罚款、拘留的依据;

(6)申请执行费用的收取及实际执行费用的负担等情况;

(7)其他认为可以向执行法院查询的事项。

36. 案件的利害关系人及其委托代理人可以向执行法院就下列情况进行查询:

(1)案件的执行法律依据;

(2)相关异议的审查情况及法律依据;

(3)变更或追加其为被执行人的事实依据及法律依据;

(4)其他认为可以向执行法院查询的事项。

37. 下列情况,执行法院应通过申请执行人须知、被执行人须知告知当事人:

(1)当事人有权委托执行代理人,委托代理的,应向人民法院提交经委托人签名或盖章的授权委托书,写明委托事项及代理人的权限;

(2)当事人可依法定程序申请回避;

(3)当事人对评估、审计、鉴定结果不服的,可以提出异议的权利;

(4)当事人对执行法院采取执行措施,可以提出异议或申请复议的权利;

(5)执行法院收取执行款项,应向当事人出具收据;

(6)当事人提供书面材料的,执行法院应出具执行材料收取凭证,并注明原件或复印件。

38. 案件执行过程中,执行法院对应主动告知申请执行人的事项未告知的,除申请执行人同意,不得将案件延期执行或中止执行。

(三)执行悬赏公告

39. 下列情形,申请执行人可以申请发布执行悬赏公告:

(1)被执行人下落不明的;

(2)被执行人的法定代表人下落不明,严重影响被执行人债务履行的;

(3)被执行人隐匿、转移财产,造成执行困难的。

40. 申请发布执行悬赏公告应提交书

面申请，写明查找对象、执行悬赏公告刊登的方式、范围、时间、自愿支付的赏金标准、选择公告的媒体等。

41. 对申请执行人的执行悬赏申请应通过合议或集体讨论的方式进行严格审查。对符合条件的申请，提请局长报请分管院长批准发布。

42. 执行悬赏公告应载明以下内容：

（1）被执行人及被执行人的法定代表人的基本情况；

（2）执行依据；

（3）执行标的额；

（4）悬赏查找的对象；

（5）赏金标准；

（6）兑付赏金条件；

（7）赏金领取的方式；

（8）对提供线索人的保密承诺。

43. 刊登执行悬赏公告所需费用由申请执行人预交，从执行财产中予以扣付。实际执行财产不足以抵偿全部债务的，悬赏公告费用不予扣除。

44. 执行悬赏公告的赏金数额应根据案件具体情况通过合议或集体讨论的方式确定，但赏金数额不得高于因举报实际执行到财产的5%。

执行悬赏赏金应纳入执行案件标的总额，并从执行财产中优先划付。

45. 法院工作人员及其近亲属不得参加执行悬赏活动。

（四）拒不履行债务的被执行人名单公示

46. 下列情形，可以对拒不履行债务的被执行人名单向社会进行公示：

（1）被执行人有履行能力，在执行通知规定的期限内未能自觉履行，经教育后仍然拒不履行债务的；

（2）被执行人存在转移、隐匿、变卖、毁损财产等逃避执行的行为的。

47. 向社会公示拒不履行债务的被执行人名单应经申请执行人书面申请、合议或集体讨论决定或合议庭依职权决定，同时提请局长报请分管院长批准。

48. 决定公示拒不履行债务的被执行人名单后，应在公示前15日书面通知被执行人。

被执行人在15日内请求不予公示，并自动履行了债务或提交债务履行担保的，应撤销公示决定，不再公示其名单。

49. 决定公示的被执行人名单一般应通过报刊、电视、广播、网络等媒体对社会发布，同时应向金融机构和工商、土地、房屋、车辆、出入境等管理机构通报。

50. 被执行人在公示发布后自动履行债务，或与申请执行人达成执行和解协议并付诸履行，或经强制执行并裁定终结执行的，应在7日内将该被执行人从网络公示的名单中删除。

51. 刊登拒不履行债务的被执行人名单公示所需费用由申请执行人预交，从公示后实际执行到的财产中予以扣付。

（五）执行中的查封、扣押与冻结

52. 下列财产，可以采取查封、扣押、冻结措施：

（1）被执行人占有的动产；

（2）登记在被执行人名下的不动产、特定动产及其他财产权；

（3）第三人占有的动产或登记在第三人名下的不动产、特定动产及其他财产权，经第三人书面确认属于被执行人所有；

（4）有证据证明确属被执行人所有的未登记的建筑物和土地使用权。

53. 下列财产，不得采取查封、扣押、冻结措施：

（1）被执行人及其所扶养家属生活所必需的衣服、家具、炊具、餐具及其他家庭生活必需的物品；

（2）保障被执行人及其所扶养家属当地最低生活标准所必需的生活费用；

（3）被执行人及其所扶养家属完成义务教育所必需的物品；

（4）被执行人未公开的发明或者未发表的著作；

(5)被执行人及其所扶养家属用于身体缺陷所必需的辅助工具、医疗物品;

(6)被执行人获得的勋章及因其他荣誉表彰获得的物品;

(7)已经权属登记机关核准登记的被执行人已转让的财产;

(8)根据《中华人民共和国缔结条约程序法》,以中华人民共和国、中华人民共和国政府或中华人民共和国政府部门名义同外国、国际组织缔结的条约、协定和其他具有条约、协定性质的文件中规定免于查封、扣押、冻结的财产;

(9)法律或者司法解释规定的其他不得查封、扣押、冻结的财产。

54. 对被执行人及其所扶养家属生活所必需的居住房屋,可以查封,但不得拍卖、变卖或者抵债。

55. 查封、扣押、冻结被执行人的财产时,执行人员应制作笔录,载明下列内容:

(1)执行措施开始及完成的时间;

(2)财产的所在地、种类、数量;

(3)财产的保管人;

(4)其他应记明的事项。

执行人员及保管人应在笔录上签名,有民事诉讼法第二百二十四条规定的人员到场的,应由到场人员在笔录上签名。

56. 扣押的财产,一般应交由执行法院自行保管或交由所在地法院保管,特殊情况下也可委托申请执行人以外的有关单位或个人保管,但应对扣押财产适时进行检查,依法及时处理。

委托有关单位或个人保管,应出具委托书及财产清单,由受托单位或个人签署确认。

57. 有下列情形之一的,应及时作出解除查封、扣押、冻结的裁定,并送达申请执行人、被执行人或者案外人:

(1)查封、扣押、冻结案外人财产的;

(2)申请执行人撤回执行申请或者放弃债权的;

(3)查封、扣押、冻结的财产流拍或者变卖不成,申请执行人和其他执行债权人又不同意接受抵债的;

(4)债务已经清偿的;

(5)被执行人提供担保且申请执行人同意解除查封、扣押、冻结的;

(6)人民法院认为应解除查封、扣押、冻结的其他情形。

解除以登记方式实施的查封、扣押、冻结,应向登记机关发出协助执行通知书。

(六)执行中的审计、评估、鉴定、拍卖和变卖

58. 对被执行人财务状况进行审计、评估,原则上应依申请执行人的申请进行,但涉及以下情形的,经合议或集体讨论并提请局长报请分管院长审查批准,可以依职权启动审计、评估程序,有关的审计、评估费用由执行法院先行垫付,并从执行款项中先行扣还:

(1)不及时审计、评估,可能造成国家利益重大损失的;

(2)不及时审计、评估,可能造成重大社会公共利益损害的;

(3)申请执行人不主动提出审计、评估申请,或提出了申请却又不愿预交审计、评估费用,怠于行使权利、履行义务,形成执行僵局的。

59. 案件一经进入审计、评估、鉴定、拍卖、变卖程序,执行员应立即通知双方当事人,并责成被执行人对审计、评估、鉴定、拍卖、变卖工作予以配合。

审计、评估、鉴定、拍卖、变卖过程中,凡涉及中介机构的选择、确定等事项的,均应交由执行法院明确负责该项工作的职能部门办理。

60. 对被执行人财产状况进行审计、评估,或进行必要的鉴定,或对被执行人查封、扣押财产的评估、拍卖。应委托审计、评估、鉴定、拍卖机构进行。

61. 审计、评估、鉴定、拍卖机构一般应由双方当事人从有资质并愿意参与的审计、评估、鉴定、拍卖机构名册中协商确定。

不能协商一致的，应从有资质并愿意参与的审计、评估、鉴定、拍卖机构名册中，采取随机的方式确定。

当事人双方申请通过公开招标方式确定审计、评估、拍卖机构的，应予准许。

62. 委托对被执行人财务状况进行审计、评估，应同时将以下材料一并送受托中介机构：

(1)执行依据的法律文书复印件；

(2)审计、评估的具体目的和要求；

(3)被执行人财务账册；

(4)被执行人的其他文件材料。

63. 委托评估查封、扣押的被执行人财产，应同时将以下材料一并送受托中介机构：

(1)执行依据的法律文书复印件；

(2)需评估的查封、扣押财产的相关权属证明复印件；

(3)需评估的查封、扣押财产的有关情况说明。

64. 委托鉴定，应同时将以下材料一并送受托中介机构：

(1)鉴定的具体目的和要求；

(2)鉴定对象及其说明；

(3)比对检材、原始病历记录等。

65. 执行员应在收到受托机构审计、评估、鉴定报告书之日起 5 日内将报告书送达双方当事人及其他利害关系人。当事人或其他利害关系人对审计、评估、鉴定结果有异议的，可以在收到报告书之日起 10 日内以书面形式提出。

作出审计、评估、鉴定报告书的机构应就异议接受当事人或其他利害关系人的质询。质询后 5 日内合议或集体讨论异议是否成立，异议成立的，应作出限期补正决定。作出审计、评估、鉴定报告书的机构拒绝补正或者当事人及其他利害关系人对补正结果仍有异议的，经合议或集体讨论认为确有理由的，应对审计、评估、鉴定结果不予确认，并另行委托有关机构进行重新审计、评估、鉴定。

66. 当事人或者其他利害关系人有证据证明审计、评估、鉴定机构，审计、评估、鉴定人员不具备相应的审计、评估、鉴定资质或者审计、评估、鉴定程序严重违法而申请重新审计、评估、鉴定的，应准许。

67. 对查封、扣押、冻结的财产进行变价处理时，应首先采取拍卖的方式，但法律、司法解释另有规定的除外。

合议庭合议决定实施拍卖的案件，执行员应在作出拍卖裁定后的 3 内将裁定书送达双方当事人。

68. 委托拍卖查封、扣押的被执行人财产，应同时将以下材料一并送受托中介机构：

(1)执行依据的法律文书复印件及决定拍卖的裁定书；

(2)拍卖标的物的相关权属证明复印件；

(3)拍卖标的物重大瑕疵的情况说明；

(4)拍卖标的物上享有优先购买权、担保物权的情况说明。

69. 在拍卖开始前，有下列情形之一的，应撤回拍卖委托：

(1)据以执行的生效法律文书被撤销的；

(2)人民法院经审查认为案外人对拍卖财产提出的异议理由成立的；

(3)被执行人支付现金履行了法律文书确定的金钱义务的；

(4)当事人达成了执行和解协议，无须进行财产拍卖的；

(5)案外人对拍卖财产提出确有理由的异议的；

(6)拍卖机构与竞买人恶意串通的；

(7)其他应撤回拍卖委托的情形。

70. 拍卖应确定保留价。

拍卖的保留价可以由申请执行人与被执行人或其他权利人协商确定。协商不成的，由执行机构参照评估价确定，未作评估的，参照市价确定，并应征询有关当事人的意见。

初次拍卖时确定的保留价不得低于评估价或者市价的80%；流拍后再行拍卖时，可以酌情降低保留价，但每次降低的数额不得超过前次保留价的20%。

保留价确定后，依据本次拍卖保留价计算，拍卖所得价款在清偿优先债权和强制执行费用后无剩余可能的，应在实施拍卖前将有关情况通知申请执行人。申请执行人于收到通知后5日内申请继续拍卖的，应予准许，但应重新确定保留价；重新确定的保留价应大于该优先债权及强制执行费用的总额。

71. 拍卖应先期公告。

动产拍卖，除因拍卖物性质必须迅速拍卖以外，应至少提前7日发布拍卖公告。

不动产或其他财产权拍卖，应至少提前15日发布拍卖公告。

72. 拍卖公告一般应在人民法院公告栏、拍卖的不动产张贴以及双方当事人及其他权利人协商确定的报纸上发布。拍卖财产价值较大的，公告应在当地有影响报纸的显著位置上发布。拍卖财产数额巨大或者有重大影响的，公告应在全国性报纸的显著位置上发布。拍卖财产有专业属性的，公告应在相关专业的权威性报纸上发布。

当事人申请在其他新闻媒体上公告或者要求扩大公告范围的，应准许，但该部分的公告费用由其自行承担。

73. 拍卖不动产、其他财产权或者价值较高的动产的，竞买人应于拍卖前预交拍卖保证金。申请执行人参加竞买的，可以不预交保证金。保证金的数额不得低于评估价或者市价的5%。

应预交保证金而未交纳的，不得参加竞买。拍卖成交后，买受人预交的保证金充抵价款，其他竞买人预交的保证金应在3日内退还；拍卖未成交的，保证金应于3日内退还竞买人。

74. 执行员应提前5日书面通知当事人、担保物权人、优先购买权人或者其他优先权人于拍卖日期到场。

上述人员无法通知或者经通知不到场的，不影响拍卖。

优先购买权人经通知未到场的，视为放弃优先购买权。

75. 拍卖款在扣除相关费用后，应依法律规定的受偿顺序，确定分配方案。拍卖价款超出执行标的数额和执行费用的部分，应退还被执行人。

76. 拍卖时无人参加竞买或者竞买人所出的最高价低于保留价，申请执行人或其他债权人愿以所定的保留价接受拍卖财产的，应以该财产抵偿其债务。

有两个以上债权人愿意接受拍卖财产抵债的，由法定受偿顺位在先的债权人优先受偿。受偿顺位相同的，以抽签方式决定受偿人。

接受拍卖财产抵偿债务的债权人债权额低于拍卖财产的保留价的，应在其补交差额后交付拍卖财产。

77. 债权人拒绝接受流拍财产的，应于60日内进行第二次拍卖。第二次拍卖仍无人竞买或者最高出价低于保留价的，申请执行人或其他债权人可以依第二次拍卖的保留价接受拍卖物抵偿债务。

债权人拒绝接受第二次流拍的动产的，应解除查封、扣押，将财产交还被执行人。

债权人拒绝接受第二次流拍的不动产或者其他财产权的，应于60日内进行第三次拍卖。第三次拍卖流拍且申请执行人或者其他执行债权人拒绝接受或者依法不能接受该不动产或者其他财产权抵债的，应于第三次拍卖终结之日起7日内发出变卖公告。自公告之日起60日内没有买受人愿意以第三次拍卖的保留价买受该财产，且申请执行人、其他执行债权人仍不表示接受该财产抵债的，应解除查封、冻结，将该财产退还被执行人，但对该财产可以采取其他执行措施的除外。

78. 当事人或者利害关系人认为拍卖

程序有下列情形之一的，可以在拍卖结束后10日内，提出拍卖无效的异议：

（1）有证据证明竞买人之间、竞买人与拍卖机构之间恶意串通，损害利害关系人利益的；

（2）有证据证明拍卖机构或者被执行人故意隐瞒拍卖财产重大瑕疵的；

（3）有证据证明拍卖物以低于保留价的价格拍定的；

（4）有其他违反拍卖程序给利害关系人造成损害的。

79. 对当事人或者利害关系人提出的拍卖无效异议，执行员应立即进行审查，并于5日内提请合议或集体讨论决定异议是否成立。异议不成立的，裁定予以驳回；异议成立的，裁定拍卖无效，在另行选择拍卖机构后，择日拍卖。

因拍卖无效造成的损失，由相关责任人承担。

80. 对查封、扣押、冻结的财产，当事人双方及有关权利人同意变卖的，可以变卖。

金银及其制品、当地市场有公开交易价格的动产、易腐烂变质的物品、季节性商品、保管困难或者保管费用过高的物品，可以依法决定直接予以变卖。

81. 对查封、扣押的被执行人财产进行变卖，当事人之间有约定价格的，依约定价格变卖。无约定价格、但有市场价格的，变卖价格不得低于市价。无市场价格且价值较大、价格不易确定的，应委托评估机构进行评估，依评估确定的价格进行变卖。依评估价格变卖不成的，可以降低价格进行变卖，但不得低于评估价格的50%。

82. 变卖的财产无人应买，申请执行人或其他债权人愿以约定价格或市场价格或评估价接受该财产的，应以该财产抵偿其债务。申请执行人或者其他债权人拒绝接受或者依法不能交付其抵债的，应解除查封、扣押、冻结，并将该财产退还被执行人。

（七）执行款物交接

83. 当事人双方能够通过直接交付方式履行的执行款物，执行法院应责成当事人双方及时直接进行款物交接，并记录交接情况，由双方当事人签名确认。对当事人双方不能通过直接交付方式履行的执行款物，执行法院应严格执行本细则及有关款物交接规定。

84. 执行款实行专户专人管理、专款专付的原则。各级法院应开立执行款专户并指定专人负责管理专户内的执行款项。

85. 执行款的管理实行人款分离原则。执行员原则上不得收取被执行人交纳的现金或票据（含本票、汇票、支票），不得向当事人转交、支付现金或票据。

86. 执行局应专人负责对全局执行款的收付情况设立台账，在台账账簿上设立每案专页，对每个案件实行明细记账管理。

87. 基层法院对所辖人民法庭的执行款实行统一管理。人民法庭收取的执行款原则上应存入所属基层法院的执行款专户，由基层法院统一实施财务管理，并由基层法院审批划付。

88. 执行员在执行过程中搜查、收取、扣划、变卖和拍卖所得的款项以及执行担保款项应直接划进本院开立的执行款专户。付款人即时支付现金或票据的，执行员应通知其直接向专户开户行交缴并将银行回单送交法院财务部门。异地执行、搜查扣押、小额标的执行或情况紧急，确需执行员直接代收现金或票据的，收取现金或票据应符合以下条件：

（1）应有两名执行人员在场；

（2）应即时向付款人出具格式收据，收据应注明在场执行人员的姓名，并将执行公务证交付款人核对；

（3）将收款情况记人笔录并由付款人签名。付款人要求复印该笔录的，应准许；

（4）收取现金的，应于24小时内将款项存人本院执行款专户或移交本院财务部门；收取票据的，应在24小时内将票据交本院财务部门。执行员违反前述（1）、（2）、（3）项其中之一的，付款人有权拒绝付款或交票。

89. 执行员向被执行人发出执行通知书、通知被执行人支付执行款时，应在相关法律文书中告知本院执行款专户的开户银行、账号、单位全称。被执行人委托其他单位和个人代付款的，代付款人必须在写明汇款单位或个人详细名称、汇款用途的同时，注明案件当事人的名称、案号和执行员的姓名，如汇款单无法填写上述内容的，应另附书面说明。

90. 执行款、物收据由省法院统一编号印制。中级法院向省法院、基层法院向中级法院、执行员向所在执行局领取执行款、物收据，领取时应根据编号进行登记。执行员外出执行未使用收据的，必须于回院上班的第一日交回执行局并进行登记。

91. 执行员应自接到财务部门有关执行款到账通知之日起5日内办理执行款的划付及相关执行费用的结算手续。如需要等待分配方案的确定、不动产的过户或有其他原因，不能在5日内付款的，应报分管局长审查批准，于5日期限届满前向当事人书面说明原因。

92. 执行款的收、付情况应及时告知案件当事人。自执行款到账之日起5日内，执行员应将收款时间与收款数额告知相关案件的申请执行人；自划款通知书送交财务部门之日起5日内，执行员应将划出款项时间与数额告知收款人和被执行人。

93. 执行款的划付一般由执行员直接报执行实施处（科）长批准。

94. 执行员将划款通知单呈报审批时，应同时附送以下文件和凭证：

（1）扣划款项裁定书、拍卖或变卖的成交确认书；

（2）财务部门开具的收款收据复印件；

（3）向土地、房管、税务、车辆等行政管理部门支付有关税费，需提交收取税费部门开具的缴税、缴费通知书；

（4）向审计、评估、拍卖机构支付审计费、评估费、拍卖佣金，需提交审计、评估、拍卖机构开具的缴费通知书、发票或财政部门统一印制的收费收据；

（5）向医疗机构支付医疗费用，需提交医疗机构的催缴通知书或相关证明；

（6）按规定应支付的其他费用，应附送相关证明书或通知书。

95. 执行局通知财务部门划款，应填写划款通知单。划款通知单应具备以下内容：

（1）案号、申请执行人名称、被执行人名称、执行担保人名称；

（2）执行款的来源（搜查、扣划、主动履行、拍卖或变卖款等）、汇款单位及账户、已进账款项的时间和金额、划付款项的时间和金额、收款人及收款账户；

（3）划付的理由；

（4）执行局领导的审批情况。

96. 执行员必须在本案执行款进账的数额范围内填写划款通知单，财务部门发现划出款项超过进账款项或超过账面余额的，有权拒绝划款并将情况通知执行局领导。

97. 已入执行款专户的款项原则上不得以现金形式支付。申请执行人为法人或其他组织的，支付执行款应以转账方式直接汇入申请执行人指定的银行账户。申请执行人为自然人的，执行法院应直接将执行款划入其开具的实名存折账户或信用卡账户。

98. 执行拖欠工人工资案件，可以直接支付现金，但必须制作工人工资发放表，由每一位收款人签收。执行法院将执行款附工人工资表交处理纠纷的劳动管理部门发放的，应要求劳动管理部门出具收款收据，同时告知劳动管理部门在工资发放后应持附有工人签名并加盖公章的工资表换回收款收据。

99. 申请执行人是香港企业或自然人，指定境内企业、律师或自然人代收执行款，未能在执行法院直接办理委托手续的，应提交由司法部指定的香港律师公证并经中国法律服务(香港)有限公司加章转递的特别授权委托书原件。

申请执行人是澳门企业或自然人,指定境内企业、律师或自然人代收执行款,未能在执行法院直接办理委托手续的,应提交盖有中国法律服务(澳门)有限公司证明事务专用章的特别授权委托书原件。

申请执行人是我国台湾企业或自然人,指定境内企业、律师或自然人代收执行款,未能在执行法院直接办理委托手续的,应提交经我国台湾地区公证机构公证的并经与本省(市、区)公证员协会收到的台湾海基会寄送的副本比对无误的特别授权委托书。

申请执行人是外国企业或自然人,指定境内企业、律师或自然人代收执行款,未能在执行法院直接办理委托手续的,若该外国与我国有外交关系,应提交由所在国公证机构公证并经我国驻该国使、领馆认证的特别授权委托书原件或履行了我国与该外国订立的有关条约中规定的证明手续的特别授权委托书;若该外国与我国没有外交关系,应提交经与我国有外交关系的第三国驻该外国使领馆认证,并转由我国驻该第三国使领馆认证的特别授权委托书。

100. 收款人是法人或其他组织的,收款后应向执行法院出具加盖单位公章的收款证明。收款人是自然人的,收款后应向执行法院出具本人亲笔签名或有本人指印的收款证明。收款证明应存入执行档案。

101. 当事人达成和解以物抵债的,应作出以物抵债裁定,并应由双方当事人同时到场当面交接。

执行法律文书指定交付的财产、依法裁定强制以物抵债以及执行拍卖变卖的财产交付,应通知被执行人到场。被执行人无法通知或通知后拒不到场的,由执行人员与申请执行人或买受人办理交接手续。财产交接手续,必须由两个以上执行人员办理。财产的交接必须填写详细的交接清单,并由执行人员、当事人在清单上签名。上述交接清单应一式数份,其中一份由执行法院附卷。

102. 执行员应及时将财产的控制和处分情况输入案件管理系统,并认真填写执行案件款物交接管理表,报处(科)长审核后附卷。

103. 严格执行有关纪律规定,执行款物不得擅自动用、试用、挪用;不得私设账户或在金融单位办理储蓄。违者视情节轻重追究相应的纪律、法律责任。

(八)执行中止与终结

104. 有下列情形之一的,人民法院应裁定中止执行:

(1)申请人表示可以延期执行的;

(2)作为一方当事人的公民死亡,需要等待继承人继承权利或者承担义务的;

(3)作为一方当事人的法人或者其他组织终止,尚未确定权利义务继受人的;

(4)人民法院已受理以被执行人为债务人的破产申请且无其他债务担保人的;

(5)被执行人确无财产可供执行的;

(6)执行的标的物是其他法院或仲裁机构正在审理的案件争议标的物,需要等待该案件审理完毕确定权属的;

(7)一方当事人申请执行仲裁裁决,另一方当事人申请撤销仲裁裁决的;

(8)仲裁裁决的被申请执行人依据民事诉讼法第二百一十七条第二款的规定向人民法院提出不予执行请求,并提供适当担保的;

(9)人民法院认为应中止执行的其他情形。

105. 执行员对认为符合执行中止条件的执行案件,应正式提请合议或集体讨论决定。

106. 中止执行的情形消失后,执行法院可以根据申请执行人的申请或依职权恢复案件的执行。

案件恢复执行应以书面形式通知当事人。

107. 申请执行人向执行法院申请恢复案件的执行，应同时提供可供执行的被执行人财产线索。

执行法院对申请执行人提供的可供执行的被执行人财产线索，应及时进行调查核实。经调查属实的，应立即恢复执行；经调查被执行人仍然确无财产可供执行的，应以书面形式通知申请执行人不予恢复执行。

108. 执行法院对中止执行的案件应定期进行清理，发现有可供执行财产的案件，应依职权及时恢复执行。

109. 有下列情形之一的，人民法院应裁定终结执行：

(1)申请执行人撤销执行申请的；

(2)据以执行的法律文书被撤销的；

(3)作为被执行人的公民死亡，无遗产可供执行，又无义务承担人的；

(4)追索赡养费、扶养费、抚育费案件的权利人死亡的；

(5)作为被执行人的公民因生活困难无力偿还借款，无收入来源，又丧失劳动能力的；

(6)作为被执行人的企业法人被人民法院依法宣告破产的；

(7)被执行人确无财产可供执行，申请执行人同意人民法院终结执行的；

(8)人民法院认为应终结执行的其他情形。

(九)执行中的拘传、罚款和拘留

110. 对必须到执行法院接受询问的被执行人或被执行人的法定代表人或负责人，经两次传票传唤，无正当理由拒不到场的，可以对其进行拘传。

111. 对被拘传人的调查询问不得超过24小时，调查询问后不得限制被拘传人的人身自由。

112. 被执行人或其他人有下列行为之一的，可以分别情况，予以罚款、拘留处罚：

(1)隐藏、转移、变卖、毁损财产，造成人民法院无法执行的；

(2)隐藏、转移、变卖、毁损已被查封、扣押、冻结的财产或已被清点并责令其保管的财产的；

(3)隐藏、转移、变卖、毁损向执行法院提供执行担保的财产的；

(4)案外人与被执行人恶意串通转移被执行人财产的；

(5)故意撕毁执行法院执行公告、封条的；

(6)伪造、隐藏、毁灭有关被执行人履行能力的重要证据，妨碍人民法院查明被执行人财产状况的；

(7)指使、贿买、胁迫他人对被执行人的财产状况和履行义务的能力问题作伪证的；

(8)妨碍执行人员依法搜查的；

(9)以暴力、威胁或其他方法妨碍或抗拒执行的；

(10)哄闹、冲击执行现场的；

(11)对执行人员或协助执行人员进行侮辱、诽谤、诬陷、围攻、威胁、殴打或者打击报复的；

(12)毁损、抢夺执行案件材料、执行公务车辆、其他执行器械、执行人员服装和执行公务证件的；

(13)有履行能力而拒不履行人民法院发生法律效力的判决书、裁定书、调解书和支付令的。

113. 协助执行义务人有下列行为之一的，可以对协助执行义务人、主要负责人或直接责任人员予以罚款处罚：

(1)拒绝或者妨碍人民法院调查取证的；

(2)拒不协助查询、冻结或者划拨存款的；

(3)拒不协助扣留被执行人的收入、办理有关财产权证照转移手续、转交有关票证、证照或者其他财产的；

(4)有其他拒绝协助执行行为的。

114. 协助执行义务人有下列行为之一的，可以对协助执行义务人、主要负责人或直接责任人员予以罚款、拘留处罚：

(1)擅自转移已被人民法院冻结的存款或擅自解冻的；

(2)以暴力、威胁或其他方法阻碍执行人员查询、冻结、划拨存款的；

(3)接到人民法院协助执行通知书后，给当事人通风报信，协助其转移、隐匿财产的。

115. 采取拘传、罚款、拘留措施，应经合议或集体讨论、并提请局长报请执行法院院长批准。

被执行人或其他人以暴力方式抗拒执行，情况紧急，必须立即采取拘留措施的，可在拘留后，立即报告院长补办批准手续。院长认为拘留不当的，应立即解除拘留。

(十)债权凭证

116. 债权凭证的发放及管理仍按照省法院审判委员会2003年第51次会议讨论通过《关于在执行程序中实施债权凭证制度的规定(试行)》严格执行。

四、执行裁决

(一)执行监督

117. 上级法院依程序或根据当事人及案外人反映发现下级法院在具体执行过程中，有执行错误或明显不当可能的，或上一级法院指令对所辖法院的执行案件予以审查的，应立案审查，依法监督。

118. 承办人接到监督案件后认为有必要的，应在接到案件之日起15日内调卷审查，或当面听取有关法院汇报。案件审查完毕，经合议庭或审委会讨论决定后，应在作出决定后的3日内向有关法院发出书面监督意见。情况紧急的，可以在口头通知后3日内发出书面监督意见。

上级法院对下级法院的执行监督案件，可在接到案件之日起3日内发函要求下级法院在指定的期限内(一般不超过一个月)进行审查并书面报告审查结果及监督意见。承办人收到审查报告后，应在5日内及时提请合议庭讨论研究。

119. 下级法院对监督意见有异议的，应自接到监督意见之日起5日内书面提请复议。

承办人应在收到监督复议案件之日起15日内对复议申请审查完毕，并及时提请合议庭讨论决定。原监督意见经审委会讨论决定的，应再次提请审委会进行讨论。经合议庭或审委会讨论决定后，应在作出决定后的3日内将复议决定书面通知提出复议申请的下级法院。情况紧急的，可以在口头通知后3日内发出书面复议意见。

下级法院既不执行上级法院的监督意见，又不书面提请复议或拒不执行上级法院的复议决定，上级法院可以直接予以纠正，并予以通报批评。

120. 上级法院监督纠正下级法院的执行错误一般应逐级进行。情况紧急的，高级法院可以直接指令基层法院纠正，但应及时通知相关的中级法院。

121. 上级法院在审查监督下级法院执行案件过程中，经合议庭讨论研究，可以视情书面通知下级法院暂缓执行。情况紧急的，可以在口头通知后3日内发出书面通知。暂缓执行的期限不得超过三个月。

122. 下级法院应按照监督意见一个月内纠正处理完毕，并将有关监督处理结果书面报告上级监督法院。

(二)执行异议审查

123. 执行异议一般应以书面形式在执行案件结案前向执行法院提出，异议人有证据证明不知其权利受到侵害的除外。

124. 案件当事人或案外人对执行措施提出异议申请的，执行实施部门应自接到异议之日起的3日内进行合议审查，对符合立案条件的，将案件及装订成册的全部卷宗材料一并报经分管局长批准、立案庭立案，并移送至执行裁决部门审查处理。

125. 对执行异议可以径行书面审查，也可以通过组织听证进行审查。

126. 执行异议审查期间，对异议涉及的财产暂停处分，对异议指向的执行措施暂停实施。对异议一时难以确定是否成立,异议人提供确实有效的担保的,可以解除查封、扣押措施。申请执行人提供确实有效的担保的,可以继续执行。

127. 经审查认为异议人异议理由成立的,应裁定纠正有关执行裁决或执行措施;异议理由不成立的,应依法裁定驳回异议人的异议。

上述裁定书应及时送达异议人和其他当事人。

128. 异议人认为其异议理由成立,裁定驳回其异议不当,或其他当事人认为异议人异议理由不能成立,裁定支持异议人异议不当的,可在收到裁定书后10日内书面向执行法院的上一级法院提出复议申请。

复议申请书应通过执行法院提出,执行法院应自接到复议申请书之日起5日内将案件全部卷宗材料装订成册,连同复议申请书一并报送上一级法院审查。

129. 基层人民法院执行局因实际情况未设立执行裁决科,或执行裁决科人员无法组成合议庭的,在审查异议时,由局长从执行实施科以外抽调人员组成合议庭进行审查。

人民法庭办理执行案件中涉及的异议审查事项,必须交由所在法院执行局裁决机构审查。

130. 对当事人提出的审查仲裁裁决、赋予强制执行效力的赋予强制执行效力的公正债权文书等执行依据的申请、执行回转申请,比照上述异议审查的规定进行审查。

(三)申请复议审查

131. 申请复议应提交下列材料:

(1)申请复议书。

(2)申请复议人的身份证明。公民个人申请的,应出示居民身份证;法人申请的,应提交法人营业执照副本和法定代表人身份证明;其他组织申请的,应提交营业执照副本和主要负责人身份证明。

(3)执行法院就执行异议制作裁定书复印件。

(4)支持其复议申请的证据等其他材料。

132. 上一级法院立案庭对复议申请进行审查并立案后,移送执行局交由执行局审查处理。

133. 上一级法院对申请复议案件的审查一般以书面方式审查,也可以通过组织听证进行审查。

134. 复议审查期间,对复议涉及的财产暂停处分,对复议指向的执行措施暂停实施。对复议一时难以确定是否成立,复议人提供确实有效的担保的,可以解除查封、扣押措施。申请执行人提供确实有效的担保的,可以继续执行。

135. 上一级法院经审查认为申请复议理由成立的,应裁定撤销执行法院的有关裁定;理由不成立的,应依法裁定驳回申请复议人的复议申请。

五、执行救济

(一)执行案件的催办

136. 申请执行人认为执行员怠于执行的,可以向执行法院或其上级法院提出,经由局长批准交综合协调部门审查。综合协调部门应于10日内作出执行员是否存在怠于执行行为的结论。

137. 执行员有以下行为之一的,为怠于执行:

(1)收案后逾5日内未进行传唤被执行人谈话,10日内未进行调查或采取执行措施的;

(2)申请执行人提供被执行人财产情况或被执行人下落情况的线索,执行员未及时进行查实、采取执行措施,并将结果答复申请执行人的;

(3)案件逾六个月未执结,执行员未将案件执行情况书面告知申请执行人的;

(4)申请执行人向执行员查询案件执行情况,执行员不予告知和说明的;

(5)存在其他怠于执行情形的。

138. 综合协调部门经审查认为执行员

存在怠于执行情形的,应向本院执行实施部门或下级法院执行局发出书面催办函,限期执行并答复申请执行人;认为不存在怠于执行情形的,应向申请执行人说明。

139. 对综合协调部门的催办函,本院执行实施部门或下级法院执行局应责成相关案件执行员说明未采取执行措施的情况并在指定期限内实施执行行为。

140. 本院执行实施部门未在指定期限内实施执行行为并告知申请执行人的,综合协调部门可向局长报告,提请协调或更换执行员。

141. 下级法院对上级法院催办的案件应在指定限期内实施执行行为并报告结果。不能执行的,应及时报告上级法院并向申请人说明情况。

(二)执行案件的督办

142. 上级法院发现下级法院执行的案件在六个月内未能执结的,可以立案督办。经上级法院催办的案件,下级法院既未执结又不报告结果的,上级法院应立案督办。上级法院指令对本院所辖法院的执行案件督促执行的,应立案督办。

143. 承办人应在接到督办案件后 3 日内向下级法院发出督办函,督促下级法院在指定的期限内(一般不超过两个月)执结相关案件,并书面报告案件执行情况。

144. 督办案件一般应逐级进行。特殊情况下,高级法院可直接对基层法院的执行案件进行督办,但应及时通知其所属中级法院。基层法院不得以中级法院未通知为由拖延不办。

145. 下级法院接到上级法院的督办函后,应严格按照督办函的要求予以执行。

146. 对期限内未能执结的案件,上级法院可在逾期后 5 日内视情再次向下级法院发出督办函,或采取提级执行、指定执行等措施,也可以与下级法院共同执行。

对未在指定期限内执结案件,又不报告情况的,上级法院应予通报批评。

147. 督办案件应在指定期限内执结并报告情况,案件未能执结的,上级法院可决定采取提级执行、指定执行措施,并在案件被提级执行、指定执行得到执结后,予以通报。

(三)执行争议的协调

148. 因执行管辖、执行依据、执行标的、执行措施、执行分配、委托执行等事项发生执行争议,相关执行法院自行协商不成的,应逐级书面报请上级法院立案协调。

不属同一中级法院辖区的两个基层法院因执行争议需上级法院协调的,应首先报请所属中级法院协调;中级法院协调不成的,由中级法院报请高级法院协调。

149. 承办人接到协调案件后,应在 15 日内调阅有关材料或卷宗,或听取发生争议的有关法院的汇报。在争议事实查清后 10 日内,提请合议庭讨论研究。经合议庭、执行长联席会议或审委会讨论决定后 3 日内,向有关法院发出协调意见函。情况紧急的,可以在口头通知后 3 日内发出协调意见函。

150. 与外省高级法院或其他部门协调的案件,应在给对方发出协调函后及时电话询问有关协调函件收悉情况,一个月内无答复的,应及时催问对方意见。如双方意见不能一致的,承办人应在收到对方明确意见后 10 日内提请合议庭讨论,并根据合议庭意见在 5 日内向最高法院提出书面报告,请求协调。

151. 外省法院请求协调案件的,承办人应在接到案件后 15 日内向有关法院调阅卷宗及有关材料或通知有关法院携卷汇报。在查清执行争议事实后 10 日内提请合议庭讨论研究,并对外省法院给予书面答复。

152. 下级法院对上级法院的协调意见必须遵照执行,并在执行完毕后 10 日内向上级法院作出书面报告。

下级法院对上级法院的协调意见有异议的,可以在收到协调意见函之日起 5 日内向该上级法院申请复议一次。上级法院应在收到复议申请后的15日内完成复议审查并作研究决定。

153. 协调案件在协调取得一致意见，或最高法院、负责协调的法院作出最终处理意见，并得到执行后，方可结案。

154. 执行争议协调期间，相关法院应暂停案件的执行。

（四）指定执行与提级执行

155. 上级法院可以将本院执行的案件裁定指定下级法院执行，也可以将下级法院执行的案件裁定提级执行。

156. 下列情形，上级法院应裁定指定执行：

（1）有执行条件，超过一年未执结的案件；

（2）经上级法院两次以上督办仍无结果的案件或存在其他严重影响公正执行事由的案件；

（3）最高法院、高级法院明确要求指定执行的案件；

（4）重大、疑难或在当地具有重大影响，上级法院认为应指定执行的案件；

（5）上级法院认为其他应指定执行的案件。

157. 下列情形，上级法院可以裁定指定执行或提级执行：

（1）下级法院执行案件当事人同时为上级法院执行案件当事人的；

（2）案件被执行人同时为其他法院执行案件申请执行人的；

（3）当事人双方同时在不同法院执行案件中互为申请执行人与被执行人的；

（4）同一被执行人同时被上级法院辖区内两个以上法院执行的；

（5）因地方或部门保护主义影响致使案件无法执行或难以在法定期限内执结的；

（6）经上级法院督办无果的案件；

（7）上级法院认为其他可以指定执行或提级执行的情形。

158. 上级法院作出指定执行或下级法院接到指定执行裁定或提级执行裁定后15日内应将相关案件所有卷宗材料及收取的申请执行费和预收的实际执行费的剩余部分移送受指定法院或提级执行法院。

159. 指定执行案件受指定法院应于案件执结后10日内将执行结果书面报上级法院。

六、委托执行

160. 委托执行案件的范围、办理程序委托、受托法院的权限以及委托执行案件的管理等仍按照省法院审判委员会2003年第51次会议讨论通过的《江苏省高级人民法院关于委托执行工作实施细则试行》的规定执行。

七、执行请示

161. 下级法院在案件执行中涉及有关法律适用不明问题可以逐级书面向上级法院请示。

有关案件执行的事实认定问题、处理方法问题不得请示。

162. 向上级法院请示必须经所在法院审判委员会讨论并形成明确意见。

163. 下级法院应将请示所涉案件材料装订成册随请示报告一并报送上级法院。

164. 上级法院办理下级法院请示应通过所在法院立案庭正式立案编立案号。

八、期限与报结

165. 执行案件的办理期限为六个月有特殊情况的可提前10日书面报请分管院长批准延长三个月。

执行监督、协调案件的办理期限为两个月请示案件为一个月有特殊情况的可提前10日书面报请分管院长批准延长一个月。

对不服强制猎施申请复议案件应在收到复议申请后5日内作出决定。情况紧急的可以在口头通知后3日内发出决定书。

经批准延长期限的承办人应在期限届满之日前将批准延长期限审批表送立案庭备案。

166. 下列情况执行期限中止不计入执行期限：

(1)由有关专业机构进行审计、评估的期间。当事人未提出异议的扣除期限从移交司法鉴定处科时起至当事人收到审计、评估结论后10日止当事入提出异议的扣除期限从移交司法鉴定处科时起至审计、评估机构作出复审、复评结论时止；

(2)中止执行至恢复执行的期间。扣除期限从中止执行裁定生效时起至恢复执行登记时止；

(3)当事人达成和解协议变更履行期限的扣除期限从达成和解协议时起至当事人申请恢复执行原法律文书时止；

(4)被执行人提供担保、决定暂缓执行的期间。扣除期限按照暂缓执行的期限为准；

(5)上级法院通知暂缓执行的期间。扣除期限按照暂缓执行的期限为准如上级法院提前通知恢复执行的从收到恢复执行通知之日起期限恢复；

(6)执行中拍卖、变卖被查封、扣押财产的期间。扣除期限从拍卖、变卖裁定生效时起至拍卖、变卖款项移交执行机构时止；

(7)审查处理当事人或案外人提出的执行异议时间。扣除期限从立案之日起至作出异议审查结论并将案件卷宗材料退回之日止；

(8)上级法院审查处理申请复议案件的时间。扣除期限从上级法院受理复议申请时起至收到上级法院复议结论时止；

(9)因发生执行争议进行协调处理的期限。扣除期限从报上级法院协调时起至收到最终协调处理意见时止；

(10)委托法院依法审查处理有关事项的期间。扣除期限从受托法院寄出当事人或案外人异议申请或依据《江苏省高级人民法院关于委托执行工作实施细则试行》相关规定要求委托法院审查答复有关问题的书面函件时起至收到委托法院裁定或书面函复时止。

167. 上级法院对已经进人执行程序的案件决定提级执行或指定执行的执行期限中断期限重新计算。

168. 案件办理完毕案件承办人应制作结案报告填写《结案审批表》报所在处科长审批。

169. 案件承办人应准确如实填报有关申请结案信息报送立案庭由立案庭对执行案件结案进行统一扎口管理。

九、附则

170. 本细则规定的期日均从次日起计算。期间届满的最后一日为节假日的以节假日后的第一日为期间届满的日期。

171. 各级法院执行局局长负责组织、监督本细则的实施。

172. 本细则下发前所作各项规定凡与本细则规定冲突的依本细则的规定执行。本细则下发实施后最高法院司法解释有新的规定时依最高法院司法解释的规定执行。

173. 本细则由江苏省高级人民法院审判委员会负责解释。

174. 本细则自下发之日起试行。

江苏省高级人民法院
执行异议之诉案件审理指南

• 2015年7月2日

近年来，执行异议之诉案件数量增幅较大，审理中出现了很多新情况、新问题。为妥善审理好执行异议之诉案件，统一法律适用，省法院民一庭在深入调研和综合论证的基础上，就执行异议之诉案件审理中的一些疑难问题制定本指南，供全省各级法院参考。需要说明的是，本指南仅就《中华人民共和国民事诉讼法》（以下简称《民事诉讼法》）第二百二十七条规定的执行异议之诉作出解答，对《最高人民法院关于适用〈中华人民共和国民事诉讼法〉的解释》(以下简称《民诉法解释》)规定的执行分配方案异议之诉将另行研究并适时作出疑难问题解答。

一、受理执行异议之诉案件应当符合哪些条件?

根据《民事诉讼法》第一百一十九条、第二百二十七条以及《民诉法解释》第三百零五条、第三百零六条的规定,案外人、申请执行人提起执行异议之诉,必须符合下列条件:

(一)执行异议之诉必须在执行过程中,即在执行程序开始后、针对执行标的的强制执行程序终结前提起。

(二)案外人、申请执行人提起执行异议之诉必须经过执行异议审查的前置程序,即执行法院已经作出执行异议审查的裁定,案外人或申请执行人对裁定不服的,可以提起执行异议之诉。

(三)案外人、申请执行人提起执行异议之诉必须有明确的诉讼请求,即要求停止执行或继续执行。案外人提起执行异议之诉的,可以同时提出确权的诉讼请求;申请执行人不能同时提出对执行标的进行确权的诉讼请求。

(四)案外人、申请执行人提起执行异议之诉必须有具体的事实和理由。

(五)案外人、申请执行人提起执行异议之诉的理由必须是针对执行标的的实体权利提出异议,而不是针对执行行为提出异议。

(六)案外人、申请执行人提出的诉讼请求必须与作为执行依据的生效裁判无关,即执行标的物与作为执行依据的生效裁判所确定的标的物不能是同一标的物。

(七)执行异议之诉必须在法律规定的期限内提起,即案外人、申请执行人应当自执行异议裁定送达之日起十五日内提起执行异议之诉。

案外人或申请执行人提起的执行异议之诉不符合上述条件的,应当裁定不予受理;已经受理的,裁定驳回起诉。

二、执行异议之诉案件如何确定管辖法院?

根据《民诉法解释》第三百零四条的规定,执行异议之诉案件应当由执行法院管辖。对于提级执行、指定执行、委托执行的案件,案外人或申请执行人对执行异议裁定不服提起执行异议之诉的,应当由作出中止执行或驳回异议裁定的人民法院管辖。

三、如何确定审理执行异议之诉案件的职能分工?

根据《民事诉讼法》第二百二十七条的规定,在执行异议之诉案件中,案外人提出的执行异议与作为执行依据的原生效法律文书无关。因此,执行异议之诉案件在人民法院内部的职能分工,并不取决于原生效法律文书所确定的法律关系,而应当根据案外人提出阻却执行的实体权利的性质及法律关系,由相应的审判庭进行审理。

四、针对哪些执行依据的执行可以提起执行异议之诉?

人民法院的执行依据不仅包括由人民法院作出的判决书、裁定书、调解书等生效法律文书,还包括仲裁机关作出的仲裁裁决书和仲裁调解书、公证机关作出的具有强制执行效力的债权文书等依照法律规定由人民法院执行的其他生效法律文书。在人民法院执行上述生效法律文书的过程中,案外人对执行标的提出书面异议,人民法院作出执行异议裁定后,案外人或申请执行人不服裁定,且其异议与作为执行依据的生效法律文书无关的,均可以依据《民事诉讼法》第二百二十七条的规定提起执行异议之诉。

五、对诉讼保全措施能否提起执行异议之诉?

案外人对人民法院作出的诉讼保全裁定不服的,应当依照《民诉法解释》第一百七十二条的规定向作出保全裁定的人民法院申请复议。案外人提起执行异议之诉的,应当不予受理;已经受理的,应当裁定驳回起诉。

六、案外人能否针对轮候查封提起执行异议之诉?

根据《最高人民法院关于人民法院民事执行中查封、扣押、冻结财产的规定》(以下简称《查封、扣押、冻结规定》)第二十八条第一款的规定,轮候查封、扣押、冻结自登记在先的查封、扣押、冻结解除时自动生效。因此,在登记在先的查封被解除或执行完毕之前,轮候查封并不能实际产生查封的效力,案外人不能针对轮候查封提起执行异议之诉,而只能针对首查封提起执行异议之诉。如果案外人坚持针对轮候查封提起执行异议之诉的,应当不予受理;已经受理的,应当裁定驳回起诉。

七、被执行人下落不明的,如何确定其在执行异议之诉案件中的诉讼主体地位?

根据《民诉法解释》第三百零七条的规定,被执行人在执行异议之诉案件中的诉讼地位应当根据其是否反对案外人或者申请执行人的权利主张分别予以确定。被执行人下落不明,无法对案外人或者申请执行人的诉讼请求表明意见的,应当将其列为共同被告。

八、案外人不服执行异议裁定,能否单独提起确认之诉?

执行过程中,案外人以其对执行标的享有实体权利为由提出执行异议,人民法院裁定驳回其异议后,案外人仍然不服的,既可以提起执行异议之诉,并可在执行异议之诉案件中同时提出确认其实体权利的诉讼请求;也可以单独提起确认之诉。

案外人向有管辖权的人民法院单独提起确认之诉的,不能产生阻却执行的法律效果。如果案外人既要单独提起确认之诉,又要对执行产生影响,就应当向执行法院提起确认之诉。

人民法院在审理确认之诉案件的过程中,应当注意对诉讼标的物是否被人民法院采取强制执行措施进行审查,以防止案外人通过确认之诉恶意串通规避执行、侵害债权人利益。在诉讼标的已被人民法院查封、扣押的情况下,当事人在确认之诉案件审理中自愿达成调解协议,要求人民法院出具调解书的,原则上不予准许,人民法院应当在审理后依法作出判决。

九、案外人不服执行异议裁定,能否在执行异议之诉案件中一并提出给付之诉的诉讼请求?

案外人在执行异议之诉案件中同时提出要求被执行人继续履行合同、交付标的物或支付违约金等给付之诉的诉讼请求的,因其与阻却执行的诉讼目的无关,不属于执行异议之诉案件的审理范围,在执行异议之诉案件审理中应当不予理涉,案外人可以就此另行主张权利。

十、案外人依据执行标的被查封、扣押、冻结后作出的仲裁裁决提起执行异议之诉的,如何处理?

执行过程中,案外人依据执行标的被查封、扣押、冻结后作出的仲裁裁决提起执行异议之诉,主张享有所有权等实体权利并要求停止执行的,人民法院应当参照《民事诉讼法》第二百三十七条第三款的规定,对仲裁裁决进行审查。对仲裁裁决已经确认案外人享有所有权等足以阻却执行的实体权利的,原则上应当支持案外人停止执行的诉讼请求;但如确有证据证明案外人并不享有对执行标的的实体权利,或者案外人与被执行人存在恶意串通损害其他债权人利益、妨害执行秩序情形的,对其停止执行的诉讼请求应当不予支持。

上述所指的查封、扣押、冻结包括在诉前保全、诉讼保全和执行程序中人民法院所采取的强制执行措施。

十一、案外人依据执行标的被查封、扣押、冻结后作出的另案生效裁判文书(包括判决书、裁定书和调解书)提起执行异议之诉的,如何处理?

执行过程中,案外人依据执行标的的被查封、扣押、冻结后作出的另案生效裁判文书提起执行异议之诉，主张享有所有权等实体权利并要求停止执行的，应当区分不同情形进行处理：

（一）另案生效裁判文书系就案外人与被执行人之间的权属纠纷以及租赁、借用、保管等不以转移财产权属为目的的合同纠纷，裁判执行标的权属归于案外人，或者向案外人返还执行标的的，原则上应当支持案外人停止执行的诉讼请求。如果申请执行人认为该生效裁判文书内容错误，且符合《民事诉讼法》第五十六条或者第二百二十七条规定的受理条件的，可以依法提起第三人撤销之诉或案外人申请再审之诉。

（二）另案生效裁判文书系就案外人与被执行人之间除前项所列合同之外的债权纠纷，裁判被执行人向案外人履行债务、交付执行标的的，因案外人所享有的仅仅是债权，而非物权，并不因此享有足以阻却执行的实体权利，故对其提出的停止执行的诉讼请求应当不予支持。但案外人属于《最高人民法院关于人民法院办理执行异议和复议案件若干问题的规定》（以下简称《执行异议和复议规定》）第二十八条、第二十九条所规定的不动产买受人或商品房买受人，且其享有的债权符合该解释规定的构成要件的，对案外人停止执行的诉讼请求应当予以支持。

上述所指的查封、扣押、冻结包括在诉前保全、诉讼保全和执行程序中人民法院所采取的强制执行措施。

十二、执行异议之诉案件审理中，案外人既对执行行为提出异议，又对执行标的提出异议时如何处理？

案外人既对执行行为提出异议，又对执行标的提出异议的，人民法院在执行异议之诉案件中仅对执行标的异议进行审理，对执行行为异议应当不予理涉。对于案外人对执行行为提出的异议，应当告知当事人依据《民事诉讼法》第二百二十五条的规定申请执行复议。

十三、执行异议之诉案件审理中发现人民法院在执行异议裁定中对救济途径告知错误的，如何处理？

人民法院在审理执行异议之诉案件过程中，发现案外人系针对执行行为提出异议，而执行部门在执行异议裁定中告知案外人、申请执行人提起执行异议之诉的，应当裁定驳回起诉，并向案外人、申请执行人释明通过执行复议或执行监督程序解决。

人民法院在审理执行异议之诉案件过程中，发现案外人系针对执行依据提出异议，即认为原判决、裁定错误的，而执行部门告知案外人提起执行异议之诉的，应当裁定驳回起诉，并向案外人释明依据《民事诉讼法》第二百二十七条的规定申请再审。

十四、执行异议之诉案件审理期间执行程序终结的，如何处理？

执行异议之诉案件审理期间，如果发生申请执行人的债权通过其他方式得到清偿等新情况，导致针对执行标的的强制执行程序终结的，人民法院应当向案外人释明撤回起诉；案外人不同意撤回起诉的，裁定终结诉讼。案外人如果要求对执行标的确认所有权的，应当向其释明另行提起诉讼。

十五、执行异议之诉案件审理期间，作为执行依据的原生效法律文书被提起再审的，如何处理？

执行异议之诉案件审理期间，作为执行依据的生效判决、裁定或调解书被提起再审的，执行异议之诉案件应当中止审理，等待再审案件的处理结果决定继续审理还是终结诉讼。

十六、案外人系购买商品房的消费者，其针对登记在被执行的房地产开发企业名下的商品房提起执行异议之诉的，如何处理？

购买商品房的消费者与房地产开发商签订商品房买卖合同后，尚未取得商品房产权，其所购商品房被作为房地产开发企业的财产强制执行的，商品房购买者可以根据最高人民法院《执行异议和复议规定》相关规定，以其享有的权利足以排除执行为由提出执行异议，在执行异议被驳回后，可以提起执行异议之诉。人民法院在审理时，经审理符合下列条件的，应予支持：

（一）在人民法院查封之前已签订合法有效的书面买卖合同且已办理商品房预售登记。

（二）案外人签订房屋买卖合同的相对方是房地产开发企业。

（三）所购商品房系用于居住且案外人名下无其他用于居住的房屋。其中，“案外人名下无其他用于居住的房屋”是指在人民法院查封之前，案外人、案外人的配偶及其未成年子女名下均无用于居住的房屋。

（四）已支付的价款超过合同约定总价款的百分之五十。

十七、案外人系被拆迁人，其针对登记在被执行人（拆迁人）名下的房屋提起执行异议之诉的，如何处理？

根据最高人民法院《关于审理商品房买卖合同纠纷案件适用法律若干问题的解释》第七条的规定，在拆迁人作为被执行人的案件中，对尚未办理房屋产权登记手续的拆迁安置房进行强制执行的，已经签订了拆迁补偿安置协议的被拆迁人（案外人）在执行异议被驳回后，可以提起执行异议之诉。经审理确认拆迁人与被拆迁人在人民法院查封之前已经签订合法有效的拆迁补偿安置协议，并且在拆迁补偿安置协议中明确约定了拆迁用房的具体位置、用途，能够明确指向执行标的的，因其已享有足以对抗第三人的特殊债权，对被拆迁人停止执行的诉讼请求应当予以支持。

十八、人民法院对被执行人购买但尚未办理产权过户登记手续的房屋实施预查封的情形下，案外人请求解除合同返还房屋，并提起执行异议之诉的，应如何处理？

根据《民诉法解释》第三百一十二条第二款的规定，案外人在执行异议之诉案件中同时提出确认其权利的诉讼请求的，人民法院可以在判决中一并作出裁判。据此，在执行异议之诉案件中，案外人除了可以提出确权的诉讼请求外，不得提出解除合同等其他诉讼请求。因此，人民法院对被执行人购买但尚未办理产权过户登记手续的房屋采取预查封措施的情形下，案外人请求依据合同约定或法律规定解除合同返还房屋的，不能直接提起执行异议之诉，而必须先行提出解除合同之诉，在合同依法解除后方可依据生效法律文书提出执行异议和执行异议之诉。

十九、案外人以其与被执行人之间存在借名买房关系为由主张对登记在被执行人名下的执行标的停止执行的，如何处理？

人民法院针对登记在被执行人名下的房屋实施强制执行，案外人以其与被执行人存在借名登记关系，其系房屋实际所有权人为由，请求对该标的物停止执行并确认所有权的，原则上不予支持。但是案外人有充分证据证明被执行人只是名义产权人、案外人才是真正产权人，且不违反国家利益、社会公共利益的除外。在此类案件的审判实践中，要对借名登记关系成立与否从严审查，防止被执行人与案外人以此为由逃避债务、规避执行。

二十、执行异议之诉案件审理中，发现执行标的是违法建筑的，如何处理？

案外人以其对执行标的享有阻却执行的实体权利为由提起执行异议之诉，经审查发现该执行标的是违法建筑的，人民法院对该执行异议之诉案件应当不予受理；已经受理的，裁定驳回起诉。

二十一、购买特殊动产未办理过户登记的案外人提起执行异议之诉，要求停止执行的，如何处理？

人民法院针对登记在被执行人名下的机动车、船舶等特殊动产实施强制执行，案外人以其在查封前已经购买了该特殊动产为由提起执行异议之诉，要求对该执行标的停止执行的，原则上不予支持。但经审理具备下列条件的，对案外人停止执行的诉讼请求应予支持：

（一）案外人与被执行人在人民法院查封之前已签订合法有效的机动车、船舶书面买卖合同；

（二）案外人在人民法院查封之前已向被执行人支付了全部价款；

（三）案外人在人民法院查封之前已实际占有并使用该机动车或船舶；

（四）案外人对未办理所有权过户登记手续没有过错。

二十二、案外人以其与被执行人之间存在机动车挂靠经营关系为由提起执行异议之诉，要求对登记在被执行人名下的机动车停止执行的，如何处理？

根据我国对道路运输的行政管理要求，在机动车营运行业普遍存在挂靠经营的情况。挂靠经营的机动车在实践中通常存在两种情形：一是运输企业出资购买车辆，将车辆运输经营权转让给个人，由个人挂靠在运输企业从事道路运输；二是个人出资购买车辆，挂靠在运输企业，以运输企业作为车主办理车辆所有权登记。因此，人民法院针对登记在被执行人名下的机动车、船舶等特殊动产标的物实施强制执行，案外人以其与被执行人之间存在挂靠经营关系为由主张停止执行的，应当区分情形处理。对属于上述第一种情形的，机动车的名义所有权人与实际所有权人均为运输企业，挂靠人仅享有机动车经营权，对其停止执行的诉讼请求应当不予支持；对属于第二种情形的，存在机动车名义所有权人与实际所有权人相脱离的情况，如果经审理查明案外人确系执行标的物的实际所有权人的，对其停止执行的诉讼请求应予支持。

二十三、挂靠在承包人名下承揽工程的实际施工人以其系工程款的实际债权人为由提起执行异议之诉的，如何处理？

人民法院针对建设工程发包人应给付承包人的工程款到期债权实施强制执行，实际施工人以其与承包人之间存在挂靠关系、其应享有工程款债权为由提起执行异议之诉的，应当不予支持。实际施工人可以根据合同相对性原则，向承包人主张债权。

二十四、案外人以其享有建设工程优先权为由提起执行异议之诉的，如何处理？

建设工程优先受偿权的本质是以建设工程的交换价值担保工程款债权的实现，也就是说，建设工程优先受偿权只是一种顺位权，不能达到阻却执行的效果。因此，人民法院对建设工程采取强制执行措施时，案外人不能以其对该建设工程享有优先受偿权为由提起执行异议之诉要求停止执行，而只能在执行程序中向执行法院提出优先受偿的主张。如果执行法院以案外人不享有优先受偿权为由对其主张不予支持的，由于优先受偿权属于主债权的从权利，需要在主债权确定、且符合优先受偿权条件的前提下方可行使，故案外人可以另行提起诉讼主张实现建设工程优先受偿权。案外人提起诉讼的，执行法院应当中止执行。

二十五、担保物权人作为案外人提起执行异议之诉的，如何处理？

担保物权的目的是以担保财产的交换价值担保债权的履行，并不享有排除强制执行的效力，因此，担保物权人不能提起执行异议之诉。即使执行法院的强制执行行为影响到担保物权人的权利行使，亦属于《民事诉讼法》第二百二十五条规定的执行行为异议，应当通过执行复议程序解决，担保物权人提起执行异议之诉的，应当不予受理；已经受理的，应当裁定驳回起诉。如果执行法院以案外人不享有担保物权为由对其主张不予支持的，由于担保物权属于主债权的从权利，需要在主债权确定、且享有担保物权的前提下方可行使，故案外人可以另行提起诉讼主张实现担保物权。案外人提起诉讼的，执行法院应当中止执行。

二十六、承租人作为案外人提起执行异议之诉的，如何处理？

根据“买卖不破租赁”的原则，承租人租赁的标的物被人民法院执行拍卖时，并不必然导致租赁权消灭，因此，承租人并不当然有权提起执行异议之诉。如果法院在执行过程中并不否定承租人享有的租赁权，承租人只是对执行法院要求其腾退房屋的执行行为有异议的，属于《民事诉讼法》第二百二十五条规定的执行行为异议，应当通过执行复议程序解决，承租人提起执行异议之诉的，应当不予受理；已经受理的，应当裁定驳回起诉。但如果执行法院否定承租人租赁权的成立或存续的，因涉及实体权利的争议，承租人主张其享有足以阻却执行的租赁权的，在执行异议被驳回后，可以提起执行异议之诉。在该执行异议之诉案件的审理中，对承租人租赁权的认定应当区分不同情形进行处理：

（一）关于租赁与查封的问题。承租人在人民法院采取查封等保全或执行措施之前已经与被执行人签订了合法有效的房屋租赁合同，且已按约支付租金，并实际占有使用租赁物的，应当认定为“先租赁后查封”。此时，承租人享有的租赁权适用“买卖不破租赁”的原则，执行法院在对该租赁物采取拍卖等执行措施时，如果影响到承租人租赁权的行使，对承租人要求停止执行的诉讼请求应当予以支持。

承租人在人民法院采取查封等保全或执行措施之后，与被执行人签订房屋租赁合同的，应当认定为“查封后租赁”。根据《查封、扣押、冻结规定》第二十六条第一款规定，被执行人就已经查封、扣押、冻结的财产所作的移转、设定权利负担或者其他有碍执行的行为，不得对抗申请执行。因此，承租人在法院采取诉讼保全或执行措施之后取得租赁权的，不得以其租赁权对抗申请执行人，其主张停止执行的，不予支持。

（二）关于租赁与抵押的问题。承租人在债权人设立抵押权之前已经与被执行人签订了合法有效的房屋租赁合同，且已按约支付租金，并实际占有使用租赁物的，应当认定为“先租赁后抵押”。根据《物权法》第一百九十条规定，订立抵押合同前抵押财产已出租的，原租赁关系不受该抵押权的影响，执行法院根据抵押权人的申请，在对该租赁物采取拍卖等执行措施时，如果影响到承租人租赁权的行使，对承租人要求停止执行的诉讼请求应当予以支持。

承租人在债权人设立抵押权之后，与被执行人签订房屋租赁合同的，应当认定为“先抵押后租赁”。抵押权设立后抵押财产出租的，承租人不得以其租赁权对抗申请执行人（即抵押权人），其要求停止执行的，不予支持。

二十七、作出执行依据的生效裁判并未判决夫妻一方债务为夫妻共同债务，执行法院以所涉债务系夫妻共同债务为由对夫妻共同财产采取强制执行措施，被执行人的配偶以该债务非夫妻共同债务为由提起执行异议之诉的，如何处理？

作为执行依据的生效裁判确定的债务人为夫妻一方，执行法院以所涉债务系夫妻共同债务而查封、扣押、冻结夫妻共同财产，被执行人的配偶以执行依据确定的债务不属于夫妻共同债务为由提出异议的，是对人民法院采取执行措施的财产主张排除执行的实体权利，在执行异议被驳回后，可以提起执行异议之诉。但如果配偶一方未参加诉讼，生效裁判确认该债务系夫妻共同债务的，配偶一方以该债务非夫妻共同债务提出执行异议被驳回的，因该异议与生效裁判具有直接关联，配偶一方只能对作为执行依据的生效裁判向人民法院申请再审；配偶一方提起执行异议之诉的，人民法院应当不予受理，已经受理的，应当裁定驳回起诉。

二十八、申请执行人提起许可执行之诉的，如何处理？

案外人以其对执行标的享有足以排除

执行的实体权利为由提起执行异议，执行法院裁定中止执行后，申请执行人不服提起执行异议之诉请求对执行标的继续执行的，应当由案外人就其对执行标的享有足以排除强制执行的实体权利承担举证证明责任。对于审理申请执行人许可执行之诉案件中的其他问题，同样适用本指南中关于案外人停止执行之诉的相关规定。

二十九、执行异议之诉案件的案件受理费如何收取？

执行异议之诉案件应当依据《诉讼费用交纳办法》第十三条第一项规定，按照财产案件标准，根据当事人请求停止或许可执行的执行标的物的财产金额或者价额计算。

江苏省高级人民法院执行局关于执行"唯一住房"相关问题的解答

•2015年11月24日

为规范执行程序中涉及"唯一住房"的执行，均衡保护债权人的债权与被执行人及其所扶养家属的居住权，根据《中华人民共和国民事诉讼法》及相关司法解释的规定和精神，结合全省法院执行工作实际，制定本解答。

本解答所称"唯一住房"是指被执行人及其所扶养家属生活所必需的唯一可居住房屋。

本解答所涉"唯一住房"的执行仅适用于权属明确的城镇房屋，农村宅基地上的房屋、小产权房及其他无证房产等涉及国家土地制度和政策，按照相关规定执行，不适用本解答。

一、被执行人名下仅登记有一套"唯一住房"，对该"唯一住房"什么情形下可以执行？

登记在被执行人名下虽只有一套住房，但有下列情形之一的，人民法院对登记在其名下的"唯一住房"仍可执行：

（一）对被执行人有赡养、扶养、抚养义务的人名下有其他能够维持生活必需的居住房屋的；

（二）一审诉讼或仲裁立案后，被执行人为逃避债务转让其名下其他房屋的；

（三）被执行人在其户籍所在地或拟执行的"唯一住房"所在地农村享有宅基地并自建住房或被执行人享有小产权房等权属上有瑕疵而无法自由流转的住房的；

（四）被执行人将其"唯一住房"用于出租、出借或虽未出租、出借，但超过一年无人居住的；

（五）被执行人的"唯一住房"系执行依据确定的被执行人应当交付的房屋的；

（六）申请执行人按照当地廉租住房保障面积标准为被执行人及所扶养家属提供居住房屋，或者同意参照当地（县级市、县、区范围）房屋租赁市场平均租金标准从该房屋的变价款中扣除五至八年房屋租金的；

（七）其他可以执行的情形。

二、如何认定"唯一住房"是否超出"生活所必需"？

是否超过"生活所必需"由各地法院根据经济发展水平自行确定，原则上参照以下标准：

（一）面积过大。住房建筑面积达到当地住房和城乡建设部门公布的廉租住房保障面积的150%的；（例：南京三人以上廉租住房保障面积为50平方米，若拟执行的"唯一住房"面积达到50×150%＝75平方米，便可认为超过生活所必需）

（二）市场价值过高。住房建筑面积达到当地住房和城乡建设部门公布的廉租住房保障面积且房屋单价达到当地（县级市、县、区范围）住房均价的150%的。（例：若南京某区拟执行"唯一住房"建筑面积为65平方米，其所在区的住房均价为10000元/平方米，但因"唯一住房"为学区房或其他因素，其市场价值达到15000元/

平方米，则可认为超过生活所必需）

对于已经依法设定抵押的“唯一住房”，申请执行人为抵押权人的，人民法院无需审查其是否超过“生活所必需”，可以执行，但被执行人为低保对象且无法自行解决居住问题的除外。

三、执行“唯一住房”应遵循哪些原则？

为均衡保障债权人的债权与被执行人的居住权，执行“唯一住房”时应遵循以下原则：

（一）穷尽其他执行措施原则。一般情况下，若有证据证明被执行人有其他财产可供执行的，不宜对其“唯一住房”采取处分性执行措施。

（二）申请人申请在先原则。执行被执行人的“唯一住房”应以申请执行人的申请为前置条件，人民法院不得依职权主动对被执行人的“唯一住房”采取处分性执行措施。

（三）解决临时住房在先原则。对于确实无处居住的被执行人，在对其“唯一住房”采取处分性执行措施前，宜事先解决好被执行人及其所扶养家属的临时住房，由申请执行人提供临时性住房或先行垫付租房费用。

（四）有益执行原则。执行“唯一住房”时，应当综合考量处置该房产时可能产生的评估、公告、执行、生活保障等费用，若除去上述各项费用后并无余值或余值不大，则原则上不宜对该“唯一住房”采取处分性执行措施。

四、执行“唯一住房”程序上应当如何操作？

人民法院在执行“唯一住房”时，可按以下程序进行：

（一）应申请执行人申请执行“唯一住房”，人民法院应当要求申请执行人出具自愿提供临时住房或承担临时住房租金的承诺书，对于需要支付生活保障费用的被执行人，申请执行人需在承诺书中一并承诺同意从变价款中支付此笔费用。

（二）执行人员对于拟拍卖的“唯一住房”，应当查明住房基本情况、被执行人及其所扶养家属的人数等信息，填写拍卖呈报表，并在呈报表中说明符合唯一住房处置条件的理由和对被执行人及其所扶养家属的生活保障措施。经合议庭讨论后报执行局长或分管院长审批。

（三）准予拍卖的，应当向被执行人发出执行裁定书和迁出告知书。不符合拍卖条件的，应当及时告知申请执行人并说明理由。

（四）执行裁定书和迁出告知书送达后，被执行人未在指定的期限内腾空房屋的，执行法院可以作出强制迁出裁定和公告，强制执行。

（五）对拟执行的“唯一住房”依法评估交付拍卖。

（六）拍卖成交扣除相关费用后，其余部分依法分配。

五、执行“唯一住房”时，被执行人的临时住房如何解决？

执行“唯一住房”前，应首先解决好被执行人及其所扶养家属的临时住房，临时住房的面积标准参照当地廉租住房的面积标准；临时住房的地段可参照被执行人的合理要求，尽量方便其生活、工作。

申请执行人自愿提供临时住房的，使用期限原则上不超过六个月。申请执行人提供的临时住房可计收租金，租金标准由申请执行人和被执行人双方协商确定，协商不成的，由人民法院参照当地房屋租赁市场平均租金标准确定。

被执行人自行租房的，可由申请执行人先行垫付六个月的租金。

上述使用房屋的费用或租金应从保留给被执行人的生活保障费用中予以扣除。

对于本解答第一条所列情形，原则上可以不再为被执行人解决临时住房。

六、哪些情况下应当对被执行人及其所扶养家属给予生活保障？如何保障？

对于本解答第一条所列情形，原则上可以不再为被执行人及其所扶养的家属给予生活保障;对于本解答第二条第一款所列超出"生活所必需"的情形,一般应当为被执行人及其所扶养的家属提供生活保障。

为被执行人及其所扶养家属提供生活保障可采取以下方式:

(一)保留租金。申请执行人同意参照当地房屋租赁市场平均租金标准从该房屋的变价款中扣除五至八年租金作为被执行人及其所扶养家属的生活保障费用。此笔款项可在房屋变价款中先行提留。人民法院不得对其强制执行。

(二)房屋置换。申请执行人自愿以以小换大、以远换近、以劣换优等方式为被执行人及其所扶养家属提供保障其基本生活的住房,与被执行人的"唯一住房"进行置换,置换房屋的面积、地段可参照本解答关于临时住房的标准。

江苏省高级人民法院执行局关于执行不动产时承租人主张租赁权的若干问题解答

• 2015 年 11 月 24 日

执行实务中法院在拍卖被执行人的不动产时,承租人以对该不动产享有租赁权为由,主张拍卖不破租赁,导致不动产流拍;而申请执行人认为被执行人与承租人恶意串通、虚构租赁法律关系,承租人实际上没有占有使用不动产,或占有使用不动产在申请执行人设立抵押权、法院查封之后,要求法院除去租赁关系继续拍卖变价,尽快实现申请人的合法利益。为了遏制被执行人与承租人通过虚假租赁规避执行行为,保护债权人合法利益,依据《中华人民共和国民事诉讼法》、《中华人民共和国物权法》、《中华人民共和国合同法》等法律及相关司法解释的规定,对执行被执行人的不动产时承租人主张租赁权涉及的主要问题作出解答,供实践中参照执行。

一、被执行人与承租人在申请执行人设立抵押权、法院查封之前已签订合法有效的书面租赁合同并由承租人占有使用该不动产的,法院如何处置?

承租人在申请人对该不动产设立抵押权、法院查封之前已签订了书面租赁合同并占有使用该不动产的,承租人取得了该不动产的租赁权,法院在租赁期内带租拍卖。

被执行人与承租人虽在抵押权设立、法院查封之前订立租赁合同并交付使用该不动产,但申请执行人有证据证明,被执行人与承租人之间恶意串通,以明显不合理的低价租赁,或伪造交付租金证据的,适用《最高人民法院关于办理执行异议和复议案件若干问题的规定》第 31 条第 2 款规定处理。

二、承租人在申请执行人设立抵押权、法院查封之后占有使用该不动产的,执行法院如何处置?

这种情形下,无论被执行人与承租人订立的租赁合同在申请执行人设立抵押权、法院查封之前或之后,只要承租人在申请执行人设立抵押权、法院查封之后占有使用该不动产的,法院根据申请执行人的申请或依职权裁定除去租赁关系后拍卖该不动产。

三、承租人占有使用不动产有哪些情形?

承租人占有使用不动产主要是指承租人(包括次承租人)已支付租金且对该不动产已经用于生活、生产、经营、装修等情形。承租人以已向被执行人支付全部租金、以该不动产使用权抵债、已向房产管理部门登记备案、以在该不动产所在地为新设公司营业地址为由主张租赁权,请求法院带租拍卖或拍卖后阻止向受让人移交占有的,而该不动产仍为被执行人或其他人占有使用的,不属于承租人占有使用的情形。

四、在法院带租、除去租赁关系拍卖两种情形下,申请执行人、承租人如何救济?

带租拍卖时,申请执行人提出应当除

去租赁关系，对带租拍卖提出异议，法院依据民事诉讼法第225条规定处理。

除去租赁关系拍卖时，承租人提出应当带租拍卖，对除去租赁关系拍卖提出异议，法院依据民事诉讼法第227条规定处理。

江苏省高级人民法院执行局关于统一夫妻共同债务、出资人未依法出资、股权转让、一人公司等四类案件追加当事人及适用程序问题的通知

• 2015年12月15日

各市中级人民法院、各基层人民法院：

根据《最高人民法院关于执行案件立案、结案若干问题的意见》第十条第（二）项的规定，当事人、利害关系人不服人民法院作出的因夫妻共同债务、出资人未依法出资、股权转让、一人公司等四类案件引起的追加被执行人的裁定，提出异议的，人民法院不适用异议复议程序予以审查。在法律和司法解释对当事人异议之诉没有明确规定的情况下，出现了法律适用上的冲突。实践中，人民法院对此四类案件的审查处理方式不尽相同。为维护生效法律文书的司法权威，保障当事人、利害关系人的救济权利，统一全省法院的执法尺度，现就该四类案件是否追加当事人及审查适用的程序通知如下：

一、对于夫妻共同债务、出资人未依法出资、股权转让、一人公司等四类案件，原则上应严格按照执行依据确定的义务承受人确定被执行人，除法律和司法解释明确规定的情形外，不得在执行程序中追加执行依据确定的义务承受人以外的人为被执行人。申请执行人认为执行依据确定的义务承受人以外的人应当承担责任的，可以另行向人民法院提起诉讼。

二、对于在执行程序中认定为夫妻共同债务的案件，如果符合法律、司法解释等规定的追加条件的，可以作出追加被执行人的配偶为被执行人的裁定，予以追加。被执行人的配偶不服人民法院作出的追加裁定，提出书面异议的，人民法院适用《中华人民共和国民事诉讼法》第二百二十五条的规定，对其异议进行审查。

根据案件具体情况，如果直接执行被执行人配偶的财产更为适宜的，可以不追加被执行人的配偶为被执行人，直接执行其财产。被执行人的配偶提出书面异议的，人民法院适用《中华人民共和国民事诉讼法》第二百二十七条的规定审查处理。

三、对于出资人未依法出资的案件，如果符合《最高人民法院关于人民法院执行工作若干问题的规定（试行）》第80条规定的情形，可以作出追加出资不实或抽逃出资的主体为被执行人的裁定，予以追加。被追加的主体不服人民法院作出的追加裁定，提出书面异议的，人民法院适用《中华人民共和国民事诉讼法》第二百二十五条的规定，对其异议进行审查。

四、对于股权转让、一人公司案件，应严格按照执行依据确定的义务承受人确定被执行人，在法律和司法解释没有明确规定的情况下，不得追加股权转让的股东、一人公司的股东为被执行人。申请执行人认为股权转让的股东、一人公司的股东应当承担责任的，可以另行向人民法院提起诉讼。

五、本通知下发后，法律或司法解释对此四类案件的处理作出新规定的，以新规定为准。

江苏省高级人民法院关于依法正确适用终结本次执行程序及加强终本案件单独管理的意见

• 2015年12月17日

为依法正确适用终结本次执行程序及加强终本案件单独管理，切实保障当事人的合法权益，根据法律、司法解释的规定，

结合我省执行工作实际,制定本意见。

第一条 案件类型代字为"执字"的案件有下列情形之一的,可以以"终结本次执行程序"方式结案:

(一)被执行人确无财产可供执行,申请执行人书面同意人民法院终结本次执行程序的;

(二)因被执行人无财产而中止执行满两年,经查证被执行人确无财产可供执行的;

(三)申请执行人明确表示提供不出被执行人的财产或财产线索,并在人民法院穷尽财产调查措施之后,对人民法院认定被执行人无财产可供执行书面表示认可的;

(四)被执行人的财产无法拍卖变卖,或者动产经两次拍卖、不动产或其他财产权经三次拍卖仍然流拍,申请执行人拒绝接受或者依法不能交付其抵债,经人民法院穷尽财产调查措施,被执行人确无其他财产可供执行的;

(五)经人民法院穷尽财产调查措施,被执行人确无财产可供执行或虽有财产但不宜强制执行,当事人达成分期履行和解协议,且未履行完毕的;

(六)被执行人确无财产可供执行,申请执行人属于特困群体,执行法院已经给予其适当救助的。

第二条 本意见第一条第(四)项中规定的"被执行人的财产无法拍卖变卖",包括以下情形:

(一)查封的房屋系被执行人本人及所扶养家属维持生活必需的居住房屋;

(二)涉及国有划拨土地使用权、集体土地使用权、农村房屋涉及集体土地、尚未办理土地使用权登记、未做分割的土地使用权等案件的执行,根据法律法规和司法解释等规定,国土资源管理部门不同意执行法院处置的;

(三)预查封房地产、在建工程、无证房产等不动产处置过程中,根据法律法规和司法解释等规定,政府相关部门不同意执行法院处置的;

(四)执行法院在登记机关查封被执行人车辆、船舶等财产,穷尽执行措施后未能实际扣押,且被执行人下落不明的;

(五)被执行人财产无法拍卖变卖的其他情形。

第三条 本意见中规定的"穷尽财产调查措施",是指执行法院至少完成下列调查事项:

(一)被执行人是法人或其他组织的,应当向银行业金融机构查询银行存款,向有关房地产管理部门查询房地产登记,向法人登记机关查询股权,向有关车管部门查询车辆等情况;

(二)被执行人是自然人的,应当按照对法人或其他组织的调查途径进行调查。经上述调查认定被执行人无财产可供执行的,还应当向被执行人所在单位及居住地周边群众调查了解被执行人的财产状况或财产线索,包括被执行人的经济收入来源、被执行人到期债权等;

(三)通过最高人民法院的全国法院网络执行查控系统、省法院的全省网络执行查控系统、执行法院及其所属中级法院网络查控系统能够完成的调查事项;

(四)法律、司法解释规定必须完成的调查事项。

第四条 下列情形可以裁定中止执行,但执行法院不得依职权以终结本次执行程序方式结案:

(一)被执行人财产由执行法院轮候查封,有下列情形之一的:

1. 执行法院与首封法院协商不成,报请共同上级法院协调处理在法定执行期限内又协调不成的;

2. 首封法院不放弃处置权,或协商、协调后决定由首封法院处置的;

3. 首封法院采取的措施如系财产保全,所涉案件尚未审结且期限超过执行期限或审结后未进入执行程序的。

（二）被执行人财产涉另案诉讼、仲裁，有下列情形之一的：

1. 执行标的物为人民法院或仲裁机构正在审理的案件争议标的物，需要等待该案件审理完毕确定权属的；

2. 一方当事人申请执行仲裁裁决，另一方当事人申请撤销仲裁裁决，人民法院已立案受理的；

3. 被执行人财产与其他人共有，需要等待另案诉讼析产分割的。

第五条 除本意见第一条第（五）项情形之外，其余以终结本次执行程序方式结案的案件，在结案前均应当依照法律、司法解释的规定将被执行人纳入最高人民法院失信被执行人名单。

确有特殊情形，不适合将被执行人纳入失信被执行人名单的，应当逐级层报省法院审批。

第六条 裁定终结本次执行程序前，执行员应当将案件执行情况和执行不能的风险书面告知申请执行人，并征求申请执行人的意见。

申请执行人书面同意执行法院终结本次执行程序，或对执行法院认定被执行人无财产可供执行书面表示认可的，执行法院组成合议庭审查核实并报执行局局长批准后，可裁定终结本次执行程序。

申请执行人未书面同意或认可的，经合议庭审查核实并报分管院长批准后，可裁定终结本次执行程序。

第七条 终结本次执行程序应当制作裁定书。裁定书应载明案件的执行情况、申请执行人债权已受偿和未受偿的情况、终结本次执行程序的理由及批准人等内容。

裁定主文中还应注明以下内容：

（一）申请执行人发现被执行人有可供执行财产，可向执行法院申请恢复执行；

（二）如不服本裁定，可依照《最高人民法院关于人民法院办理执行异议和复议案件若干问题的规定》第六条第一款的规定，在收到本裁定之日起六十日内，向本院递交异议申请书及副本一式三份，向本院提出异议。

执行法院已经查封（冻结、扣押）被执行人财产，因合法原因不能处置而决定终结本次执行程序的，在下达裁定前，应将查封（冻结、扣押）被执行人财产的品种、数量、期限和申请执行人申请续封、续冻的权利以及未申请续封、续冻的法律后果书面告知申请执行人。

第八条 终结本次执行程序的裁定书，应当在作出后五日内依法送达申请执行人和被执行人，并按照规定办理结案手续，裁定书应在人民法院裁判文书网公开。不上网公开的，应报分管院长批准。

案卷应依照《人民法院执行文书立卷归档办法（试行）》等规定按期归档。

第九条 执行法院应确定专门人员对已结终结本次执行程序案件进行单独管理。

裁定终结本次执行程序的案件结案后，原案件承办人一般不再负责该案件管理。

第十条 终结本次执行程序案件应进行动态管理，在结案后做好以下工作：

（一）依职权每6个月主动、集中对涉案被执行人的财产通过最高人民法院的全国法院网络执行查控系统、省法院的全省网络执行查控系统、执行法院及其所属中级法院网络查控系统进行一次调查。

（二）对于涉民生案件及申请执行人系老弱病残等举证能力较弱，不能自行提供可供执行财产线索的案件，要依职权对被执行人的财产线索进行续行调查。采取通过执行查控系统定期查询或深入基层一线实地调查相结合的方式，尽可能排查一切有价值的线索。

（三）对于被执行人下落不明的案件，动态管理人应根据申请执行人提供的执行线索，到被执行人的住所地或经常居住地调查了解被执行人行踪，并根据调查结果制定相应的执行预案。

（四）接收并核查申请执行人提供的

执行线索。

执行法院在五年内对终结本次执行程序案件已经穷尽财产调查措施和执行措施,仍未发现可供执行的财产的,可不再依职权主动启动财产调查。但申请执行人发现被执行人财产线索,符合案件恢复执行条件的,仍可向执行法院申请恢复执行。

涉民生、交通肇事、损坏赔偿、矛盾易激化等特殊类案件,以及被执行人为省外的案件,经执行局局长批准不受上述调查次数及时间的限制。

第十一条 执行案件以终结本次执行程序结案后,申请执行人发现被执行人有可供执行财产的,可以再次申请执行。再次申请不受申请执行时效期间的限制。

执行法院发现案件具备恢复执行条件,应依职权恢复执行。

第十二条 下列终结本次执行程序结案的案件,应当按照恢复执行案件予以立案:

(一)申请执行人因受欺诈、胁迫与被执行人达成和解协议,申请恢复执行原生效法律文书的;

(二)一方当事人不履行或不完全履行执行和解协议,对方当事人申请恢复执行原生效法律文书的;

(三)执行实施案件以裁定终结本次执行程序方式报结后,又发现被执行人有财产可供执行,经申请执行人申请或者执行法院依职权恢复执行的。

第十三条 申请执行人申请恢复执行的,应提交下列文件和证明:

(一)恢复执行申请书;

(二)原执行依据副本;

(三)原终结本次执行程序裁定书副本;

(四)申请执行人的身份证明和授权委托书以及联系方式;

(五)当事人信息及可供执行财产线索的相关证据材料。

申请执行人提供的申请材料不全或财产线索不清的,应一次性告知申请执行人进行补正后重新申请。

第十四条 因被执行人财产不具备执行条件而裁定终结本次执行程序后,查封、冻结期限届满前,申请执行人申请继续采取查封、冻结等强制措施的,执行法院应当依法采取续封、续冻等措施。

申请执行人应提交下列文件和证明:

(1)查封、冻结等强制措施申请书;

(2)原执行依据副本;

(3)原终结本次执行程序裁定书副本;

(4)申请执行人的身份证明和授权委托书以及联系方式;

(5)当事人信息及可供执行财产线索的相关证据材料。

第十五条 申请恢复执行案件,一律由立案部门接收当事人提交的申请材料,并负责审查立案,在七日内作出决定。法院审判、执行人员发现被执行人有财产可供执行的,应通知立案部门立案并恢复执行。情况紧急的,立案部门应当立即审查,符合立案条件的,应当立即作出决定。需要立即采取保全或控制措施的,应当立即通知执行员在二十四小时内办理,也可以由立案部门直接办理保全措施后再移送执行部门。

第十六条 案件恢复执行后,需要再次裁定终结本次执行程序的,参照本意见办理。

第十七条 本意见自 2016 年 1 月 1 日起施行。

第三十七章 浙 江 省

浙江省高级人民法院关于规范执行和解工作的规定(试行)

•2006年7月28日浙江省高级人民法院审判委员会第1907次会议讨论通过

为进一步规范执行和解工作,根据《中华人民共和国民事诉讼法》等法律和有关司法解释的规定,结合我省执行工作实际,制定本规定。

第一条 执行人员应当依法维护生效法律文书严肃性,保障执行当事人合法权益。

第二条 执行和解应当遵循自愿、合法原则。

执行人员不得强迫执行当事人进行执行和解,不得以任何方式对和解协议的内容施加影响。

第三条 有履行生效法律文书确定债务能力的被执行人,请求人民法院召集双方当事人进行和解的,不予支持。

第四条 执行当事人请求执行人员指导其签订执行和解协议的,执行人员应当对执行和解协议必备要素以及不履行和解协议的法律后果等予以释明。

第五条 执行和解协议一般采取书面形式。无书面协议的,执行人员应将和解协议的内容记入笔录,并由双方当事人签名或者盖章。

第六条 执行和解协议违反法律规定或者损害国家、集体、第三人利益的,人民法院不予认可。

第七条 执行当事人自行协商以物抵债的,对该抵债物人民法院不出具法律文书。

第八条 执行人员不得在执行和解协议上签名、盖章。

第九条 执行人员在执行和解中违反法律规定的,依照《人民法院执行工作纪律处分办法(试行)》追究责任。

第十条 本规定由浙江省高级人民法院审判委员会负责解释。

第十一条 本规定自2006年9月1日起施行。

浙江省高级人民法院关于执行中强制被执行人申报财产的规定(试行)

•2006年7月28日

为及时查明被执行人财产状况,维护申请执行人合法权益,根据《中华人民共和国民事诉讼法》等法律和有关司法解释的规定,结合我省执行工作实际,制定本规定。

第一条 人民法院根据案件执行实际可以发出《财产申报令》,责令被执行人申报财产状况。被执行人必须在指定期限内如实向人民法院申报财产。

第二条 被执行人必须按下列顺序向人民法院申报财产:

(一)现金、存款、有价证券等;

(二)交通工具、机器设备、产品、原材料等动产;

(三)房屋所有权、土地使用权等不动产;

(四)投资、债权、知识产权等财产性权利;

(五)其他财产。

被执行人按上述顺序申报可供执行的财产价值超过生效法律文书确定债务的,

经人民法院审查后，对其他财产可不予申报。

被执行人申报财产时必须附财产明细表以及相应的权利凭证。

第三条 被执行人在首次申报后有新增财产的，除首次申报的财产足以清偿生效法律文书确定的债务外，被执行人应当自取得该财产之日起3日内向人民法院补充申报。

第四条 被执行人申报的财产不足以清偿生效法律文书确定债务的，被执行人还应当对自本案诉讼、仲裁、公证等之日起自行处分的财产补充申报。

第五条 被执行人接到《财产申报令》后，全部履行生效法律文书确定债务的，可以不再作财产申报。

第六条 被执行人无正当理由拒不申报或者不如实申报财产的，人民法院可以根据情节轻重，依法对被执行人或者直接责任人予以罚款、拘留；构成犯罪的，依法追究刑事责任。

第七条 本规定由浙江省高级人民法院审判委员会负责解释。

第八条 本规定自2006年9月1日起施行。

附：《财产申报令》样式

××××人民法院
财产申报令

（××××）××执字第××号

××××：

本院于××××年××月××日立案执行……一案。根据案件执行实际，依照《最高人民法院关于人民法院执行工作若干问题的规定（试行）》和《浙江省高级人民法院关于执行中强制被执行人申报财产的规定（试行）》有关规定，责令你（你单位）在本令送达后×日内，按下列要求向本院如实申报财产：

1. 申报财产的顺序：

（1）现金、存款、有价证券等；

（2）交通工具、机器设备、产品、原材料等动产；

（3）房屋所有权、土地使用权等不动产；

（4）投资、债权、知识产权等财产性权利；

（5）其他财产。

申报财产时必须附财产明细表以及相应的权利凭证。

2. 在向本院首次申报后有新增财产的，除首次申报的财产足以清偿生效法律文书确定的债务外，你（你单位）应当自取得该财产之日起3日内向本院补充申报；申报的财产不足以清偿生效法律文书确定债务的，还应当对自本案诉讼（仲裁、公证等）之日起自行处分的财产补充申报。

3. 你（你单位）申报可供执行的财产价值超过生效法律文书确定债务的，经本院审查同意后，对其他财产可以不予申报；接到本令后，你（你单位）全部履行生效法律文书确定债务的，可以不再作财产申报。

无正当理由拒不申报或者不如实申报财产的，本院可以根据情节轻重，依法对你（你单位）或者直接责任人予以罚款、拘留；构成犯罪的，依法追究刑事责任。

执行人员： 联系电话：

××××年××月××日
（院印）

浙江省高级人民法院关于执行中穷尽措施的指导意见（试行）

• 2006年7月28日浙江省高级人民法院审判委员会第1907次会议讨论通过

为充分运用各种执行措施，维护申请执行人合法权益，根据《中华人民共和国民事诉讼法》等法律和有关司法解释的规定，结合我省执行工作实际，制定本意见。

第一条 执行人员接受案件后，根据案件实际可以向被执行人发出《财产申报令》；向申请执行人发出《被执行人财产举证通知书》。

第二条 对被执行人申报的财产或者有设定抵押、被保全的财产，执行人员应当及时查明财产状况，并采取相应的执行措施。

第三条 对申请执行人提供的被执行人具体财产线索，执行人员应记入笔录，及时实施调查，并采取相应的执行措施。

第四条 执行人员应当将案件及被执行人的有关情况按要求及时输入所在法院执行案件信息管理系统，并根据案件执行需要及时提供给有法定协助义务的管理部门。

第五条 根据申请执行人提供的具体财产线索或者被执行人的实际，执行人员可以视情依法采取以下措施：

（一）在被执行人住所地、经常居住地、暂住地、工作单位等附近的金融机构查询被执行人的资金情况，或者在人民银行、信用卡发卡中心、银联公司、企业信用发布查询中心等单位查询被执行人的开户以及资金等情况；

（二）在被执行人的工作单位或者社会保险机构查询被执行人的收入或者离休金、退休金情况；

（三）在国土资源、房地产管理等部门查询被执行人所有的土地使用权、房屋所有权等情况；

（四）在工商、税务等部门查询被执行人的开办单位、注册资金、纳税及经营等情况；

（五）在交通运输及机动车船等管理部门查询被执行人所有的交通工具情况；

（六）在证券登记结算机构、证券公司、期货交易所、期货经纪公司等单位查询被执行人的证券、期货持有及交易情况；

（七）在注册商标、专利、著作权等登记管理机构查询被执行人所有的知识产权情况；

（八）在保险机构查询被执行人的投保情况；

（九）委托公安部门、被执行人所在地人民法院，或者通过协助执行工作网络等查找被执行人下落及相关信息；

（十）向可能掌握被执行人财产线索的其他单位和个人了解被执行人财产状况。

第六条 对被吊销营业执照或者歇业的被执行人，根据申请执行人的申请，人民法院经审查可以决定依法对被执行人采取强制审计措施。

对被注销登记的被执行人，执行人员应从工商部门调取被执行人的清算报告，核实财产状况和债权债务继受情况。

被执行人系被撤销的事业单位，执行人员应从该事业单位登记管理部门查询被执行人的开办登记情况，或者从其上级主管部门查询该事业单位开办资金、日常经费来源等情况。事业单位被其上级主管部门撤销的，还应查询其财产处理和接收情况。

第七条 申请执行人申请执行被执行人对第三人享有的到期债权，申请变更或者追加被执行主体等，人民法院应当依法及时作出处理。

第八条 对已查明的被执行人财产，执行人员应依法及时采取查封、扣押、冻结等执行措施，并责令被执行人在指定期间内履行生效法律文书确定的义务。被执行人逾期不履行的，人民法院应及时处分被控制的财产。

第九条 被执行人的财产无法变价处分，或者不适于变价处分，申请执行人不愿意接受以物抵债的，人民法院可以依法决定对该财产采取强制管理措施，以强制管理产生的收益清偿债务。

第十条 对有出境可能的被执行人或者被执行人的法定代表人、负责人，人民法院可以依法向公安机关通报备案或者决定采取限制出境措施。

第十一条 经人民法院警示，被执行人仍不履行生效法律文书确定的债务，人民法院可以适当形式向社会公布债务人名录。

第十二条 申请执行人申请悬赏执行符合有关规定的，人民法院经审查可以采取悬赏执行措施。

第十三条 申请执行人向人民法院申请《执行调查令》的，人民法院经审查可以向其代理律师签发。

第十四条 在主债务人和连带责任人并存，主债务人有财产可供执行的情况下，执行人员应当先执行主债务人，再执行连带责任人。

第十五条 除法律另有规定的以外，采取强制审计、强制管理、债务人名录、悬赏执行措施和向代理律师签发《执行调查令》，应当经执行机构主要负责人批准。

第十六条 对有履行能力的被执行人，执行人员必须严格按照生效法律文书确定的内容执行。被执行人迟延履行的，依据《中华人民共和国民事诉讼法》第二百三十二条规定承担责任。

第十七条 人民法院穷尽执行措施后申请执行人的债权仍无法实现的，可以依据《浙江省高级人民法院关于执行案件结案方式的规定》第五条终结执行。

第十八条 本意见由浙江省高级人民法院审判委员会负责解释。

第十九条 本意见自2006年9月1日起施行。

浙江省高级人民法院执行局关于规范实现担保物权案件执行程序的通知

- 2013年8年27日
- 浙高法执〔2013〕12号

本省各级人民法院执行局：

2012年8月31日修正的《中华人民共和国民事诉讼法》规定了实现担保物权的特别程序。为正确适用该特别程序，充分发挥该特别程序的作用，本院先后出台了《关于审理实现担保物权案件的意见》（浙高法〔2012〕396号）和《关于审理实现担保物权案件若干问题的解答》（浙高法〔2013〕152号）。目前，实现担保物权的案件已陆续进入执行程序，为解决实践中已经遇到的问题，规范此类案件的执行，现就相关事项通知如下：

一、实现担保物权的案件，执行中仍应根据《中华人民共和国民事诉讼法》第二百四十条的规定向被执行人发出执行通知书（执行通知书详见附件）。

二、被执行人接到执行通知书后，自愿一次性足额支付现金的，执行法院应当准许。被执行人一次性足额支付现金后，执行法院以“执行完毕”方式结案。

三、被执行人接到执行通知书后，为提出以一次性足额支付现金的方式履行担保责任的，执行法院应立即启动对担保财产的处置程序。对担保财产采取拍卖、变卖、以物抵债等变价措施时，仍应作出相应的裁定。

四、实现担保物权案件的执行通知书和拍卖、变卖、以物抵债等裁定的送达，参照本院《关于审理实现担保物权案件若干问题的解答》第四条的规定，采取直接送达、邮寄送达、留置送达、或者在担保财产所在地的居民委员会、村民委员会、物业小区等场所张贴公告等方式送达。

五、实现担保物权的案件，执行中不应对被执行人采取强制申报财产、限制出境、限制高消费、在征信系统记录或通过媒体公布其不履行义务的信息等执行措施；不得执行担保财产以外的财产。

被执行人有故意隐藏、转移、变卖、毁损担保财产或其他妨碍处置担保财产行为的，执行法院可以根据情节轻重予以罚款、拘留；涉嫌构成犯罪的，移送公安机关立案侦查。

六、实现担保物权的案件，执行中仍应依法保护当事人、利害关系人、案外人对执行行为、执行标的提出异议的权利。

本通知执行中有何问题，请及时报告我局。

浙江省高级人民法院关于执行生效法律文书确定夫妻一方为债务人案件的相关问题解答

•2014年1月27日

一、执行依据确定夫妻一方为债务人的案件，应当如何采取执行措施？

答：执行依据确定夫妻一方为债务人（指夫妻一方参加诉讼、仲裁或者公证），且未明确债务性质的，可以执行该债务人个人名下的财产或者夫妻共同财产中属于债务人的份额。

执行机构根据相关证据经审查判断属于夫妻共同债务的，可以执行夫妻共同财产。夫妻共同财产经执行仍不足清偿的，可以执行夫妻另一方的个人财产。

个人财产时指《中华人民共和国婚姻法》及其司法解释明确规定属于夫妻一方个人所有的财产。

二、执行程序中如何把握债务性质的判断标准？

答：执行依据对债务性质未予明确的，执行程序中可以根据《中华人民共和国婚姻法》及其司法解释的规定进行判断和审查，即以债务是否发生在夫妻关系存续期间作为判断标准。

发生在夫妻关系存续期间的下列债务，执行机构在案外人异议审查时可以认定为个人债务：

1. 夫妻一方能够证明债权人与债务人明确约定为个人债务，或者能够证明属于《中华人民共和国婚姻法》第十九条第三款规定情形的；

2. 夫妻一方擅自举债资助与其没有赡养、抚养、抚养义务人所产生的债务；

3. 夫妻一方因继承或者受赠归其个人所有的财产过程中产生的债务；

4. 夫妻一方管理个人财产所产生的债务；

5. 夫妻一方擅自对外担保且另一方未因担保行为获益产生的债务；

6. 夫妻一方因刑事犯罪被判处的财产刑部分；

7. 夫妻一方因赌博、吸毒等违法犯罪行为产生的债务；

8. 为支付夫妻间诉讼而产生的诉讼费用所产生的债务；

9. 法律、行政法规和司法解释规定的其他个人债务。

三、债务性质经判断为夫妻共同债务的，执行程序应当如何进行？

答：执行机构可直接作出裁定查封、扣押、冻结、变价夫妻共同财产或者非被执行人的夫妻另一方名下的财产，而无需裁定追加夫妻另一方为被执行人。

执行裁定书主文部分应当写明执行的具体财产。

四、债务性质经判断为个人债务，申请执行人对此有异议，应当如何处理？

答：债务性质经判断为夫妻一方个人债务的，执行机构不得对夫妻另一方个人所有的财产采取执行措施，申请执行人对判断为个人债务有异议，执行机构应当告知其另行诉讼解决。

申请执行人提起诉讼的，立案部门应当受理，案由为夫妻共同债务确认纠纷。

五、夫妻一方以正在执行的债务不属于共同债务，法院执行夫妻共同财产不当为由而提出异议，应当如何处理？

答：夫妻一方以正在执行的债务非共同债务，法院执行夫妻共同财产不当为由而提出异议，系对执行机构采取执行措施的财产概括主张实体权利，该异议可视作案外人异议，按照《中华人民共和国民事诉讼法》第二百二十七条的规定办理。执行机构可按本解答第二条明确的标准进行审查作出裁定。异议人或者执行申请人不服裁定的，可以依法提起案外人或者执行申请人执行异议之诉。

六、案外人执行异议之诉审理期间，执行机构可否对夫妻另一方的财产采取处分性执行措施？

答：该夫妻另一方提出案外人执行异议之诉是为了阻却执行程序进行，且执行程序中对债务性质的判断主要是依据表面的证据，可能与审判部门经过实体审理后的作出的判断不一致，故此类案件在案外人执行异议之诉审理期间，一般情况下不宜对相应财产采取处分性措施，执行机构应当根据判决结果再行执行。但申请执行人提供足额有效担保并要求继续执行的，执行机构可采取处分性措施。

七、经判断为夫妻个人债务的案件，需要执行被执行人夫妻共同财产中的份额，或者登记在夫妻另一方名下的共同财产，应当如何执行？夫妻另一方提出异议，如何救济？

答：经判断为夫妻个人债务的案件，应当执行属于被执行人所有或者其个人名下的财产。

被执行人所有或者其名下的财产不足清偿的，可执行夫妻共同财产中的一半份额。如登记在夫妻另一方名下的财产系夫妻共同财产的，也可执行。执行机构可直接对上述共同财产采取相应的执行措施。

夫妻另一方对被执行人个人名下的财产主张权利，或者对登记在其名下的财产是否系共同财产或者财产份额提出异议的，按照《中华人民共和国民事诉讼法》第二百二十七条的规定处理。

夫妻另一方就财产份额提出异议，或者对被执行人个人名下的财产主张权利，案外人执行异议之诉审理期间不停止执行。

八、债务性质判断为夫妻共同债务，但被执行人已经离婚，申请执行人要求执行原夫妻另一方离婚时分得的财产或者其个人财产，该如何处理？

答：可以裁定执行原夫妻另一方离婚时分得的财产或者其个人财产，而无需追加其为被执行人。原夫妻另一方对执行其财产不服而提出异议，属于案外人异议，应当按照《中华人民共和国民事诉讼法》第二百二十七条规定处理。

浙江省高级人民法院办公室印发《关于执行非住宅房屋时案外人主张租赁权的若干问题解答》的通知

•2014 年 9 月 11 日

本省各级人民法院：

现将《关于执行非住宅房屋时案外人主张租赁权的若干问题解答》印发给你们。执行中遇有问题，可根据不同诉讼环节分别报我院执行局或审监庭。

浙江省高级人民法院关于执行非住宅房屋时案外人主张租赁权的若干问题解答

人民法院在执行中拍卖被执行人的非住宅房屋（以下简称房屋）时，经常遇到案外人以其对该房屋享有租赁权为由，主张拍卖不破除租赁。而申请执行人则认为被执行人与案外人恶意串通虚构租赁关系，要求法院不予采信。为了保障申请执行人和房屋承租人的合法权益，确保执行程序顺利进行，维护司法权威，省高院经深入调研，依照《中华人民共和国物权法》、《中华人民共和国合同法》、《中华人民共和国民事诉讼法》等法律及相关司法解释的规定，对执行被执行人的房屋时案外人主张租赁权涉及的主要问题作出解答，供全省法院办案中参考。

一、人民法院执行被执行人的房屋时，案外人以其在案涉房屋设定抵押或者被人民法院查封之前（以下简称抵押、查封前）已与被执行人签订租赁合同且租赁期限未满为由，主张拍卖不破除租赁，执行机构应如何审查？

答：执行机构可根据案外人及当事人

提供的证据，重点围绕租赁合同的真实性、租赁合同签订的时间节点、案外人是否占有案涉房屋等问题进行审查。如果租赁合同真实、合同签订于案涉房屋抵押、查封前且案外人在抵押、查封前已依据合同合法占有案涉房屋至今的，执行中应当保护案外人的租赁权。

二、执行机构审查租赁合同的真实性，如何把握标准？

答：执行机构一般作形式审查，经审查发现当事人自认或者有其他明确的证据证明租赁合同为虚假，或者名为租赁实为借贷担保、房屋使用权抵债等关系的，对租赁合同的真实性不予认可。

租赁合同未生效或者已在另案中被撤销、确认无效的，对案外人的租赁权不予认可。

三、执行机构审查租赁合同是否签订于案涉房屋抵押、查封前，如何把握标准？

答：如果在抵押、查封前，租赁合同的当事人已经根据《中华人民共和国城市房地产管理法》第五十四条、住房和城乡建设部制定的《商品房屋租赁管理办法》第十四条、第十九条的规定办理了租赁登记备案手续的，执行机构应当认定租赁合同签订于抵押、查封前。

经审查发现有下列情形之一的，一般也可认定租赁合同签订于抵押、查封前：

1. 租赁合同的当事人在抵押、查封前已就相应租赁关系提起诉讼或仲裁的；

2. 租赁合同的当事人在抵押、查封前已办理租赁合同公证的；

3. 有其他确切证据证明租赁合同签订于抵押、查封前的，如租赁合同当事人已在抵押、查封前缴纳相应租金税、在案涉房屋所在物业公司办理租赁登记、向抵押权人声明过租赁情况等。

四、执行机构审查案外人是否在抵押、查封前已经占有且至今占有案涉房屋，如何把握标准？

答：有下列情形之一的，可以认定案外人在抵押、查封前已经占有且至今占有案涉房屋：

1. 案外人在抵押、查封前已经在且至今仍在案涉房屋内生产经营的；

2. 案外人在抵押、查封前已经领取以案涉房屋作为住所地的营业执照且至今未变更住所地的；

3. 案外人在抵押、查封前已经由其且至今仍由其支付案涉房屋水电、物业管理等费用的；

4. 案外人在抵押、查封前已经对案涉房屋根据租赁用途进行装修的；

5. 案外人提供其他确切证据证明其已在抵押、查封前直接占有案涉房屋的。

五、对问题一所述情况，程序上应如何处理？当事人和案外人如何救济？

答：执行实施人员根据本解答第十条的规定进行现场查封时已经发现有案外人依据租赁合同占有案涉房屋的，在处置前应告知申请执行人拟带租拍卖。申请执行人提出异议的，移送执行审查机构参照《中华人民共和国民事诉讼法》第二百二十七条的规定进行处理。

根据本解答第十条的规定发布拍卖预告后，有其他案外人主张租赁权的，执行实施人员应向其告知虚构租赁关系对抗执行的法律后果。如案外人坚持其主张的，告知其提交异议书和相应证据材料，并移交执行审查机构依照《中华人民共和国民事诉讼法》第二百二十七条的规定进行审查处理。

申请执行人或案外人对执行审查机构作出的裁定不服的，可依法提起执行异议之诉。

六、人民法院执行已设定抵押的房屋时，在抵押权设立后承租房屋的案外人以被执行人出租房屋时未告知抵押情况等为由，主张实现抵押权不得影响其租赁权，如何处理？

答：抵押登记具有公示公信效力。此外，房屋出租人负有向承租人告知房屋抵押情况的义务。基于此，《中华人民共和国物权法》第一百九十条明确规定:抵押权设立后抵押财产出租的,该租赁关系不得对抗已登记的抵押权。最高人民法院《关于适用〈中华人民共和国担保法〉若干问题的解释》第六十六条亦规定:抵押人将已抵押的财产出租的,抵押权实现后,租赁合同对受让人不具有约束力。故在题述情况下,人民法院应当按照最高人民法院《关于人民法院民事执行中拍卖、变卖财产的规定》第三十一条的规定,将案涉房屋上的租赁权涤除后再依法拍卖。

七、人民法院执行已先期查封的房屋时,在查封后承租房屋的案外人以其不知道房屋被查封为由,主张拍卖房屋不得影响其租赁权,如何处理?

答:最高人民法院《关于人民法院民事执行中查封、扣押、冻结财产的规定》第二十六条规定:"被执行人就已经查封、扣押、冻结的财产所作的移转、设定权利负担或者其他有碍执行的行为,不得对抗申请执行人。"该条中的"设立权利负担"包括设定租赁关系。最高人民法院《关于审理城镇房屋租赁合同纠纷案件具体应用法律若干问题的解释》第二十条亦规定,租赁房屋在租赁期间发生所有权变动,承租人请求房屋受让人继续履行原租赁合同的,人民法院应予支持。但房屋在出租前已被人民法院依法查封的除外。故在题述情况下,人民法院应当将案涉房屋上的租赁权涤除后再依法拍卖。

八、对问题六、七所述情况,程序上应如何处理?当事人和案外人如何救济?

答:执行实施机构应当作出裁定(裁定样式另行发布),明确案外人与被执行人之间的租赁关系不得对抗申请执行人,对案外人的租赁权依法予以涤除。案外人不服提出异议的,执行审查机构应当按照《中华人民共和国民事诉讼法》第二百二十五条的规定进行处理。

在问题六、七所述情况下,执行实施机构对案涉房屋上的租赁权不予涤除的,申请执行人可以依照《中华人民共和国民事诉讼法》第二百二十五条的规定提出异议。

九、人民法院如何防止被执行人与案外人恶意串通,虚构租赁关系,对抗对房屋的执行?

答:一是要积极倡导房屋出租人和承租人进行房屋租赁备案登记;二是引导市场主体在接受房屋抵押前查明现状,如是否存在案外人占有等情况,并固定相关证据;三是要在保全和执行环节严格落实现场查封制度;四是对虚构租赁关系、对抗法院执行的行为,一经查实,要依据《中华人民共和国民事诉讼法》第一百一十一条的规定对相关责任人予以罚款、拘留。构成贷款诈骗、骗取贷款、拒不执行判决裁定等犯罪的,依法追究刑事责任。

十、房屋现场查封制度的具体要求有哪些?

答:对房屋进行查封时,除了在建设(房地产)主管部门办理查封登记外,还应根据最高人民法院《关于人民法院民事执行中查封、扣押、冻结财产的规定》第九条、第二十条之规定,到现场查封并制作笔录。笔录中应载明房屋实际状况、使用情形等事项,执行人员及保管人应当在笔录上签名,有《中华人民共和国民事诉讼法》第二百四十五条规定的人员到场的,到场人员也应当在笔录上签名。发现查封的房屋部分或全部为案外人占有的,应当场询问案外人的姓名(或名称)、住所(或住所地)、占有原因、占有期限等内容并记入查封笔录。案外人主张系承租房屋的,应责令其当场提供租赁合同、租金支付凭据等。

拟对查封的房屋进行拍卖的,执行实施机构应当在作出拍卖裁定时一并作出拍卖预告。预告中须载明,对拟拍卖房屋享有租赁权等权益的案外人应当在指定期限内向执行法院申报,逾期不申报的自行承担不利后果。拍卖预告应当在现场张贴。

浙江省高级人民法院执行局关于执行程序中执行“一处住房”相关问题的解答

•2014年9月22日

一、执行程序中“一处住房”的含义？

本解答所谓“一处住房”，是指被执行人及其所扶养家属生活的唯一居住房屋。

根据《最高人民法院关于人民法院民事执行中查封、扣押、冻结财产的规定》第七条之规定，对于超过被执行人及其所扶养家属生活所必需的居住房屋人民法院可予以执行。

一般情况下，被执行人有其他财产可供执行的，不宜对其唯一居住房屋采取处分性执行措施。

“一处住房”的执行仅限于城镇房屋，农村房屋涉及农村集体土地，小产权房涉及国家政策，应按相关规定执行，不属本解答范畴。

二、执行程序中不能被认定为“一处住房”的情形有哪些？

人民法院在执行程序中查明有下列情形之一的，不能认定被执行人仅有“一处住房”，应当予以执行：

1. 一审诉讼、仲裁案件立案受理后，被执行人因转让其他住房而形成一处住房的；

2. 被执行人在城镇虽只有一处住房，但在当地（县级的市、县、区）农村有宅基地并自建住房的；

3. 被执行人的一处住房用于出租、出借的；

4. 被执行人及其所扶养家属连续一年以上未居住的；

5. 一处住房系执行案件债务所指向的标的物的；

6. 其他不宜认定为“一处住房”的情形。

三、如何认定“一处住房”是否“超过生活所必需”？

下列情形虽属于“一处住房”，但应认为超出“生活所必需”，人民法院可以执行：

1. 住房面积超过80平方米，或住房面积虽然不到80平方米，但超过被执行人及其所扶养家属维持最低生活标准所必需（按当地廉租住房保障相关规定）的住房面积50%以上的；

2. 被执行人及其所扶养的家属共同居住的住房面积超过60平方米，且房屋单价高于当地住房均价的50%以上的。

四、执行“一处住房”时，如何解决临时住房？

为使房屋拍卖后顺利交付给买受人，拍卖前宜先解决好临时住房，面积不低于当地廉租住房保障规定所确定的人均标准。地段选择上可尽量满足被执行人根据其生活、工作需要提出的合理要求。

解决临时住房可选择采用下列方式：

1. 申请执行人自愿提供临时住房，使用期不低于六个月；

2. 由被执行人自行租房，申请执行人先行垫付不低于一年的租房费用。

上述两种方式产生的租金或费用应从房产拍卖后保留给被执行人的保障费用中据实结算。

五、执行“一处住房”时，如何保障被执行人及其所扶养家属的居住权？

人民法院执行“一处住房”时，对于本解答第二条所列的情形，原则上对被执行人及其所扶养的共同居住家属不再提供保障；对于第三条所列的情形，应当为被执行人及其所扶养的共同居住家属保留保障最低居住条件所需费用（简称保障费用）。

保障费用可在拍卖款中先行提留。

对于被执行人的保障费用，人民法院不得执行。

六、保障费用的标准如何确定？

因经济发展程度不同，保障费用的标准由各地法院自行确定，主要应考虑以下因素：

1. 保障对象包括被执行人及其所扶养的共同居住的家属，但该家属名下另有住房的除外；

2. 被执行人及其所扶养的共同居住的家属人数为3人（含）以下的，保障费用面积计算标准按当地廉租住房保障规定所确定的人均保障面积确定；超出三人的，对超出部分人员减半计算面积；

3. 保障费用单价参照当地上一年度的二手房均价，无二手房均价的，按“一处住房”拍卖、变卖的价格计算；

4. 被执行人自行按时腾空的，可适当上浮保障费用，一般掌握在总保障费用10%的幅度内。

因侵权责任、追索劳动报酬等纠纷案，申请执行人生活困难，不执行将影响到其生存权的案件，人民法院可以酌情减少或不予发放保障费用，但应给被执行人保留不少于一年的租房费用。

七、保障费用的发放时间该如何把握？

采取申请执行人自愿提供临时住房方式的，保障费用应在被执行人搬离临时住房之后发放，并扣除期间产生的租金和费用。

八、人民法院执行“一处住房”时，具体操作上应注意什么问题？

1. 执行“一处住房”，应当以申请执行人的申请作为前置条件，由其向人民法院出具承诺书，承诺书内容包括同意发放保障费用、提供临时住房或临时住房租金等；

2. 执行“一处住房”，应当查清住房状况、常驻人口状况，填写拍卖呈报表，明确拍卖理由和对被执行人及其所扶养亲属的保障措施，执行人员讨论后报执行局长或分管院长批准；

3. 准予拍卖的，应当向被执行人发出执行裁定书和迁出告知书；

4. 拍卖一般以住房腾空为前提，被执行人拒绝腾空的，执行法院可以作出强制迁出裁定和公告，强制执行；

5. 强制迁出应当作出风险评估和执行预案，可协调利用政府及相关部门、基层组织、社会舆论的力量。执行过程中应注意证据保全，制作财产清单，全程摄像，刻录存档。必要时可以邀请公证处公证、媒体参与报道、当地基层组织见证；

6. 强制迁出过程中出现意外情况或引起矛盾激化、难以实施的，应当及时报告执行局长或分管院长并暂停执行行为。

九、对已经设定抵押的“一处住房”该如何执行？

对于已经依法设定抵押的“一处住房”，可以执行，且不需为被执行人保留保障费用。在申请执行人提供临时住房确有困难的情况下，如果该抵押由债务人设立，可以要求申请执行人先行垫付不低于半年的租房费用；如该抵押为第三人设立，可以要求申请执行人先行垫付不低于一年的租房费用。

第三十八章 广东省

广东省高级人民法院关于印发《广东省高级人民法院关于中止执行案件恢复执行的规定(试行)》的通知

●2007年12月6日
●粤高法发〔2007〕26号

全省各级人民法院、广州海事法院、广州铁路运输两级法院:

为了进一步规范中止执行案件的恢复执行,保障当事人的合法权益,加强执行工作管理,我院研究制定了《广东省高级人民法院关于中止执行案件恢复执行的规定(试行)》。现印发给你们,请认真贯彻执行,贯彻执行中遇到的问题,及时报告我院。

广东省高级人民法院关于中止执行案件恢复执行的规定(试行)

第一条 为了进一步规范中止执行案件的恢复执行,保障当事人的合法权益,依据《中华人民共和国民事诉讼法》、最高人民法院《关于人民法院执行工作若干问题的规定(试行)》等有关规定,结合全省法院执行工作的实际,制定本规定。

第二条 人民法院审查决定裁定中止执行案件是否恢复执行的,适用本规定。

第三条 裁定中止执行案件,具有以下情形之一的,应当恢复执行:

(一)因申请执行人表示可延期执行而裁定中止执行,期满后申请执行人申请恢复执行的;

(二)因作为一方当事人的公民死亡而裁定中止执行后,已明确权利的继承人或义务继受人的;

(三)因作为一方当事人的法人或其他组织终止而裁定中止执行后,已确定权利义务承受人的;

(四)因受理以被执行人为债务人的破产申请案件而裁定中止执行后,不予宣告破产而裁定终结破产程序的,但在破产程序中因破产和解协议履行完毕而裁定终结破产程序的除外;

(五)因被执行人暂无可供执行财产而裁定中止执行后,发现被执行人有可供执行财产的;

(六)因执行标的物的权属争议而裁定中止执行后,执行标的物经其他法院或仲裁机构审理后,确认权属属于被执行人的;

(七)因一方当事人申请撤销仲裁裁决而裁定中止执行后,当事人的申请被驳回的;

(八)因仲裁裁决的被申请执行人向人民法院提出不予执行请求而裁定中止执行后,被申请执行人不予执行的请求被驳回,或其提供担保已到期、已失效,或在担保期间内有转移财产等其他损害债权人利益的行为的;

(九)因提起再审而裁定中止执行后,再审生效裁判维持原审判决的;

(十)因当事人达成执行和解协议而裁定中止执行后,被执行人未履行到期的执行和解协议,申请执行人在法定期间内申请恢复执行的;

(十一)其他依法应当恢复执行的情形。

第四条 因被执行人暂无财产可供执行而裁定中止执行的，申请人发现被执行人有可供执行财产或有明确的财产线索的，可以申请恢复执行。

第五条 因当事人达成和解协议而裁定中止执行的，一方当事人不履行和解协议，对方当事人可以申请恢复执行。

第六条 适用本院粤高法发〔1999〕46号《裁定终结执行几类案件的暂行规定》而裁定终结执行的案件，申请人可以申请恢复执行，但金融机构等申请执行人自行申请终结或其债权已核销的除外。

第七条 除本规定第四条至第六条的情形外，案件中止执行后，中止执行的情形消失的，执行法院可以根据当事人的申请或依职权恢复执行。

第八条 当事人申请恢复执行的，应向执行法院提交中止执行裁定书、申请书、身份证明等相关材料以及证明中止情形消失的有关证明材料。

第九条 委托执行的案件中止后，由委托法院审查是否恢复执行。

案件中止后被指定执行的，由受指定法院审查是否恢复执行。

第十条 各级法院根据需要，可以设立专门审查恢复执行的合议庭或人员。该合议庭或人员可以配置在立案机构，也可以配置在执行部门。

没有前款规定的专门合议庭或人员的，申请人申请恢复执行属于本规定第四条、第五条、第六条规定的情形，应由原承办人以外的人员审查是否恢复执行。

其他情形的，由原承办人员或其他指定的执行人员审查是否恢复执行。

第十一条 申请人申请恢复执行的，人民法院应对其提供的财产线索进行必要的审查。

人民法院一般应在收齐申请人申请材料后七日内审查完毕。

审查期间，人民法院可以对被执行人的财产采取控制性措施。

第十二条 审查人认为不符合恢复执行条件的，应当提请合议庭合议并层报批准。

不予恢复执行的，应当制作裁定书并送达申请人。申请人可以依法定程序提出异议、申请复议。

上级法院认为下级法院不予恢复执行错误的，下级法院应当根据上级法院的监督意见立即恢复执行。

第十三条 审查期间，申请人提供证据证明被执行人具有隐匿、转移、变卖、毁损、挥霍财产或有其他紧急情形的，执行法院可以在恢复执行前先行采取财产调查和控制措施。

第十四条 决定恢复执行的，应制作恢复执行通知书送达当事人。

第十五条 恢复执行的案件，可以由原执行人员负责执行。原执行人员调离的，由原合议庭成员或另行指定的人员执行。

第十六条 恢复执行的案件，应当纳入执行案件流程管理。

第十七条 恢复执行的案件应在法定期限内执结。

依照本规定第十九条第一款恢复执行的案件，从恢复执行时开始起算执行期限。

第十八条 裁定中止时未作结案统计的案件在恢复执行后，因仍未发现被执行人可供执行的财产，或者发现的财产处理完毕仍不能偿还全部债务，或者双方当事人达成和解协议，可以裁定中止执行并作结案统计。

恢复执行案件因其他情形裁定中止执行的，不得作结案统计，但应当计算工作量。

第十九条 依照本院《关于对适用中止执行的若干问题的意见（试行）》第十条规定已作结案统计的裁定中止执行案件，以及本规定第六条的终结执行案件，决定恢复执行的，应当编立恢复执行案号，在原案号之后按恢复次数依次编立“恢字（次数）号”案号。

其他恢复执行的，使用原执行案号。

第二十条 编立恢复执行案号的执行案件执结后，应当装订子卷归入原执行案卷的母卷。

其他恢复执行的案件材料，不另行立卷，直接归入原执行案卷。

第二十一条 本规定自2008年1月1日起实施。

广东省高级人民法院关于在执行工作中被执行人报告财产的若干规定（试行）

- 2008年11月24日
- 粤高法发〔2008〕39号

第一条 为更有效地查明被执行人的财产，保障案件的顺利执行，根据《中华人民共和国民事诉讼法》和最高人民法院《关于人民法院执行工作若干问题的规定（试行）》的规定，结合我省执行工作实际，制定本规定。

第二条 被执行人未按执行通知履行法律文书确定的给付金钱义务的，应当向人民法院报告其财产情况，但申请执行人同意被执行人不作报告的除外。

第三条 人民法院向被执行人发出的报告财产令，应当包括以下主要内容：

（一）强制被执行人报告财产的法律依据；

（二）报告财产的范围；

（三）报告财产的期间；

（四）补充报告财产的条件及期间；

（五）拒绝报告、虚假报告以及不作补充报告的法律责任；

（六）其他内容。

第四条 被执行人报告的财产应当是其当前拥有的全部财产，包括自有财产和与他人共有财产。

被执行人自收到执行通知书之日前一年至报告财产之日所发生的财产变动影响债权实现的，亦应报告该变动情况。

已报告的财产或在案件诉讼阶段已被保全的财产足以清偿债务及支付执行费用的，经人民法院准许，被执行人可不报告其他财产情况。

第五条 被执行人应当按照下列几种财产类型及顺序报告财产：

（1）现金、银行存款、有价证券；

（2）工资、红利等收入；

（3）分红、租金、承包金等预期收益；

（4）土地使用权、房屋等不动产；

（5）交通运输工具、机械设备、产品、原材料等动产；

（6）债权、股权、投资权益、基金、知识产权等财产权利；

（7）其他应当报告的财产。

被执行人报告财产，应当同时提交有关财产权属凭证或其他相关依据，并根据申请执行人的人数提供副本。

第六条 被执行人应当自执行通知书规定的履行期满之日起五日内向人民法院报告其财产情况。在期间内不能完成财产报告的，应当书面向人民法院申请延长报告期间并说明理由，是否准许由人民法院决定。

被执行人在报告财产期间内履行全部债务的，人民法院应当裁定终结报告程序。

第七条 被执行人报告财产应当采用书面形式。人民法院在向被执行人发出报告财产令时应当附上财产报告表，并按申请执行人的人数提供副本，由被执行人如实填报。

被执行人报告财产，应当报告每一种类财产的基本情况，包括财产取得时间、所处地点、财产数量、现有价值、是否出租、是否设立质押或抵押担保以及是否被有关部门查封或扣押等。

被执行人确无可供执行财产的，应当在报告财产的期间内向人民法院书面报告情况。

第八条 被执行人在报告财产时，应当在财产报告表当中就所报告财产的真实性向人民法院作出承诺，保证不作虚假报告。

第九条 人民法院收到被执行人的财产报告

后，应当及时将财产报告表副本及相应的财产权属凭证副本送达申请执行人。

对被执行人报告的财产情况，申请执行人请求查询的，人民法院应当准许。

第十条 对被执行人报告的财产情况，人民法院可以依申请执行人的申请或者依职权进行调查核实，必要时可以进行听证，也可以委托有关部门进行审计。

被执行人报告的财产经核实后，人民法院应当及时采取相应的控制措施。

第十一条 被执行人的财产报告涉及个人隐私或商业秘密的，人民法院和申请执行人应当依法保密。

第十二条 被执行人在报告财产后债务尚未履行完毕前其财产情况发生变动影响债权实现的，应当于知道财产发生变动之日起十日内向人民法院补充报告。

第十三条 报告财产责任人应根据以下不同情形进行确定：

（一）被执行人是法人或其他组织的，其法定代表人或负责人是报告财产责任人；

（二）被执行人被工商行政管理部门吊销或者注销营业执照，尚未清算的，其股东或开办单位的法定代表人是报告财产责任人；正在清算或已清算完毕的，其清算小组的负责人是报告财产责任人；

（三）被执行人是具有完全行为能力的自然人的，该被执行人是报告财产责任人；

（四）被执行人是无行为能力人或限制行为能力的自然人的，其法定代理人是报告财产责任人；

（五）被执行人或被执行人的法定代表人下落不明的，其财产管理人员是报告财产责任人。

第十四条 被执行人应当按照人民法院的要求履行报告财产的义务。拒绝报告、虚假报告或不作补充报告的，人民法院可以根据《中华人民共和国民事诉讼法》第一百零四条①和第二百一十七条②的规定，视情节轻重对被执行人或报告财产责任人予以罚款、拘留；构成犯罪的，依法追究相关责任人员的刑事责任。

第十五条 本规定由广东省高级人民法院负责解释。

第十六条 本规定自下发之日起施行。本院之前的有关规定与本规定不一致的，以本规定为准。

广东省高级人民法院关于在执行清案过程中及时处理执行异议、复议的通知

- 2009年1月9日
- 粤高法〔2009〕5号

全省各级人民法院、广州海事法院、广州铁路运输两级法院：

目前，各级法院正在开展集中清理执行积案活动。在清案中，当事人或利害关系人对执行行为提出异议、复议，这些异议和复议如果得不到及时处理，将会影响案件的执行，影响清案工作效率。为确保我省集中清理执行积案活动顺利进行，建立清理积案中快速处理执行异议、复议的“绿色通道”，提高清案效率。现就如何及时审查执行异议和执行复议的问题通知如下：

一、对清理执行积案过程中当事人、利害关系人提出的执行异议和执行复议，各级法院应指定专人办理，优先审查、优先立案、优先办理，保证立案、审查和审批渠道畅通，处理及时。

二、对当事人、利害关系人提出的执行异议，执行法院应在收到书面异议之日起3日内办理立案手续；立案庭办理立案手续的，亦应于3日内移交执行部门审查；对于不属于执行异议的，应于3日内通知不予受理。

三、执行异议是针对执行行为提出的，属执行

① 民事诉讼法原第一百零四条现已修改为第一百一十五条。

② 民事诉讼法原第二百一十七条现已修改为第二百四十一条。

程序方面的问题，执行法院可以进行书面审查。当事人、利害关系人请求听证，执行法院可以组织听证。需要进行听证的执行异议，应于收到书面异议之日起15日内审查完毕，作出裁定；不需要进行听证的，则应于收到书面异议之日起10日内审查完毕，并作出裁定。

四、异议人请求听证后又无正当理由不到庭参加的，执行法院可取消听证，裁定按异议人撤回异议处理；对方当事人不到庭参加听证的，不影响听证的进行。

五、上级法院在收到复议申请后，应于当日立案并通知执行法院于5日内报送复议所需案卷材料。执行法院收到复议申请的，应于5日内将复议申请及所需案卷材料报送上级法院。

六、对当事人、利害关系人的复议申请，需要进行听证的，上级法院应于收到复议申请之日起30日内审查完毕；不需要进行听证的，则应在收到复议申请之日起20日内审查完毕。

七、对审查执行异议和执行复议所作出的有关法律文书，应尽可能采用直接送达的方式。受送达人下落不明的，除执行异议涉及其实体权利外，不适用公告送达程序。

八、被执行人、利害关系人提出执行异议和申请复议的，除其提供充分、有效的担保外，异议和复议期间不停止案件的执行。

以上通知，请遵照执行，执行中遇到的问题及时报告本院执行局。

广东省高级人民法院关于贯彻《最高人民法院关于进一步加强和规范执行工作的若干意见》的实施意见

- 2010年4月12日
- 粤高法发〔2010〕23号

为深入贯彻落实《最高人民法院关于进一步加强和规范执行工作的若干意见》（下称《若干意见》），全面加强和规范我省法院执行工作，切实解决执行难，结合我省执行工作实际，制定本实施意见。

一、规范执行局内设机构设置，加强对执行工作的领导

（一）统一规范执行局内设机构设置

1. 省法院执行局内设机构设置和职责分工。省法院设立综合处、执行一处、执行二处三个内设机构。

综合处职责：担负执行指挥中心办公室日常工作，履行执行指挥中心的信息交换和部分指挥职能。具体包括建立和管理依托信息化技术支持的执行信息资源共享平台和信息数据库，建立与公安、金融、工商、国土、房管、车管、质监等部门的网络对接和信息交换渠道；建立信息收集反馈、决策研判、指令下达等要情反映和决策指挥机制；调配、指挥执行力量；对内对外信息报送、宣传等工作。日常工作的主要职责是综合材料、全局宏观的调研指导、信息宣传、司法统计、会议、档案管理、局务管理；对中级法院执行工作考核等。负责办理边控、土地再续封、异地执行及重大执行方案审批事项；办理执行异议、请示案件等。

执行一处职责：履行指挥中心办公室要求的调查和协调职能。具体包括利用技术设备和手段，查找案件的被执行人及其法定代表人的下落；查找被执行人可供执行财产的线索；借助公安、电信等部门的技术查找被执行人下落及其可供执行财产线索；负责执行联动协调工作，协调有关职能部门支持配合执行工作；协调处置暴力抗拒执行和群体性突发事件。日常工作的主要职责是办理属于本院管辖的一审执行案件和非诉执行案件；协调处理全省法院之间、本省法院与外省法院之间的执行争议案件；集中管理委托受托案件；负责协调、协助外地法院执行事项；涉及执行一处业务的调研指导。

执行二处职责：履行指挥中心办公室

要求的监督指导相关业务。日常工作的主要职责是办理执行监督、复议、督促执行案件;处理执行信访;涉及执行二处业务的调研指导。

2. 中级法院、基层法院执行局内设机构和职责分工。各中级法院和基层法院设立综合管理、执行实施、执行审查等内设机构。执行指挥中心与执行局实行“两块牌子,一套人马”的工作管理模式。各内设机构级别与院内设机构级别相同,以“处”、“科”、“室”、“庭”为名称,执行实施和审查机构保留“庭”的名称。

执行实施机构负责财产调查、控制、处分及交付和分配、采取罚款、拘留强制措施等事项;执行审查机构负责办理各类执行异议、执行复议、案外人异议及变更执行法院的申请等案件,处理执行信访并负责执行案件申诉审查等事项。综合管理机构和执行指挥中心的职责分工与省法院两机构职责相同。

3. 探索建立执行申诉审查专门机构。为进一步加强和规范执行申诉审查工作,各级法院要逐步建立专门的执行申诉审查机构,专门负责对执行信访申诉案件审查处理。

(二)充实执行力量。为适应我省执行案件数量不断增长的发展趋势,全省法院应按照中央〔1999〕11号文件规定的15%的要求配备执行人员。执行法官占执行人员比例应达到30%。要不断提高执行人员的学历层次,具有法律本科以上学历比例应达到70%,法律大专以上学历比例应达到80%。

执行人员占法院在编干警总数比例未能达到15%的,可以适当增加执行辅助人员,协助执行法官完成案件执行任务,提高执行效率。

(三)完善结对帮扶执行工作机制。落实《“结对帮扶”法院对口支援执行办案办法(试行)》(粤高法发〔2008〕27号),统一调度全省法院执行力量,在工作中不断完善结对帮扶执行工作机制。

(四)加强对执行工作的领导。法院党组要加强对执行工作的领导,执行局长原则上应任命为党组成员。

二、建立执行快速反应机制

(五)提高执行工作快速反应能力

1. 推进执行指挥中心建设。按照“大指挥中心”总体思路,建立执行快速反应机制,进一步发挥省法院对全省法院、中级法院对基层法院执行工作统一管理、统一指挥、统一协调的职能,探索“管案、管事、管人相结合”的管理体制的实现形式,建立上下级法院之间,法院与执行联动单位之间快速反应、有效联动的新工作机制。

2. 建立要情收集反馈、研判分析和决策指挥的快速反应机制。确保实时监控掌握全省执行工作情况和相关信息;确保及时调配指挥执行人力、物力、警力、车辆;确保及时有效指挥处理执行工作中发生的突发事件、群体事件和暴力抗法事件。

3. 依托执行指挥运作机制,强化执行联动。充分发挥执行指挥中心的职能作用,加大推进执行联动机制建设的力度,深化与公安、人民银行、国土房管等部门的联动工作机制建设。

三、实现执行权优化配置

(六)加强上级法院对下级法院执行工作统一管理、统一协调。落实《若干意见》提出的“管案、管事、管人”相结合的管理模式:上级法院组织、指挥辖区法院联合执行、交叉执行、特殊执行,督办重复信访案件,组织开展结对帮扶执行;上级法院监督、督促、指导、支持下级法院执行工作,组织考核下级法院执行工作;上级法院指导和监督下级法院执行局长的选任工作。

(七)案件执行重心下移。省法院原则上不执行具体案件。省法院受理的执行实施案件指定由执行力量较强、对案件执行有利的中级法院或专门法院执行。

(八)执行权分开行使。落实《广东省高级人民法院关于合理配置执行权的规定

（试行）》，中级法院和基层法院执行局内设执行实施机构和执行审查机构，分别行使执行实施权和执行审查权。执行审查权应当由执行法官行使；执行实施权既可以由执行法官行使，也可由执行员、法警和其他执行人员行使。

执行实施机构主要负责执行法律文书送达、查控、处置被执行财产、制定债权分配方案、办理执行款交付、采取强制措施、强制搬迁、财产保全、先予执行、财产刑执行、行政非诉案件和行政诉讼案件执行、执行协调等执行实施工作；执行审查机构主要负责审查执行异议、执行复议、案外人异议、部分变更和追加执行主体等申请的执行裁决事项。

部分变更和追加执行主体、不予执行仲裁裁决和公证债权文书等实体性执行争议，由相关民事审判庭负责审查。

（九）探索推行集约执行。探索建立分段集约执行的工作机制。

集约查控被执行财产。成立财产查控小组或指定专人负责调查、控制被执行财产，查询被执行人银行存款、房地产权、车辆所有权、开办企业情况等信息的工作统一交由财产查控小组或专门人员办理。查获可供执行财产的，及时采取查封、扣押、冻结措施。

集约处置被执行财产。委托评估、拍卖工作，统一由司法委托管理机构负责。选定具体案件评估、拍卖机构，统一采取摇珠方式。合议庭决定对涉案财产委托评估、拍卖的，承办人将有关材料移交司法委托管理机构办理。

（十）实行合议制和执行长会议制度。执行裁决权在行使中实行合议制。建立执行长会议制度，重大、复杂、疑难案件的执行方案须经执行长会议讨论决定。

四、全面推行主动执行制度

（十一）推行主动执行。贯彻落实《广东省高级人民法院关于在全省法院实行主动执行制度的若干规定（试行）》，对已经发生法律效力，债务人在规定的履行期限内没有自觉履行的民事判决书、裁定书、调解书以及支付令，在债权人事先同意的前提下，不需经债权人申请，而由人民法院直接移送立案执行。

立案庭在受理民事诉讼案件后，应当向各当事人送达《主动执行情况告知书》。案件审理完毕后，审判庭应当在宣判的同时征询债权人是否同意由人民法院主动执行，同意的，债权人在《主动启动执行程序确认书》上签名确认；不同意的，由其依法行使权利。债权人确认由人民法院主动执行，而债务人在规定的履行期限届满后没有履行的，审判庭应当及时将有关卷宗材料移交立案庭执行立案，立案后移交执行局执行。

五、建立完善立、审、执协调配合机制

（十二）执行案件归口管理。民事执行，财产刑执行，行政非诉案件和行政诉讼案件执行，财产保全、先予执行等统一归口由执行局负责实施。立案庭立案后移交执行局执行，纳入流程管理。

（十三）加强财产保全工作。加强对被保全财产可供执行性的审查，探索放宽财产保全担保条件的办法，对特困当事人案件以及特殊类型案件，适度放宽担保条件，提高财产保全率，为提高执行实际到位率创造条件。

（十四）及时采取先予执行措施。对符合先予执行条件的追索赡养费、抚养费、抚育费、抚恤金、医疗费用、追索劳动报酬的特困当事人，以及标的物有变质、价值急剧贬值，债务人有逃匿可能等紧急情况的，送达《先予执行建议书》，告知当事人可以提出先予执行申请。对先予执行申请，及时采取先予执行措施。

（十五）加强民事调解工作。创新民事调解工作机制，建立全程调解、先调解后审理以及当事人选择调解主持人等制度；建立健全人民调解、行政调解、司法调解的协调机制，促进诉调对接。

（十六）提高裁判文书的可执行性。要努力提高裁判文书质量，增强裁判文书的说理性。对双方权利义务的表述要准确、清晰；对涉案财产的性质、现状、所处位置，不动产或其他财产权的权属证号等要详细列明，增强裁判的可执行性。

六、建立解决执行难联席会议制度，完善执行联动威慑机制

（十七）建立执行工作联席会议制度。各级法院要积极推动建立由当地党委政法委牵头的解决执行难联席会议制度。充分发挥联席会议作用，组织排查和清理妨碍执行的地方性规定和文件；落实执行联动机制，建立敦促债务人自动履行债务、切实解决人民法院执行难的长效机制；协调人民法院与协助执行部门存在的重大分歧性认识；协调处理重大突发事件或暴力抗法事件；协调处理重大执行信访案件、上级领导机关挂牌督办的重大执行案件以及政府机关、军队、国有企业、党代表、人大代表、政协委员等特殊主体为被执行人的重大执行案件；组织有关部门联合查办群众反映强烈、影响恶劣、后果严重的非法干预人民法院执行的案件；协调有关单位查处拒不履行协助义务、非法干预阻碍执行、非法处置财产、实施虚假破产、渎职侵权等犯罪等行为。

（十八）完善执行联动威慑机制。认真落实省委办公厅、省政府办公厅联合转发的省委政法委等部门《关于建立执行联动机制的意见》（粤委办发电〔2008〕145号）以及《广东省高级人民法院关于认真学习贯彻〈中共广东省委办公厅、广东省政府办公厅转发省委政法委等部门《关于建立执行联动机制的意见》的通知〉的通知》（粤高法发〔2008〕20号）精神，建立执行联动机制，发挥联动威力。

贯彻落实《广东省高级人民法院、广东省公安厅关于查控被执行人及其车辆问题的若干规定》。积极推动与人民银行广州分行联合建立"一站式"查询的工作机制；与省国土资源厅和省建设厅联合建立查控土地使用权、房屋产权、采矿权、探矿权等以及协助办理产权转移过户手续的工作机制；与省工商行政管理局联合建立协助查询、查封、登记、处分被执行人股权，查询被执行人注册资本、企业分立合并、新设公司、注销企业、办理动产抵押、股权质押信息等工作机制。根据执行工作发展需要，与其他职能部门联合建立相关协助执行工作机制。

（十九）推进执行救助基金建设。各级法院要积极争取政府支持，划拨专款建立执行救助基金；制定制度，明确救助范围、条件和资金运行管理等程序，解决特困群体案件执行不能的问题，促进社会和谐稳定。

（二十）推进国家信用机制建设。加大网络和电脑等设施的建设力度，配备专业的信息录入和信息管理人员，及时、准确、全面录入执行案件信息。积极参与社会信用体系建设，积极推进与公安、银信、国土房地产、工商行政管理部门等的信用信息共享机制和平台建设，通过信息惩戒手段促使被执行人自动履行义务。

七、完善执行信访工作机制

（二十一）建立执行信访接待制度。各级法院要加强与党委、政府信访部门的协作配合，充分发挥党委领导下的信访终结机制的作用；进一步规范执行信访案件的办理流程，对信访案件逐案登记，定承办人、定督办人、定办理期限；每月确定1至2日为执行接待日，由执行局领导和执行人员接待当事人，将接访情况作书面记录入卷备查。

（二十二）建立执行信访案件挂牌督办制度。省法院建立全省法院执行信访案件挂牌督办制度，在人民法院网上设置专页，逐案登记，加强督办，分类办结后销号。中级法院建立辖区法院执行信访案件挂牌督办制度，在广东法院网上设置专页，逐案登记，加强督办，分类办结后销号。对于已经或者可能到全国人大信访局、国家信访局、最高人民法院信访的案件,各级法院院、局领导要亲自包案,采取有力措施妥善化解矛盾。

(二十三)加大信访案件督导检查力度。实行信访案件交办制度和信访老户案件挂牌督办制度,省法院、中级法院派出督导组对涉执行信访问题突出的地区进行督查、指导。对重点信访案件实行查案与查人相结合,发现信访问题,严肃追究相关人员责任。进一步完善和落实信访责任追究和责任倒查机制,从基础抓起,从基层抓起,将减少越级信访、重复信访、赴省进京信访数量作为工作重点。

(二十四)实行执行信访排位通报制度。各级法院要建立执行信访排位通报制度。执行法院对针对执行法官的信访投诉,上级法院对针对下级法院的信访投诉,每月一次统计数量,按照与执行案件数量的比例排位并通报。执行法官信访情况纳入执行法官年度绩效考核,各地执行信访排位情况纳入各地年度社会治安综合治理目标责任考核。

八、强化执行监督制约机制

(二十五)加强对执行实施的重点环节和关键节点的监督。各级法院要对执行实施的重点环节和关键节点进行分析和归纳,加强相互监督和制约,强化对执行工作的动态管理,防止执行权的滥用。除编制很少的地区外,执行实施权可以适当分解为财产调查、财产控制、财产处分、财产交付和分配等环节,由不同的法官、执行员、法警或其他执行人员分别行使,建立分段集约执行的工作机制。执行局领导或执行廉政监督员要对执行实施中重点环节和关键节点进行跟踪监督,防止损害当事人的合法权益,保证执行廉洁高效。

上级法院要加大对下级法院的监督力度,通过办理执行异议、执行复议和案外人异议案件,以及上级法院提级执行、指定执行、交叉执行等途径,纠正违法执行和消极执行行为,保证执行权的正当行使。

(二十六)实行执行公开,自觉接受执行各方当事人的监督。各级法院应当在立案时发放廉政监督卡或者执行监督卡,监督卡的内容应当包括当事人有权监督的范围、方式和途径。在送达立案通知书的同时公布或告知举报电话和当事人在案件执行阶段享有的权利。

各级法院要及时将立案、承办法官和合议庭、采取的执行措施、执行款到帐、财产分配、结案等信息录入全国法院执行案件信息管理网络系统的“执行日志”,方便当事人及时查询、了解执行进展情况信息。

实行执行裁判文书公开,法院对执行中形成的涉及当事人权益的法律文书,除涉及国家秘密、商业秘密、个人隐私等依法不宜公开的以外,都应对外公开。

实行执行结案方式公开,对以生效法律文书全部履行完毕而结案的,要制作结案通知书送达当事人。

(二十七)拓宽监督渠道,主动接受社会各界对执行工作的监督。各级法院应当加强与人大代表、政协委员的联络工作,根据执行工作形势,不定期向人大代表、政协委员汇报执行工作,听取人大代表、政协委员对法院执行工作的意见和建议,必要时可以邀请人大代表、政协委员参与协调案件执行。

各级法院要高度重视新闻媒体对执行工作的舆论监督,对新闻媒体上反映的问题要迅速予以核查,并将核查情况通报给新闻媒体。对新闻媒体的批评报道经查属实的,应当依法纠正、及时整改,并将整改情况反馈给相关媒体;经查不实的,要迅速作出说明,消除社会影响。

各级法院可以安排人民陪审员组成合议庭对执行案件进行评议。可以聘请人大、政协、政法、金融、国有公司、民营企业、律师等部门和行业的工作人员作为执行工作监督员。执行监督员可以通过听取工作情况、旁听执行听证、接受相关投诉、查阅案卷材料等方式对执行工作开展监督。

九、强化执行宣传工作

（二十八）建立执行宣传工作机制。各级法院要建立由执行局领导亲自抓和安排专人负责相结合的执行宣传工作机制。

要高度重视民意沟通工作，通过进农村、进社区、进企业等多种形式，广泛深入地了解人民群众和社会各界对执行工作的意见和建议，把合理的社情民意转化为改进工作的具体措施，提高执行工作水平。

要加强同党委宣传部门的联系，将执行工作作为法制宣传工作的重要内容，制定年度执行工作宣传的规划，提高全社会的法制意识和风险意识。执行动态及时向有关党委、政府、人大、政协和上级法院通报，争取有关部门的帮助和支持。

要与广播、报纸、电视、网络等媒体建立稳定的合作关系，形成立体化、全方位、多层次的执行宣传工作格局，重点加大电视和网络的宣传力度，尤其要利用好新改版的《广东法院网》这一平台。

（二十九）执行宣传的内容和形式。各级法院可以采取召开新闻发布会、新闻碰头会、专题报道、跟踪报道、现场采访、设置专栏、见证执行等方式开展执行法规政策讲解、重大执行活动报道、典型案例通报、被执行人逃避、规避或抗拒执行行为的曝光等宣传活动。

十、完善执行队伍教育管理机制

（三十）加强职业教育。各级法院要采取多种形式，组织执行人员学习、研究业务，不断提高业务水平。对新调入执行局的人员，要实行岗前培训，经过考核合格才予上岗。省法院和中级法院每年至少要举办一期执行人员培训班，使全体执行人员普遍得到培训。对于最高法院和省法院发布的新的司法解释和规范性文件，上级法院要及时组织培训学习。

（三十一）加强廉政、道德教育。各级法院要加强执行队伍的廉政教育。要加强对执行人员的职业道德教育、警示教育，规范执行行为，强化执行权运行的监督制约。法院纪检监察部门要充分发挥职能作用，对执行工作和执行队伍实行有效监督，严肃查处违法违纪问题，确保“五个严禁”在执行工作中得到全面贯彻。

（三十二）设立执行廉政监察员。各级法院应当按照省法院《关于在执行局配备廉政监察员的实施细则》设立廉政监察员，加强执行人员作风和廉政建设，确保执行公正、高效、廉洁。

（三十三）建立定期轮岗、交流制度，规范执行行为。各级法院要建立执行人员与各业务部门审判人员的定期轮岗、交流制度。建立上下级法院执行人员交流、挂职锻炼制度，上级法院可安排执行人员到下级法院挂职锻炼，熟悉下级法院执行工作，下级法院可推荐执行人员到上级法院学习。

各级法院要细化执行人员岗位职责，强化工作管理措施，抓好重点环节和关键节点的监督工作，有效化解廉政风险。省法院根据《法官法》、《人民法院执行工作处分条例》等法律法规，结合我省实际，尽快制定下发《关于规范执行行为的若干规定（试行）》，规范执行人员与当事人、律师的交往。

（三十四）畅通举报、检举、控告的渠道。各级法院应当设立和公布执行工作投诉和举报电话、网络举报邮箱，并在法院显著位置设立举报箱，畅通当事人、利害关系人和社会公众举报、检举、控告的渠道。

十一、完善执行工作考评机制

（三十五）执行工作考核。省法院应完善执行工作考核办法，科学设定执行标的到位率、执行申诉率、执行结案率、执行结案合格率等量化指标，建立规范有效的考核评价机制。

中级法院和基层法院根据省法院《全省法院执行工作考核办法》，制定具体的执行工作考核细则，定期落实考核。

省法院执行局负责对各中级人民法院

执行工作进行考核,各中级人民法院执行局负责对辖区基层人民法院执行工作进行考核。各中级法院将本辖区年度考核结果于次年一月底前报告省法院执行局。

对当年考核未达标的法院,在全省法院通报批评。连续二年考核未达标的,通报当地党委、人大。

(三十六)案件质量评查和执行人员绩效考核。各级法院执行机构要联合本院绩效管理部门对本院执行的案件进行案件质量评查,并对案件超期执行情况进行分析。执行案件的质量和效率纳入本院绩效管理部门的监管范围。案件质量评查和超期执行分析每季度一次,评查结果和分析报告要报上级法院。

各级法院要制定执行人员考核办法,建立个人绩效考核档案,并将其作为考评定级、提职提级、评优评先的重要依据。

执行案件质量评查和执行人员考核按照省法院下发的《关于执行质量和效率管理考核的规定(试行)》执行。

(三十七)执行错案和瑕疵案件责任分析。上级法院执行机构联合本院绩效管理部门定期对执行错案和瑕疵案件进行分析。

执行错案和瑕疵案件责任分析和责任倒查按照省法院《关于执行错案和瑕疵案件责任分析和责任倒查的若干规定(试行)》执行。

广东省高级人民法院关于依法慎用先予执行措施的若干规定

- 2010年6月3日
- 粤高法发〔2010〕35号

第一条 为了正确适用先予执行措施,防止因不当适用引发突发性事件,切实维护社会稳定,依照《中华人民共和国民事诉讼法》和有关司法解释,制定本规定。

第二条 先予执行,是指人民法院在做出终审判决之前,因一方当事人生活或者生产经营的迫切需要,依法裁定对方当事人给付财产或者实施行为,并立即予以执行。

第三条 各级法院应增强维护社会稳定的政治敏锐性和责任感,防止因违法或者不当先予执行引发影响社会和谐稳定事件。

第四条 人民法院裁定先予执行的,应当符合当事人之间权利义务关系明确,不先予执行将严重影响申请人的生活或者生产经营以及被申请人有履行能力等条件。

人民法院在采取先予执行措施时必须严格按照法定程序进行。

第五条 可适用先予执行的案件限于:

(一)追索赡养费、扶养费、抚育费、抚恤金、医疗费用的案件;

(二)追索劳动报酬的案件;

(三)因情况紧急需要先予执行的案件。

前项规定的紧急情况限于:1. 需要立即停止侵害、排除妨碍的;2. 需要立即制止某项行为的;3. 需要立即返还用于购置生产原料、生产工具货款的;4. 追索恢复生产、经营急需的保险理赔费的。

第六条 因需要立即停止侵害、排除妨碍而采取先予执行,应以权利义务关系明确、该侵权或妨碍行为对权利人的生活或生产产生了实际严重影响、情况紧急为条件,不得随意作扩大性解释,任意适用。

第七条 在审理存在房地产权属争议、征地拆迁补偿纠纷问题的案件中,原则上不得采取先予执行措施,政府控制工程进度的公益工程施工除外。

在审理妨碍商业性房地产开发经营工程施工的案件中,不得采取先予执行措施。

第八条 对于被执行人或利害关系人对先予执行行为提出异议,并提供证据证明的,应当先行停止执行行为,及时依法审查处理执行异议。

对没有提供证据证明,但以异议理由对抗执行行为的,要加强释法说理,妥善采取执行措施,防止激化矛盾。

对被执行人或利害关系人以自残、自杀等手段相要挟,或暴力抗拒执行的,要立即暂停执行,查明当事人或有关人员妨碍执行事实,先行制裁妨碍执行行为,等条件成熟再继续执行。

第九条 执行机构在执行先予执行裁定过程中,发现先予执行裁定不符合法律规定或者本规定精神的,要及时停止执行,与做出裁定的部门协调解决。

第十条 根据《民事诉讼法》第九十七条第三项"因情况紧急需要先予执行的"规定先予执行强制迁出房屋、强制退出土地、强制拆除建筑物的,必须层报省法院执行指挥中心审查批准。

报请审批材料包括生效法律文书、先予执行方案和先予执行请示等。

第十一条 在先予执行中发生暴力抗法、群体性冲突造成有关人员伤亡事件的,执行法院应立即电话报告省法院执行指挥中心,并于当天以书面方式层报省法院执行指挥中心。

第十二条 对于违法或者不当先予执行影响社会和谐稳定的,省法院应当组织人员进行调查,分析原因,追究相关人员的责任。

第十三条 本规定自下发之日起实施。本院以前规定与本规定不一致的,以本规定为准。

广东省高级人民法院关于印发《广东省高级人民法院关于省内委托执行若干问题的规定(试行)》的通知

•2012 年 11 月 23 日

全省各级人民法院、广州海事法院、广州铁路运输两级法院:

为规范省内委托执行工作,加强省内委托执行工作的统一管理和监督,我院根据《中华人民共和国民事诉讼法》、《最高人民法院关于委托执行若干问题的规定》的规定,结合我省法院执行工作实际,制定了《广东省高级人民法院关于省内委托执行若干问题的规定(试行)》。现将该规定印发给你们,请严格贯彻执行。执行中如有问题,请及时报告我院执行局。

广东省高级人民法院关于省内委托执行若干问题的规定(试行)

为规范省内委托执行工作,加强省内委托执行工作的统一管理和监督,根据《中华人民共和国民事诉讼法》、《最高人民法院关于委托执行若干问题的规定》的规定,结合我省法院执行工作实际,制定本规定。

第一条 可供执行的财产在本省辖区内,需跨不同中级法院辖区执行的案件可以委托执行。在同一中级法院辖区内的基层法院执行的案件不得互相委托执行。道路交通事故赔偿案件和刑事附带民事等人身损害赔偿案件不得委托执行。

第二条 执行法院经四查发现被执行人在本中级法院辖区内无财产可供执行,且其他中级法院辖区内查实有可供执行财产的,可以将案件委托异地同级人民法院执行。

第三条 委托执行应当以执行标的物所在地或者执行行为实施地法院为受托法院。有两处以上财产在异地的,可以委托主要财产所在地的人民法院执行。

第四条 省内委托执行应具备以下条件:

(一)委托法院对执行案件已立案受理;

(二)经四查,有相应材料说明被执行人在本中级法院辖区内确无财产可供执行,并已将财产调查情况告知申请执行人;

(三)查实被执行人在受托法院辖区内有可供执行的财产;

(四)委托法院应在符合以上三项条件后 1 个月内办理委托执行手续。

特殊情况需要委托执行的,应层报省法院批准。

第五条 存在转移财产可能等紧急情况的,

委托法院应当对财产采取控制性措施后再行办理委托执行手续。委托执行时，委托法院应当将已经查封、扣押、冻结的被执行人的异地财产，一并移交受托法院处理，并在委托执行函中说明。委托执行后，委托法院对被执行人财产已经采取查封、扣押、冻结等措施的，视为受托法院的查封、扣押、冻结措施。受托法院需要继续查封、扣押、冻结，持委托执行函和立案通知书办理相关手续。续封续冻时，仍为原委托法院的查封冻结顺序。查封、扣押、冻结等措施的有效期限在移交受托法院时不足1个月的，委托法院应当先行办理续封、续扣、续冻手续，再移交受托法院。

第六条 委托执行时，委托法院应当提供下列材料：

（一）委托执行函；

（二）申请执行书和委托执行案件审批表；

（三）据以执行的生效法律文书副本；

（四）立案审批表或案件排定通知单复印件；

（五）有关案件情况的材料或者说明，包括本辖区无财产的调查材料、在受托法院辖区有财产可供执行的证明材料、财产保全情况、被执行人财产状况、生效法律文书的履行情况等；

（六）申请执行人地址、联系电话等有关情况的说明；

（七）被执行人身份证件或者营业执照复印件、地址、联系电话；

（八）委托法院承办人和联系电话；

（九）其他必要的案件材料等。

第七条 受托法院如发现委托执行的手续、材料不全，可以书面要求委托法院补办。委托法院应当在收到书面要求材料后30日内完成补办事项，在上述期限内未完成的，应当作出书面说明。委托法院既不补办又不说明原因的，视为撤回委托，受托法院可以将委托材料退回委托法院。

第八条 受托法院退回委托的，应当层报省法院审批。省法院同意退回后，受托法院应当在15日内将有关委托手续和案卷材料退回委托法院，并作出书面说明。

委托执行案件退回后，受托法院已立案的，应当作销案处理。委托法院在案件退回原因消除之后可以再行委托。确因委托不当被退回的，委托法院应当决定撤销委托并恢复案件执行。

第九条 委托法院在案件委托执行后又发现有可供执行财产的，应当及时告知受托法院。受托法院发现被执行人在受托法院辖区外另有可供执行财产的，可以直接异地执行，一般不再行委托执行。根据情况确需再行委托的，应当按照委托执行案件的程序办理，并通知案件当事人。

第十条 受托法院收到委托执行函后，先由执行局审查委托材料，再交由立案部门立案，经审查符合委托执行条件的，应当在7日内予以立案，并在7日内将立案通知书送达委托法院和申请执行人，同时将指定的承办人、联系电话等书面告知委托法院。委托法院应当在收到受托法院的立案通知书后作委托结案处理。

第十一条 受托法院未能在6个月内将受托案件执结的，申请执行人有权请求受托法院的上一级人民法院提级执行或者指定执行，上一级人民法院应当立案审查，发现受托法院无正当理由不予执行的，应当限期执行或者作出裁定提级执行或者指定执行

第十二条 委托异地法院协助查询、冻结、查封、调查或者送达法律文书等有关事项的，受托法院不作为委托执行案件立案办理，但应当积极予以协助并备案。

评估、拍卖、清场、交付、拘留、边控、扣划等重大事项，不得按事项委托执行，执行法院可请求相关法院协助执行。

第十三条 省法院对全省法院的委托执行案件实行统一管理和协调，对下列情况进行通报，列入年度工作考核范围：

（一）全省各级法院应对委托案件逐案列表登记，并对委托、受托案件分类汇

总，于每年12月中旬层报省法院执行局，省法院每年按受托案件执行结案率排名，连续二年排名后三位的，中级法院要向省法院说明情况；

（二）对于委托执行未结积案数量较多、执行结案率较低的法院，省法院重点检查督办；

（三）省内委托案件数量应双向比对，委托法院发现本地委托执行而受托法院未予上报的案件，及时通报受托法院并报告省法院；

（四）省法院每年对审批的退回委托案件数进行统计，并对相关法院排名通报。

第十四条 中级法院应当对辖区内委托执行工作实行统一管理和协调，履行以下职责：

（一）统一管理辖区内法院的委托和受托执行案件；

（二）指导、检查、监督本辖区内的受托案件的执行情况；

（三）对下级法院委托和受托执行中的相关问题提出意见。

第十五条 本规定自下发之日起施行，《广东省高级人民法院关于办理委托执行案件若干问题的规定（试行）》（粤高法发〔2011〕46号）不再适用。

第十六条 本规定由广东省高级人民法院执行局负责解释。

第三十九章　云　南　省

云南省高级人民法院、云南省国土资源厅关于人民法院在执行案件中涉及土地权属等有关问题的处理意见的通知

- 2003年2月13日
- 云高法发〔2003〕3号

为使人民法院在办理执行案件中与土地行政主管部门更好地解决涉及土地权属等有关问题，保证人民法院生效判决、裁定及其他法律文书及时依法执行，现就人民法院与土地行政主管部门各自的职责范围，以及相互之间在处理涉及土地权属等有关问题时应注意事项通知如下：

一、人民法院对土地使用权实施查封或进行实体处分前，应向土地行政主管部门查清该土地使用权的权属。

二、土地权属确认以土地所有者、使用者和他项权利者在土地行政主管部门的登记或土地行政主管部门出具的土地权属证明为准。

三、有下列情形之一的案件，人民法院在执行中认为确有必要采取控制性措施的，应当依法查封，并通知土地行政主管部门进行查封备案：

1. 需要控制土地使用权的；
2. 债务纠纷涉及抵押土地的；
3. 依法涉及第三者土地的。

四、被执行人部分缴纳土地出让金但未取得土地使用权证的，对允许分割土地使用权的，按已缴付的出让金，由土地行政主管部门确认被执行人的土地使用权，人民法院可对确认后的土地使用权裁定查封。对不能分割的，土地行政主管部门可按已缴付的土地出让金确定被执行人的土地使用权份额，人民法院可对确定的土地使用权份额裁定查封。

五、人民法院对土地使用权和地上物所有权归属一致的，可同时查封；对土地使用权和地上物所有权归属不一的，针对被执行人财产查封。

六、两个以上人民法院对同一宗土地使用权做出查封的，以最先通知土地行政主管部门进行土地查封备案时间为准；已全额查封的，不得重复查封；处分时应按《最高人民法院关于人民法院执行工作若于问题的规定(试行)》的有关规定办理。

七、人民法院依法对土地使用权进行查封的，应做好查封笔录或清单；在对各当事人送达查封裁定书的同时，应向土地行政主管部门送达查封裁定书和发出协助执行通知书。

土地行政主管部门接到人民法院的查封裁定和协助执行通知书后，应按《中华人民共和国民事诉讼法》有关规定直接办理查封备案。

土地行政主管部门对被人民法院依法查封的土地使用权，在查封期间不得办理转移过户手续。

八、人民法院在执行中涉及转移以划拨方式取得的上地使用权时，应与土地行政主管部门取得一致意见后，再行裁定转移；人民法院应明确告知权利受让人在收到土地使用权转移裁定之日起30日内，到土地行政主管部门申请办理变更土地登记。对不再属于划拨供地范围的，应告知补办国有土地使用权出让手续，补交土地使用权出让金。对不申请办理变更登记或逾期申请

的，由土地行政主管部门依法处理。

九、涉及转移地上物所有权时，土地使用权和地上物所有权归属同一的，土地使用权同时转移；土地使用权与地上物所有权归属不一的，由人民法院与第三人协商解决，并告知受让人在收到土地使用权转移裁定之日起30日内，到土地行政主管部门办理有关手续。

十、人民法院在案件执行完毕后，应在一个月内对未予执行的土地使用权裁定解除查封，并通知土地行政主管部门。

十一、人民法院变价执行土地使用权，应委托具有土地评估资质的评估机构进行评估。

十二、人民法院对以出让、转让方式取得的国有土地使用权进行变价执行时，应当委托具备国有土地使用权拍卖资质的拍卖机构进行拍卖，或者交由土地行政主管部门纳入政府土地储备、交易中心统一处理，所得价款扣除国家规定税费，交予法院。

十三、人民法院对经土地行政主管部门抵押登记的集体土地使用权，经与土地行政主管部门取得一致意见后，可直接裁定予以处分，但应告知权利受让人到土地行政主管部门补办土地征用和国有土地使用权出让手续，补缴出让金等有关税费。

对于未经抵押的集体土地使用权，必须按《中华人民共和国土地管理法》等有关法律、法规规定转为国有土地后，方可处分。

对处理农村房屋涉及集体土地的，人民法院应与土地行政主管部门协商一致后再行处理。

十四、人民法院对通过划拨方式取得的土地使用权进行变价处理时，可交由土地行政主管部门纳入政府土地储备、交易中心统一处理。

十五、在土地用途、出让年限等合同实质不变的情况下，经申请执行人和被执行人同意，可以不经拍卖、变卖，直接将被执行人以出让方式取得的国有土地使用权经评估作价交由申请执行人抵偿债务，但应依法向土地行政主管部门办理土地权属变更登记手续。对剩余债务，被执行人应当继续清偿。

以土地抵偿债务，需要改变土地用途、出让年限等出让合同实质内容的，由权利受让人与土地行政主管部门另行签订土地使用权出让合同，办理变更登记等有关手续，补缴有关税费。

十六、土地行政主管部门在对裁定的土地办理变更登记手续时，其权利取得的时间，应以人民法院裁定的权利取得时间为依据。对不申请办理变更登记或逾期申请的，由土地行政主管部门依法处理。

十七、为维护人民法院判决裁定和土地登记的严肃性，凡当事人在规定时间内申请办理变更登记手续的，土地行政主管部门应以法院裁定或判决时间先后为序确认土地权利。

十八、已经土地行政主管部门办理抵押登记的土地，人民法院在处分时，在依法缴纳国家有关税费后，应保证抵押权人的优先受偿权。未办理抵押登记的土地，人民法院严格依照有关法律规定处理。

十九、已被人民法院查封并在土地行政主管部门办理过备案手续等控制性措施的土地使用权，被执行人隐瞒真实情况，到土地行政主管部门办理抵押、租赁、转让等手续的，人民法院应裁定其行为无效，并可视情节轻重，依法追究有关人员相应的法律责任。土地行政主管部门应按人民法院的裁定撤销不合法的抵押、租赁、转让等登记，并注销所颁发的证照。

二十、对国有企业土地使用权进行变价处理时，出让金的收取可按国家和省的有关规定办理。

二十一、本通知未尽事宜或人民法院与土地行政主管部门有分歧的，应上报省高级人民法院和省国土资源厅协调解决。省高级人民法院和省国土资源厅的协调意见，有关人民法院与土地行政主管部门应遵照执行。

二十二、本通知自下发之日起实施。

第四十章 重 庆 市

重庆市高级人民法院执行局关于规范执行按揭房案件的若干意见（试行）

•2003年12月11日

各中、基层人民法院执行庭（局）：

近年来，随着住房按揭贷款迅猛增长，人民法院受理的按揭房纠纷案件增多，在执行中遇到了不少的新问题。为规范按揭房案件的执行，维护当事人的合法权益，市高院出台了《关于规范执行按揭房案件的若干意见（试行）》。现将《意见》下发你们，请你们在执行按揭房案件过程中遵照执行。

重庆市高级人民法院执行局关于规范执行按揭房案件的若干意见（试行）

为了规范按揭房案件的执行，维护当事人的合法权益，根据《中华人民共和国民事诉讼法》和《最高人民法院关于人民法院执行工作若干问题的规定（试行）》等有关法律的规定，就按揭房的执行提出以下意见，供办理此类案件时参照执行。

一、按揭房的执行是指商品房按揭买卖法律关系中的买受人拒不履行生效法律文书中确定的偿还银行贷款的义务时，作为债权人的银行向人民法院申请强制执行，人民法院依法对买受人强制执行的行为。

二、被执行人不履行法律文书确定的还款义务，人民法院应当按照司法程序，对按揭房进行评估、拍卖，清偿申请执行人的债权。

三、在执行中，对被执行人已居住在按揭房内的，执行法院应限定被执行人在二个月内迁出按揭房后，再对按揭房进行司法处置。

四、经申请执行人和被执行人同意，可以不经评估、拍卖，直接以物抵债。但有利害关系人提出异议的，应认真进行审查，回复利害关系人，依法处理。

五、对依照生效法律文书确认开发商承担连带清偿责任的，人民法院可直接执行开发商的财产。

六、按揭房执行过程中，开发商和银行就回购达成协议的，开发商可按原价或评估价回购按揭房。

七、生效法律文书确定开发商承担按揭房回购义务的，如开发商拒不回购按揭房，人民法院可在按揭房评估价格范围内直接执行开发商的财产。

八、开发商确实没有能力回购，应通过评估、拍卖的方式处置按揭房产。

九、在执行中发现“假按揭”的情况，若仍按原判决执行将严重损害申请执行人的合法权益的，应依法裁定中止案件的执行，按照审判监督程序处理。

十、“假按揭”主要指：

（一）开发商为了套现等目的，与购房人甚至与自己的员工恶意串通，签定“假按揭”合同，严重损害银行利益的；

（二）开发商为了提前收回投资利益或利润，采取假借他人身份证与银行签定商品房借款抵押按揭贷款合同，或者一房数卖，多次收取房款，损害银行的利益或购房人利益的；

（三）开发商通过提高售房单价的方法，与购房人合谋达到“零首付”的目的，套取银行资金，将风险全部转移给银行的；

（四）有其他行为的"假按揭"等。

十一、执行中发现"假按揭"情形已构成诈骗等犯罪的，应将相关证据材料移送公安机关立案侦查，待追回赃款后再进行民事案件的执行。

十二、本意见供我市各级人民法院执行中试行。

重庆市高级人民法院关于印发《重庆市高级人民法院关于非诉行政执行工作的若干意见》的通知

•2004 年 12 月 29 日

各中、基层人民法院，本院各部门：

《重庆市高级人民法院关于非诉行政执行工作的若干意见》已于 2004 年 11 月 18 日经我院审判委员会第 410 次会议讨论通过，现予印发，请遵照执行。执行如有问题，请及时报告我院。

重庆市高级人民法院关于非诉行政执行工作的若干意见

为维护和监督行政主体依法行使行政职权，依法规范全市法院非诉行政执行工作，根据《中华人民共和国行政诉讼法》、《最高人民法院关于执行〈中华人民共和国行政诉讼法〉若干问题的解释》，结合全市法院非诉行政执行工作实际，制定本意见。

第一条 非诉行政执行是指未经诉讼审查的具体行政行为发生法律效力后，具体行政行为确定的义务人不履行义务，人民法院根据行政主体或者权利人提起的强制执行申请，依照《行政诉讼法》和司法解释有关规定所进行的审查立案、合法性审查和强制执行活动。

第二条 本意见所称的行政主体是指作出具体行政行为的行政机关和法律、法规、规章授权的组织。本意见所称的权利人是指行政主体依法对平等主体之间的民事争议作出行政裁决后，依据该行政裁决享有权利的公民、法人或者其他组织。

第三条 行政主体或者权利人申请人民法院强制执行具体行政行为的，由立案庭审查立案，行政庭审查具体行政行为的合法性，执行庭强制执行。

人民法庭不得办理非诉行政执行案件。基层人民法院认为确有必要的，可以委托人民法庭协助执行庭强制执行。

第四条 在非诉行政执行案件的审查立案和合法性审查阶段，不得强制执行被申请执行的具体行政行为。

未经合法性审查，不得强制执行被申请执行的具体行政行为。

第五条 上级人民法院参照最高人民法院《关于人民法院执行工作若干问题规定（试行）》第一百二十九条至第一百三十六条的规定对下级人民法院的非诉行政执行工作实行监督。

一、管辖及审查立案

第六条 行政主体或者权利人申请人民法院强制执行具体行政行为，由申请人所在地的基层人民法院受理；执行对象为不动产的，由不动产所在地的基层人民法院受理。

第七条 基层人民法院认为执行确有困难的，可以说明理由报请上级人民法院执行。上级人民法院由立案庭审查，并作出是否由本院执行的决定。

上级人民法院经审查，认为报请的理由成立的，可以决定由本院执行，也可以指定本辖区内其他人民法院执行；认为报请的理由不成立的，应当决定仍由报请的下级人民法院执行。

第八条 行政主体或者权利人申请人民法院强制执行具体行政行为的，应当符合《最高人民法院关于执行〈中华人民共和国行政诉讼法〉若干问题的解释》第八十六条所规定的申请条件。

第九条 行政主体或者权利人申请人民法院

强制执行具体行政行为，具有下列情形之一的，应当依法受理：

（一）法律、法规规定由行政主体申请人民法院强制执行的；

（二）法律、法规没有赋予行政主体强制执行权的；

（三）法律、法规规定既可以由行政主体强制执行，也可以申请人民法院强制执行，权利人选择申请人民法院强制执行的。

第十条 行政主体或者权利人申请人民法院强制执行具体行政行为，具有下列情形之一的，应当依法裁定不予受理：

（一）法律、法规赋予行政主体强制执行权的；

（二）法律、法规规定既可以由行政主体强制执行，也可以申请人民法院强制执行，行政主体已经受理强制执行申请的；

（三）行政主体尚未依法作出确定的行政处理决定的；

（四）申请强制执行行政主体作出的行政指导意见，针对民事争议作出的仲裁裁决、调解协议或者属责令改正等不具有执行内容的行政决定的。

第十一条 在法律、法规规定既可以由行政主体强制执行，也可以申请人民法院强制执行的情形下，权利人既向行政主体又向人民法院提出申请的，告知申请人择一行使申请权，暂不受理。

第十二条 行政主体在申请时应当提交下列文书和证件：

（一）申请执行书及按被申请人数的副本。申请执行书上应当写明申请人和被申请人的姓名、名称和住址、地址，作出具体行政行为的行政主体，据以执行的行政法律文书的文号和具体称谓，据以执行的行政法律文书的送达情况，义务人拒不履行义务的情况，被申请人行使或处分申请复议和起诉权利的情况，申请执行的法律依据，执行的标的及其具体内容，执行标的物的名称、地点，申请人印鉴和申请时间。

（二）据以执行的具体行政行为的行政法律文书。

（三）据以作出具体行政行为的证据材料和法律、法规、规章及其他规范性文件，送达行政法律文书的送达回证等证明该具体行政行为合法的文书或者证件。

（四）行政主体法定代表人或者负责人的身份证明、委托代理人的授权委托书。

（五）证明可供执行标的物的名称、种类、数量及可供执行的其他财产的证明文书。有银行存款的，应当提供证明被申请人的开户银行、银行帐号等情况的文书；申请人不能或者难以提供的，应当提供载明被申请人财产状况或者线索的书面材料。

（六）其他根据案件情况和实际需要应当提供的文书或者证件。

第十三条 权利人在申请时应当提交申请执行书及按被申请人数的副本、据以执行的行政法律文书和其他有能力提供的文书和证件。

申请执行书的内容参照本意见第十二条第（一）项要求写明。

第十四条 申请人未按本意见第十二条、第十三条规定的要求提供文书和证件等材料或者提供不全的，立案庭应当要求申请人补正。

第十五条 属于审查立案必需，但权利人客观上不能或难以提供的文书和证件等材料，立案庭应当主动向作出具体行政行为的行政主体调取。

属于进行合法性审查和强制执行具体行政行为必需，但权利人客观上不能或难以提供的文书和证件等材料，行政庭在进行合法性审查或者执行庭在强制执行时也应当主动向作出具体行政行为的行政主体调取。

第十六条 符合立案条件的，立案庭应当在7日内立案，将受理案件通知书送达申请人，将权利告知书和申请执行书副本送达被申请人。

送达给被申请人的权利告知书应当告知被申请人以下事项：

（一）案件的由来；

（二）被申请人对进行合法性审查的审判人员和实施强制执行的执行人员有申请回避的权利；

（三）被申请人对具体行政行为的合法性有提出异议的权利。

第十七条 不符合立案条件的，立案庭应当在7日内制作不予受理裁定书，送达申请人。

第十八条 立案庭应当在立案后的3日内将案件材料移送行政庭审查具体行政行为的合法性。

二、合法性审查

第十九条 行政庭应当组成合议庭以书面或者听证方式审查具体行政行为的合法性。

以书面方式审查的，应当主动听取被申请人的意见并制作笔录。

第二十条 审查具体行政行为应当围绕以下内容进行：

（一）具体行政行为是否依法可以由人民法院执行；

（二）具体行政行为是否已经生效并具有可执行内容；

（三）申请人是否是作出具体行政行为的行政主体或者依据该具体行政行为享有权利的权利人；

（四）被申请人是否是具体行政行为所确定的义务人；

（五）被申请人是否在具体行政行为确定的期限内或者行政主体另行指定的期限内未履行义务；

（六）申请是否在法定期限内提出；

（七）被申请执行的行政案件是否属于受理申请执行的人民法院管辖；

（八）作出具体行政行为的主体是否适格，是否有作出该具体行政行为的法定职权；

（九）具体行政行为认定事实是否清楚，主要证据是否确实、充分；

（十）具体行政行为的作出是否符合法定程序，是否向当事人送达并履行权利告知义务；

（十一）具体行政行为适用法律、法规是否正确。

第二十一条 具体行政行为具有下列情形之一的，行政庭应当将听证权利告知书送达被申请人，告知被申请人有要求举行听证的权利：

（一）责令停产停业的；

（二）拆除违章建筑的；

（三）强制迁出房屋的；

（四）强制退出土地的；

（五）对个人处以2000元以上罚款和收费的；

（六）对单位处以2万元以上罚款和收费的。

第二十二条 被申请人要求听证的，应当在接到听证权利告知书后的3日内提交听证申请书。被申请人逾期没有提交听证申请书的，迳行作书面审查。

第二十三条 具有下列情形之一的，行政庭可以迳行决定举行听证：

（一）案件有重大影响的；

（二）执行后果无法补救的；

（三）与案件有法律上利害关系的案外人提出异议的；

（四）其他有必要举行听证的情形。

第二十四条 听证依照下列程序进行：

（一）在听证的7日前，送达听证通知书，通知申请人、被申请人和提出异议的与案件有法律上利害关系的案外人举行听证的时间、地点；

（二）除涉及国家秘密、商业秘密或者个人隐私外，听证公开举行；

（三）听证时，全体合议庭成员应当共同参加；

（四）申请人、被申请人和提出异议的与案件有法律上利害关系的案外人认为合议庭成员与本案有直接利害关系的，有权申请回避；

（五）申请人、被申请人和提出异议的

与案件有法律上利害关系的案外人可以亲自参加听证,也可以委托 1 至 2 人代理;

(六)举行听证时,首先由行政主体就其具体行政行为的合法性提供事实依据和法律依据,然后由被申请人答辩、质证、发表意见,提出异议的与案件有法律上利害关系的案外人可以质证、发表意见;

(七)听证中,应当有 1 名书记员在场制作笔录,笔录应当交申请人、被申请人和提出异议的与案件有法律上利害关系的案外人审核无误后签字。

第二十五条 在合法性审查阶段,遇有下列情形之一的,作结案处理:

(一)申请人撤回申请;

(二)行政主体承认或者其上级行政主体确认具体行政行为违法;

(三)行政主体或者其上级行政主体撤销或者变更具体行政行为;

(四)被申请人已经履行具体行政行为确定的义务。

申请人与被申请人自愿达成和解,具有本条第一款规定情形之一的,依照该款规定处理。

第二十六条 具体行政行为具有下列明显缺乏事实依据、明显缺乏法律依据或者明显违法并损害被申请人合法权益情形之一的,行政庭应当裁定不准予执行:

(一)据以作出具体行政行为的基本事实不清或者主要证据不足;

(二)具体行政行为没有适用法律、法规、规章或者其他规范性文件;

(三)具体行政行为适用的法律、法规、规章或者其他规范;

(四)具体行政行为适用的规章或者其他规范性文件与法律、法规相抵触;

(五)具体行政行为适用的法律、法规、规章或其他规范性文件不适用于具体行政行为所针对的行为或情形;

(六)作出具体行政行为的行政主体超越法定职权范围;

(七)具体行政行为无助于行政目的达成、不属对行政相对人权益损害最小并对行政相对人权益造成的损害与要达成的行政目的相比显失均衡,必然给被申请人的实体合法权益造成不必要损害;

(八)依照法律、法规、合法有效的规章和其他规范性文件规定,实施具体行政行为应当以依法给予被申请人补偿或者安置等为前置条件,而前置条件尚未实现的;

(九)具体行政行为严重违反法定程序,损害被申请人合法权益;

(十)具体行政行为的实施必然造成案外人合法权益重大损害;

(十一)其他明显违法并损害被申请人合法权益的情形。

对本条第一款第(七)、(十一)项的规定,应当逐级上报至市高级人民法院批准后适用。

第二十七条 审查中查明申请执行具体行政行为不符合《最高人民法院关于执行〈中华人民共和国行政诉讼法〉若干问题的解释》第八十六条第(一)至第(六)项所规定的申请条件的,裁定不准予执行。

申请执行的案件不属于受理申请执行的人民法院管辖的,告知申请人向有管辖权的人民法院申请,案件作结案处理。

第二十八条 裁定准予执行的,行政庭应当在 30 日的合法性审查期限内,教育并责令被申请人在指定的期限内自动履行。

经教育,被申请人在指定期限内自动履行的,作结案处理。

经教育,被申请人仍然明确表示不履行或者未在指定的期限内自动履行,需强制执行的,行政庭应当将案件材料移送立案庭登记立案。

第二十九条 裁定准予执行和不准予执行的裁定书应当送达申请人和被申请人。

第三十条 在合法性审查阶段,有充分理由认为被申请人有可能逃避执行的,行政庭可以根据申请人申请采取财产保全措施。

权利人申请财产保全的,应当提供相应的财产担保。

三、强 制 执 行

第三十一条 立案庭接到行政庭移送的案件材料后，应当在3日内登记立案，并移送执行庭强制执行。

第三十二条 执行庭强制执行非诉行政执行案件，以准予执行裁定为执行依据，并参照《中华人民共和国民事诉讼法》、《最高人民法院关于适用〈中华人民共和国民事诉讼法〉若干问题的意见》、《最高人民法院关于人民法院执行工作若干问题的规定（试行）》的相关规定办理。

第三十三条 对被申请人的下列财产不得强制执行：

（一）被申请人及其所扶养家属生活必需的衣服、家具、炊具、餐具及其他家庭生活必需的物品；

（二）被申请人及其所扶养家属所必需的生活费用。必需的生活费用依照当地最低生活保障标准确定；

（三）被申请人及其所扶养家属完成义务教育所必需的物品；

（四）被申请人及其所扶养家属用于身体缺陷所必需的辅助工具、医疗物品；

（五）未公开的发明或者未发表的著作；

（六）法律或者司法解释规定的其他不得强制执行的财产。

第三十四条 对于超过被申请人及其所扶养家属生活所必需的房屋和生活用品，人民法院根据申请人的申请，在保障被申请人及其所扶养家属最低生活标准所必需的居住房屋和普通生活必需品后，可予以执行。

第三十五条 遇有重大案件或者拟对5名以上被申请人集中采取强制执行措施，需要调配执行局（庭）以外人员的，应当制作执行预案报请上级人民法院执行局（庭）批准后实施。执行预案应当写明案件名称，申请人和被申请人的基本情况，案件基本事实，裁定准予执行所依据的事实、理由和法律依据，需要调配执行庭以外人员的理由，强制执行活动的具体安排以及对可能出现紧急情况的处理措施等。

第三十六条 被申请人确无履行能力的，裁定中止或者终结执行。被申请人无确切住所，长期下落不明，又无财产可供执行的，裁定中止或者终结执行。中止执行和终结执行的裁定书应当送达申请人和被申请人。

第三十七条 准予执行裁定书确定的内容全部执行完毕，或者遇有本意见第二十五条第一款第（一）、（三）、（四）项和第二款规定情形之一的，案件作结案处理。

第三十八条 非诉行政执行案件应当在立案受理之日起3个月内执结；有特殊情况需延长的，经本院院长批准，可以延长3个月，还需延长的，经本院院长批准后，逐级上报至高级人民法院备案。由有关专业机构进行审计、评估、资产清理的期间，暂缓、中止执行的期间，拍卖、变卖被查封、扣押财产的期间不计入执行期限。

四、其　　他

第三十九条 在诉讼过程中，作出具体行政行为的行政主体或者权利人申请人民法院先予执行被诉具体行政行为的，应当限于不及时执行可能给国家利益、公共利益或者他人合法权益造成不可弥补损失的情形。对涉及农村征地拆迁、城镇房屋拆迁的具体行政行为不得裁定先予执行。

第四十条 非诉行政执行案件执行费用的收取必须严格按照《人民法院诉讼收费办法》、《〈人民法院诉讼收费办法〉补充规定》办理。对移送强制执行的案件，不得在已预收申请执行费和其他应当预交的费用之外另行收取费用。执行中实际支出的费用按实计收结算，其他预交的未实际支出的费用应当退还。

第四十一条 执行庭在强制执行中发现准予执行裁定违反法律、法规，确有错误的，应当依照审判监督程序提请院长提交审判委员会讨论决定是否重新进行合法性审查。

重新进行合法性审查，由审判监督庭负责。

第四十二条 公民、法人和其他组织认为人民法院强制执行生效的具体行政行为违法，侵犯其合法权益，向人民法院提出申诉的，人民法院可以作为申诉进行审查。

第四十三条 人民法院在非诉行政执行活动中，具有下列情形之一，造成损害的，应当依照《中华人民共和国国家赔偿法》的相关规定承担国家赔偿责任：（一）错误实施司法拘留、罚款；（二）殴打等暴方行为或者唆使他人以殴打等暴力行为造成公民身体伤害或者死亡；（三）违法使用武器、警械造成公民身体伤害或者死亡；（四）违法对财产采取查封、扣押、冻结、追缴等措施。

第四十四条 本意见从印发之日起施行，本院于 1999 年 8 月 12 日印发的《关于办理非诉行政执行案件工作程序暂行规定》以及本院此前所印发的其他与本意见相抵触的文件即日起废止。法律、法规和司法解释有新的规定的，执行法律、法规和司法解释的规定。

第四十五条 本意见的解释、修改、废止由本院审判委员会会讨论决定。

第四十一章 福 建 省

福建省高级人民法院关于依法规范金融案件审理和执行的若干意见（试行）

•2014年10月28日

近年来，我省经济继续保持平稳较快发展态势，但受外部经济环境和国内经济深层次问题影响，亦面临下行压力加大、风险挑战增多的情况，由此引发的矛盾纠纷在司法审判领域已经有明显反映，全省各级法院受理的金融纠纷案件数量和标的额大幅上扬，案件审理和执行难度不断加大。全省各级法院要充分认识为防范化解金融风险和推进金融改革创新提供司法保障的重要性紧迫性，认真贯彻落实党的十八届三中、四中全会，省委九届十一次全会、省金融工作座谈会精神和省委省政府《关于进一步加快福建科学发展跨越发展的行动计划》要求，切实提高金融纠纷案件司法效率，加大金融债权保护力度，充分发挥司法化解金融风险、维护金融稳定的职能作用，为推动我省经济平稳较快发展、保障福建科学发展跨越发展提供有力的司法保障。根据《民事诉讼法》等相关法律法规和司法解释规定，经研究，就金融案件审理和执行工作提出如下意见：

一、关于金融案件立案受理

1. 金融机构向人民法院提起诉讼的，人民法院应当组织人员及时审查，及时办理立案手续，及时移送相关审判庭审理。需要补充材料的，应当一次性告知。金融机构对法院立案受理中出现的问题，可由银监局相关部门与当地中级人民法院立案庭沟通解决。

2. 金融纠纷案件有多个被告，有部分被告在答辩期间提出管辖权异议的，受诉法院可以只向原告和提出管辖权异议的被告送达相关诉讼文书和民事裁定书。但经审查认为本院不具有管辖权、需裁定将案件移送其他法院审理的，受诉法院应当将民事裁定书送达所有当事人。

3. 对一方当事人在法定期限内提起上诉的金融案件，如一审裁判文书需要公告送达其他当事人的，可在办理公告手续后先行将案件材料上报二审法院立案，待公告期满、各方当事人诉讼地位确定后，二审法院应加快案件审理。

4.《民事诉讼法》规定留置送达可以“采用拍照、录相等方式记录送达过程，即视为送达”及“经受送达人同意，人民法院还可以采用传真、电子邮件等能够确认其收悉的方式送达文书”。各级法院要积极运用《民事诉讼法》新增加的送达方式，在审理、执行金融纠纷案件中，优先采用直接送达、电子邮件和传真送达、留置送达等速度快效率高的送达方式，想方设法缩短送达期间，提高送达效率。

5. 当事人未填写送达地址确认书的，可以将当事人在其提交的起诉状、答辩状等诉讼文书、签字确认笔录上载明的地址视为受送达人自己提供或者确认的送达地址。对法院已经以专递方式邮寄送达民事诉讼文书且已经受领，但其后再向该地址送达诉讼文书被拒绝签收的，视为已经送达。

6. 人民法院可以通过送达地址确认书等方式明确告知当事人，其确认的送达地址在该案件二审、执行、申请再审程序和该案件审理期间本院受理的涉及该当事人其他案件中均适用，如有变更应及时告知法院，否则其后向该地址送达文书被拒绝签收的，视为已经送达。

7. 对于金融机构与债务人、担保人在借款、担保合同中就送达地址及效力作出明确约定，或债务人、担保人向金融机构出具内容明确的送达确认书，经审查当事人意思表示真实且内容不违反法律规定的，可依法以该确认地址作为诉讼文书送达地址。

8. 人民法院审理、执行金融纠纷案件，发现受送达人下落不明或者用其他方式无法送达的，应及时向当地政府金融行政管理部门提供债务人相关信息，并通报相关情况，由政府金融行政管理部门协调有关部门协助送达。经政府金融行政管理部门协调，确实无法送达的，才适用公告方式送达。

二、关于金融案件审理

9. 实现担保物权案件由担保财产所在地或担保物权登记地基层人民法院管辖。属于海事法院等专门管辖的实现担保物权案件，由专门法院管辖。两个以上基层人民法院对实现担保物权案件都有管辖权的，由最先立案的基层人民法院管辖。

10. 同一债权的担保财产为多个且分散在不同法院辖区内的，申请人可以向其中一个有管辖权的人民法院提出申请，申请的效力及于其他法院辖区的担保财产。

11. 实现担保物权案件属非讼案件，不适用管辖异议制度。立案时发现案件不属于本院管辖的，应向申请人释明，告知申请人向有管辖权的基层人民法院提出申请。立案后发现不属于本院管辖的，裁定驳回申请，告知其向有管辖权的法院提出申请。

12. 实现担保物权案件编立“民特字”案号，案由为“申请实现担保物权”，按照财产案件受理费的三分之一交纳诉讼费。申请人向人民法院申请强制执行的，按照执行金额收取执行费，由被执行人负担。

13. 金融机构申请提出实现担保物权，应当提交申请书并附以下证据材料：

(1)主合同；

(2)担保物权合同；

(3)抵押权登记证明或者他项权利证书、权利质权的权利凭证或者出质登记证明；

(4)能够证明实现担保物权条件成就的有关证据材料，如证明债务已届清偿期、合同约定的实现担保物权情形发生等证据材料；

(5)经所在地市一级银行业协会审核盖章确认的材料；

(6)人民法院认为需要提交的其他证据材料。

14. 人民法院应组成合议庭对实现担保物权案件进行审查。在审理实现担保物权案件时，法院可以依职权启动听证程序，通知申请人、被申请人及相关利害关系人到庭接受询问。法院可不给予被申请人答辩、举证期限，但可以酌情给被申请人一定的异议期限。在主债务人未以自身财产提供担保且申请人未将主债务人列为被申请人的情况下，可以不必列主债务人为案件被申请人。具备条件的，法院可以就相关问题询问主债务人。

15. 人民法院经审查，对金融机构申请实现担保物权案件分别作如下处理：(1)对主债务、担保债务无异议的，依法裁定准许拍卖、变卖担保财产，申请人在确定的主债权金额范围内优先受偿；(2)被申请人对主合同和担保合同的订立、生效、履行、债权额确定等影响担保物权实现的事实提出异议并提供初步证据的，人民法院认为无法在实现担保物权特别程序中查清的，裁定驳回申请，并在裁定书中告知当事人可以提起诉讼；(3)被申请人下落不明的，对事实清楚、债权债务关系明确、登记手续和权利凭证齐备的案件，经审查符合法律规定的，可以直接裁定准许拍卖、变卖担保财产。但案件事实和法律关系难以在实现担保物权特别程序中查清的，裁定驳回申请，并在裁定书中告知当事人可另行提起诉讼。

16. 在人的担保和物的担保并存时，金融机构提出实现担保物权申请的，法院应予受理，但应注意审查当事人之间对物的担保和人的担保实现顺序有无另行作出明确约定。如果实现担保物权申请与约定不符的，裁定驳回申请。

债权人对物的担保向法院提出实现担保物权申请的，可以同时对承担连带责任保证的保证人提起民事诉讼，但应注意做好两个程序裁判及执行的衔接。主债务人自己提供物的担保情形下，对保证人提起的民事诉讼，应待实现担保物权特别程序终结后，继续审理并依法作出裁判。

17. 同一财产上设有多个担保物权且登记在先的担保物权尚未实现的，对后顺位担保物权人提出实现担保物权的申请不予支持，裁定驳回申请，并在裁定书中告知当事人可另行提起诉讼。

18. 担保财产价值不足以清偿债务，债权人对债务人和保证人仍有求偿权的，可以另行提起诉讼。债权人申请实现担保物权是其向债务人主张权利的意思表达，视为同时向主债务人主张权利，主债务诉讼时效发生中断。保证债务的诉讼时效随主债务、担保债务诉讼时效的中断而中断。

19. 金融机构申请实现担保物权案件因聘请律师支出的代理费，由其自行承担。

20. 双方当事人在案件审查过程中自愿和解的，可由申请人提出撤回申请，法院应予准许。如果双方经协商确定以在一定期限内完成给付作为解除担保的条件，经法院释明后申请人仍不愿撤回申请的，法院仍应裁定准许实现担保物权，双方可在执行程序中和解。

21. 人民法院作出准许实现担保物权的裁定生效后，主债务人或担保债务人未自动履行的，当事人可以向受理实现担保物权案件的人民法院申请强制执行。

22. 执行法院在执行程序中发现实现担保物权案件裁定确有错误的，可以提出建议，交由作出裁定的人民法院另行组成合议庭进行审查。确有错误的，裁定撤销原裁定。

三、关于金融案件保全、执行

23. 为防止财产被恶意转移及便于执行，对金融机构申请保全已经设定抵押、质押的财产，人民法院应当准许，并依照《民事诉讼法》相关规定对担保财产采取保全措施。

24. 各级人民法院执行机构应认真开展涉银行业金融机构执行积案专项清理活动，周密部署，多措并举，积极利用信息化措施查找被执行人财产，公布被执行人失信信息，限制被执行人高消费，加快对查封财产的处置进度。

25. 进一步规范省内法院间享有优先受偿权执行法院对标的物的优先处置程序。若首先查封的案件为普通债权，首先查封法院应在收到对该标的物享有优先受偿权执行法院的通知后10个工作日内，将标的物交由享有优先受偿权法院拍卖并主持分配，但该标的物仍由首先查封法院继续查封。发生争议的，由争议法院的共同上级人民法院负责协调。

26. 完善“一套房”执行办法。若被执行人只有一套住房可供执行，原则上执行法院应当在保障被执行人及其所扶养家属最低生活标准所必需的居住房屋和普通生活必需品后，采取“大房换小房”、“住房换租房”等措施进行处置。对未设置抵押且系被执行人及其所扶养家属生活所必需或适当的居住房屋，执行法院可以在不影响房屋正常居住的条件下采取必要的查封方法进行查封，但不得拍卖、变卖或者抵债。

27. 对于保证金的执行，要正确区分银行承兑汇票、信用证、保函、融资性担保公司等保证金账户内的资金性质，区别不同情况慎重处理。(1)对符合下列条件的账户资金，执行法院经审查后，可不予冻结：

①当事人已经签订保证金质押合同，明确了被担保债权的种类和数额、债务履行期限、质押财产状况、担保范围；②账户内资金已经特定化。账户在名称上专门标识“保证金账户”，与一般结算账户、基本账户相区分，且出质人已经将保证金存入专门保证金账户，并对每笔保证金作出标注，与借款合同形成一一对应；③债权人对保证金具有实际控制权。保证金账户内的资金只能作为担保项下的支付，出质人不得自由支配账户内资金。(2)对于有争议的保证金账户，执行法院可以冻结但不得处分，并向异议人释明应依法通过诉讼程序确认对保证金是否享有优先受偿权。

28. 各级人民法院要加强金融债权案件执行争议的协调力度，强化异地执行的协作和配合，积极运用司法查控系统进行执行事项委托，提高执行效率。

29. 对于穷尽执行措施、确无财产可供执行、现有财产已经处置完毕或者现有财产变现处置困难需要较长时间才能执行完毕的执行案件，执行法院应在收到金融机构债权人申请的15个工作日内，裁定终结本次执行程序。对裁定终结本次执行程序的案件，纳入执行旧案管理系统实行定期自动网络查询，经查询发现被执行人有可供执行财产或现有财产可以变现的，执行法院应立即恢复执行。

30. 对于金融机构将不良债权转让给资产管理公司或国有企业的，各级人民法院应当根据债权转让合同以及受让人或者转让人的申请，在收到申请的30个工作日内，依法裁定变更诉讼主体或者执行主体。

四、健全金融审判执行工作机制

31. 各级人民法院要加强与政府金融管理部门、银监局、人民银行的沟通联系，适时通报金融审判执行工作情况，认真听取各方对法院金融审判执行工作的意见建议。要根据法院受理金融案件特点、存在问题，及时发现苗头性或趋势性问题，适时提出预警提示，提出有针对性司法建议，帮助金融机构有效化解金融风险。

32. 受理金融案件多的中级法院和基层人民法院，应建立由院领导牵头、审判业务庭和执行局相关人员组成的金融债权保护专项活动领导小组，切实加强立案、审判、执行各个环节配合，全力加快推进不良资产处置。对涉企业倒闭、法定代表人或实际控制人弃企出逃、企业资金链断裂的敏感性或系列诉讼的金融案件，要及时全面掌握被告资产负债和涉诉、执行基本情况，及时向地方党委政府和上级法院报告，及时制定预案，及时采取措施有效控制局面。

33. 各级人民法院要根据金融案件受理情况，统筹配置审判资源，确保金融审判专业力量。要积极探索实行金融债权案件小额速裁机制，开辟金融债权案件立案绿色通道，依法快审快执金融纠纷案件，缩短办案周期。上级法院要加强对金融审判执行工作中热点难点问题调研，及时研究提出司法对策。

五、附则

34. 本意见自下发之日起施行。各级人民法院对施行中的新情况新问题，应及时上报省法院。

35. 本意见如与新颁布实施的法律法规、司法解释不一致的，以法律法规、司法解释为准。